PONS

SCHULWÖRTERBUCH

FRANZÖSISCH

+ App

Französisch – Deutsch

Deutsch – Französisch

PONS Langenscheidt GmbH
Stuttgart

PONS

Schulwörterbuch
Französisch

Entwickelt auf Basis des
PONS Schulwörterbuchs Französisch,
ISBN 978-3-12-516107-8

Bearbeitet von: Isabelle Langenbach, Torsten Lasse,
Dr. Christiane Wirth

1. Auflage 2023 (1,02 - 2024)

www.pons.de

Projektleitung: Helen Schmidt
Sprachdatenverarbeitung: Dr. Wolfgang Schindler,
Dr. Jan-Philipp Söhn
Titelfoto: shutterstock/pixelheadphoto digitalskillet
Logoentwurf: Erwin Poell, Heidelberg
Logoüberarbeitung: Sabine Redlin, Ludwigsburg
Satz: Olaf Mangold Text & Typo, Stuttgart
Druck: L.E.G.O. S.p.A., Lavis

ISBN 978-3-12-516356-0

Inhalt

Table des matières

Vorwort

Préface

Liebe Schülerin, lieber Schüler,

du suchst ein Wörterbuch, in welchem du schnell und einfach nachschlagen kannst? Im **PONS Schulwörterbuch Französisch** findest du alles, was du von der 5. bis zur 10. Klasse brauchst, um französische Wörter leicht zu verstehen und deutsche Wörter problemlos ins Französische zu übersetzen.

Ob im Unterricht, zu Hause oder unterwegs - ganz egal, wo du dieses Wörterbuch einsetzt, decken die **70.000 Stichwörter und Wendungen** mit **vielen neuen Wörtern** den Wortschatz ab, den du für die Schule benötigst. Bei den **hellblau markierten Begriffen** lohnt es sich, besonders aufzupassen, denn das sind die **französischen Grundwörter**, die du immer wieder brauchen wirst. Auch bei komplizierteren Themen lässt dich das Wörterbuch nicht im Stich: **Infofenster** direkt beim Stichwort liefern dir wichtige Zusatzinformationen rund um Sprache, Kultur und Grammatik immer dort, wo du sie brauchst.

Wenn es darum geht, deinen ersten Text auf Französisch zu schreiben, lohnt sich ein Blick in den Wörterbuchanhang. Dort findest du z. B. **Verbtabellen**, einen **Sonderteil zum Thema Zeichensetzung** und sogar **Mustertexte**, die du als Vorlage bei den Hausaufgaben nutzen kannst.

Und das ist nicht alles. Mit diesem Wörterbuch bekommst du Zugang zu einer **Wörterbuch-App für iOS und Android** mit der du zwei Jahre kostenfrei nachschlagen kannst. Die App ist selbsterklärend und funktioniert ganz einfach - auch offline. Der Code, mit dem du die App freischalten kannst, steht vorne im Buch.

Mit diesem Wörterbuch bist du für das Abenteuer Französisch rundum bestens gewappnet. Wir wünschen dir viel Erfolg und Freude an der Sprache!

Dein PONS Wörterbuch-Team

Tipps zur Benutzung deines Wörterbuchs

Renseignements pour utiliser ton dictionnaire

Die richtige Übersetzung zu finden, ist nicht so schwer, wie du vielleicht denkst. Dein Wörterbuch kann dir dabei eine große Hilfe sein. Vorausgesetzt natürlich, du weißt, wie du all die Informationen, die darin stecken, richtig nutzen kannst. Dabei helfen dir diese Tipps.

Was ist ein Stichwort?

Stichwörter nennt man die fett gedruckten blauen Wörter, mit denen jeder Wörterbucheintrag beginnt. Alle Stichwörter sind alphabetisch geordnet.

Wenn du ein Wort suchst, helfen dir die blauen Wörter in der oberen Ecke auf jeder Seite. So erkennst du auf einen Blick, welche Wörter genau auf der jeweiligen Seite stehen.

Gruppen von Stichwörtern

Um möglichst viele Wörter in deinem Wörterbuch unterzubringen, haben wir zusammengesetzte Wörter, deren erster Wortteil gleich ist und die alphabetisch aufeinander folgen, in Gruppen zusammengefasst.

porte-bagages [pɔʀtbagaʒ] *m inv* Gepäckträger *m* **porte-bonheur** [pɔʀtbɔnœʀ] *m inv* Glücksbringer *m* **porte-clés** [pɔʀtkle] *m inv (anneau avec breloque)* Schlüsselanhänger *m* **porte-documents** [pɔʀtdɔkymɑ̃] *m inv* Aktentasche *f*

Kaffeebohne *f* grain *m* de café **Kaffeehaus** *nt* A salon *m* de thé **Kaffeekanne** *f* cafetière *f* **Kaffeemaschine** *f* cafetière *f* électrique **Kaffeepad** [-pɛt] *nt* dosette *f* [de café] **Kaffeepause** *f* pause *f* café **Kaffeetasse** *f* tasse *f* à café

Ein Wort, mehrere Wortarten

Manche Wörter kommen z. B. als Adjektiv und als Substantiv vor. In diesem Wörterbuch findest du oft unterschiedliche Wortarten in einem Eintrag. Die Wortarten haben wir innerhalb des Eintrags mit einer blauen römischen Ziffer voneinander getrennt, damit du sie gut unterscheiden kannst.

documentaire [dɔkymɑ̃tɛʀ] **I.** *adj* dokumentarisch **II.** *m* Dokumentarfilm *m*

üben ['y:bən] **I.** *vt* ❶ s'exercer à ❷ *(Lied)* travailler **II.** *vi* **mit jdm ~** *(für die Schule)* travailler avec qn; *(trainieren)* s'entraîner avec qn

Ein Wort, mehrere Bedeutungen

Viele Wörter haben mehr als nur eine Bedeutung oder Verwendungsart. Klar, dass diese dann auch unterschiedlich übersetzt werden müssen. Die Ziffern ❶, ❷, ❸, ❹ usw. zeigen dir an, welche Bedeutung oder Verwendung an der jeweiligen Stelle behandelt wird. In manchen Einträgen findest du zusätzlich hinter der Ziffer eine schräg gedruckte Angabe, die dir helfen soll, noch besser zu verstehen, um welche Bedeutung es sich handelt.

midi [midi] *m* ❶ *inv, sans art ni autre dét (heure)* zwölf [Uhr]; **à ~** um zwölf ❷ *(moment du déjeuner)* Mittag *m* ❸ *(sud)* Süden *m*

bewegt [bə've:kt] *adj* ❶ *(Oberfläche)* agité(e) ❷ *(erlebnisreich)* mouvementé(e) ❸ *(innerlich gerührt)* **von etw ~ sein** être touché par qc

Zusätzlich helfen dir Sachgebietsangaben, die richtige Übersetzung zu finden. Diese sind immer in Kapitälchen gedruckt.

lentille [lɑ̃tij] *f* BOT, OPT, GASTR Linse *f*

Löwe ['lø:və] <-n, -n> *m* ❶ lion *m* ❷ ASTRO Lion *m*

Weißt du was die Abkürzungen BOT oder ASTRO bedeuten? Wenn du unsicher bist, kannst du einen Blick in die Liste der Abkürzungen werfen. Dort findest du eine Erklärung für alle Abkürzungen, die wir in diesem Wörterbuch benutzen.

Ein Wort, mehrere Wörterbucheinträge

Es gibt auch Wörter mit mehreren, sehr unterschiedlichen Bedeutungen. Wenn du z. B. von einer Bank sprichst, könntest du die Sitzgelegenheit oder das Geldinstitut meinen. In solchen Fällen führen wir jede Bedeutung als gesondertes Stichwort auf und kennzeichnen sie mit der hochgestellten Ziffer.

chat[1] [ʃa] *m* Katze *f; (mâle)* Kater *m; v.a.* **chatte**
chat[2] [tʃat] *m* INFORM Chat *m*

Bank[1] [baŋk] <-, Bänke> *f* ❶ banc *m* ❷ *(Werkbank)* établi *m*
Bank[2] <-, -en> *f* banque *f*

Redewendungen

Sagt jemand, „mir platzt der Kragen", ist kein echter Kragen gemeint. Im Deutschen machen solche Redewendungen natürlich keine Probleme. Aber wenn es ans Fremdsprachenlernen geht, können sie zu einer echten Herausforderung werden. Die Kunst besteht nämlich darin herauszufinden, unter welchem Stichwort man die betreffende Redewendung findet. Auch in deinem Wörterbuch haben wir viele Redewendungen aufgenommen. Sie sind jeweils durch das Symbol ▸ gekennzeichnet. Wenn du nun wissen möchtest, wie man eine bestimmte Redewendung übersetzt, überlege dir am besten, welches das wichtigste Wort der Wendung ist und schlage dann unter diesem Stichwort nach.

cœur [kœʀ] *m* ❶ ANAT Herz *nt* ❷ *(d'un débat)* Kernpunkt *m* ▸ **qn a mal au ~** jdm ist schlecht; **par ~** auswendig

Kragen [ˈkraːgən] <-s, - *o* CH, SDEUTSCH Krägen> *m* col *m* ▸ **ihm platzt der ~** *fam* il explose

Wörter ohne direkte Übersetzung

Es gibt immer wieder Wörter oder Wendungen, die nur in einer Sprache vorkommen und für die es daher auch keine genauen Übersetzungen gibt. Damit du dennoch verstehen kannst, um was es geht, geben wir in solchen Fällen eine ungefähre Übersetzung an, markiert durch das Zeichen „≈".

Manchmal ist es auch sinnvoll, den Ausdruck zu erklären statt zu übersetzen. Solche Erklärungen sind in schräger Schrift gedruckt.

Krạnkenversicherung *f* assurance-maladie *f*; **gesetzliche** ~ ≈ Sécurité *f* sociale; **private** ~ ≈ caisse *f* d'assurance maladie

bac[2] [bak] *m fam abr de* **baccalauréat** ≈ Abi *nt;* ~ **blanc** Probeabitur *nt (Vorbereitungsklausuren für das Abitur in Frankreich)*

Besonders wichtige Wörter

Im französisch-deutschen Teil deines Wörterbuches findest du immer wieder Stichwörter, die farbig unterlegt sind. Dies sind Wörter, die man oft benutzt und die daher besonders wichtig sind. Wenn du dir diese Wörter gut merkst, ist das schon fast die halbe Miete.

prénom [pʀenɔ̃] *m* Vorname *m*

inventer [ɛ̃vɑ̃te] <1> *vt* erfinden

Unregelmäßige Wortformen

Im Französischen und im Deutschen gibt es Wörter mit unregelmäßigen Formen. Diese können z. B. auftreten, wenn man

- ein Wort steigert
- einen Satz in der Vergangenheit bilden will
- von der Mehrzahl (dem Plural) spricht

Diese unregelmäßigen Steigerungs- und Pluralformen findest du in spitzen Klammern „< >". Bei den französischen Verben zeigt dir die Zahl in den spitzen Klammern, welches Musterverb im Anhang das entsprechende Konjugationsmuster zeigt.

> **bon(ne)** [bɔ̃] <meilleur> *adj* ❶ gut …
> **jouer** [ʒwe] <1> I. *vi* ❶ *a.* SPORT, MUS spielen; ~ **au foot** Fußball spielen; …

> **gut** [guːt] I. *adj* <bẹsser, bẹste> ❶ bon(ne); …

Wichtige Symbole im Wörterbucheintrag

Um dein Wörterbuch so handlich wie möglich zu machen, setzen wir an manchen Stellen Symbole ein. Sie sparen Platz und liefern dir wichtige Informationen. Dies sind die Symbole, denen du beim Nachschlagen häufig begegnen wirst:

Symbol	Umschreibung des Symbols
~	steht in Anwendungsbeispielen und Redewendungen für das ganze, unveränderte Stichwort.
|	kennzeichnet trennbare deutsche Verben wie z. B. *an|strahlen* oder *zu|winken*
*	kennzeichnet deutsche Verben, deren Vergangenheitsformen ohne *ge-* gebildet werden

Sprachgebrauch

Natürlich sprichst du im Freundeskreis anders als z. B. mit Lehrkräften. Bei einem Vorstellungsgespräch sollte man sich gut ausdrücken können, aber wenn man so richtig sauer auf jemanden ist, rutscht einem auch schon mal ein vulgäres Schimpfwort heraus. All dies fasst man unter Sprachgebrauch zusammen.

Die folgende Tabelle zeigt dir, welche Bezeichnungen zum Sprachgebrauch in deinem Wörterbuch vorkommen.

Sprachgebrauch	Umschreibung des Sprachgebrauchs
arg	bezeichnet stark umgangssprachlichen, saloppen Sprachgebrauch.
fam	bezeichnet umgangssprachlichen Sprachgebrauch, wie er zwischen Familienmitgliedern und im Freundeskreis in zwangsloser Unterhaltung verwendet wird.
euph	bezeichnet verhüllenden Sprachgebrauch; statt des eigentlichen Worts wird stellvertretend dieser beschönigende Ausdruck gebraucht.
fig	bezeichnet übertragenen Sprachgebrauch; das Wort oder die Wendung dient – in einem übertragenen Sinn – als Bild für das, was man ausdrücken will.
form	bezeichnet förmlichen Sprachgebrauch, wie er auf Formularen oder in formellen Ansprachen verwendet wird.
hum	bezeichnet scherzhaften Sprachgebrauch.
iron	bezeichnet ironischen Sprachgebrauch.
péj, pej	bezeichnet abwertenden Sprachgebrauch.
prov	bezeichnet ein Sprichwort.
soutenu, geh	bezeichnet gehobenen Sprachgebrauch, sowohl in der gesprochenen als auch in der geschriebenen Sprache.
vulg	bezeichnet Wörter, die als vulgär gelten und daher tabu sind.

Regionale Angaben

Wie auch im Deutschen, werden manche französische Wörter oder Schreibweisen nur in bestimmten Regionen verwendet. Diese Wörter und Ausdrücke erkennst du an den besonderen Markierungen, die entweder neben dem Stichwort oder neben einer bestimmten Wendung stehen. Die folgende Tabelle zeigt dir, welche Bezeichnungen zum regionalen Sprachgebrauch in deinem Wörterbuch vorkommen.

Regional-bezeichnung	Der Ausdruck wird in diesem Land/ in dieser Region benutzt:
A	Österreich
BELG	Belgien
CAN	Kanada
CH	Schweiz
MIDI	Südfrankreich
NDEUTSCH	Norddeutschland
NORD	Nordfrankreich
SDEUTSCH	Süddeutschland

Außerdem bezeichnet die Abkürzung DIAL Ausdrücke, die regional begrenzt sind.

Viel Spaß mit deinem Wörterbuch wünscht dir dein

PONS Wörterbuch-Team

Liste der Lautschriftzeichen
Liste des caractères phonétiques

Damit du immer weißt, wie die Wörter, die du in deinem Wörterbuch nachschlägst, ausgesprochen werden, steht hinter dem Stichwort in eckigen Klammern die Lautschrift.

In den folgenden Tabellen findest du alle Zeichen des Lautschriftalphabets. Hier wird jedem Zeichen ein Beispielwort zugeordnet, das den jeweiligen Laut enthält.

Die deutsche Phonetik
La phonétique allemande

Vokale
Voyelles

Laut Son	Beispiel Exemple
[a]	Mech**a**nik
[ɐ]	Haf**er**
[ɐ̯]	He**r**d
[e]	B**e**sen
[ɛ]	Tab**e**lle
[ə]	Temp**e**l
[i]	Hind**i**
[ɪ]	Br**i**lle
[i̯]	Emiss**i**on
[o]	Ab**o**
[ɔ]	R**o**lle
[o̯]	l**o**yal
[ø]	Am**ö**be
[œ]	T**ö**pfer
[u]	Bl**u**se
[ʊ]	R**u**nde
[u̯]	akt**u**ell
[y]	B**ü**ro
[ʏ]	H**ü**tte
[y̆]	H**y**äne

Diphthonge
Diphtongues

Laut Son	Beispiel Exemple
[ai̯]	B**ei**n
[au̯]	M**au**s
[ɔy̯]	Fr**eu**de

Nasale
Nasales

Laut Son	Beispiel Exemple
[ã]	Br**an**che
[ɛ̃]	Bullet**in**
[õ]	Br**on**ze

Konsonanten
Consonnes

Laut Son	Beispiel Exemple
[b]	Getrie**b**e
[ç]	Tei**ch**
[x]	Spra**ch**e

Laut Son	Beispiel Exemple
[d]	**D**uft
[d͡ʒ]	Teena**g**er
[f]	Ha**f**en
[g]	Ha**g**ebutte
[h]	**H**agel
[ʒ]	Eta**g**e
[j]	In**j**ektion
[k]	Inse**k**t
[l]	**L**uft
[m]	**M**acht
[n]	Ab**n**ahme
[ŋ]	Geda**n**ke
[p]	A**b**stinenz
[p͡f]	Gi**pf**el
[r]	**R**eise
[s]	Re**s**pekt

Laut Son	Beispiel Exemple
[ʃ]	Fla**sch**e
[t]	**T**ier
[θ]	**Th**riller
[t͡s]	**Z**iel
[t͡ʃ]	Ki**tsch**
[v]	**V**ase
[w]	**W**orkshop
[z]	Ro**s**e

Zeichen
Signes

[ː]	Längezeichen
[ˈ]	Betonungszeichen
[ʔ]	Knacklaut

La phonétique française
Die französiche Phonetik

Voyelles
Vokale

Son Laut	Exemple Beispiel
[a]	bac
[ɑ]	classe
[e]	état
[ɛ]	caisse
[ə]	menace
[i]	diplôme
[o]	auto
[ɔ]	obtenir
[ø]	Europe
[œ]	cœur
[u]	coup
[y]	nature

Semi-voyelles
Halbvokale

Son Laut	Exemple Beispiel
[j]	pièce
[w]	boîte
[ɥ]	huile

Nasales
Nasale

Son Laut	Exemple Beispiel
[ɑ̃]	chanson
[ɛ̃]	afin
[ɔ̃]	bonbon
[œ̃]	aucun

Consonnes
Konsonanten

Son Laut	Exemple Beispiel
[b]	beau
[d]	du
[f]	feu
[g]	gant
[ʒ]	jour
[k]	cœur
[l]	loup
[m]	marché
[n]	nature
[ɲ]	digne
[ŋ]	camping
[p]	page
[ʀ]	règle
[s]	sel
[ʃ]	chef
[t]	timbre
[v]	vapeur
[z]	zèbre

Signe
Zeichen

[ˊ]	héros (h aspiré)

Liste der Abkürzungen
Liste des abréviations

Um dein Wörterbuch so handlich wie möglich zu machen, setzen wir an manchen Stellen Symbole oder Abkürzungen ein. Sie sparen Platz und liefern dir wichtige Informationen. In dieser Tabelle findest du alle Symbole und Abkürzungen, die in deinem Wörterbuch vorkommen.

▸	phraseologischer Block	bloc phraséologique	▸
|	zusammengesetztes, trennbares Verb	verbe composé séparable	
=	Kontraktion	contraction	=
*	Partizip ohne ge-	pas de *ge-* au participe passé	
≈	entspricht etwa	correspond à	≈
–	Sprecherwechsel	changement d'interlocuteur	–
®	Warenzeichen	marque déposée	®
a.	auch	aussi	*a.*
A	österreichisch	autrichien	
Abk	Abkürzung	abréviation	*abr*
adj	Adjektiv	adjectif	*adj*
ADMIN	Verwaltung	administration	ADMIN
adv	Adverb	adverbe	*adv*
AGR	Landwirtschaft	agriculture	AGR
akk	Akkusativ	accusatif	
ANAT	Anatomie	anatomie	ANAT
app	Apposition	apposition	*app*
ARCHIT	Architektur	architecture	ARCHIT
art	Artikel	article	*art*
	Kunst	beaux-arts	ART
ASTRO	Astrologie, Astronomie	astrologie, astronomie	ASTRO
attr	attributiv	épithète	
AUT	Auto, Transport und Verkehr	automobile, moyens de transport	AUT

aux	Hilfsverb	auxiliaire	*aux*
AVIAT	Luftfahrt, Raumfahrt	aviation, espace	AVIAT
	belgisch	belge	BELG
bes.	besonders	surtout	
BIO	Biologie	biologie	BIO
BOT	Botanik, Gartenbau	botanique, horticulture	BOT
	kanadisch	canadien	CAN
CH	schweizerisch	suisse	CH
	Jagd	chasse	CHASSE
	Eisenbahn	chemin de fer	CHEMDFER
CHEM	Chemie	chimie	CHIM
CINE	Film, Kino	cinéma	CINE
COM	Handel	commerce	COM
	Komparativ	comparatif	*comp*
	Ergänzung, Objekt	complément	*compl*
	Konjunktion	conjonction	*conj*
COUT	Mode	couture	COUT
dat	Dativ	datif	
def	bestimmt	défini	*déf*
	unvollständiges Verb	verbe défectif	*défec*
dekl	dekliniert	décliné	
dem	demonstrativ	démonstratif	*dém*
	Begleiter des Substantivs	déterminant	*dét*
DIAL	dialektal	dialecte	
Dim	Verkleinerungsform	diminutif	*dim*
EISENBAHN	Eisenbahn	chemin de fer	
	Ökologie	écologie	ECOL
	Wirtschaft	économie	ECON
ELEC	Elektrizität	électricité	ELEC
	Kindersprache	langage enfantin	*enfantin*
etw	etwas	quelque chose	
euph	verhüllend	euphémisme	
f	Femininum	féminin	*f*

fam	umgangssprachlich	familier	*fam*
fig	figurativ, übertragen	figuré	*fig*
FIN	Finanzen, Börse	finances, bourse	FIN
form	förmlicher Sprachgebrauch	langage formel	*form*
	Futur	futur	*fut*
GASTR	Gastronomie	gastronomie	GASTR
geh	gehobener Sprachgebrauch	soutenu	
gen	Genitiv	génitif	
	meist	généralement	*gén*
GEO	Geographie, Geologie	géographie, géologie	GEO
hum	scherzhaft	humoristique	
HIST	Geschichte	histoire	HIST
Imp	Imperfekt	imparfait	*imparf*
	unpersönlich	impersonnel	*impers*
IND	Industrie	industrie	IND
indef	unbestimmt	indéfini	*indéf*
indic	Indikativ	indicatif	*indic*
Infin	Infinitiv	infinitif	*infin*
INFORM	Informatik	Informatique	INFORM
interj	Interjektion	interjection	*interj*
interrog	fragend	interrogatif	*interrog*
inv	unveränderlich	invariable	*inv*
iron	ironisch, scherzhaft	ironique, humoristique	*iron*
JAGD	Jagd	chasse	
irr	unregelmäßig	irrégulier	*irr*
jd	jemand	qn (nominatif)	
jdm	jemandem	qn (datif)	
jdn	jemanden	qn (accusatif)	
jds	jemandes	qn (génitif)	
	Spiele	jeux	JEUX
JUR	Jura, Recht	juridique	JUR

Kinderspr.	Kindersprache	langage enfantin	
Komp	Komparativ	comparatif	
konj	Konjunktion	conjonction	
KUNST	Kunst	beaux-arts	
LING	Linguistik, Grammatik	linguistique, grammaire	LING
LITER	Literatur	littérature	LITTER
	Wendung	locution	*loc*
m	Maskulinum	masculin	*m*
MATH	Mathematik, Geometrie	mathématiques, géométrie	MATH
MED	Medizin, Pharmazie	médecine, pharmacie	MED
MEDIA	(audiovisuelle) Medien	médias, audiovisuel	MEDIA
METEO	Meteorologie	météorologie	METEO
MIL	Militär	militaire	MIL
MIN	Bergbau	industrie minière	MIN
MINER	Mineralogie	minéralogie	MINER
MUS	Musik	musique	MUS
NAUT	Seefahrt	navigation	NAUT
	Verneinung	négation	*nég*
NDEUTSCH	norddeutsch	allemand du Nord	
nom	Nominativ	nominatif	
nt	Neutrum	neutre	
num	Zahlwort	numéral	*num*
o	oder	ou	*o*
ÖKOL	Ökologie	écologie	
ÖKON	Wirtschaft	économie	
opp	Gegenteil	opposé, antonyme	*opp*
OPT	Optik	optique	OPT
	Angeln	pêche	PECHE
pej	abwertend	péjoratif	*péj*
pers	persönlich	personnel	*pers*
Pers	Person	personne	*pers.*
PHILOS	Philosophie	philosophie	PHILOS

PHOT	Fotografie	photographie	PHOT
PHYS	Physik	physique	PHYS
Pl	Plural	pluriel	*pl*
POL	Politik	politique	POL
poss	possessiv	possessif	*poss*
POST	Post	poste	POST
PP	Partizip Perfekt	participe passé	*part passé*
	Partizip Präsens	participe présent	*part prés*
präd	prädikativ	attribut	
präp	Präposition	préposition	*prép*
Präs	Präsens	présent	*prés*
PRESSE	Presse	presse	PRESSE
pron	Pronomen	pronom	*pron*
prov	sprichwörtlich	proverbe	*prov*
PSYCH	Psychologie	psychologie	PSYCH
	etwas	quelque chose	qc
	jemand	quelqu'un	qn
RADIO	Rundfunk	radio	RADIO
refl	reflexiv	réfléchi	
reg	regelmäßig	régulier	
rel	relativ	relatif	*rel*
REL	Religion	religion	REL
s.	siehe	voir	
S.	Sache	chose	
SCI	Naturwissenschaften	sciences naturelles	SCI
SCHULE	Schulwesen	école	SCOL
SDEUTSCH	süddeutsch	allemand du Sud	
Sing	Singular	singulier	*sing*
SOZIOL	Soziologie	sociologie	SOCIOL
	gehoben	soutenu	*soutenu*
SPIEL	Spiele	jeux	
SPORT	Sport	sport	SPORT
	Konjunktiv	subjonctif	*subj*
	Substantiv	substantif	*subst*

Superl	Superlativ	superlatif	*superl*
TECH	Technik	technique	TECH
TELEC	Nachrichtentechnik	télécommunications	TELEC
TEXTIL	Textilien	textile	TEXTIL
THEAT	Theater	théâtre	THEAT
TV	Fernsehen	télévision	TV
TYP	Buchdruck	typographie	TYP
UNIV	Universität	université	UNIV
unpers	unpersönlich	impersonnel	
	siehe	voir	*v.*
vi	intransitives Verb	verbe intransitif	*vi*
vr	reflexives Verb	verbe pronominal	*vpr*
vt	transitives Verb	verbe transitif	*vt*
vulg	vulgär	vulgaire	*vulg*
ZOOL	Zoologie	zoologie	ZOOL

A a

a [a] *indic prés de* **avoir**
A, a [ɑ] *m inv* A *nt*, a *nt*
à [a] <à + le = au, à la, à + les = aux> *prép* ❶ *(introduit une notion de temps)* **à 8 heures** um acht [Uhr]; **à Noël** an Weihnachten; **à l'arrivée** bei der Ankunft; **le cinq juin au matin** am fünften Juni morgens; **au printemps** im Frühling; **à mon retour** bei meiner Rückkehr; **à demain!** bis morgen!; **de 2 à 8 heures** von 2 bis 8 Uhr ❷ *(introduit une notion de lieu)* **aller à l'école/la poste** in die Schule/auf die Post gehen; **aller à la mer/montagne/à Paris** ans Meer/ins Gebirge/nach Paris fahren; **aller au Japon/aux États-Unis** nach Japan/in die Vereinigten Staaten fliegen; **habiter à Paris** in Paris leben; **à la page 36** auf Seite 36; **à la télévision** im Fernsehen; **les larmes aux yeux** mit Tränen in den Augen ❸ *(par)* **à l'heure/la journée** in der Stunde/am Tag; **7 litres aux 100 [kilomètres]** 7 Liter auf 100 [Kilometer]; **acheter au poids** nach Gewicht [ein]kaufen ❹ *(cause)* **à cette nouvelle, ...** bei dieser Nachricht... ❺ *(indique une appartenance)* **c'est à moi** das gehört mir ❻ *(indique le moyen)* **cuisiner au beurre** mit Butter kochen; **à la loupe** durch die Lupe ❼ *(indique la manière)* **à 2** zu zweit; **c'est à mourir de rire** das ist zum Totlachen
abaissement [abɛsmɑ̃] *m* Niedrigerstellen *nt*
abaisser [abese] <1> **I.** *vt* niedriger stellen **II.** *vpr* **s'~** sich erniedrigen
abandon [abɑ̃dɔ̃] *m* ❶ Verlassen *nt* ❷ *a.* SPORT *(des études)* Aufgabe *f*
abandonné(e) [abɑ̃dɔne] *adj* verlassen
abandonner [abɑ̃dɔne] <1> **I.** *vt* verlassen **II.** *vi* aufgeben **III.** *vpr* **s'~ au désespoir** sich der Verzweiflung hingeben
abasourdir [abazuʀdiʀ] <8> *vt* sprachlos machen
abat-jour [abaʒuʀ] *m inv* Lampenschirm *m*
abats [aba] *mpl* Innereien *Pl*
abattoir [abatwaʀ] *m* Schlachthof *m*
abattre [abatʀ] *irr* **I.** *vt* ❶ abreißen ❷ *(animal de boucherie)* schlachten **II.** *vpr* **s'~** ❶ umstürzen ❷ *(fondre sur)* sich stürzen auf *(+akk)*
abattu(e) [abaty] **I.** *part passé de* **abattre** **II.** *adj* geschwächt
abbaye [abei] *f* Abtei *f*

> **Aussprache**
> In **abbaye** wird das -ay- nicht wie in der Regelaussprache [ɛj] *(paye, balayer ...)*, sondern als [ei] wie in *véhicule* artikuliert.

abbé [abe] *m* ❶ Priester *m* ❷ *(supérieur d'une abbaye)* Abt *m*
abbesse [abɛs] *f* Äbtissin *f*
abcès [apsɛ] *m* Abszess *m*
abdication [abdikasjɔ̃] *f* Abdankung *f*
abdiquer [abdike] <1> *vi* ❶ abdanken ❷ *(renoncer)* aufgeben
abdomen [abdɔmɛn] *m* Bauch *m*
abdominal(e) [abdɔminal] <-aux> *adj* Bauch-; **douleurs ~es** Bauchschmerzen *Pl*
abdominaux [abdɔmino] *mpl* Bauchmuskeln *Pl*
abeille [abɛj] *f* Biene *f*
aberrant(e) [abeʀɑ̃] *adj* widersinnig
aberration [abeʀasjɔ̃] *f* Widersinnigkeit *f*
abîme [abim] *m soutenu* Abgrund *m*
abîmer [abime] <1> **I.** *vt* beschädigen **II.** *vpr* ❶ **s'~** sich abnutzen ❷ *(détério-*

A

rer) **s'~ la santé** seine Gesundheit ruinieren

abject(e) [abʒɛkt] *adj* niederträchtig, gemein

aboiement [abwamɑ̃] *m* Bellen *nt*

abolir [abɔliʀ] <8> *vt* abschaffen

abolition [abɔlisjɔ̃] *f* Abschaffung *f*

abominable [abɔminabl] *adj* abscheulich

abomination [abɔminasjɔ̃] *f* abscheuliche Tat *f*

abondamment [abɔ̃damɑ̃] *adv* reichlich

abondance [abɔ̃dɑ̃s] *f* Fülle *f* ▶ **en** ~ in Hülle und Fülle

abondant(e) [abɔ̃dɑ̃] *adj* reichhaltig

abonder [abɔ̃de] <1> *vi* reichlich vorhanden sein

abonné(e) [abɔne] **I.** *adj* **être ~ à un journal** eine Zeitung abonniert haben **II.** *m(f)* Abonnent(in) *m(f)*

abonnement [abɔnmɑ̃] *m* Abonnement *nt; (au téléphone)* Anschluss *m;* ~ **hebdomadaire/mensuel** Wochen-/Monatskarte *f*

abonner [abɔne] <1> **I.** *vpr* **s'~ à qc** etw abonnieren **II.** *vt* ~ **qn à un journal** jdn für ein Zeitungsabonnement werben

abord [abɔʀ] *m* **les ~s d'une ville** die unmittelbare Umgebung einer Stadt ▶ **au premier** ~ auf den ersten Blick; **[tout] d'**~ zu[aller]erst

abordable [abɔʀdabl] *adj* erschwinglich

abordage [abɔʀdaʒ] *m (assaut)* Entern *nt*

aborder [abɔʀde] <1> **I.** *vt* ❶ ansprechen ❷ *(sujet)* herangehen an *(+akk)* **II.** *vi* anlegen

aborigène [abɔʀiʒɛn] *adj (peuple)* eingeboren

aboutir [abutiʀ] <8> *vi* ❶ Erfolg haben ❷ *(se terminer par)* führen zu

aboutissement [abutismɑ̃] *m* Ergebnis *nt*

aboyer [abwaje] <6> *vi* bellen

abracadabrant(e) [abʀakadabʀɑ̃, ɑ̃t] *adj* ungewöhnlich

abrasif [abʀazif] *m* Schleifmittel *nt*

abrégé [abʀeʒe] *m* ❶ gekürzte Fassung *f;* **en** ~ abgekürzt ❷ *(ouvrage)* Abriss *m*

abréger [abʀeʒe] <2a, 5> *vt* verkürzen

abreuver [abʀœve] <1> **I.** *vt* ~ **qn de compliments** jdn mit Komplimenten überhäufen **II.** *vpr (boire)* **s'~** trinken

abreuvoir [abʀœvwaʀ] *m* ❶ *(lieu)* Tränke *f* ❷ *(auge)* Wassertrog *m* ❸ *(dans l'étable, le poulailler)* Tränkrinne *f* ❹ *(dans une cage)* [kleiner] Trinknapf *m*

abréviation [abʀevjasjɔ̃] *f* Abkürzung *f*

abri [abʀi] *m* ❶ Schutz *m* ❷ MIL Unterstand *m* ❸ *(lieu aménagé)* Hütte *f* ▶ **être à l'~** *(personne)* in Sicherheit sein; *(vélo)* untergestellt sein

abribus® [abʀibys] *m* Wartehäuschen *nt*

abricot [abʀiko] **I.** *m* Aprikose *f,* Marille *f* (A) **II.** *adj inv* aprikosenfarben

abricotier [abʀikɔtje] *m* Aprikosenbaum *m*

abriter [abʀite] <1> **I.** *vt* ❶ schützen vor *(+dat)* ❷ *(héberger)* beherbergen **II.** *vpr* ❶ **s'~** sich unterstellen ❷ *fig* **s'~ derrière qn/qc** sich hinter jdm/etw verstecken

abroger [abʀɔʒe] <2a> *vt* aufheben

abrupt(e) [abʀypt] *adj* steil

abruti(e) [abʀyti] **I.** *adj* blöd **II.** *m(f) fam* Idiot(in) *m(f)*

abrutir [abʀytiʀ] <8> *vt (bruit, soleil)* benommen machen; ~ **qn de travail** jdn mit Arbeit überhäufen

abrutissant(e) [abʀytisɑ̃] *adj* stumpfsinnig; *(musique)* [ohren]betäubend

abrutissement [abʀytismɑ̃] *m* Benommenheit *f;* **travailler jusqu'à l'~** arbeiten, bis man nicht mehr klar denken kann

A.B.S. [abeɛs] *m abr de* **Anti Blockier System** ABS *nt*

absence [apsɑ̃s] *f* Abwesenheit *f*

absent(e) [apsɑ̃] **I.** *adj* ❶ abwesend ❷ *(air)* [geistes]abwesend **II.** *m(f)*

Abwesende(r) *f(m)*
absentéisme [apsɑ̃teism] *m (d'un élève)* häufiges Fernbleiben vom Unterricht
absenter [apsɑ̃te] <1> *vpr* **s'~** weggehen
absinthe [apsɛ̃t] *f* Absinth *m*
absolu [apsɔly] *m* **l'~** das Absolute
absolu(e) [apsɔly] *adj* absolut
absolument [apsɔlymɑ̃] *adv* ❶ unbedingt; **~ pas** überhaupt nicht ❷ *(remarquable)* ganz; *(vrai)* vollkommen ▸ **~!** genau!; **mais ~!** aber sicher!
absorbant(e) [apsɔʀbɑ̃] *adj* saugfähig
absorber [apsɔʀbe] <1> *vt* ❶ zu sich nehmen ❷ *(s'imbiber)* aufsaugen ❸ ECON übernehmen ❹ *(accaparer)* in Anspruch nehmen
absorption [apsɔʀpsjɔ̃] *f* Einnahme *f*
absoudre [apsudʀ] <irr> *vt* REL **~ qn** jdm [die] Absolution erteilen
abstenir [apstəniʀ] <9> *vpr* ❶ **s'~ de qc** auf etw *(akk)* verzichten ❷ *(ne pas voter)* **s'~** sich der Stimme *(gen)* enthalten
abstention [apstɑ̃sjɔ̃] *f* [Stimm]enthaltung *f*
abstentionniste [apstɑ̃sjɔnist] **I.** *adj (électorat)* wahlmüde **II.** *mf* Nichtwähler(in) *m(f)*
abstinence [apstinɑ̃s] *f* Enthaltsamkeit *f*
abstraction [apstʀaksjɔ̃] *f* **faire ~ de qc** etw außer Acht lassen
abstraire [apstʀɛʀ] <irr> *vt* ❶ *(schématiser)* abstrahieren ❷ *(isoler par la pensée)* absehen von *(+dat)*
abstrait [apstʀɛ] *m* Abstrakte *nt*
abstrait(e) [apstʀɛ] *adj* abstrakt
absurde [apsyʀd] *adj* absurd
absurdité [apsyʀdite] *f* ❶ Absurdität *f* ❷ *(bêtise)* Unsinn *m*
abus [aby] *m* ❶ **~ d'alcool** übermäßiger Alkoholgenuss *m* ❷ *(usage abusif)* Missbrauch *m;* **~ de biens sociaux** Unterschlagung *f*
abuser [abyze] <1> **I.** *vi* ❶ übertreiben; **~ de l'alcool** zu viel trinken ❷ *(faire un usage excessif)* **~ de son pouvoir** seine Macht missbrauchen ❸ *(exploiter)* **~ de la confiance de qn** jds Vertrauen ausnutzen ❹ *(violer)* **~ de qn** jdn missbrauchen *(geh)* **II.** *vpr* **si je ne m'abuse** wenn ich [mich] nicht irre
abusif, -ive [abyzif] *adj* übermäßig
acacia [akasja] *m* Akazie *f*
académicien(ne) [akademisjɛ̃] *m(f)* Mitglied *nt* der Académie française
académie [akademi] *f* ❶ Akademie *f* ❷ SCOL, UNIV Schule *f*
Académie [akademi] *f* Akademie *f;* **l'~ française** die Académie française
académique [akademik] *adj (de l'Académie française)* der Académie française
acajou [akaʒu] *m (bois)* Mahagoni *nt*
accablant(e) [akɑblɑ̃] *adj* drückend
accabler [akɑble] <1> *vt* ❶ **~ qn** auf jdm lasten ❷ *(imposer)* **~ le peuple d'impôts** dem Volk [zu] hohe Steuern aufbürden ❸ *(confondre)* **~ qn** jdn belasten
accalmie [akalmi] *f a.* METEO [vorübergehendes] Nachlassen *nt*
accaparer [akapaʀe] <1> *vt (conversation)* an sich *(akk)* reißen; *(attention)* auf sich *(akk)* ziehen
accéder [aksede] <5> *vi* ❶ gelangen zu ❷ *(atteindre)* **~ à un poste** eine Stelle erlangen
accélérateur [akseleʀatœʀ] *m* Gaspedal *nt*
accélération [akseleʀasjɔ̃] *f* Beschleunigung *f*
accéléré [akseleʀe] *m* Zeitraffer *m*
accélérer [akseleʀe] <5> **I.** *vt, vi* beschleunigen **II.** *vpr* **s'~** schneller gehen
accent [aksɑ̃] *m* ❶ **e ~ aigu/grave/circonflexe** e Akut *m*/Gravis *m*/Zirkumflex *m* ❷ *(manière de prononcer)* Akzent *m* ❸ *(accentuation)* Betonung *f*
accentuation [aksɑ̃tɥasjɔ̃] *f* ❶ Verschlimmerung *f* ❷ LING Setzen *nt* der Akzente
accentué(e) [aksɑ̃tɥe] *adj* betont
accentuer [aksɑ̃tɥe] <1> **I.** *vt* betonen

A

II. *vpr* **s'~** sich verstärken
acceptable [aksɛptabl] *adj* akzeptabel
acceptation [aksɛptasjɔ̃] *f* Zustimmung *f*
accepter [aksɛpte] <1> I. *vt* annehmen II. *vi* akzeptieren
accès [aksɛ] *m* ❶ Eingang *m; (pour véhicules)* Zufahrt *f;* ~ **interdit** kein Zutritt ❷ *(action d'accéder à une position)* ~ **à un poste** Zugang *m* zu einer Stelle ❸ *(crise)* Anfall *m* ❹ INFORM Zugang *m*
accessible [aksesibl] *adj* ❶ zugänglich ❷ *(compréhensible)* verständlich ❸ *(prix)* erschwinglich
accession [aksesjɔ̃] *f* ~ **à qc** Erlangen *nt* einer S. *(gen);* ~ **à la propriété** Erwerb *m* von [Wohnungs]eigentum
accessoire [akseswaʀ] I. *adj* nebensächlich II. *m* ❶ Zubehörteil *nt* ❷ COUT Accessoire *nt* ❸ THEAT, CINE Requisit *nt*
accessoirement [akseswaʀmɑ̃] *adv* nebenbei
accessoiriste [akseswaʀist] *mf* Requisiteur(in) *m(f)*
accident [aksidɑ̃] *m* Unfall *m;* ~ **de parcours** Missgeschick *nt*
accidenté(e) [aksidɑ̃te] I. *adj* ❶ *(inégal)* uneben ❷ *(personne)* verunglückt; **voiture ~e** Unfallwagen *m* II. *m(f)* Verunglückte(r) *f(m)*
accidentel(le) [aksidɑ̃tɛl] *adj (dû au hasard)* zufällig; **mort ~le** Unfalltod *m*
accidentellement [aksidɑ̃tɛlmɑ̃] *adv* ❶ *(par hasard)* zufällig ❷ *(dans un accident)* **mourir** ~ tödlich verunglücken
acclamation [aklamasjɔ̃] *f* Jubel *m*
acclamer [aklame] <1> *vt* ~ **qn** jdm zujubeln
acclimatation [aklimatasjɔ̃] *f* Akklimatisierung *f*
acclimater [aklimate] <1> *vpr* **s'~** sich gewöhnen an *(+akk)*
accolade [akɔlad] *f* ❶ *(embrassade)* feierliche Umarmung *f* ❷ TYP geschweifte Klammer *f*
accoler [akɔle] <1> *vt* anhängen an *(+akk)*
accommodant(e) [akɔmɔdɑ̃] *adj (patron, directeur)* entgegenkommend
accommodation [akɔmɔdasjɔ̃] *f* ❶ *(adaptation)* ~ **à une nouvelle vie** Anpassung *f* an ein neues Leben ❷ GASTR [Art *f* der] Zubereitung *f*
accommoder [akɔmɔde] <1> I. *vt* GASTR zubereiten II. *vpr* **s'~ de qc** mit etw zufrieden sein
accompagnateur, -trice [akɔ̃paɲatœʀ] *m, f* Begleiter(in) *m(f)*
accompagnement [akɔ̃paɲmɑ̃] *m* MUS Begleitung *f*
accompagner [akɔ̃paɲe] <1> *vt* begleiten
accompli(e) [akɔ̃pli] *adj* perfekt
accomplir [akɔ̃pliʀ] <8> I. *vt* erledigen II. *vpr* **s'~** sich erfüllen
accomplissement [akɔ̃plismɑ̃] *m (d'un travail, d'une tâche)* Erledigung *f*
accord [akɔʀ] *m* ❶ *(consentement)* Einverständnis *nt;* **donner son ~ à qn** jdm seine Zustimmung geben; **d'~!** einverstanden! ❷ *(convention)* Vereinbarung *f* ❸ *(entente)* Einvernehmen ❹ MUS Akkord *m*
accordéon [akɔʀdeɔ̃] *m* Akkordeon *nt*
accordéoniste [akɔʀdeɔnist] *mf* Akkordeonspieler(in) *m(f)*
accorder [akɔʀde] <1> I. *vt* ❶ *(crédit)* gewähren; *(permission)* erteilen; *(faveur)* erweisen ❷ *(attribuer)* ~ **de l'importance à qc** einer S. *(dat)* Gewicht beilegen ❸ MUS stimmen II. *vpr* ❶ **s'~ avec qn** sich mit jdm einigen ❷ *(s'octroyer)* **s'~ une pause** sich *(dat)* eine Pause gönnen
accoster [akɔste] <1> I. *vi* anlegen II. *vt* ❶ *(aborder)* ansprechen ❷ NAUT anlegen an *(+dat)*
accouchement [akuʃmɑ̃] *m* Geburt *f*
accoucher [akuʃe] <1> I. *vi* MED entbinden; ~ **d'une fille** ein Mädchen zur Welt bringen ▶ **allez, accouche!** *fig* los, raus damit! II. *vt* ~ **qn** jdn entbinden
accoucheur, -euse [akuʃœʀ, -øz] *m, f*

Hebamme *f*

accouder [akude] <1> *vpr* **s'~ à qc** sich mit den Ellbogen auf etw *(akk)* stützen

accoudoir [akudwaʀ] *m* Armlehne *f*

accouplement [akupləmɑ̃] *m* ❶ ZOOL Paarung *f* ❷ *péj (sexe)* Nummer *f (fam)* ❸ *(fait d'accoupler)* Ankuppeln *nt* ❹ *(dispositif)* Kupplung *f*

accoupler [akuple] <1> **I.** *vpr* ZOOL **s'~** sich paaren **II.** *vt* ZOOL paaren mit

accourir [akuʀiʀ] <irr> *vi* + *avoir o être* herbeieilen

accoutrement [akutʀəmɑ̃] *m* Aufmachung *f*

accoutrer [akutʀe] <1> *vpr* **s'~** sich ausstaffieren

accoutumance [akutymɑ̃s] *f* Gewöhnung *f*

accoutumé(e) [akutyme] *adj* gewohnt

accoutumer [akutyme] <1> *vt* **~ son mari à qc/à faire qc** *(habituer)* seinen Mann an etw *(akk)* gewöhnen/daran gewöhnen, etw zu tun

accro [akʀo] *abr de* **accroché I.** *adj fam* süchtig **II.** *mf fam* ❶ Junkie *m* ❷ *(passionné)* Fan *m*

accroc [akʀo] *m* Riss *m*

accrochage [akʀɔʃaʒ] *m* [leichter] Zusammenstoß *m*

accroche [akʀɔʃ] *f* MEDIA Blickfang *m*

accrocher [akʀɔʃe] <1> **I.** *vt* ❶ *(suspendre)* aufhängen ❷ *(déchirer)* hängen bleiben mit ❸ *(entrer en collision)* streifen **II.** *vpr* ❶ *(se tenir à qc)* **s'~ à qc** sich an etw *(dat)* festklammern ❷ *(se faire un accroc)* **s'~ à qc** an etw *(dat)* hängen bleiben ❸ *(persévérer)* **s'~** durchhalten ❹ *(se disputer)* **s'~ avec qn** sich mit jdm in die Haare kriegen

accrocheur, -euse [akʀɔʃœʀ, -øz] *adj* **titre ~/publicité accrocheuse** Titel, der/Werbung, die Aufmerksamkeit erregt

accroissement [akʀwasmɑ̃] *m* Zunahme *f*

accroître [akʀwɑtʀ] <irr> **I.** *vt* vermehren **II.** *vpr* **s'~** zunehmen

accroupir [akʀupiʀ] <8> *vpr* **s'~** in die Hocke gehen; **être accroupi** kauern

A

accru(e) [akʀy] *adj* höher

accu [aky] *m souvent pl abr de* **accumulateur** *fam* Akku *m*

accueil [akœj] *m* Empfang *m*

accueillant(e) [akœjɑ̃] *adj* freundlich

accueillir [akœjiʀ] <irr> *vt* empfangen

accumulateur [akymylatœʀ] *m* Akku *m*

accumulation [akymylasjɔ̃] *f* Anhäufung *f*

accumuler [akymyle] <1> **I.** *vt* anhäufen **II.** *vpr* **s'~** sich sammeln

accusateur, -trice [akyzatœʀ] **I.** *adj* anklagend **II.** *m, f* Ankläger(in) *m(f)*

accusatif [akyzatif] *m* LING Akkusativ *m*

accusation [akyzasjɔ̃] *f* Anschuldigung *f;* JUR Anklage *f*

accusé(e) [akyze] *m(f)* JUR Angeklagte(r) *f(m)*

accuser [akyze] <1> *vt* beschuldigen; JUR anklagen

ace [ɛs] *m* SPORT Ass *nt*

acerbe [asɛʀb] *adj (ton, paroles)* scharf, hart

acéré(e) [aseʀe] *adj (griffes, couteau)* scharf

acétate [asetat] *m* CHIM Azetat *nt*

acétone [asetɔn] *f* CHIM Azeton *nt*

acharné(e) [aʃaʀne] *adj* verbissen

acharnement [aʃaʀnəmɑ̃] *m* Hartnäckigkeit *f*

acharner [aʃaʀne] <1> *vpr* **s'~ sur qn** von jdm nicht ablassen

achat [aʃa] *m* Kauf *m;* **faire des ~s** einkaufen

acheminer [aʃ(ə)mine] <1> *vt* befördern

acheter [aʃ(ə)te] <4> **I.** *vt* **~ qc chez qn** etw bei jdm [ein]kaufen **II.** *vpr* **s'~ qc** sich *(dat)* etw kaufen

acheteur, -euse [aʃtœʀ] *m, f* Käufer(in) *m(f)*

achèvement [aʃɛvmɑ̃] *m* Fertigstellung *f*

achever [aʃ(ə)ve] <4> *vt* ❶ *(œuvre)* vollenden ❷ *(tuer)* töten

acide [asid] **I.** *adj* sauer **II.** *m* CHIM Säure *f*

acidité [asidite] *f* saurer Geschmack *m*

acidulé(e) [asidyle] *adj (goût, bonbon)* säuerlich

acier [asje] *m* ❶ Stahl *m* ❷ *(industrie)* **l'~** die Stahlindustrie

aciérie [asjeʀi] *f* Stahlwerk *nt*

acné [akne] *f* Akne *f*

acolyte [akɔlit] *m péj* Komplize *m*

acompte [akɔ̃t] *m* Anzahlung *f*

Açores [asɔʀ] *fpl* **les ~** die Azoren

à-côté [akote] <à-côtés> *m* Nebensächlichkeit *f*

à-coup [aku] <à-coups> *m* Ruck *m*

acoustique [akustik] *f sans pl* Akustik *f*

acquéreur [akeʀœʀ] *m* Käufer *m*

acquérir [akeʀiʀ] <irr> *vt* ❶ erwerben ❷ *(expérience)* sammeln

acquiescer [akjese] <2> *vi* zustimmen

acquis [aki] *mpl* Errungenschaften *Pl*

acquis(e) [aki] **I.** *part passé de* **acquérir** **II.** *adj* ❶ erworben ❷ *(reconnu)* feststehend; **considérer qc comme ~** etw als gesichert betrachten

acquisition [akizisjɔ̃] *f* ❶ *(action)* Erwerb *m* ❷ *(objet acquis)* Anschaffung *f*

acquittement [akitmɑ̃] *m* Freispruch *m*

acquitter [akite] <1> **I.** *vt* freisprechen **II.** *vpr* **s'~ d'une dette** eine Schuld begleichen; **s'~ d'une fonction** eine Funktion ausüben

âcre [ɑkʀ] *adj* herb

acrobate [akʀɔbat] *mf* Akrobat(in) *m(f)*

acrobatie [akʀɔbasi] *f (tour)* Akrobatenstück *nt;* **~ aérienne** Kunstflug *m*

acrobatique [akʀɔbatik] *adj* akrobatisch

acrylique [akʀilik] **I.** *adj* acrylhaltig **II.** *m* Acryl *nt*

acte [akt] *m* ❶ *(action)* Tat *f,* Handlung *f* ❷ JUR Urkunde *f;* **~ de naissance** Geburtsurkunde; **~ d'origine** CH Heimatschein (CH) ❸ THEAT Akt *m*

acteur, -trice [aktœʀ] *m, f* Schauspieler(in) *m(f)*

actif, -ive [aktif] **I.** *adj* ❶ aktiv ❷ ECON erwerbstätig **II.** *m, f* Erwerbstätige(r) *f(m)*

action [aksjɔ̃] *f* ❶ Tat *f* ❷ *sans pl (fait d'agir)* Handeln *nt* ❸ CINE, THEAT Handlung *f* ❹ FIN Aktie *f*

actionnaire [aksjɔnɛʀ] *mf* Aktionär(in) *m(f)*

actionnement [aksjɔnmɑ̃] *m (d'un levier)* Betätigung *f; (d'une machine)* Ingangsetzung *f*

actionner [aksjɔne] <1> *vt* betätigen

activation [aktivasjɔ̃] *f* Aktivierung *f*

activement [aktivmɑ̃] *adv* aktiv

activer [aktive] <1> **I.** *vt* ❶ *(feu)* anfachen; *(processus)* beschleunigen ❷ INFORM aktivieren **II.** *vi* ein bisschen schneller machen; **faire ~ qn** jdn antreiben **III.** *vpr* **s'~** geschäftig hin und her sausen

activiste [aktivist] **I.** *adj* aktivistisch **II.** *mf* Aktivist(in) *m(f)*

activité [aktivite] *f* ❶ *sans pl (fait d'être actif)* Aktivität *f* ❷ *(professionnelle)* Tätigkeit *f;* **~ économique** Wirtschaft *f*

actrice [aktʀis] *f v.* **acteur**

actu [akty] *f abr de* **actualité** *fam* News *Pl*

actualisation [aktɥalizasjɔ̃] *f* Aktualisierung *f*

actualiser [aktɥalize] <1> *vt* aktualisieren

actualité [aktɥalite] *f* ❶ *sans pl* Aktualität *f;* **d'~** aktuell ❷ *sans pl (événements)* Zeitgeschehen *nt* ❸ *pl* TV, RADIO Nachrichten *Pl*

actuel(le) [aktɥɛl] *adj* aktuell; *(directeur)* jetzig

actuellement [aktɥɛlmɑ̃] *adv* zurzeit

acuité [akɥite] *f* ❶ *(de la douleur)* Heftigkeit *f; (du son)* Intensität *f* ❷ *(sensibilité)* Schärfe *f*

acuponcteur, -trice [akypɔ̃ktœʀ, -tʀis] *m, f* Akupunkteur(in) *m(f)*

acuponcture, acupuncture [akypɔ̃ktyʀ] *f* Akupunktur *f*

adage [adaʒ] *m* geflügeltes Wort *nt*

adaptable [adaptabl] *adj* passend

adaptateur [adaptatœʀ] *m* TECH Adapter *m*

adaptation [adaptasjɔ̃] *f* ❶ *sans pl* Anpassung *f* ❷ CINE, THEAT Bearbeitung *f*

adapter [adapte] <1> **I.** *vt* ❶ *(embout)* anbringen ❷ CINE, THEAT bearbeiten **II.** *vpr* **s'~** sich anpassen

addictif, -ive [adiktif, -iv] *adj* Sucht-; **la substance addictive** das Suchtmittel

addiction [adiksjɔ̃] *f* Sucht *f;* **~ à la nicotine** Nikotinsucht

additif [aditif] *m (supplément)* Zusatz *m*

addition [adisjɔ̃] *f* ❶ Addition *f* ❷ *(facture)* Rechnung *f* ❸ *(ajout)* Hinzufügen *nt*

additionner [adisjɔne] <1> **I.** *vt* zusammenzählen **II.** *vpr* **s'~** sich summieren

adepte [adɛpt] *mf* Anhänger(in) *m(f)*

adéquat(e) [adekwa] *adj* passend

adhérence [adeʀɑ̃s] *f* Haftung *f*

adhérent(e) [adeʀɑ̃] **I.** *adj* haften **II.** *m(f)* Mitglied *nt*

adhérer [adeʀe] <5> *vi* ❶ festkleben ❷ *(approuver)* **~ à qc** einer S. zustimmen ❸ *(devenir membre de)* **~ à un parti** einer Partei beitreten

adhésif [adezif] *m* ❶ Heftpflaster *nt* ❷ *(ruban adhésif)* Klebeband *nt*

adhésif, -ive [adezif] *adj* haftend

adhésion [adezjɔ̃] *f* ❶ Zustimmung *f* ❷ *(inscription)* Beitritt *m* ❸ *(fait d'être membre)* Mitgliedschaft *f*

adieu [adjø] <x> **I.** *m* **les ~x** Abschied *m* **II.** *interj* lebe wohl!/leben Sie wohl!

adjectif [adʒɛktif] *m* Adjektiv *nt;* **~ épithète** Attribut *nt*

adjectival(e) [adʒɛktival, -o] <-aux> *adj* adjektivisch

adjoindre [adʒwɛ̃dʀ] <irr> *vt (ajouter)* **~ qc à une chose** etw zu einer S. hinzufügen, einer S. *(akk)* etw hinzufügen

adjoint(e) [adʒwɛ̃] **I.** *adj* stellvertretend **II.** *m(f)* Assistent(in) *m(f)*

adjonction [adʒɔ̃ksjɔ̃] *f* TECH **l'~ à qc** *(à l'extérieur)* das Anbringen an etw; *(à l'intérieur)* der Einbau in etw

adjudant [adʒydɑ̃] *m* Hauptfeldwebel *m*

adjudication [adʒydikasjɔ̃] *f (vente aux enchères)* Versteigerung *f*

adjuger [adʒyʒe] <2a> *vt* **être adjugé à qn** an jdn gehen ▸ **une fois, deux fois, trois fois, adjugé!** zum Ersten, zum Zweiten, zum Dritten!

adjuvant [adʒyvɑ̃] *m (médicament)* unterstützendes Mittel

admettre [admɛtʀ] <irr> *vt* ❶ dulden ❷ SCOL, UNIV zulassen ❸ *(reconnaître)* zugeben ❹ *(supposer)* annehmen; **en admettant que...** vorausgesetzt, dass...

administrateur, -trice [administʀatœʀ] *m, f* Verwalter(in) *m(f)*

administratif, -ive [administʀatif] *adj (démarche)* administrativ; **services ~s** Verwaltung *f*

administration [administʀasjɔ̃] *f sans pl* Verwaltung *f*

Administration [administʀasjɔ̃] *f* **l'~** die Verwaltung

administré(e) [administʀe] *m(f)* **chers ~s!** liebe Mitbürger!

administrer [administʀe] <1> *vt* ❶ verwalten; *(pays)* regieren ❷ *(médicament)* verabreichen

admirable [admiʀabl] *adj* bewundernswert

admirablement [admiʀabləmɑ̃] *adv* sehr gut

admirateur, -trice [admiʀatœʀ] *m, f* Bewunderer, Bewund[r]erin *m, f*

admiratif, -ive [admiʀatif] *adj* bewundernd

admiration [admiʀasjɔ̃] *f sans pl* Bewunderung *f*

admirer [admiʀe] <1> *vt* bewundern

admissible [admisibl] *adj* akzeptabel; *(candidat)* zugelassen

admission [admisjɔ̃] *f* ❶ *sans pl* **~ dans un club** Aufnahme *f* in einem Klub; **~ dans une discothèque** Zutritt *m* zu einer Diskothek ❷ SCOL, UNIV Zulassung *f*

ADN [adeɛn] *m abr de* **acide désoxyribonucléique** DNS *f*

A

ado [ado] *mf fam abr de* **adolescent**
adolescence [adɔlesɑ̃s] *f* Jugend *f*
adolescent(e) [adɔlesɑ̃] **I.** *adj* jugendlich **II.** *m(f)* Jugendliche(r) *f(m)*
adonner [adɔne] <1> *vpr* **s'~ à la boisson/au jeu** dem Alkohol/dem Spiel verfallen
adopter [adɔpte] <1> *vt* ❶ *(enfant)* adoptieren ❷ *(point de vue)* einnehmen; *(loi)* verabschieden
adoptif, -ive [adɔptif] *adj* Adoptiv-; **enfant ~** Adoptivkind *nt*
adoption [adɔpsjɔ̃] *f* ❶ JUR Adoption *f* ❷ *(approbation)* Annahme *f*
adorable [adɔʀabl] *adj* süß; *(gentil)* sehr lieb
adorateur, -trice [adɔʀatœʀ, -tʀis] *m, f (d'une divinité)* Anbeter(in) *m(f)*; *(d'une divinité, femme)* Verehrer(in) *m(f)*; *(d'un objet)* Liebhaber(in) *m(f)*
adoration [adɔʀasjɔ̃] *f sans pl* Verehrung *f*
adorer [adɔʀe] <1> *vt* ❶ sehr mögen; *(musique)* schwärmen für; **~ faire qc** etw sehr gern tun ❷ REL anbeten
adosser [adose] <1> *vpr* **s'~ à qc** sich [mit dem Rücken] an etw *(akk)* lehnen
adoucir [adusiʀ] <8> **I.** *vt (linge)* weich machen; *(voix)* dämpfen; *(peine)* lindern **II.** *vpr* **s'~** milder werden
adoucissant [adusisɑ̃] *m* Weichspüler *m*
adrénaline [adʀenalin] *f* Adrenalin *nt*
adresse[1] [adʀɛs] *f a.* INFORM Adresse *f*; **changer d'~** umziehen; **~ de messagerie** E-Mail-Adresse
adresse[2] [adʀɛs] *f sans pl* Geschicklichkeit *f*
adresser [adʀese] <1> **I.** *vt* ❶ schicken ❷ *(parler)* **~ la parole à qn** jdn ansprechen **II.** *vpr* **s'~ à qn** sich an jdn wenden
Adriatique [adʀijatik] *f* **l'~** die Adria
adroit(e) [adʀwa] *adj* geschickt
adroitement [adʀwatmɑ̃] *adv* geschickt
adulescent(e) [adylɛsɑ̃] **I.** *adj* mit jugendlichem Lebensstil **II.** *m(f) Erwachsene(r) zwischen 18 und 30 Jahren mit jugendlichem Lebensstil*
adulte [adylt] **I.** *adj* erwachsen **II.** *mf* Erwachsene(r) *f(m)*
adultère [adyltɛʀ] *m* Ehebruch *m*
advenir [advəniʀ] <9> **I.** *vi* geschehen **II.** *vi impers* **que va-t-il ~ de moi?** was wird aus mir?
adverbe [advɛʀb] *m* Adverb *nt*
adverbial(e) [advɛʀbjal] <-aux> *adj* adverbial
adversaire [advɛʀsɛʀ] *mf* Gegner(in) *m(f)*
adverse [advɛʀs] *adj* feindlich; *(équipe)* gegnerisch
adversité [advɛʀsite] *f sans pl, soutenu* Unglück *nt*
aération [aeʀasjɔ̃] *f sans pl* Lüftung *f*
aéré(e) [aeʀe] *adj (pièce)* gelüftet; *(clair)* luftig
aérer [aeʀe] <5> **I.** *vt* [aus]lüften **II.** *vpr* **s'~** frische Luft schnappen *(fam)*
aérien(ne) [aeʀjɛ̃] *adj* Luft-; **transport ~** Lufttransport *m*; **compagnie ~ne** Fluggesellschaft *f*
aérobic [aeʀɔbik] *f* Aerobic *nt kein Art*
aérodrome [aeʀodʀom] *m* Flugplatz *m*
aérodynamique [aeʀodinamik] *adj* aerodynamisch
aérodynamisme [aeʀodinamism] *m* Aerodynamik *f*
aérogare [aeʀogaʀ] *f* Flughafen[gebäude *nt*] *m*; *(terminal)* Terminal *nt o m*
aéroglisseur [aeʀoglisœʀ] *m* Luftkissenfahrzeug *nt*
aéronautique [aeʀonotik] *f sans pl* Luftfahrt *f*
aéronaval(e) [aeʀonaval] <s> *adj* zur Marine und zur Luftfahrt zugehörig
Aéronavale [aeʀonaval] *f* **l'~** *die Luftwaffe der französischen Marine*
aéroport [aeʀopɔʀ] *m* Flughafen *m*
Aéropostale [aeʀopɔstal] *f ehemalige französische Luftpostgesellschaft (1927 - 1933)*
aérosol [aeʀosɔl] *m* Spray *nt o m*
aérospatial(e) [aeʀospasjal] <-aux>

adj **recherche ~e** Weltraumforschung *f*
aérospatiale [aeʀospasjal] *f* Luft- und Raumfahrtindustrie *f*
affable [afabl] *adj* freundlich
affabulation [afabylasjɔ̃] *f* Lügenmärchen *nt*
affaiblir [afebliʀ] <8> I. *vt* schwächen II. *vpr* **s'~** nachlassen
affaiblissement [afeblismɑ̃] *m* Schwächung *f*
affaire [afɛʀ] *f* ❶ Angelegenheit *f;* **c'est mon ~** das ist meine Sache ❷ *pl (commerce)* Geschäfte *Pl* ❸ *pl (effets personnels)* Sachen *Pl* ▶ **avoir ~ à qn/qc** es mit jdm/etw zu tun haben
affaissement [afɛsmɑ̃] *m* Senkung *f*
affaisser [afese] <1> *vpr* **s'~** sich senken
affaler [afale] <1> *vpr* **s'~ dans un fauteuil** sich in einen Sessel fallen lassen
affamé(e) [afame] *adj* hungrig
affectation [afɛktasjɔ̃] *f* ❶ *sans pl (mise à disposition)* **l'~ d'une somme à qc** die Verwendung einer Summe für etw ❷ *(nomination)* Einstellungsbescheid *m*
affecté(e) [afɛkte] *adj* unecht
affecter [afɛkte] <1> *vt* ❶ vortäuschen ❷ *(nommer)* **~ qn à un poste** jdn in eine Position stellen ❸ *(émouvoir)* **~ qn** jdm nahegehen
affectif, -ive [afɛktif] *adj* Gefühls-; **vie affective** Gefühlsleben *nt*
affection [afɛksjɔ̃] *f* ❶ Zuneigung *f* ❷ MED Erkrankung *f*
affectionner [afɛksjɔne] <1> *vt* bevorzugen
affectueusement [afɛktɥøzmɑ̃] *adv* liebevoll; **je vous embrasse ~** liebe Grüße [und Küsse]
affectueux, -euse [afɛktɥø] *adj* liebevoll
affichage [afiʃaʒ] *m* ❶ *sans pl* Anschlagen *nt;* **~ électoral** Wahlplakate *Pl* ❷ *(moyen de renseigner: des départs)* Anzeigetafel *f* ❸ INFORM Anzeige *f*
affiche [afiʃ] *f* ❶ Plakat *nt;* ADMIN Aushang *m* ❷ *sans pl* THEAT [Theater]programm *nt;* **être à l'~** auf dem Spielplan stehen
afficher [afiʃe] <1> I. *vt* ❶ *(placarder)* aufhängen; *(résultat)* aushängen ❷ INFORM, TECH anzeigen ❸ *(opinions politiques)* bekannt geben II. *vi* **défense d'~!** Plakate ankleben verboten! III. *vpr* **s'~** sich zur Schau stellen
affilée [afile] ▶ **d'~** ununterbrochen, ohne Pause
affiliation [afiljasjɔ̃] *f* ❶ *(adhésion)* **~ à un parti** Eintritt *m* in eine Partei; **~ à une fédération** Beitritt *m* zu einer Föderation ❷ *(admission)* **~ à un parti/club** Aufnahme *f* in einer Partei/einem Klub; **~ à une fédération** Anschluss *m* an eine Föderation ❸ *(fait d'être membre)* **~ à qc** Mitgliedschaft *f* in etw *(dat)* Zugehörigkeit *f* zu etw *(dat)*
affilié(e) [afilje] I. *adj* **être ~ à la Sécurité sociale** in der gesetzlichen Krankenkasse sein II. *m(f)* Mitglied *nt*
affiner [afine] <1> *vt* verfeinern
affinité [afinite] *f* Gemeinsamkeit *f*
affirmatif [afiʀmatif] *interj fam* ja[wohl]; TELEC positiv
affirmatif, -ive [afiʀmatif] *adj* zustimmend; **être ~** sich sicher sein
affirmation [afiʀmasjɔ̃] *f* Behauptung *f*
affirmative [afiʀmativ] *f sans pl* **répondre par l'~** bejahen
affirmativement [afiʀmativmɑ̃] *adv* mit ja
affirmer [afiʀme] <1> *vt* ❶ behaupten ❷ *(originalité)* beweisen
affligé(e) [afliʒe] *adj* **être ~ de qn/qc** unter jdm/etw *(akk)* leiden
affligeant(e) [afliʒɑ̃, ʒɑ̃t] *adj* traurig, betrüblich
affluence [aflyɑ̃s] *f sans pl* Andrang *m*
affluent [aflyɑ̃] *m* Zufluss *m*
affluer [aflye] <1> *vi* [zusammen]strömen
afflux [afly] *m sans pl* Ansturm *m*
affolant(e) [afɔlɑ̃, ɑ̃t] *adj* beängstigend,

A

erschreckend; *fam (incroyable)* verrückt

affolé(e) [afɔle] *adj (personne, foule)* von panischer Angst ergriffen; *(animal)* zu Tode erschrocken; **être** ~ in Panik sein *(fam)*

affolement [afɔlmɑ̃] *m sans pl* Panik *f*

affoler [afɔle] <1> **I.** *vt* sehr erschrecken **II.** *vpr* **s'**~ in Panik geraten

affranchi(e) [afʀɑ̃ʃi] *adj (esclave, serf)* freigelassen

affranchir [afʀɑ̃ʃiʀ] <8> *vt* ❶ POST frankieren ❷ *(esclave)* freilassen

affranchissement [afʀɑ̃ʃismɑ̃] *m* Frankieren *nt*

affréter [afʀete] <5> *vt* ❶ *(donner en location)* vermieten ❷ *(prendre en location)* mieten

affreusement [afʀøzmɑ̃] *adv* furchtbar

affreux, -euse [afʀø] *adj* ❶ furchtbar hässlich ❷ *(horrible)* schrecklich

affront [afʀɔ̃] *m soutenu* Beleidigung *f*

affrontement [afʀɔ̃tmɑ̃] *m* Konfrontation *f*

affronter [afʀɔ̃te] <1> **I.** *vt* ❶ *a.* SPORT ~ **qn** jdm gegenübertreten ❷ *(situation difficile)* konfrontiert werden mit **II.** *vpr* **s'**~ aufeinandertreffen

affût [afy] *m* ❶ CHASSE *(endroit)* Hochsitz *m* ❷ *(attente)* Warten *nt* ▸ **être à l'**~ auf der Lauer liegen

affûter [afyte] <1> *vt* schärfen

afghan [afgɑ̃] *m* Afghanisch *nt; v.a.* **allemand**

afghan(e) [afgɑ̃] *adj* afghanisch; *v.a.* **allemand**

Afghan(e) [afgɑ̃] *m(f)* Afghane, Afghanin *m, f*

Afghanistan [afganistɑ̃] *m* **l'**~ Afghanistan *nt*

afin [afɛ̃] *prép* ~ **de...** um zu...; ~ **que...** + *subj* damit...

africain(e) [afʀikɛ̃] *adj* afrikanisch

Africain(e) [afʀikɛ̃] *m(f)* Afrikaner(in) *m(f)*

Afrikan[d]er [afʀikanɛʀ] *m, f* Afrik[a]ander(in) *m(f)*

afrikans [afʀikɑ̃s] *m* Afrikaans *nt; v.a.* **allemand**

Afrique [afʀik] *f* **l'**~ Afrika *nt;* **l'**~ **du Nord/Sud** Nord-/Südafrika; **l'**~ **noire** Schwarzafrika

afro-américain(e) [afʀoameʀikɛ̃] <afro-américains> *adj* afroamerikanisch **Afro-Américain(e)** [afʀoameʀikɛ̃] <Afro-Américains> *m(f)* Afroamerikaner(in) *m(f)*

after-shave [aftɛʀʃɛv] *m inv* Aftershave *nt*

agaçant(e) [agasɑ̃] *adj* äußerst ärgerlich

agacement [agasmɑ̃] *m* Ärger *m*

agacer [agase] <2> *vt* ärgern

âge [ɑʒ] *m* ❶ Alter *nt;* **à l'**~ **de 8 ans** im Alter von 8 Jahren; **quel** ~ **as-tu?** wie alt bist du? ❷ *(ère)* Zeitalter *nt* ▸ **le troisième** ~ die Senioren; ~ **de la retraite** Pensionsalter *nt*

âgé(e) [ɑʒe] *adj* alt; **un enfant** ~ **de 10 ans** ein Kind im Alter von 10 Jahren

agence [aʒɑ̃s] *f* ❶ *(bancaire)* [Bank]niederlassung *f; (commerciale)* Geschäftsstelle *f;* ~ **de voyages** Reisebüro *nt* ❷ ADMIN **l'Agence nationale pour l'emploi** Arbeitsamt *nt,* ≈ Bundesanstalt *f* für Arbeit

agencement [aʒɑ̃smɑ̃] *m* ❶ *(d'éléments)* Zusammenfügen *nt,* Zusammensetzen *nt; (de faits)* Aneinanderreihung *f* ❷ LITTER *(d'un roman, d'une phrase)* Aufbau *m*

agencer [aʒɑ̃se] <2> *vt* ❶ *(ordonner: éléments)* zusammensetzen ❷ *(structurer, combiner: phrase)* aufbauen; *(couleurs)* aufeinander abstimmen ❸ *(aménager)* **être bien agencé** gut angelegt sein ❹ *(équiper: cuisine)* einrichten

agenda [aʒɛ̃da] *m* Terminkalender *m*

agenouiller [aʒ(ə)nuje] <1> *vpr* **s'**~ sich hinknien

agent [aʒɑ̃] *m* ❶ ~ [**de police**] Polizist(in) *m(f)* ❷ ECON Vertreter(in) *m(f); (immobilier)* Makler(in) *m(f)* ❸ *a.* ART, LITTER Agent(in) *m(f)*

agglomération [aglɔmeʀasjɔ̃] *f* ❶ Ortschaft *f* ❷ *(banlieue)* Großraum *m*

agglomérer [aglɔmeʀe] <5> *vt* ❶ *(neige, sable)* anhäufen ❷ TECH *(bois)* pressen
agglutiner [aglytine] <1> *vpr* **s'~** sich sammeln
aggravant(e) [agʀavɑ̃, ɑ̃t] *adj* erschwerend
aggravation [agʀavasjɔ̃] *f* Verschlechterung *f; (du chômage)* Zunahme *f*
aggraver [agʀave] <1> **I.** *vt* verschlimmern **II.** *vpr* **s'~** schlimmer werden
agile [aʒil] *adj* geschickt
agilité [aʒilite] *f sans pl* Beweglichkeit *f*
agir [aʒiʀ] <8> **I.** *vi* ❶ handeln ❷ *(influencer)* **~ sur qn/qc** jdn/etw beeinflussen ❸ MED wirken **II.** *vpr impers* **il s'agit de qn/qc** es handelt sich um jdn/etw
agissements [aʒismɑ̃] *mpl péj* Machenschaften *Pl*
agitateur, -trice [aʒitatœʀ] *m, f* Agitator(in) *m(f)*
agitation [aʒitasjɔ̃] *f* ❶ geschäftiges Treiben ❷ *(excitation)* Aufregung *f* ❸ *(troubles)* Unruhe *f*
agité(e) [aʒite] *adj* unruhig
agiter [aʒite] <1> **I.** *vt (drapeau)* schwenken; *(mouchoir)* winken mit; *(bouteille)* schütteln **II.** *vpr* **s'~** *(s'énerver)* unruhig werden
agneau, agnelle [aɲo] <x> *m, f* Lamm *nt*
agonie [agɔni] *f* Todeskampf *m*
agoniser [agɔnize] <1> *vi* im Sterben liegen
agrafe [agʀaf] *f* ❶ COUT Haken *m* ❷ *(pour papiers)* Heftklammer *f*
agrafer [agʀafe] <1> *vt* zusammenheften
agrafeuse [agʀaføz] *f* ❶ *(pour papiers)* Heftgerät *nt* ❷ *(pour clouer)* Tacker *m*
agraire [agʀɛʀ] *adj* Agrar-; **politique ~** Agrarpolitik *f;* **réforme ~** Bodenreform *f*
agrandir [agʀɑ̃diʀ] <8> **I.** *vt* ❶ größer machen ❷ *(rendre plus large)* erweitern ❸ *(photo)* vergrößern **II.** *vpr* **s'~** größer werden; *(entreprise)* sich vergrößern
agrandissement [agʀɑ̃dismɑ̃] *m* Vergrößerung *f*
agréable [agʀeabl] *adj* angenehm
agréablement [agʀeabləmɑ̃] *adv* angenehm
agréé(e) [agʀee] *adj (expert)* zugelassen
agréer [agʀee] <1> *vt soutenu* annehmen; **veuillez ~, Madame/Monsieur, mes salutations distinguées** ≈ mit freundlichen Grüßen
agrégation [agʀegasjɔ̃] *f Staatsprüfung für Gymnasiallehrer*
agrégé(e) [agʀeʒe] **I.** *adj* **être ~** die „Agrégation" haben **II.** *m(f)* ❶ *(au lycée)* Gymnasiallehrer(in) *m(f)* mit „Agrégation" ❷ *(à l'université)* Dozent(in) *m(f)* mit „Agrégation"
agrémenter [agʀemɑ̃te] <1> *vt (pièce)* verschönern
agrès [agʀɛ] *mpl* SPORT [Turn]geräte *Pl*
agresser [agʀese] <1> *vt* überfallen; *(verbalement)* angreifen
agresseur, -euse [agʀɛsœʀ] *m, f* Angreifer(in) *m(f)*
agressif, -ive [agʀesif] *adj* aggressiv
agression [agʀesjɔ̃] *f* Überfall *m*
agressivité [agʀesivite] *f* Aggressivität *f*
agricole [agʀikɔl] *adj* landwirtschaftlich
agriculteur, -trice [agʀikyltœʀ] *m, f* Landwirt(in) *m(f)*
agriculture [agʀikyltyʀ] *f* Landwirtschaft *f*
agripper [agʀipe] <1> **I.** *vt* packen **II.** *vpr* **s'~ à qn/qc** sich an jdn/etw klammern
agroalimentaire [agʀoalimɑ̃tɛʀ] **I.** *adj* **société ~** Nahrungsmittelfirma *f;* **industrie ~** Nahrungsgüterindustrie *f* **II.** *m* Lebensmittelsektor *m*
agronomie [agʀɔnɔmi] *f* Agrarwissenschaft *f*
agrotourisme [agʀotuʀism] *m* Agrotourismus *m*
agrume [agʀym] *m* Zitrusfrucht *f*
agrumes [agʀym] *mpl* Zitrusfrüchte *Pl*

A

aguets [agɛ] **être aux** ~ auf der Lauer liegen

ah [ʼɑ] *interj* ① **~!** ah! ② *(de déception)* **~!** ach! ③ *interrog* ~ **~!** ach ja? ④ *(rire)* **~! ~!** haha! ▸ ~ **bon** *(résignation)* na ja; *(polémique)* soso; ~ **non** ach nein; ~ **oui** *(confirmation)* doch, doch

ahuri(e) [ayʀi] **I.** *adj* verblüfft **II.** *m(f) péj* Blödmann *m*

ahurissant(e) [ayʀisɑ̃] *adj* verblüffend

ai [ɛ] *indic prés de* **avoir**

aide [ɛd] **I.** *f* ① Hilfe *f*; **à l'~!** [zu] Hilfe!; **appeler à l'~** um Hilfe rufen ② *fig* **à l'~ de qc** mit Hilfe einer S. **II.** *mf* Aushilfe *f*

aide-mémoire [ɛdmemwaʀ] *m inv (feuille)* Merkzettel *m* **aide-ménagère** [ɛdmenaʒɛʀ] <aides-ménagères> *f* Haushalthilfe *f*

aider [ede] <1> **I.** *vt* ~ **qn** jdm helfen **II.** *vpr (utiliser)* **s'~ de qc** etw zu Hilfe nehmen

aide-soignante [ɛdswaɲɑ̃t] <aides-soignantes> *f* Hilfsschwester *f*

aie [ɛ] *subj prés de* **avoir**

aïe [aj] *interj* ① **~!** au! ② *(problème)* **~!** oje! ▸ ~ ~ **~!** *fam* auwei[a]!

aigle [ɛgl] *mf* Adler, Adlerweibchen *m, f*

aigre [ɛgʀ] *adj* ① sauer ② *(critique)* scharf

aigre-doux, aigre-douce [ɛgʀədu] <aigres-doux> *adj* süß-sauer

aigreur [ɛgʀœʀ] *f (saveur aigre)* saurer Geschmack *m*

aigri(e) [egʀi] *adj* verbittert

aigrir [egʀiʀ] <8> *vpr* **s'~** sauer werden

aigu(ë) [egy] *adj (angle)* spitz; *(voix)* schrill; *(douleur)* stechend

aiguillage [egɥijaʒ] *m* CHEMDFER Weiche

aiguille [egɥij] *f* Nadel *f*; *(d'une montre)* Zeiger *m*

> **Aussprache**
>
> Normalerweise bleibt das -u- nach einem -g- stumm, bei **aiguille** und verwandten Wörtern wird es aber [ɥ] wie in *huit* gesprochen.

aiguiller [egɥije] <1> *vt* CHEMDFER umsetzen

aiguillonner [egɥijɔne] <1> *vt* [mit dem Treibstock] antreiben

aiguiser [egize] <1> *vt* ① schärfen ② *(appétit)* anregen

aïkido [aikido] *m* Aikido *nt*

ail [aj] *m* Knoblauch *m*

> **Aussprache**
>
> Bei **ail** wird das -ai- nicht als offenes e artikuliert, sondern als [aj] wie in *travail*. Das -l bleibt entgegen der Regel stumm.

aile [ɛl] *f* ① Flügel *m* ② *(partie latérale: d'un véhicule)* Kotflügel *m*; *(d'un avion)* Tragfläche *f* ③ ARCHIT [Seiten]flügel *m* ▸ **voler de ses propres ~s** auf eigenen Füßen stehen

aileron [ɛlʀɔ̃] *m* Flosse *f*

ailier [elje] *m* Flügelstürmer(in) *m(f)*; ~ **droit** Rechtsaußen *m*

aille [aj] *subj prés de* **aller**[1]

ailleurs [ajœʀ] *adv* woanders; **nulle part** ~ nirgendwo anders; **partout** ~ überall sonst ▸ **d'~, …** übrigens; **par** ~ außerdem

ailloli [ajɔli] *m* Knoblauchmayonnaise *f*

aimable [ɛmabl] *adj* freundlich

aimablement [ɛmabləmɑ̃] *adv* ① *(avec politesse)* höflich ② *(avec cordialité)* freundlich

aimant [ɛmɑ̃] *m* Magnet *m*

aimanter [ɛmɑ̃te] <1> *vt* magnetisieren; **corps aimanté** Magnet *m*

aimer [eme] <1> **I.** *vi (apprécier)* **tu aimes?** gefällt es dir? **II.** *vt* ① *(éprouver de l'amour)* lieben ② *(apprécier)* mögen ③ *(souhaiter)* **j'aimerais...** ich würde gern... ④ *(préférer)* ~ **autant** [*o* **mieux**] **qc** etw lieber mögen; **j'aime-**

rais mieux du fromage ich hätte lieber [etwas] Käse **III.** *vpr* **s'~** *(d'amour)* sich lieben; *(d'amitié)* sich mögen

aine [ɛn] *f* ANAT Leiste *f*

aîné(e) [ene] **I.** *adj* ❶ *(plus âgé de deux)* ältere(r, s) ❷ *(plus âgé de plusieurs)* älteste(r, s) **II.** *m(f)* ❶ *(plus âgé de deux)* Ältere(r, s) ❷ *(plus âgé parmi plusieurs)* Älteste(r, s); **elle est mon ~e de 3 ans** sie ist 3 Jahre älter als ich **III.** *m(f)pl* CAN *(le troisième âge)* **les ~s** die Senioren *Pl*

ainsi [ɛ̃si] *adv* ❶ *(de cette manière)* so; **et ~ de suite** und so weiter; **pour ~ dire** sozusagen ❷ REL **~ soit-il!** amen! ▸ **~ que** *(comparaison)* [so] wie; *(énumération)* und [auch]

air[1] [ɛʀ] *m sans pl* Luft *f*; **~ conditionné** Klimaanlage *f*; **en plein ~** im Freien

air[2] [ɛʀ] *m* ❶ Aussehen *nt* ❷ *(ressemblance)* Ähnlichkeit *f* ❸ *(expression)* Miene *f* ❹ *(apparence)* **ça a l'~ délicieux** es sieht appetitlich aus

air[3] [ɛʀ] *m* MUS Melodie *f*

airbag® [ɛʀbag] *m* Airbag *m*

airbus® [ɛʀbys] *m* Airbus® *m*

aire [ɛʀ] *f* Platz *m*

airelle [ɛʀɛl] *f* Preiselbeere *f*

aisance [ɛzɑ̃s] *f* ❶ Wohlstand *m* ❷ *(facilité)* Leichtigkeit *f*

aise [ɛz] *f* **se sentir à l'~** sich wohl fühlen; **se mettre à l'~** es sich *(dat)* bequem machen

aisé(e) [eze] *adj* wohlhabend

aisément [ezemɑ̃] *adv (sans peine)* ohne weiteres

aisselle [ɛsɛl] *f* Achselhöhle *f*

Aix-la-Chapelle [ɛkslaʃapɛl] Aachen *nt*

ajournement [aʒuʀnəmɑ̃] *m (d'un examen, d'une élection)* Verschiebung *f*

ajourner [aʒuʀne] <1> *vt (voyage)* verschieben; *(décision)* aufschieben

ajout [aʒu] *m* Zusatz *m*

ajouter [aʒute] <1> **I.** *vt* ❶ hinzufügen ❷ *(additionner)* dazurechnen **II.** *vpr* **s'~ à qc** zu etw [noch] hinzukommen

ajusté(e) [aʒyste] *adj (vêtement)* tailliert

ajuster [aʒyste] <1> **I.** *vt* TECH richtig einstellen **II.** *vpr* **s'~ sur/à qc** auf etw *(akk)* passen

alambic [alɑ̃bik] *m* Destillierkolben *m*

alambiqué(e) [alɑ̃bike] *adj (discours)* kompliziert

alarmant(e) [alaʀmɑ̃] *adj* alarmierend

alarme [alaʀm] *f* ❶ Alarm *m* ❷ *(dispositif)* Alarmanlage *f*

alarmer [alaʀme] <1> **I.** *vt* alarmieren **II.** *vpr* **s'~ de qc** sich wegen etw ängstigen

alarmiste [alaʀmist] *adj* dramatisierend

albanais [albanɛ] *m* Albanisch *nt; v.a.* **allemand**

albanais(e) [albanɛ] *adj* albanisch; *v.a.* **allemand**

Albanais(e) [albanɛ] *m(f)* Albaner(in) *m(f)*

Albanie [albani] *f* **l'~** Albanien *nt*

albatros [albatʀos] *m* Albatros *m*

albinos [albinos] *mf* Albino *m*

album [albɔm] *m* ❶ Album *nt* ❷ *(volume illustré)* Bildband *m*

alchimie [alʃimi] *f* Alchimie *f*

alchimiste [alʃimist] *mf* Alchimist(in) *m(f)*

alcool [alkɔl] *m* ❶ CHIM Alkohol *m*; **~ à brûler** [Brenn]spiritus *m* ❷ *(spiritueux)* Spirituose *f*

alcoolémie [alkɔlemi] *f* Blutalkohol[spiegel *m*] *m*

alcoolique [alkɔlik] **I.** *adj* alkoholabhängig **II.** *mf* Alkoholiker(in) *m(f)*

alcoolisé(e) [alkɔlize] *adj* alkoholhaltig

alcoolisme [alkɔlism] *m* Alkoholismus *m*

alcootest® [alkɔtɛst] *m* Alkoholtest *m*

aléatoire [aleatwaʀ] *adj* [rein] zufällig

alémanique [alemanik] **I.** *adj* alemannisch; **la Suisse ~** die deutschsprachige Schweiz **II.** *m* Alemannisch *nt; v.a.* **allemand**

alentours [alɑ̃tuʀ] *mpl* ❶ Umgebung *f* ❷ *fig* **aux ~ de midi** gegen Mittag

alerte [alɛʀt] **I.** *adj* schwungvoll **II.** *f* Alarm *m*

alerter [alɛʀte] <1> *vt* alarmieren

alexandrin [alɛksɑ̃dʀɛ̃] *m* Alexandriner *m*

algèbre [alʒɛbʀ] *f* Algebra *f*

algébrique [alʒebʀik] *adj* algebraisch

Alger [alʒe] Algier *nt*

Algérie [alʒeʀi] *f* **l'~** Algerien *nt*

algérien [alʒeʀjɛ̃] *m* Algerisch *nt; v.a.* **allemand**

algérien(ne) [alʒeʀjɛ̃] *adj* algerisch; *v.a.* **allemand**

Algérien(ne) [alʒeʀjɛ̃] *m(f)* Algerier(in) *m(f)*

algue [alg] *f* Alge *f*

alias [aljas] *adv* alias

alibi [alibi] *m* Alibi *nt*

alicament [alikamɑ̃] *m mit gesundheitsfördernden Stoffen angereichertes Lebensmittel*

aliénation [aljenasjɔ̃] *f* ❶ PHILOS Entfremdung *f* ❷ *(perte)* Verlust *m* ❸ JUR Übertragung *f* ❹ MED **~ mentale** Geistesgestörtheit *f*

aliéné(e) [aljene] *m(f)* Geisteskranke(r) *f(m)*

aliéner [aljene] <5> *vt* JUR *(donner)* übertragen

alignement [aliɲ(ə)mɑ̃] *m* Reihe *f*

aligner [aliɲe] <1> **I.** *vt* ❶ in einer Reihe aufstellen ❷ *(rendre conforme)* angleichen **II.** *vpr* **s'~** sich [in einer Reihe] aufstellen

aliment [alimɑ̃] *m* Lebensmittel *nt*

alimentaire [alimɑ̃tɛʀ] *adj* Nahrungsmittel-; **industrie ~** Nahrungsmittelindustrie *f*

alimentation [alimɑ̃tasjɔ̃] *f* ❶ *(action: d'une personne)* Ernährung *f; (d'un animal)* Fütterung *f* ❷ *(produits)* Nahrungsmittel *Pl;* **magasin d'~** Lebensmittelgeschäft *nt* ❸ *(approvisionnement)* **~ en eau** Wasserversorgung *f*

alimenter [alimɑ̃te] <1> **I.** *vt* ❶ ernähren ❷ *(approvisionner)* **~ qc en eau** etw mit Wasser versorgen **II.** *vpr* **s'~** Nahrung zu sich nehmen

alinéa [alinea] *m* ❶ Einzug *m* ❷ *(paragraphe)* Absatz *m*

aliter [alite] <1> *vt* **être alité** das Bett hüten müssen

alizé [alize] *m* Passat[wind *m*] *m*

Allah [a(l)la] *m* Allah *m*

allaitement [alɛtmɑ̃] *m* Stillen *nt*

allaiter [alete] <1> **I.** *vi* stillen **II.** *vt* stillen; *(animal)* säugen

alléchant(e) [aleʃɑ̃] *adj (odeur, plat)* verlockend

allécher [aleʃe] <5> *vt* anlocken

allée [ale] *f* ❶ Allee *f* ❷ *(passage)* **~ centrale** [Mittel]gang *m*

allégé(e) [aleʒe] *adj* fettarm

allégement, allègement [alɛʒmɑ̃] *m (des charges)* Verringerung *f;* **~ des impôts** steuerliche Entlastung

alléger [aleʒe] <2a, 5> *vt* ❶ leichter machen ❷ *(impôts)* senken; *(programmes scolaires)* entlasten

allégorie [al(l)egɔʀi] *f* Allegorie *f*

alléguer [a(l)lege] <5> *vt (prétexter)* vorschützen

Allemagne [almaɲ] *f* **l'~** Deutschland *nt;* **l'~ de l'Est/de l'Ouest** Ost-/Westdeutschland; **l'~ fédérale** die Bundesrepublik Deutschland; **la réunification des deux ~s** die [Wieder]vereinigung Deutschlands; **aller en ~** nach Deutschland fahren

allemand [almɑ̃] *m* **l'~** Deutsch *nt,* das Deutsche; **parler [l']~** Deutsch sprechen; **écrire en ~** auf Deutsch schreiben; **traduire en ~** ins Deutsche übersetzen

allemand(e) [almɑ̃] *adj* deutsch; **ces légumes sont ~s** dieses Gemüse kommt aus Deutschland

Allemand(e) [almɑ̃] *m(f)* Deutsche(r) *f(m)*

aller[1] [ale] <irr> **I.** *vi + être* ❶ gehen ❷ *(pour faire quelque chose)* **~ se coucher** schlafen gehen; **~ voir qn** jdn besuchen ❸ *(rouler/voler)* fahren/fliegen ❹ *(faire un voyage)* reisen ❺ *(être acheminé)* **~ à Paris** *(courrier)* nach Paris gehen ❻ *(avoir sa place quelque part)* **~ à la cave** in den Keller kommen ❼ *(être conçu pour)* **ce plat ne va pas au micro-ondes**

diese Schüssel ist nicht mikrowellenfest ⑧ *(oser)* ~ **jusqu'à faire qc** so weit gehen etw zu tun ⑨ *(progresser)* ~ **vite** schnell vorankommen ⑩ *(se porter)* **il va bien** ihm geht es gut; **comment ça va/vas-tu/allez-vous?** wie geht's?/wie geht es dir?/Ihnen? ⑪ *(fonctionner)* **quelque chose ne va pas** da stimmt etwas nicht ⑫ *(convenir à qn)* **ça va** das ist gut; **ça ira** das passt schon; **ça peut ~** es geht schon; **ça [te] va?** [bist du damit] einverstanden? ⑬ *(être seyant)* ~ **bien/mal à qn** jdm gut/nicht stehen ⑭ *(être coordonné)* ~ **bien avec qc** gut zu etw passen ⑮ *(pour commencer)* **on y va?** packen wir's an? ⑯ *(ne rien faire)* **se laisser ~** sich gehenlassen ▸ **cela va de soi** [das ist doch] selbstverständlich; **ça va [comme ça]!** *fam* das reicht!; **où allons-nous?** wo soll/wird das [noch] enden? **II.** *aux + être (pour exprimer le futur proche)* ~ **faire qc** gleich etw tun; **ne va pas croire/imaginer que...** glaub bloß nicht, dass... *(fam)* **III.** *vpr + être* **s'en ~** ① *(partir: à pied)* [weg]gehen; *(en voiture)* [weg]fahren; *(en avion)* [weg]fliegen; **s'en ~ en vacances** in Urlaub fahren ② *(disparaître)* weggehen **IV.** *interj* ① *fam* **vas-y/allons-y/allez-y!** los geht's!; **vas-y/allez-y!** los!; **allons!** nur Mut!; **allons debout!** auf geht's!; **allez, au revoir!** also dann, auf Wiedersehen! ② *(voyons!)* **un peu de calme, allons!** etwas Ruhe, bitte! ③ *(pour exprimer la résignation)* **allez, allez, ça ne sera rien!** schon gut, es wird nicht so schlimm! *(fam)*; **va/allez savoir!** tja! *(fam)* ④ *(non!?)* **allez!** *fam* [ach] komm! ⑤ *(d'accord!)* **alors, va pour le ciné!** also gut, dann gehen wir eben ins Kino!

aller[2] [ale] *m* ① *(trajet: à pied)* Hinweg *m; (en voiture, train)* Hinfahrt *f; (en avion)* Hinflug *m* ② *(voyage)* Hinreise *f* ③ *(billet)* ~ **simple** einfache Hinfahrt *f*

allergie [alɛʀʒi] *f* Allergie *f*

allergique [alɛʀʒik] *adj* allergisch

alliage [aljaʒ] *m* Legierung *f*

alliance [aljɑ̃s] *f* ① Bündnis *nt* ② *(anneau)* Ehering *m*

allié(e) [alje] **I.** *adj* POL verbündet **II.** *m(f)* ① POL Bündnispartner(in) *m(f)* ② *(ami)* Verbündete(r) *f(m)* ③ *pl* HIST **les Alliés** die Alliierten

allier [alje] <1> *vpr* **s'~ à qn** sich mit jdm verbünden

allô [alo] *interj* hallo

alloc [alɔk] *f fam abr de* **allocation**

allocation [alɔkasjɔ̃] *f* ~ **chômage/logement** Arbeitslosen-/Wohngeld *nt;* **~s familiales** Kindergeld *nt,* Familienbeihilfe *f* (A)

allocution [alɔkysjɔ̃] *f* Ansprache *f*

allongement [alɔ̃ʒmɑ̃] *m* ① *(fait de s'allonger)* Verlängerung *f; (d'un muscle)* Streckung *f; (des métaux)* [Längs]dehnung *f; (d'une voyelle)* Längung *f* ② *(action d'allonger)* Verlängerung *f; (d'un réseau de transport)* Ausbau *m*

allonger [alɔ̃ʒe] <2a> **I.** *vi* länger werden **II.** *vt* ① *(rendre plus long)* verlängern ② *(bras)* [aus]strecken **III.** *vpr* **s'~** ① länger werden ② *(se coucher)* sich hinlegen

allouer [alwe] <1> *vt (attribuer)* gewähren

allumage [alymaʒ] *m* AUT Zündung *f*

allume-cigare [alymsigaʀ] <allume-cigares> *m* Zigarettenanzünder *m*

allumer [alyme] <1> **I.** *vt* ① anzünden; **être allumé** brennen ② *(lampe)* anmachen; *(four)* einschalten **II.** *vi* [das] Licht [an]machen **III.** *vpr* **s'~** ① angehen ② *(appareil)* sich einschalten

allumette [alymɛt] *f* Streichholz *nt*

allumeuse [alymøz] *f péj fam* Vamp *m*

allure [alyʀ] *f* ① *sans pl* Geschwindigkeit *f* ② *sans pl (apparence)* Aussehen *nt;* **avoir de l'~** *(personne)* Stil haben; *(chose)* elegant wirken ③ *pl (airs)* Gebaren *nt*

allusion [a(l)lyzjɔ̃] *f* Anspielung *f*

A

alluvions [a(l)lyvjɔ̃] *f pl* Schwemmland *nt kein Pl*

almanach [almana] *m* Kalender *m*

alors [alɔʀ] **I.** *adv* ❶ *(à ce moment-là)* damals; **jusqu'~** bis dahin ❷ *(par conséquent)* da ❸ *(dans ce cas)* **~, je comprends!** ja dann verstehe ich das! ❹ *fam (impatience)* **~, tu viens?** also, kommst du jetzt [endlich]? ▶ **ça ~!** Na, so was!; **et ~?** na und? *(fam) (suspense)* und dann?; **~ là!** ja, dann! **II.** *conj* **~ que** ❶ *(pendant que)* während ❷ *(tandis que)* wohingegen ❸ *(bien que)* obwohl

alouette [alwɛt] *f* Lerche *f*

alourdir [aluʀdiʀ] <8> *vt* ❶ schwer[er] machen ❷ *(charges)* erhöhen

Alpes [alp] *f pl* **les ~** die Alpen

alphabet [alfabɛ] *m* Alphabet *nt*

alphabétique [alfabetik] *adj* alphabetisch; **par ordre ~** in alphabetischer Reihenfolge

alphabétisation [alfabetizasjɔ̃] *f* Alphabetisierung *f*

alphabétiser [alfabetize] <1> *vt (personne)* alphabetisieren

alpin(e) [alpɛ̃, in] *adj* GEO **chaîne ~e** Alpenkette *f*

alpinisme [alpinism] *m* Bergsteigen *nt*

alpiniste [alpinist] *mf* Bergsteiger(in) *m(f)*

Alsace [alzas] *f* **l'~** das Elsass

alsacien [alzasjɛ̃] *m* Elsässisch *nt; v.a.* **allemand**

alsacien(ne) [alzasjɛ̃] *adj* elsässisch; *v.a.* **allemand**

Alsacien(ne) [alzasjɛ̃] *m(f)* Elsässer(in) *m(f)*

altération [alteʀasjɔ̃] *f* ❶ *(d'un aliment)* Verderben *nt; (de la qualité)* Minderung *f;* **~ de la santé** Verschlechterung *f* des Gesundheitszustandes ❷ *(des traits)* Entstellung *f*

altercation [altɛʀkasjɔ̃] *f* heftiger Wortwechsel *m*

altérer [alteʀe] <5> *vt* ❶ *(relation, santé)* beeinträchtigen; *(couleur, métal)* verändern; *(qualité)* mindern ❷ *(visage, traits)* entstellen

altermondialiste [altɛʀmɔ̃djalist] *mf* Globalisierungsgegner(in) *m(f)*

alternance [altɛʀnɑ̃s] *f* Wechsel *m;* **en ~ avec** im Wechsel mit

alternatif, -ive [altɛʀnatif] *adj* ELEC **courant ~** Wechselstrom *m*

alternative [altɛʀnativ] *f* Alternative *f*

alternativement [altɛʀnativmɑ̃] *adv* abwechselnd

alterner [altɛʀne] <1> *vi* abwechseln

altesse [altɛs] *f* Hoheit *f*

altitude [altityd] *f* Höhe *f*

alto [alto] *m* ❶ *(instrument)* Bratsche *f* ❷ *(musicien)* Bratschist(in) *m(f)*

alu [aly] *m abr de* **aluminium** Alu *nt*

aluminium [alyminjɔm] *m* Aluminium *nt*

alunir [alyniʀ] <8> *vi* auf dem Mond landen

alunissage [alynisaʒ] *m* Mondlandung *f*

alvéole [alveɔl] *f* ❶ *(cellule de cire)* Wabe[nzelle] *f* ❷ *(cavité)* **en forme d'~** wabenförmig ❸ ANAT **~ dentaire/pulmonaire** Zahnfach *nt*/Lungenbläschen *nt*

amabilité [amabilite] *f* ❶ Liebenswürdigkeit *f* ❷ *pl (politesses)* Höflichkeiten *Pl*

amadouer [amadwe] <1> *vt* umstimmen; **~ qn pour qu'il fasse qc** jdn dazu bringen etw zu tun

amaigrir [amegʀiʀ] <8> *vt* **être amaigri par qc** durch etw abgemagert sein

amaigrissant(e) [amegʀisɑ̃] *adj* gewichtsreduzierend

amalgame [amalgam] *m* ❶ *a.* MED Amalgam *nt* ❷ *(mélange)* Gemisch *nt*

amalgamer [amalgame] <1> *vt (métal)* amalgamieren; *(éléments)* vermischen

amande [amɑ̃d] *f* Mandel *f*

amandier [amɑ̃dje] *m* Mandelbaum *m*

amant [amɑ̃] *m* Liebhaber *m;* **les ~s** die Liebenden

amarre [amaʀ] *f (d'une barque)* Halteleine *f; (d'un ballon)* Seil *nt; (d'un cerf-volant)* Schnur *f;* **larguez les ~s!**

Leinen los!
amarrer [amaʀe] <1> *vt (bateau)* vertäuen
amas [amɑ] *m* Haufen *m*
amasser [amɑse] <1> **I.** *vt* anhäufen **II.** *vpr* **s'~** *(personnes)* sich drängen
amateur [amatœʀ] **I.** *m* ❶ Amateur(in) *m(f)* ❷ *sans art (connaisseur)* **~ d'art** Kunstliebhaber(in) *m(f)* **II.** *adj* **équipe ~** Amateurmannschaft *f;* **peintre ~** Hobbymaler *m*
amateurisme [amatœʀism] *m* SPORT Amateursport *m*
amazone [amazon] *f* ❶ *(cavalière)* Reiterin *f;* **en ~** im Damensitz ❷ *(guerrière)* Amazone *f*
ambassade [ɑ̃basad] *f* Botschaft *f*
ambassadeur, -drice [ɑ̃basadœʀ] *m, f* Botschafter(in) *m(f)*
ambiance [ɑ̃bjɑ̃s] *f* Atmosphäre *f*
ambiant(e) [ɑ̃bjɑ̃] *adj (enthousiasme)* allgemein; **se boire à température ~e** bei Zimmertemperatur getrunken werden
ambidextre [ɑ̃bidɛkstʀ] *adj* **être ~** beidhändig sein
ambigu(ë) [ɑ̃bigy] *adj* mehrdeutig
ambiguïté [ɑ̃bigɥite] *f* Mehrdeutigkeit *f*
ambitieux, -euse [ɑ̃bisjø] **I.** *adj* ehrgeizig **II.** *m, f* ehrgeiziger Mensch
ambition [ɑ̃bisjɔ̃] *f* Ehrgeiz *m*
ambitionner [ɑ̃bisjɔne] <1> *vt (poste, prix)* anstreben
ambre [ɑ̃bʀ] *m (ambre jaune)* Bernstein *m*
ambulance [ɑ̃bylɑ̃s] *f* Krankenwagen *m*
ambulancier, -ière [ɑ̃bylɑ̃sje] *m, f* Krankenwagenfahrer(in) *m(f)*
ambulant(e) [ɑ̃bylɑ̃, ɑ̃t] *adj (marchand)* fliegend
ambulatoire [ɑ̃bylatwaʀ] *adj* ambulant
âme [ɑm] *f* Seele *f*
amélioration [ameljɔʀasjɔ̃] *f* Verbesserung *f; (du temps)* Besserung *f*
améliorer [ameljɔʀe] <1> **I.** *vt* verbessern; *(production)* steigern **II.** *vpr* **s'~** besser werden; *(situation)* sich bessern
amen [amɛn] *interj* amen
aménagement [amenaʒmɑ̃] *m* ❶ Einrichtung *f; (d'un quartier)* Errichtung *f* ❷ *(modification)* Umstellung *f*
aménager [amenaʒe] <2a> *vt* ❶ einrichten ❷ *(modifier)* umstellen; *(par des travaux)* umbauen
amende [amɑ̃d] *f* Geldstrafe *f*
amendement [amɑ̃dmɑ̃] *m (d'une loi)* [Ab]änderungsantrag *m*
amender [amɑ̃de] <1> *vt* ❶ POL [ab]ändern ❷ AGR verbessern
amener [am(ə)ne] <4> **I.** *vt* ❶ *fam (apporter)* mitbringen ❷ *(mener)* bringen; **qu'est-ce qui t'amène ici?** was führt dich hierher? ❸ *(provoquer)* verursachen ❹ *(entraîner à)* **~ qn à faire qc** jdn dazu bringen etw zu tun **II.** *vpr fam* **amène-toi!** komm [schon] her!
amenuiser [amənɥize] <1> *vpr* **s'~** sich verringern
amer, -ère [amɛʀ] *adj* bitter
amèrement [amɛʀmɑ̃] *adv* bitter; *(critiquer)* scharf
américain [ameʀikɛ̃] *m* Amerikanisch *nt; v.a.* **allemand**
américain(e) [ameʀikɛ̃] *adj* amerikanisch; *v.a.* **allemand**
Américain(e) [ameʀikɛ̃] *m(f)* Amerikaner(in) *m(f)*
Amérique [ameʀik] *f* **l'~** Amerika *nt;* **l'~ centrale/latine/du Nord/du Sud** Mittel-/Latein-/Nord-/Südamerika
amerrir [ameʀiʀ] <8> *vi* wassern
amertume [amɛʀtym] *f* Bitterkeit *f*
améthyste [ametist] *f* Amethyst *m*
ameublement [amœbləmɑ̃] *m* Einrichtung *f*
ameuter [amøte] <1> *vt* alarmieren
ami(e) [ami] **I.** *m(f)* Freund(in) *m(f)* **II.** *adj* befreundet
amiable [amjabl] *adj* einvernehmlich; **à l'~** gütlich
amiante [amjɑ̃t] *m* Asbest *m*
amibe [amib] *f* Amöbe *f*
amical(e) [amikal] <-aux> *adj*

A

❶ freundschaftlich; *(attitude)* freundlich ❷ SPORT **match ~** Freundschaftsspiel *nt*

amicale [amikal] *f* Vereinigung *f*

amicalement [amikalmɑ̃] *adv* herzliche Grüße

amidon [amidɔ̃] *m* Stärke *f*

amidonner [amidɔne] <1> *vt* stärken

amincir [amɛ̃siʀ] <8> **I.** *vt* schlank[er] machen **II.** *vpr* **s'~** schlanker werden

amincissant(e) [amɛ̃sisɑ̃] *adj* **être ~** *(robe)* schlank machen

amiral [amiʀal] <-aux> *m* Admiral *m*

amitié [amitje] *f* Freundschaft *f*; **~s** *(formule de fin de lettre)* alles Liebe; **faire toutes ses ~s à qn** jdn herzlich grüßen lassen

ammoniac [amɔnjak] *m* Ammoniak *nt*

ammoniaque [amɔnjak] *f (liquide)* Salmiakgeist *m*

amnésie [amnezi] *f* Gedächtnisschwund *m*

amnésique [amnezik] **I.** *adj* an Gedächtnisschwund leidend **II.** *mf* an Gedächtnisschwund Leidende(r) *f(m)*

amnistie [amnisti] *f* Amnestie *f*

amnistier [amnistje] <1> *vt* amnestieren

amocher [amɔʃe] <1> *vt fam* ramponieren

amoindrir [amwɛ̃dʀiʀ] <8> **I.** *vt* schwächen **II.** *vpr* **s'~** abnehmen

amonceler [amɔ̃s(ə)le] <3> *vt* aufhäufen, auftürmen

amoncellement [amɔ̃sɛlmɑ̃] *m* Haufen *m*

amont [amɔ̃] *m* Oberlauf *m*; **vers l'~** flussaufwärts

amoral(e) [amɔʀal] <-aux> *adj* amoralisch

amorcer [amɔʀse] <2> **I.** *vt* ❶ scharf machen ❷ PECHE beködern **II.** *vpr* **s'~** *(dialogue)* in Gang kommen

amortir [amɔʀtiʀ] <8> *vt* ❶ dämpfen; *(chute)* bremsen ❷ *(dette)* tilgen ❸ *(équipement)* amortisieren

amortissement [amɔʀtismɑ̃] *m* *(d'un choc, bruit)* Dämpfung *f*

amortisseur [amɔʀtisœʀ] *m* Stoßdämpfer *m*

amour [amuʀ] **I.** *m* ❶ Liebe *f*; **faire l'~** miteinander schlafen ❷ *(personne)* Liebe *f*; **mon ~** [mein] Liebling ❸ *(attachement)* **~ du prochain** Nächstenliebe; **~ de la nature** Liebe *f* zur Natur ▶ **pour l'~ de Dieu** um Gottes willen **II.** *mpl* Liebschaften *Pl*; **comment vont tes ~s?** was macht die Liebe? ▶ **à tes/vos ~s!** *iron* Gesundheit!

amouracher [amuʀaʃe] <1> *vpr péj* **s'~ de qn** sich in jdn vernarren

amoureusement [amuʀøzmɑ̃] *adv* liebevoll

amoureux, -euse [amuʀø] **I.** *adj* verliebt; **tomber ~ de qn** sich in jdn verlieben **II.** *m, f* ❶ *(soupirant)* Verehrer(in) *m(f)*; **des ~** Verliebte *Pl*; *(sentiment plus profond)* Liebende *Pl* ❷ *(passionné)* **~ de la musique** Musikliebhaber *m*

amour-propre [amuʀpʀɔpʀ] <amours-propres> *m* Selbstachtung *f*

amovible [amɔvibl] *adj* abnehmbar

ampère [ɑ̃pɛʀ] *m* Ampere *nt*

amphétamine [ɑ̃fetamin] *f* Amphetamin *nt*

amphi [ɑ̃fi] *m abr de* **amphithéâtre** UNIV *fam* Hörsaal

amphibie [ɑ̃fibi] BIO **I.** *adj* amphibisch **II.** *m* Amphibie *f*

amphithéâtre [ɑ̃fiteɑtʀ] *m* ❶ Amphitheater *nt* ❷ UNIV Hörsaal *m*

amphore [ɑ̃fɔʀ] *f* Amphore *f*

ample [ɑ̃pl] *adj* ❶ weit ❷ *(sujet)* umfangreich

amplement [ɑ̃pləmɑ̃] *adv* ausführlich

ampleur [ɑ̃plœʀ] *f* ❶ Weite *f* ❷ *(d'une catastrophe)* Ausmaß *nt*

ampli *m fam abr de* **amplificateur**

amplificateur [ɑ̃plifikatœʀ] *m* Verstärker *m*

amplifier [ɑ̃plifje] <1> **I.** *vt* ❶ verstärken ❷ *(exagérer)* aufblähen **II.** *vpr* **s'~** *(bruit)* anschwellen; *(mouvement)* sich ausweiten

amplitude [ɑ̃plityd] *f* ❶ SCI Amplitude *f*

❷ *(ampleur)* Ausmaß *nt*
ampoule [ɑ̃pul] *f* ❶ ELEC Glühbirne *f* ❷ MED Ampulle *f* ❸ *(cloque)* Blase *f*
amputation [ɑ̃pytasjɔ̃] *f* Amputation *f*
amputer [ɑ̃pyte] <1> *vt* amputieren
amulette [amylɛt] *f* Amulett *nt*
amusant(e) [amyzɑ̃] *adj* ❶ unterhaltsam ❷ *(drôle)* lustig ❸ *(curieux)* witzig *(fam)*
amuse-gueule [amyzgœl] *m inv fam* Knabbereien *Pl*
amusement [amyzmɑ̃] *m* ❶ *(divertissement)* Zeitvertreib *m* ❷ *(plaisir)* Vergnügen *nt*
amuser [amyze] <1> **I.** *vt* ❶ unterhalten ❷ *(faire rire)* amüsieren **II.** *vpr* **s'~** ❶ *(jouer)* spielen ❷ *(se divertir)* **amuse-toi/amusez-vous bien!** viel Spaß!
amuseur, -euse [amyzœʀ, -øz] *m, f* **~ public** Alleinunterhalter(in) *m(f)*; *(à la télé)* Entertainer(in) *m(f)*
amygdale [amidal] *f* Mandel *f*
an [ɑ̃] *m* Jahr *nt;* **avoir cinq ~s** fünf [Jahre alt] sein; **l'~ dernier/prochain** letztes/nächstes Jahr; **par ~** jährlich; **en l'~ 200 avant Jésus-Christ** [im Jahr] 200 vor Christus; **le premier de l'~** Neujahr *nt*
anagramme [anagʀam] *f* Anagramm *nt*
anal(e) [anal] <-aux> *adj* anal
analgésique [analʒezik] *m* Schmerzmittel *nt*
analogie [analɔʒi] *f* Analogie *f*
analogue [analɔg] *adj* analog, ähnlich
analphabète [analfabɛt] *mf* Analphabet(in) *m(f)*
analphabétisme [analfabetism] *m* Analphabetismus *m*
analyse [analiz] *f* Analyse *f;* MED Untersuchung *f*
analyser [analize] <1> *vt* ❶ analysieren ❷ MATH, MED untersuchen
analyste [analist] *mf* Analytiker(in) *m(f)*
analytique [analitik] *adj* analytisch
ananas [anana(s)] *m* Ananas *f*
anarchie [anaʀʃi] *f* Chaos *nt;* POL Anarchie *f*
anarchique [anaʀʃik] *adj* anarchisch
anarchiste [anaʀʃist] **I.** *adj* anarchistisch **II.** *mf* Anarchist(in) *m(f)*
anathème [anatɛm] *m* Exkommunikation *f*
anatomie [anatɔmi] *f* Anatomie *f*
anatomique [anatɔmik] *adj* anatomisch
ancestral(e) [ɑ̃sɛstʀal, -o] <-aux> *adj* alt[überliefert]
ancêtre [ɑ̃sɛtʀ] **I.** *mf* ❶ *(aïeul)* Vorfahr(in) *m(f)* ❷ *(précurseur)* Vorläufer(in) *m(f)* **II.** *mpl* HIST Vorfahren *Pl*
anchois [ɑ̃ʃwa] *m* Sardelle *f*
ancien(ne) [ɑ̃sjɛ̃] **I.** *adj* ❶ *(bâtiment)* alt; *(objet d'art, culture)* antik; *(livre)* antiquarisch ❷ *(ex-)* ehemalig ❸ *(qui a de l'ancienneté)* **être ~ dans le métier** schon lange im Beruf sein **II.** *m(f) (personne)* **les ~s** die Alten

ancien

Steht **ancien** vor dem Substantiv, kann es zum einen etwas Überholtes ausdrücken: *un ancien moulin – eine ehemalige Mühle.* (Im Gegensatz zu: *un moulin ancien – eine alte Mühle.*)
Zum anderen kann es das wertsteigernde Alter ausdrücken: *un ancien tapis – ein alter, wertvoller Teppich.* (Der Gegensatz hierzu ist *un vieux tapis – ein alter, abgenutzter Teppich.*)

anciennement [ɑ̃sjɛnmɑ̃] *adv* früher
ancienneté [ɑ̃sjɛnte] *f* ADMIN Dienstalter *nt*
anciens [ɑ̃sjɛ̃] *mpl* HIST Völker des Altertums
ancre [ɑ̃kʀ] *f* Anker *m*
ancrer [ɑ̃kʀe] <1> *vt* ❶ NAUT verankern; **être ancré dans la rade** auf der Reede liegen ❷ *fig* **être ancré dans qc** in etw *(akk)* [fest] verankert sein
Andorre [ɑ̃dɔʀ] *f* Andorra *nt*
andouille [ɑ̃duj] *f Wurst aus Innereien von Schwein oder Kalb*

A

andouillette [ãdujɛt] *f* *Würstchen aus Innereien*
androgyne [ãdʀɔʒin] BIO I. *adj* androgyn II. *mf* Zwitter *m*
âne [an] *m* ① ZOOL Esel *m* ② *(imbécile)* **quel ~!** so ein Esel! ▶ **être têtu comme un ~** störrisch wie ein Esel sein
anéantir [aneãtiʀ] <8> *vt* ① zunichtemachen ② *(déprimer)* niederdrücken
anéantissement [aneãtismã] *m* Zerstörung *f*
anecdote [anɛkdɔt] *f* Anekdote *f*
anecdotique [anɛkdɔtik] *adj* anekdotisch
anémie [anemi] *f* Blutarmut *f*
anémier [anemje] <1a> *vt a. fig* schwächen
anémone [anemɔn] *f* BOT Anemone *f*
ânerie [anʀi] *f* Dummheit *f*
ânesse [anɛs] *f* Eselin *f; v.a.* **âne**
anesthésie [anɛstezi] *f* Narkose *f*
anesthésier [anɛstezje] <1> *vt* betäuben
anesthésiste [anɛstezist] *mf* Narkosearzt, -ärztin *m, f*
ange [ãʒ] *m* Engel *m;* **~ gardien** Schutzengel
angélique[1] [ãʒelik] *adj* engelhaft
angélique[2] [ãʒelik] *f* BOT Engelwurz *f*
angine [ãʒin] *f* Angina *f*
anglais [ãglɛ] *m* Englisch *nt; v.a.* **allemand**
anglais(e) [ãglɛ] *adj* englisch; *v.a.* **allemand** ▶ **filer à l'~e** sich [auf] französisch verabschieden
Anglais(e) [ãglɛ] *m(f)* Engländer(in) *m(f)*
angle [ãgl] *m* Ecke *f;* MATH Winkel *m*
Angleterre [ãglətɛʀ] *f* **l'~** England *nt*
anglicisme [ãglisism] *m (emprunt)* Anglizismus *m*
anglophone [ãglɔfɔn] I. *adj* englischsprechend; *(dont l'anglais est la langue maternelle)* englischsprachig II. *mf* Englischsprechende(r) *f(m); (dont l'anglais est la langue maternelle)* Englischsprachige(r) *f(m)*
Anglo-Saxon(ne) [ãglosaksɔ̃] <Anglo-Saxons> *m(f)* Angelsachse, -sächsin *m, f*
angoissant(e) [ãgwasã] *adj* beängstigend
angoisse [ãgwas] *f* Angst *f*
angoissé(e) [ãgwase] I. *adj* angsterfüllt; *(personne)* verängstigt II. *m(f)* ängstlicher Mensch *m*
angoisser [ãgwase] <1> *vt* ängstigen
angora [ãgɔʀa] I. *adj* Angora-; **pull ~** Angorapullover *m* II. *m (laine)* Angorawolle *f*
anguille [ãgij] *f* Aal *m*
angulaire [ãgylɛʀ] *adj* eckig
anguleux, -euse [ãgylø, -øz] *adj (menton)* eckig
animal [animal] <-aux> *m* Tier *nt;* **~ domestique** Haustier
animal(e) [animal] <-aux> *adj (matières)* tierisch; *(fonctions)* animalisch
animalier, -ière [animalje, -jɛʀ] I. *adj* Tier-; **documentaire ~** Tierfilm *m* II. *m, f (peintre)* Tiermaler(in) *m(f); (sculpteur)* Tierbildhauer(in) *m(f); (dans un laboratoire)* [Versuchs]tierpfleger(in) *m(f)* III. *app* **peintre ~** Tiermaler *m*
animateur, -trice [animatœʀ] *m, f* ① Betreuer(in) *m(f); (d'un club de sport)* Leiter(in) *m(f)* ② RADIO, TV Moderator(in) *m(f)*
animation [animasjɔ̃] *f* ① [rege] Betriebsamkeit; **mettre de l'~** für Stimmung sorgen ② *(conduite de groupe)* Leitung *f* ③ CINE Animation *f*
animé(e) [anime] *adj (discussion)* lebhaft; *(rue)* belebt; **dessin ~** Zeichentrickfilm *m*
animer [anime] <1> I. *vt* ① *(débat)* leiten; *(émission)* moderieren ② *(mouvoir)* bewegen ③ *(égayer)* beleben II. *vpr* **s'~** sich beleben
animisme [animism] *m* Animismus *m*
animosité [animozite] *f* Feindseligkeit *f*
anis [anis] *m* Anis *m*
anisette [anizɛt] *f* Anisette *m*

ankyloser [ɑ̃kiloze] <1> *vpr* **s'~** *(devenir raide)* steif werden

annales [anal] *f pl* Annalen *Pl*

anneau [ano] <x> *m* ❶ Ring *m* ❷ *(maillon)* Glied *nt*

année [ane] *f* Jahr *nt;* **au cours des dernières ~s** in den letzten Jahren; **tout au long de l'~** das ganze Jahr [über]; **~ de naissance** Geburtsjahr; **les ~s trente** die dreißiger Jahre; **bonne ~!** ein gutes neues Jahr!

année-lumière [anelymjɛʀ] <années-lumière> *f* Lichtjahr *nt*

annexe [anɛks] *f* Anhang *m;* **nous joignons en ~ …** als Anlage fügen wir … bei

annexer [anɛkse] <1> *vt (territoire, pays)* annektieren

annexion [anɛksjɔ̃] *f (d'un pays, territoire)* Annexion *f*

annihiler [aniile] <1> *vt (efforts, espoir)* zunichtemachen

anniversaire [anivɛʀsɛʀ] **I.** *adj* **jour ~** Jahrestag *m;* **cérémonie ~** Gedenkfeier *f* **II.** *m (d'une personne)* Geburtstag *m; (d'un événement)* Jahrestag *m;* **bon ~!** alles Gute zum Geburtstag!

annonce [anɔ̃s] *f* ❶ Ankündigung *f* ❷ *(information officielle)* Bekanntgabe *f;* MEDIA Meldung *f* ❸ *(texte)* [**petite**] **~** Anzeige *f;* **les petites ~s** die Kleinanzeigen; **passer une ~** eine Anzeige aufgeben

annoncer [anɔ̃se] <2> **I.** *vt a.* METEO ankündigen; **~ qn** jdn melden **II.** *vpr* ❶ *(arriver)* **s'~** sich ankündigen ❷ *(se présenter)* **bien/mal s'~** gut/schlecht anfangen

annonceur, -euse [anɔ̃sœʀ, -søz] *m, f* ❶ *(speaker)* Sprecher(in) *m(f)* ❷ *(qui passe une petite annonce)* Inserent(in) *m(f)* ❸ *(bénéficiaire d'une publicité)* Werbetreibende(r) *f(m)* ❹ PRESSE Anzeigenkunde *m*/-kundin *f* ❺ *(sponsor)* Sponsor(in) *m(f)*

annotation [anɔtasjɔ̃] *f* Anmerkung *f*

annoter [anɔte] <1> *vt* mit Anmerkungen versehen

annuaire [anɥɛʀ] *m* Jahrbuch *nt;* **~ téléphonique** Telefonbuch

annuel(le) [anɥɛl] *adj* jährlich; **congé ~** Jahresurlaub *m*

annulaire [anylɛʀ] *m* Ringfinger *m*

annulation [anylasjɔ̃] *f* Stornierung *f; (d'un rendez-vous)* Absage *f; (d'un contrat)* Annullierung *f*

annuler [anyle] <1> *vt* ❶ stornieren; *(rendez-vous)* absagen ❷ *(jugement)* aufheben; *(mariage)* annullieren ❸ INFORM abbrechen

anoblir [anɔbliʀ] <8> *vt* adeln

anodin(e) [anɔdɛ̃] *adj (personne, détail)* unbedeutend

anomalie [anɔmali] *f* ❶ LING Unregelmäßigkeit *f* ❷ *(singularité)* Anomalie *f; (caractère inhabituel)* Ungewöhnliche(s) *nt; (caractère déviant)* Abnormität *f* ❸ BIO Anomalie *f* ❹ TECH Defekt *m*

anonymat [anɔnima] *m* Anonymität *f;* **dans l'~** anonym

anonyme [anɔnim] *adj* anonym

anorak [anɔʀak] *m* Anorak *m*

anorexie [anɔʀɛksi] *f* Magersucht *f*

anorexique [anɔʀɛksik] *adj* magersüchtig

anormal(e) [anɔʀmal] <-aux> *adj* ungewöhnlich

anormalement [anɔʀmalmɑ̃] *adv* ungewöhnlich

ANPE [ɑɛnpeø] *f abr de* **Agence nationale pour l'emploi** Arbeitsamt *nt,* ≈ Bundesanstalt *f* für Arbeit

anse [ɑ̃s] *f* Henkel *m*

antagonisme [ɑ̃tagɔnism] *m* Gegensatz *m*

antagoniste [ɑ̃tagɔnist] *mf* Gegner(in) *m(f)*

antarctique [ɑ̃taʀktik] *adj* antarktisch

Antarctique [ɑ̃taʀktik] *m* **l'~** die Antarktis

antécédent [ɑ̃tesedɑ̃] *m* ❶ LING Bezugswort *nt* ❷ *pl a.* MED Vorgeschichte *f*

antenne [ɑ̃tɛn] *f* ❶ Antenne *f;* **~ relais** TELEC Mobilfunkantenne ❷ RADIO, TV Sender *m* ❸ ZOOL Fühler *m*

A

antérieur(e) [ɑ̃teʀjœʀ] *adj* ❶ *(précédent)* frühere(r, s); **être ~ à qc** vor etw *(dat)* liegen ❷ ANAT **patte ~e** Vorderpfote *f*
antérieurement [ɑ̃teʀjœʀmɑ̃] *adv* früher
antériorité [ɑ̃teʀjɔʀite] *f* [zeitlich] früheres Vorhandensein
anthologie [ɑ̃tɔlɔʒi] *f* Anthologie *f*
anthracite [ɑ̃tʀasit] *m* Anthrazit *m*
anthropologue [ɑ̃tʀɔpɔlɔg] *mf* Anthropologe *m*/Anthropologin *f*
antiacnéique [ɑ̃tiakneik] **I.** *adj* gegen Akne; **crème ~** Aknecreme *f* **II.** *m* Aknemittel *nt*
antialcoolique [ɑ̃tialkɔlik] *adj* **campagne ~** Antialkoholkampagne *f*
antiatomique [ɑ̃tiatɔmik] *adj* **abri ~** Strahlenschutzbunker *m*
antibiotique [ɑ̃tibjɔtik] *m* Antibiotikum *nt*
antibrouillard [ɑ̃tibʀujaʀ] *m* Nebelscheinwerfer *m*
anticernes [ɑ̃tisɛʀn] *m* Abdeckstift *m*
antichambre [ɑ̃tiʃɑ̃bʀ] *f* Vorzimmer *nt*
anticipation [ɑ̃tisipasjɔ̃] *f* **par ~** im Voraus
anticiper [ɑ̃tisipe] <1> *vi* vorgreifen
anticlérical(e) [ɑ̃tiklеʀikal, -o] <-aux> **I.** *adj* antiklerikal **II.** *m(f)* Antiklerikale(r) *f(m)*
anticonformiste [ɑ̃tikɔ̃fɔʀmist] *adj* nonkonformistisch
anticonstitutionnel(le) [ɑ̃tikɔ̃stitysjɔnɛl] *adj* verfassungswidrig
anticorps [ɑ̃tikɔʀ] *m* Antikörper *m*
anticyclone [ɑ̃tisiklon] *m* Hochdruckgebiet *nt*
antidépresseur [ɑ̃tidepʀesœʀ] *m* Antidepressivum *nt*
antidérapant(e) [ɑ̃tideʀapɑ̃, ɑ̃t] *adj* rutschfest
antidote [ɑ̃tidɔt] *m* MED Gegenmittel *nt*
antiémeute [ɑ̃tiemøt] *adj* Antikonflikt-; **police ~** Antikonflikt-Team *nt* der Polizei
antigel [ɑ̃tiʒɛl] *m* Frostschutzmittel *nt*
anti-inflammatoire [ɑ̃tiɛ̃flamatwaʀ] <anti-inflammatoires> *adj* entzündungshemmend
antillais(e) [ɑ̃tijɛ] *adj* antillisch
Antillais(e) [ɑ̃tijɛ] *m(f)* Bewohner(in) *m(f)* der Antillen
Antilles [ɑ̃tij] *fpl* **les ~** die Antillen
antilope [ɑ̃tilɔp] *f* Antilope *f*
antimilitariste [ɑ̃timilitaʀist] *adj* antimilitaristisch
antimite [ɑ̃timit] **I.** *adj* gegen Motten **II.** *m* Mottenschutzmittel *nt*
antipathie [ɑ̃tipati] *f* **~ pour qn/qc** Abneigung *f* gegen jdn/etw
antipathique [ɑ̃tipatik] *adj* unsympathisch
antipelliculaire [ɑ̃tipelikylɛʀ] *adj* gegen Schuppen
antipode [ɑ̃tipɔd] *m* GEO Ort *m* auf der anderen Seite der Erdkugel
antipoison [ɑ̃tipwazɔ̃] *adj inv* **centre ~** *Spezialklinik für Vergiftungen*
antiquaire [ɑ̃tikɛʀ] *mf* Antiquitätenhändler(in) *m(f)*
antique [ɑ̃tik] *adj* antik
antiquité [ɑ̃tikite] **I.** *f sans pl* ❶ HIST **l'Antiquité** *(ancienne civilisation)* das Altertum; *(civilisation gréco-romaine)* die Antike ❷ *(période très reculée)* Vorzeit *f* **II.** *fpl (objets anciens)* Antiquitäten *Pl*
antireflet [ɑ̃tiʀəflɛ] *adj* Antireflex-; **verres ~** Antireflexgläser *Pl*
antirides [ɑ̃tiʀid] *adj* gegen Falten
antirouille [ɑ̃tiʀuj] *adj inv* Rostschutz-; **peinture ~** Rostschutzfarbe *f*
antisèche [ɑ̃tisɛʃ] *f fam* Spickzettel *m*
antisémite [ɑ̃tisemit] *adj* antisemitisch
antisémitisme [ɑ̃tisemitism] *m* Antisemitismus *m*
antiseptique [ɑ̃tisɛptik] *adj* antiseptisch
antitabac [ɑ̃titaba] *adj inv* gegen das Rauchen
antithèse [ɑ̃titɛz] *f* PHILOS Antithese *f*
antivax [ɑ̃tivaks] *fam* **I.** *adj (mouvement)* Impfgegner- **II.** *mf* Impfgegner(in) *m(f)*
antivirus [ɑ̃tiviʀys] *m* INFORM Antivirenprogramm *nt*

antivol [ɑ̃tivɔl] *m* Fahrradschloss *nt*
antonyme [ɑ̃tɔnim] *m* LING Antonym *nt*
anus [anys] *m* After *m*
Anvers [ɑ̃vɛʀ] Antwerpen *nt*
anxiété [ɑ̃ksjete] *f* Angst *f*
anxieusement [ɑ̃ksjøzmɑ̃] *adv* ängstlich
anxieux, -euse [ɑ̃ksjø] **I.** *adj* ängstlich **II.** *m, f* ängstlicher Mensch *m*
anxiolytique [ɑ̃ksjɔlitik] MED **I.** *adj* angstlösend **II.** *m* angstlösendes Mittel *nt*
AOC [aose] *abr de* **appellation d'origine contrôlée** *Qualitätsmerkmal für Wein oder Käse aus einem bestimmten Anbaugebiet*
aorte [aɔʀt] *f* Aorta *f*
août [u(t)] *m* August *m;* **en ~** im August; **début/fin ~** Anfang/Ende August; **pendant tout le mois d'~** den ganzen August über; **le 15 ~, c'est l'Assomption** der 15. August ist Mariä Himmelfahrt

Aussprache
Der Monatsname **août** wird als [u] gesprochen, das Anfangs-a hat keine Auswirkung auf die Artikulation. Das Endungs-t kann fakultativ gesprochen werden.

aoûtien(ne) [ausjɛ̃, jɛn] *m(f)* Augusturlauber(in) *m(f)*
apaisement [apɛzmɑ̃] *m* Beruhigung *f*
apaiser [apeze] <1> **I.** *vt* beruhigen **II.** *vpr* **s'~** nachlassen
aparté [apaʀte] *m (entretien)* vertrauliches Gespräch
apartheid [apaʀtɛd] *m* Apartheid *f*
apathie [apati] *f* Apathie *f*
apathique [apatik] *adj* apathisch
apatride [apatʀid] *mf* Staatenlose(r) *f(m)*
apercevoir [apɛʀsəvwaʀ] <12> **I.** *vt* ❶ flüchtig wahrnehmen ❷ *(remarquer)* bemerken **II.** *vpr* ❶ *(se voir)* **s'~** sich sehen ❷ *(se rendre compte)* **s'~ de qc** etw bemerken
aperçu [apɛʀsy] *m* kurzer Überblick *m;* INFORM Seitenansicht *f*
apéritif [apeʀitif] *m* Aperitif *m*
apéro [apeʀo] *m fam abr de* **apéritif**
apesanteur [apəzɑ̃tœʀ] *f* Schwerelosigkeit *f*
apeuré(e) [apœʀe] *adj* verängstigt
aphone [afɔn] *adj* ohne Stimme
aphrodisiaque [afʀɔdizjak] *m* Aphrodisiakum *nt*
aphte [aft] *m* MED Aphthe *f*
apiculteur, -trice [apikyltœʀ] *m, f* Imker(in) *m(f)*
apitoiement [apitwamɑ̃] *m* **~ sur qn** Mitleid *nt* mit jdm
apitoyer [apitwaje] <6> *vpr* **s'~ sur qn/qc** jdn/etw bemitleiden
aplanir [aplaniʀ] <8> *vt (niveler)* einebnen
aplati(e) [aplati] *adj* platt gedrückt
aplatir [aplatiʀ] <8> **I.** *vt* platt drücken **II.** *vpr* **s'~ contre qc** sich gegen etw drücken
aplomb [aplɔ̃] *m* ❶ *(équilibre)* Gleichgewicht *nt; (verticalité)* Lot *nt;* **à l'~** im Lot; **d'~** senkrecht ❷ *(assurance)* Selbstsicherheit *f*
apnée [apne] *f* SPORT Tauchen *nt* ohne Sauerstoffgerät
apnéiste [apneist] *mf* Apnoetaucher(in) *m(f)*
apocalypse [apɔkalips] *f* Apokalypse *f*
apocalyptique [apɔkaliptik] *adj* apokalyptisch
apogée [apɔʒe] *m* Höhepunkt *m*
apolitique [apɔlitik] *adj* unpolitisch
apologie [apɔlɔʒi] *f (éloge)* Verherrlichung *f; (justification)* Verteidigung *f*
a posteriori [a pɔsteʀjɔʀi] *adv* im Nachhinein, nachträglich
apostrophe [apɔstʀɔf] *f* Apostroph *m*
apostropher [apɔstʀɔfe] <1> *vt* anfahren
apothéose [apɔteoz] *f* Höhepunkt *m*
apôtre [apotʀ] *m* Apostel *m*
apparaître [apaʀɛtʀ] <irr> *vi + être* erscheinen
appareil [apaʀɛj] *m* ❶ Gerät *nt;*

A

~ **photo** Fotoapparat *m;* **~s ménagers** Haushaltsgeräte *Pl* ❷ *(dentaire)* Zahnspange *f* ❸ *(avion)* Maschine *f* ❹ POL Apparat *m*

appareillage [apaʀɛjaʒ] *m* NAUT Auslaufen *nt*

appareiller [apaʀeje] <1> **I.** *vi* ablegen **II.** *vt* ❶ NAUT klarmachen ❷ *(assortir)* passend zusammenstellen

apparemment [apaʀamɑ̃] *adv* anscheinend; *(vraisemblablement)* offensichtlich

apparence [apaʀɑ̃s] *f* [An]schein *m;* ~ **physique** äußeres Erscheinungsbild

apparent(e) [apaʀɑ̃] *adj* sichtbar; *(évident)* offensichtlich

apparenté(e) [apaʀɑ̃te] *adj* ~ **à qn/qc** mit jdm/etw verwandt

apparenter [apaʀɑ̃te] <1> *vpr* **s'~ à qc** *(ressembler)* einer S. *(dat)* ähneln; *(se lier par mariage)* in etw *(akk)* einheiraten

apparition [apaʀisjɔ̃] *f* Erscheinen *nt*

appart [apaʀt] *fam abr de* **appartement**

appartement [apaʀtəmɑ̃] *m* Wohnung *f*

Übersetzungstipp

L'appartement – Nicht verwechseln mit *das Apartment* – *le studio!*

appartenance [apaʀtənɑ̃s] *f* Mitgliedschaft *f*

appartenir [apaʀtəniʀ] <9> **I.** *vi* ~ **à qn** jdm gehören; ~ **à qc** einer S. *(dat)* angehören **II.** *vi impers* **il appartient à qn de faire qc** es ist jds Sache, etw zu tun

appât [apɑ] *m* Köder *m*

appâter [apɑte] <1> *vt* ❶ PECHE *(poisson)* ködern; CHASSE *(oiseau, gibier)* anlocken ❷ *(allécher)* locken

appauvrir [apovʀiʀ] <8> *vt* arm machen

appauvrissement [apovʀismɑ̃] *m* Verarmung *f*

appel [apɛl] *m* ❶ Ruf *m* ❷ *(signal)* Zeichen *nt* ❸ *(demande)* Appell *m* ❹ *(exhortation)* ~ **à qc** Aufruf *f* zu etw ❺ *(vérification de présence)* **faire l'~** die Namen aufrufen ❻ TELEC Anruf *m* ❼ INFORM Aufruf *m* ▸ **faire ~** Berufung einlegen

appelé(e) [aple] *m(f)* ❶ MIL Einberufene(r) *m* ❷ REL Berufene(r) *f(m)*

appeler [aple] <4> **I.** *vt* ❶ rufen ❷ *(faire venir)* [herbei]rufen ❸ *(téléphoner à)* anrufen ❹ *(nommer)* nennen; ~ **qn par son prénom** jdn mit seinem Vornamen anreden ❺ *(se référer à)* **en ~ à qc** an etw *(akk)* appellieren ❻ INFORM aufrufen **II.** *vi (héler)* rufen; *(téléphoner)* anrufen **III.** *vpr* **s'~** heißen; **comment t'appelles-tu** wie heißt du?; **je m'appelle** ich heiße

appellation [apelasjɔ̃] *f* Bezeichnung *f;* ~ **d'origine** Herkunftsbezeichnung

appendice [apɛ̃dis] *m* Anhang *m*

appendicite [apɛ̃disit] *f* Blinddarmentzündung *f*

appétissant(e) [apetisɑ̃] *adj* appetitanregend

appétit [apeti] *m* Appetit *m*

applaudir [aplodiʀ] <8> **I.** *vi* klatschen **II.** *vt* ~ **qn/qc** jdm/etw applaudieren

applaudissements [aplodismɑ̃] *mpl* Applaus *m*

applicable [aplikabl] *adj* ~ **à qn/qc** anwendbar auf jdn/etw

application [aplikasjɔ̃] *f* ❶ Auftragen *nt* ❷ *a.* INFORM *(utilisation)* Anwendung *f* ❸ *(mise en pratique)* Umsetzung *f*

applique [aplik] *f* Wandleuchte *f*

appliqué(e) [aplike] *adj* fleißig

appliquer [aplike] <1> **I.** *vt* ❶ auftragen ❷ *(mettre en pratique)* anwenden; *(décision)* ausführen **II.** *vpr* **s'~ à faire qc** sich *(dat)* Mühe geben etw zu tun

appoint [apwɛ̃] *m* ❶ *(petite monnaie)* passendes Kleingeld; **faire l'~** es passend haben ❷ *(complément)* **salaire d'~** Zubrot *nt*

appontement [apɔ̃tmɑ̃] *m* Landungsbrücke *f*

apport [apɔʀ] *m* **l'~ de qn/qc à qc** jds Beitrag/der Beitrag einer S. *(gen)* zu etw

apporter [apɔʀte] <1> *vt* ❶ bringen ❷ *(avec soi)* mitbringen ❸ *(preuve)* liefern

apposer [apoze] <1> *vt* **~ qc sur qc** *(timbre)* etw an etw *(dat)* aufkleben; *(signature)* etw unter etw *(akk)* setzen

apposition [apozisjɔ̃] *f* ❶ LING Apposition *f* ❷ *(application)* Anbringen *nt; (d'un timbre)* Aufkleben *nt;* **~ d'une signature sur un document** Unterzeichnen *nt* eines Dokumentes

appréciable [apʀesjabl] *adj* beachtlich

appréciation [apʀesjasjɔ̃] *f* Beurteilung *f*

apprécier [apʀesje] <1> *vt* ❶ abschätzen ❷ *(aimer)* schätzen

appréhender [apʀeɑ̃de] <1> *vt* ❶ **~ de faire qc** Angst haben etw zu tun ❷ *(arrêter)* fassen

appréhension [apʀeɑ̃sjɔ̃] *f* Befürchtung *f*

apprendre [apʀɑ̃dʀ] <13> **I.** *vt* ❶ **~ qc à qn** jdm etw mitteilen ❷ *(leçon)* lernen; *(métier)* erlernen ❸ *(enseigner)* beibringen **II.** *vi* lernen

apprenti(e) [apʀɑ̃ti] *m(f)* Auszubildende(r) *f(m)*

apprentissage [apʀɑ̃tisaʒ] *m* Lehre *f*

apprêté(e) [apʀete] *adj* affektiert

apprêter [apʀete] <1> *vpr* **s'~ à faire qc** im Begriff sein etw zu tun

apprivoiser [apʀivwaze] <1> *vt* zähmen

approbateur, -trice [apʀɔbatœʀ, -tʀis] *adj* zustimmend

approbation [apʀɔbasjɔ̃] *f* Zustimmung *f*

approche [apʀɔʃ] *f* Näherkommen *nt*

approcher [apʀɔʃe] <1> **I.** *vi* näher kommen **II.** *vt* ❶ *(mettre plus près)* **~ qc de qn** etw an jdn näher heranschieben ❷ *(venir plus près)* **~ qn** sich jdm nähern **III.** *vpr* **s'~ de qn/qc** sich jdm/einer S. nähern

approfondi(e) [apʀɔfɔ̃di] *adj* gründlich; *(connaissance)* fundiert

approfondir [apʀɔfɔ̃diʀ] <8> *vt* vertiefen

approprié(e) [apʀɔpʀije] *adj* **~ à qc** für etw geeignet

approprier [apʀɔpʀije] <1> *vpr* **s'~ qc** sich *(dat)* etw aneignen

approuver [apʀuve] <1> *vt* ❶ zustimmen; **~ que** + *subj* es begrüßen, dass ❷ JUR annehmen

approvisionnement [apʀɔvizjɔnmɑ̃] *m* Versorgung *f*

approvisionner [apʀɔvizjɔne] <1> **I.** *vt* beliefern **II.** *vpr* **s'~ en qc** sich mit etw versorgen

approximatif, -ive [apʀɔksimatif] *adj* ungefähr

approximation [apʀɔksimasjɔ̃] *f* Schätzung *f*

approximativement [apʀɔksimativmɑ̃] *adv* ungefähr

appui [apɥi] *m* ❶ Stütze *f* ❷ *(aide)* Unterstützung *f*

appuie-tête [apɥitɛt] <appuie--tête[s]> *m* Kopfstütze *f*

appuyer [apɥije] <6> **I.** *vi* ❶ drücken ❷ *(insister sur)* **~ sur qc** etw betonen **II.** *vt* ❶ *(poser)* **~ qc contre/sur qc** etw gegen etw lehnen/auf etw *(akk)* stützen ❷ *(presser)* **~ sa main/son pied sur qc** mit der Hand auf etw *(akk)* drücken/mit dem Fuß auf etw *(akk)* treten ❸ *(soutenir)* unterstützen **III.** *vpr* **s'~ contre qn/qc** sich an jdn/etw [an]lehnen; **s'~ sur qn/sur qc** sich auf jdn/etw stützen; *(compter sur)* sich auf jdn/etw verlassen

âpre [ɑpʀ] *adj (qui racle la gorge)* herb

après [apʀɛ] **I.** *prép* ❶ nach *(+dat)* ❷ *(derrière)* hinter *(+dat)* ❸ *(chaque)* **page ~ page** Seite für Seite ❹ *(selon)* **d'~ qn/qc** nach jdm/etw **II.** *adv* ❶ *(plus tard, ensuite)* danach; *(par la suite)* nachher; **longtemps/peu ~** viel später/bald darauf ❷ *(plus loin)* dahinter ❸ *(à part ça)* ansonsten ❹ *fam (à la suite de)* hinterher ❺ *(qui suit)* **d'~** danach ▶ **et ~?** *fam* [na] und?; **~ tout** schließlich **III.** *conj* **~ que** nachdem

A

après-demain [apʀɛdmɛ̃] *adv* übermorgen **après-guerre** [apʀɛgɛʀ] <après--guerres> *m* Nachkriegszeit *f* **après--midi** [apʀɛmidi] **I.** *m o f inv* Nachmittag *m;* **cet[te]** ~ heute Nachmittag; [**dans**] **l'**~ am Nachmittag **II.** *adv* **mardi** ~ [am] Dienstagnachmittag; **demain** ~ morgen Nachmittag; **tous les lundis** ~ montagnachmittags **après-rasage** [apʀɛʀɑzaʒ] <après-rasages> *m* Rasierwasser *nt* **après-ski** [apʀɛski] *m inv* Schneestiefel *m* **après--vente** [apʀɛvɑ̃t] *m inv* Kundendienst *m*

âpreté [ɑpʀəte] *f* ❶ *(d'un vin)* Herbheit *f* ❷ *(du vent, paysage, d'une voix)* Rauheit *f*

a priori [apʀijɔʀi] **I.** *adv* a priori **II.** *m inv* Apriori *nt*

apte [apt] *adj* geeignet

aptitude [aptityd] *f* Eignung *f*

aquarelle [akwaʀɛl] *f* Aquarell *nt*

aquarium [akwaʀjɔm] *m* Aquarium *nt*

aquatique [akwatik] *adj* Wasser-; **plante** ~ Wasserpflanze *f*

aqueduc [akdyk] *m* Aquädukt *m o nt*

aquilin [akilɛ̃] *adj* **un nez** ~ eine Adlernase

Aquitaine [akitɛn] *f* **l'**~ Aquitanien *nt*

arabe [aʀab] **I.** *adj* arabisch; *v.a.* **allemand II.** *m* Arabisch *nt; v.a.* **allemand**

Arabe [aʀab] *mf* Araber(in) *m(f)*

arabesque [aʀabɛsk] *f* Arabeske *f*

Arabie [aʀabi] *f* **l'**~ [**Saoudite**] [Saudi-]Arabien *nt*

arachide [aʀaʃid] *f* Erdnuss *f*

araignée [aʀeɲe] *f* Spinne *f*

arbalète [aʀbalɛt] *f* Armbrust *f*

arbitrage [aʀbitʀaʒ] *m* SPORT Schiedsrichteramt *nt*

arbitraire [aʀbitʀɛʀ] *adj* willkürlich

arbitrairement [aʀbitʀɛʀmɑ̃] *adv* willkürlich

arbitre [aʀbitʀ] *mf* ❶ SPORT Schiedsrichter(in) *m(f)* ❷ *(conciliateur)* Vermittler(in) *m(f)*

arbitrer [aʀbitʀe] <1> *vt* ~ **qc** bei etw schlichten; SPORT bei etw Schiedsrichter(in) sein

arborer [aʀbɔʀe] <1> *vt (drapeau)* hissen

arborescence [aʀbɔʀesɑ̃s] *f* INFORM Baumstruktur *f*

arboriculteur, -trice [aʀbɔʀikyltœʀ, -tʀis] *m, f* Baumpfleger(in) *m(f)*

arbre [aʀbʀ] *m* ❶ BOT Baum *m* ❷ TECH Welle *f*

arbuste [aʀbyst] *m* Strauch *m*

arc [aʀk] *m* Bogen *m*

arcade [aʀkad] *f* Arkade *f*

arc-boutant [aʀkbutɑ̃] <arcs-boutants> *m* ARCHIT Strebebogen *m*

arceau [aʀso] <x> *m* kleiner Bogen

arc-en-ciel [aʀkɑ̃sjɛl] <arcs-en-ciel> *m* Regenbogen *m*

archaïque [aʀkaik] *adj* archaisch; *(mot)* veraltet

archaïsme [aʀkaism] *m* ❶ *(caractère désuet)* Veraltetsein *nt* ❷ LING Archaismus *m*

arche [aʀʃ] *f* ❶ Bogen *m* ❷ REL ~ **de Noé** Arche *f* Noah

archéologie [aʀkeɔlɔʒi] *f* Archäologie *f*

archéologique [aʀkeɔlɔʒik] *adj* archäologisch

archéologue [aʀkeɔlɔg] *mf* Archäologe, -login *m, f*

archet [aʀʃɛ] *m* Bogen *m*

archétype [aʀketip] *m* Archetyp[us] *m*

archevêché [aʀʃəveʃe] *m* Erzbistum *nt*

archevêque [aʀʃəvɛk] *m* Erzbischof *m*

archiconnu(e) [aʀʃikɔny] *adj* überall bekannt

archiduc, archiduchesse [aʀʃidyk, aʀʃidyʃɛs] *m, f* Erzherzog(in) *m(f)*

archipel [aʀʃipɛl] *m* Archipel *m*

architecte [aʀʃitɛkt] *mf* Architekt(in) *m(f)*

architectural(e) [aʀʃitɛktyʀal, -o] <-aux> *adj* architektonisch

architecture [aʀʃitɛktyʀ] *f* Architektur *f;* INFORM Struktur *f*

archive [aʀʃiv] *f* INFORM Archiv *nt*

archiver [aʀʃive] <1> *vt* archivieren

archives [aʀʃiv] *f pl* Archiv *nt*

archiviste [aʀʃivist] *mf* Archivar(in) *m(f)*
arçon [aʀsɔ̃] *m* Sattelbogen *m*
arctique [aʀktik] *adj* arktisch
Arctique [aʀktik] *m* **l'~** die Arktis
ardemment [aʀdamɑ̃] *adv* sehnlichst
ardent(e) [aʀdɑ̃] *adj* ❶ glühend ❷ *fig* brennend
ardeur [aʀdœʀ] *f* ❶ glühende Hitze *f* ❷ *(force vive)* Heftigkeit *f* ❸ *(zèle)* Begeisterung *f*
ardoise [aʀdwaz] **I.** *f sans pl* Schiefer *m* **II.** *adj inv (couleur)* schieferfarben
ardu(e) [aʀdy] *adj (problème, question)* schwierig
are [aʀ] *m* Ar *nt*
arène [aʀɛn] *f* Arena *f*
arête [aʀɛt] *f* Gräte *f*
argent [aʀʒɑ̃] *m* ❶ Geld *nt* ❷ *(métal)* Silber *nt*
argenté(e) [aʀʒɑ̃te] *adj* silbern
argenterie [aʀʒɑ̃tʀi] *f sans pl* Silbergeschirr *nt*
argentin(e) [aʀʒɑ̃tɛ̃] *adj* argentinisch
Argentin(e) [aʀʒɑ̃tɛ̃] *m(f)* Argentinier(in) *m(f)*
Argentine [aʀʒɑ̃tin] *f* **l'~** Argentinien *nt*
argile [aʀʒil] *f* Ton *m*
argileux, -euse [aʀʒilø] *adj* tonhaltig
argot [aʀgo] *m* ❶ *sans pl* Argot *m o nt* ❷ *(langage particulier)* Jargon *m*

L'argot

Der **argot** ist einerseits eine Art französische Umgangssprache. Wer ihn benutzt, drückt sich salopper aus, als es mit einem Ausdruck aus der gemäßigten Umgangssprache, dem *français familier*, der Fall wäre.
Andererseits versteht man unter **argot** auch die leicht informelle Ausdrucksweise einer bestimmten Personengruppe, also einen Jargon. Tatsächlich geht der Argot auf einen sehr speziellen Jargon zurück: Er war ursprünglich die Geheimsprache im Gaunermilieu.
T'as zieuté les poulagas? ≈ As-tu vu les policiers? – Hast du die Polizisten gesehen?

argotique [aʀgɔtik] *adj* **expression ~** Argotausdruck *m*
argument [aʀgymɑ̃] *m* Argument *nt*
argumentation [aʀgymɑ̃tasjɔ̃] *f* Argumentation *f*
argumenter [aʀgymɑ̃te] <1> *vi* argumentieren
Argus [aʀgys] *m* AUT ≈ Schwacke-Liste *f;* **ma voiture est cotée 20.000 euros à l'~** mein Auto hat [noch] einen Zeitwert von 20.000 Euro
aride [aʀid] *adj* trocken
aridité [aʀidite] *f sans pl* Trockenheit *f*
aristocrate [aʀistɔkʀat] *mf* Aristokrat(in) *m(f)*
aristocratie [aʀistɔkʀasi] *f* Aristokratie *f*
aristocratique [aʀistɔkʀatik] *adj* aristokratisch
arithmétique [aʀitmetik] *f* Arithmetik *f*
arlequin [aʀləkɛ̃] *m* Harlekin *m*
armada [aʀmada] *f* Heer *nt*
armagnac [aʀmaɲak] *m* Armagnac *m*
armateur [aʀmatœʀ] *m* Reeder(in) *m(f)*
armature [aʀmatyʀ] *f* Gerüst *nt; (d'une tente)* Gestänge *nt; (d'un soutien-gorge)* Bügel *Pl*
arme [aʀm] *f* Waffe *f;* **~s de destruction massive** Massenvernichtungswaffen
armé(e) [aʀme] *adj* bewaffnet
armée [aʀme] *f* Armee *f*
armement [aʀməmɑ̃] *m* Bewaffnung *f*
Arménie [aʀmeni] *f* **l'~** Armenien *nt*
arménien [aʀmenjɛ̃] *m* Armenisch *nt; v.a.* **allemand**
arménien(ne) [aʀmenjɛ̃] *adj* armenisch; *v.a.* **allemand**
Arménien(ne) [aʀmenjɛ̃] *m(f)* Armenier(in) *m(f)*
armer [aʀme] <1> **I.** *vt* ❶ bewaffnen

❷ *(fusil)* laden ❸ *(équiper)* ausrüsten **II.** *vpr* ❶ **s'~** sich bewaffnen ❷ *fig* **s'~ de patience** sich mit Geduld wappnen

armistice [aʀmistis] *m* Waffenstillstand *m*

armoire [aʀmwaʀ] *f* Kleiderschrank *m*

armoiries [aʀmwaʀi] *fpl* Wappen *nt*

armure [aʀmyʀ] *f* MIL Rüstung *f*

armurerie [aʀmyʀʀi] *f (commerce)* Waffenhandlung *f*

armurier [aʀmyʀje] *m* Waffenhändler(in) *m(f)*

arnaque [aʀnak] *f fam* Betrug *m*

arnaquer [aʀnake] <1> *vt fam* übers Ohr hauen

arnaqueur, -euse [aʀnakœʀ, -øz] *m, f fam* Betrüger(in) *m(f)*

arobas [aʀɔbas] *m* INFORM at *nt*

arobase [aʀɔbɑz] *f* INFORM at *nt*

aromate [aʀɔmat] *m* Gewürzkraut *nt*

aromatiser [aʀɔmatize] <1> *vt* würzen

arome, arôme [aʀom] *m* Aroma *nt; (d'un vin)* Bouquet *nt*

arpenter [aʀpɑ̃te] <1> *vt* ❶ *(parcourir: pièce)* durchmessen ❷ *(mesurer)* vermessen

arqué(e) [aʀke] *adj* **avoir les jambes ~es** O-Beine haben *(fam)*

arracher [aʀaʃe] <1> **I.** *vt* ❶ herausreißen ❷ *(affiche)* abreißen ❸ *(prendre)* **~ qc des mains de qn** jdm etw aus den Händen reißen **II.** *vpr (se disputer)* **s'~ qn/qc** sich um jdn/etw reißen ▸ **s'~ les cheveux** sich *(dat)* die Haare ausreißen

arrangeant(e) [aʀɑ̃ʒɑ̃, ʒɑ̃t] *adj* umgänglich

arrangement [aʀɑ̃ʒmɑ̃] *m* ❶ Zusammenstellung *f* ❷ *(accord)* Einigung *f* ❸ MUS Arrangement *nt*

arranger [aʀɑ̃ʒe] <2a> **I.** *vt* ❶ ordnen ❷ *(organiser)* organisieren; *(rencontre)* arrangieren ❸ *(régler)* regeln ❹ *(contenter)* **~ qn** jdm gelegen kommen **II.** *vpr* **s'~** ❶ *(se mettre d'accord)* sich einigen ❷ *(s'améliorer)* sich regeln ❸ *(se débrouiller)* **s'~ pour que** + *subj* es sich *(dat)* so einrichten, dass

arrestation [aʀɛstasjɔ̃] *f* Verhaftung *f*

arrêt [aʀɛ] *m* ❶ Abschalten *nt;* **~ cardiaque** Herzstillstand *m;* **sans ~** unaufhörlich; **en ~ maladie** krankgeschrieben sein ❷ AUT Halt *m;* **dix minutes d'~** zehn Minuten Aufenthalt ❸ *(station)* Haltestelle *f*

arrêté [aʀete] *m* Erlass *m*

arrêté(e) [aʀete] *adj* fest; *péj* festgefahren

arrêter [aʀete] <1> **I.** *vi* **~ de faire qc** aufhören etw zu tun **II.** *vt* ❶ *(stopper)* anhalten; *(télé)* ausmachen ❷ *(terminer)* aufhören mit ❸ *(interrompre)* unterbrechen ❹ *(bloquer)* aufhalten ❺ *(faire prisonnier)* verhaften ❻ *(date)* festlegen **III.** *vpr* **s'~** ❶ *(s'immobiliser)* stehen bleiben; *(véhicule)* [an]halten ❷ *(cesser)* aufhören

arrêt-maladie [aʀɛmaladi] <arrêts-maladie> *m (congé)* Beurlaubung *f* wegen Krankheit; *(certificat)* Arbeitsunfähigkeitsbescheinigung *f;* **être en ~** krank geschrieben sein

arrhes [aʀ] *fpl* Anzahlung *f*

arriéré [aʀjeʀe] *m* FIN Rückstand *m*

arrière [aʀjɛʀ] **I.** *m* ❶ *sans pl* Heck *nt* ❷ SPORT Verteidiger(in) *m(f)* ▸ **se pencher en ~** sich zurückbeugen; **rester en ~** hinten bleiben; **aller en ~** rückwärtsgehen **II.** *adj inv* **roue ~** Hinterrad *nt;* **siège ~** Rücksitz *m*

arrière-cour [aʀjɛʀkuʀ] <arrière-cours> *f* Hinterhof *m* **arrière-goût** [aʀjɛʀgu] <arrière-goûts> *m* Nachgeschmack *m* **arrière-grand-mère** [aʀjɛʀgʀɑ̃mɛʀ] <arrière-grands-mères> *f* Urgroßmutter *f* **arrière-grand-père** [aʀjɛʀgʀɑ̃pɛʀ] <arrière-grands-pères> *m* Urgroßvater *m* **arrière-grands-parents** [aʀjɛʀgʀɑ̃paʀɑ̃] *mpl* Urgroßeltern *Pl* **arrière-pays** [aʀjɛʀpei] *m inv* Hinterland *nt* **arrière-petite-fille** [aʀjɛʀpətitfij] <arrière-petites-filles> *f* Urenkelin *f* **arrière-petit-fils** [aʀjɛʀpətifis] <arrière-petits-

fils> *m* Urenkel *m* **arrière-petits-enfants** [aʀjɛʀpətizɑ̃fɑ̃] *mpl* Urenkel *Pl* **arrière-plan** [aʀjɛʀplɑ̃] <arrière--plans> *m a. fig* Hintergrund *m* **arrière-saison** [aʀjɛʀsɛzɔ̃] <arrière--saisons> *f* Nachsaison *f*

arrivage [aʀivaʒ] *m* Lieferung *f*

arrivant(e) [aʀivɑ̃, ɑ̃t] *m(f)* Ankommende(r) *f(m)*

arrivée [aʀive] *f* ❶ Ankunft *f* ❷ *(endroit)* Ziel *nt* ❸ TECH Anschluss *m*

arriver [aʀive] <1> **I.** *vi + être* ❶ ankommen ❷ *(approcher)* kommen ❸ *(aller jusque)* ~ **aux genoux** bis an die Knie gehen ❹ *(atteindre)* ~ **à qc** etw erreichen ❺ *(réussir)* **qn arrive à faire qc** es gelingt jdm etw zu tun ❻ *(survenir)* **qu'est-ce qui est arrivé?** was ist passiert? **II.** *vi impers + être (se produire)* **qu'est-ce qu'il t'est arrivé?** was ist dir denn passiert?

arriviste [aʀivist] *mf* Karrierist(in) *m(f)*

arrobase [aʀɔbaz] *f v.* **arobase**

arrogance [aʀɔgɑ̃s] *f* Arroganz *f*

arrogant(e) [aʀɔgɑ̃] *adj* arrogant

arrondir [aʀɔ̃diʀ] <8> **I.** *vt* ❶ rund machen ❷ *(simplifier)* aufrunden/abrunden **II.** *vpr* **s'~** [immer] runder werden

arrondissement [aʀɔ̃dismɑ̃] *m* Arrondissement *nt*

arrosage [aʀozaʒ] *m* ❶ *(des rues, d'un jardin)* Sprengen *nt* ❷ *(à l'arrosoir)* Gießen *nt*

arroser [aʀoze] <1> *vt* gießen

arrosoir [aʀozwaʀ] *m* Gießkanne *f*

arsenal [aʀsənal] <-aux> *m a. fig* Arsenal *nt*

arsenic [aʀsənik] *m* Arsen *nt*

art [aʀ] *m* Kunst *f;* **les ~s premiers** Urkunst

artère [aʀtɛʀ] *f* ANAT Arterie *f*

artériel(le) [aʀteʀjɛl] *adj* arteriell

arthrose [aʀtʀoz] *f* Arthrose *f*

artichaut [aʀtiʃo] *m* Artischocke *f*

article [aʀtikl] *m* Artikel *m;* JUR Paragraph *m*

articulaire [aʀtikylɛʀ] *adj* Gelenk-

articulation [aʀtikylasjɔ̃] *f* ❶ Gelenk *nt* ❷ *(prononciation)* Artikulieren *nt*

articulé(e) [aʀtikyle] *adj* ❶ *(opp: rigide)* **une poupée ~e** eine Gliederpuppe; **un bus ~** ein Gelenkbus ❷ *(opp: inarticulé)* artikuliert

articuler [aʀtikyle] <1> *vt* artikulieren

artifice [aʀtifis] *m* Trick *m*

artificiel(le) [aʀtifisjɛl] *adj* künstlich

artificiellement [aʀtifisjɛlmɑ̃] *adv* künstlich

artificier [aʀtifisje] *m* ❶ *(fabricant, organisateur)* Feuerwerker(in) *m(f)* ❷ *(spécialiste du désamorçage)* [Bomben]entschärfer(in) *m(f)*

artillerie [aʀtijʀi] *f* Artillerie *f*

artisan(e) [aʀtizɑ̃] *m(f)* Handwerker(in) *m(f)*

artisanal(e) [aʀtizanal] <-aux> *adj* handwerklich

artisanat [aʀtizana] *m* Handwerk *nt*

artiste [aʀtist] *mf* Künstler(in) *m(f)*

artistique [aʀtistik] *adj* künstlerisch

aryen(ne) [aʀjɛ̃, jɛn] *adj* arisch

as[1] [a] *indic prés de* **avoir**

as[2] [ɑs] *m* Ass *nt*

ascendance [asɑ̃dɑ̃s] *f* Abstammung *f*

ascendant [asɑ̃dɑ̃] *m sans pl* ~ **sur qn/qc** [starker] Einfluss auf jdn/etw

ascenseur [asɑ̃sœʀ] *m* Aufzug *m*

ascension [asɑ̃sjɔ̃] *f* ❶ Aufstieg *m* ❷ *sans pl* REL **l'Ascension** Christi Himmelfahrt

aseptisé(e) [asɛptize] *adj* ❶ *(instrument)* sterilisiert; *(pansement)* keimfrei; *(chambre, plaie)* desinfiziert ❷ *fig* steril

aseptiser [asɛptize] <1> *vt (instrument)* sterilisieren; *(pansement)* keimfrei machen; *(chambre, plaie)* desinfizieren

asexué(e) [asɛksɥe] *adj* ungeschlechtlich

asiatique [azjatik] *adj* asiatisch

Asiatique [azjatik] *mf* Asiat(in) *m(f)*

Asie [azi] *f* **l'~** Asien *nt;* **l'~ centrale/Mineure** Zentral-/Kleinasien

asile [azil] *m* ❶ Asyl *nt* ❷ *(refuge)* Zufluchtsort *m*

asocial(e) [asɔsjal] <-aux> *adj* asozial

A

aspect [aspɛ] *m* ❶ *sans pl* Aussehen *nt* ❷ *(point de vue)* Aspekt *m*

Aussprache

Bei **aspect** wird die Endung -ct nicht als [kt] gesprochen, sondern bleibt stumm.

asperge [aspɛʀʒ] *f* Spargel *m*

asperger [aspɛʀʒe] <2a> **I.** *vt* bespritzen **II.** *vpr* **s'~** sich besprühen

asphalte [asfalt] *m* Asphalt *m*

asphyxie [asfiksi] *f sans pl* Ersticken *nt*

asphyxier [asfiksje] <1> *vt, vpr* [**s'**]~ ersticken

aspic [aspik] *m* GASTR Sülze *f*

aspirant [aspiʀɑ̃] *m* MIL Offiziersanwärter(in) *m(f)*

aspirateur [aspiʀatœʀ] *m* Staubsauger *m;* **passer l'~** staubsaugen

aspiration [aspiʀasjɔ̃] *f* ❶ *sans pl* Einatmen *nt* ❷ *sans pl (élan)* Streben *nt* ❸ *pl (désirs)* Sehnsüchte *Pl*

aspiré(e) [aspiʀe] *adj* LING aspiriert

aspirer [aspiʀe] <1> **I.** *vt* ❶ einatmen ❷ *(avec la bouche)* [ein]saugen ❸ TECH absaugen **II.** *vi (désirer)* ~ **à qc** sich nach etw sehnen

aspirine [aspiʀin] *f* Aspirin® *nt*

assagir [asaʒiʀ] <8> *vpr* **s'~** ruhiger werden

assaillant(e) [asajɑ̃] *m(f)* Angreifer(in) *m(f)*

assaillir [asajiʀ] <irr> *vt* angreifen

assainir [aseniʀ] <8> *vt* sanieren

assainissement [asenismɑ̃] *m* ARCHIT Sanierung *f; (d'un marécage)* Trockenlegung *f*

assaisonnement [asɛzɔnmɑ̃] *m* ❶ *sans pl* Würzen *nt; (d'une salade)* Anmachen *nt* ❷ *(ingrédient)* Würze *f*

assaisonner [asɛzɔne] <1> *vt (plat)* würzen; *(salade)* anmachen

assassin [asasɛ̃] *m* Mörder(in) *m(f)*

assassinat [asasina] *m* ❶ *(action)* Ermordung *f* ❷ *(résultat)* Mord *m*

assassiner [asasine] <1> *vt* ermorden

assaut [aso] *m* ❶ *(ruée)* Ansturm *m* ❷ MIL ~ **de qc** Sturm *m* auf etw *(akk);* **à l'~!** Attacke!

assèchement [asɛʃmɑ̃] *m* Trockenlegung *f*

assécher [aseʃe] <5> *vt* trocken legen

ASSEDIC [asedik] *fpl abr de* **Association pour l'emploi dans l'industrie et le commerce** ❶ *(organisme) für die Zahlung der Arbeitslosenversicherung in Frankreich zuständige Organisation* ❷ *(régime d'assurance)* ≈ Arbeitslosenversicherung *f* ❸ *(cotisation)* ≈ Beitrag *m* für die Arbeitslosenversicherung ❹ *(indemnités)* ≈ Arbeitslosengeld *nt;* **toucher les ~** Arbeitslosengeld bekommen

assemblage [asɑ̃blaʒ] *m* Zusammenbauen *nt; (de couleurs)* Zusammenstellung *f*

assemblée [asɑ̃ble] *f* Versammlung *f;* **l'Assemblée nationale** die Nationalversammlung; **l'Assemblée fédérale** CH Rat *m* (CH)

assembler [asɑ̃ble] <1> **I.** *vt* zusammensetzen **II.** *vpr* **s'~** sich versammeln

assembleur [asɑ̃blœʀ] *m* INFORM Assembler *m*

asseoir [aswaʀ] <irr> **I.** *vt* **faire ~ qn** jdn bitten sich zu setzen; **être/rester assis** sitzen/sitzen bleiben **II.** *vpr* **s'~** sich hinsetzen; **asseyez-vous!** setzt euch!/setzen Sie sich!

assermenté(e) [asɛʀmɑ̃te] *adj* vereidigt

asservir [asɛʀviʀ] <8> *vt* unterwerfen

assesseur [asesœʀ] *mf* Beisitzer(in) *m(f)*

assez [ase] *adv* ❶ genug ❷ *(plutôt)* ziemlich ❸ *(quantité suffisante)* **c'est/ce n'est pas ~** das reicht/reicht nicht ❹ *(dans l'ensemble)* **être ~ content de soi** [eigentlich] ganz zufrieden mit sich sein ❺ SCOL ~ **bien** ≈ befriedigend ❻ **j'en ai ~ de tes bêtises!** jetzt reicht's mir aber mit deinen Dummheiten!

assidu(e) [asidy] *adj (élève)* immer anwesend; *(travail)* ständig

assiduité [asidɥite] *f sans pl (d'un

élève) regelmäßige Anwesenheit; *(d'un employé)* regelmäßiges Erscheinen; **son ~ dans le travail** seine/ihre Beharrlichkeit bei der Arbeit; **son ~ au travail** sein/ihr regelmäßiges Erscheinen bei der Arbeit

assidûment [asidymɑ̃] *adv (fréquenter)* regelmäßig, eifrig

assiéger [asjeʒe] <2a, 5> *vt* belagern

assiette [asjɛt] *f* Teller *m;* **~ creuse** Tiefteller

assignation [asiɲasjɔ̃] *f* Vorladung *f*

assigner [asiɲe] <1> *vt* 1 zuteilen 2 JUR **~ qn à comparaître** jdn vorladen

assimilation [asimilasjɔ̃] *f* 1 *fig* Aneignen *nt* 2 *(intégration)* **~ à qc** Eingliederung *f* in etw *(akk)*

assimiler [asimile] <1> **I.** *vt* 1 vergleichen 2 *(connaissances)* sich *(dat)* aneignen, aufnehmen 3 *(intégrer)* eingliedern **II.** *vpr* **s'~ à qc** sich in etw *(akk)* integrieren

assis(e) [asi] **I.** *part passé de* **asseoir** **II.** *adj* sitzend

assise [asiz] *f* 1 *(rangée)* Schicht *f* 2 *souvent pl (fondement)* Grundlage *f* 3 *pl (strates)* Schicht *f*

assises [asiz] *fpl* JUR Schwurgericht *nt*

assistanat [asistana] *m* Assistenz *f*

assistance [asistɑ̃s] *f* 1 *(public)* Publikum *nt* 2 *(secours)* Hilfe *f; (médicale)* Betreuung; **demander ~ à qn** jdn um Hilfe bitten

assistant(e) [asistɑ̃] *m(f) (aide)* Assistent(in) *m(f);* MED [Arzt]helfer(in) *m(f);* **~ social** Sozialarbeiter *m*

assisté(e) [asiste] *adj* 1 SOCIOL **personne ~e** Sozialhilfeempfänger(in) *m(f)* 2 AUT **direction ~e** Servolenkung *f* 3 INFORM **~ par ordinateur** computergestützt

assister [asiste] <1> **I.** *vi* **~ à qc** bei etw anwesend sein **II.** *vt* **~ qn dans qc** jdm bei etw helfen

associatif, -ive [asɔsjatif, -iv] *adj* 1 PSYCH, MATH assoziativ 2 *(relatif à une association)* **vie associative** Vereinsleben *nt*

association [asɔsjasjɔ̃] *f* 1 Vereinigung *f* 2 *(action de s'associer)* Zusammenschluss *m* 3 *(groupement)* Organisation *f;* JUR *(opp: société)* Verein *m*

associé(e) [asɔsje] **I.** *m(f)* Gesellschafter(in) *m(f)* **II.** *adj (gérant)* teilhabend

associer [asɔsje] <1> **I.** *vt* [miteinander] verbinden **II.** *vpr* 1 **s'~** sich zusammenschließen 2 *(participer à)* **s'~ à qc** sich an etw *(dat)* beteiligen

assoiffé(e) [aswafe] *adj* [sehr] durstig

assombrir [asɔ̃bʀiʀ] <8> *vt, vpr* **[s']~** [sich] verdunkeln

assommant(e) [asɔmɑ̃, ɑ̃t] *adj fam* nervtötend

assommer [asɔme] <1> *vt* 1 bewusstlos schlagen 2 *fam (ennuyer)* zu Tode langweilen

Assomption [asɔ̃psjɔ̃] *f* Mariä Himmelfahrt *f*

assorti(e) [asɔʀti] *adj* passend

assortiment [asɔʀtimɑ̃] *m* Sortiment *nt*

assortir [asɔʀtiʀ] <8> *vt* zusammenstellen

assoupi(e) [asupi] *adj* 1 *(somnolent)* dösend 2 *(affaibli)* abgekühlt; *(douleur)* gelindert

assoupir [asupiʀ] <8> *vpr* **s'~** einschlafen

assoupissement [asupismɑ̃] *m* Schläfrigkeit *f*

assouplir [asupliʀ] <8> **I.** *vt* 1 geschmeidig machen 2 *(règlement)* lockern **II.** *vpr* **s'~** 1 geschmeidig[er] werden 2 *(devenir moins rigide)* umgänglich[er] werden

assouplissant [asuplisɑ̃] *m* Weichspüler *m*

assouplissement [asuplismɑ̃] *m (du linge)* Weichmachen *nt*

assourdir [asuʀdiʀ] <8> **I.** *vt (abasourdir)* betäuben **II.** *vpr* **s'~** *(bruit)* schwächer werden

assouvir [asuviʀ] <8> *vt (faim, vengeance)* stillen

assujetti(e) [asyʒeti] **I.** *adj* unterworfen; **~ à l'impôt** steuerpflichtig

II. *m(f)* ADMIN *(à l'impôt)* Steuerpflichtige(r) *f(m)*

assujettir [asyʒetiʀ] <8> *vt (astreindre)* **~ qn à l'impôt** jdm eine Steuer auferlegen; **son métier l'assujettit à une présence constante** sein Beruf verpflichtet ihn zu ständiger Anwesenheit

assumer [asyme] <1> *vt* auf sich *(akk)* nehmen

assurance [asyʀɑ̃s] *f* ❶ *sans pl* Selbstbewusstsein *nt* ❷ *(garantie)* Zusicherung *f* ❸ *(contrat)* Versicherung *f*

assuré(e) [asyʀe] **I.** *adj* sicher **II.** *m(f)* Versicherte(r) *f(m)*

assurément [asyʀemɑ̃] *adv soutenu* gewiss

assurer [asyʀe] <1> **I.** *vt* ❶ versichern ❷ *(avenir)* sichern ❸ SPORT sichern **II.** *vpr* **s'~** ❶ sich versichern ❷ *(vérifier)* sich überzeugen

assureur [asyʀœʀ] *m* Versicherungsträger *m*

astérisque [asteʀisk] *m* Sternchen *nt*

astéroïde [asteʀɔid] *m* Asteroid *m*

asthmatique [asmatik] **I.** *adj* asthmatisch **II.** *mf* Asthmatiker(in) *m(f)*

asthme [asm] *m* Asthma *nt*

asticot [astiko] *m fam* Made *f*

asticoter [astikɔte] <1> *vt fam* nerven

astigmate [astigmat] *adj* astigmatisch

astiquer [astike] <1> *vt* polieren

astral(e) [astʀal, -o] <-aux> *adj* **signe ~** Sternzeichen *nt*

astre [astʀ] *m* ASTRO Stern *m*

astreignant(e) [astʀɛɲɑ̃] *adj* anstrengend

astreindre [astʀɛ̃dʀ] <irr> *vt* **~ qn à un travail** jdn zu einer Arbeit zwingen

astreinte [astʀɛ̃t] *f* Zwang *m*

astringent [astʀɛ̃ʒɑ̃] *m* adstringierendes Mittel *nt*

astrologie [astʀɔlɔʒi] *f* Astrologie *f*

astrologique [astʀɔlɔʒik] *adj* astrologisch

astrologue [astʀɔlɔg] *mf* Astrologe, Astrologin *m, f*

astronaute [astʀonot] *mf* Astronaut(in) *m(f)*

astronautique [astʀonotik] *f* Raumfahrt *f*

astronome [astʀɔnɔm] *mf* Astronom(in) *m(f)*

astronomie [astʀɔnɔmi] *f* Astronomie *f*

astronomique [astʀɔnɔmik] *adj a. fig* astronomisch

astrophysique [astʀofizik] *f* Astrophysik *f*

astuce [astys] *f sans pl* Raffiniertheit *f*

astucieux, -euse [astysjø] *adj* schlau

asymétrie [asimetʀi] *f* Asymmetrie *f*

asymétrique [asimetʀik] *adj* asymmetrisch

atchoum [atʃum] *interj* hatschi

atelier [atəlje] *m* Werkstatt *f*

athée [ate] **I.** *adj* atheistisch **II.** *mf* Atheist(in) *m(f)*

athéisme [ateism] *m* Atheismus *m*

Athènes [atɛn] Athen *nt*

athlète [atlɛt] *mf* Leichtathlet(in) *m(f)*

athlétique [atletik] *adj* athletisch

athlétisme [atletism] *m* Leichtathletik *f*

atlantique [atlɑ̃tik] *adj* atlantisch; **côte ~** Atlantikküste *f*

Atlantique [atlɑ̃tik] *m* **l'~** der Atlantik

atlas [atlɑs] *m* Atlas *m*

atmosphère [atmɔsfɛʀ] *f* Atmosphäre *f*

atmosphérique [atmɔsfeʀik] *adj* atmosphärisch; **pression ~** Luftdruck *m*

atoll [atɔl] *m* Atoll *nt*

atome [atom] *m* Atom *nt*

atomique [atɔmik] *adj* atomar

atomiser [atɔmize] <1> *vt (pulvériser)* zerstäuben

atomiseur [atɔmizœʀ] *m* Zerstäuber *m*

atout [atu] *m* Trumpf *m*

âtre [ɑtʀ] *m* Feuerstelle *f*

atroce [atʀɔs] *adj* grauenhaft

atrocement [atʀɔsmɑ̃] *adv* furchtbar

atrocité [atʀɔsite] *f* ❶ Abscheulichkeit *f* ❷ *pl (action)* Gräuel[taten] *Pl*

atrophier [atʀɔfje] <1> *vpr* **s'~** verkümmern

attabler [atable] <1> *vpr* **s'~** sich zu Tisch setzen

attachant(e) [ataʃɑ̃] *adj (personne, personnalité)* fesselnd; *(enfant)* reizend

A

attache [ataʃ] *f* Befestigung *f*
attaché(e) [ataʃe] *m(f)* Attaché *m*
attaché-case [ataʃekɛz] <attachés-cases> *m* Aktenkoffer *m*
attachement [ataʃmɑ̃] *m* Anhänglichkeit *f*
attacher [ataʃe] <1> **I.** *vt* ❶ festmachen ❷ *(lacets)* binden; *(montre)* zumachen ❸ *(cheveux)* zusammenbinden ❹ *(attribuer)* **~ de l'importance à qc** einer S. *(dat)* Bedeutung beimessen **II.** *vpr* ❶ *(mettre sa ceinture de sécurité)* **s'~** sich anschnallen ❷ *(se lier d'affection)* **s'~ à qn** jdn/etw lieb gewinnen
attaquant(e) [atakɑ̃] *m(f)* Angreifer(in) *m(f)*
attaque [atak] *f* ❶ Angriff *m* ❷ MED Anfall *m*
attaquer [atake] <1> **I.** *vt* ❶ angreifen ❷ *(commencer)* beginnen **II.** *vpr* **s'~ à qc** etw in Angriff nehmen
attardé(e) [ataʀde] *adj (en retard)* verspätet
attarder [ataʀde] <1> *vpr* **s'~** sich verspäten
atteindre [atɛ̃dʀ] <irr> *vt* ❶ erreichen ❷ *(personne)* treffen
atteint(e) [atɛ̃, ɛ̃t] *adj* ❶ *(malade)* **être très ~** *(personne)* schwer krank sein, *(organe)* stark angegriffen sein; **le malade ~ du cancer** der Krebspatient *m* ❷ *fam (fou)* übergeschnappt
atteinte [atɛ̃t] *f* Beeinträchtigung *f*
attelage [at(ə)laʒ] *m* ❶ *(de chevaux)* Geschirr *nt; (d'un véhicule de chemin de fer)* Kupplung *f* ❷ *(d'un cheval)* Anspannen *nt; (d'un bœuf)* Einspannen *nt; (d'un wagon)* Anhängen *nt*
atteler [at(ə)le] <3> *vt* anspannen
attelle [atɛl] *f* Schiene *f*
attenant(e) [at(ə)nɑ̃, ɑ̃t] *adj* angrenzend
attendre [atɑ̃dʀ] <14> **I.** *vt* warten auf *(+akk)* **II.** *vi* warten **III.** *vpr* **s'~ à qc** etw erwarten
attendri(e) [atɑ̃dʀi] *adj* gerührt
attendrir [atɑ̃dʀiʀ] <8> **I.** *vt* rühren **II.** *vpr* **s'~ sur soi-même** sich selbst bemitleiden
attendrissant(e) [atɑ̃dʀisɑ̃] *adj* rührend
attendu(e) [atɑ̃dy] *adj (espéré)* erwartet
attentat [atɑ̃ta] *m* Attentat *nt;* **~ suicide** Selbstmordattentat *nt*
attente [atɑ̃t] *f* ❶ Warten *nt* ❷ *(espoir)* **contre toute ~** wider Erwarten
attenter [atɑ̃te] <1> *vi* **~ à sa vie** Selbstmord verüben
attentif, -ive [atɑ̃tif] *adj* aufmerksam
attention [atɑ̃sjɔ̃] *f* Aufmerksamkeit *f;* **~!** Vorsicht!
attentionné(e) [atɑ̃sjɔne] *adj* aufmerksam
attentivement [atɑ̃tivmɑ̃] *adv* aufmerksam
atténuation [atenɥasjɔ̃] *f (d'un sentiment)* Milderung *f*
atténuer [atenɥe] <1> **I.** *vt* lindern, *(bruit)* dämpfen **II.** *vpr* **s'~** nachlassen
atterré(e) [ateʀe] *adj* erschüttert
atterrir [ateʀiʀ] <8> *vi* landen
atterrissage [ateʀisaʒ] *m* Landen *nt*
attestation [atɛstasjɔ̃] *f* Bescheinigung *f*
attester [atɛste] <1> *vt* bestätigen
attirail [atiʀaj] *m fam* Zeug *nt*
attirance [atiʀɑ̃s] *f* Anziehungskraft *f*
attirant(e) [atiʀɑ̃] *adj* anziehend
attirer [atiʀe] <1> *vt, vpr* **[s']~** [sich] anziehen
attiser [atize] <1> *vt* schüren, anfachen
attitré(e) [atitʀe] *adj (promoteur)* beauftragt
attitude [atityd] *f* Haltung *f*
attouchement [atuʃemɑ̃] *m* Berührung *f*
attractif, -ive [atʀaktif] *adj* interessant
attraction [atʀaksjɔ̃] *f* ❶ Anziehungskraft *f* ❷ *(divertissement)* Attraktion *f*
attrait [atʀɛ] *m* Reiz *m*
attrape [atʀap] *f* Scherzartikel *m*
attraper [atʀape] <1> **I.** *vt* ❶ fangen; *(train)* erreichen ❷ *(tromper)* reinlegen *(fam)* ❸ *(maladie)* bekommen

II. *vpr* **s'~** *(maladie contagieuse)* sich übertragen

attrayant(e) [atʀɛjɑ̃] *adj* interessant

attribuer [atʀibɥe] <1> *vt* verleihen

attribut [atʀiby] *m* Attribut *nt*

attribution [atʀibysjɔ̃] *f* Zuweisung *f*

attristant(e) [atʀistɑ̃] *adj* traurig

attrister [atʀiste] <1> *vt* traurig machen

attroupement [atʀupmɑ̃] *m* Menschenansammlung *f*

attrouper [atʀupe] <1> *vpr* **s'~ sur la place** auf dem Platz zusammenströmen

atypique [atipik] *adj* atypisch

au [o] = *abr de* **à le** *v.* **à**

aubaine [obɛn] *f* Geschenk *nt* des Himmels

aube [ob] *f* Morgendämmerung *f*

aubépine [obepin] *f* Weißdorn

auberge [obɛʀʒ] *f* Gasthaus *nt;* ~ **de jeunesse** Jugendherberge *f*

aubergine [obɛʀʒin] *f* Aubergine *f*

aubergiste [obɛʀʒist] *mf* Gastwirt(in) *m(f)*

auburn [obœʀn] *adj inv* kastanienbraun

aucun(e) [okœ̃] **I.** *adj* **~... ne..., ne... ~...** kein(e); **sans ~** ohne **II.** *pron* **~ ne..., ne... ~** keine(r, s); **n'aimer ~ de ces romans** keinen dieser Romane mögen

aucunement [okynmɑ̃] *adv* keineswegs

audace [odas] *f* Kühnheit *f*

audacieux, -euse [odasjø] *adj* kühn

au-dedans [odədɑ̃] **I.** *adv* drinnen **II.** *prép* **~ de qc** in etw *(akk)* [hinein]

au-dehors [odəɔʀ] **I.** *adv* ❶ draußen; *(avec mouvement)* nach [dr]außen ❷ *(dans l'apparence extérieure)* äußerlich **II.** *prép* **~ de qc** aus etw [heraus]

au-delà [od(ə)la] **I.** *adv* weiter **II.** *prép* **~ de qc** auf die andere Seite einer S. *(gen)* **III.** *m* Jenseits *nt*

au-dessous [od(ə)su] **I.** *adv* darunter **II.** *prép* ❶ *(plus bas)* **~ de qn/qc** unter jdm/etw ❷ *(inférieur)* **être ~ de qn** unter jdm stehen

au-dessus [od(ə)sy] **I.** *adv* darüber **II.** *prép* ❶ **~ de qn/qc** über jdn/etw ❷ *(supérieur)* **être ~ de qn/qc** über jdm/etw *(dat)* stehen

au-devant [od(ə)vɑ̃] *prép* **~ de** entgegen *(dat)*

audible [odibl] *adj* hörbar

audience [odjɑ̃s] *f* ❶ Audienz *f* ❷ MEDIA Einschaltquote *f*

audimat® [odimat] *m (taux d'écoute)* Einschaltquote *f*

audionumérique [odjonymeʀik] *adj* digital

audiovisuel [odjovisɥɛl] *m* TV audiovisuelle Medien *Pl*

audiovisuel(le) [odjovisɥɛl] *adj* audiovisuell

audit [odit] *m* Revision *f*

auditeur, -trice [oditœʀ] *m, f* Zuhörer(in) *m(f)*

auditif, -ive [oditif] *adj (mémoire)* auditiv; **appareil ~** Hörgerät *nt*

audition [odisjɔ̃] *f* ❶ Hören *nt* ❷ JUR Anhörung *f* ❸ THEAT Vorsprechen *nt*

auditionner [odisjɔne] <1> **I.** *vt (acteur)* vorsprechen lassen; *(musicien)* vorspielen lassen; *(chanteur)* vorsingen lassen **II.** *vi (acteur)* vorsprechen; *(musicien)* vorspielen; *(chanteur)* vorsingen

auditoire [oditwaʀ] *m* Zuhörerschaft *f*

auge [oʒ] *f* ❶ *(abreuvoir)* Tränke *f* ❷ *(mangeoire)* Futtertrog *m*

augmentation [ɔgmɑ̃tasjɔ̃] *f* Erhöhung *f*

augmenter [ɔgmɑ̃te] <1> **I.** *vt* erhöhen; *(misère)* vergrößern **II.** *vi* steigen

augure[1] [ogyʀ] *m* **être de bon/mauvais ~** Gutes/nichts Gutes verheißen

augure[2] [ogyʀ] *m* HIST Augur *m*

aujourd'hui [oʒuʀdɥi] *adv* heute; **il y a ~ huit jours** heute vor acht Tagen

aulne [o(l)n] *m* Erle *f*

aumône [omon] *f* Almosen *nt*

aumônier [omonje] *m* **~ d'un lycée** Religionsunterricht erteilender Geistlicher; **~ d'une prison/d'un hôpital** Gefängnis-/Krankenhauspfarrer *m*

auparavant [opaʀavɑ̃] *adv* vorher

auprès de [opʀɛ də] *prép* bei
auquel [okɛl] <auxquels> = *abr de* **à lequel** *v.* **lequel**
aura [ɔʀa] *f* Aura *f (geh)*
aurai [ɔʀɛ] *fut de* **avoir**
auréole [ɔʀeɔl] *f* ❶ Rand *m* ❷ REL Heiligenschein *m*
auréoler [ɔʀeɔle] <1> *vt* ❶ *(parer de)* **~ qn de gloire** jdn mit einem Glorienschein umgeben ❷ *(entourer)* einrahmen
auriculaire [ɔʀikylɛʀ] *m* kleiner Finger *m*
aurore [ɔʀɔʀ] *f* Morgenröte *f*
auscultation [ɔskyltasjɔ̃] *f* Abhören *nt*
ausculter [ɔskylte] <1> *vt* abhören
aussi [osi] **I.** *adv* ❶ *(élément de comparaison)* **~... que** so... wie ❷ *(également)* auch; **bon appétit! — merci, vous ~!** guten Appetit! — danke, gleichfalls! ❸ *(en plus)* auch noch **II.** *conj* daher
aussitôt [osito] **I.** *adv* sofort **II.** *conj* **~ que** sobald
austère [ostɛʀ] *adj* streng
austérité [osteʀite] *f* Strenge *f*; **mesure d'~** Sparmaßnahmen *Pl*
austral(e) [ɔstʀal] <s> *adj (hémisphère)* südlich
Australie [ostʀali] *f* **l'~** Australien *nt*
australien(ne) [ostʀaljɛ̃] *adj* australisch
Australien(ne) [ɔstʀaljɛ̃] *m(f)* Australier(in) *m(f)*
autant [otɑ̃] *adv* ❶ so viel ❷ *(relation d'égalité)* **~ que** ebenso [sehr]/ebenso viel... wie; **d'~** ebenso viel ❸ *(dans la mesure où)* **~ que possible** so weit wie möglich ❹ **d'~ plus** umso mehr
autarcie [otaʀsi] *f* Autarkie *f*
autel [otɛl] *m* Altar *m*
auteur [otœʀ] *m* ❶ *(écrivain)* Autor(in) *m(f)* ❷ *(créateur)* Schöpfer(in) *m(f)* ❸ *(responsable)* Verursacher(in) *m(f)*
authenticité [otɑ̃tisite] *f* Echtheit *f*
authentifier [otɑ̃tifje] <1> *vt (document, signature)* beglaubigen; *(tableau)* für echt befinden
authentique [otɑ̃tik] *adj* echt
autisme [otism] *m* Autismus *m*
autiste [otist] **I.** *adj* autistisch **II.** *mf* Autist(in) *m(f)*
auto [oto] *f abr de* **automobile** Auto *nt*
autobiographie [otobjɔgʀafi] *f* Autobiografie *f*
autobiographique [otobjɔgʀafik] *adj* autobiografisch
autobus [otobys] *m* [Auto]bus *m*
autocar [otokaʀ] *m* Reisebus *m*
autochtone [otokton] *mf* Einheimische(r) *f(m)*
autocollant [otokɔlɑ̃] *m* Aufkleber *m*
autocollant(e) [otokɔlɑ̃] *adj* selbstklebend
autocritique [otokʀitik] *f* Selbstkritik *f*
autocuiseur [otokɥizœʀ] *m* Schnellkochtopf *m*
autodafé [otodafe] *m* HIST **~ de livres** Bücherverbrennung *f*
autodéfense [otodefɑ̃s] *f* Selbstverteidigung *f*
autodérision [otodeʀizjɔ̃] *f* Selbstironie *f*
autodétermination [otodetɛʀminasjɔ̃] *f* Selbstbestimmung *f*
autodétruire [otodetʀɥiʀ] <irr> *vpr* **s'~** *(machine, cassette)* sich selbst vernichten; *(personne)* sich [selbst] zugrunde richten
autodidacte [otodidakt] *mf* Autodidakt(in) *m(f)*
autodiscipline [otodisiplin] *f* Selbstdisziplin *f*
autoécole, auto-école [otoekɔl] <auto-écoles> *f* Fahrschule *f*
autofiction [otofiksjɔ̃] *f* LITTER Autofiktion *f*
autofinancement [otofinɑ̃smɑ̃] *m* Eigenfinanzierung *f*
autofocus [otofɔkys] **I.** *adj* mit Autofokus **II.** *m* Automatikkamera *f*
autogestion [otoʒɛstjɔ̃] *f* Selbstverwaltung *f*
autographe [otogʀaf] *m* Autogramm *nt*
automate [otomat] *m* Automat *m*
automatique [otomatik] *adj* automatisch

A

automatiquement [otomatikmɑ̃] *adv* automatisch

automatisation [otomatizasjɔ̃] *f* ❶ *(action)* Automatisierung *f* ❷ *(résultat)* Automation *f*

automatiser [otomatize] <1> *vt* automatisieren

automatisme [otomatism] *m* Automatismus *m*

automnal(e) [otɔnal, -o] <-aux> *adj* herbstlich; *(brume, fleurs)* Herbst-

automne [otɔn] *m* Herbst *m*

Aussprache

Das -m- ist entgegen der Regelaussprache in **automne** und verwandten Wörtern stumm.

automobile [otomɔbil] *f* Auto *nt*

automobiliste [otomɔbilist] *mf* Autofahrer(in) *m(f)*

autonome [ɔtɔnɔm, otonom] *adj* ❶ unabhängig ❷ INFORM offline

autonomie [ɔtɔnɔmi, otonomi] *f* ❶ Autonomie *f* ❷ TECH Betriebsdauer *f*

autonomiste [ɔtɔnɔmist, otonomist] *mf* Anhänger(in) *m(f)* einer Autonomiebewegung

autopartage [otopaʀtaʒ] *m* Carsharing *nt*

autoportrait [otopɔʀtʀɛ] *m* Selbstporträt *nt*

autopsie [otɔpsi] *f* Autopsie *f*

autoradio [otoʀadjo] *m* Autoradio *nt*

autoreverse [otoʀivœʀs] *adj inv* mit Autoreverse

autorisation [otoʀizasjɔ̃] *f* Erlaubnis *f*

autorisé(e) [otoʀize] *adj* erlaubt

autoriser [otoʀize] <1> *vt* ❶ erlauben ❷ *(habiliter)* berechtigen

autoritaire [otoʀitɛʀ] *adj* autoritär

autorité [otoʀite] *f* ❶ Autorität *f* ❷ *souvent pl (organisme)* Behörde *f*

autoroute [otoʀut] *f* Autobahn *f*

autoroutier, -ière [otoʀutje] *adj* Autobahn-; **réseau ~** Autobahnnetz *nt*

autostop, auto-stop [otostɔp] *m sans pl* Trampen *nt;* **faire de l'~** trampen

autostoppeur, -euse, auto-stoppeur, -euse [otostɔpœʀ] <auto-stoppeurs> *m, f* Tramper(in) *m(f)*

autour [otuʀ] **I.** *adv* herum; **tout ~** rundherum **II.** *prép* ❶ *(entourant)* **~ de qn/qc** um jdn/etw herum; **tout ~ de qn/qc** ringsherum um jdn/etw ❷ *(à proximité de)* **~ de...** in der Umgebung von... ❸ *(environ)* **~ des 1000 euros** um die 1000 Euro [herum]; **~ des 15 heures** [so] gegen 15 Uhr

autre [otʀ] **I.** *adj* ❶ *(différent)* andere(r, s); **~ chose** etwas anderes; **d'une ~ manière** anders ❷ *(supplémentaire)* weitere(r, s) ❸ *(second des deux)* **l'~...** der/die/das andere... ▸ **nous ~s..., vous ~s...** wir..., ihr [dagegen]... **II.** *pron indéf* ❶ andere(r); **un ~/une ~ que** ein anderer/eine andere als; **quelqu'un d'~** jemand anders ❷ *(chose différente)* andere(r, s); **d'~s** andere; **quelques ~s** ein paar andere; **quelque chose d'~** etwas anderes; **rien d'~** nichts anderes ❸ *(personne)* weitere(r, s) ❹ *(opp: l'un)* **l'un l'~/l'une l'~/les uns les ~s** einander ▸ **entre ~s** unter anderem

autrefois [otʀəfwa] *adv* früher

autrement [otʀəmɑ̃] *adv* ❶ anders ❷ *(sinon)* sonst ▸ **~ dit** mit anderen Worten

Autriche [otʀiʃ] *f* **l'~** Österreich *nt*

autrichien(ne) [otʀiʃjɛ̃] *adj* österreichisch

Autrichien(ne) [otʀiʃjɛ̃] *m(f)* Österreicher(in) *m(f)*

autruche [otʀyʃ] *f* ZOOL Strauß *m*

autrui [otʀɥi] *pron inv* ein anderer, eine andere *m, f; (les autres)* andere

auvent [ovɑ̃] *m* Vordach *nt*

auvergnat(e) [ovɛʀɲa, at] *adj* aus der Auvergne

aux [o] = *abr de* **à les** *v.* **à**

auxiliaire [ɔksiljɛʀ] **I.** *mf* Hilfskraft *f* **II.** *m* LING Hilfsverb *nt*

avachi(e) [avaʃi] *adj* schlaff

avachir [avaʃiʀ] <8> *vpr* ❶ *(s'affaisser)* **s'~** *(muscles, traits)* erschlaffen;

(silhouette) zusammenfallen; *(chaussures)* ausleiern ② *fam (devenir amorphe)* träge werden

avais [avɛ] *imparf de* **avoir**

aval [aval] *m* Unterlauf *m*

avalanche [avalɑ̃ʃ] *f* Lawine *f*

avaler [avale] <1> **I.** *vt* ① schlucken; *(par accident)* verschlucken ② *(dévorer)* verschlingen **II.** *vi* schlucken

avance [avɑ̃s] *f* ① Vormarsch *m* ② *(opp: retard)* **en ~ [de cinq minutes]** [fünf Minuten] zu früh ③ *(précocité)* **être en ~ sur qn** jdm voraus sein ④ *(distance)* **avoir de l'~ sur qn/qc** einen Vorsprung vor jdm/etw haben ⑤ *(somme)* Vorschuss *m*

avancé(e) [avɑ̃se] *adj* fortgeschritten

avancée [avɑ̃se] *f* ① *(saillie)* Vorsprung *m* ② *(de l'ennemi)* Vormarsch *m; (des salaires)* Anhebung *f*

avancement [avɑ̃smɑ̃] *m* Vorankommen *nt*

avancer [avɑ̃se] <2> **I.** *vt* ① *(montre)* vorstellen; *(départ)* vorverlegen ② *(chaise)* vorrücken; *(voiture)* vorfahren; **~ de huit cases** JEUX acht Felder vorrücken ③ *(idée)* vorbringen ④ *(argent)* vorstrecken **II.** *vi* ① vorwärtskommen ② *(être en avance)* vorgehen ③ *(progresser)* vorankommen **III.** *vpr* ① **s'~ vers qn/qc** auf jdn/etw zugehen ② *(prendre de l'avance)* **s'~ dans son travail** mit der Arbeit vorankommen

avant [avɑ̃] **I.** *prép* vor *(+dat)* ▸ **~ tout** vor allem **II.** *adv* vorher; **passer ~** vorgehen; **en ~** nach vorne; **plus/trop ~** weiter vor/zu weit vor; **le jour d'~** am Tag[e] davor **III.** *conj* **~ que** + *subj* bevor **IV.** *m* ① Vorderteil *nt o m;* **à l'~** vorn[e] ② SPORT Stürmer(in) *m(f)* **V.** *adj inv* Vorder-; **patte/roue ~** Vorderpfote *f*/Vorderrad *nt*

> **avant que**
>
> Nach **avant que** steht immer der Subjonctif:
>
> *Ne pars pas avant que je [ne] revienne. – Geh nicht, bevor ich [nicht] wieder zurück bin.*

avantage [avɑ̃taʒ] *m* ① *a.* SPORT Vorteil *m* ② *(supériorité)* Überlegenheit *f*

avantager [avɑ̃taʒe] <2a> *vt* ① begünstigen ② *(mettre en valeur)* **~ qn** jdm gut stehen

avantageusement [avɑ̃taʒøzmɑ̃] *adv* günstig

avantageux, -euse [avɑ̃taʒø] *adj* günstig

avant-bras [avɑ̃bʀɑ] *m inv* Unterarm *m* **avant-centre** [avɑ̃sɑ̃tʀ] <avants-centres> *m* Mittelstürmer(in) *m(f)* **avant-dernier, -ière** [avɑ̃dɛʀnje] <avant-derniers> **I.** *adj* vorletzte(r, s) **II.** *m, f* Vorletzte(r) *f(m)* **avant-garde** [avɑ̃gaʀd] <avant-gardes> *f* ART Avantgarde *f* **avant-goût** [avɑ̃gu] <avant-goûts> *m* Vorgeschmack *m* **avant-hier** [avɑ̃tjɛʀ] *adv* vorgestern **avant-midi** [avɑ̃midi] *m o f inv* CAN, BELG *(matinée)* Vormittag *m* **avant-première** [avɑ̃pʀəmjɛʀ] <avant-premières> *f* Voraufführung *f* **avant-propos** [avɑ̃pʀɔpo] *m inv* Vorwort *nt*

avare [avaʀ] **I.** *adj* geizig **II.** *mf* Geizhals *m*

avarice [avaʀis] *f* Geiz *m*

avarie [avaʀi] *f* Schaden *m*

avarié(e) [avaʀje] *adj* verdorben

avatar [avataʀ] *m* ① *gén pl* Unannehmlichkeit *f* ② INFORM Avatar *m*

avec [avɛk] **I.** *prép* mit *(+dat);* **être gentil ~ qn** nett zu jdm sein **II.** *adv fam* damit; **tu viens ~?** BELG kommst du mit? ▸ **faire ~** sich damit abfinden

avènement [avɛnmɑ̃] *m (d'un roi)* Thronbesteigung *f*

avenir [av(ə)niʀ] *m* Zukunft *f*

avent [avɑ̃] *m* Advent *m*

aventure [avɑ̃tyʀ] *f* Abenteuer *nt*

aventurer [avɑ̃tyʀe] <1> *vpr* **s'~** sich wagen

aventureux, -euse [avɑ̃tyʀø] *adj* abenteuerlich

A

aventurier, -ière [avɑ̃tyʀje] *m, f* Abenteurer(in) *m(f)*
avenue [av(ə)ny] *f* Avenue *f*
avéré(e) [aveʀe] *adj* erwiesen
avérer [aveʀe] <5> *vpr* **s'~** sich erweisen als
averse [avɛʀs] *f* Schauer *m; (d'injures)* Flut *f*
aversion [avɛʀsjɔ̃] *f* Abneigung *f*
averti(e) [avɛʀti] *adj* kompetent
avertir [avɛʀtiʀ] <8> *vt* ❶ benachrichtigen ❷ *(mettre en garde)* warnen
avertissement [avɛʀtismɑ̃] *m* ❶ *(mise en garde)* Warnung *f* ❷ SPORT Verwarnung *f*
avertisseur [avɛʀtisœʀ] *m* Hupe *f*
aveu [avø] <x> *m souvent pl* Geständnis *nt*
aveuglant(e) [avœglɑ̃] *adj* grell
aveugle [avœgl] **I.** *adj* blind **II.** *mf* Blinde(r) *f(m)*
aveuglement [avœgləmɑ̃] *m* Blindheit *f*
aveuglément [avœglemɑ̃] *adv* blind[lings]
aveugler [avœgle] <1> *vt* ❶ blenden ❷ *fig* blind machen
aveuglette [avœglɛt] ▸ **à l'~** wie ein Blinder [tastend]
avez [ave] *indic prés de* **avoir**
aviateur, -trice [avjatœʀ] *m, f* Flieger(in) *m(f)*
aviation [avjasjɔ̃] *f* ❶ AUT Luftfahrt *f;* **compagnie d'~** Fluggesellschaft *f* ❷ MIL Luftwaffe *f*
avide [avid] *adj* **~ de qc** gierig nach etw
avidité [avidite] *f* Gier *f,* Begierde *f; (cupidité)* Geldgier *f*
avilir [aviliʀ] <8> *vt* erniedrigen
avion [avjɔ̃] *m* Flugzeug *nt;* **aller en ~** fliegen; **par ~** POST mit Luftpost
aviron [aviʀɔ̃] *m* Rudern *nt*
avis [avi] *m* ❶ Ansicht *f;* **être de l'~ de qn** jds Meinung sein ❷ *(notification)* Mitteilung *f;* **~ de décès/recherche** Todes-/Suchanzeige *f*
avisé(e) [avize] *adj* klug
aviser [avize] <1> *vt* benachrichtigen; **~ qn de qc** jdm etw mitteilen jdn von etw benachrichtigen
aviver [avive] <1> *vt (couleurs, teint)* auffrischen
avocat [avɔka] *m* Avocado *f*
avocat(e) [avɔka] *m(f)* Rechtsanwalt, -anwältin *m, f,* Advokat(in) *m(f)* (A, CH)
avoine [avwan] *f* Hafer *m*
avoir [avwaʀ] <irr> **I.** *vt* ❶ haben; **~ 15 ans** 15 Jahre alt sein ❷ *(vêtement)* anhaben ❸ *(obtenir)* bekommen ❹ *(devoir)* haben; **~ qc à faire** etw zu tun haben; **j'ai des cachets à prendre** ich muss Tabletten [ein]nehmen ❺ *fam (rouler)* reinlegen ▸ **en ~ après qn** *fam* etwas gegen jdn haben; **en ~ pour deux minutes** zwei Minuten brauchen; **qu'est-ce qu'il a?** was hat er denn? **II.** *aux* **il n'a rien dit** er hat nichts gesagt **III.** *vt impers* ❶ *(exister)* **il y a...** es gibt... ❷ *(temporel)* **il y a 3 jours** vor 3 Tagen; *(durée)* seit 3 Tagen ▸ **il n'y a plus rien à faire** da ist nichts mehr zu machen; **il n'y a pas de quoi!** keine Ursache! **IV.** *m* ❶ Guthaben *nt* ❷ *(bon d'achat)* Gutschein *m*
avoisinant(e) [avwazinɑ̃] *adj* benachbart
avoisiner [avwazine] <1> *vt a. fig* **~ qc** an etw *(akk)* grenzen
avons [avɔ̃] *indic prés de* **avoir**
avortement [avɔʀtəmɑ̃] *m* Abtreibung *f*
avorter [avɔʀte] <1> *vi* ❶ abtreiben ❷ *(échouer)* fehlschlagen
avouer [avwe] <1> *vt, vi* gestehen
avril [avʀil] *m* April *m; v.a.* **août** ▸ **poisson d'~** Aprilscherz *m* **poisson d'~!** April, April!
axe [aks] *m* Achse *f*
axer [akse] <1> *vt* ausrichten
ayant [ɛjɑ̃] *part prés de* **avoir**
azalée [azale] *f* BOT Azalee *f*
azimut [azimyt] *m* ASTRO Azimut *m o nt*
azote [azɔt] *m* Stickstoff *m*
aztèque [astɛk] *adj* aztekisch
Aztèque [astɛk] *mf* Azteke *m*/Aztekin *f*
azur [azyʀ] *m* **ciel d'~** azurblauer Himmel *m*

Bb

B, b [be] *m inv* B *nt*, b *nt*
baba[1] [baba] *m* GASTR ≈ Savarin *m (mit Rum und Sirup getränkter Hefekuchen)*
baba[2] [baba] *m* ▸ **l'avoir dans le ~** *fam (être refait)* der/die Gelackmeierte sein
babiller [babije] <1> *vi* plappern
babines [babin] *fpl* Lefzen *Pl*
babiole [babjɔl] *f* Kleinigkeit *f*
bâbord [bɑbɔʀ] *m* Backbord *nt*
babouin [babwɛ̃] *m* Pavian *m*
baby-foot® [babifut] *m inv* Tischfußball *m*
babyphone [babifɔn] *m* Babyfon® *nt*
baby-sitting [bebisitiŋ] *m sans pl* Babysitting *nt*
bac[1] [bak] *m* ① Behälter *m; (d'un évier)* Spülbecken *nt* ② *(bateau)* Fähre *f*
bac[2] [bak] *m fam abr de* **baccalauréat** ≈ Abi *nt;* **~ blanc** Probeabitur *nt (Vorbereitungsklausuren für das Abitur in Frankreich)*
baccalauréat [bakalɔʀea] *m* ≈ Abitur *nt*

Le baccalauréat

Das **baccalauréat** ist die Abschlussprüfung des *lycée* und berechtigt zum Hochschulstudium. Es entspricht im weiteren Sinne dem deutschen Abitur und wird nach der Klassenstufe 12 abgelegt. Termin und Inhalt der Prüfung werden in Frankreich vom Staat einheitlich für das ganze Land festgelegt. Früher wurde das **baccalauréat** in drei Fachrichtungen unterteilt *(littéraire, scientifique, économique et social)*, daraus wurden 2021 zwölf Hauptfächer (z. B. Mathematik oder moderne Sprachen). Aus diesen wählen die Schüler drei spécialités (Leistungskurse) aus. Neben dem allgemeinen Abitur (**baccalauréat général**) gibt es in Frankreich noch das **baccalauréat technologique** (mit acht Fachrichtungen, z. B. medizinische und soziale Berufe) sowie das **baccalauréat professionnel** (mit über 50 Fachrichtungen, z. B. Automechanik).

bâche [bɑʃ] *f* Plane *f*
bachelier, -ière [baʃəlje] *m, f* Abiturient(in) *m(f)*
bachelor [baʃ(ə)lɔʀ] *m* UNIV Bachelor *m*, Bachelorabschluss *m*
bachoter [baʃɔte] <1> *vi* pauken *(fam)*
bacille [basil] *m* Bazillus *m*

Aussprache

Das -ille- wird in **bacille** nicht wie in der Regelaussprache als [ij] *(fille, vanille ...)* gesprochen, sondern als [il] wie z. B. in *avril*.

bâcler [bɑkle] <1> *vt fam* hinschludern
bacon [bekɔn] *m* Lachsschinken *m*
bactérie [bakteʀi] *f* Bakterie *f*
bactériologique [bakteʀjɔlɔʒik] *adj* bakteriologisch
badaud [bado] *m* Schaulustige(r) *f(m)*
Bade-Wurtemberg [badvyʀtɑ̃bɛʀg] *m* **le ~** Baden-Württemberg *nt*
badge [badʒ] *m* Button *m*
badigeon [badiʒɔ̃] *m* Tünche *f*
badigeonner [badiʒɔne] <1> *vt* einpinseln
badiner [badine] <1> *vi* scherzen
BAFA [bafa] *m inv abr de* **brevet d'aptitude aux fonctions d'animateur** *Be-*

fähigung als Betreuer(in) von Kindern und Jugendlichen [in Ferienzentren]

baffe [baf] *f fam* Ohrfeige *f*
baffle [bafl] *m* Lautsprecherbox *f*
bafouer [bafwe] <1> *vt* verhöhnen
bafouiller [bafuje] <1> *vt, vi fam* stammeln
bagage [bagaʒ] *m pl* Gepäck *nt*
bagarre [bagaʀ] *f* Schlägerei *f*
bagarrer [bagaʀe] <1> **I.** *vi fam* kämpfen **II.** *vpr fam* ① **se ~ avec qn** sich mit jdm prügeln; *(se quereller)* sich mit jdm streiten ② *(s'opposer)* **se ~ contre qn/qc** sich jdm/einer S. widersetzen
bagarreur, -euse [bagaʀœʀ, -øz] *m, f fam* Raufbold *m*
bagatelle [bagatɛl] *f* Kleinigkeit *f*
bagnard [baɲaʀ] *m* Sträfling *m*
bagne [baɲ] *m* ▸ **quel ~!** die reinste Sklavenarbeit!
bagnole [baɲɔl] *f fam* Karre *f*
bague [bag] *f* Ring *m*
baguette [bagɛt] *f* ① Baguette *f o nt* ② *(bâton)* Stab *m*; *(d'un chef d'orchestre)* Taktstock *m* ③ TECH [Profil]leiste *f*
bahut [bay] *m* Anrichte *f*
baie [bɛ] *f* ① GEO Bucht *f* ② BOT Beere *f*
baignade [bɛɲad] *f* Baden *nt*
baigner [beɲe] <1> **I.** *vt* baden **II.** *vi* **~ dans qc** in etw *(dat)* schwimmen **III.** *vpr* **se ~** baden; *(dans une piscine)* schwimmen
baigneur [bɛɲœʀ] *m (poupée)* Babypuppe *f*
baignoire [bɛɲwaʀ] *f* Badewanne *f*
bail [baj] <baux> *m* Mietvertrag *m*
bâillement [bɑjmɑ̃] *m* Gähnen *nt*
bâiller [bɑje] <1> *vi* gähnen
bâillon [bɑjɔ̃] *m* Knebel *m*
bâillonner [bɑjɔne] <1> *vt* knebeln
bain [bɛ̃] *m* Bad *nt*
bain-marie [bɛ̃maʀi] <bains-marie> *m* Wasserbad *nt*
baïonnette [bajɔnɛt] *f* Bajonett *nt*
baisemain [bɛzmɛ̃] *m* Handkuss *m*
baiser[1] [beze] *m* Kuss *m*
baiser[2] [beze] <1> **I.** *vt* ① *soutenu* küssen ② *fam (coucher avec)* bumsen *(vulg)* ③ *fam (tromper)* [he]reinlegen **II.** *vi fam* bumsen *(vulg)*
baisse [bɛs] *f* Rückgang *m*
baisser [bese] <1> **I.** *vt* ① herunterlassen ② *(tête)* senken ③ *(ton)* leiser machen **II.** *vi (forces)* nachlassen; *(niveau)* sinken **III.** *vpr* **se ~** sich bücken
bal [bal] <s> *m* Ball *m*
balade [balad] *f fam* Spaziergang *m*; *(en voiture)* Spazierfahrt *f*
balader [balade] <1> *vpr* **se ~** *fam* spazieren gehen; *(en voiture)* spazieren fahren
baladeur [baladœʀ] *m* Walkman® *m*; **~ numérique** MP3-Player *m*
baladodiffusion [baladodifyzjõ] *f* Podcasting *nt*
balafre [balɑfʀ] *f (blessure)* Schmiss *m*
balai [balɛ] *m* Besen *m*
balance [balɑ̃s] *f* Waage *f*; **~ commerciale** Handelsbilanz *f*

> **Übersetzungstipp**
> **La balance** – Nicht verwechseln mit *die Balance – l'équilibre!*

Balance [balɑ̃s] *f* ASTRO Waage *f*; **être [du signe de la] ~** Waage sein
balancé(e) [balɑ̃se] *adj* ① *(équilibré)* ausgewogen ② *fam (bien bâti)* **bien ~** gut gebaut
balancer [balɑ̃se] <2> **I.** *vt* ① *(ballotter)* schaukeln ② *fam (envoyer: objet)* schmeißen; *(se débarrasser)* wegschmeißen **II.** *vpr* **se ~** schaukeln
balancier [balɑ̃sje] *m* Pendel *nt*
balançoire [balɑ̃swaʀ] *f* Schaukel *f*
balayage [balɛjaʒ] *m* Kehren *nt*
balayer [baleje] <7> *vt* ① fegen ② INFORM scannen
balayette [balɛjɛt] *f* Handfeger *m*
balayeur, -euse [balɛjœʀ] *m, f* Straßenfeger(in) *m(f)*

balayeuse [balɛjøz] *f* [Straßen]kehrmaschine *f*

balbutiement [balbysimɑ̃] *m* ❶ *(action)* Stammeln *nt; (d'un bébé)* Brabbeln *nt* ❷ *pl (débuts)* Anfänge *Pl*

balbutier [balbysje] <1> *vt, vi* stammeln; *(bébé)* brabbeln

balcon [balkɔ̃] *m* Balkon *m*

Bâle [bɑl] Basel *nt*

Baléares [baleaʀ] *fpl* **les** ~ die Balearen *Pl*

baleine [balɛn] *f* ZOOL Wal *m*

balisage [balizaʒ] *m* Markierung *f*

balise [baliz] *f* ❶ AVIAT, NAUT Bake *f; (lumineuse)* Leuchtfeuer *nt* ❷ AUT Leitpfosten *m*

baliser [balize] <1> *vt a.* INFORM markieren

baliverne [balivɛʀn] *f* Unsinn *m*

balkanique [balkanik] *adj* Balkan-; **péninsule** ~ Balkanhalbinsel *f*

Balkans [balkɑ̃] *mpl* **les** ~ der Balkan

ballade [balad] *f* Ballade *f*

ballant(e) [balɑ̃] *adj* baumelnd

ballast [balast] *m* Schotter[bett *nt*] *m*

balle [bal] *f* ❶ Ball *m* ❷ *(projectile)* Kugel *f* ▸ **se tirer une ~ dans le pied** *fam* sich *(dat)* ins [eigene] Knie schießen

ballerine [balʀin] *f* Ballerina *f*

ballet [balɛ] *m* Ballett *nt*

ballon [balɔ̃] *m* ❶ Ball *m* ❷ *(baudruche)* Luftballon *m* ❸ *(aérostat)* Ballon *m*

ballonnement [balɔnmɑ̃] *m (du ventre)* Aufgeblähtsein *nt*

ballot [balo] *m* [kleiner] Ballen *m*

ballottage [balɔtaʒ] *m* **être en** ~ in die Stichwahl kommen

ballotter [balɔte] <1> **I.** *vi* hin- und herrutschen **II.** *vt (voiture)* durchschütteln

balluchon [balyʃɔ̃] *m* Bündel *nt*

balnéaire [balneɛʀ] *adj* **station** ~ Seebad *nt*

balourd(e) [baluʀ] *adj* unbeholfen

balte [balt] *adj* **les États ~s** die Baltischen Staaten

Balte [balt] *mf* Balte, Baltin *m, f*

Baltique [baltik] *f* **la [mer]** ~ die Ostsee

baluchon [balyʃɔ̃] *m v.* **balluchon**

balustrade [balystʀad] *f* Geländer *nt*

bambin [bɑ̃bɛ̃] *m* kleiner Junge *m*/kleines Mädchen *nt*

bambou [bɑ̃bu] *m* Bambus *m*

ban [bɑ̃] *m pl* Aufgebot *nt*

banal(e) [banal] <s> *adj* banal

banalisation [banalizasjɔ̃] *f* Banalisierung *f*

banaliser [banalize] <1> *vt* banalisieren

banalité [banalite] *f* Banalität *f*

banane [banan] *f* Banane *f*

bananier [bananje] *m* ❶ *(plante)* Bananenstaude *f* ❷ *(bateau)* Bananendampfer *m*

banc [bɑ̃] *m* ❶ Bank *f* ❷ *(de poissons)* Schwarm *m*

bancaire [bɑ̃kɛʀ] *adj* Bank-; **coordonnées ~s** Bankverbindungen *Pl*

bancal(e) [bɑ̃kal] <s> *adj* wack[e]lig

bandage [bɑ̃daʒ] *m* Verband *m*

bande¹ [bɑ̃d] *f* ❶ Streifen *m; (d'un magnétophone)* Tonband *nt* ❷ MED Binde *f* ❸ **~ dessinée** Comic *m*

bande² [bɑ̃d] *f* Bande *f;* **~ d'amis** Clique *f*

bande-annonce [bɑ̃danɔ̃s] <bandes-annonces> *f* Vorschau *f*

bandeau [bɑ̃do] <x> *m* ❶ Stirnband *nt* ❷ *(sur les yeux)* Binde *f*

bander [bɑ̃de] <1> *vt* ❶ verbinden ❷ *(tendre)* spannen

banderole [bɑ̃dʀɔl] *f* Spruchband *nt*

bande-son [bɑ̃dsɔ̃] <bandes-son> *f* Tonspur *f*

bande-vidéo [bɑ̃dvideo] <bandes-vidéo> *f* Videoband *nt*

bandit [bɑ̃di] *m* Bandit *m*

banditisme [bɑ̃ditism] *m* Verbrechertum *nt*

bandoulière [bɑ̃duljɛʀ] *f* Schulterriemen *m*

bang [bɑ̃g] *interj* peng!

Bangladesh [bɑ̃gladɛʃ] *m* Bangladesh *nt*

banlieue [bɑ̃ljø] *f* Vorort *m*

B

banlieusard(e) [bɑ̃ljøzaʀ] *m(f)* Vorstädter(in) *m(f)*

banni(e) [bani] *adj* verbannt
bannière [banjɛʀ] *f* Banner *nt*
bannir [baniʀ] <8> *vt* verbannen
banque [bɑ̃k] *f* Bank *f*; **Banque centrale** Zentralbank; **Banque centrale européenne** Europäische Zentralbank
Banque centrale *f* Zentralbank *f*
Banque européenne d'investissement *f* Europäische Investitionsbank
banqueroute [bɑ̃kʀut] *f* Bankrott *m*
banquet [bɑ̃kɛ] *m* Bankett *nt (geh)*
banquette [bɑ̃kɛt] *f* Sitzbank *f*; **~ arrière** AUT Rücksitz *m*
banquier, -ière [bɑ̃kje] *m, f* Bankier *m*
banquise [bɑ̃kiz] *f* Packeis *nt*
baobab [baɔbab] *m* BOT Affenbrotbaum *m*
baptême [batɛm] *m* Taufe *f*
baptiser [batize] <1> *vt* ❶ taufen ❷ *(surnommer)* einen Spitznamen geben
baquet [bakɛ] *m* Bottich *m*
bar[1] [baʀ] *m (café, meuble)* Bar *f*
bar[2] [baʀ] *m* ZOOL Seebarsch *m*
bar[3] [baʀ] *m* PHYS Bar *nt*
baragouiner [baʀagwine] <1> *fam* **I.** *vt* radebrechen **II.** *vi* Kauderwelsch reden
baraque [baʀak] *f* Baracke *f*
baraqué(e) [baʀake] *adj fam* breitschultrig
baraquement [baʀakmɑ̃] *m* Barackenlager *nt*
baratin [baʀatɛ̃] *m fam* Geschwätz *nt*
baratiner [baʀatine] <1> *fam* **I.** *vt* **~ qn** auf jdn einreden **II.** *vi* dummes Zeug reden
barbant(e) [baʀbɑ̃, ɑ̃t] *adj fam* öde
barbare [baʀbaʀ] **I.** *adj* ❶ barbarisch ❷ *(grossier)* unkultiviert **II.** *m* ❶ *(brute)* Barbar *m* ❷ *(inculte)* [Kultur]banause *m*
barbarie [baʀbaʀi] *f* Barbarei *f*
barbe [baʀb] *f* ❶ Bart *m* ❷ GASTR **~ à papa** Zuckerwatte *f*
barbecue [baʀbəkju] *m* Grill *m*
barbelé [baʀbəle] *m* Stacheldraht *m*
barber [baʀbe] <1> **I.** *vt fam* anöden **II.** *vpr fam* **se ~** sich langweilen
barbiturique [baʀbityʀik] *m* BIO Barb turat *nt*
barboter [baʀbɔte] <1> *vi* [herum]plan schen
barboteuse [baʀbɔtøz] *f* Strampelhös chen *nt*
barbouillage [baʀbujaʒ] *m* Ge schmier[e] *nt*
barbouiller [baʀbuje] <1> *vt* beschmie ren
barbu [baʀby] *m* Bärtige(r) *m*
barbu(e) [baʀby] *adj* bärtig
barbue [baʀby] *f* ZOOL Glattbutt *m*
barder [baʀde] <1> *vi fam* ▶ **ça barde** es ist dicke Luft
barème [baʀɛm] *m* Tabelle *f*
baril [baʀil] *m* Fass *nt*
barillet [baʀijɛ] *m (d'une montre)* Federgehäuse *nt*
bariolé(e) [baʀjɔle] *adj* bunt bemalt
barioler [baʀjɔle] <1> *vt* bunt bemalen
barmaid [baʀmɛd] *f* Bardame *f*
barman [baʀman] <s> *m* Barkeeper *m*
baromètre [baʀɔmɛtʀ] *m* Barometer *nt*
baron(ne) [baʀɔ̃] *m(f)* Baron(in) *m(f)*
baroque [baʀɔk] **I.** *adj* barock **II.** *m* Barock *m o nt*
baroudeur [baʀudœʀ] *m fam* Haudegen *m*
barque [baʀk] *f* Kahn *m*
barquette [baʀkɛt] *f* Schale *f*
barrage [baʀaʒ] *m* ❶ Sperre *f* ❷ ELEC Staudamm *m*
barre [baʀ] *f* ❶ Stange *f*; **~ de chocolat** Schokoladenriegel *m* ❷ JUR **~ des témoins** Zeugenstand *m* ❸ *(trait)* Strich *m* ❹ SPORT Latte *f* ❺ INFORM Leiste *f*; **~ de défilement/de menu** Bildlauf-/Menüleiste; **~ d'espacement** Leertaste *f*; **~ des tâches** Taskleiste
barré(e) [baʀe] *adj* gesperrt
barreau [baʀo] <x> *m* ❶ Sprosse *f* ❷ JUR Anwaltschaft *f*
barrer [baʀe] <1> **I.** *vt* ❶ sperren ❷ *(biffer)* durchstreichen ❸ NAUT steuern ❹ CAN *(fermer à clé)* abschließen **II.** *vi* steuern

barrette [baʀɛt] *f* Haarspange *f*
barreur, -euse [baʀœʀ] *m, f* Steuermann *m/*-frau *f*
barricade [baʀikad] *f* Barrikade *f*
barricader [baʀikade] <1> **I.** *vt* verbarrikadieren **II.** *vpr* **se ~** ① sich verbarrikadieren ② *(s'enfermer)* sich einschließen
barrière [baʀjɛʀ] *f* ① Absperrung *f;* CHEMDFER Schranke *f* ② *(clôture)* Zaun *m* ③ *(séparation)* Barriere *f*
barrique [baʀik] *f* Fass *nt*
barrir [baʀiʀ] <8> *vi* trompeten
bar-tabac [baʀtaba] <bars-tabac> *m Bistro mit Tabakwarenverkauf*
baryton [baʀitɔ̃] *m* Bariton *m*
bas(se) [bɑ] *adj* ① niedrig; *(stature)* klein; **à voix ~se** leise ② *(opp: aigu)* tief ③ *(peuple)* einfach
bas[1] [bɑ] *m* Strumpf *m*
bas[2] [bɑ] **I.** *m* unterer Teil **II.** *adv* ① **en ~** unten; **voir plus ~** siehe unten ② *(opp: aigu/haut)* tief ③ *(doucement)* leise
basalte [bazalt] *m* GEO Basalt *m*
basané(e) [bazane] *adj* dunkelhäutig
bas-côté [bɑkote] <bas-côtés> *m* Straßenrand *m*
bascule [baskyl] *f* ① Wippe *f* ② *(balance)* Waage *f*
basculer [baskyle] <1> **I.** *vi* ① umkippen ② *fig (sombrer)* abgleiten **II.** *vt (faire pivoter)* kippen
base [bɑz] *f* Basis *f;* **~ de données** Datenbank *f*
baser [bɑze] <1> **I.** *vt* ① stützen ② MIL **être basé à Strasbourg** in Straßburg stationiert sein **II.** *vpr* **se ~ sur qc** sich auf etw *(akk)* stützen
bas-fond [bɑfɔ̃] <bas-fonds> *m* Untiefe *f*
basilic [bazilik] *m* Basilikum *nt*
basilique [bazilik] *f* Basilika *f*
basique [bazik] *adj* CHIM basisch
basket [baskɛt] *f* Basketballschuh *m*
basketteur, -euse [basketœʀ] *m, f* Basketballspieler(in) *m(f)*
basque [bask] **I.** *adj* baskisch; **Pays ~** Baskenland *nt; v.a.* **allemand** **II.** *m* Baskisch *nt; v.a.* **allemand**
Basque [bask] *mf* Baske, Baskin *m, f*
basse [bɑs] *f* Bass *m*
Basse-Saxe [bɑssaks] *f* **la ~** Niedersachsen *nt*
bassesse [bɑsɛs] *f* Niederträchtigkeit *f*
bassin [basɛ̃] *m* Becken *nt*
bassine [basin] *f* Wanne *f*
bassiste [basist] *mf* Bassist(in) *m(f)*
basson [basɔ̃] *m* ① *(instrument)* Fagott *nt* ② *(musicien)* Fagottist(in) *m(f)*
bastille [bastij] *f* **la Bastille** die Bastille
bastion [bastjɔ̃] *m* Bastion *f*
bas-ventre [bɑvɑ̃tʀ] <bas-ventres> *m* Unterleib *m*
bataille [bataj] *f* Schlacht *f*
batailler [bataje] <1> *vi* **~ pour qc** um etw kämpfen
batailleur, -euse [batajœʀ, -jøz] **I.** *adj* **être ~** ein Raufbold sein **II.** *m, f* Kämpfer(in) *m(f)*
bataillon [batajɔ̃] *m* ① Bataillon *nt* ② *(grand nombre)* Heer *nt*
bâtard(e) [bɑtaʀ] **I.** *adj* unehelich; *(chien)* nicht reinrassig **II.** *m(f) (enfant)* uneheliches Kind *nt; (chien)* Promenadenmischung *f*
bateau [bato] <x> *m* Schiff *nt*
bateau-citerne [batositɛʀn] <bateaux-citernes> *m* Tanker *m* **bateau-mouche** [batomuʃ] <bateaux-mouches> *m kleines Vergnügungsschiff auf der Seine*
batelier, -ière [batəlje] *m, f* Flussschiffer(in) *m(f)*
bâti(e) [bɑti] *adj* bebaut
bâtiment [bɑtimɑ̃] *m* Gebäude *nt*
bâtir [bɑtiʀ] <8> *vt* bauen
bâtisse [bɑtis] *f* Kasten *m (fam)*
bâton [bɑtɔ̃] *m* ① *(canne)* Stock *m* ② *(bâtonnet)* Stiel *m* ③ *(stick)* Stift *m*
bâtonnet [bɑtɔnɛ] *m* Stöckchen *nt*
batracien [batʀasjɛ̃] *m* ZOOL Lurch *m*
battage [bataʒ] *m (publicité)* Rummel *m (fam)*
battant [batɑ̃] *m (d'une fenêtre)* Flügel *m*

battant(e) [batɑ̃] **I.** *adj* einsatzfreudig **II.** *m(f)* Kämpfernatur *f*

batte [bat] *f* Schläger *m*

battement [batmɑ̃] *m* Schlagen *nt*

batterie [batʀi] *f* ① Batterie *f* ② TELEC *(d'un portable)* Akku *m;* **je n'ai plus de ~** mein Akku ist leer ③ MUS Schlagzeug *nt*

batteur [batœʀ] *m* ① Handrührgerät *nt* ② MUS Schlagzeuger(in) *m(f)*

battre [batʀ] <irr> **I.** *vt* ① *a.* MUS schlagen ② *(fer)* schmieden **II.** *vi* ① *(cogner)* schlagen; *(pluie)* gegen etw *(akk)* trommeln ② *(agiter)* **~ des cils** blinzeln **III.** *vpr* ① **se ~** kämpfen ② *(se disputer)* **se ~** sich streiten ③ *(militer)* **se ~ pour qc** für etw streiten *(geh)*

battu(e) [baty] **I.** *part passé de* **battre** **II.** *adj (vaincu)* geschlagen

battue [baty] *f* Suchaktion *f;* CHASSE Treibjagd *f*

baudet [bodɛ] *m fam* Esel *m*

baudruche [bodʀyʃ] *f* **ballon de ~** Luftballon *m*

baume [bom] *m* Balsam *m*

baux [bo] *v.* **bail**

bauxite [boksit] *f* Bauxit *m*

bavard(e) [bavaʀ] **I.** *adj* redselig **II.** *m(f) (qui parle beaucoup)* Schwätzer(in) *m(f)*

bavardage [bavaʀdaʒ] *m* Plauderei *f*

bavarder [bavaʀde] <1> *vi* plaudern

bavarois [bavaʀwa] *m* Bairisch *nt; v.a.* **allemand**

bavarois(e) [bavaʀwa] *adj* bay[e]risch; *(dialecte)* bairisch; *v.a.* **allemand**

Bavarois(e) [bavaʀwa] *m(f)* Bayer(in) *m(f)*

bave [bav] *f* Geifer *m*

baver [bave] <1> *vi* ① geifern ② *(stylo)* auslaufen

bavette [bavɛt] *f* ① *(bavoir)* Lätzchen *nt; (d'un vêtement)* Latz *m* ② *(viande) Steakfleisch aus dem oberen Teil des Bauchlappens*

baveux, -euse [bavø, -øz] *adj* ① *(personne, animal)* speichelnd; *(escargot, limace)* schleimig ② GASTR **omelette baveuse** nicht ganz gares Omelett

Bavière [bavjɛʀ] *f* **la ~** Bayern *nt*

bavoir [bavwaʀ] *m* Latz *m*

bavure [bavyʀ] *f* Irrtum *m*

bazar [bazaʀ] *m* ① *(magasin)* Kaufhalle *f* ② *(souk)* Basar *m* ③ *fam (désordre)* Kuddelmuddel *nt*

bazarder [bazaʀde] <1> *vt fam* wegschmeißen

BCE [beseø] *f abr de* **Banque centrale européenne** EZB *f*

B.D. [bede] *f abr de* **bande dessinée** *fam* Comic *m;* **lire des ~** Comics lesen

beach-volley [bitʃvɔlɛ] *m inv* Beachvolleyball *m*

béant(e) [beɑ̃] *adj* gähnend

béat(e) [bea] *adj* glückselig

béatifier [beatifje] <1> *vt* selig sprechen

béatitude [beatityd] *f* Glücksgefühl *nt*

beau [bo] <x> *m* ① **le ~** das Schöne ② METEO **se mettre au ~** schön werden

beau, bel, belle [bo] <x> *adj* schön ▶ **il fait ~** es ist schönes Wetter; **se faire ~** sich feinmachen; **de plus belle** umso schlimmer

> **beau – bel**
>
> Die männliche Singularform **bel** steht an Stelle von **beau** vor Vokalen oder stummem h:
> *un beau garçon – ein schöner Junge; un bel acteur – ein schöner Schauspieler; ce bel homme – dieser schöne Mann.*

beaucoup [boku] *adv* ① viel ② *(intensément)* **ça m'a ~ plu** es hat mir sehr gut gefallen ③ *(fréquemment)* [sehr] oft ④ *(beaucoup de personnes)* **~ pensent la même chose** viele glauben dasselbe ⑤ *(beaucoup de choses)* **avoir ~ à faire** viel zu tun haben ⑥ *avec un comp* **~ plus rapide** viel schneller ⑦ *avec un adv* **~ trop** viel zu viel

beauf [bof] *m fam* Schwager *m*

beau-fils [bofis] <beaux-fils> *m* ❶ *(gendre)* Schwiegersohn *m* ❷ *(fils du conjoint)* Stiefsohn *m* **beau-frère** [bofʀɛʀ] <beaux-frères> *m* Schwager *m* **beau-père** [bopɛʀ] <beaux-pères> *m* ❶ *(père du conjoint)* Schwiegervater *m* ❷ *(conjoint de la mère)* Stiefvater *m*

beauté [bote] *f* Schönheit *f*

beaux-arts [bozaʀ] *mpl* **les ~** die schönen Künste **beaux-enfants** [bozɑ̃fɑ̃] *mpl* Stiefkinder *Pl* **beaux-parents** [bopaʀɑ̃] *mpl* Schwiegereltern *Pl*

bébé [bebe] *m* Baby *nt*

bébé-éprouvette [bebeepʀuvɛt] <bébés-éprouvettes> *m* Retortenbaby *nt* **bébé-médicament** [bebemedikamɑ̃] <bébés-médicaments> *m* Designerbaby *nt*

bébête [bebɛt] *adj fam* bisschen doof

bec [bɛk] *m a. fam* Schnabel *m*

bécane [bekan] *f fam* [Fahr]rad *nt*

bécasse [bekas] *f* ❶ ZOOL Waldschnepfe *f* ❷ *fam (sotte)* dumme Gans

bec-de-lièvre [bɛkdəljɛvʀ] <becs-de--lièvre> *m* Hasenscharte *f*

béchamel [beʃamɛl] *f* Béchamelsoße *f*

bêche [bɛʃ] *f* Spaten *m*

bêcher [beʃe] <1> *vt, vi* umgraben

bécoter [bekɔte] <1> **I.** *vt fam* abknutschen **II.** *vpr fam* **se ~** knutschen

becqueter [bɛkte] <3> **I.** *vt* aufpicken **II.** *vi* picken

becter [bɛkte] <1> *vi fam* futtern

bédé [bede] *f fam* Comic *m*

bédo [bedo] *m fam* Tüte *f*, Trompete *f*; **fumer le ~** eine Tüte [*o* Trompete] rauchen; *(habituellement)* kiffen

bedonnant(e) [bədɔnɑ̃, ɑ̃t] *adj fam* dick[bäuchig]

Bédouin(e) [bedwɛ̃, in] *m(f)* Beduine *m*/Beduinin *f*

bée [be] *adj v.* **bouche**

beefsteak [biftɛk] *v.* **bifteck**

beffroi [befʀwa] *m* Wach[t]turm *m*

bégaiement [begɛmɑ̃] *m* Stottern *nt*

bégayer [begeje] <7> **I.** *vi* stottern **II.** *vt* stammeln

bégonia [begɔnja] *m* Begonie *f*

bègue [bɛg] **I.** *adj* stotternd **II.** *mf* Stotterer, Stotterin *m, f*

beige [bɛʒ] **I.** *adj* beige **II.** *m* Beige *nt*

beignet [bɛɲɛ] *m* Krapfen *m*, Buchtel *f* (A)

bel [bɛl] *v.* **beau**

bêler [bele] <1> *vi (mouton)* blöken; *(chèvre)* meckern

belette [bəlɛt] *f* Wiesel *nt*

belge [bɛlʒ] *adj* belgisch

Belge [bɛlʒ] *mf* Belgier(in) *m(f)*

belgicisme [bɛlʒisism] *m* belgischer Ausdruck

Belgique [bɛlʒik] *f* **la ~** Belgien *nt*

Belgrade [bɛlgʀad] Belgrad *nt*

bélier [belje] *m* Widder *m*

Bélier [belje] *m* Widder *m*; *v.a.* **Balance**

belle [bɛl] *f* SPORT Entscheidungsspiel *nt*

belle-fille [bɛlfij] <belles-filles> *f* ❶ *(bru)* Schwiegertochter *f* ❷ *(fille du conjoint)* Stieftochter *f* **belle-mère** [bɛlmɛʀ] <belles-mères> *f* ❶ *(mère du conjoint)* Schwiegermutter *f* ❷ *(conjointe du père)* Stiefmutter *f* **belle-sœur** [bɛlsœʀ] <belles--sœurs> *f* Schwägerin *f*

belligérant(e) [beliʒeʀɑ̃] *adj* Krieg führend

belliqueux, -euse [belikø] *adj* ❶ kriegerisch ❷ *(personne)* streitsüchtig

belote [bəlɔt] *f dem Schafkopf ähnliches französisches Kartenspiel*

belvédère [bɛlvedɛʀ] *m* ❶ *(édifice)* Belvedere *nt* ❷ *(point de vue)* Aussichtspunkt *m*

bémol [bemɔl] *m* MUS b *nt*

ben [bɛ̃] *adv fam* **eh ~!** Mensch [Meier]!

bénédiction [benediksjɔ̃] *f* Segen *m*

bénéfice [benefis] *m* ❶ COM Profit *m* ❷ *(avantage)* Vorteil *m*

bénéficiaire [benefisjɛʀ] *mf* Empfänger(in) *m(f)*; CH *(d'une retraite)* Bezieher(in) *m(f)*

bénéficier [benefisje] <1> *vi* profitieren

bénéfique [benefik] *adj* günstig

Benelux [benelyks] *m* **le** ~ die Beneluxstaaten *Pl*

B

bénévolat [benevɔla] *m* ehrenamtliche Tätigkeit *f*

bénévole [benevɔl] **I.** *adj* freiwillig; *(fonction)* ehrenamtlich **II.** *mf* Freiwillige(r) *f(m)*

bénévolement [benevɔlmɑ̃] *adv* freiwillig

Bengladesh [bɑ̃gladɛʃ] *v.* **Bangladesh**

bénin, -igne [benɛ̃] *adj* harmlos

Bénin [benɛ̃] *m* **le** ~ Benin *nt*

bénir [beniʀ] <8> *vt* segnen

bénit(e) [beni] *adj* geweiht

bénitier [benitje] *m* Weihwasserbecken *nt*

benjamin(e) [bɛ̃ʒamɛ̃] *m(f)* Jüngste(r) *f(m)*

benne [bɛn] *f* Kübel *m*

benzine [bɛ̃zin] *f* Reinigungsbenzin *nt*

B.E.P.C. [beøpese] *m abr de* **brevet d'études du premier cycle** ≈ Mittlere Reife

béqueter [bekte] <3> *v.* **becqueter**

béquille [bekij] *f* Krücke *f; (d'un vélo)* Ständer *m*

berbère [bɛʀbɛʀ] **I.** *adj* berberisch **II.** *m* Berberisch *nt; v.a.* **allemand**

Berbère [bɛʀbɛʀ] *mf* Berber(in) *m(f)*

berceau [bɛʀso] <x> *m* Wiege *f*

bercement [bɛʀsəmɑ̃] *m* Wiegen *nt*

bercer [bɛʀse] <2> *vt* wiegen

berceuse [bɛʀsøz] *f* Wiegenlied *nt*

béret [beʀɛ] *m* ~ **basque** Baskenmütze *f*

berge [bɛʀʒ] *f* ❶ Ufer *nt* ❷ *pl fam (années)* Jahre *Pl*

berger [bɛʀʒe] *m* Schäferhund *m*

berger, -ère [bɛʀʒe] *m, f* Hirte, Hirtin *m, f*

bergerie [bɛʀʒəʀi] *f* Schafstall *m*

Berlin [bɛʀlɛ̃] Berlin *nt*

berline [bɛʀlin] *f* ❶ AUT Limousine *f* ❷ MIN Lore *f*

berlingot [bɛʀlɛ̃go] *m* ❶ *(bonbon) tetraederförmiges, weiß gestreiftes Frucht-/Gewürzbonbon* ❷ *(emballage)* Tetrapak® *m*

berlinois [bɛʀlinwa] *m* Berlinerisch *nt; v.a.* **allemand**

berlinois(e) [bɛʀlinwa] *adj* aus Berlin, Berliner

Berlinois(e) [bɛʀlinwa] *m(f)* Berliner(in) *m(f)*

bermuda [bɛʀmyda] *m* Bermudashorts *Pl*

berne [bɛʀn] ► **être <u>en</u>** ~ auf halbmast [gesetzt] sein

Berne [bɛʀn] Bern *nt*

berner [bɛʀne] <1> *vt* an der Nase herumführen

besace [bəzas] *f* Umhängetasche *f*

besogne [bəzɔɲ] *f* Arbeit *f*

besogneux, -euse [bəzɔɲø, -øz] *adj* ❶ *(nécessiteux)* bedürftig ❷ *(affecté à de petits travaux)* bescheiden

besoin [bəzwɛ̃] *m* ❶ Bedarf *m (dat)* ❷ *(nécessité d'uriner)* Notdurft *f (geh)* ► **<u>avoir</u> ~ de qc/de faire qc** etw brauchen/etw machen müssen; **<u>au</u>** ~ bei Bedarf

bestial(e) [bɛstjal] <-aux> *adj* brutal

bestialité [bɛstjalite] *f* Bestialität *f*

bestiaux [bɛstjo] *mpl* Vieh *nt*

bestiole [bɛstjɔl] *f fam* Tier[chen] *nt*

best-seller [bɛstsɛlœʀ] <best-sellers> *m* Bestseller *m*

bétail [betaj] *m sans pl* Vieh *nt*

bête [bɛt] **I.** *f* ❶ Tier *nt;* **les ~s** Vieh *nt* ❷ *(vermine)* Ungeziefer *nt* ❸ *(animalité)* **la** ~ das Animalische **II.** *adj* dumm ► **c'est <u>tout</u>** ~ es ist ganz einfach

bêtement [bɛtmɑ̃] *adv* dummerweise

bêtise [betiz] *f* ❶ *(a. acte)* Dummheit *f* ❷ *(parole)* Unsinn *m* ❸ *(peccadille)* Lappalie *f*

béton [betɔ̃] *m* Beton *m*

bétonner [betɔne] <1> *vt* betonieren

bétonnière [betɔnjɛʀ] *f* Betonmischmaschine *f*

bette [bɛt] *f* Mangold *m*

betterave [bɛtʀav] *f* Rübe *f*

beuglement [bøgləmɑ̃] *m* ❶ *(de la vache, du veau)* Muhen *nt; (du taureau, bœuf)* Brüllen *nt* ❷ *fig (de la radio, télé)* Dröhnen *nt*

beugler [bøgle] <1> *vi* muhen; *(taureau)* brüllen
beur(e) [bœʀ] *m(f) fam in Frankreich geborenes Kind maghrebinischer Einwanderer*
beurre [bœʀ] *m* Butter *f*
beurré(e) [bœʀe] *adj fam* blau
beurrer [bœʀe] <1> *vt* mit Butter bestreichen
beurrier [bœʀje] *m* Butterdose *f*
beuverie [bœvʀi] *f* Trinkgelage *nt*
bévue [bevy] *f* Fehler *m*
biais [bjɛ] *m* Umweg *m; (échappatoire)* Ausweg *m* ▶ **de** ~ schräg
biaiser [bjeze] <1> *vi* ausweichen
biathlon [biatlɔ̃] *m* Biathlon *nt*
bibelot [biblo] *m* Nippfigur *f*
biberon [bibʀɔ̃] *m* Flasche *f*
bible [bibl] *f* Bibel *f*
bibliographie [biblijɔgʀafi] *f* Bibliografie *f*
bibliographique [biblijɔgʀafik] *adj* bibliografisch
bibliothécaire [biblijɔtekɛʀ] *mf* Bibliothekar(in) *m(f)*
bibliothèque [biblijɔtɛk] *f* ❶ Bibliothek *f; (bibliothèque publique)* Bücherei *f;* **~en-ligne** Onlinebibliothek ❷ *(meuble)* Bücherregal *nt*
biblique [biblik] *adj* biblisch
bicarbonate [bikaʀbɔnat] *m* Hydrogenkarbonat *nt*
bicéphale [bisefal] *adj* ❶ *(à deux têtes)* zweiköpfig ❷ *(à deux chefs)* mit einer Doppelspitze [versehen]
biceps [bisɛps] *m* Bizeps *m*
biche [biʃ] *f* Hirschkuh *f*
bichette [biʃɛt] *f* **ma** ~ mein Schätzchen
bichonner [biʃɔne] <1> **I.** *vt* [ver]hätscheln **II.** *vpr* **se** ~ sich feinmachen
bicolore [bikɔlɔʀ] *adj* zweifarbig
bicross [bikʀɔs] *m* ❶ BMX[-Rad] *nt; (V.T.T.)* Mountainbike *nt* ❷ *(sport)* Mountainbiking *nt*
bicyclette [bisiklɛt] *f* [Fahr]rad *nt;* **faire de la** ~ Rad fahren
bide [bid] *m fam* Wampe *f*
bidet [bidɛ] *m* Bidet *nt*
bidon [bidɔ̃] **I.** *m* Kanister *m; (de lait)* Kanne *f* **II.** *adj inv fam* Schein-; **argument** ~ Scheinargument *nt*
bidonner [bidɔne] <1> *vpr fam* **se** ~ sich schieflachen
bidonville [bidɔ̃vil] *m* Slum *m*
bidule [bidyl] *m fam* Dings[bums] *nt*
bielle [bjɛl] *f (de voiture)* Pleuel[stange *f*] *m; (de locomotive)* Pleuelgestänge *nt*
bien [bjɛ̃] **I.** *adv* ❶ *(beaucoup: rire)* viel; *(manger)* gut ❷ *(au moins)* mindestens ❸ *(plus)* **c'est ~ mieux** das ist viel besser; ~ **assez** mehr als genug ❹ *(agir)* richtig; **tu ferais ~ de me le dire** du sagst es mir wohl besser ❺ *(vraiment)* sehr; *(imaginer)* gut; **aimer ~ qn/qc** jdn/etw gernhaben; **je veux ~, merci!** gern, danke! ❻ *(à la rigueur)* schon; **je vous prie de ~ vouloir faire qc** ich bitte Sie, etw zu tun ❼ *(effectivement)* wirklich ❽ *(sans le moindre doute)* [sehr] wohl; *(sûrement)* bestimmt ❾ *(typiquement)* **c'est ~ toi** das ist typisch für dich ▶ **qn va** ~ jdm geht es gut; **ou** ~ oder [lieber]; ~ **plus** schlimmer noch; ~ **que** + *subj* obwohl **II.** *adj inv* ❶ **être** ~ gut sein ❷ *(en forme)* **se sentir** ~ sich wohl fühlen ❸ *(joli)* schön; *(homme)* gut aussehend ❹ *(sympathique)* nett ❺ *(comme il faut)* anständig **III.** *m* ❶ Gut *nt;* **le ~ général** das [All]gemeinwohl; **le ~ et le mal** das Gute und das Böse ❷ *(capital matériel)* Eigentum *nt*

> **bien que**
> Nach **bien que** steht immer der Subjonctif:
> *Bien qu'il fasse chaud, elle a froid. – Obwohl es warm ist, friert sie.*

bien-être [bjɛ̃nɛtʀ] *m sans pl* Wohlbefinden *nt*
bienfaisance [bjɛ̃fəzɑ̃s] *f* Wohltätigkeit *f*

bienfaisant(e) [bjɛ̃fəzɑ̃] *adj* wohltätig

bienfait [bjɛ̃fɛ] *m* Wohltat *f*

bienfaiteur, -trice [bjɛ̃fɛtœʀ] *m, f* Wohltäter(in) *m(f)*

bienheureux, -euse [bjɛ̃nœʀø] **I.** *adj* REL selig **II.** *m, f* Selige(r) *f(m)*

biennal(e) [bjɛnal, -o] <-aux> *adj* zweijährlich

bienséance [bjɛ̃seɑ̃s] *f* Anstand *m*

bientôt [bjɛ̃to] *adv* bald; **à ~!** bis bald!

bienveillance [bjɛ̃vɛjɑ̃s] *f* Wohlwollen *nt*

bienveillant(e) [bjɛ̃vɛjɑ̃] *adj* wohlwollend

bienvenu(e) [bjɛ̃v(ə)ny] *adj* willkommen

bienvenue [bjɛ̃v(ə)ny] **I.** *f* **souhaiter la ~ à qn** jdn [herzlich] willkommen heißen **II.** *interj* CAN *fam (je vous en prie)* **~!** gern geschehen!

bière [bjɛʀ] *f* Bier *nt;* **~ blonde/brune** helles/dunkles Bier *nt;* **~ pression** Bier vom Fass

biffer [bife] <1> *vt* streichen

bifteck [biftɛk] *m* [Beef]steak *nt*

bifurcation [bifyʀkasjɔ̃] *f* Gabelung *f*

bifurquer [bifyʀke] <1> *vi* ❶ sich gabeln ❷ *(changer de direction)* abbiegen

bigamie [bigami] *f* Bigamie *f*

bigarré(e) [bigaʀe] *adj* bunt

bigarreau [bigaʀo] <x> *m* BOT Knorpelkirsche *f*

bigleux, -euse [biglø, -øz] *adj fam* **être ~** *(loucher)* schielen

bigorneau [bigɔʀno] <x> *m* Strandschnecke *f*

bigot(e) [bigo] **I.** *adj* bigott **II.** *m(f)* Frömmler(in) *m(f)*

bigoudi [bigudi] *m* Lockenwickler *m*

bijou [biʒu] <x> *m* Schmuckstück *nt;* **des ~x** Schmuck *m*

bijouterie [biʒutʀi] *f* Juweliergeschäft *nt*

bijoutier, -ière [biʒutje] *m, f* Juwelier(in) *m(f)*

bilan [bilɑ̃] *m* ❶ Bilanz *f;* **déposer le ~** Konkurs anmelden ❷ MED Untersuchung *f*

bilatéral(e) [bilateʀal] <-aux> *adj* ❶ auf beiden Seiten ❷ JUR, POL bilateral

bile [bil] *f* Galle *f*

bilingue [bilɛ̃g] *adj* zweisprachig

bilinguisme [bilɛ̃gɥism] *m* Zweisprachigkeit *f*

billard [bijaʀ] *m* Billard *nt*

bille [bij] *f* Murmel *f;* **stylo à ~** Kugelschreiber *m*

billet [bijɛ] *m* ❶ Eintrittskarte *f* ❷ *(titre de transport: d'autobus)* Fahrschein *m; (de train)* Fahrkarte *f; (d'avion)* Flugticket *nt;* **~ aller** einfache Fahrkarte; **~ aller-retour** Rückfahrkarte ❸ *(numéro)* Los *nt* ❹ *(argent)* [Geld]schein *m*

billetterie [bijɛtʀi] *f (distributeur de billets)* Geldautomat *m;* **~ automatique** Fahrkartenautomat *m*

bimbo [bimbo] *f fam* Modetussi *f*

bimensuel(le) [bimɑ̃sɥɛl] *adj* **être ~** *(journal)* zweimal im Monat erscheinen

bimestriel(le) [bimɛstʀijɛl] *adj* **être ~** *(journal)* alle zwei Monate erscheinen

bimoteur [bimɔtœʀ] **I.** *adj inv (avion, bateau)* zweimotorig **II.** *m (avion)* zweimotoriges Flugzeug

binaire [binɛʀ] **I.** *adj* binär; **non ~** nicht-binär **II.** *m* Binärdatei *f*

biner [bine] <1> *vt* [durch]hacken

bing [biŋ] *interj* peng

biniou [binju] *m* [bretonischer] Dudelsack

bio [bjo] *adj abr de* **biologique** *fam* Bio-; **magasin ~** Bioladen *m*

biocarburant [bjokaʀbyʀɑ̃] *m* Biokraftstoff *m*

biochimie [bjoʃimi] *f* Biochemie *f*

biocombustible [bjokɔ̃bystibl] *m* Biotreibstoff *m*

biodégradable [bjodegʀadabl] *adj* biologisch abbaubar

biodégrader [bjodegʀade] *vpr* ECOL **se ~** sich zersetzen

biodiversité [bjodivɛʀsite] *f* Artenvielfalt *f*

bioénergie [bjoenɛʀʒi] *f* PSYCH Bioenergetik *f*

biographie [bjɔɡʀafi] *f* Biografie *f*
biographique [bjɔɡʀafik] *adj* biografisch
biologie [bjɔlɔʒi] *f* Biologie *f*
biologique [bjɔlɔʒik] *adj* biologisch
biologiste [bjɔlɔʒist] *mf* Biologe, Biologin *m, f*
biomasse [bjomas] *f* Biomasse *f*
biométrie [bjometʀi] *f* Biometrie *f*
biométrique [bjometʀik] *adj (données, passeport)* biometrisch
biopic [bjopik] *m* CINE, TV Biopic *nt*
biotechnologie [bjotɛknɔlɔʒi] *f* Biotechnologie *f*
bioterrorisme [bjoteʀɔʀism] *m* Bioterrorismus *m*
biotope [bjɔtɔp] *m* Biotop *nt*
biovigilance [bjoviʒilɑ̃s] *f Überwachung der Auswirkungen gentechnisch veränderter Lebensmittel*
bip [bip] *m* Tonzeichen *nt;* ~ **sonore** Pfeifton *m*
bis [bis] I. *adv* ~! Zugabe! II. *app* **n° 12** ~ Nr. 12a
bis(e) [bi] *adj* graubraun
biscornu(e) [biskɔʀny] *adj* bizarr
biscotte [biskɔt] *f* Zwieback *m*
biscuit [biskɥi] *m* ① Keks *m* ② *(pâtisserie)* Biskuit *m*
bise[1] [biz] *f* kalter Nordwind *m*
bise[2] [biz] *f fam* Küsschen *nt;* **se faire la** ~ sich *(dat)* Küsschen geben; **claquer la** ~ **à qn** jdm ein [dickes] Küsschen geben; **grosses** ~**s!** viele Grüße und Küsse!
bisexuel(le) [bisɛksɥɛl] *adj* bisexuell
bison [bizɔ̃] *m* Bison *m* ▶ **Bison futé** *Informationssystem zum Vermeiden und Umfahren von Staus*
bisou [bizu] *m fam* Küsschen *nt*
bisser [bise] <1> *vt* ~ **un musicien** eine Zugabe von einem Musiker fordern
bissextile [bisɛkstil] *adj* **année** ~ Schaltjahr *nt*
bistouri [bistuʀi] *m* Skalpell *nt*
bistro[t] [bistʀo] *m fam* Kneipe *f*
bit [bit] *m* INFORM Bit *nt*
bitume [bitym] *m* Asphalt *m*
bivouaquer [bivwake] <1> *vi* biwakieren
bizarre [bizaʀ] *adj* seltsam
bizarrement [bizaʀmɑ̃] *adv* seltsam
blafard(e) [blafaʀ] *adj* bleich
blague [blag] *f fam* Witz *m* ▶ **sans** ~! im Ernst!
blaguer [blage] <1> *vi* Witze machen
blagueur, -euse [blagœʀ] *m, f* Spaßvogel *m*
blaireau [blɛʀo] <x> *m* ① ZOOL Dachs *m* ② *(pour la barbe)* Rasierpinsel *m*
blâme [blɑm] *m* Verweis *m*
blâmer [blɑme] <1> *vt* tadeln
blanc [blɑ̃] *m* ① Weiß *nt;* **en** ~ in Weiß ② TYP, INFORM Leerstelle *f* ③ *(espace vide)* Lücke *f* ④ *(vin)* Weißwein *m* ⑤ *(linge)* Weißwäsche *f* ⑥ GASTR ~ **d'œuf** Eiweiß *nt* ⑦ ANAT **le** ~ **de l'œil** das Weiße im Auge

Aussprache
Das -c am Ende von **blanc** bleibt stumm.

blanc, blanche [blɑ̃] *adj* ① *(de couleur blanche)* weiß ② *(bulletin de vote)* leer; *(feuille)* unbeschrieben ③ *(fictif)* **examen** ~ Probeklausur *f*
Blanc, Blanche [blɑ̃] *m, f* Weiße(r) *f(m)*
blanchâtre [blɑ̃ʃɑtʀ] *adj* weißlich
blanche [blɑ̃ʃ] *f* MUS halbe Note
blancheur [blɑ̃ʃœʀ] *f* Weiß *nt*
blanchir [blɑ̃ʃiʀ] <8> I. *vt* ① weiß machen; *(mur)* weißen ② *(argent)* waschen II. *vi* weiße Haare bekommen
blanchisserie [blɑ̃ʃisʀi] *f* Wäscherei *f*
blasé(e) [blɑze] *adj* blasiert
blason [blɑzɔ̃] *m* Wappen *nt*
blasphème [blasfɛm] *m* Blasphemie *f*
blasphémer [blasfeme] <5> *vi* Gott lästern
blazer [blazɛʀ] *m* Blazer *m*
blé [ble] *m* ① Weizen *m; (grain)* Getreide *nt* ② *fam (argent)* Knete *f*

bled [blɛd] *m péj fam* Kaff *nt*
blême [blɛm] *adj* bleich
blêmir [blemiʀ] <8> *vi* bleich werden
blessant(e) [blesɑ̃] *adj* verletzend
blessé(e) [blese] **I.** *adj* verletzt **II.** *m(f)* Verletzte(r) *f(m)*
blesser [blese] <1> *vt, vpr* [**se**] ~ [sich] verletzen
blessure [blesyʀ] *f* Verletzung *f*
bleu [blø] *m* ① *(couleur)* Blau *nt;* ~ **ciel/foncé** Himmel-/Dunkelblau ② *(marque)* blauer Fleck *m* ③ *pl* SPORT **les ~s** *französische Fußballnationalmanschaft*
bleu(e) [blø] *adj* ① *(de couleur bleue)* blau ② *(steak)* englisch
bleuâtre [bløɑtʀ] *adj* bläulich
bleuet [bløɛ] *m* Kornblume *f*
blindé [blɛ̃de] *m* Panzer *m*
blindé(e) [blɛ̃de] *adj* ① gepanzert ② *fam (endurci)* abgehärtet ③ *fam (ivre)* breit
bloc [blɔk] *m* Block *m* ► **en** ~ im Ganzen
blocage [blɔkaʒ] *m* Blockieren *nt*
bloc-notes [blɔknɔt] <blocs-notes> *m* Notizblock *m*
blocus [blɔkys] *m* Blockade *f*
blog [blɔg] *m* INFORM Blog *nt o m*
blogosphère [blɔgɔsfɛʀ] *f* INFORM Blogosphäre *f*
bloguer [blɔge] <1> *vi* INFORM bloggen
blogueur, -euse [blɔgœʀ] *m, f* INFORM Blogger(in) *m(f)*
blond [blɔ̃] *m* Blond *nt*
blond(e) [blɔ̃] **I.** *adj* blond; *(tabac)* hell **II.** *m(f)* Blonde(r) *f(m)*
blonde [blɔ̃d] *f* ① *(bière)* helles Bier *nt* ② *(cigarette)* Zigarette *f* aus hellem Tabak
blondir [blɔ̃diʀ] <8> *vi* blond werden
bloquer [blɔke] <1> **I.** *vt* ① blockieren ② ECON sperren ③ *(jours de congés)* zusammenlegen ④ *(balle)* stoppen **II.** *vpr* **se** ~ ① blockieren ② INFORM abstürzen **III.** *vi* PSYCH *fam* abblocken
blottir [blɔtiʀ] <8> *vpr* **se ~ contre qn** sich an jdn kuscheln; **se ~ dans un coin** sich in eine Ecke kauern
blouse [bluz] *f* [Arbeits]kittel *m*
blouson [bluzɔ̃] *m* Blouson *m o nt* ► ~ **noir** Rocker *m*
blue-jean [bludʒin] <blue-jeans> *m* Bluejeans *f*
blues [blus] *m inv* ① MUS Blues *m* ② *(cafard)* **avoir le** ~ schwermütig sein
bob [bɔb] *m* ① SPORT Bob *m* ② *(chapeau)* Stoffhut *m*
bobine [bɔbin] *f* Spule *f*
bobsleigh [bɔbslɛg] *m v.* **bob**
bocal [bɔkal] <-aux> *m* Glas *nt*
bock [bɔk] *m* Glas *nt* Bier
bœuf [bœf] *m* ① ZOOL Rind *nt* ② *(opp: taureau, vache)* Ochse *m* ③ *(viande)* Rindfleisch *nt*
bof [bɔf] *interj* na ja
bogue [bɔg] *m o f* INFORM Programmfehler *m*
bohème [bɔɛm] *adj* unkonventionell
Bohême [bɔɛm] *f* **la** ~ Böhmen *nt*
bohémien(ne) [bɔemjɛ̃] *m(f) péj* Zigeuner(in) *m(f) pej*
boire [bwaʀ] <irr> *vt, vi* trinken
bois [bwɑ] **I.** *m* ① [kleiner] Wald *m* ② *(matériau)* Holz *nt* **II.** *mpl* MUS Holzblasinstrumente *Pl*
boisé(e) [bwaze] *adj* bewaldet
boiserie [bwazʀi] *f* [Holz]täfelung *f*
boisson [bwasɔ̃] *f* Getränk *nt*
boîte [bwat] *f* ① Schachtel *f;* ~ **à outils** Werkzeugkasten *m* ② *(conserve)* Dose *f;* **en** ~ aus der Dose ③ *fam (discothèque)* Disko *f* ④ *fam (entreprise)* Laden *m* ⑤ INFORM ~ **de dialogue** Dialogfeld *nt;* ~ **aux lettres** [**électronique**] Mailbox *f* ⑥ *(casier)* ~ **aux lettres** Briefkasten *m;* ~ **postale** Postfach *nt*
boiter [bwate] <1> *vi* hinken
boiteux, -euse [bwatø] *adj* hinkend
boîtier [bwatje] *m* Gehäuse *nt*
bol [bɔl] *m* Schale *f* ► **avoir du** ~ *fam* Schwein haben; **en avoir ras le** ~ *fam* die Nase voll haben
bolet [bɔlɛ] *m* BOT Röhrling *m*
bolide [bɔlid] *m* Rennwagen *m*
bolosser [bɔlɔse] <1> *vt fam* verprü-

geln; **se faire ~** verprügelt werden
bombance [bɔ̃bɑ̃s] *f* **faire ~** *fam* ein großes Ess- und Trinkgelage machen
bombardement [bɔ̃baʀdəmɑ̃] *m* Bombardierung *f*
bombarder [bɔ̃baʀde] <1> *vt* bombardieren
bombardier [bɔ̃baʀdje] *m* Bomber *m*
bombe [bɔ̃b] *f* 1 Bombe *f* 2 *(atomiseur)* Spraydose *f* 3 *(casquette)* Reitkappe *f*
bombé(e) [bɔ̃be] *adj* gewölbt
bomber [bɔ̃be] <1> *vt* 1 *(torse)* herausstrecken *(fam)* 2 *fam (peindre)* sprühen
bon [bɔ̃] **I.** *m* 1 Gutschein *m* 2 *(ce qui est bon)* Gute(s) *nt* 3 *(personne)* Gute(r) *f(m)* ▸ **avoir du ~** seine Vorzüge haben **II.** *adv* **sentir ~** duften ▸ **il fait ~** es ist mild
bon(ne) [bɔ̃] <meilleur> *adj* 1 gut 2 *(correct)* richtig 3 *(valable)* gültig 4 *(soirée)* schön ▸ **c'est ~** *(à bon goût)* das schmeckt gut; *(fait du bien)* das tut gut; *(ça ira comme ça)* das reicht; **à quoi ~?** wozu?
bonbon [bɔ̃bɔ̃] *m* Bonbon *m o nt*
bonbonne [bɔ̃bɔn] *f* [bauchige] Korbflasche; **~ de gaz** Gasflasche *f*
bond [bɔ̃] *m* Satz *m*; **~ en avant** ECON Sprung *m* nach vorn
bonde [bɔ̃d] *f* 1 *(du tonneau)* Spundloch *nt; (de l'évier, de la baignoire)* Abflussloch *nt* 2 *(du tonneau)* Spund *m; (de l'évier, de la baignoire)* Stöpsel *m*
bondé(e) [bɔ̃de] *adj* überfüllt
bondir [bɔ̃diʀ] <8> *vi* hochspringen
bonheur [bɔnœʀ] *m* Glück *nt;* **par ~** zum Glück; **porter ~ à qn** jdm Glück bringen
bonhomie [bɔnɔmi] *f* Herzlichkeit *f*
bonhomme [bɔnɔm] <bonshommes> *m fam* Mann *m;* **~ de neige** Schneemann *m*
boniche [bɔniʃ] *f péj fam* Dienstmädchen *nt*
bonification [bɔnifikasjɔ̃] *f* 1 *(d'un vin)* Verbesserung *f* 2 *(bonus)* Bonus *m;* SPORT Zeitgutschrift *f*
bonifier [bɔnifje] <1> **I.** *vt (terres)* verbessern **II.** *vpr* **se ~** *(vin)* besser werden
boniment [bɔnimɑ̃] *m* 1 *(baratin: d'un vendeur, camelot)* Anpreisen *nt* der Ware 2 *(mensonges)* Lügengeschichte *f*
bonjour [bɔ̃ʒuʀ] *m* **~!** guten Tag/Morgen!; CAN *(bonne journée)* einen schönen Tag noch!
bonne [bɔn] *f* Dienstmädchen *nt*
bonnement [bɔnmɑ̃] *adv* ▸ **tout ~** ganz einfach
bonnet [bɔnɛ] *m* 1 Mütze *f;* **~ de bain** Badekappe *f* 2 *(du soutien-gorge)* Körbchen *nt*
bonsoir [bɔ̃swaʀ] *m (en arrivant)* guten Abend; *(en partant)* auf Wiedersehen; *(avant le coucher)* gute Nacht
bonté [bɔ̃te] *f* Güte *f*
bonus [bɔnys] *m* Schadenfreiheitsrabatt *m*
bonze [bɔ̃z] *m* Bonze *m*
boom [bum] *m* Boom *m;* **~ démographique** Bevölkerungsexplosion *f*
boomerang [bumʀɑ̃g] *m* Bumerang *m*
booster [buste] <1> *vt fam (croissance, économie)* kräftig ankurbeln; *(retraites, pensions)* kräftig anheben; *(carrière)* in Schwung bringen; *(cheveux, look, couple)* aufpeppen
booter [bute] <1> *vi* INFORM hochbooten
bord [bɔʀ] *m* Rand *m; (d'une table)* Kante *f; (d'un lac)* Ufer *nt;* **au ~ de la mer** am Meer ▸ **à ~** an Bord
bordeaux [bɔʀdo] **I.** *m* Bordeaux[wein *m*] *m* **II.** *app inv* weinrot
bordel [bɔʀdɛl] *m* 1 *vulg* Puff *m (fam)* 2 *fam (désordre)* Saustall *m*
bordélique [bɔʀdelik] *adj fam* chaotisch
border [bɔʀde] <1> *vt* 1 [be]säumen *(geh)* 2 *(enfant)* zudecken; *(lit)* machen
bordereau [bɔʀdəʀo] <x> *m (formulaire)* Schein *m;* **~ d'achat** Kaufbeleg *m;* **~ de livraison** Lieferschein

bordier [bɔʀdje] *m* CH *(riverain)* Anlieger *m*, Anstößer *m* (CH)

B

bordure [bɔʀdyʀ] *f* ❶ Rand *m* ❷ *(rangée)* Reihe *f*

boréal(e) [bɔʀeal] <s> *adj* nördlich

borgne [bɔʀɲ] *adj* einäugig

borne [bɔʀn] *f* Grenzstein *m*

borné(e) [bɔʀne] *adj* borniert

borner [bɔʀne] <1> *vpr* **se ~ à qc** sich mit etw begnügen

bosquet [bɔskɛ] *m* Baumgruppe *f*

bosse [bɔs] *f* Beule *f*; *(du chameau)* Höcker *m*

bosser [bɔse] <1> *vi fam* arbeiten; *(travailler dur)* schuften

bosseur, -euse [bɔsœʀ] *m, f fam* Arbeitstier *nt*

bossu(e) [bɔsy] **I.** *adj* buck[e]lig **II.** *m(f)* Buck[e]lige(r) *f(m)*

botanique [bɔtanik] **I.** *adj* botanisch **II.** *f* Botanik *f*

botaniste [bɔtanist] *mf* Botaniker(in) *m(f)*

botte [bɔt] *f* ❶ Stiefel *m* ❷ *(de légumes)* Bund *nt; (de foin)* Ballen *m*

botté(e) [bɔte] *adj* gestiefelt

botter [bɔte] <1> *vt* **~ les fesses à qn** jdn in den Hintern treten *(fam)*

bottin® [bɔtɛ̃] *m* Telefonbuch *nt*

bottine [bɔtin] *f* Stiefelette *f*

bouc [buk] *m* ❶ ZOOL Ziegenbock *m* ❷ *(barbe)* Spitzbart *m* ▸ **~ émissaire** Sündenbock *m*

boucan [bukɑ̃] *m fam* Radau *m*

bouche [buʃ] *f* ❶ Mund *m* ❷ *(ouverture)* **~ de métro** Metroeingang *m* ❸ *pl* GEO **les ~s du Rhône** die Mündung der Rhone ▸ **~ bée** bass erstaunt

bouché(e) [buʃe] *adj* ❶ verstopft ❷ *(sans avenir)* ohne Zukunft ❸ *fam (personne)* beschränkt

bouche-à-bouche [buʃabuʃ] *m inv* Mund-zu-Mund-Beatmung *f*

bouchée [buʃe] *f* ❶ Bissen *m* ❷ GASTR Praline *f* ▸ **pour une ~ de pain** für ein Butterbrot *(fam)*

boucher [buʃe] <1> **I.** *vt (bouteille)* zukorken; *(trou)* zumachen; *(toilettes)* verstopfen **II.** *vpr* **se ~** verstopfen

boucher, -ère [buʃe] *m, f* Fleischer(in) *m(f)*, Metzger(in) *m(f)* (SDEUTSCH)

bouchère [buʃɛʀ] *f (femme du boucher)* Fleischersfrau *f*, Metzgersfrau *f* (SDEUTSCH)

boucherie [buʃʀi] *f* Fleischerei *f*, Metzgerei *f* (SDEUTSCH)

boucherie charcuterie [buʃʀiʃaʀkytʀi] <boucheries charcuteries> *f* Fleisch- und Wurstwarengeschäft *nt*

bouchon [buʃõ] *m* ❶ *(d'une bouteille)* Korken *m; (d'un tube)* Verschluss *m; (d'un réservoir)* Deckel *m* ❷ *(embouteillage)* Stau *m* ❸ PECHE Schwimmer *m*

bouchonner [buʃɔne] <1> *vi fam* stauen

boucle [bukl] *f* ❶ Schnalle *f*; **~ d'oreille** Ohrring *m* ❷ *(qui s'enroule)* **~ de cheveux** Haarlocke *f* ❸ INFORM, MATH Schleife *f*

bouclé(e) [bukle] *adj* lockig

boucler [bukle] <1> **I.** *vt* schließen; *(ceinture)* zumachen **II.** *vi* ❶ *(friser)* **ses cheveux bouclent naturellement** er/sie hat Naturlocken ❷ INFORM eine Schleife machen

bouclette [buklɛt] *f* [Ringel]löckchen *nt*

bouclier [buklije] *m* ❶ *(arme défensive)* Schild *m* ❷ *(protection, défense)* Schutzschild *m*, Schutz *m*; **~ fiscal** FIN Deckelung *f* der Steuerquote

bouddhisme [budism] *m* Buddhismus *m*

bouddhiste [budist] **I.** *adj* buddhistisch **II.** *mf* Buddhist *m*

bouder [bude] <1> *vi* schmollen

boudeur, -euse [budœʀ] *adj* beleidigt

boudin [budɛ̃] *m* ❶ **~ noir** ≈ Blutwurst *f*, ≈ Blunze[n] *f* (A) ❷ *fam (fille)* Pummel *m*

boudiné(e) [budine] *adj* **doigt ~** Wurstfinger *m (fam)*

boue [bu] *f* Schlamm *m*, Gatsch *m* (A)

bouée [bwe] *f* ❶ Boje *f* ❷ *(protection gonflable)* Schwimmreifen *m*; **~ de sauvetage** Rettungsring *m*

boueux, -euse [bwø] *adj* schlammig
bouffant(e) [bufɑ̃, ɑ̃t] *adj* **des manches ~es** Puffärmel *Pl*
bouffe [buf] *f fam* Essen *nt*
bouffée [bufe] *f* ❶ **~ d'air frais** frische Brise *f* ❷ **~ de chaleur** Hitzewallung *f*
bouffer [bufe] <1> **I.** *vi fam* fressen **II.** *vt fam* ❶ futtern ❷ *(essence)* schlucken
bouffi(e) [bufi] *adj* aufgedunsen
bouffon(ne) [bufɔ̃] *m(f)* Narr *m*
bouge [buʒ] *m* ❶ *(bar mal famé)* Spelunke *f (pej)* ❷ *(taudis)* Loch *nt (pej) (fam)*
bougeoir [buʒwaʀ] *m* Kerzenständer *m*
bougeotte [buʒɔt] *f* **avoir la ~** *fam (ne pas tenir en place)* kein Sitzfleisch haben
bouger [buʒe] <2a> **I.** *vi* ❶ sich bewegen; **je ne bouge pas d'ici!** ich rühre mich nicht vom Fleck! ❷ *fam (changer)* **ne pas ~** *(prix)* unverändert bleiben **II.** *vt* ❶ umstellen ❷ *(bras)* bewegen **III.** *vpr fam* **se ~** sich bewegen
bougie [buʒi] *f* Kerze *f;* AUT Zündkerze *f*
bougon(ne) [bugɔ̃] *adj* mürrisch
bougonner [bugɔne] <1> *vi* murren
bougre, bougresse [bugʀ, bugʀɛs] *m, f fam* Kerl *m*
bouillant(e) [bujɑ̃] *adj* ❶ kochend ❷ *(boisson)* kochend heiß
bouille [buj] *f fam* Gesicht *nt*
bouillie [buji] *f* Brei *m*
bouillir [bujiʀ] <irr> *vt, vi* kochen
bouilloire [bujwaʀ] *f* Wasserkessel *m*
bouillon [bujɔ̃] *m* Brühe *f*
bouillonnement [bujɔnmɑ̃] *m* ❶ *(ébullition)* Sprudeln *nt* ❷ *fig (des idées)* Überschäumen *nt*
bouillonner [bujɔne] <1> *vi* brodeln
bouillotte [bujɔt] *f* Wärmflasche *f*
boulanger, -ère [bulɑ̃ʒe] *m, f* Bäcker(in) *m(f)*
boulangère [bulɑ̃ʒɛʀ] *f (femme d'un boulanger)* Bäckersfrau *f*
boulangerie [bulɑ̃ʒʀi] *f* Bäckerei *f*
boulangerie-pâtisserie [bulɑ̃ʒʀipatisʀi] <boulangeries-pâtisseries> *f* Bäckerei-Konditorei *f*
boulanger-pâtissier [bulɑ̃ʒepatisje] <boulangers-pâtissiers> *m* Bäcker und Konditor *m*
boule [bul] *f* ❶ Kugel *f;* **~ de neige** Schneeball *m* ❷ *pl* JEUX **jeu de ~s** Boulespiel *nt;* **jouer aux ~s** Boule spielen
bouleau [bulo] <x> *m* Birke *f*
bouledogue [buldɔg] *m* Bulldogge *f*
boulet [bulɛ] *m* Kanonenkugel *f*
boulette [bulɛt] *f* ❶ Kügelchen *nt* ❷ GASTR Frikadelle *f*
boulevard [bulvaʀ] *m* Boulevard *m*
bouleversant(e) [bulvɛʀsɑ̃, ɑ̃t] *adj (spectacle, récit)* erschütternd
bouleversement [bulvɛʀsəmɑ̃] *m* grundlegende Veränderung *f*
bouleverser [bulvɛʀse] <1> *vt* ❶ *(personne)* [zutiefst] erschüttern ❷ *(vie)* völlig verändern; *(programme)* umstoßen
boulimie [bulimi] *f* Bulimie *f*
boulimique [bulimik] **I.** *adj* ❶ *(vorace)* gefräßig ❷ *(insatiable)* unersättlich **II.** *mf* an Bulimie Leidende(r) *f(m)*
bouliste [bulist] *mf* Boulespieler(in) *m(f)*
boulodrome [bulodʀom] *m* Bouleplatz *m*
boulon [bulɔ̃] *m* Schraubenbolzen *m* mit Mutter
boulonner [bulɔne] <1> **I.** *vt* zusammenschrauben **II.** *vi fam (travailler)* schuften
boulot [bulo] *m fam* Arbeit *f*
boum¹ [bum] *interj* bum[s]
boum² [bum] *f fam* Fete *f*
bouquet [bukɛ] *m* ❶ Strauß *m; (de persil)* Bund *nt* ❷ *(parfum du vin)* Blume *f*
bouquetin [buktɛ̃] *m* Steinbock *m*
bouquin [bukɛ̃] *m fam* Schmöker *m*
bouquiner [bukine] <1> *vi fam* schmökern
bouquiniste [bukinist] *mf* Bouquinist *m*
bourbier [buʀbje] *m* Schlammloch *nt*

bourde [buʀd] *f fam (bévue)* Schnitzer *m*

bourdon [buʀdɔ̃] *m* ZOOL Hummel *f*

bourdonnement [buʀdɔnmɑ̃] *m (d'un insecte)* Summen *nt; (d'un moteur)* Brummen *nt; (des voix)* Gemurmel *nt*

bourdonner [buʀdɔne] <1> *vi* summen

bourg [buʀ] *m* Marktflecken *m*

bourgade [buʀgad] *f* kleiner Marktflecken *m*

bourge [buʀʒ] *mf péj fam abr de* **bourgeois** Spießer(in) *m(f)*

bourgeois(e) [buʀʒwa] **I.** *adj* ① bürgerlich ② *péj* spießig **II.** *m(f)* ① Bürgerliche(r) *f(m)* ② *péj* Spießer(in) *m(f)* ③ HIST *(citoyen)* Bürger(in) *m(f)*

bourgeoisie [buʀʒwazi] *f* Bürgertum *nt*

bourgeon [buʀʒɔ̃] *m* Knospe *f*

bourgeonner [buʀʒɔne] <1> *vi* ① BOT *(arbre)* Knospen treiben ② *fig* **son visage bourgeonne** er/sie bekommt Pickel im Gesicht

bourgmestre [buʀgmɛstʀ] *m* BELG Bürgermeister *m*

bourgogne [buʀgɔɲ] *m* Burgunderwein *m*

Bourgogne [buʀgɔɲ] *f* **la** ~ Burgund *nt*

bourguignon(ne) [buʀgiɲɔ̃] *adj* burgundisch

Bourguignon(ne) [buʀgiɲɔ̃] *m(f)* Burgunder(in) *m(f)*

bourlinguer [buʀlɛ̃ge] <1> *vi fig fam* [viel] herumreisen

bourrade [buʀad] *f* Stoß *m*

bourrage [buʀaʒ] *m* ① *(d'un coussin, matelas)* Füllen *nt; (d'une pipe)* Stopfen *nt* ② *fig fam (gavage intellectuel)* stures [Ein]pauken *(pej)* ③ TECH ~ **de papier** Papierstau *m*

bourrasque [buʀask] *f* Bö *f*

bourratif, -ive [buʀatif] *adj* sättigend

bourre [buʀ] *f* ① *(matière de remplissage)* Füllung *f* ② *(duvet des bourgeons)* Flaum *m* ③ *(d'une arme, cartouche)* Pfropfen *m*

bourré(e) [buʀe] *adj* ① randvoll ② *fam (ivre)* besoffen

bourreau [buʀo] <x> *m* Henker *m*

bourrée [buʀe] *f* Bourrée *f (alter franz. Volkstanz)*

bourrelet [buʀlɛ] *m* ① Abdichtung *f* ② ANAT Wulst *m o f*

bourrer [buʀe] <1> **I.** *vt* stopfen **II.** *vpr* **se** ~ **de qc** sich mit etw voll stopfen **III.** *vi* sättigen

bourricot [buʀiko] *m fam* Esel *m*

bourrique [buʀik] *f fam* Esel(in) *m(f)*

bourru(e) [buʀy] *adj* mürrisch

bourse [buʀs] *f* ① Geldbeutel *m* ② *(allocation)* ~ **d'études** Stipendium *nt;* ~ **de mérite** leistungsabhängiges Stipendium ③ *pl* ANAT Hodensack *m*

Bourse [buʀs] *f* Börse *f*

boursicoter [buʀsikɔte] <1> *vi fam* kleine Börsengeschäfte machen

boursier, -ière[1] [buʀsje] *m, f* Stipendiat(in) *m(f)*

boursier, -ière[2] [buʀsje] **I.** *adj (relatif à la Bourse)* Börsen-; **spéculation boursière** Börsenspekulation *f* **II.** *m, f (professionnel de la Bourse)* Börsenmakler(in) *m(f)*

boursouflé(e) [buʀsufle] *adj* [an]geschwollen

boursoufler [buʀsufle] <1> *vt* anschwellen

boursouflure [buʀsuflyʀ] *f (de la peau, du visage)* Schwellung *f; (d'une surface, peinture)* Blase *f*

bousculade [buskylad] *f* Gedränge *nt*

bousculer [buskyle] <1> **I.** *vt* ① anstoßen; *(presser)* drängen ② *(déranger)* völlig durcheinanderbringen **II.** *vpr* **se** ~ sich drängeln

bouse [buz] *f* Kuhfladen *m*

bousiller [buzije] <1> *vt fam* kaputt machen

boussole [busɔl] *f* Kompass *m*

bout [bu] *m* ① Ende *nt; (du nez)* Spitze *f;* ~ **à** ~ aneinander; **jusqu'au** ~ bis zum Schluss; **tout au** ~ ganz hinten ② *(morceau)* Stück[chen *nt*] *nt* ③ *(terme)* **au** ~ **d'un moment** nach einer Weile ▸ **à** ~ **de souffle** außer Atem; **venir à** ~ **de qc/qn** mit etw/

jdm fertig werden; **au ~ du compte** letzten Endes

boutade [butad] *f* Bonmot *nt*

bouteille [butɛj] *f* Flasche *f;* ~ **consignée/non consignée** Pfand-/Einwegflasche; **boire à la** ~ aus der Flasche trinken

boutique [butik] *f* Laden *m*

bouton [butɔ̃] *m* ❶ Knopf *m; (de porte)* Knauf *m; (d'un interrupteur)* Schalter *m* ❷ MED ~ **d'acné** Aknepickel *m* ❸ BOT Knospe *f*

boutonner [butɔne] <1> *vt* zuknöpfen

boutonneux, -euse [butɔnø] *adj* pick[e]lig

boutonnière [butɔnjɛʀ] *f* Knopfloch *nt*

bouture [butyʀ] *f* Steckling *m*

bouvreuil [buvʀœj] *m* BIO Dompfaff *m*

bovin(e) [bɔvɛ̃] *adj* Rinder-; **élevage** ~ Rinderzucht *f*

bovins [bɔvɛ̃] *mpl* Rinder *Pl*

box [bɔks] <es> *m* Box *f; (dans un garage)* Stellplatz *m*

boxe [bɔks] *f* Boxen *nt*

boxer [bɔkse] <1> *vt, vi* boxen

boxeur, -euse [bɔksœʀ] *m, f* Boxer(in) *m(f)*

boxon [bɔksɔ̃] *m fam* Durcheinander *nt*

boyau [bwajo] <x> *m* ❶ ANAT Darm *m* ❷ *(chambre à air)* Schlauch *m*

boycott [bɔjkɔt] *m,* **boycottage** [bɔjkɔtaʒ] *m* Boykott *m*

boycotter [bɔjkɔte] <1> *vt* boykottieren

boy-scout [bɔjskut] <boys-scouts> *m* Pfadfinder *m*

B.P. [bepe] *abr de* **boîte postale** Postfach *nt*

Brabant [bʀabɑ̃] *m* **le** ~ Brabant

bracelet [bʀaslɛ] *m* Armband *nt*

bracelet-montre [bʀaslɛmɔ̃tʀ] <bracelets-montres> *m* Armbanduhr *f*

braconnage [bʀakɔnaʒ] *m* CHASSE Wilderei *f*

braconner [bʀakɔne] <1> *vi* CHASSE wildern

braconnier, -ière [bʀakɔnje] *m, f* ❶ CHASSE Wilderer *m* ❷ PÊCHE Angler(in) *m(f)* ohne Angelschein

brader [bʀade] <1> *vt* COM verschleudern

braderie [bʀadʀi] *f* Trödelmarkt *m*

braguette [bʀagɛt] *f* Hosenschlitz *m*

braillard(e) [bʀɑjaʀ] **I.** *adj fam* plärrend; *(ivrogne, foule)* grölend **II.** *m(f) fam* Schreihals *m*

braille [bʀɑj] *m* Blindenschrift *f*

brailler [bʀɑje] <1> *vt, vi* brüllen; *(ivrogne)* grölen

braise [bʀɛz] *f* Glut *f*

braiser [bʀeze] <1> *vt* schmoren

bramer [bʀɑme] <1> *vi* ZOOL röhren

brancard [bʀɑ̃kaʀ] *m* Tragbahre *f*

brancardier, -ière [bʀɑ̃kaʀdje] *m, f* Träger(in) *m(f)*

branchage [bʀɑ̃ʃaʒ] *m* Geäst *nt*

branche [bʀɑ̃ʃ] *f* ❶ Ast *m* ❷ *(tige)* Bügel *m; (d'un chandelier)* Arm *m* ❸ *(famille)* Linie *f* ❹ *(domaine)* Zweig *m; (de l'économie)* Branche *f*

branché(e) [bʀɑ̃ʃe] *adj fam* up to date; **être ~ cinéma** auf Kino abfahren

branchement [bʀɑ̃ʃmɑ̃] *m* Anschluss *m*

brancher [bʀɑ̃ʃe] <1> **I.** *vt* ❶ anschließen [an *(+akk)*] ❷ *(orienter)* ~ **la conversation sur qn/qc** die Unterhaltung auf jdn/etw lenken **II.** *vpr* **se ~ sur qc** etw einschalten

branchies [bʀɑ̃ʃi] *fpl* Kiemen *Pl*

brandir [bʀɑ̃diʀ] <8> *vt* drohend schwingen; *(drapeau)* schwenken

branlant(e) [bʀɑ̃lɑ̃] *adj* wack[e]lig

branle-bas [bʀɑ̃lbɑ] *m inv fig* Trubel *m*

branler [bʀɑ̃le] <1> **I.** *vi* wackeln **II.** *vpr vulg* **se** ~ sich *(dat)* einen runterholen

braquage [bʀakaʒ] *m (des roues)* Einschlagen *nt*

braquer [bʀake] <1> *vt* ❶ AUT ~ **le volant à droite** nach rechts einschlagen ❷ *(diriger)* ~ **qc sur qn** etw auf jdn richten

bras [bʀa] *m* Arm *m;* ~ **dessus ~ dessous** untergehakt ▸ **baisser les** ~ das Handtuch werfen

brasier [bʀɑzje] *m fig* Inferno *nt*

bras-le-corps [bʀaləkɔʀ] ▸ **prendre à** ~ in die Arme schließen

brassage [bʀasaʒ] *m (de la bière)* Brauen *nt*
brassard [bʀasaʀ] *m* Armbinde *f*
brasse [bʀas] *f* Brustschwimmen *nt;* ~ **papillon** Delphinschwimmen *nt*
brassée [bʀase] *f* einen Arm voll[er]
brasser [bʀase] <1> *vt* ❶ mischen ❷ *fig* ~ **de l'argent** mit großen Summen umgehen ❸ *(bière)* brauen
brasserie [bʀasʀi] *f* ❶ *Café-Restaurant* ❷ *(entreprise de bière)* Brauerei *f*
brasseur [bʀasœʀ] *m* [Bier]brauer *m*
brassière [bʀasjɛʀ] *f* ❶ Jäckchen *nt* ❷ CAN *fam (soutien-gorge)* BH *m*
bravade [bʀavad] *f* ❶ *(ostentation de bravoure)* Imponiergehabe *nt* ❷ *(attitude de défi insolent)* dreiste Herausforderung
brave [bʀav] *adj* ❶ tapfer ❷ *(honnête)* anständig ❸ *(naïf)* gut
braver [bʀave] <1> *vt* ❶ *(défier)* ~ **l'adversaire** dem Gegner die Stirn bieten; ~ **la mort** dem Tod ins Auge sehen ❷ *(loi)* sich hinwegsetzen über *(+akk)*
bravo [bʀavo] **I.** *interj* bravo **II.** *m* Bravo[ruf *m*] *nt*
bravoure [bʀavuʀ] *f* Mut *m*
break [bʀɛk] *m* AUT Kombi[wagen *m*] *m*
brebis [bʀəbi] *f* [Mutter]schaf *nt* ▸ ~ **galeuse** schwarzes Schaf *nt*
brèche [bʀɛʃ] *f* Öffnung *f; (dans une coque)* Loch *nt*
bredouille [bʀəduj] *adj* mit leeren Händen
bredouiller [bʀəduje] <1> *vt, vi* stottern
bref [bʀɛf] *adv* **en** ~ kurz; **enfin** ~ kurz und gut
bref, brève [bʀɛf] *adj* kurz; **soyez** ~! fassen Sie sich kurz!
breloque [bʀəlɔk] *f* [Armband]anhänger *m*
Brême [bʀɛm] Bremen
Brésil [bʀezil] *m* **le** ~ Brasilien
brésilien(ne) [bʀeziljɛ̃] *adj* brasilianisch
Brésilien(ne) [bʀeziljɛ̃] *m(f)* Brasilianer(in) *m(f)*
Bretagne [bʀətaɲ] *f* **la** ~ die Bretagne
bretelle [bʀətɛl] *f* ❶ *(de pantalon)* Hosenträger *m; (de soutien-gorge)* Träger *m* ❷ *(bifurcation d'autoroute)* Auffahrt *f*/Abfahrt *f*
breton [bʀətɔ̃] *m* Bretonisch *nt; v.a.* **allemand**
breton(ne) [bʀətɔ̃] *adj* bretonisch; *v.a.* **allemand**
Breton(ne) [bʀətɔ̃] *m(f)* Bretone, Bretonin *m, f*
breuvage [bʀœvaʒ] *m* Trank *m (geh)*
brève [bʀɛv] *adj v.* **bref**
brevet [bʀəvɛ] *m* ❶ Diplom *nt* ❷ *(certificat)* Zeugnis *nt;* ~ **d'invention** Patent *nt* ❸ MIL, NAUT, AVIAT Schein *m*
brevetable [bʀəvətabl] *adj* patentierbar
breveté(e) [bʀəv(ə)te] *adj* ❶ *(invention)* patentiert ❷ *(ingénieur, interprète)* Diplom-
breveter [bʀəv(ə)te] <3> *vt* patentieren
bréviaire [bʀevjɛʀ] *m* Brevier *nt*
Brexit [bʀɛksit] *m* POL Brexit *m*
bribe [bʀib] *f souvent pl fig* Wortfetzen *m*
bric-à-brac [bʀikabʀak] *m inv* Durcheinander *nt*
bricolage [bʀikɔlaʒ] *m* Basteln *nt*
bricole [bʀikɔl] *f* ❶ *(objet de peu de valeur)* Kleinigkeit *f* ❷ *(petit événement)* Lappalie *f (fam)*
bricoler [bʀikɔle] <1> **I.** *vi* basteln **II.** *vt* basteln
bricoleur, -euse [bʀikɔlœʀ] **I.** *adj* handwerklich geschickt **II.** *m, f* Heimwerker(in) *m(f)*
bride [bʀid] *f* Zügel *m*
bridé(e) [bʀide] *adj* **des yeux ~s** Schlitzaugen *Pl*
brider [bʀide] <1> *vt* ❶ *(mettre la bride: cheval)* [auf]zäumen ❷ *(réprimer)* zügeln; *(passion, enthousiasme)* bremsen; *(personne)* kurzhalten ❸ TECH *(tuyau)* flanschen
bridge [bʀidʒ] *m* ❶ JEUX Bridge *nt* ❷ MED Brücke *f*
briefer [bʀife] <1> *vt* briefen
briefing [bʀifiŋ] *m* Instruktion *f,* Information *f*

brièvement [bʀijɛvmɑ̃] *adv* kurz
brièveté [bʀijɛvte] *f* Kürze *f*
brigade [bʀigad] *f* Brigade *f*
brigadier [bʀigadje] *m* MIL Gefreite(r) *m*
brigand [bʀigɑ̃] *m péj* Betrüger *m*
briguer [bʀige] <1> *vt (emploi)* sich bemühen um
brillamment [bʀijamɑ̃] *adv* glänzend
brillance [bʀijɑ̃s] *f* Glanz *m*
brillant [bʀijɑ̃] *m* ❶ Brillant *m* ❷ *(aspect brillant)* Glanz *m*
brillant(e) [bʀijɑ̃] *adj* glänzend
briller [bʀije] <1> *vi* ❶ scheinen ❷ *(se mettre en valeur)* glänzen
brimade [bʀimad] *f* Schikane *f*
brimer [bʀime] <1> *vt* schikanieren
brin [bʀɛ̃] *m* ~ **de paille** Strohhalm *m*
brindille [bʀɛ̃dij] *f* Reis *nt (geh)*
bringue [bʀɛ̃g] *f* ❶ *péj fam (fille)* **grande** ~ Bohnenstange *f* ❷ *fam* Fete *f*
brio [bʀijo] *m* Bravour *f*
brioche [bʀijɔʃ] *f* Brioche *f*
brique[1] [bʀik] **I.** *f* Ziegelstein *m* **II.** *app inv* ziegelrot
brique®[2] [bʀik] *f (emballage)* Tetra Pak® *m*
briquer [bʀike] <1> *vt* [auf Hochglanz] polieren
briquet [bʀikɛ] *m* Feuerzeug *nt*
briqueterie [bʀik(ə)tʀi, bʀikɛtʀi] *f* Ziegelei *f*
brise [bʀiz] *f* Brise *f*
brise-glace [bʀizglas] <brise-glaces> *m* Eisbrecher *m*
briser [bʀize] <1> *vt, vpr* [**se**] ~ zerbrechen
briseur, -euse [bʀizœʀ, -øz] *m, f* ~ **de grève** Streikbrecher *m*
britannique [bʀitanik] *adj* britisch
Britannique [bʀitanik] *mf* Brite, Britin *m, f*
broc [bʀo] *m* Krug *m*
brocante [bʀɔkɑ̃t] *f* Trödelladen *m (fam)*; *(foire)* Trödelmarkt *m*
brocanteur, -euse [bʀɔkɑ̃tœʀ] *m, f* Trödler(in) *m(f)*
broche [bʀɔʃ] *f* ❶ Brosche *f* ❷ GASTR Bratspieß *m*
brochet [bʀɔʃɛ] *m* Hecht *m*
brochette [bʀɔʃɛt] *f* GASTR Spieß *m*, Schaschlik *m o nt*
brochure [bʀɔʃyʀ] *f* Broschüre *f*
brocoli [bʀɔkɔli] *m* Brokkoli *Pl*
broder [bʀɔde] <1> **I.** *vt* sticken **II.** *vi (affabuler)* fabulieren
broderie [bʀɔdʀi] *f* Stickerei *f*
brome [bʀom] *m* CHIM Brom *nt*
bromure [bʀɔmyʀ] *m* CHIM Bromid *nt*
bronche [bʀɔ̃ʃ] *f* Bronchie *f*
broncher [bʀɔ̃ʃe] <1> *vi* aufmucken *(fam)*
bronchite [bʀɔ̃ʃit] *f* Bronchitis *f*
bronzage [bʀɔ̃zaʒ] *m* Bräune *f*
bronze [bʀɔ̃z] *m* Bronze *f*
bronzé(e) [bʀɔ̃ze] *adj* braun gebrannt
bronzer [bʀɔ̃ze] <1> *vi* [sich] bräunen
brosse [bʀɔs] *f* ❶ Bürste *f*; ~ **à dents** Zahnbürste ❷ *(pinceau)* Quast *m*
brosser [bʀɔse] <1> **I.** *vt* ❶ abbürsten ❷ *(portrait)* zeichnen **II.** *vpr* **se** ~ **les cheveux** sich *(dat)* die Haare bürsten
brouette [bʀuɛt] *f* Schubkarre *f*
brouhaha [bʀuaa] *m* Lärm *m*
brouillard [bʀujaʀ] *m* Nebel *m*
brouille [bʀuj] *f* Streit *m*
brouillé(e) [bʀuje] *adj* zerstritten
brouiller [bʀuje] <1> **I.** *vt* ❶ trüben ❷ *(cartes)* mischen **II.** *vpr* **se** ~ sich zerstreiten
brouillon [bʀujɔ̃] *m* Konzept *nt*
brouillon(ne) [bʀujɔ̃] *adj* schlampig *(pej) (fam)*
broussaille [bʀusɑj] *f* Gestrüpp *nt*
broussailleux, -euse [bʀusɑjø, -jøz] *adj* voller Gestrüpp; *(jardin)* verwildert
brousse [bʀus] *f (contrée tropicale)* Busch *m*
brouter [bʀute] <1> **I.** *vt* abweiden **II.** *vi* weiden
broutille [bʀutij] *f fig* Lappalie *f*
broyer [bʀwaje] <6> *vt* zerkleinern
Bruges [bʀyʒ] Brügge
brugnon [bʀyɲɔ̃] *m* Nektarine *f*

B

bruine [bʀɥin] *f* Nieselregen *m*
bruiner [bʀɥine] <1> *vi impers* nieseln
bruire [bʀɥiʀ] <irr, défec> *vi (vent)* säuseln
bruissement [bʀɥismɑ̃] *m* Rascheln *nt*
bruit [bʀɥi] *m* ❶ Geräusch *nt* ❷ *(vacarme)* Lärm *m* ❸ *(rumeur)* Gerücht *nt* ▸ **faire du ~** Aufsehen erregen
bruitage [bʀɥitaʒ] *m* Geräuschkulisse *f*
brûlant(e) [bʀylɑ̃] *adj* ❶ glühend heiß; *(plat)* kochend heiß ❷ *(sujet)* heiß
brûlé [bʀyle] *m* ❶ Verbrannte(s) *nt* ❷ GASTR Angebrannte(s) *nt*
brûlé(e) [bʀyle] *adj* verbrannt
brûle-pourpoint [bʀylpuʀpwɛ̃] ▸ **à ~** ohne Umschweife
brûler [bʀyle] <1> **I.** *vi* ❶ brennen ❷ *(être très chaud)* heiß sein ❸ GASTR anbrennen **II.** *vt* ❶ verbrennen; *(forêt)* niederbrennen ❷ *(stop)* überfahren **III.** *vpr* **se ~ qc** sich *(dat)* etw verbrennen
brûleur [bʀylœʀ] *m* Brenner *m*
brûlure [bʀylyʀ] *f* ❶ Verbrennung *f* ❷ *(trou)* Brandloch *nt*
brume [bʀym] *f* Nebel *m*
brumeux, -euse [bʀymø] *adj* diesig
brumisateur® [bʀymizatœʀ] *m* Zerstäuber *m*
brun [bʀœ̃] *m* ❶ *(couleur)* Braun *nt* ❷ *(personne)* Dunkelhaarige(r) *m*
brun(e) [bʀœ̃] *adj* braun; *(tabac)* dunkel
brunante [bʀynɑ̃t] *f* CAN *(crépuscule)* Abenddämmerung *f*
brunâtre [bʀynɑtʀ] *adj* bräunlich
brune [bʀyn] *f* ❶ *(personne)* Dunkelhaarige *f* ❷ *(bière)* dunkles Bier *nt*
brunir [bʀyniʀ] <8> **I.** *vi* braun werden **II.** *vt* bräunen
Brunswick [bʀœ̃svik] Braunschweig *nt*
brushing® [bʀœʃiŋ] *m* Föhnfrisur *f*
brusque [bʀysk] *adj* plötzlich
brusquement [bʀyskəmɑ̃] *adv* plötzlich
brusquer [bʀyske] <1> *vt* überstürzen
brusquerie [bʀyskəʀi] *f* Barschheit *f*
brut [bʀyt] *adv* brutto
brut(e) [bʀyt] *adj* ❶ Roh-; *(champagne)* brut; **pétrole ~** Rohöl *nt* ❷ ECON Brutto-; **salaire ~** Bruttolohn *m*
brutal(e) [bʀytal] <-aux> *adj* brutal
brutalement [bʀytalmɑ̃] *adv* ❶ heftig ❷ *(soudainement)* plötzlich
brutaliser [bʀytalize] <1> *vt* brutal behandeln
brutalité [bʀytalite] *f sans pl* Brutalität *f*
brute [bʀyt] *f* brutaler Kerl *m*
Bruxelles [bʀy(k)sɛl] Brüssel *nt*
bruyamment [bʀyjamɑ̃] *adv* laut
bruyant(e) [bʀyjɑ̃] *adj* laut
bruyère [bʀyjɛʀ] *f* Heidekraut *nt*
B.T.S. [beteɛs] *m abr de* **Brevet de Technicien Supérieur** Ingenieurdiplom *nt*
bu(e) [by] *part passé de* **boire**
buanderie [bɥɑ̃dʀi] *f* Waschküche *f*
Bucarest [bykaʀɛst] Bukarest *nt*
buccal(e) [bykal, -o] <-aux> *adj* Mund-
buccodentaire [bykodɑ̃tɛʀ] *adj (hygiène)* Mund- und Zahn-
bûche [byʃ] *f* [Holz]scheit *m*; **~ de Noël** GASTR *Weihnachtscremerolle*
bûcher[1] [byʃe] *m* ❶ *(amas de bois)* Scheiterhaufen *m* ❷ *(local)* Holzschuppen *m*
bûcher[2] [byʃe] <1> **I.** *vi fam* büffeln **II.** *vt fam* pauken
bûcheron(ne) [byʃʀɔ̃] *m(f)* Holzfäller(in) *m(f)*
bûcheur, -euse [byʃœʀ, -øz] **I.** *adj fam* fleißig **II.** *m, f fam* Arbeitstier *nt*
Budapest [bydapɛst] Budapest *nt*
budget [bydʒɛ] *m* Budget *nt*
budgétaire [bydʒetɛʀ] *adj* Haushalts-; **politique/déficit ~** Haushaltspolitik *f*/-defizit *nt*
buée [bɥe] *f* Beschlag *m*
buffet [byfɛ] *m* Büfett *nt*
buffle [byfl] *m* Büffel *m*
bug [bœg] *m* INFORM Programmfehler *m*
building [b(y)ildiŋ] *m* Hochhaus *nt*
buis [bɥi] *m* BOT Buchs *m*; *(arbuste)* Buchs[baum] *m*
buisson [bɥisɔ̃] *m* Busch *m*
bulbe [bylb] *m* Zwiebel *f*

bulgare [bylgaʀ] **I.** *adj* bulgarisch; *v.a.* **allemand** **II.** *m* Bulgarisch *nt; v.a.* **allemand**

Bulgare [bylgaʀ] *mf* Bulgare, Bulgarin *m, f*

Bulgarie [bylgaʀi] *f* **la** ~ Bulgarien *nt*

bulldozer [byldɔzɛʀ, buldozœʀ] *m* Bulldozer *m*

bulle [byl] *f* Blase *f*

bulletin [byltɛ̃] *m* 1 Bericht *m* 2 PRESSE Bulletin *nt;* ~ **d'information** Nachrichten *Pl* 3 POL ~ **de vote** Stimmzettel *m* 4 SCOL ~ **scolaire** Schulzeugnis *nt* 5 *(certificat)* ~ **de paye** *(d'un ouvrier)* Lohnzettel *m; (d'un employé)* Gehaltszettel *m*

buraliste [byʀalist] *mf* Tabakhändler(in) *m(f)*

bureau [byʀo] <x> *m* 1 Schreibtisch *m* 2 *(lieu de travail)* Büro *nt* 3 *(service)* ~ **de poste** Postamt *nt;* ~ **de tabac** Tabakladen *m*

bureaucrate [byʀokʀat] *mf* Bürokrat(in) *m(f)*

bureaucratie [byʀokʀasi] *f* Bürokratie *f*

bureaucratique [byʀokʀatik] *adj* bürokratisch

bureautique® [byʀotik] *f* Bürokommunikation *f*

burette [byʀɛt] *f* 1 TECH Ölkanne *f* 2 CHIM Bürette *f* 3 REL Messkännchen *nt*

burin [byʀɛ̃] *m* 1 *(outil)* Graviernadel *f* 2 *(ciseau)* Meißel *m*

buriné(e) [byʀine] *adj (visage)* zerfurcht; *(traits)* scharf

burka [buʀka] *f* Burka *f*

burkini [buʀkini] *m* Burkini *m*

burlesque [byʀlɛsk] **I.** *adj* 1 THEAT, CINE burlesk 2 *(extravagant)* grotesk **II.** *m* Burleske *nt;* CINE Slapstick *m*

burn[-]out [bœʀnaut] <burn[-]outs> *m* MED Burn-out-Syndrom *nt*

burnous [byʀnu(s)] *m* Burnus *m*

burqa [buʀka] *f* Burka *f*

bus¹ [bys] *m abr de* **autobus** Bus *m*

bus² [bys] *m* INFORM ~ **de données** Datenbus *m*

bus³ [by] *passé simple de* **boire**

buse¹ [byz] *f* BIO Bussard *m*

buse² [byz] *f* TECH Düse *f*

busqué(e) [byske] *adj (nez)* Haken-

buste [byst] *m* 1 Oberkörper *m* 2 *(sculpture)* Büste *f*

bustier [bystje] *m* Bustier *nt*

but [by(t)] *m* 1 Ziel *nt* 2 SPORT Tor *nt*

> **Aussprache**
> Bei **but** kann das -t am Ende gesprochen werden.

butane [bytan] *m* Butan *nt*

buté(e) [byte] *adj* trotzig

buter [byte] <1> **I.** *vi* stoßen **II.** *vt fam* umlegen **III.** *vpr* **se** ~ bockig werden

buteur [bytœʀ] *m* Torjäger *m*

butin [bytɛ̃] *m* Beute *f*

butiner [bytine] <1> *vi* Nektar sammeln

butoir [bytwaʀ] *m* 1 CHEMDFER Prellbock *m* 2 TECH Anschlag *m*

butte [byt] *f* Hügel *m*

buvable [byvabl] *adj* trinkbar

buvais [byvɛ] *imparf de* **boire**

buvant [byvɑ̃] *part prés de* **boire**

buvard [byvaʀ] *m* Löschblatt *nt*

buvette [byvɛt] *f* Bar *f*

buveur, -euse [byvœʀ] *m, f* Trinker(in) *m(f)*

buvez [byve], **buvons** [byvɔ̃] *indic prés et impératif de* **boire**

buzz [bœz] *m* INFORM Buzz *m*

byte [bajt] *m* INFORM Byte *nt*

byzantin(e) [bizɑ̃tɛ̃] *adj* byzantinisch

B

Cc

C

C, c [se] *m inv* C *nt,* c; **c cédille** C-Cedille
c' <*devant 'a' ç*> *pron dém v.* **ce**[1]
c'est-à-dire [sɛtadiʀ] *conj* ❶ das bedeutet [also] ❷ *(justification)* eigentlich ❸ *(rectification)* besser gesagt
ça [sa] *pron dém fam* das; *v.a.* **cela** ▸ **c'est ~** [ganz] genau; **~ va?** wie geht's?
çà [sa] ~ **et là** hier und da
caban [kabɑ̃] *m* Caban *m (modischer kurzer Herrenmantel)*
cabane [kaban] *f* Hütte *f*
cabanon [kabanɔ̃] *m* Schuppen *m*
cabaret [kabaʀɛ] *m* Nachtlokal *nt*
cabas [kabɑ] *m* Einkaufstasche *f*
cabillaud [kabijo] *m* Kabeljau *m*
cabine [kabin] *f* Kabine *f*
cabinet [kabinɛ] *m* ❶ *pl* Toilette *f* ❷ *(d'un médecin)* Praxis *f* ❸ POL Kabinett *nt*
câble [kɑbl] *m* Kabel *nt*
câbler [kɑble] <1> *vt* TV verkabeln
caboche [kabɔʃ] *f fam* Schädel *m*
cabosser [kabɔse] <1> *vt* verbeulen
cabot [kabo] *m péj fam (chien)* Köter *m*
cabrer [kɑbʀe] <1> *vt (cheval)* steigen lassen; *(avion)* hochziehen
cabri [kabʀi] *m* Zicklein *nt*
cabriole [kabʀijɔl] *f* Luftsprung *m; (d'un danseur, cheval)* Kapriole *f*
cabriolet [kabʀijɔlɛ] *m* Cabrio[let] *nt*
caca [kaka] *m enfantin fam* **faire ~** Aa machen
cacahuète, cacahouète [kakawɛt] *f* Erdnuss *f*
cacao [kakao] *m* Kakao *m*
cacatoès [kakatɔɛs] *m* Kakadu *m*
cachalot [kaʃalo] *m* Pottwal *m*
cache [kaʃ] *m* ❶ PHOT, CINE Maske *f;* **mettre un ~ sur qc** etw abdecken ❷ INFORM Cache[speicher] *m*
cache-cache [kaʃkaʃ] *m inv* Versteckspiel *nt*
cachemire [kaʃmiʀ] *m* Kaschmir *m*
cache-nez [kaʃne] *m inv* Schal *m*
cache-pot [kaʃpo] <cache-pots> *m* Übertopf *m*
cacher[1] [kaʃe] <1> **I.** *vt* ❶ verstecken ❷ *(garder secret)* verheimlichen **II.** *vpr* ❶ **se ~** sich verstecken ❷ *(tenir secret)* **ne pas se ~ de qc** kein[en] Hehl aus etw machen
cacher[2] [kaʃɛʀ] *adj v.* **casher**
cachet [kaʃɛ] *m* ❶ MED Tablette *f* ❷ *(tampon)* Stempel *m* ❸ *(rétribution)* Honorar *nt*
cacheter [kaʃte] <3> *vt* versiegeln
cachette [kaʃɛt] *f* Versteck *nt* ▸ **en ~** heimlich
cachot [kaʃo] *m* Kerker *m*
cachotterie [kaʃɔtʀi] *f gén pl* Geheimniskrämerei *f;* **faire des ~s à qn** jdm gegenüber heimlichtun
cachottier, -ière [kaʃɔtje] **I.** *adj* heimlichtuend **II.** *m, f* Heimlichtuer(in) *m(f)*
cacophonie [kakɔfɔni] *f* Missklang *m*
cactus [kaktys] *m* Kaktus *m*
c.-à-d. *abr de* **c'est-à-dire** d.h.
cadastre [kadastʀ] *m* Kataster *m o nt*
cadavre [kadɑvʀ] *m* Leiche *f*
cadeau [kado] <x> *m* Geschenk *nt*
cadenas [kadnɑ] *m* Vorhängeschloss *nt*
cadenasser [kadnɑse] <1> *vt* mit einem Vorhängeschloss verschließen
cadence [kadɑ̃s] *f* ❶ Rhythmus *m* ❷ *(vitesse)* Tempo *nt*
cadet(te) [kadɛ] **I.** *adj* ❶ *(le plus jeune)* jüngste(r, s) ❷ *(plus jeune que qn)* jüngere(r, s) **II.** *m(f)* ❶ *(dernier-né)* Jüngste(r) *f(m)* ❷ *(plus jeune que qn)* Jüngere(r) *f(m)*
cadrage [kɑdʀaʒ] *m* Bildeinstellung *f*
cadran [kadʀɑ̃] *m* ❶ Zifferblatt *nt;*

~ **solaire** Sonnenuhr *f* ② CAN *fam (réveil)* Wecker *m*

cadre [kadʀ] **I.** *m* ① Rahmen *m* ② *(environnement)* Umgebung *f* **II.** *mf* leitende(r) Angestellte(r) *f(m)*

cadrer [kadʀe] <1> *vi* ~ **avec qc** mit etw übereinstimmen

cadreur, -euse [kadʀœʀ] *m, f* Kameramann, -frau *m, f*

caduc, caduque [kadyk] *adj* ① *(périmé)* überholt ② BOT abwerfbar; **à feuilles ~s** im Winter die Blätter verlierend

cafard [kafaʀ] *m* ① *(insecte)* Küchenschabe *f* ② *(spleen)* Depressionen *Pl*

café [kafe] *m* ① Kaffee *m;* ~ **crème/filtre/au lait** Milch-/Filter-/Milchkaffee ② *(établissement)* Kneipe *f (fam)* ③ *(moment du repas)* **au** ~ beim Kaffee

caféine [kafein] *f* Koffein *nt*

café-tabac [kafetaba] <cafés-tabacs> *m* Bar *f* mit Tabakladen

cafétéria [kafeteʀja] *f* Cafeteria *f*

cafetière [kaftjɛʀ] *f* Kaffeekanne *f;* ~ **électrique** Kaffeemaschine *f*

cafouiller [kafuje] <1> *vi fam* ① *(agir avec confusion)* Murks machen ② *(s'embrouiller)* chaotisch werden

cage [kaʒ] *f* ① Käfig *m* ② TECH ~ **d'ascenseur** Aufzugschacht *m;* ~ **d'escalier** Treppenhaus *nt*

cageot [kaʒo] *m* Kiste *f*

cagette [kaʒɛt] *f* [Obst]kiste *f*

cagibi [kaʒibi] *m* Abstellkammer *f*

cagnotte [kaɲɔt] *f* ① *(caisse)* gemeinsame Kasse ② *fam (économies)* Notgroschen *m*

cagoule [kagul] *f* ① *(couvre-chef)* Kapuzenmütze *f* ② *(masque)* Maske *f* ③ *(capuchon)* Kapuze *f*

cagoulé(e) [kagule] *adj* maskiert; *(encagoulé)* vermummt

cahier [kaje] *m* Heft *nt*

cahoter [kaɔte] <1> *vi* holpern

caïd [kaid] *m* ① *(malfaiteur)* [Gangster]boss *m* ② *fam (meneur)* Anführer(in) *m(f)* ③ *fam (ponte)* hohes Tier

caillasser [kajase] <1> *vt fam* Steine schmeißen auf *(+akk)*, mit Steinen schmeißen nach *(+dat)*

caille [kaj] *f* Wachtel *f*

caillé(e) [kaje] *adj (sang)* geronnen

cailler [kaje] <1> *vi, vpr* gerinnen

caillot [kajo] *m* Gerinnsel *nt*

caillou [kaju] <x> *m* Kieselstein *m*

caillouteux, -euse [kajutø] *adj* steinig

caïman [kaimɑ̃] *m* ZOOL Kaiman *m*

Caire [kɛʀ] *m* **Le** ~ Kairo *nt*

caisse [kɛs] *f* ① Kiste *f;* ~ **à outils** Werkzeugkasten *m* ② *(dépôt d'argent)* Kasse *f;* ~ **d'épargne** Sparkasse ③ *(organisme de gestion)* Kasse *f;* ~ **d'assurance maladie** Krankenkasse ④ *fam (voiture)* **tourner en** ~ cruisen

caissier, -ière [kesje] *m, f* Kassierer(in) *m(f)*

cajoler [kaʒɔle] <1> *vt* liebkosen

cajolerie [kaʒɔlʀi] *f gén pl* Zärtlichkeiten *Pl*

cajoleur, -euse [kaʒɔlœʀ, -øz] *adj* zärtlich; *(voix)* sanft

cajou [kaʒu] *m* Cashewnuss *f*

cake [kɛk] *m* englischer [Tee]kuchen

cal [kal] *m* Schwiele *f*

calamar [kalamaʀ] *m* Tintenfisch *m*

calamité [kalamite] *f* Katastrophe *f*

calanque [kalɑ̃k] *f* [kleine] Felsbucht *f*

calcaire [kalkɛʀ] **I.** *adj* kalkhaltig **II.** *m* GEO Kalk *m*

calciné(e) [kalsine] *adj* verkohlt

calciner [kalsine] <1> *vt* CHIM kalzinieren

calcium [kalsjɔm] *m* Kalzium *nt*

calcul [kalkyl] *m* ① Berechnung *f* ② *(arithmétique)* ~ **algébrique** algebraisches Rechnen *nt*

calculable [kalkylabl] *adj* berechenbar

calculatrice [kalkylatʀis] *f* Rechner *m*

calculer [kalkyle] <1> **I.** *vi* rechnen **II.** *vt* ausrechnen

calculette [kalkylɛt] *f* Taschenrechner *m*

cale[1] [kal] *f* NAUT Laderaum *m*

cale[2] [kal] *f (coin)* Keil *m*

calé(e) [kale] *adj fam (fort)* **être ~ en qc** in etw *(dat)* etwas draufhaben

C

calèche [kalɛʃ] *f* Kalesche *f*
caleçon [kalsɔ̃] *m* Unterhose *f*
calembour [kalɑ̃buʀ] *m* Kalauer *m*
calendrier [kalɑ̃dʀije] *m* Kalender *m*
C **calepin** [kalpɛ̃] *m* Notizbuch *nt*
caler [kale] <1> **I.** *vi* AUT den Motor abwürgen **II.** *vt* ❶ unterlegen ❷ *(rendre stable)* ~ **qc contre qc** etw gegen etw lehnen
calfeutrer [kalføtʀe] <1> *vt* abdichten
calibre [kalibʀ] *m* Durchmesser *m; (d'un projectile)* Kaliber *nt*
calice [kalis] *m* BOT [Blüten]kelch *m*
califourchon [kalifuʀʃɔ̃] **à** ~ rittlings
câlin [kɑlɛ̃] *m* Zärtlichkeit *f*
câlin(e) [kɑlɛ̃] *adj* anschmiegsam
câliner [kɑline] <1> *vt* ~ **qn** zu jdm zärtlich sein
calligraphie [ka(l)ligʀafi] *f* ❶ *(technique)* Kalligrafie *f* ❷ *(écriture élégante)* Schönschrift *f*
calmant [kalmɑ̃] *m* Beruhigungsmittel *nt*
calmant(e) [kalmɑ̃] *adj* beruhigend
calmar [kalmaʀ] *m v.* **calamar**
calme [kalm] **I.** *adj* ruhig **II.** *m* Ruhe *f*
calmement [kalməmɑ̃] *adv* ruhig
calmer [kalme] <1> *vt, vpr* [**se**] ~ [sich] beruhigen
calomnie [kalɔmni] *f* Verleumdung *f*
calomnier [kalɔmnje] <1a> *vt* verleumden
calomnieux, -euse [kalɔmnjø, -jøz] *adj* verleumderisch
calorie [kalɔʀi] *f* Kalorie *f*
calorifique [kalɔʀifik] *adj* wärmeerzeugend
calotte [kalɔt] *f* ❶ *fam (gifle)* Ohrfeige *f* ❷ ANAT ~ **crânienne** Schädeldecke *f* ❸ GEO ~ **glaciaire** Eiskappe *f*
calque [kalk] *m* ❶ *(copie)* Pause *f* ❷ *(papier)* Pauspapier *nt*
calumet [kalymɛ] *m* Kalumet *nt* ▶ **fumer le ~ de la paix** die Friedenspfeife rauchen
calvados [kalvados] *m* Calvados *m*
calvaire [kalvɛʀ] *m* Martyrium *nt*
calvitie [kalvisi] *f* Glatze *f*
camarade [kamaʀad] *mf* ❶ Kamerad(in) *m(f)* ❷ POL Genosse, Genossin *m, f*
camaraderie [kamaʀadʀi] *f* Kameradschaft *f*
Camargue [kamaʀg] *f* **la** ~ die Camargue
Cambodge [kɑ̃bɔdʒ] *m* **le** ~ Kambodscha *nt*
cambouis [kɑ̃bwi] *m* [gebrauchtes] Schmieröl *nt*
cambré(e) [kɑ̃bʀe] *adj* **être très** ~ *(personne)* ein starkes Hohlkreuz haben
cambriolage [kɑ̃bʀijɔlaʒ] *m* Einbruch *m*
cambrioler [kɑ̃bʀijɔle] <1> *vt* ~ **qc** in etw *(akk)* einbrechen
cambrioleur, -euse [kɑ̃bʀijɔlœʀ] *m, f* Einbrecher(in) *m(f)*
cambrousse [kɑ̃bʀus] *f fam* **en pleine** ~ mitten in der Pampa; **débarquer de sa** ~ gerade aus seinem Kuhdorf kommen
came [kam] *f fam (drogue)* Stoff *m*
camé(e) [kame] *m(f) fam* Fixer(in) *m(f)*
caméléon [kameleɔ̃] *m* ZOOL Chamäleon *nt*
camélia [kamelja] *m* BOT Kamelie *f*
camelote [kamlɔt] *f fam* Ramsch *m*
camembert [kamɑ̃bɛʀ] *m* Camembert *m*
caméra [kameʀa] *f* Kamera *f*
caméraman [kameʀaman] <s o -men> *m* Kameramann, -frau *m, f*
Cameroun [kamʀun] *m* **le** ~ Kamerun *nt*
caméscope [kameskɔp] *m* Camcorder *m*
camion [kamjɔ̃] *m* Lastwagen *m*, Lkw *m*
camionnette [kamjɔnɛt] *f* Lieferwagen *m*
camionneur, -euse [kamjɔnœʀ] *m, f* Lastwagenfahrer(in) *m(f)*
camisole [kamizɔl] *f* Mieder *nt*
camomille [kamɔmij] *f* ❶ Kamille *f* ❷ *(tisane)* Kamillentee *m*
camouflage [kamuflaʒ] *m* MIL Tar-

nung *f*

camoufler [kamufle] <1> *vt* ❶ MIL tarnen ❷ *(tenir secret)* verheimlichen

camp [kɑ̃] *m* ❶ *a.* MIL, POL Lager *nt;* ~ **de concentration** Konzentrationslager ❷ SPORT Seite *f*

campagnard(e) [kɑ̃paɲaʀ] **I.** *adj* ländlich **II.** *m(f)* Landbewohner(in) *m(f)*

campagne [kɑ̃paɲ] *f* ❶ Land *nt* ❷ *(paysage)* ländliche Gegend *f* ❸ MIL Feldzug *m* ❹ *(action de communication)* ~ **électorale** Wahlkampagne *f*

campement [kɑ̃pmɑ̃] *m* Lager *nt*

camper [kɑ̃pe] <1> *vi* campen

campeur, -euse [kɑ̃pœʀ] *m, f* Camper *m*

camping [kɑ̃piŋ] *m* ❶ Zelten *nt* ❷ *(lieu)* Campingplatz *m*

camping-car [kɑ̃piŋkaʀ] <camping--cars> *m* Wohnmobil *nt* **camping--gaz®** [kɑ̃piŋgɑz] *m inv* Gaskocher *m*

campus [kɑ̃pys] *m* Universitätsgelände *nt;* ~ **virtuel** virtuelle Universität

Canada [kanada] *m* **le** ~ Kanada *nt*

canadair® [kanadɛʀ] *m* Löschflugzeug *nt*

canadien(ne) [kanadjɛ̃] *adj* kanadisch

Canadien(ne) [kanadjɛ̃] *m(f)* Kanadier(in) *m(f)*

canadienne [kanadjɛn] *f* ❶ *(veste)* lammfellgefütterte Jacke *(aus Stoff oder Leder)* ❷ *(tente)* kleines [Zweimann]zelt

canaille [kanɑj] *f* ❶ Halunke *m* ❷ *iron* Schlingel *m*

canal [kanal] <-aux> *m* Kanal *m*

canalisation [kanalizasjɔ̃] *f* ❶ Rohrleitung *f* ❷ *(égouts)* Kanalisation *f*

canaliser [kanalize] <1> *vt* kanalisieren

canapé [kanape] *m* ❶ Couch *f* ❷ GASTR Häppchen *nt*

canapé-lit [kanapeli] <canapés--lits> *m* Schlafcouch *f*

canard [kanaʀ] *m* Ente *f*

canari [kanaʀi] *m* Kanarienvogel *m*

canasson [kanasɔ̃] *m péj* Gaul *m*

cancan [kɑ̃kɑ̃] *m* ❶ *pl (racontars)* Klatsch *m kein Pl* ❷ *(danse)* **french** ~ French-Cancan *m*

cancer [kɑ̃sɛʀ] *m* Krebs *m*

Cancer [kɑ̃sɛʀ] *m* Krebs *m; v.a.* **Balance**

cancéreux, -euse [kɑ̃seʀø] **I.** *adj* Krebs-; **cellule cancéreuse** Krebszelle *f* **II.** *m, f* Krebskranke(r) *f(m)*

cancérigène [kɑ̃seʀiʒɛn] *adj,* **cancérogène** [kɑ̃seʀɔʒɛn] *adj* Krebs erregend

cancérologue [kɑ̃seʀɔlɔg] *mf* Krebsspezialist(in) *m(f)*

cancre [kɑ̃kʀ] *m fam* fauler Schüler, faule Schülerin *m, f*

candélabre [kɑ̃delɑbʀ] *m* [mehrarmiger] Kerzenständer *m*

candidat(e) [kɑ̃dida] *m(f)* ❶ Kandidat(in) *m(f)* ❷ *(à un poste)* Bewerber(in) *m(f)*

candidature [kɑ̃didatyʀ] *f* ❶ Kandidatur *f* ❷ *(à un poste)* Bewerbung *f*

candide [kɑ̃did] *adj* unverdorben

cane [kan] *f (opp: mâle)* Entenweibchen *nt*

caneton [kantɔ̃] *m* Entenküken *nt*

canette [kanɛt] *f* Dose *f*

canevas [kanvɑ] *m* Kanevas *m*

caniche [kaniʃ] *m* Pudel *m*

caniculaire [kanikylɛʀ] *adj (chaleur)* unerträglich

canicule [kanikyl] *f* ❶ *(période)* Hundstage *Pl* ❷ *(chaleur)* Hitze *f*

canif [kanif] *m* Taschenmesser *nt,* Feitel *m* (A)

canin(e) [kanɛ̃, in] *adj* **races ~es** Hunderassen *Pl*

canine [kanin] *f* Eckzahn *m*

caniveau [kanivo] <x> *m* Rinnstein *m*

cannabis [kanabis] *m* Cannabis *m*

canne [kan] *f* ❶ Stock *m* ❷ *(tige)* ~ **à sucre** Zuckerrohr *nt* ❸ *(gaule)* ~ **à pêche** Angelrute *f*

cannelle [kanɛl] *f* Zimt *m*

cannibale [kanibal] **I.** *adj* kannibalisch **II.** *mf* Kannibale, Kannibalin *m, f*

cannibalisme [kanibalism] *m* Kannibalismus *m*

canoë [kanɔe] *m* ❶ Kanu *nt* ❷ *(sport)* Kanufahren *nt*

canoë-kayak [kanɔekajak] <canoës-kayaks> *m* Kajak *m o nt;* **faire du ~** Kajak fahren

canon [kanɔ̃] **I.** *adj inv fam* **super ~** echt stark **II.** *m* ❶ *(arme)* Kanone *f* ❷ *(tube)* Lauf *m*

canot [kano] *m* Boot *nt*

cantatrice [kɑ̃tatʀis] *f* Opernsängerin *f*

cantine [kɑ̃tin] *f* Kantine *f*

cantique [kɑ̃tik] *m* ❶ *(chant religieux)* [Kirchen]lied *nt* ❷ *(chant d'action de grâce)* Loblied *nt*

canton [kɑ̃tɔ̃] *m* ❶ *(en France)* ≈ Land-/Stadtkreis *m* ❷ *(en Suisse)* Kanton *m*

cantonal(e) [kɑ̃tɔnal, -o] <-aux> **I.** *adj* ❶ *(en France)* **élections ~es** ≈ Kreiswahlen *Pl* ❷ *(en Suisse)* kantonal; **autorités ~es** Kantonsbehörden *Pl* **II.** *m(f)pl* ≈ Kreiswahlen *Pl*

cantonner [kɑ̃tɔne] <1> **I.** *vt* beschränken **II.** *vpr* **se ~ dans qc** sich auf etw *(akk)* beschränken

cantonnier [kɑ̃tɔnje] *m* Straßenarbeiter *m*

canular [kanylaʀ] *m fam* Scherz *m*

canyoning [kanjɔniŋ] *m* SPORT Canyoning *nt*

C.A.O. [seao] *abr de* **conception assistée par ordinateur** CAD *nt*

caoutchouc [kautʃu] *m* ❶ Kautschuk *m* ❷ *(élastique)* Gummiring *m* ❸ *(plante)* Gummibaum *m*

cap [kap] *m* ❶ Kap *nt* ❷ *(direction)* Kurs *m*

C.A.P. [seape] *m abr de* **certificat d'aptitude professionnelle** *Zeugnis für eine abgeschlossene Berufsausbildung (z. B. Gesellenbrief)*

Le C.A.P.

Das *Certificat d'aptitude professionnelle* (**C.A.P.**) ist das Abschlusszeugnis über die berufliche Qualifikation. Nach einer erfolgreichen Lehre und einem Abschluss an einem *lycée professionnel*, einem berufsbildenden Gymnasium, oder einem CFA *(Centre de Formation d'Apprentis)*, einer Art Ausbildungszentrum für Lehrberufe, erhält man sein **C.A.P.**

capable [kapabl] *adj* fähig

capacité [kapasite] *f* ❶ Fassungsvermögen *nt* ❷ INFORM, IND Kapazität *f* ❸ *(faculté)* Fähigkeit *f*

cape [kap] *f* Umhang *m*

capeline [kaplin] *f Damenhut mit breiter Krempe*

capharnaüm [kafaʀnaɔm] *m fam* Rumpelkammer *f*

capillaire [kapilɛʀ] *adj* **lotion ~** Haarwasser *nt*

capitaine [kapitɛn] *mf* ❶ MIL Hauptmann *m* ❷ NAUT, AVIAT, SPORT Kapitän *m*

capital [kapital] <-aux> *m* ❶ Kapital *nt* ❷ *pl* FIN Gelder *Pl*

capital(e) [kapital] <-aux> *adj* wesentlich

capitale [kapital] *f* ❶ Hauptstadt *f* ❷ *(lettre)* Großbuchstabe *m*

capitaliser [kapitalize] <1> *vt* FIN kapitalisieren

capitalisme [kapitalism] *m* Kapitalismus *m*

capitaliste [kapitalist] *mf* Kapitalist(in) *m(f)*

capitonner [kapitɔne] <1> *vt* polstern

capitulation [kapitylasjɔ̃] *f* Kapitulation *f*

capituler [kapityle] <1> *vi* kapitulieren

caporal [kapɔʀal] <-aux> *m* Gefreite(r) *m*

capot [kapo] *m* Motorhaube *f*

capote [kapɔt] *f* ❶ AUT Verdeck *nt* ❷ *fam (préservatif)* Pariser *m*

câpre [kɑpʀ] *f* Kaper *f*

caprice [kapʀis] *m* Laune *f*

capricieux, -euse [kapʀisjø] *adj* launisch

Capricorne [kapʀikɔʀn] *m* Steinbock *m; v. a.* **Balance**

capsule [kapsyl] *f* ❶ Kron[en]korken *m* ❷ *(médicament)* Kapsel *f*

capter [kapte] <1> *vt* ❶ fassen ❷ *(émission)* empfangen

capteur [kaptœʀ] *m* Sensor *m*
captif, -ive [kaptif, -iv] *adj (personne, animal)* gefangen [gehalten]
captivant(e) [kaptivɑ̃] *adj* fesselnd
captiver [kaptive] <1> *vt* fesseln
captivité [kaptivite] *f* Gefangenschaft *f*
capture [kaptyʀ] *f* 1 *(d'un animal)* [Ein]fangen *nt* 2 INFORM ~ **d'écran** Bildschirmfoto *nt*, Screenshot *m*
capturer [kaptyʀe] <1> *vt* fassen
capuche [kapyʃ] *f* Kapuze *f*
capuchon [kapyʃɔ̃] *m* Kappe *f*
capucine [kapysin] *f* Kapuzinernonne *f*
car[1] [kaʀ] *m* Bus *m*
car[2] [kaʀ] *conj* denn
carabine [kaʀabin] *f* Karabiner *m*
caractère [kaʀaktɛʀ] *m* 1 Charakter *m* 2 *(fermeté)* Charakter *m* 3 *(personne)* [starke] Persönlichkeit *f* 4 *(symbole)* Zeichen *nt;* **en ~s gras/italiques** fett/kursiv
caractériel(le) [kaʀakteʀjɛl] **I.** *adj* verhaltensgestört **II.** *m(f)* Verhaltensgestörte(r) *f(m)*
caractériser [kaʀakteʀize] <1> **I.** *vt* 1 kennzeichnen 2 *(définir)* charakterisieren **II.** *vpr* **se ~ par qc** sich durch etw auszeichnen
caractéristique [kaʀakteʀistik] **I.** *adj* **être ~ de qn/qc** charakteristisch für jdn/etw sein **II.** *f* typisches Merkmal
carafe [kaʀaf] *f* Karaffe *f*
Caraïbes [kaʀaib] *fpl* **les ~** die Karibik
carambolage [kaʀɑ̃bɔlaʒ] *m* Karambolage *f*
caramel [kaʀamɛl] *m* 1 *(bonbon)* Karamellbonbon *m o nt* 2 *(substance)* Karamell *m*
caraméliser [kaʀamelize] <1> **I.** *vt* karamellisieren **II.** *vi, vpr* [**se**] ~ karamellieren
carapace [kaʀapas] *f (d'un crabe, d'une tortue)* Panzer *m*
carat [kaʀa] *m* Karat *nt*
caravane [kaʀavan] *f* 1 Karawane *f* 2 *(véhicule)* Wohnwagen *m*
caravelle [kaʀavɛl] *f* Karavelle *f*
carbone [kaʀbɔn] *m* Kohlenstoff *m*
carboniser [kaʀbɔnize] <1> *vt* verkohlen
carburant [kaʀbyʀɑ̃] *m* Treibstoff *m*
carburateur [kaʀbyʀatœʀ] *m* Vergaser *m*
carburer [kaʀbyʀe] <1> *vi (moteur)* vergasen
carcasse [kaʀkas] *f* 1 *(squelette)* Gerippe *nt* 2 *(charpente: d'un bateau)* Gerippe *nt; (d'un édifice)* Skelett *nt*
carcéral(e) [kaʀseʀal, -o] <-aux> *adj* Gefängnis-
cardiaque [kaʀdjak] **I.** *adj* **malaise ~** Herzanfall *m* **II.** *mf* Herzkranke(r) *f(m)*
cardinal [kaʀdinal] <-aux> *m* Kardinal *m*
cardinal(e) [kaʀdinal] <-aux> *adj* MATH Kardinal-; **nombres cardinaux** Kardinalzahlen *Pl*
cardiologie [kaʀdjɔlɔʒi] *f* Kardiologie *f*
cardiologue [kaʀdjɔlɔg] *mf* Herzspezialist(in) *m(f)*
carême [kaʀɛm] *m* Fasten *nt*
carence [kaʀɑ̃s] *f* MED Mangel *m;* **~ alimentaire** einseitige Ernährung *f*
caressant(e) [kaʀesɑ̃] *adj* anschmiegsam
caresse [kaʀɛs] *f* Streicheln *nt*
caresser [kaʀese] <1> *vt* streicheln
cargaison [kaʀgɛzɔ̃] *f* Ladung *f*
cargo [kaʀgo] *m* Frachtschiff *nt*
caricatural(e) [kaʀikatyʀal, -o] <-aux> *adj* grotesk
caricature [kaʀikatyʀ] *f* Karikatur *f*
caricaturer [kaʀikatyʀe] <1> *vt* karikieren
caricaturiste [kaʀikatyʀist] *mf* Karikaturist(in) *m(f)*
carie [kaʀi] *f* Karies *f*
carié(e) [kaʀje] *adj* von Karies befallen
carillon [kaʀijɔ̃] *m (d'une église)* Glockenspiel *nt; (d'une porte d'entrée)* Türglocke *f*
carillonner [kaʀijɔne] <1> *vi (cloche, horloge)* läuten, schlagen
carmin [kaʀmɛ̃] **I.** *adj inv* karm[es]in[rot] **II.** *m* 1 *(colorant)* Karm[es]in *nt*

C

C

❷ *(couleur)* Karm[es]inrot *nt*

carnage [kaʀnaʒ] *m* ❶ Blutbad *nt* ❷ *fam (dévastation)* Verwüstung *f*

carnassier, -ière [kaʀnasje] *adj* Fleisch fressend

carnaval [kaʀnaval] <s> *m* Karneval *m*, Fasching *m* (SDEUTSCH)

carnet [kaʀnɛ] *m* ❶ Heft *nt;* ~ **de notes** Zeugnisheft; ~ **d'épargne** CH *(livret d'épargne)* Sparbuch *nt*, Sparheft (CH) ❷ *(paquet)* ~ **de tickets** Fahrscheinheft *nt*

carnivore [kaʀnivɔʀ] **I.** *adj* Fleisch fressend; **animal** ~ Fleischfresser *m* **II.** *m* Fleischfresser *m*

carotide [kaʀɔtid] *f* Halsschlagader *f*

carotte [kaʀɔt] *f* Karotte *f*, Möhre *f;* ~ **rouge** CH *(betterave)* rote Rübe *f*(CH)

carpe [kaʀp] *f* Karpfen *m*

carpette [kaʀpɛt] *f (tapis)* Läufer *m*

carré [kaʀe] *m* ❶ MATH Quadrat *nt;* **quatre/six au** ~ vier/sechs im Quadrat ❷ JEUX **un** ~ **d'as** vier Asse ❸ *(parcelle)* ~ **de terre** Stück *nt* Land

carré(e) [kaʀe] *adj* ❶ quadratisch ❷ *(robuste)* breit ❸ MATH **mètre/kilomètre** ~ Quadratmeter *m*/-kilometer *m*

carreau [kaʀo] <x> *m* ❶ Fensterscheibe *f* ❷ *(carrelage)* Fliese *f* ❸ *(motif sur tissu)* Karo *nt;* *(sur papier)* Kästchen *nt* ❹ JEUX Karo *nt*

carrefour [kaʀfuʀ] *m* Kreuzung *f*

carrelage [kaʀlaʒ] *m* Fliesen *Pl*

carreler [kaʀle] <3> *vt* fliesen

carrelet [kaʀlɛ] *m* Scholle *f*

carreleur, -euse [kaʀlœʀ] *m, f* Fliesenleger(in) *m(f)*

carrément [kaʀemɑ̃] *adv fam* ❶ *(franchement)* **y aller** ~ drauflosgehen ❷ *(complètement)* geradezu

carrière[1] [kaʀjɛʀ] *f* Laufbahn *f*

carrière[2] [kaʀjɛʀ] *f* ~ **de pierres** Steinbruch *m*

carrosse [kaʀɔs] *m* Karosse *f*

carrosserie [kaʀɔsʀi] *f* Karosserie *f*

carrousel [kaʀuzɛl] *m* TECH kreisförmiges Förderband

carrure [kaʀyʀ] *f* ❶ Schulterbreite *f* ❷ *(envergure)* Format *nt*

cartable [kaʀtabl] *m* Schultasche *f*

carte [kaʀt] *f* ❶ Karte *f* ❷ *(document)* ~ **d'électeur** Wahlschein *m;* ~ **[nationale] d'identité** Personalausweis *f;* ~ **grise** Kraftfahrzeugschein

cartel [kaʀtɛl] *m* Kartell *nt*

cartilage [kaʀtilaʒ] *m* Knorpel *m*

cartilagineux, -euse [kaʀtilaʒinø, -øz] *adj (viande)* knorp[e]lig

cartomancien(ne) [kaʀtɔmɑ̃sjɛ̃, jɛn] *m(f)* Kartenleger(in) *m(f)*

carton [kaʀtɔ̃] *m* ❶ Pappe *f* ❷ *(emballage)* Karton *m* ▶ ~ **jaune/rouge** gelbe/rote Karte *f*

cartouche [kaʀtuʃ] *f* ❶ Patrone *f* ❷ ~ **de cigarettes** Stange *f* Zigaretten ❸ ~ **d'encre** Tintenpatrone *f*

cas [kɑ] *m* ❶ Fall *m;* **dans ce** ~ in diesem Fall; **dans le** ~ **contraire** andernfalls; **en tout** ~ auf jeden Fall ❷ *(hypothèse)* **en** ~ **d'absence** bei Abwesenheit; **en** ~ **de besoin** wenn nötig ❸ MED, JUR, LING Fall *m*

casanier, -ière [kazanje, -jɛʀ] *adj (personne)* häuslich

cascade [kaskad] *f* Wasserfall *m*

cascadeur, -euse [kaskadœʀ] *m, f* CINE Stuntman, -girl *m, f*

case [kɑz] *f* ❶ Feld *nt* ❷ *(hutte)* Hütte *f*

caser [kɑze] <1> **I.** *vt* unterbringen **II.** *vpr* **se** ~ ❶ *(se loger)* unterkommen ❷ *(se marier)* heiraten

caserne [kazɛʀn] *f* Kaserne *f*

cash [kaʃ] *adv fam* cash

casher [kaʃɛʀ] *adj inv* koscher

casier [kɑzje] *m* Fach *nt*

casino [kazino] *m* Kasino *nt*

casque [kask] *m* ❶ Helm *m* ❷ MUS Kopfhörer *m* ▶ ~ **bleu** Blauhelm *m*

casquer [kaske] <1> *vi fam* blechen

casquette [kaskɛt] *f* Schirmmütze *f*

cassant(e) [kɑsɑ̃] *adj* bruchempfindlich

cassation [kɑsasjɔ̃] *f (d'un testament, d'un acte)* Ungültigkeitserklärung *f*

casse [kɑs] **I.** *f* ❶ Schaden *m* ❷ *(commerce du ferrailleur)* Schrottplatz *m* **II.** *m fam* Bruch *m*

cassé(e) [kase] *adj* rau
casse-cou [kasku] *mf inv fam* Draufgänger(in) *m(f)* **casse-croûte** [kaskʀut] *m inv fam* Imbiss *m* **casse-noix** [kasnwa] *m inv* Nussknacker *m*
casser [kase] <1> **I.** *vt* **1** zerbrechen **2** *(ambiance)* stören **3** *(jugement)* aufheben **II.** *vi* zerbrechen; *(branche)* abbrechen **III.** *vpr* **1** *(se rompre)* **se ~** zerbrechen **2** *(être fragile)* **se ~/ne pas se ~** zerbrechlich/unzerbrechlich sein **3** *(se briser)* **se ~ un bras** sich *(dat)* einen Arm brechen
casserole [kasʀɔl] *f* Kochtopf *m*
casse-tête [kastɛt] <casse-tête[s]> *m* kniffliges Problem *nt;* **~ chinois** Geduldsspiel *nt*
cassette [kasɛt] *f* Kassette *f*
casseur, -euse [kasœʀ] *m, f* **1** *(ferrailleur)* Schrotthändler(in) *m(f)* **2** *(au cours d'une manifestation)* Randalierer(in) *m(f)*
cassis [kasis] *m* schwarze Johannisbeere *f*
cassoulet [kasulɛ] *m weißer Bohneneintopf mit Würstchen und Fleisch aus Südwestfrankreich*
cassure [kasyʀ] *f* Bruch *m*
castagnettes [kastaɲɛt] *fpl* Kastagnetten *Pl*
caste [kast] *f* Kaste *f*
caster [kaste] <1> *vt* TV casten
casting [kastiŋ] *m* CINE, THEAT Casting *nt*
castor [kastɔʀ] *m* Biber *m*
castration [kastʀasjɔ̃] *f* Kastration *f*
castrer [kastʀe] <1> *vt* kastrieren
cataclysme [kataklism] *m* **1** *(catastrophe naturelle)* [Natur]katastrophe *f* **2** *(calamité)* Katastrophe *f*
catacombes [katakɔ̃b] *fpl* Katakomben *Pl*
catalogue [katalɔg] *m* Katalog *m*
cataloguer [katalɔge] <1> *vt* katalogisieren
catalyseur [katalizœʀ] *m* CHIM Katalysator *m*
catamaran [katamaʀɑ̃] *m* Katamaran *m*
catapulter [katapylte] <1> *vt a.* AVIAT katapultieren
cataracte [kataʀakt] *f* MED grauer Star
catastrophe [katastʀɔf] *f* Katastrophe *f*
catastrophé(e) [katastʀɔfe] *adj fam* entsetzt
catastrophique [katastʀɔfik] *adj* katastrophal
catch [katʃ] *m* Catchen *nt*
catéchisme [kateʃism] *m (enseignement)* Religionsunterricht *m*

Le catéchisme
Es gibt in Frankreich an den staatlichen Schulen keinen Religionsunterricht. Die Unterweisung in christlicher Religionslehre, *le catéchisme*, findet in kirchlichen Einrichtungen statt.

catégorie [kategɔʀi] *f* **1** Kategorie *f* **2** SPORT Klasse *f* **3** *(qualité)* Klasse *f*
catégorique [kategɔʀik] *adj* kategorisch
catégoriquement [kategɔʀikmɑ̃] *adv* kategorisch
cathédrale [katedʀal] *f* Kathedrale *f*
catholicisme [katɔlisism] *m* Katholizismus *m*
catholique [katɔlik] **I.** *adj* REL katholisch **II.** *mf* Katholik(in) *m(f)*
catimini [katimini] ▶ **en ~** [klamm]heimlich
cauchemar [koʃmaʀ] *m a. fig* Alptraum *m*
cauchemardesque [koʃmaʀdɛsk] *adj* alptraumhaft
causant(e) [kozɑ̃] *adj* gesprächig
cause [koz] **I.** *f* **1** Ursache *f,* Grund *m* **2** JUR Fall *m* **3** *(ensemble d'intérêts)* Sache *f;* **pour la bonne ~** für einen guten Zweck **II.** *prép* **à ~ de** wegen *(+gen)*
causer[1] [koze] <1> *vt* verursachen
causer[2] [koze] <1> *vt, vi* plaudern
causette [kozɛt] *f* **faire la ~** *fam* einen [kleinen] Schwatz halten
caustique [kostik] *adj* CHIM ätzend

caution [kosjɔ̃] *f* ① Bürgschaft *f* ② *(somme)* Kaution *f*

cautionner [kosjɔne] <1> *vt* JUR *(personne)* bürgen für

cavaler [kavale] <1> *vi fam (courir)* Gas geben

cavalerie [kavalʀi] *f* MIL Kavallerie *f*

cavalier [kavalje] *m* ① MIL Kavallerist *m* ② JEUX Pferd *nt* ③ *(titre de politesse)* Kavalier *m*

cavalier, -ière [kavalje] **I.** *adj péj* unverschämt **II.** *m, f* ① SPORT Reiter(in) *m(f)* ② *(au bal)* Tanzpartner(in) *m(f)*

cave [kav] *f* Keller *m*

caveau [kavo] <x> *m* Gruft *f*

caverne [kavɛʀn] *f* Höhle *f*

caviar [kavjaʀ] *m* GASTR Kaviar *m*

cavité [kavite] *f (caverne)* Höhle *f*

C.B.[1] [sebe] *f abr de* **Carte Bancaire** Bankkarte *f*; *(en Allemagne)* ≈ EC-Karte

C.B.[2] [sibi] *f abr de* **Citizen's band** CB-Funk *m*

C.C.P. [sesepe] *m abr de* **compte chèques postal** ≈ Postgirokonto *nt*

CD [sede] *m abr de* **Compact Disc** CD *f*

C.D.D. [sedede] *m abr de* **contrat à durée déterminée** Zeitvertrag *m*

C.D.-I.® [sedei] *m inv abr de* **Compact Disc Interactive** CD-I *f*

C.D.I.[1] [sedei] *m* SCOL *abr de* **centre de documentation et d'information** *Dokumentations- und Informationsstelle einer Schule*

C.D.I.[2] [sedei] *m abr de* **contrat à durée indéterminée** unbefristeter Arbeitsvertrag *m*

CD-ROM [sedeʀɔm] *m abr de* **Compact Disc Read Only Memory** CD-ROM *f*

ce[1] [sə] <*devant en et formes de être commençant par une voyelle* c', *devant* ‚a' ç'> *pron dém* ① das ② *(dans une question)* **qui est-ce?, c'est qui?** *fam* wer ist das?; **qu'est-ce qui/que** was ③ *(pour insister)* **c'est son rôle** sie soll etw tun ④ *(devant une relative)* **voilà tout ce que je sais** das ist alles, was ich weiß ▸ **et ce** und zwar; **sur ce** daraufhin

ce[2] [sə] *adj dém* ① diese(r, s); **~ vase/tableau/cet homme** diese Vase/dieses Bild/dieser Mann; *v.a.* **cette** ② *(intensif, péjoratif)* **~ garçon**[**-là**] der Junge [da] ③ *(en opposition)* **~ livre-ci... ~ livre-là** dieses Buch hier ... jenes Buch dort ④ *(matin, midi, après-midi, soir)* heute; **~ jour-là** an jenem Tag; **~ mois-ci** diesen/in diesem Monat

CE [seø] *f abr de* **Communauté européenne** HIST EG *f*

ceci [səsi] *pron dém* dieses [hier]; *v.a.* **cela**

cécité [sesite] *f* Blindheit *f*

céder [sede] <5> **I.** *vt* ① überlassen ② *(vendre)* veräußern **II.** *vi* ① nachgeben ② *(capituler)* aufgeben

cédérom [sedeʀɔm] *m* CD-ROM *f*

CEDEX [sedɛks] *m abr de* **courrier d'entreprise à distribution exceptionnelle** *Sammelpostamt für gesondert zugestellte Firmen- und Behördenpost*

cédille [sedij] *f* Cedille *f*

cèdre [sɛdʀ] *m* Zeder *f*

CEE [seəə] *f abr de* **Communauté économique européenne** HIST EWG *f*

ceinture [sɛ̃tyʀ] *f* ① Gürtel *m* ② AUT, AVIAT Sicherheitsgurt *m*

ceinturer [sɛ̃tyʀe] <1> *vt (personne)* umklammern

ceinturon [sɛ̃tyʀɔ̃] *m* MIL Koppel *nt*

cela [s(ə)la] *pron dém* ① das; **pour ~** deshalb; **après ~** danach ② *(pour renforcer)* **qui/quand/où ~?** wer/wann/wo [sagst du/sagen Sie]?; *v.a.* **ça** *v.a.* **ceci** ▸ **et avec ~?** was darf es sonst noch sein?; **sans ~** ansonsten

célébration [selebʀasjɔ̃] *f* Feier *f*

célèbre [selɛbʀ] *adj* berühmt

célébrer [selebʀe] <5> *vt* ① feiern ② *(exploit)* rühmen

célébrissime [selebʀisim] *adj (très célèbre)* hochberühmt

célébrité [selebʀite] *f* Berühmtheit *f*

céleri [sɛlʀi] *m* Sellerie *m o f*
céleri-rave [sɛlʀiʀav] <céleris-raves> *m* Sellerieknolle *f*
céleste [selɛst] *adj* ❶ *(relatif au ciel)* **corps** ~ Himmelskörper *m* ❷ *(divin)* himmlisch; *(colère)* göttlich ❸ *(merveilleux)* himmlisch
célibat [seliba] *m* Ehelosigkeit *f; (d'un prêtre)* Zölibat *nt o m*
célibataire [selibatɛʀ] **I.** *adj* ledig **II.** *mf* Junggeselle, -gesellin *m, f*
celle, celui [sɛl] <s> *pron dém* ❶ + *prép* ~ **de Paul est plus jolie** der[jenige]/die[jenige]/das[jenige] von Paul ist schöner ❷ + *pron rel* ~ **que tu as achetée est moins chère** der, den/das, das/die, die du gekauft hast, ist billiger
celle-ci, celui-ci [sɛlsi] <celles-ci> *pron dém* ❶ *(chose)* diese(r, s) [hier]; *(personne)* diese [hier] ❷ *(référence à un antécédent)* diese ❸ *(en opposition)* ~ **est moins chère que celle-là** diese(r, s) ist billiger als jene(r, s); *(avec un geste)* diese(r, s) [hier] ist billiger als diese(r, s) [da]
celle-là, celui-là [sɛlla] <celles-là> *pron dém* ❶ *(chose)* diese(r, s) [da]; *(personne)* diese [da] ❷ *(référence à un antécédent)* jene(r, s) ❸ *(en opposition) v.* **celle-ci**
celles, ceux [sɛl] *pl pron dém* ❶ + *prép* die[jenigen] + *Präp;* ~ **d'entre vous** diejenigen von Ihnen ❷ + *pron rel* die[jenigen]; *v.a.* **celle**
celles-ci, ceux-ci [sɛlsi] *pl pron dém* ❶ *(pour distinguer)* diese [hier] ❷ *(référence à un antécédent)* diese ❸ *(en opposition) v.* **celle-ci**
celles-là, ceux-là [sɛlla] *pl pron dém* ❶ *(en désignant)* diese [da] ❷ *(référence à un antécédent)* jene ❸ *(en opposition)* diese da; *v.a.* **celle-ci**
cellier [selje] *m* Vorratsraum *m*
cellophane® [selɔfan] *f* Zellophan® *nt; (emballage)* Frischhaltefolie *f*
cellulaire [selylɛʀ] *m* CAN Handy *nt*
cellule [selyl] *f* Zelle *f*
cellulite [selylit] *f* MED Zellulitis *f*
cellulose [selyloz] *f* Zellulose *f*
celte [sɛlt] *adj* keltisch
Celte [sɛlt] *mf* Kelte *m*/Keltin *f*
celtique [sɛltik] **I.** *adj* keltisch **II.** *m* Keltisch *nt; v.a.* **allemand**
celui, celle [səlɥi] <ceux> *pron dém* der[jenige]/die[jenige]/das[jenige]; *v.a.* **celle**
celui-ci, celle-ci [səlɥisi] <ceux-ci> *pron dém (chose)* diese(r, s) [hier]; *(personne)* dieser [hier]; *v.a.* **celle-ci** *v.a.* **celui-là**
celui-là, celle-là [səlɥila] <ceux-là> *pron dém* ❶ *(chose)* diese(r, s) [da]; *(personne)* dieser [da] ❷ *(référence à un antécédent)* jene(r, s) ❸ *(en opposition) v.* **celui-ci, celle-ci**
cendre [sɑ̃dʀ] *f* Asche *f*
cendré(e) [sɑ̃dʀe] *adj* aschblond
cendrier [sɑ̃dʀije] *m* Aschenbecher *m*
Cendrillon [sɑ̃dʀijɔ̃] *f* Aschenputtel *nt*
censé(e) [sɑ̃se] *adj* **être** ~ **faire qc** [eigentlich] etw tun wollen
censeur [sɑ̃sœʀ] *mf* ❶ MEDIA Kritiker(in) *m(f)* ❷ POL Zensor(in) *m(f)*
censure [sɑ̃syʀ] *f* Zensur *f*
censurer [sɑ̃syʀe] <1> *vt* zensieren
cent [sɑ̃] **I.** *num* [ein]hundert; **cinq ~s euros** fünfhundert Euro ▶ **pour** ~ Prozent *nt* ~ **pour** ~ hundertprozentig **II.** *m inv* Hundert *f; v.a.* **cinq** *v.a.* **cinquante**
centaine [sɑ̃tɛn] *f* ❶ **une ~ de personnes** etwa hundert Personen; **des ~s de personnes** Hunderte *Pl* von Personen ❷ *(cent unités)* Hunderter *m*
centenaire [sɑ̃tnɛʀ] **I.** *adj* hundertjährig; **être** ~ hundert Jahre alt sein **II.** *mf* Hundertjährige(r) *f(m)* **III.** *m* hundertster Jahrestag
centième [sɑ̃tjɛm] *adj* hundertste(r, s)
centigramme [sɑ̃tigʀam] *m* Zentigramm *nt*
centilitre [sɑ̃tilitʀ] *m* Zentiliter *m o nt*
centime [sɑ̃tim] *m* Centime *m*
centimètre [sɑ̃timɛtʀ] *m* Zentimeter *m o nt*

C

central [sɑ̃tʀal] *m* TELEC [Telefon]zentrale *f*

central(e) [sɑ̃tʀal] <-aux> *adj* zentral; **personnage ~** Hauptperson *f*

centrale [sɑ̃tʀal] *f* ❶ ELEC Kraftwerk *nt* ❷ COM Zentrale *f*

centralisation [sɑ̃tʀalizasjɔ̃] *f* ❶ *(de la politique)* Zentralisierung *f*; *(des secours)* zentrale Koordination; *(des renseignements)* zentrale Erfassung ❷ *(résultat)* Zentralisation *f*

centraliser [sɑ̃tʀalize] <1> *vt* zentralisieren

centre [sɑ̃tʀ] *m* ❶ Zentrum *nt* ❷ *(joueur)* Mittelstürmer *m* ❸ *(point essentiel)* Mittelpunkt *m* ❹ TELEC **~ d'appels** Call-Center *nt*

centrer [sɑ̃tʀe] <1> *vt* ❶ *a. fig (placer au centre)* zentrieren; **~ son discours sur un sujet** ein Thema in den Mittelpunkt seiner Rede stellen ❷ SPORT flanken

centre-ville [sɑ̃tʀəvil] <centres-villes> *m* Stadtzentrum *nt*

centrifuge [sɑ̃tʀifyʒ] *adj* zentrifugal; **force ~** Zentrifugalkraft *f*

centrifugeuse [sɑ̃tʀifyʒøz] *f* Zentrifuge *f*

centuple [sɑ̃typl] **I.** *adj* hundertfach **II.** *m a. fig* Hundertfache(s) *nt*

cep [sɛp] *m* Rebstock *m*

cépage [sepaʒ] *m* Rebsorte *f*

cèpe [sɛp] *m* Steinpilz *m*

cependant [s(ə)pɑ̃dɑ̃] *adv* jedoch

céramique [seʀamik] *f* Keramik *f*

cerceau [sɛʀso] <x> *m* Reifen *m*

cercle [sɛʀkl] *m* ❶ Kreis *m* ❷ *(groupe sportif)* Club *m* ▸ **~ vicieux** Teufelskreis *m*

cercueil [sɛʀkœj] *m* Sarg *m*

céréale [seʀeal] *f* ❶ AGR Getreide *nt* ❷ *(petit-déjeuner) Haferflocken, Cornflakes, Müsli etc.*

cérébral(e) [seʀebʀal] <-aux> *adj* ❶ ANAT Gehirn-; **activité/mort ~e** Gehirntätigkeit *f*/-tod *m* ❷ *(intellectuel)* geistig

cérémonial [seʀemɔnjal] <s> *m* Zeremoniell *nt*

cérémonie [seʀemɔni] *f* Zeremonie *f*

cerf [sɛʀ] *m* Hirsch *m*

cerfeuil [sɛʀfœj] *m* Kerbel *m*

cerf-volant [sɛʀvɔlɑ̃] <cerfs-volants> *m* Drachen *m*

cerise [s(ə)ʀiz] **I.** *f* Kirsche *f* **II.** *adj inv* [**rouge**] **~** kirschrot

cerisier [s(ə)ʀizje] *m* Kirschbaum *m*

cerne [sɛʀn] *m* ❶ *pl* Ringe *Pl* unter den Augen ❷ BOT *(d'un arbre)* Jahresring *m*

cerné(e) [sɛʀne] *adj* **avoir les yeux ~s** Ringe *Pl* unter den Augen haben

cerner [sɛʀne] <1> *vt* ❶ *a. fig (entourer d'un trait)* umreißen ❷ *(ennemi)* umstellen ❸ *(problème)* erfassen

certain(e) [sɛʀtɛ̃] **I.** *adj* sicher **II.** *adj indéf* ❶ *pl (quelques)* gewisse *Pl* ❷ *(bien déterminé)* **un ~ endroit** eine bestimmte Stelle **III.** *pron pl* manche *Pl*, gewisse *Pl (pej)*

> **certain**
>
> Beim Adjektiv **certain** ändert sich die Bedeutung je nachdem, ob es vor oder hinter dem Substantiv steht:
>
> *une preuve certaine – ein sicherer Beweis; un certain nombre de gens – eine gewisse Anzahl von Leuten.*

certainement [sɛʀtɛnmɑ̃] *adv* ❶ sicher[lich] ❷ *(sans aucun doute)* zweifellos

certes [sɛʀt] *adv* zugegeben...; *(au milieu de la phrase)* zwar; *(dans une négation)* bestimmt

certificat [sɛʀtifika] *m* ❶ Bescheinigung *f* ❷ *(diplôme)* Zeugnis *nt*

certifier [sɛʀtifje] <1> *vt* ❶ versichern ❷ JUR beglaubigen

certitude [sɛʀtityd] *f* Gewissheit *f*

cerveau [sɛʀvo] <x> *m* Gehirn *nt*

cervelas [sɛʀvəla] *m* Zervelatwurst *f*

cervelet [sɛʀvəlɛ] *m* ANAT Kleinhirn *nt*

cervelle [sɛʀvɛl] *f* GASTR Hirn *nt*

cervical(e) [sɛʀvikal] <-aux> *adj* ANAT **vertèbres ~es** Halswirbel *Pl*

ces [se] *adj dém pl* ❶ diese; *v.a.* **cette** ❷ *fam (intensif, péjoratif)* **il a de ~ idées!** er hat vielleicht Ideen! ❸ *(avec étonnement)* diese ❹ *(en opposition)* diese; **~ gens-ci... ~ gens-là** die Leute hier... die Leute dort ❺ *(temporel)* **~ nuits-ci** diese Nächte; **~ jours-ci** zur Zeit; **dans ~ années-là** in jenen Jahren

CES [sɛs] *m abr de* **contrat emploi solidarité** *(emploi)* ≈ ABM-Stelle *f*

C.E.S. [seøɛs] *m abr de* **collège d'enseignement secondaire** ≈ Schule *f* der Sekundarstufe I

césarienne [sezaʀjɛn] *f* MED Kaiserschnitt *m*

cessation [sesasjɔ̃] *f* Einstellen *nt*

cesser [sese] <1> **I.** *vt* einstellen **II.** *vi* aufhören

cessez-le-feu [sesel(e)fø] *m inv (prolongé)* Waffenruhe *f*; *(momentané)* Waffenpause *f*

cession [sesjɔ̃] *f* Übertragung *f*

cet [sɛt] *adj dém v.* **ce**²

cétacé [setase] *m* ZOOL Wal *m*

cette [sɛt] *adj dém* ❶ diese(r, s); **~ chaise/dame** dieser Stuhl/diese Dame ❷ *(intensif, péjoratif)* **~ fille[-là]** das Mädchen [da] ❸ *(avec étonnement)* so ein(e) ❹ *(en opposition)* **~ version-ci ... ~ version-là** diese Fassung hier... jene Fassung dort ❺ *(temporel)* **~ nuit** heute Nacht; **~ semaine** diese Woche

ceux, celles [sø] *pl pron dém* die[jenigen]; *v.a.* **celles**

ceux-ci, celles-ci [søsi] *pl pron dém* ❶ *(pour distinguer)* diese [hier] ❷ *(référence à un antécédent)* diese ❸ *(en opposition) v.* **celle-ci**

ceux-là, celles-là [søla] *pl pron dém* ❶ *(en désignant)* diese da ❷ *(référence à un antécédent)* jene ❸ *(en opposition)* diese da; *v.a.* **ceux-ci** *v.a.* **celles-ci**

Cévennes [sevɛn] *fpl* **les ~** die Cevennen

cf., Cf. [kɔ̃fɛʀ] *abr de* **confer** vgl.

C.F.C. [seɛfse] *m abr de* **chlorofluorocarbone** FCKW *nt*

ch [ʃəvo] *abr de* **cheval-vapeur** PS *f*

chacal [ʃakal] <s> *m* ZOOL Schakal *m*

chacun(e) [ʃakœ̃] *pron* jede(r, s)

chagrin [ʃagʀɛ̃] *m* Kummer *m*

chagriner [ʃagʀine] <1> *vt* **~ qn** jdm Kummer machen

chah [ʃa] *m v.* **schah**

chahut [ʃay] *m* Krach *m*

chahuter [ʃayte] <1> *vi* herumtoben

chaîne [ʃɛn] *f* ❶ Kette *f* ❷ IND Fließband *nt* ❸ RADIO, TV Sender *m*; *(programme)* Programm *nt* ❹ *(appareil stéréo)* Anlage *f*

chaînette [ʃɛnɛt] *f* Kettchen *nt*

chaînon [ʃɛnɔ̃] *m a. fig* [Ketten]glied *nt*

chair [ʃɛʀ] **I.** *f* Fleisch *nt* **II.** *adj inv* hautfarben

chaire [ʃɛʀ] *f* ❶ *(du prêtre)* Kanzel *f* ❷ UNIV Lehrstuhl *m*

chaise [ʃɛz] *f* Stuhl *m*; **~ longue** Liegestuhl

châle [ʃɑl] *m* Schultertuch *nt*

chalet [ʃalɛ] *m* Chalet *nt* (CH)

chaleur [ʃalœʀ] *f* Wärme *f*; *(très élevée)* Hitze *f*

chaleureusement [ʃalœʀøzmɑ̃] *adv* warm

chaleureux, -euse [ʃalœʀø] *adj* warm

challenge [ʃalɑ̃ʒ, tʃalɛndʒ] *m* Pokalwettbewerb *m*

chalumeau [ʃalymo] <x> *m (pour souder)* Schweißbrenner *m*; *(pour découper)* Schneidbrenner *m*

chalutier [ʃalytje] *m* Fischkutter *m*

chamailler [ʃamɑje] <1> *vpr* **se ~** *(enfants)* sich zanken

chambouler [ʃɑ̃bule] <1> *vt fam (projets, programme)* über den Haufen werfen

chambre [ʃɑ̃bʀ] *f* ❶ Schlafzimmer *nt*; **~ individuelle/double** Einzel-/Doppelzimmer ❷ POL, JUR Kammer *f* ❸ COM **~ de commerce et d'industrie** Industrie- und Handelskammer *f*

❸ *(tuyau)* ~ **à air** Schlauch *m*
chambrer [ʃɑ̃bʀe] <1> *vt* ❶ *(tempérer)* auf Zimmertemperatur bringen ❷ *fam (se moquer de)* aufziehen

C

chameau [ʃamo] <x> *m* Kamel *nt*
chamois [ʃamwa] **I.** *adj inv* chamois **II.** *m* ❶ ZOOL Gämse *f* ❷ *(cuir)* Gamsleder *nt;* **peau de** ~ Ledertuch *nt*
champ [ʃɑ̃] *m* ❶ Feld *nt; (de pommes de terre)* Acker *m* ❷ MIL Schlachtfeld *nt*
champagne [ʃɑ̃paɲ] *m* Champagner *m*
champêtre [ʃɑ̃pɛtʀ] *adj* ländlich
champignon [ʃɑ̃piɲɔ̃] *m* Pilz *m*

Übersetzungstipp
Le champignon – Nicht verwechseln mit *der Champignon* – *le champignon de Paris!*

champion(ne) [ʃɑ̃pjɔ̃] **I.** *adj fam* **être** ~ [einsame] Spitze sein **II.** *m(f)* Meister(in) *m(f)*
championnat [ʃɑ̃pjɔna] *m* Meisterschaft *f*
chance [ʃɑ̃s] *f* ❶ Glück *nt* ❷ *(probabilité)* Chance *f*
chanceler [ʃɑ̃s(ə)le] <3> *vi* schwanken, taumeln
chancelier, -ière [ʃɑ̃səlje] *m, f* ❶ *(garde des Sceaux en France)* ≈ Justizminister(in) *m(f)* ❷ *(Premier ministre en Allemagne/Autriche)* Bundeskanzler(in) *m(f)*
chancellerie [ʃɑ̃sɛlʀi] *f* ❶ *(ministère de la Justice en France)* Justizministerium *nt* ❷ *(service du Premier ministre en Allemagne/Autriche)* [Bundes]kanzleramt *nt*
chanceux, -euse [ʃɑ̃sø] *adj* **être** ~ Glück haben
Chandeleur [ʃɑ̃d(ə)lœʀ] *f* REL **la** ~ [Mariä] Lichtmess
chandelier [ʃɑ̃dəlje] *m* Kerzenständer *m*
chandelle [ʃɑ̃dɛl] *f* Kerze *f*

change [ʃɑ̃ʒ] *m* ❶ [Geld]wechsel *m* ❷ *(taux du change)* [Wechsel]kurs *m*
changeant(e) [ʃɑ̃ʒɑ̃, ɑ̃t] *adj (temps, humeur)* wechselhaft
changement [ʃɑ̃ʒmɑ̃] *m* Veränderung *f;* ~ **de gouvernement** Regierungswechsel *m;* ~ **d'adresse** Adressenänderung *f*
changer [ʃɑ̃ʒe] <2a> **I.** *vt* ❶ verändern ❷ *(déplacer)* ~ **qc de place** etw umstellen; ~ **qn de poste** jdn versetzen ❸ *(remplacer)* ~ **les draps** die Betten frisch beziehen ❹ *(échanger)* ~ **pour** [*o* **contre**] **qc** gegen etw [aus]tauschen ❺ FIN ~ **contre qc** in etw umtauschen **II.** *vi* ❶ sich verändern ❷ *(temps)* sich ändern ❸ *(se modifier)* ~ **de qc** etw ändern ❹ *(substituer)* wechseln ❺ *(déménager)* ~ **d'adresse** umziehen ❻ AUT ~ **de vitesse** einen anderen Gang einlegen; ~ **à Paris** in Paris umsteigen; ~ **de file** die [Fahr]spur wechseln ❼ *(faire un échange)* ~ **de place avec qn** [den Platz] mit jdm tauschen **III.** *vpr* **se** ~ sich umziehen
chanson [ʃɑ̃sɔ̃] *f* Lied *nt*
chansonnette [ʃɑ̃sɔnɛt] *f* Liedchen *nt*
chansonnier [ʃɑ̃sɔnje] *m* Kabarettist(in) *m(f)*
chant [ʃɑ̃] *m* ❶ Gesang *m* ❷ *(chanson)* ~ **populaire** Volkslied *nt* ❸ *(du coq)* Krähen *nt*
chantage [ʃɑ̃taʒ] *m* Erpressung *f*
chanter [ʃɑ̃te] <1> **I.** *vi* ❶ singen ❷ *(menacer)* **faire** ~ erpressen **II.** *vt* ❶ singen ❷ *(célébrer)* besingen
chanterelle [ʃɑ̃tʀɛl] *f* Pfifferling *m,* Eierschwamm *m* (A)
chanteur, -euse [ʃɑ̃tœʀ] *m, f* Sänger(in) *m(f)*
chantier [ʃɑ̃tje] *m* Baustelle *f*
chantilly [ʃɑ̃tiji] *f* geschlagene süße Sahne *f*
chantonner [ʃɑ̃tɔne] <1> *vi* leise singen, summen
chanvre [ʃɑ̃vʀ] *m* Hanf *m*
chaos [kao] *m* Chaos *nt*
chaotique [kaɔtik] *adj* chaotisch

chape [ʃap] *f (de béton)* Estrich *m; (d'asphalte)* Asphaltdecke *f*
chapeau [ʃapo] <x> *m* Hut *m*
chapelet [ʃaplɛ] *m* ❶ REL *(objet)* Rosenkranz *m* ❷ *(prières)* Rosenkranz[gebete *Pl*] *m*
chapelle [ʃapɛl] *f* Kapelle *f*
chapelure [ʃaplyʀ] *f* Paniermehl *nt*
chapiteau [ʃapito] <x> *m* Zelt *nt*
chapitre [ʃapitʀ] *m* Kapitel *nt*
chapka [ʃapka] *f* Pelzmütze *f* mit Ohrenklappen, Schapka *f*
chaque [ʃak] *adj inv* jede(r, s)
char [ʃaʀ] *m* ❶ MIL Panzer *m* ❷ *(voiture décorée)* Wagen *m*
charabia [ʃaʀabja] *m fam* Kauderwelsch *nt*
charade [ʃaʀad] *f* Scharade *f*
charbon [ʃaʀbɔ̃] *m* Kohle *f*
charcuter [ʃaʀkyte] <1> *vt péj fam* übel zurichten
charcuterie [ʃaʀkytʀi] *f* ❶ *(boutique)* Metzgerei *f* ❷ *(spécialité)* Wurstwaren *Pl*
charcutier, -ière [ʃaʀkytje] *m, f* Metzger(in) *m(f)*
chardon [ʃaʀdɔ̃] *m* Distel *f*
charge [ʃaʀʒ] *f* ❶ Last *f* ❷ *(responsabilité)* Belastung *f* ❸ *(fonction)* Amt *nt* ❹ *souvent pl (obligations financières)* Kosten *Pl*
chargé(e) [ʃaʀʒe] *adj* ❶ beladen ❷ *(programme)* voll ❸ *(responsable)* zuständig ❹ *(batterie)* aufgeladen ❺ *fam (drogué)* zugedröhnt
chargement [ʃaʀʒəmɑ̃] *m* ❶ Beladen *nt* ❷ *(marchandises)* Ladung *f* ❸ *(fret)* Fracht *f* ❹ INFORM Laden *nt*
charger [ʃaʀʒe] <2a> **I.** *vt* ❶ verladen ❷ *(attribuer une mission)* verantwortlich sein ❸ *(attaquer)* angreifen ❹ INFORM, TECH laden **II.** *vi (attaquer)* zum Angriff übergehen **III.** *vpr* **se ~ de qn/qc** sich um jdn/etw kümmern; **se ~ de faire qc** es übernehmen etw zu tun
chargeur [ʃaʀʒœʀ] *m* Docker *m*
chariot [ʃaʀjo] *m* Wagen *m;* COM Einkaufswagen *m*
charismatique [kaʀismatik] *adj* charismatisch
charisme [kaʀism] *m* Charisma *nt*
charitable [ʃaʀitabl] *adj* wohltätig
charité [ʃaʀite] *f* ❶ Nächstenliebe *f* ❷ *(action)* Wohltätigkeit *f*
charlatan [ʃaʀlatɑ̃] *m* Scharlatan *m*
Charlemagne [ʃaʀləmaɲ(ə)] *m* Karl der Große
charlotte [ʃaʀlɔt] *f* ❶ GASTR Charlotte *f* ❷ *(bonnet de plastique)* Duschhaube *f*
charmant(e) [ʃaʀmɑ̃] *adj* ❶ reizend ❷ *(ravissant)* charmant ❸ *iron* entzückend
charme [ʃaʀm] *m* ❶ Charme *m* ❷ *souvent pl (beauté)* Reize *Pl*
charmer [ʃaʀme] <1> *vt* bezaubern
charmeur, -euse [ʃaʀmœʀ] **I.** *adj* bezaubernd **II.** *m, f* Charmeur, Circe *m, f*
charnel(le) [ʃaʀnɛl] *adj* ❶ fleischlich ❷ *(sexuel)* körperlich
charnier [ʃaʀnje] *m* Massengrab *nt*
charnière [ʃaʀnjɛʀ] **I.** *f* Scharnier *nt* **II.** *adj (décisif)* entscheidend
charnu(e) [ʃaʀny] *adj* wulstig
charognard [ʃaʀɔɲaʀ] *m* ❶ *(animal)* Aasfresser *m* ❷ *(vautour)* [Aas]geier *m* ❸ *(personne)* Aasgeier *m (fam)*
charogne [ʃaʀɔɲ] *f* Aas *nt*
charpente [ʃaʀpɑ̃t] *f* Gerüst *nt*
charpentier [ʃaʀpɑ̃tje] *m* Zimmermann *m*
charrette [ʃaʀɛt] *f* Karren *m*
charrier [ʃaʀje] <1> **I.** *vt* fahren **II.** *vi fam* übertreiben
charrue [ʃaʀy] *f* Pflug *m*
charte [ʃaʀt] *f* Charta *f*
charter [ʃaʀtɛʀ] *m* ❶ *(vol)* Charter *m* ❷ *(avion)* Chartermaschine *f*
chasse[1] [ʃas] *f* ❶ Jagd *f* ❷ *(poursuite)* Verfolgung *f*
chasse[2] [ʃas] *f fam (chasse d'eau)* Wasserspülung *f;* **tirer la ~** spülen
chasse-neige [ʃasnɛʒ] <chasse-neige[s]> *m* Schneepflug *m*

C

chasser [ʃase] <1> **I.** *vi* auf die Jagd gehen **II.** *vt* jagen

chasseur, -euse [ʃasœʀ] *m, f* Jäger(in) *m(f)*

châssis [ʃɑsi] *m* TECH, AUT Chassis *nt*

chaste [ʃast] *adj a. antéposé* keusch

chasteté [ʃastəte] *f* Keuschheit *f*

chat[1] [ʃa] *m* Katze *f; (mâle)* Kater *m; v.a.* **chatte**

chat[2] [tʃat] *m* INFORM Chat *m*

châtaigne [ʃɑtɛɲ] *f* Esskastanie *f*

châtaignier [ʃɑteɲe] *m* ① *(arbre)* Kastanie[nbaum *m*] *f* ② *(bois)* Kastanie[nholz *nt*] *f*

châtain [ʃɑtɛ̃] *adj* braun

château [ʃɑto] <x> *m* ① Schloss *nt* ② *(forteresse)* ~ **fort** Burg *f*

châtelain(e) [ʃɑt(ə)lɛ̃, ɛn] *m(f)* HIST Schlossherr(in) *m(f)*

châtiment [ʃɑtimɑ̃] *m* Strafe *f*

chaton [ʃatɔ̃] *m a.* BOT Kätzchen *nt*

chatouiller [ʃatuje] <1> *vt* kitzeln

chatouilles [ʃatuj] *f pl* Kitzeln *nt;* **faire des ~ à qn** jdn kitzeln

chatouilleux, -euse [ʃatujø] *adj* kitz[e]lig

chatoyant(e) [ʃatwajɑ̃, ɑ̃t] *adj* schillernd

chatoyer [ʃatwaje] <6> *vi* schillern

châtrer [ʃɑtʀe] <1> *vt* kastrieren

chatte [ʃat] *f* Katze *f; v.a.* **chat**[1]

chatter [tʃate] <1> *vi* INFORM chatten

chaud [ʃo] *m* Wärme *f; (chaleur extrême)* Hitze *f;* **il fait ~** es ist warm/heiß

chaud(e) [ʃo] *adj (opp: froid)* warm; *(très chaud)* heiß

chaudement [ʃodmɑ̃] *adv* ① warm ② *(recommander)* wärmstens

chaudière [ʃodjɛʀ] *f* Kessel *m*

chaudron [ʃodʀɔ̃] *m* Kochkessel *m*

chauffage [ʃofaʒ] *m* Heizung *f*

chauffagiste [ʃofaʒist] *mf* Heizungsmonteur(in) *m(f)*

chauffant(e) [ʃofɑ̃] *adj* Heiz-; **couverture ~e** Heizdecke *f;* **brosse ~e** Lockenstab *m*

chauffard [ʃofaʀ] *m* Verkehrsrowdy *m*

chauffe-eau [ʃofo] *m inv* Durchlauferhitzer *m*

chauffer [ʃofe] <1> **I.** *vi* ① warm werden; *(très chaud)* heiß werden ② *(mettre du chauffage)* heizen **II.** *vt* ① wärmen; *(pièce)* erwärmen; *(maison)* heizen ② TECH zum Glühen bringen ③ *(mettre dans l'ambiance)* aufheizen **III.** *vpr* **se ~ au gaz** mit Gas heizen

chauffeur [ʃofœʀ] *m* Fahrer(in) *m(f)*

chaume [ʃom] *m* Stroh *nt*

chaumière [ʃomjɛʀ] *f* strohgedeckte Hütte *f*

chaussée [ʃose] *f* Fahrbahn *f*

chausser [ʃose] <1> **I.** *vt* Schuhe anziehen **II.** *vi* **~ du 38/42** Schuhgröße 38/42 haben **III.** *vpr* **se ~** [sich *(dat)*] Schuhe anziehen

chaussette [ʃosɛt] *f* ① Socke *f* ② *(mi-bas)* Kniestrumpf *m*

chausson [ʃosɔ̃] *m* ① Hausschuh *m* ② GASTR **~ aux pommes** Apfeltasche *f*

chaussure [ʃosyʀ] *f* Schuh *m*

chauve [ʃov] **I.** *adj* kahl[köpfig] **II.** *m* Mann *m* mit einer Glatze

chauve-souris [ʃovsuʀi] <chauves-souris> *f* Fledermaus *f*

chauvin(e) [ʃovɛ̃] *adj* chauvinistisch

chauvinisme [ʃovinism] *m* Chauvinismus *m*

chaux [ʃo] *f* Kalk *m*

chavirer [ʃaviʀe] <1> *vi* kentern

chef [ʃɛf] *m* ① Chef(in) *m(f),* Vorgesetzte(r) *f(m);* **~ d'orchestre** Dirigent(in) *m(f)* ② *(meneur)* [An]führer(in) *m(f)* ③ *(cuisinier)* Chefkoch, -köchin *m, f*

chef-d'œuvre [ʃɛdœvʀ] <chefs-d'œuvre> *m* Meisterwerk *nt*

chef-lieu [ʃɛfljø] <chefs-lieux> *m* Hauptort *m*

cheftaine [ʃɛftɛn] *f* Führerin *f*

cheik [ʃɛk] *m* Scheich *m*

chelem [ʃlɛm] *m* Schlemm *m*

chemin [ʃ(ə)mɛ̃] *m* Weg *m;* **en ~** unterwegs

chemin de fer [ʃ(ə)mɛ̃dəfɛʀ] <chemins de fer> *m* Eisenbahn *f*

cheminée [ʃ(ə)mine] *f* Schornstein *m*

cheminement [ʃ(ə)minmɑ̃] *m* Dahinwandern *nt*
cheminer [ʃ(ə)mine] <1> *vi* ① seines Weges ziehen ② *fig (pensée)* sich entwickeln
cheminot [ʃ(ə)mino] *m* Eisenbahner *m*
chemise [ʃ(ə)miz] *f* ① Hemd *nt* ② *(dossier)* Mappe *f*
chemisette [ʃ(ə)mizɛt] *f* kurzärmeliges Hemd
chemisier [ʃ(ə)mizje] *m* Bluse *f*
chêne [ʃɛn] *m* Eiche *f*
chenil [ʃ(ə)nil] *m* ① *(lieu d'élevage)* Zwinger *m* ② *(lieu de garde)* Hundeheim *nt*
chenille [ʃ(ə)nij] *f* ① ZOOL Raupe *f* ② TECH Raupenkette *f*
cheptel [ʃɛptɛl] *m* Viehbestand *m*
chèque [ʃɛk] *m* Scheck *m*
chèque-restaurant [ʃɛkʀɛstɔʀɑ̃] <chèques-restaurant> *m* Essensgutschein *m (für bestimmte Restaurants)*
chéquier [ʃekje] *m* Scheckheft *nt*
cher [ʃɛʀ] *adv* teuer
cher, chère [ʃɛʀ] **I.** *adj* ① teuer; **moins ~** billiger ② *(aimé)* lieb ③ *antéposé* liebe(r, s); **chère Madame** liebe Frau X **II.** *m, f* **mon ~/ma chère** mein Lieber/meine Liebe
chercher [ʃɛʀʃe] <1> **I.** *vt* ① suchen ② *(ramener, rapporter)* **aller ~** abholen **II.** *vi* ① **~ à faire qc** versuchen etw zu tun ② *(fouiller)* **~ dans qc** in etw *(dat)* herumstöbern ③ *(réfléchir)* nachdenken
chercheur, -euse [ʃɛʀʃœʀ] *m, f* Forscher(in) *m(f)*
chéri(e) [ʃeʀi] **I.** *adj* geliebt **II.** *m(f)* Liebling *m*
chérir [ʃeʀiʀ] <8> *vt (aimer)* [zärtlich] lieben
chérot [ʃeʀo] *adj fam* **ça fait ~** das ist happig
chétif, -ive [ʃetif] *adj* kümmerlich
cheval [ʃ(ə)val] <-aux> *m* ① ZOOL Pferd *nt* ② SPORT **faire du/monter à ~** reiten ③ AUT **elle fait combien de chevaux, votre voiture?** wie viel PS hat Ihr Wagen? ④ FIN **~ fiscal** *Kfz-Steuereinheit*
chevalerie [ʃ(ə)valʀi] *f* Rittertum *nt*
chevalet [ʃ(ə)valɛ] *m* Staffelei *f*
chevalier [ʃ(ə)valje] *m* Ritter *m*
chevalière [ʃ(ə)valjɛʀ] *f* Siegelring *m*
chevalin(e) [ʃ(ə)valɛ̃] *adj* Pferde-
cheval-vapeur [ʃ(ə)valvapœʀ] <chevaux-vapeur> *m* Pferdestärke *f*
chevauchée [ʃ(ə)voʃe] *f* Ausritt *m*
chevaucher [ʃ(ə)voʃe] <1> *vt* **~ qc** auf etw *(dat)* reiten
chevelu(e) [ʃəvly] *adj* mit langen Haaren
chevelure [ʃəvlyʀ] *f* Haar *nt*
chevet [ʃ(ə)vɛ] *m* **table de ~** Nachttisch *m*
cheveu [ʃ(ə)vø] <x> *m* Haar *nt;* **avoir les ~x courts/longs** kurze/lange Haare haben ▸ **avoir un ~ sur la langue** lispeln
cheville [ʃ(ə)vij] *f* ① ANAT Knöchel *m* ② *(tige pour boucher)* Dübel *m*
chèvre [ʃɛvʀ] **I.** *f* Ziege *f* **II.** *m (fromage)* Ziegenkäse *m*
chevreau [ʃəvʀo] <x> *m* Zicklein *nt*
chèvrefeuille [ʃɛvʀəfœj] *m* Jelängerjelieber *nt*
chevreuil [ʃəvʀœj] *m* Reh *nt*
chevron [ʃəvʀɔ̃] *m* ① *(poutre)* [Dach]sparren *m* ② *(galon)* Chevron *m*
chevronné(e) [ʃəvʀɔne] *adj* routiniert
chevrotine [ʃəvʀɔtin] *f* [Reh]posten *m*
chewing-gum [ʃwiŋgɔm] <chewing-gums> *m* Kaugummi *m o nt*
chez [ʃe] *prép* ① *(au logis de)* **~ nous** bei uns; **je vais/rentre ~ moi** ich gehe nach Hause; **aller ~ le coiffeur** zum Frisör gehen ② *(dans le pays de)* **ils rentrent ~ eux, en Italie** sie kehren nach Italien zurück ③ *(dans les œuvres de)* **~ Corneille** bei Corneille ④ **... de ~ ...** *fam* ... ohne Ende; **grave de ~ grave** krass ohne Ende, so was von krass
chez-moi [ʃemwa] *m inv* eigene vier Wände

C

chez-soi [ʃeswa] *m inv* eigene vier Wände
chialer [ʃjale] <1> *vi fam* heulen
chiant(e) [ʃjɑ̃] *adj fam* stinklangweilig
chiasse [ʃjas] *f vulg* Dünnschiss *m*
chic [ʃik] **I.** *m sans pl* Schick *m* **II.** *adj inv* ❶ schick ❷ *(sélect)* vornehm ❸ *fam* ~ **type** feiner Kerl *m* ❹ *fam (agréable)* toll **III.** *interj fam* ~ **[alors]!** klasse!
chicane [ʃikan] *f* Streiterei *f*
chicaner [ʃikane] <1> *vi* ~ **sur qc** wegen etw streiten
chicha [ʃiʃa] *f* Wasserpfeife *f*, Shisha *f*
chiche [ʃiʃ] *interj fam* ~**!** die Wette gilt!
chichi [ʃiʃi] *m gén pl* **en voilà des chichis!** das ist vielleicht ein Getue!
chicorée [ʃikɔʀe] *f* ❶ Endivie *f* ❷ *(café)* Kaffee-Ersatz *m*
chicot [ʃiko] *m* [Zahn]stumpf *m*
chien [ʃjɛ̃] *m* Hund *m*; *v.a.* **chienne** ▸ **vie de** ~ Hundeleben *nt (fam)*
chiendent [ʃjɛ̃dɑ̃] *m* Quecke *f*
chienlit [ʃjɑ̃li] *f* Chaos *nt*
chienne [ʃjɛn] *f* Hündin *f*; *v.a.* **chien**
chier [ʃje] <1a> *vt, vi vulg* scheißen ▸ **être à** ~ *fam* zum Kotzen sein *(vulg)*; **se faire** ~ *fam* sich total anöden
chiffon [ʃifɔ̃] *m* Lappen *m*
chiffonné(e) [ʃifɔne] *adj* zerknittert
chiffonner [ʃifɔne] <1> *vt* zerknittern
chiffonnier, -ière [ʃifɔnje, -jɛʀ] *m, f* ▸ **se battre** [*o* **se disputer**] **comme des ~s** sich heftig schlagen
chiffre [ʃifʀ] *m* ❶ Ziffer *f*, Zahl *f*; **à/de trois ~s** dreistellig ❷ *(montant)* Summe *f*; ~ **d'affaires** Umsatz *m* ❸ *(d'un message)* Code *m*
chiffrer [ʃifʀe] <1> **I.** *vt* beziffern **II.** *vpr* **se** ~ **à qc** sich auf etw *(akk)* belaufen
chignole [ʃiɲɔl] *f* ❶ *(perceuse)* Handbohrmaschine *f* ❷ *péj fam (voiture)* [Klapper]kiste *f*
chignon [ʃiɲɔ̃] *m* Haarknoten *m*
chiite [ʃiit] *adj* schiitisch
Chiite [ʃiit] *mf* Schiite *m*/Schiitin *f*
Chili [ʃili] *m* **le** ~ Chile *nt*
chilien(ne) [ʃiljɛ̃] *adj* chilenisch; *v.a.* **allemand**
Chilien(ne) [ʃiljɛ̃] *m(f)* Chilene, Chilenin *m, f*
chimère [ʃimɛʀ(ə)] *f* Hirngespinst *nt*
chimie [ʃimi] *f* Chemie *f*
chimio [ʃimjo] *f fam v.* **chimiothérapie**
chimiothérapie [ʃimjoteʀapi] *f* Chemotherapie *f*
chimique [ʃimik] *adj* chemisch
chimiste [ʃimist] *mf* Chemiker(in) *m(f)*
chimpanzé [ʃɛ̃pɑ̃ze] *m* Schimpanse *m*
chinchilla [ʃɛ̃ʃila] *m* Chinchilla *f o nt*
Chine [ʃin] *f* **la** ~ China *nt*
chiné(e) [ʃine] *adj* meliert
chinois [ʃinwa] *m* ❶ *(langue)* Chinesisch *nt*; *v.a.* **allemand** ❷ GASTR trichterförmiges Sieb *nt*
chinois(e) [ʃinwa] *adj* chinesisch; *v.a.* **allemand**
Chinois(e) [ʃinwa] *m(f)* Chinese, Chinesin *m, f*
chinoiser [ʃinwaze] <1> *vi* pingelig sein *(fam)*
chiot [ʃjo] *m* Welpe *m*
chiottes [ʃjɔt] *f pl fam* Klo *nt*
chiper [ʃipe] <1> *vt fam* klauen
chipie [ʃipi] *f* ❶ *(mégère)* zänkisches Weib; **vieille** ~ alte Hexe *(fam)* ❷ *(petite fille)* Luder *nt*
chipoter [ʃipɔte] <1> *vi* ~ **sur qc** wegen etw nörgeln
chips [ʃips] *f gén pl* Chip *m*

> **Aussprache**
> Der Wortanfang von **chips** wird nur als [ʃ] gesprochen, nicht als [tʃ]. Ansonsten wird das Wort wie im Deutschen artikuliert.

chique [ʃik] *f* Kautabak *m*
chiqué [ʃike] *m fam* ❶ *(affectation)* Affentheater *nt*; **faire du** ~ [*o* **tout au** ~] nur so tun, als ob ❷ *(bluff)* Schau *f*; **c'est du** ~ das ist reine Angabe
chiquer [ʃike] <1> *vi* Tabak kauen

chirurgical(e) [ʃiʀyʀʒikal] <-aux> *adj* chirurgisch
chirurgie [ʃiʀyʀʒi] *f* Chirurgie *f*
chirurgien(ne) [ʃiʀyʀʒjɛ̃] *m(f)* Chirurg(in) *m(f)*; ~ **dentiste** Zahnarzt, -ärztin *m, f*
Chleuh [ʃlø] *mf péj fam* Boche *mf (abwertende Bezeichnung für Deutsche aus dem 2. Weltkrieg)*
chlinguer [ʃlɛ̃ge] <1> *vi v.* **schlinguer**
chlore [klɔʀ] *m* Chlor *nt*
chlorofluorocarbone [klɔʀoflyɔʀokaʀbɔn] *m* Fluorchlorkohlenwasserstoff *m*
chloroforme [klɔʀɔfɔʀm] *m* Chloroform *nt*
chlorophylle [klɔʀɔfil] *f* Chlorophyll *nt*
choc [ʃɔk] **I.** *m* ❶ Schock *m* ❷ *(coup)* Stoß *m* ❸ *(heurt)* Aufprall *m* ❹ *(collision)* Zusammenstoß *m* **II.** *app* **prix-~** Preisknüller *m (fam)*
chochotte [ʃɔʃɔt] **I.** *adj fam (snob)* **être** ~ sich zieren *(pej)* **II.** *f* ▶ **faire la** [*o* **sa**] ~ *fam* herumdrucksen
chocolat [ʃɔkɔla] **I.** *m* ❶ Schokolade *f*; **barre de** ~ Schokoladenriegel *m* ❷ *(boisson)* Kakao *m* ❸ *(friandise)* Praline *f* **II.** *adj inv* schokoladenfarben
chocolaté(e) [ʃɔkɔlate] *adj* **crème ~e** Schokoladencreme *f*
chocolatier, -ière [ʃɔkɔlatje, -jɛʀ] **I.** *adj* **industrie chocolatière** Schokoladenindustrie *f* **II.** *m, f* ❶ *(producteur)* Schokoladenfabrikant(in) *m(f)* ❷ *(commerçant)* Schokoladen[groß]händler(in) *m(f)*
chœur [kœʀ] *m* Chor *m*
choisi(e) [ʃwazi] *adj* ausgewählt
choisir [ʃwaziʀ] <8> *vt, vi* ❶ wählen ❷ *(trancher)* sich entscheiden
choix [ʃwa] *m* ❶ Wahl *f*; **au** ~ nach Wahl ❷ *(variété)* Auswahl *f* ❸ *(qualité)* **de** ~ bester Qualität
choléra [kɔleʀa] *m* Cholera *f*
cholestérol [kɔlɛsteʀɔl] *m* Cholesterin *nt*
chômage [ʃomaʒ] *m* Arbeitslosigkeit *f*; **toucher le** ~ *fam* Arbeitslosengeld kriegen
chômer [ʃome] <1> *vi* ❶ *(être sans travail)* arbeitslos sein ❷ *(ne pas travailler)* nicht arbeiten
chômeur, -euse [ʃomœʀ] *m, f* Arbeitslose(r) *f(m)*
chope [ʃɔp] *f* Humpen *m*
choper [ʃɔpe] <1> *vt fam (attraper: grippe)* sich *(dat)* holen
choquant(e) [ʃɔkɑ̃] *adj* schockierend
choquer [ʃɔke] <1> **I.** *vi* Aufsehen erregen **II.** *vt* ❶ schockieren ❷ *(pudeur)* verletzen
choral [kɔʀal] <s> *m* Choral *m*
choral(e) [kɔʀal] <-aux *o* s> *adj* Chor-
chorale [kɔʀal] *f* Chor *m*
chorégraphe [kɔʀegʀaf] *mf* Choreograf(in) *m(f)*
chorégraphie [kɔʀegʀafi] *f* Choreografie *f*
choriste [kɔʀist] *mf* Chormitglied *nt*
chose [ʃoz] **I.** *f* ❶ Sache *f*; *(objet matériel)* Ding *nt* ❷ *(ce dont il s'agit)* Sache *f* ❸ *(paroles)* **j'ai deux/plusieurs ~s à vous dire** ich habe Ihnen Verschiedenes zu sagen ▶ **pas grand-~** nicht viel **II.** *m fam (truc)* Dingsda *nt*; **monsieur Chose** Herr Dings[da]
chou [ʃu] <x> *m* ❶ Kohl *m*; ~ **de Bruxelles** Rosenkohl ❷ GASTR ~ **à la crème** Windbeutel *m*
chouchou(te) [ʃuʃu] *m(f) fam* Herzchen *nt*; **~(te) de qn** jds Liebling *m*
choucroute [ʃukʀut] *f* Sauerkraut *nt*
chouette [ʃwɛt] **I.** *adj fam* klasse **II.** *f (oiseau)* Eule *f*
chou-fleur [ʃuflœʀ] <choux-fleurs> *m* Blumenkohl *m* **chou-rave** [ʃuʀav] <choux-raves> *m* Kohlrabi *m*
choyer [ʃwaje] <6> *vt* ~ **qn** für jdn liebevoll sorgen
chrétien(ne) [kʀetjɛ̃] **I.** *adj* christlich; **être** ~ Christ sein **II.** *m(f)* Christ(in) *m(f)*
chrétienté [kʀetjɛ̃te] *f* Christenheit *f*
christ [kʀist] *m* Christus *m*
christianiser [kʀistjanize] <1> *vt* christianisieren
christianisme [kʀistjanism] *m* Chris-

tentum *nt*

chrome [kʀom] *m* Chrom *nt*

chromé(e) [kʀome] *adj* verchromt

chromosome [kʀomozom] *m* Chromosom *nt*

C

chronique [kʀɔnik] **I.** *adj* ❶ chronisch ❷ *(problème)* andauernd **II.** *f* ❶ LITTER Chronik *f* ❷ MEDIA Kolumne *f;* RADIO Kommentar *m*

chroniqueur, -euse [kʀɔnikœʀ, -øz] *m, f* ❶ LITTER Chronist(in) *m(f)* ❷ MEDIA **~ littéraire** Feuilletonist(in) *m(f);* **~ financier/sportif** Wirtschafts-/Sportredakteur

chronologie [kʀɔnɔlɔʒi] *f* Chronologie *f*

chronologique [kʀɔnɔlɔʒik] *adj* chronologisch

chronomètre [kʀɔnɔmɛtʀ] *m* Stoppuhr *f*

chronométrer [kʀɔnɔmetʀe] <5> *vt* stoppen

chrysalide [kʀizalid] *f* Puppe *f*

chrysanthème [kʀizɑ̃tɛm] *m* Chrysantheme *f*

C.H.U. [seaʃy] *m inv abr de* **centre hospitalier universitaire** Universitätsklinik *f*

chuchotement [ʃyʃɔtmɑ̃] *m* Flüstern *nt;* *(en cachette)* Tuscheln *nt*

chuchoter [ʃyʃɔte] <1> *vt, vi* flüstern

chut [ʃyt] *interj* pst

> **Aussprache**
>
> Bei **chut** und ähnlichen einsilbigen Wörtern wird das -t am Ende gesprochen.

chute [ʃyt] *f* ❶ Sturz *m* ❷ GEO **~ d'eau** Wasserfall *m* ❸ METEO **~ de neige** Schneefall *m* ❹ *(d'une histoire)* Schluss *m*

chuter [ʃyte] <1> *vi* ❶ *fam* stürzen ❷ *fam (candidat)* durchfallen ❸ *(baisser)* sinken

Chypre [ʃipʀ] *f* ~ Zypern *nt*

chypriote [ʃipʀijɔt] *adj v.* **cypriote**

ci [si] *adv* **comme ~ comme ça** *fam* so lala; **à cette heure-~** zu dieser Zeit; *v.a.* **ceci** *v.a.* **celui**

ci-après [siapʀɛ] *adv* nachstehend

cibiste [sibist] *mf* CB-Funker(in) *m(f)*

cible [sibl] *f* ❶ Zielscheibe *f* ❷ COM, MEDIA Zielgruppe *f*

cibler [sible] <1> *vt* **~ des personnes** Menschen gezielt ansprechen

ciboulette [sibulɛt] *f* Schnittlauch *m*

cicatrice [sikatʀis] *f* Narbe *f*

cicatrisation [sikatʀizasjɔ̃] *f* Vernarbung *f*

cicatriser [sikatʀize] <1> **I.** *vt* ❶ vernarben lassen ❷ *fig* überwunden sein **II.** *vi, vpr* vernarben

ci-contre [sikɔ̃tʀ] *adv* nebenstehend **ci--dessous** [sid(ə)su] *adv* [weiter] unten **ci-dessus** [sid(ə)sy] *adv* [weiter] oben

cidre [sidʀ] *m* Cidre *m*

Cie *abr de* **compagnie** Co

ciel [sjɛl] <cieux> *m* Himmel *m* ▶ **au nom du ~!** um Himmels willen!

cierge [sjɛʀʒ] *m* Kerze *f*

cieux [sjø] *pl de* **ciel**

cigale [sigal] *f* Zikade *f*

cigare [sigaʀ] *m* Zigarre *f*

cigarette [sigaʀɛt] *f* Zigarette *f*

cigarillo [sigaʀijo] *m* Zigarillo *nt o m*

ci-gît [siʒi] hier ruht

cigogne [sigɔɲ] *f* Storch *m*

ci-inclus [siɛ̃kly] in der Anlage; **la copie ~e** die beiliegende Kopie

ci-joint [siʒwɛ̃] anbei

cil [sil] *m* Wimper *f*

cime [sim] *f* Wipfel *m*

ciment [simɑ̃] *m* Zement *m*

cimenter [simɑ̃te] <1> *vt* ❶ zementieren ❷ *fig* festigen

cimetière [simtjɛʀ] *m* Friedhof *m*

ciné [sine] *m fam abr de* **cinéma**

cinéaste [sineast] *m* Filmemacher(in) *m(f)*

ciné-club [sineklœb] <ciné-clubs> *m* Filmclub *m*

cinéma [sinema] *m* Kino *nt*

cinémascope® [sinemaskɔp] *m* Cinemascope® *nt*

cinémathèque [sinematɛk] *f* Filmarchiv *nt*

cinématographique [sinematɔgʀafik] *adj* Film-; **industrie ~** Filmindustrie *f*

cinéphile [sinefil] *mf* Kinofreund(in) *m(f)*

cinétique [sinetik] *adj* kinetisch

cinglé(e) [sɛ̃gle] **I.** *adj fam* bekloppt **II.** *m(f) fam* **quel ~/quelle ~e!** was für ein Spinner/eine blöde Ziege!

cingler [sɛ̃gle] <1> *vt* ❶ *(frapper)* **~ le visage à qn** jdm ins Gesicht schlagen ❷ *(fouetter)* ins Gesicht peitschen

cinoche [sinɔʃ] *m fam* Kintopp *m*

cinq [sɛ̃k] **I.** *num* ❶ fünf; **un Français sur ~** jeder fünfte Franzose; **à ~** zu fünft ❷ *(dans l'indication de l'âge, la durée)* **avoir/avoir bientôt ~ ans** fünf [Jahre alt] sein/werden; **à ~ ans** mit fünf [Jahren] ❸ *(dans l'indication de l'heure)* **il est ~ heures** es ist fünf [Uhr]; **toutes les ~ heures** alle fünf Stunden ❹ *(dans l'indication de la date)* **le ~ mars** der fünfte März; **arriver le ~ mars** am fünften März kommen; **le vendredi ~ mars** am Freitag, den fünften März; **Aix, le ~ mars** Aix, den fünften März **II.** *m inv* ❶ Fünf *f* ❷ SCOL **avoir ~ sur dix** ≈ eine Vier haben [illegible] **sur** einwandfrei **III.** *adv* *(dans une énumération)* fünftens; *(dans un ordre du jour)* Punkt fünf

cinquantaine [sɛ̃kɑ̃tɛn] *f* ❶ **une ~ de personnes/pages** etwa fünfzig Personen/Seiten ❷ *(âge approximatif)* **approcher de la ~** auf die Fünfzig zugehen

cinquante [sɛ̃kɑ̃t] **I.** *num* ❶ fünfzig; **à ~ à l'heure** mit fünfzig Stundenkilometern ❷ *(dans l'indication des époques)* **les années ~** die fünfziger Jahre **II.** *m inv* ❶ Fünfzig *f* ❷ *(taille de confection)* **faire du ~** ≈ Größe 48 tragen; *v.a.* **cinq**

cinquantenaire [sɛ̃kɑ̃tnɛʀ] *m* fünfzigjähriges Jubiläum *nt*

cinquantième [sɛ̃kɑ̃tjɛm] **I.** *adj* fünfzigste(r, s) **II.** *mf* **le/la ~** der/die/das Fünfzigste **III.** *m (fraction)* Fünfzigstel *nt; v.a.* **cinquième**

cinquième [sɛ̃kjɛm] **I.** *adj* fünfte(r, s); **la ~ page avant la fin** die fünftletzte Seite; **arriver ~/obtenir la ~ place** Fünfte(r) werden **II.** *mf* **le/la ~** der/die/das Fünfte; **être le ~ de la classe** der Fünftbeste [in] der Klasse sein **III.** *m* ❶ *(fraction)* Fünftel *nt* ❷ *(étage)* fünfter Stock *m* ❸ *(arrondissement)* **habiter dans le ~** im fünften Arrondissement wohnen ❹ *(dans une charade)* fünfte Silbe *f* **IV.** *f* ❶ *(vitesse)* fünfter Gang *m* ❷ SCOL ≈ siebte Klasse *f*

C

cinquièmement [sɛ̃kjɛmmɑ̃] *adv* fünftens

cintre [sɛ̃tʀ] *m* Kleiderbügel *m*

C.I.O. [seio] *m abr de* **Comité International Olympique** IOK *nt,* IOC *nt*

cirage [siʀaʒ] *m* Schuhcreme *f*

circoncis(e) [siʀkɔ̃si] *adj* beschnitten

circoncision [siʀkɔ̃sizjɔ̃] *f* Beschneidung *f*

circonférence [siʀkɔ̃feʀɑ̃s] *f* Kreisumfang *m*

circonscription [siʀkɔ̃skʀipsjɔ̃] *f* ❶ ADMIN Bezirk *m* ❷ POL Wahlkreis *m*

circonscrire [siʀkɔ̃skʀiʀ] <irr> *vt* abgrenzen

circonspect(e) [siʀkɔ̃spɛ(kt), ɛkt] *adj (termes)* besonnen

circonspection [siʀkɔ̃spɛksjɔ̃] *f* Umsichtigkeit *f*

circonstance [siʀkɔ̃stɑ̃s] *f* ❶ *souvent pl* Umstand *m* ❷ *(occasion)* Gelegenheit *f*

circonstancié(e) [siʀkɔ̃stɑ̃sje] *adj* ausführlich

circuit [siʀkɥi] *m* ❶ Rundfahrt *f* ❷ *(parcours)* Strecke *f* ❸ SPORT Rennstrecke *f* ❹ *(jeu)* Spielzeugautorennbahn *f* ❺ ELEC Stromkreis *m* ❻ ECON Kreislauf *m*

circulaire [siʀkylɛʀ] **I.** *adj* Kreis-; **scie ~** Kreissäge *f* **II.** *f* Rundschreiben *nt*

circulation [siʀkylasjɔ̃] *f* ❶ Verkehr *m* ❷ ECON Umlauf *m* ❸ MED Blutkreis-

lauf *m*
circulatoire [siʀkylatwaʀ] *adj* **appareil** ~ Kreislaufsystem *nt*
circuler [siʀkyle] <1> *vi* ① herumgehen ② *(couler)* fließen
cire [siʀ] *f* Wachs *nt*
ciré [siʀe] *m* Ölzeug *nt*
cirer [siʀe] <1> *vt (parquet)* wachsen [und bohnern]
cireur [siʀœʀ] *m* ~ [**de chaussures**] Schuhputzer *m*
cireuse [siʀøz] *f (appareil ménager)* Bohnermaschine *f*
cirque [siʀk] *m* Zirkus *m*
cirrhose [siʀoz] *f* Zirrhose *f*
cisailler [sizɑje] <1> *vt* ① *(couper)* [zer]schneiden ② *(élaguer)* [be]schneiden
cisailles [sizɑj] *fpl* Schere *f*
ciseau [sizo] <x> *m* ① *pl* Schere *f*; **une paire de ~x** eine Schere ② *(outil)* Meißel *m*
ciseler [sizle] <4> *vt* ziselieren
citadelle [sitadɛl] *f* Festung *f*
citadin(e) [sitadɛ̃] **I.** *adj* städtisch **II.** *m(f)* Städter(in) *m(f)*
citation [sitasjɔ̃] *f* Zitat *nt*
cité [site] *f* ① Stadt *f* ② *(vieux quartier)* Altstadt *f* ③ *(immeubles)* Siedlung *f*
cité-dortoir [sitedɔʀtwaʀ] <cités-dortoirs> *f* Schlafstadt *f*
citer [site] <1> *vt* ① zitieren ② *(énumérer)* nennen ③ JUR vorladen
citerne [sitɛʀn] *f* ① Tank *m* ② *(pour l'eau de pluie)* Zisterne *f*
citoyen(ne) [sitwajɛ̃] **I.** *m(f)* Bürger(in) *m(f)* **II.** *adj* bürgernah
citron [sitʀɔ̃] *m* Zitrone *f*
citronnade [sitʀɔnad] *f* Zitronenwasser *nt*
citronnelle [sitʀɔnɛl] *f* BOT Zitronenmelisse *f*
citronnier [sitʀɔnje] *m* ① *(arbre)* Zitronenbaum *m* ② *(bois)* Zitronenholz *nt*
citrouille [sitʀuj] *f* Kürbis *m*
civet [sivɛ] *m in Wein geschmortes Wildragout*
civière [sivjɛʀ] *f* Tragbahre *f*
civil [sivil] *m* ① Zivilist *m* ② *(vie civile)* **dans le** ~ im Zivilleben
civil(e) [sivil] *adj* ① *(relatif au citoyen)* Zivil-; **tribunal** ~ Zivilgericht *nt*; **guerre ~e** Bürgerkrieg *m* ② *(opp: religieux)* **mariage** ~ standesamtliche Trauung *f*
civilisation [sivilizasjɔ̃] *f* ① Kultur *f* ② *(état)* Zivilisation *f*
civiliser [sivilize] <1> *vt* zivilisieren
civique [sivik] *adj* staatsbürgerlich
civisme [sivism] *m* staatsbürgerliches Pflichtgefühl
clafoutis [klafuti] *m Süßspeise, die aus einem Eierkuchenteig und Kirschen besteht*
clair [klɛʀ] **I.** *adv* ① klar ② *(sans ambiguïté)* deutlich **II.** *m* ~ **de lune** Mondschein *m*
clair(e) [klɛʀ] *adj* ① klar ② *(opp: foncé)* hell; **bleu** ~ hellblau ③ *(peu consistant)* dünn
claire [klɛʀ] *f* ① *(bassin)* Austernpark *m* ② *(huître)* Auster *f* aus einem Austernpark
clairement [klɛʀmɑ̃] *adv* deutlich
clairière [klɛʀjɛʀ] *f* Lichtung *f*
clairon [klɛʀɔ̃] *m* ① *(instrument)* Bügelhorn *nt* ② *(personne)* Hornist(in) *m(f)*
claironner [klɛʀɔne] <1> *vt iron, fig* ausposaunen
clairsemé(e) [klɛʀsəme] *adj* vereinzelt
clairvoyance [klɛʀvwajɑ̃s] *f* Weitblick *m*
clairvoyant(e) [klɛʀvwajɑ̃, jɑ̃t] *adj* weitblickend
clamer [klɑme] <1> *vt* hinausschreien
clan [klɑ̃] *m* ① *péj* Clique *f* ② HIST Klan *m*
clandestin(e) [klɑ̃dɛstɛ̃] **I.** *adj* geheim; **passager** ~ blinder Passagier *m* **II.** *m(f)* illegaler Einwanderer, illegale Einwanderin *m, f*
clandestinité [klɑ̃dɛstinite] *f* Heimlichkeit *f*
clapet [klapɛ] *m* ① TECH [Klappen]ventil *nt* ② *fam (bouche)* Klappe *f*

clapier [klapje] *m* ❶ *(cage)* Kaninchenstall *m* ❷ *péj (logement)* Loch *nt*
clapoter [klapɔte] <1> *vi* plätschern
claquage [klakaʒ] *m* MED Muskelriss *m*
claque [klak] *f* Ohrfeige *f; (sur l'épaule)* Klaps *m*
claqué(e) [klake] *adj fam* fix und fertig
claquer [klake] <1> **I.** *vt* knallen **II.** *vi* schlagen
claquettes [klakɛt] *fpl* Stepptanz *m*
clarification [klaʀifikasjɔ̃] *f (d'une question)* Klärung *f*
clarifier [klaʀifje] <1> *vpr* **se ~** sich klären
clarinette [klaʀinɛt] *f* MUS Klarinette *f*
clarté [klaʀte] *f* ❶ Helligkeit *f* ❷ *(transparence)* Reinheit *f* ❸ *(opp: confusion)* Klarheit *f*
classe [klɑs] *f* ❶ Klasse *f;* **~s moyennes** Mittelstand *m* ❷ AUT **billet de première ~** Fahrschein *m* erster Klasse ❸ *fam (élégance)* **être ~** Klasse sein ❹ MIL **faire ses ~s** die Grundausbildung machen
classé(e) [klɑse] *adj* ❶ unter Denkmalschutz stehend ❷ *(réglé)* abgeschlossen ❸ *(de valeur)* klassifiziert
classement [klɑsmɑ̃] *m* ❶ Einordnen *nt* ❷ *(d'un hôtel)* Kategorie *f* ❸ *(place sur une liste)* Rangfolge *f* ❹ *(liste par ordre de mérite)* Wertung *f*
classer [klɑse] <1> **I.** *vt* ❶ ordnen ❷ *(ranger selon la performance)* einstufen **II.** *vpr* **se ~ premier** sich als Erster platzieren
classeur [klɑsœʀ] *m* [Akten]ordner *m*
classicisme [klasisism] *m* ART Klassik *f*
classification [klasifikasjɔ̃] *f* Klassifizierung *f*
classifier [klasifje] <1> *vt* klassifizieren
classique [klasik] **I.** *adj* ❶ ART klassisch ❷ *(habituel)* typisch **II.** *m* ❶ *(auteur)* Klassiker *m* ❷ *(musique)* Klassik *f*
clause [kloz] *f* Klausel *f*
claustrophobe [klostʀɔfɔb] *adj* **être ~** unter Klaustrophobie leiden
claustrophobie [klostʀɔfɔbi] *f* Klaustrophobie *f*
clavecin [klavsɛ̃] *m* MUS Cembalo *nt*
clavicule [klavikyl] *f* ANAT Schlüsselbein *nt*
clavier [klavje] *m* Tastatur *f*

> **Übersetzungstipp**
> **Le clavier** – Nicht verwechseln mit *das Klavier – le piano!*

clé [kle] *f* ❶ *a.* MUS, TECH Schlüssel *m;* **~ de contact** Zündschlüssel ❷ INFORM **~ USB** USB-Stick *m*
clean [klin] *adj inv fam* ❶ *(propre)* proper ❷ *(opp: speedé)* clean
clef [kle] *f v.* **clé**
clémence [klemɑ̃s] *f* Milde *f*
clément(e) [klemɑ̃] *adj* mild
clémentine [klemɑ̃tin] *f* Klementine *f*
cleptomane [klɛptɔman] *mf* Kleptomane *m*/Kleptomanin *f*
clerc [klɛʀ] *m* ❶ *(de notaire)* Schreiber *m* ❷ *(clergé)* Geistliche(r) *m,* Kleriker *m*
clergé [klɛʀʒe] *m* Klerus *m*
clérical(e) [kleʀikal, -o] <-aux> *adj* geistlich
clic [klik] **I.** *interj* klick **II.** *m* Klick *m,* **~ sur la souris** Mausklick
cliché [kliʃe] *m* ❶ Klischee *nt* ❷ *(photo)* Abzug *m*
client(e) [klijɑ̃] *m(f)* ❶ Kunde, Kundin *m, f* ❷ *(d'un restaurant)* Gast *m; (d'un avocat)* Klient(in) *m(f); (d'un médecin)* Patient(in) *m(f)* ❸ ECON Abnehmer(in) *m(f)*
clientèle [klijɑ̃tɛl] *f* Kundschaft *f*
cligner [kliɲe] <1> *vt* **~ des yeux** blinzeln; **~ de l'œil** zwinkern
clignotant [kliɲɔtɑ̃] *m* AUT Blinker *m*
clignotant(e) [kliɲɔtɑ̃] *adj* Blink-
clignoter [kliɲɔte] <1> *vi* blinken
clim [klim] *f abr de* **climatisation** *fam* Klimaanlage *f*
climat [klima] *m* Klima *nt*
climatique [klimatik] *adj* klimatisch;

C

changement ~ Klimaänderung *f*
climatisation [klimatizasjɔ̃] *f* ❶ Klimatisierung *f* ❷ *(dispositif)* Klimaanlage *f*
climatiser [klimatize] <1> *vt* klimatisieren
climatiseur [klimatizœʀ] *m* Klimaanlage *f*
clin d'œil [klɛ̃dœj] <clins d'œil> *m* Augenzwinkern *nt* ▸ **en un** ~ im Nu
clinique [klinik] **I.** *adj* klinisch **II.** *f* [Privat]klinik *f*
clip [klip] *m* Clip *m*
cliquable [klikabl] *adj* INFORM anklickbar
clique [klik] *f péj fam* Clique *f*
cliquer [klike] <1> *vi* INFORM klicken
cliqueter [klik(ə)te] <3> *vi* klimpern
cliquetis [klik(ə)ti] *m* Klimpern *nt*
clitoris [klitɔʀis] *m* ANAT Klitoris *f*
clivage [klivaʒ] *m (des groupes)* Spaltung *f*
cloaque [klɔak] *m* Kloake *f*
clochard(e) [klɔʃaʀ] *m(f)* Stadtstreicher(in) *m(f)*
cloche [klɔʃ] *f* Glocke *f*
cloche-pied [klɔʃpje] **à** ~ auf einem Bein
clocher[1] [klɔʃe] *m* Kirchturm *m*
clocher[2] [klɔʃe] <1> *vi fam* nicht stimmen
clochette [klɔʃɛt] *f* Glöckchen *nt*
clodo [klodo] *m fam v.* **clochard**
cloison [klwazɔ̃] *f* Zwischenwand *f*
cloisonnement [klwazɔnmɑ̃] *m (séparation idéologique, sociale)* Abgrenzung *f*
cloisonner [klwazɔne] <1> *vt* durch Zwischenwände abtrennen
cloître [klwatʀ] *m* Kloster *nt*
cloîtrer [klwatʀe] <1> **I.** *vt fig* einsperren **II.** *vpr* **se** ~ **dans une maison** sich in einem Haus einschließen
clonage [klɔnaʒ] *m* Klonen *nt*
clone [klon] *m* Klon *m*
clope [klɔp] *f fam* Glimmstängel *m*
cloque [klɔk] *f* Blase *f*
cloquer [klɔke] <1> *vi* Blasen bilden
clore [klɔʀ] <irr> *vt* schließen, [be]enden
clos(e) [klo] *adj* ❶ geschlossen ❷ *(achevé)* erledigt
clôture [klotyʀ] *f* ❶ Zaun *m* ❷ *(d'u*
festival) Ende *nt*
clôturer [klotyʀe] <1> *vt* ❶ einfriede
❷ *(finir)* beenden
clou [klu] *m* ❶ Nagel *m* ❷ *(attraction*
Höhepunkt *m* ▸ **ne pas valoir un** ~ *fam* keinen Pfifferling wert sein
clouer [klue] <1> *vt* annageln
clouté(e) [klute] *adj* mit Nägeln beschlagen; **pneus ~s** Spikesreifen *Pl*
clown [klun] *m* Clown *m*

> **Aussprache**
> Das -ow- in **clown** wird [u] gesprochen.

club[1] [klœb] *m (association, organisation)* Klub *m; (discothèque)* Disko *f;* ~ **de sport** Fitnesscenter *nt*

> **Aussprache**
> Im englischen Wort **club** wird das -u- zu [œ] und das -b am Ende gesprochen.

club[2] [klœb] *m (crosse de golf)* Golfschläger *m*
CMU [seɛmy] *f abr de* **couverture maladie universelle** *Krankenfürsorgekasse, die bei Menschen mit sehr geringem Einkommen sämtliche Kosten für die medizinische Versorgung übernimmt*
C.N.R.S. [seɛnɛʀɛs] *m abr de* **Centre national de la recherche scientifique** *nationales Forschungszentrum für Wissenschaft und Technik*
coaguler [kɔagyle] <1> *vi, vpr* gerinnen
coalition [kɔalisjɔ̃] *f* Bündnis *nt*
coasser [kɔase] <1> *vi* quaken
cobalt [kɔbalt] *m* CHIM Kobalt *nt*
cobaye [kɔbaj] *m* Meerschweinchen *nt*
Coblence [kɔblɑ̃s] Koblenz *nt*

cobra [kɔbʀa] *m* Kobra *f*
coca® [kɔka] *m* Cola *f*
coca-cola® [kɔkakɔla] *m* Coca-Cola® *f*
cocaïne [kɔkain] *f* Kokain *nt*
cocaïnomane [kɔkainɔman] *mf* Kokainsüchtige(r) *f(m)*
cocarde [kɔkaʀd] *f* Kokarde *f*
cocasse [kɔkas] *adj fam* drollig
coccinelle [kɔksinɛl] *f* Marienkäfer *m*
coccyx [kɔksis] *m* Steißbein *nt*
coche [kɔʃ] *m* ▸ **rater le ~** *fam* die Gelegenheit verpassen
cocher[1] [kɔʃe] <1> *vt* ankreuzen
cocher[2] [kɔʃe] *m* Kutscher *m*
cochon [kɔʃɔ̃] *m* ❶ Schwein *nt* ❷ GASTR Schweinefleisch *nt*
cochon(ne) [kɔʃɔ̃] **I.** *adj fam* ❶ schmuddelig ❷ *(obscène)* schweinisch *Pl* **II.** *m(f) péj fam* ❶ *(personne sale)* Ferkel *nt* ❷ *(vicieux)* Schwein *nt*
cochonner [kɔʃɔne] <1> *vt fam* ❶ hinpfuschen ❷ *(salir)* dreckig machen
cochonnerie [kɔʃɔnʀi] *f fam* ❶ Dreckszeug *nt* ❷ *souvent pl fam (obscénités)* Schweinereien *Pl*
cochonnet [kɔʃɔnɛ] *m* Ferkel *nt*
cocker [kɔkɛʀ] *m* Cockerspaniel *m*
cockpit [kɔkpit] *m* Cockpit *nt*
cocktail [kɔktɛl] *m* ❶ *(boisson)* Cocktail *m;* **~ de bienvenue** Begrüßungscocktail *m* ❷ *(réunion)* Cocktailparty *f* ❸ *(mélange)* Mischung *f*

Aussprache
In Anglizismen wie **cocktail** wird die Endung -ail als [ɛl] gesprochen.

coco [koko] *m péj (type)* Früchtchen *nt (fam)*
cocon [kɔkɔ̃] *m* Kokon *m*
cocorico [kɔkɔʀiko] *m* Kikeriki *nt*
cocoter [kɔkɔte] <1> *vi fam* stinken
cocotier [kɔkɔtje] *m* Kokospalme *f*
cocotte [kɔkɔt] *f* Topf *m*
cocotte-minute® [kɔkɔtminyt] <cocottes-minute> *f* Schnellkochtopf *m*
cocu(e) [kɔky] *adj fam* betrogen
code [kɔd] *m* ❶ Kode *m;* **~ postal** Postleitzahl *f* ❷ *(permis)* theoretische Fahrprüfung *f* ❸ *(feux)* Abblendlicht *nt* ❹ JUR Gesetzbuch *nt*
code-barres [kɔdbaʀ] <codes-barres> *m* Strichcode *m*
codécision [kodesizjɔ̃] *f* POL *(de l'Union européenne)* gemeinsamer Entschluss *m*
coder [kɔde] <1> *vt* verschlüsseln
codifier [kɔdifje] <1> *vt* kodifizieren
coefficient [kɔefisjɑ̃] *m* ❶ MATH, PHYS Koeffizient *m* ❷ *(facteur)* **~ annuel** CH Steuer(an)satz *m*
coéquipier, -ière [koekipje] *m, f* Mannschaftskamerad(in) *m(f)*
cœur [kœʀ] *m* ❶ ANAT Herz *nt* ❷ *(d'un débat)* Kernpunkt *m* ▸ **qn a mal au ~** jdm ist schlecht; **par ~** auswendig
coexistence [kɔɛgzistɑ̃s] *f* Nebeneinanderbestehen *nt*
coexister [kɔegziste] <1> *vi* nebeneinander bestehen
coffre [kɔfʀ] *m* ❶ Truhe *f* ❷ AUT Kofferraum *m*
coffre-fort [kɔfʀəfɔʀ] <coffres-forts> *m* Safe *m*
coffrer [kɔfʀe] <1> *vt fam* ins Kittchen bringen
coffret [kɔfʀɛ] *m* Schatulle *f*
cogiter [kɔʒite] <1> *vi iron* scharf nachdenken
cognac [kɔɲak] *m* Cognac *m*
cogner [kɔɲe] <1> **I.** *vt* **~ qn/qc** an jdn/etw [an]stoßen **II.** *vi* zuschlagen **III.** *vpr* **se ~ qc contre qc** sich etw *(akk)* an etw *(dat)* stoßen
cohabitation [koabitasjɔ̃] *f* POL Kohabitation *f*
cohabiter [koabite] <1> *vi* POL kohabitieren
cohérence [koeʀɑ̃s] *f (d'un propos)* Zusammenhang *m; (d'un raisonnement)* Kohärenz *f*
cohérent(e) [koeʀɑ̃] *adj* kohärent
cohésion [koezjɔ̃] *f* Zusammenhalt *m*
cohorte [koɔʀt] *f (de touristes, fans)* Schar *f*

C

cohue [kɔy] *f* Gedränge *nt*
coi(te) [kwa, kwat] *adj* **rester** ~ völlig sprachlos sein
coiffe [kwaf] *f* [Trachten]haube *f*
coiffé(e) [kwafe] *adj* frisiert
coiffer [kwafe] <1> *vt, vpr* [**se**] ~ [sich] frisieren
coiffeur [kwafœʀ] *m* Friseur *m*
coiffeuse [kwaføz] *f* ❶ *(personne)* Friseurin *f,* Friseuse *f* ❷ *(meuble)* Frisierkommode *f*
coiffure [kwafyʀ] *f* Frisur *f*
coin [kwɛ̃] *m* Ecke *f*
coincé(e) [kwɛ̃se] *adj fam* verklemmt
coincer [kwɛ̃se] <2> **I.** *vt* einklemmen **II.** *vpr* **se** ~ **le doigt** sich *(dat)* den Finger einklemmen
coïncidence [kɔɛ̃sidɑ̃s] *f* Zufall *m*
coïncider [kɔɛ̃side] <1> *vi* ❶ *(être concomitant)* [zeitlich] zusammenfallen ❷ *(correspondre)* übereinstimmen
coing [kwɛ̃] *m* Quitte *f*
coït [kɔit] *m* Koitus *m*
coke [kɔk] *f abr de* **cocaïne** *fam* Koks *m*
col [kɔl] *m* ❶ Kragen *m* ❷ GEO [Gebirgs]pass *m* ❸ *(goulot)* Hals *m*
colchique [kɔlʃik] *m* BOT Herbstzeitlose *f*
coléoptère [kɔleɔptɛʀ] *m* ZOOL Käfer *m*
colère [kɔlɛʀ] *f* Wut *f;* **être en** ~ wütend sein
coléreux, -euse [kɔleʀø] *adj*, **colérique** [kɔleʀik] *adj* jähzornig
colibri [kɔlibʀi] *m* Kolibri *m*
colimaçon [kɔlimasɔ̃] *m* ZOOL Schnecke *f*
colin [kɔlɛ̃] *m* Seehecht *m*
colique [kɔlik] *f* ❶ Durchfall *m* ❷ *gén pl (douleurs)* Kolik *f*
colis [kɔli] *m* Paket *nt*
collabo *fam abr de* **collaborateur**
collaborateur, -trice [ko(l)labɔʀatœʀ] *m, f* ❶ Mitarbeiter(in) *m(f)* ❷ *(pendant une guerre)* Kollaborateur(in) *m(f)*
collaboratif, -ive [ko(l)labɔʀatif, -iv] *adj* gemeinschaftlich, kollaborativ
collaboration [ko(l)labɔʀasjɔ̃] *f* Zusammenarbeit *f*
collaborer [ko(l)labɔʀe] <1> *vi* ❶ zusammenarbeiten ❷ *(pendant un guerre)* kollaborieren
collage [kɔlaʒ] *m (d'une étiquette)* Aufkleben *nt; (d'une affiche)* Ankleben *n*
collant [kɔlɑ̃] *m* Strumpfhose *f*
collant(e) [kɔlɑ̃] *adj* ❶ hauteng ❷ *(poisseux)* klebrig
collation [kɔlasjɔ̃] *f* Imbiss *m*
colle [kɔl] *f* ❶ Klebstoff *m* ❷ *(punition)* Nachsitzen *nt*
collecte [kɔlɛkt] *f* Sammlung *f*
collecter [kɔlɛkte] <1> *vt* sammeln
collecteur [kɔlɛktœʀ] *m (égout)* Hauptkanal *m*
collectif, -ive [kɔlɛktif] *adj* gemeinsam; **travail** ~ Gemeinschaftsarbeit *f*
collection [kɔlɛksjɔ̃] *f* ❶ Sammlung *f* ❷ *(de livres)* Reihe *f* ❸ *(modèles)* Kollektion *f*
collectionner [kɔlɛksjɔne] <1> *vt* sammeln
collectionneur, -euse [kɔlɛksjɔnœʀ] *m, f* Sammler(in) *m(f)*
collectivité [kɔlɛktivite] *f* Gemeinschaft *f*
collector [kɔlɛktɔʀ] *m* Sammlerstück *nt;* **édition** ~ Sammleredition *f*
collège [kɔlɛʒ] *m* SCOL ~ [**d'enseignement secondaire**] ≈ Realschule *f*

Le collège

Im Anschluss an die Grundschule, im Alter von elf Jahren, beginnt für alle französischen Schulkinder das **collège**. Es handelt sich hierbei um eine vierklassige Gesamtschule, in der ganztägig unterrichtet wird. Die Klassen, die die Schülerinnen und Schüler durchlaufen, werden rückwärts gezählt: Sie heißen *sixième*, *cinquième*, *quatrième* und *troisième*. Das Abschlusszeugnis, mit dem man danach abgehen kann, ist das *brevet des collèges (Diplôme national du brevet, DNB)*. Bis 16 Jahre ist Schulpflicht.

collégien(ne) [kɔleʒjɛ̃] *m(f)* ≈ Realschüler(in) *m(f)*
collègue [kɔ(l)lɛg] *mf* Kollege, Kollegin *m, f*
coller [kɔle] <1> **I.** *vt* kleben **II.** *vi* 1 kleben 2 *(mouler)* hauteng sein **III.** *vpr* **se ~ à qn** sich an jdn schmiegen
collet [kɔlɛ] *m (piège, nœud coulant)* Schlinge *f*
collier [kɔlje] *m* Halskette *f*
collimateur [kɔlimatœʀ] *m* ▸ **avoir qn dans le ~** jdn im Visier haben
colline [kɔlin] *f* Hügel *m*
collision [kɔlizjɔ̃] *f* Zusammenstoß *m*
colloque [kɔ(l)lɔk] *m* Kolloquium *nt*
colmater [kɔlmate] <1> *vt* abdichten
colo [kɔlɔ] *f fam abr de* **colonie de vacances** Ferienlager *nt*
colocataire [kolɔkatɛʀ] *mf* Mitbewohner(in) *m(f)*
Cologne [kɔlɔɲ] Köln *nt*
colombage [kɔlɔ̃baʒ] *m* **maison à ~** Fachwerkhaus *nt*
colombe [kɔlɔ̃b] *f* Taube *f*
Colombie [kɔlɔ̃bi] *f* **la ~** Kolumbien *nt*
colon [kɔlɔ̃] *m* Siedler *m*
côlon [kolɔ̃] *m* ANAT Grimmdarm *m*
colonel(le) [kɔlɔnɛl] *m(f)* Oberst *m*
colonial [kɔlɔnjal] <-aux> *m* Kolonist *m*
colonialisme [kɔlɔnjalism] *m* Kolonialismus *m*
colonie [kɔlɔni] *f* 1 Kolonie *f* 2 *(centre)* **~ de vacances** Ferienlager *nt*

La colonie de vacances

Da die Schulferien in Frankreich wesentlich länger dauern als der Urlaub der Eltern, haben Kinder und Jugendliche die Möglichkeit, unter Aufsicht älterer Jugendlicher, sogenannter *animateurs/animatrices*, mehrere Wochen in einem Ferienlager zu verbringen. Solche **colonies de vacances** (umgangssprachlich oft mit *colo* abgekürzt) gibt es auf dem Lande, am Meer und in den Bergen. Die Bezeichnung wird inzwischen durch den Begriff *séjour de vacances* (Ferienaufenthalt) ersetzt. In Frankreich spricht man offiziell auch von *Accueils collectifs de mineurs (ACM)*.

colonisation [kɔlɔnizasjɔ̃] *f* Kolonisation *f*
coloniser [kɔlɔnize] <1> *vt* kolonisieren
colonnade [kɔlɔnad] *f* Säulengang *m*
colonne [kɔlɔn] *f* 1 ARCHIT Säule *f* 2 *(section)* Spalte *f* 3 *(file)* Reihe *f* 4 MIL Kolonne *f* 5 ANAT **~ vertébrale** Wirbelsäule *f*
colorant [kɔlɔʀɑ̃] *m* Farbstoff *m*
colorant(e) [kɔlɔʀɑ̃] *adj* Färbe-; **shampooing ~** Tönung *f*
coloration [kɔlɔʀasjɔ̃] *f* 1 Farbe *f* 2 *(nuance)* Färbung *f*
coloré(e) [kɔlɔʀe] *adj* gefärbt
colorer [kɔlɔʀe] <1> *vt, vpr* [**se**] **~** [sich] färben
coloriage [kɔlɔʀjaʒ] *m* Ausmalen *nt*
colorier [kɔlɔʀje] <1> *vt* ausmalen
coloris [kɔlɔʀi] *m* 1 Farbgebung *f* 2 *(couleur)* Farbe *f*
coloriser [kɔlɔʀize] <1> *vt* kolorieren
colossal(e) [kɔlɔsal] <-aux> *adj* kolossal
colosse [kɔlɔs] *m* Koloss *m*
colportage [kɔlpɔʀtaʒ] *m (métier)* **le ~ de qc** das Hausieren mit etw
colporter [kɔlpɔʀte] <1> *vt péj (nouvelles)* [überall] herumerzählen
colporteur, -euse [kɔlpɔʀtœʀ] *m, f* Hausierer(in) *m(f)*
colza [kɔlza] *m* Raps *m*
C.O.M. [kɔm] *fpl abr de* **collectivités d'outre-mer** französische Übersee-Gebietskörperschaften *Pl*
coma [kɔma] *m* Koma *nt*
comateux, -euse [kɔmatø, -øz] *adj* komatös
combat [kɔ̃ba] *m* Kampf *m*
combatif, -ive [kɔ̃batif] *adj* kämpferisch
combattant(e) [kɔ̃batɑ̃] *m(f)* Kämpfer(in) *m(f)*
combattre [kɔ̃batʀ] <irr> **I.** *vt* kämpfen

C

C

gegen **II.** *vi* ~ **contre qn/qc/pour qc** gegen jdn/etw/für etw kämpfen **III.** *vpr* **se** ~ sich bekämpfen

combien [kɔ̃bjɛ̃] **I.** *adv (quantité)* wie viel; *(nombre)* wie viele; ~ **de temps** wie lange; ~ **coûte cela?** wie viel kostet das?; ~ **de fois** wie oft **II.** *mf* **le ~?** der Wievielte?

combinaison [kɔ̃binɛzɔ̃] *f* **1** Kombination *f* **2** *(sous-vêtement)* Unterrock *m* **3** *(vêtement)* ~ **de ski** Skianzug *m*

combine [kɔ̃bin] *f fam* Dreh *m*

combiné [kɔ̃bine] *m* TELEC Hörer *m*

combiner [kɔ̃bine] <1> **I.** *vt a. fig* kombinieren **II.** *vpr (s'assembler)* **se ~ avec qc** sich mit etw kombinieren lassen

comble[1] [kɔ̃bl] *m* Gipfel *m*

comble[2] [kɔ̃bl] *adj* [brechend] voll

combler [kɔ̃ble] <1> *vt* **1** auffüllen **2** *(retard)* aufholen **3** *(vœu)* erfüllen

combustible [kɔ̃bystibl] **I.** *adj* brennbar **II.** *m* Brennstoff *m*

combustion [kɔ̃bystjɔ̃] *f* Verbrennung *f*

comédie [kɔmedi] *f* **1** Komödie *f*; ~ **musicale** Musical *nt* **2** *(simulation)* Theater *nt*

comédien(ne) [kɔmedjɛ̃] *m(f)* **1** *(acteur)* Schauspieler(in) *m(f)* **2** *(hypocrite)* Heuchler(in) *m(f)*

comestible [kɔmɛstibl] *adj* essbar

comète [kɔmɛt] *f* Komet *m*

coming out [kɔmiŋaut] *m inv* Coming-out *nt;* **faire son** ~ sein Coming-out haben

comique [kɔmik] **I.** *adj* **1** komisch **2** THEAT, CINE, LITTER Komödien-; **auteur** ~ Komödiendichter(in) *m(f)* **II.** *m* Komiker(in) *m(f)*

comité [kɔmite] *m* Komitee *nt;* ~ **d'entreprise** ≈ Betriebsrat *m*

commandant(e) [kɔmɑ̃dɑ̃] *m(f)* **1** MIL Major(in) *m(f)* **2** NAUT Kommandant(in) *m(f)*

commande [kɔmɑ̃d] *f* **1** Bestellung *f* **2** TECH ~ **à distance** Fernbedienung **3** INFORM Befehl *m* ▶ **sur** ~ auf Bestellung

commandement [kɔmɑ̃dmɑ̃] *m* **1** Befehl *m* **2** MIL Kommando *nt* **3** REL Gebot *nt*

commander [kɔmɑ̃de] <1> **I.** *vt* **1** *(passer commande)* ~ **qc à qn** etw bei jdm bestellen **2** *(ordonner)* befehlen **3** *(diriger)* leiten **4** *(faire fonctionner)* in Gang setzen **II.** *vi* **1** bestellen **2** *(exercer son autorité)* befehlen

commanditaire [kɔmɑ̃ditɛʀ] *m* COM Kommanditist(in) *m(f)*

commanditer [kɔmɑ̃dite] <1> *vt* finanzieren

commando [kɔmɑ̃do] *m* Kommando *nt*

comme [kɔm] **I.** *conj* **1** *(au moment où)* [gerade] als **2** *(étant donné que)* da **3** *(de même que)* wie auch **4** *(exprimant une comparaison)* wie; **grand/petit ~ ça** so groß/klein; ~ **si** als ob **5** *(en tant que)* als **6** *(tel que)* wie **7** *(quel genre de)* was für...? **II.** *adv* **1** *(exclamatif)* wie; ~ **c'est gentil!** wie nett! **2** *(manière)* wie; **savoir ~...** wissen wie (sehr)...; ~ **ça** so; **c'est ~ ça** so ist es nun mal ▶ ~ **ci ~ ça** so lala *(fam)*

commémoration [kɔmemɔʀasjɔ̃] *f* Gedenkfeier *f*; **en ~ de qc** zum Gedenken an etw *(akk)*

commémorer [kɔmemɔʀe] <1> *vt* ~ **qc** einer S. *(gen)* gedenken

commencement [kɔmɑ̃smɑ̃] *m* Anfang *m*

commencer [kɔmɑ̃se] <2> *vt, vi* anfangen ▶ **pour** ~ zunächst

comment [kɔmɑ̃] *adv* **1** *(de quelle façon)* wie; ~ **ça va?** wie geht's dir?; ~ **est-ce que ça s'appelle en français?** wie heißt es auf Französisch? **2** *(invitation à répéter)* **~?** wie bitte?

commentaire [kɔmɑ̃tɛʀ] *m* Kommentar *m*

commentateur, -trice [kɔmɑ̃tatœʀ] *m, f* Kommentator(in) *m(f)*

commenter [kɔmɑ̃te] <1> *vt* kommentieren

commérage [kɔmeʀaʒ] *m souvent pl* Gerede *nt kein Pl*

commerçant(e) [kɔmɛʀsɑ̃] **I.** *adj* **rue ~** Geschäftsstraße *f* **II.** *m(f) (personne)*

Geschäftsmann, -frau *m, f,* Händler(in) *m(f)*

commerce [kɔmɛʀs] *m* ① Handel *m;* **~ électronique** [*o* **en ligne**] E-Commerce *m;* **~ équitable** fairer Handel ② *(magasin)* Geschäft *nt;* **~ de détail/en gros** Einzel-/Großhandel *m*

commercial(e) [kɔmɛʀsjal] <-aux> **I.** *adj* Handels-; **partenaire ~** Handelspartner *m;* **centre ~** Einkaufszentrum *nt* **II.** *m(f)* kaufmännische(r) Angestellte(r) *f(m)*

commercialisation [kɔmɛʀsjalizasjɔ̃] *f* Vermarktung *f*

commercialiser [kɔmɛʀsjalize] <1> *vt* vermarkten

commettre [kɔmɛtʀ] <irr> *vt* begehen

commis [kɔmi] *m* kleine(r) Angestellte(r) *f(m),* Gehilfe *m*/Gehilfin *f*

commissaire [kɔmisɛʀ] *mf* Kommissar(in) *m(f)*

commissaire-priseur, -euse [kɔmisɛʀpʀizœʀ] <commissaires-priseurs> *m, f* Auktionator(in) *m(f)*

commissariat [kɔmisaʀja] *m* Revier *nt*

commission [kɔmisjɔ̃] *f* ① ADMIN Kommission *f* ② *(message)* Nachricht *f* ③ *pl (courses)* Einkäufe *Pl;* **faire les ~s** einkaufen ④ COM Provision *f*

commissionnaire [kɔmisjɔnɛʀ] *m (coursier)* Bote *m*/Botin *f*

commode[1] [kɔmɔd] *adj* ① praktisch ② *(facile)* einfach ③ *(caractère)* umgänglich

commode[2] [kɔmɔd] *f* Kommode *f*

commodité [kɔmɔdite] *f* Komfort *m*

commotion [komosjɔ̃] *f* ① *(traumatisme)* Erschütterung *f* ② *(émotion)* Schock *m*

commuer [kɔmɥe] <1> *vt* umwandeln

commun [kɔmœ̃] *m* ▸ **hors du ~** außergewöhnlich; **en ~** zusammen

commun(e) [kɔmœ̃] *adj* gemeinsam

communal(e) [kɔmynal] <-aux> *adj* kommunal; **forêt ~e** Gemeindewald *m*

communautaire [kɔmynotɛʀ] *adj* ① gemeinschaftlich ② *(de l'UE)* EU-; **politique ~** EU-Politik *f*

communauté [kɔmynote] *f* ① Gemeinschaft *f* ② REL [Kirchen]gemeinde *f*

Communauté économique européenne *f* Europäische Wirtschaftsgemeinschaft *f*

Communauté européenne *f* Europäische Gemeinschaft *f*

commune [kɔmyn] *f* Gemeinde *f*

communément [kɔmynemɑ̃] *adv* gemeinhin

communiant(e) [kɔmynjɑ̃] *m(f)* Kommunikant(in) *m(f)*

communicatif, -ive [kɔmynikatif] *adj* ① ansteckend ② *(expansif)* kommunikativ

communication [kɔmynikasjɔ̃] *f* ① Mitteilung *f* ② TELEC *(jonction)* Verbindung *f; (conversation)* Gespräch *nt* ③ *(relation)* Verständigung *f* ④ *(liaison)* **moyen de ~** Verkehrsmittel *nt*

communier [kɔmynje] <1> *vi* REL kommunizieren

communion [kɔmynjɔ̃] *f* REL Kommunion *f*

communiqué [kɔmynike] *m* Kommuniqué *nt*

communiquer [kɔmynike] <1> **I.** *vt* ① mitteilen ② *(transmettre)* **~ un dossier à qn** jdm eine Akte aushändigen **II.** *vi* ① kommunizieren *(geh)* ② TELEC **~ avec qc** mit etw verbunden sein

communisme [kɔmynism] *m* Kommunismus *m*

communiste [kɔmynist] **I.** *adj* kommunistisch **II.** *mf* Kommunist(in) *m(f)*

commutateur [kɔmytatœʀ] *m* Schalter *m*

compact [kɔ̃pakt] *m* CD *f*

compact(e) [kɔ̃pakt] *adj* kompakt

compagne [kɔ̃paɲ] *f* Lebensgefährtin *f*

compagnie [kɔ̃paɲi] *f* ① Gesellschaft *f* ② MIL Kompanie *f* ▸ **en ~ de qn** in jds Begleitung

compagnon [kɔ̃paɲɔ̃] *m* ① Lebensgefährte *m* ② *(ouvrier)* [Handwerks]geselle *m*

comparable [kɔ̃paʀabl] *adj* vergleichbar
comparaison [kɔ̃paʀɛzɔ̃] *f* Vergleich *m*
comparaître [kɔ̃paʀɛtʀ] <irr> *vi* JUR erscheinen
C
comparatif [kɔ̃paʀatif] *m* LING Komparativ *m*
comparatif, -ive [kɔ̃paʀatif] *adj* Vergleichs-
comparativement [kɔ̃paʀativmɑ̃] *adv* vergleichsweise
comparé(e) [kɔ̃paʀe] *adj (droit, grammaire)* vergleichend; ~ **à** verglichen mit
comparer [kɔ̃paʀe] <1> **I.** *vt, vi* vergleichen **II.** *vpr* **se** ~ **à** sich vergleichen mit
comparse [kɔ̃paʀs] *mf péj* Komparse *m*/Komparsin *f*
compartiment [kɔ̃paʀtimɑ̃] *m* ❶ Fach *nt* ❷ AUT Abteil *nt*
comparution [kɔ̃paʀysjɔ̃] *f* Erscheinen *nt*
compas [kɔ̃pɑ] *m* ❶ MATH Zirkel *m* ❷ NAUT, AVIAT Kompass *m*
compassion [kɔ̃pasjɔ̃] *f soutenu* Mitgefühl *nt*
compatibilité [kɔ̃patibilite] *f* ❶ Vereinbarkeit *f* ❷ INFORM, MED Kompatibilität *f*
compatible [kɔ̃patibl] *adj* ❶ vereinbar ❷ INFORM, MED kompatibel
compatir [kɔ̃patiʀ] <8> *vi soutenu* Anteil nehmen
compatissant(e) [kɔ̃patisɑ̃, ɑ̃t] *adj (personne, parole)* mitfühlend
compatriote [kɔ̃patʀijɔt] *mf* Landsmann, Landsmännin *m, f*
compensation [kɔ̃pɑ̃sasjɔ̃] *f* ❶ Gegenleistung *f* ❷ *(équilibre)* Ausgleich *m* ▶ **en** ~ dafür
compenser [kɔ̃pɑ̃se] <1> *vt* kompensieren
compère [kɔ̃pɛʀ] *m* Kumpan *m*
compétence [kɔ̃petɑ̃s] *f* ❶ Kompetenz *f* ❷ *(responsabilité)* Zuständigkeit *f*
compétent(e) [kɔ̃petɑ̃] *adj* ❶ kompetent ❷ JUR zuständig

compétitif, -ive [kɔ̃petitif] *adj* wettbewerbsfähig
compétition [kɔ̃petisjɔ̃] *f* ❶ COM Konkurrenz *f* ❷ SPORT Wettkampf *m*
compétitivité [kɔ̃petitivite] *f* Wettbewerbsfähigkeit *f*
compil [kɔ̃pil] *f abr de* **compilation** Sampler *m*
compilateur [kɔ̃pilatœʀ] *m* INFORM Compiler *m*
compilation [kɔ̃pilasjɔ̃] *f* ❶ MUS Sampler *m* ❷ INFORM Kompilieren *nt*
compiler [kɔ̃pile] <1> *vt* INFORM kompilieren
complainte [kɔ̃plɛ̃t] *f* Klagelied *nt*
complaisance [kɔ̃plɛzɑ̃s] *f* ❶ *soutenu (obligeance)* Liebenswürdigkeit *f*; **par** ~ aus Gefälligkeit *f* ❷ *péj (indulgence)* Nachsicht *f* ❸ *(autosatisfaction)* Selbstgefälligkeit *f*
complaisant(e) [kɔ̃plɛzɑ̃] *adj* gütig, hilfsbereit
complément [kɔ̃plemɑ̃] *m a.* LING Ergänzung *f*
complémentaire [kɔ̃plemɑ̃tɛʀ] *adj* ergänzend
complet, -ète [kɔ̃plɛ] *adj* ❶ *(entier)* vollständig; **pain** ~ Vollkornbrot *nt* ❷ *(total)* völlig; **succès** ~ voller Erfolg *m* ❸ *(achevé)* vollendet ❹ *(hôtel)* voll belegt; *(parking)* besetzt
complètement [kɔ̃plɛtmɑ̃] *adv* ❶ vollständig ❷ *(absolument)* völlig
compléter [kɔ̃plete] <5> *vt, vpr* [**se**] ~ [sich] ergänzen
complexe [kɔ̃plɛks] **I.** *adj* komplex **II.** *m* Komplex *m*
complexé(e) [kɔ̃plɛkse] *adj fam* voller Komplexe
complexer [kɔ̃plɛkse] <1> *vt* ~ **qn** bei jdm Komplexe hervorrufen
complexité [kɔ̃plɛksite] *f* Komplexität *f*
complication [kɔ̃plikasjɔ̃] *f* ❶ Schwierigkeit *f* ❷ MED Komplikation *f*
complice [kɔ̃plis] *mf* Komplize, Komplizin *m, f*
complicité [kɔ̃plisite] *f* Mittäterschaft *f*
compliment [kɔ̃plimɑ̃] *m* ❶ Kompli-

ment *nt* ❷ *(félicitations)* Glückwunsch *m*

complimenter [kɔ̃plimɑ̃te] <1> *vt* ❶ beglückwünschen ❷ *(faire l'éloge)* **~ qn pour qc** jdm für etw Komplimente machen

compliqué(e) [kɔ̃plike] *adj* kompliziert

compliquer [kɔ̃plike] <1> **I.** *vt* erschweren **II.** *vpr* **se ~** komplizierter werden

complot [kɔ̃plo] *m* Komplott *nt*

comploter [kɔ̃plɔte] <1> **I.** *vt* ausklügeln **II.** *vi* **~ contre qn** gegen jdn ein Komplott schmieden

comportement [kɔ̃pɔʀtəmɑ̃] *m* Verhalten *nt*

comporter [kɔ̃pɔʀte] <1> **I.** *vt* bestehen aus **II.** *vpr* **se ~** sich verhalten

composant [kɔ̃pozɑ̃] *m* Bestandteil *m*

composante [kɔ̃pozɑ̃t] *f* Komponente *f*

composé [kɔ̃poze] *m* CHIM Verbindung *f*

composer [kɔ̃poze] <1> **I.** *vt* ❶ zusammenstellen ❷ *(musique)* komponieren; *(texte)* verfassen ❸ *(former)* bilden **II.** *vi* MUS komponieren **III.** *vpr* **se ~ de qc** aus etw bestehen

composite [kɔ̃pozit] *adj* buntgemischt, zusammengewürfelt

compositeur, -trice [kɔ̃pozitœʀ] *m, f* Komponist(in) *m(f)*

composition [kɔ̃pozisjɔ̃] *f* ❶ Zusammenstellung *f* ❷ *(d'une musique)* Komponieren *nt* ❸ *(œuvre)* Komposition *f*

compost [kɔ̃pɔst] *m* Kompost *m*

composter [kɔ̃pɔste] <1> *vt* entwerten

compote [kɔ̃pɔt] *f* Kompott *nt*

compréhensible [kɔ̃pʀeɑ̃sibl] *adj* verständlich

compréhensif, -ive [kɔ̃pʀeɑ̃sif] *adj* verständnisvoll

compréhension [kɔ̃pʀeɑ̃sjɔ̃] *f* ❶ Verständlichkeit *f* ❷ *(tolérance)* Verständnis *nt*

comprendre [kɔ̃pʀɑ̃dʀ] <13> **I.** *vt* ❶ verstehen; **faire ~ qc à qn** jdm etw klarmachen ❷ *(s'apercevoir de)* **~ qc** sich *(dat)* über etw *(akk)* im Klaren sein ❸ *(comporter)* bestehen aus ❹ *(inclure)* **~ qn/qc** jdn/etw mit einschließen **II.** *vi* verstehen **III.** *vpr* **se ~** ❶ verständlich sein ❷ *(communiquer)* sich verständigen ❸ *(s'accorder: personnes)* sich [gut] verstehen

compresse [kɔ̃pʀɛs] *f* Kompresse *f*

compresseur [kɔ̃pʀesœʀ] *m* Kompressor *m*

compression [kɔ̃pʀesjɔ̃] *f* ❶ Reduzierung *f* ❷ INFORM Komprimierung *f*

comprimé [kɔ̃pʀime] *m* Tablette *f*

comprimer [kɔ̃pʀime] <1> *vt* ❶ *a.* INFORM komprimieren ❷ *(réduire)* reduzieren

compris(e) [kɔ̃pʀi] **I.** *part passé de* **comprendre II.** *adj* inklusive

compromettant(e) [kɔ̃pʀɔmetɑ̃] *adj* kompromittierend

compromettre [kɔ̃pʀɔmɛtʀ] <irr> **I.** *vt* kompromittieren **II.** *vpr* **se ~ avec qn/dans qc** wegen jdm/einer S. ins Gerede kommen

compromis [kɔ̃pʀɔmi] *m* Kompromiss *m*

compromission [kɔ̃pʀɔmisjɔ̃] *f* Zugeständnis *nt*

comptabiliser [kɔ̃tabilize] <1> *vt* FIN verbuchen

comptabilité [kɔ̃tabilite] *f* ❶ *(comptes)* Buchführung *f* ❷ *(service)* Buchhaltung *f*

comptable [kɔ̃tabl] *mf* Buchhalter(in) *m(f)*

comptage [kɔ̃taʒ] *m* Zählung *f*

comptant [kɔ̃tɑ̃] *adv (payer)* bar

compte [kɔ̃t] *m* ❶ *sans pl* Zählung *f*; *(des points)* [Aus]zählung; **~ à rebours** Countdown *m* ❷ *sans pl (résultat)* Ergebnis *nt* ❸ *(note)* Rechnung *f* ❹ *(écritures comptables)* **faire les ~s** Bilanz ziehen ❺ *(compte en banque)* Konto *nt* ▸ **en fin de ~** letzten Endes; **se rendre ~ de qc** sich *(dat)* über etw *(akk)* im Klaren sein; **tenir ~ de qc** etw berücksichtigen; **à son ~** selbständig

compte-gouttes [kɔ̃tgut] *m inv* Pipette *f* ▸ **au ~** in Etappen

C

C

compter [kɔ̃te] <1> **I.** *vt* ❶ zählen; *(totaliser)* zusammenzählen ❷ *(mesurer)* ~ **son argent** mit seinem Geld geizen ❸ *(facturer)* berechnen ❹ *(prévoir)* ~ **100 euros par personne** 100 Euro pro Person rechnen ❺ *(prendre en compte)* berücksichtigen ❻ *(ranger parmi)* ~ **qn/qc parmi...** jdn/etw zu... zählen ❼ *(dénombrer)* zählen ❽ *(avoir l'intention de)* ~ **faire qc** beabsichtigen etw zu tun; *(espérer)* damit rechnen etw zu tun **II.** *vi* ❶ zählen ❷ *(calculer)* rechnen ❸ *(avoir de l'importance)* ~ **pour qn** jdm etwas bedeuten **III.** *vpr* **se** ~ sich mitzählen

Aussprache

Das -p- wird in **compter** und verwandten Wörtern nicht gesprochen.

compte rendu [kɔ̃tʀɑ̃dy] *m* Bericht *m*
compteur [kɔ̃tœʀ] *m* ❶ Tachometer *m* ❷ *(compteur d'électricité)* Zähler *m*
comptine [kɔ̃tin] *f* Abzählreim *m*
comptoir [kɔ̃twaʀ] *m* Theke *f*
compulser [kɔ̃pylse] <1> *vt* nachschlagen in *(+dat)*
comte [kɔ̃t] *m* Graf *m*
comté [kɔ̃te] *m* Grafschaft *f*
comtesse [kɔ̃tɛs] *f* Gräfin *f*
con(ne) [kɔ̃] **I.** *adj parfois inv fam* bescheuert **II.** *m(f) fam (homme)* [Voll]idiot *m; (femme)* blöde Ziege *f*
conard [kɔnaʀ] *m fam v.* **connard**
conasse [kɔnas] *f fam v.* **connasse**
concasser [kɔ̃kɑse] <1> *vt (roche)* zerkleinern; *(épices)* zerstoßen; *(grain)* schroten
concave [kɔ̃kav] *adj* konkav
concéder [kɔ̃sede] <5> *vt (droit, privilège)* zugestehen, zubilligen
concentration [kɔ̃sɑ̃tʀasjɔ̃] *f* Konzentration *f*
concentré(e) [kɔ̃sɑ̃tʀe] *adj* ❶ *(condensé)* konzentriert; **lait** ~ Kondensmilch *f* ❷ *(attentif)* konzentriert
concentrer [kɔ̃sɑ̃tʀe] <1> **I.** *vt* konzentrieren **II.** *vpr* **se** ~ **sur qn/qc** sich auf jdn/etw konzentrieren
concept [kɔ̃sɛpt] *m* Konzept *nt*
conception [kɔ̃sɛpsjɔ̃] *f sans pl* ❶ BIO Empfängnis *f* ❷ *(élaboration)* Konzeption *f; (d'un produit)* Entwicklung *f*
concernant [kɔ̃sɛʀnɑ̃] *prép* bezüglich *(+gen)*
concerner [kɔ̃sɛʀne] <1> *vt* betreffen; **en ce qui concerne qn/qc** was jdn/etw betrifft
concert [kɔ̃sɛʀ] *m* Konzert *nt*
concertation [kɔ̃sɛʀtasjɔ̃] *f* Abstimmung *f*
concerter [kɔ̃sɛʀte] <1> *vpr* **se** ~ **sur qc** sich hinsichtlich einer S. *(gen)* besprechen
concerto [kɔ̃sɛʀto] *m* Concerto *nt*
concession [kɔ̃sesjɔ̃] *f* ❶ Zugeständnis *nt* ❷ COM Konzession *f*
concessionnaire [kɔ̃sesjɔnɛʀ] *mf* COM Vertragshändler(in) *m(f)*
concevable [kɔ̃s(ə)vabl] *adj* denkbar
concevoir [kɔ̃s(ə)vwaʀ] <12> *vt* ❶ *soutenu* empfangen ❷ *(se représenter)* begreifen ❸ *(élaborer)* konzipieren ❹ *(comprendre)* verstehen
concierge [kɔ̃sjɛʀʒ] *mf* Hausmeister(in) *m(f)*
conciliant(e) [kɔ̃siljɑ̃, jɑ̃t] *adj (personne)* entgegenkommend
conciliation [kɔ̃siljasjɔ̃] *f* Ausgleich *m;* **tentative de** ~ Vermittlungsversuch *m*
concilier [kɔ̃silje] <1> *vt* [miteinander] in Einklang bringen
concis(e) [kɔ̃si] *adj* kurz und bündig
concision [kɔ̃sizjɔ̃] *f sans pl* Knappheit *f*
concitoyen(ne) [kɔ̃sitwajɛ̃] *m(f)* Mitbürger(in) *m(f)*
concluant(e) [kɔ̃klyɑ̃] *adj* stichhaltig
conclure [kɔ̃klyʀ] <irr> **I.** *vt* schließen **II.** *vi* zum Schluss kommen
conclusion [kɔ̃klyzjɔ̃] *f* ❶ *(d'un accord)* Abschluss *m; (d'un mariage)* Schließen *nt* ❷ *(fin)* Ende *nt;* **en** ~ letzten

Endes ❸ *(d'une thèse)* [Schluss]folgerung *f*
concombre [kɔ̃kɔ̃bʀ] *m* Gurke *f*
concordance [kɔ̃kɔʀdɑ̃s] *f* ❶ *(accord)* Übereinstimmung *f* ❷ LING **~ des temps** Zeitenfolge *f*
concorder [kɔ̃kɔʀde] <1> *vi* übereinstimmen
concourir [kɔ̃kuʀiʀ] <irr> *vi* **~ à qc** am Wettbewerb um etw teilnehmen
concours [kɔ̃kuʀ] *m* ❶ Wettbewerb *m;* SPORT Wettkampf *m* ❷ *(jeu)* Preisausschreiben *nt* ❸ SCOL, UNIV Aufnahmeprüfung *f* ❹ *(aide)* Beitrag *m*

Übersetzungstipp
Le concours – Nicht verwechseln mit *der Konkurs – la faillite!*

concret, -ète [kɔ̃kʀɛ] *adj* konkret
concrètement [kɔ̃kʀɛtmɑ̃] *adv* konkret
concrétiser [kɔ̃kʀetize] <1> **I.** *vt* verwirklichen **II.** *vpr* **se ~** wahr werden
conçu(e) [kɔ̃sy] *part passé de* **concevoir**
concubin(e) [kɔ̃kybɛ̃] *m(f)* Lebensgefährte(in) *m(f)*
concubinage [kɔ̃kybinaʒ] *m* wilde Ehe *f*
concurrence [kɔ̃kyʀɑ̃s] *f sans pl a.* COM Konkurrenz
concurrencer [kɔ̃kyʀɑ̃se] <2> *vt* konkurrieren
concurrent(e) [kɔ̃kyʀɑ̃] **I.** *adj* konkurrierend **II.** *m(f)* Konkurrent(in) *m(f)*
condamnable [kɔ̃danabl] *adj* verwerflich
condamnation [kɔ̃danasjɔ̃] *f sans pl* JUR *a. fig* Verurteilung *f*
condamné(e) [kɔ̃dane] *m(f)* Strafgefangene(r) *f(m)*
condamner [kɔ̃dane] <1> *vt* ❶ JUR verurteilen ❷ *fig* **~ qn** jdm keine Chancen [mehr] geben ❸ *(obliger)* zwingen ❹ *(porte)* versperren
condensation [kɔ̃dɑ̃sasjɔ̃] *f sans pl* Kondensation *f*
condensé [kɔ̃dɑ̃se] *m* Kondensat *nt*
condenser [kɔ̃dɑ̃se] <1> *vt* kondensieren
condescendant(e) [kɔ̃desɑ̃dɑ̃, ɑ̃t] *adj* herablassend
condiment [kɔ̃dimɑ̃] *m a. fig* würzige Zutat
condition [kɔ̃disjɔ̃] *f* ❶ Bedingung *f;* **à ~ que** + *subj* unter der Bedingung, dass ❷ *pl* COM **~s de livraison** Lieferbedingungen *Pl* ❸ *sans pl* SOCIOL Situation *f* ❹ *sans pl (forme)* Kondition *f* ❺ *pl (cadre)* **~s de travail** Lebensbedingungen *Pl* ❻ *pl (circonstances)* Umstände *Pl* ❼ *(rang social)* soziale Stellung *f*
conditionnel [kɔ̃disjɔnɛl] *m* Konditional *m*
conditionnelle [kɔ̃disjɔnɛl] *f* Konditionalsatz *m*
conditionnement [kɔ̃disjɔnmɑ̃] *m* Präsentation *f,* Aufmachung *f*
conditionner [kɔ̃disjɔne] <1> *vt* ❶ *(emballer)* verpacken ❷ *(traiter)* haltbar machen
condoléances [kɔ̃dɔleɑ̃s] *fpl* [**toutes**] **mes ~!** mein Beileid!
conducteur, -trice [kɔ̃dyktœʀ] **I.** *adj* PHYS leitend **II.** *m, f* Fahrer(in) *m(f)*
conduire [kɔ̃dɥiʀ] <irr> **I.** *vi* ❶ fahren ❷ *(aboutir)* führen **II.** *vt* ❶ AUT steuern ❷ *(emmener)* bringen ❸ *(guider)* führen ❹ *(diriger)* leiten **III.** *vpr* **se ~** sich benehmen
conduit [kɔ̃dɥi] *m* Rohrleitung *f*
conduit(e) [kɔ̃dɥi] *part passé de* **conduire**
conduite [kɔ̃dɥit] *f* ❶ AUT **leçon de ~** Fahrstunde *f;* **~ accompagnée** *für Jugendliche ab 16 erlaubtes Fahren im Beisein eines erwachsenen Führerscheinbesitzers* ❷ *(comportement)* Benehmen *nt* ❸ *(tuyau)* Leitung *f*
cône [kon] *m* Kegel *m*
confection [kɔ̃fɛksjɔ̃] *f* ❶ GASTR Zubereitung *f* ❷ *sans pl (prêt-à-porter)* Bekleidungsindustrie *f*
confectionner [kɔ̃fɛksjɔne] <1> *vt*

① GASTR zubereiten ② *(fabriquer)* anfertigen

confédération [kɔ̃fedeʀasjɔ̃] *f* POL Konföderation *f*

C **conférence** [kɔ̃feʀɑ̃s] *f* ① Vortrag *m* ② *(réunion)* a. POL Konferenz *f*

conférencier, -ière [kɔ̃feʀɑ̃sje] *m, f* Vortragende(r) *f(m)*

confesser [kɔ̃fese] <1> **I.** *vt* beichten **II.** *vpr* **se ~ à qn** bei jdm beichten

confesseur [kɔ̃fesœʀ] *m* Beichtvater *m*

confession [kɔ̃fesjɔ̃] *f* ① Konfession *f* ② *(aveu)* Geständnis *nt*

confessionnal [kɔ̃fesjɔnal] <-aux> *m* Beichtstuhl *m*

confessionnel(le) [kɔ̃fesjɔnɛl] *adj* konfessionell

confetti [kɔ̃feti] *m* Konfetti *nt*

confiance [kɔ̃fjɑ̃s] *f sans pl* Vertrauen *nt*

confiant(e) [kɔ̃fjɑ̃] *adj* ① vertrauend ② *(sûr de soi)* selbstbewusst

confidence [kɔ̃fidɑ̃s] *f* vertrauliche Mitteilung *f*

confident(e) [kɔ̃fidɑ̃, ɑ̃t] *m(f)* Vertraute(r) *f(m)*

confidentiel(le) [kɔ̃fidɑ̃sjɛl] *adj* vertraulich

confier [kɔ̃fje] <1> **I.** *vt* anvertrauen **II.** *vpr* **se ~** sich anvertrauen

configuration [kɔ̃figyʀasjɔ̃] *f* Beschaffenheit *f*

confiné(e) [kɔ̃fine] *adj (reclus)* eingesperrt

confinement [kõfinmɑ̃] *m* ① MED *(d'un malade)* Quarantäne *f; (Ausgangssperre)* Lockdown *m* ② PHYS *(d'une installation nucléaire)* Abschirmung *f*

confirmation [kɔ̃fiʀmasjɔ̃] *f* ① Bestätigung *f* ② REL *(catholique)* Firmung *f; (protestante)* Konfirmation *f*

confirmer [kɔ̃fiʀme] <1> **I.** *vt* bestätigen **II.** *vpr* **se ~** sich bewahrheiten

confiserie [kɔ̃fizʀi] *f (sucrerie)* Süßigkeit *f*

confiseur, -euse [kɔ̃fizœʀ, -øz] *m, f* Süßwarenfabrikant(in) *m(f)*

confisquer [kɔ̃fiske] <1> *vt* beschlagnahmen

confit [kɔ̃fi] *m* **~ d'oie** Gänse-Confit *n* *(im eigenen Fett gebratenes Fleisch*

confit(e) [kɔ̃fi] *adj* kandiert

confiture [kɔ̃fityʀ] *f* Marmelade *f*

conflictuel(le) [kɔ̃fliktɥɛl] *adj (pulsions intérêts)* entgegengesetzt

conflit [kɔ̃fli] *m* Konflikt *m*

confluent [kɔ̃flyɑ̃] *m* Zusammenfluss *m*

confondre [kɔ̃fɔ̃dʀ] <14> *vt* durcheinanderbringen

conforme [kɔ̃fɔʀm] *adj* **certifié ~** [amtlich] beglaubigt; **être ~ à qc** mit etw übereinstimmen

conformément [kɔ̃fɔʀmemɑ̃] *adv* **~ aux termes de votre courrier du …** *form* mit Bezug auf Ihr Schreiben vom …

conformiste [kɔ̃fɔʀmist] *adj* angepasst

conformité [kɔ̃fɔʀmite] *f* Übereinstimmung *f*

confort [kɔ̃fɔʀ] *m* Komfort *m*

confortable [kɔ̃fɔʀtabl] *adj* bequem

confortablement [kɔ̃fɔʀtabləmɑ̃] *adv* bequem

confrère [kɔ̃fʀɛʀ] *m* Kollege *m*

confrérie [kɔ̃fʀeʀi] *f* Bruderschaft *f*

confrontation [kɔ̃fʀɔ̃tasjɔ̃] *f* Konfrontation *f*

confronter [kɔ̃fʀɔ̃te] <1> *vt* konfrontieren

confus(e) [kɔ̃fy] *adj* ① undeutlich ② *(embrouillé)* konfus

confusion [kɔ̃fyzjɔ̃] *f* ① *sans pl* Verlegenheit *f* ② *(erreur)* Verwechslung *f* ③ *sans pl (agitation)* Unruhe *f*

congé [kɔ̃ʒe] *m* ① Urlaub *m;* **être en ~ de maladie** krankgeschrieben sein ② *(salutation)* **prendre ~ de qn/qc** sich von jdm/etw verabschieden

congédier [kɔ̃ʒedje] <1> *vt* entlassen

congélateur [kɔ̃ʒelatœʀ] *m (armoire)* Tiefkühlschrank *m*

congeler [kɔ̃ʒ(ə)le] <4> *vt* einfrieren

congénital(e) [kɔ̃ʒenital] <-aux> *adj a. fig* angeboren

congère [kɔ̃ʒɛʀ] *m* Schneewehe *f*

congestion [kɔ̃ʒɛstjɔ̃] *f* MED Schlaganfall *m;* **~ cérébrale** [Ge]hirnschlag *m;*

~ **pulmonaire** [leichte] Lungenentzündung

Congo [kɔ̃gɔ] *m* **le** ~ der Kongo

congrégation [kɔ̃gʀegasjɔ̃] *f* Kongregation *f*

congrès [kɔ̃gʀɛ] *m* Kongress *m*

conifère [kɔnifɛʀ] *m* Nadelbaum *m*

conique [kɔnik] *adj* kegelförmig

conjoint(e) [kɔ̃ʒwɛ̃] *m(f) form* [Ehe]gatte, -gattin *m, f*

conjointement [kɔ̃ʒwɛ̃tmɑ̃] *adv* zusammen

conjonctif, -ive [kɔ̃ʒɔ̃ktif, -iv] *adj (tissu)* Binde-

conjonction [kɔ̃ʒɔ̃ksjɔ̃] *f* LING Konjunktion *f*

conjonctive [kɔ̃ʒɔ̃ktiv] *f* ANAT Bindehaut *f*

conjonctivite [kɔ̃ʒɔ̃ktivit] *f* Bindehautentzündung *f*

conjoncture [kɔ̃ʒɔ̃ktyʀ] *f* ❶ *sans pl* Bedingungen *Pl* ❷ *sans pl* ECON Konjunktur *f*

conjoncturel(le) [kɔ̃ʒɔ̃ktyʀɛl] *adj (crise, cycle)* Konjunktur-

conjugaison [kɔ̃ʒygɛzɔ̃] *f* Konjugation *f*

conjugal(e) [kɔ̃ʒygal] <-aux> *adj* ehelich; **vie ~e** Eheleben *nt*

conjuguer [kɔ̃ʒyge] <1> *vt* ❶ LING konjugieren ❷ *(unir)* vereinigen

conjurer [kɔ̃ʒyʀe] <1> *vt* ❶ *(éviter: échec, crise)* abwenden ❷ *(supplier)* beschwören

connaissance [kɔnɛsɑ̃s] *f* ❶ *sans pl* Kenntnis *f* ❷ *pl (choses apprises)* Kenntnisse *Pl* ❸ *(personne)* Bekannte(r) *f(m)* ❹ *(lucidité)* Bewusstsein *nt;* **sans** ~ bewusstlos

connaisseur, -euse [kɔnɛsœʀ] *m, f* Kenner(in) *m(f)*

connaître [kɔnɛtʀ] <irr> **I.** *vt* ❶ kennen; *(nom)* wissen ❷ *(comprendre)* verstehen ❸ *(rencontrer)* kennen lernen ❹ *(éprouver)* erleben **II.** *vpr* ❶ **se** ~ sich kennen ❷ *(être spécialiste)* **s'y** ~ etwas davon verstehen

connard [kɔnaʀ] *m fam* Vollidiot *m*

connasse [kɔnas] *f fam* blöde Ziege *f*

connecté(e) [kɔnɛkte] *adj* INET online; **être ~/non ~** online/offline sein

connecter [kɔnɛkte] <1> **I.** *vt* anschließen an *(+akk)* **II.** *vpr* **se ~ sur Internet** sich ins Internet einloggen

connectique [kɔnɛktik] *f* ELEC, INFORM Anschlusstechnik *f*

connerie [kɔnʀi] *f sans pl fam* Schwachsinn *m*

connexion [kɔnɛksjɔ̃] *f a.* INFORM Verbindung *f*

connotation [kɔnɔtasjɔ̃] *f* Konnotation *f*

connu(e) [kɔny] **I.** *part passé de* **connaître** **II.** *adj* bekannt

conquérant(e) [kɔ̃keʀɑ̃] *m(f)* Eroberer, Eroberin *m, f*

conquérir [kɔ̃keʀiʀ] <irr> *vt* erobern

conquête [kɔ̃kɛt] *f* Eroberung *f*

conquis(e) [kɔ̃ki] *part passé de* **conquérir**

consacré(e) [kɔ̃sakʀe] *adj* ❶ *(église)* geweiht ❷ *(adéquat)* üblich ❸ *(célèbre)* anerkannt

consacrer [kɔ̃sakʀe] <1> **I.** *vt* ❶ widmen ❷ REL weihen **II.** *vpr* **se ~ à qn/qc** sich jdm/einer S. widmen

consanguin(e) [kɔ̃sɑ̃gɛ̃, in] *adj (mariage, union)* zwischen Blutsverwandten

consciemment [kɔ̃sjamɑ̃] *adj* bewusst

conscience [kɔ̃sjɑ̃s] *f* ❶ *sans pl* PSYCH Bewusstsein *nt* ❷ *sans pl (sens moral)* **une bonne ~** ein gutes Gewissen

consciencieusement [kɔ̃sjɑ̃sjøzmɑ̃] *adv* gewissenhaft

consciencieux, -euse [kɔ̃sjɑ̃sjø] *adj* gewissenhaft

conscient(e) [kɔ̃sjɑ̃] *adj* ❶ bewusst ❷ *(lucide)* bei Bewusstsein

consécration [kɔ̃sekʀasjɔ̃] *f* Krönung *f*

consécutif, -ive [kɔ̃sekytif] *adj* ❶ aufeinanderfolgend ❷ *(résultant de)* **~ à qc** durch eine S. hervorgerufen

conseil [kɔ̃sɛj] *m* ❶ Rat[schlag *m*] *m* ❷ *(personne)* Berater(in) *m(f)* ❸ *(assemblée: privée)* Vorstand *m; (publique)* Verwaltungsrat *m;* **Conseil exécutif** CH Regierungsrat (CH); **Conseil fédéral** CH Bundesrat (CH); ~ **municipal/régional** Gemeinde-/

C

Regionalrat; **Conseil national** CH Nationalrat (CH)
conseiller [kɔ̃seje] <1> *vt* raten
conseiller, -ère [kɔ̃seje] *m, f* Berater(in) *m(f)*
consensus [kɔ̃sɛ̃sys] *m* Konsens *m*
consentant(e) [kɔ̃sɑ̃tɑ̃, ɑ̃t] *adj* **être ~** einverstanden sein
consentement [kɔ̃sɑ̃tmɑ̃] *m* Zustimmung *f*
consentir [kɔ̃sɑ̃tiʀ] <10> **I.** *vi* zustimmen **II.** *vt* gewähren
conséquence [kɔ̃sekɑ̃s] *f* Folge *f;* **en ~** infolgedessen
conséquent(e) [kɔ̃sekɑ̃] *adj* konsequent; **par ~** folglich
conservateur, -trice [kɔ̃sɛʀvatœʀ] **I.** *adj* ❶ POL konservativ ❷ GASTR **agent ~** Konservierungsstoff *m* **II.** *m, f* ❶ *(d'un musée)* Verwalter(in) *m(f)* ❷ POL Konservative(r) *f(m)*
conservation [kɔ̃sɛʀvasjɔ̃] *f* *(d'un monument)* Instandhaltung *f;* *(d'un aliment)* Aufbewahrung *f*
conservatisme [kɔ̃sɛʀvatism] *m* Konservatismus *m*
conservatoire [kɔ̃sɛʀvatwaʀ] *m* MUS Konservatorium *nt*
conserve [kɔ̃sɛʀv] *f* Konserve *f*
conserver [kɔ̃sɛʀve] <1> **I.** *vt* ❶ aufbewahren ❷ GASTR konservieren ❸ *(ne pas perdre)* behalten; *(tradition)* pflegen **II.** *vpr* **se ~** sich halten
considérable [kɔ̃sideʀabl] *adj* beachtlich
considérablement [kɔ̃sideʀabləmɑ̃] *adv* beachtlich
considération [kɔ̃sideʀasjɔ̃] *f pl* Überlegungen *Pl*
considérer [kɔ̃sideʀe] <5> *vt* ❶ bedenken ❷ *(penser)* **~ que...** finden, dass...
consigne [kɔ̃siɲ] *f* ❶ *sans pl* AUT Gepäckaufbewahrung *f;* **~ automatique** Schließfach *nt* ❷ *sans pl* COM Pfand *nt* ❸ *(instructions)* Anweisungen *Pl*
consigné(e) [kɔ̃siɲe] *adj* Pfand-; **bouteille ~e** Pfandflasche *f*
consigner [kɔ̃siɲe] <1> *vt* ❶ *(mettre à la consigne: bagages)* zur Aufbewahrung geben ❷ *(facturer)* **qc est consigné** auf etw *(akk)* wird Pfand erhoben
consistance [kɔ̃sistɑ̃s] *f* Konsistenz *f*
consistant(e) [kɔ̃sistɑ̃] *adj* ❶ dickflüssig ❷ *(argument)* stichhaltig
consister [kɔ̃siste] <1> *vi* ❶ **~ en qc** aus etw bestehen ❷ *(être)* **~ à faire qc** darin bestehen etw zu tun
consœur [kɔ̃sœʀ] *f* Kollegin *f;* *v.a.* **confrère**
consolation [kɔ̃sɔlasjɔ̃] *f* Trost *m*
console [kɔ̃sɔl] *f a.* TECH Konsole *f*
consoler [kɔ̃sɔle] <1> *vt, vpr* **[se] ~** [sich] trösten
consolider [kɔ̃sɔlide] <1> *vt* sichern
consommable [kɔ̃sɔmabl] *adj* essbar
consommateur, -trice [kɔ̃sɔmatœʀ] *m, f* Verbraucher(in) *m(f)*
consommation [kɔ̃sɔmasjɔ̃] *f* ❶ *sans pl* Verbrauch *m* ❷ *(boisson)* Getränk *nt*
consommé [kɔ̃sɔme] *m* Kraftbrühe *f*
consommer [kɔ̃sɔme] <1> **I.** *vi* ❶ *(boire)* etwas zu sich *(dat)* nehmen ❷ *(acheter)* konsumieren **II.** *vt* ❶ GASTR zu sich *(dat)* nehmen ❷ *(user)* verbrauchen **III.** *vpr* **qc se consomme chaud** etw wird warm gegessen/getrunken; **à ~ avant le...** mindestens haltbar bis...
consonance [kɔ̃sɔnɑ̃s] *f* MUS Konsonanz *f*
consonne [kɔ̃sɔn] *f* Konsonant *m*
conspirateur, -trice [kɔ̃spiʀatœʀ] *m, f* Verschwörer(in) *m(f)*
conspiration [kɔ̃spiʀasjɔ̃] *f* Verschwörung *f*
conspirer [kɔ̃spiʀe] <1> *vi* konspirieren
constamment [kɔ̃stamɑ̃] *adv* ununterbrochen
constance [kɔ̃stɑ̃s] *f* Beständigkeit *f*
Constance [kɔ̃stɑ̃s] Konstanz *nt*
constant(e) [kɔ̃stɑ̃] *adj* konstant
constat [kɔ̃sta] *m* Protokoll *nt*
constatation [kɔ̃statasjɔ̃] *f* Feststellung *f*
constater [kɔ̃state] <1> *vt* feststellen
constellation [kɔ̃stelasjɔ̃] *f* ASTRO Sternbild *nt*
consternant(e) [kɔ̃stɛʀnɑ̃, ɑ̃t] *adj* erschütternd

consternation [kɔ̃stɛʀnasjɔ̃] *f* Betroffenheit *f,* Bestürzung *f*
consterné(e) [kɔ̃stɛʀne] *adj* bestürzt
consterner [kɔ̃stɛʀne] <1> *vt* betroffen machen
constipation [kɔ̃stipasjɔ̃] *f* Verstopfung *f*
constipé(e) [kɔ̃stipe] *adj* ❶ MED verstopft ❷ *fam* verklemmt
constituant(e) [kɔ̃stitɥɑ̃, ɑ̃t] *adj* ❶ POL verfassunggebend ❷ *(constitutif)* **les éléments ~s de qc** die Bestandteile einer S. *(gen)*
constitué(e) [kɔ̃stitɥe] *adj* ❶ *(composé)* **être ~ de qc** aus etw bestehen ❷ *(conformé)* **bien ~** gut entwickelt
constituer [kɔ̃stitɥe] <1> *vt* ❶ bilden ❷ *(représenter)* darstellen
constitution [kɔ̃stitysjɔ̃] *f* ❶ POL Verfassung *f;* **la Constitution** die Frz. Verfassung ❷ *sans pl (d'un groupe)* Bildung *f* ❸ *sans pl (composition)* Zusammensetzung *f*
constitutionnel(le) [kɔ̃stitysjɔnɛl] *adj* verfassungskonform
constructeur [kɔ̃stʀyktœʀ] *m* ❶ Konstrukteur(in) *m(f)* ❷ *(firme)* Hersteller *m*
constructif, -ive [kɔ̃stʀyktif] *adj* konstruktiv
construction [kɔ̃stʀyksjɔ̃] *f* ❶ *sans pl* Bau *m* ❷ *(édifice)* Bauwerk *nt*
construire [kɔ̃stʀɥiʀ] <irr> *vt* ❶ bauen ❷ *(fabriquer)* herstellen ❸ *(élaborer)* aufstellen
consul [kɔ̃syl] *m* Konsul(in) *m(f)*
consulat [kɔ̃syla] *m* Konsulat *nt*
consultant(e) [kɔ̃syltɑ̃] **I.** *adj* beratend **II.** *m(f)* Berater(in) *m(f)*
consultation [kɔ̃syltasjɔ̃] *f* ❶ *sans pl (d'un ouvrage)* Nachschlagen *nt* in *(+dat)* ❷ *(séance)* Beratung *f; (médicale)* Sprechstunde *f*
consulter [kɔ̃sylte] <1> **I.** *vi* Sprechstunde haben **II.** *vt* ❶ zu Rate ziehen; *(médecin)* aufsuchen ❷ *(ouvrage)* nachschlagen in *(+dat)*
consumer [kɔ̃syme] <1> *vt, vpr* **[se]** ~ [sich] verbrennen
contact [kɔ̃takt] *m* ❶ *sans pl* Berührung *f* ❷ *(rapport)* Kontakt *m* ❸ ELEC, AUT **couper/mettre le ~** den Motor abstellen/anlassen
contacter [kɔ̃takte] <1> *vt* **~ qn/qc** sich mit jdm/etw in Verbindung setzen
contagieux, -euse [kɔ̃taʒjø] *adj* ansteckend
contagion [kɔ̃taʒjɔ̃] *f* Ansteckung *f*
container [kɔ̃tɛnɛʀ] *m* Behälter *m*
contamination [kɔ̃taminasjɔ̃] *f (d'une personne)* Ansteckung *f*
contaminer [kɔ̃tamine] <1> *vt* verseuchen; **~ qn** jdn anstecken
conte [kɔ̃t] *m* Märchen *nt*
contemplation [kɔ̃tɑ̃plasjɔ̃] *f sans pl* Betrachtung *f*
contempler [kɔ̃tɑ̃ple] <1> *vt, vpr* **[se]** ~ [sich] betrachten
contemporain(e) [kɔ̃tɑ̃pɔʀɛ̃] **I.** *adj* zeitgenössisch; *(français)* heutig **II.** *m(f)* Zeitgenosse, -genossin *m, f*
contenance [kɔ̃t(ə)nɑ̃s] *f* ❶ Inhalt *m* ❷ *(attitude)* Haltung *f*
contenant [kɔ̃t(ə)nɑ̃] *m* Behältnis *nt*
conteneur [kɔ̃t(ə)nœʀ] *m* Container *m*
contenir [kɔ̃t(ə)niʀ] <9> **I.** *vt* ❶ enthalten ❷ *(rire)* unterdrücken **II.** *vpr* **se ~** sich beherrschen
content(e) [kɔ̃tɑ̃] *adj* ❶ **~ de qc** erfreut über etw *(akk)* ❷ *(satisfait)* zufrieden sein
contentement [kɔ̃tɑ̃tmɑ̃] *m sans pl* Zufriedenheit *f*
contenter [kɔ̃tɑ̃te] <1> **I.** *vt* zufrieden stellen **II.** *vpr* **se ~ de qc** sich mit etw zufriedengeben
contenu [kɔ̃t(ə)ny] *m* Inhalt *m*
contenu(e) [kɔ̃t(ə)ny] *adj* unterdrückt
conter [kɔ̃te] <1> *vt* **ne pas s'en laisser ~** sich *(akk)* nichts vormachen lassen
contestable [kɔ̃tɛstabl] *adj* zweifelhaft; *(argument)* fraglich
contestataire [kɔ̃tɛstatɛʀ] *adj* Protest-; **mouvement ~** Protestbewegung *f*
contestation [kɔ̃tɛstasjɔ̃] *f* Einwand *m*
contester [kɔ̃tɛste] <1> **I.** *vi* widersprechen **II.** *vt* in Frage stellen

C

conteur, -euse [kɔ̃tœʀ, tøz] *m, f* Märchendichter(in) *m(f)*
contexte [kɔ̃tɛkst] *m a.* LING Zusammenhang *m*
C
continent [kɔ̃tinɑ̃] *m* Kontinent *m*
continental(e) [kɔ̃tinɑ̃tal, -o] <-aux> *adj* Kontinental-
contingences [kɔ̃tɛ̃ʒɑ̃s] *fpl* Belanglosigkeiten *Pl*
contingent [kɔ̃tɛ̃ʒɑ̃] *m* ❶ MIL [Truppen]kontingent *nt* ❷ *a.* COM *(part)* [An]teil *m*
continu [kɔ̃tiny] *m sans pl* **en ~** ohne Pause
continu(e) [kɔ̃tiny] *adj* durchgehend
continuation [kɔ̃tinɥasjɔ̃] *f* Weiterführung *f*
continuel(le) [kɔ̃tinɥɛl] *adj* ständig
continuellement [kɔ̃tinɥɛlmɑ̃] *adv* ununterbrochen
continuer [kɔ̃tinɥe] <1> **I.** *vi* ❶ weitergehen ❷ *(poursuivre)* weitermachen **II.** *vt* fortsetzen
continuité [kɔ̃tinɥite] *f* Kontinuität *f*
contorsionner [kɔ̃tɔʀsjɔne] <1> *vpr* **se ~** sich verrenken
contour [kɔ̃tuʀ] *m* Umrisse *Pl*
contourner [kɔ̃tuʀne] <1> *vt* ❶ herumführen ❷ *(éluder)* umgehen
contraceptif [kɔ̃tʀasɛptif] *m* Verhütungsmittel *nt*
contraceptif, -ive [kɔ̃tʀasɛptif] *adj* empfängnisverhütend
contraception [kɔ̃tʀasɛpsjɔ̃] *f* [Empfängnis]verhütung *f*
contracté(e) [kɔ̃tʀakte] *adj* ❶ *(tendu)* angespannt ❷ LING zusammengezogen
contracter [kɔ̃tʀakte] <1> **I.** *vt* ANAT anspannen **II.** *vpr* **se ~** sich zusammenziehen
contraction [kɔ̃tʀaksjɔ̃] *f* ❶ *(action)* Zusammenziehen *nt* ❷ *(état)* Anspannung *f* ❸ *pl (lors d'un accouchement)* Wehen *Pl*
contractuel(le) [kɔ̃tʀaktɥɛl] *m(f) (agent)* Hilfspolizist, Politesse *m, f*
contradiction [kɔ̃tʀadiksjɔ̃] *f sans pl* Widerspruch *m*
contradictoire [kɔ̃tʀadiktwaʀ] *adj* widersprüchlich
contraignant(e) [kɔ̃tʀɛɲɑ̃] *adj* zwingend
contraindre [kɔ̃tʀɛ̃dʀ] <irr> *vt* zwingen
contraint(e) [kɔ̃tʀɛ̃] *adj* gezwungen
contrainte [kɔ̃tʀɛ̃t] *f* Zwang *m*
contraire [kɔ̃tʀɛʀ] **I.** *adj* ❶ *(opposé)* entgegengesetzt; **preuve ~** Gegenbeweis *m* ❷ *(incompatible)* **~ à l'usage** gegen die Gewohnheit ❸ *(défavorable)* ungünstig **II.** *m* Gegenteil *nt*
contrairement [kɔ̃tʀɛʀmɑ̃] *adv* **~ à qn** im Gegensatz zu jdm
contralto [kɔ̃tʀalto] *m* Kontraalt *m*
contrariant(e) [kɔ̃tʀaʀjɑ̃] *adj* ärgerlich
contrarier [kɔ̃tʀaʀje] <1> *vt* ärgern
contrariété [kɔ̃tʀaʀjete] *f sans pl* Verärgerung *f*
contraste [kɔ̃tʀast] *m* Kontrast *m*
contraster [kɔ̃tʀaste] <1> *vi* **~ avec qc** im Gegensatz zu etw stehen
contrat [kɔ̃tʀa] *m* Vertrag *m*
contravention [kɔ̃tʀavɑ̃sjɔ̃] *f* ❶ Strafzettel *m (fam)* ❷ *(amende)* Geldstrafe *f*
contre [kɔ̃tʀ] **I.** *prép* ❶ an ❷ *(opposition)* gegen ❸ *(proportion)* zu **II.** *adv* dagegen
contrebalancer [kɔ̃tʀəbalɑ̃se] <2> *vt* ausgleichen
contrebande [kɔ̃tʀəbɑ̃d] *f* Schmuggel *m*
contrebandier, -ière [kɔ̃tʀəbɑ̃dje] *m, f* Schmuggler(in) *m(f)*
contrebas [kɔ̃tʀəba] *adv* **en ~** unterhalb
contrebasse [kɔ̃tʀəbas] *f* Kontrabass *m*
contrecarrer [kɔ̃tʀəkaʀe] <1> *vt* vereiteln
contrecœur [kɔ̃tʀəkœʀ] *adv* **à ~** widerwillig
contrecoup [kɔ̃tʀəku] *m* Folge *f*
contre-courant [kɔ̃tʀəkuʀɑ̃] <contre-courants> *m* **à ~** gegen den Strom
contredire [kɔ̃tʀədiʀ] <irr> *vt, vpr* **[se] ~** [sich] widersprechen
contre-espionnage [kɔ̃tʀɛspjɔnaʒ] *m sans pl* Spionageabwehr *f*

contrefaçon [kɔ̃tʀəfasɔ̃] *f* Fälschung *f*
contrefaire [kɔ̃tʀəfɛʀ] <irr> *vt* fälschen
contrefait(e) [kɔ̃tʀəfɛ] *adj (imité)* gefälscht
contrefort [kɔ̃tʀəfɔʀ] *m* ❶ ARCHIT Strebepfeiler *m* ❷ GEO Ausläufer *Pl;* **les ~s des Alpes** die Voralpen
contre-indication [kɔ̃tʀɛ̃dikasjɔ̃] *f* Gegenanzeige *f* **contre-jour** [kɔ̃tʀəʒuʀ] *m* Gegenlicht *nt*
contremaître, -esse [kɔ̃tʀəmɛtʀ] *m, f* Vorarbeiter(in) *m(f)*
contrepartie [kɔ̃tʀəpaʀti] *f* **en ~** als Gegenleistung
contreplaqué [kɔ̃tʀəplake] *m sans pl* Sperrholz *nt*
contrepoids [kɔ̃tʀəpwa] *m* Gegengewicht *nt*
contrepoison [kɔ̃tʀəpwazɔ̃] *m* Gegengift *nt*
contre-productif, -ive [kɔ̃tʀəpʀɔdyktif] *adj* kontraproduktiv
contrer [kɔ̃tʀe] <1> *vt* **~ qn** jdm Kontra geben
contresens [kɔ̃tʀəsɑ̃s] *m* Fehlinterpretation *f*
contresigner [kɔ̃tʀəsiɲe] <1> *vt* gegenzeichnen
contretemps [kɔ̃tʀətɑ̃] *m* **j'ai eu un ~** mir ist etwas dazwischengekommen
contrevenir [kɔ̃tʀəv(ə)niʀ] <9> *vi* **~ à qc** gegen etw verstoßen
contribuable [kɔ̃tʀibɥabl] *mf* Steuerzahler(in) *m(f)*
contribuer [kɔ̃tʀibɥe] <1> *vi* beitragen
contribution [kɔ̃tʀibysjɔ̃] *f* ❶ Beitrag *m* ❷ *pl (impôts)* Steuern *Pl*
contrit(e) [kɔ̃tʀi] *adj* reuevoll
contrôle [kɔ̃tʀol] *m* ❶ Kontrolle *f; (de la caisse)* Prüfung *f;* **~ technique** ≈ TÜV ❷ *sans pl* Aufsicht *f*
contrôler [kɔ̃tʀole] <1> I. *vt* ❶ kontrollieren, [über]prüfen ❷ *(prix)* überwachen ❸ *(maîtriser)* unter Kontrolle haben II. *vpr* **se ~** sich beherrschen
contrôleur, -euse [kɔ̃tʀolœʀ] *m, f* AUT Kontrolleur(in) *m(f)*
contrordre [kɔ̃tʀɔʀdʀ] *m* Gegenbefehl *m*
controverse [kɔ̃tʀɔvɛʀs] *f* Kontroverse *f*
controversé(e) [kɔ̃tʀɔvɛʀse] *adj* umstritten
contusion [kɔ̃tyzjɔ̃] *f* Prellung *f*
convaincant(e) [kɔ̃vɛ̃kɑ̃] *adj* überzeugend
convaincre [kɔ̃vɛ̃kʀ] <irr> *vt* überzeugen
convaincu(e) [kɔ̃vɛ̃ky] *part passé de* **convaincre**
convalescence [kɔ̃valesɑ̃s] *f* Genesung *f*
convalescent(e) [kɔ̃valesɑ̃] *m(f)* Genesende(r) *f(m)*
convenable [kɔ̃vnabl] *adj* ❶ passend ❷ *(correct)* anständig
convenablement [kɔ̃vnabləmɑ̃] *adv* ❶ passend ❷ *(se tenir)* anständig ❸ *(de manière acceptable)* ordentlich
convenance [kɔ̃vnɑ̃s] *f pl* Anstand *m*
convenir[1] [kɔ̃vniʀ] <9> I. *vi* ❶ *(aller)* **~ à qn** jdm passen ❷ *(être approprié)* **~ à qc** zu etw passen II. *vi impers* **il convient de** es ist angebracht; **comme il convient** wie es sich gehört
convenir[2] [kɔ̃vniʀ] <9> I. *vt, vi* **~ de qc/que...** etw zugeben/zugeben, dass... II. *vt impers* **il est convenu que** + *subj* es ist abgemacht, dass; **comme convenu** wie vereinbart
convention [kɔ̃vɑ̃sjɔ̃] *f* Abkommen *nt*
conventionné(e) [kɔ̃vɑ̃sjɔne] *adj* **hôpital ~** Vertragskrankenhaus *nt;* **médecin ~** Kassenarzt *m*
conventionnel(le) [kɔ̃vɑ̃sjɔnɛl] *adj* konventionell
convenu(e) [kɔ̃vny] I. *part passé de* **convenir** II. *adj* vereinbart
convergence [kɔ̃vɛʀʒɑ̃s] *f* ❶ *(des intérêts)* Übereinstimmung *f* ❷ *(UE)* Konvergenz *f*
convergent(e) [kɔ̃vɛʀʒɑ̃, ʒɑ̃t] *adj (lignes, routes)* zusammenlaufend; *(points de vue, intérêts)* übereinstimmend
converger [kɔ̃vɛʀʒe] <2a> *vi* übereinstimmen
conversation [kɔ̃vɛʀsasjɔ̃] *f* Unterhaltung *f,* Gespräch *nt*

C

conversion [kɔ̃vɛʀsjɔ̃] *f* REL Konvertieren *nt*

converti(e) [kɔ̃vɛʀti] **I.** *adj* bekehrt **II.** *m(f)* Konvertit(in) *m(f)* ▸ **prêcher un ~** offene Türen einrennen

convertible [kɔ̃vɛʀtibl] *adj* **~ en qc** konvertierbar in etw *(akk)*

convertir [kɔ̃vɛʀtiʀ] <8> **I.** *vt* ❶ **~ qn à une religion** jdn zu einer Religion bekehren ❷ *(transformer)* **~ des dollars en euros** Dollar in Euro umrechnen ❸ INFORM konvertieren **II.** *vpr* **se ~** konvertieren

convexe [kɔ̃vɛks] *adj* konvex

conviction [kɔ̃viksjɔ̃] *f* Überzeugung *f*

convier [kɔ̃vje] <1> *vt soutenu* laden

convive [kɔ̃viv] *mf gén pl* Gast *m*

convivial(e) [kɔ̃vivjal] <-aux> *adj* ❶ gesellig ❷ INFORM benutzerfreundlich

convocation [kɔ̃vɔkasjɔ̃] *f* Einberufung *f*

convoi [kɔ̃vwa] *m* ❶ Konvoi *m* ❷ CHEMDFER Zug *m*

convoiter [kɔ̃vwate] <1> *vt* begehren

convoitise [kɔ̃vwatiz] *f* Begierde *f*

convoquer [kɔ̃vɔke] <1> *vt* bestellen

convoyer [kɔ̃vwaje] <6> *vt* den Transport bewachen; **~ des tableaux/de l'or** den Transport von Bildern/Gold bewachen

convoyeur [kɔ̃vwajœʀ] *m* TECH Förderer *m*

convulser [kɔ̃vylse] <1> *vt* *(visage, traits)* verzerren

convulsif, -ive [kɔ̃vylsif, -iv] *adj* krampfhaft; *(toux)* krampfartig

convulsion [kɔ̃vylsjɔ̃] *f gén pl* MED Zuckung *f*

cool [kul] *adj fam* ❶ *(décontracté: personne)* locker; *(tenue)* lässig ▸ **à la ~** cool; **un mec à la ~** ein cooler Typ ❷ *(excellent)* cool

coopérant(e) [kɔɔpeʀɑ̃] *m(f)* Entwicklungshelfer(in) *m(f)*

coopératif, -ive [kɔ(ɔ)peʀatif] *adj* kooperativ

coopération [kɔɔpeʀasjɔ̃] *f a.* POL Zusammenarbeit *f*

coopérative [kɔ(ɔ)peʀativ] *f* Genossenschaft *f*

coopérer [kɔɔpeʀe] <5> *vi* zusammenarbeiten

coordinateur, -trice [kɔɔʀdinatœʀ] *m, f v.* **coordonnateur**

coordination [kɔɔʀdinasjɔ̃] *f sans pl* Koordination *f*

coordonnateur, -trice [kɔɔʀdɔnatœʀ, -tʀis] **I.** *adj* koordinierend; *(bureau)* Koordinations- **II.** *m, f* Koordinator(in) *m(f)*; **être ~ de qc** etw koordinieren

coordonné(e) [kɔɔʀdɔne] *adj* aufeinander abgestimmt

coordonnées [kɔɔʀdɔne] *f* ❶ *pl fam* **les ~ de qn** jds Adresse *f* und Telefonnummer *f* ❷ MATH Koordinate *f*

coordonner [kɔɔʀdɔne] <1> *vt* koordinieren

copain, copine [kɔpɛ̃] *m, f fam* Freund(in) *m(f)*; **petit ~/petite copine** [fester] Freund *m*/[feste] Freundin *f*

coparentalité [kopaʀɑ̃talite] *f* gemeinsames Sorgerecht *nt*

copeau [kɔpo] <x> *m* Span *m*

Copenhague [kɔpɛnag] Kopenhagen *nt*

copie [kɔpi] *f* ❶ Kopie *f*; **~ de sécurité** INFORM Sicherheitskopie ❷ *(produit)* Imitation *f*

copier [kɔpje] <1> **I.** *vt* ❶ abschreiben ❷ *(photocopier)* [foto]kopieren ❸ *(imiter)* nachmachen **II.** *vi* SCOL **~ sur qn** bei jdm abschreiben

copieur [kɔpjœʀ] *m* Kopierer *m*

copieusement [kɔpjøzmɑ̃] *adv* reichlich

copieux, -euse [kɔpjø] *adj* reichlich

copilote [kopilɔt] *mf* ❶ AVIAT Kopilot(in) *m(f)* ❷ AUT Beifahrer(in) *m(f)*

copinage [kɔpinaʒ] *m péj fam* Vetternwirtschaft *f*

copine [kɔpin] *f v.* **copain**

coproduction [kopʀɔdyksjɔ̃] *f* Koproduktion *f*

copropriétaire [kopʀɔpʀijetɛʀ] *mf* Miteigentümer(in) *m(f)*

copuler [kɔpyle] <1> *vi (animal)* kopulieren; *(personne)* Geschlechtsverkehr haben
copyright [kɔpiʀajt] *m inv* Urheberrecht *nt*
copyrighté(e) [kɔpiʀajte] *adj* urheberrechtlich geschützt
coq [kɔk] *m a.* GASTR Hahn *m*
coque [kɔk] *f* TECH Rumpf *m*
coquelet [kɔklɛ] *m* Hähnchen *nt*
coquelicot [kɔkliko] *m* Klatschmohn *m*
coqueluche [kɔklyʃ] *f* MED Keuchhusten *m*
coquet(te) [kɔkɛ] *adj* ❶ eitel ❷ *(charmant)* nett
coquetier [kɔktje] *m* Eierbecher *m*
coquetterie [kɔkɛtʀi] *f* ❶ Eitelkeit *f* ❷ *(désir de plaire)* Koketterie *f*
coquillage [kɔkijaʒ] *m* Muschel *f*
coquille [kɔkij] *f* ❶ ZOOL *(de l'escargot)* [Schnecken]haus *nt; (d'un œuf)* [Eier]schale *f* ❷ TYP Druckfehler *m*
coquillettes [kɔkijɛt] *fpl* Hörnchen *Pl*
coquin(e) [kɔkɛ̃] *adj* schelmisch
cor [kɔʀ] *m* Horn *nt*
corail [kɔʀaj] <coraux> **I.** *m* Koralle *f* **II.** *app inv* korallenrot
Coran [kɔʀɑ̃] *m* **le ~** der Koran
coranique [kɔʀanik] *adj* koranisch; *(loi a.)* des Koran; *(école)* Koran
corbeau [kɔʀbo] <x> *m* Rabe *m*
corbeille [kɔʀbɛj] *f* Korb *m*
corbillard [kɔʀbijaʀ] *m* Leichenwagen *m*
cordage [kɔʀdaʒ] *m* ❶ *(corde)* Tau *nt* ❷ NAUT Takelage *f* ❸ SPORT Bespannung *f*
corde [kɔʀd] *f* ❶ Strick *m; (d'un bateau)* Leine *f* ❷ MUS, SPORT Saite *f* ❸ ANAT **~s vocales** Stimmbänder *Pl*
cordial(e) [kɔʀdjal] <-aux> *adj* herzlich
cordialement [kɔʀdjalmɑ̃] *adv* herzlich
cordialité [kɔʀdjalite] *f sans pl* Herzlichkeit *f*, Warmherzigkeit *f*
cordillère [kɔʀdijɛʀ] *f* Gebirgskette *f*; **~ des Andes** Andenkordilleren *Pl*
cordon [kɔʀdɔ̃] *m* Schnur *f*
cordon-bleu [kɔʀdɔ̃blø] <cordons-bleus> *m fam* fabelhafter Koch, fabelhafte Köchin *m, f*
cordonnier, -ière [kɔʀdɔnje] *m, f* Schuster(in) *m(f)*
Corée [kɔʀe] *f* **la ~** Korea *nt;* **la ~ du Nord/du Sud** Nord-/Südkorea
coréen(ne) [kɔʀeɛ̃] *adj* koreanisch; *v.a.* **allemand**
Coréen(ne) [kɔʀeɛ̃] *m(f)* Koreaner(in) *m(f)*
coriace [kɔʀjas] *adj* zäh
coriandre [kɔʀjɑ̃dʀ] *f* Koriander *m*
cormoran [kɔʀmɔʀɑ̃] *m* Kormoran *m*
corne [kɔʀn] *f* ZOOL Horn *nt*
cornée [kɔʀne] *f* ANAT Hornhaut *f* des Auges
corneille [kɔʀnɛj] *f* Krähe *f*
cornemuse [kɔʀnəmyz] *f* Dudelsack *m*
corner[1] [kɔʀne] <1> *vt* **~ une page** die Ecke einer Seite umknicken
corner[2] [kɔʀnɛʀ] *m* SPORT Eckball *m*
cornet [kɔʀnɛ] *m* GASTR [Papier]tüte *f*
corniche [kɔʀniʃ] *f* ❶ ARCHIT Sims *nt o m* ❷ *(escarpement)* [Fels]vorsprung *m* ❸ *(route) Straße an einer Steilküste*
cornichon [kɔʀniʃɔ̃] *m* Gürkchen *nt*
cornu(e) [kɔʀny] *adj* gehörnt, mit Hörnern
corolle [kɔʀɔl] *f* Blütenkrone *f*
coron [kɔʀɔ̃] *m* Bergarbeitersiedlung *f*
coronavirus [kɔʀɔna-] *m* MED Coronavirus *nt o m*
coronaire [kɔʀɔnɛʀ] *adj* ANAT Herzkranz-
corporation [kɔʀpɔʀasjɔ̃] *f* ❶ Körperschaft *f; (d'artisans)* Innung *f* ❷ HIST *(d'artisans)* Zunft *f; (de commerçants)* Gilde *f*
corporel(le) [kɔʀpɔʀɛl] *adj* körperlich
corps [kɔʀ] *m* ❶ Körper *m* ❷ CHIM Substanz *f* ❸ *(groupe)* Körperschaft *f*
corpulence [kɔʀpylɑ̃s] *f* **être de forte ~** korpulent sein
corpulent(e) [kɔʀpylɑ̃] *adj* korpulent
corpus [kɔʀpys] *m* Korpus *nt*
correct(e) [kɔʀɛkt] *adj* korrekt
correctement [kɔʀɛktəmɑ̃] *adv* richtig
correcteur, -trice [kɔʀɛktœʀ] *m, f* SCOL,

TYP Korrektor(in) *m(f)*

correction [kɔʀɛksjɔ̃] *f* ❶ Korrektur *f*/ Verbesserung *f* ❷ *(bienséance)* Korrektheit *f*

correctionnel(le) [kɔʀɛksjɔnɛl] *adj* Straf-; **tribunal ~** Strafgericht *nt*

correctionnelle [kɔʀɛksjɔnɛl] *f fam* **passer en ~** sich vor der Strafkammer verantworten müssen

corrélation [kɔʀelasjɔ̃] *f* [direkter] Zusammenhang *m*

corres [kɔʀɛs] *mf fam abr de* **correspondant(e)**

correspondance [kɔʀɛspɔ̃dɑ̃s] *f* ❶ Briefwechsel *m* ❷ COM Schriftverkehr *m* ❸ AUT Anschluss *m*

correspondancier, -ière [kɔʀɛspɔ̃dɑ̃sje, -jɛʀ] *m, f* Korrespondent(in) *m(f)*

correspondant(e) [kɔʀɛspɔ̃dɑ̃] **I.** *adj* entsprechend **II.** *m(f)* ❶ Briefpartner(in) *m(f)* ❷ *(au téléphone)* Gesprächspartner *m* ❸ COM [Geschäfts]partner *m* ❹ MEDIA Korrespondent(in) *m(f)*

correspondre [kɔʀɛspɔ̃dʀ] <14> **I.** *vi* ❶ im Briefwechsel stehen ❷ AUT Anschluss haben ❸ *(aller avec)* **~ à qc** zu etw gehören **II.** *vpr* **se ~** sich entsprechen

corrida [kɔʀida] *f* Stierkampf *m*

corridor [kɔʀidɔʀ] *m* Korridor *m*

corrigé [kɔʀiʒe] *m* Lösung *f*

corriger [kɔʀiʒe] <2a> **I.** *vt* verbessern **II.** *vpr* **se ~** sich bessern

corroborer [kɔʀɔbɔʀe] <1> *vt* erhärten

corroder [kɔʀɔde] <1> *vt (oxyder)* angreifen

corrompre [kɔʀɔ̃pʀ] <irr> *vt* bestechen

corrompu(e) [kɔʀɔ̃py] **I.** *part passé de* **corrompre II.** *adj* korrupt

corrosif, -ive [kɔʀozif] *adj* ❶ korrosiv ❷ *(acerbe)* bissig

corrosion [kɔʀozjɔ̃] *f* Korrosion *f*

corruptible [kɔʀyptibl] *adj* bestechlich

corruption [kɔʀypsjɔ̃] *f* Korruption *f*

corsage [kɔʀsaʒ] *m* Bluse *f*

corsaire [kɔʀsɛʀ] *m* ❶ *(marin)* Korsar *m*, Freibeuter *m* ❷ *(navire)* Kaperschiff *nt* ❸ *(pantalon)* Caprihose *f*

corse [kɔʀs] **I.** *adj* korsisch; *v.a.* **allemand II.** *m* Korsisch *nt; v.a.* **allemand**

Corse [kɔʀs] **I.** *f* **la ~** Korsika *nt* **II.** *mf* Korse, Korsin *m, f*

corsé(e) [kɔʀse] *adj* ❶ scharf [gewürzt]; *(vin)* vollmundig ❷ *(compliqué)* kniffiig

corser [kɔʀse] <1> **I.** *vt (mets)* würzen; *(situation)* komplizieren; *(récit)* spannender machen **II.** *vpr* **se ~** spannend werden

corset [kɔʀsɛ] *m* Korsett *nt*

cortège [kɔʀtɛʒ] *m* Zug *m;* REL Prozession *f*

cortex [kɔʀtɛks] *m* ANAT Rinde *f;* **~ cérébral** Großhirn *nt*

cortisone [kɔʀtizɔn] *f* Kortison *nt*

corvée [kɔʀve] *f* ❶ lästige Pflicht *f* ❷ CH *(travail non payé)* Fronarbeit *f* (CH)

cosaque [kɔzak] *m* Kosak *m*

cosinus [kɔsinys] *m* MATH Kosinus *m*

cosmétique [kɔsmetik] *adj* kosmetisch

cosmique [kɔsmik] *adj* kosmisch; *(fusée)* [Welt]raum-

cosmonaute [kɔsmɔnot] *mf* Kosmonaut(in) *m(f)*

cosmopolite [kɔsmɔpɔlit] *adj* kosmopolitisch

cosmos [kɔsmos] *m* Kosmos *m*

cosse [kɔs] *f* BOT Hülse *f*

cossu(e) [kɔsy] *adj* wohlhabend

costaud(e) [kɔsto] *adj fam* kräftig

costume [kɔstym] *m* ❶ [Herren]anzug *m* ❷ *(de théâtre)* Kostüm *nt*

costumer [kɔstyme] <1> *vpr* **se ~ en clown** sich als Clown verkleiden

costumier, -ière [kɔstymje, -jɛʀ] *m, f* ❶ *(loueur)* Kostümverleiher(in) *m(f)* ❷ *(fabricant)* Kostümschneider(in) *m(f)* ❸ THEAT, CINE Gewandmeister(in) *m(f)*

cotation [kɔtasjɔ̃] *f* FIN [Börsen]notierung *f*

cote [kɔt] *f* ❶ FIN [Kurs]notierung *f* ❷ *(popularité)* Beliebtheit *f*

coté(e) [kɔte] *adj* beliebt
côte [kot] *f* ❶ Küste *f* ❷ *(pente qui monte)* Steigung *f* ❸ *(pente qui descend)* [Ab]hang *m* ❹ ANAT Rippe *f* ❺ GASTR Kotelett *nt* ▸ ~ **à** ~ Seite *f* an Seite
côté [kote] **I.** *m* Seite *f* ▸ **d'un ~..., de l'autre** [~] einerseits..., andererseits; **de mon** ~ ich meinerseits **II.** *adv* ❶ **à** ~ nebenan ❷ *(en comparaison)* **à** ~ daneben ❸ *(en plus)* **à** ~ nebenher **III.** *prép* ❶ *(à proximité de)* **à** ~ **de qn/qc** neben jdm/jdn/etw ❷ *(en comparaison de)* **à** ~ **de qn/qc** gemessen an jdm/etw ❸ *(hors de)* **à** ~ **de qc** neben etw *(akk o dat)*
coteau [kɔto] <x> *m* Hang *m*
Côte d'Azur [kotdazyʀ] *f* **la** ~ die Côte d'Azur
Côte d'Ivoire [kotdivwaʀ] *f* **la** ~ die Elfenbeinküste
côtelé(e) [kot(ə)le] *adj* gerippt
côtelette [kotlɛt] *f* GASTR Kotelett *nt*
coter [kɔte] <1> *vt* FIN [an der Börse] notieren
côtier, -ière [kotje] *adj* Küsten-; **police côtière** Küstenpolizei *f*
cotillons [kɔtijɔ̃] *mpl* Partyartikel *Pl*
cotisation [kɔtizasjɔ̃] *f* Beitrag *m*
cotiser [kɔtize] <1> **I.** *vi* [seine] Beiträge entrichten **II.** *vpr* **se** ~ **pour faire qc** zusammenlegen um etw zu tun
coton [kɔtɔ̃] *m* Baumwolle *f*; **du** ~ Watte *f*
cotonnade [kɔtɔnad] *f* Baumwollstoff *m*
coton-tige® [kɔtɔ̃tiʒ] <cotons-tiges> *m* Wattestäbchen *nt*
côtoyer [kotwaje] <6> *soutenu* **I.** *vt* ~ **qn** mit jdm verkehren **II.** *vpr* **se** ~ miteinander verkehren
cou [ku] *m* Hals *m*
couchage [kuʃaʒ] *m* Liegefläche *f*
couchant [kuʃɑ̃] **I.** *adj* **au soleil** ~ bei Sonnenuntergang *m* **II.** *m* Westen *m*
couche [kuʃ] *f* ❶ Schicht *f* ❷ *(lange)* Windel *f* ❸ MED **fausse** ~ Fehlgeburt *f*
couché(e) [kuʃe] *adj* liegend; **rester** ~ im Bett bleiben
couche-culotte [kuʃkylɔt] <couches-culottes> *f* Windelhöschen *nt*
coucher [kuʃe] <1> **I.** *vi* ❶ schlafen; ~ **à l'hôtel** im Hotel übernachten ❷ *fam* ~ **avec qn** mit jdm schlafen **II.** *vt* ❶ ins Bett bringen ❷ *(étendre)* legen **III.** *vpr* **se** ~ ❶ ins Bett gehen ❷ *(s'allonger)* sich [hin]legen ❸ *(soleil)* untergehen **IV.** *m* **au** ~ **du soleil** bei Sonnenuntergang
couchette [kuʃɛt] *f* Liege[wagen]platz *m*
coucou [kuku] **I.** *m* Kuckuck *m* **II.** *interj* kuckuck
coude [kud] *m* ❶ Ell[en]bogen *m* ❷ *(courbure)* Biegung *f* ▸ ~ **à** ~ Seite an Seite
coudre [kudʀ] <irr> **I.** *vi* nähen **II.** *vt* ❶ *(assembler)* zusammennähen ❷ *(fixer)* ~ **un bouton** einen Knopf annähen
coudrier [kudʀije] *m* BOT Haselstrauch *m*
couenne [kwan] *f* Schwarte *f*
couette [kwɛt] *f* Federbett *nt*
couffin [kufɛ̃] *m* [Baby]tragekorb *m*
couillon(ne) [kujɔ̃, jɔn] *m(f)* *fam* Blödmann *m*
couillonner [kujɔne] <1> *vt* *fam* reinlegen
couillu(e) [kujy] *adj* *fam* *(personne)* ganz schön mutig; *(livre, film)* ganz schön gewagt
couiner [kwine] <1> *vi* quieken; *(porte)* quietschen
coulant(e) [kulɑ̃] *adj* ❶ *fam* kulant ❷ *(pâte)* flüssig
coulée [kule] *f* ~ **de lave** Lavastrom *m*
couler [kule] <1> **I.** *vi* ❶ fließen ❷ *(robinet)* tropfen ❸ *(goutter)* laufen; *(œil)* tränen ❹ *(sombrer)* untergehen **II.** *vt* ❶ gießen ❷ *(sombrer)* versenken
couleur [kulœʀ] *f* Farbe *f*
couleuvre [kulœvʀ] *f* Natter *f*
coulis [kuli] *m* ~ **de framboises** Himbeersoße *f*
coulissant(e) [kulisɑ̃] *adj* Schiebe-; **porte ~e** Schiebetür *f*
coulisse [kulis] *f* *souvent pl a.* THEAT Kulisse *f*

coulisser [kulise] <1> *vi* [in einer Schiene] laufen

couloir [kulwaʀ] *m* ❶ Gang *m,* Flur *m* ❷ GEO Schlucht *f*

coup [ku] *m* ❶ Schlag *m;* ~ **de pied** Fußtritt *m;* ~ **de couteau** Messerstich *m* ❷ *(bruit)* Klopfen *nt;* ~ **de sifflet** Pfiff *m* ❸ *(heurt)* Stoß *m* ❹ *(décharge)* ~ [**de feu**] Schuss *m* ❺ *(action rapide)* ~ **de fil** Anruf *m* ❻ JEUX Zug *m* ❼ *(manifestation brusque)* ~ **de foudre** Liebe *f* auf den ersten Blick ❽ *(action)* Coup *m* ❾ *(quantité bue)* Schluck *m* ▶ **prendre un ~ de froid** sich erkälten; **donner un ~ de main à qn** jdm zur Hand gehen; **jeter un ~ d'œil sur le feu** ein Auge auf das Feuer *(akk)* haben; **ça vaut le ~ de faire qc** es lohnt sich etw zu tun; **du premier** ~ auf Anhieb; **d'un seul** ~ auf ein Mal; **tout à** ~ plötzlich

coupable [kupabl] **I.** *adj* schuldig **II.** *mf* Schuldige(r) *f(m)*

coupant(e) [kupɑ̃] *adj* scharf

coup-de-poing [kudpwɛ̃] *adj inv (opération, politique)* knallhart

coupe [kup] *f* ❶ **une ~ de champagne** ein Glas *nt* Champagner ❷ *(récipient)* Schale *f* ❸ SPORT Pokal *m; (épreuve)* Pokal[wettbewerb *m*] *m;* **la ~ du monde de football** die Fußballweltmeisterschaft

coupe-feu [kupfø] <coupe-feu[x]> **I.** *m* Brandschneise *f* **II.** *app inv* **porte ~** Brandschutztür *f*

coupelle [kupɛl] *f* Schälchen *nt* **coupe-ongle** [kupɔ̃gl] <coupe-ongles> *m* Nagelknipser *m* **coupe-papier** [kuppapje] *m inv* Brieföffner *m*

couper [kupe] <1> **I.** *vi* ❶ schneiden; **attention, ça coupe!** Achtung, das ist scharf! ❷ *(prendre un raccourci)* abkürzen ❸ *(interrompre)* unterbrechen ❹ TELEC **ne coupez pas!** bleiben Sie am Apparat! ❺ CINE **coupez!** Schnitt! ❻ JEUX abheben **II.** *vt* ❶ [ab]schneiden; *(arbre)* fällen ❷ *(texte)* kürzen ❸ *(ligne téléphonique)* unterbrechen ❹ *(route)* versperren ❺ *(diluer)* verdünnen ❻ JEUX abheben **III.** *vpr* **se ~** sich schneiden

couper-coller [kupekɔle] <1> INFORM **I.** *vt* mit Ausschneiden und Einsetzen bearbeiten **II.** *m* Ausschneiden *nt* und Einsetzen *nt*

couperet [kupʀɛ] *m* Schlachtermesser *nt*

couperose [kupʀoz] *f* Kupferrose *f*

coupe-vent [kupvɑ̃] <coupe-vent[s]> *m* Windjacke *f*

couple [kupl] *m* [Liebes]paar *nt*

couplet [kuplɛ] *m* Strophe *f*

coupole [kupɔl] *f* Kuppel *f*

coupon [kupɔ̃] *m* ❶ COUT Stoffrest *m* ❷ *(bon)* Abschnitt *m*

coupon-réponse [kupɔ̃ʀepɔ̃s] <coupons-réponse> *m* Antwortkarte *f*

coupure [kupyʀ] *f* ❶ Schnittwunde *f* ❷ PRESSE ~ **de presse** Zeitungsausschnitt *m* ❸ *(interruption)* Unterbrechung *f* ❹ *(billet)* **petites ~s** kleine Scheine *Pl* ❺ *(changement)* Einschnitt *m*

cour [kuʀ] *f* ❶ Hof *m* ❷ JUR **la Cour suprême** der Oberste Gerichtshof

courage [kuʀaʒ] *m* Mut *m*

courageusement [kuʀaʒøzmɑ̃] *adv* tapfer

courageux, -euse [kuʀaʒø] *adj* mutig; *(soldat)* tapfer

couramment [kuʀamɑ̃] *adv* ❶ fließend ❷ *(souvent)* häufig

courant [kuʀɑ̃] *m* ❶ ELEC Strom *m* ❷ *(cours d'eau)* Strömung *f* ❸ *(dans l'air)* Luftstrom *m;* ~ **d'air** [Luft]zug *m; (gênant)* Durchzug ❹ *(mouvement)* Bewegung *f* ❺ *(cours)* **dans le ~ de la journée** im Laufe des Tages ▶ **être au ~ de qc** über etw *(akk)* auf dem Laufenden sein

courant(e) [kuʀɑ̃] *adj* ❶ üblich ❷ *(année)* laufend

courbature [kuʀbatyʀ] *f souvent pl* Muskelkater *m*

courbe [kuʀb] **I.** *adj* gebogen **II.** *f* GEO, FIN Kurve *f; (d'une route)* Biegung *f*

courbé(e) [kuʀbe] *adj* krumm

courber [kuʀbe] <1> **I.** *vi* ~ **sous qc** sich unter etw *(dat)* biegen **II.** *vt* ① biegen ② *(pencher)* ~ **le dos** den Rücken krümmen; ~ **la tête devant qn** sich jdm beugen **III.** *vpr* **se** ~ ① *(se baisser)* den Rücken krümmen ② *(ployer)* sich biegen

courbette [kuʀbɛt] *f* **faire des ~s à qn** vor jdm katzbuckeln

courbure [kuʀbyʀ] *f (des sourcils, du nez)* Bogen *m*

coureur, -euse [kuʀœʀ] *m, f* ① SPORT Läufer(in) *m(f)* ② AUT Fahrer(in) *m(f)* ► ~ **de jupons** Schürzenjäger *m*

courge [kuʀʒ] *f* Kürbis *m*

courgette [kuʀʒɛt] *f* Zucchini *f*

courir [kuʀiʀ] <irr> **I.** *vi* ① laufen; *(plus vite)* rennen ② *(se répandre)* umgehen **II.** *vt* ► ~ **les filles** hinter den Mädchen her sein *(fam)*

couronne [kuʀɔn] *f* ① Krone *f* ② *(pour décorer)* Kranz *m*

couronné [kuʀɔne] *adj* preisgekrönt

couronnement [kuʀɔnmɑ̃] *m* Krönung *f*

couronner [kuʀɔne] <1> *vt* ① krönen ② *(récompenser)* auszeichnen

courriel [kuʀjɛl] *m* INFORM E-Mail *f*

courrier [kuʀje] *m* ① Post *f* ② INFORM **électronique** E-Mail *nt*

courroie [kuʀwa] *f* Riemen *m*

cours [kuʀ] *m* ① Verlauf *m; (des saisons)* Ablauf; *(du temps)* Lauf ② *(leçon)* Unterricht *m; (leçon privée)* Kurs *m* ③ *(d'une monnaie)* Kurs *m* ④ *(courant)* ~ **d'eau** Wasserlauf *m*

course [kuʀs] *f* ① Laufen *nt* ② *(épreuve)* Rennen *nt* ③ *(déplacement)* ~ **en taxi** Taxifahrt *f* ④ *(commission)* **les ~s** die Besorgungen *Pl;* **faire les** [*o* **ses**] **~s** Besorgungen machen

coursier, -ière [kuʀsje, -jɛʀ] *m, f* Laufbursche *m*

court(e) [kuʀ] *adj* kurz

court[1] [kuʀ] *m* ~ **de tennis** Tennisplatz *m*

court[2] [kuʀ] *adv* kurz ► **être à ~ de qc** von etw nicht genug haben

court-bouillon [kuʀbujɔ̃] <courts-bouillons> *m* Brühe *f* **court-circuit** [kuʀsiʀkɥi] <courts-circuits> *m* Kurzschluss *m*

courtier, -ière [kuʀtje] *m, f* Makler(in) *m(f)*

courtisan [kuʀtizɑ̃] *m* Höfling *m fig* Schmeichler *m*

courtisane [kuʀtizan] *f* HIST, LITTER Kurtisane *f*

courtiser [kuʀtize] <1> *vt* ~ **qn** jdm den Hof machen

court métrage [kuʀmetʀaʒ] <courts métrages> *m* Kurzfilm *m*

courtois(e) [kuʀtwa] *adj* höflich

courtoisie [kuʀtwazi] *f* Höflichkeit *f*

couru(e) [kuʀy] *part passé de* **courir**

couscous [kuskus] *m* Couscous *nt*

couscoussier [kuskusje] *m* Kuskustopf *m*

cousin(e) [kuzɛ̃] *m(f)* Cousin, Cousine [*o* Kusine] *m(f)*

coussin [kusɛ̃] *m* Kissen *nt*

coussinet [kusinɛ] *m* kleines Kissen

cousu(e) [kuzy] *part passé de* **coudre**

coût [ku] *m* Kosten *Pl*

coûtant [kutɑ̃] *adj* **prix** ~ Selbstkostenpreis *m*

couteau [kuto] <x> *m* Messer *nt*

coutellerie [kutɛlʀi] *f* Schneidwarenindustrie *f*

coûter [kute] <1> *vt* kosten; **ça coûte cher** das ist teuer

coûteux, -euse [kutø] *adj* kostspielig

coutume [kutym] *f* Brauch *m*

coutumier, -ière [kutymje, -jɛʀ] *adj* üblich, gewöhnlich

couture [kutyʀ] *f* ① Nähen *nt* ② *(ouvrage)* Näharbeit *f* ③ *(profession)* **la haute** ~ die Haute Couture ④ *(suite de points)* Naht *f*

couturier [kutyʀje] *m* Modeschöpfer *m*

couturière [kutyʀjɛʀ] *f* Schneider[meister]in *f*

couvée [kuve] *f* Brut *f*

couvent [kuvɑ̃] *m* Kloster *nt*

couver [kuve] <1> *vt* [aus]brüten

couvercle [kuvɛʀkl] *m* Deckel *m*

couvert [kuvɛʀ] *m* ① Besteck *nt;* **mettre le ~** den Tisch decken ② *(place)* Gedeck *nt*

couvert(e) [kuvɛʀ] **I.** *part passé de* **couvrir II.** *adj* ① *(habillé)* **être trop ~** zu warm angezogen sein ② *(protégé)* **être ~** zugedeckt sein ③ *(assuré)* gedeckt ④ *(opp: en plein air)* überdacht ⑤ METEO *(ciel)* bedeckt; *(temps)* trüb ⑥ *(recouvert)* **~ de poussière** mit Staub bedeckt

couverture [kuvɛʀtyʀ] *f* ① *(d'un lit)* [Bett]decke *f* ② *(d'un cahier)* Umschlag *m*

couveuse [kuvøz] *f* ① *(poule)* Bruthenne *f* ② *(incubateur)* **~ artificielle** *(pour œufs)* Brutapparat *m; (pour prématurés)* Brutkasten *m*

couvre-feu [kuvʀəfø] <couvre-feux> *m* Alarm *m; (période)* Sperrstunde *f;* **on impose le ~** eine Ausgangssperre wird verhängt **couvre-lit** [kuvʀəli] <couvre-lits> *m* Tagesdecke *f*

couvreur, -euse [kuvʀœʀ] *m, f* Dachdecker(in) *m(f)*

couvrir [kuvʀiʀ] <11> **I.** *vt* ① abdecken; *(toit)* decken ② *(recouvrir)* **~ qc** etw zudecken; **~ de qc** mit etw bedecken ③ *(habiller)* **~ qn** jdn warm anziehen ④ *(visage)* verdecken; *(son)* übertönen ⑤ *(protéger)* **~ qn** jdn decken **II.** *vpr* **se ~** ① sich anziehen ② *(se protéger)* sich absichern ③ METEO sich bewölken

Covid-19, COVID-19 [kɔvidiznœf] *m abr de* **corona virus disease 2019** MED Covid-19, COVID-19 *m*

covoiturage [kovwatyʀaʒ] *m* Fahrgemeinschaftssystem *nt*

cow-boy [kobɔj] <cow-boys> *m* Cowboy *m*

coyote [kɔjɔt] *m* Coyote *m*

C.P.E. [sepeø] *m* SCOL *abr de* **conseiller principal d'éducation** pädagogische Fachkraft *f (an französischen Schulen)*

crabe [kʀɑb] *m* Krabbe *f*

crac [kʀak] *interj* knack

crachat [kʀaʃa] *m* Spucke *f*

craché(e) [kʀaʃe] *adj* ▶ **c'est lui tout ~** *fam (très ressemblant)* er/sie ist ihm wie aus dem Gesicht geschnitten *(typique de qn)* das sieht ihm ähnlich

cracher [kʀaʃe] <1> *vt, vi* [aus]spucken

cracheur [kʀaʃœʀ] *m* **~ de feu** Feuerschlucker *m*

crachin [kʀaʃɛ̃] *m* Sprühregen *m*

crack[1] [kʀak] *m fam* Ass *nt*

crack[2] [kʀak] *m (drogue)* Crack *nt o m*

cracker [kʀakœʀ] *m* INFORM Hacker *m*

craie [kʀɛ] *f* Kreide *f*

craindre [kʀɛ̃dʀ] <irr> **I.** *vt* ① fürchten ② *(pressentir)* [be]fürchten **II.** *vi* **~ pour qn/qc** Angst um jdn/etw haben

> **craindre que**
>
> Nach **craindre que** stehen immer *ne* und der Subjonctif:
>
> *Je crains qu'elle ne vienne en retard. – Ich fürchte, dass sie zu spät kommt.*

crainte [kʀɛ̃t] *f* Furcht *f*

craintif, -ive [kʀɛ̃tif] *adj* ängstlich

cramer [kʀame] <1> *vi fam (maison)* abbrennen

cramoisi(e) [kʀamwazi] *adj* purpurrot

crampe [kʀɑ̃p] *f* [Muskel]krampf *m*

crampon [kʀɑ̃pɔ̃] *m* SPORT Steigeisen *nt; (de foot)* Stollen *m*

cramponner [kʀɑ̃pɔne] <1> *vpr* **se ~** sich festklammern

cran [kʀɑ̃] *m* Loch *nt*

crâne [kʀɑn] *m* Schädel *m*

crâner [kʀɑne] <1> *vi fam* eine Schau abziehen

crâneur, -euse [kʀɑnœʀ] **I.** *adj* angeberisch *(fam)* **II.** *m, f* Angeber(in) *m(f)*

crânien(ne) [kʀɑnjɛ̃, jɛn] *adj* Schädel-

crapaud [kʀapo] *m* Kröte *f*

crapule [kʀapyl] *f* Schuft *m*

crapuleux, -euse [kʀapylø] *adj* niederträchtig

craquant(e) [kʀakɑ̃] *adj fam* toll

craqueler [kʀakle] <3> *vpr* **se ~** Risse bekommen
craquelure [kʀaklyʀ] *f* Riss *m*
craquer [kʀake] <1> *vi* ❶ krachen ❷ *(branche)* brechen
crash [kʀaʃ] <[e]s> *m* Absturz *m*
crasse [kʀas] *f* Dreck *m*
crasseux, -euse [kʀasø] *adj* schmutzig
cratère [kʀatɛʀ] *m* Krater *m*
cravache [kʀavaʃ] *f* [Reit]gerte *f*
cravate [kʀavat] *f* Krawatte *f*
crawl [kʀol] *m* Kraulen *nt*
crawler [kʀole] <1> *vi* kraulen; **dos crawlé** Rückenkraulen *nt*
crayon [kʀɛjɔ̃] *m* Bleistift *m*
crayonner [kʀɛjɔne] <1> *vt* [mit dem Bleistift] zu Papier bringen
créance [kʀeɑ̃s] *f* Forderung *f*, Schuld *f*
créancier, -ière [kʀeɑ̃sje] *m, f* FIN Gläubiger(in) *m(f)*
créateur, -trice [kʀeatœʀ] **I.** *adj* schöpferisch **II.** *m, f* ❶ Schöpfer(in) *m(f)* ❷ REL **le Créateur** der Schöpfer
créatif, -ive [kʀeatif] *adj* schöpferisch
création [kʀeasjɔ̃] *f* ❶ *sans pl* REL **la Création** die Schöpfung ❷ ART Werk *nt; (d'un couturier)* Kreation *f* ❸ *(invention)* Herstellung *f* ❹ ECON **~ d'entreprise** Firmengründung *f*
créativité [kʀeativite] *f* Kreativität *f*
créature [kʀeatyʀ] *f* Lebewesen *nt*
crèche [kʀɛʃ] *f* Krippe *f*
crécher [kʀeʃe] <5> *vi fam* wohnen
crédibiliser [kʀedibilize] <1> *vt* glaubwürdig machen
crédibilité [kʀedibilite] *f* Glaubwürdigkeit *f*
crédible [kʀedibl] *adj* glaubwürdig
crédit [kʀedi] *m* ❶ *(paiement échelonné)* Ratenzahlung *f* ❷ *(prêt)* Kredit *m* ❸ *(opp: débit)* Guthaben *nt*
créditer [kʀedite] <1> *vt* gutschreiben
créditeur, -trice [kʀeditœʀ] *m, f* Gläubiger(in) *m(f)*
credo [kʀedo] *m* REL Glaubensbekenntnis *nt*
crédule [kʀedyl] *adj* gutgläubig
crédulité [kʀedylite] *f* Gutgläubigkeit *f*
créer [kʀee] <1> *vt* schaffen
crémaillère [kʀemajɛʀ] *f* ► **pendre la ~** eine Einweihungsparty geben
crématoire [kʀematwaʀ] *adj* **four ~** Krematorium *nt*
crème [kʀɛm] **I.** *adj inv* cremefarben **II.** *f* ❶ *(produit laitier)* Rahm *m;* **~ chantilly** Schlagsahne *f* ❷ *(entremets)* Creme *f;* **~ glacée** Eiscreme ❸ *(liqueur)* **~ de cassis** Johannisbeerlikör *m* ❹ *(de soins)* Creme *f;* **~ solaire** Sonnencreme **III.** *m* Milchkaffee *m*
crémerie [kʀɛmʀi] *f* Milch- und Käsegeschäft *nt* ► **changer de ~** woanders hingehen
crémeux, -euse [kʀemø] *adj* cremig
crémier, -ière [kʀemje, -jɛʀ] *m, f* Milch- und Käsehändler(in) *m(f)*
créneau [kʀeno] <x> *m* ❶ AUT [Park]lücke *f;* **faire un ~** einparken ❷ *(intervalle de temps)* Zeitfenster *nt*
créole [kʀeɔl] **I.** *adj* kreolisch; *v. a.* **allemand II.** *m* Kreol *nt; v. a.* **allemand**
Créole [kʀeɔl] *mf* Kreole, Kreolin *m, f*
crêpe [kʀɛp] *f* GASTR Crêpe *f*, Pfannkuchen *m*
crêper [kʀepe] <1> *vt* ❶ TEXTIL kreppen ❷ *(cheveux)* toupieren
crêperie [kʀɛpʀi] *f* Crêperie *f*
crépi [kʀepi] *m* Rauputz *m*
crêpière [kʀepjɛʀ] *f (plaque)* Crêpeeisen *nt; (poêle)* Crêpepfanne *f*
crépiter [kʀepite] <1> *vi* knistern
crépon [kʀepɔ̃] *m* Krepon *m*
crépu(e) [kʀepy] *adj* gekräuselt
crépuscule [kʀepyskyl] *m* Dämmerung *f*
cresson [kʀesɔ̃] *m* Kresse *f*
Crète [kʀɛt] *f* **la ~** Kreta *nt*
crête [kʀɛt] *f* ZOOL Kamm *m*
crétin(e) [kʀetɛ̃] *fam* **I.** *adj* blöd[e] **II.** *m(f)* Depp *m*
creuser [kʀøze] <1> **I.** *vt* ❶ ausheben; *(sillon)* ziehen; *(tunnel)* bohren ❷ *(évider)* graben **II.** *vi* hungrig machen **III.** *vpr* **se ~** einfallen ► **se ~ la tête** sich *(dat)* den Kopf zerbrechen

C

creuset [kʀøzɛ] *m* [Schmelz]tiegel *m*
creux [kʀø] *m* Höhle *f*
creux, -euse [kʀø] *adj* ① hohl; *(ventre)* leer ② *(vain)* nichts sagend ③ *(concave)* nach innen gewölbt ④ *(rentré)* eingefallen ⑤ *(sans activité)* ruhig
crevaison [kʀəvɛzɔ̃] *f* Reifenpanne *f*
crevant(e) [kʀəvɑ̃] *adj fam* mörderisch
crevasse [kʀəvas] *f* ① Spalte *f* ② *(gerçure)* Riss *m*
crevassé(e) [kʀəvase] *adj (mur, sol)* rissig
crevé(e) [kʀəve] *adj fam* kaputt
crève [kʀɛv] *f fam* böse Erkältung; **avoir/attraper la ~** total erkältet sein/sich *(dat)* den Tod holen
crever [kʀəve] <4> **I.** *vi* platzen **II.** *vt (pneu)* kaputtstechen **III.** *vpr fam* **se ~** sich kaputtmachen
crevette [kʀəvɛt] *f* Garnele *f*
cri [kʀi] *m* Schrei *m*
criant(e) [kʀijɑ̃] *adj* offenkundig
criard(e) [kʀijaʀ] *adj* keifend
crible [kʀibl] *m* [grobes] Sieb *nt* ▸ **passer qc au ~** etw genau unter die Lupe nehmen *(fam)*
criblé(e) [kʀible] *adj* ① *(percé)* **~ de balles** von Kugeln durchsiebt ② *(couvert de)* **~ de boutons** voller Pickel; **~ de dettes** hochverschuldet
cribler [kʀible] <1> *vt (percer)* **~ qn de balles** jdn mit Kugeln durchsieben; **~ qc de trous** etw durchlöchern
cric [kʀik] *m* Winde *f*
cricket [kʀikɛt] *m* Kricket *nt,* Kricketspiel *nt*
criée [kʀije] *f* **vente à la ~** Versteigerung *f*
crier [kʀije] <1> **I.** *vi* schreien **II.** *vt (à voix forte)* rufen
crime [kʀim] *m* ① Mord *m* ② JUR Verbrechen *nt*
criminalité [kʀiminalite] *f sans pl* Kriminalität *f*
criminel(le) [kʀiminɛl] **I.** *adj* kriminell **II.** *m(f)* Verbrecher(in) *m(f)*
crin [kʀɛ̃] *m* ① *(poil)* Pferde-/Eselshaar *nt* ② *sans pl (matière)* Rosshaar *nt*
crinière [kʀinjɛʀ] *f* Mähne *f*
crique [kʀik] *f* kleine Bucht *f*
criquet [kʀikɛ] *m* Heuschrecke *f*
crise [kʀiz] *f* Krise *f*
crispation [kʀispasjɔ̃] *f* Zucken *nt; (d'un muscle)* Krampf *m*
crispé(e) [kʀispe] *adj* verkrampft
crisper [kʀispe] <1> **I.** *vt* verzerren **II.** *vpr* **se ~** sich verkrampfen
crisser [kʀise] <1> *vi* quietschen
cristal [kʀistal] <-aux> *m* Kristall *m*
cristallin [kʀistalɛ̃] *m (de l'œil)* Linse *f*
cristallisé [kʀistalize] *adj* kristallisiert; **du sucre ~** [Kristall]zucker *m*
cristalliser [kʀistalize] <1> CHIM **I.** *vi* Kristalle *Pl* bilden **II.** *vt* auskristallisieren **III.** *vpr* **se ~** Kristalle bilden
critère [kʀitɛʀ] *m* Kriterium *nt*
critiquable [kʀitikabl] *adj* kritisierbar
critique [kʀitik] **I.** *adj* kritisch **II.** *f* Kritik *f* **III.** *mf* Kritiker(in) *m(f)*
critiquer [kʀitike] <1> *vt* kritisieren
croasser [kʀɔase] <1> *vi* krächzen
croc [kʀo] *m* Fangzahn *m;* **le chien montre les ~s** der Hund fletscht die Zähne
croche [kʀɔʃ] *f* MUS Achtel *nt,* Achtelnote *f*
croche-pied [kʀɔʃpje] <croche-pieds> *m* **faire un ~ à qn** jdm ein Bein stellen
crochet [kʀɔʃɛ] *m* ① [Wand]haken *m* ② *(aiguille)* Häkelhaken *m*
crocheter [kʀɔʃte] <4> *vt (porte, serrure)* mit dem Dietrich öffnen
crochu(e) [kʀɔʃy] *adj* gekrümmt
croco *m fam abr de* **crocodile**
crocodile [kʀɔkɔdil] *m* Krokodil *nt*
crocus [kʀɔkys] *m* Krokus *m*
croire [kʀwaʀ] <irr> **I.** *vt* ① glauben ② *(avoir confiance)* trauen ③ *(s'imaginer)* sich einbilden ④ *(supposer)* **il faut ~ que...** es ist anzunehmen, dass... ⑤ *(estimer)* **~ qn capable** jdn für fähig halten **II.** *vi* REL a. glauben **III.** *vpr* **se ~ intelligent** sich für intel-

ligent halten

croisade [kʀwazad] *f* HIST Kreuzzug *m*

croisé(e) [kʀwaze] *adj* ▶ **mots ~s** Kreuzworträtsel *nt*

croisement [kʀwazmɑ̃] *m* Kreuzung *f*

croiser [kʀwaze] <1> **I.** *vt* kreuzen **II.** *vpr* **se ~** sich treffen

croiseur [kʀwazœʀ] *m* NAUT Kreuzer *m*

croisière [kʀwazjɛʀ] *f* Kreuzfahrt *f*

croisiériste [kʀwazjeʀist] *mf* Kreuzfahrtteilnehmer(in) *m(f)*

croissance [kʀwasɑ̃s] *f sans pl a.* ECON Wachstum *nt; (d'un enfant)* Entwicklung *f*

croissant [kʀwasɑ̃] *m* GASTR Croissant *nt,* Hörnchen *nt*

croissant(e) [kʀwasɑ̃] *adj* wachsend; *(nombre)* steigend

croissanterie [kʀwasɑ̃tʀi] *f* Croissanterie *f*

croître [kʀwatʀ] <irr> *vi* ❶ wachsen ❷ *(augmenter)* zunehmen

croix [kʀwa] *f* Kreuz *nt*

Croix-Rouge [kʀwaʀuʒ] *f* **la ~** das Rote Kreuz

croquant(e) [kʀɔkɑ̃] *adj* knusprig

croque-monsieur [kʀɔkməsjø] *m inv* getoastetes Käse-Schinken-Sandwich

croquer [kʀɔke] <1> *vt* ❶ knabbern ❷ *(dessiner)* skizzieren

croquet [kʀɔkɛ] *m* SPORT Krocket *nt*

croquette [kʀɔkɛt] *f* Krokette *f;* **~ de poisson** Fischbällchen *nt*

croquis [kʀɔki] *m* Skizze *f*

cross [kʀɔs] *m* ❶ *(course à pied)* Geländelauf *m* ❷ *(course de moto)* Querfeldeinwettbewerb *m*

crosse [kʀɔs] *f* ❶ *(d'un fusil)* Kolben *m; (d'un revolver)* Griff *m* ❷ REL Bischofsstab *m* ❸ SPORT Schläger *m*

crotale [kʀɔtal] *m* Klapperschlange *f*

crotte [kʀɔt] *f* Kot *m (geh)*

crotté(e) [kʀɔte] *adj* schmutzig

crottin [kʀɔtɛ̃] *m* ❶ *(d'un âne)* Mist *m; (d'un cheval)* Pferdeapfel *m* ❷ *(fromage) kleiner, runder Ziegenkäse*

crouler [kʀule] <1> *vi* ❶ einstürzen ❷ *(s'effondrer)* zusammenbrechen

croupe [kʀup] *f (d'un cheval)* Kruppe *f; fam (d'une femme)* Hintern *m* ▶ **monter en ~** hinten aufsitzen

croupier, -ière [kʀupje] *m, f* Croupier *m*

croupion [kʀupjɔ̃] *m* Sterz *m*

croupir [kʀupiʀ] <8> *vi* verfaulen

croustillant(e) [kʀustijɑ̃] *adj* knusprig

croustille [kʀustij] *f* CAN [Kartoffel]chips *m*

croustiller [kʀustije] <1> *vi* knusprig sein

croûte [kʀut] *f* ❶ *sans pl* Rinde *f* ❷ GASTR **pâté en ~** Blätterteigpastete *f* ❸ *sans pl* MED Schorf *m* ❹ *(sédiment)* Belag *m* ❺ GEO **~ terrestre** Erdkruste *f*

croûton [kʀutɔ̃] *m* Croûton *m*

croyable [kʀwajabl] *adj* **c'est à peine ~** es ist kaum zu glauben

croyance [kʀwajɑ̃s] *f* Glaube *m*

croyant [kʀwajɑ̃] *part prés de* **croire**

croyant(e) [kʀwajɑ̃] **I.** *adj* religiös **II.** *m(f)* Gläubige(r) *f(m)*

C.R.S. [seɛʀɛs] *m abr de* **compagnie républicaine de sécurité** *(policier)* Bereitschaftspolizist(in) *m(f)*

cru [kʀy] *m* [Wein]anbaugebiet *nt;* **un grand ~** ein großer Wein

cru(e) [kʀy] **I.** *part passé de* **croire** **II.** *adj* ❶ roh ❷ *(vif)* grell

crû(e) [kʀy] *part passé de* **croître**

cruauté [kʀyote] *f sans pl* Grausamkeit *f*

cruche [kʀyʃ] *f* Krug *m*

crucial(e) [kʀysjal] <-aux> *adj* entscheidend

crucifier [kʀysifje] <1> *vt* kreuzigen

crucifix [kʀysifi] *m* Kruzifix *nt*

crucifixion [kʀysifiksjɔ̃] *f (supplice)* Kreuzigung *f;* ART Kreuzigung[sgruppe *f*] *f*

cruciforme [kʀysifɔʀm] *adj* ❶ ARCHIT kreuzförmig ❷ TECH **tournevis ~** Kreuzschlitzschraubendreher *m*

cruciverbiste [kʀysivɛʀbist] *mf* Kreuzworträtselfan *m*

crudité [kʀydite] *f pl* GASTR [Gemüse]rohkost *f;* **assiette de ~s** ≈ Salatplatte *f*

C

crue [kʀy] *f* Hochwasser *nt*

cruel(le) [kʀyɛl] *adj* grausam

cruellement [kʀyɛlmɑ̃] *adv (méchamment)* grausam

crus [kʀy] *passé simple de* **croire**

crûs [kʀy] *passé simple de* **croître**

crustacé [kʀystase] *m* Krustentier *nt*

cryptage [kʀiptaʒ] *m* INFORM Verschlüsselung *f*

crypte [kʀipt] *f* Krypta *f*

crypter [kʀipte] <1> *vt* verschlüsseln

cube [kyb] *m* ① **mètre ~** Kubikmeter *m* ② MATH Würfel *m* ③ *(jouet)* Holzklötzchen *nt* ④ MATH Kubikzahl *f*

cubique [kybik] *adj* würfelförmig

cubisme [kybism] *m* ART Kubismus *m*

cueillette [kœjɛt] *f sans pl* Ernten *nt*

cueillir [kœjiʀ] <irr> *vt* ernten; *(fleurs)* pflücken

cuiller, cuillère [kɥijɛʀ] *f* Löffel *m;* **~ à café** Teelöffel

cuillerée, cuillérée [kɥijeʀe] *f* **~ à café/soupe** Tee-/Esslöffel *m*

cuir [kɥiʀ] *m sans pl* Leder *nt* ▶ **~ chevelu** Kopfhaut *f*

cuirasse [kɥiʀas] *f* ① MIL Panzer[ung *f*] *m* ② HIST [Brust]harnisch *m*

cuirassé [kɥiʀase] *m* Panzerkreuzer *m*

cuire [kɥiʀ] <irr> *vt, vi* kochen; *(à la vapeur)* garen; *(viande)* braten; *(gâteau)* backen

cuisant(e) [kɥizɑ̃, ɑ̃t] *adj (déception)* bitter

cuisine [kɥizin] *f* ① Küche *f* ② *(art culinaire)* Kochkunst *f;* **livre de ~** Kochbuch *nt*

cuisiner [kɥizine] <1> *vt, vi* kochen

cuisinier, -ière [kɥizinje] *m, f* Koch, Köchin *m, f*

cuisinière [kɥizinjɛʀ] *f* [Küchen]herd *m*

cuissardes [kɥisaʀd] *fpl* kniehohe Stiefel *Pl*

cuisse [kɥis] *f* ① ANAT Schenkel *m* ② GASTR Keule *f*

cuisson [kɥisɔ̃] *m* ① *sans pl* Kochen *nt; (d'un rôti)* Braten *nt; (du gâteau)* Backen *nt* ② *(durée)* Koch-/Brat-/Backzeit *f*

cuissot [kɥiso] *m (du sanglier, chevreuil)* Keule *f*

cuistot [kɥisto] *m fam* Koch *m*

cuit(e) [kɥi] **I.** *part passé de* **cuire** **II.** *adj* ① GASTR gar ② TECH gebrannt

cuite [kɥit] *f fam* **prendre une ~** sich *(dat)* einen antrinken, sich *(dat)* die Kante geben; **tenir une ~** ziemlich zu sein

cuivre [kɥivʀ] *m* ① Kupfer *nt* ② *pl* MUS Blech[blas]instrumente *Pl*

cuivré(e) [kɥivʀe] *adj* ① kupferfarben ② *(sonore)* volltönend

cul [ky] *m sans pl fam* Hintern *m* ▶ **avoir du ~** Dusel haben; **ne pas avoir du ~** echt Pech haben

culasse [kylas] *f* ① *(d'un moteur)* Zylinderkopf *m* ② *(d'un fusil)* Verschluss *m*

culbute [kylbyt] *f* **faire une ~** einen Purzelbaum schlagen

culbuter [kylbyte] <1> **I.** *vi* stürzen **II.** *vt (faire tomber)* umwerfen

cul-de-sac [kydsak] <culs-de-sac> *m* Sackgasse *f*

culinaire [kylinɛʀ] *adj* **art ~** Kochkunst *f*

culminant(e) [kylminɑ̃] *adj fig* **point ~** Höhepunkt *m*

culminer [kylmine] <1> *vi (avoir une hauteur de)* **le pic culmine à 8.000 m** der Berggipfel liegt bei 8.000 m

culot [kylo] *m* Sockel *m*

culotte [kylɔt] *f* Unterhose *f*

culotté(e) [kylɔte] *adj* dreist

culpabiliser [kylpabilize] <1> *vi* sich schuldig fühlen

culpabilité [kylpabilite] *f sans pl* Schuld *f*

culte [kylt] *m sans pl* Kult *m*

cultivable [kyltivabl] *adj* bebaubar

cultivateur, -trice [kyltivatœʀ] *m, f* Landwirt(in) *m(f)*

cultivé(e) [kyltive] *adj* ① gebildet ② *(terre)* bebaut

cultiver [kyltive] <1> **I.** *vt* ① AGR anbauen ② *(mémoire)* trainieren; *(don)* fördern ③ *(entretenir)* pflegen **II.** *vpr* **se ~** sich bilden

culture [kyltyʀ] *f* ① *sans pl* Anbau *m* ② *sans pl (d'un champ)* Bebauen *nt* ③ *pl (terres cultivées)* Felder *Pl* ④ BIO Kultur *f* ⑤ *sans pl (savoir)* Bildung *f* ⑥ *(civilisation)* Kultur *f*
culturel(le) [kyltyʀɛl] *adj* Kultur-; **centre/choc** ~ Kulturzentrum *nt*/-schock *m*
culturisme [kyltyʀism] *m sans pl* Bodybuilding *nt*
cumin [kymɛ̃] *m* Kümmel *m*
cumul [kymyl] *m sans pl* Häufung *f*
cumuler [kymyle] <1> *vt* kumulieren
cumulus [kymylys] *m (nuage)* Haufenwolke *f*
curatif, -ive [kyʀatif] *adj* Heil-; **traitement** ~ Heilbehandlung *f*
cure [kyʀ] *f* Kur *f*
curé [kyʀe] *m* Pfarrer(in) *m(f)*
cure-dent [kyʀdɑ̃] <cure-dents> *m* Zahnstocher *m*
curer [kyʀe] <1> *vt* reinigen
curieusement [kyʀjøzmɑ̃] *adv* seltsam, merkwürdig
curieux, -euse [kyʀjø] **I.** *adj* neugierig **II.** *m, f pl* Schaulustige(n) *Pl*
curiosité [kyʀjozite] *f* ① *sans pl* Neugier[de] *f* ② *(site)* Sehenswürdigkeit *f* ③ *(objet rare)* Rarität *f*
curiste [kyʀist] *mf* Kurgast *m*
curriculum [vitæ] [kyʀikylɔm(vite)] *m inv* Lebenslauf *m*
curry [kyʀi] *m sans pl* Curry *nt o m*
curseur [kyʀsœʀ] *m* INFORM Cursor *m*
cursus [kyʀsys] *m* UNIV Studiengang *m*
customiser [kœstɔmize] <1> *vt* ~ **qc** einer S. eine persönliche Note verleihen
cutané(e) [kytane] *adj* **maladie ~e** Hautkrankheit *f*
cutter [kœtœʀ, kytɛʀ] *m* Cutter[-Messer *nt*] *m*
cuve [kyv] *f* Tank *m; (ouverte)* Bottich *m*
cuvée [kyve] *f* Jahrgang *m*
cuver [kyve] <1> **I.** *vi* seinen Rausch ausschlafen; *(vin)* gären **II.** *vt* ~ **son vin** *fam* seinen Rausch ausschlafen
cuvette [kyvɛt] *f* ① Waschschüssel *f* ② *(d'un évier)* Becken *nt* ③ GEO Kessel *m*
CV [ʃəvo] *m abr de* **cheval fiscal** *Kfz-Steuereinheit*
C.V. [seve] *m abr de* **curriculum vitæ**
cyanure [sjanyʀ] *m* Zyanid *nt*
cyberattaque [sibɛʀatak] *f* Internetangriff *m*
cyberboutique [sibɛʀbutik] *f* [Internet-]Shopping-Mall *f*
cybercafé [sibɛʀkafe] *m* Internet Café *nt*
cybercriminalité [sibɛʀkʀiminalite] *f* INFORM Internet-Kriminalität *f*
cyberespace [sibɛʀɛspas] *m* Cyberspace *m*
cyberguerre [sibɛʀgɛʀ] *f* INFORM Cyberwar *m*
cybernaute [sibɛʀnot] *mf* Internetsurfer(in) *m(f)*
cybernétique [sibɛʀnetik] *f* Kybernetik *f*
cyberpolice [sibɛʀpolis] *f* INFORM Internetpolizei *f*
cyclamen [siklamɛn] *m* Alpenveilchen *nt*
cycle [sikl] *m* ① BIO, MED Zyklus *m* ② ASTRO, ECON Kreislauf *m* ③ SCOL **premier** ~ ≈ Unter- und Mittelstufe *f*; **deuxième** ~ ≈ Oberstufe ④ UNIV **premier** ~ Grundstudium *nt;* **deuxième** ~ Hauptstudium
cyclique [siklik] *adj* zyklisch
cyclisme [siklism] *m sans pl* Radsport *m*
cycliste [siklist] **I.** *adj* Rad-; **course** ~ Radrennen *nt* **II.** *mf* Radfahrer(in) *m(f)*
cyclomoteur [siklomɔtœʀ] *m* Mofa *nt*
cyclone [siklon] *m* Zyklon *m*
cyclope [siklɔp] *m* Zyklop *m*
cygne [siɲ] *m* Schwan *m*
cylindre [silɛ̃dʀ] *m* ① Walze *f* ② MATH, TECH Zylinder *m*
cylindrée [silɛ̃dʀe] *f sans pl (volume)* Hubraum *m*
cylindrique [silɛ̃dʀik] *adj* zylindrisch
cymbale [sɛ̃bal] *f sans pl* MUS Becken *nt*
cynique [sinik] **I.** *adj* zynisch **II.** *mf* Zyniker(in) *m(f)*

cynisme [sinism] *m* Zynismus *m*
cyprès [sipʀɛ] *m* Zypresse *f*
cypriote [sipʀijɔt] *adj* zypriotisch
Cypriote [sipʀijɔt] *mf* Zypriot(in) *m(f)*
cystite [sistit] *f* Blasenentzündung *f*

D

D d

D, d [de] *m inv* D *nt*, d *nt*
d' *v.* **de**
d'abord [dabɔʀ] *v.* **abord**
d'accord [dakɔʀ] *v.* **accord**
dactylo [daktilo] **I.** *mf abr de* **dactylographe** Schreibkraft *f*; **être** ~ als Schreibkraft arbeiten **II.** *f abr de* **dactylographie** Maschineschreiben *nt*; **apprendre la** ~ Maschineschreiben lernen; **cours de** ~ Maschineschreibkurs *m*
dactylographie [daktilɔgʀafi] *f sans pl v.* **dactylo II.**
dactylographier [daktilɔgʀafje] <1> *vt (lettre, texte)* auf der [Schreib]maschine schreiben; **un C.V. dactylographié** ein maschinengeschriebener Lebenslauf
dada¹ [dada] *m fam* **avoir un** ~ ein Steckenpferd haben
dada² [dada] *adj inv* ART, LITTER dadaistisch
dadais [dadɛ] *m* **grand** ~ Tollpatsch *m*
dahlia [dalja] *m* Dahlie *f*
daim [dɛ̃] *m* ❶ ZOOL Damwild *nt* ❷ *(cuir)* Wildleder *nt*
dalle [dal] *f* [Stein]platte *f*
daltonien(ne) [daltɔnjɛ̃, jɛn] *adj* farbenblind
dame [dam] *f* Dame *f*, Frau *f*
damer [dame] <1> *vt (terre)* fest stampfen
damier [damje] *m* ❶ JEUX Damebrett *nt* ❷ *(dessin)* Schachbrettmuster *nt*; **une nappe à ~, blanche et rouge** ein rotweiß kariertes Tischtuch
damné(e) [dane] **I.** *adj fam* verdammt **II.** *m(f)* Verdammte(r) *f(m)*
damner [dane] <1> *vt* verdammen
dandiner [dɑ̃dine] <1> *vpr* **se** ~ *(canard, personne)* watscheln
Danemark [danmaʀk] *m* **le** ~ Dänemark *nt*
danger [dɑ̃ʒe] *m* Gefahr *f*
dangereusement [dɑ̃ʒʀøzmɑ̃] *adv* gefährlich
dangereux, -euse [dɑ̃ʒʀø] *adj* gefährlich
danois [danwa] *m* Dänisch *nt*; *v.a.* **allemand**
danois(e) [danwa] *adj* dänisch; *v.a.* **allemand**
Danois(e) [danwa] *m(f)* Däne, Dänin *m, f*
dans [dɑ̃] *prép* ❶ in *(+dat)* ❷ *(à travers)* durch *(+akk)* ❸ *(à l'intérieur de)* in *(+dat)*, innerhalb *(+gen)*; **porter qn ~ ses bras** jdn auf dem Arm tragen ❹ *(contenant)* aus *(+dat)* ❺ *(futur)* in *(+dat)* ❻ *(dans un délai de)* binnen *(+dat)*; ~ **une heure** in einer Stunde ❼ *(dans le courant de)* im Laufe *(+gen)* ❽ *(état)* in *(+dat)*; ~ **ces conditions** unter diesen Bedingungen
dansant(e) [dɑ̃sɑ̃, ɑ̃t] *adj (rythme, mélodie)* Tanz-; *(reflet, lueur)* tanzend; **soirée ~e** Tanzabend *m*
danse [dɑ̃s] *f* Tanz *m*, Tanzen *nt*
danser [dɑ̃se] <1> *vt, vi* tanzen
danseur, -euse [dɑ̃sœʀ] *m, f* Tänzer(in) *m(f)*
Danube [danyb] *m* **le** ~ die Donau
dard [daʀ] *m* Stachel *m*
dartre [daʀtʀ] *f* [Haut]flechte *f*

date [dat] *f* Datum *nt;* ~ **de naissance/de mariage** Geburts-/Hochzeitstag *m;* **à quelle ~?** wann?

dater [date] <1> *vt* datieren

datif [datif] *m* Dativ *m*

datte [dat] *f* Dattel *f*

dattier [datje] *m* Dattelpalme *f*

daube [dob] *f* GASTR Schmorbraten *m*

dauphin [dofɛ̃] *m* Delphin *m*

daurade [dɔʀad] *f* ZOOL Goldbrasse *f*

davantage [davɑ̃taʒ] *adv* ❶ *(plus)* mehr ❷ *(temporel)* länger

DDASS [das] *f abr de* **direction départementale d'action sanitaire et sociale** DDASS

de¹ [də] <d', de la, du, des> *prép* ❶ *(point de départ)* von [... aus]; **~... à...** von... bis... ❷ *(origine)* aus; **tu es d'où?** woher bist du? ❸ *(appartenance)* des, der, des *(+gen)* ❹ *sans art (matière)* aus ❺ *(spécificité)* **roue ~ secours** Ersatzrad *nt* ❻ *(partie)* **la majorité des Français** die Mehrheit der Franzosen ❼ *avec un contenant (contenu)* **un sac ~ pommes de terre** ein Sack Kartoffeln; **combien ~ kilos?** wie viel Kilo? ❽ *(identification)* **la Ville ~ Paris** die Stadt Paris ❾ *(parmi)* **le/la plus doué(e) ~ nous** der/die Begabteste von uns ❿ *(particule nobiliaire)* von; **le général ~ Gaulle** der General de Gaulle ⓫ *après un nom dérivé de verbe (compl de nom)* des, der, des; **la crainte ~ qn/qc** die Angst vor jdm/etw ⓬ *+ compl d'un verbe (agent)* von *(+dat);* **~ quoi...?** von was...?; **~ qui?** von wem? ⓭ *(cause)* **mourir ~ qc** an etw *(dat)* sterben ⓮ *(temporel)* **~ nuit** nachts ⓯ *(manière, moyen)* mit ⓰ *(introduction d'un compl)* **c'est à toi ~ jouer** du bist dran

de² [də] <d', de la, du, des> *art partitif* **du vin/~ la bière/des gâteaux** Wein/Bier/Kekse

dé¹ [de] *m (jeu)* Würfel *m*

dé² [de] *m* **~ à coudre** Fingerhut *m*

dealer [dilœʀ] *m*, **dealeur, -euse** *m, f* Dealer(in) *m(f)*

dealer [dile] <1> *vt fam* dealen mit *(+dat),* verticken

déambuler [deɑ̃byle] <1> *vi* auf und ab wandern

débâcle [debɑkl] *f* Zusammenbruch *m*

déballage [debalaʒ] *m* ❶ *(d'un paquet)* Auspacken *nt* ❷ *(de marchandises, d'objets)* Ausstellung *f* ❸ *fam (désordre)* Chaos *nt* ❹ *péj fam (divulgations)* Erguss *m*

déballer [debale] <1> *vt* auspacken

débander [debɑ̃de] <1> **I.** *vt* ❶ MED **~ le bras à qn** jdm den Verband vom Arm nehmen ❷ *(enlever le bandeau)* **~ les yeux à qn** jdm die Binde [von den Augen] abnehmen **II.** *vi fam* schlaff werden

débarbouiller [debaʀbuje] <1> *vt, vpr* [**se**] ~ [sich *(dat)*] das Gesicht waschen

débarcadère [debaʀkadɛʀ] *m* Landungsbrücke *f*

débardeur [debaʀdœʀ] *m (t-shirt sans bras)* ärmelloses T-Shirt *nt*

débarquement [debaʀkəmɑ̃] *m* Ausladen *nt*

débarquer [debaʀke] <1> **I.** *vt* an Land setzen **II.** *vi (opp: embarquer)* mit dem Schiff ankommen, von Bord gehen

débarras [debaʀɑ] *m* Abstellraum *m*

débarrasser [debaʀɑse] <1> **I.** *vt* ausräumen **II.** *vpr* **se ~** sich entledigen

débat [deba] *m* Diskussion *f*

débattre [debatʀ] <irr> **I.** *vt* diskutieren ▶ **à ~** auszuhandeln **II.** *vi* verhandeln **III.** *vpr* **se ~** um sich schlagen

débauche [deboʃ] *f* Ausschweifung *f*

débauché(e) [deboʃe] *m(f)* Wüstling *m*

débaucher [deboʃe] <1> **I.** *vt* entlassen **II.** *vpr* **se ~** ausschweifen

débile [debil] *adj* ❶ *fam* schwachsinnig ❷ *(atteint de débilité)* geistig behindert

débilisant(e) [debilizɑ̃] *adj (émission, publicité)* schwachsinnig, idiotisch

débilité [debilite] *f fam* Schwachsinn *m*

débit [debi] *m* ❶ Redefluss *m* ❷ FIN Soll *nt*

D

débiter [debite] <1> *vt* ❶ FIN belasten ❷ *(vendre)* verkaufen ❸ *(produire)* ausstoßen ❹ *(bois)* zerschneiden

débiteur, -trice [debitœʀ] *m, f* Schuldner(in) *m(f)*

déblatérer [deblateʀe] <5> *vi fam* ~ **contre qn/qc** über jdn/etw vom Leder ziehen

déblayer [debleje] <7> *vt (débarrasser)* freimachen

déblocage [deblɔkaʒ] *m* ❶ TECH *(d'un frein, mécanisme)* Lösen *nt* ❷ ECON *(du crédit, des prix)* Freigabe *f* ❸ *(de la situation)* Verbesserung *f*; *(d'une crise)* Überwindung *f*

débloquer [deblɔke] <1> *vt* TECH lösen

déboguer [debɔge] <1> *vt* INFORM ~ **qc** einen Systemfehler in etw *(dat)* beheben

déboires [debwaʀ] *mpl* Enttäuschungen *Pl*

déboisement [debwazmɑ̃] *m* Abholzen *nt*

déboiser [debwaze] <1> *vt* abholzen

déboîter [debwate] <1> *vt* ❶ MED *(épaule)* auskugeln ❷ *(porte)* aus den Angeln heben

débonnaire [debɔnɛʀ] *adj* gutmütig

débordant(e) [debɔʀdɑ̃] *adj* rastlos

débordé(e) [debɔʀde] *adj* überlastet

débordement [debɔʀdəmɑ̃] *m* Überlaufen *nt*

déborder [debɔʀde] <1> *vi* überlaufen

débouché [debuʃe] *m* ❶ Absatzmarkt *m* ❷ *(d'une rue)* [Ein]mündung *f*

déboucher [debuʃe] <1> **I.** *vt* freibekommen **II.** *vpr* **se** ~ frei werden **III.** *vi* ❶ *(véhicule)* herausgefahren kommen ❷ *(aboutir à)* ~ **sur qc** zu etw führen

déboucler [debukle] <1> *vt* aufschnallen

débouler [debule] <1> *vi fig fam (faire irruption)* ~ **chez qn** bei jdm hereingestolpert kommen

déboulonner [debulɔne] <1> *vt* abschrauben

débourser [debuʀse] <1> *vt* ausgeben

déboussoler [debusɔle] <1> *vt fam* verstören

debout [d(ə)bu] *adj, adv inv* ❶ stehend ❷ *(levé)* **être/rester** ~ auf sein/aufbleiben

déboutonner [debutɔne] <1> *vt* aufknöpfen

débraillé(e) [debʀɑje] *adj (personne, tenue)* schlampig

débrancher [debʀɑ̃ʃe] <1> *vt* ~ **une lampe** den Stecker einer Lampe herausziehen

débrayage [debʀɛjaʒ] *m* AUT Auskuppeln *nt*

débrayer [debʀeje] <7> *vi* AUT [aus]kuppeln

débridé(e) [debʀide] *adj* ungezügelt

débris [debʀi] *m* ❶ *gén pl* Scherbe *f* ❷ *pl (restes)* Überreste *Pl*

débrouillard(e) [debʀujaʀ] *adj fam* gewitzt

débrouiller [debʀuje] <1> *vpr fam* **se** ~ zurechtkommen

débroussailler [debʀusɑje] <1> *vt* ❶ *(défricher)* ~ **un terrain** das Gestrüpp von einem Gelände entfernen ❷ *(éclaircir: affaire, texte)* Licht bringen in *(+akk)*

débusquer [debyske] <1> *vt (animal)* aufscheuchen

début [deby] *m* Anfang *m*, Beginn *m*

débutant(e) [debytɑ̃] **I.** *adj* unerfahren **II.** *m(f)* Anfänger(in) *m(f)*

débuter [debyte] <1> **I.** *vi* anfangen **II.** *vt* beginnen

déca [deka] *m abr de* **décaféiné** *fam* Koffeinfreie(r) *m*

décacheter [dekaʃte] <3> *vt (lettre)* öffnen

décade [dekad] *f* Dekade *f*

décadence [dekadɑ̃s] *f* Niedergang *m*

décadent(e) [dekadɑ̃] *adj* untergehend; *(personne)* dekadent

décaféiné [dekafeine] *m* koffeinfreier Kaffee *m*

décalage [dekalaʒ] *m* ❶ *(d'un horaire)* [zeitliche] Verschiebung *f* ❷ *(écart*

temporel) Zeitabstand *m* ❸ *(écart spatial)* Versetzung *f*
décalcomanie [dekalkɔmani] *f* Abziehbild *nt*
décalé(e) [dekale] *adj* versetzt
décaler [dekale] <1> **I.** *vt* ❶ **~ qc d'un jour** etw um einen Tag verschieben ❷ *(meuble)* [ein bisschen] verrücken; *(titre, paragraphe)* versetzen **II.** *vpr* **se ~** sich einen Platz weiter setzen
décalquer [dekalke] <1> *vt* ❶ *(copier)* **~ qc sur qc** etw aus etw abpausen ❷ *(reporter)* **~ qc sur qc** etw auf etw *(akk)* abpausen
décamper [dekɑ̃pe] <1> *vi fam* sich aus dem Staub machen
décan [dekɑ̃] *m* ASTRO Dekade *f*
décanter [dekɑ̃te] <1> *vt (liquide)* klären
décapant [dekapɑ̃] *m* Beizmittel *nt*
décapant(e) [dekapɑ̃] *adj* ❶ **produit ~** Abbeizmittel *nt* ❷ *(article, humour)* ätzend
décaper [dekape] <1> *vt* abbeizen
décapiter [dekapite] <1> *vt* köpfen
décapotable [dekapɔtabl] **I.** *adj* mit aufklappbarem Verdeck **II.** *f* Cabriolet *nt*
décapsuler [dekapsyle] <1> *vt (bouteille)* öffnen
décapsuleur [dekapsylœʀ] *m* Flaschenöffner *m*
décarcasser [dekaʀkase] <1> *vpr fam* **se ~ pour qn** sich für jdn abrackern
décathlon [dekatlɔ̃] *m* Zehnkampf *m*
décéder [desede] <5> *vi + être form* versterben
déceler [des(ə)le] <4> *vt* entdecken; *(cause, raison)* herausfinden
décembre [desɑ̃bʀ] *m* Dezember *m*; *v.a.* **août**
décence [desɑ̃s] *f* Anstand *m*
décennie [deseni] *f* Jahrzehnt *nt*
décent(e) [desɑ̃] *adj* anständig
décentralisation [desɑ̃tʀalizasjɔ̃] *f* Dezentralisierung *f*
décentraliser [desɑ̃tʀalize] <1> *vt* dezentralisieren
déception [desɛpsjɔ̃] *f* Enttäuschung *f*
décerner [desɛʀne] <1> *vt* verleihen
décès [desɛ] *m form* Ableben *nt*
décevant(e) [des(ə)vɑ̃] *adj* enttäuschend
décevoir [des(ə)vwaʀ] <12> *vt* enttäuschen
déchaîné(e) [deʃene] *adj* hemmungslos
déchaînement [deʃɛnmɑ̃] *m (de la tempête)* Wüten *nt*; *(de la mer)* Toben *nt*; *(de la haine, violence)* Ausbruch *m*; *(des passions)* Entfesselung *f*
déchaîner [deʃene] <1> **I.** *vt* entfesseln **II.** *vpr* **se ~** toben
déchanter [deʃɑ̃te] <1> *vi fam* seine Illusionen aufgeben
décharge [deʃaʀʒ] *f* ❶ Mülldeponie *f* ❷ *(salve)* Schüsse *Pl* ❸ ELEC Schlag *m*
déchargement [deʃaʀʒəmɑ̃] *m* Ausladen *nt*
décharger [deʃaʀʒe] <2a> **I.** *vt* ❶ ausladen ❷ *(soulager)* erleichtern **II.** *vpr* ELEC **se ~** sich entladen
décharné(e) [deʃaʀne] *adj (visage)* abgezehrt
déchausser [deʃose] <1> **I.** *vt (skis)* abschnallen **II.** *vpr* **se ~** ❶ seine Schuhe ausziehen ❷ *(dent)* locker werden
déchéance [deʃeɑ̃s] *f* Verfall *m*
déchets [deʃɛ] *mpl (restes, ordures)* Abfall *m*, Müll *m*; **~ nucléaires** Atommüll *m*
déchetterie [deʃɛtʀi] *f* Müllverwertungsanlage *f*
déchiffrer [deʃifʀe] <1> *vt* entschlüsseln
déchiqueté(e) [deʃikte] *adj (feuille)* gezackt; *(côte)* zerklüftet; *(sommet)* gezackt
déchiqueter [deʃikte] <3> *vt* zerfetzen
déchirant(e) [deʃiʀɑ̃, ɑ̃t] *adj (spectacle, adieux)* herzzerreißend
déchiré(e) [deʃiʀe] *adj* zerrissen
déchirement [deʃiʀmɑ̃] *m* großer Kummer *m*
déchirer [deʃiʀe] <1> **I.** *vt* zerreißen **II.** *vpr* **se ~** [auf]reißen
déchirure [deʃiʀyʀ] *f a.* MED Riss *m*

D

décibel [desibɛl] *m* Dezibel *nt*

décidé(e) [deside] *adj* entschlossen

décidément [desidemɑ̃] *adv* also wirklich

décider [deside] <1> I. *vt* ① beschließen ② *(persuader)* ~ **qn à faire qc** jdn dazu bewegen etw zu tun II. *vi* ~ **de qc** über etw *(akk)* entscheiden III. *vpr* **se** ~ sich entscheiden

décilitre [desilitʀ] *m* Deziliter *m*

décimal(e) [desimal, -o] <-aux> *adj* Dezimal-

décimer [desime] <1> *vt* dezimieren

décimètre [desimɛtʀ] *m* Dezimeter *m o nt*

décisif, -ive [desizif] *adj* entscheidend

décision [desizjɔ̃] *f* Entscheidung *f*

déclamer [deklame] <1> *vt (poème, vers)* vortragen

déclaration [deklaʀasjɔ̃] *f* ① [öffentliche] Erklärung *f* ② *(propos)* Aussage *f* ③ *(formulaire)* Meldung *f*

déclaré(e) [deklaʀe] *adj (socialiste, athée, ennemi)* erklärt

déclarer [deklaʀe] <1> I. *vt* ① [öffentlich] erklären ② ADMIN [an]melden II. *vpr* ① **se** ~ ausbrechen ② *(se prononcer)* **se** ~ sich aussprechen

déclenchement [deklɑ̃ʃmɑ̃] *m* Auslösen *nt*

déclencher [deklɑ̃ʃe] <1> I. *vt a.* TECH auslösen II. *vpr* **se** ~ in Gang kommen

déclencheur [deklɑ̃ʃœʀ] *m* Auslöser *m*; ~ **à retardement** Selbstauslöser *m*

déclic [deklik] *m* ① Auslöseknopf *m* ② *(bruit)* Klicken *nt*

déclin [deklɛ̃] *m* Nachlassen *nt*

déclinaison [deklinɛzɔ̃] *f* Deklination *f*

décliner [dekline] <1> I. *vt* ① zurückweisen ② LING deklinieren II. *vi (jour)* sich neigen *(geh)*

décocher [dekɔʃe] <1> *vt* ~ **un regard/une œillade** jdm einen Blick zuwerfen

décodage [dekɔdaʒ] *m (d'une information, d'un message)* Dekodierung *f*

décoder [dekɔde] <1> *vt* dekodieren

décodeur [dekɔdœʀ] *m* Decoder *m*

décoiffer [dekwafe] <1> I. *vt* ~ **qn** jds Haare durcheinanderbringen; **être tout décoiffé** ganz zerzaust sein II. *v* ▸ **ça décoiffe** *fam* [das ist der reine] Wahnsinn

décoincer [dekwɛ̃se] <2> *vt* ① *(dégager: pied, doigt, tiroir)* herausziehen; *(porte)* aufziehen; *(pièce, jeton)* herausbekommen ② *fam (détendre: personne)* locker machen

décollage [dekɔlaʒ] *m* Start *m*

décollement [dekɔlmɑ̃] *m (fait d'être décollé)* Abgehen *nt*; *(d'un papier peint, d'une moquette)* Ablösen *nt*

décoller [dekɔle] <1> I. *vt* ablösen II. *vi* AVIAT abfliegen III. *vpr* **se** ~ sich lösen

décolleté [dekɔlte] *m* Dekolletee *nt*

décolleté(e) [dekɔlte] *adj* ausgeschnitten

décolonisation [dekɔlɔnizasjɔ̃] *f* ① *(indépendance)* Dekolonisation *f* ② *fig (d'une administration)* Entbürokratisierung *f*

décoloniser [dekɔlɔnize] <1> *vt* in die Unabhängigkeit entlassen

décolorant [dekɔlɔʀɑ̃] *m* Entfärber *m*

décolorant(e) [dekɔlɔʀɑ̃] *adj* **produit** ~ Entfärbungsmittel *nt*

décoloration [dekɔlɔʀasjɔ̃] *f* Entfärben *nt*; *(des cheveux)* Aufhellen *nt*

décoloré(e) [dekɔlɔʀe] *adj* gebleicht

décolorer [dekɔlɔʀe] <1> I. *vt* bleichen II. *vpr* **se** ~ [aus]bleichen

décombres [dekɔ̃bʀ] *mpl a. fig* Trümmer *Pl*

décommander [dekɔmɑ̃de] <1> *vt, vpr* [**se**] ~ absagen

décomplexé(e) [dekɔ̃plɛkse] *adj fam* ohne Hemmungen

décomposé(e) [dekɔ̃poze] *adj* ① zersetzt ② *(visage)* entstellt

décomposer [dekɔ̃poze] <1> I. *vt* zerlegen II. *vpr* **se** ~ sich zersetzen; *(visage)* sich verzerren

décomposition [dekɔ̃pozisjɔ̃] *f* ① CHIM, PHYS, MATH ~ **d'un élément en ses composants** Zerlegung *f* eines Elements in seine Bestandteile ② *(d'un* *problème, d'une difficulté)* Aufgliederung *f* ❸ *(d'une substance organique)* Zersetzung *f*; *(d'un cadavre)* Verwesung *f* ❹ *(altération)* **la ~ de son visage** sein/ihr entstelltes Gesicht ❺ *(d'un mouvement)* Vorführung *f* im Einzelnen ❻ *(d'une civilisation, d'un État)* Auflösung *f*; *(des valeurs, de la société)* Zerfall *m*

décompresser [dekɔ̃prese] <1> *vi fam* ausspannen

décomprimer [dekɔ̃prime] <1> *vt* TECH **~ de l'air** den Luftdruck vermindern

décompte [dekɔ̃t] *m* Abrechnung *f*

décompter [dekɔ̃te] <1> *vt (votes)* [aus]zählen

déconcentré(e) [dekɔ̃sɑ̃tre] *adj* unkonzentriert

déconcentrer [dekɔ̃sɑ̃tre] <1> **I.** *vt* ❶ ADMIN, ECON dekonzentrieren ❷ *(dévier l'attention de qn: personne)* aus dem Konzept bringen; **~ son attention de qc** seine/ihre Aufmerksamkeit von etw ablenken **II.** *vpr* **se ~** sich aus dem Konzept bringen lassen

déconcertant(e) [dekɔ̃sɛrtɑ̃, ɑ̃t] *adj* verwirrend

déconcerter [dekɔ̃sɛrte] <1> *vt* verwirren

déconfiture [dekɔ̃fityr] *f fam (faillite)* Pleite *f*

décongélation [dekɔ̃ʒelasjɔ̃] *f* Auftauen *nt*

décongeler [dekɔ̃ʒ(ə)le] <4> *vt, vi* auftauen

déconnecter [dekɔnɛkte] <1> *vt* ❶ ELEC unterbrechen ❷ INFORM ausloggen

déconner [dekɔne] <1> *vi fam* ❶ *(dire/faire des bêtises)* Mist reden/machen ❷ *(être détraqué)* **~ complètement** [total] durchdrehen

déconseillé(e) [dekɔ̃seje] *adj* nicht empfehlenswert

déconseiller [dekõseje] <1> *vt, vi* abraten; **~ à qn un placement** jdm von einer Geldanlage abraten

déconsidérer [dekɔ̃sidere] <5> **I.** *vt* in Misskredit bringen; **être complètement déconsidéré auprès de qn** bei jdm völlig in Verruf gekommen sein **II.** *vpr* **se ~ auprès de qn/aux yeux de qn** sich bei jdm/in jds Augen in Verruf bringen

décontaminer [dekɔ̃tamine] <1> *vt* dekontaminieren; INFORM *(disquettes)* von Viren befreien

D

décontenancer [dekɔ̃t(ə)nɑ̃se] <2> *vt* aus der Fassung bringen

décontracté(e) [dekɔ̃trakte] *adj* entspannt

décontracter [dekɔ̃trakte] <1> *vt, vpr* [**se**] **~** [sich] entspannen

décontraction [dekɔ̃traksjɔ̃] *f* ❶ *(détente: du corps, d'une personne)* Entspannung *f* ❷ *(désinvolture)* Ungezwungenheit *f*

décor [dekɔr] *m* Dekor *m o nt*, Ausstattung *f*

décorateur, -trice [dekɔratœr] *m, f* Dekorateur(in) *m(f)*

décoratif, ive [dekɔratif] *adj* dekorativ

décoration [dekɔrasjɔ̃] *f* ❶ Dekoration *f* ❷ *(distinction honorifique)* Auszeichnung *f*

décoré(e) [dekɔre] *adj* ❶ *(lieu, plat)* verziert; *(vitrines)* dekoriert ❷ *(personne)* [mit einem Orden] ausgezeichnet

décorer [dekɔre] <1> *vt* ❶ dekorieren ❷ *(personne)* auszeichnen

décortiquer [dekɔrtike] <1> *vt* ❶ schälen ❷ *(texte)* analysieren

découdre [dekudr] <irr> *vt (boutons)* abtrennen; *(ourlet)* auftrennen

découler [dekule] <1> *vi* **~ de qc** von etw kommen

découpage [dekupaʒ] *m* [Zu]schneiden *nt*

découpe [dekup] *f* ❶ COUT Passe *f* ❷ TECH Zuschneiden *nt*; *(avec une scie)* Aussägen *nt* ❸ *(atelier de découpe)* *Ort, wo man Holz zuschneiden lassen kann*

découpé(e) [dekupe] *adj (côte, relief)* zerklüftet; *(sommet, feuille)* gezackt

découper [dekupe] <1> *vt* ❶ aufschnei-

den; *(volaille)* tranchieren ❷ *(tissu)* zuschneiden
découragé(e) [dekuʀaʒe] *adj* entmutigt
décourageant(e) [dekuʀaʒɑ̃] *adj* entmutigend
découragement [dekuʀaʒmɑ̃] *m* Mutlosigkeit *f*
D
décourager [dekuʀaʒe] <2a> **I.** *vt* ❶ entmutigen ❷ *(dissuader)* abhalten **II.** *vpr* **se** ~ den Mut verlieren
décousu(e) [dekuzy] *adj* ❶ COUT aufgetrennt ❷ *(récit)* unzusammenhängend
découvert [dekuvɛʀ] *m* FIN Defizit *nt; (d'un compte)* Überziehung *f*
découvert(e) [dekuvɛʀ] *adj* ❶ bloß ❷ *(lieu)* offen[liegend]
découverte [dekuvɛʀt] *f* Entdeckung *f*
découvrir [dekuvʀiʀ] <11> **I.** *vt* entdecken **II.** *vpr* **se** ~ ❶ *(enlever sa couverture)* sich aufdecken ❷ *(ciel)* sich aufhellen
décrédibiliser [dekʀedibilize] <1> *vt* unglaubwürdig machen
décrépit(e) [dekʀepi] *adj (personne)* altersschwach
décrépitude [dekʀepityd] *f (d'une maison)* Verfall *m fig (d'un empire, d'une nation)* Niedergang *m*
décret [dekʀɛ] *m* [Rechts]verordnung *f*
décréter [dekʀete] <5> *vt* ❶ POL anordnen ❷ *fig* ~ **que...** bestimmen, dass...
décrire [dekʀiʀ] <irr> *vt* beschreiben
décrisper [dekʀispe] <1> *vt (situation, affrontement)* entschärfen
décrocher [dekʀɔʃe] <1> **I.** *vt* abnehmen **II.** *vi (au téléphone)* den [Telefon]hörer abnehmen
décroiser [dekʀwɑze] <1> *vt (jambes)* nebeneinanderstellen; *(bras)* wieder fallen lassen; *(fils)* entwirren
décroissant(e) [dekʀwɑsɑ̃, ɑ̃t] *adj (intensité, vitesse)* abnehmend; *(bruit)* schwindend; **à vitesse ~e** mit herabgesetzter Geschwindigkeit
décroître [dekʀwɑtʀ] <irr> *vi + avoir o être* abnehmen; *(jours)* kürzer werden
décrue [dekʀy] *f* Sinken *nt*
décrypter [dekʀipte] <1> *vt (hiéroglyphe)* entziffern
déçu(e) [desy] **I.** *part passé de* **décevoir II.** *adj* enttäuscht **III.** *m(f) souvent pl* Enttäuschte(r) *f(m)*; **~(e) de la politique** Politikverdrossene(r) *f(m)*
déculotter [dekylɔte] <1> *vt* ❶ ~ **qn** jdm die Hosen ausziehen ❷ *(vider: pipe)* ausklopfen
déculpabiliser [dekylpabilize] <1> *vt (action, situation)* entschuldbar machen; ~ **qn** jdm das Schuldgefühl nehmen
dédaigner [dedeɲe] <1> *vt* ~ **qn** jdn verachten auf jdn herabsehen
dédaigneux, -euse [dedɛɲø] *adj (personne, regard, air)* herablassend
dédale [dedal(ə)] *m (de rues, chemins)* Gewirr *nt*
dedans [dədɑ̃] *adv* ❶ *(opp: dehors)* drinnen; **venir de** ~ von drinnen kommen ❷ *(à l'intérieur, dans un lieu)* innen, drinnen; **il n'y a rien** ~ da ist nichts drin ❸ *(vers l'intérieur)* hinein, rein; **mettre qn** ~ *(en prison)* jdn einlochen
dédicace [dedikas] *f* Widmung *f*
dédicacer [dedikase] <2> *vt* widmen
dédier [dedje] <1> *vt* widmen
dédommagement [dedɔmaʒmɑ̃] *m* Entschädigung *f*
dédommager [dedɔmaʒe] <2a> *vt* entschädigen
dédouanement [dedwanmɑ̃] *m* Verzollung *f*
dédouaner [dedwane] <1> *vt (marchandise)* verzollen
dédramatiser [dedʀamatize] <1> *vt, vi* entdramatisieren
déductible [dedyktibl] *adj* FIN **être ~ des impôts** von der Steuer absetzbar sein
déduction [dedyksjɔ̃] *f* ❶ COM Abzug *m;* FIN Absetzung *f;* ~ **d'impôt** Steuerabzug; **moins la ~ de 10%** abzüglich 10% ❷ *(conclusion)* Deduktion *f*
déduire [dedɥiʀ] <irr> *vt* ❶ abziehen ❷ *(conclure)* ableiten

déesse [deɛs] *f* Göttin *f*
défaillance [defajɑ̃s] *f* Schwäche *f*
défaillant(e) [defajɑ̃, jɑ̃t] *adj* ❶ *(insuffisant)* schwach; *(forces)* geschwächt; *(mémoire)* nachlassend ❷ *(personne)* geschwächt; *(voix)* zitternd; *(main)* unsicher ❸ *(absent)* nicht erschienen
défaire [defɛʀ] <irr> **I.** *vt* aufmachen **II.** *vpr* ❶ **se ~** aufgehen; *(bouton)* abgehen ❷ *(se séparer)* **se ~ de qn/qc** jdn/etw loswerden
défait(e) [defɛ] *part passé de* **défaire**
défaite [defɛt] *f* Niederlage *f*
défaut [defo] *m* Fehler *m*
défavorable [defavɔʀabl] *adj* ungünstig
défavorisé(e) [defavɔʀize] *adj* benachteiligt
défavoriser [defavɔʀize] <1> *vt* benachteiligen
défection [defɛksjɔ̃] *f (d'un partisan, ami)* Abfall *m*, Abtrünnigwerden *nt*
défectueux, -euse [defɛktɥø] *adj* defekt
défendable [defɑ̃dabl] *adj* MIL **être ~** verteidigt werden können
défendeur, -deresse [defɑ̃dœʀ, -dəʀɛs] *m, f* JUR Beklagte(r) *f(m)*
défendre[1] [defɑ̃dʀ] <14> **I.** *vt* verteidigen **II.** *vpr* **se ~** sich wehren
défendre[2] [defɑ̃dʀ] <1> *vt* **~ que** + *subj* untersagen, dass
défendu(e) [defɑ̃dy] **I.** *part passé de* **défendre II.** *adj* verboten
défenestrer [def(ə)nɛstʀe] <1> *vt* aus dem Fenster stürzen
défense[1] [defɑ̃s] *f* Verteidigung *f*
défense[2] [defɑ̃s] *f (interdiction)* Verbot *nt;* **~ de fumer** Rauchen verboten
défense[3] [defɑ̃s] *f (d'un éléphant)* Stoßzahn *m*
défenseur [defɑ̃sœʀ] *mf* Verteidiger(in) *m(f)*
défensif, -ive [defɑ̃sif] *adj* ❶ MIL Verteidigungs-; **arme défensive** Verteidigungswaffe *f* ❷ *fig (attitude)* defensiv
défensive [defɑ̃siv] *f* Defensive *f*
déféquer [defeke] <5> *vi form* den Darm entleeren
déférer [defeʀe] <5> *vt* **~ qn à la justice** jdn vor Gericht *(akk)* bringen
déferlement [defɛʀləmɑ̃] *m* Brandung *f*
déferler [defɛʀle] <1> *vi (vagues)* sich brechen; *(mer)* branden; **la foule déferle dans la rue/sur la place** die Menge strömt auf die Straße/auf den Platz
défi [defi] *m* Herausforderung *f*
déficience [defisjɑ̃s] *f* Schwäche *f*
déficient(e) [defisjɑ̃] *adj (intelligence)* schwach ausgeprägt; *(raisonnement)* unterdurchschnittlich; *(forces, personne)* schwach
déficit [defisit] *m* ❶ FIN Fehlbetrag *m* ❷ *(perte)* Verlust *m;* MED Mangel *m*
déficitaire [defisitɛʀ] *adj* defizitär
défier [defje] <1> *vt* herausfordern
défigurer [defigyʀe] <1> *vt* ❶ entstellen ❷ *(monument)* verunstalten
défilé [defile] *m* Umzug *m;* **~ de mode** Modenschau *f*
défilement [defilmɑ̃] *m* Ablauf *m;* INFORM Scrollen *nt*
défiler [defile] <1> *vi* ❶ vorbeimarschieren; *(voitures)* vorbeifahren ❷ INFORM **faire ~ qc vers le haut/bas** etw nach oben/unten blättern
défini(e) [defini] *adj a* LING bestimmt
définir [definiʀ] <8> **I.** *vt* ❶ definieren ❷ *(sensation)* genau beschreiben ❸ *(modalités)* festlegen **II.** *vpr* **se ~ comme un centriste** sich selbst als einen Politiker der Mitte beschreiben
définitif, -ive [definitif] *adj* endgültig ▸ **en définitive** letzten Endes
définition [definisjɔ̃] *f* ❶ Definition *f* ❷ TV **~ de l'image** Bildauflösung *f*
définitivement [definitivmɑ̃] *adv* endgültig
déflagration [deflagʀasjɔ̃] *f* Verpuffung *f*
déflation [deflasjɔ̃] *f* Deflation *f*
défonce [defɔ̃s] *f fam* Trip *m*
défoncé(e) [defɔ̃se] *adj* ❶ *(détérioré)* beschädigt; *(canapé, sommier, matelas)* kaputt; *(déformé: route, chaus-*

sée) uneben ② *fam (sous l'effet de la drogue)* **être** ~ auf dem Trip sein

défoncer [defɔ̃se] <2> *vt* eindrücken

déformant(e) [defɔʀmɑ̃, ɑ̃t] *adj* **miroir** ~ Zerrspiegel *m*

déformation [defɔʀmasjɔ̃] *f* Verformung *f*

déformer [defɔʀme] <1> *vt, vpr* **[se]** ~ [sich] verformen

défoulement [defulmɑ̃] *m* Abreagieren *nt*

défouler [defule] <1> *vpr* **se** ~ sich austoben

défraîchi(e) [defʀeʃi] *adj (couleur)* verblasst

défricher [defʀiʃe] <1> *vt (forêt)* roden

défriser [defʀize] <1> *vt* ① *fam (gêner)* fuchsen ② *(enlever la frisure)* entkrausen; *(temps, pluie)* glatt machen; ~ **qn** jds Frisur zerstören

défroisser [defʀwase] <1> *vt (vêtement, feuille de papier)* glätten

dégagé(e) [degaʒe] *adj* frei

dégagement [degaʒmɑ̃] *m* ① *(d'une poterie, personne, d'un objet)* Bergung *f; (d'un boulon, membre)* Herausziehen *nt* ② *(d'une route, rue)* Räumung *f* ③ *(émanation)* ~ **de gaz** Ausströmen *nt* von Gas; ~ **de chaleur** Wärmeabgabe *f* ④ *(d'un appartement)* Flur *m; (d'un lotissement)* freier Platz

dégager [degaʒe] <2a> **I.** *vt* ① befreien ② *(bronches)* freimachen **II.** *vpr* **se** ~ ① sich leeren ② *(émaner)* entweichen

dégainer [degene] <1> *vt, vi* ziehen

dégarni(e) [degaʀni] *adj* **front** ~ Stirnglatze *f*

dégât [degɑ] *m pl* Schaden *m*

dégazage [degɑzaʒ] *m* Ablassen *nt* von Ölrückständen; ~ **sauvage** illegales Ablassen von Altöl

dégel [deʒɛl] *m* Tauwetter *nt*

dégeler [deʒ(ə)le] <4> *vt, vi* auftauen

dégénéré(e) [deʒeneʀe] **I.** *adj* ① MED geistesgestört ② *(dénaturé)* degeneriert **II.** *m(f) (physiquement)* degenerierter Mensch; *(intellectuellement)* Geistesgestörte(r) *f(m)*

dégénérer [deʒeneʀe] <5> *vi* degenerieren

dégivrer [deʒivʀe] <1> *vt* abtauen

déglutir [deglytiʀ] <8> **I.** *vt* hinunterschlucken **II.** *vi* schlucken

dégonflé(e) [degɔ̃fle] *adj* nicht aufgepumpt; *(pneu)* platt

dégonfler [degɔ̃fle] <1> **I.** *vt* zum Abschwellen bringen **II.** *vpr* **se** ~ [die] Luft verlieren **III.** *vi* abschwellen

dégorger [degɔʀʒe] <2a> *vi* ① *(se déverser)* ~ **dans qc** *(égouts, rivière)* in etw *(akk)* fließen ② GASTR *(concombres, aubergines)* Wasser ziehen; *(poisson, viande)* wässern

dégouliner [deguline] <1> *vi (goutte à goutte)* [herab]tropfen; *(en filet)* laufen

dégourdi(e) [deguʀdi] *adj (enfant)* aufgeweckt; *(adulte)* geschickt

dégourdir [deguʀdiʀ] <8> *vpr* **se** ~ sich auflockern

dégoût [degu] *m* ① Ekel *m* ② *(aversion)* Widerwillen *m* ③ *(lassitude)* Überdruss *m*

dégoûtant(e) [degutɑ̃] *adj* ① widerlich ② *(sale)* [ekelhaft] dreckig ③ *(abject)* gemein

dégoûté(e) [degute] *adj* angewidert

dégoûter [degute] <1> *vt* anekeln

dégoutter [degute] <1> *vi (couler: eau, sueur)* [herab]tropfen

dégradant(e) [degʀadɑ̃] *adj* erniedrigend

dégradation [degʀadasjɔ̃] *f* ① Beschädigung *f* ② *(avilissement)* Erniedrigung *f*

dégradé [degʀade] *m* Abstufung *f*

dégrader [degʀade] <1> **I.** *vt* ① beschädigen ② *(faire un dégradé)* abstufen **II.** *vpr* **se** ~ *(s'avilir)* sich erniedrigen

dégrafer [degʀafe] <1> **I.** *vt* ~ **qc** etw aufmachen **II.** *vpr* **une robe se dégrafe** der Verschluss eines Kleides geht auf

dégraissage [degʀɛsaʒ] *m (d'un bouillon, d'une sauce)* Abschöpfen *nt* des

Fettes

dégraissant [degʀɛsɑ̃] *m (solvant)* Fettlöser *m; (détachant)* Fleck[en]entferner *m*

dégraissant(e) [degʀɛsɑ̃, ɑ̃t] *adj (solvant)* fettlösend; **produit ~** Fettlöser *m*

dégraisser [degʀese] <1> *vt* entfetten

degré [dəgʀe] *m* ❶ *a.* MATH, MED, GEO Grad *m* ❷ *(dans la hiérarchie)* Stufe *f*

dégriffé(e) [degʀife] *adj* ohne Markenzeichen

dégringolade [degʀɛ̃gɔlad] *f fam (d'une monnaie)* Sturz *m; (des titres)* Fall *m*

dégringoler [degʀɛ̃gɔle] <1> **I.** *vi fam* ❶ *(s'effondrer: actions, monnaie)* [stark] fallen; *(notes)* [rapide] absinken ❷ *(tomber)* **~ de qc** von etw [he]runterpurzeln **II.** *vt fam (escalier)* [he]runtersausen

dégriser [degʀize] <1> *vt (désenivrer)* nüchtern machen

déguenillé(e) [deg(ə)nije] *adj* zerlumpt

déguerpir [degɛʀpiʀ] <8> *vi* sich davonmachen

dégueulasse [degœlas] *adj fam* widerlich

déguisé(e) [degize] *adj* verkleidet

déguisement [degizmɑ̃] *m* Verkleidung *f*

déguiser [degize] <1> *vt, vpr* **[se] ~** [sich] verkleiden

dégustation [degystasjɔ̃] *f* Probe *f*

déguster [degyste] <1> *vt, vi* genießen

déhancher [deɑ̃ʃe] <1> *vpr* **se ~** die Hüften schwingen

dehors [dəɔʀ] *adv* ❶ *(à l'extérieur)* draußen ❷ *(pas chez soi)* außer Haus ▸ **au ~** äußerlich; **de ~** von draußen; **en ~ de** außerhalb *(+gen)*; **~!** raus!

déjà [deʒa] *adv* schon

déjanté(e) [deʒɑ̃te] *adj fam (personne)* durchgeknallt, abgedreht; *(film, livre)* abgefahren; **il est complètement ~** er ist voll abgedreht

déjeuner [deʒœne] <1> **I.** *vi* ❶ *(à midi)* zu Mittag essen ❷ *(le matin)* frühstücken **II.** *m* Mittagessen *nt;* **au ~** zum Mittagessen

déjouer [deʒwe] <1> *vt* vereiteln

délabré(e) [delabʀe] *adj* verfallen

délabrement [delabʀəmɑ̃] *m (d'une maison, d'un mur)* Verfall *m*

délabrer [delabʀe] <1> *vpr (se dégrader)* **se ~** *(maison, mur)* verfallen

délacer [delase] <2> *vt* aufschnüren

délai [delɛ] *m* Frist *f* ▸ **dans un ~ de** innerhalb von; **sans ~** unverzüglich

délaissé(e) [delese] *adj* ❶ *(abandonné)* im Stich gelassen ❷ *(négligé)* vernachlässigt

délaisser [delese] <1> *vt* vernachlässigen

délasser [delɑse] <1> *vt, vpr* **[se] ~** [sich] entspannen

délateur, -trice [delatœʀ, -tʀis] *m, f* Denunziant(in) *m(f)*

délation [delasjɔ̃] *f* Denunziation *f*

délavé(e) [delave] *adj* verwaschen

délaver [delave] <1> **I.** *vt* ❶ *(diluer: peinture, couleur)* verdünnen ❷ *(éclaircir: jean)* bleichen; *(inscription)* abwaschen **II.** *vpr* **se ~** *(peinture)* sich abwaschen; *(inscription)* verblassen

délayer [deleje] <7> *vt (diluer)* **~ la farine/le plâtre dans qc** das Mehl/den Gips mit etw anrühren

délectation [delɛktasjɔ̃] *f (plaisir sensuel)* Genuss *m; (plaisir intellectuel)* Genugtuung *f*

délecter [delɛkte] <1> *vpr* **se ~ à qc** sich an etw *(dat)* ergötzen *(geh);* **se ~ de qc/à faire qc** etw genießen/es genießen, etw zu tun

délégation [delegasjɔ̃] *f* Abordnung *f*

délégué(e) [delege] **I.** *adj* abgeordnet **II.** *m(f) (d'un parti)* Delegierte(r) *f(m)*

déléguer [delege] <5> *vt* **~ qn à un congrès** jdn zu einem Kongress entsenden

délestage [delɛstaʒ] *m* ELEC [kurzzeitige] Stromabschaltung

délester [delɛste] <1> *vt* ❶ ELEC **~ qc**

[kurzzeitig] den Strom in etw *(dat)* abstellen ❷ *(transport)* entlasten
délibération [delibeʀasjɔ̃] *f* Debatte *f*
délibéré [delibeʀe] *m* Beratung *f*
délibérément [delibeʀemɑ̃] *adv* absichtlich
D **délibérer** [delibeʀe] <5> *vi* beraten
délicat(e) [delika] *adj* ❶ fein ❷ *(question)* heikel ❸ *(raffiné)* feinfühlig
délicatement [delikatmɑ̃] *adv* fein
délicatesse [delikatɛs] *f* ❶ Behutsamkeit *f* ❷ *(d'une situation)* Schwierigkeit *f* ❸ *(raffinement)* Finesse *f* ❹ *(tact)* Feingefühl *nt;* **avec/sans ~** taktvoll/taktlos
délice [delis] *m* Genuss *m*
délicieux, -euse [delisjø] *adj* köstlich
délictueux, -euse [deliktɥø, -øz] *adj* strafbar
délier [delje] <1a> *vt* ❶ *(détacher)* losbinden; *(corde)* lösen ❷ *(dégager)* **~ qn d'une promesse** jdn von einem Versprechen entbinden
délimitation [delimitasjɔ̃] *f* Abgrenzung *f*
délimiter [delimite] <1> *vt a. fig* abgrenzen
délinquance [delɛ̃kɑ̃s] *f* Kriminalität *f*
délinquant(e) [delɛ̃kɑ̃] *m(f)* Straffällige(r) *f(m)*
délirant(e) [deliʀɑ̃] *adj* wahnsinnig
délire [deliʀ] *m* Delirium *nt* ▶ **c'est du ~!** das ist [ja] Wahnsinn!
délirer [deliʀe] <1> *vi* delirieren
délit [deli] *m* Straftat *f;* **~ informatique** Datenmissbrauch *m;* **~ d'initié** Insidergeschäft *nt*
délivrance [delivʀɑ̃s] *f* ❶ Erleichterung *f* ❷ ADMIN Ausstellung *f*
délivrer [delivʀe] <1> *vt, vpr* **[se] ~** [sich] befreien
délocaliser [delɔkalize] <1> *vt* auslagern
déloger [delɔʒe] <2a> *vt* ausquartieren
déloyal(e) [delwajal] <-aux> *adj* unfair
delta [dɛlta] *m* Delta *nt;* **le ~ du Nil** das Nildelta
deltaplane® [dɛltaplan] *m* Drachen *m;* **faire du ~** Drachen fliegen
déluge [delyʒ] *m* Sturzregen *m*
démagogie [demagɔʒi] *f* Demagogie *f*
démagogique [demagɔʒik] *adj* demagogisch
démagogue [demagɔg] *mf* Demagoge *m*/Demagogin *f*
demain [dəmɛ̃] *adv* morgen; **à ~!** bis morgen!
demande [d(ə)mɑ̃d] *f* ❶ Bitte *f* ❷ ADMIN Antrag *m* ❸ ECON Nachfrage *f* ▶ **à la ~** nach Bedarf; **sur [simple] ~** auf Anfrage
demandé(e) [d(ə)mɑ̃de] *adj* **être ~** gefragt sein
demander [d(ə)mɑ̃de] <1> **I.** *vt* ❶ **~ qc** um etw bitten; **~ conseil** um Rat fragen ❷ *(au téléphone)* verlangen ❸ *(efforts)* erfordern; *(soin)* brauchen ❹ *(exiger)* verlangen **II.** *vi* **~ à qn si** jdn fragen, ob **III.** *vpr* **se ~ ce que/comment** sich fragen, was/wie
demandeur, -euse [d(ə)mɑ̃dœʀ] *m, f* Antragsteller(in) *m(f);* **~ d'emploi** Arbeit[s]suchender *m*
démangeaison [demɑ̃ʒɛzɔ̃] *f gén pl* Juckreiz *m*
démanger [demɑ̃ʒe] <2a> *vt, vi a. fig* jucken
démanteler [demɑ̃t(ə)le] <4> *vt* zerschlagen
démaquillant [demakijɑ̃] *m* Make-up-Entferner *m*
démaquillant(e) [demakijɑ̃] *adj* Reinigungs-; **lait ~** Reinigungsmilch *f*
démaquiller [demakije] <1> *vt, vpr* **[se] ~** [sich] abschminken
démarcation [demaʀkasjɔ̃] *f a. fig* Abgrenzung *f*
démarche [demaʀʃ] *f* ❶ Gang *m* ❷ *(d'une personne)* Vorgehen *nt*
démarcher [demaʀʃe] <1> *vt* **~ qn** bei jdm einen Vertreterbesuch machen; **~ les gens par téléphone** Kunden per Telefon werben
démarqué(e) [demaʀke] *adj* ❶ *(dégriffé)* ohne Markenzeichen ❷ *(soldé)* herabgesetzt

démarquer [demaʀke] <1> **I.** *vt* COM herabsetzen **II.** *vpr* **se ~** SPORT sich freispielen

démarrage [demaʀaʒ] *m* ❶ AUT Anlassen *nt* ❷ *(départ)* Anfahren *nt* ❸ INFORM **~ à chaud/à froid** Warm-/Kaltstart *m*

démarrer [demaʀe] <1> **I.** *vi* ❶ *(voiture)* anspringen ❷ *(partir)* anfahren ❸ *(campagne)* beginnen **II.** *vt* anlassen

démarreur [demaʀœʀ] *m* Anlasser *m*

démasquer [demaske] <1> **I.** *vt* entlarven **II.** *vpr* **se ~** seine Maske fallen lassen

démêlé [demele] *m* Auseinandersetzung *f*

démêler [demele] <1> *vt* ❶ entwirren ❷ *(affaire)* aufklären

démembrer [demɑ̃bʀe] <1> *vt (pays, propriété)* zerstückeln, [auf]teilen

déménagement [demenaʒmɑ̃] *m* Umzug *m*

déménager [demenaʒe] <2a> **I.** *vi* ❶ umziehen ❷ *(quitter un logement)* ausziehen **II.** *vt* ❶ *(meubles)* [um]räumen ❷ *(pièce)* ausräumen

déménageur [demenaʒœʀ] *m* Möbelpacker(in) *m(f)*

démence [demɑ̃s] *f* Wahnsinn *m*

démener [dem(ə)ne] <4> *vpr* **se ~** ❶ um sich schlagen ❷ *(faire des efforts)* sich [große] Mühe geben

dément(e) [demɑ̃] *m(f)* Geisteskranke(r) *f(m)*

démenti [demɑ̃ti] *m* Dementi *nt*

démentir [demɑ̃tiʀ] <10> *vt* **~ qn** jdm widersprechen

démesuré(e) [deməzyʀe] *adj* maßlos

démesurément [deməzyʀemɑ̃] *adv (grand, long)* unverhältnismäßig

démettre [demɛtʀ] <irr> **I.** *vt* **~ qn de son emploi** jdn seines Postens entheben **II.** *vpr* **se ~ le poignet** sich *(dat)* das Handgelenk verrenken

demeurant [dəmœʀɑ̃] ▶ **au ~** alles in allem

demeure [d(ə)mœʀ] *f* Wohnsitz *m*

demeuré(e) [dəmœʀe] **I.** *adj* [geistig] zurückgeblieben **II.** *m(f)* Schwachsinnige(r) *f(m)*

demeurer [dəmœʀe] <1> *vi* ❶ *+ avoir* wohnen ❷ *+ avoir (subsister)* weiterbestehen ❸ *+ être (rester)* bleiben

demi [d(ə)mi] *m* ❶ **un ~** ein Halb ❷ *(bière)* Bier *nt*

demi(e) [d(ə)mi] **I.** *m(f)* Hälfte *f* **II.** *adj* **une heure/deux heures et ~e** eineinhalb/zweieinhalb Stunden

demi-bouteille [d(ə)mibutɛj] <demi-bouteilles> *f* halbe Flasche *f*

demi-douzaine [d(ə)miduzɛn] <demi-douzaines> *f* halbes Dutzend *nt*

demie [d(ə)mi] **I.** *adj v.* **demi(e)** **II.** *f (heure)* **neuf heures et ~** halb zehn

demi-finale [d(ə)mifinal] <demi-finales> *f* Halbfinale *nt*

demi-frère [d(ə)mifʀɛʀ] <demi-frères> *m* Halbbruder *m*

demi-heure [d(ə)mijœʀ] <demi-heures> *f* halbe Stunde *f*

démilitariser [demilitaʀize] <1> *vt* entmilitarisieren

demi-litre [d(ə)militʀ] <demi-litres> *m* halber Liter *m*

déminer [demine] <1> *vt* entminen

demi-pension [d(ə)mipɑ̃sjɔ̃] <demi-pensions> *f* **en ~** mit Halbpension

demi-pensionnaire [d(ə)mipɑ̃sjɔnɛʀ] <demi-pensionnaires> *mf* Schüler, der, Schülerin, die in der [Schul]kantine isst

démis(e) [demi] *part passé de* **démettre**

demi-sœur [d(ə)misœʀ] <demi-sœurs> *f* Halbschwester *f*

démission [demisjɔ̃] *f* Rücktritt *m*

démissionnaire [demisjɔnɛʀ] *adj* zurückgetreten

démissionner [demisjɔne] <1> *vi* zurücktreten

demi-tarif [d(ə)mitaʀif] <demi-tarifs> *m* halber Preis *m*

demi-tour [d(ə)mituʀ] <demi-tours> *m* Kehrtwendung *f*

démobiliser [demɔbilize] <1> *vt* MIL demobilisieren

démocrate [demɔkʀat] **I.** *adj* demokratisch **II.** *mf* Demokrat(in) *m(f)*
démocrate-chrétien(ne) [demɔkʀatkʀetjɛ̃] <démocrates-chrétiens> *adj* christlich-demokratisch
démocratie [demɔkʀasi] *f* Demokratie *f*
démocratique [demɔkʀatik] *adj* demokratisch
démocratisation [demɔkʀatizasjɔ̃] *f* Demokratisierung *f*
démocratiser [demɔkʀatize] <1> *vt* demokratisieren
démodé(e) [demɔde] *adj* altmodisch
démoder [demɔde] <1> *vpr* **se ~** aus der Mode kommen
démographie [demɔgʀafi] *f* ❶ *(science)* Demografie *f*, Bevölkerungswissenschaft *f* ❷ *(évolution de la population)* Bevölkerungsentwicklung *f*
démographique [demɔgʀafik] *adj* demografisch; **croissance ~** Bevölkerungswachstum *nt*
demoiselle [d(ə)mwazɛl] *f (jeune fille)* Fräulein *nt iron* [junge] Dame
démolir [demɔliʀ] <8> *vt* abreißen; *(objet)* kaputtmachen
démolition [demɔlisjɔ̃] *f* Abbruch *m*
démon [demɔ̃] *m* Teufel *m*
démoniaque [demɔnjak] *adj* dämonisch
démonstratif [demɔ̃stʀatif] *m* Demonstrativpronomen *nt*
démonstration [demɔ̃stʀasjɔ̃] *f* ❶ Beweis *m* ❷ *(présentation)* Demonstration *f*
démontable [demɔ̃tabl] *adj* zerlegbar
démontage [demɔ̃taʒ] *m* Zerlegen *nt*
démonté(e) [demɔ̃te] *adj (mer)* aufgewühlt
démonter [demɔ̃te] <1> **I.** *vt* ❶ zerlegen ❷ *(déconcerter)* aus der Fassung bringen **II.** *vpr* **se ~** ❶ sich zerlegen lassen ❷ *(se troubler)* **sans se ~** ohne sich aus der Fassung bringen zu lassen
démontrer [demɔ̃tʀe] <1> *vt* **~ que...** beweisen, dass...
démoralisant(e) [demɔʀalizɑ̃] *adj* deprimierend
démoraliser [demɔʀalize] <1> **I.** *vt, vi* entmutigen **II.** *vpr* **se ~** den Mut verlieren
démotiver [demɔtive] <1> *vt* **~ qn** jdm die Motivation nehmen
démouler [demule] <1> *vt* aus der Form nehmen
démuni(e) [demyni] *adj* ❶ mittellos ❷ *(impuissant)* **~ devant qn/qc** hilflos jdm/etw gegenüber ❸ *(privé de)* **être ~ de qc** etw nicht besitzen
démystifier [demistifje] <1a> *vt* aufklären
dénaturer [denatyʀe] <1> *vt (goût, saveur)* verfälschen
dénicher [deniʃe] <1> *vt* ausfindig machen
dénigrer [denigʀe] <1> *vt (action, personne)* schlechtmachen
dénivellation [denivelasjɔ̃] *f* Höhenunterschied *m*
dénombrer [denɔ̃bʀe] <1> *vt* zählen
dénominateur [denɔminatœʀ] *m* MATH Nenner *m*
dénomination [denɔminasjɔ̃] *f* Bezeichnung *f*
dénommé(e) [denɔme] *adj* **un ~ Durand** ein gewisser [Herr] Durand
dénommer [denɔme] <1> *vt* bezeichnen
dénoncer [denɔ̃se] <2> **I.** *vt* verraten **II.** *vpr* **se ~ à la police** sich der Polizei stellen
dénonciateur, -trice [denɔ̃sjatœʀ, -tʀis] *m, f* ❶ *(d'une personne)* Denunziant(in) *m(f)* ❷ *(d'une injustice)* Ankläger(in) *m(f)*
dénonciation [denɔ̃sjasjɔ̃] *f* Anzeige *f*
dénouement [denumɑ̃] *m* Ausgang *m*
dénouer [denwe] <1> **I.** *vt* aufknoten **II.** *vpr* **se ~** sich lösen
dénoyauter [denwajote] <1> *vt* entsteinen
denrée [dɑ̃ʀe] *f* Essware *f*
dense [dɑ̃s] *adj a.* PHYS dicht
densité [dɑ̃site] *f* Dichte *f*

dent [dɑ̃] *f* Zahn *m*
dentaire [dɑ̃tɛʀ] *adj* **prothèse ~** Zahnersatz *m*
dental(e) [dɑ̃tal, -o] <-aux> *adj* dental
dentelé(e) [dɑ̃t(ə)le] *adj* gezackt
dentelle [dɑ̃tɛl] *f* Spitze *f*
dentier [dɑ̃tje] *m* Gebiss *nt*
dentifrice [dɑ̃tifʀis] *m* Zahnpasta *f*
dentiste [dɑ̃tist] *mf* Zahnarzt, -ärztin *m, f*
dentition [dɑ̃tisjɔ̃] *f* Gebiss *nt*
dénucléarisé(e) [denykleaʀize] *adj* atomwaffenfrei
dénudé(e) [denyde] *adj* entblößt
dénuder [denyde] <1> *vt* entkleiden
dénué(e) [denɥe] *adj* **être ~ de qc** einer S. *(gen)* entbehren
dénuement [denymɑ̃] *m* Elend *nt*
dénutrition [denytʀisjɔ̃] *f* Unterernährung *f*
déodorant [deɔdɔʀɑ̃] *m* Deodorant *nt*
déontologie [deɔ̃tɔlɔʒi] *f* Ethik *f*
déontologue [deɔ̃tɔlɔg] *mf* Ethiker(in) *m(f)*
dépannage [depanaʒ] *m* Reparatur *f*
dépanner [depane] <1> *vt* ❶ reparieren; *(remorquer)* jdn abschleppen ❷ *fam (aider)* **~ qn** jdm aushelfen
dépanneur, -euse [depanœʀ, -øz] *m, f* Mechaniker(in) *m(f)*
dépanneuse [depanøz] *f* Abschleppwagen *m*
dépaqueter [depakte] <3> *vt* auspacken
dépareillé(e) [depaʀeje] *adj (collection)* unvollständig
départ [depaʀ] *m* ❶ *(action de partir)* Weggehen *nt; (en avion)* Abflug *m; (en voiture)* Abfahrt *f* ❷ SPORT Start *m* ❸ *(démission)* Rücktritt *m* ▶ **au ~ de Paris** ab Paris; **être sur le ~** im Aufbruch sein
départager [depaʀtaʒe] <2a> **I.** *vt* **~ les candidats** zwischen den Kandidaten entscheiden; **~ les bons et les mauvais** die Guten von den Schlechten trennen **II.** *vpr* **les concurrents peuvent se ~** zwischen den Konkurrenten fällt eine Entscheidung
département [depaʀtəmɑ̃] *m* ❶ ADMIN Departement *nt;* **~ d'outre-mer** Überseedepartement ❷ *(d'une entreprise)* Abteilung *f;* UNIV Fachbereich *m* ❸ ADMIN, POL CH Direktion *f* (CH)
départemental(e) [depaʀtəmɑ̃tal] <-aux> *adj* Departements-; **route ~e** ≈ Landstraße *f*
dépassé(e) [depɑse] *adj* überholt
dépassement [depɑsmɑ̃] *m (d'un véhicule)* Überholen *nt*
dépasser [depɑse] <1> **I.** *vt* ❶ überholen ❷ *(outrepasser)* überschreiten ▶ **ça me/le dépasse!** das ist mir/ihm zu hoch! *(fam)* **II.** *vi* ❶ überholen ❷ *(tour)* hervorragen **III.** *vpr* **se ~** sich selbst übertreffen
dépaysé(e) [depeize] *adj* fremd
dépaysement [depeizmɑ̃] *m* ❶ Fremdheit *f; (changement)* Umstellung *f* ❷ *(changement salutaire)* [willkommene] Abwechslung *f*
dépayser [depeize] <1> *vt* ❶ verwirren ❷ *(changer les idées)* ablenken
dépecer [depəse] <2> *vt (animal)* zerlegen
dépêche [depɛʃ] *f* Nachricht *f*
dépêcher [depeʃe] <1> *vpr* **se ~ de faire qc** sich beeilen etw zu tun
dépeindre [depɛ̃dʀ] <irr> *vt* schildern
dépendance [depɑ̃dɑ̃s] *f* Abhängigkeit *f*
dépendant(e) [depɑ̃dɑ̃] *adj* abhängig
dépendre [depɑ̃dʀ] <14> *vi* ❶ abhängig sein ❷ *(faire partie de)* **~ de qc** zu etw gehören ❸ *(relever de)* **~ de qn/qc** jdm/etw unterstehen ❹ *(être conditionné par)* **ça dépend** *fam* das kommt drauf an
dépens [depɑ̃] *mpl* **aux ~ de qn/qc** auf jds Kosten *(akk)*/auf Kosten einer S. *(gen)*
dépense [depɑ̃s] *f* Ausgabe *f*
dépenser [depɑ̃se] <1> **I.** *vt* ❶ ausgeben ❷ *(énergie)* verbrauchen **II.** *vpr* **se ~** sich verausgaben
dépensier, -ière [depɑ̃sje] *adj* ver-

D

schwenderisch

dépérir [depeʀiʀ] <8> *vi (personne)* dahinvegetieren; *(animal)* eingehen

dépêtrer [depetʀe] <1> *vt fam* herausholen; ~ **qn d'une situation** jdm aus der Klemme helfen

D **dépeuplement** [depœpləmɑ̃] *m* ~ **d'une région** Entvölkerung *f* einer Region

dépeupler [depœple] <1> *vt* entvölkern

déphasé(e) [defɑze] *adj fam* **être** ~ neben sich *(dat)* stehen

dépilatoire [depilatwaʀ] *adj* **crème** ~ Enthaarungscreme *f*

dépistage [depistaʒ] *m* Erkennung *f;* **test de** ~ **du Sida** Aidstest *m*

dépister [depiste] <1> *vt (personne, animal)* aufspüren

dépit [depi] *m* Ärger *m;* **par** ~ aus Trotz ▸**en** ~ **du bon sens** unsinnig, gegen den gesunden Menschenverstand

déplacé(e) [deplase] *adj* unpassend

déplacement [deplasmɑ̃] *m* ❶ Umstellen *nt* ❷ *(mouvement)* Bewegung *f*

déplacer [deplase] <2> I. *vt* an einen anderen Platz legen/stellen II. *vpr* **se** ~ ❶ sich fortbewegen ❷ *(se décaler)* zur Seite gehen/rücken ❸ *(voyager)* reisen

déplaire [deplɛʀ] <irr> *vi* missfallen

déplaisant(e) [deplɛzɑ̃, ɑ̃t] *adj* unangenehm

dépliant [deplijɑ̃] *m* Faltprospekt *m*

déplier [deplije] <1> I. *vt* auffalten II. *vpr* **se** ~ sich öffnen

déploiement [deplwamɑ̃] *m* ❶ *(d'une aile)* Ausbreiten *nt; (d'un drapeau)* Hissen *nt* ❷ *(de richesses)* Zurschaustellen *nt,* Zurschaustellung *f* ❸ *(dépense)* ~ **d'énergie** Aufwand *m* an Energie

déplorable [deplɔʀabl] *adj (effet, fin)* bedauerlich

déplorer [deplɔʀe] <1> *vt* ❶ *(regretter)* bedauern ❷ *(enregistrer)* **on déplore des victimes** Opfer sind zu beklagen *(geh)*

déployer [deplwaje] <7> I. *vt* ❶ ausbreiten ❷ *(énergie)* einsetzen II. *vpr* **se** ~ *(soldats)* ausschwärmen

déplumer [deplyme] <1> *vpr* **se** ~ die Federn verlieren

dépoli(e) [depɔli] *adj* matt

dépolluer [depɔlɥe] <1> *vt (lieu)* säubern; *(rivière, mer)* sanieren

dépopulation [depɔpylasjɔ̃] *f* Bevölkerungsrückgang *m*

déportation [depɔʀtasjɔ̃] *f* Deportation *f*

déporté(e) [depɔʀte] *m(f)* Deportierte(r) *f(m),* Zwangsverschleppte(r) *f(m)*

déporter [depɔʀte] <1> I. *vt* ❶ HIST deportieren ❷ *(voiture)* abdrängen II. *vpr* AUT **se** ~ ausscheren

déposer [depoze] <1> I. *vt* ❶ stellen/legen; *(se débarrasser)* abstellen/ablegen ❷ *(bagages)* abgeben ❸ FIN einzahlen ❹ *(brevet)* anmelden II. *vi (témoigner)* aussagen III. *vpr* **se** ~ sich absetzen

dépositaire [depozitɛʀ] *m* Verwahrer(in) *m(f); (d'un secret)* Mitwisser(in) *m(f)*

déposition [depozisjɔ̃] *f (témoignage)* Zeugenaussage *f*

déposséder [depɔsede] <5> *vt* enteignen

dépossession [depɔsesjɔ̃] *f* Enteignung *f*

dépôt [depo] *m* ❶ Erheben *nt; (d'une marque déposée)* Eintragen *nt* ❷ FIN *(d'un chèque)* Einreichen *nt* ❸ *(d'un testament)* Hinterlegung *f* ❹ *(sédiment)* Ablagerung *f* ❺ *(d'autobus)* Depot *nt*

dépotoir [depɔtwaʀ] *m* Müllhalde *f*

dépouille [depuj] *f (d'un animal à fourrure)* Fell *nt; (d'un serpent)* Haut *f*

dépouillé(e) [depuje] *adj* karg

dépouillement [depujmɑ̃] *m* [Aus]zählen *nt*

dépouiller [depuje] <1> *vt* ❶ [aus]zählen; *(courrier)* durchsehen ❷ *(dévaliser)* berauben

dépourvu(e) [depuʀvy] *adj* **être** ~ **de**

qc ohne etw sein

dépoussiérer [depusjeʀe] <5> *vt* abstauben

dépravation [depʀavasjɔ̃] *f* Verfall *m*

dépravé(e) [depʀave] *adj (goût, personne)* verdorben

dépraver [depʀave] <1> *vt (goût, personne)* verderben

dépréciation [depʀesjasjɔ̃] *f (d'une marchandise)* Wertminderung *f*

déprédation [depʀedasjɔ̃] *f gén pl* Verwüstung *f*

dépressif, -ive [depʀesif] **I.** *adj* depressiv **II.** *m, f* Depressive(r) *f(m)*

dépression [depʀesjɔ̃] *f* ❶ PSYCH Depression *f* ❷ METEO Tief *nt* ❸ ECON Konjunkturtief *nt*

déprimant(e) [depʀimɑ̃] *adj* deprimierend

déprime [depʀim] *f fam* Katzenjammer *m*; **être en pleine ~** total am Ende sein

déprimé(e) [depʀime] *adj* deprimiert

déprimer [depʀime] <1> **I.** *vt* deprimieren **II.** *vi fam* deprimiert sein

déprivatisation [depʀivatizasjɔ̃] *f* Verstaatlichung *f*, Entprivatisierung *f*

déprogrammer [depʀɔgʀame] <1> *vt* ❶ MEDIA aus dem Programm nehmen ❷ INFORM umprogrammieren

dépuceler [depys(ə)le] <3> *vt fam* entjungfern

depuis [dəpɥi] **I.** *prép* seit; **~ quelle date?** seit wann?; **~ que...** seit[dem]...; **~ peu** seit kurzem **II.** *adv* seither

députation [depytasjɔ̃] *f* Entsendung *f*

député(e) [depyte] *m(f)* Abgeordnete(r) *f(m)*; **~ européen** Europaabgeordneter

déraciner [deʀasine] <1> *vt* entwurzeln

déraillement [deʀajmɑ̃] *m* Entgleisung *f*

dérailler [deʀaje] <1> *vi* entgleisen

dérailleur [deʀajœʀ] *m* Kettenschaltung *f*

déraisonnable [deʀɛzɔnabl] *adj* unvernünftig

déraisonner [deʀɛzɔne] <1> *vi* faseln *(pej) (fam)*

dérangé(e) [deʀɑ̃ʒe] *adj* ❶ *fam (fou)* verwirrt ❷ MED **être ~** eine Magenverstimmung haben; **avoir l'intestin ~** Darmbeschwerden haben ❸ *(désordonné)* unaufgeräumt

D

dérangement [deʀɑ̃ʒmɑ̃] *m* Störung *f*

déranger [deʀɑ̃ʒe] <2a> **I.** *vt, vi* stören **II.** *vpr* **se ~ pour qn** sich *(dat)* wegen jdm Umstände machen

dérapage [deʀapaʒ] *m* AUT Schleudern *nt*

déraper [deʀape] <1> *vi* ❶ ausrutschen ❷ *(conversation)* abgleiten

dératiseur, -euse [deʀatizœʀ] *m, f* Rattenjäger(in) *m(f)*, Rattenbekämpfer(in) *m(f)*

déréglé(e) [deʀegle] *adj (mécanisme)* gestört; *(appétit, estomac)* gestört, beeinträchtigt; **être ~** nicht in Ordnung sein

dérèglement [deʀɛgləmɑ̃] *m (de l'appétit, d'une machine)* Störung *f*

déréglementation [deʀɛgləmɑ̃tasjɔ̃] *f* Deregulierung *f*

déréglementer [deʀɛgləmɑ̃te] <1> *vt* deregulieren

dérégler [deʀegle] <5> *vt, vpr* **[se] ~** [sich] verstellen

dérider [deʀide] <1> *vt* aufheitern

dérision [deʀizjɔ̃] *f* Spott *m*

dérivation [deʀivasjɔ̃] *f (d'un cours d'eau, d'une route)* Umleitung *f*

dérive [deʀiv] *f* ❶ GEO Verschiebung *f* ❷ *fig (d'une politique)* Abdriften *nt*

dérivé [deʀive] *m* CHIM Derivat *nt*

dériver [deʀive] <1> **I.** *vt* umleiten **II.** *vi* ❶ LING **~ de qc** aus etw kommen ❷ *(barque)* abtreiben

dériveur [deʀivœʀ] *m* Sturmsegel *nt*

dermatologie [dɛʀmatɔlɔʒi] *f* Dermatologie *f*

dermatologue [dɛʀmatɔlɔg] *mf* Hautarzt *m*/-ärztin *f*

dernier, -ière [dɛʀnje] **I.** *adj* ❶ *(ultime)* letzte(r, s) ❷ *(le plus récent: œuvre, heure)* letzte(r, s); *(mode)* neueste(r, s); *(événement)* jüngste(r, s); **ces ~s temps** in letzter Zeit ❸ *(antérieur: an, mois)* letzte(r, s) **II.** *m, f* **le ~/la dernière** *(dans le temps)* der/die/das Letzte; *(pour le mérite)* der/die/das Schlechteste; **en ~** als Letzte(r, s)

D

dernière [dɛʀnjɛʀ] *f fam (histoire, nouvelle)* **la ~** das Neueste

dernièrement [dɛʀnjɛʀmɑ̃] *adv* neulich

dérobé(e) [deʀɔbe] *adj (escalier, porte)* Geheim-

dérober [deʀɔbe] <1> *vt* stehlen

dérogation [deʀɔgasjɔ̃] *f* Ausnahme *f*; **par ~** aufgrund einer Sonderregelung

déroger [deʀɔʒe] <2a> *vi* **~ à une loi** gegen ein Gesetz verstoßen

dérouiller [deʀuje] <1> **I.** *vt (ôter la rouille)* entrosten **II.** *vi fam (recevoir une correction)* etwas einstecken müssen **III.** *vpr* **se ~ les muscles** die Muskeln spielen lassen

déroulement [deʀulmɑ̃] *m* Verlauf *m*

dérouler [deʀule] <1> **I.** *vt* abrollen **II.** *vpr* **se ~** ❶ verlaufen ❷ *(cassette)* sich abwickeln

déroutant(e) [deʀutɑ̃, ɑ̃t] *adj* verwirrend

déroute [deʀut] *f* Flucht *f*

dérouter [deʀute] <1> *vt* ❶ umleiten ❷ *(déconcerter)* verwirren

derrière [dɛʀjɛʀ] **I.** *prép (sans mouvement)* hinter *(+dat)*; *(avec mouvement)* hinter *(+akk)*; **par ~** von hinten **II.** *adv* hinten; **de ~** von hinten; **là ~** da hinten; **rester loin ~** weit zurückbleiben; **courir ~** hinterherlaufen **III.** *m* ❶ Rückseite *f* ❷ *fam (postérieur)* Hintern *m*

des[1] [de] **I.** *art déf pl contracté* **les pages ~ livres** die Seiten der Bücher; *v.a.* **de II.** *art partitif* **je mange ~ épinards** ich esse Spinat

des[2] [de] <*devant adj* de> *art indéf pl* **j'ai acheté ~ pommes et de beaux citrons** ich habe Äpfel und schöne Zitronen gekauft

dès [dɛ] *prép (à partir de)* bereits; **~ lors** *(à partir de ce moment-là)* seitdem; *(par conséquent)* infolgedessen; **~ maintenant** ab sofort; **~ que...** sobald...; **~ le matin...** schon morgens...

désabusé(e) [dezabyze] *adj (expression, geste)* enttäuscht

désaccord [dezakɔʀ] *m* Unstimmigkeit *f*

désaccordé(e) [dezakɔʀde] *adj* verstimmt

désaccorder [dezakɔʀde] <1> **I.** *vt* verstimmen **II.** *vpr* **se ~** sich verstimmen

désaffecté(e) [dezafɛkte] *adj (usine, école)* geschlossen

désaffection [dezafɛksjɔ̃] *f* Unbeliebtheit *f*

désagréable [dezagʀeabl] *adj* unangenehm

désagréger [dezagʀeʒe] <2a, 5> **I.** *vt* ❶ *(désintégrer)* zersetzen ❷ *(décomposer: groupe, parti)* sprengen **II.** *vpr* **se ~** *(corps chimique)* zerfallen; *(roche)* verwittern; *(foule)* sich auflösen

désaltérant(e) [dezalteʀɑ̃] *adj* durststillend

désaltérer [dezalteʀe] <5> **I.** *vt, vi* den Durst stillen **II.** *vpr* **se ~** seinen Durst stillen

désamorcer [dezamɔʀse] <2> *vt* *(arme)* sichern; *(bombe)* entschärfen

désapprobateur, -trice [dezapʀɔbatœʀ, -tʀis] *adj* missbilligend

désapprouver [dezapʀuve] <1> **I.** *vt* missbilligen **II.** *vi* nicht einverstanden sein

désargenté(e) [dezaʀʒɑ̃te] *adj fam* **être ~** pleite/blank sein

désarmant(e) [dezaʀmɑ̃, ɑ̃t] *adj* entwaffnend

désarmement [dezaʀməmɑ̃] *m* Abrüstung *f*

désarmer [dezaʀme] <1> *vt* ❶ *(personne)* entwaffnen; *(pays)* abrüsten ❷ *(navire)* abtakeln, abrüsten

désarroi [dezaʀwa] *m* ❶ *(trouble)* Verwirrung *f* ❷ *(désespoir)* Verzweiflung *f*

désastre [dezastʀ] *m* ❶ Katastrophe *f*

❷ *(dégât)* Schaden *m*
désastreux, -euse [dezastʀø] *adj* ❶ verheerend ❷ *(nul)* miserabel
désavantage [dezavɑ̃taʒ] *m* Nachteil *m*
désavantager [dezavɑ̃taʒe] <2a> *vt* **qc désavantage qn** etw benachteiligt jdn
désavantageux, -euse [dezavɑ̃taʒø] *adj* nachteilig
descendance [desɑ̃dɑ̃s] *f* Nachkommenschaft *f*
descendant(e) [desɑ̃dɑ̃] **I.** *adj* abschüssig **II.** *m(f)* Nachkomme *m*
descendre [desɑ̃dʀ] <14> **I.** *vi* + *être* ❶ hinuntergehen/-fahren ❷ *(opp: grimper)* hinunterklettern ❸ *(quitter)* aussteigen ❹ *(faire irruption)* eine Razzia machen ❺ *(loger)* ~ **à l'hôtel/chez qn** im Hotel/bei jdm absteigen ❻ *(aller en pente)* abwärtsführen ❼ *(aller de haut en bas: rivière)* [hinunter]fließen; *(route)* [hinunter]führen ❽ *(baisser)* zurückgehen **II.** *vt* + *avoir* ❶ *(se déplacer à pied: vu d'en haut/d'en bas)* hinuntergehen/herunterkommen ❷ *(se déplacer en véhicule: vu d'en haut/d'en bas)* hinunterfahren/herunterkommen ❸ *(porter en bas: vu d'en haut/d'en bas)* hinunterbringen/herunterbringen; ~ **qc à la cave** etw in den Keller bringen ❹ *(rideaux)* herunterlassen
descente [desɑ̃t] *f* ❶ Abstieg *m; (en voiture)* Abfahrt *f* ❷ AVIAT Landung *f* ❸ *(arrivée)* Ankunft *f* ❹ *(action de descendre au fond de)* Hinuntersteigen *nt* ❺ *(attaque brusque)* **une ~ de police** eine Polizeikontrolle ❻ *(pente)* Gefälle *nt*
descriptif [dɛskʀiptif] *m* Beschreibung *f*
description [dɛskʀipsjɔ̃] *f* Beschreibung *f*
désemparé(e) [dezɑ̃paʀe] *adj (personne)* hilflos
désenchanté(e) [dezɑ̃ʃɑ̃te] *adj* ernüchtert
désenfler [dezɑ̃fle] <1> **I.** *vt* zum Abschwellen bringen **II.** *vi, vpr* [**se**] ~ abschwellen
déséquilibre [dezekilibʀ] *m* Ungleichgewicht *nt*
déséquilibré(e) [dezekilibʀe] *adj* unausgeglichen
déséquilibrer [dezekilibʀe] <1> *vt* aus dem Gleichgewicht bringen
désert [dezɛʀ] *m* Wüste *f*
désert(e) [dezɛʀ] *adj* ❶ unbewohnt ❷ *(plage)* menschenleer
déserter [dezɛʀte] <1> **I.** *vt* verlassen **II.** *vi* MIL desertieren
déserteur [dezɛʀtœʀ] *m* MIL Deserteur *m*
désertification [dezɛʀtifikasjɔ̃] *f* GEO Versteppung *f*
désertion [dezɛʀsjɔ̃] *f* MIL Fahnenflucht *f*
désertique [dezɛʀtik] *adj* Wüsten-; **climat** ~ Wüstenklima *nt*
désespérant(e) [dezɛspeʀɑ̃] *adj* **être** ~ zum Verzweifeln sein
désespéré(e) [dezɛspeʀe] *adj* verzweifelt
désespérément [dezɛspeʀemɑ̃] *adv (appeler, lutter)* verzweifelt
désespérer [dezɛspeʀe] <5> **I.** *vi* verzweifeln **II.** *vt* ❶ *(affliger)* verzweifeln lassen ❷ *(décourager)* zur Verzweiflung bringen
désespoir [dezɛspwaʀ] *m* ❶ Hoffnungslosigkeit *f* ❷ *(désespérance)* Verzweiflung *f*
déshabillé [dezabije] *m (vêtement)* Negligé *nt*
déshabillé(e) [dezabije] *adj* ausgezogen; *(scène, séquence)* Nackt-
déshabiller [dezabije] <1> *vt, vpr* [**se**] ~ [sich] ausziehen
déshabituer [dezabitɥe] <1> *vpr* **se ~ de qc** sich *(dat)* etw abgewöhnen
désherbant [dezɛʀbɑ̃] *m* Unkrautvertilgungsmittel *nt*
désherber [dezɛʀbe] <1> *vi* Unkraut jäten
déshérité(e) [dezeʀite] **I.** *adj* enterbt **II.** *m(f)pl* **les ~s** die Bedürftigen
déshériter [dezeʀite] <1> *vt* enterben

D

D

déshonorant(e) [dezɔnɔʀɑ̃] *adj* unehrenhaft
déshonorer [dezɔnɔʀe] <1> **I.** *vt* Schande bringen über *(+akk)* **II.** *vpr* **se ~** seine Ehre verlieren
design [dezajn] *m* Design *nt*
désignation [deziɲasjɔ̃] *f* Bezeichnung *f*
designer [dizajnœʀ] *mf* Designer(in) *m(f)*

Aussprache
Der Anglizismus **designer** wird nach der englischen Aussprache artikuliert, die Endung -er allerdings französisch als [œʀ] gesprochen.

désigner [deziɲe] <1> *vt* ❶ hinweisen ❷ *(choisir)* ernennen
désillusion [dezi(l)lyzjɔ̃] *f* Enttäuschung *f*
désinfectant [dezɛ̃fɛktɑ̃] *m* Desinfektionsmittel *nt*
désinfectant(e) [dezɛ̃fɛktɑ̃] *adj* desinfizierend
désinfecter [dezɛ̃fɛkte] <1> *vt* desinfizieren
désinfection [dezɛ̃fɛksjɔ̃] *f* Desinfektion *f*
désinflation [dezɛ̃flasjɔ̃] *f* Rückgang *m* der Inflation
désinformation [dezɛ̃fɔʀmasjɔ̃] *f* Desinformation *f*
désintégration [dezɛ̃tegʀasjɔ̃] *f* ❶ *(d'une famille)* Auflösung *f*; *(d'un parti)* Zerfall *m* ❷ GEO Verwitterung *f* ❸ PHYS *(d'une matière)* Zerfall *m*
désintégrer [dezɛ̃tegʀe] <5> *vt, vpr* PHYS **[se] ~** [sich] spalten
désintéressé(e) [dezɛ̃teʀese] *adj* uneigennützig
désintéresser [dezɛ̃teʀese] <1> *vpr* **se ~ de qn/qc** das Interesse an jdm/etw verlieren
désintérêt [dezɛ̃teʀɛ] *m* Desinteresse *nt*
désintoxication [dezɛ̃tɔksikasjɔ̃] *f* Entgiftung *f*
désintoxiquer [dezɛ̃tɔksike] <1> *vt* entwöhnen
désinvolte [dezɛ̃vɔlt] *adj (mouvement, attitude)* ungezwungen
désinvolture [dezɛ̃vɔltyʀ] *f* Ungezwungenheit *f*
désir [deziʀ] *m* ❶ Wunsch *m* ❷ *(appétit sexuel)* Verlangen *nt*
désirable [deziʀabl] *adj* ❶ wünschenswert ❷ *(personne)* begehrenswert
désirer [deziʀe] <1> *vt* ❶ wünschen; **je désire/désirerais un café** ich möchte [gerne] einen Kaffee [haben] ❷ *(convoiter)* begehren
désireux, -euse [deziʀø, -øz] *adj* **être ~ de qc** nach etw streben
désistement [dezistəmɑ̃] *m* POL Rücktritt *m*
désister [deziste] <1> *vpr* **se ~** POL zurücktreten
désobéir [dezɔbeiʀ] <8> *vi* nicht gehorchen
désobéissance [dezɔbeisɑ̃s] *f* **~ à qn** Ungehorsam *m* gegenüber jdm; **~ à un ordre/une loi** Nichtbeachtung *f* eines Befehls/eines Gesetzes
désobéissant(e) [dezɔbeisɑ̃] *adj* ungehorsam
désobligeant(e) [dezɔbliʒɑ̃, ʒɑ̃t] *adj (attitude, propos)* unfreundlich
désodorisant [dezɔdɔʀizɑ̃] *m* De[s]odorant *nt*
désodorisant(e) [dezɔdɔʀizɑ̃] *adj* desodorierend
désodoriser [dezɔdɔʀize] <1> *vt* **~ le couloir** den unangenehmen Geruch im Korridor beseitigen
désolant(e) [dezɔlɑ̃, ɑ̃t] *adj (spectacle, nouvelle)* traurig
désolation [dezɔlasjɔ̃] *f* Trostlosigkeit *f*
désolé(e) [dezɔle] *adj* ❶ untröstlich ❷ *(navré)* **je suis vraiment ~** es tut mir wirklich leid ❸ *(lieu)* trostlos
désoler [dezɔle] <1> *vt* traurig machen, betrüben

désolidariser [desɔlidaʀize] <1> *vpr* **se ~ de qn/qc** sich von jdm/etw distanzieren

désopilant(e) [dezɔpilɑ̃, ɑ̃t] *adj* wahnsinnig lustig

désordonné(e) [dezɔʀdɔne] *adj* unordentlich

désordre [dezɔʀdʀ] *m sans pl* Unordnung *f*

désorganiser [dezɔʀganize] <1> *vt (service, projets)* durcheinanderbringen

désorienté(e) [dezɔʀjɑ̃te] *adj* verwirrt

désorienter [dezɔʀjɑ̃te] <1> *vt* verwirren

désormais [dezɔʀmɛ] *adv* von nun an

désosser [dezɔse] <1> *vt* GASTR *(viande)* von den Knochen lösen

desquels, desquelles [dekɛl] *pron v.* **lequel**

dessaisir [desezir] <8> *vpr* **se ~ de qc** etw abgeben

dessaler [desale] <1> *vt* entsalzen

dessèchement [desɛʃmɑ̃] *m (de la peau, du sol)* Austrocknung *f*

dessécher [deseʃe] <1> I. *vt* austrocknen II. *vpr* **se ~** trocken werden

desserré(e) [deseʀe] *adj (vis, nœud, lacet)* locker; *(ceinture, cravate)* gelockert; *(frein)* gelöst; *(col)* offen

desserrer [deseʀe] <1> I. *vt* ❶ lockern ❷ *(poing)* öffnen II. *vpr* **se ~** sich lockern

dessert [desɛʀ] *m* Nachtisch *m*

desserte [desɛʀt] *f* ❶ *(meuble)* Serviertisch *m* ❷ *(transport)* **~ de qc** [Verkehrs]verbindung *f* zu etw; **~ aérienne/postale** Luftverbindung *f*/Lieferung *f* der Postsendungen

desservir [desɛʀviʀ] <irr> *vt* ❶ abräumen ❷ *(nuire à)* schaden ❸ AUT **~ qc** *(bus)* etw anfahren

dessin [desɛ̃] *m* ❶ Zeichnung *f*; **~[s] animé[s]** Zeichentrickfilm *m* ❷ *(activité)* Zeichnen *nt* ❸ *(motif)* Muster *nt*

dessinateur, -trice [desinatœʀ] *m, f* ❶ ART Zeichner(in) *m(f)* ❷ IND Designer(in) *m(f)*

dessiner [desine] <1> I. *vi* zeichnen II. *vt* ❶ ART, TECH zeichnen ❷ IND *(meuble)* entwerfen ❸ *(formes)* betonen

dessoûler [desule] <1> *vi* nüchtern werden

dessous [d(ə)su] I. *adv (sous)* d[a]runter II. *prép* ❶ *(sous)* **en ~ de qc** unterhalb einer S. *(gen)* unter etw *(dat)* ❷ *(plus bas que)* **en ~ de qc** unter einer S. *(dat)* III. *m* ❶ Unterseite *f* ❷ *pl* TEXTIL Dessous *Pl*

dessous-de-plat [d(ə)sud(ə)pla] *m inv* Untersetzer *m*

dessus [d(ə)sy] I. *adv (sur qn/qc)* darauf II. *prép* **enlever de ~ qc** von etw herunternehmen III. *m* Oberseite *f* ▶ **avoir le ~** überlegen sein

dessus-de-lit [d(ə)syd(ə)li] *m inv* Tagesdecke *f*

déstabilisation [destabilizasjɔ̃] *f* Destabilisierung *f*

déstabiliser [destabilize] <1> *vt* destabilisieren

destin [dɛstɛ̃] *m* Schicksal *nt*

destinataire [dɛstinatɛʀ] *mf* Empfänger(in) *m(f)*

destination [dɛstinasjɔ̃] *f* Ziel *nt*; *(d'une lettre)* Bestimmungsort *m*

destinée [dɛstine] *f* Schicksal *nt*

destiner [dɛstine] <1> I. *vt* ❶ vorsehen; **être destiné à qn** *(fortune)* für jdn bestimmt sein; *(remarque)* sich an jdn richten ❷ *(prévoir un usage)* bestimmen II. *vpr* **se ~ à la politique** sich der Politik verschreiben

destituer [dɛstitɥe] <1> *vt* absetzen

destitution [dɛstitysjɔ̃] *f* Absetzung *f*; *(d'un fonctionnaire)* [Dienst]entlassung *f*; *(d'un ministre)* Amtsenthebung *f*

déstresser [destʀese] <1> I. *vi fam* entstressen II. *vpr* **se ~** Stress abbauen

destructeur, -trice [dɛstʀyktœʀ, -tʀis] I. *adj (critique, idée)* destruktiv; *(action, feu, guerre)* zerstörerisch; *(fléau)* verheerend II. *m, f (personne)* Zerstörer(in) *m(f)*

destructif, -ive [dɛstʀyktif] *adj* destruk-

D

tiv

destruction [dɛstʀyksjɔ̃] *f* Zerstörung *f*

déstructurer [destʀyktyʀe] <1> *vt* ~ **qc** die Struktur einer S. *(gen)* auflösen

désuet, -ète [dezɥɛ, -ɛt] *adj (coutume, vêtement)* altmodisch

désuétude [dezɥetyd] *f* **tomber en ~** *(expression)* außer Gebrauch kommen

désuni(e) [dezyni] *adj* zerstritten

désunion [dezynjɔ̃] *f (d'un parti, d'une famille)* Uneinigkeit *f*

désunir [dezyniʀ] <8> *vt* entzweien

détachable [detaʃabl] *adj* abtrennbar

détachant [detaʃɑ̃] *m* Fleckentferner *m*

détaché(e) [detaʃe] *adj (air, œil)* gleichgültig

détachement [detaʃmɑ̃] *m* Gleichgültigkeit *f*

détacher[1] [detaʃe] <1> **I.** *vt* ❶ losmachen ❷ *(nœud)* lösen ❸ *(feuille)* abreißen **II.** *vpr* ❶ **se ~** sich befreien ❷ *(se séparer)* **se ~ de qc** *(bateau)* sich von etw trennen ❸ *(se défaire)* **se ~** *(chaîne)* aufgehen

détacher[2] [detaʃe] <1> *vt* reinigen

détail [detaj] <s> *m* Einzelheit *f*

détaillant(e) [detajɑ̃] *m(f)* Einzelhändler(in) *m(f)*

détaillé(e) [detaje] *adj (explications, récit)* ausführlich; *(plan)* detailliert

détailler [detaje] <1> *vt* ❶ COM einzeln verkaufen ❷ *(plan)* ausführlich erörtern

détaler [detale] <1> *vi fam* sich aus dem Staub machen

détartrant [detaʀtʀɑ̃] *m* Entkalker *m*

détartrer [detaʀtʀe] <1> *vt (chaudière, conduit)* entkalken

détaxe [detaks] *f* Steuerermäßigung *f*

détecter [detɛkte] <1> *vt* aufspüren

détecteur [detɛktœʀ] *m* ~ **de fumée** Rauchmelder *m*

détective [detɛktiv] *mf* Detektiv(in) *m(f)*

déteindre [detɛ̃dʀ] <irr> *vi* die Farbe verlieren; ~ **sur qc** auf etw *(akk)* abfärben

détendre [detɑ̃dʀ] <14> **I.** *vt* lockern **II.** *vpr* **se ~** *(situation)* sich entspannen

détendu(e) [detɑ̃dy] *adj* entspannt

détenir [det(ə)niʀ] <9> *vt* ❶ *(pouvoir)* besitzen; *(preuve)* verfügen über *(+akk)* ❷ *(retenir prisonnier)* gefangen halten

détente [detɑ̃t] *f* Entspannung *f*

détenteur, -trice [detɑ̃tœʀ] *m, f* Besitzer(in) *m(f)*

détention [detɑ̃sjɔ̃] *f* ❶ Besitz *m* ❷ *(incarcération)* Haft *f*

détenu(e) [det(ə)ny] *m(f)* Häftling *m*

détergent [detɛʀʒɑ̃] *m* Reinigungsmittel *nt*

détérioration [deteʀjɔʀasjɔ̃] *f* Beschädigung *f*

détériorer [deteʀjɔʀe] <1> **I.** *vt* beschädigen **II.** *vpr* **se ~** ❶ Schaden nehmen ❷ *(temps)* sich verschlechtern

déterminant(e) [detɛʀminɑ̃] *adj* entscheidend

détermination [detɛʀminasjɔ̃] *f* ❶ Bestimmung *f* ❷ *(décision)* Entschluss *m* ❸ *(fermeté)* Entschlossenheit *f*

déterminé(e) [detɛʀmine] *adj* bestimmt

déterminer [detɛʀmine] <1> *vt* bestimmen

déterminisme [detɛʀminism] *m* Determinismus *m*

déterré(e) [deteʀe] *m(f)* ▸ **avoir une mine de ~** *fam* leichenblass aussehen

déterrer [deteʀe] <1> *vt* ausgraben

détestable [detɛstabl] *adj (personne, comportement)* abscheulich

détester [detɛste] <1> *vt* hassen

détonant(e) [detɔnɑ̃, ɑ̃t] *adj* **gaz ~** Knallgas *nt*

détonateur [detɔnatœʀ] *m* Zündkapsel *f*

détonation [detɔnasjɔ̃] *f (d'une arme à feu)* Knall *m*

détoner [detɔne] <1> *vi* detonieren

détonner [detɔne] <1> *vi (couleurs)* nicht zusammenpassen

détour [detuʀ] *m* ❶ Biegung *f* ❷ *(trajet plus long)* Umweg *m* ❸ *(biais)* Ausflucht *f*

détourné(e) [detuʀne] *adj* ① *(faisant un détour)* **sentier** ~ Umweg *m* ② *(reproche, allusion)* versteckt

détournement [detuʀnəmɑ̃] *m* ① ~ **d'avion** Flugzeugentführung *f* ② *(vol)* Unterschlagung *f*

détourner [detuʀne] <1> **I.** *vt* ① umleiten; *(avion)* entführen ② *(regard)* abwenden ③ *(texte)* verfremden ④ *(distraire)* ablenken **II.** *vpr* **se** ~ sich abwenden

détracteur, -trice [detʀaktœʀ, -tʀis] *m, f* Gegner(in) *m(f)*

détraqué(e) [detʀake] **I.** *adj* ① gestört ② *(santé)* angegriffen **II.** *m(f) fam* Verrückte(r) *f(m)*

détraquer [detʀake] <1> *vt* kaputtmachen

détrempé(e) [detʀɑ̃pe] *adj (sol, chemin)* aufgeweicht

détresse [detʀɛs] *f* Verzweiflung *f*

détriment [detʀimɑ̃] *m* **au** ~ **de qc** auf Kosten einer S. *(gen)*

détritus [detʀity(s)] *mpl* Abfall *m*

détroit [detʀwa] *m* Meerenge *f*

détromper [detʀɔ̃pe] <1> *vt* ~ **qn** jdn über seinen Irrtum aufklären

détrôner [detʀone] <1> *vt* entthronen

détruire [detʀɥiʀ] <irr> *vt* zerstören

dette [dɛt] *f* [Geld]schuld *f*

deuil [dœj] *m* Trauer *f*

deux [dø] **I.** *num* ① zwei; **tous les** ~ alle beide; **à** ~ zu zweit ② *(quelques)* **habiter à** ~ **pas d'ici** um die Ecke wohnen **II.** *m inv (cardinal)* Zwei *f*

deuxième [døzjɛm] **I.** *adj* zweite(r, s); **vingt-**~ zweiundzwanzigste(r, s) **II.** *mf* **le/la** ~ der/die/das Zweite **III.** *f (vitesse)* zweiter Gang *m; v.a.* **cinquième**

deuxièmement [døzjɛmmɑ̃] *adv* zweitens

deux-pièces [døpjɛs] *m inv* ① *(appartement)* Zweizimmerwohnung *f* ② *(maillot de bain)* Bikini *m* **deux--points** [døpwɛ̃] *mpl inv* LING Doppelpunkt *m* **deux-roues** [døʀu] *m inv* Zweirad *nt*

deuzio [døzjo] *adv* zweitens

dévaler [devale] <1> *vi (vu d'en haut/vu d'en bas)* ~ **de qc** *(personne)* etw hinunterrennen/herunterrennen; *(skieur)* etw hinuntersausen/heruntersausen

D

dévaliser [devalize] <1> *vt* ausrauben

dévalorisant(e) [devalɔʀizɑ̃, ɑ̃t] *adj* abwertend

dévalorisation [devalɔʀizasjɔ̃] *f (du dollar)* Entwertung *f; (d'une voiture)* Wertminderung *f*

dévaloriser [devalɔʀize] <1> **I.** *vt* ① entwerten ② *(mérite)* abwerten **II.** *vpr* **se** ~ ① an Wert verlieren ② *(personne)* sich selbst herabsetzen

dévaluation [devalɥasjɔ̃] *f* FIN Abwertung *f*

dévaluer [devalɥe] <1> *vt* abwerten

devancer [d(ə)vɑ̃se] <2> *vt* ① übertreffen ② *(précéder)* ~ **qn** jdm zuvorkommen ③ *(aller au devant de)* zuvorkommen *(+dat)*

devant [d(ə)vɑ̃] **I.** *prép* vor **II.** *adv* ① davor ② *(en avant)* vorn[e] **III.** *m* Vorderseite *f*

devanture [d(ə)vɑ̃tyʀ] *f* **en** ~ im Schaufenster

dévastateur, -trice [devastatœʀ, -tʀis] *adj (orage, inondation, effet)* verheerend; *(torrent)* verwüstend; *(virus)* todbringend; *(passion)* zerstörerisch

dévastation [devastasjɔ̃] *f* Verwüstung *f*

dévaster [devaste] <1> *vt* verwüsten

développé(e) [dev(ə)lɔpe] *adj* entwickelt

développement [devlɔpmɑ̃] *m* ① Entwicklung *f* ② *(des connaissances)* Erweiterung *f* ③ *(d'un thème)* Erläuterung *f*

développer [dev(ə)lɔpe] <1> **I.** *vt* ① entwickeln; *(connaissances)* erweitern ② *(usine)* ausbauen ③ *(thème)* ausführen ④ PHOT **faire** ~ entwickeln lassen **II.** *vpr* **se** ~ *a.* ECON, TECH sich entwickeln

D

développeur, -euse [dev(ə)lɔpœʀ] *m, f* INFORM Entwickler(in) *m(f)*
devenir [dəv(ə)niʀ] <9> *vi + être* ~ **riche/ingénieur** reich/Ingenieur *m* werden
dévergondé(e) [devɛʀgɔ̃de] *adj (personne)* schamlos
déverrouiller [deveʀuje] <1> *vt (arme à feu)* entsichern; *(porte)* entriegeln; *(téléphone)* freischalten
déverser [devɛʀse] <1> *vt* ❶ *(liquide)* gießen ❷ *(sable)* [aus]schütten
dévêtir [devetiʀ] <irr> *vpr* **se** ~ sich ausziehen
déviant(e) [devjɑ̃, jɑ̃t] *adj* von der Norm abweichend
déviation [devjasjɔ̃] *f* Umleitung *f*
dévider [devide] <1> *vt (câble, pelote)* abwickeln
dévier [devje] <1> **I.** *vi* abweichen **II.** *vt (circulation)* umleiten; *(coup)* ablenken
devin, devineresse [dəvɛ̃, dəvin(ə)ʀɛs] *m, f* Wahrsager(in) *m(f)*
deviner [d(ə)vine] <1> *vt* erraten
devinette [d(ə)vinɛt] *f* Rätsel *nt*
devis [d(ə)vi] *m* Kostenvoranschlag *m*
dévisager [devizaʒe] <2a> *vt* anstarren
devise [d(ə)viz] *f* ❶ Motto *nt* ❷ *(monnaie)* Devisen *Pl*
dévisser [devise] <1> **I.** *vi* SPORT abstürzen **II.** *vt* abschrauben
dévoiler [devwale] <1> **I.** *vt* enthüllen **II.** *vpr* **se** ~ offenkundig werden
devoir [d(ə)vwaʀ] <irr> **I.** *vt* ❶ *(argent)* schulden ❷ *(être redevable de)* ~ **un succès à qn/qc** jdm/einer S. einen Erfolg verdanken **II.** *aux* ❶ ~ **faire qc** etw tun müssen ❷ *(obligation exprimée par autrui)* sollen ❸ *(fatalité)* müssen ❹ *(hypothèse)* müssen **III.** *m* ❶ *(obligation morale)* Pflicht *f* ❷ *(ce que l'on doit faire)* Aufgabe *f* ❸ *pl* SCOL *(devoirs à la maison)* Hausaufgabe *f*
dévorer [devɔʀe] <1> *vt, vi* verschlingen
dévot(e) [devo, ɔt] *adj (pieux)* fromm
dévotion [devosjɔ̃] *f* ❶ Frömmigkeit ❷ *(culte)* ~ **à Saint François** Verehrung *f* des heiligen Franziskus
dévoué(e) [devwe] *adj* ergeben
dévouement [devumɑ̃] *m* Ergebenheit *f*
dévouer [devwe] <1> *vpr* **se** ~ sich [auf]opfern
dextérité [dɛksteʀite] *f* ❶ *(adresse)* Geschicklichkeit *f; (des doigts)* Fingerfertigkeit *f* ❷ *(adresse d'esprit)* Gewandtheit *f*
dézipper [dezipe] <1> *vt* INFORM dekomprimieren, entzippen
diabète [djabɛt] *m* Zuckerkrankheit *f*
diabétique [djabetik] **I.** *adj* zuckerkrank **II.** *mf* Diabetiker(in) *m(f)*
diable [djɑbl] *m* Teufel *m*
diablesse [djɑblɛs] *f* Teufelin *f*
diablotin [djablɔtɛ̃] *m* Teufelchen *nt*
diabolique [djabɔlik] *adj* diabolisch
diabolo [djabɔlo] *m* Diabolo *nt*
diacre [djakʀ] *m* Diakon *m*
diadème [djadɛm] *m* Diadem *nt*
diagnostic [djagnɔstik] *m a.* MED Diagnose *f*
diagnostiquer [djagnɔstike] <1> *vt* diagnostizieren *(geh)*
diagonale [djagɔnal] *f* Diagonale *f*
diagramme [djagʀam] *m* Diagramm *nt*
dialecte [djalɛkt] *m* Mundart *f*
dialogue [djalɔg] *m* Gespräch *nt*
dialoguer [djalɔge] <1> *vi* ❶ ~ **avec qn** ein Gespräch mit jdm führen ❷ INFORM ~ **avec qc** im Dialog mit etw stehen
diamant [djamɑ̃] *m* Diamant *m*
diamantaire [djamɑ̃tɛʀ] *mf* ❶ *(tailleur)* Diamantschleifer(in) *m(f)* ❷ *(commerçant)* Diamantenhändler(in) *m(f)*
diamètre [djamɛtʀ] *m* Durchmesser *m*
diapason [djapazɔ̃] *m* ❶ *(instrument)* Stimmgabel *f; (sifflet)* Stimmpfeife *f* ❷ *(note)* Kammerton *m* ❸ *(registre)* [Stimm-/Ton]register *nt*
diaphragme [djafʀagm] *m* ANAT Zwerchfell *nt*
diapo [djapo] *f fam abr de* **diapositive** Dia *nt*

diapositive [djapozitiv] *f* Dia[positiv] *nt*
diarrhée [djaʀe] *f* Durchfall *m*
diaspora [djaspɔʀa] *f* Diaspora *f*
dico [diko] *m abr de* **dictionnaire** *fam* Wörterbuch *nt*
dictateur, -trice [diktatœʀ] *m, f* Diktator(in) *m(f)*
dictatorial(e) [diktatɔʀjal, -jo] <-aux> *adj (pouvoir, régime)* diktatorisch
dictature [diktatyʀ] *f* Diktatur *f*
dictée [dikte] *f a.* SCOL Diktat *nt*
dicter [dikte] <1> *vt* ❶ diktieren ❷ *(imposer)* vorschreiben
diction [diksjɔ̃] *f* Sprechweise *f*
dictionnaire [diksjɔnɛʀ] *m* Wörterbuch *nt*
dicton [diktɔ̃] *m* sprichwörtliche Redensart *f*
didacticiel [didaktisjɛl] *m* INFORM Lernsoftware *f*
didactique [didaktik] *adj* didaktisch
dièse [djɛz] *m* Kreuz *nt*
diesel [djezɛl] *m* Diesel *m*
diète [djɛt] *f* Schonkost *f*
diététicien(ne) [djetetisjɛ̃, jɛn] *m(f)* Ernährungsberater(in) *m(f)*
diététique [djetetik] **I.** *adj* Diät-; **nourriture** ~ Diätkost *f* **II.** *f* Ernährungswissenschaft *f*
dieu [djø] <x> *m* Gott *m* ▶ **Dieu merci!** Gott sei Dank!; **Oh, mon Dieu!** Oh, mein Gott!
diffamateur, -trice [difamatœʀ, -tʀis] *adj* verleumderisch
diffamation [difamasjɔ̃] *f* Diffamierung *f*
diffamatoire [difamatwaʀ] *adj* diffamierend
diffamer [difame] <1> *vt* in Verruf *(akk)* bringen
différé [difeʀe] *m* TV Aufzeichnung *f*
différemment [difeʀamɑ̃] *adv* anders
différence [difeʀɑ̃s] *f* Unterschied *m*
différencier [difeʀɑ̃sje] <1> **I.** *vt* auseinander halten **II.** *vpr* **se** ~ sich unterscheiden
différend [difeʀɑ̃] *m* Meinungsverschiedenheit *f*
différent(e) [difeʀɑ̃] *adj* ❶ andere(r, s); ~ **de** anders als ❷ *pl (divers)* verschieden
différer [difeʀe] <5> **I.** *vi* ❶ *(être différent)* unterschiedlich sein ❷ *(avoir une opinion différente)* **deux personnes diffèrent sur qc** die Meinungen zweier Personen *(dat)* gehen in etw *(dat)* auseinander **II.** *vt* verschieben
difficile [difisil] *adj* schwierig
difficilement [difisilmɑ̃] *adv* schwierig; *(péniblement)* schwer
difficulté [difikylte] *f sans pl* Schwierigkeit *f*
difforme [difɔʀm] *adj* unförmig
diffraction [difʀaksjɔ̃] *f* Beugung *f*
diffus(e) [dify] *adj* diffus; *(sentiments)* vage
diffuser [difyze] <1> **I.** *vt* ❶ verbreiten ❷ MEDIA senden **II.** *vpr* **se** ~ sich verbreiten
diffuseur, -euse [difyzœʀ, -øz] *m, f* COM *(de livres, d'un éditeur)* Vertrieber(in) *m(f)*; *(d'une marque)* Vertriebshändler(in) *m(f)*
diffusion [difyzjɔ̃] *f* ❶ Verbreitung *f* ❷ MEDIA Sendung *f*
digérer [diʒeʀe] <5> *vt, vi a. fig* verdauen
digeste [diʒɛst] *adj* bekömmlich
digestif [diʒɛstif] *m* Verdauungsschnaps *m*
digestion [diʒɛstjɔ̃] *f* Verdauung *f*
digital(e) [diʒital] <-aux> *adj* Finger-; **empreintes ~es** Fingerabdrücke *Pl*
digitale [diʒital] *f* BOT Fingerhut *m*
digne [diɲ] *adj* ~ **de ce nom** dieses Namens würdig
dignement [diɲ(ə)mɑ̃] *adv* würdig
dignitaire [diɲitɛʀ] *mf* Würdenträger(in) *m(f)*
dignité [diɲite] *f* ❶ Würde *f* ❷ *(amour-propre)* Selbstachtung *f*
digue [dig] *f* Damm *m*
dilapider [dilapide] <1> *vt* vergeuden
dilater [dilate] <1> *vpr* **se** ~ sich [aus]dehnen
dilemme [dilɛm] *m* Dilemma *nt*

dilettante [dilɛtɑ̃t] *mf* Dilettant(in) *m(f)*
diluer [dilɥe] <1> **I.** *vt* verdünnen **II.** *vpr* **se ~** sich auflösen
dimanche [dimɑ̃ʃ] *m* Sonntag *m;* **le ~** sonntags; **~ matin** [am] Sonntagmorgen
dimension [dimɑ̃sjɔ̃] *f* ❶ Größe *f* ❷ *pl (mesures)* Dimension[en *Pl*] *f* ❸ *(aspect)* Tragweite *f*
diminué(e) [diminɥe] *adj* **être très ~ mentalement/physiquement** psychisch/körperlich sehr geschwächt sein
diminuer [diminɥe] <1> **I.** *vi* nachlassen; **faire ~** reduzieren **II.** *vt* ❶ verringern; *(impôts)* senken ❷ *(autorité)* mindern **III.** *vpr* **se ~** sich selbst erniedrigen
diminutif [diminytif] *m* Verkleinerungsform *f*
diminution [diminysjɔ̃] *f* ❶ Schwinden *nt; (de la température)* Rückgang ❷ *(de la consommation)* Einschränkung *f; (des prix)* Senkung *f*
dînatoire [dinatwaʀ] *adj (repas)* spät und ausgiebig; **apéritif ~** später, ausgiebiger Aperitif *(anstelle des Abendessens)*
dinde [dɛ̃d] *f* ZOOL Truthenne *f;* GASTR Pute *f*
dindon [dɛ̃dɔ̃] *m* Truthahn *m*
dindonneau [dɛ̃dɔno] <x> *m* junger Truthahn
dîner [dine] <1> **I.** *vi* zu Abend essen **II.** *m* Abendessen *nt;* **au ~** zum Abendessen
dînette [dinɛt] *f* Puppengeschirr *nt*
dingue [dɛ̃g] *adj fam* übergeschnappt
dinosaure [dinɔzɔʀ] *m a. fig* Dinosaurier *m*
diocèse [djɔsɛz] *m* Diözese *f*
diode [djɔd] *f* Diode *f*
dioxine [diɔksin] *f* Dioxin *nt*
diphtérie [difteʀi] *f* Diphtherie *f*
diphtongue [diftɔ̃g] *f* Diphthong *m*
diplomate [diplɔmat] **I.** *adj* diplomatisch **II.** *mf* Diplomat(in) *m(f)*
diplomatie [diplɔmasi] *f* Diplomatie *f*
diplomatique [diplɔmatik] *adj* diplomatisch
diplôme [diplom] *m* ❶ Diplom *nt;* **~ de fin d'études** Abschlusszeugnis *n*[t] ❷ *(prix)* Auszeichnung *f*
diplômé(e) [diplome] **I.** *adj* diplomiert; *(infirmière)* examiniert **II.** *m(f) (d'une université)* Absolvent(in) *m(f)*
dire [diʀ] <irr> **I.** *vt* ❶ sagen; **dis donc, ...** sag mal, ... ❷ *(prétendre)* sagen; **entendre ~ qc** von etw hören ❸ *(faire savoir)* ausrichten lassen ❹ *(plaire)* **ça vous dit d'aller voir ce film?** habt ihr Lust den Film anzusehen? ❺ *(messe)* lesen ❻ *(signifier)* **vouloir ~** bedeuten; **ce qui veut ~ que** was heißt, [dass] ❼ *(évoquer)* bekannt vorkommen ▶ **disons** sagen wir [mal]; **je ne te/vous le fais pas ~!** allerdings! **II.** *vpr* ❶ *(penser)* **se ~ que...** sich *(dat)* sagen, dass... ❷ *(se prétendre)* **se ~ malade** behaupten krank zu sein ❸ *(être traduit)* heißen **III.** *m gén pl* Gerede *nt*
direct [diʀɛkt] *m* ❶ MEDIA Livesendung *f* ❷ CHEMDFER Direktverbindung *f*
direct(e) [diʀɛkt] *adj* direkt; **vol ~** Direktflug *m*
directement [diʀɛktəmɑ̃] *adv* direkt
directeur, -trice [diʀɛktœʀ] **I.** *adj* Leit-; **fil ~** Leitfaden *m;* **roue directrice** Lenkrad *nt* **II.** *m, f* Direktor(in) *m(f)*
directif, -ive [diʀɛktif, -iv] *adj* autoritär
direction [diʀɛksjɔ̃] *f* ❶ Richtung *f* ❷ *(action, fonction)* Leitung *f* ❸ AUT Lenkung *f*
directive [diʀɛktiv] *f gén pl* Richtlinie *f*
directrice [diʀɛktʀis] *v.* **directeur**
dirigeable [diʀiʒabl] *m* Luftschiff *nt*
dirigeant(e) [diʀiʒɑ̃] *adj* führend
diriger [diʀiʒe] <2a> **I.** *vi* die Leitung haben **II.** *vt* ❶ leiten ❷ *(voiture)* lenken **III.** *vpr* **se ~ vers qn/qc** sich auf jdn/eine S. zubewegen
dis [di] *indic prés et passé simple de* **dire**
discal(e) [diskal, -o] <-aux> *adj* **hernie ~e** Bandscheibenvorfall *m*

discerner [disɛʀne] <1> *vt* ❶ wahrnehmen ❷ *(saisir)* erkennen ❸ *(différencier)* unterscheiden
disciple [disipl] *m* Schüler(in) *m(f)*
disciplinaire [disiplinɛʀ] *adj* disziplinarisch
discipline [disiplin] *f* Disziplin *f*
discipliné(e) [disipline] *adj* diszipliniert
discipliner [disipline] <1> *vt (faire obéir)* ~ **la classe** in der Klasse für Disziplin sorgen
disc-jockey [diskʒɔkɛ] <disc-jockeys> *m* Diskjockey *m*
disco [disko] *adj inv* Disco-, Disko-; **musique** ~ Discomusik *f*, Diskomusik
discographie [diskɔgʀafi] *f* Diskografie *f*
discontinu(e) [diskɔ̃tiny] *adj* nicht kontinuierlich
discordant(e) [diskɔʀdɑ̃, ɑ̃t] *adj (incompatible)* widersprüchlich; *(opinions)* unterschiedlich; *(caractères)* gegensätzlich; *(couleurs)* sich beißend; *(sons)* disharmonisch; *(cri)* schrill
discothèque [diskɔtɛk] *f* ❶ Diskothek *f* ❷ *(collection)* Schallplattensammlung *f*
discount [diskɔnt, diskaunt] *m* **faire du** ~ Discountgeschäfte machen
discours [diskuʀ] *m* Rede *f*
discréditer [diskʀedite] <1> *vt* ~ **qn/qc auprès de qn** jdn/etw bei jdm in Misskredit bringen
discret, -ète [diskʀɛ] *adj* ❶ diskret ❷ *(sobre)* dezent
discrètement [diskʀɛtmɑ̃] *adv* diskret
discrétion [diskʀesjɔ̃] *f* Diskretion *f*
discrimination [diskʀiminasjɔ̃] *f* Diskriminierung *f*
discriminatoire [diskʀiminatwaʀ] *adj* diskriminierend
disculper [diskylpe] <1> *vt, vpr* [**se**] ~ [sich] entlasten
discussion [diskysjɔ̃] *f* Gespräch *nt*
discutable [diskytabl] *adj (goût)* zweifelhaft
discuté(e) [diskyte] *adj* umstritten
discuter [diskyte] <1> **I.** *vt* ❶ diskutieren ❷ *(ordre)* in Frage stellen **II.** *vi* ❶ sich unterhalten ❷ *(négocier)* verhandeln **III.** *vpr* **ça se discute** darüber lässt sich streiten
disent [diz] *indic et subj prés de* **dire**
disgracieux, -euse [disgʀasjø, -jøz] *adj (démarche)* plump
disjoncter [disʒɔ̃kte] <1> *vi fam* ❶ ELEC **ça a disjoncté!** die Sicherung ist durchgebrannt! ❷ *(débloquer)* ausrasten
disjoncteur [disʒɔ̃ktœʀ] *m* Unterbrecher *m*
dislocation [dislɔkasjɔ̃] *f* Auseinanderfallen *nt*
disloquer [dislɔke] <1> **I.** *vt* auseinandernehmen **II.** *vpr* **se** ~ in die Brüche gehen
disons [dizɔ̃] *indic prés et impératif de* **dire**
disparaître [dispaʀɛtʀ] <irr> *vi + avoir* ❶ verschwinden ❷ *(mourir)* versterben
disparate [dispaʀat] *adj (couleurs, garde-robe)* bunt zusammengewürfelt
disparité [dispaʀite] *f (d'une œuvre)* Vielschichtigkeit *f*
disparition [dispaʀisjɔ̃] *f* Verschwinden *nt*
disparu(e) [dispaʀy] **I.** *part passé de* **disparaître** **II.** *adj* **être porté** ~ als vermisst gelten **III.** *m(f)* Vermisste(r) *f(m)*
dispatcher [dispatʃe] <1> *vt* verteilen
dispensaire [dispɑ̃sɛʀ] *m öffentliches Gesundheitsamt für Schutzimpfungen und Vorsorgeuntersuchungen*
dispense [dispɑ̃s] *f* Sondererlaubnis *f*
dispenser [dispɑ̃se] <1> **I.** *vt* befreien **II.** *vpr* **se** ~ unterlassen
disperser [dispɛʀse] <1> **I.** *vt* ❶ zerstreuen ❷ *(répartir)* verteilen **II.** *vpr* **se** ~ sich zerstreuen
dispersion [dispɛʀsjɔ̃] *f* Zerstreuung *f*
disponibilité [dispɔnibilite] *f sans pl* Verfügbarkeit *f*
disponible [dispɔnibl] *adj* verfügbar
disposé(e) [dispoze] *adj* **être** ~ **à faire qc** bereit sein etw zu tun
disposer [dispoze] <1> **I.** *vt* anordnen;

D

D

(joueurs) aufstellen **II.** *vi* ~ **de qc** über etw *(akk)* verfügen

dispositif [dispozitif] *m* Vorrichtung *f*

disposition [dispozisjɔ̃] *f* ❶ *sans pl* Anordnung *f* ❷ *(d'une loi)* Bestimmung *f*

disproportion [dispʀɔpɔʀsjɔ̃] *f* Missverhältnis *nt*

disproportionné(e) [dispʀɔpɔʀsjɔne] *adj* schlecht proportioniert; *(réactions)* unangemessen

dispute [dispyt] *f* Streit *m*

disputer [dispyte] <1> **I.** *vt* ❶ *fam (gronder)* ausschimpfen ❷ *(contester)* ~ **qc à qn** jdm etw streitig machen ❸ SPORT austragen **II.** *vpr* **se** ~ sich streiten

disquaire [diskɛʀ] *m* Schallplattenhändler(in) *m(f)*

disqualification [diskalifikasjɔ̃] *f* Disqualifikation *f*

disqualifier [diskalifje] <1> *vt, vpr* [**se**] ~ [sich] disqualifizieren

disque [disk] *m* ❶ Scheibe *f* ❷ MUS [Schall]platte *f*; ~ **compact** CD *f* ❸ SPORT Diskus *m* ❹ INFORM ~ **dur** Festplatte *f*; ~ **optique compact** CD-ROM *f*

disquette [diskɛt] *f* Diskette *f*

dissection [disɛksjɔ̃] *f* Sezieren *nt*

dissémination [diseminasjɔ̃] *f* Verstreuung *f*

disséminer [disemine] <1> **I.** *vt* verstreuen **II.** *vpr* **se** ~ sich verteilen

dissension [disɑ̃sjɔ̃] *f* Meinungsverschiedenheit *f*

disséquer [diseke] <5> *vt* sezieren

dissertation [disɛʀtasjɔ̃] *f* Aufsatz *m*

disserter [disɛʀte] <1> *vi* ~ **sur qc** sich über etw *(akk)* auslassen

dissidence [disidɑ̃s] *f* Spaltung *f*

dissident(e) [disidɑ̃] *m(f)* Dissident(in) *m(f)*

dissimulation [disimylasjɔ̃] *f sans pl* Heuchelei *f*

dissimuler [disimyle] <1> **I.** *vt* ❶ verstecken ❷ *(masquer)* verbergen ❸ *(taire)* verschweigen ❹ FIN unterschlagen **II.** *vpr* **se** ~ sich verbergen

dissipation [disipasjɔ̃] *f* Disziplinlosigkeit *f*; *(de la brume)* Auflösung *f*

dissipé(e) [disipe] *adj* undiszipliniert

dissiper [disipe] <1> **I.** *vt* ❶ zerstreuen; *(doutes)* ausräumen ❷ *(faire disparaître)* vertreiben **II.** *vpr* **se** ~ *(brume)* sich auflösen

dissocier [disɔsje] <1> *vt* ~ **qc de qc** etw getrennt von etw betrachten

dissolution [disɔlysjɔ̃] *f* [Auf]lösung *f*

dissolvant [disɔlvɑ̃] *m* Lösungsmittel *nt*

dissonance [disɔnɑ̃s] *f* Dissonanz *f*

dissoudre [disudʀ] <irr> *vt, vpr* [**se**] ~ [sich] auflösen

dissuader [disɥade] <1> *vt* ~ **qn de qc** *(par la persuasion)* jdn von etw abbringen; *(par la peur)* jdn von etw abschrecken

dissuasif, -ive [disɥazif] *adj* abschreckend

dissuasion [disɥazjɔ̃] *f* Abschreckung *f*

distance [distɑ̃s] *f* Entfernung *f*

distancer [distɑ̃se] <2> *vt* SPORT abhängen

distanciation [distɑ̃sjasjɔ̃] *f* Abstand *m*; ~ **sociale** MED Social Distancing *nt*

distant(e) [distɑ̃] *adj* distanziert

distendre [distɑ̃dʀ] <14> *vt* ausleiern; *(peau)* stark dehnen; *(liens)* lockern

distillation [distilasjɔ̃] *f* Destillation *f*

distiller [distile] <1> *vt* destillieren

distillerie [distilʀi] *f* Brennerei *f*

distinct(e) [distɛ̃] *adj* ❶ verschieden ❷ *(net)* deutlich

distinctement [distɛ̃ktəmɑ̃] *adv* deutlich

distinctif, -ive [distɛ̃ktif] *adj* charakteristisch

distinction [distɛ̃ksjɔ̃] *f* ❶ Unterscheidung *f* ❷ *(décoration)* Auszeichnung *f*

distingué(e) [distɛ̃ge] *adj* ❶ vornehm ❷ *(éminent)* berühmt

distinguer [distɛ̃ge] <1> **I.** *vt* ❶ *(percevoir)* erkennen ❷ *(différencier)* unterscheiden ❸ *(honorer)* auszeichnen **II.** *vpr* **se** ~ ❶ sich unterscheiden ❷ *(s'illustrer)* sich auszeichnen

distorsion [distɔʀsjɔ̃] *f* PHYS Verzerrung *f*
distraction [distʀaksjɔ̃] *f* ① Unachtsamkeit *f* ② *sans pl (dérivatif)* Abwechslung *f*
distraire [distʀɛʀ] <irr> **I.** *vt* ① unterhalten ② *(déranger)* ablenken **II.** *vpr* **se ~** sich amüsieren
distrait(e) [distʀɛ] **I.** *part passé de* **distraire II.** *adj* zerstreut
distrayant(e) [distʀɛjɑ̃] *adj* unterhaltsam
distribanque® [distʀibɑ̃k] *m* Bankomat® *m*, Geldautomat *m*
distribuer [distʀibɥe] <1> *vt* verteilen
distributeur [distʀibytœʀ] *m* Automat *m*
distributeur, -trice [distʀibytœʀ] *m, f* COM ① Vertriebsgesellschaft *f* ② *(diffuseur)* Verkaufsstelle *f*
distribution [distʀibysjɔ̃] *f* ① Verteilung *f*; *(du courrier)* Zustellung *f* ② COM Vertrieb *m*
district [distʀikt] *m* Bezirk *m*
dit [di] *indic prés de* **dire**
dit(e) [di] **I.** *part passé de* **dire II.** *adj* so genannt
dites [dit] *indic prés de* **dire**
diurne [djyʀn] *adj (animal)* tagaktiv
divagation [divagasjɔ̃] *f gén pl* wirres Gerede *nt kein Pl*
divaguer [divage] <1> *vi* phantasieren
divan [divɑ̃] *m* Diwan *m*
divergence [divɛʀʒɑ̃s] *f* Divergenz *f*
divergent(e) [divɛʀʒɑ̃] *adj* voneinander abweichend
diverger [divɛʀʒe] <2a> *vi* ① auseinandergehen ② *(s'opposer)* **~ de qc** von etw abweichen
divers(e) [divɛʀ] *adj* ① verschiedenartig ② *(mouvements)* unterschiedlich ③ *pl (plusieurs)* mehrere
diversement [divɛʀsəmɑ̃] *adv* unterschiedlich
diversification [divɛʀsifikasjɔ̃] *f* Diversifikation *f*
diversifier [divɛʀsifje] <1> *vt* diversifizieren
diversion [divɛʀsjɔ̃] *f a.* MIL Ablenkung *f*
diversité [divɛʀsite] *f* Verschiedenartigkeit *f*
divertir [divɛʀtiʀ] <8> **I.** *vt* unterhalten **II.** *vpr* **se ~** sich amüsieren
divertissant(e) [divɛʀtisɑ̃] *adj* unterhaltsam
divertissement [divɛʀtismɑ̃] *m sans pl* Unterhaltung *f*
dividende [dividɑ̃d] *m* FIN Dividende *f*
divin(e) [divɛ̃, in] *adj* ① REL göttlich ② *(beauté)* bezaubernd
divinement [divinmɑ̃] *adv* wundervoll
divinité [divinite] *f sans pl* Göttlichkeit *f*
diviser [divize] <1> **I.** *vt* ① [ein]teilen; **divisé par** geteilt durch ② MATH dividieren **II.** *vpr* **se ~** sich teilen
divisible [divizibl] *adj* **~ par qc** teilbar durch etw
division [divizjɔ̃] *f* ① Gliederung *f*; *(des tâches)* Verteilung *f* ② MATH, MIL Division *f* ③ SPORT Liga *f*
divisionnaire [divizjɔnɛʀ] *adj* **commissaire ~** Oberkommissar(in) *m(f)*
divorce [divɔʀs] *m* [Ehe]scheidung *f*
divorcé(e) [divɔʀse] *adj* geschieden
divorcer [divɔʀse] <2> *vi* **~ de qn** sich von jdm scheiden lassen
divulgation [divylgasjɔ̃] *f (d'un secret)* Preisgabe *f*
divulguer [divylge] <1> *vt* verraten
dix [dis] **I.** *num* zehn ▶ **répéter ~ fois la même chose** immer wieder dasselbe wiederholen **II.** *m inv* Zehn *f*; *v.a.* **cinq**
dix-huit [dizɥit] **I.** *num* achtzehn **II.** *m inv* Achtzehn *f*; *v.a.* **cinq**
dix-huitième [dizɥitjɛm] <dix-huitièmes> **I.** *adj* achtzehnte(r, s) **II.** *mf* **le/la ~** der/die/das Achtzehnte **III.** *m (fraction)* Achtzehntel *nt*; *v.a.* **cinquième**
dixième [dizjɛm] **I.** *adj* zehnte(r, s) **II.** *mf* **le/la ~** der/die/das Zehnte **III.** *m (fraction)* Zehntel *nt*; *v.a.* **cinquième**

dix-neuf [diznœf] **I.** *num* neunzehn **II.** *m inv* Neunzehn *f; v.a.* **cinq**

dix-neuvième [diznœvjɛm] <dix-neuvièmes> **I.** *adj* neunzehnte(r, s) **II.** *mf* **le/la ~** der/die/das Neunzehnte **III.** *m (fraction)* Neunzehntel *nt; v.a.* **cinquième**

dix-sept [dissɛt] **I.** *num* siebzehn **II.** *m inv* Siebzehn *f; v.a.* **cinq**

dix-septième [dissɛtjɛm] <dix-septièmes> **I.** *adj* siebzehnte(r, s) **II.** *mf* **le/la ~** der/die/das Siebzehnte **III.** *m (fraction)* Siebzehntel *nt; v.a.* **cinquième**

dizaine [dizɛn] *f* ❶ *(environ dix)* **une ~ de pages** etwa zehn Seiten; **quelques/plusieurs ~s de personnes** ein paar/mehrere Dutzend Personen ❷ *(âge approximatif)* **avoir une ~ d'années** ungefähr zehn [Jahre alt] sein

D.J. [didʒɛ, didʒi] *m abr de* **disque-jockey** DJ *m*

djembé [dʒœmbe] *m* MUS Djembe *f*

DJette [didʒɛt] *f* DJane *f*

djeuns, djeuns, djeunz [dʒœns] *mpl fam iron* Teenies *Pl*

djihadiste [dʒi(j)adist] **I.** *mf* Dschihadist(in) *m(f)* **II.** *adj* dschihadistisch

dl *abr de* **décilitre** dl

dm *abr de* **décimètre** dm

DM [dœtʃmaʀk] HIST *abr de* **Deutsche Mark** DM

do [do] *m inv* C *nt*, c *nt*

docile [dɔsil] *adj* folgsam

docilement [dɔsilmɑ̃] *adv (se comporter)* folgsam

docker [dɔkɛʀ] *m* Hafenarbeiter *m*

docteur [dɔktœʀ] *mf* Doktor *m*

doctorat [dɔktɔʀa] *m* Doktortitel *m*

doctrine [dɔktʀin] *f* Doktrin *f*

document [dɔkymɑ̃] *m* Dokument *nt*

documentaire [dɔkymɑ̃tɛʀ] **I.** *adj* dokumentarisch **II.** *m* Dokumentarfilm *m*

documentaliste [dɔkymɑ̃talist] *mf* Dokumentalist(in) *m(f)*

documentation [dɔkymɑ̃tasjɔ̃] *f* Dokumentation *f*

documenter [dɔkymɑ̃te] <1> *vt, vpr* **[se] ~** [sich] informieren

dodo [dodo] *m enfantin fam* **faire ~** heia machen

dodu(e) [dɔdy] *adj fam* gut genährt; *(bras, poule)* fleischig

dogmatique [dɔgmatik] *adj* dogmatisch

dogme [dɔgm] *m* Dogma *nt*

doigt [dwa] *m* Finger *m*

doigté [dwate] *m* Fingerspitzengefühl *nt*

dois [dwa] *indic prés de* **devoir**

doit [dwa] *indic prés de* **devoir**

doivent [dwav] *indic et subj prés de* **devoir**

dollar [dɔlaʀ] *m* Dollar *m*

dolmen [dɔlmɛn] *m* Dolmen *m*

D.O.M. [dɔm] *m abr de* **département d'outre-mer** überseeisches Departement *nt*

domaine [dɔmɛn] *m* ❶ Gebiet *nt*; *(sphère)* Bereich *m* ❷ INFORM Domäne *f*

dôme [dom] *m* [Außen]kuppel *f*

domestique [dɔmɛstik] **I.** *adj* **animal ~** Haustier *nt* **II.** *mf* Hausangestellte(r) *f(m)*

domestiquer [dɔmɛstike] <1> *vt (énergie solaire, vent, marées)* nutzbar machen

domicile [dɔmisil] *m* ❶ Wohnung *f* ❷ ADMIN Wohnsitz *m* ▸ **à ~** *(livrer)* ins Haus

domiciliation [dɔmisiljasjɔ̃] *f (d'un chèque)* Zahlungsort *m*

domicilier [dɔmisilje] <1> *vt form* **être domicilié à Paris** seinen Wohnsitz in Paris haben

dominant(e) [dɔminɑ̃] *adj* dominierend

dominateur, -trice [dɔminatœʀ] *adj* herrisch

domination [dɔminasjɔ̃] *f* Vormacht *f*

dominer [dɔmine] <1> **I.** *vt* ❶ herrschen ❷ *(contrôler)* zügeln ❸ *(surpasser)* übertreffen **II.** *vi* ❶ vorherrschen ❷ SPORT dominieren

dominical(e) [dɔminikal, -o] <-aux>

adj **repos** ~ Sonntagsruhe *f kein Pl*
domino [dɔmino] *m* Dominostein *m*
dommage [dɔmaʒ] *m* Schaden *m* ▸ **quel** ~**!** wie schade!
dompter [dɔ̃(p)te] <1> *vt* bändigen
dompteur, -euse [dɔ̃(p)tœʀ] *m, f* Dompteur, Dompteuse *m, f*
D.O.M.-R.O.M. [dɔmʀɔm] *mpl inv abr de* **départements et régions d'outre-mer** überseeische Departements und Regionen *Pl*
don [dɔ̃] *m* ❶ Spende *f; (cadeau)* Geschenk *nt* ❷ *(aptitude)* Begabung *f*
donateur, -trice [dɔnatœʀ] *m, f* Spender(in) *m(f)*
donation [dɔnasjɔ̃] *f* Schenkung *f*
donc [dɔ̃k] *conj* also; *(en interrogative)* denn; *(en impérative)* doch
donne [dɔn] *f* JEUX Geben *nt*
donné(e) [dɔne] *adj* bestimmt ▸ **étant** ~ **qc** in Anbetracht einer S. *(gen)*
donnée [dɔne] *f gén pl* ❶ Angabe *f* ❷ *pl* INFORM, ADMIN Daten *Pl*
donner [dɔne] <1> **I.** *vt* ❶ geben ❷ *(offrir)* schenken ❸ *(communiquer)* ~ **le bonjour à qn** jdn grüßen ❹ *(attribuer)* zuschreiben ❺ *(faire passer pour)* ~ **qc pour certain** etw als sicher darstellen **II.** *vi* ~ **sur qc** *(porte)* zu etw hinführen **III.** *vpr* **se** ~ **à qn/qc** sich jdm/einer S. widmen
donneur, -euse [dɔnœʀ] *m, f a.* MED Spender(in) *m(f)*
dont [dɔ̃] *pron rel* ❶ *compl d'un subst* dessen/deren ❷ *compl d'un verbe* dessen/deren, wovon/woraus/womit/woran ❸ *(partie d'un tout)* von denen, darunter
dopage [dɔpaʒ] *m* Doping *nt*
dopant [dɔpɑ̃] *m* Dopingmittel *nt*
doper [dɔpe] <1> *vpr* **se** ~ SPORT sich dopen
doré(e) [dɔʀe] *adj* vergoldet
dorénavant [dɔʀenavɑ̃] *adv* von jetzt an
dorer [dɔʀe] <1> **I.** *vt* ❶ vergolden ❷ *(peau)* bräunen **II.** *vpr* **se faire** ~ sich bräunen
dorloter [dɔʀlɔte] <1> *vt* verwöhnen
dormant [dɔʀmɑ̃] *m (d'une fenêtre, porte)* Rahmen *m*
dormant(e) [dɔʀmɑ̃, ɑ̃t] *adj* **eau** ~**e** stehendes Gewässer
dormeur, -euse [dɔʀmœʀ] *m, f* ❶ Schläfer(in) *m(f)* ❷ *(qui dort beaucoup)* Langschläfer(in) *m(f)*
dormir [dɔʀmiʀ] <irr> *vi* schlafen
dorsal(e) [dɔʀsal, -o] <-aux> *adj* Rücken-
dortoir [dɔʀtwaʀ] *m* Schlafsaal *m*
dorure [dɔʀyʀ] *f* Vergoldung *f*
doryphore [dɔʀifɔʀ] *m* Kartoffelkäfer *m*
dos [do] *m* ❶ Rücken *m* ❷ *fig (d'une chaise)* Lehne *f; (d'un papier écrit)* Rückseite *f*
dosage [dozaʒ] *m a. fig* Dosierung *f*
dose [doz] *f* ❶ BIO Dosis *f* ❷ GASTR Menge *f*
doser [doze] <1> *vt* dosieren
dosette [dozɛt] *f* Pad *nt*, Dosierkapsel *f;* ~ **de café** Kaffeepad
doseur [dozœʀ] *m* Dosierhilfe *f*
dossard [dosaʀ] *m* Startnummer *f*
dossier [dosje] *m* ❶ *(appui pour le dos)* [Rücken]lehne *f* ❷ *(classeur)* [Akten]ordner *m* ❸ ADMIN Akte[n *Pl*] *f*
dot [dɔt] *f* Aussteuer *f*
dotation [dɔtasjɔ̃] *f* ❶ *(action)* **la** ~ **en qc** die Zuteilung von etw ❷ ADMIN finanzielle Ausstattung *f*
doté(e) [dɔte] *adj* **être** ~ **de qc** *(machine)* mit etw ausgestattet sein; *(personne)* etw haben
doter [dɔte] <1> *vt* ~ **qn** jdm eine Aussteuer mitgeben
douane [dwan] *f* Zoll *m*
douanier, -ière [dwanje] **I.** *adj* Zoll-; **union douanière** Zollunion *f* **II.** *m, f* Zollbeamte(r), -beamtin *m, f*
doublage [dublaʒ] *m* ❶ CINE Synchronisation *f* ❷ COUT Füttern *nt*
double [dubl] **I.** *adj, adv* doppelt **II.** *m* ❶ Doppelte(s) *nt* ❷ *(copie)* Kopie *f* ❸ *(exemplaire identique)* Doppelgänger(in) *m(f);* **en** ~ doppelt ❹ SPORT Doppel *nt*

doublé(e) [duble] *adj* gefüttert

doublement [dubləmɑ̃] *m* Verdoppelung *f*

doubler [duble] <1> **I.** *vt* ① verdoppeln ② *(vêtement)* füttern ③ MEDIA *(acteur)* doubeln; *(film)* synchronisieren ④ *(véhicule)* überholen **II.** *vi (prix)* sich verdoppeln

doublure [dublyʀ] *f* ① ECOL Futter *nt* ② CINE Double *nt*

douce [dus] *v.* **doux**

douceâtre [dusɑtʀ] *adj* süßlich

doucement [dusmɑ̃] *adv* ① sacht[e] ② *(monter)* allmählich

douceur [dusœʀ] *f* ① Geschmeidigkeit *f* ② *(d'un caractère)* Sanftmut *f* ③ *gén pl (friandises)* Süßigkeiten *Pl*

douche [duʃ] *f* Dusche *f*

doucher [duʃe] <1> **I.** *vt* [ab]duschen **II.** *vpr* **se ~** [sich] duschen

doudoune [dudun] *f* Daunenjacke *f*

doué(e) [dwe] *adj* begabt

douille [duj] *f* TECH Tülle *f*

douillet(te) [dujɛ] *adj* ① zimperlich ② *(logis)* behaglich

douleur [dulœʀ] *f* Schmerz *m*

douloureuse [duluʀøz] *f fam* Rechnung *f*

douloureux, -euse [duluʀø] *adj* schmerzhaft

doute [dut] *m* Zweifel *m* ▸ **sans ~** sicherlich

douter [dute] <1> **I.** *vi* ① zweifeln; **~ que** + *subj* bezweifeln, dass ② *(se méfier)* misstrauen **II.** *vpr* **se ~ de qc** etw vermuten

douteux, -euse [dutø] *adj* ① ungewiss ② *péj* zweifelhaft

doux, douce [du] *adj* ① weich ② *(fruit)* süß ③ *(voix)* sanft ④ *(vin)* lieblich ⑤ *(climat)* mild ⑥ *(personne)* freundlich ⑦ *(gestes)* ruhig ⑧ *(vie)* angenehm

douzaine [duzɛn] *f* ① *(douze)* Dutzend *nt;* **à la ~** im Dutzend ② *(environ douze)* **une ~ de personnes** etwa zwölf Personen

douze [duz] **I.** *num* zwölf **II.** *m inv* Zwölf *f; v.a.* **cinq**

douzième [duzjɛm] **I.** *adj* zwölfte(r, s) **II.** *mf* **le/la ~** der/die/das Zwölfte **III.** *m* Zwölftel *nt; v.a.* **cinquième**

doyen(ne) [dwajɛ̃] *m(f) (aîné)* Älteste(r) *f(m)*

draconien(ne) [dʀakɔnjɛ̃, jɛn] *adj* drakonisch

dragée [dʀaʒe] *f* Dragee *nt*

dragon [dʀagɔ̃] *m* Drache *m*

drague [dʀag] *f (filet)* Schleppnetz *nt*

draguer [dʀage] <1> *vt* ① *(pêcher)* mit dem Schleppnetz fangen ② *(dégager)* ausbaggern

dragueur [dʀagœʀ] *m (navire)* Baggerschiff *nt*

drainage [dʀɛnaʒ] *m a.* MED Dränage *f*

drainer [dʀene] <1> *vt a.* MED dränieren

dramatique [dʀamatik] *adj* ① THEAT **l'art ~** die Schauspielkunst; **le genre ~** das Drama ② *(récit)* dramatisch

dramatisation [dʀamatizasjɔ̃] *f* Dramatisierung *f*

dramatiser [dʀamatize] <1> *vt, vi* dramatisieren

dramaturge [dʀamatyʀʒ] *m* Bühnenautor(in) *m(f)*

drame [dʀam] *m* Drama *nt*

drap [dʀa] *m* Bettlaken *nt*

drapé [dʀape] *m* Faltenwurf *m*

drapeau [dʀapo] <x> *m* Fahne *f*

draper [dʀape] <1> **I.** *vt* umhüllen **II.** *vpr* **se ~ dans une cape** sich in einen Umhang hüllen

Dresde [dʀɛsd] Dresden *nt*

dressage [dʀesaʒ] *m* Dressur *f*

dresser [dʀese] <1> **I.** *vt* ① aufstellen; *(plan)* zeichnen ② *(barrière)* errichten ③ *(tête)* heben ④ *(animal)* dressieren **II.** *vpr* ① sich aufrichten ② *(statue)* sich erheben ③ *(mettre en opposition)* **se ~** sich auflehnen

dresseur, -euse [dʀesœʀ] *m, f* Dresseur(in) *m(f)*

D.R.H. [deɛʀaʃ] **I.** *f abr de* **direction des ressources humaines** HRM *nt* **II.** *mf abr de* **directeur(-trice)**

des ressources humaines HR-Manager(in) *m(f)*

dribbler [dʀible] <1> *vt, vi* ~ **qn** an jdm vorbeidribbeln

drogue [dʀɔg] *f a. fig* Droge *f*

drogué(e) [dʀɔge] *m(f)* Drogensüchtige(r) *f(m)*

droguer [dʀɔge] <1> *vpr* **se** ~ Drogen nehmen

droguerie [dʀɔgʀi] *f* Drogerie *f*

droguiste [dʀɔgist] *mf* Drogist(in) *m(f)*

droit [dʀwa] **I.** *m* ❶ Rechtsanspruch *m* ❷ JUR Recht *nt* ❸ *pl (taxe)* Gebühr *f* **II.** *adv* ❶ aufrecht ❷ *(rouler)* geradeaus ❸ *(poser)* gerade

droit(e) [dʀwa] *adj* ❶ *(opp: gauche)* rechte(r, s) ❷ *(non penché)* gerade; **angle** ~ rechter Winkel *m* ❸ *(personne)* aufrichtig; *(chemin)* recht

droite [dʀwat] *f* ❶ MATH Gerade *f* ❷ POL Rechte *f* ❸ *(côté droit)* Rechte *f*, rechte Seite *f*; **à** ~ [nach] rechts; **de** ~ auf der rechten Seite

droitier, -ière [dʀwatje] *m, f* Rechtshänder(in) *m(f)*

droiture [dʀwatyʀ] *f* Aufrichtigkeit *f*

drôle [dʀol] *adj* lustig

drôlement [dʀolmɑ̃] *adv* komisch

drôlerie [dʀolʀi] *f* Spaß *m*

D.R.O.M. [dʀɔm] *mpl abr de* **départements et régions d'outre-mer** französische Übersee-Departements *Pl* und -Regionen

dromadaire [dʀɔmadɛʀ] *m* Dromedar *nt*

dru(e) [dʀy] *adj* dicht

druide [dʀɥid] *m* Druide *m*

du [dy] = *abr de* **de le** *v.* **de**

dû [dy] <dus> *m* Schuld *f*

dû, due [dy] <dus> **I.** *part passé de* **devoir** **II.** *adj* ❶ schuldig ❷ *(imputable)* **être** ~ **à qc** von etw herrühren ❸ *(mérité)* **être** ~ **à qn** jdm zustehen

dualité [dɥalite] *f* Dualität *f*

dubitatif, -ive [dybitatif, -iv] *adj* zweifelnd

duc [dyk] *m* Herzog *m*

duché [dyʃe] *m* Herzogtum *nt*

duchesse [dyʃɛs] *f* Herzogin *f*

duel [dɥɛl] *m a. fig* Duell *nt*

dune [dyn] *f* Düne *f*

duo [dɥo] *m* MUS Duett *nt*

dupe [dyp] *f* Betrogene(r) *f(m)*

duper [dype] <1> *vt* hinters Licht führen

duplex [dyplɛks] *m* ❶ ARCHIT **appartement en** ~ Maisonettewohnung *f* ❷ MEDIA Konferenzschaltung *f*

duplicata [dyplikata] *m* Duplikat *nt*

duquel, de laquelle [dykɛl] <desquel(le)s> = *abr de* **de lequel** *v.* **lequel**

dur(e) [dyʀ] **I.** *adj* ❶ hart; *(viande)* zäh ❷ *(travail)* schwer ❸ *(climat)* extrem; **Dur, dur!** Das ist hart! ❹ *(regard)* ernst **II.** *adv* hart

durable [dyʀabl] *adj* dauerhaft

durablement [dyʀabləmɑ̃] *adv* auf Dauer

durant [dyʀɑ̃] *prép* während *(+gen)*

durcir [dyʀsiʀ] <8> **I.** *vt a. fig* hart machen **II.** *vi* hart werden **III.** *vpr* **se** ~ ❶ hart werden; *(colle)* aushärten ❷ *(devenir intransigeant)* sich verhärten

durcissement [dyʀsismɑ̃] *m* ❶ *(solidification)* Hartwerden *nt*; *(du ciment)* Abbinden *nt*; *(de la colle)* Aushärten *nt* ❷ *(raffermissement)* Verhärtung *f*; *(d'un conflit)* Verschärfung *f*

durée [dyʀe] *f* Dauer *f*

durement [dyʀmɑ̃] *adv* hart

durer [dyʀe] <1> *vi* ❶ + *compl de temps* dauern ❷ *(personne)* sich halten; *(matériel)* haltbar sein

dureté [dyʀte] *f a. fig* Härte *f*

durillon [dyʀijɔ̃] *m* Schwiele *f*

dus [dy] *passé simple de* **devoir**

duvet [dyvɛ] *m* Daune *f*

DVD [devede] *m abr de* **digital versatile disc** DVD *f*

dynamique [dinamik] **I.** *adj* dynamisch **II.** *f* Dynamik *f*

dynamiser [dinamize] <1> *vt* mobilisieren

dynamisme [dinamism] *m* Dynamik *f*

dynamite [dinamit] *f* Dynamit *nt*
dynamiter [dinamite] <1> *vt a. fig* sprengen
dynamo [dinamo] *f* Dynamo *m*
dynastie [dinasti] *f a. fig* Dynastie *f*
dysfonctionnement [disfɔ̃ksjɔnmɑ̃] *m* Funktionsstörung *f*
dysfonctionner [disfɔ̃ksjɔne] <1> *vi (organe, glande, institution)* nicht richtig funktionieren
dyslexie [dislɛksi] *f* Legasthenie *f*
dyslexique [dislɛksik] *adj* legasthenisch

Ee

E, e [ø] *m inv* E *nt*, e *nt*
eau [o] <x> *f* Wasser *nt*
eau-de-vie [od(ə)vi] <eaux-de-vie> *f* Schnaps *m*
ébahi(e) [ebai] *adj* verblüfft
ébahir [ebaiʀ] <8> *vt* verblüffen
ébats [eba] *mpl (des animaux, enfants)* Herumtollen *nt*
ébauche [eboʃ] *f* Entwurf *m*
ébaucher [eboʃe] <1> *vt (œuvre)* entwerfen; *(peinture)* skizzieren
ébène [ebɛn] *f* Ebenholz *nt*
ébéniste [ebenist] *mf* Kunsttischler(in) *m(f)*
éberlué(e) [ebɛʀlɥe] *adj fam* perplex
éblouir [ebluiʀ] <8> *vt* blenden
éblouissant(e) [ebluisɑ̃] *adj* grell
éblouissement [ebluismɑ̃] *m* Blendung *f*
éborgner [ebɔʀɲe] <1> *vt* ~ **qn** jdm ein Auge ausstechen
éboueur [ebuœʀ] *m* Müllmann *m (fam)*
ébouillanter [ebujɑ̃te] <1> *vpr* **s'**~ sich verbrühen
éboulement [ebulmɑ̃] *m* Einsturz *m*
éboulis [ebuli] *m* Geröll *nt kein Pl*
ébouriffant(e) [ebuʀifɑ̃, ɑ̃t] *adj fam (nouvelle)* unglaublich
ébouriffé(e) [ebuʀife] *adj* zerzaust
ébranler [ebʀɑ̃le] <1> **I.** *vt a. fig* erschüttern **II.** *vpr* **s'**~ sich in Bewegung setzen
ébréché(e) [ebʀeʃe] *adj* angeschlagen
ébriété [ebʀijete] *f form* Trunkenheit *f*
ébruiter [ebʀɥite] <1> *vt* ausplaudern
ébullition [ebylisjɔ̃] *f* [Auf]kochen *nt*
écaille [ekaj] *f* ZOOL Schuppe *f*
écailler [ekaje] <1> *vt (poisson)* [ab]schuppen
écarlate [ekaʀlat] *adj* scharlachrot
écarquiller [ekaʀkije] <1> *vt* ~ **les yeux** die Augen aufreißen
écart [ekaʀ] *m* ❶ Abstand *m* ❷ *(de prix)* Unterschied *m*
écarté(e) [ekaʀte] *adj* ❶ abgelegen ❷ *(jambes)* gespreizt
écarteler [ekaʀtəle] <4> *vt* ❶ HIST vierteilen ❷ *(tirailler)* **être écartelé entre deux choses** zwischen zwei Dingen hin- und hergerissen sein
écartement [ekaʀtəmɑ̃] *m* Abstand *m*
écarter [ekaʀte] <1> **I.** *vt* zur Seite schieben **II.** *vpr* **s'**~ ❶ sich teilen ❷ *(s'éloigner)* sich entfernen
ecchymose [ekimoz] *f* Bluterguss *m*
ecclésiastique [eklezjastik] **I.** *adj* kirchlich **II.** *m* Geistliche(r) *m*
écervelé(e) [esɛʀvəle] *adj* gedankenlos
échafaud [eʃafo] *m* Schafott *nt*
échafaudage [eʃafodaʒ] *m* ❶ Gerüst *nt* ❷ *(empilement)* Stapel *m*
échafauder [eʃafode] <1> *vt (projets)* entwerfen
échalote [eʃalɔt] *f* Schalotte *f*
échancré(e) [eʃɑ̃kʀe] *adj* ausgeschnitten
échancrure [eʃɑ̃kʀyʀ] *f* Ausschnitt *m*
échange [eʃɑ̃ʒ] *m* [Aus]tausch *m*
échanger [eʃɑ̃ʒe] <2a> *vt* austauschen

échangeur [eʃɑ̃ʒœʀ] *m* Kreuzung *f (auf mehreren Ebenen)*
échantillon [eʃɑ̃tijɔ̃] *m* COM [Waren]probe *f*
échantillonnage [eʃɑ̃tijɔnaʒ] *m* [repräsentativer] Querschnitt *m*
échappatoire [eʃapatwaʀ] *f* Ausflucht *f*
échappée [eʃape] *f* SPORT Ausreißversuch *m*
échapper [eʃape] <1> **I.** *vi* ❶ *(s'enfuir)* entkommen ❷ *(se soustraire à)* sich entziehen ❸ *(être oublié)* entfallen sein ❹ *(dire par inadvertance)* entfahren **II.** *vpr* **s'~** ausbrechen
écharde [eʃaʀd] *f* [Holz]splitter *m*
écharpe [eʃaʀp] *f* Schal *m*
échasse [eʃɑs] *f* ZOOL Strandreiter *m*
échassier [eʃɑsje] *m* BIO Stelzvogel *m*
échauffement [eʃofmɑ̃] *m* ❶ *(de l'atmosphère, du sol)* Erwärmung *f* ❷ SPORT Aufwärmen *nt*
échauffer [eʃofe] <1> *vpr* **s'~** sich aufwärmen
échauffourée [eʃofuʀe] *f* Schlägerei *f*
échéance [eʃeɑ̃s] *f* Fälligkeit *f*
échéant(e) [eʃeɑ̃, ɑ̃t] *adj (annuité)* fällig [werdend]
échec[1] [eʃɛk] *m* Scheitern *nt*
échec[2] [eʃɛk] *m* **les ~s** Schach *nt* ▶ **être ~ et mat** schachmatt sein
échelle [eʃɛl] *f* ❶ Leiter *f* ❷ *(proportion)* Maßstab *m;* **à l'~ de 1:100 000** im Maßstab 1:100 000 *(eins zu hunderttausend)* ❸ *(graduation)* Skala *f*
échelon [eʃlɔ̃] *m* ❶ Sprosse *f* ❷ ADMIN Stufe *f*
échelonnement [eʃ(ə)lɔnmɑ̃] *m* MIL Staff[e]lung *f*
échelonner [eʃ(ə)lɔne] <1> *vt* [gleichmäßig] verteilen
échevelé(e) [eʃəv(ə)le] *adj (personne)* zerzaust
échine [eʃin] *f* **~ dorsale** Rückgrat *nt*
échiquier [eʃikje] *m* Schachbrett *nt*
écho [eko] *m* Echo *nt*
échographie [ekɔgʀafi] *f* Ultraschalluntersuchung *f*
échoppe [eʃɔp] *f* [Verkaufs]bude *f*
échouer [eʃwe] <1> *vi* scheitern
éclabousser [eklabuse] <1> *vt* bespritzen
éclaboussure [eklabusyʀ] *f* Spritzer *m*
éclair [eklɛʀ] *m* ❶ Blitz *m* ❷ GASTR Eclair *m*
éclairage [eklɛʀaʒ] *m* Beleuchtung *f*
éclaircie [eklɛʀsi] *f* METEO [kurze] Aufheiterung *f*
éclaircir [eklɛʀsiʀ] <8> **I.** *vt* aufhellen **II.** *vpr* ❶ **s'~** sich aufklären ❷ *(rendre plus distinct)* **s'~ la gorge** sich räuspern
éclaircissement [eklɛʀsismɑ̃] *m (d'une situation)* Klärung *f; (d'un malentendu)* Beseitigung *f*
éclairé(e) [ekleʀe] *adj (averti)* aufgeklärt; **agir en esprit ~** sich aufgeschlossen geben
éclairer [ekleʀe] <1> **I.** *vt a. fig* erhellen **II.** *vi* leuchten
éclaireur, -euse [eklɛʀœʀ, -øz] *m, f* MIL Aufklärer(in) *m(f)*
éclat [ekla] *m* ❶ Splitter *m* ❷ *(scandale)* Eklat *m* ❸ *(d'un métal)* Glanz *m* ▶ **rire aux ~s** schallend lachen
éclatant(e) [eklatɑ̃] *adj* strahlend
éclatement [eklatmɑ̃] *m* Explosion *f*
éclater [eklate] <1> **I.** *vi* ❶ explodieren, platzen ❷ *(verre)* zerspringen ❸ *(se manifester)* **faire ~ le scandale** einen Skandal auslösen **II.** *vt fam (fracasser)* verprügeln; **je vais lui ~ la gueule** den werde ich [auf]klatschen
éclectique [eklɛktik] *adj* eklektisch
éclectisme [eklɛktism] *m* Eklektizismus *m*
éclipse [eklips] *f* Finsternis *f;* **~ de soleil/lune** Sonnen-/Mondfinsternis
éclipser [eklipse] <1> *vt* ASTRO verfinstern, verdunkeln
éclore [eklɔʀ] <irr> *vi + être* ❶ *(bourgeon)* aufbrechen ❷ *(poussin)* ausschlüpfen; *(amour)* aufkeimen
éclosion [eklozjɔ̃] *f (d'une couvée)* Ausschlüpfen *nt; (d'un bourgeon)* Aufbrechen *nt*
écluse [eklyz] *f* Schleuse *f*

E

E

éco [eko] *adj fam v.* **économique**
écobilan [ekobilɑ̃] *m* Ökobilanz *f*
écocitoyen(ne) [ekositwajɛ̃] **I.** *adj* umweltbewusst **II.** *m(f)* umweltbewusster Mensch
écocitoyenneté [ekositwajɛnte] *f* Umweltbewusstsein *nt; (comportement)* umweltbewusstes Verhalten
écoemballage [ekoɑ̃balaʒ] *m* umweltfreundliche Verpackung
écœurant(e) [ekœʀɑ̃] *adj* widerlich ▸ **en** ~ CAN *(très)* sehr
écœurement [ekœʀmɑ̃] *m* ❶ Übelkeit *f* ❷ *(dégoût)* Ekel *m*
écœurer [ekœʀe] <1> *vt, vi* anekeln
écohabitat [ekoabita] *m* Ökotop *nt*
école [ekɔl] *f* Schule *f;* ~ **maternelle** Kindergarten *m*

L'école

Die französischen Kinder kommen mit sechs Jahren in die **école primaire**, die fünf Klassen hat *(cours préparatoire, cours élémentaire 1 und 2 sowie cours moyen 1 und 2).* Mit elf Jahren wechseln die Kinder zum *collège*, das vier Jahre dauert. Erst danach gabelt sich der gemeinsame Bildungsweg. Die Jugendlichen können nach dem *collège* entweder die Schule verlassen und zum Beispiel eine Ausbildung *(formation)* an einem CFA (*Centre de Formation d'Apprentis*, Ausbildungszentrum für Lehrberufe) machen oder die drei Klassen des *lycée* durchlaufen, um das *baccalauréat* abzulegen. Eine weitere Option ist der Besuch eines *lycée professionnel* (berufsbildendes Gymnasium).

écolier, -ière [ekɔlje] *m, f* Schüler(in) *m(f)*
écolo [ekɔlo] *abr de* **écologiste, écologique**
écologie [ekɔlɔʒi] *f* Ökologie *f*
écologique [ekɔlɔʒik] *adj* umweltfreundlich
écologiste [ekɔlɔʒist] **I.** *adj* umweltbewusst, ökologisch; **parti** ~ grüne Partei **II.** *mf* ❶ Umweltschützer(in) *m(f)* ❷ POL Grüne(r) *f(m)*
écologue [ekɔlɔg] *mf* Ökologe *m*/Ökologin *f*
écomusée [ekɔmyse] *m* ≈ Freilichtmuseum *nt*
économe [ekɔnɔm] *adj* sparsam
économie [ekɔnɔmi] *f* ❶ Wirtschaft *f* ❷ *(science)* Wirtschaftswissenschaften *Pl*
économique [ekɔnɔmik] *adj* ❶ sparsam [im Verbrauch] ❷ *(qui a rapport à l'économie)* wirtschaftlich
économiquement [ekɔnɔmikmɑ̃] *adv* sparsam
économiser [ekɔnɔmize] <1> *vt, vi* [ein]sparen
économiseur [ekɔnɔmizœʀ] *m* INFORM ~ **d'écran** Bildschirmschoner *m*
économiste [ekɔnɔmist] *mf* Wirtschaftsexperte *m*/-expertin *f*
écoper [ekɔpe] <1> *vt* ❶ NAUT *(eau)* [aus]schöpfen ❷ *fam (coup)* abbekommen
écorce [ekɔʀs] *f (d'un arbre)* Rinde *f*
écorché(e) [ekɔʀʃe] *m(f)* ▸ **être un ~ vif/une ~e vive** überempfindlich sein
écorcher [ekɔʀʃe] <1> **I.** *vt* aufgeschürft sein **II.** *vpr* **s'**~ sich *(dat)* die Haut abschürfen
écorchure [ekɔʀʃyʀ] *f* Hautabschürfung *f*
écoresponsable [ekoʀɛspɔ̃sabl] *adj* umweltbewusst
écorner [ekɔʀne] <1> *vt* ~ **un livre** Eselsohren in ein Buch *(akk)* machen
écossais [ekɔsɛ] *m* Schottisch *nt; v.a.* **allemand**
écossais(e) [ekɔsɛ] *adj* schottisch; **tissu** ~ Schotten *m; v.a.* **allemand**
Écossais(e) [ekɔsɛ] *m(f)* Schotte, Schottin *m, f*
Écosse [ekɔs] *f* **l'**~ Schottland *nt*

écosser [ekɔse] <1> *vt* aushülsen
écosystème [ekosistɛm] *m* Ökosystem *nt*
écotourisme [ekotuʀism] *m* Ökotourismus *m*
écoulement [ekulmɑ̃] *m (d'un liquide)* Ablaufen *nt*
écouler [ekule] <1> **I.** *vt* COM absetzen **II.** *vpr* **s'~** ❶ ablaufen ❷ *(marchandises)* Absatz finden
écourter [ekuʀte] <1> *vt* [ab]kürzen
écoute [ekut] *f* ❶ RADIO, TV **avoir une grande ~** eine hohe Einschaltquote haben ❷ *(surveillance)* **~s téléphoniques** telefonische Überwachung *f* ▸ **être à l'~ de qn** für jdn da sein
écouter [ekute] <1> **I.** *vt* ❶ zuhören ❷ *(obéir)* **~ qn/qc** auf jdn/etw hören **II.** *vi* zuhören
écouteur [ekutœʀ] *m* Hörer *m*
écoutille [ekutij] *f* NAUT Luke *f*
écran [ekʀɑ̃] *m* ❶ Schutz *m* ❷ TV Bildschirm *m* ❸ CINE Leinwand *f* ❹ *(moniteur)* Monitor *m*
écrasant(e) [ekʀɑzɑ̃] *adj* erdrückend
écrasé(e) [ekʀɑze] *adj (nez)* breit
écraser [ekʀɑze] <1> **I.** *vt* ❶ zerdrücken ❷ *(conducteur)* überfahren **II.** *vpr* ❶ **s'~ contre un arbre** gegen einen Baum prallen ❷ *(se crasher)* **s'~** abstürzen
écrémer [ekʀeme] <5> *vt* entrahmen
écrevisse [ekʀəvis] *f* Flusskrebs *m*
écrier [ekʀije] <1> *vpr* **s'~** schreien
écrin [ekʀɛ̃] *m* Schmuckkästchen *nt*
écrire [ekʀiʀ] <irr> **I.** *vt, vi* schreiben **II.** *vpr* **s'~** geschrieben werden
écrit [ekʀi] *m* ❶ *(document)* Schriftstück *nt* ❷ *(ouvrage)* Schrift *f* ▸ **par ~** schriftlich
écrit(e) [ekʀi] *part passé de* **écrire**
écriteau [ekʀito] <x> *m* [Hinweis]schild *nt*
écriture [ekʀityʀ] *f* [Hand]schrift *f*
écrivain [ekʀivɛ̃] *m* Schriftsteller(in) *m(f)*
écrou [ekʀu] *m* [Schrauben]mutter *f*
écrouer [ekʀue] <1> *vt* inhaftieren
écroulement [ekʀulmɑ̃] *m* Zusammenbruch *m*
écrouler [ekʀule] <1> *vpr* **s'~** einstürzen
écru(e) [ekʀy] *adj* naturfarben
ECU [eky] *m abr de* **European Currency Unit** HIST Ecu *m o f*
écueil [ekœj] *m* Klippe *f*
écuelle [ekɥɛl] *f* Napf *m*
écume [ekym] *f* ❶ *(mousse)* Schaum *m; (des vagues)* Gischt *f;* **~ de mer** MINER Meerschaum ❷ *(bave)* Geifer *m*
écumer [ekyme] <1> *vt* ❶ *(enlever l'écume)* **~ qc** den Schaum von etw abschöpfen ❷ *(piller: région)* plündern
écumoire [ekymwaʀ] *f* Schaumlöffel *m*
écureuil [ekyʀœj] *m* Eichhörnchen *nt*
écurie [ekyʀi] *f* [Pferde]stall *m*
écuyer, -ère [ekɥije, -ɛʀ] *m, f* ❶ HIST *(gentilhomme, titre à la cour)* [Schild]knappe *m,* Junker *m* ❷ *(cavalier)* [guter] Reiter *m/*[gute] Reiterin *f*
édam [edam] *m (fromage)* Edamer *m*
édenté(e) [edɑ̃te] *adj* zahnlos
EDF [ødeɛf] *f abr de* **Électricité de France** *Französische Elektrizitätsgesellschaft*
édicter [edikte] <1> *vt* verfügen
édifiant(e) [edifjɑ̃, jɑ̃t] *adj (exemplaire)* beispielhaft
édification [edifikasjɔ̃] *f* Bau *m*
édifice [edifis] *m* Gebäude *nt*
édifier [edifje] <1> *vt (temple, palais)* errichten
Édimbourg [edɛ̃buʀ] Edinburg
édit [edi] *m* HIST, POL Edikt *nt,* Erlass *m*
éditer [edite] <1> *vt* herausgeben
éditeur [editœʀ] *m* INFORM Editor *m*
éditeur, -trice [editœʀ] **I.** *adj* **maison éditrice** Verlag *m* **II.** *m, f* Herausgeber(in) *m(f)*
édition [edisjɔ̃] *f* ❶ Veröffentlichung *f* ❷ *(livre)* Auflage *f* ❸ *(établissement)* **les ~s** der Verlag
éditique [editik] *m* INFORM Desktoppublishing *nt*
éditorial [editɔʀjal] <-aux> *m* Leitartikel *m*

E

E

éditorialiste [editɔʀjalist] *mf* Leitartikler(in) *m(f)*
édredon [edʀədɔ̃] *m* Daunenbett *nt*
éducateur, -trice [edykatœʀ] *m, f* Erzieher(in) *m(f)*
éducatif, -ive [edykatif] *adj* **système ~** Bildungssystem *nt*
éducation [edykasjɔ̃] *f* ❶ Erziehung *f* ❷ *(culture générale)* Bildung *f* ❸ *(enseignement)* **~ physique** Sport[unterricht *m*] *m*
édulcorant [edylkɔʀɑ̃] *m* Süßstoff *m*
édulcorer [edylkɔʀe] <1> *vt* süßen
éduquer [edyke] <1> *vt* erziehen
efface [efas] *f* CAN *(gomme)* Radiergummi *m*
effacé(e) [efase] *adj* zurückhaltend
effacement [efasmɑ̃] *m* ❶ *(d'une inscription)* [Aus]löschen *nt* ❷ *(suppression d'information)* Löschen *nt*
effacer [efase] <2> **I.** *vt* ❶ [aus]löschen ❷ *(tableau noir)* abwischen **II.** *vpr* **s'~** ❶ verblassen ❷ *(tache)* sich entfernen lassen
effaceur [efasœʀ] *m* Tintenkiller *m*
effarant(e) [efaʀɑ̃, ɑ̃t] *adj* unerhört
effaré(e) [efaʀe] *adj (personne)* verstört
effarer [efaʀe] <1> *vt* aus der Fassung bringen
effaroucher [efaʀuʃe] <1> *vt* ❶ *(mettre en fuite: animal)* aufschrecken, aufscheuchen, verscheuchen ❷ *(faire peur)* einschüchtern
effectif [efɛktif] *m* Stärke *f; (d'une entreprise)* Belegschaft *f*
effectif, -ive [efɛktif] *adj* tatsächlich
effectivement [efɛktivmɑ̃] *adv* tatsächlich
effectuer [efɛktɥe] <1> **I.** *vt* ausführen **II.** *vpr* **s'~** ausgeführt werden; *(paiement)* erfolgen
effervescence [efɛʀvesɑ̃s] *f* Aufregung *f*
effervescent(e) [efɛʀvesɑ̃] *adj (liquide)* sprudelnd
effet [efɛ] *m* ❶ Wirkung *f* ❷ *(impression)* Eindruck *m* ❸ *(phénomène)* Effekt *m;* **~ de serre** Treibhauseffekt
► **en ~** tatsächlich
efficace [efikas] *adj* wirksam
efficacement [efikasmɑ̃] *adv* effizient
efficacité [efikasite] *f* Wirksamkeit *f*
effigie [efiʒi] *f* Bildnis *nt*
effiler [efile] <1> **I.** *vt* ❶ *(effilocher)* ausfransen ❷ *(couper en amincissant: cheveux)* ausdünnen ❸ *(amincir)* spitz zulaufen lassen **II.** *vpr* **s'~** *(s'effilocher)* ausfransen; *(s'amincir)* spitz zulaufen
effilocher [efilɔʃe] <1> *vt* zerfasern
effleurer [eflœʀe] <1> *vt* ❶ *a. fig* streifen ❷ *(passer par la tête)* **~ qn** jdm in den Sinn kommen
effluve [eflyv] *m souvent pl* Wohlgeruch *m,* Duft *m*
effondré(e) [efɔ̃dʀe] *adj (personne)* völlig gebrochen
effondrement [efɔ̃dʀəmɑ̃] *m* Einsturz *m*
effondrer [efɔ̃dʀe] <1> *vpr* **s'~** ❶ einstürzen ❷ INFORM *(ordinateur)* abstürzen
efforcer [efɔʀse] <2> *vpr* **s'~ de faire qc** sich bemühen etw zu tun
effort [efɔʀ] *m* Anstrengung *f*
effraction [efʀaksjɔ̃] *f* Einbruch *m*
effrayant(e) [efʀɛjɑ̃] *adj* beängstigend
effrayer [efʀeje] <7> *vt, vpr* [**s'**]**~** [sich] erschrecken
effréné(e) [efʀene] *adj* wild
effriter [efʀite] <1> *vt (érosion)* bröck[e]lig machen
effronté(e) [efʀɔ̃te] *adj* dreist
effronterie [efʀɔ̃tʀi] *f* Dreistigkeit *f,* Unverschämtheit *f;* **avec ~** dreist
effroyable [efʀwajabl] *adj* entsetzlich
effusion [efyzjɔ̃] *f* Gefühlsausbruch *m*
égal(e) [egal] <-aux> *adj* gleich
également [egalmɑ̃] *adv* ❶ gleich[ermaßen] ❷ *(aussi)* ebenfalls
égaler [egale] <1> *vt* ❶ MATH **deux plus deux égale[nt] quatre** zwei plus zwei ist vier ❷ *(être pareil)* gleichkommen
égalisation [egalizasjɔ̃] *f* Ausgleich *m*
égaliser [egalize] <1> **I.** *vt* ausgleichen

II. *vi* den Ausgleich erzielen

égalité [egalite] *f* ❶ Gleichheit *f;* ~ **des droits** Gleichberechtigung *f* ❷ MATH Kongruenz *f*

égard [egaʀ] *m pl* Achtung *f* ▸ **par ~ pour qn/qc** mit Rücksicht auf jdn/etw

égaré(e) [egaʀe] *adj* verirrt

égarement [egaʀmɑ̃] *m* geistige Verwirrung

égarer [egaʀe] <1> I. *vt* ❶ in die Irre führen ❷ *(perdre)* verlegen II. *vpr* **s'~** sich verirren

égayer [egeje] <7> *vt* aufheitern

églantier [eglɑ̃tje] *m* Heckenrosenstrauch *m*

églantine [eglɑ̃tin] *f* Heckenrose *f*

églefin [egləfɛ̃] *m* Schellfisch *m*

église [egliz] *f* Kirche *f*

ego [ego] *m inv* Ego *nt*

égocentrique [egosɑ̃tʀik] *adj* egozentrisch

égocentrisme [egosɑ̃tʀism] *m* Egozentrik *f*

égoïsme [egɔism] *m* Egoismus *m*

égoïste [egɔist] I. *adj* egoistisch II. *mf* Egoist(in) *m(f)*

égorger [egɔʀʒe] <2a> *vt* ~ **qn/un animal** jdm die Kehle/einem Tier die Gurgel durchschneiden

égosiller [egozije] <1> *vpr* **s'~** *(personne)* sich heiser schreien; *(oiseau)* aus voller Kehle singen

égout [egu] *m* [Abwasser]kanal *m;* **bouche d'~** Gully *m o nt*

égoutter [egute] <1> *vt, vpr* [**s'**]~ abtropfen

égouttoir [egutwaʀ] *m* ~ **à vaisselle** Abtropfkorb *m*

égratigner [egʀatiɲe] <1> I. *vt* zerkratzen II. *vpr* **s'~ qc** sich *(dat)* etw aufschürfen

égratignure [egʀatiɲyʀ] *f* Kratzer *m*

égrener [egʀəne] <4> *vt* ❶ *(cosse)* enthülsen; *(épi)* entkörnen; *(grappe, raisin)* abbeeren; *(coton)* egrenieren ❷ *(chapelet)* herunterbeten

Égypte [eʒipt] *f* **l'~** Ägypten *nt*

égyptien [eʒipsjɛ̃] *m* Ägyptisch *nt;* **l'~ moderne** das Neuägyptische; *v.a.* **allemand**

égyptien(ne) [eʒipsjɛ̃] *adj* ägyptisch; *v.a.* **allemand**

Égyptien(ne) [eʒipsjɛ̃] *m(f)* Ägypter(in) *m(f)*

eh [e] *interj* he !; ~ **oui!** tja!/In der Tat!; ~ **bien!** *fam* nun gut!; **Eh bien, …** nun, …

éhonté(e) [eɔ̃te] *adj* schamlos

éjaculation [eʒakylasjɔ̃] *f* Samenerguss *m,* Ejakulation *f*

éjectable [eʒɛktabl] *adj* **siège ~** Schleudersitz *m*

éjecter [eʒɛkte] <1> *vt* auswerfen

élaboration [elabɔʀasjɔ̃] *f* Ausarbeitung *f*

élaborer [elabɔʀe] <1> *vt* ausarbeiten

élaguer [elage] <1> *vt* *(arbre)* ausschneiden, auslichten

élan [elɑ̃] *m* Schwung *m*

élancé(e) [elɑ̃se] *adj* schlank

élancement [elɑ̃smɑ̃] *m* stechender Schmerz *m*

élancer [elɑ̃se] <2> *vpr* **s'~ vers qn/qc** sich auf jdn/etw stürzen

élargir [elaʀʒiʀ] <8> *vt, vpr* [**s'**]~ [sich] erweitern

élargissement [elaʀʒismɑ̃] *m* *(d'une route)* Verbreiterung *f;* *(de l'Union européenne)* Erweiterung *f*

élasticité [elastisite] *f* Elastizität *f*

élastique [elastik] I. *adj* elastisch II. *m a.* COUT Gummi[band *nt*] *nt*

électeur, -trice [elɛktœʀ] *m, f* Wähler(in) *m(f)*

élection [elɛksjɔ̃] *f* Wahl *f*

électoral(e) [elɛktɔʀal] <-aux> *adj* Wahl-; **campagne ~e** Wahlkampf *m*

électorat [elɛktɔʀa] *m* Wählerschaft *f*

électricien(ne) [elɛktʀisjɛ̃] *m(f)* Elektriker(in) *m(f)*

électricité [elɛktʀisite] *f* ❶ Strom *m* ❷ PHYS Elektrizität *f*

électrifier [elɛktʀifje] <1a> *vt* *(ligne de chemin de fer)* elektrifizieren

électrique [elɛktʀik] *adj* elektrisch

électriser [elɛktʀize] <1> *vt a. fig* elektrisieren
électrocardiogramme [elɛktʀokaʀdjɔgʀam] *m* Elektrokardiogramm *nt*
électrochoc [elɛktʀoʃɔk] *m* Elektroschock *m*
électrocuter [elɛktʀɔkyte] <1> *vpr* **s'~ avec qc** von etw einen tödlichen Stromstoß bekommen
électrocution [elɛktʀɔkysjɔ̃] *f* [tödlicher] elektrischer Schlag; **condamner qn par ~** jdn zum Tod auf dem elektrischen Stuhl verurteilen
électrode [elɛktʀɔd] *f* Elektrode *f*
électrogène [elɛktʀɔʒɛn] *adj* stromerzeugend
électromagnétique [elɛktʀomaɲetik] *adj* elektromagnetisch
électroménager [elɛktʀomenaʒe] **I.** *adj* **appareil ~** elektrisches Haushaltsgerät *nt* **II.** *m* elektrische Haushaltsgeräte *Pl*
électron [elɛktʀɔ̃] *m* Elektron *nt*
électronicien(ne) [elɛktʀɔnisjɛ̃] *m(f)* Elektroniker(in) *m(f)*
électronique [elɛktʀɔnik] **I.** *adj* elektronisch **II.** *f* Elektronik *f*
élégamment [elegamɑ̃] *adv (s'habiller)* elegant
élégance [elegɑ̃s] *f sans pl* Eleganz *f*
élégant(e) [elegɑ̃] *adj* elegant
élément [elemɑ̃] **I.** *m* Element *nt* **II.** *mpl* ❶ Grundbegriffe *Pl* ❷ *(forces naturelles)* Naturgewalten *Pl*
élémentaire [elemɑ̃tɛʀ] *adj* elementar
éléphant [elefɑ̃] *m* Elefant *m*
éléphanteau [elefɑ̃to] <x> *m* Elefantenkalb *nt*
élevage [el(ə)vaʒ] *m* Zucht *f*
élévation [elevasjɔ̃] *f* ❶ *(accession)* Erhebung *f*; **~ de qn à une dignité** jds Einsetzung *f* in ein Amt ❷ *(hausse)* Ansteigen *nt*; **~ de la température** Temperaturanstieg *m*
élevé(e)[1] [el(ə)ve] *adj* ❶ hohe(r, s) ❷ *(style)* gepflegt
élevé(e)[2] [el(ə)ve] *adj* **bien/mal ~** gut/schlecht erzogen
élève [elɛv] *mf* Schüler(in) *m(f)*
élever[1] [el(ə)ve] <4> **I.** *vt* errichten; *fig* erheben **II.** *vpr* ❶ **s'~ à 1000 euros** sich auf 1000 Euro *(akk)* belaufen ❷ *(s'opposer à)* **s'~ contre qc** sich gegen etw wenden
élever[2] [el(ə)ve] <4> *vt* aufziehen; *(éduquer)* erziehen
éleveur, -euse [el(ə)vœʀ] *m, f* [Vieh]züchter(in) *m(f)*
éligible [eliʒibl] *adj* wählbar
élimination [eliminasjɔ̃] *f* Beseitigung *f*; *(d'un adversaire)* Ausschaltung *f*; *(des déchets)* Entsorgung *f*
éliminatoire [eliminatwaʀ] *adj* SPORT **match ~** Ausscheidungsspiel *nt*
éliminer [elimine] <1> **I.** *vt* ❶ beseitigen ❷ *(possibilité)* ausschließen **II.** *vpr* **s'~ facilement** leicht zu entfernen sein
élire [eliʀ] <irr> *vt* wählen
élite [elit] *f* Elite *f*
élitiste [elitist] *adj* **école ~** Eliteschule *f*
élixir [eliksiʀ] *m* Elixier *nt*
elle [ɛl] *pron pers* ❶ *(féminin)* sie ❷ *interrog* **Sophie a-t-~ ses clés?** hat Sophie ihre Schlüssel? ❸ *(répétitif)* **la vache, ~ fait meuh** die Kuh macht muh ❹ *fam (pour renforcer)* **la mer, ~ aussi, est polluée** auch das Meer ist verschmutzt ❺ *avec une prép* **avec ~** mit ihr; **sans ~** ohne sie ❻ *dans une comparaison* sie ❼ *(soi)* sich; *v.a.* **moi, lui**
elle-même [ɛlmɛm] *pron pers* sie selbst; *v.a.* **lui-même**
elles [ɛl] *pron pers* ❶ *(féminin pl)* sie ❷ *interrog* **les filles, sont-~ là?** sind die Mädchen da? ❸ *(répétitif)* **regarde les fleurs comme ~ sont belles** sieh mal, wie schön die Blumen sind ❹ *fam (pour renforcer)* **~, ~ n'ont pas bu** die haben nicht getrunken ❺ *avec une prép* **avec ~** mit ihnen; **sans ~** ohne sie ❻ *dans une comparaison* sie ❼ *(soi)* sich; *v.a.* **moi, lui**
elles-mêmes [ɛlmɛm] *pron pers* sie selbst; *v.a.* **moi-même** *v.a.* **nous-même**

ellipse [elips] *f* LING, MATH Ellipse *f*

elliptique [eliptik] *adj* elliptisch; *(tournure, formule)* unvollständig

élocution [elɔkysjɔ̃] *f* Aussprache *f;* **avoir une ~ lente/rapide** langsam/schnell sprechen

éloge [elɔʒ] *m* Lob *nt*

élogieux, -euse [elɔʒjø] *adj* lobend

éloigné(e) [elwaɲe] *adj* fern

éloignement [elwaɲmɑ̃] *m* Entfernung *f*

éloigner [elwaɲe] <1> **I.** *vt* fernhalten **II.** *vpr* **s'~** sich entfernen

élongation [elɔ̃gasjɔ̃] *f* Zerrung *f*

élu(e) [ely] **I.** *part passé de* **élire** **II.** *adj* gewählt **III.** *m(f)* POL Abgeordnete(r) *f(m)*

élucider [elyside] <1> *vt* aufklären

éluder [elyde] <1> *vt* umgehen

Élysée [elize] *m* **l'~** der Élysée-Palast

e-mail [imɛl] *m abr de* **electronic mail** Mail *f o nt*

émail [emaj] <-aux> *m* ❶ *sans pl (vernis)* Glasur *f* ❷ *(sur métal)* Email *nt*

émaillé(e) [emaje] *adj* emailliert

émancipation [emɑ̃sipasjɔ̃] *f* Emanzipation *f*

émancipé(e) [emɑ̃sipe] *adj* emanzipiert

émanciper [emɑ̃sipe] <1> *vpr* **s'~** sich emanzipieren

émaner [emane] <1> *vi* **~ de qn/qc** *(autorité, charme)* von jdm/etw ausgehen

emballage [ɑ̃balaʒ] *m* [Ver]packung *f*

emballant(e) [ɑ̃balɑ̃, ɑ̃t] *adj fam (enthousiasmant)* toll

emballer [ɑ̃bale] <1> **I.** *vt* einpacken **II.** *vpr* **s'~** ❶ *fam (s'emporter)* sich aufregen ❷ *(animal)* durchgehen

embarcadère [ɑ̃baʀkadɛʀ] *m* Anlegestelle *f*

embarcation [ɑ̃baʀkasjɔ̃] *f* Boot *nt*

embardée [ɑ̃baʀde] *f* AUT schnelles Ausweichen *nt*

embargo [ɑ̃baʀgo] *m* Embargo *nt*

embarquement [ɑ̃baʀkəmɑ̃] *m* ❶ Verladen *nt* ❷ NAUT Einschiffen *nt*

embarquer [ɑ̃baʀke] <1> **I.** *vi* an Bord gehen **II.** *vt* verladen **III.** *vpr (s'engager)* **s'~ dans qc** sich auf etw *(akk)* einlassen

embarras [ɑ̃baʀa] *m* ❶ Verlegenheit *f* ❷ *(tracas)* Unannehmlichkeit *f*

embarrassant(e) [ɑ̃baʀasɑ̃] *adj* unangenehm

embarrassé(e) [ɑ̃baʀase] *adj* verlegen

embarrasser [ɑ̃baʀase] <1> **I.** *vt* ❶ in Verlegenheit bringen ❷ *(gêner)* behindern **II.** *vpr (s'encombrer)* **s'~ de qn/qc** sich mit jdm/etw belasten

embauche [ɑ̃boʃ] *f* ❶ *(recrutement)* Einstellung *f* ❷ *(travail)* Beschäftigung *f;* **offre d'~** Stellenangebot *nt*

embaucher [ɑ̃boʃe] <1> *vt, vi* einstellen

embellie [ɑ̃beli] *f* METEO Aufheiterung *f*

embellir [ɑ̃beliʀ] <8> **I.** *vi* schöner werden **II.** *vt* verschönern

embêtant(e) [ɑ̃bɛtɑ̃] *adj fam* ❶ lästig ❷ *(fâcheux)* dumm

embêtement [ɑ̃bɛtmɑ̃] *m fam* Scherereien *Pl*

embêter [ɑ̃bete] <1> **I.** *vt fam* ❶ nerven ❷ *(casser les pieds)* anöden **II.** *vpr fam (s'ennuyer)* **s'~** sich langweilen

emblée [ɑ̃ble] *adv* **d'~** auf Anhieb

emblème [ɑ̃blɛm] *m* Emblem *nt*

embobiner [ɑ̃bɔbine] <1> *vt fam* einwickeln

emboîter [ɑ̃bwate] <1> *vt* zusammensetzen

embolie [ɑ̃bɔli] *f* Embolie *f*

embonpoint [ɑ̃bɔ̃pwɛ̃] *m* Leibesfülle *f*

embouchure [ɑ̃buʃyʀ] *f* GEO Mündung *f*

embourber [ɑ̃buʀbe] <1> *vpr* **s'~** im Schlamm stecken bleiben

embourgeoisement [ɑ̃buʀʒwazmɑ̃] *m* Verbürgerlichung *f*

embourgeoiser [ɑ̃buʀʒwaze] <1> *vpr* **s'~** verbürgerlichen

embout [ɑ̃bu] *m (d'une chaussure)* Kappe *f; (d'un parapluie)* Spitze *f*

embouteillage [ɑ̃butɛjaʒ] *m* AUT [Verkehrs]stau *m*

emboutir [ɑ̃butiʀ] <8> *vt* AUT einbeulen

embranchement [ɑ̃bʀɑ̃ʃmɑ̃] *m* Abzweigung *f*

E

embrassades [ɑ̃bʀasad] *f pl* Küsse [und Umarmungen] *Pl*

embrasser [ɑ̃bʀase] <1> **I.** *vt* ① küssen ② *(saluer)* **je t'embrasse/vous embrasse** viele Grüße ③ *(prendre dans les bras)* umarmen **II.** *vpr* **s'~** ① *(donner un baiser)* sich küssen ② *(prendre dans ses bras)* sich umarmen

embrayage [ɑ̃bʀɛjaʒ] *m* Kupplung *f*

embrayer [ɑ̃bʀeje] <7> *vi* ① AUT *(conducteur)* [an]kuppeln ② *(commencer à parler)* ~ **sur qn/qc** auf jdn/etw zu sprechen kommen

embrigader [ɑ̃bʀigade] <1> *vt péj* ① *(endoctriner)* einspannen *(fam)* ② *(enrôler)* ~ **qn dans qc** jdn für etw rekrutieren

embrouille [ɑ̃bʀuj] *f* Verwirrspiel *nt*

embrouillé(e) [ɑ̃bʀuje] *adj* verworren

embrouiller [ɑ̃bʀuje] <1> **I.** *vt* ① kompliziert machen ② *(personne)* verwirren **II.** *vpr* **s'~** durcheinandergeraten

embroussaillé(e) [ɑ̃bʀusaje] *adj (terrain)* mit Gestrüpp zugewachsen; *(sourcils)* buschig

embruns [ɑ̃bʀœ̃] *m pl* Gischt *m o f*

embryon [ɑ̃bʀijɔ̃] *m* Embryo *m*

embûches [ɑ̃byʃ] *f pl* Fallstricke *Pl*

embuer [ɑ̃bɥe] <1> *vt* beschlagen

embuscade [ɑ̃byskad] *f* **dresser une ~ à qn** jdn in einen Hinterhalt locken

embusquer [ɑ̃byske] <1> *vt* **être embusqué** im Hinterhalt liegen

éméché(e) [emeʃe] *adj fam* beschwipst

émeraude [emʀod] **I.** *adj inv* smaragdfarben **II.** *f* Smaragd *m*

émergence [emɛʀʒɑ̃s] *f* [plötzliches] Auftauchen

émerger [emɛʀʒe] <2a> *vi* auftauchen

émeri [emʀi] *m* **papier [d']~** Schleifpapier *nt*

émérite [emeʀit] *adj (professeur)* emeritiert

émerveillement [emɛʀvɛjmɑ̃] *m* Entzückung *f*

émerveiller [emɛʀveje] <1> *vt, vpr* **[s']~** [sich] entzücken

émetteur [emetœʀ] *m* Sender *m*

émetteur, -trice [emetœʀ] *adj* Sende-; **station émettrice** Sendestation *f*

émettre [emɛtʀ] <irr> **I.** *vi* MEDIA ausstrahlen **II.** *vt* von sich geben

émeute [emøt] *f* Aufruhr *m*

émietter [emjete] <1> **I.** *vt* zerbröseln **II.** *vpr* **s'~** zerbröckeln

émigrant(e) [emigʀɑ̃] *m(f)* Auswanderer, Auswanderin *m, f*

émigration [emigʀasjɔ̃] *f* Auswanderung *f*

émigré(e) [emigʀe] *m(f)* Emigrant(in) *m(f)*

émigrer [emigʀe] <1> *vi* auswandern

émincer [emɛ̃se] <2> *vt* in dünne Scheiben schneiden

éminence [eminɑ̃s] *f* GEO Anhöhe *f*

éminent(e) [eminɑ̃, ɑ̃t] *adj* hervorragend

émirat [emiʀa] *m* Emirat *nt*

émissaire [emisɛʀ] *m* Abgesandte(r) *f(m)* [mit geheimem Auftrag]

émission [emisjɔ̃] *f* ① MEDIA ~ **radiophonique/télévisée** Radio-/Fernsehsendung *f* ② PHYS Emission *f* ③ FIN Ausgabe *f*

emmagasiner [ɑ̃magazine] <1> *vt* [ein]lagern

emmêler [ɑ̃mele] <1> **I.** *vt* durcheinanderbringen **II.** *vpr* **s'~** sich verwickeln

emménagement [ɑ̃menaʒmɑ̃] *m* Einzug *m* [in eine Wohnung]

emménager [ɑ̃menaʒe] <2a> *vi* einziehen

emmener [ɑ̃m(ə)ne] <4> *vt* ① ~ **qn au cinéma** jdn zum Kino bringen ② *(prendre avec soi)* mitnehmen

emmerdant(e) [ɑ̃mɛʀdɑ̃, ɑ̃t] *adj fam* ① *(agaçant)* nervig ② *(fâcheux)* blöd ③ *(ennuyeux)* stinklangweilig

emmerde [ɑ̃mɛʀd] *f fam* Mordsärger *m kein Pl*

emmerdement [ɑ̃mɛʀdəmɑ̃] *m fam* Schererei *f*

emmerder [ɑ̃mɛʀde] <1> *fam* **I.** *vt* ① *(énerver)* nerven ② *(barber)* ankotzen *(vulg)* **II.** *vpr* ① *(s'ennuyer)* **s'~**

Däumchen drehen ② *(se démener)* **s'~ à faire qc** sich abrackern um etw zu tun
emmerdeur, -euse [ɑ̃mɛʀdœʀ] *m, f fam* ① *(raseur)* Langweiler(in) *m(f)* ② *(personne agaçante)* Nervensäge *f*
emmitoufler [ɑ̃mitufle] <1> *vpr* **s'~ dans qc** sich in etw *(akk)* einmummen
emmurer [ɑ̃myʀe] <1> *vt* einmauern
emoji [əmɔʒi] *m* Emoji *nt*
émoluments [emɔlymɑ̃] *mpl* ADMIN Bezüge *Pl*
émotif, -ive [emɔtif] *adj* feinfühlig
émotion [emosjɔ̃] *f* ① Aufregung *f* ② *(sentiment)* Emotion *f*
émotionnel(le) [emosjɔnɛl] *adj (choc)* emotional; *(réaction)* gefühlsmäßig
émotivité [emotivite] *f* [starke] Erregbarkeit
émousser [emuse] <1> *vt* **être émoussé** stumpf sein
émoustiller [emustije] <1> *vt* aufheitern
émouvant(e) [emuvɑ̃] *adj* bewegend
émouvoir [emuvwaʀ] <irr> **I.** *vt* bewegen **II.** *vpr* **s'~ de qc** sich über etw *(akk)* aufregen
empaillé(e) [ɑ̃paje] *adj* ausgestopft
empaqueter [ɑ̃pak(ə)te] <3> *vt* einpacken
emparer [ɑ̃paʀe] <1> *vpr* **s'~ de qc** etw an sich *(akk)* reißen
empâter [ɑ̃pate] <1> *vt* **être empâté** *(langue)* schwer sein
empattement [ɑ̃patmɑ̃] *m* AUT Radstand *m*
empêché(e) [ɑ̃peʃe] *adj* verhindert
empêchement [ɑ̃pɛʃmɑ̃] *m* **avoir un ~** verhindert sein
empêcher [ɑ̃peʃe] <1> *vt* verhindern ▸ [il] **n'empêche que...** trotzdem/dennoch...
empereur [ɑ̃pʀœʀ] *m* Kaiser *m*; *v.a.* **impératrice**
empester [ɑ̃pɛste] <1> *vt, vi* stinken
empêtrer [ɑ̃petʀe] <1> *vpr* **s'~** sich verfangen
empiècement [ɑ̃pjɛsmɑ̃] *m* COUT Einsatz *m*
empiéter [ɑ̃pjete] <5> *vi* sich ausdehnen
empiffrer [ɑ̃pifʀe] <1> *vpr fam* **s'~ de qc** sich *(dat)* mit etw den Bauch vollschlagen
empilement [ɑ̃pilmɑ̃] *m* [Auf]stapeln *nt*
empiler [ɑ̃pile] <1> **I.** *vt* [auf]stapeln **II.** *vpr* **s'~** sich stapeln
empire [ɑ̃piʀ] *m* Imperium *nt*
empirer [ɑ̃piʀe] <1> *vi* sich verschlimmern
empirique [ɑ̃piʀik] *adj* empirisch
emplacement [ɑ̃plasmɑ̃] *m* Stelle *f*
emplettes [ɑ̃plɛt] *fpl* ▸ **faire des ~** Einkäufe *Pl* machen
emploi [ɑ̃plwa] *m* ① *(poste)* Arbeitsplatz *m* ② ECON **être sans ~** arbeitslos sein ③ *(utilisation) a.* LING Gebrauch *m*
employé(e) [ɑ̃plwaje] *m(f)* Angestellte(r) *f(m)*
employer [ɑ̃plwaje] <6> **I.** *vt* ① beschäftigen ② *(produit)* verwenden **II.** *vpr* **s'~ à faire qc** sich sehr bemühen etw zu tun
employeur, -euse [ɑ̃plwajœʀ] *m, f* Arbeitgeber(in) *m(f)*
empocher [ɑ̃pɔʃe] <1> *vt* einstecken
empoignade [ɑ̃pwaɲad] *f (bagarre)* Auseinandersetzung *f*
empoigner [ɑ̃pwaɲe] <1> **I.** *vt* packen **II.** *vpr* **s'~** sich verprügeln
empoisonnant(e) [ɑ̃pwazɔnɑ̃, ɑ̃t] *adj fam* ① *(insupportable)* blöd ② *(assommant)* sterbenslangweilig
empoisonnement [ɑ̃pwazɔnmɑ̃] *m* Vergiftung *f*
empoisonner [ɑ̃pwazɔne] <1> **I.** *vt* ① vergiften ② *(vie)* schwer machen **II.** *vpr* **s'~** sich vergiften
emporté(e) [ɑ̃pɔʀte] *adj* leicht aufbrausend
emporter [ɑ̃pɔʀte] <1> **I.** *vt* ① mitnehmen ② *(enlever)* wegbringen ③ *(transporter)* **~ qn vers qc** jdn zu etw bringen **II.** *vpr* **s'~ contre qn/qc** sich über jdn/etw erregen
empoté(e) [ɑ̃pɔte] *adj fam* ① *(maladroit)* tollpatschig; **un garçon ~ de**

E

ses mains ein Junge mit zwei linken Händen ② *(lent)* lahm
empreint(e) [ɑ̃pʀɛ̃, ɛ̃t] *adj* ~ **de qc** von etw geprägt
empreinte [ɑ̃pʀɛ̃t] *f* Abdruck *m*
empressé(e) [ɑ̃pʀese] *adj* beflissen
empressement [ɑ̃pʀɛsmɑ̃] *m* Übereifer *m*
empresser [ɑ̃pʀese] <1> *vpr* **s'~ de faire qc** sich beeilen etw zu tun
emprise [ɑ̃pʀiz] *f (d'une personne)* [beherrschender] Einfluss; *(d'une drogue)* Macht *f;* **avoir agi sous l'~ de la colère/jalousie** im Zorn/aus Eifersucht gehandelt haben
emprisonnement [ɑ̃pʀizɔnmɑ̃] *m* Inhaftierung *f*
emprisonner [ɑ̃pʀizɔne] <1> *vt* inhaftieren
emprunt [ɑ̃pʀœ̃] *m* Darlehen *nt*
emprunté(e) [ɑ̃pʀœ̃te] *adj* linkisch
emprunter [ɑ̃pʀœ̃te] <1> **I.** *vi* FIN ein Darlehen aufnehmen **II.** *vt* ① leihen; *(livre)* ausleihen ② *(passage souterrain)* benutzen
emprunteur, -euse [ɑ̃pʀœ̃tœʀ, -øz] *m, f* ① *(qui emprunte qc)* Entleiher(in) *m(f)* ② FIN Kreditnehmer(in) *m(f)*
ému(e) [emy] *adj* bewegt
émulation [emylasjɔ̃] *f* INFORM Emulation *f*
émuler [emyle] <1> *vt* INFORM emulieren
en [ɑ̃] **I.** *prép* ① *(lieu)* in *(+dat);* ~ **ville/mer** in der Stadt/auf See; **elle se disait ~ elle-même que...** sie dachte bei sich, dass... ② *(direction)* in *(+akk);* **aller ~ ville** in die Stadt fahren; **aller ~ France** nach Frankreich fahren ③ *(date)* ~ **[l'an] 2000** im Jahre 2000; ~ **été** im Sommer ④ *(manière d'être)* **être ~ colère** wütend sein; ~ **deuil** in Trauer ⑤ *(changer)* in *(+akk); (se déguiser)* als ⑥ *(en tant que)* als ⑦ *gérondif (simultanéité)* beim + *Infin;* ~ **sortant** beim Hinausgehen ⑧ *gérondif (condition)* wenn ⑨ *gérondif (concession)* obgleich ⑩ *gérondif (manière)* ~ **chantant** singend ⑪ *(état, forme)* ~ **morceaux** in Stücken ⑫ *(fait de)* **être ~ laine** aus Wolle sein ⑬ *(moyen de transport)* mit + *Art;* ~ **train** mit dem Zug ⑭ *(partage)* in *(+akk);* **je coupe le gâteau ~ six** ich schneide den Kuchen in sechs Stücke ⑮ *(pour indiquer le domaine)* in *(+dat);* ~ **math** in Mathe ⑯ *après certains verbes* **croire ~ qn** an jdn glauben ▶**s'~ aller** weggehen/-fahren; ~ **arrière** nach hinten/rückwärts; ~ **plus, ...** außerdem...; ~ **plus** zusätzlich; ~ **plus de...** über... hinaus **II.** *pron* ① *(pour des indéfinis)* davon; *(savoir)* darüber; **as-tu un stylo? — oui, j'~ ai un** hast du einen Kuli? — ja, ich habe einen ② *tenant lieu de subst* **j'~ connais qui feraient mieux de...** ich kenne welche, die besser daran täten, ... ③ *(de là)* **j'~ viens** ich komme von dort ④ *(de cela)* **j'~ ai besoin** ich brauche es ⑤ *(à cause de cela)* **elle ~ est malade** sie ist deshalb ganz krank
encadré [ɑ̃kadʀe] *m* Kasten *m*
encadrement [ɑ̃kadʀəmɑ̃] *m* ① Rahmen *m* ② *(prise en charge)* Betreuung *f*
encadrer [ɑ̃kadʀe] <1> *vt* ① [ein]rahmen ② *(s'occuper de)* betreuen
encaissement [ɑ̃kɛsmɑ̃] *m* Einkassieren *nt*
encaisser [ɑ̃kese] <1> **I.** *vi* kassieren **II.** *vt* [ein]kassieren; *(chèque)* einlösen
encart [ɑ̃kaʀ] *m* Beilage *f*
en-cas [ɑ̃ka] *m inv* Imbiss *m*
encastrable [ɑ̃kastʀabl] *adj* zum Einbauen
encastrer [ɑ̃kastʀe] <1> **I.** *vt* einbauen **II.** *vpr* **s'~ dans/sous qc** genau in/unter etw *(akk)* passen
encaustique [ɑ̃kostik] *f* [Bohner]wachs *nt*
enceinte[1] [ɑ̃sɛ̃t] *adj* schwanger
enceinte[2] [ɑ̃sɛ̃t] *f* ① Ringmauer *f* ② *(espace clos)* Innenraum *m* ③ *(haut-parleur)* Lautsprecherbox *f*

encens [ɑ̃sɑ̃] *m* Weihrauch *m*

encenser [ɑ̃sɑ̃se] <1> *vt* weihräuchern

encercler [ɑ̃sɛʀkle] <1> *vt* einkreisen

enchaînement [ɑ̃ʃɛnmɑ̃] *m* Verkettung *f*

enchaîner [ɑ̃ʃene] <1> **I.** *vt* ❶ aneinanderketten ❷ *(idées)* aneinanderreihen **II.** *vpr* ❶ **s'~ à qc** sich an etw *(akk)* anketten ❷ *(se succéder)* ineinander übergehen **III.** *vi* **~ sur qc** mit etw fortfahren

enchanté(e) [ɑ̃ʃɑ̃te] *adj* ❶ hocherfreut ❷ *(magique)* verzaubert ▸ **~!** sehr erfreut!

enchantement [ɑ̃ʃɑ̃tmɑ̃] *m* ❶ *(ravissement)* Entzücken *nt* ❷ *(sortilège)* Zauber *m*

enchanter [ɑ̃ʃɑ̃te] <1> *vt* ❶ bezaubern ❷ *(ensorceler)* verzaubern

enchanteur, -teresse [ɑ̃ʃɑ̃tœʀ, -tʀɛs] *m, f* Zauberer *m*/Zauberin *f*

enchère [ɑ̃ʃɛʀ] *f gén pl* Gebot *nt*

enchérir [ɑ̃ʃeʀiʀ] <8> *vi* **~ sur qn/qc** jdn/etw überbieten

enchevêtré(e) [ɑ̃ʃ(ə)vetʀe] *adj* verschlungen; *(fils)* [ineinander] verwickelt; *(idées, intrigue)* verworren; *(phrases)* verschachtelt; *(liens, problèmes)* verwickelt

enchevêtrement [ɑ̃ʃ(ə)vɛtʀəmɑ̃] *m* wirres Durcheinander; *(de branches, ruelles)* Gewirr *nt; (de pensées)* Wirrwarr *m; (de phrases)* Verschachtelung *f; (d'une intrigue)* Verwick[e]lung *f; (de liens)* Verflechtung *f meist Pl*

enchevêtrer [ɑ̃ʃ(ə)vetʀe] <1> *vpr* **s'~** sich verwickeln

enclave [ɑ̃klav] *f* Enklave *f*

enclencher [ɑ̃klɑ̃ʃe] <1> **I.** *vt* ❶ TECH einrasten lassen ❷ *(engager)* in Gang setzen **II.** *vpr* **s'~** einrasten; *(mécanisme)* sich einschalten

enclin(e) [ɑ̃klɛ̃, in] *adj* **être ~ à qc/faire qc** zu etw neigen/dazu neigen etw zu tun

enclos [ɑ̃klo] *m* eingefriedetes Grundstück *nt*

enclume [ɑ̃klym] *f* Amboss *m*

encoche [ɑ̃kɔʃ] *f* Kerbe *f*

encoder [ɑ̃kɔde] <1> *vt* [en]kodieren

encolure [ɑ̃kɔlyʀ] *f* ❶ Hals *m* ❷ *(tour de cou)* Kragenweite *f*

encombrant(e) [ɑ̃kɔ̃bʀɑ̃] *adj* ❶ sperrig ❷ *(importun)* lästig

encombre [ɑ̃kɔ̃bʀ] ▸ **sans ~** [ganz] problemlos

encombré(e) [ɑ̃kɔ̃bʀe] *adj* ❶ versperrt ❷ *(pièce)* voll gestopft ❸ *(lignes téléphoniques)* überlastet

encombrement [ɑ̃kɔ̃bʀəmɑ̃] *m* ❶ Verstopfung *f; (des lignes téléphoniques)* Überlastung *f* ❷ *(embouteillage)* Stau *m*

encombrer [ɑ̃kɔ̃bʀe] <1> **I.** *vt* ❶ verstopfen ❷ *(surcharger)* überladen **II.** *vpr* **ne pas s'~ de qn/qc** sich nicht mit jdm/etw belasten

encontre [ɑ̃kɔ̃tʀ] ▸ **aller à l'~ de qc** im Gegensatz zu etw stehen

encore [ɑ̃kɔʀ] **I.** *adv* noch **II.** *conj fam* **que...** obwohl...

encourageant(e) [ɑ̃kuʀaʒɑ̃, ɑ̃t] *adj* ermutigend

encouragement [ɑ̃kuʀaʒmɑ̃] *m* Ermutigung *f*

encourager [ɑ̃kuʀaʒe] <2a> *vt* ❶ ermuntern ❷ *(soutenir)* unterstützen

encourir [ɑ̃kuʀiʀ] <irr> *vt* **~ un châtiment/une amende** mit Bestrafung/einer Geldstrafe rechnen müssen

encrasser [ɑ̃kʀase] <1> *vt, vpr* **[s']~** verschmutzen

encre [ɑ̃kʀ] *f* Tinte *f*

encrer [ɑ̃kʀe] <1> *vt (tampon)* [mit Tinte/Tusche] tränken

encrier [ɑ̃kʀije] *m* Tintenfass *nt;* TYP Farbbehälter *m*

encroûter [ɑ̃kʀute] <1> *vt* ❶ *(couvrir d'une croûte)* mit einer Kruste bedecken/überziehen ❷ *(abêtir)* verknöchern lassen

enculé [ɑ̃kyle] *m vulg* Arschloch *nt*

enculer [ɑ̃kyle] <1> *vt vulg* in den Arsch ficken

encyclopédie [ɑ̃siklɔpedi] *f* Enzyklopädie *f*

encyclopédique [ɑ̃siklɔpedik] *adj* enzyklopädisch; *(esprit)* universal
endetté(e) [ɑ̃dete] *adj* verschuldet
endettement [ɑ̃dɛtmɑ̃] *m* Verschuldung *f*
endetter [ɑ̃dete] <1> *vpr* **s'~** sich verschulden
endeuiller [ɑ̃dœje] <1> *vt (personne, famille)* in Trauer versetzen
endiablé(e) [ɑ̃djɑble] *adj* wild
endiguer [ɑ̃dige] <1> *vt (fleuve, violence)* eindämmen
endimanché(e) [ɑ̃dimɑ̃ʃe] *adj* sonntäglich gekleidet
endimancher [ɑ̃dimɑ̃ʃe] <1> *vpr* **s'~** sich sonntäglich kleiden
endive [ɑ̃div] *f* Chicorée *m o f*
endoctrinement [ɑ̃dɔktʀinmɑ̃] *m* Indoktrinierung
endoctriner [ɑ̃dɔktʀine] <1> *vt* indoktrinieren
endolori(e) [ɑ̃dɔlɔʀi] *adj* schmerzend
endommager [ɑ̃dɔmaʒe] <2a> *vt* [be]schädigen
endormant(e) [ɑ̃dɔʀmɑ̃] *adj* einschläfernd
endormi(e) [ɑ̃dɔʀmi] *adj* ① **il est encore tout** ~ er ist noch ganz verschlafen ② *(bras)* eingeschlafen ③ *fam (personne)* lahm
endormir [ɑ̃dɔʀmiʀ] <irr> **I.** *vt* ① ~ **qn** jdn zum [Ein]schlafen bringen ② *(anesthésier)* betäuben ③ *(ennuyer)* ~ **qn** einschläfernd auf jdn wirken **II.** *vpr* **s'~** einschlafen
endosser [ɑ̃dose] <1> *vt* übernehmen
endroit[1] [ɑ̃dʀwa] *m* Stelle *f*
endroit[2] [ɑ̃dʀwa] *m (d'un vêtement)* rechte Seite *f*; *(d'un tapis)* Oberseite *f*; **être à l'~** richtig herum sein
enduire [ɑ̃dɥiʀ] <irr> **I.** *vt* auftragen **II.** *vpr* **s'~ de qc** sich mit etw einreiben
enduit [ɑ̃dɥi] *m* Spachtelkitt *m*
endurance [ɑ̃dyʀɑ̃s] *f* Ausdauer *f*
endurant(e) [ɑ̃dyʀɑ̃] *adj* ausdauernd
endurci(e) [ɑ̃dyʀsi] *adj* hartherzig
endurcir [ɑ̃dyʀsiʀ] <8> *vt, vpr* [**s'**]~ verhärten
endurer [ɑ̃dyʀe] <1> *vt* ertragen
énergétique [enɛʀʒetik] *adj* Energie-; **besoin** ~ Energiebedarf *m*
énergie [enɛʀʒi] *f* Energie *f*
énergique [enɛʀʒik] *adj* energisch
énergiquement [enɛʀʒikmɑ̃] *adv* energisch; *(frotter, secouer)* kräftig
énergisant(e) [enɛʀʒizɑ̃, ɑ̃t] *adj (action)* belebend; **boisson ~e** Energydrink *m*
énergumène [enɛʀgymɛn] *m fam* verrückter Kerl
énervant(e) [enɛʀvɑ̃] *adj* nervtötend
énervé(e) [enɛʀve] *adj* ① gereizt ② *(excité)* aufgeregt ③ *(nerveux)* nervös
énervement [enɛʀvəmɑ̃] *m* ① *(agacement)* Gereiztheit *f* ② *(surexcitation)* Unruhe *f* ③ *(nervosité)* Nervosität *f*
énerver [enɛʀve] <1> **I.** *vt* ① *(agacer)* ~ **qn** jdm auf die Nerven gehen *(fam)* ② *(exciter)* ~ **qn** jdn unruhig machen **II.** *vpr* **s'~ après qn/qc** sich über jdn/etw aufregen
enfance [ɑ̃fɑ̃s] *f* Kindheit *f*
enfant [ɑ̃fɑ̃] *mf* Kind *nt*
enfantillage [ɑ̃fɑ̃tijaʒ] *m* Albernheit *f*
enfantin(e) [ɑ̃fɑ̃tɛ̃] *adj* ① kindlich ② *(simple)* kinderleicht
enfer [ɑ̃fɛʀ] *m* Hölle *f*
enfermer [ɑ̃fɛʀme] <1> *vt, vpr* [**s'**]~ [sich] einschließen
enfiler [ɑ̃file] <1> *vt* ① einfädeln ② *(pull-over)* überziehen
enfin [ɑ̃fɛ̃] *adv* ① endlich ② *(fin d'une énumération)* schließlich ③ *(pour corriger ou préciser)* genauer gesagt ④ *(pour clore la discussion)* **~, on verra bien** na ja, wir werden es ja sehen ▸ ~ **bref** kurz und gut; ~ **quoi** *fam* also wirklich
enflammé(e) [ɑ̃flame] *adj* ① leidenschaftlich; *(paroles a.)* glühend; *(nature a.)* feurig ② MED entzündet
enflammer [ɑ̃flame] <1> **I.** *vt* ① entzünden ② *(exalter)* entflammen **II.** *vpr* **s'~** sich entzünden
enflé(e) [ɑ̃fle] *adj* MED [an]geschwollen
enfler [ɑ̃fle] <1> **I.** *vt* anschwellen lassen **II.** *vi, vpr* anschwellen

enfoiré [ɑ̃fwaʀe] *m vulg* Arschloch *nt*

enfoncé(e) [ɑ̃fɔ̃se] *adj (yeux)* tief liegend

enfoncement [ɑ̃fɔ̃smɑ̃] *m (d'une pièce)* Nische *f*; *(d'une falaise)* Vertiefung *f*

enfoncer [ɑ̃fɔ̃se] <2> **I.** *vt* ❶ hineinschlagen; *(punaise)* hineindrücken; *(couteau)* hineinstechen ❷ *(mettre)* hineinstecken **II.** *vi* einsinken **III.** *vpr* **s'~** ❶ einsinken ❷ *(se planter)* sich stechen

enfoui(e) [ɑ̃fwi] **I.** *part passé de* **enfouir II.** *adj* vergraben

enfouir [ɑ̃fwiʀ] <8> **I.** *vt* ❶ vergraben ❷ *(cacher)* verstecken **II.** *vpr* **s'~** sich vergraben

enfourcher [ɑ̃fuʀʃe] <1> *vt* ~ **son cheval** sein Pferd besteigen

enfourner [ɑ̃fuʀne] <1> *vt* in den [Back]ofen schieben

enfreindre [ɑ̃fʀɛ̃dʀ] <irr> *vt* ~ **qc** gegen etw verstoßen

enfuir [ɑ̃fɥiʀ] <irr> *vpr* fliehen

enfumer [ɑ̃fyme] <1> *vt* ❶ *(emplir de fumée: pièce)* verräuchern ❷ *(incommoder par la fumée: personnes)* einräuchern

engagé(e) [ɑ̃gaʒe] **I.** *adj* engagiert **II.** *m(f)* MIL Freiwillige(r) *f(m)*

engageant(e) [ɑ̃gaʒɑ̃] *adj* verlockend

engagement [ɑ̃gaʒmɑ̃] *m* ❶ Verpflichtung *f* ❷ *(embauche)* Anstellung *f* ❸ THEAT, CINE, POL Engagement *nt* ▶ **sans** ~ unverbindlich

engager [ɑ̃gaʒe] <2a> **I.** *vt* ❶ bürgen ❷ *(lier)* verpflichten **II.** *vpr* **s'~** ❶ *a.* MIL sich verpflichten ❷ *(pénétrer)* einbiegen ❸ *(se lancer)* sich einlassen ❹ *(prendre position)* sich engagieren

engelure [ɑ̃ʒlyʀ] *f* Frostbeule *f*

engendrer [ɑ̃ʒɑ̃dʀe] <1> *vt* zeugen

engin [ɑ̃ʒɛ̃] *m* ❶ *fam* Ding *nt* ❷ TECH Gerät *nt*

englober [ɑ̃glɔbe] <1> *vt* [mit] einbeziehen

engloutir [ɑ̃glutiʀ] <8> *vt* ❶ verschlingen ❷ *(faire disparaître)* ~ **qn/qc** jdn/etw versenken

engluer [ɑ̃glye] <1> **I.** *vt* mit Leim bestreichen **II.** *vpr* **s'~ les doigts de qc** sich *(dat)* die Finger mit etw klebrig machen

engouement [ɑ̃gumɑ̃] *m* Schwärmerei *f*

engouffrer [ɑ̃gufʀe] <1> **I.** *vt fam* runterschlingen **II.** *vpr* **s'~ dans qc** sich in etw *(akk)* stürzen

engourdi(e) [ɑ̃guʀdi] *adj* ❶ klamm ❷ *(de froid)* steif

engourdir [ɑ̃guʀdiʀ] <8> *vpr* **s'~** steif werden

engourdissement [ɑ̃guʀdismɑ̃] *m* Steifwerden *nt*, Gefühlloswerden *nt*

engrais [ɑ̃gʀɛ] *m* Dünger *m*

engraisser [ɑ̃gʀese] <1> *vt (rendre plus gras)* mästen

engrenage [ɑ̃gʀənaʒ] *m* Verkettung *f*

engueulade [ɑ̃gœlad] *f fam* Anpfiff *m*

engueuler [ɑ̃gœle] <1> *vt fam* anschnauzen

énième [ɛnjɛm] *adj* **pour la ~ fois** zum x-ten Mal

énigmatique [enigmatik] *adj* rätselhaft

énigme [enigm] *f* Rätsel *nt*

enivrant(e) [ɑ̃nivʀɑ̃] *adj* berauschend

enivrer [ɑ̃nivʀe] <1> *vpr* **s'~** sich betrinken

enjambée [ɑ̃ʒɑ̃be] *f* großer Schritt *m*

enjamber [ɑ̃ʒɑ̃be] <1> *vt* ~ **un mur** über eine Mauer hinwegsteigen

enjeu [ɑ̃ʒø] <x> *m* Einsatz *m*

enjôler [ɑ̃ʒole] <1> *vt* ~ **qn par qc** jdn mit etw umgarnen *(fam)*

enjôleur, -euse [ɑ̃ʒolœʀ, -øz] *adj (paroles)* [ein]schmeichelnd

enjoliver [ɑ̃ʒɔlive] <1> *vt* [ver]zieren

enjoliveur [ɑ̃ʒɔlivœʀ] *m* Radkappe *f*

enjoué(e) [ɑ̃ʒwe] *adj* heiter

enlacer [ɑ̃lase] <2> **I.** *vt* umschlingen **II.** *vpr* **s'~** sich umarmen

enlaidir [ɑ̃lediʀ] <8> **I.** *vi* hässlich werden **II.** *vt* entstellen

enlèvement [ɑ̃lɛvmɑ̃] *m* Entführung *f*

enlever [ɑ̃lve] <4> **I.** *vt* ❶ herunternehmen ❷ *(tache)* entfernen ❸ *(ôter)* ~ **l'envie** die Lust nehmen **II.** *vpr* **s'~**

❷ herausgehen ❸ *(se détacher)* abgehen
enliser [ɑ̃lize] <1> *vpr* **s'~** stecken bleiben
enneigé(e) [ɑ̃neʒe] *adj* verschneit
enneigement [ɑ̃nɛʒmɑ̃] *m* Schneedecke *f*
ennemi(e) [en(ə)mi] **I.** *adj* feindlich; *(frères)* verfeindet **II.** *m(f)* Feind(in) *m(f)*

E

Aussprache

Bei **ennemi** wird das Anfangs-e als geschlossenes e gesprochen und nicht als Nasal.

ennui [ɑ̃nɥi] *m* ❶ Lang[e]weile *f* ❷ *souvent pl (problème)* Unannehmlichkeit *f* ▸ **l'~, c'est que** das Dumme ist [nur], dass
ennuyé(e) [ɑ̃nɥije] *adj* verärgert
ennuyer [ɑ̃nɥije] <6> **I.** *vt* ❶ langweilen ❷ *(être peu attrayant)* **~ qn** jdm lästig sein ❸ *(être gênant)* **ça ennuie qn de devoir faire qc** es ist jdm unangenehm etw tun zu müssen **II.** *vpr* **s'~** sich langweilen sich fadisieren (A)
ennuyeux, -euse [ɑ̃nɥijø] *adj* ❶ langweilig ❷ *(contrariant)* ärgerlich
énoncé [enɔ̃se] *m* Wortlaut *m*
énoncer [enɔ̃se] <2> *vt* klar darlegen
énonciation [enɔ̃sjasjɔ̃] *f* LING Äußerung *f*
enorgueillir [ɑ̃nɔʀgœjiʀ] <8> *vpr* **s'~ de qc** stolz auf etw *(akk)* sein
énorme [enɔʀm] *adj* riesig
énormément [enɔʀmemɑ̃] *adv* sehr
énormité [enɔʀmite] *f* ❶ *(propos extravagant)* [ausgemachter] Unsinn *kein Pl* ❷ *(ineptie)* albernes Geschwätz *kein Pl* ❸ *(grosse faute)* haarsträubender Fehler
enquête [ɑ̃kɛt] *f* Untersuchung *f*
enquêter [ɑ̃kete] <1> *vi* ADMIN, JUR **~ sur qn** eine Untersuchung gegen jdn einleiten
enquêteur, -euse [ɑ̃kɛtœʀ, -øz] *m, f (policier)* Untersuchungsbeamte(r) *m/* -beamtin *f*
enquiquinant(e) [ɑ̃kikinɑ̃, ɑ̃t] *adj fam* nervig
enquiquiner [ɑ̃kikine] <1> **I.** *vt fam (importuner)* **~ qn avec qc** jdn mit etw nerven **II.** *vpr fam* ❶ *(s'ennuyer)* **s'~** sich langweilen ❷ *(se donner du mal)* **s'~ avec qc/à faire qc** sich mit etw herumplagen/sich plagen um etw zu tun
enquiquineur, -euse [ɑ̃kikinœʀ, -øz] *m, f fam* Nervensäge *f*
enraciner [ɑ̃ʀasine] <1> **I.** *vt (plante)* einpflanzen **II.** *vpr* **s'~** *(personne)* Wurzeln schlagen
enragé(e) [ɑ̃ʀaʒe] **I.** *adj* tollwütig **II.** *m(f)* Besessene(r) *f(m)*
enrager [ɑ̃ʀaʒe] <2a> *vi* rasend werden
enrayer [ɑ̃ʀeje] <7> *vt* bremsen
enregistrable [ɑ̃ʀ(ə)ʒistʀabl] *adj* INFORM beschreibbar
enregistrement [ɑ̃ʀ(ə)ʒistʀəmɑ̃] *m* ❶ Aufnahme *f* ❷ INFORM *(action)* Speicherung *f*; *(document)* Datensatz *m* ❸ AUT Abfertigung *f*
enregistrer [ɑ̃ʀ(ə)ʒistʀe] <1> **I.** *vt* ❶ aufnehmen ❷ INFORM speichern ❸ *(mémoriser)* registrieren ❹ AUT abfertigen; **faire ~ ses bagages** sein/das Gepäck aufgeben **II.** *vi* ❶ MEDIA aufnehmen ❷ INFORM speichern
enregistreur [ɑ̃ʀ(ə)ʒistʀœʀ] *m* Schreiber *m*
enrhumer [ɑ̃ʀyme] <1> *vpr* **s'~** [einen] Schnupfen bekommen
enrichi(e) [ɑ̃ʀiʃi] *adj (devenu riche)* neureich; **personne ~e** Neureiche(r) *f(m)*
enrichir [ɑ̃ʀiʃiʀ] <8> **I.** *vt* reich/reichhaltiger machen **II.** *vpr* **s'~ de qc** *(s'améliorer)* durch etw bereichert werden
enrichissant(e) [ɑ̃ʀiʃisɑ̃, ɑ̃t] *adj* bereichernd
enrichissement [ɑ̃ʀiʃismɑ̃] *m* Reich[er]werden *nt*
enrobé(e) [ɑ̃ʀɔbe] *adj fam (personne)* gut gepolstert

enrober [ɑ̃ʀɔbe] <1> *vt* ~ **qc de qc** etw mit etw überziehen

enrôlement [ɑ̃ʀolmɑ̃] *m* Anwerbung *f*

enrôler [ɑ̃ʀole] <1> *vt* MIL anwerben

enroué(e) [ɑ̃ʀwe] *adj* heiser

enrouer [ɑ̃ʀwe] <1> *vt* heiser machen; **être enroué** heiser sein

enrouler [ɑ̃ʀule] <1> I. *vt* aufwickeln II. *vpr* **s'~ sur soi-même** sich einrollen

ensabler [ɑ̃sable] <1> *vpr* **s'~** *(s'échouer: bateau)* auf Sand laufen; *(véhicule)* im Sand stecken bleiben

enseignant(e) [ɑ̃sɛɲɑ̃] *m(f)* Lehrer(in) *m(f)*

enseigne [ɑ̃sɛɲ] *f* [Aushänge]schild *nt;* ~ **lumineuse** Neonschild

enseignement [ɑ̃sɛɲ(ə)mɑ̃] *m* ① Unterricht *m* ② *(profession)* Lehrberuf *m* ③ *(leçon)* Lehre *f*

enseigner [ɑ̃seɲe] <1> *vt* lehren

ensemble [ɑ̃sɑ̃bl] I. *adv* ① *(opp: seul)* zusammen ② *(en commun)* gemeinsam ③ *(l'un avec l'autre)* miteinander ④ *(en même temps)* zugleich ▸ **aller bien/mal** ~ gut/schlecht zusammenpassen II. *m* ① Gesamtheit *f* ② *(unité)* [harmonische] Einheit *f* ③ MATH Menge *f* ④ *(vêtement)* Ensemble *nt* ▸ **dans l'~** im Großen und Ganzen

ensemencer [ɑ̃s(ə)mɑ̃se] <2> *vt (terre)* besäen

ensevelir [ɑ̃səvliʀ] <8> *vt* begraben

ensoleillé(e) [ɑ̃sɔleje] *adj* sonnig

ensommeillé(e) [ɑ̃sɔmeje] *adj* schläfrig

ensorceler [ɑ̃sɔʀsəle] <3> *vt* verzaubern

ensorcellement [ɑ̃sɔʀsɛlmɑ̃] *m* Zauber *m*

ensuite [ɑ̃sɥit] *adv* ① *(par la suite)* danach ② *(derrière en suivant)* dahinter ③ *(en plus)* außerdem

ensuivre [ɑ̃sɥivʀ] <irr, défec> *vpr* **s'~** sich ergeben

entaille [ɑ̃taj] *f* Kerbe *f*

entailler [ɑ̃taje] <1> *vt* einkerben

entame [ɑ̃tam] *f (de pain, jambon)* Anschnitt *m*

entamer [ɑ̃tame] <1> *vt* ① anbrechen ② *(amorcer)* einleiten

entartrer [ɑ̃taʀtʀe] <1> *vt* verkalken lassen

entassement [ɑ̃tɑsmɑ̃] *m* Durcheinander *nt*

entasser [ɑ̃tɑse] <1> I. *vt* ① anhäufen ② *(serrer)* zusammenpferchen II. *vpr* **s'~** ① sich türmen ② *(se serrer)* sich zusammendrängen

entendre [ɑ̃tɑ̃dʀ] <14> I. *vi* hören II. *vt* ① hören ② *(comprendre)* verstehen ③ *(vouloir)* ~ **faire qc** gedenken etw zu tun III. *vpr* **s'~** ① sich verstehen ② *(se mettre d'accord)* sich verständigen

entendu(e) [ɑ̃tɑ̃dy] I. *part passé de* **entendre** II. *adj* abgemacht ▸ **bien** ~ selbstverständlich

entente [ɑ̃tɑ̃t] *f* Einvernehmen *nt*

entériner [ɑ̃teʀine] <1> *vt* billigen

entérite [ɑ̃teʀit] *f* [Dünn]darmentzündung *f*

enterrement [ɑ̃tɛʀmɑ̃] *m* Beerdigung *f*

enterrer [ɑ̃teʀe] <1> *vt* ① beerdigen ② *(affaire)* begraben

entêtant(e) [ɑ̃tɛtɑ̃, ɑ̃t] *adj (parfum)* schwer

en-tête [ɑ̃tɛt] <en-têtes> *f* [gedruckter] Briefkopf *m*

entêté(e) [ɑ̃tete] *adj (personne)* eigensinnig

entêtement [ɑ̃tɛtmɑ̃] *m* Eigensinn *m*

entêter [ɑ̃tete] <1> *vpr* **s'~** sich versteifen

enthousiasme [ɑ̃tuzjasm] *m* Begeisterung *f*

enthousiasmer [ɑ̃tuzjasme] <1> I. *vt* in Begeisterung versetzen II. *vpr* **s'~** sich begeistern

enthousiaste [ɑ̃tuzjast] *adj* begeistert

enticher [ɑ̃tiʃe] <1> *vpr* **s'~ de qn/qc** für jdn/etw schwärmen

entier [ɑ̃tje] *m* Ganze(s) *nt*

entier, -ière [ɑ̃tje] *adj* ① ganz ② *(absolu)* völlig

entièrement [ɑ̃tjɛʀmɑ̃] *adv* völlig

entité [ɑ̃tite] *f* PHILOS Wesenheit *f*

entonner [ɑ̃tɔne] <1> *vt* anstimmen
entonnoir [ɑ̃tɔnwaʀ] *m* Trichter *m*
entorse [ɑ̃tɔʀs] *f* Verstauchung *f*
entortiller [ɑ̃tɔʀtije] <1> **I.** *vt* ~ **qc autour de qc** etw um etw [herum]wickeln **II.** *vpr* ❶ **s'~** sich ranken ❷ *(s'envelopper)* **s'~ dans qc** sich in etw *(akk)* einwickeln

E

entourage [ɑ̃tuʀaʒ] *m* Umgebung *f*
entouré(e) [ɑ̃tuʀe] *adj* ❶ *(admiré)* umschwärmt ❷ *(accompagné)* **être bien/mal** ~ von den richtigen/nicht von den richtigen Leuten umgeben sein
entourer [ɑ̃tuʀe] <1> **I.** *vt* ❶ umgeben ❷ *(mettre autour)* einkreisen **II.** *vpr* **s'~ de bons amis** sich mit guten Freunden umgeben
entracte [ɑ̃tʀakt] *m* THEAT Pause *f*
entraide [ɑ̃tʀɛd] *f* [gegenseitige] Hilfe *f*
entraider [ɑ̃tʀede] <1> *vpr* **s'~** sich [gegenseitig] helfen
entrailles [ɑ̃tʀɑj] *fpl* Eingeweide *Pl*
entrain [ɑ̃tʀɛ̃] *m* Schwung *m*
entraînant(e) [ɑ̃tʀɛnɑ̃, ɑ̃t] *adj* mitreißend
entraînement [ɑ̃tʀɛnmɑ̃] *m* ❶ Übung *f* ❷ SPORT Training *nt*
entraîner [ɑ̃tʀene] <1> **I.** *vt* ❶ mit sich [fort]reißen ❷ *(emmener)* ziehen ❸ *(inciter)* verleiten ❹ *(causer)* zur Folge haben ❺ SPORT trainieren **II.** *vpr* **s'~ à qc** sich in etw *(dat)* üben
entraîneur, -euse [ɑ̃tʀɛnœʀ] *m, f* Trainer(in) *m(f)*
entrapercevoir [ɑ̃tʀapɛʀsəvwaʀ] <12> *vt* [nur] flüchtig sehen
entrave [ɑ̃tʀav] *f* Hemmnis *nt*
entraver [ɑ̃tʀave] <1> *vt* ~ **qn/qc dans qc** jdn/etw bei etw behindern
entre [ɑ̃tʀ] *prép* ❶ *(position dans l'intervalle)* zwischen *(+dat)* ❷ *(mouvement vers l'intervalle)* zwischen *(+akk)* ❸ *(parmi des choses)* zwischen *(+dat)* ❹ *(parmi des personnes)* unter *(+dat)*, von *(+dat)*; **la plupart d'~ eux** die meisten von ihnen; **~ autres** unter anderem ❺ *(à travers)* durch *(+akk)* ❻ *(dans)* in *(+akk)* ❼ *(indiquant une relation)* zwischen *(+dat)*
entrebâillement [ɑ̃tʀəbɑjmɑ̃] *m* Spalt *m*
entrebâiller [ɑ̃tʀəbɑje] <1> *vt* einen Spalt[breit] öffnen
entrechoquer [ɑ̃tʀəʃɔke] <1> *vt* gegeneinanderschlagen
entrecouper [ɑ̃tʀəkupe] <1> *vt* ~ **qc de qc** etw mit etw unterbrechen
entrecroiser [ɑ̃tʀəkʀwaze] <1> **I.** *vt* [miteinander] verflechten **II.** *vpr* **s'~** sich kreuzen
entrée [ɑ̃tʀe] *f* ❶ Eintreten *nt; (d'un train)* Einfahrt *f* ❷ *(accès)* Eingang *m* ❸ *(droit d'entrer)* ~ **interdite!** kein Zutritt! ❹ *(d'un hôtel)* Eingangshalle ❺ *(billet)* Eintrittskarte *f* ❻ *(somme perçue)* Eintrittspreis *m* ❼ *(adhésion)* Beitritt *m* ❽ *(commencement)* ~ **en matière** Einleitung *f* ❾ GASTR erster Gang *m*
entrefilet [ɑ̃tʀəfilɛ] *m* kurze [Zeitungs]notiz *f*
entrejambe [ɑ̃tʀəʒɑ̃b] *m* Schritt *m*
entrelacer [ɑ̃tʀəlase] <2> *vpr* **s'~** sich [ineinander] verschlingen
entremêler [ɑ̃tʀəmele] <1> *vt fig* einstreuen
entremets [ɑ̃tʀəmɛ] *m* Süßspeise *f*
entremetteur, -euse [ɑ̃tʀəmetœʀ, -øz] *m, f péj* Kuppler(in) *m(f)*
entremettre [ɑ̃tʀəmɛtʀ] <irr> *vpr* **s'~ dans qc** vermittelnd in etw *(akk)* eingreifen
entremise [ɑ̃tʀəmiz] *f* Vermittlung *f*
entreposer [ɑ̃tʀəpoze] <1> *vt* (ein)lagern
entrepôt [ɑ̃tʀəpo] *m* Lagerhalle *f*
entreprenant(e) [ɑ̃tʀəpʀənɑ̃] *adj* ❶ unternehmungslustig ❷ *(galant)* galant
entreprendre [ɑ̃tʀəpʀɑ̃dʀ] <13> *vt* unternehmen
entrepreneur, -euse [ɑ̃tʀəpʀənœʀ] *m, f* Unternehmer(in) *m(f)*
entreprise [ɑ̃tʀəpʀiz] *f* ❶ Unternehmen *nt* ❷ *(opération)* Unternehmung *f*

entrer [ɑ̃tʀe] <1> **I.** *vi + être* ❶ eintreten ❷ *(pénétrer dans un lieu)* betreten; **le train entre en gare** der Zug fährt [in den Bahnhof] ein ❸ *(aborder)* **~ dans les détails** ins Detail gehen ❹ *fam (heurter)* **~ dans qc** gegen etw laufen/fahren ❺ *(s'engager dans)* beitreten ❻ *(être admis)* **~ à l'hôpital** ins Krankenhaus kommen ❼ *(s'enfoncer)* passen ❽ *(s'associer à)* sich beteiligen ❾ **~ en contact avec qn** mit jdm Kontakt aufnehmen **II.** *vt + avoir* ❶ hineinbringen ❷ INFORM eingeben

entre-temps [ɑ̃tʀətɑ̃] *adv* inzwischen

entretenir [ɑ̃tʀət(ə)niʀ] <9> **I.** *vt* ❶ in Stand halten ❷ *(relations)* unterhalten ❸ *(parler à)* erzählen **II.** *vpr* **s'~** sich unterhalten

entretenu(e) [ɑ̃tʀət(ə)ny] **I.** *part passé de* **entretenir** **II.** *adj* gepflegt

entretien [ɑ̃tʀətjɛ̃] *m* ❶ Instandhaltung *f* ❷ *(discussion en privé)* Gespräch *nt*

entretuer [ɑ̃tʀətɥe] <1> *vpr* **s'~** sich gegenseitig umbringen

entrevoir [ɑ̃tʀəvwaʀ] <irr> *vt* ❶ undeutlich sehen ❷ *(pressentir)* vorhersehen

entrevue [ɑ̃tʀəvy] *f* Unterredung *f*

entrouvert(e) [ɑ̃tʀuvɛʀ] *adj* halb geöffnet

entrouvrir [ɑ̃tʀuvʀiʀ] <11> *vt, vpr* [**s'**]**~** [sich] ein wenig öffnen

entuber [ɑ̃tybe] <1> *vt fam* übers Ohr hauen

énumération [enymeʀasjɔ̃] *f* Aufzählung *f*

énumérer [enymeʀe] <5> *vt* aufzählen

envahir [ɑ̃vaiʀ] <8> *vt* MIL einfallen in *(+akk)*

envahissant(e) [ɑ̃vaisɑ̃] *adj* aufdringlich

envahissement [ɑ̃vaismɑ̃] *m* ❶ MIL **l'~ de l'Europe par les Huns** der Einfall der Hunnen in Europa ❷ *(fait d'occuper, de proliférer)* Überhandnehmen *nt;* **l'~ du stade/magasin** der Ansturm auf das Stadion/den Laden

envahisseur, -euse [ɑ̃vaisœʀ] *m, f* MIL Angreifer(in) *m(f)*

enveloppe [ɑ̃vlɔp] *f* ❶ POST [Brief]umschlag *m* ❷ *(protection)* [Schutz]hülle *f* ❸ FIN Gelder *Pl*

enveloppé(e) [ɑ̃vlɔpe] *adj* rundlich

envelopper [ɑ̃vlɔpe] <1> **I.** *vt* einpacken **II.** *vpr* **s'~ dans son manteau** sich in seinen Mantel hüllen

envenimé(e) [ɑ̃v(ə)nime] *adj (propos)* böswillig

envenimer [ɑ̃v(ə)nime] <1> **I.** *vt* verschlimmern **II.** *vpr* **s'~** sich zuspitzen

envergure [ɑ̃vɛʀgyʀ] *f* ❶ *(dimension: d'un avion, oiseau)* Spannweite *f* ❷ *(valeur, ampleur)* Tragweite *f;* **avoir de l'~** *(personne)* Format haben

envers [ɑ̃vɛʀ] **I.** *prép* **~ qn/qc** jdm/einer S. gegenüber **II.** *m (d'une feuille de papier)* Rückseite *f* ▸ **à l'~** *(dans le mauvais sens)* verkehrt herum; *(à rebours)* umgekehrt; *(de bas en haut)* auf dem Kopf; *(à reculons)* rückwärts

enviable [ɑ̃vjabl] *adj* beneidenswert

envie [ɑ̃vi] *f* ❶ Lust *f* ❷ *(convoitise)* Begierde *f* ❸ *(péché capital)* Wollust *f* ❹ *(jalousie)* Neid *m*

envier [ɑ̃vje] <1> *vt* beneiden

envieux, -euse [ɑ̃vjø] **I.** *adj* neidisch **II.** *m, f* Neider(in) *m(f)*

environ [ɑ̃viʀɔ̃] **I.** *adv* ungefähr **II.** *mpl* Umgebung *f*

environnant(e) [ɑ̃viʀɔnɑ̃, ɑ̃t] *adj* der Umgebung

environnement [ɑ̃viʀɔnmɑ̃] *m* ❶ Umwelt *f* ❷ *(environs)* Umgebung *f*

environner [ɑ̃viʀɔne] <1> *vt* umgeben

envisager [ɑ̃vizaʒe] <2a> *vt* ❶ in Betracht ziehen ❷ *(projeter)* planen

envoi [ɑ̃vwa] *m* ❶ [Ab]schicken *nt; (d'une commande)* Versand *m* ❷ *(courrier)* Sendung *f*

envol [ɑ̃vɔl] *m* Auffliegen *nt*

envolée [ɑ̃vɔle] *f (des oiseaux)* Auffliegen *nt*

envoler [ɑ̃vɔle] <1> *vpr* **s'~** *(quitter le sol)* wegfliegen; *(avion)* abfliegen

envoûtement [ɑ̃vutmɑ̃] *m* Bann *m*

E

E

envoûter [ɑ̃vute] <1> *vt* in seinen Bann ziehen
envoyé(e) [ɑ̃vwaje] *m(f)* ❶ PRESSE Korrespondent(in) *m(f)* ❷ POL, REL Abgesandte(r) *f(m)*
envoyer [ɑ̃vwaje] <irr> **I.** *vt* ❶ schicken ❷ *(ballon)* werfen **II.** *vpr fam (boire, manger)* **s'~ un verre/une pizza** sich *(dat)* ein Glas/eine Pizza reinziehen
enzyme [ɑ̃zim] *m o f* Enzym *nt*
éolienne [eɔljɛn] *f (machine)* Windrad *nt*
épagneul(e) [epaɲœl] *m(f)* Spaniel *m*
épais(se) [epɛ] *adj* ❶ dick ❷ *(forêt)* dicht
épaisseur [epɛsœʀ] *f* ❶ Stärke *f* ❷ *(consistance: d'un liquide)* Dickflüssigkeit *f*
épaissir [epesiʀ] <8> **I.** *vi* eindicken **II.** *vpr* **s'~** dicker werden; *(forêt)* dichter werden
épanoui(e) [epanwi] *adj* ❶ aufgeblüht ❷ *(caractère)* ausgeglichen
épanouir [epanwiʀ] <8> *vpr* **s'~** ❶ aufblühen ❷ *(visage)* sich erhellen
épanouissement [epanwismɑ̃] *m* Selbstverwirklichung *f*
épargnant(e) [epaʀɲɑ̃] *m(f)* Sparer(in) *m(f)*
épargne [epaʀɲ] *f* Sparen *nt*
épargner [epaʀɲe] <1> **I.** *vt* ❶ schonen ❷ *(éviter)* verschonen **II.** *vpr* **s'~ qc** sich *(dat)* etw ersparen
éparpiller [epaʀpije] <1> **I.** *vt* verteilen **II.** *vpr* **s'~** sich zerstreuen
épars(e) [epaʀ, aʀs] *adj (maisons)* vereinzelt; *(cheveux)* zerzaust
épatant(e) [epatɑ̃, ɑ̃t] *adj fam* toll
épaté(e) [epate] *adj fam* platt
épater [epate] <1> *vt fam* verblüffen
épaule [epol] *f* Schulter *f*; **hausser les ~s** mit den Schultern zucken
épauler [epole] <1> *vt (arme)* anlegen
épaulette [epolɛt] *f* COUT Schulterpolster *nt*
épave [epav] *f* Wrack *nt*
épée [epe] *f* Schwert *nt*
épeler [ep(ə)le] <3> *vt, vi* buchstabieren
épépiner [epepine] <1> *vt* entkernen
éperdu(e) [epɛʀdy] *adj (personne)* außer sich, bestürzt
éperon [ep(ə)ʀɔ̃] *m* Sporn *m*
éperonner [ep(ə)ʀɔne] <1> *vt* **~ un cheval** einem Pferd die Sporen geben
épervier [epɛʀvje] *m* ZOOL Sperber *m*
éphémère [efemɛʀ] *adj* vergänglich
épi [epi] *m (de maïs)* Kolben *m*
épice [epis] *f* Gewürz *nt*
épicé(e) [epise] *adj* gewürzt
épicéa [episea] *m* Fichte *f*
épicentre [episɑ̃tʀ] *m* Epizentrum *nt*
épicer [epise] <2> *vt* würzen
épicerie [episʀi] *f* Lebensmittelgeschäft *nt*
épicier, -ière [episje] *m, f* Lebensmittelhändler(in) *m(f)*
épicurien(ne) [epikyʀjɛ̃, jɛn] *adj* epikureisch
épidémie [epidemi] *f* Epidemie *f*
épiderme [epidɛʀm] *m* Oberhaut *f*
épidermique [epidɛʀmik] *adj* Oberhaut-
épier [epje] <1> *vt* heimlich beobachten
épilation [epilasjɔ̃] *f* Epilieren *nt*
épilepsie [epilɛpsi] *f* Epilepsie *f*
épileptique [epilɛptik] **I.** *adj* epileptisch **II.** *mf* Epileptiker(in) *m(f)*
épiler [epile] <1> *vt* enthaaren, epilieren
épilogue [epilɔg] *m* LITTER Epilog *m*; *(d'un roman)* Nachwort *nt*
épiloguer [epilɔge] <1> *vi* **~ sur qc** sich lang und breit über etw *(akk)* auslassen
épinard [epinaʀ] *m* Spinat *m*
épine [epin] *f* Stachel *m*
épineux [epinø] *m* Dornenstrauch *m*
épingle [epɛ̃gl] *f* [Steck]nadel *f*; **~ à nourrice** Sicherheitsnadel
épingler [epɛ̃gle] <1> *vt* ❶ **~ des photos au mur** Fotos an die Wand pinnen *(fam)* ❷ *fam (attraper)* schnappen
Épiphanie [epifani] *f sans pl* **l'~** das Fest der Heiligen Drei Könige

épique [epik] *adj (poésie, style)* episch; **poème ~** Epos *nt*
épiscopal(e) [episkɔpal, -o] <-aux> *adj* bischöflich
épisode [epizɔd] *m* ❶ Episode *f* ❷ *(d'un film)* Folge *f* ▶ **par ~s** zeitweise
épisodique [epizɔdik] *adj* gelegentlich
épisodiquement [epizɔdikmɑ̃] *adv* gelegentlich
épitaphe [epitaf] *f* Grabinschrift *f*
épithète [epitɛt] *f* LING Attribut *nt*
éploré(e) [eplɔʀe] *adj* ❶ in Tränen aufgelöst ❷ *(triste)* untröstlich
épluchage [eplyʃaʒ] *m (des fruits, légumes)* Schälen *nt*
éplucher [eplyʃe] <1> *vt* ❶ schälen ❷ *fig* [genau] unter die Lupe nehmen
épluchure [eplyʃyʀ] *f souvent pl* Schalen *Pl*
éponge [epɔ̃ʒ] *f* Schwamm *m*
éponger [epɔ̃ʒe] <2a> *vt* [auf]wischen
épopée [epɔpe] *f* LITTER Epos *nt*
époque [epɔk] *f* Zeit *f*, Epoche *f*; **à l'~** damals ▶ **d'~** [stil]echt
époumoner [epumɔne] <1> *vpr* **s'~ à faire qc** sich *(dat)* die Lunge aus dem Hals schreien um etw zu tun
épouse [epuz] *f v.* **époux**
épouser [epuze] <1> *vt* heiraten
épousseter [epuste] <3> *vt* abstauben
époustouflant(e) [epustuflɑ̃, ɑ̃t] *adj fam* unglaublich
époustoufler [epustufle] <1> *vt fam* umhauen
épouvantable [epuvɑ̃tabl] *adj* schrecklich
épouvantail [epuvɑ̃taj] <s> *m a. fig* Vogelscheuche *f*
épouvante [epuvɑ̃t] *f* **film d'~** Horrorfilm *m*
épouvanter [epuvɑ̃te] <1> *vt* ❶ *(horrifier)* in Angst und Schrecken versetzen ❷ *(inquiéter)* **~ qn** jdm Angst machen
époux, épouse [epu] *m, f form* Gatte, Gattin *m, f*; **les ~** die Eheleute; **Mme Dumas, épouse Meier** Frau Meier, geborene Dumas
épreuve [epʀœv] *f* ❶ Prüfung *f* ❷ SPORT Wettkampf *m* ▶ **~ de force** Kraftprobe *f* **à toute ~** bewährt
épris(e) [epʀi, iz] *adj* **~ de qn** in jdn verliebt, von jdm angetan
éprouvant(e) [epʀuvɑ̃] *adj* anstrengend
éprouvé(e) [epʀuve] *adj* ❶ *(personne)* mitgenommen; *(pays, région)* hart getroffen; **être très ~** viel durchmachen ❷ *(confirmé)* bewährt
éprouver [epʀuve] <1> *vt* ❶ *(envie)* verspüren; *(sentiment)* haben ❷ *(ébranler)* mitnehmen
éprouvette [epʀuvɛt] *f* Reagenzglas *nt*
épuisant(e) [epɥizɑ̃] *adj* anstrengend
épuisé(e) [epɥize] *adj* ❶ [völlig] erschöpft ❷ *(terre)* ausgelaugt
épuisement [epɥizmɑ̃] *m* ❶ Erschöpfung *f* ❷ *(vente totale)* Ausverkauf *m*
épuiser [epɥize] <1> **I.** *vt* ❶ strapazieren ❷ *(possibilités)* ausschöpfen ❸ *(stock)* ausverkaufen **II.** *vpr* ❶ **s'~** zu Ende gehen ❷ *(se fatiguer)* **s'~ à faire qc** sich abmühen etw zu tun
épuisette [epɥizɛt] *f* Kescher *m*
épuration [epyʀasjɔ̃] *f* CHIM Reinigung *f*; *(de l'eau)* Aufbereitung *f*
épurer [epyʀe] <1> *vt* reinigen; *(huile, eau)* aufbereiten
équateur [ekwatœʀ] *m* Äquator *m*
équation [ekwasjɔ̃] *f* MATH Gleichung *f*
équatorial(e) [ekwatɔʀjal] <-aux> *adj* äquatorial
équerre [ekɛʀ] *f* Zeichendreieck *nt*
équestre [ekɛstʀ] *adj* Reit-
équilatéral(e) [ekɥilateʀal, -o] <-aux> *adj (triangle)* gleichseitig
équilibre [ekilibʀ] *m* Gleichgewicht *nt*
équilibré(e) [ekilibʀe] *adj* ❶ gleichmäßig verteilt ❷ *(personne)* ausgeglichen
équilibrer [ekilibʀe] <1> **I.** *vt* austarieren, gleichmäßig verteilen **II.** *vpr* **s'~** sich die Waage halten
équilibriste [ekilibʀist] *mf* Akrobat(in) *m(f)*
équinoxe [ekinɔks] *m* Tagundnachtgleiche *f*
équipage [ekipaʒ] *m* Besatzung *f*

E

équipe [ekip] *f* ❶ SPORT Mannschaft *f* ❷ *(groupe)* Team *nt*

équipée [ekipe] *f (aventure)* [abenteuerliches] Unterfangen

équipement [ekipmɑ̃] *m* ❶ Ausrüstung *f*; *(d'un hôtel)* Einrichtung *f* ❷ *souvent pl (installations)* Anlage *f*

équiper [ekipe] <1> *vpr* **s'~** sich ausrüsten

équipier, -ière [ekipje] *m, f* Mannschaftskamerad(in) *m(f)*

équitable [ekitabl] *adj* gerecht

équitablement [ekitabləmɑ̃] *adv* gerecht

équitation [ekitasjɔ̃] *f* Reiten *nt*

équité [ekite] *f (d'un jugement, d'une loi)* Angemessenheit *f*

équivalence [ekivalɑ̃s] *f* ❶ Gleichwertigkeit *f* ❷ UNIV Äquivalenz *f*

équivalent [ekivalɑ̃] *m* Entsprechende(s) *nt*; **sans ~** ohnegleichen

équivalent(e) [ekivalɑ̃] *adj (part, forme)* gleich; *(diplôme)* gleichwertig

équivaloir [ekivalwaʀ] <irr> *vi* **~ à qc** einer S. *(dat)* entsprechen

équivoque [ekivɔk] *adj* ❶ *(ambigu)* zweideutig ❷ *(louche)* zwielichtig

érable [eʀabl] *m* Ahorn *m*

éradication [eʀadikasjɔ̃] *f* Ausrotten *nt*

éradiquer [eʀadike] <1> *vt* ausrotten

érafler [eʀɑfle] <1> **I.** *vt* zerkratzen **II.** *vpr* **s'~ qc** sich *(dat)* etw zerkratzen

éraflure [eʀɑflyʀ] *f* Schramme *f*

ère [ɛʀ] *f* ❶ Zeitalter *nt* ❷ *(espace de temps qui commence à un point fixe)* Zeitrechnung *f*

érection [eʀɛksjɔ̃] *f (d'un pénis)* Erektion *f*

éreintant(e) [eʀɛ̃tɑ̃, ɑ̃t] *adj* aufreibend

éreinté(e) [eʀɛ̃te] *adj* [völlig] erschöpft

érémiste [eʀemist] *mf* Sozialhilfeempfänger(in) *m(f)*

ergonomique [ɛʀgɔnɔmik] *adj* ergonomisch

ériger [eʀiʒe] <2a> *vt form* errichten

ermitage [ɛʀmitaʒ] *m* Einsiedelei *f*

ermite [ɛʀmit] *m* Eremit *m*

éroder [eʀɔde] <1> *vt (vent)* erodieren, abtragen; *(pluie, eau)* auswaschen *(mer) (falaise)* unterspülen

érogène [eʀɔʒɛn] *adj (zone)* erogen

érosion [eʀɔzjɔ̃] *f* Erosion *f*

érotique [eʀɔtik] *adj* erotisch

érotisme [eʀɔtism] *m* Erotik *f*

errant(e) [eʀɑ̃] *adj* umherirrend

erratum [eʀatɔm, eʀata] <errata> *m* Druckfehler *m*

errer [eʀe] <1> *vi* umherirren

erreur [eʀœʀ] *f* ❶ Fehler *m* ❷ *(idée erronée)* Irrtum *m*; **faire ~** sich irren; **par ~** aus Versehen ▸ **l'~ est humaine** *prov* Irren ist menschlich *(prov)*

erroné(e) [eʀɔne] *adj* irrig

ersatz [ɛʀsats] *m inv* **~ de café/savon** Kaffee-/Seifenersatz *m*

érudit(e) [eʀydi, it] *adj (ouvrage, personne)* gelehrt

érudition [eʀydisjɔ̃] *f* Gelehrsamkeit *f*

éruption [eʀypsjɔ̃] *f* GEO Ausbruch *m*

es [ɛ] *indic prés de* **être**

escabeau [ɛskabo] <x> *m* Trittleiter *f*

escadrille [ɛskadʀij] *f (de bombardement)* Staffel *f*

escadron [ɛskadʀɔ̃] *m (de cavalerie)* Schwadron *f*; *(de chasseurs, gendarmerie)* Staffel *f*

escalade [ɛskalad] *f* ❶ Erklettern *nt* ❷ *(surenchère)* [schneller] Anstieg *m*

escalader [ɛskalade] <1> *vt* ❶ steigen auf *(+akk)* ❷ *(grille)* steigen über *(+akk)*

escalator [ɛskalatɔʀ] *m* Rolltreppe *f*

escale [ɛskal] *f* Zwischenstopp *m*

escalier [ɛskalje] *m sing o pl* Treppe *f*

escalope [ɛskalɔp] *f* Schnitzel *nt*

escamotable [ɛskamɔtabl] *adj (antenne)* einschiebbar

escamoter [ɛskamɔte] <1> *vt* ❶ *(rentrer: train d'atterrissage)* einfahren; *(antenne)* einziehen ❷ *(faire disparaître)* verschwinden lassen

escapade [ɛskapad] *f* Eskapade *f*; *(fugue)* Ausreißen *nt*

escargot [ɛskaʀgo] *m* Schnecke *f*

escarmouche [ɛskaʀmuʃ] *f* MIL Gefecht *nt*

escarpé(e) [ɛskaʀpe] *adj (chemin)* steil
escarpin [ɛskaʀpɛ̃] *m* Pumps *m*
esclaffer [ɛsklafe] <1> *vpr* **s'~** schallend [los]lachen
esclavage [ɛsklavaʒ] *m* Sklaverei *f;* ~ **moderne** moderne Sklaverei
esclave [ɛsklav] **I.** *adj* versklavt **II.** *mf* Sklave, Sklavin *m, f*
escompte [ɛskɔ̃t] *m* COM Skonto *nt o m*
escompter [ɛskɔ̃te] <1> *vt* FIN diskontieren
escorte [ɛskɔʀt] *f* Eskorte *f*
escorter [ɛskɔʀte] <1> *vt* ❶ geleiten ❷ *(protéger)* eskortieren
escrime [ɛskʀim] *f* Fechten *nt*
escroc [ɛskʀo] *m* Betrüger(in) *m(f)*

Aussprache
Das -c am Ende von **escroc** bleibt stumm.

escroquer [ɛskʀɔke] <1> *vt* ~ **qn de mille euros** jdn um 1000 Euro betrügen
escroquerie [ɛskʀɔkʀi] *f* Betrug *m*
ésotérique [ezɔteʀik] *adj* esoterisch
espace [ɛspas] **I.** *m* ❶ Platz *m* ❷ *(zone)* Gebiet *nt* ❸ *(cosmos)* Weltraum *m* ❹ *(distance)* Zwischenraum *m* ❺ *(durée)* ~ [**de temps**] Zeitraum *m* ❻ TYP, INFORM Leerstelle *f* **II.** *f* TYP Leerzeichen *nt*
espacement [ɛspasmɑ̃] *m* Abstand *m*
espacer [ɛspase] <2> *vpr* **s'~** seltener werden
espadon [ɛspadɔ̃] *m* ZOOL Schwertfisch *m*
espadrille [ɛspadʀij] *f* ❶ Espadrille *f* ❷ CAN *(basket)* Turnschuh *m*
Espagne [ɛspaɲ] *f* **l'~** Spanien *nt*
espagnol [ɛspaɲɔl] *m* Spanisch *nt; v.a.* **allemand**
espagnol(e) [ɛspaɲɔl] *adj* spanisch; *v.a.* **allemand**
Espagnol(e) [ɛspaɲɔl] *m(f)* Spanier(in) *m(f)*
espèce [ɛspɛs] *f* ❶ *(catégorie)* Art *f* ❷ *pl (argent liquide)* Bargeld *nt*
espérance [ɛspeʀɑ̃s] *f* ❶ *(confiance)* Zuversicht *f* ❷ *(espoir)* Hoffnung *f*
espérer [ɛspeʀe] <5> **I.** *vt* ❶ hoffen auf *(+akk)* ❷ *(compter sur)* erwarten **II.** *vi* hoffen; **espérons!** hoffentlich!
espiègle [ɛspjɛgl] *adj* schelmisch
espièglerie [ɛspjɛgləʀi] *f* Schalk *m*
espion(ne) [ɛspjɔ̃] **I.** *m(f)* Spion(in) *m(f)* **II.** *app* **avion espion** Spionageflugzeug *nt*
espionnage [ɛspjɔnaʒ] *m* Spionage *f*
espionner [ɛspjɔne] <1> *vt* ausspionieren
esplanade [ɛsplanad] *f* [großer, freier] [Vor]platz
espoir [ɛspwaʀ] *m* Hoffnung *f*
esprit [ɛspʀi] *m* ❶ *(pensée)* Geist *m,* Verstand *m* ❷ *(tête)* **avoir qn/qc à l'~** jdn/etw im Sinn haben; **dans son ~** seiner/ihrer Meinung nach ❸ *(humour)* Geist *m,* Witz *m,* **plein d'~** äußerst geistreich ❹ *(intention)* Sinn *m;* **l'~ français** die französische Wesensart ▶ **reprendre ses ~s** sich wieder fassen
esquimau[1] [ɛskimo] <x> *m (langue)* Eskimoisch *nt; v.a.* **allemand**
esquimau®[2] [ɛskimo] <x> *m* GASTR *Eis am Stiel mit Schokoladenüberzug*
Esquimau(de) [ɛskimo] *m(f)* Eskimo, Eskimofrau *m, f*
esquinté(e) [ɛskɛ̃te] *adj fam* kaputt
esquinter [ɛskɛ̃te] <1> **I.** *vt fam* ❶ *(abîmer: chose)* kaputtmachen; *(personne)* vermöbeln; *(voiture)* ramponieren ❷ *(épuiser: santé)* ruinieren **II.** *vpr fam* **s'~** *(chose)* kaputtgehen; *(personne)* sich kaputtmachen; **s'~ les yeux** sich *(dat)* die Augen verderben; **s'~ à faire qc** sich damit abplagen etw zu tun
esquisse [ɛskis] *f* ❶ Skizze *f* ❷ *(d'un sourire)* Andeutung *f*
esquisser [ɛskise] <1> **I.** *vt* ❶ *a.* ART skizzieren ❷ *(sourire)* andeuten **II.** *vpr* **s'~** sich abzeichnen

E

esquiver [ɛskive] <1> **I.** *vt* [geschickt] ausweichen *(+dat)* **II.** *vpr* **s'~** sich wegstehlen
essai [esɛ] *m* ① *gén pl* Versuch *m; (d'un appareil)* Test *m;* **à l'~** auf Probe ② *(tentative)* Versuch *m* ③ SPORT Versuch *m* ④ LITTER Essay *m o nt*
essaim [esɛ̃] *m* Schwarm *m*
essaimer [eseme] <1> *vi (abeilles)* schwärmen
essayage [esɛjaʒ] *m* Anprobe *f*
essayer [eseje] <7> **I.** *vt* ① [an]probieren ② *(tenter)* ~ **qc** es mit etw versuchen **II.** *vi* versuchen; **ça ne coûte rien d'~** Probieren kostet nichts
essence [esɑ̃s] *f* ① Benzin *nt;* **prendre de l'~** tanken ② *(nature profonde)* Wesentliche(s) *nt*
essentiel [esɑ̃sjɛl] *m* ① **l'~** das Wesentliche; **l'~ est que** + *subj* das Wichtigste ist, dass; **aller à l'~** zur Sache kommen ② *(la plus grande partie)* **l'~ de qc** das Gros einer S. *(gen)*
essentiel(le) [esɑ̃sjɛl] *adj* ① wesentlich ② *(indispensable)* unentbehrlich
essentiellement [esɑ̃sjɛlmɑ̃] *adv* im Wesentlichen
essieu [esjø] <x> *m* TECH, AUT Achse *f*
essor [esɔʀ] *m* Aufschwung *m*
essorage [esɔʀaʒ] *m* Schleudern *nt*
essorer [esɔʀe] <1> *vt, vi* schleudern
essoreuse [esɔʀøz] *f (à linge)* [Wäsche]schleuder *f*
essouffler [esufle] <1> **I.** *vt* außer Atem bringen **II.** *vpr* **s'~** außer Atem kommen
essuie-glace [esɥiglas] <essuie-glaces> *m* Scheibenwischer *m* **essuie-mains** [esɥimɛ̃] *m inv* Handtuch *nt* **essuie-tout** [esɥitu] *m inv* Küchentuch *nt*
essuyer [esɥije] <6> **I.** *vt* ① abtrocknen ② *(éponger)* wegwischen ③ *(échec)* erleiden **II.** *vpr* ① **s'~** sich abtrocknen ② *(se nettoyer)* **s'~ les pieds** sich *(dat)* die Füße abputzen
est[1] [ɛ] *indic prés de* **être**
est[2] [ɛst] **I.** *m sans pl* **l'~** der Osten; **l'Europe de l'~** Osteuropa *nt* **II.** *adj inv* Ost-; **la côte est** die Ostküste
Est [ɛst] *m sans pl* **l'~** der Osten
est-allemand(e) [ɛstalmɑ̃] *adj* ostdeutsch
est-ce que [ɛskə] *adv* **où ~ tu vas?** wohin gehst du?

> **est-ce que**
> Fragesätze, die mit **est-ce que** oder **est-ce qu'** beginnen, haben dieselbe Wortstellung wie Aussagesätze:
> *Est-ce que tu rentres à la maison? – Gehst du nach Hause?; Tu rentres à la maison. – Du gehst nach Hause.*

esthète [ɛstɛt] *mf* Ästhet(in) *m(f)*
esthéticien(ne) [ɛstetisjɛ̃] *m(f)* Kosmetiker(in) *m(f)*
esthétique [ɛstetik] **I.** *adj* ästhetisch **II.** *f* Ästhetik *f*
estimable [ɛstimabl] *adj* ① respektabel ② *(résultats)* anständig
estimatif, -ive [ɛstimatif] *adj* **devis ~** Kostenvoranschlag *m*
estimation [ɛstimasjɔ̃] *f* Schätzung *f; (d'une somme)* Veranschlagung *f*
estime [ɛstim] *f* [Hoch]achtung *f;* **l'~ de soi-même** die Selbstachtung
estimer [ɛstime] <1> **I.** *vt* ① schätzen; *(coûts)* veranschlagen ② *(considérer)* ~ **qc inutile** etw für unnötig halten; **ne pas ~ que** + *subj* nicht glauben, dass ③ *(respecter)* **être estimé de tous** von allen hoch geschätzt werden **II.** *vpr* **s'~ heureux d'avoir été sélectionné** sich glücklich schätzen ausgewählt worden zu sein
estival(e) [ɛstival] <-aux> *adj* Sommer-; **saison ~e** Sommersaison *f*
estivant(e) [ɛstivɑ̃, ɑ̃t] *m(f)* Sommerurlauber(in) *m(f)*
estomac [ɛstɔma] *m* Magen *m*
estomaquer [ɛstɔmake] <1> *vt fam* verblüffen

estomper [ɛstɔ̃pe] <1> *vt (contours, dessin)* verschwommen erscheinen lassen, verwischen
Estonie [ɛstɔni] *f* **l'~** Estland *nt*
estonien(ne) [ɛstɔnjɛ̃] *adj* estnisch; *v.a.* **allemand**
Estonien(ne) [ɛstɔnjɛ̃] *m(f)* Estländer(in) *m(f)*, Este, Estin *m, f*
estrade [ɛstʀad] *f* Podium *nt*
estropié(e) [ɛstʀɔpje] *adj* verkrüppelt
estropier [ɛstʀɔpje] <1a> *vt* zum Krüppel machen
estuaire [ɛstɥɛʀ] *m* Mündung *f*
estudiantin(e) [ɛstydjɑ̃tɛ̃, in] *adj* studentisch
esturgeon [ɛstyʀʒɔ̃] *m* Stör *m*
et [e] *conj* ① und ② *(dans des indications d'heure)* nach; **à quatre heures ~ demie** um halb fünf ③ *(aussi bien... que)* **~ son mari ~ son amant...** sowohl ihr Mann als auch ihr Freund... ④ *(et qui plus est)* und zwar ▸ **~ alors!** na und!
étable [etabl] *f* Stall *m*
établi(e) [etabli] *adj* ① allgemein gültig ② *(fait)* allgemein bekannt ③ CH *(installé)* niedergelassen (CH)
établir [etabliʀ] <8> **I.** *vt* ① aufbauen ② *(liste)* zusammenstellen ③ SPORT *(record)* aufstellen **II.** *vpr* **s'~** ① *(s'installer)* sich niederlassen ② *(usage)* sich einbürgern
établissement [etablismɑ̃] *m* Einrichtung *f; (hôtel)* Haus *nt; (d'une banque)* Niederlassung *f*
étage [etaʒ] *m* Stock[werk *nt*] *m;* **à l'~** oben
étager [etaʒe] <2a> *vt (objets)* auftürmen
étagère [etaʒɛʀ] *f* ① *(tablette)* [Regal]brett *nt* ② *(meuble)* Regal *nt*
étain [etɛ̃] *m* Zinn *nt*
étais [etɛ] *imparf de* **être**
étal [etal] <s> *m* Marktstand *m*
étalage [etalaʒ] *m* COM Ausstellen/-legen *nt*
étalement [etalmɑ̃] *m (de papiers)* Ausbreiten *nt*
étaler [etale] <1> **I.** *vt* ① ausbreiten ② *(dans le temps)* verteilen ③ *(connaissances)* prahlen mit **II.** *vpr* ① **bien/mal s'~** sich gut/schlecht verarbeiten lassen ② *(dans l'espace)* **s'~** sich ausbreiten ③ *(s'afficher)* **s'~** prangen ④ *(se vautrer)* **s'~** es sich *(dat)* bequem machen
étalon [etalɔ̃] *m (cheval)* Zuchthengst *m*
étamine [etamin] *f* BOT Staubblatt *nt*
étanche [etɑ̃ʃ] *adj* wasserdicht
étanchéité [etɑ̃ʃeite] *f* **vérifier l'~ de qc** überprüfen, ob etw wasserdicht ist
étancher [etɑ̃ʃe] <1> *vt (sang)* stillen
étang [etɑ̃] *m* Teich *m*
étant [etɑ̃] *part prés de* **être**
étape [etap] *f* Etappe *f*
état [eta] *m* ① Zustand *m; (des recherches)* Stand *m;* **être en ~ de faire qc** in der Lage sein etw zu tun ② *(des recettes)* Verzeichnis *nt* ▸ **~ d'esprit** Einstellung *f* **~ civil** Personenstand *m; (service)* Standesamt *nt*, ≈ Einwohnermeldeamt *nt*
État [eta] *m* POL Staat *m;* **~ de droit** Rechtsstaat; **~s membres de l'UE** EU-Mitgliedstaaten
États-Unis [etazyni] *mpl* **les ~ d'Amérique** die Vereinigten Staaten von Amerika
étau [eto] <x> *m* Schraubstock *m*
étayer [eteje] <7> *vt* [ab]stützen
etc. [ɛtseteʀa] *abr de* **et cætera**, *abr de* **et cetera** usw.
été[1] [ete] *m* Sommer *m*
été[2] [ete] *part passé de* **être**
éteindre [etɛ̃dʀ] <irr> **I.** *vt* ausmachen **II.** *vi* das Licht ausmachen **III.** *vpr* **s'~** ausgehen
éteint(e) [etɛ̃] **I.** *part passé de* **éteindre** **II.** *adj* aus[gegangen]
étendard [etɑ̃daʀ] *m* Standarte *f*
étendre [etɑ̃dʀ] <14> **I.** *vt* ① hinlegen ② *(tapis)* ausrollen ③ *(faire sécher)* aufhängen **II.** *vpr* ① **s'~** sich hinlegen ② *(s'appesantir)* **s'~ sur qc** sich über etw *(akk)* auslassen ③ *(augmenter)* **s'~** *(épidémie)* um sich greifen

E

étendu(e) [etɑ̃dy] **I.** *part passé de* **étendre** **II.** *adj* ❶ ausgestreckt ❷ *(vaste)* ausgedehnt

étendue [etɑ̃dy] *f* Ausdehnung *f*

éternel(le) [etɛʀnɛl] *adj* ❶ ewig ❷ *(inévitable)* unvermeidlich

éternellement [etɛʀnɛlmɑ̃] *adv* ewig; *(depuis toujours)* schon immer; *(sans arrêt)* immer

éterniser [etɛʀnize] <1> *vpr* **s'~** sich hinziehen

éternité [etɛʀnite] *f* Ewigkeit *f*

éternuement [etɛʀnymɑ̃] *m gén pl* Niesen *nt*

éternuer [etɛʀnɥe] <1> *vi* niesen

êtes [ɛt] *indic prés de* **être**

étêter [etete] <1> *vt (arbre)* kappen

éther [etɛʀ] *m* Äther *m*

Éthiopie [etjɔpi] *f* **l'~** Äthiopien *nt*

éthiopien(ne) [etjɔpjɛ̃] *adj* äthiopisch; *v.a.* **allemand**

Éthiopien(ne) [etjɔpjɛ̃] *m(f)* Äthiopier(in) *m(f)*

éthique [etik] *adj* ethisch

ethnie [ɛtni] *f* Volksstamm *m*

ethnique [ɛtnik] *adj* ethnisch

ethnologie [ɛtnɔlɔʒi] *f* Ethnologie *f*

ethnologue [ɛtnɔlɔg] *mf* Ethnologe *m*/ Ethnologin *f*

éthylique [etilik] *adj* Alkohol-

éthylisme [etilism] *m* Alkoholismus *m*

étincelant(e) [etɛ̃s(ə)lɑ̃] *adj* glitzernd

étinceler [etɛ̃s(ə)le] <3> *vi* funkeln

étincelle [etɛ̃sɛl] *f* Funke[n] *m*

étiqueter [etikte] <3> *vt* etikettieren

étiquette [etikɛt] *f* ❶ Etikett *nt* ❷ *(adhésif)* Aufkleber *m* ❸ *(protocole)* **l'~** die Etikette

étirer [etiʀe] <1> *vpr* **s'~** ❶ sich strecken ❷ *(textile)* sich dehnen

étoffe [etɔf] *f* Stoff *m*

étoffé(e) [etɔfe] *adj* LITTER *(style)* reich, üppig

étoffer [etɔfe] <1> *vt* LITTER *(récit)* ausbauen, ausschmücken

étoile [etwal] *f* Stern *m*

étoilé(e) [etwale] *adj* stern[en]klar

étole [etɔl] *f* Stola *f*

étonnant [etɔnɑ̃] *m* **l'~ est que** + *subj* das Erstaunliche daran ist, dass

étonnant(e) [etɔnɑ̃] *adj* erstaunlich

étonné(e) [etɔne] *adj* erstaunt

étonnement [etɔnmɑ̃] *m* Verwunderung *f,* Erstaunen *nt*

étonner [etɔne] <1> **I.** *vt* erstaunen **II.** *vpr* **s'~ que** + *subj* sich darüber wundern, dass

étouffant(e) [etufɑ̃] *adj* drückend

étouffé(e) [etufe] *adj* erstickt

étouffement [etufmɑ̃] *m sans pl* Ersticken *nt*

étouffer [etufe] <1> **I.** *vt* ❶ ersticken ❷ *(feu)* löschen ❸ *(bruit)* dämpfen ❹ *(scandale)* vertuschen ❺ *(révolte)* niederschlagen **II.** *vi* ❶ *(mourir)* ersticken ❷ *(suffoquer)* keine Luft mehr bekommen **III.** *vpr* **s'~** ersticken

étourderie [etuʀdəʀi] *f* ❶ *sans pl* Unbesonnenheit *f* ❷ *(acte)* Leichtsinn *m*

étourdi(e) [etuʀdi] **I.** *adj* leichtsinnig **II.** *m(f)* leichtsinniger Mensch *m*

étourdiment [etuʀdimɑ̃] *adv* gedankenlos

étourdir [etuʀdiʀ] <8> *vt, vpr* **[s']~** [sich] betäuben

étourdissant(e) [etuʀdisɑ̃] *adj* [ohren]betäubend

étourdissement [etuʀdismɑ̃] *m* Schwindelgefühl *nt*

étourneau [etuʀno] <x> *m* BIO Star *m*

étrange [etʀɑ̃ʒ] *adj* seltsam

étrangement [etʀɑ̃ʒmɑ̃] *adv* seltsam

étranger [etʀɑ̃ʒe] *m* **l'~** das Ausland

étranger, -ère [etʀɑ̃ʒe] **I.** *adj* ❶ *(d'un autre pays)* ausländisch; *(affaires)* auswärtig; **politique étrangère** Außenpolitik *f;* **travailleur ~** Gastarbeiter *m;* **langue étrangère** Fremdsprache *f* ❷ *(d'un autre groupe, non familier)* fremd **II.** *m, f* ❶ *(d'un autre pays)* Ausländer(in) *m(f)* ❷ *(d'une autre région)* Fremde(r) *f(m)*

étrangeté [etʀɑ̃ʒte] *f sans pl* Eigenartigkeit *f*

étranglement [etʀɑ̃gləmɑ̃] *m* Erwürgen *nt,* Erdrosseln *nt*

étrangler [etʀɑ̃gle] <1> **I.** *vt* ① *(tuer)* erwürgen ② *(serrer le cou)* zuschnüren **II.** *vpr* **s'~ avec qc** ① *(mourir)* sich mit etw strangulieren ② *(en mangeant)* sich an etw *(dat)* verschlucken

être [ɛtʀ] <irr> **I.** *vi* ① sein ② *(appartenir)* **~ à qn** jdm gehören ③ *(pour exprimer l'obligation)* **~ à faire** erledigt werden müssen ④ *(provenir)* **~ de qn** *(œuvre)* von jdm sein ▸ **ça y est** *(c'est fini)* so; *(je comprends)* ach so; *(je te l'avais dit)* siehst du; **ça y est?** *(alors)* was ist?; **n'est-ce pas?** nicht wahr? **II.** *vi impers* ① **il est impossible...** es ist unmöglich... ② *(pour indiquer l'heure)* **il est dix heures** es ist zehn [Uhr] **III.** *aux* ① *(comme auxiliaire du passé actif)* **~ venu** gekommen sein; **s'~ rencontrés** sich getroffen haben ② *(comme auxiliaire du passif)* **le sol est lavé chaque jour** der Boden wird jeden Tag geputzt **IV.** *m* ① *(opp: chose)* **~ vivant** Lebewesen *nt* ② *(opp: animal)* **~ humain** Mensch *m*

étreindre [etʀɛ̃dʀ] <irr> *vt* ① *(ami)* umarmen, umklammern; *(adversaire)* packen ② *(angoisse)* packen

étreinte [etʀɛ̃t] *f* *(d'un ami)* Umarmung *f*; *(d'un adversaire)* Umklammerung *f*

étrennes [etʀɛn] *fpl* Neujahrsgeschenk *nt*

étrier [etʀije] *m* Steigbügel *m*

étriller [etʀije] <1> *vt (cheval)* striegeln

étriper [etʀipe] <1> *vt* ① ausnehmen ② *fam (personne)* verdreschen

étriqué(e) [etʀike] *adj (vêtement)* zu eng

étroit(e) [etʀwa] *adj* ① *(opp: large)* schmal ② *(opp: lâche)* eng ③ *(surveillance)* streng

étroitement [etʀwatmɑ̃] *adv (serré)* eng, fest; *(être logé)* beengt

étroitesse [etʀwatɛs] *f* ① **l'~ de sa jupe la gênait** ihr enger Rock behinderte sie ② *péj (des vues, pensées)* Beschränktheit *f*

étude [etyd] **I.** *f* ① *(apprentissage)* Lernen *nt* ② *(de la nature)* Erforschung *f* ③ *(ouvrage)* **~ sur qc** Studie über etw *(akk)* **II.** *fpl* ① SCOL Schulbildung *f*; **faire des ~s** eine Schule besuchen ② UNIV Studium *nt*; **faire des ~s** studieren

étudiant(e) [etydjɑ̃] **I.** *adj* studentisch; **vie ~e** Studentenleben *nt* **II.** *m(f)* Student(in) *m(f)*

étudié(e) [etydje] *adj* ① *(soigné)* **jeu d'un acteur très ~** gut einstudierte Rolle ② *(avantageux)* **conditions très ~es** sehr günstige Bedingungen

étudier [etydje] <1> **I.** *vt* ① [er]lernen; *(à l'université)* studieren ② *(faire des recherches)* untersuchen ③ *(en vue d'une décision)* bearbeiten; *(plan)* prüfen ④ SCOL sich beschäftigen mit ⑤ *(personne)* studieren **II.** *vi* studieren

étui [etɥi] *m* Etui *nt*

étuve [etyv] *f (à désinfection)* Sterilisator *m*

étymologie [etimɔlɔʒi] *f* Etymologie *f*

étymologique [etimɔlɔʒik] *adj* etymologisch

eu(e) [y] *part passé de* **avoir**

eucalyptus [økaliptys] *m* Eukalyptus *m*

euh [ø] *interj* ① *en tête d'un énoncé* hm ② *interrompant une énonciation (trou de mémoire)* äh; *(émotion, autocorrection)* ach

eunuque [ønyk] *m* Eunuch *m*

euphémisant(e) [øfemizɑ̃] *adj* beschönigend

euphémisme [øfemism] *m* Euphemismus *m*

euphorie [øfɔʀi] *f* Euphorie *f*

euphorique [øfɔʀik] *adj* euphorisch

EUR *m abr de* **euro** EUR

eurasien(ne) [øʀazjɛ̃] *adj* eurasisch

Eurasien(ne) [øʀazjɛ̃] *m(f)* Eurasier(in) *m(f)*

euro [øʀo] **I.** *m* Euro *m*; **billet de dix ~s** Zehn-Euro-Schein *m* **II.** *app* Euro-; **zone ~** Eurozone *f*, Euroländer *Pl*

eurochèque [øʀoʃɛk] *m* Eurocheque *m*

E

eurocrate [øʀɔkʀat] *mf souvent péj* Eurokrat(in) *m(f)*

eurodéputé(e) [øʀodepyte] *m(f)* Europaabgeordnete(r) *f(m)*

eurodevise [øʀod(ə)viz] *f* Euro-Währung *f*

Europe [øʀɔp] *f* **l'~** Europa *nt*

européanisation [øʀɔpeanizasjɔ̃] *f* Europäisierung *f*

européaniser [øʀɔpeanize] <1> **I.** *vt* europäisieren **II.** *vpr* **s'~** europäisiert werden

européen(ne) [øʀɔpeɛ̃] **I.** *adj* europäisch; **parlement ~** Europaparlament *nt;* **l'Union ~ne** die Europäische Union **II.** *m(f)pl (élections)* die Wahl zum Europaparlament

Européen(ne) [øʀɔpeɛ̃] *m(f)* Europäer(in) *m(f)*

eurosceptique [øʀosɛptik] **I.** *adj* euroskeptisch **II.** *mf* Euroskeptiker(in) *m(f)*

eurosignal [øʀosiɲal] *m* Notruf *m*

eus [y] *passé simple de* **avoir**

euthanasie [øtanazi] *f* Euthanasie *f*

eux [ø] *pron pers, pl masculin ou mixte* ❶ *fam (pour renforcer)* **~, ils n'ont pas bu** die haben nicht getrunken ❷ *avec une prép* **avec ~** mit ihnen; **sans ~** ohne sie ❸ *dans une comparaison* sie ❹ *(soi)* sich; *v.a.* **lui**

eux-mêmes [ømɛm] *pron pers* sie selbst; *v.a.* **moi-même** *v.a.* **nous-même**

évacuation [evakɥasjɔ̃] *f* ❶ Evakuierung *f* ❷ *(action de quitter)* Räumung *f*

évacuer [evakɥe] <1> *vt* ❶ MIL räumen ❷ *(habitants)* evakuieren; *(blessés)* abtransportieren ❸ *(quitter)* räumen ❹ *(eaux usées)* ablassen

évadé(e) [evade] *m(f)* entflohener Häftling *m*

évader [evade] <1> *vpr* **s'~ de qc** aus etw ausbrechen

évaluation [evalɥasjɔ̃] *f* ❶ *(des coûts)* Überschlag *m; (des risques)* Abschätzung *f* ❷ *(des dégâts)* Schätzung *f*

évaluer [evalɥe] <1> *vt* schätzen; *(distance)* abschätzen; *(chances)* einschätzen

évangélique [evɑ̃ʒelik] *adj* evangelisch

évangéliste [evɑ̃ʒelist] *m* Evangelist *m*

évangile [evɑ̃ʒil] *m (texte, livre)* Evangelium *nt*

Évangile [evɑ̃ʒil] *m* **l'~** das Evangelium

évanoui(e) [evanwi] *adj* ❶ ohnmächtig ❷ *(bonheur)* vergangen

évanouir [evanwiʀ] <8> *vpr* ❶ **s'~ de qc** von etw ohnmächtig werden ❷ *(disparaître)* [ver]schwinden

évanouissement [evanwismɑ̃] *m* Ohnmachtsanfall *m*

évaporation [evapɔʀasjɔ̃] *f* Verdampfung *f*

évaporer [evapɔʀe] <1> *vpr* **s'~** verdunsten

évasé(e) [evɑze] *adj (jupe)* ausgestellt

évaser [evɑze] <1> *vt (trou)* vergrößern, erweitern

évasif, -ive [evazif] *adj* ausweichend

évasion [evazjɔ̃] *f* **~ de qn de prison** jds Ausbruch *m* aus dem Gefängnis

évêché [eveʃe] *m* Bistum *nt*

éveil [evɛj] *m* ❶ **tenir qn en ~** jdn wach halten ❷ *(réveil)* Erwachen *nt*

éveillé(e) [eveje] *adj* ❶ wach ❷ *(alerte)* aufgeweckt

éveiller [eveje] <1> **I.** *vt* ❶ *(attention)* erregen; *(soupçons)* wecken ❷ *(intelligence)* fördern **II.** *vpr* **s'~ à l'amour** seine ersten Erfahrungen in der Liebe machen

événement, évènement [evɛnmɑ̃] *m* ❶ Ereignis *nt* ❷ *(spectacle, manifestation)* Event *m o nt*

événementiel [evɛnmɑ̃sjɛl] *m (secteur d'activité)* Eventbereich *m*

éventail [evɑ̃taj] <s> *m* Fächer *m*

éventé(e) [evɑ̃te] *adj (terrasse)* windig

éventer [evɑ̃te] <1> *vt (secret)* lüften, aufdecken

éventrer [evɑ̃tʀe] <1> *vt* ❶ *(tuer)* **~ qn/un animal** jdm/einem Tier den Bauch aufschlitzen ❷ *(ouvrir: sac)* aufreißen; *(porte)* aufbrechen; *(matelas)* aufschlitzen

éventualité [evɑ̃tɥalite] *f* ❶ **dans l'~ d'une guerre** im Falle eines Krieges ❷ *(possibilité)* Möglichkeit *f*
éventuel(le) [evɑ̃tɥɛl] *adj* möglich; *(successeur a.)* potenziell
éventuellement [evɑ̃tɥɛlmɑ̃] *adv* eventuell
évêque [evɛk] *m* Bischof *m*
évertuer [evɛʀtɥe] <1> *vpr* **s'~ à faire qc** sich abquälen etw zu tun
éviction [eviksjɔ̃] *f* Ausschaltung *f*
évidemment [evidamɑ̃] *adv* ❶ *(en tête de phrase)* natürlich ❷ *(en réponse)* na klar *(fam)* ❸ *(comme on peut le voir)* offenbar
évidence [evidɑ̃s] *f* ❶ *sans pl (caractère)* Offensichtlichkeit *f;* **de toute ~** ganz offensichtlich ❷ *(fait)* **se rendre à l'~** sich den Tatsachen beugen
évident(e) [evidɑ̃] *adj* ❶ klar [erkennbar]; **il est ~ que...** es versteht sich von selbst, dass... ❷ *(compréhensible)* offensichtlich; **il est ~ que...** es ist offensichtlich, dass... ▸ **c'est pas ~!** *fam* das ist gar nicht so einfach!
évider [evide] <1> *vt* aushöhlen
évier [evje] *m* Spüle *f*
évincer [evɛ̃se] <2> *vt* JUR vertreiben
évitable [evitabl] *adj* vermeidbar
éviter [evite] <1> **I.** *vt* ❶ vermeiden; *(endroit)* meiden ❷ *(corvée)* sich entziehen *(+dat)* ❸ *(fuir)* ausweichen *(+dat)* ❹ *(empêcher)* verhindern ❺ *(obstacle)* ausweichen *(+dat)* **II.** *vpr* ❶ **s'~** sich meiden ❷ *(ne pas avoir)* **s'~ des soucis** sich *(dat)* Sorgen ersparen
évocateur, -trice [evɔkatœʀ, -tʀis] *adj (style)* anschaulich
évocation [evɔkasjɔ̃] *f (de souvenirs)* Wachrufen *nt*
évolué(e) [evɔlɥe] *adj* [hoch] entwickelt
évoluer [evɔlɥe] <1> *vi* ❶ sich entwickeln ❷ *(se transformer)* sich verändern ❸ MED *(maladie)* fortschreiten
évolution [evɔlysjɔ̃] *f* ❶ Entwicklung *f;* *(des goûts)* Veränderung *f* ❷ MED Fortschreiten *nt* ❸ BIO Evolution *f*
évoquer [evɔke] <1> *vt* ❶ *(personne)* erinnern an *(+akk);* *(fait)* in Erinnerung rufen ❷ *(décrire)* schildern ❸ *(problème)* erwähnen
ex¹ [ɛks] *mf fam* Ex *mf*
ex² [ɛks] *m abr de* **exemple** Bsp.
exacerbé(e) [ɛgzasɛʀbe] *adj* übersteigert
exacerber [ɛgzasɛʀbe] <1> *vt (jalousie)* anstacheln
exact(e) [ɛgzakt] *adj* ❶ genau; **c'est ~ que...** es ist richtig, dass... ❷ *(personne)* pünktlich
exactement [ɛgzaktəmɑ̃] *adv* genau
exaction [ɛgzaksjɔ̃] *f pl (violences)* Ausschreitungen *Pl*
exactitude [ɛgzaktityd] *f* ❶ Korrektheit *f* ❷ *(ponctualité)* Pünktlichkeit *f;* **avec ~** *(arriver)* pünktlich
ex æquo [ɛgzeko] **I.** *adj inv* **être ~ en qc** in etw gleich stehen **II.** *adv (classer)* gleich; *(arriver)* gleichzeitig **III.** *mpl* Kandidaten *Pl* mit gleicher Punktzahl
exagération [ɛgzaʒeʀasjɔ̃] *f* Übertreibung *f*
exagéré(e) [ɛgzaʒeʀe] *adj* übertrieben
exagérer [ɛgzaʒeʀe] <5> *vt, vi* übertreiben
exaltant(e) [ɛgzaltɑ̃, ɑ̃t] *adj* erhebend, begeisternd
exaltation [ɛgzaltasjɔ̃] *f* Begeisterung *f*
exalté(e) [ɛgzalte] *adj* schwärmerisch; *(personne)* exaltiert
exalter [ɛgzalte] <1> *vt (faire vibrer: esprit)* anregen; *(personne)* begeistern
examen [ɛgzamɛ̃] *m* ❶ *(des faits)* [Über]prüfung *f* ❷ MED, BIO Untersuchung *f* ❸ SCOL Prüfung *f;* UNIV [Abschluss]examen *nt*
examinateur, -trice [ɛgzaminatœʀ] *m, f* Prüfer(in) *m(f)*
examiner [ɛgzamine] <1> *vt* ❶ [über]prüfen; *(patient)* untersuchen ❷ *(regarder attentivement)* mustern
exaspérant(e) [ɛgzaspeʀɑ̃] *adj* nervenaufreibend
exaspération [ɛgzaspeʀasjɔ̃] *f* Verzweiflung *f*

E

exaspérer [ɛgzaspeʀe] <5> *vt* zur Verzweiflung bringen

exaucer [ɛgzose] <2> *vt* ❶ erhören ❷ *(vœu)* erfüllen

excédant(e) [ɛksedɑ̃, ɑ̃t] *adj* lästig

excédent [ɛksedɑ̃] *m* Überschuss *m*

excédentaire [ɛksedɑ̃tɛʀ] *adj* überschüssig

excéder [ɛksede] <5> *vt (poids, durée)* überschreiten; *(moyens, forces)* übersteigen

excellence [ɛkselɑ̃s] *f* Vorzüglichkeit *f*

excellent(e) [ɛkselɑ̃] *adj* hervorragend

exceller [ɛksele] <1> *vi* ~ **à cuisiner/écrire** [ganz] ausgezeichnet kochen/schreiben

excentré(e) [ɛksɑ̃tʀe] *adj (région, quartier)* abgelegen

excentricité [ɛksɑ̃tʀisite] *f sans pl* Exzentrizität *f*

excentrique [ɛksɑ̃tʀik] *adj* exzentrisch; *(tenue)* extravagant

excepté [ɛksɛpte] *prép* außer *(+dat)*

excepter [ɛksɛpte] <1> *vt* ~ **qn de qc** jdn von etw ausnehmen; **tous les devoirs, sans en ~ un seul, sont mauvais** die Arbeiten sind alle schlecht, ohne Ausnahme

exception [ɛksɛpsjɔ̃] *f* Ausnahme *f;* **à l'~ de qn/qc** abgesehen von jdm/etw

exceptionnel(le) [ɛksɛpsjɔnɛl] *adj* ❶ außergewöhnlich; *(occasion)* einmalig ❷ *(prime)* Sonder-; **à titre ~** ausnahmsweise

exceptionnellement [ɛksɛpsjɔnɛlmɑ̃] *adv* ❶ ausnahmsweise ❷ *(très)* außergewöhnlich

excès [ɛksɛ] *m* ❶ **~ de vitesse** Geschwindigkeitsüberschreitung *f* ❷ *(pl) (abus)* Exzesse *Pl*

excessif, -ive [ɛksesif] *adj* übertrieben

excessivement [ɛksesivmɑ̃] *adv* äußerst; *(manger)* unmäßig; **être ~ cher** überteuert sein

excision [ɛksizjɔ̃] *f* ❶ *(d'un cor, tissu)* Herausschneiden *nt* ❷ *(ablation rituelle)* **~ d'une fille** Beschneidung *f* eines Mädchens

excitant(e) [ɛksitɑ̃] *adj* ❶ aufregend; *(projet)* spannend ❷ *(café)* anregend; *(médicament)* stimulierend

excitation [ɛksitasjɔ̃] *f* Aufregung *f*

excité(e) [ɛksite] **I.** *adj* aufgeregt **II.** *m(f)* Hitzkopf *m*

exciter [ɛksite] <1> **I.** *vt* ❶ *(désir)* erregen; *(imagination)* anregen ❷ *(idée)* reizen ❸ *(troubler sexuellement)* erregen **II.** *vpr* **s'~ sur qc** sich über etw *(akk)* aufregen

exclamation [ɛksklamasjɔ̃] *f* Ausruf *m*

exclamer [ɛksklame] <1> *vpr* **s'~ de joie** freudig ausrufen

exclu(e) [ɛkskly] **I.** *part passé de* **exclure** **II.** *adj* **il n'est pas ~ que** + *subj* es ist nicht ausgeschlossen, dass

exclure [ɛksklyʀ] <irr> *vt* ausschließen

exclusif, -ive [ɛksklyzif] *adj* ausschließlich; **reportage ~** Exklusivbericht *m*

exclusion [ɛksklyzjɔ̃] *f* Ausschluss *m*

exclusivement [ɛksklyzivmɑ̃] *adv* ❶ *(seulement)* ausschließlich ❷ *(uniquement)* nur

exclusivité [ɛksklyzivite] *f (d'une marque)* Alleinvertrieb *m;* **une ~ XY** eine Exklusivmeldung von XY ▶ **en ~** ausschließlich

excommunier [ɛkskɔmynje] <1a> *vt* exkommunizieren

excréments [ɛkskʀemɑ̃] *mpl* Kot *m*

excroissance [ɛkskʀwasɑ̃s] *f* Wucherung *f*

excursion [ɛkskyʀsjɔ̃] *f* Ausflug *m*

excusable [ɛkskyzabl] *adj* verzeihlich

excuse [ɛkskyz] *f* ❶ Entschuldigung *f* ❷ *(prétexte)* Ausrede *f;* **la belle ~!** schöne Ausrede!

excuser [ɛkskyze] <1> **I.** *vt* ❶ **excuse-moi/excusez-moi!** entschuldige/entschuldigen Sie [bitte]! ❷ *(personne)* in Schutz nehmen; *(conduite)* entschuldigen **II.** *vpr* **s'~ de qc** sich für etw entschuldigen ▶ **je m'excuse de vous déranger** entschuldigen Sie bitte die Störung

exécrable [ɛgzekʀabl] *adj* scheußlich

exécutant(e) [ɛgzekytɑ̃, ɑ̃t] *m(f) (agent)* Befehlsempfänger(in) *m(f)*
exécuter [ɛgzekyte] <1> *vt* ❶ *a.* INFORM ausführen ❷ *(tuer)* hinrichten ❸ *(assassiner)* umbringen
exécuteur, -trice [ɛgzekytœʀ, -tʀis] *m, f* Ausführende(r) *f(m)*
exécutif [ɛgzekytif] *m* Exekutive *f*
exécution [ɛgzekysjɔ̃] *f* ❶ Ausführung *f* ❷ *(mise à mort)* Hinrichtung *f*
exemplaire [ɛgzɑ̃plɛʀ] **I.** *adj* ❶ beispielhaft ❷ *(punition)* exemplarisch **II.** *m* Exemplar *nt*
exemple [ɛgzɑ̃pl] *m* Beispiel *nt;* **par ~** zum Beispiel
exempt(e) [ɛgzɑ̃(pt), ɑ̃(p)t] *adj* ❶ *(dispensé: personne)* befreit ❷ *(dépourvu)* frei
exempter [ɛgzɑ̃(p)te] <1> *vt (personne)* befreien; *(réformer)* freistellen
exemption [ɛgzɑ̃psjɔ̃] *f (d'une charge)* Befreiung *f*
exercer [ɛgzɛʀse] <2> **I.** *vt* ❶ ausüben ❷ *(entraîner)* trainieren **II.** *vi* tätig sein **III.** *vpr* **s'~** üben
exercice [ɛgzɛʀsis] *m* ❶ Übung *f* ❷ *sans pl (activité physique)* Bewegung *f* ❸ *(d'un métier)* Ausübung *f* ► **en ~** im Dienst; POL amtierend
exergue [ɛgzɛʀg] *m* **en ~** als Inschrift
ex-femme [ɛksfam] <ex-femmes> *f* **mon ~** meine frühere Frau
exhaler [ɛgzale] <1> *vt* ❶ *(répandre)* ausströmen ❷ *(laisser échapper: soupir)* ausstoßen
exhaustif, -ive [ɛgzostif, -iv] *adj* erschöpfend
exhiber [ɛgzibe] <1> *vt* vorzeigen; *(document)* vorlegen
exhibition [ɛgzibisjɔ̃] *f (d'un animal)* Vorführung *f; (d'un athlète)* Darbietung *f*
exhibitionnisme [ɛgzibisjɔnism] *m a. fig* Exhibitionismus *m*
exhibitionniste [ɛgzibisjɔnist] *mf* Exhibitionist(in) *m(f)*
exhortation [ɛgzɔʀtasjɔ̃] *f* [Er]mahnung *f*
exhumer [ɛgzyme] <1> *vt (corps)* exhumieren
exigeant(e) [ɛgziʒɑ̃] *adj* anspruchsvoll
exigence [ɛgziʒɑ̃s] *f* ❶ anspruchsvolles Wesen *nt* ❷ *pl (prétentions)* Ansprüche *Pl*
exiger [ɛgziʒe] <2a> *vt* ❶ **~ que** + *subj* verlangen, dass ❷ *(travail)* erfordern
exigible [ɛgziʒibl] *adj (impôt)* fällig
exigu, exiguë [ɛgzigy] *adj (logement)* winzig [klein]
exil [ɛgzil] *m* Exil *nt*
exilé(e) [ɛgzile] **I.** *adj* emigriert **II.** *m(f)* ❶ Emigrant(in) *m(f)* ❷ *(banni)* Verbannte(r) *f(m);* **~ politique** politischer Flüchtling *m*
exiler [ɛgzile] <1> **I.** *vt* verbannen **II.** *vpr* **s'~** ins Exil gehen
existant(e) [ɛgzistɑ̃, ɑ̃t] *adj* bestehend
existence [ɛgzistɑ̃s] *f* ❶ Existenz *f; (mode de vie)* Lebensweise *f* ❷ *(d'une institution)* Bestehen *nt*
existentialisme [ɛgzistɑ̃sjalism] *m* Existenzialismus *m*
existentiel(le) [ɛgzistɑ̃sjɛl] *adj* existenziell
exister [ɛgziste] <1> **I.** *vi* existieren; **ce mot existe** dieses Wort gibt es **II.** *vi impers* **il existe qc** es gibt etw
ex-mari [ɛksmaʀi] *m* **mon ~** mein früherer Mann
exode [ɛgzɔd] *m* [Massen]auswanderung *f;* **~ rural** Landflucht *f*
exonération [ɛgzɔneʀasjɔ̃] *f* **~ d'impôts** Steuerbefreiung *f*
exonérer [ɛgzɔneʀe] <5> *vt* FIN **être exonéré de la T.V.A.** nicht der Mehrwertsteuer unterliegen
exorbitant(e) [ɛgzɔʀbitɑ̃, ɑ̃t] *adj* übertrieben
exorciser [ɛgzɔʀsize] <1> *vt* exorzieren
exotique [ɛgzɔtik] *adj* exotisch
exotisme [ɛgzɔtism] *m* Exotik *f*
expansif, -ive [ɛkspɑ̃sif, -iv] *adj* gesprächig
expansion [ɛkspɑ̃sjɔ̃] *f* ECON Expansion *f*

E

expatrié(e) [ɛkspatʀije] *m(f)* Emigrant(in) *m(f)*
expatrier [ɛkspatʀije] <1> **I.** *vt* ausbürgern **II.** *vpr* **s'~** auswandern
expédier [ɛkspedje] <1> *vt* [ab]schicken; **~ qc par bateau** etw verschiffen

expéditeur, -trice [ɛkspeditœʀ] *m, f* Absender(in) *m(f)*
expéditif, -ive [ɛkspeditif] *adj* schnell
expédition [ɛkspedisjɔ̃] *f* ❶ Versand *m* ❷ *(mission)* Expedition *f*
expérience [ɛkspeʀjɑ̃s] *f* ❶ *sans pl* Erfahrung *f* ❷ *(événement)* Erlebnis *nt* ❸ *(essai)* Experiment *nt*
expérimental(e) [ɛkspeʀimɑ̃tal] <-aux> *adj (données, science)* empirisch
expérimentation [ɛkspeʀimɑ̃tasjɔ̃] *f* Experimentieren *nt*
expérimenté(e) [ɛkspeʀimɑ̃te] *adj* erfahren
expérimenter [ɛkspeʀimɑ̃te] <1> *vt* **~ un médicament sur qn/un animal** ein Medikament an jdm/einem Tier ausprobieren
expert(e) [ɛkspɛʀ] **I.** *adj* erfahren **II.** *m(f)* Experte, Expertin *m, f*
expert-comptable, experte-comptable [ɛkspɛʀkɔ̃tabl] <experts-comptables> *m, f* Buchprüfer(in) *m(f)*
expertise [ɛkspɛʀtiz] *f* Begutachtung *f*
expertiser [ɛkspɛʀtize] <1> *vt* ❶ begutachten ❷ *(estimer)* schätzen
expier [ɛkspje] <1a> *vt (crime)* büßen für
expiration [ɛkspiʀasjɔ̃] *f* ❶ ANAT Ausatmen *nt* ❷ *(d'un délai)* Ablauf *m*
expirer [ɛkspiʀe] <1> **I.** *vt* ausatmen **II.** *vi (mandat)* ablaufen
explicable [ɛksplikabl] *adj* erklärbar
explicatif, -ive [ɛksplikatif] *adj* **note explicative** Erläuterung *f*; **notice explicative** Gebrauchsanweisung *f*
explication [ɛksplikasjɔ̃] *f* ❶ *(indication)* Erklärung *f* ❷ *(commentaire)* Erläuterung *f* ❸ *(discussion)* Aussprache *f*
explicite [ɛksplisit] *adj* eindeutig, klar
explicitement [ɛksplisitmɑ̃] *adv* [kla und] deutlich
expliquer [ɛksplike] <1> **I.** *vt* **~ qc à q** jdm etw erklären; **tu lui as bie expliqué que...?** du hast ihm doc gesagt, dass...? **II.** *vpr* ❶ **s'~** sich aus drücken ❷ *(avoir une discussion)* **s'~** sich aussprechen ❸ *(comprendre)* **s'~ qc** sich *(dat)* etw erklären können
exploit [ɛksplwa] *m a. iron* Leistung
exploitable [ɛksplwatabl] *adj (terre domaine)* [landwirtschaftlich] nutzbar
exploitant(e) [ɛksplwatɑ̃] *m(f)* **~(e agricole** Landwirt(in) *m(f)*
exploitation [ɛksplwatasjɔ̃] *f* ❶ *(d'un ferme)* Bewirtschaftung *f*; *(d'un mine)* Abbau *m* ❷ *(bien)* Betrieb *m* ❸ *(de données)* Auswertung ❹ *(abus)* Ausbeutung *f*
exploiter [ɛksplwate] <1> *vt* ❶ bewirtschaften; *(mine)* ausbeuten ❷ *(utiliser)* nutzen ❸ *(abuser)* ausnutzen
exploiteur, -euse [ɛksplwatœʀ, -øz] *m, f* Ausbeuter(in) *m(f)*
explorateur [ɛksplɔʀatœʀ] *m* INFORM Explorer *m*; **~ de réseau** Interne Browser
explorateur, -trice [ɛksplɔʀatœʀ] *m,* Forscher(in) *m(f)*
exploration [ɛksplɔʀasjɔ̃] *f* ❶ Erforschung *f* ❷ INFORM Browsen *nt*
explorer [ɛksplɔʀe] <1> *vt* erforschen
exploser [ɛksploze] <1> *vi a. fig* explodieren
explosif [ɛksplozif] *m* Sprengstoff *m*
explosion [ɛksplozjɔ̃] *f* ❶ Explosion ❷ *(manifestation soudaine)* **~ de colère** Wutausbruch *m*
exportable [ɛkspɔʀtabl] *adj* exportierbar
exportateur [ɛkspɔʀtatœʀ] *m* Exportland *nt*
exportateur, -trice [ɛkspɔʀtatœʀ] **I.** *ad* exportierend **II.** *m, f* Exporteur(in) *m(f)*
exportation [ɛkspɔʀtasjɔ̃] *f* Export *n*
exporter [ɛkspɔʀte] <1> *vt* exportieren

exposé [ɛkspoze] *m* ❶ Referat *nt* ❷ *(description)* Darstellung *f*
exposer [ɛkspoze] <1> **I.** *vt* ❶ *(tableau)* ausstellen; *(marchandise)* auslegen ❷ *(décrire)* darlegen ❸ *(honneur)* aufs Spiel setzen ❹ *(disposer)* ~ **qc au soleil** etw der Sonne *(dat)* aussetzen; **une pièce bien exposée** ein helles Zimmer **II.** *vpr* **s'~ à qc** sich einer Sache *(dat)* aussetzen
exposition [ɛkspozisjɔ̃] *f* ❶ Ausstellen *nt* ❷ *a.* ART *(foire)* Ausstellung *f* ❸ *(orientation)* Ausrichtung *f* ❹ *(action de soumettre à qc)* Aussetzen *nt;* PHOT Belichtung *f*
exprès [ɛkspʀɛ] *adv* ❶ absichtlich ❷ *(spécialement)* [**tout**] ~ eigens
express [ɛkspʀɛs] *adj inv* **café** ~ Espresso *m;* **train** ~ Schnellzug *m*
expressément [ɛkspʀesemɑ̃] *adv* ausdrücklich
expressif, -ive [ɛkspʀesif] *adj* ausdrucksvoll
expression [ɛkspʀesjɔ̃] *f* Ausdruck *m* ▶ **veuillez agréer l'~ de mes sentiments distingués** mit freundlichen Grüßen
expressionnisme [ɛkspʀesjɔnism] *m* Expressionismus *m*
expresso [ɛkspʀeso] *m* Espresso *m;* **machine à ~s** Espressomaschine *f*
exprimer [ɛkspʀime] <1> *vt, vpr* [**s'**]~ [sich] ausdrücken
expropriation [ɛkspʀɔpʀijasjɔ̃] *f* Enteignung *f*
expulser [ɛkspylse] <1> *vt* *(étranger)* abschieben; *(joueur)* verweisen
expulsion [ɛkspylsjɔ̃] *f* *(d'un étranger)* Abschiebung *f;* *(d'un locataire)* Zwangsräumung *f*
exquis(e) [ɛkski] *adj* ausgezeichnet; *(goût, manières, parfum)* erlesen
extase [ɛkstɑz] *f* Ekstase *f*
extasier [ɛkstɑzje] *vpr* **s'~ sur qn/qc** über jdn/etw in Ekstase geraten
extensible [ɛkstɑ̃sibl] *adj* dehnbar
extensif, -ive [ɛkstɑ̃sif, -iv] *adj* *(culture)* extensiv
extension [ɛkstɑ̃sjɔ̃] *f* ❶ *(d'un ressort)* Dehnen *nt* ❷ *(d'une ville)* Ausdehnung *f* ❸ INFORM ~ **de mémoire** Speichererweiterung *f*
exténuant(e) [ɛkstenɥɑ̃, ɑ̃t] *adj* anstrengend
exténuer [ɛkstenɥe] <1> *vt* erschöpfen
extérieur [ɛksteʀjœʀ] *m* ❶ *(monde extérieur)* Außenwelt *f* ❷ *(dehors)* Außenseite *f;* **à l'~ de** außerhalb *(gen);* **de l'~** von außen
extérieur(e) [ɛksteʀjœʀ] *adj* ❶ äußere(r, s) ❷ POL Außen-; **politique ~e** Außenpolitik *f* ❸ *(visible)* äußerlich
extérieurement [ɛksteʀjœʀmɑ̃] *adv* ❶ *(à l'extérieur)* äußerlich ❷ *(en apparence)* nach außen hin
extérioriser [ɛksteʀjɔʀize] <1> *vpr* **s'~** sich äußern
extermination [ɛkstɛʀminasjɔ̃] *f* Ausrottung *f*
exterminer [ɛkstɛʀmine] <1> *vt* ausrotten
externat [ɛkstɛʀna] *m* SCOL Externat *nt*
externe [ɛkstɛʀn] *adj* äußere(r, s)

E

Les externes

In Frankreich sind Ganztagsschulen die Regel. Der Unterricht beginnt meist zwischen 8.30 und 9.00 Uhr und endet um 16.30 Uhr oder 17.30 Uhr im *collège* bzw. gegen 18 Uhr im *lycée*. Die meisten Schülerinnen und Schüler essen in der Schulkantine zu Mittag, und ein Teil von ihnen wohnt die Woche über im *internat*, über das manche Schulen verfügen. Als **externes** werden die Schülerinnen und Schüler bezeichnet, die diese beiden (kostenpflichtigen) Angebote – Verpflegung und Unterbringung – nicht in Anspruch nehmen, weil sie zu Hause wohnen und dort auch zu Mittag essen.

extincteur [ɛkstɛ̃ktœʀ] *m* Feuerlöscher *m*
extinction [ɛkstɛ̃ksjɔ̃] *f* ❶ Löschen *nt* ❷ *(disparition)* Aussterben *nt*
extirper [ɛkstiʀpe] <1> *vt* [völlig] entfernen; *(mauvaises herbes)* ausreißen
extorquer [ɛkstɔʀke] <1> *vt* erpressen
extorsion [ɛkstɔʀsjɔ̃] *f* Erpressung *f*
E
extra [ɛkstʀa] **I.** *adj inv* ❶ erstklassig ❷ *fam (formidable)* stark **II.** *m* **un ~** etwas Besonderes
extraction [ɛkstʀaksjɔ̃] *f* MIN *(du pétrole, charbon)* Förderung *f*, Gewinnung *f*
extrader [ɛkstʀade] <1> *vt* ausliefern
extradition [ɛkstʀadisjɔ̃] *f* Auslieferung *f*
extraire [ɛkstʀɛʀ] <irr> *vt* ❶ herausholen ❷ *(séparer)* gewinnen
extrait [ɛkstʀɛ] *m* ❶ Auszug *m* ❷ *(concentré)* Extrakt *m o nt*
extralucide [ɛkstʀalysid] *adj* **voyante ~** Hellseherin *f*
extraordinaire [ɛkstʀaɔʀdinɛʀ] *adj* ❶ *(insolite)* ungewöhnlich ❷ *(exceptionnel)* außergewöhnlich
extrapoler [ɛkstʀapɔle] <1> *vi* verallgemeinern
extraterrestre [ɛkstʀateʀɛstʀ] *m* Außerirdische(r) *f(m)*
extravagance [ɛkstʀavagɑ̃s] *f* ❶ Extravaganz *f* ❷ *(action)* Verrücktheit *f*
extravagant(e) [ɛkstʀavagɑ̃] *adj (personne)* exzentrisch; *(robe)* extravagant
extrême [ɛkstʀɛm] **I.** *adj* ❶ äußerste(r, s) ❷ *(excessif)* extrem; **l'~ gauche/droite** POL die Links-/Rechtsextremisten *Pl*; **d'~ droite/gauche** rechts-/linksradikal **II.** *m* ❶ Extrem *nt* ❷ *pl (opposé)* Extreme *Pl*
extrêmement [ɛkstʀɛmmɑ̃] *adv* äußerst
Extrême-Orient [ɛkstʀɛmɔʀjɑ̃] *m* **l'~** der Ferne Osten
extrémisme [ɛkstʀemism] *m* Extremismus *m*
extrémiste [ɛkstʀemist] **I.** *adj* POL radikal **II.** *mf* Radikale(r) *f(m)*
extrémité [ɛkstʀemite] *f* ❶ *(bout)* äußerstes Ende *nt* ❷ *pl (pieds)* Extremitäten *Pl*
exubérant(e) [ɛgzybeʀɑ̃, ɑ̃t] *adj (personne)* überschwänglich
exutoire [ɛgzytwaʀ] *m* **~ à qc** Ventil *nt* für etw

Ff

F, **f** [ɛf] *m inv* F *nt*, f *nt*
F HIST *abr de* **franc** F
fa [fa] *m inv* F *nt*, f *nt*
fable [fɑbl] *f* Fabel *f*
fabricant(e) [fabʀikɑ̃] *m(f)* Hersteller(in) *m(f)*
fabrication [fabʀikasjɔ̃] *f* Herstellung *f*
fabrique [fabʀik] *f* Fabrik *f*
fabriquer [fabʀike] <1> *vt* herstellen
fabulateur, -trice [fabylatœʀ, -tʀis] *m, f* Geschichtenerzähler(in) *m(f)*
fabulation [fabylasjɔ̃] *f* Erfinden *nt* von Geschichten
fabuler [fabyle] <1> *vi* Geschichten erfinden
fabuleusement [fabyløzmɑ̃] *adv* sagenhaft
fabuleux, -euse [fabylø] *adj* sagenhaft
fac [fak] *f fam abr de* **faculté** Uni *f*
façade [fasad] *f a. fig* Fassade *f*
face [fas] *f* ❶ Gesicht *nt* ❷ *(côté)* Seite *f*; **pile ou ~?** Kopf oder Zahl? ❸ *(aspect)* Seite *f* ❹ *(indiquant une orientation)* **de ~** von vorne ▸ **être ~ à ~ avec qn/qc** jdm/einer S. gegenüberstehen
face-à-face [fasafas] *m inv* Streitgespräch *nt*
facétie [fasesi] *f* Scherz *m*
facétieux, -euse [fasesjø, -jøz] **I.** *adj* spaßig **II.** *m, f* Spaßvogel *m*
facette [fasɛt] *f a. fig* Facette *f*
fâché(e) [fɑʃe] *adj* verärgert
fâcher [fɑʃe] <1> **I.** *vt* verärgern **II.** *vpr* **se ~** sich ärgern
fâcherie [fɑʃʀi] *f* Unstimmigkeit *f*
fâcheusement [fɑʃøzmɑ̃] *adv* unangenehm
fâcheux, -euse [fɑʃø] *adj* widrig; *(nouvelle)* unerfreulich
facho [faʃo] *adj abr de* **fasciste** *fam* faschistisch
facial(e) [fasjal, -jo] <-aux> *adj* **muscle ~** Gesichtsmuskel *m*
faciès [fasjɛs] *m (mine)* Gesicht[sausdruck *m*] *nt;* **avoir le ~ de quelqu'un qui** aussehen wie jemand, der
facile [fasil] **I.** *adj* leicht; **c'est plus ~ de faire qc** es ist leichter etw zu tun **II.** *adv fam* locker
facilement [fasilmɑ̃] *adv* ❶ leicht ❷ *(au moins)* mindestens
facilité [fasilite] *f* ❶ Leichtigkeit *f* ❷ *(aptitude)* **avoir des ~s** begabt sein ❸ *sans pl péj* Bequemlichkeit *f*
faciliter [fasilite] <1> *vt* erleichtern
façon [fasɔ̃] *f* ❶ *(manière)* **~ de faire qc** Art [und Weise] *f* etw zu tun ❷ *pl (comportement)* Benehmen *nt* ▸ **d'une ~ générale** im Allgemeinen; **de toute ~** auf jeden Fall
façonner [fasɔne] <1> *vt* bearbeiten
facteur [faktœʀ] *m a.* MATH Faktor *m*
facteur, -trice [faktœʀ] *m, f* Briefträger(in) *m(f)*
factice [faktis] *adj* falsch
faction [faksjɔ̃] *f* ❶ *(groupe)* aufrührerische Gruppe ❷ *(garde)* **être de/en ~** Wache schieben *(fam)* ❸ *(surveillance)* **être/rester en ~** auf der Lauer liegen/Ausschau halten
factrice [faktʀis] *f v.* **facteur**
facturation [faktyʀasjɔ̃] *f* ❶ *(action)* Inrechnungstellung *f* ❷ *(service)* Rechnungsabteilung *f*
facture [faktyʀ] *f* Rechnung *f*
facturer [faktyʀe] <1> *vt* **~ qc à qn** jdm etw berechnen
facultatif, -ive [fakyltatif] *adj* fakultativ
faculté[1] [fakylte] *f* UNIV Fachbereich *m*
faculté[2] [fakylte] *f* Fähigkeit *f*
fada [fada] **I.** *adj fam* verrückt **II.** *m, f fam* Spinner *m*
fadaise [fadɛz] *f gén pl* dummes Zeug *nt*

F

fadasse [fadas] *adj a. fig fam* fade; *(couleur)* langweilig
fade [fad] *adj* **être ~** nach nichts schmecken
fadeur [fadœʀ] *f* Geschmacklosigkeit *f*
fagot [fago] *m* Reisigbündel *nt* ▸ **de derrière les ~s** edel
fagoter [fagɔte] <1> *vt péj* unmöglich anziehen

F

faiblard(e) [fɛblaʀ, aʀd] *adj péj fam* schwach
faible [fɛbl] **I.** *adj* ❶ schwach ❷ *(restreint)* gering **II.** *m, f* Schwache(r) *f(m)*; **~ d'esprit** *(bête)* geistig Zurückgebliebene(r) *f(m)* **III.** *m sans pl* Schwäche *f*
faiblement [fɛbləmɑ̃] *adv* ❶ schwach ❷ *(légèrement)* leicht
faiblesse [fɛblɛs] *f* Schwäche *f*
faiblir [febliʀ] <8> *vi* *(personne)* schwach werden; *(vent)* nachlassen
faïence [fajɑ̃s] *f* Fayence *f*
faille[1] [faj] *subj prés de* **falloir**
faille[2] [faj] *f* ❶ GEO Verwerfung *f* ❷ *(défaut)* Schwachstelle *f*
faillible [fajibl] *adj* fehlbar
faillir [fajiʀ] <irr> *vi* ❶ **il a failli acheter ce livre** er hätte das Buch beinahe gekauft ❷ *(manquer)* **~ à son devoir** seine Pflicht verletzen
faillite [fajit] *f* Konkurs *m*
faim [fɛ̃] *f* Hunger *m*
fainéant(e) [fɛneɑ̃] **I.** *adj* faul **II.** *m(f)* Faulenzer(in) *m(f)*
fainéanter [fɛneɑ̃te] <1> *vi* faulenzen
fainéantise [fɛneɑ̃tiz] *f* Faulheit *f*
faire [fɛʀ] <irr> **I.** *vt* ❶ machen ❷ *(avoir une activité)* **~ du violon** Geige spielen; **~ du cinéma** in der Filmbranche arbeiten ❸ *(étudier: école)* besuchen; **~ des études** studieren ❹ *(numéro de téléphone)* wählen; *(tournoi)* teilnehmen an *(+dat)*; **~ les courses** einkaufen; **~ la manche** *fam* betteln [gehen] ❺ MED *fam* **~ de la fièvre** Fieber haben ❻ COM führen ❼ AGR anbauen ❽ *(servir de)* **la cuisine fait salle à manger** die Küche dient als Esszimmer ❾ *(avoir pour conséquence)* **~ que...** zur Folge haben, dass... ❿ *(être la cause de)* **~ chavirer un bateau** ein Boot zum Kentern bringen ⓫ *(charger de)* **~ faire qc à qn** jdn etw tun lassen **II.** *vi* ❶ *(agir)* **~ vite** sich beeilen; **~ attention à qc** auf etw aufpassen; **tu ferais mieux de te taire** du bist besser still ❷ *fam* **ce manteau me fera encore un hiver** der Mantel hält noch einen Winter ❸ *(paraître)* **~ vieux** alt aussehen ❹ *(rendre)* **~ bon effet** einen guten Eindruck machen ❺ *(mesurer)* **~ trois kilos** drei Kilo wiegen ▸ **~ partie de qc** zu etw gehören; **~ la queue** *fam* anstehen; **~ manger qn** jdn füttern; **faites comme chez vous!** *iron* fühlen Sie sich [ganz] wie zu Hause!; **ne pas s'en ~** *fam* sich keine Sorgen machen; **ça ne se fait pas** das gehört sich nicht **III.** *vi impers* ❶ METEO **il fait chaud** es ist warm; **il fait beau/mauvais** es ist schön[es Wetter]/schlechtes Wetter; **il fait dix degrés** es sind zehn Grad ❷ *(temps écoulé)* **cela fait bien huit ans** das ist gut acht Jahre her ❸ *(pour indiquer l'âge)* **ça me fait 40 ans** *fam* ich bin 40 [Jahre alt] **IV.** *vpr* ❶ **se ~ une robe** sich *(dat)* ein Kleid machen ❷ *(se former)* **se ~** *(vin)* seinen vollen Geschmack entwickeln ❸ *(devenir)* **se ~ vieux** alt werden; **se ~ curé** Priester werden ❹ *(s'habituer à)* **se ~ à qc** sich an etw *(+akk)* gewöhnen ❺ *(être à la mode)* **se ~** Mode sein ❻ *(arriver)* **se ~** stattfinden; *(film)* zustande kommen ❼ *impers* **comment ça se fait?** wie kommt das?; **il se fait tard** es wird spät ❽ *(sens passif)* **se ~ opérer** operiert werden; **qn se fait voler qc** jdm wird etw gestohlen ▸ **t'en fais pas!** *fam* mach dir nichts draus!
faire-part [fɛʀpaʀ] *m inv* Anzeige *f*
fair-play [fɛʀplɛ] **I.** *m inv* Fairness *f* **II.** *adj inv* fair
faisabilité [fəzabilite] *f* Machbarkeit *f*
faisable [fəzabl] *adj* machbar

faisan(e) [fəzɑ̃] *m(f)* Fasan *m*
faisandé(e) [fəzɑ̃de] *adj* mit Hautgout
faisceau [fɛso] <x> *m* **~ lumineux** Lichtkegel *m;* NAUT Leuchtfeuer *nt*
faiseur, -euse [fəzœʀ, -øz] *m, f péj* ❶ *(auteur)* **~ de belles phrases** Schwätzer *m;* **~ de bons mots** Witzbold *m* ❷ *(vantard)* Aufschneider(in) *m(f)*
faisselle [fɛsɛl] *f* ❶ *(passoire)* Abtropfsieb *nt (für die Molke des Quarks)* ❷ *(fromage blanc)* Quark *m*
fait [fɛ] *m* ❶ Tatsache *f* ❷ *(événement)* Ereignis *nt; (phénomène)* Phänomen *nt* ❸ JUR **les ~s** *(délit)* die Tat ❹ *(conséquence)* Folge *f* ▸ **au** ~ übrigens; **tout à** ~ ganz/völlig; **du ~ que** da; **en** ~ in Wirklichkeit
fait(e) [fɛ] **I.** *part passé de* **faire II.** *adj* ❶ *(propre à)* **être ~ pour qc** für etw geeignet sein ❷ *(constitué)* **être bien ~** eine gute Figur haben ❸ *(ongles)* lackiert; *(yeux)* geschminkt ❹ *(fromage)* reif ❺ *fam (pris)* **être ~** geliefert sein ❻ *(tout prêt)* **expression toute ~e** feststehender Ausdruck *m* ▸ **c'est bien ~ pour toi/lui** das geschieht dir/ihm recht; **vite ~ bien ~** ganz schnell
faîte [fɛt] *m* Wipfel *m*
faitout, fait-tout [fɛtu] *m inv* Kochtopf *m*
fakir [fakiʀ] *m* Fakir *m*
falaise [falɛz] *f* Felswand *f*
falbalas [falbala] *mpl péj* Firlefanz *m*
falloir [falwaʀ] <irr> *vi impers* ❶ *(besoin)* **il faut qn/qc pour faire qc** man braucht jdn/etw um etw zu tun ❷ *(devoir)* **il faut faire qc** man muss etw tun; **que faut-il faire?** was sollen wir tun? ❸ *(se produire fatalement)* **j'ai fait ce qu'il fallait** ich habe [das] getan, was sein musste ❹ *(faire absolument)* **il fallait me le dire** du hättest es mir sagen sollen ▸ **il le faut** es muss sein; **comme il faut** wie es sich gehört
falsification [falsifikasjɔ̃] *f* Fälschen *nt*
falsifier [falsifje] <1> *vt* fälschen
falzar [falzaʀ] *m fam* Hose *f*
famé(e) [fame] *adj* ▸ **mal ~** verrufen
famélique [famelik] *adj* abgemagert
fameux, -euse [famø] *adj* ❶ köstlich ❷ *(célèbre)* berühmt
familial(e) [familjal] <-aux> *adj* familiär
familiariser [familjaʀize] <1> *vpr* **se ~ avec qc** sich mit etw vertraut machen
familiarité [familjaʀite] *f* ❶ Vertrautheit *f* ❷ *pl péj* Vertraulichkeiten *Pl; (comportement)* Zudringlichkeit *f*
familier [familje] *m* Stammgast *m*
familier, -ière [familje] *adj* ❶ vertraut ❷ *(tâche)* üblich ❸ *(conduite)* ungezwungen ❹ *(expression)* umgangssprachlich
familièrement [familjɛʀmɑ̃] *adv* ❶ umgangssprachlich ❷ *(s'exprimer)* einfach ❸ *(amicalement)* ungezwungen
famille [famij] *f a.* BOT, ZOOL Familie *f*
famine [famin] *f* Hungersnot *f*
fan [fan] *mf* Fan *m*
fana [fana] *abr de* **fanatique I.** *adj fam* **être ~ de qn/qc** nach jdm/auf etw *(akk)* verrückt sein **II.** *mf fam* Fan *m*
fanatique [fanatik] **I.** *adj* fanatisch **II.** *mf* ❶ *(passionné)* begeisterter Anhänger, begeisterte Anhängerin *m, f* ❷ *(militant)* Fanatiker(in) *m(f)*
fanatiser [fanatize] <1> *vt* fanatisch machen
fanatisme [fanatism] *m* Fanatismus *m*
fané(e) [fane] *adj* verwelkt
faner [fane] <1> *vpr* **se ~** verwelken
fanes [fan] *fpl* Kraut *nt*
fanfare [fɑ̃faʀ] *f* Blaskapelle *f*
fanfaron(ne) [fɑ̃faʀɔ̃] **I.** *adj* großtuerisch **II.** *m(f)* Angeber(in) *m(f)*
fanfaronnade [fɑ̃faʀɔnad] *f* Wichtigtuerei *f*
fanfaronner [fɑ̃faʀɔne] <1> *vi* sich aufspielen
fanfreluche [fɑ̃fʀəlyʃ] *f gén pl souvent péj* Firlefanz *m (fam)*
fanion [fanjɔ̃] *m* Wimpel *m*
fantaisie [fɑ̃tezi] *f* ❶ *(caprice)* Laune *f* ❷ *(imagination)* Fantasie *f*

fantaisiste [fɑ̃tezist] **I.** *adj* **1** frei erfunden **2** *(peu fiable)* unzuverlässig **II.** *mf* Luftikus *m*
fantasme [fɑ̃tasm] *m* Wunschvorstellung *f*
fantasmer [fɑ̃tasme] <1> *vi* fantasieren
fantasque [fɑ̃task] *adj* launisch
fantassin [fɑ̃tasɛ̃] *m* Infanterist *m*
fantastique [fɑ̃tastik] **I.** *adj* fantastisch **II.** *m* Übernatürliche(s) *nt*

F

fantoche [fɑ̃tɔʃ] *m* **1** *(tiré d'en bas)* Hampelmann *m* **2** *(tiré d'en haut)* Marionette *f*
fantomatique [fɑ̃tɔmatik] *adj* gespenstisch
fantôme [fɑ̃tom] **I.** *m* **1** Gespenst *nt* **2** *(illusion)* Phantom *nt* **II.** *app* **train ~** Geisterbahn *f*
faon [fɑ̃] *m* [Reh]kitz *nt; (du cerf)* Hirschkalb *nt*
far [faʀ] *m* **~ breton** *Auflauf mit Backpflaumen*
faramineux, -euse [faʀaminø] *adj fam* wahnsinnig
farandole [faʀɑ̃dɔl] *f* Farandole *f (provenzalischer Volkstanz)*
farce[1] [faʀs] *f* Streich *m*
farce[2] [faʀs] *f* GASTR Füllung *f*
farceur, -euse [faʀsœʀ] *m, f* Spaßvogel *m*
farci(e) [faʀsi] *adj* GASTR gefüllt
farcir [faʀsiʀ] <8> **I.** *vt* **1** GASTR füllen **2** *péj (bourrer)* **~ qc de qc** etw mit etw voll stopfen *(fam)* **II.** *vpr péj fam* **se ~ qc** etw zu ertragen haben
fard [faʀ] *m* Schminke *f* ▶ **piquer un ~** *fam* einen roten Kopf bekommen
fardeau [faʀdo] <x> *m* Last *f*
farder [faʀde] <1> *vt, vpr* [**se**] **~** [sich] schminken
farfelu(e) [faʀfəly] *adj fam* verrückt
farfouiller [faʀfuje] <1> *vi fam* **~ dans qc** in etw *(dat)* herumstöbern
farine [faʀin] *f* Mehl *nt*
fariner [faʀine] <1> *vt (poisson)* in Mehl wälzen; *(plaque de four)* mit Mehl bestäuben
farineux, -euse [faʀinø] *adj* mehlig
farniente [faʀnjɑ̃t] *m* Dolcefarniente *nt*
farouche [faʀuʃ] *adj* **1** scheu **2** *(haine)* wild
farouchement [faʀuʃmɑ̃] *adv* heftig
fart [faʀt] *m* Skiwachs *nt*
farter [faʀte] <1> *vt* wachsen
fascicule [fasikyl] *m* **1** Heft *nt* **2** *(fascicule d'information)* Broschüre *f*
fascinant(e) [fasinɑ̃t] *adj* faszinierend
fascination [fasinasjɔ̃] *f* **1** Verzauberung *f* **2** *(séduction)* Faszination *f*
fasciner [fasine] <1> *vt* faszinieren
fascisant(e) [faʃizɑ̃, ɑ̃t] *adj* faschistoid
fascisme [faʃism] *m* Faschismus *m*
fasciste [faʃist] **I.** *adj* faschistisch **II.** *mf* Faschist(in) *m(f)*
fasse [fas] *subj prés de* **faire**
faste[1] [fast] *m* Prunk *m*
faste[2] [fast] *adj* **jour ~** Glückstag *m*
fast-food [fastfud] <fast-foods> *m* Fastfood-Restaurant *nt,* Schnellimbissrestaurant *nt*
fastidieux, -euse [fastidjø] *adj* eintönig
fastoche [fastɔʃ] *adj fam* total einfach
fastueux, -euse [fastɥø] *adj* glanzvoll
fatal(e) [fatal] *adj* **1** verhängnisvoll **2** *(mortel)* tödlich **3** *(inévitable)* unabwendbar
fatalement [fatalmɑ̃] *adv* zwangsläufig
fatalisme [fatalism] *m* Fatalismus *m*
fataliste [fatalist] **I.** *adj* fatalistisch **II.** *mf* Fatalist(in) *m(f)*
fatalité [fatalite] *f* Schicksal *nt*
fatidique [fatidik] *adj* schicksalhaft
fatigant(e) [fatigɑ̃] *adj* ermüdend
fatigue [fatig] *f* **1** Müdigkeit *f* **2** *(état d'épuisement)* Erschöpfung *f*
fatigué(e) [fatige] *adj* müde
fatiguer [fatige] <1> **I.** *vt* **~ qn** **1** jdn anstrengen **2** *(excéder)* jdm lästig sein **3** *(ennuyer)* jdn langweilen **II.** *vpr* **1** **se ~** sich überanstrengen **2** *(se lasser)* **se ~ à faire qc** es leid sein etw zu tun
fatma [fatma] *f maghrebinische Hausangestellte*
fatras [fatʀɑ] *m* wirres Durcheinander *nt*

fatuité [fatɥite] *f* Überheblichkeit *f*
faubourg [fobuʀ] *m* Vorort *m*
fauche [foʃ] *f sans pl, fam* Diebstahl *m*
fauché(e) [foʃe] *adj fam* pleite
faucher [foʃe] <1> *vt* ❶ mähen ❷ *(véhicule)* erfassen ❸ *fam (voler)* klauen
faucheuse [foʃøz] *f* Mähmaschine *f*
faucille [fosij] *f* Sichel *f*
faucon [fokɔ̃] *m* Falke *m*
faudra [fodʀa] *fut de* **falloir**
faufiler [fofile] <1> *vpr* **se ~** sich durchschlängeln
faune [fon] *f* Fauna *f*
faussaire [fosɛʀ] *mf* Fälscher(in) *m(f)*
fausse [fos] *adj v.* **faux**
faussé(e) [fose] *adj* verbogen; *(porte)* verzogen
fausser [fose] <1> *vt* [ver]fälschen
faut [fo] *indic prés de* **falloir**
faute [fot] *f* ❶ *a.* SPORT Fehler *m;* **sans ~** ganz sicher ❷ *(manquement à des lois)* Vergehen *nt* ❸ *(responsabilité)* **c'est [de] ma ~** das ist meine Schuld ❹ *(par manque de)* **~ de temps** aus Zeitmangel; **~ de mieux** mangels Alternative ► **~ de quoi** sonst
fauteuil [fotœj] *m* Sessel *m;* **~ roulant** Rollstuhl *m*
fauteur [fotœʀ] *m* **~ de désordre/troubles** Unruhestifter *m*
fautif, -ive [fotif] **I.** *adj* schuldig **II.** *m, f* Schuldige(r) *f(m)*
fauve [fov] **I.** *adj* ❶ *(couleur)* fahlgelb ❷ *(sauvage)* wild **II.** *m* ❶ *(couleur)* Fahlgelb *nt* ❷ *(animal)* Raubtier *nt*
fauvette [fovɛt] *f* Grasmücke *f*
faux, fausse [fo] *adj* falsch
faux[1] [fo] *f* Sense *f*
faux[2] [fo] **I.** *m* ❶ Falsche(s) *nt* ❷ *(falsification)* Fälschung *f* **II.** *adv* falsch
faux-filet [fofilɛ] <faux-filets> *m* Lendenstück *nt* **faux-monnayeur** [fomɔnɛjœʀ] <faux-monnayeurs> *m* Falschmünzer(in) *m(f)* **faux-sens** [fosɑ̃s] <faux-sens> *m* Fehlinterpretation *f*
faveur [favœʀ] *f* ❶ Gefallen *m;* **de ~** bevorzugt ❷ *(bienveillance)* Gunst *f*
favorable [favɔʀabl] *adj* günstig
favorablement [favɔʀabləmɑ̃] *adv* positiv
favori(te) [favɔʀi] **I.** *adj* Lieblings-; **couleur ~te** Lieblingsfarbe *f* **II.** *m(f)* ❶ Liebling *m* ❷ SPORT Favorit(in) *m(f)*
favoris [favɔʀi] *mpl* Koteletten *Pl*
favoriser [favɔʀize] <1> *vt* ❶ begünstigen ❷ *(aider)* unterstützen
favorite [favɔʀit] *adj v.* **favori**
favoritisme [favɔʀitism] *m* POL Günstlingswirtschaft *f*
fax [faks] *m abr de* **téléfax** Fax *nt*
faxer [fakse] <1> *vt* faxen
fayot [fajo] *m fam (haricot)* grüne Bohne *f*
FB *m* HIST *abr de* **franc belge** *abr de* **franc**
FC [ɛfse] *m abr de* **football club** FC *m*
fébrile [febʀil] *adj* fiebrig; *(agité)* fieberhaft
fébrilement [febʀilmɑ̃] *adv* hektisch
fébrilité [febʀilite] *f* Hektik *f*
fécal(e) [fekal] <-aux> *adj* **matières ~es** Fäkalien *Pl*
fécond(e) [fekɔ̃] *adj* fruchtbar
fécondation [fekɔ̃dasjɔ̃] *f* Befruchtung *f*
féconder [fekɔ̃de] <1> *vt* befruchten
fécondité [fekɔ̃dite] *f* Fruchtbarkeit *f*
fécule [fekyl] *f* Stärke *f*
féculent [fekylɑ̃] *m* stärkehaltiges Nahrungsmittel *nt*
fédéral(e) [fedeʀal] <-aux> *adj* ❶ bundesstaatlich; *(en Suisse)* eidgenössisch; **gouvernement ~** Bundesregierung *f* ❷ *(central)* **union ~e** Zentralverband *m*
fédéralisme [fedeʀalism] *m* Föderalismus *m*
fédéraliste [fedeʀalist] **I.** *adj* föderalistisch **II.** *mf* Föderalist(in) *m(f)*
fédérateur, -trice [fedeʀatœʀ, -tʀis] *adj* **thème ~** gemeinsames Thema; **jouer un rôle ~** eine vermittelnde Rolle spielen
fédération [fedeʀasjɔ̃] *f* ❶ Bündnis *nt;* **~ européenne** europäische Gemein-

schaft *f* ❷ *(associations)* Verband *m;* ~ **syndicale** Gewerkschaftsbund
fédéré(e) [fedeʀe] *adj* föderiert; *(au sein d'une association)* vereinigt
fédérer [fedeʀe] <5> *vt* vereinigen; *(États)* in einer Föderation zusammenschließen
fée [fe] *f* Fee *f*
feeling [filiŋ] *m* Gespür *nt*
F
féerie [fe(e)ʀi] *f* THEAT, CINE Märchenspiel *nt*
féerique [fe(e)ʀik] *adj* märchenhaft
feignant(e) [fɛɲɑ̃] *v.* **fainéant**
feint(e) [fɛ̃] *adj* gespielt
feinte [fɛ̃t] *f* Täuschungsmanöver *nt*
feinter [fɛ̃te] <1> *vt* täuschen
fêlé(e) [fele] *adj* gesprungen; *(bras)* angebrochen
fêler [fele] <1> *vpr* **se** ~ einen Sprung bekommen; **se** ~ **qc** sich *(dat)* etw anbrechen
félicitations [felisitasjɔ̃] *fpl* Glückwünsche *Pl*
féliciter [felisite] <1> **I.** *vt* gratulieren; ~ **qn de faire qc** jdm gratulieren, dass er etw getan hat **II.** *vpr* **se** ~ **de qc** über etw *(akk)* froh sein
félin [felɛ̃] *m* Raubkatze *f*
félin(e) [felɛ̃] *adj (démarche)* katzenartig
fêlure [felyʀ] *f* Sprung *m*
femelle [fəmɛl] **I.** *adj* weiblich **II.** *f* ZOOL Weibchen *nt*
féminin [feminɛ̃] *m* LING Femininum *nt*
féminin(e) [feminɛ̃] *adj* ❶ weiblich ❷ *(voix)* Frauen-; **mode ~e** Damenmode *f*
féminisation [feminizasjɔ̃] *f* Steigerung *f* des Frauenanteils
féminiser [feminize] <1> *vpr* **se** ~ ❶ *(se faire femme)* fraulicher werden ❷ *(comporter de plus en plus de femmes)* **un parti politique se féminise** der Frauenanteil in einer politischen Partei steigt
féminisme [feminism] *m* Feminismus *m*
féministe [feminist] **I.** *adj* feministisch; **mouvement** ~ Frauenbewegung *f* **II.** *mf* Feminist(in) *m(f)*
féminité [feminite] *f* Weiblichkeit *f*
femme [fam] *f* ❶ *(opp: homme)* Frau *f;* *(épouse)* [Ehe]frau *f;* **vêtements de ~s** Damenbekleidung *f* ❷ *(profession)* **une ~ médecin/politique** eine Ärztin/Politikerin; ~ **au foyer** Hausfrau; ~ **de ménage** Putzfrau

Aussprache

Das erste -e- in **femme** wird als [a] gesprochen, das zweite -e bleibt stumm.

femme-enfant [famɑ̃fɑ̃] <femmes-enfants> *f* Kindfrau *f*
femmelette [famlɛt] *f péj* Schwächling *m*
fémur [femyʀ] *m* Oberschenkelknochen *m*
fenaison [fənɛzɔ̃] *f* Heuernte *f*
fendiller [fɑ̃dije] <1> *vpr* **se** ~ rissig werden
fendre [fɑ̃dʀ] <14> **I.** *vt* spalten **II.** *vpr* ❶ **se** ~ Risse bekommen; *(verre)* Sprünge bekommen ❷ *(se blesser)* **se** ~ **la lèvre** sich *(dat)* die Lippe aufschlagen
fendu(e) [fɑ̃dy] *adj* ❶ gespalten; *(lèvre)* aufgeplatzt ❷ *(côte)* angebrochen; *(verre)* gesprungen
fenêtre [f(ə)nɛtʀ] *f* Fenster *nt*
fennec [fenɛk] *m* ZOOL Fennek *m*
fenouil [fənuj] *m* Fenchel *m*
fente [fɑ̃t] *f* Spalt *m*
féodal(e) [feɔdal] <-aux> *adj* feudal
féodalité [feɔdalite] *f* Feudalismus *m*
fer [fɛʀ] *m* ❶ *(métal)* Eisen *nt* ❷ *(objet)* ~ **à repasser** Bügeleisen *nt;* ~ **à cheval** Hufeisen; ~ **à onduler** Lockenstab *m;* ~ **à friser** Brennschere *f*
ferai [f(ə)ʀɛ] *fut de* **faire**
fer-blanc [fɛʀblɑ̃] <fers-blancs> *m* [Weiß]blech *nt*
férié(e) [feʀje] *adj* **jour** ~ Feiertag *m*

fermage [fɛʀmaʒ] *m* Pacht *f*
ferme¹ [fɛʀm] **I.** *adj* fest; *(peau)* straff; *(main)* ruhig **II.** *adv* ❶ *(s'ennuyer)* fürchterlich ❷ *(discuter)* heftig
ferme² [fɛʀm] *f* Bauernhof *m*
fermé(e) [fɛʀme] *adj* ❶ *(opp: ouvert)* geschlossen; *(à clé)* verschlossen; *(route)* gesperrt ❷ *(club)* exklusiv ❸ *(personne)* verschlossen
fermement [fɛʀməmɑ̃] *adv* fest
ferment [fɛʀmɑ̃] *m* BIO Gärstoff *m*; **~s lactiques** Milchsäurebakterien *Pl*
fermentation [fɛʀmɑ̃tasjɔ̃] *f* BIO Gärung *f*
fermenter [fɛʀmɑ̃te] <1> *vi* gären
fermer [fɛʀme] <1> **I.** *vi* schließen **II.** *vt* schließen ▸ **la ferme!** *fam* halt/haltet die Klappe! **III.** *vpr* **se ~** ❶ *(se refermer)* zufallen; *(plaie)* verheilen ❷ *(passif)* sich schließen lassen
fermeté [fɛʀməte] *f* Festigkeit *f*
fermette [fɛʀmɛt] *f* kleines Bauernhaus
fermeture [fɛʀmətyʀ] *f* ❶ Verschluss *m* ❷ *(d'un magasin)* Schließen *nt*; *(d'une école)* Schließung *f*
fermier, -ière [fɛʀmje] **I.** *adj* Land-; **beurre ~** Landbutter *f* **II.** *m, f* ❶ *(agriculteur)* Bauer, Bäuerin *m, f* ❷ *(locataire)* Pächter(in) *m(f)*
fermoir [fɛʀmwaʀ] *m* Verschluss *m*
féroce [feʀɔs] *adj* ❶ *(animal)* wild ❷ *(personne)* unbarmherzig; *(regard)* böse; *(critique)* scharf ❸ *(appétit)* riesig
férocité [feʀɔsite] *f* ❶ Grausamkeit *f*; *(d'une critique)* Schärfe *f* ❷ *(d'un combat)* Heftigkeit *f*
ferraille [fɛʀɑj] *f* Schrott *m*
ferrailleur, -euse [fɛʀɑjœʀ] *m, f* Schrotthändler(in) *m(f)*
ferré(e) [feʀe] *adj (cheval)* beschlagen; *(bâton, soulier)* mit Eisen beschlagen
ferrer [feʀe] <1> *vt* beschlagen
ferreux, -euse [fɛʀø] *adj* eisenhaltig
ferronnerie [fɛʀɔnʀi] *f* Kunstschmiedearbeiten *Pl*
ferroviaire [fɛʀɔvjɛʀ] *adj* Eisenbahn-; **réseau ~** Eisenbahnnetz *nt*
ferrure [feʀyʀ] *f (d'un meuble, d'une porte)* [Eisen]beschlag *m*; *(d'un cheval)* Hufbeschlag *m*
ferry [feʀi] <-ies> *m abr de* **ferry-boat**
ferry-boat [feʀibot] <ferry-boats> *m* Fähre *f*
fertile [fɛʀtil] *adj a. fig* fruchtbar
fertilisation [fɛʀtilizasjɔ̃] *f* Fruchtbarmachung *f*
fertiliser [fɛʀtilize] <1> *vt* fruchtbar machen
fertilité [fɛʀtilite] *f* Fruchtbarkeit *f*
fervent(e) [fɛʀvɑ̃] *adj* ❶ REL fromm ❷ *(supporter)* begeistert
ferveur [fɛʀvœʀ] *f a.* REL Eifer *m*; *(d'une foi)* Inbrunst *f*
fesse [fɛs] *f* Hinterbacke *f*; **les ~s** das Gesäß
fessée [fese] *f* **donner une ~ à qn** jdm eine Tracht Prügel geben
fessier [fesje] **I.** *adj* Gesäß-; **muscles ~s** Gesäßmuskeln *Pl* **II.** *m iron fam* Hinterteil *nt*
festin [fɛstɛ̃] *m* Festessen *nt*
festival [fɛstival] <s> *m* Festspiele *Pl*
festivalier, -ière [fɛstivalje] *m, f* Festspielbesucher(in) *m(f)*
festivités [fɛstivite] *fpl* Festveranstaltungen *Pl*
festoyer [fɛstwaje] <6> *vi* schlemmen
fêtard(e) [fɛtaʀ, aʀd] *m(f) fam* Nachtschwärmer(in) *m(f)*
fête [fɛt] *f* ❶ *(religieuse)* Fest *nt*; **~ des Mères/Pères** Mutter-/Vatertag *m* ❷ *pl (congé)* Feiertage *Pl* ❸ *(kermesse)* **~ foraine** Jahrmarkt *m*; **~ de la bière à Munich** Münchner Oktoberfest ❹ *(réception)* Feier *f*; *(entre amis)* Party *f*; **un jour de ~** ein Feiertag/Festtag *m*

Les fêtes

Als **fêtes** bezeichnet man im weiteren Sinn die Zeit zwischen Weihnachten und Neujahr, im engeren Sinn aber den 25. Dezember, den Weihnachtsfeiertag, und den 1. Ja-

F

nuar, den Neujahrstag.
Der 14. Juli ist die **fête nationale** zum Gedenken an die Französische Revolution im Jahr 1789. An diesem Feiertag sind die Städte mit Fahnen geschmückt, und in Paris findet auf den Champs-Elysées eine große Militärparade statt. Abends gibt es überall in Frankreich Feuerwerke. Belgiens Nationalfeiertag ist der 21. Juli, und die Schweiz feiert am 1. August.

F

Fête-Dieu [fɛtdjø] <Fêtes-Dieu> *f* **la ~** Fronleichnam *m*
fêter [fete] <1> *vt* ❶ feiern ❷ *(faire fête à)* feierlich empfangen
fétiche [fetiʃ] *app* **objet ~** Talisman *m*
fétichisme [fetiʃism] *m* Fetischismus *m*
fétichiste [fetiʃist] **I.** *adj* fetischistisch **II.** *mf* Fetischist(in) *m(f)*
fétide [fetid] *adj* übel riechend
feu [fø] <x> *m* ❶ Feuer *nt* ❷ *souvent pl (d'un véhicule)* Licht *nt* ❸ AUT **~ de signalisation** Verkehrsampel *f;* **passer au ~ rouge** bei Rot durchfahren ❹ *(brûleur d'un réchaud)* **à ~ doux/vif** auf kleiner/starker Flamme ❺ *(spectacle)* **~ d'artifice** Feuerwerk *nt* ❻ **y a pas le ~ au lac!** *fam* bloß keine Hektik!
feuillage [fœjaʒ] *m* Laub *nt*
feuille [fœj] *f* ❶ Blatt *nt* ❷ *(formulaire)* **~ de paie** Gehaltsabrechnung *f* ❸ POL **~ de route** Roadmap *f*
feuillet [fœjɛ] *m* Blatt *nt*
feuilleté [fœjte] *m* GASTR Blätterteiggebäck *nt*
feuilleté(e) [fœjte] *adj* GASTR **pâte ~e** Blätterteig *m*
feuilleter [fœjte] <3> *vt* durchblättern
feuilleton [fœjtɔ̃] *m* **~ télévisé** Fernsehserie *f*
feuillu [fœjy] *m* Laubbaum *m*
feuillu(e) [fœjy] *adj* [dicht] belaubt
feutre [føtʀ] *m* ❶ Filzstift *m* ❷ *(étoffe)* Filz *m*
feutré(e) [føtʀe] *adj (fait de feutre)* verfilzt
feutrer [føtʀe] <1> *vi, vpr* **[se] ~** verfilzen
fève [fɛv] *f* Saubohne *f*
février [fevʀije] *m* Februar *m; v.a.* **août**
FF [ɛfɛf] **I.** *m* HIST *abr de* **franc français** **II.** *f abr de* **Fédération française** Französischer Verband
F.F.I. [ɛfɛfi] *fpl abr de* **Forces françaises de l'intérieur** HIST *Widerstandstruppen der Gaullisten im Zweiten Weltkrieg*
fiabilité [fjabilite] *f* Zuverlässigkeit *f*
fiable [fjabl] *adj* zuverlässig
fiacre [fjakʀ] *m* [Pferde]droschke *f*
fiançailles [fjɑ̃saj] *fpl* Verlobung *f*
fiancé(e) [fjɑ̃se] **I.** *adj* verlobt **II.** *m(f)* Verlobte(r) *f(m)*
fiancer [fjɑ̃se] <2> *vpr* **se ~ avec qn** sich mit jdm verloben
fiasco [fjasko] *m* Fiasko *nt*
fibre [fibʀ] *f* Faser *f*
fibreux, -euse [fibʀø] *adj* faserig
ficelé(e) [fis(ə)le] *adj fam* ▸ **bien/mal ~** gut/schlecht gemacht
ficeler [fis(ə)le] <3> *vt* [ver]schnüren
ficelle [fisɛl] *f* ❶ Schnur *f; (en cuisine)* Bindfaden *m* ❷ *(pain)* dünnes Baguette *nt*
fiche [fiʃ] *f* ❶ [Kartei]karte *f* ❷ CH *(dossier)* Akte *f*
ficher[1] [fiʃe] <1> **I.** *vt part passé: fichu, fam (faire)* treiben; **ne rien ~** keinen Finger krumm machen **II.** *vpr part passé: fichu, fam* **je m'en fiche** es ist mir piepegal
ficher[2] [fiʃe] <1> *vt (inscrire)* registrieren
fichier [fiʃje] *m* ❶ Kartei *f* ❷ INFORM Datei *f;* **~ texte** Textdatei *f*
fichu [fiʃy] *m* Schal *m*
fichu(e) [fiʃy] *adj fam* ❶ mies; **quel ~ temps!** so ein Sauwetter! ❷ *(en mauvais état)* **être ~** hin sein ❸ *(habillé)* zurechtgemacht
fictif, -ive [fiktif] *adj* fiktiv
fiction [fiksjɔ̃] **I.** *f* ❶ Fantasie *f* ❷ *(fait*

imaginé) **film de ~** frei erfundener Film **II.** *adj* ❶ *(futuriste)* futuristisch ❷ *(imaginaire)* rein fiktiv

fidèle [fidɛl] **I.** *adj* ❶ treu ❷ *(reproduction)* originalgetreu **II.** *mpl* REL Gläubige[n] *Pl* **III.** *mf* Anhänger(in) *m(f)*; *(d'un magasin)* Stammkunde, -kundin *m, f*

Übersetzungstipp

Fidèle - Nicht verwechseln mit *fidel* - *joyeux, joyeuse!*

fidèlement [fidɛlmɑ̃] *adv* ❶ treu ❷ *(décrire)* genau

fidéliser [fidelize] <1> *vt* als Stammkunden gewinnen

fidélité [fidelite] *f* ❶ **~ à qn** Treue *f* zu jdm ❷ *(d'une copie)* Genauigkeit *f*

fief [fjɛf] *m* ❶ POL *(d'un parti)* Hochburg *f* ❷ HIST Lehen *nt*

fieffé(e) [fjefe] *adj antéposé fam* **être un ~ menteur** ein abgefeimter Lügner sein

fiel [fjɛl] *m* Boshaftigkeit *f*

fiente [fjɑ̃t] *f* Kot *m*

fier [fje] <1> *vpr* **se ~ à qn** sich auf jdn verlassen

fier, fière [fjɛʀ] *adj* stolz

Aussprache

In der Regelaussprache wird die Endung -er als geschlossenes e gesprochen *(aimer, léger ...)*, aber beim Adjektiv **fier** wird -er zu [ɛʀ].

fièrement [fjɛʀmɑ̃] *adv* stolz

fierté [fjɛʀte] *f* Stolz *m*

fiesta [fjɛsta] *f fam* Fete *f*

fièvre [fjɛvʀ] *f* ❶ MED Fieber *nt* ❷ *(vive agitation)* Hektik *f*

fiévreusement [fjevʀøzmɑ̃] *adv* fieberhaft

fiévreux, -euse [fjevʀø] *adj* ❶ MED fiebrig ❷ *(activité)* fieberhaft

figé(e) [fiʒe] *adj* starr

figer [fiʒe] <2a> **I.** *vt* **~ qn** jdn erstarren lassen **II.** *vpr* **se ~** erstarren

fignoler [fiɲɔle] <1> *vt fam* ausfeilen

figue [fig] *f* Feige *f*

figuier [figje] *m* Feigenbaum *m*

figurant(e) [figyʀɑ̃] *m(f)* CINE, THEAT Statist(in) *m(f)*

figuratif, -ive [figyʀatif] *adj* ART gegenständlich

figure [figyʀ] *f* ❶ Gesicht *nt* ❷ *(personnage)* [große] Persönlichkeit *f* ❸ *(image)* Figur *f*; MATH grafische Darstellung *f* ❹ SPORT Figur *f*; **~s imposées/libres** Pflicht *f*/Kür *f*

figuré(e) [figyʀe] *adj (sens)* übertragen

figurer [figyʀe] <1> **I.** *vi* ❶ THEAT, CINE als Statist auftreten ❷ *(être mentionné)* stehen **II.** *vpr* **se ~ qc** sich *(dat)* etw vorstellen

figurine [figyʀin] *f* Figürchen *nt*

fil [fil] *m* ❶ Faden *m*; *(de haricot)* Faser *f*; *(corde à linge)* [Wäsche]leine *f* ❷ ELEC Leitung *f* ▶ **au ~ des ans** im Laufe der Jahre

filament [filamɑ̃] *m* ELEC Glühfaden *m*

filandreux, -euse [filɑ̃dʀø] *adj* sehnig, flachsig (A)

filasse [filas] *adj inv péj (cheveux)* strohig; **cheveux d'un blond ~** strohblonde Haare

filature [filatyʀ] *f* ❶ Spinnerei *f* ❷ *(action)* Spinnen *nt* ❸ *(surveillance)* Beschattung *f*

file [fil] *f* ❶ *(colonne)* Reihe *f*; *(d'attente)* Schlange *f*; **se mettre à la ~** sich [hinten] anstellen ❷ *(voie de circulation)* [Fahr]spur *f*; **prendre la ~ de droite** sich rechts einordnen ▶ **en ~ indienne** im Gänsemarsch

filer [file] <1> **I.** *vi* ❶ *(maille)* laufen; *(collant)* eine Laufmasche haben ❷ *(personne)* rennen; *(en voiture)* rasen **II.** *vt* ❶ *(tisser)* spinnen ❷ *(surveiller)* **~ qn** jdn beschatten ❸ *fam (donner)* **~ de l'argent à qn** jdm Geld geben

F

filet [filɛ] *m* ❶ *(réseau de maille)* Netz *nt* ❷ GASTR Filet *nt*
filetage [filtaʒ] *m* Gewinde *nt*
filial(e) [filjal] <-aux> *adj* kindlich
filiale [filjal] *f* Tochtergesellschaft *f*
filiation [filjasjɔ̃] *f* Abstammung *f*
filière [filjɛʀ] *f* Dienstweg *m*
filiforme [filifɔʀm] *adj* spindeldürr
filigrane [filigʀan] *m* Wasserzeichen *nt*
fille [fij] *f* ❶ *(opp: garçon)* Mädchen *nt*, Gitsch[e] *f* (A) ❷ *(opp: fils)* Tochter *f*
fillette [fijɛt] *f* kleines Mädchen *nt*
filleul(e) [fijœl] *m(f)* Patenkind *nt*
film [film] *m* Film *m*
filmer [filme] <1> *vt, vi* filmen
filmographie [filmɔgʀafi] *f* Filmverzeichnis *nt*
filon [filɔ̃] *m* MINER Ader *f*
filou [filu] *m fam (escroc)* Gauner *m*; *(coquin)* Schlingel *m*
filouter [filute] <1> *vt fam* übers Ohr hauen
fils [fis] *m* Sohn *m*; **Dupont ~** Dupont junior ▸ **être bien le ~ de son père** ganz der Vater sein

Aussprache
Bei **fils** wird das -s am Ende gesprochen, das -l- bleibt stumm.

filtrage [filtʀaʒ] *m* Filtern *nt*
filtrant(e) [filtʀɑ̃] *adj* Filter-; **cartouche ~e** Filtereinsatz *m*
filtre [filtʀ] *m* Filter *m o nt*
filtrer [filtʀe] <1> *vt* filtern
fin [fɛ̃] **I.** *f* ❶ Ende *nt* ❷ *(but)* **arriver à ses ~s** sein Ziel erreichen ▸ **en ~ de compte** letztlich **II.** *adv* völlig
fin(e) [fɛ̃] *adj* ❶ fein; *(jambes)* schlank ❷ *(personne)* klug; *(dans ses actes)* geschickt ❸ *antéposé* ausgezeichnet
final(e) [final] <s> *adj* endgültig; **point ~** Schlusspunkt *m*; **résultat ~** Endergebnis *nt*
finale [final] <s> *f* Finale *nt*
finalement [finalmɑ̃] *adv* schließlich
finaliste [finalist] **I.** *adj (joueur)* am Endspiel teilnehmend **II.** *mf* Finalist(in) *m(f)*
finalité [finalite] *f* ❶ PHILOS Zweckbestimmtheit *f* ❷ *(but)* Zweck *m*
finance [finɑ̃s] *f pl* Finanzen *Pl*
financement [finɑ̃smɑ̃] *m* Finanzierung *f*
financer [finɑ̃se] <2> *vt* finanzieren
financier [finɑ̃sje] *m* Finanzier *m*
financier, -ière [finɑ̃sje] *adj* finanziell; **crise financière** Finanzkrise *f*
financièrement [finɑ̃sjɛʀmɑ̃] *adv* finanziell [gesehen]
finasser [finase] <1> *vi* mit Tricks arbeiten
finaud(e) [fino] *adj* pfiffig
fine [fin] *f* feiner Weinbrand
finement [finmɑ̃] *adv* ❶ [sehr] fein ❷ *(agir)* clever
finesse [finɛs] *f* ❶ Feinheit *f* ❷ *(d'une personne)* Scharfsinn *m*
fini [fini] *m (d'un produit)* sorgfältige Verarbeitung *f*
fini(e) [fini] *adj* ❶ **être ~** zu Ende sein ❷ *(personne)* erledigt ❸ *(nombre)* endlich
finir [finiʀ] <8> **I.** *vi* ❶ enden ❷ *(terminer)* aufhören; **avoir fini** fertig sein ❸ SPORT **~ à la quatrième place** auf Platz vier kommen **II.** *vt* ❶ beenden; **~ de manger/de s'habiller** fertig essen/sich fertig anziehen; **~ le mois** in diesem Monat mit dem Geld auskommen ❷ *(plat)* aufessen ❸ *(dispute)* aufhören mit
finish [finiʃ] *m inv* SPORT Endspurt *m*; **match au ~** *Kampf, der durch K.o. oder Aufgabe beendet wird*
finition [finisjɔ̃] *f* Fertigstellung *f*
finlandais(e) [fɛ̃lɑ̃dɛ] *adj* finnisch
Finlandais(e) [fɛ̃lɑ̃dɛ] *m(f)* Finne, Finnin *m, f*
Finlande [fɛ̃lɑ̃d] *f* **la ~** Finnland *nt*
finnois [finwa] *m* Finnisch *nt*; *v.a.* **allemand**
finnois(e) [finwa] *adj* finnisch; *v.a.* **allemand**

Finnois(e) [finwa] *m(f)* Finne, Finnin *m, f*
fiole [fjɔl] *f* ❶ Phiole *f* ❷ *fam* Kopf *m*
fiord [fjɔʀd] *m* Fjord *m*
fioriture [fjɔʀityʀ] *f* Schnörkel *m*
firent [fiʀ] *passé simple de* **faire**
firmament [fiʀmamɑ̃] *m* Firmament *nt*
firme [fiʀm] *f* Firma *f*
fis [fi] *passé simple de* **faire**
fisc [fisk] *m* Fiskus *m*
fiscal(e) [fiskal] <-aux> *adj* Steuer-; **conseiller ~** Steuerberater *m*
fiscalité [fiskalite] *f* Steuerwesen *nt*
fission [fisjɔ̃] *f* Spaltung *f*
fissure [fisyʀ] *f* Riss *m; (d'un vase)* Sprung *m*
fissurer [fisyʀe] <1> **I.** *vt* Risse verursachen in *(+dat)* **II.** *vpr* **se ~** rissig werden
fiston [fistɔ̃] *m fam* Sohnemann *m*
fit [fi] *passé simple de* **faire**
fîtes [fit] *passé simple de* **faire**
fitness [fitnɛs] *m* Fitness *f;* **club de ~** Fitnessstudio *nt*
fixateur [fiksatœʀ] *m* PHOT Fixiermittel *nt*
fixation [fiksasjɔ̃] *f* ❶ Fixierung *f* ❷ *(dispositif)* Befestigungsvorrichtung *f*
fixe [fiks] **I.** *adj* fest; **point ~** Fixpunkt *m;* **idée ~** fixe Idee *f* **II.** *m* festes Gehalt *nt* **III.** *interj* **~!** stillgestanden!
fixé(e) [fikse] *adj* **ne pas encore être ~** noch nicht so recht wissen
fixement [fiksəmɑ̃] *adv* **regarder qn/qc ~** jdn/etw anstarren
fixer [fikse] <1> **I.** *vt* ❶ befestigen ❷ *(regarder)* starren ❸ *(règle)* festlegen; *(rendez-vous)* ausmachen **II.** *vpr* ❶ **se ~ au mur** an der Wand befestigt werden ❷ *(s'établir)* **se ~ à Paris** sich in Paris niederlassen ❸ *(se poser)* **se ~ sur qn/qc** auf jdn/etw fallen ❹ *(se définir)* **se ~ un but** sich *(dat)* ein Ziel setzen
fjord [fjɔʀd] *m v.* **fiord**
flac [flak] *interj* platsch
flacon [flakɔ̃] *m* Fläschchen *nt; (de parfum)* Flakon *m*
flagada [flagada] *adj inv fam* **être ~** fix und fertig sein
flagellation [flaʒelasjɔ̃] *f* Geißelung *f*
flageller [flaʒele] <1> *vt, vpr* [**se**] **~** [sich] geißeln
flageoler [flaʒɔle] <1> *vi* zittern
flageolet [flaʒɔlɛ] *m* MUS Flageolett *nt*
flagrant(e) [flagʀɑ̃] *adj* offenkundig
flair [flɛʀ] *m* Geruchssinn *m* ▶ **avoir du ~** eine feine Nase haben
flairer [fleʀe] <1> *vt* wittern
flamand [flamɑ̃] *m* Flämisch *nt; v.a.* **allemand**
flamand(e) [flamɑ̃] *adj* flämisch; *v.a.* **allemand**
Flamand(e) [flamɑ̃] *m(f)* Flame, Flämin *m, f*
flamant [flamɑ̃] *m* Flamingo *m*
flambé(e) [flɑ̃be] *adj* GASTR flambiert
flambeau [flɑ̃bo] <x> *m* Fackel *f*
flambée [flɑ̃be] *f* ❶ *(feu)* [hell] loderndes Feuer *nt* ❷ *(du dollar)* plötzlicher Anstieg *m*
flamber [flɑ̃be] <1> **I.** *vi* brennen **II.** *vt* GASTR flambieren
flamboyant(e) [flɑ̃bwajɑ̃] *adj* ❶ lodernd; *(couleur)* leuchtend ❷ ART spätgotisch
flamboyer [flɑ̃bwaje] <6> *vi* [auf]lodern
flamenco [flamɛnko] *m* Flamenco *m*
flamme [flam] *f* ❶ Flamme *f* ❷ *pl (brasier)* Feuer *nt*
flammèche [flamɛʃ] *f* brennendes Teilchen
flan [flɑ̃] *m* GASTR Pudding *m*
flanc [flɑ̃] *m* Seite *f; (d'une montagne)* Hang *m*

Aussprache
Das -c am Ende von **flanc** bleibt stumm.

flancher [flɑ̃ʃe] <1> *vi fam* kneifen
Flandre [flɑ̃dʀ] *f* **la ~, les ~s** Flandern *nt*

F

flanelle [flanɛl] *f* Flanell *m*
flâner [flɑne] <1> *vi* bummeln
flânerie [flɑnʀi] *f* ❶ Umherschlendern *nt* ❷ *(musardise)* Herumtrödeln *nt*
flâneur, -euse [flɑnœʀ] *m, f* Müßiggänger *m*
flanquer [flɑ̃ke] <1> *vt fam* ❶ schmeißen; ~ **qn dehors** jdn rausschmeißen ❷ *(donner)* ~ **une gifle à qn** jdm eine runterhauen
F
flapi(e) [flapi] *adj fam* hundemüde
flaque [flak] *f* Pfütze *f*
flash [flaʃ] <es> *m* PHOT Blitz *m*
flash-back [flaʃbak] *m inv* Rückblende *f*
flasher [flaʃe] <1> *fam* **I.** *vt (au radar)* blitzen; **se faire** ~ geblitzt werden **II.** *vi* ❶ ~ **sur qn/qc** voll auf jdn/etw abfahren ❷ *(être excellent)* flashen
flasque [flask] *adj* schlaff
flatter [flate] <1> *vt* schmeicheln
flatterie [flatʀi] *f* Schmeichelei *f*
flatteur, -euse [flatœʀ] **I.** *adj* schmeichelhaft **II.** *m, f* Schmeichler(in) *m(f)*
fléau [fleo] <x> *m* Plage *f*
flèche [flɛʃ] *f* ❶ *a.* MATH Pfeil *m* ❷ *(toit pointu)* [Turm]spitze *f* ▶ **en** ~ blitzschnell
flécher [fleʃe] <5> *vt* mit Pfeilen markieren
fléchette [fleʃɛt] *f* ❶ kleiner Pfeil *m* ❷ *pl (jeu)* Darts *nt*
fléchir [fleʃiʀ] <8> **I.** *vt* beugen **II.** *vi* sich beugen
fléchissement [fleʃismɑ̃] *m* Beugen *nt*
flegmatique [flɛgmatik] *adj* phlegmatisch
flegme [flɛgm] *m* ❶ Gelassenheit *f* ❷ *(lourdeur)* Phlegma *nt*
flemmard(e) [flemaʀ, aʀd] *fam* **I.** *adj* faul **II.** *m(f)* Faulpelz *m*
flemme [flɛm] *f fam* **avoir la** ~ **de faire qc** zu faul sein etw zu tun
flétri(e) [fletʀi] *adj* welk
flétrir [fletʀiʀ] <8> *vpr* **se** ~ verwelken
flétrissement [fletʀismɑ̃] *m* BOT Welken *nt*
fleur [flœʀ] *f* Blume *f* ▶ ~ **bleue** sentimental
fleuret [flœʀɛ] *m* Florett *nt*
fleurette [flœʀɛt] ▶ **conter** ~ [**à une femme**] *hum* Süßholz raspeln *(fam)*
fleuri(e) [flœʀi] *adj* ❶ blühend ❷ *(aux motifs floraux)* geblümt ❸ *(style)* blumig
fleurir [flœʀiʀ] <8> **I.** *vi* blühen **II.** *vt* mit Blumen schmücken
fleuriste [flœʀist] *mf* Blumenhändler(in) *m(f)*
fleuve [flœv] *m* Fluss *m*
flexibilité [flɛksibilite] *f* ❶ Biegsamkeit *f* ❷ *(adaptabilité)* Flexibilität *f*
flexible [flɛksibl] *adj* ❶ biegsam ❷ *(adaptable)* flexibel
flexion [flɛksjɔ̃] *f* Beugen *nt*
flexitarien(ne) [flɛksitaʀjɛ̃, jɛn] *m(f)* Flexitarier(in) *m(f)*
flibustier [flibystje] *m* Freibeuter(in) *m(f)*
flic [flik] *m fam* Bulle *m*
flicaille [flikɑj] *f péj fam* Bullen *Pl*
flic flac [floc] [flikflak(flɔk)] pitsch, patsch
flingue [flɛ̃g] *m fam* Knarre *f*
flinguer [flɛ̃ge] <1> *vt fam* abknallen
flippant(e) [flipɑ̃] *adj fam* Horror-; **des moments ~s** Horrorzeit *f*; **de la musique ~e** Musik, die einen runterzieht/runterzog/...
flipper[1] [flipœʀ] *m* Flipper *m*
flipper[2] [flipe] <1> *vi fam* eine Mordsangst haben
flique [flik] *adj* **ça fait** ~ *fam* das geht einem/mir/ihm/... auf den Zeiger
fliquer [flike] <1> *vt fam* auf Schritt und Tritt bewachen
flirt [flœʀt] *m* Flirt *m*
flirter [flœʀte] <1> *vi a. fig* flirten
floc [flɔk] ▶ **faire** ~ [~] *(caillou qui tombe dans l'eau)* plumps machen; *(bottes qui ont pris l'eau)* platsch machen
flocon [flɔkɔ̃] *m* Flocke *f*
floconneux, -euse [flɔkɔnø] *adj* flockig
flonflons [flɔ̃flɔ̃] *m pl fam* Klänge *Pl*
flop [flɔp] **faire** ~ platsch machen *(fam)*

flopée [flɔpe] *f fam (de gamins)* Haufen *m*
floraison [flɔʀɛzɔ̃] *f* Blüte[zeit *f*] *f*
floral(e) [flɔʀal] <-aux> *adj* Blumen-
flore [flɔʀ] *f* Flora *f*
florilège [flɔʀilɛʒ] *m* Auswahl *f*
florin [flɔʀɛ̃] *m* Gulden *m*
florissait [flɔʀisɛ] *imparf de* **fleurir**
florissant(e) [flɔʀisɑ̃] *adj* blühend
flot [flo] *m* Flut *f* ▶ **être à ~** flott sein
flottaison [flɔtɛzɔ̃] *f* **ligne de ~** Wasserlinie *f*
flottant(e) [flɔtɑ̃] *adj* ❶ *(glace)* Treib- ❷ *(foulard)* flatternd ❸ *(instable)* schwankend
flotte[1] [flɔt] *f* MIL, ECON Flotte *f*; **~ aérienne** Luftflotte *f*
flotte[2] [flɔt] *f fam* Wasser *nt*; *(pluie)* Regen *m*
flottement [flɔtmɑ̃] *m* Schwanken *nt*
flotter [flɔte] <1> *vi* ❶ schwimmen ❷ *(onduler)* flattern ❸ *(hésiter)* zögern
flotteur [flɔtœʀ] *m* TECH Schwimmer *m*
flou [flu] **I.** *m* Verschwommenheit *f* **II.** *adv* verschwommen
flou(e) [flu] *adj* ❶ verschwommen ❷ *(pensée)* vage
flouer [flue] <1> *vt fam* reinlegen
flouter [flute] <1> *vt* INFORM verpixeln
fluctuation [flyktɥasjɔ̃] *f gén pl* Fluktuation *f*; *(de l'opinion)* Schwanken *nt*
fluctuer [flyktɥe] <1> *vi* schwanken
fluet(te) [flyɛ] *adj* zart
fluide [flyid] **I.** *adj* flüssig **II.** *m* CHIM Flüssigkeit *f*
fluidifier [flɥidifje] <1> *vt* verflüssigen
fluidité [flɥidite] *f* Dünnflüssigkeit *f*; **~ du trafic** Verkehrsfluss *m*
fluo [flyɔ] *adj sans pl abr de* **fluorescent**
fluor [flyɔʀ] *m* Fluor *nt*
fluoré(e) [flyɔʀe] *adj* mit Fluor angereichert
fluorescence [flyɔʀesɑ̃s] *f* Fluoreszenz *f*
fluorescent(e) [flyɔʀesɑ̃] *adj* leuchtend
flûte [flyt] **I.** *f* Flöte *f*; *(pain)* Stangenbrot *nt* **II.** *interj fam* verflixt
flûtiste [flytist] *mf* Flötist(in) *m(f)*
fluvial(e) [flyvjal] <-aux> *adj* Fluss-; **navigation/île ~e** Flussschifffahrt *f*/-insel *f*; **port ~** Binnenhafen *m*
flux [fly] *m* ❶ Flut *f*; **le ~ et le reflux** *(marée)* Ebbe *f* und Flut *f*; *(alternance)* das Auf und Ab ❷ MED **~ de sang** Blutung *f* ❸ PHYS, ECON Fluss *m*
fluxion [flyksjɔ̃] *f* Entzündung *f*
F.M. [ɛfɛm] *f abr de* **Frequency Modulation** Frequenzmodulation *f*
FMI [ɛfɛmi] *m abr de* **Fonds monétaire international** IWF *m*
focal(e) [fɔkal, -o] <-aux> *adj (distance, plan)* Brenn-
focale [fɔkal] *f* Brennweite *f*
focaliser [fɔkalize] <1> *vt fig* richten
foehn [føn] *m (vent)* Föhn *m*
fœtal(e) [fetal] <-aux> *adj* des Fötus; *(position)* Embryonal-
fœtus [fetys] *m* Fötus *m*
fofolle [fɔfɔl] *adj v.* **foufou**
foi [fwa] *f* ❶ Glaube *m* ❷ *(confiance)* Vertrauen *nt* ▶ **être de bonne/mauvaise ~** aufrichtig/unaufrichtig sein
foie [fwa] *m* Leber *f*
foin [fwɛ̃] *m sans pl* Heu *nt*
foire [fwaʀ] *f* ❶ Messe *f* ❷ *(fête foraine)* Jahrmarkt *m*
foirer [fwaʀe] <1> *vi fam (rater)* schiefgehen
foireux, -euse [fwaʀø] *adj fam* feige
fois [fwa] *f* ❶ **une ~** einmal/ein Mal; **c'est la dernière ~** das ist das letzte Mal ❷ *dans un comp* **cinq ~ plus d'argent** fünfmal so viel Geld ❸ *(comme multiplicateur)* **9 ~ 3 font 27** 9 mal 3 ist 27 ▶ **un bateau à la ~** ein Schiff nach dem anderen; **[tout] à la ~** gleichzeitig; **des ~** *fam* ab und zu; **une ~ que...** sobald...
foison [fwazɔ̃] ▶ **à ~** in Hülle und Fülle
foisonnement [fwazɔnmɑ̃] *m* Fülle *f*
foisonner [fwazɔne] <1> *vi* reichlich vorhanden sein

fol [fɔl] *adj v.* **fou**
folâtre [fɔlɑtʀ] *adj* ausgelassen
folâtrer [fɔlɑtʀe] <1> *vi* sich tummeln
folichon(ne) [fɔliʃɔ̃] *adj fam* **ne pas être ~** nicht gerade umwerfend sein
folie [fɔli] *f* ❶ Wahnsinn *m* ❷ *(déraison)* Verrücktheit *f*
folio [fɔljo] *m* TYP ❶ *(feuillet)* Folioblatt *nt* ❷ *(numéro)* Seitenzahl *f*
F **folklo** [fɔlklo] *adj inv fam v.* **folklorique**
folklore [fɔlklɔʀ] *m* Folklore *f*
folklorique [fɔlklɔʀik] *adj* folkloristisch
folle [fɔl] **I.** *adj v.* **fou II.** *f fam (homosexuel)* [**grande**] ~ Tunte *f*, Tucke *f*
follement [fɔlmɑ̃] *adv* wahnsinnig *(fam)*
foncé(e) [fɔ̃se] *adj* dunkel; **bleu foncé** dunkelblau
foncer [fɔ̃se] <2> **I.** *vt* dunkler machen **II.** *vi* ❶ losgehen ❷ *(devenir plus foncé)* dunkler werden
fonceur, -euse [fɔ̃sœʀ] *m, f* Draufgänger(in) *m(f)*
foncier, -ière [fɔ̃sje] *adj* Grund-; **impôt ~** Grundsteuer *f*
foncièrement [fɔ̃sjɛʀmɑ̃] *adv* von Grund auf
fonction [fɔ̃ksjɔ̃] *f* ❶ Funktion *f*; **faire ~ de qc** als etw dienen ❷ *(activité professionnelle)* Tätigkeit *f* ❸ *(charge)* Amt *nt* ❹ CHIM Wirkung *f*
fonctionnaire [fɔ̃ksjɔnɛʀ] *mf* Beamte(r), Beamtin *m, f*
fonctionnalité [fɔ̃ksjɔnalite] *f* ❶ *sans pl* Funktionalität *f* ❷ *gén pl* INFORM Funktionen *Pl*
fonctionnariser [fɔ̃ksjɔnaʀize] <1> *vt* ❶ *(assimiler aux fonctionnaires: entreprise, personne)* in den Staatsdienst übernehmen ❷ *(bureaucratiser: service, Etat)* bürokratisieren
fonctionnel(le) [fɔ̃ksjɔnɛl] *adj* funktionell
fonctionnement [fɔ̃ksjɔnmɑ̃] *m* Funktionieren *nt*
fonctionner [fɔ̃ksjɔne] <1> *vi* funktionieren
fond [fɔ̃] *m* ❶ *a.* GASTR Boden *m; (de la mer)* Grund *m* ❷ *(d'une pièce)* hinterer Teil *m* ❸ *(du cœur)* Innere(s) *nt* ❹ *(opp: forme)* Inhalt *m* ❺ *(sonore)* Hintergrund *m* ▸ **à ~** voll und ganz; **au ~, ...** *fam* im Grunde genommen...; **de ~** Haupt-; **article de ~** Leitartikel *m*
fondamental(e) [fɔ̃damɑ̃tal] <-aux> *adj* ❶ grundlegend; **loi ~e** Grundgesetz *nt* ❷ *(essentiel)* wesentlich
fondamentalement [fɔ̃damɑ̃talmɑ̃] *adv* von Grund auf; **~ faux** grundfalsch
fondamentaliste [fɔ̃damɑ̃talist] *mf* REL Fundamentalist(in) *m(f)*
fondant(e) [fɔ̃dɑ̃] *adj* ❶ schmelzend ❷ *(poire)* saftig ❸ *(tendre)* zart
fondateur, -trice [fɔ̃datœʀ] *m, f* Gründer(in) *m(f)*
fondation [fɔ̃dasjɔ̃] *f* ❶ Gründung *f* ❷ *(établissement)* Stiftung *f* ❸ *pl* ARCHIT Fundament *nt*
fondé(e) [fɔ̃de] *adj* fundiert
fondement [fɔ̃dmɑ̃] *m* Grundlage *f*
fonder [fɔ̃de] <1> **I.** *vt* ❶ gründen ❷ *(faire reposer)* begründen **II.** *vpr* **se ~ sur qc** *(personne)* sich auf etw *(akk)* berufen
fonderie [fɔ̃dʀi] *f* ❶ *(usine)* [Metall]gießerei *f* ❷ *(fabrication)* [Metall]gießen *nt*
fondeur [fɔ̃dœʀ] *m* [Metall]gießer(in) *m(f)*
fondeur, -euse [fɔ̃dœʀ] *m, f* Langläufer(in) *m(f)*
fondre [fɔ̃dʀ] <14> **I.** *vi* ❶ schmelzen ❷ *(se dissoudre)* zerfließen **II.** *vt* ❶ schmelzen ❷ *(fabriquer)* gießen **III.** *vpr* **se ~ dans qc** ❶ *(former un tout avec)* in etw *(dat)* aufgehen ❷ *(disparaître)* in etw *(dat)* verschwinden
fonds [fɔ̃] *m* ❶ Geschäft *nt* ❷ *(capital)* Vermögen *nt*
fondu(e) [fɔ̃dy] **I.** *part passé de* **fondre II.** *adj* **fromage ~** Schmelzkäse *m*
fondue [fɔ̃dy] *f* Fondue *nt*
font [fɔ̃] *indic prés de* **faire**
fontaine [fɔ̃tɛn] *f* Brunnen *m*

> **Übersetzungstipp**
> **La fontaine** – Nicht verwechseln mit *die Fontäne – le jet d'eau!*

fonte [fɔ̃t] *f* ① Schmelzen *nt* ② *(métal)* Gusseisen *nt*

fonts [fɔ̃] *mpl* ~ **baptismaux** Taufstein *m*

foot [fut] *m sans pl abr de* **football** Fußball *m*

football [futbol] *m sans pl* Fußball *m*

footballeur, -euse [futbolœʀ] *m, f* Fußballspieler(in) *m(f)*

footing [futiŋ] *m* Joggen *nt*

for [fɔʀ] ▸ **en mon ~ intérieur** in meinem tiefsten Inneren

forage [fɔʀaʒ] *m* Bohrung *f*

forain(e) [fɔʀɛ̃] **I.** *adj* **fête ~e** Jahrmarkt *m* **II.** *m(f)* Schausteller(in) *m(f)*

forçat [fɔʀsa] *m* zur Zwangsarbeit verurteilter Sträfling ▸ **~ du travail** Arbeitstier *nt* **travailler comme un ~** wie ein Wilder schuften *(fam)*

force [fɔʀs] *f* ① *a.* PHYS Kraft *f* ② *(niveau intellectuel)* Geistesgabe *f* ③ *(pouvoir)* Stärke *f* ④ *gén pl (ensemble de personnes)* Kräfte *Pl* ⑤ MIL **~[s] armée[s]** Streitkräfte *Pl* ⑥ *(d'un choc)* Wucht *f* ▸ **à ~** mit der Zeit; **faire qc de ~** etw unter Zwang tun

forcé(e) [fɔʀse] **I.** *part passé de* **forcer** **II.** *adj* ① unfreiwillig; **travail ~** Zwangsarbeit *f* ② *(rire)* gezwungen

forcément [fɔʀsemɑ̃] *adv* zwangsläufig; **pas ~** nicht unbedingt; **~!** na klar! *(fam)*

forcené(e) [fɔʀsəne] **I.** *adj* gewaltig **II.** *m(f)* Verrückte(r) *f(m)*

forceps [fɔʀsɛps] *m sans pl* Geburtszange *f*

forcer [fɔʀse] <2> **I.** *vt* ① zwingen ② *(tordre)* verbiegen ③ *(coffre)* aufbrechen ④ *(estime)* hervorrufen **II.** *vi* ① sich überanstrengen ② *(agir avec force)* **~ sur qc** etw mit Gewalt tun **III.** *vpr* **se ~ à qc** sich zu etw *(dat)* zwingen

forcing [fɔʀsiŋ] *m sans pl* ① SPORT schneller Vorstoß ② *fam (déploiement d'énergie)* Kraftakt *m;* **faire le ~ pour obtenir qc** *fam* nicht locker lassen, bis man etw erreicht; **faire qc au ~** etw unter Aufbietung aller Kräfte tun

forcir [fɔʀsiʀ] <8> *vi* zunehmen

forer [fɔʀe] <1> *vt* bohren

forestier, -ière [fɔʀɛstje] **I.** *adj* Wald-; **chemin ~** Waldweg *m* **II.** *m, f* Förster(in) *m(f)*

foret [fɔʀɛ] *m* Bohrer *m*

forêt [fɔʀɛ] *f* Wald *m*

forêt-noire [fɔʀɛnwaʀ] <forêts-noires> *f (gâteau)* Schwarzwälder Kirschtorte *f* **Forêt-Noire** [fɔʀɛnwaʀ] *f* GEO **la ~** der Schwarzwald

forfait [fɔʀfɛ] *m* ① Pauschale *f* ② TELEC Flatrate *f; (payé par avance)* Prepaid-Vertrag *m;* **~ illimité** unbegrenzte Flatrate

forfaitaire [fɔʀfɛtɛʀ] *adj* Pauschal-; **montant ~** Pauschalbetrag *m*

forge [fɔʀʒ] *f (fourneau)* Schmiedeofen *m*

forger [fɔʀʒe] <2a> *vt a. fig* schmieden

forgeron [fɔʀʒəʀɔ̃] *m* Schmied *m*

formaliser [fɔʀmalize] <1> *vpr* **se ~ de qc** Anstoß an etw *(dat)* nehmen

formalisme [fɔʀmalism] *m péj* Überbetonung *f* der Form

formalité [fɔʀmalite] *f* ADMIN, JUR Formalität *f*

format [fɔʀma] *m* Format *nt*

formatage [fɔʀmataʒ] *m* Formatierung *f*

formater [fɔʀmate] <1> *vt* formatieren

formateur, -trice [fɔʀmatœʀ] *m, f* Ausbilder(in) *m(f)*

formation [fɔʀmasjɔ̃] *f* ① Aufstellung *f* ② LING *(d'un mot)* Bildung *f* ③ *(du monde)* Entstehung *f* ④ *(apprentissage professionnel)* Ausbildung *f* ⑤ *(éducation morale et intellectuelle)* Bildung *f* ⑥ *(groupe)* Gruppe *f*

forme [fɔʀm] *f* Form *f*

formel(le) [fɔʀmɛl] *adj* ① ausdrücklich

❷ *(de pure forme)* formell
formellement [fɔʀmɛlmɑ̃] *adv* ausdrücklich
former [fɔʀme] <1> **I.** *vt* formen **II.** *vpr* **se ~** sich bilden
formica® [fɔʀmika] *m* ≈ Resopal® *nt*
formidable [fɔʀmidabl] *adj* ❶ *fam* toll ❷ **c'est ~!** das ist ja irre!
formidablement [fɔʀmidabləmɑ̃] *adv* unheimlich

F

formol [fɔʀmɔl] *m* Formalin® *nt*
formulaire [fɔʀmylɛʀ] *m* Formular *nt,* Drucksorte *f* (A)
formulation [fɔʀmylasjɔ̃] *f* Formulierung *f*
formule [fɔʀmyl] *f* ❶ Formulierung *f* ❷ *(paroles rituelles)* **~ de politesse** [Höflichkeits]floskel *f* ❸ *(choix)* Angebot *nt;* **~ à 10 euros** Menü *nt* zu 10 Euro ❹ *(façon de faire)* Methode *f* ❺ SCI, CHIM Formel *f* ❻ SPORT **~ I** Formel I *f*
formuler [fɔʀmyle] <1> *vt* formulieren
forniquer [fɔʀnike] <1> *vi* **~ avec qn** mit jdm Unzucht treiben
forsythia [fɔʀsisja] *m* Forsythie *f*
fort [fɔʀ] **I.** *adv* ❶ kräftig; *(parler)* laut ❷ *(beaucoup)* **j'en doute ~** das möchte ich stark bezweifeln ❸ *fam (bien)* gut ▸ **y <u>aller</u> ~** *fam* zu weit gehen **II.** *m* ❶ *(forteresse)* Fort *nt* ❷ *(spécialité)* Stärke *f*
fort(e) [fɔʀ] **I.** *adj* ❶ kräftig ❷ *(puissant)* stark ❸ *(carton)* dick ❹ *(lumière)* hell ❺ *(moutarde)* scharf ❻ *(désir)* stark; *(fièvre)* hoch ❼ *(doué)* gut ❽ *(terme)* hart ❾ *(poitrine)* groß ❿ *(courageux)* stark ⓫ *(somme)* hoch; *(différence)* groß ▸ **c'<u>est</u> un peu ~!** das gibt's doch nicht! **II.** *m(f)* Starke(r) *f(m)*
fortement [fɔʀtəmɑ̃] *adv* fest; *(secouer)* kräftig
forteresse [fɔʀtəʀɛs] *f* Festung *f*
fortiche [fɔʀtiʃ] *adj fam* ❶ *(calé)* **être ~ en math** in Mathe echt was loshaben ❷ *(malin)* **c'est pas ~ d'avoir fait cela** es war nicht gerade clever das zu tun
fortifiant(e) [fɔʀtifjɑ̃] *adj* stärkend
fortification [fɔʀtifikasjɔ̃] *f* Befestigungsanlage *f*
fortifier [fɔʀtifje] <1> *vt* ❶ kräftigen ❷ MIL befestigen
fortin [fɔʀtɛ̃] *m* kleines Fort
fortuit(e) [fɔʀtɥi] *adj* zufällig
fortuitement [fɔʀtɥitmɑ̃] *adv* zufälligerweise
fortune [fɔʀtyn] *f* ❶ Vermögen *nt* ❷ *(chance)* Glück *nt* ▸ **<u>de</u> ~** behelfsmäßig
fortuné(e) [fɔʀtyne] *adj* wohlhabend
forum [fɔʀɔm] *m* ❶ *(débat) a.* HIST Forum *nt* ❷ *(place)* Platz *m* ❸ INFORM Newsgroup *f;* **~ de discussion sur Internet** Internetforum *nt*
fosse [fos] *f* ❶ Grube *f* ❷ *(tombe)* Grab *nt*
fossé [fose] *m* ❶ Graben *m* ❷ *(écart)* Kluft *f*
fossette [fosɛt] *f* Grübchen *nt*
fossile [fosil] **I.** *adj* GEO fossil **II.** *m* GEO Fossil *nt*
fossilisation [fosilizasjɔ̃] *f* Versteinerung *f*
fossiliser [fosilize] <1> *vt, vpr* GEO **[se] ~** versteinern
fossoyeur [foswajœʀ] *m* Totengräber *m*
fou, fol, folle [fu] **I.** *adj* ❶ verrückt ❷ *(courage)* **un monde ~** wahnsinnig viele Leute *(fam)* **II.** *m, f* ❶ Wahnsinnige(r) *f(m)* ❷ *(personne exubérante)* **faire le ~** Blödsinn machen ❸ JEUX Läufer *m* ❹ *(bouffon)* Narr *m*
foudre [fudʀ] *f* Blitz *m* ▸ **un <u>coup</u> de ~** Liebe auf den ersten Blick
foudroyant(e) [fudʀwajɑ̃] *adj* durchschlagend
foudroyer [fudʀwaje] <6> *vt* vom Blitz getroffen werden
fouet [fwɛ] *m* ❶ Peitsche *f* ❷ GASTR Schneebesen *m*
fouetter [fwete] <1> *vt* ❶ *(personne, animal)* mit der Peitsche schlagen ❷ GASTR schlagen
foufou, fofolle [fufu, fɔfɔl] *adj fam* **être un peu ~** *(personne)* leicht verrückt

sein; *(chien)* ein bisschen verspielt sein
fougère [fuʒɛʀ] *f* Farn *m*
fougue [fug] *f* Schwung *m*
fougueux, -euse [fugø] *adj* aufbrausend
fouille [fuj] *f* ❶ *pl* [Aus]grabungen *Pl* ❷ Durchsuchung *f*
fouillé(e) [fuje] *adj (commentaire)* ausführlich; *(étude)* eingehend; *(travail)* gewissenhaft
fouiller [fuje] <1> **I.** *vt* ❶ durchsuchen ❷ *(creuser)* wühlen **II.** *vi* ❶ *(inspecter)* herumwühlen ❷ *(archéologue)* [Aus]grabungen machen
fouillis [fuji] *m* Unordnung *f*
fouine [fwin] *f* ZOOL Steinmarder *m* ▸ **c'est une vraie ~** das ist ein elender Schnüffler/eine elende Schnüfflerin *(fam)*
fouiner [fwine] <1> *vi fam* herumschnüffeln
fouineur, -euse [fwinœʀ] *m, f* Schnüffler(in) *m(f)*
foulard [fulaʀ] *m* ❶ Kopftuch *nt* ❷ *(écharpe)* Halstuch *nt*
foule [ful] *f* [Menschen]menge *f*
foulée [fule] *f* SPORT Schritt *m*
fouler [fule] <1> *vpr* **se ~ la cheville** sich *(dat)* den Knöchel verstauchen
foulure [fulyʀ] *f* MED Verstauchung *f*
four [fuʀ] *m* GASTR Backofen *m;* TECH Ofen *m;* **~ à micro-ondes** Mikrowellenherd *m*
fourbe [fuʀb] *adj* falsch
fourberie [fuʀbəʀi] *f* Hinterlist *f*
fourbi [fuʀbi] *m fam* ❶ *(attirail)* Krempel *m* ❷ *(truc)* Dingsbums *nt*
fourbu(e) [fuʀby] *adj* erschöpft
fourche [fuʀʃ] *f* Gabel *f*
fourcher [fuʀʃe] <1> *vi* sich spalten
fourchette [fuʀʃɛt] *f* ❶ Gabel *f* ❷ *(marge)* Spanne *f*
fourchu(e) [fuʀʃy] *adj (branche)* gegabelt; **cheveux ~s** gespaltene Haarspitzen *Pl*
fourgon [fuʀgɔ̃] *m* ❶ CHEMDFER Güterwagen *m* ❷ *(voiture)* Kastenwagen *m;* **~ funéraire** Leichenwagen *m*
fourgonnette [fuʀgɔnɛt] *f* Lieferwagen *m*
fourguer [fuʀge] <1> *vt fam* ❶ *(vendre)* **~ qc à qn** etw an jdn verkloppen ❷ *(refiler)* **~ qc à qn** jdm etw andrehen
fourme [fuʀm] *f französische Käsesorte*
fourmi [fuʀmi] *f* Ameise *f* ▸ **qn a des ~s dans les jambes** jdm sind die Beine eingeschlafen
fourmilier [fuʀmilje] *m* ZOOL Ameisenbär *m*
fourmilière [fuʀmiljɛʀ] *f* Ameisenhaufen *m*
fourmillement [fuʀmijmɑ̃] *m* ❶ Gewimmel *nt* ❷ *(picotement)* Kribbeln *nt;* **j'ai des ~s dans les bras** es kribbelt mir in den Armen
fourmiller [fuʀmije] <1> *vi* wimmeln
fournaise [fuʀnɛz] *f* Brutkasten *m (fam)*
fourneau [fuʀno] <x> *m* [Küchen]herd *m*
fournée [fuʀne] *f (de pains)* Schub *m* Brote
fourni(e) [fuʀni] *adj* dicht
fournil [fuʀni] *m* Backstube *f*
fournir [fuʀniʀ] <8> **I.** *vt* [be]liefern **II.** *vpr* **se ~ en qc chez qn** bei jdm etw einkaufen
fournisseur, -euse [fuʀnisœʀ] *m, f* ❶ Händler(in) *m(f)* ❷ *(producteur)* Anbieter(in) *m(f)* ❸ *(livreur)* Lieferant(in) *m(f)*
fourniture [fuʀnityʀ] *f* ❶ Lieferung *f* ❷ *pl (accessoires)* Ausstattung *f;* COUT Utensilien *Pl*
fourrage [fuʀaʒ] *m* [Vieh]futter *nt*
fourrager [fuʀaʒe] <2a> *vi fam* **~ dans qc** in etw *(dat)* herumwühlen
fourrager, -ère [fuʀaʒe, -ɛʀ] *adj* Futter-
fourré [fuʀe] *m* Gestrüpp *nt*
fourré(e) [fuʀe] *adj* ❶ COUT gefüttert ❷ GASTR gefüllt ❸ *(s'être placé)* **être ~ devant la télé** vorm Fernseher hängen
fourreau [fuʀo] <x> *m* Hülle *f*
fourrer [fuʀe] <1> *vt* ❶ *fam* hineinstecken ❷ GASTR füllen

F

fourre-tout [fuʀtu] *m inv* Reisetasche *f*
fourreur, -euse [fuʀœʀ] *m, f* Kürschner(in) *m(f)*
fourrière [fuʀjɛʀ] *f* ❶ *(pour voitures)* Abstellplatz *m* für amtlich abgeschleppte Fahrzeuge ❷ *(pour animaux)* Tierheim *nt*
fourrure [fuʀyʀ] *f* Pelz *m*
fourvoyer [fuʀvwaje] <6> *vpr* **se ~ dans qc** sich in etw *(dat)* verirren

F

foutaise [futɛz] *f fam* Mist *m*
foutoir [futwaʀ] *m péj vulg* Saustall *m*
foutre [futʀ] <14> *fam* **I.** *vt* ❶ *(faire)* **ne rien ~** stinkfaul sein; **qu'est-ce que tu fous?** was treibst du [bloß]? ❷ *(donner)* **~ une baffe à qn** jdm eine runterhauen; **fous-moi la paix!** lass mich in Ruhe! ❸ *(mettre)* stecken; **tout ~ par terre** alles auf den Boden schmeißen; *fig* alles vermasseln ▶ **je n'en <u>ai</u> rien à ~!** das ist mir piepegal!; **qu'est-ce que ça <u>peut</u> me ~?** was geht mich das an?; **je t'<u>en</u> fous!** von wegen! **II.** *vpr* ❶ *(se mettre)* **se ~ un coup de marteau sur les doigts** sich *(dat)* mit dem Hammer auf die Finger hauen ❷ *(se moquer)* **se ~ de qn** jdn auf die Schippe nehmen ❸ *(se désintéresser)* **se ~ de qn/qc** auf jdn/etw pfeifen ▶ **<u>va</u> te faire ~!** mach dass du wegkommst!; **se ~ <u>dedans</u>** sich total verhauen
foutrement [futʀəmɑ̃] *adv fam* verdammt
foutu(e) [futy] **I.** *part passé de* **foutre** **II.** *adj fam* ❶ *(chose)* kaputt; **être ~** *(chose)* im Eimer sein; *(personne)* erledigt sein ❷ *(capable)* **ne pas être ~ de faire qc** es nicht hinkriegen, etw zu tun ▶ **être <u>mal</u> ~** nicht auf dem Damm sein
foyer [fwaje] *m* ❶ Heim *nt;* **fonder un ~** eine Familie gründen ❷ *(salle de réunion)* Aufenthaltsraum *m;* THEAT Foyer *nt* ❸ *(cheminée)* Kamin *m* ❹ *(incendie)* Brand *m* ❺ PHYS Brennpunkt *m*
frac [fʀak] *m* Frack *m*
fracas [fʀaka] *m* Krach *m*
fracassant(e) [fʀakasɑ̃] *adj* ohrenbetäubend
fracasser [fʀakase] <1> **I.** *vt* zertrümmern **II.** *vpr* **se ~** zerspringen
fraction [fʀaksjɔ̃] *f* ❶ MATH Bruch *m* ❷ *(d'un groupe)* Teil *m*
fractionnement [fʀaksjɔnmɑ̃] *m* Zersplitterung *f*
fractionner [fʀaksjɔne] <1> *vt* zerlegen
fracture [fʀaktyʀ] *f* Bruch *m*
fracturer [fʀaktyʀe] <1> **I.** *vt* ❶ aufbrechen ❷ MED brechen **II.** *vpr* MED **se ~ le bras** sich *(dat)* den Arm brechen
fragile [fʀaʒil] *adj* ❶ zerbrechlich ❷ *(gloire)* vergänglich ❸ *(bâtiment)* baufällig
fragilisé(e) [fʀaʒilize] *adj (santé)* angegriffen
fragiliser [fʀaʒilize] <1> *vt* schwächen
fragilité [fʀaʒilite] *f* Zerbrechlichkeit *f*
fragment [fʀagmɑ̃] *m* Teil *nt; (d'os)* Splitter *m*
fragmentaire [fʀagmɑ̃tɛʀ] *adj* lückenhaft
fragmentation [fʀagmɑ̃tasjɔ̃] *f a.* BIO Teilung *f; (d'un problème)* Gliederung *f*
fragmenter [fʀagmɑ̃te] <1> *vt* aufteilen
fraîche [fʀɛʃ] *adj v.* **frais**
fraîchement [fʀɛʃmɑ̃] *adv* frisch
fraîcheur [fʀɛʃœʀ] *f* ❶ Kühle *f* ❷ *(d'une fleur)* Frische *f*
fraîchir [fʀeʃiʀ] <8> *vi* sich abkühlen
frais [fʀɛ] **I.** *mpl* Kosten *Pl;* **~ de scolarité** Schulgeld *nt* **II.** *m* frische Luft *f;* **mettre qc au ~** etw kalt stellen; **à conserver au ~** kühl lagern
frais, fraîche [fʀɛ] *adj* ❶ kühl ❷ *(opp: avarié)* frisch
fraise [fʀɛz] *f* Erdbeere *f*
fraiser [fʀeze] <1> *vt* TECH ausfräsen
fraiseuse [fʀɛzøz] *f* TECH Fräsmaschine *f*
fraisier [fʀezje] *m* Erdbeerpflanze *f*
framboise [fʀɑ̃bwaz] *f* ❶ *(fruit)* Himbeere *f* ❷ *(eau-de-vie)* Himbeergeist *m*
framboisier [fʀɑ̃bwazje] *m* Himbeerstrauch *m*
franc [fʀɑ̃] *m* **~ suisse** Schweizer Fran-

ken *m;* HIST ~ **français** französischer Franc *m*

> **Aussprache**
>
> Das -c am Ende von **franc** bleibt stumm.

franc, franche [fʀɑ̃] *adj* ❶ aufrichtig ❷ *(véritable)* rein; *(succès)* klar ❸ *(libre)* frei

franc, franque [fʀɑ̃] *adj* fränkisch; **la langue franque** das Fränkische

Franc, Franque [fʀɑ̃] *m, f* Franke, Fränkin *m, f*

français [fʀɑ̃sɛ] *m* Französisch *nt; v.a.* **allemand**

français(e) [fʀɑ̃sɛ] *adj* französisch; *v.a.* **allemand**

Français(e) [fʀɑ̃sɛ] *m(f)* Franzose, Französin *m, f*

française [fʀɑ̃sɛz] *f* **à la** ~ auf französische Art und Weise

France [fʀɑ̃s] *f* **la** ~ Frankreich *nt*

Francfort [fʀɑ̃kfɔʀ] *m* Frankfurt *nt*

franchement [fʀɑ̃ʃmɑ̃] *adv* ❶ offen ❷ *(sans hésiter)* **entrer ~ dans le sujet** gleich zur Sache kommen ❸ *(clairement)* klar ❹ *(vraiment)* wirklich ▶ **~!** mal [ganz] ehrlich!; *(refus indigné)* also wirklich!

franchir [fʀɑ̃ʃiʀ] <8> *vt* ❶ *(aller au-delà)* passieren ❷ *(col)* überqueren

franchise [fʀɑ̃ʃiz] *f* ❶ Offenheit *f* ❷ *(des assurances)* Selbstbeteiligung *f* ❸ *(exonération)* Gebührenfreiheit *f*

franchissable [fʀɑ̃ʃisabl] *adj (obstacle)* überwindbar; **la limite est ~** die Grenze kann überschritten werden; **la rivière est ~** der Fluss kann überquert werden

franchissement [fʀɑ̃ʃismɑ̃] *m* ❶ *(de la barre)* Überspringen *nt* ❷ *(d'une frontière)* Überschreiten *nt; (d'une rivière)* Überqueren *nt*

francilien(ne) [fʀɑ̃siljɛ̃] *adj* aus der Ile-de-France

franciscain(e) [fʀɑ̃siskɛ̃, ɛn] **I.** *adj* franziskanisch **II.** *m(f)* Franziskaner(in) *m(f)*

franciser [fʀɑ̃size] <1> *vt* französieren

franc-maçon(ne) [fʀɑ̃masɔ̃] <francs-maçons> *m(f)* Freimaurer(in) *m(f)*

franco [fʀɑ̃ko] *adv* ❶ COM [fracht]frei ❷ *fam (carrément)* ohne Umschweife

franco-allemand(e) [fʀɑ̃koalmɑ̃] <franco-allemands> *adj* deutsch-französisch

francophile [fʀɑ̃kɔfil] **I.** *adj* frankophil **II.** *mf* Frankophile(r) *f(m)*

francophobe [fʀɑ̃kɔfɔb] **I.** *adj* frankreichfeindlich **II.** *mf* Franzosenhasser(in) *m(f)*

francophone [fʀɑ̃kɔfɔn] **I.** *adj* französischsprachig **II.** *mf* Frankofone(r) *f(m)*

francophonie [fʀɑ̃kɔfɔni] *f* Frankofonie *f*

> **La francophonie**
>
> Als **francophonie** bezeichnet man die Gesamtheit aller französischsprachigen Länder. Diese Staaten befinden sich in Afrika, Amerika, Asien und Europa. Sie veranstalten regelmäßig Gipfeltreffen, um Fragen zu erörtern, die mit der Pflege und der Verbreitung der französischen Sprache zu tun haben.

franc-parler [fʀɑ̃paʀle] <francs-parlers> *m* **avoir son ~** kein Blatt vor den Mund nehmen

frange [fʀɑ̃ʒ] *f* ❶ Rand *m* ❷ *(mèche)* Pony *m*

frangin(e) [fʀɑ̃ʒɛ̃] *m(f) fam* Bruder-/Schwesterherz *nt*

frangipane [fʀɑ̃ʒipan] *f* GASTR Mandelcreme *f*

franglais [fʀɑ̃glɛ] *m mit Anglizismen durchsetztes Französisch*

franque [fʀɑ̃k] *adj v.* **franc**

Franque [fʀɑ̃k] *f v.* **Franc**

franquette [fʀɑ̃kɛt] ▶ **à la bonne ~** *fam*

ganz einfach

franquisme [fʀɑ̃kism] *m* Franco-Regime *nt*

franquiste [fʀɑ̃kist] **I.** *adj* francofreundlich; **l'Espagne ~** Spanien unter Franco **II.** *mf* Anhänger(in) *m(f)* Francos

frappant(e) [fʀapɑ̃] *adj* auffallend; *(ressemblance)* verblüffend

frappe [fʀap] *f* Prägung *f*

frappé(e) [fʀape] *adj* ❶ **~ de stupeur** wie vor den Kopf geschlagen ❷ *(refroidi)* [eis]gekühlt

frapper [fʀape] <1> **I.** *vt* ❶ schlagen ❷ *(saisir)* **~ qn de stupeur** jdn bestürzen ❸ *(affliger)* **~ qn** *(maladie)* jdn befallen; *(mesure)* jdn betreffen ❹ *(étonner)* **être frappé de qc** über etw verblüfft sein ❺ TECH *(médaille)* prägen ❻ *(café)* kühlen **II.** *vi* ❶ *(donner des coups)* zuschlagen; **~ à la porte** an die Tür klopfen ❷ *(taper)* **~ dans ses mains** in die Hände klatschen

fraternel(le) [fʀatɛʀnɛl] *adj* ❶ *(amour) (de frère)* brüderlich; *(de sœur)* Schwester- ❷ *(affectueux)* freundschaftlich

fraternellement [fʀatɛʀnɛlmɑ̃] *adv iron* brüderlich

fraternisation [fʀatɛʀnizasjɔ̃] *f* Verbrüderung *f*

fraterniser [fʀatɛʀnize] <1> *vi* Freundschaft schließen

fraternité [fʀatɛʀnite] *f* Brüderlichkeit *f*

fratricide [fʀatʀisid] **I.** *adj* brudermörderisch/schwestermörderisch; **guerre ~** Bruderkrieg *m;* **haine ~** brüderlicher/schwesterlicher Hass **II.** *m* ❶ *(meurtre d'un frère)* Brudermord *m* ❷ *(meurtre d'une sœur)* Schwestermord *m* **III.** *mf (personne)* Brudermörder(in)/Schwestermörder *m(f)*

fraude [fʀod] *f* Betrug *m* ▶ **en ~** auf betrügerische Weise; **passer qc en ~** etw schmuggeln

frauder [fʀode] <1> *vt* betrügen; **~ le fisc** Steuern hinterziehen

fraudeur, -euse [fʀodœʀ] *m, f* Betrüger(in) *m(f); (à la frontière)* Schmuggler(in) *m(f)*

frauduleusement [fʀodyløzmɑ̃] *adv* auf betrügerische Weise

frauduleux, -euse [fʀodylø] *adj* betrügerisch; **trafic ~** Schmuggel *m*

frayer [fʀeje] <7> *vpr* **se ~ un chemin** sich *(dat)* einen Weg bahnen

frayeur [fʀɛjœʀ] *f* Schreck[en] *m*

freak [fʀik] *m* Freak *m*

fredonner [fʀədɔne] <1> *vt* summen

free-lance [fʀilɑ̃s] <free-lances> **I.** *mf* Freiberufler(in) *m(f)* **II.** *adj inv (journaliste, styliste)* freiberuflich

freezer [fʀizœʀ] *m* Gefrierfach *nt*

frégate [fʀegat] *f* Fregatte *f*

frein [fʀɛ̃] *m* Bremse *f*

freinage [fʀɛnaʒ] *m* Bremsen *nt*

freiner [fʀene] <1> **I.** *vi* bremsen **II.** *vt* ❶ *(ralentir)* behindern ❷ *(ambitions)* bremsen

frelater [fʀəlate] <1> *vt (vin)* panschen

frêle [fʀɛl] *adj* schwach

frelon [fʀəlɔ̃] *m* Hornisse *f*

frémir [fʀemiʀ] <8> *vi* ❶ *soutenu* **faire ~ qn** jdn schaudern lassen *(geh)* ❷ *(eau)* sieden

frémissant(e) [fʀemisɑ̃] *adj* zitternd; *(eau)* siedend

frémissement [fʀemismɑ̃] *m* ❶ Zittern *nt* ❷ *(de l'eau)* leichte Bewegung *f*

french cancan [fʀɛnʃkɑ̃kɑ̃] <french cancans> *m* Cancan *m*

frêne [fʀɛn] *m* Esche *f*

frénésie [fʀenezi] *f* Leidenschaft *f*

frénétique [fʀenetik] *adj* wild

frénétiquement [fʀenetikmɑ̃] *adv* stürmisch

fréquemment [fʀekamɑ̃] *adv* oft

fréquence [fʀekɑ̃s] *f* ❶ Häufigkeit *f* ❷ PHYS Frequenz *f*

fréquent(e) [fʀekɑ̃] *adj* häufig

fréquentable [fʀekɑ̃tabl] *adj* akzeptabel

fréquentation [fʀekɑ̃tasjɔ̃] *f* ❶ häufiger Besuch *m* ❷ *gén pl (relation)* Umgang *m*

fréquenté(e) [fʀekɑ̃te] *adj* viel besucht; *(rue)* belebt

fréquenter [fʀekɑ̃te] <1> **I.** *vt* ❶ häufig besuchen ❷ *(avoir des relations avec)* **~ qn** mit jdm verkehren **II.** *vpr* **se ~** *(par amitié)* sich häufig sehen; *(par amour)* miteinander gehen *(fam)*

frère [fʀɛʀ] *m a.* REL Bruder *m*

frérot [fʀeʀo] *m fam* Brüderchen *nt*

fresque [fʀɛsk] *f* Fresko *nt*

fret [fʀɛ(t)] *m* NAUT, AVIAT ❶ Frachtkosten *Pl* ❷ *(chargement)* Ladung *f*

frétillant(e) [fʀetijɑ̃] *adj* ❶ *(poisson)* zappelnd; *(queue)* wedelnd ❷ *fig* **être ~ d'impatience** vor Ungeduld *(dat)* ganz zappelig sein *(fam)*; **être ~ de joie** vor Freude in die Luft springen

frétiller [fʀetije] <1> *vi* zappeln

fretin [fʀətɛ̃] *m* junge Fische ▸ **menu ~** *péj* kleine Fische *(fam)*

freudien(ne) [fʀødjɛ̃, jɛn] **I.** *adj* freudianisch; **la doctrine ~ne** die Lehre Freuds **II.** *m(f)* Freudianer(in) *m(f)*

friable [fʀijabl] *adj* mürbe

friand [fʀijɑ̃] *m* ❶ *(pâté) kleine Blätterteigpastete* ❷ *(dessert) kleiner Kuchen mit Mandelpaste*

friand(e) [fʀijɑ̃] *adj* **~ de chocolat** versessen auf Schokolade

friandise [fʀijɑ̃diz] *f* Süßigkeit *f*

Fribourg [fʀibuʀ] Freiburg *nt*

fric [fʀik] *m fam* Knete *f*

fricassée [fʀikase] *f* Frikassee *nt*

friche [fʀiʃ] *f* AGR Brachland *nt*

fricoter [fʀikɔte] <1> **I.** *vt péj* im Schilde führen **II.** *vi hum fam* **~ avec qn** etwas mit jdm haben

friction [fʀiksjɔ̃] *f* ❶ Abreiben *nt* ❷ *gén pl (désaccord)* Reibereien *Pl (fam)*

frictionner [fʀiksjɔne] <1> *vt, vpr* [**se**] **~** [sich] abreiben

Fridolin [fʀidɔlɛ̃] *mf péj fam* Boche *mf (abwertende Bezeichnung für Deutsche aus dem 2. Weltkrieg)*

frigidaire [fʀiʒidɛʀ] *m* Kühlschrank *m*

frigide [fʀiʒid] *adj* frigid[e]

frigidité [fʀiʒidite] *f* Frigidität *f*

frigo [fʀigo] *m fam abr de* **frigidaire**

frigorifier [fʀigɔʀifje] <1> *vt fam* **être frigorifié** völlig durchgefroren sein

frigorifique [fʀigɔʀifik] *adj* Kühl-; **camion ~** Kühlwagen *m*

frileusement [fʀiløzmɑ̃] *adv* ❶ *(en raison du froid)* fröstelnd ❷ *(craintivement)* ängstlich

frileux, -euse [fʀilø] *adj* kälteempfindlich; *(personne)* verfroren

frilosité [fʀilozite] *f* ❶ *(sensibilité au froid)* Kälteempfindlichkeit *f* ❷ *(manque d'audace)* **~ du marché bancaire** Zurückhaltung *f* auf dem Geldmarkt

frime [fʀim] *f fam* ❶ *(bluff)* Theater *nt* ❷ *(vantardise)* Angeberei *f*; **pour la ~** zum Schein

frimer [fʀime] <1> *vi fam* ❶ *(fanfaronner)* eine Show abziehen ❷ *(se vanter)* angeben

frimeur, -euse [fʀimœʀ] *m, f fam* Angeber(in) *m(f)*

frimousse [fʀimus] *f fam* Puppengesicht *nt*

fringale [fʀɛ̃gal] *f fam* Heißhunger *m*

fringant(e) [fʀɛ̃gɑ̃] *adj* munter

fringué(e) [fʀɛ̃ge] *adj fam* ausstaffiert; **être bien ~** sich in Schale geworfen haben; **c'est un mec ~ comme un ministre** der Typ hat echt piekfeine Klamotten an

fringuer [fʀɛ̃ge] <1> **I.** *vt fam* **être bien fringué** sich in Schale geworfen haben **II.** *vpr fam* **se ~** sich anziehen

fringues [fʀɛ̃g] *f pl fam* Klamotten *Pl*

fripe [fʀip] *f gén pl* Kleider *Pl* aus zweiter Hand

fripé(e) [fʀipe] *adj* zerknittert

friper [fʀipe] <1> *vt* zerknittern

friperie [fʀipʀi] *f* ❶ *péj (vieux habits)* alte Klamotten ❷ *(commerce)* Secondhandshop *m*

fripier, -ière [fʀipje] *m, f* Inhaber(in) *m(f)* eines Secondhandshops

fripon(ne) [fʀipɔ̃, ɔn] **I.** *adj fam (air, visage)* spitzbübisch; **il a le regard ~** [*o* **les yeux ~s**] ihm schaut der Schalk aus den Augen **II.** *m(f) fam (malin)* Schelm(in) *m(f)*; **petit ~!** du kleiner Schlingel! *(fam)*

fripouille [fʀipuj] *f fam* Spitzbube *m*

frire [fʀiʀ] <irr> **I.** *vt* [**faire**] **~ qc** *(dans une poêle)* etw braten; *(dans une friteuse)* etw frittieren **II.** *vi* [in Fett schwimmend] braten

frisbee® [fʀizbi] *m* Frisbee® *nt*

frise [fʀiz] *f* ARCHIT Fries *m*

frisé(e) [fʀize] *adj* kraus

Frisé [fʀize] *mf péj fam* Boche *mf (abwertende Bezeichnung für Deutsche aus dem 2. Weltkrieg)*

frisée [fʀize] *f* Friséesalat *m*

friser [fʀize] <1> **I.** *vt* ① in Locken legen ② *(frôler)* **~ le ridicule** ans Lächerliche grenzen; **~ la soixantaine** knapp sechzig sein **II.** *vi* sich kräuseln **III.** *vpr* **se faire ~** sich *(dat)* Locken machen lassen

frisette [fʀizɛt] *f* ① *(bouclette)* Löckchen *nt* ② *(planche)* dünne Holzlatte

frisotter [fʀizɔte] <1> *vi (cheveux)* kraus werden

frisquet(te) [fʀiskɛ] *adj fam* frisch

frisson [fʀisɔ̃] *m* Beben *nt*

frissonner [fʀisɔne] <1> *vi* beben

frit(e) [fʀi] *part passé de* **frire**

frite [fʀit] *f* **des ~s** Pommes frites *Pl*

friter [fʀite] <1> *vpr fam* **se ~** sich prügeln

friterie [fʀitʀi] *f* Pommesbude *(fam)*

friteuse [fʀitøz] *f* Fritteuse *f*

friture [fʀityʀ] *f* ① frittierte Speise *f* ② TELEC **il y a de la ~ sur la ligne** es rauscht in der Leitung

Fritz [fʀits] *mf inv péj fam aus dem Zweiten Weltkrieg stammende abwertende Bezeichnung für einen Deutschen/eine Deutsche*

frivole [fʀivɔl] *adj* leichtfertig

frivolité [fʀivɔlite] *f* Leichtfertigkeit *f*; *(d'une occupation)* Nutzlosigkeit *f*

froc [fʀɔk] *m fam* Hose *f* ▸ **faire dans son ~** *fam* sich *(dat)* ins Hemd machen

froid [fʀwa] **I.** *m* ① Kälte *f*; **qn a ~** jdm ist kalt; **il fait ~** es ist kalt; **attraper ~** sich erkälten ② *(brouille)* Verstimmung *f* **II.** *adv* ▸ **à ~** kalt; *(sans préparation)* unvorbereitet

froid(e) [fʀwa] *adj* ① *(opp: chaud)* kalt ② *(accueil)* kühl

froidement [fʀwadmɑ̃] *adv* ① kühl ② *(avec insensibilité)* kaltblütig

froideur [fʀwadœʀ] *f* Kälte *f*

froissable [fʀwasabl] *adj* **être ~** leicht knittern

froissement [fʀwasmɑ̃] *m* Rascheln *nt*

froisser [fʀwase] <1> **I.** *vt* ① zerknittern; *(tôles)* verbiegen ② *(personne)* kränken **II.** *vpr* ① *(se chiffonner)* **se ~** knittern ② *(se claquer)* **se ~ un muscle** sich *(dat)* eine Muskelzerrung zuziehen

frôlement [fʀolmɑ̃] *m* leichte Berührung *f*

frôler [fʀole] <1> **I.** *vt* ① streifen ② *(passer très près)* **~ le ridicule** sich lächerlich machen ③ *(éviter de justesse)* **~ la mort** dem Tod mit knapper Not entgehen **II.** *vpr* **se ~** sich leicht berühren

fromage [fʀɔmaʒ] *m* Käse *m*; **~ blanc** Quark *m*

fromager, -ère [fʀɔmaʒe] **I.** *adj* Käse-; **production fromagère** Käseherstellung *f* **II.** *m, f* Käsehersteller(in) *m(f)*

fromagerie [fʀɔmaʒʀi] *f* ① *(industrie)* Käseindustrie *f* ② *(lieu de fabrication)* Käserei *f*

froment [fʀɔmɑ̃] *m* Weizen *m*

froncement [fʀɔ̃smɑ̃] *m* Hochziehen *nt*

froncer [fʀɔ̃se] <2> *vt* ① COUT raffen ② *(sourcils)* hochziehen; *(nez)* rümpfen

fronces [fʀɔ̃s] *fpl* Falte *f*

fronde [fʀɔ̃d] *f* Schleuder *f*

frondeur, -euse [fʀɔ̃dœʀ, -øz] *adj* widerspenstig; **avoir une mentalité frondeuse** oft und gerne widersprechen

front [fʀɔ̃] *m* ① Front *f* ② ANAT Stirn *f*

frontal(e) [fʀɔ̃tal] <-aux> *adj* Frontal-; **attaque ~e** Frontalangriff *m*

frontalier, -ière [fʀɔ̃talje] **I.** *adj* Grenz-; **ville frontalière** Grenzstadt *f* **II.** *m, f*

Grenzbewohner(in) *m(f)*
frontière [fʀɔ̃tjɛʀ] *f* Grenze *f*
fronton [fʀɔ̃tɔ̃] *m* [Front]giebel *m*
frottement [fʀɔtmɑ̃] *m* ❶ Reiben *nt* ❷ *pl (frictions)* Reibereien *Pl*
frotter [fʀɔte] <1> **I.** *vt, vi* reiben **II.** *vpr* ❶ **se ~** *(se laver)* sich gründlich waschen; *(se sécher)* sich abtrocknen ❷ *(se gratter)* **se ~ les yeux** sich *(dat)* die Augen reiben ❸ *(entrer en conflit)* **se ~ à qn** sich mit jdm anlegen
frottis [fʀɔti] *m* Abstrich *m*
froufrou [fʀufʀu] *m pl* Rüschen *Pl*
froussard(e) [fʀusaʀ] **I.** *adj fam* ängstlich **II.** *m(f) fam* Angsthase *m*
frousse [fʀus] *f fam* Schiss *m*
fructifier [fʀyktifje] <1> *vi* Gewinn bringen
fructueux, -euse [fʀyktɥø] *adj* fruchtbar; *(commerce)* gewinnbringend
frugal(e) [fʀygal] <-aux> *adj* karg
fruit [fʀɥi] *m* ❶ *pl* Obst *nt* ❷ BIO Frucht *f* ❸ *(crustacés)* **~s de mer** Meeresfrüchte *Pl* ❹ *(de l'expérience)* Ergebnis *nt*
fruité(e) [fʀɥite] *adj* fruchtig
fruitier, -ière [fʀɥitje] **I.** *adj* **arbre ~** Obstbaum *m* **II.** *m, f* Obst- und Gemüsehändler(in) *m(f)*
frusques [fʀysk] *f pl fam* Klamotten *Pl*
fruste [fʀyst] *adj* ungebildet; *(manières)* ungehobelt
frustrant(e) [fʀystʀɑ̃] *adj* frustrierend
frustration [fʀystʀasjɔ̃] *f* Frustration *f*
frustré(e) [fʀystʀe] *adj* frustriert
frustrer [fʀystʀe] <1> *vt a.* PSYCH frustrieren
FS [ɛfɛs] *m abr de* **franc suisse** sFr
fuchsia [fyʃja] **I.** *m* ❶ BOT Fuchsie *f* ❷ *(couleur)* Fuchsienrot *nt* **II.** *adj inv* pinkfarben
fuel [fjul] *m* Heizöl *nt*
fugace [fygas] *adj* flüchtig
fugitif, -ive [fyʒitif] **I.** *adj* ❶ *(en fuite)* entflohen ❷ *(éphémère)* flüchtig **II.** *m, f* Flüchtige(r) *f(m)*
fugue [fyg] *f* ❶ Verschwinden *nt* ❷ MUS Fuge *f*
fuguer [fyge] <1> *vi fam* ausreißen
fugueur, -euse [fygœʀ] *m, f* Ausreißer(in) *m(f)*
fuir [fɥiʀ] <irr> **I.** *vi* ❶ fliehen ❷ *(récipient)* undicht sein ❸ *(liquide)* auslaufen **II.** *vt* flüchten vor *(+dat)*
fuite [fɥit] *f* ❶ Flucht *f* ❷ *(trou)* undichte Stelle *f* ❸ *(perte)* **il y a une ~** da läuft etwas aus
fulgurant(e) [fylgyʀɑ̃] *adj* ❶ rasend ❷ *(douleur)* stechend
fulminer [fylmine] <1> *vi* fuchsteufelswild sein *(fam)*; **~ contre qn/qc** gegen jdn/etw wettern
fumant(e) [fymɑ̃] *adj* ❶ qualmend ❷ *(qui dégage de la vapeur)* dampfend
fumé(e) [fyme] *adj* ❶ GASTR geräuchert; **saumon ~** Räucherlachs *m* ❷ *(verre)* rauchfarben; *(verres de lunettes)* getönt
fume-cigarette [fymsigaʀɛt] <fume-cigarettes> *m* Zigarettenspitze *f*
fumée [fyme] *f* ❶ Rauch *m* ❷ *(vapeur: légère)* Dunst *m*; *(épaisse)* Dampf *m*
fumer [fyme] <1> **I.** *vi* ❶ rauchen ❷ *(dégager de la vapeur)* dampfen **II.** *vt* ❶ rauchen ❷ GASTR räuchern
fumet [fymɛ] *m* Duft *m*
fumeur, -euse [fymœʀ] **I.** *m, f* Raucher(in) *m(f)* **II.** *app* **zone ~/non-~** Raucherbereich *m*/Nichtraucherbereich
fumeux, -euse [fymø, -øz] *adj (théorie, explication, idées)* verworren
fumier [fymje] *m* ❶ [Stall]mist *m* ❷ *fam (salaud)* Mistkerl *m*
fumigation [fymigasjɔ̃] *f* MED Inhalation *f*
fumigène [fymiʒɛn] *adj* **appareil ~** Raucherzeuger *m*
fumiste [fymist] *mf péj fam (fantaisiste)* Nichtsnutz *m*
fumisterie [fymistəʀi] *f fam* ❶ *(mystification)* Schwindel *m* ❷ *(farce)* Schau *f*
fumoir [fymwaʀ] *m* Rauchsalon *m*
funambule [fynɑ̃byl] *mf* Seiltänzer(in) *m(f)*

F

funboard [fœnbɔʀd] *m* ❶ *(planche à voile)* Funboard *nt* ❷ *(sport)* Funboard-Surfen *nt*
funèbre [fynɛbʀ] *adj* ❶ **marche** ~ Trauermarsch *m;* **oraison** ~ Grabrede *f* ❷ *(lugubre)* finster
funérailles [fyneʀaj] *fpl* Bestattung *f* *(geh)*
funéraire [fyneʀɛʀ] *adj* **monument** ~ Grabmal *nt*
funeste [fynɛst] *adj* fatal
funiculaire [fynikylɛʀ] *m* Seilbahn *f*
funk [fœnk] *adj inv* **musique** ~ Funk *m*

> **Aussprache**
> Das -u- im englischen Wort **funk** wird im Französischen zu [œ], die Endung -nk wird gesprochen.

fur [fyʀ] ▸ **au ~ et à <u>mesure</u>** nach und nach
furax [fyʀaks] *adj fam* wutschnaubend
furet [fyʀɛ] *m* Frettchen *nt*
fureter [fyʀ(ə)te] <4> *vi* herumschnüffeln *(fam)*
fureteur [fyʀ(ə)tœʀ] *m* CAN Browser *m*
fureur [fyʀœʀ] *f* Wut *f,* Zorn *m* ▸ **<u>faire</u>** ~ Furore machen
furibond(e) [fyʀibɔ̃] *adj* wütend
furie [fyʀi] *f* Heftigkeit *f*
furieusement [fyʀjøzmɑ̃] *adv* ❶ *(avec violence)* wütend ❷ *iron (extrêmement)* unheimlich *(fam)*
furieux, -euse [fyʀjø] *adj* wütend
furoncle [fyʀɔ̃kl] *m* Furunkel *m o nt*
furtif, -ive [fyʀtif] *adj* flüchtig
furtivement [fyʀtivmɑ̃] *adv* heimlich
fus [fy] *passé simple de* **être**
fusain [fyzɛ̃] *m* ❶ Kohlezeichnung *f* ❷ *(crayon)* [Zeichen]kohle *f*
fuseau [fyzo] <x> *m* ❶ Spindel *f* ❷ *(pantalon)* Steghose *f* ❸ GEO ~ **horaire** Zeitzone *f*
fusée [fyze] *f* Rakete *f*
fuselage [fyz(ə)laʒ] *m* Flugzeugrumpf *m*
fuselé(e) [fyz(ə)le] *adj* schlank
fuser [fyze] <1> *vi* sprühen
fusible [fyzibl] *m* Sicherung *f*
fusil [fyzi] *m* Gewehr *nt*

> **Aussprache**
> Das -l ist entgegen der Regelaussprache in **fusil** stumm.

fusillade [fyzijad] *f* Schießerei *f*
fusiller [fyzije] <1> *vt* erschießen
fusil-mitrailleur [fyzimitʀajœʀ] <fusils-mitrailleurs> *m* Schnellfeuergewehr *nt*
fusion [fyzjɔ̃] *f* ❶ Schmelzen *nt* ❷ *(de sociétés)* Fusion *f* ❸ INFORM Vereinigen *nt*
fusionner [fyzjɔne] <1> **I.** *vi* fusionieren; *(partis)* sich vereinigen **II.** *vt* INFORM vereinigen
fût [fy] *m* Fass *nt*
futaie [fytɛ] *f* **haute** ~ alter Hochwald *m*
futal [fytal] *m fam (pantalon)* Hose *f*
futé(e) [fyte] **I.** *adj* clever **II.** *m(f)* **petit** ~ Schlaumeier *m*
futile [fytil] *adj* ❶ belanglos ❷ *(personne)* oberflächlich
futilité [fytilite] *f* ❶ *sans pl* Banalität *f* ❷ *pl (bagatelles)* Nichtigkeiten *Pl*
futur [fytyʀ] *m* Zukunft *f*
futur(e) [fytyʀ] **I.** *adj* ❶ *(ultérieur)* [zu]künftige(r, s) ❷ *antéposé* [zu]künftige(r, s); **une ~e maman** eine werdende Mutter **II.** *m(f) fam (fiancé)* Zukünftige(r) *f(m)*
futuriste [fytyʀist] *adj* futuristisch
fuyais [fɥijɛ] *imparf de* **fuir**
fuyant [fɥijɑ̃] *part prés de* **fuir**
fuyant(e) [fɥijɑ̃] *adj* unstet
fuyard(e) [fɥijaʀ] *m(f)* Flüchtige(r) *f(m)*
fuyez [fɥije], **fuyons** [fɥijɔ̃] *indic prés et impératif de* **fuir**

Gg

G, g [ʒe] *m inv* G *nt*, g *nt*
gabardine [gabaʀdin] *f* Gabardine *m o f*
gabarit [gabaʀi] *m* Größe *f*; *(d'un véhicule)* Maße *Pl*
gabegie [gabʒi] *f* Misswirtschaft *f*
Gabon [gabɔ̃] *m* **le** ~ Gabun *nt*
gabonais(e) [gabɔnɛ] *adj* gabunisch
Gabonais(e) [gabɔnɛ, ɛz] *m(f)* Gabuner(in) *m(f)*
gâcher [gɑʃe] <1> *vt* verderben
gâchette [gɑʃɛt] *f* Abzug *m*
gâchis [gɑʃi] *m* Vergeudung *f*
gadget [gadʒɛt] *m* Spielerei *f*
gadoue [gadu] *f* Matsch *m*
gaffe[1] [gaf] *f fam* Schnitzer *m*; **faire une** ~ einen Bock schießen
gaffe[2] [gaf] *f fam* ▸ **faire** ~ aufpassen
gaffer [gafe] <1> *vi fam* ins Fettnäpfchen treten
gaffeur, -euse [gafœʀ, -øz] **I.** *adj fam* ungeschickt **II.** *m, f fam* Tollpatsch *m*
gag [gag] *m* Gag *m*
gaga [gaga] *adj fam* gaga
gage [gaʒ] *m* ❶ ~ **de qc** Garantie *f* für etw; *(témoignage)* Beweis *m* für etw ❷ *(dépôt)* Pfand *nt* ❸ JEUX Strafe *f* ❹ *pl (salaire)* Lohn *m*; *(d'un acteur)* Gage *f*
gageure [gaʒyʀ] *f* Ding *nt* der Unmöglichkeit
gagnant(e) [gaɲɑ̃] **I.** *adj* **billet** ~ Gewinnlos *nt* **II.** *m(f)* Sieger(in) *m(f)*; *(d'un jeu)* Gewinner(in) *m(f)*
gagne-pain [gaɲpɛ̃] *m inv* Broterwerb *m*
gagner [gaɲe] <1> **I.** *vi* ❶ gewinnen ❷ *(trouver un avantage)* **est-ce que j'y gagne?** bringt mir das [et]was? **II.** *vt* ❶ *(s'assurer)* verdienen ❷ *(rapporter)* gewinnen ❸ *(lieu)* erreichen
gagneur, -euse [gaɲœʀ] *m, f* Gewinner(in) *m(f)*
gai(e) [ge] *adj* fröhlich
gaiement, gaîment [gemɑ̃] *adv* fröhlich
gaieté, gaîté [gete] *f* Fröhlichkeit *f*
gaillard(e) [gajaʀ] *adj* rüstig
gain [gɛ̃] *m* ❶ Gewinn *m* ❷ *(économie)* Einsparung *f*; ~ **d'argent** Ersparnis *f*
gaine [gɛn] *f* ❶ Hüfthalter *m* ❷ *(étui)* Hülle *f*
gala [gala] *m* [Gala]empfang *m*
galamment [galamɑ̃] *adv* galant
galant(e) [galɑ̃] *adj* ❶ zuvorkommend ❷ *(d'amour)* **rendez-vous** ~ Rendezvous *nt*
galanterie [galɑ̃tʀi] *f* Höflichkeit *f*
galaxie [galaksi] *f* Milchstraßensystem *nt*
galbe [galb] *m* perfekte Rundung, weiche Linienführung
galbé(e) [galbe] *adj* **des jambes bien ~es** wohlgeformte Beine *Pl*
gale [gal] *f (chez les hommes)* Krätze *f*; *(chez les animaux)* Räude *f* ▸ **ne pas avoir la** ~ nicht beißen
galère [galɛʀ] *f* HIST Galeere *f*
galérer [galeʀe] <5> *vi fam* ❶ *(chercher)* herumsuchen, herumprobieren ❷ *(travailler dur)* sich abstrampeln
galerie [galʀi] *f* ❶ Gang *m* ❷ COM ~ **marchande** Einkaufspassage *f* ❸ ART Galerie *f* ❹ AVIAT Dachgepäckträger *m*
galérien [galeʀjɛ̃] *m* Galeerensklave *m*
galet [galɛ] *m* [Kiesel]stein *m*
galette [galɛt] *f* Galette *f*
galeux, -euse [galø] *adj* räudig
galipette [galipɛt] *f fam* Purzelbaum *m*
gallicisme [ga(l)lisism] *m* Spracheigentümlichkeit *f* des Französischen
gallinacé [galinase] *m* Hühnervogel *m*
gallois [galwa] *m* Walisisch *nt*; *v.a.* **allemand**

gallois(e) [galwa] *adj* walisisch; *v.a.* **allemand**
Gallois(e) [galwa] *m(f)* Waliser(in) *m(f)*
gallo-romain(e) [ga(l)lorɔmɛ̃] <gallo--romains> *adj* galloromanisch
galoche [galɔʃ] *f* [Holz]pantine *f*
galon [galɔ̃] *m pl* MIL Tresse *f*
galop [galo] *m* **au ~** im Galopp
galopant(e) [galɔpɑ̃, ɑ̃t] *adj (inflation)* galoppierend
galoper [galɔpe] <1> *vi* galoppieren
galopin [galɔpɛ̃] *m fam* Lausbub *m*
galvaniser [galvanize] <1> *vt* begeistern
galvaudé(e) [galvode] *adj* abgedroschen
gambader [gɑ̃bade] <1> *vi* herumtollen
gambas [gɑ̃bas] *f pl* Gambas *Pl (große Garnelen)*
gamberger [gɑ̃bɛʀʒe] <2a> *vi arg* grübeln
gambette [gɑ̃bɛt] *f fam* Beinchen *nt*
gamelle [gamɛl] *f* Blechgeschirr *nt; (d'un chien)* Napf *m* ▸ **prendre une ~** *fam* hinfliegen
gamepad [gɛmpad] *m* Gamepad *nt*
gamin(e) [gamɛ̃] **I.** *adj* kindisch **II.** *m(f) fam* **un ~** ein Kind *nt;* **une ~e** ein Mädchen *nt*
gaminerie [gaminʀi] *f* Kinderei *f*
gamme [gam] *f* ❶ MUS Tonleiter *f* ❷ *(série)* Palette *f*
Gand [gɑ̃] Gent *nt*
gang [gɑ̃g] *m* Gang *f*
ganglion [gɑ̃glijɔ̃] *m* Lymphknoten *m*
gangrène [gɑ̃gʀɛn] *f* ❶ *(infection de plaie)* [Wund]brand *m* ❷ *fig* [Krebs]geschwür *nt*
gangster [gɑ̃gstɛʀ] *m* Gangster *m*
gant [gɑ̃] *m* Handschuh *m;* **~ de toilette** Waschlappen *nt*
garage [gaʀaʒ] *m* ❶ Garage *f* ❷ *(entreprise)* Reparaturwerkstatt *f*
garagiste [gaʀaʒist] *mf* Automechaniker(in) *m(f)*
garant(e) [gaʀɑ̃] *m(f)* Bürge, Bürgin *m, f*
garantie [gaʀɑ̃ti] *f* ❶ Garantie *f* ❷ *(caution)* Sicherheit *f*
garantir [gaʀɑ̃tiʀ] <8> *vt* ❶ garantieren ❷ *(assurer)* gewährleisten
garce [gaʀs] *f péj fam* Luder *nt*
garçon [gaʀsɔ̃] *m* ❶ Junge *m* ❷ *(jeune homme)* **être beau ~** ein hübscher Kerl sein ❸ *(fils)* Junge *m (fam)* ❹ *(serveur)* Kellner *m*
garde[1] [gaʀd] *f* ❶ *sans pl* Bewachung *f* ❷ JUR *(d'enfants)* Sorgerecht *f* ❸ *(permanence: le week-end)* Wochenenddienst *m* ▸ **être sur ses ~s** auf der Hut sein; **monter la ~** Wache halten
garde[2] [gaʀd] *m* ❶ Wächter *m;* **~ des Sceaux** Justizminister *m;* **~ du corps** Leibwächter ❷ *(sentinelle)* Wache *f*
garde-à-vous [gaʀdavu] *m inv* **~!** stillgestanden! **garde-barrière** [gaʀd(ə)baʀjɛʀ] <gardes-barrières> *mf* Bahnwärter(in) *m(f)* **garde--boue** [gaʀdəbu] *m inv* Schutzblech *nt* **garde-chasse** [gaʀdəʃas] <gardes-chasse[s]> *mf* Jagdaufseher(in) *m(f)* **garde-fou** [gaʀdəfu] <garde-fous> *m* Geländer *nt* **garde--malade** [gaʀd(ə)malad] <gardes--malades> *mf* Krankenpfleger(in) *m(f)* **garde-manger** [gaʀd(ə)mɑ̃ʒe] *m inv* Vorratsschrank *m*
garder [gaʀde] <1> **I.** *vt* ❶ bewachen; *(enfant)* (be)hüten; *(personne âgée)* betreuen; **donner à ~** anvertrauen ❷ *(stocker)* aufbewahren ❸ *(ne pas perdre)* behalten ❹ *(place)* freihalten ❺ *(distance)* wahren ❻ *(secret)* für sich behalten **II.** *vpr* ❶ **se ~** *(aliment)* sich halten ❷ *(s'abstenir)* **se ~ de faire qc** sich hüten etw zu tun
garderie [gaʀdəʀi] *f* [Kinder]tagesstätte *f*
garde-robe [gaʀdəʀɔb] <garde-robes> *f* Garderobe *f*
gardien(ne) [gaʀdjɛ̃] *m(f)* ❶ Wächter(in) *m(f); (d'un immeuble)* Hausmeister(in) *m(f); (d'un zoo)* Wärter(in) *m(f)* ❷ *(défenseur)* Hü-

ter(in) *m(f)*; ~ **de la paix** Polizist *m*

gardiennage [gaʀdjenaʒ] *m* Wachdienst *m*

gardienné(e) [gaʀdjene] *adj* bewacht; **parc** ~ bewachter Park

gare[1] [gaʀ] *f* Bahnhof *m*; ~ **routière** Busbahnhof

gare[2] [gaʀ] *interj* ▶ **sans crier** ~ ohne Vorwarnung

garer [gaʀe] <1> **I.** *vt* parken **II.** *vpr* **se** ~ ❶ parken ❷ *(se ranger)* ausweichen

gargantuesque [gaʀgɑ̃tɥɛsk] *adj* unersättlich

gargariser [gaʀgaʀize] <1> *vpr* **se** ~ gurgeln

gargarisme [gaʀgaʀizm] *m* Gurgeln *nt*

gargote [gaʀgɔt] *f péj* mieses Restaurant

gargouille [gaʀguj] *f* Wasserspeier *m*

gargouillement [gaʀgujmɑ̃] *m* Gluckern *nt*

gargouiller [gaʀguje] <1> *vi* gluckern

garnement [gaʀnəmɑ̃] *m* Bengel *m*

garni(e) [gaʀni] *adj* GASTR mit Beilage

garnir [gaʀniʀ] <8> *vt* ❶ schmücken ❷ *(équiper)* ~ **qc de qc** etw mit etw versehen ❸ *(remplir)* ~ **de qc** mit etw füllen

garnison [gaʀnizɔ̃] *f* Garnison *f*

garniture [gaʀnityʀ] *f* ❶ GASTR Beilage *f* ❷ AUT Innenausstattung *f*

garrigue [gaʀig] *f* BOT Gar[r]igue *f*

garrot [gaʀo] *m* ❶ MED Druckverband *m* ❷ *(d'un cheval)* Widerrist *m*

gars [gɑ] *m fam* Kerl *m*; **salut les ~!** hallo, Jungs!

Aussprache

Bei **gars** werden das -r- und das -s nicht gesprochen.

Gascogne [gaskɔɲ] *f* **la** ~ die Gascogne

gascon [gaskɔ̃] *m* **le** ~ das Gascognische

Gascon(ne) [gaskɔ̃, ɔn] *m(f)* Gascogner(in) *m(f)*

gas-oil, gasoil [gazwal] *m* Diesel *m*

gasoil, gas-oil [gazwal] *m* Diesel *m*, Dieselöl *nt*

gaspillage [gaspijaʒ] *m* Verschwendung *f*

gaspiller [gaspije] <1> *vt* verschwenden

gastrique [gastʀik] *adj* **troubles ~s** Magenbeschwerden *Pl*

gastrite [gastʀit] *f* MED Gastritis *f*

gastroentérite [gastʀoɑ̃teʀit] *f* MED Magen-Darm-Entzündung *f*

gastronome [gastʀɔnɔm] *mf* Feinschmecker(in) *m(f)*

gastronomie [gastʀɔnɔmi] *f* Kochkunst *f*

gastronomique [gastʀɔnɔmik] *adj* Feinschmecker-; **restaurant** ~ Feinschmeckerrestaurant *nt*; **guide** ~ Gastronomieführer *m*

gâteau [gɑto] <x> *m* Kuchen *m*; *(individuel)* Gebäck *nt*; ~ **sec** Keks *m*

gâter [gɑte] <1> **I.** *vt* ❶ verwöhnen; **gâté** *(enfant)* verwöhnt ❷ *(endommager)* **gâté** *(dent)* faul ▶ **être gâté** Glück haben **II.** *vpr* **se** ~ schlecht werden

gâterie [gɑtʀi] *f* Süßigkeiten *Pl*

gâteux, -euse [gɑtø] *adj* ❶ *péj (sénile)* verkalkt ❷ *(fou de)* närrisch

gauche [goʃ] **I.** *adj* ❶ *(opp: droit)* linke(r, s) ❷ *(maladroit)* ungeschickt **II.** *f* ❶ Linke *f*; **à** ~ links ❷ POL **la** ~ die Linke

gauchement [goʃmɑ̃] *adv* auf ungeschickte Weise

gaucher, -ère [goʃe] **I.** *adj* linkshändig **II.** *m, f* Linkshänder(in) *m(f)*

gaucherie [goʃʀi] *f* Unbeholfenheit *f*

gauchisme [goʃism] *m* Linksextremismus *m*

gauchiste [goʃist] *mf* Linksextreme(r) *f(m)*

gaufre [gofʀ] *f* Waffel *f*

gaufrette [gofʀɛt] *f* [Eis]waffel *f*

gaufrier [gofʀije] *m* Waffeleisen *nt*

Gaule [gol] *f* **la** ~ Gallien *nt*

G

gaullisme [golism] *m* Gaullismus *m*

gaulliste [golist] *mf* Gaullist(in) *m(f)*

gaulois(e) [golwa] *adj* gallisch; *(humour)* derb

Gaulois(e) [golwa] *m(f)* Gallier(in) *m(f)*

gauloiserie [golwazʀi] *f* derber Witz *m*

gaver [gave] <1> *vt* stopfen

gavroche [gavʀɔʃ] *m* [Pariser] Straßenjunge *m*

gay [gɛ] **I.** *adj inv* homosexuell **II.** *m* Schwule(r) *m (fam)*

gaz [gɑz] *m* ① Gas *nt* ② *pl* **avoir des ~** Blähungen haben

gaze [gɑz] *f* ① Gaze *f* ② *(pansement)* Mull *m*

gazelle [gazɛl] *f* Gazelle *f*

gazer [gɑze] <1> *vt* vergasen

gazeux, -euse [gɑzø] *adj* ① gasförmig ② *(qui contient du gaz)* **eau gazeuse** Mineralwasser *nt* mit Kohlensäure

gazinière [gɑzinjɛʀ] *f* Gasherd *m*

gazoduc [gɑzodyk] *m* Gasleitung *f*

gazole [gazɔl] *m* Diesel *m*

gazon [gɑzɔ̃] *m* Rasen *m*

gazouillement [gazujmɑ̃] *m* *(d'un oiseau)* Zwitschern *nt*

gazouiller [gazuje] <1> *vi* lallen; *(oiseau)* zwitschern

geai [ʒɛ] *m* Häher *m*

géant(e) [ʒeɑ̃] **I.** *adj* riesig **II.** *m(f)* Riese, Riesin *m, f*

geignard(e) [ʒɛɲaʀ, aʀd] **I.** *adj péj fam* weinerlich; **enfant ~** Heulpeter *m* **II.** *m(f) péj fam* Jammerlappen *m*

geindre [ʒɛ̃dʀ] <irr> *vi* stöhnen

gel [ʒɛl] *m* ① Frost *m* ② *(blocage)* Einfrieren *nt* ③ *(crème)* Gel *nt*

gélatine [ʒelatin] *f* Gelatine *f*

gélatineux, -euse [ʒelatinø] *adj* gallertartig

gelé(e) [ʒ(ə)le] *adj* ① *(pris par la glace: rivière)* zugefroren; *(terre)* [hart]gefroren ② *(endommagé par le froid)* erfroren

gelée [ʒ(ə)le] *f* ① METEO Frost *m*; **~ blanche** Reif *m* ② GASTR Aspik *m*

geler [ʒ(ə)le] <4> **I.** *vt* ① METEO gefrieren lassen; *(bourgeons)* erfrieren lassen ② ECON einfrieren **II.** *vi* ① METEO gefrieren; *(rivière)* zufrieren; *(fleurs)* erfrieren ② *(avoir froid)* frieren; **gelé** eiskalt *(personne)* durchgefroren ③ *impers* **il gèle** es friert

gélule [ʒelyl] *f* Gelatinekapsel *f*

Gémeaux [ʒemo] *mpl* Zwillinge *Pl v.a.* **Balance**

gémir [ʒemiʀ] <8> *vi* stöhnen

gémissement [ʒemismɑ̃] *m* Stöhnen *nt*

gênant(e) [ʒɛnɑ̃] *adj* störend; *(question)* unangenehm

gencive [ʒɑ̃siv] *f* Zahnfleisch *nt*

gendarme [ʒɑ̃daʀm] *mf* Polizist(in) *m(f)*

gendarmer [ʒɑ̃daʀme] <1> *vpr* **se ~ contre qn/qc** sich gegen jdn/etw zur Wehr setzen

gendarmerie [ʒɑ̃daʀməʀi] *f* Gendarmerie *f*

gendre [ʒɑ̃dʀ] *m* Schwiegersohn *m*

gène [ʒɛn] *m* Gen *nt*

gêne [ʒɛn] *f* ① Beschwerden *Pl* ② *(trouble)* Befangenheit *f* ▶ **être sans ~** keine Hemmungen kennen

gêné(e) [ʒene] *adj (personne, sourire)* verlegen; *(silence)* betreten

généalogie [ʒenealɔʒi] *f* Genealogie *f*

généalogique [ʒenealɔʒik] *adj* genealogisch

gêner [ʒene] <1> **I.** *vt* ① stören ② *(mettre mal à l'aise)* verlegen machen **II.** *vpr* **ne pas se ~ pour dire qc** etw [ganz] offen sagen

général [ʒeneʀal] <-aux> *m* General *m*

général(e) [ʒeneʀal] <-aux> *adj* ① allgemein; **grève ~e** Generalstreik *m*; **en règle ~e** in der Regel ② *(le plus élevé)* **directeur ~** Generaldirektor *m*; **quartier ~** Hauptquartier *nt* ▶ **en ~** im Allgemeinen; **d'une façon ~e** im Allgemeinen

générale [ʒeneʀal] *f* THEAT Generalprobe *f*

généralement [ʒeneʀalmɑ̃] *adv* ① im Allgemeinen ② *(opp: en détail)* allgemein

généralisation [ʒeneʀalizasjɔ̃] *f* Verallgemeinerung *f*

généraliser [ʒeneʀalize] <1> **I.** *vt* ❶ verallgemeinern ❷ *(méthode)* allgemein einführen **II.** *vpr* **se ~** allgemein eingeführt werden

généraliste [ʒeneʀalist] *adj* **médecin ~** Arzt, Ärztin *m, f* für Allgemeinmedizin

généralité [ʒeneʀalite] *f gén pl* Allgemeine(s) *nt*

générateur, -trice [ʒeneʀatœʀ] *m, f* Generator *m*

génération [ʒeneʀasjɔ̃] *f* Generation *f*

générer [ʒeneʀe] <5> *vt* erzeugen; INFORM generieren

généreusement [ʒeneʀøzmɑ̃] *adv* ❶ großzügig ❷ *(avec abondance)* reichlich

généreux, -euse [ʒeneʀø] *adj* großzügig

générique [ʒeneʀik] **I.** *m* Vorspann *m; (à la fin)* Nachspann *m* **II.** *adj* **terme ~** Oberbegriff *m;* **médicament ~** Generikum *nt*

générosité [ʒeneʀozite] *f* Großzügigkeit *f*

genèse [ʒənɛz] *f* Entstehung *f*

Genèse [ʒənɛz] *f* REL **la ~** die Schöpfungsgeschichte

genêt [ʒənɛ] *m* Ginster *m*

généticien(ne) [ʒenetisjɛ̃, jɛn] *m(f)* Genetiker(in) *m(f)*

génétique [ʒenetik] **I.** *adj* genetisch; **recherche ~** Genforschung *f;* **patrimoine ~** Erbgut *nt* **II.** *f* Genetik *f*

génétiquement [ʒenetikmɑ̃] *adv* genetisch

gêneur, -euse [ʒɛnœʀ, -øz] *m, f* Störenfried *m*

Genève [ʒ(ə)nɛv] Genf *nt;* **de ~** Genfer

génial(e) [ʒenjal] <-aux> *adj* ❶ genial ❷ *fam (formidable)* toll

génialement [ʒenjalmɑ̃] *adv* auf geniale Weise

génie [ʒeni] *m* ❶ Genie *nt* ❷ HIST Geist *m*

genièvre [ʒənjɛvʀ] *m* Wacholder *m*

génique [ʒenik] *adj* Gen-; **thérapie ~** Gentherapie *f*

génisse [ʒenis] *f* Färse *f*

génital(e) [ʒenital] <-aux> *adj* Geschlechts-; **organe ~** Geschlechtsorgan *nt*

géniteur [ʒenitœʀ] *m (animal mâle)* männliches Zuchttier

génitif [ʒenitif] *m* Genitiv *m*

génocide [ʒenɔsid] *m* Völkermord *m*

génoise [ʒenwaz] *f* Biskuit *nt o m*

génome [ʒenom] *m* Genom *nt*

génothèque [ʒenɔtɛk] *f (banque)* Genbank *f*

genou [ʒ(ə)nu] <x> *m* Knie *nt*

genouillère [ʒənujɛʀ] *f* Knieschutz *m*

genre [ʒɑ̃ʀ] *m* ❶ Art *f* ❷ ART Gattung *f* ❸ *(espèce)* **~ humain** Menschengeschlecht *nt* ❹ LING Genus *nt*

gens [ʒɑ̃] *mfpl* Leute *Pl*

Les gens

Das Wort **gens** kommt nur im Plural vor. Es ist männlich (*tous les gens – alle Leute*), wenn es aber mit einem Adjektiv verwendet wird, steht dieses in der weiblichen Form: *les vieilles gens – alte Leute*.

gentiane [ʒɑ̃sjan] *f* Enzian *m*

gentil(le) [ʒɑ̃ti] *adj* ❶ nett, freundlich ❷ *(sage)* brav

Aussprache

Das -l ist entgegen der Regelaussprache in **gentil** stumm.

gentilhomme [ʒɑ̃tijɔm] <gentilshommes> *m* Edelmann *m*

gentillesse [ʒɑ̃tijɛs] *f* Freundlichkeit *f*

gentiment [ʒɑ̃timɑ̃] *adv* ❶ freundlich ❷ *(sagement)* ruhig

gentleman [dʒɛntləman, ʒɑ̃tləman, -mɛn] <s *o* -men> *m* Gentleman *m*

géo [ʒeo] *f fam abr de* **géographie**

G

G

géographe [ʒeɔgʀaf] *mf* Geograph(in) *m(f)*
géographie [ʒeɔgʀafi] *f* Erdkunde *f*
géographique [ʒeɔgʀafik] *adj* geographisch; **carte** ~ Landkarte *f*
géologie [ʒeɔlɔʒi] *f* Geologie *f*
géologique [ʒeɔlɔʒik] *adj* geologisch
géologue [ʒeɔlɔg] *mf* Geologe, Geologin *m, f*
géomètre [ʒeɔmɛtʀ] *mf* Geometer *m*
géométrie [ʒeɔmetʀi] *f* Geometrie *f*
géométrique [ʒeɔmetʀik] *adj* geometrisch
géophysicien(ne) [ʒeofizisjɛ̃] *m(f)* Geophysiker(in) *m(f)*
géophysique [ʒeofizik] *f* Geophysik *f*
géopolitique [ʒeopɔlitik] *f* Geopolitik *f*
géothermique [ʒeotɛʀmik] *adj* geothermisch
gérance [ʒeʀɑ̃s] *f* Geschäftsführung *f*, Leitung *f*; **mettre/prendre en** ~ verpachten/pachten
géranium [ʒeʀanjɔm] *m* Geranie *f*
gérant(e) [ʒeʀɑ̃] *m(f)* Geschäftsführer(in) *m(f)*; *(d'un immeuble)* Verwalter(in) *m(f)*; *(d'un fonds de commerce)* Inhaber(in) *m(f)*
gerbe [ʒɛʀb] *f* Garbe *f*; *(de fleurs)* Strauß *m*
gercer [ʒɛʀse] <2> *vi* aufspringen
gerçure [ʒɛʀsyʀ] *f* **avoir des ~s aux mains** rissige Hände haben
gérer [ʒeʀe] <5> *vt* ❶ leiten ❷ INFORM verwalten
gériatrie [ʒeʀjatʀi] *f* Altersheilkunde *f*
germain(e) [ʒɛʀmɛ̃, ɛn] *adj (relatif à la Germanie)* germanisch
Germain(e) [ʒɛʀmɛ̃] *m(f)* Germane, Germanin *m, f*
germanique [ʒɛʀmanik] *adj* ❶ *(teuton)* germanisch ❷ *(allemand)* deutsch; *(pays)* deutschsprachig
germanisme [ʒɛʀmanism] *m* LING Germanismus *m*
germaniste [ʒɛʀmanist] *mf* Germanist(in) *m(f)*
germanophile [ʒɛʀmanɔfil] *adj* deutschfreundlich
germanophobe [ʒɛʀmanɔfɔb] *adj* deutschfeindlich
germanophone [ʒɛʀmanɔfɔn] **I.** *adj* deutschsprachig; **être** ~ Deutsch als Muttersprache haben **II.** *mf* Deutschsprachige(r) *f(m)*
germe [ʒɛʀm] *m* ❶ Keim *m* ❷ MED Krankheitserreger *m*
germer [ʒɛʀme] <1> *vi* keimen
gérondif [ʒeʀɔ̃dif] *m* Gerundium *nt*
gérontologie [ʒeʀɔ̃tɔlɔʒi] *f* MED Altersforschung *f*
gésier [ʒezje] *m* [Muskel]magen *m*
gestation [ʒɛstasjɔ̃] *f* Trächtigkeit *f*
geste [ʒɛst] *m* ❶ Geste *f*; ~ **de la main** Handbewegung *f* ❷ *(action)* ~ **d'amour** Zeichen *nt* der Liebe
gesticuler [ʒɛstikyle] <1> *vi* gestikulieren
gestion [ʒɛstjɔ̃] *f* Verwaltung *f*; *(d'une entreprise)* Geschäftsführung *f*
gestionnaire [ʒɛstjɔnɛʀ] **I.** *mf* Geschäftsführer(in) *m(f)* **II.** *m* ~ **de fichiers** Dateimanager *m*
gestuel(le) [ʒɛstɥɛl] *adj* gestisch; **langage** ~ Gebärdensprache *f*
gestuelle [ʒɛstɥɛl] *f* Gestik *f*
geyser [ʒɛzɛʀ] *m* Geysir *m*
ghetto [geto] *m* Getto *nt*
gibet [ʒibɛ] *m* Galgen *m*
gibier [ʒibje] *m* Wild *nt*
giboulée [ʒibule] *f* Schauer *m*
giclée [ʒikle] *f* Spritzer *m*
gicler [ʒikle] <1> *vi* spritzen
gicleur [ʒiklœʀ] *m* Vergaserdüse *f*
gifle [ʒifl] *f* Ohrfeige *f*
gifler [ʒifle] <1> *vt* ohrfeigen
gigantesque [ʒigɑ̃tɛsk] *adj* riesig
gigaoctet [ʒigaɔktɛ] *m* Gigabyte *nt*
GIGN [ʒeiʒeɛn] *m abr de* **Groupe d'intervention de la gendarmerie nationale** *Spezialeinheit zur Bekämpfung des Terrorismus*
gigolo [ʒigɔlo] *m péj* Gigolo *m*
gigot [ʒigo] *m* Keule *f*
gigoter [ʒigɔte] <1> *vi fam* herumzappeln; *(bébé)* strampeln
gilet [ʒilɛ] *m* Weste *f*; *(lainage)* Strickja-

cke *f;* ~ **de sauvetage** Schwimmweste
gin [dʒin] *m* Gin *m*
gingembre [ʒɛ̃ʒɑ̃bʀ] *m* Ingwer *m*
gingivite [ʒɛ̃ʒivit] *f* Zahnfleischentzündung *f*
girafe [ʒiʀaf] *f* Giraffe *f*
giratoire [ʒiʀatwaʀ] *adj* **sens** ~ Kreisverkehr *m*
girlie [gœʀli] *adj inv* Girlie-
giroflée [ʒiʀɔfle] *f* Goldlack *m*
girolle [ʒiʀɔl] *f* Pfifferling *m,* Eierschwammerl *nt* (A)
girouette [ʒiʀwɛt] *f* Wetterhahn *m*
gisant [ʒizɑ̃] *m* ART liegende Figur
gisement [ʒizmɑ̃] *m* Vorkommen *nt*
gitan(e) [ʒitɑ̃] *m(f) péj* Zigeuner(in) *m(f) pej*
gîte [ʒit] *m* Unterkunft *f;* ~ **rural** Unterkunftsmöglichkeit *f* für Touristen
givrant(e) [ʒivʀɑ̃] *adj* raureifbildend
givre [ʒivʀ] *m* [Rau]reif *m*
givré(e) [ʒivʀe] *adj* bereift; *(fenêtre)* vereist
glaçage [glasaʒ] *m (d'une photographie)* Glanztrocknen *nt; (d'un tissu)* Appretieren *nt*
glace [glas] *f* ❶ *a.* GASTR Eis *nt* ❷ *(miroir)* Spiegel *m* ❸ *(vitre)* [Glas]scheibe *f*

Übersetzungstipp
La glace – Nicht verwechseln mit *das Glas – le verre!*

glacé(e) [glase] *adj* ❶ *(très froid) a. fig* eiskalt ❷ *(fruit)* kandiert ❸ **papier** ~ Glanzpapier *nt*
glacer [glase] <2> *vt* ❶ *(refroidir)* zu Eis erstarren lassen ❷ *(impressionner)* ~ **qn d'effroi** jdn vor Schreck *(dat)* erstarren lassen
glaciaire [glasjɛʀ] *adj* **période** ~ Eiszeit *f;* **érosion** ~ Gletschererosion *f*
glacial(e) [glasjal] <s> *adj a. fig* eiskalt
glaciation [glasjasjɔ̃] *f* Glazial[zeit *f*] *nt*
glacier [glasje] *m* ❶ GEO Gletscher *m* ❷ *(métier)* Eiskonditor *m*
glacière [glasjɛʀ] *f* Kühlbox *f*
glaçon [glasɔ̃] *m* Eiswürfel *m*
gladiateur [gladjatœʀ] *m* Gladiator *m*
glaïeul [glajœl] *m* Gladiole *f*
glaise [glɛz] *f* Lehm *m*
glaive [glɛv] *m* Schwert *nt*
glam [glam] *adj inv fam* glamourös, Glamour-
glamoureux, -euse [glamuʀø, -øz] *adj* glamourös
gland [glɑ̃] *m* Eichel *f*
glande [glɑ̃d] *f* Drüse *f*
glander [glɑ̃de] <1> *vi fam* herumgammeln
glandeur, -euse [glɑ̃dœʀ, -øz] *m, f fam* Nichtstuer(in) *m(f)*
glaner [glane] <1> *vt* zusammentragen
glapir [glapiʀ] <8> *vi* kläffen
glapissement [glapismɑ̃] *m (du renard)* Bellen *nt*
glas [glɑ] *m* ❶ *(tintement)* Totengeläut *nt;* **sonner le** ~ die Totenglocke läuten ❷ *fig* **sonner le** ~ **de qc** das Ende einer S. *(gen)* ankündigen
glaucome [glokom] *m* MED grüner Star *m*
glauque [glok] *adj* ❶ *(verdâtre)* graugrün ❷ *(lugubre)* düster
glissade [glisad] *f (action de glisser par jeu)* Schlittern *nt*
glissant(e) [glisɑ̃] *adj* glatt
glisse [glis] *f* ❶ *(façon de glisser)* Gleiten *nt;* **les sports de** ~ die Gleitsportarten *Pl* ❷ CH *(luge)* Schlitten *m*
glissement [glismɑ̃] *m* ~ **de terrain** Erdrutsch *m*
glisser [glise] <1> **I.** *vi* ❶ rutschen ❷ *(se déplacer)* gleiten **II.** *vt* schieben **III.** *vpr* **se** ~ schlüpfen
glissière [glisjɛʀ] *f* ~ **de sécurité** Leitplanke *f*
global(e) [glɔbal] <-aux> *adj* global; **somme ~e** Gesamtsumme *f*
globalement [glɔbalmɑ̃] *adv* alles in Allem
globalisation [glɔbalizasjɔ̃] *f* Pauschalisierung *f*

globalité [glɔbalite] *f* Gesamtheit *f*
globe [glɔb] *m* Globus *m*
globule [glɔbyl] *m* Blutkörperchen *nt*
globuleux, -euse [glɔbylø] *adj* hervorstehend
gloire [glwaʀ] *f* Ruhm *m* ▶ **à la ~ de qn/qc** zu jds Ehre/um etw zu ehren
glorieux, -euse [glɔʀjø] *adj* ruhmreich
glorification [glɔʀifikasjɔ̃] *f* Glorifizierung *f*
glorifier [glɔʀifje] <1> *vpr* **se ~ de qc** sich einer S. *(gen)* rühmen

G

gloriole [glɔʀjɔl] *f* Selbstgefälligkeit *f*
gloss [glɔs] *m* Lipgloss *nt*
glossaire [glɔsɛʀ] *m* Glossar *nt*
glotte [glɔt] *f* Stimmritze *f*
glouglou [gluglu] *m fam* **faire ~** gluckern
gloussement [glusmɑ̃] *m* ❶ *(cri)* Glucken *nt* ❷ *fam (rire)* Glucksen *nt*
glousser [gluse] <1> *vi* ❶ *(pousser des gloussements: poule)* glucken ❷ *fam (rire: personne)* glucksen
glouton(ne) [glutɔ̃] **I.** *adj* gefräßig **II.** *m(f)* Vielfraß *m (fam)*
gloutonnerie [glutɔnʀi] *f* Gefräßigkeit *f*
glu [gly] *f* Leim *m*
gluant(e) [glyɑ̃] *adj* klebrig
glucide [glysid] *m* Kohlehydrat *nt*
glucose [glykoz] *m* Traubenzucker *m*
gluten [glytɛn] *m* Gluten *nt*
glycémie [glisemi] *f* Blutzucker *m*
glycérine [gliseʀin] *f* Glyzerin *nt*
glycine [glisin] *f* Glyzinie *f*
gnangnan [ɲɑ̃ɲɑ̃] *adj inv fam* **être ~** *(personne)* eine Tranfunzel sein
gnôle [ɲol] *f fam* Schnaps *m*
gnome [gnom] *m* Gnom *m*
gnon [ɲɔ̃] *m fam* Schlag *m,* Hieb *m*
go [go] ▶ **tout de ~** *fam* mir nichts, dir nichts
Go [ʒeo] *m abr de* **giga-octet** INFORM GByte *nt*
GO [ʒeo] *fpl abr de* **grandes ondes** LW *f*
gobelet [gɔblɛ] *m* Becher *m*
gober [gɔbe] <1> *vt* ausschlürfen
godasse [gɔdas] *f fam* Latschen *m*
godet [gɔdɛ] *m* ❶ *(gobelet)* Becher *m* ❷ *(pour la peinture)* Farbnapf *m*
godille [gɔdij] *f* Wedeln *nt* ▶ **à la ~** schlampig
godiller [gɔdije] <1> *vi* NAUT wricken
goéland [gɔelɑ̃] *m* große Möwe *f*
goélette [gɔelɛt] *f* Schoner *m*
gogo [gogo] ▶ **à ~** *fam* in rauen Mengen
gogol(e) [gogɔl] *adj fam* bescheuert
goguenard(e) [gɔg(ə)naʀ] *adj* spöttisch
goinfre [gwɛ̃fʀ] **I.** *adj* verfressen *(fam)* **II.** *mf péj* Fresssack *m (fam)*
goinfrer [gwɛ̃fʀe] <1> *vpr péj fam* **se ~ de qc** sich *(dat)* den Bauch mit etw vollschlagen *(fam)*
goinfrerie [gwɛ̃fʀəʀi] *f péj* Gefräßigkeit *f*
goitre [gwatʀ] *m* Kropf *m*
golden [gɔldɛn] *f* Golden Delicious *m*
golf [gɔlf] *m* Golf[spiel *nt*] *nt*
golfe [gɔlf] *m* Golf *m*
golfeur, -euse [gɔlfœʀ] *m, f* Golfer(in) *m(f)*
gominer [gɔmine] <1> *vpr* **se ~** sich *(dat)* Pomade ins Haar schmieren
gommage [gɔmaʒ] *m* ❶ *(effacement)* Ausradieren *nt* ❷ *(nettoyage de la peau)* Peeling *nt*
gomme [gɔm] *f* Gummi *m o nt*
gommé(e) [gɔme] *adj* gummiert
gommer [gɔme] <1> *vt* ausradieren
gond [gɔ̃] *m* [Tür]angel *f* ▶ **sortir de ses ~s** außer sich geraten
gondole [gɔ̃dɔl] *f* Gondel *f*
gondoler [gɔ̃dɔle] <1> *vi* sich wellen
gondolier, -ière [gɔ̃dɔlje, -jɛʀ] *m, f* Gondoliere *m*
gonflable [gɔ̃flabl] *adj* aufblasbar
gonflé(e) [gɔ̃fle] *adj* aufgeblasen; *(visage)* aufgedunsen
gonflement [gɔ̃fləmɑ̃] *m (d'un pneu)* Aufpumpen *nt; (d'un ballon)* Aufblasen *nt; (d'une plaie, d'un organe)* Schwellung *f*
gonfler [gɔ̃fle] <1> **I.** *vt (pneus)* aufpumpen; *(ballon)* aufblasen **II.** *vi (membre)* anschwellen; *(pâte)* aufge-

hen **III.** *vpr* **se** ~ sich füllen

gonflette [gɔ̃flɛt] *f péj fam* Bodybuilding *nt*

gong [gɔ̃(g)] *m* Gong *m*

gonzesse [gɔ̃zɛs] *f péj fam* Tussi *f*

googler [gugle] <1> *vt, vi fam* INFORM googeln®

gore [gɔʀ] *adj inv* Horror-

goret [gɔʀɛ] *m* Ferkel *nt*

gorge [gɔʀʒ] *f* ❶ Hals *m* ❷ GEO Schlucht *f*

gorgé(e) [gɔʀʒe] *adj* **fruits ~s de soleil** von der Sonne verwöhnte Früchte; **terre ~e d'eau** wasserdurchtränkte Erde

gorgée [gɔʀʒe] *f* Schluck *m*

gorille [gɔʀij] *m* Gorilla *m*

gosier [gozje] *m* Kehle *f*

gosse [gɔs] *mf fam* Kleine(r) *f(m)*; **un ~** ein Bengel *m*; **une ~** eine Göre; **sale ~** Rotzbengel

gothique [gɔtik] **I.** *adj* gotisch **II.** *m* Gotik *f*

gouache [gwaʃ] *f* Temperafarbe *f*

gouailleur, -euse [gwajœʀ, -øz] *adj fam* spöttisch

gouda [guda] *m* Gouda *m*

goudron [gudʀɔ̃] *m* Teer *m*; *(pour les routes)* Asphalt *m*

goudronné(e) [gudʀɔne] *adj* asphaltiert

gouffre [gufʀ] *m* Abgrund *m*

gouine [gwin] *f péj fam* Lesbe *f*

goujat [guʒa] *m* Rüpel *m*, Flegel *m*

goujaterie [guʒatʀi] *f* Rüpelhaftigkeit *f*

goujon [guʒɔ̃] *m* Gründling *m* ▶ **taquiner le ~** *fam* angeln

goulache [gulaʃ] *m o f* Gulasch *m o nt*

goulet [gulɛ] *m* **~ d'étranglement** Engpass *m*

goulot [gulo] *m* Hals *m*; **boire au ~** aus der Flasche trinken

goulu(e) [guly] *adj* gefräßig

goulûment [gulymɑ̃] *adv* gierig

goupiller [gupije] <1> **I.** *vt fam* aushecken; **bien ~ son coup** die Sache geschickt einfädeln **II.** *vpr fam* **bien/mal se ~** klappen/nicht klappen

gourd(e) [guʀ, guʀd] *adj* starr vor Kälte, steifgefroren

gourde [guʀd] *f* Trinkflasche *f*

gourer [guʀe] <1> *vpr fam* **se ~ de qc** sich in etw *(dat)* vertun

gourmand(e) [guʀmɑ̃] **I.** *adj* **être ~** ein Schlemmer *m* sein; *(de sucreries)* eine Naschkatze sein *(fam)* **II.** *m(f)* Schlemmer(in) *m(f)*; *(de sucreries)* Naschkatze *f (fam)*

gourmandise [guʀmɑ̃diz] *f* Schwelgerei *f*; *(défaut)* Gier[igkeit *f*] *f*

gourmet [guʀmɛ] *m* Gourmet *m*

gourmette [guʀmɛt] *f* Gliederarmband *nt* [mit Namensplakette]

gousse [gus] *f* Schote *f*; *(d'ail)* Zehe *f*

goût [gu] *m* Geschmack *m*; **avec ~** geschmackvoll

goûter [gute] <1> **I.** *vi* ❶ *(enfant)* [nachmittags] eine Kleinigkeit essen ❷ *(essayer)* **~ à qc** etw probieren **II.** *vt* probieren

goutte [gut] *f* Tropfen *m*; **~ à ~** tröpfchenweise

goutte-à-goutte [gutagut] *m inv* Tropf *m*

goutter [gute] <1> *vi* tropfen

gouttière [gutjɛʀ] *f* Dachrinne *f*

gouvernable [guvɛʀnabl] *adj* regierbar

gouvernail [guvɛʀnaj] *m* Ruder *nt*

gouvernante [guvɛʀnɑ̃t] *f* ❶ *(bonne)* Haushälterin *f* ❷ *(préceptrice)* Gouvernante *f*, Erzieherin *f*

gouvernants [guvɛʀnɑ̃] *mpl* Entscheidungsträger *Pl*

gouverne [guvɛʀn] *f* **pour ta ~** zu deiner Orientierung

gouvernement [guvɛʀnəmɑ̃] *m* Regierung *f*

gouvernemental(e) [guvɛʀnəmɑ̃tal] <-aux> *adj* Regierungs-; **politique ~e** Regierungspolitik *f*

gouverner [guvɛʀne] <1> *vt, vi* regieren

gouverneur, -euse [guvɛʀnœʀ] *m, f* Gouverneur *m*

goyave [gɔjav] *f* Gua[ja]ve *f*

G.P.L. [ʒepeɛl] *m abr de* **gaz de pétrole liquéfié** Autogas *nt*

G.R. [ʒeɛʀ] *m abr de* **(sentier) de**

G

grande randonnée *markierter Wanderweg*
grabuge [gʀabyʒ] *m* **faire du ~** *fam* Krach schlagen; **il y a du ~** *fam* es kracht
grâce [gʀɑs] *f* ① *sans pl (charme)* Anmut *f;* **avec ~** anmutig ② JUR Begnadigung *f* ▶ **~ à lui/elle** dank ihm/ihr; **~ à qc** dank einer S. *(dat o gen)*
gracier [gʀasje] <1> *vt* begnadigen
gracieusement [gʀasjøzmɑ̃] *adv* unentgeltlich
gracieux, -euse [gʀasjø] *adj* anmutig
gradation [gʀadasjɔ̃] *f* schrittweise Steigerung *f*
grade [gʀad] *m* Dienstgrad *m;* UNIV Grad *m; (de capitaine)* Rang *m*
gradé(e) [gʀade] *m(f)* unterer Dienstgrad *m*
gradins [gʀadɛ̃] *mpl* Ränge *Pl*
graduation [gʀadɥasjɔ̃] *f* Gradeinteilung *f*
gradué(e) [gʀadɥe] *adj* abgestuft
graduel(le) [gʀadɥɛl] *adj* allmählich
graduellement [gʀadɥɛlmɑ̃] *adv* ① *(par degrés)* Schritt für Schritt ② *(peu à peu)* allmählich
graduer [gʀadɥe] <1> *vt* graduieren
graffiti [gʀafiti] <[s]> *m* Graffiti *nt*
graillon [gʀɑjɔ̃] *m* Geruch *m* von Bratfett
grain [gʀɛ̃] *m* ① *sing o pl* Korn *nt;* **~ de beauté** Leberfleck *m* ② *(graine)* Körnchen *nt;* **~ de raisin** [Wein]traube *f;* **en ~s** ungemahlen ③ *sans pl (petite quantité)* Spur *f*
graine [gʀɛn] *f* Samen *m;* AGR Saatgut *nt*
graissage [gʀɛsaʒ] *m* Schmieren *nt*
graisse [gʀɛs] *f* Fett *nt*
graisser [gʀese] <1> *vt* TECH schmieren
graisseux, -euse [gʀɛsø] *adj* fettig
grammaire [gʀa(m)mɛʀ] *f* Grammatik *f*
grammatical(e) [gʀamatikal] <-aux> *adj* grammatisch
grammaticalement [gʀamatikalmɑ̃] *adv* grammati[kali]sch
gramme [gʀam] *m* Gramm *nt*
grand(e) [gʀɑ̃] **I.** *adj* ① groß; *(arbre)* hoch; *(jambe)* lang; **~ format** Großformat *nt;* **~ magasin** Kaufhaus *nt* ② *(buveur)* stark ③ *(bruit)* laut ④ *(vin)* besondere(r, s); *(homme)* bedeutend ⑤ *(respectable)* nobel; **la "~e Nation"** die "große Nation" *(Name für Frankreich)* **~es écoles** Elite-Hochschulen *Pl* ⑥ *(exagéré)* **prendre de ~s airs** vornehm tun **II.** *adv* **~ ouvert** ganz weit aufgemacht; **voir ~** großzügig planen **III.** *m(f)* Große(r) *f(m)*
grand-angle [gʀɑ̃tɑ̃gl] <grands-angles> *m* Weitwinkel *m* **grand-chose** [gʀɑ̃ʃoz] **pas ~** nicht viel
Grande-Bretagne [gʀɑ̃dbʀətaɲ] *f* **la ~** Großbritannien *nt*
grandement [gʀɑ̃dmɑ̃] *adv* sehr; *(avoir raison)* völlig; **contribuer ~ à qc** einen großen Beitrag zu etw leisten
grandeur [gʀɑ̃dœʀ] *f* Größe *f;* **de quelle ~ est...?** wie groß ist...?; **de même ~** gleich groß
grandiloquence [gʀɑ̃dilɔkɑ̃s] *f* hochtrabende Ausdrucksweise *f*
grandiloquent(e) [gʀɑ̃dilɔkɑ̃, ɑ̃t] *adj* schwülstig; *(personne)* hochtrabend redend
grandiose [gʀɑ̃djoz] *adj* großartig
grandir [gʀɑ̃diʀ] <8> **I.** *vi* (auf)wachsen **II.** *vt* größer machen **III.** *vpr* **se ~** sich größer machen
grandissant(e) [gʀɑ̃disɑ̃, ɑ̃t] *adj* wachsend
grand-mère [gʀɑ̃mɛʀ] <grands-mères> *f* Großmutter *f* **grand-messe** [gʀɑ̃mɛs] <grands-messes> *f* Hochamt *nt* **grand-peine** [gʀɑ̃pɛn] ▶ **avoir ~ à faire qc** Mühe haben etw zu tun; **à ~** mit Mühe und Not **grand-père** [gʀɑ̃pɛʀ] <grands-pères> *m* Großvater *m*
grands-parents [gʀɑ̃paʀɑ̃] *mpl* Großeltern *Pl*
grand-voile [gʀɑ̃vwal] <grands-voiles> *f* Großsegel *nt*

grange [gʀɑ̃ʒ] *f* Scheune *f*
granit [gʀanit] *m* Granit *m*
granitique [gʀanitik] *adj* Granit-, granithaltig
granulé [gʀanyle] *m* Granulat *nt*
granuleux, -euse [gʀanylø] *adj* körnig
graphe [gʀaf] *m* Graf *m*
graphie [gʀafi] *f* Schreibweise *f*
graphique [gʀafik] **I.** *adj* grafisch **II.** *m* Schaubild *nt*
graphisme [gʀafism] *m* ART Zeichenstil *m*
graphiste [gʀafist] *mf* Grafiker(in) *m(f)*
graphite [gʀafit] *m* Graphit *m*
graphologue [gʀafɔlɔg] *mf* Graphologe, Graphologin *m, f*
grappe [gʀap] *f* Traube *f;* ~ **de raisin** Weintraube
grappiller [gʀapije] <1> *vt* ❶ *(cueillir: fruits, fleurs)* einzeln [ab]pflücken ❷ *(prendre au hasard: nouvelles, idées)* aufschnappen *(fam); (argent)* herausschlagen *(fam)*
grappin [gʀapɛ̃] *m* ▶ **mettre le ~ sur qn** *fam* jdn nicht aus den Klauen lassen
gras [gʀɑ] **I.** *m a.* GASTR Fett *nt* **II.** *adv* fett
gras(se) [gʀɑ] *adj* ❶ *(formé de graisse)* fett ❷ *(graisseux)* fettig ❸ **en [caractère]** ~ fett gedruckt ❹ BOT **plante ~se** Fettplanze *f*
gras-double [gʀɑdubl] <gras-doubles> *m* Kutteln *Pl*
grassement [gʀɑsmɑ̃] *adv* reichlich
grassouillet(te) [gʀasujɛ, jɛt] *adj fam* pummelig
gratifiant(e) [gʀatifjɑ̃, jɑ̃t] *adj (travail)* befriedigend
gratification [gʀatifikasjɔ̃] *f* Gratifikation *f*
gratifier [gʀatifje] <1> *vt* ~ **qn d'une récompense** jdm eine Belohnung zuteilwerden lassen
gratin [gʀatɛ̃] *m* Gratin *nt*
gratiné(e) [gʀatine] *adj* überbacken
gratinée [gʀatine] *f mit Käse überbackene Zwiebelsuppe*
gratiner [gʀatine] <1> *vt* **faire ~ qc** etw überbacken
gratis [gʀatis] *adj, adv fam* gratis
gratitude [gʀatityd] *f* Dankbarkeit *f*
gratte-ciel [gʀatsjɛl] *m inv* Wolkenkratzer *m*
grattement [gʀatmɑ̃] *m* Kratzen *nt*
gratter [gʀate] <1> **I.** *vi* ❶ kratzen ❷ *(récurer)* scheuern **II.** *vt* ❶ *(mur)* abkratzen ❷ *(démanger)* kratzen; **ça me gratte à la jambe** mein Bein juckt **III.** *vpr* **se ~ qc** sich an etw *(dat)* kratzen
gratuit(e) [gʀatɥi] *adj* ❶ frei; **échantillon ~** Gratisprobe *f;* **à titre ~** kostenlos ❷ *(accusation)* grundlos
gratuité [gʀatɥite] *f* ❶ *(caractère gratuit)* ~ **de l'enseignement** Schulgeldfreiheit *f;* ~ **des soins médicaux** kostenlose medizinische Versorgung ❷ *(d'une affirmation)* Willkürlichkeit *f; (d'un acte)* Unmotiviertheit *f*
gratuitement [gʀatɥitmɑ̃] *adv* kostenlos
gravats [gʀavɑ] *mpl* Bauschutt *m*
grave [gʀav] *adj* ❶ ernst; *(accident)* schwer; *(nouvelles)* schlimm; **blessé ~** Schwerverletzte(r) *m;* **ce n'est pas ~** das ist nicht schlimm ❷ *(voix)* tief ❸ LING **accent ~** Accent *m* grave ❹ *fam (troublé mentalement)* total durchgeknallt
gravement [gʀavmɑ̃] *adv* schwer
graver [gʀave] <1> *vt* ❶ [ein]gravieren ❷ *fig* einprägen ❸ INFORM *(données)* [ein]brennen; *(cédérom)* brennen
graveur [gʀavœʀ] *m* INFORM Brenner *m;* ~ **de DVD** DVD-Brenner
graveur, -euse [gʀavœʀ] *m, f* ART Graveur(in) *m(f)*
gravier [gʀavje] *m* Kies *m*
gravillon [gʀavijɔ̃] *m* Splitt *m;* AUT Rollsplitt
gravir [gʀaviʀ] <8> *vt* klettern auf *(+akk)*
gravitation [gʀavitasjɔ̃] *f* Gravitation *f*
gravité [gʀavite] *f* ❶ Ernst *m; (d'une*

faute) Schwere *f* ② PHYS Schwerkraft *f*
graviter [gʀavite] <1> *vi* ~ **autour de qc** um etw kreisen
gravure [gʀavyʀ] *f* ① *sans pl* Gravieren *nt* ② *(œuvre)* Gravur *f* ③ *(reproduction)* Stich *m*
gré [gʀe] ▸ **de mon/son plein ~** aus freien Stücken; **au ~ de** je nach *(+dat)*
grec [gʀɛk] *m* ~ **ancien/moderne** Alt-/Neugriechisch *nt; v.a.* **allemand**
grec, grecque [gʀɛk] *adj* griechisch; *v.a.* **allemand**
Grec, Grecque [gʀɛk] *m, f* Grieche, Griechin *m, f*
Grèce [gʀɛs] *f* **la** ~ Griechenland *nt*
gréco-romain(e) [gʀekoʀɔmɛ̃] <gréco-romains> *adj* griechisch-römisch
grecque [gʀɛk] *f (ornement)* Mäander *m*
greffe [gʀɛf] *f* MED Transplantation *f*
greffer [gʀefe] <1> **I.** *vt* ① MED ~ **qc à qn** jdm etw transplantieren ② BOT veredeln; ~ **qc sur qc** etw auf etw *(akk)* pfropfen **II.** *vpr* **se ~ sur qc** zu etw hinzukommen
greffier, -ière [gʀefje] *m, f* Justizbeamter, -beamtin *m, f*
greffon [gʀefɔ̃] *m* BOT Pfropfreis *nt*
grégaire [gʀegɛʀ] *adj* **instinct ~** Herdentrieb *m*
grégorien(ne) [gʀegɔʀjɛ̃, jɛn] *adj* gregorianisch
grêle [gʀɛl] *f* Hagel *m*
grêlé(e) [gʀele] *adj* pockennarbig
grêler [gʀele] <1> *vi impers* **il grêle** es hagelt
grêlon [gʀɛlɔ̃] *m* Hagelkorn *nt*
grelot [gʀəlo] *m* Glöckchen *nt*
grelotter [gʀəlɔte] <1> *vi* zittern
grenade [gʀənad] *f* ① MIL Granate *f* ② BOT Granatapfel *m*
grenadine [gʀənadin] *f* Grenadine *f*
grenat [gʀəna] *adj inv* granatfarben
grenier [gʀənje] *m* [Dach]boden *m*
grenouille [gʀənuj] *f* Frosch *m*
grenouillère [gʀənujɛʀ] *f* Strampelhose *f*
grès [gʀɛ] *m (roche)* Sandstein *m*
grésil [gʀezil] *m* Graupeln *Pl*
grésillement [gʀezijmɑ̃] *m* Rauschen *nt*
grésiller [gʀezije] <1> *vi* brutzeln
grève [gʀɛv] *f* Streik *m*
grever [gʀəve] <4> *vt* ~ **de qc** mit etw belasten
gréviste [gʀevist] *mf* Streikende(r) *f(m)*
gribouillage [gʀibujaʒ] *m* Gekritzel *nt*
gribouiller [gʀibuje] <1> *vt, vi* kritzeln
grief [gʀijɛf] *m* Klagepunkt *m;* **nourrir des ~s contre qn** einen Groll gegen jdn hegen
grièvement [gʀijɛvmɑ̃] *adv* schwer
griffe [gʀif] *f* ① Kralle *f* ② *(marque)* Markenzeichen *nt* ③ *(signature)* Unterschrift *f*
griffé(e) [gʀife] *adj* **vêtements ~s** Markenkleidung *f*
griffer [gʀife] <1> *vt* kratzen; *(voiture)* zerkratzen
griffonner [gʀifɔne] <1> *vt, vi* kritzeln
griffure [gʀifyʀ] *f* Kratzer *m*
grignoter [gʀiɲɔte] <1> *vt, vi* knabbern
gril [gʀil] *m* Grill *m*
grillade [gʀijad] *f* Gegrillte(s) *nt*
grillage [gʀijaʒ] *m* Gitter *nt; (clôture)* Drahtzaun *m*
grillager [gʀijaʒe] <2a> *vt (fenêtre)* vergittern
grille [gʀij] *f* ① *(clôture)* Drahtzaun *m* ② *(porte)* Gittertür *f* ③ *(treillis)* Gitter *nt; (d'un four)* Rost *m* ④ *(tableau)* Tabelle *f;* ~ **d'horaires** Stundenplan *m*
grille-pain [gʀijpɛ̃] *m inv* Toaster *m*
griller [gʀije] <1> *vt* ① grillen; *(café)* rösten; *(pain)* toasten ② *(feu)* verbrennen ③ ELEC **être grillé** durchgebrannt sein
grillon [gʀijɔ̃] *m* Grille *f*
grimace [gʀimas] *f* Grimasse *f*
grimacer [gʀimase] <2> *vi* Grimassen schneiden
grimoire [gʀimwaʀ] *m* Zauberbuch *nt*
grimpant(e) [gʀɛ̃pɑ̃] *adj* **rosier ~** Kletterrose *f*
grimper [gʀɛ̃pe] <1> **I.** *vi* ① klettern

❷ *(monter)* ~ **dans la montagne** *(route)* bergauf führen **II.** *vt* hinaufsteigen; *(en voiture)* hinauffahren
grimpette [gʀɛ̃pɛt] *f fam* kurzer Aufstieg
grimpeur, -euse [gʀɛ̃pœʀ] *m, f* Kletterer, Kletterin *m, f*
grinçant(e) [gʀɛ̃sɑ̃] *adj* schrill; *(humour)* beißend
grincement [gʀɛ̃smɑ̃] *m* Quietschen *nt*
grincer [gʀɛ̃se] <2> *vi* quietschen ▸ ~ **des dents** mit den Zähnen knirschen
grincheux, -euse [gʀɛ̃ʃø, -øz] **I.** *adj* *(enfants)* quengelig *(fam)*; *(personne)* griesgrämig **II.** *m, f* Griesgram *m*
gringalet [gʀɛ̃galɛ] *m péj* mickriges Kerlchen
griotte [gʀijɔt] *f* Weichselkirsche *f*
grippal(e) [gʀipal, -o] <-aux> *adj* grippal
grippe [gʀip] *f* Grippe *f*; ~ **aviaire** [*o* **du poulet**] Vogelgrippe Hühnergrippe
grippé(e) [gʀipe] *adj* grippekrank
gripper [gʀipe] <1> *vi, vpr* [**se**] ~ klemmen
gris(e) [gʀi] *adj a.* METEO grau; *(temps)* trüb
grisaille [gʀizɑj] *f* Eintönigkeit *f*
grisant(e) [gʀizɑ̃] *adj* berauschend
grisâtre [gʀizɑtʀ] *adj* gräulich
gris-bleu [gʀiblø] *adj inv* blaugrau
grisé [gʀize] *m* Schraffur *f*
griser [gʀize] <1> *vt, vi* berauschen
griserie [gʀizʀi] *f* Rausch *m*
grisonnant(e) [gʀizɔnɑ̃] *adj* leicht ergraut
grisonner [gʀizɔne] <1> *vi* ergrauen
Grisons [gʀizɔ̃] *mpl* **les** ~ Graubünden *nt*
grisou [gʀizu] *m* **coup de** ~ Schlagwetterexplosion *f*
gris-vert [gʀivɛʀ] *adj inv* graugrün
grive [gʀiv] *f* Drossel *f*
grivois(e) [gʀivwa, waz] *adj* schlüpfrig, anzüglich
grizzli, grizzly [gʀizli] <s> *m* Grizzlybär *m*
grog [gʀɔg] *m* Grog *m*
groggy [gʀɔgi] *adj inv fam* groggy
grogne [gʀɔɲ] *f* Murren *nt*
grognement [gʀɔɲmɑ̃] *m* Knurren *nt*; *(du cochon)* Grunzen *nt*; *(de l'ours)* Brummen *nt*
grogner [gʀɔɲe] <1> *vi* ❶ *(chien)* knurren; *(cochon)* grunzen; *(ours)* brummen ❷ *(ronchonner)* murren
grognon(ne) [gʀɔɲɔ̃] *adj* mürrisch; *(enfant)* quengelig
groin [gʀwɛ̃] *m* Schnauze *f*
grommeler [gʀɔmle] <3> *vi* murren
grondement [gʀɔ̃dmɑ̃] *m* Grollen *nt*; *(d'un moteur)* Dröhnen *nt*; *(d'un chien)* Knurren *nt*
gronder [gʀɔ̃de] <1> **I.** *vi* ❶ grollen; *(chien)* knurren ❷ *(révolte)* gären **II.** *vt* schimpfen mit
groom [gʀum] *m* Page *m*
gros [gʀo] **I.** *m* ❶ COM **de/en** ~ Groß-; **commerce de** ~ Großhandel *m*; **prix de** ~ Großhandelspreis *m* ❷ *(plus grande partie)* **le** ~ **du travail** der Großteil der Arbeit ▸ **en** ~ COM en gros; *(à peu près)* ungefähr; *(dans l'ensemble)* im Großen und Ganzen **II.** *adv* ❶ viel ❷ *(écrire)* groß
gros(se) [gʀo] **I.** *adj* ❶ dick ❷ *(de taille supérieure)* groß ❸ *(fièvre)* stark; **~ses bises** viele Grüße/Küsse! ❹ *(peu raffiné)* grob; ~ **rouge** billiger Rotwein *m* ❺ *(mer)* bewegt **II.** *m(f)* Dicke(r) *f(m)*
groseille [gʀozɛj] *f* Johannisbeere *f*
groseillier [gʀozeje] *m* Johannisbeerstrauch *m*
grossesse [gʀosɛs] *f* Schwangerschaft *f*
grosseur [gʀosœʀ] *f* Dicke *f*; *(d'un caillou)* Größe *f*
grossier, -ière [gʀosje] *adj* ❶ *(imparfait)* grob; *(réparation)* notdürftig; *(manières)* ungehobelt ❷ *(personne)* flegelhaft ❸ *(vulgaire)* derb
grossièrement [gʀosjɛʀmɑ̃] *adv* ❶ grob; *(emballer)* notdürftig ❷ *(de façon impolie)* flegelhaft
grossièreté [gʀosjɛʀte] *f sans pl* Grob-

heit *f*

grossir [gʀosiʀ] <8> **I.** *vi* zunehmen; *(fruit)* wachsen; *(bruit)* lauter werden **II.** *vt* ❶ *(rendre plus gros)* dick machen ❷ *(foule)* anwachsen lassen ❸ *(fait)* übertreiben

grossissant(e) [gʀosisɑ̃] *adj (flot)* ansteigend

grossissement [gʀosismɑ̃] *m* ❶ *(d'une personne)* Gewichtszunahme *f; (d'un muscle)* Größerwerden *nt* ❷ OPT Vergrößerung *f*

G

grossiste [gʀosist] *mf* Großhändler(in) *m(f)*

grosso modo [gʀosomɔdo] im Großen und Ganzen

grotesque [gʀɔtɛsk] *adj* grotesk

grotte [gʀɔt] *f* Höhle *f*

grouillant(e) [gʀujɑ̃, jɑ̃t] *adj (foule, masse)* wimmelnd

grouiller [gʀuje] <1> *vi* lebhaft durcheinanderlaufen

groupe [gʀup] *m* ❶ Gruppe *f* ❷ MUS Band *f* ❸ POL ~ **parlementaire** ≈ Fraktion *f* ❹ ECON Konzern *m* ❺ MED ~ **sanguin** Blutgruppe *f*

groupement [gʀupmɑ̃] *m* Zusammenschluss *m;* ~ **professionnel** Berufsverband *m*

grouper [gʀupe] <1> **I.** *vt* ❶ in Gruppen einteilen ❷ *(classer)* ordnen **II.** *vpr* **se** ~ **autour de qn** sich um jdn gruppieren

groupie [gʀupi] *mf* Groupie *nt*

groupuscule [gʀupyskyl] *m péj* Splittergruppe *f*

gruau [gʀyo] <x> *m* Grütze *f*

grue [gʀy] *f* TECH Kran *m*

gruger [gʀyʒe] <2a> *vt* betrügen

grumeau [gʀymo] <x> *m* Klümpchen *nt*

grunge [gʀœnʒ] **I.** *adj* Grunge- **II.** *m* Grunge *m;* **la mode** ~ der Grunge-Look **III.** *mf* Grunger(in) *m(f)*

grungy [gʀœnʒi] *adj inv fam* grungig; **être** ~ im Grunge-Look herumlaufen

grutier, -ière [gʀytje] *m, f* Kranführer(in) *m(f)*

gruyère [gʀyjɛʀ] *m* Greyerzer *m*

Guadeloupe [gwadlup] *f* **la** ~ die Insel Guadeloupe

gué [ge] *m* Furt *f;* **traverser une rivière à** ~ eine Furt durchqueren

guenilles [gənij] *fpl* Lumpen *Pl*

guenon [gənɔ̃] *f* Affenweibchen *nt; v.a.* **singe**

guépard [gepaʀ] *m* Gepard *m*

guêpe [gɛp] *f* Wespe *f*

guêpier [gepje] *m* Wespennest *nt* ▸ **se fourrer dans un** ~ in Schwierigkeiten geraten

guère [gɛʀ] *adv* kaum

guéridon [geʀidɔ̃] *m* rundes[, einbeiniges] Tischchen *nt*

guérilla [geʀija] *f* Guerillakrieg *m*

guérir [geʀiʀ] <8> **I.** *vt* heilen **II.** *vi* wieder gesund werden; *(rhume)* weggehen **III.** *vpr* MED **se** ~ sich erfolgreich behandeln lassen; *(tout seul)* sich kurieren

guérison [geʀizɔ̃] *f* Genesung *f; (d'une blessure)* Heilung *f*

guérissable [geʀisabl] *adj (maladie)* heilbar

guérisseur, -euse [geʀisœʀ] *m, f* Heilpraktiker(in) *m(f)*

guérite [geʀit] *f* MIL Schilderhäuschen *nt*

guerre [gɛʀ] *f* ❶ Krieg *m;* ~ **civile** Bürgerkrieg; **la Première/Seconde Guerre mondiale** der Erste/Zweite Weltkrieg ❷ *fig* **faire la** ~ **à qc** etw bekämpfen

guerrier, -ière [gɛʀje] **I.** *adj* kriegerisch **II.** *m, f* Krieger(in) *m(f)*

guet [gɛ] ▸ **faire le** ~ aufpassen

guet-apens [gɛtapɑ̃] <guets-apens> *m* Hinterhalt *m*

guêtre [gɛtʀ] *f* Gamasche *f*

guetter [gete] <1> *vt* ❶ ~ **une proie** einer Beute auflauern ❷ *(signal)* abwarten; ~ **qn/qc** nach jdm/etw Ausschau halten

gueulante [gœlɑ̃t] *f* ▸ **pousser une** ~ *fam* eine Schimpfkanonade loslassen

gueule [gœl] *f* ❶ Maul *nt* ❷ *fam*

[**ferme**] **ta ~!** halt die Klappe! ▸ **casser la ~ à qn** *fam* jdm eins in die Fresse hauen *(vulg);* **se casser la ~** *fam* hinfliegen; **faire la ~ à qn** *fam* auf jdn sauer sein
gueuler [gœle] <1> *vt, vi fam* brüllen
gueuleton [gœltɔ̃] *m fam* [tolles] Fressgelage
gui [gi] *m* Mistel *f*
guichet [giʃɛ] *m* Schalter *m*
guichetier, -ière [giʃ(ə)tje, -jɛʀ] *m, f* Schalterbeamte(r) *m/*-beamtin *f*
guide [gid] **I.** *mf* Führer(in) *m(f)* **II.** *m (livre)* **~ touristique** Reiseführer *m;* **~ d'achat** Einkaufsführer
guider [gide] <1> *vt* führen
guidon [gidɔ̃] *m* Lenker *m*
guigne [giɲ] *f fam* Pech *nt*
guigner [giɲe] <1> *vt* **~ qn/qc** einen verstohlenen Blick auf jdn/etw werfen
guignol [giɲɔl] *m* Kasper *m*
guili [gili] *m* **faire des ~s à qn** *fam* [bei] jdm killekille machen
guillemets [gijmɛ] *mpl* Anführungszeichen *Pl;* **entre ~** in Anführungszeichen
guilleret(te) [gijʀɛ, ɛt] *adj (gai)* munter
guillotine [gijɔtin] *f* Guillotine *f*
guillotiner [gijɔtine] <1> *vt* guillotinieren
guimauve [gimov] *f* ❶ **pâte de ~** *den Marshmallows ähnelnde Süßigkeit aus Schaumzucker* ❷ BOT Eibisch *m*
guindé(e) [gɛ̃de] *adj* steif
Guinée [gine] *f* **la ~** Guinea *nt*
guingois [gɛ̃gwa] ▸ **de ~** schief
guinguette [gɛ̃gɛt] *f* Heurige *m* (A) *Gartenwirtschaft und Tanzlokal außerhalb der Stadt*
guirlande [giʀlɑ̃d] *f* Girlande *f*
guise [giz] ▸ **à ma/sa ~** wie es mir/ihm/ihr passt; **en ~ de** als
guitare [gitaʀ] *f* Gitarre *f*
guitariste [gitaʀist] *mf* Gitarrist(in) *m(f)*
gus [gys] *m fam* Kerl *m,* Typ *m*
gustatif, -ive [gystatif, -iv] *adj* Geschmacks-
guttural(e) [gytyʀal, -o] <-aux> *adj* guttural
Guyane [gɥijan] *f* **la ~** Guyana *nt*
gym [ʒim] *f fam abr de* **gymnastique**
gymnase [ʒimnɑz] *m* Turnhalle *f*

Übersetzungstipp
Le gymnase – Nicht verwechseln mit *das Gymnasium* – ≈ *le lycée!*

gymnaste [ʒimnast] *mf* Turner(in) *m(f)*
gymnastique [ʒimnastik] *f* Turnen *nt*
gynéco [ʒineko] *mf fam v.* **gynécologue**
gynécologie [ʒinekɔlɔʒi] *f* Frauenheilkunde *f*
gynécologique [ʒinekɔlɔʒik] *adj* gynäkologisch
gynécologue [ʒinekɔlɔg] *mf* Frauenarzt, -ärztin *m, f*
gypse [ʒips] *m* Gips *m*
gyrophare [ʒiʀofaʀ] *m* Blaulicht *nt*

G

Hh

h *abr de* **heure**
H, h [aʃ] *m inv* H *nt*, h *nt*; **le ~ muet** das stumme h
ha ['a] *abr de* **hectare** ha
habile [abil] *adj* geschickt
habilement [abilmɑ̃] *adv* geschickt
habileté [abilte] *f* Geschicklichkeit *f*
habilitation [abilitasjɔ̃] *f* ❶ JUR Ermächtigung *f* ❷ *(autorisation officielle)* Befugnis *f*
habiliter [abilite] <1> *vt* ermächtigen
habillé(e) [abije] *adj* **bien/mal ~** gut/schlecht gekleidet
habillement [abijmɑ̃] *m* Kleidung *f*
habiller [abije] <1> **I.** *vt* anziehen **II.** *vpr* ❶ **s'~** sich anziehen ❷ *(se déguiser)* **s'~ en qc** sich als etw verkleiden
habilleur, -euse [abijœʀ, -jøz] *m, f* THEAT Garderobier *m*/Garderobiere *f*
habit [abi] *m* ❶ *pl* Kleider *Pl* ❷ *(costume de fête)* Frack *m*
habitable [abitabl] *adj* bewohnbar
habitacle [abitakl] *m* ❶ AUT Fahrgastzelle *m* ❷ AVIAT Cockpit *nt*
habitant(e) [abitɑ̃] *m(f)* Einwohner(in) *m(f)*; *(d'une île)* Bewohner(in) *m(f)*
habitat [abita] *m* ❶ ZOOL Lebensraum *m* ❷ GEO Siedlungsform *f*
habitation [abitasjɔ̃] *f* Behausung *f*; **~ à loyer modéré** Sozialwohnung *f*
habiter [abite] <1> **I.** *vi* wohnen **II.** *vt* **~ qc** in etw wohnen; **~ [le] 17, rue Leblanc** in der Rue Leblanc [Nummer] 17 wohnen
habitude [abityd] *f* ❶ Gewohnheit *f*; *(manie)* Angewohnheit *f*; **d'~** gewöhnlich ❷ *(coutume)* Brauch *m*
habitué(e) [abitɥe] *m(f)* Stammkunde, -kundin *m, f*; *(d'un café)* Stammgast *m*
habituel(le) [abitɥɛl] *adj* üblich
habituellement [abitɥɛlmɑ̃] *adv* gewöhnlich
habituer [abitɥe] <1> **I.** *vt* **~ qn à qc** jdn an etw *(akk)* gewöhnen **II.** *vpr* **s'~ à qn/qc** sich an jdn/etw gewöhnen
hâbleur, -euse ['ɑblœʀ, -øz] **I.** *adj* prahlerisch **II.** *m, f* Aufschneider(in) *m(f)*
hache ['aʃ] *f* Axt *f*
haché(e) ['aʃe] *adj* Hack-; **viande ~e** Hackfleisch *nt*
hacher ['aʃe] <1> *vt* zerkleinern; *(viande)* durch [den Wolf] drehen
hachich ['aʃiʃ] *m v.* **haschich**
hachis ['aʃi] *m* Mett *nt*
hachisch ['aʃiʃ] *m v.* **haschich**
hachoir ['aʃwaʀ] *m* ❶ Hackbeil *nt* ❷ *(machine)* **~ à viande** Fleischwolf *m*
hachurer ['aʃyʀe] <1> *vt* schraffieren
hachures ['aʃyʀ] *f pl* Schraffierung *f*
hacker ['akœʀ] *m* INFORM Hacker *m*
haddock ['adɔk] *m* geräucherter Schellfisch
hagard(e) ['agaʀ] *adj* verstört
haie ['ɛ] *f* ❶ Hecke *f* ❷ SPORT Hürde *f*
Hainaut ['ɛno] *m* **le ~** der Hennegau
haine ['ɛn] *f* Hass *m*
haineusement ['ɛnøzmɑ̃] *adv* *(regarder)* hasserfüllt
haineux, -euse ['ɛnø] *adj* hasserfüllt
haïr ['aiʀ] <irr> *vt* hassen
haïssable ['aisabl] *adj* *(personne)* hassenswert; *(comportement)* verabscheuungswürdig; *(temps)* scheußlich
halal ['alal] *adj inv* halal *nur präd;* **viande ~** Fleisch, das halal ist; **supermarché ~** Supermarkt *m* für Lebensmittel, die halal sind
hâle ['ɑl] *m* Sonnenbräune *f*
hâlé(e) ['ɑle] *adj* [sonnen]gebräunt
haleine [alɛn] *f* Atem *m*
hâler ['ɑle] <1> *vt* bräunen
haletant(e) ['al(ə)tɑ̃] *adj* *(personne, respiration)* keuchend; *(chien)* he-

chelnd

halètement ['alɛtmɑ̃] *m (d'une personne)* Keuchen *nt; (d'un chien)* Hecheln *nt*

haleter ['al(ə)te] <4> *vi* keuchen

hall ['ol] *m* Halle *f; (entrée)* Eingangshalle

Aussprache

Hall wird mit geschlossenem o gesprochen.

hallal ['alal] *adj v.* **halal**

halle ['al] *f* Markthalle *f*

hallucinant(e) [a(l)lysinɑ̃] *adj* verblüffend; *(spectacle)* atemberaubend

hallucination [a(l)lysinasjɔ̃] *f* Halluzination *f*

halluciné(e) [a(l)lysine] *adj* ❶ *(qui a des hallucinations)* an Halluzinationen leidend ❷ *(bizarre)* irr

halluciner [a(l)lysine] <1> *vi* halluzinieren; **j'hallucine!** *fam* ich glaube, ich spinne!

halo ['alo] *m* ❶ ASTRO Hof *m* ❷ PHOT Lichthof

halogène [alɔʒɛn] *m* Halogen *nt*

halte ['alt] **I.** *f* Halt *m; (repos)* Pause *f* **II.** *interj* **~!** halt!

haltère [altɛʀ] *m* Hantel *f*

haltérophile [alteʀɔfil] *mf* Gewichtheber(in) *m(f)*

haltérophilie [alteʀɔfili] *f* Gewichtheben *nt*

hamac ['amak] *m* Hängematte *f*

Hambourg ['ɑ̃buʀ] Hamburg *nt*

hambourgeois(e) ['ɑ̃buʀʒwa, waz] *adj* hamburgisch, Hamburger

Hambourgeois(e) ['ɑ̃buʀʒwa, waz] *m(f)* Hamburger(in) *m(f)*

hamburger ['ɑ̃buʀgœʀ] *m* GASTR Hamburger *m*

hameau ['amo] <x> *m* Weiler *m*

hameçon [amsɔ̃] *m* Angelhaken *m*

hameçonnage [am(ə)sɔnaʒ] *m* INFORM Phishing *nt*

hamster ['amstɛʀ] *m* Hamster *m*

han ['ɑ̃] *interj* ah

hanche ['ɑ̃ʃ] *f* Hüfte *f*

handball, hand-ball ['ɑ̃dbal] *m* Handball *m*

handballeur, -euse ['ɑ̃dbalœʀ] *m, f* Handballspieler(in) *m(f)*

handicap [(')ɑ̃dikap] *m* ❶ *a.* SPORT Handikap *nt* ❷ MED Behinderung *f*

handicapé(e) ['ɑ̃dikape] **I.** *adj* behindert **II.** *m(f)* Behinderte(r) *f(m)*; **~ physique** Körperbehinderte(r) *f(m)*

handicaper ['ɑ̃dikape] <1> *vt* **~ qn/qc dans qc** für jdn/etw bei etw ein Handikap sein

hangar ['ɑ̃gaʀ] *m* Schuppen; *(entrepôt)* Lagerhalle *f*

hanneton ['an(ə)tɔ̃] *m* Maikäfer *m*

Hanovre ['anɔvʀ] Hannover *nt*

hanséatique ['ɑ̃seatik] *adj* hanseatisch

hanter [ɑ̃te] <1> *vt* spuken; **~ qn** jdm keine Ruhe lassen

hantise ['ɑ̃tiz] *f* **~ de qc** [panische] Angst vor etw *(dat)*

happer ['ape] <1> *vt* ❶ **~ qn/qc** *(train)* jdn/etw erfassen ❷ *(attraper)* **~ qc** *(animal)* etw schnappen

happy end ['apiɛnd] <happy ends> *m o f* Happy End *nt*

harangue ['aʀɑ̃g] *f* ❶ *(discours solennel)* [feierliche] Rede ❷ *(sermon)* Moralpredigt *f*

haranguer ['aʀɑ̃ge] <1> *vt* **~ qn** eine [feierliche] Ansprache an jdn halten

haras ['aʀɑ] *m* Gestüt *nt*

harassant(e) [aʀasɑ̃] *adj* ermüdend; *(journée)* sehr anstrengend

harassé(e) ['aʀase] *adj* erschöpft, ausgelaugt

harasser ['aʀase] <1> *vt* **être harassé de travail** mit Arbeit überhäuft werden

harcèlement ['aʀsɛlmɑ̃] *m* Belästigung *f*

harceler ['aʀsəle] <4> *vt* belästigen

harceleur, -euse ['aʀsəlœʀ] *m, f* Belästiger(in) *m(f)*

hardes ['aʀd] *f pl péj* Klamotten *Pl (fam)*

H

hardi(e) ['aʀdi] *adj (audacieux: personne)* mutig; *(entreprise)* kühn

hardiesse ['aʀdjɛs] *f soutenu (audace)* Unerschrockenheit *f*

hardware ['aʀdwɛʀ] *m* INFORM Hardware *f*

harem ['aʀɛm] *m* Harem *m*

hareng ['aʀɑ̃] *m* Hering *m*

hargne ['aʀɲ] *f* Gereiztheit *f*

hargneux, -euse ['aʀɲø] *adj* gereizt; *(chien)* bissig

haricot ['aʀiko] *m* Bohne *f*

harmonica [aʀmɔnika] *m* [Mund]harmonika *f*

harmonie [aʀmɔni] *f* Harmonie *f*

harmonieusement [aʀmɔnjøzmɑ̃] *adv* harmonisch

harmonieux, -euse [aʀmɔnjø] *adj* harmonisch

harmonique [aʀmɔnik] *adj* harmonisch

harmonisation [aʀmɔnizasjɔ̃] *f* ❶ *(des instruments)* Stimmen *nt* ❷ ECON Harmonisierung *f*

harmoniser [aʀmɔnize] <1> **I.** *vt* ❶ miteinander in Einklang bringen; *(couleurs)* aufeinander abstimmen ❷ MUS harmonisieren **II.** *vpr* **s'~** [miteinander] harmonieren

harmonium [aʀmɔnjɔm] *m* MUS Harmonium *nt*

harnachement ['aʀnaʃmɑ̃] *m* ❶ *(harnais)* Geschirr *nt* ❷ *fam (accoutrement)* [schwere] Montur

harnacher ['aʀnaʃe] <1> *vt péj* ausstaffieren

harnais ['aʀnɛ] *m (d'un cheval)* Geschirr *nt*

harpe ['aʀp] *f* MUS Harfe *f*

harpie ['aʀpi] *f* ▸ **vieille ~** *péj* alter Drachen *(fam)*

harpiste ['aʀpist] *mf* Harfenspieler(in) *m(f)*

harpon ['aʀpɔ̃] *m* Harpune *f*

harponner ['aʀpɔne] <1> *vt* ❶ PECHE harpunieren ❷ *fam (attraper: malfaiteur)* erwischen *(fam)*

hasard ['azaʀ] *m* Zufall *m* ▸ **à tout ~** für alle Fälle; **au ~** aufs Geratewohl; **comme par ~** *iron* [ganz] zufällig; **par ~** zufällig

hasarder ['azaʀde] <1> *vt, vpr* **[se] ~** [sich] wagen

hasardeux, -euse ['azaʀdø] *adj* gewagt

hasch ['aʃ] *m abr de* **haschich** *fam* Hasch *nt*

haschich, haschisch ['aʃiʃ] *m* Haschisch *nt o m*

hâte ['ɑt] *f* Eile *f*

hâter ['ɑte] <1> *vpr* **se ~** sich beeilen

hâtif, -ive ['ɑtif] *adj* voreilig

hauban ['obɑ̃] *m (d'un pont)* Schrägseil *nt*

hausse ['os] *f* ❶ Anhebung *f* ❷ *(processus)* Anstieg *m;* **être en ~** steigen

haussement ['osmɑ̃] *m* **~ d'épaules** Achselzucken *nt*

hausser ['ose] <1> *vt* ❶ **~ la voix** die Stimme heben ❷ *(sourcils)* heben

haut ['o] **I.** *m* ❶ Höhe *f;* **du ~ de...** von... herunter ❷ *(d'un pyjama)* Oberteil *nt;* **l'étagère du ~** das oberste Regalbrett ▸ **des ~s et des bas** Höhen und Tiefen **II.** *adv* ❶ hoch ❷ *(ci-dessus)* **voir plus ~** siehe oben ❸ *(dire)* laut ❹ *(à un haut degré)* **fonctionnaire ~ placé** hoher Beamter *m* ▸ **d'en ~** von oben

haut(e) ['o] *adj* ❶ hoch; **~e montagne** Hochgebirge *nt;* **le plus ~ étage** das oberste Stockwerk; **marée ~e** Flut *f;* **à voix ~e** laut ❷ *(supérieur)* obere(r, s); **~ commandement** Oberkommando *nt* ❸ LING **le ~ allemand** [das] Hochdeutsch

hautain(e) ['otɛ̃] *adj* herablassend

hautbois ['obwɑ] *m* Oboe *f*

haut-de-forme ['od(ə)fɔʀm] <hauts-de-forme> *m* Zylinder *m*

haute ['ot] *f fam* Hautevolee *f*

haute-fidélité ['otfidelite] *f sans pl* Highfidelity *f*

hautement ['otmɑ̃] *adv* äußerst

haute-technologie *f* Hightech *f o nt,* Hochtechnologie *f*

hauteur ['otœʀ] *f* ❶ Höhe *f;* **quelle est la ~ de ce mur?** wie hoch ist diese

Mauer? ❷ SPORT **saut en** ~ Hochsprung *m* ❸ *(colline)* Anhöhe *f*

haut-le-cœur ['ol(ə)kœʀ] *m inv* Übelkeit *f*

haut lieu ['oljø] <hauts-lieux> *m* Hochburg *f*

haut-parleur ['opaʀlœʀ] <haut-parleurs> *m* Lautsprecher *m*

havane ['avan] **I.** *adj inv* hellbraun **II.** *m (cigare)* Havanna[zigarre] *f*

Havane ['avan] *f* **la** ~ Havanna *nt*

havre ['avʀ] *m* kleiner Hafen *m;* ~ **de paix** Oase *f* des Friedens

hé [he] *interj* he

hebdo [ɛbdo] *m fam v.* **hebdomadaire**

hebdomadaire [ɛbdɔmadɛʀ] **I.** *adj* wöchentlich; **revue** ~ Wochenzeitschrift *f* **II.** *m* Wochenzeitschrift *f*

hébergement [ebɛʀʒəmɑ̃] *m* ❶ Unterkunft *f* ❷ INFORM Web-Hosting *nt*

héberger [ebɛʀʒe] <2a> *vt* unterbringen

hébergeur [ebɛʀʒœʀ] *m* INFORM Web-Hoster *m*

hébété(e) [ebete] *adj* stumpfsinnig

hébétement [ebetmɑ̃] *m* Benommenheit *f*

hébraïque [ebʀaik] *adj* hebräisch

hébreu [ebʀø] <x> **I.** *adj* hebräisch; *v.a.* **allemand II.** *m* Hebräisch *nt; v.a.* **allemand**

Hébreux [ebʀø] *mpl* **les** ~ die Hebräer

HEC ['aʃøse] *abr de* [**École des**] **hautes études commerciales** *Elitehochschule für Betriebswirtschaft*

hécatombe [ekatɔ̃b] *f* ❶ *(massacre)* Blutbad *nt* ❷ *(fort pourcentage d'échec)* verheerende Niederlage

hectare [ɛktaʀ] *m* Hektar *m o nt*

hectolitre [ɛktɔlitʀ] *m* Hektoliter *m*

hégémonie [eʒemɔni] *f* Hegemonie *f*

hein ['ɛ̃] *interj fam* ❶ *(comment)* hä? ❷ *(marque l'étonnement)* **~? qu'est-ce qui se passe?** nanu? was ist denn da los? ❸ *(renforcement de l'interrogation)* **tu veux bien, ~?** du willst doch, oder? *(fam);* **..., ~?** *fam* ..., nicht?/ja?/nicht wahr?

hélas [elɑs] *interj soutenu* leider

héler ['ele] <5> *vt* ~ **un porteur/taxi** einen Gepäckträger/ein Taxi [herbei]rufen/herbeiwinken

hélice [elis] *f* TECH Propeller *m; (d'un bateau)* Schraube *f*

hélicoptère [elikɔptɛʀ] *m* Hubschrauber *m*

héliomarin(e) [eljomaʀɛ̃, in] *adj (cure)* auf der Heilkraft von Sonne und Seeluft basierend

héliport [elipɔʀ] *m* Hubschrauberlandeplatz *m*

héliporté(e) [elipɔʀte] *adj (blessé, troupe)* per Hubschrauber befördert

hélium [eljɔm] *m* CHIM Helium *nt*

helvétique [ɛlvetik] *adj* schweizerisch; **la Confédération** ~ die Schweizer Eidgenossenschaft

helvétisme [ɛlvetism] *m* LING Helvetismus *m*

hem [hɛm, 'ɛm] *interj* ❶ *(hé, holà)* he [da] *(fam)* ❷ *(hein)* wie? *(fam)* ❸ *(hum)* hm, hm

hématome [ematom] *m* Bluterguss *m*

hémicycle [emisikl] *m (de l'Assemblée nationale)* Plenarsaal *m*

hémiplégie [emipleʒi] *f* MED halbseitige Lähmung

hémiplégique [emipleʒik] **I.** *adj* MED halbseitig gelähmt **II.** *mf* MED halbseitig Gelähmte(r) *f(m)*

hémisphère [emisfɛʀ] *m* ❶ GEO Erdhalbkugel *f* ❷ ANAT Gehirnhälfte *f*

hémisphérique [emisfeʀik] *adj* halbkugelförmig

hémoglobine [emɔglɔbin] *f* Hämoglobin *nt*

hémophile [emɔfil] *m* Bluter *m*

hémophilie [emɔfili] *f* Bluterkrankheit *f*

hémorragie [emɔʀaʒi] *f* Blutung *f*

hémorroïde [emɔʀɔid] *f gén pl* Hämorrhoide *f*

henné ['ene] *m* Henna *f o nt*

hennir ['eniʀ] <8> *vi* wiehern

hennissement ['enismɑ̃] *m* Wiehern *nt*

hep ['ɛp] *interj* hallo

hépatique [epatik] **I.** *adj* Leber-; **colique ~** Gallenkolik *f* **II.** *mf* MED Leberkranke(r) *f(m)*
hépatite [epatit] *f* Leberentzündung *f*
heptagone [ɛptagɔn, ɛptagon] *m* Siebeneck *nt*
héraldique [eʀaldik] *adj* Wappen-, heraldisch; **science ~** Wappenkunde *f*
herbacé(e) [ɛʀbase] *adj* krautig
herbage [ɛʀbaʒ] *m* Weide *f*
herbe [ɛʀb] *f* ❶ BOT Gras *nt;* **mauvaise ~** Unkraut *nt* ❷ MED, GASTR Kraut *nt;* **les ~s de Provence** die Kräuter der Provence

H

herbeux, -euse [ɛʀbø, -øz] *adj* grasbewachsen
herbicide [ɛʀbisid] *m* Unkrautbekämpfungsmittel *nt*
herbier [ɛʀbje] *m* Herbarium *nt*
herbivore [ɛʀbivɔʀ] **I.** *adj* Pflanzen fressend **II.** *m* Pflanzenfresser *m*
herboriser [ɛʀbɔʀize] <1> *vi* Pflanzen sammeln
herboriste [ɛʀbɔʀist] *mf* Kräuterhändler(in) *m(f)*
herboristerie [ɛʀbɔʀistəʀi] *f* [Heil]kräuterladen *m*
hercule [ɛʀkyl] *m* Kraftmensch *m;* **avoir une force d'~** ein [wahrer] Herkules sein
Hercule [ɛʀkyl(ə)] *m* Herkules *m,* Herakles *m*
herculéen(ne) [ɛʀkyleɛ̃, ɛn] *adj* Herkules-
héréditaire [eʀeditɛʀ] *adj* erblich; *(transmis)* ererbt; **maladie ~** Erbkrankheit *f*
hérédité [eʀedite] *f* Vererbung *f; (patrimoine héréditaire)* Erbanlagen *Pl*
hérésie [eʀezi] *f a.* REL Ketzerei *f*
hérétique [eʀetik] **I.** *adj* ketzerisch **II.** *mf a.* REL Ketzer(in) *m(f)*
hérissé(e) ['eʀise] *adj* gesträubt
hérisser ['eʀise] <1> **I.** *vt* sträuben **II.** *vpr* ❶ *(se dresser)* **ses poils se hérissent** ihm/ihr sträuben sich die Haare ❷ *(dresser ses poils)* **se ~** *(chat)* sein Fell sträuben; *(oiseau)* sich aufplustern
hérisson ['eʀisɔ̃] *m* Igel *m*
héritage [eʀitaʒ] *m a. fig* Erbe *nt*
hériter [eʀite] <1> *vt, vi* erben
héritier, -ière [eʀitje] *m, f* Erbe, Erbin *m, f*
hermaphrodite [ɛʀmafʀɔdit] *m* Zwitter *m*
hermétique [ɛʀmetik] *adj* hermetisch; *(à l'air)* luftdicht; *(à l'eau)* wasserdicht
hermétiquement [ɛʀmetikmɑ̃] *adv* hermetisch
hermine [ɛʀmin] *f* ❶ ZOOL Hermelin *nt* ❷ *(fourrure)* Hermelin *m*
hernie ['ɛʀni] *f* Eingeweidebruch *m*
héroïne[1] [eʀɔin] *f* Heroin *nt*
héroïne[2] [eʀɔin] *f fém de* **héros**
héroïnomane [eʀɔinɔman] *mf* Heroinsüchtige(r) *f(m)*
héroïque [eʀɔik] *adj* heldenhaft
héroïsme [eʀɔism] *m* Heldenmut *m*
héron ['eʀɔ̃] *m* Reiher *m*
héros, héroïne ['eʀo] *m, f* Held(in) *m(f)*
herpès [ɛʀpɛs] *m* Herpes *m*
herse ['ɛʀs] *f* Egge *f*
hertz [ɛʀts] *m* Hertz *nt*
hésitant(e) [ezitɑ̃] *adj* zögernd
hésitation [ezitasjɔ̃] *f* Zögern *nt*
hésiter [ezite] <1> *vi* zögern
Hesse ['ɛs] *f* **la ~** Hessen *nt*
hétéro [eteʀo] *fam abr de* **hétérosexuel(le) I.** *adj* hetero **II.** *mf* Hetero *mf*
hétéroclite [eteʀɔklit] *adj* zusammengewürfelt; *(bâtiment)* uneinheitlich
hétérogène [eteʀɔʒɛn] *adj* heterogen
hétérosexuel(le) [eteʀosɛksɥɛl] **I.** *adj* heterosexuell **II.** *m(f)* Heterosexuelle(r) *f(m)*
hêtre ['ɛtʀ] *m* Buche *f*
heu ['ø] *interj* ❶ *(pour ponctuer à l'oral)* äh ❷ *(embarras)* hm
heure [œʀ] *f* ❶ Stunde *f;* **une ~ et demie** anderthalb Stunden; **une demi-~** eine halbe Stunde; **24 ~s sur 24** rund um die Uhr; **une ~ de retard** eine Stunde Verspätung ❷ *(indication chiffrée)* **à dix ~s du matin** um zehn

Uhr morgens; **à trois ~s** um drei [Uhr]; **6 ~s moins 20** 20 vor 6 ❸ *(point précis du jour)* **il est quelle ~?** *fam* wie spät ist es?/wie viel Uhr ist es?; **vous avez l'~, s'il vous plaît?** können Sie mir bitte sagen, wie spät/wie viel Uhr es ist?; **regarder l'~** auf die Uhr schauen; **à quelle ~?** um wie viel Uhr?; **à la même ~** zur selben Zeit ❹ *(distance)* **être à deux ~s de qc** zwei Stunden von etw entfernt sein ❺ *(moment de la journée)* **~ de fermeture** COM Ladenschluss *m;* **~ d'affluence** AUT Hauptverkehrszeit *f;* **à ~ fixe** zu einer bestimmten Zeit; **à toute ~** jederzeit; **avant l'~** vorzeitig ❻ *(moment dans le cours des événements)* **des ~s mémorables** denkwürdige Stunden *Pl* ▶ **l'~ H** die Stunde X; **de bonne ~** *(tôt)* früh [am Morgen]; *(précocement)* frühzeitig; **être/ne pas être à l'~** *(personne)* pünktlich/unpünktlich sein; *(montre)* richtig/falsch gehen; **à tout à l'~!** bis gleich!

heureusement [øʀøzmɑ̃] *adv* glücklicherweise

heureux, -euse [øʀø] *adj* glücklich

heurt ['œʀ] *m* Zusammenstoß *m*

heurter ['œʀte] <1> **I.** *vt* **~ qn** *(personne)* mit jdm zusammenstoßen; *(en voiture)* jdn anfahren **II.** *vpr (buter contre)* **se ~ à qc** auf etw *(akk)* stoßen

heurtoir ['œʀtwaʀ] *m (d'une porte)* Türklopfer *m*

hévéa [evea] *m* BOT Kautschukbaum *m*

hexagonal(e) [ɛgzagɔnal] <-aux> *adj* sechseckig

hexagone [ɛgzagon] *m* Sechseck *nt*

Hexagone [ɛgzagon] *m* **l'~** Frankreich *nt*

hexamètre [ɛgzamɛtʀ] *m* Hexameter *m*

hiatus ['jatys] *m* ❶ *a.* LING Hiatus *m* ❷ *(décalage)* Kluft *f*

hibernation [ibɛʀnasjɔ̃] *f* Winterschlaf *m*

hiberner [ibɛʀne] <1> *vi* Winterschlaf halten

hibou ['ibu] <x> *m* Eule *f*

hic ['ik] *m fam* Haken *m*

hideux, -euse ['idø] *adj* hässlich; *(être)* abscheulich

hier [jɛʀ] *adv* gestern

> **Aussprache**
> In der Regelaussprache wird die Endung -er im Französischen als geschlossenes e gesprochen *(aimer, léger ...)*, aber bei **hier** wird -er zu [ɛʀ].

hiérarchie [jeʀaʀʃi] *f* Hierarchie *f*

hiérarchique ['jeʀaʀʃik] *adj* hierarchisch

hiéroglyphe ['jeʀɔglif] *m a. fig* Hieroglyphe *f*

hi-fi ['ifi] *inv* **I.** *adj* Hi-Fi-; **chaîne ~** Hi-Fi-Anlage *f* **II.** *f* Hi-Fi *f*

high-tech ['ajtɛk] *f inv* Hightech *f o nt*

hilarant(e) [ilaʀɑ̃] *adj* sehr komisch

hilare [ilaʀ] *adj* ausgelassen fröhlich; *(visage)* strahlend

hilarité [ilaʀite] *f* Heiterkeit *f*

hindi ['indi] *m* Hindi *nt; v.a.* **allemand**

hindou(e) [ɛ̃du] *adj* hinduistisch

hindouisme [ɛduism] *m* Hinduismus *m*

hip ['ip] *interj* **~ ~ ~! hourra!** hipp, hipp, hurra!

hippie ['ipi] <s> *mf* Hippie *m*

hippique [ipik] *adj* Pferde-; **sport ~** Pferdesport *m;* **concours ~** Reitturnier *nt*

hippisme [ipism] *m* Pferdesport *m*

hippocampe [ipɔkɑ̃p] *m* ZOOL Seepferdchen *nt*

hippodrome [ipodʀom] *m* [Pferde]rennbahn *f*

hippopotame [ipɔpɔtam] *m* Nilpferd *nt*

hirondelle [iʀɔ̃dɛl] *f* Schwalbe *f*

hirsute [iʀsyt] *adj* zerzaust

hispanique [ispanik] *adj* spanisch

hispano-américain(e) [ispanoameʀikɛ̃] <hispano-américains> *adj* hispanoamerikanisch

hispanophone [ispanɔfɔn] *adj* spanischsprechend

hisser ['ise] <1> **I.** *vt* hissen **II.** *vpr* **se ~** sich hochziehen

histoire [istwaʀ] *f* Geschichte *f; (conte)* Märchen *nt; (blague)* Witz *m*

historien(ne) [istɔʀjɛ̃] *m(f)* Historiker(in) *m(f)*

historique [istɔʀik] **I.** *adj* historisch **II.** *m* Geschichte *f*

historiquement [istɔʀikmɑ̃] *adv* historisch

hitlérien(ne) [itleʀjɛ̃] *adj* Hitler-

H

hit-parade ['itpaʀad] <hit-parades> *m* MEDIA Hitparade *f*

HIV ['aʃive] *m abr de* **Human Immunodeficiency Virus** HIV *nt*

hiver [ivɛʀ] *m* Winter *m*

Aussprache

In der Regelaussprache wird die Endung -er als geschlossenes e gesprochen *(aimer, léger ...)*, aber bei **hiver** wird -er zu [ɛʀ].

hivernal(e) [ivɛʀnal] <-aux> *adj* winterlich

H.L.M. ['aʃɛlɛm] *m o f inv abr de* **habitation à loyer modéré** Sozialwohnung *f; (immeuble)* Wohnblock *m* mit Sozialwohnungen, Mietshaus *nt* mit Sozialwohnungen

ho ['o] *interj* he [Sie/du]!

hobby ['ɔbi] <hobbies> *m* Hobby *nt*

hochement ['ɔʃmɑ̃] *m* ~ **de tête** *(pour approuver)* Kopfnicken *nt; (pour désapprouver)* Kopfschütteln *nt*

hocher ['ɔʃe] <1> *vt* ~ **la tête** *(pour approuver)* [mit dem Kopf] nicken; *(pour désapprouver)* den Kopf schütteln

hochet ['ɔʃɛ] *m* Rassel *f*

hockey ['ɔkɛ] *m* Hockey *nt*

holà ['ɔla] *interj* **~!** halt!

holding ['ɔldiŋ] *m o f* ECON Holding *f*

hold-up ['ɔldœp] *m inv* Raubüberfall

Aussprache

Im Unterschied zur englischen Aussprache wird bei **hold-up** im Französischen der zweite Teil des Worts nicht [ap], sondern [œp] gesprochen.

hollandais ['ɔllɑ̃dɛ] *m* Holländisch *nt; v.a.* **allemand**

hollandais(e) ['ɔllɑ̃dɛ] *adj* holländisch; *v.a.* **allemand**

Hollandais(e) ['ɔllɑ̃dɛ] *m(f)* Holländer(in) *m(f)*

Hollande ['ɔllɑ̃d] *f* **la ~** Holland *nt*

holocauste [olokost] *m* Holocaust *m*

hologramme [ɔlɔgʀam] *m* Hologramm *nt*

homard ['ɔmaʀ] *m* Hummer *m*

homéopathe [ɔmeɔpat, omeopat] *mf* Homöopath(in) *m(f)*

homéopathie [ɔmeɔpati] *f* Homöopathie *f*

homéopathique [ɔmeɔpatik] *adj* homöopathisch

homicide [ɔmisid] *m* ~ **involontaire** fahrlässige Tötung *f;* ~ **volontaire** Totschlag *m*

hommage [ɔmaʒ] *m* Hommage *f*

homme [ɔm] *m* ❶ Mann *m;* **vêtements pour ~s** Herren[be]kleidung *f;* ~ **politique** Politiker *m;* ~ **d'État** Staatsmann ❷ *(être humain)* Mensch *m*

homme-grenouille [ɔmgʀənuj] <hommes-grenouilles> *m* Froschmann *m*

homme-sandwich [ɔmsɑ̃dwitʃ] <hommes-sandwichs> *m* Sandwichmann *m*

homo [omo] *fam abr de* **homosexuel(le)** **I.** *adj* homo **II.** *mf* Homo, Lesbe *m, f*

homogène [ɔmɔʒɛn] *adj* homogen

homogénéiser [ɔmɔʒeneize] <1> *vt* homogenisieren

homogénéité [ɔmɔʒeneite] *f* Homogenität *f*

homologue [ɔmɔlɔg] *adj* entsprechend

homologuer [ɔmɔlɔge] <1> *vt* 1 genehmigen; *(record)* anerkennen 2 *(siège-auto)* zulassen

homonyme [ɔmɔnim] *m* 1 LING Homonym *nt* 2 *(personne)* Namensvetter *m*/-schwester *f*

homoparentalité [ɔmɔpaʀɑ̃talite] *f* homosexuelle Elternschaft *f*

homophobe [ɔmɔfɔb] *adj* homosexuellenfeindlich, homophob

homosexualité [ɔmɔsɛksɥalite] *f* Homosexualität *f*

homosexuel(le) [ɔmɔsɛksɥɛl] **I.** *adj* homosexuell **II.** *m(f)* Homosexuelle(r) *f(m)*

hongre ['ɔ̃gʀ] *adj (cheval)* kastriert; **poulain** ~ Fohlenwallach *m*

Hongrie ['ɔ̃gʀi] *f* **la** ~ Ungarn *nt*

hongrois ['ɔ̃gʀwa] *m* Ungarisch *nt; v.a.* **allemand**

hongrois(e) ['ɔ̃gʀwa] *adj* ungarisch; *v.a.* **allemand**

Hongrois(e) ['ɔ̃gʀwa] *m(f)* Ungar(in) *m(f)*

honnête [ɔnɛt] *adj* 1 ehrlich 2 *(franc)* aufrichtig 3 *(prix)* angemessen

honnêtement [ɔnɛtmɑ̃] *adv* anständig

honnêteté [ɔnɛtte] *f* Ehrlichkeit *f*

honneur [ɔnœʀ] *m* Ehre *f;* **j'ai l'~ de vous informer que...** *form* ich freue mich, Ihnen mitteilen zu können, dass... ▸ **en quel ~?** *iron* wozu?

honorabilité [ɔnɔʀabilite] *f* Ehrenhaftigkeit *f; (d'une personne)* Ehrbarkeit *f*

honorable [ɔnɔʀabl] *adj* 1 ehrenhaft 2 *(fortune)* ansehnlich

honorablement [ɔnɔʀabləmɑ̃] *adv* auf ehrenhafte Weise

honoraire [ɔnɔʀɛʀ] **I.** *adj (membre)* Ehren-; *(professeur)* emeritiert; *(conseiller)* ehrenamtlich **II.** *mpl* Honorar *nt*

honoraires [ɔnɔʀɛʀ] *mpl* Honorar *nt*

honorer [ɔnɔʀe] <1> *vt* ehren

honorifique [ɔnɔʀifik] *adj* ehrenamtlich

honte ['ɔ̃t] *f* 1 Schande *f;* **[c'est] la ~!** *fam* so eine Blamage! 2 *sans pl (sentiment d'humiliation)* Scham *f* ▸ **faire ~ à qn** jdm ein schlechtes Gewissen machen

honteusement ['ɔ̃tøzmɑ̃] *adv (se conduire)* schändlich

honteux, -euse ['ɔ̃tø] *adj* **être ~ de qc** sich für etw schämen

hop ['ɔp] *interj* ~ **[là]!** Hopp!

hôpital [ɔpital] <-aux> *m* Krankenhaus *nt*

hoquet ['ɔkɛ] *m* Schluckauf *m*

hoqueter ['ɔkte] <3> *vi* den Schluckauf haben; *(sangloter)* schluchzen

horaire [ɔʀɛʀ] **I.** *adj* Stunden-; **salaire ~** Stundenlohn *m* **II.** *m* 1 Zeitplan *m;* ~ **mobile** gleitende Arbeitszeit *f* 2 *(des bus)* Fahrplan *m; (des vols)* Flugplan *m; (des cours)* Stundenplan *m*

horde ['ɔʀd] *f* Horde *f*

horizon [ɔʀizɔ̃] *m* 1 *sans pl* Horizont *m* 2 *(étendue)* Aussicht *f*

horizontal(e) [ɔʀizɔ̃tal] <-aux> *adj* waag(e)recht

horizontale [ɔʀizɔ̃tal] *f* 1 MATH Waag[e]rechte *f* 2 *(position)* **être à l'~** waagerecht sein/liegen

horizontalement [ɔʀizɔ̃talmɑ̃] *adv* waag[e]recht

horloge [ɔʀlɔʒ] *f* Uhr *f*

horloger, -ère [ɔʀlɔʒe] *m, f* Uhrmacher(in) *m(f)*

horlogerie [ɔʀlɔʒʀi] *f* 1 Uhrenindustrie *f* 2 *(magasin)* ~ **bijouterie** Uhren- und Schmuckgeschäft *nt*

hormonal(e) [ɔʀmɔnal] <-aux> *adj* hormonal

hormone [ɔʀmɔn] *f* Hormon *nt*

horodateur [ɔʀɔdatœʀ] *m* Parkscheinautomat *m*

horoscope [ɔʀɔskɔp] *m* Horoskop *nt*

horreur [ɔʀœʀ] *f* 1 Entsetzen *nt,* Horror *m* 2 *pl* Abscheulichkeiten *Pl* 3 *(aversion)* **avoir ~ de qn/qc** jdn/etw verabscheuen 4 *fam (chose laide)* Scheußlichkeit *f;* **quelle ~!, l'~!** *fam* wie entsetzlich!; **c'est l'~!** es/das ist

H

entsetzlich!

horrible [ɔʀibl] *adj* ❶ abscheulich; *(spectacle)* grauenhaft; *(accident)* schrecklich ❷ *(repas)* scheußlich

horriblement [ɔʀibləmɑ̃] *adv (triste, cher, chaud)* furchtbar

horrifier [ɔʀifje] <1> *vt* entsetzen

horripiler [ɔʀipile] <1> *vt* fürchterlich nerven

hors ['ɔʀ] *prép* ❶ außer(halb); ~ **de** außerhalb von ❷ *(au-delà de)* ~ **de portée** außer Reichweite ▶ ~ **de danger** außer Gefahr; ~ **de prix** unerschwinglich

H

hors-bord ['ɔʀbɔʀ] *m inv* Außenborder *m* **hors-d'œuvre** ['ɔʀdœvʀ] *m inv* Vorspeise *f* **hors-jeu** ['ɔʀʒø] *m inv* Abseits *nt*

hortensia [ɔʀtɑ̃sja] *m* Hortensie *f*

horticole [ɔʀtikɔl] *adj* Garten[bau]-

horticulteur, -trice [ɔʀtikyltœʀ] *m, f* Gärtner(in) *m(f)*

horticulture [ɔʀtikyltyʀ] *f* Gartenbau *m*

hospice [ɔspis] *m* Pflegeheim *nt*

hospitalier, -ière [ɔspitalje] *adj* ❶ Krankenhaus-; **séjour** ~ Krankenhausaufenthalt *m;* **personnel** ~ Pflegepersonal *nt* ❷ *(accueillant)* gastfreundlich

hospitalisation [ɔspitalizasjɔ̃] *f (action)* Einweisung *f* ins Krankenhaus; *(séjour)* Krankenhausaufenthalt *m*

hospitaliser [ɔspitalize] <1> *vt* in ein Krankenhaus einweisen

hospitalité [ɔspitalite] *f* Gastfreundschaft *f*

hostie [ɔsti] *f* Hostie *f*

hostile [ɔstil] *adj* feindlich

hostilité [ɔstilite] *f* ❶ Feindseligkeit *f* ❷ *pl* MIL **les ~s** die Kampfhandlungen *Pl*

hosto [ɔsto] *m fam (hôpital)* Krankenhaus *nt*

hôte [ot] **I.** *mf* Gast *m* **II.** *m* INFORM Host *m*

hôte, -esse [ot] *m, f soutenu* Gastgeber(in) *m(f)*

hôtel [ɔtɛl] *m* ❶ Hotel *nt* ❷ *(riche demeure)* herrschaftliches Stadthaus *nt* ▶ ~ **Matignon** *Amtssitz des französischen Premierministers* ~ **de ville** Rathaus *nt*

hôtelier, -ière [otəlje] **I.** *adj* Hotel-; **chaîne hôtelière** Hotelkette *f* **II.** *m, f* Hotelbesitzer(in) *m(f)*

hôtellerie [otɛlʀi] *f* Hotelgewerbe *nt*

hôtesse [otɛs] *f* ❶ *v.* **hôte** ❷ *(profession)* ~ **d'accueil** *(dans une exposition)* Hostess *f;* ~ **de l'air** Stewardess *f*

hot-line ['ɔtlajn] <hot-line[s]> *f* Hotline *f*

hotte ['ɔt] *f* ~ **aspirante** [Dunst]abzugshaube *f*

hou ['u] *interj* ❶ *(pour faire honte)* pfui; *(pour conspuer)* buh ❷ *(pour faire peur)* hu ▶ **~, ~!** hallo!

houblon ['ublɔ̃] *m* Hopfen *m*

houe ['u] *f* Hacke *f*

houille ['uj] *f* Steinkohle *f*

houiller, -ère ['uje, -ɛʀ] *adj* Steinkohlen-, steinkohlenhaltig

houle ['ul] *f* Seegang *m*

houlette ['ulɛt] ▶ **être sous la ~ de qn** unter jds Führung *(dat)* stehen

houleux, -euse ['ulø] *adj (mer)* bewegt; *(séance)* turbulent

houppe ['up] *f* Büschel *nt*

houppette ['upɛt] *f* Puderquaste *f*

hourra ['uʀa] **I.** *interj* hurra **II.** *m* Hurra *nt*

houspiller ['uspije] <1> *vt* ausschimpfen

housse ['us] **I.** *f* Hülle *f;* ~ **de couette** Bettbezug *m* **II.** *app* **robe** ~ *(courte)* Hängerkleid *nt; (longue)* Sackkleid

houx ['u] *m* BOT Stechpalme *f*

hovercraft ['ɔvœʀkʀaft] *m* Luftkissenfahrzeug *nt*

H.S. [aʃɛs] *abr de* **hors service:** ▶ **être** ~ *fam* groggy sein

hublot ['yblo] *m (d'un bateau)* Bullauge *nt; (d'un avion)* Fenster *nt*

huche ['yʃ] *f* Kasten *m*

hue ['y] *interj* hü!

huées ['ɥe] *f pl* Buhrufe *Pl*

huer ['ɥe] <1> *vt* auspfeifen
huguenot(e) ['ygno] *m(f)* Hugenotte, Hugenottin *m, f*
huile [ɥil] *f* ❶ Öl *nt* ❷ *(hydrocarbure)* Motoröl *nt*
huilé(e) [ɥile] *adj* **bien ~** gut laufend
huiler [ɥile] <1> *vt* ölen; *(moule)* einfetten
huileux, -euse [ɥilø, -øz] *adj péj (plat, surface)* ölig
huis [ɥi] ▸ **à ~ clos** hinter verschlossenen Türen
huissier [ɥisje] *m* Gerichtsvollzieher(in) *m(f)*
huit ['ɥit] **I.** *num* acht **II.** *m inv* Acht *f; v.a.* **cinq** ▸ **le grand ~** die Achterbahn
huitaine ['ɥitɛn] *f* ❶ **une ~ de pages** etwa acht Seiten ❷ *(semaine)* **dans une ~** in etwa acht Tagen
huitante ['ɥitɑ̃t] *num* CH *(quatre-vingts)* achtzig; *v.a.* **cinq** *v.a.* **cinquante**
huitième ['ɥitjɛm] **I.** *adj* achte(r, s) **II.** *mf* **le/la ~** der/die/das Achte **III.** *m* ❶ *(fraction)* Achtel *nt* ❷ SPORT **~ de finale** Achtelfinale *nt; v.a.* **cinquième**
huitièmement ['ɥitjɛmmɑ̃] *adv* achtens
huître [ɥitʀ] *f* Auster *f*
hulotte ['ylɔt] *f* BIO Waldkauz *m*
hululement ['ylylmɑ̃] *m* Schrei *m*
hululer ['ylyle] <1> *vi (oiseau de nuit)* schreien
hum ['œm] *interj* hm
humain(e) [ymɛ̃] *adj* menschlich; **vie ~e** Menschenleben *nt;* **les êtres ~s** die Menschen
humainement [ymɛnmɑ̃] *adv* menschenwürdig
humaniser [ymanize] <1> *vt* menschenwürdiger gestalten
humanisme [ymanism] *m* Humanismus *m*
humaniste [ymanist] *adj* humanistisch
humanitaire [ymanitɛʀ] **I.** *adj* humanitär **II.** *m (action)* humanitäre Tat [*o* Handlung] *f; (aide)* humanitäre Hilfe *f;* **travailler dans l'~** humanitär tätig sein
humanité [ymanite] *f* ❶ Menschheit *f* ❷ *sans pl (bonté)* Menschlichkeit *f*
humanoïde [ymanɔid] **I.** *adj* menschenähnlich **II.** *m* menschenähnliches Wesen *nt*
humble [œ̃bl] *adj* ❶ unscheinbar ❷ *(pauvre)* einfach
humblement [œ̃bləmɑ̃] *adv* demütig
humecter [ymɛkte] <1> **I.** *vt* anfeuchten **II.** *vpr* **s'~ les lèvres** sich *(dat)* die Lippen befeuchten
humer ['yme] <1> *vt* [tief] einatmen; *(plat)* riechen an *(+dat)*
humérus [ymeʀys] *m* ANAT Oberarmknochen *m*
humeur [ymœʀ] *f* Laune *f;* **être de bonne/mauvaise ~** gut/schlecht gelaunt sein
humide [ymid] *adj* ❶ feucht ❷ METEO *(climat)* feucht; *(temps)* nass
humidificateur [ymidifikatœʀ] *m* Luftbefeuchter *m*
humidifier [ymidifje] <1> *vt* befeuchten
humidité [ymidite] *f* Feuchtigkeit *f*
humiliant(e) [ymiljɑ̃] *adj* demütigend
humiliation [ymiljasjɔ̃] *f* ❶ *sans pl* Demütigung *f* ❷ *(affront)* Kränkung *f*
humilier [ymilje] <1> **I.** *vt* demütigen **II.** *vpr* **s'~ devant qn** sich vor jdm erniedrigen
humilité [ymilite] *f* Demut *f*
humoriste [ymɔʀist] *mf* Humorist(in) *m(f)*
humoristique [ymɔʀistik] *adj* humoristisch
humour [ymuʀ] *m* Humor *m*
humus [ymys] *m* Humus *m*
huppe ['yp] *f* Haube *f*
huppé(e) ['ype] *adj fam* vornehm
hurlant(e) ['yʀlɑ̃, ɑ̃t] *adj* schreiend
hurlement ['yʀləmɑ̃] *m* Schrei *m; (de la foule)* Geschrei *nt*
hurler ['yʀle] <1> *vi (animal, vent)* heulen; *(personne)* schreien
hurluberlu(e) [yʀlybɛʀly] *m(f) fam* Luftikus *m*
hurrah ['uʀa] *interj v.* **hourra**
hussard ['ysaʀ] *m* Husar *m*

H

hussarde ['ysaʀd] ▶ **à la ~** ohne Rücksicht[nahme]

hutte ['yt] *f* Hütte *f*

hybride [ibʀid] **I.** *adj* ❶ BIO hybrid, Bastard- ❷ *(composite)* gemischt; **solution ~** unbefriedigende Kompromisslösung **II.** *m* BIO Hybride *m o f,* Bastard *m*

hydratant(e) [idʀatɑ̃] *adj* Feuchtigkeits-; **crème ~e** Feuchtigkeitscreme *f*

hydratation [idʀatasjɔ̃] *f* Hydratation *f*

hydrate [idʀat] *m* CHIM Hydrat *nt;* **~ de calcium** Löschkalk *m*

hydrater [idʀate] <1> *vt* mit Feuchtigkeit versorgen

hydraulique [idʀolik] **I.** *adj* hydraulisch **II.** *f sans pl* Hydraulik *f*

hydravion [idʀavjɔ̃] *m* Wasserflugzeug *nt*

hydrocarbure [idʀokaʀbyʀ] *m* Kohlenwasserstoff *m*

hydrocéphalie [idʀosefali] *f* MED Wasserkopf *m*

hydrocution [idʀɔkysjɔ̃] *f* Kaltwasserschock *m*

hydroélectrique, hydro-électrique [idʀoelɛktʀik] *adj* hydroelektrisch; **centrale ~** Wasserkraftwerk *nt*

hydrogène [idʀɔʒɛn] *m* Wasserstoff *m*

hydroglisseur [idʀoglisœʀ] *m* Gleitboot *nt*

hydrophile [idʀɔfil] *adj* **coton ~** Watte *f*

hyène [jɛn] *f* Hyäne *f*

hygiène [iʒjɛn] *f sans pl* Hygiene *f; (du bébé)* Pflege *f*

hygiénique [iʒjenik] *adj* hygienisch; **papier ~** Toilettenpapier *nt*

hymen [imɛn] *m* ANAT Jungfernhäutchen *nt*

hymne [imn] *m* Hymne *f*

hyper [ipɛʀ] *m fam abr de* **hypermarché**

hyperactif, -ive [ipɛʀaktif] *adj* hyperaktiv; **enfant ~** hyperaktives Kind *nt*

hyperbole [ipɛʀbɔl] *f* MATH, LITTER Hyperbel *f*

hyperglycémie [ipɛʀglisemi] *f* MED erhöhter Blutzuckergehalt

hyperlien [ipɛʀljɛ̃] *m* INFORM Hyperlink *m*

hypermarché [ipɛʀmaʀʃe] *m* großer Supermarkt *m*

hypermétrope [ipɛʀmetʀɔp] *adj* weitsichtig

hypernerveux, -euse [ipɛʀnɛʀvø, -øz] *adj* übernervös

hypersensible [ipɛʀsɑ̃sibl] *adj* hypersensibel

hypertendu(e) [ipɛʀtɑ̃dy] *adj fam* ❶ *(très stressé)* **être ~** *(personne)* überreizt sein ❷ *(difficile)* **être ~** *(ambiance)* sehr angespannt sein

hypertension [ipɛʀtɑ̃sjɔ̃] *f* erhöhter Blutdruck *m*

hypertexte [ipɛʀtɛkst] *m* INFORM Hypertext *m*

hyperthermie [ipɛʀtɛʀmi] *f* MED Wärmestauung *f (bei hoher Außentemperatur)*

hypertrophie [ipɛʀtʀɔfi] *f* MED, BIO übermäßige Vergrößerung *f*

hypnose [ipnoz] *f* Hypnose *f*

hypnotique [ipnɔtik] *adj* hypnotisch

hypnotiser [ipnɔtize] <1> *vt a. fig* hypnotisieren

hypocalorique [ipokalɔʀik] *adj* kalorienarm

hypocondriaque [ipɔkɔ̃dʀijak] *adj péj* hypochondrisch

hypocrisie [ipɔkʀizi] *f* Heuchelei *f*

hypocrite [ipɔkʀit] **I.** *adj* heuchlerisch **II.** *mf* Heuchler(in) *m(f)*

hypocritement [ipɔkʀitmɑ̃] *adv* heuchlerisch

hypoglycémie [ipoglisemi] *f* MED verminderter Blutzuckergehalt *m*

hypophyse [ipɔfiz] *f* ANAT Hirnanhangdrüse *f,* Hypophyse *f*

hypotension [ipotɑ̃sjɔ̃] *f* MED niedriger Blutdruck *m*

hypoténuse [ipɔtenyz] *f* MATH Hypotenuse *f*

hypothécaire [ipɔtekɛʀ] *adj* hypothekarisch [gesichert], Hypotheken-

hypothèque [ipɔtɛk] *f* Hypothek *f*

hypothéquer [ipɔteke] <5> *vt* mit einer Hypothek belasten
hypothermie [ipotɛʀmi] *f* MED Unterkühlung *f*
hypothèse [ipɔtɛz] *f* Hypothese *f*
hypothétique [ipɔtetik] *adj* hypothetisch
hystérie [isteʀi] *f* Hysterie *f*
hystérique [isteʀik] **I.** *adj* hysterisch **II.** *mf* Hysteriker(in) *m(f)*

I i

I, i [i] *m inv* I *nt*, i *nt*
ibérique [ibeʀik] *adj* iberisch
ibidem [ibidɛm] *adv* ibidem
iceberg [ajsbɛʀg] *m* Eisberg *m*
ici [isi] *adv* ❶ hier; **c'est ~ que...** hier... ❷ *(de ce lieu)* **d'~** von hier; **les gens d'~** die Einheimischen; **par ~** hier [in der Gegend]; **près/loin d'~** in der Nähe/weit von hier ❸ *(vers ce lieu)* hierher; **par ~** hier entlang ❹ *(temporel)* **jusqu'~** bis jetzt; **d'~ là** bis dahin; **d'~ que** + *subj* bis
icône [ikon] *f* INFORM Icon *nt*
idéal [ideal] <-aux> *m* ❶ Ideal *nt* ❷ *sans pl* **l'~ serait que** + *subj* das Beste wäre, wenn
idéal(e) [ideal] <-aux> *adj* ideal
idéalement [idealmɑ̃] *adv* ideal
idéaliser [idealize] <1> *vt* idealisieren
idéalisme [idealism] *m* Idealismus *m*
idéaliste [idealist] *mf* Idealist(in) *m(f)*
idée [ide] *f* ❶ Idee *f* ❷ *(opinion)* Meinung *f*; **~s politiques** politische Ansichten *Pl* ❸ *(pensée)* **~s noires** trübsinnige Gedanken *Pl;* **à l'~ de qc** bei dem Gedanken an etw *(akk)* ❹ *(concept, notion)* Idee *f*; **~ reçue** überkommene Vorstellung *f*; **se faire une ~ de qc** sich *(dat)* eine Vorstellung von etw machen; **Aucune ~!** Keine Ahnung! ❺ *(esprit)* **venir à l'~ de faire qc** in den Sinn kommen etw zu tun
idem [idɛm] *adv (de même)* dasselbe
identifiant [idɑ̃tifjɑ̃] *m* INFORM Benutzername *m*
identification [idɑ̃tifikasjɔ̃] *f* Identifizierung *f*
identifier [idɑ̃tifje] <1> **I.** *vt* identifizieren **II.** *vpr* **s'~ à qn/qc** sich mit jdm/etw identifizieren
identique [idɑ̃tik] *adj* identisch
identité [idɑ̃tite] *f* Identität *f*; **vérifier l'~ de qn** jds Personalien überprüfen
idéologie [ideɔlɔʒi] *f* Ideologie *f*
idéologique [ideɔlɔʒik] *adj* ideologisch
idiomatique [idjɔmatik] *adj* idiomatisch
idiome [idjom] *m* Idiom *nt*
idiot(e) [idjo] **I.** *adj* dumm **II.** *m(f)* Idiot(in) *m(f)* ▸ **faire l'~** Blödsinn machen
idiotie [idjɔsi] *f* Dummheit *f*
idole [idɔl] *f* Idol *nt*
idylle [idil] *f* Idylle *f*
idyllique [idilik] *adj* idyllisch
if [if] *m* Eibe *f*
ignoble [iɲɔbl] *adj* gemein
ignorance [iɲɔʀɑ̃s] *f* Unkenntnis *f*
ignorant(e) [iɲɔʀɑ̃] *m(f)* Ignorant(in) *m(f)*
ignoré(e) [iɲɔʀe] *adj* unbekannt
ignorer [iɲɔʀe] <1> *vt* ❶ *(opp: savoir)* nicht kennen ❷ *(négliger)* ignorieren
iguane [igwan] *m* Leguan *m*
il [il] *pron pers* ❶ *(masculin)* er ❷ *interrog* **le courrier est-~ arrivé?** ist die Post schon da? ❸ *(répétitif)* **~ est beau, ce costume** der Anzug ist schön ❹ *impers* es; **~ est possible que** + *subj* es ist möglich, dass; **~ y a**

deux ans vor zwei Jahren; *v.a.* **avoir**
île [il] *f* Insel *f*
Île-de-France [ildəfʀɑ̃s] *f* **l'~** die Ile-de-France
illégal(e) [i(l)legal] <-aux> *adj* illegal
illégalement [i(l)legalmɑ̃] *adv* illegal
illégalité [i(l)legalite] *f* Illegalität *f*
illégitime [i(l)leʒitim] *adj* unrechtmäßig; *(enfant)* unehelich
illettré(e) [i(l)letʀe] *adj* analphabetisch
illicite [i(l)lisit] *adj* unerlaubt
illico [i(l)liko] *adv fam* auf der Stelle ▸ ~ **presto** dalli, dalli
illimité(e) [i(l)limite] *adj* unbegrenzt
illisible [i(l)lizibl] *adj (écriture)* unleserlich
illogique [i(l)lɔʒik] *adj* unlogisch
illumination [i(l)lyminasjɔ̃] *f* Beleuchtung *f*
illuminé(e) [i(l)lymine] *adj* ❶ *(très éclairé)* festlich beleuchtet; *(au moyen de projecteurs)* angestrahlt ❷ *(visage)* strahlend
illuminer [i(l)lymine] <1> **I.** *vt* ~ **qn/qc** *(personne)* jdn/etw beleuchten; *(lustre)* jdn/etw erleuchten **II.** *vpr* **à cette nouvelle, son visage s'est illuminé** bei der Nachricht strahlte er/sie übers ganze Gesicht
illusion [i(l)lyzjɔ̃] *f* Täuschung *f*
illusionniste [i(l)lyzjɔnist] *mf* Zauberkünstler(in) *m(f)*
illusoire [i(l)lyzwaʀ] *adj* illusorisch; *(promesse)* leer; **rêve** ~ Wunschtraum *m*
illustrateur, -trice [i(l)lystʀatœʀ] *m, f* Illustrator(in) *m(f)*
illustration [i(l)lystʀasjɔ̃] *f* Illustration *f*
illustre [i(l)lystʀ] *adj* berühmt
illustré [i(l)lystʀe] *m* Illustrierte *f*
illustrer [i(l)lystʀe] <1> *vt* ~ **qc de qc** etw mit etw illustrieren
îlot [ilo] *m* ❶ kleine Insel *f* ❷ *(groupe isolé)* Insel *f*
ils [il] *pron pers* ❶ *pl masculin ou mixte* sie ❷ *interrog* **les enfants sont-~ là?** sind die Kinder da? ❸ *(répétitif)* **regarde les paons comme ~ sont beaux** sieh mal, wie schön die Pfauen sind; *v.a.* **il**
image [imaʒ] *f* ❶ *(dessin)* Bild *nt* ❷ *(reflet)* Spiegelbild *nt* ❸ *fig* Vorstellung *f*
imagé(e) [imaʒe] *adj (langage, style)* anschaulich
imaginable [imaʒinabl] *adj* vorstellbar, denkbar
imaginaire [imaʒinɛʀ] *adj* unwirklich
imaginatif, -ive [imaʒinatif, -iv] *adj* fantasievoll
imagination [imaʒinasjɔ̃] *f* ❶ Vorstellung *f* ❷ *(invention)* Fantasie *f*
imaginer [imaʒine] <1> **I.** *vt* ❶ *(se représenter)* sich *(dat)* vorstellen ❷ *(croire, supposer)* glauben ❸ *(inventer)* sich *(dat)* ausdenken; ~ **qc** etw erfinden **II.** *vpr* ❶ **s'~ qn/qc autrement** sich *(dat)* jdn/etw anders vorstellen ❷ *(croire faussement)* **s'~ qc** sich *(dat)* etw einbilden
imbattable [ɛ̃batabl] *adj* unschlagbar
imbécile [ɛ̃besil] **I.** *adj* sehr dumm **II.** *mf* Idiot(in) *m(f)*
imbécillité [ɛ̃besilite] *f* Dummheit *f*
imbiber [ɛ̃bibe] <1> *vt* durchtränken; **imbibé de sang** mit Blut getränkt
imbuvable [ɛ̃byvabl] *adj* nicht trinkbar
IME [iɛmø] *m abr de* **Institut monétaire européen** EWI *nt*
IMG [iɛmʒe] *f abr de* **interruption médicale de grossesse** medizinisch indizierter Schwangerschaftsabbruch *m*
imitateur [imitatœʀ] *m* Nachahmer *m*
imitation [imitasjɔ̃] *f* Imitation *f*; *(d'une signature)* Fälschung *f*
imiter [imite] <1> *vt* ❶ nachahmen ❷ *(prendre pour modèle)* ~ **qn** jdm nacheifern
immaculé(e) [imakyle] *adj* makellos
immangeable [ɛ̃mɑ̃ʒabl] *adj* ungenießbar
immanquablement [ɛ̃mɑ̃kabləmɑ̃] *adv* unvermeidbar
immatriculation [imatʀikylasjɔ̃] *f (d'un étudiant)* Immatrikulation *f*; *(d'une voiture)* Zulassung *f*

immatriculer [imatʀikyle] <1> *vt* eintragen; **faire ~ une voiture** ein Auto anmelden
immature [imatyʀ] *adj* unreif
immédiat [imedja] *m* ▸ **dans l'~** im Augenblick
immédiat(e) [imedja] *adj* unmittelbar; *(contact, voisin a.)* direkt; *(effet)* sofortig
immédiatement [imedjatmɑ̃] *adv* sofort
immense [i(m)mɑ̃s] *adj* ❶ *(espace, monde)* unermesslich groß ❷ *(énorme)* immens
immensément [i(m)mɑ̃semɑ̃] *adv* *(riche)* ungeheuer
immensité [i(m)mɑ̃site] *f* *(d'une plaine, de la mer)* unermessliche Weite; *(de l'univers)* Unendlichkeit *f*
immergé(e) [imɛʀʒe] *adj* unter Wasser liegend
immerger [imɛʀʒe] <2a> *vt* **~ un trésor/corps dans qc** einen Schatz/einen Körper in etw *(dat)* versenken
immersion [imɛʀsjɔ̃] *f* Eintauchen *nt*
immettable [ɛ̃metabl] *adj* *(vêtement)* nicht tragbar
immeuble [imœbl] *m* [Wohn]haus *nt*, Gebäude *nt*
immigrant(e) [imigʀɑ̃] *m(f)* Einwanderer, Einwanderin *m, f*
immigration [imigʀasjɔ̃] *f* Einwanderung *f*, Zuwanderung *f*; **~ choisie** kontrollierte Einwanderung [*o* Zuwanderung]
immigré(e) [imigʀe] **I.** *adj* **travailleur ~** Gastarbeiter *m* **II.** *m(f)* Immigrant(in) *m(f)*
immigrer [imigʀe] <1> *vi* einwandern
imminent(e) [iminɑ̃] *adj* **être ~** unmittelbar bevorstehen; *(conflit, danger)* drohen
immobile [i(m)mɔbil] *adj* unbeweglich
immobilier [imɔbilje] *m* **l'~** das Immobiliengeschäft
immobilier, -ière [imɔbilje] *adj* *(placement)* in Immobilien; **biens ~s** Immobilien *Pl*
immobilisation [imɔbilizasjɔ̃] *f* ❶ *(d'un véhicule)* Stehenbleiben *nt*; *(d'une machine a.)* Stillstehen *nt*; **attendez l'~ totale du convoi!** warten Sie [so lange], bis der Zug stillsteht!; **entraîner l'~ de la circulation** den Verkehr lahmlegen ❷ MED *(d'un membre, d'une fracture)* Ruhigstellung *f*
immobiliser [imɔbilize] <1> **I.** *vt* ❶ *(camions)* anhalten ❷ MED *(membre)* ruhig stellen **II.** *vpr* **s'~** *(voiture)* liegen bleiben
immobilisme [imɔbilism] *m* Fortschrittsfeindlichkeit *f*
immobilité [imɔbilite] *f* Reg[ungs]losigkeit *f*
immodéré(e) [imɔdeʀe] *adj* *(désir, usage)* unmäßig
immonde [i(m)mɔ̃d] *adj* widerwärtig; *(crime, personne)* gemein; *(propos)* schmutzig
immondices [i(m)mɔ̃dis] *fpl* Müll *m*
immoral(e) [i(m)mɔʀal] <-aux> *adj* unmoralisch
immoralité [i(m)mɔʀalite] *f* Unsittlichkeit
immortaliser [imɔʀtalize] <1> **I.** *vt* unsterblich machen **II.** *vpr* **s'~ par qc** durch etw unsterblich werden
immortalité [imɔʀtalite] *f* Unsterblichkeit *f*
immortel(le) [imɔʀtɛl] *adj* unsterblich
immortelle [imɔʀtɛl] *f* Strohblume *f*
immunisation [imynizasjɔ̃] *f* Immunisierung *f*
immuniser [imynize] <1> *vt a. fig* **~ qn contre qc** jdn gegen etw immun machen
immunitaire [imynitɛʀ] *adj* **système ~** Immunsystem *nt*
immunité [imynite] *f* MED Immunität *f*; **à ~ compromise** immungeschwächt; **~ collective** Herdenimmunität *f*
immunodéficience [imynodefisjɑ̃s] *f* MED Immunschwäche *f*
impact [ɛ̃pakt] *m* ❶ *(d'une balle)* Einschuss *m* ❷ *(influence)* Einfluss *m*
impair [ɛ̃pɛʀ] *m* *(gaffe)* Fauxpas *m*
impair(e) [ɛ̃pɛʀ] *adj* *(nombre)* ungerade

imparable [ɛ̃paʀabl] *adj (argument)* unwiderlegbar
impardonnable [ɛ̃paʀdɔnabl] *adj (erreur, faute)* unverzeihlich
imparfait [ɛ̃paʀfɛ] *m* Imperfekt *nt,* Imparfait *nt;* **à l'~** im Imperfekt
impartial(e) [ɛ̃paʀsjal, -jo] <-aux> *adj (arbitre, juge)* unparteiisch
impartialité [ɛ̃paʀsjalite] *f* Unvoreingenommenheit *f*
impasse [ɛ̃pɑs] *f a. fig* Sackgasse *f*
impassible [ɛ̃pasibl] *adj (personne)* gefasst
impatiemment [ɛ̃pasjamɑ̃] *adv* ungeduldig
impatience [ɛ̃pasjɑ̃s] *f* Ungeduld *f;* **avec ~** ungeduldig
impatient(e) [ɛ̃pasjɑ̃] *adj* ungeduldig
impatienter [ɛ̃pasjɑ̃te] <1> *vt* **~ qn avec** [*o* **par**] **qc** jdn mit etw ungeduldig machen
impayé [ɛ̃peje] *m* ausstehende Zahlung *f*
impec [ɛ̃pɛk] *adj inv fam abr de* **impeccable**
impeccable [ɛ̃pekabl] *adj* ❶ tadellos ❷ *fam (parfait)* **~!** Spitze!
impensable [ɛ̃pɑ̃sabl] *adj* undenkbar
imper [ɛ̃pɛʀ] *m fam v.* **imperméable**
impératif [ɛ̃peʀatif] *m* LING Imperativ *m*
impérativement [ɛ̃peʀativmɑ̃] *adv* unbedingt
impératrice [ɛ̃peʀatʀis] *f* Kaiserin *f; v.a.* **empereur**
imperceptible [ɛ̃pɛʀsɛptibl] *adj* nicht wahrnehmbar; *(bruit)* nicht hörbar
imperceptiblement [ɛ̃pɛʀsɛptibləmɑ̃] *adv* unmerklich
imperfection [ɛ̃pɛʀfɛksjɔ̃] *f sans pl* Unvollkommenheit *f*
impérial(e) [ɛ̃peʀjal] <-aux> *adj* kaiserlich
impérialisme [ɛ̃peʀjalism] *m* Imperialismus *m*
impérialiste [ɛ̃peʀjalist] *adj* imperialistisch
impérieusement [ɛ̃peʀjøzmɑ̃] *adv* dringend
impérieux, -euse [ɛ̃peʀjø, -jøz] *adj* herrisch
imperméabiliser [ɛ̃pɛʀmeabilize] <1> *vt* imprägnieren; **ce produit imperméabilise les chaussures** dieses Produkt imprägniert die Schuhe
imperméable [ɛ̃pɛʀmeabl] **I.** *adj (tissu, toile)* wasserdicht **II.** *m* Regenmantel *m*
impersonnel(le) [ɛ̃pɛʀsɔnɛl] *adj* unpersönlich
impertinence [ɛ̃pɛʀtinɑ̃s] *f* Unverschämtheit *f*
impertinent(e) [ɛ̃pɛʀtinɑ̃] *adj* unverschämt
imperturbable [ɛ̃pɛʀtyʀbabl] *adj* unerschütterlich
impétigo [ɛ̃petigo] *m* Eiterflechte *f*
impétueux, -euse [ɛ̃petɥø, -øz] *adj (fougueux)* ungestüm; *(caractère, personne, jeunesse a.)* stürmisch; *(orateur)* feurig
impitoyable [ɛ̃pitwajabl] *adj* unerbittlich
impitoyablement [ɛ̃pitwajabləmɑ̃] *adv* mitleid[s]los
implacable [ɛ̃plakabl] *adj (ennemi, juge)* unerbittlich
implant [ɛ̃plɑ̃] *m* Implantat *nt*
implantation [ɛ̃plɑ̃tasjɔ̃] *f* Ansied[e]lung *f*
implanter [ɛ̃plɑ̃te] <1> **I.** *vt* ❶ *(industrie)* ansiedeln ❷ MED implantieren **II.** *vpr* **s'~** *(industrie)* sich ansiedeln
implémenter [ɛ̃plemɑ̃te] <1> *vt* INFORM implementieren
implication [ɛ̃plikasjɔ̃] *f* ❶ *gén pl (conséquence)* Folge *f* ❷ *(mise en cause)* **~ de qn dans qc** jds Verwicklung *f* in etw *(akk)*
implicite [ɛ̃plisit] *adj* implizit
implicitement [ɛ̃plisitmɑ̃] *adv* implizit
impliquer [ɛ̃plike] <1> *vt* ❶ *(signifier)* bedeuten ❷ *(mêler)* verwickeln
implorer [ɛ̃plɔʀe] <1> *vt* **~ qc** um etw flehen
imploser [ɛ̃ploze] <1> *vi* implodieren
impoli(e) [ɛ̃pɔli] *adj* unhöflich

impolitesse [ɛ̃pɔlitɛs] *f* Unhöflichkeit *f*
impondérable [ɛ̃pɔ̃deʀabl] *adj (événement)* unvorhersehbar
impopulaire [ɛ̃pɔpylɛʀ] *adj* unpopulär; *(personne)* unbeliebt
impopularité [ɛ̃pɔpylaʀite] *f* Unbeliebtheit *f*
import [ɛ̃pɔʀ] *m abr de* **importation** Import *m*
importance [ɛ̃pɔʀtɑ̃s] *f* Bedeutung *f*; **se donner de l'~** *péj* sich wichtigmachen; **sans ~** unwichtig
important [ɛ̃pɔʀtɑ̃] *m* Wichtige(s) *nt*
important(e) [ɛ̃pɔʀtɑ̃] *adj* ❶ wichtig; *(personnage)* einflussreich; **quelque chose d'~** etwas Wichtiges ❷ *(gros)* beträchtlich
importateur [ɛ̃pɔʀtatœʀ] **I.** *adj* **un pays ~ de blé** ein Getreide importierendes Land **II.** *m, f* Importeur *m*
importation [ɛ̃pɔʀtasjɔ̃] *f* Import *m*
importer[1] [ɛ̃pɔʀte] <1> *vt* importieren; *(introduire)* einführen
importer[2] [ɛ̃pɔʀte] <1> *vi* **ce qui [m']importe, c'est...** was [für mich] zählt, ist...; **peu importe [que +** *subj*] es spielt keine Rolle[, ob] ▶ **n'importe comment** irgendwie; **n'importe où** irgendwo[hin]; **n'importe quand** irgendwann; **n'importe qui** irgendwer, **n'importe quoi** irgendwas; **dire n'importe quoi** *(des bêtises)* Unsinn reden
import-export [ɛ̃pɔʀɛkspɔʀ] <imports-exports> *m* Import-Export *m*
imposable [ɛ̃pozabl] *adj* steuerpflichtig
imposant(e) [ɛ̃pozɑ̃] *adj* ❶ *(stature)* stattlich ❷ *(considérable)* beachtlich
imposé(e) [ɛ̃poze] *adj* vorgeschrieben
imposer [ɛ̃poze] <1> **I.** *vt* ❶ *(décision)* erfordern ❷ *(faire accepter de force)* durchsetzen ❸ FIN *(personne)* steuerlich veranlagen **II.** *vpr* ❶ **s'~ à qn** *(prudence, repos)* zwingend geboten sein ❷ *(se faire reconnaître)* **s'~** sich durchsetzen
imposition [ɛ̃pozisjɔ̃] *f* Besteuerung *f*
impossibilité [ɛ̃pɔsibilite] *f* Unmöglichkeit *f*
impossible [ɛ̃pɔsibl] **I.** *adj a. fig* unmöglich **II.** *m* **tenter l'~** alles nur Mögliche versuchen
imposteur [ɛ̃pɔstœʀ] *m* Hochstapler(in) *m(f)*
impôt [ɛ̃po] *m* Steuer *f*
impotent(e) [ɛ̃pɔtɑ̃] **I.** *adj* bewegungsunfähig **II.** *m(f)* [Körper]behinderte(r) *f(m)*
impraticable [ɛ̃pʀatikabl] *adj (route, piste)* unbefahrbar
imprécis(e) [ɛ̃pʀesi] *adj* ungenau; *(souvenir, contour)* undeutlich
imprécision [ɛ̃pʀesizjɔ̃] *f* Ungenauigkeit *f*
imprégner [ɛ̃pʀeɲe] <5> **I.** *vt (bois, étoffe)* imprägnieren; **~ un tampon de qc** einen Wattebausch mit etw tränken **II.** *vpr* **s'~ d'eau** sich mit Wasser vollsaugen
imprenable [ɛ̃pʀənabl] *adj (forteresse, château)* uneinnehmbar
imprésario [ɛ̃pʀezaʀjo, ɛ̃pʀesaʀjo, -ʀii] <s *o* imprésarii> *m* [Theater-, Konzert]agent *m*
impression [ɛ̃pʀesjɔ̃] *f* Eindruck *m*; **avoir l'~ de faire qc** den Eindruck haben etw zu tun
impressionnable [ɛ̃pʀesjɔnabl] *adj* empfindsam, sensibel
impressionnant(e) [ɛ̃pʀesjɔnɑ̃] *adj (imposant)* beeindruckend
impressionner [ɛ̃pʀesjɔne] <1> *vt* beeindrucken
impressionnisme [ɛ̃pʀesjɔnism] *m* Impressionismus *m*
impressionniste [ɛ̃pʀesjɔnist] **I.** *adj* impressionistisch **II.** *mf* Impressionist(in) *m(f)*
imprévisible [ɛ̃pʀevizibl] *adj* unvorhersehbar; *(personne)* unberechenbar
imprévu [ɛ̃pʀevy] *m* **l'~** das Unerwartete; **en cas d'~** falls etwas dazwischenkommt
imprévu(e) [ɛ̃pʀevy] *adj* unvorhergesehen
imprimante [ɛ̃pʀimɑ̃t] *f* Drucker *m*
imprimé [ɛ̃pʀime] *m* Formular *nt*

imprimer [ɛ̃pʀime] <1> *vt* drucken
imprimerie [ɛ̃pʀimʀi] *f* ❶ *(technique)* Buchdruck *m* ❷ *(établissement)* Druckerei *f*
imprimeur, -euse [ɛ̃pʀimœʀ] *m, f* Drucker(in) *m(f)*
improbable [ɛ̃pʀɔbabl] *adj* unwahrscheinlich
impromptu [ɛ̃pʀɔ̃pty] *m* MUS Impromptu *nt*
imprononçable [ɛ̃pʀɔnɔ̃sabl] *adj* unaussprechlich
improvisation [ɛ̃pʀɔvizasjɔ̃] *f* Improvisation *f*
improvisé(e) [ɛ̃pʀɔvize] *adj* improvisiert; *(excursion)* spontan
improviser [ɛ̃pʀɔvize] <1> *vt, vi* improvisieren
improviste [ɛ̃pʀɔvist] ▸ **à l'~** überraschend
imprudence [ɛ̃pʀydɑ̃s] *f (d'une personne, action a.)* Leichtsinn *m;* **par ~** fahrlässig
imprudent(e) [ɛ̃pʀydɑ̃] *adj* unvorsichtig
impudent(e) [ɛ̃pydɑ̃, ɑ̃t] *adj* unverschämt
impuissance [ɛ̃pɥisɑ̃s] *f* Machtlosigkeit *f; (sur le plan sexuel)* Impotenz *f*
impuissant [ɛ̃pɥisɑ̃] *m* Impotente(r) *m*
impuissant(e) [ɛ̃pɥisɑ̃] *adj* machtlos
impulsif, -ive [ɛ̃pylsif] *adj* impulsiv
impulsion [ɛ̃pylsjɔ̃] *f a.* TECH, ELEC Impuls *m*
impulsivement [ɛ̃pylsivmɑ̃] *adv* impulsiv
impulsivité [ɛ̃pylsivite] *f* Impulsivität *f*
impunément [ɛ̃pynemɑ̃] *adv* ungestraft
impuni(e) [ɛ̃pyni] *adj* ungestraft
impunité [ɛ̃pynite] *f* Straffreiheit *f;* **~ zéro** Null-Toleranz-Politik *f*
impur(e) [ɛ̃pyʀ] *adj* unrein; *(eau)* schmutzig, verschmutzt
impureté [ɛ̃pyʀte] *f* Verschmutzung *f*
in [in] *adj inv fam* in
inabordable [inabɔʀdabl] *adj* unerschwinglich
inacceptable [inaksɛptabl] *adj* nicht akzeptabel
inaccessible [inaksesibl] *adj (hors d'atteinte)* unerreichbar
inachevé(e) [inaʃ(ə)ve] *adj* unfertig
inactif, -ive [inaktif] *adj (oisif)* untätig
inaction [inaksjɔ̃] *f* Untätigkeit *f*
inactivité [inaktivite] *f* Untätigkeit *f*
inadapté(e) [inadapte] *adj (médicament)* unwirksam; **~ à qc** ungeeignet für etw
inadmissible [inadmisibl] *adj* untragbar; **il est ~ que** + *subj* es ist skandalös, dass
inadvertance [inadvɛʀtɑ̃s] *f soutenu (erreur d'inattention)* Versehen *nt;* **ces fautes d'orthographe ne sont que des ~s** diese Rechtschreibfehler sind nur Flüchtigkeitsfehler; **par ~** versehentlich
inaltérable [inalteʀabl] *adj* unveränderlich
inanimé(e) [inanime] *adj* unbelebt
inaperçu(e) [inapɛʀsy] *adj* ▸ **passer ~** unbemerkt bleiben
inapplicable [inaplikabl] *adj* nicht anwendbar; *(théorie a.)* nicht umsetzbar; *(mesure)* nicht durchführbar; **~ à qc** nicht anwendbar auf etw *(akk);* **cette mesure est ~ à la réalité** diese Maßnahme ist in der Praxis nicht durchführbar
inapproprié(e) [inapʀɔpʀije] *adj* ungeeignet
inapte [inapt] *adj* unfähig
inaptitude [inaptityd] *f* Unfähigkeit *f*
inattaquable [inatakabl] *adj (personne, point de vue)* unangreifbar; *(argument)* unwiderlegbar; *(jugement, thèse)* unanfechtbar
inattendu(e) [inatɑ̃dy] *adj* unerwartet
inattentif, -ive [inatɑ̃tif] *adj* unaufmerksam
inattention [inatɑ̃sjɔ̃] *f* Unaufmerksamkeit *f;* **faute d'~** Flüchtigkeitsfehler *m*
inaudible [inodibl] *adj* nicht hörbar; *péj* nicht anzuhören; **ici, les émissions de cette station sont ~s** hier kann man diesen Sender nicht empfan-

gen; **cette musique est vraiment ~** *(inécoutable)* diese Musik kann man sich *(dat)* wirklich nicht anhören

inaugural(e) [inogyʀal, -o] <-aux> *adj* **cérémonie ~e** Eröffnungszeremonie *f;* **discours ~ d'un congrès** Eröffnungsrede *f* eines Kongresses; **discours ~ d'un professeur qui prend ses fonctions** Antrittsrede *f* eines Professors, der sein Amt übernimmt

inauguration [inogyʀasjɔ̃] *f (d'une exposition)* feierliche Eröffnung *f*

inaugurer [inogyʀe] <1> *vt (exposition)* [feierlich] eröffnen; *(bâtiment, école, voiture)* einweihen

inavouable [inavwabl] *adj* nicht hinnehmbar; *(mœurs)* unerhört; *(motifs)* unmoralisch

inavoué(e) [inavwe] *adj (sentiment, amour)* uneingestanden; *(acte, crime)* nicht gestanden

inca [ɛ̃ka] *adj* **l'Empire ~** das Reich der Inkas

incalculable [ɛ̃kalkylabl] *adj* beträchtlich

incandescence [ɛ̃kɑ̃desɑ̃s] *f* [Weiß]glühen *nt;* **chauffer qc jusqu'à l'~** etw erhitzen, bis es glüht

incandescent(e) [ɛ̃kɑ̃desɑ̃, ɑ̃t] *adj* [weiß] glühend

incapable [ɛ̃kapabl] *adj* unfähig; **être ~ de faire qc** nicht fähig sein, etw zu tun

incapacité [ɛ̃kapasite] *f (inaptitude)* Unfähigkeit *f*

incarcération [ɛ̃kaʀseʀasjɔ̃] *f* Inhaftierung *f*

incarcérer [ɛ̃kaʀseʀe] <5> *vt* inhaftieren

incarnation [ɛ̃kaʀnasjɔ̃] *f* Inkarnation *f*

incarné(e) [ɛ̃kaʀne] *adj* fleischgeworden

incarner [ɛ̃kaʀne] <1> **I.** *vt* verkörpern **II.** *vpr* REL **s'~ dans qn/qc** in jdm/etw leibhaftig werden

Incas [ɛ̃ka] *mpl* **les ~** die Inkas

incassable [ɛ̃kɑsabl] *adj* unzerbrechlich

incendiaire [ɛ̃sɑ̃djɛʀ] *adj* **1** **bombe ~** Brandbombe *f;* **projectiles ~s** Brandgeschosse *Pl;* **mélange ~** Brandsatz *m* **2** *(virulent: article, discours)* aufwieglerisch, Hetz-

incendie [ɛ̃sɑ̃di] *m* Brand *m*

incendier [ɛ̃sɑ̃dje] <1> *vt* **1** in Brand setzen **2** *fam (engueuler)* anschnauzen

incertain(e) [ɛ̃sɛʀtɛ̃] *adj* **1** *(opp: assuré)* unsicher **2** *(douteux)* ungewiss

incertitude [ɛ̃sɛʀtityd] *f* Ungewissheit *f*

incessant(e) [ɛ̃sesɑ̃] *adj* unaufhörlich

inceste [ɛ̃sɛst] *m* Inzest *m*

incestueux, -euse [ɛ̃sɛstɥø, -øz] *adj* inzestuös

incidemment [ɛ̃sidamɑ̃] *adv* nebenbei

incident [ɛ̃sidɑ̃] *m* Zwischenfall *m;* **~ technique** Betriebsstörung *f*

incinérateur [ɛ̃sineʀatœʀ] *m* Verbrennungsofen *m*

incinération [ɛ̃sineʀasjɔ̃] *f* Verbrennung *f*

incinérer [ɛ̃sineʀe] <5> *vt (cadavre)* einäschern

inciser [ɛ̃size] <1> *vt (abcès)* aufschneiden

incisif, -ive [ɛ̃sizif, -iv] *adj* bissig

incision [ɛ̃sizjɔ̃] *f a.* MED Einschnitt *m*

incitation [ɛ̃sitasjɔ̃] *f* Ansporn *m*

inciter [ɛ̃site] <1> *vt* **~ qn à qc** jdn zu etw ermuntern

inclinable [ɛ̃klinabl] *adj* verstellbar

inclinaison [ɛ̃klinɛzɔ̃] *f (d'une pente, route)* Gefälle *nt*

incliné(e) [ɛ̃kline] *adj* **1** *(pente, terrain)* abschüssig; *(toit)* schräg **2** *(penché)* schief

incliner [ɛ̃kline] <1> **I.** *vt (tête)* neigen **II.** *vpr (se courber)* **s'~** sich verneigen

inclure [ɛ̃klyʀ] <irr> *vt* **~ qc dans qc** etw einer S. *(dat)* beifügen

inclus(e) [ɛ̃kly] *adj* einschließlich *(+gen)*

inclusion [ɛ̃klyzjɔ̃] *f* **~ dans qc** Einbeziehung *f* in etw *(akk)*

incognito [ɛ̃kɔɲito] **I.** *adv* inkognito

II. *m* **garder l'~** sein Inkognito *nt* wahren

incohérence [ɛ̃kɔeʀɑ̃s] *f* ❶ Zusammenhang[s]losigkeit *f* ❷ *(illogisme)* Ungereimtheit *f*

incohérent(e) [ɛ̃kɔeʀɑ̃] *adj* ungereimt; *(texte, histoire)* unzusammenhängend; *(gestes)* unmotiviert

incollable [ɛ̃kɔlabl] *adj* ❶ *(qui ne colle pas)* **du riz ~** Reis, der nicht klebt ❷ *fam (imbattable)* unschlagbar

incolore [ɛ̃kɔlɔʀ] *adj* farblos

incomber [ɛ̃kɔ̃be] <1> *vi* **~ à qn** jdm zufallen

incommensurable [ɛ̃kɔmɑ̃syʀabl] *adj* unermesslich

incomparable [ɛ̃kɔ̃paʀabl] *adj* unvergleichlich

incompatibilité [ɛ̃kɔ̃patibilite] *f* Unvereinbarkeit *f;* **l'~ des groupes sanguins** die Unverträglichkeit der Blutgruppen

incompatible [ɛ̃kɔ̃patibl] *adj* unvereinbar; *(groupes sanguins)* unverträglich

incompétence [ɛ̃kɔ̃petɑ̃s] *f* Inkompetenz *f*

incompétent(e) [ɛ̃kɔ̃petɑ̃] *adj* inkompetent

incomplet, -ète [ɛ̃kɔ̃plɛ] *adj* unvollständig

incompréhensible [ɛ̃kɔ̃pʀeɑ̃sibl] *adj (déconcertant)* unverständlich; *(personne)* undurchschaubar

incompréhensif, -ive [ɛ̃kɔ̃pʀeɑ̃sif] *adj* verständnislos

incompréhension [ɛ̃kɔ̃pʀeɑ̃sjɔ̃] *f* Unverständnis *nt*

incompressible [ɛ̃kɔ̃pʀesibl] *adj* FIN, JUR nicht einschränkbar

incompris(e) [ɛ̃kɔ̃pʀi] *adj* nicht verstanden; *(œuvre d'art)* unverstanden

inconcevable [ɛ̃kɔ̃svabl] *adj* ❶ *(inimaginable)* unvorstellbar ❷ *(incompréhensible)* unbegreiflich

inconditionnel(le) [ɛ̃kɔ̃disjɔnɛl] *adj* bedingungslos

inconditionnellement [ɛ̃kɔ̃disjɔnɛlmɑ̃] *adv* bedingungslos

inconfortable [ɛ̃kɔ̃fɔʀtabl] *adj (lit, siège)* unbequem

inconnu [ɛ̃kɔny] *m* **l'~** das Unbekannte

inconnu(e) [ɛ̃kɔny] **I.** *adj (ignoré)* unbekannt **II.** *m(f)* Unbekannte(r) *f(m);* **devant des ~s** vor Fremden

inconnue [ɛ̃kɔny] *f* MATH Unbekannte *f*

inconsciemment [ɛ̃kɔ̃sjamɑ̃] *adv* unbewusst

inconscience [ɛ̃kɔ̃sjɑ̃s] *f (légèreté)* Leichtsinn *m*

inconscient [ɛ̃kɔ̃sjɑ̃] *m* PSYCH Unbewusste(s) *nt*

inconscient(e) [ɛ̃kɔ̃sjɑ̃] **I.** *adj* ❶ *(évanoui)* bewusstlos ❷ *(qui ne se rend pas compte)* leichtsinnig **II.** *m(f)* Leichtsinnige(r) *f(m)*

inconséquence [ɛ̃kɔ̃sekɑ̃s] *f* Inkonsequenz *f*

inconséquent(e) [ɛ̃kɔ̃sekɑ̃, ɑ̃t] *adj* inkonsequent

inconsidéré(e) [ɛ̃kɔ̃sideʀe] *adj* unbesonnen

inconsistant(e) [ɛ̃kɔ̃sistɑ̃, ɑ̃t] *adj (argumentation)* unhaltbar, nicht stichhaltig

inconsolable [ɛ̃kɔ̃sɔlabl] *adj* **~ de qc** untröstlich über etw *(akk)*

inconstant(e) [ɛ̃kɔ̃stɑ̃, ɑ̃t] *adj* wankelmütig

incontestable [ɛ̃kɔ̃tɛstabl] *adj* unbestreitbar

incontestablement [ɛ̃kɔ̃tɛstabləmɑ̃] *adv* zweifellos

incontesté(e) [ɛ̃kɔ̃tɛste] *adj* unbestritten

incontinent(e) [ɛ̃kɔ̃tinɑ̃, ɑ̃t] *adj* an Inkontinenz leidend

incontournable [ɛ̃kɔ̃tuʀnabl] *adj* unvermeidlich

incontrôlable [ɛ̃kɔ̃tʀolabl] *adj (invérifiable)* nicht nachprüfbar

inconvenant(e) [ɛ̃kɔ̃v(ə)nɑ̃, ɑ̃t] *adj (conduite, proposition)* unpassend

inconvénient [ɛ̃kɔ̃venjɑ̃] *m* ❶ *(opp: avantage)* Nachteil *m* ❷ *gén pl (conséquence fâcheuse)* unangenehme Folge *f*

incorporation [ɛ̃kɔʀpɔʀasjɔ̃] *f*

(annexion) ~ **de qn/qc à qc** jds Eingliederung *f*/die Eingliederung einer S. *(gen)* in etw *(akk)*
incorporé(e) [ɛ̃kɔʀpɔʀe] *adj* TECH eingebaut
incorporer [ɛ̃kɔʀpɔʀe] <1> *vt* ❶ GASTR, TECH *(mélanger: sucre)* beimengen; *(blancs battus en neige)* unterheben; ~ **du sucre à la pâte** dem Teig Zucker beimengen ❷ *(intégrer)* ~ **qn/qc dans qc** jdn/etw in etw *(akk)* einschließen
incorrect(e) [ɛ̃kɔʀɛkt] *adj* ❶ *(expression, style)* nicht richtig ❷ *(inconvenant)* unpassend; *(langage, ton)* unangemessen ❸ *(impoli)* ungehörig
incorrigible [ɛ̃kɔʀiʒibl] *adj* unverbesserlich
incorruptible [ɛ̃kɔʀyptibl] *adj* unbestechlich
incrédule [ɛ̃kʀedyl] *adj* ungläubig
increvable [ɛ̃kʀəvabl] *adj* ❶ *fam (personne)* nicht kleinzukriegen ❷ *(pneu)* pannensicher
incriminer [ɛ̃kʀimine] <1> *vt* beschuldigen
incroyable [ɛ̃kʀwajabl] *adj* unglaublich
incroyablement [ɛ̃kʀwajabləmɑ̃] *adv* unglaublich
incrustation [ɛ̃kʀystasjɔ̃] *f* INFORM Pop-up-Menü *nt*
incruster [ɛ̃kʀyste] <1> **I.** *vt* ART mit Einlegearbeit verzieren; ~ **qc de diamants/mosaïques** etw mit [eingesetzten] Diamanten/[eingelegten] Mosaiken verzieren; **être incrusté de qc** mit etw eingelegt sein **II.** *vpr* ❶ *fam (s'installer à demeure)* **s'~ chez qn** sich bei jdm einnisten ❷ *(adhérer fortement)* **s'~** *(coquillage, odeur)* sich festsetzen ❸ *(se graver)* **ce souvenir s'est incrusté dans ma mémoire** diese Erinnerung hat sich mir eingeprägt
incubation [ɛ̃kybasjɔ̃] *f* Bebrütung *f*
inculpation [ɛ̃kylpasjɔ̃] *f* JUR Anklagepunkt *m*
inculpé(e) [ɛ̃kylpe] *m(f)* JUR Angeklagte(r) *f(m)*
inculper [ɛ̃kylpe] <1> *vt* ~ **qn de qc** gegen jdn Anklage wegen einer S. *(gen)* erheben
inculquer [ɛ̃kylke] <1> *vt* ~ **qc à qn** jdm etw einprägen
inculte [ɛ̃kylt] *adj* brachliegend
incurable [ɛ̃kyʀabl] *adj* unheilbar
incurvé(e) [ɛ̃kyʀve] *adj* gebogen; *(tracé)* gekrümmt
Inde [ɛ̃d] *f* **l'~** Indien *nt*
indécence [ɛ̃desɑ̃s] *f* Anstößigkeit *f*
indécent(e) [ɛ̃desɑ̃] *adj* anstößig; *(personne)* schamlos
indéchiffrable [ɛ̃deʃifʀabl] *adj* nicht zu entziffern
indécis(e) [ɛ̃desi] *adj (hésitant)* unentschlossen
indécision [ɛ̃desizjɔ̃] *f* Unentschlossenheit *f*
indéfendable [ɛ̃defɑ̃dabl] *adj* nicht zu verteidigen
indéfini(e) [ɛ̃defini] *adj* ❶ *(indéterminé)* unbestimmt ❷ *(espace, nombre)* unbegrenzt
indéfiniment [ɛ̃definimɑ̃] *adv* auf unbegrenzte Zeit
indéfinissable [ɛ̃definisabl] *adj* undefinierbar
indéformable [ɛ̃defɔʀmabl] *adj* formbeständig
indélébile [ɛ̃delebil] *adj (ineffaçable)* nicht zu entfernen; *(couleur)* waschecht
indemne [ɛ̃dɛmn] *adj* unversehrt
indemnisation [ɛ̃dɛmnizasjɔ̃] *f* Schaden[s]ersatz *m*; *(dédommagement versé par l'État)* Entschädigung *f*; ~ **des dommages de guerre** Reparationszahlungen *Pl* für die Kriegsschäden
indemniser [ɛ̃dɛmnize] <1> *vt* ❶ *(rembourser)* ~ **qn de qc** jdm etw erstatten ❷ *(compenser)* ~ **qn pour qc** jdm Schaden[s]ersatz für etw leisten
indemnité [ɛ̃dɛmnite] *f* ❶ *(réparation)* Schaden[s]ersatz *m*; *(payé par l'État)* Entschädigung *f* ❷ *(prime)* Zulage *f*
indépendamment [ɛ̃depɑ̃damɑ̃] *adv*

▸ ~ **de qc** unabhängig von etw

indépendance [ɛ̃depɑ̃dɑ̃s] *f* Unabhängigkeit *f*

indépendant(e) [ɛ̃depɑ̃dɑ̃] *adj* ❶ *(libre)* unabhängig; *(qui se débrouille tout seul)* selb[st]ständig ❷ *(à son compte)* selb[st]ständig; *(artiste, architecte)* freischaffend

indépendantiste [ɛ̃depɑ̃dɑ̃tist] *adj* POL separatistisch

indescriptible [ɛ̃dɛskʀiptibl] *adj* unbeschreiblich

indésirable [ɛ̃deziʀabl] *adj* unerwünscht

indestructible [ɛ̃dɛstʀyktibl] *adj* unzerstörbar

indétermination [ɛ̃detɛʀminasjɔ̃] *f* ❶ *(indécision)* Unentschlossenheit *f*; *(permanente)* Entschlusslosigkeit *f* ❷ *(imprécision)* Unbestimmtheit *f*

indéterminé(e) [ɛ̃detɛʀmine] *adj* unbestimmt; *(date)* nicht festgesetzt

indétrônable [ɛ̃detʀonabl] *adj (champion)* unangefochten

index [ɛ̃dɛks] *m* ❶ *(doigt)* Zeigefinger *m* ❷ *(table alphabétique)* Verzeichnis *nt*

indexation [ɛ̃dɛksasjɔ̃] *f* ECON, FIN Indexierung *f*

indexer [ɛ̃dɛkse] <1> *vt* ECON, FIN ~ **qc sur qc** etw an etw *(akk)* koppeln

indicateur, -trice [ɛ̃dikatœʀ] *adj (panneau)* Hinweis-

indicatif [ɛ̃dikatif] *m* TELEC Vorwahl[nummer *f*] *f*

indicatif, -ive [ɛ̃dikatif] *adj* annähernd

indication [ɛ̃dikasjɔ̃] *f (information)* Hinweis *m*

indice [ɛ̃dis] *m* ❶ *(signe)* Anzeichen *nt*; *(constatation)* Indiz *nt* ❷ *(preuve)* Beweis *m* ❸ ECON, FIN ~ **des prix** Preisindex *m*

indien(ne) [ɛ̃djɛ̃] *adj* ❶ *(d'Inde)* indisch ❷ *(d'Amérique)* indianisch *(pej)*

Indien(ne) [ɛ̃djɛ̃] *m(f)* ❶ *(habitant de l'Inde)* Inder(in) *m(f)* ❷ *(indigène d'Amérique)* Indianer(in) *m(f) (pej)*

indifféremment [ɛ̃difeʀamɑ̃] *adv* in gleicher Weise

indifférence [ɛ̃difeʀɑ̃s] *f (insensibilité)* Gleichgültigkeit *f*

indifférent(e) [ɛ̃difeʀɑ̃] *adj* ❶ *(attitude, personne)* gleichgültig ❷ *(égal)* **être ~ à qn** jdm gleichgültig sein

indigène [ɛ̃diʒɛn] *adj* ❶ einheimisch; **les populations ~s** die Einheimischen ❷ *(opp: blanc)* eingeboren

indigeste [ɛ̃diʒɛst] *adj* schwer verdaulich

indigestion [ɛ̃diʒɛstjɔ̃] *f* Magenverstimmung *f*

indignation [ɛ̃diɲasjɔ̃] *f* Empörung *f*

indigne [ɛ̃diɲ] *adj (qui ne mérite pas)* **être ~ de qn/qc** jds/einer S. nicht würdig sein

indigné(e) [ɛ̃diɲe] *adj* ~ **de qc** entrüstet über etw *(akk)*

indigner [ɛ̃diɲe] <1> **I.** *vt* empören **II.** *vpr* **s'~ contre qn/contre** [*o* **de**] **qc** sich über jdn/etw empören

indigo [ɛ̃digo] *m* Indigo *m o nt*

indiqué(e) [ɛ̃dike] *adj* ❶ *(conseillé)* ratsam ❷ *(adéquat)* geeignet ❸ *(fixé)* angegeben

indiquer [ɛ̃dike] <1> *vt* ❶ *(désigner)* zeigen; ~ **qc** *(horloge)* etw anzeigen ❷ *(révéler)* ~ **qc/que** auf etw *(akk)* hinweisen/darauf hinweisen, dass ❸ *(marquer)* kennzeichnen

indirect(e) [ɛ̃diʀɛkt] *adj* indirekt

indirectement [ɛ̃diʀɛktəmɑ̃] *adv* indirekt

indiscipliné(e) [ɛ̃disipline] *adj* undiszipliniert

indiscret, -ète [ɛ̃diskʀɛ] **I.** *adj (yeux, personne)* neugierig **II.** *m, f* Neugierige(r) *f(m)*

indiscrétion [ɛ̃diskʀesjɔ̃] *f* Indiskretion *f*

indiscutable [ɛ̃diskytabl] *adj (fait)* unumstößlich

Übersetzungstipp

Indiscutable – Nicht verwechseln mit *indiskutabel* – *inacceptable!*

indiscutablement [ɛ̃diskytabləmɑ̃] *adv* zweifellos

indispensable [ɛ̃dispɑ̃sabl] **I.** *adj* unbedingt notwendig; **il est ~ de faire qc/que qn fasse qc** man muss unbedingt etw tun/es muss unbedingt etw getan werden **II.** *m* **l'~** das Nötigste

indisponibilité [ɛ̃dispɔnibilite] *f (d'une personne)* mangelnde Verfügbarkeit

indisponible [ɛ̃dispɔnibl] *adj* nicht verfügbar

indisposé(e) [ɛ̃dispoze] *adj* unpässlich

indisposition [ɛ̃dispozisjɔ̃] *f* Unpässlichkeit *f*

indissociable [ɛ̃disɔsjabl] *adj* untrennbar

indistinct(e) [ɛ̃distɛ̃] *adj (murmure, vision)* undeutlich

indistinctement [ɛ̃distɛ̃ktəmɑ̃] *adv (prononcer, apercevoir)* undeutlich

individu [ɛ̃dividy] *m* Person *f,* Individuum *nt*

individualisation [ɛ̃dividɥalizasjɔ̃] *f* Individualisierung *f*

individualiser [ɛ̃dividɥalize] <1> *vt (particulariser)* voneinander unterscheiden

individualisme [ɛ̃dividɥalism] *m* Individualismus *m*

individualiste [ɛ̃dividɥalist] *mf* Individualist(in) *m(f)*

individualité [ɛ̃dividɥalite] *f* ❶ *(personnalité)* Persönlichkeit *f* ❷ *(caractère)* Individualität *f*

individuel(le) [ɛ̃dividɥɛl] *adj* persönlich; **cas ~** Einzelfall *m*

individuellement [ɛ̃dividɥɛlmɑ̃] *adv* einzeln

indivisible [ɛ̃divizibl] *adj* unteilbar

Indochine [ɛ̃doʃin] *f* HIST **l'~** Indochina *nt*

indo-européen(ne) [ɛ̃doœʀɔpeɛ̃] <indo-européens> *adj* indogermanisch

indolence [ɛ̃dɔlɑ̃s] *f* Trägheit *f*

indolent(e) [ɛ̃dɔlɑ̃, ɑ̃t] *adj* träge; *(caractère)* phlegmatisch

indolore [ɛ̃dɔlɔʀ] *adj* schmerzlos; **être ~** nicht wehtun

indomptable [ɛ̃dɔ̃tabl] *adj (animal)* unzähmbar

Indonésie [ɛ̃donezi] *f* **l'~** Indonesien *nt*

indubitable [ɛ̃dybitabl] *adj* unzweifelhaft

indubitablement [ɛ̃dybitabləmɑ̃] *adv* ganz ohne Zweifel

induction [ɛ̃dyksjɔ̃] *f* Induktion *f*

induire [ɛ̃dɥiʀ] <irr> *vt* **~ qn/qc à qc/à faire qc** jdn/etw zu etw treiben/dazu treiben, etw zu tun

indulgence [ɛ̃dylʒɑ̃s] *f* Nachsicht *f*

indulgent(e) [ɛ̃dylʒɑ̃] *adj* nachsichtig

industrialisation [ɛ̃dystʀijalizasjɔ̃] *f* Industrialisierung *f*

industrialiser [ɛ̃dystʀijalize] <1> *vt* industrialisieren

industrie [ɛ̃dystʀi] *f* ECON Industrie *f*

industriel(le) [ɛ̃dystʀijɛl] **I.** *adj* industriell; **véhicule ~** Nutzfahrzeug *nt* **II.** *m(f)* Industrielle(r) *f(m)*

industriellement [ɛ̃dystʀijɛlmɑ̃] *adv (fabriqué)* industriell

inébranlable [inebʀɑ̃labl] *adj* ❶ *(solide)* sicher ❷ *(inflexible)* unerschütterlich; *(résolution)* fest; **qn est ~ dans sa résolution** jds Entschluss ist unwiderruflich; **être ~ dans ses convictions** von seiner Meinung felsenfest überzeugt sein

inédit [inedi] *m* ❶ unveröffentlichtes Werk *nt* ❷ *(chose nouvelle)* Neuheit *f*

inédit(e) [inedi] *adj (non publié)* unveröffentlicht

ineffaçable [inefasabl] *adj* ❶ *(indélébile)* nicht zu entfernen ❷ *(inoubliable)* unauslöschlich; *(souvenir)* unvergesslich

inefficace [inefikas] *adj* unwirksam

inefficacité [inefikasite] *f* Wirkungslosigkeit *f*; *(d'une démarche, d'un secours)* Erfolglosigkeit *f*

inégal(e) [inegal] <-aux> *adj (différent)* ungleich

inégalable [inegalabl] *adj (qualité)* unerreichbar

inégalé(e) [inegale] *adj* unerreicht

inégalement [inegalmɑ̃] *adv* ungleich
inégalitaire [inegalitɛʀ] *adj* **une société ~** *eine Gesellschaft, die große soziale Unterschiede aufweist*; **politique fiscale ~** unsoziale Steuerpolitik
inégalité [inegalite] *f* Ungleichheit *f*
inéluctable [inelyktabl] *adj* unausweichlich
inéluctablement [inelyktabləmɑ̃] *adv* unausweichlich
ineptie [inɛpsi] *f* Dummheit *f*
inépuisable [inepɥizabl] *adj* unerschöpflich
inerte [inɛʀt] *adj (corps)* leblos
inertie [inɛʀsi] *f a.* PHYS Trägheit *f*
inespéré(e) [inɛspeʀe] *adj* ❶ *(secours, succès)* unverhofft ❷ *(profit)* unerwartet hoch
inestimable [inɛstimabl] *adj* unschätzbar
inévitable [inevitabl] **I.** *adj* ❶ *(certain, fatal)* unvermeidlich ❷ *(nécessaire)* unvermeidbar ❸ *iron (habituel)* unvermeidlich **II.** *m* **l'~** das Unvermeidliche
inévitablement [inevitabləmɑ̃] *adv* zwangsläufig
inexact(e) [inɛgzakt] *adj* ❶ *(calcul, résultat)* ungenau ❷ *(traduction, récit)* ungenau ❸ *(opp: ponctuel: personne)* unpünktlich
inexactitude [inɛgzaktityd] *f* ❶ *(caractère erroné)* Unrichtigkeit *f* ❷ *(manque de précision)* Ungenauigkeit *f*
inexcusable [inɛkskyzabl] *adj* unverzeihlich
inexistant(e) [inɛgzistɑ̃] *adj* ❶ *(qui n'existe pas)* nicht vorhanden ❷ *péj (nul)* bedeutungslos
inexorable [inɛgzɔʀabl] *adj* unerbittlich
inexorablement [inɛgzɔʀabləmɑ̃] *adv* unweigerlich
inexpérimenté(e) [inɛkspeʀimɑ̃te] *adj* unerfahren
inexplicable [inɛksplikabl] *adj* unerklärlich
inexpliqué(e) [inɛksplike] *adj* nicht geklärt; *(catastrophe, disparition)* nicht aufgeklärt, nicht geklärt
inexploité(e) [inɛksplwate] *adj (gisement, richesses)* nicht ausgebeutet
inexploré(e) [inɛksplɔʀe] *adj* unerforscht
inexpressif, -ive [inɛkspʀesif] *adj* ausdruckslos
inexprimable [inɛkspʀimabl] *adj* unaussprechlich; *(émotion)* unbeschreiblich
inextricable [inɛkstʀikabl] *adj* ❶ *a. antéposé (enchevêtré)* unentwirrbar ❷ *(embrouillé: affaire)* verzwickt
infaillibilité [ɛ̃fajibilite] *f* Unfehlbarkeit *f*
infaillible [ɛ̃fajibl] *adj* unfehlbar; *(instrument)* zuverlässig; *(signe)* untrüglich
infaisable [ɛ̃fəzabl] *adj* nicht machbar
infalsifiable [ɛ̃falsifjabl] *adj* fälschungssicher
infâme [ɛ̃fɑm] *adj a. antéposé (acte, conduite)* schändlich
infamie [ɛ̃fami] *f* Schande *f*
infanterie [ɛ̃fɑ̃tʀi] *f* MIL Infanterie *f*
infantile [ɛ̃fɑ̃til] *adj* kindisch
infantiliser [ɛ̃fɑ̃tilize] <1> *vt* verdummen
infarctus [ɛ̃faʀktys] *m* MED Infarkt *m*
infatigable [ɛ̃fatigabl] *adj* unermüdlich
infect(e) [ɛ̃fɛkt] *adj* ❶ widerlich ❷ *fam (ignoble)* gemein
infecter [ɛ̃fɛkte] <1> *vpr* **s'~** sich entzünden
infectieux, -euse [ɛ̃fɛksjø] *adj* ansteckend
infection [ɛ̃fɛksjɔ̃] *f* Entzündung *f*
inférieur(e) [ɛ̃feʀjœʀ] *adj* ❶ *(dans l'espace)* untere(r, s) ❷ *(en qualité)* niedriger; **être ~ à qn** jdm unterlegen sein ❸ *(en quantité)* geringer
infériorité [ɛ̃feʀjɔʀite] *f* ❶ *(moindre force)* Unterlegenheit *f* ❷ *(moindre valeur)* Minderwertigkeit *f*
infernal(e) [ɛ̃fɛʀnal, -o] <-aux> *adj* ❶ höllisch; *(divinité)* der Hölle; **puissance ~e** Höllenmacht *f* ❷ *(diabolique)* teuflisch
infester [ɛ̃fɛste] <1> *vt* heimsuchen

infidèle [ɛ̃fidɛl] *adj* ❶ *(perfide)* treulos; **être ~ à qn** jdm untreu sein ❷ REL ungläubig

infidélité [ɛ̃fidelite] *f* ❶ *sans pl (déloyauté)* Untreue *f* ❷ *(d'un conjoint)* Seitensprung *m*

infiltration [ɛ̃filtʀasjɔ̃] *f (d'un liquide)* Einsickern *nt*

infiltrer [ɛ̃filtʀe] <1> **I.** *vt* unterwandern **II.** *vpr* **s'~** eindringen

infime [ɛ̃fim] *adj* winzig [klein]; *(minorité)* verschwindend [klein]

infini [ɛ̃fini] *m (immensité)* Unendlichkeit *f*

infini(e) [ɛ̃fini] *adj (distance, nombre)* unendlich [groß]; *(étendue, durée, longueur)* endlos

infiniment [ɛ̃finimɑ̃] *adv* ❶ *(sans borne)* unendlich; *(vaste)* grenzenlos ❷ *(extrêmement)* außerordentlich

infinité [ɛ̃finite] *f* Unendlichkeit *f*

infinitésimal(e) [ɛ̃finitezimal, -o] <-aux> *adj (dose, quantité)* unendlich klein

infinitif [ɛ̃finitif] *m* Infinitiv *m*

infinitif, -ive [ɛ̃finitif] *adj* **proposition infinitive** Infinitivsatz *m;* **le mode ~** der Infinitiv

infirme [ɛ̃fiʀm] **I.** *adj* behindert **II.** *mf* Behinderte(r) *f(m)*

infirmerie [ɛ̃fiʀməʀi] *f* Krankenstation *f; (d'une école)* Krankenzimmer *nt*

infirmier, -ière [ɛ̃fiʀmje] *m, f* Krankenpfleger, -schwester *m, f*

infirmité [ɛ̃fiʀmite] *f* Behinderung *f*

inflammable [ɛ̃flamabl] *adj* leicht entflammbar

inflammation [ɛ̃flamasjɔ̃] *f* MED Entzündung *f*

inflation [ɛ̃flasjɔ̃] *f* Inflation *f*

inflationniste [ɛ̃flasjɔnist] *adj* inflationistisch

infliger [ɛ̃fliʒe] <2a> *vt* **~ une amende à qn pour qc** gegen jdn wegen etw eine Geldbuße verhängen

influençable [ɛ̃flyɑ̃sabl] *adj* beeinflussbar

influence [ɛ̃flyɑ̃s] *f* ❶ *(effet)* Einfluss *m; (d'un médicament)* Wirkung; **sous l'~ de la colère** im Zorn ❷ **avoir de l'~** einflussreich sein

influencer [ɛ̃flyɑ̃se] <2> *vt* **~ [qn]** [jdn] beeinflussen

influenceur, -euse [ɛ̃flyɑ̃sœʀ, -søz] *m, f* INET Influencer(in) *m(f)*

influent(e) [ɛ̃flyɑ̃, ɑ̃t] *adj* einflussreich

info [ɛ̃fo] *f fam abr de* **information** Meldung *f;* **les ~s** die Nachrichten *Pl*

infographiste [ɛ̃fogʀafist] *mf* Computergrafiker(in) *m(f)*

infogroupe [ɛ̃fogʀup] *m* INFORM Newsgroup *f*

informateur, -trice [ɛ̃fɔʀmatœʀ] *m, f* Informant *m*

informaticien(ne) [ɛ̃fɔʀmatisjɛ̃] *m(f)* Informatiker(in) *m(f)*

informatif, -ive [ɛ̃fɔʀmatif] *adj* informativ

information [ɛ̃fɔʀmasjɔ̃] *f* ❶ *(renseignement)* Information *f,* Auskunft *f* ❷ *souvent pl (nouvelles)* Nachricht *f;* **les ~s routières** Hinweise *Pl* für Autofahrer ❸ *pl* INFORM, TECH Daten *Pl*

informatique [ɛ̃fɔʀmatik] **I.** *adj* **saisie ~** Datenerfassung *f* **II.** *f* Informatik *f,* EDV *f*

informatisation [ɛ̃fɔʀmatizasjɔ̃] *f (de l'information)* Computerisierung *f; (d'une entreprise)* Umstellung *f* auf EDV

informatisé(e) [ɛ̃fɔʀmatize] *adj* **fichier ~** Datei *f;* **système ~** EDV-System; **communication ~e** Computerkommunikation *f*

informatiser [ɛ̃fɔʀmatize] <1> *vt (information, secteur)* computerisieren

informe [ɛ̃fɔʀm] *adj* formlos

informel(le) [ɛ̃fɔʀmɛl] *adj* informell

informer [ɛ̃fɔʀme] <1> **I.** *vt, vi* informieren **II.** *vpr* **s'~ de qc** sich über etw *(akk)* informieren; **s'~ si** fragen, ob

infos [ɛ̃fo] *fpl* **les ~** *fam* die Nachrichten

infraction [ɛ̃fʀaksjɔ̃] *f* Vergehen *nt*

infranchissable [ɛ̃fʀɑ̃ʃisabl] *adj* unüberwindlich

infrarouge [ɛ̃fʀaʀuʒ] *adj* infrarot

infrastructure [ɛ̃fʀastʀyktyʀ] *f* Infrastruktur *f*
infréquentable [ɛ̃fʀekɑ̃tabl] *adj péj (personne)* geächtet
infroissable [ɛ̃fʀwasabl] *adj* knitterfrei
infructueux, **-euse** [ɛ̃fʀyktɥø, -øz] *adj* fruchtlos
infuser [ɛ̃fyze] <1> *vt (Tee)* ziehen lassen
infusion [ɛ̃fyzjɔ̃] *f* Kräutertee *m*

Übersetzungstipp
L'infusion – Nicht verwechseln mit *die Infusion – la perfusion!*

ingénierie [ɛ̃ʒeniʀi] *f* Projektplanung *f*
ingénieur [ɛ̃ʒenjœʀ] *mf* Ingenieur(in) *m(f)*
ingénieux, **-euse** [ɛ̃ʒenjø, -jøz] *adj* genial
ingéniosité [ɛ̃ʒenjozite] *f* Genialität *f*
ingénu [ɛ̃ʒeny] *m* Naivling *m*
ingérable [ɛ̃ʒeʀabl] *adj (situation)* unkontrollierbar
ingérence [ɛ̃ʒeʀɑ̃s] *f* Einmischung *f*
ingérer [ɛ̃ʒeʀe] <5> *vt (médicament)* einnehmen
ingouvernable [ɛ̃guvɛʀnabl] *adj (pays, peuple)* unregierbar; *(parlement)* mehrheitsunfähig
ingrat(e) [ɛ̃gʀa] I. *adj* ~ **envers qn** undankbar jdm gegenüber II. *m(f)* undankbarer Mensch *m*
ingratitude [ɛ̃gʀatityd] *f* Undank *m*
ingrédient [ɛ̃gʀedjɑ̃] *m (d'un mélange)* Bestandteil *m*
inguérissable [ɛ̃geʀisabl] *adj* unheilbar
ingurgiter [ɛ̃gyʀʒite] <1> *vt (nourriture)* hinunterschlingen
inhabitable [inabitabl] *adj* unbewohnbar
inhabité(e) [inabite] *adj* unbewohnt
inhabituel(le) [inabitɥɛl] *adj* ungewöhnlich
inhalateur [inalatœʀ] *m* Inhalationsapparat *m*
inhalation [inalasjɔ̃] *f* Einatmen *nt*
inhaler [inale] <1> *vt* einatmen
inhibition [inibisjɔ̃] *f* Hemmung *f*
inhospitalier, **-ière** [inɔspitalje] *adj* ungastlich; *(lieu)* unwirtlich
inhumain(e) [inymɛ̃] *adj* unmenschlich
inimaginable [inimaʒinabl] *adj* unvorstellbar
inimitable [inimitabl] *adj* unnachahmlich
inintéressant(e) [inɛ̃teʀesɑ̃, ɑ̃t] *adj* uninteressant
ininterrompu(e) [inɛ̃teʀɔ̃py] *adj* ununterbrochen
initial(e) [inisjal] <-aux> *adj* anfänglich; *(cause, état)* ursprünglich; **position ~e** Ausgangsposition *f*
initiale [inisjal] *f* Anfangsbuchstabe *m*
initialement [inisjalmɑ̃] *adv* anfänglich
initialisation [inisjalizasjɔ̃] *f* INFORM Initialisierung *f*
initialiser [inisjalize] <1> *vt* initialisieren
initiation [inisjasjɔ̃] *f* ~ **à qc** Einführung *f* in etw
initiatique [inisjatik] *adj* **être** ~ der Einführung dienen
initiative [inisjativ] *f (idée première)* Einfall *m;* **prendre des ~s** die Initiative ergreifen
initié(e) [inisje] I. *adj* eingeweiht II. *m(f)* Eingeweihte(r) *f(m),* Insider(in) *m(f);* **délit d'~** FIN Insidergeschäft *nt,* Insiderhandel *m*
initier [inisje] <1a> *vt* ❶ ~ **qn à un art** jdn in eine Kunst einführen; ~ **qn à un secret** jdn in ein Geheimnis einweihen ❷ *(impulser)* in die Wege leiten
injecté(e) [ɛ̃ʒɛkte] *adj* ▶ ~ **de sang** *(yeux)* blutunterlaufen
injecter [ɛ̃ʒɛkte] <1> *vt* einspritzen
injection [ɛ̃ʒɛksjɔ̃] *f (d'un liquide)* Einspritzen *nt,* Injektion *f*
injure [ɛ̃ʒyʀ] *f* Beleidigung *f*
injurier [ɛ̃ʒyʀje] <1> *vt* beleidigen
injurieux, **-euse** [ɛ̃ʒyʀjø] *adj* beleidigend
injuste [ɛ̃ʒyst] *adj* ungerecht

injustement [ɛ̃ʒystəmɑ̃] *adv (à tort)* zu Unrecht

injustice [ɛ̃ʒystis] *f* Ungerechtigkeit *f*

injustifié(e) [ɛ̃ʒystifje] *adj* ungerechtfertigt

inlassablement [ɛ̃lɑsabləmɑ̃] *adv* unermüdlich

inné(e) [i(n)ne] *adj* angeboren

innocemment [inɔsamɑ̃] *adv* in aller Unschuld

innocence [inɔsɑ̃s] *f* Unschuld *f; (naïveté)* Arglosigkeit *f*

innocent(e) [inɔsɑ̃] **I.** *adj* ❶ *(opp: coupable)* unschuldig ❷ *(anodin)* harmlos **II.** *m(f)* Unschuldige(r) *f(m)*

innocenter [inɔsɑ̃te] <1> *vt* ~ **qn de vol** jdn vom Diebstahl entlasten

innombrable [i(n)nɔ̃bʀabl] *adj* unzählig

innovateur, -trice [inɔvatœʀ, -tʀis] **I.** *adj (méthode)* neu; *(politique)* der Erneuerung; **une action innovatrice** eine Neuerung; **être** ~ **innovativ** sein **II.** *m, f* Neuerer *m*/Neuerin *f*, Innovator(in) *m(f)*

innovation [inɔvasjɔ̃] *f* Innovation *f*

innover [inɔve] <1> *vt* neu einführen

inoccupé(e) [inɔkype] *adj (place)* frei

inodore [inɔdɔʀ] *adj* geruchlos

inoffensif, -ive [inɔfɑ̃sif] *adj* harmlos

inondable [inɔ̃dabl] *adj* überschwemmungsgefährdet

inondation [inɔ̃dasjɔ̃] *f* Überschwemmung *f; (d'un fleuve)* Hochwasser *nt*

inonder [inɔ̃de] <1> *vt (couvrir d'eaux)* überschwemmen

inopiné(e) [inɔpine] *adj* unerwartet

inopinément [inɔpinemɑ̃] *adv* unerwartet

inopportun(e) [inɔpɔʀtœ̃, yn] *adj (demande)* ungelegen

inoubliable [inublijabl] *adj* unvergesslich

inouï(e) [inwi] *adj* unerhört

inoxydable [inɔksidabl] *adj* rostfrei

inqualifiable [ɛ̃kalifjabl] *adj* unbeschreiblich; *(agression)* abscheulich

inquiet, -ète [ɛ̃kjɛ] *adj (anxieux)* beunruhigt; *(caractère, personne)* ängstlich

inquiétant(e) [ɛ̃kjetɑ̃] *adj* beunruhigend

inquiéter [ɛ̃kjete] <5> **I.** *vt* beunruhigen **II.** *vpr (s'alarmer)* **s'~** sich *(dat)* Sorgen machen

inquiétude [ɛ̃kjetyd] *f* Beunruhigung *f kein Pl*, Sorge *f*; **plonger qn dans l'~** jdn in Sorge versetzen; **avoir des ~s au sujet de la fille/la maison** sich *(dat)* des Mädchens/des Hauses wegen Sorgen machen; **soyez sans ~** machen Sie sich *(dat)* keine Sorgen; **être sans ~ sur qc** keine Sorgen mit etw haben

inquisiteur, -trice [ɛ̃kizitœʀ, -tʀis] *m, f* HIST, REL *a. péj* Inquisitor(in) *m(f)*

inquisition [ɛ̃kizisjɔ̃] *f* HIST, REL *a. péj* **l'Inquisition** die Inquisition

insalubre [ɛ̃salybʀ] *adj (climat)* ungesund

insanité [ɛ̃sanite] *f* **dire des ~s** Unsinn von sich geben

insatiable [ɛ̃sasjabl] *adj* unersättlich; *(soif)* unstillbar

insatisfaction [ɛ̃satisfaksjɔ̃] *f* ~ **devant qc** Unzufriedenheit *f* mit etw

insatisfait(e) [ɛ̃satisfɛ] *adj* ❶ ~ **de qn/qc** unzufrieden mit jdm/etw ❷ *(inassouvi)* unbefriedigt

inscription [ɛ̃skʀipsjɔ̃] *f* ❶ *(texte)* Inschrift *f; (d'un poteau indicateur)* Aufschrift *f* ❷ *(immatriculation)* Anmeldung *f*

inscrire [ɛ̃skʀiʀ] <irr> **I.** *vt* ❶ *(noter)* ~ **qc dans un carnet** [sich *(dat)*] etw in einem Heft aufschreiben ❷ *(immatriculer)* ~ **qn à une école** jdn an einer Schule anmelden; ~ **qn sur une liste** jdn in eine Liste eintragen **II.** *vpr* ❶ *(s'immatriculer)* **s'~ à une faculté** sich an einer Universität einschreiben ❷ *(s'insérer dans)* **s'~ dans le cadre de qc** *(décision, projet)* im Rahmen von etw geschehen

inscrit(e) [ɛ̃skʀi] **I.** *part passé de* **inscrire** **II.** *adj (candidat)* gemeldet **III.** *m(f) (à une faculté)* [immatrikulierter] Student, [immatrikulierte] Studentin *m, f*

insecte [ɛ̃sɛkt] *m* Insekt *nt*

insecticide [ɛ̃sɛktisid] *m* Insektenvertilgungsmittel *nt*

insécurité [ɛ̃sekyʀite] *f* Unsicherheit *f*

insémination [ɛ̃seminasjɔ̃] *f* Befruchtung *f*

insensé(e) [ɛ̃sɑ̃se] *adj* absurd

insensibilité [ɛ̃sɑ̃sibilite] *f* Unempfindlichkeit *f*

insensible [ɛ̃sɑ̃sibl] *adj* ❶ *(physiquement)* **être ~** *(personne)* nichts spüren ❷ *(moralement)* gefühllos

inséparable [ɛ̃sepaʀabl] *adj (amis)* unzertrennlich

I

insérer [ɛ̃seʀe] <5> **I.** *vt* einfügen **II.** *vpr* **s'~ dans qc** *(personne)* sich in etw *(akk)* integrieren

insertion [ɛ̃sɛʀsjɔ̃] *f* Eingliederung *f*

insidieux, -euse [ɛ̃sidjø, -jøz] *adj* ❶ *(question, promesse)* hinterhältig; *(personne)* hinterlistig ❷ *(maladie)* heimtückisch

insigne [ɛ̃siɲ] *m* Abzeichen *nt*

insignifiance [ɛ̃siɲifjɑ̃s] *f* Bedeutungslosigkeit *f*

insignifiant(e) [ɛ̃siɲifjɑ̃] *adj* unbedeutend

insinuation [ɛ̃sinɥasjɔ̃] *f* ❶ *(allusion)* Anspielung *f* ❷ *(accusation sournoise)* Unterstellung *f*

insinuer [ɛ̃sinɥe] <1> **I.** *vt (laisser entendre)* andeuten; *(accuser)* unterstellen **II.** *vpr* ❶ *(pénétrer)* **s'~ dans qc** in etw *(akk)* [ein]dringen ❷ *(se glisser)* **s'~ dans qc** *(personne)* sich durch etw schlängeln; *(idée, sentiment)* sich in etw *(akk)* einschleichen; **s'~ dans l'esprit de qn** jdn beschleichen

insipide [ɛ̃sipid] *adj* geschmacklos

insistance [ɛ̃sistɑ̃s] *f* Beharrlichkeit *f*; **avec ~** beharrlich

insistant(e) [ɛ̃sistɑ̃] *adj* dringend

insister [ɛ̃siste] <1> *vi* ❶ *(s'obstiner)* nicht nachgeben ❷ *(persévérer)* durchhalten ❸ *(mettre l'accent sur)* **~ sur qc** etw betonen

insolation [ɛ̃sɔlasjɔ̃] *f* Sonnenstich *m*

insolence [ɛ̃sɔlɑ̃s] *f* ❶ *(impertinence)* Frechheit *f* ❷ *(arrogance)* Unverschämtheit *f*

insolent(e) [ɛ̃sɔlɑ̃] **I.** *adj* ❶ *(impertinent)* frech ❷ *(provocant)* unverschämt **II.** *m(f)* freche Person *f*

insolite [ɛ̃sɔlit] *adj (inhabituel)* ungewöhnlich

insoluble [ɛ̃sɔlybl] *adj* ❶ *(produit)* unlöslich ❷ *(problème)* unlösbar

insolvable [ɛ̃sɔlvabl] *adj* zahlungsunfähig

insomniaque [ɛ̃sɔmnjak] *adj* **être ~** Schlafstörungen haben

insomnie [ɛ̃sɔmni] *f* Schlaflosigkeit *f*

insondable [ɛ̃sɔ̃dabl] *adj (abîme)* bodenlos, unermesslich tief

insonore [ɛ̃sɔnɔʀ] *adj* schalldämmend

insonorisé(e) [ɛ̃sɔnɔʀize] *adj* schalldicht

insonoriser [ɛ̃sɔnɔʀize] <1> *vt* schalldicht machen

insouciance [ɛ̃susjɑ̃s] *f* Sorglosigkeit *f*

insouciant(e) [ɛ̃susjɑ̃] *adj* unbekümmert; *(vie)* sorglos

insoumis(e) [ɛ̃sumi, iz] *adj* widerspenstig

insoupçonné(e) [ɛ̃supsɔne] *adj* ungeahnt

insoutenable [ɛ̃sutnabl] *adj* unerträglich

inspecter [ɛ̃spɛkte] <1> *vt* ❶ *(fonctionnaire)* kontrollieren ❷ *(lieu)* inspizieren

inspecteur, -trice [ɛ̃spɛktœʀ] *m, f* Inspektor(in) *m(f)*

inspection [ɛ̃spɛksjɔ̃] *f (contrôle)* Kontrolle *f*

inspiration [ɛ̃spiʀasjɔ̃] *f* ❶ *(intuition)* Eingebung *f* ❷ *(poétique)* Inspiration *f* ❸ *(opp: expiration)* Einatmen *nt*

inspiré(e) [ɛ̃spiʀe] *adj* **~ de qc** von etw beeinflusst

inspirer [ɛ̃spiʀe] <1> **I.** *vt* ❶ ANAT einatmen ❷ *(susciter)* **~ de la confiance** *(personne)* Vertrauen einflößen **II.** *vpr* **s'~ de qn/qc** sich von jdm/etw inspirieren lassen **III.** *vi* einatmen

instabilité [ɛ̃stabilite] *f* Unbeständigkeit *f*

instable [ɛ̃stabl] *adj* ❶ *(inconstant)* wechselhaft; *(personne) (dans son psychisme)* labil ❷ *(paix, situation)* unsicher

installateur, -trice [ɛ̃stalatœʀ, -tʀis] *m, f* Installateur(in) *m(f)*

installation [ɛ̃stalasjɔ̃] *f* ❶ Installation *f* ❷ *gén pl (équipement)* Anlagen *Pl*

installé(e) [ɛ̃stale] *adj* ❶ **être bien ~** sich gemütlich eingerichtet haben ❷ **être ~** sich etabliert haben

installer [ɛ̃stale] <1> **I.** *vt* ❶ *(câbles, tuyaux)* installieren; *(téléphone)* anschließen ❷ *(caser, loger: chose)* hinstellen **II.** *vpr* ❶ *(s'asseoir)* **s'~** sich setzen ❷ *(se loger)* **s'~** sich einrichten ❸ *(s'établir)* **s'~** sich niederlassen

instamment [ɛ̃stamɑ̃] *adv* inständig

instant [ɛ̃stɑ̃] *m* Augenblick *m;* **à tout ~** ständig; **à l'~ [même]** *(juste avant)* [gerade] eben; **dans un ~** gleich; **en un ~** im Nu; **pour l'~** im Moment

instantané(e) [ɛ̃stɑ̃tane] *adj* ❶ *(immédiat)* unmittelbar; *(réponse)* prompt ❷ GASTR Instant-; **soupe ~e** Instantsuppe *f*

instantanément [ɛ̃stɑ̃tanemɑ̃] *adv* augenblicklich

instauration [ɛ̃stɔʀasjɔ̃] *f* Einführung *f*

instaurer [ɛ̃stɔʀe] <1> **I.** *vt (gouvernement)* bilden **II.** *vpr* **s'~** *(état d'esprit)* sich breit machen

instigateur, -trice [ɛ̃stigatœʀ, -tʀis] *m, f* **~ de qc** Verantwortlicher für etw, Initiator einer S. *(gen) (d'un complot)* Anstifter einer S. *(gen)*

instinct [ɛ̃stɛ̃] *m* Instinkt *m;* **~ sexuel** Sexualtrieb *m;* **d'~** instinktiv

Aussprache

Bei **instinct** wird die Endung -ct nicht als [kt] gesprochen, sondern bleibt stumm.

instinctif, -ive [ɛ̃stɛ̃ktif] *adj* spontan

instinctivement [ɛ̃stɛ̃ktivmɑ̃] *adv* instinktiv

instituer [ɛ̃stitɥe] <1> *vt* ❶ *(organisation, ordre)* einführen, einrichten ❷ ADMIN, JUR einsetzen

institut [ɛ̃stity] *m* Institut *nt;* **~ de beauté** Kosmetiksalon *m*

instituteur, -trice [ɛ̃stitytœʀ] *m, f* Lehrer(in) *m(f)*

institution [ɛ̃stitysjɔ̃] *f* Einrichtung *f*

institutionnaliser [ɛ̃stitysjɔnalize] <1> *vt* institutionalisieren

Institut monétaire européen *m* Europäisches Währungsinstitut *nt*

instructeur, -trice [ɛ̃stʀyktœʀ, -tʀis] *m, f a.* MIL Ausbilder(in) *m(f)*

instructif, -ive [ɛ̃stʀyktif] *adj* lehrreich

instruction [ɛ̃stʀyksjɔ̃] *f* ❶ **~ civique** Gemeinschaftskunde *f* ❷ ADMIN Verordnung *f* ❸ *gén pl (mode d'emploi)* Gebrauchsanweisung *f*

instruit(e) [ɛ̃stʀɥi] *adj* gebildet

instrument [ɛ̃stʀymɑ̃] *m* ❶ *(outil)* Werkzeug *nt* ❷ MUS **~ [de musique]** [Musik]instrument *nt* ❸ *(moyen)* Instrument *nt,* Mittel *nt*

insu [ɛ̃sy] ▶ **à l'~ de qn** *(en cachette)* ohne jds Wissen

insubmersible [ɛ̃sybmɛʀsibl] *adj* unsinkbar

insuccès [ɛ̃syksɛ] *m* Misserfolg *m*

insuffisamment [ɛ̃syfizamɑ̃] *adv* unzureichend, ungenügend

insuffisance [ɛ̃syfizɑ̃s] *f* **~ de qc** Knappheit *f* an etw *(dat)*

insuffisant(e) [ɛ̃syfizɑ̃] *adj* ❶ *(en quantité)* ungenügend ❷ *(en qualité)* unzureichend

insuffler [ɛ̃syfle] <1> *vt* **~ de la peur/du courage à qn** jdm Angst/Mut *(akk)* einflößen

insulaire [ɛ̃sylɛʀ] *mf* Inselbewohner(in) *m(f)*

insuline [ɛ̃sylin] *f* Insulin *nt*

insultant(e) [ɛ̃syltɑ̃, ɑ̃t] *adj (air, personne)* unverschämt; *(paroles, soupçon)* beleidigend; *(ton)* unverschämt;

I

être ~ pour qn/qc beleidigend für jdn/etw sein

insulte [ɛ̃sylt] *f* Beleidigung *f*

insulter [ɛ̃sylte] <1> *vt* beleidigen

insupportable [ɛ̃sypɔʀtabl] *adj (intolérable)* unerträglich

insurgé(e) [ɛ̃syʀʒe] *m(f)* Aufständische(r) *f(m)*

insurger [ɛ̃syʀʒe] <2a> *vpr* **s'~ contre qn/qc** sich gegen jdn/etw auflehnen

insurmontable [ɛ̃syʀmɔ̃tabl] *adj* unüberwindbar

insurrection [ɛ̃syʀɛksjɔ̃] *f* Aufstand *m*

insurrectionnel(le) [ɛ̃syʀɛksjɔnɛl] *adj (force)* aufständisch

intact(e) [ɛ̃takt] *adj* ❶ *(objet)* unversehrt; *(produit)* einwandfrei ❷ *(honneur, réputation)* makellos

intarissable [ɛ̃taʀisabl] *adj* unerschöpflich; *(eau, puits)* nie versiegend

intégral(e) [ɛ̃tegʀal] <-aux> *adj* vollständig

intégralement [ɛ̃tegʀalmɑ̃] *adv* vollständig

intégralité [ɛ̃tegʀalite] *f* Vollständigkeit *f*

intégration [ɛ̃tegʀasjɔ̃] *f* Integration *f*

intègre [ɛ̃tɛgʀ] *adj (vie)* ehrenhaft, unbescholten

intégrer [ɛ̃tegʀe] <5> *vpr* **s'~ à qc** *(personne, chose)* sich in etw *(akk)* integrieren

intégrisme [ɛ̃tegʀism] *m* Fundamentalismus *m*

intégriste [ɛ̃tegʀist] *adj* fundamentalistisch

intégrité [ɛ̃tegʀite] *f* ❶ *(d'une vie)* Ehrbarkeit *f*, Unbescholtenheit *f* ❷ *(intégralité)* Unversehrtheit *f*

intellect [ɛ̃telɛkt] *m* Intellekt *m*

intellectuel(le) [ɛ̃telɛktɥɛl] **I.** *adj* intellektuell **II.** *m(f)* Intellektuelle(r) *f(m)*

intellectuellement [ɛ̃telɛktɥɛlmɑ̃] *adv* intellektuell

intelligemment [ɛ̃teliʒamɑ̃] *adv* intelligent

intelligence [ɛ̃teliʒɑ̃s] *f (entendement)* Intelligenz *f*

intelligent(e) [ɛ̃teliʒɑ̃] *adj* intelligent

intelligible [ɛ̃teliʒibl] *adj* verständlich, vernehmbar

intempéries [ɛ̃tɑ̃peʀi] *fpl* schlechtes Wetter *nt*

intempestif, -ive [ɛ̃tɑ̃pɛstif, -iv] *adj (allusion, gaieté)* unpassend; *(zèle)* blind

intenable [ɛ̃t(ə)nabl] *adj* ❶ *(intolérable)* unerträglich ❷ *(classe)* aufsässig

intendance [ɛ̃tɑ̃dɑ̃s] *f* Verwaltung *f*; MIL Logistik *f*; **~ universitaire** Universitätsverwaltung

intendant(e) [ɛ̃tɑ̃dɑ̃] *m(f)* ❶ Verwaltungsdirektor *m* ❷ *(régisseur)* Verwalter *m*

intense [ɛ̃tɑ̃s] *adj* intensiv; *(circulation)* dicht

intensément [ɛ̃tɑ̃semɑ̃] *adv* intensiv

intensif, -ive [ɛ̃tɑ̃sif] *adj* intensiv

intensification [ɛ̃tɑ̃sifikasjɔ̃] *f* Intensivierung *f*; *(d'une lutte)* Verstärkung *f*; *(des efforts, de la production)* Steigerung *f*

intensifier [ɛ̃tɑ̃sifje] <1> **I.** *vt* intensivieren; *(efforts, production)* steigern **II.** *vpr* **s'~** an Intensität zunehmen

intensité [ɛ̃tɑ̃site] *f* Intensität *f*; **~ du courant** Stromstärke *f*

intenter [ɛ̃tɑ̃te] <1> *vt* JUR **~ un procès contre qn** einen Prozess gegen jdn anstrengen

intention [ɛ̃tɑ̃sjɔ̃] *f* Absicht *f*; **avoir l'~ de faire qc** vorhaben, etw zu tun

intentionné(e) [ɛ̃tɑ̃sjɔne] *adj* ▸ **être bien/mal ~ à l'égard de qn** jdm wohlgesinnt/übel gesinnt sein

intentionnel(le) [ɛ̃tɑ̃sjɔnɛl] *adj* absichtlich

intentionnellement [ɛ̃tɑ̃sjɔnɛlmɑ̃] *adv* absichtlich

interactif, -ive [ɛ̃tɛʀaktif] *adj* interaktiv

interaction [ɛ̃tɛʀaksjɔ̃] *f* Wechselwirkung *f*; INFORM Dialog *m*

interbancaire [ɛ̃tɛʀbɑ̃kɛʀ] *adj* Interbanken-

intercepter [ɛ̃tɛʀsɛpte] <1> *vt (objet,*

personne) abfangen; *(véhicule)* anhalten

interchangeable [ɛ̃tɛʀʃɑ̃ʒabl] *adj* austauschbar

interclasse [ɛ̃tɛʀklɑs] *m* SCOL kleine Pause *f*

interconnexion [ɛ̃tɛʀkɔnɛksjɔ̃] *f* Zusammenschaltung *f*

intercontinental(e) [ɛ̃tɛʀkɔ̃tinɑ̃tal, -o] <-aux> *adj* interkontinental

interdépendance [ɛ̃tɛʀdepɑ̃dɑ̃s] *f (des peuples, régions)* gegenseitige Abhängigkeit

interdiction [ɛ̃tɛʀdiksjɔ̃] *f* Verbot *nt;* **~ de stationner/de fumer** Parken *nt*/Rauchen *nt* verboten

interdire [ɛ̃tɛʀdiʀ] <irr> **I.** *vt* **~ à qn de faire qc** jdm verbieten, etw zu tun **II.** *vpr* **s'~ qc/de faire qc** sich *(dat)* etw verbieten/es sich *(dat)* verbieten, etw zu tun

interdisciplinaire [ɛ̃tɛʀdisiplinɛʀ] *adj* interdisziplinär

interdit [ɛ̃tɛʀdi] *m* Verbot *nt*

interdit(e) [ɛ̃tɛʀdi] *adj* verboten; **chantier ~** Betreten der Baustelle verboten; **~ aux moins de 16 ans** frei ab 16

intéressant(e) [ɛ̃teʀesɑ̃] **I.** *adj* interessant **II.** *m(f)* **faire l'~** *péj* sich interessant machen

intéressé(e) [ɛ̃teʀese] *adj* ❶ *(captivé)* interessiert ❷ *(concerné)* betroffen

intéressement [ɛ̃teʀɛsmɑ̃] *m* Gewinnbeteiligung *f*

intéresser [ɛ̃teʀese] <1> **I.** *vt* interessieren; **être intéressé à faire qc** daran interessiert sein, etw zu tun **II.** *vpr* **s'~ à qn/qc** sich für jdn/etw interessieren

intérêt [ɛ̃teʀɛ] *m* ❶ Interesse *nt;* **avec/sans ~** interessiert/ohne besonderes Interesse ❷ *(importance)* Bedeutung *f* ❸ *(d'un film, livre)* Reiz *m* ❹ *souvent pl (cause)* Interesse *nt* ❺ *(avantage)* **par ~** eigennützig; **elle a [tout] ~ à refuser** sie sollte [wirklich] ablehnen ❻ *souvent pl (rendement)* Zins *m* ► **[il] y a ~!** *fam (et comment)* und ob!

interface [ɛ̃tɛʀfas] *f* INFORM Schnittstelle *f;* **~ graphique** grafische Benutzeroberfläche *f;* **~ utilisateur** Benutzeroberfläche

interférence [ɛ̃tɛʀfeʀɑ̃s] *f a.* PHYS Interferenz *f*

interférer [ɛ̃tɛʀfeʀe] <5> *vi* sich gegenseitig schaden; *(domaines)* sich überschneiden

intérieur [ɛ̃teʀjœʀ] *m* ❶ *(opp: extérieur)* Innere(s) *nt;* **à l'~** *(dedans)* innen; **à l'~ de** im Innern von/in ❷ *(d'une maison, d'un magasin)* Inneneinrichtung *f*

intérieur(e) [ɛ̃teʀjœʀ] *adj* ❶ *(opp: extérieur)* Innen-; **cour ~e** Innenhof *m* ❷ *(affaires)* innere(r, s); **marché ~** Binnenmarkt *m*

intérieurement [ɛ̃teʀjœʀmɑ̃] *adv* ❶ *(au-dedans)* innen ❷ *(rire, se révolter)* innerlich

intérim [ɛ̃teʀim] *m (fonction)* Vertretung *f*

intérimaire [ɛ̃teʀimɛʀ] **I.** *adj (directeur, ministre)* stellvertretend; *(gouvernement)* Übergangs- **II.** *mf* Vertretung *f*

interjection [ɛ̃tɛʀʒɛksjɔ̃] *f* Interjektion *f*

interligne [ɛ̃tɛʀliɲ] *m* Zeilenzwischenraum *m*

interlocuteur, -trice [ɛ̃tɛʀlɔkytœʀ, -tʀis] *m, f* Gesprächspartner(in) *m(f)*

interloqué(e) [ɛ̃tɛʀlɔke] *adj* fassungslos

interloquer [ɛ̃tɛʀlɔke] <1> *vt* aus der Fassung bringen

intermède [ɛ̃tɛʀmɛd] *m* MUS, THEAT Einlage *f*

intermédiaire [ɛ̃tɛʀmedjɛʀ] **I.** *adj* Zwischen-; **résultat ~** Zwischenergebnis *nt* **II.** *mf (médiateur)* Vermittler(in) *m(f)* **III.** *m* **par l'~ de qn/qc** über jdn/etw

interminable [ɛ̃tɛʀminabl] *adj* endlos

intermittence [ɛ̃tɛʀmitɑ̃s] *f* **par ~** ab und zu

intermittent(e) [ɛ̃tɛʀmitɑ̃, ɑ̃t] **I.** *adj* zeitweilig aussetzend **II.** *m(f)* **~ [du spectacle]** *nicht fest angestellter Beschäftigter beim Theater*

internat [ɛ̃tɛʀna] *m* SCOL Internat *nt*

international(e) [ɛ̃tɛʀnasjɔnal] <-aux> *adj* international; **langue/politique ~e** Weltsprache *f*/-politik *f*

internationalement [ɛ̃tɛʀnasjɔnalmɑ̃] *adv* auf internationaler Ebene; *(connu)* international

internationalisation [ɛ̃tɛʀnasjɔnalizasjɔ̃] *f* Internationalisierung *f*

internaute [ɛ̃tɛʀnot] *mf* Surfer(in) *m(f)*

interne [ɛ̃tɛʀn] **I.** *adj (partie)* Innen-; *(problème, promotion)* intern; **face ~** Innenseite *f* **II.** *mf* SCOL Internatsschüler(in) *m(f)*

> **Les internes**
>
> In Frankreich sind Ganztagsschulen die Regel. Sie verfügen über eine Schulkantine, und viele der *collèges* oder *lycées* bieten den Schülerinnen und Schülern außerdem die Möglichkeit, im *internat* zu wohnen. Als **internes** werden die Schülerinnen und Schüler bezeichnet, die in der Schule verpflegt werden und wohnen.

interné(e) [ɛ̃tɛʀne] *adj* interniert

internement [ɛ̃tɛʀnəmɑ̃] *m* POL Internierung *f*

Internet [ɛ̃tɛʀnɛt] *m* Internet *nt;* **accéder à ~** ins Internet kommen

interpellation [ɛ̃tɛʀpelasjɔ̃] *f (arrestation)* vorläufige Festnahme *f (zur Überprüfung der Personalien);* **il y a eu une dizaine d'~s** ungefähr zehn Personen wurden festgenommen

interpeller [ɛ̃tɛʀpəle] <1> *vt* ❶ *(police)* zur Überprüfung der Personalien vorübergehend festnehmen ❷ *(apostropher)* **~ qn** jdm etwas zurufen

interphone [ɛ̃tɛʀfɔn] *m* Sprechanlage *f*

interposer [ɛ̃tɛʀpoze] <1> *vt* dazwischen stellen/setzen/legen

interprétariat [ɛ̃tɛʀpʀetaʀja] *m* Dolmetschen *nt*

interprétation [ɛ̃tɛʀpʀetasjɔ̃] *f (explication)* Interpretation *f*

interprète [ɛ̃tɛʀpʀɛt] *mf* ❶ MUS Interpret(in) *m(f)* ❷ CINE, THEAT Darsteller(in) *m(f)* ❸ *(traducteur)* Dolmetscher(in) *m(f);* **faire l'~** dolmetschen

interpréter [ɛ̃tɛʀpʀete] <5> *vt (texte)* interpretieren; *(rêve)* deuten

interro [ɛ̃teʀo] *f* SCOL *fam* Test *m*

interrogateur, -trice [ɛ̃teʀɔgatœʀ, -tʀis] *adj* fragend

interrogatif [ɛ̃teʀɔgatif] *m* Fragewort *nt*

interrogation [ɛ̃teʀɔgasjɔ̃] *f* ❶ *(question)* Frage *f* ❷ SCOL Klassenarbeit *f*

interrogatoire [ɛ̃teʀɔgatwaʀ] *m* Vernehmung *f*

interrogeable [ɛ̃teʀɔʒabl] *adj* **~ à distance** *(répondeur)* mit Fernabfrage

interroger [ɛ̃teʀɔʒe] <2a> **I.** *vt* ❶ *(questionner)* **~ qn sur un sujet** jdm Fragen über ein Thema stellen; SCOL jdn über einen Stoff abfragen ❷ *(banque de données, répondeur)* abfragen **II.** *vpr* **s'~** sich fragen

interrompre [ɛ̃teʀɔ̃pʀ] <irr> **I.** *vt* unterbrechen; **être interrompu** *(trafic)* zum Erliegen gekommen sein **II.** *vpr* **s'~** *(personne)* innehalten

interrupteur [ɛ̃teʀyptœʀ] *m* Schalter *m*

interruption [ɛ̃teʀypsjɔ̃] *f (arrêt définitif)* Abbruch *m;* **~ [volontaire] de grossesse** Schwangerschaftsabbruch

intersection [ɛ̃tɛʀsɛksjɔ̃] *f (de routes)* Kreuzung *f*

interstice [ɛ̃tɛʀstis] *m* Spalt *m*

intervalle [ɛ̃tɛʀval] *m* ❶ *(écart)* Abstand *m;* *(espace de temps)* Zeit[spanne] *f* ❷ MUS Intervall *nt*

intervenant(e) [ɛ̃tɛʀvənɑ̃, ɑ̃t] *m(f) (participant)* Beteiligte(r) *f(m)*

intervenir [ɛ̃tɛʀvəniʀ] <9> *vi* ❶ *(entrer en action)* eingreifen ❷ *(prendre la parole)* sich einschalten ❸ *(survenir: accord)* zustande kommen

intervention [ɛ̃tɛʀvɑ̃sjɔ̃] *f* ❶ *(action)* Eingreifen ❷ *(prise de parole)* Beitrag *m* ❸ MED Eingriff *m*

interview [ɛ̃tɛʀvju] *f* Interview *nt*
interviewer [ɛ̃tɛʀvjuve] <1> *vt* interviewen
intestin [ɛ̃tɛstɛ̃] *m* Darm *m*
intestinal(e) [ɛ̃tɛstinal] <-aux> *adj* Darm-; **douleurs ~es** Darmschmerzen *Pl*
intime [ɛ̃tim] *adj* ❶ intim; **journal ~** Tagebuch *nt* ❷ *(atmosphère, lieu)* gemütlich ❸ *(ami)* eng
intimement [ɛ̃timmɑ̃] *adv (étroitement)* **des idées/personnes ~ liées** sehr eng miteinander verknüpfte Gedanken/miteinander befreundete Menschen
intimidation [ɛ̃timidasjɔ̃] *f* Einschüchterung *f*
intimider [ɛ̃timide] <1> *vt* einschüchtern
intimité [ɛ̃timite] *f* ❶ *(vie privée)* Privatleben *nt* ❷ *(relation étroite)* Vertrautheit *f*
intitulé [ɛ̃tityle] *m (d'un livre)* Titel *m; (d'un texte)* Überschrift *f*
intituler [ɛ̃tityle] <1> *vt* **~ un livre "Mémoires"** einem Buch den Titel „Memoiren" geben
intolérable [ɛ̃tɔleʀabl] *adj* unerträglich
intolérance [ɛ̃tɔleʀɑ̃s] *f* Intoleranz *f*
intolérant(e) [ɛ̃tɔleʀɑ̃] *adj* intolerant
intonation [ɛ̃tɔnasjɔ̃] *f souvent pl* Ton[fall *m*] *m;* **les ~s de sa voix** der Klang seiner Stimme; **prendre des ~s douces en parlant à qn** sanft mit jdm sprechen; **trouver les ~s justes** den richtigen Ton treffen
intouchable [ɛ̃tuʃabl] **I.** *adj fig* unantastbar; **il se croyait ~** er glaubte, man könne ihm nichts anhaben **II.** *mf* Unberührbare(r) *f(m)*
intox [ɛ̃tɔks] *f abr de* **intoxication** *fam* Fake *m o nt*
intoxication [ɛ̃tɔksikasjɔ̃] *f* Vergiftung *f*
intoxiqué(e) [ɛ̃tɔksike] *adj* **être ~ par une substance/un aliment** sich durch einen Stoff/ein Nahrungsmittel vergiftet haben; **être ~ par une drogue** drogenabhängig sein; **être ~ par la télé** fernsehsüchtig sein; **être ~ par la publicité** durch die Werbung manipuliert sein
intoxiquer [ɛ̃tɔksike] <1> *vt, vpr* **[s']~** [sich] vergiften
intraduisible [ɛ̃tʀadɥizibl] *adj* unübersetzbar
intraitable [ɛ̃tʀɛtabl] *adj* unnachgiebig
intramusculaire [ɛ̃tʀamyskylɛʀ] *adj* intramuskulär
intransigeant(e) [ɛ̃tʀɑ̃ziʒɑ̃] *adj (attitude, personne)* unnachgiebig
intransitif, -ive [ɛ̃tʀɑ̃zitif, -iv] *adj* intransitiv
intransportable [ɛ̃tʀɑ̃spɔʀtabl] *adj (chose)* nicht transportabel; *(personne)* nicht transportfähig
intraveineux, -euse [ɛ̃tʀavɛnø] *adj* intravenös
intrépide [ɛ̃tʀepid] *adj* waghalsig
intrigant(e) [ɛ̃tʀigɑ̃] *m(f)* Intrigant(in) *m(f)*
intrigue [ɛ̃tʀig] *f* ❶ CINE, LITTER, THEAT Handlung *f* ❷ *(manœuvre)* Intrige *f*
intriguer [ɛ̃tʀige] <1> **I.** *vt (travailler qn)* beschäftigen **II.** *vi* intrigieren
introductif, -ive [ɛ̃tʀɔdyktif, -iv] *adj* einleitend
introduction [ɛ̃tʀɔdyksjɔ̃] *f* ❶ Einleitung *f;* **en ~** einleitend ❷ *(d'un objet, de nourriture)* Einführen *nt*
introduire [ɛ̃tʀɔdɥiʀ] <irr> **I.** *vt* **~ qn dans une pièce** jdn in ein Zimmer führen; **~ qn chez une famille** jdn bei einer Familie einführen **II.** *vpr* ❶ *(se faire admettre)* **s'~ dans un milieu** sich in einem Umfeld einführen ❷ *(s'infiltrer)* **s'~ dans une maison** in ein Haus eindringen
intronisation [ɛ̃tʀɔnizasjɔ̃] *f* Inthronisation *f*
introniser [ɛ̃tʀɔnize] <1> *vt* inthronisieren
introuvable [ɛ̃tʀuvabl] *adj* unauffindbar
introverti(e) [ɛ̃tʀɔvɛʀti] *adj* introvertiert
intrus(e) [ɛ̃tʀy] *m(f)* Eindringling *m*
intrusion [ɛ̃tʀyzjɔ̃] *f* **~ dans une maison** Eindringen *nt* in ein Haus

I

intuitif, -ive [ɛ̃tɥitif, -iv] **I.** *adj* intuitiv **II.** *m, f* intuitiver Mensch
intuition [ɛ̃tɥisjɔ̃] *f* Intuition *f*
intuitivement [ɛ̃tɥitivmɑ̃] *adv* intuitiv
inusable [inyzabl] *adj* unverwüstlich
inusité(e) [inyzite] *adj* ungebräuchlich
inutile [inytil] *adj* nutzlos; *(parole, effort)* zwecklos; **être ~ à qn** jdm nicht von Nutzen sein
inutilement [inytilmɑ̃] *adv (sans utilité)* unnötig
inutilisable [inytilizabl] *adj* unbrauchbar
inutilisé(e) [inytilize] *adj* unbenutzt
inutilité [inytilite] *f* Nutzlosigkeit *f*
invaincu(e) [ɛ̃vɛ̃ky] *adj (sportif)* ungeschlagen; *(sommet)* unbezwungen
invalide [ɛ̃valid] **I.** *adj* invalid[e] **II.** *mf* Invalide *mf*
invalidité [ɛ̃validite] *f (d'une personne)* Erwerbsunfähigkeit *f*
invariable [ɛ̃vaʀjabl] *adj (qui ne change pas)* unverändert
invariablement [ɛ̃vaʀjabləmɑ̃] *adv* unweigerlich
invasion [ɛ̃vɑzjɔ̃] *f a. fig* Invasion *f*
invendable [ɛ̃vɑ̃dabl] *adj* unverkäuflich
invendu(e) [ɛ̃vɑ̃dy] *adj* nicht verkauft
inventaire [ɛ̃vɑ̃tɛʀ] *m* Inventar *nt*
inventer [ɛ̃vɑ̃te] <1> *vt* erfinden
inventeur, -trice [ɛ̃vɑ̃tœʀ] *m, f* Erfinder(in) *m(f)*
inventif, -ive [ɛ̃vɑ̃tif, -iv] *adj* erfinderisch
invention [ɛ̃vɑ̃sjɔ̃] *f* ❶ Erfindung *f*; **de mon/son ~** von mir/ihm erfunden ❷ *(imagination)* Einfallsreichtum *m*
invérifiable [ɛ̃veʀifjabl] *adj* nicht überprüfbar
inverse [ɛ̃vɛʀs] **I.** *adj* entgegengesetzt **II.** *m* Gegenteil *nt;* **à l'~** hingegen
inversement [ɛ̃vɛʀsəmɑ̃] *adv* hingegen
inverser [ɛ̃vɛʀse] <1> **I.** *vt (rôles)* tauschen **II.** *vpr* **s'~** *(mouvement, tendance)* sich umkehren
inversion [ɛ̃vɛʀsjɔ̃] *f* Umkehrung *f*
invertébré [ɛ̃vɛʀtebʀe] *m* wirbelloses Tier *nt*
investir [ɛ̃vɛstiʀ] <8> **I.** *vt, vi a. fig* investieren **II.** *vpr* **s'~ dans qc** sich bei etw engagieren
investissement [ɛ̃vɛstismɑ̃] *m* Investition *f*
investisseur [ɛ̃vɛstisœʀ] *m* Investor(in) *m(f)*
invincible [ɛ̃vɛ̃sibl] *adj* unbesiegbar
inviolable [ɛ̃vjɔlabl] *adj* unantastbar
invisible [ɛ̃vizibl] *adj* unsichtbar
invitation [ɛ̃vitasjɔ̃] *f* Einladung *f*
invite [ɛ̃vit] *m* INFORM Eingabeaufforderung *f*
invité(e) [ɛ̃vite] *m(f)* Gast *m*
inviter [ɛ̃vite] <1> *vt* ❶ **~ qn à faire qc** jdn einladen etw zu tun ❷ *(prier)* **~ qn à faire qc** *(avec insistance/autorité)* jdn auffordern, etw zu tun
in vitro [invitʀo] *adj, adv inv* im Reagenzglas
invivable [ɛ̃vivabl] *adj* unerträglich
involontaire [ɛ̃vɔlɔ̃tɛʀ] *adj (spectateur, témoin)* unfreiwillig
involontairement [ɛ̃vɔlɔ̃tɛʀmɑ̃] *adv* unabsichtlich
invraisemblable [ɛ̃vʀɛsɑ̃blabl] *adj* unglaubwürdig
invulnérable [ɛ̃vylneʀabl] *adj* unverwundbar
iode [jɔd] *m* Jod *nt*
iodé(e) [jɔde] *adj (eau, air)* jodhaltig
irai [iʀɛ] *fut de* **aller**
Irak [iʀak] *m* **l'~** der Irak
irakien(ne) [iʀakjɛ̃] *adj* irakisch
Irakien(ne) [iʀakjɛ̃, jɛn] *m(f)* Iraker(in) *m(f)*
Iran [iʀɑ̃] *m* **l'~** der Iran
iranien(ne) [iʀanjɛ̃] *adj* iranisch
Iranien(ne) [iʀanjɛ̃, jɛn] *m(f)* Iraner(in) *m(f)*
Iraq [iʀak] *m v.* **Irak**
irascible [iʀasibl] *adj* jähzornig
iris [iʀis] *m* ANAT, BOT Iris *f*
irisé(e) [iʀize] *adj* schillernd
irlandais(e) [iʀlɑ̃dɛ] *adj* irisch
Irlandais [iʀlɑ̃dɛ] *m* Ire *m*
Irlande [iʀlɑ̃d] *f* **l'~** Irland *nt;* **l'~ du Nord** Nordirland

ironie [iʀɔni] *f* Ironie *f*
ironique [iʀɔnik] *adj* ironisch
ironiquement [iʀɔnikmɑ̃] *adv* ironisch
ironiser [iʀɔnize] <1> *vi* ~ **sur qn/qc** über jdn/etw spötteln
irradiation [iʀadjasjɔ̃] *f* PHYS Bestrahlung *f*
irradier [iʀadje] <1a> *vi (lumière)* strahlen; *(douleur)* ausstrahlen
irrationnel [iʀasjɔnɛl] *m* **l'~** das Irrationale
irrationnel(le) [iʀasjɔnɛl] *adj* irrational
irrattrapable [iʀatʀapabl] *adj* nicht wiedergutzumachen
irréalisable [iʀealizabl] *adj* nicht realisierbar
irréalisme [iʀealism] *m* mangelnde Wirklichkeitsnähe
irréaliste [iʀealist] *adj* unrealistisch
irréconciliable [iʀekɔ̃siljabl] *adj* unversöhnlich
irrécupérable [iʀekypeʀabl] *adj (voiture, ferraille)* nicht mehr brauchbar; **être ~** *(voiture, réfrigérateur)* nicht mehr zu reparieren sein
irrécusable [iʀekyzabl] *adj (juge, témoin)* nicht ablehnbar; *(témoignage)* nicht anfechtbar; *(preuve)* unwiderlegbar
irréductible [iʀedyktibl] *adj (ennemi, personne)* unbezwingbar
irréel(le) [iʀeɛl] *adj* irreal
irréfléchi(e) [iʀefleʃi] *adj* unüberlegt
irréfutable [iʀefytabl] *adj* unwiderlegbar
irrégularité [iʀegylaʀite] *f* ❶ *(inégalité)* Ungleichmäßigkeit *f* ❷ *(d'un élève, d'une équipe)* schwankende Leistungen *Pl*
irrégulier, -ère [iʀegylje] *adj* ❶ unregelmäßig; *(écriture, vitesse)* ungleichmäßig ❷ *(illégal)* regelwidrig
irrémédiable [iʀemedjabl] *adj (erreur, défaut)* nicht wieder gutzumachen
irremplaçable [iʀɑ̃plasabl] *adj* unersetzbar
irréparable [iʀepaʀabl] **I.** *adj (objet, machine)* nicht mehr zu reparieren; *(dommage, erreur)* nicht wieder gutzumachen **II.** *m* **l'~** das Schlimmste
irrépressible [iʀepʀesibl] *adj* unbändig
irréprochable [iʀepʀɔʃabl] *adj* einwandfrei
irrésistible [iʀezistibl] *adj* ❶ *(impérieux)* unwiderstehlich ❷ *(qui fait rire)* sehr lustig
irrésolu(e) [iʀezɔly] *adj (personne)* unentschlossen; *(problème)* ungelöst
irrespectueux, -euse [iʀɛspɛktɥø, -øz] *adj* respektlos; ~ **envers qn** respektlos jdm gegenüber
irrespirable [iʀɛspiʀabl] *adj* unerträglich
irresponsable [iʀɛspɔ̃sabl] **I.** *adj (comportement)* unverantwortlich **II.** *mf* Verantwortungslose(r) *f(m)*
irréversible [iʀevɛʀsibl] *adj* nicht rückgängig zu machende(r, s); **être ~** nicht rückgängig zu machen sein
irrévocable [iʀevɔkabl] *adj (jugement)* unwiderruflich; *(décision)* endgültig; *(volonté)* unumstößlich
irrigation [iʀigasjɔ̃] *f* Bewässerung *f*; **canal d'~** Bewässerungskanal *m*
irriguer [iʀige] <1> *vt* AGR bewässern
irritabilité [iʀitabilite] *f* Reizbarkeit *f*
irritable [iʀitabl] *adj* reizbar; **elle est très ~ aujourd'hui** sie ist heute sehr gereizt
irritant(e) [iʀitɑ̃, ɑ̃t] *adj* nervtötend
irritation [iʀitasjɔ̃] *f* ❶ *(énervement)* Gereiztheit *f* ❷ MED Reizung *f*
irrité(e) [iʀite] *adj* gereizt
irriter [iʀite] <1> *vt* ❶ *(énerver)* ~ **qn** jdm auf die Nerven gehen ❷ MED reizen
irruption [iʀypsjɔ̃] *f* **faire ~** *(personne)* hereinstürmen; *(chose)* hereinbrechen
islam [islam] *m* **l'~** der Islam
islamique [islamik] *adj* islamisch
islamisme [islamism] *m* Islamismus *m*
islamiste [islamist] **I.** *adj* islamistisch **II.** *mf* Islamist(in) *m(f)*
islamité [islamite] *f* Zugehörigkeit *f* zur islamischen Glaubensgemeinschaft
islamophobe [islamɔfɔb] *adj* islamfeindlich, islamophob

islandais [islɑ̃dɛ] *m* Isländisch *nt; v.a.* **allemand**
islandais(e) [islɑ̃dɛ] *adj* isländisch; *v.a.* **allemand**
Islandais(e) [islɑ̃dɛ] *m(f)* Isländer(in) *m(f)*
Islande [islɑ̃d] *f* **l'~** Island *nt*
isocèle [izɔsɛl] *adj* gleichschenklig
isolant [izɔlɑ̃] *m* Isoliermaterial *nt*
isolation [izɔlasjɔ̃] *f* Isolierung *f*
isolé(e) [izɔle] *adj* ❶ *(endroit)* abgelegen ❷ *(personne)* isoliert; *(bâtiment)* frei stehend; **mère ~e** alleinerziehende Mutter ❸ *(unique)* einzeln
isolement [izɔlmɑ̃] *m (d'une personne)* Einsamkeit *f; (d'un détenu, malade)* Isolation *f*
isoler [izɔle] <1> **I.** *vt* isolieren; **être isolé du reste du monde** *(village)* von der restlichen Welt abgeschieden sein **II.** *vpr* **s'~** sich absondern
isoloir [izɔlwaʀ] *m* Wahlkabine *f*
isotherme [izɔtɛʀm] *adj* **bouteille ~** Thermosflasche® *f;* **sac ~** Kühltasche *f*
Israël [isʀaɛl] *m* **l'~** Israel *nt*
israélien(ne) [isʀaeljɛ̃] *adj* israelisch
Israélien(ne) [isʀaeljɛ̃] *m(f)* Israeli *mf*
israélite [isʀaelit] **I.** *adj* israelitisch **II.** *mf* Israelit(in) *m(f)*
issu(e) [isy] *adj* **~ de qc** aus etw stammend
issue [isy] *f* ❶ *(sortie, fin)* Ausgang *m;* **~ de secours** Notausgang; **voie sans ~** Sackgasse *f* ❷ *(solution)* Ausweg *m;* **sans ~** *(situation)* ausweglos
Italie [itali] *f* **l'~** Italien *nt*
italien [italjɛ̃] *m* Italienisch *nt; v.a.* **allemand**
italien(ne) [italjɛ̃] *adj* italienisch; *v.a.* **allemand**
Italien(ne) [italjɛ̃] *m(f)* Italiener(in) *m(f)*
italique [italik] *m* Kursivschrift *f;* **en ~** kursiv
itinéraire [itineʀɛʀ] *m* ❶ *(parcours)* Route *f* ❷ *fig* Werdegang *m*
itinérant(e) [itineʀɑ̃, ɑ̃t] *adj* Wander-; **théâtre ~** Wanderbühne *f*
IUFM [iyɛfɛm] *m abr de* **institut universitaire de formation des maîtres** ≈ PH *f*
I.U.T. [iyte] *m abr de* **institut universitaire de technologie** ≈ TH
ivoire [ivwaʀ] *m* Elfenbein *nt*
ivoirien(ne) [ivwaʀjɛ̃] *adj* der Elfenbeinküste *(gen)*, ivorisch
Ivoirien(ne) [ivwaʀjɛ̃, jɛn] *m(f)* Ivorer(in) *m(f)*
ivre [ivʀ] *adj* betrunken
ivresse [ivʀɛs] *f* **en état d'~** in betrunkenem Zustand
ivrogne [ivʀɔɲ] *mf* Säufer(in) *m(f) (pej)*

J

J, j [ʒi] *m inv* J *nt*, j *nt*
j' [ʒ] *pron v.* **je**
jacasser [ʒakase] <1> *vi* ❶ *(pie)* schreien ❷ *fam (parler)* schnattern
jachère [ʒaʃɛʀ] *f (procédé)* Brachlegen *nt; (terre)* Brachland *nt*
jacinthe [ʒasɛ̃t] *f* Hyazinthe *f*
jacter [ʒakte] <1> *vi fam* quasseln
jade [ʒad] *m* Jade *m o f*
jadis [ʒadis] *adv* früher
jaguar [ʒagwaʀ] *m* Jaguar *m*
jaillir [ʒajiʀ] <8> *vi* ❶ *(eau)* emporschießen ❷ *(personne)* plötzlich auftauchen
jais [ʒɛ] *m* MINER Gagat *m* ▶ **de** ~ tiefschwarz
jalon [ʒalɔ̃] *m (piquet)* Pflock *m*
jalonner [ʒalɔne] *vt (terrain)* abstecken
jalousement [ʒaluzmɑ̃] *adv* ❶ *(avec envie)* neidisch ❷ *(avec soin)* sorgsam
jalouser [ʒaluze] <1> **I.** *vt* neidisch sein auf *(+akk)* **II.** *vpr* **se** ~ neidisch aufeinander sein
jalousie [ʒaluzi] *f* Eifersucht *f; (envie)* Neid *m*
jaloux, -ouse [ʒalu] *adj* ❶ *(en amour, amitié)* ~ **de qn** eifersüchtig auf jdn ❷ *(envieux)* ~ **de qn/qc** neidisch auf jdn/etw
jamaïcain(e), jamaïquain(e) [ʒamaikɛ̃, ɛn] *adj* jamaikanisch
Jamaïquain(e) [ʒamaikɛ̃, ɛn] *m(f)* Jamaikaner(in) *m(f)*
Jamaïque [ʒamaik] *f* **la** ~ Jamaika *nt*
jamais [ʒamɛ] *adv* ❶ *avec construction négative (en aucun cas)* nie[mals]; **plus** ~ nie wieder ❷ *(seulement)* nur
jambe [ʒɑ̃b] *f* Bein *nt*
jambière [ʒɑ̃bjɛʀ] *f* Beinschutz *m*
jambon [ʒɑ̃bɔ̃] *m* Schinken *m*
jambonneau [ʒɑ̃bɔno] <x> *m* Eisbein *nt*
jante [ʒɑ̃t] *f* Felge *f*
janvier [ʒɑ̃vje] *m* Januar *m; v.a.* **août**
Japon [ʒapɔ̃] *m* **le** ~ Japan *nt*
japonais [ʒapɔnɛ] *m* Japanisch *nt; v.a.* **allemand**
japonais(e) [ʒapɔnɛ] *adj* japanisch; *v.a.* **allemand**
Japonais(e) [ʒapɔnɛ] *m(f)* Japaner(in) *m(f)*
jappement [ʒapmɑ̃] *m* Kläffen *nt kein Pl*
japper [ʒape] <1> *vi* kläffen
jaquette [ʒakɛt] *f (d'un livre)* Umschlag *m*
jardin [ʒaʀdɛ̃] *m* Garten *m* ▶ ~ **secret** tiefste(s) Innere(s)
jardinage [ʒaʀdinaʒ] *m* Gartenarbeit *f*
jardiner [ʒaʀdine] <1> *vi* im Garten arbeiten
jardinet [ʒaʀdinɛ] *m* Gärtchen *nt*
jardinier, -ière [ʒaʀdinje] *m, f* Gärtner(in) *m(f)*
jardinière [ʒaʀdinjɛʀ] *f* Blumenkasten *m*
jargon [ʒaʀgɔ̃] *m péj* ❶ *(charabia)* Kauderwelsch *nt* ❷ *(langue technique)* Jargon *m*
jarre [ʒaʀ] *f* Tonkrug *m*
jarret [ʒaʀɛ] *m* Kniekehle *f*
jarretelle [ʒaʀtɛl] *f* Straps *m*
jarretière [ʒaʀtjɛʀ] *f* Strumpfband *nt*
jars [ʒaʀ] *m* Gänserich *m*
jaser [ʒaze] <1> *vi* klatschen
jauge [ʒoʒ] *f* ~ **d'essence** Benzinuhr *f*
jauger [ʒoʒe] <2a> *vt* ❶ TECH messen ❷ *(apprécier)* einschätzen
jaunâtre [ʒonɑtʀ] *adj* gelblich
jaune [ʒon] **I.** *adj* gelb **II.** *m* ❶ *(couleur)* Gelb *nt* ❷ *(partie d'un œuf)* Eigelb *nt*
jaunir [ʒoniʀ] <8> **I.** *vi* gelb werden **II.** *vt* ~ **qc** *(lumière)* etw vergilben
jaunisse [ʒonis] *f* Gelbsucht *f*
jaunissement [ʒonismɑ̃] *m* Gelbwerden *nt*

java [ʒava] *f für den „bal musette" typischer Tanz* ▸ **faire la ~** *fam* einen draufmachen

javel [ʒavɛl] *f sans pl* Chlorbleiche *f*

javelliser [ʒavelize] <1> *vt (eau)* chloren

javelot [ʒavlo] *m* Speer *m*

jazz [dʒɑz] *m* Jazz *m*

jazzman [dʒɑzman, -mɛn] <s o -men> *m* Jazzmusiker *m*

je [ʒə] <j'> *pron pers* ich; **moi, ~ m'appelle Jean** ich heiße Jean

jean [dʒin] *m* ❶ *(tissu)* Jeansstoff *m* ❷ *sing o pl (pantalon)* Jeans *Pl*

jérémiade [ʒeremjad] *f souvent pl, fam* Gejammer *nt*

jerricane, jerrycan [(d)ʒerikan] *m* Benzinkanister *m*

jersey [ʒɛrzɛ] *m* Jersey *m*

Jersey [ʒɛrzɛ] **l'île de ~** die Insel Jersey

jésuite [ʒezɥit] **I.** *adj* jesuitisch **II.** *m* REL Jesuit *m*

jet [ʒɛ] *m* ❶ *(d'un tuyau)* Düse *f;* **~ d'eau** Fontäne *f* ❷ *(action)* Werfen *nt;* **d'un seul ~** aus einem Guss ❸ *(résultat)* Wurf *m*

jetable [ʒ(ə)tabl] *adj* Wegwerf-; **rasoir ~** Wegwerfrasierer *m*

jeté [ʒ(ə)te] *m* ❶ *(action)* Werfen *nt* ❷ *(résultat)* Wurf *m* ❸ *(étoffe)* **~ de lit** Tagesdecke *f;* **~ de table** Tischläufer *m*

jetée [ʒ(ə)te] *f* [Hafen]mole *f*

jeter [ʒ(ə)te] <3> **I.** *vt* ❶ *(lancer)* werfen ❷ *(projeter)* schleudern; **~ les dés** würfeln ❸ *(donner: à qn)* zuwerfen ❹ *(sonde)* auswerfen ❺ *(se débarrasser de)* wegwerfen ❻ *(répandre)* **~ le discrédit sur qn** jdn in Verruf bringen ▸ **~ un [coup d']œil à qn** *(pour surveiller)* ein Auge auf jdn haben **II.** *vpr (s'élancer)* **se ~** sich stürzen

jeton [ʒ(ə)tɔ̃] *m* ❶ JEUX Jeton *m; (à la roulette)* Chip *m* ❷ TELEC Telefonmünze *f*

jeu [ʒø] <x> *m* ❶ Spiel *nt;* **terrain de ~x** Spielplatz *m;* SPORT Spielfeld *nt* ❷ *(jeu d'argent)* **~ de hasard** Glücksspiel *nt* ❸ *(série)* **~ de clés** Satz *m* Schlüssel

jeudi [ʒødi] *m* Donnerstag *m;* **~ saint** Gründonnerstag; *v.a.* **dimanche**

jeun [ʒœ̃] ▸ **à ~** nüchtern

jeune [ʒœn] **I.** *adj (opp: vieux)* jung; *(enfant)* klein; **ma ~ sœur** meine kleine Schwester **II.** *mf* ❶ junger Mann, junge Frau *m, f* ❷ *pl* Jugendliche *mf*

jeûne [ʒøn] *m* REL, MED Fasten *nt*

jeûner [ʒøne] <1> *vi* fasten

jeunesse [ʒœnɛs] *f* ❶ Jugend *f* ❷ *(d'un vin)* junges Alter *nt*

jeunisme [ʒœnism] *m* Jugendwahn *m (pej)*

jeunot(te) [ʒœno, ɔt] **I.** *adj* reichlich jung **II.** *m(f) fam* junges Bürschchen *m*/junges Ding *nt*

jihadiste [ʒi(j)adist] *v.* **djihadiste**

JO [ʒio] *mpl abr de* **Jeux olympiques** Olympische Spiele *Pl*

joaillerie [ʒɔajʀi] *f (bijouterie)* Juweliergeschäft *nt*

joaillier, -ière [ʒɔaje, -jɛʀ] **I.** *m, f* Juwelier(in) *m(f)* **II.** *app* **ouvrier-~** Goldschmied(in) *m(f)*

job [dʒɔb] *m fam* Job *m*

jobard(e) [ʒɔbaʀ, aʀd] **I.** *adj (personne)* einfältig; *(air)* dämlich **II.** *m(f)* Trottel *m*

jockey [ʒɔkɛ] *m* Jockey *m*

Joconde [ʒɔkɔ̃d(ə)] *f* **la ~** die Mona Lisa

jogger [(d)ʒɔge] <1> *vi* SPORT joggen

joggeur [(d)ʒɔgœʀ] *m* Sportschuh *m* mit dicker Sohle

joggeur, -euse [(d)ʒɔgœʀ] *m, f* Jogger(in) *m(f)*

jogging [(d)ʒɔgiŋ] *m* ❶ *(footing)* Jogging *nt;* **faire du ~** joggen ❷ *(survêtement)* Jogginganzug *m*

joie [ʒwa] *f (bonheur)* Freude *f;* **être fou de ~** außer sich vor Freude sein

joindre [ʒwɛ̃dʀ] <irr> **I.** *vt* ❶ *(faire se toucher)* zusammenfügen; *(mains)* falten ❷ *(relier)* miteinander verbinden ❸ *(personne)* erreichen **II.** *vpr* **se ~ à qn/qc** sich jdm/einer S. anschließen

joint(e) [ʒwɛ̃] **I.** *part passé de* **joindre** **II.** *adj* ❶ *(mains)* gefaltet ❷ *(efforts)* gemeinsam

joint[1] [ʒwɛ̃] *m (espace)* Fuge *f*

joint[2] [ʒwɛ̃] *m fam* Joint *m*

jointure [ʒwɛ̃tyʀ] *f* ❶ ANAT Gelenk *nt* ❷ TECH Fuge *f*

jojo [ʒoʒo] **I.** *m* ▸ **un affreux ~** ein ganz übler Bursche **II.** *adj inv fam (joli)* **ne pas être ~** nicht gerade umwerfend sein

joli(e) [ʒɔli] *adj (agréable)* hübsch; *(vêtement, chanson)* nett

joliment [ʒɔlimɑ̃] *adv* ❶ *(agréablement)* nett ❷ *(très)* ganz schön *(fam)* ❸ *iron* schön; **tu as ~ travaillé!** du hast ja wirklich saubere Arbeit geleistet!

jonc [ʒɔ̃] *m* Binse *f*; **canne de ~** Rohrstock *m*

joncher [ʒɔ̃ʃe] <1> *vt* bedecken

jonction [ʒɔ̃ksjɔ̃] *f (de routes)* Einmündung *f*; *(de fleuves)* Zusammenfluss *m*; *(de voies ferrées)* Weiche *f*

jongler [ʒɔ̃gle] <1> *vi* jonglieren

jonglerie [ʒɔ̃gləʀi] *f péj (manœuvre)* Hokuspokus *m*

jongleur, -euse [ʒɔ̃glœʀ, -øz] *m, f* Jongleur(in) *m(f)*

jonque [ʒɔ̃k] *f* Dschunke *f*

jonquille [ʒɔ̃kij] *f* Osterglocke *f*

Jordanie [ʒɔʀdani] *f* **la ~** Jordanien *nt*

jordanien(ne) [ʒɔʀdanjɛ̃] *adj* jordanisch

Jordanien(ne) [ʒɔʀdanjɛ̃, jɛn] *m(f)* Jordanier(in) *m(f)*

jouable [ʒwabl] *adj (faisable)* machbar

joual [ʒwal] *m* Frankokanadisch *nt; v.a.* **allemand**

joual(e) [ʒwal] <s> *adj* frankokanadisch; *v.a.* **allemand**

joue [ʒu] *f* Backe *f*

jouer [ʒwe] <1> **I.** *vi* ❶ *a.* SPORT, MUS spielen; **~ au foot** Fußball spielen; **~ du piano** Klavier spielen ❷ FIN **~ à la bourse** an der Börse spekulieren ▸ **bien joué!** gut so!; **c'est pour ~** das sollte ein Scherz sein **II.** *vt* ❶ JEUX *(carte)* [aus]spielen ❷ *fig (revanche)* geben ❸ *(miser)* setzen auf *(+akk)* ❹ *(sa tête)* riskieren; *(sa réputation)* aufs Spiel setzen **III.** *vpr* **se ~** *(avenir)* sich entscheiden

> **jouer à – jouer de**
>
> Für das Spielen eines Musikinstruments verwendet man das Verb **jouer** mit der Präposition *de* und dem bestimmten Artikel. Bei Sport und Spiel verwendet man **jouer** mit der Präposition *à* und dem bestimmten Artikel:
>
> *Je joue de la guitare le samedi et je joue au football le dimanche. – Samstags spiele ich Gitarre und sonntags Fußball.*

jouet [ʒwɛ] *m* Spielzeug *nt*

joueur, -euse [ʒwœʀ] **I.** *adj (animal, enfant)* verspielt **II.** *m, f* JEUX, SPORT Spieler(in) *m(f)*

joufflu(e) [ʒufly] *adj* pausbäckig

joug [ʒu] *m* ❶ AGR Joch *nt* ❷ *(d'une loi)* Zwang *m*; *(du mariage)* Joch *nt (geh)*; **tomber sous le ~ de qn** von jdm unterjocht werden

jouir [ʒwiʀ] <8> *vi* ❶ **~ de la vie** das Leben genießen ❷ **~ d'une fortune** vermögend sein ❸ *(sexuellement)* einen Orgasmus haben

jouissance [ʒwisɑ̃s] *f* ❶ *(plaisir)* Vergnügen *nt* ❷ *(usage)* Nutzung *f*

joujou [ʒuʒu] <x> *m enfantin* Spielzeug *nt*; **faire ~** spielen

jour [ʒuʀ] *m* ❶ *(24 heures)* Tag *m*; **par ~** täglich; **tous les ~s** jeden Tag ❷ *(opp: nuit)* Tag *m* ❸ *(opp: obscurité)* Tageslicht *nt*; **il fait ~** es ist hell ❹ *(jour précis)* Tag *m*; **plat du ~** Tagesessen ❺ *(période vague)* **à ce ~** bis heute; **un de ces ~s** demnächst; **de nos ~s** heutzutage; **l'autre ~** *fam* neulich; **un ~ ou l'autre** früher oder später ❻ **vieux ~s** Alter *nt* ▸ **mettre qc à ~** etw auf den neuesten Stand bringen

journal [ʒuʀnal] <-aux> *m* ① *(quotidien, bureaux)* Zeitung *f* ② *(hebdomadaire)* Zeitschrift *f* ③ *(mémoire)* ~ [**intime**] Tagebuch *nt*

journalier, **-ière** [ʒuʀnalje] *adj* täglich; **salaire** ~ Tageslohn *m*

journalisme [ʒuʀnalism] *m* Journalismus *m*

journaliste [ʒuʀnalist] *mf* Journalist(in) *m(f)*

journalistique [ʒuʀnalistik] *adj* Zeitungs-, journalistisch

journée [ʒuʀne] *f* Tag *m;* **pendant la** ~ tagsüber

journellement [ʒuʀnɛlmɑ̃] *adv* täglich

joute [ʒut] *f* ① SPORT ~ **nautique** Fischerstechen *nt* ② *(rivalité)* Wettstreit *m;* ~ **oratoire** Wortgefecht *nt,* Rededuell *nt*

jouvence [ʒuvɑ̃s] *f* **cure/eau de** ~ Verjüngungskur *f*/-elixier *nt*

jovial(e) [ʒɔvjal] <s> *adj* heiter

jovialement [ʒɔvjalmɑ̃] *adv* heiter; *(saluer)* freundlich

jovialité [ʒɔvjalite] *f* Heiterkeit *f*

joyau [ʒwajo] <x> *m* Juwel *nt*

joyeusement [ʒwajøzmɑ̃] *adv* fröhlich

joyeux, **-euse** [ʒwajø] *adj (chant)* fröhlich; **joyeuse fête!** frohes Fest!; ~ **anniversaire!** herzlichen Glückwunsch zum Geburtstag!

joystick [ʒɔjstik] *m* Joystick *m*

J.T. [ʒite] *m fam abr de* **journal télévisé** Fernsehnachrichten *Pl*

jubilation [ʒybilasjɔ̃] *f* Jubel *m*

jubilé [ʒybile] *m* fünfzigjähriges [Dienst]jubiläum

jubiler [ʒybile] <1> *vi* sich unheimlich freuen *(fam)*

jucher [ʒyʃe] <1> *vt* ~ **sur qc** [hoch] oben auf etw *(akk)* stellen

judaïque [ʒydaik] *adj* jüdisch; *(loi)* mosaisch

judaïsme [ʒydaism] *m* Judaismus *m*

judas [ʒyda] *m* ARCHIT Spion *m*

judiciaire [ʒydisjɛʀ] *adj* ① *(autorité)* Justiz-; *(police)* Kriminal- ② *(erreur)* Justiz-

judicieusement [ʒydisjøzmɑ̃] *adv* sinnig; *(employer son temps)* sinnvoll; *(conseiller)* klug, gut

judicieux, **-euse** [ʒydisjø] *adj* klug; *(raisonnement)* stichhaltig

judo [ʒydo] *m* Judo *nt*

judoka [ʒydoka] *mf* Judoka *m*

juge [ʒyʒ] *mf* Richter(in) *m(f);* ~ **de commune** CH *(dans le canton de Valais)* Friedensrichter (CH) ▶ **je vous <u>laisse</u>** ~ ich überlasse es Ihnen

juge-arbitre [ʒyʒaʀbitʀ] <juges-arbitres> *m* Schiedsrichter(in) *m(f)*

jugement [ʒyʒmɑ̃] *m* ① *a.* JUR Urteil *nt;* **faire passer qn en** ~ jdn vor Gericht stellen ② *(discernement)* Urteilsvermögen *nt*

jugeote [ʒyʒɔt] *f fam* Grips *m* ▶ **ne pas avoir pour deux <u>sous</u> de** ~ nicht für fünf Pfennig Verstand haben

juger [ʒyʒe] <2a> **I.** *vt* ① JUR ~ **qn coupable** jdn für schuldig befinden ② *(arbitrer)* entscheiden ③ *(livre, situation)* beurteilen **II.** *vi* JUR entscheiden **III.** *vpr* **se** ~ **incapable** sich für unfähig halten

juif, **-ive** [ʒɥif] *adj* jüdisch

Juif, **-ive** [ʒɥif] *m, f* Jude, Jüdin *m, f*

juillet [ʒɥijɛ] *m* Juli *m; v.a.* **août**

juin [ʒɥɛ̃] *m* Juni *m; v.a.* **août**

jules [ʒyl] *m fam* ① *(amoureux)* Kerl *m* ② *(mari)* bessere Hälfte

julienne [ʒyljɛn] *f* Juliennesuppe *f*

jumeau, **-elle** [ʒymo] <x> **I.** *adj* Zwillings-; **sœurs jumelles** Zwillingsschwestern *Pl;* **des lits ~x** zwei Einzelbetten *Pl* **II.** *m, f* Zwilling *m; (frère)* Zwillingsbruder *m*

jumelage [ʒymlaʒ] *m* Partnerschaft *f*

jumeler [ʒymle] <3> *vt* POL **être jumelées** *(villes)* Partnerstädte sein

jumelles [ʒymɛl] *f pl* OPT Fernglas *nt*

jument [ʒymɑ̃] *f* Stute *f*

jumping [dʒœmpiŋ] *m* Springreiten *nt*

jungle [ʒœ̃gl] *f* Dschungel *m*

junior [ʒynjɔʀ] **I.** *adj (catégorie)* Junioren- **II.** *mf* Junior(in) *m(f)*

junkie [dʒœnki] *mf fam* Junkie *m*
junte [ʒœ̃t] *f* Junta *f*
jupe [ʒyp] *f* Rock *m*
jupe-portefeuille [ʒyppɔʀtəfœj] <jupes--portefeuille> *f* Wickelrock *m*
jupette[1] [ʒypɛt] *f* Röckchen *nt*
jupette[2] [ʒypɛt] *f fam unter Premierminister Alain Juppé eingebrachtes und verabschiedetes Gesetz*
Jupiter [ʒypitɛʀ] *m* ASTRO, HIST Jupiter *m*
jupon [ʒypɔ̃] *m* Unterrock *m*
Jura [ʒyʀa] *m* **le ~** der Jura
jurassien(ne) [ʒyʀasjɛ̃] *adj* Jura-; **montagnes ~nes** Juragebirge *nt*
jurassique [ʒyʀasik] I. *adj* GEO **période ~** Jura *m;* **terrain/système ~** Juraformation *f* II. *m* GEO Jura *m*
juré(e) [ʒyʀe] I. *adj (ennemi)* erklärt II. *m(f)* JUR Geschworene(r) *f(m)*
jurer [ʒyʀe] <1> I. *vt* 1 **~ à qn de faire qc/que** jdm schwören, etw zu tun/dass 2 *(se promettre)* **~ de se venger** Rache schwören ▶ **je te** [*o* **vous**] **jure!** *fam* also ehrlich! II. *vi (pester)* **~ contre qn/qc** über jdn/etw fluchen III. *vpr* sich *(dat)* schwören
juridique [ʒyʀidik] *adj* 1 *(judiciaire)* gerichtlich 2 *(qui a rapport au droit)* juristisch
juridiquement [ʒyʀidikmɑ̃] *adv* 1 *(en justice)* gerichtlich; *(demander)* vor Gericht 2 *(légalement)* juristisch gesehen
jurisprudence [ʒyʀispʀydɑ̃s] *f* Rechtsprechung *f*
juriste [ʒyʀist] *mf* Jurist(in) *m(f)*
juron [ʒyʀɔ̃] *m* Fluch *m*
jury [ʒyʀi] *m* 1 JUR Geschworene(n) *Pl* 2 SPORT, LITTER Jury *f*
jus [ʒy] *m* 1 Saft *m* 2 *fam (café)* Kaffee *m*
jusque [ʒysk] <jusqu'> I. *prép* 1 *(limite de lieu)* bis; **jusqu'ici** bis hierher; **~-là** bis dorthin 2 *(limite de temps)* bis; **jusqu'à maintenant** bis jetzt; **jusqu'à quand?** bis wann?; **jusqu'ici** bis heute 3 *(y compris)* sogar; **~ dans** sogar im/in der 4 *(au plus)* **jusqu'à dix personnes** bis zu zehn Personen 5 *(limite)* **jusqu'à quel point** wie sehr; **~-là** so weit; **jusqu'où** wie weit II. *conj* **jusqu'à ce que** + *subj* bis
justaucorps [ʒystokɔʀ] *m* SPORT Body[suit] *m*
juste [ʒyst] I. *adj* 1 *(équitable)* gerecht; **ce n'est pas ~** es ist ungerecht 2 *(fondé)* berechtigt 3 *(vêtement)* zu kurz 4 *(à peine suffisant)* knapp 5 *(exact)* richtig; **c'est ~!** das stimmt! II. *m* REL Gerechte(r) *f(m)* III. *adv* 1 *(avec exactitude)* richtig; **dire ~** Recht haben 2 *(exactement)* [ganz] genau; **~ à côté** direkt daneben 3 *(seulement)* bloß 4 **tout ~** gerade noch ▶ **au ~** eigentlich
justement [ʒystəmɑ̃] *adv* 1 *(à bon droit)* zu Recht 2 *(exactement)* genau
justesse [ʒystɛs] *f (précision)* Genauigkeit *f*
justice [ʒystis] *f* 1 *(principe)* Gerechtigkeit *f* 2 *(loi)* Gesetz *nt* 3 *(juridiction)* Justiz *f;* **en ~** vor Gericht
justiciable [ʒystisjabl] *adj* JUR der Gerichtsbarkeit einer S. *(gen)* unterworfen sein
justicier, -ière [ʒystisje] *m, f* Verfechter(in) *m(f)* der Gerechtigkeit
justifiable [ʒystifjabl] *adj* vertretbar
justificatif [ʒystifikatif] *m (preuve)* Beweis *m,* Beweisstück *nt*
justification [ʒystifikasjɔ̃] *f* 1 *(d'un acte, d'une conduite)* Rechtfertigung *f* 2 *(preuve)* Beweis *m; (d'un paiement)* Beleg *m*
justifier [ʒystifje] <1> I. *vt* 1 rechtfertigen; *(point de vue)* bestätigen 2 TYP, INFORM **justifié à gauche** linksbündig II. *vpr (se disculper)* **se ~ de qc auprès de qn** sich wegen etw vor jdm rechtfertigen
jute [ʒyt] *m* Jute *f*
juteux, -euse [ʒytø] *adj* 1 *(fruit)* saftig 2 *fam (lucratif)* lukrativ
juvénile [ʒyvenil] *adj* jugendlich
juxtaposé(e) [ʒykstapoze] *adj* ne-

beneinanderliegend; *(idées)* gegenübergestellt
juxtaposer [ʒykstapoze] <1> *vt* ~ **qc à qc** etw an etw *(akk)* aneinanderreihen
juxtaposition [ʒykstapozisjɔ̃] *f* Aneinanderreihung *f*

Kk

K, k [kɑ] *m inv* K *nt,* k *nt*
kaki[1] [kaki] *m* BOT Kakipflaume *f*
kaki[2] [kaki] **I.** *adj inv* k[h]akifarben **II.** *m sans pl* K[h]aki *nt*
kaléidoscope [kaleidɔskɔp] *m* Kaleidoskop *nt*
kangourou [kɑ̃guʀu] *m* Känguru *nt*
karaoké [kaʀaɔke] *m* Karaoke *nt*
K **karaté** [kaʀate] *m* Karate *nt*
kart [kaʀt] *m* [Go]kart *m*
karting [kaʀtiŋ] *m* Gokartsport *m*
kascher, kasher [kaʃɛʀ] *adj* koscher; *v.a.* **casher**
kayak [kajak] *m* Kajak *m o nt*
keffieh [kefjɛ, kefje] *m,* **kéfié** [kefje] *m* Palästinensertuch *nt,* Kufija *f*
Kenya [kenja] *m* **le** ~ Kenia *nt*
kényan(e) [kenjɑ̃, an] *adj* kenianisch
Kényan(e) [kenjɑ̃, an] *m(f)* Kenianer(in) *m(f)*
képi [kepi] *m* Käppi *nt*
kermesse [kɛʀmɛs] *f* **1** Wohltätigkeitsbasar *m* **2** BELG, NORD *(fête patronale)* Kirmes *f*
kérosène [keʀozɛn] *m* Kerosin *nt*
ketchup [kɛtʃœp] *m* Ketchup *m o nt*
keuf [kœf] *m fam* Bulle *m (pej)*
keum [kœm] *m fam* Typ *m*
khôl [kol] *m* Kajal[stift *m*] *nt*
kidnapper [kidnape] <1> *vt* entführen
kidnappeur, -euse [kidnapœʀ, -øz] *m, f* Entführer(in) *m(f)*
kifer [kife], **kiffer** [kife] <1> *fam* **I.** *vi* **ça me fait** ~ darauf fahre ich voll ab **II.** *vt (aimer bien)* ~ **qn/qc** voll auf jdn/etw abfahren
kiki [kiki] *m fam* **serrer le** ~ **à qn** jdm die Gurgel zudrücken
kilo [kilo] *m abr de* **kilogramme** Kilo *nt*
kilogramme [kilɔgʀam] *m* Kilogramm *nt*
kilohertz [kiloɛʀts] *m* Kilohertz *nt*
kilométrage [kilɔmetʀaʒ] *m* Kilometerstand *m*
kilomètre [kilɔmɛtʀ] *m* Kilometer *m;* ~ **carré** Quadratkilometer
kilomètre-heure [kilɔmɛtʀœʀ] <kilomètres-heure> *m* Stundenkilometer *m*
kilo-octet [kiloɔktɛ] <kilo-octets> *m* Kilobyte *nt*
kilotonne [kilotɔn] *f* Kilotonne *f*
kilowatt [kilowat] *m* Kilowatt *nt*
kilowattheure [kilowatœʀ] *m* Kilowattstunde *f*
kiné [kine] *mf fam,* **kinésithérapeute** [kineziteʀapøt] *mf* Krankengymnast(in) *m(f)*
kinésithérapeute [kineziteʀapøt] *mf* Krankengymnast(in) *m(f)*
kiosque [kjɔsk] *m* Kiosk *m*
kir® [kiʀ] *m* ~/~ **royal** Kir *m*/Kir royal
kirsch [kiʀʃ] *m* Kirschwasser *nt*
kit [kit] *m* **1** *(prêt-à-monter)* [Fertig]bausatz *m* **2** *(pour un téléphone portable)* ~ **piétons** Freisprechset *nt;* ~ **auto** [*o* **mains libres**] Freisprechanlage *f*
kit[s]ch [kitʃ] *adj inv* kitschig
kitchenette [kitʃənɛt] *f* Kochnische *f*
kiwi [kiwi] *m* Kiwi *f*
klaxon® [klaksɔn] *m* Hupe *f*
klaxonner [klaksɔne] <1> *vi* hupen

kleenex® [klinɛks] *m* Tempo® *nt*
kleptomane *v.* **cleptomane**
km *abr de* **kilomètre** km
Ko [kao] *m abr de* **kilo-octet** INFORM KB *nt*
K.-O. [kao] *adj inv fam abr de* **knock-out** ❶ *(assommé)* benommen; **mettre qn ~** SPORT jdn k. o. schlagen ❷ *(épuisé)* k. o.
koala [kɔala] *m* Koala[bär *m*] *m*
kosovar(e) [kɔsɔvaʀ] *adj* kosovarisch, aus [dem] Kosovo
Kosovar(e) [kɔsɔvaʀ] *m(f)* Kosovare, Kosovarin *m, f*
Kosovo [kɔsɔvo] *m* **le ~** der [*o* das] Kosovo
kouglof [kuglɔf] *m* Gugelhopf *m* (CH), Gugelhupf *m* (SDEUTSCH, A)
Koweït [kɔwɛt] *m* **le ~** Kuweit *nt*
koweïtien(ne) [kɔwɛtjɛ̃, jɛn] *adj* kuwaitisch
Koweïtien(ne) [kɔwɛtjɛ̃, jɛn] *m(f)* Kuwaiter(in) *m(f)*
krach [kʀak] *m* FIN Börsenkrach *m*
kurde [kyʀd] **I.** *adj* kurdisch **II.** *m* Kurdisch *nt; v.a.* **allemand**
Kurde [kyʀd] *m, f* Kurde *m*/Kurdin *f*
Kurdistan [kyʀdistɑ̃] *m* **le ~** Kurdistan *nt*
Kuwait [kɔwɛt] *m v.* **Koweït**
kyste [kist] *m* Zyste *f*

L

l *abr de* **litre** l
L, l [ɛl] *m inv* L *nt*, l *nt*
l' *art, pron v.* **le, la**
la[1] [la] <*devant voyelle ou h muet* l'> **I.** *art déf* **la mouche** die Mücke **II.** *pron pers, féminin* ❶ *(personne)* **il ~ voit** er sieht sie ❷ *avec laisser* sie; **il ~ laisse conduire la voiture** er lässt sie das Auto fahren ❸ *avec un présentatif* sie; **~ voici!** hier ist sie!
la[2] [la] *m inv* MUS A *nt*, a *nt*; **donner le ~** den Kammerton angeben
là[1] [la] *adv* ❶ *(avec déplacement à distance)* dorthin ❷ *(avec déplacement à proximité)* hierher; **passer par ~** da entlang gehen/fahren; **de ~** von dort [aus] ❸ *(sans déplacement à distance)* dort ❹ **[quelque part] par ~** hier irgendwo ❺ *(à ce moment-là)* da; **jusque-~** bis dahin ❻ *(en ce moment)* da ❼ *(alors)* also da ❽ *(dont il est question)* **cette histoire-~** diese Geschichte [da]
là[2] [la] *interj* na
là-bas [laba] *adv* ❶ *(avec déplacement)* dorthin ❷ *(avec déplacement)* dort
label [labɛl] *m* Schutzmarke *f*
labo [labo], **laboratoire** [labɔʀatwaʀ] *m (salle)* Labor *nt*
laborantin(e) [labɔʀɑtɛ̃, in] *m(f)* Laborant(in) *m(f)*
laborieux, -euse [labɔʀjø] *adj* ❶ *(pénible)* mühsam ❷ *(classes, masses)* arbeitend
labour [labuʀ] *m* [Feld]arbeit *f*
labourer [labuʀe] <1> *vt* AGR [um]pflügen
labrador [labʀadɔʀ] *m* Labradorhund *m*
labyrinthe [labiʀɛ̃t] *m* Labyrinth *nt*
lac [lak] *m* See *m*
lacer [lase] <2> *vt* [zu]binden
lacet [lasɛ] *m* ❶ Schnürsenkel *m* ❷ *(virage)* Serpentine *f*
lâche [lɑʃ] **I.** *adj* ❶ *(poltron)* feige ❷ *(corde)* locker **II.** *mf* Feigling *m*
lâchement [lɑʃmɑ̃] *adv* feige
lâcher [lɑʃe] <1> **I.** *vt* ❶ *(laisser aller)*

loslassen; *(bêtise, mot)* von sich geben ② *fam (abandonner)* aufgeben **II.** *vi* versagen; *(corde)* nachgeben

lâcheté [lɑʃte] *f* Feigheit *f*

lacis [lasi] *m* Geflecht *nt*

laconique [lakɔnik] *adj* kurz und bündig

lacrymogène [lakʀimɔʒɛn] *adj* **gaz ~** Tränengas *nt*

lacté(e) [lakte] *adj* GASTR *(bouillie)* Milch-

lacune [lakyn] *f* Lücke *f*

là-dedans [lad(ə)dɑ̃] *adv* ① *(lieu)* da drin ② *(direction)* da hinein **là-dessous** [lad(ə)su] *adv* darunter; *fig* dahinter **là-dessus** [lad(ə)sy] *adv* ① *(direction, ici)* hier hin-/herauf ② *(direction, là-bas)* dort hin-/herauf ③ *(lieu)* darauf ④ *(à ce sujet)* darüber ⑤ *(sur ce)* daraufhin

ladite *v.* **ledit**

lagon [lagɔ̃] *m* Lagune *f*

lagune [lagyn] *f* Lagune *f*

là-haut [lao] *adv* ① *(au-dessus: direction)* dort hinauf ② *(dans le ciel)* dort oben

La Haye [la'ɛ] Den Haag

laïcité [laisite] *f* Trennung *f* von Kirche und Staat

laid(e) [lɛ] *adj* hässlich

laideron [lɛdʀɔ̃] *m* hässliches Mädchen

laideur [lɛdœʀ] *f* Hässlichkeit *f*

laie [lɛ] *f* Wildsau *f*

lainage [lɛnaʒ] *m (étoffe)* Wollstoff *m*

laine [lɛn] *f* ① Wolle *f* ② *(vêtement)* **une petite ~** etwas Warmes ③ *(laine minérale)* **~ de verre** Glaswolle *f*

laineux, -euse [lɛnø, -øz] *adj* wollig

laïque [laik] *adj* ① POL laizistisch ② REL Laien-

laisse [lɛs] *f* Leine *f*

laisser [lese] <1> **I.** *vt* ① *(faire rester)* lassen; **~ qn tranquille** jdn in Ruhe lassen ② *(choix)* lassen ③ *(ne pas prendre)* [stehen] lassen; **~ qc** etw zurücklassen ④ *(réserver)* **~ qc à qn** etw für jdn übrig lassen ⑤ *(quitter)* **je te/vous laisse!** ich gehe jetzt! ⑥ *(traces, auréoles)* hinterlassen **II.** *aux* **~ qn faire qc** jdm gestatten etw zu tun ▶ **~ faire** die Dinge laufen lassen *(fam)*; **se ~ faire** sich *(dat)* alles gefallen lassen *(fam)*

laisser-aller [leseale] *m inv* Nachlässigkeit *f*

lait [lɛ] *m* Milch *f*; **~ en poudre** Milchpulver *nt*

laitage [lɛtaʒ] *m* Milchprodukt *nt*

laiterie [lɛtʀi] *f* Molkerei *f*

laiteux, -euse [lɛtø, -øz] *adj* milchig

laitier, -ière [letje, -jɛʀ] *m, f* Milchmann *m*/-frau *f*

laiton [lɛtɔ̃] *m* Messing *nt*

laitue [lety] *f* Kopfsalat *m*

laïus [lajys] *m fam* Rede *f*

lama [lama] *m* Lama *nt*

lambeau [lɑ̃bo] <x> *m* Fetzen *m*

lambiner [lɑ̃bine] <1> *vi* [herum]trödeln

lambris [lɑ̃bʀi] *m* Täfelung *f*

lame [lam] *f* Klinge *f*

lamé [lame] *m* Lamé *m*

lamelle [lamɛl] *f (petite lame)* schmaler Streifen *m*

lamentable [lamɑ̃tabl] *adj (état, mine)* jämmerlich; *(ton, voix)* kläglich

lamentablement [lamɑ̃tabləmɑ̃] *adv* jämmerlich

lamentation [lamɑ̃tasjɔ̃] *f gén pl* Jammern *nt kein Pl*

lamenter [lamɑ̃te] <1> *vpr* **se ~ sur qc** über etw *(akk)* jammern

laminer [lamine] <1> *vt* TECH walzen

lampadaire [lɑ̃padɛʀ] *m* ① Stehlampe *f* ② *(réverbère)* Laterne *f*

lampe [lɑ̃p] *f* Lampe *f*; **~ de chevet** Nachttischlampe

lampion [lɑ̃pjɔ̃] *m* Lampion *m*

lance [lɑ̃s] *f* ① *(arme)* Lanze *f* ② *(tuyau)* Schlauch *m*; **~ d'incendie** Feuerspritze *f*

lancée [lɑ̃se] *f* Elan *m*

lancement [lɑ̃smɑ̃] *m* ① *(d'un satellite)* Start *m* ② INFORM [Programm]start *m*

lance-pierre [lɑ̃spjɛʀ] <lance-pierres> *m* Steinschleuder *f*

lancer [lɑ̃se] <2> **I.** *vt* ① *(projeter)* werfen; **~ qc** *(avion)* etw abwerfen; **~ qc à**

qn jdm etw zuwerfen ❷ *(faire connaître)* herausbringen ❸ *(donner de l'élan)* in Schwung bringen; *(moteur, voiture)* anlassen ❹ *(programme)* einführen ❺ *(nouvelle)* in Umlauf setzen ❻ *(accusation, menace)* aussprechen; **~ un appel à qn** einen Appell an jdn richten ❼ INFORM starten **II.** *vpr* **se ~** ❶ *(se précipiter)* sich werfen ❷ *(s'engager)* sich stürzen **III.** *m* SPORT Wurf *m; (du poids)* Stoß *m*

lanceur [lɑ̃sœʀ] *m (espace)* Trägerrakete *f*

lancinant(e) [lɑ̃sinɑ̃] *adj* stechend

Land [lɑ̃d] <Länder> *m* [Bundes]land *nt*

landau [lɑ̃do] <s> *m* Kinderwagen *m*

lande [lɑ̃d] *f* Heide *f*

Landes [lɑ̃d] *fpl* **les ~** die Landes *(Landschaft im Südwesten Frankreichs)*

langage [lɑ̃gaʒ] *m* Sprache *f;* **~ parlé** Umgangssprache; **~ de programmation** INFORM Programmiersprache

lange [lɑ̃ʒ] *m* Wickeltuch *nt*

langer [lɑ̃ʒe] <2a> *vt* wickeln

langoureux, -euse [lɑ̃guʀø, -øz] *adj (regard, air)* schmachtend

langouste [lɑ̃gust] *f* Languste *f*

langoustine [lɑ̃gustin] *f* Kaisergranathummer *m*

langue [lɑ̃g] *f* ❶ ANAT Zunge *f;* **tirer la ~ à qn** jdm die Zunge herausstrecken ❷ *(langage)* Sprache *f;* **~ étrangère/maternelle** Fremd-/Muttersprache ▸**être mauvaise ~** ein Lästermaul sein *(fam)*

Les langues officielles

In Belgien gibt es drei **langues officielles**: Flämisch, Französisch und Deutsch. In der Schweiz spricht man als offizielle Sprachen Deutsch, Französisch, Italienisch und Rätoromanisch; in Kanada Englisch und Französisch.

Languedoc [lɑ̃g(ə)dɔk] *m* **le ~** das Languedoc

languette [lɑ̃gɛt] *f (d'une chaussure)* Zunge *f; (d'une boîte)* Lasche *f*

languir [lɑ̃giʀ] <8> *vi (conversation)* stocken

lanière [lanjɛʀ] *f* Riemen *m*

lanterne [lɑ̃tɛʀn] *f* Laterne *f*

lapalissade [lapalisad] *f* Binsenweisheit *f*

laper [lape] <1> *vt* schlabbern *(fam)*

lapereau [lapʀo] <x> *m* junges Kaninchen

lapidaire [lapidɛʀ] *adj* lapidar

lapider [lapide] <1> *vt* mit Steinen bewerfen

lapin [lapɛ̃] *m* Kaninchen *nt*

lapine [lapin] *f* ZOOL weibliches Kaninchen; *v.a.* **lapin**

laps [laps] *m* **~ de temps** Zeit *f*

lapsus [lapsys] *m* Lapsus *m;* **faire un ~** *(en parlant)* sich versprechen; *(en écrivant)* sich verschreiben

laquais [lakɛ] *m* Lakai *m*

laque [lak] *f* ❶ [Haar]spray *nt o m* ❷ *(peinture)* Lack[farbe *f*] *m*

laqué(e) [lake] *adj* ❶ *(peint)* lackiert ❷ GASTR **canard ~** Pekingente *f*

laquelle [lakɛl] *pron v.* **lequel**

laquer [lake] <1> *vt* lackieren; **~ qc en blanc** etw weiß lackieren

larbin [laʀbɛ̃] *m péj fam* Lakai *m*

lard [laʀ] *m* Speck *m* ▸**gros ~** Fettwanst *m (fam)*

lardon [laʀdɔ̃] *m* Speckwürfel *m*

large [laʀʒ] **I.** *adj* ❶ *(opp: étroit)* breit; *(cercle, vêtement)* weit; **être ~ d'épaules** breitschultrig sein ❷ *(mesure, succès)* groß ❸ *(acception, sens)* weit; **~ d'esprit** offen **II.** *adv (calculer, voir)* großzügig **III.** *m* ❶ *(haute mer)* offene See *f* ❷ *(largeur)* **de ~** breit ▸**prendre le ~** *fam* sich aus dem Staub machen

largement [laʀʒəmɑ̃] *adv* ❶ *(opp: étroitement)* weit ❷ *(amplement)* bei weitem

largesse [laʀʒɛs] *f pl (dons)* Zuwen-

L

dungen *Pl*

largeur [laʀʒœʀ] *f* Breite *f*

larguer [laʀge] <1> *vt* ❶ NAUT losmachen ❷ AVIAT abwerfen

larme [laʀm] *f* Träne *f*; **en ~s** in Tränen

larmoyant(e) [laʀmwajɑ̃, jɑ̃t] *adj (ton, voix)* weinerlich

larve [laʀv] *f* ZOOL Larve *f*

laryngite [laʀɛ̃ʒit] *f* Kehlkopfentzündung *f*

larynx [laʀɛ̃ks] *m* Kehlkopf *m*

las(se) [lɑ] *adj (personne)* abgespannt

lasagne [lazaɲ] <[s]> *f* Lasagne *f*

lascif, -ive [lasif, -iv] *adj* lasziv

laser [lazɛʀ] *m* Laser *m*

lassant(e) [lɑsɑ̃, ɑ̃t] *adj* ermüdend

lasser [lɑse] <1> **I.** *vt* ermüden **II.** *vpr* **se ~ de faire qc** es müde werden etw zu tun

lassitude [lɑsityd] *f* ❶ *(fatigue physique)* Mattigkeit *f* ❷ *(fatigue morale)* Überdruss *m*

lasso [laso] *m* Lasso *m o nt*

lasure [lazyʀ] *f* Lasur *f*

latent(e) [latɑ̃] *adj* latent; *(conflit)* unterschwellig

latéral(e) [lateʀal] <-aux> *adj* Seiten-; **airbag ~** Seitenairbag *m*

latex [latɛks] *m* Latex *m*

latin [latɛ̃] *m* Latein *nt*, das Lateinische; *v.a.* **allemand**

latin(e) [latɛ̃] *adj* ❶ GEO, HIST, LING lateinisch; *(civilisation, histoire)* römisch ❷ *(opp: anglo-saxon)* romanisch; *(tempérament)* südländisch ❸ REL römisch-katholisch

latino-américain(e) [latinoameʀikɛ̃] <latino-américains> *adj* lateinamerikanisch

latitude [latityd] *f* GEO Breite *f*; *(degré)* Breitengrad *m*

latrines [latʀin] *fpl* Latrine *f*

latte [lat] *f* Latte *f*

latter [late] <1> *vt fam* **se faire ~** Dresche kriegen; **se faire ~ la tronche** eine aufs Maul kriegen

lauréat(e) [lɔʀea] *m(f)* Preisträger(in) *m(f)*

laurier [lɔʀje] *m* BOT, GASTR Lorbeer *m*

laurier-rose [lɔʀjeʀoz] <lauriers-roses> *m* Oleander *m*

lavable [lavabl] *adj* abwaschbar; **~ en machine** waschmaschinenfest

lavabo [lavabo] *m* Waschbecken *nt*

lavage [lavaʒ] *m* Wäsche *f*

lavande [lavɑ̃d] *f (a. parfum)* Lavendel *m*

lave [lav] *f* Lava *f*

lave-glace [lavglas] <lave-glaces> *m* Scheibenwaschanlage *f* **lave-linge** [lavlɛ̃ʒ] *m inv* Waschmaschine *f*

laver [lave] <1> **I.** *vt (nettoyer)* waschen; *(vaisselle)* spülen **II.** *vpr* ❶ *(se nettoyer)* **se ~** sich waschen ❷ *(être lavable)* **se ~ à 90°** sich bis 90° waschen lassen

laverie [lavʀi] *f* **~ automatique** Waschsalon *m*

lavette [lavɛt] *f (chiffon)* Spültuch *nt*

laveur, -euse [lavœʀ, -øz] *m, f* **~ de carreaux** Fensterputzer; **~ de voitures** Autowäscher

laveuse [lavøz] *f* CAN *(lave-linge)* Waschmaschine *f*

lave-vaisselle [lavvɛsɛl] *m inv* Geschirrspülmaschine *f*

lavoir [lavwaʀ] *m* Waschhaus *nt*

laxatif [laksatif] *m* Abführmittel *nt*

laxatif, -ive [laksatif] *adj* abführend

laxisme [laksism] *m* Laxheit *f*

laxiste [laksist] *adj* lax, locker

layette [lɛjɛt] *f* Babywäsche *f*

le [lə] *<devant voyelle ou h muet* l'> **I.** *art déf* **le chien** der Hund **II.** *pron pers, masculin* ❶ *(personne)* **elle ~ voit** sie sieht ihn ❷ *avec laisser* ihn; **il ~ laisse conduire la voiture** er lässt ihn das Auto fahren ❸ *(valeur neutre)* **je ~ comprends** das verstehe ich ❹ *avec un présentatif* er; **~ voici!** hier ist er!

lé [le] *m (d'une étoffe, d'un papier peint)* Bahn *f*

leader [lidœʀ] *m* ❶ COM Marktführer *m* ❷ SPORT Spitzenreiter(in) *m(f)*

leasing [liziŋ] *m* Leasing *nt*

lèche [lɛʃ] *f fam* **faire de la ~ à qn** vor jdm kriechen

lèchefrite [lɛʃfʀit] *f* Fettpfanne *f*

lécher [leʃe] <5> **I.** *vt (cuillère, visage)* ablecken; *(glace)* [sch]lecken **II.** *vpr* **se ~ qc** sich *(dat)* etw ablecken

lèche-vitrine [lɛʃvitʀin] *m sans pl* Schaufensterbummel *m*

leçon [l(ə)sɔ̃] *f* ❶ SCOL *(à apprendre)* Lektion *f* ❷ *(cours)* Stunde *f*

lecteur [lɛktœʀ] *m* ❶ MEDIA Lesegerät *nt;* **~ de DVD** DVD-Player *m;* **~ MP3** MP3-Player ❷ INFORM Laufwerk *nt;* **~ optique** Scanner *m*

lecteur, -trice [lɛktœʀ] *m, f* ❶ *(liseur)* Leser(in) *m(f)* ❷ *(qui fait la lecture)* Vorleser(in) *m(f)*

lecture [lɛktyʀ] *f* ❶ *(action de lire)* Lesen *nt* ❷ *(qc qui se lit)* Lektüre *f* ❸ MEDIA, INFORM Lesen *nt;* **~ optique** optische Zeichenerkennung *f*

ledit, ladite [lədi, ladit, ledi, ledit] <lesdit(e)s> *adj antéposé* der/die/das Genannte

légal(e) [legal] <-aux> *adj* gesetzlich

légalement [legalmɑ̃] *adv* legal

légalisation [legalizasjɔ̃] *f (d'un avortement, d'une drogue)* Legalisierung *f*

légaliser [legalize] <1> *vt* legalisieren

légalité [legalite] *f* Legalität *f*

légation [legasjɔ̃] *f* Gesandtschaft *f*

légendaire [leʒɑ̃dɛʀ] *adj (mythique: histoire)* legendär; **animal ~** Fabeltier *nt*

légende [leʒɑ̃d] *f* ❶ *(mythe)* Sage *f;* **un personnage de ~** eine legendäre Gestalt ❷ *(d'un plan)* Legende *f*

léger, -ère [leʒe] *adj (opp: lourd)* leicht; *(vêtement)* dünn; **les blessés ~s** die Leichtverletzten

Übersetzungstipp

léger – Nicht verwechseln mit *leger* – *décontracté(e)!*

légèrement [leʒɛʀmɑ̃] *adv* leicht

légèreté [leʒɛʀte] *f* ❶ *(faible poids)* Leichtigkeit *f* ❷ *(insouciance)* Leichtfertigkeit *f*

légiférer [leʒifeʀe] <5> *vi* Gesetze erlassen

Légion [leʒjɔ̃] *f* MIL **la ~ étrangère** die Fremdenlegion

légionellose [leʒjɔneloz] *f* MED Legionärskrankheit *f,* Legionellose *f*

légionnaire [leʒjɔnɛʀ] *mf (membre de la Légion d'Honneur)* Mitglied *nt* der Ehrenlegion

législateur, -trice [leʒislatœʀ] *m, f* Gesetzgeber(in) *m(f)*

législatif, -ive [leʒislatif] *adj* gesetzgebend

législation [leʒislasjɔ̃] *f* Gesetzgebung *f*

législature [leʒislatyʀ] *f* Legislatur[periode *f*] *f*

légiste [leʒist] *mf* Jurist(in) *m(f)*

légitime [leʒitim] *adj* ❶ JUR rechtsgültig; *(enfant)* ehelich ❷ *(justifié)* berechtigt

légitimement [leʒitimmɑ̃] *adv* legitimerweise; JUR rechtmäßig; **on pourrait ~ en conclure que …** es wäre durchaus rechtens, daraus zu schließen, dass …

légitimer [leʒitime] <1> *vt* rechtfertigen

légitimité [leʒitimite] *f* Rechtmäßigkeit *f;* **en toute ~** ganz legitim

legs [lɛ(g)] *m* JUR Vermächtnis *nt*

léguer [lege] <5> *vt* vermachen

légume [legym] *m* Gemüse *nt*

légumier, -ière [legymje, -jɛʀ] *m, f* BELG *(marchand)* Gemüsehändler(in) *m(f)*

lendemain [lɑ̃dmɛ̃] *m sans pl* **le ~** *(la journée qui suit)* der nächste [*o* folgende] Tag; *(indication temporelle)* am nächsten [*o* folgenden] Tag, tags darauf; **du jour au ~** von heute auf morgen

lent(e) [lɑ̃] *adj* langsam

lente [lɑ̃t] *f* Nisse *f*

lentement [lɑ̃tmɑ̃] *adv* langsam

lenteur [lɑ̃tœʀ] *f* ❶ *(opp: rapidité)* Langsamkeit *f* ❷ *pl (atermoiements)* **les ~s de l'administration** der schwerfällige Verwaltungsapparat

L

lentille [lɑ̃tij] *f* BOT, OPT, GASTR Linse *f*

léopard [leɔpaʀ] *m* ❶ ZOOL Leopard *m* ❷ *(fourrure)* Leopardenfell *nt*

lepénisme [løpenism] *m Ideologie des Front National und seines Gründers Le Pen*

lepéniste [løpenist] *mf* Anhänger(in) *m(f)* des Front National

lèpre [lɛpʀ] *f* Lepra *f*

lépreux, -euse [lepʀø] *m, f* Leprakranke(r) *f(m)*

lequel, laquelle [ləkɛl] <lesquels, lesquelles> **I.** *pron interrog* welcher/welche/welches; **regarde cette fille! — laquelle?** sieh nur dieses Mädchen! — welches? **II.** *pron rel* der/die/das; **la concierge, laquelle...** die Hausmeisterin, die...

les [le] **I.** *art déf* die **II.** *pron pers, pl* ❶ **elle ~ voit/suit** sie sieht sie/folgt ihnen ❷ *avec laisser* sie; **il ~ laisse conduire la voiture** er lässt sie das Auto fahren ❸ *avec un présentatif* sie; **~ voici!** hier sind sie!

lesbien(ne) [lɛzbjɛ̃] *adj* lesbisch

lesbienne [lɛzbjɛn] *f* Lesbierin *f*

léser [leze] <5> *vt* benachteiligen

lésiner [lezine] <1> *vi* **~ sur qc** mit etw geizen

lésion [lezjɔ̃] *f* Verletzung *f*

lessivable [lesivabl] *adj* abwaschbar

lessive [lesiv] *f* ❶ Waschmittel *nt* ❷ *(lavage)* Wäsche *f;* **faire la ~** waschen

lessiver [lesive] <1> *vt (pièce, sol)* schrubben

lest [lɛst] *m* Ballast *m*

leste [lɛst] *adj* ❶ *(vif)* behänd[e] *(geh)* ❷ *(grivois)* pikant

lester [lɛste] <1> *vt* Ballast laden, beschweren

léthargie [letaʀʒi] *f* Lethargie *f*

léthargique [letaʀʒik] *adj* lethargisch

letton(e) [lɛtɔ̃] *adj* lettisch; *v.a.* **allemand**

Letton(e) [lɛtɔ̃] *m(f)* Lette, Lettin *m, f*

Lettonie [lɛtɔni] *f* **la ~** Lettland *nt*

lettre [lɛtʀ] *f* ❶ *(missive)* Brief *m;* **~ de candidature** Bewerbungsschreiben *nt* ❷ *(signe graphique)* Buchstabe *m* ❸ *pl* UNIV *(opp: sciences)* Geisteswissenschaften *Pl* ❹ *sans pl* **à la ~** aufs Wort [genau]

lettré(e) [letʀe] *adj* gebildet

leucémie [løsemi] *f* MED Leukämie *f*

leur¹ [lœʀ] *pron pers, inv* ❶ **je ~ ai demandé s'ils/si elles venaient** ich habe sie gefragt, ob sie kommen ❷ *avec faire, laisser* sie; **il ~ laisse/fait conduire la voiture** er lässt sie das Auto fahren ❸ *avec être, devenir, sembler, soutenu v.* **me**

leur² [lœʀ] <leurs> **I.** *dét poss* ihr(e); *pl* ihre; **les enfants et ~ père** die Kinder und ihr Vater; *v.a.* **ma** *v.a.* **mon** **II.** *pron poss* ❶ **le/la ~** der/die/das ihre; **les ~s** die ihren; *v.a.* **mien** ❷ *pl (ceux de leur famille)* **les ~s** ihre Angehörigen; *v.a.* **mien**

leurre [lœʀ] *m* PECHE künstlicher Köder

leurrer [lœʀe] <1> *vt* täuschen

leurs [lœʀ] *v.* **leur²**

levain [ləvɛ̃] *m (pour pain)* Sauerteig *m; (pour gâteau)* Vorteig *m*

levant [ləvɑ̃] *m (est)* Morgenland *nt*

levée [l(ə)ve] *f* Leerung *f*

lever [l(ə)ve] <4> **I.** *vt* ❶ *(soulever)* heben; **~ le bras** den Arm in die Höhe strecken ❷ *(enfant)* aus dem Bett holen **II.** *vpr* **se ~** ❶ *(se mettre debout)* sich erheben ❷ *(sortir du lit)* aufstehen ❸ *(lune, soleil)* aufgehen ❹ *(rideau)* aufgehen ❺ *(mer)* unruhig werden ❻ *(temps)* aufklaren **III.** *vi (pâte)* gehen **IV.** *m* **au ~ du soleil** bei Sonnenaufgang

lève-tard [lɛvtaʀ] *mf inv fam* Langschläfer(in) *m(f)* **lève-tôt** [lɛvto] *mf inv fam* Frühaufsteher(in) *m(f)*

levier [ləvje] *m* Hebel *m;* **~ de commande/de vitesse** Schalthebel

lèvre [lɛvʀ] *f* ❶ *(de la bouche)* Lippe *f* ❷ *pl (parties de la vulve)* Schamlippen *Pl*

lévrier [levʀije] *m* Windhund *m*

levure [l(ə)vyʀ] *f a.* CHIM Hefe *f*, Germ *f* (A); **~ chimique** Backpulver *nt*

lexical(e) [lɛksikal] <-aux> *adj* lexikalisch

lexicographie [lɛksikɔgʀafi] *f* Lexikografie *f*

lexique [lɛksik] *m (dictionnaire bilingue)* Wörterbuch *nt; (dictionnaire technique, spécialisé)* Lexikon *nt*

lézard [lezaʀ] *m* Eidechse *f*

lézarde [lezaʀd] *f* Riss *m*

lézarder[1] [lezaʀde] <1> *vi fam* Sonne tanken

lézarder[2] [lezaʀde] <1> *vt* **être lézardé** rissig sein

liaison [ljɛzɔ̃] *f* ① TELEC, MIL, AUT Verbindung *f;* **être en ~ avec qn** mit jdm verbunden sein ② *(enchaînement)* Zusammenhang *m* ③ *(relation amoureuse)* Verhältnis *nt*

liane [ljan] *f* Liane *f*

liasse [ljas] *f (de documents)* Stoß *m; (de billets)* Bündel *nt*

Liban [libɑ̃] *m* **le ~** der Libanon

libanais [libanɛ] *m* Libanesisch *nt; v.a.* **allemand**

libanais(e) [libanɛ] *adj* libanesisch; *v.a.* **allemand**

Libanais(e) [libanɛ] *m(f)* Libanese, Libanesin *m, f*

libellé [libele] *m* Wortlaut *m*

libeller [libele] <1> *vt* aufsetzen; *(chèque)* ausstellen

libellule [libelyl] *f* Libelle *f*

libéral(e) [libeʀal] <-aux> **I.** *adj* ① ECON, POL liberal; **économie ~e** freie Marktwirtschaft *f* ② *(éducation)* frei **II.** *m(f)* POL Liberale(r) *f(m)*

libéralisation [libeʀalizasjɔ̃] *f* Liberalisierung *f*

libéraliser [libeʀalize] <1> *vt* liberalisieren

libéralisme [libeʀalism] *m* ECON, POL Liberalismus *m*

libérateur, -trice [libeʀatœʀ] **I.** *adj* befreiend **II.** *m, f* Befreier(in) *m(f)*

libération [libeʀasjɔ̃] *f* ① *(d'un prisonnier politique)* Freilassung *f* ② *a. fig (délivrance)* Befreiung *f*

libéré(e) [libeʀe] *adj* emanzipiert

libérer [libeʀe] <5> **I.** *vt* ① *(relâcher)* freilassen ② *(délivrer, rendre disponible)* befreien ③ *(voie)* frei machen **II.** *vpr* **se ~** sich frei machen

liberté [libɛʀte] *f* ① *sans pl (opp: oppression, emprisonnement)* Freiheit *f* ② *sans pl (loisir)* freie Zeit *f* ③ *(droit, indépendance)* Freiheit *f* ④ *sans pl (absence de contrainte)* Ungezwungenheit *f*

libertin(e) [libɛʀtɛ̃, in] *adj* ausschweifend

libertinage [libɛʀtinaʒ] *m (d'une personne)* ausschweifender Lebenswandel

libido [libido] *f* Libido *f*

libraire [libʀɛʀ] *mf* Buchhändler(in) *m(f)*

librairie [libʀeʀi] *f* Buchhandlung *f*

librairie-papeterie [libʀɛʀipapɛtʀi] <librairies-papeteries> *f* Buch- und Schreibwarenhandlung *f*

libre [libʀ] *adj* frei

libre-échange [libʀeʃɑ̃ʒ] <libres-échanges> *m* Freihandel *m*

librement [libʀəmɑ̃] *adv* frei

libre-service [libʀəsɛʀvis] <libres-services> *m* ① *(magasin, restaurant)* Selbstbedienungs- ② *sans pl (système de vente)* Selbstbedienung *f*

Libye [libi] *f* **la ~** Libyen *nt*

licence [lisɑ̃s] *f* ① UNIV Licence *f,* Lizentiat *nt* (CH) ② COM, JUR, SPORT Lizenz *f*

licencié(e) [lisɑ̃sje] *adj* UNIV mit Licence; **être ~** die Licence haben

licenciement [lisɑ̃simɑ̃] *m* Entlassung *f*

licencier [lisɑ̃sje] <1> *vt* entlassen

lichen [likɛn] *m* BOT Flechte *f*

licite [lisit] *adj* zulässig

licorne [likɔʀn] *f* Einhorn *nt*

licou [liku] *m* Halfter *m o nt*

lie [li] *f (dépôt)* [Boden]satz *m*

lié(e) [lje] *adj (proche)* **être ~ avec qn** jdm nahestehen

Liechtenstein [liʃtɛnʃtajn] *m* **le ~** Liechtenstein *nt*

liechtensteinois(e) [liʃtɛnʃtajnwa] *adj* liechtensteinisch

L

Liechtensteinois(e) [liʃtɛnʃtajnwa, waz] *m(f)* Liechtensteiner(in) *m(f)*

liège [ljɛʒ] *m* Kork *m*

Liège [ljɛʒ] Lüttich *nt*

lien [ljɛ̃] *m* ❶ *(attache)* Band *nt;* *(chaîne)* Fessel *f* ❷ *(rapport)* Verbindung *f* ❸ *(ce qui unit)* ~ **de parenté** Verwandtschaftsverhältnis *nt* ❹ INFORM Link *m*

lier [lje] <1> **I.** *vt* ❶ *(choses)* zusammenbinden ❷ *(mettre en relation)* **être lié à qc** mit etw zusammenhängen **II.** *vpr* **se ~ avec qn** sich mit jdm anfreunden

lierre [ljɛʀ] *m* Efeu *m*

lieu[1] [ljø] <x> *m* ❶ *(endroit)* Ort *m;* **~ de séjour** Aufenthaltsort ❷ *pl (locaux)* Räumlichkeiten *Pl;* *(endroit précis)* **sur les ~x de l'accident** am Unfallort ❸ *(endroit particulier)* **en haut ~** an höherer Stelle ❹ *(dans une succession)* **en premier ~** zuerst ❺ *(place)* **avoir ~** stattfinden; **au ~ de cela** stattdessen ❻ *(raison)* **il n'y a pas ~ de s'inquiéter** es besteht kein Anlass zur Beunruhigung

lieu[2] [ljø] <s> *m* **~ noir** Seelachs *m*

lieu commun [ljøkɔmœ̃] <lieux communs> *m* Gemeinplatz *m*

lieue [ljø] *f* Meile *f*

lieutenant [ljøt(ə)nɑ̃] *m* Oberleutnant *m*

lièvre [ljɛvʀ] *m* Feldhase *m*

lifting [liftiŋ] *m* Facelifting *nt*

ligament [ligamɑ̃] *m* Band *nt*

light [lajt] *adj inv* light

ligne [liɲ] *f* ❶ *a.* MATH Linie *f* ❷ *(suite de mots)* Zeile *f;* **~ de commande** INFORM Befehlszeile ❸ *sans pl (silhouette)* Figur *f* ❹ *(direction)* **~ droite** Gerade *f* ❺ AUT Linie *f;* CHEMDFER Strecke *f;* **~ de métro** (Metro-)Linie ❻ PECHE Angelschnur *f* ❼ ELEC, TELEC Leitung *f;* **être en ~** gerade telefonieren; **gardez la ~!** CAN *(ne quittez pas)* legen Sie nicht auf! ❽ *(rangée)* Reihe *f* ▶ **en ~** INFORM online; **hors ~** INFORM offline

lignée [liɲe] *f* Nachkommenschaft *f*

lignite [liɲit] *m* [junge] Braunkohle *f*

ligoter [ligɔte] <1> *vt* fesseln

ligue [lig] *f* Liga *f*

liguer [lige] <1> *vpr* **se ~ contre qn** sich gegen jdn verschwören

liker [lajke] <1> *vt* INET liken

lilas [lilɑ] **I.** *m* Flieder *m* **II.** *adj inv* lila[farben]

lilliputien(ne) [li(l)lipysjɛ̃] *m(f)* Liliputaner(in) *m(f)*

limace [limas] *f* Nacktschnecke *f*

limande [limɑ̃d] *f* Kliesche *f*

Limbourg [lɛ̃buʀ] *m* **le ~** [die Provinz] Limburg

lime [lim] *f* Feile *f*

limer [lime] <1> *vt* feilen

limitation [limitasjɔ̃] *f* Einschränkung *f*

limite [limit] **I.** *app* ❶ **âge ~** Altersgrenze *f* ❷ *(presque impossible)* fast unmöglich **II.** *f* ❶ *(d'une étendue)* Grenze *f* ❷ *(dans le temps)* Frist *f* ❸ *(borne)* Grenzen *Pl* ▶ **à la ~** na ja; **à la ~, je peux...** im äußersten Fall kann ich...

limité(e) [limite] *adj* begrenzt; *(sens)* eng

limiter [limite] <1> **I.** *vt* ❶ *(délimiter)* begrenzen ❷ *(restreindre)* einschränken **II.** *vpr (se borner)* **se ~ à qc** sich auf etw *(akk)* beschränken

limitrophe [limitʀɔf] *adj* angrenzend

limoger [limɔʒe] <2a> *vt fam* kaltstellen

limon [limɔ̃] *m (terre)* Schlamm *m*

limonade [limɔnad] *f* Limonade *f,* Kracherl *nt* (SDEUTSCH, A)

limousine [limuzin] *f* Limousine *f*

limpide [lɛ̃pid] *adj* klar; *(regard)* offen

limpidité [lɛ̃pidite] *f* Klarheit *f*

lin [lɛ̃] *m* ❶ BOT Flachs *m* ❷ TEXTIL Leinen *nt*

linceul [lɛ̃sœl] *m* Leichentuch *nt*

linéaire [lineɛʀ] *adj* linear

linge [lɛ̃ʒ] *m* ❶ *sans pl (vêtements)* Wäsche *f* ❷ *(morceau de tissu)* Tuch *nt* ▶ **blanc comme un ~** kreidebleich

lingerie [lɛ̃ʒʀi] *f sans pl* Damenwäsche *f*

lingot [lɛ̃go] *m (d'or)* [Gold]barren *m*

linguiste [lɛ̃gɥist] *mf* Linguist(in) *m(f)*
linguistique [lɛ̃gɥistik] **I.** *adj* Sprach-; **théorie** ~ Sprachtheorie *f* **II.** *f* Linguistik *f*
linoléum [linɔleɔm] *m* Linoleum *nt*
linteau [lɛ̃to] <x> *m* ARCHIT Sturz *m*
lion [ljɔ̃] *m* Löwe *m; v.a.* **lionne**
Lion [ljɔ̃] *m* Löwe *m; v.a.* **Balance**
lionceau [ljɔ̃so] <x> *m* Löwenjunge(s) *nt*
lionne [ljɔn] *f* Löwin *f; v.a.* **lion**
lipide [lipid] *m* Lipid *nt*
liposuccion [liposysjɔ̃] *f* Fettabsaugung *f*
liquéfier [likefje] <1> **I.** *vt* verflüssigen **II.** *vpr* **se** ~ *(gaz)* flüssig werden
liqueur [likœʀ] *f* Likör *m*
liquidation [likidasjɔ̃] *f (solde)* ~ **totale** Räumungsverkauf *f*
liquide [likid] **I.** *adj* ❶ *(fluide)* flüssig ❷ *(disponible)* **argent** ~ Bargeld *nt* **II.** *m* ❶ *(fluide)* Flüssigkeit *f* ❷ *sans pl (argent)* Bargeld *nt*
liquider [likide] <1> *vt* ❶ COM *(marchandise)* ausverkaufen ❷ *fam (dossier)* sich *(dat)* vom Hals schaffen ❸ *fam (tuer)* liquidieren ❹ JUR *(société, compte)* auflösen
liquidité [likidite] *f* Liquidität *f*
lire[1] [liʀ] <irr> **I.** *vi* ❶ lesen; ~ **à haute voix** laut lesen ❷ *(deviner)* ~ **dans les pensées de qn** jds Gedanken lesen **II.** *vt* ❶ *(livre, auteur)* lesen ❷ *(faire la lecture)* ~ **qc à qn** jdm etw [vor]lesen **III.** *vpr* **l'hébreu se lit de droite à gauche** das Hebräische wird von rechts nach links gelesen
lire[2] [liʀ] *f* Lira *f*
lis[1] [lis] *m* Lilie *f*
lis[2] [li] *indic prés de* **lire**[1]
lisais [lizɛ] *imparf de* **lire**
lisant [lizɑ̃] *part prés de* **lire**
Lisbonne [lisbɔn] Lissabon *nt*
liseron [lizʀɔ̃] *m* BOT Winde *f*
liseuse [lizøz] *f* INFORM E-Book-Reader *m*, E-Reader *m*
lisez [lize] *indic prés et impératif de* **lire**
lisible [lizibl] *adj* gut lesbar
lisiblement [lizibləmɑ̃] *adv* **écrire** ~ deutlich schreiben
lisière [lizjɛʀ] *f* ❶ COUT Webkante *f* ❷ *(limite)* Rand *m; (d'un champ)* Rain *m*
lisons [lizɔ̃] *indic prés et impératif de* **lire**
lisse [lis] *adj* glatt
lisser [lise] <1> *vt* glattstreichen
liste [list] *f* Liste *f;* ~ **électorale/de mariage** Wähler-/Wunschliste
lister [liste] <1> *vt* INFORM ausdrucken
listing [listiŋ] *m* Liste *f; (document imprimé)* Ausdruck *m*
lit[1] [li] *m* ❶ Bett *nt;* ~ **pour deux personnes** Doppelbett; **au** ~**!** [ab] ins Bett! ❷ *(d'une rivière)* Bett *nt;* **sortir de son** ~ über die Ufer treten
lit[2] [li] *indic prés de* **lire**
litchi [litʃi] *m* Litschi *f*
literie [litʀi] *f* Bettrost *m* und Matratze *f*
litière [litjɛʀ] *f* Streu *f*
litige [litiʒ] *m* Streit *m*
litigieux, -euse [litiʒjø, -jøz] *adj* umstritten
litote [litɔt] *f* Litotes *f*
litre [litʀ] *m* ❶ Liter *m* ❷ *(bouteille)* Literflasche *f*
littéraire [liteʀɛʀ] **I.** *adj* ❶ literarisch ❷ *(opp: scientifique)* geisteswissenschaftlich **II.** *mf* ❶ *(opp: scientifique)* schöngeistiger Mensch *m* ❷ *(étudiant, professeur)* Geisteswissenschaftler *m*
littéral(e) [liteʀal] <-aux> *adj (traduction)* wortgetreu
littéralement [liteʀalmɑ̃] *adv* [wort]wörtlich
littérature [liteʀatyʀ] *f* Literatur *f*
littoral [litɔʀal] <-aux> *m* Küstengebiet *nt*
littoral(e) [litɔʀal] <-aux> *adj* Küsten-; **pêche** ~ Küstenfischerei *f*
Lituanie [litɥani] *f* **la** ~ Litauen *nt*
lituanien [litɥanjɛ̃] *m* Litauisch *nt; v.a.* **allemand**
lituanien(ne) [litɥanjɛ̃] *adj* litauisch; *v.a.* **allemand**
Lituanien(ne) [litɥanjɛ̃] *m(f)* Litau-

er(in) *m(f)*

livèche [livɛʃ] *f* BOT, GASTR Liebstöckel *nt o m,* Maggikraut *nt*

livide [livid] *adj* bleich

living [liviŋ] *m* Wohnzimmer *nt*

livrable [livʀabl] *adj* lieferbar; **~ à domicile** wird ins Haus geliefert

livraison [livʀɛzɔ̃] *f* Lieferung *f*

livre[1] [livʀ] *m* Buch *nt;* **~ de poche** Taschenbuch

livre[2] [livʀ] *f* ❶ *(demi-kilo)* Pfund *nt* ❷ *(monnaie)* **la ~ [sterling]** das Pfund [Sterling] ❸ CAN *(0,453 kg)* Pfund *nt*

livrer [livʀe] <1> **I.** *vt* ❶ *(commande)* liefern ❷ *(remettre)* **~ qn à la police** jdn der Polizei ausliefern **II.** *vpr (se rendre)* **se ~ à qn** sich jdm stellen

livret [livʀɛ] *m (registre)* Heft *nt;* **~ d'épargne/de famille** Spar-/Familienbuch *nt*

L

livreur, -euse [livʀœʀ] *m, f* Lieferant(in) *m(f)*

lobe [lɔb] *m* Lappen *m;* **~ de l'oreille** Ohrläppchen *nt*

local [lɔkal] <-aux> *m* Raum *m*

local(e) [lɔkal] <-aux> *adj* örtlich; *(anesthésie)* lokal; **heure ~e** Ortszeit

localement [lɔkalmɑ̃] *adv (par endroits)* stellenweise; *(à un endroit précis)* lokal

localisation [lɔkalizasjɔ̃] *f* Lokalisierung *f*

localiser [lɔkalize] <1> *vt* lokalisieren

localité [lɔkalite] *f* Ort *m*

locataire [lɔkatɛʀ] *mf* Mieter(in) *m(f);* **être ~** zur Miete wohnen

locatif [lɔkatif] *m* LING Lokativ *m*

location [lɔkasjɔ̃] *f (par le propriétaire: d'une habitation)* Vermieten *nt;* **voiture de ~** Leihwagen *m*

location-vente [lɔkasjɔ̃vɑ̃t] <locations-ventes> *f* Leasing *nt*

lock-out [lɔkaut] *m inv* Aussperrung *f*

locomotion [lɔkɔmosjɔ̃] *f* Fortbewegung *f*

locomotive [lɔkɔmɔtiv] *f* Lokomotive *f*

locuteur, -trice [lɔkytœʀ] *m, f* Sprecher(in) *m(f)*

locution [lɔkysjɔ̃] *f* [Rede]wendung *f*

logarithme [lɔgaʀitm] *m* Logarithmus *m*

loge [lɔʒ] *f a.* THEAT Loge *f; (d'un acteur)* Garderobe *f*

logement [lɔʒmɑ̃] *m (habitation)* Wohnung *f*

loger [lɔʒe] <2a> **I.** *vi* wohnen **II.** *vt* ❶ *(héberger)* unterbringen ❷ *(contenir)* **~ qn/qc** *(hôtel)* Platz für jdn/etw bieten

logeur, -euse [lɔʒœʀ] *m, f* Vermieter(in) *m(f)*

loggia [lɔdʒja] *f* Loggia *f*

logiciel [lɔʒisjɛl] *m* Software *f;* **~ anti-virus** Antivirenprogramm *nt;* **~ de courrier électronique** Mailprogramm; **~ de traitement de texte** Textverarbeitungsprogramm

logique [lɔʒik] **I.** *adj* logisch **II.** *f* Logik *f*

logiquement [lɔʒikmɑ̃] *adv (normalement)* logischerweise

logistique [lɔʒistik] *f* Logistik *f*

logo [lɔgɔ] *m (d'une entreprise)* Logo *nt; (d'un produit)* Warenzeichen *nt*

loguer [lɔge] <1> *vpr* INFORM, INET **se ~** sich einloggen, sich anmelden

loi [lwa] *f a.* PHYS, MATH Gesetz *nt*

loin [lwɛ̃] *adv* ❶ *(distance)* **au ~** in der Ferne; **de ~** von weitem; **~ de** weit weg von; **plus ~** weiter ❷ *fig* weit; **~ de là** [ganz] im Gegenteil ❸ *(dans le temps: passé)* lange her

lointain(e) [lwɛ̃tɛ̃] *adj* ❶ *(pays, avenir)* fern ❷ *(indirect)* entfernt ❸ *(regard)* abwesend

loir [lwaʀ] *m* Siebenschläfer *m*

Loire [lwaʀ] *f* **la ~** die Loire

loisir [lwaziʀ] *m sing o pl (temps libre)* Freizeit *f*

lombaire [lɔ̃bɛʀ] *f* Lendenwirbel *m*

londonien(ne) [lɔ̃dɔnjɛ̃] *adj* Londoner

Londonien(ne) [lɔ̃dɔnjɛ̃, jɛn] *m(f)* Londoner(in) *m(f)*

Londres [lɔ̃dʀ] London *nt*

long [lɔ̃] **I.** *adv* **en dire ~ sur qc** viel über etw aussagen **II.** *m* **en ~** in der

Länge; **de ~ en large** auf und ab; **en ~ et en large** lang und breit

Aussprache
Die Endung -g in **long** wird nicht gesprochen.

long, longue [lɔ̃] *adj* ❶ *(dans l'espace)* lang; *(détour)* groß ❷ *(dans le temps)* lang
long-courrier [lɔ̃kuʀje] <long-courriers> *m* Langstreckenflugzeug *nt*
longe [lɔ̃ʒ] *f* Leine *f*
longer [lɔ̃ʒe] <2a> *vt* ❶ *(border)* **~ qc** *(mur)* an etw *(dat)* entlanglaufen ❷ **~ qc** *(bateau, véhicule)* an etw *(dat)* entlangfahren
longévité [lɔ̃ʒevite] *f* Langlebigkeit *f*
longitude [lɔ̃ʒityd] *f* Länge *f*
longitudinal(e) [lɔ̃ʒitydinal, -o] <-aux> *adj* **axe ~** Längsachse *f*
longtemps [lɔ̃tɑ̃] *adv* lange; **il y a ~** das ist schon lange her; **en avoir pour ~** lange brauchen; **aussi ~** so lange
longue [lɔ̃g] **I.** *adj v.* **long II.** *f* ▸ **à la ~** auf [die] Dauer
longuement [lɔ̃gmɑ̃] *adv* lange; *(expliquer)* lang und breit
longueur [lɔ̃gœʀ] *f* ❶ *(opp: largeur)* Länge *f* ❷ *(durée)* Länge *f*
longue-vue [lɔ̃gvy] <longues-vues> *f* Fernrohr *nt*
look [luk] *m* Look *m* ▸ **avoir un ~ d'enfer** *fam* irre toll aussehen
looping [lupiŋ] *m* AVIAT Looping *m o nt*
lopin [lɔpɛ̃] *m* **~ de terre** Stück *nt* Land
loquace [lɔkas] *adj* gesprächig
loque [lɔk] *f (vêtement)* Lumpen *m*
loquet [lɔkɛ] *m* Riegel *m*
lorgner [lɔʀɲe] <1> *vt (reluquer)* anstarren
lorgnette [lɔʀɲɛt] *f* Opernglas *nt* ▸ **regarder qc par le petit bout de la ~** etw zu einseitig sehen
lorrain(e) [lɔʀɛ̃] *adj* lothringisch
Lorrain(e) [lɔʀɛ̃] *m(f)* Lothringer(in) *m(f)*
Lorraine [lɔʀɛn] *f* **la ~** Lothringen *nt*
lors [lɔʀ] *adv* **~ de** bei; **dès ~** seitdem; **dès ~ que...** sobald...
lorsque [lɔʀsk(ə)] <lorsqu'> *conj* **~ tu fais/feras qc** wenn du etw machst/machen wirst
losange [lɔzɑ̃ʒ] *m* Raute *f*
lose [luz] *f fam* Pech *f;* **c'est la ~!** so ein Pech!
lot [lo] *m* ❶ Preis *m;* **gagner le gros ~** das große Los ziehen ❷ *(assortiment)* Stapel *m*
loterie [lɔtʀi] *f* Lotterie *f*
loti(e) [lɔti] *adj* **être bien/mal ~** es gut/schlecht getroffen haben
lotion [losjɔ̃] *f* Lotion *f*
lotissement [lɔtismɑ̃] *m* Siedlung *f*
loto [lɔto] *m* ❶ *(jeu de société)* Lotto *nt* ❷ *(loterie)* **tirage du Loto** Ziehung der Lottozahlen
lotte [lɔt] *f* Seeteufel *m*
lotus [lɔtys] *m* Lotos *m*
louable¹ [lwabl] *adj (digne de louange)* lobenswert
louable² [lwabl] *adj (pièce, appartement)* zu vermieten
loubard(e) [lubaʀ] *m(f) fam* Rowdy *m*
louche¹ [luʃ] *adj* zwielichtig; *(affaire, histoire)* dubios
louche² [luʃ] *f* Schöpflöffel *m*
loucher [luʃe] <1> *vi* MED schielen
louer¹ [lwe] <1> *vt* **~ qn de qc** jdn für etw loben
louer² [lwe] <1> *vt* ❶ *(donner en location)* vermieten ❷ *(prendre en location)* mieten ❸ *(emprunter)* ausleihen
loueur, -euse [lwœʀ] *m, f* **~ de chambres/voitures** Vermieter (in) *m(f)* von Zimmern/Autos
loufoque [lufɔk] *adj fam* verrückt
loup [lu] *m* ❶ *(mammifère)* Wolf *m* ❷ *(poisson)* **~ [de mer]** Barsch *m; v.a.* **louve**
loupe [lup] *f* Lupe *f*
louper [lupe] <1> **I.** *vt fam (examen)* verpatzen; **être loupé** *(mayonnaise, gâteau)* nichts geworden sein **II.** *vi fam (projet, tentative)* danebengehen; **ça n'a pas loupé** das musste ja so kommen

L

lourd(e) [luʀ] **I.** *adj* ❶ *(de grand poids)* schwer ❷ *(chaleur)* drückend; **il fait ~** es ist schwül ❸ *(impôts, dettes)* hoch ❹ *(parfum, vin)* schwer **II.** *adv (peser)* schwer
lourdaud(e) [luʀdo, od] *m(f)* Trampel *m o nt (fam)*
lourdement [luʀdəmɑ̃] *adv* schwer
lourdeur [luʀdœʀ] *f* ❶ **~s d'estomac** Magendrücken *nt* ❷ *(caractère massif)* Plumpheit *f*
loutre [lutʀ] *f* Otter *m*
Louvain [luvɛ̃] Löwen *nt*
louve [luv] *f* Wölfin *f; v.a.* **loup**
louveteau [luvto] <x> *m* ❶ ZOOL junger Wolf *m* ❷ *(jeune scout)* Wölfling *m*
louvoyer [luvwaje] <6> *vi* ❶ *(tergiverser)* geschickt lavieren ❷ NAUT aufkreuzen
lover [lɔve] <1> *vpr* **se ~** sich einrollen
loyal(e) [lwajal] <-aux> *adj* loyal; *(ami, services)* treu
loyalement [lwajalmɑ̃] *adv (reconnaître)* offen
loyauté [lwajote] *f* Loyalität *f*
loyer [lwaje] *m* Miete *f*
lu(e) [ly] *part passé de* **lire**
lubie [lybi] *f* Marotte *f (fam)*
lubrifiant [lybʀifjɑ̃] *m* Schmiermittel *nt*
lubrification [lybʀifikasjɔ̃] *f* Schmieren *nt*
lubrifier [lybʀifje] <1a> *vt* schmieren
lubrique [lybʀik] *adj* lüstern; *(propos, scène)* obszön
lucarne [lykaʀn] *f* Dachfenster *nt*
lucide [lysid] *adj* ❶ *(jugement)* scharfsinnig ❷ *(conscient)* **être ~** bei Bewusstsein sein
lucidité [lysidite] *f (conscience)* klares Bewusstsein; **des moments de ~** lichte Augenblicke
luciole [lysjɔl] *f* Glühwürmchen *nt*
lucratif, -ive [lykʀatif] *adj* lukrativ
ludiciel [lydisjɛl] *m* INFORM Spiel[e]software *f*
ludique [lydik] *adj* **activités ~s** Spielen *nt*
ludothèque [lydɔtɛk] *f* Spielothek *f*
luette [lɥɛt] *f* Zäpfchen *nt*
lueur [lɥœʀ] *f* ❶ *(faible clarté)* Schein *m* ❷ *(de colère, joie)* Andeutung *f* ❸ **une ~ d'espoir** ein Hoffnungsschimmer *m*
luge [lyʒ] *f* Schlitten *m*
lugubre [lygybʀ] *adj* düster
lui [lɥi] **I.** *pron pers* ❶ *(masculin ou féminin)* **je ~ ai demandé s'il/si elle venait** ich habe ihn/sie gefragt, ob er/sie kommt ❷ *avec faire, laisser* **il ~ laisse/fait conduire la voiture** er lässt ihn/sie das Auto fahren ❸ *(avec un sens possessif)* **le cœur ~ battait fort** sein/ihr Herz schlug heftig **II.** *pron pers, masculin* ❶ *fam (pour renforcer)* **~, il n'a pas bu** der hat nicht getrunken ❷ *avec une prép* **avec/sans ~** mit ihm/ohne ihn ❸ *dans une comparaison* er; *v.a.* **moi** ❹ *(soi)* sich
lui-même [lɥimɛm] *pron pers* ❶ *(lui en personne)* er selbst; *v.a.* **moi-même** ❷ *(en soi)* selbst
luire [lɥiʀ] <irr> *vi (soleil)* scheinen
luisant(e) [lɥizɑ̃] *adj* glänzend
lumbago [lɔ̃bago] *m* Hexenschuss *m*
lumière [lymjɛʀ] *f* ❶ Licht *nt* ❷ *pl (connaissances)* Wissen *nt* ❸ *(personne intelligente)* **être/ne pas être une ~** ein heller Kopf/keine Leuchte sein *(fam)*
luminaire [lyminɛʀ] *m* Leuchte *f*
lumineux, -euse [lyminø] *adj* ❶ leuchtend ❷ *(pièce, appartement)* hell
luminosité [lyminozite] *f* ❶ *(du ciel, d'une couleur)* Leuchten *nt* ❷ *(d'une pièce)* Helligkeit *f*
lunaire [lynɛʀ] *adj* Mond-
lunatique [lynatik] *adj* launisch
lunch [lœntʃ] <[e]s> *m* Lunch *m*
lundi [lœ̃di] *m* Montag *m;* **~ de Pâques/Pentecôte** Oster-/Pfingstmontag; *v.a.* **dimanche**
lune [lyn] *f* Mond *m* ▶ **demander la ~** Unmögliches verlangen
luné(e) [lyne] *adj fam* **être bien/mal ~** gut/schlecht gelaunt sein

lunette [lynɛt] *f* ❶ *pl* Brille *f,* Augengläser *Pl* (A); **~s de soleil** Sonnenbrille ❷ *(instrument)* Fernrohr *nt* ❸ *(des WC)* WC-Brille *f*
lurette [lyʀɛt] *f* ▶ **il y a belle ~ que ...** *fam* es ist schon ewig her, dass ...; **depuis belle ~** *fam* schon seit ewigen Zeiten
lus [ly] *passé simple de* **lire**
lustre [lystʀ] *m* Kronleuchter *m*
lustré(e) [lystʀe] *adj* glänzend
lustrer [lystʀe] <1> *vt (voiture)* polieren
luth [lyt] *m* Laute *f*
luthérien(ne) [lyteʀjɛ̃, jɛn] *adj* lutherisch
luthier [lytje] *m* Geigenbauer(in) *m(f)*
lutin [lytɛ̃] *m* Kobold *m*
lutte [lyt] *f* ❶ *(combat)* Kampf *m* ❷ SPORT Ringkampf *m*
lutter [lyte] <1> *vi* kämpfen; **~ contre le sommeil** gegen die Müdigkeit ankämpfen
lutteur, -euse [lytœʀ] *m, f* ❶ SPORT Ringkämpfer(in) *m(f)* ❷ *(battant)* Kämpfer(in) *m(f)*
luxation [lyksasjɔ̃] *f* MED Auskugelung *f*
luxe [lyks] *m* ❶ *(opp: nécessité)* Luxus *m* ❷ *(coûteux)* **de ~** Luxus-; **hôtel de ~** Luxushotel *nt*
Luxembourg [lyksɑ̃buʀ] *m* ❶ **le ~** Luxemburg *nt* ❷ *(ville)* Luxemburg *nt* ❸ *(à Paris)* **le [palais du] ~** *Sitz des französischen Senats*
luxembourgeois(e) [lyksɑ̃buʀʒwa] *adj* luxemburgisch
Luxembourgeois(e) [lyksɑ̃buʀʒwa] *m(f)* Luxemburger(in) *m(f)*
luxer [lykse] <1> *vpr* **se ~ l'épaule** sich die Schulter verrenken
luxueux, -euse [lyksɥø] *adj* luxuriös
luxuriant(e) [lyksyʀjɑ̃] *adj (végétation)* üppig
luzerne [lyzɛʀn] *f* Luzerne *f*
lycée [lise] *m Schule für die letzten 3 Jahre vor dem Abitur;* **aller au ~** ein Lycée besuchen

Le lycée

Im Anschluss an das *collège* – mit 15 oder 16 Jahren – können die französischen Schülerinnen und Schüler das **lycée** besuchen. Es umfasst drei Klassen, die (in Fortführung der *collège*-Klassen) rückwärts gezählt werden: *seconde, première* und *terminale,* und es endet mit dem *baccalauréat,* dem Abitur. Neben dem **lycée d'enseigenement général et technologique** (allgemeinbildend und technisch) gibt es in Frankreich unter anderem auch das **lycée professionnel**, in dem man einen Beruf erlernen kann.

lycéen(ne) [liseɛ̃] *m(f)* Schüler(in) *m(f)* eines Lycée
lymphatique [lɛ̃fatik] *adj* **système ~** Lymphsystem *nt*
lyncher [lɛ̃ʃe] <1> *vt* lynchen
lynx [lɛ̃ks] *m* Luchs *m*
lyophiliser [ljɔfilize] <1> *vt* gefriertrocknen; **café lyophilisé** Pulverkaffee *m*
lyre [liʀ] *f* Lyra *f*
lyrique [liʀik] *adj* LITTER lyrisch; *(roman, film)* stimmungsvoll
lyrisme [liʀism] *m* LITTER Lyrik *f*
lys [lis] *m v.* **lis**[1]

Mm

m [ɛm] *abr de* **mètre** m
M, m [ɛm] *m inv* M *nt*, m *nt*
M. <MM.> *m abr de* **Monsieur**
m' *pron v.* **me**
ma [ma] <mes> *dét poss* mein(e); ~ **fleur** meine Blume; ~ **Sœur** Schwester ▸ ~ **pauvre!** Sie/du arme!
macabre [makɑbʀ] *adj* makaber
macadam [makadam] *m* Makadam *m o nt*
macaron [makaʀɔ̃] *m* GASTR Makrone *f*
macération [maseʀasjɔ̃] *f* GASTR Einlegen *nt*
macérer [maseʀe] <5> **I.** *vi* ~ **dans qc** in etw *(dat)* eingelegt sein **II.** *vt* **faire** ~ einlegen
mâcher [mɑʃe] <1> *vt* kauen
machette [maʃɛt] *f* Machete *f*
machin [maʃɛ̃] *m fam* Dings *nt*
machinalement [maʃinalmɑ̃] *adv* mechanisch
machination [maʃinasjɔ̃] *f* Intrige *f*
machine [maʃin] *f* Maschine *f*
Machine [maʃin] *f fam* Dings
machine-outil [maʃinuti] <machines-outils> *f* Werkzeugmaschine *f*
machinerie [maʃinʀi] *f* 1 *(équipement)* Maschinen *Pl* 2 *(d'un navire)* Maschinenraum *m*
machiste [ma(t)ʃist] *adj* chauvinistisch
macho [matʃo] *m fam* Macho *m*
mâchoire [mɑʃwaʀ] *f* Kiefer *m*
mâchouiller [mɑʃuje] <1> *vt fam* herumkauen auf *(+dat)*
maçon(ne) [masɔ̃] *m(f)* Maurer(in) *m(f)*
maçonner [masɔne] <1> *vt* 1 *(construire: mur)* mauern; *(jointoyer: mur)* ausfugen 2 *(crépir)* ausmauern 3 *(portes, fenêtres)* zumauern
macramé [makʀame] *m* Makramee *nt*
Madagascar [madagaskaʀ] *f* Madagaskar *nt*
madame [madam] <mesdames> *f* 1 **bonjour** ~ guten Tag; **bonjour Madame Larroque** guten Tag, Frau Larroque; **bonjour mesdames** guten Tag, meine Damen 2 *(profession)* **Madame le juge** Frau Richterin 3 *(en-tête)* **Madame, ...** Sehr geehrte Frau + *Name*, ...; **Chère Madame, ...** Liebe Frau + *Name*, ...; *(dans une lettre officielle)* Sehr geehrte Frau + *Name*, ...
mademoiselle [mad(ə)mwazɛl] <mesdemoiselles> *f* 1 **bonjour** ~ guten Tag; **bonjour Mademoiselle Labiche** guten Tag, Frau Labiche; **bonjour mesdemoiselles** guten Tag, meine Damen; **Mesdames, mesdemoiselles, messieurs!** Meine Damen und Herren! 2 *(en-tête)* **Mademoiselle, ...** Sehr geehrte Frau + *Name*, ...; **Chère Mademoiselle, ...** Liebe Frau + *Name*, ...; *(dans une lettre officielle)* Sehr geehrte Frau + *Name*, ...; **Madame, Mademoiselle, Monsieur, ...** Sehr geehrte Damen und Herren, ...

Mademoiselle

Die Bezeichnung **mademoiselle** ist als veraltet anzusehen, vergleichbar mit dem deutschen „Fräulein". In amtlichen französischen Schreiben ist die Bezeichnung bereits abgeschafft. In der Vergangenheit wurde **mademoiselle** (Abkürzung *Mlle*) als Anrede für unverheiratete Frauen verwendet, wohingegen *madame (Mme)* als Pendant für verheiratete Frauen galt. Zwar ist die Anrede **mademoiselle** noch als Kompliment für junge Frauen gängig, aber in der jüngeren Vergangenheit formierte sich auch dagegen Kritik.

Madrid [madʀid] Madrid *nt*
mag [mag] *m abr de* **magazine** *fam* Nachrichten *Pl,* Nachrichtensendung *f;* **le ~ de 20 heures** die 20-Uhr-Nachrichten
magasin [magazɛ̃] *m* Geschäft *nt;* **grand ~** Kaufhaus *nt*
magazine [magazin] *m* ❶ PRESSE Zeitschrift *f* ❷ *(émission)* Magazin *nt*
Magdebourg [magdəbuʀ] Magdeburg *nt*
mage [maʒ] **I.** *m* ASTRO Magier *m* **II.** *app* **les Rois ~s** die Heiligen Drei Könige
Maghreb [magʀɛb] *m* **le ~** der Maghreb
maghrébin(e) [magʀebɛ̃] *adj* nordafrikanisch
Maghrébin(e) [magʀebɛ̃] *m(f)* Nordafrikaner(in) *m(f)*
magicien(ne) [maʒisjɛ̃] *m(f) (sorcier)* Zauberer *m*
magie [maʒi] *f* Magie *f*
magique [maʒik] *adj* ❶ *(surnaturel)* Zauber-; **formule ~** Zauberformel *f* ❷ *(merveilleux)* zauberhaft
magistralement [maʒistʀalmɑ̃] *adv* ❶ *(génialement)* meisterhaft ❷ *hum (se tromper, se planter)* gründlich
magner [maɲe] <1> *vpr fam* **se ~** sich beeilen
magnétique [maɲetik] *adj* magnetisch; **bande ~** Tonband *nt*
magnétisme [maɲetism] *m* PHYS Magnetismus *m*
magnéto [maɲeto] *m fam,* **magnétophone** [maɲetɔfɔn] *m (à cassettes)* Kassettenrecorder *m*
magnétoscope [maɲetɔskɔp] *m* Videorekorder *m*
magnifique [maɲifik] *adj* wunderschön
magnolia [maɲɔlja] *m* Magnolie *f*
magnum [magnɔm] *m* große Flasche *f; (de champagne)* Magnum[flasche *f*] *f*
magot [mago] *m fam* Zaster *m kein Pl;* **il a amassé un petit/joli ~** er hat eine kleine/hübsche Summe gespart
magouiller [maguje] <1> *vi* mauscheln *(fam)*
magrébin(e) [magʀebɛ̃] *adj v.* **maghrébin**
Magrébin(e) [magʀebɛ̃] *m(f) v.* **Maghrébin**
magret [magʀɛ] *m* **~ de canard** Entenbrust *f*
mai [mɛ] *m* Mai *m; v.a.* **août**
maigre [mɛgʀ] *adj* ❶ *(opp: gros)* mager; *(jambe)* dünn; *(visage)* schmal ❷ GASTR mager; *(lard)* durchwachsen ❸ *(faible)* dürftig
maigreur [mɛgʀœʀ] *f* Magerkeit *f*
maigrir [megʀiʀ] <8> *vi* abnehmen
mailing [meliŋ] *m* Mailing *nt*
maille [mɑj] *f* Masche *f*
maillon [mɑjɔ̃] *m* Glied *nt*
maillot [majo] *m* **~ [de bain]** *(de femme)* Badeanzug *m; (d'homme)* Badehose *f*
main [mɛ̃] *f* ❶ ANAT Hand *f;* **prendre qn par la ~** jdn bei der Hand nehmen; **serrer la ~ à qn** jdm die Hand schütteln; **fait ~** handgearbeitet; **à deux ~s** mit beiden Händen ❷ *(style: d'un artiste, maître)* meisterliche Kunst *f* ❸ JEUX Blatt *nt* ❹ SPORT Hand[spiel *nt*] *f* ▸ **donner un coup de ~ à qn** jdm behilflich sein; **à ~s nues** mit bloßen Händen
main-d'œuvre [mɛ̃dœvʀ] <mains-d'œuvre> *f* Arbeitskräfte *Pl*
maintenance [mɛ̃tnɑ̃s] *f* Wartung *f*
maintenant [mɛ̃t(ə)nɑ̃] *adv* ❶ *(en ce moment)* jetzt; **dès ~** ab sofort ❷ *(actuellement)* heute
maintenir [mɛ̃t(ə)niʀ] <9> **I.** *vt* ❶ *(ordre, offre)* aufrechterhalten; *(tradition)* beibehalten ❷ *(soutenir)* stützen **II.** *vpr* **se ~** sich halten
maintien [mɛ̃tjɛ̃] *m* ❶ *(conservation)* Aufrechterhaltung *f; (d'une décision)* Beibehaltung *f* ❷ *(soutien)* Halt *m*
maire [mɛʀ] *mf* Bürgermeister(in) *m(f),* Ammann *m* (CH)
mairie [meʀi] *f* Rathaus *nt*
mais [mɛ] **I.** *conj* ❶ *(pour opposer deux séquences qui ne s'excluent pas)* aber ❷ *(pour opposer deux séquences qui

M

s'excluent) sondern **II.** *adv* ❶ *(pourtant)* aber ❷ *(renforcement)* aber doch; ~ **oui, bien sûr!** aber klar!; ~ **si!** aber ja doch! ❸ *(impatience)* also **III.** *m* Aber *nt*

maison [mɛzɔ̃] **I.** *f* ❶ Haus *nt* ❷ *(entreprise)* Firma *f;* ~ **mère** Stammhaus *nt* ❸ *(bâtiment)* ~ **de retraite** Altersheim *nt;* ~ **des jeunes et de la culture** Jugendzentrum *nt* ▶ ~ **close** Freudenhaus *nt* **II.** *app inv (pâté)* hausgemacht

Maison-Blanche [mɛzɔ̃blɑ̃ʃ] *f sans pl* **la** ~ das Weiße Haus

maisonnette [mɛzɔnɛt] *f* Häuschen *nt*

maître [mɛtʀ] *m* Meister *m;* **coup de** ~ Meisterleistung *f*

maître, -esse [mɛtʀ] **I.** *adj* ❶ **œuvre maîtresse** Hauptwerk *nt* ❷ *(qui peut disposer de)* **être** ~ **de qc** über etw bestimmen **II.** *m, f* ❶ *(chef)* Herr(in) *m(f);* ~ **d'hôtel** Oberkellner *m* ❷ SCOL Lehrer(in) *m(f)* ❸ *(d'un chien)* Herrchen, Frauchen *nt, f (fam)*

M

maître chanteur, -euse [mɛtʀəʃɑ̃tœʀ] <maîtres chanteurs> *m, f* Erpresser(in) *m(f)*

maîtresse [mɛtʀɛs] *f (liaison)* Geliebte *f*

maîtrise [metʀiz] *f* ❶ *(contrôle)* Beherrschung *f;* ~ **de soi** Selbstbeherrschung *f* ❷ *(habileté)* Können *nt*

maîtriser [metʀize] <1> **I.** *vt* ❶ *(situation)* meistern; *(incendie)* unter Kontrolle bringen ❷ *(forcené)* überwältigen **II.** *vpr* **se** ~ sich beherrschen

Majesté [maʒɛste] *f* **Votre** ~ Eure Majestät

majeur [maʒœʀ] *m* Mittelfinger *m*

majeur(e) [maʒœʀ] **I.** *adj* ❶ *(difficulté, intérêt)* sehr groß; *(événement)* wichtig ❷ *(le plus important)* wichtigste(r, s); **défaut** ~ Hauptfehler *m* ❸ *antéposé* **la** ~**e partie du temps** die meiste Zeit ❹ JUR volljährig ❺ MUS groß; **do/ré/mi/fa** ~ C/D/E/F-Dur **II.** *m(f)* JUR Volljährige(r) *f(m)*

majoritairement [maʒɔʀitɛʀmɑ̃] *adv* mehrheitlich

majorité [maʒɔʀite] *f* ❶ *(des voix)* Mehrzahl *f;* **en** ~ überwiegend ❷ JUR Volljährigkeit *f*

majuscule [maʒyskyl] **I.** *adj* große(r, s) **II.** *f* Großbuchstabe *m*

mal[1] [mal] **I.** *adv* ❶ *(opp: bien)* schlecht; *(finir)* böse ❷ *(pas au bon moment)* ungünstig ❸ *(pas de la bonne façon)* ~ **s'y prendre** sich ungeschickt anstellen ❹ *(comprendre, juger)* falsch ❺ *(de manière défavorable)* **être** ~ **vu** nicht gern gesehen sein ▶ **je m'en fiche pas** ~ das ist mir ganz egal *(fam)* **II.** *adj inv* ❶ schlecht ❷ *(pas à l'aise)* **être** ~ sich nicht wohl fühlen

mal[2] [mal] <maux> *m* ❶ *a.* REL **le** ~ das Böse ❷ *sans pl (action, parole, pensée mauvaise)* Schlechte(s) *nt* ❸ *sans pl (maladie, malaise)* Übel *nt;* ~ **de mer** Seekrankheit *f* ❹ *(souffrance physique)* Schmerzen *Pl;* **[se] faire** ~ [sich *(dat)*] wehtun ❺ *(souffrance morale)* **faire** ~ wehtun; **qn/qc me fait** ~ **au cœur** jd/etw tut mir leid ❻ *sans pl (peine)* Mühe *f* ❼ *sans pl (dégât)* Schaden *m* ▶ **le** ~ **est fait** das Unglück ist geschehen

malabar [malabaʀ] *m fam* Muskelprotz *m*

malade [malad] **I.** *adj* ❶ krank; **tomber** ~ krank werden ❷ *(bouleversé)* ~ **de jalousie** krank vor Eifersucht **II.** *mf* ❶ Kranke(r) *f(m)* ❷ *(patient)* Patient(in) *m(f)*

maladie [maladi] *f* ❶ Krankheit *f* ❷ *(manie)* Manie *f*

maladif, -ive [maladif] *adj* ❶ *(personne)* kränkelnd ❷ *(besoin, peur)* krankhaft

maladresse [maladʀɛs] *f* ❶ *(gaucherie)* Ungeschicklichkeit *f* ❷ *(bévue, gaffe)* Fauxpas *m*

maladroit(e) [maladʀwa] *adj* ❶ *(geste, personne)* ungeschickt ❷ *(parole, remarque)* unpassend

maladroitement [maladʀwatmɑ̃] *adv (gauchement)* ungeschickt; **s'exprimer** ~ sich unbeholfen ausdrücken

malaise [malɛz] *m* ❶ MED Unwohlsein *nt;* **avoir un ~** ohnmächtig werden ❷ *(crise)* Unbehagen *nt*
malbouffe [malbuf] *f fam* ❶ *(aliments)* Junkfood *nt* ❷ *(alimentation)* Junkfood-Esserei *f*
malchance [malʃɑ̃s] *f* Pech *nt*
malchanceux, -euse [malʃɑ̃sø] *adj* vom Pech verfolgt
mâle [mɑl] **I.** *adj* männlich **II.** *m* ❶ *(homme)* Mann *m* ❷ *(animal)* Männchen *nt*
malédiction [malediksjɔ̃] *f (fatalité)* Fluch *m*
malencontreusement [malɑ̃kɔ̃tʀøzmɑ̃] *adv* unpassenderweise; **il est intervenu fort ~ dans la discussion** er hat sich im unpassenden Augenblick in die Diskussion eingeschaltet
malentendant(e) [malɑ̃tɑ̃dɑ̃] *m(f)* Schwerhörige(r) *f(m)*
malentendu [malɑ̃tɑ̃dy] *m* Missverständnis *nt*
malfaiteur, -trice [malfɛtœʀ] *m, f* Übeltäter(in) *m(f)*
malfamé(e) [malfame] *adj* verrufen
malformation [malfɔʀmasjɔ̃] *f* Missbildung *f*
malgache [malgaʃ] **I.** *adj* madagassisch **II.** *m* Madagassisch *nt, v.a.* **allemand**
Malgache [malgaʃ] *mf* Madagasse *m/* Madagassin *f*
malgré [malgʀe] *prép* ❶ *(en dépit de)* trotz *(+dat o gen);* **~ tout** trotz allem ❷ *(contre le gré de)* **~ moi** gegen meinen Willen
malheur [malœʀ] *m* ❶ *(événement pénible)* Unglück *nt* ❷ *sans pl (malchance)* Unglück *nt;* **par ~** unglücklicherweise ▶ **[ne] parle pas de ~!** *fam* mal den Teufel nicht an die Wand!
malheureusement [maløʀøzmɑ̃] *adv* leider
malheureux, -euse [maløʀø] **I.** *adj (personne, air)* unglücklich **II.** *m, f* ❶ *(indigent)* Notleidende(r) *f(m)* ❷ *(infortuné)* Unglückselige(r) *f(m)*
malhonnête [malɔnɛt] *adj* unehrlich
malhonnêteté [malɔnɛtte] *f* Unehrlichkeit *f*
Mali [mali] *m* **le ~** Mali *nt*
malice [malis] *f* ❶ *(espièglerie)* Schalkhaftigkeit *f* ❷ *(méchanceté)* Böswilligkeit *f*
malicieux, -euse [malisjø] *adj (réponse)* schelmisch; *(regard, sourire)* verschmitzt
malin, maligne [malɛ̃] **I.** *adj* ❶ *(personne)* schlau; *(sourire)* verschmitzt ❷ *(tumeur)* bösartig **II.** *m, f* Schlaukopf *m (fam)*
malle [mal] *f* Überseekoffer *m*
malléable [maleabl] *adj (argile)* knetbar
mallette [malɛt] *f* Aktenkoffer *m*
mal-logement [mallɔʒmɑ̃] *m (conditions individuelles)* schlechte Wohnverhältnisse *Pl; (conditions globales dans une ville ou un pays)* Wohnungsmisere *f*
malmener [malməne] <4> *vt (rudoyer)* schlecht behandeln
malnutrition [malnytʀisjɔ̃] *f* Unterernährung *f*
malpoli(e) [malpɔli] *adj fam* unhöflich; *(enfant)* ungezogen
malsain(e) [malsɛ̃] *adj* krankhaft
malt [malt] *m* Malz *nt*
maltais [maltɛ] *m* Maltesisch *nt, v.a.* **allemand**
Malte [malt] *f* **l'île de ~** die Insel Malta
maltraiter [maltʀete] <1> *vt* misshandeln
malus [malys] *m* Malus *m*
maman [mamɑ̃] *f* Mutter *f;* **future ~** werdende Mutter
mamie [mami] *f fam* Oma *f*
mammifère [mamifɛʀ] *m* Säugetier *nt*
mammouth [mamut] *m* Mammut *nt*
mammy [mami] *f v.* **mamie**
mamours [mamuʀ] *mpl fam* ❶ *(câlins)* Zärtlichkeiten *Pl;* **faire des ~ à qn** mit jdm schmusen ❷ *(flatteries)* **faire des ~ à qn** jdm Honig ums Maul schmieren
manager [mana(d)ʒe] <2a> *vt* managen
manageur, -euse [manadʒœʀ] *m, f* Manager(in) *m(f)*

manche[1] [mɑ̃ʃ] *f* ❶ *(d'un vêtement)* Ärmel *m* ❷ *(aux courses)* Runde *f* ❸ JEUX Spiel *nt* ▸ **faire la ~** betteln
manche[2] [mɑ̃ʃ] *m (d'un outil)* Griff *m; (d'un balai)* Stiel *m; (d'une guitare, d'un violon)* Hals *m*
Manche [mɑ̃ʃ] *f* **la ~** der Ärmelkanal
manchette [mɑ̃ʃɛt] *f* Manschette *f*
manchot [mɑ̃ʃo] *m* Pinguin *m*
manchot(e) [mɑ̃ʃo] **I.** *adj* einarmig **II.** *m(f) (personne)* Einarmige(r) *f(m)*
mandarine [mɑ̃daʀin] *f* Mandarine *f*
mandat [mɑ̃da] *m* ❶ Auftrag *m;* JUR, POL Mandat *nt* ❷ COM, FIN Postanweisung *f*
manège [manɛʒ] *m* Karussell *nt; (agissements)* Hin und Her *nt*

Übersetzungstipp

Le manège – Nicht verwechseln mit *die Manege – la piste!*

M

manette [manɛt] *f* INFORM **~ de jeu** Joystick *m*
mangeable [mɑ̃ʒabl] *adj* essbar
manger [mɑ̃ʒe] <2a> **I.** *vt* ❶ **~ qc** *(personne)* etw essen; *(animal)* etw fressen ❷ *fam (mots)* verschlucken **II.** *vi (personne)* essen; **donner à ~ à un bébé** ein Baby füttern **III.** *vpr* **se ~ chaud** warm gegessen werden
mangeur, -euse [mɑ̃ʒœʀ, -ʒøz] *m, f* **gros ~** starker Esser
mangue [mɑ̃g] *f* Mango *f*
maniabilité [manjabilite] *f (d'une machine)* leichte Bedienung *f; (d'une voiture)* Wendigkeit *f*
maniaque [manjak] **I.** *adj* pingelig *(fam)* **II.** *mf* ❶ Pedant(in) *m(f)* ❷ *(malade)* Irre(r) *f(m);* **~ sexuel** Triebtäter *m*
manie [mani] *f* Tick *m*
maniement [manimɑ̃] *m* Handhabung *f; (d'un appareil)* Bedienung *f*
manier [manje] <1> *vt* ❶ *(objet, outil)* handhaben ❷ *(manipuler, avoir entre les mains)* **~ qn/qc** mit jdm/etw umgehen
maniéré(e) [manjeʀe] *adj* gekünstelt
manière [manjɛʀ] *f* ❶ *(façon)* Art *f;* **~ de faire qc** Art und Weise etw zu tun; **à la ~...** nach... Art; **d'une ~ générale** im Allgemeinen; **de toute ~** auf jeden Fall; **de ~ [à ce] que** + *subj* so, dass; **de quelle ~?** wie denn? ❷ *pl (comportement)* Manieren *Pl;* **faire des ~s** sich zieren
manifestant(e) [manifɛstɑ̃] *m(f)* Demonstrant(in) *m(f)*
manifestation [manifɛstasjɔ̃] *f* ❶ POL Demonstration *f* ❷ *(événement)* Veranstaltung *f* ❸ *(d'un sentiment)* Äußerung *f*
manifeste [manifɛst] **I.** *adj* offensichtlich; *(vérité)* offenkundig **II.** *m* POL, LITTER Manifest *nt*
manifestement [manifɛstəmɑ̃] *adv* ganz offensichtlich
manifester [manifɛste] <1> **I.** *vt* zum Ausdruck bringen **II.** *vi* demonstrieren **III.** *vpr* **se ~** ❶ *(se révéler)* sich äußern ❷ *(se faire connaître)* sich melden
manigance [manigɑ̃s] *f gén pl* Machenschaften *Pl*
manigancer [manigɑ̃se] <2> *vt* aushecken *(fam)*
manioc [manjɔk] *m* Maniok *m*
manipulation [manipylasjɔ̃] *f* ❶ *(d'une machine)* Bedienung *f* ❷ *pl (expériences)* Versuche *Pl* ❸ *péj (de l'opinion)* Manipulation *f*
manipuler [manipyle] <1> *vt* ❶ *(outil)* handhaben ❷ *péj (fausser)* manipulieren; *(résultats)* fälschen
manitou [manitu] *m* ❶ Manitu *m* ❷ *fig fam* **c'est lui, le grand ~ ici!** er ist hier der Häuptling! *(iron) (fam)*
manivelle [manivɛl] *f* Kurbel *f*
mannequin [mankɛ̃] *m* Mannequin *nt*
manœuvre [manœvʀ] **I.** *f* **fausse ~** Bedienungsfehler *m* **II.** *m* Hilfsarbeiter(in) *m(f)*
manœuvrer [manœvʀe] <1> **I.** *vt (machine)* bedienen **II.** *vi (agir habilement)* geschickt vorgehen
manomètre [manɔmɛtʀ] *m* Manometer *m*

manouche [manuʃ] *mf péj fam* Zigeuner(in) *m(f) pej*
manquant(e) [mɑ̃kɑ̃] *adj (pièce, somme)* fehlend
manque [mɑ̃k] *m* ❶ Mangel *m;* ~ **de sérieux** Mangel an Ernsthaftigkeit ❷ MED **être en** ~ Entzugserscheinungen haben
manqué(e) [mɑ̃ke] *adj* ❶ *(occasion, rendez-vous)* verpasst; *(photo, roman)* misslungen ❷ *postposé iron fam* verhindert
manquer [mɑ̃ke] <1> **I.** *vt* ❶ *(cible, but)* verfehlen ❷ *(se venger)* **ne pas ~ qn** jdm kein Pardon geben **II.** *vi* ❶ *(être absent)* fehlen ❷ *(regretter de ne pas avoir)* **mes enfants me manquent** ich vermisse die Kinder ❸ *(ne pas respecter)* ~ **à sa parole** sein/ihr Wort nicht halten **III.** *vpr* **se ~ de 5 minutes** sich um 5 Minuten verpassen
manteau [mɑ̃to] <x> *m* Mantel *m*
manucure [manykyʀ] *m o f* Maniküre *f*
manuel [manɥɛl] *m* Lehrbuch *nt; (manuel d'utilisation)* Handbuch
manuel(le) [manɥɛl] *adj (métier, profession)* handwerklich; *(activité, travail)* manuell
manuscrit [manyskʀi] *m* Manuskript *nt*
manuscrit(e) [manyskʀi] *adj* handschriftlich
manutention [manytɑ̃sjɔ̃] *f* ❶ *(manipulation)* Warenumschlag *m* ❷ *(local)* Lager *nt*
manutentionnaire [manytɑ̃sjɔnɛʀ] *mf* Lagerist(in) *m(f)*
maquerelle [makʀɛl] *f fam* Puffmutter *f (fam)*
maquette [makɛt] *f* ❶ *(modèle réduit)* Modell *nt;* ~ **d'avion/de bateau** Flugzeug-/Schiffsmodell; *(jouet)* Modellflugzeug *nt*/-schiff *nt* ❷ TYP Umbruch *m; (d'une couverture)* Druckvorlage *f; (d'une cassette)* Probeaufnahme *f* ❸ *(projet)* Entwurf *m* ❹ ART Rohfassung *f*
maquillage [makijaʒ] *m (action)* Schminken *nt; (résultat, produits)* Make-up *nt*
maquiller [makije] <1> *vt* ❶ schminken ❷ *(falsifier)* fälschen; *(voiture)* frisieren
maquilleur, -euse [makijœʀ, -jøz] *m, f* Maskenbildner(in) *m(f)*
marais [maʀɛ] *m* Sumpf *m*
marathon [maʀatɔ̃] **I.** *m* SPORT, POL Marathon *m* **II.** *app* endlos
marathonien(ne) [maʀatɔnjɛ̃, jɛn] *m(f)* Marathonläufer(in) *m(f)*
marbre [maʀbʀ] *m* Marmor *m*
marbrer [maʀbʀe] <1> *vt* ❶ *(décorer de veines)* marmorieren ❷ *(marquer de marbrures)* **être marbré** *(par le froid)* blau vor Kälte sein
marcel [maʀsɛl] *m* COUT Muscleshirt *nt*
marchand(e) [maʀʃɑ̃] **I.** *adj (marine)* Handels-; **navire ~** Handelsschiff *nt* **II.** *m(f)* Händler(in) *m(f)*
marchandage [maʀʃɑ̃daʒ] *m* ❶ *(discussion)* Handeln *nt,* Feilschen *nt (pej)* ❷ *(tractation)* Mauschelei *f*
marchander [maʀʃɑ̃de] <1> *vt, vi* handeln
marchandise [maʀʃɑ̃diz] *f* Ware *f*
marche[1] [maʀʃ] *f* ❶ *a.* SPORT *(action)* Gehen *nt;* **se mettre en ~** sich auf den Weg machen ▸ **faire ~ arrière** einen Rückzieher machen, zurückrudern ❷ *(allure)* Gang *m* ❸ **mettre qc en ~** etw einschalten
marche[2] [maʀʃ] *f (d'un escalier)* Stufe *f; (d'un véhicule)* Trittbrett *nt*
marché [maʀʃe] *m* ❶ Markt *m;* ~ **aux puces** Flohmarkt ❷ *(contrat)* Vertrag *m;* **le ~ unique** der Europäische Binnenmarkt ▸ **bon ~** *inv* billig
marcher [maʀʃe] <1> *vi* ❶ gehen ❷ *(poser le pied)* ~ **sur/dans qc** auf/in etw *(akk)* treten ❸ *(fonctionner)* laufen; ~ **à l'électricité** mit Strom betrieben werden ❹ *(affaire, film)* laufen ▸ **faire ~ qn** *fam* jdn auf den Arm nehmen; **ça marche!** *fam* o.k.!
mardi [maʀdi] *m* Dienstag *m;* ~ **gras** Karnevalsdienstag; *v.a.* **dimanche**
mare [maʀ] *f* Tümpel *m;* ~ **de sang** Blutlache *f*

M

marécage [maʀekaʒ] *m* Sumpf *m*
maréchal-ferrant [maʀeʃalfeʀɑ̃] <maréchaux-ferrants> *m* Hufschmied *m*
maréchaussée [maʀeʃose] *f hum* Gesetzeshüter *m*
marée [maʀe] *f* ❶ Ebbe *f* und Flut *f*; **à ~ basse/haute** bei Ebbe/Flut ❷ *fig* **~ humaine** Menschenflut *f*
margarine [maʀgaʀin] *f* Margarine *f*
marge [maʀʒ] *f* ❶ *(d'une feuille)* Rand *m* ❷ *(délai)* Spielraum *m* ❸ *fig* **vivre en ~ de la société** am Rande der Gesellschaft leben
marginal(e) [maʀʒinal] <-aux> **I.** *adj (accessoire)* marginal **II.** *m(f)* Außenseiter(in) *m(f)*
marginalité [maʀʒinalite] *f* Außenseitertum *nt*
marguerite [maʀgəʀit] *f* Margerite *f*
mari [maʀi] *m* [Ehe]mann *m*
mariage [maʀjaʒ] *m* ❶ *(institution)* Ehe *f*; *(union)* Heirat *f* ❷ *(cérémonie)* Hochzeit *f*; **~ civil/religieux** standesamtliche/kirchliche Trauung *f*
marié(e) [maʀje] **I.** *adj* verheiratet **II.** *m(f) (le jour du mariage)* Bräutigam, Braut *m, f*; **les ~s** das Brautpaar
marier [maʀje] <1> **I.** *vt* ❶ trauen ❷ CAN, BELG, NORD *(épouser)* heiraten **II.** *vpr* **se ~ avec qn** jdn heiraten
marin [maʀɛ̃] *m (matelot)* Seemann *m*
marin(e) [maʀɛ̃] *adj* Meeres-; **algues ~es** Meeresalgen *Pl*
marine [maʀin] **I.** *f* Marine *f* **II.** *adj gén inv* marineblau
mariner [maʀine] <1> *vt* marinieren
marinière [maʀinjɛʀ] **I.** *f (vêtement)* Matrosenbluse *f* **II.** *app inv* GASTR **[à la] ~** nach Seemannsart *(mit Weißwein und Zwiebeln zubereitet)*
marionnette [maʀjɔnɛt] *f* Marionette *f*
maritime [maʀitim] *adj* ❶ *(du bord de mer)* maritim; **région ~** Küstengebiet *nt* ❷ COM See-; **commerce ~** Seehandel *m*
mark [maʀk] *m* HIST Mark *f*; **le deutsche Mark** die deutsche Mark

M

marketing [maʀkɛtiŋ] *m* Marketing *nt*
marmelade [maʀməlad] *f* Marmelade *f*
marmonner [maʀmɔne] <1> *vt* murmeln
marmotte [maʀmɔt] *f* Murmeltier *nt*
Maroc [maʀɔk] *m* **le ~** Marokko *nt*
marocain(e) [maʀɔkɛ̃] *adj* marokkanisch
Marocain(e) [maʀɔkɛ̃] *m(f)* Marokkaner(in) *m(f)*
marquant(e) [maʀkɑ̃] *adj (fait, événement)* einschneidend; *(souvenir)* prägend
marque [maʀk] *f* ❶ *(trace)* Spur *f* ❷ *(repère)* Zeichen *nt* ❸ *(témoignage)* **~ de confiance** Vertrauensbeweis *m* ❹ COM Marke *f*
marqué(e) [maʀke] *adj* ❶ *(traits du visage)* ausgeprägt ❷ *(traumatisé)* vorbelastet
marquer [maʀke] <1> *vt* ❶ *(indiquer)* markieren ❷ *(distinguer par un signe)* kennzeichnen; **~ d'un trait** anstreichen ❸ *(inscrire, noter)* notieren
marqueur [maʀkœʀ] *m (crayon)* Textmarker *m*
marquise [maʀkiz] *f (auvent)* Markise *f*
marraine [maʀɛn] *f* Patin *f*
marrant(e) [maʀɑ̃] *adj fam* witzig
marre [maʀ] *adv fam* ▸ **en avoir ~ de qn/qc** jdn/etw satthaben
marrer [maʀe] <1> *vpr* **se ~** *fam* sich totlachen
marron [maʀɔ̃] **I.** *m* Marone *f* **II.** *adj inv* [kastanien]braun
mars [maʀs] *m* ❶ März *m*; *v.a.* **août** ❷ ASTRO Mars *m*

Aussprache
Ein -s am Ende eines Wortes ist in der Regel stumm, bei **mars** wird es gesprochen.

marseillais(e) [maʀsɛjɛ] *adj* Marseiller
Marseillaise [maʀsɛjɛz] *f* **la ~** die Marseillaise *(französische Nationalhymne)*
marteau [maʀto] <x> *m* Hammer *m*

marteler [maʀtəle] <4> *vt* ❶ *(frapper)* hämmern ❷ *(scander)* skandieren
Martien(ne) [maʀsjɛ̃, jɛn] *m(f)* Marsbewohner(in) *m(f)*
Martiniquais(e) [maʀtinikɛ, ɛz] *m(f)* Einwohner(in) *m(f)* von Martinique
Martinique [maʀtinik] *f* **la ~** die Insel Martinique
martin-pêcheur [maʀtɛ̃pɛʃœʀ] <martins-pêcheurs> *m* Eisvogel *m*
martre [maʀtʀ] *f* ZOOL Marder *m*
martyr(e) [maʀtiʀ] **I.** *adj (enfant)* misshandelt; *(peuple)* geschunden **II.** *m(f)* Märtyrer(in) *m(f)*
martyre [maʀtiʀ] *m* REL Martyrium *nt*
martyriser [maʀtiʀize] <1> *vt* quälen
mascara [maskaʀa] *m* Wimperntusche *f*
mascotte [maskɔt] *f* Maskottchen *nt*
masculin [maskylɛ̃] *m* LING Maskulinum *nt*
masculin(e) [maskylɛ̃] *adj* männlich
masculinité [maskylinite] *f* männliches Geschlecht
maso [mazo] *abr de* **masochiste I.** *adj inv fam* **être ~** [ein] Maso sein **II.** *mf inv fam* Maso *m*
masochiste [mazɔʃist] **I.** *adj* masochistisch **II.** *mf* Masochist(in) *m(f)*
masque [mask] *m* Maske *f*
masqué(e) [maske] *adj* maskiert
masquer [maske] <1> **I.** *vt* verdecken **II.** *vpr* **se ~ le visage** sich *(dat)* eine Maske aufsetzen
massacre [masakʀ] *m* Massaker *nt*
massacrer [masakʀe] <1> *vt* ❶ niedermetzeln ❷ *fig fam (personne)* fertigmachen
massage [masaʒ] *m* Massage *f*
masse [mas] *f* ❶ Masse *f* ❷ ECON **~ monétaire** Geldvolumen *nt*
masser¹ [mase] <1> **I.** *vt (grouper)* versammeln **II.** *vpr* **se ~** sich zusammenscharen
masser² [mase] <1> *vt* massieren
masseur, -euse [masœʀ] *m, f* Masseur(in) *m(f)*
massif [masif] *m* ❶ BOT Beet *nt* ❷ GEO Bergmassiv *nt*
massif, -ive [masif] *adj (carrure)* massig; *(bâtiment, meuble)* wuchtig
massivement [masivmɑ̃] *adv* ❶ *(en nombre: démissionner, licencier)* in großer Zahl; *(partir)* in Massen, massenweise; **la population a ~ répondu oui au référendum** die Bevölkerung hat sich mit großer Mehrheit für das Referendum ausgesprochen ❷ *(à haute dose)* in hoher Dosierung, in hohen Dosen
mass media [masmedja] *mpl* Massenmedien *Pl*
master [mastɛʀ] *m* UNIV Master *m*, Masterabschluss *m*
masturbation [mastyʀbasjɔ̃] *f* Onanie *f*, Selbstbefriedigung *f*, Masturbation *f*
masturber [mastyʀbe] <1> *vt* masturbieren
mat [mat] *adj inv* JEUX matt
mat(e) [mat] *adj* matt; *(peau, teint)* dunkel
mât [mɑ] *m* Mast *m*
match [matʃ] <[e]s> *m* Spiel *nt*
matelas [matlɑ] *m* Matratze *f*; **~ pneumatique** Luftmatratze
matelot [matlo] *m* Matrose *m*
matelote [matlɔt] *f* GASTR *Fischragout in Weinsoße*
mater [mate] <1> *vt (faire s'assagir)* zur Vernunft bringen
matérialisation [mateʀjalizasjɔ̃] *f* Realisierung *f*
matérialiser [mateʀjalize] <1> **I.** *vt* realisieren **II.** *vpr* **se ~** Gestalt annehmen
matérialiste [mateʀjalist] *adj* materialistisch
matériau [mateʀjo] <x> *m* ❶ *(matière)* Material *nt* ❷ *sans pl fig* Stoff *m*
matériel [mateʀjɛl] *m* ❶ *(équipement)* Material *nt*; **~ de pêche** Angelausrüstung *f* ❷ *(assortiment proposé dans un magasin)* **~ de sport** Sportartikel *m* ❸ INFORM Hardware *f*
matériel(le) [mateʀjɛl] *adj* materiell; *(trace, preuve)* konkret
maternel(le) [matɛʀnɛl] *adj* ❶ *(de/*

pour la mère) Mutter-; **lait ~** Muttermilch *f* ❷ *(du côté de la mère: grand-père)* mütterlicherseits

maternelle [matɛʀnɛl] *f* Kindergarten *m*

L'école maternelle

In Frankreich können Kinder im Alter von zwei bis fünf Jahren eine **école maternelle** besuchen: einen Ganztagskindergarten mit Vorschulcharakter. Sie essen dort zu Mittag und haben Betten zur Verfügung, um einen Mittagsschlaf zu machen. In Vorbereitung auf die Grundschule werden sie spielerisch und ganz allmählich in das Lesen, Schreiben und Rechnen eingeführt. Seit dem Jahr 2018 ist diese Einrichtung ab drei Jahren verpflichtend.

M

materner [matɛʀne] <1> *vt péj* bemuttern

maternité [matɛʀnite] *f* ❶ *(bâtiment)* Entbindungsheim *nt* ❷ BIO Gebärfähigkeit *f*

math[s] [mat] *fpl fam abr de* **mathématiques** Mathe *f*

mathématicien(ne) [matematisjɛ̃] *m(f)* Mathematiker(in) *m(f)*

mathématique [matematik] **I.** *adj* mathematisch **II.** *fpl* Mathematik *f*

matière [matjɛʀ] *f* ❶ Material *nt;* **~ première** Rohstoff *m* ❷ PHILOS, PHYS Materie *f* ❸ *(sujet, thème)* Material *nt;* **en ~ de qc** bezüglich einer S. *(gen)*

matin [matɛ̃] **I.** *m* Morgen *m; (matinée)* Vormittag *m;* **le ~** morgens; **ce ~** heute Morgen; **tous les ~s** jeden Morgen **II.** *adv* **mardi ~** [am] Dienstagmorgen

matinal(e) [matinal] <-aux> *adj* ❶ morgendlich ❷ *(qui se lève tôt)* **être ~** ein Frühaufsteher sein

matinée [matine] *f* *(matin)* Vormittag *m* ▸ **faire la grasse ~** ausschlafen

maton(ne) [matɔ̃, ɔn] *m(f) arg* [Gefängnis]wärter(in) *m(f),* Schließer(in) *m(f)*

matraquage [matʀakaʒ] *m* ❶ *(coups de matraque)* **le ~ des manifestants par la police** der Schlagstockeinsatz der Polizei gegen die Demonstranten ❷ MEDIA *(intoxication)* Dauerberieselung *f*

matriarcal(e) [matʀijaʀkal, -o] <-aux> *adj* matriarchalisch

mature [matyʀ] *adj (psychiquement)* reif; *(sexuellement)* geschlechtsreif

mâture [mɑtyʀ] *f* NAUT Bemastung *f,* Mastwerk *nt*

maturité [matyʀite] *f* ❶ BOT, BIO Reife *f* ❷ CH *(baccalauréat)* Abitur *nt*

maudit(e) [modi] *adj* ❶ *(fichu)* verdammt ❷ *(poète, écrivain)* verfemt; *(lieu)* unheilvoll

maure [mɔʀ] *adj* HIST maurisch

mauresque [mɔʀɛsk] *adj (architecture, palais)* maurisch

Mauritanie [mɔʀitani] *f* **la ~** Mauretanien *nt*

maussade [mosad] *adj* griesgrämig

mauvais [movɛ] *adv* **il fait ~** es ist schlechtes Wetter

mauvais(e) [movɛ] *adj* ❶ schlecht; **être ~ en qc** in etw *(dat)* schlecht sein ❷ *(intention, regard)* böse ❸ *(mer)* stürmisch

mauve [mov] **I.** *adj* blasslila **II.** *m* Blasslila *nt*

max [maks] *m fam v.* **maximum**

maxi [maksi] *adj inv* maximal

maximal(e) [maksimal] <-aux> *adj* maximal; **vitesse/peine ~e** Höchstgeschwindigkeit *f*/-strafe *f*

maximum [maksimɔm] <s> **I.** *adj* maximal **II.** *m* Höchstmaß *nt;* **faire le ~** sein Möglichstes tun

Mayence [majɑ̃s] Mainz *nt*

mayonnaise [majɔnɛz] *f* Mayonnaise *f*

mazout [mazut] *m* [Heiz]öl *nt*

mdr [ɛmdeɛʀ] *interj abr de* **mort de rire** *fam* INFORM lol, haha

me [mə] <*devant voyelle ou h muet* m'> *pron pers* ❶ **il ~ voit** er sieht mich ❷ *avec faire, laisser* mich; **il ~ laisse/fait conduire [la voiture]** er lässt mich [das Auto] fahren ❸ *avec être, devenir, sembler, soutenu* **cela ~ semble bon** das erscheint mir gut ❹ *avec les verbes pronominaux* **je ~ nettoie** ich mache mich sauber ❺ *avec un présentatif* ich; **~ voici!** hier bin ich!

mec [mɛk] *m fam* Kerl *m*

mécanicien(ne) [mekanisjɛ̃] *m(f)* Mechaniker(in) *m(f)*

mécanique [mekanik] **I.** *adj* mechanisch; *(jouet)* zum Aufziehen **II.** *f* Mechanik *f*

mécaniquement [mekanikmɑ̃] *adv* ❶ mechanisch, maschinell ❷ *(machinalement)* mechanisch

mécanisation [mekanizasjɔ̃] *f* Mechanisierung *f*

mécaniser [mekanize] <1> *vpr* **se ~** auf mechanischen Betrieb umstellen

mécanisme [mekanism] *m* Mechanismus *m*

mécénat [mesena] *m* Mäzenatentum *nt*

méchamment [meʃamɑ̃] *adv* ❶ böse ❷ *fam (très)* unheimlich

méchanceté [meʃɑ̃ste] *f sans pl* Boshaftigkeit *f;* **avec ~** böse

méchant(e) [meʃɑ̃] **I.** *adj* ❶ *(opp: gentil)* böse; *(animal)* bösartig ❷ *(soleil, mer)* gefährlich **II.** *m(f)* Böse(r) *f(m)*

mèche [mɛʃ] *f* ❶ *(d'une bougie)* Docht *m* ❷ *(touffe)* **~ de cheveux** [Haar]strähne *f* ▶ **vendre la ~** ein Geheimnis verraten

méconnaissable [mekɔnɛsabl] *adj* **être ~** nicht wiederzuerkennen sein

méconnaître [mekɔnɛtʀ] <irr> *vt soutenu* ❶ *(mésestimer)* verkennen ❷ *(ignorer: faits, vérité)* nicht kennen; **ne pas ~ que ce [ne] soit vrai** nicht verkennen, dass es wahr ist ❸ *(ne pas tenir compte de: loi, principe)* nicht beachten; *(usage)* sich hinwegsetzen über *(+akk)*

méconnu(e) [mekɔny] *adj* verkannt

mécontent(e) [mekɔ̃tɑ̃] **I.** *adj* **~ de qn/qc** unzufrieden mit jdm/etw **II.** *m(f)* Nörgler(in) *m(f)*

médaille [medaj] *f* Medaille *f; (décoration)* Orden *m*

médaillé(e) [medaje] **I.** *adj* ausgezeichnet **II.** *m(f)* Träger(in) *m(f)* einer Medaille/eines Ordens; SPORT Medaillengewinner(in) *m(f)*

médecin [medsɛ̃] *m* Arzt, Ärztin *m, f*

médecine [medsin] *f (science)* Medizin *f*

média [medja] *m* **les ~s** die Medien

médiateur, -trice [medjatœʀ] **I.** *adj* vermittelnd **II.** *m, f* Vermittler(in) *m(f)*

médiathèque [medjatɛk] *f* Mediothek *f*

médiation [medjasjɔ̃] *f* Vermittlung *f*

médiatique [medjatik] *adj (image)* durch die Medien bestimmt; *(sport, événement)* medienwirksam; *(personne)* telegen

médiatisation [medjatizasjɔ̃] *f* Vermarktung *f* durch die Medien

médiatiser [medjatize] <1> *vt* in den Medien vermarkten

médiatrice [medjatʀis] *f* MATH Mittelsenkrechte *f*

médical(e) [medikal] <-aux> *adj* ärztlich

médicalisation [medikalizasjɔ̃] *f* ❶ *(action)* medizinische Ausstattung ❷ *(fait d'être médicalisé)* medizinische Betreuung; **~ de la mort/de la maternité** medizinische Betreuung der Sterbenden/der werdenden Mütter

médicament [medikamɑ̃] *m* Medikament *nt*

médiocre [medjɔkʀ] **I.** *adj* ❶ *(salaire)* dürftig ❷ *(minable)* mittelmäßig ❸ *(élève)* schwach **II.** *mf* Durchschnittsmensch *m*

médiocrité [medjɔkʀite] *f* ❶ *(insuffisance en quantité)* Dürftigkeit *f* ❷ *(insuffisance en qualité)* Mittelmäßigkeit *f; (d'une vie)* Bedeutungslosigkeit *f*

médiologie [medjɔlɔʒi] *f* Medien- und Kommunikationswissenschaften *Pl*

méditation [meditasjɔ̃] *f* Nachsinnen *nt;* REL Meditation *f*

méditer [medite] <1> *vi* nachsinnen; REL meditieren

Méditerranée [mediteʀane] *f* **la [mer]** ~ das Mittelmeer

méditerranéen(ne) [mediteʀaneɛ̃] **I.** *adj (climat)* mediterran; *(caractère)* südländisch **II.** *m(f)* Südländer(in) *m(f)*

médium [medjɔm] *m* Medium *nt*

méduse [medyz] *f* Qualle *f*

meeting [mitiŋ] *m* ① POL Versammlung *f* ② SPORT Veranstaltung *f*

méfait [mefɛ] *m* ① *(faute)* Missetat *f* ② *gén pl (de l'alcool)* verheerende Folgen *Pl*

méfiance [mefjɑ̃s] *f* Misstrauen *nt*

méfiant(e) [mefjɑ̃] *adj* misstrauisch

méfier [mefje] <1> *vpr* **se ~ de qn/qc** jdm/einer S. misstrauen

méga [mega] *m fam*, **mégaoctet** [megaɔktɛ] *m* INFORM Megabyte *nt*

mégalopole [megalɔpɔl] *f* Riesenstadt *f*

mégaoctet [megaɔktɛ] *m* INFORM Megabyte *nt*

mégaphone [megafɔn] *m* Megaphon *nt*

mégapole [megapɔl] *f* Riesenstadt *f*

mégawatt [megawat] *m* Megawatt *nt*

meilleur [mɛjœʀ] **I.** *adv* **il fait ~** es ist wärmer **II.** *m* **le ~** das Beste

meilleur(e) [mɛjœʀ] **I.** *adj* ① *comp de* **bon** besser ② *superl* **le ~ élève** der beste Schüler **II.** *m(f)* **le ~ de la classe** der Beste in der Klasse

mélancolie [melɑ̃kɔli] *f* Melancholie *f*

mélancolique [melɑ̃kɔlik] *adj* melancholisch

mélange [melɑ̃ʒ] *m* Mischung *f*

mélangé(e) [melɑ̃ʒe] *adj* gemischt; **couleur ~e** Mischfarbe *f*

mélanger [melɑ̃ʒe] <2a> **I.** *vt* ① *(mêler)* [ver]mischen ② *(mettre en désordre)* durcheinanderbringen **II.** *vpr* **se ~** sich [ver]mischen

mêlé(e) [mele] *adj* ① [miteinander] vermischt; **couleurs ~es** Mischfarben *Pl* ② *(impliqué)* **être ~ à une affaire** in einen Skandal verwickelt sein

mêlée [mele] *f* ① SPORT Gedränge *nt* ② *(conflit)* **se jeter dans la ~** sich in den Kampf stürzen

mêler [mele] <1> **I.** *vt* ① *(mélanger)* [ver]mischen ② *(impliquer)* **~ qn à qc** jdn in etw *(akk)* verwickeln **II.** *vpr péj (s'occuper)* **se ~ de qc** sich in etw *(akk)* einmischen

mélisse [melis] *f* Melisse *f*; **eau de ~** Melissengeist *m*

mélodie [melɔdi] *f* Melodie *f*

mélodieux, -euse [melɔdjø] *adj* melodisch

melon [m(ə)lɔ̃] *m* [Honig]melone *f* ▸ **attraper le ~** *fam* sich ganz schön aufblasen

membre [mɑ̃bʀ] **I.** *m* ① ANAT Glied *nt*; **les ~s** die Gliedmaßen *Pl* ② *(d'une association)* Mitglied *nt* **II.** *app* **État ~** Mitgliedsstaat *m*

mémé [meme] *f fam* Oma *f*

même [mɛm] **I.** *adj* ① **habiter le ~ quartier** in demselben Viertel wohnen ② *(simultané)* **en ~ temps** zur gleichen Zeit ③ *(semblable)* gleich; **la ~ chose** das Gleiche ④ *avec un pron pers* **toi-~** du selbst **II.** *pron indéf* **le/la ~** *(une chose identique)* der-/die-/dasselbe **III.** *adv* ① *(de plus, jusqu'à)* [ja] sogar; **~ pas** nicht einmal; **~ si** selbst wenn ② *(précisément)* **ici ~** genau an dieser Stelle ▸ **vous de ~!** *soutenu* [danke,] ebenso!; **tout de ~** dennoch

mémère [memɛʀ] *f fam* ① *enfantin grand-mère)* Oma *f* ② *péj (femme d'un certain âge)* [alte] Oma; **faire ~** *(personne)* omahaft aussehen *(robe)* alt machen

mémoire[1] [memwaʀ] *f* ① Gedächtnis *nt* ② *(souvenir)* **~ de qn/qc** Erinnerung *f* an jdn/etw ③ INFORM Speicher *m*; **~ vive** Arbeitsspeicher *m*; **mettre qc en ~** etw [ab]speichern

mémoire[2] [memwaʀ] *m* ① *pl (journal)* Memoiren *Pl* ② *(dissertation)* [wissenschaftliche] Arbeit *f*

mémorable [memɔʀabl] *adj* unvergesslich

mémoriser [memɔʀize] <1> *vt* INFORM [ab]speichern

menaçant(e) [mənasɑ̃] *adj* ❶ drohend; **geste ~** Drohgebärde *f* ❷ *(ciel, nuage)* bedrohlich
menace [mənas] *f* ❶ *(parole, geste)* Drohung *f* ❷ *(danger)* Bedrohung *f*
menacé(e) [mənase] *adj* bedroht, gefährdet
menacer [mənase] <2> **I.** *vt (constituer une menace pour)* bedrohen **II.** *vi (orage, famine)* drohen
ménage [menaʒ] *m* ❶ Haushalt *m;* **faire le ~** sauber machen ❷ *(vie commune)* **être/se mettre en ~ avec qn** mit jdm zusammenleben/-ziehen
ménager [menaʒe] <2a> **I.** *vt* ❶ *(paroles)* mäßigen ❷ *(personne)* schonen **II.** *vpr* **se ~** sich schonen
ménager, -ère [menaʒe] *adj* **appareil ~** Haushaltsgerät *nt;* **ordures ménagères** Hausmüll *m*
ménagère [menaʒɛʀ] *f (femme)* Hausfrau *f*
mendiant(e) [mɑ̃djɑ̃] *m(f)* Bettler(in) *m(f)*
mendier [mɑ̃dje] <1> **I.** *vi* betteln **II.** *vt (argent, pain)* betteln um
mener [məne] <4> **I.** *vt* ❶ *(amener)* bringen ❷ *(diriger)* leiten; *(négociations, affaire)* führen **II.** *vi* ❶ **~ à qn/qc** zu jdm/etw führen ❷ SPORT führen
méninge [menɛ̃ʒ] *f* Hirnhaut *f*
menottes [mənɔt] *fpl (pour attacher)* Handschellen *Pl*
mensonge [mɑ̃sɔ̃ʒ] *m* Lüge *f*
mensonger, -ère [mɑ̃sɔ̃ʒe, -ɛʀ] *adj (propos)* erlogen; *(promesse)* falsch
mensuel [mɑ̃sɥɛl] *m* Monatszeitschrift *f*
mensuel(le) [mɑ̃sɥɛl] *adj* monatlich
mensuellement [mɑ̃sɥɛlmɑ̃] *adv* monatlich
mental [mɑ̃tal] *m sans pl* geistige Verfassung *f*
mental(e) [mɑ̃tal] <-aux> *adj* geistig
mentalement [mɑ̃talmɑ̃] *adv* im Kopf
mentalité [mɑ̃talite] *f* Mentalität *f*
menteur, -euse [mɑ̃tœʀ] *m, f* Lügner(in) *m(f)*
menthe [mɑ̃t] *f* Minze *f*
mention [mɑ̃sjɔ̃] *f* ❶ *(fait de signaler)* Erwähnung *f* ❷ *(indication)* Vermerk *m*
mentionner [mɑ̃sjɔne] <1> *vt* erwähnen
mentir [mɑ̃tiʀ] <10> *vi* lügen ▶ **il ment comme il respire** er lügt wie gedruckt
menton [mɑ̃tɔ̃] *m* Kinn *nt*
menu [məny] **I.** *m* ❶ *(repas)* Menü *nt* ❷ INFORM Menü *nt;* **~ déroulant** Pull-down-Menü **II.** *adv* **haché ~** fein gehackt
menu(e) [məny] *adj* zierlich
menuiserie [mənɥizʀi] *f (atelier)* Tischlerei *f*
menuisier [mənɥizje] *m* Tischler(in) *m(f)*
mépris [mepʀi] *m* Verachtung *f*
méprise [mepʀiz] *f* Irrtum *m*
mépriser [mepʀize] <1> *vt* ❶ *(opp: estimer)* verachten ❷ *(opp: prendre en compte)* missachten
mer [mɛʀ] *f* ❶ *(étendue d'eau)* Meer *nt* ❷ *(littoral)* **passer ses vacances à la ~** seine Ferien am Meer verbringen

Aussprache

In der Regelaussprache wird die Endung -er als geschlossenes e gesprochen *(aimer, léger ...)*, aber bei **mer** wird -er zu [ɛʀ].

mercenaire [mɛʀsənɛʀ] *mf* Söldner(in) *m(f)*
mercerie [mɛʀsəʀi] *f* ❶ *(magasin)* Kurzwarenhandlung *f* ❷ *(ensemble des marchandises)* Kurzwaren *Pl*
merci [mɛʀsi] **I.** *interj* ❶ *(pour remercier)* danke; **~ bien** danke schön; *(négatif)* [nein,] vielen Dank ❷ *(pour exprimer l'indignation, la déception)* na danke **II.** *m* Dank *m*
mercredi [mɛʀkʀədi] *m* Mittwoch *m;* **~ des Cendres** Aschermittwoch; *v.a.* **dimanche**

M

mercure [mɛʀkyʀ] *m* Quecksilber *nt*

Mercure [mɛʀkyʀ] *f* ASTRO, HIST Merkur *m*

merde [mɛʀd] I. *f* ① *vulg* Scheiße *f* ② *fam (saleté, personne, chose sans valeur)* Dreck *m* II. *interj fam* ① *(pour exprimer la colère)* ~ **alors!** [verdammte] Scheiße! ② *(pour exprimer la surprise)* verdammt

merder [mɛʀde] <1> *vi fam (personne)* Mist machen

merdique [mɛʀdik] *adj fam* beschissen *(fam)*, mies *(fam)*

mère [mɛʀ] *f* ① *(femme)* Mutter *f*; ~ **célibataire** alleinerziehende Mutter ② *(animal)* Muttertier *nt* ③ REL ~ **supérieure** Mutter Oberin

merguez [mɛʀgɛz] *f kleine, scharf gewürzte Bratwurst aus Lammfleisch*

méridien [meʀidjɛ̃] *m* Meridian *m*, Längenkreis *m*

meringue [məʀɛ̃g] *f* Baiser *nt*

mérinos [meʀinos] *m* ① *(mouton)* Merino *m*, Merinoschaf *nt* ② *(laine)* Merino[wolle *f*] *m*

méritant(e) [meʀitɑ̃, ɑ̃t] *adj* verdienstvoll

mérite [meʀit] *m* ① Verdienst *nt* ② *(d'un appareil, d'une organisation)* Vorzug *m*

mériter [meʀite] <1> *vt* ① *(avoir droit à qc)* verdienen ② *(valoir)* wert sein

merlu [mɛʀly] *m* Seehecht *m*

merveille [mɛʀvɛj] *f* Wunder *nt*

merveilleusement [mɛʀvɛjøzmɑ̃] *adv* wunderbar, wundervoll

merveilleux, -euse [mɛʀvɛjø] I. *adj* ① *(exceptionnel)* wunderbar ② *(magique)* Wunder-; **monde** ~ Wunderwelt *f* II. *m, f* **le** ~ das Wunderbare

mes [me] *dét poss v.* **ma, mon**

mésaventure [mezavɑ̃tyʀ] *f* Missgeschick *nt*

mesdames [medam] *fpl v.* **madame**

mesdemoiselles [medmwazɛl] *fpl v.* **mademoiselle**

mésestimer [mezɛstime] <1> *vt soutenu* unterschätzen

message [mesaʒ] *m* ① *(nouvelle)* Nachricht *f*; ~ **publicitaire** Werbespot *m* ② *(note écrite)* Zettel *m* ③ INFORM, TELEC Meldung *f*; ~ **électronique** E-Mail *f*; ~ **d'erreur** Fehlermeldung

messager, -ère [mesaʒe] *m, f* Bote, Botin *m, f*

messagerie [mesaʒʀi] *f* Mailsystem *nt*

messe [mɛs] *f* Messe *f*; ~ **de minuit** Christmette *f*

messie [mesi] *m* Messias *m*

messieurs [mesjø] *mpl v.* **monsieur**

mesure [m(ə)zyʀ] *f* ① Maß *nt*; *(de la température)* Messwert *m* ② *(limite)* Maß *nt*; **outre** ~ übermäßig ③ *(disposition)* Maßnahme *f*; ~ **disciplinaire** Disziplinarstrafe *f* ④ MUS Takt *m* ▶ **dans une certaine** ~ in gewissem Maße

mesuré(e) [məzyʀe] *adj (personne)* besonnen

mesurer [məzyʀe] <1> I. *vi* messen; **combien mesures-tu?** wie groß bist du? II. *vt* ① *(évaluer)* ermessen ② *(paroles, propos)* mäßigen III. *vpr* **se** ~ **à qn** sich mit jdm messen

métal [metal] <-aux> *m* Metall *nt*; ~ **précieux** Edelmetall

métallique [metalik] *adj* ① *(en métal)* **fil** ~ Draht *m* ② *(qui rappelle le métal)* metallisch

métallisé(e) [metalize] *adj* **peinture** ~**e** Metalliclackierung *f*

métallurgie [metalyʀʒi] *f sans pl* ① *(industrie)* Metallindustrie *f*; ~ **lourde/de transformation** Schwerindustrie/Metall verarbeitende Industrie ② *(technique)* Hüttenkunde *f*, Metallurgie *f*

métamorphose [metamɔʀfoz] *f* Verwandlung *f*

métastase [metastɑz] *f* Metastase *f*

météo [meteo] *inv abr de* **météorologique, météorologie**

météorite [meteɔʀit] *m o f* Meteorit *m*

météorologie [meteɔʀɔlɔʒi] *f* ① SCI Meteorologie *f* ② *(organisme)* meteorologisches Institut *nt*

météorologique [meteɔʀɔlɔʒik] *adj* Wetter-; *(instrument, observations)* meteorologisch; **prévisions ~s** Wettervorhersage *f*

méthadone [metadɔn] *f* Methadon *nt*

méthode [metɔd] *f* ❶ *(technique)* Methode *f* ❷ *(manuel: de piano, guitare)* -schule *f*

méticuleusement [metikyløzmɑ̃] *adv* sorgfältig; *(travailler, nettoyer)* sorgfältig, gründlich

méticuleux, -euse [metikylø] *adj* sorgfältig

métier [metje] *m* Beruf *m;* **qu'est-ce que vous faites comme ~?** was machen Sie beruflich?

métis [metis] *m (personne)* Mischling *m*

métrage [metʀaʒ] *m* CINE **court ~** Kurzfilm *m;* **long ~** Spielfilm *m*

mètre [mɛtʀ] *m* Meter *m o nt;* **~ cube/carré** Kubik-/Quadratmeter

métro [metʀo] *m* ❶ *abr de* **métropolitain** U-Bahn *f* ❷ *(station)* U-Bahn-Station *f*

metteur [metœʀ] *m* **~ en scène** Regisseur(in) *m(f)*

mettre [mɛtʀ] <irr> I. *vt* ❶ *(placer, poser)* tun; *(à plat, couché, horizontalement)* legen; *(debout, verticalement)* stellen; *(assis)* setzen ❷ *(déposer)* **~ au garage** *(véhicule)* in die Garage bringen ❸ *(jeter)* **~ à la poubelle** in den Mülleimer werfen ❹ *(beurre)* streichen ❺ *(conditionner)* **~ en bouteilles** *(vin)* in Flaschen füllen ❻ *(écrire)* schreiben; *(sur une liste)* setzen ❼ *(vêtement, chaussures)* anziehen; *(chapeau, lunettes)* aufsetzen ❽ *(heures, journées)* brauchen; **tu as mis le temps!** du hast dir aber Zeit gelassen! ❾ *(transformer)* **~ au pluriel** in den Plural setzen ❿ *(faire fonctionner)* einschalten ⓫ *(régler)* **~ à l'heure** *(montre)* stellen ⓬ *(rideaux)* aufhängen ⓭ *(faire)* **~ à cuire** aufsetzen ⓮ *(envoyer)* **~ dans les buts** ins Tor schießen ⓯ *(admettre)* **mettons/mettez que** + *subj* angenommen, dass ▶ **~ à jour** INFORM aktualisieren II. *vpr* ❶ **se ~ debout/assis** aufstehen/sich [hin]setzen ❷ *(placer sur soi)* **se ~ de la crème sur la figure** sich *(dat)* das Gesicht eincremen ❸ *(porter)* **se ~ en pantalon** eine Hose anziehen ❹ *(commencer à)* **se ~ au travail** sich an die Arbeit machen ❺ *(pour exprimer le changement d'état)* **se ~ en colère** wütend werden

meuble [mœbl] *m* Möbel *nt*

meublé [mœble] *m (chambre)* möbliertes Zimmer *nt; (appartement)* möblierte Wohnung *f*

meubler [mœble] <1> I. *vt (garnir de meubles)* einrichten II. *vpr* **se ~** sich einrichten

meuf [mœf] *f fam* Tussi *f (pej)*

meuh [mø] *interj* muh

meure [mœʀ] *subj prés de* **mourir**

meurent [mœʀ], **meurs** [mœʀ], **meurt** [mœʀ] *indic prés de* **mourir**

meurtre [mœʀtʀ] *m* Mord *m*

meurtrier, -ière [mœʀtʀije] I. *adj* mörderisch; *(accident, coup)* tödlich, lebensgefährlich II. *m, f* Mörder(in) *m(f)*

meurtrir [mœʀtʀiʀ] <8> I. *vt* ❶ *(contusionner)* zerquetschen; **le coup lui avait meurtri le visage** sein/ihr Gesicht war grün und blau geschlagen; **ses chaussures lui meurtrissaient les pieds** die Schuhe quetschten ihm/ihr die Füße ein; **il avait le dos meurtri par les coups** sein Rücken war von den Schlägen zerschunden ❷ *(endommager: fruits, légumes)* beschädigen; **des fruits meurtris** Obst *nt* mit Druckstellen fleckiges Obst ❸ *soutenu (blesser moralement)* tief verletzen; **les reproches lui meurtrissaient le cœur** die Vorwürfe schnitten ihm/ihr tief ins Herz II. *vpr* **se ~ le genou/le front** sich *(dat)* das Knie aufschlagen/an der Stirn verletzen

meurtrissure [mœʀtʀisyʀ] *f* ❶ *(marque)* Bluterguss *m* ❷ *(tache sur des fruits, légumes)* Fleck *m,* Druckstelle *f*

M

Meuse [mœz] *f* **la** ~ die Maas
mexicain(e) [mɛksikɛ̃] *adj* mexikanisch
Mexicain(e) [mɛksikɛ̃] *m(f)* Mexikaner(in) *m(f)*
Mexique [mɛksik] *m* **le** ~ Mexiko *nt*
MF [ɛmɛf] *mpl* HIST *abr de* **millions de francs** Mio F
mi [mi] *m inv* E *nt*, e *nt*
mi-août [miut] *f sans pl* **à la** ~ Mitte August
miauler [mjole] <1> *vi* miauen
mi-avril [miavʀil] *f sans pl* **à la** ~ Mitte April **mi-bas** [mibɑ] *inv m* Kniestrumpf *m* **mi-chemin** [miʃmɛ̃] **à** ~ auf halbem Weg **mi-clos(e)** [miklo] *adj* halb geschlossen
micro [mikʀo] *abr de* **microphone, micro-informatique**
microbe [mikʀɔb] *m* Mikrobe *f*
microbien(ne) [mikʀɔbjɛ̃, jɛn] *adj* mikrobiell
microclimat [mikʀoklima] *m* Mikroklima *nt*
microfibre [mikʀofibʀ] *f* Mikrofaser *f*
micro-informatique [mikʀoɛ̃fɔʀmatik] *f sans pl* Mikroinformatik *f* **micro-onde** [mikʀoɔ̃d] <micro-ondes> *f* PHYS Mikrowelle *f*; **four à ~s** Mikrowellenherd *m* **micro-ondes** [mikʀoɔ̃d] *m inv (four)* Mikrowelle *f*
microphone [mikʀɔfɔn] *m* Mikrofon *nt*
microprocesseur [mikʀopʀɔsesœʀ] *m* INFORM Mikroprozessor *m*
microscope [mikʀɔskɔp] *m* Mikroskop *nt*
mi-décembre [midesɑ̃bʀ] *f sans pl* **à la** ~ Mitte Dezember
midi [midi] *m* ❶ *inv, sans art ni autre dét (heure)* zwölf [Uhr]; **à** ~ um zwölf ❷ *(moment du déjeuner)* Mittag *m* ❸ *(sud)* Süden *m*
Midi [midi] *m* **le** ~ Südfrankreich *nt*
mie [mi] *f sans pl* Brotkrume *f*
miel [mjɛl] *m* Honig *m*
mien(ne) [mjɛ̃] *pron poss* ❶ **le ~/la ~ne** der/die/das Meine; **les ~s** die Meinen; **ce n'est pas votre valise, c'est la ~ne** es ist nicht Ihr Koffer, e[s] ist der Meine ❷ *pl (ceux de m[a] famille)* **les ~s** meine Angehörigen *[pl]*
miette [mjɛt] *f (de pain, gâteau)* Krümel *m*
mieux [mjø] **I.** *adv comp de* **bien** besser; **qn va** ~ jdm geht es besser; **c'est ~ que rien** [das ist] besser als nichts; **aimer ~ faire qc** etw lieber tun; **de ~ en ~** immer besser; **tant ~ pour qn!** umso besser für jdn! ▶ **il <u>vaut</u> ~ que** + *subj* es ist besser, wenn **II.** *adv superl de* **bien** ❶ + *verbe* **c'est lui qui travaille le** ~ er arbeitet am besten ❷ *en loc adverbiale* **il travaille de son** ~ er arbeitet so gut er kann ❸ *en loc prépositionnelle* **au ~ des vos intérêts** in Ihrem Interesse **III.** *adj comp de* **bien** ❶ *(en meilleure santé)* **il la trouve** ~ er findet, sie sieht [wieder] besser aus ❷ *(préférable)* **c'est ~ ainsi** es ist besser so **IV.** *adj superl de* **bien: c'est avec les cheveux courts qu'elle est le** ~ kurze Haare stehen ihr am besten **V.** *m (une chose meilleure)* **trouver** ~ etwas Besseres finden
mi-février [mifevʀije] *f sans pl* **à la** ~ Mitte Februar
mignon(ne) [miɲɔ̃] *adj* niedlich; *(gentil)* lieb
migraine [migʀɛn] *f* Migräne *f*
migrant(e) [migʀɑ̃, ɑ̃t] **I.** *adj* **travailleur** ~ Immigrant *m*; **population ~e** wandernde Bevölkerung **II.** *m(f)* Immigrant(in) *m(f)*
migrateur, -trice [migʀatœʀ] *adj* **oiseau** ~ Zugvogel *m*
migration [migʀasjɔ̃] *f* Wanderung *f*
mi-hauteur [mi'otœʀ] **à** ~ auf halber Höhe **mi-janvier** [miʒɑ̃vje] *f sans pl* **à la** ~ Mitte Januar
mijaurée [miʒɔʀe] *f* eingebildete Pute *(fam)*; **faire la** ~ sich zieren
mijoter [miʒɔte] <1> **I.** *vt* ❶ *(faire cuire lentement)* auf kleiner Flamme kochen, garen ❷ *fam (manigancer)* ausbrüten *(fam)*; ~ **de faire qc** sich mit

dem Gedanken tragen, etw zu tun; **~ qc contre qn** etw gegen jdn im Schilde führen **II.** *vi* ❶ *(cuire lentement)* köcheln; **faire ~ un ragoût** ein Ragout köcheln lassen ❷ *fam (attendre)* **laisser ~ qn** jdn schmoren lassen *(fam)*

mi-juillet [miʒɥijɛ] *f sans pl* **à la ~** Mitte Juli **mi-juin** [miʒɥɛ̃] *f sans pl* **à la ~** Mitte Juni

mil [mil] *num* tausend; **en [l'an] ~ neuf cent soixante-trois** neunzehnhundertdreiundsechzig

Milan [milɑ̃] Mailand *nt*

milice [milis] *f* Miliz *f*

milieu [miljø] <x> *m* ❶ *sans pl (dans l'espace)* Mitte *f;* **le ~ de la rue** die Mitte der Straße ❷ *sans pl (dans le temps)* Mitte *f;* **au ~ de la nuit** mitten in der Nacht ❸ *sans pl (moyen terme)* Mittelweg *m* ❹ *(environnement)* Umwelt *f* ❺ SPORT **~ de terrain** Mittelfeldspieler(in) *m(f)*

militaire [militɛʀ] **I.** *adj (opération, discipline)* militärisch; **service ~** Wehrdienst *m* **II.** *mf* Soldat(in) *m(f)*

militant(e) [militɑ̃] *m(f)* aktives Mitglied *nt*

militariser [militaʀize] <1> *vpr* **se ~** ein Heer aufbauen

militer [milite] <1> *vi* ❶ *(être militant)* aktiv sein ❷ *(lutter)* kämpfen

mille[1] [mil] **I.** *num* ❶ [ein]tausend; **deux ~** zweitausend; **billet de ~ marks** HIST Tausendmarkschein *m* ❷ *(dans l'indication de l'ordre)* **page ~** Seite tausend **II.** *m inv* ❶ *(cardinal)* Tausend *f* ❷ *(cible)* Zentrum *nt; v.a.* **cinq** *v.a.* **cinquante**

Aussprache

Das -ille wird in **mille** und verwandten Wörtern nicht wie in der Regelaussprache als [ij] *(fille, vanille ...)* gesprochen, sondern als [il] wie z. B. in *avril*.

mille

Das Wort **mille** ist unveränderlich: *mille fois - tausendmal; deux mille habitants - zweitausend Einwohner; La voiture coûte dix mille euros. - Das Auto kostet 10.000 Euro.*

mille[2] [mil] *m* **~ [marin]** Seemeile *f*

millénaire [milenɛʀ] **I.** *adj* tausendjährig **II.** *m* Jahrtausend *nt*

millésimé(e) [milezime] *adj (vin)* Jahrgangs-; **une bouteille de Bordeaux ~e** eine Flasche Bordeaux Jahrgangswein

milliard [miljaʀ] *m* Milliarde *f;* **des ~s de choses** Milliarden *Pl* von Dingen

milliardaire [miljaʀdɛʀ] *mf* Milliardär(in) *m(f)*

millième [miljɛm] **I.** *adj* tausendste(r, s) **II.** *mf* **le/la ~** der/die/das Tausendste **III.** *m* Tausendstel *nt; v.a.* **cinquième**

millier [milje] *m* **un/deux ~(s) de choses** um die tausend/zweitausend Dinge; **des ~s de** Tausende *Pl* von

millilitre [mililitʀ] *m* Milliliter *m*

millimétré(e) [milimetʀe] *adj* **papier ~** Millimeterpapier *nt*

millimètre [milimɛtʀ] *m* Millimeter *m o nt*

million [miljɔ̃] *m* **un/deux ~(s) de personnes/choses** eine/zwei Million(en) Menschen/Dinge; **des ~s de** Millionen *Pl* von; *v.a.* **cinq** *v.a.* **cinquante**

millionième [miljɔnjɛm] **I.** *adj antéposé* millionste(r, s) **II.** *mf* **le/la ~** der/die/das Millionste **III.** *m (fraction)* Millionstel *nt; v.a.* **cinquième**

millionnaire [miljɔnɛʀ] *mf* Millionär(in) *m(f)*

mi-long, mi-longue [milɔ̃] <mi-longs> *adj* halb lang **mi-mai** [mimɛ] *f sans pl* **à la ~** Mitte Mai **mi-mars** [mimaʀs] *f sans pl* **à la ~** Mitte März

mime [mim] **I.** *mf* Pantomime *m* **II.** *m sans pl (activité)* Pantomime *f*

M

mimer [mime] <1> *vt* mimen

mimosa [mimoza] *m* Mimose *f*

minable [minabl] **I.** *adj* erbärmlich **II.** *mf* Niete *f (fam)*

mince [mɛ̃s] **I.** *adj* ❶ *(fin)* dünn ❷ *(élancé)* schlank ❸ *(modeste)* gering **II.** *adv* dünn **III.** *interj* ~ [**alors**]! *fam* verflixt [noch mal]!

minceur [mɛ̃sœʀ] *f sans pl* Dünnheit *f*

mincir [mɛ̃siʀ] <8> *vi* dünner werden

mine[1] [min] *f* ❶ *sans pl* Miene *f;* **avoir bonne** ~ gut aussehen ❷ *sans pl (allure)* Aussehen *nt* ▸ ~ **de rien** *fam* ganz unauffällig

mine[2] [min] *f* MIN Mine *f*

mine[3] [min] *f (d'un crayon)* Mine *f*

mine[4] [min] *f* MIL Mine *f;* ~ **antipersonnel** Tretmine

miner [mine] <1> *vt* ❶ MIL verminen ❷ *(ronger)* aushöhlen ❸ *(affaiblir)* zermürben

minerai [minʀɛ] *m* Erz *nt*

minéral [mineʀal] <-aux> *m* Mineral *nt*

minerve [minɛʀv(ə)] *f* MED Zervikalstütze *f*

mineur [minœʀ] *m* Bergmann *m*

mineur(e) [minœʀ] **I.** *adj* ❶ JUR minderjährig ❷ *(peu important)* unwichtig ❸ MUS **do/ré/mi/fa** ~ c/d/e/f-Moll *nt* **II.** *m(f)* JUR Minderjährige(r) *f(m)*

mini [mini] *adj inv fam (mode)* Mini-

miniature [minjatyʀ] **I.** *f* Miniatur *f* **II.** *app* **voiture** ~ Modellauto *nt*

minichaîne [miniʃɛn] *f* Kompakt[stereo]anlage *f*

minigolf [minigɔlf] *m* Minigolf *nt*

minijupe [miniʒyp] *f* Minirock *m*

minimal(e) [minimal] <-aux> *adj* minimal; **température** ~ Tiefsttemperatur *f*

minime [minim] *adj* unbedeutend

minimiser [minimize] <1> *vt* herunterspielen

minimum [minimɔm] <s> **I.** *adj* Mindest-; **salaire** ~ Mindestlohn *m* **II.** *m sans pl* Minimum *nt*

ministère [ministɛʀ] *m* Ministerium *n*

ministre [ministʀ] *mf* POL Minister(in) *m(f);* **Premier** ~ Premierminister

minitel® [minitɛl] *m* Btx-Terminal *m*

minoritaire [minɔʀitɛʀ] *adj* Minderheits-; **gouvernement** ~ Minderheitsregierung *f;* **être ~s** in der Minderheit sein

minorité [minɔʀite] *f* ❶ Minderheit *f* ❷ *sans pl* **nous sommes une ~ de filles** wir Mädchen sind in der Minderheit ❸ JUR Minderjährigkeit *f*

mi-novembre [minɔvɑ̃bʀ] *f sans pl* **à la** ~ Mitte November

minuit [minɥi] *m sans pl ni dét* Mitternacht *f*

minuscule [minyskyl] **I.** *adj* ❶ *(très petit)* winzig [klein] ❷ *(en écriture)* klein **II.** *f* Kleinbuchstabe *m*

minute [minyt] *f* Minute *f;* **d'une ~ à l'autre** jeden Moment

minuter [minyte] <1> *vt (organiser)* timen

minuteur [minytœʀ] *m* Schaltuhr *f*

minutie [minysi] *f sans pl (précision)* Genauigkeit *f; (soin)* Sorgfalt *f*

minutieusement [minysjøzmɑ̃] *adv (dans le détail)* [peinlich] genau; *(avec soin)* sorgfältig

minutieux, -euse [minysjø] *adj* genau; *(personne, examen a.)* gründlich

mi-octobre [miɔktɔbʀ] *f sans pl* **à la** ~ Mitte Oktober

miracle [miʀɑkl] *m* Wunder *nt;* **par** ~ wie durch ein Wunder

miraculé(e) [miʀakyle] **I.** *adj* durch ein Wunder geheilt **II.** *m(f)* **c'est un** ~ *(d'une maladie)* er ist durch ein Wunder geheilt; *(d'un accident)* er hat wie durch ein Wunder überlebt

miraculeusement [miʀakyløzmɑ̃] *adv* wie durch ein Wunder; **être ~ épargné** wie durch ein Wunder verschont bleiben

miraculeux, -euse [miʀakylø] *adj* wunderbar

mirage [miʀaʒ] *m* Fata Morgana *f*

miroir [miʀwaʀ] *m* Spiegel *m*

mis(e) [mi, miz] I. *part passé de* **mettre** II. *adj* **bien ~** gut gekleidet

mise [miz] *f* ❶ JEUX Einsatz *m* ❷ *(fait de mettre)* **~ à jour** Aktualisierung *f;* INFORM Update *nt;* **~ en circulation** *(d'une monnaie)* Ausgabe *f;* **~ en scène** CINE Regie *f;* **~ en attente** TELEC Wartefunktion *f*

mi-septembre [misɛptɑ̃bʀ] *f sans pl* **à la ~** Mitte September

miser [mize] <1> *vt, vi* setzen

misérable [mizeʀabl] *adj* ❶ *(personne, famille)* sehr arm ❷ *(pitoyable)* erbärmlich

misérablement [mizeʀabləmɑ̃] *adv* ❶ *(dans la pauvreté)* erbärmlich, armselig ❷ *(pitoyablement)* kläglich

misère [mizɛʀ] *f* ❶ *(détresse)* Elend *nt,* Not *f* ❷ *gén pl (souffrances)* Leiden *nt;* **faire des ~s à qn** *fam* jdn ärgern

miséricordieux, -euse [mizeʀikɔʀdjø, -jøz] *adj soutenu* gnädig; REL barmherzig

misogynie [mizɔʒini] *f* Frauenfeindlichkeit *f,* Frauenhass *m*

missile [misil] *m* Rakete *f*

mission [misjɔ̃] *f* ❶ *(tâche)* Aufgabe *f;* *(culturelle, dangereuse)* Mission *f* ❷ *(délégation)* Delegation *f* ❸ *(vocation)* Mission *f*

missionnaire [misjɔnɛʀ] *mf* Missionar(in) *m(f)*

mit [mi] *passé simple de* **mettre**

mite [mit] *f* Motte *f*

mi-temps [mitɑ̃] I. *f inv* SPORT Halbzeit *f* II. *m inv (travail)* Halbtagsstelle *f*

mîtes [mit] *passé simple de* **mettre**

miteux, -euse [mitø] *adj (immeuble, lieu)* heruntergekommen; *(personne)* armselig

mitigé(e) [mitiʒe] *adj (réaction)* zwiespältig; *(impression)* unterschiedlich

mitrailler [mitʀaje] <1> *vt* ❶ *(tirer)* beschießen, unter Beschuss nehmen ❷ *fam (photographier)* mit der Kamera unter Beschuss nehmen

mitraillette [mitʀajɛt] *f* Maschinenpistole *f*

mi-voix [mivwa] ▶ **à ~** leise

mixage [miksaʒ] *m* Tonmischung *f*

mixer [mikse] <1> *vt* ❶ GASTR mixen ❷ MEDIA mischen

mixeur [miksœʀ] *m* Mixer *m*

mixité [miksite] *f* Mischung *f* der Geschlechter; **la ~ de l'enseignement** die Koedukation der Unterricht in gemischten Klassen

mixte [mikst] *adj (chorale, classe)* gemischt; **mariage ~** Mischehe *f*

mixture [mikstyʀ] *f* Mixtur *f*

M.J.C. [ɛmʒise] *f abr de* **maison des jeunes et de la culture** Jugendzentrum *nt*

Mlle [madmwazɛl] <s> *f abr de* **Mademoiselle** Frl.

MM. [mesjø] *mpl abr de* **Messieurs** die Herren

Mme [madam] <s> *f abr de* **Madame** Fr.

Mo [ɛmo] *m abr de* **méga-octet** MB *nt*

mob [mɔb] *f fam abr de* **mobylette**

mobile [mɔbil] I. *adj* beweglich; *(forces de police)* mobil II. *m* ❶ **le ~ de qc** das Motiv für etw ❷ ART Mobile *nt*

mobilier [mɔbilje] *m* Einrichtung *f*

mobilisation [mɔbilizasjɔ̃] *f* Mobilisierung *f*

mobiliser [mɔbilize] <1> I. *vt* mobilisieren II. *vpr* **se ~** aktiv werden

mobilité [mɔbilite] *f (d'une personne, d'un membre)* Beweglichkeit *f;* *(de la population)* Mobilität *f;* *(du regard)* Unruhe *f*

mobylette® [mɔbilɛt] *f* Mofa *nt*

moche [mɔʃ] *adj fam* ❶ *(laid)* hässlich ❷ *(regrettable)* scheußlich

mocheté [mɔʃte] *f fam* ❶ *(laideur)* Hässlichkeit *f* ❷ *(chose laide)* Scheußlichkeit *f* ❸ *(personne laide)* Vogelscheuche *f*

modalité [mɔdalite] *fpl (procédure)* Modalitäten *Pl*

mode¹ [mɔd] *f* Mode *f*

mode² [mɔd] *m* **~ d'emploi** Gebrauchsanweisung *f;* ~ **de paiement** Zahlungsart *f*

modèle [mɔdɛl] **I.** *m* ① *(référence)* Vorbild *nt* ② TYP Vorlage *f* ③ COUT, ART Modell *nt* ④ ~ **réduit** Miniaturmodell **II.** *adj (exemplaire)* vorbildlich

modeler [mɔd(ə)le] <4> *vt (poterie)* modellieren; *(pâte)* formen

modélisme [mɔdelism] *m* Modellbau *m*

modération [mɔdeʀasjɔ̃] *f* Mäßigung *f*

modéré(e) [mɔdeʀe] *adj (vent, enthousiasme)* mäßig; *(opinion, prix)* gemäßigt; *(personne)* maßvoll

modérément [mɔdeʀemɑ̃] *adv* maßvoll

modérer [mɔdeʀe] <5> *vt (dépenses)* bremsen

moderne [mɔdɛʀn] *adj* modern; *(pays)* fortschrittlich

modernisation [mɔdɛʀnizasjɔ̃] *f* Modernisierung *f*

moderniser [mɔdɛʀnize] <1> **I.** *vt* modernisieren **II.** *vpr* **se** ~ modern umgestaltet werden

modernisme [mɔdɛʀnism] *m* Modernismus *m*

modernité [mɔdɛʀnite] *f* Modernität *f*

modeste [mɔdɛst] *adj* bescheiden

modestement [mɔdɛstəmɑ̃] *adv* in aller Bescheidenheit; *(rougir)* schamhaft; *(vivre)* bescheiden, einfach

modestie [mɔdɛsti] *f* Bescheidenheit *f*

modeux, -euse [modø] *adj (personne)* modebewusst; *(chaussures, modèle)* stylish

modifiable [mɔdifjabl] *adj* veränderbar; *(conduite, personne)* beeinflussbar; **le texte reste** ~ der Text kann noch verändert werden

modification [mɔdifikasjɔ̃] *f* Änderung *f*

modifier [mɔdifje] <1> *vt* ändern

modique [mɔdik] *adj* niedrig

modulation [mɔdylasjɔ̃] *f* Modulation *f*

moelle [mwal] *f* Mark *nt;* ~ **épinière** Rückenmark

moelleux, -euse [mwɛlø] *adj* weich

mœurs [mœʀ(s)] *f pl* ① *(coutumes)* Sitten und Bräuche *Pl* ② *(règles morales)* Moral *f*

mohair [mɔɛʀ] **I.** *m* Mohair *m* **II.** *app inv* Mohair-

moi [mwa] *pron pers* ① *fam (pour renforcer)* ~, **je n'ai pas bu** ich habe nicht getrunken ② *avec un verbe à l'impératif* **regarde-~** sieh mich an ③ *avec une prép* **avec/sans** ~ mit mir/ohne mich; **la maison est à** ~ das Haus gehört mir ④ *dans une comparaison* ich; **tu es comme** ~ du bist wie ich ⑤ *(emphatique)* **c'est ~!** *(me voilà)* hier bin ich!; *(je suis le responsable)* ich [bin es]!; **et ~[, alors]?** *fam* [ja,] und ich? ▸ **à ~!** Hilfe!

moignon [mwaɲɔ̃] *m* Stummel *m*

moi-même [mwamɛm] *pron pers* ① ~ **n'en savais rien** ich [selbst] wusste nichts davon ② *(moi aussi)* **j'étais** ~ **furieux** ich war ebenfalls sehr wütend

moindre [mwɛ̃dʀ] *adj (bruit)* geringste(r, s)

moine [mwan] *m* Mönch *m*

moineau [mwano] <x> *m* ZOOL Sperling *m,* Spatz *m*

moins [mwɛ̃] **I.** *adv* ① weniger; **rouler** ~ **vite** langsamer fahren; ~ **beau [que]** nicht so schön [wie]; **~... ~...** je weniger..., desto weniger...; **~..., plus...** je weniger..., desto mehr... ② *superl* **le** ~ am wenigsten ▸ **en** ~ **de deux** *fam* in null Komma nichts; **à** ~ **que** + *subj*/**de faire qc** es sei denn, jd tut etw; **au** ~ *(au minimum)* mindestens; **[tout] au/du** ~ wenigstens; **de** ~ **en** ~ weniger; **il a un an de** ~ **que moi** er ist ein Jahr jünger als ich; **de** ~ **en** ~ immer weniger; ~ **que rien** weniger als nichts **II.** *prép* ① *(soustraction)* minus ② *(heure)* vor; **midi** ~ **le quart** Viertel vor zwölf ③ *(température)* minus **III.** *m* ① *(minimum)* Mindeste(s) *nt* ② *(signe)* Minuszeichen *nt*

mois [mwa] *m* Monat *m;* **au** ~ monatlich; **au** ~ **de janvier** im Januar

moisi [mwazi] *m* Schimmel *m*
moisi(e) [mwazi] *adj* verschimmelt
moisir [mwaziʀ] <8> *vi* ❶ schimmeln ❷ *fam (personne)* herumhängen
moisissure [mwazisyʀ] *f* Schimmel *m*
moisson [mwasɔ̃] *f* Ernte *f*
moite [mwat] *adj* feucht
moiteur [mwatœʀ] *f* Feuchtigkeit *f*
moitié [mwatje] *f* Hälfte *f;* **la ~ du temps** die halbe Zeit; **~ moins** halb so viel; **à ~ prix** zum halben Preis; **~... ~...** halb... halb...
mol [mɔl] *adj v.* **mou**
molaire [mɔlɛʀ] *f* Backenzahn *m*
mole [mɔl] *f* CHIM Mol *nt*
molécule [mɔlekyl] *f* Molekül *nt*
mollard [mɔlaʀ] *m fam* Spucke *f*
mollasson(ne) [mɔlasɔ̃] *adj fam* tranig
molle [mɔl] *adj v.* **mou**
mollet [mɔlɛ] *m* Wade *f*
mollusque [mɔlysk] *m* Weichtier *nt*
môme [mom] *mf fam* Fratz *m*
moment [mɔmɑ̃] *m* ❶ Moment *m,* Augenblick *m;* **un [long] ~** eine [ganze] Weile; **à quel ~?** wann?; **au ~ de** als; **dans un ~** gleich; **du ~ que...** da ja...; **en ce ~, pour le ~** im Moment; **un ~!** [einen] Moment! ❷ *(occasion)* Gelegenheit *f;* **à un ~ donné** plötzlich; **c'est le ~ ou jamais** jetzt oder nie
momentané(e) [mɔmɑ̃tane] *adj (arrêt)* von kurzer Dauer
momentanément [mɔmɑ̃tanemɑ̃] *adv* zur Zeit
momie [mɔmi] *f* Mumie *f*
mon [mɔ̃] <mes> *dét poss* mein(e); **~ Dieu!** mein Gott!; **à ~ avis** meiner Meinung nach
Monaco [mɔnako] Monaco *nt,* Monako *nt*
monarchie [mɔnaʀʃi] *f* Monarchie *f*
monarque [mɔnaʀk] *m* Monarch(in) *m(f)*
monastère [mɔnastɛʀ] *m* Kloster *nt*
mondain(e) [mɔ̃dɛ̃] *adj (vie)* mondän; *(obligations, réunion)* gesellschaftlich
mondaine [mɔ̃dɛn] *f fam (police)* die Sitte[npolizei]
mondanité [mɔ̃danite] *f* ❶ *(goût pour la vie mondaine)* Hang *m* zur mondänen Welt ❷ *pl (la vie mondaine)* Extravaganz *f,* Mondänität *f*
monde [mɔ̃d] *m* ❶ *(univers)* Welt *f* ❷ *(groupe social)* Kreise *Pl;* **~ rural** Landbevölkerung *f* ❸ *(foule)* Menschenmenge *f;* **beaucoup de ~** viele Leute ❹ *(société)* **tout le ~ en parle** jeder spricht davon ▸ **mettre qn au ~** jdn zur Welt bringen

Übersetzungstipp
Le monde – Nicht verwechseln mit *der Mond* – *la lune!*

mondial [mɔ̃djal] *m* SPORT Weltmeisterschaft *f*
mondial(e) [mɔ̃djal] <-aux> *adj* weltweit
mondialement [mɔ̃djalmɑ̃] *adv* weltweit
mondialisation [mɔ̃djalizasjɔ̃] *f* Globalisierung *f*
monégasque [mɔnegask] *adj* monegassisch
Monégasque [mɔnegask] *mf* Monegasse *m*
monétaire [mɔnetɛʀ] *adj (marché, politique)* Geld-; *(union, unité)* Währungs-
mongol [mɔ̃gɔl] *m* Mongolisch *nt; v.a.* **allemand**
mongol(e) [mɔ̃gɔl] *adj* mongolisch; *v.a.* **allemand**
Mongol(e) [mɔ̃gɔl] *m(f)* Mongole *m*/ Mongolin *f*
Mongolie [mɔ̃gɔli] *f* **la ~** die Mongolei
moniteur [mɔnitœʀ] *m* Monitor *m*
moniteur, -trice [mɔnitœʀ] *m, f* **~ d'auto-école** Fahrlehrer *m*
monnaie [mɔnɛ] *f* ❶ ECON, FIN Geld *nt* ❷ *(devise)* Währung *f;* **~ unique** einheitliche Währung ❸ *(petites pièces)*

Kleingeld *nt* ❹ *(argent rendu)* Wechselgeld *nt* ❺ *(pièce)* Münze *f*

monnayable [mɔnɛjabl] *adj* ❶ *(vendable)* in Geld umsetzbar; **ne pas être ~** *(ne rien rapporter)* kein Geld einbringen; *(ne pas être à vendre)* nicht zu verkaufen sein ❷ FIN *(convertible)* münzbar

mono [mɔno] **I.** *adj inv abr de* **monophonique** mono *(fam)* **II.** *f abr de* **monophonie** Mono[phonie *f*] *nt*

monogame [mɔnɔgam] *adj* monogam

monologue [mɔnɔlɔg] *m* Monolog *m*

mononucléose [mɔnonykleoz] *f* MED Pfeiffersches Drüsenfieber

monoparental(e) [monopaʀɑ̃tal] <-aux> *adj* Ein-Eltern-Familie *f*

monoparentalité [mɔnopaʀɑ̃talite] *f* Alleinerziehung *f*

monophasé [mɔnɔfɑze] *m* Einphasen-Wechselstrom *m*

monoplace [mɔnoplas] **I.** *adj* einsitzig **II.** *m* AUT, AVIAT Einsitzer *m*

M

monopole [mɔnɔpɔl] *m* ❶ ECON Monopol *nt* ❷ *(exclusivité)* **le ~ de qc** das ausschließliche Recht auf etw *(akk)*

monopoliser [mɔnɔpɔlize] <1> *vt* ECON monopolisieren

monospace [mɔnɔspas] *m* Großraumlimousine *f*, Van *m*

monotone [mɔnɔtɔn] *adj* monoton; *(style, vie)* eintönig

monotonie [mɔnɔtɔni] *f (d'un discours, d'une voix)* Monotonie *f*; *(de la vie, du style)* Eintönigkeit *f*

Mons [mɔ̃s] Bergen *nt*

monsieur [məsjø] <messieurs> *m* ❶ **bonjour ~** guten Tag; **bonjour Monsieur Dupond** guten Tag, Herr Dupond; **bonjour messieurs** guten Tag, meine Herren; **messieurs dames** meine Damen und Herren; **Monsieur le Professeur Dupont** [Herr] Professor Dupont ❷ *(en-tête)* **Monsieur, …** Sehr geehrter Herr + *Name*, …; **Cher Monsieur, …** Lieber Herr + *Name*, …; *(dans une lettre officielle)* Sehr geehrter Herr + *Name*, …

Aussprache

In **monsieur** wird das -on- nicht gemäß der Regelaussprache als [ɔ̃] gesprochen, sondern als [ə]. Das -r am Ende bleibt stumm.

monstre [mɔ̃stʀ] **I.** *m* ❶ *(animal fantastique)* Ungeheuer *nt* ❷ BIO, ZOOL Missgeburt *f* **II.** *adj fam* wahnsinnig

monstrueux, -euse [mɔ̃stʀyø] *adj* ❶ *(difforme)* missgestaltet ❷ *(ignoble)* ungeheuer[lich]; *(crime)* abscheulich

monstruosité [mɔ̃stʀyozite] *f (d'un crime)* Abscheulichkeit *f*

mont [mɔ̃] *m* Berg *m*

montage [mɔ̃taʒ] *m* Montage *f*; *(d'un film)* Schnitt *m*

montagnard(e) [mɔ̃taɲaʀ] *m(f)* Bergbewohner(in) *m(f)*

montagne [mɔ̃taɲ] *f (mont)* Berg *m*; *(région)* Gebirge *nt*

montagneux, -euse [mɔ̃taɲø] *adj* Berg-; **climat ~** Bergklima *nt*

montant [mɔ̃tɑ̃] *m* ❶ Betrag *m* ❷ *(d'un lit, d'une porte)* Pfosten *m*

montant(e) [mɔ̃tɑ̃] *adj (chemin)* ansteigend; **marée ~e** Flut *f*

monté(e) [mɔ̃te] *adj (à cheval)* beritten ▸ **être bien/mal ~ en qc** gut/schlecht versorgt mit etw sein; **être ~ contre qn** nicht gut auf jdn zu sprechen sein

montée [mɔ̃te] *f* ❶ *(des eaux)* Ansteigen *nt* ❷ *(côte, pente)* Steigung *f* ❸ *(action de monter)* Aufstieg *m*

monténégrin(e) [mɔ̃tenegʀɛ̃] *adj* montenegrinisch, aus Montenegro

Monténégrin(e) [mɔ̃tenegʀɛ̃] *m(f)* Montenegriner(in) *m(f)*

Monténégro [mɔ̃tenegʀo] *m* Montenegro *nt*

monter [mɔ̃te] <1> **I.** *vi* ❶ + *être (grimper)* hinaufsteigen; *(vu d'en haut)* heraufsteigen; **~ jusqu'à qc** *(eau, robe)* bis [zu] etw reichen ❷ *(chevaucher)* **~ à cheval** reiten ❸ + *être (prendre place dans)* einsteigen in *(+akk)*

❹ + être *(avion, flammes)* aufsteigen; *(route, chemin)* ansteigen ❺ + *avoir o être (lait)* überkochen; *(impatience, bruits)* wachsen ❻ + *avoir o être (actions, pression)* steigen ❼ + *être (ton, voix)* höher werden ❽ + *avoir o être (faire une ascension sociale)* aufsteigen **II.** *vt* + *avoir* ❶ *(personne)* hinaufsteigen; *(échelle)* steigen auf *(+akk)*; *(vu d'en haut)* heraufführen ❷ GASTR schlagen ❸ *(prix)* anheben ❹ *(affaire)* in die Wege leiten ❺ *(échafaudage, tente)* aufstellen; *(pneu)* montieren **III.** *vpr* **se ~ à 2000 euros** sich auf 2000 Euro *(akk)* belaufen

monteur, -euse [mɔ̃tœʀ] *m, f* CINE Cutter(in) *m(f)*

montgolfière [mɔ̃gɔlfjɛʀ] *f* Heißluftballon *m*

montre [mɔ̃tʀ] *f* Uhr *f*

montréalais(e) [mɔ̃ʀealɛ] *adj* aus Montreal

Montréalais(e) [mɔʀealɛ] *m(f)* Einwohner(in) *m(f)* von Montreal

montre-bracelet [mɔ̃tʀəbʀaslɛ] <montres-bracelets> *f* Armbanduhr *f*

montrer [mɔ̃tʀe] <1> **I.** *vt* ❶ *(présenter)* zeigen ❷ *(direction)* anzeigen **II.** *vpr* **se ~** sich zeigen

monture [mɔ̃tyʀ] *f* ❶ *(animal)* Reittier *nt* ❷ OPT Gestell *nt*

monument [mɔnymɑ̃] *m* ❶ *(mémorial)* Denkmal *nt* ❷ **être classé ~ historique** unter Denkmalschutz stehen

monumental(e) [mɔnymɑ̃tal] <-aux> *adj (imposant)* gewaltig

moquer [mɔke] <1> *vpr* ❶ *(ridiculiser)* **se ~ de qn/qc** sich über jdn/etw lustig machen ❷ *(tromper)* **se ~ de qn** jdn zum Narren halten

moquerie [mɔkʀi] *f* Spott *m*

moquette [mɔkɛt] *f* Teppichboden *m*

moqueur, -euse [mɔkœʀ] *adj (air)* spöttisch

moral [mɔʀal] <-aux> *m* ❶ *(état psychologique)* Stimmung *f* ❷ *(vie psychique)* Geisteszustand *m* ▸ **avoir le ~** zuversichtlich sein

moral(e) [mɔʀal] <-aux> *adj* ❶ moralisch ❷ *(relatif à l'esprit)* seelisch

morale [mɔʀal] *f* Moral *f* ▸ **faire la ~ à qn** jdm eine Moralpredigt halten

moralisateur, -trice [mɔʀalizatœʀ, -tʀis] **I.** *adj (enseignement, influence)* moralisch; *(histoire, récit)* erbaulich; *(personne, ton)* moralisierend **II.** *m, f* Moralprediger(in) *m(f)*

moraliser [mɔʀalize] <1> **I.** *vi* moralisieren **II.** *vt* moralisch rechtfertigen

moraliste [mɔʀalist] *adj (personne)* moralisierend; *(attitude)* moralistisch

moralité [mɔʀalite] *f* moralischer Wert *m*

morbide [mɔʀbid] *adj (goût, littérature)* morbid; *(imagination)* krankhaft

morceau [mɔʀso] <x> *m* Stück *nt*; **sucre en ~x** Würfelzucker *m* ▸ **manger un ~** einen Happen essen

morceler [mɔʀsəle] <3> *vt* zerstückeln; *(terrain, héritage)* aufteilen

mordant(e) [mɔʀdɑ̃] *adj (personne, trait d'esprit)* bissig

mordre [mɔʀdʀ] <14> **I.** *vi* ❶ beißen ❷ *(se laisser prendre)* **~ à l'appât** *(poisson)* anbeißen **II.** *vt* beißen **III.** *vpr* **se ~ la langue** sich *(dat)* auf die Zunge beißen

mordu(e) [mɔʀdy] **I.** *part passé de* **mordre II.** *adj* ❶ *(amoureux)* **être ~** über beide Ohren verliebt sein ❷ *fam (passionné)* **être ~ de qc** von etw begeistert sein **III.** *m(f) fam* **~ de musique/sport** Musik-/Sportfan *m*

morfondre [mɔʀfɔ̃dʀ] <14> *vpr* **se ~** vor Langeweile vergehen

morgue [mɔʀg] *f* ❶ *(institut médico-légal)* Leichenschauhaus *nt* ❷ *(salle d'hôpital)* Leichenkammer *f*

morne [mɔʀn] *adj* trübselig

morose [mɔʀoz] *adj* verdrießlich

morosité [mɔʀozite] *f* Verdrossenheit *f*; **~ économique** schlechte Wirtschaftslage

morphinomane [mɔʀfinɔman] **I.** *adj* morphiumsüchtig **II.** *mf* Morphiumsüchtige(r) *f(m)*

M

morphologie [mɔʀfɔlɔʒi] *f* Morphologie *f*

morpion [mɔʀpjɔ̃] *m fam (pou)* Filzlaus *f*

morse[1] [mɔʀs] *m* Walross *nt*

morse[2] [mɔʀs] *adj* **l'alphabet ~** das Morsealphabet

morsure [mɔʀsyʀ] *f (action)* Biss *m*

mort [mɔʀ] *f* ❶ Tod *m* ❷ *(destruction)* Untergang *m* ▸ **frapper qn à ~** jdn totschlagen

mort(e) [mɔʀ] **I.** *part passé de* **mourir** **II.** *adj* ❶ *(personne, arbre)* tot; *(feuilles)* welk ❷ *fam* **~ [de fatigue]** todmüde ❸ *(avec un fort sentiment de)* **être ~ de peur** vor Angst sterben ❹ **être ~** *(moteur)* ausgedient haben **III.** *m(f) (défunt)* Tote(r) *f(m)* ▸ **faire le ~** *(rester sans bouger)* sich tot stellen; *(ne pas donner de nouvelles)* sich tot stellen

mortalité [mɔʀtalite] *f* Sterblichkeit *f*

mortel(le) [mɔʀtɛl] **I.** *adj* ❶ *(sujet à la mort)* sterblich ❷ *(causant la mort)* tödlich ❸ *(froid, chaleur)* mörderisch ❹ *fam (excellent)* hammermäßig **II.** *m(f) souvent pl* Sterbliche(r) *f(m)*

mortellement [mɔʀtɛlmɑ̃] *adv* ❶ tödlich ❷ *(extrêmement: vexé)* tödlich; **~ ennuyeux** sterbenslangweilig

mort-né(e) [mɔʀne] <mort-nés> *adj (enfant)* tot geboren

morue [mɔʀy] *f* **~ fraîche** Kabeljau *m*

morve [mɔʀv] *f* Nasenschleim *m*

morveux, -euse [mɔʀvø, -øz] **I.** *adj (nez)* laufend; *(enfant)* rotznäsig *(pej) (vulg)* **II.** *m, f péj fam* Rotznase *f (vulg)*

mosaïque [mɔzaik] *f* Mosaik *nt*

Moscou [mɔsku] Moskau

moscovite [mɔskɔvit] *adj* Moskauer

Moscovite [mɔskɔvit] *mf* Moskauer(in) *m(f)*

Moselle [mozɛl] *f* **la ~** die Mosel

mosquée [mɔske] *f* Moschee *f*

mot [mo] *m* ❶ LING Wort *nt;* **~ étranger** Fremdwort ❷ *(message)* **laisser un ~ à qn** jdm eine Nachricht hinterlassen ❸ INFORM **~ de passe** Passwort *nt* ❹ JEUX **~s croisés/fléchés** *pl* Kreuzworträtsel *nt* ▸ **en deux ~s** mit wenigen Worten; **~ à ~** wortwörtlich; **en un ~ [comme en cent]** mit einem Wort

motard(e) [mɔtaʀ] *m(f) fam* ❶ *(motocycliste)* Motorradfahrer(in) *m(f)* ❷ *(policier)* motorisierter Polizist *m*

mot-clé [mokle] <mots-clés> *m* Schlüsselwort *nt; (dans un dictionnaire)* Stichwort *nt*

moteur [mɔtœʀ] *m* ❶ TECH Motor *m* ❷ *(cause)* **être le ~ de qc** *(personne)* die treibende Kraft für etw sein

moteur, -trice [mɔtœʀ] *adj* **force motrice** Antriebskraft *f;* **roue motrice** Antriebsrad *nt*

motif [mɔtif] *m* ❶ *(raison)* [Beweg]grund *m* ❷ *(ornement)* Motiv *nt*

motivant(e) [mɔtivɑ̃, ɑ̃t] *adj* motivierend

motivation [mɔtivasjɔ̃] *f* Motivation *f*

motivé(e) [mɔtive] *adj (stimulé: personne)* motiviert

motiver [mɔtive] <1> *vt* ❶ *(justifier)* begründen ❷ *(stimuler)* motivieren

moto [moto] *f abr de* **motocyclette** Motorrad *nt*

motocross, moto-cross [motokʀɔs] *m inv* Moto-Cross *nt*

motocycliste [motosiklist] *mf* Motorradfahrer(in) *m(f)*

motoriser [motoʀize] <1> *vt* motorisieren

motrice [mɔtʀis] *f* Triebwagen *m*

mou [mu] *m fam* Weichling *m*

mou, mol, molle [mu] *adj* ❶ *(opp: dur)* weich ❷ *(flasque, faible)* schlaff

mouchard(e) [muʃaʀ] *m(f)* ❶ Petzer, Petze *m, f (fam)* ❷ *péj (indicateur de police)* Spitzel *m*

moucharder [muʃaʀde] <1> **I.** *vi fam* petzen **II.** *vt fam* verpetzen; *(à la police)* verpfeifen

mouche [muʃ] *f* Fliege *f*

moucher [muʃe] <1> *vpr* **se ~ [le nez]** sich *(dat)* die Nase putzen

mouchoir [muʃwaʀ] *m* Taschentuch *nt*
moudre [mudʀ] <irr> *vt* mahlen
moue [mu] *f* schiefes Gesicht; ~ **boudeuse** Schmollmund *m*
mouette [mwɛt] *f* Möwe *f*
mouillé(e) [muje] *adj* nass
mouiller [muje] <1> I. *vt* ① *(humecter)* nass machen ② *(tremper)* durchnässen ③ NAUT *(ancre)* auswerfen II. *vpr (passer sous l'eau)* **se** ~ nass werden
mouillette [mujɛt] *f Brotschnittchen zum Eintunken*
moulage [mulaʒ] *m* ① *(action de mouler)* Gießen *nt* ② *(empreinte, objet)* Abguss *m*
moulant(e) [mulɑ̃, ɑ̃t] *adj* eng anliegend
moule[1] [mul] *m* Form *f*
moule[2] [mul] *f* Miesmuschel *f*
mouler [mule] <1> *vt (fabriquer)* formen
moulin [mulɛ̃] *m* Mühle *f*
mouliner [muline] <1> *vt* GASTR passieren
moulu(e) [muly] I. *part passé de* **moudre** II. *adj (en poudre)* gemahlen
moulure [mulyʀ] *f* Zierleiste *f*
moumoute [mumut] *f fam* ① *(perruque)* falsches Haarteil ② *(veste)* Weste *f* aus Schafspelz
mourant(e) [muʀɑ̃] I. *adj* **être** ~ im Sterben liegen II. *m(f)* Sterbende(r) *f(m)*
mourir [muʀiʀ] <irr> *vi + être* sterben; ~ **de qc** an etw *(dat)* sterben; ~ **de faim** verhungern; ~ **de soif** verdursten ▸ **c'est à ~ de rire** das ist zum Totlachen
mouroir [muʀwaʀ] *m péj* Sterbeheim *nt*
mousquetaire [muskətɛʀ] *m* Musketier *m*
moussant(e) [musɑ̃, ɑ̃t] *adj* Schaum-
mousse[1] [mus] *f* ① *(écume)* Schaum *m* ② BOT Moos *nt* ③ GASTR Mousse *f* ④ *(matière)* Schaumstoff *m*
mousse[2] [mus] *m* Schiffsjunge *m*
mousseline [muslin] I. *f* Musselin *m* II. *app inv* **pommes** ~ schaumiges Kartoffelpüree *nt*
mousser [muse] <1> *vi* schäumen
mousseux [musø] *m* Schaumwein *m*
mousson [musɔ̃] *f* Monsun *m*
moustache [mustaʃ] *f (d'un homme)* Schnurrbart *m; (du chat)* Schnurrhaare *Pl*
moustachu [mustaʃy] *m* Mann *m* mit Schnurrbart
moustachu(e) [mustaʃy] *adj (homme)* schnurrbärtig; *(lèvre supérieure)* bärtig
moustiquaire [mustikɛʀ] *f* Moskitonetz *nt*
moustique [mustik] *m* Stechmücke *f; (sous les tropiques)* Moskito *m*
moutarde [mutaʀd] *f* Senf *m*
mouton [mutɔ̃] *m* ① *a. fig* Schaf *nt* ② *(viande)* Hammel *m*
mouvance [muvɑ̃s] *f* ① Einflussbereich *m* ② *(mouvement idéologique)* Bewegung *f*
mouvement [muvmɑ̃] *m* ① *(action)* Bewegung *f* ② *(impulsion)* Regung *f;* ~ **de colère** Wutausbruch *m* ③ MUS Tempo *nt*
mouvementé(e) [muvmɑ̃te] *adj* ① *(agité)* stürmisch; *(vie)* bewegt; *(poursuite, récit)* dramatisch ② *(accidenté)* uneben
mouvoir [muvwaʀ] <irr> *soutenu* I. *vt* bewegen II. *vpr* **se** ~ sich bewegen
moyen [mwajɛ̃] *m* ① *(procédé)* Mittel *nt;* **par tous les ~s** mit allen Mitteln ② *(solution)* Weg *m* ③ *pl (capacités)* Fähigkeiten ④ *pl (ressources financières)* Mittel *Pl*
moyen(ne) [mwajɛ̃] *adj* ① *(intermédiaire)* mittlere(r, s); **à ~ terme** mittelfristig; *v.a.* **moyenne** ② *(ni bon, ni mauvais)* mittelmäßig ③ *(en proportion)* durchschnittlich
Moyen Âge, Moyen-Âge [mwajɛnɑʒ] *m* Mittelalter *nt*
moyenâgeux, -euse [mwajɛnɑʒø, -jøz] *adj a. péj* mittelalterlich
moyen-courrier [mwajɛ̃kuʀje]

<moyen-courriers> *m* Mittelstreckenflugzeug *nt*

moyennant [mwajɛnɑ̃] *prép* ~ **2000 euros** für 2000 Euro

moyenne [mwajɛn] *f* ❶ MATH Mittel *nt;* ~ **d'âge** Durchschnittsalter *nt;* **en** ~ durchschnittlich ❷ *a.* SCOL Durchschnitt *m*

Moyen-Orient [mwajɛnɔʀjɑ̃] *m* **le** ~ der Mittlere Osten

MP3 [ɛmpetʀwɑ] *m abr de* **MPeg-1 audio layer 3** MP3 *nt*

mue [my] *f* ❶ ZOOL *(de l'oiseau)* Mauser *f;* *(du serpent)* Häutung *f* ❷ ANAT Stimmbruch *m*

muer [mɥe] <1> *vi* ❶ ZOOL *(oiseau)* sich mausern; *(serpent)* sich häuten; *(mammifère)* [sich] haaren ❷ *(changer de timbre: garçon)* im Stimmbruch sein; **sa voix mue** er ist im Stimmbruch

muesli [mysli] *m* Müsli *nt*

muet(te) [mɥɛ] **I.** *adj* stumm **II.** *m(f)* Stumme(r) *f(m)*

muguet [mygɛ] *m* Maiglöckchen *nt*

mulâtre, mulâtresse [mylɑtʀ, mylɑtʀɛs] **I.** *adj* Mulatten- **II.** *m, f* Mulatte *m*/Mulattin *f*

mule¹ [myl] *f* Mauleselin *f* ▸ **être têtu comme une** ~ störrisch wie ein Esel sein *(fam)*

mule² [myl] *f (pantoufle)* Pantoffel *m*

mulet [mylɛ] *m* Maulesel *m*

mulot [mylo] *m* Feldmaus *f*

multicolore [myltikɔlɔʀ] *adj* bunt

multiconfessionnel(le) [myltikɔ̃fesjɔnɛl] *adj (État, pays)* multikonfessionell; *(cimetière)* gemischtkonfessionell

multiculturel(le) [myltikyltyʀɛl] *adj* multikulturell

multifonction [myltifɔ̃ksjɔ̃] *adj inv* multifunktionell

multilingue [myltilɛ̃g] *adj* mehrsprachig

multimédia [myltimedja] *adj* INFORM multimedial

multinationale [myltinasjɔnal] *f* multinationaler Konzern *m*

multiple [myltipl] **I.** *adj* ❶ *(nombreux)* vielfach ❷ *(aspects, raisons)* vielfältig **II.** *m* **être le** ~ **de qc** das Vielfache von etw sein

multiplexe [myltiplɛks] *m* Gebäudekomplex *m* mit mehreren Sälen

multiplication [myltiplikasjɔ̃] *f* Multiplikation *f*

multiplicité [myltiplisite] *f* Vielfalt *f*

multiplier [myltiplije] <1> **I.** *vt* ❶ MATH ~ **sept par trois** sieben mit drei multiplizieren ❷ *(augmenter le nombre de)* vervielfachen **II.** *vpr* **se** ~ sich vermehren

multiracial(e) [myltiʀasjal] <-aux> *adj* gemischtrassig

multitude [myltityd] *f* Vielzahl *f*

Munich [mynik] München

munichois(e) [mynikwa] *adj* Münchner

Munichois(e) [mynikwa, waz] *m(f)* Münchner(in) *m(f)*

municipal(e) [mynisipal] <-aux> *adj (communal)* Gemeinde-; **conseil** ~ Stadtrat *m,* Gemeinderat *m*

municipalité [mynisipalite] *f* ❶ *(administration)* Stadtverwaltung *f* ❷ *(commune)* Gemeinde *f*

munir [myniʀ] <8> *vpr* **se** ~ **de qc** etw mitnehmen

munitions [mynisjɔ̃] *fpl* Munition *f*

muqueuse [mykøz] *f* Schleimhaut *f*

mur [myʀ] *m* Mauer *f;* *(d'une pièce)* Wand *f*

mûr(e) [myʀ] *adj* reif

muraille [myʀɑj] *f* [dicke] Mauer *f*

mural(e) [myʀal, -o] <-aux> *adj* Wand-

mûre [myʀ] *f* Brombeere *f*

mûrement [myʀmɑ̃] *adv* reiflich

murer [myʀe] <1> **I.** *vt* zumauern **II.** *vpr* **se** ~ **chez soi** sich von der Außenwelt abschließen

muret [myʀɛ] *m* Mäuerchen *nt*

mûrir [myʀiʀ] <8> *vi* reif werden

murmure [myʀmyʀ] *m* Murmeln *nt;* *(de protestations)* Murren *nt*

murmurer [myʀmyʀe] <1> **I.** *vi* ❶ *(chuchoter)* murmeln ❷ *(protester)* murren **II.** *vt* ~ **qc à qn** jdm etw zuflüstern

muscle [myskl] *m* Muskel *m*

muscle(e) [myskle] *adj* ❶ *(athlétique)* muskulös ❷ *fig fam (gouvernement, discours)* stark; *(politique)* energisch

muscler [myskle] <1> *vt* ~ **qn** jds Muskeln stärken

musculaire [myskylɛʀ] *adj* Muskel-; **douleurs ~s** Muskelschmerzen *Pl*

musculation [myskylasjɔ̃] *f* Bodybuilding *nt*

musculature [myskylatyʀ] *f* Muskulatur *f*

muse [myz] *f* Muse *f*

museau [myzo] <x> *m* Maul *nt; (du chien)* Schnauze *f*

musée [myze] *m* Museum *nt*

museler [myzle] <3> *vt* ❶ ~ **un animal** einem Tier einen Maulkorb umbinden ❷ *fig* mundtot machen

muselière [myzəljɛʀ] *f* Maulkorb *m*

musical(e) [myzikal] <-aux> *adj (études, film)* Musik-; *(soirée)* musikalisch; **comédie ~e** Musical *nt*

music-hall [myzikol] <music-halls> *m* Varieté *nt*

musicien(ne) [myzisjɛ̃] **I.** *adj* musikalisch **II.** *m(f)* Musiker(in) *m(f)*

musique [myzik] *f* Musik *f*

musqué(e) [myske] *adj (odeur, parfum)* Moschus-; *(cheveux)* nach Moschus duftend

must® [mœst] *m fam* Muss *nt;* **le ~ have** das absolute Muss

musulman(e) [myzylmɑ̃] *adj (monde)* moslemisch; **être ~** Moslem sein

Musulman(e) [myzylmɑ̃] *m(f)* Moslem, Moslime *m, f,* Mohammedaner(in) *m(f)*

mutant(e) [mytɑ̃, ɑ̃t] **I.** *adj* BIO mutierend **II.** *m(f)* ❶ BOT, ZOOL Mutante *f* ❷ LITTER Mutant(in) *m(f)*

muter [myte] <1> *vt* ADMIN versetzen

mutilation [mytilasjɔ̃] *f a. fig* Verstümmelung *f*

mutilé(e) [mytile] *m(f)* ~ **de guerre** Kriegsbeschädigter *m*

mutiler [mytile] <1> *vt a. fig* verstümmeln

mutin(e) [mytɛ̃] *m(f)* Meuterer, Meuterin *m, f*

mutinerie [mytinʀi] *f* Meuterei *f*

mutisme [mytism] *m* Schweigen *nt*

mutuel(le) [mytɥɛl] *adj* gegenseitig

mutuelle [mytɥɛl] *f* Versicherung *f [o* Versicherungsverein] *m* auf Gegenseitigkeit; ~ **des étudiants** studentische Krankenversicherung; ~ **d'entreprise** Betriebskrankenkasse *f*

mutuellement [mytɥɛlmɑ̃] *adv* gegenseitig

mycose [mikoz] *f* Pilzkrankheit *f*

mygale [migal] *f* Vogelspinne *f*

myopathie [mjɔpati] *f* Muskelerkrankung *f*

myope [mjɔp] *adj* kurzsichtig

myosotis [mjɔzɔtis] *m* Vergissmeinnicht *nt*

myrtille [miʀtij] *f* Heidelbeere *f*

mystère [mistɛʀ] *m* ❶ *(secret)* Geheimnis *nt* ❷ *(énigme)* Rätsel *nt*

mystérieusement [misteʀjøzmɑ̃] *adv* unerklärlicherweise

mystérieux [misteʀjø] *m* **le ~** das Geheimnisvolle

mystérieux, -euse [misteʀjø] *adj* geheimnisvoll

mystifier [mistifje] <1> *vt* täuschen

mystique [mistik] *adj* ❶ *(religieux)* mystisch ❷ *(exalté, fervent)* schwärmerisch

mythe [mit] *m* Mythos *m*

mythique [mitik] *adj* mythisch; *(imaginaire)* erdichtet

mythologie [mitɔlɔʒi] *f* Mythologie *f*

mythomane [mitɔman] **I.** *adj* krankhaft verlogen **II.** *mf* krankhafter Lügner *m*

M

Nn

N, n [ɛn] **I.** *m inv* N *nt,* n *nt* **II.** *f* **la N 7** ≈ die B 7 **III.** *adj* x

n' *v.* **ne**

n'est-ce pas [nɛspa] *adv* ❶ *(invitation à acquiescer)* **~?** oder? ❷ *(renforcement)* nicht [wahr]

n'importe [nɛ̃pɔʀt] *v.* **importer²**

na [na] *interj enfantin* ätsch

nabot(e) [nabo, ɔt] *m(f)* Zwerg(in) *m(f)*

NAC [nak] *mpl abr de* **nouveaux animaux de compagnie** [neuartige] exotische Haustiere *Pl*

nacre [nakʀ] *f* Perlmutt *nt*

nacré(e) [nakʀe] *adj* perlmuttschimmernd

nage [naʒ] *f* Schwimmen *nt* ▸ **à la ~** schwimmend; **en ~** schweißgebadet

nageoire [naʒwaʀ] *f* Flosse *f*

nager [naʒe] <2a> **I.** *vi* ❶ *a. fig (personne, aliment)* schwimmen ❷ *fam* **~ dans un vêtement** in einem Kleidungsstück ertrinken **II.** *vt* **~ la brasse** Brust schwimmen

N

nageur, -euse [naʒœʀ] *m, f* Schwimmer(in) *m(f)*

naguère [nagɛʀ] *adv soutenu* einst

naïf, naïve [naif] *adj* naiv

nain(e) [nɛ̃] *m(f)* Zwerg(in) *m(f)*

naissance [nɛsɑ̃s] *f* ❶ Geburt *f* ❷ *(apparition)* Entstehung *f* ▸ **Allemand de ~** gebürtiger Deutscher *m*

naître [nɛtʀ] <irr> *vi + être* ❶ geboren werden ❷ *(crainte, désir, soupçon)* entstehen

naïve [naiv] *adj v.* **naïf**

naïvement [naivmɑ̃] *adv* naiv

naïveté [naivte] *f* Naivität *f*

nana [nana] *f fam* Tussi *f*

nanotechnologie [nanotɛknɔlɔʒi] *f* Nanotechnologie *f*

nanti(e) [nɑ̃ti] **I.** *adj* vermögend **II.** *m(f)* Reiche(r) *f(m)*

naphtaline [naftalin] *f* Naphthalin *nt;* **boules de ~** Mottenkugeln *Pl*

napoléon [napɔleɔ̃] *m* Napoleondor *m*

nappage [napaʒ] *m* Glasieren *nt; (résultat)* Glasur *f*

nappe [nap] *f* ❶ *(linge)* Tischtuch *nt* ❷ *(vaste étendue)* **~ de pétrole** Ölteppich *m*

napper [nape] <1> *vt* **~ de chocolat** mit Schokolade glasieren

naquis [naki] *passé simple de* **naître**

narcisse [naʀsis] *m* Narzisse *f*

narcissique [naʀsisik] *adj* narzisstisch

narcissisme [naʀsisism] *m* Narzissmus *m*

narcodollars [naʀkodɔlaʀ] *mpl* Drogendollars *Pl*

narcose [naʀkoz] *f* Narkose *f*

narguer [naʀge] <1> *vt* verspotten; *(agacer)* ärgern

narine [naʀin] *f* Nasenloch *nt*

narquois(e) [naʀkwa] *adj* spöttisch

narrateur, -trice [naʀatœʀ] *m, f* Erzähler(in) *m(f)*

narratif, -ive [naʀatif, -iv] *adj* erzählend; **style/art ~** Erzählstil *m*/-kunst *f*

narration [naʀasjɔ̃] *f* Erzählung *f*

nasal(e) [nazal] <-aux> *adj* nasal

nasale [nazal] *f* LING Nasal[laut *m*] *m*

nase [nɑz] *adj fam* ❶ *(cassé)* kaputt ❷ *(épuisé)* k. o., fertig

naseau [nazo] <x> *m* Nüster *f*

natal(e) [natal] <s> *adj* Geburts-; **ville ~e** Geburtsstadt *f;* **pays ~** Heimat *f*

natalité [natalite] *f* Geburtenziffer *f*

natation [natasjɔ̃] *f* Schwimmen *nt*

natel [natɛl] *m* CH ❶ *(téléphone portable)* Handy *nt,* Natel *nt* (CH) ❷ *(téléphonie portable)* Mobilfunknetz *nt,* Natel *nt* (CH)

natif, -ive [natif] **I.** *adj* **~ de Toulouse** gebürtiger Toulouser *m* **II.** *m, f* Einheimische(r) *f(m)*

nation [nasjɔ̃] *f* Nation *f;* **les Nations unies** die Vereinten Nationen
national(e) [nasjɔnal] <-aux> *adj* ❶ *(de l'État)* national; **fête ~e** Nationalfeiertag *m* ❷ *(opp: local, régional)* national
Nationale [nasjɔnal] *f (route)* **la ~** ≈ die Bundesstraße
nationalisation [nasjɔnalizasjɔ̃] *f* Verstaatlichung *f*
nationaliser [nasjɔnalize] <1> *vt* verstaatlichen
nationalisme [nasjɔnalism] *m* Nationalismus *m; (conscience)* Nationalbewusstsein *nt péj* Nationalismus
nationaliste [nasjɔnalist] **I.** *adj* nationalistisch **II.** *mf* Nationalist(in) *m(f)*
nationalité [nasjɔnalite] *f* Staatsangehörigkeit *f*
natte [nat] *f* Zopf *m*
naturalisation [natyʀalizasjɔ̃] *f* Einbürgerung *f*
naturalisé(e) [natyʀalize] *adj* eingebürgert
naturaliser [natyʀalize] <1> *vt* einbürgern
naturaliste [natyʀalist] *mf* Naturforscher(in) *m(f)*
nature [natyʀ] **I.** *f* ❶ *(environnement)* Natur *f* ❷ *(caractère)* Wesen *nt;* **~ humaine** Natur *f* des Menschen ❸ ART **~ morte** Stillleben *nt* ▶ **de** [*o* **par**] **~** von Natur [aus] **II.** *adj inv* ❶ *(café, thé)* ohne alles; **yaourt ~** Naturjoghurt *m* ❷ *fam (simple)* natürlich
naturel [natyʀɛl] *m* ❶ *(caractère)* Wesen *nt* ❷ *(spontanéité)* Natürlichkeit *f*
naturel(le) [natyʀɛl] *adj* natürlich; *(père)* leiblich; **gaz ~** Erdgas *nt*
naturellement [natyʀɛlmɑ̃] *adv* ❶ *(bien entendu)* selbstverständlich ❷ *(opp: artificiellement)* auf natürliche Weise ❸ *(de façon innée)* von Natur aus
naturisme [natyʀism] *m* Freikörperkultur *f*
naturiste [natyʀist] **I.** *adj* **plage ~** FKK-Strand *m* **II.** *mf* FKKler(in) *m(f) (fam)*
naufrage [nofʀaʒ] *m* Untergang *m* ▶ **faire ~** Schiffbruch erleiden
naufragé(e) [nofʀaʒe] *m(f)* Schiffbrüchige(r) *f(m)*
nausée [noze] *f* Übelkeit *f; (dégoût)* Ekel *m;* **j'ai la ~** [*o* **des ~s**] mir ist schlecht
nautique [notik] *adj* Wasser-; **ski ~** Wasserski *nt*
naval(e) [naval] <s> *adj* **chantier ~** [Schiffs]werft *f*
navet [navɛ] *m* ❶ BOT weiße Rübe *f* ❷ *péj fam* Schundfilm *m*
navette [navɛt] *f* ❶ AUT Pendelbus *m*/-schiff *nt* ❷ *(va-et-vient)* **faire la ~** pendeln
navetteur, -euse [navetœʀ] *m, f* BELG Pendler(in) *m(f)*
navigant(e) [navigɑ̃] *adj* AVIAT **personnel ~** Flugpersonal *nt*
navigateur [navigatœʀ] *m* INFORM **~ Web** Browser *m*
navigateur, -trice [navigatœʀ] *m, f* Seefahrer(in) *m(f)*
navigation [navigasjɔ̃] *f* ❶ NAUT Schifffahrt *f;* **~ à** [**la**] **voile** Segeln *nt* ❷ AUT, AVIAT, NAUT *(espace)* Navigation *f;* **~ spatiale** Raumfahrt *f*
naviguer [navige] <1> *vi* ❶ AVIAT fliegen; NAUT fahren ❷ INFORM surfen
navire [naviʀ] *m* Schiff *nt*
navrant(e) [navʀɑ̃] *adj* **c'est ~!** es ist zum Verzweifeln!
navré(e) [navʀe] *adj* **être ~ de qc** etw [zutiefst] bedauern
navrer [navʀe] <1> *vt* bestürzen; *(contrarier)* zur Verzweiflung bringen; **ce malentendu me navre** ich bedauere dieses Missverständnis zutiefst
naze [nɑz] *adj v.* **nase**
nazi(e) [nazi] *abr de* **national-socialiste** **I.** *adj* Nazi-; **régime ~** Naziregime *nt* **II.** *m(f)* Nazi *m*
nazisme [nazism] *m abr de* **national-socialisme** Nazismus *m*
N.B. [ɛnbe] *abr de* **nota bene** NB

N

NDLR [ɛndeɛlɛʀ] *abr de* **note de la rédaction** Anm. d. Red.

ne [nə] <*devant voyelle ou h muet* n'> *adv* ❶ *(avec autre mot négatif)* **il ~ mange pas le midi** er isst nicht zu Mittag; **je ~ fume plus** ich rauche nicht mehr; **je ~ me promène jamais** ich gehe nie spazieren; **je ~ vois personne** ich sehe niemand[en]; **rien ~ va plus** nichts geht mehr; **il n'a ni frère ni sœur** er hat weder Bruder noch Schwester ❷ *sans autre mot négatif, soutenu* nicht; **je n'ose le dire** ich wage nicht, es zu sagen

> **ne**
> In der französischen Umgangssprache entfällt bei der Verneinung das **ne**:
> *Ça me plaît pas du tout. – Das gefällt mir gar nicht.; Elle fume plus. – Sie raucht nicht mehr.*

N

né(e) [ne] **I.** *part passé de* **naître II.** *adj (de naissance)* geboren

néant [neɑ̃] *m* Nichts *nt*

nécessaire [nesesɛʀ] **I.** *adj* nötig; *(condition)* notwendig; **si ~** falls nötig **II.** *m* **le ~** das Nötige

nécessairement [nesesɛʀmɑ̃] *adv* unbedingt

nécessité [nesesite] *f* Notwendigkeit *f* ▸ **de première ~** unentbehrlich

nécessiter [nesesite] <1> *vt* erfordern

nécrologie [nekʀɔlɔʒi] *f* ❶ *(rubrique)* Todesanzeigen *Pl* ❷ *(notice)* Nachruf *m*

nécrologique [nekʀɔlɔʒik] *adj* **avis ~** Todesanzeige *f;* **rubrique ~** Todesanzeigen *Pl*

nectar [nɛktaʀ] *m* Nektar *m*

nectarine [nɛktaʀin] *f* Nektarine *f*

néerlandais [neɛʀlɑ̃dɛ] *m* Niederländisch *nt; v.a.* **allemand**

néerlandais(e) [neɛʀlɑ̃dɛ] *adj* niederländisch; *v.a.* **allemand**

Néerlandais(e) [neɛʀlɑ̃dɛ] *m(f)* Niederländer(in) *m(f)*

nef [nɛf] *f* Kirchenschiff *nt*

néfaste [nefast] *adj* unheilvoll; *(régime, décision)* un[glück]selig; **être ~ à qn/qc** jdm/einer S. schaden

néflier [neflije] *m* Mispel[baum *m*] *f,* Mispelstrauch *m*

négatif [negatif] *m* Negativ *nt*

négatif, -ive [negatif] *adj* negativ; *(phrase)* negiert

négation [negasjɔ̃] *f* Negation *f*

négative [negativ] *f* ▸ **répondre par la ~** verneinen

négativement [negativmɑ̃] *adv* negativ; **répondre ~** verneinen

négligé(e) [negliʒe] *adj* nachlässig; *(tenue)* ungepflegt

négligeable [negliʒabl] *adj* unbedeutend; *(détail)* belanglos

négligemment [negliʒamɑ̃] *adv* ❶ *(nonchalamment)* lässig ❷ *(sans soin)* nachlässig

négligence [negliʒɑ̃s] *f* ❶ *sans pl (manque d'attention)* Nachlässigkeit *f;* JUR Fahrlässigkeit *f;* **par ~** aus Unachtsamkeit *f;* JUR aus Fahrlässigkeit ❷ *(omission)* Nachlässigkeit *f; (faute légère)* Flüchtigkeitsfehler *m*

négligent(e) [negliʒɑ̃] *adj* nachlässig

négliger [negliʒe] <2a> **I.** *vt (santé, tenue, ami)* vernachlässigen **II.** *vpr* **se ~** sich vernachlässigen

négoce [negɔs] *m soutenu* Handel *m;* **faire du ~ avec qn** mit jdm handeln

négociant(e) [negɔsjɑ̃] *m(f)* Händler(in) *m(f)*

négociation [negɔsjasjɔ̃] *f gén pl* Verhandlung *f*

négocier [negɔsje] <1> **I.** *vi* verhandeln **II.** *vt* ❶ *(discuter)* verhandeln über *(+akk)* ❷ *(obtenir après discussion)* aushandeln ❸ AUT *(virage)* nehmen

neige [nɛʒ] *f* ❶ METEO Schnee *m* ❷ GASTR **battre les blancs en ~** das Eiweiß zu Schnee schlagen

neiger [neʒe] <2a> *vi impers* **il neige** es schneit
néné [nene] *m fam* Titte *f*
nénette [nenɛt] *f fam* Tussi *f* ▶ **se casser la ~** *fam (chercher à comprendre)* sich *(dat)* den Kopf zerbrechen; *(faire des efforts)* sich *(dat)* einen abrechen *(fam)*
nénuphar [nenyfaʀ] *m* Seerose *f*
néologisme [neɔlɔʒism] *m* Neologismus *m*
néon [neɔ̃] *m* CHIM Neon *nt*
néonatal(e) [neonatal] <s> *adj* neonatal; **mortalité ~e** Neugeborenensterblichkeit *f*
néonazi(e) [neonazi] **I.** *adj* neonazistisch **II.** *m(f)* Neonazi *mf*
néphrétique [nefʀetik] *adj* **coliques ~s** Nierenkoliken *Pl*
Neptune [nɛptyn] *f* ASTRO Neptun *m*
nerf [nɛʀ] *m* ❶ ANAT, MED Nerv *m* ❷ *pl* PSYCH Nerven *Pl;* **être sur les ~s** *fam* unruhig sein

> **Aussprache**
>
> Das -f ist entgegen der Regelaussprache in **nerf** stumm.

nerveusement [nɛʀvøzmɑ̃] *adv* ❶ nervös ❷ *(avec vigueur)* kraftvoll; **démarrer ~** spritzig anfahren ❸ *(sur le plan nerveux)* nervlich
nerveux, -euse [nɛʀvø] **I.** *adj* ❶ *(spasme, troubles)* nervös ❷ *(animal, personne)* unruhig ❸ *(émotif)* empfindlich ❹ *(animal, personne)* dynamisch **II.** *m, f* nervöser Mensch *m*
nervosité [nɛʀvozite] *f* Nervosität *f*
net(te) [nɛt] **I.** *adj* ❶ *(propre)* sauber ❷ *(précis)* klar ❸ *(évident)* klar ❹ *(contours, image)* scharf ❺ *fam (opp: cinglé)* klar [im Kopf] ❻ COM, FIN **salaire ~** Nettolohn *m;* **~ d'impôt** steuerfrei **II.** *adv* ❶ *(se casser)* glatt; *(s'arrêter)* abrupt ❷ *(dire, refuser)* klar und deutlich

> **Übersetzungstipp**
>
> **Nett, nette** – Nicht verwechseln mit *nett – gentil, gentille!*

Net [nɛt] *m* **le ~** das Netz
netiquette [netikɛt] *f* INFORM Netiquette *f*
nettement [nɛtmɑ̃] *adv* ❶ *(sans ambiguïté)* unmissverständlich ❷ *(distinctement)* deutlich ❸ **~ moins/plus** deutlich weniger/mehr
netteté [nɛtte] *f* Klarheit *f; (des contours, d'une image)* Schärfe *f*
nettoyage [netwajaʒ] *m* Reinigen *nt; (d'une pièce)* Putzen *nt;* **~ à sec** chemische Reinigung *f*
nettoyer [netwaje] <6> *vt* putzen; *(plaie, tapis)* reinigen
nettoyeur [netwajœʀ] *m (appareil)* Reiniger *m,* Reinigungsmaschine *f;* **~ vapeur** Dampfreiniger, **~ à haute pression** Hochdruckreiniger
neuf, neuve [nœf] *adj* neu ▶ **quelque chose/rien de ~** etwas/nichts Neues
neuf¹ [nœf] **I.** *num* neun **II.** *m inv* Neun *f; v.a.* **cinq**
neuf² [nœf] *m* Neue(s) *nt* ▶ **il y a du ~** es gibt etwas Neues
neurasthénie [nøʀasteni] *f* Nervenschwäche *f; (pessimisme)* Depressionen *Pl;* **faire de la ~** Depressionen haben
neurasthénique [nøʀastenik] *adj* depressiv
neurochirurgie [nøʀoʃiʀyʀʒi] *f* Neurochirurgie *f*
neurochirurgien(ne) [nøʀoʃiʀyʀʒjɛ̃] *m(f)* Neurochirurg(in) *m(f)*
neuroleptique [nøʀɔlɛptik] *m* Neuroleptikum *nt*
neurologie [nøʀɔlɔʒi] *f* Nervenheilkunde *f*
neurologique [nøʀɔlɔʒik] *adj* neurologisch
neurologue [nøʀɔlɔg] *mf* Neurologe, Neurologin *m, f*

N

neurone [nøʀɔn] *m a.* INFORM Neuron *nt*

neuropsychiatre [nøʀopsikjatʀ] *mf* Neuropsychiater(in) *m(f)*

neutraliser [nøtʀalize] <1> *vt (ennemi, gang)* unschädlich machen

neutraliste [nøtʀalist] **I.** *adj* neutralistisch **II.** *mf* Verfechter(in) *m(f)* des Neutralismus

neutralité [nøtʀalite] *f* Neutralität *f*

neutre [nøtʀ] *adj* ❶ *a.* POL, CHIM, ELEC neutral ❷ LING sächlich; **être du genre ~** ein Neutrum sein

neuvième [nœvjɛm] **I.** *adj* neunte(r, s) **II.** *mf* **le/la ~** der/die/das Neunte **III.** *m (fraction)* Neuntel *nt; v.a.* **cinquième**

neveu [n(ə)vø] <x> *m* Neffe *m*

névralgie [nevʀalʒi] *f* Neuralgie *f*

névralgique [nevʀalʒik] *adj* ❶ MED neuralgisch; **centre ~** Nervenzentrum *nt* ❷ *(point)* neuralgisch

névrite [nevʀit] *f* Nervenentzündung *f*

névrose [nevʀoz] *f* Neurose *f*

névrosé(e) [nevʀoze] **I.** *adj* neurotisch **II.** *m(f)* Neurotiker(in) *m(f)*

newton [njutɔn] *m* Newton *nt*

newtonien(ne) [njutɔnjɛ̃, jɛn] *adj* newtonsche(r, s)

nez [ne] *m* Nase *f*; **saigner du ~** Nasenbluten haben ▸ **~ à ~** Auge in Auge

NF [ɛnɛf] *f abr de* **norme française** französische Norm *f*

ni [ni] *conj* ❶ *après une autre nég* **il ne sait pas dessiner ~ peindre** er kann weder zeichnen noch malen ❷ *(alternative négative)* **~ l'un ~ l'autre** keiner von beiden; **~ plus ~ moins** nicht mehr und nicht weniger

niais(e) [njɛ] *adj* albern

niaisement [njɛzmɑ̃] *adv* dümmlich

niaiserie [njɛzʀi] *f* ❶ *(simplicité)* Einfalt *f* ❷ *(chose sotte)* Unsinn *m kein Pl*

Nice [nis] Nizza *nt*

niche [niʃ] *f* ❶ *(abri)* [Hunde]hütte *f* ❷ *(alcôve)* Nische *f*

nicher [niʃe] <1> **I.** *vi* nisten **II.** *vpr* **se ~** sich einnisten

nichon [niʃɔ̃] *m fam* Titte *f (fam)*

nickel [nikɛl] *m* Nickel *nt*

nicotine [nikɔtin] *f* Nikotin *nt*

nid [ni] *m* Nest *nt*

nid-de-poule [nidpul] <nids-de-poule> *m* Schlagloch *nt*

nièce [njɛs] *f* Nichte *f*

nième [ɛnjɛm] *adj v.* **énième**

nier [nje] <1> *vt* leugnen; *(refuser l'idée de)* verleugnen

Niger [niʒɛʀ] *m* **le ~** Niger *nt*

Nigeria [niʒeʀja] *m* **le ~** Nigeria *nt*

nigérian(e) [niʒeʀjɑ̃] *adj* nigerianisch

Nigérian(e) [niʒeʀjɑ̃, jan] *m(f)* Nigerianer(in) *m(f)*

nigérien(ne) [niʒeʀjɛ̃] *adj* nigrisch

Nigérien(ne) [niʒeʀjɛ̃, jɛn] *m(f)* Nigrer(in) *m(f)*

Nil [nil] *m* **le ~** der Nil

niôle [ɲol] *f v.* **gnôle**

nippon, -one [nipɔ̃] *adj* japanisch

Nippon, -on[n]e [nipɔ̃, -ɔn] *m, f* Japaner(in) *m(f)*

niquer [nike] <1> *vt vulg* ficken

nirvana [niʀvana] *m* Nirwana *nt*

nitouche [nituʃ] *f* ▸ **sainte ~** Unschuldsengel *m*

nitrate [nitʀat] *m* Nitrat *nt*

niveau [nivo] <x> *m* ❶ *(hauteur)* Höhe *f*; *(d'essence, huile)* -stand *m* ❷ *(degré)* **~ de vie** Lebensstandard *m* ▸ **au plus haut ~** auf höchster Ebene

niveler [nivle] <3> *vt* nivellieren

noble [nɔbl] *adj* adlig

noblement [nɔbləmɑ̃] *adv* ❶ edelmütig ❷ *(dignement)* stolz

noblesse [nɔblɛs] *f* Adel *m*; *(dignité)* Würde *f*

noce [nɔs] *f a. pl* Hochzeit *f*

noceur, -euse [nɔsœʀ, -øz] *m, f* Genussmensch *m*

nocif, -ive [nɔsif] *adj* schädlich

nocturne [nɔktyʀn] **I.** *adj* nächtlich **II.** *f* **en ~** am Abend

nodule [nɔdyl] *m* ❶ MED Knötchen *nt* ❷ GEO Knolle *f*

Noël [nɔɛl] *m* Weihnachten *nt*; **joyeux ~** fröhliche Weihnachten

Noël

In Frankreich ist **Noël** (Weihnachten) am 25. Dezember. An diesem Tag findet gleich nach dem Frühstück die Bescherung statt. Die Erwachsenen beschenken sich untereinander im Anschluss daran beim Aperitif vor dem Mittagessen – manche auch schon am Abend zuvor. An diesem Vorabend, dem 24. *(le réveillon de Noël)*, gehen viele Familien in die Kirche, danach findet zumeist ein abendliches Festessen statt. Der in Deutschland übliche zweite Weihnachtstag wird in Frankreich nicht gefeiert.

nœud [nø] *m* Knoten *m;* ~ **papillon** Fliege *f*
noie [nwa] *indic et subj prés de* **noyer**
noierai [nwaʀe] *fut de* **noyer**
noir [nwaʀ] *m (couleur)* Schwarz *nt;* ~ **et blanc** schwarzweiß ▶ ~ **sur blanc** schwarz auf weiß; **broyer du** ~ Trübsal blasen *(fam);* **au** ~ schwarz
noir(e) [nwaʀ] *adj* 1 *(opp: blanc)* schwarz 2 *(propre à la race)* der Schwarzen; **l'Afrique ~e** Schwarzafrika *nt* 3 *(obscur)* finster 4 *(idées)* düster 5 *(illégal)* **marché** ~ Schwarzmarkt *m*
Noir(e) [nwaʀ] *m(f)* Schwarze(r) *f(m)*
noirceur [nwaʀsœʀ] *f* 1 *(perfidie)* Niedertracht *f; (de l'âme)* Schwärze *f; (d'un crime, forfait)* Ruchlosigkeit *f* 2 *(caractère sinistre)* schwarze Natur
noircir [nwaʀsiʀ] <8> **I.** *vt* 1 *(salir)* schwarz machen 2 *(cahier, feuille)* voll schreiben **II.** *vpr* **se** ~ *(façade)* schwarz werden; *(ciel)* sich verdunkeln
noire [nwaʀ] *f* MUS Viertelnote *f*
noise [nwaz] *f* ▶ **chercher** ~ [*o* **des ~s**] **à qn** Streit mit jdm suchen
noisetier [nwaztje] *m* Haselstrauch *m*
noisette [nwazɛt] **I.** *f* 1 *(fruit)* Haselnuss *f* 2 GASTR Flocke *f* **II.** *adj inv* haselnussbraun
noix [nwa] *f* Nuss *f*
nom [nɔ̃] *m* 1 *(dénomination)* Name *m;* ~ **patronymique** Familienname; ~ **commun** Gattungsname 2 LING Substantiv *nt* ▶ ~ **de Dieu** [**de** ~ **de Dieu**]**!** *(de surprise)* ach du lieber Gott!
nomade [nɔmad] **I.** *adj* Nomaden-; **peuple** ~ Nomadenvolk *nt* **II.** *mf* Nomade, Nomadin *m, f*
nombre [nɔ̃bʀ] *m a.* MATH Zahl *f;* **en grand** ~ zahlreich
nombreux, -euse [nɔ̃bʀø] *adj* zahlreich; *(foule, famille)* groß
nombril [nɔ̃bʀil] *m* Nabel *m*
nombrilisme [nɔ̃bʀilism] *m fam* Nabelschau *f;* **faire du** ~ Nabelschau betreiben
nomenclature [nɔmɑ̃klatyʀ] *f* Stichwortliste *f*
nominal(e) [nɔminal] <-aux> *adj* LING Nominal-; *(emploi)* substantivisch; **phrase ~e** Nominalsatz *m*
nominatif [nɔminatif] *m* LING Nominativ *m*
nomination [nɔminasjɔ̃] *f* Ernennung *f*
nominé(e) [nɔmine] **I.** *adj* nominiert **II.** *m(f)* Nominierte(r) *f(m)*, Preisanwärter(in) *m(f)*
nommer [nɔme] <1> *vt* 1 *(personne)* nennen; *(chose)* benennen 2 *(désigner)* ernennen
non [nɔ̃] **I.** *adv* 1 *(réponse)* nein; **je pense que** ~ ich glaube nicht; **moi ~, mais** ich nicht, aber; **ça ~!** das kommt nicht in Frage! 2 *(opposition)* nicht; **moi** ~ **plus** ich auch nicht; ~ **seulement..., mais** [**encore**] nicht nur..., sondern [auch] 3 *fam (sens interrogatif)* **vous venez, ~?** Sie kommen doch, oder? 4 *(sens exclamatif)* **~, mais dis donc!** *fam* was fällt dir denn ein! **II.** *m inv* Nein *nt;* **48% de** ~ 48% Neinstimmen
nonante [nɔnɑ̃t] *num* BELG, CH *(quatre-*

N

-vingt-dix) neunzig; *v.a.* **cinq** *v.a.* **cinquante**

nonantième [nɔnɑ̃tjɛm] *adj antéposé* BELG, CH neunzigste(r, s); *v.a.* **cinquième**

non-assistance [nɔnasistɑ̃s] <non-assistances> *f* ~ [**à personne en danger**] unterlassene Hilfeleistung *f*

non-croyant(e) [nɔ̃kʀwajɑ̃] <non-croyants> **I.** *adj* nichtgläubig **II.** *m(f)* Nichtgläubige(r) *f(m)*

non-fumeur, -euse [nɔ̃fymœʀ] <non-fumeurs> *m, f* Nichtraucher(in) *m(f)*

nonne [nɔn] *f* Nonne *f*

non-sens [nɔ̃sɑ̃s] *m inv* Unsinn *m*

non-stop [nɔnstɔp] *adj inv* Nonstop-; **vol** ~ Nonstopflug *m*

non-violence [nɔ̃vjɔlɑ̃s] <non-violences> *f* Gewaltfreiheit *f*

non-violent(e) [nɔ̃vjɔlɑ̃] <non-violents> *adj* gewaltfrei

non-voyant(e) [nɔ̃vwajɑ̃] <non-voyants> *m(f)* Blinde(r) *f(m)*

nord [nɔʀ] **I.** *m* **le** ~ der Norden; *v.a.* **est**[2] ▶ **perdre le** ~ den Kopf verlieren **II.** *adj inv* Nord-; **la côte nord** die Nordküste *f*

Nord [nɔʀ] **I.** *m sans pl* **le** ~ der Norden **II.** *adj inv (hémisphère)* nördlich; **le pôle** ~ der Nordpol

nord-africain(e) [nɔʀafʀikɛ̃] <nord-africains> *adj* nordafrikanisch

Nord-Africain(e) [nɔʀafʀikɛ̃] <Nord-Africains> *m(f)* Nordafrikaner(in) *m(f)*

nord-coréen(ne) [nɔʀkɔʀeɛ̃] <nord-coréens> *adj* nordkoreanisch

nord-est [nɔʀɛst] *m inv* Nordosten *m*

Nord-Est [nɔʀɛst] *m inv* **le** ~ der Nordosten

nordique [nɔʀdik] *adj* nordisch

Nordique [nɔʀdik] *mf* Nordländer(in) *m(f)*

nord-ouest [nɔʀwɛst] *m inv* Nordwesten *m*

Nord-Ouest [nɔʀwɛst] *m inv* **le** ~ der Nordwesten

Nord-Sud [nɔʀsyd] *adj inv* Nord-Süd-

normal(e) [nɔʀmal] <-aux> *adj* normal

normale [nɔʀmal] *f* Normalfall *m;* **au-dessus de la** ~ überdurchschnittlich

normalement [nɔʀmalmɑ̃] *adv* **1** *(habituellement, selon toute prévision)* normalerweise **2** *(d'une manière normale: se passer)* normal; **tout marche** ~ alles läuft normal es ist alles im grünen Bereich

normaliser [nɔʀmalize] <1> *vpr* **se** ~ sich normalisieren

normalité [nɔʀmalite] *f* Normalität *f*

normand(e) [nɔʀmɑ̃] *adj* der Normandie

Normand(e) [nɔʀmɑ̃] *m(f)* GEO Bewohner(in) *m(f)* der Normandie

Normandie [nɔʀmɑ̃di] *f* **la** ~ die Normandie

Normands [nɔʀmɑ̃] *mpl* HIST **les** ~ die Normannen

normatif, -ive [nɔʀmatif, -iv] *adj* normativ

norme [nɔʀm] *f* Norm *f*

Norvège [nɔʀvɛʒ] *f* **la** ~ Norwegen *nt*

norvégien [nɔʀveʒjɛ̃] *m* Norwegisch *nt; v.a.* **allemand**

norvégien(ne) [nɔʀveʒjɛ̃] *adj* norwegisch; *v.a.* **allemand**

Norvégien(ne) [nɔʀveʒjɛ̃] *m(f)* Norweger(in) *m(f)*

nos [no] *dét poss v.* **notre**

nostalgie [nɔstalʒi] *f* **avoir la ~ de qc** sich nach etw sehnen

nostalgique [nɔstalʒik] *adj* nostalgisch

notable [nɔtabl] *mf* angesehene Persönlichkeit *f*

notablement [nɔtabləmɑ̃] *adv* erheblich

notaire [nɔtɛʀ] *mf* Notar(in) *m(f)*

notamment [nɔtamɑ̃] *adv* vor allem

note [nɔt] *f* **1** SCOL, MUS Note *f* **2** *(communication)* Notiz *f* **3** *(facture)* Rechnung *f* **4** *(annotation)* Anmerkung *f*

Les notes

An französischen Schulen werden unterschiedliche Notenskalen benutzt. In den *collèges* und *lycées* sowie in höheren Bildungseinrichtungen wird in der Regel die Bewertung mit 0 bis 20 Punkten verwendet. 20 ist die beste **note**, 0 die schlechteste, 10 gilt als Durchschnitt.

In der Grundschule wird am häufigsten die Bewertung mit 10 Punkten benutzt, wobei 10 die beste **note** ist und 0 die schlechteste, 5 der Durchschnitt. Zum Teil findet sich allerdings auch schon hier die Benotung mit 20 Punkten. Daneben gibt es an französischen Grundschulen auch eine Bewertung mit Buchstaben von A bis E (oder F), manchmal mit + oder - (A-, B+ usw.).

noter [nɔte] <1> *vt* ❶ *(inscrire)* [sich *(dat)*] aufschreiben ❷ *(remarquer)* feststellen ❸ ADMIN, SCOL benoten

notice [nɔtis] *f* Gebrauchsanweisung *f*

notion [nosjɔ̃] *f* ❶ *(idée)* Begriff *m* ❷ *(conscience)* **la ~ du temps** das Zeitgefühl

notoriété [nɔtɔʀjete] *f* ❶ *(renommée)* Bekanntheitsgrad *m* ❷ *(caractère connu)* Bekanntheit *f*

notre [nɔtʀ] <nos> *dét poss* unser *m o nt,* uns[e]re *f; v.a.* **ma** *v.a.* **mon**

nôtre [notʀ] *pron poss* ❶ **le/la ~** der/die/das Uns[e]re; **les ~s** die Uns[e]ren; *v.a.* **mien** ❷ *pl (ceux de notre famille)* **les ~s** unsere Angehörigen *Pl;* **il est des ~s** er gehört zu uns; *v.a.* **mien**

Notre-Dame [nɔtʀədam] *f inv* Notre-Dame *f*

nouba [nuba] *f fam* Sause *f;* **faire la ~ toute la nuit** die ganze Nacht durchfeiern

nouer [nwe] <1> *vt* ❶ *(faire un nœud avec)* binden ❷ *(alliance, amitié)* schließen

nougat [nuga] *m* türkischer Honig *m*

nougatine [nugatin] *f* Krokant *m*

nouille [nuj] *f* GASTR Nudel *f*

nounou [nunu] *f enfantin nourrice)* Tagesmutter *f; (garde d'enfant)* Kindermädchen *nt*

nounours [nunuʀs] *m enfantin* Teddy[bär] *m*

nourrice [nuʀis] *f* Tagesmutter *f*

nourrir [nuʀiʀ] <8> **I.** *vt (personne)* ernähren; *(animal)* füttern; **~ au biberon** mit der Flasche füttern; **bien/mal nourri** gut/schlecht genährt ▶ **être nourri et logé** freie Kost und Logis haben **II.** *vi* nahrhaft sein **III.** *vpr* **se ~** sich ernähren

nourrisson [nuʀisɔ̃] *m* Säugling *m*

nourriture [nuʀityʀ] *f* Nahrung *f; (pour animaux)* Futter *nt*

nous [nu] **I.** *pron pers* ❶ *sujet* wir; **~ autres** wir ❷ *compl d'objet direct et indirect* uns; **il ~ aime** er liebt uns ❸ *avec être, devenir, sembler, soutenu* uns ❹ *avec un présentatif* wir; **~ voici!** hier sind wir! ❺ *avec les verbes pronominaux* **nous ~ nettoyons [les ongles]** wir machen uns [die Nägel] sauber ❻ *fam (pour renforcer)* **il veut ~ aider, ~?** uns möchte er helfen?; *v.a.* **me** ❼ *avec une prép* **avec/sans ~** mit/ohne uns ❽ *dans une comparaison* wir; *v.a.* **moi** ❾ *fam (signe d'intérêt)* **comment allons-~?** wie geht's uns denn? **II.** *m* Wir *nt*

nous-mêmes [numɛm] *pron pers* ❶ *(nous en personne)* **~ n'en savions rien** wir [selbst] wussten nichts davon ❷ *(nous aussi)* ebenfalls; *v.a.* **moi-même**

nouveau [nuvo] <x> *m* **du ~** etwas Neues ▶ **à** [*o* **de**] **~** erneut

nouveau, nouvel, nouvelle [nuvo] <x> **I.** *adj* ❶ *(récent)* neu; **rien de ~** nichts Neues ❷ *(répété)* neu ❸ **les ~x venus** die Neuankömmlinge **II.** *m, f* Neue(r) *f(m)*

nouveau – nouvel

Die männliche Singularform **nouvel** steht an Stelle von **nouveau** vor Vokalen oder stummem h:
un nouveau costume – ein neuer Anzug; un nouvel ami – ein neuer Freund; ce nouvel hôtel – dieses neue Hotel.

nouveau-né(e) [nuvone] <nouveau-nés> *m(f)* Neugeborene(s) *nt*

nouveauté [nuvote] *f* Neuheit *f pl* MEDIA Neuerscheinungen *Pl*

nouvel(le) [nuvɛl] *adj v.* **nouveau**

nouvelle [nuvɛl] *f* ❶ *(événement)* Neuigkeit *f; (information)* Nachricht *f* ❷ *pl* **donner de ses ~s** etwas von sich hören lassen

Nouvelle-Calédonie [nuvɛlkaledoni] *f* **la** ~ Neukaledonien *nt* **Nouvelle-Zélande** [nuvɛlzelɑ̃d] *f* **la** ~ Neuseeland *nt*

novembre [nɔvɑ̃bʀ] *m* November *m; v.a.* **août**

novice [nɔvis] **I.** *adj* unerfahren **II.** *mf* Anfänger(in) *m(f)*

noyau [nwajo] <x> *m* Kern *m*

noyer[1] [nwaje] *m* Nussbaum *m*

noyer[2] [nwaje] <6> **I.** *vt* ❶ *(tuer)* ertränken ❷ *(inonder)* überschwemmen **II.** *vpr* **se** ~ ertrinken

nu [ny] *m* ART Akt *m*

nu(e) [ny] *adj* nackt; **pieds ~s** barfuß

nuage [nɥaʒ] *m* Wolke *f* ▸ **être dans les ~s** über den Wolken schweben

nuageux, -euse [nɥaʒø] *adj (ciel)* bewölkt

nuance [nɥɑ̃s] *f* ❶ *(couleur: gamme)* [Farb]schattierung *f; (détail)* Feinheit *f* ❷ *(légère différence)* kleiner Unterschied *m*

nuancé(e) [nɥɑ̃se] *adj* differenziert; *(chant, style)* nuanciert

nuancier [nɥɑ̃sje] *m* Farbmusterpalette *f*

nucléaire [nykleɛʀ] **I.** *adj* Atom-; **centrale** ~ Atomkraftwerk *nt* **II.** *m* Atomenergie *f*

nudisme [nydism] *m* Freikörperkultur *f*, FKK

nudiste [nydist] *mf* Nudist(in) *m(f)*, FKKler(in) *m(f) (fam)*

nue [ny] *f* ▸ **tomber des ~s** aus allen Wolken fallen

nuée [nɥe] *f* Schwarm *m*

nuire [nɥiʀ] <irr> *vi* schaden

nuisance [nɥizɑ̃s] *f* Umweltbeeinträchtigung *f*

nuisant(e) [nɥizɑ̃] *adj (bruit, odeur)* gesundheitsschädlich, gesundheitsschädigend

nuisible [nɥizibl] *adj* schädlich *Pl*

nuit [nɥi] *f* ❶ Nacht *f;* ~ **et jour** Tag und Nacht; **bonne ~!** gute Nacht! ❷ *(nuitée)* Übernachtung *f* ❸ *(temps d'activité)* **être de** ~ Nachtdienst haben

nul(le) [nyl] **I.** *adj* ❶ *(discours, film)* miserabel; **être ~ en qc** in etw *(dat)* eine Niete sein ❷ SPORT **match** ~ Unentschieden *nt* **II.** *m(f)* Niete *f*

nullement [nylmɑ̃] *adv* keinesfalls

nullité [nylite] *f* ❶ *a.* JUR Nichtigkeit *f* ❷ *(incompétence)* Unfähigkeit *f*

nullos [nyloz] *m fam* Niete *f*, Null *f*

numérique [nymeʀik] *adj* ❶ zahlenmäßig ❷ INFORM digital; **en données ~s** digital

numérisé [nymeʀize] *adj* INFORM digitalisiert

numériser [nymeʀize] <1> *vt* INFORM digitalisieren

numéro [nymeʀo] *m a.* PRESSE Nummer *f;* **le ~ de la rue** die Hausnummer

numérotation [nymeʀɔtasjɔ̃] *f* ~ **à 10 chiffres** 10-stelliges Nummernsystem *nt*

numéroter [nymeʀɔte] <1> *vt* nummerieren

nuque [nyk] *f* Nacken *m*

Nuremberg [nyʀɑ̃bɛʀ] Nürnberg *nt*

nurse [nœʀs] *f* Kindermädchen *nt*

nutritif, -ive [nytʀitif] *adj* nahrhaft

nutrition [nytʀisjɔ̃] *f* Ernährung *f*

nutritionniste [nytʀisjɔnist] *mf* Ernährungswissenschaftler(in) *m(f)*

nylon® [nilɔ̃] *m* Nylon® *nt*

nymphéa [nɛ̃fea] *m* weiße Seerose *f*

nymphette [nɛ̃fɛt] *f* flotte Biene *(fam)*

nymphomane [nɛ̃fɔman] **I.** *adj* nymphoman **II.** *f* Nymphomanin *f*

nymphomanie [nɛ̃fɔmani] *f* Nymphomanie *f*

Oo

O, **o** [o] *m inv* O *nt,* o *nt*
ô [o] *interj* oh
oasis [ɔazis] *f* Oase *f*
obéir [ɔbeiʀ] <8> *vi* gehorchen
obéissance [ɔbeisɑ̃s] *f* **~ à qn/qc** Gehorsam *m* jdm/einer S. gegenüber; **l'~ aux lois** die Befolgung der Gesetze
obèse [ɔbɛz] *adj* fettleibig
obésité [ɔbezite] *f* Fettleibigkeit *f*
objecter [ɔbʒɛkte] <1> *vt* **~ qc à qn** jdm etw entgegenhalten
objecteur [ɔbʒɛktœʀ] *m* **~ de conscience** Wehrdienstverweigerer *m*
objectif [ɔbʒɛktif] *m* ❶ *(but)* Ziel *nt* ❷ OPT, PHYS, PHOT Objektiv *nt*
objectif, -ive [ɔbʒɛktif] *adj* objektiv
objection [ɔbʒɛksjɔ̃] *f* Einwand *m*
objectivement [ɔbʒɛktivmɑ̃] *adv* objektiv
objectivité [ɔbʒɛktivite] *f* Objektivität *f*
objet [ɔbʒɛ] *m* ❶ *(chose)* Gegenstand *m* ❷ LING Objekt *nt* ▶ **~s trouvés** Fundbüro *nt*
obligation [ɔbligasjɔ̃] *f* ❶ *(nécessité)* Verpflichtung *f* ❷ *pl (devoirs civiques, scolaires)* Pflichten *Pl*
obligatoire [ɔbligatwaʀ] *adj* obligatorisch; **présence ~** Anwesenheitspflicht *f*
obligatoirement [ɔbligatwaʀmɑ̃] *adv* ❶ *(nécessairement)* unbedingt; **devoir ~ faire qc** verpflichtet sein, etw zu tun; **il faut ~ qc** es ist Vorschrift, etw zu haben ❷ *fam (forcément)* automatisch; **ça devait ~ arriver!** das musste ja so kommen!
obligé(e) [ɔbliʒe] *adj (nécessaire)* zwangsläufig
obligeance [ɔbliʒɑ̃s] *f (prévenance)* Zuvorkommenheit *f; (serviabilité)* Hilfsbereitschaft *f;* **avoir l'~ de faire qc** so freundlich sein, etw zu tun
obliger [ɔbliʒe] <2a> *vt* ❶ *(forcer)* **~ qn à faire qc** jdn zwingen, etw zu tun ❷ *(contraindre moralement)* verpflichten
oblique [ɔblik] *adj* schräg
obliquer [ɔblike] <1> *vi* abbiegen
oblitérer [ɔbliteʀe] <5> *vt* POST abstempeln
oblong, -ongue [ɔblɔ̃, -ɔ̃g] *adj* länglich
obnubiler [ɔbnybile] <1> *vt* verfolgen
obole [ɔbɔl] *f* Obolus *m;* **verser son ~** sein Scherflein beitragen
obscène [ɔpsɛn] *adj* obszön
obscénité [ɔpsenite] *f* Obszönität *f*
obscur(e) [ɔpskyʀ] *adj* ❶ *(sombre)* dunkel ❷ *(raison, affaire)* undurchsichtig
obscurcir [ɔpskyʀsiʀ] <8> **I.** *vt (assombrir)* verdunkeln; **être obscurci** sich verdunkelt haben **II.** *vpr* **s'~** ❶ *(devenir obscur: ciel)* sich verdunkeln; **le jour s'obscurcit** es wird dunkel; **le temps s'obscurcit** es zieht sich zu ❷ *(se brouiller)* **ma vue s'obscurcit** meine Augen trüben sich
obscurément [ɔpskyʀemɑ̃] *adv* undeutlich; *(deviner, sentir)* dunkel
obscurité [ɔpskyʀite] *f* Dunkel[heit *f*] *nt*
obsédant(e) [ɔpsedɑ̃, ɑ̃t] *adj* einen verfolgend, einen nicht loslassend; *(voix)* eindringlich; **idée ~e** Zwangsvorstellung *f,* fixe Idee; **musique ~e** Ohrwurm *m*
obsédé(e) [ɔpsede] *m(f)* Sexbesessene(r) *f(m)*
obséder [ɔpsede] <5> *vt* verfolgen
obsèques [ɔpsɛk] *f pl* Bestattung *f,* Abdankung *f* (CH)
obséquieux, -euse [ɔpsekjø, -jøz] *adj* unterwürfig
observable [ɔpsɛʀvabl] *adj* **être ~** zu beobachten sein
observateur, -trice [ɔpsɛʀvatœʀ] **I.** *adj*

aufmerksam **II.** *m, f* Beobachter(in) *m(f)*

observation [ɔpsɛʀvasjɔ̃] *f (examen, surveillance)* Beobachtung *f*

observatoire [ɔpsɛʀvatwaʀ] *m* Observatorium *nt*

observer [ɔpsɛʀve] <1> **I.** *vt* ~ **qn faire qc** beobachten, wie jd etw tut **II.** *vpr* **s'~** ❶ *(se surveiller)* sich zusammennehmen ❷ *(s'épier)* sich beobachten

obsession [ɔpsesjɔ̃] *f* Besessenheit *f*

obsessionnel(le) [ɔpsesjɔnɛl] *adj* zwanghaft; *(idée)* Zwangs-

obstacle [ɔpstakl] *m a.* SPORT Hindernis *nt;* **faire ~ à qn/qc** sich jdm/einer S. in den Weg stellen

obstétricien(ne) [ɔpstetʀisjɛ̃, jɛn] *m(f)* Geburtshelfer(in) *m(f)*

obstination [ɔpstinasjɔ̃] *f* ❶ *(entêtement)* Eigensinn *m* ❷ *(persévérance)* Hartnäckigkeit *f;* ~ **dans le travail** Ausdauer *f* bei der Arbeit

obstiné(e) [ɔpstine] *adj* eigensinnig

obstinément [ɔpstinemɑ̃] *adv (avec entêtement)* stur, eigensinnig; *(avec persévérance)* hartnäckig

obstiner [ɔpstine] <1> *vpr* **s'~** stur bleiben

obtenir [ɔptəniʀ] <9> *vt* ❶ *(recevoir)* erhalten ❷ *(parvenir à)* erzielen

obtention [ɔptɑ̃sjɔ̃] *f (d'un résultat)* Erreichen *nt,* Erzielen *nt; (d'un examen)* Bestehen *nt; (d'une pièce administrative)* Erhalten *nt*

obtus(e) [ɔpty] *adj* ❶ *(borné)* beschränkt ❷ *(angle)* stumpf

obus [ɔby] *m* Granate *f*

occasion [ɔkazjɔ̃] *f* ❶ Gelegenheit *f;* **c'est l'~ ou jamais** jetzt oder nie; **être l'~ de qc** die Gelegenheit zu etw sein ❷ COM **voiture d'~** Gebrauchtwagen *m* ▸ **à l'~** bei Gelegenheit

occasionnel(le) [ɔkazjɔnɛl] *adj* gelegentlich

occasionner [ɔkazjɔne] <1> *vt* verursachen

occident [ɔksidɑ̃] *m* ❶ POL **l'Occident** der Westen ❷ *(opp: orient)* Abendland *nt*

occidental(e) [ɔksidɑ̃tal] <-aux> *adj* GEO, POL westlich

Occidental(e) [ɔksidɑ̃tal] <-aux> *m(f)* POL Westeuropäer(in) *m(f)*

occidentaliser [ɔksidɑ̃talize] <1> **I.** *vt* ~ **qn/qc** jdn in die westliche Kultur eingliedern/etw der westlichen Kultur anpassen, verwestlichen **II.** *vpr* **s'~** sich der westlichen Kultur anpassen

occitan [ɔksitɑ̃] *m* Okzitanisch *nt; v.a.* **allemand**

occulte [ɔkylt] *adj* okkult; *(secret)* verborgen

occupant(e) [ɔkypɑ̃] *m(f) (d'une voiture)* Insasse, Insassin *m, f*

occupation [ɔkypasjɔ̃] *f* ❶ Beschäftigung *f* ❷ MIL, HIST Besetzung *f;* **l'Occupation** *die Besetzung Frankreichs durch die Deutschen während des 2. Weltkriegs*

occupé(e) [ɔkype] *adj (personne)* beschäftigt; *(place, toilettes)* besetzt

occuper [ɔkype] <1> **I.** *vt* ❶ *(place)* einnehmen ❷ *(appartement)* wohnen in *(+dat)* ❸ *(employer)* ~ **qn à qc** jdn mit etw beschäftigen **II.** *vpr (prendre en charge)* **s'~ de qn** sich um jdn kümmern

océan [ɔseɑ̃] *m* Ozean *m*

océanique [ɔseanik] *adj* ozeanisch

océanologie [ɔseanɔlɔʒi] *f* Meeresforschung *f*

océanologue [ɔseanɔlɔg] *mf* Meeresforscher(in) *m(f)*

ocre [ɔkʀ] **I.** *f* Ocker *m o nt* **II.** *adj inv* ocker

octane [ɔktan] *m* Oktan *nt*

octante [ɔktɑ̃t] *num* BELG, CH *(quatre-vingts)* achtzig; *v.a.* **cinq** *v.a.* **cinquante**

octet [ɔktɛ] *m* Byte *nt*

octobre [ɔktɔbʀ] *m* Oktober *m; v.a.* **août**

octogénaire [ɔktɔʒenɛʀ] **I.** *adj* achtzigjährig **II.** *mf* **les ~s** die alten Leute

octroyer [ɔktʀwaje] <6> **I.** *vt* bewilligen **II.** *vpr* **s'~ qc** sich etw *(akk)* gönnen

oculaire [ɔkylɛʀ] *adj* ❶ ANAT Seh-; *(globe)* Aug- ❷ *(témoin)* Augen-

oculiste [ɔkylist] *mf* Augenarzt, -ärztin *m, f*

odeur [ɔdœʀ] *f* Geruch *m*

odieusement [ɔdjøzmɑ̃] *adv* schändlich

odieux, -euse [ɔdjø] *adj* schändlich; *(caractère)* widerlich

odorat [ɔdɔʀa] *m* Geruch[ssinn *m*] *m*

œil [œj] <yeux> *m* ❶ ANAT Auge *nt;* **lever/baisser les yeux** den Blick heben/senken ❷ *(regard)* Blick *m* ❸ *(regard rapide)* **jeter un coup d'~ à l'heure** einen kurzen Blick auf die Uhr werfen ❹ *(jugement)* **d'un ~ critique** mit kritischem Blick ❺ *(judas)* Spion *m* ▸ **à l'~ nu** mit bloßem Auge; **à l'~** *fam* umsonst

œillet[1] [œjɛ] *m* BOT Nelke *f*

œillet[2] [œjɛ] *m* COUT Öse *f*

œsophage [ezɔfaʒ] *m* Speiseröhre *f*

œuf [œf] *m* Ei *nt;* **~ sur le [*o* au] plat** Spiegelei *nt;* **~ de Pâques** Osterei ▸ **va te faire cuire un ~!** *fam* rutsch mir doch den Buckel runter!

œuvre [œvʀ] *f* ❶ ART, LITTER, TECH Werk *nt* ❷ *(organisation caritative)* **~ de bienfaisance** Wohltätigkeitsverein *m* ▸ **mettre en ~** in Bewegung setzen

off [ɔf] *adj inv* ❶ CINE, TV *(personne, voix)* im Off ❷ *(en marge: festival)* alternativ

offense [ɔfɑ̃s] *f (affront)* Beleidigung *f*

offenser [ɔfɑ̃se] <1> *vt* beleidigen

offenseur [ɔfɑ̃sœʀ] *m* Beleidiger *m*

offensif, -ive [ɔfɑ̃sif, -iv] *adj (opp: défensif)* offensiv; *(armes, guerre)* Offensiv-; *(armée)* angreifend

offensive [ɔfɑ̃siv] *f* Offensive *f;* **passer à l'~** zum Angriff übergehen

office [ɔfis] *m* ❶ Amt *nt;* **~ du tourisme** Fremdenverkehrsamt ❷ REL Gottesdienst *m*

officiel(le) [ɔfisjɛl] I. *adj* offiziell; **langue ~le** Amtssprache *f;* **visite ~le** Staatsbesuch *m* II. *m(f)* Person *f* des öffentlichen Lebens

officiellement [ɔfisjɛlmɑ̃] *adv* offiziell

officier [ɔfisje] *m* MIL Offizier(in) *m(f)*

officieusement [ɔfisjøzmɑ̃] *adv* halbamtlich

officieux, -euse [ɔfisjø, -jøz] *adj* halbamtlich

offrande [ɔfʀɑ̃d] *f* REL Opfer *nt*

offrant [ɔfʀɑ̃] *m* **le plus ~** der/die Meistbietende

offre [ɔfʀ] *f* Angebot *nt*

offrir [ɔfʀiʀ] <11> I. *vt* ❶ *(faire un cadeau)* schenken ❷ *(proposer)* **~ à qn de faire qc** jdm anbieten etw zu tun II. *vpr* **s'~ des vacances** sich *(dat)* Ferien gönnen

offshore [ɔfʃɔʀ] I. *adj inv* Offshore- II. *m* Offshorebohrung *f*

offusquer [ɔfyske] <1> I. *vt* ärgern II. *vpr* **s'~ de qc** an etw *(dat)* Anstoß nehmen

ogive [ɔʒiv] *f* ❶ MIL Sprengkopf *m* ❷ ARCHIT Spitzbogen *m*

OGM [oʒeɛm] *m* BIO *abr de* **organisme génétiquement modifié** genetisch veränderter Organismus *m*

ogre, ogresse [ɔgʀ, ɔgʀɛs] *m, f* ❶ *(géant vorace dans les contes de fées)* Menschen fressendes Ungeheuer ❷ *fam (gourmand)* Vielfraß *m* ▸ **manger comme un ~** *fam* für drei essen

oh [o] *interj* oh

ohé [oe] *interj* he[da] *(fam)*

oie [wa] *f* ZOOL Gans *f*

oignon [ɔɲɔ̃] *m* Zwiebel *f*

Aussprache

Der Wortanfang oi- von **oignon** wird als offenes o gesprochen; das -i- hat in diesem Fall keinen Einfluss auf die Aussprache wie z. B. in *oiseau* oder *boire*.

oiseau [wazo] <x> *m* ❶ ZOOL Vogel *m* ❷ *péj* komischer Kauz *m* ▸ **200 kilomètres à vol d'~** 200 km Luftlinie

oiseux, -euse [wazø, -øz] *adj* müßig

oisif, -ive [wazif] *adj* müßig

oisillon [wazijɔ̃] *m* Jungvogel *m*

oisiveté [wazivte] *f* Müßiggang *m*

olé [ɔle] **I.** *interj* olé **II.** *adj inv fam* ~ ~ gewagt

olive [ɔliv] **I.** *f (noire, verte)* Olive *f;* **huile d'~** Olivenöl *nt* **II.** *adj inv* olivgrün

olivier [ɔlivje] *m* ❶ *(arbre)* Ölbaum *m* ❷ *(bois)* Olivenholz *nt*

OLP [oɛlpe] *f abr de* **Organisation de libération de la Palestine** PLO *f*

olympiade [ɔlɛ̃pjad] *f* Olympiade *f*

olympien(ne) [ɔlɛ̃pjɛ̃, jɛn] *adj (air, regard, calme)* majestätisch *(geh); (dieu)* olympisch

olympique [ɔlɛ̃pik] *adj* olympisch; **stade/village ~** Olympiastadion *nt*/-dorf *nt*

ombilical(e) [ɔ̃bilikal, -o] <-aux> *adj (cordon)* Nabel-

ombrage [ɔ̃bʀaʒ] *m* ❶ *(feuillage)* Laubwerk *nt* ❷ *(ombre)* Schatten *m*

ombragé(e) [ɔ̃bʀaʒe] *adj* schattig

ombrager [ɔ̃bʀaʒe] <2a> *vt* Schatten spenden

ombrageux, -euse [ɔ̃bʀaʒø, -ʒøz] *adj (caractère)* schwierig; *(personne)* empfindlich

ombre [ɔ̃bʀ] *f* ❶ Schatten *m* ❷ *(soupçon)* **il n'y a pas l'~ d'un doute** es gibt nicht den leisesten Zweifel ▸ **faire de l'~ à qn** *fig* jdn in den Schatten stellen

ombrelle [ɔ̃bʀɛl] *f* Sonnenschirm *m*

omelette [ɔmlɛt] *f* Omelett *nt*

omission [ɔmisjɔ̃] *f* ❶ *(d'un mot, détail)* Auslassen *nt* ❷ *(fait d'omettre de faire qc)* Unterlassen *nt* ❸ *(chose omise)* Auslassung *f* ❹ *(acte omis)* Unterlassung *f*

omnibus [ɔmnibys] *m* CHEMDFER Nahverkehrszug *m*

omnipotent(e) [ɔmnipɔtɑ̃, ɑ̃t] *adj* allmächtig

omniprésent(e) [ɔmnipʀezɑ̃, ɑ̃t] *adj* allgegenwärtig

omniscient(e) [ɔmnisjɑ̃, jɑ̃t] *adj* allwissend

omnisports [ɔmnispɔʀ] *adj inv* für alle Sportarten; *(club, salle)* Sport-

omnivore [ɔmnivɔʀ] *adj* allesfressend

omoplate [ɔmɔplat] *f* Schulterblatt *nt*

on [ɔ̃] *pron pers* ❶ *(tout le monde)* man ❷ *(quelqu'un)* man; **~ vous demande au téléphone** Sie werden am Telefon verlangt ❸ *fam (nous)* wir; **~ s'en va!** wir gehen!

onanisme [ɔnanism] *m* Onanie *f*

oncle [ɔ̃kl] *m* Onkel *m*

onctueux, -euse [ɔ̃ktɥø] *adj* sämig

onctuosité [ɔ̃ktɥozite] *f (d'un potage, d'une sauce)* sämige Konsistenz; *(d'une crème)* sahnige Konsistenz

onde [ɔ̃d] *f* Welle *f;* **passer sur les ~s** im Radio kommen *nt*

ondée [ɔ̃de] *f* Schauer *m*

on-dit [ɔ̃di] *m inv* Gerücht *nt*

ondulant(e) [ɔ̃dylɑ̃, ɑ̃t] *adj* ❶ *(ondoyant: démarche)* wiegend; *(surface)* wogend ❷ MED *(pouls, fièvre)* unregelmäßig

ondulation [ɔ̃dylasjɔ̃] *f* ❶ *(du blé, des vagues)* Wogen *nt* ❷ *(ligne sinueuse)* **les ~s du terrain** die hügelige Beschaffenheit des Geländes

ondulé(e) [ɔ̃dyle] *adj (cheveux, surface)* gewellt; *(route)* uneben; *(carton, tôle)* Well-

onduler [ɔ̃dyle] <1> *vi (route)* sich schlängeln; *(cheveux)* sich wellen

onéreux, -euse [ɔneʀø] *adj* kostspielig

ongle [ɔ̃gl] *m* Nagel *m*

onglée [ɔ̃gle] *f* **avoir l'~** klamme Finger haben

onglet [ɔ̃glɛ] *m* ❶ *(entaille)* Einkerbung *f*, Kerbe *f* ❷ *(échancrure)* [Daumen]registerstanzung *f;* **les ~s d'un répertoire** das Daumenregister eines Verzeichnisses ❸ INFORM Tab *m o nt*, Registerkarte *f*

ont [ɔ̃] *indic prés de* **avoir**

O.N.U. [ony] *f abr de* **Organisation des Nations Unies** UNO *f*

onyx [ɔniks] *m* Onyx *m*

onze [ɔ̃z] **I.** *num* elf **II.** *m inv* Elf *f; v.a.* **cinq**
onzième [ɔ̃zjɛm] **I.** *adj* elfte(r, s) **II.** *mf* **le/la ~** der/die/das Elfte **III.** *m* Elftel *nt; v.a.* **cinquième**
opale [ɔpal] *f* Opal *m*
opaline [ɔpalin] *f* ❶ *(matière)* Opalglas *nt* ❷ *(objet)* Gegenstand *m* aus Opalglas
opaque [ɔpak] *adj* undurchsichtig; **verre ~** Milchglas *nt*
opéra [ɔpeʀa] *m* Oper *f*
opérable [ɔpeʀabl] *adj* operabel
opérant(e) [ɔpeʀɑ̃, ɑ̃t] *adj* wirksam
opérateur [ɔpeʀatœʀ] *m* INFORM, MATH Operator *m*
opérateur, -trice [ɔpeʀatœʀ] *m, f* ❶ TECH, TELEC Techniker(in) *m(f)*; **~ de téléphonie numérique mobile** Mobilfunkanbieter *m* ❷ CINE, TV Kameramann, -frau *m, f*
opération [ɔpeʀasjɔ̃] *f* ❶ *a.* MED, MATH, MIL Operation *f* ❷ *(action organisée)* Aktion *f*
opérationnel(le) [ɔpeʀasjɔnɛl] *adj (personne, avion)* einsatzfähig; *(entreprise, machine)* betriebsbereit; *(soldat, arme)* einsatzbereit; *(base)* Operations-
opératoire [ɔpeʀatwaʀ] *adj* MED *(bloc, technique)* Operations-; *(choc, dépression)* postoperativ
opérer [ɔpeʀe] <5> **I.** *vt* ❶ MED **~ qn de qc** jdn an etw *(dat)* operieren ❷ *(changement, redressement)* bewirken **II.** *vi* ❶ *(charme, médicament)* wirken ❷ *(procéder)* vorgehen
opérette [ɔpeʀɛt] *f* MUS Operette *f*
ophtalmo [ɔftalmo] *m fam v.* **ophtalmologiste, ophtalmologue**
ophtalmologiste [ɔftalmɔlɔʒist] *mf,* **ophtalmologue** [ɔftalmɔlɔg] *mf* Augenarzt, -ärztin *m, f*
opiniâtre [ɔpinjɑtʀ] *adj* ❶ *(travail, efforts)* unermüdlich; *(résistance, haine)* erbittert; *(personne, caractère)* eigensinnig ❷ *(fièvre, toux)* hartnäckig
opiniâtreté [ɔpinjɑtʀəte] *f* ❶ *(persévérance)* Hartnäckigkeit *f* ❷ *(entêtement)* Eigensinn *m*
opinion [ɔpinjɔ̃] *f* ❶ *(avis)* Meinung *f*; **avoir une ~ sur un sujet** zu einem Thema eine Meinung haben ❷ *(jugement collectif)* **l'~** [**publique**] die öffentliche Meinung
opium [ɔpjɔm] *m* Opium *nt*
opportun(e) [ɔpɔʀtœ̃] *adj* angebracht; **au moment ~** im geeigneten Augenblick
opportunément [ɔpɔʀtynemɑ̃] *adv* im richtigen Augenblick, Moment
opportuniste [ɔpɔʀtynist] **I.** *adj* opportunistisch **II.** *mf* Opportunist(in) *m(f)*
opportunité [ɔpɔʀtynite] *f* ❶ *(bien-fondé)* Zweckmäßigkeit *f* ❷ *(occasion)* günstige Gelegenheit *f*
opposant(e) [ɔpozɑ̃, ɑ̃t] **I.** *adj* ❶ *(qui s'oppose à)* oppositionell ❷ JUR *(partie)* gegnerisch **II.** *m(f)* Gegner(in) *m(f)*; POL Oppositionelle(r) *f(m)*, **les ~s à qn/qc** jds Gegner/die Gegner einer S. *(gen)*
opposé [ɔpoze] *m* Gegenteil *nt* ▸ **à l'~ de qn/qc** im Gegensatz zu jdm/etw
opposé(e) [ɔpoze] *adj* ❶ *(côté)* gegenüberliegend ❷ *(caractère, goût)* grundverschieden; **parti ~** Gegenpartei *f* ❸ *(hostile)* **être ~ à qc** gegen etw sein
opposer [ɔpoze] <1> **I.** *vt (comparer)* **~ qn/qc à qn/qc** jdn/etw mit jdm/etw vergleichen **II.** *vpr* ❶ *(faire obstacle)* **s'~ à qn/qc** gegen jdn/etw sein ❷ *(faire contraste)* **s'~** gänzlich verschieden sein
opposition [ɔpozisjɔ̃] *f* ❶ *(résistance)* **~ à qc** Widerstand *m* gegen etw ❷ *(des opinions, caractères)* Gegensätzlichkeit *f* ❸ POL Opposition *f*
oppressant(e) [ɔpʀesɑ̃, ɑ̃t] *adj* ❶ *(angoissant)* beklemmend, bedrückend ❷ *(suffocant: chaleur, temps)* drückend
oppresser [ɔpʀese] <1> *vt (chaleur, temps)* die Luft zum Atmen nehmen
oppresseur, -euse [ɔpʀesœʀ, -øz] *m, f* Unterdrücker(in) *m(f)*

O

oppression [ɔpʀesjɔ̃] *f* ❶ *(tyrannie)* Unterdrückung *f* ❷ *(angoisse)* Beklemmung *f* ❸ *(suffocation)* Atembeklemmung *f*

opprimé(e) [ɔpʀime] *m(f)* Unterdrückte(r) *f(m)*

opprimer [ɔpʀime] <1> *vt* unterdrücken

opter [ɔpte] <1> *vi* ~ **pour qc** sich für etw entscheiden

opticien(ne) [ɔptisjɛ̃] *m(f)* Optiker(in) *m(f)*

optimal(e) [ɔptimal] <-aux> *adj* optimal

optimiste [ɔptimist] **I.** *adj* optimistisch **II.** *mf* Optimist(in) *m(f)*

option [ɔpsjɔ̃] *f (choix)* Wahl *f*

optique [ɔptik] **I.** *adj (nerf)* Seh-; *(verre)* optisch **II.** *f* ❶ *(science)* Optik *f* ❷ *(point de vue)* **vu sous cette** ~ so gesehen

opulence [ɔpylɑ̃s] *f* ❶ *(richesse)* Überfluss *m* ❷ *(des formes)* Üppigkeit *f*

opulent(e) [ɔpylɑ̃] *adj* ❶ *(personne, pays)* sehr reich ❷ *(poitrine)* üppig

or[1] [ɔʀ] *m* Gold *nt;* **d'~/en** ~ golden/aus Gold ▸ **affaire en** ~ *fam* glänzendes Geschäft *nt*

or[2] [ɔʀ] *conj* nun

orage [ɔʀaʒ] *m* Gewitter *nt*

orageux, -euse [ɔʀaʒø] *adj* ❶ METEO gewittrig ❷ *(discussion)* hitzig

oraison [ɔʀɛzɔ̃] *f* REL ❶ *(lecture)* Kirchengebet *nt* ❷ *(méditation)* stilles Gebet ▸ ~ **funèbre** Grabrede *f*

oral [ɔʀal] <-aux> *m* Mündliche(s) *nt*

oral(e) [ɔʀal] <-aux> *adj* ❶ *(opp: écrit)* mündlich ❷ *(buccal)* **prendre par voie ~e** oral einnehmen

oralement [ɔʀalmɑ̃] *adv* mündlich

orange [ɔʀɑ̃ʒ] **I.** *f* Apfelsine *f* **II.** *adj inv* orange[farben]

orangé(e) [ɔʀɑ̃ʒe] *adj* orange *inv*

orangeade [ɔʀɑ̃ʒad] *f* Orangenlimonade *f*

oranger [ɔʀɑ̃ʒe] *m* Orangenbaum *m*

orangerie [ɔʀɑ̃ʒʀi] *f* Orangerie *f*

orang-outan [ɔʀɑ̃utɑ̃] <orangs-outans> *m* Orang-Utan *m*

orateur [ɔʀatœʀ] *m* Redner *m*

orbite [ɔʀbit] *f* ❶ ANAT Augenhöhle *f* ❷ ASTRO Umlaufbahn *f*

orchestral(e) [ɔʀkɛstʀal, -o] <-aux> *adj* Orchester-

orchestre [ɔʀkɛstʀ] *m* MUS Orchester *nt*

orchestrer [ɔʀkɛstʀe] <1> *vt* ❶ MUS orchestrieren ❷ *(manifestation)* organisieren

orchidée [ɔʀkide] *f* Orchidee *f*

ordinaire [ɔʀdinɛʀ] **I.** *adj* ❶ *(fait)* alltäglich ❷ *(produit, vin)* einfach **II.** *m* Alltägliche *nt*

ordinairement [ɔʀdinɛʀmɑ̃] *adv* gewöhnlich

ordinal [ɔʀdinal] <-aux> *m* Ordinalzahl *f*

ordinateur [ɔʀdinatœʀ] *m* Computer *m;* ~ **personnel** PC *m;* ~ **portable** Laptop *m;* **assisté par** ~ computerunterstützt; **travailler sur** ~ am Computer arbeiten

ordinogramme [ɔʀdinɔgʀam] *m* Flussdiagramm *nt*

ordonnance [ɔʀdɔnɑ̃s] *f* MED Rezept *nt*

ordonné(e) [ɔʀdɔne] *adj* ❶ *(méthodique)* methodisch vorgehend ❷ *(qui a de l'ordre)* ordnungsliebend ❸ *(vie)* geregelt; *(maison)* ordentlich

ordonner [ɔʀdɔne] <1> *vt* ❶ *a.* MATH ordnen ❷ *(commander)* befehlen; MED verordnen

ordre[1] [ɔʀdʀ] *m* ❶ *(d'une pièce, personne)* Ordnung *f;* **en** ~ in Ordnung; **mettre en** ~ aufräumen ❷ *(classement)* Reihenfolge *f* ❸ *(stabilité)* **faire régner l'**~ für Ordnung sorgen ❹ *(des avocats, des médecins)* Kammer *f* ❺ *(congrégation)* Orden *m*

ordre[2] [ɔʀdʀ] *m* Befehl *m* ▸ ~ **du jour** Tagesordnung *f,* Agenda *f* (CH)

ordure [ɔʀdyʀ] *f* ❶ *pl (détritus)* Müll *m* ❷ *fam (personne)* Mistvieh *nt*

ordurier, -ière [ɔʀdyʀje] *adj* vulgär

oreille [ɔʀɛj] *f* ❶ ANAT Ohr *nt* ❷ *(ouïe)* **avoir l'~ fine** *(entendre bien)* gute Ohren haben ▸ **dur d'**~ schwerhörig;

prêter l'~ gut zuhören
oreiller [ɔʀeje] *m* [Kopf]kissen *nt*
oreillette [ɔʀɛjɛt] *f* ❶ ANAT Vorhof *m* ❷ COUT Ohrenschützer *m;* **à ~s** mit Ohrenklappen
oreillons [ɔʀɛjɔ̃] *mpl* Mumps *m o f*
orfèvre [ɔʀfɛvʀ] *mf* Goldschmied(in) *m(f)*
orfèvrerie [ɔʀfɛvʀəʀi] *f* ❶ *(travail)* Goldschmiedehandwerk *nt* ❷ *(art)* Goldschmiedekunst *f*
organe [ɔʀgan] *m a.* ANAT Organ *nt*
organigramme [ɔʀganigʀam] *m* ADMIN Organigramm *nt*
organique [ɔʀganik] *adj* organisch
organisateur [ɔʀganizatœʀ] *m* INFORM Organizer *m*
organisateur, -trice [ɔʀganizatœʀ] *m, f* Organisator(in) *m(f)*
organisation [ɔʀganizasjɔ̃] *f* Organisation *f*
organisé(e) [ɔʀganize] *adj* ❶ *(structuré)* organisiert ❷ *(méthodique)* methodisch; **être ~ dans son travail** mit Methode arbeiten ❸ *fam (manifeste)* **c'est du vol ~!** das ist [reinste] Halsabschneiderei!
organiser [ɔʀganize] <1> **I.** *vt* organisieren; *(voyage, fête)* veranstalten **II.** *vpr* **s'~** sich *(dat)* seine Zeit/Arbeit einteilen
organisme [ɔʀganism] *m* ❶ BIO Organismus *m; (corps)* Körper *m* ❷ ADMIN Einrichtung *f*
organiste [ɔʀganist] *mf* Organist(in) *m(f)*
orgasme [ɔʀgasm] *m* Orgasmus *m*
orge [ɔʀʒ] *f* Gerste *f*
orgeat [ɔʀʒa] *m* [**sirop d'**]~ *mit Mandelmilch zubereiteter Sirup*
orgie [ɔʀʒi] *f* ❶ *(débauche)* Orgie *f* ❷ *hum (de bonbons, de glaces)* -orgie *f;* **~ de couleurs** Farbenpalette *f;* **~ de lumières** Lichtermeer *nt*
orgue [ɔʀg] *m* Orgel *f;* **~ électronique** Keyboard *nt*
orgueil [ɔʀgœj] *m (fierté)* Stolz *m*
orgueilleux, -euse [ɔʀgøjø] *adj* ❶ *(fier)* stolz ❷ *(prétentieux)* hochmütig
Orient [ɔʀjɑ̃] *m* **l'~** der Orient
orientable [ɔʀjɑ̃tabl] *adj* verstellbar
oriental(e) [ɔʀjɑ̃tal] <-aux> *adj (situé à l'est)* östlich
Oriental(e) [ɔʀjɑ̃tal] <-aux> *m(f)* Orientale, Orientalin *m, f*
orientation [ɔʀjɑ̃tasjɔ̃] *f* ❶ *(d'une maison)* Ausrichtung *f; (du soleil)* Stand *m* ❷ *(d'un parti politique)* Kurs *m*
orienté(e) [ɔʀjɑ̃te] *adj* tendenziös
orienter [ɔʀjɑ̃te] <1> **I.** *vt* **être orienté au nord** *(maison)* nach Norden ausgerichtet sein **II.** *vpr a. fig* **s'~** sich orientieren
orienteur, -euse [ɔʀjɑ̃tœʀ, -øz] *m, f* Schul- und Berufsberater(in) *m(f)*
orifice [ɔʀifis] *m* Öffnung *f; (d'une canalisation)* Mündung *f; (d'un tuyau)* Loch *nt;* **les ~s naturels du corps** die natürlichen Körperöffnungen
origan [ɔʀigɑ̃] *m* Oregano *m*
originaire [ɔʀiʒinɛʀ] *adj* **être ~ de …** aus … kommen
originairement [ɔʀiʒinɛʀmɑ̃] *adv* ursprünglich
original [ɔʀiʒinal] <-aux> *m* Original *nt*
original(e) [ɔʀiʒinal] <-aux> **I.** *adj (inédit)* originell; *(personnel)* eigenständig **II.** *m(f) (personne)* Original *nt*
originalité [ɔʀiʒinalite] *f* origineller Zug *m*
origine [ɔʀiʒin] *f* ❶ Ursprung *m;* **à l'~** ursprünglich; **d'~** im Originalzustand ❷ *(cause)* Ursache *f* ❸ *(ascendance)* Herkunft *f;* **il est d'~ française** er ist gebürtiger Franzose
originel(le) [ɔʀiʒinɛl] *adj* ursprünglich; *(sens)* eigentlich; *(état)* Ur-
originellement [ɔʀiʒinɛlmɑ̃] *adv* ursprünglich
O.R.L. [oɛʀɛl] *mf abr de* **oto-rhino-laryngologiste** HNO-Arzt, -Ärztin *m, f*
orme [ɔʀm] *m* Ulme *f*
ornement [ɔʀnəmɑ̃] *m* ❶ *(chose déco-*

rative) Schmuck *m* ❷ *(décoration)* Verzierung *f*
ornemental(e) [ɔʀnəmɑ̃tal] <-aux> *adj* *(style)* dekorativ; **plante ~e** Zierpflanze *f*
ornementer [ɔʀnəmɑ̃te] <1> *vt* schmücken, verzieren
orner [ɔʀne] <1> *vt* schmücken
ornière [ɔʀnjɛʀ] *f* Spurrille *f*
orphelin(e) [ɔʀfəlɛ̃] **I.** *adj* **~ de père/mère** vaterlos/mutterlos **II.** *m(f)* Waise *f*
orphelinat [ɔʀfəlina] *m* Waisenhaus *nt*
orteil [ɔʀtɛj] *m* Zehe *f*
orthodontiste [ɔʀtodɔ̃tist] *mf* Kieferorthopäde *m*
orthographe [ɔʀtɔgʀaf] *f* ❶ Rechtschreibung *f* ❷ *(maîtrise de la graphie)* Rechtschreibkenntnisse *Pl*
orthographier [ɔʀtɔgʀafje] <1> *vt* [richtig] schreiben; **comment ce mot est-il orthographié?** wie wird dieses Wort [richtig] geschrieben?
orthographique [ɔʀtɔgʀafik] *adj* *(signe)* orthographisch; *(règle, système)* Rechtschreib-
O
orthopédique [ɔʀtɔpedik] *adj* orthopädisch
orthopédiste [ɔʀtɔpedist] *mf* Orthopäde *m*
orthophoniste [ɔʀtɔfɔnist] *mf* Logopäde *m*
ortie [ɔʀti] *f* Brennnessel *f*
orvet [ɔʀvɛ] *m* Blindschleiche *f*
os [ɔs] <os> *m* Knochen *m;* **en ~** beinern ▶ **il y a un ~** *fam* die Sache hat einen Haken
O.S. [oɛs] *mf abr de* **ouvrier(-ière) spécialisé(e)** Hilfsarbeiter(in) *m(f)*
oscar® [ɔskaʀ] *m* CINE Oscar *m;* **cérémonie des ~s** Oscarverleihung *f*
oscariser [ɔskaʀize] <1> *vt* mit dem/mit einem Oscar auszeichnen; **être oscarisé(e)** den/einen Oscar bekommen
oscillation [ɔsilasjɔ̃] *f* ❶ *(fluctuation)* Schwankung *f; (d'un navire)* Schwanken *nt kein Pl;* **~ de la température** Temperaturschwankung ❷ ELEC, PHYS Schwingung *f*
osciller [ɔsile] <1> *vi* ❶ *(balancer)* schwingen ❷ *(hésiter)* schwanken
osé(e) [oze] *adj (téméraire)* kühn
oseille [ozɛj] *f* BOT Sauerampfer *m*
oser [oze] <1> **I.** *vt* wagen **II.** *vi* es wagen
osier [ozje] *m* **panier en ~** Weidenkorb *m*
Oslo [ɔslo] Oslo *nt*
osselet [ɔslɛ] *m pl* JEUX *Geschicklichkeitsspiel mit [Plastik]knöchelchen*
ossements [ɔsmɑ̃] *mpl* Gebeine *Pl*
osseux, -euse [ɔsø] *adj (corps, main)* knochig
ossuaire [ɔsɥɛʀ] *m* ❶ *(tas d'ossements)* Knochenhaufen *m* ❷ *(catacombes)* Beinhaus *nt*
ostensible [ɔstɑ̃sibl] *adj (mépris)* offensichtlich; *(geste)* deutlich sichtbar
ostensiblement [ɔstɑ̃sibləmɑ̃] *adv* deutlich sichtbar, betont; *(manifester)* offensichtlich
ostentation [ɔstɑ̃tasjɔ̃] *f* ❶ *(affectation)* Großspurigkeit *f;* **sans ~** bescheiden ❷ *(étalage indiscret)* Zurschaustellung *f; (de générosité, charité)* Zurschaustellen *nt;* **avec ~** ostentativ; **faire ~ de qc** etw zur Schau stellen; **mettre de l'~ dans qc** mit etw auf Wirkung bedacht sein
ostentatoire [ɔstɑ̃tatwaʀ] *adj* betont auffällig
ostéopathe [ɔsteɔpat] *mf* Chiropraktiker(in) *m(f)*
ostréiculteur, -trice [ɔstʀeikyltœʀ] *m, f* Austernzüchter(in) *m(f)*
otage [ɔtaʒ] *m* Geisel *f*
otarie [ɔtaʀi] *f* Ohrenrobbe *f;* **~ à crinière** Seelöwe *m*
ôter [ote] <1> **I.** *vt* ❶ *(retirer)* entfernen; *(vêtement, gants)* ausziehen ❷ *(prendre: objet)* wegnehmen **II.** *vpr* **s'~** weggehen
otite [ɔtit] *f* Ohr[en]entzündung *f*
oto-rhino [ɔtɔʀino] <oto-rhinos> *mf abr de* **oto-rhino-laryngologiste**

HNO-Arzt, -Ärztin *m, f*
oto-rhino-laryngologiste [ɔtɔʀinolaʀɛ̃gɔlɔʒist] <oto-rhino-laryngologistes> *mf* Hals-Nasen-Ohren-Arzt, -Ärztin *m, f*
ou [u] *conj* ❶ *(alternative)* oder; **~... ~...** entweder... oder... ❷ *(sinon)* **~ [alors]** oder ❸ *(en d'autres termes)* oder [auch]
où [u] **I.** *pron* ❶ *(spatial sans déplacement)* wo, auf dem/der; **là ~** da, wo ❷ *(spatial avec déplacement)* wohin; **d'~** woher; **jusqu'~** bis wohin; *(jusqu'auquel)* bis zu dem/der; **par ~** durch den/die/das ❸ *(temporel)* als *(fam)*; *(jour, matin, soir)* an dem ❹ *(abstrait)* **dans l'état ~ tu es** in deinem Zustand **II.** *adv interrog* ❶ *(spatial sans déplacement)* wo; **~ s'arrêter?** wo muss man aufhören? ❷ *(spatial avec déplacement)* wohin; **d'~ êtes-vous?** woher sind Sie?; **jusqu'~** bis wo[hin]; *a. fig* wie weit; **par ~** wie ❸ *(abstrait)* **~ en étais-je?** wo war ich [stehen geblieben]? **III.** *adv indéf* ❶ *(là où)* wo; *(aller)* wohin ❷ *(de là)* **d'~ l'on peut conclure que...** woraus man schließen kann, dass...
ouah [wa] *interj* ❶ *(cri du chien)* wau ❷ *fam (exprime l'admiration ou la joie)* **~!** o ja!
ouais ['wɛ] *adv fam* ❶ *(oui)* mhm ❷ *(sceptique)* soso ❸ *(hourra!)* **~!** juhu!
ouate [wat] *f* Watte *f*
ouater [wate] <1> *vt* wattieren
oubli [ubli] *m (étourderie)* Versäumnis *nt*
oublier [ublije] <1> **I.** *vt* vergessen ► **se faire ~** sich zurückhalten **II.** *vi* vergessen **III.** *vpr* **qn/qc s'oublie** man vergisst jdn/etw
oubliette [ublijɛt] *f* ❶ *pl (placard)* Versenkung *f* ❷ *pl (cachot)* Verlies *nt* ❸ *(fosse)* Fallgrube *f*
ouèbe [wɛb] *m fam* Internet *nt*
ouest [wɛst] **I.** *m sans pl* **l'~** der Westen; *v.a.* **est²** **II.** *adj inv* West-; **la côte ~** die Westküste
Ouest [wɛst] *m sans pl* **l'~** der Westen

Übersetzungstipp

L'Ouest – Nicht verwechseln mit *der Osten – l'Est!*

ouest-allemand(e) [wɛstalmɑ̃] <ouest-allemands> *adj* westdeutsch
ouf¹ ['uf] *interj* uff
ouf² ['uf] *adj inv fam (fou)* gaga
oui ['wi] **I.** *adv* ❶ *(opp: non)* ja; **~ ou non?** ja oder nein? ❷ *(intensif)* ja [,wirklich]; **ah ~, [alors]!** oh ja [, das kann man wohl sagen]!; **que ~!** *fam* na klar! ❸ *(substitut d'une proposition)* **croire/penser que ~** schon glauben/denken **II.** *m inv* ❶ *(approbation)* Ja *nt;* **~ à qn/qc** Ja zu jdm/etw ❷ *(suffrage)* Jastimme *f*
ouïe [wi] *f* ❶ *(audition)* Gehör *nt* ❷ ZOOL Kieme *f*
ouille ['uj] *interj* au[a]
ouistiti ['wistiti] *m* ❶ ZOOL Pinseläffchen *nt* ❷ *fam (zigoto)* Heini *m;* **être un drôle de ~** *fam* ein komischer Vogel sein
ouragan [uʀagɑ̃] *m* Orkan *m*
ourler [uʀle] <1> *vt* [ein]säumen
ourlet [uʀlɛ] *m* Saum *m*
ours [uʀs] *m* ❶ ZOOL Bär *m;* **~ polaire** Eisbär; *v.a.* **ourse** ❷ *(jouet d'enfant)* **un ~ en peluche** ein Plüschbär

Aussprache

Ein -s am Ende eines Wortes ist in der Regel stumm, bei **ours** wird es gesprochen.

ourse [uʀs] *f* Bärin *f; v.a.* **ours**
oursin [uʀsɛ̃] *m* Seeigel *m*
ourson [uʀsɔ̃] *m* Bärenjunge(s) *nt*
outil [uti] *m* ❶ Werkzeug *nt* ❷ INFORM Tool *nt;* **~ de recherche** Suchmaschi-

O

ne *f*

outiller [utije] <1> **I.** *vt (atelier)* ausstatten; ~ **qn** jdn ausrüsten; *fig* jdm das notwendige Rüstzeug mitgeben; **être outillé pour faire qc** dafür ausgerüstet sein etw zu tun *(établissement)* darauf eingerichtet sein etw zu tun **II.** *vpr* **s'~ en/pour qc** sich mit/für etw ausrüsten

outing [autiŋ] *m* Outing *nt,* Outen *nt*

outrage [utʀaʒ] *m* Beleidigung *f*

outrager [utʀaʒe] <2a> *vt* beleidigen; **d'un air outragé** mit beleidigter Miene

outrance [utʀɑ̃s] *f* Übertreibung *f*

outrancier, -ière [utʀɑ̃sje, -jɛʀ] *adj (propos)* übertrieben; **des termes ~s** Übertreibungen *Pl*

outre[1] [utʀ] *f* Schlauch *m*

outre[2] [utʀ] **I.** *prép (en plus de)* außer **II.** *adv* **en ~** außerdem

outré(e) [utʀe] *adj (personne)* empört

outre-Manche [utʀəmɑ̃ʃ] *adv* auf der anderen/die andere Seite des [Ärmel]kanals

outremer [utʀəmɛʀ] *adj inv* ultramarin

outre-mer [utʀəmɛʀ] *adv* in Übersee

outrepasser [utʀəpɑse] <1> *vt* überschreiten

outre-Rhin [utʀəʀɛ̃] *adv* in/nach Deutschland

ouvert(e) [uvɛʀ] **I.** *part passé de* **ouvrir** **II.** *adj* ❶ offen; *(fenêtre, robinet, valise, magasin)* geöffnet; *(magasin, boulanger)* geöffnet haben ❷ *(commencé)* **être ~** *(foire, enquête, pêche)* eröffnet sein ❸ *(éveillé)* aufgeschlossen

ouvertement [uvɛʀtəmɑ̃] *adv* ❶ offen [und ehrlich] ❷ *(publiquement)* öffentlich

ouverture [uvɛʀtyʀ] *f* ❶ *(d'une porte)* Öffnen *nt* ❷ *(d'une frontière)* Öffnung *f;* **jours d'~** Öffnungstage ❸ *(commencement, inauguration)* Eröffnung *f* ❹ MUS Ouvertüre *f* ❺ INFORM **~ d'une session** Login *nt*

ouvrable [uvʀabl] *adj* **jour ~** Werktag *m*

ouvrage [uvʀaʒ] *m (travail)* Arbeit *f*

ouvragé(e) [uvʀaʒe] *adj* kunstvoll gearbeitet

ouvré(e) [uvʀe] *adj (jour)* Arbeits-

ouvre-boîte [uvʀəbwat] <ouvre-boîtes> *m* Dosenöffner *m* **ouvre-bouteille** [uvʀ(ə)butɛj] <ouvre-bouteilles> *m* Flaschenöffner *m*

ouvreur, -euse [uvʀœʀ, -øz] *m, f* CINE, THEAT Platzanweiser(in) *m(f)*

ouvrier, -ière [uvʀije] **I.** *adj (classe, mouvement)* Arbeiter-; *(conflit, législation)* Arbeits-; **parti ~** Arbeiterpartei *f* **II.** *m, f* Arbeiter(in) *m(f)*

ouvrière [uvʀijɛʀ] *f (abeille, fourmi)* Arbeiterin *f*

ouvrir [uvʀiʀ] <11> **I.** *vt* ❶ *(opp: fermer)* öffnen; *(à clé)* aufschließen; *(livre, yeux)* aufschlagen; **~ grand ses oreilles** die Ohren weit aufsperren ❷ *(écarter, déployer)* öffnen; *(bras)* ausbreiten ❸ *(frayer)* **~ un passage à qn/qc** jdm/einer S. eine Passage freimachen ❹ *(rendre accessible)* **~ des perspectives à qn** jdm [neue] Perspektiven eröffnen ❺ *(fonder, créer)* eröffnen ❻ *(dialogue)* in Gang bringen ❼ SPORT *(piste, slalom)* eröffnen; **~ la marque** den ersten Treffer erzielen ❽ *(abcès, ventre)* öffnen; *(brèche)* schlagen; *(route)* bauen ❾ *(crâne)* ein Loch schlagen in *(+akk)* ❿ FIN **~ un compte à qn** ein Konto für jdn eröffnen ▶ **l'~** *fam* die Klappe aufmachen **II.** *vi* ❶ *(donner sur)* **~ sur qc** auf etw *(akk)* gehen ❷ *(être accessible au public)* **~ le lundi** montags geöffnet sein um 15 Uhr öffnen; *(cinéma, théâtre)* um 15 Uhr Einlass haben **III.** *vpr* ❶ *(opp: se fermer)* **s'~** sich öffnen ❷ *(devenir accessible à)* **s'~ à l'extérieur** sich [nach außen] öffnen ❸ *(se blesser)* **s'~ le crâne** sich *(dat)* den Kopf aufschlagen

ovale [ɔval] **I.** *adj* oval **II.** *m* Oval *nt*

ovation [ɔvasjɔ̃] *f* stürmischer Beifall *m*

ovationner [ɔvasjɔne] <1> *vt* **~ qn** jdm

zujubeln; **se faire ~ par qn** von jdm stürmischen Beifall ernten

overdose [ɔvœʀdoz, ɔvɛʀdoz] *f* Überdosis *f kein Pl*

ovin [ɔvɛ̃] *m* Schaf *nt;* **l'élevage des ~s** die Schafzucht

ovin(e) [ɔvɛ̃, in] *adj (race)* der Schafe

OVNI [ɔvni] *m abr de* **objet volant non identifié** UFO *nt*

ovuler [ɔvyle] <1> *vi* einen Eisprung haben

oxyde [ɔksid] *m* Oxid *nt*

oxyder [ɔkside] <1> *vt, vpr* **[s']~** oxidieren

oxygéné(e) [ɔksiʒene] *adj* **eau ~e** Wasserstoffperoxid *nt*

oxygène [ɔksiʒɛn] *m* ❶ CHIM Sauerstoff *m* ❷ *(air pur)* frische Luft *f*

oxygéner [ɔksiʒene] <5> *vpr* **s'~** frische Luft tanken

ozone [ozon] *f* Ozon *nt*

Pp

P, p [pe] *m inv* P *nt,* p *nt*

pacemaker [pɛsmɛkœʀ] *m* [Herz]schrittmacher *m*

pacifique [pasifik] *adj* friedlich

Pacifique [pasifik] *m* **le ~** der Pazifik

pacifiquement [pasifikmɑ̃] *adv* friedlich, auf friedlichem Wege

pacifiste [pasifist] **I.** *adj* pazifistisch; **manifestation ~** Friedensdemonstration *f* **II.** *mf* Pazifist(in) *m(f)*

pack [pak] *m* Großpackung *f*

packaging [paka(d)ʒiŋ] *m* [Verkaufs]verpackung *f*

pacotille [pakɔtij] *f* Ramsch *m;* **de ~** unecht

PACS [paks] *m abr de* **Pacte Civil de Solidarité** *[zivilrechtlich geregelte] eheähnliche Lebensgemeinschaft*

pacser [pakse] <1> *vi* einen PACS abschließen

pacte [pakt] *m* Pakt *m*

pactole [paktɔl] *m* Sümmchen *nt (fam),* Batzen *m (fam);* **~ du loto** Hauptgewinn *m* im Lotto; **c'est le ~** das ist eine wahre Goldgrube

pagaie [pagɛ] *f* Paddel *nt*

pagaïe, pagaille [pagaj] *f fam* Durcheinander *nt* ▶ **en ~** unaufgeräumt

page [paʒ] *f* ❶ *(feuillet)* Seite *f;* *(deux côtés)* Blatt *nt;* **~ de publicité** TV, RADIO Werbespot *m* ❷ INFORM **~ personnelle/d'accueil** Homepage *f;* **~ Web** Webseite; **accéder à une ~** auf eine Seite zugreifen; **visiter une ~** eine Seite laden; **bas/haut de ~** Seitenende *nt*/-anfang *m;* **pied de ~** Fußzeile *f* ▶ **tourner la ~** *(pour finir)* einen Schlussstrich ziehen

paie [pɛ] *f* Lohn *m*

paiement [pɛmɑ̃] *m* Bezahlung *f;* *(d'une dette)* Rückzahlung *f*

paierai [pɛʀɛ] *fut de* **payer**

paillasson [pajasɔ̃] *m* Fußmatte *f*

paille [pɑj] *f* ❶ *(chaume)* Stroh *nt* ❷ *(pour boire)* Strohhalm *m* ▶ **tirer à la courte ~** [mit Streichhölzern] knobeln

pain [pɛ̃] *m* Brot *nt;* **~ blanc** Weißbrot; **machine à ~** Brotschneidemaschine *f*

pair [pɛʀ] *m* ▶ **aller de ~ avec qc** mit etw einhergehen; **hors ~** unvergleichlich

pair(e) [pɛʀ] *adj (nombre, côté)* gerade

paire [pɛʀ] *f* Paar *nt;* *(de claques, gifles)* ein paar; **une ~ de ciseaux** eine Schere ▶ **les deux font la ~** *fam* die zwei haben sich gesucht und gefunden

P

paisible [pezibl] *adj* ruhig

paisiblement [peziblәmɑ̃] *adv* in aller Ruhe

paix [pɛ] *f* ❶ *(opp: guerre)* Frieden *m;* *(traité)* Friedensvertrag *m* ❷ *(tranquillité)* Ruhe *f* ▶ **faire la ~ avec qn** mit jdm Frieden schließen

Pakistan [pakistɑ̃] *m* **le ~** Pakistan *nt*

pakistanais [pakistanɛ] *m* Pakistanisch *nt; v.a.* **allemand**

pakistanais(e) [pakistanɛ] *adj* pakistanisch; *v.a.* **allemand**

Pakistanais(e) [pakistanɛ] *m(f)* Pakistaner(in) *m(f)*, Pakistani *mf*

palais[1] [palɛ] *m* Palast *m;* **~ des Papes** Papstpalast; **~ des sports** Sporthalle *f;* **Palais fédéral** CH Bundeshaus *nt* (CH)

palais[2] [palɛ] *m* ANAT Gaumen *m*

Palatinat [palatina] *m* **le ~** die Pfalz

pâle [pɑl] *adj* blass

Palestine [palɛstin] *f* **la ~** Palästina *nt*

palestinien(ne) [palɛstinjɛ̃] *adj* palästinensisch

Palestinien(ne) [palɛstinjɛ̃] *m(f)* Palästinenser(in) *m(f)*

palette [palɛt] *f* ❶ Palette *f* ❷ CAN *(raquette)* **~ de ping-pong** Tischtennisschläger *m*

palier [palje] *m* Treppenabsatz *m;* **habiter sur le même ~** auf derselben Etage wohnen

pâlir [pɑliʀ] <8> *vi* **~ d'envie** vor Neid *(dat)* erblassen

palissade [palisad] *f* Bretterzaun *m*

palmarès [palmaʀɛs] *m* ❶ *(liste des lauréats)* Liste *f* der Preisträger ❷ *(d'un sportif)* Liste *f* der Siege; *(d'un romancier, cinéaste, acteur)* Liste der Erfolge

palpitant(e) [palpitɑ̃] *adj* spannend

pampa [pɑ̃pa] *f* Pampa *f*

pamplemousse [pɑ̃plәmus] *m* Grapefruit *f*

pan [pɑ̃] *m* ❶ *(d'une chemise, d'un manteau)* Zipfel *m;* **être/se promener en ~s de chemise** im Hemd sein/im Hemd herumlaufen ❷ *(d'un immeuble, d'une vie, affiche)* Teil *m;* **~ de mur** *(intérieur)* Stück [von der] Wand; *(extérieur)* Stück [von der] Mauer

panaché [panaʃe] *m* Radler *m* (SDEUTSCH), Alsterwasser *nt* (NDEUTSCH)

pancarte [pɑ̃kaʀt] *f* Schild *nt;* *(publicitaire)* Plakat *nt*

panda [pɑ̃da] *m* Panda *m*

pandémie [pɑ̃demi] *f* Pandemie *f*

panel [panɛl] *m* ❶ SOCIOL Panel *nt* *(repräsentative Personengruppe für die Meinungsforschung)* ❷ *(commission)* Gremium *nt;* **faire un ~** ein Gremium bilden

panier [panje] *m a.* SPORT Korb *m;* **~ à salade** Salatschleuder *f* ▶ **c'est un vrai ~ percé!** er ist ein echter Verschwender!/sie ist eine echte Verschwenderin!

panière [panjɛʀ] *f* großer Korb *m* *(mit zwei Henkeln)*

panier-repas [panjeʀәpa] <paniers-repas> *m* Lunchpaket *nt*

panique [panik] *f* Panik *f;* **pas de ~!** nur keine Panik!

paniquer [panike] <1> **I.** *vt fam* in Panik versetzen **II.** *vi fam* in Panik geraten

panne [pan] *f* Panne *f;* **~ de moteur** Motorschaden *m;* **être [tombé] en ~** *(automobiliste, voiture)* eine Panne haben

panneau [pano] <x> *m* Schild *nt;* **~ de signalisation** Verkehrsschild

panorama [panɔʀama] *m* *(paysage)* Panorama *nt*

panoramique [panɔʀamik] *adj* Panorama-; **restaurant ~** Panoramarestaurant *nt;* **écran ~** Breitwand *f*

pansement [pɑ̃smɑ̃] *m* Verband *m;* **~ adhésif** Heftpflaster *nt*

pantacourt [pɑ̃takuʀ] *m* Caprihose *f*, Dreiviertelhose

pantalon [pɑ̃talɔ̃] *m* Hose *f*

panthéon [pɑ̃teɔ̃] *m* ❶ HIST **le Panthéon** das Pantheon ❷ *(monument)* Pantheon *nt* ❸ *fig* Ruhmeshalle *f* mit Ehrengräbern ❹ *(ensemble de personnages célèbres)* **rester au ~ de l'his-**

toire in die Geschichte eingehen; **il aura une place au ~ des artistes** die Nachwelt wird ihn als bedeutenden Künstler ehren

panthère [pɑ̃tɛʀ] *f* Panther *m*

pantin [pɑ̃tɛ̃] *m* Hampelmann *m*

pantomime [pɑ̃tɔmim] *f* Pantomime *f*

pantouflard(e) [pɑ̃tuflaʀ] *m(f) fam* Stubenhocker(in) *m(f)*

pantoufle [pɑ̃tufl] *f* Pantoffel *m*

paon [pɑ̃] *m* Pfau *m* ▸ **fier comme un ~** eitel wie ein Pfau

papa [papa] *m* Papa *m*

papauté [papote] *f* Papstwürde *f*

pape [pap] *m* Papst *m*

papelard [paplaʀ] *m fam* ❶ *(feuille)* Wisch *m (fam)* ❷ *pl (papiers d'identité)* Papiere *Pl*

paperasse [papʀas] *f péj* Papierkram *m*

paperasserie [papʀasʀi] *f péj* ❶ *(à lire, remplir)* Berge *Pl* von Papier ❷ *(à écrire)* Schreibkram *m*

papeterie [papɛtʀi] *f (magasin)* Schreibwarengeschäft *nt*

papi [papi] *m fam v.* **papy**

papier [papje] *m* ❶ *sans pl (matière)* Papier *nt;* **feuille/bout** [*o* **morceau**] **de ~** Blatt *nt*/Stück *nt* Papier; **~ peint** Tapete *f* ❷ *sans pl (feuille de métal)* **~ [d']aluminium** Aluminiumfolie ❸ *pl (document)* Unterlagen *Pl; (papiers d'identité)* Papiere *Pl*

papier-filtre [papjefiltʀ] <papiers-filtres> *m* Filterpapier *nt* **papier-toilette** [papjetwalɛt] *m* Toilettenpapier *nt*

papillon [papijɔ̃] *m* ❶ Schmetterling *m;* **~ de nuit** Nachtfalter *m* ❷ SPORT [**nage**] **~** Delfinschwimmen *nt*

papillonner [papijɔne] <1> *vi* herumflattern *(fam)*

papillote [papijɔt] *f* GASTR **en ~** *(dans un papier huilé)* in gefettetem Papier gebacken; *(dans une feuille d'aluminium)* in Alufolie gebraten

papilloter [papijɔte] <1> *vi* blinzeln

papoter [papɔte] <1> *vi* schwatzen

paprika [papʀika] *m* Paprika *m*

papy [papi] *m fam* Opa *m*

Übersetzungstipp

Le papy – Nicht verwechseln mit *der Papi – le papa!*

paquebot [pakbo] *m* Passagierschiff *nt*

pâquerette [pɑkʀɛt] *f* Gänseblümchen *nt*

Pâques [pɑk] **I.** *m* Ostern *nt;* **lundi de ~** Ostermontag *m* ▸ **à ~ ou à la Trinité** *iron* am Nimmerleinstag **II.** *fpl* **joyeuses ~!** frohe Ostern!

paquet [pakɛ] *m a.* INFORM Paket *nt; (de café)* Päckchen *nt* ▸ **mettre le ~** *fam (déployer tous ses efforts)* alles d[a]ransetzen

paquet-cadeau [pakɛkado] <paquets-cadeaux> *m* **faire un ~** als Geschenk einpacken

par [paʀ] *prép* ❶ *(grâce à l'action de)* von; **tout faire ~ soi-même** alles selbst machen ❷ *(au moyen de)* durch; **~ chèque/carte** [**bancaire**] mit Scheck/[Kredit]karte ❸ *gén sans art (cause, motif)* aus ❹ *(à travers, via)* **regarder ~ la fenêtre** aus dem Fenster schauen ❺ *(localisation)* **habiter ~ ici/là** hier/dort in der Gegend wohnen ❻ *(distribution, mesure)* pro; **un ~ un** einzeln ❼ *(durant, pendant)* **~ temps de pluie** bei Regen[wetter] ▸ **~ contre** dagegen

parabole [paʀabɔl] *f* ❶ REL Gleichnis *nt* ❷ MATH Parabel *f* ❸ *(antenne)* Parabolantenne *f*

parabolique [paʀabɔlik] *adj* **antenne ~** Parabolantenne *f*

parachute [paʀaʃyt] *m* Fallschirm *m;* **sauter en ~** mit dem Fallschirm springen ▸ **~ doré** goldener Händedruck, [äußerst] üppige Abfindung

parachutisme [paʀaʃytism] *m* Fallschirmspringen *nt*

parachutiste [paʀaʃytist] *mf* ❶ MIL Fallschirmjäger(in) *m(f)* ❷ SPORT Fall-

P

schirmspringer(in) *m(f)*

parade [paʀad] *f* ❶ *(défense)* Abwehr *f;* SPORT Parade *f;* **trouver la ~ à un argument** ein Gegenargument *nt* finden ❷ *(défilé)* Parade *f*

paradis [paʀadi] *m* Paradies *nt* ▸ **tu ne l'emporteras pas au ~** das wirst du mir [noch] büßen

paradisiaque [paʀadizjak] *adj* paradiesisch

paradoxal(e) [paʀadɔksal] <-aux> *adj* paradox

paradoxalement [paʀadɔksalmɑ̃] *adv* paradoxerweise

paradoxe [paʀadɔks] *m* ❶ *(opinion contraire)* Paradoxon *nt* ❷ *(absurdité)* Paradox *nt*

parages [paʀaʒ] *mpl* Gegend *f;* **dans les ~** [irgendwo] in der Gegend in der Nähe

paragraphe [paʀagʀaf] *m* Absatz *m*

paraître [paʀɛtʀ] <irr> **I.** *vi* ❶ *(sembler)* **cela me paraît être une erreur** das scheint mir ein Irrtum zu sein; **~ faire qc** anscheinend etw tun ❷ *(journal, livre)* erscheinen; **faire ~** veröffentlichen **II.** *vi impers* **il paraît que...** *(soi-disant)* angeblich...

P

parallèle [paʀalɛl] **I.** *adj* parallel **II.** *f* MATH Parallele *f* **III.** *m* ❶ GEO **le 38e ~** der 38. Breitengrad ❷ *(comparaison)* **faire un ~ avec qc** eine Parallele zu etw ziehen

parallèlement [paʀalɛlmɑ̃] *adv* gleichzeitig

paralysé(e) [paʀalize] **I.** *adj* gelähmt; **être ~ des jambes** an den Beinen gelähmt sein **II.** *m(f)* Gelähmte(r) *f(m)*

paralyser [paʀalize] <1> *vt* ❶ *(empêcher d'agir)* lähmen ❷ *(entraver: trafic, économie)* lahmlegen

paralysie [paʀalizi] *f* ❶ MED Lähmung *f* ❷ *(arrêt complet)* Erliegen *nt*

paramètre [paʀamɛtʀ] *m* ❶ MATH Parameter *m* ❷ *pl* INFORM Einstellungen *Pl*

paranoïa [paʀanɔja] *f* PSYCH Verfolgungswahn *m,* Paranoia *f;* **être atteint(e) de ~** an Verfolgungswahn *(dat)* leiden

paranormal [paʀanɔʀmal] *m* **le ~** das Übersinnliche

parapente [paʀapɑ̃t] *m (parachute)* Gleitschirm *m*

parapet [paʀapɛ] *m* Brüstung *f*

parapluie [paʀaplɥi] *m* Regenschirm *m*

parascolaire [paʀaskɔlɛʀ] *adj* außerschulisch

parasite [paʀazit] **I.** *adj* schmarotzend **II.** *m a. fig* Schmarotzer *m*

parasiter [paʀazite] <1> *vt* ❶ BIO **~ qn/qc** *(champignon, insecte, ver)* als Parasit auf [*o* in] jdm/etw leben ❷ *(vivre aux dépens de)* **~ qn/qc** auf jds Kosten *(akk)*/auf Kosten einer S. *(gen)* leben ❸ RADIO, TV stören

parasol [paʀasɔl] *m* Sonnenschirm *m*

paratonnerre [paʀatɔnɛʀ] *m* Blitzableiter *m*

paravent [paʀavɑ̃] *m* Wandschirm *m*

parc [paʀk] *m* ❶ Park *m;* **~ d'attractions** Vergnügungspark; **~ naturel** Naturschutzgebiet *nt* ❷ *(pour bébé)* Laufstall *m*

parcelle [paʀsɛl] *f (terrain)* Parzelle *f*

parce que [paʀskə] *conj + indic* ❶ *(car)* weil; **~!** darum! ❷ *fam (sinon)* sonst

par-ci [paʀsi] **~, par-là** hier und da

parcmètre [paʀkmɛtʀ] *m* Parkuhr *f*

parcourir [paʀkuʀiʀ] <irr> *vt* ❶ *(trajet, distance)* zurücklegen ❷ *(ville)* durchlaufen; *(région, pays)* bereisen

parcours [paʀkuʀ] *m a.* SPORT Strecke *f;* **~ du combattant** *fig* Hindernislauf *m*

par-delà [paʀdəla] *prép (de l'autre côté)* jenseits *(+gen),* hinter *(+dat)*

par-derrière [paʀdɛʀjɛʀ] *adv* ❶ *(attaquer, emboutir)* von hinten ❷ *(dans le dos de qn)* hinten **par-dessous** [paʀdəsu] **I.** *prép (avec mouvement)* unter *(+akk); (sans mouvement)* unter *(+dat)* **II.** *adv* darunter

pardessus [paʀdəsy] *m* Überzieher *m*

par-dessus [paʀdəsy] **I.** *prép (avec mouvement)* über *(+akk); (sans mouvement)* über *(+dat)* **II.** *adv* darüber

pardon [paʀdɔ̃] *m* Verzeihen *nt* ▸ **mille**

~[s]! ich bitte tausendmal um Verzeihung!; ~? wie bitte?

pardonnable [paʀdɔnabl] *adj* entschuldbar; **être** ~ *(personne)* nichts dafür können

pardonner [paʀdɔne] <1> *vt* verzeihen ▸**pardonne-moi / pardonnez-moi** verzeih mir/verzeihen Sie mir/verzeiht mir

paré(e) [paʀe] *adj* gewappnet

pare-brise [paʀbʀiz] *m inv* Windschutzscheibe *f* **pare-chocs** [paʀʃɔk] *m inv* ~ **arrière/avant** hintere/vordere Stoßstange *f*

pareil(le) [paʀɛj] **I.** *adj* ❶ *(identique)* gleich; ~ **que** [genau]so wie ❷ *(tel)* solche(r, s) **II.** *m(f)* ▸**sans** ~ ohnegleichen **III.** *adv fam* gleich

pareillement [paʀɛjmɑ̃] *adv* ❶ *(également)* ebenso ❷ *(de la même façon)* gleich

parent [paʀɑ̃] *m* ❶ *a.* BIO *(le père, la mère)* Elternteil *m;* **les ~s** *(le père et la mère)* die Eltern *Pl;* **~s adoptifs** Adoptiveltern; **un des deux ~s** ein Elternteil ❷ *(personne de la famille)* Verwandte(r) *m*

parente [paʀɑ̃t] *f (personne de la famille)* Verwandte *f*

parenté [paʀɑ̃te] *f* Verwandtschaft *f (dat)*

parenthèse [paʀɑ̃tɛz] *f* ❶ TYP Klammer *f* ❷ **soit dit entre ~s** nebenbei bemerkt

parer [paʀe] <1> **I.** *vt (attaque, coup)* abwehren; *(argument)* entkräften **II.** *vi* ~ **à un danger** eine Gefahr abwenden

paresse [paʀɛs] *f* Faulheit *f*

paresser [paʀese] <1> *vi* faulenzen

paresseux, -euse [paʀesø] **I.** *adj (personne)* faul **II.** *m, f* Faulenzer(in) *m(f)*

parfait [paʀfɛ] *m* ❶ LING Perfekt *nt* ❷ GASTR Parfait *nt*

parfait(e) [paʀfɛ] *adj* perfekt; *(condition, exemple)* ideal; *(discrétion, harmonie)* vollkommen

parfaitement [paʀfɛtmɑ̃] *adv* ❶ *(parler une langue)* perfekt; *(savoir, comprendre)* [ganz] genau ❷ *(tout à fait)* völlig

parfois [paʀfwa] *adv* manchmal

parfum [paʀfœ̃] *m* ❶ *(substance)* Parfüm *nt* ❷ *(odeur)* Duft *m* ❸ GASTR Geschmack *m;* **je voudrais une glace – quel ~?** ich möchte ein Eis – welche Sorte?

parfumer [paʀfyme] <1> **I.** *vt* ❶ *(donner une bonne odeur)* **qc parfume la cuisine** die Küche duftet nach etw ❷ *(imprégner de parfum: linge)* parfümieren ❸ GASTR ~ **qc** etw aromatisieren; **parfumé au café/au rhum** mit Kaffee-/Rumgeschmack **II.** *vpr* **se** ~ sich parfümieren

parfumerie [paʀfymʀi] *f* Parfümerie *f*

parfumeur, -euse [paʀfymœʀ, -øz] *m, f* ❶ *(fabricant)* Parfümeur(in) *m(f),* Parfumhersteller(in) *m(f),* Parfümhersteller(in) *m(f)* ❷ *(propriétaire d'une parfumerie)* Parfümerieinhaber(in) *m(f)*

pari [paʀi] *m* Wette *f;* **faire un** ~ wetten

parier [paʀje] <1> **I.** *vt* ~ **qc à qn** mit jdm um etw wetten; **tu paries que j'y arrive!** wetten, dass ich es schaffe! **II.** *vi* wetten

Paris [paʀi] *m* Paris *nt*

parisianisme [paʀizjanism] *m* ❶ *(façon de parler)* [typischer] Pariser Ausdruck ❷ *(habitude)* [typische] pariserische [An]gewohnheit

parisien(ne) [paʀizjɛ̃] *adj* Pariser; **vie ~ne** Leben in Paris

Parisien(ne) [paʀizjɛ̃] *m(f)* Pariser(in) *m(f)*

parka [paʀka] *m o f* Parka *m*

parking [paʀkiŋ] *m* Parkplatz *m;* ~ **souterrain** Tiefgarage *f*

parlant(e) [paʀlɑ̃, ɑ̃t] *adj* ❶ *(chiffres)* [für sich selbst] sprechend; *(preuve, exemple a.)* deutlich ❷ TECH **cinéma/film** ~ Tonfilm *m;* **horloge ~e** Zeitansage *f*

Parlement [paʀləmɑ̃] *m* Parlament *nt*

parlementaire [paʀləmɑ̃tɛʀ] **I.** *adj* par-

P

lamentarisch **II.** *mf (député)* Parlamentarier(in) *m(f)*; ~ **européen** Abgeordneter des Europäischen Parlaments

parlementer [paʀləmɑ̃te] <1> *vi* ❶ *(négocier)* ~ **avec qn** mit jdm verhandeln ❷ *(discuter)* hin und her reden

parler [paʀle] <1> **I.** *vi* ❶ sprechen; ~ **haut** laut sprechen; ~ **avec les mains** mit den Händen reden ❷ *(discuter)* ~ **de qn/qc avec qn** mit jdm über jdn/etw sprechen ❸ *(entretenir)* ~ **de qn/qc à qn** *(dans un but précis)* mit jdm über jdn/etw sprechen ❹ *(adresser la parole)* ~ **à qn** jdn ansprechen ❺ *(avoir pour sujet)* ~ **de qn/qc** *(film, livre)* von jdm/etw handeln ▸ **sans** ~ **de qn/qc** ganz zu schweigen von jdm/etw **II.** *vt (langue)* sprechen **III.** *vpr* **se** ~ ❶ *(être employé: langue)* gesprochen werden ❷ *(s'entretenir)* miteinander sprechen; **se** ~ **à soi-même** Selbstgespräche führen **IV.** *m* ❶ *(manière)* Sprache *f* ❷ *(langue régionale)* Mundart *f*

parlophone® [paʀlɔfɔn] *m* BELG Sprechanlage *f*

parmi [paʀmi] *prép* ❶ *(entre)* unter *(+dat)*, von ❷ *(dans: sans mouvement)* [mitten] unter *(+dat)*; *(avec mouvement)* [mitten] durch

parodie [paʀɔdi] *f* **être une** ~ **de qc** eine Parodie auf etw *(akk)* sein

paroisse [paʀwas] *f* Pfarrgemeinde *f*

paroissien(ne) [paʀwasjɛ̃, jɛn] *m(f)* Gemeinde[mit]glied *nt*

parole [paʀɔl] *f* ❶ *souvent pl (mot)* Wort *nt* ❷ *(promesse)* ~ **d'honneur** Ehrenwort *nt*; **de** ~ *(femme, homme)* zuverlässig ❸ *sans pl (faculté de parler)* Sprache *f* ❹ *sans pl (fait de parler)* **prendre la** ~ das Wort ergreifen; **couper la** ~ **à qn** jdn unterbrechen ❺ *pl* MUS Text *m*

parpaing [paʀpɛ̃] *m (construction)* Leichtbaustein *m*

parquet [paʀkɛ] *m* Parkett[boden *m*] *nt*

parrain [paʀɛ̃] *m* ❶ REL Patenonkel *m*, Göd *m* (A) ❷ *fig* Pate *m*

parrainage [paʀɛnaʒ] *m (soutien)* Schirmherrschaft *f*; *(financier)* [finanzielle] Förderung

parrainer [paʀene] <1> *vt* ❶ *(apporter son soutien)* ~ **qc** für etw die Schirmherrschaft übernehmen ❷ *(introduire)* ~ **qn** für jdn bürgen

parsemer [paʀsəme] <4> *vt* übersäen; **parsemé de qc** mit etw übersät

part [paʀ] *f* ❶ Teil *m*; ~ **de gâteau** Stück *nt* Kuchen ❷ *(participation)* ~ **dans qc** Anteil *m* an etw *(dat)* ▸ **autre** ~ *fam* anderswo; **d'une ~..., d'autre ~...** einerseits..., andererseits...; **d'autre** ~ außerdem; **nulle** ~ nirgendwo; **mettre qc à** ~ etw beiseitelegen; **à** ~ **ça** *fam* abgesehen davon; **à** ~ **que** *fam* abgesehen davon, dass; **donner à qn le bonjour de la** ~ **de qn** jdn von jdm grüßen; **pour ma/sa** ~ was mich/ihn/sie betrifft

partage [paʀtaʒ] *m* Aufteilung *f*

partager [paʀtaʒe] <2a> **I.** *vt* ❶ teilen; ~ **qc en qc** *(gâteau)* etw in etw *(akk)* teilen ❷ *(hésiter)* **être partagé entre qc et qc** zwischen etw und etw *(dat)* hin- und hergerissen sein **II.** *vpr (se répartir)* **se** ~ **qc** etw unter sich *(dat)* aufteilen

partagiciel [paʀtaʒisjɛl] *m* CAN Shareware *f*

partance [paʀtɑ̃s] **en** ~ *(avion)* abflugbereit; *(train, bateau)* abfahrbereit

partant(e) [paʀtɑ̃] **I.** *adj fam* **être** ~ **pour qc** bei etw mitmachen **II.** *m(f)* SPORT Teilnehmer(in) *m(f)*

partenaire [paʀtənɛʀ] *mf* Partner(in) *m(f)*

partenariat [paʀtənaʀja] *m* **en** ~ in Zusammenarbeit *(dat)*

parti [paʀti] *m* ❶ POL Partei *f* ❷ *(camp)* **prendre le** ~ **de qn** sich jds Meinung *(dat)* anschließen ▸ ~ **pris** Voreingenommenheit *f*

parti(e) [paʀti] *part passé de* **partir**

partial(e) [paʀsjal] <-aux> *adj* parteiisch; *(juge)* befangen

P

participant(e) [paʀtisipɑ̃] *m(f)* Teilnehmer(in) *m(f)*
participatif, -ive [paʀtisipatif, -iv] *adj* ECON *(direction, gestion)* in dem/der Mitbestimmung herrscht; *(politique)* der Mitbestimmung; *(prêt, titre)* Partizipations-
participation [paʀtisipasjɔ̃] *f* Beteiligung *f*
participe [paʀtisip] *m* Partizip *nt*
participer [paʀtisipe] <1> *vi* ~ **à qc** an etw *(+dat)* teilnehmen; ECON sich an etw *(+dat)* beteiligen
particularité [paʀtikylaʀite] *f* Besonderheit *f*
particulier [paʀtikylje] *m* Privatperson *f*
particulier, -ière [paʀtikylje] *adj* ❶ *(aspect, exemple)* bestimmt; *(trait)* typisch ❷ *(spécial)* besondere(r, s) ❸ *(privé)* Privat-; **cours** ~ Privatunterricht *m* ▸ **en** ~ *(en privé)* unter vier Augen
particulièrement [paʀtikyljɛʀmɑ̃] *adv* besonders
partie [paʀti] *f* ❶ *(part)* Teil *m;* **la majeure** ~ **du temps** die meiste Zeit; **en** ~ teilweise ❷ *pl fam (parties sexuelles masculines)* Weichteile *Pl* ❸ JEUX, SPORT Spiel *nt* ▸ **faire** ~ **des meubles** [schon] zum Inventar gehören
partir [paʀtiʀ] <10> *vi + être* ❶ *(s'en aller)* [weg]gehen; *(automobiliste, voiture, train)* abfahren; *(avion)* abfliegen; *(lettre)* hinausgehen; ~ **en courant** losrennen; ~ **en ville** in die Stadt ❷ *(après un séjour)* abreisen ❸ *(s'en aller pour s'y installer)* ~ **pour** [*o* **à**] **Paris** nach Paris ziehen ❹ *(démarrer: coureur, fusée)* starten; *(moteur)* anspringen; **c'est parti!** *fam* es geht los! ❺ *(disparaître)* weggehen; *(odeur, tache)* herausgehen ❻ *(commencer)* ~ **d'un principe** von einem Prinzip ausgehen ▸ **à** ~ **de** *(dans l'espace)* von... an; *(dans le temps)* ab; *(sur la base de)* aus

partisan(e) [paʀtizɑ̃] **I.** *adj (favorable à)* **être** ~ **de qc** etw befürworten **II.** *m(f)* Befürworter(in) *m(f)*
partition [paʀtisjɔ̃] *f* ❶ MUS Partitur *f;* **jouer sans** ~ ohne Noten spielen ❷ *(division)* Teilung *f* ❸ INFORM Partition *f*
partout [paʀtu] *adv* überall

Übersetzungstipp
Partout – Nicht verwechseln mit *partout – à tout prix!*

parure [paʀyʀ] *f* ❶ *(bijoux)* Schmuck *m;* ~ **de diamants** Diamant[en]schmuck ❷ *(ensemble de pièces de linge)* ~ **en soie** seidene Wäschegarnitur; ~ **de lit** Bettgarnitur *f*
parution [paʀysjɔ̃] *f* Erscheinen *nt*
parvenir [paʀvəniʀ] <9> *vi + être* ❶ *(atteindre)* gelangen ❷ *(arriver)* ~ **à qn** *(colis, lettre)* jdn erreichen; **faire** ~ **une lettre à qn** jdm ein Schreiben zukommen lassen
pas[1] [pɑ] *m* ❶ *(enjambée)* Schritt *m* ❷ *pl (trace)* Fußstapfen *Pl* ❸ *(allure: d'un cheval)* Schritt *m; (d'une personne)* Gang *m* ❹ GÉO **le** ~ **de Calais** die Straße von Dover ❺ *(entrée)* **sur le** ~ **de la porte** in der Tür ▸ **faire les cent** ~ auf und ab gehen; **faux** ~ *a. fig* Fehltritt *m* ~ **à** ~ Schritt für Schritt
pas[2] [pɑ] *adv* ❶ *(négation)* **ne** ~ **croire** nicht glauben; [**ne**] ~ **de...** kein(e)...; [**ne**] ~ **assez/beaucoup...** nicht genug/viel... ❷ *sans verbe* ~ **encore** noch nicht; ~ **du tout** überhaupt nicht
pascal [paskal] <s> *m* INFORM PASCAL *nt*
passable [pɑsabl] *adj* SCOL ausreichend; [**mention**] ~ Ausreichend *nt*
passage [pɑsaʒ] *m* ❶ *(venue)* Vorbeikommen *nt;* ~ **interdit** Durchfahrt verboten; **personne de** ~ Durchreisende(r) *f(m)* ❷ *(court séjour)* [kurzer] Aufenthalt *m* ❸ *(transformation)*

Übergang *m* ❹ *(voie: pour piétons)* Weg *m;* ~ **clouté** Zebrastreifen *m* ❺ *(petite rue couverte)* Passage *f* ❻ *(fragment)* Passage *f* ▶ **céder le ~ à qn/qc** jdm/einer S. die Vorfahrt lassen

passager, -ère [pasaʒe] **I.** *adj* vorübergehend; *(bonheur)* vergänglich **II.** *m, f* *(d'un navire)* Passagier *m; (d'une voiture)* Insasse *m;* ~ **avant** Beifahrer *m*

passant [pasɑ̃] *m (d'une ceinture)* Schlaufe *f*

passant(e) [pasɑ̃] *m(f)* Passant(in) *m(f)*

passe [pas] *f* Pass *m*

passé [pase] *m* Vergangenheit *f;* ~ **simple** Passé simple *nt;* ~ **composé** Perfekt *nt*

passé(e) [pase] *adj* ❶ *(siècle)* letzte(r, s) ❷ *(révolu)* vergangen ❸ *(plus de)* **il est midi** ~ es ist schon Mittag vorbei

passeport [paspɔʀ] *m* [Reise]pass *m*

passer [pase] <1> **I.** *vi + avoir o être* ❶ *(se déplacer)* vorbeigehen; *(véhicule, automobiliste)* vorbeifahren; **laisser** ~ vorbeilassen; ~ **chez qn** bei jdm vorbeikommen ❷ AUT fahren; **le bus va bientôt** ~ der Bus wird gleich kommen ❸ ~ **dans une ville** *(automobiliste, voiture)* durch eine Stadt fahren; ~ **entre deux maisons** *(personne/route)* zwischen zwei Häusern durchgehen/verlaufen; ~ **par Francfort** *(automobiliste)* über Frankfurt fahren; ~ **par la porte** durch die Tür gehen ❹ *(réussir à franchir: personne, animal, véhicule)* durchkommen ❺ *(eau, lumière)* durchdringen ❻ *(se trouver)* **où est passée la clé?** wo ist der Schlüssel hingekommen? ❼ *(changer)* ~ **en seconde** AUT in den zweiten Gang schalten ❽ *(moments difficiles)* durchmachen ❾ *(utiliser comme intermédiaire)* ~ **par qn** sich an jdn wenden ❿ *(avoir son tour, être présenté)* drankommen; ~ **à la radio/télé** im Radio/Fernsehen kommen; **le film passe au Rex** der Film läuft im Rex ⓫ *(être accepté)* ~ **en sixième** in die 6. Klasse versetzt werden; **bien/mal** ~ *(plaisanterie)* gut/schlecht ankommen ⓬ JEUX passen ⓭ *(s'écouler: temps)* vergehen; **on ne voyait pas le temps** ~ die Zeit verging im Nu ⓮ *(disparaître)* vergehen; *(pluie, orage)* nachlassen; *(couleur)* verblassen; **ça te passera** das wird dir schon vergehen ⓯ ~ **pour qc** *(être pris pour)* für etw gehalten werden ▶ ~ **outre à qc** sich über etw *(akk)* hinwegsetzen; **ça passe ou ça casse!** *fam* alles oder nichts! **II.** *vt + avoir* ❶ *(donner)* geben ❷ *(prêter)* leihen ❸ SPORT ~ **la balle à qn** an jdn abspielen ❹ *(au téléphone)* ~ **qn à qn** jdn mit jdm verbinden ❺ *(examen)* machen; ~ **son bac** das Abitur machen ❻ *(vivre, occuper)* ~ **ses vacances à Rome** seine Ferien in Rom verbringen ❼ *(rivière, montagne)* überqueren; *(seuil)* überschreiten; *(tunnel, écluse)* durchfahren; *(frontière)* passieren ❽ *(étaler)* ~ **sur qc** *(couche de peinture)* auf etw *(akk)* auftragen ❾ GASTR *(sauce, soupe)* [durch]passieren; *(thé)* durch ein Sieb gießen ❿ *(calmer)* ~ **sa colère sur qn/qc** seine Wut an jdm/etw auslassen ⓫ *(oublier)* auslassen ⓬ *(permettre)* ~ **tous ses caprices à qn** jdm alle Launen durchgehen lassen ⓭ *(vêtement)* überziehen ⓮ *(marché, contrat)* abschließen **III.** *vpr* ❶ *(avoir lieu)* **se** ~ geschehen; **que s'est-il passé?** was ist passiert?; **que se passe-t-il?** was ist denn los? ❷ *(se dérouler)* **se** ~ *(journée)* vergehen; *(accident)* sich ereignen; **si tout se passe bien** wenn alles gut geht ❸ *(se débrouiller sans)* **se** ~ **de faire qc** darauf verzichten etw zu tun ▶ **ça ne se passera pas comme ça!** *fam* so geht das ja nun nicht!

passerelle [pasʀɛl] *f* ❶ *(pont)* Steg *m* ❷ AVIAT, NAUT Gangway *f*

passe-temps [pastɑ̃] *m inv* Zeitvertreib *m*

passif, -ive [pasif] *adj* ❶ *(apathique)* passiv ❷ *(qui n'agit pas)* untätig ❸ LING

voix passive Passiv *nt*
passion [pasjɔ̃] *f* Leidenschaft *f*
passionnant(e) [pasjɔnɑ̃] *adj* faszinierend
passionné(e) [pasjɔne] I. *adj* leidenschaftlich II. *m(f)* ~ **de cinéma** großer Kinofan *m*
passionnément [pasjɔnemɑ̃] *adv* leidenschaftlich; *(être amoureux)* bis über beide Ohren *(fam)*
passionner [pasjɔne] <1> I. *vt* ~ **qn** *(personne)* jdn faszinieren II. *vpr* **se ~ pour qc** sich für etw begeistern
passivement [pasivmɑ̃] *adv* passiv; *(assister)* tatenlos
passivité [pasivite] *f* Passivität *f*
passoire [pɑswaʀ] *f* Sieb *nt*
pastel [pastɛl] *m (crayon)* Pastellstift *m*
pastèque [pastɛk] *f* Wassermelone *f*
pasteur [pastœʀ] *mf* [evangelischer] Pfarrer, [evangelische] Pfarrerin *m, f*
pastille [pastij] *f* ❶ *(bonbon)* Bonbon *m o nt* ❷ AUT ~ **verte** ≈ G-KAT-Plakette *f*
pastis [pastis] *m* Pastis *m*
patate [patat] *f fam* Kartoffel *f;* ~ **douce** Süßkartoffel *f;* **~s frites** CAN Pommes frites *Pl*
pataud(e) [pato, od] I. *adj (air, démarche)* plump; *(personne)* ungeschickt II. *m(f)* Tollpatsch *m*
pataugeoire [patoʒwaʀ] *f* Planschbecken *nt*
patauger [patoʒe] <2a> *vi* ❶ *(marcher)* waten ❷ *(s'empêtrer)* sich [vergeblich] abstrampeln *(fam)*
patchwork [patʃwœʀk] *m* ❶ COUT Patchwork *nt* ❷ *péj (mélange hétéroclite)* [buntes] Durcheinander
pâte [pɑt] *f* ❶ GASTR Teig *m;* **les ~s** die Nudeln *Pl* ❷ *(substance molle)* Paste *f*
pâté [pɑte] *m* ❶ GASTR Pastete *f* ❷ *(tache d'encre)* Tintenklecks *m*
pâtée [pɑte] *f (du chien, chat)* Futter *nt*
paternaliste [patɛʀnalist] *adj* paternalistisch
paternel(le) [patɛʀnɛl] *adj* väterlich
paternité [patɛʀnite] *f* Vaterschaft *f*
pâteux, -euse [pɑtø] *adj* zähflüssig
patiemment [pasjamɑ̃] *adv* geduldig
patience [pasjɑ̃s] *f* Geduld *f*
patient(e) [pasjɑ̃] I. *adj* geduldig II. *m(f)* MED Patient(in) *m(f)*
patienter [pasjɑ̃te] <1> *vi* sich gedulden
patin [patɛ̃] *m* **faire du ~ à glace/à roulettes** Schlittschuh *m*/Rollschuh *m* laufen; **~s en ligne** Inlineskates *Pl*
patinage [patinaʒ] *m* ~ **artistique** Eiskunstlauf *m*
patineur, -euse [patinœʀ] *m, f* Schlittschuhläufer(in) *m(f)*
patinoire [patinwaʀ] *f* ❶ *(piste de patinage)* Eisbahn *f* ❷ *(endroit glissant)* Rutschbahn *f (fam)*
patio [patjo, pasjo] *m* Patio *m*
pâtisserie [pɑtisʀi] *f* ❶ *(magasin)* Konditorei *f* ❷ *(gâteaux)* Gebäck *nt*
pâtissier, -ière [pɑtisje] *m, f* Konditor(in) *m(f)*
patois [patwa] *m* [lokale] Mundart *f*
patrie [patʀi] *f* Heimat *f*
patrimoine [patʀimwan] *m* ❶ *(biens de famille)* Vermögen *nt* ❷ *(bien commun)* Erbe *nt* ❸ BIO ~ **génétique** Erbgut *nt*
patriote [patʀijɔt] I. *adj* patriotisch II. *mf* Patriot(in) *m(f)*
patriotique [patʀijɔtik] *adj* patriotisch
patriotisme [patʀijɔtism] *m* Patriotismus *m*
patron, -onne [patʀɔ̃] *m, f* ❶ Chef(in) *m(f); (d'un restaurant, café, hôtel)* Wirt(in) *m(f)* ❷ *(le patronat)* **les ~s** die Arbeitgeber ❸ REL Schutzpatron(in) *m(f)*
patronage [patʀɔnaʒ] *m* Schirmherrschaft *f*
patronat [patʀɔna] *m* Arbeitgeberschaft *f*, Arbeitgeber *Pl*
patrouille [patʀuj] *f* Patrouille *f*
patrouiller [patʀuje] <1> *vi* patrouillieren; *(policier)* Streife fahren
patte [pat] *f* ❶ *(d'un animal)* Bein *nt* ❷ *(extrémité: d'un chien, chat)* Pfo-

P

te *f* ❸ *fam* Bein *nt; (main)* Pfote *f* ❹ CH *(chiffon)* Lappen *m* ▸ **à quatre ~s** *fam* auf allen vieren

pâturage [patyʀaʒ] *m* Weide *f*

paume [pom] *f* ~ [**de la main**] Handteller *m*

paumé(e) [pome] **I.** *adj fam (lieu, village)* gottverlassen **II.** *m(f) fam* **c'est un** ~ er ist total von der Rolle

paumer [pome] <1> **I.** *vt fam* verbummeln **II.** *vpr fam* **se** ~ *(à pied)* sich verlaufen

paupière [popjɛʀ] *f* [Augen]lid *nt*

paupiette [popjɛt] *f* ~ **de veau** Kalbsroulade *f*

pause [poz] *f* Pause *f;* MUS ganze Pause *f*

pause-café [pozkafe] <pauses-café> *f fam* Kaffeepause *f*

pauvre [povʀ] **I.** *adj* ❶ arm; *(mobilier, vêtement)* ärmlich; ~ **en graisse** *(nourriture)* fettarm ❷ *(argument, sourire)* schwach **II.** *mf* Arme(r) *f(m)*

> **pauvre**
>
> Beim Adjektiv **pauvre** ändert sich die Bedeutung je nachdem, ob es vor oder hinter dem Substantiv steht:
> *un pauvre homme – ein bedauernswerter Mann; un homme pauvre – ein armer Mann.*

pauvreté [povʀəte] *f* Armut *f*

pavé [pave] *m* ❶ *(bloc, dalle)* Pflasterstein *m* ❷ *(revêtement)* [Straßen]pflaster *nt* ❸ INFORM ~ **numérique** Ziffernblock *m*

pavillon [pavijɔ̃] *m* ❶ *(maison particulière)* [kleineres] Einfamilienhaus *nt; (dans un jardin)* Pavillon *m* ❷ NAUT Flagge *f*

pavoiser [pavwaze] <1> *vi fam* sich mit stolzgeschwellter Brust zeigen

payable [pɛjabl] *adj* zahlbar

payant(e) [pɛjɑ̃] *adj* ❶ *(parking, stationnement)* gebührenpflichtig ❷ *(entreprise)* rentabel

paye [pɛj] *f v.* **paie**

payer [peje] <7> **I.** *vt* ❶ bezahlen; *(intérêt, loyer)* zahlen ❷ *(service, maison)* bezahlen für ❸ *(récompenser)* belohnen ❹ *(offrir)* ~ **un coup à qn** *fam* jdm einen ausgeben ❺ *(expier)* ~ **qc de qc** etw mit etw bezahlen müssen **II.** *vi* ❶ zahlen ❷ *(être rentable)* sich lohnen; *(politique, tactique)* sich bezahlt machen **III.** *vpr fam (s'offrir)* **se ~ qc** sich *(dat)* etw leisten

pays [pei] *m* ❶ Land *nt;* ~ **natal** Heimatland; ~ **membres de l'UE** EU-Länder ❷ *sans pl (région natale)* Heimat *f* ❸ *sans pl (patrie)* Vaterland *nt* ❹ *sans pl (terre d'élection)* **le ~ du vin** das Land des Weins ❺ GEO **plat** ~ Flachland *nt*

> **Aussprache**
>
> In **pays** und verwandten Wörtern wird das -ay- nicht wie in der Regelaussprache [ɛj] *(paye, balayer ...)*, sondern als [ei] wie in *véhicule* artikuliert.

paysage [peizaʒ] *m* ❶ Landschaft *f* ❷ *fig* ~ **audiovisuel** Fernsehlandschaft

paysagiste [peizaʒist] **I.** *mf* ❶ BOT Landschaftsgärtner(in) *m(f)* ❷ ART Landschaftsmaler(in) *m(f)* **II.** *app* **architecte** ~ Gartenarchitekt(in) *m(f)*

paysan(ne) [peizɑ̃] **I.** *adj (vie)* ländlich **II.** *m(f)* Bauer, Bäuerin *m, f*

Pays-Bas [peiba] *mpl* **les** ~ die Niederlande

P.C.[1] [pese] *m abr de* **personal computer** INFORM PC *m;* ~ **de poche** Taschencomputer *m*

P.C.[2] [pese] *m abr de* **Parti communiste** POL KP *f*

P.D.G. [pedeʒe] *m fam abr de* **président-directeur général**

péage [peaʒ] *m* ① *(lieu)* Gebührenzahlstelle *f;* *(sur autoroutes)* Mautstelle *f* ② **à ~** gebührenpflichtig

peau [po] <x> *f* ① Haut *f* ② *pl* **~x mortes** Hornhaut ③ *(cuir)* Leder *nt* ④ *(d'une pomme, orange)* Schale *f* ▸ **avoir la ~ dure** *fam* ein dickes Fell haben; **défendre sa ~** um sein Leben kämpfen; **risquer sa ~ [pour qn/qc]** *fam* Kopf und Kragen [für jdn/etw] riskieren; **y laisser sa ~** *fam* dran glauben müssen

péché [peʃe] *m* Sünde *f*

pêche[1] [pɛʃ] *f* Pfirsich *m* ▸ **avoir la ~** *fam* topfit sein

pêche[2] [pɛʃ] *f sans pl* ① *(profession)* Fischerei *f* ② *(loisir)* Fischen *nt;* **aller à la ~** angeln gehen ③ *(période)* Fangzeit *f* ④ *(prises)* Fang *m*

pêcher[1] [peʃe] <1> **I.** *vi* *(avec une canne)* angeln **II.** *vt* ① *(être pêcheur de)* fischen ② *(poissons, crustacés)* fangen ③ *fam (idée, histoire)* ausgraben

pêcher[2] [peʃe] *m* Pfirsichbaum *m*

pécheur, -eresse [peʃœʀ] *m, f* Sünder(in) *m(f)*

pêcheur, -euse [pɛʃœʀ] *m, f* Fischer(in) *m(f)*

pectine [pɛktin] *f* Pektin *nt*

pédagogie [pedagɔʒi] *f* ① *(science)* Pädagogik *f* ② *sans pl (qualité)* pädagogisches Geschick *nt*

pédagogique [pedagɔʒik] *adj* pädagogisch; **méthode ~** Erziehungsmethode *f*

pédagogue [pedagɔg] **I.** *mf* Pädagoge, Pädagogin *m, f* **II.** *adj* pädagogisch

pédale [pedal] *f* ① *a.* MUS Pedal *nt;* *(d'une poubelle)* Fußhebel *m* ② *péj fam (homosexuel)* Schwuchtel *f*

pédalier [pedalje] *m* ① *(d'une bicyclette)* Kettenantrieb *m* *(Kettenblatt und Tretlager);* **jeu de ~** Tretlager *nt* ② MUS Pedalklaviatur *f*

pédalo® [pedalo] *m* Tretboot *nt*

pédant(e) [pedɑ̃] **I.** *adj péj* besserwisserisch **II.** *m(f) péj* Besserwisser(in) *m(f)*

pédé [pede] *m abr de* **pédéraste** *péj fam* Homo *m*

pédéraste [pedeʀast] *m* Homosexuelle(r) *m*

pédestre [pedɛstʀ] *adj* **randonnée ~** Wanderung *f*

peeling [piliŋ] *m* Peeling *nt*

peigne [pɛɲ] *m* Kamm *m*

peigner [peɲe] <1> **I.** *vt* kämmen **II.** *vpr* **se ~** sich kämmen

peignoir [pɛɲwaʀ] *m* Bademantel *m*

peinard(e) [pɛnaʀ, aʀd] *adj fam (personne)* ruhig, verträglich; *(coin)* ruhig; *(boulot, vie)* bequem; **avoir un boulot ~** eine ruhige Kugel schieben

peindre [pɛ̃dʀ] <irr> **I.** *vi* **~ au pinceau** mit dem Pinsel malen **II.** *vt* ① [an]streichen ② ART malen

peine [pɛn] **I.** *f* ① *(chagrin, douleur)* Kummer *m;* **avoir de la ~** traurig sein ② JUR Strafe *f;* **~ de mort** Todesstrafe ③ *(effort, difficulté)* Mühe *f;* **sans ~** mühelos ▸ **c'est bien la ~ de faire qc** *iron* das lohnt sich vielleicht etw zu tun *(fam)* **II.** *adv* **à ~** kaum; *(tout au plus)* noch nicht einmal

peiner [pene] <1> **I.** *vi* **~ à/pour faire qc** Mühe haben etw zu tun **II.** *vt* ① *(nouvelle, refus)* traurig machen ② *(décevoir)* enttäuschen

peintre [pɛ̃tʀ] *m* Maler(in) *m(f);* **~ en bâtiment** Anstreicher(in) *m(f)*

peinture [pɛ̃tyʀ] *f* ① *(couleur)* Farbe *f* ② *(couche)* Anstrich *m*

péjoratif, -ive [peʒɔʀatif, -iv] *adj* pejorativ

péjorativement [peʒɔʀativmɑ̃] *adv* pejorativ

pelage [pəlaʒ] *m* Fell *nt*

pelé(e) [pəle] *adj* kahl

pêle-mêle [pɛlmɛl] *adv* [kunterbunt] durcheinander

peler [pəle] <4> **I.** *vi* ① *(peau, nez)* sich schälen ② *fam (avoir froid)* sich *(dat)* einen abfrieren **II.** *vt (éplucher)* schälen

pèlerin [pɛlʀɛ̃] *m* REL Pilger(in) *m(f)*

pèlerinage [pɛlʀinaʒ] *m* REL Wallfahrt *f;*

lieu de ~ Wallfahrtsort *m*

pélican [pelikɑ̃] *m* Pelikan *m*

pelle [pɛl] *f* Schaufel *f* ▸ **à la ~** *fam* haufenweise

pelletée [pɛlte] *f* ❶ **une ~ de sable** eine Schaufel [voll] Sand ❷ *fam (bordée)* **une ~/des ~s d'injures** eine Schimpfkanonade

pelleteuse [pɛltøz] *f* [Löffel]bagger *m*

pellicule [pelikyl] *f* ❶ PHOT, CINE Film *m* ❷ *(mince couche)* **une ~ de poussière** eine Staubschicht

pelote [p(ə)lɔt] *f* COUT Knäuel *nt*

pelouse [p(ə)luz] *f* Rasen *m*

peluche [p(ə)lyʃ] *f* ❶ *(jouet)* Plüschtier *nt* ❷ *(poil)* Fussel *f o m*

pelucher [p(ə)lyʃe] <1> *vi* fusseln

pénal(e) [penal] <-aux> *adj (responsabilité)* strafrechtlich

pénaliser [penalize] <1> *vt a.* SPORT bestrafen

pénalité [penalite] *f* ❶ *(peine)* Strafgebühr *f* ❷ SPORT **coup de pied de ~** Strafstoß *m*

penaud(e) [pəno, od] *adj (personne, mine, air) (embarrassé)* verlegen; *(honteux)* beschämt; *(déçu)* enttäuscht; **s'en aller tout ~** sich kleinlaut davonstehlen

P

penchant [pɑ̃ʃɑ̃] *m* **avoir un ~ à qc** zu etw neigen

pencher [pɑ̃ʃe] <1> **I.** *vi* ❶ *(perdre l'équilibre: moto, pile de livres)* sich [zur Seite] neigen ❷ *(ne pas être droit)* **être penché** *(mur, tour)* schief sein ❸ *(se courber vers)* **être penché sur qn/qc** sich über jdn/etw beugen **II.** *vt (bouteille, carafe)* schräg halten; *(table, chaise)* kippen; *(tête) (en avant, sur qc)* beugen; *(en arrière)* zurücklegen **III.** *vpr* ❶ *(baisser)* **se ~** sich bücken; **se ~ par la fenêtre** sich zum Fenster hinauslehnen ❷ *(examiner)* **se ~ sur un problème** sich mit einem Problem befassen

pendant [pɑ̃dɑ̃] **I.** *prép* während *(+gen)*; **~ ce temps** währenddessen; **~ longtemps** lange Zeit hindurch **II.** *conj* **~ que...** *(tandis que)* während...; *(aussi longtemps que)* solange... ▸ **~ que j'y pense...** da fällt mir gerade ein...

pendentif [pɑ̃dɑ̃tif] *m* Schmuckanhänger *m*

penderie [pɑ̃dʀi] *f (placard)* Wandschrank *m*; *(armoire)* Kleiderschrank *m*

pendouiller [pɑ̃duje] <1> *vi fam* [herum]baumeln

pendre [pɑ̃dʀ] <14> **I.** *vi + être* **~ à qc** an etw *(dat)* hängen **II.** *vt* ❶ *(accrocher)* aufhängen ❷ *(mettre à mort)* hängen **III.** *vpr (se suicider)* **se ~** sich erhängen

pendu(e) [pɑ̃dy] **I.** *part passé de* **pendre II.** *adj fam (agrippé)* **être ~ aux lèvres de qn/au téléphone** an jds Lippen *(dat)*/an der Strippe hängen **III.** *m(f)* Gehängte(r) *f(m)*; **jouer au ~** JEUX Galgenraten *nt* spielen

pendule [pɑ̃dyl] *f* Uhr *f*; *(pour la cuisine)* Küchenuhr; *(murale)* Wanduhr ▸ **remettre les ~s à l'heure** die/eine Sache richtig stellen

pénétrant(e) [penetʀɑ̃] *adj* ❶ durchdringend ❷ *(odeur)* penetrant *(pej)*

pénétrer [penetʀe] <5> **I.** *vi (personne)* hineingehen; *(vent, odeur, cambrioleur)* eindringen **II.** *vt* durchdringen

pénible [penibl] *adj* ❶ *(travail, voyage)* anstrengend ❷ *fam (personne)* unerträglich; **elle est ~** sie kann einen nerven

Übersetzungstipp

Pénible – Nicht verwechseln mit *penibel – méticuleux, méticuleuse!*

péniblement [penibləmɑ̃] *adv (difficilement)* mühsam

pénis [penis] *m* Penis *m*

pensée [pɑ̃se] *f* ❶ *(idée)* Gedanke *m* ❷ *sans pl (opinion)* Meinung *f* ❸ *sans* *pl* PHILOS Denken *nt* ❹ *(esprit)* Geist *m*

penser [pɑ̃se] <1> **I.** *vi* ❶ **~ à qn/qc** an jdn/etw denken; **faire ~ à qn/qc** an jdn/etw erinnern ❷ *(réfléchir)* **~ à qc** über etw *(akk)* nachdenken ▸ **tu penses!** *fam* und ob! **II.** *vt* ❶ *(avoir comme opinion)* denken; **~ qc de qn/qc** etw von jdm/etw halten ❷ *(croire)* glauben; **je pense que oui/que non** ich denke ja/ich glaube nicht

penseur, -euse [pɑ̃sœʀ, -øz] *m, f* Denker(in) *m(f)*; **libre ~** Freidenker *m*

pensif, -ive [pɑ̃sif] *adj* nachdenklich

pension [pɑ̃sjɔ̃] *f* ❶ *(allocation)* Rente *f* ❷ *(internat)* Internat *nt* ❸ *(hôtel, hébergement)* Pension *f*; **~ complète** Vollpension *f*

pensionnaire [pɑ̃sjɔnɛʀ] *mf* SCOL Internatsschüler(in) *m(f)*

pensivement [pɑ̃sivmɑ̃] *adv* nachdenklich

pente [pɑ̃t] *f (d'une route, d'un terrain)* Gefälle *nt*; *(d'un toit)* Schräge *f*; **monter la ~** *(à pied/en voiture)* den Hang hinaufklettern/hinauffahren ▸ **qn/qc est sur une mauvaise ~** mit jdm/etw geht es bergab

Pentecôte [pɑ̃tkot] *f* Pfingsten *nt*

pénurie [penyʀi] *f* Knappheit *f*; **~ de logements** Wohnungsnot *f*

people [pipœl] **I.** *adj inv (journaliste, magazine)* Boulevard-; **presse ~** Boulevardpresse *f* **II.** *mpl* **les ~[s]** die Promis *Pl* die Berühmtheiten *Pl*

peopolisation [pipɔlizasjɔ̃] *f* MEDIA Boulevardisierung *f*

pépé [pepe] *m fam* Opa *m*

pépin [pepɛ̃] *m (d'un fruit)* Kern *m*

pépiniériste [pepinjeʀist] *mf* Baumschulgärtner(in) *m(f)*

perçant(e) [pɛʀsɑ̃] *adj (regard)* stechend; *(voix)* schrill

perceptible [pɛʀsɛptibl] *adj* wahrnehmbar

perception [pɛʀsɛpsjɔ̃] *f* Wahrnehmung *f*

percer [pɛʀse] <2> **I.** *vi (dent)* durchkommen **II.** *vt* ❶ *(trou)* bohren; **être percé** *(vêtement, sac)* ein Loch/Löcher haben ❷ *(mur, rocher, tôle)* durchbohren; *(oreille, tympan)* durchstechen

perceuse [pɛʀsøz] *f* Bohrmaschine *f*

percevoir [pɛʀsəvwaʀ] <12> *vt* ❶ *(entendre, apercevoir)* wahrnehmen ❷ *(encaisser: honoraires, intérêts)* bekommen; *(loyer)* einnehmen

perche[1] [pɛʀʃ] *f* ZOOL Barsch *m*

perche[2] [pɛʀʃ] *f* ❶ Stange *f* ❷ SPORT Stab *m*; **le saut à la ~** der Stabhochsprung

percher [pɛʀʃe] <1> **I.** *vi* **être perché sur qc** *(animal)* auf etw *(dat)* sitzen **II.** *vt fam (mettre)* **~ qc sur qc** etw ganz weit oben auf etw *(akk)* stellen/legen **III.** *vpr* **se ~ sur qc** sich auf etw *(akk)* setzen

percuter [pɛʀkyte] <1> *vt* **~ qc** auf etw *(akk)* prallen; **~ qn** jdn anfahren

perdant(e) [pɛʀdɑ̃] **I.** *adj* **numéro ~** Niete *f* **II.** *m(f)* Verlierer(in) *m(f)*

perdre [pɛʀdʀ] <14> **I.** *vi* verlieren **II.** *vt* ❶ verlieren; **~ son chemin** sich verlaufen ❷ *(réputation, estime)* einbüßen; *([mauvaise] habitude)* ablegen ❸ *(se voir privé d'une partie de soi)* **~ la vue/l'ouïe** blind/taub werden ❹ *(gaspiller)* **faire ~ du temps à qn** jdn Zeit kosten **III.** *vpr* ❶ *(s'égarer)* **se ~** *(à pied/en voiture)* sich verirren/verfahren ❷ *(s'attarder à)* **se ~ dans des explications** sich in Erklärungen *(dat)* ergehen ❸ *(disparaître)* **se ~** *(métier)* aussterben

perdrix [pɛʀdʀi] *f* Feldhuhn *nt*

perdu(e) [pɛʀdy] **I.** *part passé de* **perdre II.** *adj* ❶ verloren ❷ *(chien)* streunend ❸ *(gaspillé)* **de ~** *(temps)* vergeudet ❹ *(pays, endroit)* entlegen

père [pɛʀ] *m* ❶ Vater *m*; **Durand ~** Durand senior ❷ REL Pater *m*; **Notre Père** Vaterunser *nt* ▸ **~ Noël** Weihnachtsmann *m*

perfection [pɛʀfɛksjɔ̃] *f sans pl* Perfektion *f*; **à la ~** vollendet

perfectionné(e) [pɛʀfɛksjɔne] *adj* **très ~** hochentwickelt

perfectionnement [pɛʀfɛksjɔnmɑ̃] *m* Verbesserung *f; (d'un système, d'une technique)* Weiterentwicklung *f;* **apporter des ~s à qc** etw verbessern; **stage de ~** Fortbildungslehrgang *m;* **classe de ~** SCOL Förderunterricht *m*

perfectionner [pɛʀfɛksjɔne] <1> **I.** *vt* verbessern; *(style, langue)* vervollkommnen **II.** *vpr* **se ~** sich verbessern

perfectionniste [pɛʀfɛksjɔnist] **I.** *mf* Perfektionist(in) *m(f)* **II.** *adj* perfektionistisch

perforatrice [pɛʀfɔʀatʀis] *f* INFORM Lochkartenstanzer *m*

perforer [pɛʀfɔʀe] <1> *vt* lochen

perforeuse [pɛʀfɔʀøz] *f* Locher *m*

performance [pɛʀfɔʀmɑ̃s] *f a.* SPORT Leistung *f;* **~s** *(d'une machine, voiture)* Leistungsfähigkeit *f*

performant(e) [pɛʀfɔʀmɑ̃] *adj* leistungsfähig

péridurale [peʀidyʀal] *f* Periduralanästhesie *f*

périgourdin(e) [peʀiguʀdɛ̃, in] *adj* aus dem Périgord

périmé(e) [peʀime] *adj (carte, passeport)* abgelaufen; *(billet)* verfallen

P

périmer [peʀime] <1> *vpr* **se ~** *(carte, passeport, visa)* ablaufen; *(billet)* verfallen; **laisser [se] ~ un billet** eine Karte verfallen lassen

périnée [peʀine] *m* ANAT Damm *m*

période [peʀjɔd] *f* ❶ *(époque)* Zeit *f* ❷ *(espace de temps)* Zeit[raum *m*] *f;* **~ de double circulation** *(concernant l'euro)* Doppelwährungsphase *f*

périodique [peʀjɔdik] **I.** *adj* **être ~** regelmäßig wiederkehren **II.** *m* PRESSE Zeitschrift *f*

périodiquement [peʀjɔdikmɑ̃] *adv* in regelmäßigen Abständen

péripatéticienne [peʀipatetisjɛn] *f hum soutenu* Prostituierte *f,* Dame *f* vom horizontalen Gewerbe *(fam)*

péripétie [peʀipesi] *f* unvorhergesehenes Ereignis *nt*

périphérie [peʀifeʀi] *f* ❶ GEO **la ~ d'un cercle** der Kreisumfang ❷ *(banlieue)* Peripherie *f;* **habiter à la ~ de la ville** am Stadtrand wohnen; **l'immobilier dans la ~** die Immobilien in den Außenbezirken

périphérique [peʀifeʀik] **I.** *adj (quartier)* am Stadtrand **II.** *m* ❶ *(intérieur, extérieur)* Ring *m* ❷ INFORM Peripheriegerät *nt;* **~ son** Soundkarte *f*

périssable [peʀisabl] *adj* leicht verderblich

perle [pɛʀl] *f* Perle *f*

permanence [pɛʀmanɑ̃s] *f* ❶ ADMIN, MED Bereitschaftsdienst *m;* **assurer la ~/être de ~** Bereitschaftsdienst haben ❷ *(d'un parti, syndicat)* Geschäftsstelle *f* ▶ **en ~** ständig

permanent(e) [pɛʀmanɑ̃] *adj* ständig; *(caractère, phénomène)* beständig

permanente [pɛʀmanɑ̃t] *f* Dauerwelle *f*

permettre [pɛʀmɛtʀ] <irr> **I.** *vt impers (être autorisé)* **il est permis à qn de faire qc** es ist jdm gestattet etw zu tun **II.** *vt* **~ à qn de faire qc** *(autoriser)* jdm erlauben etw zu tun; **~ que** + *subj* erlauben, dass ▶ **vous permettez?** gestatten Sie? **III.** *vpr (oser)* **se ~** sich *(dat)* erlauben

permis [pɛʀmi] *m* ❶ *(permis de conduire)* Führerschein *m* ❷ *(licence)* **~ de pêche** Angelschein *m* ❸ *(autorisation)* **~ de séjour** Aufenthaltserlaubnis *f;* **~ d'établissement** CH Niederlassungsbewilligung *f* (CH)

permis(e) [pɛʀmi] *part passé de* **permettre**

permission [pɛʀmisjɔ̃] *f sans pl* **~ de faire qc** Erlaubnis *f* etw zu tun

Pérou [peʀu] *m* **le ~** Peru *nt*

peroxydé(e) [pɛʀɔkside] *adj (cheveux)* wasserstoffblond; **une blonde ~e** eine wasserstoffblonde Frau

perpendiculaire [pɛʀpɑ̃dikylɛʀ] *adj* **être ~ à qc** rechtwinklig zu etw stehen; **la rue ~ à cette rue** die Querstraße zu dieser Straße

perpendiculairement [pɛʀpɑ̃dikylɛʀmɑ̃] *adv* ~ **à qc** im rechten Winkel [*o* senkrecht] zu etw

perpétuel(le) [pɛʀpetɥɛl] *adj* dauernd

perpétuellement [pɛʀpetɥɛlmɑ̃] *adv* 1 *(constamment)* ständig, dauernd 2 *(éternellement)* unaufhörlich

perpétuer [pɛʀpetɥe] <1> **I.** *vt (tradition)* aufrechterhalten; *(nom)* weitergeben **II.** *vpr* **se** ~ *(abus, injustices)* sich fortsetzen

perpétuité [pɛʀpetɥite] *f* **à** ~ lebenslang; *(condamnation)* lebenslänglich

perplexe [pɛʀplɛks] *adj* ratlos

perroquet [pɛʀɔkɛ] *m* Papagei *m*

perruche [pɛʀyʃ] *f* ZOOL Sittich *m*

perruque [pɛʀyk] *f* Perücke *f*

persan [pɛʀsɑ̃] *m* Persisch *nt; v.a.* **allemand**

persan(e) [pɛʀsɑ̃] *adj* persisch; **tapis** ~ Perserteppich *m;* **chat** ~ Perserkatze *f; v.a.* **allemand**

Persan(e) [pɛʀsɑ̃, an] *m(f)* Perser(in) *m(f)*

perse [pɛʀs] **I.** *adj* HIST persisch; *v.a.* **allemand** **II.** *m* HIST Persisch *nt; v.a.* **allemand**

Perse [pɛʀs] **I.** *m, f* HIST Perser *m* **II.** *f* **la** ~ Persien *nt*

persécuter [pɛʀsekyte] <1> *vt* verfolgen

persécution [pɛʀsekysjɔ̃] *f* Verfolgung *f*

persévérance [pɛʀseveʀɑ̃s] *f* Beharrlichkeit *f*

persévérant(e) [pɛʀseveʀɑ̃] *adj* beharrlich

persévérer [pɛʀseveʀe] <5> *vi* nicht aufgeben

persienne [pɛʀsjɛn] *f* Fensterladen *m*

persil [pɛʀsi] *m* Petersilie *f*

Aussprache

Das -l ist entgegen der Regelaussprache in **persil** stumm.

persillé(e) [pɛʀsije] *adj* 1 mit Petersilie 2 *(avec des moisissures: fromage)* mit Blauschimmel; *(viande)* durchwachsen

persister [pɛʀsiste] <1> *vi* ~ **dans qc** auf etw *(dat)* bestehen; ~ **à faire qc** etw weiterhin tun

perso [pɛʀsɔ] *adj inv fam* persönlich

personnage [pɛʀsɔnaʒ] *m* 1 ART, LITTER Figur *f,* Person *f* 2 *(personnalité)* Persönlichkeit *f*

personnalisation [pɛʀsɔnalizasjɔ̃] *f* Personalisierung *f*

personnalisé(e) [pɛʀsɔnalize] *adj* personalisiert; *(accessoire, vêtement)* individuell entworfen; *(service)* individuell

personnaliser [pɛʀsɔnalize] <1> *vt (adapter)* individuell gestalten

personnalité [pɛʀsɔnalite] *f* Persönlichkeit *f;* **avoir de la** ~ eine ausgeprägte Persönlichkeit sein

personne[1] [pɛʀsɔn] *f* 1 *a.* LING Person *f;* **les ~s âgées** die Senioren *Pl;* **la ~ qui/les ~s qui** derjenige, der/diejenigen, die 2 *(être humain)* Mensch *m* ▶ **grande** ~ Erwachsene(r) *f(m)*

personne

Gens bezieht sich auf Leute als unbestimmtes Ganzes. **Personne** wird verwendet, wenn man sich auf einzelne Personen bezieht:
Hier soir, j'ai rencontré des gens bizarres. – Gestern Abend habe ich merkwürdige Leute getroffen.
Hier soir, j'ai rencontré une personne bizarre. – Gestern Abend habe ich eine merkwürdige Person getroffen.

personne[2] [pɛʀsɔn] *pron indéf* 1 *(opp: quelqu'un)* niemand; **il n'y a** ~ es ist niemand da 2 *(quelqu'un)* jemand

personnel [pɛʀsɔnɛl] *m* Personal *nt; (d'une entreprise)* Belegschaft *f;* ~ **enseignant** Lehrkörper *m*

personnel(le) [pɛʀsɔnɛl] *adj* 1 *(indivi-*

P

duel) persönlich; *(objets)* des persönlichen Gebrauchs; *(biens, fortune)* Privat-; **fortune ~le** Privatvermögen *nt;* **à titre ~** persönlich ❷ LING persönlich; *(forme)* bestimmt; *(pronom)* Personal-

personnellement [pɛʀsɔnɛlmɑ̃] *adv* persönlich

perspective [pɛʀspɛktiv] *f* ❶ MATH, ART Perspektive *f* ❷ *(éventualité, horizon)* **~ de qc** Aussicht *f* auf etw *(akk)* ❸ *(panorama)* Ausblick *m*

perspicace [pɛʀspikas] *adj (sagace)* scharfsinnig

perspicacité [pɛʀspikasite] *f* Scharfblick *m; (d'une prévision)* Scharfsichtigkeit *f; (d'une remarque)* Scharfsinnigkeit *f*

persuader [pɛʀsɥade] <1> **I.** *vt* **~ qn de qc** jdn von etw überzeugen **II.** *vpr* **se ~ de qc** von etw überzeugt sein; **se ~ que...** sich *(dat)* einreden, dass...

persuasif, -ive [pɛʀsɥazif] *adj* überzeugend

perte [pɛʀt] *f* ❶ Verlust *m;* **~ de temps** Zeitverschwendung *f* ❷ *pl (morts)* Verluste *Pl* ▸ **à ~ de vue** *(interminablement)* endlos

pertinence [pɛʀtinɑ̃s] *f* Zutreffen *nt; (d'un argument, raisonnement)* Stichhaltigkeit *f*

pertinent(e) [pɛʀtinɑ̃] *adj* treffend

perturbant(e) [pɛʀtyʀbɑ̃] *adj (situation)* [extrem] verwirrend

perturbation [pɛʀtyʀbasjɔ̃] *f* Störung *f*

perturbé(e) [pɛʀtyʀbe] *adj* **un trafic ~** eine Verkehrsbehinderung

perturber [pɛʀtyʀbe] <1> *vt* durcheinanderbringen

pervers(e) [pɛʀvɛʀ] **I.** *adj* pervers **II.** *m(f)* perverser Mensch *m*

pesant(e) [pəzɑ̃] *adj* schwer

peser [pəze] <4> **I.** *vt* ❶ *(mesurer le poids)* wiegen ❷ *(estimer)* abwägen **II.** *vi* ❶ schwer sein; **ne rien ~** nicht viel wiegen; **~ lourd** viel ❷ *(exercer une pression)* **~ sur qc** auf etw *(akk)* drücken **III.** *vpr* **se ~** sich wiegen

pessimiste [pesimist] **I.** *adj* pessimistisch **II.** *m, f* Pessimist(in) *m(f)*

peste [pɛst] *f* ❶ MED Pest *f* ❷ *fig* Plage *f*

pester [pɛste] <1> *vi* schimpfen; **~ contre qn/qc** auf jdn/etw schimpfen

pétanque [petɑ̃k] *f* Boulespiel *nt*

pétant(e) [petɑ̃, ɑ̃t] *adj fam* **huit heures ~[es]** Punkt acht [Uhr]; **midi ~** Punkt zwölf

pétard [petaʀ] *m* ❶ *(explosif)* Knallkörper *m* ❷ *fam (cigarette de haschich)* Joint *m*

péter [pete] <5> *vi fam* ❶ *(faire un pet)* furzen ❷ *(éclater)* platzen

pète-sec [pɛtsɛk] *adj inv fam* schroff

pétillant(e) [petijɑ̃] *adj (vin)* perlend; **eau ~e** Sprudel *m*

pétiller [petije] <1> *vi (faire des bulles)* sprudeln; *(champagne)* perlen

petiot(e) [pətjo, jɔt] **I.** *adj fam* [ganz] klein **II.** *m(f) fam* Kleine(r) *f(m)*

petit [p(ə)ti] *adv* **voir ~** [zu] knapp rechnen ▸ **~ à ~** allmählich

petit(e) [p(ə)ti] **I.** *adj* ❶ klein; **au ~ jour** bei Tagesanbruch ❷ *(heure, kilo, mètre)* knapp ❸ *(terme affectueux)* **~ copain** [*o* **ami**] Freund *m* ❹ *(vin, année, cru)* einfach; *(santé)* schwach ▸ **se faire tout ~** sich ganz klein machen **II.** *m(f) (enfant)* Kleine(r) *f(m)*

petit-déj' [p(ə)tidɛʒ] <petits-déj'> *m fam abr de* **petit-déjeuner** **petit-déjeuner** [p(ə)tideʒœne] <petits-déjeuners> *m* Frühstück *nt*

petite-fille [p(ə)titfij] <petites-filles> *f* Enkelin *f*

petit-fils [p(ə)tifis] <petits-fils> *m* Enkel *m* **petit-four** [p(ə)tifuʀ] <petits-fours> *m exquisites Kleingebäck*

pétition [petisjɔ̃] *f* Petition *f*

petits-enfants [p(ə)tizɑ̃fɑ̃] *mpl* Enkel[kinder] *Pl*

pétrifié(e) [petʀifje] *adj* ❶ *(changé en pierre)* versteinert ❷ *(médusé)* wie versteinert; **~ de terreur** starr vor Schreck *(dat)*

pétrin [petʀɛ̃] *m fam* **être dans le ~** in der Patsche sitzen

pétrir [petʀiʀ] <8> *vt* kneten
pétrochimique [petʀoʃimik] *adj* petrochemisch
pétrole [petʀɔl] *m* [Erd]öl *nt*
pétrolier [petʀɔlje] *m* Öltanker *m*
pétrolier, -ière [petʀɔlje] *adj* Erdöl-; **crise pétrolière** Erdölkrise *f*
peu [pø] **I.** *adv (opp: beaucoup, très)* wenig; *avec un adj ou un adv* nicht sehr; ~ **avant/après** kurz davor/darauf; **depuis** ~ seit kurzem; ~ **de temps** wenig Zeit ▶ ~ **à** ~ nach und nach; **à** ~ **près** ungefähr; **de** ~ [nur] knapp **II.** *pron indéf* ❶ *(peu de personnes)* wenige ❷ *(peu de choses)* wenig; ~ **importe** das ist nicht so wichtig **III.** *m* **le** ~ **de personnes/choses** die paar Menschen/Dinge; **le** ~ **que...** das bisschen, das... ▶ **un** ~ **partout** fast überall; **pour si** ~ wegen so einer Kleinigkeit; **attends un** ~ **que je t'attrape** *fam* warte nur, bis ich dich kriege
peuple [pœpl] *m* Volk *nt*
peuplé(e) [pœple] *adj* [dicht] bevölkert
peuplier [pøplije] *m* Pappel *f*
peur [pœʀ] *f* ~ **de qn/qc** Angst *f* vor jdm/etw; **avoir** ~ **que** + *subj* Angst haben, dass ▶ **j'ai bien** ~ **que** ich befürchte sehr, dass; **prendre** ~ Angst bekommen; **de** ~ vor Angst
peureux, -euse [pœʀø] **I.** *adj* ängstlich **II.** *m, f* Angsthase *m (fam)*
peut [pø] *indic prés de* **pouvoir**
peut-être [pøtɛtʀ] *adv* ❶ *(éventuellement)* vielleicht; ~ **que...** es kann sein, dass... ❷ *(marque de doute)* mag ja sein
peuvent [pœv], **peux** [pø] *indic prés de* **pouvoir**
pfennig [pfenig] *m* HIST Pfennig *m*
pH [peaʃ] *m inv abr de* **potentiel d'Hydrogène** pH-Wert *m*
phallique [falik] *adj* Phallus-, phallisch
phare [faʀ] *m* ❶ *(projecteur)* Scheinwerfer *m* ❷ *(tour)* Leuchtturm *m*
pharmacie [faʀmasi] *f (boutique)* Apotheke *f*; ~ **de garde** Notdienstapotheke
pharmacien(ne) [faʀmasjɛ̃] *m(f)* Apotheker(in) *m(f)*
phase [fɑz] *f* Phase *f*; *(d'une maladie)* Stadium *nt*
phénomène [fenɔmɛn] *m* Phänomen *nt*
philatélie [filateli] *f (hobby)* Briefmarkensammeln *nt*
philatéliste [filatelist] *mf* Briefmarkensammler(in) *m(f)*
Philippines [filipin] *fpl* **les** ~ die Philippinen
philo [filo] *f fam v.* **philosophie**
philosophe [filɔzɔf] **I.** *mf* Philosoph(in) *m(f)* **II.** *adj* weise
philosopher [filɔzɔfe] <1> *vi* philosophieren
philosophie [filɔzɔfi] *f* ❶ Philosophie *f* ❷ *(sagesse)* Weisheit *f*
philosophique [filɔzɔfik] *adj* philosophisch
philtre [filtʀ] *m* Liebestrank *m*
phocéen(ne) [fɔseɛ̃, ɛn] *adj* **cité** ~**ne** Marseille *nt*; **l'équipe** ~**ne** die Marseiller Mannschaft
phonétique [fɔnetik] **I.** *f* ❶ Phonetik *f* ❷ *(transcription)* Lautschrift *f* **II.** *adj* phonetisch
phonétiquement [fɔnetikmɑ̃] *adv* phonetisch
phonographe [fɔnɔgʀaf] *m* Phonograph *m*
phoque [fɔk] *m* Seehund *m*
photo [fɔto] *f abr de* **photographie** ❶ *(cliché)* Foto *nt*; ~ **d'identité** Passfoto ❷ *(art)* Fotografie *f*; **faire de la** ~ fotografieren
photocopie [fɔtɔkɔpi] *f* Fotokopie *f*
photocopier [fɔtɔkɔpje] <1> *vt* [foto]kopieren
photocopieur [fɔtɔkɔpjœʀ] *m*, **photocopieuse** [fɔtɔkɔpjøz] *f* Fotokopierer *m*
photographe [fɔtɔgʀaf] *mf* Fotograf(in) *m(f)*
photographie [fɔtɔgʀafi] *f* Fotografie *f*, Photographie *f*
photographier [fɔtɔgʀafje] <1> *vt* foto-

P

grafieren
phrase [fʀɑz] *f* Satz *m* ▸ **~ toute faite** Redewendung *f*
physicien(ne) [fizisjɛ̃] *m(f)* Physiker(in) *m(f)*
physiologiquement [fizjɔlɔʒikmɑ̃] *adv* physiologisch [gesehen]
physionomiste [fizjɔnɔmist] **I.** *adj* **être ~** ein gutes Personengedächtnis haben **II.** *mf* Mensch *m*, der ein gutes Personengedächtnis hat
physique [fizik] **I.** *adj* ❶ physisch; *(effort, fatigue)* körperlich; **éducation ~** Turnen *nt* ❷ PHYS physikalisch; **sciences ~s** [die] Physik und [die] Chemie **II.** *m (aspect extérieur)* Äußere(s) *nt;* **avoir un beau ~** gut aussehen **III.** *f* Physik *f*
physiquement [fizikmɑ̃] *adv* körperlich
piaillement [pjɑjmɑ̃] *m (d'un oiseau)* Gepiep[s]e *nt; (d'un enfant)* Geplärr[e] *nt; (d'une femme)* Gekreisch[e] *nt*
piailler [pjɑje] <1> *vi* kreischen
pianiste [pjanist] *mf* Pianist(in) *m(f)*
piano [pjano] **I.** *m* Klavier *nt;* **jouer du ~** Klavier spielen **II.** *adv* leise
pianoter [pjanɔte] <1> *vi* **~ sur l'ordinateur** am Rechner herumtippen
P
piaule [pjol] *f fam* Bude *f*
P.I.B. [peibe] *m abr de* **produit intérieur brut** B.I.P. *nt*
pic [pik] *m* Bergspitze *f*
pickpocket [pikpɔkɛt] *m* Taschendieb *m*
picoler [pikɔle] <1> *vi fam* bechern
picorer [pikɔʀe] <1> *vt, vi* **~ [qc]** *(animal)* [etw] picken; *(personne)* [etw] knabbern
picoter [pikɔte] <1> *vt (yeux)* brennen in *(+dat)*
pie [pi] *f* ❶ ZOOL Elster *f* ❷ *fam (femme)* Quasselstrippe *f*
pièce [pjɛs] *f* ❶ Stück *nt; (d'un puzzle, appareil)* Teil *nt;* **~ de théâtre** Theaterstück ❷ *(document)* **~ d'identité** [Personal]ausweis *m* ❸ *(salle)* Zimmer *nt* ❹ *(monnaie)* **~ [de monnaie]** Geldstück *nt;* **~s [en] euro** Euro-Münzen *Pl* ❺ COUT Flicken *m* ▸ **à la ~** stückweise
piécette [pjesɛt] *f* kleines Geldstück
pied [pje] *m* ❶ Fuß *m;* **à ~** zu Fuß; **au ~!** bei Fuß! ❷ *(support)* Bein *nt* ❸ *(d'un lit)* Fußende *nt;* **au ~ d'une colline** am Fuß eines Hügels ▸ **des ~s à la tête** von Kopf bis Fuß; **se lever du ~ gauche** mit dem linken Fuß zuerst aufstehen
pied-noir [pjenwaʀ] <pieds-noirs> *mf fam* Algerienfranzose, -französin *m, f*
piégé(e) [pjeʒe] *adj (colis)* Sprengstoff-; **valise ~e** Koffer *m*, in dem eine Sprengladung [*o* Bombe] versteckt ist; **lettre ~e** Briefbombe *f;* **voiture ~e** Autobombe *f*
piège [pjɛʒ] *m* Falle *f;* **prendre qn au ~** jdn in eine Falle locken; **tomber dans le ~** in die Falle gehen
piéger [pjeʒe] <2a, 5> *vt (animal)* mit der Falle fangen
pierre [pjɛʀ] *f* Stein *m* ▸ **faire d'une ~ deux coups** zwei Fliegen mit einer Klappe schlagen *(fam)*
Pierre [pjɛʀ(ə)] *m* Peter *m*
piétiner [pjetine] <1> **I.** *vi (avancer péniblement)* kaum von der Stelle kommen **II.** *vt (fleurs)* zertrampeln; **~ qc de rage** auf etw *(dat)* herumtrampeln
piéton(ne) [pjetɔ̃] **I.** *adj (zone)* Fußgänger- **II.** *m(f)* Fußgänger(in) *m(f)*
piétonnier, -ière [pjetɔnje] *adj v.* **piéton I.**
pieusement [pjøzmɑ̃] *adv* ❶ *(avec respect)* ehrfürchtig ❷ REL fromm
pif [pif] *m fam* Riechkolben *m*
pigeon [piʒɔ̃] *m* Taube *f;* **~ voyageur** Brieftaube
pigeonnant(e) [piʒɔnɑ̃, ɑ̃t] *adj (poitrine)* üppig; **soutien-gorge ~** *tief ausgeschnittener Form-BH*
pigeonner [piʒɔne] <1> *vt fam* rupfen; **se faire ~ par qn** sich von jdm anschmieren lassen
piger [piʒe] <2a> *vt, vi fam* kapieren
pigiste [piʒist] *mf* freier Journalist *m/*

freie Journalistin *f*
pile[1] [pil] *f* ❶ *(tas)* Stapel *m* ❷ ELEC Batterie *f*

Übersetzungstipp
La pile – Nicht verwechseln mit *die Pille – la pilule!*

pile[2] [pil] *adv (avec précision: arriver, [s']arrêter)* ganz pünktlich; *(au bon moment: arriver)* gerade richtig; **à 10 heures** ~ Punkt 10 Uhr
pile[3] [pil] *f* **le côté** ~ die [Münz]vorderseite; ~ **ou face?** Kopf oder Zahl?
piler [pile] <1> **I.** *vt* zerstoßen **II.** *vi fam* voll auf die Bremse latschen
pilier [pilje] *m* ARCHIT Pfeiler *m*
piller [pije] <1> *vt (mettre à sac)* [aus]plündern
pilleur, -euse [pijœʀ, -jøz] *m, f* Plünderer *m*/Plünderin *f*
pilote [pilɔt] **I.** *mf* ❶ AVIAT Pilot(in) *m(f)* ❷ AUT [Renn]fahrer(in) *m(f)* ❸ NAUT Lotse, Lotsin *m, f* **II.** *m* ❶ *(dispositif)* ~ **automatique** Autopilot *m* ❷ INFORM Treiber *m*
piloter [pilɔte] <1> *vt* ❶ *(avion)* steuern ❷ INFORM steuern
pilule [pilyl] *f* Pille *f;* **la** ~ die [Antibaby]pille *(fam)*
piment [pimɑ̃] *m* GASTR Peperoni *f*
pimenter [pimɑ̃te] <1> *vt* GASTR scharf würzen
pin [pɛ̃] *m* Kiefer *f*
pinailler [pinɑje] <1> *vi fam* auf Kleinigkeiten herumreiten; ~ **sur qc** an etw *(dat)* herumkritteln *(pej)*
pince [pɛ̃s] *f* ❶ TECH Zange *f* ❷ *(épingle)* ~ **à linge** Wäscheklammer *f* ❸ *(instrument d'épilation)* ~ **à épiler** Pinzette *f*
pincé(e) [pɛ̃se] *adj (hautain)* selbstgefällig
pinceau [pɛ̃so] <x> *m* Pinsel *m*
pincée [pɛ̃se] *f* Prise *f*
pincer [pɛ̃se] <2> **I.** *vt* ❶ *(faire mal)* ~ **qn** *(personne)* jdn kneifen ❷ *(lèvres)* aufeinanderpressen ❸ *fam (arrêter)* schnappen **II.** *vpr (se serrer la peau)* **se** ~ sich zwicken; **se** ~ **le doigt** *(se blesser)* sich *(dat)* den Finger quetschen **III.** *vi* ▶ **pince-moi, je rêve!** zwick' mich, ich glaub', ich träum'!
pincette [pɛ̃sɛt] *f* Pinzette *f* ▶ **ne pas être à prendre avec des ~s** *fam* mit Vorsicht zu genießen sein
ping-pong [piŋpɔ̃g] *m inv* Tischtennis *nt*
pinotte [pinɔt] *f* CAN *fam (cacahuète)* Erdnuss *f*
pinson [pɛ̃sɔ̃] *m* Buchfink *m*
pion [pjɔ̃] *m* JEUX Stein *m*
pion(ne) [pjɔ̃] *m(f)* SCOL *fam* Aufsichtführende(r) *f(m)*
pionnier, -ière [pjɔnje] *m, f* Pionier(in) *m(f)*
pipe [pip] *f* Pfeife *f*
pipelette [piplɛt] *f fam* Tratsche *f (pej);* **c'est une vraie ~!** der/die kann aber auch wirklich seinen/ihren Mund nicht halten!
pipette [pipɛt] *f* Pipette *f*
pipi [pipi] *m enfantin fam* Pipi *nt*
piquant [pikɑ̃] *m (épine)* Stachel *m; (d'un rosier)* Dorn *m*
piquant(e) [pikɑ̃] *adj* ❶ *(goût, sauce)* pikant ❷ *(bise, froid)* schneidend
pique [pik] *m* JEUX Pik *nt*
pique-nique [piknik] <pique-niques> *m* Picknick *nt* **pique-niquer** [piknike] <1> *vi* Picknick machen
piquer [pike] <1> **I.** *vt* ❶ *(faire une piqûre)* ~ **qn** *(personne, guêpe)* jdn stechen; *(serpent, puce)* jdn beißen ❷ *(animal)* einschläfern ❸ *(olive, insecte de collection)* aufspießen ❹ *(enfoncer par le bout)* ~ **une aiguille dans qc** eine Nadel in etw *(akk)* stechen ❺ *(picoter)* pik[s]en *(fam)* ❻ *fam (colère, crise)* kriegen ❼ *fam (voler)* klauen **II.** *vi* ❶ *(faire une piqûre: moustique, aiguille)* stechen ❷ *(descendre)* ~ **sur qc** auf etw

P

(akk) niederstürzen ❷ *(irriter un sens: ortie)* brennen **III.** *vpr* ❶ *(se blesser)* **se ~ avec une aiguille** sich mit einer Nadel stechen ❷ *(se faire une injection)* **se ~** sich spritzen; *(drogué)* spritzen *(fam)*; **se ~ à qc** sich *(dat)* etw spritzen

piquet [pikɛ] *m (pieu)* Pflock *m; (de tente)* Hering *m*

piqûre [pikyʀ] *f* ❶ *(blessure)* Stich *m* ❷ MED Spritze *f;* **faire une ~ à qn** jdm eine Spritze geben

piranha [piʀana] *m* Piranha *m*

pirate [piʀat] **I.** *adj (bateau, radio)* Piraten-; **enregistrement ~** Raubkopie *f* **II.** *m* ❶ NAUT Seeräuber *m* ❷ AVIAT **~ de l'air** Luftpirat(in) *m(f)*

pirater [piʀate] <1> *vt* **~ qc** eine Raubkopie von etw machen

pire [piʀ] **I.** *adj comp comp, superl de* **mauvais** *(plus mauvais)* schlimmer; **rien de ~ que...** nichts Schlimmeres als...; **~ que ça** noch schlimmer **II.** *m* **le ~** das Schlimmste; **au ~** schlimmstenfalls

pirouette [piʀwɛt] *f (culbute)* Pirouette *f*

pis[1] [pi] *m* Euter *nt*

pis[2] [pi] *adv* **tant ~!** na, dann sollte es wohl nicht sein!; **tant ~ pour lui/elle** Pech für ihn/sie

piscine [pisin] *f* Schwimmbad *nt*

pissenlit [pisɑ̃li] *m* Löwenzahn *m*

pisser [pise] <1> *vi fam* pinkeln

pissotière [pisɔtjɛʀ] *f fam* Pinkelbude *f*

pistache [pistaʃ] **I.** *f* Pistazie *f* **II.** *adj inv* lindgrün

piste [pist] *f* ❶ *a.* MEDIA Spur *f; (d'un animal)* Fährte *f;* **brouiller les ~s** die Spuren verwischen ❷ *(indice)* Hinweis *m* ❸ *(voie)* **~ cyclable/cavalière** Rad-/Reitweg *m* ❹ SPORT [Renn]bahn *f; (pour la danse)* Tanzfläche *f* ❺ *(chemin: à la montagne)* Pfad *m; (dans le désert, au ski)* Piste *f;* **~ de ski de fond** [Langlauf]loipe *f* ▸ **entrer en ~** in Aktion treten

pisteur, -euse [pistœʀ, -øz] *m, f* Pistenwart *m*

pistolet [pistɔlɛ] *m (arme)* Pistole *f*

piston [pistɔ̃] *m fam (favoritisme)* Vitamin *nt* B

pistonner [pistɔne] <1> *vt fam* **~ qn** für jdn seine Beziehungen spielen lassen

pistou [pistu] *m* GASTR Pesto *nt o m;* **soupe au ~** *Gemüsesuppe mit Basilikum und Knoblauch*

piteux, -euse [pitø] *adj* erbärmlich; *(résultat)* kläglich

pithiviers [pitivje] *m mit Marzipan gefüllter Blätterteigkuchen*

pitié [pitje] *f (compassion)* Mitleid *nt;* **par ~** aus Mitleid; **sans ~** erbarmungslos

piton [pitɔ̃] *m* ❶ *(crochet)* Haken *m* ❷ GEO Bergspitze *f* ❸ CAN *(touche: d'un ordinateur, téléphone)* Taste *f*

pitonnage [pitɔnaʒ] *m* CAN *fam (zapping)* Zappen *nt*

pitoyable [pitwajabl] *adj* ❶ *(aspect, état)* Mitleid erregend; *(personne)* bemitleidenswert ❷ *(piteux)* erbärmlich

pitre [pitʀ] *m* Hanswurst *m (iron)*

pitrerie [pitʀəʀi] *f souvent pl* Albernheiten *Pl;* **faire des ~s** Faxen [*o* Blödsinn] machen

pittoresque [pitɔʀɛsk] *adj (paysage, quartier)* malerisch

pivoter [pivɔte] <1> *vi* **~ sur qc** sich um etw drehen

pixel [piksɛl] *m* Pixel *nt*

pizza [pidza] *f* Pizza *f*

pizzeria [pidzeʀja] *f* Pizzeria *f*

placard [plakaʀ] *m* Schrank *m*

placarder [plakaʀde] <1> *vt* anschlagen

place [plas] *f* ❶ Platz *m;* **à la ~ de qc** an Stelle einer S. *(gen)*; **~ assise/debout** Sitz-/Stehplatz; **~ de stationnement** [einzelner] Parkplatz; **sur ~** vor Ort; **y a-t-il encore une ~ [de] libre?** ist noch ein Platz frei? ❷ *(endroit quelconque)* Stelle *f;* **tenir/prendre de la ~** [viel] Platz einnehmen ❸ *(billet)* Karte *f* ❹ *(emploi)* Stelle *f*

placé(e) [plase] *adj* ❶ *(situé)* **être**

bien/mal ~ *(objet)* einen günstigen/ungünstigen Standort haben ❷ SPORT platziert ❸ *(dans une situation)* **être haut** ~ in hoher Stellung sein

placer [plase] <2> **I.** *vt* ❶ *(mettre)* ~ **qc sur qc** *(verticalement/à plat)* etw auf etw *(akk)* stellen/legen ❷ *(sentinelle)* aufstellen ❸ *(anecdote, remarque)* anbringen; **ne pas pouvoir ~ un mot** nicht zu Wort kommen **II.** *vpr* **se ~** *(s'installer)* irgendwo Platz nehmen

plafond [plafɔ̃] *m* Decke *f*

plage [plaʒ] *f* Strand *m;* **sur la ~** am Strand; **aller à la ~** an den Strand gehen

plagiste [plaʒist] *mf* Strandpächter(in) *m(f)*

plaie [plɛ] *f* ❶ *(blessure)* Wunde *f* ❷ *fam (personne)* Plagegeist *m*

plaignant(e) [plɛɲɑ̃] *m(f)* JUR Kläger(in) *m(f)*

plaindre [plɛ̃dʀ] <irr> **I.** *vt (personne)* bedauern; **je te plains** du tust mir leid **II.** *vpr* ❶ *(se lamenter)* **se ~ de qc** über etw *(akk)* klagen ❷ *(protester)* **se ~ à qn** sich bei jdm beklagen

plaine [plɛn] *f* Ebene *f*

plainte [plɛ̃t] *f* ❶ *a.* JUR Klage *f;* **les ~s** das Wehgeschrei ❷ *(récrimination)* Beschwerde *f*

plaire [plɛʀ] <irr> **I.** *vi* ❶ **~ à qn** jdm gefallen ❷ *(être bien accueilli: chose)* Anklang finden **II.** *vi impers* **il plaît à qn de faire qc** es gefällt jdm etw zu tun ▸ **s'il te/vous plaît** bitte **III.** *vpr (s'apprécier)* **se ~** *(personnes)* sich mögen

plaisanter [plɛzɑ̃te] <1> *vi* scherzen; **je ne plaisante pas!** ich meine es ernst!

plaisanterie [plɛzɑ̃tʀi] *f* ❶ *(blague)* Scherz *m;* **mauvaise ~** übler Scherz ❷ *(farce)* Streich *m*

plaisir [pleziʀ] *m* ❶ Vergnügen *nt;* **~ de faire qc** Freude etw zu tun; **faire ~ à qn** jdm Freude machen ❷ *pl (sentiment agréable)* Lustgefühl *nt* ▸ **au ~!** *fam* [ich hoffe,] bis bald!; **avec** [**grand**] **~** mit [größtem] Vergnügen

plan [plɑ̃] *m* ❶ *(projet, représentation graphique)* Plan *m* ❷ *(canevas: d'un livre)* Entwurf *m* ❸ MEDIA Aufnahme *f;* **au premier/à l'arrière-~** im Vorder-/Hintergrund ❹ **c'est un bon ~** das ist eine gute Idee; **c'est pas un bon ~** das ist keine [so] gute Idee

planche [plɑ̃ʃ] *f* Brett *nt;* **~ à repasser** Bügelbrett; **~ à roulettes** Skateboard *nt;* **~ à voile** *(objet)* Surfbrett

plancher [plɑ̃ʃe] *m* Fußboden *m*

plancton [plɑ̃ktɔ̃] *m* Plankton *nt*

planer [plane] <1> *vi* ❶ *(voler: oiseau)* schweben; *(avion)* gleiten ❷ *(peser: soupçons)* auf jdm/etw lasten ❸ *fam (rêver)* in höheren Regionen schweben; *(sous l'effet d'une drogue)* high sein

planétarium [planetaʀjɔm] *m* Planetarium *nt*

planète [planɛt] *f* Planet *m*

planification [planifikasjɔ̃] *f* Planung *f*

planifier [planifje] <1> *vt* einen Plan aufstellen für

planisphère [planisfɛʀ] *m* Weltkarte *f*

planning [planiŋ] *m* ❶ *(calendrier)* Terminkalender *m* ❷ *(planification)* Terminplanung *f*

planque [plɑ̃k] *f fam* ❶ *(cachette)* Versteck *nt* ❷ *(travail tranquille)* ruhiger Job *m*

planqué(e) [plɑ̃ke] *m(f) péj fam* Drückeberger(in) *m(f)*

planquer [plɑ̃ke] <1> *vt, vpr fam* [**se**] **~** [sich] in Sicherheit bringen

plantaire [plɑ̃tɛʀ] *adj* an der Fußsohle; **voûte ~** Fußwölbung *f*

plantation [plɑ̃tasjɔ̃] *f* ❶ *(exploitation agricole)* Plantage *f* ❷ *(action)* [An]pflanzen *nt*

plante [plɑ̃t] *f* Pflanze *f*

planté(e) [plɑ̃te] *adj (debout et immobile)* **être/rester ~ là** wie angewurzelt dastehen/stehen bleiben; **être** [*o* **rester**] **~ là à attendre** dastehen und warten; **qu'est-ce que tu fais ~ là?** was stehst du da herum? *(fam)*

planter [plɑ̃te] <1> **I.** *vt* ❶ *(arbre,*

P

fleurs) pflanzen ❺ *(enfoncer)* einschlagen ❻ *(tente)* aufschlagen **II.** *vpr fam* **se ~** ❶ *(avoir un accident)* einen Unfall bauen ❷ INFORM *(ordinateur)* abstürzen ❸ *(se poster)* **se ~ devant qn** sich vor jdm aufpflanzen

plaque [plak] *f* ❶ Platte *f; (d'une porte, rue)* Schild *nt; (d'un policier)* Dienstmarke *f;* **~ minéralogique** Nummernschild *nt* ❷ *(couche)* **~ de verglas** vereiste Stelle *f* ❸ MED *(tache)* Fleck *m* ▶ **être à côté de la ~** *fam* daneben liegen

plaqué [plake] *m (bois)* Furnier *nt;* **en ~ or/argent** vergoldet/versilbert

plaquer [plake] <1> *vt fam (conjoint)* sitzen lassen; **tout ~** alles hinschmeißen

plastique [plastik] **I.** *m* Kunststoff *m;* **sous ~** in Plastik verpackt **II.** *adj inv* **emballage ~** Plastikverpackung

plat [pla] *m* ❶ *(récipient creux)* Schüssel *f; (récipient plat)* Schale *f* ❷ *(contenu)* **un ~ de lentilles** eine Schüssel [voll] Linsen *(gen)* ❸ *(mets)* Gericht *nt;* **~ principal/de résistance** Hauptgericht Hauptspeise *f* (A)

plat(e) [plat] *adj* flach; *(surface, terrain)* eben; *(mer)* glatt; **mettre/poser qc à ~** etw flach hinlegen ▶ **être à ~** *(pneu)* platt sein; *(batterie)* leer sein

P

platane [platan] *m* Platane *f*

plateau [plato] <x> *m* ❶ *(support)* Tablett *nt* ❷ GASTR **~ de fruits de mer** Platte *f* mit Meeresfrüchten ❸ *(partie plate)* **~ d'une balance** Waagschale *f* ❹ GEO [Hoch]plateau *nt*

platement [platmɑ̃] *adv (écrire, s'exprimer)* farblos, platt; *(s'excuser)* unterwürfig

platiné(e) [platine] *adj* platinblond; **une blonde ~e** eine Platinblonde

plâtre [plɑtʀ] *m* Gips *m*

plâtrer [plɑtʀe] <1> *vt* vergipsen; *(bras)* eingipsen; **être plâtré** *(personne)* in Gips liegen

plâtrier, -ière [plɑtʀije, -jɛʀ] *m, f* Gipser(in) *m(f)*

plausible [plozibl] *adj* plausibel

play-back [plɛbak] *m inv* Playback *nt*

plein [plɛ̃] **I.** *adv* ❶ *fam (beaucoup)* **~ d'argent** unheimlich viel Geld ❷ *(exactement)* **en ~ devant/sur/dans qc** genau vor/auf/in etw *(akk)* **II.** *m* Tankfüllung *f;* **le ~, s'il vous plaît!** bitte voll tanken!

plein(e) [plɛ̃] *adj* ❶ voll; *(journée)* ausgefüllt; **être ~ de bonne volonté** voll des guten Willens sein; **~ de vie** lebenslustig ❷ *(sans réserve)* **à ~e gorge** aus vollem Hals; **à ~es mains** mit vollen Händen ❸ *(au plus fort de, au milieu de)* mitten in *(dat);* **en ~ soleil** in der prallen Sonne; **en ~e lumière** im [vollen] Licht; **en ~e rue** auf offener Straße ❹ *(trait)* durchgezogen; *(bois, porte)* massiv ❺ *(femelle)* trächtig ❻ *(succès, confiance)* voll

pleinement [plɛnmɑ̃] *adv* voll [und ganz]

pleurer [plœʀe] <1> **I.** *vi* ❶ *(personne)* weinen; *(œil)* tränen; **faire ~ qn** jdn zum Weinen bringen; **~ de rire** Tränen lachen ❷ *(se lamenter)* **~ sur qn/qc** jdn bedauern/etw beklagen **II.** *vt (personne)* trauern um

pleurnicheur, -euse [plœʀniʃœʀ, -øz] **I.** *adj fam* ❶ *(qui pleure)* **enfant ~** Heulsuse *f* ❷ *(qui se lamente)* nörgelig *(pej)* **II.** *m, f fam* ❶ *(qui pleure)* Heulpeter *m,* Heulsuse *f* ❷ *(qui se lamente)* Nörgelfritze *m (pej)*

pleuvoir [pløvwaʀ] <irr> **I.** *vi impers* **il pleut de grosses gouttes** es regnet heftig **II.** *vi (s'abattre)* **les coups/mauvaises nouvelles pleuvent** es hagelt Schläge/schlechte Nachrichten

pli [pli] *m* Falte *f;* **[faux] ~** Knitter[falte *f*] *m;* **faire des ~s** *(vêtement)* Falten werfen

pliant(e) [plijɑ̃] *adj (lit, table)* Klapp-; **chaise ~e** Klappstuhl *m;* **mètre ~** Zollstock *m*

plier [plije] <1> **I.** *vt* ❶ *(papier, tissu)* [zusammen]falten ❷ *(refermer)* zusammenklappen; *(journal, carte routière)* zusammenfalten ❸ *(bras, jambe)* beugen ❹ *(courber)* biegen; **être plié de douleur** sich vor Schmerzen *(dat)* krümmen **II.** *vi* ❶ *(se courber)* ~ **sous qc** sich unter etw *(dat)* biegen ❷ *(céder)* nachgeben

plisser [plise] <1> *vt* ❶ *(couvrir de faux plis)* zerknittern ❷ *(yeux)* zusammenkneifen

plomb [plɔ̃] *m (métal)* Blei *nt;* **lourd comme du** ~ bleischwer ▶ **avoir du** ~ **dans la tête** vernünftig sein

Aussprache

Die Endung -b in **plomb** wird nicht gesprochen.

plombier [plɔ̃bje] *m* Installateur(in) *m(f)*

plongé(e) [plɔ̃ʒe] **I.** *part passé de* **plonger II.** *adj* ❶ *(absorbé)* **être** ~ **dans qc** in etw *(akk)* versunken sein ❷ *(entouré)* **être** ~ **dans l'obscurité** in Dunkelheit *(akk)* gehüllt sein

plongeant(e) [plɔ̃ʒɑ̃] *adj (décolleté)* tief

plongée [plɔ̃ʒe] *f* ❶ *(action)* Tauchgang *m* ❷ SPORT ~ **sous-marine** Sporttauchen *nt*

plongeoir [plɔ̃ʒwaʀ] *m* Sprungbrett *nt*

plongeon [plɔ̃ʒɔ̃] *m* Kopfsprung *m*

plonger [plɔ̃ʒe] <2a> **I.** *vi* ❶ *(s'immerger)* tauchen ❷ *(faire un plongeon: personne)* einen Kopfsprung machen **II.** *vpr* **se** ~ **dans un projet** sich in ein Projekt stürzen

plongeur, -euse [plɔ̃ʒœʀ] *m, f* SPORT Springer(in) *m(f)*

plouc [pluk] **I.** *mf péj fam* Stoffel *m* **II.** *adj péj fam* doof

plu[1] [ply] *part passé de* **plaire**

plu[2] [ply] *part passé de* **pleuvoir**

pluie [plɥi] *f* ❶ METEO Regen *m;* **des ~s** Niederschläge *Pl;* **saison des ~s** Regenzeit *f* ❷ *sans pl* ~ **d'étincelles** Funkenregen *m* ▶ **ne pas être né de la dernière** ~ nicht von gestern sein *(fam)*

plume [plym] *f* Feder *f*

plumer [plyme] <1> *vt (animal)* rupfen; *(personne)* ausnehmen *(fam)*

plupart [plypaʀ] *f sans pl* **la** ~ [**des élèves**] die meisten [Schüler]; **la** ~ **du temps** meistens ▶ **pour la** ~ größtenteils

pluriel [plyʀjɛl] *m* Plural *m;* **mettre au** ~ *(mot)* in den Plural setzen

plus[1] [ply] *adv* ❶ *(opp: encore)* **il n'est** ~ **très jeune** er ist nicht mehr ganz jung; **il ne l'a** ~ **jamais vu** er hat ihn niemals mehr gesehen; **il ne pleut** ~ **du tout** es regnet überhaupt nicht mehr; **il ne neige presque** ~ es schneit kaum noch; **il n'y a** ~ **personne** es ist niemand mehr da ❷ *(seulement encore)* **on n'attend** ~ **que toi** wir warten nur noch auf dich ❸ *(pas plus que)* **moi non** ~ ich auch nicht

plus[2] [ply(s)] **I.** *adv* ❶ *(davantage)* **être** ~ **vieux que lui** älter als er sein; ~ **tard/tôt/près/lentement qu'hier** später/früher/näher/langsamer als gestern ❷ *(dans une comparaison)* **je lis** ~ **que toi** ich lese mehr als du ❸ *(très)* **elle est** ~ **que contente** sie ist überglücklich ▶ ~ **que jamais** mehr denn je; ~ **ou moins** mehr oder weniger; **ni** ~ **ni moins** nicht mehr und nicht weniger **II.** *adv emploi superl* **le** ~ **rapide** der schnellste; **le** ~ **tard possible** so spät wie möglich; **le** ~ **possible de choses** so viel/so viele Dinge wie möglich ▶ **au** ~ **tôt/vite** möglichst früh/schnell; [**tout**] **au** ~ [aller]höchstens

plus[3] [plys] *adv* mehr; **pas** ~ mehr nicht; ~ **d'une heure** über eine Stunde; **les enfants de** ~ **de 12 ans** Kinder über 12 Jahre; **il est** ~ **de minuit** es ist schon nach Mitternacht; ~ **de la moitié** mehr als die Hälfte; **~..., ~...** je mehr..., desto mehr...; **~...,** [**et**] **moins...** je mehr..., desto weniger... ▶ [**et**] **de** ~ [und] außerdem; **boire de**

P

~ **en** ~ immer mehr trinken; **en** ~ dazu; **sans** ~ mehr nicht

Aussprache
Ob das Endungs-s in **plus** gesprochen wird, hängt von seiner Bedeutung ab:
1. Es bleibt stumm in jeglicher Art von Verneinungen wie *ne ... plus*.
2. Es bleibt stumm bei qualitativer Steigerung wie bei *plus fort*. Ausnahme: Folgt ein Vokal wie bei *plus intelligent*, wird es als stimmhaftes -s gesprochen.
3. Es wird als stimmloses -s gesprochen bei mengenmäßiger Steigerung wie *manger plus, le plus*, auch bei *sans plus*. Ausnahme: Bei *plus de* bleibt das -s stumm.

plus⁴ [plys] **I.** *conj* ❶ *(et)* plus; **2 ~ 2 font 4** 2 plus 2 gibt 4 ❷ *(quantité positive)* **~ quatre degrés** 4 Grad plus **II.** *m* MATH Plus *nt*
plus⁵ [ply] *passé simple de* **plaire**
plusieurs [plyzjœʀ] **I.** *adj pl* **à ~ reprises** mehrmals; **~ fois** mehrere Male **II.** *pron pl* einige ▶ **à ~** zu mehreren
plus-que-parfait [plyskəpaʀfɛ] <plus-que-parfaits> *m* Plusquamperfekt *nt*
plut [ply] *passé simple de* **pleuvoir**
plutonium [plytɔnjɔm] *m* Plutonium *nt*
plutôt [plyto] *adv* ❶ *(de préférence)* **prendre ~ l'avion que le bateau** eher das Flugzeug als das Schiff nehmen ❷ *(au lieu de)* **~ que de parler, il vaudrait mieux que vous écoutiez** anstatt zu reden solltet ihr besser zuhören ❸ *(et pas vraiment)* **être paresseux ~ que sot** eher faul als dumm sein ❹ *(assez)* **être ~ gentil** eigentlich nett sein ❺ *fam (très)* unheimlich ❻ *(plus exactement)* **ou ~** oder besser gesagt
P.M.E. [peɛmø] *f inv abr de* **petites et moyennes entreprises** *kleineres oder mittelständisches Unternehmen*
P.M.U. [peɛmy] *m abr de* **Pari mutuel urbain** Pferdewettbüro *nt*
P.N.B. [peɛnbe] *m* ECON *abr de* **produit national brut** Bruttosozialprodukt *nt*
pneu [pnø] *m* Reifen *m*
pneumatique [pnømatik] *adj* Luft-; **matelas ~** Luftmatratze *f;* **canot ~** Schlauchboot *nt*
po *abr de* **pour ordre** i.A.
poche¹ [pɔʃ] *f* ❶ *(cavité, sac)* Tasche *f* ❷ ANAT **avoir des ~s sous les yeux** Tränensäcke unter den Augen haben ▶ **connaître qc comme sa ~** etw wie seine Westentasche kennen; **lampe de ~** Taschenlampe *f*
poche² [pɔʃ] *m fam* Taschenbuch *nt*
pochette [pɔʃɛt] *f (de disque)* Hülle *f*
podcast [pɔdkast] *m* INFORM Podcast *m*
podcaster [pɔdkaste] <1> *vt* INFORM podcasten
podologue [pɔdɔlɔg] *mf* Fußspezialist(in) *m(f)*
poêle¹ [pwal] *f* GASTR [Brat]pfanne *f*

Aussprache
Bei **poêle** wird die Vokalkombination -oê- [wa] ausgesprochen, wie z. B. in *oiseau*.

poêle² [pwal] *m* Ofen *m*
poème [pɔɛm] *m* Gedicht *nt*
poésie [pɔezi] *f* Gedicht *nt*
poète [pɔɛt] *m* Dichter(in) *m(f)*
poétique [pɔetik] *adj* poetisch
poétiquement [pɔetikmɑ̃] *adv* poetisch
poids [pwɑ] *m* ❶ Gewicht *nt;* **quel ~ faites-vous?** wie viel wiegen Sie?; **acheter au ~** nach Gewicht kaufen ❷ *(charge pénible)* Last *f* ❸ *sans pl (influence)* Einfluss *m* ❹ AUT **~ lourd** Lastwagen *m* ▶ **faire le ~** das nötige Format haben
poignard [pwaɲaʀ] *m* Dolch *m*
poignarder [pwaɲaʀde] <1> *vt* erdolchen

poigne [pwaɲ] *f* Kraft *f* [in den Händen] ▶ **homme à ~** energischer Mann *m*

poignée [pwaɲe] *f* ❶ *(manche)* Griff *m; (dans le bus, la baignoire)* Haltegriff ❷ *(quantité)* **une ~ de riz** eine Hand voll Reis ❸ INFORM Joystick *m*

poignet [pwaɲɛ] *m* Handgelenk *nt*

poil [pwal] *m* ❶ ANAT [Körper]haar *nt;* **les ~s de la barbe** das Barthaar ❷ ZOOL Fell *nt* ❸ *fam (un petit peu)* **un ~ de gentillesse** ein Funken Höflichkeit ▶ **être de bon/mauvais ~** *fam* gut/schlecht gelaunt sein

poilu(e) [pwaly] *adj* behaart

poing [pwɛ̃] *m* Faust *f*

Aussprache

Die Endung -g in **poing** wird nicht gesprochen.

point [pwɛ̃] *m* ❶ Punkt *m;* **~s de suspension** Auslassungspunkte *Pl;* **~ d'exclamation/d'interrogation** Ausrufe-/Fragezeichen *nt* ❷ *(lieu)* **~ de départ** Ausgangspunkt; **~ de vente** Verkaufsstelle *f* ❸ GEO **les quatre ~s cardinaux** die vier Himmelsrichtungen ▶ **~ de vue** Aussicht[spunkt *m*] *f; (opinion)* Ansicht *f* **de ce ~ de vue** so gesehen; **c'est un bon/mauvais ~ pour qn/qc** das spricht für/gegen jdn/etw; **~ commun** Gemeinsamkeit *f* **mal en ~** *(personne)* schlecht beieinander; *(voiture, objet)* in einem schlechten Zustand; **être toujours au même ~** unverändert sein; **~ noir** *(comédon)* Mitesser *m* **à** [**un**] **tel ~ que** derart, dass; **être au ~** *(procédé, voiture)* ausgereift sein; **mettre au ~** *(régler)* einstellen; **à ~** *(viande)* medium

pointe [pwɛ̃t] *f* ❶ Spitze *f* ❷ *(clou)* Drahtstift *m* ❸ *(petite quantité de)* **une ~ de cannelle** eine Messerspitze Zimt; **une ~ d'ironie** ein Hauch *m* von Ironie ❹ CAN *(part)* Stück *nt* ▶ **vitesse de ~** Spitzengeschwindigkeit *f* **heures de ~** Hauptverkehrszeit *f* **de** [*o* **en**] **~** führend; **technologie de ~** Spitzentechnologie

pointer [pwɛ̃te] <1> **I.** *vi* ❶ IND *(chômeur)* stempeln gehen *(fam)* ❷ *(au jeu de boules)* die Setzkugel anspielen ❸ INFORM **~ sur une icône** mit der Maus auf ein Icon zeigen **II.** *vt (diriger vers)* **~ son/le doigt sur qn** mit dem Finger auf jdn zeigen **III.** *vpr fam* **se ~** aufkreuzen

pointeur [pwɛ̃tœʀ] *m* INFORM **~ de la souris** Mauszeiger *m*

pointillé [pwɛ̃tije] *m* punktierte Linie *f;* **en ~**[**s**] gestrichelt [dargestellt]

pointilleux, -euse [pwɛ̃tijø] *adj* übergenau

pointu(e) [pwɛ̃ty] *adj* ❶ *(acéré)* spitz ❷ *(grêle et aigu)* schrill ❸ *(analyse)* tief schürfend

pointure [pwɛ̃tyʀ] *f* Größe *f;* **quelle est votre ~?** welche Größe haben Sie?

point-virgule [pwɛ̃viʀgyl] <points-virgules> *m* Strichpunkt *m*

poire [pwaʀ] *f* Birne *f*

poireau [pwaʀo] <x> *m* Lauch *m*

poirier [pwaʀje] *m* Birnbaum *m* ▶ **faire le ~** einen Kopfstand machen

pois [pwɑ] *m* Erbse *f;* **~ chiche** Kichererbse ▶ **avoir un ~ chiche dans la tête** *fam* rein gar nichts im Kopf haben; **à ~** getüpfelt

poison [pwazɔ̃] *m* Gift *nt*

poisse [pwas] *f* Pech *nt*

poisseux, -euse [pwasø] *adj* klebrig

poisson [pwasɔ̃] *m* Fisch *m* ▶ **se sentir comme un ~ dans l'eau** in seinem Element sein; **engueuler qn comme du ~ pourri** *fam* jdn zur Schnecke machen; **~ d'avril** Aprilscherz *m*

poissonnerie [pwasɔnʀi] *f* Fischgeschäft *nt*

poissonnier, -ière [pwasɔnje, -jɛʀ] *m, f* Fischhändler(in) *m(f)*

Poissons [pwasɔn] *m* Fisch *m; v.a.* **Balance**

Poitou [pwatu] *m* **le ~** das Poitou

P

poitrine [pwatʀin] *f* ❶ Brust *f* ❷ *(seins)* Busen *m*

poivre [pwavʀ] *m sans pl* Pfeffer *m*

poivré(e) [pwavʀe] *adj* ❶ *(épicé)* gepfeffert ❷ *(parfum, menthe)* herb

poivrer [pwavʀe] <1> *vt, vi* pfeffern

poivrier [pwavʀije] *m (récipient)* Pfefferstreuer *m*

poivrière [pwavʀijɛʀ] *f* Pfefferstreuer *m*

poivron [pwavʀõ] *m* Paprikaschote *f,* Paprika *m*

poker [pɔkɛʀ] *m* Poker[spiel *nt*] *nt*

polaire [pɔlɛʀ] *adj* **cercle ~** Polarkreis *m;* **ours ~** Eisbär *m*

polder [pɔldɛʀ] *m* Polder *m,* Marsch *f*

pôle [pol] *m* ❶ GEO Pol *m;* **~ Nord/Sud** Nord-/Südpol ❷ *(centre)* **~ emploi** Jobcenter *nt*

polenta [pɔlɛnta] *f* Polenta *f*

poli(e) [pɔli] *adj* höflich

police[1] [pɔlis] *f sans pl* Polizei *f;* **~ secours** Notruf *m*

police[2] [pɔlis] *f* ❶ **~ d'assurance** Versicherungspolice *f* ❷ INFORM **~ de caractères** Font *m*

policier, -ière [pɔlisje] **I.** *adj* **chien/état ~** Polizeihund *m*/-staat *m;* **roman/film ~** Kriminalroman *m*/-film *m* **II.** *m, f* Polizist(in) *m(f)*

P

poliment [pɔlimɑ̃] *adv* höflich

politesse [pɔlitɛs] *f sans pl* Höflichkeit *f*

> **Übersetzungstipp**
> **La politesse** – Nicht verwechseln mit *die Politesse* – *la contractuelle!*

politicien(ne) [pɔlitisjɛ̃] *m(f)* Politiker(in) *m(f)*

politique [pɔlitik] **I.** *adj* politisch; *(droits)* staatsbürgerlich **II.** *f* Politik *f;* **faire de la ~** *(être intéressé)* sich für Politik interessieren **III.** *mf (gouvernant)* Politiker(in) *m(f)*

politiquement [pɔlitikmɑ̃] *adv* ❶ politisch ❷ *soutenu (avec habileté)* diplomatisch

polka [pɔlka] *f* Polka *f*

polluant(e) [pɔlɥɑ̃] *adj* umweltverschmutzend; **non ~** umweltfreundlich

polluer [pɔlɥe] <1> **I.** *vt* verschmutzen **II.** *vi* die Umwelt verschmutzen

pollution [pɔlysjɔ̃] *f* Umweltverschmutzung *f*

polo [pɔlo] *m* ❶ *(chemise)* Polohemd *nt* ❷ SPORT Polo *nt*

Pologne [pɔlɔɲ] *f* **la ~** Polen *nt*

polonais [pɔlɔnɛ] *m* Polnisch *nt; v.a.* **allemand**

polonais(e) [pɔlɔnɛ] *adj* polnisch; *v.a.* **allemand**

Polonais(e) [pɔlɔnɛ, ɛz] *m(f)* Pole *m*/Polin *f*

polonaise [pɔlɔnɛz] *f* MUS Polonaise *f*

polyamide [pɔliamid] *m* Polyamid *nt*

polyclinique [pɔliklinik] *f* Poliklinik *f*

Polynésie française [pɔlinezifʀɑ̃sɛz] *f* **la ~** Französisch-Polynesien *nt*

P.O.M. [pɔm] *mpl abr de* **pays d'outre-mer** französische Übersee-Provinzen *Pl*

pommade [pɔmad] *f* Salbe *f*

pomme [pɔm] *f* ❶ *(fruit)* Apfel *m* ❷ *(pomme de terre)* **~s dauphines** Kroketten *Pl* ❸ BOT **~ de pin** Tannenzapfen *m* ❹ ANAT **~ d'Adam** Adamsapfel

pomme de terre [pɔmdətɛʀ] <pommes de terre> *f* Kartoffel *f*

pommier [pɔmje] *m* Apfelbaum *m*

pompe [pɔ̃p] *f* ❶ *(machine)* Pumpe *f;* **~ à essence** Zapfsäule *f* ❷ *fam (chaussure)* Treter *m* ❸ SPORT *fam* Liegestütz *m* ▶ **coup de ~** *fam* Durchhänger *m*

pomper [pɔ̃pe] <1> *vt* ❶ *(puiser)* pumpen ❷ *fam (copier: auteur, livre)* kopieren; *(idée)* klauen; **~ qc sur son voisin** etw von seinem Banknachbarn abkupfern

pompeusement [pɔ̃pøzmɑ̃] *adv* hochtrabend, bombastisch

pompier [pɔ̃pje] *m* Feuerwehrmann *m* ▶ **fumer comme un ~** wie ein Schlot rauchen *(fam)*

pompiste [pɔ̃pist] *mf* Tankwart *m*
poncer [pɔ̃se] <2> *vt* abschleifen
ponceuse [pɔ̃søz] *f* Schleifmaschine *f;* ~ **à bande[s]** Bandschleifmaschine; ~ **vibrante** Schwingschleifer *m*
poncho [pɔ̃(t)ʃo] *m* Poncho *m*
poncif [pɔ̃sif] *m* Gemeinplatz *m,* Klischee *nt*
ponctualité [pɔ̃ktɥalite] *f* Pünktlichkeit *f*
ponctuation [pɔ̃ktɥasjɔ̃] *f* Zeichensetzung *f*
ponctuel(le) [pɔ̃ktɥɛl] *adj* ❶ *(exact)* pünktlich ❷ *(momentané)* punktuell
ponctuellement [pɔ̃ktɥɛlmɑ̃] *adv* ❶ pünktlich ❷ *(momentanément)* punktuell
pondre [pɔ̃dʀ] <14> *vt, vi* legen
poney [pɔnɛ] *m* Pony *nt*
pont [pɔ̃] *m* ❶ ARCHIT Brücke *f* ❷ *(vacances)* verlängertes Wochenende *nt* ❸ NAUT Deck *nt* ▸ **couper les ~s avec qn/qc** den Kontakt zu jdm/etw abbrechen
pontifier [pɔ̃tifje] <1a> *vi* dozieren *(pej) (fam)*
pop [pɔp] *adj inv (groupe, musique)* Pop-
populaire [pɔpylɛʀ] *adj* ❶ *(roman)* volkstümlich; **bal** ~ öffentliche Tanzveranstaltung *f;* **république** ~ Volksrepublik *f* ❷ *(quartier)* Arbeiter- ❸ *(qui plaît)* populär
popularité [pɔpylaʀite] *f* Popularität *f*
population [pɔpylasjɔ̃] *f* Bevölkerung *f; (d'une ville)* Einwohner *Pl*
porc [pɔʀ] *m* ❶ *a. péj* Schwein *nt* ❷ *(viande)* Schweinefleisch *nt*

Aussprache
Das -c am Ende von **porc** bleibt stumm.

porcelaine [pɔʀsəlɛn] *f* ❶ *(matière)* Porzellan *nt* ❷ *(vaisselle)* Porzellangeschirr *nt*
porcelet [pɔʀsəlɛ] *m* Ferkel *nt*
porche [pɔʀʃ] *m* [Portal]vorbau *m*
porcherie [pɔʀʃəʀi] *f* ❶ *(bâtiment)* Schweinestall *m* ❷ *(lieu très sale)* Saustall *m (fam)*
porno [pɔʀno] *fam* **I.** *adj abr de* **pornographique** Porno-; **film/revue** ~ Pornofilm *m/*-heft *nt* **II.** *m abr de* **pornographie** *fam* Pornografie *f*
pornographie [pɔʀnɔgʀafi] *f* Pornografie *f*
pornographique [pɔʀnɔgʀafik] *adj* pornografisch; **revue** ~ Pornoheft *nt*
port¹ [pɔʀ] *m* ❶ Hafen *m;* ~ **de pêche** Fischereihafen ❷ INFORM Port *m*
port² [pɔʀ] *m* ❶ *(d'un vêtement, casque, objet)* Tragen *nt;* ~ **obligatoire de la ceinture de sécurité** Anschnallpflicht *f* ❷ *(d'une lettre)* Porto *nt;* ~ **dû/payé** unfrankiert/frankiert
portable [pɔʀtabl] **I.** *adj* tragbar **II.** *m* ❶ TELEC Handy *m* ❷ INFORM Laptop *m*
portail [pɔʀtaj] <s> *m* Portal *nt*
portant(e) [pɔʀtɑ̃] *adj* ▸ **bien** ~ gesund
portatif, -ive [pɔʀtatif] *adj* tragbar
porte [pɔʀt] *f* ❶ *(ouverture, panneau mobile)* Tür *f; (plus grand)* Tor *nt;* ~ **de devant/derrière** Vorder-/Hintertür; ~ **de secours** Notausgang *m;* **à la** ~ vor der Tür; **de** ~ **en** ~ von Haus zu Haus ❷ *(d'un château, d'une ville)* Tor *nt* ▸ **[journée] ~s ouvertes** Tag *m* der offenen Tür; **écouter aux ~s** an der Tür lauschen; **frapper à la ~ de qn** bei jdm anklopfen *(fam);* **à la ~!** hinaus!
porte-bagages [pɔʀtbagaʒ] *m inv* Gepäckträger *m* **porte-bonheur** [pɔʀtbɔnœʀ] *m inv* Glücksbringer *m* **porte-clés** [pɔʀtkle] *m inv (anneau avec breloque)* Schlüsselanhänger *m* **porte-documents** [pɔʀtdɔkymɑ̃] *m inv* Aktentasche *f*
portée [pɔʀte] *f* ❶ *(distance)* Reichweite *f;* **à ~ de la main** griffbereit; **à la ~ de qn** in jds Reichweite ❷ *(effet: d'un acte, d'un événement)* Tragweite *f* ❸ MUS Notensystem *nt* ❹ ZOOL Wurf *m*

P

⑤ *(niveau, accessibilité)* **être à la ~ de qn** *(livre, discours)* für jdn verständlich sein

portefeuille [pɔʀtəfœj] *m* Brieftasche *f*

portemanteau [pɔʀtmɑ̃to] <x> *m* Garderobe *f*

porte-monnaie [pɔʀtmɔnɛ] *m inv* Geldbeutel *m* **porte-parapluies** [pɔʀtpaʀaplɥi] *m inv* Schirmständer *m* **porte-parole** [pɔʀtpaʀɔl] *m inv (personne)* Sprecher(in) *m(f)*

porter [pɔʀte] <1> **I.** *vt* ① tragen ② *a. fig (apporter)* bringen; *(lettre, colis)* austragen; *(attention)* schenken ③ *(diriger)* **~ sur qn/qc** *(regard)* auf jdn/etw richten; **qn porte son choix sur qc** jds Wahl fällt auf etw *(akk)* ④ *(nom, titre)* führen ⑤ *(inscrire)* **être porté disparu** als vermisst gemeldet sein **II.** *vi* ① *(avoir pour objet)* **~ sur qc** *(action, effort)* sich auf etw *(akk)* konzentrieren ② *(faire effet: conseil, critique)* wirken ③ *(reposer sur)* **~ sur qc** *(accent)* auf etw *(dat)* liegen **III.** *vpr* ① *(aller)* **qn se porte bien/mal/comme un charme** jdm geht es gut/schlecht/blendend ② *(être porté)* **se ~** *(vêtements)* getragen werden

porteur, -euse [pɔʀtœʀ] *m, f* Gepäckträger(in) *m(f)*

portier, -ière [pɔʀtje] *m, f* Portier *m*

portière [pɔʀtjɛʀ] *f* CHEMDFER, AUT Tür *f*

portion [pɔʀsjɔ̃] *f* GASTR Portion *f*

portoricain(ne) [pɔʀtɔʀikɛ̃] *adj* puertoricanisch

Portoricain(ne) [pɔʀtɔʀikɛ̃, -ɛn] *m(f)* Puerto-Ricaner(in) *m(f)*

portrait [pɔʀtʀɛ] *m* Porträt *nt;* **faire le ~ de qn** *(peindre)* jdn porträtieren ▸ **être tout le ~ de qn** jdm wie aus dem Gesicht geschnitten sein

portrait-robot [pɔʀtʀɛʀɔbo] <portraits-robots> *m* Phantombild *nt*

portugais [pɔʀtygɛ] *m* Portugiesisch *nt;* *v.a.* **allemand**

portugais(e) [pɔʀtygɛ] *adj* portugiesisch; *v.a.* **allemand**

Portugais(e) [pɔʀtygɛ] *m(f)* Portugiese, Portugiesin *m, f*

portugaise [pɔʀtygɛz] *f* GASTR portugiesische Auster ▸ **avoir les ~s ensablées** *fam* taub sein

Portugal [pɔʀtygal] *m* **le ~** Portugal *nt*

pose [poz] *f (attitude)* [Körper]haltung *f*

posément [pozemɑ̃] *adv (agir)* [wohl]überlegt; *(parler)* ruhig

poser [poze] <1> **I.** *vt* ① *(livre, main)* [hin]legen; *(échelle, bagages)* [hin]stellen; *(pieds)* [hin]setzen ② *(équation, principe)* aufstellen ③ *(devinette)* aufgeben; *(question, condition)* stellen ④ *(moquette)* verlegen; *(rideau, serrure)* anbringen; *(tapisserie)* ankleben **II.** *vi* **~ pour qn/qc** jdm/für etw Modell sitzen **III.** *vpr* ① *(exister)* **se ~** *(question)* sich stellen; *(difficulté, problème)* auftauchen ② *(cesser de voler)* **se ~ sur qc** *(insecte, oiseau)* sich auf etw *(akk)* setzen ③ *(se fixer)* **se ~ sur qc** *(regard, yeux)* sich auf etw *(akk)* richten

positif, -ive [pozitif] *adj* positiv

position [pozisjɔ̃] *f* ① Lage *f;* *(d'un objet)* Platz *m;* *(d'une personne)* Position *f;* **être en première ~** in erster Position liegen; **arriver en dernière ~** *(coureur)* als Letzter durchs Ziel gehen ② *(posture: d'une personne)* Stellung *f;* *(en danse)* Position *f;* *(du corps)* Haltung *f*

positionnement [pozisjɔnmɑ̃] *m* Positionierung *f*

positionner [pozisjɔne] <1> *vt* ① COM, TECH positionieren ② *(situer)* lokalisieren

positivement [pozitivmɑ̃] *adv* positiv

positiver [pozitive] <1> *vi (montrer sa confiance)* positiv denken

posologie [pozɔlɔʒi] *f* Dosierung *f*

posséder [pɔsede] <5> *vt* ① *(avoir)* besitzen ② *(expérience, talent)* verfügen über *(+akk)* ③ *fam (rouler)* hereinlegen

possessif [pɔsesif] *m* Possessiv[pronomen *nt*] *nt*

possessif, -ive [pɔsesif] *adj* ① *(domina-

teur) besitzergreifend ❷ LING possessiv
possession [pɔsesjɔ̃] *f* Besitz *m;* **avoir qc en sa ~** etw besitzen
possibilité [pɔsibilite] *f* Möglichkeit *f*
possible [pɔsibl] **I.** *adj* möglich; *(projet)* durchführbar; **il est ~ que** + *subj* es ist möglich, dass; **le moins/plus ~** so wenig/so viel wie möglich; **autant que ~** soweit das möglich ist **II.** *m* Mögliche(s) *nt*
post [pɔst] *m* INET Posting *nt;* **faire** [*o* **publier**] **un ~** ein Posting schreiben
postal(e) [pɔstal] <-aux> *adj* **carte ~e** Postkarte *f;* **code ~** Postleitzahl *f*
postcommunisme [pɔstkɔmynism] *m* Postkommunismus *m*
poste[1] [pɔst] *f* Post *f;* **mettre à la ~** zur Post bringen
poste[2] [pɔst] *m* ❶ *(emploi)* Stelle *f;* **~ de directeur** Direktorposten ❷ *(lieu de travail)* [Arbeits]stelle *f* ❸ *(appareil)* Gerät *nt;* **~ de radio/de télévision** Radio-/Fernsehapparat *m* ❹ *(lieu)* **~ de douane** Zollstelle *f;* **~ d'incendie** Feuerlöschanlage *f;* **~ de police** [Polizei]wache *f;* **~ de secours** Erste-Hilfe-Posten ❺ MIL Posten *m* ❻ TELEC Apparat *m;* **~ téléphonique** Telefonanschluss *m* ❼ INFORM **~ de travail** Workstation *f*
poster[1] [pɔste] <1> *vt* ❶ **~ une lettre** *(à la boîte aux lettres)* einen Brief einwerfen ❷ INET posten
poster[2] [pɔstɛʀ] *m* Poster *nt*
postérieurement [pɔsteʀjœʀmɑ̃] *adv* später; **~ à qc** nach etw
postillon [pɔstijɔ̃] *m* Spucke *f (fam)*
postmoderne [pɔstmɔdɛʀn] *adj* postmodern
postnatal(e) [pɔstnatal] <s> *adj* postnatal, nach der Geburt [erfolgend]
postsynchronisation [pɔstsɛ̃kʀɔnizasjɔ̃] *f* Nachsynchronisierung *f*
pot [po] *m* ❶ *(en terre)* Topf *m; (en verre)* Glas *nt; (en métal)* Dose *f; (en plastique)* Becher *m;* **~ de crème** Dose Creme; **mettre en ~** *(plantes)* eintopfen ❷ *fam (chance)* **c'est pas de ~!** Pech [gehabt]! ❸ *fam (consommation)* Drink *m; (réception)* Umtrunk *m;* **payer un ~ à qn** jdm einen ausgeben ▸ **~ de colle** *fam* Klette *f* **~ d'échappement** Auspuff *m* **sourd comme un ~** stocktaub *(fam)*
potable [pɔtabl] *adj* trinkbar; **eau ~** Trinkwasser *nt;* **eau non ~!** kein Trinkwasser!
potage [pɔtaʒ] *m* Suppe *f*
potager [pɔtaʒe] *m* Gemüsegarten *m*
potager, -ère [pɔtaʒe] *adj* Gemüse-; **jardin ~** Gemüsegarten *m*
pote [pɔt] *m fam* Kumpel *m*
poteau [pɔto] <x> *m a.* SPORT Pfosten *m;* **~ électrique** Leitungsmast *m*
potelé(e) [pɔtle] *adj* mollig; *(bras)* fleischig
potentiel [pɔtɑ̃sjɛl] *m* Potenzial *nt*
potentiel(le) [pɔtɑ̃sjɛl] *adj* potenziell
potentiellement [pɔtɑ̃sjɛlmɑ̃] *adv* potenziell; *(dangereux)* möglicherweise
poterie [pɔtʀi] *f* ❶ *(objet)* Töpferware *f* ❷ *(activité)* Töpferei *f*
potiche [pɔtiʃ] *f* ❶ große Porzellanvase *f* ❷ *(figurant)* Galionsfigur *f*
potier, -ière [pɔtje] *m, f* Töpfer(in) *m(f)*
potimarron [potimaʀɔ̃] *m* BOT, GASTR Hokkaido *m*
potion [posjɔ̃] *f* **~ magique** Zaubertrank *m*
potiron [pɔtiʀɔ̃] *m* Kürbis *m*
pou [pu] <x> *m* Laus *f* ▸ **chercher des ~x à qn** Streit mit jdm suchen; **laid comme un ~** *fam* hässlich wie die Nacht
pouah [pwa] *interj* igitt
poubelle [pubɛl] *f (dans la cuisine)* Mülleimer *m,* Mistkübel *m* (A); *(devant la porte)* Mülltonne *f*
pouce [pus] *m* ❶ *(doigt)* Daumen *m* ❷ *(mesure)* Zoll *m* ▸ **donner un coup de ~ à qc** bei etw ein bisschen nachhelfen; **se tourner les ~s** *fam* Däumchen drehen
poudre [pudʀ] *f* ❶ *(fines particules)* Pulver *nt* ❷ *(produit cosmétique)* [Gesichts]puder *m* ▸ **ne pas avoir**

inventé la ~ *fam* das Pulver [auch] nicht [gerade] erfunden haben

poudrerie [pudʀəʀi] *f* CAN *(tourbillons de neige)* Schneegestöber *nt*

poudrier [pudʀije] *m* Puderdose *f*

pouffer [pufe] <1> *vi* **pouffer [de rire]** in Lachen ausbrechen

poulailler [pulɑje] *m* Hühnerstall *m*

poulain [pulɛ̃] *m* Fohlen *nt*

poule [pul] *f (femelle du coq)* Henne *f* ▸ ~ **mouillée** Angsthase *m (fam)*

poulet [pulɛ] *m* ① ZOOL Huhn *nt* ② GASTR Hähnchen *nt;* ~ **rôti** Brathähnchen

pouliche [puliʃ] *f* Stut[en]fohlen *nt*

poumon [pumɔ̃] *m* Lunge *f;* **les ~s** die Lunge; **à pleins ~s** aus voller Lunge; *(respirer)* ganz tief

poupée [pupe] *f* Puppe *f*

pour [puʀ] **I.** *prép* ① für ② *(envers)* ~ **qn** *(amour)* zu jdm; *(respect)* vor jdm ③ *(contre)* ~ **la toux/le rhume** gegen Husten/Schnupfen ④ *(jusqu'à, pendant)* ~ **le moment** im Augenblick ⑤ *(à l'occasion de)* zu; ~ **Noël** zu Weihnachten ⑥ *(à cause de)* wegen; ~ **le plaisir de qn** zu jds Freude ⑦ *(comme)* als; **prendre ~ femme** zur Frau nehmen; **avoir ~ effet** zur Folge haben ⑧ *(pour ce qui est de)* ~ **autant que je sache** soviel ich weiß ⑨ *(dans le but de)* ~ **faire qc** um etw zu tun; ~ **que** + *subj* damit **II.** *m* **le ~ et le contre** das Für und [das] Wider

pour que

Nach **pour que** steht immer der Subjonctif:

Donne-moi ton numéro de téléphone pour que je puisse t'appeler. – Gib mir deine Telefonnummer, damit ich dich anrufen kann.

pourboire [puʀbwaʀ] *m* Trinkgeld *nt*

pourcentage [puʀsɑ̃] *m* ① *a.* COM ~ **sur qc** [prozentualer] Anteil an etw *(dat)* ② *(proportion pour cent)* Prozentsatz *m*

pourchasser [puʀʃase] <1> *vt* verfolgen

pourpre [puʀpʀ] **I.** *adj* purpurrot **II.** *m (couleur)* Purpur *m*

pourquoi [puʀkwa] **I.** *conj* warum ▸ **c'est** ~ deshalb; **c'est ~?** *fam* was kann ich für Sie tun? **II.** *adv* warum; **voilà** ~ deshalb **III.** *m inv* **le ~ de qc** der Grund einer S. *(gen)*

pourri [puʀi] *m péj (homme corrompu)* Dreckskerl *m*

pourri(e) [puʀi] *adj* ① *(fruit, œuf)* faul; *(poisson, viande)* verdorben ② *(infect: saison, temps)* verregnet; **quel temps ~!** was für ein Mistwetter! *(fam)* ③ *(personne, société)* korrupt

pourriel [puʀjɛl] *m* CAN INFORM Spam *m o nt*

pourrir [puʀiʀ] <8> **I.** *vi* ① *(se putréfier: œuf)* faul werden; *(fruit)* verfaulen; *(viande, poisson)* schlecht werden ② *fam* ~ **en prison** im Gefängnis verkümmern **II.** *vt (aliment)* verderben

poursuivre [puʀsɥivʀ] <irr> **I.** *vt* ① *(personne, but)* verfolgen ② *(harceler)* ~ **qn** *(personne)* jdn bedrängen ③ *(idéal)* streben nach ④ *(continuer)* fortsetzen **II.** *vi* ① *(continuer)* fortfahren ② *(persévérer)* weitermachen **III.** *vpr* **se** ~ andauern; *(enquête, grève)* weitergeführt werden

pourtant [puʀtɑ̃] *adv* ① *(marque l'opposition, le regret)* dennoch ② *(marque l'étonnement)* [aber] doch

pourvoyeur [puʀvwajœʀ] *m* MIL Munitionskanonier *m*

pourvu [puʀvy] *conj* ① *(souhait)* wenn... nur ② *(condition)* ~ **que** + *subj* vorausgesetzt, dass

poussé(e) [puse] *adj (étude, enquête)* ausführlich

pousser [puse] <1> **I.** *vt* ① *(déplacer)* schieben; *(voiture)* [an]schieben ② *(pour ouvrir/fermer: porte, fenêtre)* auf-/zumachen ③ *(bousculer)* stoßen ④ *(entraîner: courant, vent)* treiben ⑤ *(candidat, élève, cheval)* antreiben

⑥ *(inciter à)* ~ **qn à faire qc** jdn dazu bringen etw zu tun ⑦ *(diriger)* ~ **qn vers qc/qn** jdn zu etw drängen/zu jdm hindrängen ⑧ *(cri, soupir)* ausstoßen ⑨ *(exagérer)* ~ **qc à l'extrême** etw [bis] zum Äußersten treiben ⑩ *(approfondir)* ~ **plus loin** *(études)* weiter vertiefen ⑪ *(cultiver)* **faire** ~ *(salade)* [an]pflanzen ⑫ *(grandir)* **se laisser** ~ *(cheveux)* sich *(dat)* wachsen lassen **II.** *vi* ① *(croître)* wachsen ② *(faire un effort pour accoucher)* pressen ③ *(exercer une poussée)* drängen ④ *fam (exagérer)* übertreiben **III.** *vpr* **se** ~ ① *(s'écarter)* Platz machen; **pousse-toi [un peu]!** rutsch mal [ein Stück] [zur Seite]! ② *(se bousculer)* sich drängen

poussette [pusɛt] *f (voiture d'enfant)* [Kinder]sportwagen *m*

poussière [pusjɛʀ] *f* Staub *m* ▸ **réduire qn/qc en** ~ aus jdm/etw Kleinholz machen *(fam)*; **300 euros et des ~s** *fam* 300 Euro und ein paar Zerquetschte

poussiéreux, -euse [pusjeʀø] *adj* staubig

poussin [pusɛ̃] *m* ZOOL Küken *nt*

poussoir [puswaʀ] *m (d'une montre, sonnette)* Knopf *m*

poutre [putʀ] *f* ① *(de bois)* Balken *m* ② SPORT Schwebebalken *m*

pouvoir[1] [puvwaʀ] <irr> **I.** *aux* ① *(être autorisé)* dürfen ② *(être capable de)* können ③ *(éventualité)* **quel âge peut-il bien avoir?** wie alt er wohl sein mag? ④ *(suggestion)* **tu aurais pu nous le dire plus tôt!** das hättest du uns früher sagen können! **II.** *aux impers* **cela peut arriver** das kann vorkommen **III.** *vt* **ne rien** ~ **[faire] pour qn** nichts für jdn tun können ▸ **n'en plus** ~ **de qc** nicht mehr können vor etw *(dat)* **qn n'y peut rien** *(ne peut y porter remède)* jd kann nichts dagegen tun; *(n'est pas responsable)* jd kann nichts dafür **IV.** *vpr impers* **il se pourrait que** + *subj* es könnte sein, dass

pouvoir[2] [puvwaʀ] *m* ① POL [regierende] Macht *f* ② *(autorité)* ~ **sur qn** Macht *f* über jdn ③ *(influence)* Einfluss *m* [auf jdn] ④ POL, JUR *(organes de décision)* [Staats]gewalt *f*; **~s publics** Staatsorgane *Pl*

Prague [pʀag] Prag *nt*

prairie [pʀeʀi] *f* Wiese *f*

praline [pʀaline] *f* gebrannte Mandel *f*

pratique [pʀatik] **I.** *adj* praktisch **II.** *f* ① *(opp: théorie)* Praxis *f*; **mettre en** ~ in die Praxis umsetzen ② *(expérience)* [praktische] Erfahrung *f*

pratiquement [pʀatikmɑ̃] *adv (presque)* praktisch *(fam)*

pratiquer [pʀatike] <1> **I.** *vt (métier)* ausüben; *(religion, méthode)* praktizieren; *(politique, sport)* betreiben **II.** *vi* MED praktizieren

pré [pʀe] *m* Wiese *f*

préado [pʀeado] *mf abr de* **préadolescent** *fam* Teeny *m*

préadolescence [pʀeadɔlesɑ̃s] *f* Vorpubertät *f*

préadolescent(e) [pʀeadɔlesɑ̃, ɑ̃t] *m(f)* Teenager *m*

préalable [pʀealabl] *adj (entretien)* vorhergehend; *(avis, accord)* vorherig

préau [pʀeo] <x> *m* [Innen]hof *m*; *(d'une école)* überdachter Pausenhof

précaire [pʀekɛʀ] *adj (situation)* ungewiss; *(emploi)* unsicher

précarité [pʀekaʀite] *f* Ungewissheit *f*; *(d'un emploi)* Unsicherheit *f*

précaution [pʀekosjɔ̃] *f* ① *(disposition)* Vorsichtsmaßnahme *f* ② *(prudence)* Vorsicht *f*; **avec/sans** ~ vorsichtig/unvorsichtig; **par** ~ vorsichtshalber

précédent(e) [pʀesedɑ̃] *adj* vorhergehend; *(année)* vorige(r, s); **le jour** ~ am Vortag *m*

précéder [pʀesede] <5> *vt* ① ~ **qc** *(dans le temps)* einer S. *(dat)* vorangehen ② *(devancer)* ~ **qn** jdm vorangehen; *(en voiture)* vor jdm [her]fahren

préchauffer [pʀeʃofe] <1> *vt (four)* vorheizen; *(diesel)* vorglühen

P

prêcher [pʀeʃe] <1> *vi* ❶ REL predigen ❷ *iron* Moralpredigten halten
précieusement [pʀesjøzmɑ̃] *adv* sorgsam
précieux, **-euse** [pʀesjø] *adj* wertvoll; *(temps)* kostbar
précipice [pʀesipis] *m* Abgrund *m*
précipitamment [pʀesipitamɑ̃] *adv* *(partir, s'enfuir)* überstürzt
précipitation [pʀesipitasjɔ̃] *f* ❶ *(hâte)* Hast *f* ❷ *pl* METEO Niederschläge *Pl*
précipité(e) [pʀesipite] *adj* *(fuite, départ)* überstürzt; *(décision)* übereilt; *(personne)* voreilig
précipiter [pʀesipite] <1> **I.** *vt* *(jeter)* ~ **qn dans l'escalier** jdn die Treppe hinunterstoßen **II.** *vpr* **se** ~ *(s'accélérer)* sich beschleunigen
précis(e) [pʀesi] *adj* genau; *(diagnostic)* exakt; *(bruit, contours)* deutlich
précisément [pʀesizemɑ̃] *adv* ❶ *(au moment même)* gerade ❷ *(exactement)* genau; **plus** ~ genauer gesagt
préciser [pʀesize] <1> **I.** *vt* *(point, fait)* genau[er] erklären; ~ **que** klarstellen dass **II.** *vpr* **se** ~ sich klarer abzeichnen; *(menace)* deutlicher werden
précision [pʀesizjɔ̃] *f* ❶ *(justesse)* Genauigkeit *f*; **avec** ~ genau ❷ *(des contours, d'un trait)* Deutlichkeit *f*
précité(e) [pʀesite] *adj* oben erwähnt
précuit(e) [pʀekɥi] *adj* vorgekocht
prédécesseur [pʀedesesœʀ] *mf* Vorgänger(in) *m(f)*
prédécoupé(e) [pʀedekupe] *adj* *(planche)* [schon] zugeschnitten; *(viande)* [schon] vorgeschnitten
prédestiné(e) [pʀedɛstine] *adj* vor[her]bestimmt
prédéterminer [pʀedetɛʀmine] <1> *vt* [vorher]bestimmen
prédication [pʀedikasjɔ̃] *f* ❶ REL Predigen *nt*; **la** ~ **de l'Évangile** die Verkündigung des Evangeliums ❷ REL *(sermon)* Predigt *f*
prédiction [pʀediksjɔ̃] *f* Voraussage *f*
prédire [pʀediʀ] <irr> *vt* vorhersagen
préface [pʀefas] *f* Vorwort *nt*
préfecture [pʀefɛktyʀ] *f* Präfektur *f*
préféré(e) [pʀefeʀe] **I.** *adj* *(ami)* beste(r, s); **chanteur/plat** ~ Lieblingssänger *m*/-gericht *nt* **II.** *m(f)* Liebling *m*
préférence [pʀefeʀɑ̃s] *f* Vorliebe *f* ▶ **de** ~ vorzugsweise
préférer [pʀefeʀe] <5> *vt* *(aimer mieux)* ~ **qn à qn** jdn lieber mögen als jdn; ~ **le champagne** Champagner bevorzugen; **je préfère que** + *subj* mir ist es lieber, wenn; **si tu préfères...** wenn es dir lieber ist...
préfet [pʀefɛ] *m* Präfekt *m*
préfète [pʀefɛt] *f* **Madame la** ~ die Präfektin
préfixe [pʀefiks] *m* Präfix *nt*, Vorsilbe *f*
préhistoire [pʀeistwaʀ] *f* Vorgeschichte *f*
préhistorique [pʀeistɔʀik] *adj* HIST vorgeschichtlich
préjugé [pʀeʒyʒe] *m* Vorurteil *nt*
préjuger [pʀeʒyʒe] <2a> *vt, vi* ~ **[d'] une réaction/[d'] une conduite** eine Reaktion/ein Verhalten vorhersehen; **ne rien laisser** ~ **de la décision prise** keinen Hinweis auf die Entscheidung geben
prélavage [pʀelavaʒ] *m* Vorwäsche *f*
prélever [pʀel(ə)ve] <4> *vt* *(somme, pourcentage)* einbehalten; *(taxe)* abziehen; *(sang)* abnehmen; ~ **sur le compte** *(argent)* vom Konto abheben
prématurément [pʀematyʀemɑ̃] *adv* vorzeitig; *(décider)* verfrüht
premier [pʀəmje] *m* ❶ Erste(r, s) ▶ **en** ~ *(avant les autres)* als Erste(r, s) ❷ *(aîné)* Erste(r, s), erstes Kind ❸ *(jour)* Erste(r) *m*; **le** ~ **du mois** am Monatsersten; **le** ~ **de l'an** am Neujahrstag; *v.a.* **cinquième**
premier, **-ière** [pʀəmje] *adj* ❶ *(opp: dernier)* erste(r, s); **première page** Titelseite *f*; ~ **venu** erste(r, s); **en** ~ **lieu** zuerst; **dans les ~s temps** anfangs ❷ *(vocation)* eigentlich; ~ **rôle** Hauptrolle *f*
première [pʀəmjɛʀ] *f* ❶ Erste(r, s)

❷ *(vitesse)* erster Gang *m* ❸ SCOL ≈ elfte Klasse ❹ *(manifestation sans précédent)* erstmaliges Ereignis *nt;* ~ **mondiale** Weltereignis *nt* ❺ THEAT, CINE Premiere *f; v.a.* **cinquième**

premièrement [pʀəmjɛʀmɑ̃] *adv* erstens

prémisse [pʀemis] *f* Voraussetzung *f;* PHILOS Prämisse *f (geh)*

prémix [pʀemiks] *m (boisson)* Alcopop *m o nt*

prenant(e) [pʀənɑ̃] *adj (film, livre)* fesselnd; *(travail, activité)* Zeit raubend

prendre [pʀɑ̃dʀ] <13> **I.** *vt + avoir* ❶ nehmen ❷ *(saisir)* ~ **qn par la main** jdn bei der Hand nehmen ❸ *(absorber)* [zu sich] nehmen; *(médicament)* einnehmen ❹ *(aller chercher)* abholen ❺ *(relais)* übernehmen; ~ **à qn** *(place, ballon)* jdm wegnehmen ❻ *(gibier)* erlegen; *(poisson, mouches)* fangen; **se faire ~** gefasst werden ❼ *(surprendre)* ~ **qn sur le fait** jdn auf frischer Tat ertappen; **on ne m'y prendra plus!** das passiert mir nicht noch einmal! ❽ *(direction)* einschlagen; ~ **l'autoroute** [über die] Autobahn fahren ❾ *(acheter)* kaufen; ~ **de l'essence** tanken ❿ *(embaucher)* ~ **comme cuisinier** als Koch einstellen ⓫ PHOT ~ **qn en photo** ein Foto von jdm machen ⓬ *(notes)* machen; ~ **des nouvelles de qn** sich nach jdm erkundigen ⓭ *(décision, précautions)* treffen; *(ton menaçant)* anschlagen; ~ **la forme de qc** die Form einer S. *(gen)* annehmen ⓮ *(amant, maîtresse)* sich *(dat)* nehmen ⓯ *(couleur, goût de rance)* annehmen ⓰ MED ~ **froid** sich erkälten ⓱ *(durer)* dauern ⓲ *(prélever: commission)* verlangen ⓳ *fam (averse, coup)* abkriegen; ~ **la balle en pleine figure** den Ball voll ins Gesicht kriegen ⓴ *(réagir à)* ~ **bien/mal la chose** die Sache gut aufnehmen/übel nehmen ㉑ *(considérer comme)* ~ **pour qc** für etw halten ㉒ *(assaillir: colère, envie)* packen ▶ **c'est à ~ ou à laisser** entweder oder; **qu'est-ce qui te prend?** was ist denn mit dir los? **II.** *vi* ❶ *(réussir)* **avec moi, ça ne prend pas!** *fam* das zieht bei mir nicht! ❷ + *avoir (s'enflammer: feu)* angehen ❸ + *avoir o être (durcir: ciment, mayonnaise)* fest werden ❹ + *avoir (se diriger)* ~ **à gauche** *(personne)* [nach] links abbiegen; *(chemin)* nach links führen ❺ + *avoir (faire payer)* ~ **beaucoup** viel verlangen **III.** *vpr* ❶ *(s'accrocher)* **se ~ dans qc** sich in etw *(dat)* verfangen ❷ *(procéder)* **s'y ~ bien/mal avec qn** gut/schlecht mit jdm umgehen ❸ *(en vouloir)* **s'en ~ à qn/qc** jdn/etw dafür verantwortlich machen ❹ *(s'attaquer)* **s'en ~ à qn/qc** jdn/etw angreifen ❺ *(être pris)* **se ~** *(médicament)* [ein]genommen werden ❻ *(se tenir)* **se ~ par le bras** sich unterhaken

prénom [pʀenɔ̃] *m* Vorname *m*

préoccupation [pʀeɔkypasjɔ̃] *f (souci)* Sorge *f*

préoccupé(e) [pʀeɔkype] *adj* besorgt; ~ **[par qc]** [um etw] besorgt

préoccuper [pʀeɔkype] <1> **I.** *vt* ~ **qn** jdm Sorge bereiten; *(avenir, situation)* jdn beunruhigen **II.** *vpr* **se ~ de qn/qc** sich um jdn/etw sorgen

préparatifs [pʀepaʀatif] *mpl* Vorbereitungen *Pl*

préparation [pʀepaʀasjɔ̃] *f* ❶ Vorbereitung *f; (d'un discours, plan)* Ausarbeitung *f; (d'un repas, poisson)* Zubereitung *f* ❷ CHIM, MED Präparat *nt*

préparatoire [pʀepaʀatwaʀ] *adj* ❶ *(qui prépare)* vorbereitend ❷ SCOL **cours ~** ≈ 1. Klasse Grundschule; **classe ~** Vorbereitungsklasse *f* [auf eine der „grandes écoles"]

préparer [pʀepaʀe] <1> **I.** *vt* ❶ vorbereiten ❷ *(thé, café)* zubereiten; *(médicament, pommade)* herstellen; **plat préparé** Fertiggericht *nt* ❸ *(affaires, valise)* [zusammen]packen; *(chambre, voiture)* herrichten ❹ *(bac, concours)* sich vorbereiten auf *(+akk)* ❺ *(rhume, *grippe)* ausbrüten *(fam)* **II.** *vpr* ❶ *(pour sortir)* **se ~** sich fertig machen ❷ *(apprendre, s'entraîner)* **se ~ à qc** sich auf etw *(akk)* vorbereiten ❸ *(être sur le point de)* **se ~ à faire qc** sich anschicken etw zu tun *(geh)* ❹ *(approcher)* **se ~** *(événement)* in der Luft liegen ❺ *(devoir être préparé)* **se ~** *(examen, plan, voyage)* vorbereitet werden

préposition [pʀepozisjɔ̃] *f* Präposition *f*

près [pʀɛ] **I.** *adv* ❶ *(à une petite distance)* nah[e] ❷ *(dans peu de temps)* nahe; **être ~** *(événement, départ)* bevorstehen ▸ **qn n'en <u>est</u> pas/plus à qc ~** jdm kommt es auf etw *(akk)* nicht/nicht mehr an; **au centime ~** bis auf den letzten Cent; **<u>à</u> peu [de choses] ~** beinahe; *(ressembler)* ziemlich; **<u>de</u> ~** *(voir, regarder)* aus der Nähe; *(frôler, approcher)* nahe; *(se suivre)* kurz hintereinander **II.** *prép* ❶ *(à côté de)* **~ de qn/d'un lieu** in jds Nähe *(dat)*/in der Nähe eines Ortes ❷ *(à peu de temps de)* **être ~ du but** nahe am Ziel sein ❸ *(presque)* **~ de** fast

présence [pʀezɑ̃s] *f* ❶ *(d'une personne)* Anwesenheit *f*; *(d'une chose)* Vorhandensein *nt* ❷ *(personnalité)* Ausstrahlungskraft *f*

présent [pʀezɑ̃] *m* ❶ *(opp: passé)* Gegenwart *f* ❷ LING Präsens *nt* ▸ **<u>à</u> ~** jetzt; **<u>à</u> ~ que** jetzt, wo; **<u>jusqu'à</u> ~** bis jetzt

présent(e) [pʀezɑ̃] **I.** *adj* ❶ *(opp: absent: personne)* anwesend; **les personnes ~es** die Anwesenden ❷ *(actuel: circonstances, état)* gegenwärtig **II.** *m(f)* *(personne)* Anwesende(r) *f(m)*

présentable [pʀezɑ̃tabl] *adj* **être ~** *(tenue, coiffure)* sich sehen lassen können

présentateur, -trice [pʀezɑ̃tatœʀ] *m, f* *(du journal télévisé)* [Nachrichten]sprecher(in) *m(f)*; *(d'un programme)* Ansager(in) *m(f)*

présentation [pʀezɑ̃tasjɔ̃] *f* ❶ *(action de faire connaître: d'une collection, de tableaux)* Vorführung *f*; *(d'un problème, d'une idée)* Präsentation *f* ❷ RADIO, TV *(d'une émission)* Moderation *f* ❸ *(action de montrer: d'une pièce d'identité)* Vorzeigen *nt* ❹ *(aspect extérieur: d'une personne)* [äußere] Erscheinung *f*; *(d'un produit)* Aufmachung *f* ❺ *(fait d'introduire qn)* **les ~s** das Vorstellen

présenter [pʀezɑ̃te] <1> **I.** *vt* ❶ vorstellen ❷ *(émission)* moderieren; *(programme)* ansagen ❸ *(décrire)* **~ qn/qc comme qn/qc** jdn/etw als jdn/etw darstellen ❹ *(billet, carte d'identité)* vorzeigen ❺ *(condoléances, félicitations)* aussprechen; **~ ses excuses à qn** jdn um Entschuldigung bitten ❻ *(donner une apparence)* präsentieren ❼ *(offrir)* bieten; *(plat, rafraîchissement)* reichen ❽ *(devis, dossier)* vorlegen **II.** *vpr* ❶ *(décliner son identité)* **se ~ à qn** sich jdm vorstellen ❷ *(se rendre)* **se ~ chez qn** bei jdm erscheinen ❸ *(être candidat)* **se ~ à un examen** an einer Prüfung teilnehmen ❹ *(avoir un certain aspect)* **se ~ sous forme de cachets** es als Tabletten geben

présentoir [pʀezɑ̃twaʀ] *m* Verkaufsständer *m*

préservatif [pʀezɛʀvatif] *m* *(condom)* Kondom *nt*

présidence [pʀezidɑ̃s] *f* Präsidentschaft *f*

président(e) [pʀezidɑ̃] *m(f)* ❶ *(d'une assemblée, d'un tribunal)* Präsident(in) *m(f)*; *(d'une association, d'un comité)* Vorsitzende(r) *f(m)* ❷ *(chef de l'État)* **le Président de la République française** der französische Staatspräsident ❸ CH *(maire dans les cantons de Valais et de Neuchâtel)* Ammann *m* (CH)

président-directeur général, présidente-directrice générale [pʀezidɑ̃diʀɛktœʀʒeneʀal] <présidents-directeurs généraux> *m, f* Generaldirektor(in) *m(f)*

présidentiable [prezidɑ̃sjabl] **I.** *adj* **être ~** ein möglicher Präsidentschaftskandidat/eine mögliche Präsidentschaftskandidatin sein **II.** *mf* [möglicher] Präsidentschaftskandidat *m*/[mögliche] Präsidentschaftskandidatin *f*

présidentiel(le) [prezidɑ̃sjɛl] *adj* **élections ~les** Präsidentschaftswahlen *Pl*

presqu'île [prɛskil] *f* Halbinsel *f*

presque [prɛsk] *adv* fast; **c'est ~ sûr** das ist so gut wie sicher

presse [prɛs] *f* Presse *f*; **~ écrite** Printmedien *Pl*

pressé(e)[1] [prese] *adj (pas)* eilig

pressé(e)[2] [prese] *adj (citron)* [frisch] gepresst

pressentiment [prɛsɑ̃timɑ̃] *m* Vorahnung *f*

presse-papiers [prɛspapje] *m inv* INFORM Zwischenablage *f*

presser[1] [prese] <1> **I.** *vt (pas)* beschleunigen **II.** *vi (temps)* drängen ▸ **ça presse!** *fam* das/es ist dringend! **III.** *vpr* **se ~ de faire qc** sich beeilen etw zu tun

presser[2] [prese] <1> **I.** *vt* ① *(fruit)* auspressen ② *(serrer)* drücken **II.** *vpr (se bousculer)* **se ~ vers la sortie** zum Ausgang drängen

pression [prɛsjɔ̃] *f* ① Druck *m* ② *(bière)* vom Fass ▸ **être sous ~** unter Druck stehen

pressurisation [presyrizasjɔ̃] *f* Druckausgleich *m*

prestidigitation [prɛstidiʒitasjɔ̃] *f* Zauberei *f*; **tour de ~** Zauberkunststück *nt*

prestige [prɛstiʒ] *m* Ansehen *nt*

prestigieux, -euse [prɛstiʒjø] *adj (lieu, événement)* glanzvoll; *(métier, école)* [hoch]angesehen

présumé(e) [prezyme] *adj* **être ~ coupable/innocent** für schuldig/unschuldig gehalten werden

présupposé [presypoze] *m* ① *(d'un article, d'une doctrine)* Voraussetzung *f*, Grundlage *f* ② LING Präsupposition *f*

prêt [prɛ] *m (crédit)* Darlehen *nt*

prêt(e) [prɛ] *adj* ① *(préparé)* fertig; **tout est ~** alles ist vorbereitet ② *(disposé)* **~ à faire qc** bereit etw zu tun

prêt-à-porter [prɛtapɔrte] *m sans pl* Konfektionskleidung *f*

prétendre [pretɑ̃dr] <14> *vt* behaupten

prétendument [pretɑ̃dymɑ̃] *adv* angeblich

prétentieusement [pretɑ̃sjøzmɑ̃] *adv* auf überhebliche Weise

prétentieux, -euse [pretɑ̃sjø] *adj (personne, ton)* überheblich

prétention [pretɑ̃sjɔ̃] *f* ① *sans pl (vanité)* Überheblichkeit *f*; **sans ~** einfach ② *gén pl (ce à quoi on prétend)* Anspruch *m*

prêter [prete] <1> **I.** *vt* ① *(livre, voiture)* ausleihen; *(argent)* leihen ② *(attribuer)* **~ une intention à qn** jdm eine Absicht unterstellen **II.** *vi* ① *(donner matière à)* **~ à rire** lachhaft sein ② *(consentir un prêt)* **~ à 8%** zu 8% Zinsen [ver]leihen **III.** *vpr (consentir)* **se ~ à un jeu** bei einem Spiel mitmachen

prétexte [pretɛkst] *m* Vorwand *m*; *(excuse)* Ausrede *f*; **sous aucun ~** unter keinen Umständen

prétexter [pretɛkste] <1> *vt* zum Vorwand nehmen

prêtre [prɛtr] *m* REL Priester *m*

preuve [prœv] *f* Beweis *m* ▸ **faire ~ de bonne volonté** guten Willen zeigen

prévenir [prev(ə)nir] <9> **I.** *vt* ① *(aviser)* benachrichtigen ② *(avertir)* warnen **II.** *vi* Bescheid sagen

préventif, -ive [prevɑ̃tif] *adj* vorbeugend; **médecine ~** Präventivmedizin *f*

prévention [prevɑ̃sjɔ̃] *f (médicale)* Vorsorge *f*; **la Prévention routière** die Straßenverkehrswacht

prévenu(e) [prev(ə)ny] **I.** *adj* ① JUR **être ~** unter Anklage stehen; **être ~ d'un délit** eines Delikts beschuldigt sein/werden ② *(qui a des préventions)* **être ~ contre qn/qc** gegen jdn/etw [vor]eingenommen sein; **être ~ en faveur de qn/qc** für jdn/etw eingenommen sein **II.** *m(f)* JUR Beschuldigte(r) *f(m)*

prévisible [pʀevizibl] *adj* vorhersehbar

prévision [pʀevizjɔ̃] *f* ① *(d'un événement, phénomène)* Vorhersehen *nt;* **~s météorologiques** Wettervorhersage *f* ② *pl* ECON, FIN Prognosen *Pl*

prévisionnel(le) [pʀevizjɔnɛl] *adj (mesures)* vorausschauend; *(coûts)* veranschlagt; *(étude, analyse)* prognostisch

prévoir [pʀevwaʀ] <irr> *vt* ① *(anticiper l'avenir)* vorhersehen; **moins cher que prévu** billiger als erwartet ② *(envisager)* vorsehen

prier [pʀije] <1> **I.** *vt* ① REL **~ Dieu** zu Gott beten ② *(inviter, solliciter)* **~ qn de faire qc** jdn bitten etw zu tun ▶ **je vous prie d'agréer mes sincères salutations/mes sentiments les meilleurs** mit freundlichen Grüßen; **je t'en/vous en prie** *(fais/faites donc)* bitte sehr; *(s'il te/vous plaît)* bitte; *(il n'y a pas de quoi)* keine Ursache! **II.** *vi* REL beten

P

prière [pʀijɛʀ] *f* ① REL Gebet *nt;* **faire sa ~** beten ② *(demande)* Bitte *f*

primaire [pʀimɛʀ] *m* SCOL Grundschule *f*

primauté [pʀimote] *f (supériorité)* **~ de qc sur qc** Vorrang *m* einer S. *(gen)* vor etw *(dat)*

prime[1] [pʀim] *f* ① *(allocation)* Prämie *f;* **~ de fin d'année** Weihnachtsgeld *nt* ② *(somme à payer)* **~ d'assurance** Versicherungsprämie *f*

prime[2] [pʀajm] *m fam* TV *(heure de grande écoute)* Primetime *f; (émission pricipale)* Primetime-Sendung *f*

primer [pʀime] <1> *vt* prämi[i]eren

primevère [pʀimvɛʀ] *f* Primel *f*

prince, princesse [pʀɛ̃s] *m, f* Fürst(in) *m(f); (fils/fille ou femme de roi)* Prinz, Prinzessin *m, f*

principal [pʀɛ̃sipal] *m (l'important)* **le ~** das Wichtigste

principal(e) [pʀɛ̃sipal] <-aux> **I.** *adj* wichtigste(r, s); **raison/proposition ~e** Hauptgrund *m*/-satz *m* **II.** *m(f)* SCOL Schuldirektor(in) *m(f)*

principale [pʀɛ̃sipal] *f* LING Hauptsatz *m*

principalement [pʀɛ̃sipalmɑ̃] *adv* hauptsächlich

principauté [pʀɛ̃sipote] *f* Fürstentum *nt*

principe [pʀɛ̃sip] *m* Prinzip *nt; (règle de conduite a.)* Grundsatz *m* ▶ **en ~** im Prinzip; **par ~** aus Prinzip

printanier, -ière [pʀɛ̃tanje] *adj* **soleil ~** Frühlingssonne *f*

printemps [pʀɛ̃tɑ̃] *m* Frühling *m*

prioritaire [pʀijɔʀitɛʀ] **I.** *adj* vorrangig; **être ~** *(véhicule, route)* Vorfahrt haben **II.** *mf (personne)* Bevorrechtigte(r) *f(m)*

priorité [pʀijɔʀite] *f* ① Priorität *f;* **en ~** als Erstes ② AUT **avoir la ~** Vorfahrt haben

pris [pʀi] *passé simple de* **prendre**

pris(e) [pʀi] **I.** *part passé de* **prendre** **II.** *adj (occupé)* **être ~** *(place)* besetzt sein; **avoir les mains ~es** keine Hand frei haben

prise [pʀiz] *f* ① *(action de prendre avec les mains)* Griff *m* ② *(poignée, objet que l'on peut empoigner)* Halt *m;* **lâcher ~** loslassen; *fig* nachgeben ③ PECHE Fang *m* ④ ELEC **~ de courant** Steckdose *f* ⑤ CINE Aufnahme *f* ⑥ *(de tabac)* Prise *f* ⑦ MED **~ de sang** Blutabnahme *f*

prison [pʀizɔ̃] *f* Gefängnis *nt*

prisonnier, -ière [pʀizɔnje] **I.** *adj* **être ~** eingesperrt sein **II.** *m, f* Gefangene(r) *f(m)*

privatif, -ive [pʀivatif] *adj* JUR ausschließend; **jardin ~** Garten *m* nur zur Privatnutzung

privé [pʀive] *m (vie privée)* Privatleben *nt*

privé(e) [pʀive] *adj (opp: public)* privat;

école ~e Privatschule *f*

priver [pʀive] <1> **I.** *vt* ❶ *(refuser à)* entziehen; **~ qn de liberté** jdn seiner Freiheit *(gen)* berauben ❷ *(faire perdre à)* **qn/qc est privé de qc** jdm/einer S. fehlt etw ❸ *(frustrer)* **~ qn de qc** jdn um etw bringen **II.** *vpr (renoncer)* **se ~ de qc** auf etw *(akk)* verzichten ▸ **ne pas se ~ de faire qc** es sich *(dat)* nicht nehmen lassen etw zu tun

privilège [pʀivilɛʒ] *m* Privileg *nt*

privilégié(e) [pʀivileʒje] **I.** *adj (personne, lieu)* privilegiert **II.** *m(f)* Privilegierte(r) *f(m)*

privilégier [pʀivileʒje] <1> *vt (personne)* privilegieren

prix [pʀi] *m* ❶ Preis *m;* **à bas/moitié ~** billig/zum halben Preis; **hors de ~** unerschwinglich; **à aucun/tout ~** um keinen/jeden Preis ❷ *(distinction)* Auszeichnung *f* ▸ **y mettre le ~** weder Kosten noch Mühen scheuen

pro [pʀo] *mf fam abr de* **professionnel** Profi *m*

probabilité [pʀɔbabilite] *f* Wahrscheinlichkeit *f;* **selon toute ~** höchstwahrscheinlich

probable [pʀɔbabl] *adj* **il est ~ qu'il gagnera** wahrscheinlich wird er gewinnen

probablement [pʀɔbabləmɑ̃] *adv* wahrscheinlich

problématique [pʀɔblematik] **I.** *adj* problematisch **II.** *f* Problemstellung *f*

problème [pʀɔblɛm] *m* ❶ Problem *nt; (moral, philosophique)* Frage *f;* **poser un ~ à qn** für jdn ein Problem darstellen ❷ SCOL Aufgabe *f*

procédé [pʀɔsede] *m (méthode)* Verfahren *nt*

procéder [pʀɔsede] <5> *vi (agir)* verfahren; **~ par ordre** der Reihe nach vorgehen

procès [pʀɔsɛ] *m* Prozess *m*

prochain [pʀɔʃɛ̃] *m* Nächste(r) *m*

prochain(e) [pʀɔʃɛ̃] *adj* ❶ nächste(r, s); **la ~e fois** nächstes Mal *nt* ❷ *(arrivée, départ)* baldig

prochaine [pʀɔʃɛn] *f fam* ❶ *(station)* die nächste Haltestelle ❷ *(fois)* **à la ~!** bis zum nächsten Mal!

prochainement [pʀɔʃɛnmɑ̃] *adv* demnächst

proche [pʀɔʃ] **I.** *adj* ❶ nah[e]; *(départ)* nah[e] bevorstehend; **la ville la plus ~** die nächste Stadt ❷ *(sens)* verwandt; **être ~ de qc** *(langue, attitude)* einer S. *(dat)* ähnlich sein **II.** *mf* ❶ *(ami intime)* Vertraute(r) *f(m)* ❷ *mpl (parents)* **les ~s de qn** jds Angehörige *Pl*

Proche-Orient [pʀɔʃɔʀjɑ̃] *m* **le ~** der Nahe Osten

proclamer [pʀɔklame] <1> **I.** *vt* ❶ *(vérité)* verkünden; *(innocence)* beteuern ❷ *(république)* ausrufen **II.** *vpr (se déclarer)* **se ~ indépendant** sich für unabhängig erklären

procurer [pʀɔkyʀe] <1> *vt* **~ qc à qn** jdm zu etw verhelfen

prodige [pʀɔdiʒ] *m (génie)* Genie *nt*

prodigieusement [pʀɔdiʒjøzmɑ̃] *adv (beau, difficile)* ungemein; *(doué, intéressant)* sehr; *(agacer, s'ennuyer)* über alle Maßen

prodigue [pʀɔdig] *adj (dépensier)* verschwenderisch

producteur, -trice [pʀɔdyktœʀ] **I.** *adj* COM erzeugend; **~ de pétrole** Erdöl produzierend **II.** *m, f* ❶ *a.* CINE, RADIO, TV Produzent(in) *m(f)* ❷ AGR Erzeuger(in) *m(f)*

productif, -ive [pʀɔdyktif] *adj* produktiv

production [pʀɔdyksjɔ̃] *f* ❶ Produktion *f* ❷ *(fabrication)* Herstellung *f* ❸ AGR Anbau *m* ❹ AGR Erzeugnisse *Pl*

productivité [pʀɔdyktivite] *f* Produktivität *f*

produire [pʀɔdɥiʀ] <irr> **I.** *vt* ❶ *(matières premières)* produzieren; *(électricité)* erzeugen ❷ AGR, GEO **~ qc** *(cultivateur)* etw erzeugen; *(arbre)* etw tragen **II.** *vi* FIN Gewinn abwerfen **III.** *vpr* **se ~** ❶ *(survenir)* sich ereignen ❷ *(se montrer sur scène)* auftreten

P

produit [pʀɔdɥi] *m* ❶ Produkt *nt* ❷ CHIM, BIO Mittel *nt* ❸ ECON ~ **brut** Bruttoertrag; ~ **net** Nettoerlös; ~ **national brut** Bruttosozialprodukt *nt*
pro-européen(ne) [pʀoøʀɔpeɛ̃] <pro-européens> *m(f)* Europabefürworter(in) *m(f)*
prof [pʀɔf] *mf fam abr de* **professeur**
professeur [pʀɔfesœʀ] *mf* ❶ SCOL Lehrer(in) *m(f)* ❷ UNIV *(avec chaire)* Professor(in) *m(f)*
profession [pʀɔfesjɔ̃] *f* Beruf *m;* **exercer la ~ de qc** von Beruf etw sein
professionnalisme [pʀɔfesjɔnalism] *m* ❶ *(opp: amateurisme)* Professionalismus *m* ❷ *(compétence)* Professionalität *f*
professionnel(le) [pʀɔfesjɔnɛl] **I.** *adj* ❶ beruflich ❷ *(écrivain, journaliste)* berufsmäßig; *(menteur)* ausgemacht ❸ *(compétent)* fachkundig **II.** *m(f)* *(homme de métier)* Fachmann, -frau *m, f*
professionnelle [pʀɔfesjɔnɛl] *f fam* *(prostituée)* Prostituierte *f*
professionnellement [pʀɔfesjɔnɛlmɑ̃] *adv* beruflich
P **profil** [pʀɔfil] *m* ❶ Profil *nt;* **de ~** im Profil ❷ INFORM ~ **utilisateur** Benutzerprofil *nt*
profilage [pʀɔfilaʒ] *m (technique policière)* Täterprofilerstellung *f*
profit [pʀɔfi] *m (avantage)* Gewinn *m;* **au ~ de qn/qc** zugunsten einer Person/S. *(gen)*
profiter [pʀɔfite] <1> *vi* ~ **d'une situation** von einer Situation profitieren
profiterole [pʀɔfitʀɔl] *f kleiner mit Eis oder Vanillecreme gefüllter Windbeutel*
profiteur, -euse [pʀɔfitœʀ, -øz] *m, f péj* Profitmacher(in) *m(f)*
profond(e) [pʀɔfɔ̃] **I.** *adj* ❶ tief ❷ *(intérêt)* stark ❸ *(cause)* tiefere(r, s); *(tendance)* unterschwellig **II.** *adv* tief
profondément [pʀɔfɔ̃demɑ̃] *adv* ❶ tief ❷ *(influencer, ressentir)* stark; *(aimer)* innig ❸ *(convaincu)* felsenfest
profondeur [pʀɔfɔ̃dœʀ] *f* ❶ Tiefe *f* ❷ *(d'un regard)* Intensität *f* ▶ **en ~** gründlich
programmable [pʀɔgʀamabl] *adj* INFORM programmierbar
programmation [pʀɔgʀamasjɔ̃] *f* ❶ CINE, RADIO, TV Programmgestaltung *f* ❷ TECH, INFORM Programmierung *f*
programme [pʀɔgʀam] *m* ❶ Programm *nt* ❷ SCOL Lehrstoff *m* ▶ **tout un ~** ein weites Feld
programmer [pʀɔgʀame] <1> *vt* ❶ MEDIA, CINE ins Programm nehmen; **être programmé** *(émission)* auf dem Programm stehen ❷ *(journée, vacances)* vorausplanen ❸ *(calculatrice)* [vor]programmieren
programmeur, -euse [pʀɔgʀamœʀ] *m, f* Programmierer(in) *m(f)*
progrès [pʀɔgʀɛ] *m* Fortschritt *m*
progresser [pʀɔgʀese] <1> *vi* ❶ *(s'améliorer)* Fortschritte machen ❷ *(augmenter)* steigen ❸ *(avancer)* vorankommen
progressif, -ive [pʀɔgʀesif, -iv] *adj* *(évolution)* allmählich, progressiv; *(développement)* schrittweise; **verres ~s** Gleitsichtgläser *Pl*
progression [pʀɔgʀɛsjɔ̃] *f* ❶ *(d'une épidémie, d'un incendie)* Sichausbreiten *nt* ❷ *(d'un explorateur, véhicule)* Vorankommen *nt* ❸ MATH Reihe *f*
progressivement [pʀɔgʀesivmɑ̃] *adv* nach und nach
prohibé(e) [pʀɔibe] *adj* [gesetzlich] verboten
proie [pʀwa] *f* ❶ *(opp: prédateur)* Beute *f;* **oiseau de ~** Raubvogel *m* ❷ *(victime)* Opfer *nt*
projet [pʀɔʒɛ] *m* ❶ *(intention)* Plan *m* ❷ *(ébauche)* Entwurf *m*
projeter [pʀɔʒ(ə)te] <3> *vt* ❶ *(faire un projet)* planen ❷ *(éjecter)* herausschleudern
prolétaire [pʀɔletɛʀ] *adj* proletarisch
prolétariat [pʀɔletaʀja] *m* Proletariat *nt*

prolongation [pʀɔlɔ̃gasjɔ̃] *f* Verlängerung *f*
prolongé(e) [pʀɔlɔ̃ʒe] *adj (arrêt, séjour)* verlängert; *(débat, exposition au soleil)* ausgedehnt; *(cri, rire)* lang anhaltend; *(effort)* anhaltend
prolonger [pʀɔlɔ̃ʒe] <2a> **I.** *vt* verlängern **II.** *vpr* **se ~** *(durer: effet, séance)* andauern
promenade [pʀɔm(ə)nad] *f* ❶ *(balade: à pied)* Spaziergang *m; (en bateau/voiture)* Boots-/Spazierfahrt *f* ❷ *(lieu où l'on se promène)* Promenade *f*
promener [pʀɔm(ə)ne] <4> **I.** *vt (accompagner)* ~ **qn/un animal** mit jdm/einem Tier spazieren gehen **II.** *vpr (faire une promenade)* **[aller] se ~** *(à pied)* spazieren gehen; **se ~ à vélo** eine [kleine] Fahrradtour machen
promeneur, -euse [pʀɔm(ə)nœʀ] *m, f* Spaziergänger(in) *m(f)*
promesse [pʀɔmɛs] *f* Versprechen *nt*
prometteur, -euse [pʀɔmɛtœʀ] *adj (acteur, débuts)* viel versprechend
promettre [pʀɔmɛtʀ] <irr> **I.** *vt* ❶ *(s'engager à)* versprechen ❷ *(assurer)* versichern; **ça je te le promets!** das schwöre ich dir! **II.** *vi (faire une promesse)* sein Versprechen geben ▶ **ça promet!** *iron* das fängt ja gut an! **III.** *vpr (prendre la résolution de)* **se ~ de faire qc** sich *(dat)* fest vornehmen etw zu tun
promis(e) [pʀɔmi] *adj* **être ~ à qn/qc** für jdn/etw bestimmt sein
promotion [pʀɔmosjɔ̃] *f* ❶ *(avancement)* Beförderung *f* ❷ *(produit en réclame)* Sonderangebot *nt*

Übersetzungstipp

La promotion – Nicht verwechseln mit *die Promotion – le doctorat!*

pronom [pʀɔnɔ̃] *m* Pronomen *nt*
pronominal(e) [pʀɔnɔminal] <-aux> *adj* pronominal; *(verbe)* reflexiv
prononcer [pʀɔnɔ̃se] <2> **I.** *vt* ❶ aussprechen ❷ *(parole)* äußern **II.** *vpr* **se ~** ❶ *(être articulé: mot, nom)* ausgesprochen werden ❷ *(prendre position)* sich aussprechen ❸ *(formuler son point de vue)* **se ~ sur qc** zu etw Stellung nehmen
pronostic [pʀɔnɔstik] *m* Prognose *f*
propagande [pʀɔpagɑ̃d] *f* Propaganda *f*
propagation [pʀɔpagasjɔ̃] *f (extension)* Ausbreitung *f*
propager [pʀɔpaʒe] <2a> **I.** *vt (idée, nouvelle)* verbreiten **II.** *vpr* **se ~** *(épidémie, incendie)* sich ausbreiten
propice [pʀɔpis] *adj* günstig
proportion [pʀɔpɔʀsjɔ̃] *f* ❶ *(rapport)* [Größen]verhältnis *nt;* **être hors de ~ avec qc** in keinem Verhältnis zu etw stehen ❷ *pl (d'une recette)* Mengenangaben *Pl*
proportionnel(le) [pʀɔpɔʀsjɔnɛl] *adj* proportional; **moyenne ~le** geometrisches Mittel; **être ~ à qc** proportional zu etw sein im Verhältnis zu etw stehen
proportionnelle [pʀɔpɔʀsjɔnɛl] *f* POL **la ~** das Verhältniswahlrecht
proportionnellement [pʀɔpɔʀsjɔnɛlmɑ̃] *adv* verhältnismäßig
propos [pʀɔpo] *m gén pl* Worte *Pl* ▶ **à ce ~** dazu; **à quel ~?** weswegen?; **à ~** übrigens; **à ~ de qc** etw betreffend
proposer [pʀɔpoze] <1> *vt* ❶ *(soumettre)* vorschlagen ❷ *(marchandise, récompense)* anbieten
proposition [pʀɔpozisjɔ̃] *f* ❶ *(offre)* Vorschlag *m* ❷ *pl (avances)* Annäherungsversuche *Pl*
propre[1] [pʀɔpʀ] **I.** *adj* ❶ sauber ❷ *(non polluant)* umweltfreundlich **II.** *m* ▶ **c'est du ~!** *fam* sauber!
propre[2] [pʀɔpʀ] **I.** *adj* ❶ *(à soi)* a. FIN eigen ❷ *(sens)* eigentlich; **le sens ~ d'un mot** der wörtliche Sinn eines Wortes **II.** *m (particularité)* charakteristisches Kennzeichen *nt*
proprement [pʀɔpʀəmɑ̃] *adv (avec soin)* sauber

P

propret(te) [pʀɔpʀɛ, ɛt] *adj (maison, chambre)* schmuck; *(personne)* adrett

propreté [pʀɔpʀəte] *f* ① Sauberkeit *f* ② ECOL Umweltfreundlichkeit *f*

propriétaire [pʀɔpʀijetɛʀ] *mf* ① *(possesseur)* Eigentümer(in) *m(f)*, Besitzer(in) *m(f)* ② *(opp: locataire)* Vermieter(in) *m(f)*

propriété [pʀɔpʀijete] *f* ① *(domaine, immeuble)* [privates] Anwesen *nt* ② *(chose possédée)* Eigentum *nt* ③ *(qualité propre)* Eigenschaft *f*

prospecteur, -trice [pʀɔspɛktœʀ, -tʀis] *m, f* COM Kundenwerber(in) *m(f)*

prospectus [pʀɔspɛktys] *m* Prospekt *m*

prostitué(e) [pʀɔstitɥe] *m(f)* Prostituierte(r) *f(m)*

prostitution [pʀɔstitysjɔ̃] *f (métier)* Prostitution *f*

protecteur, -trice [pʀɔtɛktœʀ] **I.** *adj (attitude, personne)* [be]schützend **II.** *m, f (défenseur)* Beschützer(in) *m(f)*

protection [pʀɔtɛksjɔ̃] *f* ① *(défense)* Schutz *m* ② *(élément protecteur)* Schutzvorrichtung *f*

protégé(e) [pʀɔteʒe] **I.** *adj (passage)* vorfahrtsberechtigt **II.** *m(f) (favori)* Günstling *m (pej)*

protéger [pʀɔteʒe] <2a, 5> **I.** *vt (défendre)* schützen **II.** *vpr* **se ~ contre qn/qc** sich vor jdm/etw schützen

protège-slip [pʀɔtɛʒslip] <protège-slips> *m* Slipeinlage *f*

protéine [pʀɔtein] *f* Eiweiß *nt*, Protein *nt*

protéiné(e) [pʀɔteine] *adj (régime)* eiweißreich; *(boisson)* mit Eiweiß angereichert

protestant(e) [pʀɔtɛstɑ̃] **I.** *adj* protestantisch **II.** *m(f)* Protestant(in) *m(f)*

protestation [pʀɔtɛstasjɔ̃] *f (plainte)* Protest *m*

protester [pʀɔtɛste] <1> *vi* protestieren

protide [pʀɔtid] *m* BIO, CHIM Proteid *nt*

protocole [pʀɔtɔkɔl] *m a.* JUR Protokoll *nt*

prototype [pʀɔtɔtip] *m* Prototyp *m*

prout [pʀut] *m fam* Pup[s] *m*; **faire [un] ~** pupsen

prouver [pʀuve] <1> *vt* beweisen; *(reconnaissance)* erweisen; **il est prouvé que...** es ist erwiesen, dass...

provenance [pʀɔv(ə)nɑ̃s] *f* Herkunft *f* ▸ **être en ~ de...** aus... kommen

provençal(e) [pʀɔvɑ̃sal] <-aux> *adj* provenzalisch; *v.a.* **allemand**

Provençal(e) [pʀɔvɑ̃sal] <-aux> *m(f)* Provenzale, Provenzalin *m, f*

provençale [pʀɔvɑ̃sal] *f* GASTR **à la ~** auf provenzalische Art

Provence [pʀɔvɑ̃s] *f* **la ~** die Provence

proverbe [pʀɔvɛʀb] *m* Sprichwort *nt*

province [pʀɔvɛ̃s] *f* Provinz *f* ▸ **la Belle Province** *Bezeichnung für die Provinz Quebec*

provincial(e) [pʀɔvɛ̃sjal] <-aux> **I.** *adj* ① *(opp: parisien: air, manières)* provinziell; *(vie)* in der Provinz ② CAN *(opp: fédéral: mesures, décision)* auf der Provinzebene **II.** *m(f)* Provinzbewohner(in) *m(f)*

proviseur [pʀɔvizœʀ] *mf* Schulleiter(in) *m(f) (in Gymnasien)*

provision [pʀɔvizjɔ̃] *f* ① *pl (pour une excursion)* Proviant *m* ② *(réserve)* **~ d'eau** Wasservorrat *m*

provisoire [pʀɔvizwaʀ] *adj* provisorisch; *(solution, mesure)* vorläufig

provisoirement [pʀɔvizwaʀmɑ̃] *adv* vorübergehend; **asseyez-vous là ~** setzt euch vorerst mal hierher

provoc [pʀɔvɔk] *f abr de* **provation** *fam* Provokation *f*; **c'est de la ~!** das ist reine Provokation!

provocant(e) [pʀɔvɔkɑ̃] *adj* provozierend

provocateur, -trice [pʀɔvɔkatœʀ] **I.** *adj* provokatorisch **II.** *m, f* Aufwiegler(in) *m(f)*

provocation [pʀɔvɔkasjɔ̃] *f (défi)* Herausforderung *f*; **être de la ~** provozieren

provoquer [pʀɔvɔke] <1> *vt* ① *(causer)* verursachen; *(changement)* bewirken ② *(défier)* herausfordern

prudemment [pʀydamɑ̃] *adv* vorsichtig

prudence [pʀydɑ̃s] *f* Vorsicht *f*

prudent(e) [pʀydɑ̃] *adj* vorsichtig

prune [pʀyn] *f* Pflaume *f*

pruneau [pʀyno] <x> *m* Backpflaume *f*

prunier [pʀynje] *m* Pflaumenbaum *m*

Prusse [pʀys] *f* HIST **la ~** Preußen *nt*

prussien(ne) [pʀysjɛ̃] *adj* preußisch

Prussien(ne) [pʀysjɛ̃, jɛn] *m(f)* HIST Preuße *m*/Preußin *f*

P.S. [peɛs] *m abr de* **Parti socialiste** *Sozialistische Partei Frankreichs*

P.-S. [peɛs] *m abr de* **post-scriptum** PS *nt*

pschitt [pʃit] *interj* zisch; **faire ~** zischen

pseudonyme [psødɔnim] *m* Pseudonym *nt*

psy [psi] *mf fam abr de* **psychiatre**, *abr de* **psychologue** *Bezeichnung für Berufe, die sich mit Psychologie beschäftigen*

psychiatre [psikjatʀ] *mf* Psychiater(in) *m(f)*

psychiatrique [psikjatʀik] *adj (hôpital)* psychiatrisch; *(troubles)* psychisch

psychique [psiʃik] *adj* seelisch

psychologie [psikɔlɔʒi] *f* Psychologie *f*

psychologique [psikɔlɔʒik] *adj* psychologisch; *(problème, état)* psychisch

psychologiquement [psikolɔʒikmɑ̃] *adv* psychologisch [gesehen]

psychologue [psikɔlɔg] **I.** *adj* psychologisch begabt **II.** *mf* Psychologe, Psychologin *m, f*

psychoter [psikɔte] <1> *vi fam* Paranoia schieben

PTT [petete] *mpl abr de* **Postes, Télégraphes, Téléphones** Post- und Fernmeldewesen *nt*

pu [py] *part passé de* **pouvoir**

pub[1] [pyb] *f fam abr de* **publicité**

pub[2] [pœb] *m (bar)* Pub *m o nt*

pubard(e) [pybaʀ] *m(f) fam* Werbefuzzi *m*/Werbetussi *f*

puberté [pybɛʀte] *f* Pubertät *f*

public [pyblik] *m* ❶ *(assistance)* Publikum *nt* ❷ *(tous)* Allgemeinheit *f;* **en ~** *(devant tout le monde)* in aller Öffentlichkeit

public, publique [pyblik] *adj* ❶ öffentlich ❷ *(de l'État)* staatlich

publication [pyblikasjɔ̃] *f* Veröffentlichung *f*

publiciste [pyblisist] *mf* Werbefachmann *m*

publicitaire [pyblisitɛʀ] *adj* Werbe-; **campagne ~** Werbekampagne *f*

publicité [pyblisite] *f* ❶ MEDIA *(dans la presse)* Anzeige *f;* *(à la radio, télé)* Werbespot *m* ❷ *sans pl (réclame, métier)* Werbung *f*

publier [pyblije] <1> *vt* ❶ **~ qc** etw veröffentlichen ❷ *(nouvelle)* bekannt geben

publiquement [pyblikmɑ̃] *adv* öffentlich

puce [pys] *f* ❶ ZOOL Floh *m;* **le marché aux ~s** der Flohmarkt ❷ INFORM Chip *m*

pucelage [pys(ə)laʒ] *m fam* Unschuld *f;* **perdre son ~** seine Unschuld verlieren

puceron [pys(ə)ʀɔ̃] *m* Blattlaus *f*

pudding [pudiŋ] *m* [Plum]pudding *m*

pudeur [pydœʀ] *f (décence)* Scham[haftigkeit] *f*

pudique [pydik] *adj (décent)* schamhaft

pudiquement [pydikmɑ̃] *adv* ❶ *(par euphémisme)* verhüllend ❷ *(chastement)* schamhaft

puer [pɥe] <1> **I.** *vi péj* stinken **II.** *vt péj (empester)* **~ le renfermé** muffig riechen

puéricultrice [pɥeʀikyltʀis] *f* ❶ *(s'occupant des nouveau-nés)* Säuglingsschwester *f* ❷ *(s'occupant des tout-petits)* Kinderkrankenschwester *f*

puis[1] [pɥi] *adv* dann; **et ~ après** [*o* **quoi**] **?** *fam* na und?; **et ~** *(en outre)* und dann [noch]

puis[2] [pɥi] *indic prés de* **pouvoir**[1]

puisque [pɥisk(ə)] <puisqu'> *conj* da [ja]; **puisqu'il le faut!** wenn's denn sein muss!

puissance [pɥisɑ̃s] *f* ❶ *sans pl (force)* Kraft *f;* *(d'un moteur)* Leis-

tung[sfähigkeit] *f* ❷ *sans pl (État, pouvoir)* Macht *f*
puissant(e) [pɥisɑ̃] *adj* ❶ stark ❷ POL, ECON mächtig ❸ *(très efficace)* wirksam
puisse [pɥis] *subj prés de* **pouvoir**
puits [pɥi] *m* ❶ *(pour l'eau)* Brunnen *m* ❷ **~ de pétrole** [Erd]ölbohrloch *nt*
pull [pyl] *m abr de* **pull-over** *fam* Pulli *m*
pull-over [pylɔvɛʀ] <pull-overs> *m* Pullover *m*
pulpeux, -euse [pylpø, -øz] *adj (lèvres)* voll; *(femme)* drall
punaise [pynɛz] *f* ❶ ZOOL Wanze *f* ❷ *(petit clou)* Reißzwecke *f*
punch [pœnʃ] *m inv (dynamisme)* Elan *m;* **avoir du ~** *fam* Schwung haben
punir [pyniʀ] <8> *vt* bestrafen
punition [pynisjɔ̃] *f (peine)* Strafe *f*
punk [pœ̃k] **I.** *adj inv* Punk-; **musique ~** Punkmusik *f* **II.** *mf (personne)* Punk[er], Punkerin *m, f*
pupitre [pypitʀ] *m* ❶ INFORM Steuerpult *nt* ❷ MUS *(d'un musicien, choriste)* Notenständer *m* ❸ *(meuble à plan incliné)* Pult *nt*
P **pur(e)** [pyʀ] *adj* rein; *(air, eau, regard, profil)* klar; *(jeune fille)* unschuldig
purée [pyʀe] *f* Püree *nt*
purement [pyʀmɑ̃] *adv* rein; **~ et simplement** [schlicht und] einfach
pureté [pyʀte] *f* Reinheit *f; (de l'enfance)* Unschuld *f;* **~ de la race** Reinrassigkeit *f*
purger [pyʀʒe] <2a> *vt* ❶ *(radiateur)* entlüften; *(huile)* ablassen ❷ JUR *(peine)* verbüßen
purificateur [pyʀifikatœʀ] *m* Reinigungsgerät *nt;* **~ d'air** Luftreiniger *m*
purifier [pyʀifje] <1> *vt (air, atmosphère)* reinigen
purin [pyʀɛ̃] *m* Jauche *f*
pur-sang [pyʀsɑ̃] <pur[s]-sang[s]> *m* Vollblut[pferd] *nt*
pus [py] *m* Eiter *m*
pute [pyt] *f péj vulg* Nutte *f*
putois [pytwa] *m* Iltis *m*
putsch [putʃ] *m* Putsch *m*
puzzle [pœzl] *m* Puzzle *nt*

Aussprache

Das -u- in **puzzle** wird in der französischen Aussprache nicht als [a] oder [u] wie im Deutschen, sondern als [œ] artikuliert.

P.V.C. [pevese] *m inv abr de* **Polyvinylchloride** PVC *nt*
pyjama [piʒama] *m* Schlafanzug *m*
pyramide [piʀamid] *f* Pyramide *f*
Pyrénées [piʀene] *f pl* **les ~** die Pyrenäen

Qq

Q, q [ky] *m inv* Q *nt*, q *nt*
Q.C.M. [kyseɛm] *m abr de* **questionnaire à choix multiple**
Q.I. [kyi] *m abr de* **quotient intellectuel** IQ *m*
qu' [k] *v.* **que**
qu'en-dira-t-on [kɑ̃diʀatɔ̃] *m inv* **se moquer du ~** auf das Gerede der Leute pfeifen
qu'est-ce que [kɛskə] *pron interrog* was

qu'est-ce que

Fragesätze, die mit **qu'est-ce que** oder **qu'est-ce qu'** beginnen, haben dieselbe Wortstellung wie Aussagesätze:
Qu'est-ce qu'elle a dit? – Was hat sie gesagt?; Elle a dit que c'est juste. – Sie hat gesagt, dass das stimmt.

qu'est-ce qui [kɛski] *pron interrog* was
quadrangulaire [k(w)adʀɑ̃gylɛʀ] *adj* viereckig
quadriller [kadʀije] <1> *vt* ❶ *(procéder à une opération militaire, policière)* **~ qc** in etw *(dat)* ein flächendeckendes Netz von Kontrollpunkten errichten ❷ *(tracer des lignes)* **~ qc** etw in Quadrate einteilen
quadruplés, quadruplées [k(w)adʀyple] *m, f pl* Vierlinge *Pl*
quai [ke] *m* ❶ *(d'une gare)* Bahnsteig *m* ❷ *(pour accoster)* Kai *m* ❸ *(voie publique)* Uferstraße *f*
qualificatif [kalifikatif] *m (expression)* Bezeichnung *f*
qualificatif, -ive [kalifikatif, -iv] *adj* LING **adjectif ~** Adjektiv *nt*
qualification [kalifikasjɔ̃] *f* Qualifikation *f*
qualifié(e) [kalifje] *adj* qualifiziert
qualifier [kalifje] <1> *vpr* **se ~** sich qualifizieren
qualitatif, -ive [kalitatif] *adj* qualitativ
qualitativement [kalitativmɑ̃] *adv* qualitativ, in Bezug auf die Qualität
qualité [kalite] *f* Qualität *f*
quand [kɑ̃] **I.** *adv* wann **II.** *conj* ❶ *(temporel: événement unique du passé ou du présent)* als ❷ *fam (le moment où, le fait que)* wenn ❸ *(exclamatif)* **~ je pense que...!** wenn ich daran denke, dass...! ▸ **~ même** *(malgré cela)* trotzdem
quant [kɑ̃t] *prép* **~ à qn/qc** was jdn/etw betrifft
quantifier [kɑ̃tifje] <1a> *vt* ❶ *(chiffrer)* in Zahlen *(akk)* fassen ❷ PHYS quanteln
quantitatif, -ive [kɑ̃titatif] *adj* quantitativ
quantitativement [kɑ̃titativmɑ̃] *adv* mengenmäßig, quantitativ
quantité [kɑ̃tite] *f* Menge *f*; **[une] ~ de choses** eine Menge Dinge; **en ~** unzählig
quarantaine [kaʀɑ̃tɛn] *f* ❶ **une ~ de personnes/pages** etwa vierzig Personen/Seiten ❷ *(âge approximatif)* **avoir la ~** etwa vierzig [Jahre alt] sein ❸ MED Quarantäne *f*; *v.a.* **cinquantaine** ▸ **être en ~** unter Quarantäne stehen
quarante [kaʀɑ̃t] **I.** *num* vierzig; **~ et un** einundvierzig **II.** *m inv (cardinal)* Vierzig *f*; *v.a.* **cinq** *v.a.* **cinquante** ▸ **les Quarante** die [vierzig Mitglieder der] Académie française
quarantième [kaʀɑ̃tjɛm] **I.** *adj* vierzigste(r, s) **II.** *mf* **le/la ~** der/die/das Vierzigste **III.** *m (fraction)* Vierzigstel *nt*; *v.a.* **cinquième**
quart [kaʀ] *m* ❶ Viertel *nt*; **trois ~s** drei Viertel; **~ d'heure/de finale** Viertelstunde *f*/-finale ❷ *(partie appréciable)*

Großteil *m*

quarté [k(w)aʀte] *m* Rennquartett *nt (bei Pferdewetten)*

quartier [kaʀtje] *m* ❶ Viertel *nt;* **les gens du ~** die Leute aus der Nachbarschaft ❷ CH *(banlieue)* **~ périphérique** Vorstadtviertel *nt,* Außenquartier *nt* (CH)

quart-monde [kaʀmɔ̃d] <quarts-mondes> *m* ❶ *(pauvreté)* **le ~** die neue Armut ❷ *(pays les plus pauvres)* die Vierte Welt

quasi [kazi] *adv* fast; **~ mort** halbtot

quatorze [katɔʀz] **I.** *num* vierzehn **II.** *m inv* Vierzehn *f; v.a.* **cinq**

quatorzième [katɔʀzjɛm] **I.** *adj* vierzehnte(r, s) **II.** *mf* **le/la ~** der/die/das Vierzehnte **III.** *m (fraction)* Vierzehntel *nt; v.a.* **cinquième**

quatre [katʀ(ə)] **I.** *num* vier ▸ **manger comme ~** für zwei essen; **un de ces ~ [matins]** *fam* demnächst **II.** *m inv* Vier *f; v.a.* **cinq**

quatre-heures [katʀœʀ] *m inv fam süße Nachmittagsmahlzeit für Kinder* **quatre-quatre** [katkatʀə] *m o f inv* AUT Auto *nt* mit Vierradantrieb **quatre-vingt** [katʀəvɛ̃] <quatre-vingts> **I.** *num* **~s** achtzig; **~ mille** achtzigtausend **II.** *m* **~s** Achtzig *f; v.a.* **cinq** *v.a.* **cinquante**

quatre-vingt-dix [katʀəvɛ̃dis] **I.** *num* neunzig **II.** *m inv* Neunzig *f; v.a.* **cinq** *v.a.* **cinquante** **quatre-vingt-dixième** [katʀəvɛ̃dizjɛm] <quatre-vingt-dixièmes> **I.** *adj* neunzigste(r, s) **II.** *mf* **le/la ~** der/die/das Neunzigste **III.** *m (fraction)* Neunzigstel *nt; v.a.* **cinquième**

quatre-vingtième [katʀəvɛ̃tjɛm] <quatre-vingtièmes> **I.** *adj* achtzigste(r, s) **II.** *mf* **le/la ~** der/die/das Achtzigste **III.** *m (fraction)* Achtzigstel *nt; v.a.* **cinquième**

quatre-vingt-onze [katʀəvɛ̃ɔ̃z] **I.** *num* einundneunzig **II.** *m inv* Einundneunzig *f; v.a.* **cinq** *v.a.* **cinquante** **quatre-vingt-un, -une** [katʀəvɛ̃œ̃] **I.** *num* einundachtzig **II.** *m, f inv* Einundachtzig *f; v.a.* **cinq** *v.a.* **cinquante** **quatre-vingt-unième** [katʀəvɛ̃ynjɛm] **I.** *adj* einundachtzigste(r, s) **II.** *mf* **le/la ~** der/die/das Einundachtzigste **III.** *m (fraction)* Einundachtzigstel *nt; v.a.* **cinquième**

quatrième [katʀijɛm] **I.** *adj* vierte(r, s) **II.** *mf* **le/la ~** der/die/das Vierte **III.** *f* SCOL ≈ achte Klasse *f; v.a.* **cinquième**

quatrièmement [katʀijɛmmɑ̃] *adv* viertens

que [kə] <qu'> **I.** *conj* ❶ *(introduit une complétive)* dass; **je ne crois pas que** + *subj* ich glaube nicht, dass ❷ *(dans des formules de présentation)* **peut-être ~** vielleicht ❸ *(dans des questions)* **qu'est-ce ~ c'est?** was ist das? ❹ *(reprend une conjonction de subordination)* **si tu as le temps et qu'il fait beau** wenn du Zeit hast und es schön ist ❺ *(introduit une proposition de temps)* **ça fait trois jours qu'il est là** er ist seit drei Tagen da ❻ *(introduit une proposition de but)* damit ❼ *(pour comparer)* **plus/moins/autre... ~** mehr/weniger/anders... als; **autant de... ~** genauso viel(e)... wie; **tel ~** [genau] so, wie ❽ *(seulement)* nur; **ne... ~** nur **II.** *adv (comme)* wie; **[qu'est-ce] ~ c'est beau!** wie schön das ist! **III.** *pron rel* ❶ *compl direct: se rapportant à un subst au sing* den/die/das; *(se rapportant à un substantif au pluriel)* die; **ce ~** *(en fonction de sujet)* [das,] was; *(en fonction d'objet direct)* was; **chose ~** was; **quoi ~ tu dises** was du auch sagst ❷ *(après une indication de temps)* **toutes les fois ~...** jedes Mal, wenn... **IV.** *pron interrog* was ▸ **qu'est-ce qui vous prend?** was ist denn in Sie/euch gefahren?

Québec [kebɛk] **I.** *m (ville)* Quebec *nt* **II.** *m* **le ~** Quebec *nt*

quel(le) [kɛl] **I.** *adj* ❶ *(dans une question)* welche(r, s); **~ temps fait-il?** wie ist das Wetter? ❷ *(exclamation)* was für ein(e); **~ dommage!** wie schade!

Q

II. *pron* welche(r, s); **de nous deux, ~ est le plus grand?** wer ist der größere von uns beiden?

quelconque [kɛlkɔ̃k] *adj (n'importe quel)* **un... ~** irgendein...

quelqu'un [kɛlkœ̃] *pron indéf* jemand; **~ d'autre** jemand anders

quelque [kɛlk] **I.** *adj indéf* ❶ *pl (plusieurs)* einige ❷ *pl (petit nombre)* **les ~s fois où...** die wenigen Male, die... **II.** *adv* ▸ **~ peu** ein wenig

quelque chose [kɛlkəʃoz] *pron* etwas; **c'est déjà ~!** das ist doch immerhin etwas ▸ **~ comme** etwa

quelquefois [kɛlkəfwa] *adv* manchmal

quelque part [kɛlkpaʀ] *adv* **voir/lire ~** irgendwo sehen/lesen

quelques-uns, -unes [kɛlkəzœ̃] *pron indéf* einige

question [kɛstjɔ̃] *f* Frage *f;* **poser une ~ à qn** jdm eine Frage stellen ▸ **il est ~ de qn/qc** *(il s'agit de)* es geht um jdn/etw; **hors de ~** das kommt überhaupt nicht infrage; **pas ~!** *fam* [das] kommt nicht in die Tüte!

questionnaire [kɛstjɔnɛʀ] *m* Fragebogen *m;* **~ à choix multiple** Multiple-Choice-Fragebogen

questionner [kɛstjɔne] <1> *vt* **~ qn sur qc** *(jury)* jdm zu etw Fragen stellen

quête [kɛt] *f* Geldsammlung *f*

quetsche [kwɛtʃ] *f* Zwetsche *f,* Zwetschge *f* (CH)

queue [kø] *f* ❶ *a. fam* Schwanz *m* ❷ *(d'une casserole, poêle) a.* BOT Stiel *m;* **~ de billard** Queue *f* ❸ *(file de personnes)* **faire la ~** Schlange *f* stehen ▸ **n'avoir ni ~ ni tête** weder Hand noch Fuß haben

qui [ki] **I.** *pron rel* ❶ *(comme sujet: se rapportant à un substantif au singulier)* der/die/das; *(se rapportant à un substantif au pluriel)* die; **toi ~ sais tout** du weißt doch alles; **j'en connais ~...** ich kenne Leute, die...; **ce ~...** *(servant de sujet)* [das,] was...; *(se rapportant à une phrase principale)* ..., was... ❷ *(comme compl: remplace une personne)* **la dame à ~ c'est arrivé** die Dame, der das passiert ist ❸ *(celui qui)* wer ▸ **~ que tu sois** ganz gleich, wer du bist **II.** *pron interrog* ❶ *(qu'est-ce que)* wer; **~ ça?** wer? ❷ *(question portant sur la personne compl direct)* wen/wem; **~ as-tu vu?** wen hast du gesehen?; **~ croyez-vous?** wem glauben Sie? ❸ *(question portant sur la personne compl indirect)* **à/avec/pour/chez ~...?** wem/mit wem/für wen/bei wem...?

quiche [kiʃ] *f* **~ [lorraine]** Quiche Lorraine *f*

quiconque [kikɔ̃k] **I.** *pron rel* jeder, der... **II.** *pron indéf* **je le sais mieux que ~** ich weiß es selbst am besten

qui est-ce que [kiɛskə] *pron interrog (question portant sur une personne en position compl)* **~...?** wen/wem...?; **avec/par/pour ~...?** mit wem/durch wen/für wen...?

qui est-ce qui [kiɛski] *pron interrog (question portant sur une personne en position sujet)* **~...?** wer...?

quille [kij] *f* Kegel *m;* **jouer aux ~s** kegeln

quincaillerie [kɛ̃kajʀi] *f* ❶ *(magasin d'articles de ménage)* Haushaltswarengeschäft *nt* ❷ *(magasin de petit outillage)* Eisenwarenhandlung *f*

quinquennal(e) [kɛ̃kenal] <-aux> *adj* fünfjährlich

quinquennat [kɛ̃kena] *m* fünfjährige Regierungszeit *f*

quinte [kɛ̃t] *f* **~ de toux** Hustenanfall *m*

quinté [kɛ̃te] *m* Rennquintett *nt*

quinzaine [kɛ̃zɛn] *f* ❶ *(environ quinze)* **une ~ de personnes/pages** etwa fünfzehn Personen/Seiten ❷ *(deux semaines)* **revenir dans une ~ [de jours]** in zwei Wochen wiederkommen

quinze [kɛ̃z] **I.** *num* fünfzehn; **tous les ~ jours** alle vierzehn Tage **II.** *m inv* Fünfzehn *f; v.a.* **cinq**

quinzième [kɛ̃zjɛm] **I.** *adj* fünfzehnte(r, s) **II.** *mf* **le/la ~** der/die/das Fünf-

Q

zehnte **III.** *m (fraction)* Fünfzehntel *nt; v.a.* **cinquième**

quinzomadaire [kɛ̃zɔmadɛʀ] *m* 14-täglich erscheinende Zeitschrift *f*

quitte [kit] *adj* ❶ *(sans dettes)* **être ~** quitt [miteinander] sein *(fam)* ❷ *(au risque de)* **~ à faire qc** auch auf die Gefahr hin, dass man/jd etw tut

quitter [kite] <1> *vt* ❶ verlassen; **ne quittez pas** TELEC bleiben Sie am Apparat ❷ INFORM *(programme)* beenden

quiz [kwiz] *m* Quizsendung *nt*

quoi [kwa] **I.** *pron rel* ❶ *(annexe d'une phrase principale complète)* **..., ce à ~ il ne s'attendait pas** ..., womit er nicht rechnete ❷ *(dans une question indirecte)* **ce sur ~ je veux que nous discutions** das, worüber ich mit Ihnen/euch sprechen möchte ❸ *(comme pronom relatif)* **à/de ~...** woran/worüber... ❹ *(cela)* **..., après ~... ...**, [und] danach... ❺ *(ce qui est nécessaire pour)* **de ~ faire qc** etwas um etw zu tun ▶ **il n'y a pas de ~!** keine Ursache!; **~ que ce soit** irgendetwas; **~ qu'il en soit** wie dem auch sei; **~ que** ganz gleich, was **II.** *pron interrog* ❶ *+ prép* **à ~ penses-tu?** woran denkst du?; **dites-nous à ~ cela sert** sagt uns, wozu das gut ist; **cette chaise est en ~?** *fam* woraus ist dieser Stuhl?; **par ~ commençons-nous?** womit fangen wir an? ❷ *fam (qu'est-ce que)* was; **c'est ~, ce truc?** was ist denn das da [für ein Ding]?; **~ encore?** was ist denn jetzt schon wieder? ❸ *(qu'est-ce qu'il y a de...?)* **~ de neuf?** was gibt's Neues? ❹ *fam (comment?)* was? **III.** *interj* ❶ *(marque la surprise: comment!)* **~!** was! ❷ *fam (en somme)* **..., ~!** eben...!

quoique [kwak(ə)] *conj* obwohl

quota [k(w)ɔta] *m* Quote *f*

quotidien [kɔtidjɛ̃] *m* ❶ *(journal)* Tageszeitung *f* ❷ *(vie quotidienne)* Alltag *m*

quotidien(ne) [kɔtidjɛ̃] *adj* ❶ *(journalier)* täglich ❷ *(banal: tâches)* banal

quotidiennement [kɔtidjɛnmɑ̃] *adv* täglich

quotient [kɔsjɑ̃] *m* Quotient *m*

Q

Rr

R, r [ɛʀ] *m inv* R *nt,* r *nt;* **rouler les r** das R rollen
rab [ʀab] *m fam* **il y a du ~** es ist noch etwas übrig
rabâcher [ʀabɑʃe] <1> *vt* **~ qc à qn** jdm ständig etw sagen
rabaisser [ʀabese] <1> *vt* herabsetzen
rabane [ʀaban] *f* [Raphia]bastgeflecht *nt;* **natte en ~** [geflochtene] Bastmatte
rabat-joie [ʀabaʒwa] *mf inv* Spielverderber(in) *m(f)*
rabbin [ʀabɛ̃] *m* Rabbiner *m*
rabot [ʀabo] *m* Hobel *m*
raboter [ʀabɔte] <1> *vt (planche)* abhobeln
rabougri(e) [ʀabugʀi] *adj (personne)* alt und gebückt
rabrouer [ʀabʀue] <1> *vt* anfahren
racaille [ʀakɑj] *f* Abschaum *m kein Pl (pej)*
raccommoder [ʀakɔmɔde] <1> **I.** *vt (chaussettes)* flicken **II.** *vpr fam* **se ~** sich versöhnen
raccompagner [ʀakɔ̃paɲe] <1> *vt* begleiten
raccourci [ʀakuʀsi] *m* ❶ *(chemin)* Abkürzung *f* ❷ INFORM **~ clavier** Shortcut *m*
raccourcir [ʀakuʀsiʀ] <8> **I.** *vt* kürzen **II.** *vi* kürzer werden
raccrocher [ʀakʀɔʃe] <1> **I.** *vi* TELEC auflegen **II.** *vpr* **se ~ à qn/qc** sich an jdn/etw klammern
race [ʀas] *f* ❶ Rasse *f* ❷ *(sorte)* Spezies *f*
racheter [ʀaʃte] <4> **I.** *vt (acheter en plus)* nachkaufen **II.** *vpr* **se ~** es wieder gutmachen
rachitique [ʀaʃitik] *adj* ❶ MED rachitisch ❷ *(chétif)* schwächlich
rachitisme [ʀaʃitism] *m* Rachitis *f*
racine [ʀasin] *f* ❶ BOT Wurzel *f* ❷ *(cause)* Ursache *f*
racisme [ʀasism] *m* Rassismus *m*
raciste [ʀasist] **I.** *adj* rassistisch **II.** *mf* Rassist(in) *m(f)*
racket [ʀakɛt] *m* Schutzgelderpressung *f*
racketter [ʀakete] <1> *vt* **~ qn** Schutzgelder von jdm erpressen
racketteur, -euse [ʀakɛtœʀ] *m, f* Erpresser(in) *m(f)*
raclée [ʀɑkle] *f fam* ❶ *(volée de coups)* Tracht *f* Prügel ❷ *(défaite)* Schlappe *f*
racler [ʀɑkle] <1> **I.** *vt (casserole)* scheuern **II.** *vpr* **se ~ la gorge** sich räuspern
raclette [ʀɑklɛt] *f* Raclette *f o nt*
racoler [ʀakɔle] <1> *vt* **~ qn** jdn werben; *(prostituée)* jdn ansprechen
racontar [ʀakɔ̃taʀ] *m gén pl, fam* Tratsch *m*
raconter [ʀakɔ̃te] <1> *vt* erzählen
radar [ʀadaʀ] *m* Radar[gerät *nt*] *m o nt*
radiateur [ʀadjatœʀ] *m* ❶ *(de chauffage central)* Heizkörper *m* ❷ AUT Kühler *m*
radical [ʀadikal] <-aux> *m* LING Stamm *m*
radical(e) [ʀadikal] <-aux> *adj* radikal
radicalement [ʀadikalmɑ̃] *adv* ❶ *(entièrement)* radikal, grundlegend ❷ *(absolument)* vollkommen, völlig
radicaliser [ʀadikalize] <1> *vt (position)* verhärten
radier [ʀadje] <1> *vt* streichen
radieux, -euse [ʀadjø] *adj* strahlend
radin(e) [ʀadɛ̃] **I.** *adj fam* knauserig **II.** *m(f) fam* Geizkragen *m*
radiner [ʀadine] <1> *vpr fam* **se ~** auftauchen
radinerie [ʀadinʀi] *f fam* Knauserigkeit *f,* Pfennigfuchserei *f*
radio [ʀadjo] *f* ❶ Radio *nt;* **allumer/éteindre la ~** das Radio ein-/ausschal-

R

ten ❷ *(radiodiffusion)* **passer à la ~** im Radio kommen

radioactif, -ive [ʀadjoaktif] *adj* radioaktiv

radioactivité [ʀadjoaktivite] *f* Radioaktivität *f*

radioamateur [ʀadjoamatœʀ] *m* Funkamateur(in) *m(f)*

radiographie [ʀadjɔgʀafi] *f* MED Röntgenaufnahme *f*

radiologue [ʀadjɔlɔg] *mf* Radiologe, Radiologin *m, f*

radiophonique [ʀadjɔfɔnik] *adj* **pièce ~** Hörspiel *nt*

radio-réveil [ʀadjoʀevɛj] <radios-réveils> *m* Radiowecker *m* **radio-taxi** [ʀadjotaksi] <radio-taxis> *m* Funktaxi *nt*

radiotélévisé(e) [ʀadjotelevize] *adj* **message ~ du chef de l'État** Rundfunk- und Fernsehansprache des Staatschefs

radis [ʀadi] *m* Radieschen *nt; (grand radis)* Rettich *m*

radius [ʀadjys] *m* ANAT Speiche *f*

radoter [ʀadɔte] <1> *vi* sich wiederholen

radoucir [ʀadusiʀ] <8> *vpr* **se ~** ❶ *(personne)* sich besänftigen ❷ *(temps)* sich bessern

rafale [ʀafal] *f* **~ de vent** Windstoß *m*

raffermir [ʀafɛʀmiʀ] <8> *vpr* **se ~** *(voix)* fester werden; *(peau, tissu)* straffer werden

R

raffinage [ʀafinaʒ] *m (du pétrole, sucre)* Raffinieren *nt; (du caoutchouc, papier, des métaux)* Veredelung *f*

raffiné(e) [ʀafine] *adj* ❶ *(délicat)* edel ❷ *(personne)* subtil; *(coup)* raffiniert

raffiner [ʀafine] <1> *vt* ❶ *(pétrole, sucre)* raffinieren ❷ *(goût)* verfeinern

raffinerie [ʀafinʀi] *f* Raffinerie *f*

raffoler [ʀafɔle] <1> *vi* **~ de qc** in etw vernarrt sein

raffut [ʀafy] *m fam* Radau *m* ▶ **faire du ~** *(faire un scandale)* Staub aufwirbeln *(fam)*

rafistolage [ʀafistɔlaʒ] *m fam* Zusammenflicken *nt fig* Notbehelf *m*

rafistoler [ʀafistɔle] <1> *vt fam* zusammenflicken

rafle [ʀafl] *f* Razzia *f*

rafler [ʀafle] <1> *vt fam* mitgehen lassen

rafraîchir [ʀafʀeʃiʀ] <8> *vpr* **se ~** ❶ METEO *(air, temps)* abkühlen ❷ *(boire)* sich erfrischen ❸ *(arranger sa toilette)* sich frisch machen

rafraîchissement [ʀafʀeʃismɑ̃] *m (boisson)* Erfrischung *f*

raft [ʀaft] *m* Schlauchboot *nt* (für Wildwasserfahrten)

rafting [ʀaftiŋ] *m* Rafting *nt*

ragaillardir [ʀagajaʀdiʀ] <8> *vt (boisson, repos)* stärken; *(nouvelle)* aufmuntern

rage [ʀaʒ] *f* ❶ *(colère)* Wut *f* ❷ MED Tollwut *f*

rageant(e) [ʀaʒɑ̃] *adj* **c'est ~** *fam* das ist ärgerlich

rageusement [ʀaʒøzmɑ̃] *adv* wutentbrannt

ragondin [ʀagɔ̃dɛ̃] *m* ❶ *(animal)* Biberratte *f*, Nutria *f* ❷ *(fourrure)* Nutria *m*

ragot [ʀago] *m fam* Klatsch *m*

ragoût [ʀagu] *m* Ragout *nt*

raï [ʀaj] *m* MUS Rai *m*

raid [ʀɛd] *m* MIL Überfall *m*, Angriff *m;* **~ aérien** Luftangriff

raide [ʀɛd] **I.** *adj* ❶ *(corps, membre)* steif; *(cheveux)* glatt ❷ *(escalier, pente)* steil ❸ *fam (ivre)* **être ~** breit sein, zu sein **II.** *adv (en pente)* steil

raie [ʀɛ] *f (ligne)* Streifen *m*

raierai [ʀɛʀɛ] *fut de* **rayer**

raifort [ʀɛfɔʀ] *m* Meerrettich *m*

rail [ʀɑj] *m* Schiene *f*

raisin [ʀɛzɛ̃] *m* Traube *f;* **~s secs** Rosinen *Pl*

raison [ʀɛzɔ̃] *f* ❶ *(motif)* Grund *m;* **avoir ses ~s** seine Gründe haben ❷ *(sagesse)* Vernunft *f* ❸ *(facultés intellectuelles)* Verstand *m;* **avoir toute sa ~** bei [klarem] Verstand sein ▶ **à tort ou à ~** zu Recht oder zu

Unrecht; **avoir** ~ Recht haben; **pour quelle** ~ weshalb

raisonnable [ʀɛzɔnabl] *adj* vernünftig

raisonnement [ʀɛzɔnmɑ̃] *m (argumentation)* Schlussfolgerung *f*

raisonner [ʀɛzɔne] <1> *vi (ramener à la raison)* zur Vernunft bringen

rajeunir [ʀaʒœniʀ] <8> **I.** *vt* verjüngen **II.** *vi (se sentir plus jeune)* sich jünger fühlen

rajout [ʀaʒu] *m* Ergänzung *f*, Zusatz *m*

rajouter [ʀaʒute] <1> *vt* ❶ **~ qc à qc** etw zu etw hinzufügen ❷ *(sel, sucre)* hinzugeben ▶ **en** ~ *fam* übertreiben

rajuster [ʀaʒyste] <1> *vt (lunettes)* zurechtrücken

râlant [ʀɑlɑ̃] *adj* **c'est** ~ *fam* das ist ärgerlich

ralenti [ʀalɑ̃ti] *m* ❶ CINE, TV Zeitlupe *f* ❷ AUT Leerlauf *m*

ralentir [ʀalɑ̃tiʀ] <8> **I.** *vt* verlangsamen; *(zèle, activité)* bremsen **II.** *vpr* **se** ~ sich verlangsamen

ralentissement [ʀalɑ̃tismɑ̃] *m* Verlangsamung *f*

râler [ʀɑle] <1> *vi (grogner)* motzen; **faire ~ qn** jdn ärgern

râleur, -euse [ʀɑlœʀ] **I.** *adj fam* motzig **II.** *m, f fam* Meckerer *m*/Meckerziege *f*, Motzer(in) *m(f)*

rallonge [ʀalɔ̃ʒ] *f* ❶ *(d'une table)* Ausziehplatte *f* ❷ ELEC Verlängerungskabel *nt*

rallonger [ʀalɔ̃ʒe] <2a> *vt* verlängern

rallumer [ʀalyme] <1> *vt (cigarette, feu)* wieder anzünden; *(lampe, lumière)* wieder anmachen

rallye [ʀali] *m* Rallye *f*

RAM [ʀam] *f abr de* **Random Access Memory** RAM *m*

ramadan [ʀamadɑ̃] *m* Ramadan *m*

ramasser [ʀamɑse] <1> **I.** *vt* ❶ *(champignons, coquillages)* sammeln; *(ordures, copies)* einsammeln ❷ *(chose tombée par terre)* aufheben **II.** *vpr* **se** ~ *fam (tomber)* hinpurzeln

ramener [ʀamne] <4> **I.** *vt* ❶ zurückbringen ❷ *(amener avec soi)* mitbringen **II.** *vpr fam (arriver)* **se** ~ aufkreuzen

rameur [ʀamœʀ] *m* Rudergerät *nt*

rameuter [ʀamøte] <1> **I.** *vt* ❶ CHASSE **~ les chiens de la meute** die Hundemeute wieder zusammentreiben ❷ *(rassembler)* **~ les militants** die aktiven Mitglieder wieder zusammenholen **II.** *vpr* **se** ~ sich [ver]sammeln

rami [ʀami] *m* Rommee *nt*

rancard [ʀɑ̃kaʀ] *m fam* Treff *m*

rance [ʀɑ̃s] *adj* ranzig

ranch [ʀɑ̃tʃ] <[e]s> *m* Ranch *f*

rançon [ʀɑ̃sɔ̃] *f* ❶ *(rachat)* Lösegeld *nt* ❷ *(prix)* **la ~ de la gloire** der Preis des Ruhms

rancune [ʀɑ̃kyn] *f* **garder ~ à qn de qc** jdm etw nachtragen ▶ **sans ~!** nichts für ungut!

rancunier, -ière [ʀɑ̃kynje, -jɛʀ] *adj* nachtragend

randonnée [ʀɑdɔne] *f* **~ à pied/skis/bicyclette** Wanderung *f*/Ski-/Radtour *f*

rang [ʀɑ̃] *m* ❶ Reihe *f*; **en ~ par deux** in Zweierreihen ❷ *(dans un classement)* Platz *m*

rangée [ʀɑ̃ʒe] *f* Reihe *f*

ranger [ʀɑ̃ʒe] <2a> **I.** *vt* aufräumen **II.** *vpr* **se** ~ ❶ *(s'écarter: piéton)* beiseitegehen ❷ *(se mettre en rang)* sich aufstellen

ranimer [ʀanime] <1> *vt (personne évanouie)* wieder beleben

rap [ʀap] *m* Rap *m*

rapace [ʀapas] **I.** *adj (cupide)* habgierig **II.** *m* ZOOL Raubvogel *m*

rapatrié(e) [ʀapatʀije] *m(f)* Repatriierte(r) *f(m)*

rapatrier [ʀapatʀije] <1> *vt (personne)* [zurück]bringen

râpé(e) [ʀɑpe] *adj* GASTR gerieben

râper [ʀɑpe] <1> *vt* reiben

rapiat(e) [ʀapja] **I.** *adj fam* knauserig **II.** *m(f) fam* Knauser(in) *m(f)*

rapide [ʀapid] **I.** *adj* schnell; *(progrès, réponse)* rasch **II.** *m (train)* Schnell-

R

zug *m*

rapidement [ʀapidmɑ̃] *adv* schnell; *(lire)* flüchtig

rapidité [ʀapidite] *f* Schnelligkeit *f*

rapiécer [ʀapjese] <2, 5> *vt* flicken

rappel [ʀapɛl] *m* ❶ *(souvenir)* ~ **de qc** Erinnerung *f* an etw *(akk)* ❷ *(avertissement: d'un paiement)* Mahnung *f* ❸ *(panneau de signalisation)* Wiederholungsschild *nt*

rappeler [ʀap(ə)le] <3> **I.** *vt* ❶ *(remémorer: souvenir)* wachrufen; ~ **qn/qc à qn** jdn an jdn/etw erinnern ❷ *a.* TELEC zurückrufen **II.** *vpr* **se** ~ **qn/qc** sich an jdn/etw erinnern

rapper [ʀape] <1> *vt, vi* MUS rappen

rappeur, -euse [ʀapœʀ] *m, f* Rapper(in) *m(f)*

rappliquer [ʀaplike] <1> *vi fam* auftauchen, aufkreuzen

rapport [ʀapɔʀ] *m* ❶ *(lien)* Zusammenhang *m;* ~ **qualité-prix** Preis-Leistungs-Verhältnis *nt* ❷ *(relations)* Beziehungen *Pl* ❸ *pl (relations sexuelles)* Geschlechtsverkehr *m* ❹ *(compte rendu)* Bericht *m* ▶ **par** ~ **à qn/qc** *(par comparaison)* im Vergleich zu jdm/etw

rapporté(e) [ʀapɔʀte] *adj (élément)* angefügt; **une pièce ~e** *fig fam* ein(e) Angeheiratete(r) *f(m)*

R

rapporter [ʀapɔʀte] <1> **I.** *vt* ❶ *(rendre)* zurückbringen ❷ *(être profitable: métier, travail)* jdm etw einbringen ❸ *péj (répéter)* petzen **II.** *vpr* **se** ~ **à qc** sich auf etw *(akk)* beziehen

rapprocher [ʀapʀɔʃe] <1> **I.** *vt* ❶ *(objets)* [näher] zusammenrücken ❷ *(idées, thèses)* annähern **II.** *vpr* ❶ *(approcher)* **se** ~ **de qn/qc** sich jdm/einer S. nähern ❷ *(sympathiser)* **se** ~ sich näherkommen

raquer [ʀake] <1> *vi fam* blechen

raquette [ʀakɛt] *f* SPORT Schläger *m*

rare [ʀɑʀ] *adj* ❶ selten ❷ *(exceptionnel)* außergewöhnlich ▶ **se faire** ~ sich nur selten sehen lassen

rarement [ʀɑʀmɑ̃] *adv* selten

rascasse [ʀaskas] *f* Drachenkopf *m*

raser [ʀɑze] <1> **I.** *vt* ❶ *(tondre)* rasieren ❷ *(passer très près)* ~ **qc** *(mur)* dicht an etw *(dat)* entlanggehen ❸ *(bâtiment)* dem Erdboden gleichmachen ❹ *fam (ennuyer)* anöden **II.** *vpr* **se** ~ **qc** sich *(dat)* etw rasieren

ras-le-bol [ʀɑl(ə)bɔl] *m inv fam* **en avoir** ~ die Nase voll haben; ~**!** mir reicht's!

rasoir [ʀɑzwaʀ] *m* Rasierapparat *m*

rassembler [ʀasɑ̃ble] <1> **I.** *vt (documents, objets épars)* zusammentragen; ~ **des personnes** *(personne)* um sich versammeln **II.** *vpr* **se** ~ *(participants)* sich versammeln

rassembleur, -euse [ʀasɑ̃blœʀ, -øz] **I.** *adj* einigend **II.** *m, f* Einiger(in) *m(f)*

rasseoir [ʀaswaʀ] <irr> *vpr* **se** ~ sich wieder setzen

rassir [ʀasiʀ] <8> **I.** *vi (pain, pâtisserie)* trocken werden **II.** *vpr* **se** ~ trocken werden **III.** *vt* **laisser** ~ **qc** etw austrocknen lassen

rassis, rassie [ʀasi] *adj* alt

rassurant(e) [ʀasyʀɑ̃] *adj* zuversichtlich; **c'est** ~**!** das ist ja ermutigend!

rassurer [ʀasyʀe] <1> **I.** *vt* beruhigen; **ne pas être rassuré** beunruhigt sein **II.** *vpr* **se** ~ sich beruhigen; **rassurez-vous!** seien Sie unbesorgt!

rasta [ʀasta] **I.** *adj fam* Rasta-; **coiffure** ~ Rastafrisur *f* **II.** *m fam* Rasta *mf*

rat [ʀa] *m* Ratte *f*

ratatiné(e) [ʀatatine] *adj* verschrumpelt *(fam)*

ratatiner [ʀatatine] <1> *vt (rabougrir: fruit, personne)* [zusammen]schrumpfen lassen; *(visage)* runzlig werden lassen

rate [ʀat] *f* ANAT Milz *f*

raté(e) [ʀate] *m(f)* Versager(in) *m(f)*

rater [ʀate] <1> **I.** *vt* ❶ *(occasion, train)* verpassen ❷ *(examen)* nicht schaffen; **être raté** missglückt sein ▶ **ne pas** ~ **qn** sich *(dat)* jdn vorknöpfen **II.** *vi (affaire, projet)* misslingen **III.** *vpr* ❶ *fam (mal se suicider)* **qn se rate** jds

Selbstmordversuch missglückt ② *(ne pas se voir)* **se ~** sich verpassen
ratifier [ʀatifje] <1> *vt* ratifizieren
ration [ʀasjɔ̃] *f* Ration *f*
rationaliser [ʀasjɔnalize] <1> *vt* rationalisieren
rationalité [ʀasjɔnalite] *f* Rationalität *f*
rationnel(le) [ʀasjɔnɛl] *adj (comportement)* rational; *(alimentation)* vernünftig; *(organisation)* rationell
rationnellement [ʀasjɔnɛlmɑ̃] *adv* rational
rationner [ʀasjɔne] <1> *vt* rationieren
raton [ʀatɔ̃] *m* ZOOL **~ laveur** Waschbär *m*
ratonnade [ʀatɔnad] *f* Ausschreitungen *Pl (gegen Minderheiten)*
R.A.T.P. [ɛʀatepe] *f abr de* **Régie autonome des transports parisiens** *öffentlicher Pariser Verkehrsbetrieb*
rattacher [ʀataʃe] <1> *vt (renouer)* wieder anbinden; *(lacet)* wieder [zu]binden
rattraper [ʀatʀape] <1> **I.** *vt* ① *(rejoindre)* einholen ② *(temps perdu, retard)* wettmachen; *(sommeil)* nachholen ③ *(retenir)* auffangen; **~ qn par le bras** jdn am Arm fest halten **II.** *vpr* ① *(se raccrocher)* **se ~ à qc** sich an etw *(dat)* fest halten ② *(compenser)* **se ~** das Versäumte nachholen
rature [ʀatyʀ] *f* Streichung *f*
raturer [ʀatyʀe] <1> *vt* [durch]streichen
rauque [ʀok] *adj (voix)* rau
ravage [ʀavaʒ] *m (dégâts)* Schäden *Pl* ▶ **faire des ~s** verheerende Schäden anrichten
ravagé(e) [ʀavaʒe] *adj fam* übergeschnappt
ravager [ʀavaʒe] <2a> *vt* verwüsten
ravaler [ʀavale] <1> *vt (larmes, colère)* unterdrücken
rave[1] [ʀav] *f* Rübe *f*
rave[2] [ʀɛv] *f* MUS Rave *m*
raveur, -euse [ʀɛvœʀ] *m, f* Raver(in) *m(f)*
ravi(e) [ʀavi] *adj* **être ~ de faire qc** erfreut sein etw zu tun
ravigoter [ʀavigɔte] <1> *vt fam (nouvelle, personne)* aufmuntern; *(alcool, douche, repas)* [wieder] auf die Beine *(akk)* bringen *(fam)*
ravin [ʀavɛ̃] *m* [Fels]schlucht *f*
ravir [ʀaviʀ] <8> *vt* begeistern; **ta visite me ravit** ich freue mich sehr über deinen Besuch
raviser [ʀavize] <1> *vpr* **se ~** seine Meinung ändern
ravissant(e) [ʀavisɑ̃] *adj* bezaubernd
ravisseur, -euse [ʀavisœʀ] *m, f* Entführer(in) *m(f)*
ravitaillement [ʀavitajmɑ̃] *m* ① **~ en qc** Versorgung *f* mit etw ② *(provisions)* Verpflegung *f*
ravitailler [ʀavitaje] <1> **I.** *vt* **~ en qc** mit etw versorgen **II.** *vpr* **se ~ en qc** sich mit etw eindecken
ravoir [ʀavwaʀ] <irr, défec> *vt toujours à l'infin* ① *(récupérer)* zurückbekommen, zurückhaben ② *fam (détacher: casserole, cuivres, vêtements)* wieder sauber kriegen
rayé(e) [ʀeje] *adj* ① gestreift ② *(disque, vitre)* zerkratzt
rayer [ʀeje] <7> *vt* ① *(disque, vitre)* zerkratzen ② *(mot, nom)* durchstreichen; **~ de la liste** von der Liste streichen
rayon [ʀɛjɔ̃] *m* ① *(faisceau)* Strahl *m* ② *pl (radiations)* Strahlen *Pl* ③ *(d'une armoire)* Fach *nt* ④ *(distance)* Umkreis *m* ▶ **~ de soleil** Sonnenschein *m*
rayonner [ʀɛjɔne] <1> *vi* **~ de joie** vor Freude strahlen
raz-de-marée [ʀɑdəmaʀe] *m inv* Flutwelle *f*
razzia [ʀa(d)zja] *f* Razzia *f*
RDA [ɛʀdeɑ] *f* HIST *abr de* **République démocratique allemande** DDR *f*
ré [ʀe] *m inv* D *nt*, d *nt*
réabonnement [ʀeabɔnmɑ̃] *m* Abonnement[s]verlängerung *f*
réac [ʀeak] *abr de* **réactionnaire** **I.** *adj fam* verstaubt *(pej);* POL reaktionär **II.** *mf fam* Reaktionär(in) *m(f)*
réacteur [ʀeaktœʀ] *m* PHYS Reaktor *m*

réaction [reaksjɔ̃] *f* ~ **à qc** Reaktion *f* auf etw *(akk)*

réactionnaire [reaksjɔnɛr] **I.** *adj* POL reaktionär **II.** *mf* POL Reaktionär(in) *m(f)*

réactiver [reaktive] <1> *vt (alliance, idéologie)* neu beleben; *(amitié)* wieder aufleben lassen; *(feu)* wieder anfachen; MED *(maladie, sérum)* reaktivieren

réactualiser [reaktɥalize] <1> *vt* aktualisieren; *(conflit)* wieder aufleben lassen

réadaptation [readaptasjɔ̃] *f* Wiedereingliederung *f; (d'un handicapé)* Rehabilitation *f;* ~ **à la vie civile/au travail** Wiedereingliederung in die Gesellschaft/in das Berufsleben

réadapter [readapte] <1> *vpr (se réaccoutumer)* **se** ~ **à qc** sich wieder in etw *(akk)* eingliedern

réafficher [reafiʃe] <1> *vt* INFORM wieder einblenden

réaffirmer [reafirme] <1> *vt (intention, volonté)* bekräftigen

réagir [reaʒir] <8> *vi* ① *(répondre spontanément)* ~ **à qc** auf etw *(akk)* reagieren ② *(s'opposer à)* ~ **contre qc** sich gegen etw *(akk)* wehren

réajustement [reaʒystəmɑ̃] *m (des salaires, prix)* Angleichung *f*

réajuster [reaʒyste] <1> *vt v.* **rajuster**

réalisable [realizabl] *adj* realisierbar

réalisateur, -trice [realizatœr] *m, f* CINE, TV Regisseur(in) *m(f)*

réalisation [realizasjɔ̃] *f* ① *(exécution)* Verwirklichung *f* ② CINE, RADIO, TV Regie *f*

réaliser [realize] <1> **I.** *vt* ① *(projet, rêve)* verwirklichen; *(désir)* erfüllen ② *(travail)* ausführen ③ *(se rendre compte de)* sich über etw *(akk)* bewusst werden **II.** *vpr* **se** ~ *(vœu)* in Erfüllung gehen

réalisme [realism] *m* Realismus *m*

réaliste [realist] *adj* realistisch

réalité [realite] *f* ① *(réel)* Wirklichkeit *f* ② *(chose réelle)* Tatsache *f* ▸ **en** ~ in Wirklichkeit *f*

réaménagement [reamenaʒmɑ̃] *m (d'un site)* Neugestaltung *f*

réaménager [reamenaʒe] <2a> *vt (site)* neu gestalten; ~ **le centre-ville en zone piétonne** die Innenstadt zu einer Fußgängerzone umgestalten

réanimation [reanimasjɔ̃] *f* Wiederbelebung *f;* **service de** ~ Intensivstation *f*

réanimer [reanime] <1> *vt* wieder beleben

réapparaître [reaparɛtr] <irr> *vi* + *avoir o être* wieder auftauchen

réapprendre [reaprɑ̃dr] <13> *vt (leçon, poésie)* noch einmal lernen

réapprovisionner [reaprɔvizjɔne] <1> *vpr* **se** ~ **en qc** sich wieder mit etw eindecken; **se** ~ **en essence/fuel** sich wieder Benzin/Öl nachliefern lassen

rebaptiser [r(ə)batize] <1> *vt* umbenennen

rébarbatif, -ive [rebarbatif] *adj (air)* abweisend

rebelote [rəbəlɔt] *interj fam* wie könnt's auch anders sein

rebiffer [r(ə)bife] <1> *vpr fam* **se** ~ **contre qn/qc** gegen jdn/etw aufmucken

rebiquer [r(ə)bike] <1> *vi fam* in die Höhe stehen

reblochon [rəblɔʃɔ̃] *m milder Weichkäse aus Savoyen*

rebond [r(ə)bɔ̃] *m* Aufprall *m; (de l'eau)* Auftreffen *nt; (d'un corps)* Aufschlagen *nt,* Aufprallen *nt;* **faux** ~ Abspringen *nt* [des Balls]

rebondir [r(ə)bɔ̃dir] <8> *vi* ~ **contre qc** *(balle, ballon)* von etw *(dat)* abprallen

rebondissement [r(ə)bɔ̃dismɑ̃] *m* Wiederaufleben *nt*

rebooster [rəbuste] <1> *vt fam (croissance, économie)* wieder kräftig ankurbeln; *(retraites, pensions)* wieder kräftig anheben; *(carrière)* wieder in Schwung bringen; *(cheveux, look, couple)* wieder aufpeppen

reboucher [R(ə)buʃe] <1> *vt (bouteille, récipient)* wieder zumachen; *(tranchée)* wieder zuschütten
rebours [R(ə)buR] ▸ **à** ~ rückwärts
reboutonner [R(ə)butɔne] <1> **I.** *vt* wieder zuknöpfen **II.** *vpr* **se** ~ sich wieder zuknöpfen
rébus [Rebys] *m* Bilderrätsel *nt*
recaler [R(ə)kale] <1> *vt* SCOL *fam* **se faire ~ au bac** durchs Abi rasseln
récapitulatif [Rekapitylatif] *m* Auszug *m*
récapituler [Rekapityle] <1> *vt* noch einmal kurz zusammenfassen
recel [Rəsɛl] *m* Hehlerei *f;* **~ de cadavre** [unbefugte] Wegnahme einer Leiche; **~ de malfaiteur/de criminel** Personenhehlerei
récemment [Resamɑ̃] *adv* vor kurzem
recensement [R(ə)sɑ̃smɑ̃] *m* ADMIN **~ [de la population]** Volkszählung *f*
récent(e) [Resɑ̃] *adj (événement, passé)* jüngste(r, s); **être ~** neu sein
recentrer [R(ə)sɑ̃tRe] <1> **I.** *vt* POL neu ausrichten; TECH neu zentrieren **II.** *vi* SPORT flanken
récepteur [ResɛptœR] *m* ❶ RADIO Empfänger *m* ❷ TELEC **~ [téléphonique]** [Telefon]hörer *m* ❸ *(transformateur)* Energieumwandler *m*
récepteur, -trice [ResɛptœR] *adj* **antenne réceptrice** Empfangsantenne *f;* **appareil ~** Energieumwandler *m;* **poste ~** Empfänger *m*
réception [Resɛpsjɔ̃] *f* Empfang *m; (d'une entreprise)* Empfangsbüro *nt*
réceptionner [Resɛpsjɔne] <1> *vt* in Empfang *(akk)* nehmen
réceptionniste [Resɛpsjɔnist] *mf* Empfangschef, -dame *m, f*
récession [Resesjɔ̃] *f* Rezession *f*
recette [R(ə)sɛt] *f* ❶ GASTR Rezept *nt* ❷ *(secret, truc)* Patentrezept *nt*
receveur, -euse [Rəs(ə)vœR] *m, f* MED Empfänger(in) *m(f)*
recevoir [Rəs(ə)vwaR] <12> **I.** *vt* ❶ erhalten ❷ *(obtenir, percevoir)* bekommen ❸ *(éducation)* genießen ❹ *a.* RADIO, TV empfangen; **~ qn à dîner** jdn zum Abendessen zu Gast haben ❺ *(coup, projectile)* abbekommen ❻ *(avis, conseil)* annehmen; **être bien/mal reçu** gut/schlecht aufgenommen werden ❼ *(contenir)* **pouvoir ~ des personnes** *(salle)* Menschen aufnehmen können **II.** *vi* SPORT *(jouer sur son terrain)* Gastgeber sein
rechange [R(ə)ʃɑ̃ʒ] *m* ▸ **pièce de ~** Ersatzteil *nt* **pantalon de ~** Hose *f* zum Wechseln
recharge [R(ə)ʃaRʒ] *f (d'un produit d'entretien)* Nachfüllpackung *f; (d'un stylo à bille)* Ersatzmine *f*
rechargeable [R(ə)ʃaRʒabl] *adj (briquet)* nachfüllbar; **stylo ~** Patronenfüllhalter *m;* **briquet/rasoir non ~** Einwegfeuerzeug *nt/*-rasierer *m*
recharger [R(ə)ʃaRʒe] <2a> *vt (briquet)* nachfüllen
réchaud [Reʃo] *m* Kocher *m*
réchauffé [Reʃofe] *m* Aufgewärmte(s) *nt*
réchauffement [Reʃofmɑ̃] *m* Erwärmung *f;* **~ global** Erderwärmung
réchauffer [Reʃofe] <1> **I.** *vt* ❶ GASTR aufwärmen ❷ *(corps, membres)* wärmen **II.** *vpr* **se ~** *(personne)* sich wärmen; *(eau, planète)* sich erwärmen
recherche [R(ə)ʃɛRʃ] *f* ❶ Suche *f;* **être à la ~ de qn/qc** auf der Suche nach jdm/etw sein ❷ *gén pl (enquête)* Nachforschung *f* ❸ *sans pl* MED, UNIV Forschung *f*
recherché(e) [R(ə)ʃɛRʃe] *adj* ❶ begehrt; *(produit)* gefragt ❷ *(expression, style)* gewählt
rechercher [R(ə)ʃɛRʃe] <1> *vt* **~ qn/qc** nach jdm/etw suchen
rechigner [R(ə)ʃiɲe] <1> *vi* **~ à faire un travail** sich gegen eine Aufgabe sträuben; **en rechignant** widerwillig
rechute [R(ə)ʃyt] *f* MED Rückfall *m*
rechuter [R(ə)ʃyte] <1> *vi* rückfällig werden; MED einen Rückfall haben
récidive [Residiv] *f* Wiederholung *f;* JUR

R

Rückfall *m*, Rückfälligkeit *f*; **escroquerie avec** ~ Betrug im Rückfall
récidiver [ʀesidive] <1> *vi* JUR rückfällig werden
récidiviste [ʀesidivist] *mf* JUR Wiederholungstäter(in) *m(f)*
récipient [ʀesipjɑ̃] *m* Gefäß *nt; (pour cuisiner)* Schüssel *f*
réciproque [ʀesipʀɔk] **I.** *adj* wechselseitig **II.** *f* Gleiche(s) *nt*
réciproquement [ʀesipʀɔkmɑ̃] *adv* gegenseitig; **et** ~ und umgekehrt
récit [ʀesi] *m* Bericht *m*
récital [ʀesital] <s> *m* Konzert *nt*
récitation [ʀesitasjɔ̃] *f* SCOL Aufsagen *nt* von Gedichten; *(poème)* Gedicht *nt*
réciter [ʀesite] <1> *vt (leçon, poème)* aufsagen
réclamation [ʀeklamasjɔ̃] *f* ❶ *(plainte)* Beschwerde *f* ❷ *(service)* **les ~s** für Reklamationen zuständige Stelle
réclame [ʀeklam] *f* Reklame *f* ▸ **en** ~ im [Sonder]angebot *nt*
réclamer [ʀeklame] <1> **I.** *vt (aide, argent)* erbitten; *(silence, parole)* bitten um **II.** *vi* sich beschweren
reclasser [ʀ(ə)klase] <1> *vt (remettre en ordre)* neu ordnen
réclusion [ʀeklyzjɔ̃] *f* JUR Freiheitsstrafe *f*, Freiheitsentzug *m*; ~ **criminelle** Gefängnis[strafe *f*] *nt*; **être condamné à la ~ criminelle à perpétuité** zu lebenslänglicher Freiheitsstrafe verurteilt sein
recoiffer [ʀ(ə)kwafe] <1> *vpr* **se** ~ sich noch einmal kämmen
recoin [ʀəkwɛ̃] *m* Winkel *m*; **fouiller jusque dans les moindres ~s** selbst die hintersten Winkel durchsuchen
recoller [ʀ(ə)kɔle] <1> *vt* ❶ *(coller à nouveau: enveloppe)* wieder zukleben; *(étiquette, timbre)* wieder aufkleben ❷ *(raccommoder: morceaux, vase cassé)* wieder zusammenkleben ❸ *fam (remettre)* ~ **qn en prison** jdn wieder einbuchten ❹ *fam (redonner)* ~ **une amende à qn** jdm noch einmal eine Geldstrafe verpassen
récoltant(e) [ʀekɔltɑ̃, ɑ̃t] **I.** *adj* **viticulteur** ~ Winzer *m*; **propriétaire** ~ Betreiber *m* eines Weinguts **II.** *m(f)* Winzer(in) *m(f)*
récolte [ʀekɔlt] *f* Ernte *f*
récolter [ʀekɔlte] <1> *vt a. fig* ernten; *(argent)* sammeln
recommandable [ʀ(ə)kɔmɑ̃dabl] *adj* empfehlenswert
recommandation [ʀ(ə)kɔmɑ̃dasjɔ̃] *f* ❶ *(appui)* Empfehlung *f* ❷ *(conseil)* Rat *m*
recommandé [ʀ(ə)kɔmɑ̃de] *m* POST Einschreiben *nt*
recommander [ʀ(ə)kɔmɑ̃de] <1> *vt* ❶ *(conseiller)* empfehlen ❷ *(lettre, paquet)* per Einschreiben schicken
recommencer [ʀ(ə)kɔmɑ̃se] <2> **I.** *vt* ❶ *(reprendre)* wieder anfangen ❷ *(travail)* noch einmal neu beginnen **II.** *vi* ❶ *(reprendre)* wieder anfangen ❷ *(essayer de nouveau)* es noch einmal versuchen ❸ *(se remettre à)* ~ **à marcher** wieder gehen
récompense [ʀekɔ̃pɑ̃s] *f* ~ **de qc** Dank *m* für etw; *(matérielle)* Belohnung *f* für etw
récompenser [ʀekɔ̃pɑ̃se] <1> *vt (personne)* belohnen
recomposer [ʀ(ə)kɔ̃poze] <1> *vt (numéro de téléphone)* noch einmal wählen
recomposition [ʀ(ə)kɔ̃pozisjɔ̃] *f* ❶ *(reconstitution)* [Wieder]zusammensetzen *nt*; *(d'un puzzle)* Zusammensetzen ❷ POL Umstrukturierung *f*, Wandel *m*; *(d'une majorité)* neue Zusammensetzung
recompter [ʀ(ə)kɔ̃te] <1> **I.** *vi* [noch einmal] nachzählen; *(calculer à nouveau)* [noch einmal] nachrechnen **II.** *vt (monnaie)* [noch einmal] nachzählen; *(opération)* [noch einmal] nachrechnen
réconcilier [ʀekɔ̃silje] <1> **I.** *vt (personnes)* [miteinander] versöhnen **II.** *vpr* **se** ~ *(personnes)* sich [miteinander] versöhnen

R

reconductible [ʀ(ə)kɔ̃dyktibl] *adj (contrat)* verlängerbar, erneuerbar; **être tacitement ~** sich automatisch [*o* stillschweigend] verlängern; **taxe non ~** einmalige Steuer

reconduire [ʀ(ə)kɔ̃dɥiʀ] <irr> *vt (raccompagner)* zurückbringen; *(chez soi)* heimbringen

réconfort [ʀekɔ̃fɔʀ] *m (soutien)* Halt *m kein Pl (fig)* Hilfe *f; (consolation)* Trost *m;* **après l'effort, le ~** erst die Arbeit, dann das Vergnügen

réconfortant(e) [ʀekɔ̃fɔʀtɑ̃] *adj (rassurant)* aufmunternd; *(événement)* ermutigend; *(consolant)* tröstlich

réconforter [ʀekɔ̃fɔʀte] <1> *vt* **~ qn par qc** *(consoler)* jdn mit etw trösten; *(rassurer)* jdn durch etw ermutigen

reconnaissance [ʀ(ə)kɔnɛsɑ̃s] *f* ❶ *(gratitude)* Dankbarkeit *f* ❷ *(d'un pays, terrain)* Erkundung *f* ❸ INFORM **~ optique de caractères** automatische Schriftenerkennung *f;* **~ vocale** Spracherkennung *f*

reconnaissant(e) [ʀ(ə)kɔnɛsɑ̃] *adj* dankbar

reconnaître [ʀ(ə)kɔnɛtʀ] <irr> **I.** *vt* ❶ *(identifier)* erkennen ❷ *(innocence, qualité, droit)* anerkennen; *(erreur, faute)* eingestehen **II.** *vpr* ❶ *(se retrouver)* **se ~ dans qn/qc** sich in jdm/etw wieder erkennen ❷ *(être reconnaissable)* **se ~ à qc** an etw *(dat)* zu erkennen sein

reconnu(e) [ʀəkɔny] **I.** *part passé de* **reconnaître** **II.** *adj (chef, fait)* anerkannt

reconsidérer [ʀ(ə)kɔ̃sideʀe] <5> *vt* noch einmal überdenken

reconstituer [ʀ(ə)kɔ̃stitɥe] <1> *vt* rekonstruieren; *(généalogie)* erstellen

reconstitution [ʀ(ə)kɔ̃stitysjɔ̃] *f (des faits, d'un texte)* Rekonstruktion *f; (d'un puzzle)* Zusammensetzen *nt;* **~ de la vérité** Wahrheitsfindung *f*

reconstruction [ʀ(ə)kɔ̃stʀyksjɔ̃] *f* Wiederaufbau *m*

reconstruire [ʀ(ə)kɔ̃stʀɥiʀ] <irr> *vt* wieder aufbauen

reconversion [ʀ(ə)kɔ̃vɛʀsjɔ̃] *f* **suivre un stage de ~ en informatique** an einer Umschulungsmaßnahme in Informatik teilnehmen

reconvertir [ʀ(ə)kɔ̃vɛʀtiʀ] <8> **I.** *vt (adapter)* **~ qc en qc** etw zu etw umrüsten **II.** *vpr* **se ~ dans/en qc** auf etw *(akk)* umschulen

recopier [ʀ(ə)kɔpje] <1> *vt* ❶ *(transcrire)* abschreiben ❷ *(mettre au propre)* ins Reine schreiben ❸ INFORM kopieren

record [ʀ(ə)kɔʀ] **I.** *m* Rekord *m* **II.** *app inv* **en un temps ~** in Rekordzeit

recordman [ʀ(ə)kɔʀdman] <s> *m* Rekordhalter *m*

recordwoman [ʀ(ə)kɔʀdwuman] <s> *f* Rekordhalterin *f*

recoucher [ʀ(ə)kuʃe] <1> **I.** *vt* wieder ins Bett bringen **II.** *vpr* **se ~** sich wieder hinlegen

recoudre [ʀ(ə)kudʀ] <irr> *vt* ❶ COUT wieder annähen ❷ MED nähen; *(opéré)* wieder zunähen

recouper [ʀ(ə)kupe] <1> *vt* **~ un morceau** noch ein Stück abschneiden

recourbé(e) [ʀ(ə)kuʀbe] *adj (bec)* krumm; **nez ~** Hakennase *f*

recours [ʀ(ə)kuʀ] *m* ❶ *(utilisation)* **~ à qc** Zurückgreifen *nt* auf etw *(akk);* **avoir ~ à qn** sich an jdn wenden ❷ *(personne)* Rettung *f;* **en dernier ~** als letzter Ausweg

recouvrir [ʀ(ə)kuvʀiʀ] <11> *vt* ❶ *(fauteuil)* beziehen; **~ qc** *(neige, givre)* etw bedecken ❷ *(couvrir à nouveau)* **~ un enfant de qc** *(personne)* ein Kind mit etw wieder zudecken

recracher [ʀ(ə)kʀaʃe] <1> *vt (expulser)* [wieder] ausspucken

récré [ʀekʀe] *f abr de* **récréation** *fam* Pause *f*

récréation [ʀekʀeasjɔ̃] *f* SCOL Pause *f*

recréer [ʀ(ə)kʀee] <1> *vt* neu erschaffen; *(reconstruire)* rekonstruieren, wieder entstehen lassen

récrire [ʀekʀiʀ] <irr> *vt* neu schreiben;

R

~ **une lettre à qn** jdm einen Brief zurückschreiben

recroqueviller [ʀ(ə)kʀɔk(ə)vije] <1> *vpr* **se** ~ *(fleur)* welken

recrudescence [ʀ(ə)kʀydesɑ̃s] *f* Zunahme *f*

recruter [ʀ(ə)kʀyte] <1> *vt* ❶ MIL einziehen ❷ *(employés, travailleurs)* anwerben

recta [ʀɛkta] *adv* prompt

rectal(e) [ʀɛktal, -o] <-aux> *adj* rektal

rectangle [ʀɛktɑ̃gl] **I.** *m* Rechteck *nt* **II.** *adj (triangle)* rechtwinklig

rectangulaire [ʀɛktɑ̃gylɛʀ] *adj* rechteckig

rectificatif [ʀɛktifikatif] *m* Richtigstellung *f*

rectification [ʀɛktifikasjɔ̃] *f (d'un texte, d'une erreur)* Korrektur *f*

rectifier [ʀɛktifje] <1> *vt (corriger)* berichtigen

rectiligne [ʀɛktiliɲ] *adj* gerade

recto [ʀɛkto] *m* [Blatt]vorderseite *f*; **au** ~ auf der [Blatt]vorderseite; ~ **verso** beidseitig

rectorat [ʀɛktɔʀa] *m* ❶ *(fonction)* ≈ Leitung *f* eines Oberschulamts *(Leitung eines Schulaufsichtsbezirks)* ❷ *(bureaux)* Behörde *f* der Schulverwaltung, ≈ Oberschulamt *nt*

reçu [ʀ(ə)sy] *m* Quittung *f*

reçu(e) [ʀ(ə)sy] **I.** *part passé de* **recevoir** **II.** *adj* ❶ *(couramment admis)* [allgemein] üblich; **idée ~e** Vorurteil *nt* ❷ *(candidat, élève)* erfolgreich

R

recueil [ʀəkœj] *m (ensemble)* Sammlung *f*

recueillement [ʀ(ə)kœjmɑ̃] *m* Besinnung *f*; *(religieux)* Andacht *f*

recueillir [ʀ(ə)kœjiʀ] <irr> **I.** *vt* ❶ *(documents, signatures)* sammeln ❷ *(accueillir)* aufnehmen **II.** *vpr* **se ~ sur la tombe d'un ami** eines Freundes an dessen Grab gedenken

recuire [ʀ(ə)kɥiʀ] <irr> *vt* noch kochen lassen

recul [ʀ(ə)kyl] *m* **avec le** ~ im Nachhinein

reculer [ʀ(ə)kyle] <1> **I.** *vi* ❶ *(opp: avancer: véhicule)* rückwärtsfahren; *(involontairement)* zurückrollen ❷ *(renoncer)* klein beigeben; **faire ~ qn** jdn abschrecken ▶ ~ **pour mieux sauter** aufgeschoben ist nicht aufgehoben **II.** *vt (meuble)* zurückschieben; *(mur)* versetzen; *(véhicule)* zurückfahren; *(décision, échéance)* aufschieben **III.** *vpr* **se** ~ zurücktreten; **recule-toi!** geh aus dem Weg!

reculons [ʀ(ə)kylɔ̃] ▶ **à** ~ rückwärts

récupérable [ʀekypeʀabl] *adj* ❶ *(réutilisable: objets)* wiederverwertbar; *(vieux habits)* noch tragbar; *(heure, congé) (à rattraper)* nachzuholen[d], nachzuarbeiten[d]; *(à compenser)* auszugleichen[d]; **ces heures supplémentaires sont ~s sous forme de congé** diese Überstunden können durch Urlaub ausgeglichen werden ❷ *(amendable: délinquant)* resozialisierbar; **ne plus être** ~ ein hoffnungsloser Fall sein

récupération [ʀekypeʀasjɔ̃] *f* ❶ *(des biens)* Wiedererlangung *f* ❷ *(de la chaleur)* Rückgewinnung *f*; *(des chiffons, du verre)* Wiederverwertung *f*; ~ **des vieux papiers** Altpapiersammlung *f* ❸ *(recouvrement)* Nachholen *nt*

récupérer [ʀekypeʀe] <5> **I.** *vi* sich erholen **II.** *vt* ❶ *(reprendre: argent, biens)* wieder bekommen ❷ *fam (personne)* abholen

recyclable [ʀ(ə)siklabl] *adj* ECOL wiederverwertbar

recyclage [ʀ(ə)siklaʒ] *m* ECOL Wiederverwertung *f*; *(de l'eau)* Wiederaufbereitung *f*

recycler [ʀ(ə)sikle] <1> **I.** *vt* ECOL *(déchets, verre)* recyceln; **papier recyclé** Umweltschutzpapier *nt* **II.** *vpr (se reconvertir)* **se ~ dans qc** auf etw *(akk)* umschulen

rédacteur, -trice [ʀedaktœʀ] *m, f* Redakteur(in) *m(f)*

rédaction [ʀedaksjɔ̃] *f* SCOL Aufsatz *m*

redécouvrir [ʀ(ə)dekuvʀiʀ] <11> *vt* wiederentdecken

redéfinir [ʀ(ə)definiʀ] <8> *vt* neu definieren; *(droit)* neu festlegen; *(objectif)* neu abstecken

redémarrage [ʀ(ə)demaʀaʒ] *m* ❶ *(d'une industrie, économie)* Wiederbelebung *f* ❷ INFORM Neustart *m*

redémarrer [ʀ(ə)demaʀe] <1> *vi* *(repartir)* wieder losfahren

redéploiement [ʀ(ə)deplwamɑ̃] *m* *(d'une économie, politique)* Umstrukturierung *f*; *(des personnes, postes)* Umschichtung *f*; *(des troupes)* [Um]verlegung *f*

redéployer [ʀ(ə)deplwaje] <6> **I.** *vt* *(industrie, économie)* umstrukturieren **II.** *vpr* **se ~** *(secteur économique)* umstrukturiert werden

redescendre [ʀ(ə)desɑ̃dʀ] <14> **I.** *vt* + *avoir* ❶ *(vu d'en haut)* wieder hinuntergehen; *(vu d'en bas)* wieder herunterkommen ❷ *(porter vers le bas)* [wieder] herunterholen **II.** *vi* + *être* *(baromètre, fièvre)* wieder fallen; *(marée)* zurückgehen

redevenir [ʀ(ə)dəv(ə)niʀ] <9> *vi* wieder werden

rédhibitoire [ʀedibitwaʀ] *adj* krass, grundlegend; **vice ~** JUR Sachmangel *m*

rediffuser [ʀ(ə)difyze] <1> *vt* noch einmal senden, wiederholen

rediffusion [ʀ(ə)difyzjɔ̃] *f* Wiederholung *f*

redire [ʀ(ə)diʀ] <irr> *vt* *(histoire)* noch einmal erzählen

redistribuer [ʀ(ə)distʀibɥe] <1> *vt* **~ qc à qn** etw an jdn verteilen

redite [ʀ(ə)dit] *f* [unnötige] Wiederholung

redonner [ʀ(ə)dɔne] <1> *vt* ❶ wieder geben; *(nom)* noch einmal sagen ❷ *(resservir)* noch einmal servieren

redormir [ʀ(ə)dɔʀmiʀ] <irr> *vi* noch einmal [ein]schlafen

redoubler [ʀ(ə)duble] <1> **I.** *vt* ❶ SCOL wiederholen ❷ *(effort)* verdoppeln **II.** *vi* sitzen bleiben *(fam)*

redresser [ʀ(ə)dʀese] <1> **I.** *vt* ❶ *(buste, corps)* strecken; *(tête)* heben ❷ *(voiture)* geradeaus lenken **II.** *vpr* **se ~** *(se tenir très droit)* sich aufrichten

réduction [ʀedyksjɔ̃] *f* ❶ Verringerung *f* ❷ *(rabais)* **~s jeunes** Ermäßigungen *Pl* für Jugendliche

réduire [ʀedɥiʀ] <irr> **I.** *vt* ❶ *(diminuer)* reduzieren ❷ *(transformer)* **~ qc en bouillie** aus etw Brei machen ❸ GASTR einkochen **II.** *vpr* **se ~ à qc** sich auf etw *(akk)* beschränken

réduit(e) [ʀedɥi] *adj* ❶ *(échelle, modèle)* verkleinert ❷ *(tarif)* ermäßigt

réécrire [ʀeekʀiʀ] <irr> *vt v.* **récrire**

rééditer [ʀeedite] <1> *vt* ❶ neu herausgeben, [wieder] neu auflegen ❷ *fam* *(recommencer)* wieder machen

réédition [ʀeedisjɔ̃] *f a. fig* Neuauflage *f*; **~ revue et corrigée** überarbeitete und korrigierte Auflage

réel [ʀeɛl] *m* Realität *f*

réel(le) [ʀeɛl] *adj* *(véritable)* real; *(besoin)* tatsächlich

réellement [ʀeɛlmɑ̃] *adv* wirklich

réembaucher [ʀeɑ̃boʃe] <1> *vt* wieder einstellen

réemploi [ʀeɑ̃plwa] *m* *(d'un ouvrier)* Wiedereinstellung *f*; *(d'un produit)* Wiederverwendung *f*; *(d'une somme)* Reinvestition *f*

réemployer [ʀeɑ̃plwaje] <6> *vt* wieder einstellen; *(produit)* wiederverwenden; *(argent)* reinvestieren

réengager [ʀeɑ̃gaʒe] <2a> *vt* wieder einstellen

réessayer [ʀeeseje] <7> *vt* noch einmal versuchen; *(vêtement)* noch einmal anprobieren

refaire [ʀ(ə)fɛʀ] <irr> *vt* ❶ *(plat, fautes)* wieder machen; *(lit)* machen ❷ **si c'était à ~** wenn ich noch einmal von vorn anfangen könnte ❸ *(chambre)* renovieren

réfectoire [ʀefɛktwaʀ] *m* *(d'une école, d'un hôpital)* Speisesaal *m*; *(d'une caserne, usine)* Kantine *f*

référence [ʀefeʀɑ̃s] *f* ❶ *(renvoi)* Be-

R

zug *m; (d'un texte)* Verweis *m;* **faire ~ à qn/qc** sich auf jdn/etw beziehen ❷ *iron* **ne pas être une ~** nicht gerade eine Empfehlung sein *(fam)*

référencement [ʀefeʀɑ̃smɑ̃] *m* INFORM *(d'un site web)* Referenzierung *f*

référendum [ʀefeʀɑ̃dɔm] *m* Volksabstimmung *f*

refermer [ʀ(ə)fɛʀme] <1> **I.** *vt* [wieder] schließen **II.** *vpr* **se ~** sich [wieder] schließen

refiler [ʀ(ə)file] <1> *vt fam (objet sans valeur)* andrehen; **~ la grippe à qn** jdn mit ihrer/seiner Grippe anstecken

réfléchi(e) [ʀefleʃi] *adj* ❶ *(action)* durchdacht ❷ *(verbe)* reflexiv

réfléchir [ʀefleʃiʀ] <8> *vi (penser)* nachdenken; **donner à ~** *(chose)* zu denken geben ▶ **tout bien réfléchi** bei genauerer Überlegung

réflecteur [ʀeflɛktœʀ] *m* Reflektor *m*

reflet [ʀ(ə)flɛ] *m (d'une personne, d'une époque)* Spiegelbild *nt*

refléter [ʀ(ə)flete] <5> **I.** *vt* widerspiegeln; *(lumière)* reflektieren; **~ le bonheur** *fig* vor Freude strahlen **II.** *vpr (se réfléchir)* **se ~ dans l'eau** sich im Wasser spiegeln

reflex [ʀeflɛks] *adj* **appareil ~** Spiegelreflexkamera *f*

réflexe [ʀeflɛks] *m* Reflex *m;* **avoir eu un bon ~** gut reagiert haben; **avoir le ~ de faire qc** etw reflexartig tun

R

réflexion [ʀeflɛksjɔ̃] *f* ❶ *(analyse)* Betrachtung *f* ❷ *(remarque désobligeante)* [spitze] Bemerkung *f* ▶ **~ faite** *(tout bien considéré)* eigentlich

réforme [ʀefɔʀm] *f* ❶ Reform *f* ❷ HIST **la Réforme** die Kirchenreform

réformé(e) [ʀefɔʀme] **I.** *adj* MIL [wehrdienst]untauglich **II.** *m(f)* [Wehrdienst]untaugliche(r) *m*

reformer [ʀ(ə)fɔʀme] <1> **I.** *vt* wiederherstellen; *(armée)* formieren; *(équipe)* wieder aufstellen **II.** *vpr* **se ~** *(nuages)* sich wieder bilden; *(alliance, groupe)* wieder zustande kommen

réformer [ʀefɔʀme] <1> *vt (modifier)* reformieren

réformisme [ʀefɔʀmism] *m* Reformismus *m*

réformiste [ʀefɔʀmist] **I.** *adj* reformistisch **II.** *mf* Reformist(in) *m(f)*

refoulé(e) [ʀ(ə)fule] **I.** *adj (pulsion)* verdrängt; *(personne)* verklemmt **II.** *m(f) fam* verklemmter Mensch *m,* Verklemmte(r) *f(m)*

refouler [ʀ(ə)fule] <1> *vt (réprimer)* unterdrücken; *(larmes)* zurückhalten

refrain [ʀ(ə)fʀɛ̃] *m* ❶ MUS Refrain *m* ❷ *(rengaine)* Lied *nt*

réfrigérateur [ʀefʀiʒeʀatœʀ] *m* Kühlschrank *m,* Eiskasten *m* (A)

refroidir [ʀ(ə)fʀwadiʀ] <8> **I.** *vt* ❶ *(rafraîchir)* **qc refroidit le jus** der Saft wird durch etw kalt ❷ *(décourager)* **~ qn** jdm einen Dämpfer versetzen **II.** *vi (devenir plus froid: moteur, aliment)* [sich] abkühlen

refuge [ʀ(ə)fyʒ] *m* Zuflucht *f*

réfugié(e) [ʀefyʒje] *m(f)* Flüchtling *m,* Geflüchtete(r) *f(m)*

réfugier [ʀefyʒje] <1> *vpr* **se ~ chez qn** sich zu jdm flüchten

refus [ʀ(ə)fy] *m (résistance)* Weigerung *f;* **~ de priorité** Missachtung *f* der Vorfahrt

refuser [ʀ(ə)fyze] <1> **I.** *vt* ❶ ablehnen ❷ *(objet, permission)* nicht geben; *(priorité)* nehmen **II.** *vi* ablehnen **III.** *vpr* ❶ *(se priver de)* **ne rien se ~** *iron* sich was gönnen ❷ *(être décliné)* **ça ne se refuse pas** dazu kann man doch nicht nein sagen

réfuter [ʀefyte] <1> *vt* widerlegen

régal [ʀegal] *m* Genuss *m*

régaler [ʀegale] <1> *vpr* ❶ *(savourer)* **qn se régale de qc** etw schmeckt einem ❷ *(éprouver un grand plaisir)* **se ~ en faisant qc** es genießen etw zu tun

regard [ʀ(ə)gaʀ] *m* Blick *m;* **fusiller qn du ~** jdn mit Blicken töten

regarder [ʀ(ə)gaʀde] <1> **I.** *vt* ❶ ansehen ❷ *(observer)* beobachten; *(mécanisme, film)* sich *(dat)* ansehen

❸ *(consulter rapidement)* überfliegen; ~ **sa montre** auf die Uhr sehen ❹ *(considérer: situation)* betrachten ❺ *(concerner)* **ça ne te regarde pas** das geht dich nichts an ▸ **regardez-moi ça!** *fam* hat man so etwas schon gesehen! **II.** *vi (s'appliquer à voir)* zusehen; **bien** ~ gut hinsehen **III.** *vpr* ❶ *(se contempler)* **se** ~ **dans qc** sich in etw *(dat)* betrachten ❷ *(se mesurer du regard)* **se** ~ *(personnes)* sich ansehen

régénérer [ʀeʒeneʀe] <5> **I.** *vt (chairs, tissu)* neu bilden; ~ **ses forces** wieder zu Kräften kommen **II.** *vpr* **se** ~ sich regenerieren

reggae [ʀege] *m* Reggae *m*

régie [ʀeʒi] *f* ❶ CINE, THEAT, TV Aufnahmeleitung *f* ❷ TV, RADIO *(local)* Regieraum *m*

régime [ʀeʒim] *m* ❶ POL System *nt* ❷ MED Diät *f;* **se mettre/être au** ~ eine Diät machen

régiment [ʀeʒimɑ̃] *m* ❶ MIL Regiment *nt* ❷ *(quantité)* Unmenge *f;* **avoir un** ~ **de cousins** ein ganzes Heer von Vettern haben; **il y en a pour tout un** ~ *fam* das reicht ja für eine ganze Kompanie

région [ʀeʒjɔ̃] *f* ❶ *(contrée)* Gegend *f* ❷ ADMIN Region *f*

régional(e) [ʀeʒjɔnal] <-aux> *adj* regional

régisseur, -euse [ʀeʒisœʀ] *m, f* ❶ CINE, TV Aufnahmeleiter(in) *m(f)* ❷ THEAT Inspizient(in) *m(f)*

registre [ʀəʒistʀ] *m* ❶ *(livre)* Schreibheft *nt;* ~ **d'hôtel** Gästebuch *nt* ❷ INFORM, MUS Register *nt*

règle [ʀɛgl] *f* ❶ a. JEUX Regel *f;* **en** ~ **générale** in der Regel ❷ *(instrument)* Lineal *nt* ❸ *pl* ANAT Regel *f,* Periode *f*

règlement [ʀɛgləmɑ̃] *m* ❶ *(discipline)* Vorschriften *Pl* ❷ *(différend)* ~ **de compte**[**s**] Abrechnung *f* ❸ *(paiement)* Zahlung *f*

réglementer [ʀɛgləmɑ̃te] <1> *vt* gesetzlich regeln

régler [ʀegle] <5> **I.** *vt* ❶ *(résoudre)* regeln; *(conflit, différend)* beilegen; **c'est une affaire réglée** die Sache ist erledigt ❷ *(payer)* bezahlen ❸ *(circulation)* regeln; *(montre)* stellen **II.** *vi* zahlen **III.** *vpr (se résoudre)* **se** ~ *(affaire, question)* sich regeln lassen

règles [ʀɛgl] *fpl* Regel *f,* Periode *f;* **avoir ses** ~ seine Regel haben *(fam)*

réglisse [ʀeglis] **I.** *f (plante)* Süßholz *nt* **II.** *m o f (bâton)* Lakritze *f*

réglo [ʀeglo] *adj fam* korrekt; **c'est** ~**!** das ist o.k.!; **c'est un type** ~**!** der Typ ist o.k.

régner [ʀeɲe] <5> *vi* ~ **sur qc** über etw *(akk)* regieren

regonfler [ʀ(ə)gɔ̃fle] <1> *vt* ❶ *(ballon, chambre à air)* wieder aufpumpen ❷ *fam* **être regonflé** [**à bloc**] *(personne)* wieder in besserer Stimmung sein

régresser [ʀegʀese] <1> *vi* zurückgehen

regret [ʀ(ə)gʀɛ] *m* ❶ *(contrariété)* Bedauern *nt;* **ne pas avoir de** ~**s** nichts bereuen ❷ *(nostalgie)* **le**[**s**] ~[**s**] **de qc** die Sehnsucht nach etw; ~**s éternels** in tiefer Trauer ▸ **à** ~ *(partir)* ungern

regrettable [ʀ(ə)gʀetabl] *adj* bedauerlich

regretter [ʀ(ə)gʀete] <1> **I.** *vt* ❶ *(se repentir de)* bereuen ❷ *(attitude, décision)* bedauern **II.** *vi* **je regrette** ich bedaure

regrouper [ʀ(ə)gʀupe] <1> **I.** *vt (mettre ensemble)* zusammenlegen **II.** *vpr* **se** ~ **autour de qn** sich um jdn herum aufstellen

régulariser [ʀegylaʀize] <1> *vt (acte administratif)* regeln

réguler [ʀegyle] <1> *vt* regulieren

régulier, -ière [ʀegylje] *adj* ❶ a. LING regelmäßig; *(vie, habitudes)* geregelt ❷ *(résultats, vitesse)* gleich bleibend ❸ *(avion, train, ligne)* [fahr]planmäßig; **vol** ~ Linienflug *m* ❹ *(légal)* vorschriftsmäßig

R

régulièrement [ʀegyljɛʀmɑ̃] *adv (périodiquement)* regelmäßig

réhabilitation [ʀeabilitasjɔ̃] *f* ❶ *(remise en honneur)* Rehabilitierung *f* ❷ *(réinsertion)* Wiedereingliederung *f* in die Gesellschaft

réhabiliter [ʀeabilite] <1> *vt a.* JUR rehabilitieren

réhabituer [ʀeabitɥe] <1> **I.** *vt* **~ un enfant à qn/qc** *(personne)* ein Kind wieder an jdn/etw gewöhnen; **~ un élève à faire qc** einen Schüler wieder daran gewöhnen etw zu tun **II.** *vpr* **se ~ à qn/qc** sich wieder an jdn/etw gewöhnen; **se ~ à faire qc** sich wieder daran gewöhnen etw zu tun

réimposer [ʀeɛ̃poze] <1> *vt* neu veranlagen

rein [ʀɛ̃] *m* ❶ Niere *f* ❷ *pl (bas du dos)* Kreuz *nt*

réincarnation [ʀeɛ̃kaʀnasjɔ̃] *f* Wiedergeburt *f*

réincarner [ʀeɛ̃kaʀne] <1> *vpr* REL **se ~ dans qc** *(âme)* in etw *(dat)* wiedergeboren werden

reine [ʀɛn] *f* ❶ Königin *f* ▸ **se saper comme une ~** *fam* sich aufbrezeln ❷ JEUX Dame *f*

reinette [ʀɛnɛt] *f* Renette *f*

réinscription [ʀeɛ̃skʀipsjɔ̃] *f* Wiedereinschreibung *f*

réinscrire [ʀeɛ̃skʀiʀ] <irr> **I.** *vt (mettre à nouveau sur une liste)* [**faire**] **~ qn/qc sur une liste** jdn/etw wieder auf eine Liste setzen **II.** *vpr* **se** [**faire**] **~ à l'université** sich wieder an der Universität einschreiben

réinsertion [ʀeɛ̃sɛʀsjɔ̃] *f (d'un délinquant)* Wiedereingliederung *f*

réintégrer [ʀeɛ̃tegʀe] <5> *vt (rétablir)* **~ qn dans la société** jdn wieder in die Gesellschaft eingliedern

réinventer [ʀeɛ̃vɑ̃te] <1> *vt (monde)* wieder neu erfinden; *(solidarité, partage, relations)* wieder neu entdecken

réinvestir [ʀeɛ̃vɛstiʀ] <8> *vt* FIN **~ de l'argent dans qc** wieder Geld in etw *(akk)* investieren

réitérer [ʀeiteʀe] <5> *vt* wiederholen

rejeter [ʀəʒ(ə)te] <3> *vt* ❶ zurückweisen; *(personne)* verstoßen ❷ *(nourriture)* wieder ausspucken ❸ *(se décharger de)* **~ sur qn** *(responsabilité)* auf jdn abwälzen ❹ *(tête)* zurückwerfen

rejoindre [ʀ(ə)ʒwɛ̃dʀ] <irr> **I.** *vt (personne) (rencontrer)* treffen; *(rattraper)* einholen; **vas-y, je te rejoins** geh schon [voraus], ich komme nach **II.** *vpr* **se ~** ❶ *(se recouper: idées, points de vue)* übereinstimmen ❷ *(se réunir: personnes)* sich treffen

réjouir [ʀeʒwiʀ] <8> *vpr* **se ~ de faire qc** sich [darüber] freuen etw zu tun

relâche [ʀəlɑʃ] *f* **sans ~** unermüdlich; *(travailler, harceler)* pausenlos

relâcher [ʀ(ə)lɑʃe] <1> *vt (desserrer)* lockern; *(muscles)* entspannen

relais [ʀ(ə)lɛ] *m* Staffel *f* ▸ **prendre le ~ de qn/qc** jdn/etw ablösen

relancer [ʀ(ə)lɑ̃se] <2> *vt* ❶ *(donner un nouvel essor à)* wieder aufnehmen; *(économie, production)* wieder ankurbeln ❷ *fam (harceler)* bedrängen; *(client, débiteur)* mahnen

relatif [ʀ(ə)latif] *m* LING Relativpronomen *nt*

relatif, -ive [ʀ(ə)latif] *adj* ❶ *(opp: absolu)* relativ ❷ *(en liaison avec)* **être ~ à qn/qc** sich auf jdn/etw beziehen

relation [ʀ(ə)lasjɔ̃] *f* ❶ *(rapport)* Beziehung *f,* Verhältnis *nt* ❷ *pl (rapport entre personnes)* Beziehungen *Pl* ❸ *(lien logique)* Zusammenhang *m* ❹ *(personne de connaissance)* Bekannte(r) *f(m)* ▸ **en ~** in Verbindung

relationnel(le) [ʀ(ə)lasjɔnɛl] *adj* PSYCH relational; **problèmes ~s** Kontaktschwierigkeiten *Pl*

relative [ʀ(ə)lativ] *f* LING Relativsatz *m*

relativement [ʀ(ə)lativmɑ̃] *adv* relativ

relativiser [ʀ(ə)lativize] <1> *vt* relativieren

relativité [ʀ(ə)lativite] *f* PHILOS, PHYS Relativität *f;* **théorie de la ~** Relativitätstheorie *f*

relaxant(e) [ʀ(ə)laksɑ̃, ɑ̃t] *adj* entspannend
relaxer [ʀ(ə)lakse] <1> *vpr* **se ~** sich entspannen
relayer [ʀ(ə)leje] <7> **I.** *vt (remplacer)* ablösen; **se faire ~ par qn/qc** *(personne)* sich von jdm/etw ablösen lassen **II.** *vpr* **se ~ pour faire qc** sich abwechseln um etw zu tun
relayeur, -euse [ʀ(ə)lɛjœʀ, -jøz] *m, f* Staffelläufer(in) *m(f)*
relecture [ʀ(ə)lɛktyʀ] *f* nochmaliges Lesen; TYP Korrekturlesen *nt*
relent [ʀ(ə)lɑ̃] *m* übler Geruch *m*
relevé [ʀəl(ə)ve] *m (de compte)* Auszug *m*
relevé(e) [ʀəl(ə)ve] *adj* GASTR gut gewürzt
relève [ʀ(ə)lɛv] *f* Ablösung *f*
relever [ʀəl(ə)ve] <4> **I.** *vt* ❶ *(blessé, objet tombé)* aufheben; **~ qn** jdm hochhelfen ❷ *(siège)* höher stellen; *(cheveux)* hochstecken ❸ *(adresse, renseignement)* notieren **II.** *vi (dépendre de)* **~ de la compétence de qn** in jds Zuständigkeit fallen **III.** *vpr* **se ~** *(se remettre debout)* [wieder] aufstehen
relief [ʀəljɛf] *m* Relief *nt;* **carte en ~** Reliefkarte *f* ▸ **mettre qc en ~** etw hervorheben
relier [ʀəlje] <1> *vt* ❶ *(personnes, choses)* [miteinander] verbinden; **~ qc à qc** *(appareil)* etw an etw *(akk)* anschließen ❷ *(livre)* binden
religieuse [ʀ(ə)liʒjøz] *f* GASTR *mit Mokkacreme gefüllter Windbeutel*
religieux, -euse [ʀ(ə)liʒjø] **I.** *adj* religiös; *(cérémonie, mariage)* kirchlich; *(ordre)* geistlich **II.** *m, f* Ordensgeistliche(r), Ordensschwester *m, f*
religion [ʀ(ə)liʒjɔ̃] *f* ❶ *(ensemble de croyances)* Religion *f* ❷ *(culte)* Glaube *m*
relire [ʀ(ə)liʀ] <irr> *vt* noch einmal lesen
reloger [ʀ(ə)lɔʒe] <2a> *vt* **~ qn** jdm eine neue Unterkunft besorgen
relooker [ʀ(ə)luke] <1> *vt fam* neu stylen
relou(e) [ʀəlu] *adj fam* lästig
remâcher [ʀ(ə)mɑʃe] <1> *vt* ❶ *(ressasser)* [immer wieder] nachgrübeln über *(+akk)* ❷ ZOOL wiederkäuen
remake [ʀimɛk] *m* Neuverfilmung *f*
remaquiller [ʀ(ə)makije] <1> *vt, vpr* [**se**] **~** [sich] [neu] schminken
remarcher [ʀ(ə)maʀʃe] <1> *vi* wieder gehen
remarier [ʀ(ə)maʀje] <1> *vpr* **se ~ avec qn** jdn wieder heiraten
remarquable [ʀ(ə)maʀkabl] *adj* bemerkenswert
remarquablement [ʀ(ə)maʀkabləmɑ̃] *adv (beau, intelligent)* außerordentlich; *(jouer, réussir)* hervorragend
remarque [ʀ(ə)maʀk] *f* Bemerkung *f*
remarquer [ʀ(ə)maʀke] <1> **I.** *vt* bemerken; **se faire ~** *péj* auffallen **II.** *vpr* **se ~** auffallen
remastériser [ʀəmasteʀize] <1> *vt (disque)* digital neu aufnehmen
remballer [ʀɑ̃bale] <1> *vt (opp: déballer)* wieder einpacken
rembarrer [ʀɑ̃baʀe] <1> *vt fam* **~ qn** jdm eine Abfuhr erteilen
rembobiner [ʀɑ̃bɔbine] <1> **I.** *vt (bande magnétique, film)* zurückspulen **II.** *vi* zurückspulen
rembourrer [ʀɑ̃buʀe] <1> *vt* ❶ *(matelasser)* **~ un siège/des épaules avec qc** einen Stuhl/die Schultern mit etw [aus]polstern; **faire ~ des fauteuils** die Sessel aufpolstern lassen ❷ *fig* **être bien rembourré** gut gepolstert sein *(fam)*
remboursement [ʀɑ̃buʀsəmɑ̃] *m* Rückzahlung *f;* **contre ~** gegen Nachnahme
rembourser [ʀɑ̃buʀse] <1> *vt* [zurück]erstatten; **~ une dette à qn** jdm seine Schulden zurückzahlen
remède [ʀ(ə)mɛd] *m* [Heil]mittel *nt*
remédier [ʀ(ə)medje] <1> *vi* **~ à qc** einer Sache *(dat)* Abhilfe schaffen

remerciement [ʀ(ə)mɛʀsimɑ̃] *m* Dank *m;* **avec tous mes/nos remerciements** mit bestem Dank *(form)*

remercier [ʀ(ə)mɛʀsje] <1> *vt (dire merci à)* ~ **qn de qc** jdm für etw danken

remettre [ʀ(ə)mɛtʀ] <irr> **I.** *vt* ❶ *(replacer)* wieder zurückstellen; ~ **debout** wieder hinstellen ❷ *(rétablir)* ~ **à l'heure** *(montre)* [richtig] stellen; ~ **qn en liberté** jdn freilassen ❸ *(donner)* [über]geben ❹ *(ingrédient)* noch dazugeben; ~ **de l'huile dans le moteur** Öl in den Motor nachfüllen ❺ *(ajourner)* ~ **à la semaine prochaine** *(décision)* auf die nächste Woche verschieben ❻ *(vêtement)* wieder anziehen ▶ ~ **ça** *fam* wieder damit anfangen **II.** *vpr* ❶ *(recouvrer la santé)* **se** ~ sich erholen ❷ *(recommencer)* **se** ~ **à faire qc** wieder anfangen etw zu tun ❸ *(se réconcilier)* **ils se sont remis ensemble** sie sind wieder zusammen

remise [ʀ(ə)miz] *f* ❶ Übergabe *f* ❷ *(grâce)* ~ **de peine** Straferlass ❸ *(rabais)* Nachlass *m* ❹ *(local)* Schuppen *m* ▶ ~ **en forme** Fitnesstraining *nt* ~ **en marche** Wieder-in-Gang-setzen *nt*

remix [ʀəmiks] *m* Remix *m*

remmener [ʀɑ̃m(ə)ne] <4> *vt* zurückbringen

remonte-pente [ʀ(ə)mɔ̃tpɑ̃t] <remonte-pentes> *m* Schlepplift *m*

remonter [ʀ(ə)mɔ̃te] <1> **I.** *vi* ❶ + *être (monter à nouveau)* ~ **dans une chambre/de la cuisine** wieder in ein Zimmer hinaufgehen/wieder von der Küche heraufkommen; ~ **à Paris** wieder nach Paris zurückfahren *(fam)* ❷ + *être (reprendre place)* ~ **à bicyclette** wieder Fahrrad fahren; ~ **en voiture** wieder ins Auto steigen; ~ **à bord** [wieder] an Bord gehen ❸ + *avoir (s'élever de nouveau)* [wieder] ansteigen ❹ + *être (glisser vers le haut: jupe, vêtement)* hochrutschen ❺ + *avoir (dater de)* ~ **au mois dernier** *(événement, fait)* auf letzten Monat; **cet incident remonte à quelques jours** dieser Zwischenfall liegt einige Tage zurück **II.** *vt* + *avoir* ❶ *(parcourir: à pieds)* wieder hinaufgehen; *(dans un véhicule)* hinauffahren ❷ *(col)* hochschlagen; *(bas du pantalon, manches)* hochkrempeln ❸ *(rapporter du bas)* ~ **une bouteille de la cave** aus dem Keller eine Flasche heraufbringen ❹ **être remonté contre qn** *(fâché)* wütend auf jdn sein

remords [ʀ(ə)mɔʀ] *m* Schuldgefühl *nt;* **avoir des** ~ ein schlechtes Gewissen haben

remorque [ʀ(ə)mɔʀk] *f (d'un véhicule)* Anhänger *m*

remorquer [ʀ(ə)mɔʀke] <1> *vt (voiture)* abschleppen

rempart [ʀɑ̃paʀ] *m (d'une ville)* Stadtmauer *f*

rempiler [ʀɑ̃pile] <1> **I.** *vt* wieder aufstapeln **II.** *vi fam* sich weiter verpflichten; ~ **pour trois ans** um drei Jahre verlängern

remplaçant(e) [ʀɑ̃plasɑ̃] *m(f)* ❶ MED, SCOL Vertretung *f* ❷ SPORT Ersatzspieler(in) *m(f)*

remplacement [ʀɑ̃plasmɑ̃] *m (intérim)* Vertretung *f*

remplacer [ʀɑ̃plase] <2> *vt* ❶ ersetzen ❷ *(personne) (temporairement)* vertreten

rempli(e) [ʀɑ̃pli] *adj* voll; **tasse ~e de thé** Tasse *f* voll Tee

remplir [ʀɑ̃pliʀ] <8> **I.** *vt* ❶ *(rendre plein)* ~ **de qc** mit etw füllen ❷ *(journée, formulaire, chèque)* ausfüllen ❸ *(page)* voll schreiben ❹ *(mission, contrat)* erfüllen **II.** *vpr* **se** ~ **de personnes** sich mit Menschen füllen

remplumer [ʀɑ̃plyme] <1> *vpr fam* **se** ~ *(grossir)* wieder zunehmen; *(financièrement)* wieder zu Geld kommen

remporter [ʀɑ̃pɔʀte] <1> *vt* ❶ *(reprendre)* wieder mitnehmen ❷ *(champion-*

nat, prix) gewinnen
rempoter [ʀɑ̃pɔte] <1> *vt* umtopfen
remuer [ʀəmɥe] <1> **I.** *vi* sich bewegen **II.** *vt* ❶ bewegen; ~ **la queue** mit dem Schwanz wedeln ❷ *(café)* umrühren ❸ *(émouvoir)* ergreifen **III.** *vpr* **se** ~ *(faire des efforts)* sich bemühen
renaissance [ʀ(ə)nɛsɑ̃s] *f* ❶ Wiedergeburt *f* ❷ HIST, ART **la Renaissance** die Renaissance
renard [ʀ(ə)naʀ] *m* Fuchs *m*
rencontre [ʀɑ̃kɔ̃tʀ] *f* ❶ *(fait de se rencontrer)* Begegnung *f* ❷ *(entrevue)* Zusammenkunft *f; (réunion)* Treffen *nt* ❸ SPORT Spiel *nt*
rencontrer [ʀɑ̃kɔ̃tʀe] <1> **I.** *vt* ❶ *(croiser)* ~ **qn** jdm begegnen ❷ *(avoir une entrevue)* ~ **qn** sich mit jdm treffen ❸ *(faire la connaissance de)* kennen lernen **II.** *vpr* **se** ~ *(se croiser)* sich begegnen
rendez-vous [ʀɑ̃devu] *m inv* ❶ *(rencontre officielle)* **avoir** ~ einen Termin haben; **donner** ~ **à qn/prendre** ~ **avec qn** mit jdm einen Termin ausmachen ❷ *(rencontre avec un ami)* Verabredung *f;* ~ **à 8 heures** wir treffen uns um 8 Uhr ❸ *(rencontre entre amoureux)* Rendezvous *nt* ❹ *(lieu de rencontre)* Treffpunkt *m*
rendre [ʀɑ̃dʀ] <14> **I.** *vt* ❶ zurückgeben ❷ *(devoir)* abgeben; ~ **la monnaie sur 100 euros** auf 100 Euro herausgeben ❸ *(liberté)* wiederschenken ❹ *(faire devenir)* ~ **plus facile** leichter machen; ~ **public** veröffentlichen **II.** *vi (vomir)* sich übergeben **III.** *vpr* ❶ *(capituler)* **se** ~ sich ergeben ❷ *(aller)* **se** ~ **chez qn/à son travail** zu jdm/zur Arbeit gehen
rendu(e) [ʀɑ̃dy] *part passé de* **rendre**
rêne [ʀɛn] *f souvent pl* Zügel *m*
renfermé [ʀɑ̃fɛʀme] *m* **sentir le** ~ muffig riechen
renfermé(e) [ʀɑ̃fɛʀme] *adj* verschlossen
renfermer [ʀɑ̃fɛʀme] <1> **I.** *vt* enthalten **II.** *vpr* **se** ~ **sur soi-même** sich in sich *(akk)* zurückziehen
renforcement [ʀɑ̃fɔʀsəmɑ̃] *m* Verstärkung *f; (d'une couleur)* Intensivierung *f; (de la paix)* Festigung *f; (de l'amour, de la haine)* Vertiefung *f*
renforcer [ʀɑ̃fɔʀse] <2> *vt* ❶ *(consolider, intensifier)* verstärken ❷ *(affermir: paix, position)* festigen
renfort [ʀɑ̃fɔʀ] *m* ❶ *souvent pl (personnes)* Verstärkung *f* ❷ AUT ~ **latéral de sécurité** Seitenaufprallschutz *m*
renier [ʀənje] <1> *vt* verleugnen; *(idée, passé)* leugnen
renifler [ʀ(ə)nifle] <1> **I.** *vi* schnüffeln **II.** *vt (sentir)* ~ **qc** etw riechen
renne [ʀɛn] *m* Ren[tier *nt*] *nt*
renommée [ʀ(ə)nɔme] *f* ❶ *sans pl (célébrité)* Renommee *nt* ❷ *(réputation)* Ruf *m*
renoncer [ʀ(ə)nɔ̃se] <2> *vi* ~ **à qc** auf etw *(akk)* verzichten
renouer [ʀənwe] <1> *vi* ~ **avec qn** mit jdm wieder Verbindung aufnehmen
renouvelable [ʀ(ə)nuv(ə)labl] *adj* ❶ *(prolongeable)* verlängerbar ❷ *(qui peut être répété)* wiederholbar ❸ *(inépuisable: énergie)* erneuerbar
renouveler [ʀ(ə)nuv(ə)le] <3> **I.** *vt* ❶ *(remplacer)* erneuern ❷ *(répéter)* ~ **une offre à qn** jdm gegenüber ein Angebot wiederholen ❸ *(bail, passeport)* verlängern **II.** *vpr* **se** ~ ❶ *(être remplacé)* ausgewechselt werden; *(peau, cellule)* sich erneuern ❷ *(se reproduire)* sich wiederholen
rénovateur, -trice [ʀenɔvatœʀ, -tʀis] **I.** *adj* reformerisch **II.** *m, f* Reformer(in) *m(f)*
rénover [ʀenɔve] <1> *vt* renovieren
renseignement [ʀɑ̃sɛɲmɑ̃] *m* ❶ Auskunft *f;* **les** ~**s** TELEC die Auskunft ❷ MIL Geheimdienst *m*
renseigner [ʀɑ̃seɲe] <1> **I.** *vt* informieren **II.** *vpr* **se** ~ **sur qn/qc** sich über jdn/etw informieren
rentabilité [ʀɑ̃tabilite] *f* Rentabilität *f*
rentrée [ʀɑ̃tʀe] *f* ❶ SCOL Schuljahresbeginn *m* ❷ UNIV Semesterbeginn *m* ❸ *(après les vacances*

R

d'été) **à la ~** nach der Sommerpause

rentrer [ʀɑ̃tʀe] <1> **I.** *vi + être* ❶ *(retourner chez soi)* nach Hause gehen; **comment rentres-tu?** wie kommst du nach Hause? ❷ *(revenir chez soi)* nach Hause kommen ❸ *(entrer à nouveau)* zurückgehen ❹ *(entrer: voleur, eau)* eindringen; **~ dans un café** in ein Café gehen ❺ *(s'insérer)* **~ dans une valise** in einen Koffer hineinpassen; **~ les uns dans les autres** *(tubes)* sich ineinander stecken lassen ❻ *(devenir membre)* **~ dans une entreprise** bei einer Firma anfangen ❼ *(commencer à étudier)* **~ en fac** an der Uni anfangen ❽ *(percuter)* **~ dans qc** *(conducteur)* gegen etw fahren **II.** *vt + avoir* ❶ *(ramener à l'intérieur)* hineinbringen; *(foin)* einbringen; **~ sa chemise dans le pantalon** sein Hemd in die Hose stecken ❷ *(enfoncer)* **~ la clé dans la serrure** den Schlüssel in das Schloss stecken **III.** *vpr* **se ~ dedans** zusammenstoßen

renversant(e) [ʀɑ̃vɛʀsɑ̃] *adj fam* umwerfend

renverse [ʀɑ̃vɛʀs] *f* **tomber à la ~** hintenüber fallen

renversé(e) [ʀɑ̃vɛʀse] *adj* ❶ *(stupéfait)* verblüfft ❷ *(à l'envers)* umgekehrt; **être ~** auf dem Kopf stehen ❸ *(écriture)* nach links geneigt

R

renversement [ʀɑ̃vɛʀsəmɑ̃] *m* ❶ *(changement complet)* Verkehrung *f* ins Gegenteil; *(de tendance)* Umschwung *m* ❷ POL *(par un coup d'État)* Umsturz *m*

renverser [ʀɑ̃vɛʀse] <1> *vt* ❶ *(faire tomber)* **~ qn/qc** jdn/etw umstoßen; *(voiture, vélo)* jdn/etw umfahren ❷ *(répandre)* verschütten ❸ POL stürzen ❹ *(corps, tête)* nach hinten beugen ❺ *(retourner)* umdrehen ❻ *fam (étonner)* umhauen

renvoi [ʀɑ̃vwa] *m* ❶ *(licenciement)* Entlassung *f* ❷ SCOL, UNIV Verweisung *f* ❸ **avoir des ~s** aufstoßen müssen

renvoyer [ʀɑ̃vwaje] <6> *vt* ❶ *(envoyer à nouveau)* noch einmal schicken ❷ SPORT zurückspielen ❸ *(ascenseur)* zurückschicken ❹ *(ajourner)* **~ à plus tard** auf später vertagen

réoccuper [ʀeɔkype] <1> *vt* erneut besetzen

réorganisation [ʀeɔʀganizasjɔ̃] *f* Reorganisation *f*

réorganiser [ʀeɔʀganize] <1> **I.** *vt* umorganisieren **II.** *vpr* **se ~** sich neu organisieren

réorientation [ʀeɔʀjɑ̃tasjɔ̃] *f* Neuorientierung *f*

réorienter [ʀeɔʀjɑ̃te] <1> **I.** *vt (changer d'orientation)* neu ausrichten **II.** *vpr* **se ~ vers une branche** die Branche wechseln

réouverture [ʀeuvɛʀtyʀ] *f* Wiedereröffnung *f*

repaire [ʀ(ə)pɛʀ] *m* ❶ *(d'un renard)* Bau *m* ❷ *(refuge)* Schlupfwinkel *m*

répandre [ʀepɑ̃dʀ] <14> **I.** *vt* ❶ *(liquide)* schütten ❷ *(odeur, nouvelle)* verbreiten **II.** *vpr* **se ~** ❶ *(s'écouler)* sich ergießen ❷ *(se disperser)* sich verteilen ❸ *(épidémie)* sich ausbreiten

répandu(e) [ʀepɑ̃dy] **I.** *part passé de* **répandre** **II.** *adj* ❶ *(épars)* **~ sur qc** auf etw *(dat)* verstreut ❷ *(courant)* weit verbreitet

réparable [ʀepaʀabl] *adj (panne, objet)* reparabel; *(faute, perte)* wieder gutzumachen

reparaître [ʀ(ə)paʀɛtʀ] <irr> *vi* ❶ *+ avoir (se montrer de nouveau)* wieder auftauchen ❷ *+ avoir o être* PRESSE *(journal, livre)* wieder erscheinen

réparateur, -trice [ʀepaʀatœʀ] **I.** *adj* erquickend *(geh)* **II.** *m, f* Techniker(in) *m(f)*

réparation [ʀepaʀasjɔ̃] *f* ❶ *sans pl (remise en état)* Reparatur *f* ❷ *(dédommagement)* Entschädigung *f*

réparer [ʀepaʀe] <1> *vt* ❶ *(remettre en état)* reparieren; *(maison)* instand setzen ❷ *(rattraper)* wieder gutmachen

reparler [ʀ(ə)paʀle] <1> **I.** *vi* ~ **de qn/qc** auf jdn/etw zurückkommen ▸ **on en reparlera** *fam* darüber unterhalten wir uns später nochmal **II.** *vpr* **se** ~ wieder miteinander sprechen

repartie, répartie [ʀeparti] *f* **avoir de la** ~ schlagfertig sein

repartir [ʀ(ə)paʀtiʀ] <10> *vi* + *être* ❶ *(se remettre à avancer: voyageur)* wieder aufbrechen; *(véhicule)* weiterfahren ❷ *(s'en retourner)* wieder zurückkehren ❸ *(fonctionner à nouveau: moteur)* wieder anspringen

répartir [ʀepaʀtiʀ] <10> **I.** *vt (bénéfice)* aufteilen; ~ **en groupes** in Gruppen *(akk)* einteilen **II.** *vpr* ❶ *(se partager)* **se** ~ **qc** etw unter sich aufteilen ❷ *(être partagé)* **se** ~ verteilt werden ❸ *(se diviser)* **se** ~ **en groupes** sich in Gruppen [auf]teilen

répartition [ʀepaʀtisjɔ̃] *f* ❶ *(partage)* Verteilung *f* ❷ *(étalement: d'une crème, lotion)* Auftragen *nt* ❸ *(localisation: de pièces, salles)* Anordnung *f*

repas [ʀ(ə)pɑ] *m* ❶ Essen *nt* ❷ *(fait de manger)* Mahlzeit *f*

repasser[1] [ʀ(ə)pɑse] <1> *vt, vi* bügeln

repasser[2] [ʀ(ə)pɑse] <1> **I.** *vi* + *être* ❶ *(revenir)* noch einmal vorbeikommen ❷ *(passer à nouveau: film)* noch einmal laufen **II.** *vt* + *avoir* ❶ *(franchir de nouveau)* von neuem überqueren ❷ *(examen)* wiederholen

repêchage [ʀ(ə)pɛʃaʒ] *m* ❶ *(fait de retirer de l'eau)* Bergen *nt* ❷ SCOL, UNIV Durchkommenlassen *nt*; *(examen)* Nachprüfung *f* ❸ SPORT Hoffnungslauf *m*

repêcher [ʀ(ə)peʃe] <1> *vt* ❶ *(retirer de l'eau)* bergen ❷ SCOL, UNIV *fam (par examen complémentaire)* nachprüfen

repenser [ʀ(ə)pɑ̃se] <1> *vi* ~ **à qc** etw überdenken; **je vais y** ~ ich werde es mir noch überlegen

repenti(e) [ʀ(ə)pɑ̃ti] *adj (buveur, fumeur)* ehemalig

repentir [ʀ(ə)pɑ̃tiʀ] **I.** *m* Reue *f* **II.** *vpr* <10> **se** ~ **d'avoir fait qc** bereuen etw getan zu haben

repérage [ʀ(ə)peʀaʒ] *m* ❶ *(localisation)* Orten *nt* ❷ CINE Location *f*; **faire des ~s** auf Drehortsuche sein

répercussion [ʀepɛʀkysjɔ̃] *f (effet)* Auswirkung *f*

répercuter [ʀepɛʀkyte] <1> **I.** *vt (réfléchir)* zurückwerfen **II.** *vpr (être réfléchi)* **se** ~ widerhallen

repère [ʀ(ə)pɛʀ] *m (signe)* Orientierungspunkt *m*; **tracer des ~s sur qc** etw markieren

repérer [ʀ(ə)peʀe] <5> **I.** *vt fam (découvrir)* ausfindig machen; **se faire** ~ sich verraten **II.** *vpr fam* **se** ~ **dans qc** sich in etw *(dat)* zurechtfinden

répertoire [ʀepɛʀtwaʀ] *m* ❶ *a.* INFORM Verzeichnis *nt* ❷ *(carnet)* Register *nt*

répertorier [ʀepɛʀtɔʀje] <1> *vt* ❶ *(inscrire dans un répertoire)* in ein Verzeichnis aufnehmen ❷ *(classer)* ~ **des personnes/choses** ein Verzeichnis von Personen/Dingen aufstellen

répéter [ʀepete] <5> **I.** *vt* ❶ wiederholen ❷ *(rapporter)* weitererzählen ❸ *(mémoriser)* lernen ❹ THEAT, MUS proben **II.** *vi (redire)* wiederholen **III.** *vpr* ❶ **se** ~ sich wiederholen ❷ *(se redire la même chose)* **se** ~ **qc** sich *(dat)* etw vorsagen

répétitif, -ive [ʀepetitif] *adj* sich ständig wiederholend

répétition [ʀepetisjɔ̃] *f* ❶ Wiederholung *f* ❷ THEAT, MUS Probe *f*

repeupler [ʀ(ə)pœple] <1> **I.** *vt* ❶ *(peupler à nouveau)* neu besiedeln ❷ *(regarnir: forêt)* aufforsten; ~ **qc d'animaux** etw wieder mit Tieren besetzen **II.** *vpr* **se** ~ neu besiedelt werden

repiquer [ʀ(ə)pike] <1> *vt* ❶ BOT pikieren ❷ MEDIA überspielen

répit [ʀepi] *m* Pause *f*

replacement [ʀ(ə)plasmɑ̃] *m* Vermittlung *f* einer neuen Stelle

replacer [ʀ(ə)plase] <2> *vt (remettre à sa place)* zurückstellen/-legen

replanter [ʀ(ə)plɑ̃te] <1> *vt* ❶ *(repiquer)* umsetzen ❷ *(repeupler de végétaux)* neu bepflanzen; *(forêt)* aufforsten ❸ *(planter à nouveau)* wieder einpflanzen

replâtrer [ʀ(ə)plɑtʀe] <1> *vt* ❶ *(plâtrer de nouveau)* ~ **qc** den Gipsverputz einer S. *(gen)* erneuern ❷ *fam (raccommoder)* kitten

replet, -ète [ʀəplɛ, -ɛt] *adj* wohlgenährt; *(visage)* voll

repli [ʀəpli] *m* ❶ *pl (ondulations: d'un drapeau)* Falten *Pl* ❷ *(retraite)* Rückzug *m*

repliable [ʀ(ə)plijabl] *adj* ausklappbar

replier [ʀ(ə)plije] <1> **I.** *vt* ❶ *(journal, carte)* wieder zusammenfalten ❷ *(jambes, pattes)* anwinkeln; *(ailes)* wieder anlegen **II.** *vpr* ❶ *(faire retraite)* **se ~** sich zurückziehen ❷ *(se renfermer)* **se ~ sur soi-même** sich abkapseln

réplique [ʀeplik] *f* ❶ *a.* THEAT Antwort *f* ❷ *(objection)* ~ **à qc** Einwand *m* gegen etw ❸ ART Nachbildung *f*

répliquer [ʀeplike] <1> *vi* ❶ *(répondre)* erwidern ❷ *(protester)* protestieren

replonger [ʀ(ə)plɔ̃ʒe] <2a> **I.** *vi* ❶ *(faire un plongeon)* ~ **dans la piscine** noch einmal ins Schwimmbecken springen ❷ *(aller au fond de l'eau)* ~ **dans le bassin** noch einmal im Becken untertauchen **II.** *vt* ❶ *(plonger à nouveau)* ~ **les rames dans l'eau** die Ruder noch einmal in das Wasser tauchen; ~ **la main dans sa poche** noch einmal in seine Tasche greifen ❷ *(précipiter à nouveau)* ~ **les gens/la région dans la misère** die Menschen/Region erneut ins Elend *(akk)* stürzen **III.** *vpr* **se ~ dans qc** sich wieder in etw *(akk)* vertiefen

répondant [ʀepɔ̃dɑ̃] *m (garant)* Bürge *m*

répondeur [ʀepɔ̃dœʀ] *m* Anrufbeantworter *m*

répondre [ʀepɔ̃dʀ] <14> **I.** *vi* ❶ *(donner une réponse)* ~ **à une question [par qc]** auf eine Frage [mit etw] antworten; **ne pas ~ au téléphone** nicht abnehmen ❷ *(être impertinent)* ~ **à qn** jdm freche Antworten geben **II.** *vt* antworten

réponse [ʀepɔ̃s] *f* ~ **à qc** Antwort *f* auf etw *(akk)*

reportage [ʀ(ə)pɔʀtaʒ] *m* Reportage *f*

reporter¹ [ʀ(ə)pɔʀtɛʀ] *mf* Reporter(in) *m(f)*

reporter² [ʀ(ə)pɔʀte] <1> **I.** *vt (date)* verschieben **II.** *vpr* **se ~ à qc** sich auf etw *(akk)* beziehen

repos [ʀ(ə)po] *m* ❶ *(détente)* Ruhe *f* ❷ *(congé)* **prendre un jour de ~** einen Tag frei nehmen

reposer¹ [ʀ(ə)poze] <1> **I.** *vt (poser à nouveau)* zurückstellen **II.** *vi (être fondé sur)* ~ **sur qc** sich auf etw *(akk)* stützen

reposer² [ʀ(ə)poze] <1> **I.** *vt (délasser)* entspannen **II.** *vpr (se délasser)* **se ~** sich ausruhen

repositionner [ʀ(ə)pɔzisjɔne] <1> **I.** *vt (satellite)* wieder in die Umlaufbahn bringen; *(produit)* wieder platzieren **II.** *vpr* **se ~** sich wieder platzieren

repousse [ʀ(ə)pus] *f* Nachwachsen *nt;* **lotion qui favorise la ~ des cheveux** Haarwuchsmittel *nt*

repousser¹ [ʀ(ə)puse] <1> *vt* ❶ *(attaque, agresseur)* abwehren ❷ *(demande)* abschlagen ❸ *(remettre à sa place: meuble)* wieder zurückschieben

repousser² [ʀ(ə)puse] *vi (croître de nouveau)* nachwachsen

reprendre [ʀ(ə)pʀɑ̃dʀ] <13> **I.** *vt* ❶ *(employé)* wieder einstellen; *(objet prêté)* zurücknehmen ❷ *(contact, habitudes, travail)* wieder aufnehmen; *(nom de jeune fille)* wieder annehmen; ~ **confiance** wieder zuversichtlicher sein ❸ *(fonds de commerce, entreprise)* übernehmen ❹ *(promenade)* fortsetzen; ~ **la route** weiterfahren ❺ *(recommencer)* ~ **le récit de qc** etw noch einmal berichten; **tout ~**

à zéro alles noch einmal von vorn anfangen ❻ *(corriger: élève, travail)* verbessern ▶ **on ne m'y reprendra plus** das passiert mir nicht noch einmal **II.** *vi* ❶ *(se revivifier: affaires)* wieder besser gehen; *(vie)* wieder seinen Gang gehen ❷ *(recommencer: douleurs, pluie)* wieder einsetzen; *(conversation)* wieder aufgenommen werden ❸ *(enchaîner)* fortfahren ❹ *(répéter)* **je reprends: …** ich wiederhole: … **III.** *vpr (se ressaisir)* **se ~** sich *(akk)* wieder fangen

représentant(e) [ʀ(ə)pʀezɑ̃tɑ̃] *m(f)* Vertreter(in) *m(f)*

représentation [ʀ(ə)pʀezɑ̃tasjɔ̃] *f* ❶ *(description)* Darstellung *f* ❷ THEAT Aufführung *f*

représenter [ʀ(ə)pʀezɑ̃te] <1> **I.** *vt* ❶ *(décrire)* darstellen ❷ *(autorité)* verkörpern ❸ JUR, POL, COM vertreten **II.** *vpr* ❶ *(s'imaginer)* **se ~** sich *(dat)* vorstellen ❷ *(survenir à nouveau)* **se ~ à qn** *(occasion, possibilité)* sich jdm noch einmal bieten

répressif, -ive [ʀepʀesif, -iv] *adj* ein-/beschränkend; **loi répressive** Strafgesetz *nt;* **mesure répressive** Strafmaßnahme *f*

répression [ʀepʀesjɔ̃] *f (d'une insurrection, révolte)* Niederschlagung *f*

réprimander [ʀepʀimɑ̃de] <1> *vt* zurechtweisen

réprimer [ʀepʀime] <1> *vt* ❶ *(retenir)* unterdrücken; *(larmes)* zurückhalten ❷ POL *(révolte)* niederschlagen

reprisage [ʀ(ə)pʀizaʒ] *m* Stopfen *nt*

repris de justice [ʀ(ə)pʀid(ə)ʒystis] *m inv* Vorbestrafte(r) *f(m)*

reproche [ʀ(ə)pʀɔʃ] *m* Vorwurf *m*

reprocher [ʀ(ə)pʀɔʃe] <1> **I.** *vt (faire grief de)* vorwerfen **II.** *vpr* **se ~ qc** sich *(dat)* Vorwürfe wegen etw machen

reproduction [ʀ(ə)pʀɔdyksjɔ̃] *f (copie)* Reproduktion *f*

reproduire [ʀ(ə)pʀɔdɥiʀ] <irr> *vpr* **se ~** *(se répéter)* sich wiederholen

reprographie [ʀ(ə)pʀɔɡʀafi] *f* Reprografie *f*

républicain(e) [ʀepyblikɛ̃] *adj* republikanisch

république [ʀepyblik] *f* Republik *f;* **la République française** die Französische Republik ▶ **on est en ~** wir leben in einem freien Land

répudiation [ʀepydjasjɔ̃] *f (d'une chose)* Ausschlagung *f; (d'une personne)* Verstoßen *nt*

répugnant(e) [ʀepyɲɑ̃] *adj* widerlich

réputation [ʀepytasjɔ̃] *f* Ruf *m*

réputé(e) [ʀepyte] *adj (connu)* bekannt

requérir [ʀəkeʀiʀ] <irr> *vt* ❶ *(nécessiter)* erfordern ❷ *(solliciter)* **~ l'aide de qn** jds Hilfe erbitten ❸ *(exiger: explication, justification)* fordern; *(avion spécial, protection)* anfordern

requête [ʀəkɛt] *f* INFORM Abfrage *f*

requin [ʀəkɛ̃] *m* ZOOL Hai[fisch *m*] *m*

requinquer [ʀ(ə)kɛ̃ke] <1> **I.** *vt fam* aufmöbeln; **être requinqué** wieder in Form sein **II.** *vpr fam* **se ~** sich erholen

réquisitionner [ʀekizisjɔne] <1> *vt (biens)* beschlagnahmen

R.E.R. [ɛʀøɛʀ] *m abr de* **réseau express régional** *Stadtbahn-Netz in Paris und Umgebung*

rescapé(e) [ʀɛskape] *m(f)* Überlebende(r) *f(m)*

réseau [ʀezo] <x> *m a.* INFORM Netz *nt;* **le ~ Internet** das Internet; **site de ~ social** INFORM soziales Netzwerk *nt,* Gemeinschaftsportal *nt*

réservation [ʀezɛʀvasjɔ̃] *f* Reservierung *f*

réserve [ʀezɛʀv] *f* ❶ *(provision)* Vorrat *m* ❷ *(lieu protégé)* **~ naturelle** Naturschutzgebiet *nt*

réservé(e) [ʀezɛʀve] *adj* ❶ *(discret)* zurückhaltend ❷ *(limité à certains)* **~ aux handicapés** nur für Behinderte

réserver [ʀezɛʀve] <1> **I.** *vt* ❶ *(place)* freihalten ❷ *(retenir)* reservieren **II.** *vpr (se ménager)* **se ~ pour le dessert** sich *(dat)* seinen Appetit für den Nachtisch aufheben

résidant(e) [ʀezidɑ̃, ɑ̃t] *m(f) (d'un immeuble)* Bewohner(in) *m(f); (d'une ville, d'un pays)* Einwohner(in) *m(f)*
résidence [ʀezidɑ̃s] *f* ❶ *(domicile)* Wohnsitz *m* ❷ *(pour les vacances: appartement)* Ferienwohnung *f* ❸ *(immeuble)* Wohnanlage *f*
résident(e) [ʀezidɑ̃] *m(f) (étranger)* in einem Gastland ansässiger Ausländer/ansässige Ausländerin; **les ~s allemands en France** die in Frankreich ansässigen Deutschen
résider [ʀezide] <1> *vi (habiter)* wohnen; **les étrangers qui résident en France** die in Frankreich ansässigen Ausländer
résigner [ʀeziɲe] <1> *vpr* **se ~** resignieren
résilier [ʀezilje] <1> *vt* kündigen
résiné [ʀezine] *m (vin)* geharzter Wein *m*
résineux [ʀezinø] *m* Nadelbaum *m;* **les ~** die Nadelhölzer; **forêt de ~** Nadelwald *m*
résistance [ʀezistɑ̃s] *f (opposition)* Widerstand *m;* **la Résistance** HIST die Résistance
résistant(e) [ʀezistɑ̃] **I.** *adj (robuste: couleur, matériau)* haltbar; *(personne, plante)* robust **II.** *m(f)* HIST Widerstandskämpfer(in) *m(f)*
résister [ʀeziste] <1> *vi* ❶ *(s'opposer)* **~ à qn** sich gegen jdn wehren; **~ à un désir** einem Verlangen widerstehen ❷ *(supporter)* **qc résiste à qc** etw hält einer S. *(dat)* stand
résolu(e) [ʀezɔly] **I.** *part passé de* **résoudre II.** *adj (air, personne)* entschlossen; *(ton)* bestimmt
résolution [ʀezɔlysjɔ̃] *f* ❶ *(décision)* Beschluss *m* ❷ INFORM Auflösung *f*
résonance [ʀezɔnɑ̃s] *f* ❶ *(répercussion)* Resonanz *f* ❷ *(connotation)* Anklang *m*
résonner [ʀezɔne] <1> *vi* hallen
résoudre [ʀezudʀ] <irr> *vt (conflit, problème)* lösen
respect [ʀɛspɛ] *m* **~ de qn/qc** Respekt *m* vor jdm/etw; **par ~ pour qn/qc** aus Achtung vor jdm/etw

Aussprache

Bei **respect** wird die Endung -ct nicht als [kt] gesprochen, sondern bleibt stumm.

respectabilité [ʀɛspɛktabilite] *f* Ehrenhaftigkeit *f*
respecter [ʀɛspɛkte] <1> *vt* ❶ *(avoir des égards pour)* achten; **se faire ~** sich *(dat)* Respekt verschaffen ❷ *(forme, tradition)* wahren
respectivement [ʀɛspɛktivmɑ̃] *adv* jeweils
respectueusement [ʀɛspɛktɥøzmɑ̃] *adv* mit Respekt; *iron* höflichst
respiration [ʀɛspiʀasjɔ̃] *f* Atmung *f*
respirer [ʀɛspiʀe] <1> *vi (inspirer)* atmen; **respirez fort!** tief einatmen!
responsabiliser [ʀɛspɔ̃sabilize] <1> *vt* **~ qn** jds Verantwortungsbewusstsein wecken
responsabilité [ʀɛspɔ̃sabilite] *f* ❶ *(culpabilité)* Verantwortung *f* ❷ JUR Haftung *f; (assurance)* Haftpflichtversicherung *f* ❸ *(charge de responsable)* **avoir des ~s** Verantwortung tragen
responsable [ʀɛspɔ̃sabl] **I.** *adj* ❶ *(coupable, chargé de)* **être ~ de qc** für etw verantwortlich sein ❷ *(civilement, pénalement)* haftbar ❸ *(personne)* verantwortungsbewusst **II.** *mf (auteur)* Verantwortliche(r) *f(m)*
ressaisir [ʀ(ə)seziʀ] <8> *vpr* **se ~** sich wieder fangen
ressasser [ʀ(ə)sase] <1> *vt* bis zum Überdruss wiederholen; **~ des pensées moroses** in dumpfes Brüten verfallen sein
ressemblance [ʀ(ə)sɑ̃blɑ̃s] *f* Ähnlichkeit *f;* **avoir une ~ avec qc** einer S. *(dat)* sehr ähnlich sein
ressembler [ʀ(ə)sɑ̃ble] <1> **I.** *vi* **~ à qn** jdm ähnlich sehen ▶ **à quoi il ressem-**

R

ble, ton nouveau copain? und wie ist dein neuer Freund? **II.** *vpr (être semblables physiquement)* sich ähnlich sehen

ressentir [ʀ(ə)sɑ̃tiʀ] <10> *vt* empfinden; *(coup)* spüren

resserrer [ʀ(ə)seʀe] <1> **I.** *vt (boulon, vis)* nachziehen; *(nœud)* fest ziehen **II.** *vpr* **se ~** enger werden

resservir [ʀ(ə)sɛʀviʀ] <irr> **I.** *vt* ❶ *(offrir à nouveau au restaurant)* noch servieren ❷ *(offrir à nouveau chez soi, des amis)* noch geben ❸ *péj (radoter)* noch einmal auftischen **II.** *vi (revenir en usage)* noch einmal Verwendung finden; **ces emballages me resserviront** ich werde diese Verpackungen weiter verwenden **III.** *vpr* ❶ *(reprendre)* **se ~ en** [*o* **de**] **qc** noch etw nehmen ❷ *(réutiliser)* **se ~ de qc** etw wieder benützen

ressortir [ʀ(ə)sɔʀtiʀ] <10> **I.** *vi + être* ❶ *(sortir à nouveau: personne)* noch einmal weggehen ❷ *(contraster)* **~ sur qc** *(couleur, qualité)* sich von etw abheben; *(détail)* von etw hervortreten; **faire ~ qc** *(mettre en relief: personne)* etw hervorheben; *(chose)* etw zur Geltung bringen ❸ *fam (renouer)* **~ avec qn** wieder mit jdm gehen **II.** *vt + avoir* ❶ *(remettre d'actualité: projet)* wieder hervorholen; *(modèle)* wieder herausbringen ❷ *(remettre dehors: meubles de jardin)* wieder rausstellen; **peux-tu ~ l'agenda?** kannst du den Terminkalender noch einmal herausholen?

ressortissant(e) [ʀ(ə)sɔʀtisɑ̃] *m(f)* Staatsangehörige(r) *f(m)*

ressouder [ʀ(ə)sude] <1> **I.** *vt* ❶ TECH nachschweißen; *(choses)* zusammenschweißen ❷ *(braser)* nachlöten; *(choses)* neu verlöten ❸ *(consolider: amitié, amour)* wieder festigen **II.** *vpr* **se ~** *(se souder à nouveau: fracture, os)* wieder zusammenwachsen; *(se consolider: amitié, amour)* sich wieder festigen

ressource [ʀ(ə)suʀs] *f pl (moyens)* Mittel *Pl;* **~s naturelles** Bodenschätze *Pl;* **sans ~s** mittellos

ressourcer [ʀ(ə)suʀse] <2> *vpr* **se ~** ❶ *(revenir aux sources)* sich besinnen ❷ *(puiser de nouvelles forces)* neue Kraft schöpfen

ressuscité(e) [ʀesysite] *m(f)* ❶ REL **le Ressuscité** der Auferstandene ❷ *fig* **vous êtes un vrai ~!** Sie sind ja wiederauferstanden!

ressusciter [ʀesysite] <1> **I.** *vi + être* REL **être ressuscité** auferstanden sein **II.** *vt + avoir* REL zum Leben erwecken

restant [ʀɛstɑ̃] *m* Rest *m*

restau [ʀɛsto] *m abr de* **restaurant** *fam v.* **resto**

restaurant [ʀɛstɔʀɑ̃] *m* Restaurant *nt;* **aller au ~** essen gehen

restauration [ʀɛstɔʀasjɔ̃] *f* ❶ ARCHIT, ART Restaurierung *f* ❷ *(hôtellerie)* Gastronomie *f* ❸ INFORM Wiederherstellung *f*

restaurer [ʀɛstɔʀe] <1> *vt* ❶ *(remettre en état)* restaurieren ❷ *(rétablir)* wiederherstellen

reste [ʀɛst] *m* Rest *m* ▶ **du ~** im Übrigen; **pour le ~** im Übrigen

rester [ʀɛste] <1> **I.** *vi + être* ❶ bleiben; **~ sans parler/manger** nicht sprechen/nicht essen; **~ immobile** stillhalten ❷ *(ne pas se libérer de)* **~ sur un échec** sich von einem Misserfolg lähmen lassen ▶ **en ~ là** es dabei [bewenden] lassen **II.** *vi impers + être* ❶ *(être toujours là)* **il reste du vin** es ist noch Wein übrig; **il n'est rien resté** es ist nichts übrig [geblieben] ❷ *(ne pas être encore fait)* **je sais ce qu'il me reste à faire** ich weiß, was ich zu tun habe

resto [ʀɛsto] *m fam abr de* **restaurant**

restreint(e) [ʀɛstʀɛ̃] *adj (vocabulaire)* beschränkt; *(moyens, nombre)* gering

restriction [ʀɛstʀiksjɔ̃] *f* Einschränkung *f;* *(des dépenses)* Beschränkung *f;* **sans ~** ohne Vorbehalte

restructuration [ʀəstʀyktyʀasjɔ̃] *f (de l'économie, d'une entreprise)* Umstrukturierung *f; (d'un parti)* Neuordnung *f*

restructurer [ʀəstʀyktyʀe] <1> *vt (entreprise, économie)* umstrukturieren; *(parti)* neu ordnen

résultat [ʀezylta] *m* Ergebnis *nt;* **n'obtenir aucun ~** nichts erreichen ▶ **sans ~** ohne Erfolg

résumé [ʀezyme] *m* Zusammenfassung *f* ▶ **en ~** *(en bref)* zusammenfassend

résumer [ʀezyme] <1> *vt* **~ qc en une page** etw auf einer Seite zusammenfassen

résurrection [ʀezyʀɛksjɔ̃] *f* Auferstehung *f;* **la Résurrection** die Auferstehung

rétablir [ʀetabliʀ] <8> **I.** *vt a.* MED wiederherstellen; *(contact, liaison)* wieder aufnehmen **II.** *vpr* **se ~** ❶ *(guérir)* sich erholen ❷ *(revenir: calme, silence)* wieder einkehren

rétablissement [ʀetablismɑ̃] *m* Wiederherstellung *f;* **bon ~!** gute Besserung!

retaper [ʀ(ə)tape] <1> **I.** *vt* ❶ *(voiture)* überholen, zurechtziehen ❷ *fam (malade)* wieder auf die Beine bringen **II.** *vpr fam* **se ~** sich erholen

retard [ʀ(ə)taʀ] *m* ❶ *(arrivée tardive)* Verspätung *f;* **arriver en ~** zu spät kommen; **avoir du ~** *(moyen de transport)* Verspätung haben; **être en ~ de dix minutes** *(moyen de transport)* zehn Minuten Verspätung haben ❷ *(réalisation tardive)* **avoir du ~ dans un travail** mit einer Arbeit im Rückstand im Verzug sein ❸ *(développement plus lent)* Rückständigkeit *f*

R

retardé(e) [ʀ(ə)taʀde] *fam* **I.** *adj (enfant)* zurückgeblieben; *(élève)* schwach **II.** *m(f)* **~ mental** Zurückgebliebene(r) *m;* **~ scolaire** Spätentwickle(r) *m;* **classe pour ~s** Förderklasse *f*

retarder [ʀ(ə)taʀde] <1> **I.** *vt* aufhalten; **~ l'arrivée de qn** jds Ankunft hinauszögern **II.** *vi (être en retard)* **~ d'une heure** *(montre, horloge)* eine Stunde nachgehen

retendre [ʀ(ə)tɑ̃dʀ] <14> *vt* ❶ *(raidir à nouveau)* wieder anziehen; *(câble, chaîne)* wieder spannen; *(lien)* fest ziehen; MUS *(corde)* nachspannen, neu spannen ❷ *(disposer à nouveau: filet de pêche)* wieder auswerfen ❸ *(présenter à nouveau)* **~ la main à qn** jdm wieder die Hand reichen

retenir [ʀ(ə)təniʀ] <9> **I.** *vt* ❶ [fest] halten; *(foule, personne)* zurückhalten ❷ *(garder)* **je ne te retiens pas plus longtemps** ich will dich nicht länger aufhalten ❸ *(requérir)* **~ l'attention** Aufmerksamkeit erfordern ❹ *(se souvenir de)* [im Gedächtnis] behalten ❺ *(réprimer)* unterdrücken ❻ *(candidature)* annehmen **II.** *vpr* **se ~** sich beherrschen

retentissant(e) [ʀ(ə)tɑ̃tisɑ̃] *adj* ❶ durchdringend; *(claque)* schallend ❷ *(fracassant)* Aufsehen erregend

retentissement [ʀ(ə)tɑ̃tismɑ̃] *m* Wirkung *f*

réticence [ʀetisɑ̃s] *f* Vorbehalt *m;* **avec ~** widerstrebend

réticent(e) [ʀetisɑ̃, ɑ̃t] *adj* **être ~** Vorbehalte haben

retiré(e) [ʀ(ə)tiʀe] *adj (lieu)* entlegen

retirer [ʀ(ə)tiʀe] <1> **I.** *vt* ❶ *(vêtement, montre)* ablegen; *(housses)* abziehen; *(lunettes)* absetzen; **~ à qn** *(jouet)* jdm wegnehmen ❷ *(faire sortir)* herausnehmen; **~ la clé de la serrure** den Schlüssel abziehen ❸ *(argent)* holen; **~ de l'argent à la banque** Geld von der Bank abheben ❹ *(main, troupes, accusation, candidature)* zurückziehen ❺ *(obtenir)* **~ de qc** *(bénéfice, avantages)* aus etw ziehen ❻ *(faire un second tirage)* **faire ~ une photo** neue Abzüge von einem Foto machen lassen **II.** *vpr (partir)* **se ~** sich zurückziehen

retombée [ʀ(ə)tɔ̃be] *f pl (répercussions)* Auswirkungen *Pl*

retomber [ʀ(ə)tɔ̃be] <1> *vi + être*

❶ *(tomber à nouveau)* wieder hinfallen; ~ **dans l'oubli/la drogue** wieder in Vergessenheit/an Drogen geraten ❷ *(tomber après s'être élevé: chat)* aufkommen ❸ *(baisser: curiosité, enthousiasme)* nachlassen; *(fièvre, cote de popularité)* fallen ❹ *(redevenir)* ~ **amoureux** sich wieder verlieben; ~ **malade/enceinte** wieder krank/schwanger werden ❺ METEO *(brouillard)* wieder aufkommen ❻ *(échoir à)* ~ **sur qn** auf jdn zurückfallen ❼ *(revenir, rencontrer)* ~ **au même endroit** [zufällig] wieder an denselben Ort geraten

retouche [ʀ(ə)tuʃ] *f (d'un vêtement)* Änderung *f;* **faire une ~ à un vêtement** ein Kleidungsstück [ab]ändern

retoucher [ʀ(ə)tuʃe] <1> **I.** *vt* ❶ *(vêtement)* [ab]ändern ❷ *(être remboursé)* ~ **mille euros** tausend Euro zurückbekommen **II.** *vi (toucher de nouveau)* ~ **à qc** etw noch einmal anfassen

retour [ʀ(ə)tuʀ] **I.** *m* ❶ *(opp: départ)* Rückkehr *f; (chemin)* Rückweg *m; (à la maison)* Heimweg *m; (voyage)* Rückreise *f;* **au ~** auf dem Rückweg; *(à l'arrivée)* bei der Rückkehr; **de ~ à la maison** wieder zurück zu Hause; **être de ~** [wieder] zurück sein ❷ *(à un état antérieur)* ~ **à la nature** *(slogan)* zurück zur Natur; ~ **au calme** Beruhigung *f* [der Lage]; ~ **en arrière** Rückblende *f* ❸ *(réapparition)* ~ **du froid** erneuter Kälteeinbruch *m* ❹ AUT einfache Fahrkarte *f* für die Rückfahrt ▸ **par ~ du courrier** postwendend; ~ **à l'expéditeur!** zurück an Absender! **II.** *app* **match ~** Rückspiel *nt*

retourner [ʀ(ə)tuʀne] <1> **I.** *vt + avoir* ❶ *(mettre dans l'autre sens)* umdrehen; *(vêtement)* [auf] links drehen; *(matelas, viande)* wenden; JEUX aufdecken ❷ *(situation)* umkehren ❸ *(lettre)* zurückschicken; ~ **un compliment à qn** jdm ein Kompliment zurückgeben ❹ *fam (maison, pièce)* auf den Kopf stellen **II.** *vi + être* ❶ *(revenir)* zurückkehren; ~ **sur ses pas** kehrtmachen; ~ **chez soi** nach Hause gehen ❷ *(aller de nouveau)* ~ **à la montagne/chez qn** wieder ins Gebirge/zu jdm gehen ❸ *(se remettre à)* ~ **à son travail** wieder an die Arbeit gehen **III.** *vpr + être* ❶ *(se tourner dans un autre sens)* **se ~** *(personne)* sich umdrehen; *(voiture)* sich überschlagen ❷ *(tourner la tête)* **se ~** sich umschauen ❸ *(prendre parti, un nouveau cours)* **se ~ en faveur de/contre qn** *(personne)* sich hinter/gegen jdn stellen; *(situation)* sich zu jds Gunsten/Ungunsten kehren

retrait [ʀ(ə)tʀɛ] *m* ❶ *(d'argent)* Abheben *nt,* Abholen *nt* ❷ *(d'une autorisation)* Aufhebung *f;* ~ **du permis** [**de conduire**] Führerscheinentzug *m*

retraite [ʀ(ə)tʀɛt] *f* ❶ *(cessation du travail)* [Eintritt in den] Ruhestand *m;* **être à la ~** im Ruhestand sein; *(ouvrier, employé)* in Rente sein; *(fonctionnaire, militaire)* pensioniert sein; **partir à la ~, prendre sa ~** in den Ruhestand gehen ❷ *(pension)* Altersruhegeld *nt (form);* ~ **complémentaire** *(assurance)* Zusatzrentenversicherung *f*

retraité(e) [ʀ(ə)tʀete] **I.** *adj* im Ruhestand **II.** *m(f)* Ruheständler(in) *m(f); (ouvrier, employé)* Rentner(in) *m(f); (fonctionnaire, militaire)* Pensionär(in) *m(f)*

retraitement [ʀ(ə)tʀɛtmɑ̃] *m (des combustibles nucléaires)* Wiederaufbereitung *f; (des déchets)* Wiederverwertung *f;* **usine de ~** [**des déchets nucléaires**] Wiederaufbereitungsanlage *f*

retransmettre [ʀ(ə)tʀɑ̃smɛtʀ] <irr> *vt* übertragen

retransmission [ʀ(ə)tʀɑ̃smisjɔ̃] *f* Übertragung *f*

retravailler [ʀ(ə)tʀavaje] <1> **I.** *vi (reprendre le travail)* wieder arbeiten **II.** *vt* überarbeiten; *(discours, texte)* umarbeiten; *(matière, minerai)* neu

R

bearbeiten; *(question)* [noch einmal] überdenken

rétrécir [ʀetʀesiʀ] <8> **I.** *vt (rendre plus étroit)* verengen **II.** *vi, vpr* **le pull a rétréci au lavage** der Pulli ist beim Waschen eingegangen

rétro [ʀetʀo] *abr de* **rétrograde** *adj inv (démodé)* Retro-, nostalgisch

rétroactivement [ʀetʀoaktivmɑ̃] *adv* rückwirkend; **agir ~** rückwirkend in Kraft treten *(décision)* rückwirkend gelten

rétrocession [ʀetʀosesjɔ̃] *f* Rückgabe *f;* JUR Rückübertragung *f*

rétroéclairage [ʀetʀoeklɛʀaʒ] *m* INFORM Hintergrundbeleuchtung *f*

rétrograder [ʀetʀogʀade] <1> *vi* AUT **~ en seconde** in den Zweiten zurückschalten

rétrolien [ʀetʀoljɛ̃] *m* INFORM Trackback *m*

rétroprojecteur [ʀetʀopʀɔʒɛktœʀ] *m* Overheadprojektor *m*

rétrospectif, -ive [ʀetʀɔspɛktif] *adj* rückblickend

rétrospective [ʀetʀɔspɛktiv] *f* Retrospektive *f*

retrousser [ʀ(ə)tʀuse] <1> *vt (manche, bas de pantalon)* umkrempeln

retrouvailles [ʀ(ə)tʀuvɑj] *fpl* Wiedersehen *nt*

retrouver [ʀ(ə)tʀuve] <1> **I.** *vt* ❶ wiederfinden ❷ *(fonction)* wiedererhalten; *(place)* wiederbekommen; *(travail)* finden ❸ *(rejoindre)* **~ qn** jdn treffen ❹ *(recouvrer)* **~ la santé** wieder zu Kräften kommen **II.** *vpr* ❶ *(se réunir)* **se ~** *(personnes)* sich [wieder] treffen ❷ *(se présenter de nouveau)* **se ~** *(occasion)* sich wieder bieten ❸ *(être de nouveau)* **se ~ seul** wieder allein dastehen ❹ *(voir clair)* **s'y ~** sich zurechtfinden ▶ **comme on se retrouve!** so sieht man sich wieder!

rétroviseur [ʀetʀɔvizœʀ] *m* Rückspiegel *m*

réunification [ʀeynifikasjɔ̃] *f* POL Wiedervereinigung *f*

réunifier [ʀeynifje] <1> *vt* wieder zusammenführen; **l'Allemagne réunifiée** das wieder vereinigte Deutschland

réunion [ʀeynjɔ̃] *f (séance)* Zusammenkunft *f; (conférence)* Besprechung *f;* SCOL Konferenz; *(rassemblement politique/public)* Versammlung *f*

Réunion [ʀeynjɔ̃] *f* [**l'île de**] **la ~** die Insel Réunion

réunir [ʀeyniʀ] <8> **I.** *vt* ❶ *(mettre ensemble)* sammeln ❷ *(cumuler)* **~ toutes les conditions exigées** alle erforderlichen Bedingungen erfüllen **II.** *vpr* **se ~** *(personnes)* sich treffen

réussi(e) [ʀeysi] *adj* gelungen; *(examen)* bestanden ▶ **c'est ~!** *iron* [das war ein] Volltreffer!

réussir [ʀeysiʀ] <8> **I.** *vi* ❶ *(aboutir à un résultat: chose)* gelingen ❷ *(parvenir au succès)* **~ dans la vie** im Leben erfolgreich sein; **~ à l'examen** die Prüfung bestehen ❸ *(être capable de)* **il réussit à faire qc** es gelingt ihm etw zu tun **II.** *vt* ❶ *(bien exécuter)* **il réussit qc** ihm gelingt etw ❷ *(épreuve, examen)* bestehen

réussite [ʀeysit] *f* Erfolg *m*

réutiliser [ʀeytilize] <1> *vt* wieder benutzen; *(à d'autres fins)* [weiter] benutzen, verwenden

revaloir [ʀ(ə)valwaʀ] <irr> *vt* **je te revaudrai ça** *(en bien)* dafür werde ich mich [bei dir] erkenntlich zeigen

revaloriser [ʀ(ə)valɔʀize] <1> *vt* aufwerten

revanchard(e) [ʀ(ə)vɑ̃ʃaʀ, aʀd] *m(f)* rachsüchtiger Mensch; POL Revanchist(in) *m(f)*

revanche [ʀ(ə)vɑ̃ʃ] *f* Revanche *f;* **prendre sa ~** sich [dafür] rächen ▶ **en ~** *(par contre)* dagegen

rêve [ʀɛv] *m* Traum *m;* **mauvais ~** Alptraum ▶ **c'est le ~** *fam* das ist traumhaft

rêvé(e) [ʀeve] *adj* ideal; **solution ~e** Ideallösung *f*

réveil [ʀevɛj] *m* ❶ Wecker *m* ❷ *(retour*

à la réalité) Erwachen *nt*

réveiller [Reveje] <1> **I.** *vt* ① *(sortir du sommeil)* [auf]wecken; **être** [**bien**] **réveillé** [ganz] wach sein ② *(ramener à la réalité)* wachrütteln **II.** *vpr* **se ~** ① *(sortir du sommeil)* aufwachen ② *(se raviver)* wieder kommen

réveillon [Revɛjɔ̃] *m (nuit de Noël/du nouvel an)* Heiligabend *m*/Silvester[nacht *f*] *nt o m*

réveillonner [Revɛjɔne] <1> *vi (fêter Noël/le nouvel an)* Weihnachten/Silvester feiern

révéler [Revele] <5> *vt (divulguer)* aufdecken; **~ qc** *(enquête, journal)* etw ans Licht bringen

revendiquer [R(ə)vɑ̃dike] <1> *vt* ① *(droit, augmentation de salaire)* fordern ② *(assumer)* **l'attentat a été revendiqué par la Maffia** die Mafia hat sich zu dem Anschlag bekannt

revendre [R(ə)vɑ̃dR] <14> *vt* verkaufen

revenir [R(ə)vəniR] <9> *vi + être* ① zurückkommen; **~ dans un instant** gleich wieder da sein ② *(venir de nouveau: personne, printemps)* wiederkommen ③ *(reprendre)* **~ à/sur qc** auf etw *(akk)* zurückkommen ④ *(se présenter à nouveau à l'esprit)* **~ à qn** jdm wieder einfallen ⑤ *(équivaloir à)* **~ cher** teuer kommen; **cela revient au même** das läuft aufs Gleiche hinaus ⑥ GASTR **faire ~** *(lard)* anbraten ▶ **ne pas en ~ de qc** *fam* etw gar nicht fassen können; **~ de loin** noch einmal davongekommen sein

revente [R(ə)vɑ̃t] *f* Weiterverkauf *m*

revenu [R(ə)vəny] *m* Einkommen *nt;* **~ minimum d'insertion** *Übergangsgeld zur Eingliederung in das Berufsleben, entspricht etwa dem Hartz-IV-Satz*

rêver [Reve] <1> *vi* **~ de qn/qc** von jdm/etw träumen

réversion [RevɛRsjɔ̃] *f* FIN, JUR Übertragung *f;* **pension de ~** Hinterbliebenenrente *f*

revigorer [R(ə)vigɔRe] <1> *vt (ragaillardir: air frais, boisson)* wieder munter machen; *(discours, promesse)* wieder aufheitern; *(repas)* stärken

réviser [Revize] <1> *vt* SCOL wiederholen

révision [Revizjɔ̃] *f (d'un jugement)* Revision *f*

révisionnisme [Revizjɔnism] *m* Revisionismus *m*

révisionniste [Revizjɔnist] **I.** *adj (thèse, doctrine)* revisionistisch **II.** *mf* Revisionist(in) *m(f)*

revitalisant(e) [R(ə)vitalizɑ̃] *adj* **crème ~e** Aufbaucreme *f;* **shampooing ~** Revitalisierungsshampoo *nt*

revitaliser [R(ə)vitalize] <1> *vt (organisme)* wieder kräftigen; *(alliance, union)* wieder beleben; *(région)* wirtschaftlich wieder beleben; *(cheveux)* revitalisieren

revivre [R(ə)vivR] <irr> **I.** *vi (être revigoré)* wieder aufleben **II.** *vt (vivre à nouveau)* noch einmal erleben *(fig)*

révocation [Revɔkasjɔ̃] *f (annulation)* Widerrufung *f*

revoilà [R(ə)vwala] *prép fam* **me ~** da bin ich wieder; **le ~** da ist er wieder; **~ Nadine!** da ist Nadine schon wieder!

revoir [R(ə)vwaR] <irr> **I.** *vt (voir à nouveau)* wieder sehen; **au ~** auf Wiedersehen **II.** *vpr* **se ~** *(se retrouver)* sich wieder sehen

révolte [Revɔlt] *f* Revolte *f*

révolter [Revɔlte] <1> **I.** *vt* **~ qn** *(individu)* jdn aufbringen; *(crime, injustice)* jdn empören **II.** *vpr* **se ~ contre qn/qc** *(s'insurger)* sich gegen jdn/etw auflehnen

révolution [Revɔlysjɔ̃] *f (changement)* Revolution *f*

Révolution [Revɔlysjɔ̃] *f* HIST **la ~** die Französische Revolution

révolutionnaire [RevɔlysjɔnɛR] *adj* revolutionär

revolver [RevɔlvɛR] *m* Revolver *m*

revouloir [R(ə)vulwaR] <irr> *vt fam* noch wollen

revue [ʀ(ə)vy] *f (magazine)* Zeitschrift *f*
révulser [ʀevylse] <1> **I.** *vt* zutiefst erschüttern **II.** *vpr* **le visage se révulse** das Gesicht verzerrt sich; **ses yeux se révulsent** er/sie verdreht die Augen
rez-de-chaussée [ʀed(ə)ʃose] *m inv* Erdgeschoss *nt*
RFA [ɛʀɛfa] *f abr de* **République fédérale d'Allemagne** BRD *f*
rhabiller [ʀabije] <1> *vpr* **se ~** sich wieder anziehen
Rhénanie [ʀenani] *f* **la ~** das Rheinland
Rhénanie-du-Nord-Westphalie [ʀenanidynɔʀvɛstfali] *f* **la ~** Nordrhein-Westfalen *nt* **Rhénanie-Palatinat** [ʀenanipalatina] *f* **la ~** Rheinland-Pfalz *nt*
rhésus [ʀezys] *m* MED Rhesusfaktor *m;* [**facteur**] **~ positif/négatif** Rhesusfaktor positiv/negativ
Rhin [ʀɛ̃] *m* **le ~** der Rhein
rhinocéros [ʀinɔseʀɔs] *m* Nashorn *nt*
rhinopharyngite [ʀinofaʀɛ̃ʒit] *f* Entzündung *f* der Nasen- und Rachenschleimhaut
Rhône [ʀon] *m* **le ~** die Rhone
rhubarbe [ʀybaʀb] *f* Rhabarber *m*
rhum [ʀɔm] *m* Rum *m*
rhumatologue [ʀymatɔlɔg] *mf* Rheumatologe , Rheumatologin *m, f*
rhume [ʀym] *m* ❶ *(coup de froid)* Erkältung *f;* **attraper un ~** sich erkälten ❷ *(rhinite)* Schnupfen *m;* **~ des foins** Heuschnupfen *m*
ri [ʀi] *part passé de* **rire**
riais [ʀ(i)jɛ] *imparf de* **rire**
riant(e) [ʀ(i)jɑ̃, jɑ̃t] *part prés de* **rire**
R.I.B. [ʀib] *m inv abr de* **relevé d'identité bancaire** *Bescheinigung über die Bankverbindung*
ricaner [ʀikane] <1> *vi (avec mépris)* hämisch lachen
riche [ʀiʃ] **I.** *adj* reich **II.** *mf* Reiche(r) *f(m)*
richesse [ʀiʃɛs] *f* ❶ *(fortune)* Reichtum *m* ❷ *pl (ressources)* Reichtümer *Pl*
ricocher [ʀikɔʃe] <1> *vi* **~ sur qc** *(caillou, pierre)* springen auf etw *(dat)*
ride [ʀid] *f (pli)* Falte *f*
ridé(e) [ʀide] *adj (visage)* faltig
rideau [ʀido] <x> *m* Vorhang *m*
ridicule [ʀidikyl] **I.** *adj* lächerlich **II.** *m* Lächerlichkeit *f;* **couvrir qn/se couvrir de ~** jdn/sich lächerlich machen
ridiculiser [ʀidikylize] <1> *vt, vpr* [**se**] **~** [sich] lächerlich machen
ridule [ʀidyl] *f* Fältchen *nt*
rie [ʀi] *subj prés de* **rire**
rien [ʀjɛ̃] **I.** *pron indéf* ❶ *(aucune chose)* nichts; **ça ne vaut ~** das ist nichts wert; **~ d'autre** nichts weiter; **il n'y a plus ~** es ist nichts mehr da ❷ *(seulement)* **~ que la chambre coûte 400 euros** das Zimmer allein kostet schon 400 Euro ❸ *(quelque chose)* etwas ▶ **ce n'est ~** es ist nicht schlimm; **de ~!** keine Ursache!; **~ du tout** überhaupt nichts **II.** *m* ❶ *(très peu de chose)* Kleinigkeit *f* ❷ *(un petit peu)* ein wenig
rient [ʀi] *indic prés de* **rire**
riez [ʀ(i)je] *indic prés et impératif de* **rire**
rifle [ʀifl] *m Gewehr mit gezogenem Lauf*
rigolade [ʀigɔlad] *f fam* Spaß *m* ▶ **c'est de la ~** *(c'est facile)* das ist ein Kinderspiel
rigolard(e) [ʀigɔlaʀ, aʀd] *m(f) fam* Spaßvogel *m*
rigoler [ʀigɔle] <1> *vi fam* ❶ *(rire)* lachen; **faire ~ qn** jdn zum Lachen bringen ❷ **pour ~** zum Spaß ▶ **tu me fais ~!** *iron* du machst mir vielleicht Spaß!
rigolo(te) [ʀigɔlo] *adj fam* lustig
rigoureusement [ʀiguʀøzmɑ̃] *adv* ❶ *(sévèrement)* streng; *(punir)* hart ❷ *(précisément)* peinlich genau; *(appliquer)* strikt; *(raisonner)* logisch ❸ *(absolument: exact)* peinlich; *(interdit)* strengstens; *(authentique)* hundertprozentig; **~ vrai** genau der Wahrheit entsprechend
rigoureux, -euse [ʀiguʀø] *adj* ❶ streng

R

❷ *(exact, précis)* peinlich genau
rigueur [RigœR] *f* ❶ Strenge *f;* **avec ~** strikt ❷ *(précision)* peinliche Genauigkeit *f* ▸ **à la ~** *(tout au plus)* allenfalls; *(si besoin est)* notfalls
rime [Rim] *f* Reim *m*
rimer [Rime] <1> *vi* **~ avec qc** sich mit etw reimen ▸ **ne ~ à rien** keinen Sinn machen
rincer [Rɛ̃se] <2> **I.** *vt* abspülen **II.** *vpr* **se ~ la bouche** sich *(dat)* den Mund ausspülen
ringard(e) [Rɛ̃gaR] *fam* **I.** *adj* altmodisch **II.** *m(f)* Opa *m*
rions [R(i)jɔ̃] *indic prés et impératif de* **rire**
ripou [Ripu] <s o x> *fam* **I.** *adj* korrupt **II.** *m* korrupter Beamter *m*
rire [RiR] <irr> **I.** *vi* ❶ *(opp: pleurer)* lachen; **faire ~ qn** jdn zum Lachen bringen ❷ *(se moquer)* **~ de qn/qc** über jdn/etw lachen ❸ *(s'amuser)* Spaß haben ❹ *(plaisanter)* Spaß machen ▸ **sans ~?** echt? *(fam)* **II.** *m* ❶ *(action de rire)* Lachen *nt* ❷ *(hilarité)* Gelächter *nt*
ris [Ri] *indic prés et passé simple de* **rire**
risée [Rize] *f* **être la ~ du quartier** das Gespott des ganzen Viertels sein
risque [Risk] *m* Risiko *nt;* **courir un ~** ein Risiko eingehen ▸ **à mes/ses ~s et périls** auf eigenes Risiko
risqué(e) [Riske] *adj (hasardeux)* riskant
risquer [Riske] <1> *vt* ❶ *(mettre en danger)* aufs Spiel setzen ❷ *(s'exposer à)* **~ la prison** Gefahr laufen, ins Gefängnis zu kommen ❸ *(tenter, hasarder)* riskieren ▸ **ça ne risque pas de m'arriver** das kann mir nicht passieren
rissoler [Risɔle] <1> *vt (beignets)* goldbraun backen; **pommes rissolées** Bratkartoffeln *Pl*
ristourne [RistuRn] *f (sur achat)* Rabatt *m*
rit [Ri] *indic prés de* **rire**
rital(e) [Rital] <s> *m(f) péj fam* Spaghettifresser *m*
rituel [Ritɥɛl] *m* Ritual *nt*
rituel(le) [Ritɥɛl] *adj* ❶ *(coutumier)* gewohnheitsmäßig ❷ REL, SOCIOL rituell
rivage [Rivaʒ] *m* Küste *f*
rival(e) [Rival] <-aux> *m(f)* ❶ *(concurrent)* Rivale, Rivalin *m, f* ❷ *(autre prétendant)* Nebenbuhler(in) *m(f)*
rivaliser [Rivalize] <1> *vi (soutenir la comparaison)* **~ avec qn** sich mit jdm messen
rive [Riv] *f* Ufer *nt*
Riviera [RivjɛRa] *f* **la ~** die Riviera
rivière [RivjɛR] *f* Fluss *m*
riz [Ri] *m* Reis *m*
R.M.I. [ɛRɛmi] *m abr de* **Revenu Minimum d'Insertion** *Übergangsgeld zur Eingliederung in das Berufsleben, entspricht etwa dem Hartz-IV-Satz*
R.N. [ɛRɛn] *f abr de* **route nationale** ≈ Bundesstraße *f*
R.N.I.S. [ɛRɛniɛs] *m abr de* **réseau de numérique à intégration de service** ≈ ISDN *nt*
robe [Rɔb] *f (vêtement)* Kleid *nt;* **~ de chambre** Morgenrock *m*
robinet [Rɔbinɛ] *m* Hahn *m*
robot [Rɔbo] *m* ❶ Roboter *m* ❷ *(appareil ménager)* Küchenmaschine *f*
robotique [Rɔbɔtik] *f* Robotertechnik *f*
robotiser [Rɔbɔtize] <1> *vt* automatisieren; *(personne)* zum Roboter machen
robuste [Rɔbyst] *adj* robust
roc [Rɔk] *m* ❶ *(pierre)* Fels *m* ❷ *(personne)* Fels *m* in der Brandung ▸ **solide comme un ~** kerngesund
rocade [Rɔkad] *f* Umgehungsstraße *f*
roche [Rɔʃ] *f* Gestein *nt*
rocher [Rɔʃe] *m* Felsen *m*
Rocheuses [Rɔʃøz] *f pl* **les ~** die Rocky Mountains
rock [Rɔk] *m* Rock *m;* **concert de ~** Rockkonzert *nt*
rock-and-roll [RɔkɛnRɔl] *m inv* Rock and Roll *m*
rocker, -euse [RɔkœR, -øz] *m, f* ❶ *(musicien)* Rockmusiker(in) *m(f)* ❷ *fam (jeune)* Rocker *m*/Rockerbraut *f*
rococo [Rɔkɔko] **I.** *adj* ❶ ART **style ~** Ro-

kokostil *m* ❷ *péj* altmodisch **II.** *m* Rokoko *nt*

rodéo [ʀɔdeo] *m* ❶ *(des cow-boys)* Rodeo *m o nt* ❷ *(avec moto, voiture)* wilde Verfolgungsjagd *f*

roder [ʀɔde] <1> *vt* ❶ *(moteur)* einfahren ❷ *(méthode)* ausarbeiten

rôder [ʀode] <1> *vi (errer de façon suspecte)* ~ **dans les parages** sich in der Gegend herumtreiben

rogatoire [ʀɔgatwaʀ] *adj* **commission** ~ Rechtshilfeersuchen *nt*

rogner [ʀɔɲe] <1> **I.** *vt (page, pièce, plaque)* beschneiden **II.** *vi* ~ **sur qc** an etw *(dat)* sparen

rognon [ʀɔɲɔ̃] *m* GASTR Niere *f*

roi [ʀwa] *m* König *m* ▸ **heureux comme un** ~ überglücklich; **être plus royaliste que le** ~ päpstlicher als der Papst sein; **se saper comme un** ~ sich mächtig in Schale werfen

Roi-Soleil [ʀwasɔlɛj] *m inv* **le** ~ der Sonnenkönig

rôle [ʀol] *m* Rolle *f;* **le premier** ~ die Hauptrolle ▸ **avoir le beau** ~ gut dastehen

roller [ʀɔlœʀ] *m* ❶ *pl* **~s** Inlineskates *Pl* ❷ *(sport)* **faire du** ~ inlineskaten

roller, -euse [ʀɔlœʀ] *m, f (patineur)* Inlineskater(in) *m(f)*

rollmops [ʀɔlmɔps] *m* Rollmops *m*

ROM [ʀɔm] *f inv abr de* **Read Only Memory** ROM *nt*

romain(e) [ʀɔmɛ̃] *adj a.* TYP römisch

Romain(e) [ʀɔmɛ̃] *m(f)* Römer(in) *m(f)*

roman [ʀɔmɑ̃] *m* ❶ LITTER Roman *m;* ~ **épistolaire/policier** Brief-/Kriminalroman ❷ ARCHIT, ART Romanik *f*

roman(e) [ʀɔmɑ̃] *adj* ARCHIT, ART romanisch

romanche [ʀɔmɑ̃ʃ] **I.** *adj* **langue** ~ Romantsch *nt; v.a.* **allemand II.** *m* Romantsch *nt; v.a.* **allemand**

romancier, -ière [ʀɔmɑ̃sje] *m, f* Romanschriftsteller(in) *m(f)*

romand(e) [ʀɔmɑ̃] *adj* **la Suisse ~e** die französische Schweiz

Romand(e) [ʀɔmɑ̃, ɑ̃d] *m(f)* Bewohner(in) *m(f)* der französischen Schweiz, Welschschweizer(in) *m(f)* (CH)

romanesque [ʀɔmanɛsk] *m* **le** ~ das Romantische; **se réfugier dans le** ~ sich in eine Scheinwelt flüchten

romantique [ʀɔmɑ̃tik] **I.** *adj* romantisch **II.** *mf* Romantiker(in) *m(f)*

Übersetzungstipp

Le romantique – Nicht verwechseln mit *die Romantik* – *le romantisme!*

romarin [ʀɔmaʀɛ̃] *m* Rosmarin *m*

Rome [ʀɔm] Rom *nt*

rompre [ʀɔ̃pʀ] <irr> **I.** *vt (fiançailles)* lösen **II.** *vi (se séparer)* Schluss machen *(fam)*

ronce [ʀɔ̃s] *f* Dornenranken *Pl*

ronchon(ne) [ʀɔ̃ʃɔ̃, ɔn] **I.** *adj fam* miesepet[e]rig **II.** *m(f) fam (homme)* Meckerfritze *m; (femme)* Meckerliese *f*

rond [ʀɔ̃] **I.** *m* ❶ *(cercle)* Kreis *m* ❷ *(trace ronde)* Ring *m* **II.** *adv fam* **ne pas tourner** ~ *(personne)* spinnen

rond(e) [ʀɔ̃] *adj* ❶ rund ❷ *(personne)* rundlich ❸ *fam (ivre)* blau

rondelet(te) [ʀɔ̃dlɛ] *adj (personne)* mollig

rondelle [ʀɔ̃dɛl] *f* GASTR Scheibe *f*

rondouillard(e) [ʀɔ̃dujaʀ, aʀd] *adj fam (grassouillet)* pummelig

rond-point [ʀɔ̃pwɛ̃] <ronds-points> *m* Kreisverkehr *m*

ronfler [ʀɔ̃fle] <1> *vi (personne)* schnarchen

ronger [ʀɔ̃ʒe] <2a> **I.** *vt (grignoter)* nagen an *(+dat)* **II.** *vpr* **se** ~ **les ongles** an den Nägeln kauen

ronron [ʀɔ̃ʀɔ̃] *m* ❶ *(du chat)* Schnurren *nt; (d'une machine, d'un moteur) fam* Surren *nt* ❷ *fam (monotonie)* ~ **de la vie quotidienne** Alltagstrott *m*

ronronner [ʀɔ̃ʀɔne] <1> *vi (chat)* schnurren

roquefort [ʀɔkfɔʀ] *m* Roquefort *m*

rosâtre [ʀozɑtʀ] *adj* schmutzigrosa

rosbif [ʀɔzbif] *m* GASTR Roastbeef *nt*, Beiried *f* (A)

rose[1] [ʀoz] *f* Rose *f*

rose[2] [ʀoz] **I.** *adj* ① rosa; *(joue, teint)* rosig ② **téléphone ~** Telefonsex *m* **II.** *m* Rosa *nt* ▸ **voir la vie en ~** das Leben durch die rosarote Brille sehen

rosé [ʀoze] *m (vin)* Rosé *m*

rosé(e) [ʀoze] *adj* rosé

roseau [ʀozo] <x> *m* Schilf[rohr *nt*] *nt*

rosée [ʀoze] *f* Tau *m*

rossignol [ʀɔsiɲɔl] *m* ZOOL Nachtigall *f*

rotation [ʀɔtasjɔ̃] *f* ① *(mouvement)* Drehung *f* ② *(série périodique d'opérations)* **~ du personnel** Personalwechsel *m*

roter [ʀɔte] <1> *vi fam* rülpsen

rôti [ʀoti] *m* Braten *m*

rôtir [ʀotiʀ] <8> **I.** *vt* GASTR braten **II.** *vi* GASTR garen

rotor [ʀɔtɔʀ] *m* Rotor *m*

rotule [ʀɔtyl] *f* Kniescheibe *f* ▸ **être sur les ~s** *fam* fix und fertig sein

roturier, -ière [ʀɔtyʀje, -jɛʀ] **I.** *adj* HIST bürgerlich **II.** *m, f* HIST Bürgerliche(r) *f(m)*

rouble [ʀubl] *m* Rubel *m*

roucouler [ʀukule] <1> *vi* ① ZOOL gurren ② *fig (amoureux)* turteln

roue [ʀu] *f* ① Rad *nt*; **~ de secours** AUT Reserverad *nt* ② *(supplice)* Rädern *nt*

rouelle [ʀwɛl] *f* Beinscheibe *f*

rouge [ʀuʒ] **I.** *adj* ① rot; **vin ~** Rotwein *m*; **poisson ~** Goldfisch *m* ② *(incandescent)* rot glühend **II.** *m* ① *(couleur)* Rot *nt*; **le feu est au ~** die Ampel ist rot ② *fam (vin)* Rote(r) *m* ③ **~ à lèvres** Lippenstift *m* **III.** *adv* ▸ **voir ~** rot sehen

rougeaud(e) [ʀuʒo, od] *m(f)* **un gros ~** ein rotgesichtiger Dicker *(fam)*

rougeoiement [ʀuʒwamɑ̃] *m (d'un incendie)* roter Schein; **le ~ du ciel au couchant** das Abendrot

rougeole [ʀuʒɔl] *f* Masern *Pl*

rougir [ʀuʒiʀ] <8> *vi* ① rot werden ② *(avoir honte)* **~ de qn** sich für jdn schämen

rouille [ʀuj] **I.** *f (corrosion)* Rost *m* **II.** *adj inv* rostbraun

rouillé(e) [ʀuje] *adj* ① rostig ② *(personne)* steif

rouiller [ʀuje] <1> *vi* [ver]rosten

roulant(e) [ʀulɑ̃] *adj (personnel)* fahrend; **fauteuil ~** Rollstuhl *m*; **escalier ~** Rolltreppe *f*

roulé(e) [ʀule] *adj* **col ~** Rollkragen *m* ▸ **bien ~** *fam* gut gebaut

rouler [ʀule] <1> **I.** *vt* ① *(faire avancer)* rollen ② *(enrouler)* aufrollen; *(parapluie, crêpe)* zusammenrollen ③ *fam (tromper)* übers Ohr hauen ④ *(faire tourner une partie du corps: épaules)* kreisen mit **II.** *vi* ① *(se déplacer sur roues: véhicule, objet)* fahren ② *(tourner sur soi)* rollen ▸ **ça roule** *fam* alles paletti **III.** *vpr (se vautrer)* **se ~** sich rollen

roulette [ʀulɛt] *f* ① *(petite roue)* Rolle *f*; **patins à ~s** Rollschuhe *Pl* ② *(jeu)* Roulette *nt*

roumain [ʀumɛ̃] *m* Rumänisch *nt*; *v.a.* **allemand**

roumain(e) [ʀumɛ̃] *adj* rumänisch; *v.a.* **allemand**

Roumain(e) [ʀumɛ̃, ɛn] *m(f)* Rumäne *m*/Rumänin *f*

Roumanie [ʀumɑ̃ni] *f* **la ~** Rumänien *nt*

roupiller [ʀupije] <1> *vi fam* pennen, pofen

roupillon [ʀupijɔ̃] *m fam* Nickerchen *nt*; **piquer un ~** ein Nickerchen machen

rouquin(e) [ʀukɛ̃] **I.** *adj* rothaarig **II.** *m(f)* Rothaarige(r) *f(m)*

rousse [ʀus] *adj v.* **roux**

roussi [ʀusi] *m* ▸ **sentir le ~** *(sentir le brûlé)* angebrannt riechen

routard(e) [ʀutaʀ] *m(f)* Rucksacktourist(in) *m(f)*

route [ʀut] *f* ① *(voie)* Straße *f*; **~ nationale** ≈ Bundesstraße ② *(voyage)* Fahrt *f*; **trois heures de ~** drei Stunden Fahrzeit ③ *(itinéraire, chemin)*

R

Weg *m;* NAUT, AVIAT Route *f* ▶ **en** ~! auf geht's! *(fam)*

routeur [RutœR] *m* INFORM Router *m*

routier, -ière [Rutje] **I.** *adj (relatif à la route)* Straßen-; **carte routière** Straßenkarte *f* **II.** *m, f (camionneur)* Fernfahrer(in) *m(f)*

routine [Rutin] *f* ❶ Routine *f* ❷ INFORM Routineprogramm *nt*

rouvrir [RuvRiR] <11> **I.** *vt* wieder aufmachen; *(blessure, plaie)* wieder aufreißen; *(débat)* wieder in Gang setzen **II.** *vi* wieder aufmachen **III.** *vpr* **se** ~ *(porte)* wieder aufgehen; *(blessure, plaie)* wieder aufplatzen; *(débat)* wieder in Gang kommen

roux [Ru] *m (couleur)* Rot *nt*

roux, rousse [Ru] **I.** *adj* rot; *(personne)* rothaarig; *(pelage)* rotbraun *f* **II.** *m, f (personne)* Rothaarige(r) *f(m)*

royalement [Rwajalmɑ̃] *adv* fürstlich

royalties [Rwajalti] *f pl* ❶ *(pour un brevet, une licence)* Lizenzgebühr *f* ❷ *(pour une chanson, une adaptation)* Tantiemen *Pl* ❸ *(dans le cas d'une société pétrolière)* Förderabgaben *Pl*

royaume [Rwajom] *m* Königreich *nt*

Royaume-Uni [Rwajomyni] *m* **le** ~ das Vereinigte Königreich

R.S.A. [ɛRɛsa] *m abr de* **revenu de solidarité active** *ersetzt den R.M.I. sowie weitere Sozialhilfeprogramme*

R

RTT [ɛRtete] *f abr de* **réduction du temps de travail** ❶ *(réduction)* Arbeitszeitverkürzung *f* ❷ *(congé)* Überstundenausgleich *m;* **être en** ~ Überstunden abbauen

ruban [Rybɑ̃] *m* Band *nt;* ~ **magnétique** INFORM Magnetband

rubis [Rybi] *m (pierre précieuse)* Rubin *m*

rubrique [RybRik] *f* Rubrik *f*

ruche [Ryʃ] *f* Bienenstock *m*

rude [Ryd] *adj* ❶ *(montée)* steil ❷ *(peau, surface, personne, climat)* rau; *(étoffe, manières)* derb ❸ *(gaillard)* handfest

rudement [Rydmɑ̃] *adv fam* verdammt

rudimentaire [Rydimɑ̃tɛR] *adj* rudimentär; *(installation)* einfach

rue [Ry] *f* Straße *f;* ~ **à sens unique** Einbahnstraße; **dans la** ~ auf der Straße

ruelle [Rɥɛl] *f* Gässchen *nt*

rugby [Rygbi] *m* Rugby *nt*

rugbyman [Rygbiman] <s *o* -men> *m* Rugbyspieler *m*

rugueux, -euse [Rygø] *adj* rau

Ruhr [RuR] *f* ❶ *(région)* **la** ~ das Ruhrgebiet ❷ *(rivière)* **la** ~ die Ruhr

ruine [Rɥin] *f* ❶ *pl (décombres)* Trümmer *Pl* ❷ *(édifice délabré)* Ruine *f;* **tomber en** ~ zerfallen

ruiner [Rɥine] <1> **I.** *vt* ruinieren **II.** *vpr* **se** ~ **pour qn** sich wegen jdm in den Ruin stürzen

ruisseau [Rɥiso] <x> *m* Bach *m*

rumeur [RymœR] *f (bruit qui court)* Gerücht *nt*

ruminer [Rymine] <1> *vt* ❶ *(ressasser)* brüten über *(+dat)* ❷ ZOOL wiederkäuen

rupin(e) [Rypɛ̃, in] **I.** *adj fam (personne)* betucht; *(appartement)* nobel; *(quartier)* Nobel- **II.** *m(f) fam* Steinreiche(r) *f(m)*

rupture [RyptyR] *f* ❶ *(cassure)* Bruch *m* ❷ *(séparation)* Trennung *f*

ruse [Ryz] *f (subterfuge)* List *f*

rusé(e) [Ryze] **I.** *adj* listig **II.** *m(f)* raffinierte Person *f*

ruser [Ryze] <1> *vi* List anwenden

russe [Rys] **I.** *adj* russisch; *v.a.* **allemand** **II.** *m* Russisch *nt; v.a.* **allemand**

Russe [Rys] *mf* Russe, Russin *m, f*

Russie [Rysi] *f* **la** ~ Russland *nt*

rustique [Rystik] *adj (meuble)* rustikal

rustre [RystR] *adj* ungehobelt

rythme [Ritm] *m* ❶ Rhythmus *m* ❷ *(allure, cadence)* Tempo *nt*

rythmé [Ritme] *adj* rhythmisch

Ss

s *f inv abr de* **seconde** Sek.

S, s [ɛs] *m inv* S *nt*, s *nt*

s' *v.* **se, si**

sa [sa] <ses> *dét poss* ❶ sein(e)/ihr(e); *v.a.* **ma** ❷ *avec un titre, form* **Sa Majesté** Seine/Ihre Majestät

sabayon [sabajɔ̃] *m* Zaba[gl]ione *f*

sabbat [saba] *m* REL Sabbat *m*

sabbatique [sabatik] *adj* **année ~** Sabbatjahr *nt;* **congé ~** Beurlaubung *f*

sablage [sɑblaʒ] *m* Sandstreuen *nt*

sable [sɑbl] *m* Sand *m*

sablé [sɑble] *m* GASTR Sandgebäck *nt*

sablé(e) [sɑble] *adj* GASTR **pâte ~e** Mürbeteig *m*

sabler [sɑble] <1> *vt (couvrir de sable)* mit Sand bestreuen

sableuse [sɑbløz] *f (appareil pour couvrir de sable)* Sandstreuwagen *m*

sabot [sabo] *m* ❶ *(chaussure)* Holzschuh *m* ❷ ZOOL Huf *m* ❸ *(pour les véhicules)* Parkkralle *f*

sabotage [sabɔtaʒ] *m* Sabotage *f*

saboter [sabɔte] <1> *vt* sabotieren

saboteur, -euse [sabɔtœʀ, øz] *m, f* Saboteur(in) *m(f)*

sabrer [sɑbʀe] <1> *vt* ❶ *(biffer)* streichen ❷ *(raccourcir)* kürzen

sac[1] [sak] *m* ❶ *(contenant)* Sack *m; (en plastique, papier)* Tüte *f;* **~ congélation** Gefrierbeutel *m* ❷ *(bagage)* Tasche *f;* **~ à main** Handtasche; **~ à dos** Rucksack *m* ▸ **mettre dans le même ~** in einen Topf werfen; **vider son ~** *fam* auspacken

sac[2] [sak] *m* **mettre à ~** plündern

saccade [sakad] *f* Ruck *m;* **par ~s** stoßweise

saccadé(e) [sakade] *adj (respiration, rire)* stoßweise; *(bruit)* in kurzen, aufeinander folgenden Stößen

saccager [sakaʒe] <2a> *vt (dévaster)* verwüsten; *(récolte)* vernichten

sacerdoce [sasɛʀdɔs] *m* ❶ REL Priesteramt *nt* ❷ *(vocation)* heiliges Amt *nt*

sachant [saʃɑ̃] *part prés de* **savoir**

sache [saʃ] *subj prés de* **savoir**

sachet [saʃɛ] *m* Tüte *f*

sacoche [sakɔʃ] *f* Umhängetasche *f*

sac-poubelle [sakpubɛl] <sacs-poubelles> *m* Müllbeutel *m*

sacquer [sake] <1> *vt fam (renvoyer)* feuern

sacraliser [sakʀalize] <1> *vt* ❶ *(rendre sacral)* als heilig verehren ❷ *(accorder de la valeur à)* **~ qc** einer Sache *(dat)* einen hohen Wert beimessen

sacre [sakʀ] *m* ❶ *(d'un souverain, évêque)* Inthronisation *f* ❷ *(du printemps)* Krönung *f*

sacré(e) [sakʀe] *adj* ❶ heilig; *(art, édifice)* sakral ❷ *fam (satané)* verdammt; *(farceur, gaillard)* irrsinnig; **avoir un ~ talent** ein Wahnsinnstalent haben

sacrebleu [sakʀəblø] *interj* Donnerwetter

sacrement [sakʀəmɑ̃] *m* Sakrament *nt;* **derniers ~s** Sterbesakramente *Pl*

sacrément [sakʀemɑ̃] *adv fam* wahnsinnig, ungeheuer; **il fait ~ beau** es ist ein irrsinnig schönes Wetter

sacrer [sakʀe] <1> *vt* inthronisieren

sacrifice [sakʀifis] *m* ❶ *(privation)* Opfer *nt;* **faire un ~** ein Opfer bringen ❷ *sans pl (renoncement)* Aufgabe *f* ❸ REL *(immolation)* Opferung *f*

sacrifié(e) [sakʀifje] *m(f)* Opfer *nt*

sacrifier [sakʀifje] <1> **I.** *vt* opfern **II.** *vpr* **se ~ pour qn** sich für jdn aufopfern

sadique [sadik] **I.** *adj* sadistisch **II.** *mf* Sadist(in) *m(f)*

sado [sado] **I.** *adj fam* Sado- **II.** *m, f fam* Sado, Sado-Frau *m, f*

sadomaso [sadomazo] *inv fam* **I.** *adj* Sadomaso-; **il/elle est ~** er/sie ist

sadomasochistisch **II.** *mf* Sadomaso *m*
sadomasochiste [sadɔmazɔʃist] *adj* sadomasochistisch
safari [safaʀi] *m* Safari *f*
safran [safʀɑ̃] **I.** *m* Safran *m* **II.** *adj inv* safrangelb
saga [saga] *f* ❶ *(histoire familiale)* Familiensaga *f* ❷ *(légende)* Saga *f*
sagacité [sagasite] *f* Scharfsinn *m*
sage [saʒ] **I.** *adj* ❶ *(conseil, personne)* weise ❷ *(écolier, enfant)* brav **II.** *m* Weise(r) *f(m)*
sage-femme [saʒfam] <sages-femmes> *f* Hebamme *f*
sagement [saʒmɑ̃] *adv* ❶ *(raisonnablement)* klug ❷ *(docilement)* artig
sagesse [saʒɛs] *f* Weisheit *f*
Sagittaire [saʒitɛʀ] *m* Schütze *m; v.a.* **Balance**
sagouin(e) [sagwɛ̃, in] *m(f) fam (personne malpropre)* Schwein *nt*
Sahara [saaʀa] *m* **le** ~ die Sahara
saharien(ne) [saaʀjɛ̃, jɛn] *adj* ❶ GEO aus der Sahara; *(oasis)* in der Sahara ❷ *(température)* tropisch
saharienne [saaʀjɛn] *f* Safari-Jacke *f*
Sahel [saɛl] *m* **le** ~ die Sahelzone
saignant(e) [sɛɲɑ̃] *adj* GASTR englisch
saignement [sɛɲmɑ̃] *m* Blutung *f;* **~s de nez** Nasenbluten *nt*
saigner [seɲe] <1> **I.** *vi* bluten **II.** *vt (animal)* abstechen
saillant [sajɑ̃] *m (d'un bastion)* Vorsprung *m; (d'une frontière)* Ausbuchtung *f*
sain(e) [sɛ̃] *adj* ❶ gesund ❷ *(fruit, viande)* einwandfrei ❸ *(lectures, idées)* vernünftig ▶ **~ et sauf** gesund und wohlbehalten
saindoux [sɛ̃du] *m* Schweineschmalz *nt*
saint(e) [sɛ̃] **I.** *adj* heilig; **la Sainte Vierge** die Heilige Jungfrau **II.** *m(f)* Heilige(r) *f(m)*
Saint-Barthélemy [sɛ̃baʀtelemi] *f sans pl* **la** ~ die Bartholomäusnacht **saint-bernard** [sɛ̃bɛʀnaʀ] <saint-bernard[s]> *m* ❶ *(chien)* Bernhardiner *m* ❷ *(âme secourable)* Samariter *m* **Saint-Esprit** [sɛ̃tɛspʀi] *m sans pl* **le** ~ der Heilige Geist **saint-glinglin** [sɛ̃glɛ̃glɛ̃] *f sans pl fam* ▶ **à la** ~ am Sankt-Nimmerleins-Tag **Saint-Jean** [sɛ̃ʒɑ̃] *f sans pl* **la** ~ das Johannisfest **Saint-Jean-Baptiste** [sɛ̃ʒɑ̃batist] *f sans pl* **la** ~ *Nationalfeiertag der Frankokanadier am 24. Juni* **Saint-Nicolas** [sɛ̃nikɔla] *f sans pl* **la** ~ der Nikolaustag **Saint-Père** [sɛ̃pɛʀ] <Saints-Pères> *m* Heiliger Vater **Saint-Sylvestre** [sɛ̃silvɛstʀ] *f sans pl* Silvester *m o nt*
sais [sɛ] *indic prés de* **savoir**
saisie [sezi] *f* ❶ JUR Pfändung *f,* Exekution *f* (A) ❷ INFORM Erfassen *nt;* **~ de l'écran** Screenshot *m*
saisir [seziʀ] <8> **I.** *vt* ❶ *(prendre)* packen ❷ *(chance)* wahrnehmen; *(occasion)* ergreifen ❸ *(comprendre)* begreifen ❹ *(impressionner)* **~ qn** *(beauté)* jdn bezaubern ❺ *(viande)* anbraten ❻ JUR beschlagnahmen ❼ INFORM erfassen **II.** *vi fam* durchblicken **III.** *vpr* **se ~ de qc** zu etw greifen
saisissant(e) [sezisɑ̃] *adj (différence)* erstaunlich
saison [sɛzɔ̃] *f* ❶ *(division de l'année)* Jahreszeit *f* ❷ SPORT Saison *f*
saisonnier, -ière [sɛzɔnje] *adj* ❶ *(propre à la saison)* jahreszeitlich ❷ *(limité à la saison)* saisonal
sait [sɛ] *indic prés de* **savoir**
salade [salad] *f* ❶ Salat *m* ❷ *pl fam (mensonges)* Geschichten *Pl*
saladier [saladje] *m* Salatschüssel *f*
salage [salaʒ] *m (contre le verglas)* **le ~ des routes** das Salzstreuen [auf den Straßen]
salaire [salɛʀ] *m* Gehalt *nt*
salami [salami] *m* Salami *f*
salarial(e) [salaʀjal, -jo] <-aux> *adj* **politique ~e** Lohnpolitik *f*
salarié(e) [salaʀje] *m(f)* Arbeitnehmer(in) *m(f)*
salaud [salo] **I.** *adj fam* hundsgemein **II.** *m fam* Dreckskerl *m*
sale [sal] **I.** *adj* ❶ *(opp: propre)* schmutzig ❷ *fam (vilain, louche)* übel; *(type,*

S

temps) mies; **avoir une ~ gueule** fies aussehen **II.** *m fam* **être au ~** in der Schmutzwäsche sein

salé [sale] *adv* salzig

salé(e) [sale] *adj (beurre, cacahuètes)* gesalzen; **eau ~e** Salzwasser *nt;* **trop ~** *(plat)* versalzen

salement [salmɑ̃] *adv* ❶ *(manger)* unmanierlich; *(travailler)* schludrig *(fam); (gagner)* auf unsaubere Weise ❷ *fam (très)* ganz schön

saler [sale] <1> **I.** *vi* GASTR salzen **II.** *vt* TECH *(route)* streuen

saleté [salte] *f* ❶ Dreck *m* ❷ *(obscénité)* Unanständigkeit *f*

salir [saliʀ] <8> **I.** *vt* schmutzig machen **II.** *vpr* **se ~** ❶ *(se souiller)* sich schmutzig machen ❷ *(devenir sale)* schmutzig werden

salive [saliv] *f* Speichel *m*

saliver [salive] <1> *vi (baver)* Speichel produzieren

salle [sal] *f* ❶ *(pièce)* Saal *m;* **~ à manger/de bain/de classe** Ess-/Bade-/Klassenzimmer *nt;* **~ de gym** Fitnessraum *nt* ❷ *(cinéma)* Kino *nt;* **~s obscures** Kinos *Pl* ❸ *(spectateurs)* Publikum *nt;* **toute la ~** der ganze Saal

salmonelle [salmɔnɛl] *f* Salmonelle *f*

salmonellose [salmɔneloz] *f* Salmonellose *f*

salon [salɔ̃] *m* ❶ *(salle de séjour)* Wohnzimmer *nt* ❷ *(mobilier)* **~ de jardin** Gartenmöbel *Pl* ❸ *(exposition)* Messe *f* ❹ *(commerce)* **~ de coiffure** Friseursalon *m*

salopard [salɔpaʀ] *m fam* Dreckskerl *m;* **bande de ~s** Saubande *f (fam)*

salope [salɔp] *f vulg (débauchée)* Nutte *f; (garce)* Miststück *nt*

saloper [salɔpe] <1> *vt fam (bâcler)* hinschludern

saloperie [salɔpʀi] *f fam (objet sans valeur)* Ramsch *m*

salopette [salɔpɛt] *f* Latzhose *f*

salsa [salsa] *f* Salsa *f*

salsifis [salsifi] *m* GASTR Schwarzwurzel *f*

salubre [salybʀ] *adj* gesund

salubrité [salybʀite] *f* ❶ *(du climat)* gesundheitsfördernde Wirkung; *(de l'air)* Reinheit *f; (d'un logement)* gesundheitliche Zuträglichkeit ❷ *(hygiène)* Hygiene *f* ❸ ADMIN **~ publique** öffentliches Gesundheitswesen

saluer [salɥe] <1> **I.** *vt* ❶ *(dire bonjour)* grüßen ❷ *(dire au revoir)* **~ qn** sich von jdm verabschieden ❸ *(rendre hommage)* würdigen **II.** *vi* ❶ THEAT sich verbeugen ❷ MIL salutieren

salut[1] [saly] **I.** *m (salutation)* Gruß *m;* **faire un ~ de la main** winken **II.** *interj* ❶ *fam (bonjour)* **~!** hallo! ❷ *fam (au revoir)* **~!** tschüs!

salut[2] [saly] *m (sauvegarde)* Rettung *f*

salutaire [salytɛʀ] *adj* heilsam; *(décision)* richtig

salutations [salytasjɔ̃] *fpl form* Grüße *Pl*

Salzbourg [saltsbuʀ] Salzburg *nt*

samba [sɑ̃mba] *f* Samba *f*

samedi [samdi] *m* Samstag *m; v.a.* **dimanche**

samouraï [samuʀaj] *m* Samurai *m*

SAMU [samy] *m abr de* **Service d'aide médicale d'urgence** ärztlicher Bereitschaftsdienst *m; (médecin)* Notarzt, ärztin *m, f*

sanction [sɑ̃ksjɔ̃] *f* Strafe *f*

sanctionnable [sɑ̃ksjɔnabl] *adj (action)* strafbar

sanctionner [sɑ̃ksjɔne] <1> *vt (punir)* bestrafen

sandwich [sɑ̃dwitʃ] <[e]s> *m* Sandwich *nt;* **~ au jambon** Schinkensandwich

sandwicherie [sɑ̃dwi(t)ʃʀi] *f* Sandwichbude *f*

sang [sɑ̃] *m* Blut *nt;* **donner son ~** Blut spenden

Aussprache

Die Endung -g in **sang** wird nicht gesprochen.

S

sang-froid [sɑ̃fʀwa] *m sans pl (maîtrise de soi)* Beherrschung *f*
sanglant(e) [sɑ̃glɑ̃] *adj* ❶ *(saignant)* blutig ❷ *(violent)* hart
sanglier [sɑ̃glije] *m* Wildschwein *nt*
sangloter [sɑ̃glɔte] <1> *vi* schluchzen
sangria [sɑ̃gʀija] *f* Sangria *f*
sangsue [sɑ̃sy] *f* ZOOL Blutegel *m*
sanguin(e) [sɑ̃gɛ̃] *adj* ❶ ANAT **plasma ~** Blutplasma *nt* ❷ *(coloré)* rot; **orange ~** Blutorange *f*
sanguine [sɑ̃gin] *f (orange)* Blutorange *f*
sanitaire [sanitɛʀ] **I.** *adj* sanitär **II.** *m gén pl* Sanitäranlagen *Pl*
sans [sɑ̃] **I.** *prép* ohne; **~ scrupules/manches** skrupel-/ärmellos; **~ arrêt** ununterbrochen ▸ **~ plus** das ist aber auch alles; **~ quoi** sonst **II.** *adv fam* ohne
sans-abri [sɑ̃zabʀi] *mf inv* Obdachlose(r) *f(m)*
sanscrit [sɑ̃skʀi] *m* **le ~** [das] Sanskrit *nt; v.a.* **allemand** **sans-emploi** [sɑ̃zɑ̃plwa] *mf inv* Arbeitslose(r) *f(m)* **sans-fil** [sɑ̃fil] *m inv* Funktelefon *nt* **sans-gêne** [sɑ̃ʒɛn] **I.** *adj inv* ungeniert **II.** *m sans pl (désinvolture)* Ungeniertheit *f* **III.** *mf inv (personne désinvolte)* unverfrorene Person *f*
sanskrit [sɑ̃skʀi] *v.* **sanscrit** **sans-le-sou** [sɑ̃l(ə)su] *mf inv fam* armer Schlucker *m* **sans-logis** [sɑ̃lɔʒi] *mf inv soutenu* Obdachlose(r) *f(m)* **sans-papiers** [sɑ̃papje] *mf inv Ausländer(in), der/die sich illegal in Frankreich aufhält*
santé [sɑ̃te] *f (opp: malade)* Gesundheit *f;* **être bon pour la ~** gesund sein ▸ **se refaire une ~** *fam* mal wieder ausspannen; **à la ~ de qn** auf jds Wohl *(akk);* **à ta ~!** auf dein Wohl!
santiag [sɑ̃tjag] *f fam* Cowboystiefel *m*
santon [sɑ̃tɔ̃] *m* Krippenfigur *f*
saoudien(ne) [saudjɛ̃] *adj* saudi-arabisch; *v.a.* **allemand**
Saoudien(ne) [saudjɛ̃, jɛn] *m(f)* Saudi-Araber(in) *m(f)*
saoul(e) [su] *adj v.* **soûl**
saouler [sule] <1> *vt v.* **soûler**
saper [sape] <1> *vpr fam* **se ~** sich in Schale werfen
sapeur-pompier [sapœʀpɔ̃pje] <sapeurs-pompiers> *m* Feuerwehrmann *m*
saphir [safiʀ] *adj inv* saphirblau
sapin [sapɛ̃] **I.** *m* Tanne *f;* **~ de Noël** Weihnachtsbaum *m* **II.** *app inv* dunkelgrün
saquer [sake] <1> *vt v.* **sacquer**
sarbacane [saʀbakan] *f* Blasrohr *nt*
sarcasme [saʀkasm] *m* Sarkasmus *m*
sarcastique [saʀkastik] *adj* sarkastisch
Sardaigne [saʀdɛɲə] *f* **la ~** Sardinien *nt*
sardine [saʀdin] *f* Sardine *f*
sardinerie [saʀdinʀi] *f* Sardinenkonservenfabrik *f*
S.A.R.L. [ɛsaɛʀɛl] *f abr de* **société à responsabilité limitée** GmbH *f*
sarment [saʀmɑ̃] *m* Weinrebe *f*
sarrasin [saʀazɛ̃] *m* Buchweizen *m*
Sarre [saʀ] *f* ❶ *(région)* **la ~** Saarland *nt* ❷ *(rivière)* Saar *f*
Sarrebruck [saʀbʀyk] Saarbrücken *nt*
sas [sas] *m (pièce intermédiaire)* Schleuse *f*
satané(e) [satane] *adj (maudit)* verflucht *(fam)*
satanique [satanik] *adj a.* REL satanisch; *(ruse)* teuflisch
satellite [satelit] *m* ❶ AVIAT Satellit *m* ❷ ASTRO Trabant *m*
satin [satɛ̃] *m* Satin *m*
satiné(e) [satine] *adj* seidig glänzend; *(peinture)* seidenmatt
satire [satiʀ] *f* Satire *f*
satisfaction [satisfaksjɔ̃] *f* ❶ *(raison d'être satisfait)* Befriedigung *f* ❷ *sans pl (joie)* Zufriedenheit *f*
satisfaire [satisfɛʀ] <irr> *vt (faim, soif)* stillen; **~ qn** jdn befriedigen
satisfait(e) [satisfɛ] *adj* **~ [de qn/qc]** [mit jdm/etw] zufrieden
saturer [satyʀe] <1> *vt* ❶ *(surcharger)* verstopfen; **être saturé** *(marché)* gesättigt sein ❷ *(plus que rassasier)* **être saturé de publicité** mit Werbung

S

übersättigt sein
Saturne [satyʀn] *f* Saturn *m*
sauce [sos] *f* Soße *f;* ~ **vinaigrette** Vinaigrette *f*
saucée [sose] *f fam* Guss *m*
saucer [sose] <2> *vt* ❶ *(essuyer)* austunken ❷ *fam (tremper)* **être saucé/se faire** ~ klatschnass sein/werden
sauciflard [sosiflaʀ] *m fam luftgetrocknete Salami*
saucisse [sosis] *f* GASTR Würstchen *nt*
saucisson [sosisɔ̃] *m luftgetrocknete Salami;* ~ **sec** Hartwurst *f*
sauf [sof] *prép* ❶ *(à l'exception de)* bis auf *(+akk);* ~ **quand/si** außer wenn; ~ **que...** abgesehen davon, dass... ❷ *(à moins de)* abgesehen von
saugrenu(e) [sogʀəny] *adj* albern; *(idée)* hirnrissig *(fam)*
saumon [somɔ̃] **I.** *m* Lachs *m* **II.** *adj inv* lachsfarben
saumoné(e) [somɔne] *adj* **truite** ~**e** Lachsforelle *f*
saumure [somyʀ] *f* Salzlake *f*
sauna [sona] *m* Sauna *f*
saupoudrer [sopudʀe] <1> *vt* GASTR ~ **de sucre** mit Zucker bestreuen; ~ **de farine** mit Mehl bestäuben
saurai [sɔʀɛ] *fut de* **savoir**
saut [so] *m a.* INFORM Sprung *m;* ~ **périlleux** Salto *m;* ~ **en parachute** Fallschirmabsprung ▸ **faire le** ~ den Schritt wagen
saute [sot] *f* ~ **de température** plötzlicher Temperaturumschwung; ~ **d'humeur** plötzlicher Stimmungsumschwung; ~ **d'image** Flimmern *nt* des Bildes
sauté [sote] *m* ~ **de veau** Kalbsragout *nt*
sauter [sote] <1> **I.** *vi* ❶ springen; *(sautiller)* [herum]hüpfen; *(sauter vers le haut)* hochspringen ❷ *(jaillir: bouchon)* knallen; *(bouton, chaîne)* abspringen ❸ *(exploser)* in die Luft fliegen *(fam); (bombe)* hochgehen *(fam)* ❹ GASTR **faire** ~ **qc** etw braten **II.** *vt* ❶ *(franchir)* ~ **qc** über etw springen *(akk)* ❷ *(omettre)* überspringen
sauterelle [sotʀɛl] *f* Heuschrecke *f*
sauteur, -euse [sotœʀ] *m, f* SPORT Springer(in) *m(f)*
sauteuse [sotøz] *f* GASTR Bratpfanne *f*
sautiller [sotije] <1> *vi* hüpfen
sauvage [sovaʒ] **I.** *adj* ❶ wild ❷ *(lieu, pays)* unberührt **II.** *mf* ❶ *(indigène)* Wilde(r) *f(m)* ❷ *(brute)* Rohling *m*
sauvagement [sovaʒmɑ̃] *adv* auf bestialische Weise
sauvageon(ne) [sovaʒɔ̃, ɔn] *m(f)* jugendlicher Randalierer *m*/jugendliche Randaliererin *f*
sauvegarde [sovgaʀd] *f* ❶ *(protection)* Schutz *m* ❷ INFORM Sicherheitskopie *f*
sauvegarder [sovgaʀde] <1> *vt* ❶ *(indépendance, liberté)* sich *(dat)* bewahren; *(droits)* wahren ❷ INFORM sichern
sauver [sove] <1> **I.** *vt* ❶ *(porter secours)* ~ **qn/qc de qc** jdn/etw vor etw *(dat)* retten; ~ **la vie à qn** jdm das Leben retten ❷ INFORM *(fichiers)* sichern **II.** *vi* retten ▸ **sauve qui peut!** rette sich wer kann! **III.** *vpr* **se** ~ *(s'enfuir)* flüchten
sauvetage [sov(ə)taʒ] *m* Rettung *f; (de naufragés)* Bergung *f*
sauveteur, -euse [sov(ə)tœʀ] *m, f* Retter(in) *m(f)*
sauvette [sovɛt] *f* **à la** ~ *fam* auf die Schnelle
sauveur, sauveuse [sovœʀ] *m, f* Retter(in) *m(f)*
savant(e) [savɑ̃] **I.** *adj* ❶ *(érudit)* gelehrt ❷ *péj* kompliziert **II.** *m(f)* ❶ *(lettré)* Gelehrte(r) *f(m)* ❷ *(scientifique)* Wissenschaftler(in) *m(f)*
savate [savat] *f* Hauslatschen *m (fam); (chaussure)* **en** ~**s** *fam* in Pantoffeln
saveur [savœʀ] *f* Geschmack *m*
Savoie [savwa] *f* **la** ~ Savoyen *nt*
savoir [savwaʀ] <irr> **I.** *vt* ❶ wissen ❷ *(leçon, rôle)* können; *(détails)* kennen ❸ *(être capable de)* ~ **dire non** nein sagen können ❹ BELG *(pouvoir)* **ne pas** ~ **venir à l'heure** nicht pünktlich sein können ▸ ~ **y faire** *fam* wissen, wie man's macht; **ne rien vou-**

S

loir ~ davon nichts wissen wollen; **n'en rien** ~ keine Ahnung haben **II.** *vi* wissen ▸ **pas que je sache** nicht dass ich wüsste **III.** *vpr* ❶ *(être connu)* **se** ~ bekannt sein ❷ *(avoir conscience)* **se ~ malade** wissen, dass man krank ist **IV.** *m* Wissen *nt*

savoir-faire [savwaʀfɛʀ] *m inv* Know-how *nt* **savoir-vivre** [savwaʀvivʀ] *m inv* Benehmen *nt*

savon [savɔ̃] *m* ❶ *(savonnette)* Seife *f* ❷ *fam (réprimande)* Rüffel *m*

savonner [savɔne] <1> *vpr* **se** ~ sich einseifen

savonnette [savɔnɛt] *f* Toilettenseife *f*

savourer [savuʀe] <1> **I.** *vt (mets, boisson)* genießen; *(triomphe, vengeance)* auskosten **II.** *vi* genießen

savoureux, -euse [savuʀø] *adj* köstlich

saxe [saks] *m* Meiß[e]ner Porzellan *nt*

Saxe [saks] *f* **la** ~ Sachsen *nt*

Saxe-Anhalt [saksanalt] *f* Sachsen-Anhalt *nt*

saxo [sakso] **I.** *m* Saxophon *nt* **II.** *mf* Saxophonist(in) *m(f)*

saxon [saksɔ̃] *m* Sächsisch *nt; v.a.* **allemand**

saxon(ne) [saksɔ̃] *adj* sächsisch; *v.a.* **allemand**

Saxon(ne) [saksɔ̃] *m(f)* Sachse, Sächsin *m, f*

saxophone [saksɔfɔn] *m* Saxophon *nt*

saxophoniste [saksɔfɔnist] *mf* Saxophonist(in) *m(f)*

S

saynète [sɛnɛt] *f* Sketch *m*

scabreux, -euse [skabʀø] *adj (histoire)* schlüpfrig; *(allusion)* anzüglich

scalp [skalp] *m* Skalp *m*

scampi [skɑ̃pi] *mpl* Scampi *Pl*

scandale [skɑ̃dal] *m* ❶ *(éclat)* Skandal *m* ❷ *(indignation)* Empörung *f* ▸ **faire** ~ Staub aufwirbeln

scandaleux, -euse [skɑ̃dalø] *adj (honteux)* skandalös; *(prix, propos)* unverschämt

scandaliser [skɑ̃dalize] <1> *vt* schockieren; **être scandalisé que** + *subj* empört darüber sein, dass

scander [skɑ̃de] <1> *vt (slogans)* im Sprechchor rufen

scandinave [skɑ̃dinav] *adj* skandinavisch

Scandinave [skɑ̃dinav] *mf* Skandinavier(in) *m(f)*

Scandinavie [skɑ̃dinavi] *f* **la** ~ Skandinavien *nt*

scanner [skane] <1> *vt* scannen

scanner [skanɛʀ] *m*, **scanneur** [skanœʀ] *m* Scanner *m*

scarole [skaʀɔl] *f* Endivie *f*

scatologique [skatɔlɔʒik] *adj* skatologisch

sceau [so] <x> *m* Siegel *nt*

sceller [sele] <1> *vt* ❶ TECH *(crochet, couronne dentaire)* einzementieren; *(pierre)* einmauern ❷ *(authentifier par un sceau)* siegeln ❸ *(fermer hermétiquement)* versiegeln

scellés [sele] *mpl* Amtssiegel *Pl*

scénario [senaʀjo] <s> *m* CINE Drehbuch *nt*

scénariste [senaʀist] *mf* Drehbuchautor(in) *m(f)*

scène [sɛn] *f* ❶ *a.* THEAT Szene *f*; ~ **de ménage** Ehekrach *m* ❷ THEAT *(estrade)* Bühne *f*

scénique [senik] *adj (gestuelle, traitement)* szenisch; **les indications ~s** die Bühnenanweisungen

sceptique [sɛptik] **I.** *adj* skeptisch **II.** *mf* Skeptiker(in) *m(f)*

schah [ʃa] *m* Schah *m*

schéma [ʃema] *m* Schema *nt;* ~ **de montage** Montageplan *m*

schématique [ʃematik] *adj* schematisch

schématiquement [ʃematikmɑ̃] *adv* in groben Zügen

schématisation [ʃematizasjɔ̃] *f* Schematismus *m*

schématiser [ʃematize] <1> *vt* schematisch darstellen

schilling [ʃiliŋ] *m* Schilling *m*

schizophrène [skizɔfʀɛn] **I.** *adj* schizophren **II.** *mf* Schizophrene(r) *f(m)*

schizophrénie [skizɔfʀeni] *f* Schizophrenie *f*

Schleswig-Holstein [ʃlɛsvigɔlʃtajn] *m* **le ~** Schleswig-Holstein *nt*

Schleu(e) [ʃlø] *v.* **Chleuh**

schlinguer [ʃlɛ̃ge] <1> *vi fam* müffeln

schmolitz [ʃmɔlits] *m* CH **faire ~** Brüderschaft trinken

schnaps [ʃnaps] *m* Schnaps *m*

schuss [ʃus] *m* **descendre tout ~** *fam* Schuss fahren

scie [si] *f* Säge *f*

sciemment [sjamɑ̃] *adv* absichtlich

science [sjɑ̃s] *f* ❶ Wissenschaft *f* ❷ SCOL **les ~s** die Naturwissenschaften *Pl*

science-fiction [sjɑ̃sfiksjɔ̃] *f sans pl* Sciencefiction *f*

scientifique [sjɑ̃tifik] **I.** *adj* wissenschaftlich **II.** *mf (savant)* Wissenschaftler(in) *m(f)*

scientifiquement [sjɑ̃tifikmɑ̃] *adv* wissenschaftlich; **~ parlant** wissenschaftlich gesehen

scier [sje] <1> *vt* ❶ *(couper)* sägen ❷ *fam (estomaquer)* umhauen

scinder [sɛ̃de] <1> *vt (parti)* spalten

scintiller [sɛ̃tije] <1> *vi* funkeln

scission [sisjɔ̃] *f* Spaltung *f*

sclérose [skleʀoz] *f* ❶ MED Sklerose *f* ❷ *fig (des institutions)* Verknöcherung *f*

scléroser [skleʀoze] <1> *vpr* **se ~** MED sich verhärten

scolaire [skɔlɛʀ] *adj* Schul-; *(résultats)* schulisch; **année ~** Schuljahr *nt*

scolariser [skɔlaʀize] <1> *vt* ❶ *(admettre dans une école)* einschulen; **être scolarisé** eingeschult werden eine Schule besuchen ❷ *(doter d'écoles)* **~ un pays/une région** in einem Land/in einem Gebiet Schulen einrichten

scolarité [skɔlaʀite] *f* Schulbesuch *m;* **~ obligatoire** Schulpflicht *f*

scoliose [skɔljoz] *f* Skoliose *f*

scoop [skup] *m* Knüller *m (fam)*

scooter [skutœʀ] *m* Motorroller *m;* **~ des mers** Jetski *m*

score [skɔʀ] *m* SPORT Spielergebnis *nt; (en cours de partie)* Spielstand *m*

scorpion [skɔʀpjɔ̃] *m* ZOOL Skorpion *m*

Scorpion [skɔʀpjɔ̃] *m* ASTRO Skorpion *m; v.a.* **Balance**

scotch® [skɔtʃ] *m sans pl (adhésif)* Tesafilm® *m*

scotcher [skɔtʃe] <1> **I.** *vt* kleben; *(pour fermer)* [mit Tesafilm] zukleben **II.** *vt fig fam* **être scotché devant la télé** vor dem Fernseher kleben [*o* hängen]

scout(e) [skut] **I.** *adj* Pfadfinder-; *(fraternité)* der Pfadfinder **II.** *m(f)* Pfadfinder(in) *m(f)*

scratcher [skʀatʃe] <1> *vi fam* scratchen

script [skʀipt] *m* ❶ CINE Drehbuch *nt* ❷ *(écriture)* Druckschrift *f* ❸ *(retranscription)* Skript *nt*

scrupule [skʀypyl] *m souvent pl (hésitation)* Skrupel *m*

scrupuleusement [skʀypyløzmɑ̃] *adv* peinlich genau

scruter [skʀyte] <1> *vt (horizon)* mit den Augen absuchen

scrutin [skʀytɛ̃] *m* Wahl *f;* **~ majoritaire** Mehrheitswahl *f*

sculpter [skylte] <1> **I.** *vt* formen; *(bois)* schnitzen; *(marbre, pierre)* behauen **II.** *vi* sich als Bildhauer betätigen

sculpteur, -euse [skyltœʀ] *m, f* Bildhauer(in) *m(f)*

sculpture [skyltyʀ] *f* ❶ *(statue)* Skulptur *f* ❷ *(art)* Bildhauerei *f;* **~ sur bois** Holzschnitzerei *f*

Aussprache

Das -p- wird in **sculpture** und verwandten Wörtern nicht gesprochen.

S.D.F. [ɛsdeɛf] *m, f abr de* **sans domicile fixe** Obdachlose(r) *f(m)*

SDN [ɛsdeɛn] *f abr de* **Société des Nations** Völkerbund *m*

se [sə] *<devant voyelle ou h muet s'> pron pers* ❶ sich; **il/elle ~ voit dans le miroir** er/sie sieht sich im Spiegel ❷ *(l'un l'autre)* sich; **ils/elles ~ sui-**

S

vent/font confiance sie folgen/vertrauen einander ❸ *avec les verbes pronominaux* sich; *v.a.* **me**

séance [seɑ̃s] *f* ❶ CINE Vorstellung *f* ❷ *(période, réunion)* Sitzung *f*

seau [so] <x> *m* Eimer *m*

SEBC [ɛsøbese] *m abr de* **Système européen de banques centrales** ESZB *nt*

sec [sɛk] **I.** *adv (démarrer)* ruckartig ▸ **aussi** ~ *fam* sofort **II.** *m* **être à** ~ ausgetrocknet sein; *(sans argent)* blank sein *(fam)*

sec, sèche [sɛk] *adj* ❶ trocken ❷ *(figue)* getrocknet; **légumes ~s** Hülsenfrüchte *Pl* ❸ *(bras)* dürr ❹ *(bruit, rire)* kurz und heftig; *(coup)* rasch ❺ *(ton, refus)* schroff ❻ *(whisky, gin)* pur

sèche-cheveux [sɛʃʃəvø] *m inv* Föhn *m*

sèche-linge [sɛʃlɛ̃ʒ] *m inv* Wäschetrockner *m* **sèche-mains** [sɛʃmɛ̃] *m inv* Händetrockner *m*

sèchement [sɛʃmɑ̃] *adv (démarrer)* ruckartig; *(frapper, tirer)* hart; *(refuser, répondre)* schroff

sécher [seʃe] <5> **I.** *vt* ❶ *(rendre sec)* trocknen ❷ *fam (ne pas assister à)* schwänzen **II.** *vi* ❶ trocknen ❷ *(bois)* trocken werden **III.** *vpr* **se** ~ sich abtrocknen

sécheresse [sɛʃʀɛs] *f* Trockenheit *f*

sèche-serviette [sɛʃsɛʀvjɛt] <sèche-serviettes> *m* Handtuchtrockner *m*

S

sécheuse [seʃøz] *f* CAN *(sèche-linge)* Wäschetrockner *m*

séchoir [seʃwaʀ] *m* ❶ Wäscheständer *m* ❷ *(sèche-cheveux)* Föhn *m*

second(e) [s(ə)gɔ̃] **I.** *adj* zweite(r, s) **II.** *m(f)* **le ~/la ~e** der/die/das Zweite; *v.a.* **cinquième**

Aussprache

Das -c- wird in **second(e)** und verwandten Wörtern als [g] gesprochen.

secondaire [s(ə)gɔ̃dɛʀ] **I.** *adj (action, effets)* Neben-; *(secteur)* sekundär; **rôle ~** Nebenrolle *f* **II.** *m* SCOL **le ~** die weiterführende Schule; *(au lycée)* die Gymnasialstufe

seconde [s(ə)gɔ̃d] *f* ❶ *a.* MATH, MUS Sekunde *f* ❷ *(temps très court)* Augenblick *m* ❸ SCOL ≈ zehnte Klasse *f*

seconder [s(ə)gɔ̃de] <1> *vt* ~ **qn dans qc** jdm bei einer S. zur Hand gehen

secouer [s(ə)kwe] <1> **I.** *vt* ❶ schütteln ❷ *(réveiller: personne)* wachrütteln ❸ *(ballotter: explosion, bombardement)* erschüttern ❹ *(traumatiser)* erschüttern **II.** *vpr fam* **se** ~ *(réagir)* sich aufraffen

secourir [s(ə)kuʀiʀ] <irr> *vt* ~ **qn** jdm Hilfe leisten

secourisme [s(ə)kuʀism] *m* erste Hilfe *f*

secouriste [s(ə)kuʀist] *mf* Sanitäter(in) *m(f)*

secours [s(ə)kuʀ] *m* ❶ *(sauvetage)* erste Hilfe *f*; *(organisme)* Rettungsdienst *m*; *(en montagne)* Bergwacht *f* ❷ *(aide)* Hilfe *f*; **au ~!** [zu] Hilfe!; **sortie de ~** Notausgang *m*

secousse [s(ə)kus] *f (choc)* Stoß *m*

secret [səkʀɛ] *m* ❶ Geheimnis *nt* ❷ *sans pl (confidentialité)* Verschwiegenheit *f*; ~ **médical** ärztliche Schweigepflicht *f* ▸ **en** ~ im Geheimen

secret, -ète [səkʀɛ] *adj (agent, code)* Geheim-; **service ~** Geheimdienst *m*; **garder qc ~** etw geheim halten

secrétaire [s(ə)kʀetɛʀ] **I.** *mf* Sekretär(in) *m(f)*; ~ **médical** Sprechstundenhilfe *f* **II.** *m* Sekretär *m*

secrétariat [s(ə)kʀetaʀja] *m* Sekretariat *nt*

secrètement [səkʀɛtmɑ̃] *adv (agir, informer)* heimlich

secte [sɛkt] *f* Sekte *f*

secteur [sɛktœʀ] *m* ❶ *(domaine)* Bereich *m* ❷ *(quartier)* Bezirk *m*; *(coin)* Gegend *f* ❸ ELEC Netz *nt*

section [sɛksjɔ̃] *f* ❶ ADMIN, POL Abschnitt *m* ❷ *(branche)* *a.* JUR Abteilung *f* ❸ *(groupe)* Gruppe *f* ❹ MED Durchtrennung *f*

sectionnement [sɛksjɔnmɑ̃] *m* Durchtrennung *f*

sectionner [sɛksjɔne] <1> *vt (artère, fil)* durchtrennen

sectoriel(le) [sɛktɔʀjɛl] *adj* ADMIN, POL nach Sektoren; *(revendications)* branchenbedingt

sectorisation [sɛktɔʀizasjɔ̃] *f* ADMIN, POL Aufteilung *f* [in Bezirke]; *(d'un projet, de revendications)* Aufspaltung *f*

sécu [seky] *f abr de* **Sécurité sociale** *staatliche Sozial- und Krankenversicherung*

séculaire [sekylɛʀ] *adj* jahrhundertealt

sécularisation [sekylaʀizasjɔ̃] *f* Säkularisierung *f*

secundo [səgɔ̃do] *adv* zweitens

sécuriser [sekyʀize] <1> *vt* ~ **qn** jdm ein Gefühl der Sicherheit geben; **ne pas se sentir très sécurisé** sich nicht sehr sicher fühlen

sécurité [sekyʀite] *f* ❶ Sicherheit *f;* **conseils de** ~ Sicherheitshinweise *Pl* ❷ POL, ECON ~ **de l'emploi** sicherer Arbeitsplatz *m;* ~ **civile** Zivilschutz *m;* **Sécurité sociale** *staatliche Sozial- und Krankenversicherung*

sédatif [sedatif] *m* Beruhigungsmittel *nt*

sédentaire [sedɑ̃tɛʀ] *adj* sesshaft

sédentarité [sedɑ̃taʀite] *f* Sesshaftigkeit *f*

séducteur, -trice [sedyktœʀ] *m, f* Verführer(in) *m(f)*

séduction [sedyksjɔ̃] *f (pouvoir de séduire)* verführerischer Charme *m*

séduire [sedɥiʀ] <irr> *vt* ❶ *(tenter)* verführen ❷ *(plaire à)* ~ **qn** jdn überzeugen

séduisant(e) [sedɥizɑ̃] *adj* verführerisch; *(personne)* anziehend

segmenter [sɛgmɑ̃te] <1> *vt* aufteilen

ségrégation [segʀegasjɔ̃] *f* Trennung *f*

ségrégationniste [segʀegasjɔnist] **I.** *adj* segregationistisch *(geh); (politique, problème)* der Rassentrennung; *(manifestation)* zugunsten der Rassentrennung; *(troubles)* infolge der Rassentrennung; *(idée, article, journal)* rassistisch **II.** *mf* Befürworter(in) *m(f)* der Rassentrennung

seigle [sɛgl] *m* Roggen *m*

sein [sɛ̃] *m* ANAT Brust *f*

Seine [sɛn] *f* **la** ~ die Seine

seize [sɛz] **I.** *num* sechzehn **II.** *m inv* Sechzehn *f; v.a.* **cinq**

seizième [sɛzjɛm] **I.** *adj* sechzehnte(r, s) **II.** *mf* **le/la** ~ der/die/das Sechzehnte **III.** *m (fraction)* Sechzehntel *nt; v.a.* **cinquième**

séjour [seʒuʀ] *m* ❶ Aufenthalt *m* ❷ *(salon)* Esszimmer *nt*

séjourner [seʒuʀne] <1> *vi* sich aufhalten

sel [sɛl] *m* ❶ Salz *nt* ❷ *(piquant: d'une histoire)* Witz *m*

sélectif, -ive [selɛktif] *adj* selektiv

sélection [selɛksjɔ̃] *f* ❶ *(fait de choisir)* Auswahl *f* ❷ **critères de** ~ Auswahlkriterien *Pl*

sélectionné(e) [selɛksjɔne] *m(f)* SPORT Auswahlspieler(in) *m(f)*

sélectionner [selɛksjɔne] <1> *vt* ❶ auswählen; *(joueur)* aufstellen ❷ INFORM anklicken

sélectionneur, -euse [selɛksjɔnœʀ, -øz] *m, f* Eignungsprüfer(in) *m(f);* SPORT ≈ Bundestrainer(in) *m(f) (der/die die Mannschaftsaufstellung vornimmt)*

self [sɛlf] *m fam* Selbstbedienungsrestaurant *nt*

self-service [sɛlfsɛʀvis] <self-services> *m* Selbstbedienung *f*

selle [sɛl] *f* ❶ *(siège)* Sattel *m* ❷ GASTR Rücken *m* ❸ *(matières fécales)* **~s** Stuhl[gang *m*] *m*

sellerie [sɛlʀi] *f* ❶ Sattelzeug *nt* ❷ *(local)* Sattelraum *m* ❸ *(profession)* Sattlerei *f*

sellette [sɛlɛt] *f* **mettre qn sur la** ~ jdn auf die Anklagebank bringen

selon [s(ə)lɔ̃] *prép* ❶ *(conformément à)* gemäß *(dat)* ❷ *(en fonction de)* je nach ❸ *(d'après)* ~ **qc** etw *(dat)* zufolge

semaine [s(ə)mɛn] *f* ❶ Woche *f;* **en** ~

unter der Woche ❷ REL ~ **sainte** Karwoche *f*

sémantique [semɑ̃tik] **I.** *adj* semantisch *nt* **II.** *f* Semantik *f*

semblable [sɑ̃blabl] *adj* ❶ *(pareil)* solche(r, s); *(objets, personnes)* gleich; **rien de ~** nichts Derartiges ❷ *(ressemblant)* ähnlich

semblant [sɑ̃blɑ̃] *m* **un ~ de vérité** ein Hauch von Wahrheit ▸ **faire juste ~** nur so tun [als ob]

sembler [sɑ̃ble] <1> **I.** *vi* **~ préoccupé** besorgt zu sein scheinen **II.** *vi impers* ❶ *(paraître)* **il semble que** + *indic o subj* es sieht ganz so aus, als ❷ *(paraître)* **il me semble, à ce qu'il me semble** [wie] mir scheint

semelle [s(ə)mɛl] *f* Sohle *f*; *(intérieure)* Einlage *f* ▸ **être de la [vraie] ~** *(bifteck, escalope)* zäh wie Leder sein

semer [s(ə)me] <4> **I.** *vi* säen **II.** *vt* ❶ *(graines)* [aus]säen ❷ *(terreur, panique)* verbreiten ❸ *(truffer)* **être semé de difficultés** voller Schwierigkeiten sein

semestre [s(ə)mɛstʀ] *m* Halbjahr *nt*; UNIV Semester *nt*; **par ~** halbjährlich

semestriel(le) [s(ə)mɛstʀijɛl] *adj* *(assemblée)* halbjährlich; *(revue)* halbjährlich erscheinend

séminaire [seminɛʀ] *m* Seminar *nt*

sémite [semit] *adj* semitisch

semoule [s(ə)mul] **I.** *f* Grieß *m* **II.** *app* **sucre ~** Streuzucker *m*

sempiternel(le) [sɑ̃pitɛʀnɛl] *adj antéposé* ewig; *(chapeau, costume)* unvermeidlich

sénat [sena] *m* Senat *m*

sénateur, -trice [senatœʀ] *m, f* Senator(in) *m(f)*

sénatoriales [senatɔʀjal] *fpl* Senatswahlen *Pl*

Sénégal [senegal] *m* **le ~** der Senegal

sénégalais(e) [senegalɛ] *adj* senegalesisch; *v.a.* **allemand**

Sénégalais(e) [senegalɛ, ɛz] *m(f)* Senegalese *m*/Senegalesin *f*

sénile [senil] *adj* altersschwach

senior [senjɔʀ] **I.** *adj (équipe)* Senioren- **II.** *mf* ❶ *(sportif plus âgé)* Senior(in) *m(f)* ❷ *(vieillard)* **les ~s** die älteren Herrschaften

sens[1] [sɑ̃s] *m (signification)* Sinn *m*; **au ~ large/figuré** im weiteren/übertragenen Sinn

sens[2] [sɑ̃s] *m* ❶ *(direction)* Richtung *f*; **dans le ~ contraire** andersherum; **dans le ~ des aiguilles d'une montre** im Uhrzeigersinn; **en ~ inverse** umgekehrt ❷ *(idée)* Sinn *m*; **aller dans le même ~** dasselbe Ziel verfolgen ❸ AUT **~ giratoire** Kreisverkehr *m*; **~ interdit** Einbahnstraße *f*; *(panneau)* Durchfahrtsverbot *nt* ▸ **en ce ~ que...** insofern als...; **en un [certain] ~** in gewissem Sinn

sens[3] [sɑ̃s] *m* ❶ ANAT Sinn *m* ❷ *(aptitude)* **~ pratique** Sinn für das Praktische ❸ *(sagesse, raison)* **bon ~, ~ commun** gesunder Menschenverstand *m* ▸ **à mon ~** meines Erachtens

> **Aussprache**
>
> Gleich welche Bedeutung das Wort **sens** hat, das -s am Ende wird immer stimmlos gesprochen.

sensation [sɑ̃sasjɔ̃] *f* Empfindung *f* ▸ **~s fortes** Nervenkitzel *m*

sensationnel(le) [sɑ̃sasjɔnɛl] *adj* ❶ *(extraordinaire)* sensationell ❷ *fam (super)* sagenhaft

sensé(e) [sɑ̃se] *adj* vernünftig

sensibilisation [sɑ̃sibilizasjɔ̃] *f* **~ à qc** Sensibilisierung *f* für etw

sensibiliser [sɑ̃sibilize] <1> *vt* **~ qn à qc** jdn für etw sensibilisieren

sensibilité [sɑ̃sibilite] *f* Sensibilität *f*

sensible [sɑ̃sibl] *adj* ❶ *(émotif)* sensibel ❷ *(fragile)* empfindlich ❸ *(perceptible)* spürbar; *(goût, odeur)* deutlich

sensiblement [sɑ̃sibləmɑ̃] *adv* deutlich

sensoriel(le) [sɑ̃sɔʀjɛl] *adj (vie, organe, nerf)* Sinnes-; *(éducation)* der Sinne;

(information) sensorisch
sensualité [sɑ̃sɥalite] *f* Sinnlichkeit *f*
sensuel(le) [sɑ̃sɥɛl] *adj* sinnlich
sentence [sɑ̃tɑ̃s] *f* JUR Urteil *nt*
sentencieux, -euse [sɑ̃tɑ̃sjø, -jøz] *adj* *(langage, style, ton)* sentenziös *(geh)*; *(personne)* schulmeisterlich
sentier [sɑ̃tje] *m* [Fuß]weg *m*
sentiment [sɑ̃timɑ̃] *m* ❶ Gefühl *nt* ❷ *pl (formule de politesse)* **veuillez agréer l'assurance de mes ~s distingués** mit freundlichen Grüßen
sentimental(e) [sɑ̃timɑ̃tal] <-aux> **I.** *adj* ❶ *(nature, personne)* gefühlsbetont ❷ *(vie)* Liebes-; **problème ~** Liebesproblem *nt* ❸ *(réaction, valeur)* gefühlsmäßig **II.** *m(f)* Gefühlsmensch *m*
sentimentalisme [sɑ̃timɑ̃talism] *m* Gefühlsduselei *f*
sentir [sɑ̃tiʀ] <10> **I.** *vt* ❶ *(humer)* riechen ❷ *(avoir une odeur)* **~ la fumée** nach Rauch riechen ❸ *(ressentir, pressentir)* spüren ❹ *(rendre sensible)* **faire ~ à qn que...** jdn merken lassen, dass... ▸ **ne pas pouvoir ~ qn** jdn nicht ausstehen können **II.** *vi* ❶ *(avoir une odeur)* riechen ❷ *(puer)* stinken **III.** *vpr* ❶ *(se trouver)* **se ~ fatigué** sich müde fühlen ❷ *(être perceptible)* **se faire ~** *(conséquences)* seine Wirkung zeigen
séparation [sepaʀasjɔ̃] *f* ❶ Trennung *f* ❷ *(cloison)* [**mur de**] **~** Trennwand *f*
séparé(e) [sepaʀe] *adj* getrennt
séparément [sepaʀemɑ̃] *adv* *(examiner)* einzeln; *(vivre)* getrennt
séparer [sepaʀe] <1> **I.** *vt* ❶ trennen ❷ *(problèmes)* auseinanderhalten **II.** *vpr* **se ~** ❶ sich trennen ❷ *(route)* abzweigen
sept [sɛt] **I.** *num* sieben **II.** *m inv* Sieben *f*; *v.a.* **cinq**

Aussprache

Das -p- wird in **sept** nicht gesprochen.

septante [sɛptɑ̃t] *num* BELG, CH *(soixante-dix)* siebzig; *v.a.* **cinq** *v.a.* **cinquante**
septantième [sɛ̃ptɑ̃tjɛm] *adj* BELG, CH *(soixante-dixième)* siebzigste(r, s); *v.a.* **cinquième**
septembre [sɛptɑ̃bʀ] *m* September *m*; *v.a.* **août**
septennat [sɛptena] *m* siebenjährige Amtszeit *f*
septième [sɛtjɛm] **I.** *adj* sieb[en]te(r, s) **II.** *mf* **le/la ~** der/die/das Sieb[en]te **III.** *m (fraction)* Sieb[en]tel *nt*; *v.a.* **cinquième**
septièmement [sɛtjɛmmɑ̃] *adv* sieb[en]tens
septuagénaire [sɛptɥaʒenɛʀ] **I.** *adj* siebzigjährig **II.** *mf* Siebzigjährige(r) *f(m)*, Siebziger(in) *m(f)* *(fam)*
séquelle [sekɛl] *f* Folge[erscheinung *f*] *f*
séquence [sekɑ̃s] *f* CINE, TV, LING Sequenz *f*; INFORM Folge *f*
séquentiel(le) [sekɑ̃sjɛl] *adj* INFORM fortlaufend
séquestration [sekɛstʀasjɔ̃] *f (de biens)* Beschlagnahmung *f*; **~ de personne** Freiheitsberaubung *f*; **~ d'enfant** Kindesraub *m*
séquestrer [sekɛstʀe] <1> *vt (personne)* einsperren
sera [səʀa], **serai** [səʀɛ] *fut de* **être**
serbe [sɛʀb] **I.** *adj* serbisch; *v.a.* **allemand II.** *m* Serbisch *nt*; *v.a.* **allemand**
Serbe [sɛʀb] *mf* Serbe, Serbin *m, f*
Serbie [sɛʀbi] *f* **la ~** Serbien *nt*
serbo-croate [sɛʀbokʀɔat] <serbo-croates> **I.** *adj* serbokroatisch; *v.a.* **allemand II.** *m* Serbokroatisch *nt*; *v.a.* **allemand**
serein(e) [səʀɛ̃] *adj* heiter
sereinement [səʀɛnmɑ̃] *adv* mit Ruhe
sérénité [seʀenite] *f* Heiterkeit *f*; **en toute ~** mit aller Ruhe
serez [səʀe] *fut de* **être**
série [seʀi] *f a.* CINE, TV Serie; *(de casseroles)* Satz *m* ▸ **en ~** serienweise
sérieusement [seʀjøzmɑ̃] *adv* ❶ *(croire, penser)* im Ernst ❷ *(agir,*

S

travailler) ernsthaft ❸ *(gravement)* ernstlich

sérieux [seʀjø] *m* ❶ Ernst *m;* **garder son ~** ernst bleiben ❷ *(conscience: d'une personne)* Gewissenhaftigkeit *f* ▶ **prendre au ~** ernst nehmen

sérieux, -euse [seʀjø] *adj* ❶ ernst ❷ *(digne de confiance)* seriös; *(employé)* zuverlässig; *(promesse)* ernst gemeint ❸ *(problème)* ernst zu nehmend ❹ *(fort: différence, somme)* gewaltig; *(raison)* gewichtig ❺ *(sage)* anständig

seriner [s(ə)ʀine] <1> *vt fam (rabâcher: publicité)* anpreisen; **~ qc à un enfant** einem Kind etw wieder und wieder sagen

seringue [s(ə)ʀɛ̃g] *f* Spritze *f*

serment [sɛʀmɑ̃] *m* Schwur *m;* **prêter ~** einen Eid ablegen

séropo [seʀopo] *mf fam v.* **séropositif**

séropositif, -ive [seʀopozitif] *adj (en parlant du sida)* HIV-positiv

serpent [sɛʀpɑ̃] *m* Schlange *f*

serpentin [sɛʀpɑ̃tɛ̃] *m* Luftschlange *f*

serpillière [sɛʀpijɛʀ] *f* Scheuertuch *nt*

serpolet [sɛʀpɔlɛ] *m* Feldthymian *m*

serre [sɛʀ] *f* AGR Gewächshaus *nt; (chauffée)* Treibhaus *nt*

serré [seʀe] *adv* **jouer ~** vorsichtig spielen

serré(e) [seʀe] *adj* ❶ *(café, alcool)* stark ❷ *(forêt, foule)* dicht; **en rangs ~s** in dichten Reihen ❸ *(débat, discussion)* heiß; *(combat)* hart

serrer [seʀe] <1> **I.** *vt* ❶ *(tenir en exerçant une pression)* umklammern; **~ la main de qn** jdm die Hand schütteln ❷ *(dents, mâchoires)* zusammenbeißen ❸ *(ceinture)* enger schnallen; *(nœud)* fest ziehen ❹ *(se tenir près de)* **~ qn/qc contre un mur** jdn/etw gegen eine Mauer drängen ❺ *(budget)* kürzen **II.** *vi* **~ à droite/à gauche** sich rechts/links halten **III.** *vpr* **se ~** *(se rapprocher: personnes)* enger zusammenrücken

serrure [seʀyʀ] *f* Schloss *nt*

serrurier, -ière [seʀyʀje] *m, f* Schlosser(in) *m(f)*

serveur [sɛʀvœʀ] *m* Server *m;* **~ de courrier** Mail Server

serveur, -euse [sɛʀvœʀ] *m, f (employé)* Bedienung *f*

serviable [sɛʀvjabl] *adj* hilfsbereit

service [sɛʀvis] *m* ❶ *(au restaurant, bar)* Bedienung *f; (à l'hôtel, dans un magasin)* Service *m* ❷ *(organisme officiel)* **~ administratif** *(d'État)* Behörde *f* (CH); **~ d'ordre** Ordnungsdienst *m;* **le ~ public** der öffentliche Dienst; **les ~s sociaux** die sozialen Einrichtungen ❸ *(département) a.* MED Abteilung *f;* **~ après-vente/[de] dépannage** Kunden-/Reparaturdienst *m* ❹ *(militaire, civil)* -dienst *m* ❺ **être de ~** Dienst haben ❻ *(faveur)* Gefallen *m;* **rendre ~ à qn** jdm behilflich sein ❼ *(assortiment pour la table)* Service *nt* ❽ SPORT *(au tennis)* Aufschlag *m; (au volley-ball)* Aufgabe *f* ❾ REL **~ [religieux]** Gottesdienst *m* ▶ **à ton/votre ~!** gern geschehen!; **hors ~** außer Betrieb

serviette [sɛʀvjɛt] *f* ❶ *(pour la toilette)* Handtuch *nt;* **~ hygiénique** [Damen]binde *f* ❷ *(serviette de table)* Serviette *f* ❸ *(attaché-case)* Aktentasche *f*

servir [sɛʀviʀ] <irr> **I.** *vt* ❶ *(boisson, repas)* servieren ❷ *(client)* bedienen; **on vous sert, Madame/Monsieur?** werden Sie schon bedient? **II.** *vi* ❶ *(être utile: voiture, outil)* von Nutzen sein; **~ à qn à la réparation** jdm zur Reparatur dienen ❷ *(tenir lieu de)* **~ de guide à qn** für jdn den Fremdenführer machen ❸ SPORT *(au tennis)* aufschlagen **III.** *vpr* ❶ *(utiliser)* **se ~ de qn** jdn benutzen ❷ *(prendre soi-même qc)* **se ~** sich bedienen ❸ *(être servi)* **ce vin se sert frais** dieser Wein wird kühl serviert

serviteur [sɛʀvitœʀ] *m (domestique)* Diener *m*

ses [se] *dét poss v.* **sa, son**

sésame [sezam] *m* ❶ BOT Sesam *m*

❷ *(passe-partout)* Zauberformel *f* ▸ **Sésame, ouvre-toi** Sesam, öffne dich

session [sesjɔ̃] *f* ❶ Sitzung *f;* **~ d'examens** Prüfungsphase *f* ❷ INFORM **ouvrir/clore une ~** sich ein-/ausloggen

set [sɛt] *m* ❶ SPORT Satz *m* ❷ *(service de table, nécessaire)* Set *nt*

seuil [sœj] *m* ❶ *(pas de la porte)* [Tür]schwelle *f* ❷ *(limite)* Grenze *f*

seul(e) [sœl] **I.** *adj* ❶ *(sans compagnie)* allein; **~ à ~** unter vier Augen; **parler tout ~** Selbstgespräche führen ❷ *(unique)* einzig ❸ *(uniquement)* nur **II.** *m(f)* **le/la ~[e]** der/die Einzige

seulement [sœlmɑ̃] *adv* ❶ *(pas davantage)* nur ❷ *(opp: déjà)* erst ▸ **non ~..., mais [encore] ...** nicht nur..., sondern auch [noch]; **si ~** wenn nur

seum [sœm] *m* ▸ **avoir le ~** *arg* eine Riesenwut [im Bauch] haben *(fam)*

sève [sɛv] *f* BOT Saft *m*

sévère [sevɛʀ] *adj* ❶ *(rigoureux)* streng; *(critique, jugement)* hart ❷ *(pertes)* schwer; *(échec)* schlimm

sévèrement [sevɛʀmɑ̃] *adv* ❶ *(critiquer)* scharf; *(éduquer, punir)* streng; **juger ~ qn/qc** mit jdm/etw hart ins Gericht gehen; **être ~ battu** eine schwere Niederlage hinnehmen müssen ❷ *(gravement)* schwer

sévérité [severite] *f* Strenge *f;* *(d'une critique)* Härte *f*

sévices [sevis] *mpl* Misshandlung *f;* **exercer des ~ sur qn** jdn misshandeln

sèvres [sɛvʀ] *m* Sèvresporzellan *nt;* *(objet)* Gegenstand *m* aus Sèvresporzellan

sexagénaire [sɛksaʒenɛʀ] **I.** *adj* **un homme/une femme ~** ein Mann/eine Frau in den Sechzigern; **être ~** über sechzig Jahre alt sein **II.** *mf* Sechzigjährige(r) *f(m)*

sexe [sɛks] *m* ❶ *(catégorie)* Geschlecht *nt* ❷ *fam (sexualité)* Sex *m* ❸ *(organe)* Geschlechtsorgan *nt*

sexualité [sɛksɥalite] *f a.* BIO Sexualität *f*

sexué(e) [sɛksɥe] *adj (être, reproduction)* geschlechtlich; **animaux ~s** getrenntgeschlechtige Tiere; **être ~s** geschlechtliche Wesen sein

sexuel(le) [sɛksɥɛl] *adj* ❶ *(relatif à la sexualité)* sexuell; **éducation ~le** Sexualaufklärung *f;* **tourisme ~** Sextourismus *m (fam)* ❷ *(relatif au sexe)* Geschlechts-; **hormone ~le** Geschlechtshormon *nt*

sexuellement [sɛksɥɛlmɑ̃] *adv* sexuell

sexy [sɛksi] *adj inv fam* sexy

shah [ʃa] *m* Schah *m*

shaker [ʃɛkœʀ] *m* Shaker *m*

shampooing, shampoing [ʃɑ̃pwɛ̃] *m* Shampoo *nt*

> **Aussprache**
>
> Die Endung -g in **shampo(o)ing** wird nicht gesprochen.

shérif [ʃeʀif] *m* Sheriff *m*

sherry [ʃeʀi] *m* Sherry *m*

shooter [ʃute] <1> **I.** *vi* SPORT schießen **II.** *vpr fam* **se ~ à qc** *(se droguer)* etw fixen

short [ʃɔʀt] *m* Shorts *Pl*

shorty [ʃɔʀti] <s o shorties> *m* Boxershorts *Pl (für Frauen)*

si[1] [si] <*devant voyelle ou h muet* s'> **I.** *conj* ❶ *(condition, hypothèse)* wenn; **si j'étais riche, ...** wenn ich reich wäre... ❷ *(opposition)* auch wenn..., so... [doch]; **si toi tu es mécontent, moi, je ne le suis pas!** auch wenn du unzufrieden bist, ich bin es nicht! ❸ *(désir, regret)* wenn... nur ▸ **si ce n'est...** wenn nicht [sogar]...; **si ce n'est qn/qc** außer jdm/etw; **si c'est ça** *fam* ja dann **II.** *m inv (hypothèse)* Wenn *nt*

> **si**
>
> In Bedingungssätzen steht im Französischen nach **si** im Nebensatz nie

S

der Konditional:
S'ils avaient su, ils seraient partis. – *Wenn sie das gewusst hätten, wären sie gegangen.*

si[2] [si] *adv* ❶ *(dénégation)* doch ❷ *(tellement)* so ❸ *(aussi)* **si... que** so... wie ▶ **si bien que** so..., dass; [**oh**] **que si!** [o] doch!
si[3] [si] *adv (interrogation indirecte)* ob
si[4] [si] *m inv* MUS H *nt*, h *nt*
siamois [sjamwa] *m (chat)* Siamkatze *f*
siamois, siamoises [sjamwa, sjamwaz] *m, f pl (jumeaux)* siamesische Zwillinge *Pl*
Sibérie [sibeʀi] *f* **la** ~ Sibirien *nt*
sibérien(ne) [sibeʀjɛ̃] *adj* sibirisch
Sibérien(ne) [sibeʀjɛ̃, jɛn] *m(f)* Sibirer(in) *m(f)*, Sibirier(in) *m(f)*
sic [sik] *adv* sic
SICAV [sikav] *f abr de* **Société d'Investissement à Capital Variable** *(société)* Investmentfondsgesellschaft *f*; *(titre)* Investmentfondsanteil *m*
Sicile [sisil] *f* **la** ~ Sizilien *nt*
sicilien [sisiljɛ̃] *m* Sizilianisch *nt*; *v.a.* **allemand**
sicilien(ne) [sisiljɛ̃] *adj* sizilianisch
Sicilien(ne) [sisiljɛ̃, jɛn] *m(f)* Sizilianer(in) *m(f)*
sida [sida] *m* **le** ~ Aids *nt*
side-car [sidkaʀ] <side-cars> *m (motocyclette plus side-car)* Motorrad *nt* mit Beiwagen
sidérant(e) [sideʀɑ̃, ɑ̃t] *adj* verblüffend
sidérer [sideʀe] <5> *vt fam* verblüffen
sidérurgie [sideʀyʀʒi] *f* Eisen- und Stahlindustrie *f*
sidérurgique [sideʀyʀʒik] *adj* **usine** ~ Stahlwerk *nt*
sidérurgiste [sideʀyʀʒist] *mf* Hüttenarbeiter(in) *m(f)*
sidologie [sidɔlɔʒi] *f* MED ❶ *(recherche, science)* Aidsforschung *f* ❷ *(soins)* Aidstherapie *f*
sidologue [sidɔlɔg] *mf* Aids-Spezialist(in) *m(f)*
siècle [sjɛkl] *m* ❶ *(période de cent ans)* Jahrhundert *nt* ❷ *(période remarquable)* **le Siècle des Lumières** das Zeitalter der Aufklärung ▶ **du** ~ *fam* Jahrhundert-; **le match du** ~ das Jahrhundertspiel
siège [sjɛʒ] *m* ❶ *a.* POL Sitz *m*; ~ **pour enfant** AUT Kindersitz ❷ *(action d'assiéger)* Belagerung *f*
siéger [sjeʒe] <2a, 5> *vi* ❶ *(députés, procureur)* sitzen ❷ *(tenir séance)* tagen
sien(ne) [sjɛ̃] *pron poss* ❶ **le ~/la ~ne** der/die/das Seine/Ihre; **les ~s** die Seinen/Ihren; *v.a.* **mien** ❷ *pl (ceux de sa famille)* **les ~s** seine/ihre Angehörigen ▶ **faire des ~nes** *fam (personne)* Unfug machen
sieste [sjɛst] *f* Mittagsschlaf *m*
sifflement [sifləmɑ̃] *m* Pfeifen *nt*
siffler [sifle] <1> **I.** *vi* pfeifen; *(gaz, serpent)* zischen; ~ **aux oreilles de qn** an jds Ohr *(dat)* vorbeipfeifen **II.** *vt* ❶ pfeifen ❷ *(copain, chien)* pfeifen nach *(dat)* ❸ *(huer)* auspfeifen
sifflet [siflɛ] *m (instrument)* Pfeife *f*; **coup de** ~ Pfiff *m*
siffloter [siflɔte] <1> *vt, vi* [vor sich hin] pfeifen
sigle [sigl] *m* Abkürzung *f*
signal [siɲal] <-aux> *m* ❶ Signal *nt*; *(signe convenu)* Zeichen *nt*; CHEMDFER Notbremse *f* ❷ INFORM Signal *nt*; ~ **de sollicitation** Eingabeaufforderung *f*
signalement [siɲalmɑ̃] *m* Beschreibung *f*
signaler [siɲale] <1> *vt* ❶ *(fait nouveau, perte, vol)* melden ❷ *(marquer par un signal: direction)* weisen ▶ **rien à** ~ keine besonderen Vorkommnisse; MED ohne Befund
signalisation [siɲalizasjɔ̃] *f (par lumière: d'un aéroport, port)* Befeuerung *f*; *(par panneaux: d'une route)* Beschilderung *f*; **feu de** ~ Ampel *f*
signataire [siɲatɛʀ] **I.** *adj* **État** ~ Signatarstaat *m*; **pays** ~ Signatarland *nt*

II. *mf* Unterzeichner(in) *m(f)*

signature [siɲatyʀ] *f (d'une personne)* Unterschrift *f*

signe [siɲ] *m* ❶ *(geste, symbole)* Zeichen *nt;* ~ **de la main** [Hand]zeichen *nt;* ~ **de bienvenue** Willkommensgeste *f;* **faire ~ à qn** *(pour signaler qc)* jdm zuwinken; *(pour contacter qn)* sich bei jdm melden; **faire ~ que oui/non** *(de la tête)* zustimmend nicken/den Kopf schütteln; **faire le ~ de la croix** sich bekreuzigen ❷ *(indice)* Anzeichen *nt;* MED Symptom *nt* ❸ *(trait distinctif)* Merkmal *nt* ❹ ASTRO Sternzeichen *nt*

signer [siɲe] <1> *vt* ❶ unterschreiben; *(tableau)* signieren ❷ *(œuvre, pièce)* verfassen; **être signé de qn** von jdm stammen

signet [siɲɛ] *m* INFORM Bookmark *f*

significatif, -ive [siɲifikatif] *adj (date, décision, fait)* bedeutsam; *(geste, silence, sourire)* vielsagend

signification [siɲifikasjɔ̃] *f (sens)* Bedeutung *f*

signifier [siɲifje] <1> *vt (avoir pour sens)* bedeuten

silence [silɑ̃s] *m* ❶ *sans pl (absence de bruit)* Stille *f;* **travailler en ~** arbeiten, ohne Lärm zu machen ❷ *(absence de paroles, d'information)* Schweigen *nt;* **garder le ~ sur qc** über etw *(akk)* Stillschweigen bewahren

silencieusement [silɑ̃sjøzmɑ̃] *adv (sans bruit)* lautlos

silencieux [silɑ̃sjø] *m* Schalldämpfer *m*

silencieux, -euse [silɑ̃sjø] *adj* ❶ still ❷ *(opp: bruyant)* leise; **rester ~** schweigen

silhouette [silwɛt] *f* ❶ *(d'une personne)* Silhouette *f* ❷ *(figure indistincte)* Umriss *m*

silice [silis] *f* Kieselerde *f*

silicium [silisjɔm] *m* Silizium *nt*

silicone [silikon] *m* Silikon *nt*

silicose [silikoz] *f* [Quarz]staublunge *f*

sillonner [sijɔne] <1> *vt (traverser)* ~ **une ville** *(personnes, touristes)* kreuz und quer durch eine Stadt gehen/fahren; ~ **le ciel** *(éclairs)* den Himmel durchzucken

similaire [similɛʀ] *adj* vergleichbar; *(goûts)* sehr ähnlich

simili [simili] *m* Imitation *f;* **en ~** unecht

similicuir [similikɥiʀ] *m* Kunstleder *nt*

similitude [similityd] *f (analogie)* Ähnlichkeit *f;* **présenter certaines ~s** gewisse Gemeinsamkeiten aufweisen

simple [sɛ̃pl] **I.** *adj* ❶ einfach; **le plus ~, c'est...** am einfachsten ist es, ... ❷ *(personne, revenus)* bescheiden ❸ *(rien d'autre que)* ~ **formalité** reine Formalität *f* ❹ *(naïf)* einfältig ▶ **c'est [bien] ~** *fam* das ist ganz einfach **II.** *m* ❶ SPORT Einzel *nt* ❷ *(personne naïve)* ~ **d'esprit** geistig Behinderte(r) *f(m)*

simplement [sɛ̃pləmɑ̃] *adv* ❶ *(s'exprimer)* einfach; *(recevoir)* ungezwungen ❷ *(seulement)* [einfach] nur

simplicité [sɛ̃plisite] *f* ❶ *(opp. complexité)* Einfachheit *f* ❷ *(naturel)* Schlichtheit *f;* **parler avec ~** sich einfach [und verständlich] ausdrücken

simplificateur, -trice [sɛ̃plifikatœʀ, -tʀis] *adj* [zu] stark vereinfachend; **avoir l'esprit très ~** dazu neigen die Dinge zu vereinfachen

simplification [sɛ̃plifikasjɔ̃] *f (action de rendre simple)* Vereinfachung *f;* ~ **du travail** Arbeitserleichterung *f*

simplifier [sɛ̃plifje] <1> **I.** *vt* vereinfachen **II.** *vpr* **se ~ la vie** sich *(dat)* das Leben erleichtern S

simplisme [sɛ̃plism] *m* übermäßige Vereinfachung; **faire preuve de ~** die Dinge simplifizieren *(geh)*

simpliste [sɛ̃plist] *adj* einseitig; **être ~** die Dinge zu einseitig sehen

simulation [simylasjɔ̃] *f* ❶ TECH Simulation *f* ❷ *(action de simuler un sentiment)* Heuchelei *f*

simuler [simyle] <1> *vt* ❶ *(feindre)* vortäuschen ❷ TECH simulieren

simultané(e) [simyltane] *adj* gleichzeitig

simultanéité [simyltaneite] *f* Gleichzeitigkeit *f*

simultanément [simyltanemɑ̃] *adv* gleichzeitig

sincère [sɛ̃sɛʀ] *adj* aufrichtig; *(aveu)* offen; *(explication, réponse)* ehrlich

sincèrement [sɛ̃sɛʀmɑ̃] *adv (regretter)* aufrichtig; *(avouer)* offen

sincérité [sɛ̃seʀite] *f (d'une personne, d'un sentiment)* Aufrichtigkeit *f;* **en toute ~** ehrlich gesagt

Singapour [sɛ̃gapuʀ] Singapur *nt*

singe [sɛ̃ʒ] *m* ① ZOOL Affe *m; v.a.* **guenon** ② *fam* **faire le ~** herumkaspern

singeries [sɛ̃ʒʀi] *fpl fam (grimaces)* Grimassen *Pl*

singulariser [sɛ̃gylaʀize] <1> *vpr* **se ~ par qc** durch etw auffallen

singularité [sɛ̃gylaʀite] *f sans pl (originalité)* Originalität *f*

singulier [sɛ̃gylje] *m* Singular *m*

singulier, -ière [sɛ̃gylje] *adj (bizarre)* sonderbar

singulièrement [sɛ̃gyljɛʀmɑ̃] *adv (étrangement)* eigenartig

sinistre [sinistʀ] **I.** *adj* ① *(lugubre)* trostlos ② *(inquiétant)* unheilvoll **II.** *m (catastrophe)* Katastrophe *f*

sinistré(e) [sinistʀe] **I.** *adj (bâtiment)* zerstört; **zone/région ~e** Katastrophengebiet *nt* **II.** *m(f)* [Katastrophen]opfer *nt*

sinistrose [sinistʀoz] *f* Pessimismus *m*

sinologue [sinɔlɔg] *mf* Sinologe *m*/Sinologin *f*

sinon [sinɔ̃] *conj* ① *(dans le cas contraire)* sonst ② *(si ce n'est)* **que faire ~ attendre?** was können wir anderes tun als warten?

sinus [sinys] *m* ANAT [Nasen]nebenhöhle *f*

sinusite [sinyzit] *f* Nebenhöhlenentzündung *f*

siphonné(e) [sifɔne] *adj fam* **être ~** spinnen

siphonner [sifɔne] <1> *vt (transvaser le contenu)* absaugen; *(vider un contenant)* leeren

sirène [siʀɛn] *f* ① *(signal)* Sirene *f* ② *(femme poisson)* Meerjungfrau *f*

sirop [siʀo] *m* ① *(solution sucrée concentrée)* Sirup *m* ② *(boisson diluée)* Saft *m (mit Wasser verdünnter Sirup)* ③ MED Sirup *m*

siroter [siʀɔte] <1> *vt fam* [langsam und mit Genuss] trinken

sismique [sismik] *adj* **secousse ~** Erdstoß *m*

site [sit] *m* ① *(paysage)* Landschaft *f;* **~ naturel** Naturschönheit *f;* **~ touristique** Sehenswürdigkeit *f* ② *(lieu d'activité)* Standort *m;* **~ de production** Produktionsstätte *f* ③ INFORM **~ Web** Website *f;* **s'offrir un ~ sur Internet** [sich] eine Website einrichten

sitôt [sito] **I.** *adv* ▶ **pas de ~** so bald nicht **II.** *conj* **~ entré,...** sobald er eingetreten war,...

situation [sitɥasjɔ̃] *f* ① Lage *f;* **~ de famille** Familienstand *m* ② *(emploi)* [An]stellung *f*

situé(e) [sitɥe] *adj* gelegen; **bien/mal ~** günstig/ungünstig gelegen

situer [sitɥe] <1> **I.** *vt* ① *(dans l'espace par la pensée, dans le temps)* **~ qc en l'an...** etw um... ansiedeln ② *fam (personne)* einordnen **II.** *vpr* ① *(dans l'espace, à un certain niveau)* liegen ② *(dans le temps)* **se ~ en l'an...** im Jahr... stattfinden

six [sis] **I.** *num* sechs **II.** *m inv* Sechs *f; v.a.* **cinq**

sixième [sizjɛm] **I.** *adj* sechste(r, s) **II.** *mf* **le/la ~** der/die/das Sechste **III.** *m (fraction)* Sechstel *nt* **IV.** *f* SCOL ≈ sechste Klasse *f; v.a.* **cinquième**

skate [skɛt] *m fam,* **skate-board** [skɛtbɔʀd] <skate-boards> *m* Skateboard *nt;* **faire du ~** Skateboard fahren

sketch [skɛtʃ] <[e]s> *m* Sketch *m*

ski [ski] *m* ① *(objet)* Ski *m* ② *(sport)* Skilaufen *nt,* Skifahren *nt;* **~ de fond** Langlauf *m;* **~ de piste** Abfahrt[slauf *m*] *f;* **faire du ~** Ski fahren; **station de ~** Wintersportort *m*

skiable [skjabl] *adj (neige)* zum Skifahren geeignet; **domaine/piste/saison** ~ Skigebiet *nt*/-piste *f*/-saison *f*
skier [skje] <1> *vi* Ski fahren
skieur, -euse [skjœʀ] *m, f* Skifahrer(in) *m(f)*
skinhead [skinɛd] *m* Skinhead *m*
slalom [slalɔm] *m* Slalom *m;* **faire du ~** *(en marchant)* im Zickzack gehen; *(en conduisant)* Slalom fahren
slalomer [slalɔme] <1> *vi* ❶ SPORT Slalom fahren ❷ *(zigzaguer: en marchant)* im Zickzack gehen; *(en conduisant, en roulant)* Slalom fahren
slalomeur, -euse [slalɔmœʀ, -øz] *m, f* Slalomfahrer(in) *m(f)*
slash [slaʃ] *m* TYP Slash *m*
slave [slav] *adj* slawisch
Slave [slav] *mf* Slawe, Slawin *m, f*
slim [slim] *m schmale, eng anliegende Jeans*
slip [slip] *m* Slip *m*
slogan [slɔgɑ̃] *m* Slogan *m; (politique)* Schlagwort *nt*
slovaque [slɔvak] **I.** *adj* slowakisch; *v.a.* **allemand II.** *m* Slowakisch *nt; v.a.* **allemand**
Slovaque [slɔvak] *mf* Slowake, Slowakin *m, f*
Slovaquie [slɔvaki] *f* **la ~** die Slowakei
slovène [slɔvɛn] **I.** *adj* slowenisch; *v.a.* **allemand II.** *m* Slowenisch *nt; v.a.* **allemand**
Slovène [slɔvɛn] *mf* Slowene, Slowenin *m, f*
Slovénie [slɔveni] *f* **la ~** Slowenien *nt*
slow [slo] *m* Slowfox *m*
smala [smala] *f hum fam* Sippe *f;* **avec toute sa ~** mit Kind und Kegel
smartphone [smaʀtfɔn] *m* Smartphone *nt*
smash [sma(t)ʃ] *m* Schmetterball *m*
smasher [sma(t)ʃe] <1> *vt, vi* schmettern
S.M.E. [ɛsɛmø] *m abr de* **Système monétaire européen** EWS *nt*
S.M.I.C. [smik] *m abr de* **salaire minimum interprofessionnel de croissance** tariflich festgelegter Mindestlohn *m*
smicard(e) [smikaʀ] *m(f) fam* Mindestlohnempfänger(in) *m(f)*
SMS [ɛsɛmɛs] *m abr de* **Short Message Service** SMS *f;* **envoyer un ~ à qn** jdm eine SMS schicken, jdm simsen
smurf [smœʀf] *m* Breakdance *m*
snack [snak] *m,* **snack-bar** [snakbaʀ] <snack-bars> *m* Schnellimbiss *m*
S.N.C.F. [ɛsɛnseɛf] *f abr de* **Société nationale des chemins de fer français** *französische Eisenbahngesellschaft*
snob [snɔb] *mf* Snob *m (pej)*
snober [snɔbe] <1> *vt (personne)* von oben herab behandeln; *(invitation)* sich *(dat)* zu gut sein für; *(repas)* verschmähen
snowboard [snobɔʀd] *m* Snowboard *m*
sobrement [sɔbʀəmɑ̃] *adv* ❶ *(boire, manger)* mäßig; *(vivre)* bescheiden ❷ *(s'habiller)* schlicht, *(s'exprimer)* einfach
sociable [sɔsjabl] *adj (aimable)* gesellig
social [sɔsjal] *m (questions sociales)* sozialer Bereich *m*
social(e) [sɔsjal] <-aux> *adj* sozial; *(vie, convention)* gesellschaftlich
social-démocratie [sɔsjaldemɔkʀasi] <social-démocraties> *f* Sozialdemokratie *f*
socialement [sɔsjalmɑ̃] *adv* sozial
socialisation [sɔsjalizasjɔ̃] *f* POL Sozialisierung *f*
socialiser [sɔsjalize] <1> *vt* POL, PSYCH sozialisieren
socialisme [sɔsjalism] *m* Sozialismus *m*
socialiste [sɔsjalist] **I.** *adj* sozialistisch **II.** *mf* Sozialist(in) *m(f)*
socialo [sɔsjalo] *mf abr de* **socialiste** *fam* Sozi *mf*
sociétaire [sɔsjetɛʀ] *mf* Mitglied *nt; (membre d'une société)* Gesellschafter(in) *m(f)*
sociétal(e) [sɔsjetal] *adj* gesellschaftlich
société [sɔsjete] *f* ❶ *a.* ECON *(communauté)* Gesellschaft *f* ❷ *(ensemble de

personnes) Gruppe *f*

socioculturel(le) [sɔsjokyltyʀɛl] *adj* soziokulturell

sociolinguistique [sɔsjolɛ̃gɥistik] **I.** *f* Soziolinguistik *f* **II.** *adj* soziolinguistisch

sociologie [sɔsjɔlɔʒi] *f* Soziologie *f*

sociologique [sɔsjɔlɔʒik] *adj* soziologisch

sociologiquement [sɔsjɔlɔʒikmɑ̃] *adv* soziologisch

sociologue [sɔsjɔlɔg] *mf* Soziologe, Soziologin *m, f*

sociopolitique [sɔsjopɔlitik] *adj* sozialpolitisch

socioprofessionnel(le) [sɔsjopʀɔfesjɔnɛl] *adj (activité)* beruflich und gesellschaftlich; **catégorie ~le** Berufsgruppe *f*

socquette [sɔkɛt] *f* Socke *f; (pour femmes, enfants)* Söckchen *nt*

soda [sɔda] *m (boisson aromatisée)* Limonade *f*, Kracherl *nt* (A) *(fam)*

sodomie [sɔdɔmi] *f* Analverkehr *m*

sodomiser [sɔdɔmize] <1> *vt* ~ **qn** mit jdm anal koitieren

sœur [sœʀ] *f* ① *(opp: frère)* Schwester *f* ② *(objet semblable)* Gegenstück *nt* ③ REL [Ordens]schwester *f*

sœurette [sœʀɛt] *f* Schwesterchen *nt*

sofa [sɔfa] *m* Sofa *nt*

SOFRES [sɔfʀɛs] *f abr de* **Société française d'enquêtes par sondages** *kommerzielles französisches Meinungsforschungsinstitut*

software [sɔftwɛʀ] *m* Software *f*

soi [swa] **I.** *pron pers avec une prép* sich *(akk o dat);* **chez ~** [bei sich *(dat)*] zu Hause ▸ **avoir qc sur ~** etw bei sich haben; **en ~** an sich **II.** *m* Selbst *nt*

soi-disant [swadizɑ̃] **I.** *adj inv* sogenannt **II.** *adv* angeblich

soie [swa] *f* ① *(tissu)* Seide *f* ② *(poils)* Borste *f*

soif [swaf] *f (besoin de boire)* Durst *m;* **avoir ~** Durst haben ▸ **mourir de ~** verdursten

soignant(e) [swaɲɑ̃, ɑ̃t] *adj* **personnel ~** Pflegepersonal *nt*

soigner [swaɲe] <1> **I.** *vt* ① *(traiter: rhume)* auskurieren; ~ **qn** *(médecin)* jdn behandeln; *(infirmier)* jdn pflegen; **se faire ~** sich behandeln lassen ② *(personne)* sich kümmern um **II.** *vpr* ① **se ~ tout seul** sich selbst kurieren ② *iron (avoir soin de soi)* **se ~** es sich *(dat)* gut gehen lassen ③ *(pouvoir être soigné)* **se ~** *(maladie)* behandelt werden können

soigneusement [swaɲøzmɑ̃] *adv (travailler)* gewissenhaft; *(ranger)* ordentlich

soigneux, -euse [swaɲø] *adj (appliqué)* sorgfältig; *(ordonné)* ordentlich; **être ~ dans son travail** gewissenhaft arbeiten

soi-même [swaɛm] *pron pers* selbst; **le respect de ~** die Selbstachtung

soin [swɛ̃] *m* ① *sans pl (application)* Sorgfalt *f;* **avec ~** sorgfältig ② *pl* MED Behandlung *f* ③ *pl (hygiène)* **~s du corps** Körperpflege *f* ④ *pl (attention)* Zuwendung *f*

soir [swaʀ] **I.** *m* Abend *m;* **le ~** abends; **un [beau] ~** eines [schönen] Abends; **l'autre ~** neulich Abend **II.** *adv* abends; **hier ~** gestern Abend; **mardi ~** [am] Dienstagabend

soirée [swaʀe] *f* ① *(fin du jour)* Abend *m;* **en ~** abends; **dans la ~** im Laufe des Abends ② *(fête)* [Abend]gesellschaft *f;* **~ dansante** Tanzabend *m;* **tenue de ~** Abendkleidung *f* ③ THEAT, CINE Abendvorstellung *f*

sois [swa] *subj prés de* **être**

soit[1] [swat] *adv (d'accord)* einverstanden; **eh bien ~!** also gut!

soit[2] [swa] *conj* ① *(alternative)* **~..., ~...** [entweder]... oder... ② *(c'est-à-dire)* das heißt

soixantaine [swasɑ̃tɛn] *f* ① *(environ soixante)* **une ~ de pages** etwa sechzig Seiten ② *(âge approximatif)* **avoir la ~** [*o* **une ~ d'années**] ungefähr sechzig [Jahre alt] sein

soixante [swasɑ̃t] **I.** *num* sechzig; **~ et**

un einundsechzig; ~ **et onze** einundsiebzig **II.** *m inv* Sechzig *f; v.a.* **cinq** *v.a.* **cinquante**

soixante-dix [swasɑ̃tdis] **I.** *num* siebzig **II.** *m inv* Siebzig *f; v.a.* **cinq** *v.a.* **cinquante** **soixante-dixième** [swasɑ̃tdizjɛm] <soixante-dixièmes> **I.** *adj* siebzigste(r, s) **II.** *mf* **le/la** ~ der/die/das Siebzigste **III.** *m (fraction)* Siebzigstel *nt; v.a.* **cinquième** **soixante-huitard(e)** [swasɑ̃tɥitaʀ] <soixante-huitards> *m(f)* Achtundsechziger(in) *m(f)*

soixantième [swasɑ̃tjɛm] **I.** *adj* sechzigste(r, s) **II.** *mf* **le/la** ~ der/die/das Sechzigste **III.** *m (fraction)* Sechzigstel *nt; v.a.* **cinquième**

soja [sɔʒa] *m* Soja[bohne *f*] *f*

sol[1] [sɔl] *m* Boden *m;* **être allongé sur le** ~ auf dem Boden liegen

sol[2] [sɔl] *m inv* MUS G *nt,* g *nt*

solaire [sɔlɛʀ] *adj* **système/crème** ~ Sonnensystem *nt*/-creme *f*

soldat [sɔlda] *m* MIL Soldat *m*

soldate [sɔldat] *f fam* Soldatin *f*

solde[1] [sɔld] *m* ❶ *pl (marchandises)* Sonderangebot[e *Pl*] *nt;* **~s d'été/d'hiver** Sommer-/Winterschlussverkauf *m* ❷ FIN *(reliquat)* Restbetrag *m*

solde[2] [sɔld] *f (d'un soldat)* Sold *m; (d'un matelot)* Heuer *f*

solder [sɔlde] <1> **I.** *vt* ❶ COM herabsetzen; ~ **tout son stock** einen Räumungsverkauf machen ❷ FIN *(dette)* begleichen **II.** *vpr* **se** ~ **par un succès** mit einem Erfolg enden

soldeur, -euse [sɔldœʀ, -øz] *m, f* Discounter(in) *m(f)*

soleil [sɔlɛj] *m* Sonne *f;* ~ **couchant/levant** Sonnenuntergang/-aufgang *m;* **il fait** ~ die Sonne scheint

solennel(le) [sɔlanɛl] *adj* ❶ *(cérémonie, obsèques, promesse)* feierlich ❷ *péj (affecté)* gekünstelt

solennellement [sɔlanɛlmɑ̃] *adv (avec éclat)* in feierlichem Rahmen

solennité [sɔlanite] *f* ❶ *(d'un événement, d'une cérémonie)* Feierlichkeit *f; (d'un lieu)* Würde; **avec** ~ in feierlichem Ton mit feierlicher Miene ❷ *péj (gravité affectée)* übertriebene Förmlichkeit ❸ *(fête)* Feierlichkeit[en *Pl*] *f*

solidaire [sɔlidɛʀ] *adj (lié)* solidarisch

solidariser [sɔlidaʀize] <1> *vpr* **se** ~ sich zusammenschließen

solidarité [sɔlidaʀite] *f* Solidarität *f*

solide [sɔlid] **I.** *adj* ❶ *(opp: liquide)* fest ❷ *(construction, outil)* stabil ❸ *(connaissances)* fundiert; *(position)* gesichert ❹ *fam (fortune, coup de poing)* ordentlich **II.** *m* ❶ MATH, PHYS [geometrischer] Körper *m* ❷ *fam (chose sûre, résistante)* **c'est du ~!** das ist was Solides!

solidement [sɔlidmɑ̃] *adv* ❶ *(fixer)* gut; *(construire)* solide ❷ *(s'établir, s'installer)* fest; *(structurer)* schlüssig

solidité [sɔlidite] *f (d'une machine)* Robustheit *f*

solitaire [sɔlitɛʀ] **I.** *adj* einsam **II.** *mf* Einzelgänger(in) *m(f); (ermite)* Einsiedler(in) *m(f)* **III.** *m* ❶ *(diamant)* Solitär *m* ❷ *(jeu)* Solitär[spiel *nt*] *m*

solitude [sɔlityd] *f (isolement)* Einsamkeit *f*

solliciter [sɔlisite] <1> *vt form (demander)* ~ **une autorisation de qn** jdn um eine Genehmigung ersuchen

solstice [sɔlstis] *m* Sonnenwende *f*

soluble [sɔlybl] *adj (substance, café)* löslich

solution [sɔlysjɔ̃] *f a.* CHIM, MED Lösung *f;* ~ **à un problème** Lösung für ein Problem

solvable [sɔlvabl] *adj (client, pays)* zahlungsfähig; *(débiteur)* kreditwürdig

somatiser [sɔmatize] <1> PSYCH **I.** *vi* somatisieren **II.** *vt (angoisse)* somatisieren, als körperliche Symptome erleiden

sombre [sɔ̃bʀ] *adj* ❶ dunkel ❷ *(avenir, tableau, roman)* düster; *(caractère, personne)* trübsinnig ❸ *fam (histoire)* finster; *(bizarre)* konfus

sombrer [sɔ̃bʀe] <1> *vi* ❶ *(faire nau-*

frage) untergehen ❷ *(se perdre: personne)* den Boden unter den Füßen verlieren

sommaire [sɔmɛʀ] **I.** *adj (analyse, réponse)* kurz[gefasst] **II.** *m (table des matières)* Inhaltsverzeichnis *nt*

sommairement [sɔmɛʀmɑ̃] *adv (brièvement)* kurz

somme¹ [sɔm] *f* Summe *f* ▸ **en ~ ~ toute** alles in Allem

somme² [sɔm] *m (sieste)* Schläfchen *nt*

sommeil [sɔmɛj] *m* Schlaf *m;* **avoir ~** müde sein

sommeiller [sɔmeje] <1> *vi (somnoler)* im Halbschlaf liegen

sommes [sɔm] *indic prés de* **être**

sommet [sɔmɛ] *m* ❶ *(d'une montagne)* Gipfel *m; (d'une tour, hiérarchie)* Spitze *f;* **~ d'un toit** Dachfirst *m* ❷ *(apogée)* Höhepunkt *m*

somnambule [sɔmnɑ̃byl] *adj* mondsüchtig

somnifère [sɔmnifɛʀ] *m* Schlafmittel *nt*

somnoler [sɔmnɔle] <1> *vi (dormir à moitié)* halb schlafen

somptueusement [sɔ̃ptɥøzmɑ̃] *adv* verschwenderisch, aufwendig

somptueux, -euse [sɔ̃ptɥø] *adj (vêtement)* luxuriös; *(résidence)* prunkvoll

son¹ [sɔ̃] *m* Ton *m; (d'une voix, d'un instrument, appareil)* Klang *m; (bruit)* Lautstärke *f*

son² [sɔ̃] <ses> *dét poss* ❶ sein(e)/ihr(e); **~ vase** seine/ihre Vase; *v.a.* **mon** ❷ *après un indéfini* sein; **c'est chacun ~ tour** immer der Reihe nach

S

sondage [sɔ̃daʒ] *m (enquête)* **~ [d'opinion]** [Meinungs]umfrage *f*

sonde [sɔ̃d] *f* MED Sonde *f*

sondé(e) [sɔ̃de] *m(f)* Befragte(r) *f(m)*

sonder [sɔ̃de] <1> *vt (personnes)* befragen; *(insidieusement)* ausfragen

sondeur [sɔ̃dœʀ] *m* NAUT Peilgerät *nt;* TECH Sondiergerät *nt;* **~ à ultrasons** Ultraschallecholot *nt*

songer [sɔ̃ʒe] <2a> *vi (penser)* **~ à qn/qc** an jdn/etw denken

songeur, -euse [sɔ̃ʒœʀ] *adj* nachdenklich

sonnant(e) [sɔnɑ̃, ɑ̃t] *adj* **à minuit ~/à 4 heures ~es** Punkt Mitternacht/4 Uhr

sonné(e) [sɔne] *adj fam (cinglé)* bescheuert

sonner [sɔne] <1> **I.** *vt* ❶ *(cloche)* läuten; *(clairon)* blasen ❷ *(appeler)* **~ qn** [nach] jdm klingeln [*o* läuten] ❸ *fam (étourdir, secouer)* **~ qn** jdn fertigmachen **II.** *vi* ❶ *(produire un son: cloche)* läuten; *(réveil, téléphone)* klingeln, läuten (A); *(angélus, trompette)* ertönen ❷ *(produire un effet)* **~ bien** *(proposition)* gut klingen; **~ faux** *(aveux)* unaufrichtig klingen ❸ *(être annoncé: fin)* gekommen sein; **midi sonne** es schlägt Mittag ❹ *(tinter: monnaie, clé)* klimpern

sonnerie [sɔnʀi] *f* ❶ *(action de sonner)* Läuten *nt; (d'un téléphone, portable)* Klingeln *nt,* Läuten (A) ❷ *(signal sonore spécifique)* Klingelton *m* ❸ *(mécanisme)* Klingel *f; (d'un réveil)* Läutwerk *nt;* **~ électrique** elektrische Klingel

sonnette [sɔnɛt] *f (d'une porte d'entrée)* Klingel *f* ▸ **tirer la ~ d'alarme** Alarm schlagen

Übersetzungstipp

La sonnette – Nicht verwechseln mit *das Sonett* – *le sonnet!*

sono [sɔno] *f fam abr de* **sonorisation** *(équipement)* Verstärkeranlage *f*

sonore [sɔnɔʀ] *adj* ❶ *(voix)* klangvoll; *(baiser)* schmatzend ❷ *(relatif au son)* **bande ~** Tonband *nt* ❸ *(lieu, voûte)* hallend

sonorisation [sɔnɔʀizasjɔ̃] *f (d'un film)* Vertonung *f; (d'une salle)* Beschallung *f; (équipement)* Verstärkeranlage *f*

sont [sɔ̃] *indic prés de* **être**

sophistiqué(e) [sɔfistike] *adj* ❶ *(perfec-*

tionné) hochentwickelt; *(fonctionnel)* durchdacht ❷ *(beauté)* künstlich

sophistiquer [sɔfistike] <1> *vt (perfectionner)* perfektionieren

soprano [sɔpʀano] <s *o* soprani> *m (voix)* Sopran[stimme *f*] *m*

sorbet [sɔʀbɛ] *m* Sorbet[t] *m o nt*

sorcier, -ière [sɔʀsje] *m, f* Hexe *f; (homme)* Hexer *m*

sordide [sɔʀdid] *adj* ❶ *(quartier, rue)* heruntergekommen ❷ *(avarice)* schnöde

sort [sɔʀ] *m* ❶ *(destinée)* Schicksal *nt* ❷ *(hasard)* Zufall *m;* **tirer au ~** auslosen

sortable [sɔʀtabl] *adj fam* vorzeigbar

sortant(e) [sɔʀtɑ̃] *adj* ❶ *(député, ministre)* scheidend ❷ *(tiré au sort)* durch das Los bestimmt

sorte [sɔʀt] *f* Art *f,* Sorte *f;* **toutes ~s de choses** alle möglichen Dinge ▶ **en quelque ~** in gewisser Weise; **de la ~** auf diese Art und Weise

sortie [sɔʀti] *f* ❶ *(action de sortir: d'une personne)* Herauskommen *nt; (action de quitter: d'une personne)* Hinausgehen *nt* ❷ *(promenade)* Spaziergang *m; (en voiture, à bicyclette)* Spazierfahrt *f;* **être de ~** *(personne)* ausgehen ❸ *(lieu par où l'on sort: d'un bâtiment)* Ausgang *m; (d'une autoroute, d'un garage)* Ausfahrt *f* ❹ *(panneau)* **~ de camions** *(devant un chantier)* Baustellenausfahrt; **~ d'école** [Vorsicht] Schulkinder! ❺ *(fin: d'un spectacle, d'une saison)* Ende *nt* ❻ *(parution: d'une publication, d'un disque)* Erscheinen *nt* ❼ SPORT *(d'un ballon)* Aus *nt* ❽ INFORM *(output)* Ausgabe *f;* **~ [sur imprimante]** Ausdruck *m*

sortir [sɔʀtiʀ] <10> **I.** *vi + être* ❶ *(partir)* hinausgehen; *(venir)* herauskommen; **faire ~** *(personne)* hinausschicken ❷ *(quitter)* **~ du magasin** aus dem Geschäft gehen; **en sortant du théâtre** beim Verlassen des Theaters ❸ *(quitter son domicile)* weggehen; **~ de chez soi** aus dem Haus gehen ❹ *(se divertir)* ausgehen ❺ *fam (avoir une relation amoureuse avec)* **~ avec qn** mit jdm gehen ❻ *(en terminer avec)* **~ d'une période difficile** eine schwierige Zeit hinter sich *(dat)* haben ❼ *(être tel après un événement)* **~ vainqueur/vaincu d'un concours** als Sieger/Verlierer aus einem Wettbewerb hervorgehen ❽ *(faire saillie)* **~ de qc** aus etw *(dat)* vorstehen; *(en haut)* aus etw *(dat)* herausragen ❾ COM *(capitaux, devises)* abfließen ❿ *(s'écarter)* **~ du sujet** vom Thema abkommen ⓫ SPORT ins Aus gehen ⓬ *(être issu de)* **~ de qc** aus etw *(dat)* kommen ⓭ *(apparaître: bourgeons, plante)* sprießen; *(dent)* durchkommen ⓮ *(paraître: livre, disque)* erscheinen; *(film)* anlaufen ⓯ JEUX *(numéro)* fallen; *(couleur)* ausgespielt werden ▶ **[mais] d'où tu sors?** *fam* wo lebst du denn? **II.** *vt + avoir* ❶ *(mener dehors)* ausführen; *(porter dehors)* hinausbringen ❷ *(expulser)* hinauswerfen ❸ *(retirer d'un lieu)* herausholen ❹ COM *(marchandises)* ausführen; *(en fraude)* schmuggeln ❺ *(nouveau modèle, véhicule, livre)* herausbringen ❻ *fam (âneries, sottises)* von sich geben **III.** *vpr + être* ❶ *(se tirer)* **se ~ d'une situation** aus einer Situation herauskommen ❷ **s'en ~** *(échapper à un danger, un ennui)* noch einmal davonkommen *(fam)*

S.O.S. [ɛsoɛs] *m* ❶ *(appel)* SOS *nt* ❷ *(organisation)* **~ médecins** medizinischer Not[fall]dienst *m;* **~ dépannage** Pannenhilfe *f* ▶ **lancer un ~** SOS funken; *fig fam* einen Hilferuf loslassen

sottement [sɔtmɑ̃] *adv* dummerweise

sou [su] *m pl fam* Kröten *Pl* ▶ **ne pas avoir un ~ en poche** *fam* keinen Pfennig [Geld] in der Tasche haben

souci [susi] *m* ❶ *souvent pl (inquiétude)* Sorge *f;* **se faire du ~ pour qn/**

S

qc sich *(dat)* Sorgen um jdn/wegen etw machen ❷ *(préoccupation)* Anliegen *nt*

soucier [susje] <1> *vpr* **se ~ de qn/qc** sich um jdn/etw kümmern

soucieux, -euse [susjø] *adj (personne, air, ton)* besorgt

soucoupe [sukup] *f* Untertasse *f*

soudain(e) [sudɛ̃] **I.** *adj (événement, geste)* unerwartet; *(sentiment)* jäh **II.** *adv* plötzlich

soudainement [sudɛnmɑ̃] *adv* plötzlich

souffle [sufl] *m* ❶ *(expiration)* Atemzug *m; (respiration)* Atmen *nt;* **manquer de ~** atemlos sein ❷ *(déplacement d'air)* **~ du vent** Wind[hauch *m*] *m* ❸ *(inspiration: d'un artiste)* Schöpferkraft *f; (d'une œuvre)* Inspiration *f* ▸ **avoir du ~** Kondition haben; **reprendre son ~** *(respirer)* Luft holen; *(se calmer)* tief durchatmen

soufflé [sufle] *m* GASTR Auflauf *m*

souffler [sufle] <1> **I.** *vi* ❶ METEO *(vent)* wehen; **ça souffle** es ist windig ❷ *(insuffler de l'air)* **~ sur/dans qc** auf/in etw *(akk)* blasen ❸ *(haleter)* keuchen ❹ *(se reposer)* verschnaufen **II.** *vt* ❶ *(éteindre)* ausblasen ❷ *(détruire)* zerstören ❸ *(dire discrètement)* **~ qc à l'oreille de qn** jdm etw ins Ohr flüstern; THEAT jdm etw soufflieren

souffrance [sufʀɑ̃s] *f* ❶ *(douleur)* Schmerz *m* ❷ *(fait de souffrir)* Leiden *nt*

souffrir [sufʀiʀ] <11> *vi* ❶ leiden; **faire ~ qn** jdm wehtun; *(rendre malheureux: personne)* jdn unglücklich machen ❷ *(avoir mal quelque part)* **~ de l'estomac** Magenschmerzen haben ❸ *(avoir mal à cause de)* **~ du froid** unter der Kälte leiden

soufre [sufʀ] *m* Schwefel *m*

souhait [swɛ] *m (désir)* Wunsch *m;* **exprimer le ~ de faire qc** den Wunsch äußern etw zu tun ▸ **à tes/vos ~s!** Gesundheit!

souhaiter [swete] <1> *vt* ❶ *(désirer)* **~ qc** sich *(dat)* etw wünschen; **~ que** + *subj* hoffen, dass ❷ *(espérer pour quelqu'un)* **~ bonne nuit/beaucoup de bonheur à qn** jdm gute Nacht/viel Glück wünschen

soul [sul] *f* **la musique ~** Soulmusik *f*

soûl(e) [su] *adj fam (ivre)* blau

soulagement [sulaʒmɑ̃] *m* Erleichterung *f*

soulager [sulaʒe] <2a> **I.** *vt* **~ qn** ❶ *a. fig* jdn entlasten ❷ *(calmer la douleur)* jds Schmerzen lindern **II.** *vpr fam (satisfaire un besoin naturel)* **se ~** sich erleichtern

soûler [sule] <1> **I.** *vt (enivrer)* **~ qn au whisky** jdn mit Whiskey betrunken machen **II.** *vpr* **se ~** sich betrinken

soulever [sul(ə)ve] <4> *vt* ❶ *(poids)* [hoch]heben ❷ *(problème, question)* aufwerfen

souligner [suliɲe] <1> *vt (phrase, importance)* unterstreichen

soumettre [sumɛtʀ] <irr> **I.** *vt* ❶ *(faire subir)* **~ qn à des tests** jdn [einer Reihe von] Untersuchungen unterwerfen ❷ *(présenter)* **~ une idée à qn** jdm einen Vorschlag unterbreiten **II.** *vpr (obéir)* **se ~** sich unterwerfen

soumis(e) [sumi] *part passé de* **soumettre**

soupçon [supsɔ̃] *m* ❶ *(suspicion)* Verdacht *m* ❷ *(très petite quantité)* **un ~ de sel/poivre** eine Spur Salz/Pfeffer

soupçonner [supsɔne] <1> *vt* **~ qn de vol** jdn des Diebstahls verdächtigen

soupe [sup] *f* ❶ *(potage)* Suppe *f;* **assiette/cuillère à ~** Suppenteller *m*/-löffel *m* ❷ *(neige fondue)* Schneematsch *m*

soupir [supiʀ] *m* Seufzer *m*

soupirant [supiʀɑ̃] *m hum* Verehrer *m*

soupirer [supiʀe] <1> *vi* seufzen

souple [supl] *adj* ❶ *(opp: rigide)* biegsam; *(lentilles de contact)* weich ❷ *(personne)* gelenkig ❸ *(adaptable)* flexibel

souplesse [suplɛs] *f (adaptabilité)* Flexibilität *f*

source [suʀs] **I.** *f* ❶ *a.* PHYS Quelle *f;* **eau de ~** Quellwasser *nt* ❷ *(naissance d'un cours d'eau)* Quelle *f* ❸ *(origine de l'information)* **de ~ sûre** aus sicherer Quelle **II.** *app* INFORM **langage/programme ~** Programmiersprache *f*
sourcil [suʀsil] *m* Augenbraue *f*
sourd(e) [suʀ] **I.** *adj* ❶ *(qui n'entend pas)* taub; *(qui n'entend pas bien)* schwerhörig ❷ *(bruit)* dumpf **II.** *m(f)* *(personne qui n'entend pas)* Gehörlose(r) *f(m);* *(qui n'entend pas bien)* Schwerhörige(r) *f(m)*
sourd-muet, **sourde-muette** [suʀmɥɛ] <sourds-muets> *m, f* Taubstumme(r) *f(m)*
souriant(e) [suʀjɑ̃] *adj* freundlich
sourire [suʀiʀ] **I.** *m* Lächeln *nt;* **faire un ~ à qn** jdn anlächeln; **garder le ~** freundlich bleiben **II.** *vi* <irr> lächeln
souris [suʀi] *f a.* INFORM Maus *f*
sournoisement [suʀnwazmɑ̃] *adv* ❶ *(observer)* lauernd ❷ *(insidieusement)* heimtückisch
sous [su] *prép* ❶ *(spatial: avec direction)* unter *(+akk); (sans direction)* unter *(+dat)* ❷ *(temporel)* **~ peu** binnen kurzem ❸ *(manière, cause)* unter *(+dat)* ❹ *(dépendance)* unter *(+dat);* **~ les ordres de qn** unter jdm ❺ MED **être ~ perfusion** am Tropf hängen
sous-développé(e) [sudev(ə)lɔpe] <sous-développés> *adj* unterentwickelt; **pays ~** Entwicklungsland *nt*
sous-développement [sudev(ə)lɔpmɑ̃] <sous-développements> *m* Unterentwicklung *f* **sous-directeur**, **-trice** [sudiʀɛktœʀ] <sous-directeurs> *m, f* stellvertretender Direktor, stellvertretende Direktorin *m, f* **sous-entendre** [suzɑ̃tɑ̃dʀ] <14> *vt (dire implicitement)* zu verstehen geben **sous-entendu(e)** [suzɑ̃tɑ̃dy] <sous-entendus> *m(f)* Anspielung *f* **sous-estimer** [suzɛstime] <1> *vt* unterschätzen **sous-marin** [sumaʀɛ̃] <sous-marins> *m* U-Boot *nt* **sous-préfecture** [supʀefɛktyʀ] <sous-préfectures> *f (chef-lieu d'arrondissement)* Sitz *m* einer Unterpräfektur, ≈ Kreisstadt *f* **sous-préfet, -ète** [supʀefɛ] <sous-préfets> *m, f* Unterpräfekt(in) *m(f),* ≈ Landrat, Landrätin *m, f* **sous-sol** [susɔl] <sous-sols> *m (dans un immeuble)* Untergeschoss *nt* **sous-tasse** [sutɑs] <sous-tasses> *f* BELG, CH Untertasse *f*
sous-titrer [sutitʀe] <1> *vt* untertiteln
soustraire [sustʀɛʀ] <irr> *vi* subtrahieren
soutenance [sut(ə)nɑ̃s] *f* Disputation *f*
soutenir [sut(ə)niʀ] <9> *vt* ❶ *(porter)* halten; **~ qc** *(colonne, poutre)* etw tragen ❷ *(étayer, maintenir droit)* abstützen ❸ *(maintenir debout, en bonne position)* stützen ❹ *(aider financièrement, moralement)* unterstützen ❺ *(empêcher de faiblir)* stärken ❻ *(prendre parti pour)* verteidigen; **~ qn** zu jdm halten ❼ *(affirmer)* **~ que...** behaupten, dass...
soutenu(e) [sut(ə)ny] **I.** *part passé de* **soutenir** **II.** *adj* ❶ *(attention, effort)* beständig ❷ *(style, langue)* gehoben
souterrain [suteʀɛ̃] *m* unterirdischer Gang *m*

Übersetzungstipp

Le souterrain – Nicht verwechseln mit *das Souterrain* – *le sous-sol!*

souterrain(e) [suteʀɛ̃] *adj* unterirdisch; **passage ~** Unterführung *f*
soutien [sutjɛ̃] *m (aide)* Unterstützung *f;* **apporter son ~ à qn** jdn unterstützen
soutien-gorge [sutjɛ̃gɔʀʒ] <soutiens-gorge[s]> *m* Büstenhalter *m*
soutirer [sutiʀe] <1> *vt (escroquer)* **~ de l'argent à qn** jdm Geld abluchsen *(fam)*
souvenir[1] [suv(ə)niʀ] <9> *vpr* **se ~ de qn/qc** sich an jdn/etw erinnern
souvenir[2] [suv(ə)niʀ] *m* ❶ **le ~ de qn/**

qc die Erinnerung an jdn/etw ❷ *(objet touristique)* Andenken *nt*

souvent [suvɑ̃] *adv* oft; **le plus** ~ meistens

souverainement [suv(ə)ʀɛnmɑ̃] *adv* ❶ *(extrêmement)* äußerst ❷ *(en toute indépendance)* souverän

souveraineté [suv(ə)ʀɛnte] *f* Souveränität *f*

souverainisme [suv(ə)ʀenism] *m* POL ❶ CAN Souveränismus *m* ❷ *(en France) politisches Konzept, das auf der nationalstaatlichen Souveränität und politischen Unabhängigkeit Frankreichs von äußeren Einflüssen beruht*

soviétique [sɔvjetik] *adj* sowjetisch; **l'Union** ~ die Sowjetunion

Soviétique [sɔvjetik] *mf* Sowjetrusse *m*/-russin *f*; **les ~s** die Sowjets

soyeux, -euse [swajø] *adj* ❶ *(doux)* seidenweich ❷ *(brillant)* seidig

spa [spa] *m* Wellnesshotel *nt*, Spa *nt*

S.P.A. [ɛspea] *f abr de* **Société protectrice des animaux** *französischer Tierschutzverein*

spacieux, -euse [spasjø] *adj* geräumig

spaghettis [spageti] *mpl* Spaghetti *Pl*

spammer [spame] <1> *vt* INFORM spammen

sparadrap [spaʀadʀa] *m* Pflaster *nt*

spatial(e) [spasjal] <-aux> *adj* räumlich

spatiotemporel(le) [spasjotɑ̃pɔʀɛl] *adj* raumzeitlich

spatule [spatyl] *f (en cuisine)* Pfannenwender *m*

spécial(e) [spesjal] <-aux> *adj* ❶ *(opp: général)* spezielle(r, s); **rien de** ~ nichts Besonderes ❷ *(bizarre)* eigenartig

spécialement [spesjalmɑ̃] *adv* ❶ *(en particulier)* [ganz] besonders ❷ *fam (pas vraiment)* nicht besonders

spécialisation [spesjalizasjɔ̃] *f* Spezialisierung *f*

spécialisé(e) [spesjalize] *adj* spezialisiert; **être** ~ **dans qc** auf etw *(akk)* spezialisiert sein

spécialiser [spesjalize] <1> *vpr* **se** ~ **dans** [*o* **en**] **qc** sich *(akk)* auf etw *(akk)* spezialisieren

spécialiste [spesjalist] *mf* ❶ *(expert)* Spezialist(in) *m(f)* ❷ MED Facharzt, -ärztin *m, f*

spécialité [spesjalite] *f* ❶ SCI, TECH Spezialgebiet *f* ❷ *(produit caractéristique)* Spezialität *f*

spécification [spesifikasjɔ̃] *f* Spezifizierung *f*

spécificité [spesifisite] *f* spezifische Besonderheit

spécifier [spesifje] <1> *vt* ~ **qc** etw genau angeben; *(loi)* etw genau festlegen

spécifique [spesifik] *adj* spezifisch

spécifiquement [spesifikmɑ̃] *adv* spezifisch

spécimen [spesimɛn] *m (exemplaire)* Exemplar *nt*

spectacle [spɛktakl] *m* ❶ *(ce qui s'offre au regard)* Anblick *m* ❷ THEAT, MEDIA Vorstellung *f*

spectaculaire [spɛktakylɛʀ] *adj* spektakulär

spectateur, -trice [spɛktatœʀ] *m, f* ❶ THEAT, SPORT Zuschauer(in) *m(f)* ❷ *(observateur)* Beobachter(in) *m(f)*

spéculatif, -ive [spekylatif, -iv] *adj* spekulativ; **gain** ~ Spekulationsgewinn *m*

spéculation [spekylasjɔ̃] *f* Spekulation *f*

spéculer [spekyle] <1> *vi* FIN, COM ~ **sur qc** mit etw spekulieren

speech [spitʃ] *m* Rede *f*

speedé(e) [spide] *adj fam (hyperactif)* **être** ~ voll am Rödeln sein

spéléologie [speleɔlɔʒi] *f (science)* Höhlenkunde *f*

spermatozoïde [spɛʀmatɔzɔid] *m* Spermium *nt*

sperme [spɛʀm] *m* Sperma *nt*

spermicide [spɛʀmisid] *adj* samenabtötend

sphère [sfɛʀ] *f* ❶ SCI Kugel *f* ❷ *(domaine)* Bereich *m*

spirale [spiʀal] *f a. fig* Spirale *f*

spiritualité [spiʀitɥalite] *f* ❶ REL Spiritualität *f (geh)* ❷ PHILOS Geistigkeit *f*

spirituel(le) [spiʀitɥɛl] *adj* ❶ *(plein d'esprit)* geistreich ❷ REL geistlich
spirituellement [spiʀitɥɛlmɑ̃] *adv (avec esprit)* geistreich
spleen [splin] *m* Schwermut *m*
splendeur [splɑ̃dœʀ] *f a. iron* Pracht *f kein Pl*
splendide [splɑ̃did] *adj* prächtig
sponsor [spɔ̃sɔʀ] *m* Sponsor(in) *m(f)*
sponsoriser [spɔ̃sɔʀize] <1> *vt* sponsern
spontané(e) [spɔ̃tane] *adj* spontan
spontanéité [spɔ̃taneite] *f* Spontaneität *f*
spontanément [spɔ̃tanemɑ̃] *adv* ❶ *(sans réfléchir)* spontan ❷ *(librement)* freiwillig
sport [spɔʀ] **I.** *adj inv (coupe)* sportlich **II.** *m* ❶ *(activité sportive)* Sport *m;* **faire du ~** Sport treiben ❷ *(forme d'activité sportive)* Sportart *f*
sportif, -ive [spɔʀtif] **I.** *adj (allure, démarche, personne)* sportlich **II.** *m, f* Sportler(in) *m(f)*
spot [spɔt] *m (lampe)* Spot *m; (projecteur)* Scheinwerfer *m*
spray [spʀɛ] *m (pulvérisation)* Spray *m o nt*
sprint [spʀint] *m* Sprint *m*
sprinteur, -euse [spʀintœʀ, -øz] *m, f* Sprinter(in) *m(f); (en athlétisme)* Kurzstreckenläufer *m*
squale [skwal] *m* Hai[fisch *m*] *m*
square [skwaʀ] *m* [kleine] Grünanlage *f (inmitten eines Platzes)*
squash [skwaʃ] *m* Squash *nt*
squatter [skwate] <1> *vt* besetzen
squelette [skəlɛt] *m* ANAT, ARCHIT Skelett *nt*
squelettique [skəletik] *adj (très maigre)* spindeldürr
Sri Lanka [sʀilɑ̃ka] *m* **le ~** Sri Lanka *nt*
stabiliser [stabilize] <1> **I.** *vt* ❶ stabilisieren ❷ *(accotement, terrain)* befestigen **II.** *vpr* **se ~** *(monnaie, maladie)* sich stabilisieren
stabilité [stabilite] *f* ECON, POL Stabilität *f;* **~ des prix** Preisstabilität
stable [stabl] *adj* ❶ stabil ❷ *(durable)* dauerhaft ❸ *(temps)* beständig
stade [stad] *m* ❶ SPORT Stadion *nt* ❷ *(phase)* Stadium *nt*
stage [staʒ] *m (en entreprise)* Praktikum *nt*
stagiaire [staʒjɛʀ] *mf (en entreprise)* Praktikant(in) *m(f); (en rédaction)* Volontär(in) *m(f)*
stagner [stagne] <1> *vi* ❶ *(eau)* stehen ❷ ECON stagnieren
stalactite [stalaktit] *f* [hängender] Tropfstein *m,* Stalaktit *m*
stalagmite [stalagmit] *f* [stehender] Tropfstein *m,* Stalagmit *m*
stalinisme [stalinism] *m* Stalinismus *m*
stand [stɑ̃d] *m* ❶ *(dans une exposition)* [Messe]stand *m* ❷ *(dans une fête)* Bude *f*
standard[1] [stɑ̃daʀ] *m* TELEC [Telefon]zentrale *f*
standard[2] [stɑ̃daʀ] *adj inv* ❶ *(normalisé)* genormt ❷ *(dépourvu d'originalité)* [allgemein] üblich ❸ LING **langue ~** Hochsprache *f*
standardiser [stɑ̃daʀdize] <1> *vt* standardisieren
standardiste [stɑ̃daʀdist] *mf* Telefonist(in) *m(f)*
star [staʀ] *f* Star *m*
station [stasjɔ̃] *f* ❶ AUT Station *f,* Haltestelle *f* ❷ MEDIA *(émetteur)* Sender *m* ❸ TECH Station *f*
stationnaire [stasjɔnɛʀ] *adj* unverändert
stationnement [stasjɔnmɑ̃] *m* Parken *nt;* **ticket de ~** Parkschein *m*
stationner [stasjɔne] <1> *vi (être garé)* parken
station-service [stasjɔ̃sɛʀvis] <stations-service[s]> *f* Tankstelle *f*
statisticien(ne) [statistisjɛ̃, jɛn] *m(f)* Statistiker(in) *m(f)*
statistique [statistik] **I.** *adj* statistisch **II.** *f* Statistik *f*
statistiquement [statistikmɑ̃] *adv* statistisch
statue [staty] *f* Statue *f*

S

statut [staty] *m a.* ADMIN Status *m*
steak [stɛk] *m* Steak *nt*
stèle [stɛl] *f* Stele *f*
sténo [steno] **I.** *mf abr de* **sténographe** Stenograf(in) *m(f)* **II.** *mf abr de* **sténodactylo** Stenotypist(in) *m(f)* **III.** *f abr de* **sténographie** Steno *f (fam)*; **en ~** in Steno
sténodactylo [stenodaktilo] *mf* Stenotypist(in) *m(f)*
sténodactylographie [stenodaktilɔgʀafi] *f* Stenotypieren *nt*
sténographie [stenɔgʀafi] *f* Stenografie *f*
stéréophonie [steʀeɔfɔni] *f* Stereofonie *f*
stéréotype [steʀeɔtip] *m* Stereotyp *nt*
stérile [steʀil] *adj* ❶ BIO, AGR unfruchtbar ❷ *(sans microbes)* steril ❸ *(efforts)* vergeblich
stérilet [steʀilɛ] *m* Spirale *f (fam)*
stérilisateur [steʀilizatœʀ] *m* Sterilisator *m*
stériliser [steʀilize] <1> *vt* sterilisieren
stérilité [steʀilite] *f* ❶ BIO, AGR *a. fig* Unfruchtbarkeit *f* ❷ *(absence de microbes)* Keimfreiheit *f*
steward [stiwaʀt] *m* Steward *m*
stick [stik] *m* Stift *m*
stimulant(e) [stimylɑ̃] *adj (fortifiant)* anregend
stimulateur [stimylatœʀ] *m* **~ cardiaque** Herzschrittmacher *m*
stimuler [stimyle] <1> *vt (activer, augmenter)* anregen
stock [stɔk] *m* ❶ COM Lager *nt* ❷ *(réserve)* Vorrat *m*

Übersetzungstipp

Le stock – Nicht verwechseln mit *der Stock – le bâton; l'étage!*

stocker [stɔke] <1> *vt* ❶ *(mettre en réserve)* [ein]lagern ❷ INFORM *(données)* [ab]speichern
Stockholm [stɔk'ɔlm] Stockholm *nt*
stoïquement [stɔikmɑ̃] *adv* unerschütterlich
stomatologie [stɔmatɔlɔʒi] *f* Stomatologie *f*
stop [stɔp] **I.** *interj (halte)* stopp **II.** *m* ❶ *(panneau)* Stoppschild *nt* ❷ *(autostop)* **faire du ~** *fam* trampen
stopper [stɔpe] <1> **I.** *vi* stehen bleiben **II.** *vt* stoppen
store [stɔʀ] *m (rideau à enrouler)* Rollo *nt*; *(de magasin)* Rollladen *m*
Strasbourg [stʀasbuʀ] Straßburg *nt*
stratagème [stʀataʒɛm] *m* List *f*
stratégie [stʀateʒi] *f* Strategie *f*
stratégique [stʀateʒik] *adj* strategisch; *(position)* strategisch wichtig
stratifié [stʀatifje] *m* Schicht[press]stoff *m*
streaming [stʀimiŋ] *m* INFORM Streaming *nt*, Livestream *m*; **regarder un film en ~** sich *(dat)* einen Film per Livestream ansehen
stress [stʀɛs] *m* Stress *m kein Pl*
stressant(e) [stʀesɑ̃] *adj* stressig *(fam)*
stresser [stʀese] <1> *fam* **I.** *vt* stressen; **être stressé** [voll] im Stress sein **II.** *vi (personne)* sich abstressen; *(angoisser, avoir grand-peur)* Horror haben **III.** *vpr* **se ~** sich *(dat)* Stress machen
stretching [stʀɛtʃiŋ] *m* Stretching *nt*
strict(e) [stʀikt] *adj* ❶ streng; **au sens ~** im engeren Sinne ❷ *(minimum)* absolut ❸ *(vêtement, tenue)* streng geschnitten
strictement [stʀiktəmɑ̃] *adv* strikt; **~ interdit** streng verboten
string [stʀiŋ] *m* String-Tanga *m*
strophe [stʀɔf] *f* Strophe *f*
structure [stʀyktyʀ] *f* ❶ *(organisation)* Struktur *f* ❷ *(lieu, service social)* **~ d'accueil** soziale Einrichtung *f*
structurer [stʀyktyʀe] <1> **I.** *vt* strukturieren **II.** *vpr* **se ~** sich organisieren
studio [stydjo] *m* Studio *nt*
stupéfaction [stypefaksjɔ̃] *f* Verblüffung *f*
stupéfait(e) [stypefɛ] *adj* verblüfft
stupéfiant(e) [stypefjɑ̃] **I.** *adj* verblüf-

fend **II.** *m(f)* Betäubungsmittel *nt*

stupéfié(e) [stypefje] *adj (très étonné)* verblüfft

stupéfier [stypefje] <1> *vt* verblüffen

stupeur [stypœʀ] *f* Verblüffung *f*

stupide [stypid] *adj* dumm

stupidement [stypidmɑ̃] *adv* ❶ *(se conduire)* dumm; *(rire)* dummerweise; **répondre ~** eine dumme Antwort geben ❷ *(absurdement)* sinnlos

stupidité [stypidite] *f* Dummheit *f*

style [stil] *m* ❶ Stil *m* ❷ LING *(discours)* Rede *f* ❸ *(genre)* Art *f*

stylisme [stilism] *m* Design *nt*

styliste [stilist] *mf* Stilist(in) *m(f)*

stylistique [stilistik] **I.** *adj* stilistisch **II.** *f* Stilistik *f*

stylo [stilo] *m* Füller *m;* **~ [à] plume** Füllfederhalter *m;* **~ [à] bille** Kugelschreiber *m*

stylo-feutre [stiloføtʀ] <stylos-feutres> *m* Filzstift *m*

su [sy] *part passé de* **savoir**

suavité [sɥavite] *f (d'une odeur, musique)* Lieblichkeit *f; (des manières, de la voix)* Sanftheit *f*

subconscient [sybkɔ̃sjɑ̃] *m* Unterbewusstsein *nt*

subdiviser [sybdivize] <1> *vt (diviser encore)* **~ une échelle en qc** eine Skala [weiter] in etw *(akk)* unterteilen

subdivision [sybdivizjɔ̃] *f (fait de subdiviser)* erneute Unterteilung

subir [sybiʀ] <8> *vt* ❶ *(être victime de)* erleiden ❷ *(endurer)* erdulden

subitement [sybitmɑ̃] *adv* ganz plötzlich

subjectif, -ive [sybʒɛktif] *adj* subjektiv

subjectivité [sybʒɛktivite] *f* Subjektivität *f*

subjonctif [sybʒɔ̃ktif] *m* LING *französische Möglichkeitsform*

subjuguer [sybʒyge] <1> *vt (fasciner)* in seinen Bann ziehen

sublime [syblim] *adj (admirable)* überwältigend

submerger [sybmɛʀʒe] <2a> *vt* ❶ *(digue, rives)* unter Wasser *(akk)* setzen ❷ *(envahir)* **être submergé de travail** mit Arbeit überhäuft sein

submersible [sybmɛʀsibl] *adj (navire, sous-marin)* tauchfähig; **terre ~** Überschwemmungsland *nt*

subordonné(e) [sybɔʀdɔne] **I.** *m(f)* Untergebene(r) *f(m)* **II.** *adj (proposition)* untergeordnet

subordonnée [sybɔʀdɔne] *f* Nebensatz *m*

subornation [sybɔʀnasjɔ̃] *f* Bestechung *f*

subsidiaire [sybzidjɛʀ] *adj* zusätzlich

subsister [sybziste] <1> *vi (survivre)* [über]leben

substance [sypstɑ̃s] *f (matière)* Substanz *f*

substantif [sypstɑ̃tif] *m* Substantiv *nt*

substituer [sypstitɥe] <1> **I.** *vt* **~ qc à qc** *(volontairement)* etw durch etw ersetzen **II.** *vpr* **se ~ à qn** sich an jds Stelle *f (akk)* setzen

substitut [sypstity] *m* ❶ *(remplacement)* Ersatz *m;* **être le ~ de qn/qc** jdn/etw ersetzen ❷ JUR **~ du procureur** Staatsanwalt *m*/-anwältin *f*

substitution [sypstitysjɔ̃] *f (volontaire)* Austauschen *nt; (involontaire)* Vertauschen *nt*

subterfuge [syptɛʀfyʒ] *m* Ausflucht *f*

subtil(e) [syptil] *adj (personne)* scharfsinnig

subtilement [syptilmɑ̃] *adv* ❶ *(argumenter, raisonner)* feinsinnig; *(exprimer)* nuanciert ❷ *(habilement)* geschickt

subtiliser [syptilize] <1> *vt* **~ un livre à qn** jdm ein Buch stehlen

subtilité [syptilite] *f soutenu (finesse)* Subtilität *f; (d'une analyse)* Nuanciertheit *f*

subtropical(e) [sybtʀɔpikal, -o] <-aux> *adj* subtropisch

subvenir [sybvəniʀ] <9> *vi* **~ à qc** für etw aufkommen

subvention [sybvɑ̃sjɔ̃] *f* Subvention *f*

subventionner [sybvɑ̃sjɔne] <1> *vt* subventionieren

succéder [syksede] <5> **I.** *vi* **~ à qc** auf

S

etw *(akk)* folgen **II.** *vpr* **se** ~ einander folgen

succès [syksɛ] *m* ① Erfolg *m;* **à** ~ Erfolgs-; **auteur à** ~ Erfolgsautor *m* ② SPORT, MIL Sieg *m*

successeur [syksesœʀ] *mf* Nachfolger(in) *m(f)*

successif, -ive [syksesif] *adj (époques, générations)* aufeinanderfolgend

succession [syksesjɔ̃] *f* ① *(transmission du pouvoir)* Nachfolge *f* ② *(héritage)* Erbschaft *f,* Verlassenschaft *f* (A)

successivement [syksesivmɑ̃] *adv* nacheinander

succinctement [syksɛ̃tmɑ̃] *adv* kurz [und bündig]

succion [sy(k)sjɔ̃] *f* Saugen *nt; (d'une plaie, blessure)* Aussaugen *nt*

succomber [sykɔ̃be] <1> *vi* sterben

succulent(e) [sykylɑ̃] *adj* köstlich

succursale [sykyʀsal] *f* Filiale *f*

sucer [syse] <2> *vt* ① *(sang, citron)* aussaugen ② *(lécher: bonbon)* lutschen

sucette [sysɛt] *f* Lutscher *m*

sucre [sykʀ] *m* Zucker *m;* ~ **en morceaux** Würfelzucker

sucré(e) [sykʀe] *adj* süß

sucrer [sykʀe] <1> **I.** *vt (mettre du sucre)* zuckern **II.** *vi (rendre sucré)* süßen

sucrerie [sykʀəʀi] *f* Süßigkeit *f*

sucrette® [sykʀɛt] *f* Süßstofftablette *f*

sud [syd] **I.** *m sans pl* **le** ~ der Süden; *v.a.* **est²** **II.** *adj inv* Süd-; **la côte** ~ die Südküste

Sud [syd] **I.** *m inv* **le** ~ der Süden **II.** *adj inv (hémisphère)* südlich; **le pôle Sud** der Südpol

sud-africain(e) [sydafʀikɛ̃] <sud-africains> *adj* südafrikanisch **sud-coréen(ne)** [sydkɔʀeɛ̃] <sud-coréens> *adj* südkoreanisch **sud-est** [sydɛst] *inv* **I.** *m* Südosten *m* **II.** *adj* südöstlich; **vent de** ~ Südostwind *m* **Sud-Est** [sydɛst] *m inv* **le** ~ der Südosten **sud-ouest** [sydwɛst] **I.** *m* Südwesten *m;* **vent de** ~ Südwestwind *m* **II.** *adj inv* südwestlich **Sud-Ouest** [sydwɛst] *m inv* **le** ~ der Südwesten **sud-vietnamien(ne)** [sydvjɛtnamjɛ̃] <sud-vietnamiens> *adj* HIST südvietnamesisch

Suède [sɥɛd] *f* **la** ~ Schweden *nt*

suédois [sɥedwa] *m* Schwedisch *nt; v.a.* **allemand**

suédois(e) [sɥedwa] *adj* schwedisch; *v.a.* **allemand**

Suédois(e) [sɥedwa] *m(f)* Schwede, Schwedin *m, f*

suée [sɥe] *f fam* Schweißausbruch *m;* **attraper une bonne** ~ kräftig ins Schwitzen kommen

suer [sɥe] <1> *vi* schwitzen

sueur [sɥœʀ] *f* Schweiß *m;* **en** ~ schweißnass

suffire [syfiʀ] <irr> **I.** *vi* genügen; ~ **aux besoins** für die Bedürfnisse aufkommen **II.** *vi impers (être suffisant)* **ça suffit [comme ça]!** *fam* jetzt reicht's!

suffisamment [syfizamɑ̃] *adv* ~ **grand** groß genug

suffisant(e) [syfizɑ̃] *adj (nombre, techniques)* ausreichend

suffixe [syfiks] *m* Nachsilbe *f*

suffoquer [syfɔke] <1> *vi (perdre le souffle)* ersticken

suffrage [syfʀaʒ] *m* ① *(voix)* [Wahl]stimme *f* ② *pl (approbation)* Zustimmung *f*

suggérer [sygʒeʀe] <5> *vt (proposer)* vorschlagen

suggestion [sygʒɛstjɔ̃] *f* Vorschlag *m*

suicidaire [sɥisidɛʀ] *adj* selbstmörderisch

suicide [sɥisid] *m* Selbstmord *m*

suicider [sɥiside] <1> *vpr* **se** ~ Selbstmord begehen

suis [sɥi] *indic prés de* **être**

suisse [sɥis] **I.** *adj* Schweizer; *(peuple)* schweizerisch; ~ **romand** welsch[schweizerisch] **II.** *m (garde)* Schweizer Gardist *m* ▸ **petit** ~ GASTR *Rahmquark in kleinen Portionen*

Suisse [sɥis] **I.** *f* **la** ~ die Schweiz **II.** *mf* Schweizer(in) *m(f);* **c'est un** ~ **romand** er ist Französischschweizer

[*o* Welschschweizer]
Suissesse [sɥisɛs] *f* Schweizerin *f*; **~ romande** Welschschweizerin *f*
suite [sɥit] *f* ❶ *(ce qui vient après: d'une lettre, d'un roman)* Rest *m* ❷ *(succession: d'événements, de nombres)* [Ab]folge *f*; *(d'objets, de personnes)* Reihe *f* ❸ *(conséquence)* Folge *f* ❹ *(nouvel épisode)* Fortsetzung *f* ❺ *(appartement)* Suite *f* ❻ INFORM **~ bureautique** Office-Paket *nt* ▸ **tout de ~** sofort; **donner ~ à qc** auf etw *(akk)* reagieren; **~ à qc** Bezug *m* nehmend auf etw *(akk)* **et ainsi de ~** und so weiter; **par la ~** später
suivant [sɥivɑ̃] *prép* ❶ *(conformément à)* gemäß *(+dat)* ❷ *(le long de)* entlang *(+dat)*
suivant(e) [sɥivɑ̃] **I.** *adj (qui vient ensuite)* nächste(r, s) **II.** *m(f)* **au ~!** der Nächste!
suivi(e) [sɥivi] *adj (continu)* regelmäßig
suivre [sɥivʀ] <irr> **I.** *vt* ❶ **~ qn/qc** jdm/etw folgen ❷ *(venir ensuite)* **l'hiver suit l'automne** auf den Herbst folgt der Winter ❸ *(classe, cours)* besuchen ❹ *(élève, malade)* beobachten ▸ **à ~** Fortsetzung *f* folgt **II.** *vi* ❶ *(venir après)* folgen ❷ *(réexpédier)* **faire ~ qc** etw nachsenden lassen **III.** *vi impers* **comme suit** wie folgt **IV.** *vpr* **se ~** *(se succéder)* aufeinanderfolgen
sujet [syʒɛ] *m* ❶ *(thème)* Thema *nt* ❷ *(cause)* Grund *m* ❸ LING, PHILOS Subjekt *nt* ▸ **c'est à quel ~?** *fam* worum geht's?; **à ce ~** diesbezüglich
sujet(te) [syʒɛ] *adj* **être ~ à qc** für etw anfällig sein
sulfurisé(e) [sylfyʀize] *adj* mit Schwefelsäure *f* behandelt; **papier ~** Pergamentpapier *nt*
sultan [syltɑ̃] *m* Sultan *m*
sultanat [syltana] *m* Sultanat *nt*
summum [sɔ(m)mɔm] *m* ❶ *(d'une civilisation, de la gloire)* Höhepunkt *m* ❷ *iron (comble)* Gipfel *m*
sunnite [synit] REL **I.** *adj* sunnitisch **II.** *mf* Sunnit(in) *m(f)*
super[1] [sypɛʀ] *m abr de* **supercarburant** Super *nt*; **~ sans plomb** Super bleifrei
super[2] [sypɛʀ] *adj inv fam* super
superbe [sypɛʀb] *adj (corps, paysage)* wunderschön; *(temps)* herrlich
superbement [sypɛʀbəmɑ̃] *adv* großartig
superchampion(ne) [sypɛʀʃɑ̃pjɔ̃, jɔn] *m(f)* Spitzensportler(in) *m(f)*
superficie [sypɛʀfisi] *f* Fläche *f*
superficiel(le) [sypɛʀfisjɛl] *adj* oberflächlich
superficiellement [sypɛʀfisjɛlmɑ̃] *adv* oberflächlich
superflu [sypɛʀfly] *m* Überflüssige(s) *nt*
superflu(e) [sypɛʀfly] *adj* überflüssig
superforme [sypɛʀfɔʀm] *f fam* Höchstform *f*
supérieur [sypeʀjœʀ] *m* Hochschulwesen *nt*
supérieur(e) [sypeʀjœʀ] **I.** *adj* ❶ *(plus haut dans l'espace)* obere(r, s); **lèvre ~e** Oberlippe *f* ❷ *(plus élevé dans la hiérarchie)* höhere(r, s); *(cadre)* leitend; **enseignement ~** Hochschulwesen *nt* ❸ *(de grande qualité)* hervorragend ❹ *(qui dépasse)* **être ~ à qn par qc** jdm in Bezug auf etw *(akk)* überlegen sein; **être ~ à la moyenne** über dem Durchschnitt *m* liegen **II.** *m(f)* Vorgesetzte(r) *f(m)*
supériorité [sypeʀjɔʀite] *f* **~ sur qn/qc** Überlegenheit *f* jdm/etw gegenüber
superlatif [sypɛʀlatif] *m* Superlativ *m*
supermarché [sypɛʀmaʀʃe] *m* Supermarkt *m*
superposé(e) [sypɛʀpoze] *adj* **lits ~s** Etagenbett *nt*
superposer [sypɛʀpoze] <1> *vt* ❶ *(faire chevaucher)* übereinanderlegen ❷ *(empiler)* auftürmen
superproduction [sypɛʀpʀɔdyksjɔ̃] *f* Monumentalfilm *m*
supersonique [sypɛʀsɔnik] *m* Überschallflugzeug *nt*
superstitieux, -euse [sypɛʀstisjø] *adj*

S

abergläubisch
superstition [sypɛʀstisjɔ̃] *f* Aberglaube[n] *m*
superviser [sypɛʀvize] <1> *vt* überprüfen
superviseur [sypɛʀvizœʀ] *m* INFORM Kontrollprogramm *nt*
supervision [sypɛʀvizjɔ̃] *f* Überprüfung *f; (d'un travail)* Beaufsichtigung *f;* PSYCH Supervision *f*
supplément [syplemɑ̃] *m* ❶ *(surplus)* zusätzliche Menge *f* ❷ PRESSE Beilage *f* ❸ *(somme d'argent à payer)* Aufpreis *m*
supplémentaire [syplemɑ̃tɛʀ] *adj* zusätzlich
supplice [syplis] *m* Qual *f*
supplicié(e) [syplisje] *m(f)* [zu Tode] Gefolterte(r) *f(m)*
supplier [syplije] <1> *vt* ~ **qn de faire qc** jdn inständig bitten etw zu tun
support [sypɔʀ] *m* ❶ *(soutien)* Stütze *f* ❷ INFORM ~ **d'information** Datenträger *m*
supportable [sypɔʀtabl] *adj* erträglich
supporter [sypɔʀte] <1> **I.** *vt* ❶ *(psychiquement)* ertragen; *(malheur)* hinnehmen; **ne pas** ~ **que** + *subj* es nicht ausstehen können, wenn ❷ *(alcool, chaleur)* vertragen ❸ SPORT *(encourager)* anfeuern **II.** *vpr* **se** ~ miteinander auskommen
supposé(e) [sypoze] *adj* mutmaßlich
supposer [sypoze] <1> *vt* ❶ *(imaginer)* annehmen ❷ *(impliquer)* voraussetzen
supposition [sypozisjɔ̃] *f* Vermutung *f*
supprimer [sypʀime] <1> *vt* ❶ *(avantage)* streichen; *(permis)* entziehen ❷ *(tuer)* beseitigen
supraconducteur [sypʀakɔ̃dyktœʀ] *m* Supraleiter *m*
suprématie [sypʀemasi] *f* Überlegenheit *f,* Vorherrschaft *f*
suprême [sypʀɛm] *adj (bonheur, degré)* höchste(r, s); *(cour, instance)* oberste(r, s)
sur [syʀ] *prép* ❶ *(spatial)* ~ **qn/qc** *(vers)* auf jdn/etw; *(au-dessus de)* über jdn/etw ❷ *(temporel)* ~ **le coup** *(immédiatement)* auf der Stelle ❸ *(successif)* **coup ~ coup** Schlag auf Schlag *(akk)* ❹ *(causal)* ~ **présentation d'une pièce d'identité** gegen Vorlage eines Ausweises ❺ ~ **mesure** nach Maß ❻ *(au sujet de)* ~ **qn/qc** über jdn/etw ❼ *(proportionnalité, notation, dimension)* **neuf fois ~ dix** neun von zehn Mal
sûr(e) [syʀ] *adj* ❶ sicher; ~ **de qn/qc** jds/einer S. sicher ❷ *(digne de confiance)* zuverlässig ▸ **bien** ~ sicherlich; **bien ~ que oui/non** *fam* aber sicher/sicherlich nicht; **c'est ~** *fam* na klar
suractivité [syʀaktivite] *f* Überaktivität *f*
suralimentation [syʀalimɑ̃tasjɔ̃] *f* Überernährung *f*
surbooké(e) [syʀbuke] *adj* ❶ *(surréservé: avion)* überbucht ❷ *fam* ausgebucht
surbooking [syʀbukiŋ] *m* Überbuchung *f*
surcharge [syʀʃaʀʒ] *f (excès de charge)* Überladung *f*
surcharger [syʀʃaʀʒe] <2a> *vt (charger à l'excès)* überladen
surchauffer [syʀʃofe] <1> *vt* überheizen; **imagination surchauffée** übersteigerte Fantasie
surclasser [syʀklɑse] <1> *vt* ❶ *(dominer)* ~ **qn** jdm [weit] überlegen sein; **être surclassé** unterlegen sein ❷ *(être de qualité supérieure à)* ~ **un produit** einem Produkt überlegen sein
surconsommation [syʀkɔ̃sɔmasjɔ̃] *f* übermäßiger Konsum; ~ **de qc** übermäßiger Konsum von etw *(dat)*
surdimensionné(e) [syʀdimɑ̃sjɔne] *adj* überdimensional
surdité [syʀdite] *f (totale)* Taubheit *f; (partielle)* Schwerhörigkeit *f*
surdoué(e) [syʀdwe] **I.** *adj* hoch begabt **II.** *m(f)* Hochbegabte(r) *f(m)*
sureffectif [syʀefɛktif] *m* Überbesetzung *f;* **entreprise en ~** Unterneh-

S

men mit zu großer Belegschaft; **classe en ~** Klasse mit zu vielen Schülern
sûrement [syʀmɑ̃] *adv* sicher[lich]
surenchérir [syʀɑ̃ʃeʀiʀ] <8> *vi* mehr bieten
surendetté(e) [syʀɑ̃dete] *adj* überschuldet
surendettement [syʀɑ̃dɛtmɑ̃] *m* Überschuldung *f*
sûreté [syʀte] *f* Sicherheit *f*
surévaluer [syʀevalɥe] <1> *vt (personne)* überschätzen; *(immeuble, nombre)* zu hoch schätzen
surf [sœʀf] *m* ❶ *a.* INFORM Surfen *nt* ❷ *(planche: pour l'eau)* Surfbrett *nt; (pour la neige)* Snowboard *nt*
surface [syʀfas] *f* ❶ *(aire)* Fläche *f; (d'un appartement)* [Wohn]fläche ❷ *(couche superficielle, apparence)* Oberfläche *f* ▶ **grande ~** Supermarkt *m*
surfer [sœʀfe] <1> *vi a.* INFORM surfen; **~ sur le Web** im Web surfen
surfeur, -euse [sœʀfœʀ, -øz] *m, f* ❶ *(sur l'eau)* Surfer(in) *m(f)* ❷ *(sur la neige)* Snowboardfahrer(in) *m(f)* ❸ INFORM Surfer(in) *m(f)*
surfiler [syʀfile] <1> *vt* versäubern
surfin(e) [syʀfɛ̃, in] *adj* extrafein
surfing [sœʀfiŋ] *m* INFORM Surfen *nt*; **faire du ~ sur le Net** im Internet surfen
surgelé(e) [syʀʒəle] *adj* tiefgekühlt
surgelés [syʀʒəle] *mpl* Tiefkühlkost *f*
surgénérateur [syʀʒeneʀatœʀ] *m* schneller Brüter *m*
surgir [syʀʒiʀ] <8> *vi* auftauchen
surhomme [syʀɔm] *m* Übermensch *m*
surhumain(e) [syʀymɛ̃] *adj* übermenschlich
surligner [syʀliɲe] <1> *vt* INFORM markieren
surligneur [syʀliɲœʀ] *m* Textmarker *m*
surmener [syʀməne] <4> *vt* überbeanspruchen
surmonter [syʀmɔ̃te] <1> *vt* überwinden
surnaturel(le) [syʀnatyʀɛl] *adj* übernatürlich
surnom [syʀnɔ̃] *m* Spitzname *m*
surnombre [syʀnɔ̃bʀ] *m* Überzahl *f*
surnommer [syʀnɔme] <1> *vt* **~ qn Titi** jdm den Spitznamen Titi geben
suroffre [syʀɔfʀ] *f* COM höheres Angebot
surpasser [syʀpɑse] <1> *vpr* **se ~** sich selbst übertreffen
surpayer [syʀpeje] <1> *vt (personne)* überbezahlen; *(chose)* zu teuer bezahlen
surpeuplé(e) [syʀpœple] *adj (pays)* über[be]völkert
surplace [syʀplas] *m (d'une économie)* Stagnation *f; (d'un gouvernement)* Auf-der-Stelle-Treten *nt;* **faire du ~** auf der Stelle treten SPORT einen Stehversuch unternehmen
surplomber [syʀplɔ̃be] <1> *vt* **~ qc** *(étage)* in etw *(akk)* hineinragen
surplus [syʀply] *m (d'une somme)* Rest *m; (d'une récolte)* Überschuss *m*
surpopulation [syʀpɔpylasjɔ̃] *f* Über[be]völkerung *f*
surprenant(e) [syʀpʀənɑ̃] *adj* überraschend
surprendre [syʀpʀɑ̃dʀ] <13> **I.** *vt* ❶ *(étonner)* überraschen ❷ *(conversation)* mitanhören ❸ *(prendre au dépourvu)* **~ qn dans son bureau** jdn in seinem Büro überfallen **II.** *vpr* **se ~ à faire qc** sich dabei ertappen, wie man etw tut
surpris(e) [syʀpʀi] *part passé de* **surprendre**
surprise [syʀpʀiz] *f* Überraschung *f;* **avec/par ~** überrascht/überraschend
surproduction [syʀpʀɔdyksjɔ̃] *f* Überproduktion *f*
surréaliste [syʀʀealist] *adj* ❶ ART, LITTER surrealistisch ❷ *fam (extravagant)* irre
sursaut [syʀso] *m* ❶ *(haut-le-corps)* Zusammenzucken *nt;* **se réveiller en ~** aus dem Schlaf hochfahren ❷ *(de colère)* Ausbruch *m*
sursauter [syʀsote] <1> *vi* zusammenzucken
sursis [syʀsi] *m* ❶ *(délai)* Fristverlänge-

S

rung *f* ② JUR Bewährung *f*

surtaxe [syʀtaks] *f (pour une lettre mal affranchie)* Nachporto *nt*

surtout [syʀtu] *adv (avant tout)* vor allem ▸ ~ **pas** auf keinen Fall

surveillance [syʀvɛjɑ̃s] *f (contrôle)* Aufsicht *f; (des travaux, de la police)* Überwachung *f*

surveillant(e) [syʀvɛjɑ̃] *m(f)* Aufsichtsperson *f; (de prison)* Wärter(in) *m(f)*

surveillé(e) [syʀveje] *adj* ① SCOL *(étude)* unter Aufsicht ② JUR *(liberté)* mit Bewährungsaufsicht

surveiller [syʀveje] <1> *vt* ① *(enfant, élève)* beaufsichtigen ② *(suivre l'évolution)* überwachen ③ *(garder)* aufpassen auf *(+akk)*

survêt [syʀvɛt] *m fam v.* **survêtement**

survêtement [syʀvɛtmɑ̃] *m* SPORT Trainingsanzug *m*

survie [syʀvi] *f* Überleben *nt;* REL Leben *nt* nach dem Tod

survivant(e) [syʀvivɑ̃] **I.** *adj* überlebend **II.** *m(f)* Überlebende(r) *f(m)*

survivre [syʀvivʀ] <irr> *vi* ~ **à qn/qc** jdn/etw überleben

survoler [syʀvɔle] <1> *vt a. fig* überfliegen

susceptibilité [sysɛptibilite] *f* Empfindlichkeit *f*

susceptible [sysɛptibl] *adj (ombrageux)* empfindlich

susciter [sysite] <1> *vt* hervorrufen; *(querelle)* verursachen

susnommé(e) [sysnɔme] *adj form* oben genannt

suspect(e) [syspɛ] **I.** *adj* verdächtig **II.** *m(f)* Verdächtige(r) *f(m)*

suspecter [syspɛkte] <1> *vt* ~ **qn de qc** jdn einer S. *(gen)* verdächtigen

suspendre [syspɑ̃dʀ] <14> *vt* ① *(accrocher)* aufhängen ② *(séance, réunion)* aussetzen

suspens [syspɑ̃] ▸ **projet en** ~ Projekt in der Schwebe

suspense [syspɛns] *m* Spannung *f*

suspicieux, -euse [syspisjø, -jøz] *adj* misstrauisch

suspicion [syspisjɔ̃] *f* Verdacht *m*

svelte [svɛlt] *adj* schlank

S.V.P. [ɛsvepe] *abr de* **s'il vous plaît** bitte

sweat-shirt [switʃœʀt] <sweat-shirts> *m* Sweatshirt *nt*

swing [swiŋ] *m* ① MUS Swing *m* ② SPORT Schwinger *m*

syllabe [sil(l)ab] *f* Silbe *f*

symbiose [sɛ̃bjoz] *f* Symbiose *f*

symbole [sɛ̃bɔl] *m* Symbol *nt*

symbolique [sɛ̃bɔlik] **I.** *adj* symbolisch **II.** *f* Symbolik *f*

symboliquement [sɛ̃bɔlikmɑ̃] *adv* symbolisch

symboliser [sɛ̃bɔlize] <1> *vt* ① *(matérialiser par un symbole)* versinnbildlichen ② *(être le symbole de)* symbolisieren

symétrie [simetʀi] *f* Symmetrie *f*

symétrique [simetʀik] *adj* symmetrisch

symétriquement [simetʀikmɑ̃] *adv* symmetrisch

sympa [sɛ̃pa] *adj fam abr de* **sympathique**

sympathie [sɛ̃pati] *f (inclination)* Sympathie *f*

sympathique [sɛ̃patik] *adj* ① *(personne)* sympathisch ② *fam (charmant)* freundlich

sympathiser [sɛ̃patize] <1> *vi* sympathisieren

symphonie [sɛ̃fɔni] *f* Sinfonie *f*

symphonique [sɛ̃fɔnik] *adj (orchestre)* Sinfonie-

symptôme [sɛ̃ptom] *m* Symptom *nt*

synagogue [sinagɔg] *f* Synagoge *f*

synchronisation [sɛ̃kʀɔnizasjɔ̃] *f* ① MEDIA Synchronisation *f* ② *(concordance)* Koordinierung *f*

synchroniser [sɛ̃kʀɔnize] <1> *vt* synchronisieren

syncope [sɛ̃kɔp] *f* Ohnmacht *f;* **avoir une** ~ ohnmächtig werden

syndical(e) [sɛ̃dikal] <-aux> *adj* Gewerkschafts-; *(action)* gewerkschaftlich

syndicat [sɛ̃dika] *m* ❶ *(syndicat de salariés)* Gewerkschaft *f* ❷ *(pour les touristes)* ~ **d'initiative** Fremdenverkehrsamt *nt*
synergie [sinɛʀʒi] *f* Synergie *f,* Zusammenwirken *nt*
synonyme [sinɔnim] **I.** *adj* synonym **II.** *m* Synonym *nt*
syntaxe [sɛ̃taks] *f* Syntax *f*
syntaxique [sɛ̃taksik] *adj* syntaktisch
synthèse [sɛ̃tɛz] *f* Synthese *f;* **faire la ~ de qc** einen Gesamtüberblick über etw *(akk)* geben
synthétique [sɛ̃tetik] *adj* *(matériau)* synthetisch
synthétiseur [sɛ̃tetizœʀ] *m* Synthesizer *m*
systématique [sistematik] *adj* systematisch
systématiquement [sistematikmɑ̃] *adv* systematisch; *(refuser)* kategorisch
système [sistɛm] *m* ❶ System *nt* ❷ *(de fermeture)* Vorrichtung *f* ❸ *fam (combine)* Taktik *f* ❹ INFORM ~ **informatique/d'exploitation** Betriebssystem *nt;* ~ **de gestion de base de données** Datenbankverwaltungssystem *nt* ❺ AUT ~ **de guidage** Navigationssystem *nt*
Système européen de banques centrales *m* Europäisches System *nt* der Zentralbanken
Système monétaire européen *m* Europäisches Währungssystem *nt*

Tt

t *f abr de* **tonne** t
T, t [te] *m inv* T *nt,* t *nt;* **en t** T-förmig
t' *pron v.* **te, tu**
ta [ta] <tes> *dét poss* dein(e); *v.a.* **ma**
tabac [taba] *m* ❶ Tabak *m* ❷ *fam (magasin)* Laden *m* für Tabakwaren

> **Aussprache**
> Das -c von **tabac** wird nicht als [k] wie im Deutschen gesprochen, sondern bleibt stumm.

tabagisme [tabaʒism] *m* übermäßiger Tabakkonsum *m;* ~ **passif** passives Rauchen
tabasser [tabase] <1> *fam* **I.** *vt* zusammenschlagen, verdreschen; **se faire ~** verprügelt werden **II.** *vpr* **se ~** sich prügeln
tabernacle [tabɛʀnakl] **I.** *m (armoire)* Tabernakel *m o nt* **II.** *interj* CAN *fam* verdammt [noch mal]
table [tabl] *f* ❶ *(meuble)* Tisch *m;* ~ **de nuit** Nachttisch; **à ~!** zu Tisch! ❷ *(tablée)* Tafel *f* ❸ *(nourriture)* Essen *nt* ❹ *(tableau)* ~ **des matières** Inhaltsverzeichnis *nt*
tableau [tablo] <x> *m* ❶ Bild *nt* ❷ SCOL [Schul]tafel *f* ❸ *(panneau)* Schwarzes Brett *nt* ❹ *(présentation graphique) a.* CHASSE Tabelle *f*
tabler [table] <1> *vi* ~ **sur qc** mit etw rechnen
tablette [tablɛt] *f* ❶ *(plaquette)* Lutschtablette *f* ❷ *(planchette: d'un lavabo)* [Ablage]platte *f* ❸ INFORM Tablet-PC *m* ❹ CAN *(bloc de papier à lettres)* Schreibblock *m*

T

> **Übersetzungstipp**
> **La tablette** – Nicht verwechseln mit *das Tablett – le plateau!*

tableur [tablœʀ] *m* INFORM Tabellenkalkulationsprogramm *nt*

tablier [tablije] *m* Schürze *f*

tabou [tabu] *m* Tabu *nt*

tabou(e) [tabu] *adj (lieu)* mit einem Tabu belegt; **sujet ~** Tabuthema *nt;* **mot ~** Tabuwort *nt*

taboulé [tabule] *m Salat aus Weizengrieß und Gemüse*

tabouret [tabuʀɛ] *m* Hocker *m,* Stockerl *nt* (A)

tac [tak] *m (bruit sec)* **~ d'une mitrailleuse** Knattern *nt* eines Maschinengewehrs ▶ **répondre du ~ au ~** wie aus der Pistole geschossen kontern *(fam)*

tache [taʃ] *f* Fleck *m* ▶ **pauvre ~** Dumpfbacke *f*

> **Übersetzungstipp**
>
> **La tache** oder **la tâche** – Nicht verwechseln mit *die Tasche – le sac; la poche!*

tâche [tɑʃ] *f* ❶ *(besogne)* Arbeit *f* ❷ *(mission)* Aufgabe *f*

tacher [taʃe] <1> **I.** *vi* Flecken *Pl* machen **II.** *vt* beflecken **III.** *vpr* **se ~** *(personne)* sich schmutzig machen

tâcher [tɑʃe] <1> *vi (s'efforcer)* **~ de faire qc** versuchen etw zu tun

tacheter [taʃte] <3> *vt* sprenkeln

tachycardie [takikaʀdi] *f* Herzjagen *nt*

tachymètre [takimɛtʀ] *m* Tachometer *m o nt*

tacite [tasit] *adj* stillschweigend

tacitement [tasitmɑ̃] *adv* stillschweigend

taciturne [tasityʀn] *adj* ❶ *(silencieux)* schweigsam ❷ *(morose)* wortkarg

tacot [tako] *m fam (vieille voiture)* alte Kiste *f*

tact [takt] *m* Takt *m*

tacticien(ne) [taktisjɛ̃] *m(f)* Taktiker(in) *m(f)*

tactile [taktil] *adj* Tast-; *(écran)* zum Berühren

tactique [taktik] *f* Taktik *f*

taffe [taf] *f fam* Zug *m;* **tu me donnes une ~?** lässt du mich mal ziehen?

taffetas [tafta] *m* Taft *m*

tag [tag] *m* ❶ INFORM Tag *m* ❷ *(graffiti)* Graffiti *Pl*

tagliatelles [taljatɛl] *f pl* Tagliatelle *Pl*

tagueur, -euse [tagœʀ, -øz] *m, f* Sprüher(in) *m(f)*

taie [tɛ] *f (d'un oreiller)* Bezug *m*

taïga [taiga] *f* Taiga *f*

taille[1] [tɑj] *f* ❶ Größe *f* ❷ *(partie du corps, d'un vêtement)* Taille *f* ▶ **ne pas être à sa ~** *(vêtement)* nicht seine/ihre Größe sein

taille[2] [tɑj] *f* ❶ *(sculpture: d'un diamant)* Schleifen *nt; (d'une pierre)* Behauen *nt* ❷ BOT [Be]schneiden *nt*

taillé(e) [tɑje] *adj* ❶ *(bâti)* **~ en qc** geformt wie etw ❷ *(destiné)* **~ pour qc** für etw gemacht

taille-crayon [tɑjkʀɛjɔ̃] <taille--crayons> *m* Bleistiftspitzer *m*

tailler [tɑje] <1> **I.** *vt* ❶ *(arbre)* zurückschneiden; *(crayon)* [an]spitzen ❷ *(robe)* [zu]schneiden **II.** *vpr (se couper)* **se ~ la barbe** sich *(dat)* den Bart stutzen

tailleur [tɑjœʀ] *m* ❶ *(couturier)* Schneider *m* ❷ *(tenue)* Kostüm *nt*

tailleur, -euse [tɑjœʀ] *m, f (de diamants)* Schleifer(in) *m(f);* **~ de pierre** Steinmetz *m*

tailleur-pantalon [tɑjœʀpɑ̃talɔ̃] <tailleurs-pantalons> *m* Hosenanzug *m*

tain [tɛ̃] *m* Spiegelbelag *m;* **glace sans ~** Spionspiegel *m*

taire [tɛʀ] <irr> **I.** *vpr* **se ~** schweigen **II.** *vt* verschweigen

Taiwan [tajwan] *m* Taiwan *nt*

talent [talɑ̃] *m* Talent *nt*

talentueux, -euse [talɑ̃tɥø, -øz] *adj* talentiert

talkie-walkie [tokiwolki] <talkies-walkies> *m* Walkie-Talkie *nt*

talon [talɔ̃] *m* ❶ ANAT Ferse *f* ❷ *(de chaussure)* Absatz *m* ❸ *(bout)* Ende *nt*

talonner [talɔne] <1> *vt* **~ qn** jdm auf

den Fersen sein

talquer [talke] <1> *vt* mit Talk einreiben

talus [taly] *m* Böschung *f*

TAM [teaɛm] *f abr de* **toile d'araignée mondiale** WWW

tambour [tɑ̃buʀ] *m* Trommel *f*

tambourin [tɑ̃buʀɛ̃] *m* Tamburin *nt*

tambouriner [tɑ̃buʀine] <1> *vi* trommeln; ~ **à** [*o* **sur**] **qc** an [*o* gegen] etw *(akk)* trommeln

tamis [tami] *m* ❶ *(crible)* Sieb *nt* ❷ SPORT Saitenbespannung *f*

Tamise [tamiz] *f* **la** ~ die Themse

tamiser [tamize] <1> *vt (passer au tamis)* [durch]sieben

tampon [tɑ̃pɔ̃] **I.** *m* ❶ *(en coton)* Bausch *m* ❷ *(périodique)* Tampon *m* ❸ *(pansement)* Tupfer *m* **II.** *app inv* Puffer-; **zone** ~ Pufferzone *f*

tamponner [tɑ̃pɔne] <1> **I.** *vt (essuyer)* abtupfen; *(plaie)* säubern **II.** *vpr (se heurter)* **se** ~ zusammenstoßen

tamponneur, -euse [tɑ̃pɔnœʀ, -øz] *adj* **auto tamponneuse** Autoskooter *m*

tam-tam [tamtam] *m inv* MUS afrikanische Trommel *f*

tandem [tɑ̃dɛm] *m* ❶ *(cycle)* Tandem *nt* ❷ *(duo)* Gespann *nt*

tandis que [tɑ̃dikə] *conj + indic* während [hingegen]

tanga [tɑ̃ga] *m* Tanga *m*

tangent(e) [tɑ̃ʒɑ̃, ʒɑ̃t] *adj* ❶ *(très juste)* knapp; **élève** ~ Schüler, der noch um Haaresbreite versetzt worden ist ❷ MATH tangential

tangible [tɑ̃ʒibl] *adj* greifbar

tanguer [tɑ̃ge] <1> *vi* ❶ NAUT stampfen ❷ *fam (tituber)* torkeln ❸ *fam (vaciller)* ~ **autour de qn** *(objets)* sich um jdn drehen

tanière [tanjɛʀ] *f (d'un animal)* Unterschlupf *m*

tanin [tanɛ̃] *m* Tannin *nt*

tank [tɑ̃k] *m (réservoir)* Tank *m*

tanner [tane] <1> *vt* ❶ *(préparer des peaux)* gerben ❷ *fam (harceler: personne)* nerven ❸ *(hâler: visage)* gerben

tannerie [tanʀi] *f* ❶ *(opérations)* [Loh]gerbung *f* ❷ *(établissement)* [Loh]gerberei *f*

tanneur, -euse [tanœʀ] *m, f* Lohgerber(in) *m(f)*

tannin [tanɛ̃] *m v.* **tanin**

tant [tɑ̃] *adv* ❶ *(tellement: aimer, vouloir)* so sehr; *(manger, travailler)* so viel ❷ *(une telle quantité)* ~ **de choses** so viele Dinge; ~ **de fois** so oft ❸ *(autant)* ~ **qu'il peut** so viel er kann ❹ *(aussi longtemps que)* ~ **que** solange ▸ **en** ~ **que** [in der Eigenschaft] als

tante [tɑ̃t] *f* ❶ *(parente)* Tante *f* ❷ *vulg (homosexuel)* Tunte *f*

tantième [tɑ̃tjɛm] **I.** *adj* soundsovielte(r, s) **II.** *m* Tantieme *f*

tantôt [tɑ̃to] *adv* ❶ *(en alternance)* **~... ~...** mal..., mal... ❷ BELG *(tout à l'heure)* später

taon [tɑ̃] *m* ZOOL Bremse *f*

tapage [tapaʒ] *m* ❶ *(vacarme)* Krach *m* ❷ *(publicité)* Wirbel *m*

tapageur, -euse [tapaʒœʀ, -ʒøz] *adj (liaison, vie)* skandalös; *(enfant)* laut; *(publicité)* marktschreierisch; *(toilette)* Aufsehen erregend

tape [tap] *f* Klaps *m*

taper [tape] <1> **I.** *vi* ❶ *(donner des coups)* klopfen; ~ **sur qn** jdn schlagen ❷ *fam (soleil)* knallen **II.** *vt* ❶ *(tapis)* klopfen ❷ *(cogner)* ~ **le pied contre qc** den Fuß gegen etw schlagen ❸ *(dactylographier)* tippen ❹ INFORM *(texte, code)* eingeben ❺ *fam (se payer)* **se** ~ **un film** sich *(dat)* einen Film reinziehen

tapette [tapɛt] *f* ❶ *(petite tape)* Klaps *m* ❷ *(ustensile: pour les tapis)* Teppichklopfer *m*; *(pour les mouches)* Fliegenklatsche *f* ❸ *(piège)* Falle *f*

tapir [tapiʀ] <8> *vpr* **se** ~ **sous qc** sich unter etw *(dat)* verkriechen

tapis [tapi] *m* ❶ Teppich *m* ❷ JEUX Tuch *nt* ❸ INFORM ~ **de souris** Mauspad *nt* ▸ ~ **roulant** *(pour bagages)* Gepäckband *nt*

tapisser [tapise] <1> *vt (mur, pièce)* tapezieren

tapisserie [tapisʀi] *f* ❶ *(revêtement)* Tapete *f* ❷ ART *(activité)* Teppichweben *nt*

tapotement [tapɔtmɑ̃] *m (des doigts)* Trommeln *nt*

tapoter [tapɔte] <1> *vt (joues)* tätscheln

taquin(e) [takɛ̃, in] **I.** *adj (caractère, personne)* schelmisch **II.** *m(f)* Schelm *m*

taquiner [takine] <1> *vt* necken

taquinerie [takinʀi] *f* Neckerei *f*

tarabiscoté(e) [taʀabiskɔte] *adj* überladen; *(histoire)* völlig verdreht

tarabuster [taʀabyste] <1> *vt* ❶ *(importuner)* drängen ❷ *(causer de l'inquiétude)* ~ **qn** *(choses)* jdm keine Ruhe lassen

tarama [taʀama] *m* Taramas *m*

tard [taʀ] **I.** *adv* spät; **au plus** ~ spätestens **II.** *m* **sur le** ~ spät

tarder [taʀde] <1> *vi* ❶ *(traîner)* ~ **à faire qc** zögern etw zu tun; **sans** ~ umgehend ❷ *(se faire attendre)* auf sich warten lassen

tardif, -ive [taʀdif] *adj* spät

tardivement [taʀdivmɑ̃] *adv* spät

tare [taʀ] *f* Makel *m*

taré(e) [taʀe] *m(f)* ❶ *fam (idiot)* Verrückte(r) *f(m)* ❷ MED geistig Behinderte(r) *f(m)*

tari(e) [taʀi] *adj (rivière)* ausgetrocknet; *(source, imagination)* versiegt; *(ressources)* erschöpft

tarif [taʀif] *m (barème)* Tarif *m*

tarifer [taʀife] <1> *vt* ~ **la marchandise** den Preis der Ware festlegen

tarification [taʀifikasjɔ̃] *f* COM Preis-/Gebühren-/Zollfestsetzung *f*

tarir [taʀiʀ] <8> **I.** *vi (cesser de couler)* versiegen *(geh)* **II.** *vt (mare, fleuve)* austrocknen **III.** *vpr* **se** ~ *(s'assécher)* versiegen

tartare [taʀtaʀ] *adj* GASTR **steak** ~ Tartarsteak *nt*

tarte [taʀt] **I.** *f* GASTR Kuchen *m* **II.** *adj fam* doof

tartine [taʀtin] *f* GASTR ~ **[beurrée]** [Butter]brot *nt*

tartiner [taʀtine] <1> *vt* GASTR bestreichen

tartre [taʀtʀ] *m* Kesselstein *m*; *(des dents)* Zahnstein *m*

tartuf[f]e [taʀtyf] **I.** *m* Heuchler(in) *m(f)* **II.** *adj* scheinheilig

tas [tɑ] *m* Haufen *m*; **un** ~ **de choses** *fam* eine Menge Dinge

tasse [tɑs] *f* Tasse *f*; ~ **de café** Tasse Kaffee

tassé(e) [tɑse] *adj (café, pastis)* stark

tassement [tɑsmɑ̃] *m* ❶ *(des sédiments, des neiges)* Sichsetzen *nt*; *(de terrain)* Absacken *nt* ❷ *(du sol)* Befestigen *nt* ❸ MED *(des vertèbres)* Zusammensacken *nt*; *(dû à un traumatisme)* Stauchung *f* ❹ *(diminution)* Rückgang *m*

tasser [tɑse] <1> **I.** *vt (comprimer)* zusammendrücken **II.** *vpr* **se** ~ ❶ *(s'affaisser)* in sich *(akk)* zusammensinken ❷ *fam (ennui, querelle)* sich legen

tâter [tɑte] <1> **I.** *vt* ❶ *(pouls)* fühlen ❷ *(terrain)* sondieren *(geh)* **II.** *vi (faire l'expérience)* ~ **de qc** die Erfahrung einer S. *(gen)* machen **III.** *vpr* **se** ~ *fam (hésiter)* noch überlegen

tatillon(ne) [tatijɔ̃] *adj* pedantisch *(pej)*

tâtonnement [tɑtɔnmɑ̃] *m* ❶ *(essai hésitant)* Versuch *m* ❷ *(marche incertaine)* Tasten *nt*

tâtonner [tɑtɔne] <1> *vi* ❶ *(chercher en hésitant)* ausprobieren ❷ *(se déplacer sans voir)* sich vorantasten

tâtons [tɑtɔ̃] *mpl* **à** ~ tastend

tatouage [tatwaʒ] *m (dessin)* Tätowierung *f*, Tattoo *nt o m*; ~ **[au] bas du dos** Tätowierung [*o* Tattoo] am unteren Rücken, Arschgeweih *nt (fam)*

tatouer [tatwe] <1> *vt* tätowieren

tatoueur, -euse [tatwœʀ, -øz] *m, f* Tätowierer(in) *m(f)*

taudis [todi] *m* Elendsbehausung *f*

taupe [top] *f* ZOOL Maulwurf *m*

taupinière [topinjɛʀ] *f* Maulwurfshügel *m*

taureau [tɔʀo] <x> *m* ZOOL Stier *m*

Taureau [tɔʀo] <x> *m* ASTRO Stier *m*; *v.a.*

Balance

tauromachie [tɔʀɔmaʃi] *f* Stierkampf *m*

taux [to] *m* ❶ *(pourcentage administrativement fixé)* Satz *m* ❷ *(mesure statistique)* Quote *f;* ~ **de change** Wechselkurs *m*

taverne [tavɛʀn] *f (gargote)* Wirtshaus *nt*

tavernier, -ière [tavɛʀnje, -jɛʀ] *m, f* Wirt(in) *m(f)*

taxable [taksabl] *adj* ❶ *(imposable)* abgabenpflichtig ❷ *(à la douane)* zollpflichtig

taxation [taksasjɔ̃] *f (des marchandises)* Besteuerung *f*

taxe [taks] *f (impôt)* Steuer *f;* **hors ~s** Steuer nicht inbegriffen; *(sans T.V.A.)* ohne Mehrwertsteuer

taxer [takse] <1> *vt* ❶ *(imposer)* besteuern ❷ *fam* ~ **qc à qn** etw bei jdm schnorren

taxi [taksi] *m* Taxi *nt*

taxidermiste [taksidɛʀmist] *mf* Tierpräparator(in) *m(f)*

tchador [tʃadɔʀ] *m* Tschador *m*

tchao [tʃao] *interj fam* tschau

tchatche [tʃatʃ] *f* **avoir de la** ~ *fam* eine Quasselstrippe sein

tchatcher [tʃatʃe] <1> *vi fam* schwatzen, schwätzen; **gaver qn à ~ sans arrêt** jdn zutexten *(fam)*

tchécoslovaque [tʃekɔslɔvak] *adj* HIST tschechoslowakisch

Tchécoslovaque [tʃekɔslɔvak] *mf* HIST Tschechoslowake *m*/Tschechoslowakin *f*

Tchécoslovaquie [tʃekɔslɔvaki] *f* HIST Tschechoslowakei *f*

tchèque [tʃɛk] **I.** *adj* tschechisch; *v.a.* **allemand** **II.** *m* Tschechisch *nt; v.a.* **allemand**

Tchèque [tʃɛk] *mf* Tscheche *m*

Tchéquie [tʃeki] *f* **la** ~ Tschechien *nt*

tchétchène [tʃetʃɛn] *adj* tschetschenisch; *v.a.* **allemand**

Tchétchène [tʃetʃɛn] *mf* Tschetschene *m*/Tschetschenin *f*

te [tə] <*devant voyelle ou h muet* t'> *pron pers* dich/dir; *v.a.* **me**

té [te] *m* ❶ *(règle)* Reißschiene *f* ❷ *(ferrure)* T-Stück *nt*

technicien(ne) [tɛknisjɛ̃] *m(f)* ❶ *(professionnel qualifié)* Techniker(in) *m(f)* ❷ *(expert)* Fachmann, -frau *m, f*

technicité [tɛknisite] *f* hohe Spezialisiertheit

technico-commercial(e) [tɛknikokɔmɛʀsjal] <technico-commerciaux> **I.** *adj* kaufmännisch-technisch **II.** *m(f)* COM kaufmännisch-technische(r) Angestellte(r) *f(m)*

technique [tɛknik] **I.** *adj* technisch **II.** *m* SCOL Fachschulwesen *nt* **III.** *f* Technik *f*

techniquement [tɛknikmɑ̃] *adv* technisch

techno [tɛkno] *adj inv* **musique** ~ Technomusik *f*

technologie [tɛknɔlɔʒi] *f* Technologie *f*

technologique [tɛknɔlɔʒik] *adj* technologisch

technopôle [tɛknɔpol] *m Stadtteil, in dem ausschließlich Forschungs- und Hochschultechnologieunternehmen sitzen*

teenager [tinɛdʒœʀ] *mf* Teenager *m*

tee-shirt [tiʃœʀt] <tee-shirts> *m* T-Shirt *nt*

téflon® [teflɔ̃] *m* Teflon® *nt*

teigneux, -euse [tɛɲø, -øz] **I.** *adj fam* verbissen **II.** *m, f* ❶ *fam (hargneux)* Fiesling *m* ❷ MED an Grind Erkrankte(r) *f(m)*

teindre [tɛ̃dʀ] <irr> **I.** *vt* färben **II.** *vpr (teindre les cheveux)* **se** ~ sich *(dat)* die Haare färben

teint [tɛ̃] *m* Teint *m*

teint(e) [tɛ̃] *part passé de* **teindre**

teinte [tɛ̃t] *f (couleur)* Farbe *f*

teinter [tɛ̃te] <1> **I.** *vt (colorer)* tönen **II.** *vpr (se colorer)* **se ~ de rose** sich rosa färben

teinture [tɛ̃tyʀ] *f* ❶ *(colorant)* Färbemittel *nt* ❷ MED ~ **d'iode** Jodtinktur *f*

teinturier, -ière [tɛ̃tyʀje, -jɛʀ] *m, f* ❶ *(commerçant)* **porter qc chez le ~**

etw zur Reinigung bringen ② *(artisan)* Färber(in) *m(f)*

tel(le) [tɛl] *adj indéf* ① *(semblable, si fort/grand)* **un ~/une ~le...** solch ein(e)...; **de ~(s)...** solche... ② *(ainsi)* **~ père, ~ fils** wie der Vater, so der Sohn ③ *(comme)* **~ que qn/qc** wie jd/etw ▶ **il n'y a rien de ~** es gibt nichts Besseres

télé [tele] *f fam abr de* **télévision**

téléachat [teleaʃa] *m* Teleshopping *nt*

téléboutique [telebutik] *f* TELEC Call-Shop *m*

télécarte [telekaʀt] *f* Telefonkarte *f*

Télécarte® [telekaʀt] *f* Telefonkarte *f*

téléchargement [teleʃaʀʒəmɑ̃] *m* INFORM Herunterladen *nt*

télécharger [teleʃaʀʒe] *vt* INFORM **~ qc [vers l'aval]** etw herunterladen

Télécom [telekɔm] **France ~** *französische Telefongesellschaft, entspricht der deutschen Telekom*

télécommande [telekɔmɑ̃d] *f (d'une télé, d'un magnétoscope)* Fernbedienung *f*

télécommander [telekɔmɑ̃de] <1> *vt* ① TECH mit Fernbedienung steuern ② *(organiser à distance)* [aus der Ferne] lenken

télécommunication [telekɔmynikasjɔ̃] *f gén pl (technique)* Fernmeldetechnik *f*

télécoms [telekɔm] *fpl abr de* **télécommunications** *fam* Fernmeldewesen *nt*

téléconférence [telekɔ̃feʀɑ̃s] *f* Videokonferenz *f*, Konferenzschaltung *f*

télécopie [telekɔpi] *f* Fax *nt*

télécopieur [telekɔpjœʀ] *m* Faxgerät *nt*

téléenquêteur, -trice [teleɑ̃kɛtœʀ, -tʀis] *m, f* Telefonbefrager(in) *m(f)*

téléenseignement [teleɑ̃sɛɲəmɑ̃] *m* Fernstudium *nt*

téléfax [telefaks] *m* Telefax *nt*

téléfilm [telefilm] *m* Fernsehfilm *m*

télégramme [telegʀam] *m* Telegramm *nt*

téléguider [telegide] <1> *vt (diriger à distance)* durch Fernlenkung steuern

téléobjectif [teleɔbʒɛktif] *m* Teleobjektiv *nt*

télépaiement [telepɛmɑ̃] *m* elektronische Zahlungsweise *f*

télépendulaire [telepɑ̃dylɛʀ] *m* Telearbeit *f*

téléphérique [telefeʀik] *m* Seilbahn *f*

téléphone [telefɔn] *m* Telefon *nt*

téléphoner [telefɔne] <1> *vi* telefonieren; **~ à qn** jdn anrufen

téléphonie [telefɔni] *f (secteur)* Fernmeldewesen *nt;* **~ mobile** Mobilfunk *m*

téléphonique [telefɔnik] *adj* telefonisch

télé-réalité [teleʀealite] *f* Reality-TV *nt*

téléreportage [teleʀ(ə)pɔʀtaʒ] *m* Fernsehreportage *f*

télescopage [teleskɔpaʒ] *m* Kollision *f*

télescope [teleskɔp] *m* Teleskop *nt*

télescoper [telɛskɔpe] <1> *vpr* **se ~** *(se percuter)* aufeinanderprallen

télescopique [telɛskɔpik] *adj* ① ASTRO teleskopisch ② TECH ausziehbar

télésiège [telesjɛʒ] *m* Sessellift *m*

téléski [teleski] *m* Schlepplift *m*

téléspectateur, -trice [telespɛktatœʀ] *m, f* Fernsehzuschauer(in) *m(f)*

télésurveillance [telesyʀvɛjɑ̃s] *f* Fernüberwachung *f*

téléthon [teletɔ̃] *m* ≈ Spendenmarathon *m (interaktive TV-Sendung, die Spenden sammelt)*

télétransmission [teletʀɑ̃smisjɔ̃] *f* Fernübertragung *f*

télétravail [teletʀavaj] *m* Telearbeit *f*, Homeoffice *nt* **télétravailler** [teletʀavaje] <1> *vi* in Home Office arbeiten

télévérité [televeʀite] *f* TV Reality-TV *nt*

téléviser [televize] <1> *vt* im Fernsehen übertragen

téléviseur [televizœʀ] *m* Fernseher *m*

télévision [televizjɔ̃] *f* ① Fernsehen *nt;* **regarder la ~** fernsehen ② *(récepteur)* Fernseher *m*

télévisuel(le) [televizɥɛl] *adj* Fernseh-

tellement [tɛlmɑ̃] *adv* ① *(si)* so; **ce serait ~ mieux** das wäre weitaus besser ❷ *(tant)* [so] sehr ❸ *(beaucoup)* **pas/plus** ~ *fam (venir)* nicht oft/ nicht mehr oft ❹ *fam (tant de)* **avoir ~ d'amis** so viele Freunde haben

téméraire [temeʀɛʀ] *adj* gewagt

témérité [temeʀite] *f* Kühnheit *f*

témoignage [temwaɲaʒ] *m* ❶ JUR [Zeugen]aussage *f* ❷ *(manifestation)* Beweis *m*

témoigner [temwaɲe] <1> *vi* ❶ JUR *(déposer)* aussagen ❷ *(attester, jurer)* **~ de qc** etw bezeugen

témoin [temwɛ̃] **I.** *m* Zeuge, Zeugin *m, f* **II.** *app* **lampe ~** Kontrolllampe *f*

> **Un témoin**
>
> Im Französischen ist **témoin** immer maskulin, auch wenn es sich auf eine Frau bezieht:
> *Elle était le seul témoin qui a vu l'accident. – Sie war die einzige Zeugin, die den Unfall gesehen hat.*

tempe [tɑ̃p] *f* Schläfe *f*

tempérament [tɑ̃peʀamɑ̃] *m* ❶ *(caractère)* Natur *f* ❷ *(forte personnalité)* Temperament *nt*

température [tɑ̃peʀatyʀ] *f* ❶ Temperatur *f* ❷ *(fièvre)* Fieber *nt*

tempéré(e) [tɑ̃peʀe] *adj* ❶ *a.* METEO *(modéré)* gemäßigt ❷ MUS temperiert; **bien ~** wohltemperiert

tempérer [tɑ̃peʀe] <5> *vt* ❶ METEO mildern ❷ *(modérer)* bremsen

tempête [tɑ̃pɛt] *f* METEO Unwetter *nt*, Sturm *m*

tempêter [tɑ̃pete] <1> *vi* **~ contre qn/qc** gegen jdn/etw wettern

temple [tɑ̃pl] *m* ❶ ART, HIST Tempel *m* ❷ REL *(protestant)* Kirche *f*

tempo [tɛmpo, tɛmpi] <tempi o s> *m a.* MUS Tempo *nt*

temporaire [tɑ̃pɔʀɛʀ] *adj* ❶ *(intérimaire)* befristet ❷ *(passager)* momentan

temporairement [tɑ̃pɔʀɛʀmɑ̃] *adv* vorübergehend

temporel [tɑ̃pɔʀɛl] *m* Zeitliche *nt*

temporel(le) [tɑ̃pɔʀɛl] *adj* ❶ LING temporal ❷ *(opp: spatial)* zeitlich ❸ *(opp: éternel)* vergänglich

temporiser [tɑ̃pɔʀize] <1> *vi* abwarten

temps[1] [tɑ̃] *m* ❶ Zeit *f*; **avoir/ne pas avoir le ~ de faire qc** Zeit haben/ keine Zeit haben etw zu tun; **~ libre** Freizeit ❷ *(moment)* Zeitpunkt *m* ❸ *pl (époque)* Zeiten *Pl* ❹ *(période)* Zeitalter *nt* ❺ TECH, MUS Takt *m* ▸ **ces derniers ~** in letzter Zeit; **tout le ~** ständig; **il était ~!** es war allerhöchste Zeit!; **passer le ~** die Zeit totschlagen; **à ~** rechtzeitig; **au ~ pour moi!** *fam* ich habe mich geirrt!; **de ~ en ~** von Zeit zu Zeit; **depuis le ~** seither; **depuis ce ~-là** seitdem; **en même ~** gleichzeitig; **en ~ de crise** in Krisenzeiten *Pl*; **en peu de ~** in kurzer Zeit; **ces ~-ci** in letzter Zeit

temps[2] [tɑ̃] *m* Wetter *nt*; **il fait beau/ mauvais ~** das Wetter ist schön/ schlecht; **quel ~ fait-il?** wie ist das Wetter?

tenable [t(ə)nabl] *adj* **ne pas être ~** unerträglich sein; *(position, point de vue)* nicht haltbar sein

tenace [tənas] *adj* hartnäckig; *(haine)* erbittert

ténacité [tenasite] *f* ❶ *(obstination)* Hartnäckigkeit *f* ❷ *(persévérance)* Beharrlichkeit *f* ❸ *(persistance)* Hartnäckigkeit *f*; *(d'un préjugé)* Unausrottbarkeit *f*

tenailler [tənaje] <1> *vt (faim)* quälen

tenailles [t(ə)naj] *fpl* Beißzange *f*

tenant(e) [tənɑ̃, ɑ̃t] *m(f)* SPORT **le ~ de la coupe** der [derzeitige] Pokalsieger; **la ~e du titre** die Titelverteidigerin ▸ **les ~s et les aboutissants** *(circonstances)* die Begleitumstände; **d'un seul ~** zusammenhängend

tendance [tɑ̃dɑ̃s] **I.** *f* ❶ PSYCH Neigung *f* ❷ *(propension)* **~ à la rêverie** Hang *m* zur Träumerei **II.** *app inv* trendig, Trend-; **les couleurs ~** die Trendfarben

tendancieusement [tɑ̃dɑ̃sjøzmɑ̃] *adv* voreingenommen

tendeur [tɑ̃dœʀ] *m (câble pour fixer)* [Gummi]spanner *m*

tendinite [tɑ̃dinit] *f* MED Sehnenentzündung *f*

tendon [tɑ̃dɔ̃] *m* Sehne *f*

tendre[1] [tɑ̃dʀ] <14> **I.** *vt* ❶ *(raidir)* spannen ❷ *(bras)* ausstrecken; *(cou)* recken; *(main)* entgegenstrecken **II.** *vpr* **se ~** *(se raidir)* sich spannen **III.** *vi (aboutir à)* **~ à faire qc** letztlich etw tun

tendre[2] [tɑ̃dʀ] *adj* ❶ zart ❷ *(opp: dur)* weich

tendrement [tɑ̃dʀəmɑ̃] *adv* liebevoll; *(aimer)* innig[lich]

tendresse [tɑ̃dʀɛs] *f sans pl (affection)* [zärtliche] Liebe *f*

tendreté [tɑ̃dʀəte] *f* Zartheit *f*

ténèbres [tenɛbʀ] *fpl* REL Finsternis *f*

ténébreux [tenebʀø] *m* **beau ~** *hum schöner dunkler Jüngling, der an einen spanischen Helden erinnert*

ténébreux, -euse [tenebʀø, -øz] *adj soutenu (malaisé à comprendre)* dunkel

teneur [tənœʀ] *f* ❶ *(contenu exact)* Wortlaut *m* ❷ *(proportion)* Gehalt *m*

tenir [t(ə)niʀ] <9> **I.** *vt* ❶ halten ❷ *(article, magasin, maison)* führen ❸ *(rôle)* spielen ❹ *(avoir reçu)* **~ de qn** *(information)* von jdm haben ❺ *(largeur, place)* einnehmen **II.** *vi* ❶ *(être attaché)* **~ à qn** an jdm hängen ❷ *(vouloir absolument)* **~ à faire qc/à ce que** + *subj* Wert darauf legen etw zu tun/, dass ❸ *(être fixé)* halten ❹ *(être cohérent: raisonnement, théorie)* haltbar sein ❺ *(durer)* [sich] halten ❻ *(ressembler à)* **~ de qn/qc** jdm/einer S. ähneln **III.** *vpr* ❶ *(se prendre)* **se ~ par la main** Hand in Hand gehen ❷ *(rester, demeurer)* **se ~ debout/assis/couché** stehen/sitzen/liegen ❸ *(se comporter)* **se ~** sich benehmen ❹ *(respecter)* **se ~ à qc** sich an etw *(akk)* halten **IV.** *vi impers (dépendre de)* **ça tient à qn/qc** das hängt von jdm/etw ab

tennis [tenis] **I.** *m* SPORT Tennis *nt;* **jouer au ~** Tennis spielen; **~ de table** Tischtennis *nt* **II.** *mpl (chaussures)* Turnschuhe *Pl*

tennisman [tenisman, -mɛn] <s o -men> *m* Tennisspieler *m*

ténor [tenɔʀ] *m (soliste)* Tenor *m*

tension [tɑ̃sjɔ̃] *f* ❶ Spannung *f* ❷ MED Blutdruck *m*

tentacule [tɑ̃takyl] *m* ZOOL Tentakel *m o nt*

tentation [tɑ̃tasjɔ̃] *f* Versuchung *f*

tentative [tɑ̃tativ] *f* Versuch *m*

tente [tɑ̃t] *f* Zelt *nt*

tenter [tɑ̃te] <1> *vt* ❶ *(allécher)* reizen ❷ *(essayer)* versuchen

tenu [t(ə)ny] *m* SPORT Zeitspiel *nt*

tenu(e) [t(ə)ny] *part passé de* **tenir**

ténu(e) [teny] *adj* fein

tenue [t(ə)ny] *f* ❶ *(comportement)* Verhalten *nt* ❷ *(vêtements)* Kleidung *f*

tequila [tekila] *f* Tequila *m*

ter [tɛʀ] *adv* **habiter au 12 ~** in [Nummer] 12/3 wohnen

téraoctet [teʀaɔktɛ] *m* INFORM Terabyte *nt*

tergiverser [tɛʀʒivɛʀse] <1> *vi* ❶ *(user de faux-fuyants)* Ausflüchte machen ❷ *(hésiter)* zaudern

terme[1] [tɛʀm] *m* ❶ *(fin: d'un stage, voyage)* Ende *nt; (d'un travail)* Abschluss *m* ❷ *(date limite)* Frist *f*

terme[2] [tɛʀm] *m* ❶ *(mot)* Ausdruck *m* ❷ TECH Fachausdruck ❸ LING **en d'autres ~s** mit anderen Worten ❹ *pl (formule: d'un contrat, d'une loi)* Wortlaut *m*

terminaison [tɛʀminɛzɔ̃] *f* Endung *f*

terminal [tɛʀminal] <-aux> *m* Terminal *nt*

terminal(e) [tɛʀminal] <-aux> *adj* **formule ~e** Schlussformel *f;* **phase ~e** Endphase *f*

terminale [tɛʀminal] *f* SCOL ≈ dreizehnte Klasse

> **La terminale**
> Das Abschlussjahr des Gymnasiums heißt in Frankreich **terminale**, in Belgien *rhétorique*. Die Schülerinnen und Schüler dieser Klassenstufe heißen in Belgien entsprechend *les rhétoriciens* bzw. *les rhétoriciennes*, abgekürzt *les rhétos*.

terminer [tɛʀmine] <1> **I.** *vt* beenden; *(devoirs, travail)* erledigen **II.** *vi* ~ **de lire qc** etw zu Ende lesen; **pour ~, ...** zum Abschluss... **III.** *vpr* **se ~** *(année, vacances)* zu Ende gehen; **se ~ bien/mal** *(histoire)* gut/schlecht ausgehen

terminologie [tɛʀminɔlɔʒi] *f* Terminologie *f*

terminus [tɛʀminys] *m* Endstation *f*

terne [tɛʀn] *adj* ① *(cheveux)* stumpf; *(couleur)* matt ② *(conversation)* eintönig

terni(e) [tɛʀni] *adj (couleur)* verblichen; *(coloris)* blass; *(métal, chandelier)* angelaufen

ternir [tɛʀniʀ] <8> **I.** *vt* ① *(défraîchir: rideau, tissu)* ausbleichen; *(couleur)* verblassen lassen; *(métal)* anlaufen lassen ② *(nuire à: honneur)* beflecken **II.** *vpr* **se ~** *(rideau, tissu)* ausbleichen; *(couleur, coloris)* verblassen; *(métal, chandelier)* anlaufen

terrain [teʀɛ̃] *m* ① *(parcelle)* Grundstück *nt*; ~ **de camping** Campingplatz *m* ② *(sol)* ~ **plat** ebenes Gelände *nt* ③ *(domaine)* Gebiet *nt*; ~ **d'entente** Verständigungsbasis *f*

terrarium [teʀaʀjɔm] *m* Terrarium *nt*

terrasse [teʀas] *f* Terrasse *f*

terrasser [teʀase] <1> *vt* ① *(vaincre)* vernichtend schlagen ② *(accabler: mauvaise nouvelle)* [völlig] niederschmettern

terre [tɛʀ] *f* ① *sans pl (planète)* **la Terre** die Erde ② *sans pl a.* GEO Erde *f* ③ *(sol)* Boden *m*; **par ~** *(avec mouvement)* auf den Boden; *(sans mouvement)* auf dem Boden; **cultiver la ~** das Land bewirtschaften ④ *(continent, contrée, pays)* Land *nt* ⑤ *sans pl (argile)* Ton *m*; ~ **cuite** Terrakotta *f* ▶ **revenir sur ~** *fam* auf den Boden der Tatsachen zurückkehren

terre à terre [tɛʀatɛʀ] *adj inv (personne)* nüchtern

terrer [teʀe] <1> *vpr* **se ~** ① *(se cacher: animal)* sich verkriechen ② *(vivre reclus)* sich zurückziehen

terrestre [teʀɛstʀ] *adj* ① *(de la Terre)* **croûte ~** Erdkruste *f* ② *(espèce)* auf der Erde lebend ③ *(moyens de transport)* zu Lande ④ *(plaisirs)* irdisch

terreur [teʀœʀ] *f* ① *(peur violente)* Entsetzen *nt* ② *(terrorisme)* Terror *m*

terreux, -euse [teʀø, -øz] *adj* ① *(goût, odeur)* erdig ② *(mains, chaussures, salade)* voller Erde; *(route)* mit Erde bedeckt ③ *(façade)* grau; *(visage)* fahl

terrible [teʀibl] **I.** *adj* ① schrecklich ② *fam (super)* toll **II.** *adv fam* echt stark

terriblement [teʀibləmɑ̃] *adv* schrecklich

terrien(ne) [teʀjɛ̃, jɛn] **I.** *adj* ① *(qui possède des terres)* **il est propriétaire ~** er ist Grundbesitzer ② *(tradition, mœurs)* ländlich; *(ascendance, racines)* bäuerlich **II.** *m(f) (habitant de la Terre)* Erdbewohner(in) *m(f)*

terrifiant(e) [teʀifjɑ̃] *adj* Furcht erregend; *(nouvelle)* erschreckend

terrifier [teʀifje] <1> *vt* in Angst und Schrecken versetzen

territoire [teʀitwaʀ] *m (d'un animal)* Revier *nt*; *(d'un pays, d'une nation)* Territorium *nt*; ~ **d'outre-mer** überseeisches Gebiet *nt*

territorial(e) [teʀitɔʀjal] <-aux> *adj* territorial

terroir [teʀwaʀ] *m* Gegend *f*; **vin du ~** Landwein *m*

terroriser [teʀɔʀize] <1> *vt* ① *(faire très peur)* ~ **qn** jdm große Angst machen

❷ *(opprimer)* terrorisieren
terrorisme [tɛʀɔʀism] *m* Terrorismus *m*
terroriste [tɛʀɔʀist] **I.** *adj* terroristisch; **attentat ~** Terroranschlag *m* **II.** *mf* Terrorist(in) *m(f)*
tertiaire [tɛʀsjɛʀ] **I.** *adj (emploi)* im Dienstleistungsgewerbe **II.** *m* **le ~** der Dienstleistungssektor
tertio [tɛʀsjo] *adv* drittens
tes [te] *dét poss v.* **ta, ton**
test [tɛst] *m* Test *m*; **~ Covid-19** Corona-Test *m*; **~ rapide Covid-19** Corona-Schnelltest *m*; **faire un ~** einen Test machen
testament [tɛstamɑ̃] *m a.* REL Testament *nt*
testamentaire [tɛstamɑ̃tɛʀ] *adj (héritier)* testamentarisch
tester [tɛste] <1> *vt* testen
testeur [tɛstœʀ] *m (appareil)* Testgerät *nt*
testeur, -euse [tɛstœʀ, -øz] *m, f* Tester(in) *m(f)*
tétaniser [tetanize] <1> *vpr (muscle, membre)* verkrampfen
tétanos [tetanos] *m* MED Tetanus *m*
tête [tɛt] *f* ❶ Kopf *m* ❷ *(mine, figure)* **avoir une bonne ~** *fam* nett aussehen ❸ *(personne)* **~ en l'air** *fam* Schussel *m*; **~ de mule** [*o* **cochon**] *fam* Dickschädel *m* ❹ *(première place)* Spitze *f*; *(les premiers)* Spitzengruppe *f* ❺ *(d'un chapitre, d'une liste)* Anfang *m* ❻ *(d'un lit)* Kopfende *nt* ❼ TECH **~ de lecture** Tonkopf *m* ❽ SPORT Kopfball *m* ▸ **avoir la grosse ~** *fam* die Nase hoch tragen; **se casser la ~** sich *(dat)* den Kopf zerbrechen; **avoir quelque chose derrière la ~** etwas im Schilde führen
tête-à-queue [tɛtakø] *m inv* **faire un ~** *(voiture)* sich um die eigene Achse drehen
tétée [tete] *f* ❶ *(action de téter)* Saugen *nt* ❷ *(repas)* **donner la ~ à un enfant** einem Kind die Brust geben; *(avec un biberon)* einem Kind die Flasche geben
téter [tete] <5> *vt, vi* saugen [an *(+dat)*]
tétine [tetin] *f* ❶ *(biberon)* Sauger *m* ❷ *(sucette pour calmer)* Schnuller *m*
téton [tetɔ̃] *m* ❶ *fam (sein)* Brust *f* ❷ TECH Zapfen *m*
tétraplégie [tetʀapleʒi] *f* Lähmung *f* aller vier Gliedmaßen
tétraplégique [tetʀapleʒik] **I.** *adj (personne)* an Armen und Beinen gelähmt **II.** *mf* an Armen und Beinen Gelähmte(r) *f(m)*
têtu(e) [tety] *adj* starrköpfig
teuf [tœf] *f fam* Party *f*, Fete *f*
teufeur, -euse [tœfœʀ] *m, f fam* Partygänger(in) *m(f)*
teuton(ne) [tøtɔ̃, ɔn] *adj* teutonisch
texte [tɛkst] *m* Text *m*
texter [tɛkste] <1> *vt* simsen, texten; **~ qc à qn** jdm etw simsen [*o* texten]
textile [tɛkstil] *m* ❶ *(matière)* Faserstoff *m* ❷ *(industrie)* Textilindustrie *f*
texto [tɛksto] *m* SMS *f*; **envoyer un ~ à qn** jdm eine SMS schicken, jdm simsen
textoter [tɛkstɔte] <1> *vi* simsen, texten; **~ à qn** jdm simsen, jdm eine SMS/mehrere SMS schicken
textuel(le) [tɛkstɥɛl] *adj* wörtlich
textuellement [tɛkstɥɛlmɑ̃] *adv* wörtlich; *(répéter)* Wort für Wort; *(reproduire)* wortgetreu
texture [tɛkstyʀ] *f (du sol)* Beschaffenheit *f*; *(d'une crème, huile)* Konsistenz *f*
TF1 [teɛfœ̃] *f abr de* **Télévision Française 1**[ère] **chaîne** *erstes Programm des französischen Fernsehens*
T.G.V. [teʒeve] *m abr de* **train à grande vitesse** ≈ ICE *m*
thaï [taj] *m* ❶ *(groupe de langues)* **le ~** die Thaisprachen *Pl* ❷ *(langue officielle de Thaïlande)* Thai *nt*; *v.a.* **allemand**
thaï(e) [taj] *adj* **langues ~es** Thaisprachen *Pl*
Thaï(e) [taj] *m(f)* Thai *mf*
thaïlandais(e) [tajlɑ̃dɛ] *adj* thailändisch

T

Thaïlandais(e) [tajlɑ̃dɛ, ɛz] *m(f)* Thailänder(in) *m(f)*
Thaïlande [tajlɑ̃d] *f* **la ~** Thailand *nt*
thé [te] *m* Tee *m*
théâtral(e) [teatʀal] <-aux> *adj* theatralisch
théâtralement [teatʀalmɑ̃] *adv fig* theatralisch
théâtre [teatʀ] *m* ❶ Theater *nt* ❷ *(œuvres)* Dramen *Pl* ❸ *(lieu: des combats)* Schauplatz *m*
théière [tejɛʀ] *f* Teekanne *f*
théine [tein] *f* Thein *nt*
thématique [tematik] I. *adj* thematisch II. *f* Thematik *f*
thème [tɛm] *m* ❶ *a.* MUS Thema *nt* ❷ ASTRO **~ astral** [Geburts]horoskop *nt*
théorème [teɔʀɛm] *m* Lehrsatz *m;* **~ de Pythagore** Satz des Pythagoras
théoricien(ne) [teɔʀisjɛ̃, jɛn] *m(f)* Theoretiker(in) *m(f)*
théorie [teɔʀi] *f* Theorie *f;* **en ~** in der Theorie
théorique [teɔʀik] *adj* theoretisch
théoriquement [teɔʀikmɑ̃] *adv* theoretisch
théoriser [teɔʀize] <1> I. *vt* eine Theorie aufstellen zu II. *vi* **~ sur qn/qc** über jdn/etw Theorien aufstellen
thérapeute [teʀapøt] *mf* Therapeut(in) *m(f)*
thérapeutique [teʀapøtik] *adj* therapeutisch
thérapie [teʀapi] *f (traitement)* Therapie *f*
thermes [tɛʀm] *mpl* ❶ *(dans une station thermale)* Thermalbad *nt* ❷ HIST Thermen *Pl*
thermique [tɛʀmik] *adj (énergie)* thermisch
thermoactif, -ive [tɛʀmoaktif, -iv] *adj* atmungsaktiv
thermodynamique [tɛʀmodinamik] I. *adj* thermodynamisch II. *f* Thermodynamik *f*
thermoélectrique [tɛʀmoelɛktʀik] *adj* thermoelektrisch
thermomètre [tɛʀmɔmɛtʀ] *m* Thermometer *nt*
thermonucléaire [tɛʀmonykleɛʀ] *adj* thermonuklear
thermos® [tɛʀmos] *m o f* Thermosflasche® *f*
thermostat [tɛʀmɔsta] *m* Thermostat *m*
thésard(e) [tezaʀ, aʀd] *m(f) fam* Doktorand(in) *m(f)*
thésaurus [tezɔʀys] *m* Thesaurus *m*
thèse [tɛz] *f* ❶ These *f* ❷ UNIV **~ de troisième cycle** Doktorarbeit *f*
thon [tɔ̃] *m* Thunfisch *m*
thonier [tɔnje] *m* Schiff *nt* für den Thunfischfang
thoracique [tɔʀasik] *adj (coupe)* des Brustkorbs
thorax [tɔʀaks] *m (d'un homme)* Brustkorb *m*
thriller [sʀilœʀ] *m* Thriller *m*
thrombose [tʀɔ̃boz] *f* Thrombose *f*
Thurgovie [tyʀgovi] *f* **la ~** der Thurgau
Thuringe [tyʀɛ̃ʒ] *f* **la ~** Thüringen *nt*
thuya [tyja] *m* Thuja *f*
thym [tɛ̃] *m* Thymian *m*
thyroïde [tiʀɔid] *f* Schilddrüse *f*
thyroïdien(ne) [tiʀɔidjɛ̃, jɛn] *adj* **hormone ~ne/hyperfonctionnement ~** Schilddrüsenhormon *nt*/-überfunktion *f*
tibia [tibja] *m* Schienbein *nt*
tic [tik] *m* ❶ *(contraction nerveuse)* **~ nerveux** nervöser Tick ❷ *(manie)* Tick *m*
ticket [tikɛ] *m (de bus, métro)* Fahrkarte *f; (de match, manège)* [Eintritts]karte; **~ de caisse** Kassenzettel *m*
ticket-restaurant [tikɛʀɛstɔʀɑ̃] *m* Essensmarke *f*
tiède [tjɛd] *adj* ❶ lauwarm; *(lit, gâteau)* [noch] warm ❷ *(soutien)* lau
tiédeur [tjedœʀ] *f* ❶ *(de la température, de l'air, d'un hiver)* Milde *f; (de l'eau)* Wärme *f* ❷ *(d'un sentiment, accord, d'une participation)* Lauheit *f*
tiédir [tjediʀ] <8> I. *vi* ❶ *(refroidir)* abkühlen ❷ *(se réchauffer)* sich erwärmen II. *vt* ❶ *(réchauffer)* erwärmen;

T

(mains) wärmen ❷ *(refroidir)* abkühlen [lassen]

tien(ne) [tjɛ̃] *pron poss* ❶ **le ~/la ~ne** der/die/das deine; **les ~s** die deinen; *v.a.* **mien** ❷ *pl (ceux de ta famille)* **les ~s** deine Angehörigen ▶ **à la ~ne[, Étienne]!** *fam* prost!

tiendrai [tjɛ̃dʀɛ] *fut de* **tenir**

tienne [tjɛn] *subj prés de* **tenir**

tiennent [tjɛn] *indic prés et subj prés de* **tenir**

tiens, tient [tjɛ̃] *indic prés de* **tenir**

tierce [tjɛʀs] *f* ❶ JEUX Folge *f* von drei Karten einer Farbe ❷ MUS Terz *f* ❸ *(en escrime)* Terz *f*

tiercé [tjɛʀse] *m* ❶ SPORT Dreierwette *f* [im Pferdetoto] ❷ *(série de trois éléments arrivant en tête)* **le ~ gagnant/vainqueur de qc** die drei Bestplatzierten einer Sache *(gen)*

tiers [tjɛʀ] *m* ❶ *(fraction)* Drittel *nt* ❷ *(tierce personne)* Dritter *m*

tiers, tierce [tjɛʀ] *adj* dritte(r, s)

tiers-monde [tjɛʀmɔ̃d] *m sans pl* **le ~** die Dritte Welt

tige [tiʒ] *f* ❶ *(d'une fleur, feuille)* Stiel *m,* Stängel *m* ❷ *(de métal)* Stange *f*

tignasse [tiɲas] *f fam* Wuschelkopf *m*

tigre [tigʀ] *m* Tiger *m fig* Bestie *f*

tigré(e) [tigʀe] *adj (chat, pelage)* getigert; *(cheval)* gescheckt

tigresse [tigʀɛs] *f* Tigerin *f fig* [wilde] Furie *f; v.a.* **tigre**

tilleul [tijœl] *m* ❶ BOT Linde *f* ❷ *(infusion)* Lindenblütentee *m*

tilt [tilt] *m (d'un flipper)* Signal *nt* für das Spielende ▶ **ça a fait ~ dans ma tête** der Groschen ist bei mir gefallen *(fam)*

timbale [tɛ̃bal] *f (gobelet)* Trinkbecher *m* [aus Metall]

timbre¹ [tɛ̃bʀ] *m* ❶ POST Briefmarke *f* ❷ *(cachet, instrument)* Stempel *m* ❸ MED Pflaster *nt*

timbre² [tɛ̃bʀ] *m (qualité du son)* Klang *m*

timbré(e) [tɛ̃bʀe] *adj* POST frankiert

timbre-poste [tɛ̃bʀəpɔst] <timbres-poste> *m* Briefmarke *f*

timbrer [tɛ̃bʀe] <1> *vt* POST frankieren

timide [timid] *adj* schüchtern; *(réponse, critique)* zaghaft

timidement [timidmɑ̃] *adv* schüchtern

timidité [timidite] *f (d'une personne)* Schüchternheit *f*

timing [tajmiŋ] *m* Timing *nt*

timonier [timɔnje] *m* NAUT Steuermann *m*

timoré(e) [timɔʀe] **I.** *adj péj* [über]ängstlich **II.** *m(f) péj* [über]ängstlicher Mensch

tins [tɛ̃] *passé simple de* **tenir**

tintamarre [tɛ̃tamaʀ] *m* Getöse *nt*

tinter [tɛ̃te] <1> *vi (cloche)* läuten; *(grelot, clochette)* klingeln

tintouin [tɛ̃twɛ̃] *m fam* ❶ *(vacarme)* Radau *m* ❷ *(souci, tracas)* Sorge *f*

tique [tik] *f* Zecke *f*

tiquer [tike] <1> *vi fam* das Gesicht verziehen

tir [tiʀ] *m a.* SPORT *(projectile tiré)* Schuss *m;* **~ au but** Torschuss; *(penalty)* Elfmeter *m*

tirade [tiʀad] *f* ❶ THEAT Monolog *m* ❷ *péj* Wortschwall *m*

tirage [tiʀaʒ] *m* ❶ *(de la loterie, du loto)* Ziehung *f* ❷ *(d'un livre, ouvrage)* Druck *m* ❸ PHOT Abziehen *nt*

tiraillement [tiʀɑjmɑ̃] *m* ❶ *gén pl (sensation douloureuse)* ziehende Schmerzen *Pl* ❷ *(conflit: chez une personne)* Hin- und Hergerissensein *nt; (entre plusieurs personnes)* Spannungen *Pl*

tirailler [tiʀɑje] <1> *vt* **être tiraillé entre deux choses** zwischen zwei Sachen hin- und hergerissen sein

tirailleur [tiʀɑjœʀ] *m* Einzelschütze *m*

tirant [tiʀɑ̃] *m* ❶ *(cordon)* Schnur *f* ❷ *(d'une chaussure)* Besatz *m* ❸ NAUT **~ d'eau** Tiefgang *m*

tiré(e) [tiʀe] *adj (traits)* abgespannt

tire-bouchon [tiʀbuʃɔ̃] <tire-bouchons> *m* Korkenzieher *m,* Stoppelzieher *m* (A) **tire-fesses** [tiʀfɛs] *m inv fam* Schlepplift *m*

tirelire [tiʀliʀ] *f* Sparbüchse *f*

tirer [tiʀe] <1> **I.** *vt* ❶ ziehen ❷ *(vers le bas/haut: jupe, collant)* herunter/hoch ziehen ❸ *(éloigner)* wegziehen ❹ *(porte)* zuziehen ❺ *(balle)* abfeuern ❻ *(perdrix, lièvre)* [ab]schießen ❼ *(faire sortir)* ~ **qn du lit** jdn aus dem Bett holen ❽ *(film, négatif, photo)* abziehen ❾ ART, TYP *(ouvrage, lithographie)* drucken **II.** *vi* ❶ *(exercer une traction)* ~ **sur les rênes de son cheval** seinem Pferd die Zügel anziehen ❷ *(aspirer)* ~ **sur sa cigarette** an seiner Zigarette ziehen ❸ *(gêner: peau, cicatrice)* spannen ❹ SPORT *(au football)* schießen **III.** *vpr* ❶ *fam (s'en aller)* **se** ~ sich verdrücken ❷ *(se sortir)* **se** ~ **d'affaire** sich aus der Affäre ziehen

tiret [tiʀɛ] *m* Gedankenstrich *m; (division)* Trennungsstrich

tireur, -euse [tiʀœʀ] *m, f a.* MIL Schütze, Schützin *m, f*

tireuse [tiʀøz] *f* PHOT Kopiergerät *nt*

tiroir [tiʀwaʀ] *m* Schublade *f*

tiroir-caisse [tiʀwaʀkɛs] <tiroirs-caisses> *m* Geldschublade *f* der Registrierkasse

tisane [tizan] *f* [Kräuter]tee *m*

tisanière [tizanjɛʀ] *f* Aufgussgefäß *nt*

tison [tizɔ̃] *m* glimmendes Stück Holz

tisser [tise] <1> *vt* ❶ *(tapis)* weben ❷ *(araignée)* spinnen

tisserand(e) [tisʀɑ̃] *m(f)* Weber(in) *m(f)*

tissu [tisy] *m* TEXTIL Stoff *m;* ~ **éponge** Frottee *m o nt*

titanesque [titanɛsk] *adj (travail)* gewaltig

titiller [titije] <1> *vt* ❶ *(chatouiller)* kitzeln ❷ *fam (asticoter)* **l'envie de tout raconter la titille** es juckt sie, alles zu erzählen

titre [titʀ] *m* ❶ Titel *m* ❷ *(d'un chapitre, article de journal)* Überschrift *f* ❸ *(justificatif)* Bescheinigung *f;* ~ **de transport** Fahrausweis *m* ▶ **à ce** ~ in dieser Eigenschaft

titrer [titʀe] <1> *vt* ❶ *(donner un titre à)* ~ **qc sur qc** *(journal)* mit einer Schlagzeile über etw *(akk)* aufmachen ❷ CHIM ~ **12/25 degrés** einen Gehalt von 12/25 Prozent haben

titubant(e) [titybɑ̃, ɑ̃t] *adj (démarche)* schwankend; *(ivrogne)* torkelnd

tituber [titybe] <1> *vi* ~ **d'ivresse** vor Trunkenheit *(dat)* torkeln

titulaire [titylɛʀ] **I.** *adj* ❶ *(professeur, instituteur)* verbeamtet ❷ *(détenteur)* ~ **d'un permis** eine Erlaubnis besitzend **II.** *mf* ❶ ADMIN Beamte(r), Beamtin *m, f* ❷ *(détenteur: d'un permis)* Besitzer(in) *m(f)*

titulariser [titylaʀize] <1> *vt (fonctionnaire)* verbeamten; *(professeur d'université)* ernennen zu

T.N.T.[1] [teɛnte] *m abr de* **trinitrotoluène** TNT *nt*

T.N.T.[2] [teɛnte] *f abr de* **télévision numérique terrestre** DVB-T *nt (digitales terrestrisches Fernsehen)*

To [teo] *m abr de* **téraoctet** INFORM TByte *nt*

toast [tost] *m* ❶ *(pain grillé)* Toast *m* ❷ *(allocution)* Trinkspruch *m*

toaster [toste] <1> *vt* toasten

toboggan [tɔbɔgɑ̃] *m* Rutschbahn *f*

toc [tɔk] *m fam (imitation)* **du** ~ Ramsch *m;* **en** ~ unecht

Togo [tɔgo] *m* **le** ~ Togo *nt*

toi [twa] *pron pers* ❶ *fam (pour renforcer)* du; **il veut t'aider, ~?** dir möchte er helfen? ❷ *avec un verbe à l'impératif* **imagine-toi...** stell dir vor... ❸ *avec une prép* **avec/sans** ~ mit dir/ohne dich ❹ *dans une comparaison* du ❺ *(emphatique)* **c'est ~?** bist du's?; *v.a.* **moi**

toile [twal] *f* ❶ *(tissu)* Stoff *m;* ~ **cirée** Wachstuch *nt* ❷ ART Gemälde *nt* ▶ ~ **d'araignée** Spinnennetz *nt*

Toile [twal] *f* **la** ~ das Web

toilettage [twaletaʒ] *m (d'un chat)* Pflege *f; (d'un chien)* Pflege; **salon de** ~ Hunde- und Katzensalon *m*

toilette [twalɛt] *f* ❶ *(soins corporels)* Waschen *nt* ❷ *(vêtements)* Kleidung *f*

T

❸ *pl (W.-C.)* Toilette *f;* **aller aux ~s** auf die Toilette gehen

toiletter [twalete] <1> *vt (chat)* pflegen; *(chien)* trimmen

toi-même [twamɛm] *pron pers* du selbst; *v.a.* **moi-même**

toiser [twaze] <1> *vt* verächtlich anschauen

toit [twa] *m* Dach *nt*

toiture [twatyʀ] *f* Bedachung *f*

tôle [tol] *f* Blech *nt*

tolérable [tɔleʀabl] *adj* zumutbar; *(douleur)* erträglich

tolérance [tɔleʀɑ̃s] *f* Toleranz *f* ▶ **~ zéro** Null-Toleranz-Politik *f,* Null-Toleranz-Strategie *f*

tolérant(e) [tɔleʀɑ̃] *adj* tolerant

tolérer [tɔleʀe] <5> *vt* ertragen; *(douleur)* aushalten

tollé [tɔle] *m* Aufschrei *m* der Empörung

tomate [tɔmat] *f* Tomate *f,* Paradeiser *m* (A)

tombal(e) [tɔ̃bal, -o] <s o -aux> *adj* Grab-

tombant(e) [tɔ̃bɑ̃, ɑ̃t] *adj* herabhängend; *(épaules)* hängend

tombe [tɔ̃b] *f* Grab *nt*

tombeau [tɔ̃bo] <x> *m* Grabmal *nt*

tombée [tɔ̃be] *f* **~ de la nuit** [*o* **du jour**] Einbruch *m* der Dunkelheit

tomber [tɔ̃be] <1> *vi + être* ❶ fallen ❷ *(chuter: personne)* [hin]fallen; **~ [par terre]** *(chaise)* umfallen; *(branches, casseroles)* herunterfallen ❸ *(être affaibli)* **~ de fatigue** vor Erschöpfung *(dat)* umfallen ❹ *(arriver: nouvelle)* eintreffen ❺ *(descendre: nuit, soir)* hereinbrechen ❻ *(être vaincu: record)* gebrochen werden ❼ **~ dans l'oubli** in Vergessenheit *(akk)* geraten ❽ *fam (se retrouver)* **~ enceinte** schwanger werden ❾ *(abandonner)* **laisser ~ un projet** ein Projekt fallen lassen sein lassen ▶ **bien/mal ~** gelegen/ungelegen kommen

tome [tɔm] *m* Band *m*

tomme [tɔm] *f Käsesorte aus Savoyen*

ton¹ [tɔ̃] *m* ❶ *a.* MUS Ton *m* ❷ *(couleur)* Farbton *m*

ton² [tɔ̃] <tes> *dét poss* dein(e); *v.a.* **mon**

tonalité [tɔnalite] *f* ❶ TELEC Freizeichen *nt* ❷ *a.* LING *(d'une voix)* Klang *m*

tondeuse [tɔ̃døz] *f* ❶ *(pour les cheveux, la barbe)* Haar-/Bartschneider *m* ❷ *(pour le jardin)* **~ à gazon** Rasenmäher *m*

tondre [tɔ̃dʀ] <14> *vt* scheren; *(gazon)* mähen

tondu(e) [tɔ̃dy] **I.** *part passé de* **tondre** **II.** *adj (cheveux)* geschoren; *(personne, tête)* [kahl] geschoren; *(pelouse, pré)* gemäht; *(haie)* geschnitten

tong [tɔ̃g] *f* Sandale *f* mit Zehenriemchen, Flip-Flop® *m*

tonifiant [tɔnifjɑ̃] *m* Tonikum *nt*

tonifier [tɔnifje] <1> *vt (cheveux, peau)* kräftigen

tonique [tɔnik] **I.** *adj* ❶ *(froid)* belebend ❷ *(syllabe, voyelle)* betont **II.** *m* MED Tonikum *nt*

tonitruant(e) [tɔnitʀyɑ̃] *adj* lautstark

tonne [tɔn] *f* Tonne *f*

tonneau [tɔno] <x> *m (récipient)* Fass *nt*

tonnelier, -ière [tɔnəlje, -jɛʀ] *m, f* Böttcher(in) *m(f)*

tonnelle [tɔnɛl] *f* [Garten]laube *f*

tonner [tɔne] <1> *vi impers* **il tonne** es donnert

tonnerre [tɔnɛʀ] *m* METEO Donner *m*

tonsure [tɔ̃syʀ] *f* ❶ REL Tonsur *f* ❷ *fam (calvitie)* Platte *f*

tonte [tɔ̃t] *f* ❶ *(action)* Scheren *nt; (d'un gazon)* Mähen *nt; (d'une haie)* Schneiden *nt* ❷ *(époque)* Scherzeit *f*

tonus [tɔnys] *m* ❶ *(dynamisme)* Tatkraft *f* ❷ ANAT **~ musculaire** Muskeltonus *m*

top [tɔp] **I.** *adj inv, antéposé* **un ~ model** ein Topmodel **II.** *m fam (niveau maximum)* **le ~** das Beste

top-modèle [tɔpmɔdɛl] <top-modè-

les> *mf* Topmodel *nt*

topo [tɔpo] *m fam* ❶ *(exposé oral)* Kurzvortrag *m* ❷ *(exposé écrit)* kurze Darstellung ❸ *péj (répétition ennuyeuse)* Sermon *m*

topologie [tɔpɔlɔʒi] *f* Topologie *f*

topométrie [tɔpɔmetʀi] *f* [Erd]vermessung *f*

toponyme [tɔpɔnim] *m* Ortsname *m*

toponymie [tɔpɔnimi] *f* Ortsnamenkunde *f*

toque [tɔk] *f* ❶ *(d'un juge, magistrat)* Toque *f; (d'un cuisinier)* Mütze *f* ❷ *(distinction)* Stern *m*

toqué(e) [tɔke] *adj fam (cinglé)* bekloppt

torche [tɔʀʃ] *f* ❶ *(flambeau)* Fackel *f* ❷ *(lampe électrique)* Taschenlampe *f*

torchis [tɔʀʃi] *m* Strohlehm *m*

torchon [tɔʀʃɔ̃] *m* ❶ *(tissu)* Tuch *nt* ❷ *fam (journal)* Käseblatt *nt*

tordant(e) [tɔʀdɑ̃, ɑ̃t] *adj fam (drôle)* zum Brüllen

tordre [tɔʀdʀ] <14> **I.** *vt* ❶ *(linge)* [aus]wringen ❷ *(plier)* verbiegen **II.** *vpr* ❶ *(faire des contorsions)* **se ~ de douleur** sich vor Schmerz *(dat)* verziehen ❷ *(se luxer)* **se ~ un membre** sich *(dat)* ein Glied verrenken

tordu(e) [tɔʀdy] **I.** *part passé de* **tordre** **II.** *adj fam (esprit)* verschroben; *(raisonnement)* seltsam

toréador [tɔʀeadɔʀ] *m* Stierkämpfer *m*

tornade [tɔʀnad] *f* Tornado *m*

torpeur [tɔʀpœʀ] *f* Erstarrung *f*

torpille [tɔʀpij] *f* MIL Torpedo *m*

torpiller [tɔʀpije] <1> *vt* ❶ MIL torpedieren ❷ *(faire échouer)* sabotieren; *(plan, projet)* hintertreiben

torpilleur [tɔʀpijœʀ] *m* Torpedoboot *nt*

torréfier [tɔʀefje] <1> *vt* rösten

torrent [tɔʀɑ̃] *m* ❶ *(cours d'eau)* Gebirgsbach *m* ❷ *(de larmes)* Strom *m;* **~ de boue** Schlammmasse *f*

torrentiel(le) [tɔʀɑ̃sjɛl] *adj* **pluies ~les** Sturzregen *m*

torride [tɔʀid] *adj* heiß; *(chaleur)* brütend

torsade [tɔʀsad] *f* ❶ *(cordelette)* Kordel *f* ❷ *(coiffure)* geflochtener Zopf

torsader [tɔʀsade] <1> *vt (brins, cheveux)* flechten

torse [tɔʀs] *m (poitrine)* Oberkörper *m*

torsion [tɔʀsjɔ̃] *f (de la bouche, des traits)* Verzerren *nt*

tort [tɔʀ] *m* ❶ *(erreur)* Fehler *m* ❷ *(préjudice)* Nachteil *m;* **avoir ~ de faire qc** etw zu Unrecht tun

torticolis [tɔʀtikɔli] *m* steifer Hals

tortillard [tɔʀtijaʀ] *m fam* Bummelzug *m*

tortillement [tɔʀtijmɑ̃] *m* Verrenkung *f; (des fesses, hanches)* Wackeln *nt*

tortiller [tɔʀtije] <1> **I.** *vt (cheveux)* zwirbeln **II.** *vi* **~ des hanches** mit der Hüfte wackeln

tortionnaire [tɔʀsjɔnɛʀ] *mf* Folterknecht *m*

tortue [tɔʀty] *f* Schildkröte *f*

tortueux, -euse [tɔʀtɥø] *adj (chemin)* verschlungen

torture [tɔʀtyʀ] *f* ❶ *(supplice)* Folter *f* ❷ *(souffrance)* Qual *f*

torturer [tɔʀtyʀe] <1> **I.** *vt* ❶ *(supplicier: personne)* foltern; *(animal)* quälen ❷ *(faire souffrir: douleur, doute, faim, jalousie, remords)* plagen ❸ *(déformer)* **être torturé par qc** *(traits, visage)* durch etw entstellt sein **II.** *vpr* **se ~** grübeln

tôt [to] *adv* früh; **le plus ~ possible** so bald wie möglich ▶ **~ ou <u>tard</u>** früher oder später

total [tɔtal] <-aux> *m* Gesamtbetrag *m* ▶ **<u>au</u> ~** *(en tout)* insgesamt

total(e) [tɔtal] <-aux> *adj* total; *(désespoir, ruine)* völlig

totalement [tɔtalmɑ̃] *adv* völlig

totaliser [tɔtalize] <1> *vt (points, voix)* kommen auf *(+akk)*

totalitaire [tɔtalitɛʀ] *adj* totalitär

totalité [tɔtalite] *f* Gesamtheit *f*

totem [tɔtɛm] *m* ❶ *(symbole)* Totem *nt* ❷ *(statue)* Totempfahl *m*

toucan [tukɑ̃] *m* BIO Tukan *m*

T

touchant(e) [tuʃɑ̃] *adj* rührend
touche [tuʃ] *f* ❶ INFORM, MUS Taste *f* ❷ PECHE Anbiss *m* ❸ *(en escrime)* Treffer *m* ❹ *(au football, rugby)* Seitenlinie *f*; *(sortie du ballon)* Aus *nt* ▶ **faire une** ~ *fam* eine Eroberung machen
touche-à-tout [tuʃatu] *mf inv fam* ❶ *(enfant)* Kind, das alles anfasst ❷ *(personne aux activités multiples)* Hansdampf in allen Gassen *m*
toucher [tuʃe] <1> **I.** *vt* ❶ berühren ❷ *(frapper, atteindre)* treffen; ~ **qc** an etw *(akk)* grenzen ❸ *(concerner)* ~ **qn** jdn betreffen ❹ *(émouvoir)* ~ **qn** *(drame, scène)* jdn berühren ❺ *(argent)* bekommen ❻ *(port, côte)* erreichen **II.** *vi* ❶ *(porter la main sur)* ~ **à qn/qc** jdn anrühren/etw anfassen ❷ *(modifier)* ~ **au règlement** die Regeln antasten ❸ *(être proche de)* ~ **à sa fin** dem Ende zugehen **III.** *vpr* **se** ~ *(personnes)* sich berühren **IV.** *m* ❶ *(sens)* Tastsinn *m* ❷ *(impression)* Beschaffenheit *f* ❸ MUS Anschlag *m*
touffe [tuf] *f* Büschel *nt*
touffu(e) [tufy] *adj (épais)* dicht; *(sourcils)* buschig; *(végétation)* üppig
toujours [tuʒuʀ] *adv* ❶ immer ❷ *(encore)* immer noch ❸ *(malgré tout)* dennoch ▶ **depuis** ~ seit eh und je
toupet [tupɛ] *m fam (culot)* Frechheit *f*
tour[1] [tuʀ] *f* ❶ Turm *m* ❷ *(immeuble)* Hochhaus *nt*
tour[2] [tuʀ] *m* ❶ *(circonférence)* Umfang *m* ❷ *(brève excursion)* Tour *f*; **faire un** ~ eine Runde machen ❸ *(succession alternée)* **c'est au** ~ **de qn de faire qc** jd ist an der Reihe etw zu tun ❹ *(rotation)* Umdrehung *f* ❺ POL Wahlgang *m*
tourbière [tuʀbjɛʀ] *f* [Torf]moor *nt*
tourbillon [tuʀbijɔ̃] *m* ❶ *(vent)* Wirbelsturm *m* ❷ *(masse d'eau)* Strudel *m*
tourbillonnant(e) [tuʀbijɔnɑ̃, ɑ̃t] *adj (vent)* Wirbel-; *(eau)* strudelnd; *(feuilles, fumée)* wirbelnd
tourbillonnement [tuʀbijɔnmɑ̃] *m (tournoiement)* ~ **des feuilles/de la fumée** Blätter-/Rauchwirbel *m*
tourbillonner [tuʀbijɔne] <1> *vi (feuilles)* [herum]wirbeln; *(eaux)* strudeln; *(fumée, neige, poussière)* aufwirbeln
tourisme [tuʀism] *m* Tourismus *m*; **office de** ~ Fremdenverkehrsamt *nt*
touriste [tuʀist] *mf* Tourist(in) *m(f)*
touristique [tuʀistik] *adj* touristisch
tourmente [tuʀmɑ̃t] *f soutenu (tempête)* Unwetter *nt*
tourmenté(e) [tuʀmɑ̃te] *adj* ❶ *(angoissé)* gequält ❷ *(côte, formes, paysages)* zerklüftet; *(style)* verzerrt ❸ *(mer)* stürmisch; *(vie)* bewegt
tourmenter [tuʀmɑ̃te] <1> **I.** *vt* ~ **qn** jdn quälen; *(remords, scrupules)* jdn plagen **II.** *vpr* **se** ~ sich *(dat)* Sorgen machen
tournage [tuʀnaʒ] *m* CINE Dreharbeiten *Pl*
tournant [tuʀnɑ̃] *m* ❶ *(virage)* Kurve *f* ❷ *(d'une carrière, vie)* Wendepunkt *m*
tournant(e) [tuʀnɑ̃] *adj* **plaque** ~**e** Drehscheibe *f*
tourné(e) [tuʀne] *adj (aigri)* schlecht geworden; *(sauce, vin)* umgekippt; *(lait)* sauer geworden ▶ **article/lettre bien/mal** ~ gut/schlecht formulierter Artikel/Brief
tourne-disque [tuʀnədisk] <tourne--disques> *m* Plattenspieler *m*
tournée [tuʀne] *f* ❶ *(circuit)* Tour *f* ❷ *fam (au café)* Runde *f*
tourner [tuʀne] <1> **I.** *vt* ❶ drehen ❷ *(clé)* herumdrehen ❸ *(remuer)* umrühren ❹ *(tête)* wegdrehen; *(dos)* zuwenden ❺ *(formuler)* formulieren; ~ **en ridicule** lächerlich machen **II.** *vi* ❶ sich drehen; ~ **en rond** im Kreis herumlaufen ❷ *(fonctionner)* laufen ❸ *(bifurquer)* abbiegen ❹ *(s'inverser)* umschlagen ❺ *(évoluer)* ~ **à/en qc** sich zu etw entwickeln ❻ *(devenir aigre: crème, lait)* sauer werden ❼ CINE [Filme] drehen ▶ ~ **bien/mal** *(personne)* sich positiv entwickeln/auf die schiefe Bahn geraten; *(chose)* gut/schlecht ausgehen **III.** *vpr* **se** ~

vers qn/qc sich jdm/etw zuwenden

tournesol [tuʀnəsɔl] *m* Sonnenblume *f*

tourneur, -euse [tuʀnœʀ, -øz] *m, f* Dreher(in) *m(f); (sur bois)* Drechsler(in) *m(f)*

tournevis [tuʀnəvis] *m* Schraubenzieher *m*

tourniquet [tuʀnikɛ] *m* ① *(barrière)* Drehkreuz *nt* ② *(porte)* Drehtür *f* ③ *(pour arroser)* Rasensprenger *m* ④ *(présentoir)* Drehständer *m*

tournis [tuʀni] *m fam* Drehwurm *m*

tournoi [tuʀnwa] *m* Turnier *nt*

tournoiement [tuʀnwamɑ̃] *m* Kreisen *nt; (des feuilles)* Herumwirbeln *nt*

tournoyer [tuʀnwaje] <6> *vi* sich [im Kreis] drehen; *(feuilles)* herumwirbeln

tournure [tuʀnyʀ] *f a.* LING Wendung *f; (idiomatique)* Redewendung

tour-opérateur [tuʀɔpeʀatœʀ] <tour-opérateurs> *m* Reiseveranstalter *m*

tourtereau [tuʀtəʀo] <x> *m pl iron (amoureux)* Turteltäubchen *Pl*

tourterelle [tuʀtəʀɛl] *f* Turteltaube *f*

tourtière [tuʀtjɛʀ] *f (moule à tarte)* runde Pastetenform

tous [tu] *v.* **tout**

Toussaint [tusɛ̃] *f* **la ~** Allerheiligen *nt*

tousser [tuse] <1> *vi* husten; *(pour avertir)* hüsteln

toussotement [tusɔtmɑ̃] *m* [leichter] Husten; *(pour avertir, de gêne)* Hüsteln *nt*

toussoter [tusɔte] <1> *vi* ① *(tousser légèrement)* leicht husten ② *(pour avertir, de gêne)* hüsteln

tout [tu] **I.** *adv* ① ganz; **~ près de** ganz nahe bei ② *inv (en même temps)* **~ en faisant qc** während jd etw tut; *(quoique)* obwohl jd etw tut ▶ **~ à/d'un coup** plötzlich; **~ à fait** ganz; **~ de suite** sofort; **~ de même** trotz alledem **II.** *m* ① *(totalité)* Gesamtheit *f* ② *(ensemble)* **le ~** das Ganze ▶ **[pas] du ~!** [ganz und] gar nicht! **III.** *pron indéf* ① *sans pl (opp: rien)* alles ② *pl (opp: personne/aucun)* alle ③ *sans pl (l'ensemble des choses)* **~ ce qui bouge** alles, was sich bewegt ▶ **et c[e n]'est pas ~!** und das ist [noch] nicht alles!; **~ est bien qui finit bien** *prov* Ende gut, alles gut *(prov)*

tout(e) [tu] <tous, toutes> *adj indéf* ① *sans pl (entier)* **~ le temps/l'argent** die ganze Zeit/das ganze Geld; **~ le monde** jeder[mann]; **~ ce bruit** dieser ganze Lärm ② *sans pl (complet)* **~ Londres** ganz London; **à ~ prix** um jeden Preis; **à ~e vitesse** in aller Eile ③ *sans pl (quel qu'il soit)* **~ homme** jeder [Mensch]; **de ~e manière** auf jeden Fall ④ *pl (l'ensemble des)* **tous les jours** jeden Tag ⑤ *pl (chaque)* **tous les deux jours** jeden zweiten Tag ⑥ *pl (ensemble)* **de ~es sortes** aller Art

toutefois [tutfwa] *adv* jedoch

tout-terrain [tuteʀɛ̃] <tout-terrains> *adj* Gelände-; **voiture ~** Geländewagen *m*

toux [tu] *f* Husten *m*

toxicité [tɔksisite] *f* Giftigkeit *f*

toxico [tɔksiko] *mf fam abr de* **toxicomane**

toxicologique [tɔksikɔlɔʒik] *adj* toxikologisch

toxicologue [tɔksikɔlɔg] *mf* Toxikologe *m*/Toxikologin *f*

toxicomane [tɔksikɔman] *mf* [Drogen]süchtige(r) *f(m)*

toxicomanie [tɔksikɔmani] *f* Drogensucht *f*

toxique [tɔksik] *adj* giftig; **gaz ~** Giftgas *nt*

trac [tʀak] *m fam* **avoir le ~** Lampenfieber *nt* haben

tracas [tʀaka] *m* Sorgen *Pl;* **se faire du ~** sich *(dat)* Sorgen machen

tracasser [tʀakase] <1> **I.** *vt* **~ qn** jdm Sorgen bereiten; *(administration)* jdn schikanieren **II.** *vpr* **se ~ pour qn/qc** sich *(dat)* um jdn/etw Sorgen machen

tracasserie [tʀakasʀi] *f gén pl* Scherereien *Pl (fam)*

trace [tʀas] *f* ① Spur *f; (d'un animal)* Fährte *f* ② *(cicatrice)* Narbe *f*

T

tracé [tʀase] *m* ❶ *(parcours)* Verlauf *m* ❷ *(du réseau routier/ferroviaire)* Streckenführung *f*; *(d'un bâtiment, d'installations)* Grundriss *m* ❸ *(graphisme)* Linienführung *f*

tracer [tʀase] <2> *vt* ❶ *(dessiner)* zeichnen; *(ligne)* ziehen ❷ *(piste)* bahnen

traceur [tʀasœʀ] *m* INFORM Plotter *m*

trachéite [tʀakeit] *f* MED Luftröhrenentzündung *f*

trachéotomie [tʀakeɔtɔmi] *f* Luftröhrenschnitt *m*

tract [tʀakt] *m* Flugblatt *nt*

tracter [tʀakte] <1> *vt* schleppen

tracteur [tʀaktœʀ] *m* Traktor *m*

traction [tʀaksjɔ̃] *f* AUT, CHEMDFER Antrieb *m*

tradition [tʀadisjɔ̃] *f (coutume)* Tradition *f*

traditionnel(le) [tʀadisjɔnɛl] *adj* traditionell

traditionnellement [tʀadisjɔnɛlmɑ̃] *adv* ❶ *(selon la tradition)* traditionsgemäß ❷ *(habituellement)* üblicherweise ❸ *(comme toujours)* wie üblich

traducteur [tʀadyktœʀ] *m* INFORM **~ de poche** Sprachcomputer *m*

traducteur, -trice [tʀadyktœʀ] *m, f* Übersetzer(in) *m(f)*

traduction [tʀadyksjɔ̃] *f* Übersetzung *f*

traduire [tʀadɥiʀ] <irr> **I.** *vt* ❶ *(dans une autre langue)* **~ Goethe de l'allemand en français** Goethe vom Deutschen ins Französische übersetzen ❷ *(exprimer)* **~ un sentiment** *(chose)* der Ausdruck eines Gefühls sein **II.** *vpr (s'exprimer)* **se ~ par qc** *(chose)* sich in etw *(dat)* ausdrücken

traduisible [tʀadɥizibl] *adj* übersetzbar; *(doctrine)* umsetzbar

trafic [tʀafik] *m* ❶ *(circulation)* Verkehr *m* ❷ *péj (commerce)* Schwarzhandel *m*; **~ de drogues** Drogenhandel *m*

traficoter [tʀafikɔte] <1> *vt fam* ❶ *(falsifier)* frisieren; *(produit)* verfälschen ❷ *(bricoler)* **~ un appareil** an einem Gerät herumbasteln ❸ *(manigancer)* aushecken

trafiquant(e) [tʀafikɑ̃] *m(f)* Schieber(in) *m(f)*

trafiquer [tʀafike] <1> *vt fam* ❶ *(comptes, moteur)* frisieren; *(produit)* verfälschen ❷ *(bricoler)* herumbasteln an *(dat)*

tragédie [tʀaʒedi] *f* Tragödie *f*

tragédien(ne) [tʀaʒedjɛ̃, jɛn] *m(f)* Tragödiendarsteller(in) *m(f)*

tragique [tʀaʒik] **I.** *adj* tragisch **II.** *m sans pl (gravité)* Tragik *f*

tragiquement [tʀaʒikmɑ̃] *adv* tragisch

trahir [tʀaiʀ] <8> **I.** *vt* ❶ verraten ❷ *(confiance)* missbrauchen ❸ *(lâcher: sens)* täuschen **II.** *vpr* **se ~ par qc** sich durch etw *(akk)* verraten

trahison [tʀaizɔ̃] *f (traîtrise)* Verrat *m kein Pl*

train [tʀɛ̃] *m* ❶ CHEMDFER Zug *m*; **le ~ en direction/provenance de Lyon** der Zug nach/aus Lyon; **prendre le ~** mit dem Zug fahren ❷ *(allure)* Tempo *nt* ▸ **être en ~ de faire qc** gerade etw tun

traînant(e) [tʀɛnɑ̃, ɑ̃t] *adj* ❶ *(lent)* schleppend; *(démarche)* schlurfend ❷ *(qui traîne à terre)* hängend

traînard(e) [tʀɛnaʀ, aʀd] *m(f) fam (lambin)* Trödelfritze *m*/Trödelliese *f*

traîne [tʀɛn] *f* Schleppe *f* ▸ **à la ~** zu spät

traîneau [tʀɛno] <x> *m* Schlitten *m*

traînée [tʀene] *f (trace)* Spur *f*; *(d'une étoile filante)* Schweif *m* ▸ **comme une ~ de poudre** wie ein Lauffeuer

traîner [tʀene] <1> **I.** *vt* ❶ schleppen ❷ *(jambe)* nachziehen **II.** *vi* ❶ *(lambiner)* trödeln; *(maladie, procès)* sich [hin]ziehen ❷ *(vadrouiller)* herumhängen **III.** *vpr (se déplacer difficilement)* **se ~** sich dahinschleppen

training [tʀeniŋ] *m (entraînement)* [Fitness]training *nt*

train-train [tʀɛ̃tʀɛ̃] *m sans pl, fam* [Alltags]trott *m*

traire [tʀɛʀ] <irr, défec> *vt* melken

trait [tʀɛ] *m* ❶ *(ligne)* Strich *m* ❷ *(caractéristique)* Grundzug *m; (dominant)* Merkmal *nt* ❸ *gén pl (lignes du visage)* Züge *Pl* ❹ LING **~ d'union** Bindestrich *m*

traitant(e) [tʀɛtɑ̃] *adj (médecin)* behandelnd; **shampoing ~** Pflegeshampoo *nt*

traite [tʀɛt] *f* ❶ *(achat à crédit)* **~ de qc** Rate *f* für etw ❷ *(trafic)* Handel *m*

traité [tʀete] *m* ❶ POL Vertrag *m;* **~ de Maastricht** Maastrichtabkommen *nt* ❷ *(ouvrage)* Abhandlung *f*

traitement [tʀɛtmɑ̃] *m* ❶ *a.* MED Behandlung *f; (du chômage, d'un problème)* Handhabung *f* ❷ INFORM **~ multitâche** Multitasking *nt;* **~ de l'information** [*o* **des données**] Datenverarbeitung *f;* **~ de texte** Textverarbeitung *f*

traiter [tʀete] <1> **I.** *vt* ❶ *a.* MED behandeln ❷ *(affaire, question)* erledigen ❸ *(déchets, eaux)* [wieder]aufbereiten ❹ *(qualifier)* **~ qn de fou** jdn einen Spinner nennen ❺ INFORM *(données, texte)* verarbeiten **II.** *vi* ❶ *(avoir pour sujet)* **~ de qc** sich mit etw befassen ❷ *(négocier)* verhandeln

traître, -esse [tʀɛtʀ] *m, f* Verräter(in) *m(f)* ▸ **en ~** hinterrücks

traîtrise [tʀetʀiz] *f* ❶ *(déloyauté)* Hinterlist *f* ❷ *(acte perfide)* Verrat *m* ❸ *(danger caché)* Tücke *f; (d'un escalier, virage)* Gefährlichkeit *f*

trajectoire [tʀaʒɛktwaʀ] *f (d'un véhicule)* Kurs *m*

trajet [tʀaʒɛ] *m* Strecke *f*

tram [tʀam] *m fam abr de* **tramway**

tramer [tʀame] <1> **I.** *vt* ❶ *(ourdir: coup)* planen; *(complot)* schmieden ❷ TEXTIL weben **II.** *vpr* **se ~ contre qn/qc** *(intrigue)* gegen jdn/etw im Gange sein; *(complot)* gegen jdn/etw geschmiedet werden

tramontane [tʀamɔ̃tan] *f* Tramontana *f*

trampoline [tʀɑ̃pɔlin] *m* Trampolin *nt*

tramway [tʀamwɛ] *m* Straßenbahn *f*

tranchant [tʀɑ̃ʃɑ̃] *m (côté coupant)* Schneide *f*

tranchant(e) [tʀɑ̃ʃɑ̃] *adj* scharf

tranche [tʀɑ̃ʃ] *f* ❶ *(portion)* Scheibe *f* ❷ *(subdivision)* **~ d'âge** Altersstufe *f*

tranché(e) [tʀɑ̃ʃe] *adj* klar

tranchée [tʀɑ̃ʃe] *f* Graben *m*

trancher [tʀɑ̃ʃe] <1> **I.** *vt (couper)* durchschneiden **II.** *vi (décider)* eine Entscheidung treffen

tranquille [tʀɑ̃kil] *adj* ❶ ruhig; *(eau)* still; **laisser ~** in Ruhe lassen ❷ *(rassuré)* beruhigt ▸ **se tenir ~** stillhalten

tranquillement [tʀɑ̃kilmɑ̃] *adv* in [aller] Ruhe

tranquillisant [tʀɑ̃kilizɑ̃] *m* Beruhigungsmittel *nt*

tranquilliser [tʀɑ̃kilize] <1> **I.** *vt* beruhigen **II.** *vpr* **se ~** sich beruhigen

tranquillité [tʀɑ̃kilite] *f* Ruhe *f*

transaction [tʀɑ̃zaksjɔ̃] *f* Geschäft *nt*

transactionnel(le) [tʀɑ̃zaksjɔnɛl] *adj* JUR Vergleichs-

transalpin(e) [tʀɑ̃zalpɛ̃, in] *adj* ❶ *(italien)* italienisch ❷ GEO, HIST transalpin[isch]

transat [tʀɑ̃zat], **transatlantique** [tʀɑ̃zatlɑ̃tik] *m* ❶ *(paquebot)* Ozeandampfer *m* ❷ *(chaise)* Liegestuhl *m*

transbordement [tʀɑ̃sbɔʀdəmɑ̃] *m (d'une cargaison)* Umschlagen *nt, (de passagers)* Umsteigen *nt;* NAUT Umschiffen *nt*

transborder [tʀɑ̃sbɔʀde] <1> *vt (marchandises)* umschlagen; *(personnes)* umsteigen lassen; NAUT *(personnes)* umschiffen

transbordeur [tʀɑ̃sbɔʀdœʀ] **I.** *adj* **navire ~** Fähre *f* **II.** *m (car-ferry)* Autofähre *f*

transcendance [tʀɑ̃sɑ̃dɑ̃s] *f* Transzendenz *f*

transcendantal(e) [tʀɑ̃sɑ̃dɑ̃tal, -o] <-aux> *adj* transzendental

transcender [tʀɑ̃sɑ̃de] <1> **I.** *vt (dépasser)* **~ qc** die Grenzen einer S. *(gen)* überschreiten **II.** *vpr* **se ~** über sich selbst hinauswachsen

transcription [tʀɑ̃skʀipsjɔ̃] *f* ❶ *(copie)*

T

Abschrift *f; (d'une émission, conversation)* Niederschrift *f* ❷ LING, MUS, BIO Transkription *f;* ~ **phonétique** Lautschrift *f*

transcrire [tʀɑ̃skʀiʀ] <irr> *vt* LING transkribieren

transe [tʀɑ̃s] *f* ❶ *pl (affres)* Ängste *Pl* ❷ *(état second)* Trance *f*

transept [tʀɑ̃sɛpt] *m* Querschiff *nt*

transférable [tʀɑ̃sfeʀabl] *adj* ❶ *(transportable)* transportfähig ❷ FIN transferabel; *(propriété, valeur)* übertragbar

transférer [tʀɑ̃sfeʀe] <5> *vt* verlegen; *(dépouille, cendres)* überführen

transfert [tʀɑ̃sfɛʀ] *m* ❶ *(déplacement)* Verlegung *f* ❷ SPORT Transfer *m* ❸ PSYCH, INFORM Übertragung *f* ❹ TELEC ~ **d'appel** [automatische] Rufumleitung

transfiguration [tʀɑ̃sfigyʀasjɔ̃] *f* ❶ *(transformation)* Verwandlung *f* ❷ REL **la Transfiguration** die Verklärung [Christi]

transfigurer [tʀɑ̃sfigyʀe] <1> *vt* völlig verwandeln; *(visage, réalité)* verklären

transfo [tʀɑ̃sfo] *m abr de* **transformateur** *fam* Trafo *m*

transformable [tʀɑ̃sfɔʀmabl] *adj* **être** ~ **en qc** sich in etw *(akk)* verwandeln lassen

transformateur [tʀɑ̃sfɔʀmatœʀ] *m* ELEC Transformator *m*

transformation [tʀɑ̃sfɔʀmasjɔ̃] *f* Veränderung *f*

transformer [tʀɑ̃sfɔʀme] <1> **I.** *vt* ❶ *(modifier)* verwandeln ❷ MATH umformen **II.** *vpr* **se** ~ sich verändern

transfuge [tʀɑ̃sfyʒ] *mf* Überläufer(in) *m(f)*

transfusé(e) [tʀɑ̃sfyze] *m(f)* Empfänger(in) *m(f)* einer [Blut]transfusion

transfuser [tʀɑ̃sfyze] <1> *vt (sang)* übertragen; ~ **qn** jdm Blut übertragen

transfusion [tʀɑ̃sfyzjɔ̃] *f* [Blut]transfusion *f*

transgenre [tʀɑ̃sʒɑ̃ʀ] **I.** *adj* Transgender- **II.** *mf (Personne)* Transgender *mf*

transgresser [tʀɑ̃sgʀese] <1> *vt (loi)* übertreten

transgression [tʀɑ̃sgʀesjɔ̃] *f* ~ **d'une interdiction** Verstoß *m* gegen ein Verbot

transhumer [tʀɑ̃zyme] <1> *vi (animal)* das Weidegebiet wechseln

transiger [tʀɑ̃ziʒe] <2a> *vi* einen Kompromiss schließen

transistor [tʀɑ̃zistɔʀ] *m* RADIO Transistorradio *nt*

transit [tʀɑ̃zit] *m* ANAT Verdauung *f* ▸ **en** ~ Transit-

transitaire [tʀɑ̃zitɛʀ] *adj* Transit-

transiter [tʀɑ̃zite] <1> *vi* ~ **par qc** durch etw reisen; *(en avion)* über etw *(akk)* fliegen; *(marchandise)* transitieren

transitif, -ive [tʀɑ̃zitif] *adj* transitiv

transition [tʀɑ̃zisjɔ̃] *f* ~ **de qc à qc** Übergang *m* von etw zu etw

transitivité [tʀɑ̃zitivite] *f* Transitivität *f*

transitoire [tʀɑ̃zitwaʀ] *adj* vorübergehend

translation [tʀɑ̃slasjɔ̃] *f* GEO Parallelverschiebung *f*

translucide [tʀɑ̃slysid] *adj* durchscheinend

transmanche [tʀɑ̃smɑ̃ʃ] *adj* **trafic** ~ Verkehr *m* über den Ärmelkanal

transmetteur [tʀɑ̃smetœʀ] *m* Sender *m*

transmettre [tʀɑ̃smɛtʀ] <irr> **I.** *vt* ❶ *(léguer)* weitergeben ❷ *(message)* übermitteln ❸ BIO, MED ~ **qc à qn** *(maladie)* jdn mit etw anstecken ❹ SCI, RADIO, TELEC, TV ~ **qc** etw übertragen **II.** *vpr* **se** ~ *(maladie)* übertragen werden

transmissible [tʀɑ̃smisibl] *adj* MED ansteckend

transmission [tʀɑ̃smisjɔ̃] *f* Übertragung *f; (d'une information)* Weiterleitung *f*

transmutation [tʀɑ̃smytasjɔ̃] *f* PHYS, CHIM Umwandlung *f*

transparaître [tʀɑ̃spaʀɛtʀ] <irr> *vi (forme, jour, idées, sentiment)* durchscheinen

transparence [tʀɑ̃spaʀɑ̃s] *f* Transparenz *f*
transparent [tʀɑ̃spaʀɑ̃] *m (pour rétroprojecteur)* Folie *f*
transparent(e) [tʀɑ̃spaʀɑ̃] *adj* ❶ *(opp: opaque)* durchsichtig; *(air, eau)* klar ❷ *(évident)* offensichtlich
transpercer [tʀɑ̃spɛʀse] <2> *vt* ~ **qc** etw durchbohren
transpiration [tʀɑ̃spiʀasjɔ̃] *f* ❶ *(processus)* Schwitzen *nt* ❷ *(sueur)* Schweiß *m*
transpirer [tʀɑ̃spiʀe] <1> *vi* schwitzen
transplant [tʀɑ̃splɑ̃] *m* Transplantat *nt*
transplantation [tʀɑ̃splɑ̃tasjɔ̃] *f* BIO, MED Transplantation *f*
transplanté(e) [tʀɑ̃splɑ̃te] *m(f)* ❶ MED Organempfänger(in) *m(f)* ❷ SOCIOL Fremdling *m; (d'une autre région/ville)* Zugezogene(r) *f(m)*
transplanter [tʀɑ̃splɑ̃te] <1> *vt* ❶ BIO, MED transplantieren ❷ AGR umpflanzen
transport [tʀɑ̃spɔʀ] *m (acheminement)* Transport *m; (de bagages, voyageurs)* Beförderung *f* ▸ **moyens de** ~ Verkehrsmittel *Pl*
transportable [tʀɑ̃spɔʀtabl] *adj (marchandise)* transportabel; *(blessé, malade)* transportfähig
transporter [tʀɑ̃spɔʀte] <1> *vt* transportieren; *(voyageur)* befördern
transporteur [tʀɑ̃spɔʀtœʀ] *m (entreprise)* Transportunternehmen *nt*
transposable [tʀɑ̃spozabl] *adj* ❶ *(qui peut être transposé)* übertragbar ❷ MUS transponierbar
transposer [tʀɑ̃spoze] <1> *vt* übertragen
transposition [tʀɑ̃spozisjɔ̃] *f* ❶ *(transfert)* Übertragung *f; (dans une autre époque)* Verlagerung *f* ❷ MUS Transposition *f*
transsexuel(le) [tʀɑ̃(s)sɛksɥɛl] **I.** *adj* transsexuell **II.** *m(f)* Transsexuelle(r) *f(m)*
transvaser [tʀɑ̃svaze] <1> *vt* umfüllen
transversal(e) [tʀɑ̃svɛʀsal] <-aux> *adj* quer verlaufend; **rue ~e** Querstraße *f*
transversale [tʀɑ̃svɛʀsal] *f* ❶ *(itinéraire)* Querverbindung *f* ❷ *(route)* Querstraße *f*
transversalement [tʀɑ̃svɛʀsalmɑ̃] *adv* quer
trapèze [tʀapɛz] *m* ❶ MATH Trapez *nt* ❷ SPORT Trapez *nt* ❸ ANAT Trapezmuskel *m*
trapéziste [tʀapezist] *mf* Trapezkünstler(in) *m(f)*
trapézoïdal(e) [tʀapezɔidal, -o] <-aux> *adj* trapezförmig
trappe [tʀap] *f* ❶ *(ouverture)* Klappe *f; (dans le plancher)* Falltür *f* ❷ *(piège)* Falle *f*
trappeur [tʀapœʀ] *m* Trapper *m*
trapu(e) [tʀapy] *adj* gedrungen
traque [tʀak] *f (du gibier)* Treibjagd *f; (d'un malfaiteur, d'une vedette)* Verfolgung *f*
traquenard [tʀaknaʀ] *m a. fig* Falle *f*
traquer [tʀake] <1> *vt* verfolgen
trash [tʀaʃ] *adj inv fam* Trash-
traumatique [tʀomatik] *adj* traumatisch
traumatisant(e) [tʀomatizɑ̃, ɑ̃t] *adj* schockierend; **une expérience ~e** ein traumatisches Erlebnis
traumatiser [tʀomatize] <1> *vt* ❶ *(choquer)* ~ **qn** jdm einen Schock versetzen ❷ MED ~ **qn** bei jdm ein Trauma hinterlassen
traumatisme [tʀomatism] *m* Trauma *nt*
traumatologie [tʀomatɔlɔʒi] *f* ❶ *(science)* Unfallmedizin *f* ❷ *(service)* Unfallstation *f*
traumatologiste [tʀomatɔlɔʒist] *mf* Unfallarzt *m*/-ärztin *f; (chirurgien)* Unfallchirurg(in) *m(f)*
travail [tʀavaj] <-aux> *m* ❶ Arbeit *f;* **se mettre au** ~ sich an die Arbeit machen; ~ **à temps partiel** Teilzeitarbeit ❷ *pl (ensemble de tâches)* **travaux ménagers** Hausarbeit *f* ❸ *(résultat)* Werk *nt*
travailler [tʀavaje] <1> **I.** *vi* ❶ arbeiten; ~ **à son compte** selbstständig

sein ❷ *(s'exercer: sportif)* trainieren **II.** *vt* ❶ bearbeiten; **travaillé à la main** handgearbeitet ❷ *(s'entraîner à)* üben

travailleur, -euse [tʀavajœʀ] **I.** *adj* fleißig **II.** *m, f* ❶ **~ immigré** Gastarbeiter *m* ❷ *(personne laborieuse)* fleißiger Mensch *m*

travailliste [tʀavajist] **I.** *adj* POL **parti ~** Labour Party *f* **II.** *mf* Mitglied *nt* der Labour Party

travelling [tʀavliŋ] *m* CINE Kamerafahrt *f*

travelo [tʀavlo] *m fam* Tunte *f (pej) (fam)*

travers [tʀavɛʀ] *m* Schwäche *f* ▸ **prendre qc de ~** etw in den falschen Hals bekommen *(fam)*; **à ~ qc au ~ de qc** *(en traversant)* durch etw hindurch; **à ~ le monde** überall in der Welt

traversée [tʀavɛʀse] *f* **la ~ de l'Atlantique** die Überquerung des Atlantiks

traverser [tʀavɛʀse] <1> *vt* ❶ *(franchir)* überqueren; **faire ~ qn** jdn über die Straße führen ❷ *(se situer en travers de)* **~ qc** *(route)* etw durchqueren ❸ *(se manifester dans)* **~ l'esprit** durch den Kopf schießen

traversier [tʀavɛʀsje] *m* CAN *(bac)* Fähre *f*

traversin [tʀavɛʀsɛ̃] *m lange, mit Federn gefüllte Kopfkissenrolle*

travesti [tʀavɛsti] *m (homosexuel)* Transvestit *m*

travestir [tʀavɛstiʀ] <8> *vt* ❶ *(falsifier)* verfälschen; *(pensée)* falsch wiedergeben; *(voix)* verstellen ❷ *(déguiser)* **~ qn en fée** jdn als Fee verkleiden

travestissement [tʀavɛstismɑ̃] *m* ❶ *(déformation)* Verfälschung *f*; *(de la vérité, réalité)* verzerrte Darstellung; *(d'une pensée)* verzerrte Wiedergabe; *(de la voix)* Verstellung *f* ❷ *(déguisement)* Verkleidung *f*

trayeuse [tʀɛjøz] *f (machine)* Melkmaschine *f*

trébuchant(e) [tʀebyʃɑ̃, ɑ̃t] *adj* ❶ *(chancelant)* schwankend; *(ivrogne)* torkelnd ❷ *(voix)* stockend; *(diction)* holprig

trébucher [tʀebyʃe] <1> *vi* **~ sur qc** über etw *(akk)* stolpern

trèfle [tʀɛfl] *m* ❶ BOT Klee *m* ❷ JEUX Kreuz *nt*

treille [tʀɛj] *f* ❶ *(tonnelle)* Weinlaube *f* ❷ *(vigne)* Spalierwein *m*

treize [tʀɛz] **I.** *num* dreizehn **II.** *m inv* Dreizehn *f*; *v.a.* **cinq**

treizième [tʀɛzjɛm] **I.** *adj* dreizehnte(r, s) **II.** *mf* **le/la ~** der/die/das Dreizehnte **III.** *m (fraction)* Dreizehntel *nt*; *v.a.* **cinquième**

trekking [tʀekiŋ] *m* SPORT Trekking *nt*

tréma [tʀema] *m* Trema *nt*

tremblant(e) [tʀɑ̃blɑ̃] *adj* zitternd

tremblement [tʀɑ̃bləmɑ̃] *m* **~ de terre** Erdbeben *nt*

trembler [tʀɑ̃ble] <1> *vi* ❶ zittern; *(terre)* beben; *(flamme)* flackern; **~ de colère** vor Wut beben ❷ *(avoir peur)* erschauern

trembloter [tʀɑ̃blɔte] <1> *vi* [leicht] zittern

trémousser [tʀemuse] <1> *vpr* **se ~** *(danseur)* sich verrenken; *(enfant)* zappeln

trempe [tʀɑ̃p] *f* ❶ *(fermeté)* Charakterstärke *f* ❷ *fam (correction)* Dresche *f* ❸ TECH *(de l'acier, du verre)* Härten *nt*

trempé(e) [tʀɑ̃pe] *adj* ❶ *(mouillé)* durchnässt ❷ TECH *(acier)* gehärtet

tremper [tʀɑ̃pe] <1> *vt* ❶ *(mouiller)* durchnässen ❷ *(plonger)* **~ dans qc** *(croissant)* in etw tunken *(akk)*

tremplin [tʀɑ̃plɛ̃] *m* Sprungbrett *nt*

trentaine [tʀɑ̃tɛn] *f* ❶ *(environ trente)* **une ~ de personnes/pages** etwa dreißig Personen/Seiten ❷ *(âge approximatif)* **avoir la ~** ungefähr dreißig [Jahre alt] sein

trente [tʀɑ̃t] **I.** *num* dreißig **II.** *m inv* Dreißig *f*; *v.a.* **cinq** *v.a.* **cinquante**

trentenaire [tʀɑ̃tnɛʀ] *adj* dreißigjährig;

prescription ~ Verjährungsfrist *f* von dreißig Jahren
trente-six [tʀɑ̃tsi(s)] *num* ❶ *(chiffre)* sechsunddreißig; *v.a.* **cinq** ❷ *fam (une grande quantité)* x
trentième [tʀɑ̃tjɛm] **I.** *adj* dreißigste(r, s) **II.** *mf* **le/la** ~ der/die/das Dreißigste **III.** *m (fraction)* Dreißigstel *nt; v.a.* **cinquième**
trépidant(e) [tʀepidɑ̃, ɑ̃t] *adj* ❶ *(danse)* rhythmisch; *(rythme)* pulsierend ❷ *(fébrile)* pulsierend
trépider [tʀepide] <1> *vi* vibrieren; *(machine)* dröhnen
trépied [tʀepje] *m (support)* Dreibein *nt*
trépignement [tʀepiɲmɑ̃] *m* Trampeln *nt; (de colère)* Aufstampfen *nt*
trépigner [tʀepiɲe] <1> *vi* ~ **d'impatience** vor Ungeduld von einem Fuß auf den anderen treten
très [tʀɛ] *adv* sehr
trésor [tʀezɔʀ] *m* ❶ *(richesse enfouie)* Schatz *m* ❷ *pl (richesses)* Schätze *Pl* ❸ ADMIN, FIN **Trésor** [**public**] *(l'État)* öffentliche Hand *f*

Übersetzungstipp
Le trésor Nicht verwechseln mit *der Tresor – le coffre-fort!*

trésorerie [tʀezɔʀʀi] *f* ❶ *(budget)* Finanzen *Pl* ❷ *(gestion)* Haushaltsführung *f*
trésorier, -ière [tʀezɔʀje] *m, f* Kassenführer(in) *m(f); (d'une association, d'un club)* Kassenwart *m*
tressaillir [tʀesajiʀ] <irr> *vi* zusammenzucken
tressauter [tʀesote] <1> *vi* ❶ *(être secoué: personne)* hin- und hergeworfen werden; *(dans un véhicule)* durchgerüttelt werden ❷ *(sursauter)* zusammenzucken; *(dans son sommeil, dans ses pensées)* hochschrecken
tresse [tʀɛs] *f* Zopf *m*
tresser [tʀese] <1> *vt* flechten
tréteau [tʀeto] <x> *m (support)* Bock *m*
treuil [tʀœj] *m* Winde *f*
trêve [tʀɛv] *f (répit)* Ruhepause *f*
Trèves [tʀɛv] Trier *nt*
tri [tʀi] *m* ❶ *(choix)* [Aus]sortieren *nt;* ~ **des déchets** Mülltrennung *f* ❷ POST Sortieren *nt* ❸ INFORM **effectuer un** ~ **croissant/décroissant** aufsteigend/absteigend sortieren
trial [tʀijal] *m* ❶ *(moto)* Moto-Cross-Rad *nt* ❷ *(course)* Moto-Cross-[-Rennen *nt*] *nt*
triangle [tʀijɑ̃gl] *m* ❶ MATH Dreieck *nt* ❷ AUT ~ **de présignalisation** Warndreieck *nt*
triangulaire [tʀijɑ̃gylɛʀ] *adj* dreieckig; *(prisme, pyramide)* dreiseitig
triathlon [tʀi(j)atlɔ̃] *m* Triathlon *m*
triathlonien(ne) [tʀi(j)atlɔnjɛ̃, jɛn] *m(f)* Triathlet(in) *m(f)*
tribal(e) [tʀibal, -o] <-aux> *adj* **organisation ~e** Stammesorganisation *f*
tribord [tʀibɔʀ] *m* Steuerbord *nt kein Pl*
tribu [tʀiby] *f* SOCIOL Stamm *m*
tribunal [tʀibynal] <-aux> *m* Gericht *nt*
tribune [tʀibyn] *f* ❶ Tribüne *f* ❷ *(dans un journal)* Kolumne *f*
tribut [tʀiby] *m* Tribut *m*
tributaire [tʀibytɛʀ] *adj* ~ **de qn/qc** abhängig von jdm/etw
tricentenaire [tʀisɑ̃tnɛʀ] **I.** *adj* dreihundertjährig **II.** *m (d'une personne)* dreihundertster Geburtstag; *(d'un événement)* dreihundertster Jahrestag; *(cérémonie)* Dreihundertjahrfeier *f*
tricher [tʀiʃe] <1> *vi (frauder)* betrügen
tricherie [tʀiʃʀi] *f* Betrügerei *f; (au jeu, à l'examen)* Schummeln *nt (fam)*
tricheur, -euse [tʀiʃœʀ] *m, f* Betrüger(in) *m(f); (au jeu, à l'examen)* Schummler(in) *m(f)*
tricolore [tʀikɔlɔʀ] **I.** *adj* ❶ *(bleu, blanc, rouge)* blauweißrot ❷ *(de trois couleurs)* dreifarbig **II.** *mpl* SPORT **les ~s** die französische Nationalmannschaft

T

tricot [tʀiko] *m* ① *(gilet tricoté)* Strickweste *f* ② *(étoffe)* Strickware *f* ③ *(action)* Stricken *nt*

Übersetzungstipp
Le tricot – Nicht verwechseln mit *das Trikot – le maillot!*

tricoter [tʀikɔte] <1> *vt, vi* stricken
tricycle [tʀisikl] *m* Dreirad *nt*
trident [tʀidɑ̃] *m* ① PECHE dreizackiger Fischspeer ② AGR [dreizinkige] Heugabel ③ HIST Dreizack *m*
tridimensionnel(le) [tʀidimɑ̃sjɔnɛl] *adj* dreidimensional
triennal(e) [tʀijenal, -o] <-aux> *adj* ① *(qui dure trois ans)* dreijährig ② *(qui a lieu tous les trois ans)* alle drei Jahre stattfindend
trier [tʀije] <1> *vt* ① *(sélectionner)* auswählen; *(fruits, habits)* aussortieren ② *(classer)* sortieren
trieur, -euse [tʀijœʀ, -jøz] *m, f* ① MIN Sortiermaschine *f* ② AGR Trieur *m*
trigonométrique [tʀigɔnɔmetʀik] *adj* trigonometrisch
trilatéral(e) [tʀilateʀal, -o] <-aux> *adj* ECON, POL trilateral
trilingue [tʀilɛ̃g] **I.** *adj* dreisprachig **II.** *mf* Dreisprachige(r) *f(m)*
trimbal[l]er [tʀɛ̃bale] <1> *vt fam* herumschleppen; *(en voiture)* herumkutschieren
trimer [tʀime] <1> *vi* schuften *(fam)*
trimestre [tʀimɛstʀ] *m (période de trois mois)* Quartal *nt;* SCOL Trimester *nt*
trimestriel(le) [tʀimɛstʀijɛl] *adj (paiement)* vierteljährlich
trimestriellement [tʀimɛstʀijɛlmɑ̃] *adv* vierteljährlich
tringle [tʀɛ̃gl] *f* Stange *f*
Trinité [tʀinite] *f* **la [Sainte] ~** die Dreifaltigkeit
trinquer [tʀɛ̃ke] <1> *vi* **~ à la santé de qn** auf jdn anstoßen
trio [tʀijo] *m a.* MUS Trio *nt*
triomphal(e) [tʀijɔ̃fal, -o] <-aux> *adj* triumphal; *(accueil)* begeistert
triomphalement [tʀijɔ̃falmɑ̃] *adv* triumphierend; *(accueillir)* jubelnd
triomphateur, -trice [tʀijɔ̃fatœʀ, -tʀis] **I.** *adj (air)* triumphierend; *(nation, parti)* siegreich **II.** *m, f* Sieger(in) *m(f)*
triomphe [tʀijɔ̃f] *m* Triumph *m*
triompher [tʀijɔ̃fe] <1> *vi* triumphieren; *(personne)* siegen
trip [tʀip] *m fam* ① *(hallucinations)* Trip *nt,* Drogentrip ② *fig* **qu'est-ce qu'il nous fait comme ~?** was reitet denn den?
tripartite [tʀipaʀtit] *adj* dreiseitige(r, s); **gouvernement ~** Dreiparteienregierung *f*
tripes [tʀip] *fpl* ① GASTR Kaldaunen *Pl* ② *fam (boyau de l'homme)* Eingeweide *Pl; (ventre)* Bauch *m*
triphasé [tʀifɑze] *m* Drehstrom *m*
triphasé(e) [tʀifɑze] *adj* **courant ~** Drehstrom *m*
triple [tʀipl] **I.** *adj* dreifach **II.** *m* **le ~** das Dreifache
triplé [tʀiple] *m* SPORT dreifacher Sieg; *(trois victoires de suite)* Hattrick *m*
triplement [tʀipləmɑ̃] **I.** *adv* ① *(trois fois)* dreifach ② *(tout à fait)* hundertprozentig; *(vrai)* absolut **II.** *m* ① *(multiplication)* Verdreifachung *f* ② *(agrandissement)* Erweiterung *f; (d'une autoroute, voie)* Bau *m* einer dritten Spur
tripler [tʀiple] <1> **I.** *vt* ① *(multiplier par trois)* verdreifachen ② *(agrandir de trois éléments)* **~ l'autoroute** eine dritte Autobahnspur [aus]bauen **II.** *vi* sich verdreifachen
triplés, triplées [tʀiple] *m, fpl* Drillinge *Pl*
triporteur [tʀipɔʀtœʀ] *m* Lieferdreirad *nt*
tripoter [tʀipɔte] <1> **I.** *vt* ① *(objets)* herumspielen mit *(fam)* ② *(peloter)* betatschen *(fam)* **II.** *vpr (triturer)* **se ~ la barbe** an seinem Bart herumzwirbeln

trique [tʀik] *f* Knüppel *m*
trisomie [tʀizɔmi] *f* Trisomie *f*
triste [tʀist] *adj* ❶ traurig ❷ *(pensée)* trübselig ❸ *(événements, destin)* tragisch
tristement [tʀistəmɑ̃] *adv* ❶ *(regarder)* traurig; *(parler, raconter)* betrübt ❷ *(de façon lugubre)* traurig ❸ *(cruellement)* auf traurige Weise
tristesse [tʀistɛs] *f* Traurigkeit *f*
tristounet(te) [tʀistunɛ, ɛt] *adj fam* traurig; *(temps)* trist
trithérapie [tʀiteʀapi] *f* MED *(contre le sida)* Kombitherapie *f*
triton [tʀitɔ̃] *m* ❶ ZOOL [Wasser]molch *m* ❷ HIST **Triton** Triton *m*
triturer [tʀityʀe] <1> *vt* ❶ *(broyer)* zerkleinern; *(aliments)* zerkauen ❷ *(mouchoir)* knüllen *(fam)*
trivial(e) [tʀivjal] <-aux> *adj (vulgaire)* ordinär
trivialement [tʀivjalmɑ̃] *adv* ordinär
trivialité [tʀivjalite] *f* ❶ *(vulgarité)* Primitivität *f* ❷ *(banalité)* Banalität *f*
troc [tʀɔk] *m* Tauschhandel *m*
troglodyte [tʀɔglɔdit] **I.** *adj v.* **troglodytique** **II.** *m* ❶ *(habitant d'une grotte)* Höhlenmensch *m* ❷ BIO Zaunkönig *m*
troglodytique [tʀɔglɔditik] *adj* **habitations ~s** Höhlenwohnungen *Pl*
trognon [tʀɔɲɔ̃] *m* Kerngehäuse *nt*
trois [tʀwɑ] **I.** *num* drei ▶ **en ~ mots** mit zwei, drei Worten **II.** *m inv* Drei *f*; *v.a.* **cinq**
trois-étoiles [tʀwɑzetwal] **I.** *adj inv* Dreisterne- **II.** *m inv* Dreisternehotel *nt*
troisième [tʀwɑzjɛm] **I.** *adj* dritte(r, s); **le ~ âge** *(personnes âgées)* die Senioren **II.** *mf* **le/la ~** der/die/das Dritte **III.** *f* SCOL ≈ neunte Klasse *f*; *v.a.* **cinquième**
troisièmement [tʀwɑzjɛmmɑ̃] *adv* drittens
troll [tʀɔl] *m* INET Troll *m*
trolleybus [tʀɔlɛbys] *m* Trolleybus *m*
trombe [tʀɔ̃b] *f (forte averse)* Wolkenbruch *m*
trombone [tʀɔ̃bɔn] *m* ❶ MUS Posaune *f* ❷ *(attache)* Büroklammer *f*
trompe [tʀɔ̃p] *f* ❶ MUS Horn *nt* ❷ ZOOL Rüssel *m*
tromper [tʀɔ̃pe] <1> **I.** *vt* ❶ *(duper)* täuschen; **~ qn sur qc** jdn mit etw betrügen ❷ *(être infidèle à)* **~ qn avec qn** jdn mit jdm betrügen ❸ *(faim, soif)* lindern **II.** *vi* täuschen **III.** *vpr* **se ~** sich irren
tromperie [tʀɔ̃pʀi] *f* Betrug *m kein Pl*
trompette [tʀɔ̃pɛt] *f* Trompete *f* ▶ **nez en ~** Stupsnase *f*
trompettiste [tʀɔ̃petist] *mf* Trompeter(in) *m(f)*
trompeur, -euse [tʀɔ̃pœʀ] *adj* trügerisch; *(résultats)* irreführend
tronc [tʀɔ̃] *m* ❶ BOT Stamm *m* ❷ ANAT Rumpf *m* ❸ ARCHIT *(d'une colonne)* Schaft *m*

Aussprache
Das -c am Ende von **tronc** bleibt stumm.

tronçon [tʀɔ̃sɔ̃] *m* ❶ *(partie)* Teil *m*; *(d'une voie ferrée, route)* Teilstrecke *f* ❷ *(morceau coupé)* Stück *nt*
tronçonner [tʀɔ̃sɔne] <1> *vt* zerteilen
tronçonneuse [tʀɔ̃sɔnøz] *f* Motorsäge *f*
trône [tʀon] *m* Thron *m*
trôner [tʀone] <1> *vi* thronen; *(tableau)* prangen
tronquer [tʀɔ̃ke] <1> *vt (détail)* auslassen
trop [tʀo] *adv* ❶ *(de façon excessive: grand, cher)* zu; *(manger, faire)* zu viel; *(insister, négliger)* zu sehr ❷ *(en quantité excessive)* **~ de temps** zu viel Zeit *f* ❸ *(pas tellement)* **ne pas ~ aimer** nicht besonders mögen ▶ **c'est ~!** *(il ne fallait pas)* das wäre doch nicht nötig gewesen!
trophée [tʀɔfe] *m* Trophäe *f*
tropical(e) [tʀɔpikal] <-aux> *adj* tropisch

T

tropique [tʀɔpik] *m* ① GEO Wendekreis *m* ② *(région tropicale)* **les ~s** die Tropen
troquer [tʀɔke] <1> *vt* tauschen
troquet [tʀɔkɛ] *m fam* Kneipe *f*
trot [tʀo] *m (allure)* Trab *m*
trotte [tʀɔt] *f fam* Stück *nt* [Weg]
trotter [tʀɔte] <1> *vi (cheval)* traben; *fam (personne)* trotten
trotteur, -euse [tʀɔtœʀ, -øz] *m, f (cheval)* Traber *m*
trotteuse [tʀɔtøz] *f* Sekundenzeiger *m*
trottiner [tʀɔtine] <1> *vi* trappeln; *(enfant)* trippeln
trottinette [tʀɔtinɛt] *f* Roller *m*
trottoir [tʀɔtwaʀ] *m* Bürgersteig *m*
trou [tʀu] *m* ① Loch *nt; (d'une aiguille)* Öhr *nt* ② *(moment de libre)* freier Augenblick *m*
troublant(e) [tʀublɑ̃] *adj* ① *(déconcertant)* irritierend ② *(excitant)* aufregend
trouble[1] [tʀubl] **I.** *adj* ① *(image, vue)* verschwommen ② *(période)* zwiespältig **II.** *adv (voir)* unscharf
trouble[2] [tʀubl] *m* ① *pl* MED Beschwerden *Pl* ② *pl (politiques, sociaux)* Unruhen *Pl*
troubler [tʀuble] <1> **I.** *vt* ① stören ② *(perturber)* beunruhigen ③ *(digestion, facultés mentales)* beeinträchtigen **II.** *vpr* **se ~** *(devenir trouble)* sich trüben
troué(e) [tʀue] *adj* durchlöchert
trouée [tʀue] *f (ouverture)* Loch *nt; (d'une forêt)* Schneise *f*
T
trouer [tʀue] <1> *vt* ① *(faire un trou)* ein Loch machen ② *(faire plusieurs trous)* **~ qc** etw zerlöchern
trouille [tʀuj] *f fam* Bammel *m;* **avoir la ~** Bammel haben
troupe [tʀup] *f* Truppe *f*
troupeau [tʀupo] <x> *m* Herde *f*
trousse [tʀus] *f* Beutel *m;* **~ de toilette** Kulturbeutel *m*
trousseau [tʀuso] <x> *m (clés)* Schlüsselbund *m o nt*
trouvaille [tʀuvɑj] *f* [glücklicher] Fund
trouver [tʀuve] <1> **I.** *vt* ① *(découvrir)* finden; *(information)* bekommen ② *(avoir le sentiment)* **~ étrange que** + *subj* es merkwürdig finden, dass ③ *(voir)* **aller ~ qn** jdn besuchen gehen **II.** *vpr (être situé)* **se ~** sich befinden
truand [tʀyɑ̃] *m* Gauner(in) *m(f)*
truander [tʀyɑ̃de] <1> *vt fam* reinlegen
truc [tʀyk] *m* ① *fam (chose)* Ding *nt* ② *fam (combine)* Trick *m* ▸ **c'est mon ~** *fam* das ist meine Sache
trucage [tʀykaʒ] *m* ① *(falsification)* Verfälschung *f* ② CINE, PHOT Trickaufnahme *f*
trucider [tʀyside] <1> *vt fam* umbringen
truculence [tʀykylɑ̃s] *f* Urwüchsigkeit *f*
truculent(e) [tʀykylɑ̃, ɑ̃t] *adj* urwüchsig
truelle [tʀyɛl] *f* Kelle *f*
truffe [tʀyf] *f* BOT, GASTR Trüffel *f*
truffer [tʀyfe] <1> *vt* ① GASTR trüffeln ② *fig* **~ un texte de citations** einen Text mit Zitaten spicken
truie [tʀɥi] *f* Sau *f*
truite [tʀɥit] *f* Forelle *f*
truquage [tʀykaʒ] *m v.* **trucage**
truquer [tʀyke] <1> *vt* fälschen
trust [tʀœst] *m* ECON Trust *m*
tsar [tsaʀ] *m* Zar *m*
tsarine [tsaʀin] *f* Zarin *f*
tsariste [tsaʀist] *adj* zaristisch
t-shirt [tiʃœʀt] <t-shirts> *m* T-Shirt *nt*
tsigane [tsigan] *péj* **I.** *adj* Zigeuner *(pej);* **musique ~** Zigeunermusik *f* **II.** *mf* Zigeuner(in) *m(f) (pej)*
tsvp *abr de* **tournez s'il vous plaît** b. w.
T.T.C. [tetese] *abr de* **toutes taxes comprises** inkl. MwSt.
tu [ty] *<devant voyelle et h muet fam t'>* **I.** *pron pers* **~ es grand** du bist groß **II.** *m* **dire ~ à qn** du zu jdm sagen
tu(e) [ty] *part passé de* **taire**
tuba [tyba] *m* ① MUS Tuba *f* ② SPORT Schnorchel *m*
tube[1] [tyb] *m* ① *(tuyau)* Rohr *nt* ② ELEC

Röhre *f* ❸ *(emballage à presser)* Tube *f* ❹ ANAT ~ **digestif** Verdauungstrakt *m*
tube[2] [tyb] *m fam (chanson)* Hit *m*
tubercule [tybɛʀkyl] *m* BOT [Wurzel]knolle *f*
tuberculeux, -euse [tybɛʀkylø, -øz] **I.** *adj (personne)* tuberkulosekrank **II.** *m, f* MED Tuberkulosekranke(r) *f(m)*
tuberculose [tybɛʀkyloz] *f* Tuberkulose *f*
tué(e) [tɥe] *m(f)* Todesopfer *nt*
tuer [tɥe] <1> **I.** *vt* ❶ töten; **se faire ~** umkommen ❷ *(environnement)* zerstören **II.** *vi (animal, personne)* töten **III.** *vpr* **se ~** umkommen; *(se donner la mort)* sich umbringen
tuerie [tyʀi] *f* Gemetzel *nt*
tueur, -euse [tyœʀ] *m, f* Mörder(in) *m(f)*; ~ **en série** Serienmörder
tuile [tɥil] *f* ❶ *(d'un toit)* [Dach]ziegel *m* ❷ *fam (événement fâcheux)* unangenehme Überraschung *f*
tuilerie [tɥilʀi] *f* Ziegelei *f*
tulipe [tylip] *f* Tulpe *f*
tuméfié(e) [tymefje] *adj* geschwollen
tumeur [tymœʀ] *f* Tumor *m*
tumulte [tymylt] *m (d'une foule)* Tumult *m*; *(agitation: de la rue)* Treiben *nt*
tumultueux, -euse [tymyltɥø, -øz] *adj* ❶ *(agité)* stürmisch; *(période, vie)* bewegt; *(discussion)* hitzig; *(flots)* tosend ❷ *(bruyant)* lärmend
tuner [tynœʀ] *m* Tuner *m*
tunique [tynik] *f* ❶ *(vêtement ample)* Tunika *f* ❷ MIL Uniformrock *m*
Tunisie [tynizi] *f* **la ~** Tunesien *nt*
tunisien(ne) [tynizjɛ̃] *adj* tunesisch
Tunisien(ne) [tynizjɛ̃, jɛn] *m(f)* Tunesier(in) *m(f)*
tunnel [tynɛl] *m* ❶ *(galerie)* Tunnel *m* ❷ *(période difficile)* Durststrecke *f*
turbine [tyʀbin] *f* Turbine *f*
turbo [tyʀbo] *adj inv* mit Turbomotor
turbulence [tyʀbylɑ̃s] *f* ❶ *a.* PHYS, METEO *(agitation)* Turbulenz *f* ❷ *(caractère)* Lebhaftigkeit *f*
turbulent(e) [tyʀbylɑ̃] *adj (agité)* wild
turc [tyʀk] *m* Türkisch *nt*; *v.a.* **allemand**
turc, turque [tyʀk] *adj* türkisch; *v.a.* **allemand**
Turc, Turque [tyʀk] *m, f* Türke, Türkin *m, f*
turf [tœʀf, tyʀf] *m* Pferderennsport *m*
turfiste [tœʀfist, tyʀfist] *mf* jd, der/die bei Pferderennen wettet
turque [tyʀk] *abr de* **turc:** ▶ **W.-C. à la ~** Stehklo[sett] *nt*
Turquie [tyʀki] *f* **la ~** Türkei *f*
turquoise [tyʀkwaz] *adj inv* türkis[farben]
tus [ty] *passé simple de* **taire**
tutélaire [tytelɛʀ] *adj* JUR schützend; *(service)* Aufsicht führend
tutelle [tytɛl] *f* ❶ *(d'un mineur)* Vormundschaft *f* ❷ *péj* Bevormundung *f*
tuteur [tytœʀ] *m (support)* Stütze *f*
tuteur, -trice [tytœʀ] *m, f (d'un mineur)* Vormund *m*
tutoiement [tytwamɑ̃] *m* Duzen *nt*
tutorat [tytɔʀa] *m* Tutorium *nt*
tuto [tytɔ] *m fam abr de* **tutoriel** INFORM, INET Tutorial *nt*
tutoriel [tytɔʀjɛl] *m* INFORM, INET Tutorial *nt*
tutoyer [tytwaje] <6> *vt, vpr* [**se**] ~ [sich] duzen
tutu [tyty] *m* Tutu *nt*
tuyau [tɥijo] <x> *m* ❶ *(tube rigide)* Rohr *nt*; *(tube souple)* Schlauch *m*; *(d'une cheminée)* Schacht *m* ❷ *fam (conseil)* Tipp *m*
tuyauterie [tɥijotʀi] *f (d'une installation, chaudière)* Leitungsnetz *nt*
TV [teve] *f abr de* **télévision** Fernsehen *nt*
T.V.A. [teveɑ] *f abr de* **taxe à la valeur ajoutée** MwSt. *f*
tweed [twid] *m* Tweed *m*
tympan [tɛ̃pɑ̃] *m* ANAT Trommelfell *nt*
type [tip] **I.** *m* ❶ *a. fam* Typ *m* ❷ *(genre)* Art *f* **II.** *app inv* typisch
typé(e) [tipe] *adj* **être très ~** sehr typisch sein
typhoïde [tifɔid] **I.** *adj* **fièvre ~** Ty-

phusfieber *nt* **II.** *f* Typhus *m*
typhon [tifɔ̃] *m* Taifun *m*
typhus [tifys] *m* Typhus *m*
typique [tipik] *adj* ~ **de qn/qc** typisch für jdn/etw
typiquement [tipikmɑ̃] *adv* **c'est ~ français** das ist typisch französisch
typographe [tipɔgʀaf] *mf* [Schrift]setzer(in) *m(f)*
typographie [tipɔgʀafi] *f* Typografie *f*
typographique [tipɔgʀafik] *adj* typografisch
typologie [tipɔlɔʒi] *f* Typologie *f*
tyran [tiʀɑ̃] *m* Tyrann *m*
tyrannie [tiʀani] *f* Tyrannei *f*
tyrannique [tiʀanik] *adj* ❶ HIST *(pouvoir)* tyrannisch; **régime ~** Gewaltherrschaft *f* ❷ *(autoritaire)* herrschsüchtig; *(mode)* diktatorisch
tyranniser [tiʀanize] <1> *vt* tyrannisieren
tyrolien(ne) [tiʀɔljɛ̃] *adj* tirolisch; *(chant, population)* Tiroler *inv;* **danse ~ne** Schuhplattler *m*
Tyrolien(ne) [tiʀɔljɛ̃, jɛn] *m(f)* Tiroler(in) *m(f)*
tyrolienne [tiʀɔljɛn] *f* MUS Jodler *m*
tzar [tsaʀ] *m v.* **tsar**
tzarine [tsaʀin] *f v.* **tsarine**
tzigane [tsigan] *adj péj v.* **tsigane**

Uu

U, u [y] *m inv* U *nt,* u *nt;* **en U** in U-Form
UCT [ysete] *f abr de* **Unité Centrale de Traitement** CPU *f*
UDF [ydeɛf] *f abr de* **Union pour la démocratie française** *liberal-konservative Parteienkonföderation Frankreichs*
UEFA [yefa] *f abr de* **Union of European Football Associations** UEFA *f*
UEM [yøɛm] *f abr de* **Union économique et monétaire** WWU *f*
U.I.T. [yite] *f abr de* **Union internationale des télécommunications** IFU *f*
Ukraine [ykʀɛn] *f* **l'~** die Ukraine
ukrainien [ykʀɛnjɛ̃] *m* Ukrainisch *nt; v.a.* **allemand**
ukrainien(ne) [ykʀɛnjɛ̃] *adj* ukrainisch; *v.a.* **allemand**
Ukrainien(ne) [ykʀɛnjɛ̃, jɛn] *m(f)* Ukrainer(in) *m(f)*
ulcère [ylsɛʀ] *m* Geschwür *nt*
ulcérer [ylseʀe] <5> *vt* tief kränken
U.L.M. [yɛlɛm] *m abr de* **ultraléger motorisé** Ultraleichtflugzeug *nt*
ultérieur(e) [ylteʀjœʀ] *adj* spätere(r, s)
ultérieurement [ylteʀjœʀmɑ̃] *adv* später
ultime [yltim] *adj a. antéposé* allerletzte(r, s)
ultra [yltʀa] *mf (extrémiste de droite/gauche)* Ultrarechte(r)/-linke(r) *f(m)*
ultraconfidentiel(le) [yltʀakɔ̃fidɑ̃sjɛl] *adj fam* streng vertraulich
ultraconservateur, -trice [yltʀakɔ̃sɛʀvatœʀ, -tʀis] *adj fam* extrem konservativ
ultraléger, -ère [yltʀaleʒe, -ɛʀ] *adj* extraleicht
ultramoderne [yltʀamɔdɛʀn] *adj* hochmodern
ultra-portable [yltʀapɔʀtabl] *m* INFORM Ultrabook *nt*
ultrarapide [yltʀaʀapid] *adj fam* superschnell
ultrasensible [yltʀasɑ̃sibl] *adj* hoch empfindlich
ultrason [yltʀasɔ̃] *m* Ultraschall *m*
ultraviolet [yltʀavjɔlɛ] *m* **les ~s** ultraviolette Strahlen *Pl*

UME [yɛmø] *f abr de* **Union monétaire européenne** EWU *f*

un [œ̃] **I.** *m inv* Eins *f* **II.** *adv* erstens; **~, …, deux, …** erstens…, und zweitens…; *v.a.* **cinq**

un, une [œ̃] **I.** *art indéf* ❶ *(un certain)* ein(e); **avec ~ grand courage** mit großer Tapferkeit ❷ *(intensif)* **il y a ~ [de ces] bruit** ein derartiger Lärm **II.** *pron* ❶ *(chose/personne parmi d'autres)* ein(e); **~ de ces jours, …** eines schönen Tages… ❷ *(chose/personne opposée à une autre)* **les ~s et les autres** die einen und die anderen ▶**l'~ dans l'autre** alles in allem; **~[e] par ~[e]** einer/eine/eines nach dem/der/dem anderen **III.** *num* ❶ ein(e) ❷ *(non divisible)* einzig; **Dieu est ~** es gibt nur einen Gott

unanime [ynanim] *adj (consentement)* einhellig

unanimement [ynanimmɑ̃] *adv (approuver)* einhellig; *(décider)* einstimmig; **être ~ convaincu de qc** ausnahmslos von etw überzeugt sein

unanimité [ynanimite] *f* Übereinstimmung *f; (des suffrages)* Einstimmigkeit *f* ▶**à l'~** einstimmig

une [yn] **I.** *v.* **un II.** *f* PRESSE **la ~** die Titelseite

uni(e) [yni] *adj* ❶ *(unicolore)* einfarbig ❷ *(en union)* vereint

unicolore [ynikɔlɔʀ] *adj* einfarbig

unième [ynjɛm] *adj* **vingt et ~** einundzwanzigste(r, s)

unificateur, -trice [ynifikatœʀ] *adj (principe)* einigend

unification [ynifikasjɔ̃] *f* Vereinigung *f*

unifier [ynifje] <1> *vt* ❶ *(unir)* vereinen; *(partis)* zusammenschließen ❷ *(programmes)* vereinheitlichen

uniforme [ynifɔʀm] *adj* ❶ *(pareil)* gleich[artig] ❷ *(standardisé)* vereinheitlicht

uniformisation [ynifɔʀmizasjɔ̃] *f (du mode de vie)* Angleichung *f; (des tarifs)* Vereinheitlichung *f*

uniformiser [ynifɔʀmize] <1> *vt (programmes)* vereinheitlichen

uniformité [ynifɔʀmite] *f* ❶ *(des mœurs)* Übereinstimmung *f; (des produits)* Einheitlichkeit *f* ❷ *(monotonie)* Eintönigkeit *f*

unijambiste [yniʒɑ̃bist] **I.** *adj* einbeinig **II.** *mf* Einbeinige(r) *f(m)*

unilatéral(e) [ynilateʀal] <-aux> *adj* einseitig

unilatéralement [ynilateʀalmɑ̃] *adv* im Alleingang; POL einseitig

unilingue [ynilɛ̃g] *adj* einsprachig

union [ynjɔ̃] *f* ❶ *(alliance)* Vereinigung *f* ❷ *(association)* Verband *m*

Union européenne [ynjɔ̃ øʀɔpeɛn] *f* Europäische Union *f*

Union monétaire [ynjɔ̃ mɔnetɛʀ] *f* Währungsunion *f*

unique [ynik] *adj (seul)* einzig; *(monnaie)* einheitlich; **sens ~** Einbahnstraße *f*

uniquement [ynikmɑ̃] *adv* nur

unir [yniʀ] <8> **I.** *vt (associer)* verein[ig]en **II.** *vpr (s'associer)* **s'~** sich vereinigen

unisexe [ynisɛks] *adj* für Mann und Frau

unisson [ynisɔ̃] *m* **à l'~** einstimmig

unitaire [ynitɛʀ] *adj* ❶ *(revendications)* einheitlich ❷ *(production)* auf ein Produkt beschränkt

unité [ynite] *f* ❶ Einheit *f* ❷ INFORM, TECH **~ de stockage** Speicher[einheit *f*] *m;* **~ de bande magnétique/disque** Band-/Diskettenlaufwerk *nt;* **~ de sortie** Ausgabegerät *nt*

univers [ynivɛʀ] *m* ❶ ASTRO Universum *nt* ❷ *(milieu)* Welt *f*

universaliser [ynivɛʀsalize] <1> **I.** *vt* verallgemeinern **II.** *vpr* **s'~** sich verbreiten

universalité [ynivɛʀsalite] *f* Universalität *f; (d'une idée)* Allgemeingültigkeit *f*

universel(le) [ynivɛʀsɛl] *adj* ❶ *(mondial)* weltweit ❷ *(opp: particulier)* allgemein

universellement [yniversɛlmɑ̃] *adv* ① allgemein ② *(mondialement)* weltweit

universitaire [yniversitɛʀ] **I.** *adj* universitär; *(titre)* akademisch; **diplôme ~** Hochschuldiplom *nt;* **restaurant ~** Mensa *f* **II.** *mf* Hochschullehrer(in) *m(f)*

université [yniversite] *f* Universität *f*

uploader [œplode] <1> *vt* INFORM hochladen

uranium [yʀanjɔm] *m* Uran *nt*

Uranus [yʀanys] *f* Uranus *m*

urbain(e) [yʀbɛ̃] *adj* Stadt-; **guérilla ~e** Stadtguerilla *f*

urbanisation [yʀbanizasjɔ̃] *f* ① *(d'une région, d'un pays)* Urbanisierung *f* ② *(d'un secteur, d'une zone)* städtische Bebauung *f*

urbanisme [yʀbanism] *m* Städtebau *m*

urbaniste [yʀbanist] *mf* Stadtplaner(in) *m(f)*

urée [yʀe] *f* Harnstoff *m*

urgence [yʀʒɑ̃s] *f* ① *(caractère urgent)* Dringlichkeit *f;* **d'~** unverzüglich ② MED Notfall *m;* **les ~s** Notfallaufnahme *f*

urgent(e) [yʀʒɑ̃] *adj (cas)* dringend; *(affaire)* dringlich; **~!** eilt!

urinaire [yʀinɛʀ] *adj* **maladie ~** Erkrankung *f* der Harnwege; **calcul ~** Harnstein *m*

urine [yʀin] *f* Urin *m*

uriner [yʀine] <1> *vi* urinieren

urne [yʀn] *f* ① *(vase funéraire)* [Grab]urne *f* ② POL [Wahl]urne *f*

U.R.S.S. [yɛʀɛsɛs] *f abr de* **Union des républiques socialistes soviétiques** HIST **l'~** die UdSSR

urticaire [yʀtikɛʀ] *f* [allergischer] Hautausschlag ▸ **qn/qc donne de l'~ à qn** *fam* jd ist gegen jdn/etw allergisch

us [ys] *mpl* **~ et coutumes** Sitten und Bräuche *Pl*

U.S. [yɛs] *f abr de* **Union sportive** SV *m*

usage [yzaʒ] *m* ① *(utilisation)* Gebrauch *m;* **hors d'~** außer Betrieb ② *(consommation)* Verbrauch *m* ③ *(faculté)* **l'~ de la parole** die Sprache ④ *(coutume)* Brauch *m*

usagé(e) [yzaʒe] *adj* abgenutzt; *(pile)* verbraucht

usager, -ère [yzaʒe] *m, f* Benutzer(in) *m(f)*

usant(e) [yzɑ̃, ɑ̃t] *adj* anstrengend

usé(e) [yze] *adj (détérioré)* abgenutzt; *(semelles)* abgelaufen

user [yze] <1> **I.** *vt* ① *(détériorer)* abnutzen ② *(consommer)* verbrauchen **II.** *vpr* **s'~** sich abnutzen

usine [yzin] *f* Fabrik *f*

ustensile [ystɑ̃sil] *m* Gerät *nt*

usuel(le) [yzɥɛl] *adj* gebräuchlich; *(mot)* gängig

usure [yzyʀ] *f (détérioration)* Abnutzung *f*

usurier, -ière [yzyʀje, -jɛʀ] *m, f* Wucherer *m*/Wucherin *f*

usurper [yzyʀpe] <1> *vt* **~ le pouvoir** widerrechtlich die Macht an sich *(akk)* reißen; **~ un titre** sich *(dat)* einen Titel widerrechtlich aneignen

ut [yt] *m inv* MUS C *nt,* c *nt*

utérus [yteʀys] *m* Gebärmutter *f*

utile [ytil] *adj* nützlich

utilement [ytilmɑ̃] *adv* nützlich; *(employer)* nutzbringend

utilisable [ytilizabl] *adj* brauchbar; **ce n'est plus ~** das ist nicht mehr zu gebrauchen

utilisation [ytilizasjɔ̃] *f (d'un produit)* Verwendung *f*

utiliser [ytilize] <1> *vt* ① benutzen ② *(exploiter: personne)* ausnutzen

utilitaire [ytilitɛʀ] *m* INFORM Utility *nt*

utilité [ytilite] *f (caractère utile)* Nützlichkeit *f*

U.V.[1] [yve] *mpl abr de* **ultraviolets** UV-Strahlen *Pl*

U.V.[2] [yve] *f abr de* **unité de valeur** UNIV Schein *m*

Vv

V, **v** [ve] *m inv* ❶ V *nt*, v *nt* ❷ *(forme)* **décolleté en V** V-Ausschnitt *m*
va [va] *indic prés de* **aller**
vacances [vakɑ̃s] *fpl* SCOL, UNIV Ferien *Pl*

Les vacances scolaires
In Frankreich beginnen die **vacances scolaires** nicht in allen Regionen gleichzeitig, sondern zonenweise jeweils um eine Woche versetzt. Man unterscheidet die drei Zonen A, B und C, die Frankreich streifenartig von Norden nach Süden unterteilen. Die Sommerferien sind in Frankreich länger als bei uns, nämlich acht Wochen. In der Regel liegen sie im Zeitraum zwischen Anfang Juli und Ende August. Zusätzlich gibt es je zwei Wochen Winter-, Oster-, Herbst und Weihnachtsferien.

vacancier, **-ière** [vakɑ̃sje] *m, f* Urlauber(in) *m(f)*
vacant(e) [vakɑ̃] *adj* unbesetzt
vacarme [vakaʀm] *m* Lärm *m*
vacation [vakasjɔ̃] *f* ❶ *(rémunération)* Honorar *nt* ❷ *(remplacement)* Vertretung *f*
vaccin [vaksɛ̃] *m* Impfstoff *m*
vaccination [vaksinasjɔ̃] *f* Impfung *f*; **carnet de ~** Impfpass *m*; **~ de rappel** Auffrischungsimpfung *f*
vacciner [vaksine] <1> *vt* MED impfen
vache [vaʃ] **I.** *f* ZOOL Kuh *f* ▶ **la ~!** *fam* Donnerwetter! **II.** *adj fam (méchant)* gemein
vachement [vaʃmɑ̃] *adv fam* echt
vacher, **-ère** [vaʃe, -ɛʀ] *m, f* Kuhhirt(in) *m(f)*
vacherie [vaʃʀi] *f fam* Gemeinheit *f*
vacherin [vaʃʀɛ̃] *m* ❶ *(fromage) Weichkäse aus dem französischen Jura* ❷ *(dessert) eisgekühltes Baisergebäck mit Crème fraîche*
vachette [vaʃɛt] *f* ❶ kleine Kuh ❷ *(cuir)* Vachetteleder *nt*
vacillant(e) [vasijɑ̃] *adj* schwankend
vaciller [vasije] <1> *vi (personne)* taumeln; *(lumière)* flackern
vadrouille [vadʀuj] *f* **être en ~** *fam* auf Achse sein
va-et-vient [vaevjɛ̃] *m inv* Hin und Her *nt*
vagabond(e) [vagabɔ̃] **I.** *adj (vie)* Vagabunden- **II.** *m(f)* Landstreicher(in) *m(f)*
vagabonder [vagabɔ̃de] <1> *vi (errer)* umherziehen
vagin [vaʒɛ̃] *m* Scheide *f*
vaginal(e) [vaʒinal] <-aux> *adj* vaginal
vague[1] [vag] **I.** *adj* ❶ *(indistinct)* undeutlich ❷ *(lointain)* entfernt **II.** *m* **dans le ~** im Unklaren
vague[2] [vag] *f* Welle *f*
vaguement [vagmɑ̃] *adv (opp: précisément)* ungefähr
vaillance [vajɑ̃s] *f* Beherztheit *f*
vaillant(e) [vajɑ̃, ʒɑ̃t] *adj* beherzt
vaille [vaj] *subj prés de* **valoir**
vain(e) [vɛ̃] *adj* ▶ **en ~** vergeblich
vaincre [vɛ̃kʀ] <irr> *vi* siegen
vaincu(e) [vɛ̃ky] **I.** *part passé de* **vaincre** **II.** *adj* besiegt **III.** *m(f)* Verlierer(in) *m(f)*
vainement [vɛnmɑ̃] *adv* vergeblich
vainqueur [vɛ̃kœʀ] **I.** *adj* siegreich **II.** *mf* Sieger(in) *m(f)*
vairon [vɛʀɔ̃] *adj* **yeux ~s** verschieden[farbig]e Augen
vais [vɛ] *indic prés de* **aller**
vaisseau[1] [vɛso] <x> *m* ANAT Gefäß *nt*
vaisseau[2] [vɛso] <x> *m* AVIAT **~ spatial** Raumschiff *nt*

vaisselier [vɛsəlje] *m* Geschirrschrank *m*
vaisselle [vɛsɛl] *f* Geschirr *nt;* **faire la ~** das Geschirr spülen
val [val] <vaux> *m* Tal *nt*
valable [valabl] *adj* gültig
valablement [valabləmɑ̃] *adv* ❶ *(légitimement)* rechtmäßig ❷ *(convenablement)* zufriedenstellend ❸ *(d'une manière efficace)* sinnvoll
Valais [valɛ] *m* **le ~** das Wallis
valdinguer [valdɛ̃ge] <1> *vi fam* **~ contre qc** gegen etw knallen
valence [valɑ̃s] *f* CHIM Wertigkeit *f*
valériane [valeʀjan] *f* Baldrian *m*
valet [valɛ] *m* ❶ *(domestique)* [Haus]diener *m* ❷ JEUX Bube *m*
valeur [valœʀ] *f* ❶ Wert *m;* **de ~** wertvoll ❷ *(importance)* Bedeutung *f*
validation [validasjɔ̃] *f* INFORM Bestätigung *f*
valide [valid] *adj (personne)* gesund
valider [valide] <1> *vt* ❶ AUT entwerten ❷ INFORM bestätigen
validité [validite] *f* Gültigkeit *f*
valise [valiz] *f* [Reise]koffer *m*
vallée [vale] *f* Tal *nt*
vallon [valɔ̃] *m* kleines Tal *nt*
vallonné(e) [valɔne] *adj* hügelig
valoir [valwaʀ] <irr> **I.** *vi* ❶ *(coûter)* kosten ❷ *(mettre en avant)* **faire ~ un argument** ein Argument geltend machen **II.** *vt* ❶ *(avoir de la valeur)* taugen ❷ JEUX zählen ❸ *(mériter)* lohnen **III.** *vpr* **se ~** COM gleich viel kosten
valorisant(e) [valɔʀizɑ̃, ɑ̃t] *adj* dem Ansehen förderlich
valorisation [valɔʀizasjɔ̃] *f (d'une région)* Aufwertung *f; (des déchets)* [Wieder]verwertung *f*
valoriser [valɔʀize] <1> *vt* ECON aufwerten
valse [vals] *f* Walzer *m*
valser [valse] <1> *vi* einen Walzer tanzen
valve [valv] *f* ❶ TECH Ventil *nt* ❷ ZOOL [Muschel]schale *f*
valvule [valvyl] *f* Klappe *f*
vamp [vɑ̃p] *f* Vamp *m*
vamper [vɑ̃pe] <1> *vt fam* anmachen
vampire [vɑ̃piʀ] *m* Vampir *m*
vampiriser [vɑ̃piʀize] *vt fam* **~ qn** jdn hörig machen
van [vɑ̃] *m* Pferdetransporter *m*
vandale [vɑ̃dal] *mf (destructeur)* Vandale *m*/Vandalin *f*
vanille [vanij] *f* Vanille *f*
vanillé(e) [vanije] *adj (crème, sucre)* Vanille-
vanité [vanite] *f* Eitelkeit *f*
vaniteux, -euse [vanitø, -øz] *adj* eingebildet
vanne [van] *f* ❶ *(d'une écluse)* Schleusentor *nt* ❷ *fam (plaisanterie)* **lancer des ~s à qn** über jdn witzeln
vanné(e) [vane] *adj fig fam (personne)* kaputt
vannerie [vanʀi] *f (fabrication)* Korbmacherei *f*
vannier [vanje] *m* Korbmacher(in) *m(f)*
vantard(e) [vɑ̃taʀ] **I.** *adj* prahlerisch **II.** *m(f)* Prahler(in) *m(f)*
vantardise [vɑ̃taʀdiz] *f* Prahlerei *f*
vanter [vɑ̃te] <1> **I.** *vt* [in den höchsten Tönen] loben **II.** *vpr* **se ~** prahlen
vapes [vap] *fpl* ▶ **être dans les ~** *fam* benebelt sein
vapeur [vapœʀ] *f* **~ d'eau** Wasserdampf *m*
vaporeux, -euse [vapɔʀø] *adj* duftig
vaporisateur [vapɔʀizatœʀ] *m* Zerstäuber *m*
vaporisation [vapɔʀizasjɔ̃] *f (d'un parfum)* Zerstäuben *nt; (d'une plante)* Besprühen *nt*
vaporiser [vapɔʀize] <1> *vt (parfum)* zerstäuben
vaquer [vake] <1> *vi* **~ à ses occupations** seiner Beschäftigung nachgehen
varappe [vaʀap] *f* **faire de la ~** klettern
varech [vaʀɛk] *m* [See]tang *m*
vareuse [vaʀøz] *f (blouse)* Matrosenjacke
variable [vaʀjabl] *adj* ❶ variabel ❷ METEO veränderlich
variante [vaʀjɑ̃t] *f* Variante *f*

variateur [vaʀjatœʀ] *m* ~ **de lumière** Dimmer *m*
variation [vaʀjasjɔ̃] *f* Veränderung *f*
varice [vaʀis] *f souvent pl* Krampfader *f*
varicelle [vaʀisɛl] *f* Windpocken *Pl*
varié(e) [vaʀje] *adj* abwechslungsreich
varier [vaʀje] <1> *vi* ❶ *(évoluer)* sich [ver]ändern ❷ *(être différent)* unterschiedlich sein
variété [vaʀjete] *f* ❶ *(diversité)* Vielfalt *f* ❷ *(changement)* Abwechslung *f*
variole [vaʀjɔl] *f* Pocken *Pl*
variolique [vaʀjɔlik] *adj* Pocken-
Varsovie [vaʀsɔvi] Warschau *nt*
vas [va] *indic prés de* **aller**
vasculaire [vaskylɛʀ] *adj* ANAT, MED Gefäß-; **troubles ~s** Durchblutungsstörungen *Pl*
vase[1] [vɑz] *m (récipient)* Vase *f*
vase[2] [vɑz] *f* Schlamm *m*
vaseline [vazlin] *f* Vaseline *f*
vaseux, -euse [vɑzø] *adj (boueux)* schlammig
vasistas [vazistɑs] *m* ARCHIT Oberlicht *nt*
vasque [vask] *f* niedriges Wasserbecken *nt*
vassal(e) [vasal, -o] <-aux> *m(f)* HIST Vasall(in) *m(f)*
vaste [vast] *adj (immense)* weit
Vatican [vatikan] *m* **le** ~ der Vatikan
vaudeville [vodvil] *m* Vaudeville *nt*
vaudevillesque [vodvilɛsk] *adj* wie in einem Vaudeville; *(situation)* grotesk
vaudou [vodu] *m inv* Wodu[kult] *m*
vaudrai [vodʀɛ] *fut de* **valoir**
vaurien(ne) [voʀjɛ̃] *m(f)* Taugenichts *m (pej)*
vaut [vo] *indic prés de* **valoir**
vautour [votuʀ] *m* BIO Geier *m*
vautrer [votʀe] <1> *vpr (s'étendre)* sich wälzen; **se ~ dans un fauteuil** sich in einen Sessel lümmeln *(fam)*
vaux [vo] *indic prés de* **valoir**
va-vite [vavit] *adv fam* ▶ **à la ~** auf die Schnelle
veau [vo] <x> *m* ❶ ZOOL Kalb *nt* ❷ GASTR Kalbfleisch *nt*
vecteur [vɛktœʀ] *m* ❶ MATH Vektor *m* ❷ *(support)* ~ **de culture** Kulturträger *m*
vectoriel(le) [vɛktɔʀjɛl] *adj* MATH, INFORM vektoriell
vécu [veky] *m* **le** ~ das Erlebte
vécu(e) [veky] *part passé de* **vivre**
vécus [veky] *passé simple de* **vivre**
vedette [vədɛt] *f* ❶ *(rôle principal)* Hauptdarsteller(in) *m(f)* ❷ *(personnage connu)* Star *m*

> **Une vedette**
> **Vedette** und *star* sind feminin und werden sowohl für Männer als auch für Frauen verwendet:
> *C'est lui la nouvelle vedette / star du football. – Er ist der neue Fußballstar.*

végan(e) [vegɑ̃, an] **I.** *adj* vegan **II.** *m(f)* Veganer(in) *m(f)*
végétal(e) [veʒetal] <-aux> *adj* pflanzlich
végétalien(ne) [veʒetaljɛ̃] **I.** *adj* vegan **II.** *m(f)* Veganer(in) *m(f)*
végétarien(ne) [veʒetaʀjɛ̃] **I.** *adj* vegetarisch **II.** *m(f)* Vegetarier(in) *m(f)*
végétatif, -ive [veʒetatif, -iv] *adj* ANAT vegetativ
végétation [veʒetasjɔ̃] *f* ❶ BOT Vegetation *f* ❷ *pl* MED Polypen *Pl*
végéter [veʒete] <5> *vi (personne)* dahinvegetieren
veggie [vɛdʒi] *fam* **I.** *adj (burger, recette)* vegetarisch **II.** *m, f* Vegetarier(in) *m(f)*
véhémence [veemɑ̃s] *f* Heftigkeit *f*
véhément(e) [veemɑ̃, ɑ̃t] *adj* heftig
véhiculaire [veikylɛʀ] *adj* **langue** ~ Verkehrssprache *f*
véhicule [veikyl] *m* AUT Fahrzeug *nt*
véhiculer [veikyle] <1> *vt* ❶ *(transporter)* transportieren ❷ *(transmettre: maladie)* übertragen; *(savoir)* vermitteln; *(émotions)* mitteilen

veille [vɛj] *f* ❶ *(jour précédent)* Vortag *m* ❷ *(fait de ne pas dormir)* Wachsein *nt* ❸ INFORM, ELEC Stand-by-Betrieb *m*

veillée [veje] *f* ❶ *(soirée)* abendliche Zusammenkunft *f* ❷ *(action de veiller)* Wache *f*

veiller [veje] <1> *vi* ❶ *(faire attention à)* ~ **à qc** auf etw *(akk)* achten ❷ *(surveiller)* Wache halten

veilleur [vɛjœʀ] *m* ~ **de nuit** Nachtwächter *m*

veilleuse [vɛjøz] *f* ❶ *(petite lampe)* Nachtlicht *nt* ❷ *pl (feu de position)* Standlicht *nt*

veinard(e) [vɛnaʀ] *m(f) fam* Glückspilz *m*

veine [vɛn] *f* ❶ ANAT Vene *f* ❷ *fam (chance)* Dusel *nt*

veiné(e) [vene] *adj (peau, marbre)* geädert; *(bois)* gemasert

veineux, -euse [vɛnø, -øz] *adj* venös

velcro® [vɛlkʀo] *m* Klettverschluss *m*

Vélib'® [velib] *m Fahrrad einer öffentlichen Verleihstation in Paris*

véliplanchiste [veliplɑ̃ʃist] *mf* Windsurfer(in) *m(f)*

velléitaire [veleitɛʀ] *adj* willensschwach

velléité [veleite] *f soutenu* Anwandlung *f*

vélo [velo] *m* ❶ *(bicyclette)* [Fahr]rad *nt;* ~ **électrique** [*o* **à assistance électrique**] E-Bike *nt* ❷ *(activité)* Radfahren *nt*

vélocité [velɔsite] *f* Geschwindigkeit *f*

vélodrome [velodʀom] *m* Radrennbahn *f*

vélomoteur [velomɔtœʀ] *m* Moped *nt*

véloski [veloski] *m* Skibob *m*

V

velours [v(ə)luʀ] *m* Samt *m*

velouté [vəlute] *m (potage)* Cremesuppe *f*

velouté(e) [vəlute] *adj* ❶ *(peau)* samtweich ❷ GASTR sämig

velu(e) [vəly] *adj* behaart

venaison [vənɛzɔ̃] *f* Wild[bret *nt*] *nt*

vénal(e) [venal] <-aux> *adj péj* bestechlich

venant [vənɑ̃] ▶ **à tout** ~ dem ersten Besten

vendable [vɑ̃dabl] *adj* verkäuflich

vendange [vɑ̃dɑ̃ʒ] *f souvent pl* Weinlese *f*

vendanger [vɑ̃dɑ̃ʒe] <2a> **I.** *vi* Trauben lesen **II.** *vt (raisin)* lesen; *(vigne)* abernten

vendangeur, -euse [vɑ̃dɑ̃ʒœʀ] *m, f* Weinleser(in) *m(f)*

Vendée [vɑ̃de] *f* **la** ~ die Vendée

vendetta [vɑ̃deta, vɑ̃dɛtta] *f* Blutrache *f*

vendeur, -euse [vɑ̃dœʀ] *m, f* Verkäufer(in) *m(f)*

vendre [vɑ̃dʀ] <14> **I.** *vi* COM verkaufen; **faire** ~ den Absatz fördern **II.** *vt* ❶ *a. péj* verkaufen ❷ *fam (trahir)* verpfeifen **III.** *vpr* **se** ~ **bien** sich gut verkaufen

vendredi [vɑ̃dʀədi] *m* Freitag *m;* **Vendredi saint** Karfreitag; *v.a.* **dimanche**

vendu(e) [vɑ̃dy] **I.** *part passé de* **vendre II.** *adj (corrompu)* gekauft

vénéneux, -euse [venenø] *adj* giftig

vénérable [veneʀabl] *adj* ehrwürdig

vénération [veneʀasjɔ̃] *f* Verehrung *f*

vénérer [veneʀe] <5> *vt* verehren

vénérien(ne) [veneʀjɛ̃, jɛn] *adj* **maladie ~ne** Geschlechtskrankheit *f*

Venezuela [venezɥɛla] *m* **le** ~ Venezuela *nt*

vengeance [vɑ̃ʒɑ̃s] *f* Rache *f*

venger [vɑ̃ʒe] <2a> *vt* rächen

vengeur, -geresse [vɑ̃ʒœʀ, -ʒ(ə)ʀɛs] *adj* rachsüchtig *(geh)*

venimeux, -euse [vənimø] *adj* giftig

venin [vənɛ̃] *m* Gift *nt*

venir [v(ə)niʀ] <9> **I.** *vi* + *être* ❶ kommen; **faire** ~ **qn** jdn rufen ❷ *(parvenir)* ~ **jusqu'à qn/qc** bis zu jdm/etw dringen ❸ *(se situer dans un ordre)* **à** ~ folgend ❹ *(s'étendre)* ~ **jusqu'à qc** bis an etw *(akk)* reichen ❺ *(provenir)* ~ **de qc** von etw kommen ❻ *(aboutir à)* **où veut-il en ~?** worauf will er hinaus? **II.** *aux* + *être* ❶ *(se déplacer)* kommen ❷ *(avoir juste fini)* **je viens [juste/à peine] d'avoir fini**

ich habe gerade aufgehört **III.** *vi impers + être* **il viendra un temps où** es wird eine Zeit kommen, wo

Venise [vəniz] Venedig

vénitien [venisjɛ̃] *m* Venezianisch *nt; v.a.* **allemand**

vénitien(ne) [venisjɛ̃, jɛn] *adj* venezianisch; **blond** ~ rotblond

Vénitien(ne) [venisjɛ̃, jɛn] *m(f)* Venezianer(in) *m(f)*

vent [vɑ̃] *m* Wind *m;* **il y a du** ~ es ist windig

vente [vɑ̃t] *f* ❶ Verkauf *m;* ~ **au détail** Einzelhandel *m;* **mettre en** ~ auf den Markt bringen ❷ *(service)* Vertrieb *m*

venté(e) [vɑ̃te] *adj* windig

venter [vɑ̃te] <1> *vi impers* **il vente** es ist windig

venteux, -euse [vɑ̃tø] *adj* windig

ventilateur [vɑ̃tilatœʀ] *m* Ventilator *m*

ventilation [vɑ̃tilasjɔ̃] *f* [Be]lüftung *f*

ventiler [vɑ̃tile] <1> *vt (pièce)* belüften

ventouse [vɑ̃tuz] *f* ❶ *(dispositif)* Saugfuß *m;* **faire** ~ sich festsaugen ❷ ZOOL Saugnapf *m;* BOT Haftwurzel *f* ❸ MED Schröpfkopf *m*

ventral(e) [vɑ̃tʀal, -o] <-aux> *adj* **douleurs ~es** Bauchschmerzen *Pl*

ventre [vɑ̃tʀ] *m* Bauch *m;* **avoir mal au** ~ Bauchschmerzen *Pl* haben

ventrée [vɑ̃tʀe] *f fam* **s'en mettre une** ~ ordentlich zulangen

ventricule [vɑ̃tʀikyl] *m* Kammer *f;* ~ **droit/gauche** rechte/linke Herzkammer

ventriloque [vɑ̃tʀilɔk] **I.** *adj* **être** ~ bauchreden können **II.** *mf* Bauchredner(in) *m(f)*

ventru(e) [vɑ̃tʀy] *adj (personne)* dickbäuchig; *(cruche)* bauchig

venu(e) [v(ə)ny] **I.** *part passé de* **venir** **II.** *adj* **bien/mal** ~ angebracht/unangebracht **III.** *m(f)* **nouveau** ~ Neuankömmling *m*

venue [v(ə)ny] *f* Kommen *nt*

vêpres [vɛpʀ] *fpl* REL Vesper *f*

ver [vɛʀ] *m* Wurm *m;* ~ **à soie** Seidenraupe *f*

véracité [veʀasite] *f* Wahrhaftigkeit *f*

verbal(e) [vɛʀbal] <-aux> *adj* mündlich

verbalement [vɛʀbalmɑ̃] *adv* mündlich, mit Worten, verbal

verbaliser [vɛʀbalize] <1> *vt* ~ **qn** jdm einen Strafzettel verpassen

verbe [vɛʀb] *m* LING Verb *nt*

verdâtre [vɛʀdɑtʀ] *adj* grünlich

verdeur [vɛʀdœʀ] *f (acidité)* Säure *f; (d'un vin)* Herbheit *f*

verdict [vɛʀdikt] *m* Urteil *nt*

verdir [vɛʀdiʀ] <8> *vi (nature)* grünen

verdure [vɛʀdyʀ] *f (végétation)* Grün *nt*

véreux, -euse [veʀø] *adj (fruit)* wurmig

verge [vɛʀʒ] *f* ❶ ANAT [männliches] Glied ❷ *(baguette)* Stock *m*

verger [vɛʀʒe] *m* Obstgarten *m*

vergeture [vɛʀʒətyʀ] *f* Schwangerschaftsstreifen *m*

verglacé(e) [vɛʀglase] *adj* vereist

verglas [vɛʀglɑ] *m* Glatteis *nt*

vergogne [vɛʀgɔɲ] *f* **sans** ~ schamlos

véridique [veʀidik] *adj (information)* richtig; *(histoire)* wahr

vérifiable [veʀifjabl] *adj* nachprüfbar

vérificateur [veʀifikatœʀ] *m* INFORM ~ **orthographique** Rechtschreibkontrolle *f*

vérification [veʀifikasjɔ̃] *f* Überprüfung *f*

vérifier [veʀifje] <1> **I.** *vt* überprüfen **II.** *vpr* **se** ~ *(soupçon)* sich bestätigen

vérin [veʀɛ̃] *m* TECH Winde *f*

véritable [veʀitabl] *adj* ❶ *(réel)* wirklich ❷ *(vrai)* richtig

véritablement [veʀitabləmɑ̃] *adv* ❶ *(réellement)* wirklich ❷ *(à proprement parler)* eigentlich

vérité [veʀite] *f* Wahrheit *f*

verlan [vɛʀlɑ̃] *m eine Art Geheimsprache, in der die Silben gewisser Wörter in umgekehrter Reihenfolge gesprochen werden*

vermeil(le) [vɛʀmɛj] *adj* [leuchtend] rot

vermicelle [vɛʀmisɛl] *m* Fadennudel *f*

vermifuge [vɛʀmifyʒ] *adj* **remède** ~ Wurmmittel *nt*

vermillon [vɛʀmijɔ̃] *adj inv* zinnoberrot

vermine [vɛʀmin] *f sans pl (parasites)* Ungeziefer *nt*
vermisseau [vɛʀmiso] <x> *m* Würmchen *nt*
vermoulu(e) [vɛʀmuly] *adj* wurmstichig
vernir [vɛʀniʀ] <8> **I.** *vt (bois)* lackieren **II.** *vpr* **se ~ les ongles** sich *(dat)* die Nägel lackieren
vernis [vɛʀni] *m (façade)* Fassade *f (fig)*
vernissage [vɛʀnisaʒ] *m* ❶ *(action)* Lackieren *nt* ❷ *(inauguration)* Vernissage *f (geh)*
vérole [veʀɔl] *f fam* Syphilis *f;* **petite ~** Pocken *Pl*
vérolé(e) [veʀɔle] *adj* INFORM fehlerhaft
véronique [veʀɔnik] *f* Ehrenpreis *m*
verrai [vɛʀɛ] *fut de* **voir**
verre [vɛʀ] *m* Glas *nt;* **prendre un ~** ein Gläschen trinken *(fam)*
verrerie [vɛʀʀi] *f* ❶ *(fabrication)* Glasherstellung *f* ❷ *(objet)* Glas *nt kein Pl,* Glaswaren *Pl* ❸ *(fabrique)* Glashütte *f*
verrier [vɛʀje] *m* Glasbläser *m*
verrière [vɛʀjɛʀ] *f (toit)* Glasdach *nt*
verrou [veʀu] *m (loquet)* Riegel *m*
verrouiller [veʀuje] <1> *vt* ❶ *(fermer)* verriegeln ❷ *(disquette)* durch Kode sperren
verrue [veʀy] *f* MED Warze *f*
vers[1] [vɛʀ] *prép* ❶ *(en direction de)* **~ qn/qc** auf jdn/etw zu ❷ *(aux environs de: lieu)* bei; *(temps)* gegen
vers[2] [vɛʀ] *m* Vers *m*
versant [vɛʀsɑ̃] *m (pente)* Hang *m*
versatile [vɛʀsatil] *adj (personne, caractère)* unbeständig; **humeur ~** Launenhaftigkeit *f*
verse [vɛʀs] *f* **il pleut à ~** es gießt in Strömen
Verseau [vɛʀso] <x> *m* Wassermann *m; v.a.* **Balance**
versement [vɛʀsəmɑ̃] *m* Zahlung *f*
verser [vɛʀse] <1> *vt* ❶ *(faire couler)* **~ de l'eau à qn** jdm Wasser eingießen ❷ *(payer)* **~ à qn/sur un compte** *(somme)* jdm zahlen/auf ein Konto einzahlen
verset [vɛʀsɛ] *m* ❶ REL *(de la Bible, du Coran)* Vers *m* ❷ *(couplet)* Strophe *f*
verseur, -euse [vɛʀsœʀ, -øz] *adj* **bec ~** Tülle *f*
versifier [vɛʀsifje] <1> **I.** *vi* dichten **II.** *vt* in Verse setzen
version [vɛʀsjɔ̃] *f* Version *f;* **en ~ originale sous-titrée** in Originalfassung mit Untertiteln
verso [vɛʀso] *m* Rückseite *f*
versus [vɛʀsys] *prép* versus
vert [vɛʀ] *m* Grün *nt*
vert(e) [vɛʀ] **I.** *adj* ❶ grün ❷ *(légumes)* frisch **II.** *m(f) (écologiste)* Grüne(r) *f(m)*
vertébral(e) [vɛʀtebʀal] <-aux> *adj* **colonne ~e** Wirbelsäule *f*
vertébré [vɛʀtebʀe] *m* Wirbeltier *nt*
vertébré(e) [vɛʀtebʀe] *adj* **animal ~** Wirbeltier *nt*
vertèbre [vɛʀtɛbʀ] *f* Wirbel *m*
vertement [vɛʀtəmɑ̃] *adv (répliquer)* schroff; *(réprimander)* scharf
vertical(e) [vɛʀtikal] <-aux> *adj* senkrecht
verticale [vɛʀtikal] *f* Senkrechte *f,* Vertikale *f;* TECH Lot *nt*
verticalement [vɛʀtikalmɑ̃] *adv* senkrecht, vertikal
vertige [vɛʀtiʒ] *m* ❶ *sans pl (peur du vide)* Schwindel[gefühl *nt*] *m* ❷ *(malaise)* Schwindelanfall *m;* **il a le ~** ihm wird schwind[e]lig
vertigineux, -euse [vɛʀtiʒinø, -øz] *adj* Schwindel erregend
vertu [vɛʀty] *f* ❶ *(qualité)* Tugend *f* ❷ *(effet bénéfique)* [positive] Wirkung *f*
vertueusement [vɛʀtɥøzmɑ̃] *adv* tugendhaft
vertueux, -euse [vɛʀtɥø, -øz] *adj* tugendhaft
verve [vɛʀv] *f* Witz *m*
verveine [vɛʀvɛn] *f* Eisenkraut *nt*
vésicule [vezikyl] *f* ❶ ANAT Blase *f;* **~ biliaire** Gallenblase *f* ❷ MED Bläschen *nt*
vessie [vesi] *f* Harnblase *f*
veste [vɛst] *f* ❶ Jacke *f* ❷ *(gilet)* Strickjacke *f*

vestiaire [vɛstjɛʀ] *m* Garderobe *f*
vestibule [vɛstibyl] *m* Flur *m*
vestige [vɛstiʒ] *m souvent pl* Überrest *m*
vestimentaire [vɛstimɑ̃tɛʀ] *adj* **dépenses ~s** Ausgaben *Pl* für Kleidung
veston [vɛstɔ̃] *m* Sakko *m o nt*
vêtement [vɛtmɑ̃] *m* Kleidungsstück *nt*
vétéran(e) [veteʀɑ̃, an] *m(f)* ① MIL Veteran *m* ② *(personne expérimentée)* [alter] Routinier ③ SPORT **~s** Senioren; *(hommes)* Alte Herren
vétérinaire [veteʀinɛʀ] *mf* Tierarzt *m*
vétille [vetij] *f* Lappalie *f*
vêtir [vetiʀ] <irr> *vpr soutenu* **se ~** sich ankleiden
veto [veto] *m inv* Veto *nt;* **droit de ~** Vetorecht *nt*
vêtu(e) [vety] *adj* bekleidet [mit]
veuf, veuve [vœf] **I.** *adj* verwitwet **II.** *m, f* Witwer, Witwe *m, f*
veuille [vœj] *subj prés de* **vouloir**
veulent [vœl] *indic prés de* **vouloir**
veut [vø] *indic prés de* **vouloir**
veuve *v.* **veuf**
veux [vø] *indic prés de* **vouloir**
vexation [vɛksasjɔ̃] *f* Demütigung *f*
vexer [vɛkse] <1> **I.** *vt* kränken **II.** *vpr* **se ~** gekränkt sein
via [vja] *prép* über *(+akk)*
viabiliser [vjabilize] <1> *vt (terrain)* erschließen
viabilité [vjabilite] *f* ① *(d'une route)* Befahrbarkeit *f* ② *(d'un terrain)* Erschließung *f* ③ *(aptitude à vivre)* Lebensfähigkeit *f*
viable [vjabl] *adj* lebensfähig
viaduc [vjadyk] *m* Viadukt *m o nt*
viager, -ère [vjaʒe] *adj* auf Lebenszeit
viande [vjɑ̃d] *f* Fleisch *nt*
viander [vjɑ̃de] <1> *vpr fam* **se ~** einen Unfall bauen
vibrant(e) [vibʀɑ̃] *adj* leidenschaftlich
vibration [vibʀasjɔ̃] *f (d'un moteur)* Vibrieren *nt*
vibrato [vibʀato] *m* MUS Vibrato *nt*
vibratoire [vibʀatwaʀ] *adj* **mouvement ~** Schwingung *f*
vibrer [vibʀe] <1> *vi (moteur)* vibrieren
vibromasseur [vibʀomasœʀ] *m* MED Massagegerät *nt; (objet érotique)* Vibrator *m*
vicaire [vikɛʀ] *m* Kaplan *m*
vice [vis] *m (anomalie)* Mangel *m*
vicelard(e) [vislaʀ, aʀd] *fam* **I.** *adj* ① *(personne)* gewieft *(fam)* ② *(air)* lüstern **II.** *m(f) (homme)* zudringlicher Kerl *(fam); (femme)* zudringliches Weib *(fam)*
vice-président(e) [vispʀezidɑ̃] <vice-présidents> *m(f)* Vizepräsident(in) *m(f)*
vice versa [vis(e)vɛʀsa] *adv* **et ~** und umgekehrt
vichy [viʃi] **I.** *m* ① *(tissu)* Vichy[stoff] *m* ② *(eau minérale)* **un ~** ein Mineralwasser **II.** *f* Mineralwasser *nt*
vicieux, -euse [visjø] **I.** *adj* ① *(obsédé sexuel)* lüstern *(geh)* ② *(cheval)* heimtückisch **II.** *m, f (cochon)* Perverse(r) *f(m)*
vicinal [visinal] <-aux> *adj* **chemin ~** Gemeindeweg *m*
vicomte, -esse [vikɔ̃t, -ɛs] *m, f* Vicomte *m*/Vicomtesse *f*
victime [viktim] *f* Opfer *nt; (mort)* Todesopfer *nt*
victimiser [viktimize] <1> *vt* **~ qn** jdn zum Opfer machen stilisieren
victoire [viktwaʀ] *f* Sieg *m*
victorieux, -euse [viktɔʀjø] *adj (vainqueur)* siegreich
victuailles [viktɥɑj] *f pl* Lebensmittel *Pl*
vidange [vidɑ̃ʒ] *f* TECH Entleerung *f;* AUT Ölwechsel *m*
vidanger [vidɑ̃ʒe] <2a> *vt* AUT **faire ~ une voiture** bei einem Auto einen Ölwechsel machen lassen
vidangeur [vidɑ̃ʒœʀ] *m* [Fäkalien]grubenentleerer(in) *m(f)*
vide [vid] **I.** *adj* ① *(opp: plein)* leer ② **~ de qc** ohne etw **II.** *m* ① *sans pl (abîme)* Abgrund *m* ② PHYS luftleerer Raum *m* ③ *(espace vide)* Lücke *f*
vide-grenier [vidgʀənje] <vide-greniers> *m* Flohmarkt *m (nur mit privaten Anbietern)*

vidéo [video] *f (film)* Video *nt*

vidéoclip [videoklip] *m* Videoclip *m*

vidéoconférence [videokɔ̃ferɑ̃s] *f* Videokonferenz *f*

vide-ordures [vidɔrdyr] *m inv* Müllschlucker *m*

vidéothèque [videɔtɛk] *f* Videothek *f*

vider [vide] <1> **I.** *vt* ① leeren ② *(substance liquide)* ausgießen ③ *(appartement)* ausräumen *(fam)* ④ *fam (fatiguer)* **être ~** total geschafft sein **II.** *vpr* **se ~** *(bouteille)* auslaufen; *(ville)* sich leeren

videur, -euse [vidœr, -øz] *m, f* Rausschmeißer *m (fam)*

vie [vi] *f* ① *(existence)* Leben *nt* ② *(façon de vivre)* Lebensweise *f*; **c'est la ~!** so ist das Leben! ③ *(biographie)* Lebensgeschichte *f* ▸ **à ~** auf Lebenszeit

vieil [vjɛj] *adj v.* **vieux**

vieillard [vjɛjar] *m* Greis *m*

vieille [vjɛj] *v.* **vieux**

vieillerie [vjɛjri] *f* **~s** alter Trödel *m (fam)*

vieillesse [vjɛjɛs] *f* ① *(opp: jeunesse)* Alter *nt* ② *sans pl (personnes âgées)* **la ~** die Alten *Pl*

vieillir [vjɛjir] <8> *vi* ① *(prendre de l'âge: personne)* alt werden; *(fromage, vin)* reifen ② *(se démoder)* an Aktualität verlieren

vieillissement [vjɛjismɑ̃] *m (d'une personne)* Älterwerden *nt*

vieillot(te) [vjɛjo, jɔt] *adj* altmodisch

vielle [vjɛl] *f* [Dreh]leier *f*

viendrai [vjɛ̃drɛ] *fut de* **venir**

vienne [vjɛn] *subj prés de* **venir**

Vienne [vjɛn] Wien *nt*

viennent [vjɛn] *indic prés de* **venir**

viennois(e) [vjɛnwa] *adj* Wiener *inv*

Viennois(e) [vjɛnwa, waz] *m(f)* Wiener(in) *m(f)*

viennoiserie [vjɛnwazri] *f* Feingebäck *nt*

viens, vient [vjɛ̃] *indic prés de* **venir**

vierge [vjɛrʒ] *adj* ① *(non défloré)* unschuldig; *(fille)* unberührt ② *(disquette, page)* leer ③ *(inexploré)* **la forêt ~** der Urwald

Vierge [vjɛrʒ] *f* ① REL **la ~ Marie** die Jungfrau Maria ② ASTRO Jungfrau *f*; *v.a.* **Balance**

Vietnam, **Viêt-nam** [vjɛtnam] *m* **le ~** Vietnam *nt*

vietnamien [vjɛtnamjɛ̃] *m* Vietnamesisch *nt*; *v.a.* **allemand**

vietnamien(ne) [vjɛtnamjɛ̃] *adj* vietnamesisch; *v.a.* **allemand**

Vietnamien(ne) [vjɛtnamjɛ̃, jɛn] *m(f)* Vietnamese *m*/Vietnamesin *f*

vieux [vjø] *adv (faire)* alt

vieux, vieil, vieille [vjø] **I.** *adj* alt; **être ~ d'un mois** einen Monat sein **II.** *m, f* Alte(r) *f(m)*

vieux – vieil

Die männliche Singularform *vieil* steht an Stelle von *vieux* vor Vokalen oder stummem h: *un vieux tapis – ein alter Teppich; un vieil ami – ein alter Freund; ce vieil homme – dieser alte Mann.*

vif [vif] *m* ▸ **le ~ du sujet** der Kern der Sache

vif, vive [vif] *adj* ① *(personne)* lebhaft ② *(rapide)* schnell; **avoir l'esprit ~** aufgeweckt sein ③ *(douleur)* heftig; *(couleur)* kräftig ④ *(vivant)* lebend

vigie [viʒi] *f* ① *(en marine)* Ausguck[posten *m*] *m* ② *(surveillance)* Wache *f*

vigilance [viʒilɑ̃s] *f* Wachsamkeit *f*

vigile [viʒil] *mf* Wächter(in) *m(f)*

vigne [viɲ] *f* ① BOT Wein *m*; **pied de ~** Rebstock *m* ② *(vignoble)* Weinberg *m*

vigneron(ne) [viɲ(ə)rɔ̃] *m(f)* Winzer(in) *m(f)*, Weinhauer(in) *m(f)* (A)

vignette [viɲɛt] *f* Kontrollmarke *f*; *(d'une automobile)* Kfz-Steuermarke *f*

vignoble [viɲɔbl] *m* ① *(terrain)* Weinberg *m* ② *sans pl (ensemble de vignobles)* Weinbaugebiet *nt*

vigogne [vigɔɲ] *f* Vikunja *nt*
vigoureusement [viguʀøzmɑ̃] *adv* *(avec force)* kräftig; *(avec détermination)* energisch
vigoureux, -euse [viguʀø] *adj* *(fort)* kräftig
vigueur [vigœʀ] *f* *(d'une personne)* Vitalität *f* ▶**en** ~ in Kraft
Viking [vikiŋ] *m* Wikinger *m*
vilain [vilɛ̃] *m* *(grabuge)* **il va y avoir du** ~ das wird Ärger geben
vilain(e) [vilɛ̃] *adj* ❶ *(laid)* hässlich ❷ *(mot)* unanständig; **jouer un ~ tour à qn** jdm übel mitspielen schlimm
vilebrequin [vilbʀəkɛ̃] *m* AUT Kurbelwelle *f*
villa [villa] *f* Villa *f*
village [vilaʒ] *m* Dorf *nt*
villageois(e) [vilaʒwa] *m(f)* Dorfbewohner(in) *m(f)*
village-vacances [vilaʒvakɑ̃s] <villages-vacances> *m* Feriendorf *nt*
ville [vil] *f* Stadt *f*; **vieille** ~ Altstadt *f* ▶**en** ~ in der/die Stadt

Aussprache

Das -ille wird in **ville** nicht wie in der Regelaussprache als [ij] *(fille, vanille ...)* gesprochen, sondern als [il] wie z. B. in *avril*.

ville-dortoir [vildɔʀtwaʀ] <villes-dortoirs> *f* Schlafstadt *f*
villégiature [vi(l)leʒjatyʀ] *f* *(vacances)* Ferien *Pl*, Sommerfrische *f*
vin [vɛ̃] *m* Wein *m*; ~ **de pays** Landwein
vinaigre [vinɛgʀ] *m* Essig *m*
vinaigrer [vinegʀe] <1> *vt* mit Essig abschmecken
vinaigrette [vinɛgʀɛt] *f* Vinaigrette *f*
vinasse [vinas] *f fam* billiger Wein
vindicatif, -ive [vɛ̃dikatif] *adj* rachsüchtig
vingt [vɛ̃] **I.** *num* ❶ *(cardinal)* zwanzig ❷ *(dans l'indication des époques)* **les années** ~ die zwanziger Jahre **II.** *m inv* Zwanzig *f*; *v. a.* **cinq**
vingtaine [vɛ̃tɛn] *f* ❶ *(environ vingt)* **une ~ de personnes/pages** etwa zwanzig Personen/Seiten ❷ *(âge approximatif)* **avoir la** ~ [*o* **une ~ d'années**] ungefähr zwanzig [Jahre alt] sein
vingt-et-un [vɛ̃teœ̃] **I.** *num* einundzwanzig **II.** *m inv* Einundzwanzig *f*; *v. a.* **cinq**
vingtième [vɛ̃tjɛm] **I.** *adj* zwanzigste(r, s) **II.** *mf* **le/la** ~ der/die/das Zwanzigste **III.** *m* ❶ *(fraction)* Zwanzigstel *nt* ❷ *(siècle)* zwanzigstes Jahrhundert; *v. a.* **cinquième**
vinicole [vinikɔl] *adj* **région** ~ Weinbaugebiet *nt*
vinifier [vinifje] <1> *vt, vi* keltern
vînmes [vɛ̃m] *passé simple de* **venir**
vinrent [vɛ̃ʀ] *passé simple de* **venir**
vins [vɛ̃] *passé simple de* **venir**
vint [vɛ̃] *passé simple de* **venir**
vîntes [vɛ̃t] *passé simple de* **venir**
vinyle [vinil] *m* Vinyl *nt*
viol [vjɔl] *m* Vergewaltigung *f*
violateur, -trice [vjɔlatœʀ, -tʀis] *m, f* *(d'un secret)* Verräter(in) *m(f)*; *(d'un domicile)* Einbrecher(in) *m(f)*; *(d'un lieu sacré)* Schänder(in) *m(f)*; ~ **des lois** Gesetzesbrecher
violation [vjɔlasjɔ̃] *f* ❶ JUR ~ **de domicile** Hausfriedensbruch *m* ❷ *(profanation)* Schändung *f*
viole [vjɔl] *f* Viola *f*
violemment [vjɔlamɑ̃] *adv* heftig
violence [vjɔlɑ̃s] *f* ❶ *(brutalité)* Gewalt *f* ❷ *(virulence)* Heftigkeit *f*
violent(e) [vjɔlɑ̃] *adj* ❶ *(mort)* gewaltsam ❷ *(intense)* heftig
violenter [vjɔlɑ̃te] <1> *vt* ~ **qn** jdm Gewalt antun
violer [vjɔle] <1> *vt* ❶ *(personne)* vergewaltigen ❷ *(loi, frontière)* verletzen
violet(te) [vjɔlɛ] *adj* violett
violette [vjɔlɛt] *f* BOT Veilchen *nt*
violeur [vjɔlœʀ] *m* Vergewaltiger *m*
violon [vjɔlɔ̃] *m* Geige *f*

violoncelle [vjɔlɔ̃sɛl] *m* Violoncello *nt*
violoncelliste [vjɔlɔ̃selist] *mf* Cellist(in) *m(f)*
violoniste [vjɔlɔnist] *mf* Geiger(in) *m(f)*
V.I.P. [viajpi] *mf inv abr de* **Very Important Person** *fam* VIP *m*
VIP [veipe, viajpi] *m inv abr de* **Very Important Person** *fam* VIP *m*
vipère [vipɛʀ] *f* ❶ ZOOL Viper *f* ❷ *(personne)* [Gift]schlange *f*
virage [viʀaʒ] *m (tournant)* Kurve *f*
viral(e) [viʀal, -o] <-aux> *adj* Virus-
virée [viʀe] *f fam* Spritztour *f*
virement [viʀmɑ̃] *m* FIN Überweisung *f*
virer [viʀe] <1> **I.** *vi (véhicule)* abbiegen **II.** *vt* ❶ FIN *(somme)* überweisen ❷ *fam (renvoyer)* feuern
virevolter [viʀvɔlte] <1> *vi* eine plötzliche Drehung vollführen
virginal(e) [viʀʒinal, -o] <-aux> *adj soutenu* jungfräulich
virginité [viʀʒinite] *f* Jungfräulichkeit *f*
virgule [viʀgyl] *f* Komma *nt*
viril(e) [viʀil] *adj (mâle)* männlich
virilité [viʀilite] *f* ❶ ANAT Potenz *f* ❷ *(caractère viril)* Männlichkeit *f*
virtuel(le) [viʀtɥɛl] *adj a.* INFORM virtuell
virtuellement [viʀtɥɛlmɑ̃] *adv (pratiquement)* so gut wie
virtuose [viʀtɥoz] *mf* MUS Virtuose *m*/Virtuosin *f*
virtuosité [viʀtɥozite] *f (d'un musicien)* Virtuosität *f*
virulence [viʀylɑ̃s] *f (véhémence)* Heftigkeit *f*
virulent(e) [viʀylɑ̃] *adj* ❶ *(véhément)* heftig ❷ *(microbe)* virulent
virus [viʀys] *m* Virus *m o nt*
vis [vis] *f* Schraube *f*
V
visa [viza] *m* Visum *nt;* ~ **d'entrée** Einreisevisum
visage [vizaʒ] *m* ❶ *(figure)* Gesicht *nt* ❷ *(mine)* Miene *f*
visagiste® [vizaʒist] *mf* Visagist(in) *m(f)*
vis-à-vis [vizavi] **I.** *prép* ❶ *(en face de)* ~ **de l'église** gegenüber der Kirche ❷ *(envers)* ~ **de qn/qc** jdm/einer S. gegenüber **II.** *adv* **être/se trouver** ~ einander gegenüber stehen **III.** *m inv (personne, immeuble)* Gegenüber *nt*
viscéral(e) [viseʀal, -o] <-aux> *adj* ❶ *(peur)* tief sitzend ❷ ANAT **muscle** ~ Organmuskel *m*
viscère [visɛʀ] *f* inneres Organ *nt;* **les ~s** die Eingeweide *Pl*
viscosité [viskozite] *f* ❶ *(de la peau)* Klebrigkeit *f* ❷ PHYS *(d'un liquide)* Zähflüssigkeit *f*
visée [vize] *f* ❶ *(d'une arme)* Zielen *nt; (d'un appareil)* Ausrichten *nt* ❷ *pl (dessein)* **~s sur qc** Streben *nt* nach etw
viser¹ [vize] <1> **I.** *vi* ❶ *(avec une arme)* zielen ❷ *(avoir pour but)* ~ **haut** hoch hinaus wollen **II.** *vt* ❶ *(cible)* zielen auf *(+akk)* ❷ *(ambitionner)* anstreben
viser² [vize] <1> *vt (document)* beglaubigen
viseur [vizœʀ] *m* Visier *nt*
visibilité [vizibilite] *f* AUT Sichtverhältnisse *Pl*
visible [vizibl] *adj (qui peut être vu)* sichtbar
visiblement [viziblәmɑ̃] *adv* [offen]sichtlich
visière [vizjɛʀ] *f* Mützenschirm *m*
visioconférence [vizjokɔ̃feʀɑ̃s] *f* Videokonferenz *f*
vision [vizjɔ̃] *f* ❶ *(faculté)* Sehvermögen *nt* ❷ *(conception)* [An]sicht *f;* ~ **du monde** Weltanschauung *f*
visionnaire [vizjɔnɛʀ] *mf a.* REL Visionär(in) *m(f)*
visionner [vizjɔne] <1> *vt* sich *(dat)* ansehen
visionneuse [vizjɔnøz] *f* INFORM Viewer *m*
visite [vizit] *f (action de visiter)* Besuch *m; (d'un musée)* Besichtigung *f*
visiter [vizite] <1> *vt* ❶ *(explorer)* besichtigen ❷ COM, MED, REL ~ **qn** bei jdm einen Hausbesuch machen ❸ INFORM laden
visiteur, -euse [vizitœʀ] *m, f* Besucher(in) *m(f)*
vison [vizɔ̃] *m* Nerz[mantel *m*] *m*

visqueux, -euse [viskø] *adj (liquide)* zähflüssig; *(peau)* klebrig

visser [vise] <1> *vt (couvercle)* zuschrauben

visualisation [vizɥalizasjɔ̃] *f* INFORM Anzeige *f;* ~ **de la page** Seitenansicht *f*

visualiser [vizɥalize] <1> *vt* ~ **qc** etw bildlich darstellen

visuel [vizɥɛl] *m* INFORM Display *nt*

visuel(le) [vizɥɛl] *adj (mémoire)* visuell

visuellement [vizɥɛlmɑ̃] *adv* ❶ *(quant à la vue)* optisch ❷ *(de visu)* mit eigenen Augen

vit¹ [vi] *indic prés de* **vivre**

vit² [vi] *passé simple de* **voir**

vital(e) [vital] <-aux> *adj (fonction)* lebenswichtig

vitalité [vitalite] *f* ❶ *(énergie)* Vitalität *f* ❷ *(longévité)* Lebenskraft *f*

vitamine [vitamin] *f* Vitamin *nt*

vitaminé(e) [vitamine] *adj* vitaminhaltig

vite [vit] *adv* schnell

vitesse [vitɛs] *f* ❶ *(rapidité)* Geschwindigkeit *f* ❷ *(promptitude)* Schnelligkeit *f* ❸ AUT Gang *m*

viticole [vitikɔl] *adj* **production** ~ Weinproduktion *f*

viticulteur, -trice [vitikyltœʀ] *m, f* Winzer(in) *m(f)*

viticulture [vitikyltyʀ] *f* Weinbau *m*

vitrage [vitʀaʒ] *m* Verglasung *f*

vitrail [vitʀaj] <-aux> *m* buntes Kirchenfenster *nt*

vitre [vitʀ] *f (carreau)* Fensterscheibe *f*

vitré(e) [vitʀe] *adj* verglast

vitrer [vitʀe] <1> *vt* verglasen

vitrerie [vitʀəʀi] *f* ❶ *(activité)* Glaserei *f* ❷ *(marchandise)* Glaserartikel *m*

vitreux, -euse [vitʀø, -øz] *adj (yeux)* glasig

vitrier [vitʀije] *m* Glaser(in) *m(f)*

vitrification [vitʀifikasjɔ̃] *f* ❶ *(d'un émail, d'une substance)* Verschmelzung *f* zu Glas ❷ *(d'un parquet)* Versiegelung *f*

vitrifier [vitʀifje] <1> *vt (parquet)* versiegeln

vitrine [vitʀin] *f* ❶ *(étalage)* Schaufenster *nt* ❷ *(armoire vitrée)* Vitrine *f*

vitriol [vitʀijɔl] *m fig* **critique au** ~ ätzende Kritik

vitrioler [vitʀijɔle] <1> *vt* ~ **qn** jdm Säure ins Gesicht schütten

vitrocéramique [vitʀoseʀamik] *f* Glaskeramik *f*

vitupérer [vitypeʀe] <5> *vi* ~ **contre qn** auf jdn schimpfen

vivable [vivabl] *adj (personne)* angenehm

vivace [vivas] *adj* ❶ *(plante)* mehrjährig ❷ *(haine)* tiefsitzend

vivacité [vivasite] *f (promptitude)* Lebhaftigkeit *f;* ~ **d'esprit** schnelle Auffassungsgabe *f*

vivant [vivɑ̃] *m* **bon** ~ Genießer *m*

vivant(e) [vivɑ̃] *adj* ❶ *(en vie)* lebend ❷ *(expressif)* lebendig ❸ *(en usage)* gebräuchlich

vivarium [vivaʀjɔm] *m* Vivarium *nt*

vivat [viva] *m gén pl* Hochruf *m*

vive [viv] *interj* ~ **la liberté!** es lebe Freiheit!

vivement [vivmɑ̃] *adv* ❶ *(regretter)* zutiefst ❷ *(parler)* barsch

vivier [vivje] *m (bac)* Frischwasserbehälter *m*

vivifier [vivifje] <1> *vt (stimuler)* beleben

vivipare [vivipaʀ] *adj* ZOOL lebend gebärend

vivisection [vivisɛksjɔ̃] *f* Vivisektion *f*

vivoter [vivɔte] <1> *vi fam* dahin vegetieren; *(avec des petits moyens)* sich durchschlagen

vivre [vivʀ] <irr> **I.** *vi* leben; ~ **bien** ein gutes Leben führen **II.** *vt (moment, événement)* erleben

vivres [vivʀ] *mpl* Verpflegung *f*

vizir [viziʀ] *m* Wesir *m*

vlan [vlɑ̃] *interj fam* peng

VO [veo] *f abr de* **version originale** Originalfassung *f*

vocabulaire [vɔkabylɛʀ] *m* ❶ *(terminologie)* Vokabular *nt* ❷ *(d'une langue)* Wortschatz *m*

V

vocal(e) [vɔkal] <-aux> *adj* **corde ~e** Stimmband *nt;* **musique ~e** Vokalmusik *f*

vocalique [vɔkalik] *adj* vokalisch

vocalisation [vɔkalizasjɔ̃] *f* Vokalisation *f*

vocalise [vɔkaliz] *f* Stimmübung *f*

vocaliser [vɔkalize] <1> **I.** *vi* vokalisieren **II.** *vt (consonne)* vokalisieren **III.** *vpr* **se ~** *(consonne)* vokalisiert werden

vocatif [vɔkatif] *m* LING Vokativ *m*

vocation [vɔkasjɔ̃] *f* Berufung *f;* **avoir la ~** berufen sein

vocifération [vɔsifeʀasjɔ̃] *f souvent pl* Geschrei *nt kein Pl*

vociférer [vɔsifeʀe] <5> **I.** *vi* schreien; **~ contre qn** jdn anschreien **II.** *vt (ordre)* brüllen

vocodeur [vɔkɔdœʀ] *m* INFORM Spracherkennungs-PC *m*

vodka [vɔdka] *f* Wodka *m*

vœu [vø] <x> *m* ❶ *(désir)* Wunsch *m* ❷ *pl (souhaits)* [Glück]wunsch *m*

vogue [vɔg] *f* Beliebtheit *f;* **en ~** in Mode

voici [vwasi] **I.** *adv* hier **II.** *interj soutenu* ❶ *(réponse)* hier! ❷ *(présentation)* bitte [sehr]!

voie [vwa] *f* ❶ Weg *m* ❷ *(d'une route)* [Fahr]spur *f;* **~ sans issue** Sackgasse *f* ❸ CHEMDFER **~ [ferrée]** [Bahn]gleis *nt* ❹ ASTRO **~ lactée** Milchstraße *f*

voilà [vwala] **I.** *adv* ❶ *(opp: voici)* da ❷ *(pour désigner)* **~ mes amis** das sind meine Freunde; **~ pourquoi/où...** deshalb also/dort[hin] also...; **et ~ tout** und das ist alles ❸ *explétif* **en ~ assez!** jetzt aber genug! ▸ **en veux-tu, en ~** *fam* mehr als genug; **nous y ~** das ist es also **II.** *interj* ❶ *(réponse)* hier! ❷ *(présentation)* bitte [sehr]! ❸ *(naturellement)* **et ~!** natürlich!

voilage [vwalaʒ] *m* Store *m*

voile¹ [vwal] *m* ❶ *a.* PHOT Schleier *m* ❷ *(tissu fin, pour cacher)* Tuch *nt* ❸ MED Schatten *m*

voile² [vwal] *f* ❶ NAUT Segel *nt* ❷ SPORT **la ~** [das] Segeln; **faire de la ~** segeln

voilé(e) [vwale] *adj (déformé)* verzogen

voiler¹ [vwale] <1> **I.** *vpr* **se ~** ❶ *(se dissimuler)* sich verschleiern ❷ *(perdre sa clarté: ciel)* sich bedecken **II.** *vt (cacher)* verhüllen

voiler² [vwale] <1> *vpr* **se ~** *(roue)* sich verbiegen

voilette [vwalɛt] *f* [Hut]schleier *m*

voilier [vwalje] *m* Segelboot *nt*

voilure [vwalyʀ] *f* AVIAT Tragfläche *f*

voir [vwaʀ] <irr> **I.** *vt* ❶ sehen ❷ *(montrer)* **fais-moi donc ~!** lass mich doch mal sehen! ❸ *(personne)* zusammenkommen mit; **aller/venir ~ qn** jdn besuchen ❹ *(connaître: drame, guerre)* erleben ❺ *(problème)* sehen ❻ *(se représenter)* **~ qc/qn sous un autre jour** etw/jdn ganz anders sehen ▸ **je voudrais <u>bien</u> t'y/vous y ~** *fam* du hast/Sie haben gut reden; **~ <u>venir</u>** abwarten **II.** *vi* ❶ sehen ❷ *(prévoir)* **~ grand/petit** großzügig/knapp kalkulieren ❸ *(veiller)* **il faut ~ à ce que** + *subj* man sollte darauf achten, dass ❹ *fam (donc)* **regarde ~!** sieh mal! ▸ **<u>pour</u> ~** zum Ausprobieren; **vois-<u>tu</u>** weißt du **III.** *vpr* ❶ *(être visible)* **se ~ bien** deutlich zu sehen sein ❷ *(se rencontrer)* **se ~** sich sehen ❸ *(se produire)* **se ~** *(phénomène)* sich ereignen ❹ *(se trouver)* **se ~ contraint de faire qc** sich gezwungen sehen etw zu tun ❺ *(s'imaginer)* **se ~ faire qc** sich *(dat)* vorstellen können etw zu tun

voire [vwaʀ] *adv* **~ [même]** ja sogar

voirie [vwaʀi] *f (enlèvement des ordures)* Müllabfuhr *f*

voisin(e) [vwazɛ̃] **I.** *adj* ❶ *(maison)* Nachbar-; *(rue)* benachbart; **être ~ de qc** an etw *(akk)* angrenzen ❷ *(sens)* ähnlich **II.** *m(f)* Nachbar(in) *m(f)*

voisinage [vwazinaʒ] *m* ❶ *(voisins)* Nachbarschaft *f* ❷ *(environs)* Umgebung *f*

voisiner [vwazine] <1> *vi* **~ avec qn/qc** sich neben jdm/einer S. befinden

voiture [vwatyʀ] *f* Auto *nt;* *a.* CHEMDFER Wagen *m;* ~ **d'occasion** Gebrauchtwagen

voiture-bar [vwatyʀbaʀ] <voitures-bars> *f* CHEMDFER Büfettwagen *m* **voiture-lit** [vwatyʀli] <voiture[s]-lits> *f form* Schlafwagen *m*

voix [vwa] *f* ❶ *a.* MUS Stimme *f;* **à deux** ~ zweistimmig ❷ *(suffrage)* [Wähler]stimme *f* ❸ LING Form *f*

vol[1] [vɔl] *m a.* ZOOL Flug *m;* ~ **libre** SPORT Drachenfliegen *nt* ▸ **à ~ d'oiseau** in der Luftlinie

vol[2] [vɔl] *m (larcin)* Diebstahl *m*

volaille [vɔlaj] *f* Geflügel[fleisch *nt*] *nt*

volailler, -ère [vɔlaje, -ɛʀ] *m, f* Geflügelhändler(in) *m(f)*

volant [vɔlɑ̃] *m* ❶ AUT Lenkrad *nt;* **être au** ~ am Steuer sitzen ❷ *(d'un rideau)* Volant *m* ❸ SPORT Federball *m*

volant(e) [vɔlɑ̃] *adj* ❶ *(soucoupe)* fliegend ❷ *(feuille)* lose; **douane ~e** Zollstreife *f*

volatil(e) [vɔlatil] *adj* ❶ CHIM flüchtig ❷ INFORM **mémoire ~e** Arbeitsspeicher *m*

volatile [vɔlatil] *m* Geflügel *nt*

volatilisation [vɔlatilizasjɔ̃] *f* ❶ CHIM Verdunstung *f* ❷ *(disparition)* spurloses Verschwinden

volatiliser [vɔlatilize] <1> *vpr* **se ~** ❶ CHIM verdunsten ❷ *(disparaître)* spurlos verschwinden

volatilité [vɔlatilite] *f* Flüchtigkeit *f*

volcan [vɔlkɑ̃] *m* Vulkan *m*

volcanique [vɔlkanik] *adj* vulkanisch

volée [vɔle] *f* ❶ *(groupe)* **une ~ de moineaux** ein Schwarm *m* Spatzen ❷ *(raclée)* Schläge *Pl*

voler[1] [vɔle] <1> *vi* ❶ *(se mouvoir dans l'air)* fliegen ❷ *(courir)* eilen

voler[2] [vɔle] <1> **I.** *vt* ❶ *(dérober)* stehlen ❷ *(tromper)* ~ **qn sur qc** jdn in Bezug auf etw *(akk)* betrügen **II.** *vi* stehlen

volet [vɔlɛ] *m* ❶ *(persienne)* [Fenster]laden *m* ❷ *(feuillet: d'une pièce administrative)* [Falt]blatt *nt*

voleter [vɔlte] <4> *vi (voltiger)* flattern

voleur, -euse [vɔlœʀ] **I.** *adj (qui dérobe)* diebisch **II.** *m, f* Dieb(in) *m(f)* ▸ **au ~!** haltet den Dieb!

volière [vɔljɛʀ] *f* Voliere *f*

volley, volley-ball [vɔlɛbal] *m sans pl* Volleyball *m*

volleyeur, -euse [vɔlɛjœʀ, -jøz] *m, f* ❶ *(joueur de volley)* Volleyballspieler(in) *m(f)* ❷ SPORT Netzspieler(in) *m(f)*

volontaire [vɔlɔ̃tɛʀ] *adj* ❶ *(voulu)* beabsichtigt; **incendie ~** Brandstiftung *f* ❷ *(non contraint)* freiwillig

volontairement [vɔlɔ̃tɛʀmɑ̃] *adv* ❶ *(exprès)* absichtlich ❷ *(de son plein gré)* freiwillig

volontariat [vɔlɔ̃taʀja] *m* ❶ *(bénévolat)* Freiwilligkeit *f* ❷ MIL freiwilliger Dienst

volontariste [vɔlɔ̃taʀist] **I.** *adj* voluntaristisch **II.** *mf* PHILOS Voluntarist(in) *m(f)*

volonté [vɔlɔ̃te] *f (détermination)* Wille *m* ▸ **à ~** nach Belieben

volontiers [vɔlɔ̃tje] *adv* ❶ *(avec plaisir)* gern[e] ❷ *(souvent)* gern

volt [vɔlt] *m* Volt *nt*

voltage [vɔltaʒ] *m* ELEC Spannung *f*

voltige [vɔltiʒ] *f* ❶ *(au cirque)* **numéro de haute ~** Trapeznummer *f* ❷ AVIAT Kunstfliegen *nt* ❸ *(équitation)* Kunstreiten *nt*

voltiger [vɔltiʒe] <2a> *vi (voler çà et là)* hin- und herfliegen

voltigeur, -euse [vɔltiʒœʀ, -ʒøz] *m, f* ❶ *(acrobate au trapèze)* Trapezkünstler(in) *m(f)* ❷ *(acrobate sur un cheval)* Voltigierer(in) *m(f)*

voltmètre [vɔltmɛtʀ] *m* Spannungsmesser *m*

volubile [vɔlybil] *adj* redselig

volubilité [vɔlybilite] *f* Redseligkeit *f*

volume [vɔlym] *m* ❶ *a.* SCI Volumen *nt* ❷ COM [Gesamt]menge *f* ❸ *(tome)* Band *m*

volumétrique [vɔlymetʀik] *adj* volumetrisch; **analyse ~** Maßanalyse *f;* **compteur ~** Volumenzähler *m*

V

volumineux, -euse [vɔlyminø] *adj (dossier)* umfangreich

volumique [vɔlymik] *adj* **masse ~** Dichte *f*

volupté [vɔlypte] *f* ❶ *(plaisir sensuel)* Genuss *m* ❷ *(plaisir sexuel)* Wollust *f (geh)*

voluptueusement [vɔlyptɥøzmɑ̃] *adv* genüsslich

voluptueux, -euse [vɔlyptɥø] *adj* sinnlich

volute [vɔlyt] *f (spirale)* Windung *f*

vomi [vɔmi] *m fam* Erbrochene *nt*

vomir [vɔmiʀ] <8> **I.** *vt (régurgiter)* [er]brechen, speiben (A) **II.** *vi* sich übergeben

vomissement [vɔmismɑ̃] *m (action)* Erbrechen *nt*

vomissure [vɔmisyʀ] *f souvent pl* Erbrochene(s) *nt*

vomitif [vɔmitif] *m* MED Brechmittel *nt*

vomitif, -ive [vɔmitif, -iv] *adj* MED Brechreiz auslösend

vont [vɔ̃] *indic prés de* **aller**

vorace [vɔʀas] *adj (animal, personne)* gefräßig

voracement [vɔʀasmɑ̃] *adv* gierig

voracité [vɔʀasite] *f* Gier *f*

vos [vo] *dét poss v.* **votre**

Vosges [voʒ] *fpl* **les ~** die Vogesen *Pl*

votant(e) [vɔtɑ̃] *m(f) (participant au vote)* Wähler(in) *m(f)*

votation [vɔtasjɔ̃] *f* CH **~ populaire** Volksabstimmung *f*

vote [vɔt] *m (suffrage)* Abstimmung *f;* POL Wahl *f*

voter [vɔte] <1> **I.** *vi* wählen; **~ contre/pour qn/qc** gegen/für jdn/etw stimmen **II.** *vt (crédits)* bewilligen

vote-sanction [vɔtsɑ̃ksjɔ̃] <votes--sanctions> *m* POL Denkzettelwahl *f*

votre [vɔtʀ] <vos> *dét poss (à une/plusieurs personne(s) vouvoyée(s))* Ihr(e); **~ chaise** Ihr Stuhl; **à ~ avis** eu[e]rer Meinung nach; *v.a.* **ma** *v.a.* **mon**

vôtre [votʀ] *pron poss* ❶ **le/la ~** *(à une/plusieurs personne(s) vouvoyée(s))* der/die/das Ihre/ihre; *(à plusieurs personnes tutoyées)* der/die/das Eu[e]re/eu[e]re; *v.a.* **mien** ❷ *pl (ceux de votre famille)* **les ~s** Ihre/eure Angehörigen; **il est des ~s?** gehört er zu Ihnen/euch?; *v.a.* **mien** ▸ **à la [bonne] ~!** *fam* auf Ihr/euer Wohl!

vouer [vwe] <1> **I.** *vt* ❶ *(condamner)* verdammen; **être voué à l'échec** zum Scheitern verurteilt sein ❷ *(temps)* widmen **II.** *vpr* **se ~ à qn/qc** sich jdm/einer Sache widmen

vouloir [vulwaʀ] <irr> **I.** *vt* ❶ *(exiger)* wollen; **~ qc de qn** etw von jdm verlangen ❷ *(souhaiter)* **il veut/voudrait ce gâteau** er will/möchte diesen Kuchen ❸ *(consentir à)* **veux-tu/voulez-vous** [*o* **veuillez**] [*o* **voudriez--vous**] **prendre place** *(poli)* würdest du/würden Sie bitte Platz nehmen; *(impératif)* nimm/nehmen Sie bitte Platz ❹ *(attendre: décision, réponse)* erwarten ❺ *(faire en sorte)* **le hasard a voulu que** + *subj* der Zufall wollte es, dass ▸ **bien ~ que** + *subj* einverstanden sein, dass **II.** *vi* ❶ wollen ❷ *(avoir des griefs envers)* **en ~ à un qn de qc** jdm wegen etw böse sein ▸ **[moi,] je veux bien** *(volontiers)* [oh ja,] gerne **III.** *vpr* ▸ **s'en ~ de qc** sich Vorwürfe wegen etw machen

voulu(e) [vuly] **I.** *part passé de* **vouloir** **II.** *adj* ❶ *(effet)* gewünscht; **en temps ~** rechtzeitig ❷ *(délibéré)* absichtlich

vous [vu] **I.** *pron pers, 2. pers. pl* ❶ *sujet* ihr; **~ autres** ihr ❷ *compl d'objet direct et indirect* euch ❸ *avec être, devenir, sembler, soutenu* euch ❹ *(avec un sens possessif)* **le cœur ~ battait fort** eure Herzen schlugen heftig ❺ *avec un présentatif* ihr; **~ voici!** hier seid ihr!; *v.a.* **me** ❻ *avec les verbes pronominaux* **vous ~ nettoyez [les ongles]** ihr macht euch [die Nägel] sauber ❼ *fam (pour renforcer)* **il veut ~ aider, ~?** euch möchte er helfen? ❽ *avec une prép* **avec/sans ~** mit/ohne euch ❾ *dans une comparaison* ihr; *v.a.* **moi** **II.** *pron pers, forme de politesse* ❶ Sie ❷ *compl d'objet direct et indirect* **je ~ aime** ich liebe Sie ❸ *avec être, devenir, sembler, soutenu* Ihnen ❹ *avec un présentatif* Sie; **~ voici!** hier sind Sie!; *v.a.* **me** ❺ *avec une prép* **avec/sans ~** mit Ihnen/ohne Sie; **à ~ deux** Sie beide ❻ *dans une comparaison* Sie; *v.a.* **nous** **III.** *pron (on)* man; **~ ne pouvez même pas dormir** man kann nicht einmal schlafen **IV.** *m* **dire ~ à qn** Sie zu jdm sagen

vous-même [vumɛm] <vous-mêmes> **I.** *pron pers, 2. pers. pl* ❶ *(toi et toi en personne)* **~s n'en saviez rien** ihr selbst wusstet nichts davon ❷ *(toi et toi aussi)* ebenfalls; *v.a.* **nous-même** **II.** *pron pers, forme de politesse* ❶ *(toi de politesse en personne)* **vous êtes venu(e) de ~** Sie sind von sich aus gekommen ❷ *(toi de politesse aussi)* ebenfalls; *v.a.* **moi-même**

voussure [vusyʀ] *f* Wölbung *f;* **~ de la fenêtre** Fensterbogen *m*

voûte [vut] *f* ARCHIT Gewölbe *nt*

voûter [vute] <1> **I.** *vt* ❶ ARCHIT mit einem Gewölbe versehen; **être voûté** gewölbt sein ❷ *(courber)* krümmen; **l'âge avait voûté son dos** sein/ihr Rücken war vom Alter [ganz] gekrümmt **II.** *vpr* **se ~** sich krümmen

vouvoiement [vuvwamɑ̃] *m* Siezen *nt*

vouvoyer [vuvwaje] <6> *vt, vpr* **[se] ~** [sich] siezen

voyage [vwajaʒ] *m (le fait de voyager)* Reise *f*

voyager [vwajaʒe] <2a> *vi (aller en voyage)* reisen

voyageur, -euse [vwajaʒœʀ] *m, f* ❶ *(personne qui voyage)* Reisende(r) *f(m)* ❷ *(dans un avion)* Fluggast *m*

voyagiste [vwajaʒist] *m* Reiseveranstalter *m*

voyais [vwajɛ] *imparf de* **voir**

voyance [vwajɑ̃s] *f (occultisme)* Hellsehen *nt*

voyant [vwajɑ̃] *m* Kontrolllampe *f*

voyant(e) [vwajɑ̃] **I.** *part prés de* **voir** **II.** *adj (qui se remarque)* auffallend **III.** *m(f)* ❶ *(devin)* Hellseher(in) *m(f)* ❷ *(opp: aveugle)* Sehende(r) *f(m)*

voyelle [vwajɛl] *f* Vokal *m*

voyeur [vwajœʀ] *m* Voyeur *m*

voyeurisme [vwajœʀism] *m* ❶ *(perversion du voyeur)* Voyeurismus *m* ❷ *(curiosité)* Schaulust *f*

voyez [vwaje], **voyons** [vwajɔ̃] *indic prés et impératif de* **voir**

voyou [vwaju] *m (délinquant)* Gauner *m*

vrac [vʀak] *m* **en ~** lose

vrai [vʀɛ] **I.** *m* **le ~** das Wahre ▶ **à ~ dire** offengestanden **II.** *adv* **dire ~** die Wahrheit sagen

vrai(e) [vʀɛ] *adj* ❶ *(véridique)* wahr ❷ *(authentique, digne de ce nom)* echt ▶ **pas ~?** *fam* oder?; **~!/?** wirklich!/?

vraiment [vʀɛmɑ̃] *adv* wirklich

vraisemblable [vʀɛsɑ̃blabl] *adj (plausible)* einleuchtend

vraisemblablement [vʀɛsɑ̃blabləmɑ̃] *adv* wahrscheinlich

vraisemblance [vʀɛsɑ̃blɑ̃s] *f (probabilité)* Wahrscheinlichkeit *f*

vrille [vʀij] *f* TECH Nagelbohrer *m;* AVIAT Schraube *f;* BOT Ranke *f* ▶ **en ~** spiralenförmig

vrillé(e) [vʀije] *adj* ❶ BOT mit Ranken ❷ *(tordu)* verdreht

vrombir [vʀɔ̃biʀ] <8> *vi* brummen

V.R.P. [veɛʀpe] *mf inv abr de* **voyageur représentant placier** Handelsreisende(r) *f(m)*

VRP [veɛʀpe] *mf inv abr de* **voyageur représentant placier** Handelsreisende(r) *f(m)*

vs *prép abr de* **versus** vs

VTT [vetete] *m abr de* **vélo tout-terrain** ❶ *(vélo)* M.T.B. *nt* ❷ *(sport)* Mountainbike-Fahren *nt*

vu [vy] **I.** *prép* in Anbetracht *(+gen)* **II.** *conj* **~ que...** da... **III.** *adv* **ni ~ ni connu** ohne dass jd etw bemerkt

vu(e) [vy] **I.** *part passé de* **voir** **II.** *adj* ❶ *(apprécié)* **être bien/mal ~ de qn**

von jdm gern/nicht gern gesehen sein ❷ *(compris)* alles klar

vue [vy] *f* ❶ *(sens)* Sehvermögen *nt* ❷ *(regard)* Blick *m;* **perdre qn/qc de ~** jdn/etw aus den Augen verlieren ❸ *(panorama)* Aussicht *f* ❹ **~ d'ensemble** *fig* Überblick *m* ❺ *(conception)* **les ~s de qn** jds Ansichten *Pl* ▶ **garder à ~** unter Aufsicht stellen

vulgaire [vylgɛʀ] *adj* ❶ *(grossier)* vulgär ❷ *(quelconque)* gewöhnlich

vulgairement [vylgɛʀmɑ̃] *adv* ❶ *(grossièrement)* vulgär ❷ *(couramment)* für gewöhnlich

vulgarisation [vylgaʀizasjɔ̃] *f* allgemeine Verbreitung; *(de la connaissance, de la science)* Popularisierung *f* *(geh)*; **revue de ~** populärwissenschaftliche Zeitschrift

vulgariser [vylgaʀize] <1> *vt* allgemein zugänglich machen

vulgarité [vylgaʀite] *f* ❶ *(d'un langage)* vulgärer Stil; *(d'une personne)* vulgäre Art ❷ *(parole vulgaire)* vulgärer Ausdruck

vulnérabilité [vylneʀabilite] *f* Verletzbarkeit *f;* **la ~ de ma situation** meine prekäre Situation

vulnérable [vylneʀabl] *adj* verletzbar

vulve [vylv] *f* **la ~** die äußeren Geschlechtsorgane *Pl* [der Frau]

Ww

W, w [dubləve] *m inv* W *nt,* w *nt*

wagon [vagɔ̃] *m* CHEMDFER Wagen *m,* Waggon *m*

wagon-lit [vagɔ̃li] <wagons-lits> *m* Schlafwagen *m* **wagon-restaurant** [vagɔ̃ʀɛstɔʀɑ̃] <wagons-restaurants> *m* Speisewagen *m*

Wallis-et-Futuna [walisefytyna] *französisches Territorium auf den Fidschiinseln*

wallon(ne) [walɔ̃] *adj* wallonisch; *v.a.* **allemand**

Wallon(ne) [walɔ̃] *m(f)* Wallone, Wallonin *m, f*

Wallonie [walɔni] *f* **la ~** Wallonien *nt*

waouh [wau] *interj (ouah)* wau

WAP [wap] *m abr de* **Wireless Application Protocol** WAP *nt*

W

warning [waʀniŋ] *m* Warnblinkanlage *f*

Waterloo [watɛʀlo] *m (ville belge)* Waterloo *nt*

water-polo [watɛʀpɔlo] <water-polos> *m* Wasserball *m*

waterproof [watɛʀpʀuf] *adj inv* wasserfest

wattheure [watœʀ] *m* Wattstunde *f*

W.-C. [vese] *mpl abr de* **water-closet(s)** WC *nt*

web, Web [wɛb] *m* **le ~** das Web

webcam [wɛbkam] *f* INFORM Webcam *f*

webmaster [wɛbmastɛʀ] *m,* **webmestre** [wɛbmɛstʀ] *m* INFORM Webmaster *m*

webmestre [wɛbmɛstʀ] *m* Webmaster *m*

webnaute [wɛbnot] *mf* Internetsurfer(in) *m(f)*

webzine [wɛbzin] *m* INFORM Webmagazin *nt*

week-end [wikɛnd] <week-ends> *m* Wochenende *nt*

welsch(e) [vɛlʃ] *adj* CH *a. iron* welsch-[schweizerisch]

Welsch(e) [vɛlʃ] *m(f)* CH *iron* Welschschweizer(in) *m(f)*

western [wɛstɛʀn] *m* Western *m*

Westphalie [vɛsfali] *f* **la ~** Westfalen *nt*

white-spirit [wajtspiʀit] <white-

-sprits> *m inv* Terpentinersatz *m*
wi-fi [vifi] *m inv* INFORM, TELEC WLAN *nt*
wisigoth(e) [vizigo, ɔt] *adj* HIST westgotisch; **le peuple ~** die Westgoten
Wisigoth(e) [vizigo, ɔt] *m(f)* HIST Westgote *m*/-gotin *f*
World Wide Web *m* World Wide Web *nt*
Wurtemberg [vyʀtɛ̃bɛʀ] *m* **le ~** Württemberg *nt*
Wurtzbourg [vyʀtsbuʀ] Würzburg *nt*
WWW *abr de* **World Wide Web**

Xx

X, x [iks] **I.** *m inv* ❶ *(lettre)* X *nt*, x *nt* ❷ *fam (plusieurs)* **x fois** x-mal ❸ *(Untel)* [Herr/Frau] Soundso; **contre X** gegen unbekannt ❹ CINE *(secteur)* Pornofilmindustrie *f* **II.** *adj* CINE pornografisch, Porno-; **un film [classé] X** ein nicht jugendfreier Film ein Pornofilm
xénophobe [gzenɔfɔb] *adj* ausländerfeindlich
xylophone [gzilɔfɔn] *m* Xylophon *nt*

Yy

y [i] **I.** *adv* dort **II.** *pron pers (à/sur cela)* **s'y entendre** sich damit auskennen
Y, y [igʀɛk] *m inv* Y *nt*, y *nt*
yacht [jɔt] *m* Jacht *f*
yachting [jɔtiŋ] *m* Segelsport *m*
yaourt [jauʀt] *m* Joghurt *m o nt*
Yémen [jemɛn] *m* **le ~** Jemen *m*
yeux [jø] *mpl v.* **œil**
yiddish [jidiʃ] **I.** *adj inv* jiddisch **II.** *m* Jiddisch *nt; v.a.* **allemand**
yougoslave [jugɔslav] *adj* HIST jugoslawisch
Yougoslave [jugɔslav] *mf* HIST Jugoslawe, Jugoslawin *m, f*
Yougoslavie [jugɔslavi] *f* HIST Jugoslawien *nt*
youpi [jupi] *interj* hurra
yuppie [jupi] *mf* Yuppie *m*

Zz

Z, z [zɛd] *m inv* Z *nt*, z *nt*
zadiste [zadist] *m, f* *Umweltschützer(in), der/die ein bestimmtes Gebiet besetzt, damit es nicht bebaut wird*
Zaïre [zaiʀ] *m* HIST **le ~** Zaire *nt*
Zambie [zɑ̃bi] *f* **la ~** Sambia *nt*
zapette, zappette [zapɛt] *f fam* Fernbedienung *nt*

zapper [zape] <1> *vi* zappen
zapping [zapiŋ] *m* Zappen *nt*
zèbre [zɛbʀ] *m* ZOOL Zebra *nt*
zébrure [zebʀyʀ] *f* ❶ *(rayure)* Streifen *Pl* ❷ *(marques sur la peau)* Striemen *Pl*
zélé(e) [zele] *adj* eifrig
zèle [zɛl] *m* Eifer *m*
zen [zɛn] **I.** *adj inv* Zen-; **le bouddhisme ~** der Zenbuddhismus; **être ~** *fam* [total] relaxed sein **II.** *m* Zen *nt*
zénith [zenit] *m* Zenit *m*
zéro [zeʀo] **I.** *num* ❶ *(aucun)* null ❷ *fam (nul)* **qn/qc est ~** jd/etw ist eine Null **II.** *m* ❶ *inv (nombre)* Null *f* ❷ *(rien)* Nichts *nt;* **compter pour ~** *fam* nicht[s] zählen
zeste [zɛst] *m (écorce)* **~ de citron râpé** geriebene Zitronenschale *f*
zézayer [zezeje] <7> *vi* lispeln, zuzeln (A)
zieuter [zjøte] <1> *vt fam* anglotzen
zigoto [zigɔto] *m fam* Typ[e *f*] *m*
zigouiller [ziguje] <1> *vt fam (tuer)* **~ qn** jdn in Stücke schneiden
zigzag [zigzag] *m* Zickzack[linie *f*] *m*
zigzaguer [zigzage] <1> *vi* zickzacken; *(à pied/en véhicule)* im Zickzack gehen/fahren; *(route)* im Zickzack verlaufen
Zimbabwe [zimbabwe] *m* **le ~** Simbabwe *nt*
zinc [zɛ̃g] *m* ❶ *(métal)* Zink *nt* ❷ *fam (comptoir)* Theke *f*

> **Aussprache**
> Das -c am Ende von **zinc** wird [g] gesprochen.

zinzin [zɛ̃zɛ̃] *adj fam* plemplem
zip® [zip] *m* Reißverschluss *m*
zipper [zipe] <1> **I.** *vi* INFORM zippen, komprimieren **II.** *vt* TEXTIL einen Reißverschluss einnähen; INFORM *(fichier, données)* zippen
zizi [zizi] *m enfantin fam* Schniedel *m,* Pullermann *m* (DIAL)
zodiacal(e) [zɔdjakal, -o] <-aux> *adj* **signe ~** Sternzeichen *nt*
zodiaque [zɔdjak] *m* Tierkreis *m*
zonard(e) [zonaʀ, aʀd] **I.** *adj fam* asozial **II.** *m(f) péj fam (marginal)* Asoziale(r) *f(m) (pej)*
zone [zon] *f* ❶ Zone *f* ❷ FIN **~ monétaire** Geldwirtschaftszone *f* ❸ ECON **~ euro** Euro-Währungsgebiet *nt* ❹ INFORM **~ de dialogue** Dialogbox *f*
zoner [zone] <1> **I.** *vi fam* ❶ *in den sozial problematischen Randbezirken leben* ❷ *(traîner sans but)* herumhängen **II.** *vpr* **se ~** *(se coucher)* sich flachlegen
zoo [z(o)o] *m* Zoo *m*
zoologique [zɔɔlɔʒik] *adj* zoologisch; **parc ~** Tierpark *m*
zoophile [zɔɔfil] **I.** *adj* ❶ *(qui aime les animaux)* [übertrieben] tierlieb ❷ *(qui pratique la zoophilie)* sodomitisch **II.** *mf* ❶ *(qui aime les animaux)* Tierliebhaber(in) *m(f)* ❷ *(qui pratique la zoophilie)* Sodomit(in) *m(f)*
zou [zu] *interj fam* hopp [hopp]
zozoter [zɔzɔte] <1> *vi fam* lispeln
Zurich [zyʀik] Zürich
zut [zyt] *interj fam* verdammt

> **Aussprache**
> Bei **zut** und ähnlichen einsilbigen Wörtern wird das -t am Ende gesprochen.

Z

Aa

A, a [aː] <-, -> *nt* A *m*/a *m* ▸ **von A bis Z** *fam* de A à Z
à [a] *präp +nom* **à ein Liter/drei Euro** à un litre/trois euros
Ä, ä [ɛː] <-, -> *nt* A *m*/a *m* tréma
Aachen ['aːxən] <-s> *nt* Aix-la-Chapelle
Aal [aːl] <-[e]s, -e> *m* anguille *f*
aalglatt *adj* glissant(e) comme une anguille
Aargau ['aːɐ̯gaʊ̯] <-s> *m* **der ~** l'Argovie *f*
Aas [aːs] <-es, -e> *nt* charogne *f*
Aasgeier <-s, -> *m* vautour *m*
ab [ap] **I.** *präp +dat* ❶ *(räumlich)* **~ hier** à partir d'ici; **der Zug fährt ~ Hamburg** le train part de Hambourg ❷ *(zeitlich)* **~ nächster Woche** à partir de la semaine prochaine; **~ sofort** dès maintenant **II.** *adv* ❶ **Berlin ~ 14.15 Uhr** départ de Berlin à 14 h 15 ❷ *fam (abgelöst)* **ein Knopf ist ~** j'ai perdu un bouton ▸ **~ und zu** de temps en temps
AB [a'beː] <-[s], -s> *m Abk von* **Anrufbeantworter** répondeur *m*
ab|ändern *vt (Text)* remanier; *(Gesetzentwurf)* amender
abartig *adj* anormal(e)
Abbau <-s> *m* ❶ *(eines Gerüsts)* démontage *m* ❷ MIN exploitation *f* ❸ *(von Arbeitskräften)* réduction *f*; *(von Leistungen)* suppression *f*
abbaubar *adj* CHEM, ÖKOL décomposable; **biologisch ~** biodégradable
ab|bauen *vt* ❶ *(Gerüst)* démonter ❷ MIN **Kohle ~** exploiter du charbon ❸ *(Arbeitsstellen)* supprimer
ab|beißen *vt irr* **etw ~** couper qc avec les dents
Abbeizmittel *nt* décapant *m*
ab|bekommen* *vt irr fam* ❶ recevoir ❷ *(Kratzer)* récolter; **etwas ~** *(Auto)* être esquinté ❸ *(loslösen können)* enlever
ab|bestellen* *vt* décommander
ab|bezahlen* *vt (Schulden)* achever de payer
ab|biegen *vi irr +sein* **nach links/rechts ~** tourner à gauche/à droite
Abbiegespur *f (Rechtsabbiegespur)* file *f* de droite; *(Linksabbiegespur)* file de gauche
Abbild *nt a. fig* image *f*
ab|bilden *vt* représenter
Abbildung <-, -en> *f* illustration *f*
ab|binden *vt irr (Krawatte)* dénouer
ab|blasen *vt irr fam* annuler
ab|blättern *vi +sein* **von etw ~** *(Farbe)* s'écailler de qc
ab|blenden **I.** *vi* CINE couper **II.** *vt* **die Scheinwerfer ~** se mettre en codes
Abblendlicht *nt* codes *mpl*
ab|blitzen *vi +sein fam* **jdn ~ lassen** envoyer balader qn
ab|brechen *irr* **I.** *vt +haben* ❶ *(Ast)* casser; **ein Stück von etw ~** couper un morceau de qc ❷ *(Lager)* lever ❸ *(Beziehungen)* rompre ❹ INFORM annuler **II.** *vi* ❶ *+sein (kaputtgehen)* se casser ❷ *(Verhandlungen)* s'interrompre
ab|bremsen *vi (Person)* ralentir
ab|brennen *irr* **I.** *vt +haben (Sträucher)* brûler; *(Feuerwerk)* tirer **II.** *vi +sein (Kerze)* se consumer; *(Dorf)* être détruit par un incendie
ab|bringen *vt irr* **jdn vom Weg/vom Thema ~** détourner qn du chemin/du sujet; **jdn davon ~ etw zu tun** dissuader qn de faire qc
ab|bröckeln *vi +sein* s'effriter
Abbruch *m* ❶ *(Abriss)* démolition *f* ❷ *(von Beziehungen)* rupture *f*; *(einer Reise)* arrêt *m*
abbruchreif *adj* ❶ *(baufällig)* bon(ne) pour la démolition ❷ CH *(schrottreif)* bon(ne) pour la casse

A

ab|buchen *vt* prélever
Abbuchung *f* prélèvement *m*
ab|bürsten *vt* brosser
Abc [a(:)be(:)'tse:] <-, -> *nt* alphabet *m*
Abc-Schütze *m hum* petit écolier *m*
ABC-Waffen *Pl* MIL armes *f pl* ABC
ab|danken *vi (Minister)* démissionner; *(Herrscher)* abdiquer
Abdankung <-, -en> *f (eines Ministers)* démission *f*; *(eines Herrschers)* abdication *f*
ab|decken *vt* ① *(Tisch)* débarrasser; **das Dach ~** *(Person)* démonter la toiture; *(Sturm)* arracher les tuiles du toit ② *(bedecken)* recouvrir
ab|dichten *vt* colmater
ab|drehen I. *vt +haben* ① *(Gas)* fermer; *(Licht)* éteindre ② CINE tourner **II.** *vi +haben o sein (Schiff, Flugzeug)* changer de cap
ab|driften *vi +sein* dériver
Abdruck[1] <-drücke> *m* empreinte *f*
Abdruck[2] <-> *m kein Pl* reproduction *f*
ab|drücken *vi* tirer
Abend ['a:bənt] <-s, -e> *m (Tageszeit)* soir *m*; **am ~** *(heute Abend)* ce soir; *(jeden Abend)* le soir; **heute/gestern/morgen ~** ce/hier/demain soir; **am frühen/späten ~** tôt/tard dans la soirée; **am ~ des 13.** le 13 au soir; **~ für ~** soir après soir; **es wird ~** le soir tombe; **zu ~ essen** *geh* dîner; **guten ~!** bonsoir!
Abendbrot *nt repas froid du soir* **Abenddämmerung** *f* crépuscule *m* **Abendessen** *nt* dîner *m* **abendfüllend** *adj* qui occupe toute la soirée **Abendkasse** *f* caisse *f* **Abendkleid** *nt* robe *f* du soir **Abendkurs** *m* cours *m* du soir **Abendland** *nt kein Pl geh* **das ~** l'Occident *m* **abendländisch** ['a:bəntlɛndɪʃ] *adj* occidental(e) **Abendmahl** *nt kein Pl* REL **das ~** la sainte Cène **Abendrot** *nt* coucher *m* de soleil
abends ['a:bənts] *adv (heute Abend)* ce soir; *(jeden Abend)* le soir
Abendschule *f* cours *mpl* du soir **Abendvorstellung** *f* séance *f* du soir
Abenteuer ['a:bəntɔyɐ] <-s, -> *nt a. fig* aventure *f*
abenteuerlich *adj* ① aventureux(-euse) ② *(Geschichte)* rocambolesque
Abenteuerlust *f* attrait *m* de l'aventure
Abenteurer(in) ['a:bəntɔyrɐ] <-s, -> *m(f)* aventurier(-ière) *m(f)*
aber ['a:bɐ] *konj* ① *(jedoch)* mais; **~ dennoch, ...** et pourtant... ② *(wirklich)* **das ist ~ nett von Ihnen** ça, c'est sympa de votre part; **~ selbstverständlich!** mais bien sûr!; **oder ~** ou bien [alors]
Aber <-s, - *o fam* -s> *nt* ① *(Einwand)* mais *m* ② *(Schwierigkeit, Haken)* **etw hat ein ~** il y a un hic dans qc
Aberglaube *m* superstition *f*
abergläubisch ['a:bɐglɔybɪʃ] *adj* superstitieux(-euse)
abermals ['a:bɐma:ls] *adv* une nouvelle fois
abertausend *num geh* des milliers [et des milliers]
abfahrbereit *s.* **abfahrtbereit**
ab|fahren *irr* **I.** *vi +sein* ① partir ② SPORT descendre [à skis] **II.** *vt +haben o sein (Strecke, Land)* parcourir [de long en large]
Abfahrt *f* ① *(eines Zugs)* départ *m* ② *(Autobahnabfahrt)* sortie *f* ③ SPORT descente *f*
Abfahrtslauf *m* descente *f* **Abfahrtszeit** *f* heure *f* de départ
Abfall <-[e]s, Abfälle> *m* déchets *mpl*
Abfallbeseitigung *f* collecte *f* et traitement *m* des déchets **Abfalleimer** *m* poubelle *f*
ab|fallen *vi irr +sein* ① *(herunterfallen)* **von etw ~** tomber de qc ② *(sich neigen)* **gegen etw ~** *(Gelände, Hang)* descendre vers qc
Abfallhaufen *m* tas *m* d'ordures
abfällig I. *adj* dédaigneux(-euse) **II.** *adv* avec dédain
Abfallprodukt *nt* ① CHEM résidu *m* ② *(Nebenprodukt)* sous-produit *m* **Abfallverwertung** *f* recyclage *m* [des

déchets]

ab|fangen *vt irr* ❶ *(aufhalten)* intercepter ❷ *(abwehren)* amortir

ab|färben *vi a. fig* déteindre

ab|fertigen *vt* ❶ *(versandfertig machen)* enregistrer ❷ *(be- und entladen)* s'occuper du fret de ❸ *(Passagier)* servir; **jdn am Zoll ~** contrôler qn à la douane

Abfertigungsschalter *m* guichet *m* d'enregistrement

ab|feuern *vt (Schuss)* tirer

ab|finden *irr* **I.** *vt* **jdn großzügig ~** dédommager qn généreusement **II.** *vr* **sich mit jdm/etw ~** s'accommoder de qn/qc

Abfindung <-, -en> *f* dédommagement *m*

ab|fliegen *vi irr +sein (Passagier)* partir; *(Flugzeug)* décoller

ab|fließen *vi irr +sein* ❶ s'écouler ❷ *(sich entleeren)* se vider

Abflug *m* départ *m* [en avion]

Abflughalle *f* salle *f* d'embarquement

Abfluss *m* écoulement *m*

Abflussrohr *nt* collecteur *m*

Abfrage *f* INFORM requête *f*

ab|fragen *vt* **jdn etw ~** interroger qn sur qc

Abfuhr <-, -en> *f* ❶ *kein Pl form (Abtransport)* ramassage *m* ❷ *(Zurückweisung)* fin *f* de non-recevoir; **jdm eine ~ erteilen** opposer une fin de non-recevoir à qn ❸ *(sportliche Niederlage)* **jdm eine ~ erteilen** infliger une défaite à qn

ab|führen *vt* ❶ *(Person)* emmener; **~!** emmenez-le/emmenez-la! ❷ *(bezahlen)* **etw an jdn/etw ~** verser qc à qn/qc

abführend *adj* MED laxatif(-ive)

Abführmittel *nt* laxatif *m*

ab|füllen *vt* **etw in Flaschen ~** mettre qc en bouteilles

Abgabe *f* ❶ *meist Pl* taxe *f*; **jährliche ~n** impôts *mpl* ❷ *kein Pl (des Balls)* passe *f* ❸ *kein Pl (das Abliefern)* dépôt *m*

abgabenfrei *adj* exonéré(e) d'impôts

Abgabetermin *m* date *f* limite de remise

Abgang <-gänge> *m* ❶ **sich für einen vorzeitigen ~ von der Schule entscheiden** se décider à quitter l'école prématurément ❷ *kein Pl (Ausscheiden aus einem Amt)* départ *m* ❸ *kein Pl* THEAT sortie *f*

Abgangszeugnis *nt* certificat *m* de fin de scolarité

Abgas *nt meist Pl* gaz *mpl* d'échappement

abgasarm *adj (Auto)* propre; **~ sein** polluer peu **Abgasnorm** *f meist Pl* norme *f* sur les émissions polluantes

ab|geben *irr* **I.** *vt* ❶ *(verschenken)* donner; *(verkaufen)* céder ❷ *(hinterlegen)* déposer ❸ *(Meinung)* donner ❹ *(einreichen)* rendre ❺ *(Ball)* passer **II.** *vr pej (sich einlassen)* **sich mit jdm ~** fréquenter qn

abgebrochen *adj (Ausbildung)* interrompu(e)

abgedroschen *adj pej fam* rebattu(e)

abgehackt **I.** *adj (Sprechweise)* haché(e) **II.** *adv* **~ sprechen** avoir un débit haché

abgehärtet *adj* **gegen Schnupfen ~ sein** être résistant aux rhumes

ab|gehen *vi irr +sein* ❶ **von etw ~** *(Farbe)* partir de qc; *(Knopf)* se détacher de qc ❷ *(abgezogen werden)* **davon gehen fünf Prozent ab** il faut en déduire cinq pour cent ❸ *(abzweigen)* **von etw ~** *(Straße, Weg)* quitter qc ❹ *(Zug)* partir; *(Schiff)* appareiller ❺ *fam (fehlen)* **jdm geht etw ab** qn manque de qc

abgehetzt *adj* stressé(e)

abgehoben *adj (Sprache)* abstrait(e); *(Vorstellung)* irréaliste

abgekartet ['apgəkartət] *adj fam* goupillé(e) à l'avance

abgelegen *adj* isolé(e)

abgeneigt *adj* **jdm nicht ~ sein** ne pas être mal disposé envers qn

Abgeordnete(r) *f(m)* député(e) *m(f)*

A

abgerissen *adj (Person)* déguenillé(e); *(Kleidung)* en lambeaux
Abgesandte(r) *f(m) geh* émissaire *m;* POL ambassadeur(-drice) *m(f)*
abgeschieden [ˈapgəʃiːdən] *adj, adv geh* loin de tout
Abgeschiedenheit <-> *f* isolement *m*
abgeschlossen *adj (Wohnung)* indépendant(e); *(Grundstück)* clos(e)
abgesehen *adv* ~ **von ihm/dieser Frage** à part lui/cette question; ~ **davon, dass...** mis à part [le fait] que...
abgespannt *adj* fatigué(e)
abgestanden [ˈapgəʃtandən] *adj (Bier)* éventé(e); *(Wasser)* pas frais(fraîche); *(Luft)* vicié(e)
abgestumpft *adj (Person)* endurci(e)
ab|gewöhnen* *vt* **jdm etw** ~ faire perdre l'habitude de qc à qn; **sich** *(dat)* **etw** ~ arrêter de faire qc
ab|gleichen *vt irr* [**etw mit etw**] ~ comparer [qc avec qc]
abgöttisch [ˈapgœtɪʃ] **I.** *adj* idolâtre *(soutenu)* **II.** *adv* jusqu'à l'idolâtrie; **jdn** ~ **lieben** idolâtrer qn
ab|grenzen I. *vt* délimiter **II.** *vr* **sich gegen jdn/etw** ~ se démarquer de qn/qc
Abgrenzung <-, -en> *f* ❶ *kein Pl* délimitation *f* ❷ *(von Begriffen)* définition *f*
Abgrund *m a. fig* abîme *m*
abgrundtief *adj* très profond(e)
ab|gucken *vt, vi fam* pomper
ab|hacken *vt* couper
ab|haken *vt* ❶ cocher ❷ *(Affäre)* classer
ab|halten *vt irr* ❶ *(Kälte)* protéger de ❷ *(hindern)* **jdn davon** ~ **etw zu tun** empêcher qn de faire qc; **sich von etw** ~ **lassen** se laisser dissuader par qc
abhanden|kommen *vi* disparaître
Abhang *m* versant *m*
ab|hängen¹ *vi +haben* **von jdm/etw** ~ dépendre de qn/qc
ab|hängen² *vt +haben (abkuppeln)* décrocher
abhängig *adj* ❶ **von etw** ~ **sein** dépendre de qc ❷ *euph (süchtig)* dépendant(e)
Abhängige(r) *f(m)* personne *f* dépendante; *(Süchtiger)* toxicomane *mf*
Abhängigkeit <-, -en> *f* dépendance *f*
ab|härten I. *vt, vi* [**jdn**] ~ endurcir [qn] **II.** *vr* **sich gegen Kälte** ~ s'endurcir au froid
ab|hauen¹ *vt irr* **einen Baum** ~ abattre un arbre à la hache
ab|hauen² *vi irr +sein fam (fortgehen)* se casser
ab|heben *irr* **I.** *vi* ❶ **von etw** ~ *(Flugzeug)* décoller de qc ❷ *(Hörer)* décrocher ❸ SPIEL couper **II.** *vt irr* ❶ *(Geld)* retirer ❷ *(Karte)* tirer **III.** *vr* **sich von jdm/etw** ~ se distinguer de qn/qc
ab|heften *vt (Papiere)* archiver
Abhilfe *f* remède *m;* ~ **schaffen** trouver le remède qui s'impose
ab|holen *vt (hingehen und mitnehmen)* aller chercher; *(kommen und mitnehmen)* venir chercher; **jdn/etw** ~ **lassen** faire chercher qn/qc
Abholmarkt *m* libre-service *m* **Abholpreis** *m* prix *m* à emporter
Abholung <-, -en> *f* **Ihre Bestellung steht bei uns zur** ~ **bereit** votre commande est prête, vous pouvez venir la chercher
ab|holzen *vt (Bäume)* abattre; *(Gebiet)* déboiser
Abholzung <-, -en> *f (von Bäumen)* abattage *m; (eines Waldgebiets)* déboisement *m*
Abhöranlage *f* table *f* d'écoute
ab|horchen *vt* MED ausculter
ab|hören *vt* ❶ *(Gespräch)* écouter ❷ *(Schüler)* interroger ❸ MED ausculter
Abi [ˈabi] <-s, -s> *nt fam Abk von* **Abitur** ≈ bac *m*
Abitur [abiˈtuːɐ̯] <-s, -e> *nt* ≈ baccalauréat *m*
Abiturient(in) [abituˈri̯ɛnt] <-en, -en> *m(f)* bachelier(-ière) *m(f)*
Abiturzeugnis *nt* diplôme *m* du baccalauréat
ab|kapseln *vr* **sich** ~ s'isoler
ab|kassieren* *vt* ❶ **etw** ~ *(Bedienung)*

encaisser qc ❷ *fam (einnehmen)* empocher

ab|kaufen *vt* ❶ **jdm etw ~** acheter qc à qn ❷ *fam (glauben)* **ich kaufe dir das nicht ab!** tu me feras pas gober ça!

ab|kehren *geh* **I.** *vt (Blick)* détourner **II.** *vr* **sich von etw ~** se détourner de qc

ab|klappern *vt fam* ratisser; **alle Läden ~** faire tous les magasins [*o* le tour des magasins]

Abklatsch <-[e]s, -e> *m (schlechte Kopie)* pâle imitation *f*

ab|knallen *vt pej fam* descendre

ab|knicken **I.** *vt +haben (Blume)* casser; *(Papier)* plier **II.** *vi +sein* ❶ *(Blume)* casser ❷ *(abzweigen)* bifurquer

ab|knöpfen *vt* déboutonner

ab|knutschen *vt pej fam (küssen)* **jdn ~** rouler une pelle à qn

ab|kochen *vt (Wasser)* faire bouillir

ab|kommandieren* *vt* MIL détacher

ab|kommen *vi irr +sein* ❶ *(abweichen)* **vom Weg ~** dévier du chemin ❷ *(aufgeben)* **von einer Gewohnheit ~** perdre une habitude ❸ *(abschweifen)* perdre le fil; **vom Thema ~** s'écarter d'un sujet

Abkommen <-s, -> *nt* accord *m*

abkömmlich ['apkœmlɪç] *adj* disponible

Abkömmling ['apkœmlɪŋ] <-s, -e> *m geh* descendant *m*

ab|kratzen *vt +haben (Tapete)* gratter

ab|kriegen *s.* **abbekommen**

ab|kühlen **I.** *vi +sein* refroidir **II.** *vt +haben (kalt stellen)* **etw ~** mettre qc au frais **III.** *vr +haben* **es kühlt [sich] ab** ça se rafraîchit

Abkühlung *f a.* METEO rafraîchissement *m*

ab|kupfern *pej fam* **I.** *vt* pomper; **etw von jdm ~** *(Text, Passage)* pomper qc de qn **II.** *vi* **aus etw ~** pomper des passages de qc

ab|kürzen **I.** *vt* ❶ *(Wort)* abréger ❷ *(verkürzen)* **etw um etw ~** écourter qc de qc **II.** *vi (einen kürzeren Weg nehmen)* prendre un raccourci

Abkürzung *f (eines Worts)* abréviation *f*; *(eines Wegs)* raccourci *m*

ab|laden *vt irr (Passagiere, Schutt)* déposer; *(Anhänger)* décharger

Ablage *f* ❶ *(Archiv)* archives *fpl* ❷ *kein Pl (das Ablegen)* archivage *m*; **die ~ machen** archiver ❸ *(Ablagekorb)* corbeille *f* à courrier

ab|lagern **I.** *vt +haben* ❶ GEO déposer ❷ *(Müll)* entreposer **II.** *vr +haben* **sich auf/in etw** *(dat)* **~** *(Kalk)* se déposer sur/dans qc

ab|lassen *irr* **I.** *vt* **Wasser/Luft aus etw ~** vider l'eau/enlever l'air de qc **II.** *vi* ❶ *geh (abgehen)* **von etw ~** renoncer à qc ❷ *(in Ruhe lassen)* **von jdm ~** laisser qn tranquille

Ablauf *m* ❶ déroulement *m* ❷ *(einer Frist)* expiration *f* ❸ LITER action *f*

ab|laufen *vi irr +sein* ❶ *(abfließen)* **aus etw ~** s'écouler de qc ❷ *(Ausweis, Frist)* expirer; *(Zeit)* s'achever

ab|lecken *vt* lécher

ab|legen **I.** *vt* déposer; *(Hut, Mantel)* retirer; *(Prüfung)* passer; *(Eid)* prêter **II.** *vi (Schiff)* lever l'ancre

ab|lehnen *vt, vi* refuser

Ablehnung <-, -en> *f* refus *m*

ab|leiten *vt* ❶ *(Bach)* détourner; *(Gase)* évacuer ❷ *(Formel)* déduire; *(Funktion)* dériver

ab|lenken **I.** *vt* distraire **II.** *vi* ❶ *(ausweichen)* dévier ❷ *(der Zerstreuung dienen)* changer les idées **III.** *vr* **sich mit Sport ~** se changer les idées en faisant du sport

Ablenkung *f* ❶ *(Zerstreuung)* distraction *f* ❷ *(Störung)* diversion *f*

Ablenkungsmanöver *nt* manœuvre *f* de diversion

ab|lesen *irr* **I.** *vt* ❶ *(Zählerstand)* relever ❷ *(vorlesen)* **etw vom Blatt ~** lire qc sur le papier **II.** *vi (vorlesen)* lire son texte; **vom Blatt ~** lire sa feuille

ab|liefern *vt* livrer

ab|lösen **I.** *vt (Kollegen)* relayer; *(Wachposten)* relever; *(Politiker)* remplacer; *(Etikett)* décoller; *(Lack)* enlever **II.** *vr*

❶ **sich beim Fahren** ~ se relayer pour conduire ❷ *(abgehen)* **sich** ~ *(Etikett)* s'enlever; *(Lack)* s'écailler

ABM [aːbeːˈʔɛm] <-> *f Abk von* **Arbeitsbeschaffungsmaßnahme** mesure *f* d'aide à l'emploi

ab|machen *vt* ❶ convenir de; **abgemacht!** d'accord! ❷ *fam (entfernen)* enlever

Abmachung <-, -en> *f* accord *m*

ab|magern *vi +sein* maigrir

Abmarsch *m* départ *m*

ab|melden I. *vt (Schüler)* retirer; *(Telefon)* demander la résiliation de II. *vr* ❶ *(seinen Umzug anzeigen)* **sich** ~ faire une déclaration de changement de domicile ❷ *(sein Fortgehen melden)* **sich bei jdm** ~ demander une autorisation de sortie à qn

Abmeldung *f* ❶ *(eines Telefons)* résiliation *f*; *(eines Autos)* déclaration *f* de non-utilisation ❷ *(Anzeige des Umzugs)* déclaration *f* de changement de domicile

ab|messen *vt irr* mesurer

ab|nagen *vt* ronger

Abnahme [ˈapnaːmə] <-, -n> *f (des Umsatzes, des Interesses)* baisse *f*

ab|nehmen *irr* I. *vi* ❶ perdre du poids; **an den Hüften** ~ maigrir des hanches ❷ *(Anzahl, Interesse)* baisser ❸ TELEC décrocher II. *vt* ❶ *(Wäsche, Bild, Hörer)* décrocher; *(Ware)* prendre livraison de ❷ *(wegnehmen)* **jdm etw** ~ retirer qc à qn ❸ *(tragen helfen)* **jdm die Tasche** ~ débarrasser qn de son sac ❹ *(übernehmen)* **jdm Arbeit/Sorgen** ~ soulager qn du travail/des soucis

Abneigung *f* aversion *f*

Abnormität [apnɔrmiˈtɛːt] <-, -en> *f* ❶ *kein Pl (eines Verhaltens)* anormalité *f* ❷ MED *(geistige Auffälligkeit)* anomalie *f*

ab|nutzen *vt, vr* [**sich**] ~ [s']user

Abnutzung *f* usure *f*

Abo [ˈabo] <-s, -s> *nt fam*, **Abonnement** [abɔnəˈmãː] <-s, -s> *nt* abonnement *m*

Abonnent(in) [abɔˈnɛnt] <-en, -en> *m(f)* abonné(e) *m(f)*

abonnieren* [abɔˈniːrən] *vt* s'abonner à

Abordnung *f* délégation *f*

Abpfiff *m* coup *m* de sifflet final

ab|prallen *vi +sein* **von etw/an etw** *(dat)* ~ *(Ball)* rebondir sur qc; *(Geschoss)* ricocher sur qc

ab|pumpen *vt* pomper

ab|putzen *vt* nettoyer

ab|rackern *vr fam* **sich** ~ se crever

ab|raten *vi irr* **jdm von etw** ~ déconseiller qc à qn

ab|räumen *vt (Tisch)* débarrasser

Abräumer [ˈaprɔymɐ] <-s, -> *m fam* grand(e) gagnant(e) *m(f)*; **der Film war ein echter ~ auf der Berlinale** ce film a été le grand gagnant de la Berlinale

ab|reagieren* I. *vt* **seine Wut an jdm** ~ passer sa rage sur qn II. *vr fam* **sich** ~ se défouler

ab|rechnen *vi* ❶ *(das Gehalt berechnen)* faire les comptes ❷ *(die Zeche berechnen)* encaisser ❸ *(zur Rechenschaft ziehen)* **mit jdm** ~ régler ses comptes avec qn

Abrechnung *f* ❶ *(Schlussrechnung)* comptes *mpl* ❷ *(Aufstellung)* facture *f* détaillée ❸ *(von Steuern)* déduction *f* ❹ *(Rache)* règlement *m* de comptes

Abreise *f* départ *m*

ab|reisen *vi +sein* partir en voyage; **ich reise ab** je m'en vais; *(Hotelgast)* je quitte la chambre

ab|reißen *irr* I. *vt +haben* ❶ arracher ❷ *(Gebäude)* raser II. *vi +sein (Seil)* se casser; *(Kontakt)* s'interrompre

ab|riegeln *vt (Straße)* boucler

Abriss *m* ❶ *(eines Gebäudes)* démolition *f* ❷ *(Übersicht)* abrégé *m*

Abruf *m* INFORM *(von Daten)* consultation *f* ▸ **auf ~ bereitstehen** être à disposition

ab|rufen *vt irr (Daten)* consulter

ab|runden *vt (Kanten, Zahl)* arrondir

abrupt [apˈrʊpt] *adj* brusque

ab|rüsten *vi* réduire les armements
Abrüstung *f kein Pl* désarmement *m*
ABS [aːbeː'ʔɛs] <-> *nt Abk von* **Antiblockiersystem** A.B.S. *m*
Absage ['apzaːgə] *f* réponse *f* négative
ab|sagen I. *vt (Teilnahme)* décommander; *(Spiel)* annuler **II.** *vi* **jdm ~** se décommander auprès de qn
ab|sägen *vt (Ast)* scier
ab|sahnen *fam* **I.** *vt* **etw ~** se mettre qc dans les poches **II.** *vi* **bei jdm ~** s'en mettre plein les poches sur le dos de qn
Absatz *m* ① *(Schuhabsatz)* talon *m* ② *(Abschnitt)* paragraphe *m*
Absatzflaute *f* marasme *m* des ventes
ab|schaffen *vt (Zoll, Strafe)* supprimer; *(Gesetz)* abroger; *(Privileg)* abolir
ab|schalten I. *vt (Fernseher)* éteindre; *(Strom, Motor)* couper **II.** *vi fam (Person)* décrocher **III.** *vr* **sich ~** *(Maschine, Strom)* se couper
ab|schätzen *vt (Kosten)* évaluer; *(Reaktion)* prévoir
abschätzig *adj (Bemerkung)* désobligeant(e); *(Blick)* méprisant(e)
Abschätzung *f a.* COM évaluation *f*, estimation *f*
ab|schauen *vt* A *fam* **etw von jdm ~** copier qc sur qn
Abschaum *m kein Pl pej* rebut *m*
Abscheu <-[e]s> *m* dégoût *m*
abscheulich [ap'ʃɔylɪç] *adj* ① *(entsetzlich)* abominable ② *fam (Schmerzen)* atroce
ab|schicken *vt* envoyer
Abschiebehaft *f* maintien *m* administratif
ab|schieben *vt irr +haben* expulser
Abschiebung *f* reconduite *f* à la frontière
Abschiebungsverfahren *nt* procédure *f* d'expulsion
Abschied ['apʃiːt] <-[e]s, -e> *m* adieu *m*
Abschiedsbrief *m* lettre *f* d'adieu[x]
ab|schießen *vt irr* ① MIL, JAGD abattre ② *(Pfeil)* tirer; *(Rakete)* lancer
ab|schirmen *vt* ① *(schützen)* **jdn von etw ~** isoler qn de qc ② *(Licht)* tamiser
ab|schlachten I. *vt* massacrer **II.** *vr* **sich [gegenseitig] ~** se massacrer
Abschlag *m* ① *(Preisnachlass)* réduction *f* ② *(Vorschuss)* **ein ~ auf etw** *(akk)* un acompte sur qc
ab|schlagen *vt irr* ① *(Henkel)* casser; *(Ecke)* ébrécher; *(Baum)* abattre ② *(Einladung)* décliner; **jdm eine Bitte ~** repousser une demande à qn
Abschlag[s]zahlung *f* acompte *m*
Abschleppdienst *m* service *m* de dépannage
ab|schleppen *vt* ① *(Fahrzeug)* remorquer ② *fam (mitnehmen)* embarquer
Abschleppseil *nt* câble *m* de remorquage
ab|schließen *irr* **I.** *vt* ① *(zuschließen)* **etw ~** fermer qc à clé ② *(Schule)* achever ③ *(Geschäft)* conclure; *(Vertrag)* passer; *(Versicherung)* souscrire ④ *(Rede)* conclure; *(Konferenz)* clôturer **II.** *vi* ① *(zuschließen)* fermer à clé ② *(Vertrag schließen)* **mit jdm ~** *(Kunde)* faire affaire avec qn
abschließend I. *adj (Bemerkung)* final(e) **II.** *adv (bemerken)* en conclusion
Abschluss *m* ① *kein Pl (Ende)* conclusion *f* ② *(Abschlussprüfung)* examen *m* de fin d'études; *(Hauptschulabschluss)* certificat *m* de fin d'études
Abschlussklasse *f* terminale *f*
Abschlussprüfung *f* examen *m* de fin d'études **Abschlusszeugnis** *nt* diplôme *m* de fin d'études
ab|schmecken *vt (Gericht)* vérifier l'assaisonnement de; **etw mit Gewürzen ~** assaisonner qc avec des épices
ab|schminken *vt, vr* **[sich] ~** [se] démaquiller
ab|schnallen *vt* **[sich** *(dat)***] den Rucksack/die Skier ~** décrocher son sac à dos/enlever ses skis
ab|schneiden *irr* **I.** *vt* couper; **jdm das Wort ~** couper la parole à qn **II.** *vi fam* **bei etw gut/schlecht ~** s'en tirer

bien/mal avec qc

Abschnitt *m* ❶ *(eines Textes)* paragraphe *m; (eines Formulars)* partie *f* ❷ *(Zeitabschnitt)* période *f*

ab|schrauben *vt* dévisser

ab|schrecken *vt* ❶ faire peur à; **jdn von etw ~** dissuader qn de qc; **sich nicht ~ lassen** ne pas se laisser intimider ❷ *(Eier)* refroidir

abschreckend I. *adj* dissuasif(-ive) II. *adv* **~ wirken** *(Strafe)* avoir un effet dissuasif

Abschreckung <-, -en> *f a.* MIL dissuasion *f*

ab|schreiben *irr* I. *vt* ❶ recopier ❷ *(plagiieren)* **etw bei jdm/aus etw ~** copier qc sur qn/dans qc ❸ *(Betrag)* déduire II. *vi (plagiieren)* **von jdm/etw ~** copier sur qn/qc

Abschreibung *f* FIN déduction *f*

Abschrift *f* duplicata *m*

ab|schürfen *vr* **sich** *(dat)* **die Haut ~** s'écorcher la peau

ab|schütteln *vt (Verfolger)* semer; *(Krümel)* secouer

ab|schwächen *vt, vr* [**sich**] ~ [s']atténuer

ab|schweifen *vi +sein* **vom Thema ~** s'écarter du sujet

ab|schwellen *vi irr +sein (Entzündung)* désenfler

absehbar *adj* prévisible

ab|sehen *vt irr* prévoir ▶ **es auf jdn abgesehen haben** avoir qn dans le collimateur; **es auf etw** *(akk)* **abgesehen haben** en vouloir à qc

ab|seilen *vr* **sich ~** ❶ *(sich hinunterlassen)* descendre avec une corde; *(Bergsteiger)* descendre en rappel ❷ *fam (verschwinden)* reprendre ses billes

abseits ['apzaits] I. *adv* à l'écart II. *präp +gen* **~ des Dorfs liegen** être à l'écart du village

Abseits <-, -> *nt* SPORT hors-jeu *m*

abseits|stehen *vi* SPORT être hors-jeu

ab|senden *vt irr o reg* expédier

Absender(in) <-s, -> *m(f)* expéditeur(-trice) *m(f)*

ab|setzen I. *vt* ❶ *(Mitfahrer)* déposer; *(Trinkgefäß)* poser; *(Hut)* enlever ❷ *(des Amtes entheben)* destituer ❸ FIN déduire II. *vr* **sich ~** *a.* CHEM, GEO se déposer

Absetzung <-, -en> *f (einer Fernsehsendung)* déprogrammation *f*

ab|sichern I. *vr* **sich ~** s'assurer II. *vt* ❶ *(garantieren)* garantir ❷ *(sicher machen)* **einen Raum durch etw ~** protéger une pièce au moyen de qc

Absicht <-, -en> *f* ❶ intention *f* ❷ *(Mutwillen)* **etw mit ~ tun** faire qc exprès; **das war keine ~** ce n'était pas intentionnel

absichtlich *adj* intentionnel(le)

ab|sinken *vi irr +sein* ❶ *(Leistung)* baisser; *(Boden)* s'affaisser ❷ *(Schiff)* sombrer

ab|sitzen *vt irr +haben (Haftstrafe)* purger

absolut [apzo'lu:t] I. *adj (Verbot, Ruhe)* absolu(e); *(Ablehnung)* catégorique II. *adv fam (unverständlich)* absolument

Absolvent(in) [apzɔl'vɛnt] <-en, -en> *m(f) (Universitätsabsolvent)* diplômé(e) *m(f)*

absolvieren* [apzɔl'vi:rən] *vt (Ausbildung)* effectuer; *(Prüfung)* passer; *(Wehrdienst)* accomplir

absonderlich *adj, adv* bizarre

ab|sondern *vt, vr* [**sich**] ~ [s']isoler

absorbieren* [apzɔr'bi:rən] *vt a. fig* absorber

Abspann <-[e]s, -e> *m* CINE, TV générique *m*

ab|speichern *vt* INFORM sauvegarder

ab|speisen *vt* éconduire gentiment

ab|sperren *vt* barrer

Absperrung *f* barrage *m*

ab|spielen I. *vr* **sich ~** *(Szene)* se dérouler II. *vt (CD, Ball)* passer

Absprache *f* accord *m*

ab|sprechen *vr irr* **sich ~** se concerter

ab|springen *vi irr +sein* ❶ SPORT sauter ❷ *(sich lösen)* **von etw ~** *(Farbe)* s'écailler de qc

Absprung *m (Absprungstelle)* saut *m*

ab|stammen *vi kein PP* descendre
Abstammung <-, -en> *f* origine *f*
Abstand *m* ❶ écart *m;* ~ **halten** *(im Straßenverkehr)* garder les distances ❷ *(zeitliche Distanz)* intervalle *m* ❸ *(innere Distanz)* recul *m* ▶ **mit** ~ de loin
ab|stauben **I.** *vt (Möbel)* dépoussiérer **II.** *vi* faire la poussière
ab|stechen *vi irr* **von jdm/etw** ~ se distinguer de qn/qc
Abstecher <-s, -> *m* ❶ *(Ausflug)* virée *f (fam)* ❷ *(Umweg)* crochet *m*
ab|stehen *vi irr (Haare)* être hérissé; *(Ohren)* être décollé
ab|steigen *vi irr +sein* descendre
ab|stellen *vt* ❶ *(hinstellen)* **etw bei jdm** ~ déposer qc chez qn ❷ *(Wagen)* garer ❸ *(Computer)* débrancher; *(Motor)* arrêter; *(Gas)* couper
Abstellgleis *nt* voie *f* de garage **Abstellraum** *m* débarras *m*
ab|stempeln *vt* ❶ *(Brief)* tamponner ❷ *pej (abwerten)* cataloguer
Abstieg ['apʃtiːk] <-[e]s, -e> *m* ❶ *a.* SPORT descente *f* ❷ *(Verlust der sozialen Stellung)* déchéance *f*
ab|stimmen **I.** *vi* voter **II.** *vt (Termine)* coordonner **III.** *vr* **sich mit jdm** ~ se mettre d'accord avec qn
Abstimmung *f* vote *m*
abstinent [apsti'nɛnt] *adj* abstinent(e)
Abstinenz [apsti'nɛnts] <-> *f* abstinence *f*
ab|stoßen *vt irr* ❶ *(Transplantat)* rejeter ❷ *(anwidern)* dégoûter
abstoßend *adj* répugnant(e)
abstrahieren* [apstra'hiːrən] *vi* abstraire
abstrakt [ap'strakt] *adj* abstrait(e)
ab|streifen *vt (Ring)* retirer; *(Handschuhe)* ôter
ab|streiten *vt irr* ❶ *(Tat)* nier ❷ *(absprechen)* contester
ab|stufen *vt* ❶ *(Gehälter)* échelonner; *(Farbtöne)* dégrader ❷ *(terrassieren)* étager
Abstufung <-, -en> *f* ❶ *kein Pl (eines Mitarbeiters)* rétrogradation *f; (eines Tarifs)* réduction *f* ❷ *(Staffelung)* barème *m* ❸ *(Nuance)* dégradé *m*
ab|stumpfen *vt, vr* [**sich**] ~ [s']abrutir
Absturz *m* chute *f*
ab|stürzen *vi +sein* ❶ *(Flugzeug)* s'écraser; *(Bergsteiger)* dévisser ❷ *(Computer)* se bloquer
ab|stützen *vr* **sich mit etw/an etw** *(dat)* ~ s'appuyer sur qc/à qc
ab|suchen *vt (Gegend)* ratisser
absurd [ap'zʊrt] *adj* absurde
Abszess [aps'tsɛs] <-es, -e> *m* abcès *m*
Abt [apt] <-[e]s, Äbte> *m* abbé *m*
ab|tanzen *vi fam* ❶ *+sein (fortgehen)* se casser ❷ *+haben (ausdauernd tanzen)* danser tout son soûl
ab|tasten *vt* ❶ *a.* MED palper ❷ *(durchsuchen)* fouiller
ab|tauen **I.** *vt +haben (Kühlschrank)* dégivrer **II.** *vi +sein (Eis)* fondre
Abtei [ap'tai̯] <-, -en> *f* abbaye *f*
Abteil [ap'tai̯l] *nt* compartiment *m*
ab|teilen *vt (Raum)* délimiter
Abteilung [ap'tai̯lʊŋ] *f (einer Firma, eines Krankenhauses)* service *m; (eines Geschäfts)* rayon *m*
Abteilungsleiter(in) *m(f) (einer Firma)* chef *mf* de service; *(eines Geschäfts)* chef de rayon
ab|tippen *vt fam* taper
Äbtissin [ɛp'tɪsɪn] <-, -nen> *f* abbesse *f*
ab|tragen *vt irr (Kleidung)* user
ab|transportieren* *vt* ❶ *(Bauschutt)* transporter; *(Müll)* enlever ❷ *(Gefangene)* transférer
ab|treiben *irr* **I.** *vt +haben* ❶ MED **ein Kind** ~ **lassen** se faire avorter d'un enfant ❷ *(Ballon)* déporter; *(Schwimmer)* entraîner **II.** *vi* ❶ *+haben* MED ~ [**lassen**] [se faire] avorter ❷ *+sein (Boot, Ballon)* dériver
Abtreibung <-, -en> *f* avortement *m*
ab|trennen *vt* ❶ *(abreißen)* **etw von etw** ~ détacher qc de qc ❷ *(abmachen)* **die Ärmel von etw** ~ découdre les manches de qc ❸ *(Raum)* délimiter ❹ *(abschneiden)* couper

A

ab|treten *irr* **I.** *vt +haben (Schnee)* secouer; *(Schmutz)* gratter **II.** *vi +sein* ❶ *(abgehen)* **von der Bühne ~** sortir de scène ❷ MIL rompre les rangs
ab|trocknen *vt, vi, vr* [**sich**] ~ [s']essuyer
ab|tropfen *vi +sein* s'égoutter
abtrünnig ['aptrʏnɪç] *adj (Ketzer)* renégat(e); *(Provinz)* dissident(e); **dem Glauben ~ werden** renier sa foi
ab|wägen ['apvɛːgən] *vt irr (Vorteile)* peser; *(Angebot)* examiner avec soin
ab|wählen *vt (Schulfach)* abandonner
ab|wälzen *vt (Verantwortung)* se décharger de; *(Kosten)* répercuter; **die Schuld/Arbeit auf jdn ~** rejeter la faute/se décharger de la corvée sur qn
Abwart(in) ['apvart] <-s, -e> *m(f)* CH gardien(ne) *m(f)* [d'immeuble]
ab|warten *vt, vi (Ergebnis)* attendre; **er kann es nicht ~ sie anzurufen** il est impatient de lui téléphoner
abwärts ['apvɛrts] *adv* en bas; **weiter ~** plus bas
Abwärtstrend *m* tendance *f* à la baisse
Abwasch ['apvaʃ] <-[e]s> *m fam* **den ~ machen** faire la vaisselle
abwaschbar *adj* lavable
ab|waschen *irr* **I.** *vt* laver **II.** *vi* faire la vaisselle
Abwasser <-wässer> *nt* eaux *fpl* usées
Abwasseraufbereitung *f* traitement *m* des eaux usées **Abwasserkanal** *m*, **Abwasserleitung** *f* égout *m* **Abwasserreinigung** *f* épuration *f* des eaux usées
ab|wechseln *vr (im Wechsel handeln)* **sich mit jdm ~** alterner avec qn; **sich beim Kochen ~** se relayer pour faire la cuisine
abwechselnd *adv (einer nach dem anderen)* à tour de rôle; *(eins nach dem anderen)* tour à tour
Abwechslung <-, -en> *f* changement *m;* **zur ~** pour changer
abwechslungsreich *adj* varié(e)
Abweg *m meist Pl* **auf ~e geraten** sortir du droit chemin
abwegig ['apveːgɪç] *adj* aberrant(e)
Abwehr ['apveːɐ̯] *f* ❶ SPORT, MED défense *f* ❷ MIL riposte *f* ❸ *(Ablehnung)* résistance *f*
ab|wehren **I.** *vt* ❶ *a.* MIL repousser ❷ *(Schlag)* parer ❸ *(Gefahr)* écarter; *(Auswirkungen)* enrayer **II.** *vi (ablehnen)* refuser
Abwehrkräfte *Pl* MED défenses *fpl* immunitaires
ab|weichen *vi irr +sein* **von etw ~** s'écarter de qc; **~d** *(Meinung)* différent(e)
Abweichung <-, -en> *f* ❶ *(Unterschiedlichkeit)* divergence *f* ❷ *(Kursabweichung)* déviation *f*
ab|weisen *vt irr* ❶ *(wegschicken)* renvoyer ❷ *(Bitte)* rejeter; *(Bewerber)* refuser
abweisend *adj* rebutant(e)
Abweisung *f* ❶ *(einer Person)* renvoi *m* ❷ *(das Ablehnen: eines Antrags, einer Bitte)* rejet *m*
ab|wenden *irr o reg* **I.** *vr geh* **sich ~** se détourner **II.** *vt* ❶ *(Folgen)* éviter; *(Unheil)* détourner; *(Gefahr)* écarter ❷ *geh (Blick)* détourner
ab|werfen *vt irr* ❶ *(Ballast)* lâcher; *(Hilfsgüter)* parachuter; *(Flugblätter)* lancer; *(Bomben)* larguer ❷ *(Gewinn)* rapporter
ab|werten *vt* FIN dévaluer
Abwertung *f* dévaluation *f*
abwesend ['apveːzənt] *adj* absent(e)
Abwesenheit <-, -en> *f* absence *f*
ab|wickeln *vt (Verband)* défaire; **etw von einer Rolle ~** dérouler qc d'un rouleau
ab|wiegen *vt irr* peser
ab|wimmeln *vt fam (Vertreter)* envoyer balader
ab|winken *vi* faire un geste de dénégation ▶ **bis zum Abwinken** *fam* à faire crier grâce
ab|wischen *vt* essuyer
Abwrackprämie *f* prime *f* à la casse
ab|würgen *vt fam* ❶ *(Motor)* caler ❷ *(Diskussion)* couper court à; *(Forde-*

rung) étouffer

ab|zahlen *vt (Kredit)* rembourser

ab|zählen *vt, vi* compter

Abzahlung *f (eines Kredits)* remboursement *m*

Abzeichen *nt* insigne *m*

ab|zeichnen I. *vt* ❶ *(abmalen)* reproduire ❷ *(signieren)* signer **II.** *vr* **sich ~** *(erkennbar werden)* se profiler; *(durchscheinen)* se dessiner

ab|ziehen *irr* **I.** *vi +sein (Rauch)* se dissiper; *(Gewitter)* s'éloigner **II.** *vt +haben* ❶ *(Steuern)* retenir; *(Betrag)* déduire ❷ *(subtrahieren)* retrancher ❸ *(entnehmen)* retirer ❹ *(entfernen)* **das Bett ~** défaire le lit

ab|zocken *vt fam* arnaquer

Abzug *m* ❶ *(von Sozialabgaben)* retenue *f*; *(eines Rabatts)* déduction *f* ❷ *(Vervielfältigung)* copie *f* ❸ *(Bilderabzug)* épreuve *f* ❹ *(einer Schusswaffe)* détente *f*

abzüglich ['aptsy:klɪç] *präp +gen* déduction faite de

Abzugsrohr *nt* tuyau *m* de cheminée

ab|zweigen I. *vi +sein* **von etw ~** *(Weg, Gleis)* bifurquer de qc **II.** *vt +haben fam* **hundert Euro von etw ~** prélever cent euros sur qc

Abzweigung <-, -en> *f (eines Wegs)* embranchement *m*

Accessoires und Schuhe

die Kappe	la casquette
die Wollmütze	le bonnet
der Schal	le foulard; l'écharpe
der Gürtel	la ceinture
die Handschuhe	les gants
die Handtasche	le sac à main
der Rucksack	le sac à dos
die Aktentasche	la serviette
der Koffer	la valise
die Badeschlappen	les tongs
die Turnschuhe	les baskets
die Schnürschuhe	les souliers à lacets
die Stiefel	les bottes
die Gummistiefel	les bottes en caoutchouc
die Sandalen	les sandales
die Pumps	les escarpins
die Wanderschuhe	les chaussures de marche

ach [ax] *interj* ❶ *(Ausruf der Verärgerung)* ah; **~ was!** allons donc! ❷ *(Ausruf der Überraschung)* ah; **~ nein!** *fam* allons bon!; **~ so!** *(aha)* ah bon!

Ach <-s, -[s]> *nt* ▶ **mit ~ und Krach** *fam* de justesse

Achse ['aksə] <-, -n> *f* ❶ *(eines Fahrzeugs)* essieu *m* ❷ PHYS, MATH axe *m* ▶ **auf ~ sein** *fam* être sur les chemins

Achsel ['aksl] <-, -n> *f* ❶ *(Achselhöhle)* aisselle *f* ❷ *(Schulter)* épaule *f*; **mit den ~n zucken** hausser les épaules

Achselhöhle *f* aisselle *f*

acht[1] [axt] *num* huit; **~ [Jahre alt] sein** avoir huit ans; **kurz vor ~** peu avant huit heures; **es ist schon kurz nach ~** il est déjà huit heures passées; **heute/[am] Montag in ~ Tagen** dans huit jours/lundi en huit; **es steht ~ zu drei** le score est de huit à trois

acht[2] *adv* **zu ~ sein** être huit; **etw zu ~ tun** faire qc à huit

Acht[1] [axt] <-, -en> *f* huit *m*

Acht[2] <-> *f* **~ geben** faire attention; **außer ~ lassen** ne pas tenir compte de; **nicht außer ~ lassen** ne pas négliger; **sich in ~ nehmen** se tenir sur ses gardes; **sich vor jdm/etw in ~ nehmen** se méfier de qn/qc

achtbar *adj geh* honorable

achte(r, s) *adj* ❶ huitième; **jeder ~ Franzose** un Français sur huit ❷ *(bei Datumsangaben)* **der ~ März** le huit mars; **am ~n März** le huit mars; **am Freitag, den ~n März** le vendredi huit mars; **Bonn, den ~n März** Bonn, le huit mars

Achte(r) *f(m)* ❶ **als ~r/~** en huitième position; **jeder ~** une personne sur huit ❷ *(bei Datumsangabe)* **der ~/am**

~n le huit ❸ *(als Namenszusatz)* **Karl der ~** Charles VIII

achteckig *adj* octogonal(e)

achteinhalb *num* huit... et demi(e)

achtel *adj* **ein ~ Gramm** un huitième de gramme

Achtel <-s, -> *nt* ❶ *a.* MATH huitième *m* ❷ *(Achtelliter)* ballon *m*

Achtelfinale *nt* huitième *m* de finale

achten **I.** *vt* ❶ *(wertschätzen)* estimer ❷ *(Gesetze)* respecter **II.** *vi* ❶ *(aufpassen)* **auf jdn/etw ~** surveiller qn/qc ❷ *(beachten)* **auf jdn/etw ~** faire attention à qn/qc ❸ *(sehen auf)* **darauf ~ etw zu tun** veiller à faire qc

achtens *adv* huitièmement

Achterbahn *f* grand huit *m*

achterlei *adj inv* **~ Sorten Brot** huit sortes de pain; **in ~ Größen** en huit tailles

achtfach **I.** *adj* huit fois; **in ~er Ausfertigung** en huit exemplaires **II.** *adv* huit fois; *(ausfertigen)* en huit exemplaires

acht|geben *s.* **Acht²**

achthundert ['axt'hʊndɐt] *num* huit cents

achtlos **I.** *adj* inattentif(-ive) **II.** *adv* sans faire attention

Achtlosigkeit <-> *f* inattention *f*

achtmal *adv* huit fois; **~ so viel** huit fois plus; **~ so viele...** huit fois plus de...

achtsam **I.** *adj geh* précautionneux(-euse) **II.** *adv geh* soigneusement

achttausend *num* huit mille

Achtundsechziger(in) <-s, -> *m(f)* soixante-huitard(e) *m(f) (fam)*

Achtung ['axtʊŋ] <-> *f* ❶ *(Wertschätzung)* respect *m* ❷ *(Vorsicht)* **~!** attention!; **~, fertig, los!** attention! prêts? partez! ▸ **alle ~!** chapeau bas!

achtzehn *num* dix-huit; *s.a.* **acht¹**

achtzehnte(r, s) *adj* ❶ dix-huitième ❷ *(bei Datumsangaben)* **der ~ März** le dix-huit mars; *s.a.* **achte(r, s)**

achtzig ['axtsɪç] *num* quatre-vingts, huitante (CH), octante (BELG)

achtziger *adj inv* **die ~ Jahre** les années *f pl* quatre-vingts; **der ~ Jahrgang** *(Wein)* la cuvée quatre-vingts; *fig (Menschen)* la promotion quatre-vingts

achtzigste(r, s) *adj* quatre-vingtième

ächzen ['ɛçtsən] *vi* ❶ **vor Schmerzen/Anstrengung ~** gémir de douleur/sous l'effort ❷ *(knarren)* grincer

Acker ['akɐ] <-s, Äcker> *m* champ *m*

Ackerbau *m kein Pl* agriculture *f*

Ackerland *nt kein Pl* terre *f* arable

ackern *vi fam* bosser

Acryl [a'kry:l] <-s> *nt* CHEM acrylique *m*

Action ['ɛkʃən] <-> *f fam (Handlung)* action *f*; *(Stimmung)* animation *f*

Actionfilm *m* film *m* d'action

ADAC [a:de:ʔa:'tse:] <-> *m Abk von* **Allgemeiner Deutscher Automobil-Club** *club automobile allemand*

Adapter [a'daptɐ] <-s, -> *m* TECH adaptateur *m*

addieren* [a'di:rən] *vt (Zahlen)* additionner

Addition [adi'tsi̯o:n] <-, -en> *f* addition *f*

ade [a'de:] *interj* au revoir

Adel ['a:dəl] <-s> *m* noblesse *f*

adelig *adj s.* **adlig**

adeln *vt* anoblir

Ader ['a:dɐ] <-, -n> *f* ANAT veine *f*

Adjektiv ['atjɛkti:f] <-s, -e> *nt* adjectif *m*

Adler ['a:dlɐ] <-s, -> *m* aigle *m*

adlig *adj* noble

Adlige(r) *f(m)* noble *mf*

Admiral(in) [atmi'ra:l] <-s, -e> *m(f)* MIL amiral *m*

adoptieren* [adɔp'ti:rən] *vt* adopter

Adoption [adɔp'tsi̯o:n] <-, -en> *f* adoption *f*

Adoptiveltern *Pl* parents *mpl* adoptifs

Adoptivkind *nt* enfant *m(f)* adopté(e)

Adrenalin [adrena'li:n] <-s> *nt* adrénaline *f*

Adressat(in) [adrɛ'sa:t] <-en, -en> *m(f) geh* destinataire *mf*

Adressbuch *nt* ❶ *(amtliches Verzeichnis)* annuaire *m* ❷ *(Notizbuch)* carnet *m* d'adresses

Adresse [a'drɛsə] <-, -n> *f a.* INFORM adresse *f*
adressieren* [adrɛ'siːrən] *vt* adresser
Advent [at'vɛnt] <-s, -e> *m* avent *m*
Adventskalender *m* calendrier *m* de l'avent **Adventskranz** *m* couronne *f* de l'avent
Adverb [at'vɛrp] <-s, -ien> *nt* adverbe *m*
adverbial [atvɛr'bi̯aːl] *adj* adverbial(e)
Aerobic [ɛ'roːbɪk] <-s> *nt* aérobic *f*
Aerodynamik [aerody'naːmɪk] *f* AUT aérodynamisme *m*
Affäre [a'fɛːrə] <-, -n> *f* ❶ *(Angelegenheit)* affaire *f* ❷ *(Liebesabenteuer)* aventure *f*
Affe ['afə] <-n, -n> *m* singe *m*
Affekt [a'fɛkt] <-[e]s, -e> *m* **etw im ~ tun** faire qc sous le coup d'une émotion
affektiert [afɛk'tiːɐ̯t] *pej* **I.** *adj (Person)* maniéré(e); *(Benehmen, Stil)* affecté(e) **II.** *adv* avec affectation
Affenhitze *f fam* chaleur *f* à crever
Affiche ['afiʃ] <-, -n> *f* CH affiche *f*
affig *pej fam* **I.** *adj (Benehmen)* chichiteux(-euse) **II.** *adv* **sich ~ anstellen** faire des simagrées
Afghane, Afghanin [af'gaːnə] <-n, -n> *m, f* Afghan(e) *m(f)*
afghanisch [af'gaːnɪʃ] **I.** *adj* afghan(e) **II.** *adv* **~ miteinander sprechen** discuter en afghan
Afghanisch [af'gaːnɪʃ] <-[s]> *nt kein art* afghan *m; s.a.* **Deutsch**
Afghanistan [af'gaːnɪstaːn] <-s> *nt* l'Afghanistan *m*
Afrika ['aːfrika] <-s> *nt* l'Afrique *f*
Afrikaner(in) [afri'kaːnɐ] <-s, -> *m(f)* Africain(e) *m(f)*
afrikanisch *adj* africain(e)
After ['aftɐ] <-s, -> *m* anus *m*
Afterhour ['aːftɐʔau̯ɐ] <-, -s> *f*, **After-Hour-Party** *f* after *m*
Aftershave ['aːftɐʃeːf] <-[s], -s> *nt* après-rasage *m*
After-Show-Party ['aːftɐʃoː-] *f* after[party] *f* **After-Work-Party** ['aːftɐ'wəːk-] *f* afterwork *f*
AG [aː'geː] <-, -s> *f Abk von* **Aktiengesellschaft** S.A. *f*
Ägäis [ɛ'gɛːɪs] <-> *f* **die ~** la mer Égée
Agent(in) [a'gɛnt] <-en, -en> *m(f)* agent *m*
Agentur [agɛn'tuːɐ̯] <-, -en> *f* COM, MEDIA agence *f*
Aggregat [agre'gaːt] <-[e]s, -e> *nt (Stromaggregat)* groupe *m* électrogène
Aggression [agrɛ'si̯oːn] <-, -en> *f* ❶ PSYCH agressivité *f* ❷ MIL agression *f*
aggressiv [agrɛ'siːf] *adj* agressif(-ive)
Aggressivität [agrɛsivi'tɛːt] <-, -en> *f* agressivité *f*
Agrarerzeugnis *nt* produit *m* agricole **Agrarland** *nt* pays *m* agricole **Agrarreform** *f* réforme *f* agraire **Agrarwissenschaft** *f* agronomie *f*
Ägypten [ɛ'gʏptən] <-s> *nt* l'Égypte *f*
Ägypter(in) <-s, -> *m(f)* Égyptien(ne) *m(f)*
ägyptisch *adj* égyptien(ne)
Ägyptisch *nt* l'égyptien *m*
ah [aː] *interj* ah
äh [ɛː] *interj (Pausenfüller)* euh
aha [a'ha(ː)] *interj* ❶ *(ach so)* ha [ha] ❷ *(sieh da)* tiens [tiens]
Ahn [aːn] <-[e]s, -en> *m geh* ancêtre *m*
ähneln ['ɛːnəln] **I.** *vi* ressembler; **jdm/einer S. ~** ressembler à qn/qc **II.** *vr* **sich** *(dat)* **~** *geh* se ressembler
ahnen ['aːnən] *vt* se douter de
ähnlich ['ɛːnlɪç] **I.** *adj* semblable; **jdm ~ sehen** *(ähneln)* ressembler à qn **II.** *adv* de la même façon **III.** *präp +dat* comme
Ähnlichkeit <-, -en> *f* ressemblance *f*
ähnlich|sehen *vi irr* **jdm ~** *(typisch sein)* ressembler à qn; **das sieht ihm/ihr ähnlich!** c'est bien lui/elle!
Ahnung <-, -en> *f* ❶ *(Vorgefühl)* pressentiment *m* ❷ *(Vermutung)* **er hatte keine ~, dass** il ne s'est pas douté que *+subj;* **keine ~!** *fam* aucune idée! ❸ *fam (Wissen)* **~/keine ~ von EDV haben** s'y connaître/ne rien y connaître en informatique

A

ahnungslos I. *adj* ❶ *(arglos)* inconscient(e) [du danger]; ~ **sein** ne se douter de rien ❷ *(unwissend)* ~ **sein** être ignorant II. *adv (arglos)* sans se douter de rien

ahoi [a'hɔy] *interj* ohé

Ahorn ['a:hɔrn] <-s, -e> *m* érable *m*

Ähre ['ɛ:rə] <-, -n> *f (Blütenstand)* épi *m*

Aids [ɛɪds] <-> *nt* sida *m*

aidsinfiziert *adj* séropositif(-ive) **aidskrank** *adj* malade du sida **Aidskranke(r)** *f(m)* sidéen(ne) *m(f)* **Aidstest** *m* test *m* de dépistage du sida **Aidsvirus** *nt* virus *m* du sida

Airbag ['ɛ:ɐ̯bɛk] <-s, -s> *m* airbag® *m*

Airbus® ['ɛ:ɐ̯bʊs] *m* airbus® *m*

Akademie [akade'mi:] <-, -en> *f* ≈ institut *m* universitaire de technologie; *(Kunstakademie)* école *f* des beaux-arts

Akademiker(in) [aka'de:mikɐ] <-s, -> *m(f)* diplômé(e) *m(f)* de l'enseignement supérieur

akademisch *adj* universitaire

akklimatisieren* [aklimati'zi:rən] *vr* **sich** ~ s'acclimater

Akkord [a'kɔrt] <-[e]s, -e> *m* ❶ MUS accord *m* ❷ **im ~ arbeiten** travailler aux pièces

Akkordarbeit *f* travail *m* à la tâche **Akkordarbeiter(in)** *m(f)* ouvrier(-ière) *m(f)* aux pièces

Akkordeon [a'kɔrdeɔn] <-s, -s> *nt* accordéon *m*

Akku ['aku] <-s, -s> *m fam (eines Handys)* batterie *f*

akkurat [aku'ra:t] *adj (Person)* minutieux(-euse)

Akkusativ ['akuzati:f] <-s, -e> *m* accusatif *m*

Akkusativobjekt *nt* complément *m* à l'accusatif

Akne ['a:knə] <-, -n> *f* acné *f*

Akrobat(in) [akro'ba:t] <-en, -en> *m(f)* acrobate *mf*

akrobatisch *adj* acrobatique

Akt¹ [akt] <-[e]s, -e> *m* ❶ acte *m* ❷ KUNST nu *m*

Akt² <-[e]s, -en> *m* A *s.* **Akte**

Akte ['aktə] <-, -n> *f* dossier *m* ▶ **etw zu den ~n legen** classer qc

Aktenkoffer *m* mallette *f* **Aktenordner** *m* classeur *m* **Aktenschrank** *m* classeur *m* **Aktentasche** *f* serviette *f* **Aktenzeichen** *nt* numéro *m* de dossier

Aktie ['aktsi̯ə] <-, -n> *f* action *f*

Aktiengesellschaft *f* société anonyme *f* **Aktienkurs** *m* cours *m*

Aktion [ak'tsi̯o:n] <-, -en> *f a.* MIL action *f*

Aktionär(in) [aktsi̯o'nɛ:ɐ̯] <-s, -e> *m(f)* actionnaire *mf*

aktiv [ak'ti:f] *adj* actif(-ive)

aktivieren* [akti'vi:rən] *vt a.* MED activer

Aktivität [aktivi'tɛ:t] <-, -en> *f* activité *f*

aktualisieren* *vt* ❶ [ré]actualiser ❷ INFORM mettre à jour

Aktualität [aktu̯ali'tɛ:t] <-, -en> *f* actualité *f*

aktuell [ak'tu̯ɛl] *adj* actuel(le)

Akupunktur [akupʊŋk'tu:ɐ̯] <-, -en> *f* acupuncture *f*

Akustik [a'kʊstɪk] <-> *f* acoustique *f*

akustisch I. *adj* acoustique; *(Frage)* d'acoustique II. *adv (schlecht)* du point de vue de l'acoustique

akut [a'ku:t] *adj* ❶ MED aigu(ë) ❷ *(Problem)* urgent(e)

Akzent [ak'tsɛnt] <-[e]s, -e> *m* accent *m*

akzentfrei *adj, adv* sans accent

akzeptabel [aktsɛp'ta:bəl] *adj* acceptable

akzeptieren* [aktsɛp'ti:rən] *vt, vi* accepter

Alarm [a'larm] <-[e]s, -e> *m* ❶ *(Warnsignal)* alarme *f* ❷ MIL alerte *f* ▶ ~ **schlagen** donner l'alarme; *(warnen)* tirer la sonnette d'alarme

Alarmanlage *f* système *m* d'alarme

alarmieren* [alar'mi:rən] *vt* ❶ *(Feuerwehr)* alerter ❷ *(beunruhigen)* **jdn ~** alarmer qn

alarmierend *adj* alarmant(e)

Alarmsignal *nt* signal *m* d'alarme
Alaska [a'laska] <-s> *nt* l'Alaska *m*
Alb <-> *f* **die Schwäbische ~** le Jura souabe
Albaner(in) [al'ba:nɐ] <-s, -> *m(f)* Albanais(e) *m(f)*
Albanien [al'ba:niən] <-s> *nt* l'Albanie *f*
albanisch **I.** *adj* albanais(e) **II.** *adv* **~ miteinander sprechen** discuter en albanais
Albanisch <-[s]> *nt kein art* albanais *m; s.a.* **Deutsch**
Alben *Pl von* **Album**
albern¹ ['albɐn] **I.** *adj* un peu niais(e) **II.** *adv (sich benehmen)* de façon puérile
albern² *vi* bêtifier
Albtraum *s.* **Alptraum**
Album ['albʊm] <-s, Alben> *nt* album *m*
Alcopops ['alkopɔps] *Pl* alcopops *mpl*
Alge ['algə] <-, -n> *f* algue *f*
Algebra ['algebra] <-> *f* algèbre *f*
Algerien [al'ge:riən] <-s> *nt* l'Algérie *f*
Algerier(in) <-s, -> *m(f)* Algérien(ne) *m(f)*
algerisch *adj* algérien(ne)
Alibi ['a:libi] <-s, -s> *nt* alibi *m*
Alimente [ali'mɛntə] *Pl* pension *f* alimentaire
Alkohol ['alkoho:l] <-s, -e> *m* alcool *m*
alkoholabhängig *adj* alcoolique **Alkoholeinfluss** *m form* effet *m* de l'alcool **alkoholfrei** *adj* sans alcool **Alkoholgehalt** *m (eines Getränks)* teneur *f* en alcool; *(des Bluts)* alcoolémie *f*
alkoholhaltig *adj* alcoolisé(e)
Alkoholiker(in) [alko'ho:likɐ] <-s, -> *m(f)* alcoolique *mf*
alkoholisch *adj* ① *(Getränk)* alcoolisé(e) ② CHEM à base d'alcool
Alkoholismus <-> *m* alcoolisme *m*
Alkoholmissbrauch *m* abus *m* d'alcool **Alkoholtest** *m* alcootest® *m* **Alkoholvergiftung** *f* intoxication *f* par l'alcool
all [al] *pron indef* **~ die Arbeit** tout le travail
All [al] <-s> *nt* cosmos *m*
alle ['alə] *adj fam* **die Seife ist ~** il n'y a plus de savon
alle(r, s) ['alə] *pron indef* ① *(der/die/das gesamte...)* **ich wünsche dir ~s Gute** je te souhaite bien des choses; **das ~s** tout ça ② *(die gesamten...)* **~ beide** tous/toutes les deux ③ *(alle Leute)* **bitte ~s aussteigen!** tout le monde descend! ④ *fam (im Einzelnen und insgesamt)* **wer war ~s da?** qui donc était là? ⑤ *(regelmäßig jeder/jede...)* **~ zwei Stunden** toutes les deux heures
Allee [a'le:] <-, -n> *f* allée *f*
allein **I.** *adj* ① **~ sein** être seul(e); **~ stehend** célibataire; **~ erziehend sein** être parent unique ② *(isoliert, ohne Hilfe)* [tout(e)] seul(e) **II.** *adv* ① *(bereits)* rien que ② *(ausschließlich)* uniquement ③ *(selbständig)* **etw von ~ tun** faire qc de soi-même
alleine *s.* **allein**
alleinerziehend *s.* **allein** **Alleinerziehende(r)** *f(m)* parent *m* unique **Alleingang** <-gänge> *m* initiative *f* individuelle; SPORT action *f* isolée; **etw im ~ tun** faire qc en solitaire
alleinige(r, s) *adj* **der ~e Erbe** l'unique héritier; **die ~e Vertretung einer S.** *(gen)* **haben** être le représentant exclusif/la représentante exclusive de qc
Alleinsein *nt* solitude *f* **alleinstehend** *s.* **allein** **Alleinunterhalter(in)** *m(f) a. fig* artiste *mf*
allemal *adv fam* ① *(ohne Schwierigkeit)* à tous les coups ② *(in jedem Falle)* de toute façon
allenfalls *adv* ① *(höchstens)* tout au plus ② *(bestenfalls)* au mieux
allerbeste(r, s) *adj* **der/die/das ~...** le meilleur/la meilleure...
allerdings *adv (jedoch)* toutefois; *(in der Tat)* en effet; **~!** *(gewiss)* et comment!
allerfrühestens *adv* au plus tôt
Allergie [alɛr'gi:] <-, -n> *f* allergie *f*

A

Allergietest *m* test *m* d'allergie
Allergiker(in) <-s, -> *m(f)* personne *f* allergique
allergisch *adj* allergique; **gegen jdn/etw ~ sein** être allergique à qn/qc
allerhand *adj inv fam (erzählen)* pas mal de choses; *(transportieren)* un paquet
Allerheiligen <-> *nt* la Toussaint
allerlei *adj inv* **~ Spielzeug** toutes sortes de jouets; **~ erzählen** raconter toutes sortes de choses
allerletzte(r, s) *adj* ❶ *(letzte, neueste)* **der/die/das ~...** le tout dernier/la toute dernière... ❷ *fam (geschmacklos)* **das/er ist das Allerletzte!** c'est/il est pire que tout! **allerneu[e]ste(r, s)** *adj* **auf dem ~n Stand sein** être absolument à jour
Allerseelen ['alɐ'ze:lən] <-> *nt* **[an] ~** [le] jour des Morts
allerseits ['alɐ'zaits] *adv* **guten Morgen ~!** bonjour tout le monde!
alles *s.* **alle(r, s)**
allesamt ['alə'zamt] *adv fam* tous/toutes
Alleskleber *m* colle *f* universelle
allgegenwärtig ['alge:gənvɛrtɪç] *adj geh* omniprésent(e)
allgemein ['algə'main] **I.** *adj* ❶ général(e); **im Allgemeinen** en général ❷ *(Wahlrecht)* universel(le); *(Wehrpflicht)* obligatoire **II.** *adv* ❶ *(formulieren)* de façon générale; **~ bildend** *(Schule)* d'enseignement général ❷ *(gültig)* généralement; *(verbreitet)* communément; **~ gültige Aussage** déclaration *f* universelle; **es ist ~ bekannt, dass...** tout le monde sait que... ❸ *(für alle)* **~ zugänglich** *(Informationen)* accessible au public; **~ verständlich** accessible à tous; *(darstellen, sich ausdrücken)* de manière intelligible
allgemeinbildend *s.* **allgemein Allgemeinbildung** *f kein Pl* culture *f* générale **allgemeingültig** *s.* **allgemein**
Allgemeinheit <-> *f kein Pl* collectivité *f*
allgemeinverständlich *s.* **allgemein**
Allgemeinwohl *nt* intérêt *m* général
Allheilmittel [al'hailmɪtəl] *nt* panacée *f*
Alligator [ali'ga:to:ɐ] <-s, -toren> *m* alligator *m*
alliiert *adj* allié(e)
Alliierte(r) *f(m)* **die ~n** HIST les Alliés *mpl*
All-inclusive-Urlaub ['ɔ:lɪn'klu:sɪf-] *m* séjour *m* tout compris
alljährlich ['al'jɛ:ɐlɪç] **I.** *adj* annuel(le) **II.** *adv* tous les ans **allmächtig** [al'mɛçtɪç] *adj* tout(e)-puissant(e)
allmählich [al'mɛ:lɪç] **I.** *adj* progressif(-ive) **II.** *adv* **es wird ~ Zeit, dass** il sera bientôt temps que +*subj*
Allradantrieb ['alra:tʔantri:p] *m* quatre roues *fpl* motrices
allseits *adv* partout; *(bekannt)* de tous; *(informiert)* sur tout
Alltag ['alta:k] *m* quotidien *m*
alltäglich [al'tɛ:klɪç] *adj* ❶ quotidien(ne) ❷ *(gewöhnlich)* ordinaire
Alltagskleidung *f* tenue *f* de tous les jours
allwissend ['al'vɪsənt] *adj* ❶ *fam* au courant de tout ❷ REL omniscient(e)
Allwissenheit <-> *f* omniscience *f*
allzu ['altsu:] *adv* bien trop; **~ früh/lang[e]** bien trop tôt/long(longue); **~ sehr** que trop; **~ viel** trop *(fam)*; **etw ~ gern tun** adorer faire qc; **etw nicht ~ gern mögen** ne pas raffoler de qc
Allzweckreiniger <-s, -> *m* nettoyant *m* multiusage
Alm [alm] <-, -en> *f* alpage *m*
Almosen ['almo:zən] <-s, -> *nt* aumône *f*
Alpen ['alpən] *Pl* **die ~** les Alpes *fpl*
Alphabet [alfa'be:t] <-[e]s, -e> *nt* alphabet *m*
alphabetisch **I.** *adj* alphabétique **II.** *adv* par ordre alphabétique
alpin [al'pi:n] *adj* alpin(e)
Alpinist(in) [alpi'nɪst] <-en, -en> *m(f)* alpiniste *mf*

Alptraum ['alptraum] *m* cauchemar *m*
als [als] *konj* ① *(zeitlich)* quand; *(zu der Zeit, da)* alors que; **damals, ~...** à l'époque où...; **gerade, ~...** au moment précis où... ② *(vergleichend)* **größer ~...** plus grand(e) que... ③ *(gleichsam)* **er sah aus, ~ ob er schliefe** il avait l'air de dormir; **es sieht aus, ~ würde es bald schneien** on dirait qu'il va bientôt neiger ④ *(zur Bezeichnung einer Eigenschaft)* **~ Lehrer** en tant que professeur; **schon ~ Kind hatte er...** déjà enfant, il avait...; **noch ~ alte Frau ...** devenue une vieille femme,...
also ['alzo] **I.** *adv* ① *(tatsächlich)* donc; **das ist ~ dein letztes Wort?** bon alors, c'est ton dernier mot? ② *(nun ja)* eh bien **II.** *interj* [ainsi] donc; **~ so was!** non mais ça alors!; **na ~!** ah quand même!; **~ gut** bon d'accord
alt [alt] <älter, älteste> *adj* ① **zwanzig Jahre ~ sein** avoir vingt ans; **wie ~ bist du?** quel âge as-tu?; **mein älterer Bruder** mon frère aîné ② *(betagt)* vieux(vieille); **ein ~er Mann** un vieil homme; **~ werden** vieillir ③ *(Gegenstand)* vieux(vieille); **~es Brot** du pain rassis ④ *(ehemalig)* **mein ~er Kollege** mon ancien collègue ⑤ *(unverändert)* **der/die Alte sein** être le/la même
Alt [alt] <-s, -e> *m* MUS [contr]alto *m*
Altar [al'ta:ɐ̯] <-s, Altäre> *m* autel *m*
altbacken ['altbakən] *adj* ① *(Brot)* rassis(rassie) ② *(Person)* vieux jeu *inv; (Ansichten)* dépassé(e)
Altbau <-bauten> *m* *(Gebäude)* construction *f* ancienne
Altbauwohnung *f* logement *m* ancien
altbewährt *adj (Verbindung)* de longue date; *(Tradition)* bien établi(e); *(Mittel)* qui a fait ses preuves **Altbier** *nt bière maltée à haute fermentation*
Alte(r) *f(m)* ① *fam* vieux *m*/vieille *f* ② *pej fam (Ehemann/-frau)* bonhomme *m*/bonne femme *f*; *(Vater/Mutter)* vieux *m*/vieille *f*

Altenheim *s.* **Altersheim** **Altenpflege** *f* assistance *f* aux personnes âgées **Altenpfleger(in)** *m(f)* infirmier(-ière) *m(f)* en gériatrie
Alter ['altɐ] <-s, -> *nt* ① *(Lebensalter)* âge *m;* **im ~ von fünfzig Jahren** à l'âge de cinquante ans; **ein Mann mittleren ~s** un homme entre deux âges; **sie ist in meinem ~** elle a mon âge ② *(Bejahrtheit)* vieillesse *f;* **im ~** devenu(e) vieux(vieille)

> **Das Alter**
>
> Das Alter – **l'âge** wird immer mit dem Hilfsverb *avoir* ausgedrückt: *Quel âge as-tu? J'ai 18 ans. – Wie alt bist du? Ich bin 18 Jahre alt. Dans quinze jours j'aurai 16 ans. – In zwei Wochen werde ich 16.*

älter *adj* ① *Komp von* **alt** ② *(Person)* âgé(e)
altern *vi +sein* vieillir
alternativ [altɛrna'ti:f] **I.** *adj* alternatif(-ive) **II.** *adv (leben)* de façon alternative
Alternative [altɛrna'ti:və] <-, -n> *f* alternative *f*
Alternative(r) *f(m)* *(Umweltschützer)* écolo *mf (fam);* POL alternatif(-ive) *m(f)*
altersbedingt *adj* dû(due) à l'âge; **~ sein** être lié à l'âge **Alterserscheinung** *f* signe *m* de vieillesse **Altersgrenze** *f* ① âge *m* limite ② *(für die Rente)* âge *m* de la retraite **Altersgruppe** *f* tranche *f* d'âge **Altersheim** *nt* maison *f* de retraite **Altersrente** *f*, **Altersruhegeld** *nt form* [pension *f* de] retraite **Altersschwäche** *f kein Pl* décrépitude *f* **Altersstufe** *f* *(Altersgruppe)* tranche *f* d'âge **Altersteilzeit** <-> *f* cessation *f* progressive d'activité **Altersunterschied** *m* différence *f* d'âge **Altersversicherung** *f* assurance *f* vieillesse **Altersversorgung** *f (Rente)* prestations *f pl* vieil-

lesse; *(Vorsorge)* retraite *f* complémentaire

Altertum ['altɐtu:m] <-s> *nt* Antiquité *f*

Altertümer *Pl* œuvres *fpl* d'art antiques

altertümlich ['altɐty:mlɪç] *adj* archaïque

Alterung <-, -en> *f* vieillissement *m*

älteste(r, s) *Superl von* **alt**

Älteste(r) *f(m)* plus âgé(e) *m(f)*; *(bei Geschwistern)* aîné(e) *m(f)*

Altglas *nt* verre *m* usagé

Altglascontainer *m* container *m* à verre

Altkleidersammlung *f* collecte *f* de vieux vêtements

altklug *adj (Kind)* précoce **Altlast** *f meist Pl* ÖKOL déchet *m* toxique

ältlich ['ɛltlɪç] *adj* plus tout(e) jeune

Altmaterial *nt* déchets *mpl* **Altmeister(in)** *m(f)* ❶ *(Könner)* maître(-esse) *m(f)* incontesté(e) ❷ SPORT ex-champion(ne) *m(f)* **Altmetall** *nt* vieux métaux *mpl* **altmodisch** *adj (Kleidung)* démodé(e); *(Einrichtung)* vieillot(te); *(Ansicht)* dépassé(e) **Altöl** *nt* huile *f* usagée **Altpapier** *nt* vieux papiers *mpl*

Altpapiersammlung *f* collecte *f* de vieux papiers

Altstadt *f* vieille ville *f*

Alt-Taste *f* INFORM touche *f* Option

Altweibersommer [alt'vaibɐzɔmɐ] *m (Nachsommer)* été *m* indien

Alu ['a:lu] <-[s]> *nt Abk von* **Aluminium** alu *m*

Alufolie *f fam* papier *m* alu

Aluminium [alu'mi:ni̯ʊm] <-s> *nt* aluminium *m*

Aluminiumfolie *f* feuille *f* d'aluminium

Alzheimer ['altshaimɐ] <-s> *m* MED *fam* maladie *f* d'Alzheimer

am = *Abk von* **an dem** ❶ *(zur Bildung des Superlativs)* ~ **schnellsten rennen** courir le plus vite; **das ist ~ besten** c'est ce qu'il y a de mieux ❷ *fam (beim)* ~ **Arbeiten sein** être en train de travailler; *s.a.* **an**

Amalgam [amal'ga:m] <-s, -e> *nt* amalgame *m*

Amateur(in) [ama'tø:ɐ̯] <-s, -e> *m(f)* amateur *m*

Amazone [ama'tso:nə] <-, -n> *f* amazone *f*

ambulant [ambu'lant] *adj (Patient)* en consultation externe

Ameise ['a:maizə] <-, -n> *f* fourmi *f*

Ameisenhaufen *m* fourmilière *f*

amen ['a:mɛn] *interj* amen

Amerika [a'me:rika] <-s> *nt* l'Amérique *f*

Amerikaner(in) [ameri'ka:nɐ] <-s, -> *m(f)* Américain(e) *m(f)*

amerikanisch *adj* américain(e)

Ammann ['aman] <-männer> *m* CH ❶ *(Landammann)* président *m* du canton; *(Gemeindeammann)* maire *mf* ❷ JUR *(Vollstreckungsbeamter)* huissier *m*

Ammoniak [amo'ni̯ak] <-s> *nt* CHEM ammoniac *m*

Amnestie [amnɛs'ti:] <-, -n> *f* amnistie *f*

Amöbe [a'mø:bə] <-, -n> *f* BIO amibe *f*

Amok ['a:mɔk] <-s> *m* ~ **laufen** être pris de folie furieuse

Ampel ['ampəl] <-, -n> *f* feu *m*

Ampere [am'pe:ɐ̯] <-[s], -> *nt* PHYS ampère *m*

Amphitheater *nt* amphithéâtre *m*

Ampulle [am'pʊlə] <-, -n> *f* ampoule *f*

Amputation [amputa'tsi̯o:n] <-, -en> *f* amputation *f*

amputieren* [ampu'ti:rən] *vt, vi* amputer

Amsel ['amzəl] <-, -n> *f* merle *m*

Amt [amt] <-[e]s, Ämter> *nt* ❶ *(Behörde)* administration *f*; **das Auswärtige ~** *le ministère des Affaires étrangères allemand* ❷ *(Abteilung einer Behörde)* service *m* [administratif] ❸ *(Stellung)* fonction *f* ❹ *(offizielle Aufgabe)* charge *f*

amtlich *adj* officiel(le)

Amtsantritt *m* entrée *f* en fonctions

Amtsenthebung *f*, **Amtsentsetzung** <-, -en> *f* CH, A destitution *f* **Amtsgericht** *nt* tribunal *m* d'instance **Amtsinhaber(in)** *m(f)* titulaire *mf* d'un/du poste **Amtsmissbrauch** *m* abus *m* de pouvoir **Amtsrichter(in)** *m(f)* juge *mf* d'instance **Amtszeit** *f* mandat *m*

amüsant [amy'zant] **I.** *adj* amusant(e) **II.** *adv* de façon divertissante

amüsieren* [amy'ziːrən] **I.** *vr* **sich mit jdm ~** s'amuser avec qn; **sich über jdn/etw ~** trouver qn/qc amusant(e) **II.** *vt* amuser

Amüsierviertel *nt* quartier *m* chaud

an [an] **I.** *präp +dat* ❶ *(direkt bei)* **~ der Tür** près de la porte; **~ der Wand** contre le mur; **am Fluss** sur le fleuve; **Frankfurt am Main** Francfort-sur-le-Main; **~ dieser Stelle** à cet endroit; **Tür ~ Tür** porte à porte; **Haus ~ Haus wohnen** habiter l'un à côté de l'autre; **am Tisch sitzen** être [assis] à la table; **am Computer arbeiten** travailler sur ordinateur ❷ *(in Berührung mit)* **~ der Wand stehen** *(Person)* être adossé au mur; *(Gegenstand)* être contre le mur; **jdn ~ der Hand nehmen** prendre qn par la main ❸ *(auf, in)* **~ der Universität** à l'université ❹ *(zur Zeit von)* **am Morgen** le matin, **~ Weihnachten** à Noël ❺ *(verbunden mit)* **das Schöne ~ jdm/etw** ce qu'il y a de beau chez qn/dans qc **II.** *präp +akk* **~s Telefon gehen** répondre au téléphone; **bis ~ mein Lebensende** jusqu'à la fin de ma vie **III.** *adv* ❶ *(ungefähr)* **~ die zwanzig Personen** dans les vingt personnes ❷ *fam (eingeschaltet)* **~ sein** *(Elektrogerät)* être allumé; *(Strom)* être ouvert; **Licht ~!** allume/allumez! ❸ *(ab)* **von jetzt ~** à partir de maintenant

anal [a'naːl] **I.** *adj* anal(e) **II.** *adv (messen, einführen)* par voie rectale

analog [ana'loːk] **I.** *adj* ❶ **~ zu etw** analogue à qc ❷ INFORM analogique **II.** *adv* ❶ **~ zu etw** par analogie avec qc ❷ INFORM analogiquement

Analogie [analo'giː] <-, -n> *f* analogie *f*

Analphabet(in) ['anʔalfabeːt] <-en, -en> *m(f) a. pej* analphabète *mf*

Analyse [ana'lyːzə] <-, -n> *f* analyse *f*

analysieren* [analy'ziːrən] *vt* analyser

analytisch [ana'lyːtɪʃ] **I.** *adj (Denken)* analytique; *(Fähigkeit)* d'analyse **II.** *adv* de façon analytique

Ananas ['ananas] <-, -> *f* ananas *m*

Anarchie [anar'çiː] <-, -n> *f* anarchie *f*

Anästhesist(in) [anʔɛste'zɪst] <-en, -en> *m(f)* MED anesthésiste *mf*

Anatomie [anato'miː] <-> *f kein Pl* anatomie *f*

an|baggern ['anbagən] *vt fam* draguer

an|bahnen **I.** *vt (Gespräche)* amorcer **II.** *vr* **sich ~** *(Freundschaft)* s'amorcer; *(Unheil)* se préparer

Anbau <-bauten> *m* ❶ *(Gebäude)* annexe *f* ❷ *kein Pl (das Anpflanzen)* culture *f*

an|bauen **I.** *vt* ❶ *(anpflanzen)* cultiver ❷ *(bauen)* ajouter **II.** *vi* s'agrandir

Anbaufläche *f* terre *f* cultivable

an|behalten* *vt irr* **etw ~** garder qc [sur soi]

anbei [an'bai] *adv form* ci-joint(e)

an|beißen *vi irr a. fig* mordre [à l'hameçon]

an|belangen* ['anbəlaŋən] *vt geh* concerner

an|beten *vt* adorer

Anbetracht ['anbətraxt] ▸ **in ~ dessen, dass ...** compte tenu du fait que ...

Anbetung <-> *f* adoration *f*

an|biedern ['anbiːdɐn] *vr pej* **sich bei jdm ~** fayoter auprès de qn *(fam)*

an|bieten *vt, vr irr* **[sich] ~** [se] proposer

Anbieter(in) *m(f) (einer Ware)* fournisseur(-euse) *m(f)*; *(einer Dienstleistung)* prestataire *mf*

an|binden *vt irr (festbinden)* **jdn/etw an etw** *(akk o dat)* **~** attacher qn/qc à qc

Anblick *m* ❶ *(Bild)* spectacle *m* ❷ *kein Pl (das Erblicken)* vue *f*

an|braten *vt irr* faire revenir

an|brechen *irr* **I.** *vi +sein (Tag)* se lever;

(Nacht) tomber; *(Jahreszeit)* commencer **II.** *vt +haben (Packung)* entamer; **angebrochen werden/sein** *(Knochen, Stuhlbein)* se fêler/être fêlé

an|brennen *vi irr +sein* brûler; **angebrannt riechen** sentir le brûlé

an|bringen *vt irr* ❶ *(Regal)* poser; *(Telefon)* installer; **etw an etw** *(dat)* ~ fixer qc à qc ❷ *(Bemerkung)* émettre; **etw als Argument** ~ présenter qc comme argument

Anbruch *m kein Pl geh (einer Epoche)* commencement *m;* **bei ~ des Tags** au lever du jour; **bei ~ der Nacht** à la tombée de la nuit

an|brüllen *vt* **jdn** ~ *(Person)* crier après qn

Andacht ['andaxt] <-, -en> *f* ❶ REL prière *f* ❷ *(Kontemplation)* recueillement *m*

andächtig ['andɛçtɪç] **I.** *adj (Stille)* recueilli(e); *(Blick)* admiratif(-ive) **II.** *adv (beten)* avec recueillement

an|dauern *vi* persister; *(Gespräche)* se poursuivre

andauernd *adj* ❶ qui persiste; *(Gespräche, Schießereien)* qui se poursuit ❷ *(ständig)* continuel(le)

Andenken <-s, -> *nt* souvenir *m*

andere(r, s) ['andərə] *pron indef* ❶ **ein ~r** un autre; **etwas/nichts ~s** quelque chose/rien d'autre ❷ *(zusätzlich)* **ich habe** [**noch**] **~** j'en ai [encore] d'autres ▸ **alles ~ als zufrieden sein** être tout sauf content; **unter ~m/~n** entre autres

andererseits *adv* d'un autre côté

andermal *adv* ▸ **ein ~** une autre fois

ändern ['ɛndɐn] *vt, vr* [**sich**] ~ changer

andernfalls *adv* sinon

anders ['andɐs] *adj, adv* ❶ *(verschieden)* différemment; **~ denkend** *(Bürger)* dissident(e); **~ schmecken** avoir un autre goût; [**ganz**] **~ aussehen** avoir une [tout] autre allure; **es sich ~ überlegen** changer d'avis; **es geht nicht ~** il n'y pas moyen de faire autrement ❷ *(sonst)* sinon; **jemand ~** quelqu'un d'autre ▸ **nicht ~ können** *fam* ne pas pouvoir faire autrement

andersdenkend *s.* **anders**

andersgläubig *adj* de confession différente

andersherum *adv* dans l'autre sens

anderswo *adv* ailleurs

anderthalb ['andɐt'halp] *num* un(e) et demi(e)

Änderung <-, -en> *f* modification *f*

Änderungsschneiderei *f* atelier *m* de retouches **Änderungsvorschlag** *m* proposition *f* de modification; *(für ein Gesetz)* proposition *f* d'amendement

anderweitig ['andɐvaitɪç] **I.** *adj* autre **II.** *adv (beschäftigt)* par ailleurs; *(informiert)* ailleurs

an|deuten *vt* ❶ *(Angelegenheit)* évoquer ❷ *(zu verstehen geben)* **jdm ~, dass...** laisser entendre à qn que...

Andeutung *f* ❶ *(Hinweis)* allusion *f* ❷ *(Spur)* soupçon *m*

andeutungsweise *adv* ❶ *(indirekt)* à mots couverts ❷ *(rudimentär)* très vaguement

Andorra [an'dɔra] <-s> *nt* l'Andorre *f*

Andorraner(in) <-s, -> *m(f)* Andorran(e) *m(f)*

andorranisch *adj* andorran(e)

Andrang *m kein Pl* affluence *f;* *(von Wassermassen)* afflux *m*

an|drehen *vt (Gas)* ouvrir; *(Licht, Heizung)* allumer; *(Schraube)* serrer

andrerseits ['andrɐ'zaits] *s.* **andererseits**

an|drohen *vt* **jdm etw ~** menacer qn de qc

an|eignen *vr* **sich** *(dat)* **etw ~** s'approprier qc; **sich** *(dat)* **Kenntnisse ~** acquérir des connaissances

aneinander [anʔai'nandɐ] *adv* l'un à l'autre; **~ hängen** *fig* être attachés l'un à l'autre

aneinander|geraten *vi* **mit jdm ~** s'empoigner avec qn **aneinander|hängen** *vi (Girlanden)* être attachés l'un à l'autre **aneinander|reihen** **I.** *vt (räumlich)* **Perlen auf einer Schnur ~** enfiler des perles sur un fil **II.** *vr (zeitlich)*

sich ~ se succéder **aneinander|stoßen** *vi irr* s'entrechoquer

Anekdote [anɛk'doːtə] <-, -n> *f* anecdote *f*

an|ekeln *vt* dégoûter

anerkannt ['anʔɛɐkant] *adj* reconnu(e); *(Experte)* agréé(e)

an|erkennen* *vt irr* ❶ *(würdigen)* reconnaître ❷ *(Meinung)* accepter

anerkennend I. *adj* approbateur(-trice) II. *adv* en signe d'approbation

Anerkennung *f* ❶ *(Würdigung)* reconnaissance *f* ❷ *(lobende Zustimmung)* approbation *f*

an|fahren *vi irr +sein* démarrer

Anfahrt *f (Strecke, Zeit)* trajet *m*

Anfall *m* crise *f*

an|fallen *vt irr +haben* attaquer

anfällig ['anfɛlɪç] *adj (Person)* de santé fragile; **für etw ~ sein/werden** être/devenir réceptif à qc

Anfang ['anfaŋ] <-[e]s, Anfänge> *m* début *m*, commencement *m*; **am ~** au début; **von ~ an** dès le départ; **~ September** début septembre; **~ des Jahres** au début de l'année; **~ vierzig sein** avoir la quarantaine

an|fangen *irr* I. *vt* ❶ *(Arbeit)* commencer; **~ mit** commencer par ❷ *fam (Packung)* entamer ❸ *(angehen)* **etw richtig/anders ~** s'y prendre bien/autrement avec qc II. *vi* commencer

Anfänger(in) ['anfɛŋɐ] <-s, -> *m(f)* débutant(e) *m(f)*

anfänglich ['anfɛŋlɪç] *adj* initial(e)

anfangs ['anfaŋs] I. *adv* au début II. *präp +gen* CH **~ des Monats** en début de mois; **~ des Jahres** au début de l'année

Anfangsbuchstabe *m* initiale *f*

Anfangsstadium *nt (einer Krankheit)* premier stade *m*; *(eines Projekts, Versuchs)* phase *f* initiale

an|fassen I. *vt* ❶ *(berühren)* toucher ❷ *(ergreifen)* prendre II. *vi (berühren)* toucher

anfechtbar ['anfɛçtbaːɐ̯] *adj* contestable

an|fechten *vt irr* contester

an|fertigen *vt (Kleidungsstück)* confectionner; *(Möbelstück)* fabriquer

an|feuchten *vt* humecter

an|feuern *vt* ❶ *(anspornen)* encourager ❷ *(Ofen)* allumer

an|flehen *vt* supplier

an|fliegen *irr* I. *vt +haben* **eine Stadt ~** *(sich nähern)* approcher d'une ville; *(eine Flugverbindung unterhalten)* desservir une ville II. *vi +sein* **angeflogen kommen** *(Vogel)* arriver

Anflug *m* AVIAT approche *f*

an|fordern *vt* demander

Anforderung *f* ❶ *kein Pl (das Anfordern)* demande *f* ❷ *meist Pl (Anspruch)* exigences *fpl*

Anfrage *f a.* INFORM demande *f*; **auf ~** sur demande

an|fragen *vi* demander

an|freunden *vr* ❶ **sich mit jdm ~** se lier d'amitié avec qn ❷ *(sich gewöhnen an)* **sich mit jdm/etw ~** se faire à qn/qc

an|fühlen I. *vt* toucher II. *vr* **sich weich/rau ~** être doux/rêche [au toucher]

an|führen *vt* ❶ *(Truppe)* commander ❷ *(Grund, Beweise)* donner

Anführer(in) *m(f) (einer Truppe)* commandant *m*; *(einer Bande)* chef *mf*

Anführungszeichen *nt meist Pl* guillemets *mpl*

Angabe <-, -n> *f* ❶ *meist Pl (Aussage)* indication *f*; *(Information)* renseignements *mpl* ❷ SPORT service *m*

an|geben *irr* I. *vt (Grund, Namen)* donner; *(Preis)* indiquer II. *vi* ❶ *(prahlen)* frimer *(fam)* ❷ SPORT servir

Angeber(in) <-s, -> *m(f)* frimeur(-euse) *m(f) (fam)*

Angeberei [angeːbə'raɪ̯] <-> *f kein Pl fam (das Prahlen)* frime *f*

angeblich ['angeːplɪç] I. *adj* prétendu(e) II. *adv* soi-disant

angeboren *adj* ❶ *(Behinderung)* congénital(e) ❷ *fam (chronisch)* inné(e)

Angebot <-[e]s, -e> *nt* ❶ offre *f*; *(Wa-*

A

renangebot) choix *m;* ~ **und Nachfrage** l'offre et la demande ❷ *(Sonderangebot)* promotion *f*

angebracht ['angəbraxt] *adj* ❶ *(sinnvoll)* opportun(e) ❷ *(angemessen)* approprié(e)

angegossen ['angəgɔsən] *adj* ▸ **wie ~ passen** *fam* aller comme un gant

angeheitert ['angəhaitɐt] *adj fam* éméché(e)

an|gehen *irr* **I.** *vi +sein (Licht)* s'allumer; *(Elektrogerät)* se mettre en route; *(Feuer)* prendre **II.** *vt* ❶ *+haben o sein (Problem)* s'attaquer à; *(Verhandlungen)* entamer ❷ *+sein (Hindernis)* aborder ❸ *+haben (attackieren)* attaquer ❹ *+haben (betreffen)* concerner; **das geht dich nichts an!** ça ne te regarde pas!; **was mich angeht,...** pour ma part,...

angehend *adj* futur(e)

an|gehören* *vi* **einer Partei** ~ être membre d'un parti; **einer Gruppe** ~ faire partie d'un groupe; **der Vergangenheit** ~ appartenir au passé

Angehörige(r) *f(m)* ❶ *(Familienangehöriger)* parent(e) *m(f)* [proche]; **alle meine ~n** toute ma famille ❷ *(Mitglied)* membre *m*

Angeklagte(r) *f(m)* accusé(e) *m(f)*

Angel ['aŋəl] <-, -n> *f* canne *f* à pêche

Angelegenheit *f* affaire *f*

Angelhaken *m* hameçon *m*

angeln ['aŋəln] *vi, vt* pêcher

Angelrute *f* canne *f* à pêche

angelsächsisch ['aŋəlzɛksɪʃ] *adj* anglo-saxon(ne)

Angelschnur *f* fil *m* à pêche

angemessen **I.** *adj (Preis)* raisonnable; *(Honorar)* adapté(e); *(Kleidung)* approprié(e); *(Verhalten)* convenable **II.** *adv (würdigen)* à sa/leur juste valeur; *(bezahlen)* en conséquence; *(sich verhalten)* convenablement

angenehm ['angəne:m] **I.** *adj* agréable; [**sehr**] **~!** enchanté(e)! **II.** *adv* ~ **riechen** sentir bon; ~ **überrascht sein** être agréablement surpris

angenommen ['angənɔmən] *PP von* **annehmen**

angepasst ['angəpast] **I.** *adj* conformiste **II.** *adv (sich verhalten)* selon la norme

angeregt ['angəre:kt] **I.** *adj (Atmosphäre, Diskussion)* animé(e) **II.** *adv* de façon animée

angeschlagen *adj fam (Person)* mal fichu(e); *(Gesundheit)* chancelant(e)

angesehen *adj (Person)* estimé(e); *(Firma)* de renom

Angesicht <-[e]s, -er> *nt geh* face *f*

angesichts *präp +gen* face à

angespannt ['angəʃpant] **I.** *adj* tendu(e) **II.** *adv* [très] attentivement

Angestellte(r) *f(m)* employé(e) *m(f)*

angetan *adj (erbaut)* conquis; **von jdm/etw sehr ~ sein** être tout à fait conquis par qn/qc

angetrunken *adj* un peu gris(e)

angewandt ['angəvant] *adj attr (Wissenschaft)* appliqué(e)

angewiesen ['angəvi:zən] *adj* **auf jdn/etw ~ sein** dépendre de qn/qc

an|gewöhnen* **I.** *vt* **jdm etw** ~ habituer qn à qc **II.** *vr* **sich** *(dat)* **etw** ~ prendre l'habitude de faire qc

Angewohnheit *f* habitude *f*

Angina [aŋ'gi:na] <-, Anginen> *f* angine *f*

Angler(in) ['aŋlɐ] <-s, -> *m(f)* pêcheur(-euse) *m(f)* à la ligne

an|gliedern *vt* **etw einem Staat** ~ annexer qc à un État; **etw einem Konzern** ~ rattacher qc à un groupe

Anglizismus [aŋgli'tsɪsmʊs] <-, -zismen> *m* LING anglicisme *m*

Angola [aŋ'go:la] <-s> *nt* l'Angola *m*

Angorawolle *f* laine *f* angora

angreifbar *adj* critiquable

an|greifen *irr* **I.** *vt* ❶ *(Person)* attaquer ❷ *(beeinträchtigen)* nuire à **II.** *vi* attaquer

Angreifer(in) <-s, -> *m(f)* ❶ MIL assaillant(e) *m(f)* ❷ *meist Pl* SPORT attaquant(e) *m(f)*

an|grenzen *vi* **an etw** *(akk)* ~ *(Land)*

être limitrophe de qc; *(Fluss, See)* être en bordure de qc

Angriff *m* ❶ MIL, SPORT offensive *f* ❷ *(Kritik)* attaque *f*

angriffslustig *adj (Journalist, Opposition)* combatif(-ive); SPORT offensif(-ive)

angst ▸ **jdm wird ~ [und bange]** qn prend peur

Angst [aŋst] <-, Ängste> *f* ❶ peur *f;* **vor jdm/etw ~ haben** avoir peur de qn/qc; **um jdn/etw ~ haben** avoir peur pour qn/qc; **~ bekommen** prendre peur; **keine ~!** *fam* pas de panique! ❷ PSYCH angoisse *f*

Angsthase *m fam* trouillard(e) *m(f)*

ängstigen ['ɛŋstɪɡən] **I.** *vt* **jdn ~** faire peur à qn **II.** *vr (sich fürchten)* **sich vor jdm/etw ~** avoir peur de qn/qc

ängstlich ['ɛŋstlɪç] *adj (Person, Blick)* craintif(-ive)

Angstschweiß *m* sueur *f* d'angoisse

an|gucken *vt fam* regarder

an|haben *vt irr* ❶ *fam (angezogen haben)* porter; **nichts ~** être tout nu ❷ *fam (angeschaltet haben)* **den Fernseher ~** avoir la télé allumée

an|halten *irr* **I.** *vi* ❶ s'arrêter ❷ *(Wetter)* continuer **II.** *vt (Person, Fahrzeug)* stopper; *(Luft)* retenir

anhaltend *adj (Hitze)* persistant(e); *(Lärm)* continuel(le)

Anhalter(in) *m(f)* auto-stoppeur(-euse) *m(f);* **per ~ fahren** faire de l'auto-stop

Anhaltspunkt *m* indice *m*

anhand [an'hant] *präp +gen* à l'aide de

Anhang <-[e]s, Anhänge> *m* appendice *m*

an|hängen *vt* ❶ *(Schild)* accrocher ❷ *(Wohnwagen)* atteler ❸ *(Bemerkung)* ajouter ❹ *fam (anlasten)* **jdm einen Diebstahl ~** coller un vol sur le dos de qn

Anhänger <-s, -> *m* ❶ *(Wagen)* remorque *f* ❷ *(Schmuckstück)* pendentif *m*

Anhänger(in) <-s, -> *m(f)* ❶ SPORT supporter *mf* ❷ *(Gefolgsmann)* partisan(e) *m(f)*

anhänglich ['anhɛŋlɪç] *adj* très attaché(e)

Anhänglichkeit <-> *f* attachement *m*

an|häufen **I.** *vt (Geld)* amasser; *(Müll)* entasser **II.** *vr* **sich ~** s'accumuler

an|heben *vt irr (Möbelstück)* soulever; *(Glas)* lever

Anhieb ['anhi:p] ▸ **auf ~** *fam* d'emblée

an|himmeln ['anhɪməln] *vt fam* **jdn ~** adorer qn

Anhöhe *f* hauteur *f*

an|hören **I.** *vt* ❶ *(bewusst hören)* écouter ❷ *(mithören)* entendre **II.** *vr* **sich heiser ~** *(Person)* avoir la voix enrouée; **sich gut ~** *(Anlage)* avoir un bon son

animalisch [ani'ma:lɪʃ] *adj pej* animal(e)

Animateur(in) [anima'tø:ɐ̯] <-s, -e> *m(f)* animateur(-trice) *m(f)*

Animation [anima'tsi̯o:n] <-, -en> *f* animation *f*

animieren* [ani'mi:rən] **I.** *vt* **jdn zu etw ~** inciter qn à [faire] qc **II.** *vi* stimuler

Anis [a'ni:s] <-[es], -e> *m* ❶ *(Pflanze, Gewürz)* anis *m* ❷ *(Schnaps)* anisette *f*

Ankauf *m* achat *m; (eines Grundstücks)* acquisition *f*

an|kaufen *vt* acheter

Anker ['aŋkɐ] <-s, -> *m* ancre *f*

ankern *vi* jeter l'ancre

Ankerplatz *m* mouillage *m*

an|ketten *vt* ❶ *(Fahrrad)* attacher ❷ *(Sträfling)* enchaîner

Anklage *f* accusation *f*

Anklagebank <-bänke> *f* banc *m* des accusés

an|klagen **I.** *vt* ❶ JUR inculper ❷ *(beschuldigen)* accuser **II.** *vi (Person)* accuser; *(Rede)* être une accusation

anklagend **I.** *adj* accusateur(-trice) **II.** *adv (ansehen)* d'un air accusateur

Anklang *m kein Pl (Zustimmung)* accueil *m* favorable; **bei jdm ~ finden** *(Person)* avoir du succès auprès de qn; *(Plan)* être bien accueilli par qn

an|kleben *vt +haben* coller

Ankleidekabine *f (eines Geschäfts)* cabine *f* d'essayage

an|kleiden I. *vt geh* vêtir II. *vr geh* **sich ~** s'habiller

Ankleideraum *m* vestiaire *m*

an|klicken *vt* INFORM cliquer sur

an|klopfen *vi* frapper

an|knipsen *vt fam* allumer

an|knüpfen I. *vt (Schnur)* attacher; *(Beziehung)* nouer II. *vi* **an alte Zeiten ~** renouer avec le passé

an|kommen *irr* I. *vi +sein* arriver II. *vi unpers +sein* **es kommt darauf an, dass** il importe que *+subj*

an|kotzen *vt fam (anwidern)* faire gerber

an|kreuzen *vt* cocher

an|kündigen *vt, vr* **[sich] ~** [s']annoncer

Ankündigung *f* ① *kein Pl* annonce *f* ② *(einer Katastrophe)* signe *m* avant-coureur

Ankunft ['ankʊnft] <-, Ankünfte> *f* arrivée *f*

an|kurbeln *vt (Wirtschaft)* relancer; **den Motor ~** mettre le moteur en marche

an|lächeln *vt* sourire à

an|lachen *vt* regarder en riant

Anlage <-, -n> *f* ① *(Produktionsgebäude)* complexe *m* ② *kein Pl (eines Stausees)* construction *f*; *(eines Parks)* aménagement *m* ③ *(Einrichtung)* **sanitäre ~n** installations sanitaires ④ *(Briefbeilage)* annexe *f* ⑤ *meist Pl (Veranlagung)* prédispositions *fpl*

Anlass ['anlas] <-es, Anlässe> *m* ① *(Grund)* raison *f* ② *(Gelegenheit)* occasion *f*

an|lassen *vt irr* ① *(Auto)* démarrer ② *fam (Schuhe)* garder ③ *fam (Motor)* laisser tourner; *(Kerze)* laisser brûler

Anlasser <-s, -> *m* démarreur *m*

anlässlich ['anlɛslɪç] *präp +gen* à l'occasion de

Anlauf *m* ① SPORT élan *m* ② *(Versuch)* essai *m*

an|laufen *irr* I. *vi +sein* ① *(Verhandlungen)* commencer; *(Film)* sortir ② *(Anlauf nehmen)* prendre de l'élan ③ *(Brille)* s'embuer II. *vt +haben (Hafen)* faire escale dans

Anlaufstelle *f* lieu *m* d'accueil

an|legen I. *vt* ① *(Garten)* aménager; *(Vorratslager)* constituer ② *(Akte)* constituer; *(Liste)* établir ③ FIN placer ④ *(ausgeben)* mettre ⑤ *(beabsichtigen)* **es auf einen Streit ~** chercher une dispute ⑥ *(Leiter)* mettre II. *vi* **im Hafen ~** faire escale dans le port III. *vr* **sich mit jdm ~** entrer en conflit avec qn

Anlegeplatz *m* débarcadère *m*

Anleger(in) <-s, -> *m(f)* investisseur(-euse) *m(f)*

an|lehnen I. *vt* **etw an etw** *(akk)* **~** poser qc contre qc; **das Fenster ~** laisser la fenêtre entrouverte II. *vr* **sich an jdn/etw ~** s'appuyer contre qn/qc

Anleihe <-, -n> *f* emprunt *m*

Anleitung *f* directives *fpl*

an|lernen *vt (einarbeiten)* former

an|liefern *vt* **etw ~** livrer qc à domicile

Anlieferung *f* livraison *f* à domicile

Anliegen <-s, -> *nt* demande *f*

anliegend *adj (Schreiben)* ci-joint(e); *(Grundstück)* attenant(e); **ein eng ~es Kleid** une robe moulante

Anlieger(in) <-s, -> *m(f)* riverain(e) *m(f)*; **~ frei!** accès réservé aux riverains!

an|locken *vt* attirer

an|lügen *vt irr* mentir à

an|machen *vt* ① *(anstellen)* allumer ② *(Salat)* assaisonner ③ *fam (flirten)* draguer

an|malen I. *vt (bemalen)* peindre II. *vr pej fam* **sich ~** se peinturlurer

an|maßen ['anma:sən] *vr* **sich** *(dat)* **etw ~** se permettre qc

anmaßend *adj* prétentieux(-euse)

Anmeldeformular *nt* formulaire *m* d'inscription **Anmeldegebühr** *f* frais *mpl* d'inscription

an|melden I. *vt* ① *(Gast)* annoncer ② *(vormerken lassen)* inscrire ③ *(Wohnsitz, Auto)* déclarer ④ *(Anspruch)* faire valoir; *(Bedenken)* exprimer **II.** *vr* ① *(ankündigen)* **sich ~** annoncer sa venue ② *(sich eintragen lassen)* **sich zu einem Kurs ~** s'inscrire à un cours ③ *(einen Termin vereinbaren)* **sich ~** prendre rendez-vous ④ *(sich polizeilich melden)* **sich in Stuttgart ~** déclarer son domicile à Stuttgart

Anmeldung *f* ① *kein Pl (eines Besuchs)* annonce *f* ② *(Terminvereinbarung)* rendez-vous *m* ③ *(Einschreibung)* inscription *f* ④ *(eines Einwohners)* enregistrement *m; (eines Radiogeräts)* déclaration *f*

an|merken *vt* **sich** *(dat)* **den Ärger ~ lassen** laisser transparaître sa colère

Anmerkung <-, -en> *f* commentaire *m*

Anmut ['anmu:t] <-> *f geh* grâce *f*

anmutig *adj geh (Person)* gracieux(-euse); *(Gemälde)* charmant(e)

an|nähen *vt* coudre

an|nähern **I.** *vr* **sich [einander] ~** se rapprocher **II.** *vt* rapprocher

annähernd *adj* approximatif(-ive)

Annäherung <-, -en> *f* rapprochement *m*

Annäherungsversuch *m* tentative *f* de rapprochement; **~e machen** faire des avances

Annahme ['anna:mə] <-, -n> *f* ① *(Vermutung)* supposition *f;* **in der ~, dass** en supposant que; **der ~** *(gen)* **sein, dass...** supposer que... ② *kein Pl (eines Angebots)* acceptation *f*

annehmbar *adj* acceptable

an|nehmen *vt irr* ① *(Angebot, Anmeldung)* accepter; *(Herausforderung)* relever; *(Gesetz, Staatsangehörigkeit)* adopter; *(Angewohnheit, Aussehen)* prendre ② *(meinen)* supposer; **du nimmst doch nicht etwa an, dass...** tu n'imagines quand même pas que...

Annehmlichkeit <-, -en> *f (Bequemlichkeit)* commodité *f*

Annonce [a'nõ:sə] <-, -n> *f* [petite] annonce *f*

annoncieren* [anõ'si:rən] *vt, vi* **[etw] ~** mettre une annonce/des annonces [pour qc]

annullieren* [anʊ'li:rən] *vt* annuler

Annullierung <-, -en> *f* annulation *f*

an|öden ['anʔø:dən] *vt fam* barber

anonym [ano'ny:m] *adj* anonyme

Anonymität [anonymi'tɛ:t] <-> *f* anonymat *m*

Anorak ['anorak] <-s, -s> *m* anorak *m*

an|ordnen *vt* ① *(Maßnahme)* décréter; *(Überstunden)* imposer ② *(ordnen)* classer

Anordnung <-, -en> *f (einer Behörde)* disposition *f; (eines Vorgesetzten)* ordre *m*

anorganisch ['anɔrga:nɪʃ] *adj* inorganique

an|packen *vt fam* empoigner

an|passen **I.** *vt* ① *(passend machen)* **etw einer S.** *(dat)* **~** adapter qc à qc ② *(anmessen, anprobieren)* **jdm etw ~** essayer qc à qn **II.** *vr* **sich jdm ~** s'adapter à qn

Anpassung <-, -en> *f* adaptation *f*

anpassungsfähig *adj* capable de s'adapter **Anpassungsfähigkeit** *f* adaptabilité *f*

Anpfiff *m* SPORT **der ~** le coup d'envoi

an|pflanzen *vt (Blumen)* planter; *(Nutzpflanzen)* cultiver

an|preisen *vt irr* vanter

Anprobe *f* essayage *m*

an|probieren* *vt, vi* essayer

an|pumpen *vt fam* **jdn um zehn Euro ~** taper dix euros à qn

an|quatschen *vt fam* tenir la jambe à; **von jdm angequatscht werden** se faire tenir la jambe par qn

an|rechnen *vt* **jdm etw ~** facturer qc à qn

Anrecht *nt* **~ auf etw** *(akk)* droit *m* à qc

Anrede *f* titre *m*

an|reden *vt* s'adresser à; **jdn mit einem Titel ~** appeler qn par un titre; **jdn mit „du" ~** dire "tu" à qn

an|regen *vt* ① *(ermuntern)* stimuler;

A

jdn zu etw ~ inciter qn à qc ❷ *(Appetit)* ouvrir

anregend *adj* stimulant(e)

Anregung *f* ❶ *(Vorschlag)* suggestion *f* ❷ *(Impuls)* impulsion *f*

Anreise *f* ❶ *(Anfahrt)* voyage *m* ❷ *(Ankunft)* arrivée *f*

an|reisen *vi +sein* voyager

Anreiz *m* invite *f*

an|rempeln ['anrɛmpəln] *vt* bousculer

Anrichte ['anrɪçtə] <-, -n> *f* buffet *m*

an|richten *vt* ❶ *(Essen)* présenter ❷ *(Schaden)* causer

anrüchig ['anrʏçɪç] *adj* ❶ *(Lokal, Geschäft)* louche ❷ *(Abbildung)* indécent(e)

Anruf *m* coup *m* de téléphone

Anrufbeantworter <-s, -> *m* répondeur *m*

an|rufen *irr* **I.** *vt* TELEC **jdn** ~ téléphoner à qn **II.** *vi* appeler

Anrufer(in) <-s, -> *m(f)* correspondant(e) *m(f)*

an|rühren *vt* ❶ *(berühren)* **jdn/etw** ~ toucher qn/à qc ❷ *geh (innerlich bewegen)* toucher ❸ *(Teig)* préparer

ans [ans] = *Abk von* **an das** *s.* **an**

Ansage ['anza:gə] *f* annonce *f*

an|sagen *vt, vr* **[sich]** ~ [s']annoncer

Ansager(in) <-s, -> *m(f)* *(Conférencier)* animateur(-trice) *m(f)*

an|sammeln I. *vt (Dinge)* amasser; *(Vermögen)* accumuler **II.** *vr* **sich** ~ *(Personen)* se rassembler; *(Gegenstände)* s'entasser

Ansammlung *f* *(von Gegenständen)* amoncellement *m; (von Hass, Wut)* accumulation *f; (von Menschen)* foule *f*

ansässig ['anzɛsɪç] *adj form* domicilié(e)

Ansatzpunkt *m* point *m* de départ

an|schaffen *vt (kaufen)* **[sich** *(dat)***] etw** ~ [s']acheter qc

Anschaffung <-, -en> *f* achat *m*

an|schalten *vt (Anlage)* mettre en marche; *(Strom)* allumer

an|schauen *vt* regarder

anschaulich *adj* clair(e)

Anschaulichkeit <-> *f (einer Beschreibung)* clarté *f; (eines Beispiels)* caractère *f* explicite

Anschein *m* apparence *f;* **es hat den ~, als ob...** on dirait que ▶ **allem ~ nach** selon toute apparence

anscheinend *adv* apparemment

Anschlag *m* ❶ *(Attentat)* attentat *m* ❷ *(Bekanntmachung)* avis *m*

an|schlagen *irr* **I.** *vt +haben* ❶ *(Plakat)* apposer; *(Brett)* fixer ❷ *(Akkord)* jouer; *(Taste)* frapper ❸ *(Teller)* ébrécher **II.** *vi +haben* agir

an|schleichen *vr irr* **sich an jdn/etw** ~ s'approcher tout doucement de qn/qc

an|schließen *irr* **I.** *vt* ❶ *(Elektrogerät)* brancher ❷ *(befestigen: Fahrrad)* attacher **II.** *vr* ❶ *(mitgehen)* **sich jdm** ~ se joindre à qn ❷ *(beipflichten)* **sich jdm/einer Theorie** ~ se rallier à qn/une théorie **III.** *vi* **an etw** *(akk)* ~ succéder à qc

anschließend I. *adj* qui suit/suivait/... [immédiatement] **II.** *adv* ensuite

Anschluss *m* ❶ *(Telefonanschluss)* branchement *m* [téléphonique] ❷ *(Telefonverbindung)* **kein ~ unter dieser Nummer!** le numéro que vous avez demandé n'est plus en service actuellement! ❸ *kein Pl (eines Computers)* connexion *f* ❹ *(Anschlusszug)* correspondance *f* ❺ *kein Pl (Kontakt)* contacts *mpl*

an|schmiegen ['anʃmi:gən] *vr* **sich an jdn/etw** ~ se blottir contre qn/qc

anschmiegsam *adj (Person)* câlin(e); *(Material)* souple

an|schnallen *vt* attacher; **sich** ~ attacher sa ceinture

an|schnauzen *vt fam* engueuler

an|schneiden *vt irr (Brot)* entamer

an|schreien *vt irr* **jdn** ~ crier après qn

Anschrift *f* adresse *f*

an|schwellen *vi irr +sein* enfler

an|sehen *vt irr* ❶ regarder; **jdn böse** ~ regarder qn d'un air méchant; **sich** *(dat)* **etw** ~ *(Zuschauer sein)* voir qc;

(Fernsehzuschauer sein) regarder qc ❷ *(halten für)* **jdn als seinen Freund ~** considérer qn comme son ami ❸ *(anmerken)* **jdm die Erleichterung ~** pouvoir lire le soulagement sur le visage de qn

Ansehen <-s> *nt* réputation *f*

ansehnlich *adj* ❶ *(Erbschaft)* important(e); *(Leistung)* beau(belle) ❷ *(Person, Gebäude)* beau(belle) *antéposé*

an|setzen **I.** *vt* ❶ *(anfügen)* **ein Verlängerungsstück an etw** *(akk o dat)* **~** ajouter un raccord à qc ❷ *(Werkzeug)* placer **II.** *vi* **zum Sprechen/Trinken ~** s'apprêter à parler/boire

Ansicht <-, -en> *f* ❶ *(Meinung)* avis *m;* **der ~ sein, dass...** être d'avis que...; **nach ~ ihrer Eltern** selon ses parents; **meiner/seiner ~ nach** à mon/son avis ❷ *(Abbildung)* vue *f*

Ansichtskarte *f* carte *f* postale

Ansichtssache *f* **reine ~ sein** être une question de point de vue

Ansiedlung *f* colonie *f*

ansonsten *adv fam (im Übrigen)* pour le reste; *(sonst)* à part ça; *(andernfalls)* sinon

an|spannen *vt* ❶ *(Muskel)* bander; *(Nerven)* crisper ❷ *(Pferd)* atteler

Anspannung *f* tension *f*

an|spielen **I.** *vi* **mit einer Bemerkung auf jdn/etw ~** faire allusion par une remarque à qn/qc **II.** *vt (Spieler)* passer le ballon à

Anspielung <-, -en> *f* allusion *f*

an|spornen *vt* ❶ *(ermuntern)* motiver ❷ *(Pferd)* éperonner

Ansprache *f* allocution *f*

ansprechbar *adj (nicht beschäftigt)* disponible; *(Kranker)* lucide

an|sprechen *irr* **I.** *vt* ❶ adresser la parole à; **wie soll ich Sie ~?** comment dois-je vous appeler? ❷ *(Thema)* aborder ❸ **jdn ~** *(Person, Kunstwerk)* plaire à qn **II.** *vi* ❶ **auf etw** *(akk)* **~** *(Patient)* réagir à qc ❷ *(Bremse)* répondre

ansprechend *adj (Äußeres)* charmant(e); *(Verpackung)* attrayant(e); *(Umgebung)* plaisant(e)

Ansprechpartner(in) *m(f)* interlocuteur(-trice) *m(f)*

an|springen *vi irr +sein (Fahrzeug)* démarrer

Anspruch *m* ❶ *(Anrecht)* droit *m* ❷ *(Gebrauch)* **ein Angebot in ~ nehmen** profiter d'une offre ❸ *Pl (Anforderung)* exigences *fpl*

anspruchslos *adj* ❶ *(Person, Pflanze)* peu exigeant(e) ❷ *(trivial)* sans prétention

anspruchsvoll *adj* ❶ *(Person)* exigeant(e) ❷ *(niveauvoll)* ambitieux(-euse)

an|stacheln ['anʃtaxəln] *vt* aiguillonner

Anstalt ['anʃtalt] <-, -en> *f geh (Einrichtung)* établissement *m*

Anstalten *Pl* préparatifs *mpl;* **keine ~ machen aufzubrechen** ne pas sembler disposé(e) à partir

Anstand *m* courtoisie *f;* **keinen ~ haben** n'avoir aucun sens des convenances

anständig ['anʃtɛndɪç] **I.** *adj* ❶ *(Person, Verhalten)* décent(e) ❷ *fam (akzeptabel)* bon(ne) **II.** *adv fam (bezahlen, essen)* correctement

anstandslos *adv (einwilligen)* sans hésitation; *(bezahlen)* sans difficulté; *(durchkommen)* sans encombre

an|starren *vt* regarder fixement

anstatt [an'ʃtat] **I.** *präp +gen* **~ der Eltern** à la place des parents; **~ eines Briefs** au lieu d'une lettre **II.** *konj* **~ zu antworten** au lieu de répondre

an|stecken **I.** *vt* ❶ *(Orden)* épingler ❷ *(Papier)* faire brûler; *(Gebäude)* incendier ❸ *(infizieren)* contaminer; **jdn mit etw ~** passer qc à qn **II.** *vr* **sich bei jdm ~** être contaminé par qn

ansteckend *adj* contagieux(-euse)

Ansteckung <-, -en> *f* contamination *f*

Ansteckungsgefahr *f* risque *m* de contagion

an|stehen *vi irr +haben o sein* faire la queue

A

an|steigen *vi irr +sein* monter
anstelle [an'ʃtɛlə] *präp +gen* à la place de
an|stellen I. *vt* ❶ *(Licht)* allumer; *(Wasser)* mettre; *(Gas)* ouvrir; **eine Maschine** ~ mettre une machine en route ❷ *(beschäftigen)* embaucher ❸ *fam (anrichten)* **Blödsinn/Unfug** ~ faire des conneries/bêtises; **was hast du da wieder angestellt?** qu'est-ce que t'as encore fabriqué? **II.** *vr* ❶ **sich** ~ faire la queue ❷ *fam* **sich geschickt** ~ s'y prendre bien
Anstellung *f* emploi *m*
an|steuern *vt* ❶ **etw** ~ *(Schiff)* mettre le cap sur qc ❷ *(Fortschritt)* viser; *(Zweck)* poursuivre
Anstieg ['anʃtiːk] <-[e]s, -e> *m* ❶ *kein Pl (der Kosten)* hausse *f* ❷ *(Aufstieg)* **der** ~ **zum Gipfel** l'ascension *f* du sommet
an|stiften *vt* **jdn [dazu]** ~ **Unfug zu machen** inciter qn à faire des bêtises
an|stimmen *vt (Lied)* entonner
Anstoß *m* ❶ *(Ansporn)* impulsion *f* ❷ *geh (Ärgernis)* **bei jdm** ~ **erregen** scandaliser qn; **an etw** *(dat)* ~ **nehmen** être choqué par qc ❸ SPORT coup *m* d'envoi
an|stoßen *irr* **I.** *vi* ❶ *+sein* se cogner ❷ *+haben (prosten)* **auf jdn/etw** ~ trinquer à la santé de qn/à qc **II.** *vt +haben* ❶ *(berühren)* **jdn mit dem Fuß** ~ pousser qn du pied ❷ *(Kugel)* frapper ❸ *(in Gang setzen)* déclencher
anstößig ['anʃtøːsɪç] *adj* choquant(e)
an|strahlen *vt (anleuchten)* illuminer
an|streben *vt* aspirer à
an|streichen *vt irr* ❶ **etw rot** ~ peindre qc en rouge ❷ *(markieren)* marquer
Anstreicher(in) <-s, -> *m(f)* peintre *mf*
an|strengen ['anʃtrɛŋən] **I.** *vr* **sich** ~ se donner de la peine **II.** *vt* fatiguer
anstrengend *adj* fatigant(e)
Anstrengung <-, -en> *f* effort *m*
Anstrich *m* ❶ *kein Pl (eines Gebäudes)* peinture *f* ❷ *(Farbüberzug)* couche *f* de peinture

an|stupsen ['anʃtʊpsən] *vt fam* faire un appel du coude à
Ansturm *m* ruée *f*
Antagonist(in) <-en, -en> *m(f)* antagoniste *mf*
Antarktis [ant'ʔarktɪs] <-> *f* **die** ~ l'Antarctique *m*
Anteil *m* ~ **an etw** *(dat)* part *f* de qc
anteilig *adj* proportionnel(le)
Anteilnahme ['antaɪ̯lnaːmə] <-> *f* condoléances *fpl*
Antenne [an'tɛnə] <-, -n> *f* antenne *f*
Anthologie [antolo'giː] <-, -ien> *f* anthologie *f*
Anti-Aging-Creme [anti'eɪdʒɪŋ-] *f* crème *f* anti-âge
Antialkoholiker(in) [antiʔalko'hoːlikɐ] *m(f)* antialcoolique *mf* **antiautoritär** *adj* antiautoritaire
Antibabypille [anti'beːbipɪlə] *f fam* pilule *f*
Antibiotikum [antibi̯'oːtikʊm] <-s, -biotika> *nt* antibiotique *m*
Antifaschismus [antifa'ʃɪsmʊs] *m* antifascisme *m*
antik [an'tiːk] *adj* antique; *(als Antiquität anzusehen)* ancien(ne)
Antike <-> *f* Antiquité *f*
Antikörper ['antikœrpɐ] *m* anticorps *m*
Antilope [anti'loːpə] <-, -n> *f* antilope *f*
Antipathie [antipa'tiː] <-, -n> *f* antipathie *f*
Antiquariat [antikvari'aːt] <-[e]s, -e> *nt* librairie *f* d'occasion
Antiquität [antikvi'tɛːt] <-, -en> *f* antiquité *f*
Antiquitätenhändler(in) *m(f)* antiquaire *mf*
antisemitisch *adj* antisémite **Antisemitismus** <-> *m* antisémitisme *m*
Antiseptikum [anti'zɛptikʊm] <-s, -septika> *nt* MED antiseptique *m*
antistatisch [anti'staːtɪʃ] *adj* PHYS antistatique
Antivirenprogramm *nt* INFORM antivirus *m*
an|törnen ['antœrnən] *vt fam* **jdn** ~

(Musik) faire vibrer qn; *(Droge)* speeder qn
Antrag ['antra:k] <-[e]s, Anträge> *m* demande *f*; **einen ~ auf etw** *(akk)* **stellen** faire une demande de qc
Antragsformular *nt* formulaire *m* de demande
Antragsteller(in) ['antra:kʃtɛlɐ] <-s, -> *m(f) form* demandeur(-euse) *m(f)*
an|treffen *vt irr* **jdn zu Hause ~** rencontrer qn à la maison; **jdn beim Essen ~** trouver qn en train de manger
an|treiben *vt irr +haben* ❶ *(Person, Tier)* faire avancer; *(Mitarbeiter)* pousser ❷ **etw ans Ufer ~** rejeter qc sur le rivage ❸ *(veranlassen)* **jdn ~ etw zu tun** *(Sehnsucht)* pousser qn à faire qc
an|treten *irr* **I.** *vt +haben* ❶ **eine Reise ~** partir en voyage; **eine Strafe ~** commencer à purger une peine ❷ *(Stellung)* prendre; *(Erbe)* entrer en possession de **II.** *vi +sein (erscheinen)* **gegen jdn ~** *(Sportler)* affronter qn
Antrieb [an'tri:p] *m* ❶ *(Antriebskraft)* **elektrischer ~** propulsion *f* électrique ❷ *(Impuls)* motivation *f*; **etw aus eigenem ~ tun** faire qc de sa propre initiative
Antritt *m kein Pl* ❶ *(Beginn)* début *m* ❷ *(eines Amtes)* prise *f* en charge
an|tun *vt irr* **jdm ein Leid ~** faire du mal à qn; **sich** *(dat)* **etwas ~** *euph* attenter à ses jours
Antwort ['antvɔrt] <-, -en> *f* réponse *f*
antworten *vi, vt* répondre
an|vertrauen* *vt, vr* [**sich**] ~ [se] confier
Anwalt, Anwältin ['anvalt] <-[e]s, Anwälte> *m, f* avocat(e) *m(f)*
Anwaltskanzlei *f* cabinet *m* d'avocats
Anwärter(in) *m(f)* ❶ *(Kandidat)* candidat(e) *m(f)* ❷ SPORT favori(te) *m(f)*
an|weisen *vt irr* **jdn ~** donner des instructions à qn
Anweisung *f* instruction *f*
anwendbar *adj* applicable
an|wenden *vt reg o irr (Technologie)* employer; *(Programm)* se servir de
Anwender(in) <-s, -> *m(f)* INFORM utilisateur(-trice) *m(f)*
Anwendung *f kein Pl (der Gebrauch)* utilisation *f*; *(einer Regel)* application *f*
anwesend ['anve:zənt] *adj* présent(e)
Anwesende(r) *f(m) dekl wie adj* personne *f* présente
Anwesenheit <-> *f* présence *f*
an|widern ['anvi:dɐn] *vt* dégoûter
Anwohner(in) <-s, -> *m(f)* riverain(e) *m(f)*
Anzahl *f kein Pl* nombre *m*
an|zahlen *vt* verser un acompte sur le prix de
Anzahlung *f* acompte *m*
an|zapfen *vt* **ein Fass ~** mettre un tonneau en perce
Anzeichen *nt* ❶ *(Indiz)* signe *m* ❷ MED symptôme *m*
Anzeige <-, -n> *f* ❶ JUR plainte *f*; **~ erstatten** porter plainte ❷ *(Inserat)* annonce *f*
an|zeigen *vt* ❶ JUR *(Straftat)* signaler ❷ *(Messwert)* indiquer
Anzeigetafel *f* panneau *m* d'affichage; SPORT tableau *m* d'affichage
an|ziehen *irr* **I.** *vt* ❶ *(Kleid)* mettre ❷ *(Schlinge)* tirer ❸ *(Handbremse)* serrer ❹ *(Besucher)* attirer **II.** *vr* ❶ **sich ~** s'habiller ❷ *(sich attraktiv finden)* **sich** [**gegenseitig**] **~** se sentir attiré(e)s l'un vers l'autre
anziehend *adj* attirant(e)
Anziehungskraft *f* ❶ *(Attraktivität)* attrait *m* ❷ PHYS attraction *f*
Anzug *m* costume *m*
anzüglich ['antsy:klɪç] *adj* ❶ *(Bemerkung)* désobligeant(e) ❷ *(Witz)* scabreux(-euse)
an|zünden *vt* ❶ allumer ❷ *(Gebäude)* incendier
an|zweifeln *vt* **etw ~** douter de qc
Aorta [a'ɔrta] <-, Aorten> *f* MED aorte *f*
apart [a'part] *adj (Kleid, Einrichtung)* qui a du cachet; **~ aussehen** avoir de la classe
Apartheid [a'pa:ɐthait] <-> *f* apartheid *m*

A

Apartment [a'partmənt] <-s, -s> *nt* studio *m*

Übersetzungstipp!

Das Apartment - Nicht verwechseln mit *l'appartement - die Wohnung!*

apathisch [a'pa:tɪʃ] *adj* apathique
Aperitif [aperi'ti:f] <-s, -s> *m* apéritif *m*
Apfel ['apfəl] <-s, Äpfel> *m* pomme *f*
Apfelbaum *m* pommier *m* **Apfelkuchen** *m* tarte *f* aux pommes **Apfelmus** *nt* compote *f* de pommes **Apfelsaft** *m* jus *m* de pomme **Apfelsaftschorle** *f o nt mélange de jus de pomme et d'eau minérale gazeuse*
Apfelsine [apfəl'zi:nə] <-, -n> *f* orange *f*
Apfelstrudel *m sorte de chausson aux pommes avec des morceaux de pommes à l'intérieur, servi avec une crème à la vanille* **Apfelwein** *m* ≈ cidre *m*
apokalyptisch [apoka'lʏptɪʃ] *adj* apocalyptique
Apostel [a'pɔstəl] <-s, -> *m* REL *a. fig geh* apôtre *m*
Apostroph [apo'stro:f] <-s, -e> *m* apostrophe *f*
Apotheke [apo'te:kə] <-, -n> *f* pharmacie *f*
Apotheker(in) <-s, -> *m(f)* pharmacien(ne) *m(f)*
Apparat [apa'ra:t] <-[e]s, -e> *m* appareil *m*; *(Fernsehapparat)* poste *m*; **bleiben Sie am ~!** ne quittez pas!
Apparatur [apara'tu:ɐ̯] <-, -en> *f* appareillage *m*
Appartement [apartə'mã:] <-s, -s *o* CH -e> *nt* ❶ *s.* **Apartment** ❷ *(Hotelsuite)* suite *f*
Appell [a'pɛl] <-s, -e> *m a.* MIL appel *m*; **~ an die Vernunft** appel à la raison; **einen ~ an jdn richten** lancer un appel à qn; **zum ~ antreten** se présenter à l'appel
appellieren* [apɛ'li:rən] *vi* **an jdn/etw ~** faire appel à qn/qc
Appetit [ape'ti:t] <-[e]s> *m* appétit *m*; **~ auf etw** *(akk)* **haben** avoir envie de qc
appetitlich *adj (Speise, Aussehen)* appétissant(e)
Appetitlosigkeit <-> *f* manque *m* d'appétit
Appetitzügler <-s, -> *m* coupe-faim *m*
applaudieren* [aplau̯'di:rən] *vi* **jdm ~** applaudir qn
Applaus [a'plau̯s] <-es> *m* applaudissements *mpl*
Après-Ski [aprɛ'ʃi:] <-> *nt* sortie *f* [sympa] au ski
Aprikose [apri'ko:zə] <-, -n> *f* abricot *m*
April [a'prɪl] <-[s], -e> *m* avril *m*; **im ~** en avril; **ab [dem] ersten ~** à partir du premier avril; **sie ist am 10. ~ 1998 geboren** elle est née le 10 avril 1998; **es ist ~** c'est le mois d'avril; **Berlin, den 9. ~ 2023** Berlin, le 9 avril 2023; **Freitag, den 6. ~ 2023** vendredi 6 avril 2023
Aprilscherz *m* poisson *m* d'avril **Aprilwetter** *nt* giboulées *fpl* de mars
apropos [apro'po:] *adv geh* au fait
Aquaplaning [akva'pla:nɪŋ] <-s> *nt* aquaplaning *m*
Aquarell [akva'rɛl] <-s, -e> *nt* aquarelle *f*
Aquarium [a'kva:ri̯ʊm] <-s, -rien> *nt* aquarium *m*
Äquator [ɛ'kva:to:ɐ̯] <-s, -toren> *m* équateur *m*
Äquivalenz [ɛkviva'lɛnts] <-, -en> *f a.* MATH, LING *geh* équivalence *f*
Ar [a:ɐ̯] <-s, -e> *nt o m* are *m*
Ära ['ɛ:ra] <-, Ären> *f geh* ère *f*
Araber(in) ['arabɐ] <-s, -> *m(f)* Arabe *mf*
arabisch I. *adj* arabe; *(Klima, Wüste)* d'Arabie II. *adv* **~ miteinander sprechen** discuter en arabe
Arabisch <-[s]> *nt kein art* arabe *m*; *s.a.* **Deutsch**

Arbeit [ˈarbaɪ̯t] <-, -en> *f* ❶ travail *m* ❷ *(Werk)* ouvrage *m*
arbeiten *vi* travailler
Arbeiter(in) <-s, -> *m(f)* ouvrier(-ière) *m(f)*
Arbeiterviertel *nt* quartier *m* ouvrier
Arbeitgeber(in) <-s, -> *m(f)* employeur(-euse) *m(f)*
Arbeitnehmer(in) *m(f)* salarié(e) *m(f)*
Arbeitsamt *nt* agence *f* pour l'emploi **Arbeitsaufwand** *m* somme *f* de travail; **der ~ für die Reparatur** le temps de travail nécessaire à la réparation **Arbeitsbedingungen** *Pl* conditions *fpl* de travail **Arbeitsbeschaffungsmaßnahme** *f* mesure *f* d'aide à l'emploi **Arbeitserlaubnis** *f* permis *m* de travail **Arbeitsgemeinschaft** *f* groupe *m* d'études **Arbeitsgericht** *nt* ≈ conseil *m* des prud'hommes *(constitué par des juges professionnels en Allemagne)* **arbeitsintensiv** *adj* qui exige un travail intensif **Arbeitskleidung** *f* tenue *f* de travail **Arbeitskollege, -kollegin** *m, f* collègue *mf* de travail **Arbeitskraft** *f (Mitarbeiter)* travailleur(-euse) *m(f)*
arbeitslos *adj* au chômage
Arbeitslose(r) *f(m)* chômeur(-euse) *m(f)*
Arbeitslosengeld *nt* allocation *f* chômage *(accordée pendant les premiers mois de chômage)* **Arbeitslosenhilfe** *f allocation chômage accordée aux chômeurs de longue durée dans le besoin* **Arbeitslosenversicherung** *f* assurance *f* chômage
Arbeitslosigkeit <-> *f* chômage *m*
Arbeitsmarkt *m* marché *m* de l'emploi **Arbeitsmoral** *f* conscience *f* professionnelle **Arbeitsniederlegung** *f* arrêt *m* du travail **Arbeitsplatz** *m* ❶ *(Platz)* poste *m* de travail ❷ *(Stelle)* emploi *m* **arbeitsscheu** *adj pej* réfractaire au travail **Arbeitsspeicher** *m* INFORM mémoire *f* vive **Arbeitsstelle** *f (Anstellung)* emploi *m; (Arbeitsort)* lieu *m* de travail **Arbeitssuche** *f* recherche *f* d'emploi **Arbeitstag** *m* ❶ journée *f* de travail ❷ *(Werktag)* jour *m* ouvrable **Arbeitsteilung** *f* répartition *f* du travail **arbeitsunfähig** *adj* en incapacité de travail **Arbeitsunfall** *m* accident *m* du travail **Arbeitsverhältnis** *nt* contrat *m* de travail **Arbeitsvermittlung** *f* bureau *m* de placement **Arbeitsvertrag** *m* contrat *m* de travail **Arbeitsweise** *f* ❶ *(Vorgehensweise)* méthode *f* de travail ❷ *(eines Geräts)* mode *m* de fonctionnement **Arbeitszeit** *f* temps *m* de travail
Arbeitszeitverkürzung *f* réduction *f* du temps de travail
Arbeitszeugnis *nt* certificat *m* de travail **Arbeitszimmer** *nt* bureau *m*
Archäologe, Archäologin [arçɛoˈloːgə] <-n, -n> *m, f* archéologue *mf*
Archäologie [arçɛoloˈgiː] <-> *f* archéologie *f*
archäologisch [arçɛoˈloːgɪʃ] *adj* archéologique
Architekt(in) [arçiˈtɛkt] <-en, -en> *m(f)* architecte *mf*
Architektur [arçitɛkˈtuːɐ̯] <-, -en> *f* architecture *f*
Archiv [arˈçiːf] <-s, -e> *nt* archives *fpl*
ARD [aːʔɛɐ̯ˈdeː] <-> *f Abk von* **Arbeitsgemeinschaft der Rundfunkanstalten Deutschlands** *première chaîne publique de radio et de télévision allemande*
Areal [areˈaːl] <-s, -e> *nt* ❶ *(Fläche)* superficie *f* ❷ *(Gelände)* terrain *m*
Ären *Pl von* **Ära**
Arena [aˈreːna] <-, Arenen> *f* ❶ *(eines Stadions)* terrain *m* ❷ *(Stierkampfarena)* arène *f* ❸ *(Zirkusarena)* piste *f*
arg [ark] <ärger, ärgste> *adj* cruel(le)
Argentinien [argɛnˈtiːniən] <-s> *nt* l'Argentine *f*
Ärger [ˈɛrgɐ] <-s> *m* ❶ *(Unmut)* colère *f* ❷ *(Unannehmlichkeiten)* ennuis *mpl;* **mit jdm ~ haben** avoir des ennuis avec qn
ärgerlich *adj (Blick)* irrité(e); *(Angelegenheit)* ennuyeux(-euse)

A

ärgern ['ɛrgɐn] **I.** *vt* énerver; **es ärgert mich, dass** cela m'énerve que +*subj* **II.** *vr* **sich über jdn/etw ~** se mettre en colère contre qn/à cause de qc
Ärgernis <-ses, -se> *nt* scandale *m*
arglos *adj (Person)* confiant(e); *(Bemerkung)* innocent(e)
Argument [argu'mɛnt] <-[e]s, -e> *nt* argument *m*
argumentieren* [argumɛn'ti:rən] *vi* argumenter
Argwohn ['arkvo:n] <-s> *m geh* suspicion *f*
argwöhnisch *adj geh* soupçonneux(-euse)
Aristokrat(in) [arɪsto'kra:t] <-en, -en> *m(f)* aristocrate *mf*
Aristokratie [arɪstokra'ti:] <-, -n> *f* aristocratie *f*
aristokratisch *adj* aristocratique
Arithmetik [arɪt'me:tɪk] <-> *f* arithmétique *f*
Arktis ['arktɪs] <-> *f* **die ~** l'Arctique *m*
arm [arm] <ärmer, ärmste> *adj* pauvre
Arm [arm] <-[e]s, -e> *m* bras *m*
Armatur [arma'tu:ɐ̯] <-, -en> *f meist Pl* ❶ *(im Auto)* commande *f*; *(im Flugzeug)* instrument *m* de bord ❷ *(Badarmatur)* **die ~en** la robinetterie
Armaturenbrett *nt* tableau *m* de bord
Armband <-bänder> *nt* bracelet *m* **Armbanduhr** *f* montre-bracelet *f* **Armbinde** *f (eines Blinden)* brassard *m* **Armbrust** *f* arbalète *f*
Arme(r) *f(m) dekl wie adj* ❶ *(mittelloser Mensch)* pauvre(-esse) *m(f)* ❷ *(bedauernswerter Mensch)* **du ~r!** mon pauvre!
Armee [ar'me:] <-, -n> *f* MIL armée *f*
Ärmel ['ɛrməl] <-s, -> *m* manche *f*
Ärmelkanal *m* **der ~** la Manche
ärmellos *adj* sans manches
Armenien [ar'me:niən] <-s> *nt* l'Arménie *f*
armenisch **I.** *adj* arménien(ne) **II.** *adv* **~ miteinander sprechen** discuter en arménien
Armenisch <-[s]> *nt kein art* arménien *m*; *s.a.* **Deutsch**
Armenviertel *nt* quartier *m* pauvre
Armlehne *f* accoudoir *m*
ärmlich ['ɛrmlɪç] *adj* misérable
Armreif *m* bracelet *m*
armselig ['armse:lɪç] *adj* ❶ *(sehr arm)* miteux(-euse) ❷ *(dürftig)* maigre ❸ *(Ausrede)* minable; *(Summe)* misérable
Armut ['armu:t] <-> *f* pauvreté *f*
Aroma [a'ro:ma] <-s, Aromen> *nt* arôme *m*
aromatisch [aro'ma:tɪʃ] *adj* aromatique
aromatisieren* *vt* aromatiser
arrangieren* [arã'ʒi:rən] *vt, vr* **[sich] ~** [s']arranger
arrogant [aro'gant] *adj* arrogant(e)
Arroganz <-> *f* arrogance *f*
Arsch [arʃ] <-[e]s, Ärsche> *m vulg* ❶ *(Gesäß)* cul *m (fam)* ❷ *(blöder Mensch)* conard *m* ▸ **leck mich [doch] am ~!** va te faire foutre!
Arschkarte *f kein Pl* ▸ **die ~ ziehen** [*o* **haben**] *fam* tirer le mauvais numéro
Arschloch *nt vulg* trou *m* du cul
Arsen [ar'ze:n] <-s> *nt* CHEM arsenic *m*
Art [a:ɐ̯t] <-, -en> *f* ❶ *(Spezies)* espèce *f*; *(Sorte)* genre *m* ❷ *(Weise)* façon *f*; **auf diese ~ und Weise** de cette façon ❸ *kein Pl (Benehmen)* manières *fpl*
Artenschutz *m* protection *f* des espèces
Artenvielfalt *f* variété *f* des espèces
Arterie [ar'te:riə] <-, -n> *f* ANAT artère *f*
arteriell [arte'ri̯ɛl] *adj* MED artériel(le)
Arthrose <-, -n> *f* arthrose *f*
artig ['artɪç] *adj* sage
Artikel [ar'ti:kəl] <-s, -> *m* article *m*
Artillerie [artɪlə'ri:] <-> *f* artillerie *f*
Artischocke [arti'ʃɔkə] <-, -n> *f* artichaut *m*
Artist(in) [ar'tɪst] <-en, -en> *m(f)* artiste *mf*
Arznei [a:ɐ̯ts'nai̯] <-, -en> *f* médicament *m*
Arzneimittel *nt* médicament *m*
Arzt, Ärztin [a:ɐ̯tst] <-es, Ärzte> *m, f* médecin *mf*

Arztbesuch *m* visite *f* du médecin **Arzthelfer(in)** *m(f)* auxiliaire *mf* médical(e)

ärztlich ['ɛːɐ̯tstlɪç] **I.** *adj (Attest)* médical(e) **II.** *adv* **sich ~ behandeln lassen** suivre un traitement médical

Arztpraxis *f* cabinet *m* médical

Asbest [as'bɛst] <-[e]s, -e> *m* amiante *m*

Asche ['aʃə] <-, -n> *f* cendre *f*

Aschenbecher *m* cendrier *m*

Aschenputtel <-s> *nt* Cendrillon *f*

Aschermittwoch [aʃɐ'mɪtvɔx] *m* mercredi *m* des Cendres

Asiat(in) [a'ziaːt] <-en, -en> *m(f)* Asiatique *mf*

asiatisch *adj* asiatique

Asien ['aːziən] <-s> *nt* l'Asie *f*

asozial ['azotsiaːl] *adj* asocial(e)

Aspekt [as'pɛkt] <-[e]s, -e> *m* aspect *m*

Asphalt [as'falt] <-[e]s, -e> *m* asphalte *m*, bitume *m*

asphaltieren* [asfal'tiːrən] *vt* asphalter

Aspik <-s, -e> *m o* A *nt* aspic *m*

aß [aːs] *Imp von* **essen**

Ass [as] <-es, -e> *nt* as *m*

Assimilation [asimila'tsi̯oːn] <-, -en> *f* assimilation *f*

Assistent(in) [asɪs'tɛnt] <-en, -en> *m(f)* assistant(e) *m(f)*

Assistenzarzt, -ärztin *m, f* ≈ interne *mf* des hôpitaux

assistieren* [asɪs'tiːrən] *vi* **jdm bei etw ~** assister qn dans qc

Assoziation [asotsia'tsi̯oːn] <-, -en> *f* *geh* association *f*

Ast [ast] <-[e]s, Äste> *m* branche *f*

Aster ['astɐ] <-, -n> *f* aster *m*

Asteroid [astero'iːt] <-en, -en> *m* astéroïde *m*

Ästhetik [ɛs'teːtɪk] <-, -en> *f* esthétique *f*

ästhetisch *adj* esthétique

Asthma ['astma] <-s> *nt* asthme *m*

Astloch *nt* trou *m* laissé par un nœud

astrein *adj fam (hervorragend)* impec

Astrologe, Astrologin [astro'loːgə] <-n, -n> *m, f* astrologue *mf*

Astrologie [astrolo'giː] <-> *f* astrologie *f*

Astronaut(in) [astro'naut] <-en, -en> *m(f)* astronaute *mf*

Astronom(in) [astro'noːm] <-en, -en> *m(f)* astronome *mf*

Astronomie [astrono'miː] <-> *f* astronomie *f*

Asyl [a'zyːl] <-s, -e> *nt* asile *m*

Asylant(in) *m(f) gelegentlich pej* demandeur(-euse) *m(f)* d'asile

Asylantrag *m* demande *f* d'asile **Asylbewerber(in)** *m(f)* demandeur(-euse) *m(f)* d'asile

at [ɛt] INFORM ar[r]obas *m*

Atelier [ate'li̯eː] <-s, -s> *nt* atelier *m*

Atem ['aːtəm] <-s> *m* ❶ *(Atemluft)* souffle *m* ❷ *(Atemgeruch)* haleine *f* ❸ *(das Atmen)* respiration *f*

atemberaubend *adj (Schönheit)* vertigineux(-euse) **atemlos** *adj* essoufflé(e) **Atempause** *f* pause *f* pour respirer **Atemwege** *Pl* voies *fpl* respiratoires **Atemzug** *m* inspiration *f* ▸ **im selben ~** en même temps

Atheismus [ate'ɪsmʊs] <-> *m* athéisme *m*

Atheist(in) [ate'ɪst] <-en, -en> *m(f)* athée *mf*

atheistisch [ate'ɪstɪʃ] *adj* athée

Athen [a'teːn] <-s> *nt* Athènes

ätherisch [ɛ'teːrɪʃ] *adj* CHEM *(Öl)* essentiel(le)

Äthiopien [ɛti'opiən] <-s> *nt* l'Éthiopie *f*

Äthiopier(in) [ɛ'ti̯oːpi̯ɐ] <-s, -> *m(f)* Éthiopien(ne) *m(f)*

äthiopisch *adj* éthiopien(ne)

Athlet(in) [at'leːt] <-en, -en> *m(f)* athlète *mf*

athletisch *adj* athlétique

Atlanten *Pl von* **Atlas**

Atlantik [at'lantɪk] <-s> *m* **der ~** l'Atlantique *m*

Atlas ['atlas] <-, Atlanten> *m* atlas *m*

atmen ['aːtmən] *vt, vi* respirer

Atmosphäre [atmo'sfɛːrə] <-, -n> *f* atmosphère *f*

Atmung <-> *f* respiration *f*

Atoll [a'tɔl] <-s, -e> *nt* atoll *m*

Atom [a'toːm] <-s, -e> *nt* atome *m*

Atombombe *f* bombe *f* atomique

Atomenergie *f* énergie *f* nucléaire

Atomkraft *f kein Pl* énergie *f* nucléaire

Atomkraftwerk *nt* centrale *f* nucléaire

Atommüll *m* déchets *mpl* nucléaires

Atomreaktor *m* réacteur *m* nucléaire

Atomtest *m* essai *m* nucléaire **Atomwaffe** *f* arme *f* nucléaire

ätsch [ɛːtʃ] *interj fam* bien fait

Attacke [a'takə] <-, -n> *f a. fig* attaque *f*

Attentat ['atəntaːt] <-[e]s, -e> *nt* attentat *m*

Attentäter(in) [atəntɛːtɐ] *m(f)* auteur *m* de l'attentat

Attest [a'tɛst] <-[e]s, -e> *nt* certificat *m*

Attraktion [atrak'tsi̯oːn] <-, -en> *f* attraction *f*

attraktiv [atrak'tiːf] *adj* séduisant(e)

Attraktivität [atraktivi'tɛːt] <-> *f* ① *(einer Person)* pouvoir *m* de séduction ② *(einer Stadt)* caractère *m* attrayant

Attrappe [a'trapə] <-, -n> *f* ① objet *m* factice ② *(gemalte optische Täuschung)* trompe-l'œil *m*

ätzend *adj* ① CHEM corrosif(-ive) ② *(Geruch)* délétère

au [au̯] *interj (Ausruf des Schmerzes)* aïe

Aubergine [obɛr'ʒiːnə] <-, -n> *f* aubergine *f*

auch [au̯x] *adv* ① *(ebenfalls)* aussi ② *(sogar)* même; ~ **wenn** même si ③ *(verstärkend)* effectivement; **wozu [denn] ~?** de toute façon, à quoi bon? ④ *(immer)* **wie dem ~ sei** quoi qu'il en soit

Audienz [au̯'di̯ɛnts] <-, -en> *f* audience *f*

Audiodatei ['au̯di̯o-] *f* INFORM fichier *m* audio

audiovisuell [au̯di̯ovi'zu̯ɛl] *adj* audiovisuel(le)

auf [au̯f] **I.** *präp +dat* ① sur; ~ **dem Boden** par terre; ~ **der Straße** dans la rue; ~ **dem Land** à la campagne; **auf Korsika** en Corse ② *(in, bei)* à; ~ **der Post** à la poste ③ *(während)* pendant; ~ **dem Weg** en chemin **II.** *präp +akk* ① sur; ~ **den Boden** par terre; ~ **die Straße gehen** sortir dans la rue; **~s Land fahren** aller à la campagne ② *(zu)* à; ~ **die Post** à la poste ③ *(bei Zeitangaben)* ~ **einen Dienstag fallen** tomber un mardi ④ *(bei Maß- und Mengenangaben)* à; ~ **die Sekunde genau** à la seconde près ⑤ *(pro)* pour; **fünf Liter ~ hundert Kilometer verbrauchen** consommer cinq litres aux cent [kilomètres] ⑥ *(aufgrund, infolge)* sur; ~ **Wunsch** sur demande ⑦ *(in Trinksprüchen)* ~ **dein Wohl!** à la tienne! **III.** *adv* ① *(los)* ~ **geht's!** on y va!; ~ **nach Kalifornien!** en route pour la Californie! ② *fam (setz auf)* **Helm ~!** mets ton casque! ③ *fam (offen)* ~ **sein** être ouvert; **Mund ~!** ouvre/ouvrez la bouche! ④ *fam (aufgestanden)* ~ **sein** être debout ⑤ *(nach oben)* ~ **und ab fahren** monter et descendre

auf|atmen *vi* respirer

Aufbau *m kein Pl* ① *(eines Regals)* montage *m; (einer Stereoanlage)* installation *f* ② *(Wiederaufbau)* ~ **Ost** reconstruction *f* de l'Est

auf|bauen **I.** *vt* ① *(Regal)* monter; *(Stereoanlage)* installer ② *(errichten)* **wieder ~** *(Land)* reconstruire **II.** *vi* **auf etw** *(dat)* ~ se fonder sur qc

auf|behalten* *vt irr (Hut)* garder

Aufbereitung <-, -en> *f* traitement *m*

auf|bessern *vt (Gehalt)* augmenter

auf|bewahren* *vt* garder

Aufbewahrung <-, -en> *f* ① dépôt ② *(Gepäckaufbewahrung)* consigne *f*

auf|binden *vt irr (Krawatte)* défaire; *(Schuh)* délacer

auf|blähen *vr* **sich ~** *(Ballon)* [se] gonfler; *(Darm)* ballonner

aufblasbar *adj* gonflable

auf|blasen *vt, vr irr* **[sich] ~** [se] gonfler

auf|bleiben *vi irr +sein fam* ① *(geöffnet*

bleiben) rester ouvert(e) ② *(nicht zu Bett gehen)* rester debout

auf|blühen *vi +sein* s'épanouir

auf|brauchen *vt (Vorräte)* épuiser; *(Packung)* finir

aufbrausend *adj (Person)* soupe au lait *inv*

auf|brechen *irr* **I.** *vt +haben* forcer **II.** *vi +sein* ① s'ouvrir ② *(sich auf den Weg machen)* partir

auf|bringen *vt irr (Summe)* réunir; *(Miete)* régler

Aufbruch *m kein Pl* départ *m*

auf|decken *vt* découvrir

auf|drängen **I.** *vt* **jdm etw ~** forcer qn à prendre qc **II.** *vr* **sich jdm ~** *(Person)* imposer sa présence à qn

auf|drehen *vt* ① *(Hahn)* ouvrir ② *fam (lauter stellen)* **das Radio voll ~** mettre la radio à pleins tubes

aufdringlich *adj* ① *(Person)* envahissant(e) ② *(Parfüm)* pénétrant(e)

Aufdruck <-drucke> *m (Zeichen)* inscription *f; (Text)* impression *f*

aufeinander [aufʔaiˈnandɐ] *adv* ① *(räumlich)* l'un(e) sur l'autre/les un(e)s sur les autres ② *(gegenseitig)* **~ angewiesen sein** *(Personen)* être tributaires l'un de l'autre/les uns des autres

aufeinander|folgen *vi* se succéder

aufeinander|stoßen *vi (Truppen)* s'affronter

Aufenthalt [ˈaufʔɛnthalt] <-[e]s, -e> *m* ① séjour *m* ② EISENBAHN arrêt *m*

Aufenthaltserlaubnis *f* permis *m* de séjour **Aufenthaltsort** *m* lieu *m* de résidence **Aufenthaltsraum** *m* salle *f* de détente

auf|erlegen* *vt geh* **jdm eine Prüfung/Strafe ~** imposer un examen/infliger une punition à qn

auf|essen *irr* **I.** *vt* terminer **II.** *vi* finir son assiette

Auffahrt *f (Zufahrt)* accès *m*

Auffahrunfall *m* carambolage *m*

auf|fallen *vi irr +sein* ① *(Person)* ne pas passer inaperçu(e); *(Sache)* se remarquer; **jdm ~** *(Person)* attirer l'attention de qn; *(Sache)* frapper qn ② *(auf angenehme/unangenehme Weise bemerkt werden: Person)* se distinguer/se faire remarquer; **angenehm/unangenehm ~** produire une impression agréable/désagréable

auffallend *adj (Kleidungsstück)* voyant(e); *(Ähnlichkeit)* frappant(e)

auffällig **I.** *adj (Farbe)* voyant(e) **II.** *adv (nervös)* visiblement; *(sich verhalten)* étrangement

auf|fangen *vt irr* ① *(Ball)* attraper ② *(Regenwasser)* recueillir ③ *(Gesprächsfetzen)* saisir au vol

Auffanglager *nt* centre *m* d'accueil

auf|fassen *vt* concevoir

Auffassung *f (Vorstellung)* conception *f; (Meinung)* avis *m*

auf|fordern *vt* ① prier ② *(zum Tanz bitten)* **jdn ~** inviter qn à danser

Aufforderung *f* ① *(Bitte)* demande *f* pressante; *(Bitte um einen Tanz)* invitation *f* ② *(der Polizei)* ordre *m*

auf|frischen *vt +haben* rafraîchir

auf|führen **I.** *vt (Theaterstück)* représenter; *(Oper)* jouer **II.** *vr* **sich gut/schlecht ~** bien/mal se comporter

Aufführung *f* représentation *f*

auf|füllen *vt* ① *(Tank)* remplir ② *(nachfüllen)* **Öl ~** remettre de l'huile

Aufgabe <-, -n> *f* ① tâche *f* ② *(Pflicht)* devoir *m* ③ *(Auftrag)* mission *f* ④ SCHULE exercice *m* ⑤ *(eines Gerätes)* fonction *f* ⑥ *kein Pl (von Gepäck)* dépôt *m; (eines Pakets)* expédition *f* ⑦ *kein Pl (Verzicht)* renoncement *m*

auf|gabeln *vt fam (Person)* dégoter

Aufgabenbereich *m* ressort *m* **Aufgabenheft** *nt* cahier *m* d'exercices

Aufgang <-gänge> *m* ① *(der Sonne)* lever *m* ② *(Treppe)* escalier *m*

auf|geben *irr* **I.** *vt* ① *(Studium)* abandonner; *(Freunde, Wohnort)* quitter; **gib's auf!** *fam* laisse tomber! ② *(auftragen)* **jdm Hausaufgaben ~** donner des devoirs à qn ③ *(zu lösen geben)*

A

jdm ein Rätsel ~ poser une énigme à qn ④ *(Gepäck)* faire enregistrer; *(Paket)* poster; *(Annonce)* [faire] passer **II.** *vi* abandonner

aufgeblasen *adj fam (eingebildet)* bouffi(e) d'orgueil

aufgebracht I. *adj* en colère **II.** *adv* sous l'emprise de la colère

aufgedunsen *adj* bouffi(e)

auf|gehen *vi irr +sein* ① *(Sonne)* se lever ② *(Tür)* s'ouvrir ③ *(Knoten)* se défaire ④ *(Rechnung)* tomber juste; *(Planung)* se réaliser

aufgehoben *adj* **gut/schlecht ~ sein** être en de bonnes/mauvaises mains

aufgekratzt *adj fam* excité(e)

aufgelegt *adj* **gut/schlecht ~ sein** être de bonne/mauvaise humeur

aufgeregt *adj (Person)* excité(e); *(nervös)* énervé(e)

aufgeschlossen *adj* ouvert(e)

aufgeschmissen *adj fam* paumé(e); **~ sein** être dans le potage

aufgeweckt *adj (Kind)* éveillé(e)

auf|greifen *vt irr* ① *(Vorschlag)* saisir; *(Fall)* s'emparer de; **eine Idee wieder ~** reprendre une idée ② *(Täter)* arrêter

aufgrund [aʊfˈgrʊnt] *präp +gen* en raison de; **~ zahlreicher Beschwerden** suite à de nombreuses plaintes

auf|haben *irr fam* **I.** *vt (Geschäft)* ouvrir **II.** *vi (Geschäft)* être ouvert

auf|halsen *fam* **I.** *vt* coller; **jdm eine Arbeit ~** coller un travail à qn **II.** *vr* **sich** *(dat)* **etw ~** se coltiner qc

auf|halten *irr* **I.** *vt* ① *a. fig (Person)* retenir; *(Fahrzeug)* arrêter ② *fam (Hand)* tendre **II.** *vr* ① séjourner; **sich im Garten ~** se trouver dans le jardin ② *(verweilen)* **sich bei einem Punkt ~** s'attarder sur un point

auf|hängen *vt, vr* **[sich] ~** [se] pendre

auf|heben *vt irr* ① ramasser ② *(aufbewahren)* garder

Aufheben ▸ **viel/nicht viel ~[s] machen** *geh* faire/ne pas faire toute une histoire

auf|heitern I. *vt (Person)* dérider; *(Stimmung)* détendre **II.** *vr* **sich ~** ① *(Gesicht)* s'éclairer ② METEO se dégager

auf|heizen I. *vt (Stimmung)* chauffer; *(Atmosphäre)* réchauffer **II.** *vr* **sich ~** s'enfiévrer

auf|hellen I. *vt (Haare)* éclaircir **II.** *vr* **sich ~** *(Gesicht)* s'éclairer; *(Wetter)* s'éclaircir

auf|hetzen *vt* exciter

auf|heulen *vi* ① *(Person, Tier)* pousser un hurlement ② *(laut tönen: Sirene)* se mettre à mugir; *(Motor)* s'emballer

auf|holen I. *vt* rattraper **II.** *vi* rattraper son retard

auf|horchen *vi* dresser l'oreille

auf|hören *vi* arrêter

auf|klappen *vt +haben (Deckel)* soulever; *(Buch)* ouvrir; *(Liegestuhl)* déplier

auf|klären I. *vt* ① **ein Verbrechen ~** tirer un crime au clair ② *(Missverständnis)* expliquer ③ *(informieren)* **jdn ~** mettre qn au courant **II.** *vr* **sich ~** *(Rätsel, Himmel)* s'éclaircir; *(Missverständnis)* s'expliquer

Aufklärung *f* ① *(Aufdeckung)* élucidation *f* ② *(Klärung)* explication *f*

auf|kleben *vt* coller

Aufkleber *m* autocollant *m*

auf|knöpfen *vt (Bluse)* déboutonner; *(Knopf)* défaire

auf|kochen *vt +haben* **die Milch ~** porter le lait à ébullition

auf|kommen *vi irr +sein (finanzieren)* **für jdn ~** subvenir aux besoins de qn; **für die Kosten ~** prendre les coûts en charge

auf|kreuzen *vi +sein fam (erscheinen)* se pointer

auf|laden *irr* **I.** *vt* charger **II.** *vr* **sich ~** *(Batterie)* se charger d'électricité

Auflage <-, -n> *f* ① *(Ausgabe)* édition *f* ② *(Auflagenhöhe)* tirage *m*

auf|lassen *vt irr* ① *fam* laisser ouvert(e) ② *fam (Hut)* garder

auf|lauern *vi* guetter

Auflauf *m (Speise)* soufflé *m*

auf|leben *vi +sein* ① s'animer ② *(Erinnerungen)* se ranimer

auf|legen I. *vt (Schallplatte)* mettre; *(Hörer)* reposer **II.** *vi (Person)* raccrocher

auf|lehnen *vr* **sich ~** se rebeller

auf|lesen *vt irr* ramasser

auf|leuchten *vi +haben o sein (Augen, Sterne)* se mettre à briller; *(Licht)* s'allumer

auf|listen *vt* faire la liste de

auf|lockern *vt, vr a.* SPORT [**sich**] ~ [se] détendre

auf|lösen I. *vt* ① dissoudre ② MATH, MUS résoudre **II.** *vr* **sich ~** se décomposer; *(Pulver, Tablette)* se dissoudre; *(Nebel)* se dissiper

auf|machen I. *vt* ① *fam* ouvrir; *(Mantel, Schnürsenkel)* défaire ② *(Firma)* monter **II.** *vi* ouvrir

Aufmachung <-, -en> *f (einer Person)* tenue *f; (einer Titelseite)* présentation *f*

aufmerksam *adj* ① attentif(-ive); **~ machen** faire remarquer ② *(zuvorkommend)* attentionné(e)

Aufmerksamkeit <-, -en> *f* attention *f*

auf|möbeln *vt fam* ① **etw** [**wieder**] ~ retaper qc ② *(Person)* requinquer

auf|mucken *vi fam* râler

auf|muntern *vt* ① **jdn ~** *(Person)* remonter qn; *(Kaffee)* ragaillardir qn ② *(ermutigen)* encourager

aufmunternd I. *adj (Lächeln, Zurufe)* d'encouragement **II.** *adv* **jdm ~ zulächeln** sourire à qn pour l'encourager

aufmüpfig *adj fam (Schüler)* récalcitrant(e)

Aufnahme <-, -n> *f* ① *kein Pl (Empfang)* accueil *m* ② *kein Pl (das Aufnehmen)* admission *f* ③ *kein Pl (von Nahrung)* prise *f* ④ PHOT photo[graphie] *f* ⑤ *(Videoaufnahme)* enregistrement *m*

aufnahmefähig *adj* réceptif(-ive) **Aufnahmegebühr** *f* droits *mpl* d'admission

auf|nehmen *vt irr* ① accueillir ② *(beherbergen)* héberger ③ *(Nachricht, Nahrung, Kredit)* prendre ④ *(fotografieren)* **jdn/etw ~** prendre qn/qc en photo; *(filmen)* filmer qn/qc ⑤ *(auf Video festhalten, geistig verarbeiten)* enregistrer

auf|opfern *vr* **sich ~** se sacrifier; **sich für jdn/etw ~** se sacrifier pour qn/qc

auf|päppeln *vt fam* retaper

auf|passen *vi* ① faire attention ② *(beaufsichtigen)* surveiller; **auf einen Hund ~** garder un chien

Aufpasser(in) <-s, -> *m(f) pej* surveillant(e) *m(f);* SCHULE pion(ne) *m(f) (fam)*

auf|platzen *vi +sein* éclater

Aufprall <-[e]s, -e> *m* choc *m*

auf|prallen *vi +sein* s'écraser

Aufpreis *m* supplément *m*

auf|pumpen *vt* gonfler

auf|putschen *vt* doper

Aufputschmittel *nt* dopant *m*

auf|raffen *vr* ① se soulever ② *(sich entschließen)* parvenir à se décider

auf|rappeln *vr fam* ① *(sich aufraffen)* **sich** [**wieder**] **~** se ramasser; *(zu Kräften kommen)* se retaper ② *(sich entschließen)* **sich endlich ~ etw zu tun** se décider enfin à faire qc

auf|räumen *vt, vi* ranger

aufrecht ['aufrɛçt] *adj (Gang)* en position verticale; *(Körperhaltung)* le dos droit

aufrecht|erhalten* *vt irr (Kontakt)* maintenir; *(Behauptung)* persister dans

auf|regen *vt, vr* [**sich**] ~ [s']énerver

aufregend *adj* passionnant(e)

Aufregung *f* agitation *f*

auf|reiben *irr* **I.** *vt* ① *(zermürben)* user ② *(wund reiben)* écorcher; **sich** *(dat)* **etw ~** s'écorcher qc ③ MIL *(Truppen)* anéantir **II.** *vr (sich zermürben)* **sich ~** s'user

auf|reißen *vt, vr irr* [**sich**] ~ [se] déchirer

aufreizend *adj* excitant(e)

auf|richten I. *vt* ① relever ② *(Zelt)* monter **II.** *vr* **sich ~** se redresser

aufrichtig *adj* sincère

Aufrichtigkeit <-> *f* sincérité *f*

A

auf|rollen I. *vt* ① *(Teppich)* rouler; *(Kabel)* enrouler ② *(Poster)* dérouler ③ *(erneut aufgreifen)* **wieder** ~ *(Fall)* rouvrir II. *vr* **sich** ~ se rembobiner

Aufruf *m a.* INFORM appel *m*

auf|rufen *irr* I. *vt* ① **jdn** ~ **etw zu tun** appeler qn à faire qc ② *(Teilnehmer)* faire l'appel de ③ *(Passagier)* appeler; *(Schüler)* désigner ④ *(Flug)* annoncer II. *vi* **zum Streik** ~ appeler à la grève

Aufruhr ['aʊfruːɐ̯] <-[e]s, -e> *m* émeute *f*

aufrührerisch *adj (Bevölkerung)* rebelle; *(Stimmung)* insurrectionnel(le)

auf|runden *vt* arrondir

auf|rüsten I. *vi* s'armer II. *vt* armer

Aufrüstung *f* armement *m*

auf|sagen *vt* réciter

auf|sammeln *vt* ramasser

aufsässig ['aʊfzɛsɪç] *adj* récalcitrant(e)

Aufsatz *m* ① *(Schulaufsatz)* rédaction *f* ② *(Essay)* essai *m*

auf|schieben *vt irr* ① ouvrir ② *(Riegel)* tirer ③ *(verschieben)* **etw auf den nächsten Tag** ~ remettre qc au lendemain

Aufschlag *m* ① *(Aufprall)* impact *m* ② SPORT service *m* ③ *(Aufpreis)* majoration *f*

auf|schlagen *irr* I. *vi* ① *+sein (auftreffen)* s'écraser ② *+haben* SPORT servir II. *vt +haben* ① *(Buch, Augen)* ouvrir ② *(Zelt)* monter ③ *(Lager)* installer ④ *(zusätzlich berechnen)* majorer le prix

auf|schließen *vt, vi irr* ouvrir

auf|schlitzen *vt* ① *(beschädigen)* taillader ② *(verletzen)* éventrer

aufschlussreich *adj* instructif(-ive); *(Information)* révélateur(-trice)

auf|schnappen *vt* saisir au vol

auf|schneiden *vt irr* découper

Aufschneider(in) *m(f) fam* frimeur(-euse) *m(f)*

Aufschnitt *m kein Pl (Wurstaufschnitt)* charcuterie *f (en tranches)*

auf|schrauben *vt (Marmeladenglas)* ouvrir; *(Deckel)* dévisser

auf|schrecken *vi irr +sein* sursauter

Aufschrei *m* cri *m* strident

auf|schreiben *vt irr* noter

auf|schreien *vi irr* pousser un cri

Aufschrift *f* inscription *f*

Aufschub *m* ① report *m* ② FIN délai *m*

auf|schwatzen *vt fam* fourguer; **jdm etw** ~ fourguer qc à qn; **sich** *(dat)* **etw von jdm** ~ **lassen** se faire refiler qc par qn

Aufschwung *m* ① élan *m* ② ÖKON essor *m*

auf|sehen *vi irr* lever les yeux

Aufsehen *nt* remue-ménage *m*

Aufseher(in) <-s, -> *m(f)* gardien(ne) *m(f)*

auf|setzen I. *vt* ① *(Brille)* mettre ② *(Fuß)* poser II. *vr* **sich** ~ se redresser III. *vi* se poser

Aufsicht <-, -en> *f* surveillance *f*

Aufsichtsrat *m* conseil *m* de surveillance

auf|spielen *vr fam* **sich** ~ faire de l'esbroufe

auf|spießen *vt* piquer

auf|springen *vi irr +sein* ① *(hochspringen)* bondir ② *(auf etw springen)* sauter ③ *(sich öffnen)* s'ouvrir d'un seul coup

auf|spüren *vt* **jdn/ein Tier** ~ *(Person)* dépister qn/un animal; *(Tier)* flairer qn/un animal

Aufstand *m* insurrection *f*

auf|stehen *vi irr +sein* se lever

auf|steigen *vi irr +sein a.* SPORT monter; *(Rauch)* s'élever

Aufsteiger <-s, -> *m* ① *(erfolgreicher Mensch)* homme *m* qui gravit [tous] les échelons ② SPORT promu *m*

auf|stellen I. *vt* ① *(Gerät)* installer; *(Denkmal)* ériger; *(Falle)* poser ② *(Behauptung)* poser; *(Vermutung, Theorie)* avancer ③ *(Liste)* dresser; *(Rechnung)* établir ④ *(Rekord)* établir II. *vr* **sich** ~ se placer

Aufstellung *f kein Pl* ① *(eines Geräts)* installation *f* ② *(einer Behauptung)* formulation *f* ③ *(einer Liste)* établisse-

ment *m* ❹ *(eines Rekords)* établissement *m*
Aufstieg ['aʊfʃtiːk] <-[e]s, -e> *m* ascension *f*
auf|stöbern *vt* dénicher
auf|stocken *vt* ❶ augmenter ❷ ARCHIT surélever
auf|stoßen *irr* **I.** *vi +haben (rülpsen)* avoir un renvoi; *(Baby)* faire son rot **II.** *vt +haben (öffnen)* ouvrir
aufstrebend *adj* ❶ *(Stadt)* en plein développement ❷ *(ehrgeizig)* ambitieux(-euse)
auf|stützen *vt, vr* s'appuyer sur
auf|suchen *vt geh* ❶ *(Arzt)* aller consulter ❷ *(sich begeben)* aller
Auftakt *m* ❶ *(Beginn)* ouverture *f;* **der ~ zu etw** le début de qc ❷ MUS anacrouse *f*
auf|tanken I. *vt* faire le plein de **II.** *vi a. fam* faire le plein
auf|tauchen *vi +sein* ❶ *(U-Boot)* remonter à la surface ❷ *(Beweisstück)* apparaître
auf|tauen *vi, vt* décongeler
auf|teilen *vt* ❶ diviser ❷ *(verteilen)* répartir
Aufteilung *f (Einteilung)* division *f*
Auftrag ['aʊftraːk] <-[e]s, Aufträge> *m* ❶ *(Bestellung von Produkten)* commande *f;* *(Bestellung von Leistungen)* contrat *m* ❷ *kein Pl geh (Mission)* mission *f*
auf|tragen *vt irr* appliquer
Auftraggeber(in) *m(f)* commanditaire *mf*
auf|treiben *vt irr +haben fam* dégoter
auf|treten *irr* **I.** *vi +sein* ❶ *(den Fuß aufsetzen)* poser le pied; **leise ~** ne pas faire de bruit en marchant ❷ *(Schwierigkeiten)* apparaître; *(Verzögerungen)* survenir ❸ *(sich benehmen)* **arrogant/bescheiden ~** se montrer arrogant(e)/modeste **II.** *vt +haben (Tür)* enfoncer
Auftreten <-s> *nt* ❶ *(Benehmen)* comportement *m* ❷ *(einer Krankheit)* apparition *f*
Auftritt *m a.* THEAT apparition *f*
auf|türmen I. *vt* empiler **II.** *vr geh* **sich ~** *(Probleme)* s'accumuler
auf|wachen *vi +sein* se réveiller
auf|wachsen *vi irr +sein* grandir
Aufwand ['aʊfvant] <-[e]s> *m kein Pl* ❶ investissement *m;* *(finanziell)* dépense *f;* **der zeitliche ~** le temps investi ❷ *(Luxus)* faste *m*
aufwändig *adj (teuer)* coûteux(-euse)
Aufwandsentschädigung *f* indemnités *fpl* de représentation
auf|wärmen *vt, vr* [**sich**] ~ [se] réchauffer
aufwärts ['aʊfvɛrts] *adv* ❶ *(nach oben)* vers le haut ❷ *(ab)* à partir ❸ *(besser)* **es geht ~** la situation s'améliore
auf|wecken *vt* réveiller
auf|weichen *vt, vr* [**sich**] ~ [se] ramollir
auf|weisen *vt irr* ❶ *(haben)* présenter; **Kenntnisse aufzuweisen haben** avoir des connaissances à son actif ❷ *(Fehler)* comporter
aufwendig *adj, adv s.* **aufwändig**
auf|werten *vt* ❶ ÖKON réévaluer ❷ *fig (Ansehen)* rehausser
auf|wischen I. *vt (Wasser)* essuyer; *(Fußboden)* passer la serpillière sur **II.** *vi* passer la serpillière
auf|zählen *vt* énumérer
Aufzählung *f* énumération *f*
Aufzeichnung *f* ❶ *(einer Sendung)* enregistrement *m* ❷ *meist Pl (Notizen)* notes *fpl*
auf|zeigen *vt* démontrer
auf|ziehen *vt irr +haben* ❶ *(Vorhang)* ouvrir; *(Schleife)* défaire ❷ *(Schublade)* tirer ❸ *(Uhr)* remonter ❹ *(Kind)* élever
Aufzucht *f kein Pl* élevage *m*
Aufzug *m* ascenseur *m*
auf|zwingen *vt, vr irr* [**sich**] ~ [s']imposer
Augapfel *m* ANAT globe *m* oculaire ▶ **jdn/etw wie seinen ~ hüten** surveiller qn/qc comme la prunelle de ses yeux
Auge ['aʊgə] <-s, -n> *nt* ❶ *a.* BOT œil *m;* **grüne ~n haben** avoir les yeux verts ❷ *(Punkt beim Würfeln)* point *m*

A

Augenarzt, **-ärztin** *m, f* oculiste *mf* **Augenblick** *m* instant *m*

augenblicklich *adj* ❶ *(sofortig)* instantané(e) ❷ *(derzeitig)* actuel(le)

Augenbraue *f* sourcil *m* **Augenfarbe** *f* couleur *f* des yeux **Augenhöhe** *f* **in ~** au niveau des yeux **Augenlid** *nt* paupière *f* **Augenringe** *Pl* cernes *mpl* **Augenweide** *f* régal *m* pour les yeux **Augenzeuge**, **-zeugin** *m, f* témoin *m* oculaire

August [au̯'gʊst] <-[e]s, -e> *m* août *m*; *s.a.* **April**

Auktion [au̯k'ts̮i̯oːn] <-, -en> *f* vente *f* aux enchères

Aula ['au̯la] <-, Aulen> *f* salle *f* des fêtes

Aupairmädchen, **Au-pair-Mädchen** [o'pɛːr'mɛːtçən] *nt* jeune fille *f* au pair

aus [au̯s] **I.** *präp +dat* ❶ *(räumlich)* de; **~ dem Fenster sehen** regarder par la fenêtre; **Zigaretten ~ dem Automaten ziehen** prendre des cigarettes au distributeur; **~ der Flasche trinken** boire à la bouteille ❷ *(zur Angabe der Ursache)* par ❸ *(zur Angabe der Herkunft)* de ❹ *(zur Angabe der Beschaffenheit)* en **II.** *adv fam* ❶ *(beendet)* fini(e) ❷ *(nicht an)* éteint(e); *(Motor)* arrêté(e) ❸ SPORT hors jeu ❹ *(ausgegangen)* **~ sein** être sorti

Aus <-> *nt* ❶ SPORT sortie *f*; **ins ~ gehen** *(Ball)* sortir ❷ *(Ende)* fin *f*

aus|arbeiten *vt* élaborer

aus|arten *vi +sein* **in einen Streit ~** dégénérer en dispute

aus|atmen *vt, vi* expirer

aus|baden *vt fam* **das musst du alleine ~** c'est à toi seul de payer les pots cassés

Ausbau *m kein Pl* ❶ ARCHIT aménagement *m* ❷ *(eines Geräteteils)* démontage *m*

aus|bauen *vt* ❶ *(baulich erweitern)* aménager ❷ *(herausmontieren)* démonter

aus|bessern *vt* *(Kleidungsstück)* raccommoder; *(Dach)* réparer

aus|beulen *vt, vr* **[sich] ~** [se] déformer

aus|beuten *vt a.* MIN exploiter

Ausbeuter(in) <-s, -> *m(f) pej* exploiteur(-euse) *m(f)*

Ausbeutung <-, -en> *f a.* MIN exploitation *f*

aus|bezahlen* *vt* *(Geld)* verser; *(Person)* payer

aus|bilden **I.** *vt* ❶ *(Azubi)* former ❷ *(entwickeln)* développer **II.** *vr* *(sich schulen)* **sich ~** se former

Ausbilder(in) <-s, -> *m(f)* *(in einem Betrieb)* formateur(-trice) *m(f)*

Ausbildung *f* formation *f*

Ausbildung und Beruf

die Universität	l'université
das Studium	les études
der Student/ die Studentin	l'étudiant/ l'étudiante
der/die Auszubildende	l'apprenti/ l'apprentie
das Praktikum	le stage
der Beruf	le métier; la profession
der Bäcker/ die Bäckerin	le boulanger/ la boulangère
der Metzger/ die Metzgerin	le boucher/ la bouchère
der Friseur/ die Friseurin	le coiffeur/ la coiffeuse
der Polizist/ die Polizistin	le policier
der Arzt/die Ärztin	le médecin
der Apotheker/ die Apothekerin	le pharmacien/ la pharmacienne
der Architekt/ die Architektin	l'architecte
der Ingenieur/ die Ingenieurin	l'ingénieur
das Büro	le bureau
das Unternehmen	l'entreprise
der Werktag	le jour ouvrable
der Feiertag	le jour férié
der Urlaub	le congé

Ausbildungsbeihilfe *f* allocation *f*

de formation professionnelle **Ausbildungsplatz** *m* place *f* d'apprenti
aus|blenden *vt* ❶ *(Szene)* couper ❷ *(ausklingen lassen)* éteindre en fondu
Ausblick *m* ❶ *(Aussicht)* vue *f* ❷ *(Zukunftsvision)* perspective *f*
aus|brechen *vi irr +sein* ❶ **aus dem Gefängnis** ~ s'évader de prison ❷ *fig* **aus einer Beziehung** ~ rompre avec une relation ❸ *(Vulkan)* entrer en éruption ❹ *(Krieg)* éclater; *(Hass)* se déchaîner; *(Seuche)* se déclarer ❺ *(verfallen in)* **in Jubel** ~ laisser éclater sa joie; **in Tränen** ~ fondre en larmes
aus|breiten I. *vt* ❶ *(hinlegen)* étaler ❷ *(Flügel)* déployer; *(Arme)* ouvrir ❸ *(darlegen)* exposer II. *vr* **sich** ~ ❶ *(sich erstrecken)* s'étendre ❷ *(Feuer)* se propager
Ausbreitung <-, -en> *f (eines Feuers, einer Seuche)* propagation *f*; *(eines Kriegs)* extension *f*
Ausbruch *m* ❶ *(das Ausbrechen)* évasion *f* ❷ *(Beginn)* déclenchement *m* ❸ *(Eruption)* éruption *f*
aus|brüten *vt* couver
Ausdauer *f kein Pl* persévérance *f*; *(körperlich)* endurance *f*
ausdauernd *adj (Mitarbeiter)* persévérant(e); *(Bemühungen)* constant(e); *(Sportler)* résistant(e)
aus|dehnen I. *vr* **sich** ~ ❶ *(Gas)* se dilater ❷ *(sich ausbreiten: Seuche)* s'étendre ❸ *(dauern: Wartezeit)* se prolonger II. *vt* ❶ *(verlängern)* prolonger ❷ *(erweitern)* étendre
Ausdehnung *f* ❶ *(eines Aufenthalts)* prolongation *f* ❷ *(eines Kriegs)* extension *f*; *(eines Brands)* propagation *f*
aus|denken *vt irr* **sich** *(dat)* **eine Ausrede** ~ inventer une excuse; **sich** *(dat)* **einen Plan** ~ imaginer un plan
Ausdruck[1] <-drücke> *m* expression *f*
Ausdruck[2] <-drucke> *m* imprimé *m*
aus|drucken *vt* INFORM imprimer
aus|drücken I. *vt* ❶ *(bekunden, formulieren)* exprimer ❷ *(Orange)* presser; *(Pickel)* percer ❸ *(Zigarette)* écraser II. *vr* **sich** ~ s'exprimer
ausdrücklich ['ausdrʏklɪç] I. *adj* exprès(-esse) II. *adv* expressément
ausdruckslos *adj* inexpressif(-ive)
ausdrucksvoll *adj* expressif(-ive)
Ausdrucksweise *f* façon *f* de s'exprimer
auseinander [aʊsʔaiˈnandɐ] *adv* ❶ *(zeitlich entfernt)* **drei Jahre** ~ **sein** *(Personen)* avoir trois ans de différence ❷ *fam (getrennt: Paar)* ~ **sein** être séparés
auseinander|brechen I. *vt* rompre II. *vi (Möbelstück, Familie)* se disloquer
auseinander|gehen *vi (Beziehung)* se briser; *(Ansichten)* diverger **auseinander|halten** *vt* distinguer **auseinander|liegen** *vi* **weit** ~ *(räumlich entfernt)* être loin les uns des autres; *(zeitlich entfernt: Ereignisse)* être éloignés **auseinander|nehmen** *vt* démonter **auseinander|schreiben** *vt* **etw** ~ écrire qc séparément **auseinander|setzen** *vt* **sich mit jdm/etw** ~ se pencher sur qn/qc
Auseinandersetzung <-, -en> *f* explication *f*
auseinander|treiben *vt (Menge)* disperser
auserlesen *adj* de choix
Ausfahrt *f* sortie *f*; ~ **freihalten!** sortie de voitures!
Ausfall *m* ❶ *(Verlust)* perte *f* ❷ *(Versagen)* défaillance *f* ❸ *kein Pl (das Nichtstattfinden)* annulation *f*
aus|fallen *vi irr +sein* ❶ *(Haare)* tomber ❷ *(nicht stattfinden)* être supprimé; ~ **lassen** *(Unterrichtsstunde)* faire sauter ❸ *(Apparat)* tomber en panne ❹ *(Verdienst)* disparaître ❺ *(Person)* manquer
ausfallend *adj* ~ **werden** se faire insultant(e)
Ausfertigung *f form* ❶ *kein Pl (eines Dokuments)* établissement *m* ❷ *(Abschrift)* exemplaire *m*
ausfindig *adj* ~ **machen** trouver

aus|flippen ['aʊsflɪpən] *vi +sein fam* ❶ *(wütend werden)* piquer sa crise ❷ *(sich freuen)* ne plus se sentir ❸ *(durchdrehen)* débloquer

Ausflucht ['aʊsflʊxt] <-flüchte> *f* faux-fuyant *m*

Ausflug *m* excursion *f*

Ausfluss *m* écoulement *m*

aus|fragen *vt* **jdn ~** interroger qn en détail

Ausfuhr <-> *f kein Pl* exportation *f*

aus|führen *vt* ❶ *(Befehl)* exécuter; *(Auftrag)* remplir; *(Plan)* réaliser; *(Operation)* faire ❷ *(exportieren)* exporter ❸ *(erläutern)* exposer ❹ *(spazieren führen)* sortir

ausführlich ['aʊsfy:ɐlɪç] **I.** *adj* détaillé(e) **II.** *adv* en détail

Ausführung *f* ❶ *kein Pl* exécution *f*; *(einer Anweisung)* application *f*; *(eines Entwurfs)* réalisation *f* ❷ *(Modell)* modèle *m* ❸ *meist Pl (Darlegung)* exposé *m*

aus|füllen *vt* ❶ *(Antrag)* remplir ❷ *(befriedigen)* **jdn ~** *(Beschäftigung)* satisfaire qn

Ausgabe *f* ❶ *kein Pl (von Fahrkarten)* délivrance *f* ❷ *(Edition)* édition *f* ❸ *Pl (Kosten)* dépenses *fpl*

Ausgang <-gänge> *m* ❶ sortie *f* ❷ AVIAT porte *f* ❸ *kein Pl (Ergebnis)* issue *f*

Ausgangsbeschränkung *f* restriction *f* de sortie **Ausgangspunkt** *m* point *m* de départ **Ausgangssperre** *f (für Zivilisten)* couvre-feu *m*; interdiction *f* de sortie *(für Soldaten)* consigne *f*

aus|geben *irr* **I.** *vt* ❶ distribuer ❷ *(Ausweise)* délivrer ❸ *(Geld)* dépenser ❹ *fam (spendieren)* **eine Runde ~** payer une tournée **II.** *vr* **sich als Arzt ~** se faire passer pour un médecin

ausgebucht *adj* complet(-ète)

ausgedehnt *adj* ❶ *(zeitlich)* prolongé(e) ❷ *(räumlich)* vaste, étendu(e)

ausgefallen *adj* original(e)

ausgeglichen *adj* pondéré(e)

aus|gehen *vi irr +sein* ❶ *(aus dem Haus gehen)* sortir ❷ **davon ~, dass...** partir du principe que... ❸ *(enden)* **gut/schlecht ~** bien/mal se terminer ❹ *(Vorräte)* s'épuiser

ausgehungert *adj* ❶ *fam (sehr hungrig)* affamé(e); **~ sein** avoir les crocs ❷ *(ausgezehrt)* famélique

ausgelassen **I.** *adj (Kind)* turbulent(e); *(Stimmung)* débridé(e) **II.** *adv* avec entrain

Ausgelassenheit <-> *f* exubérance *f*; *(von Kindern)* turbulence *f*

ausgemacht *adj* **es ist ~, dass...** il est convenu que...

ausgemergelt *adj* décharné(e)

ausgenommen *präp +akk* à l'exception de

ausgepowert [-paʊɐt] *adj fam (Person)* vidé(e)

ausgeprägt *adj* prononcé(e)

ausgerechnet ['aʊsgə(')rɛçnət] *adv* **~ jetzt** juste maintenant

ausgeschlafen **I.** *PP von* **ausschlafen** **II.** *adj* bien reposé(e)

ausgeschlossen **I.** *PP von* **ausschließen** **II.** *adj* **~!** c'est hors de question!

ausgeschnitten *adj* décolleté(e)

ausgesprochen *adj* prononcé(e)

ausgestorben *adj* ❶ disparu(e) ❷ *(verlassen)* désert(e)

ausgesucht *adj* choisi(e); *(Wein)* fin(e)

ausgewählt *adj* ❶ choisi(e) ❷ *(erlesen)* sélectionné(e); *(Kreise)* d'élite

ausgewogen *adj* équilibré(e)

Ausgewogenheit <-> *f* équilibre *m*

ausgezeichnet ['aʊsgə(')tsaɪçnət] *adj* excellent(e)

ausgiebig ['aʊsgi:bɪç] *adj (Mahlzeit)* copieux(-euse); *(Bericht)* détaillé(e)

Ausgleich <-[e]s, -e> *m* ❶ compensation *f* ❷ *kein Pl* SPORT égalisation *f*

aus|gleichen *irr* **I.** *vt* ❶ compenser ❷ *(Schulden)* rembourser; *(Rechnung)* régler ❸ *(Konflikte)* régler **II.** *vi* SPORT égaliser **III.** *vr* **sich ~** se compenser

aus|graben *vt irr (Leiche)* exhumer; *(Pflanzen)* déterrer; *(Altertümer)* mettre à jour

Ausgrabung *f* fouilles *fpl*
aus|grenzen *vt* exclure
Ausguss *m* évier *m*
aus|halten *irr* **I.** *vt* supporter **II.** *vi* tenir
aus|handeln *vt* négocier
aus|händigen ['aushɛndɪgən] *vt* remettre
Aushang *m* affiche *f*
aus|hängen **I.** *vt* afficher **II.** *vi irr (Ankündigung)* être affiché
Aushängeschild *nt* enseigne *f*
aus|harren *vi* persévérer
aus|hecken *vt fam* manigancer
aus|helfen *vi irr* donner un coup de main
Aushilfe *f* ❶ *(Hilfe)* intérim *m* ❷ *(Hilfskraft)* intérimaire *mf*
aus|höhlen *vt (Kürbis)* évider; *(Ufer)* éroder
aus|holen *vi* ❶ *(Boxer)* lever la main; *(Tennisspieler)* prendre son élan; **mit dem Hammer ~** brandir le marteau ❷ *(ausschweifen)* **weit ~** *(Redner)* se perdre dans les détails
aus|horchen *vt fam* cuisiner
aus|kennen *vr irr* **sich ~** s'y connaître; **sich in Paris ~** bien connaître Paris
aus|kippen *vt fam* vider
aus|klammern *vt* mettre entre parenthèses
Ausklang *m kein Pl geh* fin *f*
aus|kleiden *vr geh* **sich ~** se dévêtir
aus|klügeln *vt fam (System)* goupiller; **ausgeklügelt** ingénieux
aus|kommen *vi irr +sein* **mit dem Geld ~** s'en sortir avec l'argent; **ohne Auto ~** pouvoir se passer de voiture
Auskommen <-s> *nt* ressources *fpl*
aus|kosten *vt* savourer; *(Leben)* profiter de
aus|kundschaften *vt (Weg)* reconnaître; *(Lage)* explorer
Auskunft ['auskʊnft] <-, -künfte> *f* ❶ *(Information)* renseignement *m* ❷ *(Auskunftsschalter)* information *f* ❸ *(Telefonauskunft)* renseignements *mpl*
aus|kurieren* **I.** *vt fam* **etw ~** soigner qc jusqu'à complète guérison **II.** *vr fam* **sich ~** bien se soigner
aus|lachen *vt* se moquer de
aus|laden *vt irr* décharger
Auslage *f* ❶ vitrine *f* ❷ *(ausgestellte Ware)* choix *m*
Ausland *nt kein Pl* étranger *m*
Ausländer(in) ['auslɛndɐ] <-s, -> *m(f)* étranger(-ère) *m(f)*
ausländerfeindlich *adj* xénophobe
Ausländerfeindlichkeit *f* xénophobie *f*
ausländisch *adj* étranger(-ère)
Auslandsaufenthalt *m* séjour *m* à l'étranger **Auslandskorrespondent(in)** *m(f)* correspondant(e) *m(f)* à l'étranger **Auslandsreise** *f* voyage *m* à l'étranger
aus|lassen *vt irr* ❶ omettre; *(Satz)* oublier ❷ *(Gelegenheit)* laisser passer ❸ *(abreagieren)* **seine Wut an jdm ~** passer sa colère sur qn ❹ *fam (Radio)* ne pas allumer
Auslassungspunkte *Pl* points *mpl* de suspension
aus|laufen *vi irr +sein* ❶ *(Flüssigkeit)* [s'é]couler; *(Behälter)* fuir ❷ *(Modell)* être en fin de série ❸ *(Vertrag)* expirer
Ausläufer <-s, -> *m meist Pl* GEO contreforts *mpl*
aus|leben *vr* **sich ~** *(das Leben auskosten)* profiter de la vie
aus|legen *vt* ❶ *(Waren)* étaler ❷ *(deuten)* **richtig/falsch ~** interpréter bien/mal
aus|leiern *vi, vr* [**sich**] **~** se détendre
Ausleihe <-> *f kein Pl* prêt *m*
aus|leihen *vt irr* prêter; **sich** *(dat)* **etw bei/von jdm ~** emprunter qc à qn
Auslese <-, -n> *f* ❶ élite *f* ❷ *(Wein)* grand cru *m* ❸ *kein Pl (Auswahl)* sélection *f*
aus|liefern *vt* livrer
Auslieferung *f* livraison *f*
aus|liegen *vi irr* être étalé; *(Prospekte)* être à disposition
aus|löschen *vt* ❶ *(Feuer)* éteindre ❷ *(Erinnerung)* effacer

A

aus|losen *vt, vi* **jdn/etw** ~ tirer qn/qc au sort

aus|lösen *vt* déclencher

Auslöser <-s, -> *m* ❶ PHOT, PSYCH déclencheur *m* ❷ *(Anlass)* motif *m*

Auslösung *f* déclenchement *m*

aus|machen *vt* ❶ *fam* éteindre ❷ *(Termin)* fixer; **etw mit jdm** ~ convenir de qc avec qn ❸ *(darstellen)* **den Zauber einer Landschaft** ~ faire le charme d'un paysage ❹ *(stören)* **jdm etwas** ~ déranger qn

aus|malen I. *vr* **sich** *(dat)* **etw** ~ s'imaginer qc **II.** *vt* colorier

Ausmaß *nt* ❶ *(Ausdehnung)* étendue *f*; *(Größe)* dimensions *fpl* ❷ *(Umfang)* ampleur *f*

aus|messen *vt irr* mesurer

aus|misten *vt* ❶ *(Stall)* nettoyer ❷ *fam (ausräumen: Schrank)* faire le tri dans

aus|mustern *vt* ❶ *(Maschine)* éliminer ❷ MIL réformer

Ausnahme ['a̯usnaːmə] <-, -n> *f* exception *f*

Ausnahmezustand *m* état *m* d'urgence

ausnahmslos *adj, adv* sans exception

ausnahmsweise *adv* exceptionnellement

ausnehmend *geh* **I.** *adj (Erscheinung)* exceptionnel(le) **II.** *adv* extraordinairement

Ausnüchterungszelle *f* cellule *f* de dégrisement

aus|nutzen *vt* ❶ exploiter ❷ *(sich zunutze machen)* profiter de

aus|nützen *bes.* A *s.* **ausnutzen**

Ausnutzung, **Ausnützung** <-> *f bes.* SDEUTSCH, A ❶ *(Ausbeutung: einer Person)* exploitation *f* ❷ *(das Wahrnehmen: einer Gelegenheit, Chance)* mise *f* à profit

aus|packen *vt (Koffer)* défaire; *(Geschenk)* ouvrir; *(Ware)* déballer

aus|plaudern *vt* rapporter

aus|posaunen* *vt fam* **etw** ~ crier qc sur les toits

aus|pressen *vt* presser

aus|probieren* *vt* essayer

Auspuff <-[e]s, -e> *m* pot *m* d'échappement

aus|pusten *vt fam* souffler

aus|radieren* *vt* gommer

aus|rangieren* *vt fam* **etw** ~ mettre qc au rancart

aus|rasten *vi +sein fam (durchdrehen)* craquer

aus|rauben *vt* dévaliser

aus|räumen *vt* ❶ *(Schrank)* vider ❷ *(Missverständnis)* régler; *(Zweifel)* balayer

aus|rechnen *vt* calculer

Ausrede *f* prétexte *m*

aus|reden I. *vi* finir de parler **II.** *vt* **jdm etw** ~ dissuader qn de [faire] qc

aus|reichen *vi* suffire

ausreichend *adj* suffisant(e)

aus|reifen *vi +sein* ❶ *(Frucht, Wein)* mûrir ❷ **ausgereift sein** *(Technik, Idee)* être au point

Ausreise *f* sortie *f* du territoire

aus|reißen *vt irr +haben* arracher

Ausreißer(in) <-s, -> *m(f)* ❶ *(Person, Tier)* fugueur(-euse) *m(f)* ❷ *fam (Ausnahme)* exception *f*

aus|renken *vt* **sich** *(dat)* **den Arm** ~ se déboîter le bras

aus|richten I. *vt* ❶ *(Gruß)* transmettre; **jdm ~, dass...** dire à qn que... ❷ *(einstellen)* orienter **II.** *vr* **sich an etw** *(dat)* ~ se ranger à qc

aus|rollen *vt +haben* dérouler

aus|rotten *vt (Volk)* exterminer; *(Schädlinge, Ideen)* éliminer

Ausrottung <-, -en> *f* extermination *f*

aus|rücken *vi +sein (Truppen)* se mettre en marche

Ausruf *m* exclamation *f*

aus|rufen *vt irr* ❶ *(laut rufen)* s'exclamer ❷ *(Haltestelle)* annoncer ❸ *(über Lautsprecher suchen)* **jdn** ~ **[lassen]** [faire] appeler qn ❹ *(Streik)* proclamer

Ausrufezeichen *nt* point *m* d'exclamation

aus|ruhen I. *vi, vr* **[sich]** ~ se reposer **II.** *vt (Füße)* reposer

Ausrüstung *f* équipement *m*; *(einer Ar-*

mee) armement *m*

aus|rutschen *vi +sein* glisser

Ausrutscher <-s, -> *m fam (Fehlleistung)* faux pas *m; (Fehltritt)* gaffe *f*

Aussage *f* ❶ déclaration *f* ❷ *(eines Romans)* message *m*

aus|sagen *vt* ❶ JUR déclarer ❷ *(deutlich machen)* **viel/wenig ~** *(Foto)* en dire long/peu

aus|schalten *vt* éteindre; *(Strom)* couper

Ausschau <-> *f* **nach jdm/etw ~ halten** regarder pour trouver qn/qc

aus|scheiden *irr* **I.** *vi +sein* ❶ **aus einem Wettkampf ~** se retirer d'une compétition ❷ *(Plan)* ne pas être retenu; *(Kandidat)* être éliminé **II.** *vt +haben (Giftstoffe)* éliminer

aus|schenken *vt (verkaufen)* servir; **Wein an jdn ~** servir du vin à qn

aus|scheren *vi +sein (abschwenken)* déboîter

aus|schimpfen *vt* gronder

aus|schlafen *irr* **I.** *vi, vr* [**sich**] **~** dormir tout son soûl **II.** *vt* **seinen Rausch ~** cuver son vin/sa bière *(fam)*

Ausschlag *m* MED éruption *f* cutanée ▸ **bei etw den ~ geben** être déterminant pour/dans qc

aus|schlagen *irr* **I.** *vt +haben* ❶ **jdm einen Zahn ~** casser une dent à qn ❷ *(Angebot)* décliner **II.** *vi +haben (Pferd)* ruer

ausschlaggebend *adj* déterminant(e)

aus|schließen *vt irr* exclure

ausschließlich **I.** *adj (Vertretung)* exclusif(-ive) **II.** *präp +gen* sauf

aus|schmücken *vt* enjoliver

aus|schneiden *vt irr* découper

Ausschnitt *m* ❶ *(Zeitungsausschnitt)* coupure *f* [de journaux] ❷ *(Dekolleté)* décolleté *m* ❸ *(kleiner Auszug)* détail *m*

aus|schöpfen *vt* ❶ *(Flüssigkeit)* vider ❷ *(Möglichkeiten)* exploiter à fond; *(Reserven)* épuiser

Ausschreibung <-, -en> *f* appel *m* d'offres

Ausschreitung <-, -en> *f meist Pl* acte *m* de violence

Ausschuss *m* ❶ comité *m*, commission *f* ❷ *kein Pl (Fehlproduktion)* rebut *m*

aus|schütteln *vt* secouer

aus|schütten *vt* vider

ausschweifend *adj (Fantasie)* débordant(e); *(Leben)* de débauche

Ausschweifung <-, -en> *f* excès *mpl*

aus|sehen *vi irr* ❶ **gut/schlecht ~** avoir bonne/mauvaise mine; **wie sieht ein Leguan aus?** à quoi ressemble un iguane?; **gut ~d** beau (belle) ❷ *(den Anschein haben)* **sie sieht** [**ganz so**] **aus, als...** on dirait qu'elle...

Aussehen <-s, -> *nt* aspect *m;* **jdn nach dem ~ beurteilen** juger qn sur les apparences

außen ['aʊsən] *adv* à l'extérieur; **von ~** de l'extérieur; **nach ~ aufgehen** *(Tür)* s'ouvrir sur l'extérieur

aus|senden *vt irr geh* ❶ *(Boten)* envoyer ❷ *(Signal)* émettre

Außendienst *m* visites *fpl* à la clientèle **Außenhandel** *m* commerce *m* extérieur **Außenminister(in)** *m(f)* ministre *mf* des Affaires étrangères **Außenministerium** *nt* ministère *m* des Affaires étrangères **Außenpolitik** *f* politique *f* extérieure **Außenseite** *f (eines Kleidungsstücks)* endroit *m; (eines Gebäudes)* façade *f* extérieure

Außenseiter(in) <-s, -> *m(f)* marginal(e) *m(f)*

Außenstehende(r) *f(m)* personne *f* extérieure

Außentemperatur *f* température extérieure *f*

außer ['aʊsɐ] **I.** *präp +dat* ❶ *(ausgenommen)* **alle ~ dir** tous sauf toi; **~ den Kindern habe ich niemanden gesehen** à part les enfants, je n'ai vu personne; **man hörte nichts ~ ihrem Atem** on n'entendait rien que sa respiration ❷ *(außerhalb)* **~ Sicht sein** être hors de vue ▸ **~ sich** *(dat)* **sein** être hors de soi **II.** *präp +akk* **etw**

~ [jeden] **Zweifel stellen** mettre qc hors de doute ▸ ~ **sich geraten** sortir de ses gonds **III.** *konj* ~ **dass...** si ce n'est que...; ~ [**wenn**] sauf si

außerdem ['ausɐdeːm] *adv* en plus

äußere(r, s) *adj* ❶ externe ❷ *(Anlass)* apparent(e)

Äußere(s) *nt* apparence *f*

außerehelich **I.** *adj (Geschlechtsverkehr)* extraconjugal(e); *(Kind)* illégitime **II.** *adv* hors mariage

außergewöhnlich ['ausɐgə'vøːnlɪç] **I.** *adj* exceptionnel(le) **II.** *adv* particulièrement

außerhalb ['ausɐhalp] **I.** *adv* à l'extérieur; ~ **wohnen** habiter en dehors **II.** *präp +gen* en dehors de

außerirdisch *adj* extraterrestre

äußerlich ['ɔysɐlɪç] *adj* ❶ externe ❷ *(oberflächlich)* superficiel(le)

äußern ['ɔysɐn] **I.** *vt (Meinung)* exprimer; *(Kritik)* émettre **II.** *vr* ❶ **sich zu etw** ~ se prononcer sur qc; *(seine Meinung sagen)* donner son avis sur qc ❷ *(in Erscheinung treten)* **sich** ~ *(Krankheit)* se manifester

außerordentlich ['ausɐ'ʔɔrdəntlɪç] **I.** *adj* exceptionnel(le) **II.** *adv* extrêmement

außerorts *adv* A, CH hors agglomération

außerplanmäßig ['ausɐplaːnmɛːsɪç] **I.** *adj (Besuch, Ausgaben)* non prévu(e) **II.** *adv* en dehors des horaires prévus

äußerst ['ɔysɐst] *adv* extrêmement

äußerste(r, s) *adj* **der ~ Punkt** le point le plus éloigné; **am ~n Ende des Tisches** à l'extrémité de la table

Äußerste(s) *nt* **auf das ~ gefasst sein** s'attendre au pire; **bis zum ~n gehen** aller jusqu'au bout

Äußerung <-, -en> *f* propos *mpl*

aus|setzen **I.** *vt* ❶ *(Haustier)* abandonner ❷ *(preisgeben)* **jdn/etw einer Gefahr** *(dat)* exposer qn/qc à un danger; **heftigen Vorwürfen ausgesetzt sein** faire l'objet de reproches virulents ❸ *(Belohnung)* offrir; *(Summe)* accorder ❹ *(bemängeln)* **an jdm/etw etwas auszusetzen haben** avoir quelque chose à redire à qn/qc **II.** *vr* **sich einer Gefahr** *(dat)* ~ s'exposer à un danger **III.** *vi (pausieren)* faire une pause; **eine Runde** ~ passer son tour

Aussicht *f* ❶ *(Blick)* vue *f* ❷ *(Chance)* chance *f*

aussichtslos *adj* vain(e)

Aussichtslosigkeit <-> *f* caractère *m* désespéré

Aussichtspunkt *m* point *m* de vue

aussichtsreich *adj* prometteur(-euse)

Aussichtsturm *m* belvédère *m*

Aussiedler(in) <-s, -> *m(f)* émigrant(e) *m(f)*

aus|söhnen ['auszøːnən] *vr* **sich** ~ se réconcilier

aus|sortieren* *vt* trier

aus|spannen *vi* se détendre

aus|sperren **I.** *vt* **jdn** ~ enfermer qn dehors **II.** *vr* **sich** ~ s'enfermer dehors *(en laissant les clés à l'intérieur)*

aus|spielen **I.** *vt* ❶ *(Trumpf)* jouer ❷ *(manipulativ einsetzen)* **jdn gegen jdn** ~ se servir de qn contre qn **II.** *vi (eine Karte ablegen)* jouer une carte

Aussprache *f* ❶ *kein Pl (Artikulation)* prononciation *f* ❷ *(Unterredung)* explication *f*

aus|sprechen *irr* **I.** *vt* ❶ JUR, LING prononcer ❷ *(Satz)* dire; *(Bedauern, Meinung)* exprimer **II.** *vr* **sich** ~ ❶ *(offen sprechen)* s'expliquer ❷ *(Stellung beziehen)* se prononcer

aus|spucken *vt, vi* cracher

aus|spülen *vt* rincer

Ausstand *m* grève *f*

aus|stanzen *vt* découper; **etw aus einer Metallfolie** ~ découper qc dans une feuille de métal

aus|statten ['ausʃtatən] *vt* ❶ *(Raum)* installer ❷ *(ausrüsten)* équiper

Ausstattung <-, -en> *f* ❶ équipement *m* ❷ *(Einrichtung)* agencement *m*

aus|stechen *vt irr (Auge)* crever

aus|stehen *vt irr* ▶ **jdn/etw nicht ~ können** *fam* ne pas pouvoir supporter qn/qc
aus|steigen *vi irr +sein* descendre
Aussteiger(in) <-s, -> *m(f) (sich von der Gesellschaft Abwendender)* marginal(e) *m(f)*
aus|stellen *vt, vi* exposer
Aussteller(in) <-s, -> *m(f)* exposant(e) *m(f)*
Ausstellung <-, -en> *f* exposition *f*
Ausstellungsstück *nt* modèle *m* d'exposition
aus|sterben *vi irr +sein* disparaître
Aussteuer <-, -n> *f* trousseau *m*
Ausstieg <-[e]s, -e> *m* ❶ *kein Pl (das Aussteigen)* descente *f* ❷ *(Ausgang)* sortie *f*
aus|stopfen *vt* ❶ *(Tier)* empailler ❷ *(Kissen)* bourrer
Ausstoß *m* ❶ *(Produktion)* production *f* ❷ *(Emission: von Schadstoffen)* émission *f*
aus|stoßen *vt irr* ❶ *(Laut)* pousser ❷ *(Staub)* rejeter ❸ *(aus einer Gemeinschaft)* rejeter
aus|strahlen **I.** *vt +haben* ❶ *(senden)* diffuser ❷ *(Ruhe)* exprimer; *(Unruhe)* répandre **II.** *vi +sein (Wärme)* se diffuser; *(Licht)* jaillir
Ausstrahlung *f* ❶ rayonnement *m* ❷ *(das Senden)* diffusion *f*
aus|strecken **I.** *vt (Arm)* tendre; *(Fühler)* sortir **II.** *vr* **sich ~** s'étirer
aus|streuen *vt* répandre
aus|strömen **I.** *vt +haben* ❶ *(Duft)* exhaler; *(Kälte)* dégager ❷ *(Ruhe)* répandre **II.** *vi +sein* ❶ *(Wasser)* s'écouler; *(Gas)* s'échapper ❷ *(Duft)* émaner ❸ *(Hitze)* se dégager
aus|suchen *vt* choisir
Austausch *m* échange *m*
austauschbar *adj* remplaçable
aus|tauschen **I.** *vt* échanger; *(Spieler)* remplacer **II.** *vr* **sich über jdn/etw ~** parler de qn/qc
Austauschschüler(in) *m(f)* élève *mf* qui participe à un échange scolaire
aus|teilen *vt* distribuer
Auster ['aʊstɐ] <-, -n> *f* huître *f*
aus|toben *vr* **sich ~** *(Kind)* se défouler; *(Erwachsener)* mener une vie de bâton de chaise
aus|tragen *vt irr* ❶ *(Post)* distribuer ❷ *(Konflikt)* régler; *(Wettkampf)* disputer
Australien [aʊs'traːli̯ən] <-s> *nt* l'Australie *f*
Australier(in) <-s, -> *m(f)* Australien(ne) *m(f)*
australisch *adj* australien(ne)
aus|treiben *vt irr (Launen)* faire passer
aus|treten *vi irr +sein* ❶ *(Flüssigkeit)* s'écouler; *(Gas)* s'échapper ❷ *(ausscheiden)* quitter
aus|trinken *irr* **I.** *vt* finir **II.** *vi* vider son verre
Austritt *m* ❶ *kein Pl (von Wasser)* fuite *f* ❷ *(das Ausscheiden)* démission *f*
aus|trocknen **I.** *vt +haben* ❶ *(Sumpf)* assécher ❷ *(Haut)* dessécher **II.** *vi +sein (Wasserlauf)* tarir; *(Haut)* se déshydrater; *(Brot)* se dessécher
aus|üben *vt* exercer
Ausverkauf *m* soldes *mpl*
ausverkauft *adj (Artikel)* épuisé(e); *(Konzert)* complet(-ète)
Auswahl *f* choix *m*
aus|wählen *vt, vi* choisir
aus|wandern *vi +sein* émigrer
Auswanderung *f* émigration *f*
auswärtig ['aʊsvɛrtɪç] *adj* ❶ étranger(-ère) ❷ *(Kunde)* [qui vient] de l'extérieur ❸ *(Angelegenheiten)* extérieur(e); *(Vertretung)* étranger(-ère)
auswärts ['aʊsvɛrts] *adv* à l'extérieur
auswechselbar *adj (Begriff)* interchangeable
aus|wechseln *vt* remplacer
Auswechs[e]lung <-, -en> *f (einer Person)* remplacement *m*; *(eines Teils)* changement *m*
Ausweg *m* issue *f*
ausweglos *adj (Lage)* sans issue; *(Situation)* désespéré(e)

A

Ausweglosigkeit <-> *f* désespoir *m*
aus|weichen *vi irr +sein* éviter
aus|weinen *vr* **sich bei jdm ~** soulager son cœur auprès de qn
Ausweis ['ausvais] <-es, -e> *m* carte *f;* *(Personalausweis)* carte *f* d'identité
aus|weisen *irr* **I.** *vt* expulser **II.** *vr* **sich ~** justifier son identité
Ausweiskontrolle *f* contrôle *m* d'identité
Ausweisung *f* expulsion *f*
aus|weiten **I.** *vt* ❶ *(weiter machen)* élargir ❷ *(Kontakte, Handel)* développer **II.** *vr (sich ausdehnen)* **sich zu etw ~** *(Konflikt)* dégénérer en qc
auswendig *adv* par cœur
aus|werten *vt (Statistiken)* dépouiller
Auswertung *f (einer Statistik)* dépouillement *m*
aus|wirken *vr* **sich auf etw** *(akk)* **~** avoir des répercussions sur qc
Auswirkung *f* répercussion *f*
aus|wringen ['ausvrɪŋən] *vt irr* tordre
Auswurf *m* ❶ MED expectoration *f* ❷ *kein Pl (das Auswerfen: von Lava)* projection *f*
aus|zahlen *vt (Gehalt)* verser
Auszahlung *f* **die ~ der Löhne** la paie
Auszählung *f (von Stimmen)* dépouillement *m*
aus|zeichnen **I.** *vt* ❶ *(Ware)* étiqueter ❷ *(ehren)* décerner ❸ *(Person)* distinguer **II.** *vr* **sich durch etw ~** se distinguer par qc
Auszeichnung *f* ❶ *kein Pl (eines Artikels)* étiquetage *m* ❷ *kein Pl (das Ehren)* distinction *f* honorifique
ausziehbar *adj (Antenne)* télescopique; *(Tisch)* à rallonges
aus|ziehen *irr* **I.** *vt +haben* ❶ *(Person)* déshabiller ❷ *(Kleidungsstück)* enlever ❸ *(Tisch)* rallonger; *(Antenne)* tirer **II.** *vi +sein* déménager **III.** *vr +haben* **sich ~** se déshabiller
Auszubildende(r) <-n, -n> *f(m)* apprenti(e) *m(f)*
Auszug <-[e]s, Auszüge> *m* ❶ *(Umzug)* déménagement *m* ❷ *(Auswanderung)* procession *f* ❸ *(eines Textes)* extrait *m* ❹ *(Kontoauszug)* relevé *m*
auszugsweise *adv* par extraits
authentisch [au'tɛntɪʃ] *adj* authentique
autistisch *adj* MED autiste
Auto ['auto] <-s, -s> *nt* voiture *f;* **~ fahren** conduire
Autobahn *f* autoroute *f*
Autobahnausfahrt *f* sortie *f* d'autoroute **Autobahngebühr** *f* péage *m* **Autobahnkreuz** *nt* échangeur *m* **Autobahnraststätte** *f* restoroute® *m*
Autobiografie [autobiogra'fiː], **Autobiographie** *f* autobiographie *f*
Autobombe *f* voiture *f* piégée **Autofahrer(in)** *m(f)* automobiliste *mf* **Autofahrt** *f* trajet *m* en voiture
Autogramm [auto'gram] <-s, -e> *nt* autographe *m*
Automat [auto'maːt] <-en, -en> *m* distributeur *m* [automatique]; *(Spielautomat)* machine *f* à sous
Automatik [auto'maːtɪk] <-, -en> *f* automatisme *m*
automatisch [auto'maːtɪʃ] *adj* automatique
Automechaniker(in) *m(f)* mécanicien(ne) *m(f)* [-auto]
autonom [auto'noːm] *adj* autonome
Autonome(r) *f(m) dekl wie adj* autonomiste *mf*
Autonummer *f* numéro *m* d'immatriculation
Autopsie [autɔ'psiː] <-, -ien> *f* autopsie *f*
Autor, **Autorin** ['autoːɐ̯] <-s, -toren> *m, f* auteur(-trice) *m(f)*
Autoradio *nt* autoradio *m* **Autoreifen** *m* pneu *m* [de voiture] **Autorennen** *nt* course *f* automobile
autoritär [autori'tɛːɐ̯] *adj* autoritaire
Autorität [autori'tɛːt] <-, -en> *f* autorité *f*
Autoschlüssel *m* clé *f* de voiture **Autounfall** *m* accident *m* de voiture **Autoverleih** *m* agence *f* de location

de voitures **Autowerkstatt** *f* garage *m* **Autowrack** *nt* épave *f* de voiture
autsch [aʊtʃ] *interj fam* aïe
auwei, **auweia** *interj* oh là là
Avatar [ava'taːɐ̯] <-s, -e *o* -s> *m* INET avatar *m*
Avocado [avo'kaːdo] <-, -s> *f* avocat *m*
Axt [akst] <-, Äxte> *f* hache *f*
Azubi [a'tsuːbi] <-s, -s> *m* <-, -s> *f* *Abk von* **Auszubildende(r)** apprenti(e) *m(f)*

Bb

B, **b** [beː] <-, -> *nt (Buchstabe)* B *m*/b *m*
Baby ['beːbi] <-s, -s> *nt* bébé *m*
Babyfon® [beːbi'foːn] <-s, -e> *nt* babyphone *m*
babysitten ['beːbizɪtən] *vi nur Infin* faire du baby-sitting
Babysitter(in) ['beːbizɪtɐ] <-s, -> *m(f)* baby-sitter *mf*
Bach [bax] <-[e]s, Bäche> *m* ruisseau *m*
Bachelor ['bɛtʃəlɐ] <-[s], -s> *m (Hochschulabschluss)* bachelor *m*
Backblech *nt* plaque *f* de four
backbord[s] *adv* NAUT à bâbord
Backe ['bakə] <-, -n> *f* joue *f*
backen ['bakən] *irr* **I.** *vt (Kuchen)* faire; **selbst gebacken** fait(e) maison **II.** *vi* cuire
Backenknochen *m* pommette *f* **Backenzahn** *m* molaire *f*
Bäcker ['bɛkɐ] <-s, -> *m* boulanger *m*
Bäckerei [bɛkə'raɪ] <-, -en> *f* boulangerie *f*
Bäckerin <-, -nen> *f* boulangère *f*
Backform *f* moule *m* à gâteau **Backmischung** *f* préparation *f* instantanée pour gâteaux **Backofen** *m* four *m* **Backpulver** *nt* levure *f* chimique
Backstein *m* brique *f*
Backstube *f* fournil *m*
Bad [baːt] <-[e]s, Bäder> *nt* ❶ *a.* CHEM bain *m* ❷ *(das Schwimmen)* baignade *f* ❸ *(Badezimmer)* salle *f* de bains
Badeanzug *m* maillot *m* de bain [une pièce] **Badehandtuch** *nt* drap *m* de bain **Badehose** *f* maillot *m* de bain **Badekappe** *f* bonnet *m* de bain **Bademantel** *m* peignoir *m* **Bademeister(in)** *m(f)* maître nageur *m*
baden ['baːdən] **I.** *vi* ❶ prendre un bain ❷ *(schwimmen)* se baigner **II.** *vt (Kind)* donner un bain à
Baden-Württemberg <-s> *nt* le Bade-Wurtemberg
Badewanne *f* baignoire *f* **Badezimmer** *nt* salle *f* de bains
Badminton ['bɛtmɪntən] <-> *nt* badminton *m*
baff [baf] *adj fam* **da bist du baff, was?** ça t'en bouche un coin, hein?
BAföG ['baːføːk] <-> *nt Abk von* **Bundesausbildungsförderungsgesetz** *fam (Stipendium)* ≈ bourse *f* d'études *(en partie à titre de prêt)*
Bagger ['bagɐ] <-s, -> *m* excavatrice *f*
baggern *vt, vi* creuser
Baguette [ba'gɛt] <-s, -s> *nt* baguette *f*
Bahn [baːn] <-, -en> *f* ❶ *(Eisenbahn)* train *m;* **mit der ~** par le train ❷ *(Verkehrsnetz, Verwaltung der Eisenbahn)* chemins *mpl* de fer ❸ *(Straßenbahn)* tram *m* ❹ SPORT piste *f* ❺ *(einer Rakete)* trajectoire *f*; *(eines Himmelskörpers)* orbite *f* ❻ *(Fahrbahn)* voie *f*

▸ ~ **frei!** cédez le passage!

bahnbrechend *adj* révolutionnaire

B **bahnen** ['ba:nən] *vt* **sich** *(dat)* **einen Weg** ~ *(Person)* se frayer un chemin; *(Fluss)* se creuser un passage

Bahnfahrt *f* voyage *m* en train **Bahngleis** *nt* voie *f* ferrée

Bahnhof *m* gare *f*

Am Bahnhof

der Zug	le train
der Nachtzug	le train de nuit
der Wagen	le wagon
der Sitzplatz	la place assise
der Bahnsteig	le quai
das Gleis	la voie
die Anzeigetafel	le tableau d'affichage
der Kofferkuli	le chariot à bagages
der Schalter	le guichet
die Fahrkarte	le billet
die Reservierung	la réservation
der Zuschlag	le supplément
die Ermäßigung	la réduction
der Schaffner/die Schaffnerin	le contrôleur/la contrôleuse
das Gepäck	les bagages
in Paris umsteigen	changer de train à Paris
die Bahnhofsgaststätte	le buffet de la gare

Bahnlinie *f* ligne *f* de chemin de fer **Bahnschranke** *f* barrière *f* de passage à niveau **Bahnsteig** *m* quai *m* de gare **Bahnstrecke** *f (Anlage)* ligne *f* [de chemin de fer] **Bahnübergang** *m* passage *m* à niveau **Bahnverbindung** *f* liaison *f* ferroviaire

Bahre ['ba:rə] <-, -n> *f* civière *f*

Baiser [bɛ'ze:] <-s, -s> *nt* GASTR meringue *f*

Bakterie [bak'te:ri̯ə] <-, -n> *f meist Pl* bactérie *f*

bakteriell [bakte'ri̯ɛl] **I.** *adj* bactérien(ne) **II.** *adv* par des bactéries

Balance [ba'lã:sə] <-, -n> *f* équilibre *m*

Übersetzungstipp

Die Balance – Nicht verwechseln mit *la balance – die Waage!*

balancieren* [balã'si:rən] **I.** *vt +haben* tenir en équilibre **II.** *vi +sein (sich bewegen)* se tenir en équilibre

bald [balt] <eher, am ehesten> *adv* ❶ *(in Kürze)* bientôt; **so ~ wie möglich** le plus tôt possible; **nicht so ~** pas de si tôt; **bis ~!** à bientôt! ❷ *(schnell)* vite; ~ **darauf** peu après

baldig ['baldɪç] *adj (Antwort)* rapide; *(Besuch)* prochain(e); *(Genesung)* prompt(e)

baldmöglichst *adj form* dans les plus brefs délais

Balkan ['balka:n] <-s> *m* **der ~** les Balkans *mpl; (das Gebirge)* le [mont] Balkan; **auf dem ~** dans les Balkans

Balken ['balkən] <-s, -> *m* poutre *f*

Balkon [bal'kɔŋ] <-s, -s> *m* balcon *m*

Ball [bal] <-[e]s, Bälle> *m* ❶ balle *f; (in der Größe eines Fußballs)* ballon *m;* ~ **spielen** jouer à la balle/au ballon ❷ *(Tanzfest)* bal *m*

Ballade [ba'la:də] <-, -n> *f* ballade *f*

Ballast [ba'last] <-[e]s, -e> *m* ❶ lest *m* ❷ *(lästiger Mensch)* charge *f*

Ballaststoffe *Pl* fibres *fpl* [alimentaires]

ballen ['balən] **I.** *vt* **die Faust ~** serrer le poing **II.** *vr* **sich ~** *(Verkehr)* se concentrer; *(Probleme)* s'accumuler

Ballen ['balən] <-s, -> *m (klein)* ballot *m*

Ballerina [balə'ri:na] <-, Ballerinen> *f* ballerine *f*

ballern ['balɐn] *vi fam (Knallkörper zünden)* faire du boucan avec des pétards

Ballett [ba'lɛt] <-[e]s, -e> *nt* ballet *m*

Balletttänzer(in) *m(f)* danseur(-euse) *m(f)*

Ballon [ba'lɔŋ] <-s, -s> *m* ballon *m*

Ballsaal *m* salle *f* de bal **Ballspiel** *nt* jeu *m* de ballon

Ballung [ba'lʊŋ] <-, -en> *f* concentra-

tion *f*
Ballungsgebiet *nt* région *f* à forte concentration urbaine
Baltikum ['baltikʊm] <-s> *nt* **das ~** les pays *mpl* baltes
baltisch *adj* balte
Bambus ['bambʊs] <-[ses], -se> *m* bambou *m*
banal [ba'naːl] *adj* banal(e)
Banalität [banali'tɛːt] <-, -en> *f* banalité *f*
Banane [ba'naːnə] <-, -n> *f* banane *f*
Banause [ba'naʊ̯zə] <-n, -n> *m pej* **du ~!** espèce d'ignare!
band [bant] *Imp von* **binden**
Band¹ [bant] <-[e]s, Bänder> *nt* ① ruban *m* ② *(Tonband)* bande *f* magnétique ③ *(Fließband)* chaîne *f* ▸ **am laufenden ~** *fam* sans arrêt; *(produzieren)* en série
Band² [bant] <-[e]s, Bände> *m* volume *m*
Band³ [bɛnt] <-, -s> *f* groupe *m*
Bandage [ban'daːʒə] <-, -n> *f* bandage *m*
bandagieren* [banda'ʒiːrən] *vt* bander
Bande ['bandə] <-, -n> *f* ① *(Verbrecherbande)* gang *m* ② *fam (Kinder)* bande *f*
Bändel *m* lacet *m*
bändigen ['bɛndɪgən] *vt* ① dompter ② *(Kind)* en venir à bout avec
Bandit(in) [ban'diːt] <-en, -en> *m(f)* bandit *m*
Bandmaß *nt* mètre *m* souple; *(aus Metall)* mètre à ruban
Bandscheibe *f* disque *m* [intervertébral] **Bandwurm** *m* ver *m* solitaire
Bange ['baŋə] *f* [**nur**] **keine ~!** *fam* pas de panique!
bangen ['baŋən] *vi geh* trembler; **jdm bangt** [**es**] **vor etw** qn s'inquiète pour qc
Bank¹ [baŋk] <-, Bänke> *f* ① banc *m* ② *(Werkbank)* établi *m*
Bank² <-, -en> *f* banque *f*
Bankautomat *m* distributeur *m* automatique de billets
Bankett [baŋ'kɛt] <-[e]s, -e> *nt* banquet *m*
Bankguthaben *nt* avoir *m* en banque
Bankier [baŋ'ki̯eː] <-s, -s> *m* banquier *m*
Bankkaufmann, -kauffrau *m, f* employé(e) *m(f)* de banque diplômé(e) **Bankkonto** *nt* compte *m* en banque **Bankleitzahl** *f* code *m* banque **Banknote** *f* billet *m* [de banque] **Bankraub** *m* hold-up *m* **Bankräuber(in)** *m(f)* cambrioleur(-euse) *m(f)* de banque
bankrott [baŋ'krɔt] *adj* en faillite
Bankrott [bank'rɔt] <-[e]s, -e> *m* faillite *f*
bankrott|gehen *vi* faire faillite
Banküberfall *m* hold-up *m* **Bankverbindung** *f* coordonnées *fpl* bancaires
Bann [ban] <-[e]s> *m* ① *geh (Einfluss)* envoûtement *m* ② HIST bannissement *m* ▸ **jdn in seinen ~ ziehen** fasciner qn
bannen ['banən] *vt* ① *geh (Zuschauer)* fasciner ② *(Gefahr)* conjurer
Banner ['banɐ] <-s, -> *nt* étendard *m*
Baptist(in) [bap'tɪst] <-en, -en> *m(f)* baptiste *mf*
bar [baːɐ̯] **I.** *adj* en liquide, **in ~** en espèces **II.** *adv* **~ zahlen** payer en espèces
Bar [baːɐ̯] <-, -s> *f* bar *m*
Bär [bɛːɐ̯] <-en, -en> *m* ours *m*
Baracke [ba'rakə] <-, -n> *f* baraque *f*
Barbar(in) <-en, -en> *m(f)* barbare *mf* ▸ **sich wie die ~en benehmen** se comporter comme des sauvages
barbarisch **I.** *adj a.* HIST barbare **II.** *adv* sauvagement
Barcode ['baːɐ̯koʊd, -koːt] <-s, -s> *m* code-barres *m*
Bardame *f* barmaid *f*
barfuß *adj* **~ gehen** marcher pieds nus
barg [bark] *Imp von* **bergen**
Bargeld *nt* argent *m* liquide
bargeldlos *adj* **der ~e Zahlungsverkehr** la transaction par virement
Barhocker *m* tabouret *m* de bar

B

B

Bärin *f* ourse *f*
Barkeeper ['ba:ɐ̯ki:pɐ] <-s, -> *m* barman *m*
barmherzig [barm'hɛrtsɪç] *adj* charitable; *(Gott)* miséricordieux(-euse)
Barmherzigkeit <-> *f* charité *f*; *(Gottes)* miséricorde *f*
Barmixer(in) *s.* **Barkeeper**
barock [ba'rɔk] *adj* baroque
Barock <-[s]> *nt o m* baroque *m*
Barometer [baro'me:tɐ] <-s, -> *nt a. fig* baromètre *m*
Baron(in) [ba'ro:n] <-s, -e> *m(f)* baron(ne) *m(f)*
Barren ['barən] <-s, -> *m* ❶ barres *fpl* parallèles ❷ *(Goldbarren)* lingot *m*
Barriere [ba'ri̯e:rə] <-, -n> *f* barrière *f*
Barrikade [bari'ka:də] <-, -n> *f* barricade *f*
barsch [barʃ] **I.** *adj* brusque **II.** *adv* brutalement
Barsch [ba:ɐ̯ʃ] <-[e]s, -e> *m* perche *f*
barst [barst] *Imp von* **bersten**
Bart [ba:ɐ̯t] <-[e]s, Bärte> *m (Vollbart)* barbe *f*; *(Schnurrbart)* moustache *f*
bärtig ['bɛ:ɐ̯tɪç] *adj* barbu(e)
Basar [ba'za:ɐ̯] <-s, -e> *m (Markt)* bazar *m*
Basel ['ba:zəl] <-s> *nt* Bâle
Basen *Pl von* **Basis**
basieren* [ba'zi:rən] *vi* **auf einer S.** ~ s'appuyer sur qc
Basilika [ba'zi:lika] <-, Basiliken> *f* basilique *f*
Basilikum [ba'zi:likʊm] <-s> *nt* basilic *m*
Basis ['ba:zɪs] <-, Basen> *f* base *f*
Baske, Baskin ['baskə] <-n, -n> *m, f* Basque *mf*
Baskenland *nt* **das** ~ le Pays basque **Baskenmütze** *f* béret *m* basque
Basketball *m* basket[-ball] *m*
baskisch ['baskɪʃ] *adj* basque
Bass [bas] <-es, Bässe> *m* ❶ MUS basse *f* ❷ RADIO, TV basses *fpl*
Bassin [ba'sɛ̃:] <-s, -s> *nt* bassin *m*
Bast [bast] <-[e]s, -e> *m* raphia *m*
basta ['basta] *interj fam* basta
Bastard ['bastart] <-[e]s, -e> *m* HIST bâtard(e) *m(f)*
basteln ['bastəln] *vt, vi* bricoler
Bastler(in) ['bastlɐ] <-s, -> *m(f)* bricoleur(-euse) *m(f)*
bat [ba:t] *Imp von* **bitten**
Bataillon [batal'jo:n] <-s, -e> *nt* bataillon *m*
Batik ['ba:tɪk] <-, -en> *f* batik *m*
Batterie [batə'ri:] <-, -n> *f* ❶ pile *f*; *(Autobatterie)* batterie *f* ❷ *(Mischbatterie)* mélangeur *m*
Bau[1] [bau̯] <-[e]s, -ten> *m* ❶ *kein Pl (das Bauen)* construction *f* ❷ *(Gebäude)* bâtiment *m*
Bau[2] <-[e]s, -e> *m (Fuchsbau)* terrier *m*
Bauarbeiten *Pl* travaux *mpl* **Bauarbeiter(in)** *m(f)* ouvrier(-ière) *m(f)* du bâtiment
Bauch [bau̯x] <-[e]s, Bäuche> *m* ventre *m*
bauchfrei *adj (Oberteil, T-Shirt)* ultracourt(e) **Bauchgefühl** *nt* intuition *f* **Bauchnabel** *m* nombril *m* **Bauchschmerzen** *Pl* maux *mpl* de ventre **Bauchweh** *s.* **Bauchschmerzen**
bauen ['bau̯ən] **I.** *vt* ❶ *(Gebäude, Maschine)* construire; *(Möbel)* fabriquer ❷ *fam (Unfall)* provoquer **II.** *vi* ❶ *(ein Haus bauen)* [faire] construire ❷ *(vertrauen)* **auf jdn/etw** ~ compter sur qn/qc
Bauer[1] ['bau̯ɐ] <-n, -n> *m* paysan *m*
Bauer[2] <-s, -> *nt o m (Vogelkäfig)* cage *f*
Bäuerin ['bɔyərɪn] *f* paysanne *f*
bäuerlich ['bɔyɐlɪç] *adj* agricole
Bauernhaus *nt* ferme *f* **Bauernhof** *m* ferme *f*
baufällig *adj* délabré(e) **Baugenehmigung** *f* permis *m* de construire **Baugerüst** *nt* échafaudage *m* **Baugewerbe** *nt* bâtiment *m* **Baugrube** *f* fouille *f* de construction **Bauherr(in)** *m(f)* maître *m* d'ouvrage **Bauholz** *nt* bois *m* de charpente **Baujahr** *nt (eines Gebäudes)* année *f* de

construction; *(eines Autos)* année *f* de fabrication **Baukasten** *m* jeu *m* de construction **Bauleiter(in)** *m(f)* chef *mf* de chantier

Baum [baum] <-[e]s, Bäume> *m* arbre *m*

Baumeister(in) *m(f) geh* architecte *mf*

baumeln ['baumәln] *vi fam* pendouiller

Baumkrone *f* cime *f* de l'arbre **Baumschule** *f* pépinière *f* **Baumstamm** *m* tronc *m* d'arbre **Baumstumpf** *m* souche *f* [d'arbre] **Baumwolle** *f* coton *m*

Bausatz *m* kit *m*

bauschig *adj* bouffant(e)

Bauschutt *m* gravats *mpl*

bausparen *vi nur Infin* souscrire une épargne-logement

Bausparkasse *f* caisse *f* d'épargne-logement **Bausparvertrag** *m* plan *m* d'épargne-logement

Baustein *m* ❶ *(Stein)* pierre *f* de construction ❷ INFORM **elektronischer** ~ composant *m* électronique **Baustelle** *f* chantier *m*

Bauten *Pl von* **Bau**[1]

Bauunternehmen *nt* entreprise *f* de bâtiment **Bauunternehmer(in)** *m(f)* entrepreneur(-euse) *m(f)* de bâtiment **Bauvorhaben** *nt* projet *m* de construction **Bauwerk** *nt* construction *f* **Bauzaun** *m* clôture *f* de chantier

Bayer(in) ['baiɐ] <-n, -n> *m(f)* Bavarois(e) *m(f)*

bayerisch ['baiәrɪʃ] *adj* bavarois(e)

Bayern ['baiɐn] <-s> *nt* la Bavière

bayrisch ['bairɪʃ] *s.* **bayerisch**

beabsichtigen* [bә'ʔapzɪçtɪgәn] *vt* ❶ envisager; **wie beabsichtigt** comme prévu ❷ *(bezwecken)* **das war beabsichtigt** c'était voulu

beachten* *vt* ❶ *(Ratschlag)* suivre; *(Vorfahrt)* respecter ❷ *(berücksichtigen)* tenir compte de ❸ *(mit Aufmerksamkeit bedenken)* faire attention à

beachtenswert *adj* remarquable

beachtlich *adj* considérable

Beachtung <-> *f* ❶ *(einer Anleitung)* observation *f*; *(einer Vorschrift)* respect *m* ❷ *(Aufmerksamkeit)* ~ **schenken** prêter attention

Beamte(r) [bә'ʔamtә] *m,* **Beamtin** *f* fonctionnaire *mf*

beängstigend *adj* inquiétant(e)

beanspruchen* [bә'ʔanʃprʊxәn] *vt* ❶ *(Schadenersatz)* demander ❷ *(Zeit)* prendre ❸ *(Kraft)* accaparer

beanstanden* *vt* critiquer

beantragen* *vt* demander

beantworten* [bә'ʔantvɔrtәn] *vt* répondre à

bearbeiten* *vt* ❶ *(Antrag)* s'occuper de ❷ *(Material)* travailler ❸ *(behandeln)* traiter ❹ *(Manuskript)* remanier

Bearbeitung <-, -en> *f* ❶ *(eines Werkstoffs)* travail *m* ❷ *(eines Antrags)* traitement *m* ❸ *(die Überarbeitung)* remaniement *m;* MUS arrangement *m* ❹ *(eines Buchs)* nouvelle édition *f*

beatmen* *vt (Mund zu Mund)* faire du bouche-à-bouche; *(künstlich)* pratiquer la respiration artificielle

beaufsichtigen* [bә'ʔaufzɪçtɪgәn] *vt* surveiller

beauftragen* *vt* charger

Beauftragte(r) *f(m) dekl wie adj* mandataire *mf*

bebauen* *vt* ❶ construire ❷ *(Acker)* cultiver

beben ['beːbәn] *vi* trembler

Beben ['beːbәn] <-s, -> *nt* tremblement *m*

Becher ['bɛçɐ] <-s, -> *m* gobelet *m*

Becken ['bɛkәn] <-s, -> *nt* ❶ bassin *m* ❷ *(Spülbecken)* bac *m* [à évier]; *(Waschbecken)* lavabo *m*

bedacht [bә'daxt] **I.** *adj* ❶ *(überlegt)* réfléchi(e) ❷ *(besorgt)* soucieux(-euse) **II.** *adv* avec circonspection

bedanken* *vr* **sich** ~ dire merci; **sich bei jdm für etw** ~ remercier qn de qc

Bedarf [bә'darf] <-[e]s> *m* besoins *mpl*

bedauerlich [bә'dauɐlɪç] *adj* regrettable

bedauerlicherweise [bә'dauɐlɪçɐ'vaizә] *adv* malheureusement

bedauern* [bəˈdaʊɐn] *vt* ❶ regretter ❷ *(bemitleiden)* plaindre

Bedauern <-s> *nt* ❶ regret *m* ❷ *(Mitgefühl)* sympathie *f*

bedauernswert *adj*, **bedauernswürdig** *adj geh* malheureux(-euse); ~ **sein** être à plaindre

bedecken* **I.** *vt* ❶ *(zudecken)* recouvrir ❷ *(überhäufen)* couvrir **II.** *vr* **sich mit etw** ~ se couvrir de qc

bedeckt *adj* couvert(e)

bedenken* *vt irr* ❶ penser à ❷ *(Maßnahmen)* réfléchir à; **jdm zu ~ geben, dass...** faire remarquer à qn que...

Bedenken <-s, -> *nt* ❶ *Pl* doutes *fpl;* ~ **haben** émettre des réserves ❷ *kein Pl (das Überlegen)* réflexion *f*

bedenklich *adj* ❶ *(Methoden)* douteux(-euse) ❷ *(Gesundheitszustand)* critique ❸ *(Miene)* préoccupé(e)

Bedenkzeit *f* délai *m* de réflexion

bedeuten* *vt* ❶ *(ausdrücken)* signifier; *(meinen)* vouloir dire ❷ *(gelten)* **Geld bedeutet mir viel** j'attache beaucoup d'importance à l'argent

bedeutend **I.** *adj* important(e); *(Leistung)* remarquable; *(Erfolg)* considérable **II.** *adv (beträchtlich)* nettement

bedeutsam *adj* ❶ important(e); *(Fortschritt)* considérable ❷ *(viel sagend)* significatif(-ive)

Bedeutung <-, -en> *f* ❶ *(Sinn)* sens *m* ❷ *(Wichtigkeit)* importance *f*

bedeutungslos *adj* insignifiant(e)

bedienen* **I.** *vt* ❶ servir; **werden Sie schon bedient?** on s'occupe de vous? ❷ *(Telefon)* se servir de; *(Computer)* faire fonctionner; *(Maschine)* faire marcher **II.** *vi* servir **III.** *vr* **sich** ~ se servir; ~ **Sie sich!** servez-vous!

Bedienstete(r) *f(m) dekl wie adj* ADMIN agent *m* de la fonction publique

Bedienung <-, -en> *f* ❶ *kein Pl* utilisation *f;* *(einer Schaltzentrale)* fonctionnement *m* ❷ *kein Pl (eines Kunden)* service *m* ❸ *(Kellner)* garçon *m;* *(Kellnerin)* serveuse *f;* ~! garçon/Mademoiselle!

Bedienungsanleitung *f* mode *m* d'emploi

bedingen* [bəˈdɪŋən] *vt* ❶ *(verursachen)* **durch etw bedingt sein** être dû à qc ❷ *(verlangen)* nécessiter

bedingt **I.** *adv (eingeschränkt)* partiellement **II.** *adj* conditionnel(le)

Bedingung <-, -en> *f* condition *f*

bedingungslos **I.** *adj* sans condition **II.** *adv* inconditionnellement

bedrängen* *vt* ❶ harceler; **jdn ~ etw zu tun** presser qn de faire qc ❷ SPORT pousser ❸ *(belasten)* tourmenter

Bedrängnis <-, -se> *f geh* détresse *f*

bedrohen* *vt* menacer

bedrohlich **I.** *adj* menaçant(e) **II.** *adv* de façon menaçante

Bedrohung *f* menace *f*

bedrücken* *vt* tourmenter

bedrückend *adj (Nachricht)* déprimant(e); *(Schweigen)* oppressant(e)

bedrückt *adj (Person)* abattu(e); *(Schweigen)* pesant(e)

Bedürfnis <-ses, -se> *nt* besoin *m*

bedürftig *adj (Person)* dans le besoin

Beefsteak [ˈbiːfsteːk] *nt* bifteck *m*

beeiden* *vt* affirmer sous serment

beeilen* *vr* **sich** ~ se dépêcher

beeindrucken* *vt* impressionner

beeindruckend *adj* impressionnant(e)

beeinflussen* [bəˈʔaɪnflʊsən] *vt* influencer

beeinträchtigen* [bəˈʔaɪntrɛçtɪgən] *vt* nuire à; *(Freiheit)* restreindre

beenden* *vt (Gespräch)* mettre fin à; *(Studium)* terminer; *(Krieg)* cesser; *(Programm)* quitter

beengen* [bəˈɛŋən] *vt* **jdn** ~ oppresser qn; *(Kleidungsstück)* serrer qn

beerben* *vt* hériter

beerdigen* [bəˈʔeːɐ̯dɪgən] *vt* enterrer

Beerdigung <-, -en> *f* enterrement *m*

Beerdigungsinstitut *nt* entreprise *f* de pompes funèbres

Beere [ˈbeːrə] <-, -n> *f* baie *f*

Beet [beːt] <-[e]s, -e> *nt* plate-bande *f*

befähigen* [bəˈfɛːɪgən] *vt* **jdn zu etw** ~ rendre qn capable de qc

befähigt *adj (fähig)* compétent(e); *(qualifiziert)* qualifié(e)
Befähigung <-> *f* qualification *f*
befahl [bəˈfaːl] *Imp von* **befehlen**
befahrbar *adj (Straße)* praticable; *(Wasserweg)* navigable
befahren* *vt irr (Straße)* emprunter; *(Seeweg)* naviguer sur
befallen*¹ *vt irr* ① contaminer; **eine Pflanze ~** *(Schädlinge)* infester une plante ② *(Fieber)* être pris de
befallen² *adj (Organ)* contaminé(e); *(Pflanze)* infesté(e)
befangen *adj* ① inhibé(e) ② *(parteiisch)* partial(e)
befassen* *vr* **sich mit jdm/etw ~** s'occuper de qn/qc
Befehl [bəˈfeːl] <-[e]s, -e> *m* ① ordre *m* ② *(Befehlsgewalt)* commandement *m*
befehlen *vt irr* **~, dass** ordonner que +*subj*
befestigen* [bəˈfɛstɪgən] *vt* ① fixer ② MIL fortifier
Befestigung <-, -en> *f* ① fixation *f* ② MIL fortification *f*
befeuchten* *vt* humidifier
befiehlt [bəˈfiːlt] *3. Pers Präs von* **befehlen**
befinden* *vr irr (sich aufhalten)* être
Befinden <-s> *nt* ① état *m* ② *geh (Meinung)* position *f*
befohlen [bəˈfoːlən] *PP von* **befehlen**
befolgen* *vt* suivre
befördern* *vt* ① transporter; *(Briefe)* acheminer; **etw ~ lassen** expédier qc ② *(aufrücken lassen)* **jdn ~** promouvoir qn
Beförderung *f* ① transport *m; (von Postsendungen)* acheminement *m* ② *(eines Mitarbeiters)* promotion *f*
befragen* *vt* interroger
Befragung <-, -en> *f* ① interrogation *f* ② *(Umfrage)* sondage *m*
befreien* **I.** *vt* ① libérer ② *(freistellen)* dispenser ③ *(entlasten)* soulager ④ *(reinigen)* débarrasser **II.** *vr* **sich ~** ① *(entkommen)* s'évader ② *(Volk)* se libérer
Befreier(in) <-s, -> *m(f)* libérateur(-trice) *m(f)*
befreit **I.** *adj (Person)* soulagé(e); *(Lächeln)* de soulagement **II.** *adv* de soulagement
Befreiung <-, -en> *f* ① libération *f* ② *(Freistellung)* dispense *f* ③ *(Erlösung)* soulagement *m*
befreunden* [bəˈfrɔyndən] *vr* **sich mit jdm ~** se lier d'amitié avec qn
befreundet *adj* ami(e)
befriedigen* [bəˈfriːdɪgən] **I.** *vt* satisfaire **II.** *vi (Lösung)* être satisfaisant(e)
befriedigend *adj a.* SCHULE satisfaisant(e)
Befriedigung <-> *f* satisfaction *f*
befristen* *vt (Projekt)* fixer un délai pour; **etw auf ein Jahr ~** limiter qc à un an
befristet *adj* temporaire
Befruchtung <-, -en> *f* fécondation *f;* **künstliche ~** insémination *f* artificielle
Befugnis [bəˈfuːknɪs] <-, -se> *f form* habilitation *f*
befugt [bəˈfuːkt] *adj form* **~ sein etw zu tun** avoir autorité pour faire qc
befürchten* *vt* craindre
Befürchtung <-, -en> *f* craintes *fpl*
befürworten* [bəˈfyːɐ̯vɔrtən] *vt* appuyer; **~, dass** préconiser que +*subj*
begabt [bəˈgaːpt] *adj* doué(e); **hoch ~** surdoué(e)
Begabung [bəˈgaːbʊŋ] <-, -en> *f* ① *(Talent)* don *m* ② *(Mensch)* talent *m*
begann [bəˈgan] *Imp von* **beginnen**
begeben* *vr irr geh* ① *(gehen, fahren)* se rendre; **sich ins Haus ~** entrer dans la maison ② *fig* **sich in eine schwierige Lage ~** se mettre dans une situation difficile; **sich in Gefahr ~** s'exposer au danger
Begebenheit <-, -en> *f geh* événement *m*
begegnen* [bəˈgeːgnən] *vi, vr* **sich ~** [se] rencontrer

B

Begegnung <-, -en> *f a.* SPORT rencontre *f*
begehen* *vt irr (Tat)* commettre; *(Dummheit)* faire
begehren* [bə'ge:rən] *vt geh* désirer
Begehren <-s, -> *nt geh* désir *m*
begehrenswert *adj (Person)* désirable; *(Gegenstand)* tentant(e)
begehrt *adj (Person)* courtisé(e); *(Stellung)* convoité(e)
begeistern* [bə'gaistɐn] *vt, vr* [**sich**] ~ [s']enthousiasmer
begeistert I. *adj* enthousiaste; ~ **sein** être enthousiasmé **II.** *adv* avec enthousiasme
Begeisterung <-> *f* enthousiasme *m*
Begierde [bə'gi:ɐdə] <-, -n> *f geh* ~ **nach Macht** soif *f* de pouvoir
begierig *adj* avide
begießen* *vt irr* arroser
Beginn [bə'gɪn] <-[e]s> *m (zeitlich)* commencement *m; (räumlich)* début
beginnen *vi, vt irr* commencer
beglaubigen* [bə'glaubɪgən] *vt* **eine Kopie ~ lassen** faire certifier une copie conforme
Beglaubigung <-, -en> *f (einer Kopie)* attestation *f* de conformité
begleichen* *vt irr* régler
begleiten* *vt a.* MUS accompagner
Begleiter(in) <-s, -> *m(f)* accompagnateur(-trice) *m(f)*
Begleitschreiben *nt* lettre *f* d'accompagnement; *(einer Warensendung)* notice *f* explicative **Begleitumstände** *Pl* circonstances *fpl* concomitantes
Begleitung <-, -en> *f* ❶ *kein Pl (das Begleiten)* compagnie *f* ❷ *kein Pl (Gesellschaft)* **in ~** accompagné(e) ❸ *kein Pl (Begleiter)* accompagnateur(-trice) *m(f)* ❹ MUS accompagnement *m* [musical]
beglückwünschen* *vt* féliciter
begnadigen* [bə'gna:dɪgən] *vt* gracier
Begnadigung <-, -en> *f* grâce *f*
begnügen* [bə'gny:gən] *vr* **sich mit etw ~** se contenter de qc
begonnen [bə'gɔnən] *PP von* **beginnen**
begraben* *vt irr* enterrer
Begräbnis [bə'grɛ:pnɪs] <-ses, -se> *nt* enterrement *m*
begreifen* *vt, vi irr* comprendre
begreiflich *adj* compréhensible
begrenzen* *vt* [dé]limiter
begrenzt I. *adj* limité(e); *(Rahmen)* étroit(e) **II.** *adv* de façon limitée
Begrenzung <-> *f kein Pl (das Begrenzen)* délimitation *f; (Geschwindigkeit)* limitation *f*
Begriff <-[e]s, -e> *m (Wort)* terme *m; (Inhalt)* notion *f*
begriffsstutzig *adj* borné(e); ~ **sein** avoir du mal à comprendre
begründen* *vt* ❶ justifier ❷ *(Geschäft)* fonder
begründet *adj* fondé(e) ▶ **in etw** *(dat)* ~ **sein** s'expliquer par qc
Begründung *f* justification *f*
begrüßen* *vt* saluer
Begrüßung <-, -en> *f* souhaits *mpl* de bienvenue
begünstigen* [bə'gʏnstɪgən] *vt* favoriser
begutachten* *vt* expertiser
behaart [bə'ha:ɐt] *adj* poilu(e)
behagen* [bə'ha:gən] *vi* **jdm ~** plaire à qn
behaglich [bə'ha:klɪç] *adj* agréable
behalten* *vt irr* ❶ garder ❷ *(nicht vergessen)* retenir
Behälter [bə'hɛltɐ] <-s, -> *m* récipient *m*
behandeln* *vt a. fig* traiter; **jdn/etw schlecht ~** maltraiter qn/qc
Behandlung <-, -en> *f* traitement *m*
beharren* [bə'harən] *vi* **auf seiner Meinung ~** ne pas démordre de son opinion
beharrlich *adj (Person)* persévérant(e); *(Schweigen)* obstiné(e)
behaupten* [bə'hauptən] **I.** *vt* ❶ prétendre ❷ *(Vorsprung)* maintenir **II.** *vr* **sich gegen jdn/etw ~** s'imposer face à qn/qc
Behauptung <-, -en> *f* ❶ *(Äußerung)*

affirmation *f* ❷ *(Verteidigung)* maintien *m*
beheben* *vt irr (Fehler)* réparer; *(Störung)* remédier à
beheizen* *vt* chauffer
behelfen* *vr irr* **sich ~** se débrouiller
behelfsmäßig *adj (provisorisch)* provisoire; *(improvisiert)* de fortune
beherbergen* [bəˈhɛrbɛrgən] *vt* héberger
beherrschen* I. *vt* ❶ *(können)* maîtriser ❷ *(herrschen über)* dominer II. *vr* **sich ~** se dominer
beherrscht *adj* contrôlé(e)
Beherrschung <-> *f* ❶ *(einer Sprache)* maîtrise *f*; *(eines Handwerks)* connaissance *f* ❷ *(Kontrolle)* maîtrise *f* de soi
beherzigen* [bəˈhɛrtsɪgən] *vt (Rat)* suivre
behilflich [bəˈhɪlflɪç] *adj* **jdm ~ sein** aider qn
behindern* *vt* **jdn ~** *(Person, Kleid)* gêner qn; *(Verletzung)* handicaper qn; **schwer behindert** lourdement handicapé(e)
Behinderte(r) *f(m)* handicapé(e) *m(f)*
Behinderung <-, -en> *f* ❶ **geistige/körperliche ~** handicap *m* mental/physique ❷ *kein Pl* gêne *f*; **~ des Straßenverkehrs** entrave *f* à la circulation
Behörde [bəˈhøːɐ̯də] <-, -n> *f* service *m* [administratif]
behördlich [bəˈhøːɐ̯tlɪç] *adj* officiel(le)
behüten* *vt* veiller sur
behütet I. *adj* protégé(e) II. *adv* à l'abri du monde
behutsam [bəˈhuːtzaːm] I. *adj* précautionneux(-euse) II. *adv* avec précaution
Behutsamkeit <-> *f* précaution *f*
bei [baɪ̯] *präp +dat* ❶ *(räumlich)* **~ jdm** chez qn; *(in der Nähe von jdm)* auprès de qn; **~m Bäcker** chez le boulanger ❷ *(mit)* **etw ~ sich haben** avoir qc sur soi ❸ *(zur Angabe eines Tätigkeitsbereichs)* **~ der Post arbeiten** travailler à la poste ❹ *(während)* **~ der Vorführung** pendant la présentation; **~ seiner Ankunft** à son arrivée ❺ *(zur Angabe der Umstände)* **~ Kerzenlicht** aux chandelles; **~ einer Flasche Wein** en buvant une bouteille de vin; **~ vierzig Grad** par quarante degrés ❻ *(im Fall von)* **~ Gefahr** en cas de danger ❼ *(zur Angabe der Herkunft, Urheberschaft)* **der Fehler lag ~ ihr** l'erreur venait d'elle
bei|behalten* *vt irr* garder
bei|bringen *vt irr (lehren)* apprendre; *(zu verstehen geben)* faire comprendre
Beichte [ˈbaɪ̯çtə] <-, -n> *f* confession *f*
beichten I. *vt a. fig, iron fam* confesser II. *vi* se confesser
beide [ˈbaɪ̯də] *pron, adj* ❶ **die ~n Frauen** les deux femmes; **euch ~n** vous deux ❷ *(zwei Dinge)* **~s** les deux; **eins von ~n!** c'est l'un ou l'autre! ❸ SPORT **fünfzehn ~** quinze partout
beiderlei [ˈbaɪ̯dɐˈlaɪ] *adj inv* **Kinder ~ Geschlechts** des enfants des deux sexes
beiderseitig [ˈbaɪ̯dɐzaɪtɪç] *adj* réciproque
beiderseits [ˈbaɪ̯dɐzaɪts] I. *adv* ❶ *(auf beiden Seiten)* des deux côtés ❷ *(gegenseitig)* chacun(e) de son côté II. *präp +gen* **~ des Rheins** des deux côtés du Rhin
beidhändig I. *adj (Person)* ambidextre; *(Rückhand)* à deux mains II. *adv* à deux mains
beidseitig [ˈbaɪ̯tzaɪtɪç] *adj (Beschichtung)* des deux côtés; *(Lähmung)* bilatéral(e)
beidseits CH *s.* **beiderseits**
beieinander [baɪ̯ʔaɪˈnandɐ] *adv* l'un(e) près de l'autre/les un(e)s près des autres; **~ sein** être réunis
Beifahrer(in) *m(f)* passager(-ère) *m(f)* avant
Beifahrersitz *m* siège *m* du passager avant
Beifall <-[e]s> *m* ❶ applaudissements *mpl* ❷ *(Zustimmung)* approbation *f*

bei|fügen *vt* ❶ joindre ❷ *(Bemerkung)* ajouter

beige [beːʃ] *adj inv* beige

bei|geben *vt irr* ajouter

Beigeschmack *m a. fig* petit goût *m*

Beihilfe *f* ❶ *(finanzielle Unterstützung)* aide *f* financière ❷ JUR ~ **zum Diebstahl** complicité *f* de vol

Beil [bail] <-[e]s, -e> *nt* hache *f*

Beilage *f* ❶ GASTR garniture *f* ❷ *(Publikation)* supplément *m*

beiläufig ['bailɔyfɪç] **I.** *adj* incident(e) **II.** *adv* incidemment

bei|legen *vt* joindre

Beileid *nt kein Pl* condoléances *f pl*

beiliegend I. *adj* joint(e) **II.** *adv* ~ **übersenden wir Ihnen...** veuillez trouver ci-joint...

beim [baim] = *Abk von* **bei dem** *s.* **bei**

Bein [bain] <-[e]s, -e> *nt* ❶ *(einer Person)* jambe *f*; *(eines Tiers)* patte *f* ❷ *(Tisch-, Stuhlbein)* pied *m* ❸ *(Hosenbein)* jambe *f*

beinah[e] *adv* presque

Beinbruch *m* fracture *f* de la jambe

beinhalten* [bə'ʔɪnhaltən] *vt* ❶ comporter ❷ *(bedeuten)* signifier

bei|pflichten *vi* **jdm/einer S.** ~ approuver qn/qc

beirren* [bə'ʔɪrən] *vt* troubler

beisammen [bai'zamən] *adv* ❶ l'un(e) près de l'autre/les un(e)s près des autres; ~ **sein** être réunis ❷ *fig* **körperlich/geistig [noch] gut ~ sein** être [encore] très alerte/avoir [encore] toute sa tête

beisammen|haben *vt irr fam* avoir [réuni] **Beisammensein** *nt* réunion *f*

Beisein ▶ **im** ~ en présence; **ohne sein** ~ en son absence

beiseite [bai'zaɪtə] *adv* de côté

bei|setzen *vt geh* inhumer

Beisetzung <-, -en> *f geh* *(eines Toten)* inhumation *f*; *(einer Urne)* dépôt *m*

Beispiel *nt* exemple *m*

beispielhaft I. *adj* exemplaire **II.** *adv* de manière exemplaire

beispiellos *adj* ❶ *(einzigartig gut)* unique ❷ *(einzigartig schlecht)* sans précédent

beispielsweise *adv* par exemple

beißen ['baisən] *vt, vi irr* mordre

Beistand *m kein Pl* soutien *m*

bei|stehen *vi irr* assister

bei|steuern *vt* *(Summe)* verser; *(Teil)* apporter

Beistrich *m bes.* A virgule *f*

Beitrag ['baitraːk] <-[e]s, Beiträge> *m* ❶ *(Mitgliedsbeitrag)* cotisation *f* ❷ *(Radiobeitrag)* sujet *m* ❸ *(Mitwirkung)* **einen ~ zu etw leisten** apporter sa contribution à qc

bei|tragen *vi, vr irr* contribuer

bei|treten *vi irr +sein* adhérer

Beitritt *m* adhésion *f*

bei|wohnen *vi form* assister

beizeiten [bai'tsaitən] *adv* *(rechtzeitig)* à temps; *(früh)* assez tôt

beizen ['baitsən] *vt* ❶ teinter ❷ GASTR [faire] mariner

bejahen* [bə'jaːən] *vt* ❶ *(Frage)* répondre par l'affirmative à ❷ *(gutheißen)* approuver

bekämpfen* **I.** *vt* ❶ combattre ❷ *(Krankheit)* lutter contre **II.** *vr* **sich [gegenseitig]** ~ se combattre [mutuellement]

Bekämpfung <-, -en> *f* lutte *f*

bekannt [bə'kant] *adj* ❶ *(berühmt)* célèbre; **wohl** ~ bien connu(e) ❷ *(nicht unbekannt)* connu(e); **das ist doch allgemein** ~ tout le monde sait cela ❸ *(nicht fremd)* **jdm ~ sein** être connu à qn; **jdn ~ machen** présenter qn ❹ *(öffentlich)* ~ **geben** *(Wahlergebnis)* proclamer; ~ **machen** *(Information)* révéler

Bekannte(r) *f(m)* connaissance *f*; *(Freund)* ami(e) *m(f)*

Bekanntenkreis *m* relations *f pl*

bekannt|geben *s.* **bekannt**

bekanntlich *adv* comme chacun sait

bekannt|machen *s.* **bekannt**

Bekanntmachung <-, -en> *f* publication *f*

Bekanntschaft <-, -en> *f* connaissance *f*; **jds ~ machen** faire la connaissance de qn

bekehren* *vt* **jdn/sich zu etw ~** convertir qn/se convertir à qc

bekennen* *irr* **I.** *vt* reconnaître **II.** *vr* **sich zu jdm ~** se prononcer pour qn; **sich schuldig ~** s'avouer coupable

Bekenntnis [bəˈkɛntnɪs] *nt* aveu *m*

beklagen* **I.** *vt* déplorer **II.** *vr* **sich ~** se plaindre

beklagenswert *adj* regrettable

bekleiden* *vr* **sich ~** se vêtir

Bekleidung *f* vêtements *mpl*

beklemmend *adj* oppressant(e)

Beklemmung <-, -en> *f* oppression *f*

beklommen [bəˈklɔmən] **I.** *adj* angoissé(e) **II.** *adv* avec angoisse

Beklommenheit <-> *f* angoisse *f*

bekloppt [bəˈklɔpt] *s.* **bescheuert**

bekommen* *irr* **I.** *vt* ① recevoir; *(Anschluss)* obtenir; **was ~ Sie für die Fahrt?** combien vous dois-je pour la course? ② *(Ärger, Angst)* avoir ③ *(Krankheit)* attraper; *(Schlaganfall)* avoir ④ *(zur Welt bringen)* **sie hat gestern ein Mädchen ~** elle a eu une fille hier ⑤ *(Zug)* avoir *(fam)* ⑥ *(wünschen)* **was ~ Sie bitte?** qu'est-ce que vous désirez? **II.** *vi +sein* **das Essen ist ihr gut/nicht ~** elle a bien/n'a pas supporté le repas

bekömmlich [bəˈkœmlɪç] *adj* digeste

bekräftigen* *vt* confirmer

bekreuzigen* *vr* **sich ~** se signer

bekümmert *adj* préoccupé(e)

bekunden* [bəˈkʊndən] *vt* manifester

belächeln* *vt* sourire de

beladen* *irr* **I.** *vt* charger **II.** *vr* **sich mit etw ~** transporter qc

Belag [bəˈlaːk] <-[e]s, Beläge> *m* ① garniture *f* ② *(Zahnbelag)* plaque *f* dentaire ③ *(Schicht)* dépôt *m*

belagern* [bəˈlaːgɐn] *vt a. fig fam* assiéger

Belagerung <-, -en> *f* MIL siège *m*

belanglos *adj* insignifiant(e)

belassen* *vt irr* laisser; **es bei etw ~** s'en tenir à qc

belastbar *adj* ① **eine bis zu zwanzig Tonnen ~e Brücke** un pont pouvant porter une charge allant jusqu'à vingt tonnes ② *(beanspruchbar)* **~ sein** être performant

belasten* **I.** *vt* ① *(beschweren)* charger ② *(Person)* exiger trop de; **jdn mit Arbeit ~** accabler qn de travail ③ *(bedrücken)* encombrer; **etw belastet ihn** qc pèse sur lui ④ ÖKOL polluer; **stark belastet sein** être très pollué ⑤ JUR charger **II.** *vr* **sich mit etw ~** s'encombrer de qc

belästigen* [bəˈlɛstɪgən] *vt* **jdn ~** *(Person)* incommoder qn; *(Lärm)* gêner qn; **jdn sexuell ~** harceler qn sexuellement

Belästigung <-, -en> *f* harcèlement *m*

Belastung [bəˈlastʊŋ] <-, -en> *f* ① *(schweres Gewicht)* charge *f* ② *(Last)* corvée *f* ③ ÖKOL pollution *f* ④ JUR charges *fpl*

belauern* *vt* épier

beleben* **I.** *vt* ① *(Person)* ragaillardir; *(Kreislauf)* activer ② *(Unterhaltung)* animer; **etw neu ~** ranimer qc ③ *(Konjunktur)* stimuler; **etw neu ~** relancer qc **II.** *vr* **sich ~** *(Konjunktur)* connaître une reprise; *(Straßen)* s'animer **III.** *vi* stimuler

belebt *adj* ① *(bevölkert)* animé(e) ② *(lebendig)* vivant(e)

Beleg [bəˈleːk] <-[e]s, -e> *m* ① *(Kassenbon)* ticket *m* de caisse ② *(Nachweis)* justificatif *m*

belegen* *vt* ① GASTR **etw mit etw ~** garnir qc de qc ② *(Behauptung)* justifier ③ *(innehaben)* occuper

belegt *adj (Zunge)* chargé(e)

belehren* *vt* ① *pej* faire la leçon à ② *(informieren)* informer ③ **sich ~ lassen** accepter d'entendre raison

beleidigen* [bəˈlaidɪgən] *vt* offenser

beleidigt *adj* vexé(e)

Beleidigung <-, -en> *f* injure *f*

belesen *adj* cultivé(e)

beleuchten* *vt* ① *(erhellen)* éclairer

❷ *(festlich)* illuminer
Beleuchtung <-, -en> *f* ❶ éclairage *m* ❷ *(Festbeleuchtung)* illumination *f*
Belgien ['bɛlgi̯ən] <-s> *nt* la Belgique
Belgier(in) ['bɛlgi̯ɐ] <-s, -> *m(f)* Belge *mf*
belgisch *adj* belge
Belgrad ['bɛlgra:t] <-s> *nt* Belgrade
belichten* *vt* exposer
Belichtung <-, -en> *f* exposition *f*
Belieben <-s> *nt* **[ganz] nach ~** [tout] à sa/ma/... guise
beliebig **I.** *adj* quelconque **II.** *adv* à volonté; **~ lange/oft** aussi longtemps/souvent que l'on veut
beliebt *adj* apprécié(e)
Beliebtheit <-> *f* popularité *f*
beliefern *vt* fournir
bellen ['bɛlən] *vi* aboyer
belohnen* *vt* récompenser
Belohnung <-, -en> *f* récompense *f*
Belüftung *f* aération *f*
belügen* *vt irr* mentir à
belustigen* [bə'lʊstɪgən] **I.** *vt* amuser **II.** *vr geh* **sich über jdn/etw ~** s'amuser de qn/qc
bemalen* *vt* peindre
bemängeln* [bə'mɛŋəln] *vt* **~, dass** se plaindre [de ce] que +*subj*
bemerkbar *adj* perceptible; **sich ~ machen** se manifester
bemerken* *vt* remarquer
bemerkenswert *adj* remarquable
Bemerkung <-, -en> *f* remarque *f*
bemitleiden* [bə'mɪtlai̯dən] **I.** *vt* prendre en pitié **II.** *vr* **sich [selbst] ~** se lamenter sur son [propre] sort
bemitleidenswert *adj* pitoyable
bemühen* [bə'my:ən] *vr* ❶ *(sich Mühe geben)* **sich ~** faire des efforts; **bitte ~ Sie sich nicht!** je vous en prie, ne vous dérangez pas! ❷ *(sich kümmern)* **sich um jdn ~** être aux petits soins avec qn
Bemühung <-, -en> *f* effort *m*
bemuttern* [bə'mʊtɐn] *vt* materner
benachrichtigen* [bə'na:xrɪçtɪgən] *vt* informer
Benachrichtigung <-, -en> *f* notification *f*
benachteiligen* [bə'na:xtai̯lɪgən] *vt* désavantager
benehmen* *vr irr* **sich ~** se tenir
Benehmen <-s> *nt* comportement *m*
beneiden* [bə'nai̯dən] *vt* **jdn um etw ~** envier qc à qn
beneidenswert *adj* enviable
Beneluxländer [bene'lʊkslɛndɐ] *Pl* **die ~** le Benelux
benennen* *vt irr* nommer
Bengel ['bɛŋəl] <-s, -[s]> *m* ❶ *(frecher Junge)* garnement *m* ❷ *fam (netter Junge)* gamin *m*
Benin [be'ni:n] <-s> *nt* le Bénin
benommen [bə'nɔmən] *adj* abruti(e)
benoten* *vt* noter
benötigen* [bə'nø:tɪgən] *vt* avoir besoin de
Benotung <-, -en> *f (Note)* note *f*
benutzbar *adj (Gegenstand)* utilisable
benutzen* *vt* ❶ utiliser; *(Literatur)* consulter ❷ *(Bus)* prendre ❸ *(Person)* se servir de
Benutzer(in) <-s, -> *m(f) (einer Software)* utilisateur(-trice) *m(f)*; *(eines Verkehrsmittels)* usager(-ère) *m(f)*
benutzerfreundlich *adj (Gerät)* pratique; *(Computer)* convivial(e) **Benutzerkonto** *nt* INFORM compte *m* d'utilisateur **Benutzeroberfläche** *f* INFORM interface *f* utilisateur
Benutzung *f kein Pl* usage *m*; *(eines Zimmers)* utilisation *f*
Benzin [bɛn'tsi:n] <-s, -e> *nt* essence *f*
Benzinkanister *m* bidon *m* d'essence **Benzinuhr** *f* AUT jauge *f* **Benzinverbrauch** *m* consommation *f* d'essence
beobachten* [bə'ʔo:baxtən] *vt* observer
Beobachter(in) <-s, -> *m(f)* observateur(-trice) *m(f)*
Beobachtung <-, -en> *f* observation *f*
Beobachtungsposten *m* **auf ~ sein** *fam* être en faction
bepacken* **I.** *vt* charger **II.** *vr* **sich mit etw ~** se charger de qc

bepflanzen* *vt (Beet)* planter

bequem [bəˈkveːm] *adj* ① confortable; **es sich** *(dat)* ~ **machen** se mettre à l'aise ② *(mühelos)* commode

Bequemlichkeit <-> *f* confort *m*

beraten* *irr* **I.** *vt* ① *(informieren)* conseiller ② *(besprechen)* délibérer sur **II.** *vr* **sich über jdn/etw** ~ débattre de qn/qc; **sich mit jdm über jdn/etw** ~ se concerter avec qn au sujet de qn/qc

beratend I. *adj* consultatif(-ive) **II.** *adv* **jdm ~ zur Seite stehen** assister qn à titre de conseiller

Berater(in) <-s, -> *m(f)* conseiller(-ère) *m(f)*

Beratung <-, -en> *f* ① *kein Pl (Besprechung)* délibération *f* ② *(eines Patienten)* consultation *f*

Beratungsstelle *f* service *m* de consultation

berauben* *vt* dévaliser

berauschen* *vt, vr geh* [**sich**] ~ [s']enivrer

berauschend I. *adj (Droge)* euphorisant(e); *(Getränk, Wirkung)* grisant(e) **II.** *adv* ~ **wirken** avoir un effet euphorisant

berechnen* *vt* ① calculer ② *(in Rechnung stellen)* facturer ③ *(veranschlagen)* prévoir

berechnend *adj pej* calculateur(-trice)

Berechnung *f a. pej* calcul *m*

berechtigen* [bəˈrɛçtɪgən] *vt* autoriser à

berechtigt *adj* légitime

Berechtigung <-, -en> *f* ① autorisation *f* ② *(einer Forderung)* légitimité *f*

bereden* **I.** *vt* discuter **II.** *vr* **sich** ~ se concerter

Bereich [bəˈraiç] <-[e]s, -e> *m* ① *(Gebiet)* zone *f* ② *(Verantwortungsbereich)* domaine *m*

bereichern* [bəˈraiçɐn] *vt, vr* [**sich**] ~ [s']enrichir

Bereicherung <-, -en> *f* enrichissement *m*

bereinigen* *vt* régler

bereisen* *vt* parcourir

bereit [bəˈrait] *adj* ① prêt(e) ② *(willens)* disposé(e)

bereiten* *vt (Freude)* causer; *(Kopfschmerzen)* donner

bereit|halten I. *vt irr (Ausweis)* préparer; *(Gerät)* tenir prêt(e) **II.** *vr* **sich** ~ se tenir prêt(e) **bereit|legen** *vt* préparer **bereit|liegen** *vi irr* être prêt **bereit|machen** *vr* **sich** ~ se préparer

bereits [bəˈraits] *adv* déjà

Bereitschaft <-> *f kein Pl* ① bonne volonté *f* ② *(Bereitschaftsdienst)* service *m* de garde

Bereitschaftsarzt, -ärztin *m, f* médecin *mf* de garde

bereit|stehen *vi irr* être prêt(e) **bereit|stellen** *vt* préparer; **etw für jdn** ~ mettre qc à la disposition de qn **bereitwillig I.** *adj* empressé(e) **II.** *adv* avec empressement

bereuen* [bəˈrɔyən] *vt* se repentir de

Berg [bɛrk] <-[e]s, -e> *m* montagne *f*

bergab [bɛrkˈʔap] *adv* en descente; ~ **gehen** descendre

bergan *s.* **bergauf**

Bergarbeiter(in) *m(f)* mineur *m*

bergauf [bɛrkˈʔauf] *adv* en montant; ~ **gehen** grimper

Bergbau *m kein Pl* industrie *f* minière

bergen [ˈbɛrgən] *vt irr* sauver; *(Ertrunkenen)* remonter; *(Schiffswrack)* renflouer

Berggipfel *m* sommet *m* **Berghütte** *f* refuge *m*

bergig *adj* montagneux(-euse)

Bergkette *f* chaîne *f* de montagnes **Bergland** *nt* région *f* montagneuse **bergsteigen** *vi irr, nur Infin und PP +haben o sein* faire de l'alpinisme; **das Bergsteigen** l'alpinisme *m*

Bergung [ˈbɛrgʊŋ] <-, -en> *f* sauvetage *m*

Bergwanderung *f* randonnée *f* en montagne **Bergwerk** *nt* mine *f*

Bericht [bəˈrɪçt] <-[e]s, -e> *m* rapport *m*

berichten* **I.** *vi* ① [**aus aller Welt**] ~

B

(Journalist) envoyer des reportages [du monde entier] ② *(mitteilen)* informer **II.** *vt* raconter

Berichterstatter(in) [bəˈrɪçtʔɛɐʃtatɐ] <-s, -> *m(f)* correspondant(e) *m(f)* **Berichterstattung** *f* ① *(Nachrichteninformation)* reportage *m* ② POL consultation *f*

berichtigen* [bəˈrɪçtɪgən] *vt a.* JUR corriger

Berlin [bɛrˈliːn] <-s> *nt* Berlin

Berliner¹ <-s, -> *m* ① Berlinois *m* ② *(Gebäck)* beignet *m*

Berliner² *adj* berlinois(e)

Berlinerin <-, -nen> *f* Berlinoise *f*

Bermudas [bɛrˈmuːdas] *Pl* ① GEO **die ~** les Bermudes *fpl* ② *(Hosen)* bermuda *m*

Bern [bɛrn] <-s> *nt* Berne

Berner(in) <-s, -> *m(f)* Bernois(e) *m(f)*

Bernstein *m kein Pl* ambre *m* jaune

bersten [ˈbɛrstən] *vi irr +sein geh (Erde)* exploser

berüchtigt [bəˈrʏçtɪçt] *adj* mal famé(e)

berücksichtigen* [bəˈrʏkzɪçtɪgən] *vt* tenir compte de

Berücksichtigung <-> *f* prise *f* en considération

Beruf [bəˈruːf] <-[e]s, -e> *m* profession *f*

berufen¹ *adj* ① *(kompetent)* compétent(e) ② *(auserwählt)* **sich für etw ~ fühlen** se sentir une vocation pour qc

berufen*² *irr* **I.** *vt* **jdn in ein Amt ~** nommer qn à une fonction **II.** *vr* **sich auf jdn/etw ~** se référer à qn/qc

beruflich *adj* professionnel(le)

Berufsausbildung *f* formation *f* professionnelle **Berufsberater(in)** *m(f)* conseiller(-ère) *m(f)* d'orientation **Berufsberatung** *f* orientation *f* professionnelle **Berufserfahrung** *f* expérience *f* professionnelle **Berufskrankheit** *f* maladie *f* professionnelle **Berufsleben** *nt* vie *f* professionnelle; **im ~ stehen** exercer une activité professionnelle **Berufsschule** *f* centre *m* de formation [professionnelle] **Berufssoldat(in)** *m(f)* soldat(e) *m(f)* de métier **Berufsstand** *m* corps *m* de métier; *(von Ärzten, Anwälten)* ordre *m* **berufstätig** *adj* actif(-ive); **~ sein** travailler **Berufstätige(r)** *f(m)* personne *f* active **Berufsverkehr** *m* circulation *f* aux heures de pointe

Berufung [bəˈruːfʊŋ] <-, -en> *f (innere Bestimmung)* vocation *f*

Berufungsgericht *nt* cour *f* d'appel

beruhen* *vi* **auf etw** *(dat)* **~** *(Angelegenheit)* reposer sur qc; *(Brauch)* remonter à qc

beruhigen* [bəˈruːɪgən] **I.** *vt* ① **jdn ~** *(Medikament)* calmer qn; *(Nachricht)* rassurer qn ② *(Bedenken zerstreuen)* rassurer; *(trösten)* calmer, réduire **II.** *vr* **sich ~** se calmer

beruhigend *adj* ① *(Gewissheit, Nachricht)* rassurant(e) ② MED *(Medikament)* calmant(e)

Beruhigung <-> *f* apaisement *m*

Beruhigungsmittel *nt* calmant *m*

berühmt [bəˈryːmt] *adj* célèbre

Berühmtheit <-, -en> *f* célébrité *f*

berühren* **I.** *vt* ① toucher ② *(kurz erwähnen)* évoquer **II.** *vr* **sich ~** se toucher

Berührung <-, -en> *f* contact *m*; *(leicht)* effleurement *m*

besagen* *vt* **~, dass ...** vouloir dire que ...; **was besagt das schon?** qu'est-ce que ça prouve?

besänftigen* [bəˈzɛnftɪgən] *vt* calmer

Besatzung <-, -en> *f (eines Panzers)* équipage *m*

Besatzungszone *f* zone *f* d'occupation

besaufen* *vr irr fam* **sich ~** se soûler la gueule

beschädigen* *vt* endommager

Beschädigung <-, -en> *f* dégâts *mpl*

beschaffen*¹ *vt* procurer

beschaffen² *adj form* **so ~ sein, dass** être tel que

Beschaffenheit <-> *f* texture *f*

beschäftigen* [bəˈʃɛftɪgən] **I.** *vr* **sich mit jdm ~** s'occuper de qn; **sich mit etw ~** s'intéresser à qc **II.** *vt* ① **jdn**

mit etw ~ occuper qn à qc ❷ *(interessieren)* **jdn** ~ *(Frage)* préoccuper qn ❸ *(an-, einstellen)* employer

beschäftigt *adj* ❶ **mit jdm/etw** ~ **sein** être occupé(e) avec qn/à qc ❷ *(angestellt)* **als Sekretärin** ~ **sein** travailler comme secrétaire

Beschäftigung <-, -en> *f* ❶ occupation *f* ❷ *kein Pl (Beschäftigungsverhältnis)* emploi *m*

beschämen* *vt* faire honte à

beschämend *adj* humiliant(e)

beschämt *adj (Person)* honteux(-euse)

beschatten* *vt* filer

Bescheid [bəˈʃait] <-[e]s, -e> *m* ❶ ADMIN réponse *f* ❷ *(Nachricht)* **jdm** ~ **geben** informer qn

bescheiden [bəˈʃaidən] I. *adj* modeste II. *adv* modestement

Bescheidenheit <-> *f* ❶ *(einer Person)* modestie *f* ❷ *(eines Gehalts)* modicité *f*

bescheinigen* [bəˈʃainɪgən] *vt* **etw** ~ faire un certificat de qc; **den Empfang einer S.** *(gen)* ~ accuser réception de qc

Bescheinigung <-, -en> *f* certificat *m*

bescheißen* *irr fam* I. *vt* entuber II. *vi* **bei etw** ~ tricher à qc

beschenken* *vt* faire un cadeau/des cadeaux

Bescherung <-, -en> *f* distribution *f* des cadeaux de Noël

bescheuert [bəˈʃɔyɐt] *fam* I. *adj* ❶ *(blöd)* débile ❷ *(Gefühl, Situation)* emmerdant(e) II. *adv* **sich** ~ **anstellen** faire le con; ~ **aussehen** avoir l'air débile

Beschilderung <-, -en> *f* signalisation *f*

beschimpfen* *vt* insulter

Beschimpfung <-, -en> *f* injure *f*

beschissen [bəˈʃɪsən] *fam* I. *adj (Situation, Gefühl)* emmerdant(e); *(Wetter, Bezahlung)* dégueulasse II. *adv* **sich** ~ **fühlen** être mal foutu

beschlagen* *irr* I. *vt +haben (Pferd)* ferrer II. *vi +sein* se couvrir de buée

beschlagnahmen* *vt* JUR saisir

beschleunigen* [bəˈʃlɔynɪgən] *vt, vi, vr* [**sich**] ~ [s']accélérer

Beschleunigung <-, -en> *f* accélération *f*

beschließen* *vt irr* décider

Beschluss <-es, Beschlüsse> *m* décision *f*

beschmieren* I. *vt* ❶ barbouiller ❷ *(bestreichen)* tartiner II. *vr* **sich** ~ se tacher

beschmutzen* *vt a. fig* salir

beschneiden* *vt irr* ❶ *(Baum)* tailler ❷ *(Jungen)* circoncire; *(Mädchen)* exciser

beschnüffeln* *vt, vr* [**sich**] ~ [se] renifler

beschönigen* [bəˈʃøːnɪgən] *vt* embellir

beschränken* [bəˈʃrɛŋkən] I. *vt* limiter II. *vr* **sich auf etw** *(akk)* ~ se limiter à qc

beschränkt *adj* limité(e)

Beschränkung <-, -en> *f* limitation *f*

beschreiben* *vt irr* décrire

Beschreibung *f* description *f*

beschriften* [bəˈʃrɪftən] *vt (Umschlag)* mettre une adresse sur; *(Marmeladenglas)* étiqueter

Beschriftung <-, -en> *f* inscription *f*

beschuldigen* [bəˈʃʊldɪgən] *vt* accuser de

Beschuldigte(r) *f(m)* accusé(e) *m(f)*

Beschuldigung <-, -en> *f* accusation *f*

beschützen* *vt* protéger

Beschützer(in) <-s, -> *m(f)* protecteur(-trice) *m(f)*

Beschwerde [bəˈʃveːɐdə] <-, -n> *f* ❶ plainte *f* ❷ *Pl* MED douleurs *fpl*

beschweren* [bəˈʃveːrən] *vr* **sich über jdn/etw** ~ se plaindre de qn/qc

beschwerlich *adj* pénible

beschwichtigen* [bəˈʃvɪçtɪgən] *vt* calmer; *(Gewissen)* soulager

beschwingt [bəˈʃvɪŋt] *adj (Person)* plein(e) d'entrain; *(Musik)* entraînant(e); *(Gang)* léger(-ère)

beschwipst *adj fam* éméché(e)

beschwören* *vt irr* ❶ *(beeiden)* jurer ❷ *(anflehen)* supplier ❸ *(Dämon)* conjurer

beseitigen* [bə'zaitɪgən] *vt* ❶ *(Spuren)* faire disparaître; *(Schmutz)* enlever; *(Zweifel)* dissiper ❷ *euph (umbringen)* supprimer

Besen ['be:zən] <-s, -> *m* balai *m*

besessen [bə'zɛsən] *adj* ❶ obsédé(e) ❷ REL possédé(e)

besetzen* *vt* ❶ *(Platz)* réserver ❷ *(widerrechtlich beziehen)* occuper; *(Haus)* squatter

besetzt *adj* occupé(e); *(Saal)* comble

Besetzung <-, -en> *f a.* MIL occupation *f; (eines Hauses)* squat *m*

besichtigen* [bə'zɪçtɪgən] *vt* visiter

Besichtigung <-, -en> *f* visite *f*

besiedeln* [bə'zi:dəln] *vt* peupler

besiegeln* *vt* sceller

besiegen* *vt* vaincre

Besiegte(r) *f(m)* vaincu(e) *m(f)*

Besinnung <-> *f* connaissance *f;* **bei/ohne ~ sein** être conscient/sans connaissance

besinnungslos *adj* sans connaissance

Besitz <-es> *m* ❶ *(Eigentum)* biens *mpl; (Grundbesitz)* propriété *f* ❷ *(das Besitzen)* possession *f*

besitzen* *vt irr* posséder

Besitzer(in) <-s, -> *m(f)* propriétaire *mf*

besoffen [bə'zɔfən] *adj fam* bourré(e)

besondere(r, s) [bə'zɔndərə] *adj* ❶ particulier(-ière); *(Freude)* tout(e) particulier(-ière); *(Schönheit)* exceptionnel(le) ❷ *(Raum)* à part

Besondere(s) *nt* **etwas/nichts ~s** quelque chose/rien de spécial ▸ **im ~n** en particulier

Besonderheit <-, -en> *f* particularité *f*

besonders [bə'zɔndɐs] *adv* ❶ particulièrement; **nicht ~ viel** pas vraiment beaucoup ❷ *(vor allem)* surtout; **~ du müsstest das wissen** toi le premier/la première tu devrais savoir ça

besonnen [bə'zɔnən] **I.** *adj* réfléchi(e) **II.** *adv* avec circonspection; **sich ~ verhalten** garder son sang-froid

besorgen* *vt* ❶ procurer ❷ *(kaufen)* acheter

besorgt [bə'zɔrkt] *adj* inquiet(-ète)

Besorgung <-, -en> *f* ❶ course *f* ❷ *kein Pl (das Kaufen)* achat *m*

bespaßen* *vt fam* **jdn bespaßen** divertir qn

bespitzeln* *vt* espionner

besprechen* *irr* **I.** *vt* discuter; **wie besprochen** comme convenu **II.** *vr* **sich ~** se concerter; **sich mit jdm ~** s'entretenir avec qn

Besprechung <-, -en> *f* ❶ *(Konferenz)* réunion *f; (Unterredung)* entretien *m* ❷ *kein Pl (das Besprechen)* discussion *f*

bespritzen* **I.** *vt* ❶ *(befeuchten)* asperger ❷ *(beschmutzen)* éclabousser **II.** *vr* **sich ~** ❶ s'asperger ❷ *(sich beschmutzen)* s'éclabousser

besprühen* *vt* ❶ vaporiser ❷ *(Wand)* bomber

besser ['bɛsɐ] **I.** *adj Komp von* **gut** ❶ *(von höherer Qualität)* meilleur(e); **das Wetter wird ~** le temps s'améliore ❷ *(von höherer Qualifikation)* **~ sein** *(höher befähigt)* être meilleur; *(besser geeignet)* être mieux ❸ *(vernünftiger)* **es ist ~, wenn** il vaut mieux que *+subj* ❹ *(Kreise)* supérieur(e) **II.** *adv Komp von* **gut, wohl** *(schwimmen)* mieux; **dieser Käse schmeckt ~ als der andere** ce fromage est meilleur que l'autre ▸ **jdm/etw geht es ~** qn/qc va mieux; **immer alles ~ wissen [wollen]** se croire plus malin(-igne) que tout le monde; **um so ~!** *fam* tant mieux!

besser|gehen *s.* **besser**

bessern **I.** *vr* **sich ~** s'améliorer **II.** *vt (Person)* corriger

Besserung <-> *f* ❶ amélioration *f* ❷ *(Gesundung)* **gute ~!** bon rétablissement!

Besserverdienende(r) *f(m) dekl wie adj* **die ~n** les gros salaires *mpl*

Besserwisser(in) <-s, -> *m(f) pej* pédant(e) *m(f)*

Bestand [bə'ʃtant] <-[e]s, Be-

stände> *m* ❶ *kein Pl* persistance *f*; **~ haben** être durable ❷ *(Menge)* stock *m*; **den ~ aufnehmen** faire l'inventaire ❸ *kein Pl* A *(das Bestehen)* existence *f*
beständig *adj* ❶ *(Verhalten)* constant(e); *(Wetter)* stable ❷ *(Freundschaft)* durable ❸ *(widerstandsfähig)* résistant(e) ❹ *(ständig)* continuel(le); *(Regen)* ininterrompu(e)
Bestandsaufnahme *f* ❶ inventaire *m* ❷ *fig* bilan *m*
Bestandteil *m* composant *m*; *(Einzelteil)* élément *m*
bestätigen* [bəˈʃtɛːtɪgən] *vt* confirmer
Bestätigung <-, -en> *f a.* JUR confirmation *f*
bestatten* [bəˈʃtatən] *vt geh* inhumer
Bestattung <-, -en> *f geh* inhumation *f*, obsèques *fpl*
bestaunen* *vt* admirer
beste(r, s) [ˈbɛstə] **I.** *adj Superl von* **gut** ❶ meilleur(e) ❷ *(am besten qualifiziert)* **der/die Beste** le meilleur/la meilleure ▶ **der/die/das erste Beste** le premier venu/la première venue; **zu seinem/ihrem Besten** pour son bien **II.** *adv* **er/sie singt am ~n** c'est lui/elle qui chante le mieux; **es wäre [wohl] am ~n, wenn** le mieux serait que +*subj*
bestechen* *vt irr* soudoyer
bestechlich *adj* vénal(e)
Bestechung <-, -en> *f* corruption *f*
Besteck <-[e]s, -e> *nt* couverts *mpl*
bestehen* *irr* **I.** *vt* ❶ *(Prüfung)* réussir ❷ *(durchstehen)* surmonter **II.** *vi* ❶ **es besteht die Möglichkeit, dass** il se peut que +*subj* ❷ *(Brauch)* exister; **~ bleiben** demeurer ❸ *(insistieren)* **auf etw** *(dat)* **~** tenir à qc
bestehlen* *vt irr* voler
besteigen* *vt irr* ❶ monter à; *(Berg)* escalader ❷ *(Fahrrad, Pferd)* monter sur
bestellen* *vt* ❶ *(kaufen wollen)* commander ❷ *(Hotelzimmer)* réserver ❸ *(Taxi)* appeler
Bestellschein *m* bon *m* de commande
Bestellung <-, -en> *f* ❶ commande *f* ❷ *(Reservierung)* réservation *f*
bestenfalls *adv* au mieux
bestens *adv* ❶ très bien; *(sich bewähren)* parfaitement ❷ *(danken)* cordialement
besteuern* *vt (Person, Firma)* imposer; *(Tabak)* taxer
bestialisch [bɛsˈti̯aːlɪʃ] **I.** *adj* bestial(e) **II.** *adv fam (wehtun)* vachement
Bestie [ˈbɛsti̯ə] <-, -n> *f* ❶ *(Tier)* bête *f* féroce ❷ *pej (Mensch)* monstre *m*
bestimmen* **I.** *vt* ❶ *(Preis, Ort)* fixer; *(Grenze)* déterminer ❷ *(entscheiden)* décider ❸ *(Landschaft)* caractériser ❹ *(Konjunktur)* déterminer ❺ *(Tier, Pflanze)* identifier; *(Alter)* déterminer ❻ *(Nachfolger)* désigner; *(Erbteil)* destiner **II.** *vi* ❶ *(befehlen)* décider ❷ *(verfügen)* **über jdn/etw ~** disposer de qn/qc
bestimmt **I.** *adj* ❶ *(Buch)* précis(e) ❷ *(Summe)* fixé(e); **am ~en Tag/Ort** au jour/lieu dit; **zur ~en Stunde** à l'heure dite ❸ LING défini(e) ❹ *(Person)* décidé(e); *(Ton)* ferme ❺ *(Kreise)* certain(e) **II.** *adv* ❶ *(sicher)* certainement; **~ wissen, dass** être sûr que ❷ *(entschieden)* catégoriquement
Bestimmtheit <-> *f* détermination *f*
Bestimmung <-, -en> *f* ❶ *(Vorschrift)* règlement *m*; *(vertraglich)* clause *f* ❷ *(Schicksal)* destinée *f*
Bestimmungsort *m* [lieu *m* de] destination *f*
bestrafen* *vt* ❶ punir ❷ JUR condamner
Bestrafung <-, -en> *f* punition *f*
bestrahlen* *vt* MED **jdn ~** traiter qn aux rayons X
Bestrahlung *f* MED radiothérapie *f*
bestrebt *adj* **~ sein etw zu tun** s'efforcer de faire qc
bestreichen* *vt irr* enduire; *(mit Butter)* beurrer; *(mit Marmelade)* tartiner
bestreiten* *vt irr* contester
bestreuen* *vt* saupoudrer
Bestseller [ˈbɛstzɛlɐ] <-s, -> *m* best-

B

-seller *m*

bestürzt [bəˈʃtʏrtst] **I.** *adj* bouleversé(e) **II.** *adv* avec consternation

Bestürzung <-> *f* consternation *f*

Besuch [bəˈzuːx] <-[e]s, -e> *m* ❶ visite *f*; **einen ~ bei jdm machen** aller voir qn ❷ *(Besucher)* visiteur *m*; *(Gast)* invité(e) *m(f)*

besuchen* *vt* ❶ aller voir ❷ *(Patienten)* visiter ❸ *(Theater)* aller à; *(Kurs)* suivre

Besucher(in) <-s, -> *m(f)* ❶ visiteur(-euse) *m(f)*; *(Gast)* invité(e) *m(f)* ❷ *(Teilnehmer)* participant(e) *m(f)*

Besuchszeit *f* heures *fpl* de visite

betasten* *vt* palper

betätigen* [bəˈtɛːtɪgən] *vt* actionner

Betätigung <-, -en> *f* activité *f*

betäuben* [bəˈtɔybən] *vt* MED endormir

betäubend *adj (Lärm)* assourdissant(e); *(Duft)* entêtant(e)

Betäubung <-, -en> *f* MED anesthésie *f*

Betäubungsmittel *nt* anesthésique *m*

Bete [ˈbeːtə] <-, -n> *f* **Rote ~** betterave *f* rouge

beteiligen* [bəˈtailɪgən] *vr* **sich ~** *(dat)* participer

beteiligt *adj* ❶ **an etw** *(dat)* **~ sein** *(teilnehmen, mitwirken)* être associé à qc ❷ FIN, COM **an einer Firma ~ sein** avoir une part dans une entreprise

Beteiligte(r) *f(m)* participant(e) *m(f)*

Beteiligung <-, -en> *f* participation *f*

beten [ˈbeːtən] *vi* prier

beteuern* [bəˈtɔyɐn] *vt* assurer

Beton [beˈtɔŋ] <-s> *m* béton *m*

betonen* [bəˈtoːnən] *vt* ❶ LING accentuer ❷ *(zur Geltung bringen)* souligner ❸ *(nachdrücklich erwähnen)* insister sur

betonieren* [betoˈniːrən] *vt* bétonner

Betonmischmaschine *f* bétonnière *f*

betont [bəˈtoːnt] **I.** *adj* ostensible **II.** *adv* ostensiblement

Betonung <-, -en> *f* ❶ LING accentuation *f* ❷ *kein Pl (das Hervorheben)* mise *f* en valeur ❸ *kein Pl (nachdrückliche Erwähnung)* **die ~ einer S.** *(gen)* l'accent *m* mis sur qc ❹ *kein Pl (Nachdruck)* insistance *f*

Betracht [bəˈtraxt] <-[e]s> *m* ▶ **in ~/nicht in ~ kommen** entrer/ne pas entrer en ligne de compte; **etw außer ~ lassen** ne pas prendre qc en considération; **in ~ ziehen, dass** envisager que +*subj*

betrachten* **I.** *vt* ❶ regarder ❷ *(untersuchen)* **genau betrachtet** tout bien considéré ❸ *(halten für)* **jdn als Freund ~** considérer qn comme un ami **II.** *vr* ❶ *(sich anschauen)* **sich ~** se contempler ❷ *(sich halten für)* **sich als jds Freund ~** se considérer comme l'ami de qn

Betrachter(in) <-s, -> *m(f)* contemplateur(-trice) *m(f)*

beträchtlich [bəˈtrɛçtlɪç] **I.** *adj* considérable **II.** *adv* considérablement

Betrachtung <-> *f kein Pl (eines Gegenstands)* observation *f*

Betrag [bəˈtraːk] <-[e]s, Beträge> *m* montant *m*

betragen* *irr vi (Euro, Prozent)* s'élever à; *(Meter, Tonnen)* représenter

betreffen* *vt irr* concerner

betreffend *adj attr* ❶ *(besagt)* **die ~e Zeitung** le journal en question ❷ *(bezüglich)* **den Vertrag ~** concernant le contrat

betreiben* *vt irr (Gewerbe)* exercer; *(Forschung)* effectuer; *(Politik)* pratiquer

Betreiber(in) <-s, -> *m(f)* exploitant(e) *m(f)*

betreten*[1] *vt irr* ❶ *(Gebäude)* entrer dans ❷ *(Teppich)* marcher sur

betreten[2] *adj (Person)* gêné(e); *(Schweigen)* embarrassé(e)

betreuen* [bəˈtrɔyən] *vt* s'occuper de

Betreuer(in) <-s, -> *m(f) (einer Reisegruppe)* responsable *mf*

Betreuung <-> *f* ❶ *(das Betreuen)* prise *f* en charge ❷ *(Betreuer von Pflegebedürftigen)* aide-soignant(e) *m(f)*

Betrieb [bəˈtriːp] <-[e]s, -e> *m* ❶ *(In-*

dustriebetrieb) entreprise *f* ❷ *kein Pl (Betriebsamkeit)* activité *f* ❸ *(Ablauf)* activité *f*; **etw in ~ setzen** mettre qc en marche; **in/außer ~** en/hors service

Betriebsanleitung *f* notice *f* d'utilisation **Betriebsausflug** *m* excursion *f* organisée par l'entreprise **betriebsbereit** *adj* prêt(e) à fonctionner **Betriebsferien** *Pl* fermeture *f* annuelle **Betriebsklima** *nt* climat *m* de l'entreprise **Betriebskosten** *Pl* frais *mpl* d'exploitation **Betriebsrat, -rätin** *m, f* délégué(e) *m(f)* du personnel **Betriebssystem** *nt* système *m* d'exploitation **Betriebsunfall** *m* accident *m* du travail **Betriebswirt(in)** *m(f)* diplômé(e) *m(f)* en gestion d'entreprise **Betriebswirtschaft** *f (Schulfach)* économie *f* d'entreprise; *(Studienfach)* gestion *f* [d'entreprise]

betrinken* *vr irr* **sich [mit etw] ~** se soûler [à qc]

betroffen [bəˈtrɔfən] **I.** *adj* ❶ *(beteiligt)* **von etw ~ sein** être concerné par qc ❷ *(bestürzt)* consterné(e) **II.** *adv* avec consternation

Betroffene(r) *f(m) dekl wie adj* personne *f* concernée

betrüben* *vt* **jdn ~** *(Person)* faire de la peine à qn

betrübt *adj* désolé(e)

Betrug [bəˈtruːk] <-[e]s> *m* escroquerie *f*

betrügen* [bəˈtryːgən] *irr* **I.** *vt* ❶ *(finanziell hintergehen)* frauder ❷ *(beschwindeln)* duper ❸ *(untreu sein)* tromper **II.** *vr* **sich [selbst] ~** s'abuser

Betrüger(in) <-s, -> *m(f)* fraudeur(-euse) *m(f)*; *(beim Spielen)* tricheur(-euse) *m(f)*

betrügerisch *adj pej* frauduleux(-euse)

betrunken [bəˈtrʊŋkən] *adj* ivre

Betrunkenheit <-> *f* ivresse *f*

Bett [bɛt] <-[e]s, -en> *nt* lit *m*

Bettbezug *m* housse *f* de couette **Bettdecke** *f* couverture *f*

betteln *vi* mendier

bettlägerig [ˈbɛtlɛːgərɪç] *adj* alité(e)

Bettlaken *nt* drap *m*

Bettler(in) [ˈbɛtlɐ] <-s, -> *m(f)* mendiant(e) *m(f)*

Betttuch <-tücher> *nt* drap *m* **Bettwäsche** *f* parure *f* de lit

Beuge [ˈbɔygə] <-, -n> *f* ❶ *(eines Knies)* pliure *f* ❷ *(Rumpfbeuge)* flexion *f*

beugen [ˈbɔygən] *vr* **sich ~** ❶ *(sich neigen)* se pencher ❷ *(sich unterwerfen)* s'incliner

Beule [ˈbɔylə] <-, -n> *f* bosse *f*

beunruhigen* [bəˈʔʊnruːɪgən] *vt, vr* **[sich] ~** [s']inquiéter

beunruhigt *adj* inquiet(-ète)

beurkunden* *vt* authentifier

beurlauben* *vt* ❶ donner un congé à; MIL donner une permission à ❷ *(vom Dienst suspendieren)* suspendre

beurteilen* *vt* juger

Beurteilung <-, -en> *f* ❶ *kein Pl* jugement *m* ❷ *(schriftliches Urteil)* appréciation *f*

Beute [ˈbɔytə] <-> *f* ❶ *(eines Jägers)* prise *f*; *(eines Tiers)* proie *f* ❷ *(Diebesbeute)* butin *m*

Beutel [ˈbɔytəl] <-s, -> *m* ❶ sac *m* ❷ ZOOL poche *f*

bevölkern* [bəˈfœlkɐn] *vt (Gebiet)* peupler

Bevölkerung <-, -en> *f* population *f*

Bevölkerungsdichte *f* densité *f* de population

bevollmächtigen* [bəˈfɔlmɛçtɪgən] *vt* **jdn ~ etw zu tun** donner pouvoir à qn de faire qc

Bevollmächtigte(r) *f(m) dekl wie adj* fondé(e) *m(f)* de pouvoir; POL mandataire *mf*

bevor [bəˈfoːɐ̯] *konj* ❶ *(ehe)* avant que *+subj*; **~ ich abreise, möchte ich gerne...** avant de partir en voyage, je voudrais... ❷ *(solange)* **~ du nicht aufräumst, darfst du nicht gehen** tu ne partiras pas tant que tu n'auras pas rangé

bevormunden* [bəˈfoːɐ̯mʊndən] *vt*

jdn ~ tenir qn en tutelle
bevor|stehen *vi irr* ❶ *(zu erwarten haben)* **jdm** ~ attendre qn ❷ *(in Kürze eintreten)* **etw steht bevor** on est à la veille de qc
bevorstehend *adj* imminent(e)
bevorzugen* [bəˈfoːɐ̯tsuːgən] *vt* ❶ *(begünstigen)* favoriser ❷ *(lieber mögen)* préférer
Bevorzugung <-, -en> *f* préférence *f*
bewachen* *vt* surveiller
Bewachung <-, -en> *f* ❶ *kein Pl* surveillance *f* ❷ *(Wachmannschaft)* garde *f*
bewaffnen* [bəˈvafnən] *vt* **jdn/sich mit etw** ~ armer qn/s'armer de qc
Bewaffnung <-, -en> *f* armement *m*
bewahren* [bəˈvaːrən] *vt* préserver
bewähren* [bəvɛːrən] *vr* **sich** ~ faire ses preuves
Bewährung <-, -en> *f* JUR sursis *m*
bewältigen* [bəˈvɛltɪgən] *vt* ❶ venir à bout de ❷ *(Vergangenheit)* assumer
bewandert [bəˈvandɐt] *adj* ~ **sein** être expert
bewässern* [bəˈvɛsɐn] *vt* arroser; *(Feld)* irriguer
bewegen*¹ [bəˈveːgən] **I.** *vt* ❶ déplacer ❷ *(beschäftigen)* **jdn** ~ *(Vorstellung)* occuper l'esprit de qn; *(Erlebnis)* remuer qn ❸ *(bewirken)* **viel/wenig** ~ faire bouger beaucoup/peu de choses **II.** *vr* ❶ **sich** ~ bouger ❷ *(verkehren)* **sich frei/um die Sonne** ~ se déplacer librement/autour du soleil
bewegen² *vt irr* **jdn** ~ amener qn; **sich ~ lassen etw zu tun** se laisser convaincre de faire qc
bewegend *adj* émouvant(e)
Beweggrund *m* mobile *m*
beweglich [bəˈveːklɪç] *adj* mobile
bewegt [bəˈveːkt] *adj* ❶ *(Oberfläche)* agité(e) ❷ *(erlebnisreich)* mouvementé(e) ❸ *(innerlich gerührt)* **von etw ~ sein** être touché par qc
Bewegung <-, -en> *f* ❶ *a.* POL, KUNST mouvement *m* ❷ *(körperliche Betätigung)* exercice *m* ❸ *(Ergriffenheit)* émotion *f* ❹ *(Änderung)* changement *m*
bewegungslos *adj, adv* immobile
Beweis [bəˈvais] <-es, -e> *m* preuve *f*
beweisbar *adj* prouvable
beweisen* *vt irr* prouver
Beweismaterial *nt* pièces *fpl* à conviction
bewerben* *vr irr* **sich** ~ *(akk)* poser sa candidature
Bewerber(in) <-s, -> *m(f)* candidat(e) *m(f)*
Bewerbung <-, -en> *f* candidature *f*
Bewerbungsgespräch *nt* entretien *m* [d'embauche] **Bewerbungsschreiben** *nt* lettre *f* de candidature
bewerkstelligen* [bəˈvɛrkʃtɛlɪgən] *vt* réussir
bewerten* *vt* ❶ *(benoten)* évaluer ❷ *(schätzen)* estimer
Bewertung *f* ❶ *(Benotung)* évaluation *f* ❷ *(Schätzung)* estimation *f*
bewilligen* [bəˈvɪlɪgən] *vt* accorder
Bewilligung <-, -en> *f* ❶ *kein Pl (einer Stelle)* approbation *f*; *(von Geldmitteln)* octroi *m* ❷ *(schriftliche Genehmigung)* autorisation *f*
bewirken* *vt* provoquer
bewirten* [bəˈvɪrtən] *vt* régaler
bewirtschaften* *vt* exploiter
Bewirtung <-, -en> *f* ❶ *(Bedienung)* service *m* ❷ *(Speisen und Getränke)* boire *m* et manger
bewog [bəˈvoːk] *Imp von* **bewegen²**
bewogen [bəˈvoːgən] *PP von* **bewegen²**
bewohnbar *adj* habitable
bewohnen* *vt* habiter
Bewohner(in) <-s, -> *m(f)* habitant(e) *m(f)*
bewölken* [bəˈvœlkən] *vr* **sich** ~ *(Himmel)* se couvrir
bewölkt *adj* nuageux(-euse)
bewundern* *vt* admirer
bewundernswert *adj geh* admirable
Bewunderung <-, -en> *f* admiration *f*
bewusst [bəˈvʊst] **I.** *adj* ❶ *(vorsätzlich)* délibéré(e) ❷ PSYCH conscient(e) **II.** *adv*

❶ *(leben)* de façon équilibrée ❷ *(vorsätzlich)* délibérément ❸ *(klar)* **sich** *(dat)* **etw ~ machen** prendre conscience de qc
bewusstlos *adj* inconscient(e)
Bewusstlosigkeit <-, -en> *f* inconscience *f; (kurzfristig)* évanouissement *m*
bewusst|machen *s.* **bewusst Bewusstsein** <-s> *nt* conscience *f*
bezahlen* *vt, vi* payer
bezahlt *adj* payé(e) ▸ **sich für jdn ~ machen** être payant pour qn
Bezahlung *f kein Pl* paiement *m*
bezaubern* *vt* charmer
bezaubernd *adj (Person, Klang)* charmant(e); *(Gegenstand, Schönheit)* ravissant(e)
bezeichnen* **I.** *vt* ❶ *(bedeuten)* désigner ❷ *(benennen)* qualifier **II.** *vr* **sich als liberal ~** se qualifier de libéral(e)
bezeichnend *adj* typique
Bezeichnung *f* ❶ *(Beschreibung)* désignation *f* ❷ *(Kennzeichnung)* indication *f*
bezeugen* [bəˈtsɔygən] *vt* **~, dass...** *(Person)* certifier que...; *(Verhalten)* attester que...
beziehen* *irr* **I.** *vt* ❶ *(Polster)* recouvrir; **die Betten frisch ~** changer les draps ❷ *(Wohnung)* emménager dans ❸ *(in Beziehung setzen)* **etw auf jdn/etw ~** rapporter qc à qn/qc **II.** *vr* **sich auf jdn/etw ~** ❶ *(betreffen: Bemerkung)* se rapporter à qn/qc ❷ *(sich berufen)* se référer à qn/qc
Beziehung <-, -en> *f* relation *f*
beziehungsweise *konj (oder auch)* ou bien; *(oder vielmehr)* ou plutôt
Bezirk [bəˈtsɪrk] <-[e]s, -e> *m* ❶ *(Gebiet)* région *f* ❷ COM secteur *m* ❸ *(Verwaltungsbezirk)* district *m* administratif; A, CH district ❹ *(Stadtbezirk)* ≈ arrondissement *m*
Bezug [bəˈtsu:k] <-[e]s, Bezüge> *m (Bettbezug)* housse *f; (Kissenbezug)* taie *f* ▸ **in ~ auf etw** concernant qc
bezüglich [bəˈtsy:klɪç] **I.** *präp +gen* **~ Ihres Angebots** *form* concernant votre offre **II.** *adj* relatif(-ive)
bezugsfertig *adj* habitable
Bezugsperson *f* personne *f* d'identification
bezwecken* [bəˈtsvɛkən] *vt* ❶ servir à ❷ *(beabsichtigen)* rechercher; **etw ~** *(Maßnahme)* viser qc
bezweifeln* *vt* **etw ~** mettre qc en doute; **~, dass** douter que *+subj*
bezwingen* *irr* **I.** *vt* ❶ vaincre ❷ *(Festung)* prendre ❸ *(Wut)* maîtriser **II.** *vr* **sich ~** se maîtriser
BH [beˈha:] <-[s], -[s]> *m fam Abk von* **Büstenhalter** soutif *m*
Bibel [ˈbi:bəl] <-, -n> *f* bible *f*
Biber [ˈbi:bɐ] <-s, -> *m* castor *m*
bibliografisch [biblioˈgra:fɪʃ] *adj* bibliographique
Bibliothek [biblioˈte:k] <-, -en> *f* bibliothèque *f*
Bibliothekar(in) [biblioteˈka:ɐ̯] <-s, -e> *m(f)* bibliothécaire *mf*
biblisch [ˈbi:blɪʃ] *adj* biblique
bieder [ˈbi:dɐ] *adj* ❶ *(brav)* bien sage ❷ *pej (einfältig)* simplet(te)
biegen [ˈbi:gən] *irr* **I.** *vt +haben* ❶ tordre; *(Zweig)* plier ❷ A *(Adjektiv, Substantiv)* décliner; *(Verb)* conjuguer **II.** *vi +sein* **nach rechts/links ~** tourner à droite/gauche **III.** *vr +haben* ❶ **sich nach vorne/rechts ~** se pencher en avant/à droite ❷ *(sich verziehen)* **sich ~** se tordre
biegsam *adj* souple
Biegung <-, -en> *f* ❶ *(einer Straße)* tournant *m; (eines Flusses)* courbe *f* ❷ *(einer Wirbelsäule)* courbure *f* ❸ LING A flexion *f*
Biene [ˈbi:nə] <-, -n> *f* abeille *f*
Bienenhonig *m* miel *m* d'abeilles **Bienenstock** *m* ruche *f* **Bienenwachs** *nt* cire *f* d'abeille
Bier [bi:ɐ̯] <-[e]s, -e> *nt* bière *f*
Bierbauch *m fam* abdos *mpl* Kronenbourg® **Bierbrauerei** *f* brasserie *f* **Bierdeckel** *m* sous-bock *m* **Biergarten** *m* brasserie *f* en plein air **Bier-**

glas *nt* verre *m* à bière **Bierzelt** *nt* chapiteau *m (grande tente où est installée une brasserie)*

Biest [biːst] <-[e]s, -er> *nt pej fam* ① *(Insekt)* bestiole *f* ② *(Mensch)* teigne *f*

bieten ['biːtən] *irr* **I.** *vt* offrir **II.** *vi* ① SPIEL annoncer ② *(ein Angebot machen)* enchérir **III.** *vr* ① **sich ~** *(Chance)* se présenter ② *(sich darbieten)* **sich jdm ~** *(Anblick)* s'offrir à qn

Bikini [bi'kiːni] <-s, -s> *m* deux-pièces *m*

Bilanz [bi'lants] <-, -en> *f* bilan *m* ▶ **~ ziehen** faire le bilan

Bild [bɪlt] <-[e]s, -er> *nt* ① *(Gemälde)* tableau *m; (Zeichnung)* dessin *m* ② *(Foto)* photo *f* ③ TV, CINE image *f* ④ *(Spiegelbild)* image *f* ⑤ *(Vorstellung)* image *f*

bilden ['bɪldən] **I.** *vt* ① former ② *(Höhepunkt)* constituer ③ KUNST modeler **II.** *vr* **sich ~** ① *(entstehen)* se former ② *(sich Bildung verschaffen)* se cultiver **III.** *vi* former

Bilderbuch *nt* livre *m* d'images **Bilderrahmen** *m* cadre *m* **Bilderstürmer(in)** *m(f)* HIST iconoclaste *mf*

Bildfläche *f* écran *m*

bildhaft *adj* imagé(e)

Bildhauer(in) <-s, -> *m(f)* sculpteur(-euse) *m(f)*

Bildhauerei <-> *f* sculpture *f*

bildhübsch *adj* ravissant(e)

bildlich **I.** *adj* ① *(Darstellung)* imagé(e) ② *(in bildhafter Sprache)* figuré(e), métaphorique **II.** *adv* ① *(darstellen)* en images; **stell dir das mal ~ vor!** représente-toi la scène! ② *(in bildhafter Sprache)* au sens figuré, au figuré

Bildnis ['bɪltnɪs] <-ses, -se> *nt geh (auf Münzen)* effigie *f*

Bildschirm *m* écran *m*

Bildschirmschoner *m* INFORM économiseur *m* d'écran

bildschön *s.* **bildhübsch**

Bildung ['bɪldʊŋ] <-> *f kein Pl* ① culture *f; (Erziehung)* formation *f* ② *a.* BOT *(das Hervorbringen)* formation *f*

Bildungslücke *f* lacune *f* **Bildungspolitik** *f* politique *f* éducative **Bildungsurlaub** *m* congé-formation *m*

Billard ['bɪljart] <-s, -e *o* A -s> *nt* billard *m*

Billett [bɪl'jɛt] <-[e]s, -e> *nt* ① A *(Brief)* lettre *f* ② CH *(Fahrkarte)* billet *m*

Billiarde [bɪ'li̯ardə] <-, -n> *f* mille billions *mpl*

billig ['bɪlɪç] *adj* bon marché

billigen ['bɪlɪgən] *vt* approuver

Billigflug *m* vol *m* économique **Billigfluglinie** *f* compagnie *f* aérienne à bas prix

Billigladen *m pej fam* magasin *m* discount **Billiglohnarbeit** *f* travail *m* mal rémunéré

Billigung <-, -en> *f* approbation *f*

Billion [bɪ'ljoːn] <-, -en> *f* billion *m*

bimmeln *vi fam* carillonner

bin [bɪn] *1. Pers Präs von* **sein**[1]

binär [bi'nɛːɐ̯] *adj* binaire

Binde ['bɪndə] <-, -n> *f* ① MED bande *f* ② *(Monatsbinde)* serviette *f* hygiénique

Bindegewebe *nt* tissu *m* conjonctif **Bindeglied** *nt* lien *m*

binden *irr* **I.** *vt* ① *(zusammenbinden: durch Bündeln)* lier; *(durch Knoten)* nouer ② *(verpflichten)* **jdn ~** lier qn ③ *(Buch)* relier **II.** *vi* lier **III.** *vr* ① *(eine Beziehung eingehen)* **sich an jdn ~** se lier avec qn ② *(sich verpflichten)* **sich ~** s'engager

bindend *adj* ferme; **eine ~e Zusage machen** faire une promesse ferme; **für jdn ~ sein** engager qn

Bindestrich *m* trait *m* d'union

Bindfaden *m* ficelle *f*

Bindung <-, -en> *f* ① *(Verbundenheit)* attachement *m* ② *(Verpflichtung)* engagement *m* ③ *(Beziehung)* liaison *f*

binnen ['bɪnən] *präp +dat o gen* **~ einem Jahr** dans un délai d'un an

Binnengewässer *nt* eaux *fpl* continentales **Binnenhafen** *m* port *m* fluvial **Binnenmarkt** *m* marché *m* intérieur

Binnenmeer *nt* mer *f* intérieure **Binnenschifffahrt** *f* navigation *f* fluviale

Bioabfall *m s.* **Biomüll**

Biochemie [bioçe'mi:] *f* biochimie *f* **Biochemiker(in)** [bio'çe:mike] *m(f)* biochimiste *mf*

Biodiesel *m* biodiesel *m* **Biogas** *nt* biogaz *m*

Biograf(in) [bio'gra:f] <-en, -en> *m(f)* biographe *mf*

Biografie [biografi:] <-, -n> *f* biographie *f*

Biographie *s.* **Biografie**

biographisch *s.* **biografisch**

Biokost *f s.* **Bionahrung** **Bioladen** *m fam* magasin *m* bio **Biolandbau** *m* agriculture *f* biologique

Biologe, Biologin [bio'lo:gə] <-n, -n> *m, f* biologiste *mf*

Biologie [biolo'gi:] <-> *f* biologie *f*

biologisch [bio'lo:gɪʃ] **I.** *adj* biologique **II.** *adv* biologiquement; ~ **abbaubar** biodégradable

Biomasse *f kein Pl* biomasse *f*

Biometrie [biome'tri:] <-> *f* biométrie *f*

biometrisch [bio'me:trɪʃ] *adj* biométrique; **~e Daten** données biométriques

Biopsie [biɔ'psi:] <-, -ien> *f* biopsie *f*

Biotonne *f* poubelle *f* pour déchets biodégradables

Biotop [bio'to:p] <-s, -e> *nt* biotope *m*

Birke ['bɪrkə] <-, -n> *f* bouleau *m*

Birnbaum *m* poirier *m*

Birne ['bɪrnə] <-, -n> *f* ❶ *(Frucht)* poire *f* ❷ *(Glühbirne)* ampoule *f*

bis [bɪs] **I.** *präp +akk* ❶ *(zeitlich)* jusqu'à; *(nicht später als)* d'ici; **vom ersten ~ dritten März** du premier au trois mars ❷ *(räumlich)* **~ Frankfurt fahren** aller jusqu'à Francfort **II.** *präp mit adv o pron* ❶ *(zeitlich)* **~ jetzt** jusqu'à maintenant; **~ dahin** d'ici là; **er hat ~ jetzt noch nicht angerufen** il n'a pas encore appelé; **~ bald!** à bientôt!; **~ dann!** à tout à l'heure! ❷ *(räumlich)* **~ hierhin** jusqu'ici; **von oben ~ unten** de haut en bas ❸ *(einschließlich)* **alles ~ auf den letzten Krümel aufessen** manger tout jusqu'à la dernière miette ❹ *(mit Ausnahme von)* **alle ~ auf Robert** tous sauf Robert **III.** *adv* **~ zum Herbst muss es fertig sein** ça doit être fini d'ici l'automne; **ich bin ~ gegen acht Uhr noch da** je serai encore là jusque vers huit heures; **~ zum 17. Lebensjahr** jusqu'à l'âge de 17 ans **IV.** *konj* ❶ *(ungefähr)* **zwei ~ drei Stunden** entre deux et trois heures ❷ *(so lange, bis)* jusqu'à ce que *+subj*

Bischof, Bischöfin ['bɪʃɔf] <-s, Bischöfe> *m, f* évêque *m*

Bischofssitz *m* évêché *m*

bisexuell [bizɛ'ksu̯ɛl] *adj* bisexuel(le)

bisher [bɪs'he:ɐ̯] *adv* jusqu'à présent

bisherig *adj* **die ~e Personalchefin** *(gegenwärtig/ehemalig)* la chef du personnel actuelle/en poste jusqu'ici; **sein ~es Verhalten** le comportement qu'il a eu jusqu'à présent

Biskuit [bɪs'kvi:t] <-[e]s, -s> *nt o m* génoise *f*

bislang [bɪs'laŋ] *s.* **bisher**

biss [bɪs] *Imp von* **beißen**

Biss [bɪs] <-es, -e> *m* ❶ *(das Beißen)* **mit einem ~** d'un coup de dent ❷ *(Bisswunde)* morsure *f*

bisschen ['bɪsçən] **I.** *pron indef, inv* **ein ~ Milch** un peu de lait; **kein ~ Geduld haben** n'avoir pas du tout de patience; **ein ~ wenig** pas assez; **kein ~ schlechter** pas pire **II.** *nt kleingeschrieben* **das ~, das** le peu qui/que

Bissen ['bɪsən] <-s, -> *m* ❶ *(Happen)* morceau *m* ❷ *(Mundvoll)* bouchée *f*

bissig *adj* **~er Hund!** chien méchant!

Bit [bɪt] <-[s], -[s]> *nt* bit *m*

bitte ['bɪtə] *adv* ❶ s'il vous plaît; *(wenn man den Gesprächspartner duzt)* s'il te plaît ❷ *(Höflichkeitsformel in Antworten)* **~ [schön]!** je vous en prie!/je t'en prie! ❸ *(in ironischen Antworten)* **na ~!** ah, vous voyez [bien]!/ah, tu vois [bien]! ❹ *(Höflichkeitsformel in Nachfragen)* **[wie] ~?** pardon?

B

Bitte <-, -n> *f* demande *f*; **ich habe eine ~ an Sie** je veux vous demander une faveur

bitten *irr* **I.** *vt* **jdn um etw ~** demander qc à qn; **jdn ~ etw zu tun** prier qn de faire qc; **darf ich Sie um das Brot ~?** pourriez-vous me passer le pain, s'il vous plaît? **II.** *vi* ❶ **darf ich ~?** *(beim Tanzen)* puis-je me permettre?; **es wird gebeten nicht zu rauchen** *form (als Schildinschrift)* prière de ne pas fumer ❷ *(flehen)* supplier ❸ *(hereinbitten)* **ich lasse ~!** faites entrer! ▸ **wenn ich ~ darf!** *(auffordernd)* si possible!; *(befehlend)* je vous prie!

bitter **I.** *adj* amer(-ère) **II.** *adv* ❶ **~ schmecken** avoir un goût amer ❷ *(lachen)* avec amertume ❸ *(bereuen)* amèrement

bitterböse ['bɪtɐ'bøːzə] **I.** *adj (Person)* très fâché(e); *(Brief)* très méchant(e) **II.** *adv (antworten)* sur un ton méchant **bitterernst** ['bɪtɐ'ʔɛrnst] **I.** *adj (Person)* très sérieux(-euse); *(Lage)* très grave **II.** *adv* **es ~ meinen** être tout ce qu'il y a de plus sérieux

Bitterkeit <-> *f a. fig* amertume *f*

Biwak ['biːvak] <-s, -s> *nt* bivouac *m*

bizarr [bi'tsar] *adj* bizarre

Bizeps <-es, -e> *m* biceps *m*

Blackout, **Black-out** ['blɛkʔaut] <-s, -s> *m (Bewusstseinstrübung)* perte *f* de conscience momentanée; *(in einer Prüfung)* trou *m* [noir]

blähen ['blɛːən] **I.** *vt* gonfler **II.** *vr* **sich ~** se gonfler **III.** *vi* ballonner

Blähung <-, -en> *f meist Pl* ballonnement *m*

blamabel [bla'maːbəl] *adj geh* honteux(-euse)

Blamage [bla'maːʒə] <-, -n> *f geh* honte *f*

blamieren* [bla'miːrən] *vt, vr* [**sich**] **~** [se] ridiculiser

blank [blaŋk] *adj* ❶ *(glänzend)* brillant(e); *(sauber)* étincelant(e) [de propreté] ❷ *(rein)* pur(e)

Blankoscheck *m* chèque *m* en blanc

Blase ['blaːzə] <-, -n> *f* ❶ ANAT vessie *f* ❷ MED ampoule *f*; *(Brandblase)* cloque *f* ❸ *(Luft-, Sprechblase)* bulle *f*

blasen ['blaːzən] *irr* **I.** *vi* souffler **II.** *vt* **den Staub vom Buch ~** souffler sur la poussière du livre

Blasenentzündung *f* MED cystite *f*

Blasinstrument *nt* instrument *m* à vent **Blaskapelle** *f* fanfare *f* **Blasmusik** *f* musique *f* de fanfare

Blasphemie [blasfe'miː] <-, -ien> *f geh* blasphème *m*

blass [blas] *adj* ❶ pâle ❷ *(Erinnerung)* vague

Blatt [blat] <-[e]s, Blätter> *nt* ❶ *a.* BOT feuille *f* ❷ *(Zeitung)* journal *m*

blättern ['blɛtɐn] *vi* feuilleter

Blätterteig *m* pâte *f* feuilletée

Blattgold *nt* feuille *f* d'or **Blattlaus** *f* puceron *m* **Blattsalat** *m* salade *f* verte

blau [blau] *adj* bleu(e)

Blau <-s, -, *fam* -s> *nt* bleu *m*

blauäugig *adj* ❶ *(mit blauen Augen)* aux yeux bleus ❷ *(naiv)* naïf(naïve)

Blaubeere *f* myrtille *f* **Blauhelm** *m* casque *m* bleu **Blaukraut** *nt* A chou *m* rouge

bläulich ['blɔylɪç] *adj* bleuté(e); *(ins Blaue spielend)* bleuâtre

Blaulicht *nt* gyrophare *m* **Blausäure** *f* CHEM acide *m* prussique

Blazer ['bleːzɐ] <-s, -> *m* blazer *m*

Blech [blɛç] <-[e]s, -e> *nt kein Pl* tôle *f*

Blechdose *f* boîte *f* en fer-blanc

blechen *fam* **I.** *vt* raquer **II.** *vi* casquer

Blechschaden *m* dégâts *mpl* matériels

Blei [blai] <-[e]s, -e> *nt* plomb *m*

Bleibe ['blaibə] <-, -n> *f* demeure *f*; *(vorübergehend)* abri *m*; **eine/keine ~ haben** avoir un logement/être sans logis

bleiben ['blaibən] *irr* **I.** *vi +sein* rester; **liegen ~** *(Gegenstände)* rester là; **stehen ~** *(Person)* s'arrêter **II.** *vi unpers* **es bleibt zu hoffen, dass...** il ne reste qu'à espérer que...

bleibend *adj* ❶ *(beständig)* permanent(e) ❷ *(unveränderlich)* **gleich ~**

constant; **gleich ~ sein** rester constant

bleich [blaiç] *adj* pâle

bleichen *irr* **I.** *vt +haben* blanchir **II.** *vi +sein* perdre sa couleur; **diese Tapeten ~ schnell** ces papiers peints perdent vite leurs couleurs

bleifrei *adj* sans plomb

Bleistift *m* crayon *m* [à papier] **Bleistiftspitzer** *m* taille-crayon *m*

Bleivergiftung *f* intoxication *f* par le plomb

Blende ['blɛndə] <-, -n> *f* ❶ PHOT diaphragme *m* ❷ *(Lichtschutz)* écran *m*

blenden ['blɛndən] **I.** *vt* ❶ éblouir ❷ *(blind machen)* aveugler **II.** *vi* ❶ *(Sonne)* éblouir ❷ *(hinters Licht führen)* chercher à impressionner

blendend *adj* excellent(e)

Blick [blɪk] <-[e]s, -e> *m* ❶ *(das Schauen)* regard *m; (flüchtig)* coup *m* d'œil ❷ *kein Pl (Augenausdruck)* regard *m* ❸ *kein Pl (Ausblick)* vue *f*

blicken I. *vi* regarder **II.** *vt* **sich ~ lassen** se montrer

Blickfang *m* point *m* de mire **Blickfeld** *nt* champ *m* de vision **Blickwinkel** *m* angle *m*

blieb [bli:p] *Imp von* **bleiben**

blies [bli:s] *Imp von* **blasen**

blind [blɪnt] **I.** *adj* aveugle **II.** *adv* ❶ *(wahllos)* au hasard ❷ *(unkritisch)* aveuglément

Blinddarm *m* ANAT appendice *m*

Blinddarmentzündung *f* appendicite *f*

Blinde(r) *f(m)* aveugle *mf*

Blindenhund *m* chien *m* d'aveugle **Blindenschrift** *f* braille *m*

blinken ['blɪŋkən] *vi* ❶ *(Edelstein)* scintiller ❷ *(blitzen)* **vor Sauberkeit ~** étinceler ❸ *(Zeichen geben)* clignoter

Blinker <-s, -> *m* AUT clignotant *m*

Blinklicht *nt* ❶ *(Signal)* feu *m* clignotant ❷ *fam (Blinkleuchte)* clignotant *m*

blinzeln ['blɪntsəln] *vi* cligner des yeux; *(zwinkern)* faire un clin d'œil

Blitz [blɪts] <-es, -e> *m* ❶ éclair *m; (Blitzschlag)* foudre *f* ❷ PHOT flash *m*

Blitzableiter <-s, -> *m* paratonnerre *m* **blitzblank** *adj fam* nickel *inv*

blitzen I. *vi unpers* **es blitzt** il y a des éclairs **II.** *vi (strahlen)* étinceler **III.** *vt fam* **geblitzt werden** *(Autofahrer)* se faire prendre par un radar

Blitzlicht *nt* flash *m* **blitzschnell** ['blɪts'ʃnɛl] *s.* **blitzartig**

Block [blɔk] <-[e]s, Blöcke> *m a.* POL bloc *m; (Häuserblock)* pâté *m* de maisons

Blockade [blɔ'ka:də] <-, -n> *f* blocus *m*

Blockflöte *f* flûte *f* à bec

blockfrei *adj* non-aligné(e)

blockieren* [blɔ'ki:rən] **I.** *vt* bloquer; *(Stromzufuhr)* couper **II.** *vi (Bremsen)* [se] bloquer

Blocksatz *m* composition *f* en carré **Blockschokolade** *f* chocolat *m* à cuire **Blockschrift** *f* caractères *mpl* d'imprimerie

blöd[e] *adj fam* ❶ *(dumm)* idiot(e) ❷ *(Situation)* embêtant(e)

Blödheit <-, -en> *f fam* connerie *f*

Blödmann <-männer> *m fam* imbécile *m* **Blödsinn** *m kein Pl pej fam* bêtise *f* **blödsinnig** *adj pej fam (Idee)* stupide

Blog [blɔg] <-s, -s> *nt o m* INFORM blog[ue] *m*

bloggen ['blɔgən] *vi* INFORM bloguer

Blogger(in) ['blɔgɐ] <-s, -> *m(f)* INFORM blogueur(-euse) *m(f)*

blond [blɔnt] *adj* blond(e)

blondieren* [blɔn'di:rən] *vt* teindre en blond

Blondine [blɔn'di:nə] <-, -n> *f* blonde *f*

bloß [blo:s] **I.** *adj* ❶ nu(e) ❷ *(alleinig)* pur(e) **II.** *adv fam* ❶ *(nur)* seulement ❷ *(eine Frage/Aufforderung verstärkend)* **was hat sie ~?** qu'est-ce qui lui prend?; **hör ~ auf damit!** arrête donc!

bloß|stellen I. *vt* **jdn ~** ridiculiser qn **II.** *vr* **sich ~** se couvrir de ridicule

Bluetooth® ['blu:tu:θ] <-[s]> *m o nt* Bluetooth® *m*

bluffen ['blœfən] *vt, vi fam* bluffer

blühen ['bly:ən] *vi* fleurir

blühend *adj* en fleur

Blume ['blu:mə] <-, -n> *f* ① fleur *f* ② *(des Weins)* bouquet *m*

Blumenhändler(in) *m(f)* fleuriste *mf* **Blumenkohl** *m* chou-fleur *m* **Blumenstrauß** <-sträuße> *m* bouquet *m* de fleurs **Blumentopf** *m (Topf)* pot *m* de fleurs **Blumenvase** *f* vase *m*

blumig I. *adj* ① *(Parfüm)* fleuri(e); *(Wein)* bouqueté(e) ② *(Sprache)* fleuri(e) II. *adv* **sich ~ ausdrücken** utiliser un langage fleuri

Bluse ['blu:zə] <-, -n> *f (mit Kragen)* chemisier *m; (Hemdbluse)* chemise *f*

Blut [blu:t] <-[e]s> *nt* sang *m*

Blutbank <-banken> *f* banque *f* du sang **Blutdruck** *m* tension *f* [artérielle]

Blüte ['bly:tə] <-, -n> *f* fleur *f*

bluten *vi* saigner

Bluterguss ['blu:tʔɛɐgʊs] *m* hématome *m*

Blütezeit *f* floraison *f*

Blutgefäß *nt* vaisseau *m* sanguin **Blutgerinnsel** *nt* caillot *m* [de sang] **Blutgruppe** *f* groupe *m* sanguin **Bluthochdruck** *m* hypertension *f*

blutig *adj* ① *(Nase)* en sang ② *(Wäschestück)* taché(e) de sang ③ GASTR saignant(e) ④ *(Schlacht)* sanglant(e)

Blutplasma *nt* plasma *m* sanguin **Blutprobe** *f* prise *f* de sang **blutrünstig** ['blu:trʏnstɪç] *adj* sanguinaire **Blutspende** *f* don *m* du sang **blutsverwandt** *adj* consanguin(e)

Blutung <-, -en> *f* ① saignement *m* ② *(Monatsblutung)* règles *fpl*

Blutvergießen <-s> *nt geh* effusion *f* de sang *souvent pl* **Blutverlust** *m* perte *f* de sang **Blutwurst** *f* boudin *m* [noir]

BLZ *Abk von* **Bankleitzahl** code *m* banque

Bö [bøː] <-, -en> *f* rafale *f*

Bock [bɔk] <-[e]s, Böcke> *m* ① *(Schafbock)* bélier *m; (Ziegenbock)* bouc *m; (Rehbock)* chevreuil *m* ② *(Untergestell)* tréteau *m* ③ *(Sportgerät)* cheval *m* d'arçons ④ *fam (Lust)* **~/keinen ~ haben etw zu tun** avoir/ne pas avoir envie de faire qc

bocken *vi fam (Person)* faire la tête; *(Tier)* refuser d'avancer

bockig *adj (Kind)* entêté(e); *(Erwachsener)* récalcitrant(e)

Bockwurst *f* saucisse *f (réchauffée à l'eau bouillante)*

Boden ['bo:dən] <-s, Böden> *m* ① *(Erde)* sol *m;* **zu ~ fallen/sinken** *(Person)* s'effondrer ② *(Acker)* sol *m; (Erdreich)* terre *f* ③ *kein Pl (Grund und Boden)* terrain *m* ④ *(Territorium)* sol *m* ⑤ *(Fußboden)* sol *m* ⑥ *(Teppichboden)* moquette *f* ⑦ *(Dachboden)* grenier *m* ⑧ *(eines Behälters)* fond *m; (einer Flasche)* cul *m* ⑨ *(Tortenboden)* fond *m* de tarte

bodenlos *adj* ① *fam (unerhört)* inouï(e) ② *(sehr tief)* sans fond

Bodenpersonal *nt* AVIAT personnel *m* au sol **Bodenschätze** *Pl* richesses *fpl* minières

Bodensee *m* **der ~** le lac de Constance

bodenständig *adj* ① *(lange ansässig)* autochtone ② *(fest in einer Region verwurzelt)* attaché(e) ③ *(unkompliziert)* nature

Bodenturnen *nt* gymnastique *f* au sol

Body ['bɔdi] <-s, -s> *m* body *m*

Bodybuilding ['bɔdibɪldɪŋ] <-s> *nt* body-building *m*

Bodyguard ['bɔdiga:ɐ̯t] <-s, -s> *m* garde *m* du corps

bog [bo:k] *Imp von* **biegen**

Bogen ['bo:gən] <-s, -> *m* ① *a.* MATH, ARCHIT arc *m* ② *(Papierbogen)* feuille *f* ③ *(Schusswaffe)* arc *m* ④ *(Brückenbogen)* arche *f*

bogenförmig ['bo:gənfœrmɪç] *adj* arqué(e)

Bogenschießen *nt* tir *m* à l'arc

böhmisch ['bø:mɪʃ] *adj* bohémien(ne)

Bohne ['bo:nə] <-, -n> *f* ① haricot *m* ② *(Kaffeebohne)* grain *m* de café

Bohnenkaffee *m* café *m; (ungemahlen)* café *m* en grains

Bohnenstange *f* ① rame *f* ② *hum fam*

(großer Mensch) grande perche *f*

bohnern ['bo:nɐn] **I.** *vt* cirer **II.** *vi* passer la cireuse

Bohnerwachs *nt* encaustique *f*

bohren ['bo:rən] **I.** *vt* ❶ creuser ❷ TECH percer **II.** *vi* ❶ *(stochern)* **in der Nase ~** se mettre les doigts dans le nez ❷ *(Zahnarzt)* passer la roulette ❸ MIN creuser

Bohrer <-s, -> *m* ❶ *(Bohrmaschine)* perceuse *f; (Bohreinsatz)* mèche *f* ❷ *(Zahnarztbohrer)* fraise *f*

Bohrinsel *f* plate-forme *f* de forage **Bohrmaschine** *f* perceuse *f*

böig ['bø:ɪç] *adj (Wetter)* venteux(-euse); **~er Wind** vent *m* en rafales

Boiler ['bɔylɐ] <-s, -> *m* chauffe-eau *m*

Boje ['bo:jə] <-, -n> *f* balise *f*

Bolivien [bo'li:vi̯ən] <-s> *nt* la Bolivie

bombardieren* [bɔmbar'di:rən] *vt* bombarder

bombastisch [bɔm'bastɪʃ] *adj pej* pompeux(-euse)

Bombe ['bɔmbə] <-, -n> *f* MIL bombe *f*

Bombenangriff *m* bombardement *m* **Bombenanschlag** *m* attentat *m* à la bombe **Bombenerfolg** *m fam* succès *m* fou **Bombengeschäft** *nt fam* affaire *f* en or **Bombenstimmung** *f kein Pl fam* ambiance *f* d'enfer *(fam)*

Bombenterror *m* attentats *mpl* à la bombe

bombig ['bɔmbɪç] *adj fam* **eine ~e Stimmung** une ambiance du tonnerre

Bon [bɔŋ] <-s, -s> *m* ❶ ticket *m* de caisse ❷ *(Gutschein)* bon *m*

Bonbon [bɔŋ'bɔŋ] <-s, -s> *nt o m* bonbon *m*

Bonus ['bo:nʊs] <-, -> *m* bonus *m*

Boom [bu:m] <-s, -s> *m* boom *m*

boomen ['bu:mən] *vi* connaître un boom

Boosterimpfung ['bu:stɐ-] *f fam* MED rappel *m* vaccinal, dose *f* de rappel

boostern ['bu:stɐn] *vt fam* MED **sich ~ lassen** recevoir la dose de rappel

Boot [bo:t] <-[e]s, -e> *nt* bateau *m;* **~ fahren** faire du bateau

Bootsfahrt *f* promenade *f* en bateau **Bootshaus** *nt* hangar *m* à bateaux

Bord [bɔrt] <-[e]s> *m* **an ~ gehen/kommen** monter à bord; **über ~ gehen** passer par-dessus bord ▶ **etw über ~ werfen** jeter qc par-dessus bord

Bordell [bɔr'dɛl] <-s, -e> *nt* maison *f* close

Bordkarte *f* carte *f* d'embarquement **Bordstein** *m* bordure *f* de trottoir

borgen ['bɔrgən] **I.** *vr* **sich** *(dat)* **etw von jdm ~** emprunter qc à qn **II.** *vt* **jdm etw ~** prêter qc à qn

Börse ['bœrzə] <-, -n> *f* Bourse *f*

Börsengang <-gänge> *m* introduction *f* en Bourse **Börsenkrach** *m* krach *m* boursier **Börsenkurs** *m* cours *m* de Bourse **Börsenspekulation** *f* spéculation *f* en Bourse

Borte ['bɔrtə] <-, -n> *f* galon *m*

bösartig ['bø:sʔa:ɐ̯tɪç] *adj* ❶ méchant(e) ❷ MED malin(-igne)

Bösartigkeit <-, -en> *f* ❶ méchanceté *f* ❷ MED malignité *f*

Böschung ['bœʃʊŋ] <-, -en> *f (einer Straße)* talus *m; (eines Flusses)* berge *f*

böse ['bø:zə] **I.** *adj (Person)* méchant(e); *(Absicht)* mauvais(e); **sei [mir] nicht ~, aber...** ne m'en veux pas, mais... **II.** *adv* méchamment; **ich habe es nicht ~ gemeint!** je n'ai pas pensé à mal!

boshaft ['bo:shaft] *adj* méchant(e)

Bosheit ['bo:shai̯t] <-, -en> *f* méchanceté *f*

Bosnien ['bɔsniən] <-s> *nt* la Bosnie

Bosnien-Herzegowina ['bɔsniənhɛrtse'go:vina] <-s> *nt* la Bosnie-Herzégovine

Bosnier(in) ['bɔsniɐ] <-s, -> *m(f)* Bosniaque *mf*

bosnisch ['bɔsnɪʃ] *adj* bosniaque

Boss [bɔs] <-es, -e> *m fam* boss *m*

böswillig **I.** *adj (Bemerkung)* méchant(e); *(Plan)* malveillant(e) **II.** *adv* avec malveillance; **~ handeln** agir dans une mauvaise intention

bot [bo:t] *Imp von* **bieten**

Botanik [bo'taːnɪk] <-> *f* botanique *f*

botanisch *adj* botanique

Bote, **Botin** ['boːtə] <-n, -n> *m, f* ❶ messager(-ère) *m(f)* ❷ *(Laufbursche)* coursier(-ière) *m(f)*

Botengang <-gänge> *m* course *f*

Botox® ['boːtɔks] <-> *nt Abk von* **Botulinumtoxin** botox® *m*

Botschaft ['boːtʃaft] <-, -en> *f* ❶ *(Gesandtschaft)* ambassade *f* ❷ *(Aussage)* message *m*

Botschafter(in) <-s, -> *m(f)* ambassadeur(-drice) *m(f)*

Bottich ['bɔtɪç] <-[e]s, -e> *m* baquet *m*

Bouillon [bʊl'jɔŋ] <-, -s> *f* bouillon *m* gras

Bowle ['boːlə] <-, -n> *f boisson alcoolisée à base de vin ou de champagne à laquelle on ajoute du sucre et des fruits*

Box [bɔks] <-, -en> *f* ❶ *(Pferdebox)* box *m* ❷ *(Lautsprecherbox)* enceinte *f*

boxen ['bɔksən] *vi, vt a.* SPORT boxer

Boxen <-s> *nt* boxe *f*

Boxer(in) <-s, -> *m(f)* boxeur(-euse) *m(f)*

Boxhandschuh *m* gant *m* de boxe **Boxkampf** *m* match *m* de boxe

Boykott [bɔy'kɔt] <-[e]s, -e> *m* boycott[age] *m*

boykottieren* [bɔykɔ'tiːrən] *vt* boycotter

brach [braːx] *Imp von* **brechen**

brachte ['braxtə] *Imp von* **bringen**

Branche ['brãːʃə] <-, -n> *f* branche *f*

Branchenverzeichnis *nt* annuaire *m* professionnel

Brand [brant] <-[e]s, Brände> *m* incendie *m*

Brandbombe *f* bombe *f* incendiaire

Brandenburg ['brandənbʊrk] <-s> *nt* le Brandebourg

Brandfleck *m* [trace *f* de] brûlure *f*

brandneu ['brant'nɔy] *adj fam (Computer, Auto)* flambant neuf(neuve); ~ **sein** *(CD, Buch, Film)* venir de sortir

Brandschaden *m* dégâts *mpl* causés par le feu **Brandstifter(in)** *m(f)* incendiaire *mf* **Brandstiftung** *f* incendie *m* criminel

Brandung <-, -en> *f* déferlement *m* des vagues

Brandwunde *f* brûlure *f*

brannte ['brantə] *Imp von* **brennen**

Branntwein ['brantvain] *m* eau-de-vie *f*

Brasilien [bra'ziːliən] <-s> *nt* le Brésil

braten ['braːtən] *irr* **I.** *vt* faire cuire **II.** *vi (gar werden)* cuire

Braten <-s, -> *m* rôti *m*

Brathähnchen *nt*, **Brathendl** ['braːthɛndl] <-s, -[n]> *nt* A poulet *m* rôti **Bratkartoffeln** *Pl* pommes *fpl* de terre sautées **Bratpfanne** *f* poêle *f* [à frire]

Bratsche ['braːtʃə] <-, -n> *f* alto *m*

Bratwurst *f* saucisse *f* grillée

Brauch [braux] <-[e]s, Bräuche> *m* coutume *f*

brauchbar *adj* utilisable

brauchen ['brauxən] **I.** *vt* ❶ *(nötig haben)* avoir besoin de ❷ *(aufwenden müssen)* **eine Stunde ~ um etw zu tun** mettre une heure pour faire qc; **wie lange ~ Sie noch?** il vous faut encore combien de temps? **II.** *aux modal* **du brauchst nur anzurufen** tu dois juste téléphoner

Brauchtum <-[e]s, -tümer> *nt* coutumes *fpl*

Brauerei [brauə'rai] <-, -en> *f* brasserie *f*

braun [braun] *adj* ❶ *(Haar)* brun(e); *(Augen, Pullover)* marron ❷ *(Hautfarbe)* mat(te) ❸ *(sonnengebräunt)* ~ [**gebrannt**] bronzé(e)

Bräune ['brɔynə] <-> *f* couleur *f* brune; *(Sonnenbräune)* bronzage *m*

bräunen **I.** *vi* ❶ bronzer ❷ GASTR dorer **II.** *vr* **sich** ~ *(Person)* se [faire] bronzer; *(Haut)* brunir

Braut [braut] <-, Bräute> *f* mariée *f*

Bräutigam ['brɔytɪgam] <-s, -e> *m* marié *m*

Brautjungfer *f* demoiselle *f* d'honneur **Brautkleid** *nt* robe *f* de mariée **Brautpaar** *nt* jeunes mariés *mpl*

brav [braːf] *adj* sage
bravo ['braːvo] *interj* bravo
BRD [beːʔɛr'deː] <-> *f Abk von* **Bundesrepublik Deutschland: die** ~ la R.F.A.
brechen ['brɛçən] *irr* **I.** *vt* +*haben* ❶ *(Knochen)* casser ❷ *(Eis)* briser ❸ *(herausbrechen)* arracher ❹ *(abbauen)* extraire ❺ *(Schwur)* rompre ❻ *(Rekord)* battre ❼ *(Widerstand)* briser; *(Willen)* détruire **II.** *vi* ❶ +*sein (Achse, Ast)* [se] casser ❷ +*haben (den Kontakt, die Gewohnheit beenden)* **mit jdm/etw** ~ rompre avec qn/qc
Brechreiz *m* nausée *f*
Brechstange *f* pince-monseigneur *f*
Brei [brai] <-[e]s, -e> *m (Speise)* bouillie *f*; *(Püree)* purée *f*
breiig *adj* visqueux(-euse)
breit [brait] **I.** *adj* ❶ *(opp: schmal)* large ❷ *(Publikum)* vaste **II.** *adv* ❶ *(kräftig)* ~ **gebaut sein** être carré d'épaules ❷ *(breitbeinig)* **sich** ~ **hinsetzen** s'étendre ❸ *(viel Raum einnehmend)* **sich** ~ **machen** *(Person)* prendre beaucoup de place
breitbeinig *adj, adv* les jambes écartées
Breite <-, -n> *f* ❶ largeur *f* ❷ *(Ausgedehntheit)* étendue *f* ❸ GEO latitude *f*
Breitengrad *m* GEO degré *m* de latitude
Breitenkreis *m* GEO parallèle *m*
breit|machen *s.* **breit**
Bremen ['breːmən] <-s> *nt* Brême
Bremse ['brɛmzə] <-, -n> *f* ❶ AUT frein *m* ❷ ZOOL taon *m*
bremsen ['brɛmzən] *vi* freiner
Bremslicht *nt* [feu *m*] stop *m* **Bremspedal** *nt* pédale *f* de frein **Bremsspur** *f* trace *f* de freins **Bremsweg** *m* distance *f* de freinage
brennen ['brɛnən] *irr* **I.** *vi* brûler **II.** *vi unpers* **es brennt!** au feu! **III.** *vt* ❶ *(Mandeln)* griller; *(Kaffee)* torréfier ❷ *(Schnaps)* distiller ❸ *(Ton)* cuire **IV.** *vr* **sich an etw** *(dat)* ~ se brûler à qc
Brennerei [brɛnə'rai] <-, -en> *f* distillerie *f*
Brennholz *nt* bois *m* de chauffage
Brennnessel *f* ortie *f* **Brennstab** *m* [barre *f* de] combustible *m* nucléaire
brenzlig ['brɛntslɪç] *adj fam (Situation)* critique; **das ist/wird mir zu** ~ ça sent le roussi
Bretone, Bretonin [bre'toːnə] <-n, -n> *m, f* Breton(ne) *m(f)*
bretonisch [bre'toːnɪʃ] **I.** *adj* breton(ne) **II.** *adv* ~ **miteinander sprechen** discuter en breton
Brett [brɛt] <-[e]s, -er> *nt* planche *f*
Brexit ['brɛksɪt] <-s> *m* POL Brexit *m*
Brezel ['breːtsəl] <-, -n> *f* bretzel *m*
Brief [briːf] <-[e]s, -e> *m* lettre *f*
Briefbogen *m* feuille *f* de papier à lettres **Brieffreund(in)** *m(f)* correspondant(e) *m(f)* **Briefkasten** *m* boîte *f* aux lettres **Briefkopf** *m* en-tête *m* [de lettre]
brieflich *adj, adv* par écrit
Briefmarke *f* timbre[-poste] *m* **Briefmarkensammlung** *f* collection *f* de timbres **Brieföffner** *m* coupe-papier *m* **Briefpapier** *nt* papier *m* à lettres **Brieftasche** *f* portefeuille *m* **Brieftaube** *f* pigeon *m* voyageur **Briefträger(in)** *m(f)* facteur(-trice) *m(f)* **Briefumschlag** *m* enveloppe *f* **Briefwahl** *f* vote *m* par correspondance **Briefwechsel** *m* correspondance *f*
briet [briːt] *Imp von* **braten**
Brigade [bri'gaːdə] <-, -n> *f* brigade *f*
Brikett [bri'kɛt] <-s, -s> *nt* briquette *f*
brillant [brɪl'jant] *adj* brillant(e)
Brillant [brɪl'jant] <-en, -en> *m* brillant *m*
Brille ['brɪlə] <-, -n> *f* lunettes *fpl*
Brillenetui [-ɛtviː] *nt* étui *m* à lunettes
bringen ['brɪŋən] *vt irr* ❶ apporter ❷ *(servieren)* servir ❸ *(wegbringen)* [ap]porter ❹ *(Nachricht)* apporter ❺ *(befördern)* amener; *(Fahrer)* conduire ❻ *(begleiten)* **jdn nach Hause** ~ ramener qn à la maison; **jdn zur Tür** ~ raccompagner qn à la porte ❼ *(veröffentlichen)* publier ❽ *(Regen)* apporter; *(Ernte)* donner ❾ *(Gespräch)* amener ❿ *(Geld)* rapporter

⑪ *(bewegen)* **jdn dazu ~ etw zu tun** amener qn à faire qc ⑫ *(Erfolg haben)* **es zu etwas ~** arriver à quelque chose ⑬ *(zur Folge haben)* **etw mit sich ~** avoir qc pour conséquence ▸ **das bringt nichts** *fam* c'est pas la peine

brisant [bri'zant] *adj* ① *geh (heikel)* brûlant(e) ② *(Sprengstoff)* explosif(-ive)

Brise ['bri:zə] <-, -n> *f* brise *f*

Brite, Britin ['brɪtə] <-n, -n> *m, f* Britannique *mf*

britisch *adj* britannique

bröckelig *adj* friable

Brocken ['brɔkən] <-s, -> *m* ① *(Erdbrocken)* motte *f* ② *(Steinbrocken)* bloc *m* de pierre

brodeln ['bro:dəln] *vi* bouillonner

Brokkoli ['brɔkoli] *Pl* brocoli *m*

Brombeere ['brɔmbe:rə] *f* ① *(Frucht)* mûre *f* ② *(Strauch)* ronce *f*

Bronchitis [brɔn'çi:tɪs] <-, -tiden> *f* bronchite *f*

Bronze ['brõ:sə] <-, -n> *f* bronze *m*

Bronzemedaille ['brõ:səmedaljə] *f* médaille *f* de bronze **Bronzezeit** *f* âge *m* du bronze

Brosche ['brɔʃə] <-, -n> *f* broche *f*

Broschüre [brɔ'ʃy:rə] <-, -n> *f* brochure *f*

Brot [bro:t] <-[e]s, -e> *nt* pain *m*; **belegtes ~** sandwich *m*

Brötchen ['brø:tçən] <-s, -> *nt* petit pain *m*

Brotkasten *m* boîte *f* à pain **Brotkorb** *m* corbeille *f* à pain

browsen ['brauzən] *vi* INFORM [**im Internet**] ~ chercher [sur le Net]

Browser ['brauzɐ] <-s, -> *m* explorateur *m*; *(für das Internet)* navigateur *m* Web

Bruch [brʊx] <-[e]s, Brüche> *m* ① rupture *f* ② *(Knochenbruch)* fracture *f*

Bruchbude *f pej fam* taudis *m*

brüchig ['brʏçɪç] *adj* ① *(Gestein)* friable ② *(Stimme)* cassé(e) ③ *(hinfällig)* fragile

Bruchlandung *f* atterrissage *m* forcé

Bruchstück *nt* ① morceau *m* ② *(eines Lieds)* fragment *m*; *(einer Rede)* bribes *f pl* **Bruchteil** *m* fraction *f* **Bruchzahl** *f* nombre *m* fractionnaire

Brücke ['brʏkə] <-, -n> *f a. fig* pont *m*

Brückentag *m* pont *m* ▸ **einen ~ machen** faire le pont

Bruder ['bru:dɐ] <-s, Brüder> *m* frère *m*

brüderlich *adj* fraternel(le)

Brühe ['bry:ə] <-, -n> *f* bouillon *m*

brüllen ['brʏlən] *vi* ① *(Person)* crier ② *(Raubtier)* rugir; *(Vieh)* mugir

Brummbär *m fam (brummiger Mensch)* râleur(-euse) *m(f)*

brummen ['brʊmən] **I.** *vi (Insekt)* bourdonner; *(Bär)* grogner; *(Motor)* ronfler **II.** *vt (Antwort)* grommeler

Brummer ['brʊmɐ] <-s, -> *m fam* ① *(Insekt)* espèce *f* de bourdon ② *(Lastwagen)* gros-cul *m*

Brummschädel *m fam* **einen ~ haben** avoir mal aux cheveux; *(verkatert sein)* avoir la gueule de bois

Brunch [brantʃ, branʃ] <-[e]s, -[e]s *o* -e> *nt* brunch *m*

brünett [bry'nɛt] *adj* brun(e)

Brunft [brʊnft, *pl:* 'brʏnftə] <-, Brünfte> *f* rut *m*

Brunnen ['brʊnən] <-s, -> *m* ① *(Ziehbrunnen)* puits *m* ② *(Zierbrunnen)* fontaine *f*

brünstig ['brʏnstɪç] *adj* ① *(Tier)* en rut ② *hum (lüstern)* lubrique

brüsk [brʏsk] **I.** *adj* brutal(e) **II.** *adv (sich abwenden)* brusquement; *(sagen)* brutalement

brüskieren* [brʏs'ki:rən] *vt* brusquer

Brüssel ['brʏsəl] <-s> *nt* Bruxelles

Brust [brʊst] <-, Brüste> *f* poitrine *f*

brüsten ['brʏstən] *vr* **sich ~** se vanter; **sich mit etw ~** se vanter de qc

Brustfell *nt* ANAT plèvre *f* **Brustkrebs** *m* cancer *m* du sein **Brustschwimmen** *nt* brasse *f* **Brusttasche** *f (außen)* poche *f* de poitrine; *(innen)* poche intérieure **Brustwarze** *f* mamelon *m*

B

Brut [bruːt] <-, -en> *f* ❶ *kein Pl (das Brüten)* couvaison *f* ❷ *(die Jungtiere: von Hühnern, Vögeln)* couvée *f*; *(von Bienen)* couvain *m*
brutal [bruˈtaːl] *adj* brutal(e)
Brutalität [brutaliˈtɛːt] <-, -en> *f* brutalité *f*
brüten [ˈbryːtən] *vi* couver
Brüter <-s, -> *m* **schneller ~** sur[ré]générateur *m*
Brutkasten *m* MED couveuse *f* **Brutstätte** *f* ❶ *(Nistplatz)* nid *m* ❷ *fig* **eine ~ des Lasters** un lieu de perdition
brutto [ˈbrʊto] *adv* brut
Bruttoeinkommen *nt* revenu *m* brut **Bruttogehalt** *nt* salaire *m* brut **Bruttolohn** *m* salaire *m* brut **Bruttosozialprodukt** *nt* produit *m* national brut
Bub [buːp] <-en, -en> *m* A, CH gamin *m*
Buch [buːx] <-[e]s, Bücher> *nt* livre *m*
Buchdruck *m kein Pl* typographie *f*
Buche [ˈbuːxə] <-, -n> *f* hêtre *m*
buchen [ˈbuːxən] *vt (vorbestellen)* réserver; *(Reise)* s'inscrire à
Bücherei [byːçəˈrai̯] <-, -en> *f* bibliothèque *f*
Bücherregal *nt* étagères *fpl* **Bücherschrank** *m* bibliothèque *f* **Bücherwurm** *m hum* rat *m* de bibliothèque *(fam)*
Buchführung *f* comptabilité *f* **Buchhalter(in)** *m(f)* comptable *mf* **Buchhaltung** *f* comptabilité *f* **Buchhandel** *m (Handel)* commerce *m* du livre; **im ~ erhältlich** disponible en librairie **Buchhändler(in)** *m(f)* libraire *mf* **Buchhandlung** *f* librairie *f*
Buchmacher(in) *m(f)* bookmaker *m*
Buchmesse *f* salon *m* du livre
Büchse [ˈbʏksə] <-, -n> *f* boîte *f*
Büchsenöffner *m* ouvre-boîte *m*
Buchstabe [ˈbuːxʃtaːbə] <-n[s], -n> *m* lettre *f*
buchstabieren* [buːxʃtaˈbiːrən] *vt* épeler
buchstäblich [ˈbuːxʃtɛːplɪç] *adv* littéralement
Bucht [bʊxt] <-, -en> *f* baie *f*
Buchung <-, -en> *f* réservation *f*
Buckel [ˈbʊkəl] <-s, -> *m* bosse *f*
buckelig *s.* **bucklig**
bücken [ˈbʏkən] *vr* **sich ~** se pencher
bucklig *adj fam* ❶ bossu(e) ❷ *(uneben)* bosselé(e)
buddeln [ˈbʊdəln] *fam* **I.** *vi* faire un trou/des trous **II.** *vt (Loch)* creuser
Buddhismus [bʊˈdɪsmʊs] <-> *m* bouddhisme *m*
Bude [ˈbuːdə] <-, -n> *f* ❶ cabane *f* ❷ *(Kiosk)* stand *m*
Budget [bʏˈdʒeː] <-s, -s> *nt* budget *m*
Büfett [byˈfeː] <-[e]s, -e> *nt* buffet *m*
Büffel [ˈbʏfəl] <-s, -> *m* buffle *m*
büffeln *vt, vi fam* bûcher
Buffet [bʏˈfeː] <-s, -s> *nt*, **Büffet** [bʏˈfeː] <-s, -s> *nt* CH *(Bahnhofsgaststätte)* buffet *m* de gare
Bügel [ˈbyːgəl] <-s, -> *m* ❶ cintre *m* ❷ *(Brillenbügel)* branche *f*
Bügelbrett *nt* table *f* à repasser **Bügeleisen** *nt* fer *m* à repasser **Bügelfalte** *f* pli *m* [de pantalon] **bügelfrei** *adj* infroissable; **~ sein** ne pas se repasser
bügeln [ˈbyːgəln] *vt, vi* repasser
Buggy [ˈbagi] <-s, -s> *m (Kinderwagen)* poussette-canne *f*
Bühne [ˈbyːnə] <-, -n> *f* ❶ scène *f* ❷ *(Tribune)* estrade *f*
Bühnenbild *nt* décors *mpl* **Bühnenbildner(in)** [ˈbyːnənbɪltnɐ] <-s, -> *m(f)* scénographe *mf*
Bühnenstück *nt* pièce *f* de théâtre
Bulgare, Bulgarin <-n, -n> *m, f* Bulgare *mf*
Bulgarien [bʊlˈgaːri̯ən] <-s> *nt* la Bulgarie
bulgarisch [bʊlˈgaːrɪʃ] **I.** *adj* bulgare **II.** *adv* **~ miteinander sprechen** discuter en bulgare
Bulldozer [ˈbʊldoːzɐ] <-s, -> *m* bulldozer *m*
Bulle [ˈbʊlə] <-n, -n> *m* ❶ *(Rind)* taureau *m* ❷ *(männliches Tier)* mâle *m*
Bullenhitze *f fam* chaleur *f* à crever *(fam)*
Bulletin [bʏlˈtɛ̃ː] <-s, -s> *nt* communi-

qué *m*

Bummel <-s, -> *m* balade *f*

bummeln *vi +sein* se balader

Bummelzug *m fam* tortillard *m*

bumsen ['bʊmzən] *vi* ① *+haben fam (schlagen)* tambouriner ② *+sein (prallen)* **auf/gegen etw ~** rentrer dans qc ③ *+haben vulg (koitieren)* baiser *(fam)*

Bund¹ [bʊnt] <-[e]s, Bünde> *m* ① association *f* ② *(Konföderation)* fédération *f* ③ *fam (Bundeswehr)* **der ~** l'armée allemande

Bund² <-[e]s, -e> *nt* botte *f*

Bündel ['bʏndəl] <-s, -> *nt* ① *(Wäsche)* paquet *m*; *(Banknoten)* liasse *f*; *(Stroh)* botte *f* ② *(große Menge)* tas *m*

bündeln *vt (Altpapier)* faire un paquet; *(Banknoten)* faire une liasse avec; *(Stroh)* faire une botte avec

Bundesbahn *f* **die Deutsche ~** HIST les chemins *mpl* de fer allemands; **die Österreichischen/Schweizerischen ~en** les chemins de fer autrichiens/suisses **Bundesbank** *f* **die [Deutsche] ~** la banque fédérale [allemande] **Bundesbürger(in)** *m(f)* citoyen(ne) *m(f)* de la République fédérale d'Allemagne **Bundesgebiet** *nt* territoire *m* fédéral **Bundesgerichtshof** *m* cour *f* suprême fédérale **Bundeshauptstadt** *f* capitale *f* fédérale **Bundesinnenminister(in)** *m(f)* ministre *mf* de l'Intérieur **Bundeskanzler(in)** *m(f)* chancelier *m* fédéral/chancelière *f* fédérale; CH chancelier(-ière) *m(f)* de la Confédération **Bundesland** *nt* Land *m* **Bundesliga** *f* SPORT ≈ première division *f* **Bundesminister(in)** *m(f)* ministre *mf* fédéral(e) **Bundespost** *f* **die Deutsche ~** HIST la poste fédérale allemande; **die Österreichische ~** la poste fédérale autrichienne **Bundespräsident(in)** *m(f)* président(e) *m(f)* de la République fédérale; CH président(e) *m(f)* de la Confédération **Bundesrat** *m a.* A, CH Conseil *m* fédéral **Bundesregierung** *f* gouvernement *m* fédéral **Bundesrepublik** *f* **die ~ [Deutschland]** la République fédérale [d'Allemagne] **Bundesstaat** *m* ① *(Staatenbund)* État *m* fédéral ② *(Gliedstaat)* État *m* fédéré **Bundesstraße** *f* ≈ route *f* nationale **Bundestag** *m* Bundestag *m* **Bundestagswahl** *f* élections *fpl* au Bundestag **Bundesverfassungsgericht** *nt* tribunal *m* constitutionnel suprême **Bundesversammlung** *f* Assemblée *f* fédérale **Bundeswehr** ['bʊndəsveːɐ̯] *f* armée *f* fédérale **bundesweit** *adj, adv* dans l'ensemble du territoire fédéral

bündig ['bʏndɪç] **I.** *adj* concis(e) **II.** *adv* de manière concise

Bündnis ['bʏntnɪs] <-ses, -se> *nt* alliance *f*

Bungalow ['bʊŋgalo] <-s, -s> *m* bungalow *m*

Bunker ['bʊŋkɐ] <-s, -> *m* bunker *m*

Bunsenbrenner ['bʊnzənbrɛnɐ] *m* bec *m* Bunsen

bunt [bʊnt] *adj, adv* ① de toutes les couleurs; **sehr ~ sein** être très coloré ② *(Auswahl)* varié(e)

Buntstift *m* crayon *m* de couleur **Buntwäsche** *f* linge *m* de couleur

Burg [bʊrk] <-, -en> *f* château *m* fort

bürgen ['bʏrgən] *vi* ① JUR se porter garant ② *(Qualität verbürgen)* garantir

Bürger(in) ['bʏrgɐ] <-s, -> *m(f)* citoyen(ne) *m(f)*

Bürgerinitiative *f* comité *m* de défense **Bürgerkrieg** *m* guerre *f* civile

bürgerlich *adj* ① *(Recht)* civil(e) ② *(dem Bürgertum entsprechend)* bourgeois(e)

Bürgermeister(in) *m(f)* maire *mf*

Bürgersteig <-[e]s, -e> *m* trottoir *m*

Bürgertum <-[e]s> *nt* bourgeoisie *f*

Bürgschaft ['bʏrkʃaft] <-, -en> *f* caution *f*

Büro [by'roː] <-s, -s> *nt* bureau *m*

Büroangestellte(r) *f(m)* employé(e) *m(f)* de bureau **Büroklammer** *f* trombone *m*

Bürokrat(in) [byro'kraːt] <-en, -en> *m(f) pej* bureaucrate *mf*

Bürokratie <-, -n> *f* bureaucratie *f*
bürokratisch *adj* bureaucratique
Bursche ['bʊrʃə] <-n, -n> *m* ❶ *(Halbwüchsiger)* jeune *m* ❷ *fam (Kerl)* **ein ganz übler ~** un sale type
burschikos [bʊrʃi'ko:s] *adj (Mädchen)* sans façons; *(Art, Benehmen)* décontracté(e) *(fam)*; *(Ausdrucksweise)* relâché(e)
Bürste ['bʏrstə] <-, -n> *f* brosse *f*
bürsten *vt* brosser
Bus [bʊs] <-ses, -se> *m* bus *m*; *(Reisebus)* car *m*
Busbahnhof *m* gare *f* routière
Busch [bʊʃ] <-[e]s, Büsche> *m* ❶ buisson *m* ❷ *(Buschwald)* brousse *f*
Busen ['bu:zən] <-s, -> *m* poitrine *f*
Busfahrer(in) *m(f)* conducteur *m*/conductrice *f* de bus **Bushaltestelle** *f* arrêt *m* de bus
Bussard ['bʊsart] <-s, -e> *m* buse *f*
büßen ['by:sən] *vt, vi* payer
Bußgeld *nt* amende *f*
Busspur *f* voie *f* réservée aux autobus
Büstenhalter *m* soutien-gorge *m*
Butangas *nt* [gaz *m*] butane *m*
Butter ['bʊtɐ] <-> *f* beurre *m*
Butterbrot *nt* tartine *f* de beurre **Butterdose** *f* beurrier *m* **Buttermilch** *f* petit-lait *m* **butterweich** ['bʊtɐ'vaiç] **I.** *adj* ❶ *(Frucht)* fondant(e) ❷ *(Landung)* en douceur **II.** *adv (landen)* en douceur
Button ['bat(ə)n] <-s, -s> *m* badge *m*
BWL [be:ve:'ʔɛl] *Abk von* **Betriebswirtschaftslehre** sciences *f pl* éco
Bypass ['baipas, *pl:* -pɛsə] <-es, -pässe> *m* MED pontage *m*
Byte [bait] <-s, -s> *nt* octet *m*
bzw. *Abk von* **beziehungsweise**

C c

C, c [tse:] <-, -> *nt* ❶ *(Buchstabe)* C *m*/c *m* ❷ MUS do *m*
ca. *Abk von* **circa** env.
cabrio ['kabrio] <-[s], -s> *nt* cabriolet *m*
Caddie ['kɛdi] <-s, -> *m* SPORT ❶ *(Mensch)* caddie *m* ❷ *(Wagen)* chariot *m* de golf
Café [ka'fe:] <-s, -s> *nt* ≈ salon *m* de thé
Cafeteria [kafetə'ri:a] <-, -s> *f* cafétéria *f*
Callcenter ['ko:lsɛntɐ] <-s, -> *nt* centre *m* d'appels
Calvinismus [kalvi'nɪsmʊs] <-> *m* calvinisme *m*
Camcorder ['kɛmkɔrdɐ] <-s, -> *m* caméscope *m*
campen ['kɛmpən] *vi* faire du camping
Camping ['kɛmpɪŋ] <-s> *nt* camping *m*
Campingplatz *m* terrain *m* de camping
Campus ['kampʊs] <-, -> *m* campus *m*
Cappuccino [kapʊ'tʃi:no] <-[s], -[s]> *m* cappuccino *m*
Caravan ['karavan] <-s, -s> *m* caravane *f*
Cartoon [kaɐ'tu:n] <-s, -s> *m o nt* dessin *m* [humoristique]
Cashewnuss ['kɛʃunʊs] *f* noix *f* de cajou
Casting ['ka:stɪŋ] <-[s], -s> *nt* CINE, TV casting *m*
Castingshow *f* émission *f* de casting
CD [tse:'de:] <-, -s> *f Abk von* **Compact Disc** C.D. *m*, compact *m*
CD-Brenner [tse:'de:brɛnɐ] <-s, -> *m* graveur *m* de CD **CD-Player** <-s, -> *m* lecteur *m* laser **CD-Rohling** <-s, -e> *m* INFORM CD *m* vierge **CD-ROM** <-, -s> *f* CD-ROM *m*
CD-ROM-Laufwerk *nt* lecteur *m* de CD-ROM
CDU [tse:de:'ʔu:] <-> *f Abk von*

Christlich-Demokratische Union *parti chrétien-démocrate d'Allemagne*

Cellist(in) [tʃɛ'lɪst] <-en, -en> *m(f)* violoncelliste *mf*

Cello ['tʃɛlo] <-s, -s> *nt* violoncelle *m*

Celsius ['tsɛlziʊs] *kein Art, unv* Celsius

Cembalo ['tʃɛmbalo] <-s, -s> *nt* clavecin *m*

Cent ['sɛnt] *m (Eurocent)* centime [d'euro] *m*

Champagner [ʃam'panjɐ] <-s, -> *m* champagne *m*

Champignon ['ʃampɪnjɔŋ] <-s, -s> *m* champignon *m* de Paris

Übersetzungstipp

Der Champignon – Nicht verwechseln mit *le champignon – der Pilz!*

Champion ['tʃɛmpiən] <-s, -s> *m* champion(ne) *m(f)*

Chance ['ʃɑ̃:s(ə)] <-, -n> *f* chance *f*

Chaos ['ka:ɔs] <-> *nt* chaos *m*

chaotisch *adj* chaotique

Charakter [ka'raktɐ] <-s, -tere> *m* caractère *m*

Charaktereigenschaft *f* trait *m* de caractère

charakterisieren* *vt* caractériser

Charakteristik <-, -en> *f* caractéristique *f*

charakteristisch *adj* caractéristique

charakterlos *adj* sans caractère

Charisma ['ça:rɪsma, ça'rɪsma] <-s, Charismen *o* Charismata> *nt geh* charisme *m*

charmant [ʃar'mant] *adj* charmant(e)

Charme [ʃarm] <-s> *m* charme *m*

Charterflug ['tʃartɐflu:k] *m* [vol *m*] charter *m* **Chartermaschine** *f* [avion *m*] charter *m*

Chat [tʃɛt] <-s, -s> *m* INFORM chat *m*

Chatroom ['tʃɛtru:m] <-s, -s> *m* INFORM forum *m* de discussion

chatten ['tʃɛtən] *vi fam* INFORM chatter

Chauffeur(in) [ʃɔ'fø:ɐ] <-s, -e> *m(f)* chauffeur *m*

Chauvinist [ʃovi'nɪst] <-en, -en> *m pej* ❶ POL chauvin(e) *m(f)* ❷ *(Sexist)* machiste *m*

chauvinistisch [ʃovi'nɪstɪʃ] *adj pej* ❶ POL chauvin(e) ❷ *(sexistisch)* machiste

checken ['tʃɛkən] *vt* vérifier

Chef [ʃɛf] <-s, -s> *m* patron *m*

Chefarzt, -ärztin *m, f* médecin-chef *mf*

Chefin <-, -nen> *f* patronne *f*

Chefredakteur(in) ['ʃɛfredaktø:ɐ] *m(f)* rédacteur(-trice) *m(f)* en chef **Chefsekretär(in)** *m(f)* secrétaire *mf* de direction

Chemie [çe'mi:] <-> *f* chimie *f*

Chemikalie [çemi'ka:liə] <-, -n> *f meist Pl* produit *m* chimique

Chemiker(in) ['çe:mikɐ] <-s, -> *m(f)* chimiste *mf*

chemisch ['çe:mɪʃ] *adj* chimique; *(Labor)* de chimie

Chemotherapie *f* chimiothérapie *f*

Chicorée [ʃiko're:] <-> *f* <-s> *m* endive *f*

Chiffre ['ʃɪfrə] <-, -n> *f* ❶ *(einer Annonce)* numéro *m* [d'identification] ❷ *(Zeichen)* code *m* secret

Chile ['tʃi:le] <-s> *nt* le Chili

chillen ['tʃɪlən] *vi fam* buller

China ['çi:na] <-s> *nt* la Chine

Chinese, Chinesin <-n, -n> *m, f* Chinois(e) *m(f)*

chinesisch [çi'ne:zɪʃ] **I.** *adj* chinois(e) **II.** *adv* ~ **miteinander sprechen** discuter en chinois

Chinesisch <-[s]> *nt kein art* chinois *m; s.a.* **Deutsch**

Chip [tʃɪp] <-s, -s> *m* ❶ INFORM puce *f* ❷ *meist Pl (Kartoffelchip)* chips *f* ❸ *(runde Spielmarke)* jeton *m*

Chirurg(in) [çi'rʊrk] <-en, -en> *m(f)* chirurgien(ne) *m(f)*

Chirurgie <-, -n> *f* chirurgie *f*

chirurgisch [çi'rʊrgɪʃ] *adj* chirurgical(e)

Chlor [klo:ɐ] <-s> *nt* chlore *m*

Chloroform [kloɐo'fɔrm] <-s> *nt* chloroforme *m*

Chlorophyll [kloɐo'fʏl] <-s> *nt* BOT chlorophylle *f*

cholerisch [ko'leːrɪʃ] *adj* colérique

Chor [koːɐ̯] <-[e]s, Chöre> *m* chorale *f*

Choreograf(in) [koreo'graːf] <-en, -en> *m(f)* chorégraphe *mf*

Choreografie [koreogra'fiː] <-, -n> *f* chorégraphie *f*

Chorleiter(in) *m(f)* chef *mf* de chorale

Christ(in) ['krɪst] <-en, -en> *m(f)* chrétien(ne) *m(f)*

Christentum ['krɪstntuːm] <-[e]s> *nt* christianisme *m*

Christi *gen von* **Christus**

Christkind *nt* enfant *m* Jésus

christlich **I.** *adj* chrétien(ne) **II.** *adv* dans la foi chrétienne

Christus ['krɪstʊs] <Christi> *m* REL le Christ

Chrom [kroːm] <-s> *nt* CHEM chrome *m*

Chromosom [kromo'zoːm] <-s, -en> *nt* chromosome *m*

Chronik ['kroːnɪk] <-, -en> *f* chronique *f*

chronisch ['kroːnɪʃ] *adj, adv* chronique

Chronologie [kronolo'giː] <-, -n> *f* chronologie *f*

chronologisch [krono'loːgɪʃ] *adj, adv* chronologique

circa ['tsɪrka] *adv* environ

City ['sɪti] <-, -s> *f* centre-ville *m*

Clementine [klemɛn'tiːnə] *f* clémentine *f*

clever ['klɛvɐ] *adj fam* futé(e)

Clique ['klɪkə] <-, -n> *f* clique *f*

Clou [kluː] <-s, -s> *m* clou *m*

Clown(in) [klaʊn] <-s, -s> *m(f)* clown *m*

Club [klʊp] <-s, -s> *m* club *m*

cm *Abk von* **Zentimeter** cm

Cocktail ['kɔkteɪl] <-s, -s> *m* cocktail *m*

Code [koːt] *m* code *m*

Cola ['koːla] <-, -[s]> *f fam* coca *m*

Comeback, **Come-back** [kam'bɛk] <-[s], -s> *nt* come-back *m*

Comicheft ['kɔmɪk'hɛft] *nt* bande *f* dessinée

Coming-out [kamɪŋ'ʔaʊt] <-[s], -s> *nt* *(eines Homosexuellen)* aveu *m* public de son homosexualité

Compactdisc, **Compact Disc** [kɔm'pakt'dɪsk] <- -, - -s> *f* disque *m* compact; *s.a.* **CD**

Computer [kɔm'pjuːtɐ] <-s, -> *m* ordinateur *m*

Computerfreak [kɔm'pjuːtɐfriːk] *m fam* mordu(e) *m(f)* d'ordinateur **Computerspiel** *nt* jeu *m* vidéo **Computertomographie** *f* MED scanographie *f*

Container [kɔn'teːnɐ] <-s, -> *m* ❶ conteneur *m* ❷ *(Müllcontainer)* benne *f* [à ordures]

Cookie ['kʊki] <-s, -s> *nt* INFORM mouchard *m* électronique

cool [kuːl] *adj fam* cool

Cord [kɔrt] <-s> *m* velours *m* côtelé

Cornflakes ['kɔːnfleɪks] *Pl* corn-flakes *mpl*

Coronatest *m* MED test Covid-19 *m*

Coronavirus [ko'roːna-] *m o nt* MED coronavirus *m*

Couch [kaʊtʃ] <-, -es> *f o* CH *m* canapé *m*

Count-down ['kaunt'daun] <-s, -s> *m o nt* compte *m* à rebours

Coupon [ku'põː] <-s, -s> *m* coupon-réponse *m*

Cousin [ku'zɛ̃ː] <-s, -s> *m* cousin *m*

Cousine [ku'ziːnə] <-, -n> *f* cousine *f*

Covid-19, **COVID-19** [koːvɪt'nɔyntseːn] <-> *f o nt Abk von* **corona virus disease 2019** MED Covid-19 *m*, COVID-19 *m*

Cowboy ['kaʊbɔy] <-s, -s> *m* cow-boy *m*

Creme [kreːm] <-, -s> *f* crème *f*

cremefarben [kreːm-, krɛːm-] *adj* [de couleur] crème

Crew [kruː] <-, -s> *f* équipage *m*

CSU [tseːʔɛs'ʔuː] <-> *f Abk von* **Christlich-Soziale Union** *aile bavaroise du parti chrétien-démocrate*

Curry ['kœri] <-s, -s> *m o nt* curry *m*

Currywurst *f saucisse grillée au curry*

Cursor ['kœːzɐ] <-s, -> *m* curseur *m*

Cyberspace ['saɪbɐspɛɪs] *m* cyberespace *m*

Dd

D

D, d [deː] <-, -> *nt* ① D *m*/d *m* ② MUS ré *m*

da [daː] **I.** *adv* ① là ② *(dort)* ~ **ist ein Bach** voilà un ruisseau; ~ **drüben** là-bas; **dieses Haus** ~ cette maison-là ③ *(hier)* ~**!** tiens/tenez!; ~ **hast du dein Buch!** voilà ton livre!; **wo ist denn nur meine Brille? — Da!** où sont passées mes lunettes? — Les voilà! ④ *(gekommen)* **war der Postbote schon ~?** le facteur est passé? ⑤ *(in diesem Augenblick)* [juste] à ce moment ⑥ *fam (in diesem Fall)* **was gibt's denn ~ zu lachen?** il n'y a pas de quoi rire! ► ~ **und dort** ici et là **II.** *konj* ① *(weil)* comme ② *geh (als, wenn)* où

dabei [da'bai] *adv* ① *(daneben)* avec; *(in der Nähe)* à côté ② *(währenddessen)* en même temps; *(bei dieser Gelegenheit)* à cette occasion ③ *(im Begriff)* [**gerade**] ~ **sein etw zu tun** être en train de faire qc ④ *(in diesem Zusammenhang)* **ein wenig Angst war schon** [**mit**] ~ ce n'était pas sans une certaine crainte; **ich habe ~ nicht viel gelernt** je n'y ai pas appris grand-chose; **es kommt nichts ~ heraus** il n'en sortira rien ⑤ *(bei einer Unternehmung)* ~ **sein** participer; **ich war** ~ j'y étais; **ich bin** [**mit**] ~ je suis partant(e) ⑥ *(obgleich)* et pourtant ⑦ *(wie es vereinbart ist)* **wir sollten es ~ belassen** nous devrions en rester là; **es bleibt ~, dass ihr morgen alle mitkommt** c'est toujours d'accord, vous venez tous demain; **..., und ~ bleibt es!** ..., un point, c'est tout!

dabei|bleiben *vi irr +sein* rester **dabei|haben** *vt irr* **jdn** ~ avoir qn avec soi; **etw** ~ avoir qc sur soi

da|bleiben *vi irr +sein* rester

Dạch [dax] <-[e]s, Dạ̈cher> *nt* toit *m*

Dạchboden *m* grenier *m*

Dạchdecker(in) <-s, -> *m(f)* couvreur(-euse) *m(f)*

Dạchfenster *nt* fenêtre *f* mansardée **Dạchgepäckträger** *m* galerie *f* **Dạchgeschoss** *nt* étage *m* mansardé **Dạchrinne** *f* gouttière *f* **Dạchstuhl** *m* charpente *f*

dạchte ['daxtə] *Imp von* **denken**

Dạchziegel *m* tuile *f*

Dạckel ['dakəl] <-s, -> *m* teckel *m*

dadụrch [da'dʊrç] *adv* ① *(da hindurch)* par-là ② *(aus diesem Grund)* de ce fait; *(auf diese Weise)* de cette façon; ~, **dass...** du fait que...

dafür [da'fyːɐ̯] *adv* ① *(für das)* pour cela; **was wohl der Grund ~ sein mag?** quelle peut bien en être la raison? ② *(deswegen)* pour ça; **ich bezahle Sie nicht ~, dass** je ne vous paie pas pour que *+subj* ③ *(als Gegenleistung)* en échange ④ *(andererseits)* en revanche ⑤ *(für das)* **ich kann nichts ~, dass...** je n'y peux rien, moi, si... ⑥ *(befürwortend)* ~ **sein** être pour; **ich bin ~, dass** je suis d'avis que *+subj*

dagegen [da'geːgən] **I.** *adv* ① *(örtlich)* là contre ② *(gegen das, gegen dieses)* contre cela; ~ **sein, dass** être contre le fait que *+subj;* **haben Sie etwas ~, wenn ich rauche?** ça vous dérange si je fume?; **ich kann nichts ~ machen** je n'y peux rien ③ *(im Vergleich dazu)* en comparaison **II.** *konj* en revanche

dagegen|halten *vt irr* ① *(einwenden)* **etwas** ~ [y] opposer quelque chose; ~, **dass...** [y] objecter que... ② *(vergleichend hinhalten)* **etw** ~ mettre qc à côté

daheim [da'haim] *adv* A, CH ① *(in Bezug auf die Wohnung)* chez moi/soi/... ② *(in Bezug auf den Wohnort)* **wie**

jetzt wohl das Wetter ~ sein mag? quel temps peut-il bien faire chez nous? ❸ *(in Bezug auf die Heimat)* **in Augsburg ~ sein** être d'Augsbourg

daher [da'heːɐ̯] *adv* ❶ *(von dort)* de là; **ich komme gerade ~** j'en viens ❷ *(aus diesem Grund)* c'est pourquoi; **... ~ war sie verärgert ...** de là son énervement

daher|reden I. *vi* parler sans réfléchir **II.** *vt* **etw ~** dire qc sans réfléchir

dahin [da'hɪn] *adv (an diesen Ort)* y; **ich will nicht ~** je ne veux pas y aller ▶ **bis ~** *(solange)* d'ici là

dahinten [da'hɪntən] *adv* là-bas

dahinter [da'hɪntɐ] *adv* ❶ *(räumlich)* là-derrière ❷ *(zeitlich)* après

da|lassen *vt irr* ❶ **jdn ~** laisser qn; **etw ~** laisser qc là ❷ *(überlassen)* **jdm etw ~** laisser qc à qn

damalig ['daːmaːlɪç] *adj* d'alors

damals ['daːmaːls] *adv* à l'époque; **seit ~** depuis lors; **von ~** de l'époque

Dame ['daːmə] <-, -n> *f* dame *f;* **die ~ des Hauses** la maîtresse de maison; **meine sehr verehrten ~n und Herren!** *form* Mesdames et Messieurs!

Damebrett *nt* damier *m*

Damenbinde *f* serviette *f* périodique

damit [da'mɪt] **I.** *adv* ❶ *(mit diesem Gegenstand)* avec; **was soll ich ~?** que veux-tu/voulez-vous que j'en fasse? ❷ *(mit dieser Angelegenheit)* **nichts ~ zu tun haben** n'avoir rien à voir là-dedans; **~ fing alles an** c'est ainsi que tout a commencé; **musst du denn immer wieder ~ anfangen?** est-il vraiment nécessaire de revenir sans arrêt là-dessus? ❸ *(mit diesem Verhalten)* **~ hatte ich nicht gerechnet** je ne m'y attendais pas; **was willst du ~ sagen?** qu'entends-tu par là?; **sind Sie ~ einverstanden?** vous êtes d'accord? ❹ *(in Befehlen)* **weg ~!** enlève-moi ça!; **Schluss ~!** ça suffit! ❺ *(somit)* ainsi **II.** *konj* pour que *+subj;* **halt dich fest, ~ du nicht fällst!** tiens-toi bien pour ne pas tomber!

dämlich ['dɛːmlɪç] *adj pej fam* stupide

Damm [dam] <-[e]s, Dämme> *m (Staudamm)* barrage *m; (Deich)* digue *f*

Dämmerlicht *nt* ❶ *(Halbdunkel)* pénombre *f* ❷ *(nach Sonnenuntergang)* crépuscule *m*

Dämmerung ['dɛmərʊŋ] <-, -en> *f* ❶ *(Abenddämmerung)* crépuscule *m* ❷ *(Morgendämmerung)* aube *f*

Dämon ['dɛːmɔn] <-s, Dämonen> *m* démon *m*

dämonisch [dɛ'moːnɪʃ] *adj* démoniaque

Dampf [dampf] <-[e]s, Dämpfe> *m* vapeur *f*

Dampfbügeleisen *nt* fer *m* [à] vapeur

dampfen *vi +haben (Schüssel)* fumer

dämpfen ['dɛmpfən] *vt* ❶ *(Geräusch)* étouffer; *(Stimme)* baisser; **gedämpft** *(Licht)* tamisé(e) ❷ *(Stoß)* amortir ❸ *(Begeisterung)* tempérer ❹ GASTR **etw ~** cuire qc à l'étuvée

Dampfreiniger *m*, **Dampfsauger** *m* nettoyeur *m* vapeur **Dampfwalze** *f* rouleau *m* compresseur

danach [da'naːx] *adv* ❶ *(zeitlich, örtlich)* après ❷ *(zielgerichtet)* **das Kind sah den Ball und wollte ~ greifen** l'enfant a aperçu le ballon et a voulu l'attraper ❸ *(hiernach)* **ich sehne mich so ~** j'en aurais tellement envie; **bitte richten Sie sich ~!** veuillez vous y conformer! ❹ *fam (zumute)* **ein Spaziergang? Irgendwie ist mir ~!** une promenade? J'en ai bien envie!; *s.a.* **nach**

Däne, Dänin ['dɛːnə] <-n, -n> *m, f* Danois(e) *m(f)*

daneben [da'neːbən] *adv* ❶ *(legen, stellen)* à côté; **rechts ~** à sa/leur/... droite; **links ~** à sa/leur/... gauche ❷ *(verglichen damit)* à côté ❸ *(außerdem)* et en plus

daneben|benehmen* *vr irr fam* **sich ~** mal se comporter **daneben|gehen** *vi irr +sein* ❶ *(Schuss)* manquer son but ❷ *fig fam* foirer

Dänemark ['dɛːnəmark] <-s> *nt* le

D

Danemark

dänisch I. *adj* danois(e) II. *adv* ~ **miteinander sprechen** discuter en danois

Dänisch <-[s]> *nt kein art* danois *m; s.a.* **Deutsch**

D

dank [daŋk] *präp +gen o dat* grâce à

Dank <-[e]s> *m* remerciement *m;* **vielen** ~ merci beaucoup

dankbar I. *adj* reconnaissant(e) II. *adv* avec gratitude

Dankbarkeit <-> *f* gratitude *f*

danke *adv* merci; ~ **schön** merci bien

danken I. *vi* **jdm für seine Hilfe/sein Geschenk** ~ remercier qn de son aide/pour son cadeau; **nichts zu ~!** de rien! II. *vt* **jdm etw** ~ dire merci à qn pour qc

dann [dan] *adv* 1 *(danach)* ensuite; **noch drei Tage,** ~ **habe ich Geburtstag** encore trois jours et c'est mon anniversaire 2 *(irgendwann später)* un peu plus tard 3 *(unter diesen Umständen)* alors; **ich fahre nur ~, wenn du mitkommst** je ne partirai qu'à condition que tu m'accompagnes 4 *(sonst)* **wenn nicht du, wer ~?** si ce n'est pas toi, qui est-ce? 5 *(außerdem)* **erst zu spät kommen und** ~ **auch noch stören** non seulement il arrive en retard, mais en plus il dérange tout le monde

daran *adv* 1 *(örtlich: befestigen)* y; *(vorbeigehen)* à côté 2 *(zeitlich)* ensuite 3 *(an dieser Sache)* **erinnerst du dich noch ~?** tu t'en souviens?; ~ **denken** y penser; **bist du** ~ **interessiert?** ça t'intéresse?; *s.a.* **an**

daran|machen *vr fam* **sich** ~ s'y mettre; **sich** ~ **etw zu tun** se mettre à faire qc

darauf *adv* 1 *(örtlich)* dessus 2 *(danach)* puis; **bald** ~ peu après; ~ **folgend** suivant(e); **am** ~ **folgenden Tag** le lendemain; **einen Monat** ~ un mois après 3 *(auf einen Bezugspunkt zurückführend)* ~ **basieren** se fonder là dessus; **sich** ~ **beziehen** s'y référer; **sich** ~ **stützen, dass...** s'appuyer sur le fait que... 4 *(als Reaktion)* là-dessus 5 *(auf eine Sache)* y; **sich** ~ **vorbereiten** s'y préparer; **sich** ~ **verlassen** compter dessus; *s.a.* **auf**

daraufhin [daːrauf'hɪn] *adv* 1 *(infolgedessen)* dans la suite 2 *(im Hinblick darauf)* **etw** ~ **untersuchen, ob...** inspecter qc pour voir si...

daraus *adv* 1 *(aus diesem Material)* en 2 *(aus diesem Gefäß)* ~ **kann man essen** on peut manger dedans 3 *(aus dieser Sache)* ~ **ergibt sich...** il en résulte...

dar|bieten ['daːɐ̯biːtən] *irr vt geh* 1 *(Schauspiel)* présenter; *(Gedicht)* dire 2 *(Speisen)* offrir; *(Hand)* tendre

darin *adv* 1 *(in dem/der)* à l'intérieur 2 *(in dieser Hinsicht)* **sie stimmen** ~ **überein, dass...** ils/elles sont d'accord sur le fait que...

dar|legen ['daːɐ̯leːgən] *vt* exposer

Darlegung <-, -en> *f* exposé *m*

Darlehen ['daːɐ̯leːən] <-s, -> *nt* emprunt *m*

Darm [darm] <-[e]s, Därme> *m* ANAT intestin *m*

Darmgrippe *f* grippe *f* intestinale

dar|stellen ['daːɐ̯ʃtɛlən] *vt* représenter

Darsteller(in) <-s, -> *m(f)* interprète *mf*

Darstellung <-> *f kein Pl* représentation *f*

Darts [daːɐ̯ts] <-> *nt* fléchettes *fpl;* ~ **spielen** jouer aux fléchettes

darüber *adv* 1 *(über eine Sache)* dessus; *(über einer Sache)* par-dessus 2 *(höher, weiter oben)* au-dessus 3 *(über ... hinweg)* par-dessus 4 *(mehr)* **die Teilnehmer waren 50 Jahre alt und** ~ les participants avaient 50 ans et plus 5 *(währenddessen)* pendant ce temps; **sie hatte gelesen und war** ~ **eingeschlafen** elle s'était endormie en lisant 6 *(über diese/dieser Angelegenheit)* à ce sujet; ~ **reden** en parler; ~ **nachdenken** y réfléchir

darüber|liegen *vi irr* se situer au-dessus;

er lag mit seinem Angebot noch darüber il proposait davantage **darüber|stehen** *vi irr* être au-dessus de ça

darum *adv* ❶ *(deshalb)* c'est pourquoi; **warum? — Darum!** pourquoi? — Parce que! ❷ *(örtlich)* ~ [**herum**] tout autour; *s.a.* **um** ❸ *(um diese Angelegenheit)* **jdn ~ bitten, etw zu tun** demander à qn de faire qc

darunter *adv* ❶ *(unter diesem/diesen Gegenstand)* en dessous; ~ **hervorsehen** *(Person)* apparaître; *(Gegenstand)* dépasser; **seine Unterschrift ~ setzen** y apposer sa signature ❷ *(unter dieser Etage)* en dessous ❸ *(unter dieser/diese Grenze)* ~ **liegen** *(Werte)* être inférieur ❹ *(mitten unter diesen)* parmi eux/elles; **einige Länder der EU, ~ Dänemark, Frankreich,...** quelques pays de l'Union européenne, dont le Danemark, la France, ... ❺ *(unter dieser Angelegenheit)* ~ **leiden** en souffrir; **was verstehst du denn ~?** qu'est-ce que tu entends par là?; *s.a.* **unter**

das[1] [das] *art def, Neutrum, nom und akk Sing* le/la; ~ **kleine Mädchen** la petite fille; ~ **Arbeiten** le travail; ~ **Schöne** le beau

das[2] **I.** *pron dem, Neutrum, nom und akk Sing* ~ **Kind da** cet enfant-là; **was ist denn ~ da?** qu'est-ce que c'est que ça? **II.** *pron rel, Neutrum, nom Sing* qui **III.** *pron rel, Neutrum, akk Sing* que

Dasein <-s> *nt* ❶ existence *f* ❷ *(Anwesenheit)* présence *f*

dasjenige *pron dem* ~ **Baby, das...** ce bébé qui...

dass [das] *konj* ❶ que +*indic o subj;* **schade, ~ du schon gehen musst** dommage que tu sois obligé(e) de partir; **ich bin dagegen, ~** je ne suis pas d'accord que +*subj* ❷ *(zur Angabe der Folge)* que; **er hupte so laut, ~ alle wach wurden** il a klaxonné si fort que tous se sont réveillés ❸ *(als Einleitung einer Aufforderung)* **und ~ du pünktlich zurückkommst!** et tâche de rentrer à l'heure!

dasselbe *pron dem, nom und akk Sing* le/la même

da|stehen *vi irr* ❶ être là; **ratlos ~** rester là perplexe ❷ *(erscheinen)* **allein ~** se retrouver seul(e); **als Lügner ~** faire figure de menteur

Date [deːt] <-[s], -s> *nt fam* rancard *m*

Datei [da'tai] <-, -n> *f* fichier *m*

Dateiname *m* nom *m* de fichier

daten ['deːtən] *vt fam* donner rancard à

Daten[1] ['daːtən] *Pl von* **Datum**

Daten[2] *Pl* données *f pl*

Datenbank <-banken> *f* banque *f* de données **Datenbestand** *m* stock *m* de données **Datenschutz** *m* protection *f* des données **Datensicherung** *f* sauvegarde *f* des données **Datenträger** *m* support *m* de données **Datenverarbeitung** *f* traitement *m* des données

datieren* [da'tiːrən] **I.** *vt* dater; **etw auf den 5. Mai ~** dater qc du 5 mai **II.** *vi* dater de

Dativ ['daːtiːf] <-s, -e> *m* datif *m*

Dattel ['datəl] <-, -n> *f* datte *f*

Datum ['daːtʊm] <-s, Daten> *nt* date *f;* **was für ein ~ haben wir heute?** quel jour sommes-nous aujourd'hui?

Das Datum

Das Datum, **la date**, wird immer mit dem bestimmten Artikel *le* angegeben. Im Gegensatz zum Deutschen verwendet man danach aber die Grundzahl und nicht die Ordnungszahl.

Aujourd'hui on est le combien? – [On est] le treize. – Der Wievielte ist heute? – Der Dreizehnte.

Die einzige Ausnahme bildet der Erste eines Monats: *le 1er (le premier).*

Le 1er mai, c'est un jour férié. – Der 1. Mai ist ein Feiertag.

Dauer ['daʊɐ] <-> *f* durée *f* ▸ **auf die ~** à la longue

dauerhaft *adj* ❶ *(Material)* résistant(e) ❷ *(Bündnis)* durable

Dauerhaftigkeit <-> *f* ❶ *(eines Materials)* résistance *f* ❷ *(eines Bündnisses, Friedens)* stabilité *f*, durabilité *f*

Dauerkarte *f* carte *f* d'abonnement

dauern ['daʊɐn] *vi* durer

dauernd I. *adj (Ausstellung)* permanent(e); *(Wohnsitz)* fixe; *(Ärger)* continuel(le) II. *adv* ❶ *(für immer)* définitivement ❷ *(immer wieder)* sans arrêt

Dauerwelle *f* permanente *f* **Dauerzustand** *m* **ein ~ werden** devenir la règle

Daumen ['daʊmən] <-s, -> *m* pouce *m*

davon [da'fɔn] *adv* ❶ **nicht weit ~** un peu plus loin ❷ *(von diesem)* **~ essen** en manger; **das ist nicht alles, sondern nur ein Teil ~** ce n'est pas tout mais seulement une partie ❸ *(von dieser Sache)* **sich kaum ~ unterscheiden** ne s'en distinguer que par un petit détail ❹ *(dadurch)* **~ wird man dick** ça fait grossir; **~ stirbst du nicht!** tu n'en mourras pas! ❺ *(mittels dieser Sache)* **ich lebe doch ~!** j'en vis! ❻ *(hinsichtlich dieser Sache)* **was halten Sie ~?** qu'en pensez-vous?; **wissen Sie etwas ~?** vous êtes au courant?

davon|jagen I. *vt +haben* chasser II. *vi +sein (Person)* s'enfuir; *(Auto)* s'éloigner à toute allure **davon|kommen** *vi irr +sein* **mit einer Geldstrafe ~** s'en sortir avec une amende **davon|laufen** *vi irr +sein* ❶ se sauver; *(von zu Hause fortlaufen)* fuguer ❷ *(hinter sich lassen)* **jdm ~** distancer qn

davor[1] [da'foːɐ] *adv* ❶ *(räumlich)* devant ❷ *(zeitlich)* avant ❸ *(in Bezug auf eine Sache)* **jdn ~ warnen etw zu tun** avertir qn de ne pas faire qc; *s.a.* **vor**

davor[2] *adv* ❶ *(räumlich)* **dort ist das Rathaus, und ~ befindet sich...** la mairie est là-bas, et juste devant se trouve... ❷ *(zeitlich)* **ich muss zur Post gehen und ~ noch zum Bäcker** il faut que j'aille à la poste et avant chez le boulanger ❸ *(vor dieser Person, Sache)* **~ fürchtet er sich** c'est ça qu'il craint

dazu[1] [da'tsuː] *adv* ❶ *(gleichzeitig)* **sie singt, und ~ spielt sie Harfe** elle chante tout en jouant de la harpe ❷ *(außerdem)* par-dessus le marché ❸ *(zu dem Gegenstand)* **dies ist die Tischdecke, und dies sind die Servietten ~** voici la nappe, et voici les serviettes qui vont avec ❹ *(zu der Konsequenz)* **das führte ~, dass...** ça a eu pour résultat que... ❺ *(zu der Sache)* **ich würde gern etwas ~ sagen** je voudrais dire quelques mots à ce propos; **was meinst du ~?** qu'en penses-tu?

dazu[2] *adv* ❶ *(zu dieser Sache)* **wozu gehört dieses Teil? — Dazu!** avec quoi va cette pièce? — Avec ça! ❷ *(zu dieser Konsequenz)* **wie konnte es nur ~ kommen?** comment a-t-on pu en arriver là? ❸ *(dafür)* **~ ist er zu unerfahren** pour ça, il n'a pas assez d'expérience

dazu|gehören* *vi* ❶ *(Freund)* être à sa place; *(Zubehör)* aller avec ❷ *(erforderlich sein)* **es gehört schon einiges dazu, das zu tun** il faut une certaine dose de courage pour oser faire ça

dazu|kommen *vi irr +sein* ❶ arriver en plus ❷ *(hinzugefügt werden)* venir s'ajouter; **kommt noch etwas dazu?** et avec ceci? **dazu|lernen** *vt* apprendre

dazwischen [da'tsvɪʃən] *adv* ❶ *(zwischen zwei Dingen)* entre les deux; *(zwischen mehreren Dingen)* y ❷ *(in der Zwischenzeit)* entre-temps

dazwischen|kommen *vi irr +sein* ❶ *(räumlich)* **mit dem Finger ~** s'y coincer le doigt ❷ *(zeitlich)* **wenn nichts dazwischenkommt,...** sauf imprévu,...

DB [deː'beː] <-> *f Abk von* **Deutsche**

Bahn *société des chemins de fer allemands*

DDR [de:de:'ʔɛr] <-> *f Abk von* **Deutsche Demokratische Republik** HIST **die ~** la R.D.A.; **die ehemalige ~** l'ex-R.D.A.

dealen ['di:lən] *vi fam* **mit etw ~** dealer qc

Dealer(in) ['di:lɐ] <-s, -> *m(f) fam* dealeur(-euse) *m(f)*

Debatte [de'batə] <-, -n> *f* débat *m*

Deck [dɛk] <-[e]s, -s> *nt (Schiffsdeck)* pont *m*

Decke ['dɛkə] <-, -n> *f* ❶ *(Zimmerdecke)* plafond *m* ❷ *(Wolldecke)* couverture *f* ❸ *(Bettdecke)* couette *f*

Deckel ['dɛkəl] <-s, -> *m* couvercle *m*

decken *vt* couvrir; *(Tisch)* mettre

Deckname *m* pseudonyme *m*

Decoder [di'kɔʊdɐ] <-s, -> *m* décodeur *m*

defekt [de'fɛkt] *adj* défectueux(-euse)

Defekt <-[e]s, -e> *m* TECH panne *f*

defensiv [defɛn'zi:f] *adj* défensif(-ive)

Defensive [defɛn'zi:və] <-, -n> *f* MIL défensive *f*

definieren* [defi'ni:rən] *vt* définir

Definition [defini'ts̮i̯o:n] <-, -en> *f* définition *f*

definitiv [defini'ti:f] **I.** *adj* définitif(-ive) **II.** *adv* définitivement

Defizit ['de:fitsɪt] <-s, -e> *nt* FIN, COM déficit *m*

deflationär [deflatsi̯o'nɛ:ɐ̯] *adj* ÖKON déflationniste

deftig ['dɛftɪç] *adj* ❶ *(Mahlzeit)* consistant(e) ❷ *(Witz)* cru(e)

Degen ['de:gən] <-s, -> *m* épée *f*

degeneriert *adj* dégénéré(e)

degradieren* [degra'di:rən] *vt* dégrader

dehnbar ['de:nba:ɐ̯] *adj a. fig* élastique

dehnen *vt (Gummizug)* détendre; *(Glieder)* étirer

Dehnung <-, -en> *f (das Ausdehnen)* tension *f*

Deich [dai̯ç] <-[e]s, -e> *m* digue *f*

deichseln *vt fam* goupiller

dein [dai̯n] *pron poss* ❶ **~ Bruder** ton frère; **~e Freundin** ta copine; **~e Eltern** tes parents; **dieses Buch ist ~[e]s** ce livre est à toi ❷ *substantivisch* **der/die/das Deine** le tien/la tienne; **du hast das Deine bekommen** tu as eu ta part

deinerseits ['dai̯nɐ'zai̯ts] *adv* ❶ *(du wiederum)* de ton côté ❷ *(was dich betrifft)* pour ta part

deinesgleichen ['dai̯nəs'glai̯çən] *pron inv* ❶ *pej (Menschen deines Schlags)* **du und ~** toi et tes semblables *mpl* ❷ *(Menschen wie du)* **du verkehrst nur mit ~** tu ne fréquentes que les gens de ta sorte

deinetwegen ['dai̯nət've:gən] *adv* ❶ *(wegen dir)* à cause de toi ❷ *(dir zuliebe)* pour toi ❸ *(wenn es nach dir ginge)* s'il ne tient qu'à toi

Dekadenz [deka'dɛnts] <-> *f* décadence *f*

deklarieren* [dekla'ri:rən] *vt* déclarer

Deklination [deklina'tsi̯o:n] <-, -en> *f* LING déclinaison *f*

deklinieren* [dekli'ni:rən] *vt* LING décliner

Dekorateur(in) [dekora'tø:ɐ̯] <-s, -e> *m(f)* décorateur(-trice) *m(f)*

Dekoration [dekora'tsi̯o:n] <-> *f kein Pl* décoration *f*

dekorativ [dekora'ti:f] *adj* décoratif(-ive)

dekorieren* [deko'ri:rən] *vt* décorer

Dekret [de'kre:t] <-[e]s, -e> *nt* décret *m*

Delegation [delega'tsi̯o:n] <-, -en> *f* délégation *f*

Delegierte(r) *f(m)* délégué(e) *m(f)*

Delfin [dɛl'fi:n] *s.* **Delphin**

delikat [deli'ka:t] *adj* ❶ délicieux(-euse) ❷ *(heikel)* délicat(e) ❸ *geh (empfindlich)* sensible

Delikatesse [delika'tɛsə] <-, -n> *f* mets *m* de choix

Delikt [de'lɪkt] <-[e]s, -e> *nt* délit *m*

Delirium [de'li:ri̯ʊm] <-s, -rien> *nt* délire *m;* **im ~ sein** délirer

Delphin <-s, -e> *m* dauphin *m*
Delta ['dɛlta] <-s, -s> *nt* delta *m*
dem[1] [deːm] **I.** *art def, maskulin, dat Sing von* **der[1]** ❶ **von ~ Nachbarn sprechen** parler du voisin; **sie folgte ~ Mann** elle suivit l'homme; **er gab ~ Großvater den Brief** il donna la lettre à son grand-père ❷ *fam (in Verbindung mit Eigennamen)* **ich werde es ~ Frank sagen** je le dirai à Frank **II.** *art def, Neutrum, dat Sing von* **das[1]**: **von ~ Kind sprechen** parler de l'enfant; **an ~ Fenster klopfen** frapper à la fenêtre; **die Frau auf ~ Foto** la femme sur la photo
dem[2] **I.** *pron dem, maskulin, dat Sing von* **der[2]** ce/cette **II.** *pron dem, Neutrum, dat Sing von* **das[2]** ce/cette **III.** *pron rel, maskulin, dat Sing von* **der[2]** à qui **IV.** *pron rel, Neutrum, dat Sing von* **das[2]** à qui
Demarkationslinie [demarka'ts̮ioːns-] *f* ligne *f* de démarcation
dementieren* [demɛn'tiːrən] *vt* démentir
dementsprechend ['deːmʔɛnt'ʃprɛçənt] *adj (Anordnung)* en conséquence; *(Bemerkung)* dans ce sens; **~ sein** être à l'avenant
demgegenüber ['deːmgeːgən'ʔyːbɐ] *adv* en revanche
demnach ['de(ː)mnaːx] *adv* ❶ *(danach)* il ressort que... ❷ *(folglich)* en conséquence
demnächst ['deːm'nɛːçst] *adv* prochainement
Demo ['deːmo] <-, -s> *f fam Abk von* **Demonstration** manif *f*
Demokrat(in) [demo'kraːt] <-en, -en> *m(f)* démocrate *mf*
Demokratie [demokra'tiː] <-, -n> *f* démocratie *f*
demokratisch *adj* démocratique
demolieren* [demo'liːrən] *vt* démolir
Demonstrant(in) [demɔn'strant] <-en, -en> *m(f)* manifestant(e) *m(f)*
Demonstration [demɔnstra'ts̮ioːn] <-, -en> *f* ❶ manifestation *f* ❷ *(Veranschaulichung)* démonstration *f*
demonstrativ [demɔnstra'tiːf] *adj* ostensible
Demonstrativpronomen *nt (adjektivisches Pronomen)* adjectif *m* démonstratif; *(substantivisches Pronomen)* pronom *m* démonstratif
demonstrieren* [demɔn'striːrən] **I.** *vi* manifester **II.** *vt* ❶ *(bekunden)* manifester ❷ *(veranschaulichen)* démontrer
demontieren* [demɔn'tiːrən] *vt* démanteler
demoralisieren* [demorali'ziːrən] *vt* démoraliser
demselben *pron dem dat Sing von* **derselbe/dasselbe** au même; **~ Mann helfen** aider le même homme
Demut ['deːmuːt] <-> *f* humilité *f*
demütig ['deːmyːtɪç] *adj* humble
demütigen *vt* humilier
Demütigung <-, -en> *f* humiliation *f*
demzufolge ['de(ː)mts̮u'fɔlgə] *adv* ❶ il en ressort que... ❷ *(folglich)* donc
den[1] [deːn] **I.** *art def, maskulin, akk Sing von* **der[1]** le/la; **sie begrüßt ~ Nachbarn** elle salue le voisin; **~ Salat essen** manger la salade **II.** *art def, dat Pl von* **der[1]**, **die[1]**, **das[1]** aux; **mit ~ Freundinnen sprechen** parler avec les copines; **von ~ Kollegen sprechen** parler des collègues; **sie folgte ~ Leuten** elle suivit les gens
den[2] **I.** *pron dem, maskulin, akk Sing von* **der[2]** ce/cette **II.** *pron rel, akk Sing von* **der[2]** que
denen [deːnən] **I.** *pron dem, dat Pl von* **der[2]**, **die[2]**, **das[2]** à ceux **II.** *pron rel, dat Pl von* **die[2]** à qui
denkbar *adj* concevable
denken ['dɛnkən] *irr* **I.** *vi* penser **II.** *vt* ❶ **nur das Schlechteste von jdm ~** penser tout le mal possible de qn ❷ *(ahnen)* **das habe ich mir fast gedacht** j'en étais à peu près sûr(e) ❸ *(sich vorstellen)* **sich** *(dat)* **etw ~** s'imaginer qc; **ich habe mir das so**

gedacht: ... je vois les choses comme ça: ... ❹ *(beabsichtigen)* **sich** *(dat)* **nichts Böses** ~ ne pas penser à mal

Denken <-s> *nt* pensée *f*

Denkmal <-s, -mäler> *nt* monument *m*

Denkmalschutz *m* protection *f* des monuments historiques

Denkprozess *m* évolution *f* des mentalités

denkwürdig *adj* mémorable

denn [dɛn] **I.** *konj* ❶ car ❷ *(vorausgesetzt)* **es sei ~,** à moins que *+subj* **II.** *adv* donc; **he, was soll das ~?** holà, qu'est-ce qui se passe?; **wo ~ sonst?** où d'autre?

dennoch ['dɛnɔx] *adv* malgré tout; **und ~** et pourtant

denselben I. *pron dem, akk von* **derselbe** le/la même; **für ~ Sänger schwärmen** raffoler du même chanteur **II.** *pron dem, dat von* **dieselben** aux mêmes

Denunziation [denʊntsi̯a'tsi̯o:n] <-, -en> *f pej* dénonciation *f*

denunzieren* [denʊn'tsi:rən] *vt pej* **jdn bei jdm ~** dénoncer qn à qn

Deo ['de:o], **Deodorant** ['de:odo'rant] <-s, -s> *nt* déodorant *m*

Departement [departə'mã:] <-s, -s> *nt* département *m*

Deponie [depo'ni:] <-, -n> *f* décharge *f*

deponieren* [depo'ni:rən] *vt* **etw bei der Bank ~** mettre qc en dépôt à la banque

Deportation [depɔrta'tsi̯o:n] <-, -en> *f* déportation *f*

deportieren* *vt* déporter

Depot [de'po:] <-s, -s> *nt* entrepôt *m*

Depp [dɛp] <-en *o* -s, -e[n]> *m bes.* A, CH *fam* andouille *f*

Depression [deprɛ'si̯o:n] <-, -en> *f* dépression *f*

depressiv *adj* dépressif(-ive)

deprimieren* [depri'mi:rən] *vt* déprimer

der[1] [de:ɐ̯] **I.** *art def, maskulin, nom Sing* le/la; **~ Nachbar** le voisin; **~ Salat** la salade **II.** *art def, feminin, gen Sing von* **die**[1] de la/du **III.** *art def, feminin, dat Sing von* **die**[1] à la/au; **mit ~ Nachbarin sprechen** parler avec la voisine; **sie folgte ~ Frau/Menge** elle suivit la femme/foule **IV.** *art def gen Pl von* **die**[1] des; **das Ende ~ Ferien** la fin des vacances

der[2] **I.** *pron dem, maskulin, nom Sing* ce/cette; **~ Mann da** cet homme-là; **beißt ~?** est-ce qu'il mord? **II.** *pron rel, maskulin, nom Sing* qui **III.** *pron dem, feminin, gen Sing von* **die**[2] de cette/de ce **IV.** *pron dem, feminin, dat Sing von* **die**[2] à cette/à ce; **glaub ~ bloß nicht!** ne la crois surtout pas, celle-là! **V.** *pron dem gen Pl von* **die**[1] de ces **VI.** *pron rel, feminin, dat Sing von* **die**[2] à qui; **die Kälte, unter ~ sie leiden** le froid dont ils souffrent

derart ['de:ɐ̯'ʔa:ɐ̯t] *adv* **~ reizen, dass...** provoquer à tel point que...; **es ist ~ heiß, dass...** il fait tellement chaud que...

derartig I. *adj* tel(le) **II.** *adv* si

derb [dɛrp] **I.** *adj* grossier(-ère) **II.** *adv (sich ausdrücken)* grossièrement

deren ['de:rən] **I.** *pron dem, gen Sing von* **die**[2]**: seine Mutter, seine Schwester und ~ Hund** sa mère, sa sœur et le chien de cette dernière **II.** *pron dem, gen Pl von* **die**[2]**: ein Ehepaar mit seinen Freunden und ~ Kindern** un couple avec ses amis et les enfants de ces derniers **III.** *pron rel, gen Sing von* **die**[2] dont; **die Frau, ~ Namen ich vergessen habe** la femme dont j'ai oublié le nom; **die Freundin, mit ~ Hilfe ich eine Wohnung gefunden habe** l'amie avec l'aide de qui j'ai trouvé un logement **IV.** *pron rel, gen Pl von* **die**[2] dont

derer ['de:rɐ] *pron dem, gen Pl von* **die**[2] de ceux

dergleichen ['de:ɐ̯'glai̯çən] *pron dem, inv* ce genre de choses

derjenige *pron dem, maskulin, nom*

D

Sing ce/cette; **~, der das gesagt hat** celui qui a dit cela

dermaßen ['deːɐ̯'maːsən] *s.* **derart**

derselbe *pron dem, nom Sing* le/la même

derzeit ['deːɐ̯'tsait] *adv* actuellement

derzeitig *adj attr* actuel(le); **mein ~es Befinden ist ausgezeichnet** je suis en excellente forme actuellement

des [dɛs] **I.** *art def, maskulin o Neutrum, gen Sing von* **der**[1] du/de la **II.** *pron dem, maskulin o Neutrum, gen Sing von* **der**[2], **das** de ce/de cette

Desaster [de'zastɐ] <-s, -> *nt* désastre *m*

Deserteur(in) [dezɛr'tøːɐ̯] <-s, -e> *m(f)* déserteur *m*

desgleichen ['dɛs'glaiçən] *adv* également

deshalb ['dɛs'halp] *adv* **~ ist das nicht möglich** c'est la raison pour laquelle cela n'est pas possible

Design [di'zain] <-s, -s> *nt* design *m*

Designer(in) [di'zainɐ] <-s, -> *m(f)* designer *mf*

Desinfektion [dezɪnfɛk'tsi̯oːn] <-, -en> *f* désinfection *f*

Desinfektionsmittel *nt* désinfectant *m*

desinfizieren* [dezɪnfi'tsiːrən] *vt* désinfecter

Desinteresse ['dɛsʔɪntərɛsə] *nt* **~ an etw** manque *m* d'intérêt pour qc

desselben *pron dem,* du même/de la même

dessen ['dɛsən] **I.** *pron dem,* **mein Onkel und ~ Haus** mon oncle et la maison de ce dernier **II.** *pron rel,* dont; **der Freund, mit ~ Hilfe ich das Auto repariert habe** l'ami avec l'aide de qui j'ai réparé la voiture

Dessert [dɛ'sɛːɐ̯] <-s, -s> *nt* dessert *m*

Destillation [dɛstɪla'tsi̯oːn] <-, -en> *f* distillation *f*

desto ['dɛsto] *konj* **je eher du dich daranmachst, ~ schneller bist du fertig** plus vite tu t'y mettras, plus vite tu auras terminé

deswegen ['dɛs'veːgən] *s.* **deshalb**

Detail [de'tai] <-s, -s> *nt* détail *m*

detailliert [deta'jiːɐ̯t] **I.** *adj* détaillé(e) **II.** *adv* en détail

Detektiv(in) [detɛk'tiːf] <-s, -e> *m(f)* détective *m*

Detonation [detona'tsi̯oːn] <-, -en> *f* détonation *f*

deuten ['dɔytən] **I.** *vt (Traum, Text)* interpréter **II.** *vi (hinweisen)* **auf etw ~** faire penser à qc

deutlich ['dɔytlɪç] **I.** *adj* ❶ *(Konturen)* net(te); *(Aussprache)* distinct(e); *(Skizze)* clair(e); *(Schrift)* lisible ❷ *(eindeutig)* clair(e) **II.** *adv* ❶ distinctement; *(schreiben)* lisiblement ❷ *(sagen)* clairement; *(merken)* sans le moindre doute

deutsch [dɔytʃ] **I.** *adj* allemand(e) **II.** *adv* **~ miteinander sprechen** discuter en allemand

Deutsch <-[s]> *nt kein art* ❶ *(Sprache)* l'allemand *m;* **~ lernen/verstehen** apprendre/comprendre l'allemand; **~ können** savoir parler l'allemand; **~ sprechen** parler allemand; **sich auf ~ unterhalten** discuter en allemand ❷ *(Unterrichtsfach)* **gut in ~ sein** être bon en allemand ▶ **auf gut ~** *fam* en bon français

Deutsche(r) *f(m)* Allemand(e) *m(f)*

deutsch-französisch *adj* **ein ~es Wörterbuch** un dictionnaire allemand-français; **die ~e Freundschaft** l'amitié franco-allemande

Deutschland *nt* l'Allemagne *f;* **in ~** en Allemagne

deutschsprachig *adj (Bevölkerung, Gebiet)* germanophone; *(Literatur)* en langue allemande

Deutung <-, -en> *f* interprétation *f*

Devise [de'viːzə] <-, -n> *f* devise *f*

Devisen [de'viːzən] *Pl* devises *fpl*

Dezember [de'tsɛmbɐ] <-s, -> *m* décembre *m; s.a.* **April**

dezent [de'tsɛnt] **I.** *adj* discret(-ète) **II.** *adv* discrètement; *(gekleidet)* avec discrétion

Dezentralisierung <-, -en> *f* décentralisation *f*

Dezibel ['deːtsibɛl] <-s, -> *nt* décibel *m*

dezimal [detsi'maːl] *adj* décimal(e)

Dezimalzahl *f* nombre *m* décimal

d.h. *Abk von* **das heißt** c.-à-d.

Dia ['diːa] <-s, -s> *nt* diapo *f (fam)*

Diabetes [dia'beːtɛs] <-> *m* diabète *m*

Diabetiker(in) [dia'beːtikɐ] <-s, -> *m(f)* diabétique *mf*

Diagnose [dia'gnoːzə] <-, -n> *f* diagnostic *m*

diagonal [diago'naːl] *adj* diagonal(e)

Diagonale <-, -n> *f* diagonale *f*

Diagramm [dia'gram] <-s, -e> *nt* diagramme *m*

Diakonie <-> *f* diaconat *m*

Dialekt [dia'lɛkt] <-[e]s, -e> *m* dialecte *m*

Dialog [dia'loːk] <-[e]s, -e> *m* dialogue *m*

Diamant [dia'mant] <-en, -en> *m* diamant *m*

Diapositiv [diapozi'tiːf] *nt* diapositive *f*

Diaprojektor *m* projecteur *m* de diapositives

Diät [di'ɛːt] <-, -en> *f* régime *m* alimentaire

dich [dɪç] **I.** *pron pers, akk von* **du**: **ich habe ~ gesehen** je t'ai vu(e); **ohne ~** sans toi **II.** *pron refl* **du hast ~ verändert** tu as changé; **du darfst ~ nicht wundern, wenn...** ne t'étonne pas si...

dicht [dɪçt] **I.** *adj* ❶ épais(se); *(Verkehr)* dense ❷ *(Fenster)* hermétique **II.** *adv* ❶ **~ beieinanderstehen** être près les uns des autres; **~ hinter jdm stehen** être juste derrière qn ❷ *(stark)* **~ bewölkt sein** être très nuageux

dichten ['dɪçtən] **I.** *vt* composer **II.** *vi* faire de la poésie

Dichter(in) <-s, -> *m(f)* poète *m*/poétesse *f*

dichterisch *adj* poétique

Dichtung <-, -en> *f* ❶ *(Dichtkunst)* poésie *f* ❷ TECH joint *m*

dick [dɪk] **I.** *adj* ❶ gros(se) ❷ *(stark)* **ein zwei Zentimeter ~es Brett** une planche de deux centimètres d'épaisseur ❸ *(Nebel)* épais(se); *(Milch)* caillé(e) **II.** *adv* ❶ *(unterstreichen)* en gros ❷ *(reichlich)* **etw ~ auftragen** étaler une grosse couche de qc

dickflüssig *adj* visqueux(-euse); *(Sauce)* épais(se) **Dickkopf** *m fam* tête *f* de mule

dickköpfig ['dɪkkœpfɪç] *adj fam* têtu(e)

die[1] [diː] **I.** *art def, feminin, nom und akk Sing* le/la; **~ Großmutter anrufen** téléphoner à la grand-mère **II.** *art def, nom und akk Pl von* **der**[1], **die**[1], **das**[1] les

die[2] **I.** *pron dem, feminin, nom und akk Sing* ce/cette; **~ weiß das doch nicht!** celle-là, elle ne le sait pas! **II.** *pron dem, nom und akk Pl von* **der**[2], **die**[2], **das**[2] ces; **~ wissen das doch nicht!** ils ne la savent pas, eux! **III.** *pron rel, feminin, nom Sing* qui **IV.** *pron rel, feminin, akk Sing* que **V.** *pron rel, nom Pl* qui **VI.** *pron rel, akk Pl* que **VII.** *pron dem o rel, feminin, nom Sing* celle qui

Dieb(in) [diːp] <-[e]s, -e> *m(f)* voleur(-euse) *m(f)*

Diebesgut *nt kein Pl* butin *m*

Diebstahl <-[e]s, -stähle> *m* vol *m*

diejenige *pron dem, feminin, nom und akk Sing* cette

diejenigen *pron dem, nom und akk Pl von* **derjenige, diejenige, dasjenige**: **~ Schüler, die teilnehmen wollen** ceux parmi les élèves qui souhaitent participer; **eine Überraschung für ~n unter Ihnen, die...** une surprise pour ceux d'entre vous qui...; **für meine Schuhe und ~ meiner Kinder** pour mes chaussures à moi et celles de mes enfants

Diele ['diːlə] <-, -n> *f* vestibule *m*

dienen ['diːnən] *vi* servir

Diener(in) <-, -> *m(f)* serviteur *m*, servante *f*

Dienst [diːnst] <-[e]s, -e> *m* ❶ service *m*; **öffentlicher ~** fonction *f* publique ❷ *meist Pl (Unterstützung, Gefallen)* services *mpl*; **jdm einen ~ erweisen** rendre service à qn

Dienstag ['di:nsta:k] *m* mardi *m;* **am ~** *(dienstags)* le mardi; *(kommenden Dienstag)* mardi prochain; *(letzten Dienstag)* mardi dernier; **~ vormittags/abends/nachts** le mardi matin/soir/dans la nuit; **jeden ~** tous les mardis; **[am] letzten ~** mardi dernier; **am nächsten ~** mardi prochain; **an einem ~** un mardi; **hast du diesen ~ Zeit?** tu as le temps mardi?; **heute ist ~, der 31. Mai** aujourd'hui nous sommes le mardi 31 mai

Dienstagabend *m* mardi *m* soir **Dienstagmorgen** *m* mardi *m* matin

dienstags *adv* le mardi

Dienstleistung *f Pl* COM prestations *fpl* de service **Dienstplan** *m* tableau *m* de service **Dienstreise** *f* déplacement *m* professionnel **Dienststelle** ['di:nstʃtɛlə] *f* bureau *m;* **die höhere ~** l'autorité *f* supérieure **Dienstvorschrift** *f* règlement *m* [intérieur]; MIL consigne *f* **Dienstwagen** *m* voiture *f* de fonction **Dienstzeit** *f* ❶ *(Arbeitszeit)* horaire *m* de travail ❷ *(Dienstjahre)* années *fpl* de service

dies [di:s] *pron dem, inv* ❶ *(das hier)* **~ ist meine Tante** voici ma tante; **~ ist der Freund, der bei uns wohnt** c'est l'ami qui habite chez nous; **~ alles gehört mir** tout ça est à moi ❷ *(dieses)* ce/cette ▸ **über ~ und das sprechen** parler de choses et d'autres

diesbezüglich *adj, adv form* à ce sujet

diese(r, s) ['di:zə] *pron dem* ce/cette; **in ~n Jahren** ces années-là ▸ **~s und jenes** différentes choses *f pl*

Diesel ['di:zəl] <-s> *nt fam* gasoil *m*

dieselbe *pron dem, nom und akk Sing von* **derselbe** le/la même

dieselben *pron dem, nom und akk Pl von* **derselbe, dieselbe, dasselbe** les mêmes

Dieselmotor *m* moteur *m* diesel

dieser, dieses *s.* **diese(r, s)**

diesjährig *adj* de cette année **diesmal** *adv* cette fois-ci

Differenz [dɪfə'rɛnts] <-, -en> *f* ❶ différence *f* ❷ *meist Pl (Meinungsverschiedenheit)* différend *m*

differenzieren* [dɪfərɛn'tsi:rən] *vi geh* différencier

digital [digi'ta:l] *adj (Anzeige)* numérique; *(Technik)* digital(e)

Digitalkamera *f* appareil *m* photo numérique

Diktat [dɪk'ta:t] <-[e]s, -e> *nt* dictée *f*

Diktator, Diktatorin [dɪk'ta:to:ɐ̯] <-s, -toren> *m, f pej* dictateur(-trice) *m(f)*

Diktatur [dɪkta'tu:ɐ̯] <-, -en> *f pej* dictature *f*

diktieren* [dɪk'ti:rən] *vt* dicter

Dilemma [di'lɛma] <-s, -s> *nt geh* dilemme *m*

Dill [dɪl] <-[e]s, -e> *m* aneth *m*

Dimension [dimɛn'zi̯o:n] <-, -en> *f* dimension *f*

Dimmer ['dɪmɐ] <-s, -> *m* variateur *m*

Ding [dɪŋ] <-[e]s, -e> *nt* ❶ *(Sache)* machin *m* ❷ *Pl (Angelegenheit)* **so, wie die ~e liegen** au point où en sont les choses

Dinosaurier [dino'zau̯riɐ] *m* dinosaure *m*

Diözese [diø'tse:zə] <-, -n> *f* diocèse *m*

Diplom [di'plo:m] <-s, -e> *nt* diplôme *m*

Diplomat(in) [diplo'ma:t] <-en, -en> *m(f)* diplomate *mf*

Diplomatie [diploma'ti:] <-> *f* diplomatie *f*

diplomatisch *adj* diplomatique

Diplomingenieur(in) *m(f)* ingénieur *mf* diplômé(e)

dir [di:ɐ̯] **I.** *pron pers, dat von* **du: das wird ~ gut tun** ça te fera du bien; **gehört das Fahrrad ~?** c'est à toi, ce vélo?; **geht es ~ heute besser?** tu vas mieux aujourd'hui? **II.** *pron refl* **stell ~ vor, es klappt!** figure-toi, ça marche!; **was hast du ~ dabei gedacht?** qu'est-ce que tu avais en tête?

direkt [di'rɛkt] **I.** *adj* direct(e) **II.** *adv* directement

Direktion [dirɛk'tsi̯o:n] <-, -en> *f* direction *f*

Direktor, Direktorin [di'rɛkto:ɐ̯] <-s,

-toren> *m, f* directeur(-trice) *m(f)*

Direktübertragung *f* retransmission *f* en direct

Dirigent(in) [diri'gɛnt] <-en, -en> *m(f)* chef *mf* d'orchestre

dirigieren* [diri'giːrən] *vt (Orchester)* diriger

Dirndl ['dɪrndl̩] <-s, -> *nt* ❶ *s.* **Dirndlkleid** ❷ SDEUTSCH, A *(Mädchen)* fille *f*

Disco ['dɪsko] <-, -s> *f fam Abk von* **Diskothek** boîte *f*

Discounter [dɪs'kaʊntɐ] <-s, -> *m (Geschäft)* magasin *m* discount

Diskette [dɪs'kɛtə] <-, -n> *f* disquette *f*

Diskettenlaufwerk *nt* lecteur *m* de disquettes

Disko ['dɪsko] <-, -s> *f fam* boîte *f*

Diskothek [dɪsko'teːk] <-, -en> *f* discothèque *f*

Diskrepanz [dɪskre'pants] <-, -en> *f* décalage *m*

diskret [dɪs'kreːt] *geh* **I.** *adj (Person)* discret(-ète) **II.** *adv* avec discrétion

Diskretion [dɪskre'tsi̯oːn] <-> *f* discrétion *f*

diskriminieren* [dɪskrimi'niːrən] *vt geh* discriminer

diskriminierend *adj geh* discriminatoire

Diskriminierung <-, -en> *f geh* discrimination *f*

Diskussion [dɪskʊ'si̯oːn] <-, -en> *f* débat *m*

diskutieren* [dɪsku'tiːrən] *vi* **über etw** *(akk)* ~ discuter de qc

disqualifizieren* [dɪskvalifi'tsiːrən] *vt* disqualifier

dissen ['dɪsən] *vt fam* casser

Dissertation [dɪsɛrta'tsi̯oːn] <-, -en> *f* thèse *f*

> **Übersetzungstipp**
>
> **Die Dissertation** – Nicht verwechseln mit *la dissertation – der Aufsatz!*

Distanz [dɪs'tants] <-, -en> *f a. fig* distance *f*

distanzieren* [dɪstan'tsiːrən] *vr* **sich von jdm** ~ prendre ses distances par rapport à qn

Distel ['dɪstəl] <-, -n> *f* chardon *m*

Disziplin [dɪstsi'pliːn] <-, -en> *f* discipline *f*

diszipliniert [dɪstsipli'niːɐ̯t] *adj geh* discipliné(e)

disziplinlos *adj* indiscipliné(e)

dito ['diːto] *adv* de même

divers [di'vɛrs] *adj geh* **~e Fragen** diverses questions; **Diverses besprechen** discuter de diverses choses

dividieren* [divi'diːrən] *vt, vi* diviser; **eine Zahl durch drei** ~ diviser un nombre par trois

DJ ['diːdʒeː] <-[s], -s> *m Abk von* **Diskjockey** D.J. *m*

DM HIST *Abk von* **Deutsche Mark** DM

DNA [deːʔɛn'ʔaː] <-> *f Abk von* **deoxyribonucleic acid** ADN *m*

DNA-Spur [deːʔɛn'ʔaː-] *f* empreinte *f* ADN **DNA-Test** *m* test *m* ADN

DNS [deːʔɛn'ʔɛs] <-> *f Abk von* **Desoxyribonukleinsäure** A.D.N. *m*

doch [dɔx] **I.** *konj* mais **II.** *adv* ❶ *(dennoch)* quand même ❷ *(wirklich)* tout de même ❸ *(Widerspruch ausdrückend)* si ❹ *(zweifellos)* **du weißt ~, wie das ist** tu sais bien comment c'est; **Sie kennen sich hier ~ aus** vous connaissez certainement l'endroit

Docht [dɔxt] <-[e]s, -e> *m* mèche *f*

Doktor ['dɔktoːɐ̯] <-s, -toren> *m* docteur *mf*

Dokument [doku'mɛnt] <-[e]s, -e> *nt* document *m*

Dokumentarfilm [dokumɛn'taːɐ̯fɪlm] *m* documentaire *m*

Dokumentation [dokumɛnta'tsi̯oːn] <-, -en> *f* dossier *m*

Dolch [dɔlç] <-[e]s, -e> *m* poignard *m*

doll [dɔl] *fam* **I.** *adj* ❶ *(schlimm)* méchant(e) *antéposé* ❷ *(großartig)* super ❸ *(unerhört)* dingue **II.** *adv* DIAL *(sich freuen)* drôlement; **so ~, dass …** tellement que …

Dollar ['dɔlar] <-[s], -s> *m* dollar *m*

D

dolmetschen [ˈdɔlmɛtʃən] **I.** *vi* **für jdn ~** servir d'interprète à qn **II.** *vt* *(Gespräch)* traduire

Dolmetscher(in) <-s, -> *m(f)* interprète *mf*

Dom [doːm] <-[e]s, -e> *m* cathédrale *f*

Domäne [doˈmɛːnə] <-, -n> *f* domaine *m*

dominant [domiˈnant] *adj* dominateur(-trice)

dominieren* **I.** *vi* *(überwiegen)* prédominer **II.** *vt* dominer

Dominostein *m* ❶ *(Spielstein)* domino *m* ❷ GASTR *bouchée de pain d'épice fourré nappé de chocolat*

Domizil [domiˈtsiːl] <-s, -e> *nt* *geh* domicile *m*

Dompteur(in) [dɔmpˈtøːɐ̯] <-s, -e> *m(f)* dompteur(-euse) *m(f)*

Donau [ˈdoːnau̯] <-> *f* **die ~** le Danube

Donner [ˈdɔnɐ] <-s, -> *m* tonnerre *m*

donnern **I.** *vi unpers +haben* **es donnert** il tonne **II.** *vi +sein fam* ❶ **auf das Dach ~** s'abattre à grand fracas sur le toit ❷ *(sich bewegen)* **durch den Bahnhof ~** traverser la gare dans un bruit fracassant **III.** *vt +haben fam* **etw gegen die Wand ~** claquer qc contre le mur

Donnerschlag *m* coup *m* de tonnerre

Donnerstag *m* jeudi *m; s.a.* **Dienstag**

Donnerstagabend *m* jeudi *m* soir **Donnerstagmorgen** *m* jeudi *m* matin

donnerstags *adv* le jeudi

Donnerwetter *nt fam* tempête *f* ▸ **~!** *fam* chapeau!

doof [doːf] <döfer, döfste> *adj fam* débile

Doping [ˈdɔpɪŋ] <-s, -s> *nt* dopage *m*

Dopingkontrolle [ˈdoːpiŋkɔnˈtrɔlə] *f* contrôle *m* antidopage

Doppel [ˈdɔpəl] <-s, -> *nt a.* SPORT double *m*

Doppelbett *nt* lit *m* à deux places **Doppelgänger(in)** [ˈdɔpəlgɛŋɐ] <-s, -> *m(f)* sosie *m*

Doppelhaus *nt* maisons *fpl* jumelées **Doppelhaushälfte** *f* maison *f* jumelée

Doppelkinn *nt* double menton *m* **doppelklicken** <*PP* doppelgeklickt, *Infin* doppelzuklicken> *vi* double-cliquer **Doppelleben** *nt* double vie *f* **Doppelname** *m* *(Nachname)* nom *m* composé; *(Vorname)* prénom *m* composé **Doppelpunkt** *m* deux-points *mpl*

doppelseitig **I.** *adj* ❶ *(Lungenentzündung)* double; *(Lähmung)* bilatéral(e) ❷ *(zweiseitig)* sur une double page **II.** *adv* **~ gelähmt sein** avoir une paralysie bilatérale

doppelt **I.** *adj* **das ~e Gehalt** le double salaire; **die ~e Menge** deux fois la quantité **II.** *adv* ❶ **~ so groß wie...** deux fois plus grand que... ❷ *(zählen)* doublement

Doppelzimmer *nt* chambre *f* double

Dorf [dɔrf] <-[e]s, Dörfer> *nt* village *m*

Dorfbewohner(in) *m(f)* villageois(e) *m(f)*

Dorfschaft <-, -en> *f* CH petite commune *f*

Dorn [dɔrn] <-[e]s, -en> *m* épine *f*

dornig *adj* épineux(-euse)

Dornröschen [dɔrnˈrøːsçən] *nt* la Belle au bois dormant

Dorsch [dɔrʃ] <-[e]s, -e> *m* morue *f*

dort [dɔrt] *adv* là-bas; **~ oben** là-haut; **~ unten** là en bas; **von ~** de là; **jdn ~ behalten** garder qn sur place; **ich komme gerade von ~** j'en reviens juste

dorther [ˈdɔrtˈheːɐ̯] *adv* **ich komme doch gerade ~!** mais je viens juste d'en revenir! **dorthin** *adv* **~ gehen** aller là-bas; **bis ~** jusque là-bas; **wie komme ich ~?** comment je peux y aller?

dortig *adj attr* *(Einrichtungen)* sur place; *(Gepflogenheiten)* de là-bas

Dose [ˈdoːzə] <-, -n> *f* boîte *f*

Dosenmilch *f* lait *m* en boîte **Dosenöffner** *m* ouvre-boîte *m*

dosieren* [doˈziːrən] *vt* doser

Dosierkapsel <-> *f* dosette *f*

Dosis [ˈdoːzɪs] <-, Dosen> *f* dose *f*

Dotcom-Unternehmen *nt* [entreprise *f*] dotcom *f*

down [daʊn] *adj fam* ~ **sein** être à plat
Download ['daʊnlɔʊd] <-s, -s> *m o nt* INFORM téléchargement *m*
downloaden ['daʊnloʊdən] *vt* télécharger
Dozent(in) [do'tsɛnt] <-en, -en> *m(f)* maître *m* de conférences
Dr. *Abk von* **Doktor** Dr
Drache ['draxə] <-n, -n> *m* HIST dragon *m*
Drachen ['draxən] <-s, -> *m* ❶ *(Spielzeug)* cerf-volant *m* ❷ *(Flugdrachen)* deltaplane® *m*
Draht [dra:t] <-[e]s, Drähte> *m* fil *m* métallique ▸ **der heiße** ~ le téléphone rouge
drahtig ['dra:tɪç] *adj* ❶ *(Person)* nerveux(-euse) ❷ *(rau: Haar)* dur(e)
Drahtseilbahn *f (Schwebebahn)* téléphérique *m; (Schienenbahn)* funiculaire *m*
Drama ['dra:ma] <-s, Dramen> *nt* drame *m*
dramatisch *adj* dramatique
dramatisieren* [dramati'zi:rən] *vt, vi* dramatiser
dran [dran] *adv fam* ▸ **früh/spät** ~ **sein** être en avance/en retard; **er ist** ~ c'est à lui *s.a.* **daran**
dran|bleiben ['dranblaibən] *vi irr +sein fam (Anrufer)* ne pas quitter
drang *Imp von* **dringen**
Drang [draŋ] <-[e]s, Dränge> *m* **sein/ihr** ~ **nach Anerkennung** son besoin d'approbation; **der** ~ **nach Osten** la poussée vers l'Est
drängeln ['drɛŋəln] **I.** *vi (Wartende)* pousser **II.** *vt* harceler **III.** *vr* **sich an der Kasse** ~ jouer des coudes à la caisse
drängen ['drɛŋən] **I.** *vi* ❶ **zum Ausgang** ~ pousser vers la sortie; **in den Bus** ~ se bousculer pour entrer dans le bus ❷ *(fordern)* **zum Aufbruch** ~ vouloir hâter le départ; **auf eine Antwort** ~ insister pour obtenir une réponse ❸ *(eilig sein)* **die Zeit drängt** le temps presse **II.** *vt* ❶ **jdn zur Seite** ~ pousser qn sur le côté ❷ *(auffordern)* **jdn** ~ **etw zu tun** presser qn de faire qc **III.** *vr* **sich zum Eingang** ~ se bousculer vers l'entrée; **sich durch die Menge** ~ se frayer un chemin dans la foule
dran|kommen *vi irr +sein fam* ❶ *(erreichen)* **an etw** *(akk)* ~ arriver à attraper qc ❷ *(an die Reihe kommen)* **du kommst dran** c'est ton tour
drastisch ['drastɪʃ] **I.** *adj* ❶ draconien(ne) ❷ *(überdeutlich)* radical(e) **II.** *adv* ❶ de façon draconienne ❷ *(überdeutlich)* **um es** ~ **auszudrücken** pour le dire tout à fait clairement
drauf [drauf] *adv fam* dessus ▸ **gut** ~ **sein** *fam* avoir la pêche
Draufgänger(in) ['draufgɛŋɐ] <-s, -> *m(f)* fonceur(-euse) *m(f) (fam)*
draußen ['drausən] *adv* dehors; **nach** ~ dehors; **von** ~ de dehors
Dreck [drɛk] <-[e]s> *m fam (Schlamm)* gadoue *f; (Schmutz)* saleté *f*
dreckig *adj* sale; **sich** ~ **machen** se salir
Dreh [dre:] <-s, -s *o* -e> *m fam* truc *m;* **den** ~ **heraushaben** *fam* avoir trouvé le truc ▸ **[so] um den** ~ *fam* à quelque chose près
drehbar *adj* pivotant(e)
Drehbuch *nt* scénario *m* **Drehbuchautor(in)** *m(f)* scénariste *mf*
drehen ['dre:ən] **I.** *vt* ❶ *(Hand)* bouger; *(Schlüssel)* tourner ❷ *(Zigarette)* rouler ❸ CINE tourner ❹ *(stellen)* **die Musik leiser** ~ baisser le son; **die Heizung höher** ~ monter le chauffage **II.** *vi* ❶ **an einem Knopf** ~ tourner un bouton ❷ *(umdrehen: Fahrer)* faire demi-tour; *(Wind)* tourner ❸ *(Filmaufnahmen machen)* tourner **III.** *vr* ❶ *(rotieren)* **sich** ~ tourner ❷ *(sich umdrehen)* **sich nach rechts/links** ~ se tourner à droite/gauche
Drehorgel *f* orgue *m* de Barbarie **Drehtür** *f* porte *f* à tambour
Drehung <-, -en> *f* rotation *f; (Kreis)* tour *m*

D

drei [draj] *num* trois; *s.a.* **acht**[1]

Drei <-, -en> *f* ❶ trois *m* ❷ *(Schulnote)* *note située entre onze et treize sur vingt; s.a.* **Acht**[1]

3-D-Film, 3D-Film [draj'de:-] *m* film *m* en 3D

dreidimensional ['drajdimɛnzi̯ona:l] **I.** *adj* tridimensionnel(le) **II.** *adv* *(darstellen)* en trois dimensions **Dreieck** *nt* triangle *m* **dreieckig** *adj* triangulaire

dreierlei *adj inv* ~ **Sorten Brot** trois sortes de pain; *s.a.* **achterlei**

dreifach *adj, adv* trois fois; *s.a.* **achtfach**

dreihundert *num* trois cents

dreimal *adv* trois fois

Dreirad *nt* ❶ *(Spielzeug)* tricycle *m* ❷ *(Lieferfahrzeug)* triporteur *m*

dreißig ['drajsɪç] *num* trente; *s.a.* **achtzig**

Dreißig <-, -en> *f* trente *m*

dreist [drajst] *adj* impudent(e); **immer ~er werden** avoir de plus en plus d'aplomb

Dreiviertelstunde *f* trois quarts *mpl* d'heure **dreizehn** *num* treize; *s.a.* **acht**[1]

dreschen ['drɛʃən] <drischt, drosch, gedroschen> *vt* ❶ *(Getreide)* battre ❷ *fam (prügeln)* **jdn windelweich ~** flanquer une bonne dérouillée à qn

Dresden ['dre:sdən] <-s> *nt* Dresde

dressieren* [drɛ'si:rən] *vt* dresser

Dressur [drɛ'su:ɐ̯] <-, -en> *f* dressage *m*

Dribbling ['drɪblɪŋ] <-s, -s> *nt* SPORT dribble *m*

Drilling ['drɪlɪŋ] <-s, -e> *m* triplé *m*

drin [drɪn] *adv fam* **in der Vase ist noch Wasser ~** il y a encore de l'eau dans le vase; *s.a.* **darin**

dringen ['drɪŋən] *vi irr* ❶ *+sein* **durch etw ~** *(Person, Tier)* pénétrer dans qc; *(Speer, Regen)* traverser qc; *(Licht)* percer qc; **in etw** *(akk)* **~** *(Geschoss)* traverser qc ❷ *+sein (vordringen)* **an die Öffentlichkeit ~** *(Nachricht)* être connu du grand public ❸ *+sein geh (einwirken)* **in jdn ~ etw zu tun** presser qn de faire qc

dringend I. *adj (Anruf)* urgent(e); *(Operation)* d'urgence; *(Warnung)* pressant(e) **II.** *adv (benötigen)* de toute urgence; *(operieren)* d'urgence; *(warnen, bitten)* avec insistance; *(erforderlich)* absolument

drinnen ['drɪnən] *adv* à l'intérieur

dritte(r, s) *adj* ❶ troisième ❷ *(bei Datumsangaben)* **der ~ März** le trois mars; *s.a.* **achte(r, s)**

drittel *adj* troisième; *s.a.* **achtel**

drittens *adv* troisièmement

Droge ['dro:gə] <-, -n> *f* drogue *f*

drogenabhängig *adj* toxicomane **Drogenhandel** *m* trafic *m* de drogue **drogensüchtig** *s.* **drogenabhängig** **Drogenszene** *f* milieu *m* de la drogue

Drogerie [drogə'ri:] <-, -n> *f* droguerie-herboristerie *f*

Drogist(in) <-en, -en> *m(f)* droguiste-herboriste *mf*

Drohbrief *m* lettre *f* de menace

drohen ['dro:ən] *vi* menacer

Drohne ['dro:nə] <-, -n> *f* ❶ ZOOL faux bourdon *m* ❷ *(Luftfahrzeug)* drone *m*

dröhnend *adj (Stimme)* de stentor; *(Gelächter)* sonore; *(Applaus)* vibrant(e); **ein ~er Lärm** un grondement

Drohung ['dro:ʊŋ] <-, -en> *f* menace *f*

drollig ['drɔlɪç] *adj* ❶ drôle ❷ *(niedlich)* mignon(ne)

Drop-down-Menü [drɔp'daʊn-] *nt* INFORM menu *m* déroulant

Drossel ['drɔsəl] <-, -n> *f* grive *f*

drüber ['dry:bɐ] *adv s.* **darüber**

Druck[1] [drʊk] <-[e]s, Drücke> *m* ❶ pression *f* ❷ *(in der Brust)* oppression *f*; *(im Magen)* lourdeur *f* ❸ *kein Pl (das Drücken)* **mit einem ~ auf diese Taste** par simple pression sur cette touche ❹ **unter ~ stehen** être sous pression; *(in Zeitnot sein)* être pressé par le temps

Druck[2] <-[e]s, -e> *m kein Pl* impression *f*

Druckbuchstabe *m* caractère *m* d'imprimerie
drucken ['drʊkən] *vt, vi* imprimer
drücken ['drʏkən] **I.** *vt* ❶ *(Knopf)* appuyer sur ❷ *(pressen)* **jdn an sich** *(akk)* ~ étreindre qn ❸ *(schieben)* **etw nach vorne** ~ pousser qc en avant ❹ *(schmerzen)* **jdn** ~ *(Schuhe)* serrer qn ❺ *(bedrücken)* **jdn** ~ *(Schulden)* oppresser qn **II.** *vi* ❶ *(Brille)* serrer; **im Magen** ~ peser sur l'estomac ❷ *(pressen)* **auf einen Knopf** ~ appuyer sur un bouton; [**bitte**] **~!** Poussez [S.V.P.]! ❸ *(Verantwortung)* être oppressant **III.** *vr* **sich an die Wand** ~ se plaquer contre le mur; **sich in eine Ecke** ~ se blottir dans un coin
drückend *adj* lourd(e)
Drucker <-s, -> *m* TECH imprimante *f*
Drucker(in) <-s, -> *m(f)* imprimeur(-euse) *m(f)*
Drücker <-s, -> *m* ❶ ELEC *(Knopf)* bouton *m; (Türöffner)* loquet *m* ❷ *(Gewehrabzug)* détente *f* ❸ **auf den letzten** ~ *fam* à la dernière minute
Druckerei [drʊkə'raj] <-, -en> *f* imprimerie *f*
Druckfehler *m* faute *f* d'impression
Druckknopf *m* bouton-pression *m*
Druckmittel *nt* moyen *m* de pression
druckreif *adj* prêt(e) à imprimer
Drucksache *f* imprimé *m* **Druckschrift** *f* caractères *mpl* d'imprimerie
Drucktaste *f* touche *f*
drum [drʊm] *adv fam* ❶ *(um den, die, das)* ~ **herum** tout autour ❷ *(deswegen)* ~ **sagt er nichts** c'est pour ça qu'il ne dit rien ❸ *(alles, was dazugehört)* **mit allem Drum und Dran** avec tout le tralala
Dschungel ['dʒʊŋəl] <-s, -> *m* jungle *f*
du [du:] *pron pers, 2. Pers, Sing* ❶ tu; **wenn ich** ~ **wäre** si j'étais toi ❷ *(als Anrede)* toi; **zu jdm** ~ **sagen** dire tu à qn ▶ **mit jdm per** ~ **sein** tutoyer qn
Du <-[s]> *nt* **sie hat ihm das** ~ **angeboten** elle lui a proposé de la tutoyer
dubios [du'bi̯o:s] *adj geh* douteux(-euse)
Dudelsack ['du:dəlzak] *m* cornemuse *f*
Duell [du'ɛl] <-s, -e> *nt* duel *m*
Duett [du'ɛt] <-[e]s, -e> *nt* duo *m*
Duft [dʊft] <-[e]s, Düfte> *m (von Blumen)* parfum *m; (eines Essens, Parfüms)* arôme *m*
duften **I.** *vi* sentir bon; **nach Harz** ~ sentir la résine **II.** *vi unpers* **es duftet** ça sent bon; **es duftet nach Veilchen** ça sent la violette
dulden ['dʊldən] *vt* tolérer
duldsam [dʊltza:m] *adj* tolérant(e)
dumm [dʊm] <dümmer, dümmste> **I.** *adj* bête; **~es Zeug reden** dire des bêtises **II.** *adv* **sich** ~ **anstellen** faire l'idiot(e)
dummerweise ['dʊmɐvajzə] *adv* bêtement
Dummheit <-, -en> *f* bêtise *f*
Dummkopf *m pej fam* andouille *f;* **sei kein ~!** ne fais pas le con!
Dummy ['dami] <-, -s> *m* mannequin *m*
dumpf [dʊmpf] *adj* sourd(e); *(Ton)* grave; *(Geruch)* de renfermé; *(Schmerz)* diffus(e)
Dumpfbacke *f fam* pauvre tache *f*
Dumping ['dampɪŋ] <-s> *nt* dumping *m*
Düne ['dy:nə] <-, -n> *f* dune *f*
Düngemittel *nt* engrais *m*
düngen ['dʏŋən] *vt, vi* mettre de l'engrais
Dünger <-s, -> *m* engrais *m*
dunkel ['dʊŋkəl] *adj* ❶ sombre; **im Dunkeln** dans l'obscurité ❷ *(Kleidung)* sombre; *(Haare)* foncé(e) ❸ *(Klang)* grave ❹ *(Erinnerung)* confus(e); *(Verdacht)* vague ❺ *pej (Vergangenheit)* obscur(e); *(Geschäfte)* louche
dunkelhaarig ['dʊŋkəlha:rɪç] *adj* brun(e)
Dunkelheit <-> *f* obscurité *f*
Dunkelziffer *f* chiffres *mpl* non connus
dünn [dʏn] *adj* ❶ mince; *(mager)* mai-

gre; **~er werden** maigrir ② *(Brei)* liquide; *(Kaffee)* léger(-ère) ③ *(Stoff)* fin(e)

Dunst [dʊnst] <-[e]s, Dünste> *m* ① brume *f* ② *(Dampf)* vapeur *f*

dünsten ['dʏnstən] *vt* **etw ~** faire cuire qc à la vapeur

dunstig ['dʊnstɪç] *adj* ① brumeux(-euse) ② *(Kneipe)* enfumé(e)

Dur [duːɐ̯] <-> *nt* mode *m* majeur

durch [dʊrç] **I.** *präp +akk* ① *(hindurch)* **~ das Fenster** par la fenêtre; **~ die Stadt bummeln** faire un tour en ville; **quer ~ das Tal gehen** traverser la vallée ② *(mit Hilfe)* **etw ~ einen Boten bekannt geben** faire savoir qc par un messager ③ *(aufgrund)* **~ Zufall** par hasard; **~ Fragen** à force de demander ④ *(dank)* **~ jdn** grâce à qn ⑤ *(während)* **das ganze Jahr ~ arbeiten** travailler pendant toute l'année ⑥ MATH **vier geteilt ~ zwei** quatre divisé par deux **II.** *adv fam (gar)* **~ sein** être bien cuit ▸ **~ und ~ ehrlich sein** être on ne peut plus intègre

durch|atmen *vi* respirer profondément

durchaus [dʊrç'ʔaus] *adv* ① absolument ② *(völlig)* tout à fait

durch|blättern *vt*, **durchblättern*** *vt* feuilleter

Durchblick *m* ① *(Ausblick)* vue *f* ② *fam (Überblick)* **keinen ~ haben** n'y rien piger **durch|blicken** *vi* ① **durch etw ~** regarder à travers qc ② *fam (den Überblick haben)* **ich blicke da nicht mehr durch** j'y pige plus rien ③ *(erkennbar werden)* **etw ~ lassen** laisser paraître qc; **~ lassen, dass...** laisser entendre que... **Durchblutung** [dʊrç'bluːtʊŋ] *f* circulation *f* sanguine **durchbohren*** [dʊrç'boːrən] *vt* transpercer **durch|brechen**[1] ['dʊrçbrɛçən] *irr* **I.** *vt +haben* **etw ~** casser qc en deux **II.** *vi +sein* se casser **durchbrechen***[2] *vt irr* ① enfoncer ② *(Schallmauer)* franchir; *(Blockade)* forcer **durch|brennen** *vi irr +sein (Glühbirne)* griller; *(Sicherung)* sauter

durchdacht *adj* **wohl ~** mûrement réfléchi(e)

durch|drehen *vi* ① *+haben (Räder)* tourner dans le vide ② *+haben o sein fam (die Nerven verlieren)* disjoncter

durch|dringen ['dʊrçdrɪŋən] *vi irr +sein* passer à travers

durcheinander [dʊrçʔaɪ̯'nandɐ] **I.** *adj fam* ① *(unordentlich)* en pagaille ② *(verwirrt)* tourneboulé(e) **II.** *adv* **viel ~ essen** manger beaucoup et n'importe comment

Durcheinander <-s> *nt* ① désordre *m* ② *(Wirrwarr)* confusion *f*

durcheinander|bringen *vt* déranger

Durchfahrt *f* passage *m* **Durchfall** *m* diarrhée *f* **durch|fallen** *vi irr +sein* ① **durch ein Loch ~** passer à travers un trou ② *fam (nicht bestehen)* **bei etw ~** se faire étendre à qc

durchführbar *adj* réalisable

durch|führen **I.** *vt* ① *(Messung)* faire; **einen Plan ~** mettre un plan à exécution ② *(hindurchführen)* **jdn durch etw ~** *(Führer)* guider qn à travers qc ③ *(durchleiten)* faire passer **II.** *vi (verlaufen)* **durch etw ~** traverser qc

Durchgang *m* passage *m*

durchgängig ['dʊrçgɛŋɪç] **I.** *adj (allgemein feststellbar)* général(e) **II.** *adv (ablehnen, befürworten)* à l'unanimité; *(feststellen)* de manière constante

durch|geben *vt irr* communiquer

durchgefroren *adj* complètement gelé(e)

durch|gehen *irr* **I.** *vi +sein* ① *(Person)* avancer; **durch den Zoll ~** passer la douane ② *fam (durchpassen)* **unter der Tür ~** passer sous la porte ③ *(Flug)* être direct ④ *fam (ohne Unterbrechung andauern)* être non-stop ⑤ *(durchdringen)* **durch etw ~** *(Strahlung)* traverser qc **II.** *vt +sein (Text)* revoir

durchgehend **I.** *adj* ① *(Öffnungszeiten)* sans interruption ② *(Zug)* direct(e) **II.** *adv (ständig)* en permanence

durchgeknallt *adj fam (Person)* à la masse
durch|greifen *vi irr (eingreifen)* prendre des mesures énergiques; **hart ~** sévir
durch|halten *irr* **I.** *vt* ❶ *(ertragen)* supporter ❷ *(Streik)* poursuivre ❸ *(Tempo)* tenir ❹ *(Beanspruchung)* résister à **II.** *vi (standhalten)* tenir bon
Durchhänger <-s, -> *m fam* ▸ **einen ~ haben** *(körperlich)* être mal fichu(e); *(moralisch)* déprimer
durch|kommen *vi irr +sein* ❶ *(durchfahren)* passer; **durch ein Dorf ~** traverser un village ❷ *(passieren)* pouvoir passer ❸ *(Erfolg haben)* **bei jdm mit etw ~** avoir du succès avec qc auprès de qn ❹ *(Prüfung bestehen)* réussir
durchlässig ['dʊrçlɛsɪç] *adj* ❶ *(porös)* perméable ❷ *fig* **~ sein** *(System)* être souple; *(Grenze)* être facile à passer
durchleben* *vt* ❶ *(Zeit)* vivre ❷ *(Angst)* passer par
durch|lesen *vt irr* **etw ~** *(dat)* lire qc; *(bis zum Ende)* lire qc en entier
durch|machen *vt (Krankheit)* avoir; *(schwere Zeiten, Phase)* traverser; *(Unangenehmes)* vivre
Durchmesser <-s, -> *m* diamètre *m*
durch|nehmen *vt irr* faire
durchqueren* [dʊrç'kveːrən] *vt* traverser
Durchreiche ['dʊrçraɪ̯çə] <-, -n> *f* passe-plat *m* **Durchreise** *f* ❶ *(das Durchreisen)* la traversée ❷ *(Durchfahrt)* **auf der ~ sein** être de passage **durch|ringen** *vr irr* **sich dazu ~ etw zu tun** se résoudre à faire qc
durchs [dʊrçs] = *fam Abk von* **durch das** *s.* **durch**
Durchsage ['dʊrçzaːgə] *f* communiqué *m*
durch|sagen *vt* communiquer
durchschauen*[1] [dʊrç'ʃaʊ̯ən] *vt (Intrige)* voir clair dans; *(Absichten)* deviner
durch|schauen[2] *s.* **durchsehen**
durch|schneiden ['dʊrçʃnaɪ̯dən] *vt irr* couper **Durchschnitt** ['dʊrçʃnɪt] *m* moyenne *f*
durchschnittlich **I.** *adj* moyen(ne) **II.** *adv* en moyenne
Durchschnittseinkommen *nt* revenu *m* moyen **Durchschnittsgeschwindigkeit** *f* vitesse *f* moyenne
durch|sehen *vi irr (hindurchsehen)* **durch etw ~** regarder à travers qc
durch|setzen ['dʊrçzɛt͜sən] *vt, vr* [**sich**] **~** [s']imposer
durchsichtig *adj* ❶ transparent(e) ❷ *(offensichtlich)* évident(e)
durchstöbern* [dʊrç'ʃtøːbɐn] *vt fam* **einen Schrank ~** farfouiller dans une armoire
durch|streichen *vt irr* rayer
durchsuchen* [dʊrç'zuːxən] *vt* fouiller
Durchsuchung [dʊrç'zuːxʊŋ] <-, -en> *f* ❶ fouille *f* ❷ *(durch die Polizei: einer Wohnung)* perquisition *f*; *(einer Gegend)* exploration *f*
durchwachsen [dʊrç'vaksən] *adj* ❶ *(Speck)* maigre ❷ *hum fam (mittelmäßig)* **~ sein** être couci-couça
Durchwahl ['dʊrçvaːl] *f* ❶ ligne *f* directe ❷ *fam (Durchwahlnummer)* numéro *m* de poste **durch|wühlen** [dʊrç'vyːlən] *vt* fouiller **durch|zählen** *vt, vi* compter **Durchzug** *m kein Pl* courant *m* d'air
dürfen[1] ['dʏrfən] *aux modal, irr* ❶ **etw tun ~** pouvoir faire qc; *(Erlaubnis haben)* avoir le droit de faire qc ❷ *(Anlass haben, können)* **ich darf annehmen, dass...** je peux supposer que...; **wir ~ uns nicht beklagen** on n'a pas à se plaindre ❸ *(sollen, müssen)* **wir ~ den Bus nicht verpassen** il ne faut pas que nous rations notre bus; **das hätte er nicht tun ~** il n'aurait pas dû faire ça; **es darf nicht sein, dass** il est inadmissible que *+subj* ❹ *(in Höflichkeitsformeln)* **darf ich noch ein Stück Kuchen haben?** puis-je avoir encore un morceau de gâteau?; **was darf es denn sein?** vous désirez? ❺ *(zum Ausdruck der Wahrscheinlich-*

keit) **es dürfte genügen, wenn...** cela devrait suffire si...; **es dürfte wohl das Beste sein, wenn** le mieux serait de +*infin*

dürfen² *irr* **I.** *vi* pouvoir; *(Erlaubnis haben)* avoir la permission; **darf ich? — Ja, du darfst** je peux? — Oui, tu peux **II.** *vt* **er darf alles** il peut faire tout ce qu'il veut; **darf sie das wirklich?** elle a vraiment la permission?

dürftig ['dʏrftɪç] **I.** *adj* ❶ *(Essen)* frugal(e); *(Unterkunft)* rudimentaire ❷ *(Ergebnis)* piètre **II.** *adv* *(beleuchtet)* faiblement; *(bekleidet)* misérablement

dürr [dʏr] *adj* ❶ *(Ast)* mort(e); *(Boden)* sec(sèche) ❷ *pej (dünn)* maigre

Dürre ['dʏrə] <-, -n> *f* sécheresse *f*

Durst [dʊrst] <-[e]s> *m* soif *f*

durstig *adj* assoiffé(e)

durststillend *adj* désaltérant(e)

Durststrecke *f* période *f* difficile

Dusche ['dʊʃə] <-, -n> *f* douche *f*

duschen **I.** *vi, vr* [**sich**] ~ se doucher **II.** *vt* doucher

Duschgel *nt* gel *m* douche

düsen ['dy:zən] *vi +sein fam* filer

Düsenjäger ['dy:zənjɛ:gɐ] *m* MIL chasseur *m* à réaction **Düsentriebwerk** *nt* propulseur *m* à réaction

düster ['dy:stɐ] *adj* sombre

Dutzend ['dʊtsənt] <-s, -e> *nt* douzaine *f*

dutzendmal *adv fam* des dizaines de fois

dutzendweise ['dʊtsəntvaizə] *adv* ❶ *(im Dutzend: kaufen)* à la douzaine ❷ *fam (in großen Mengen)* par douzaines

duzen ['du:tsən] *vt, vr* [**sich**] ~ [se] tutoyer

DVD [de:faʊ'de:] <-, -s> *f Abk von* **digital versatile disc** DVD *m*

DVD-Brenner [-brɛnɐ] <-s, -> *m* INFORM graveur *m* [de] DVD **DVD-Player** [-pleɪɐ] <-s, -> *m* lecteur *m* DVD **DVD-Rekorder** <-s, -> *m* lecteur *m* DVD

dynamisch **I.** *adj* dynamique **II.** *adv* avec dynamisme

Dynastie [dynas'ti:] <-, -n> *f* dynastie *f*

D-Zug ['de:tsu:k] *m* express *m*

Ee

E, e [eː] <-, -> *nt* ① E *m/*e *m* ② MUS mi *m*

E-Auto [ˈeːʔauto] *nt Abk von* **Elektroauto** voiture *f* électrique

Ebbe [ˈɛbə] <-, -n> *f* marée *f* basse; **~ und Flut** le flux et le reflux

eben¹ [ˈeːbən] *adj* plat(e)

eben² *adv* ① *(gerade)* **was hast du ~ gesagt?** qu'est-ce que tu viens de dire?; **dein Bruder war ~ noch hier/da** ton frère était encore ici/là à l'instant ② *(nämlich)* justement ③ *(nun einmal)* tout simplement; **es ist ~ so** c'est comme ça ④ *(gerade noch: mengenmäßig)* [tout] juste; *(zeitlich)* de justesse

Ebene [ˈeːbənə] <-, -n> *f* ① plaine *f* ② *(Stufe)* niveau *m*

ebenfalls *adv* aussi; **ich ~** moi aussi; **ich war ~ nicht eingeladen** moi non plus, je n'étais pas invité(e); **danke, ~!** merci, pareillement!

ebenso [ˈeːbənzoː] *adv* ① **~ gern/gut** tout aussi bien; **~ sehr/viel** tout autant ② *(desgleichen)* également

E-Bike [ˈiːbaik] <-s, -s> *nt* vélo *m* électrique, vélo à assistance électrique **E-Book-Reader** [ˈiːbʊkriːdɐ] <-s, -> *m* INFORM liseuse *f* **E-Business** [ˈiːˈbɪznɪs] <-> *nt* e-commerce *m*

Echo [ˈɛço] <-s, -s> *nt* écho *m*

echt [ɛçt] **I.** *adj* véritable; *(Haar)* naturel(le); *(Unterschrift)* authentique **II.** *adv* ① *(rein)* **~ Gold/Silber** de l'or/l'argent véritable ② *fam (wirklich)* vraiment

Echtheit <-> *f* authenticité *f*

Eck [ɛk] <-[e]s, -e> *nt* ① A *(Ecke)* coin *m* ② *(Ecke des Tores)* coin *m*

Ecke <-, -n> *f* coin *m;* MATH angle *m*

eckig *adj (Tisch)* carré(e); *(Skulptur)* anguleux(-euse)

Ecu [eˈkyː] <-[s], -[s]> *m* <-, -> *f Abk von* **European currency unit** écu *m*

edel [ˈeːdəl] *adj* ① *geh* noble ② *(Hölzer)* précieux(-euse); *(Wein)* noble ③ *(Pferd)* de race

Edelgas *nt* gaz *m* rare **Edelmetall** *nt* métal *m* précieux **Edelstahl** *m* acier *m* affiné **Edelstein** *m* pierre *f* précieuse

Edelweiß <-[es], -e> *nt* edelweiss *m*

Editor [ˈeːditoːɐ̯] <-s, -toren> *m* INFORM éditeur *m*

EDV [eːdeːˈfau̯] <-> *f kein Pl Abk von* **elektronische Datenverarbeitung** informatique *f*

Efeu [ˈeːfɔy] <-s> *m* lierre *m*

Effekt [ɛˈfɛkt] <-[e]s, -e> *m* effet *m*

effektiv [ɛfɛkˈtiːf] *adj* ① *(Maßnahme)* efficace ② *(Zinsen)* réel(le)

effizient [ɛfiˈtsi̯ɛnt] *adj geh* performant(e)

Effizienz [ɛfiˈtsi̯ɛnts] <-, -en> *f geh* efficacité *f*

EG [eːˈgeː] <-> *f Abk von* **Europäische Gemeinschaft** C.E. *f*

egal [eˈgaːl] **I.** *adj fam* **jdm ~ sein** ne pas avoir d'importance pour qn; **~, was** quoi que *+subj;* **~, wie/wo/warum...** peu importe comment/où/pourquoi...; **das ist mir ~** ça m'est égal **II.** *adv fam (gleich)* pareillement

Egoismus [egoˈɪsmʊs] <-, -ismen> *m* égoïsme *m*

Egoist(in) <-en, -en> *m(f)* égoïste *mf*

egoistisch *adj* égoïste

ehe [ˈeːə] *konj (bevor)* avant que [ne] *+subj*

Ehe [ˈeːə] <-, -n> *f* mariage *m*

Ehebett *nt* lit *m* conjugal

ehebrecherisch *adj* adultère

Ehefrau *f* femme *f* **Ehekrach** *m fam* scène *f* de ménage **Eheleute** *Pl form* conjoints *mpl*

ehemalig [ˈeːəmaːlɪç] *adj* ancien(ne)

ehemals *adv form* jadis *(soutenu)*
Ehemann <-männer> *m* mari *m* **Ehepaar** *nt* couple *m* **Ehepartner(in)** *m(f)* conjoint(e) *m(f)*
eher ['eːɐ̯] *adv* ❶ *(kommen)* plus tôt; **je ~, desto besser** plus tôt ce sera, mieux ce sera ❷ *(wahrscheinlicher)* plutôt
Ehering *m* alliance *f* **Ehescheidung** *f* divorce *m* **Eheschließung** *f* mariage *m*
ehrbar ['eːɐ̯baːɐ̯] *adj* respectable
Ehre ['eːrə] <-, -n> *f* honneur *m*
ehren *vt* honorer
ehrenamtlich *adj (Tätigkeit)* bénévole **Ehrenbürger(in)** *m(f)* citoyen(ne) *m(f)* d'honneur **Ehrengast** *m* invité(e) *m(f)* d'honneur
ehrenhaft *adj* honorable
Ehrenkodex *m* code *m* de l'honneur **Ehrensache** *f* affaire *f* d'honneur **ehrenvoll** *adj (Aufgabe)* honorable **ehrenwert** *adj* respectable **Ehrenwort** <-worte> *nt* parole *f* d'honneur
Ehrfurcht *f* respect *m*
ehrfurchtsvoll I. *adj* respectueux(-euse) II. *adv* avec respect
Ehrgeiz *m* ambition *f*
ehrgeizig *adj* ambitieux(-euse)
ehrlich I. *adj* ❶ sincère; *(Absicht)* honnête ❷ *(Mitarbeiter)* honnête II. *adv* ❶ honnêtement ❷ *(aufrichtig)* **~ gesagt, ...** franchement...
Ehrlichkeit <-> *f* ❶ sincérité *f* ❷ *(Verlässlichkeit)* honnêteté *f*
Ehrung ['eːrʊŋ] <-, -en> *f* distinction *f*
ehrwürdig *adj* vénérable
Ei [ai̯] <-[e]s, -er> *nt* œuf *m*
Eiche ['ai̯çə] <-, -n> *f* chêne *m*
Eichel ['ai̯çəl] <-, -n> *f* BOT, ANAT gland *m*
Eichhörnchen *nt* écureuil *m*
Eid [ai̯t] <-[e]s, -e> *m* JUR serment *m*
Eidechse ['ai̯dɛksə] *f* lézard *m*
Eierbecher *m* coquetier *m*
eiern ['ai̯ɐn] *vi fam (Rad)* être voilé; *(Schallplatte)* être gondolé
Eierschale *f* coquille *f* d'œuf
Eifer ['ai̯fɐ] <-s> *m* zèle *m*
Eifersucht *f kein Pl* jalousie *f*
eifersüchtig *adj* jaloux(-ouse)
Eiffelturm ['ai̯fəltʊrm] *m* tour *f* Eiffel
eifrig ['ai̯frɪç] I. *adj (Schüler)* studieux(-euse); *(Bemühen)* empressé(e); *(Suche)* intensif(-ive) II. *adv (lernen)* avec assiduité
Eigelb <-s> *nt* jaune *m* d'œuf
eigen ['ai̯gən] *adj* ❶ propre ❷ *(Meinung)* personnel(le) ❸ *(Eingang)* particulier(-ière)
Eigenart *f (einer Person)* particularité *f*; *(einer Landschaft)* caractère *m* particulier
eigenartig I. *adj* particulier(-ière) II. *adv (sich benehmen)* bizarrement **Eigenbedarf** *m* besoins *mpl* personnels **eigenhändig** *adj* **Ihre ~e Unterschrift** votre propre signature **Eigenheim** *nt* maison *f* individuelle **Eigenkapital** *nt (einer Person)* apport *m* personnel; *(einer Firma)* capital *m* propre **Eigenname** *m* nom *m* propre
Eigenschaft <-, -en> *f* trait *m* de caractère
eigensinnig *adj* obstiné(e)
eigentlich ['ai̯gəntlɪç] I. *adj* ❶ véritable; *(Wert)* réel(le) ❷ *(ursprünglich)* d'origine II. *adv* ❶ en principe ❷ *(überhaupt)* au juste ❸ *(wirklich)* en fait
Eigentum <-s> *nt* propriété *f*; *(Besitzgüter)* biens *mpl*
Eigentümer(in) ['ai̯gəntyːmɐ] <-s, -> *m(f)* propriétaire *mf*
eigentümlich ['ai̯gəntyːmlɪç] I. *adj* particulier(-ière); *(Verhalten)* singulier(-ière) II. *adv (sich verhalten)* bizarrement
Eigentumswohnung *f* appartement *m* en copropriété
eigenwillig *adj* ❶ obstiné(e) ❷ *(unkonventionell)* original(e)
eignen ['ai̯gnən] *vr* **sich für eine bestimmte Arbeit ~** être apte à faire un certain travail; **sich als Illustration ~** pouvoir servir d'illustration
Eilbrief *m* lettre *f* exprès

Eile [ˈaɪ̯lə] <-> *f* hâte *f;* **in ~ sein** être pressé
eilen [ˈaɪ̯lən] **I.** *vi* ❶ *+sein* **nach Hause ~** se dépêcher de rentrer; **durch die Straßen ~** courir dans les rues ❷ *+haben (Angelegenheit)* être urgent **II.** *vi unpers +haben* **es eilt** c'est urgent
eilig I. *adj* urgent(e) **II.** *adv* rapidement
Eimer [ˈaɪ̯mɐ] <-s, -> *m* seau *m*
ein [aɪ̯n] *adv* **auf „~" drücken** appuyer sur "marche"
ein, eine, ein I. *num* un/une; **es ist ~ Uhr** il est une heure; **~e Stunde/~en Tag dauern** durer une heure/une journée; **~ Pfund/Kilo wiegen** peser une livre/un kilo; *s.a.* **eins** ▶ **~ und derselbe/dieselbe** une seule et même personne **II.** *art indef* ❶ un/une; **~ Buch/Tisch** un livre/une table; **~e Tür** une porte; **so ~e Frechheit!** quelle insolence!; *s.a.* **eine(r, s)** ❷ *(jeder)* **~ Wal ist ein Säugetier** les baleines sont des mammifères
einander [aɪ̯ˈnandɐ] *pron geh* se/nous/vous; **wir respektieren ~** nous nous respectons mutuellement
ein|arbeiten I. *vr* **sich ~** *(am Arbeitsplatz)* s'adapter **II.** *vt* former; **jdn in etw** *(akk)* **~** initier qn à qc
Einäscherung <-, -en> *f* incinération *f*
ein|atmen I. *vt* respirer; *(Gas)* inhaler **II.** *vi* inspirer
Einbahnstraße *f* sens *m* unique
Einband <-bände> *m* reliure *f*
Einbau <-bauten> *m meist Pl* équipement *m*
ein|bauen *vt (Möbel)* installer; *(Motor)* poser
Einbauküche *f* cuisine *f* intégrée **Einbauschrank** *m* placard *m*
ein|behalten* *vt irr* retenir
einbeinig *adj (Person)* unijambiste; *(Hocker)* à un pied
ein|berufen* *vt irr* ❶ convoquer ❷ MIL incorporer
Einbettzimmer *nt* chambre *f* à un lit
ein|beziehen* *vt irr* ❶ impliquer; *(mitwirken lassen)* associer ❷ *(berücksichtigen)* prendre en compte
ein|biegen *vi irr +sein* **in eine Straße ~** tourner dans une rue
ein|bilden *vr* ❶ *(phantasieren)* s'imaginer ❷ *(stolz sein)* être fier
Einbildung *f* ❶ *kein Pl (Phantasie)* imagination *f* ❷ *kein Pl (Arroganz)* prétention *f*
ein|blenden *vt* TV, CINE insérer; RADIO intercaler
Einblick *m* aperçu *m*
ein|brechen *irr* **I.** *vi +haben o sein* cambrioler **II.** *vt +haben (Tür)* enfoncer
Einbrecher(in) *m(f)* cambrioleur(-euse) *m(f)*
ein|bringen *vt irr* rapporter
ein|brocken *vt fam* **jdm etwas [Schönes] ~** mettre qn dans le pétrin
Einbruch *m* ❶ cambriolage *m* ❷ *(des Winters)* irruption *f*
ein|bürgern I. *vt* ADMIN naturaliser **II.** *vr (üblich werden)* **das hat sich so eingebürgert** c'est devenu une habitude
Einbürgerungstest *m* ≈ test *m* de naturalisation
ein|checken [ˈaɪ̯ntʃɛkən] **I.** *vi* se faire enregistrer **II.** *vt (Fluggast)* enregistrer
ein|cremen *vt, vr* [se] mettre de la crème
ein|decken *vr* **sich ~** s'approvisionner
eindeutig [ˈaɪ̯ndɔy̯tɪç] **I.** *adj* clair(e) **II.** *adv* manifestement
Eindeutigkeit <-> *f (Unzweifelhaftigkeit)* netteté *f,* évidence *f; (eines Beweises)* caractère *m* indiscutable
ein|dringen *vi irr +sein* pénétrer
eindringlich I. *adj* pressant(e); *(Rede)* suppliant(e) **II.** *adv* avec insistance
Eindringling <-s, -e> *m* intrus(e) *m(f)*
Eindruck <-drücke> *m* impression *f*
eindrücklich CH *s.* **eindrucksvoll**
eindrucksvoll I. *adj* impressionnant(e) **II.** *adv* de façon saisissante
eine(r, s) *pron indef* ❶ *(jemand)* quelqu'un; **~s der Kinder** un des enfants; *s.a.* **ein** ❷ *fam (man)* **und das soll ~r glauben?** laisse-moi rire! ❸ *(eine Sache)* **~s** [*o* **eins**] **gefällt mir nicht an**

E

ihm il y a une chose qui me déplaît en lui; *s.a.* **eins**

eineinhalb *num* un(e)... et demi(e)

eineinhalbmal *adv* une fois et demie; *s.a.* **achtmal**

einem *pron indef, dat von* **man: solch ein Entschluss fällt ~ schwer** on a du mal à prendre une telle décision

E

einen ['ainən] *pron indef, akk von* **man: das freut ~** on s'en réjouit; **er grüßt ~ nie** il ne vous dit jamais bonjour

ein|engen *vt* ❶ *(beschränken)* **jdn in etw** *(dat)* **~** restreindre qn dans qc ❷ *(beengen)* serrer

einer *pron s.* **eine(r, s)**

einerlei ['ainɐ'lai] *adj inv* **~ sein** être égal

einerseits ['ainɐzaits] *adv* **~... andererseits...** d'un côté..., de l'autre [côté]...

eines *pron s.* **eine(r, s)**

Ein-Euro-Job *m emploi d'utilité publique notamment pour les chômeurs de longue durée, peu rémunéré et ayant pour vocation la réinsertion professionnelle*

einfach ['ainfax] **I.** *adj* ❶ facile ❷ *(Faden)* simple ❸ *(nicht hin und zurück)* **eine ~e Fahrkarte** un aller simple **II.** *adv* simplement

Einfachheit <-> *f* simplicité *f*

ein|fädeln ['ainfɛ:dəln] **I.** *vt* enfiler; **einen Faden ~** faire passer un fil **II.** *vr* **sich ~** *(Autofahrer)* s'insérer

ein|fahren *vi irr +sein* **in den Bahnhof/Hafen ~** entrer en gare/dans le port

Einfahrt *f* ❶ *kein Pl (des Zuges)* entrée *f* en gare; *(des Schiffes)* arrivée *f* au port ❷ *(Zufahrt)* voie *f* d'accès; **~ freihalten!** sortie de véhicules!

Einfall *m* idée *f*

ein|fallen *vi irr +sein* ❶ **jdm ~** venir à l'esprit de qn; **sich** *(dat)* **etwas ~ lassen** trouver quelque chose ❷ *(in Erinnerung kommen)* retrouver ❸ *(einstürzen)* s'écrouler

einfallslos *adj, adv* sans imagination

einfallsreich I. *adj* qui fait preuve d'imagination **II.** *adv* de façon ingénieuse; *(originell)* de manière originale

einfältig ['ainfɛltɪç] *adj* naïf(-ïve)

Einfamilienhaus *nt* maison *f* individuelle

einfarbig I. *adj* d'une seule couleur; *(Stoff)* uni(e) **II.** *adv* d'une seule couleur

ein|fetten *vt* graisser

Einflugschneise *f* axe *m* d'atterrissage

Einfluss *m* influence *f*

einflussreich *adj* influent(e)

ein|frieren *irr* **I.** *vi +sein (Wasserleitung)* geler **II.** *vt +haben (Lebensmittel)* congeler

ein|fügen I. *vt* rajouter **II.** *vr* s'intégrer

einfühlsam ['ainfy:lza:m] **I.** *adj* compréhensif(-ive) **II.** *adv (sich verhalten)* avec tact

ein|führen I. *vt* ❶ importer ❷ *(bekannt machen)* introduire **II.** *vr* **sich gut ~** *(Person)* faire bonne impression

Einführung *f* ❶ *(Einweisung)* initiation *f* ❷ *(Einleitung)* introduction *f*

Eingabe *f* ❶ ADMIN pétition *f* ❷ INFORM entrée *f*

Eingabetaste *f* INFORM touche *f* “entrée”

Eingang <-gänge> *m* entrée *f*; **kein ~!** entrée interdite!

ein|geben *vt irr* ❶ *(verabreichen)* administrer ❷ INFORM **etw in den Computer ~** entrer qc dans l'ordinateur

eingebildet *adj* ❶ *pej (hochmütig)* prétentieux(-euse) ❷ *(imaginär)* imaginaire

eingefleischt ['aingəflaiʃt] *adj attr (Junggeselle, Optimist)* endurci(e); *(Demokrat)* convaincu(e)

ein|gehen *vt irr +sein (Kompromiss)* accepter; *(Risiko)* courir; *(Wette)* faire

eingehend I. *adj* détaillé(e) **II.** *adv* à fond

Eingemachte(s) *nt* conserves *f pl*

eingeschnappt I. *PP von* **einschnappen II.** *adj pej fam* vexé(e) ▸ **gleich ~ sein** prendre la mouche

eingeschränkt ['aɪ̯ngəʃrɛnkt] *adj* limité(e)
eingeschrieben *adj (Mitglied)* inscrit(e); *(Brief)* recommandé(e)
Eingeständnis *nt* aveu *m*
ein|gestehen* *irr* I. *vt (Irrtum)* admettre II. *vr* **sich** *(dat)* **~, dass...** s'avouer que...
Eingeweihte(r) *f(m) dekl wie adj (Experte)* initié(e) *m(f)*
ein|gliedern *vr* **sich ~** s'intégrer
ein|gravieren* *vt* graver
ein|greifen *vi irr* intervenir
ein|grenzen *vt* ❶ *(Grundstück, Gebiet)* délimiter ❷ *fig* limiter
Eingriff *m* ❶ MED intervention *f* ❷ *(Übergriff)* **ein ~ in etw** *(akk)* une atteinte à qc
ein|haken *vt* accrocher
ein|halten *irr* I. *vt* ❶ *(Abmachung)* respecter; *(Diät)* suivre ❷ *(Geschwindigkeit)* maintenir II. *vi geh* s'interrompre
ein|hängen *vt, vi* raccrocher
ein|heben *vt irr* A encaisser
ein|heften *vt* classer
einheimisch ['aɪ̯nhaɪ̯mɪʃ] *adj* ❶ local(e); *(in der Gegend ansässig)* indigène ❷ *(opp: ausländisch)* national(e); *(Mannschaft)* local(e)
Einheimische(r) *f(m)* habitant(e) *m(f)*; *(Inländer)* personne *f* du pays
Einheit <-, -en> *f a.* MIL unité *f*
einheitlich *adj* ❶ uniforme ❷ *(Werk)* homogène
Einheitlichkeit <-> *f* ❶ *(Gleichheit)* uniformité *f* ❷ *(Geschlossenheit)* homogénéité *f*
ein|holen *vt* rattraper
ein|hüllen *vt geh* [**sich**] **~** [s']envelopper
einig ['aɪ̯nɪç] *adj* ❶ *(geeint)* uni(e) ❷ *(einer Meinung)* **sich** *(dat)* **über etw** *(akk)* **~ sein/werden** être/se mettre d'accord sur qc; **sich** *(dat)* [**darüber**] **~ sein, dass** être d'accord pour que +*subj*
einige(r, s) ['aɪ̯nɪgə] *pron indef* ❶ *(ziemlich viel/groß)* **~s Geld** pas mal d'argent; **in ~r Entfernung** à une certaine distance; **das kostet aber ~s!** ça n'est pas donné! ❷ *(mehrere)* plusieurs; **in/vor ~n Tagen** dans/il y a quelques jours; **~ von euch** quelques-uns d'entre vous
einigen I. *vr* **sich auf/über etw** *(akk)* **~** se mettre d'accord sur qc II. *vt* **ein Volk ~** unifier un peuple
einiger *pron s.* **einige(r, s)**
einigermaßen *adv* relativement
einiges *s.* **einige(r, s)**
Einigung <-, -en> *f* ❶ *kein Pl (von Staaten)* unification *f*; **die ~ Europas** l'union *f* de l'Europe ❷ *(Übereinstimmung)* accord *m*
einjährig ['aɪ̯njɛ:rɪç] *adj* ❶ *(Kind)* [âgé(e)] d'un an ❷ BOT annuel(le) ❸ *(ein Jahr dauernd)* d'un an
ein|kalkulieren* *vt* inclure
ein|kassieren* *vt* encaisser
Einkauf *m* achat *m*
ein|kaufen I. *vt* acheter II. *vi* **~ gehen** aller faire des/les courses
Einkaufsbummel *m* lèche-vitrines *m* **Einkaufswagen** *m* chariot *m* **Einkaufszentrum** *nt* centre *m* commercial
ein|kehren *vi +sein geh* [**bei jdm**] **~** *(Ruhe)* s'installer
ein|klammern *vt* **etw ~** *(mit runden Klammern)* mettre qc entre parenthèses
Einklang *m geh* harmonie *f*
ein|kleben *vt* coller
ein|kleiden I. *vt (Rekruten)* habiller II. *vr* **sich neu ~** renouveler sa garde-robe
ein|klemmen *vt* coincer
Einkommen <-s, -> *nt* revenu *m* **einkommensschwach** *adj* à faibles revenus
Einkommen[s]steuer *f* impôt *m* sur le revenu **Einkommensstopp** *m* gel *m* des salaires
ein|kreisen *vt* ❶ *(kennzeichnen)* entourer ❷ *(umschließen)* encercler ❸ *(eingrenzen)* cerner
Einkünfte ['aɪ̯nkʏnftə] *Pl* revenus *mpl*

ein|laden[1] *vt irr* inviter

ein|laden[2] *vt irr* charger

einladend **I.** *adj (Essen)* appétissant(e); *(Lokal)* attrayant(e) **II.** *adv (dekorieren, Tisch decken)* de façon charmante

Einladung *f* invitation *f*

Einlage <-, -n> *f (Schuheinlage)* semelle *f* [intérieure]

ein|langen ['ai̯nlaŋən] *vi* A arriver

Einlass ['ai̯nlas] <-es, Einlässe> *m* ① *kein Pl* ~ **ab 19 Uhr** ouverture *f* des portes à 19 heures ② TECH admission *f*

ein|lassen *irr* **I.** *vt* ① faire entrer ② A *(Boden)* cirer **II.** *vr* **sich auf eine Diskussion** ~ s'embarquer dans une discussion

ein|laufen *vi irr +sein* ① *(Pullover)* rétrécir ② *(einfahren)* **in den Hafen** ~ entrer dans le port

ein|leben *vr* **sich bei jdm/in etw** *(akk o dat)* ~ s'intégrer chez qn/s'acclimater à qc

ein|legen *vt* ① *(Kassette)* introduire ② GASTR faire mariner ③ *(Pause)* faire

ein|leiten *vt* ① *(Untersuchung)* ouvrir; *(Verfahren)* engager ② *(Geburt)* provoquer

einleitend **I.** *adj* préliminaire **II.** *adv* en [guise d']introduction

Einleitung *f* préface *f*

ein|lenken *vi* lâcher du lest

ein|leuchten *vi (Argument)* être clair

einleuchtend *adj (Erklärung)* clair(e); *(Argument)* convaincant(e)

ein|liefern *vt* **jdn ins Krankenhaus/Gefängnis** ~ hospitaliser/incarcérer qn

ein|lösen *vt* ① *(Scheck)* honorer ② *(Pfand)* retirer

ein|machen *vt* mettre en bocaux

Einmachglas *nt* bocal *m*

einmal *adv* ① *(ein einziges Mal)* une fois; **wieder** ~ encore une fois; ~ **mehr** une fois de plus; ~ **vier ist vier** une fois quatre quatre ② *(mal)* un jour; ~ **sagt er dies,** ~ **das** il dit tantôt blanc, tantôt noir; **nicht** ~ [ne]... même pas ③ *(irgendwann in der Vergangenheit)* autrefois; **es war** ~ il était une fois ④ *(irgendwann in der Zukunft)* un jour ▸ **auf** ~ tout d'un coup

Einmaleins ['ai̯nma:l'ʔai̯ns] <-> *nt* table *f* de multiplication

einmalig **I.** *adj* unique **II.** *adv* extraordinairement

ein|mischen *vr* **sich** ~ se mêler de

Einnahme ['ai̯nna:mə] <-, -n> *f* ① *(eingenommenes Geld)* rentrée *f* d'argent ② *kein Pl (eines Medikaments)* prise *f*

Einnahmequelle *f* source *f* de revenus

ein|nehmen *vt irr* ① *(Geld)* encaisser ② *(Steuern)* percevoir ③ *(Medikament)* prendre ④ *(Position)* occuper ⑤ *(Standpunkt)* adopter

ein|nicken *vi +sein fam* piquer du nez

ein|nisten *vr pej* **sich bei jdm** ~ *(Person)* s'incruster chez qn *(fam)*

ein|ölen **I.** *vt* ① **jdn** ~ mettre [*o* passer] de l'huile sur le corps de qn ② *(Holzboden)* huiler **II.** *vr* **sich** ~ se mettre de l'huile [sur le corps]

ein|ordnen **I.** *vt* classer **II.** *vr (Fahrspur wählen)* **sich** [**richtig**] ~ se mettre dans la bonne file

ein|packen **I.** *vt* emballer **II.** *vi* faire sa valise

ein|parken ['ai̯nparkən] *vt, vi* [se] garer

ein|pendeln ['ai̯npɛndəln] *vr* **sich** ~ se stabiliser

ein|pflanzen ['ai̯nplant͡sən] *vt* planter

ein|prägen **I.** *vr* **sich leicht** ~ être facile à retenir **II.** *vt* **sich** *(dat)* **einen Namen** ~ retenir un nom

einprägsam *adj* facile à retenir

ein|quartieren* *vt* loger

ein|rahmen *vt a. fig* encadrer

ein|räumen *vt* ① ranger ② *(zugeben)* admettre ③ *(Frist)* accorder

ein|reden *vt* faire croire; **sich** *(dat)* ~, **dass...** se persuader que...

ein|reiben *vt irr* [**sich**] ~ [se] frictionner

ein|reichen *vt* remettre

ein|reihen *vt, vr* [**sich**] ~ [se] ranger

Einreise *f* entrée *f*

ein|reisen *vi +sein form* **in die USA/nach Großbritannien ~** entrer aux États-Unis/en Grande-Bretagne
ein|reißen *irr* **I.** *vi +sein (Stoff, Papier)* se déchirer **II.** *vt +haben* ❶ *(Mauer)* abattre ❷ *(Papier)* déchirer
ein|renken ['ainrɛŋkən] *vt* MED remboîter
ein|richten **I.** *vt (Wohnung)* aménager **II.** *vr* **sich neu ~** se meubler de neuf
Einrichtung <-, -en> *f* ❶ *(Wohnungseinrichtung)* mobilier *m* ❷ *(Ausstattung)* aménagement *m* [intérieur]
ein|rollen *vt* rouler
eins [ains] **I.** *num* un; **es ist ~** il est une heure; *s.a.* **acht**[1] **II.** *adj* **~ sein** être une seule et même chose
Eins <-, -en> *f* ❶ un *m* ❷ *(Schulnote)* *excellente note entre dix-huit et vingt*
einsam ['ainzaːm] **I.** *adj* ❶ *(Person)* seul(e); *(Leben)* solitaire ❷ *(Strand)* isolé(e) **II.** *adv* à l'écart
Einsamkeit <-, -en> *f* solitude *f*
ein|sammeln *vt (Schulhefte)* ramasser; *(Spenden)* collecter
Einsatz <-es, -sätze> *m* ❶ engagement *m* ❷ *(der Polizei)* intervention *f*
einsatzbereit *adj (Truppen)* opérationnel(le)
ein|scannen ['ainskɛnən] *vt* scanner
ein|schalten *vt* allumer
Einschaltquote *f* audimat *m*, audience *f*
ein|schärfen *vt* recommander
ein|schätzen *vt* **jdn/etw falsch ~** se tromper sur qn/qc
Einschätzung ['ainʃɛtsʊŋ] *f* jugement *m* porté
ein|schenken *vt* verser
ein|schicken *vt* envoyer
ein|schieben *vt irr* ❶ introduire ❷ *(Sonderzug)* ajouter
ein|schiffen *vr* **sich ~** [s']embarquer
ein|schlafen *vi irr +sein* ❶ s'endormir ❷ *(gefühllos werden)* s'engourdir
ein|schläfern ['ainʃlɛːfɐn] *vt euph (töten)* piquer
einschlägig ['ainʃlɛgɪç] **I.** *adj (Literatur, Paragraph)* s'y rapportant **II.** *adv* JUR à ce titre
ein|schleichen *vr irr* **sich ~** se glisser
ein|schließen *vt irr* enfermer
einschließlich **I.** *präp +gen* **~ aller Ausgaben** y compris toutes les dépenses **II.** *adv* inclus(e)
ein|schmeicheln *vr* **sich bei jdm ~** s'insinuer dans les bonnes grâces de qn
ein|schnappen *vi +sein* ❶ *(Tür, Türschloss)* se [re]fermer ❷ *fam (beleidigt sein)* **eingeschnappt sein** faire la gueule
ein|schränken ['ainʃrɛŋkən] *vt, vr* [**sich**] **~** [se] restreindre
einschränkend **I.** *adj* restrictif(-ive) **II.** *adv* à titre restrictif
Einschränkung <-, -en> *f* ❶ restriction *f* ❷ *kein Pl (das Reduzieren)* réduction *f*
ein|schreiben *irr* **I.** *vt* **eingeschrieben** *(Brief)* recommandé(e) **II.** *vr* **sich ~** s'inscrire
Einschreiben *nt* envoi *m* recommandé
ein|schreiten *vi irr +sein* **gegen jdn ~** intervenir contre qn
Einschub *m* rajout *m*
ein|schüchtern *vt* intimider
Einschüchterung <-, -en> *f* intimidation *f*
ein|schulen *vt* scolariser
Einschulung *f* scolarisation *f*
ein|sehen *vt irr* reconnaître; **das sehe ich nicht ein!** je ne suis pas d'accord!
ein|seifen *vt* savonner
einseitig **I.** *adj* ❶ *(Ernährung)* peu varié(e) ❷ *(voreingenommen)* partial(e) **II.** *adv* ❶ *(auf einer Seite)* d'un [seul] côté ❷ *(unausgewogen)* **sich ~ ernähren** avoir une alimentation peu variée ❸ *(parteiisch)* avec partialité
ein|senden *vt irr* envoyer
Einsendeschluss *m* date *f* limite d'envoi
ein|setzen **I.** *vt* ❶ *(Ersatzteil)* poser ❷ *(Waffen)* avoir recours à; *(Sonderzug)* mettre en service ❸ *(Mittel)* mettre en œuvre; *(Leben)* mettre en jeu

E

II. *vi* commencer; *(Sturm)* se mettre à souffler; *(Regen)* se mettre à tomber **III.** *vr* ❶ **sich ~** s'investir ❷ *(sich verwenden für)* **sich für jdn/etw ~** intervenir en faveur de qn/œuvrer pour qc

Einsicht *f* raison *f*

einsichtig *adj* sensé(e)

Einsiedler(in) *m(f)* *a. fig* ermite *m*

einsilbig [ˈainzɪlbɪç] *adj* ❶ monosyllabique ❷ *(Antwort)* laconique

ein|spannen *vt* ❶ *(Ochsen)* atteler ❷ *(Briefbogen)* placer

ein|sparen *vt* économiser

Einsparung <-, -en> *f* ÖKOL *(von Energie, Strom, Wasser)* économie *f*

ein|sperren *vt* enfermer

ein|spielen I. *vr* ❶ **sich ~** *(Zusammenarbeit)* se roder ❷ SPORT **sich ~** *(Spieler)* s'échauffer **II.** *vt (Kosten)* couvrir

einsprachig [ˈainʃpraːxɪç] *adj (Wörterbuch)* monolingue

ein|springen *vi irr +sein* venir à la rescousse; **für jdn ~** remplacer qn au pied levé

Einspruch *m* objection *f*

einspurig [ˈainʃpuːrɪç] *adj* à une voie

einst [ainst] *adv* ❶ *(früher)* autrefois ❷ *geh (in Zukunft)* un jour

Einstand *m* ❶ *(Arbeitsanfang)* entrée *f* en fonction; **seinen ~ geben** arroser son entrée en fonction[s] ❷ *kein Pl* SPORT égalité *f*

ein|stecken *vt* ❶ **etw ~** mettre qc dans sa poche ❷ *(Stecker)* brancher

ein|stehen *vi irr +sein* répondre; **mit seinem Wort dafür ~, dass...** donner sa parole que...

ein|steigen *vi irr +sein* monter

ein|stellen I. *vt* ❶ embaucher ❷ *(beenden)* cesser ❸ *(regulieren)* régler **II.** *vi (Firma)* embaucher

einstellig *adj* à un chiffre; **~ sein** avoir un seul chiffre

Einstellung *f* ❶ *(von Mitarbeitern)* embauche *f* ❷ *(Beendigung)* interruption *f* ❸ *(Justierung)* réglage *m* ❹ *(Meinung)* **die richtige ~ mitbringen** faire preuve du bon état d'esprit

Einstieg [ˈainʃtiːk] <-[e]s, -e> *m* ❶ *kein Pl (das Einsteigen)* **der ~ ist hinten** la montée se fait à l'arrière ❷ *(Zugang)* **der ~ in die Materie** l'initiation *f* à cette matière

einstimmig I. *adj* unanime **II.** *adv* à l'unanimité

einstöckig [ˈainʃtœkɪç] *adj* à un étage

ein|stöpseln *vt fam* brancher

ein|studieren* *vt (Rolle)* répéter; **einstudiert** *(Antwort)* tout(e) prêt(e)

ein|stufen *vt* [re]classer

einstündig [ˈainʃtʏndɪç] *adj* d'une heure

Einsturz *m* effondrement *m*

ein|stürzen *vi +sein* ❶ *(Gebäude)* s'écrouler; *(Decke)* s'effondrer ❷ *(eindringen)* **auf jdn ~** *(Ereignisse)* s'abattre sur qn

einstweilig *adj attr (Schließung, Sperrung)* temporaire; *(Anordnung)* provisoire

eintägig [ˈaintɛːgɪç] *adj* d'une journée

ein|tauchen I. *vt +haben* tremper **II.** *vi +sein* plonger

ein|tauschen *vt* ❶ échanger ❷ *(Devisen)* changer

eintausend *num form* mille

ein|teilen *vt* ❶ *(Vorräte, Urlaub)* répartir ❷ *(verpflichten)* **jdn zu etw ~** affecter qn à qc ❸ *(Skala)* subdiviser

Einteiler <-s, -> *m* maillot *m* une pièce

einteilig [ˈaintailɪç] *adj* une pièce

eintönig [ˈaintøːnɪç] *adj* monotone

Eintopf *m* potée *f*

Eintrag [ˈaintraːk] <-[e]s, Einträge> *m* note *f*

ein|tragen *vt irr* inscrire

Eintragung *s.* **Eintrag**

ein|treffen *vi irr +sein* ❶ *(ankommen)* **am Ziel ~** arriver au but ❷ *(Prophezeiung)* s'accomplir; *(Katastrophe)* se produire

ein|treiben *vt irr* ❶ *(Vieh)* rentrer ❷ *(Geld)* recouvrer

ein|treten *irr* **I.** *vi* ❶ *+sein* entrer ❷ *+sein (sich ereignen)* se produire

❸ *+sein (sich einsetzen)* **für jdn/etw ~** prendre fait et cause pour qn/défendre qc **II.** *vt +haben* défoncer [à coups de pied]
Eintritt *m* entrée *f*
Eintrittsgeld *nt* prix *m* d'entrée **Eintrittskarte** *f* ticket *m* d'entrée
ein|üben *vt* répéter
Einvernehmen <-s> *nt* accord *m;* **in gutem ~** en bonne intelligence
einverstanden *adj* **mit jdm/etw ~ sein** être d'accord avec qn/sur qc; **~!** d'accord!
Einverständnis <-ses, -se> *nt* accord *m*
Einwand ['ainvant] <-[e]s, Einwände> *m* objection *f*
Einwanderer, Einwanderin *m, f* immigrant(e) *m(f)*
ein|wandern *vi +sein* immigrer
Einwanderung ['ainvandərʊŋ] *f* immigration *f*
einwandfrei *adj* impeccable
Einwegflasche *f* bouteille *f* non consignée **Einwegkamera** *f* appareil *m* photo jetable **Einwegverpackung** *f* emballage *m* perdu
ein|weichen *vt* faire tremper
ein|weihen *vt* ❶ inaugurer ❷ *(vertraut machen)* **jdn in etw** *(akk)* **~** mettre qn au courant de qc
Einweihung <-, -en> *f* inauguration *f*
ein|weisen *vt irr* ❶ MED [**in ein Krankenhaus**] **~** hospitaliser ❷ *(unterweisen)* mettre au courant
ein|wenden *vt irr* **etw gegen jdn ~** reprocher qc à qn
ein|werfen *vt irr* poster
ein|wickeln I. *vt* envelopper **II.** *vr* **sich ~** s'enrouler
ein|willigen *vi* **in etw** *(akk)* **~** donner son accord pour qc
Einwilligung <-, -en> *f* accord *m*
Einwohner(in) <-s, -> *m(f)* habitant(e) *m(f)*
Einwohnermeldeamt *nt administration locale où chaque changement de domicile doit être déclaré*
Einzahl *f kein Pl* LING singulier *m*
ein|zahlen *vt* **Geld auf ein Konto ~** verser de l'argent sur un compte
Einzahlung *f* versement *m*
Einzel ['aintsəl] <-s, -> *nt* SPORT simple *m*
Einzelfall *m* cas *m* isolé **Einzelgänger(in)** ['aintsəlgɛŋɐ] <-s, -> *m(f)* solitaire *mf* **Einzelhaft** *f* isolement *m* cellulaire
Einzelhandel *m* commerce *m* de détail **Einzelhändler(in)** *m(f)* détaillant(e) *m(f)*
Einzelhaus *nt* maison *f* individuelle
Einzelheit <-, -en> *f* détail *m*
Einzelkind *nt* enfant *m* unique
einzeln I. *adj* ❶ seul(e) ❷ *(abgesondert)* isolé(e) ▸**im Einzelnen** en détail **II.** *adv* séparément
Einzelperson *f* personne *f* seule **Einzelteil** *nt* pièce *f* **Einzelzimmer** *nt* chambre *f* individuelle
ein|ziehen *irr* **I.** *vt +haben* rentrer **II.** *vi +sein* ❶ *(in eine Wohnung ziehen)* emménager ❷ *(aufgesogen werden)* pénétrer
einzig I. *adj* ❶ *(alleinig)* seul(e); **etw als Einziger/Einzige tun** être le seul/la seule à faire qc; **kein** [*o* **nicht ein**] **~er Schüler** pas le moindre/la moindre élève ❷ *substantivisch (einziges Kind)* **unser Einziger/unsere Einzige** notre fils/fille unique ❸ *(völlig)* **eine ~e Qual** une vraie torture **II.** *adv* **die ~ mögliche Lösung** la seule et unique solution possible; **das ~ Richtige** la seule chose de correcte
einzigartig I. *adj* unique en son genre **II.** *adv* extraordinairement; **~ schön sein** être d'une beauté sans nom
Einzug *m* emménagement *m*
Eis [ais] <-es> *nt* glace *f*
Eisbahn *f* patinoire *f* **Eisbär** *m* ours *m* blanc **Eisbecher** *m* coupe *f* de glace **Eisbein** *nt* GASTR jambonneau *m* **Eisberg** *m* iceberg *m* **Eiscafé** *nt s.* **Eisdiele** **Eiscreme** *f* crème *f* glacée **Eisdiele** *f* glacier *m*

E

Eisen ['aizən] <-s> *nt kein Pl a.* MED fer *m*
Eisenbahn *f* train *m*
Eisenbahnnetz *nt* réseau *m* ferroviaire **Eisenbahnwagen** *m* wagon *m*
Eisen- und Stahlindustrie *f* sidérurgie *f* **Eisenwarenhandlung** *f* quincaillerie *f* **Eisenzeit** *f kein Pl* âge *m* du fer
eisern *adj a. fig* de fer
eisgekühlt *adj* glacé(e) **Eishockey** *nt* hockey *m* sur glace
eisig ['aizɪç] *adj a. fig* glacial(e)
Eiskaffee *m café froid avec une boule de glace à la vanille et de la chantilly* **eiskalt** *adj* glacé(e); *(Wohnung)* glacial(e)
Eiskunstlauf *m* patinage *m* artistique **Eiskunstläufer(in)** *m(f)* patineur(-euse) *m(f)* artistique
Eisschrank *m s.* **Kühlschrank** **Eiswürfel** *m* glaçon *m* **Eiszapfen** *m* stalactite *f* de glace **Eiszeit** *f* période *f* glaciaire
eitel ['aitəl] *adj pej* vaniteux(-euse)
Eitelkeit <-> *f pej (Selbstgefälligkeit)* vanité *f*
Eiter ['aitɐ] <-s> *m* pus *m*
eitern *vi* suppurer
Eiweiß *nt* ❶ protéine *f* ❷ GASTR blanc *m* d'œuf **Eizelle** *f* ovule *m*
Ekel[1] ['eːkəl] <-s> *m (Abscheu)* dégoût *m*; ~ **erregend** répugnant(e)
Ekel[2] <-s, -> *nt pej fam (Mensch)* salaud *m*/salope *f*
ekelhaft *adj* répugnant(e)
ekeln I. *vt* dégoûter II. *vt unpers* **mich ekelt es vor jdm/etw** je suis dégoûté(e) par qn/qc III. *vr* **sich vor jdm/etw ~** éprouver de la répulsion pour qn/qc
eklig ['eːklɪç] *s.* **ekelhaft**
Elan <-s> *m geh* entrain *m*
elastisch [e'lastɪʃ] *adj* élastique
Elastizität [elastitsi'tɛːt] <-, -en> *f a. fig* élasticité *f*
Elch [ɛlç] <-[e]s, -e> *m* élan *m*
Elefant [ele'fant] <-en, -en> *m* éléphant *m*
elegant [ele'gant] I. *adj* élégant(e) II. *adv* avec élégance
Eleganz [ele'gants] <-> *f* élégance *f*
elektrifizieren* [elɛktrifi'tsiːrən] *vt* électrifier
Elektrik [e'lɛktrɪk] <-, -en> *f* installation *f* électrique
Elektriker(in) [e'lɛktrikɐ] <-s, -> *m(f)* électricien(ne) *m(f)*
elektrisch [e'lɛktrɪʃ] I. *adj* électrique II. *adv (funktionieren)* à l'électricité
elektrisieren* [elɛktri'siːrən] *vt* électriser
Elektrizität [elɛktritsi'tɛːt] <-> *f* électricité *f*
Elektrizitätswerk *nt* centrale *f* électrique
Elektroauto *nt* voiture *f* électrique **Elektrogerät** *nt* appareil *m* électrique **Elektroherd** *m* cuisinière *f* électrique
Elektrolyse [elɛktro'lyːzə] <-, -n> *f* électrolyse *f*
Elektron ['eːlɛktrɔn, e'lɛktrɔn] <-s, -tronen> *nt* électron *m*
Elektronenmikroskop *nt* microscope *m* électronique **Elektronenrechner** *m* INFORM calculatrice *f* électronique
Elektronik <-> *f* électronique *f*
elektronisch [elɛk'troːnɪʃ] *adj* électronique
Elektrosmog *m* ÖKOL pollution *f* électromagnétique, smog *m* électromagnétique
Elektrotechnik *f kein Pl* électrotechnique *f* **Elektrotechniker(in)** *m(f)* électrotechnicien(ne) *m(f)*
Element [ele'mɛnt] <-[e]s, -e> *nt* élément *m*
elementar [elemɛn'taːɐ̯] *adj* élémentaire
elend ['eːlɛnt] *adj* misérable
Elend <-[e]s> *nt* misère *f*
Elendsviertel *nt* quartier *m* miséreux
elf [ɛlf] *num* onze; *s.a.* **acht**[1]
Elf [ɛlf] <-, -en> *f (Zahl, Fußballmannschaft)* onze *m*
Elfenbein ['ɛlfənbain] *nt* ivoire *m*

Elfenbeinküste *f* **die [Republik] ~** la [République de] Côte-d'Ivoire

Elfmeter [ɛlfˈmeːtɐ] *m* penalty *m*

elfte(r, s) *adj* ❶ onzième ❷ *(bei Datumsangaben)* **der ~ März** le onze mars; *s.a.* **achte(r, s)**

eliminieren* [elimiˈniːrən] *vt* éliminer

elitär [eliˈtɛːɐ̯] *adj (Einstellung)* élitiste; *(Gruppe)* élitaire

Elite [eˈliːtə] <-, -n> *f* élite *f*

Eliteuniversität *f* université *f* d'élite

Ellbogen, Ellenbogen <-bogen> *m* coude *m*

Ellipse [ɛˈlɪpsə] <-, -n> *f* ellipse *f*

Elsass [ˈɛlzas] <- *o* -es> *nt* **das ~** l'Alsace *f*

Elsässer(in) [ˈɛlzɛsɐ] <-s, -> *m(f)* Alsacien(ne) *m(f)*

Elsass-Lothringen [ˈɛlzas ˈloːtrɪŋən] *nt* HIST l'Alsace-Lorraine *f*

Elster [ˈɛlstɐ] <-, -n> *f* pie *f*

Eltern [ˈɛltɐn] *Pl* parents *mpl*

Elterngeld *nt kein Pl* allocation *f* parentale **Elternhaus** *nt* maison *f* familiale

elternlos I. *adj* orphelin(e) II. *adv (aufwachsen)* sans avoir de parents

Email [eˈmai̯] <-s, -s> *nt* émail *m*

E-Mail [ˈiːmeɪl] <-s, -s> *f o nt* courrier *m* électronique

E-Mail-Adresse [ˈiːmeɪlaˈdrɛsə] *f* adresse *f* électronique

Emaille [eˈmaljə] <-, -n> *s.* **Email**

Emanze [eˈmantsə] <-, -n> *f pej fam* féministe *f*

Emanzipation <-, -en> *f* émancipation *f*

emanzipieren* [emantsiˈpiːrən] *vr* **sich von etw ~** s'émanciper de qc

Embargo [ɛmˈbargo] <-s, -s> *nt* embargo *m*

Emigrant(in) [emiˈgrant] <-en, -en> *m(f)* émigré(e) *m(f)*

Emigration [emigraˈtsi̯oːn] <-, -en> *f* émigration *f*

emigrieren* [emiˈgriːrən] *vi +sein* **nach Frankreich/in die USA ~** émigrer en France/aux Etats-Unis

Emission [emɪˈsi̯oːn] <-, -en> *f* ÖKOL, FIN émission *f*

Emoji [eˈmodʒi] <-s, -s> *nt* INFORM emoji *m*

Emotion [emoˈtsi̯oːn] <-, -en> *f* émotion *f*

emotional *adj* émotif(-ive)

emotionslos *adj* qui n'éprouve aucune émotion

empfahl [ɛmˈpfaːl] *Imp von* **empfehlen**

empfand [ɛmˈpfant] *Imp von* **empfinden**

Empfang [ɛmˈpfaŋ] <-[e]s, Empfänge> *m* ❶ réception *f* ❷ *kein Pl (Begrüßung)* accueil *m*

empfangen *vt irr* ❶ *geh (erhalten)* recevoir ❷ *geh (begrüßen)* accueillir ❸ TV, RADIO capter

Empfänger(in)[1] [ɛmˈpfɛŋɐ] <-s, -> *m(f)* destinataire *mf*

Empfänger[2] <-s, -> *m (Empfangsgerät)* récepteur *m*

empfänglich [ɛmˈpfɛŋlɪç] *adj* ❶ *(anfällig)* sensible ❷ *(aufgeschlossen)* réceptif(-ive)

empfängnisverhütend *adj (Mittel)* contraceptif(-ive)

Empfängnisverhütung *f* contraception *f*

empfehlen [ɛmˈpfeːlən] *vt irr* recommander

empfehlenswert *adj* recommandable

Empfehlung <-, -en> *f* recommandation *f*

empfinden [ɛmˈpfɪndən] *vt irr* ❶ *(Gefühl)* éprouver ❷ *(auffassen)* ressentir

empfindlich I. *adj* ❶ *(leicht reizbar)* susceptible ❷ *(leicht zu beschädigen)* fragile ❸ *(Messgerät)* sensible II. *adv* **~ reagieren** réagir vivement

empfindsam *adj* sensible

Empfindung <-, -en> *f* ❶ sentiment *m* ❷ *(sinnliche Wahrnehmung)* sensation *f*

empfing *Imp von* **empfangen**

empfunden [ɛmˈpfʊndən] *PP von* **empfinden**

empören* [ɛmˈpøːrən] *vt, vr* **[sich] ~** [s']indigner

empörend *adj* révoltant(e)

empört [ɛm'pøːɐ̯t] **I.** *adj* indigné(e) **II.** *adv* avec indignation

Empörung <-, -en> *f* indignation *f*

Ende ['ɛndə] <-s, -n> *nt* ❶ *kein Pl* fin *f;* **etw zu ~ bringen** mener qc à son terme ❷ *kein Pl (bei Zeit-, Altersangaben)* **~ Januar** fin janvier; **~ 1950** à la fin de l'année 1950; **er ist ~ zwanzig** il approche de la trentaine ❸ *(räumlicher Abschluss)* bout *m* ❹ *kein Pl geh (Tod)* fin *f*

Endeffekt *m* résultat *m;* **im ~** en fin de compte

enden *vi* ❶ *(Urlaub)* se terminer ❷ *(Weg)* s'arrêter

Endergebnis *nt* résultat *m* définitif; **im ~** en fin de compte **endgültig** *adj* définitif(-ive) **Endhaltestelle** *f* terminus *m*

Endivie [ɛn'diːviə] <-, -n> *f* chicorée *f*

endlich *adv* enfin

endlos I. *adj* ❶ *(Ärger)* sans fin ❷ *(sehr lang)* interminable; *(Weite)* infini(e) **II.** *adv* indéfiniment

Endphase *f* phase *f* finale **Endspiel** *nt* SPORT finale *f* **Endstadium** *nt (einer Krankheit)* stade *m* terminal **Endstation** *f* AUT *a. fig* terminus *m*

Endung <-, -en> *f* terminaison *f*

Endverbraucher(in) *m(f)* consommateur *m* final/consommatrice *f* finale

Energie [enɛr'giː] <-, -n> *f* énergie *f*

Energieausweis *m* ÖKOL *(eines Gebäudes)* ≈ diagnostic *m* de performance énergétique **Energiebedarf** *m* besoins *mpl* énergétiques **Energiekrise** *f* crise *f* de l'énergie **Energiequelle** *f* source *f* d'énergie **Energieverbrauch** *m* consommation *f* d'énergie **Energieversorgung** *f* approvisionnement *m* en énergie **Energiewende** *f* tournant *m* dans le domaine de l'énergie

energisch [e'nɛrgɪʃ] *adj* énergique

eng [ɛŋ] **I.** *adj* ❶ étroit(e) ❷ *(eingeschränkt)* **im ~eren Sinne** dans un sens plus strict ❸ *(Verwandtschaft)* proche **II.** *adv* ❶ **einen Rock ~er machen** ajuster une jupe ❷ *(dicht)* **~ nebeneinandersitzen/-stehen** être serrés l'un contre l'autre ❸ *(liiert)* étroitement

engagieren* [ãga'ʒiːrən] *vt, vr* **[sich] ~** [s']engager

engagiert [ãga'ʒiːɐ̯t] *adj geh (Person, Kunstwerk)* engagé(e)

Enge ['ɛŋə] <-> *f (einer Kurve)* étroitesse *f; (eines Raums)* exiguïté *f* ▶ **jdn in die ~ treiben** pousser qn dans ses derniers retranchements

Engel ['ɛŋəl] <-s, -> *m* ange *m*

England ['ɛŋlant] *nt* l'Angleterre *f*

Engländer(in) <-s, -> *m(f)* Anglais(e) *m(f)*

englisch ['ɛŋlɪʃ] **I.** *adj* anglais(e) **II.** *adv* **~ miteinander sprechen** discuter en anglais

Englisch <-[s]> *nt kein art* anglais *m; s.a.* **Deutsch**

englischsprachig *adj* ❶ *(Buch)* en anglais ❷ *(Bevölkerung)* anglophone

Engpass *m* ❶ GEO défilé *m* ❷ *(Fahrbahnverengung)* rétrécissement *m*

engstirnig *pej* **I.** *adj (Person)* borné(e); *(Denken)* étroit(e) **II.** *adv (handeln)* à courte vue

Engstirnigkeit <-> *f* étroitesse *f* d'esprit

Enkel(in) ['ɛŋkəl] <-s, -> *m(f)* petit-fils *m*/petite-fille *f;* **die ~** les petits-enfants *mpl*

Enkelkind *s.* **Enkel(in)**

enorm [e'nɔrm] *adj* énorme

Ensemble [ã'sãːbəl] <-s, -s> *nt* MUS, COUT, THEAT ensemble *m*

entbehren* [ɛnt'beːrən] *vt* **etw ~ können** pouvoir se passer de qc

entbehrlich [ɛnt'beːɐ̯lɪç] *adj* superflu(e)

entbinden* *vi irr* MED accoucher

Entbindung *f* MED accouchement *m*

entblößen* [ɛnt'bløːsən] *geh* **I.** *vt* dénuder **II.** *vr* **sich ~** se découvrir

entdecken* *vt* découvrir

Entdecker(in) <-s, -> *m(f)* explorateur(-trice) *m(f)*

Entdeckung *f* découverte *f*

Ente ['ɛntə] <-, -n> *f* canard *m; (weibliches Tier)* cane *f*
entehren* [ɛnt'ʔeːrən] *vt* déshonorer
enteignen* [ɛnt'ʔaignən] *vt* exproprier
enterben* *vt* déshériter
Entertainer(in) ['ɛntɐteːnɐ] <-s, -> *m(f)* animateur(-trice) *m(f)*
Enter-Taste *f* INFORM touche *f* Entrée
entfallen* *vi irr +sein* ❶ sortir de l'esprit ❷ *(Punkt)* être laissé de côté; *(Veranstaltung)* être annulé ❸ *(Anteil)* revenir
entfalten* **I.** *vt* ❶ déplier ❷ *(Fähigkeiten)* épanouir ❸ *(Pracht)* déployer **II.** *vr* **sich** ~ *(Fallschirm)* s'ouvrir
Entfaltung <-, -en> *f* ❶ *(eines Fallschirms)* ouverture *f* ❷ *(der Persönlichkeit)* épanouissement *m* ❸ *(von Pracht)* déploiement *m*
entfernen* [ɛnt'fɛrnən] **I.** *vt* enlever **II.** *vr* **sich von/aus etw** ~ s'éloigner de qc
entfernt *adj* ❶ **von etw ~ sein** être loin de qc; **fünf Kilometer ~ sein** être à cinq kilomètres ❷ *(Verwandtschaft)* éloigné(e)
Entfernung <-, -en> *f* ❶ distance *f*; **aus der** ~ de loin ❷ *kein Pl (eines Flecks)* élimination *f*
entfliehen* *vi irr +sein* s'enfuir
entfremden* **I.** *vt* **zwei Menschen einander** ~ rendre deux personnes étrangères l'une à l'autre **II.** *vr* **sich jdm** ~ se détacher de qn
Entfremdung <-, -en> *f* détachement *m*
entführen* *vt (Geisel)* enlever; *(Flugzeug)* détourner
Entführer(in) *m(f)* ravisseur(-euse) *m(f)*; *(Luftpirat)* pirate *mf* de l'air
Entführung *f (einer Geisel)* enlèvement *m; (eines Flugzeugs)* détournement *m*
entgegen [ɛnt'geːgən] **I.** *adv* **dem Ziel** ~ au devant du but; **dem Sommer** ~ vers l'été **II.** *präp +dat* ❶ *(zuwider)* ~ **unserer Abmachung** contrairement à notre accord ❷ *(im Gegensatz zu)* ~ **allen Erwartungen** contre toute attente
entgegen|bringen *vt irr* **jdm Achtung** ~ faire preuve de respect à l'égard de qn; **einer S.** *(dat)* **Interesse** ~ manifester de l'intérêt pour qc **entgegen|gehen** *vi irr +sein* **jdm** ~ aller à la rencontre de qn **entgegengesetzt** *adj* opposé(e) **entgegen|kommen** *vi irr +sein* ❶ venir à la rencontre de qn; *(fahrend)* arriver en sens inverse de qn ❷ *(entsprechen)* **jds Interessen** *(dat)* ~ aller dans le sens des intérêts de qc **Entgegenkommen** <-s> *nt* ❶ *(gefällige Haltung)* compréhension *f* ❷ *(Zugeständnis)* concession *f* **entgegenkommend** *adj* bienveillant(e) **entgegen|nehmen** *vt irr* accepter; *(Geldbetrag)* encaisser
entgegnen* [ɛnt'geːgnən] *vt* rétorquer
entgehen* *vi irr +sein* échapper
entgiften* *vt* épurer
Entgiftung <-, -en> *f* ÖKOL, MED épuration *f*
entgleisen* [ɛnt'glaizən] *vi +sein* dérailler
entgleiten* *vi irr +sein* **jds Händen** ~ glisser des mains de qn
enthaaren* [ɛnt'haːrən] *vt* épiler
enthalten* *irr* **I.** *vt* contenir **II.** *vr* **sich** ~ s'abstenir
enthaltsam [ɛnt'haltzaːm] **I.** *adj (Person)* modéré(e); *(Leben)* d'abstinence **II.** *adv* ~ **leben** vivre dans l'abstinence
Enthaltsamkeit <-> *f* abstinence *f*; *(sexuelle Abstinenz)* chasteté *f*
Enthaltung [ɛnt'haltʊŋ] *f* abstention *f*
enthaupten* [ɛnt'hauptən] *vt* décapiter
enthüllen* *vt* dévoiler
Enthüllung <-, -en> *f* ❶ *(eines Denkmals)* dévoilement *m* ❷ *(Aufdeckung)* révélation *f*
enthusiastisch [ɛntuzi'astɪʃ] **I.** *adj* enthousiaste **II.** *adv* avec enthousiasme
entkalken* *vt* détartrer
entkommen* *vi irr +sein* s'échapper; **jdm** ~ échapper à qn
entkorken* *vt* déboucher

entladen* *irr* **I.** *vt* décharger **II.** *vr* **sich ~** ❶ *(Gewitter)* éclater ❷ ELEC se décharger

entlang [ɛnt'laŋ] **I.** *präp +dat o gen* le long de **II.** *präp+akk* le long de **III.** *adv* **hier ~** par ici

entlang|gehen *vi irr +sein* **eine Straße ~** longer une route

entlarven* [ɛnt'larfən] **I.** *vt* démasquer **II.** *vr* **sich selbst ~** se démasquer soi-même

entlassen* *vt irr* ❶ *(Mitarbeiter)* licencier ❷ *(Patienten)* laisser sortir; *(Häftling)* libérer

Entlassung <-, -en> *f* licenciement *m*

entlasten* *vt* ❶ JUR décharger ❷ *(Person)* soulager

entlaufen* *vi irr+sein* ❶ *(fliehen: Häftling, Sklave)* s'évader ❷ *(fortlaufen)* **Hund/Katze ~!** perdu chien/chat!

entlegen [ɛnt'le:gən] *adj* ❶ *(abgelegen)* isolé(e) ❷ *(Gedanke, Vorstellung)* saugrenu(e)

entlohnen* *vt* CH rétribuer

entmachten* [ɛnt'maxtən] *vt* renverser

entmilitarisieren* [ɛntmilitari'zi:rən] *vt* démilitariser

entmündigen* [ɛnt'mʏndɪgən] *vt* mettre sous tutelle

entmutigen* [ɛnt'mu:tɪgən] *vt* décourager

Entmutigung <-, -en> *f* découragement *m*

entnehmen* *vt irr* ❶ *(herausnehmen)* **etw aus der Schublade ~** retirer qc du tiroir ❷ *(schlussfolgern)* **einem Artikel ~, dass …** déduire d'un article que …

entpuppen* [ɛnt'pʊpən] *vr* **sich ~** se révéler

entreißen* *vt irr* arracher

entrümpeln* [ɛnt'rʏmpəln] *vt* débarrasser

entrüstet **I.** *adj* indigné(e) **II.** *adv* d'un air outré

entschädigen* *vt a.* JUR dédommager

Entschädigung *f* indemnité *f*

entschärfen* *vt* *(Bombe)* désamorcer

entscheiden* *vt, vi, vr irr* [**sich**] **~** [se] décider

entscheidend *adj* décisif(-ive)

Entscheidung *f* décision *f*

Entscheidungsspiel *nt* match *m* décisif

entschieden [ɛnt'ʃi:dən] **I.** *PP von* **entscheiden** **II.** *adj* ❶ *(Befürworter)* résolu(e) ❷ *(Ablehnung)* catégorique **III.** *adv* ❶ *(ablehnen)* catégoriquement ❷ *(eindeutig)* incontestablement

entschließen* *vr irr* **sich ~** se décider

entschlossen [ɛnt'ʃlɔsən] **I.** *PP von* **entschließen** **II.** *adj* décidé(e); **fest ~** déterminé(e) **III.** *adv* avec détermination

Entschlossenheit <-> *f* détermination *f*

Entschluss *m* décision *f*

entschlüsseln* *vt* décoder

entschuldigen* [ɛnt'ʃʊldɪgən] **I.** *vi* **~ Sie, können Sie mir sagen,...** s'il vous plaît, pouvez-vous me dire...; **Sie müssen** [**schon**] **~,...** excusez-moi,... **II.** *vt, vr* [**sich**] **~** [s']excuser

Entschuldigung <-, -en> *f* ❶ excuses *fpl;* **~!** pardon!; **~, wie spät ist es bitte?** excusez-moi, vous avez l'heure s'il vous plaît? ❷ *(Rechtfertigung)* excuse *f* ❸ *(Entschuldigungsschreiben)* mot *m* d'excuse

entsetzen* **I.** *vt* effarer **II.** *vr* **sich über etw ~** être effaré par qc

Entsetzen <-s> *nt* horreur *f*

entsetzlich *adj* horrible

entsinnen* *vr irr geh* se souvenir; **wenn ich mich recht entsinne** si mes souvenirs sont exacts

entsorgen* *vt* *(Stadt)* éliminer les déchets de

Entsorgung <-, -en> *f* évacuation *f*

entspannen* *vt, vr* [**sich**] **~** [se] détendre

Entspannung *f* détente *f*

entsprechen* *vi irr* correspondre

entsprechend **I.** *adj* ❶ *(Gehalt)* correspondant(e) ❷ *(Kleidung)* approprié(e) **II.** *adv* en conséquence **III.** *präp +dat* **~ Ihrem Vorschlag** conformément à votre proposition

entspringen* *vi irr +sein* **in den Bergen ~** *(Fluss)* prendre sa source dans les montagnes
entstehen* *vi irr+sein* ❶ *(zu existieren beginnen)* se constituer; *(Stadtteil)* naître ❷ *(Unruhe)* se déclencher ❸ CHEM se former
Entstehung <-, -en> *f* ❶ *(des Lebens)* origine *f*; *(eines Kunstwerkes)* création *f*; *(eines Gebäudes)* construction *f* ❷ CHEM formation *f*
entstellen* *vt* ❶ *(Gesicht)* défigurer ❷ *(verzerren)* déformer
enttäuschen* **I.** *vt* décevoir **II.** *vi* être décevant
enttäuscht [ɛnt'tɔyʃt] **I.** *adj* déçu(e) **II.** *adv* *(dreinschauen)* d'un air déçu
Enttäuschung *f* déception *f*
entwaffnen* [ɛnt'vafnən] *vt a. fig* désarmer
entwässern* [ɛnt'vɛsɐn] *vt* drainer
entweder ['ɛntve:dɐ] *konj* **~..., oder...** ou [bien]..., ou [bien]... ▶ **~ oder!** [c'est] l'un ou l'autre!
entweichen* *vi irr+sein* s'échapper
entwenden* *vt geh* dérober
entwerfen* *vt irr* ❶ concevoir; *(Gebäude)* faire les plans de ❷ *(ausarbeiten)* élaborer
entwerten* *vt* ❶ *(Fahrschein)* valider; *(Briefmarke)* oblitérer ❷ *(Banknoten)* dévaluer
Entwertung *f* validation *f*
entwickeln* **I.** *vt* ❶ développer ❷ *(am Bildschirm entwerfen)* concevoir **II.** *vr* **sich ~** ❶ se développer ❷ *(Verhandlungen)* évoluer ❸ *(Gase)* se former
Entwicklung <-, -en> *f* ❶ développement *m* ❷ *(das Entwerfen)* élaboration *f* ❸ *(das Vorankommen)* évolution *f*
Entwicklungshelfer(in) *m(f)* coopérant(e) *m(f)* **Entwicklungsland** *nt* pays *m* en voie de développement
entwischen* [ɛnt'vɪʃən] *vi +sein* **jdm ~** échapper à qn
entwürdigend [ɛnt'vʏrdɪgənt] *adj* dégradant(e)
Entwurf *m* ❶ projet *m* ❷ *(Konzept)* ébauche *f*
entwurzeln* *vt* déraciner
entziehen* *irr* **I.** *vt* retirer **II.** *vr* **sich jdm/einer S. ~** se dérober à qn/qc
Entziehungskur *f* cure *f* de désintoxication
entziffern* [ɛnt'tsɪfɐn] *vt* déchiffrer
entzücken* [ɛnt'tsʏkən] *vt* ravir
entzückend *adj* ravissant(e)
entzündbar [ɛnt'tsʏndba:ɐ] *adj* inflammable
entzünden* **I.** *vt geh* allumer **II.** *vr* **sich ~** s'enflammer
Entzündung *f* inflammation *f*
entzwei [ɛnt'tsvai] *adj* **~ sein** être cassé
Epidemie [epide'mi:] <-, -n> *f* MED épidémie *f*
Episode [epi'zo:də] <-, -n> *f* épisode *m*
Epoche [e'pɔxə] <-, -n> *f* époque *f*
Epos ['e:pɔs] <-, Epen> *nt* épopée *f*
er [e:ɐ] *pron pers, 3. Pers Sing, nom* ❶ *(auf eine Person, ein männliches Tier bezogen)* il; *(betont)* lui; **da kommt ~!** le voilà qui arrive!; **~ ist es [wirklich]!** c'est bien lui! ❷ *(allgemein auf ein Tier, eine Sache bezogen)* **einem Storch zuschauen, wie ~ fliegt** regarder voler une cigogne
erarbeiten* *vt (Wissen)* acquérir
erbarmen* [ɛɐ'barmən] **I.** *vt* faire pitié à **II.** *vr* **sich ~** avoir pitié
Erbarmen <-s> *nt* pitié *f*
erbärmlich [ɛɐ'bɛrmlɪç] *adj* ❶ *(gemein)* infâme ❷ *(jämmerlich)* lamentable
erbarmungslos *adj* impitoyable
erbauen* *vt (Gebäude)* bâtir
Erbauung <-, -en> *f* construction *f*
Erbe ['ɛrbə] <-s> *nt* JUR *a. fig* héritage *m*
Erbe, Erbin <-n, -n> *m, f* héritier(-ière) *m(f)*
erbeben* *vi +sein geh* trembler
erben ['ɛrbən] *vt, vi* hériter
Erbfolge *f* [ordre *m* de] succession *f*
erbittert *adj* acharné(e)
erblassen* [ɛɐ'blasən] *vi +sein* blêmir
erblich ['ɛrplɪç] *adj* héréditaire
erblicken* *vt geh* apercevoir

E

erblinden* *vi +sein* perdre la vue
erbrechen *vt, vi irr* vomir
erbringen* [ɛɐ'brɪŋən] *vt irr* ❶ *(Summe)* régler; *(Leistung)* réaliser ❷ *(Gewinn)* rapporter ❸ *(Ergebnisse)* aboutir à
Erbschaft <-, -en> *f* héritage *m*
Erbse ['ɛrpsə] <-, -n> *f* pois *m*
Erbstück *nt* bien *m* reçu en héritage
Erdapfel *m* A pomme *f* de terre **Erdatmosphäre** *f* atmosphère *f* terrestre
Erdbeben *nt* tremblement *m* de terre **Erdbebengebiet** *nt* région *f* sismique
Erdbeere *f* fraise *f* **Erdboden** *m* sol *m*
Erde ['eːɐ̯də] <-, -n> *f* terre *f*; *(Planet)* Terre *f*
erdenklich *adj* imaginable
Erderwärmung *f* réchauffement *m* de la Terre **Erdgas** *nt* gaz *m* naturel **Erdgeschoss** *nt* rez-de-chaussée *m*
erdichten* *vt geh* inventer
Erdkunde *f* géographie *f* **Erdnuss** *f* cacah[o]uète *f* **Erdoberfläche** *f* surface *f* terrestre **Erdöl** *nt* pétrole *m*
erdrosseln* *vt* étrangler
erdrücken* *vt* ❶ écraser ❷ *fig* étouffer
Erdrutsch ['eːɐ̯trʊtʃ] *m* glissement *m* de terrain **Erdteil** *m* continent *m*
erdulden* *vt* endurer
E-Reader ['iːriːdɐ] <-s, -> *m* INFORM liseuse *f*
ereignen* [ɛɐ'ʔaignən] *vr* **sich** ~ se produire
Ereignis <-ses, -se> *nt* événement *m*
ereignisreich *adj* mouvementé(e)
Eremit(in) [ere'miːt] <-en, -en> *m(f)* ermite *m*
erfahren[1] *irr* **I.** *vt* ❶ *(Neuigkeit)* apprendre ❷ *(Liebe)* faire l'expérience de **II.** *vi* **von etw/über etw** *(akk)* ~ être informé de qc
erfahren[2] *adj* expérimenté(e)
Erfahrung <-, -en> *f* expérience *f*
erfassen* *vt* ❶ *(befallen)* saisir ❷ *(begreifen)* comprendre
erfinden* *vt irr* inventer
Erfinder(in) *m(f)* inventeur(-trice) *m(f)*
erfinderisch *adj* ingénieux(-euse)
Erfolg [ɛɐ'fɔlk] <-[e]s, -e> *m* succès *m*; **viel ~!** bonne chance!
erfolgen* *vi +sein form* avoir lieu
erfolglos **I.** *adj* malchanceux(-euse) **II.** *adv* sans succès
Erfolglosigkeit <-> *f* insuccès *m*
erfolgreich **I.** *adj* ~ **sein** réussir **II.** *adv* avec succès
Erfolgserlebnis *nt* réussite *f*
erfolgversprechend *adj* prometteur(-euse)
erforderlich [ɛɐ'fɔrdɐlɪç] *adj* **es ist ~, dass** il est nécessaire que *+subj*
erfordern* *vt* exiger
Erfordernis <-ses, -se> *nt* exigence *f*
erforschen* *vt* explorer; *(Verhalten)* étudier
Erforschung *f (einer Gegend)* exploration *f*; *(eines Verhaltens)* étude *f*
erfreuen* *vt* **jdn** ~ faire plaisir à qn
erfreulich *adj* qui fait plaisir; **es wäre ~, wenn Sie mir...** cela me ferait plaisir si vous... *+subj*
erfreut **I.** *adj* content(e); **sehr ~!** *geh* enchanté! **II.** *adv* *(antworten)* l'air réjoui
erfrieren* *vi irr +sein* ❶ geler ❷ *(sterben)* mourir de froid
erfrischen* *vt, vi, vr* [**sich**] ~ [se] rafraîchir
erfrischend *adj* rafraîchissant(e)
Erfrischung <-, -en> *f* rafraîchissement *m*
erfüllen* **I.** *vt* *(Forderung)* satisfaire; *(Aufgabe)* accomplir; **sich** *(dat)* **einen Wunsch** ~ se faire [un petit] plaisir **II.** *vr* **sich** ~ *(Wunsch)* se réaliser
Erfüllung *f* satisfaction *f*; **in ~ gehen** se réaliser
ergänzen* [ɛɐ'gɛntsən] *vt, vr* [**sich**] ~ [se] compléter
Ergänzung <-, -en> *f* [r]ajout *m*
ergattern* [ɛɐ'gatɐn] *vt fam* dégoter
ergeben*[1] *irr* **I.** *vt* ❶ montrer ❷ *(reichen für)* correspondre à **II.** *vr* ❶ MIL **sich jdm** ~ se rendre à qn ❷ *(sich fügen)* **sich in sein Schicksal** ~ se résigner à son sort ❸ *(folgen)* **sich aus**

etw ~ résulter de qc

ergeben² *adj (Person)* dévoué(e)

Ergebnis [ɛɐ̯ˈgeːpnɪs] <-ses, -se> *nt* résultat *m*

ergebnislos *adj, adv* sans résultat

ergreifen* *vt irr* ❶ saisir ❷ *(Maßnahmen)* prendre

ergreifend *adj* bouleversant(e)

ergriffen [ɛɐ̯ˈgrɪfən] *adj* bouleversé(e)

ergründen* *vt* étudier

Erhalt *m* ❶ *form (einer Lieferung, Zahlung)* réception *f* ❷ *(das Bewahren)* ~ **der Macht** maintien *m* au pouvoir

erhalten* *irr* **I.** *vt* ❶ recevoir ❷ *(Bauwerk)* sauvegarder; *(Leistungsfähigkeit)* maintenir; *(Gesundheit)* conserver **II.** *vr* **sich** ~ se maintenir

erhältlich [ɛɐ̯ˈhɛltlɪç] *adj* disponible

Erhaltung *f (einer Fassade)* sauvegarde *f; (Gesundheit)* préservation *f; (des Friedens)* maintien *m*

erhängen* *vt, vr* [**sich**] ~ [se] pendre *f*

erheben* *irr* **I.** *vt* ❶ *(Glas)* lever ❷ *(Steuern)* percevoir **II.** *vr* ❶ **sich** ~ se lever ❷ *(sich auflehnen)* **sich** ~ se révolter ❸ *(aufragen)* **sich über etw** *(akk)* ~ s'élever au-dessus de qc

erheblich [ɛɐ̯ˈheːplɪç] **I.** *adj* considérable **II.** *adv* considérablement

erheitern* [ɛɐ̯ˈhaitɐn] *vt* dérider

erhellen* **I.** *vt* éclairer **II.** *vr* **sich** ~ *(Himmel)* s'éclaircir

erhitzen* [ɛɐ̯ˈhɪtsən] **I.** *vt* ❶ faire chauffer ❷ *(zum Schwitzen bringen)* donner chaud **II.** *vr* **sich an etw** *(dat)* ~ s'échauffer à propos de qc

erhoffen* *vr* **sich** *(dat)* **etw** ~ espérer qc

erhöhen* [ɛɐ̯ˈhøːən] **I.** *vt* ❶ rehausser ❷ *(Zahl)* accroître ❸ *(Wirkung)* intensifier **II.** *vr* FIN **sich um drei Prozent** ~ augmenter de trois pour cent; **sich auf hundert Euro** ~ s'élever à cent euros

Erhöhung <-, -en> *f* ❶ augmentation *f* ❷ *(Zunahme)* renforcement *m*

erholen* *vr* ❶ **sich von einer Krankheit** ~ se remettre d'une maladie ❷ *(ausspannen)* **sich** ~ se reposer

erholsam [ɛɐ̯ˈhoːlzaːm] *adj* reposant(e)

Erholung <-> *f* repos *m*

Erholungsort *m* lieu *m* de repos

erhören* *vt geh (Bitte)* exaucer; *(Flehen)* accéder à

erinnern* [ɛɐ̯ˈʔɪnɐn] **I.** *vt* **jdn an etw** *(akk)* ~ rappeler qc à qn **II.** *vr* **sich an jdn/etw** ~ se souvenir de qn/qc **III.** *vi* **an jdn/etw** ~ faire penser à qn/qc

Erinnerung <-, -en> *f* souvenir *m*

erkälten* [ɛɐ̯ˈkɛltən] *vr* **sich** ~ prendre froid

erkältet [ɛrˈkɛltət] *adj* enrhumé(e)

Erkältung <-, -en> *f* rhume *m*

erkennen* *vt irr* reconnaître

erkenntlich [ɛɐ̯ˈkɛntlɪç] *adj* **sich für etw** ~ **zeigen** témoigner sa reconnaissance pour qc

Erkenntnis *f* connaissance *f;* **zu der** ~ **kommen, dass...** arriver à la conclusion que...

erkennungsdienstlich *adj* anthropométrique; **~e Erfassung** saisie de données anthropométriques **Erkennungszeichen** *nt* signe *m* de reconnaissance

erklärbar [ɛɐ̯ˈklɛːɐ̯baːɐ̯] *adj* explicable

erklären* *vt* ❶ expliquer ❷ *(Bild)* interpréter ❸ *(deklarieren)* déclarer

erklärt *adj attr (Gegner, Liebling)* déclaré(e); *(Ziel)* avoué(e); **der ~e Favorit dieses Rennens** le super-favori de cette course

Erklärung *f* ❶ explication *f* ❷ *(öffentliche Stellungnahme)* déclaration *f*

erklingen* *vi irr +sein geh* retentir

erkranken* *vi +sein* tomber malade

Erkrankung <-, -en> *f* maladie *f*

erkunden* [ɛɐ̯ˈkʊndən] *vt* sonder

erkundigen* [ɛɐ̯ˈkʊndɪgən] *vr* **sich bei jdm nach jdm/etw** ~ se renseigner auprès de qn sur qn/qc

Erkundung <-, -en> *f* MIL reconnaissance *f*

erlassen* *vt irr* **jdm seine Strafe** ~ gracier qn

erlauben* [ɛɐ̯ˈlaubən] **I.** *vt* ❶ permettre; ~ **Sie/erlaubst du, dass** vous permettez/tu permets que *+subj* ❷ *form* **jdm etw** ~ *(Mittel)* permettre qc à qn **II.** *vr (sich leisten)* **sich** *(dat)* **etw** ~ s'offrir qc

Erlaubnis <-, -se> *f* ❶ permission *f* ❷ *(Schriftstück)* autorisation *f*

erläutern* [ɛɐ'lɔytɐn] *vt* expliquer

Erläuterung <-, -en> *f* explication *f*

Erle ['ɛrlə] <-, -n> *f* aulne *m*

erleben* *vt* ❶ *(Ereignis)* vivre ❷ *(Schlimmes)* endurer; *(Enttäuschung)* connaître

Erlebnis <-ses, -se> *nt* expérience *f*

erledigen* [ɛɐ'le:dɪgən] **I.** *vt (Aufgabe)* accomplir; *(Besorgung)* effectuer **II.** *vr* **sich von selbst** ~ s'arranger tout(e) seul(e)

erleichtern* [ɛɐ'laiçtɐn] *vt* ❶ *(einfacher machen)* faciliter ❷ *(leichter machen)* alléger

Erleichterung <-, -en> *f* soulagement *m*

erlernen* *vt* apprendre

erlesen *adj* raffiné(e)

erleuchten* *vt* éclairer

Erleuchtung <-, -en> *f* illumination *f*

erlöschen *vi irr +sein* s'éteindre

erlösen* *vt* délivrer

Erlösung *f* soulagement *m*

ermächtigen* [ɛɐ'mɛçtɪgən] *vt* habiliter

ermahnen* *vt* rappeler

ermäßigen* [ɛɐ'mɛ:sɪgən] *vt* réduire

Ermäßigung <-, -en> *f* réduction *f*

ermitteln* [ɛɐ'mɪtəln] *vi* JUR **gegen jdn** ~ enquêter sur qn

Ermittlung <-, -en> *f* JUR **~en durchführen** mener une enquête

ermöglichen* [ɛɐ'mø:klɪçən] *vt* permettre

ermorden* *vt* assassiner

ermüden* [ɛɐ'my:dən] **I.** *vt +haben* fatiguer **II.** *vi +sein* se fatiguer

ermüdend *adj* fatigant(e)

ermuntern* [ɛɐ'mʊntɐn] *vt* encourager

Ermunterung <-, -en> *f* encouragement *m*

ermutigen* [ɛɐ'mu:tɪgən] *vt* encourager

ernähren* *vt, vr* [**sich**] ~ [se] nourrir

Ernährung <-> *f* alimentation *f*

ernennen* *vt irr* nommer

Ernennung *f* nomination *f*

erneuern* [ɛɐ'nɔyɐn] *vt* ❶ *(Reifen)* changer; *(Pass)* renouveler ❷ *(renovieren)* rénover

erneut [ɛɐ'nɔyt] **I.** *adj* nouveau(-velle) **II.** *adv* de nouveau

erniedrigen* [ɛɐ'ni:drɪgən] **I.** *vt* humilier **II.** *vr* **sich** ~ s'abaisser

Erniedrigung <-, -en> *f* humiliation *f*

ernst [ɛrnst] *adj* ❶ *(Lage, Anlass)* grave ❷ *(Person)* sérieux(-euse)

Ernst [ɛrnst] <-[e]s> *m* gravité *f*

Ernstfall *m* situation *f* de crise; **im** ~ en cas de coup dur

ernsthaft *adj* sérieux(-euse)

Ernsthaftigkeit <-> *f* sérieux *m*

ernstlich *adj* sérieux(-euse)

Ernte ['ɛrntə] <-, -n> *f* ❶ *(Ertrag)* récolte *f* ❷ *kein Pl (Getreideernte)* moisson *f*

ernten ['ɛrntən] *vt* récolter; *(Getreide)* moissonner; *(Obst)* cueillir

Eroberer, **Eroberin** [ɛɐ'ʔo:bərɐ] <-s, -> *m, f* conquérant(e) *m(f)*

erobern* [ɛr'ʔo:bɐn] *vt* MIL *a. fig* conquérir

Eroberung <-, -en> *f* conquête *f*

eröffnen* *vt (Geschäft)* ouvrir; *(Ausstellung)* inaugurer

Eröffnung *f a.* JUR, MIL ouverture *f*; *(einer Ausstellung)* inauguration *f*

erörtern* [ɛɐ'ʔœrtɐn] *vt* discuter

Erörterung <-, -en> *f* discussion *f*

Erosion [ero'zi̯o:n] <-, -en> *f* érosion *f*

Erotik [e'ro:tɪk] <-> *f* érotisme *m*

erotisch *adj* érotique

erpressen* *vt* ❶ *(nötigen)* faire chanter ❷ *(abpressen)* **Geld von jdm** ~ extorquer de l'argent à qn

Erpresser(in) <-s, -> *m(f)* maître chanteur(-euse) *m(f)*

Erpressung <-, -en> *f* ❶ *(einer Person)* chantage *m* ❷ *(von Geld)* extorsion *f*

erproben* *vt* tester
erprobt [ɛɐ̯ˈproːbt] *adj* ❶ *(erfahren: Person)* chevronné(e) ❷ *(zuverlässig: Gerät)* fiable; *(Verfahren)* éprouvé(e)
erraten* [ɛɐ̯ˈraːtən] *vt irr* deviner
errechnen* *vt* calculer
erregbar [ɛɐ̯ˈreːkbaːɐ̯] *adj* susceptible
erregen* [ɛɐ̯ˈreːgən] **I.** *vt* ❶ *(aufregen)* irriter ❷ *(hervorrufen)* **Aufsehen/Anstoß ~** faire sensation/scandale **II.** *vr* **sich über jdn/etw ~** être énervé par qn/qc
Erreger <-s, -> *m* agent *m* pathogène
Erregung *f* ❶ irritation *f* ❷ *(Aufgewühltsein)* énervement *m*
erreichbar *adj* ❶ **~ sein** *(Person)* être joignable; *(Ort)* être accessible ❷ *(nicht abgelegen)* **der Bahnhof ist zu Fuß ~** on peut rejoindre la gare à pied
erreichen* *vt* ❶ *(reichen an)* **etw mit der Hand ~** attraper qc avec la main ❷ *(Alter)* atteindre ❸ *(antreffen)* **jdn ~** *(Person)* joindre qn; *(Nachricht)* parvenir à qn ❹ *(eintreffen)* **den Bahnhof ~** *(Zug)* atteindre la gare; **sein Ziel ~** arriver à destination ❺ *(hingelangen)* arriver à
errichten* *vt* ❶ *(Haus)* construire ❷ *(aufstellen)* dresser
Errichtung *f* ❶ *(eines Gebäudes)* construction *f*; *(eines Denkmals)* édification *f* ❷ *(von Barrikaden)* construction *f*; *(eines Podiums)* installation *f* ❸ *(einer Herrschaft)* instauration *f*
erringen* *vt irr (Sieg)* remporter
erröten* [ɛɐ̯ˈrøːtən] *vi +sein* rougir
Errungenschaft [ɛɐ̯ˈrʊŋənʃaft] <-, -en> *f (Erfolg)* conquête *f*
Ersatz [ɛɐ̯ˈzats] <-es> *m (Mensch)* remplaçant(e) *m(f)*; *(Gerät)* appareil *m* de remplacement
Ersatzmann <-männer *o* -leute> *m* remplaçant(e) *m(f)* **Ersatzteil** *nt* pièce *f* de rechange
erschaffen *vt irr a.* REL créer
Erschaffung *f a.* REL création *f*
erscheinen* *vi irr +sein* ❶ *(sichtbar werden)* apparaître ❷ *(veröffentlicht werden)* sortir ❸ *(scheinen)* paraître
Erscheinen <-s> *nt* ❶ *(von Gästen)* arrivée *f* ❷ *(Veröffentlichung)* sortie *f*
Erscheinung <-, -en> *f* phénomène *m*; **in ~ treten** se manifester
erschießen* *irr* **I.** *vt* abattre **II.** *vr* **sich ~** se tuer
erschlagen*[1] *vt irr (töten)* tuer
erschlagen[2] *adj fam* **~ sein** être crevé
erschöpfen* *vt, vr* [**sich**] **~** [s']épuiser
Erschöpfung <-, -en> *f* épuisement *m*
erschossen *PP von* **erschießen**
erschrecken[1] *vt irr +haben* faire peur à
erschrecken[2] *vi irr +sein* **vor jdm/etw ~** avoir peur de qn/qc
erschrecken[3] *vr irr +haben fam* **sich über eine Nachricht ~** être effrayé par un message
erschreckend *adj* effrayant(e)
erschrocken I. *PP von* **erschrecken**[2], **erschrecken**[3] **II.** *adj* effrayé(e)
erschüttern* [ɛɐ̯ˈʃʏtɐn] *vt* secouer
erschütternd *adj* bouleversant(e)
erschüttert *adj* bouleversé(e)
Erschütterung <-, -en> *f* ❶ *(Bewegung)* secousse *f* ❷ *(Ergriffenheit)* consternation *f*
erschweren* [ɛɐ̯ˈʃveːrən] *vt* **jdm etw ~** compliquer qc à qn
erschwinglich [ɛɐ̯ˈʃvɪŋlɪç] *adj (Preis)* abordable
ersetzen* *vt* ❶ *(Unkosten)* rembourser ❷ *(austauschen)* **etw durch etw ~** remplacer qc par qc
ersichtlich [ɛɐ̯ˈzɪçtlɪç] *adj (Ursache)* apparent(e); **aus etw ist ~, dass …** il ressort de qc que …
ersparen* *vt* épargner
Ersparnis [ɛɐ̯ˈʃpaːɐ̯nɪs] <-, -se> *f* <-ses, -se> *nt* A ❶ *kein Pl (Einsparung)* **eine ~ an Kosten** une économie de frais ❷ *meist Pl* FIN économies *fpl*
erst [eːɐ̯st] *adv* ❶ *(zuerst)* d'abord ❷ *(nicht früher, jünger als)* **~ jetzt** seulement maintenant; **~ als ich dich sah** ce n'est que lorsque je t'ai vu(e)

E

❸ *(schon)* seulement ❹ *(gerade, unlängst)* **gerade ~** à l'instant; **er hat eben ~ das Büro verlassen** il vient de quitter son travail; **~ vor kurzem** tout récemment

erstarren* *vi +sein* ❶ *(fest werden)* se solidifier ❷ *fig* se figer; **vor Schrecken** *(dat)* **~** être paralysé par la peur

erstatten* [ɛɐ̯'ʃtatən] *vt* *(Unkosten)* rembourser

Erstaufführung *f* première *f*

erstaunen* *vt +haben* étonner

Erstaunen *nt* étonnement *m*

erstaunlich I. *adj* étonnant(e); **es ist ~, dass/wie** c'est étonnant que *+subj/* de voir comment II. *adv* *(gut, wenig)* étonnamment

erstaunlicherweise *adv* étonnamment, de manière surprenante [*or* inattendue]

erstbeste(r, s) ['eːɐ̯st'bɛstə] *adj* **der ~ Mann** le premier homme venu; **das ~ Auto** la première voiture venue

erste(r, s) ['eːɐ̯stə] *adj* ❶ premier(-ière); **das ~ Mal/beim ~n Mal** la première fois ❷ *(bei Datumsangaben)* **der ~ September** le premier septembre; *s.a.* **achte(r, s)** ▸ **als Erstes fürs Erste** pour commencer

erstechen* *vt irr* poignarder

erstellen* *vt* *(Gutachten, Liste)* dresser

erstens *adv* premièrement

erstgeboren ['eːɐ̯stgəboːrən] *adj attr* aîné(e); **der Erstgeborene** l'aîné *m*

ersticken* [ɛɐ̯'ʃtɪkən] I. *vi +sein* s'étouffer II. *vt +haben* étouffer

erstklassig ['eːɐ̯stklasɪç] I. *adj* excellent(e) II. *adv* à la perfection; *(sich kleiden)* impeccablement; **~ schmecken** être excellent

erstmalig I. *adj* premier(-ière) II. *adv form* pour la première fois

erstmals *adv* pour la première fois

erstrebenswert *adj* tentant(e)

erstrecken* *vr* **sich ~** s'étendre

ertappen* I. *vt* **jdn ~** prendre qn sur le fait II. *vr* **sich bei dem Gedanken an jdn/etw ~** se surprendre à penser à qn/qc

erteilen* *vt form* *(Auftrag)* donner; *(Genehmigung)* accorder

ertönen* [ɛɐ̯'tøːnən] *vi +sein* se faire entendre

Ertrag [ɛɐ̯'traːk] <-[e]s, Erträge> *m* AGR rendement *m;* FIN revenu *m*

ertragen* *vt irr* supporter

erträglich [ɛɐ̯'trɛːklɪç] *adj* supportable

ertränken* *vt, vr* [**sich**] **~** [se] noyer

erträumen* *vr* **sich** *(dat)* **jdn/etw ~** rêver de qn/qc

ertrinken* *vi irr +sein* se noyer

erübrigen* [ɛɐ̯'ʔyːbrɪgən] *vr* **sich ~** être superflu

erwachen* *vi +sein geh* se réveiller

erwachsen [ɛɐ̯'vaksn] *adj* *(Person)* adulte

Erwachsene(r) *f(m)* adulte *mf*

Erwachsenenbildung *f kein Pl* formation *f* pour adultes

Erwägung <-, -en> *f* réflexion *f;* **etw in ~ ziehen** envisager qc

erwähnen* [ɛɐ̯'vɛːnən] *vt* ❶ *(Person)* citer; *(Angebot)* mentionner ❷ *(bemerken)* évoquer

erwärmen* I. *vt* *(Essen)* faire chauffer; *(Luft)* réchauffer II. *vr* **sich ~** se réchauffer

erwarten* *vt* attendre

Erwartung <-, -en> *f Pl* attentes *fpl*

erwartungsvoll I. *adj* plein(e) d'espoir; **zu ~ sein** en attendre trop II. *adv* plein(e) d'espoir

erwecken* *vt* ❶ *(Eindruck)* donner ❷ *geh (aufwecken)* réveiller

erweisen* [ɛɐ̯'vaizən] *irr* I. *vt* ❶ **jdm einen Gefallen ~** rendre un service à qn ❷ *(Schuld)* établir; **es ist erwiesen, dass...** il est prouvé que... II. *vr* ❶ **sich als richtig/falsch ~** se révéler [être] juste/faux ❷ *(sich zeigen)* **sich jdm gegenüber dankbar ~** se montrer reconnaissant(e) envers qn

erweitern* [ɛɐ̯'vaitɐn] *vt* ❶ *(Öffnung)* élargir ❷ *(Flughafen)* agrandir

Erweiterung <-, -en> *f* ❶ *(eines Flughafens)* extension *f* ❷ *(eines Angebots)* élargissement *m*

erwerben* *vt irr* ❶ *(Besitz, Titel)* acquérir; *(Vertrauen)* gagner ❷ *(kaufen)* faire l'acquisition de

erwerbsfähig *adj form* apte à exercer un emploi

erwidern* [ɛɐ̯'viːdɐn] *vt* ❶ répliquer ❷ *(Gruß, Kuss)* rendre; *(Kompliment)* retourner

erwirtschaften* *vt (Gewinn)* réaliser; *(Verlust)* enregistrer

erwischen* *vt fam* ❶ **jdn beim Stehlen ~** pincer qn en train de voler ❷ *(Bus, Bahn)* réussir à avoir

erwünscht [ɛɐ̯'vʏnʃt] *adj* souhaité(e)

erwürgen* [ɛɐ̯'vʏrgən] *vt* étrangler

Erz [eːɐ̯ts] <-es, -e> *nt* minerai *m*

erzählen* *vt, vi* raconter

Erzähler(in) *m(f)* ❶ conteur(-euse) *m(f)* ❷ *(im Roman)* narrateur(-trice) *m(f)*

Erzählung *f* ❶ *(Prosawerk)* conte *m* ❷ *kein Pl (das Erzählen)* récit *m*

Erzbischof, -bischöfin ['ɛrtsbɪʃɔf] *m, f* archevêque *m*

erzeugen* *vt* ❶ produire ❷ *(Ärger)* provoquer

Erzeuger(in) <-s, -> *m(f)* ❶ *(landwirtschaftlicher Produkte)* producteur(-trice) *m(f)* ❷ *iron fam (Vater)* géniteur *m*

Erzeugnis <-ses, -se> *nt* produit *m*

Erzfeind(in) *m(f)* ennemi *m* juré/ennemie *f* jurée

erziehen* *vt irr* élever

Erzieher(in) <-s, -> *m(f)* éducateur(-trice) *m(f)*

erzieherisch *adj* éducatif(-ive)

Erziehung *f* éducation *f*

erzielen* *vt* ❶ *(Einigung)* parvenir à; *(Ergebnis)* obtenir ❷ *(Punkt)* marquer

erzürnen* [ɛɐ̯'tsʏrnən] *geh* **I.** *vt* **jdn ~** mettre qn en colère **II.** *vr* **sich über jdn/etw ~** se mettre en colère contre qn/à propos de qc

erzwingen* *vt irr* forcer

es [ɛs] **I.** *pron pers, 3. Pers Sing, nom* ❶ *(Person, Tier, Sache)* il/elle ❷ *(das)* **~ ist Onkel Paul** c'est l'oncle Paul; **ich bin ~** c'est moi; **hoffentlich macht ~ Ihnen nichts aus** j'espère que cela ne vous gêne pas ❸ *(einem Subjektsatz vorausgehend)* **~ gefällt ihr, dass** ça lui plaît que *+subj* ❹ *(in unpersönlichen Ausdrücken)* **~ regnet** il pleut; **~ geht ihnen gut** ils vont bien; **jetzt reicht ~!** cela suffit maintenant! ❺ *(in reflexiven Ausdrücken)* **hier lebt ~ sich angenehm** ici, la vie est agréable ❻ *(als Einleitewort mit folgendem Subjekt)* **~ meldete sich niemand** personne ne se manifesta **II.** *pron pers, 3. Pers Sing, akk* ❶ *(Person, Tier, Sache)* le/la ❷ *(das)* le; **ich glaube ~ nicht** je ne le crois pas ❸ *(einem Objektsatz vorausgehend)* **~ nicht mögen, dass/wenn** ne pas aimer que *+subj*

Escape-Taste [ɪ'skeɪp'tastə] *f* INFORM touche *f* Echappement

Esche ['ɛʃə] <-, -n> *f* frêne *m*

Esel ['ezəl] <-s, -> *m* âne *m*

Eselsbrücke *f fam* moyen *m* mnémotechnique **Eselsohr** *nt fam* corne *f*

eskalieren* [ɛska'liːrən] *vi* **zu etw ~** dégénérer en qc

Eskimo, -frau ['ɛskimo] <-s, -s> *m, f* Esquimau(de) *m(f)*

Eskorte [ɛs'kɔrtə] <-, -n> *f* escorte *f*

Esoterik [ezo'teːrɪk] <-> *f* ésotérisme *m*

Espresso [ɛs'prɛso] <-[s], -s> *m* [café *m*] express *m*

Espressomaschine *f* machine *f* à expressos

essbar ['ɛsbaːɐ̯] *adj (Pilz)* comestible

essen ['ɛsən] *vt, vi irr* manger

Essen <-s, -> *nt* repas *m*

Essen und Trinken

das Brot	le pain
das Wasser	l'eau
der Käse	le fromage
der Salat	la salade
die Frucht	le fruit
die Vorspeise	l'entrée
das Gericht	le plat
das Sandwich	le sandwich

die Pommes frites	les frites
die Spaghetti	les spaghettis
der Nachtisch	le dessert
das Eis	la glace
der Kaffee	le café
der [Schwarz]tee	le thé
die heiße Schokolade	le chocolat chaud
die Coca-Cola®	le coca®
der Saft	le jus
die Limonade	la limonade
der Alkohol	l'alcool
der Wein	le vin
der Champagner	le champagne

E

Essenszeit *f* heure *f* du repas
Essenz [ɛ'sɛnts] <-, -en> *f a. fig* essence *f*
Essig ['ɛsɪç] <-s, -e> *m* vinaigre *m*
Essiggurke *f* cornichon *m* à la russe
Esskastanie *f* châtaigne *f* **Esslöffel** *m* cuillère *f* à soupe **Esszimmer** *nt* salle *f* à manger
Este, Estin ['e:stə] <-n, -n> *m, f* Estonien(ne) *m(f)*
Estland ['e:stlant] *nt* l'Estonie *f*
estnisch ['ɛstnɪʃ] **I.** *adj* estonien **II.** *adv* **~ miteinander sprechen** discuter en estonien
Estnisch <-[s]> *nt kein art* estonien *m; s.a.* **Deutsch**
Estragon ['ɛstragɔn] <-s> *m* estragon *m*
Estrich ['ɛstrɪç] <-s, -e> *m* ❶ chape *f* de ciment ❷ CH *(Dachboden)* grenier *m*
etablieren* [eta'bli:rən] *vt, vr* **sich ~** [s']établir
etabliert *adj geh* établi(e)
Etage [e'ta:ʒə] <-, -n> *f* étage *m*
Etagenbett *nt* lits *mpl* superposés
Etappe [e'tapə] <-, -n> *f a.* SPORT étape *f*
etc. [ɛt'tse:tera] *Abk von* **et cetera** etc.
Ethik ['e:tɪk] <-> *f* éthique *f*
ethnisch ['ɛtnɪʃ] *adj* ethnique
Etikett [eti'kɛt] <-[e]s, -e[n]> *nt* étiquette *f*
Etikette [eti'kɛtə] <-> *f* étiquette *f*
etikettieren* [etikɛ'ti:rən] *vt* étiqueter
etliche(r, s) ['ɛtlɪçə] *pron indef* ❶ pas mal de ❷ *(zahlreiche Personen)* **~ waren zum ersten Mal da** [un] bon nombre d'entre eux étaient là pour la première fois ❸ *(einiges)* **~s** pas mal de choses; **um ~s älter/größer sein** être bien plus âgé/grand
Etui [ɛt'vi:] <-s, -s> *nt* étui *m*
etwa ['ɛtva] *adv* ❶ **[in] ~** à peu près ❷ *(zum Beispiel)* par exemple
etwas ['ɛtvas] *pron indef* ❶ quelque chose; **kannst du mir ~ davon abgeben?** peux-tu m'en donner?; **hast du ~ von ihr gehört?** as-tu eu de ses nouvelles? ❷ **~ Nettes** quelque chose de gentil; **~ anderes wäre es, wenn...** ce serait [tout] autre chose si... ❸ *(ein wenig)* un peu
EU [e:'u:] <-> *f Abk von* **Europäische Union** UE *f*
euch [ɔyç] **I.** *pron pers, dat von* **ihr**[1] ❶ vous; **eine Bekannte von ~** une de vos connaissances ❷ *refl* vous **II.** *pron pers, akk von* **ihr**[1] ❶ vous ❷ *refl* **beeilt ~!** dépêchez-vous!
euer ['ɔyɐ] *pron poss* ❶ votre; **eure Bücher** vos livres; **dieser Koffer ist eurer** cette valise est à vous; **alles Liebe, eure Petra** affectueusement, Petra ❷ *substantivisch geh* **der/die/das eure** le/la vôtre
EU-Kommission *f* Commission *f* européenne **EU-Länder** *Pl* pays *mpl* membres de l'UE
Eule ['ɔylə] <-, -n> *f* chouette *f*
EU-Ministerrat *m* Conseil *m* européen **EU-Mitgliedsland** *nt* pays *m* membre de l'UE **EU-Mitgliedstaaten** *Pl* Etats *mpl* membres de l'UE **EU-Osterweiterung** *f* élargissement *m* à l'Est de l'Union européenne
Euphemismus [ɔyfe'mɪsmʊs] <-, -mismen> *m* euphémisme *m*
euphorisch [ɔy'fo:rɪʃ] *adj* euphorique
EUR *Abk von* **Euro** EUR
eurerseits ['ɔyrɐ'zaits] *adv* ❶ de votre

côté ❷ *(was euch betrifft)* pour votre part
eures ['ɔyrəs] *s.* **euer**
euresgleichen ['ɔyrəs'glaiçən] *pron inv* ❶ *pej (Menschen eures Schlags)* [**ihr und**] ~ [vous et] vos semblables *mpl* ❷ *(Menschen wie ihr)* **ihr verkehrt nur mit** ~ vous ne fréquentez que les gens de votre sorte
euretwegen ['ɔyrət've:gən] *adv (wegen euch)* à cause de vous; *(euch zuliebe)* pour vous
Euro ['ɔyro] <-[s], -[s]> *m* euro *m*
Eurocheque *s.* **Euroscheck** **Eurokrise** *f* crise *f* de l'euro **Eurokurs** *m* cours *m* de l'euro; **steigender** ~ cours de l'euro en hausse **Euromarkt** *m* marché *m* européen
Europa [ɔy'ro:pa] <-s> *nt* l'Europe *f*
Europäer(in) [ɔyro'pɛ:ɐ̯] <-s, -> *m(f)* Européen(ne) *m(f)*
europäisch *adj* européen(ne)
Europameister(in) *m(f)* champion(ne) *m(f)* d'Europe **Europapokal** *m* coupe *f* d'Europe **Europarat** *m kein Pl* Conseil *m* de l'Europe **Europawahl** *f* élections *f pl* européennes
Euroscheck ['ɔyroʃɛk] *m* eurochèque *m* **Euroskeptiker(in)** *m(f)* eurosceptique *mf* **euroskeptisch** *adj* eurosceptique **Eurotunnel** *m* tunnel *m* sous la manche **Eurowährung** *f* eurodevise *f*
EU-Verfassung [e:'ʔu:-] *f* Constitution *f* de l'UE
evakuieren* [evaku'i:rən] *vt* évacuer
Evakuierung <-, -en> *f* évacuation *f*
evangelisch [evaŋ'ge:lɪʃ] *adj* protestant(e)
Evangelium [evaŋ'ge:liʊm] <-s, -lien> *nt* évangile *m*
Event [i'vɛnt] <-s, -s> *nt o m* évènement *m*, événement *m*
Eventmanager(in) *m(f)* organisateur(-trice) *m(f)* d'événements
Eventualität [evɛntu̯ali'tɛ:t] <-, -en> *f* éventualité *f*
eventuell [evɛn'tu̯ɛl] *adj* éventuel(le)
Evolution [evolu'tsi̯o:n] <-, -en> *f* évolution *f*
evtl. *adj, adv Abk von* **eventuell**
ewig ['e:vɪç] **I.** *adj* éternel(le) **II.** *adv* **auf** ~ pour toujours
Ewigkeit <-, -en> *f* éternité *f*
Examen [ɛ'ksa:mən] <-s, -> *nt* examen *m*
Exemplar [ɛksɛm'pla:ɐ̯] <-s, -e> *nt* exemplaire *m*
exemplarisch [ɛksɛm'pla:rɪʃ] *adj* exemplaire
Exil [ɛ'ksi:l] <-s, -e> *nt* exil *m*
Existenz [ɛksɪs'tɛnts] <-> *f kein Pl* existence *f*
Existenzgründung *f* création *f* d'entreprise
Existenzialismus [ɛksɪstɛntsi̯a'lɪsmʊs] <-> *m* existentialisme *m*
Existenzminimum *nt* minimum *m* vital
existieren* [ɛksɪs'ti:rən] *vi* exister
exklusiv [ɛksklu'zi:f] *adj* raffiné(e)
Exkursion <-, -en> *f* excursion *f*
exotisch [ɛ'kso:tɪʃ] *adj* exotique
expandieren* *vi* s'agrandir
Expansion [ɛkspan'zi̯o:n] <-, -en> *f* POL, COM expansion *f*
Expedition [ɛkspedi'tsi̯o:n] <-, -en> *f* expédition *f*
Experiment [ɛksperi'mɛnt] <-[e]s, -e> *nt* expérience *f*
experimentell [ɛksperimɛn'tɛl] **I.** *adj* expérimental(e) **II.** *adv* ~ **vorgehen** expérimenter
experimentieren* [ɛksperimɛn'ti:rən] *vi* **mit etw** ~ faire des expériences avec qc
Experte, Expertin [ɛks'pɛrtə] <-n, -n> *m, f* expert(e) *m(f)*
explizit [ɛkspli'tsi:t] *adj geh* explicite
explodieren* [ɛksplo'di:rən] *vi +sein* exploser
Explosion [ɛksplo'zi̯o:n] <-, -en> *f* explosion *f*
explosiv [ɛksplo'zi:f] *adj* explosif(-ive)
Exponent [ɛkspo'nɛnt] <-en, -en> *m* MATH exposant *m*
Export [ɛks'pɔrt] <-[e]s, -e> *m* exportation *f*

E

Exporteur(in) [ɛkspɔr'tøːɐ̯] <-s, -e> *m(f)* exportateur(-trice) *m(f)*
Expọrtgeschäft *nt (Firma)* société *f* d'exportation; *(Handel)* activité *f* d'exportation **Expọrthandel** *m* commerce *m* d'exportation
exportieren* [ɛkspɔr'tiːrən] *vt* exporter
extẹrn [ɛks'tɛrn] *adj (Kandidat)* venu(e) de l'extérieur
ẹxtra ['ɛkstra] *adv* ❶ *(besonders)* extra[-] ❷ *(zusätzlich)* en plus ❸ *(gesondert)* à part
Ẹxtra <-s, -s> *nt* accessoire *m*
Ẹxtrablatt *nt* édition *f* spéciale
Extrạkt [ɛks'trakt] <-[e]s, -e> *m* extrait *m*
extravagạnt [ɛkstrava'gant] *adj* extravagant(e)
extravertiert [ɛkstravɛr'tiːɐ̯t] *adj* extraverti(e)
Ẹxtrazug *m* CH train *m* spécial
extrem [ɛks'treːm] **I.** *adj* extrême **II.** *adv* ~ **links stehen** *(Politiker)* être d'extrême gauche
Extrem <-s, -e> *nt* extrême *m*
Extremịst(in) [ɛkstre'mɪst] <-en, -en> *m(f)* extrémiste *mf*
Extremitäten [ɛkstremi'tɛːtən] *Pl* extrémités *fpl*
Extremsportart *f* sport *m* extrême
exzellẹnt [ɛkstsɛ'lɛnt] *adj* excellent(e)
Exzellẹnz [ɛkstsɛ'lɛnts] <-, -en> *f* Excellence *f*
exzẹntrisch [ɛks'tsɛntrɪʃ] *adj* excentrique
Exzẹss [ɛks'tsɛs] <-es, -e> *m meist Pl* excès *m*
exzessiv [ɛkstsɛ'siːf] *adj* excessif(-ive)
Eyeliner ['aɪlaɪnɐ] <-s, -> *m* eye-liner *m*
EZB [eːtsɛtʔ'beː] <-> *f Abk von* **Europäische Zentralbank** BCE *f*

Ff

F, f [ɛf] <-, -> *nt* ❶ F *m/f m* ❷ MUS fa *m*
Fabel ['faːbəl] <-, -n> *f* fable *f*
fabelhaft *adj* **das ist ja ~!** c'est vraiment sensationnel!
Fabrik [fa'briːk] <-, -en> *f* usine *f*
Fabrikạnt(in) [fabri'kant] <-en, -en> *m(f)* fabricant(e) *m(f)*
Fabrikarbeiter(in) *m(f)* ouvrier(-ière) *m(f)* d'usine
Fabrikat [fabri'kaːt] <-[e]s, -e> *nt* ❶ produit *m* ❷ *(Marke)* marque *f*
Fabrikation [fabrika'tsi̯oːn] <-, -en> *f* fabrication *f*
Fabrikgelände *nt* terrain *m* industriel
fabrizieren* [fabri'tsiːrən] *vt* fabriquer
Facelifting ['feɪslɪftɪŋ] <-s, -s> *nt* lifting *m*
Fạch [fax] <-[e]s, Fạ̈cher> *nt* ❶ *(einer Tasche)* compartiment *m* ❷ *(Schubfach)* tiroir *m* ❸ *(Schulfach)* matière *f*
Fạcharbeiter(in) *m(f)* ouvrier(-ière) *m(f)* qualifié(e) **Fạcharzt, -ärztin** *m, f* [médecin *mf*] spécialiste *mf*
Fạ̈cher ['fɛçɐ] <-s, -> *m* éventail *m*
Fạchfrau *f* spécialiste *f* **Fạchgebiet** *nt* spécialité *f* **Fạchhändler(in)** *m(f)* spécialiste *mf,* commerçant *m* spécialisé/commerçante *f* spécialisée
Fạchhochschule *f école supérieure spécialisée où on peut faire des études techniques ou artistiques* **Fạchhochschulreife** *f* ≈ brevet *m* d'études professionnelles
Fạchkenntnisse *Pl* connaissances *fpl* professionnelles **Fạchkraft** *f* spécialiste *mf* **Fạchliteratur** *f* littérature *f* spécialisée **Fạchmann** <-leute> *m* spécialiste *m*

fachmännisch I. *adj* de spécialiste II. *adv (prüfen)* en connaisseur
Fachschule *f* école *f* professionnelle
fachsimpeln *vi fam* **mit jdm ~** parler boutique avec qn
Fachsprache *f* jargon *m*
Fachwerkhaus *nt* maison *f* à colombages
Fachzeitschrift *f* revue *f* spécialisée
Fackel ['fakəl] <-, -n> *f* torche *f*
fad(e) [faːt ('faːdə)] *adj* fade
Faden ['faːdən] <-s, Fäden> *m* fil *m*
fähig ['fɛːɪç] *adj* capable
Fähigkeit <-, -en> *f* faculté *f*
fahl [faːl] *adj* blafard(e)
Fahndung <-, -en> *f* recherches *fpl*
Fahne ['faːnə] <-, -n> *f* drapeau *m*
Fahrausweis *m* ❶ titre *m* de transport ❷ CH *(Führerschein)* permis *m* de conduire **Fahrbahn** *f* voie *f* [de circulation]
Fähre ['fɛːrə] <-, -n> *f* bac *m*
fahren ['faːrən] *irr* I. *vi* ❶ *+sein* **nach Frankreich ~** aller en France ❷ *+sein (Fahrzeug)* rouler; **nach oben/unten ~** *(Fahrstuhl)* monter/descendre ❸ *+sein (ein Fahrzeug lenken)* conduire ❹ *+sein (losfahren)* partir ❺ *+sein (verkehren)* passer II. *vt* ❶ *+haben (Auto)* conduire; *(Fahrrad)* rouler sur ❷ *+haben (Personen)* conduire; *(Sachen)* transporter ❸ *+sein (als Geschwindigkeit haben)* **90 km/h ~** rouler à 90 km/h
Fahrer(in) ['faːrɐ] <-s, -> *m(f)* conducteur(-trice) *m(f)*
Fahrerflucht *f* délit *m* de fuite
Fahrgast *m* passager(-ère) *m(f)* **Fahrgemeinschaft** *f* covoiturage *m* **Fahrkarte** *f* ticket *m; (für den Zug)* billet *m* **Fahrkartenautomat** *m* distributeur *m* [automatique] de tickets **Fahrkartenschalter** *m* guichet *m* [de vente] des billets
fahrlässig ['faːɐ̯lɛsɪç] *adj* imprudent(e) **Fahrlehrer(in)** *m(f)* moniteur(-trice) *m(f)* d'auto-école **Fahrplan** *m* [indicateur *m*] horaire *m* **Fahrpreis** *m* prix *m* du transport **Fahrprüfung** *f* examen *m* du permis de conduire **Fahrrad** *nt* vélo *m*
Fahrradfahrer(in) *m(f)* cycliste *mf* **Fahrradschloss** *nt* antivol *m* **Fahrradständer** *m (am Fahrrad)* béquille *f; (Gestell für Fahrräder)* support *m* pour vélos **Fahrradweg** *m* piste *f* cyclable
Fahrschein *s.* **Fahrkarte** **Fahrscheinautomat** *m* distributeur *m* automatique [de tickets]
Fahrschule *f* auto-école *f* **Fahrspur** *f* voie *f* [de circulation] **Fahrstuhl** *m* ascenseur *m*
Fahrt [faːɐ̯t] <-, -en> *f* ❶ trajet *m;* **gute ~!** bonne route! ❷ *(Reise)* voyage *m*
fährt [fɛːɐ̯t] *3. Pers Präs von* **fahren**
Fahrtkosten *Pl* frais *mpl* de transport **Fahrtrichtung** *f* destination *f*
fahrtüchtig *adj (Kraftfahrzeug)* en état de marche **Fahrverbot** *nt (generelles Fahrverbot)* interdiction *f* de circuler
Fahrzeug <-, -e> *nt* véhicule *m*
Fahrzeugbrief *m titre de propriété du véhicule* **Fahrzeugpapiere** *Pl* papiers *mpl* du véhicule **Fahrzeugschein** *m* ≈ carte *f* grise
fair [fɛːɐ̯] I. *adj (Spiel)* correct(e) II. *adv (spielen)* avec fair-play
Faktor ['faktoːɐ̯] <-s, -toren> *m* facteur *m*
Fakultät [fakʊl'tɛːt] <-, -en> *f* faculté *f*
Falke ['falkə] <-n, -n> *m* faucon *m*
Fall [fal] <-[e]s, Fälle> *m* cas *m*
Falle ['falə] <-, -n> *f* piège *m*
fallen ['falən] *vi irr +sein* tomber
fällen ['fɛlən] *vt (Baum)* abattre
fällig ['fɛlɪç] *adj (Rechnung)* parvenu(e) à échéance
falls [fals] *konj* au cas où *+cond*
Fallschirm *m* parachute *m*
Fallschirmjäger(in) *m(f)* MIL parachutiste *mf* **Fallschirmspringer(in)** *m(f)* parachutiste *mf*
Fallstudie *f* étude *f* de cas
fällt [fɛlt] *3. Pers Präs von* **fallen**

F

falsch [falʃ] **I.** *adj* faux(fausse); *(Schlüssel)* mauvais(e) **II.** *adv* mal; *(singen)* faux
fälschen ['fɛlʃən] *vt* falsifier
Fälschung ['fɛlʃʊŋ] <-, -en> *f* falsification *f*
fälschungssicher *adj* infalsifiable
Faltblatt *nt* dépliant *m*
Falte ['faltə] <-, -n> *f* ❶ *(eines Kleidungsstücks)* pli *m* ❷ *(Hautfalte)* ride *f*
falten ['faltən] *vt (Papier)* plier; *(Hände)* joindre
Faltenrock *m* jupe *f* plissée
familiär [fami'li̯ɛːɐ̯] *adj* familial(e)
Familie [fa'miːli̯ə] <-, -n> *f* famille *f*

Familie und Freunde

die Verwandtschaft	la famille
die Eltern	les parents
die Mutter	la mère
die Mama	la maman
der Vater	le père
der Papa	le papa
die Stiefmutter	la belle-mère
der Stiefvater	le beau-père
die Großeltern	les grands-parents
das Kind	l'enfant
die Schwester	la sœur
der Bruder	le frère
der Cousin/die Cousine	le cousin/la cousine
die Tochter	la fille
der Sohn	le fils
das Baby	le bébé
der Onkel	l'oncle
die Tante	la tante
der Freund/die Freundin	l'ami/l'amie; le copain/la copine
der Kumpel	le pote
der Kamerad/die Kameradin	le/la camarade

Familienangehörige(r) *f(m)* membre *m* de la famille **Familienfeier** *f* réunion *f* familiale **Familienleben** *nt* vie *f* de famille **Familienname** *m* nom *m* de famille **Familienstand** *m* situation *f* de famille **Familienvater** *m* père *m* de famille
Fan [fɛn] <-s, -s> *m* fan *mf*
fanatisch [fa'naːtɪʃ] *adj* fanatique
Fanatismus [fana'tɪsmʊs] <-> *m* fanatisme *m*
Fanclub *s.* **Fanklub**
fand [fant] *Imp von* **finden**
Fang [faŋ] <-[e]s, Fänge> *m* prise *f*
Fangemeinde *f* cercle *m* des fans
fangen ['faŋən] *irr* **I.** *vt* attraper **II.** *vr* ❶ *(nicht stürzen)* **sich ~** reprendre l'équilibre ❷ *(sich seelisch beruhigen)* **sich wieder ~** se ressaisir
fängt [fɛŋt] *3. Pers Präs von* **fangen**
Fanklub ['fɛnklʊp] *m* fan-club *m* **Fanmeile** ['fɛn-] *f* SPORT zone *f* réservée aux supporters
Fantasie [fanta'ziː] <-> *f kein Pl* imagination *f*
fantasielos *adj* dépourvu(e) d'imagination
fantasieren* [fanta'ziːrən] *vi* MED délirer
fantasievoll *adj (Person)* imaginatif(-ive)
fantastisch **I.** *adj* ❶ *fam* formidable ❷ *geh (Geschichte)* fantastique **II.** *adv fam (großartig)* merveilleusement [bien]
FAQ [ɛfʔeɪ'ki̯uː, fak] *f* <-, -s> *Abk von* **frequently asked questions** INFORM FAQ *f*
Farbbild *nt* photo *f* en couleurs **Farbdrucker** *m* imprimante *f* couleur
Farbe ['farbə] <-, -n> *f* couleur *f*

Farben

blau	bleu/bleue
gelb	jaune
rot	rouge
orange	orange
grün	vert/verte
braun	marron
rosa	rose
violett	violet/violette
grau	gris/grise

weiß	blanc/blanche
schwarz	noir/noire
hellblau	bleu clair
dunkelblau	bleu foncé

Farbadjektive

Farbadjektive, **adjectifs de couleur**, die sich von der Farbe einer Frucht ableiten, sind unveränderlich: *des serviettes abricot – aprikosenfarbene Handtücher; des chaussures aubergine – auberginefarbene Schuhe; des lèvres cerise – kirschrote Lippen; des stylos orange – orangefarbige Füller.*

färben ['fɛrbən] *vt* teindre
farbenblind *adj* daltonien(ne)
farbenfroh *adj* très coloré(e)
farbig ['farbɪç] **I.** *adj* ❶ coloré(e) ❷ *(Foto)* en couleur **II.** *adv* en couleur
farblos *adj* incolore
Farbstift *m* crayon *m* de couleur
Farbstoff *m (Färbemittel)* colorant *m*
Farbton <-töne> *m* ton *m*
Farm [farm] <-, -en> *f* ranch *m*
Farn [farn] <-[e]s, -e> *m* fougère *f*
Fasan [fa'za:n] <-s, -e[n]> *m* faisan *m*
Fasching ['faʃɪŋ] <-s, -e> *m* carnaval *m*
Faschingsdienstag ['faʃɪŋs'di:nsta:k] *m* SDEUTSCH mardi *m* gras
Faschismus [fa'ʃɪsmʊs] <-> *m* fascisme *m*
Faschist(in) [fa'ʃɪst] <-en, -en> *m(f)* fasciste *mf*
faschistisch *adj* fasciste
Faser ['fa:zɐ] <-, -n> *f* fibre *f*
Fasnacht CH *s.* **Fastnacht**
Fass [fas] <-es, Fässer> *nt (Holzfass)* tonneau *m*
Fassade [fa'sa:də] <-, -n> *f* façade *f*
fassbar *adj* concret(-ète)
Fassbier *nt* bière *f* pression
fassen ['fasən] **I.** *vt* ❶ saisir; **jdn an der Hand ~** prendre qn par la main; **fass!** mords! ❷ *(festnehmen)* arrêter **II.** *vr* **sich wieder ~** se ressaisir
Fassung ['fasʊŋ] <-, -en> *f* ❶ *(einer Glühbirne)* douille *f*; *(einer Brille)* monture *f* ❷ *(Version)* version *f* ❸ *kein Pl (Selbstbeherrschung)* maîtrise *f* de soi/de lui-même/d'elle-même/...
fassungslos *adj* décontenancé(e)
Fassungslosigkeit <-> *f* stupeur *f*
fast [fast] *adv* presque
fasten ['fastən] *vi* être à la diète; REL jeûner
Fastenzeit *f* carême *m*
Fastfood, Fast Food ['fa:stfu:d] <-[s]> *nt* restauration *f* rapide
Fastnacht *f kein Pl* carnaval *m*
Fastnachtsdienstag *m* mardi *m* gras
faszinieren* [fastsi'ni:rən] *vt* fasciner
faszinierend *adj* fascinant(e)
fatal [fa'ta:l] *adj geh* fatal(e)
fauchen ['faʊxən] *vi* grogner
faul [faʊl] *adj* ❶ paresseux(-euse) ❷ *(Lebensmittel)* avarié(e); *(Obst)* pourri(e)
faulen ['faʊlən] *vi + haben o sein* pourrir
faulenzen ['faʊlɛntsən] *vi* fainéanter
Faulenzer(in) <-s, -> *m(f) pej* fainéant(e) *m(f)*
Faulheit <-> *f* paresse *f*
faulig *s.* **faul**
Fäulnis ['fɔʏlnɪs] <-> *f (von Fleisch)* décomposition *f*
Faulpelz *m pej fam* feignant(e) *m(f)*
Fauna ['faʊna] <-, Faunen> *f* faune *f*
Faust [faʊst] <-, Fäuste> *f* poing *m*
Faustschlag *m* coup *m* de poing
Favorit(in) [favo'ri:t] <-en, -en> *m(f)* favori(te) *m(f)*
Fax ['faks] <-, -e> *nt* fax *m*
faxen **I.** *vi* envoyer un fax **II.** *vt* faxer
Faxen *Pl fam (Albereien)* gamineries *f pl*
Faxgerät *nt* fax *m*
Fazit ['fa:tsɪt] <-s, -s> *nt* bilan *m*
FCKW [ɛftse:ka:'ve:] <-s, -s> *m Abk von* **Fluorchlorkohlenwasserstoff** C.F.C. *m*

F

FCKW-frei *adj* sans C.F.C.
Februar ['fe:brua:ɐ̯] <-[s] -e> *m* février *m; s.a.* **April**
fechten ['fɛçtən] *vi irr* faire de l'escrime
Feder ['fe:dɐ] <-, -n> *f* ① plume *f* ② TECH ressort *m*
Federball *m* ① volant *m* ② *kein Pl (Spiel)* badminton *m* **Federbett** *nt* couette *f* **federleicht** *adj* ultra-léger(-ère)
Fee [fe:] <-, -n> *f* fée *f*
Feedback, Feed-back ['fi:dbɛk] <-s, -s> *nt* réactions *fpl*
fegen ['fe:gən] *vt, vi* balayer
fehlen ['fe:lən] **I.** *vi* ① manquer ② *(abwesend sein)* **im Unterricht ~** être absent du cours **II.** *vi unpers* **es fehlt etw** il manque qc
Fehler ['fe:lɐ] <-s, -> *m* ① faute *f* ② *(Mangel)* défaut *m*
fehlerfrei *s.* **fehlerlos**
fehlerhaft **I.** *adj (Arbeit)* incorrect(e); *(Ware)* défectueux(-euse) **II.** *adv* mal
fehlerlos *adj* impeccable
Fehlermeldung *f* information *f* d'une faute
Fehlkonstruktion *f* **eine ~ sein** être mal conçu **Fehlschlag** *m* échec *m* **fehl|schlagen** *vi irr +sein* échouer
Feier ['faiɐ] <-, -n> *f* fête *f; (Festakt)* cérémonie *f*
Feierabend *m (Arbeitsschluss)* fin *f* de la journée de travail; *(Geschäftsschluss)* heure *f* de fermeture
feierlich *adj* solennel(le)
Feierlichkeit <-, -en> *f* festivité *f kein Pl (eines Augenblicks)* solennité *f*
feiern ['faiɐn] **I.** *vt* fêter **II.** *vi* faire la fête
Feiertag *m* jour *m* férié
feig[e] *adj* lâche
Feige ['faigə] <-, -n> *f* figue *f*
Feigling ['faiklɪŋ] <-s, -e> *m* lâche *mf*
Feile ['failə] <-, -n> *f* lime *f*
feilen ['failən] *vt* limer
fein [fain] *adj* ① fin(e) ② *fam (Charakter)* sympathique ③ *(vornehm)* distingué(e) ④ *(sehr gut)* **~!** super! *(fam)*
Feind(in) [faint] <-[e]s, -e> *m(f)* ennemi(e) *m(f)*
feindlich *adj* ennemi(e)
Feindschaft <-, -en> *f* hostilité *f*
feindselig *adj* hostile
Feindseligkeit <-, -en> *f* hostilité *f*
feinfühlig ['fainfy:lɪç] *adj* sensible
Feingefühl *nt kein Pl* sensibilité *f*
Feinheit <-, -en> *f* finesse *f*
Feinkostgeschäft *nt* épicerie *f* fine
Feinschmecker(in) <-s, -> *m(f)* gourmet *m*
Feinstaub *m kein Pl* poussières *fpl* fines
Feld [fɛlt] <-[e]s, -er> *nt* ① *(Acker)* champ *m* ② *(eines Spielbretts)* case *f* ③ SPORT terrain *m*
Feldsalat *m* mâche *f*
Feldwebel(in) ['fɛltve:bəl] <-s, -> *m(f)* feldwebel *m; (in der französischen Armee)* adjudant(e) *m(f)*
Feldweg *m* chemin *m* de terre
Fell [fɛl] <-[e]s, -e> *nt* pelage *m*
Fels [fɛls] <-ens, -en> *m* rocher *m*
Felsen ['fɛlzən] <-s, -> *m* rocher *m*
felsenfest **I.** *adj* inébranlable **II.** *adv (überzeugt sein)* absolument
Felswand *f* paroi *f* rocheuse
feminin [femi'ni:n] *adj* féminin(e)
Femininum <-s, Feminina> *nt* féminin *m*
Feminismus [femi'nɪsmʊs] <-> *m* féminisme *m*
Feminist(in) [femi'nɪst] <-en, -en> *m(f)* féministe *mf*
Fenchel ['fɛnçəl] <-s> *m* fenouil *m*
Fenster ['fɛnstɐ] <-s, -> *nt* fenêtre *f*
Fensterbank <-bänke> *f* rebord *m* de fenêtre **Fensterladen** *m* volet *m* **Fensterplatz** *m* place *f* côté fenêtre **Fensterputzer(in)** <-s, -> *m(f)* laveur(-euse) *m(f)* de carreaux **Fensterrahmen** *m* cadre *m* de fenêtre **Fensterscheibe** *f* vitre *f*
Ferien ['fe:riən] *Pl* vacances *fpl*
Ferienhaus *nt* maison *f* de vacances **Ferientag** *m* jour *m* de vacances **Ferienwohnung** *f* appartement *m* de

vacances **Ferienzeit** *f* [période *f* des] vacances *fpl*
Ferkel ['fɛrkəl] <-s, -> *nt* ❶ ZOOL porcelet *m* ❷ *pej fam (unsauberer Mensch)* goret *m*
fern [fɛrn] **I.** *adj* ❶ *(räumlich)* lointain(e) ❷ *(zeitlich)* loin **II.** *adv* loin
Fernbedienung *f* télécommande *f* **Fernbeziehung** *f* relation *f* à distance
Ferne <-> *f* lointain *m;* **in der ~** au loin
ferner **I.** *adv* encore et toujours **II.** *konj* de plus
Fernfahrer(in) *m(f)* routier(-ière) *m(f)* **Fernflug** *m* vol *m* long-courrier **Ferngespräch** *nt* communication *f* à moyenne et grande distance **Fernglas** *nt* [paire *f* de] jumelles *fpl* **Fernlicht** *nt* phares *mpl* **Fernost** *kein art* **in/nach ~** en Extrême-Orient **fernöstlich** *adj* d'Extrême-Orient **Fernrohr** *nt* télescope *m*
Fernsehansager(in) *m(f)* speaker(ine) *m(f)* **Fernsehantenne** *f* antenne *f* de télévision **Fernsehapparat** *m form* poste *m* de télévision
fern|sehen *vi irr* regarder la télévision
Fernsehen <-s> *nt* télévision *f*
Fernseher <-s, -> *m fam* télé *f*
Fernsehgerät *nt form* téléviseur *m* **Fernsehprogramm** *nt* ❶ programme *m* de télévision ❷ *(Kanal)* chaîne *f* de télévision **Fernsehsender** *m* émetteur *m* de télévision **Fernsehsendung** *f* émission *f* de télévision **Fernsehzuschauer(in)** *m(f)* téléspectateur(-trice) *m(f)*
Fernsicht *f* vue *f* **Fernsprecher** <-s, -> *m form* téléphone *m* **Fernsteuerung** *f* télécommande *f* **Fernstraße** *f* grande route *f* **Fernstudium** *nt* études *fpl* par correspondance **Fernverkehr** *m* trafic *m* routier sur les grands axes; EISENBAHN trafic grandes lignes
Ferse ['fɛrzə] <-, -n> *f* talon *m*
fertig ['fɛrtɪç] *adj* ❶ *(Arbeit)* terminé(e); **~ werden** finir ❷ *(Speise)* prêt(e) ❸ *(bereit)* **sich für etw ~ machen** se préparer pour qc
Fertigbau <-bauten> *m* ❶ *kein Pl (Bauweise)* préfabriqué *m* ❷ *(Gebäude)* construction *f* préfabriquée **fertig|bringen** *vt irr* **etw ~** arriver à faire qc **Fertiggericht** *nt* plat *m* cuisiné **Fertighaus** *nt* maison *f* préfabriquée **fertig|machen** *vt fam (erschöpfen, zermürben)* **jdn ~** *(Person)* mettre qn dans un état épouvantable; *(Situation, Umstände)* démolir qn **Fertigprodukt** *nt* produit *m* fini **fertig|stellen** *vt* finir
Fessel ['fɛsəl] <-, -n> *f* lien *m*
fesseln ['fɛsəln] *vt* **jdn an etw ~** attacher qn à qc
fest [fɛst] **I.** *adj* ❶ solide ❷ *(Händedruck)* ferme; *(Knoten)* serré(e) ❸ *(Anstellung)* définitif(-ive); *(Wohnsitz)* permanent(e); *(Einkommen)* fixe **II.** *adv* ❶ fort ❷ *(zudrehen)* à fond ❸ *(zusagen)* formellement; *(glauben)* fermement ❹ *(dauernd)* **~ angestellt** sous contrat à durée indéterminée ❺ *(schlafen)* profondément
Fest [fɛst] <-[e]s, -e> *nt* fête *f*
fest|binden *vt irr* **etw an etw** *(dat)* **~** attacher qc à qc
Festessen *nt* banquet *m*
fest|fahren *vr irr* **sich ~** s'enliser **fest|halten** *irr* **I.** *vt* retenir **II.** *vi* **an jdm/etw ~** être fidèle à qn/qc **III.** *vr* **sich an jdm/etw ~** s'accrocher à qn/qc
festigen ['fɛstɪgən] *vt, vr* **[sich] ~** [se] consolider
Festigung <-, -en> *f* consolidation *f*
Festival ['fɛstivəl] <-s, -s> *nt* festival *m*
Festland *nt* continent *m* **fest|legen** **I.** *vt* fixer **II.** *vr* **sich auf etw** *(akk)* **~** s'engager à propos de qc
festlich ['fɛstlɪç] *adj* de fête
Festlichkeit <-, -en> *f* festivité *f*
fest|machen *vt* fixer
Festnahme ['fɛstna:mə] <-, -n> *f* arrestation *f*

fest|nehmen *vt irr* arrêter **Festnetz** *nt* TELEC réseau *m* fixe **Festplatte** *f* INFORM disque *m* dur

Festsaal *m* salle *f* des fêtes

fest|schrauben *vt* serrer **fest|setzen** *vt (Preis)* fixer; *(Wert)* déterminer **fest|sitzen** *vi irr* ne plus bouger; *(halten)* tenir bien

Festspeicher *m* INFORM mémoire *f* morte

Festspiele *Pl* festival *m* **Festspielhaus** *nt* théâtre *m (où a lieu un festival)*

fest|stehen *vi irr* **es steht fest, dass...** il est clair que...

Feststellbremse *f* frein *m* parking

fest|stellen *vt* constater

Feststellung *f* observation *f*

Festtag *m* jour *m* de fête

Festung ['fɛstʊŋ] <-, -en> *f* forteresse *f*

Festzelt *nt* chapiteau *m* **Festzug** *m* cortège *m*

Fete ['feːtə] <-, -n> *f* fête *f*

fett [fɛt] *adj* gras(se)

Fett <-[e]s, -e> *nt* graisse *f*

Fettabsaugen <-s> *nt* liposuccion *f*, micro-ponction *f* graisseuse **fettarm** **I.** *adj* allégé(e) **II.** *adv (kochen)* léger **Fettdruck** *m* caractères *mpl* gras **Fettfleck** *m* tache *f* de graisse

fettig *adj* gras(se)

Fettnäpfchen <-s, -> *nt fam* ▶ **ins ~ treten** faire une gaffe **Fettsucht** *f kein Pl* obésité *f* **Fettwanst** *m pej* gros tas *m (fam)*

Fetus ['feːtʊs] <-[ses], -se *o* Feten> *m* MED fœtus *m*

fetzen ['fɛtsən] **I.** *vt fam* arracher **II.** *vi +haben fam (mitreißen)* déménager

Fetzen ['fɛtsən] <-s, -> *m (von Papier, Stoff)* lambeau *m*; *(eines Gesprächs)* bribe *f*

fetzig *adj fam (Musik)* qui déménage; *(Frisur, Kleidung)* d'enfer

feucht [fɔyçt] *adj* humide

Feuchtigkeit <-> *f* humidité *f*

feudal [fɔy'daːl] *adj* HIST féodal(e)

Feuer ['fɔyɐ] <-s, -> *nt* feu *m*

Feueralarm *m* alerte *f* au feu **Feuerbestattung** *f* incinération *f* **Feuerlöscher** *m* extincteur *m* **Feuermelder** <-s, -> *m* avertisseur *m* d'incendie

feuern **I.** *vi (schießen)* faire feu **II.** *vt fam (entlassen)* virer

feuerrot *adj* rouge vif **Feuerwache** *f* caserne *f* de pompiers

Feuerwehr <-, -en> *f* [sapeurs-]pompiers *mpl* **Feuerwehrauto** *nt* camion *m* de pompiers **Feuerwehrmann** <-leute *o* -männer> *m* [sapeur-]pompier *m*

Feuerwerk *nt* feu *m* d'artifice **Feuerzeug** <-[e]s, -e> *nt* briquet *m*

ficht [fɪçt] *3. Pers Präs von* **fechten**

Fichte ['fɪçtə] <-, -n> *f* épicéa *m*; *(Holz)* sapin *m*

ficken ['fɪkən] *vi, vt vulg* tringler *(vulg)*, baiser *(fam)*

fidel [fi'deːl] *adj fam* joyeux(-euse)

Übersetzungstipp

Fidel – Nicht verwechseln mit *fidèle – treu!*

Fieber ['fiːbɐ] <-s> *nt* fièvre *f*

fieberhaft *adj (Eile)* fébrile

Fieberthermometer *nt* thermomètre *m* médical

fiebrig ['fiːb(ə)rɪç] *adj (aufgeregt)* fébrile

fiel [fiːl] *Imp von* **fallen**

fies [fiːs] *adj fam (Verhalten)* vache; **ein ~er Kerl** un type infect

Figur [fi'guːɐ̯] <-, -en> *f* ❶ silhouette *f*; **auf seine ~ achten** faire attention à sa ligne ❷ *(Schachfigur)* pièce *f* ❸ LITER personnage *m*

Fiktion [fɪk'tsi̯oːn] <-, -en> *f geh* fiction *f*

fiktiv [fɪk'tiːf] *adj geh* fictif(-ive)

Filet [fi'leː] <-s, -s> *nt* filet *m*

Filiale [fi'li̯aːlə] <-, -n> *f* succursale *f*

Filialleiter(in) *m(f)* gérant(e) *m(f)* de succursale

Film [fɪlm] <-[e]s, -e> *m* film *m*
filmen ['fɪlmən] **I.** *vt* filmer **II.** *vi* tourner
Filmfestspiele *Pl* festival *m* du film **Filmkamera** *f* caméra *f* **Filmproduzent(in)** *m(f)* producteur(-trice) *m(f)* de cinéma **Filmregisseur(in)** *m(f)* réalisateur(-trice) *m(f)* **Filmschauspieler(in)** *m(f)* acteur(-trice) *m(f)* de cinéma **Filmstar** *m* vedette *f* de cinéma
Filter ['fɪltɐ] <-s, -> *nt o m* filtre *m*
Filterkaffee *m* café-filtre *m*
filtern *vt* filtrer
Filtertüte *f* filtre *m* **Filterzigarette** *f* cigarette *f* filtre
filtrieren* *vt* filtrer
Filz [fɪlts] <-es, -e> *m (Wollmaterial)* feutre *m*
Filzstift *m* feutre *m*
Fimmel ['fɪməl] <-s, -> *m pej fam* marotte *f*
Finale [fi'naːlə] <-s, -> *nt* finale *f*
Finanzamt *nt* fisc *m* **Finanzbeamte(r)** *m*, **-beamtin** *f* fonctionnaire *mf* aux finances
Finanzen [fi'nantsən] *Pl* finances *fpl*
finanziell [finan'tsi̯ɛl] *adj* financier(-ière)
finanzierbar *adj* financièrement réalisable
finanzieren* [finan'tsiːrən] *vt* financer
Finanzierung <-, -en> *f* financement *m*
Finanzminister(in) *m(f)* ministre *mf* des Finances
finden ['fɪndən] *vt, vi irr* trouver
Finderlohn *m* récompense *f*
findig *adj* futé(e)
fing [fɪŋ] *Imp von* **fangen**
Finger ['fɪŋɐ] <-s, -> *m* doigt *m*
Fingerabdruck <-abdrücke> *m* empreinte *f* digitale **fingerfertig** *adj* habile de ses doigts **Fingernagel** *m* ongle *m* **Fingerspitze** *f* bout *m* du doigt **Fingerspitzengefühl** *nt kein Pl* doigté *m; (Takt)* tact *m*
Fink [fɪŋk] <-en, -en> *m* pinson *m*
Finne, Finnin ['fɪnə] <-n, -n> *m, f* Finlandais(e) *m(f)*
finnisch ['fɪnɪʃ] **I.** *adj* finlandais(e); *(Kultur, Literatur, Sprache)* finnois(e) **II.** *adv* ~ **miteinander sprechen** discuter en finnois
Finnisch <-[s]> *nt kein art* finnois *m; s.a.* **Deutsch**
Finnland ['fɪnlant] *nt* la Finlande
finster ['fɪnstɐ] *adj* sombre
Finsternis <-, -se> *f* ❶ obscurité *f* ❷ ASTRO éclipse *f*
Firlefanz <-es> *m fam (überflüssige Dinge)* gadgets *mpl*
Firma ['fɪrma] <-, Firmen> *f* entreprise *f*
Firmen *Pl von* **Firma**
Firmenname *m* raison *f* sociale **Firmenwagen** *m* voiture *f* d'entreprise
Fisch [fɪʃ] <-[e]s, -e> *m* ❶ poisson *m* ❷ ASTRO **er ist ~** il est Poissons
fischen *vt, vi* pêcher
Fischer(in) <-s, -> *m(f)* pêcheur(-euse) *m(f)*
Fischfang *m kein Pl* pêche *f* **Fischmarkt** *m* marché *m* aux poissons
Fiskus ['fɪskʊs] <-, -se> *m* fisc *m*
Fisole [fi'zoːlə] <-, -n> *f* A haricot *m* vert
fit [fɪt] *adj* en forme
Fitness ['fɪtnɛs] <-> *f* bonne condition *f* physique
Fitnesscenter ['fɪtnɛssɛntɐ] *nt* club *m* de sport **Fitnessstudio** *nt s.* **Fitnesscenter**
fix [fɪks] *adj* ❶ *(feststehend)* fixe ❷ *fam (flink)* rapide ▶ ~ **und fertig** *fam* crevé(e)
Fixer(in) <-s, -> *m(f) fam* camé(e) *m(f)*
fixieren* [fɪ'ksiːrən] *vt* **jdn ~** fixer qn [du regard]
FKK [ɛfkak'aː] <-> *Abk von* **Freikörperkultur** nudisme *m*
FKK-Strand *m* plage *f* de nudistes
flach [flax] **I.** *adj* plat(e) **II.** *adv* à plat
Flachbildschirm *m* écran *m* plat **Flachdach** *nt* toit *m* en terrasse
Fläche ['flɛçə] <-, -n> *f* ❶ *(Ebene)* surface *f* ❷ *(messbare Oberfläche)* superficie *f*

F

flackern ['flakɐn] *vi* vaciller
Flagge ['flagə] <-, -n> *f* drapeau *m*
Flair [flɛːɐ̯] <-s> *nt o geh m (einer Person)* aura *f; (einer Stadt)* charme *m*
flambieren* [flam'biːrən] *vt* flamber
Flame, Flamin *o* **Flämin** ['flaːmə] <-n, -n> *m, f* Flamand(e) *m(f)*
Flamingo [fla'mɪŋgo] <-s, -s> *m* flamant *m* rose
flämisch ['flɛːmɪʃ] **I.** *adj* flamand(e) **II.** *adv* ~ **miteinander sprechen** discuter en flamand
Flämisch <-[s]> *nt kein art* flamand *m; s.a.* **Deutsch**
Flamme ['flamə] <-, -n> *f* flamme *f*
Flandern ['flandɐn] <-s> *nt* la Flandre
flanieren* *vi +haben o sein* flâner
Flasche ['flaʃə] <-, -n> *f* ❶ bouteille *f* ❷ *(Säuglingsflasche)* biberon *m*
Flaschenöffner *m* ouvre-bouteille *m* **Flaschenpfand** *nt* consigne *f*
Flaschner(in) ['flaʃnɐ] <-s, -> *m(f)* CH plombier *m*
Flatrate ['flɛtreɪt] <-, -s> *f* INFORM forfait *m* illimité
flattern ['flatɐn] *vi* battre des ailes; *(Fahne)* flotter
flau [flau̯] *adj* ❶ **mir ist** ~ je me sens mal ❷ *(Börse)* morose
flauschig *adj* moelleux(-euse)
Flaute ['flau̯tə] <-, -n> *f* COM marasme *m*
flechten ['flɛçtən] *vt irr* tresser
Fleck [flɛk] <-[e]s, -e> *m (Schmutzfleck)* tache *f;* **blauer** ~ bleu *m*
Fleckenentferner <-s, -> *m* détachant *m*
fleckig ['flɛkɪç] *adj (Kleidungsstück)* taché(e); *(Haut)* tacheté(e)
Fledermaus ['fleːdɐmau̯s] *f* chauve-souris *f*
Flegel ['fleːgəl] <-s, -> *m pej (Kind)* garnement *m; (Mann)* mufle *m*
flehen ['fleːən] *vi geh* supplier
Fleisch [flai̯ʃ] <-[e]s> *nt* viande *f*
Fleischbrühe *f* bouillon *m* de viande
Fleischer(in) <-s, -> *m(f)* boucher(-ère) *m(f)*
Fleischfresser <-s, -> *m* ZOOL carnassier *m,* carnivore *m* **Fleischhauer(in)** *m(f)* A boucher(-ère) *m(f)* **Fleischwolf** *m* hache-viande *m*
Fleiß [flai̯s] <-[e]s> *m kein Pl* application *f*
fleißig **I.** *adj (Mitarbeiter)* travailleur(-euse); *(Schüler)* appliqué(e) **II.** *adv* avec application
flennen ['flɛnən] *vi pej fam* pleurnicher
flexibel [flɛ'ksiːbəl] *adj* flexible
Flexibilität [flɛksibili'tɛːt] <-> *f* flexibilité *f*
Flexitarier(in) [flɛksi'taːriɐ] <-s, -> *m(f)* flexitarien(ne) *m(f)*
flicht [flɪçt] *3. Pers Präs von* **flechten**
flicken ['flɪkən] *vt (Kleidung)* rapiécer; *(Fahrradschlauch)* réparer
Flieder ['fliːdɐ] <-s, -> *m* lilas *m*
Fliege ['fliːgə] <-, -n> *f* ❶ ZOOL mouche *f* ❷ COUT nœud *m* papillon
fliegen ['fliːgən] *irr* **I.** *vi +sein* voler **II.** *vt* ❶ *+haben o sein (Flugzeug)* piloter ❷ *+haben (Passagiere)* transporter par avion
Flieger ['fliːgɐ] <-s, -> *m* ❶ *(Pilot)* aviateur *m* ❷ *fam (Flugzeug)* avion *m*
Fliegerin <-, -nen> *f* aviatrice *f*
fliehen ['fliːən] *vi irr +sein* s'enfuir
Fliese ['fliːzə] <-, -n> *f* carreau *m*
fliesen *vt* carreler
Fliesenleger(in) <-s, -> *m(f)* carreleur(-euse) *m(f)*
Fließband <-bänder> *nt* chaîne *f* [de montage]
fließen ['fliːsən] *vi irr +sein* ❶ couler; **durch Paris** ~ *(Fluss)* traverser Paris ❷ *(elektrischer Strom)* passer
fließend *adv (sprechen)* couramment
flink [flɪŋk] **I.** *adj* agile **II.** *adv (arbeiten)* avec adresse
Flipchart ['flɪptʃart, 'flɪptʃaːɐ̯t] <-, -s> *nt* paperboard *m*
Flirt [flœrt] <-s, -s> *m* flirt *m*
flirten [flœrtən] *vi* flirter
Flitterwochen *Pl* lune *f* de miel
flitzen ['flɪtsən] *vi +sein fam* filer
Flitzer <-s, -> *m fam* bolide *m*

flocht [flɔxt] *Imp von* **flechten**
flog [flo:k] *Imp von* **fliegen**
floh [flo:] *Imp von* **fliehen**
Floh [flo:] <-[e]s, Flöhe> *m* puce *f*
Flohmarkt *m* marché *m* aux puces
Flop [flɔp] <-s, -s> *m fam* bide *m*
Flora ['flo:ra] <-, Floren> *f* flore *f*
Florenz [flo'rɛnts] <-> *nt* Florence
florieren* [flo'ri:rən] *vi (Geschäft)* prospérer
Florist(in) [flo'rɪst] <-en, -en> *m(f)* fleuriste *mf*
floss *Imp von* **fließen**
Floß [flo:s] <-es, Flöße> *nt* radeau *m*
Flosse ['flɔsə] <-, -n> *f* ZOOL nageoire *f*
Flöte ['flø:tə] <-, -n> *f* flûte *f*
Flötist(in) [flø'tɪst] <-en, -en> *m(f)* flûtiste *mf*
flott [flɔt] *fam* I. *adj* ❶ *(Bedienung)* dégourdi(e); *(Musik)* entraînant(e) ❷ *(Person)* smart(e) II. *adv* ❶ *(zügig)* vite ❷ *(schick)* chic
Flotte ['flɔtə] <-, -n> *f* MIL flotte *f*
Fluch [flu:x] <-[e]s, Flüche> *m* ❶ *(Schimpfwort)* juron *m* ❷ *kein Pl (Verwünschung)* malédiction *f*
fluchen ['flu:xən] *vi* jurer
Flucht [flʊxt] <-, -en> *f* fuite *f; (aus dem Gefängnis)* évasion *f* **auf der ~ sein** être en fuite
fluchtartig *adv* avec précipitation
flüchten ['flʏçtən] I. *vi +sein* [s'en]fuir II. *vr +haben* **sich in den Alkohol ~** se réfugier dans l'alcool
flüchtig ['flʏçtɪç] *adj* fugitif(-ive)
Flüchtigkeitsfehler *m* faute *f* d'inattention
Flüchtling ['flʏçtlɪŋ] <-s, -e> *m* réfugié(e) *m(f)*
Flüchtlingsheim *nt* centre *m* d'accueil pour demandeurs d'asile
Flüchtlingslager *nt* camp *m* de réfugiés
Fluchtversuch *m* tentative *f* d'évasion
Flug [flu:k] <-[e]s, Flüge> *m* vol *m*
Flugbegleiter(in) *m(f)* AVIAT steward *m*/hôtesse *f* de l'air **Flugblatt** *nt* tract *m*
Flügel ['fly:gəl] <-s, -> *m* ❶ aile *f* ❷ MUS piano *m* à queue
Flügeltür *f* porte *f* à deux battants
Fluggast *m* passager(-ère) *m(f)* **Fluggeschwindigkeit** *f* vitesse *f* de vol **Fluggesellschaft** *f* compagnie *f* aérienne **Flughafen** *m* aéroport *m* **Flughöhe** *f* altitude *f* [de vol] **Flugkapitän(in)** *m(f)* commandant(e) *m(f)* de bord **Flugpersonal** *nt* personnel *m* volant **Flugplan** *m* horaire *m* des vols **Flugplatz** *m* aérodrome *m* **Flugschein** *m (Pilotenschein)* brevet *m* de pilote **Flugsteig** <-[e]s, -e> *m* porte *f* d'embarquement **Flugticket** *nt* billet *m* d'avion **Flugverkehr** *m* trafic *m* aérien **Flugzeit** *f* durée *f* de vol
Flugzeug ['flu:ktsɔyk] <-[e]s, -e> *nt* avion *m*
Flugzeugabsturz *m* crash *m* **Flugzeugbesatzung** *f* équipage *m* de l'avion **Flugzeugentführung** *f* détournement *m* d'avion **Flugzeugunglück** *nt* accident *m* d'avion
flunkern ['flʊŋkɐn] *vi fam* raconter des bobards
Fluor ['flu:oɐ] <-s> *nt* CHEM fluor *m*
Fluorchlorkohlenwasserstoff ['flu:o:ɐklo:ɐ-] *m* CHEM chlorofluorocarbone *m*
Flur [flu:ɐ] <-[e]s, -e> *m* couloir *m*
Fluss [flʊs] <-es, Flüsse> *m* fleuve *m*, *(Nebenfluss)* rivière *f*
flussabwärts [flʊs'ʔapvɛrts] *adv* en aval **flussaufwärts** *adv* en amont
flüssig ['flʏsɪç] *adj* ❶ liquide ❷ *(Verkehr, Stil)* fluide
Flüssigkeit <-, -en> *f* liquide *m*
Flussmündung *f* embouchure *f* du fleuve **Flusspferd** *nt* hippopotame *m*
flüstern ['flʏstɐn] *vi, vt* chuchoter
Flut [flu:t] <-> *f kein Pl (opp: Ebbe)* marée *f* montante/haute
Flutlicht *nt kein Pl* projecteurs *mpl* **Flutwelle** *f* raz *m* de marée
focht [fɔxt] *Imp von* **fechten**
Fohlen ['fo:lən] <-s, -> *nt* poulain *m*
Föhn [fø:n] <-[e]s, -e> *m* ❶ METEO fœhn *m* ❷ *(Haartrockner)* sèche-cheveux *m*

F

F

föhnen ['føːnən] *vt* **sich** *(dat)* **die Haare** ~ se sécher les cheveux au séchoir
Folge ['fɔlgə] <-, -n> *f* ① *(Auswirkung)* conséquence *f* ② *(von Eindrücken, Zahlen)* série *f* ③ RADIO, TV épisode *m*
folgen ['fɔlgən] *vi* ① *+sein* **jdm/einer S.** ~ suivre qn/qc ② *+sein (als Nächstes kommen)* venir ensuite ③ *+haben (gehorchen)* **jdm** ~ obéir à qn ④ *+sein (resultieren)* **aus etw** ~ résulter de qc
folgend *adj (Seite)* suivant(e); **im Folgenden** dans ce qui suit
folgendermaßen *adv* de la manière suivante
folgenschwer *adj* lourd(e) de conséquences
folgern ['fɔlgɐn] **I.** *vt* conclure **II.** *vi* déduire
folglich ['fɔlklɪç] *adv* par conséquent
folgsam ['fɔlkzaːm] **I.** *adj* docile **II.** *adv* bravement
Folie ['foːli̯ə] <-, -n> *f (Plastikfolie)* film *m* plastique; *(Aluminiumfolie)* papier *m* d'aluminium
Folklore [fɔlk'loːrə] <-> *f* folklore *m*
Folter ['fɔltɐ] <-, -n> *f* torture *f*
foltern *vt* torturer
Fon [foːn] *s.* **Phon**
Fön® <-[e]s, -e> *m* sèche-cheveux *m*
Fonds [fõː(s)] <-, -> *m* fonds *m*
Fondue [fõ'dyː] <-s, -s> *nt* <-, -s> *f* fondue *f*
Fontäne [fɔn'tɛːnə] <-, -n> *f* jet *m* d'eau

Übersetzungstipp

Die Fontäne – Nicht verwechseln mit *la fontaine – der Brunnen!*

Förderband <-bänder> *nt* tapis *m* roulant; MIN convoyeur *m*
fordern ['fɔrdɐn] *vt* exiger
fördern ['fœrdɐn] *vt* ① *(Personen)* aider; *(Projekt, Talent)* encourager ② *(finanzieren)* financer
fordernd *adj* exigeant(e)
Forderung <-, -en> *f* exigence *f*
Förderung <-, -en> *f* aide *f*
Forelle [fo'rɛlə] <-, -n> *f* truite *f*
Foren *Pl von* **Forum**
Form [fɔrm] <-, -en> *f* ① forme *f* ② *(Backform)* moule *m*

Formen

die Kugel	la sphère; la boule
der Ring	l'anneau
der Kreis	le cercle
der Würfel	le cube
das Quadrat	le carré
das Rechteck	le rectangle
das Dreieck	le triangle
die Raute	le losange
die Pyramide	la pyramide
der Zylinder	le cylindre
der Stern	l'étoile
der Kegel	le cône
das Oval	l'ovale
das Trapez	le trapèze
das Fünfeck	le pentagone

formal [fɔr'maːl] *adj* formel(le)
Formalität [fɔrmali'tɛːt] <-, -en> *f* formalité *f*
Format [fɔr'maːt] <-[e]s, -e> *nt* ① *(Größe)* format *m* ② *(einer Person)* carrure *f*
formatieren* *vt* INFORM formater
Formatierung <-, -en> *f* INFORM formatage *m*
Formation [fɔrma'tsi̯oːn] <-, -en> *f* formation *f*
Formel ['fɔrməl] <-, -n> *f* formule *f*
formell [fɔr'mɛl] *adj* officiel(le)
formen ['fɔrmən] *vt* former
Formfehler *m* JUR vice *m* de forme; *(Fehlverhalten)* inconvenance *f*
formieren* [fɔr'miːrən] *vt, vr* [**sich**] ~ [se] former
förmlich ['fœrmlɪç] **I.** *adj* dans les formes **II.** *adv* vraiment
formlos *adj* ① *(gestaltlos)* informe ② *(zwanglos)* sans cérémonie ③ ADMIN

ein ~er Antrag une demande sur papier libre

Formular [fɔrmuˈlaːɐ̯] <-s, -e> *nt* formulaire *m*

formulieren* [fɔrmuˈliːrən] *vt* formuler

Formulierung <-, -en> *f* formulation *f*

forsch [fɔrʃ] *adj (Auftreten)* fringant(e)

forschen [ˈfɔrʃən] *vi* ❶ faire de la recherche ❷ *(suchen)* **nach etw ~** chercher qc

Forscher(in) <-s, -> *m(f)* chercheur(-euse) *m(f)*

Forschung <-, -en> *f* recherche *f* scientifique

Forschungsreise *f* voyage *m* d'exploration **Forschungszentrum** *nt* centre *m* de recherches

Forstamt *nt* ≈ administration *f* des bois et forêts; *(in Frankreich)* Eaux et Forêts *f pl*

Förster(in) [ˈfœrstɐ] <-s, -> *m(f)* garde *m* forestier

Forstwirtschaft *f* exploitation *f* forestière

fort [fɔrt] *adv* **~ sein** *(Schlüssel)* avoir disparu; *(Person)* être parti ▶ **und so ~** et ainsi de suite

fort|bestehen* *vi irr (Institution)* se maintenir; *(Tradition)* persister **fort|bewegen*** *vt, vr* [**sich**] **~** [se] déplacer **Fortbewegungsmittel** *nt* moyen *m* de locomotion **fort|bilden** *vr* **sich ~** se perfectionner **Fortbildung** *f kein Pl* formation *f* continue **Fortdauer** *f* persistance *f* **fort|fahren** **I.** *vi* ❶ *+sein* partir ❷ *+haben o sein (weitermachen)* poursuivre **II.** *vt +haben (Person)* emmener; *(Gegenstand)* emporter **fort|führen** *vt* ❶ continuer ❷ *(wegführen)* emmener **fort|gehen** *vi +sein* ❶ partir ❷ *(sich fortsetzen)* se poursuivre

fortgeschritten [ˈfɔrtgəʃrɪtən] *adj* avancé(e)

fort|jagen *vt +haben* chasser

Fortkommen <-> *nt (Karriere)* avancement *m*

fort|laufen *vi irr +sein* s'échapper **fortlaufend** **I.** *adj* continu(e) **II.** *adv (nummerieren)* dans l'ordre **fort|pflanzen** *vr* **sich ~** se reproduire **Fortpflanzung** *f kein Pl* reproduction *f* **fort|schicken** *vt* renvoyer **fort|schreiten** *vi irr +sein* progresser **fortschreitend** *adj* croissant(e) **Fortschritt** *m* progrès *m*

fortschrittlich *adj (Einstellung)* progressiste; *(Methode)* avancé(e)

fort|setzen *vt, vr* [**sich**] **~** [se] poursuivre

Fortsetzung <-, -en> *f* suite *f*

Forum [ˈfoːrʊm] <-s, Foren> *nt* forum *m*

Fossil <-s, -ien> *nt* fossile *m*

Foto [ˈfoːto] <-s, -s> *nt* photo[graphie] *f*

Fotoalbum *nt* album *m* de photos **Fotoapparat** *m* appareil *m* photo

fotogen [fotoˈgeːn] *adj* photogénique

Fotograf(in) [fotoˈgraːf] <-en, -en> *m(f)* photographe *mf*

Fotografie [fotograˈfiː] <-, -n> *f* photo[graphie] *f*

fotografieren* [fotograˈfiːrən] **I.** *vt* prendre une photo de **II.** *vi* prendre des photos

Fotohandy *nt* portable *m* avec appareil photo numérique **Fotokopie** [fotokoˈpiː] *f* photocopie *f* **fotokopieren*** *vt* photocopier

Fotokopiergerät *nt* photocopieur *m*

Fotolabor *nt* laboratoire *m* photo **Fotomodell** *nt* modèle *m* **Fotozelle** *f* cellule *f* photoélectrique

Foul [faʊl] <-s, -s> *nt* SPORT faute *f*

Foxtrott <-s, -e *o* -s> *m* fox-trot *m*

Fr. *Abk von* **Frau** Mme

Fracht [fraxt] <-, -en> *f* cargaison *f*

Frachter <-s, -> *m* cargo *m*

Frachtgut *nt* marchandise *f* en petite vitesse **Frachtraum** *m (eines Schiffs)* cale *f*; *(eines Flugzeugs)* soute *f* **Frachtschiff** *nt* cargo *m*

Frack [frak] <-[e]s, Fräcke> *m* frac *m*

Frage [ˈfraːgə] <-, -n> *f* question *f*

Fragebogen *m* questionnaire *m* **Fragefürwort** <-wörter> *nt* pronom *m* interrogatif

fragen ['fra:gən] I. *vi* ① poser des questions/une question ② *(verlangen)* **nach jdm ~** demander [à parler à] qn; **nach etw ~** demander qc II. *vr* **sich ~, ob …** se demander si… III. *vt* **jdn etw ~** demander qc à qn

fragend I. *adj* interrogateur(-trice) II. *adv* d'une manière interrogative

Fragesatz *m* phrase *f* interrogative **Fragestellung** *f* ① *(Formulierung)* façon *f* de formuler une question ② *(Problem)* problème *m* **Fragestunde** *f* questions *fpl* orales **Fragezeichen** *nt* point *m* d'interrogation

fraglich ['fra:klɪç] *adj* douteux(-euse)

fraglos *adv* incontestablement

Fragment [fra'gmɛnt] <-[e]s, -e> *nt* fragment *m*

fragwürdig *adj* douteux(-euse)

Fraktion [frak'ts̮i̯o:n] <-, -en> *f* POL groupe *m* parlementaire

Fraktionsvorsitzende(r) *f(m) dekl wie adj* président(e) *m(f)* du groupe parlementaire

Franc [frã:] <-, -s> *m* HIST franc *m*

Franke, Fränkin ['fraŋkə] <-n, -n> *m, f* GEO Franconien(ne) *m(f)*

Franken[1] <-s> *nt* GEO Franconie *f*

Franken[2] <-s, -> *m* franc *m* suisse

Frankfurt ['fraŋkfʊrt] <-s> *nt* Francfort

frankieren* [fraŋ'ki:rən] *vt* affranchir

Frankokanadier(in) [fraŋkoka'na:di̯ɐ] *m(f)* Canadien(ne) *m(f)* français(e)

frankokanadisch *adj* franco-canadien(ne)

frankophon *adj geh* francophone

Frankreich ['fraŋkra̯ɪç] <-s> *nt* la France

Franzose, Französin [fran'ts̮o:zə] <-n, -n> *m, f* Français(e) *m(f)*

französisch [fran'ts̮ø:zɪʃ] I. *adj* français(e) II. *adv* **~ miteinander sprechen** discuter en français

Französisch <-[s]> *nt kein art* français *m; s.a.* **Deutsch**

französischsprachig *adj* francophone

fraß [fra:s] *Imp von* **fressen**

Frau [fra̯ʊ] <-, -en> *f* ① femme *f* ② *(in der Anrede)* **~ Müller** madame Müller

Frauchen ['fra̯ʊçən] <-s, -> *nt fam (Haustierbesitzerin)* maîtresse *f*

Frauenarzt, -ärztin *m, f* gynécologue *mf* **Frauenheld** *m* tombeur *m*

Fräulein ['frɔyla̯ɪn] <-s, -> *nt* **~ Schmidt** Mademoiselle Schmidt

Freak [fri:k] <-s, -s> *m fam* mordu(e) *m(f)*

frech [frɛç] *adj (Person)* effronté(e); **~ sein** *(in den Äußerungen)* être insolent

Frechdachs *m fam* galopin *m*

Frechheit <-, -en> *f* effronterie *f*

frei [fra̯ɪ] I. *adj* ① libre; *(Mitarbeiter)* indépendant(e) ② *(Wohnung)* [de] libre; *(Stelle)* vacant(e) ③ *(unverheiratet)* libre ④ *(Seite)* blanche ⑤ *(Natur)* plein(e) ⑥ *(Rede)* sans notes; *(Übersetzung)* libre; *s.a.* **Freie** II. *adv* ① librement, en liberté; **~ stehend** *(Gebäude)* isolé(e) ② *(ungezwungen)* de manière décontractée

Freibad *nt* piscine *f* en plein air

freiberuflich I. *adj* indépendant(e) II. *adv* à son compte

Freibetrag *m* montant *m* exonéré **Freibier** *nt* bière *f* gratuite

Freie(s) *nt* **im ~n** *(stattfinden)* en plein air; *(übernachten)* à la belle étoile

Freier ['fra̯ɪɐ] <-s, -> *m* client *m*

frei|geben *vi irr* **jdm zwei Stunden ~** donner deux heures de libre à qn

freigebig *adj* généreux(-euse)

Freigebigkeit <-> *f* générosité *f*

frei|haben *vi irr fam* être en congé; *(Schüler)* ne pas avoir cours **frei|halten** *vt irr* ① *(Einfahrt)* ne pas stationner devant ② *(Platz)* garder

freihändig ['fra̯ɪhɛndɪç] *adj, adv (Rad fahren)* sans les mains

Freiheit ['fra̯ɪha̯ɪt] <-, -en> *f* liberté *f*

Freiheitsstrafe *f* peine *f* de prison

Freikarte *f* place *f* gratuite **frei|lassen** *vt irr (Verhafteten)* relaxer; *(Geisel)* relâcher

freilich ['fraɪlɪç] *adv* ① *(allerdings)* toutefois ② *(natürlich)* bien sûr
Freilichtbühne *f* théâtre *m* de plein air
frei|machen I. *vt* ① POST affranchir ② **den Oberkörper ~** enlever le haut II. *vi fam* prendre un repos III. *vr* **sich ~** se déshabiller
freimütig ['fraɪmyːtɪç] *adj* franc(franche)
Freiraum *m* liberté *f* d'action **frei|setzen** *vt* libérer **frei|sprechen** *vt irr* JUR **jdn ~** déclarer qn non coupable **Freispruch** *m* JUR non-lieu *m* **Freistaat** *m* État *m* libre; **der ~ Bayern** l'État libre de Bavière **frei|stehen** *vi irr (Gebäude)* être inoccupé **Freistil** *m kein Pl (beim Schwimmen)* nage *f* libre; *(beim Ringen)* lutte *f* libre **Freistoß** *m* coup *m* franc **Freistunde** *f* heure *f* de libre
Freitag ['fraɪtaːk] *m* vendredi *m; s.a.* **Dienstag**
Freitagabend *m* vendredi *m* soir **Freitagmorgen** *m* vendredi *m* matin
freitags *adv* le vendredi
Freitod *m euph* suicide *m*
freiwillig I. *adj* bénévole II. *adv* de son plein gré **Freiwillige(r)** *f(m)* volontaire *mf*
Freizeichen *nt* tonalité *f*
Freizeit *f kein Pl* loisirs *mpl* **Freizeitbeschäftigung** *f* occupation *f* **Freizeitgestaltung** *f* organisation *f* des loisirs **Freizeitkleidung** *f* tenue *f* décontractée **Freizeitpark** *m* parc *m* de loisirs
freizügig ['fraɪtsyːgɪç] *adj (Moral)* libéral(e); *(Kleidung)* audacieux(-euse)
fremd [frɛmt] *adj* étranger(-ère)
Fremde(r) *f(m) (Unbekannter)* inconnu(e) *m(f); (Ausländer)* étranger(-ère) *m(f)*
Fremdenführer(in) *m(f)* guide *mf* **Fremdenverkehrsverein** *m* syndicat *m* d'initiative **Fremdenzimmer** *nt* chambre *f* d'hôte
fremd|gehen *vi irr +sein fam* être infidèle **Fremdkörper** *m* MED corps *m* étranger **fremd|schämen, fremdschämen** *vr fam* **sich ~** avoir honte à la place d'autrui **Fremdsprache** *f* langue *f* étrangère
Fremdsprachenkorrespondent(in) *m(f)* secrétaire *mf* bilingue/trilingue
fremdsprachig *adj* en langue étrangère; *(Besucher)* parlant une langue étrangère
Fremdwort <-wörter> *nt* mot *m* étranger
Frequenz [fre'kvɛnts] <-, -en> *f* fréquence *f*
Fresse ['frɛsə] <-, -n> *f vulg* gueule *f (fam)*
fressen ['frɛsən] *vt, vi irr (Tier)* manger
Freude ['frɔydə] <-> *f kein Pl* joie *f*; **jdm eine ~ machen** faire plaisir à qn
Freudengeschrei *nt* cris *mpl* de joie **Freudentränen** *Pl* larmes *fpl* de joie
freudestrahlend *adj* rayonnant(e) [de joie]
freudig ['frɔydɪç] I. *adj* joyeux(-euse) II. *adv* joyeusement
freuen ['frɔyən] I. *vr* **sich über jdn/etw ~** être content de qn/qc; **sich auf jdn/etw ~** se réjouir [d'avance] de qn/qc II. *vt* **jdn ~** réjouir qn
Freund(in) [frɔynt] <-[e]s, -e> *m(f)* ami(e) *m(f)*
Freundeskreis ['frɔyndəskraɪs] *m* cercle *m* d'amis
freundlich ['frɔyntlɪç] I. *adj* ① aimable ② *(Wetter)* agréable; *(Zimmer)* accueillant(e) II. *adv* de façon amicale
freundlicherweise ['frɔyntlɪçɐ'vaɪzə] *adv* aimablement
Freundlichkeit <-> *f kein Pl* amabilité *f*
Freundschaft <-, -en> *f* amitié *f*
freundschaftlich I. *adj* amical(e) II. *adv* amicalement
Frieden <-s, -> *m* paix *f*
Friedensbewegung *f* mouvement *m* pacifiste **Friedensnobelpreis** *m* prix *m* Nobel de la paix **Friedensverhandlungen** *Pl* négociations *fpl* de paix
friedfertig ['friːtfɛrtɪç] *adj* pacifique

F

Friedhof ['fri:tho:f] *m* cimetière *m*
friedlich I. *adj* pacifique II. *adv (sterben)* en paix
frieren ['fri:rən] *irr* I. *vi* ❶ *+haben* **an den Händen ~** avoir froid aux mains ❷ *+sein (gefrieren)* geler II. *vi unpers +haben* **es friert** il gèle
Friese, **Friesin** ['fri:zə] <-n, -n> *m, f* Frison(ne) *m(f)*
friesisch *adj* frison(ne)
Frikadelle [frika'dɛlə] <-, -n> *f* boulette *f* de viande
frisch [frɪʃ] *adj* frais(fraîche)
Frische ['frɪʃə] <-> *f* fraîcheur *f*
Frischkäse *m* fromage *m* frais
Friseur(in) [fri'zø:ɐ̯] <-s, -e> *m(f)* coiffeur(-euse) *m(f)*
Friseursalon [fri'zø:ɐ̯zalõ:] *m* salon *m* de coiffure
Friseuse [fri'zø:zə] <-, -n> *f* coiffeuse *f*
frisieren* [fri'zi:rən] *vt* coiffer
Frisör *s.* **Friseur**
Frisöse *s.* **Friseuse**
frisst [frɪst] *3. Pers Präs von* **fressen**
Frist [frɪst] <-, -en> *f* délai *m*
Frisur [fri'zu:ɐ̯] <-, -en> *f* coiffure *f*
Fritten *Pl fam* frites *f pl*
Fritteuse [frɪ'tø:zə] <-, -n> *f* friteuse *f*
frittieren* *vt* faire frire
froh [fro:] *adj* ❶ *(glücklich)* joyeux(-euse) ❷ *fam (zufrieden)* **über etw** *(akk)* **~ sein** être content de qc
fröhlich ['frø:lɪç] I. *adj* joyeux(-euse) II. *adv* allègrement
Fröhlichkeit <-> *f* gaieté *f*
fromm [frɔm] <frömmer, frömmste> *adj* pieux(-euse)
frönen ['frø:nən] *vi geh* **einer S.** *(dat)* **~** s'adonner à qc
Fronleichnam [fro:n'laiçna:m] *kein Pl, kein art* la Fête-Dieu
Front [frɔnt] <-, -en> *f* ❶ *(Vorderseite)* devant *m* ❷ MIL, POL, METEO front *m*
frontal [frɔn'ta:l] I. *adj* frontal(e) II. *adv* de front
Frontalzusammenstoß *m* collision *f* frontale
fror [fro:ɐ̯] *Imp von* **frieren**
Frosch [frɔʃ] <-[e]s, Frösche> *m* grenouille *f*
Froschschenkel *m* cuisse *f* de grenouille
Frost [frɔst] <-[e]s, Fröste> *m* gel *m*
frösteln ['frœstəln] I. *vi* grelotter II. *vt unpers* **es fröstelt ihn** il a des frissons
frostig I. *adj* glacial(e) II. *adv* avec froideur
Frucht [frʊxt] <-, Früchte> *f* fruit *m*
fruchtbar *adj* fécond(e); *(Erde)* fertile
Fruchtbarkeit <-> *f* fécondité *f*
fruchten ['frʊxtən] *vi* porter ses fruits; **nichts ~** ne servir à rien
fruchtig *adj* fruité(e)
Fruchtsaft *m* jus *m* de fruit
Fruchtwasser *nt kein Pl* liquide *m* amniotique
früh [fry:] I. *adj* **es ist [noch] ~** il est [encore] tôt II. *adv (aufbrechen)* de bonne heure; **heute ~** ce matin
Frühaufsteher(in) <-s,-> *m(f)* lève-tôt *mf (fam)*
Frühe ['fry:ə] <-> *f* **in aller ~** de bon matin
früher ['fry:ɐ̯] I. *adj* ❶ *(vergangen)* passé(e) ❷ *(ehemalig)* ancien(ne) II. *adv* autrefois
Früherkennung *f* dépistage *m* précoce
frühestens ['fry:əstəns] *adv* au plus tôt
Frühjahr *nt* printemps *m*
Frühling ['fry:lɪŋ] <-s, -e> *m* printemps *m*
Frühlingsrolle *f* GASTR rouleau *m* de printemps
frühmorgens [fry:'mɔrgəns] *adv* de bon matin
Frühstück <-stücke> *nt* petit-déjeuner *m*
frühstücken *vi* prendre son petit-déjeuner
Frühstückspause *f* pause *f* petit-déjeuner *(fam)*
frühzeitig I. *adj* précoce; *(Tod)* prématuré(e) II. *adv* [suffisamment] tôt; *(vorzeitig)* prématurément
Frust [frʊst] <-[e]s> *m fam* frustration *f*
Frustration [frʊstra'tsi̯o:n] <-, -en> *f* frustration *f*

frustrieren* [frʊsˈtriːrən] *vt fam* frustrer
Fuchs [fʊks] <-es, Füchse> *m* renard *m*
Füchsin [ˈfʏksɪn] <-, -nen> *f* renarde *f*
fuchsteufelswild [ˈfʊksˈtɔyfəlsˈvɪlt] *adj fam* furax
fuchteln *vi fam* gesticuler
fügen [ˈfyːgən] **I.** *vr* **sich ~** se soumettre **II.** *vt geh* **etw an/auf etw ~** *(akk)* ajouter qc à/sur qc
fügsam *adj geh* docile
fühlbar *adj* ❶ *(merklich)* sensible ❷ *(tastbar)* palpable
fühlen [ˈfyːlən] **I.** *vt* ❶ sentir; *(Schmerz)* ressentir ❷ *(ertasten)* toucher **II.** *vi* **nach etw ~** porter la main à qc **III.** *vr* **wie ~ Sie sich?** comment vous sentez-vous?
Fühler <-s, -> *m (eines Insekts)* antenne *f*
fuhr [fuːɐ̯] *Imp von* **fahren**
führen [ˈfyːrən] **I.** *vt* ❶ guider; *(hinführen)* conduire; **jdn über die Straße ~** faire traverser la rue à qn ❷ *(bringen)* **was führt Sie zu mir?** *form* qu'est-ce qui vous amène? ❸ *(Betrieb)* diriger **II.** *vi* ❶ *(in Führung liegen)* mener ❷ *(verlaufen)* **durch den Tunnel ~** traverser le tunnel ❸ *(als Ergebnis haben)* **zu etw ~** conduire à qc
führend *adj* de premier plan
Führer(in) [ˈfyːrɐ] <-s, -> *m(f)* ❶ *(Leiter)* dirigeant(e) *m(f)* ❷ *(Reiseführer)* guide *mf* ❸ CH *(Lenker)* conducteur(-trice) *m(f)*
Führerschein *m* permis *m* [de conduire]
Führerscheinentzug *m* retrait *m* du permis [de conduire]
Fuhrpark *m* parc *m* automobile
Führung [ˈfyːrʊŋ] <-, -en> *f* ❶ *(Besichtigung)* visite *f* guidée ❷ *kein Pl (Betragen)* conduite *f* ❸ *kein Pl (leitende Gruppe)* direction *f*
Führungskraft *f* cadre *m* supérieur
füllen [ˈfʏlən] **I.** *vt* ❶ *(Gefäß)* remplir ❷ GASTR farcir ❸ *(einfüllen)* **etw in einen Behälter ~** verser qc dans un récipient **II.** *vr* **sich ~** se remplir
Füller [ˈfʏlɐ] <-s, -> *m* stylo *m*
Füllgewicht *nt* COM poids *m* net
Füllung <-, -en> *f* GASTR farce *f*
Füllwort <-wörter> *nt* explétif *m*
Fund [fʊnt] <-[e]s, -e> *m kein Pl form (das Entdecken)* découverte *f*
Fundament [fʊndaˈmɛnt] <-[e]s, -e> *nt* ❶ fondations *f pl* ❷ *(Grundlage)* base *f*
Fundbüro *nt* bureau *m* des objets trouvés
fundiert *adj (Untersuchung)* approfondi(e)
fünf [fʏnf] *num* cinq; *s.a.* **acht**[1]
Fünf <-, -en> *f (Schulnote)* ≈ huit *m* sur vingt
fünfeinhalb *num* cinq... et demi(e)
fünferlei *adj inv* **~ Sorten Brot** cinq sortes de pain; *s.a.* **achterlei**
fünffach *adj, adv* cinq fois; *s.a.* **achtfach**
Fünfkampf *m* pentathlon *m*
fünfmal *adv* cinq fois; *s.a.* **achtmal**
fünft *adv* **zu ~ sein** être cinq; *s.a.* **acht**[2]
fünfte(r, s) *adj* ❶ cinquième ❷ *(bei Datumsangabe)* **der ~ März** le cinq mars; *s.a.* **achte(r, s)**
fünftel *adj* cinquième; *s.a.* **achtel**
fünfzehn *num* quinze; *s.a.* **acht**[1]
fünfzig [ˈfʏnftsɪç] *num* cinquante; *s.a.* **achtzig**
fünfziger *adj inv* **die ~ Jahre** les années *f pl* cinquante; *s.a.* **achtziger**
fünfzigste(r, s) *adj* cinquantième
Funk [fʊŋk] <-s> *m* radio *f*
Funke [ˈfʊŋkə] <-ns, -n> *m* étincelle *f*
funkeln [ˈfʊŋkəln] *vi* étinceler
funken [ˈfʊŋkən] **I.** *vt* **eine Nachricht ~** transmettre une nouvelle par radio **II.** *vi (Funken sprühen)* faire des étincelles
Funkgerät *nt* appareil *m* de radio
Funksprechgerät *nt* talkie-walkie *m*
Funkstille *f* TELEC silence *m* radio ▸ **es herrscht bei jdm ~** *fam* c'est le grand silence chez qn
Funktion [fʊŋkˈtsi̯oːn] <-, -en> *f* fonction *f*
funktionell [fʊŋtsi̯oˈnɛl] *adj a.* MED fonctionnel(le)

funktionieren* [fʊŋtsi̯oˈniːrən] *vi* fonctionner

funktionstüchtig *adj* en état de marche

Funkverbindung *f* liaison *f* radio

für [fyːɐ̯] *präp +akk* ❶ pour ❷ *(wiederholend)* **Tag ~ Tag** jour après jour ❸ *mit Fragepronomen* **was ~...** quel(le)s...; **was ~ ein...** quelle sorte de...

Für <-> *nt* ► **das ~ und Wider** le pour et le contre

Furcht [fʊrçt] <-> *f* peur *f*; **~ erregend** effrayant(e)

furchtbar *adj* terrible

fürchten [ˈfʏrçtən] **I.** *vt* ❶ redouter ❷ *(befürchten)* craindre **II.** *vr* **sich vor jdm/etw ~** avoir peur de qn/qc **III.** *vi* **um jdn/etw ~** craindre pour qn/qc

fürchterlich [ˈfʏrçtɐlɪç] *s.* **furchtbar**

furchtlos *adj (Person)* hardi(e)

füreinander [fyːɐ̯ʔai̯ˈnandɐ] *adv* l'un(e) pour l'autre/les un(e)s pour les autres

Fürsorge [ˈfyːɐ̯zɔrgə] *f kein Pl* soins *mpl*

fürsorglich [ˈfyːɐ̯zɔrklɪç] **I.** *adj* attentionné(e) **II.** *adv* avec soin

Fürst(in) [ˈfʏrst] <-en, -en> *m(f)* prince(-esse) *m(f)*

Fürstentum <-[e]s, -tümer> *nt* principauté *f*

fürstlich *adj* princier(-ière); *(Trinkgeld)* royal(e)

fusionieren* [fuzi̯oˈniːrən] *vi* fusionner

Fuß [fuːs] <-es, Füße> *m (a. Längenmaß)* pied *m*

Fußball *m* ❶ *kein Pl* football *m* ❷ *(Ball)* ballon *m* [de football]

Fußballer(in) <-s, -> *m(f) fam* footballeur(-euse) *m(f)*

Fußballfan *m* fan *mf* de foot **Fußballmannschaft** *f* équipe *f* de football **Fußballplatz** *m* terrain *m* de football **Fußballspiel** *nt* match *m* de football **Fußballspieler(in)** *m(f)* joueur(-euse) *m(f)* de football **Fußballverein** *m* club *m* de football

Fußbank <-bänke> *f* petit banc *m*

Fußboden *m* sol *m*

Fußgänger(in) [ˈfuːsgɛŋɐ] <-s, -> *m(f)* piéton(ne) *m(f)* **Fußgängerzone** *f* zone *f* piétonne

Fußgelenk *nt* cheville *f* **Fußnote** *f* note *f* [de bas de page] **Fußpflege** *f* soins *mpl* des pieds **Fußreflexzonenmassage** *f* réflexologie *f* plantaire **Fußsohle** *f* plante *f* du pied **Fußspitze** *f* pointe *f* du pied **Fußspur** *f* trace *f* de pas **Fußstapfen** *m* ► **in jds ~ treten** *(akk)* marcher sur les traces de qn **Fußtritt** *m* coup *m* de pied **Fußvolk** *nt pej fam* **das ~** le petit peuple **Fußweg** *m (Pfad)* sentier *m* **Fußzeile** *f* pied *m* de page

futsch [fʊtʃ] *adj fam* **~ sein** être fichu

Futter [ˈfʊtɐ] <-s, -> *nt* ❶ *kein Pl* nourriture *f* ❷ *(eines Mantels)* doublure *f*

futtern [ˈfʊtɐn] *vt, vi fam* bouffer

füttern [ˈfʏtɐn] *vt (Säugling, Tier)* nourrir

Futur [fuˈtuːɐ̯] <-s, -e> *nt* LING futur *m*

futuristisch [futuˈrɪstɪʃ] *adj* futuriste

Gg

g *Abk von* **Gramm** g
G, g [geː] <-, -> *nt* ❶ G *m*/g *m* ❷ MUS sol *m*
gab [gaːp] *Imp von* **geben**
Gabel ['gaːbəl] <-, -n> *f* fourchette *f*
Gabelstapler ['gaːbəlʃtaːplɐ] <-s, -> *m* chariot *m* élévateur [à fourche]
Gabelung <-, -en> *f* bifurcation *f*
Gabun [ga'buːn] <-s> *nt* le Gabon
Gabuner(in) [ga'buːnɐ] <-s, -> *m(f)* Gabonais(e) *m(f)*
gabunisch [ga'buːnɪʃ] *adj* gabonais(e)
gackern ['gakɐn] *vi* glousser *(péj)*
gaffen ['gafən] *vi pej* **nach jdm/etw ~** reluquer qn/qc *(fam)*
Gag [gɛk] <-s, -s> *m* gag *m*
Gage ['gaːʒə] <-, -n> *f* cachet *m*
gähnen ['gɛːnən] *vi* bâiller
galant [ga'lant] *adj* galant(e)
Galerie [galə'riː] <-, -n> *f* ❶ *(Kunstgalerie)* galerie *f* d'art ❷ A, CH *(Tunnel)* tunnel *m*
Galgenhumor *m* humour *m* noir
Galle ['galə] <-, -n> *f* ❶ *(Organ)* vésicule *f* biliaire ❷ *(Sekret)* bile *f*
Gallien ['galiən] <-s> *nt* Gaule *f*
Gallier(in) ['galiɐ] <-s, -> *m(f)* Gaulois(e) *m(f)*
gallisch *adj* gaulois(e)
Galopp [ga'lɔp] <-s, -s> *m* galop *m*
galoppieren* [galɔ'piːrən] *vi +haben o sein* galoper
galt [galt] *Imp von* **gelten**
Gameshow ['geɪːmʃoʊ] <-, -s> *f* jeu *m* télévisé
gammeln ['gaməln] *vi pej fam (faulenzen)* gland[ouill]er
Gämse ['gɛmzə] <-, -n> *f* chamois *m*
gang [gaŋ] ▸ **~ und gäbe sein** être monnaie courante
Gang [gaŋ] <-[e]s, Gänge> *m* ❶ *kein Pl (Gangart)* démarche *f* ❷ *(Behördengang)* démarche *f* ❸ GASTR plat *m* ❹ TECH vitesse *f* ❺ *(Korridor)* couloir *m*
gangbar *adj* praticable
gängeln ['gɛŋəln] *vt pej* tenir en laisse
gängig ['gɛŋɪç] *adj* courant(e)
Gangschaltung *f* changement *m* de vitesse; *(beim Fahrrad)* dérailleur *m*
Gangster ['gɛŋstɐ] <-s, -> *m pej* gangster *m*
Ganove [ga'noːvə] <-n, -n> *m pej fam* truand *m*
Gans [gans] <-, Gänse> *f* ❶ oie *f* ❷ *pej fam* [**du**] **dumme ~!** espèce d'âne!
Gänseblümchen ['gɛnzəblyːmçən] *nt* pâquerette *f* **Gänsefüßchen** *Pl fam* guillemets *mpl* **Gänsehaut** *f* chair *f* de poule **Gänseleberpastete** *f* foie *m* gras [d'oie] **Gänsemarsch** *m* **im ~** à la queue leu leu
ganz [gants] **I.** *adj* ❶ complet(-ète); **die ~e Nachbarschaft** tous les voisins; **den ~en Tag [über]** toute la journée ❷ *fam (all der/die/das...)* **dieses ~e Gerede** tous ces discours ❸ *fam (unbeschädigt)* intact(e) ❹ *fam (nur)* **~e zehn Euro spenden** donner tout juste dix euros ❺ *fam (ziemlich viel)* **eine ~e Menge Geld** une sacrée somme [d'argent] **II.** *adv* ❶ *(kalt)* très; *(allein)* tout; *(ruhig)* parfaitement; *(vorne)* tout [à fait]; *(überarbeiten)* complètement ❷ *fam (ziemlich)* assez
Ganze(s) *nt* ❶ *(Ganzheit)* ensemble *m* ❷ *(alle Sachen)* **das ~** le tout
gänzlich ['gɛntslɪç] **I.** *adj (Fehlen)* total(e) **II.** *adv* totalement
ganzseitig **I.** *adj (Anzeige)* pleine page **II.** *adv (inserieren)* en pleine page
ganztägig ['gantstɛːgɪç] **I.** *adj (Ausflug)* d'une journée **II.** *adv* toute la journée
Ganztagsschule *f type d'école et de scolarité où les cours ont lieu toute la journée*

gar¹ [gaːɐ̯] *adv* ❶ ~ **nichts** absolument rien; ~ **nicht teuer** pas cher(chère) du tout ❷ *(geschweige)* **100 oder ~ 200 Euro sind einfach zu viel** 100 euros voire 200 euros sont bien trop

gar² *adj* ~ **sein** être bien cuit

Garage [gaˈraːʒə] <-, -n> *f* garage *m*

Garantie [garanˈtiː] <-, -n> *f* garantie *f*

garantieren* [garanˈtiːrən] *vt* garantir

garantiert *adv fam* **er hat das ~ vergessen!** à coup sûr, il l'a oublié!

Garantieschein *m* bon *m* de garantie

Garde [ˈgardə] <-, -n> *f* garde *f*

Garderobe [gardəˈroːbə] <-, -n> *f* ❶ *(Aufbewahrungsraum)* vestiaire *m* ❷ *geh (Kleidung)* garde-robe *f*

Gardine [garˈdiːnə] <-, -n> *f* rideau *m*

Gardinenstange *f* tringle *f* à rideau

gären [ˈgɛːrən] *vi irr +haben o sein* fermenter

Garn [garn] <-[e]s, -e> *nt* fil *m*

Garnele [garˈneːlə] <-, -n> *f* crevette *f* [rose]

garnieren* [garˈniːrən] *vt (Kuchen)* décorer

garstig [ˈgarstɪç] *adj geh* ❶ *(ungezogen)* vilain(e) ❷ *(abscheulich)* répugnant(e)

Garten [ˈgartən] <-s, Gärten> *m* jardin *m*

Gartenarbeit *f* jardinage *m* **Gartenfest** *nt* garden-party *f* **Gartenhaus** *nt* pavillon *m* **Gartenzaun** *m* clôture *f* de jardin

Gärtner(in) [ˈgɛrtnɐ] <-s, -> *m(f)* jardinier(-ière) *m(f)*

Gärtnerei [gɛrtnəˈrai̯] <-, -en> *f* établissement *m* horticole

Gärung [ˈgɛːrʊŋ] <-, -en> *f* fermentation *f*

Gas [gaːs] <-es, -e> *nt* gaz *m*

Gasanzünder *m* allume-gaz *m inv* **Gasfeuerzeug** *nt* briquet *m* à gaz **Gasflasche** *f* bouteille *f* de gaz **gasförmig** [ˈgaːsfœrmɪç] *adj* gazeux(-euse) **Gashahn** *m* robinet *m* du gaz **Gasherd** *m* cuisinière *f* à gaz **Gaskocher** *m* réchaud *m* à gaz **Gasleitung** *f* conduite *f* de gaz **Gasmaske** *f* masque *m* à gaz **Gaspedal** *nt* pédale *f* d'accélérateur

Gasse [ˈgasə] <-, -n> *f* ❶ ruelle *f* ❷ A *(Straße)* rue *f*

Gassi ▶ ~ **gehen** *fam* sortir le chien

Gast [gast] <-es, Gäste> *m* ❶ invité(e) *m(f)* ❷ *(Hotelgast)* pensionnaire *mf* ❸ *(Besucher)* hôte *m*

Gastarbeiter(in) *m(f)* travailleur immigré *m*/travailleuse immigrée *f*

Gästebuch *nt* livre *m* d'hôtes **Gästezimmer** *nt* chambre *f* d'amis

gastfreundlich *adj* hospitalier(-ière) **Gastfreundschaft** *f* hospitalité *f*

Gastgeber(in) *m(f)* hôte(-esse) *m(f)*

Gasthof *m* auberge *f* **Gastland** *nt* pays *m* d'accueil

Gastronomie [gastronoˈmiː] <-, -n> *f form* restauration *f*

Gaststätte *f* café-restaurant *m* **Gaststube** *f* salle *f* de restaurant **Gastwirt(in)** *m(f)* cafetier-restaurateur *m*/cafetière-restauratrice *f* **Gastwirtschaft** *s.* **Gaststätte**

Gaszähler *m* compteur *m* à gaz

Gatte, Gattin [ˈgatə] <-n, -n> *m, f form* époux *m*/épouse *f (soutenu)*

GAU [gau̯] <-s, -s> *m Abk von* **größter anzunehmender Unfall** accident *m* maximal hypothétique

Gaudi [ˈgau̯di] <-> *f* A, SDEUTSCH *fam* **das war vielleicht eine ~!** ce qu'on a pu se marrer!

Gaul [gau̯l] <-[e]s, Gäule> *m pej* canasson *m (fam)*

Gaumen [ˈgau̯mən] <-s, -> *m* palais *m*

Gauner(in) [ˈgau̯nɐ] <-s, -> *m(f) pej (Betrüger)* escroc *m*

Gazelle [gaˈtsɛlə] <-, -n> *f* gazelle *f*

G-Dur [ˈgeːduːɐ̯] <-> *nt* sol *m* majeur

Gebäck [gəˈbɛk] <-[e]s> *nt* ❶ pâtisseries *f pl* ❷ A *(Brötchen)* petit pain *m*

gebacken [gəˈbakən] *PP von* **backen**

geballt [gəˈbalt] *adj* **mit ~er Kraft** de toutes mes/ses/... forces

gebar [gəˈbaːɐ̯] *Imp von* **gebären**

gebären [gəˈbɛːrən] *vt irr (Kind)* mettre

au monde

Gebärmutterhals *m* col *m* de l'utérus

Gebäude [gə'bɔydə] <-s, -> *nt* bâtiment *m*

geben ['ge:bən] *irr* **I.** *vt* ① donner; *(Rabatt)* faire; **gibst du mir mal das Salz?** tu peux me passer le sel?; **jdm ein Zeichen ~** faire signe à qn ② *(produzieren)* **Milch ~** donner du lait ③ *(verbinden mit)* passer **II.** *vi a.* SPIEL donner **III.** *vt unpers* ① **es gibt ...** il y a... ② *(sein)* **was gibt's?** qu'est-ce qu'il y a?

Geberland *nt* FIN, ÖKON pays *m* donneur

Gebet [gə'be:t] <-[e]s, -e> *nt* prière *f*

gebeten [gə'be:tən] *PP von* **bitten**

gebeugt *adj (Haltung)* courbé(e)

gebiert [gə'bi:ɐ̯t] *3. Pers Präs von* **gebären**

Gebiet [gə'bi:t] <-[e]s, -e> *nt* ① *(Region)* région *f* ② *(Sachgebiet)* domaine *m*

gebieten* [gə'bi:tən] *vt irr geh* ordonner

Gebilde [gə'bɪldə] <-s, -> *nt* chose *f*; *(Formation)* formation *f*

gebildet [gə'bɪldət] *adj* cultivé(e)

Gebirge [gə'bɪrgə] <-s, -> *nt* montagnes *f pl*

gebirgig *adj* montagneux(-euse)

Gebiss [gə'bɪs] <-es, -e> *nt* dentition *f*; *(Zahnprothese)* dentier *m*

gebissen [gə'bɪsən] *PP von* **beißen**

Gebläse [gə'blɛ:zə] <-s, -> *nt* ventilateur *m*

geblasen *PP von* **blasen**

geblieben [gə'bli:bən] *PP von* **bleiben**

geblümt *adj (Kleid)* à fleurs

gebogen [gə'bo:gən] *adj* recourbé(e)

geboren [gə'bo:rən] *adj* ① **Anne Lauer, ~e Klein** Anne Lauer, née Klein ② *(perfekt)* **die ~e Schauspielerin sein** être la parfaite actrice

geborgen [gə'bɔrgən] *adj* à l'abri

Geborgenheit <-> *f* [sentiment *m* de] sécurité *f*

geborsten [gə'bɔrstən] *PP von* **bersten**

Gebot [gə'bo:t] <-[e]s, -e> *nt* ① règle *f* ② *(bei Auktionen)* enchère *f* ③ REL commandement *m*

geboten [gə'bo:tən] **I.** *PP von* **gebieten, bieten II.** *adj geh* **besondere Vorsicht ist ~** une prudence extrême s'impose

gebracht [gə'braxt] *PP von* **bringen**

gebraten [gə'bra:tən] *PP von* **braten**

Gebräu [gə'brɔy] <-[e]s, -e> *nt pej* breuvage *m* infâme

Gebrauch [gə'braux] <-[e]s, Gebräuche> *m* usage *m*

gebrauchen* *vt (Werkzeug)* utiliser; *(Wort)* employer

gebräuchlich [gə'brɔyçlɪç] *adj (Wort)* usité(e)

Gebrauchsanweisung *f* mode *m* d'emploi **Gebrauchsgegenstand** *m* objet *m* d'usage courant

gebraucht [gə'brauxt] *adj, adv* d'occasion

Gebrauchtwagen *m* voiture *f* d'occasion

gebrechlich [gə'brɛçlɪç] *adj* sénile

gebrochen [gə'brɔxən] **I.** *adj* ① *(Person)* brisé(e) ② *(fehlerhaft)* **in ~em Deutsch** en mauvais allemand **II.** *adv* **~ Französisch sprechen** parler un mauvais français

Gebrüder [gə'bry:dɐ] *Pl* frères *mpl*

Gebrüll [gə'brʏl] <-[e]s> *nt* hurlements *mpl*

gebückt I. *adj* voûté(e) **II.** *adv* le dos courbé

Gebühr [gə'by:ɐ̯] <-, -en> *f* taxe *f*

gebührend I. *adj* ① *(Respekt)* dû(due) ② *(Abstand)* approprié(e)

gebührenfrei *adj* gratuit(e)

gebührenpflichtig *adj* payant(e)

Geburt [gə'bu:ɐ̯t] <-, -en> *f* ① *kein Pl* naissance *f* ② *(Entbindung)* accouchement *m*

Geburtenziffer *f* taux *m* de natalité

gebürtig [gə'bʏrtɪç] *adj* de naissance; **aus Ulm ~ sein** être [originaire] d'Ulm

Geburtsdatum *nt* date *f* de naissance **Geburtsort** *m* lieu *m* de naissance

Geburtstag *m* ① anniversaire *m* ② *(Ge-*

burtsdatum) date *f* de naissance **Geburtstagsfeier** *f* fête *f* d'anniversaire **Geburtstagskind** *nt iron* **das ~** ≈ celui/celle qui est à l'honneur du jour

Geburtsurkunde *f* acte *m* de naissance

Gebüsch [gə'bʏʃ] <-[e]s, -e> *nt* buissons *mpl*

gedacht [gə'daxt] *PP von* **denken, gedenken**

Gedächtnis [gə'dɛçtnɪs] <-ses, -se> *nt* mémoire *f*

G **Gedächtnislücke** *f* trou *m* de mémoire **Gedächtnisschwund** *m* MED perte *f* de la mémoire **Gedächtnisstütze** *f* moyen *m* mnémotechnique

Gedanke [gə'daŋkə] <-ns, -n> *m* ❶ pensée *f* ❷ *(Vorstellung)* idée *f* ▶ **auf dumme ~n kommen** *fam* faire des bêtises

Gedankenfreiheit *f kein Pl* liberté *f* de pensée

gedankenlos I. *adj* inconsidéré(e) II. *adv* sans réfléchir

Gedankenlosigkeit <-> *f (Unüberlegtheit)* manque *m* de réflexion; *(Zerstreutheit)* distraction *f*

Gedankenstrich *m* tiret *m* **Gedankenübertragung** *f* transmission *f* de pensée **gedankenverloren** *adv geh* d'un air absent

gedanklich *adj* intellectuel(le)

Gedeck [gə'dɛk] <-[e]s, -e> *nt* couvert *m*

gedeihen [gə'daiən] *vi irr +sein* bien pousser

Gedenken <-s> *nt* souvenir *m*

Gedenkfeier *f* fête *f* commémorative **Gedenkminute** *f* minute *f* de silence **Gedenkstätte** *f* mémorial *m* **Gedenkstunde** *f* cérémonie *f* commémorative **Gedenktafel** *f* plaque *f* commémorative

Gedicht [gə'dɪçt] <-[e]s, -e> *nt* poème *m*

gediegen [gə'di:gən] *adj* ❶ *(rein)* pur(e) ❷ *(solide)* solide

gedieh [gə'di:] *Imp von* **gedeihen**

gediehen [gə'di:ən] *PP von* **gedeihen**

Gedränge [gə'drɛŋə] <-s> *nt* cohue *f*

gedroschen [gə'drɔʃən] *PP von* **dreschen**

gedruckt *adj* imprimé(e)

gedrungen [gə'drʊŋən] I. *PP von* **dringen** II. *adj (Körper, Gestalt)* trapu(e)

Geduld [gə'dʊlt] <-> *f* patience *f*

gedulden* [gə'dʊldən] *vr* **sich ~** patienter

geduldig I. *adj* patient(e) II. *adv* patiemment

Geduldsspiel *nt* jeu *m* de patience

gedurft [gə'dʊrft] *PP von* **dürfen**

geehrt [gə'ʔe:ɐ̯t] *adj (bei schriftlicher Anrede)* **Sehr ~e Damen und Herren,...** Madame, Monsieur,...

geeignet [gə'ʔaignət] *adj* approprié(e)

Gefahr [gə'fa:ɐ̯] <-, -en> *f* danger *m*

gefährden* [gə'fɛ:ɐ̯dən] *vt* mettre en danger [la vie de]

gefahren *PP von* **fahren**

Gefahrenzone *f* zone *f* dangereuse

gefährlich [gə'fɛ:ɐ̯lɪç] *adj* dangereux(-euse)

gefahrlos *adj, adv* sans danger

Gefährte, Gefährtin [gə'fɛ:ɐ̯tə] <-n, -n> *m, f geh* compagnon *m*/compagne *f*

Gefälle [gə'fɛlə] <-s, -> *nt* pente *f*

gefallen [gə'falən] *vi irr* **jdm ~** plaire à qn

Gefallen[1] <-s> *nt geh* plaisir *m*

Gefallen[2] <-s, -> *m* service *m*

Gefallene(r) *f(m)* soldat *m* mort à la guerre

gefällig [gə'fɛlɪç] *adj* ❶ *(Person)* serviable ❷ *(ansprechend)* charmant(e)

Gefälligkeit <-, -en> *f* ❶ *(Gefallen)* service *m* ❷ *kein Pl (das Entgegenkommen)* complaisance *f*

gefälligst *adv fam* **das soll er ~ selbst machen!** il n'a qu'à le faire lui-même!

gefangen [gə'faŋən] *adj* **jdn ~ nehmen** faire qn prisonnier(-ère)

Gefangene(r) *f(m)* détenu(e) *m(f)*

Gefangenschaft <-, -en> *f* captivité *f*

Gefängnis [gə'fɛŋnɪs] <-ses, -se> *nt* prison *f*

Gefängnisstrafe *f* peine *f* de prison **Gefängniswärter(in)** *m(f)* gardien(ne) *m(f)* de [la] prison **Gefängniszelle** *f* cellule *f*

Gefäß [gəˈfɛːs] <-es, -e> *nt* récipient *m*

gefasst [gəˈfast] **I.** *adj* **1** *(Person)* calme **2** *(eingestellt)* **sich auf etw** *(akk)* **~ machen** s'attendre à qc **II.** *adv* avec calme

Gefecht [gəˈfɛçt] <-[e]s, -e> *nt* combat *m*

gefeiert *adj* très populaire

gefestigt *adj* solide

gefiel *Imp von* **gefallen**

geflochten [gəˈflɔxtən] *PP von* **flechten**

geflogen [gəˈfloːgən] *PP von* **fliegen**

geflohen [gəˈfloːən] *PP von* **fliehen**

geflossen [gəˈflɔsən] *PP von* **fließen**

Geflüchtete(r) *f(m)* réfugié(e) *m(f)*

Geflügel [gəˈflyːgəl] <-s> *nt* volaille *f*

geflügelt [gəˈflyːgəlt] *adj* ailé(e)

Geflügelzucht *f* élevage *m* de volailles

Geflüster [gəˈflʏstɐ] <-s> *nt* chuchotements *mpl*

gefochten [gəˈfɔxtən] *PP von* **fechten**

Gefolge [gəˈfɔlgə] <-s, -> *nt* cortège *m*

gefragt [gəˈfraːkt] *adj* en vogue; *(Produkt)* demandé(e)

gefressen [gəˈfrɛsən] *PP von* **fressen**

gefrieren* [gəˈfriːrən] *vi irr +sein* geler

Gefrierfach *nt* freezer *m* **Gefrierpunkt** *m* point *m* de congélation **Gefrierschrank** *m* congélateur *m* armoire **Gefriertruhe** *f* congélateur *m* [coffre]

gefügig *adj* docile

Gefühl [gəˈfyːl] <-[e]s, -e> *nt* **1** sensation *f* **2** *(seelische Empfindung)* sentiment *m*

gefühllos *adj* insensible

gefühlskalt *adj* de glace

gefühlsmäßig *adv* intuitivement

gefühlt I. *PP von* **fühlen II.** *adj* ressenti(e); **die ~e Temperatur** la température ressentie; **eine ~e Sicherheit** un sentiment de sécurité **III.** *adv (schätzungsweise)* **ein Film von ~ vier Stunden Länge** un film de quatre heures il [me] semblait

gefühlvoll I. *adj* sensible **II.** *adv* avec beaucoup de sensibilité

gefüllt *adj* farci(e); *(Gebäck)* fourré(e)

gefunden [gəˈfʊndən] *PP von* **finden**

gegangen [gəˈgaŋən] *PP von* **gehen**

gegebenenfalls *adv* le cas échéant

Gegebenheit <-, -en> *f meist Pl* réalité *f*

gegen [ˈgeːgən] *präp +akk* **1** contre **2** *(wider)* **das ist ~ unsere Abmachung** c'est contraire à notre accord **3** *(an)* **~ einen Baum prallen** *(Auto)* heurter un arbre **4** *(für)* **~ bar** [au] comptant **5** *(ungefähr)* **~ acht Uhr** vers huit heures

G

Gegenangriff *m* contre-attaque *f* **Gegenanzeige** *f* contre-indication *f* **Gegenargument** *nt* objection *f*

Gegend [ˈgeːgənt] <-, -en> *f* **1** région *f* **2** *(nähere Umgebung)* **das muss in der ~ sein** ça ne doit pas être loin **3** *(Wohngegend)* quartier *m*

gegeneinander [geːgənʔaiˈnandɐ] *adv* **1** **~ spielen** *(Sportler)* entrer en lice [l'un(e) contre l'autre] **2** *(nebeneinander)* **zwei Fotos ~ halten** mettre deux photos en regard **Gegenfahrbahn** *f* voie *f* opposée **Gegengift** *nt* contrepoison *m* **Gegenleistung** *f* contrepartie *f* **Gegenlicht** *nt* contre-jour *m* **Gegenmittel** *nt* antidote *m* **Gegenreformation** *f* contre-réforme *f* **Gegenrichtung** *f* direction *f* opposée **Gegensatz** *m* **1** *(Gegenteil)* contraire *m* **2** *Pl (Unterschiedlichkeit)* différences *fpl*

gegensätzlich [ˈgeːgənzɛtslɪç] *adj* opposé(e)

Gegenseite *f* autre côté *m*

gegenseitig [ˈgeːgənzaitɪç] *adj* mutuel(le)

Gegenseitigkeit *f* **auf ~ beruhen** être [tout à fait] réciproque

Gegenspieler(in) *m(f)* adversaire *mf*

Gegenstand <-[e]s, -stände> *m* **1** objet *m* **2** *(Thema)* sujet *m*

gegenstandslos *adj* sans objet

Gegenstimme *f* voix *f* contre **Gegenstück** *nt* pendant *m* **Gegenteil** *nt* contraire *m*

gegenteilig *adj* contraire

gegenüber [ge:gən'ʔy:bɐ] **I.** *präp +dat* ❶ **~ dem Bahnhof** en face de la gare ❷ *(zu)* **mir ~ hat er das nicht geäußert** il ne me l'a pas dit en face ❸ *(im Vergleich zu)* **jdm ~ im Vorteil sein** avoir un avantage par rapport à qn **II.** *adv* en face

Gegenüber <-s, -> *nt* vis-à-vis *m*

gegenüberliegend *adj* d'en face **gegenüber|sitzen** *vi irr* **sich** *(dat)* **~** être assis l'un/l'une en face de l'autre **gegenüber|stehen** *vi irr* **jdm misstrauisch ~** être méfiant à l'égard de qn **Gegenüberstellung** *f* confrontation *f*

Gegenverkehr *m* circulation *f* en sens inverse **Gegenvorschlag** *m* contre-proposition *f*

Gegenwart ['ge:gənvart] <-> *f* ❶ présent *m* ❷ *(heutige Zeit)* époque *f* actuelle ❸ *(Anwesenheit)* présence *f*

gegenwärtig ['ge:gənvɛrtɪç] **I.** *adj* ❶ actuel(le) ❷ *geh (erinnerlich)* **etw ist jdm ~** qn a qc présent à l'esprit **II.** *adv* à l'heure actuelle

Gegenwind *m* vent *m* contraire

gegessen [gə'gɛsən] *PP von* **essen**

geglichen [gə'glɪçən] *PP von* **gleichen**

geglitten [gə'glɪtən] *PP von* **gleiten**

geglommen [gə'glɔmən] *PP von* **glimmen**

Gegner(in) ['ge:gnɐ] <-s, -> *m(f)* ❶ MIL ennemi(e) *m(f)* ❷ SPORT adversaire *mf*

gegnerisch *adj* ❶ MIL ennemi(e) ❷ SPORT, JUR adverse

gegolten [gə'gɔltən] *PP von* **gelten**

gegoren [gə'go:rən] *PP von* **gären**

gegossen [gə'gɔsən] *PP von* **gießen**

gegraben *PP von* **graben**

gegriffen [gə'grɪfən] *PP von* **greifen**

Gehackte(s) *nt* viande *f* hachée

Gehalt[1] [gə'halt] <-[e]s, Gehälter> *nt o* A *m* salaire *m*

Gehalt[2] <-[e]s, -e> *m* **~ an Kalzium** teneur *f* en calcium

Gehaltsabrechnung *f* bulletin *m* de paye **Gehaltserhöhung** *f* augmentation *f* de salaire

gehaltvoll *adj* ❶ *(nahrhaft)* nutritif(-ive) ❷ *(geistvoll)* riche

gehangen [gə'haŋən] *PP von* **hängen**

gehässig [gə'hɛsɪç] **I.** *adj* venimeux(-euse) **II.** *adv* avec malveillance

gehauen *PP von* **hauen**

gehäuft [gə'hɔyft] **I.** *adj* ❶ *(Löffel)* bon(ne) ❷ *(Auftreten)* répété(e) **II.** *adv* fréquemment

Gehäuse [gə'hɔyzə] <-s, -> *nt* boîtier *m*

gehbehindert ['ge:bəhɪndɐt] *adj* **~ sein** avoir du mal à se déplacer

geheim [gə'haim] *adj* secret(-ète)

Geheimagent(in) *m(f)* agent *m* secret **Geheimdienst** *m* services *mpl* secrets

Geheimhaltung *f* secret *m;* **~ einer S.** *(gen)* secret sur qc

Geheimnis [gə'haimnɪs] <-ses, -se> *nt* secret *m*

geheimnisvoll *adj* mystérieux(-euse)

Geheimnummer *f* ❶ *(Telefonnummer)* numéro *m* sur la liste rouge ❷ *(Geheimzahl)* numéro *m* secret **Geheimpolizei** *f* police *f* secrète **Geheimtipp** *m* tuyau *m (fam)* **Geheimzahl** *f* code *m* confidentiel

geheißen *PP von* **heißen**

gehemmt *adj* inhibé(e)

gehen ['ge:ən] *irr* **I.** *vi +sein* ❶ aller; **über die Straße ~** traverser la rue ❷ *(zu Fuß gehen)* marcher ❸ *(besuchen)* **ins Kino ~** aller au cinéma ❹ *(weggehen)* partir ❺ *(zeigen nach)* **auf den Garten ~** *(Fenster)* donner sur le jardin ❻ *(Uhr, Geschäft)* marcher ❼ *fam (verlaufen)* **gut ~** bien se passer ❽ *(sich unterbringen lassen)* **durch die Tür ~** *(Schrank)* passer par la porte ❾ *(dauern)* durer ❿ *(reichen)* **das Wasser geht ihm bis zur Hüfte** l'eau lui monte jusqu'aux hanches ⓫ *(aufgehen: Teig)* lever ⓬ *fam (sich verkleiden)* **als Fee ~** se déguiser en fée ⓭ *(möglich sein)* **ja, das geht** oui, c'est possible ⓮ *fam (liiert sein)* **mit**

jdm ~ sortir avec qn ⑮ *(urteilen)* **nach dem Gefühl** ~ se fier à son intuition **II.** *vi unpers +sein* ① **ihm/ihr geht es gut** il/elle va bien ② *(ergehen)* **mir geht es genauso** pour moi, c'est la même chose ③ *(zu schaffen sein)* **geht es, oder soll ich dir tragen helfen?** ça va, ou faut-il que je t'aide à porter? ④ *(sich drehen um)* **es geht um viel Geld** beaucoup d'argent est en jeu

gehetzt *adj* ① *(Person, Wild)* traqué(e) ② *(gestresst)* stressé(e)

geheuer [gəˈhɔyɐ] *adj* **das ist mir nicht ganz** ~ ça ne me paraît pas très net

Gehilfe, Gehilfin [gəˈhɪlfə] <-n, -n> *m, f* aide *mf*

Gehirn [gəˈhɪrn] <-[e]s, -e> *nt* cerveau *m*

gehoben [gəˈhoːbən] *adj* élevé(e)

geholfen [gəˈhɔlfən] *PP von* **helfen**

Gehör [gəˈhøːɐ̯] <-[e]s, -e> *nt* ouïe *f*

gehorchen* *vi* **jdm** ~ obéir à qn

gehören* *vi* ① **jdm** ~ appartenir à qn; **jdm/einer S.** ~ *fig (Sympathie)* aller à qn/qc ② *(dazugehören)* **zur Familie** ~ faire partie de la famille

Gehörgang <-gänge> *m* conduit *m* auditif

gehörlos *adj form* sourd(e)

gehorsam [gəˈhoːɐ̯zaːm] **I.** *adj* obéissant(e) **II.** *adv* docilement

Gehorsam [gəˈhoːɐ̯zaːm] <-s> *m* obéissance *f*

Gehsteig [ˈgeːʃtaik] *m*, **Gehweg** [ˈgeːveːk] *m* trottoir *m*

Geier [ˈgaiɐ] <-s, -> *m* vautour *m*

Geige [ˈgaigə] <-, -n> *f* violon *m*

geil [gail] **I.** *adj* ① *(lüstern)* vicieux(-euse) ② *fam (sehr gut: Musik, Film)* génial(e) **II.** *adv* ① *(mit Lüsternheit)* de façon lubrique ② *fam (auf sehr gute Art)* super bien

Geisel [ˈgaizəl] <-, -n> *f* otage *mf*

Geiselnahme [ˈgaizəlnaːmə] <-, -n> *f* prise *f* d'otage[s]

Geiselnehmer(in) <-s, -> *m(f)* preneur(-euse) *m(f)* d'otage[s]

Geiß [gais] <-, -en> *f* A, CH, SDEUTSCH chèvre *f*

Geißbock *m* A, CH, SDEUTSCH bouc *m*

Geist [gaist] <-[e]s, -er> *m* esprit *m*

Geisterbahn *f* train *m* fantôme **Geisterfahrer(in)** *m(f) fam chauffard circulant à contresens sur l'autoroute* **Geisterstadt** *f* ville *f* fantôme

geistesabwesend **I.** *adj* absent(e) **II.** *adv* l'air absent

Geistesabwesenheit *f* absence *f* **Geistesblitz** *m fam* trait *m* de génie **geistesgegenwärtig** *adj (Tat)* qui témoigne de présence d'esprit **geistesgestört** *adj* souffrant de troubles mentaux **geisteskrank** *adj* malade mental(e) **Geisteskranke(r)** *f(m) dekl wie adj* malade *mf* mental(e) **Geisteskrankheit** *f* maladie *f* mentale **Geisteswissenschaften** *Pl* sciences *fpl* humaines **Geisteswissenschaftler(in)** *m(f)* spécialiste *mf* des sciences humaines **Geisteszustand** *m* état *m* mental

geistig [ˈgaistɪç] **I.** *adj* ① intellectuel(le) ② *(spirituell)* spirituel(le) **II.** *adv* MED ~ **behindert** handicapé(e) mental(e)

geistlich [ˈgaistlɪç] *adj* religieux(-euse)

Geistliche(r) *f(m)* ecclésiastique *mf*

geistlos *adj* stupide

geistreich *adj* spirituel(le)

Geiz [gaits] <-es> *m* avarice *f*

geizen *vi* **mit etw** ~ lésiner sur qc

Geizhals *m pej* grippe-sou *m*

geizig *adj* avare

Geizkragen *m fam pej* crevard(e) *m(f)*

Gejammer [gəˈjamɐ] <-s> *nt pej fam* jérémiades *mpl*

gekannt [gəˈkant] *PP von* **kennen**

Gekicher [gəˈkɪçɐ] <-s> *nt pej fam* ricanements *mpl*

gekleidet *adj* **modisch/gut** ~ **sein** être habillé à la mode/bien habillé

geklungen [gəˈklʊŋən] *PP von* **klingen**

gekniffen [gəˈknɪfən] *PP von* **kneifen**

gekommen *PP von* **kommen**

gekonnt [gəˈkɔnt] *adj* techniquement parfait(e)

G

Gekritzel [gəˈkrɪtsəl] <-s> *nt pej (Hingekritzeltes)* pattes *fpl* de mouche
gekrochen [gəˈkrɔxən] *PP von* **kriechen**
gekünstelt [gəˈkʏnstəlt] *pej* **I.** *adj* affecté(e) **II.** *adv* avec affectation
Gel [geːl] <-s, -e> *nt* gel *m*
Gelächter [gəˈlɛçtɐ] <-s, -> *nt* rires *mpl*
geladen [gəˈlaːdən] **I.** *PP von* **laden** **II.** *adj fam* ~ **sein** être furax
gelähmt [gəˈlɛːmt] *adj* paralysé(e)
Gelände [gəˈlɛndə] <-s, -> *nt* terrain *m*
Geländer [gəˈlɛndɐ] <-s, -> *nt (Treppengeländer)* rampe *f*
Geländewagen *m* véhicule *m* tout-terrain
gelang [gəˈlaŋ] *Imp von* **gelingen**
gelangen* [gəˈlaŋən] *vi +sein* **ans Ziel** ~ arriver au but; **an die Öffentlichkeit** ~ être rendu public
gelangweilt **I.** *adj (Person)* qui s'ennuie; *(Blick)* d'ennui **II.** *adv* l'air ennuyé
gelassen [gəˈlasən] *adj* placide
Gelassenheit <-> *f* flegme *m*
Gelatine [ʒelaˈtiːnə] <-> *f* gélatine *f*
gelaufen *PP von* **laufen**
geläufig [gəˈlɔyfɪç] *adj* courant(e)
gelaunt [gəˈlaʊnt] *adj* **gut/schlecht** ~ **sein** être de bonne/mauvaise humeur
gelb [gɛlp] *adj* jaune
Gelb <-s, -> *nt* ❶ jaune *m* ❷ *(gelbes Ampellicht)* [feu *m*] orange *m*
gelblich *adj* jaune pâle
Geld [gɛlt] <-[e]s, -er> *nt* argent *m*
Geldangelegenheit *f* question *f* d'argent **Geldanlage** *f* placement *m* financier **Geldautomat** *m* distributeur *m* de billets **Geldbeutel** *m* porte-monnaie *m* **Geldbuße** *f* amende *f* **Geldgeber(in)** *m(f)* bailleur(-esse) *m(f)* de fonds **geldgierig** *adj* cupide **Geldmittel** *Pl* capitaux *mpl* **Geldschein** *m* billet *m* de banque **Geldsorgen** *Pl* soucis *mpl* d'argent **Geldstrafe** *f* amende *f* **Geldstück** *nt* pièce *f* de monnaie **Geldwäsche** *f* blanchiment *m* d'argent **Geldwechsel** *m* change *m*
Gelee [ʒeˈleː] <-s, -s> *m o nt* gelée *f*
Gelege [gəˈleːgə] <-s, -> *nt* couvée *f*
gelegen [gəˈleːgən] *adj* opportun(e)
Gelegenheit <-, -en> *f* occasion *f*
Gelegenheitsarbeit *f* petit boulot *m (fam)*
gelegentlich [gəˈleːgəntlɪç] **I.** *adj* passager(-ère) **II.** *adv* ❶ de temps en temps ❷ *(bei Gelegenheit)* à l'occasion
gelehrig [gəˈleːrɪç] *adj* éveillé(e); *(Tier)* intelligent(e)
gelehrt [gəˈleːɐt] *adj* érudit(e)
Gelehrte(r) *f(m) dekl wie adj* érudit(e) *m(f)*
Geleise [gəˈlaɪzə] <-s, -> *nt* A, CH voie *f*; *s.a.* **Gleis**
Gelenk [gəˈlɛŋk] <-[e]s, -e> *nt* articulation *f*
gelenkig *adj* souple
gelernt *adj* qualifié(e)
gelesen *PP von* **lesen**
geliebt [gəˈliːpt] *adj* bien-aimé(e)
Geliebte(r) *f(m)* amant *m*/maîtresse *f*
geliehen [gəˈliːən] *PP von* **leihen**
gelingen [gəˈlɪŋən] *vi irr +sein (Werk)* réussir; **nicht gelungen sein** *(Essen)* être raté
Gelingen <-s> *nt* réussite *f*
gelitten [gəˈlɪtən] *PP von* **leiden**
gell[e] *interj* CH, SDEUTSCH hein *(fam)*
gellend *adj* strident(e)
gelockt *adj* bouclé(e)
gelogen [gəˈloːgən] *PP von* **lügen**
gelöst *adj* détendu(e)
gelten [ˈgɛltən] *irr* **I.** *vi* ❶ être valable; *(Gesetz)* être en vigueur ❷ *(bestimmt sein)* **jdm/einer S.** ~ *(Attentat)* être dirigé contre qn/qc ❸ *(angesehen werden)* **als zuverlässig** ~ *(Person)* passer pour [être] fiable **II.** *vt* **viel/wenig** ~ *(Meinung)* avoir un certain poids/n'avoir aucune valeur
geltend *adj* en vigueur
Gelübde [gəˈlʏpdə] <-s, -> *nt* vœu *m*
gelungen [gəˈlʊŋən] *adj (Abend)* [très] réussi(e)
Gemälde [gəˈmɛːldə] <-s, -> *nt* ta-

bleau *m*

Gemäldegalerie *f* galerie *f* de peinture[s]

gemäß [gəˈmɛːs] *präp +dat* conformément à

gemäßigt [gəˈmɛːsɪçt] *adj* ❶ *(Klima)* tempéré(e) ❷ *(moderat)* modéré(e)

Gemäuer [gəˈmɔyɐ] <-s, -> *nt* murailles *fpl*

gemein [gəˈmain] *adj* infâme ❷ *(gemeinsam)* **etw mit jdm/etw ~ haben** avoir qc en commun avec qn/qc

Gemeinde [gəˈmaində] <-, -n> *f* ❶ commune *f* ❷ *(Pfarrgemeinde)* paroisse *f*

Gemeindemitglied *nt* paroissien(ne) *m(f)* **Gemeinderat** *m* conseil *m* municipal **Gemeindeversammlung** *f* CH assemblée *f* municipale **Gemeindeverwaltung** *f* municipalité *f* **Gemeindezentrum** *nt* foyer *m* socioculturel

gemeingefährlich *adj* représentant un danger public

Gemeingut *nt* bien *m* commun

Gemeinheit <-, -en> *f* méchanceté *f*

gemeinnützig *adj (Einrichtung)* d'utilité publique

gemeinsam **I.** *adj* ❶ commun(e) ❷ *(verbindend)* **sie haben vieles ~** ils/elles ont beaucoup de choses en commun **II.** *adv* ensemble

Gemeinsamkeit <-, -en> *f* point *m* commun

Gemeinschaft <-, -en> *f* communauté *f*; **die Europäische ~** la Communauté européenne

gemeinschaftlich **I.** *adj (Projekt)* en coopération; *(Nutzung)* [en] commun **II.** *adv (nutzen)* en commun

Gemeinschaftsarbeit *f* travail *m* collectif **Gemeinschaftskunde** *f kein Pl* instruction *f* civique **Gemeinschaftspraxis** *f* cabinet *m* de groupe **Gemeinschaftsraum** *m* salle *f* commune

Gemeinwohl *nt* intérêt *m* commun

Gemenge [gəˈmɛŋə] <-s, -> *nt* ❶ mélange *m* ❷ *(Durcheinander)* fouillis *m*

gemessen [gəˈmɛsən] *adj* réservé(e)

Gemetzel [gəˈmɛtsəl] <-s, -> *nt* carnage *m*

gemieden [gəˈmiːdən] *PP von* **meiden**

Gemisch [gəˈmɪʃ] <-[e]s, -e> *nt* mélange *m*

gemischt [gəˈmɪʃt] *adj* mélangé(e); *(Klasse)* mixte

gemocht [gəˈmɔxt] *PP von* **mögen**

gemolken [gəˈmɔlkən] *PP von* **melken**

Gemurmel [gəˈmʊrməl] <-s> *nt* murmures *mpl*

Gemüse [gəˈmyːzə] <-s, -> *nt* légumes *mpl*

Gemüse

die Karotte	la carotte
die Kartoffel	la pomme de terre
der Mais	le maïs
die Tomate	la tomate
der Blumenkohl	le chou-fleur
die Zwiebel	l'oignon
der Knoblauch	l'ail
der Sellerie	le céleri
der Lauch	le poireau
die Paprika	le poivron
die Aubergine	l'aubergine
die Gurke	le concombre
der Kohl	le chou
der Rosenkohl	le chou de Bruxelles
der Kürbis	la courge; le potiron
die Zucchini	la courgette
das Radieschen	le radis
die Bohne	le haricot
der Spargel	l'asperge
der Kopfsalat	la laitue

Gemüseanbau *m* culture *f* maraîchère **Gemüsegarten** *m* [jardin *m*] potager *m* **Gemüsehändler(in)** *m(f)* marchand(e) *m(f)* de légumes **Gemüsesuppe** *f* soupe *f* de légumes

gemustert [gəˈmʊstɐt] *adj* imprimé(e)

Gemüt [gəˈmyːt] <-[e]s, -er> *nt* **ein zartes ~** un cœur tendre

gemütlich **I.** *adj* ❶ *(Wohnung)* douillet(te); **es sich ~ machen** se mettre à son aise ❷ *(Abend)* agréable **II.** *adv* ❶ *(gemächlich)* tranquillement ❷ *(behaglich)* confortablement

Gemütlichkeit <-> *f* ❶ *(einer Wohnung)* confort *m* [douillet] ❷ *(Gemächlichkeit)* **etw in aller ~ tun** faire qc bien tranquillement

Gen [ge:n] <-s, -e> *nt* BIO gène *m*

genannt [gəˈnant] *PP von* **nennen**

genas [gəˈna:s] *Imp von* **genesen**

genau [gəˈnau̯] **I.** *adj* ❶ précis(e) ❷ *(gewissenhaft)* **in etw** *(dat)* **~ sein** être rigoureux dans qc **II.** *adv* ❶ exactement; *(passen)* juste; **auf die Sekunde ~** à la seconde près ❷ *(gerade)* justement

Genauigkeit <-> *f* précision *f*

genauso [gəˈnau̯zo:] *adv* de même

Gendarm [ʒanˈdarm] <-en, -en> *m* A gendarme *m*

Gendarmerie [ʒandarməˈri:] <-, -n> *f* A gendarmerie *f*

genehmigen* [gəˈne:mɪgən] *vt* **einen Antrag ~** *(Behörde)* autoriser une demande

Genehmigung <-, -en> *f* autorisation *f*

geneigt [gəˈnai̯kt] *adj geh* **~ sein etw zu tun** être disposé à faire qc

Genera *Pl von* **Genus**

General [genəˈra:l] <-[e]s, -e> *m* général *m*

Generaldirektor(in) *m(f)* directeur *m* général/directrice *f* générale

Generalin <-, -nen> *f* général *m; (Frau eines Generals)* générale *f*

Generalkonsul(in) *m(f)* consul *m* général **Generalkonsulat** *nt* consulat *m* général **Generalprobe** *f* [répétition *f*] générale *f* **Generalsekretär(in)** *m(f)* secrétaire *mf* général(e) **Generalstreik** *m* grève *f* générale **Generalversammlung** *f* assemblée *f* générale

Generation [genəraˈts̮i̯o:n] <-, -en> *f* génération *f*

Generationskonflikt *m* conflit *m* des générations

generell [genəˈrɛl] *adj* général(e)

Genesung [gəˈne:zʊŋ] <-, -en> *f* guérison *f*

Genetik [geˈne:tɪk] <-> *f* génétique *f*

genetisch [geˈne:tɪʃ] *adj* génétique

Genf [gɛnf] <-s> *nt* Genève

Genfer See <- -s> *m* **der ~** le lac Léman

Genforschung *f* génétique *f*

genial [geˈni̯a:l] *adj* génial(e)

Genick [gəˈnɪk] <-[e]s, -e> *nt* nuque *f*

Genie [ʒeˈni:] <-s, -s> *nt* génie *m*

genieren* [ʒeˈni:rən] *vr* **sich vor jdm ~** être gêné devant qn

genießbar *adj* consommable

genießen [gəˈni:sən] *vt irr* ❶ *(Leben, Urlaub)* profiter de ❷ *(Speise)* savourer

Genießer(in) <-s, -> *m(f)* bon vivant *m*

Genitalien [geniˈta:li̯ən] *Pl* les parties génitales

Genitiv [ˈge:niti:f] <-s, -e> *m* LING génitif *m*

genommen [gəˈnɔmən] *PP von* **nehmen**

genoss [gəˈnɔs] *Imp von* **genießen**

genossen [gəˈnɔsən] *PP von* **genießen**

Genossenschaft <-, -en> *f* coopérative *f*

Gentechnik *f* génétique *f* **gentechnisch** *adj* génétique **Gentechnologie** *f* génie *m* génétique

genug [gəˈnu:k] *adv* assez

genügen* [gəˈny:gən] *vi* ❶ **jdm ~** suffire à qn ❷ *(gerecht werden)* **den Ansprüchen ~** satisfaire aux exigences

genügend *adv* suffisamment

genügsam **I.** *adj* peu exigeant(e) **II.** *adv* frugalement

Genugtuung [gəˈnu:ktu:ʊŋ] <-> *f* satisfaction *f*

Genus [ˈgɛnʊs] <-, Genera> *nt* LING genre *m*

Genuss [gəˈnʊs] <-es, Genüsse> *m* ❶ régal *m* ❷ *(Freude)* **es ist ein ~!** c'est un [vrai] plaisir!

genüsslich [gəˈnʏslɪç] *adv* avec délectation

Genussmittel *nt* stimulant *m*
Geograf(in) *s.* **Geograph(in)**
Geografie *s.* **Geographie**
geografisch *s.* **geographisch**
Geograph(in) [geo'gra:f] <-en, -en> *m(f)* géographe *mf*
Geographie [geogra'fi:] <-> *f* géographie *f*
geographisch **I.** *adj* géographique **II.** *adv* géographiquement
Geologie [geolo'gi:] <-> *f* géologie *f*
Geometrie [geome'tri:] <-> *f* géométrie *f*
geometrisch [geo'me:trɪʃ] *adj* géométrique
Gepäck [gə'pɛk] <-[e]s> *nt* bagages *mpl*
Gepäckabfertigung *f*, **Gepäckannahme** *f* guichet *m* d'enregistrement des bagages **Gepäckaufbewahrung** *f* consigne *f* **Gepäckausgabe** *f* guichet *m* de retrait des bagages **Gepäckstück** *nt* bagage *m* **Gepäckträger** *m* ❶ *(Person)* porteur *m* ❷ *(Vorrichtung)* porte-bagages *m*
Gepard ['ge:part] <-s, -e> *m* guépard *m*
gepfiffen [gə'pfɪfən] *PP von* **pfeifen**
gepflegt [gə'pfle:kt] *adj (Person)* soigné(e)
Gepolter [gə'pɔltɐ] <-s> *nt* vacarme *m*
gepriesen [gə'pri:zən] *PP von* **preisen**
gequält [gə'kvɛ:lt] **I.** *adj (Lächeln)* forcé(e) **II.** *adv (lächeln)* d'un air contraint
gequollen [gə'kvɔlən] *PP von* **quellen**
gerade [gə'ra:də] **I.** *adj* ❶ droit(e) ❷ *(Zahl)* pair(e) ❸ *(aufrichtig)* franc(franche) **II.** *adv* ❶ ~ **stehen** se tenir droit(e) ❷ *(im Augenblick)* justement; ~ **arbeiten** *(Person)* être en train de travailler ❸ *(knapp)* **die Prüfung ~ so bestehen** réussir son examen de justesse ❹ *(genau)* ~ **deswegen habe ich das gesagt** c'est justement pour cette raison que j'ai dit ça ❺ *(ausgerechnet)* **nicht ~ hübsch** pas spécialement beau
geradeaus [gəra:də'ʔaus] *adv* tout droit
geradeheraus *fam* **I.** *adj* ~ **sein** être franc **II.** *adv* franco **gerade|stehen** *vi irr* **für jdn/etw** ~ répondre de qn/qc
geradewegs [gə'ra:dəve:ks] *adv* directement
geradezu [gə'ra:dətsu:] *adv* tout simplement
geradlinig [gə'ra:tli:nɪç] **I.** *adj* ❶ rectiligne ❷ *(aufrichtig)* droit(e) **II.** *adv (verlaufen)* en ligne droite
Geranie [ge'ra:niə] <-, -n> *f* géranium *m*
gerann *Imp von* **gerinnen**
gerannt [gə'rant] *PP von* **rennen**
Gerät [gə'rɛ:t] <-[e]s, -e> *nt* ❶ *(Haushaltsgerät)* ustensile *m* ❷ *(Gartengerät)* outil *m* [de jardin] ❸ *(Elektrogerät)* appareil *m*
geraten [gə'ra:tən] *vi irr +sein* ❶ **in einen Sturm** ~ être surpris par la tempête; **unter einen Zug** ~ passer sous un train ❷ *(einen Zustand erlangen)* **in Panik** ~ être pris de panique; **ins Stocken** ~ *(Verkehr)* se ralentir
Geräteschuppen *m* remise *f* à outils
geräumig [gə'rɔymɪç] *adj* spacieux(-euse)
Geräusch [gə'rɔyʃ] <-[e]s, -e> *nt* bruit *m*
Geräuschkulisse *f* bruit *m* de fond
geräuschlos **I.** *adj* silencieux(-euse) **II.** *adv* sans bruit
geräuschvoll **I.** *adj* bruyant(e) **II.** *adv* bruyamment
Gerber(in) <-s, -> *m(f)* tanneur(-euse) *m(f)*
Gerberei [gɛrbə'rai] <-, -en> *f* tannerie *f*
gerecht [gə'rɛçt] **I.** *adj* juste; *(Zorn)* justifié(e) **II.** *adv* équitablement
gerechtfertigt *adj* justifié(e)
Gerechtigkeit <-> *f* justice *f*
Gerede [gə're:də] <-s> *nt* histoires *fpl*
geregelt *adj (regelmäßig)* régulier(-ière)
gereizt [gə'raitst] **I.** *adj (Person)* agacé(e) **II.** *adv* avec irritation

G

Gericht [gəˈrɪçt] <-[e]s, -e> *nt* ❶ GASTR plat *m* ❷ *(Institution)* tribunal *m*
gerichtlich I. *adj* judiciaire II. *adv* en justice
Gerichtsbeschluss *m* décision *f* de justice **Gerichtsgebäude** *nt* palais *m* de justice **Gerichtshof** *m* cour *f* de justice; **der Europäische ~** la Cour de justice des Communautés européennes; **der Oberste ~** la Cour suprême **Gerichtsmediziner(in)** *m(f)* médecin *mf* légiste **Gerichtssaal** *m* salle *f* d'audience **Gerichtsverfahren** *nt* procédure *f* judiciaire **Gerichtsverhandlung** *f* audience *f* **Gerichtsvollzieher(in)** <-s, -> *m(f)* huissier *m*

G

gerieben [gəˈriːbən] *adj fam* roublard(e)
geriet *Imp von* **geraten**
gering [gəˈrɪŋ] *adj* faible; *(Menge)* petit(e); *(Temperatur)* bas(se); *(Kenntnisse)* médiocre ▸ **nicht im Geringsten** pas le moins du monde
geringfügig [gəˈrɪŋfyːgɪç] I. *adj* insignifiant(e) II. *adv* légèrement
geringschätzig [gəˈrɪŋʃɛtsɪç] I. *adj* méprisant(e) II. *adv* avec mépris
gerinnen [gərɪnən] *vi irr +sein (Blut)* coaguler; *(Milch)* cailler
gerissen [gəˈrɪsən] *adj fam (Person)* roublard(e)
geritten [gəˈrɪtən] *PP von* **reiten**
Germ [gɛrm] <-> *f* A levure *f*
Germane, Germanin [gɛrˈmaːnə] <-n, -n> *m, f* Germain(e) *m(f)*
germanisch *adj* germanique
Germanistik [gɛrmaˈnɪstɪk] <-> *f* langue *f* et littérature *f* allemandes
gern[e] <lieber, am liebsten> *adv* ❶ **etw ~ tun** aimer bien faire qc ❷ *(ohne weiteres)* sans problème ❸ *(oft)* volontiers
gern|haben *vt* **jdn ~ haben** aimer [bien] qn
gerochen [gəˈrɔxən] *PP von* **riechen**
Geröll [gəˈrœl] <-[e]s, -e> *nt* éboulis *m*
Gerste [ˈgɛrstə] <-, -n> *f* orge *f*
Gerstenkorn *nt* grain *m* d'orge
Geruch [gəˈrʊx] <-[e]s, Gerüche> *m* odeur *f*
geruchlos *adj* inodore
Geruchssinn *m* odorat *m*
Gerücht [gəˈrʏçt] <-[e]s, -e> *nt* rumeur *f*
gerufen *PP von* **rufen**
Gerümpel [gəˈrʏmpəl] <-s> *nt pej* bric-à-brac *m*
Gerundium [geˈrʊndi̯ʊm] <-s, -dien> *nt* LING gérondif *m*
gerungen [gəˈrʊŋən] *PP von* **ringen**
Gerüst [gəˈrʏst] <-[e]s, -e> *nt* échafaudage *m*
Ges <-, -> *nt* MUS sol *m* bémol
gesalzen [gəˈzaltsən] *adj fam (Preis)* exorbitant(e)
gesamt [gəˈzamt] *adj* **die ~e Familie** toute la famille
Gesamtausgabe *f* œuvres *fpl* complètes **Gesamtbetrag** *m* montant *m* global **Gesamteindruck** *m* impression *f* d'ensemble **Gesamtergebnis** *nt* résultat *m* global
Gesamtheit <-> *f* ensemble *m*
Gesamtschule *f* collège *m (regroupant les trois filières du premier et second cycle en Allemagne)* **Gesamtwert** *m* valeur *f* totale
gesandt [gəˈzant] *PP von* **senden²**
Gesang [gəˈzaŋ] <-[e]s, Gesänge> *m* chant *m*
Gesangbuch *nt* livre *m* de cantiques **Gesangverein** *m* chorale *f*
Gesäß [gəˈzɛːs] <-es, -e> *nt* derrière *m*
Gesäßtasche *f* poche *f* revolver
geschaffen [gəˈʃafən] *PP von* **schaffen²**
Geschäft [gəˈʃɛft] <-[e]s, -e> *nt* ❶ magasin *m* ❷ *(Unternehmen)* affaire *f*
geschäftig I. *adj* affairé(e) II. *adv* de façon affairée
geschäftlich I. *adj (Verabredung)* d'affaires II. *adv* pour affaires
Geschäftsbedingungen *Pl* **die allgemeinen ~** les conditions *fpl* générales **Geschäftsbrief** *m* lettre *f* d'affaires **Geschäftsfrau** *f* femme *f* d'affaires **Geschäftsfreund(in)** *m(f)* relation *f* d'affaires **Geschäftsführer(in)** *m(f) (ei-*

ner Firma) gérant(e) *m(f)* **Geschäftsführung** *f* direction *f* **Geschäftsjahr** *nt* exercice *m* **Geschäftskosten** *Pl* **auf ~** aux frais de la société **Geschäftsleitung** *s.* **Geschäftsführung** **Geschäftsleute** *Pl von* **Geschäftsmann** **Geschäftsmann** <-leute> *m* homme *m* d'affaires **Geschäftsmodell** *nt* ÖKON modèle *m* d'entreprise **Geschäftspartner(in)** *m(f)* ❶ partenaire *mf* commercial(e) ❷ *(Kompagnon)* associé(e) *m(f)* **Geschäftsreise** *f* voyage *m* d'affaires **Geschäftsschluss** *m* fermeture *f* des magasins **Geschäftsstelle** *f* agence *f* **geschäftstüchtig** *adj* doué(e) en affaires **Geschäftszeit** *f* heures *fpl* d'ouverture

geschah [gə'ʃaː] *Imp von* **geschehen**

geschehen [gə'ʃeːən] *vi irr +sein* ❶ se passer; *(Unfall)* arriver ❷ *(getan werden)* **es muss etwas ~!** il faut faire quelque chose!

Geschehen <-s, -> *nt geh* événements *mpl*

gescheit [gə'ʃait] *adj* ❶ *(klug)* intelligent(e) ❷ *(vernünftig)* raisonnable

Geschenk [gə'ʃɛŋk] <-[e]s, -e> *nt* cadeau *m*

Geschenkartikel *m* article cadeau *m* **Geschenkgutschein** *m* chèque-cadeau *m* **Geschenkpapier** *nt* papier *m* cadeau

Geschichte [gə'ʃɪçtə] <-, -n> *f* histoire *f*

geschichtlich *adj* historique

Geschichtsbuch *nt* livre *m* d'histoire

Geschick [gə'ʃɪk] <-s> *nt* habileté *f*

Geschicklichkeit <-> *f* habileté *f*

geschickt *adj* adroit(e)

geschieden [gə'ʃiːdən] *adj* divorcé(e)

geschieht [gə'ʃiːt] *3. Pers Präs von* **geschehen**

geschienen [gə'ʃiːnən] *PP von* **scheinen**

Geschirr [gə'ʃɪr] <-[e]s, -e> *nt* ❶ vaisselle *f* ❷ *(von Zugtieren)* harnais *m*

Geschirrspülmaschine *f* lave-vaisselle *m* **Geschirrspülmittel** *nt* liquide *m* vaisselle **Geschirrtuch** <-tücher> *nt* torchon *m*

geschissen [gə'ʃɪsən] *PP von* **scheißen**

geschlafen *PP von* **schlafen**

geschlagen [gə'ʃlaːgən] *PP von* **schlagen**

Geschlecht [gə'ʃlɛçt] <-[e]s, -er> *nt* ❶ *kein Pl* sexe *m* ❷ LING genre *m*

Geschlechtskrankheit *f* maladie *f* vénérienne **Geschlechtsorgan** *nt* organe *m* génital **Geschlechtsverkehr** *m* rapports *mpl* sexuels

geschlichen [gə'ʃlɪçən] *PP von* **schleichen**

geschliffen [gə'ʃlɪfən] *PP von* **schleifen**[2]

geschlossen [gə'ʃlɔsən] **I.** *adj (Front)* uni(e); *(Schneedecke)* homogène **II.** *adv* **~ hinter jdm stehen** faire bloc derrière qn

geschlungen [gə'ʃlʊŋən] *PP von* **schlingen**

Geschmack [gə'ʃmak] <-[e]s, Geschmäcke> *m* goût *m*

geschmacklos *adj (Bemerkung)* de mauvais goût

Geschmacklosigkeit <-> *f kein Pl* mauvais goût *m*

Geschmackssache *f* **das ist [reine] ~** c'est une affaire de goûts

geschmackvoll **I.** *adj* de bon goût *mpl* **II.** *adv* avec goût

geschmeidig [gə'ʃmaidɪç] **I.** *adj* souple; *(Masse)* malléable **II.** *adv* avec souplesse

geschmissen [gə'ʃmɪsən] *PP von* **schmeißen**

geschmolzen [gə'ʃmɔltsən] *PP von* **schmelzen**

geschnitten [gə'ʃnɪtən] *PP von* **schneiden**

geschoben [gə'ʃoːbən] *PP von* **schieben**

gescholten [gə'ʃɔltən] *PP von* **schelten**

geschönt [gə'ʃøːnt] *adj (Statistik)* maquillé(e)

Geschöpf [gə'ʃœpf] <-[e]s, -e> *nt* créature *f*

geschoren [gəˈʃoːrən] *PP von* **scheren**[1]
Geschoss [gəˈʃɔs] <-es, -e> *nt* étage *m*
geschossen [gəˈʃɔsən] *PP von* **schießen**
geschraubt *pej* **I.** *adj (Stil)* tarabiscoté(e) **II.** *adv (reden)* de manière tarabiscotée
Geschrei <-s> *nt* cris *mpl*
geschrieben [gəˈʃriːbən] *PP von* **schreiben**
geschritten [gəˈʃrɪtən] *PP von* **schreiten**
geschunden [gəˈʃʊndən] *PP von* **schinden**
geschützt *adj (Art)* protégé(e)
Geschwätz [gəˈʃvɛts] <-es> *nt pej fam* ❶ *(dummes Gerede)* conneries *fpl* ❷ *(Klatsch)* ragots *mpl*
geschwätzig *adj pej* bavard(e)
geschweige [gəˈʃvaigə] *konj* et encore moins
geschwiegen [gəˈʃviːgən] *PP von* **schweigen**
geschwind [gəˈʃvɪnt] *adj* SDEUTSCH rapide
Geschwindigkeit [gəˈʃvɪndɪçkait] <-, -en> *f* vitesse *f*
Geschwindigkeitsbegrenzung *f*, **Geschwindigkeitsbeschränkung** *f* limitation *f* de vitesse **Geschwindigkeitsbeschränkung** *f* limitation *f* de vitesse **Geschwindigkeitsüberschreitung** *f* excès *m* de vitesse
Geschwister [gəˈʃvɪstɐ] *Pl* frères *mpl* et sœurs
geschwollen [gəˈʃvɔlən] *adj pej (Ausdrucksweise)* ronflant(e)
geschwommen [gəˈʃvɔmən] *PP von* **schwimmen**
Geschworene(r) *f(m)* juré(e) *m(f)*
geschwunden [gəˈʃvʊndən] *PP von* **schwinden**
Geschwür [gəˈʃvyːɐ] <-s, -e> *nt* abcès *m*
gesegnet *adj geh* **~e Mahlzeit!** bon appétit!; **~e Weihnachten!** joyeux Noël!
gesehen *PP von* **sehen**
Geselle [gəˈzɛlə] <-n, -n> *m (Handwerksgeselle)* compagnon *m*
gesellen* [gəˈzɛlən] *vr geh* **sich zu jdm ~** se joindre à qn
gesellig **I.** *adj* sociable **II.** *adv* entre amis
Geselligkeit <-> *f* convivialité *f*
Gesellin [gəˈzɛlɪn] <-, -nen> *f* compagnon *m*
Gesellschaft [gəˈzɛlʃaft] <-, -en> *f* ❶ SOZIOL, ÖKON société *f* ❷ *kein Pl (Begleitung)* compagnie *f*
Gesellschafter(in) <-s, -> *m(f)* associé(e) *m(f)*
gesellschaftlich *adj* social(e)
gesellschaftsfähig *adj (Person)* sortable; *(Benehmen)* convenable **Gesellschaftsschicht** *f* couche *f* sociale **Gesellschaftsspiel** *nt* jeu *m* de société
gesessen [gəˈzɛsən] *PP von* **sitzen**
Gesetz [gəˈzɛts] <-es, -e> *nt* loi *f*
Gesetzbuch *nt* code *m* **Gesetzentwurf** *m* projet *m* de loi
Gesetzeslücke *f* lacune *f* juridique
gesetzgebend *adj* législatif(-ive)
Gesetzgeber(in) *m(f)* législateur(-trice) *m(f)*
Gesetzgebung <-, -en> *f* législatif *m*
gesetzlich **I.** *adj* légal(e) **II.** *adv* par la loi
gesetzlos *adj* anarchique
gesetzmäßig *adj* légal(e); *(rechtmäßig)* légitime
Gesetzmäßigkeit <-, -en> *f* légalité *f*
gesetzt [gəˈzɛtst] *adj* posé(e)
gesetzwidrig *adj* illégal(e)
Gesicht [gəˈzɪçt] <-[e]s, -er> *nt* visage *m*
Gesichtsausdruck <-ausdrücke> *m* expression *f* [du visage] **Gesichtsfarbe** *f* teint *m* **Gesichtspunkt** *m* point *m* de vue **Gesichtswasser** *nt* lotion *f* pour le visage **Gesichtszüge** *Pl* traits *mpl* [du visage]
Gesindel [gəˈzɪndəl] <-s> *nt pej* racaille *f*
gesinnt [gəˈzɪnt] *adj* **gleich ~** sympathisant; **jdm gut/übel ~ sein** être bien/

mal intentionné à l'égard de qn

gesoffen [gəˈzɔfən] *PP von* **saufen**

gesogen [gəˈzoːgən] *PP von* **saugen**

gespalten [gəˈʃpaltən] *PP von* **spalten**

Gespann [gəˈʃpan] <-[e]s, -e> *nt* ❶ *(Zugtiere)* attelage *m* ❷ *(Wagen und Zugtiere)* équipage *m*

gespannt [gəˈʃpant] **I.** *adj (Zuschauer)* captivé(e); *(Lage)* tendu(e) **II.** *adv* attentivement

Gespenst [gəˈʃpɛnst] <-[e]s, -er> *nt* fantôme *m*

gespenstisch **I.** *adj* fantomatique; *(Ruhe)* sinistre **II.** *adv* ~ **aussehen** avoir un aspect sinistre

gesponnen [gəˈʃpɔnən] *PP von* **spinnen**

Gespött [gəˈʃpœt] <-[e]s> *nt* raillerie *f*

Gespräch [gəˈʃprɛːç] <-[e]s, -e> *nt* ❶ conversation *f* ❷ *(förmliche Unterredung)* entretien *m* ❸ *(Telefongespräch)* communication *f* [téléphonique]

gesprächig *adj* loquace

Gesprächspartner(in) *m(f)* interlocuteur(-trice) *m(f)* **Gesprächsstoff** *m* sujet *m* de conversation

gesprochen [gəˈʃprɔxən] *PP von* **sprechen**

gesprossen [gəˈʃprɔsən] *PP von* **sprießen**

gesprungen [gəˈʃprʊŋən] *PP von* **springen**

Gespür [gəˈʃpyːɐ̯] <-s> *nt* flair *m*

Gestalt [gəˈʃtalt] <-, -en> *f* ❶ *(Mensch)* créature *f* ❷ *pej (fragwürdiges Individuum)* individu *m* ❸ *(Wuchs)* silhouette *f*

gestalten* *vt* ❶ *(Freizeit)* organiser; *(Unterricht)* présenter ❷ *a.* ARCHIT, KUNST concevoir; *(konstruieren)* agencer

Gestaltung <-, -en> *f* ❶ *(der Freizeit)* organisation *f* ❷ *a.* ARCHIT, KUNST conception *f*; *(Einrichtung)* aménagement *m*

Gestammel [gəˈʃtaməl] <-s> *nt pej* bredouillement *m gén pl*

gestand *Imp von* **gestehen**

Geständnis [gəˈʃtɛntnɪs] <-ses, -se> *nt* JUR aveux *mpl*

Gestank [gəˈʃtaŋk] <-[e]s> *m* puanteur *f*

gestatten* [gəˈʃtatən] *vt form* **jdm etw** ~ permettre qc à qn

Geste [ˈgɛstə] <-, -n> *f* geste *m*

Gesteck [gəˈʃtɛk] <-[e]s, -e> *nt* composition *f* florale

gestehen *vt irr* avouer

Gestein [gəˈʃtai̯n] <-[e]s, -e> *nt* roche *f*

Gestell [gəˈʃtɛl] <-[e]s, -e> *nt* ❶ *(Regalgestell)* étagère *f* ❷ *(Brillengestell)* monture *f*

gestern [ˈgɛstɐn] *adv* hier

gestiegen [gəˈʃtiːgən] *PP von* **steigen**

gestikulieren* [gɛstikuˈliːrən] *vi* gesticuler

gestohlen [gəˈʃtoːlən] *PP von* **stehlen**

gestorben [gəˈʃtɔrbən] *PP von* **sterben**

gestoßen *PP von* **stoßen**

Gestotter [gəˈʃtɔtɐ] <-s> *nt pej fam* bégaiements *mpl*

gestreift [gəˈʃtrai̯ft] *adj* rayé(e)

gestrichen [gəˈʃtrɪçən] **I.** *PP von* **streichen** **II.** *adj* **ein ~er Esslöffel Zucker** une cuillère rase de sucre

gestrig [ˈgɛstrɪç] *adj* **die ~e Zeitung** le journal d'hier

gestritten [gəˈʃtrɪtən] *PP von* **streiten**

Gestrüpp [gəˈʃtrʏp] <-[e]s, -e> *nt* broussailles *fpl*

gestunken [gəˈʃtʊŋkən] *PP von* **stinken**

Gestüt [gəˈʃtyːt] <-[e]s, -e> *nt* haras *m*

gesucht [gəˈzuːxt] *adj* recherché(e)

gesund [gəˈzʊnt] <gesünder, gesündeste> **I.** *adj (Person)* en bonne santé; *(Wirtschaft, Lebensweise, Ernährung)* sain(e), bon(ne) **II.** *adv* sainement

Gesundheit <-> *f* santé *f*

gesundheitlich **I.** *adj* de santé **II.** *adv* **wie geht es Ihnen ~?** comment va la santé?

Gesundheitsamt *nt* services *mpl* d'hygiène **Gesundheitsfonds** *m* ≈ fonds *m* pour la santé *(créé en 2009 dans le cadre de la réforme globale du système de sécurité sociale en Allemagne)* **gesundheitsschädlich** *adj* dangereux(-euse) pour la santé **Gesundheitszeugnis** *nt* certificat *m* médical **Gesundheitszustand** *m kein Pl* état *m* de santé

gesungen [gəˈzʊŋən] *PP von* **singen**

gesunken [gəˈzʊŋkən] *PP von* **sinken**

G

getan [gəˈtaːn] *PP von* **tun**

Getöse [gəˈtøːzə] <-s> *nt* fracas *m*

getragen [gəˈtraːgən] **I.** *PP von* **tragen** **II.** *adj (Melodie)* assez lent(e); *(Rhythmus)* modéré(e)

Getränk [gəˈtrɛŋk] <-[e]s, -e> *nt* boisson *f*

Getränkeautomat *m* distributeur *m* de boissons

getrauen* *vr* **sich ~ etw zu tun** oser faire qc

Getreide [gəˈtraidə] <-s, -> *nt* céréales *fpl*

getrennt [gəˈtrɛnt] **I.** *adj* séparé(e) **II.** *adv (leben)* séparément; *(schreiben)* en deux mots

getreten *PP von* **treten**

getreu [gəˈtrɔy] *adj geh* fidèle

Getriebe [gəˈtriːbə] <-s, -> *nt* TECH boîte *f* de vitesses

getrieben [gəˈtriːbən] *PP von* **treiben**

getroffen [gəˈtrɔfən] *PP von* **treffen, triefen**

getrogen [gəˈtroːgən] *PP von* **trügen**

getrost [gəˈtroːst] *adv* **sich ~ auf jdn verlassen können** pouvoir compter sur qn en toute tranquillité

getrunken [gəˈtrʊŋkən] *PP von* **trinken**

Getto [ˈgɛto] <-s, -s> *nt* ghetto *m*

Getue [gəˈtuːə] <-s> *nt pej fam* chiqué *m*

geübt [gəˈʔyːpt] *adj* expert(e)

gewachsen [gəˈvaksən] *adj* **einer S. (dat) ~ sein** être à la hauteur de qc

Gewächshaus *nt* serre *f*

gewagt [gəˈvaːkt] *adj* osé(e)

gewählt [gəˈvɛːlt] **I.** *adj (Ausdrucksweise)* choisi(e) **II.** *adv* en termes choisis

gewähren* [gəˈvɛːrən] *vt (Kredit, Rabatt)* accorder

gewährleisten* *vt* **jdm etw ~** garantir qc à qn

Gewährleistung *f* garantie *f*

Gewalt [gəˈvalt] <-, -en> *f* ❶ pouvoir *m;* **jdn in seiner ~ haben** tenir qn à sa merci ❷ *kein Pl (gewaltsames Vorgehen)* violence *f*

gewaltig **I.** *adj* ❶ *(heftig)* violent(e) ❷ *(Bauwerk)* énorme; *(Anblick)* impressionnant(e) **II.** *adv fam* drôlement

gewaltlos **I.** *adj* non-violent(e) **II.** *adv* sans violence

Gewaltlosigkeit <-> *f* non-violence *f*

gewaltsam **I.** *adj (Tod)* violent(e) **II.** *adv* par la force

Gewalttat *f* acte *m* de violence **Gewalttäter(in)** *m(f)* criminel(le) *m(f)* **gewalttätig** *adj* violent(e) **Gewalttätigkeit** *f* violence *f* **Gewaltverbrechen** *nt* crime *m*

gewann [gəˈvan] *Imp von* **gewinnen**

gewaschen *PP von* **waschen**

Gewässer [gəˈvɛsɐ] <-s, -> *nt* eaux *fpl*

Gewebe [gəˈveːbə] <-s, -> *nt* tissu *m*

Gewehr [gəˈveːɐ̯] <-[e]s, -e> *nt* fusil *m*

Geweih [gəˈvai] <-[e]s, -e> *nt* bois *mpl*

Gewerbe [gəˈvɛrbə] <-s, -> *nt (Handel)* activité *f* commerciale

Gewerbegebiet *nt* zone *f* industrielle **Gewerbesteuer** *f* taxe *f* professionnelle

Gewerkschaft [gəˈvɛrkʃaft] <-, -en> *f* syndicat *m*

Gewerkschaft[l]er(in) <-s, -> *m(f)* syndicaliste *mf*

Gewerkschaftsmitglied *nt* syndiqué(e) *m(f)*

gewichen [gəˈvɪçən] *PP von* **weichen**

Gewicht [gəˈvɪçt] <-[e]s, -e> *nt* poids *m*

gewichten* *vt* évaluer

Gewichtheben <-s> *nt* SPORT haltérophilie *f* **Gewichtheber(in)** <-s, -> *m(f)* haltérophile *mf*

gewichtig [gəˈvɪçtɪç] *adj* ❶ *hum (schwer)* fort(e), corpulent(e) ❷ *(bedeutsam)* important(e)
Gewichtsverlust *m* perte *f* de poids **Gewichtszunahme** *f* prise *f* de poids
gewiesen [gəˈviːzən] *PP von* **weisen**
Gewimmel [gəˈvɪməl] <-s> *nt* grouillement *m*
Gewinde [gəˈvɪndə] <-s, -> *nt* filetage *m*
Gewinn [gəˈvɪn] <-[e]s, -e> *m* ❶ bénéfice *m* ❷ *(Preis)* gain *m* ❸ *kein Pl (Vorteil)* enrichissement *m*
Gewinnbeteiligung *f* participation *f* aux bénéfices **gewinnbringend** **I.** *adj* lucratif(-ive) **II.** *adv* lucrativement
gewinnen [gəˈvɪnən] *irr* **I.** *vt* ❶ gagner; *(Meisterschaft)* remporter ❷ *(überreden)* **jdn für eine Idee ~** gagner qn à une idée **II.** *vi* ❶ gagner ❷ *(Los)* être gagnant
gewinnend *adj* engageant(e)
Gewinner(in) <-s, -> *m(f)* gagnant(e) *m(f);* MIL vainqueur *mf*
Gewinnzahl *f* numéro *m* gagnant
Gewirr [gəˈvɪr] <-[e]s> *nt* enchevêtrement *m*
gewiss [gəˈvɪs] **I.** *adj* ❶ *(nicht näher benannt)* certain(e) ❷ *(sicher)* sûr(e) **II.** *adv* certainement
Gewissen [gəˈvɪsən] <-s> *nt* conscience *f*
gewissenhaft *adj* consciencieux(-euse)
gewissenlos *adj, adv* sans scrupule
Gewissensbisse *Pl* remords *mpl* **Gewissensfrage** *f* cas *m* de conscience **Gewissensfreiheit** *f* liberté *f* de conscience **Gewissenskonflikt** *m* débat *m* de conscience
gewissermaßen *adv* en quelque sorte
Gewissheit *f* certitude *f*
Gewitter [gəˈvɪtɐ] <-s, -> *nt* orage *m*
gewitterig *s.* **gewittrig**
Gewitterregen *m* averse *f* orageuse **Gewitterwolke** *f* nuage *m* orageux
gewittrig *adj* orageux(-euse)
gewoben [gəˈvoːbən] *PP von* **weben**
gewogen [gəˈvoːgən] **I.** *PP von* **wiegen**[1] **II.** *adj geh* **jdm/einer S. ~ sein** être dévoué à qn/qc
gewöhnen* [gəˈvøːnən] **I.** *vt* **an jdn/etw gewöhnt sein** être habitué à qn/qc **II.** *vr* **sich an jdn/etw ~** s'habituer à qn/qc
Gewohnheit [gəˈvoːnhait] <-, -en> *f* habitude *f*
Gewohnheitsrecht *nt (Recht)* droit *m* d'usage
gewöhnlich [gəˈvøːnlɪç] **I.** *adj* ❶ habituel(le) ❷ *(Arbeitstag)* ordinaire ❸ *pej (ordinär)* vulgaire **II.** *adv* **wie ~** comme d'habitude
gewohnt [gəˈvoːnt] *adj (Zeit)* habituel(le); **etw ~ sein** être habitué à qc
Gewöhnung [gəˈvøːnʊŋ] <-> *f* accoutumance *f*
gewöhnungsbedürftig *adj* à quoi il faut s'habituer
Gewölbe [gəˈvœlbə] <-s, -> *nt* ❶ *(Gewölbedecke)* voûte *f* ❷ *(Raum)* cave *f* voûtée
gewollt **I.** *adj* intentionnel(le) **II.** *adv* délibérément
gewonnen [gəˈvɔnən] *PP von* **gewinnen**
geworben [gəˈvɔrbən] *PP von* **werben**
geworden [gəˈvɔrdən] *PP von* **werden**
geworfen [gəˈvɔrfən] *PP von* **werfen**
Gewühl [gəˈvyːl] <-[e]s> *nt* cohue *f*
gewunken [gəˈvʊŋkən] *fam PP von* **winken**
Gewürz [gəˈvʏrts] <-es, -e> *nt* épice *f*
Gewürzgurke *f* cornichon *m* à la russe **Gewürznelke** *f* clou *m* de girofle
gez. *adj Abk von* **gezeichnet** *s.* **zeichnen**
Gezeitenwechsel *m* changement *m* de marée
gezielt [gəˈtsiːlt] *adj* ciblé(e)
gezogen [gəˈtsoːgən] *PP von* **ziehen**
gezwungen [gəˈtsvʊŋən] *adj* contraint(e); *(Lachen)* forcé(e)
gezwungenermaßen *adv* contraint(e) et forcé(e)
Ghetto *s.* **Getto**
gibt [giːpt] *3. Pers Präs von* **geben**

G

Gicht [gɪçt] <-> *f* goutte *f*
Giebel ['giːbəl] <-s, -> *m* pignon *m*
Gier [giːɐ̯] <-> *f* ❶ avidité *f* ❷ *(Geldgier)* cupidité *f*
gierig I. *adj* avide **II.** *adv* avec avidité
gießen ['giːsən] *vt irr* ❶ arroser ❷ *(schütten)* **Wasser auf/über etw** *(akk)* ~ verser de l'eau dans/sur qc ❸ *(formen)* **etw in Bronze** ~ couler qc en bronze
Gießerei [giːsə'raɪ̯] <-, -en> *f* fonderie *f*
Gießkanne *f* arrosoir *m*
G
Gift [gɪft] <-[e]s, -e> *nt* poison *m; (einer Schlange)* venin *m*
Giftgas *nt* gaz *m* toxique **giftgrün** *adj* d'un vert criard
giftig *adj (Schlange, Person, Bemerkung)* venimeux(-euse); *(Pflanze)* vénéneux(-euse); *(Stoff)* toxique
Giftmüll *m* déchets *mpl* toxiques **Giftpilz** *m* champignon *m* vénéneux **Giftschlange** *f* serpent *m* venimeux **Giftstoff** *m* substance *f* toxique
Gigabyte ['giːgabaɪt] *nt* INFORM gigaoctet *m*
Gigant(in) [gi'gant] <-en, -en> *m(f)* géant(e) *m(f)*
gigantisch *adj* gigantesque
Gigolo ['ʒiːgolo] <-s, -s> *m* gigolo *m (fam)*
gilt [gɪlt] *3. Pers Präs von* **gelten**
ging [gɪŋ] *Imp von* **gehen**
Ginster ['gɪnstɐ] <-s, -> *m* genêt *m*
Gipfel ['gɪpfəl] <-s, -> *m* sommet *m*
Gipfelkonferenz *f* conférence *f* au sommet **Gipfeltreffen** *nt* rencontre *f* au sommet
Gips [gɪps] <-es, -e> *m* plâtre *m*
Gipsbein *nt fam* jambe *f* plâtrée
gipsen *vt* MED *fam* plâtrer
Gipser(in) <-s, -> *m(f)* plâtrier (-ière) *m(f)*
Giraffe [gi'rafə] <-, -n> *f* girafe *f*
Girlande [gɪr'landə] <-, -n> *f* guirlande *f*
Giro ['ʒiːro] <-s, -s *o* A Giri> *nt* virement *m*
Girokonto *nt* compte *m* courant
Gis <-, -> *nt* sol *m* dièse
Gischt [gɪʃt] <-[e]s, -e> *m* <-, -en> *f* écume *f*
Gitarre [gi'tarə] <-, -n> *f* guitare *f*
Gitarrist(in) <-en, -en> *m(f)* guitariste *mf*
Gitter ['gɪtɐ] <-s, -> *nt* grille *f*
Gitterfenster *nt* fenêtre *f* à barreaux
Gitterrost *m* grille *f*
Glanz [glants] <-es> *m* ❶ *(von Haaren, Augen)* brillant *m; (einer Fläche)* éclat *m* ❷ *(Pracht)* magnificence *f*
glänzen ['glɛntsən] *vi* ❶ briller; *(Möbel)* reluire; *(Fläche)* miroiter ❷ *(sich hervortun)* **durch Wissen** ~ briller par son savoir
glänzend *adj* brillant(e); *(Fläche)* miroitant(e)
Glanzleistung *f* brillante performance *f*
glanzlos *adj (Haare)* terne; *(Oberfläche)* mat(e)
glanzvoll *adj (Auftritt)* brillant(e); *(Fest)* somptueux(-euse) **Glanzzeit** *f* **seine** ~ l'époque *f* de sa splendeur
Glas [glaːs] <-es, Gläser> *nt* ❶ verre *m* ❷ *(Konservenglas)* bocal *m*

Übersetzungstipp
Das Glas – Nicht verwechseln mit *la glace – das Eis, der Spiegel!*

Gläschen ['glɛːsçən] <-s, -> *nt Dim von* **Glas** petit verre *m*
Glascontainer *m* container *m* à verre
Glaser(in) ['glaːzɐ] <-s, -> *m(f)* vitrier(-ière) *m(f)*
Glaserei [glaːzə'raɪ̯] <-, -en> *f* vitrerie *f*
glasieren* [gla'ziːrən] *vt* ❶ *(Kacheln)* émailler ❷ *(Kuchen)* napper
glasig ['glaːzɪç] *adj (Blick)* vitreux (-euse)
glasklar I. *adj* limpide **II.** *adv fam* [très] clairement **Glasmalerei** *f* peinture *f* sur verre **Glasscheibe** *f* verre *m* **Glasscherbe** *f* morceau *m* de verre **Glastür** *f* porte *f* vitrée

Glasur [gla'zu:ɐ̯] <-, -en> *f* glaçage *m*
Glaswolle *f* laine *f* de verre
glatt [glat] <-er, -este> *adj* ❶ *(Fläche)* plan(e) ❷ *(Haut, Stoff)* lisse ❸ *(Haare)* raide ❹ *(Fußboden)* glissant(e)
Glatteis *nt* verglas *m*
glätten ['glɛtən] *vt (Haar)* lisser; *(Banknote)* défroisser
Glatze ['glatsə] <-, -n> *f* calvitie *f*
Glatzkopf *m fam* ❶ *(Kopf)* boule *f* de billard ❷ *(Mensch)* crâne *m* d'œuf
glatzköpfig ['glatskœpfɪç] *adj* chauve
Glaube ['glaubə] <-ns> *m* ❶ REL croyance *f* ❷ *(Überzeugung)* foi *f*
glauben ['glaubən] *vt, vi* croire
Glauben *s.* **Glaube**
Glaubensbekenntnis *nt* confession *f* **Glaubensfreiheit** *f* liberté *f* de religion
glaubhaft **I.** *adj* digne de foi **II.** *adv* de façon convaincante
Glaubhaftigkeit <-> *f* crédibilité *f*
gläubig ['glɔybɪç] *adj* REL croyant(e)
Gläubige(r) *f(m)* croyant(e) *m(f)*
Gläubiger(in) <-s, -> *m(f)* créancier(-ière) *m(f)*
glaubwürdig *adj* crédible
gleich [glaiç] **I.** *adj* ❶ même ❷ MATH **zwei mal zwei ~ vier** deux fois deux [égalent] quatre ❸ *(gleichgültig)* **das ist ihm/ihr ~** cela lui est égal **II.** *adv* ❶ *(behandeln)* de la même façon; **~ groß sein** être de même taille ❷ *(unmittelbar)* **~ neben der Kirche** juste à côté de l'église ❸ *(in Kürze)* tout de suite; **es ist ~ sechs Uhr** il est bientôt six heures
gleichaltrig ['glaiçaltrɪç] *adj* du même âge
gleichartig *adj* de même nature
gleichberechtigt *adj* égal(e) en droits **Gleichberechtigung** *f* égalité *f* des droits
gleichen ['glaiçən] *vi irr* **jdm/einer S. ~** ressembler à qn/qc
gleichermaßen *adv* de la même façon
gleichfalls *adv* également
gleichförmig ['glaiçfœrmɪç] **I.** *adj* uniforme **II.** *adv (verlaufen)* uniformément
Gleichgewicht *nt kein Pl* équilibre *m*
gleichgültig *adj* indifférent(e) **Gleichgültigkeit** *f* indifférence *f*
Gleichheit <-, -en> *f* similitude *f*
Gleichheitszeichen *nt* signe *m* d'égalité
gleich|kommen *vi irr +sein* ❶ **jdm/einer S. ~** égaler qn/qc ❷ *(gleichbedeutend sein)* **einer S.** *(dat)* **~** revenir à qc
gleich|machen *vt* niveler
gleichmäßig **I.** *adj* régulier(-ière) **II.** *adv* régulièrement
Gleichmut *m* impassibilité *f* **gleichmütig** ['glaiçmy:tɪç] *adj* impassible
gleichseitig *adj* équilatéral(e)
gleich|setzen *vt* ❶ **Unsicherheit mit Unwissenheit ~** confondre manque d'assurance et ignorance ❷ *(als gleichwertig ansehen)* **die Jungen mit den Alten ~** mettre les jeunes et les vieux au même rang **Gleichstand** *m kein Pl* égalité *f* de score **gleich|stellen** *vt* **die Frauen den Männern ~** mettre les femmes et les hommes sur un pied d'égalité **Gleichstellung** *f kein Pl* **die ~ der Frauen** l'égalité *f* des femmes **Gleichstrom** *m* courant *m* continu
Gleichung <-, -en> *f* équation *f*
gleichwertig *adj (Ersatz)* équivalent(e); *(Gegner)* de force égale
gleichzeitig **I.** *adj* simultané(e) **II.** *adv* en même temps
Gleis [glais] <-es, -e> *nt* voie *f*
gleiten ['glaitən] *vi irr +sein* ❶ *(Vogel, Segelflugzeug)* planer ❷ *(rutschen)* **ins Wasser ~** glisser dans l'eau
Gleitschirmfliegen *nt* parapente *m* **Gleitzeit** *f* heures *fpl* mobiles
Gletscher ['glɛtʃɐ] <-s, -> *m* glacier *m*
Gletscherspalte *f* crevasse *f*
glich [glɪç] *Imp von* **gleichen**
Glied [gli:t] <-[e]s, -er> *nt a. fig* membre *m*
gliedern ['gli:dɐn] *vt, vr* **[sich] ~** [se] diviser en
Gliederung <-, -en> *f (eines Auf-*

G

satzes) plan *m*

Gliedmaßen ['gli:tma:sən] *Pl* membres *mpl*

glimmen ['glɪmən] *vi irr* rougeoyer

Glimmstängel *m hum fam* tige *f*

glimpflich ['glɪmpflɪç] **I.** *adj (Ausgang, Verlauf)* bénin(-igne); *(Strafe)* léger(-ère) **II.** *adv (ohne schlimme Folgen)* de façon bénigne; **du bist ~ davongekommen!** tu t'en es tiré(e) à bon compte!

G

glitschig ['glɪtʃɪç] *adj fam* glissant(e)

glitt [glɪt] *Imp von* **gleiten**

glitzern ['glɪtsɐn] *vi* scintiller

global [glo'ba:l] **I.** *adj* général(e) **II.** *adv* universellement

Globalisierung <-> *f* mondialisation *f*

Globalisierungsgegner(in) *m(f)* antimondialiste *mf*

Globus ['glo:bʊs] <-, Globen> *m* globe *m* [terrestre]

Glocke ['glɔkə] <-, -n> *f* ❶ *(Kirchenglocke)* cloche *f* ❷ *(Läutwerk)* sonnerie *f*

Glockenblume *f* campanule *f* [des murailles] **Glockenschlag** *m* ▶ **mit dem ~** à l'heure sonnante **Glockenspiel** *nt* carillon *m* **Glockenturm** *m* clocher *m*

glomm [glɔm] *Imp von* **glimmen**

glorifizieren* [glorifi'tsi:rən] *vt* célébrer

glorreich ['glo:ɐ̯raiç] *adj* glorieux(-euse)

Glossar [glɔ'sa:ɐ̯] <-s, -e> *nt* glossaire *m*

Glotze ['glɔtsə] <-, -n> *f fam* téloche *f*

glotzen ['glɔtsən] *vi pej fam* reluquer

Glück [glʏk] <-[e]s> *nt* ❶ chance *f* ❷ *(Freude, Zufriedenheit)* bonheur *m*

glücken ['glʏkən] *vi +sein* réussir

glücklich *adj* heureux(-euse)

glücklicherweise *adv* par chance

Glücksbringer <-s, -> *m* porte-bonheur *m*

glückselig [glʏk'ze:lɪç] *adj (Person)* pleinement heureux(-euse)

Glücksfall *m* coup *m* de chance **Glückskind** *nt fam* veinard(e) *m(f)* **Glückspilz** *m fam* **du ~!** quel(le) veinard(e)! **Glückssache** *f* ▶ **[reine] ~ sein** être une [pure] question de chance **Glücksspiel** *nt* jeu *m* de hasard **Glückssträhne** *f* **eine ~ haben** avoir la baraka *(fam)* **Glückszahl** *f* chiffre *m* porte-bonheur

Glückwunsch *m* félicitation *f*

Glückwunschkarte *f* carte *f* de félicitations

Glühbirne *f* ampoule *f*

glühen ['gly:ən] *vi* ❶ être incandescent; *(Docht, Zigarette)* rougeoyer ❷ *(sehr heiß sein)* être brûlant

glühend *adj* ❶ *(Metall)* incandescent(e); *(Kohle)* ardent(e) ❷ *(Wangen)* brûlant(e)

Glühwein *m* vin *m* chaud

Glühwürmchen ['gly:vʏrmçən] *nt fam* ver *m* luisant

Glut [glu:t] <-, -en> *f* braise *f*

Glyzerin [glytse'ri:n] <-s> *nt* glycérine *f*

GmbH [ge:ʔɛmbe:'ha:] <-, -s> *f Abk von* **Gesellschaft mit beschränkter Haftung** ≈ S.A.R.L. *f*

g-Moll ['e:mɔl] <-> *nt* sol *m* mineur

Gnade ['gna:də] <-, -n> *f* grâce *f*

Gnadenfrist *f* délai *m* de grâce

gnadenlos *adj* impitoyable

gnädig ['gnɛ:dɪç] *adj* clément(e)

Gnom [gno:m] <-en, -en> *m* ❶ *(Sagenfigur)* gnome *m* ❷ *pej fam (kleiner Mensch)* nabot *m*

Gockel ['gɔkəl] <-s, -> *m bes.* SDEUTSCH coq *m*

Gokart <-[s], -s> *m* kart *m*

Gold [gɔlt] <-[e]s> *nt* or *m*

Goldbarren *m* lingot *m* d'or

golden ['gɔldən] **I.** *adj* en or **II.** *adv* d'un éclat doré

goldfarben *adj* doré(e)

Goldfisch *m* poisson *m* rouge **goldgelb** *adj* jaune d'or

Goldgräber(in) *m(f)* chercheur(-euse) *m(f)* d'or

Goldgrube *f* mine *f* d'or **Goldhamster** *m* hamster *m* doré

goldig *adj fam* chou(te)

Goldmedaille *f* médaille *f* d'or

Goldmine *f* mine *f* d'or **Goldschmied(in)** *m(f)* orfèvre *m* **Goldstück** *nt (Goldmünze)* pièce *f* d'or

Golf[1] [gɔlf] <-[e]s, -e> *m* GEO golfe *m*

Golf[2] <-s> *nt* golf *m*

Golfplatz *m* terrain *m* de golf **Golfschläger** *m* club *m* **Golfspieler(in)** *m(f)* joueur(-euse) *m(f)* de golf **Golfstrom** *m* GEO **der ~** le Gulf Stream

Gondel [ˈgɔndəl] <-, -n> *f* gondole *f; (einer Seilbahn)* [télé]cabine *f*

gönnen [ˈgœnən] *vt* ① *(neidlos zugestehen)* **jdm etw ~** se réjouir pour qn de qc ② *(gewähren)* **sich** *(dat)* **etw ~** s'offrir qc

gönnerhaft *pej* **I.** *adj* condescendant(e) **II.** *adv* avec condescendance

googeln® [ˈguːgəln] <goog[e]le, gegoogelt> **I.** *vt (Begriff, Name)* rechercher dans Google® **II.** *vi* chercher sur Google®

gor [goːɐ̯] *Imp von* **gären**

Gör [gøːɐ̯] <-[e]s, -en> *nt*, **Göre** <-, -n> *f fam (Kind)* gosse *mf*

Gorilla [goˈrɪla] <-s, -s> *m* gorille *m*

goss [gɔs] *Imp von* **gießen**

Gosse [ˈgɔsə] <-, -n> *f* caniveau *m*

Gotik [ˈgoːtɪk] <-> *f* gothique *m*

gotisch *adj* gothique

Gott, Göttin [gɔt] <-es, Götter> *m, f* ① dieu *m*/déesse *f* ② *(Gott der Christen)* Dieu *m;* **grüß ~!** A, SDEUTSCH bonjour!

Gottesdienst *m* office *m* [religieux] **Gotteshaus** *nt* maison *f* du Seigneur; *(katholisch)* église *f; (evangelisch)* temple *m* **Gotteslästerer, -lästerin** *m, f* blasphémateur(-trice) *m(f)* **Gotteslästerung** <-, -en> *f* blasphème *m*

Gottheit <-, -en> *f* divinité *f*

göttlich [ˈgœtlɪç] *adj* ① divin(e) ② *(Humor)* sublime

gottlos *adj (Person)* athée; *(Leben)* païen(ne); *(Gesinnung)* irréligieux(-euse)

gottverlassen [ˈgɔtfɛɐ̯lasən] *adj fam* perdu(e)

GPS [geːpeːˈʔɛs] *nt Abk von* **Global Positioning System** GPS *m*

GPS-System [geːpeːˈʔɛs-] *nt* système *m* GPS

Grab [graːp] <-[e]s, Gräber> *nt* tombe *f*

graben [ˈgraːbən] *vt, vi irr* creuser

Graben [ˈgraːbən] <-s, Gräben> *m* ① fossé *m* ② *(Schützengraben)* tranchée *f*

Grabinschrift *f* inscription *f* tombale **Grabkammer** *f* chambre *f* funéraire **Grabmal** <-s, -mäler *o geh* -e> *nt* tombeau *m* **Grabschändung** *f* violation *f* de sépulture **Grabstein** *m* pierre *f* tombale

gräbt [grɛːpt] *3. Pers Präs von* **graben**

Grad [graːt] <-[e]s, -e> *m* ① degré *m* ② *(Rang)* grade *m*

Gradeinteilung *f* graduation *f*

Graf, Gräfin [graːf] <-en, -en> *m, f* comte *m*/comtesse *f*

Graffiti [graˈfiːti] *Pl* graffitis *mpl*

Grafik [ˈgraːfɪk] <-, -en> *f* graphique *m*

Grafiker(in) [ˈgraːfikɐ] <-s, -> *m(f)* graphiste *mf*

Grafikkarte *f* INFORM carte *f* graphique **Grafikprogramm** *nt* INFORM grapheur *m*

Gräfin [ˈgrɛːfɪn] *s.* **Graf**

grafisch *adj* graphique

Gramm [gram] <-s, -e> *nt* gramme *m*

Grammatik [graˈmatɪk] <-, -en> *f* grammaire *f*

grammatikalisch [gramatiˈkaːlɪʃ], **grammatisch** *adj* grammatical(e)

grandios [granˈdi̯oːs] **I.** *adj (Idee)* génial(e); *(Erfolg)* triomphal(e) **II.** *adv* remarquablement bien

Granit [graˈniːt] <-s, -e> *m* granit[e] *m*

grantig *adj fam* de mauvais poil

Grapefruit [ˈgreːpfruːt] <-, -s> *f* pamplemousse *m*

Graphik *s.* **Grafik**

Graphit [graˈfiːt] <-s, -e> *m* graphite *m*

grapschen *vt, vi fam* choper

Gras [graːs] <-es> *nt kein Pl* herbe *f*

grasen [ˈgraːzən] *vi* brouter

G

grasgrün ['gra:s'gry:n] *adj* vert pomme **Grashalm** *m* brin *m* d'herbe **Grashüpfer** <-s, -> *m fam* sauterelle *f*

grässlich ['grɛslɪç] *adj* horrible

Grat [gra:t] <-[e]s, -e> *m* crête *f*

Gräte ['grɛ:tə] <-, -n> *f* arête *f*

gratis ['gra:tɪs] *adj* gratuit(e)

Gratisprobe *f* échantillon *m* gratuit

Gratulation [gratula'ts̮i̯o:n] <-, -en> *f* félicitations *fpl*

gratulieren* [gratu'li:rən] *vi* féliciter

grau [grau̯] *adj* gris(e)

Graubünden [grau̯'bʏndən] <-s> *nt* [canton *m* des] Grisons *mpl*

grauen[1] ['grau̯ən] *vi geh (Morgen)* poindre

grauen[2] *vi unpers* **mir graut vor jdm/etw** qn/qc m'épouvante

grauenhaft, **grauenvoll** *adj* horrible

grauhaarig *adj* aux cheveux gris

gräulich[1] ['grɔylɪç] *adj* grisâtre; *(Haare)* grisonnant(e)

gräulich[2] ['grɔylɪç] *adj* atroce

Graupelschauer *m* giboulée *f*

grausam ['grau̯za:m] *adj* cruel(le)

Grausamkeit <-, -en> *f* ❶ *kein Pl (Verhalten)* cruauté *f* ❷ *(Tat)* atrocité *f*

grausig *s.* **grauenhaft**

Graveur(in) [gra'vø:ɐ̯] <-s, -e> *m(f)* graveur(-euse) *m(f)*

gravieren* [gra'vi:rən] *vt* graver

gravierend *adj (Unterschied)* grand(e); *(Fehler)* grave

Gravierung <-, -en> *f* gravure *f*

Gravur [gra'vu:ɐ̯] <-, -en> *f* gravure *f*

Grazie ['gra:ts̮i̯ə] <-> *f kein Pl* grâce *f*

graziös [gra'ts̮i̯ø:s] *adj* gracieux(-euse)

greifbar **I.** *adj* ❶ disponible ❷ *(Vorteil)* concret(-ète) **II.** *adv* ~ **nahe** *fig* à portée de main

greifen ['grai̯fən] *irr* **I.** *vt* attraper **II.** *vi* ❶ **nach etw** ~ saisir qc ❷ *(benutzen)* **zu einem Buch** ~ prendre un livre

Greifer <-s, -> *m* TECH grappin *m*

Greis(in) [grai̯s] <-es, -e> *m(f)* vieillard *m*/vieille *f*

grell [grɛl] *adj* ❶ *(Licht, Farbe)* cru(e) ❷ *(Stimme)* perçant(e)

Grenzbereich *m kein Pl (Umkreis der Landesgrenze)* secteur *m* frontalier

Grenze ['grɛnts̮ə] <-, -n> *f* ❶ frontière *f* ❷ *(Abgrenzung)* limite *f*; **die ober[st]e/unter[st]e** ~ le maximum/minimum

grenzen *vi* ❶ **an ein Land** ~ confiner à un pays ❷ *fig* **an ein Wunder** ~ être à la limite du miracle

grenzenlos **I.** *adj* ❶ illimité(e) ❷ *(Vertrauen)* infini(e) **II.** *adv* infiniment

Grenzfall *m* cas *m* limite **Grenzgebiet** *nt* zone *f* frontalière **Grenzkontrolle** *f* contrôle *m* douanier **Grenzlinie** *f* SPORT ligne *f* **Grenzposten** *m* poste-frontière *m* **Grenzschutz** *m fam (Truppe)* [unité *f* de] garde-frontière *f* **Grenzstein** *m* borne *f* **Grenzübergang** *m* poste *m* frontière **Grenzwert** *m* valeur *f* limite

grenzwertig *adj fam* ~ **sein** *(Person, Film, Buch, Kleidung, Verhalten)* être limite *(fam)*; **das finde ich ziemlich** ~ je trouve que c'est plutôt limite! *(fam)*

Grieche ['gri:çə] <-n, -n> *m* Grec *m*

Griechenland *nt* la Grèce

Griechin ['gri:çɪn] <-, -nen> *f* Grecque *f*

griechisch ['gri:çɪʃ] **I.** *adj* grec(grecque) **II.** *adv* ~ **miteinander sprechen** discuter en grec

Griechisch <-[s]> *nt kein art* grec *m*; *s.a.* **Deutsch**

griesgrämig ['gri:sgrɛ:mɪç] *adj* grincheux(-euse)

Grieß [gri:s] <-es, -e> *m* semoule *f*

Grießbrei *m* bouillie *f* de semoule

griff [grɪf] *Imp von* **greifen**

Griff [grɪf] <-[e]s, -e> *m* ❶ poignée *f*; *(eines Schirms)* manche *m* ❷ *(Handgriff)* geste *m* ❸ *a.* SPORT prise *f*

griffbereit *adj* ~ **sein** être à portée de [la] main

griffig *adj (Untergrund)* qui accroche

Grill [grɪl] <-s, -s> *m* barbecue *m*

Grille ['grɪlə] <-, -n> *f* grillon *m*

grillen ['grɪlən] **I.** *vi* faire un barbecue

II. *vt* **etw ~** faire griller qc [au barbecue]

Grillparty *f* barbecue *m*

Grimasse [gri'masə] <-, -n> *f* grimace *f*

grimmig ['grɪmɪç] **I.** *adj* ❶ furibond(e) ❷ *(Kälte)* terrible **II.** *adv* furieusement

grinsen ['grɪnzən] *vi* ricaner

Grinsen <-s> *nt* ricanement *m*

Grippe ['grɪpə] <-, -n> *f* grippe *f*

Grippewelle *f* épidémie *f* de grippe

grob [gro:p] <gröber, gröbste> **I.** *adj* ❶ grossier(-ière); *(Sieb)* gros(se) ❷ *(ungefähr)* sommaire **II.** *adv* grossièrement

Grobheit <-, -en> *f* grossièreté *f*

Grobian ['gro:bia:n] <-[e]s, -e> *m pej* mufle *m*

Grog [grɔk] <-s, -s> *m* grog *m*

groggy ['grɔgi] *adj fam* groggy *inv*

grölen ['grø:lən] *vt, vi pej fam* brailler

Groll [grɔl] <-[e]s> *m geh* ressentiment *m*

Grönland ['grø:nlant] <-s> *nt* le Groenland

Grönländer(in) ['grø:nlɛndɐ] <-s, -> *m(f)* Groenlandais(e) *m(f)*

grönländisch *adj* groenlandais(e)

Gros [gro:] <-, -> *nt* gros *m*

Groschen ['grɔʃən] <-s, -> *m* A groschen *m*

groß [gro:s] <größer, größte> **I.** *adj* ❶ grand(e); *(Erfolg)* gros(se); *(Pause)* long(ue) ❷ *(älter)* **meine ~e Schwester** ma grande sœur ❸ *(Buchstabe)* majuscule ❹ *(als Namenszusatz)* **der Große** le Grand; **Karl der Große** Charlemagne ▸ **im Großen und Ganzen** dans l'ensemble **II.** *adv (feiern)* en grande pompe

großartig **I.** *adj* *(Person)* génial(e) *(fam)*; *(Bauwerk)* grandiose **II.** *adv* magnifiquement

Großbetrieb *m* grande entreprise *f*

Großbritannien [gro:sbri'tani̯ən] <-s> *nt* la Grande-Bretagne

Großbuchstabe *m* majuscule *f*

Größe ['grø:sə] <-, -n> *f* ❶ *(einer Fläche)* superficie *f* ❷ *(Körpergröße, Kleidergröße, Höhe, Länge)* taille *f*; *(Schuhgröße)* pointure *f* ❸ MATH, PHYS grandeur *f*

Großeinkauf *m* grosses courses *fpl (fam)* **Großeinsatz** *m (der Polizei)* intervention *f* massive **Großeltern** *Pl* grands-parents *mpl* **Großenkel(in)** *m(f)* arrière-petit-fils *m*/arrière-petite-fille *f*

Größenordnung *f* ordre *m* de grandeur

großenteils ['gro:sən'tai̯ls] *adv* en grande partie

Größenunterschied *m* différence *f* de taille **größenwahnsinnig** *adj* mégalomane

größer *Komp von* **groß**

Großfahndung *f* vastes recherches *fpl* **Großfamilie** *f* grande famille *f* **Großhandel** *m* commerce de *m* gros **Großhändler(in)** *m(f)* grossiste *mf*

großherzig *geh* **I.** *adj* magnanime **II.** *adv* généreusement

Großhirn *nt* cerveau *m*

großkotzig *pej fam* **I.** *adj* vantard(e) **II.** *adv* avec vantardise

Großmacht *f* grande puissance *f* **Großmarkt** *m* marché *m* de gros **Großmaul** *nt pej fam* grande gueule *f* **Großmutter** *f* grand-mère *f* **Großonkel** *m* grand oncle *m*

Großraum *m* agglomération *f* **Großraumbüro** *nt* bureau *m* en espace ouvert **Großraumflugzeug** *nt* gros-porteur *m*

groß|schreiben *vt irr* **etw ~** écrire qc en majuscules **Großschreibung** *f* écriture *f* majuscule

großspurig *adj pej* vantard(e)

Großstadt *f* grande ville *f* **großstädtisch** *adj* de grande ville **Großtante** *f* grand-tante *f*

größte(r, s) *Superl von* **groß**

Großteil *m* ❶ **der ~** la majeure partie ❷ *(erheblicher Teil)* grande partie *f*

größtenteils ['grø:stən'tai̯ls] *adv* pour la plupart

Großunternehmen *nt s.* **Großbetrieb**

Großvater *m* grand-père *m* **Großver-**

anstaltung *f* grande manifestation *f* **groß|ziehen** *vt irr* élever
großzügig *adj* généreux(-euse)
Großzügigkeit <-> *f* générosité *f*
grotesk [groˈtɛsk] *adj* grotesque
Grotte [ˈgrɔtə] <-, -n> *f* grotte *f*
grub [gruːp] *Imp von* **graben**
Grube [ˈgruːbə] <-, -n> *f* 1 fosse *f* 2 *(Baugrube)* tranchée *f* 3 *(Bergwerk)* mine *f*
grübeln [ˈgryːbəln] *vi* ruminer
G
Grubenarbeiter *m* mineur *m*
grüezi [ˈgryːɛtsi] *interj* CH bonjour
Gruft [grʊft] <-, Grüfte> *f* caveau *m*
grün [gryːn] *adj* vert(e); *(Politik)* écologiste
Grün <-s, -> *nt* 1 vert *m;* **im ~n** dans la nature 2 *(Grünfläche)* espace *m* vert 3 *(Grünpflanzen)* verdure *f*
Grünanlage *f* espace *m* vert
Grund [grʊnt] <-[e]s, Gründe> *m* 1 raison *f* 2 *(Ursache)* cause *f* 3 *kein Pl (Erdboden)* sol *m* 4 A *(Grundbesitz)* **~ und Boden besitzen** posséder du terrain 5 *kein Pl (eines Gewässers)* fond *m*
Grundausbildung *f* formation *f* de base **Grundbegriff** *m* notion *f* élémentaire **Grundbesitz** *m* propriété *f* foncière *mpl* **Grundbesitzer(in)** *m(f)* propriétaire *mf* foncier(-ière) **Grundbuch** *nt* cadastre *m*
gründen [ˈgrʏndən] **I.** *vt* fonder **II.** *vi, vr* **[sich] auf etw** *(akk)* **~** [se] baser sur qc
Gründer(in) <-s, -> *m(f)* fondateur(-trice) *m(f)*
Grundfläche *f* superficie *f* **Grundform** *f* 1 forme primitive *f* 2 LING forme *f* de base; *(eines Verbs)* infinitif *m* **Grundgebühr** *f* taxe *f* de base **Grundgedanke** *m* idée *f* fondamentale **Grundgehalt** *nt* salaire *m* de base **Grundgesetz** *nt* **das ~** la constitution allemande **Grundkurs** *m* SCHULE cours *m* de base; UNIV initiation *f* **Grundlage** *f* base *f*
gründlich [ˈgrʏntlɪç] **I.** *adj* rigoureux(-euse) **II.** *adv* rigoureusement
grundlos I. *adj* infondé(e) **II.** *adv* sans raison
Grundnahrungsmittel *nt* denrée *f* alimentaire de base
Gründonnerstag [gryːnˈdɔnɐstaːk] *m* jeudi *m* saint
grundsätzlich I. *adj* 1 *(Problem, Unterschied)* fondamental(e) 2 *attr (Bereitschaft)* de principe **II.** *adv* 1 *(völlig)* fondamentalement 2 *(prinzipiell)* au fond 3 *(ablehnen)* strictement
Grundschule *f* ≈ école *f* primaire
Grundschullehrer(in) *m(f)* instituteur(-trice) *m(f)*
Grundstein *m* première pierre *f* ▶ **den ~ zu etw legen** poser la première pierre de qc
Grundsteuer *f* impôt *m* foncier **Grundstück** *nt* propriété *f*
Gründung [ˈgrʏndʊŋ] <-, -en> *f* fondation *f*
grundverschieden [ˈgrʊntfɛɐ̯ˈʃiːdən] *adj* radicalement différent(e)
Grundwasser *nt* nappe *f* phréatique **Grundwasserspiegel** *m* niveau *m* de la nappe phréatique
Grundwortschatz *m* vocabulaire *m* de base
Grüne(r) *f(m)* POL écolo *mf (fam);* **die ~n** les verts
grünen *vi geh* verdir
Grünfläche *f* espace *m* vert **Grünkohl** *m* chou *m* de Milan
grünlich *adj* verdâtre
Grünschnabel *m fam* blanc-bec *m* **Grünstreifen** *m (Seitenstreifen)* terre-plein *m; (Mittelstreifen)* terre-plein *m* central
grunzen [ˈgrʊntsən] *vi (Schwein)* grogner
Grünzeug <-s> *nt* 1 *fam* verdure *f;* **~ zum Garnieren** de la verdure pour garnir 2 A *(Suppengrün)* herbes *fpl* potagères
Gruppe [ˈgrʊpə] <-, -n> *f* groupe *m*
Gruppenarbeit *f kein Pl (in der Schule)* travail *m* de groupe; *(in der Arbeitswelt)* travail en équipe **Gruppenlei-**

ter(in) *m(f)* chef *mf* d'équipe **Gruppenreise** *f* voyage *m* organisé **Gruppensex** *m* rapports *mpl* sexuels en groupe

gruppenweise *adv* par groupes

gruppieren* [grʊ'piːrən] *vt, vr* [**sich**] ~ [se] rassembler

Gruppierung <-, -en> *f* ❶ POL groupuscule *m; (innerhalb einer Partei)* fraction *f* ❷ *(Anordnung)* disposition *f*

Gruselfilm *m* film *m* d'épouvante

gruselig, gruslig ['gruːz(ə)lɪç] *adj* épouvantable

Gruß [gruːs] <-es, Grüße> *m* ❶ *(Begrüßung)* salut *m* ❷ *(übermittelter Gruß)* salutations *fpl;* **einen** [**schönen**] **~ an die Kinder** bien le bonjour aux enfants ❸ *(schriftliche Grußformel)* **mit freundlichen Grüßen** reçois/recevez mes sincères salutations

grüßen ['gryːsən] *vt* ❶ *(begrüßen)* saluer ❷ *(Grüße übermitteln)* **jdn von jdm ~** saluer qn de la part de qn

Grußwort <-worte> *nt* discours *m* de bienvenue

Grütze ['grʏtsə] <-, -n> *f* ▸ **rote ~** *compote refroidie de fruits rouges, épaissie avec de la fécule*

gucken ['gʊkən] *vi fam (sehen)* regarder

Guckloch *nt (in einer Wand, einem Zaun)* judas *m*

Guerilla [ge'rɪlja] <-, -s> *f* guérilla *f*

Gugelhupf ['guːgəlhʊpf] <-s, -e> *m* A, SDEUTSCH kouglof *m*

Guillotine [gɪljo'tiːnə] <-, -n> *f* guillotine *f*

Gulasch ['gʊlaʃ] <-[e]s, -e> *nt o m* goulache *m o f*

Gulden ['gʊldən] <-s, -> *m* florin *m*

Gully ['gʊli] <-s, -s> *m o nt* bouche *f* d'égout

gültig ['gʏltɪç] *adj* ❶ valable; *(Pass)* valide ❷ *(Gesetz)* en vigueur ❸ *(Zahlungsmittel)* légal(e)

Gültigkeit <-> *f* validité *f*

Gummi[1] ['gʊmi] <-s, -[s]> *m o nt* caoutchouc *m*

Gummi[2] <-s, -s> *nt fam (Gummiband)* élastique *m*

Gummiband <-bänder> *nt* élastique *m* **Gummibärchen** *nt* ourson *m* gélifié **Gummihandschuh** *m* gant *m* en caoutchouc **Gummistiefel** *m* botte *f* en caoutchouc

günstig ['gʏnstɪç] **I.** *adj* ❶ *(Zeit)* favorable; *(Zugverbindung)* commode ❷ *(preisgünstig)* avantageux(-euse) **II.** *adv* ❶ *(kaufen)* à un prix avantageux ❷ *(gut)* **im ~sten Fall** dans le meilleur des cas

gurgeln *vi* **mit etw ~** faire un gargarisme avec qc

Gurke ['gʊrkə] <-, -n> *f (Salatgurke)* concombre *m; (eingelegt)* cornichon *m*

Gurkensalat *m* salade *f* de concombre

Gurt [gʊrt] <-[e]s, -e> *m* ❶ sangle *f* ❷ *(Sicherheitsgurt)* ceinture *f* de sécurité

Gürtel ['gʏrtəl] <-s, -> *m* ceinture *f*

Gürtellinie *f* ▸ **unter die ~ zielen** viser en dessous de la ceinture **Gürtelschnalle** *f* boucle *f* de ceinture

Guru ['guːru] <-s, -s> *m* gourou *m*

GUS [gʊs] <-> *f Abk von* **Gemeinschaft Unabhängiger Staaten**: **die ~** la C.E.I.

Guss [gʊs] <-es> *m kein Pl* fonte *f*

Gusseisen *nt* fonte *f* **Gussform** *f* moule *m*

gut [guːt] **I.** *adj* <besser, beste> ❶ bon(ne); *(Mann, Frau)* bon(ne); **etw ~ finden** trouver bien qc ❷ *(körperlich wohl)* **ihm ist nicht ~** il ne se sent pas bien ❸ *(gelungen)* **~ werden** *(Foto)* être réussi ❹ *(richtig)* **~ so!** c'est bien comme ça! ❺ *(Schulnote) bonne note située entre quatorze et seize sur vingt* ❻ *(reichlich)* **eine ~e Stunde Zeit haben** avoir une bonne heure ▸ **alles wird** [**wieder**] **~** tout va s'arranger **II.** *adv* <besser, am besten> ❶ bien; **~ gelaunt sein** être de bonne humeur ❷ *(reichlich, erfolgreich)* bien ❸ *(angenehm)* **~ riechen** sentir bon; **das schmeckt ~** c'est bon

G

▸ **machs** ~! *fam* salut!

Gut <-[e]s, Güter> *nt* ❶ *(Ware)* bien *m* ❷ *(Landgut)* domaine *m*

Gutachten ['gu:tʔaxtən] <-s, -> *nt* expertise *f*

Gutachter(in) <-s, -> *m(f)* expert(e) *m(f)*

gutartig *adj* MED bénin(-igne)

Gutdünken ['gu:tdʏŋkən] <-s> *nt* **sie entschied nach [eigenem]** ~ elle a décidé comme bon lui semblait

G

Güte ['gy:tə] <-> *f* bonté *f*

Gute(s) *nt* ❶ *(qualitativ Hochwertiges)* **etwas ~s** quelque chose de bon ❷ *(Positives)* **das ~ daran ist, dass...** l'avantage, c'est que...; **alles ~!** bonne chance! ❸ *(gute Tat)* **~s tun** faire le bien

Güteklasse *f* catégorie *f*

Gutenachtgeschichte [gutə'naxtgəʃɪçtə] *f* histoire *f* pour dormir **Gutenachtkuss** *m* bisou *m (fam)*

Güterbahnhof *m* gare *f* de marchandises **Gütergemeinschaft** *f* communauté *f* de biens **Gütertrennung** *f* séparation *f* des biens **Güterverkehr** *m* transport *m* [de] marchandises **Güterzug** *m* train *m* de marchandises

Gütesiegel *nt* label *m* de qualité **Gütezeichen** *nt* marque *f* de qualité

gutgläubig *adj* crédule **Guthaben** <-s, -> *nt* avoir *m* **gutherzig** *adj geh* généreux(-euse)

gütig ['gy:tɪç] *adj* bienveillant(e)

gut|machen *vt* **[wieder]** ~ *(Fehler)* réparer

gutmütig ['gu:tmy:tɪç] *adj* d'un bon naturel

Gutmütigkeit <-> *f* complaisance *f*

Gutsbesitzer(in) *m(f)* propriétaire *mf* d'un domaine

Gutschein *m* bon *m* **gut|schreiben** *vt irr* **jdm etw** ~ inscrire qc au crédit de qn **Gutschrift** *f* crédit *m* **gutwillig** **I.** *adj* plein(e) de bonne volonté **II.** *adv* de plein gré

Guyana [gu'ja:na] <-s> *nt* la Guyane

Gymnasiallehrer(in) *m(f)* professeur *mf* de Gymnasium

Gymnasiast(in) [gʏmnazi'ast] <-en, -en> *m(f)* élève *mf* de Gymnasium

Gymnasium [gʏm'na:ziʊm] <-s, -ien> *nt établissement scolaire comprenant les classes entre l'école primaire et le baccalauréat*

Übersetzungstipp

Das Gymnasium – Nicht verwechseln mit *le gymnase – die Turnhalle!*

Gymnastik [gʏm'nastɪk] <-> *f* gymnastique *f*

Gynäkologe, **Gynäkologin** [gynɛko'lo:gə] <-n, -n> *m, f* gynécologue *mf*

Gynäkologie <-> *f* gynécologie *f*

Hh

H, h [haː] <-, -> *nt* ❶ H *m*/h *m* ❷ MUS si *m*

Das stumme h

Es gibt im Französischen keinen Laut, der dem Buchstaben **h** entspricht. Der Buchstabe **h** wird also nur geschrieben, niemals gesprochen.

Dennoch unterscheidet man das sogenannte *aspirierte h,* **h aspiré** vom *stummen h,* dem sogenannten **h muet.**

Wörter, die mit einem **h aspiré** beginnen, verhalten sich wie Wörter, die mit einem Konsonanten anfangen. Bei beiden ist die verbundene Aussprache *(liaison)* mit dem vorangehenden Wort nicht möglich. Zum Beispiel bleibt das *-s* von *les* stumm:

les maisons [lemɛzõ] *- die Häuser;*
les haies [le'ɛ] *- die Hecken.*

Bei beiden wird die volle Form des Artikels verwendet, also *le* oder *la:*

la maison [lamɛzõ] *- das Haus;*
la haie [la'ɛ] *- die Hecke.*

Wörter, die mit einem *stummen h* **(h muet)** beginnen, verhalten sich wie Wörter, die mit einem Vokal anfangen. Beide werden in der Aussprache mit dem vorangehenden Wort verbunden. So wird zum Beispiel das *-s* des Artikels *les* ausgesprochen:

les amies [lezami] - die Freundinnen;
les habitudes [lezabityd] - die Gewohnheiten.

Bei beiden steht im Singular der apostrophierte Artikel *l':*

l'amie [lami] - die Freundin;
l'habitude [labityd] - die Gewohnheit.

ha *Abk von* **Hektar** ha

Haar [haːɐ̯] <-[e]s, -e> *nt* ❶ *(einzelnes Kopfhaar)* cheveu *m; (gesamtes Kopfhaar)* cheveux *mpl* ❷ *(Körper-, Tierhaar)* poil *m*

Haaransatz *m* naissance *f* des cheveux **Haarausfall** *m* chute *f* des cheveux **Haarbürste** *f* brosse *f* à cheveux

haaren *vi* perdre ses poils

Haarfarbe *f* couleur *f* de[s] cheveux **Haarfestiger** *m* fixateur *m* [pour les cheveux]

haarig ['haːrɪç] *adj* ❶ *(behaart: Arm, Bein)* poilu(e) ❷ *fam (heikel, schwierig)* délicat(e)

Haarklammer *f* épingle *f* à cheveux **Haarnadelkurve** *f* virage *m* en épingle [à cheveux] **Haarpflege** *f* soins *mpl* capillaires

haarscharf *adv (daneben)* de très peu

Haarschnitt *m* coupe *f* de cheveux

Haarspalterei [haːɐ̯ʃpaltə'raj] <-, -en> *f pej* ergotage *m;* **das ist ~!** c'est couper les cheveux en quatre!

Haarspange *f* barrette *f* **Haarspray** *nt o m* laque *f*

haarsträubend *adj* scandaleux(-euse)

Haarteil *nt* postiche *m* **Haartrockner** *m* sèche-cheveux *m* **Haarwasser** *nt* lotion *f* capillaire

Hab ▸ **sein/ihr ganzes ~ und Gut** *geh* tous ses biens *mpl*

haben ['haːbən] *irr* **I.** *vt* ❶ *(alle Bedeutungen)* avoir; **Angst ~** avoir peur; **eine Größe/Fläche von... ~** avoir une grandeur/surface de... ❷ MED **es am Herzen ~** *fam* être malade du cœur

H

❸ *(ausstehen)* **ich kann es nicht ~, wenn** je ne supporte pas que *+subj* **II.** *vr unpers* ▶ **und damit hat es sich!** *fam* et après basta! **III.** *vi modal* **du hast zu gehorchen** tu dois obéir **IV.** *aux* **er hat/hatte den Brief geschrieben** il a/avait écrit la lettre; **ihr habt euch getäuscht** vous vous êtes trompé(e)s

Habenichts ['ha:bənɪçts] <-[es], -e> *m fam* sans-le-sou *m inv*

Habgier *f* rapacité *f*

habgierig *adj* rapace

habilitieren* *vr* **sich ~** se qualifier pour l'enseignement supérieur

Habseligkeiten *Pl* affaires *fpl*

Hachse ['haksə] <-, -n> *f* ❶ *(eines Kalbs)* jarret *m; (eines Schweins)* jambonneau *m* ❷ *fam (Bein)* guibo[l]le *f*

Hackbeil *nt* couperet *m* **Hackbraten** *m* rôti *m* de viande hachée

Hacke ['hakə] <-, -n> *f* ❶ *(Ferse, Absatz)* talon *m* ❷ *(Werkzeug)* houe *f* ❸ A hache *f*

hacken ['hakən] **I.** *vt* hacher; **Holz ~** fendre du bois **II.** *vi* ❶ **nach jdm/etw ~** *(Vogel)* donner des coups de bec à qn/dans qc ❷ INFORM *fam* pirater

Hacker(in) ['hakɐ] <-s, -> *m(f) fam (Computerpirat)* pirate *m* [informatique]

Hackfleisch *nt* viande *f* hachée **Hackordnung** *f* ordre *m* hiérarchique **Hacksteak** *nt* steak *m* haché

Hafen ['ha:fən] <-s, Häfen> *m* port *m*

Hafenarbeiter(in) *m(f)* docker *m* **Hafenstadt** *f* ville *f* portuaire

Hafer ['ha:fɐ] <-s, -> *m* avoine *f*

Haferbrei *m* bouillie *f* d'avoine, porridge *m* **Haferflocken** *Pl* flocons *mpl* d'avoine

Häferl <-s, -n> *nt* A *fam* tasse *f*

Haft [haft] <-> *f* détention *f*

haftbar *adj* **für etw ~ sein** être responsable de qc

Haftbefehl *m* mandat *m* d'arrêt

haften ['haftən] *vi* ❶ **für jdn/etw ~** *(Person)* être responsable de qn/qc ❷ *(festkleben)* **an/auf etw** *(dat)* **~** adhérer sur qc

Häftling ['hɛftlɪŋ] <-s, -e> *m* détenu(e) *m(f)*

Haftnotiz *f* post-it® *m*

Haftpflicht *f* ❶ *fam (Haftpflichtversicherung)* assurance *f* responsabilité civile ❷ *(Schadenersatzpflicht)* responsabilité *f* civile **Haftpflichtversicherung** *f* assurance *f* responsabilité civile

Haftstrafe *f* peine *f* de prison

Hagebutte ['ha:gəbʊtə] <-, -n> *f* cynor[r]hodon *m*

Hagebuttentee *m* tisane *f* de cynor[r]hodon

Hagel ['ha:gəl] <-s> *m* grêle *f*

Hagelkorn <-körner> *nt* grêlon *m*

hageln ['ha:gəln] **I.** *vi unpers* grêler **II.** *vt unpers fam* **es hagelt Geschosse** il tombe une grêle de balles

hager ['ha:gɐ] *adj* maigre

Hahn [ha:n] <-[e]s, Hähne> *m* ❶ coq *m* ❷ *(Wasserhahn)* robinet *m*

Hähnchen ['hɛ:nçən] *nt* poulet *m*

Hahnenkampf *m* combat *m* de coqs

Hai <-[e]s, -e> *m* requin *m*

Haiti [ha'i:ti] <-s> *nt* Haïti *f*

Häkelarbeit *f (gehäkelter Gegenstand)* ouvrage *m* au crochet

häkeln ['hɛ:kəln] *vt* **etw ~** faire qc au crochet

Häkelnadel *f* crochet *m*

Haken ['ha:kən] <-s, -> *m* ❶ crochet *m* ❷ *(Angelhaken)* hameçon *m* ❸ *(Zeichen)* coche *f* ❹ *fam (Schwierigkeit)* hic *m*

hakenförmig *adj* en forme de crochet

Hakenkreuz *nt* croix *f* gammée **Hakennase** *f* nez *m* crochu

halb [halp] **I.** *adj* ❶ **ein ~er Meter** un demi mètre ❷ *(bei der Angabe der Uhrzeit)* **~ sieben** six heures et demie ❸ *fam (ein Großteil von)* **~ Frankreich** presque toute la France **II.** *adv (zur Hälfte)* à moitié; **~ so viel** moitié moins

Halbbruder *m* demi-frère *m* **Halbdunkel** *nt* pénombre *f*

halber ['halbɐ] *präp +gen geh* **der Form ~** pour la forme; **der Ordnung/Pflicht ~** par souci de l'ordre/du devoir; **der Sicherheit ~** par mesure de sécurité

halbfett *adj* allégé(e) **Halbfinale** *nt* demi-finale *f* **halbherzig** **I.** *adj (Reform)* timide **II.** *adv* sans conviction; *(zustimmen)* du bout des lèvres

halbieren* [hal'bi:rən] *vt* ① **etw ~** partager qc en deux; *(schneiden)* couper qc en deux ② *(vermindern)* réduire de moitié

Halbinsel *f* presqu'île *f*; *(groß)* péninsule *f* **Halbjahr** *nt* semestre *m*

Halbjahreszeugnis *nt* SCHULE bulletin *m* semestriel

halbjährig ['halpjɛ:rɪç] *adj attr (ein halbes Jahr dauernd)* [d'une durée] de six mois

halbjährlich **I.** *adj* semestriel(le) **II.** *adv* tous les six mois

Halbkreis *m* demi-cercle *m* **Halbkugel** *f* hémisphère *m* **Halbpension** *f* demi-pension *f* **Halbschlaf** *m* **im ~ sein** être à moitié endormi **Halbschuh** *m* chaussure *f* basse **Halbschwester** *f* demi-sœur *f* **halbtags** *adv* à mi-temps

Halbtagsbeschäftigung *f* emploi *m* à mi-temps

halbwegs *adv* ① *(einigermaßen)* à peu près ② *(nahezu)* pratiquement

Halbzeit *f* mi-temps *f*

half [half] *Imp von* **helfen**

Hälfte ['hɛlftə] <-, -n> *f* moitié *f*

Halle ['halə] <-, -n> *f* ① hall *m* ② *(großer Saal)* [grande] salle *f*

hallen ['halən] *vi* résonner

Hallenbad *nt* piscine *f* couverte

hallo [ha'lo:] *interj* ① salut ② *(Gruß am Telefon)* allo ③ *(Anrede)* **~[, Sie]!** hé[, vous]!

Hallo [ha'lo:, 'halo] <-s, -s> *nt* salut *m*

Halloween [hɛlo'vi:n] <-[s], -s> *nt* halloween *f*

Halluzination [halutsina'tsi̯o:n] *f* hallucination *f*

Halm [halm] <-[e]s, -e> *m (Grashalm)* brin *m*

Halogenlampe *f* lampe *f* halogène, halogène *m*

Hals [hals] <-es, Hälse> *m* ① cou *m* ② *(Rachen)* gorge *f* ③ *(Flaschenhals)* col *m* ▶ **jdn am ~ haben** *fam* avoir qn sur le dos

Halsband <-bänder> *nt* ① collier *m* ② *(Schmuckband aus Samt)* ruban *m* [de velours]

halsbrecherisch ['halsbrɛçərɪʃ] **I.** *adj (Tempo)* fou(folle) **II.** *adv (herumturnen)* au risque de se casser le cou

Halsentzündung *f* inflammation *f* de la gorge **Halskette** *f* chaîne *f*; *(mit Steinen besetzt)* collier *m* **Hals-Nasen-Ohren-Arzt, -Ärztin** ['hals'na:zən'ʔo:rənartst] *m, f* oto-rhino-laryngologiste *mf* **Halsschmerzen** *Pl* mal *m* de gorge **Halstuch** *nt* foulard *m* **Halsweh** *s.* **Halsschmerzen** **Halswirbel** *m* vertèbre *f* cervicale

halt [halt] *interj* halte[-là]

Halt <-[e]s, -e> *m* ① *(Stütze)* appui *m* ② *(inneres Gleichgewicht)* équilibre *m* [moral/psychologique] ③ *(Stopp)* arrêt *m*; **~ machen** s'arrêter

hält [hɛlt] *3. Pers Präs von* **halten**

haltbar *adj (Lebensmittel)* [de] longue conservation

Haltbarkeit <-, -en> *f* ① *(von Lebensmitteln)* durée *f* de conservation ② *(Widerstandsfähigkeit)* résistance *f*

Haltbarkeitsdatum *nt* date *f* limite [de consommation]

halten ['haltən] *irr* **I.** *vt* ① *(festhalten)* tenir ② *(strecken)* **die Beine ins Wasser ~** garder les jambes dans l'eau ③ *(tragen: Haken)* maintenir ④ *(Brücke)* soutenir ⑤ *(Ball)* arrêter ⑥ *(Tabellenplatz)* conserver ⑦ *(Theorie)* maintenir ⑧ *(Rede)* prononcer; *(Vortrag)* faire ⑨ *(Versprechen)* tenir ⑩ *(ansehen als)* **jdn für einen Journalisten ~** prendre qn pour un journaliste ⑪ *(den-*

H

ken) **etwas/nichts von jdm/etw ~** faire cas/ne faire aucun cas de qn/qc **II.** *vi* ❶ *(festhalten)* tenir ❷ *(Lebensmittel)* se conserver ❸ *(Fahrzeug)* s'arrêter ❹ SPORT arrêter ❺ *(stehen zu)* **zu jdm ~** prendre le parti de qn **III.** *vr* ❶ *(sich festhalten)* **sich an etw** *(dat)* **~** se tenir à qc ❷ *(nicht verderben)* **sich ~** se garder ❸ METEO **sich ~** se maintenir ❹ *(eine Richtung verfolgen)* **sich rechts ~** tenir sa droite ❺ *(sich richten nach)* **sich an die Regeln ~** respecter les règles; **sich an jdn ~** s'en tenir à qn ❻ *(eine bestimmte Haltung haben)* **sich aufrecht/im Gleichgewicht ~** se tenir droit/en équilibre ❼ *(einschätzen)* **sich für einen Künstler ~** se considérer comme artiste

Hạlter(in) <-s, -> *m(f)* ❶ *(eines Fahrzeugs)* utilisateur *m* habituel ❷ *(eines Haustiers)* propriétaire *m*

Hạltestelle *f* station *f*; *(von Bussen)* arrêt *m* **Hạlteverbot** *nt kein Pl* interdiction *f* de stationner

hạltlos *adj (Person, Charakter, Vorwurf)* inconsistant(e)

hạlt|machen *s.* **Halt**

Hạltung <-, -en> *f* attitude *f*

Halụnke [haˈlʊŋkə] <-n, -n> *m* ❶ *pej (Gauner)* fripouille *f (fam)* ❷ *iron (Schlingel)* fripon *m*

Hạmburg [ˈhambʊrk] <-s> *nt* Hambourg

Hạmburger(in) <-s, -> *m(f)* Hambourgeois(e) *m(f)*

Hạmburger[1] [ˈhambʊrgɐ] <-s, -> *m* GASTR hamburger *m*

Hạmburger[2] *adj* de Hambourg

Hạmmel [ˈhaməl] <-s, -> *m* mouton *m*

Hạmmelfleisch *nt* [viande *f* de] mouton *m* **Hạmmelkeule** *f* gigot *m* de mouton

Hạmmer [ˈhamɐ] <-s, Hạ̈mmer> *m* ❶ marteau *m* ❷ *fam (Fehler)* connerie *f*

hạ̈mmern [ˈhɛmɐn] *vi* ❶ donner des coups de marteau ❷ *(klopfen)* **gegen die Tür ~** marteler la porte

Hämorrhoi̱de, Hämorri̱de [hɛmɔrˈiːdən] *f meist Pl* hémorroïde *f*

Hạmpelmann [ˈhampəlman] <-männer> *m* pantin *m*

Hạmster [ˈhamstɐ] <-s, -> *m* hamster *m*

Hạmsterkauf *m* provisions *pl* en masse

Hạnd [hant] <-, Hạ̈nde> *f* ❶ main *f*; **linker/rechter ~** à gauche/droite ❷ *(Obhut)* **bei jdm in guten Händen sein** être en de bonnes mains avec qn ❸ *(Gewalt)* **jdm in die Hände fallen** tomber entre les mains de qn ▶ **~ und Fuß haben** se tenir; **eine ~ voll** une poignée; **an ~ einer S.** *(gen)* à l'aide de qc

Hạndarbeit *f* ❶ *kein Pl (Arbeit mit den Händen)* travail *m* manuel ❷ *(Gegenstand)* ouvrage *m* fait à la main ❸ *(Näh-, Strickarbeit)* travaux *mpl* d'aiguille **Hạndball** *m kein Pl (Spiel)* handball *m* **Hạndballspieler(in)** *m(f)* handballeur(-euse) *m(f)* **Hạndbewegung** *f* geste *m* de la main **hạndbreit** *adj* large comme la main **Hạndbremse** *f* frein *m* à main; *(eines Fahrrads)* frein **Hạndbuch** *nt* manuel *m*

Hạ̈ndchen <-s, -> *nt Dim von* **Hand** menotte *f*; **~ halten** *fam* se tenir par la main

Hạndcreme *f* crème *f* pour les mains

Hạ̈ndedruck [ˈhɛndədrʊk] <-drücke> *m* poignée *f* de main ▶ **goldener ~** *(äußerst üppige Abfindung)* parachute *m* doré

Hạndel [ˈhandəl] <-s> *m kein Pl* ❶ commerce *m* ❷ *(Abmachung, Geschäft)* marché *m*

hạndeln [ˈhandəln] **I.** *vi* ❶ **mit etw ~** faire le commerce de qc ❷ *(feilschen)* **um den Preis ~** marchander le prix ❸ *(tätig sein)* agir **II.** *vr unpers* **es handelt sich um...** il s'agit de... **III.** *vt* **an der Börse gehandelt werden** se négocier à la Bourse

Hạndels- commercial(e)

Hạndelsbilanz *f (einer Firma)* bilan *m* commercial; *(eines Staates)* balance *f*

commerciale **handelseinig** *adj* d'accord; **mit jdm ~ werden/sein** tomber/être d'accord avec qn **Handelskammer** *f* chambre *f* de commerce **Handelsregister** *nt* registre *m* du commerce **Handelsschule** *f* ≈ école *f* de commerce **handelsüblich** *adj (Gepflogenheit, Preis)* conforme aux usages commerciaux; *(Größe, Packung)* courant(e) **Handelsvertreter(in)** *m(f)* représentant(e) *m(f)* de commerce **Handelsware** *f* marchandise *f*

Handfeger ['hantfe:gɐ] *m* balayette *f* **Handfertigkeit** *f* dextérité *f* **handfest** *adj (Beweis)* solide **Handfeuerwaffe** *f* arme *f* de poing **Handfläche** *f* paume *f* de la main **Handgelenk** *nt* poignet *m* **handgemacht** *adj* fait(e) à la main **Handgemenge** *nt* bagarre *f* **Handgepäck** *nt* bagages *mpl* à main **handgeschrieben** *adj* manuscrit(e) **Handgranate** *f* grenade *f* [à main]

handgreiflich *adj* **gegen jdn ~ werden** en venir aux mains avec qn

Handgriff *m* 1 *(Aktion)* geste *m* 2 *(Griff)* poignée *f* **handhaben** ['hantha:bən] *vt (Gerät)* manier

Handhabung <-> *f (eines Geräts)* utilisation *m*

Handicap ['hɛndikɛp] <-s, -s> *nt* handicap *m*

Handkuss *m* baisemain *m*

Handlanger(in) ['hantlaŋɐ] <-s, -> *m(f)* 1 *(ungelernter Helfer)* manœuvre *m* 2 *pej (Erfüllungsgehilfe)* larbin *m*

Händler(in) ['hɛndlɐ] <-s, -> *m(f)* commerçant(e) *m(f)*

handlich ['hantlɪç] *adj* pratique

Handlung ['handlʊŋ] <-, -en> *f* 1 acte *m* 2 *(eines Buchs, Films)* action *f*

handlungsfähig *adj* JUR ayant capacité

Handlungsfreiheit *f kein Pl* liberté *f* d'action **Handlungsspielraum** *m* marge *f* de manœuvre

Handpflege *f* manucure *f* **Handschelle** *f meist Pl* menottes *fpl* **Handschlag** *m* poignée *f* de main **Handschrift** *f* écriture *f* **handschriftlich** I. *adj* manuscrit(e) II. *adv (einfügen)* à la main **Handschuh** *m* gant *m* **Handspiel** *nt kein Pl* main *f* **Handstand** *m* poirier *m* **Handtasche** *f* sac *m* à main **Handtuch** <-tücher> *nt* serviette *f* [de toilette] **Handumdrehen** ▸ **im ~** en un tour de main

handverlesen *adj (sorgfältig ausgewählt)* trié(e) sur le volet

Handwerk *nt* 1 *(Beruf)* métier *m* [manuel] 2 *kein Pl (Berufsstand)* artisanat *m* **Handwerker(in)** <-s, -> *m(f)* artisan(e) *m(f)*

handwerklich *adj* artisanal(e)

Handwerksbetrieb *m* entreprise *f* artisanale **Handwerkskammer** *f* chambre *f* des métiers

Handy ['hɛndi] <-s, -s> *nt* portable *m* **Handyhülle** ['hɛndi-] *f (weiches Etui)* housse *f* portable; *(starre Schale)* coque *f* de portable

Handzettel *m* tract *m*

Hanf [hanf] <-[e]s> *m* chanvre *m*

Hang [haŋ] <-[e]s, Hänge> *m* 1 versant *m; (eines Weinbergs)* coteau *m* 2 *kein Pl (Vorliebe)* penchant *m*

Hängebrücke *f* pont *m* suspendu **Hängelampe** *f* lustre *m* **Hängematte** *f* hamac *m*

hängen[1] ['hɛŋən] *vi irr* 1 **[an etw** *(dat)*] **~** être accroché [à qc]; **im Schrank ~** être pendu dans l'armoire 2 *(Zweige)* pendre 3 *(sich verbunden fühlen)* **an jdm/etw ~** tenir à qn/qc 4 *(sich neigen)* **nach rechts/links ~** pencher vers la droite/vers la gauche 5 *(festhängen)* **mit dem Ärmel an etw** *(dat)* **~** être accroché à qc par la manche 6 *fam (sitzen)* **vor dem Fernseher ~** être collé devant la télé 7 *(gehenkt werden)* être pendu

hängen[2] *vt irr* 1 **etw an die Wand ~** accrocher qc au mur; **etw in den Schrank ~** pendre qc dans l'armoire; **ans Auto ~** *(Wohnwagen)* atteler à la voiture 2 **~ lassen** *(Arm)* laisser pendre 3 *(erhängen)* pendre

Hängerkleid *nt* robe *f* housse
Hannover [ha'noːfɐ] <-s> *nt* Hanovre
Hanse ['hanzə] <-> *f* Hanse *f*
hänseln ['hɛnzəln] *vt* **jdn wegen etw** ~ se moquer de qn à cause de qc
Hansestadt *f* ville *f* hanséatique
Hantel ['hantəl] <-, -n> *f* haltère *m*
hantieren* [han'tiːrən] *vi* **in der Küche** ~ s'affairer dans la cuisine
hapern *vi unpers fam (nicht gut klappen)* cafouiller; **in Mathe hapert es bei dir** tu cafouilles en maths
Häppchen <-s, -> *nt Dim von* **Happen** *(Kleinigkeit)* bricole *f (fam)*
Happen ['hapən] <-s, -> *m fam* morceau *m*
happig ['hapɪç] *adj fam* salé(e)
happy ['hɛpi] *adj fam* tout(e) content(e)
Happyend <-s, -s>, **Happy End** ['hɛpi'ʔɛnt] <- -s, - -s> *nt* happy end *m*
Hardware ['haːɐ̯tvɛːɐ̯] <-, -s> *f* matériel *m*
Harem ['haːrɛm] <-s, -s> *m* harem *m*
Harfe ['harfə] <-, -n> *f* harpe *f*
harmlos ['harmloːs] *adj* ❶ *(Person, Tier)* inoffensif(-ive); *(Krankheit)* bénin(-igne) ❷ *(arglos)* anodin(e)
Harmonie [harmo'niː] <-, -n> *f* harmonie *f*
harmonieren* [harmo'niːrən] *vi* ❶ MUS s'accorder ❷ *(zueinander passen)* **miteinander** ~ aller bien ensemble; *(miteinander auskommen)* s'entendre bien
harmonisch [har'moːnɪʃ] **I.** *adj* harmonieux(-euse) **II.** *adv* harmonieusement; *(verlaufen)* dans l'harmonie
Harn [harn] <-[e]s, -e> *m* urine *f*
Harnblase *f* vessie *f*
Harpune [har'puːnə] <-, -n> *f* harpon *m*
harren ['harən] *vi geh* attendre; **er harrte ihrer** *(gen)* il l'attendait
hart [hart] <härter, härteste> **I.** *adj* ❶ dur(e); *(Matratze)* ferme; *(Kontaktlinsen)* rigide ❷ *(heftig)* brutal(e) ❸ *(Akzent)* rude ❹ *(Pornografie)* hard ❺ *(Währung)* fort(e) **II.** *adv* ❶ ~ **durchgreifen** sévir ❷ *(streng)* durement ❸ *(arbeiten)* dur
Härte ['hɛrtə] <-> *f kein Pl (Wucht)* force *f*
Härtefall *m* cas *m* social extrême **Härtetest** *m* test *m* [de résistance]
hartgekocht *s.* **kochen**
hartherzig *adj* insensible
Hartholz *nt* bois *m* dur **Hartkäse** *m* fromage *m* à pâte dure
hartnäckig **I.** *adj* ❶ *(Person)* persévérant(e) ❷ *(Erkältung)* tenace **II.** *adv* avec persévérance
Hartnäckigkeit <-> *f* ❶ persévérance *f* ❷ *(Langwierigkeit)* ténacité *f*
Hartwurst *f* saucisson *m*
Harz[1] [haːɐ̯ts] <-es, -e> *nt* résine *f*
Harz[2] <-es> *m* **der** ~ le Harz
harzig *adj* résineux(-euse)
Hasch [haʃ] <-[s]> *nt fam* hasch *m*
haschen ['haʃən] *vi fam* fumer le bédo
Haschisch ['haʃɪʃ] <-[s]> *nt o m* haschich *m*
Hase ['haːzə] <-n, -n> *m* lièvre *m*
Haselnuss *f* noisette *f*
Hasenfuß *m fam* poule *f* mouillée
Hasenscharte *f* bec-de-lièvre *m*
Hass [has] <-es> *m* haine *f*
hassen ['hasən] *vt* **jdn** ~ haïr qn; **etw** ~ détester qc
hasserfüllt *adj* haineux(-euse)
hässlich ['hɛslɪç] **I.** *adj* laid(e); *(Wort)* méchant(e) **II.** *adv* mal
Hässlichkeit <-> *f* laideur *f*
Hassliebe *f* mélange *m* d'amour et de haine
hast *2. Pers Präs von* **haben**
Hast [hast] <-> *f* hâte *f*
hastig **I.** *adj (Essen)* rapide **II.** *adv* précipitamment
hat [hat] *3. Pers Präs von* **haben**
hätscheln *vt (liebkosen)* dorloter
hatschi *interj* atchoum
hatte ['hatə] *Imp von* **haben**
Haube ['haubə] <-, -n> *f* ❶ coiffe *f* ❷ *(Trockenhaube)* casque *m*
Hauch [haux] <-[e]s, -e> *m geh*

1 souffle *m* 2 *(Anflug)* **ein ~ von Ironie** un soupçon d'ironie
hauchdünn ['haux'dʏn] *adj (Scheibe)* mince
hauchen ['hauxən] **I.** *vi* souffler; **gegen/in etw** *(akk)* ~ souffler contre/dans qc **II.** *vt* **eine Antwort** ~ murmurer une réponse dans un souffle; **jdm etw ins Ohr** ~ chuchoter qc à l'oreille de qn
Haue ['hauə] <-> *f kein Pl fam* raclée *f*
hauen[1] ['hauən] *vt, vi irr+haben* cogner
hauen[2] *irr* **I.** *vt+haben* 1 **einen Nagel in die Wand** ~ enfoncer un clou dans le mur 2 *(herstellen)* **eine Statue in Marmor** ~ tailler une statue dans le marbre **II.** *vi+sein fam* **mit dem Kopf gegen etw** ~ se cogner la tête contre qc **III.** *vr+haben fam* **sich** ~ se tabasser
Haufen ['haufən] <-s, -> *m* 1 tas *m* 2 *fam (Gruppe)* bande *f*
häufen ['hɔyfən] **I.** *vt (Vorräte)* entasser; *(Ämter)* cumuler **II.** *vr* **sich** ~ s'entasser; *(Vorkommnisse)* se répéter
haufenweise *adv* 1 en tas 2 *fam (in großer Zahl)* en masse
häufig ['hɔyfɪç] **I.** *adj* fréquent(e) **II.** *adv* souvent
Häufigkeit <-, -en> *f* fréquence *f*
Haupt- principal(e)
Hauptbahnhof *m* gare *f* centrale **hauptberuflich I.** *adj (Tätigkeit)* principal(e) **II.** *adv* **was machen Sie ~?** que faites-vous comme métier? **Hauptdarsteller(in)** *m(f)* premier rôle *m* **Haupteingang** *m* entrée *f* principale
Häuptel <-s, -[n]> *nt* A tête *f*
Häuptelsalat *m* A laitue *f*
Hauptfach *nt* matière *f* principale **Hauptfigur** *f* figure *m* de proue **Hauptgericht** *nt* plat *m* de résistance **Hauptgeschäftszeit** *f* heures *fpl* d'affluence **Hauptgewinn** *m* gros lot *m*
Häuptling ['hɔyptlɪŋ] <-s, -e> *m* chef *m* de tribu
Hauptmahlzeit *f* repas *m* principal **Hauptmann** <-leute> *m* capitaine *m* **Hauptperson** *f* 1 THEAT personnage *m* principal 2 *(wichtigste Person)* personnage *m* central **Hauptquartier** *nt* quartier *m* général **Hauptreisezeit** *f* période *f* des grands départs **Hauptrolle** *f* premier rôle *m* **Hauptsache** *f* **die** ~ le principal **hauptsächlich** *adv* surtout **Hauptsaison** *f* haute saison *f* **Hauptsatz** *m (übergeordneter Satz)* proposition *f* principale **Hauptschlagader** *f* aorte *f* **Hauptschulabschluss** *m brevet sanctionnant la Hauptschule* **Hauptschule** *f établissement scolaire entre l'école primaire et la formation professionnelle, surtout artisanale, qui propose des cours plus simples que la Realschule* **Hauptschüler(in)** *m(f) élève de Hauptschule* **Hauptstadt** *f* capitale *f* **Hauptstraße** *f* rue *f* principale **Hauptteil** *m* majeure partie *f* **Hauptverkehrsstraße** *f (innerhalb/außerhalb einer Ortschaft)* rue *f*/route *f* à grande circulation **Hauptverkehrszeit** *f* heures *fpl* de pointe **Hauptwort** <-wörter> *nt* nom *m*
Haus [haus] <-es, Häuser> *nt* 1 maison *f*; **nach ~e gehen/kommen** rentrer [à la maison] 2 *(Dynastie)* **das ~ Habsburg** la maison des Habsbourg
Hausarbeit *f* 1 *(Arbeit im Haushalt)* travaux *mpl* ménagers 2 UNIV dissertation *f* **Hausarrest** *m (Strafe für ein Kind)* privation *f* de sortie **Hausarzt, -ärztin** *m, f* médecin *mf* de famille **Hausaufgaben** *Pl* devoirs *mpl* **Hausbesetzer(in)** *m(f)* squatte[u]r *m* **Hausbesetzung** *f* squat *m* **Hausbesitzer(in)** *m(f)* propriétaire *mf* de la maison/de l'immeuble **Hausbesorger(in)** [hausbəzɔrgɐ] A *s.* **Hausmeister**
Häuschen ['hɔysçən] <-s, -> *nt Dim von* **Haus** petite maison *f*
Hauseigentümer(in) *s.* **Hausbesitzer**
hausen ['hauzən] *vi pej fam (wohnen)* crécher
Hausflur *m* vestibule *m* **Hausfrau** *f* femme *f* au foyer **hausgemacht** *adj* [fait(e)] maison

H

Haushalt <-[e]s, -e> *m* ❶ foyer *m;* **jdm den ~ führen** tenir la maison de qn ❷ *(Etat)* budget *m*

Haushaltsgeld *nt* argent *m* du ménage **Haushaltsgerät** *nt* ustensile *m* ménager **Haushaltsjahr** *nt* année *f* budgétaire **Haushaltsplan** *m* état *m* prévisionnel **Haushaltswaren** *Pl* articles *mpl* ménagers

Hausherr(in) *m(f)* maître(-esse) *m(f)* de maison **haushoch** ['haʊs'hoːx] **I.** *adj* ❶ *(Flammen)* immense ❷ *(Sieger)* grandissime *(fam); (Sieg)* écrasant(e) **II.** *adv* de façon écrasante; *(gewinnen)* haut la main

Hausierer(in) <-s, -> *m(f)* colporteur(-euse) *m(f)*

häuslich ['hɔʏslɪç] *adj (Person)* casanier(-ière)

Häuslichkeit <-> *f* côté *m* casanier

Hausmann <-männer> *m* homme *m* au foyer **Hausmeister(in)** *m(f)* concierge *mf* **Hausmittel** *nt* remède *m* de grand-mère **Hausmüll** *m* ordures *fpl* ménagères **Hausmusik** *f* concert *m* en famille **Hausnummer** *f* numéro *m* **Hausordnung** *f* règlement *m* intérieur

Hausrat <-[e]s> *m* biens *mpl* mobiliers **Hausratversicherung** *f* assurance *f* mobilière

Hausschuh *m* chausson *m* **Haustelefon** *nt* interphone *m* **Haustier** *nt* animal *m* domestique **Haustür** *f* porte *f* d'entrée **Hausverwalter(in)** *m(f)* gérant(e) *m(f)* de l'immeuble **Hauswirt(in)** *m(f)* logeur(-euse) *m(f)* **Hauswirtschaft** *f (Hauswirtschaftslehre)* enseignement *m* ménager

Haut [haʊt] <-, Häute> *f* peau *f* ▶ **aus der ~ fahren** *fam* sortir de ses gonds

Hautabschürfung *f* éraflure *f* **Hautarzt, -ärztin** *m, f* dermatologue *mf* **Hautausschlag** *m* éruption *f* **Hautcreme** *f* crème *f*

häuten ['hɔʏtən] **I.** *vt (Fisch)* retirer la peau de; *(Hasen)* écorcher **II.** *vr* **sich ~** muer

hauteng ['haʊtɛŋ] **I.** *adj* moulant(e) **II.** *adv* **~ anliegen** coller à la peau

Hautfarbe *f* couleur *f* de peau **Hautkrebs** *m* cancer *m* de la peau **hautnah** **I.** *adj (Kontakt)* corps contre corps **II.** *adv* ❶ *(sehr nah)* collé(e)s l'un(e) à l'autre ❷ *fam (miterleben)* de tout près **Hautpflege** *f* soins *mpl* de peau

Haxe ['haksə] <-, -n> *f* SDEUTSCH *(eines Kalbs)* jarret *m; (eines Schweins)* jambonneau *m*

Hbf. *Abk von* **Hauptbahnhof** gare *f* centrale

H-Bombe ['haːbɔmbə] *f* bombe *f* H

Hebamme ['heːpʔamə] <-, -n> *f* sage-femme *f*

Hebebühne *f* pont *m* élévateur

Hebel ['heːbəl] <-s, -> *m* levier *m*

heben ['heːbən] *irr* **I.** *vt* ❶ *(Arm, Kopf)* lever ❷ *(hochheben)* soulever ❸ *(Niveau)* relever ❹ *fam (trinken)* **einen ~** boire un coup **II.** *vr* **sich ~** se lever; *(Brust)* se soulever

Hebräer(in) [he'brɛːɐ] <-s, -> *m(f)* Hébreu *m*/Juive *f*

hebräisch [he'brɛːɪʃ] **I.** *adj* hébraïque **II.** *adv* **~ miteinander sprechen** discuter en hébreu

Hebräisch <-[s]> *nt kein art* hébreu *m; s.a.* **Deutsch**

hecheln ['hɛçəln] *vi* haleter

Hecht [hɛçt] <-[e]s, -e> *m* brochet *m*

Hechtsprung *m* saut *m* en extension

Heck [hɛk] <-[e]s, -e> *nt (eines Schiffs)* poupe *f; (eines Flugzeugs)* queue *f*

Hecke ['hɛkə] <-, -n> *f* haie *f*

Heckenschütze, -schützin *m, f* franc-tireur *m*

Heckscheibe *f* vitre *f* arrière

Heer [heːɐ] <-[e]s, -e> *nt* armée *f*

Hefe ['heːfə] <-, -n> *f* levure *f*

Hefeteig *m* pâte *f* levée

Heft [hɛft] <-[e]s, -e> *nt* ❶ *(Schreibheft)* cahier *m* ❷ *(Zeitschrift)* revue *f; (einzelne Ausgabe)* numéro *m*

heften ['hɛftən] *vt* **etw an die Wand ~** fixer qc au mur

Hefter <-s, -> *m (Mappe)* classeur *m*

heftig ['hɛftɪç] **I.** *adj* violent(e); *(Schnee-*

fall) fort(e) **II.** *adv (sich streiten)* violemment; *(schneien)* fortement

Heftklammer *f* ❶ agrafe *f* ❷ *(Büroklammer)* trombone *m* **Heftpflaster** *nt* sparadrap *m* **Heftzwecke** <-, -n> *f* punaise *f*

hegen ['heːgən] *vt (Garten)* prendre soin de

Hehl [heːl] *nt o m* ▸ **kein[en] ~ aus etw machen** ne pas faire mystère de qc

Hehler(in) ['heːlɐ] <-s, -> *m(f)* receleur(-euse) *m(f)*

Heide ['haidə] <-, -n> *f* lande *f*

Heide, Heidin <-n, -n> *m, f* païen(ne) *m(f)*

Heideland *nt* lande *f*

Heidelbeere ['haidəlbeːrə] *f* myrtille *f*

Heidenangst *f kein Pl fam* peur *f* bleue **Heidengeld** *nt kein Pl fam* argent *m* fou **Heidenspaß** *m fam* **das war ein ~!** c'était le pied!

heikel ['haikəl] *adj* délicat(e)

heil [hail] *adj* intact(e)

Heil <-s> *nt (Wohlergehen)* bien-être *m; (Glück)* bonheur *m; (seelisches Heil)* salut *m*

Heilbad *nt* station *f* thermale

heilbar *adj* curable

heilen ['hailən] *vi, vt* guérir

heilfroh *adj fam* vachement content(e)

heilig ['hailɪç] **I.** *adj* ❶ *(Stätte, Pflicht)* sacré(e); *(Sakrament)* saint(e) ❷ *(unantastbar)* **jdm ~ sein** être sacré pour qn **II.** *adv* **jdn ~ sprechen** canoniser qn

Heiligabend [hailɪç'ʔaːbənt] *m (Abend des 24. Dezembers)* soir *m* de Noël; *(Feier)* réveillon *m* de Noël

Heilige(r) *f(m)* saint(e) *m(f)*

heiligen ['hailɪgən] *vt* ❶ *(weihen)* consacrer; **geheiligt** sacré(e) ❷ *(heilighalten)* sanctifier

Heiligenschein *m* auréole *f*

Heiligsprechung *f* canonisation *f*

Heiligtum <-s, -tümer> *nt* sanctuaire *m*

Heilkraft *f* vertus *f pl* curatives

heillos **I.** *adj* terrible **II.** *adv* terriblement

Heilmittel *nt* remède *m* **Heilpflanze** *f* plante *f* officinale **Heilpraktiker(in)** *m(f)* guérisseur(-euse) *m(f)* **Heilquelle** *f* source *f* thermale

heilsam *adj* salutaire

Heilung <-, -en> *f* guérison *f; (einer Wunde)* cicatrisation *f*

heim [haim] *adv* à la maison

Heim <-[e]s, -e> *nt* ❶ *(Zuhause)* domicile *m* ❷ *(Seniorenheim)* foyer *m* de personnes âgées ❸ *(Erziehungsheim)* foyer *m* [éducatif] ❹ *(Erholungsheim)* maison *f* de repos

Heimarbeiter(in) *m(f)* travailleur(-euse) *m(f)* à domicile

Heimat ['haimaːt] <-, -en> *f* ❶ pays *m* [natal] ❷ *(eines Tiers, einer Pflanze)* pays *m* d'origine

Heimatland *nt* pays *m* natal

heimatlos *adj* apatride

heim|bringen *vt irr* **jdn ~** ramener qn chez lui/elle

heimelig ['haiməlɪç] *adj* douillet(te)

heim|fahren *irr* **I.** *vi +sein* rentrer à la maison **II.** *vt +haben* **jdn ~** reconduire qn à la maison **heim|gehen** *vi irr +sein* rentrer chez soi **Heimindustrie** *f* industrie *f* à domicile

heimisch *adj* local(e); *(Bevölkerung)* autochtone

Heimkehr ['haimkeːɐ̯] <-> *f* ❶ retour *m* [à la maison] ❷ *(Heimkehr ins Heimatland)* retour *m* au pays

heim|kehren *vi +sein* ❶ rentrer ❷ *(in das Heimatland heimkehren)* retourner dans son pays

heimlich ['haimlɪç] **I.** *adj* ❶ secret(-ète) ❷ *(Blick)* furtif(-ive) **II.** *adv* ❶ en cachette; *(zusagen)* en secret ❷ *(ansehen)* furtivement

Heimreise *f* [trajet *m* du] retour *m* **Heimspiel** *nt* match *m* à domicile **heim|suchen** *vt* s'abattre sur

heimtückisch *adj* perfide

Heimvorteil *m kein Pl* avantage *m* du terrain/de la salle **Heimweg** *m* [trajet *m* du] retour *m*

Heimweh <-[e]s> *nt* mal *m* du pays

H

Heimwerker(in) <-s, -> *m(f)* bricoleur(-euse) *m(f)*
heim|zahlen *vt* **jdm etw ~** faire payer qc à qn
Heirat ['haira:t] <-, -en> *f* mariage *m*
heiraten ['haira:tən] **I.** *vt* épouser **II.** *vi* se marier
Heiratsantrag *m* demande *f* en mariage **Heiratsanzeige** *f* annonce *f* matrimoniale **heiratsfähig** *adj* en âge de se marier
heiser ['haizɐ] *adj* enroué(e)
heiß [hais] **I.** *adj* ❶ *(sehr warm)* [très] chaud(e); *(zu warm)* brûlant(e); *(Flüssigkeit)* bouillant(e); *(Klima)* torride; **~ laufen** *(Motor)* chauffer ❷ *fam (Tipp)* bon(ne); *(Spur)* très sérieux(-euse) **II.** *adv (essen, duschen)* très chaud
heißblütig ['haisbly:tɪç] *adj (impulsiv)* fougueux(-euse)
heißen ['haisən] *irr* **I.** *vi* ❶ **ich heiße Karin** je m'appelle Karin ❷ *(bedeuten)* **das heißt, dass...** cela veut dire que... ❸ *(lauten)* **„ja" heißt auf Japanisch „hai"** "oui" se dit "hai" en japonais ▶ **das heißt** *(in anderen Worten)* c'est-à-dire; *(beziehungsweise)* ou plutôt **II.** *vi unpers* **es heißt, dass...** on dit que...
Heißhunger *m* **~ auf etw** *(akk)* **haben** avoir une fringale de qc *(fam)*
heiß|laufen *vi irr +sein fam (Telefon)* ne pas arrêter de sonner
Heißluft *f* air *m* chaud **Heißluftballon** *m* montgolfière *f* **Heißluftherd** *m* four *m* à chaleur tournante
heiter ['haitɐ] *adj* ❶ gai(e) ❷ *(Wetter)* clair(e) ▶ **das kann ja ~ werden!** *iron* ça promet!
Heiterkeit <-> *f* ❶ *(Stimmung)* gaieté *f* ❷ *(Belustigung)* hilarité *f*
Heizdecke *f* couverture *f* chauffante
heizen ['haitsən] *vi, vt* chauffer
Heizkessel *m* chaudière *f* **Heizkörper** *m* radiateur *m* **Heizkosten** *Pl* frais *mpl* de chauffage **Heizlüfter** <-s, -> *m* radiateur *m* soufflant **Heizofen** *m* radiateur *m* d'appoint **Heizöl** *nt* mazout *m*
Heizung <-, -en> *f* ❶ chauffage *m* ❷ *fam (Heizkörper)* radiateur *m*
Heizungsmonteur(in) [-mɔntøːɐ] *m(f)* chauffagiste *m*
Hektar ['hɛktaːɐ] <-s, -e> *nt o m* hectare *m*
Hektik ['hɛktɪk] <-> *f* agitation *f* ▶ **bloß keine ~!** *fam* y a pas le feu au lac!
hektisch ['hɛktɪʃ] **I.** *adj* agité(e) **II.** *adv (essen)* avec précipitation; *(reagieren)* nerveusement
Hektoliter [hɛkto'liːtɐ] *m o nt* hectolitre *m*
Held(in) ['hɛlt] <-en, -en> *m(f)* héros *m*/héroïne *f*
Heldentat *f* exploit *m*
helfen ['hɛlfən] *vi irr* **jdm ~** aider qn; *(nützen)* rendre service à qn
Helfer(in) <-s, -> *m(f)* assistant(e) *m(f)*
Helgoland <-s> Helgoland
Helikopter <-s, -> *m* hélicoptère *m*
hell [hɛl] *adj* ❶ clair(e); *(Licht)* vif(vive); **es wird ~** il commence à faire jour ❷ *(aufgeweckt)* futé(e) *(fam)*
hellblau *adj* bleu clair **hellblond** *adj (Person)* aux cheveux blond clair **hellbraun** *adj* marron clair; *(Haare)* châtain clair
Helle(s) *nt* [bière *f*] blonde *f*
hellhörig *adj* sonore ▶ **~ werden** dresser l'oreille
Helligkeit <-, -en> *f* clarté *f*
Hellseher(in) *m(f)* voyant(e) *m(f)* **hellwach** *adj* **~ sein** être bien réveillé
Helm [hɛlm] <-[e]s, -e> *m* casque *m*
Hemd [hɛmt] <-[e]s, -en> *nt* chemise *f*
Hemmschwelle *f* blocage *m*; **~n/eine ~ abbauen** vaincre des blocages/un blocage
Hemmung <-, -en> *f meist Pl* inhibition *f*
hemmungslos *adj* ❶ *(zügellos)* sans retenue ❷ *(skrupellos)* sans scrupules
Hendl ['hɛnd(ə)l] <-s, -[n]> *nt* A poulet *m* rôti
Hengst [hɛŋst] <-[e]s, -e> *m* étalon *m*

Henkel ['hɛŋkəl] <-s, -> *m* anse *f*
Henker <-s, -> *m* bourreau *m*
Henne ['hɛnə] <-, -n> *f* ❶ *(Haushuhn)* [poule *f*] pondeuse *f* ❷ *(weiblicher Hühnervogel)* poule *f*
Hepatitis <-, -titiden> *f* hépatite *f*
her [heːɐ̯] *adv* ❶ *fam* ~ **damit!** file/filez-moi ça! ❷ *(zeitlich)* **das ist schon lange** ~ ça fait déjà longtemps ❸ *(räumlich)* **hinter jdm/etw ~ sein** être à la poursuite de qn/qc; *fig* courir après qn/chercher qc
herab|blicken *s.* **herabsehen**
herab|hängen [hɛ'raphɛŋən] *vi irr* pendre; **von etw ~** pendre de qc
herablassend I. *adj* condescendant(e) II. *adv* avec condescendance
herab|sehen *vi irr (abschätzig betrachten)* **auf jdn/etw ~** regarder qn/qc de haut **herab|setzen** *vt (Preis)* baisser; *(Kosten)* réduire I. *vt* rabaisser II. *vr* **sich ~** s'abaisser
heran [hɛ'ran] *adv* **links ~!** serre/serrez à gauche!
heran|kommen *vi irr +sein* ❶ **an jdn/etw ~** [s']approcher de qn/qc; **an jdn ~** *(in Kontakt kommen)* pouvoir approcher qn; *(gleichwertig sein)* arriver au niveau de qn ❷ *(heranreichen)* **an etw** *(akk)* **~** pouvoir atteindre qc; **an das Geld ~** pouvoir disposer de l'argent **heran|machen** *vr fam* **sich an jdn ~** accoster qn **heran|tasten** *vr (sich nähern)* **sich an jdn/etw ~** avancer à tâtons jusqu'à qn/qc **heran|treten** *vi irr +sein (sich nähern)* s'approcher; **an jdn/etw ~** s'approcher de qn/qc **heran|wagen** *vr* ❶ **sich an jdn ~** oser s'approcher de qn ❷ *(sich zu beschäftigen wagen)* **sich an etw** *(akk)* **~** oser s'attaquer à qc **heran|ziehen** *vt irr +haben* **jdn zu sich ~** attirer qn vers soi; **etw zu sich ~** rapprocher qc de soi
herauf [hɛ'rauf] I. *adv* **von unten ~** depuis le bas II. *präp +akk* **den Berg/die Treppe ~** en gravissant la montagne/en montant les escaliers
herauf|beschwören* *vt irr* ❶ *(Erinnerung)* évoquer ❷ *(Unglück)* provoquer
heraus [hɛ'raus] I. *adj* ❶ **~ sein** *(Blinddarm, Splitter)* être retiré ❷ *(entwachsen)* **aus diesem Alter bin ich ~** ce n'est plus de mon âge II. *adv* **~!** dehors!
heraus|bekommen* *vt irr* ❶ *(Fleck)* réussir à enlever ❷ *(herausfinden)* réussir à trouver ❸ *(ausgezahlt bekommen)* **Sie bekommen noch drei Euro heraus** je dois vous rendre trois euros **heraus|bringen** *vt irr* ❶ **jdm etw ~** apporter qc dehors à qn ❷ *(Buch, Ware)* sortir ❸ *fam (Wort)* sortir; *(Ton)* émettre **heraus|fallen** *vi irr* tomber; **aus etw ~** tomber de qc **heraus|finden** *irr* I. *vt* découvrir II. *vi* **aus dem Museum ~** trouver la sortie du musée
Herausforderer, **Herausforderin** <-s, -> *m, f* adversaire *mf*
heraus|fordern I. *vt* provoquer; *(Gefahr)* défier II. *vi* **zu etw ~** provoquer qc **Herausforderung** *f* ❶ *kein Pl* SPORT challenge *m* ❷ *(Provokation)* provocation *f* ❸ *(Bewährungsprobe)* défi *m* **heraus|geben** *irr* I. *vt* ❶ *(Wechselgeld)* rendre ❷ *(veröffentlichen)* publier; *(edieren)* éditer II. *vi* rendre la monnaie
Herausgeber(in) *m(f) (Verleger)* éditeur(-trice) *m(f)*
heraus|gehen *vi irr +sein* ❶ **aus dem Haus ~** sortir de la maison ❷ *(sich entfernen lassen)* **aus etw ~** *(Fleck)* partir de qc **heraus|halten** *irr* I. *vt* **etw ~** passer qc dehors II. *vr* **sich aus etw ~** se tenir en dehors de qc **heraus|holen** *vt* ❶ **etw aus dem Schrank ~** sortir qc de l'armoire ❷ *(Erdbebenopfer)* extraire ❸ *fam (erreichen)* **das Letzte aus sich ~** donner tout ce qu'on a dans le bide **heraus|kommen** *vi irr +sein* ❶ **aus etw ~** *(zum Vorschein kommen)* sortir de qc; *(verlassen können)* quitter qc ❷ *fam (sich ergeben)* **das kommt aufs Gleiche**

H

heraus c'est du pareil au même ❸ *(Buch)* paraître ❹ *fam (Schwindel)* être découvert ❺ *fam (Publicity haben)* **mit etw groß** ~ faire un malheur avec qc ❻ *(aus der Übung kommen)* perdre la main **heraus|kriegen** *s.* **herausbekommen, rauskriegen**

heraus|nehmen *vt irr* ❶ **jdn/etw aus etw** ~ retirer qn/qc de qc ❷ *fam (erlauben)* **sich** *(dat)* **etw** ~ se permettre qc **heraus|ragen** *vi* ❶ *(Felsen)* être en surplomb ❷ *(sich auszeichnen)* **durch etw** ~ se distinguer par qc **heraus|reden** *vr* **sich** ~ chercher des excuses **heraus|reißen** *vt irr* arracher; **jdn aus seiner Arbeit** ~ arracher qn à son travail **heraus|rücken** *vi +sein fam* **mit etw** ~ accoucher de qc **heraus|rutschen** *vi +sein* ❶ **jdm aus der Tasche** ~ glisser de la poche de qn ❷ *fam (ungewollt aussprechen)* **jdm** ~ *(Bemerkung)* échapper à qn **heraus|springen** *vi irr +sein* sauter dehors; *(Sicherung)* sauter; **was springt dabei heraus?** qu'est-ce qu'il y a à en tirer? *(fam)* **heraus|stehen** *vi irr* **aus etw** ~ dépasser de qc **heraus|stellen I.** *vt (ins Freie stellen)* sortir **II.** *vr* **es stellte sich heraus, dass...** il s'avéra que... **heraus|stürzen** *vi +sein* sortir précipitamment **heraus|suchen** *vt* ❶ *(auswählen)* **etw aus etw** ~ choisir qc parmi qc ❷ *(Textstelle)* rechercher

H

herb [hɛrp] *adj* amer(-ère)

herbei [hɛɐ'bai] *adv geh* par ici

herbei|bringen *vt irr* **jdn/etw** ~ amener qn/apporter qc **herbei|eilen** *vi +sein* arriver en toute hâte **herbei|führen** *vt* ❶ *(Einigung, Entscheidung)* aboutir à ❷ *(Infektion, Tod)* provoquer **herbei|rufen** *vt irr* appeler

Herberge ['hɛrbɛrgə] <-, -n> *f* auberge *f*

her|bringen *vt irr* **jdn** ~ **lassen** faire venir qn

Herbst [hɛrpst] <-[e]s, -e> *m* automne *m*

Herbstferien [-riən] *Pl* ≈ vacances *fpl* de la Toussaint

herbstlich *adj* d'automne

Herd [heːɐ̯t] <-[e]s, -e> *m (Küchenherd)* cuisinière *f*; *(Backofen)* four *m*

Herde ['heːɐ̯də] <-, -n> *f* troupeau *m*

Herdenimmunität *f* MED immunité *f* collective **Herdentrieb** *m pej (von Personen)* esprit *m* moutonnier

Herdplatte *f* plaque *f* de cuisson

herein [hɛ'rain] *adv* **hier/dort** ~ par ici/là; [**nur**] ~**!** entrez!

herein|brechen *vi irr +sein* ❶ *(Flut)* déferler ❷ *(Gewitter, Krieg)* éclater; *(Unheil)* survenir ❸ *(Nacht)* tomber; *(Winter)* arriver **herein|fallen** *vi irr +sein* ❶ tomber à l'intérieur ❷ *(Licht)* entrer ❸ *fam (betrogen werden)* **auf jdn/etw** ~ se faire avoir par qn/avec qc **herein|kommen** *vi irr +sein* ❶ **in etw** *(akk)* ~ entrer dans qc ❷ *(Ware, Geld)* rentrer **herein|lassen** *vt irr (Person)* faire entrer **herein|legen** *vt* ❶ *fam (betrügen)* **jdn mit etw** ~ arnaquer qn avec qc ❷ *(hereinbringen)* **etw** ~ déposer qc à l'intérieur **herein|rufen** *vt irr* dire d'entrer; **rufen Sie ihn bitte** [**zu mir**] **herein!** dites-lui d'entrer, s'il vous plaît! **herein|spazieren*** *vi +sein fam* entrer; [**immer nur**] **hereinspaziert!** entrez donc! **herein|strömen** *vi +sein (Besucher)* entrer en masse

Herfahrt *f* trajet *m* **her|fallen** *vi irr +sein* **über jdn/etw** ~ se jeter sur qn/qc **her|geben** *irr* **I.** *vt (weggeben)* donner **II.** *vr* **sich für etw** ~ se prêter à qc **her|gehen** *irr* **I.** *vi +sein* **neben jdm** ~ marcher à côté de qn; **hinter jdm** ~ suivre qn **II.** *vi unpers +sein fam* **es geht heiß her** ça chauffe

Hering ['heːrɪŋ] <-s, -e> *m* ❶ hareng *m* ❷ *(Zeltpflock)* sardine *f*

her|kommen *vi irr +sein* **wo kommst du her?** tu viens d'où?

herkömmlich ['heːɐ̯kœmlɪç] *adj* traditionnel(le)

Herkunft ['heːɐ̯kʊnft] <-> *f* origine *f*

Herkunftsland *nt* pays *m* d'origine; **sicheres** ~ pays d'origine sûr

her|machen *vr fam* ❶ **sich über das Essen** ~ se jeter sur le repas ❷ *(an sich nehmen)* **sich über etw** *(akk)* ~ rafler qc

Hermelin [hɛrmə'liːn] <-s, -e> *nt* hermine *f*

hermetisch [hɛr'meːtɪʃ] *adj geh* hermétique

Heroin [hero'iːn] <-s> *nt* héroïne *f*

heroisch [he'roːɪʃ] *adj geh* héroïque

Herpes ['hɛrpɛs] <-> *m* herpès *m*

Herr [hɛr] <-n, -en> *m* ❶ monsieur *m* ❷ *form (als Anrede ohne Namen)* **mein ~/meine ~en** Monsieur/Messieurs; **sehr geehrte ~en,...** *(briefliche Anrede)* Messieurs,... ❸ *(Mann)* homme *m* ❹ *(Hundehalter)* maître *m*

Herrchen <-s, -> *nt fam* maître *m*

herrenlos *adj* abandonné(e)

Herrentoilette *f* toilettes *f pl* pour hommes

Herrgott ['hɛrgɔt] *m* ~ [**noch mal**]! *fam* sacredieu!

her|richten *vt (ausbessern)* remettre en état

herrlich I. *adj* ❶ *(prächtig)* magnifique ❷ *(Essen, Witz)* excellent(e) II. *adv (sich amüsieren)* drôlement [bien]

Herrschaft <-, -en> *f* ❶ *kein Pl* pouvoir *m* ❷ *Pl (Damen und Herren)* **die ~en** ces messieurs dames

herrschaftlich *adj (Park)* majestueux(-euse); **eine ~e Villa** une maison de maître

herrschen ['hɛrʃən] *vi* ❶ **über jdn/etw** ~ régner sur qn/qc ❷ *(Not)* sévir

Herrscher(in) <-s, -> *m(f)* souverain(e) *m(f)*

Herrschsucht *f* despotisme *m*

herrschsüchtig *adj* despotique

her|sehen *vi irr* regarder par ici

her|stellen *vt* fabriquer; *(Beziehung, Kontakt)* établir

Hersteller(in) <-s, -> *m(f)* fabricant(e) *m(f)*

Herstellung *f kein Pl* fabrication *f*

Hertz [hɛrts] <-, -> *nt* hertz *m*

herüber [hɛ'ryːbɐ] *adv* de ce côté-ci

herüber|kommen *vi irr +sein* venir par ici

herum [hɛ'rʊm] *adv* **um jdn/etw** ~ autour de qn/qc

herum|drehen *vt* retourner; *(Schlüssel)* tourner **herum|fahren** *vi irr +sein* ❶ *fam* **in der Stadt** ~ faire un tour en ville ❷ *(umkreisen)* **um jdn/etw** ~ tourner autour de qn/qc ❸ *(sich rasch umdrehen)* faire volte-face **herum|gehen** *vi irr +sein* ❶ **um jdn/etw** ~ faire le tour de qn/qc ❷ *fam (umhergehen)* faire les cent pas ❸ *fam (Liste, Buch)* circuler **herum|hängen** *vi irr +sein fam* traîner **herum|kommandieren*** *fam* I. *vt* mener à la baguette II. *vi* **gern** ~ aimer jouer au petit chef **herum|kommen** *vi irr +sein fam* ❶ *(umfahren/vermeiden können)* **um etw** ~ pouvoir éviter qc ❷ *(daherkommen)* **um die Ecke** ~ tourner au coin de la rue ❸ *(reisen)* **viel** ~ voyager beaucoup **herum|laufen** *vi irr +sein* ❶ **um einen Baum** ~ courir autour d'un arbre ❷ *fam (umherlaufen)* se trimbal[l]er **herum|liegen** *vi irr fam* traîner **herum|lungern** *vi fam* glander **herum|reisen** *vi +sein* voyager **herum|schnüffeln** *vi* ❶ **an etw** *(dat)* ~ renifler qc ❷ *pej fam (spionieren)* fouiner **herum|sitzen** *vi irr +sein* ❶ **um jdn/etw** ~ être assis autour de qn/qc ❷ *fam (dasitzen)* rester là à ne rien faire **herum|sprechen** *vr irr* **sich** ~ se répandre **herum|stehen** *vi irr +sein* ❶ **um jdn/etw** ~ entourer qn/qc ❷ *fam (dastehen: Person)* rester planté(e); *(Gegenstand)* être là **herum|stöbern** *vi fam (wahllos stöbern)* farfouiller **herum|treiben** *vr irr pej fam* **sich** ~ traîner **herum|trödeln** *vi fam* traînasser

herunter [hɛ'rʊntɐ] I. *adv* ❶ **bis auf die Erde** ~ jusqu'au sol ❷ *fam (heruntergeklettert)* **von etw** ~ **sein** être descendu de qc ❸ *fam (herun-*

tergelassen) ~ **sein** *(Rollladen)* être baissé II. *präp +akk* **den Berg ~...** pour descendre de la montagne,...

herunter|brennen *vi irr +sein (Kerze)* se consumer **herunter|fahren** *irr* I. *vi +sein* **zu jdm ~** descendre vers qn II. *vt +haben (transportieren)* descendre **herunter|fallen** *vi irr +sein* **von etw ~** tomber de qc **herunter|gehen** *vi, vt irr +sein* 1 **[die Straße] ~** descendre [la rue] 2 *(sich wegbewegen)* **vom Teppich ~** se pousser du tapis 3 *(sinken)* baisser; **mit dem Preis ~** réduire le prix **heruntergekommen** *adj pej (Person)* négligé(e); *(Haus)* délabré(e) **herunter|handeln** *vt fam* **den Preis ~** marchander le prix **herunter|hängen** *vi irr* pendre **herunter|hauen** *vt irr fam* **jdm eine ~** en flanquer une à qn **herunter|klappen** *vt* rabattre **herunter|kommen** *vi, vt irr +sein* descendre **herunter|laden** *vt irr* INFORM télécharger **herunter|lassen** *vt irr (Person, Korb)* faire descendre; *(Rollladen)* baisser **herunter|nehmen** *vt irr* descendre **herunter|schlucken** *s.* **hinunterschlucken** **herunter|spielen** *vt (Problem)* minimiser

H

hervor *interj* **~ mit dir/euch!** *geh* montre-toi/montrez-vous!

hervor|bringen *vt irr* **jdn/etw ~** *(Land)* donner naissance à qn/qc; *(Epoche)* produire qn/qc **hervor|gehen** *vi irr +sein (zu folgern sein)* **aus etw ~** ressortir de qc **hervor|heben** *vt irr* 1 *(betonen)* souligner 2 *(kennzeichnen)* faire ressortir **hervor|holen** *vt* **etw aus etw ~** sortir qc de qc **hervor|kommen** *vi irr +sein* apparaître; **hinter etw** *(dat)* **~** sortir de derrière qc

hervorragend I. *adj* excellent(e) II. *adv* à la perfection

hervor|rufen *vt irr* **bei jdm Bewunderung ~** susciter de l'admiration chez qn **hervor|tun** *vr irr fam (sich auszeichnen)* **sich ~** se faire remarquer; **sich mit etw ~** se faire remarquer par qc

Herz [hɛrts] <-ens, -en> *nt* cœur *m;* **ein gutes ~ haben** avoir bon cœur ▸ **ein ~ und eine Seele sein** être unis comme les [deux] doigts de la main

Herzanfall *m* crise *f* cardiaque **Herzbeschwerden** *Pl* troubles *mpl* cardiaques **Herzdame** *f a. fig* dame *f* de cœur

Herzensbrecher(in) *m(f)* bourreau *m* des cœurs/briseuse *f* de cœurs **herzensgut** *adj* qui a un cœur d'or **Herzenslust** *f* **nach ~** à cœur joie **Herzenswunsch** *m* plus cher désir *m*

Herzfehler *m* déficience *f* cardiaque **herzförmig** *adj* en forme de cœur

herzhaft I. *adj* 1 *(Frühstück)* copieux(-euse) 2 *(Eintopf)* relevé(e) II. *adv* 1 **~ schmecken** avoir un goût épicé 2 *(lachen)* de bon cœur

herzig ['hɛrtsɪç] *adj* mignon(ne); **wie ~!** comme c'est mignon!

Herzinfarkt *m* infarctus *m* [du myocarde] **Herzkammer** *f* ventricule *m* **Herzklopfen** <-s> *nt* palpitations *fpl;* **mit ~** le cœur battant **herzkrank** *adj* cardiaque

herzlich *adj (Begrüßung, Worte)* chaleureux(-euse)

Herzlichkeit <-> *f* cordialité *f*

herzlos *adj* sans cœur

Herzlosigkeit <-> *f* manque *m* de cœur

Herzog(in) ['hɛrtso:k] <-s, Herzöge> *m(f)* duc *m*/ duchesse *f*

Herzogtum <-s, -tümer> *nt* duché *m*

Herzschlag *m (Herztätigkeit)* pulsations *fpl* cardiaques **Herzschrittmacher** *m* pacemaker *m* **Herzstillstand** *m* arrêt *m* cardiaque **Herzstück** *nt* pièce *f* maîtresse **herzzerreißend** *adj* déchirant(e)

Hesse, **Hessin** ['hɛsə] <-n, -n> *m, f* Hessois(e) *m(f)*

Hessen ['hɛsən] <-s> *nt* la Hesse

hessisch *adj* hessois(e)

heterosexuell [heterozɛ'ksuɛl] *adj* hétérosexuel(le)

hetzen ['hɛtsən] *vi* ❶ *+sein (eilen)* **zum Bahnhof** ~ courir à la gare ❷ *+haben pej (Hass schüren)* **gegen jdn/etw** ~ s'acharner sur qn/qc
Hetzkampagne [-kampanjə] *f pej* chasse *f* aux sorcières
Heu [hɔy] <-[e]s> *nt* foin *m*
Heuchelei [hɔyçə'lai] <-, -en> *f* hypocrisie *f*
heucheln ['hɔyçəln] **I.** *vi* faire l'hypocrite **II.** *vt* feindre
Heuchler(in) ['hɔyçlɐ] <-s, -> *m(f)* hypocrite *mf*
heuchlerisch *adj* hypocrite
Heugabel *f* fourche *f* à foin
heulen ['hɔylən] *vi* ❶ *fam* chialer ❷ *(Wolf)* hurler ❸ *(Motor, Sirene)* rugir
Heuschnupfen *m* rhume *m* des foins
Heuschrecke ['hɔyʃrɛkə] <-, -n> *f* sauterelle *f*
heute ['hɔytə] *adv* ❶ aujourd'hui; ~ **Abend** ce soir ❷ *(heutzutage)* de nos jours
heutig ['hɔytɪç] *adj (Zeitung)* d'aujourd'hui
heutzutage ['hɔyttsuta:gə] *adv* de nos jours
Hexe ['hɛksə] <-, -n> *f a. pej* sorcière *f*
hexen ['hɛksən] *vi* pratiquer la magie
Hexenschuss *m kein Pl* tour *m* de reins
Hexenwerk *nt fam* **etw/das ist kein** ~ qc/ça n'est pas sorcier
Hexerei [hɛksə'rai] <-, -en> *f* sorcellerie *f*
hieb [hi:p] *Imp von* **hauen**
Hieb [hi:p] <-[e]s, -e> *m* coup *m*
hieb- und stichfest *adj (Alibi)* en béton; *(Beweise)* irréfutable
hielt [hi:lt] *Imp von* **halten**
hier [hi:ɐ] *adv* ❶ ici; ~ **drinnen/unten** dedans/en bas; **Martin Lang! — Hier!** Martin Lang! — Présent! ❷ *(da)* voilà; ~**, nimm das!** tiens, prends ça!
Hierarchie [hierar'çi:] <-, -n> *f* hiérarchie *f*
hierarchisch [hie'rarçɪʃ] *adj* hiérarchique
hierauf ['hi:'rauf] *adv* là-dessus **hieraus** *adv* d'ici **hierbei** *adv* ❶ à cette occasion ❷ *(währenddessen)* pendant ce temps ❸ *(dabei)* ici; ~ **handelt es sich um ...** il s'agit en l'occurrence de
hierdurch *adv* par ici **hierher** *adv* [par] ici; ~ **holen** aller chercher **hierherum** *adv* ❶ de ce côté-ci ❷ *fam (etwa an dieser Stelle)* dans ce coin-là **hierhin** *adv* **jdn** ~ **bringen** amener qn ici
hierhinein *adv* par ici **hiermit** ['hi:ɐ'mɪt] *adv* ❶ *form* ~ **erkläre ich...** *(in schriftlicher Form)* par la présente, je déclare que... ❷ *(mit diesem Gegenstand)* avec cela
Hieroglyphe [hiero'gly:fə] <-, -n> *f* hiéroglyphe *m*
hierüber ['hi:'ry:bɐ] *adv* par-dessus **hierunter** *adv* **stell den Karton ~!** mets le carton là-dessous! **hiervon** ['hi:ɐ'fɔn] *adv* ❶ *(von hier)* **fünf Kilometer ~ entfernt** à cinq kilomètres d'ici ❷ *(von diesem, diesen)* ~ **kannst du etwas haben** tu peux en prendre; **probier mal** ~ goûte-z-en *(fam)* ❸ *(hierüber)* ~ **weiß ich nichts** j'en sais rien
hierzu *adv* ~ **gehören** en faire partie
hierzulande *adv* ici
hiesig ['hi:zɪç] *adj* d'ici; *(Verhältnisse)* local(e)
hieß [hi:s] *Imp von* **heißen**
Hi-Fi-Anlage ['haifi'anla:gə] *f* chaîne *f* hi-fi
high [hai] *adj fam (von Drogen berauscht)* ~ **sein** être défoncé
Highsociety ['haisə'saiəti] <-> *f* haute société *f*
Hightech ['hai'tɛk] <-[s]> *nt* high-tech *m*
Hilfe ['hɪlfə] <-, -n> *f* ❶ aide *f* ❷ *fig* **mit ~ einer S.** à l'aide de qc ▸ **erste** ~ les premiers soins *mpl*
Hilferuf *m* appel *m* au secours
hilflos *adj* sans défense
Hilflosigkeit <-> *f* détresse *f*
hilfreich *adj* utile
Hilfsaktion *f* action *f* humanitaire **Hilfsarbeiter(in)** *m(f)* ou-

H

vrier(-ière) *m(f)* [non spécialisé(e)] **hilfsbedürftig** *adj* ❶ *(auf Hilfe angewiesen)* qui a besoin d'aide ❷ *(bedürftig)* dans le besoin **hilfsbereit** *adj* serviable **Hilfskraft** *f* aide *mf* **Hilfsmittel** *nt (Arbeitsmittel)* outil *m* de travail **Hilfsorganisation** *f* organisation *f* humanitaire **Hilfsverb** *nt* [verbe *m*] auxiliaire *m*

hilft [hɪlft] *3. Pers Präs von* **helfen**

Himbeere ['hɪmbe:rə] *f* framboise *f*

Himmel ['hɪməl] <-s, *geh* -> *m* ciel *m;* **unter freiem ~** à la belle étoile ▸ **aus heiterem** ~ *fam* tout d'un coup

himmelblau *adj* bleu ciel **Himmelfahrt** *f* l'Ascension *f* **Himmelreich** *nt kein Pl* royaume *m* des cieux

Himmelskörper *m* corps *m* céleste **Himmelsrichtung** *f* direction *f* [géographique]

himmelweit *adj fam* énorme

himmlisch ['hɪmlɪʃ] *adj* ❶ *(Vorsehung)* céleste ❷ *(Wetter, Essen)* divin(e)

hin [hɪn] **I.** *adv* ❶ **bis zum Garten ~** jusqu'au jardin; **zur Straße ~ liegen** donner sur la rue ❷ *(den Hinweg betreffend)* ~ **und zurück** aller et retour ❸ *(zeitlich)* **das ist noch lange ~** c'est encore loin ❹ *(hinsichtlich)* **etw auf Spuren** *(akk)* ~ **untersuchen** examiner qc en vue de rechercher des traces ❺ *(infolge)* **auf sein Drängen ~** sur ses insistances ❻ *(trotz)* **auf die Gefahr ~...** au risque de... ▸ **das Hin und Her** *(das Kommen und Gehen)* le va-et-vient; *(der Wechsel)* les fluctuations *fpl;* ~ **und wieder** de temps en temps **II.** *adj* ❶ *(kaputt)* ~ **sein** être fichu *(fam)* ❷ *(verloren)* **die Ruhe ist ~** c'en est fini du calme

hinab [hɪ'nap] *s.* **hinunter**

hinauf [hɪ'naʊf] **I.** *adv* vers le haut; **immer weiter ~** toujours plus haut **II.** *präp +akk* **den Berg ~...** pour monter au sommet de la montagne...

hinauf|fahren *irr* **I.** *vi +sein* monter **II.** *vt +haben o sein* **jdn mit dem Auto ~** emmener qn en voiture jusqu'en haut **hinauf|führen** *vi* conduire jusqu'en haut **hinauf|gehen** *irr* **I.** *vi +sein* **auf den Dachboden ~** monter au grenier **II.** *vt +sein (Treppe)* monter **hinauf|klettern** *vi +sein* grimper **hinauf|laufen** *irr* **I.** *vi +sein* **zu jdm ~** monter chez qn en courant **II.** *vt +sein (Berg)* escalader **hinauf|reichen** *vi (sich erstrecken)* **bis zum Dach ~** arriver jusqu'au toit **hinauf|schauen**, **hinauf|sehen** *vi irr* lever les yeux **hinauf|steigen** *irr* **I.** *vi +sein* monter **II.** *vt +sein (Leiter)* monter en haut de

hinaus [hɪ'naʊs] *adv* ❶ ~ **sein** être sorti ❷ *(weiter als)* **über dieses Alter bin ich ~** j'ai passé l'âge

hinaus|bringen *vt irr* ❶ *(Person)* reconduire ❷ *(Müll)* sortir **hinaus|fahren** *irr* **I.** *vi +sein (nach draußen fahren)* sortir **II.** *vt +haben (Auto)* sortir **hinaus|fliegen** *vi irr +sein* ❶ *(Vogel)* s'envoler ❷ *fam (hinausgeworfen werden)* être viré **hinaus|gehen** *vi irr +sein* ❶ *(Person)* sortir ❷ *(gerichtet sein)* **auf den Hof ~** *(Fenster, Zimmer)* donner sur la cour **hinaus|jagen** *vt +haben* **jdn ~** mettre qn dehors **hinaus|laufen** *vi irr +sein* ❶ sortir [en courant] ❷ *(gleichbedeutend sein)* **das läuft auf dasselbe hinaus** ça revient au même **hinaus|lehnen** *vr* **sich ~** se pencher [au-]dehors **hinaus|ragen** *vi +sein (nach außen ragen)* dépasser **hinaus|zögern** **I.** *vt* retarder **II.** *vr* **sich ~** être retardé

hin|bekommen* *s.* **hinkriegen**

Hinblick *m* ▸ **im** [*o* **in**] ~ **auf etw** *(akk) (hinsichtlich)* compte tenu de qc

hin|bringen *vt irr* ❶ **jdm etw ~** apporter qc à qn ❷ *(begleiten)* y emmener

hinderlich ['hɪndelɪç] *geh* **I.** *adj* gênant(e); **für jdn/etw ~ sein** *(Umstand, Vorfall)* être un handicap pour qn/qc **II.** *adv* **sich ~ auf etw** *(akk)* **auswirken** constituer un handicap pour la suite de qc

hindern ['hɪnden] *vt* ❶ **jdn** [**daran**] ~

etw zu tun empêcher qn de faire qc ❷ *(stören)* **jdn beim Gehen** ~ gêner qn pour marcher

Hindernis ['hɪndɐnɪs] <-ses, -se> *nt* obstacle *m*

Hindernislauf *m* course *f* d'obstacles

hin|deuten *vi* ❶ **mit dem Finger auf etw** *(akk)* ~ montrer qc du doigt ❷ *(vermuten lassen)* **darauf ~, dass** indiquer que

Hindi ['hɪndi] <-> *nt kein art* hindi *m; s.a.* **Deutsch**

Hindu ['hɪndu] <-[s], -[s]> *m* hindou(e) *m(f)*

Hinduismus [hɪndu'ɪsmʊs] <-> *m* hindouisme *m*

hinduistisch **I.** *adj* hindou(e) **II.** *adv (prägen)* par l'hindouisme

hindurch [hɪn'dʊrç] *adv* ❶ **hier** ~ par ici; **durch die Wand** ~ à travers le mur ❷ *(zeitlich)* **die ganze Nacht** ~ toute la nuit

hindurch|drängen *vr* **sich** ~ se frayer un passage **hindurch|gehen** *vi irr +sein* ❶ **durch etw** ~ passer par qc ❷ *(durchdringen)* **durch jdn/etw** ~ traverser qn/qc

hinein [hɪ'naɪn] *adv* **dort/hier ~!** il faut entrer là-bas/ici!

hinein|bringen *vt irr (hineintragen)* apporter **hinein|denken** *vr irr* **sich in jdn** ~ se mettre à la place de qn **hinein|gehen** *vi irr +sein* **in etw** *(akk)* ~ entrer dans qc **hinein|knien** [-kniːn] *vr fam* **sich** ~ se donner à fond; **sich in etw** *(akk)* ~ se donner à fond dans qc **hinein|legen** **I.** *vt* **etw** ~ mettre qc dedans **II.** *vr* **sich in etw** *(akk)* ~ se coucher dans qc **hinein|steigern** *vr* **sich in etw** *(akk)* ~ se laisser emporter par qc **hinein|versetzen*** *vr* **sich in jdn** ~ se mettre à la place de qn **hinein|ziehen** *vt +haben* **jdn in etw** *(akk)* **[mit]** ~ entraîner qn dans qc

hin|fahren *irr* **I.** *vi +sein* y aller **II.** *vt +haben* **jdn** ~ y conduire qn; **etw** ~ y apporter qc [en voiture] **Hinfahrt** *f* aller *m* **hin|fallen** *vi irr +sein* tomber

hinfällig *adj (Rechnung)* caduc(-uque); *(Argument)* sans valeur

Hinflug *m* vol *m* aller **hin|führen** **I.** *vt* **jdn** ~ y conduire qn **II.** *vi* **zu etw** ~ conduire à qc

hing [hɪŋ] *Imp von* **hängen**

Hingabe *f kein Pl* ardeur *f*

hin|geben *vr irr* **sich dem Nichtstun** ~ s'abandonner au farniente

hingebungsvoll **I.** *adj (Blick)* passionné(e); *(Pflege)* plein(e) de dévouement **II.** *adv (sich widmen)* passionnément; *(pflegen)* avec dévouement

hingegen [hɪn'geːgən] *konj geh* en revanche

hin|gehen *vi irr +sein (dorthin gehen)* y aller

hingerissen ['hɪngərɪsən] **I.** *adj* ravi(e) **II.** *adv* avec ravissement

hin|halten *vt irr* **jdm etw** ~ tendre qc à qn **hin|hören** *vi* écouter

hinken ['hɪŋkən] *vi +haben* boiter

hin|knien *vr +haben* **sich** ~ s'agenouiller **hin|kriegen** *vt fam* ❶ *(reparieren)* **etw [wieder]** ~ rafistoler qc ❷ *(fertig bringen)* arranger

hinlänglich *adj* suffisant(e)

hin|laufen *vi irr +sein* **zu jdm** ~ courir chez qn **hin|legen** **I.** *vt* ❶ *(Buch)* déposer ❷ *(Person)* allonger ❸ *fam (bezahlen: Geld)* devoir allonger **II.** *vr* **sich** ~ s'allonger **hin|nehmen** *vt irr* accepter; *(Niederlage)* essuyer

hinreichend *adj* suffisant(e)

Hinreise *f* aller *m*

hin|reißen *vt irr* **von jdm/etw hingerissen sein** être émerveillé par qn/qc

hinreißend **I.** *adj* ravissant(e) **II.** *adv* merveilleusement [bien]; ~ **aussehen** être ravissant

hin|richten *vt* exécuter

Hinrichtung *f* exécution *f*

hin|schauen *s.* **hinsehen** **hin|schmeißen** *fam s.* **hinwerfen** **hin|sehen** *vi irr* regarder **hin|setzen** *vr* **sich** ~ s'asseoir **Hinsicht** *f kein Pl* point *m* de vue; **in mancher** ~ à maints égards

hinsichtlich *präp +gen form* en ce qui concerne **Hinspiel** *nt* match *m* aller **hin|stellen** I. *vt* ❶ **etw da/dort ~** mettre qc là ❷ *(Fahrrad)* déposer; *(Auto)* garer ❸ *(charakterisieren)* **jdn als Angeber ~** faire passer qn pour un frimeur II. *vr* **sich ~** se mettre debout

hinten ['hɪntən] *adv* derrière; **~ bleiben** rester en arrière; **[ganz] ~ im Bus sitzen** être assis [tout] au fond du bus; **von ~ anfangen** commencer par la fin

hintenherum *adv*, **hintenrum** *adv fam* *(gehen)* par derrière

H **hinter** ['hɪntɐ] I. *präp +dat* ❶ **~ jdm/etw stehen** être derrière qn/qc; **zwei Kilometer ~ der Grenze** deux kilomètres après la frontière ❷ *(nach)* **~ jdm/etw** après qn/qc II. *präp +akk* **sich ~ jdn/etw stellen** se mettre derrière qn/qc

Hinterbliebene(r) *f(m)* **die ~n** la famille

hintere(r, s) *adj (Haus, Tür)* de derrière; *(Reihen)* du fond

hintereinander *adv* ❶ l'un(e) derrière l'autre; **~ hergehen** marcher en file indienne ❷ *(zeitlich)* **etw ~ tun** *(an einem Stück)* faire qc d'affilée

hintereinanderher *adv* l'un(e) derrière l'autre

Hintereingang *m* entrée *f* de derrière **hinterfragen*** [hɪntɐ'fra:gən] *vt geh* **etw ~** remettre qc en question **Hintergedanke** *m* arrière-pensée *f* **hintergehen*** [hɪntɐ'ge:ən] *vt irr* tromper **Hintergrund** *m* ❶ *(einer Bühne, eines Gemäldes)* fond *m* ❷ *(Umstände)* toile *f* de fond

Hinterhalt *m* embuscade *f*

hinterhältig ['hɪntɐhɛltɪç] *adj* hypocrite

Hinterhand ▶ **etw in der ~ haben** avoir qc dans sa manche

hinterher [hɪtɐ'he:ɐ̯] *adv* ❶ après; *(im Nachhinein)* après coup ❷ *(räumlich)* derrière; **los, schnell ~!** vite, courons après!

hinterher|laufen *vi irr +sein* courir derrière; **jdm ~** courir après qn **hinterher|schicken** *vt* **jdm jdn/etw ~** envoyer qn/qc à la suite de qn

Hinterhof *m* arrière-cour *f* **Hinterkopf** *m* arrière *m* de la tête **Hinterland** *nt kein Pl* arrière-pays *m* **hinter|lassen*** [hɪntɐ'lasən] *vt irr* laisser **hinterlegen*** [hɪntɐ'le:gən] *vt* déposer **Hinterlist** *f kein Pl* ruse *f* **hinterlistig** *adj* rusé(e)

hinterm ['hɪntɐm] = *fam Abk von* **hinter dem** *s.* **hinter**

Hintermann <-männer> *m Pl pej fam* *(Drahtzieher)* instigateurs *mpl*

hintern ['hɪntɐn] = *fam Abk von* **hinter den** *s.* **hinter**

Hintern ['hɪntɐn] <-s, -> *m fam* postérieur *m;* **jdm den ~ versohlen** flanquer une fessée à qn

hinters ['hɪntɐs] = *fam Abk von* **hinter das** *s.* **hinter**

hinterste(r, s) *adj Superl von* **hintere(r, s): in der ~n Reihe** au dernier rang

Hinterteil *nt fam (Gesäß)* arrière-train *m* **Hintertür** *f* porte *f* de derrière **hinterziehen*** [hɪntɐ'tsi:ən] *vt irr* frauder sur

hin|tun *vt irr fam* **etw da/dort ~** mettre qc là **hinüber** [hɪ'ny:bɐ] I. *adv* de l'autre côté II. *adj fam* ❶ *(verdorben, defekt)* **~ sein** être fichu ❷ *(hinübergegangen)* **zu jdm/ins Büro ~ sein** être parti chez qn/au bureau

hinüber|blicken *vi* regarder de l'autre côté **hinüber|führen** *vt, vi* conduire de l'autre côté **hinüber|kommen** *vi irr +sein fam (besuchen)* **ich komme zu dir/euch... hinüber** je viens chez toi/vous... **hinüber|schauen** *s.* **hinüberblicken**

Hin- und Rückfahrt *f* aller retour *m*

hinunter [hɪ'nʊntɐ] *adv* **die Treppe ~...** descendre l'escalier...

hinunter|fahren *irr* I. *vi +sein* **ins Tal ~** descendre dans la vallée II. *vt +haben* **jdn ins Tal ~** descendre qn dans la vallée **hinunter|fallen** *vi irr +sein* tomber; **die Treppe ~** dégringoler dans l'escalier **hinunter|gehen** *vi irr +sein* descendre **hinunter|schalten** *vi* **in den zweiten Gang ~** rétrograder en seconde **hinunter|schlucken** *vt* ❶ avaler ❷ *fam (Ärger)* ravaler **hinunter|schütten** *vt* ❶ **etw ~** jeter qc en bas ❷ *fam (hastig trinken)* siffler **hinunter|spülen** *vt* ❶ **etw den Ausguss ~** faire disparaître qc dans l'évier ❷ *fig fam* **etw ~** essayer d'oublier qc [en buvant] **hinunter|stürzen I.** *vi +sein (hinunterfallen)* tomber **II.** *vt +haben* **jdn ~** précipiter qn dans le vide **III.** *vr +haben* **sich ~** se précipiter dans le vide **hinunter|werfen** *vt irr* **etw ~** lancer qc en bas **hinunter|würgen** *vt* faire descendre

hinweg [hɪnˈvɛk] *adv geh* ❶ **über jdn/etw ~** par-dessus qn/qc ❷ *(zeitlich)* **über drei Monate ~** pendant trois mois

Hinweg [ˈhɪnveːk] *m* trajet *m*

hinweg|gehen *vi irr +sein* **über etw** *(akk)* **~** *(nicht beachten)* ne pas tenir compte de qc **hinweg|helfen** *vi irr* **jdm über etw** *(akk)* **~** aider qn à surmonter qc **hinweg|raffen** *vt geh* **jdn ~** *(Seuche)* emporter qn **hinweg|sehen** *vi irr* ❶ **über jdn/etw ~** regarder par-dessus qn/qc ❷ *(nicht beachten)* **über etw** *(akk)* **~** ne pas tenir compte de qc **hinweg|setzen** *vr* **sich über etw** *(akk)* **~** passer outre à qc

Hinweis [ˈhɪnvais] <-es, -e> *m* remarque *f*

hin|weisen *irr* **I.** *vt* **jdn auf etw** *(akk)* **~** attirer l'attention de qn sur qc **II.** *vi* **darauf ~, dass...** attirer l'attention sur le fait que...

Hinweisschild <-schilder> *nt* panonceau *m* **Hinweistafel** *f* panneau *m* d'information

hin|werfen *irr* **I.** *vt* ❶ **jdm etw ~** jeter qc à qn ❷ *fam (aufgeben)* envoyer promener **II.** *vr* **sich vor jdn/etw ~** se jeter aux pieds de qn/qc **hin|wollen** *vi fam* vouloir y aller **hin|ziehen** *vr irr +haben* **sich ~** traîner

hinzu [hɪnˈtsuː] *adv* en plus

hinzu|fügen *vt* **einer S.** *(dat)* **etw ~** ajouter qc à qc **hinzu|kommen** *vi irr +sein (eintreffen)* arriver **hinzu|ziehen** *vt irr* s'adjoindre les services de

Hip-Hop [ˈhɪphɔp] <-s> *m* MUS hip-hop *m*

Hippie [ˈhɪpi] <-s, -s> *m* hippie *mf*

Hirn [hɪrn] <-[e]s, -e> *nt* ❶ cerveau *m* ❷ GASTR cervelle *f*

Hirngespinst [ˈhɪrngəʃpɪnst] *nt* chimère *f*

Hirnhautentzündung *f* méningite *f*

hirnrissig, hirnverbrannt *adj pej fam* débile **Hirntod** *m* MED mort *f* cérébrale

Hirsch [hɪrʃ] <-es, -e> *m* cerf *m*

Hirschgeweih *nt* bois *mpl* de cerf

Hirt, Hirte, Hirtin [ˈhɪrtə] <-n, -n> *m, f* gardien(ne) *m(f)* [de troupeau]; *(Schafhirt)* berger(-ère) *m(f)*

hissen [ˈhɪsən] *vt* hisser

Historiker(in) [hɪsˈtoːrɪkɐ] <-s, -> *m(f)* historien(ne) *m(f)*

historisch [hɪsˈtoːrɪʃ] **I.** *adj* historique **II.** *adv (korrekt)* historiquement; *(betrachtet)* d'un point de vue historique

Hit [hɪt] <-s, -s> *m fam* ❶ tube *m* ❷ *(modisches Muss)* must *m*

Hitliste *f* hit-parade *m* **Hitparade** *f* hit parade *m*

Hitze [ˈhɪtsə] <-, -n> *f* chaleur *f* ▶ **in der ~ des Gefechts** dans le feu de l'action

hitzebeständig *adj* résistant(e) à la chaleur **hitzefrei** *adj* **~ haben** *ne pas avoir classe en raison de la canicule* **Hitzewallung** *f meist Pl* bouffée *f* de chaleur **Hitzewelle** *f* vague *f* de chaleur

hitzig [ˈhɪtsɪç] *adj* ❶ *(Person, Temperament)* irascible ❷ *(Debatte)* enflammé(e)

Hitzkopf *m fam* soupe *f* au lait **Hitzschlag** *m* insolation *f*

HIV [haːʔiːˈfau] <-[s], -[s]> *nt Abk von* **Human Immunodeficiency Virus** HIV *m*, V.I.H. *m*

HIV-infiziert *adj* infecté(e) par le virus V.I.H. **HIV-negativ** *adj* séronéga-

tif(-ive) **HIV-positiv** *adj* séropositif(-ive) **HIV-Test** *m* test *m* de dépistage du sida
Hiwi ['hi:vi] <-s, -s> *m fam (wissenschaftliche Hilfskraft) étudiant(e) aidant un professeur d'université dans ses recherches*
hl *Abk von* **Hektoliter** hl
hl. *Abk von* **heilige(r)** St(e)
H-Milch ['ha:mɪlç] *f* lait *m* U.H.T.
h-Moll ['ha:'mɔl] *nt* si *m* mineur
HNO-Arzt, -ärztin [ha:ʔɛn'ʔo:artst] *m, f* O.R.L. *mf*
H
hob [ho:p] *Imp von* **heben**
Hobby ['hɔbi] <-s, -s> *nt* passe-temps *m*, hobby *m*

Hobbys und Spiele

die Freizeit	les loisirs
die Beschäftigung	l'activité
der Verein	le club
die Fotos	les photos
die Sammlung	la collection
die Bücher	les livres
das Kino	le cinéma
das Spiel	le jeu
das Computerspiel	le jeu vidéo
der Spieler/ die Spielerin	le joueur/ la joueuse
die Spielregel	la règle du jeu
das Gesellschaftsspiel	le jeu de société
die Karte	la carte
der Würfel	le dé
die Reihe[nfolge]	le tour
die Runde	la partie
das Rätsel	la devinette
der Punkt	le point
das Zeichnen	le dessin
der Sport	le sport

Hobbykoch, -köchin *m, f* cuisinier(-ière) *m(f)* amateur **Hobbyraum** *m pièce aménagée pour la pratique d'un hobby*
Hobel ['ho:bəl] <-s, -> *m* ❶ *(Werkzeug)* rabot *m* ❷ *(Küchengerät)* râpe *f*
hobeln ['ho:bəln] *vt* ❶ TECH raboter ❷ GASTR râper
hoch [ho:x] <hohe(r, s), höher, höchste> **I.** *adj* ❶ haut(e); *(Schneedecke)* épais(se); **das Dach ist sieben Meter ~** le toit fait sept mètres de hauteur ❷ *(Stimme, Ton)* aigu(ë) ❸ MATH **zwei ~ drei ist acht** deux [à la] puissance trois égale huit ❹ *(Temperatur, Ansprüche)* élevé(e); *(Strafe)* sévère ▸ **jdm zu ~ sein** *fam* dépasser qn **II.** *adv* <höher, am höchsten> haut; **das Wasser steht drei Zentimeter ~** il y a trois centimètres d'eau; **wie ~ kannst du den Ball werfen?** à quelle hauteur peux-tu lancer le ballon? ▸ **wenn es ~ kommt** *fam* tout au plus
Hoch <-s, -s> *nt* METEO anticyclone *m*
Hochachtung *f* considération *f*; **meine ~!** toutes mes félicitations! **hochaktuell** *adj* d'une actualité brûlante **hoch|arbeiten** *vr* **sich bis zu etw ~** s'élever dans la hiérarchie et devenir qc à la force du poignet **Hochbahn** *f* métro *m* aérien **Hochbau** *m kein Pl* bâtiment *m* **Hochbetrieb** *m* activité *f* intense **Hochburg** *f (einer Partei)* fief *m* **hochdeutsch** *adj (nicht umgangssprachlich)* en allemand standard **Hochdeutsch** <-[s]> *nt* l'allemand *m* standard
Hochdruck *m kein Pl* haute pression *f* **Hochdruckgebiet** *nt* anticyclone *m* **Hochdruckreiniger** *m* nettoyeur *m* haute pression
hocherfreut *adj* **~ sein** [être] très heureux **hoch|fahren** *vi irr +sein* ❶ *fam (nach oben fahren)* monter ❷ *(sich plötzlich aufrichten)* **aus dem Schlaf ~** se réveiller en sursaut **Hochform** *f* **in ~ sein** être en pleine forme **Hochformat** *nt* format *m* en hauteur; INFORM format portrait **hoch|gehen** *vi irr +sein* ❶ *fam (nach oben gehen)* monter ❷ *fam (in die Luft gehen)* exploser ❸ *(steigen)* grimper **Hochglanz** *m* **etw auf ~ bringen** faire briller qc

hochgradig I. *adj* extrême II. *adv* extrêmement

hochhackig ['ho:xhakɪç] *adj* à hauts talons

hoch|halten *vt irr (Hand)* lever **Hochhaus** *nt* tour *f* **hoch|heben** *vt irr (Kind)* soulever; *(Hand)* lever **hochintelligent** *adj* très intelligent(e) **hochinteressant** *adj* d'un grand intérêt

hochkant ['ho:xkant] *adv* ❶ *(auf der Schmalseite)* **~ stehen** être posé verticalement; **ein Buch ~ stellen** mettre un livre debout; **ein Bild ~ stellen** mettre un tableau dans le sens vertical ❷ *s.* **hochkantig**

hoch|klappen *vt +haben (Klappe, Schrankbett)* relever **hoch|klettern** *vi +sein* grimper **Hochkonjunktur** *f* haute conjoncture *f* **hoch|krempeln** *vt* retrousser **hoch|laden** *vt* INFORM charger **Hochland** *nt* haut plateau *m* **hoch|leben** *vi* **jdn ~ lassen** porter un toast à qn **Hochleistungssport** *m* sport *m* de haut niveau **hochmodern** I. *adj* **~ sein** être du dernier cri II. *adv (gekleidet)* à la dernière mode **Hochmoor** *nt* tourbière *f* de montagne **Hochmut** *m* arrogance *f*

hochmütig ['ho:xmy:tɪç] *adj* arrogant(e)

hochnäsig ['ho:xnɛ:zɪç] *adj pej (Art, Person)* hautain(e)

hoch|nehmen *vt irr (hochheben: Person)* porter; *(Gegenstand)* soulever

hochprozentig *adj (Schnaps)* fortement alcoolisé(e)

Hochrechnung *f meist Pl* estimation *f* **Hochsaison** *f* haute saison *f* **hoch|schlagen** *irr* I. *vt +haben (Kragen)* relever II. *vi +sein (Brecher, Wellen)* déferler

Hochschulabschluss *m* diplôme *m* de fin d'études universitaires **Hochschulbildung** *f* formation *f* universitaire

Hochschule *f* ❶ *(Universität)* université *f* ❷ *(Fachhochschule)* école *f* supérieure spécialisée

Hochschullehrer(in) *m(f)* professeur *mf* d'université **Hochschulreife** *f* baccalauréat *m (permission d'accès aux études supérieures)* **Hochschulstudium** *nt* études *fpl* universitaires

hochschwanger *adj* en état de grossesse avancée

Hochsommer *m* plein été *m* **hochsommerlich** *adj* estival(e) **Hochspannung** *f* haute tension *f* **hoch|spielen** *vt* monter en épingle; **etw ~** monter qc en épingle **Hochsprache** *f* langue *f* standard **hoch|springen** *vi irr +sein (nach oben springen)* sauter **Hochsprung** *m* saut *m* en hauteur

Hochstapelei [ho:xʃta:pə'laɪ] <-, -en> *f* imposture *f*

Hochstapler(in) ['ho:xʃta:plɐ] <-s, -> *m(f)* imposteur *m*

höchste(r, s) ['hø:kstə] *adj Superl von* **hoch** ❶ *(Berg, Summe)* le plus haut(la plus haute); *(Schaden)* le plus important(la plus importante); *(Strafe)* le(la) plus sévère; **das Höchste, was** *(die äußerste Summe)* le maximum que *+subj* ❷ *(von größter Intensität: Nervosität)* extrême; **es ist ~e Zeit!** il est grand temps!

höchstens ['hø:kstəns] *adv* au maximum

Höchstgeschwindigkeit *f* vitesse *f* maximale **Höchstleistung** *f* performance *f* extrême **Höchstmaß** *nt* maximum *m;* **~ an Genauigkeit** maximum de précision **höchstpersönlich** *adv* en personne **höchstwahrscheinlich** *adv* selon toute vraisemblance

hochverschuldet *adj* surendetté(e)

Hochwasser *nt (Überschwemmung)* inondation *f* **hoch|werfen** *vt irr* **etw ~** lancer qc en l'air

hochwertig *adj* de grande qualité

Hochzeit ['hɔxtsaɪt] <-, -en> *f* mariage *m;* **die silberne/goldene ~** les noces d'argent/d'or

Hochzeitskleid *nt* robe *f* de mariée **Hochzeitsnacht** *f* nuit *f* de noces **Hochzeitsreise** *f* voyage *m* de noces

H

Hochzeitstag *m* ❶ *(Tag der Hochzeit)* jour *m* du mariage ❷ *(Jahrestag)* anniversaire *m* de mariage
hoch|ziehen *irr* **I.** *vt (Jalousie)* ouvrir; *(Socke)* remonter **II.** *vr (sich nach oben ziehen)* **sich an etw** *(dat)* **~** se relever en se tenant à qc
Hocke ['hɔkə] <-, -n> *f (Körperhaltung)* position *f* accroupie
hocken ['hɔkən] *vi+haben (kauern)* être accroupi
Hocker ['hɔkɐ] <-s, -> *m* tabouret *m*
Höcker ['hœkɐ] <-s, -> *m* bosse *f*
H
Hockey ['hɔki] <-s> *nt* hockey *m* [sur gazon]
Hockeyschläger *m* crosse *f* de hockey
Hoden <-s, -> *m* testicule *m*
Hodensack *m* bourses *fpl*
Hof [ho:f] <-[e]s, Höfe> *m* ❶ cour *f;* **auf den/dem ~** dans la cour ❷ *(Bauernhof)* ferme *f* ▶ **jdm den ~ machen** faire la cour à qn
Hofdame *f* dame *f* de la cour; *(Ehrendame)* dame *f* d'honneur
hoffen ['hɔfən] *vi* ❶ espérer ❷ *(bauen auf)* **auf etw/jdn ~** compter sur qc/qn
hoffentlich ['hɔfəntlɪç] *adv* espérons que...; **~!** j'espère/nous espérons bien!
Hoffnung ['hɔfnʊŋ] <-, -en> *f* espoir *m;* **jdm ~ auf etw** *(akk)* **machen** laisser espérer qc à qn; **sich** *(dat)* **keine ~en machen** ne pas se faire d'illusions
hoffnungslos *adj* désespéré(e)
Hoffnungslosigkeit <-> *f* désespoir *m* **Hoffnungsschimmer** *m* lueur *f* d'espoir **hoffnungsvoll I.** *adj (viel versprechend)* prometteur(-euse) **II.** *adv (ansehen)* plein(e) d'espoir
höflich ['hø:flɪç] *adj* poli(e)
Höflichkeit <-, -en> *f* politesse *f*
Hofnarr *m* fou *m* du roi **Hofrat, -rätin** *m, f* A conseiller(-ère) *m(f)* de la cour
Höhe <-, -n> *f* ❶ *(eines Baums, Gebäudes)* hauteur *f;* *(eines Bergs)* altitude *f* ❷ *(Entfernung über dem Boden)* **aus der ~** d'en haut; **in der ~** dans les airs; **auf halber ~** à mi-hauteur ❸ *(Flughöhe)* altitude *f* ❹ *(eines Gehalts)* montant *m;* *(von Kosten)* niveau *m;* *(von Schäden)* ampleur *f;* **in ~ von hundert Euro** d'un montant de cent euros; **in die ~ gehen** *(Kosten)* augmenter ❺ *(geographische Breite)* **auf gleicher ~ liegen** être à la même latitude *f* ▶ **das ist doch die ~!** *fam* c'est le bouquet!
hohe(r, s) ['ho:ə] *s.* **hoch**
Hoheit <-, -en> *f* altesse *f;* **Seine/Ihre Königliche ~** Son/Votre Altesse Royale
Hoheitsgebiet *nt* territoire *m* national **Hoheitsgewässer** *Pl* eaux *fpl* territoriales **hoheitsvoll** *adj geh* majestueux(-euse)
Höhenangst *f* acrophobie *f* **Höhensonne®** *f* lampe *f* à ultraviolets
Höhepunkt *m* ❶ *(wichtigstes Ereignis)* grand moment *m* ❷ *(einer Krise)* paroxysme *m;* *(der Macht)* apogée *m*
höher *adj, adv Komp von* **hoch** plus haut(e)
hohl [ho:l] *adj* creux(-euse)
Höhle ['hø:lə] <-, -n> *f* ❶ *(im Felsen)* grotte *f;* *(im Baum)* creux *m* ❷ *(Bärenhöhle)* tanière *f*
Höhlenmensch *m* troglodyte *m*
Hohlkreuz *nt* MED forte cambrure *f* des reins **Hohlraum** *m* cavité *f*
Hohn [ho:n] <-[e]s> *m* sarcasmes *mpl;* **das ist der reine ~!** c'est une plaisanterie!
höhnen ['hø:nən] *vi* ricaner
höhnisch ['hø:nɪʃ] *adj* sarcastique
Hokkaido [hɔ'kaido] <-s, -s> *m* BOT, GASTR potimarron *m*
Hokuspokus [ho:kʊs'po:kʊs] <-> *m* **~!** abracadabra!
holen ['ho:lən] **I.** *vt* aller chercher ▶ **bei jdm ist nichts zu ~** *fam* on ne peut rien tirer de qn **II.** *vr fam* ❶ *(sich nehmen)* prendre ❷ *(sich ungewollt zuziehen)* attraper
Holland ['hɔlant] *nt* la Hollande

Holländer(in) ['hɔlɛndɐ] <-s, -> *m(f)* Hollandais(e) *m(f)*

holländisch ['hɔlɛndɪʃ] **I.** *adj* hollandais(e) **II.** *adv fam* ~ **miteinander sprechen** discuter en hollandais

Holländisch <-[s]> *nt kein art fam* hollandais *m; s.a.* **Deutsch**

Hölle ['hœlə] <-, -n> *f* enfer *m;* **in der ~** en enfer; **fahr zur ~!** va au diable! ▸ **es ist die ~ los!** *fam* c'est l'horreur!

Höllenlärm ['hœlən'lɛrm] *m fam* bruit *m* infernal

höllisch *adj* ① de l'enfer ② *fam* infernal(e)

Holocaust ['ho:lokaust] <-s> *m* holocauste *m*

holprig ['hɔlprɪç] *adj* ① *(Straße)* défoncé(e); *(Weg)* cahoteux(-euse); *(Pflaster)* irrégulier(-ière) ② *(ungleichmäßig)* hésitant(e)

Holunder [ho'lʊndɐ] <-s, -> *m* sureau *m*

Holz [hɔlts] <-es> *nt kein Pl* bois *m*

Holzfäller(in) ['hɔltsfɛlɐ] <-s, -> *m(f)* bûcheron(ne) *m(f)* **Holzkohle** *f* charbon *m* de bois **Holzschnitt** *m* gravure *f* sur bois **Holzschuh** *m* sabot *m* **Holzwurm** *m* ver *m* du bois

Homeoffice, Home-Office ['ho:mʔɔfɪs] <-s> *nt* travail *m* domicile, **im ~ arbeiten** travailler à la maison; **ich arbeite zwei Tage pro Woche im ~** je travaille deux jours par semaine chez moi **Homepage** [hɔʊmpəɪdʒ] *f* page *f* d'accueil **Homeschooling, Home-Schooling** ['ho:mskuːlɪŋ] <-s> *nt* école *f* à la maison

Homo *s.* **Homosexuelle(r)**

Homo-Ehe *f* mariage *m* homosexuel

homogen [homo'ge:n] *adj geh* homogène

Homöopath(in) [homøo'pa:t] <-en, -en> *m(f)* homéopathe *mf*

Homöopathie [homøopa'ti:] <-> *f* homéopathie *f*

homöopathisch [homøo'pa:tɪʃ] *adj* *(Mittel)* homéopathique

Homosexualität [homozɛksualɪ'tɛ:t] *f* homosexualité *f* **homosexuell** *adj* homosexuel(le)

Homosexuelle(r) *f(m)* homosexuel(le) *m(f)*

Honig ['ho:nɪç] <-s, -e> *m* miel *m*

Honigbiene *f form* abeille *f* **Honigmelone** *f* melon *m* **honigsüß** ['ho:nɪç'zy:s] *pej* **I.** *adj (Lächeln, Ton)* mielleux(-euse) **II.** *adv* ~ **lächeln** avoir un sourire mielleux

Honorar [hono'ra:ɐ̯] <-s, -e> *nt* honoraires *mpl*

honorieren* [hono'ri:rən] *vt* ① *(würdigen)* **jdn ~** apprécier qn à sa juste valeur ② *(Arbeit)* rétribuer; **jdn mit etw ~** donner qc à qn comme rétribution

Hooligan ['hu:ligən] <-s, -s> *m* houligan *m*

Hopfen ['hɔpfən] <-s, -> *m* houblon *m*

hopp [hɔp] *interj fam (los)* allez, hop

hoppeln ['hɔpəln] *vi +sein* faire des bonds

hoppla ['hɔpla] *interj* ① *(Vorsicht)* ouh, là [là] ② *(Moment mal)* attends/attendez voir!

hopsen ['hɔpsən] *vi +sein fam* sauter

hörbar ['hø:ɐ̯ba:ɐ̯] *adj* audible

horchen ['hɔrçən] *vi (lauschen)* écouter

Horde ['hɔrdə] <-, -n> *f* horde *f*

hören ['hø:rən] **I.** *vt* ① *(wahrnehmen, vernehmen)* entendre ② *(anhören: Sendung, Konzert)* écouter; **hast du diesen Pianisten schon mal gehört?** tu as déjà entendu ce pianiste? ③ *(erfahren)* **etw über jdn/etw ~** entendre dire qc de qn/qc; **etwas von sich ~ lassen** donner de ses nouvelles; **nichts [davon] ~ wollen** ne pas vouloir le savoir; **wie man hört/wie ich höre,...** à ce qu'on dit... **II.** *vi* ① *(zuhören)* écouter; **hör mal/~ Sie mal!** *fam* écoute/écoutez! ② *(vernehmen)* **gut/schlecht ~** entendre bien/mal ③ *(erfahren)* **von jdm/etw gehört haben** avoir entendu parler de qn/qc ④ *fam (sich richten nach)* **auf jdn/etw ~** écouter qn/qc

H

Hörensagen ['hø:rənza:gən] *nt* ▶ **vom ~** par ouï-dire
Hörer <-s, -> *m* ❶ *(Zuhörer)* auditeur *m* ❷ *(Telefonhörer)* combiné *m*
Hörerin <-, -nen> *f* auditrice *f*
Hörfunk *m form* radio *f* **Hörgerät** *nt* appareil *m* auditif
hörig *adj* **jdm ~ sein** être soumis à qn
Horizont [hori'tsɔnt] <-[e]s, -e> *m* horizon *m* ▶ **das geht über seinen ~** cela le dépasse
horizontal [horitsɔn'ta:l] *adj* horizontal(e)
H
Horizontale *f* droite *f* horizontale
Hormon [hɔr'mo:n] <-s, -e> *nt* hormone *f*
hormonal [hɔrmo'na:l] *adj* hormonal(e)
Hörmuschel *f* écouteur *m*
Horn [hɔrn] <-[e]s, Hörner> *nt* ❶ *(eines Tiers)* corne *f* ❷ MUS cor *m*
Hörnchen ['hœrnçən] <-s, -> *nt (Croissant)* croissant *m*
Hornhaut *f* ❶ *(des Auges)* cornée *f* ❷ *(Hautschicht)* corne *f*
Hornisse [hɔr'nɪsə] <-, -n> *f* frelon *m*
Hornochs, **Hornochse** *m fam* bourrique *f*
Horoskop [horo'sko:p] <-s, -e> *nt* horoscope *m*
Horror ['hɔro:ɐ̯] <-s> *m* horreur *f*
Horrorfilm *m* film *m* d'horreur
Hörsaal *m* amphithéâtre *m*
horten ['hɔrtən] *vt (Geld)* entasser
Hortensie [hɔr'tɛnzi̯ə] <-, -n> *f* hortensia *m*
Hörweite *f* **in/außer ~ sein** être à/hors de portée de voix
Hose ['ho:zə] <-, -n> *f* pantalon *m;* **eine kurze ~** un short ▶ **da ist tote ~** *fam* c'est mort ici; **in die ~ gehen** *fam* foirer; **sich** *(dat)* [**vor Angst**] **in die ~ machen** *fam* faire dans son froc
Hosenanzug *m* tailleur-pantalon *m* **Hosenbein** *nt* jambe *f* de pantalon **Hosenrock** *m* jupe-culotte *f* **Hosenschlitz** *m* braguette *f* **Hosenträger** *Pl* bretelles *fpl*
Hospital [hɔspi'ta:l] <-s, -e> *nt* hôpital *m*
Hospiz [hɔs'pi:ts] <-es, -e> *nt (Herberge)* hospice *m*
Host [hɔʊst] <-s, -s> *m* hôte *m*
Hostess *f* hôtesse *f*
Hostie ['hɔsti̯ə] <-, -n> *f* hostie *f*
Hotdog ['hɔtdɔk] <-s, -s> *nt o m* hot-dog *m*
Hotel [ho'tɛl] <-s, -s> *nt* hôtel *m*
Hotelfachschule *f* école *f* hôtelière **Hotelzimmer** *nt* chambre *f* d'hôtel
Hotline ['hɔtlai̯n] <-, -s> *f* hotline *f*
Hotpants ['hɔtpɛnts] *Pl* mini-short *m*
Hr. *Abk von* **Herr** M.
Hrn. *Abk von* **Herrn** M.
HTML [ha:te:ʔɛm'ʔɛl] <-> *nt Abk von* **Hypertext Mark-up Language** INFORM HTML *m*
hübsch [hʏpʃ] **I.** *adj* ❶ joli(e); **sich ~ machen** se faire beau(belle) ❷ *fam (Sümmchen)* coquet(te) **II.** *adv (sich kleiden)* bien
Hubschrauber ['hu:pʃrau̯bɐ] <-s, -> *m* hélicoptère *m*
Hubschrauberlandeplatz *m* héliport *m*
huch [hʊx] *interj* oh
huckepack ['hʊkəpak] *adv* **jdn ~ tragen** *fam* porter qn sur son dos
hudeln ['hu:dəln] *vi bes.* A, SDEUTSCH *fam* ❶ *(nachlässig arbeiten)* bâcler le boulot ❷ *(hektisch sein)* **nur nicht ~!** pas d'affolement!
Huf [hu:f] <-[e]s, -e> *m* sabot *m*
Hufeisen *nt* fer *m* à cheval
hufeisenförmig *adj, adv* en fer à cheval
Hüferl <-s, -n> *nt* A rumsteck *m*
Hüfte ['hʏftə] <-, -n> *f* hanche *f*
Hügel ['hy:gəl] <-s, -> *m* colline *f*
Huhn [hu:n] <-[e]s, Hühner> *nt* ❶ poule *f* ❷ GASTR poulet *m* ▶ **da lachen ja die Hühner!** *fam* laisse-moi rigoler!
Hühnchen ['hy:nçən] <-s, -> *nt Dim von* **Huhn** poulet *m* ▶ **mit jdm ein ~ zu rupfen haben** *fam* avoir un compte à régler avec qn

Hühnerauge *nt* cor *m* **Hühnerbrühe** *f* bouillon *m* de poule **Hühnerbrust** *f* GASTR blanc *m* de poulet **Hühnerei** *nt* œuf *m* de poule **Hühnerfleisch** *nt* viande *f* de poulet **Hühnerfrikassee** *nt* fricassée *f* de poulet **Hühnerhof** *m* basse-cour *f* **Hühnerstall** *m* poulailler *m*

Hülle ['hʏlə] <-, -n> *f* ❶ *(Schutzhülle)* housse *f* ❷ *(Buchhülle)* couverture *f* ❸ *(Plattenhülle)* pochette *f* ❹ *(Ausweishülle)* étui *m*

hüllenlos *adj, adv hum* en costume d'Adam/d'Ève

Hülse ['hʏlzə] <-, -n> *f (Patronenhülse)* douille *f*

Hülsenfrucht ['hʏlzənfrʊxt] *f meist Pl* légume *m* sec

human [hu'maːn] *adj* humain(e)

Humanismus [huma'nɪsmʊs] <-> *m* humanisme *m*

Humanist(in) [huma'nɪst] <-en, -en> *m(f)* humaniste *mf*

humanistisch *adj* ❶ humaniste ❷ *(altsprachlich: Bildung, Gymnasium)* classique

humanitär [humani'tɛːɐ̯] *adj* humanitaire

Humanität [humani'tɛːt] <-> *f* humanité *f*

Hummel ['hʊməl] <-, -n> *f* bourdon *m*

Hummer ['hʊmɐ] <-s, -> *m* homard *m*

Humor [hu'moːɐ̯] <-s> *m* humour *m*

Humorist(in) <-en, -en> *m(f)* comique *mf; (Schriftsteller)* humoriste *mf*

humoristisch [humo'rɪstɪʃ] *adj* humoristique

humorlos *adj* dépourvu(e) d'humour

humorvoll *adj* plein(e) d'humour

humpeln ['hʊmpəln] *vi* boitiller

Humus ['huːmʊs] <-> *m* humus *m*

Hund [hʊnt] <-[e]s, -e> *m* ❶ chien *m;* **Vorsicht, bissiger ~!** [attention,] chien méchant! ❷ *fam (Mensch)* **ein armer ~** un pauvre bougre ❸ *pej fam (Schuft)* salaud *m* ▶ **bekannt sein wie ein bunter ~** *fam* être connu comme le loup blanc; **vor die ~e gehen** *fam* se retrouver dans le pétrin

hundeelend ['hʊndə'ʔeːlɛnt] *adj* **sich ~ fühlen** *fam* être malade comme un chien **Hundehütte** *f* niche *f* **Hundeleben** *nt pej fam* vie *f* de chien **Hundeleine** *f* laisse *f* **hundemüde** *adj fam* **~ sein** être [complètement] crevé

Hunderasse *f* race *f* de chiens

hundert ['hʊndɐt] *num* cent; **einige ~ Menschen** quelques centaines de personnes; *s.a.* **achtzig**

Hundert[1] ['hʊndɐt] <-, -en> *f* cent *m*

Hundert[2] <-s, -e> *nt* centaine *f;* **~e von Fliegen** des centaines de mouches

hunderteins *num* cent un

Hunderter <-s, -> *m fam (Banknote)* billet *m* de cent

hundertfach *adj, adv* cent fois; *s.a.* **achtfach**

Hundertjahrfeier *f* centenaire *m*

hundertjährig *adj (Person, Baum)* centenaire

hundertmal *adv* cent fois; *s.a.* **achtmal**

Hundertmeterlauf *m* cent mètres *m*

hundertprozentig *adj fam (total)* cent pour cent

hundertste(r, s) ['hʊndɐstə] *adj* centième; **jeder Hundertste** une personne sur cent; *s.a.* **achte(r, s)** ▶ **vom Hundertsten ins Tausendste kommen** *fam* passer du coq à l'âne

Hundertstel <-s, -> *nt* centième *m*

hunderttausend ['hʊndɐt'taʊ̯zənt] *num* ❶ cent mille ❷ *fam (unzählige)* des milliers de

Hundesteuer *f* taxe *f* sur les chiens

Hündin ['hʏndɪn] *f* chienne *f*

hundsgemein *adj fam (Kerl, Lüge)* sale *antéposé*

Hunger ['hʊŋɐ] <-s> *m* faim *f;* **~ bekommen** commencer à avoir faim; **~ auf etw** *(akk)* **haben** avoir faim de qc; **vor ~ [fast] umkommen** *fam* crever de faim

Hungerlohn *m pej* salaire *m* de famine

hungern ['hʊŋɐn] *vi* souffrir de la faim

H

Hungersnot *f* famine *f*
Hungerstreik *m* grève *f* de la faim
hungrig ['hʊŋrɪç] *adj* affamé(e)
Hupe ['hu:pə] <-, -n> *f* klaxon® *m*
hupen ['hu:pən] *vi* klaxonner
hüpfen ['hʏpfən] *vi +sein (Person)* sauter; *(Vogel)* sautiller
Hürde ['hʏrdə] <-, -n> *f (beim Hürdenlauf)* haie *f*; *(im Reitsport)* obstacle *m*
Hure ['hu:rə] <-, -n> *f pej* putain *f (vulg)*
hurra [hʊ'ra:] *interj* hourra
Hurrikan ['hʊrikan] <-s, -e> *m* ouragan *m*
huschen ['hʊʃən] *vi +sein* **aus der Tür ~** *(schnell/verstohlen hinausgehen)* sortir vivement/furtivement
husten ['hu:stən] *vi* tousser
Husten <-s> *m* toux *f*; **~ haben** tousser
Hustenanfall *m* quinte *f* de toux **Hustenbonbon** *m o nt* bonbon *m* contre la toux **Hustensaft** *m* sirop *m* contre la toux
Hut[1] [hu:t] <-[e]s, Hüte> *m* chapeau *m* ▶ **~ ab vor jdm/etw!** *fam* chapeau à qn/qc!
Hut[2] [hu:t] *f geh* ▶ **auf der ~ sein** se tenir sur ses gardes
hüten ['hy:tən] **I.** *vt (Geheimnis, Bett)* garder **II.** *vr* **sich vor jdm/etw ~** se méfier de qn/qc; **sich ~ etw zu tun** se garder de faire qc
Hutmacher(in) *m(f)* chapelier(-ière) *m(f)*; *(für Frauenhüte)* modiste *mf*
Hütte ['hʏtə] <-, -n> *f* cabane *f*
Hüttenkäse *m* cottage® *m*
Hyäne ['hÿɛ:nə] <-, -n> *f* hyène *f*
Hyazinthe [hya'tsɪntə] <-, -n> *f* jacinthe *f*
Hybridantrieb [hy'bri:t-] *m* motorisation *f* hybride **Hybridfahrzeug** *nt* véhicule *m* hybride
hydraulisch *adj* hydraulique
Hydrokultur [hydrokʊl'tu:ɐ̯] *f* culture *f* hydroponique
Hygiene [hy'gi̯e:nə] <-> *f* hygiène *f*
hygienisch *adj* hygiénique
Hymne ['hʏmnə] <-, -n> *f* hymne *m*
Hyperbel [hy'pɛrbəl] <-, -n> *f* MATH, LING hyperbole *f*
Hyperlink ['haɪpəlɪŋk] *m* INFORM hyperlien *m*
Hypnose [hʏp'no:zə] <-, -n> *f* hypnose *f*
hypnotisieren* [hʏpnoti'zi:rən] *vt* hypnotiser
Hypochonder [hypo'xɔndɐ] <-s, -> *m* PSYCH hypocondriaque *mf*
Hypothek [hypo'te:k] <-, -en> *f* hypothèque *f*
Hypothese [hypo'te:zə] <-, -n> *f* hypothèse *f*; **eine ~ aufstellen** émettre une hypothèse
hypothetisch [hypo'te:tɪʃ] *adj* hypothétique
Hysterie [hʏste'ri:] <-, -n> *f* hystérie *f*
hysterisch [hʏs'te:rɪʃ] *adj* hystérique
Hz *Abk von* **Hertz** Hz

I i

i [iː] *interj fam (Ausdruck des Ekels)* be[u]rk

I, i [iː] <-, -> *nt* I *m*/i *m*

iberisch [iˈbeːrɪʃ] *adj* ibérique

IC® [iːˈtseː] <-s, -s> *m Abk von* **Intercity** IC *m*

ICE® [iːtseːˈʔeː] <-s, -s> *m Abk von* **Intercity Express** ≈ T.G.V. *m*

ich [ɪç] *pron pers* je; *(betont, allein stehend)* moi; **hier bin ~!** me voici!

Ich <-[s], -s> *nt* moi *m*

Ichform *f* première personne *f*

Icon [ˈaɪkən] <-s, -s> *nt* icône *f*

ideal [ideˈaːl] *adj* idéal(e)

Ideal <-s, -e> *nt* idéal *m*

Idealfall *m* cas *m* idéal **Idealgewicht** [ideˈaːlgəvɪçt] *nt* poids *m* idéal

idealisieren* [idealiˈziːrən] *vt* idéaliser

Idealismus [ideaˈlɪsmʊs] <-> *m* idéalisme *m*

Idealist(in) [ideaˈlɪst] <-en, -en> *m(f)* idéaliste *mf*

idealistisch *adj* idéaliste

Idee [iˈdeː] <-, -n> *f* ❶ idée *f;* **jdn auf eine ~ bringen** donner une idée à qn; **wie kommst du denn auf die ~?** où vas-tu chercher une idée pareille? ❷ *fam (Kleinigkeit)* **eine ~ zu kalt** un soupçon trop froid

ideenreich [iˈdeːənraɪç] *adj* inventif(-ive)

identifizieren* [idɛntifiˈtsiːrən] **I.** *vt* identifier **II.** *vr* **sich mit jdm/etw ~** s'identifier à qn/qc

Identifizierung <-, -en> *f* identification *f*

identisch [iˈdɛntɪʃ] *adj* identique

Identität [idɛntiˈtɛːt] <-> *f* identité *f*

Identitätskarte *f bes.* A, CH carte *f* d'identité

Ideologie [ideoloˈgiː] <-, -n> *f* idéologie *f*

Idiom [iˈdi̯oːm] <-s, -e> *nt* LING idiome *m*

idiomatisch [idi̯oˈmaːtɪʃ] *adj* idiomatique

Idiot(in) [iˈdi̯oːt] <-en, -en> *m(f) pej fam* idiot(e) *m(f)*

idiotensicher *adj iron fam* simple comme bonjour

Idiotie [idi̯oˈtiː] <-, -n> *f pej fam* connerie *f*

idiotisch *adj pej fam* débile

Idol [iˈdoːl] <-s, -e> *nt* idole *f*

Idyll [iˈdʏl] <-s, -e> *nt* lieu *m* idyllique

Idylle [iˈdʏlə] <-, -n> *f* idylle *f*

idyllisch *adj* idyllique

Igel [ˈiːgəl] <-s, -> *m* hérisson *m*

igitt[igitt] *interj fam* be[u]rk

Iglu <-s, -s> *m o nt* igloo *m*

Ignoranz [ɪgnoˈrants] <-> *f pej geh* ignorance *f*

ignorieren* [ɪgnoˈriːrən] *vt* ignorer

ihm[1] [iːm] *pron pers dat von* **er** lui; **sie glaubt ~** elle le croit; **es geht ~ gut** il va bien

ihm[2] *pron pers dat von* **es**: **er hilft ~** il l'aide; **das gefällt ~** cela lui plaît; **~ ist langweilig** il s'ennuie; **um das Kalb zu fotografieren, näherte sie sich ~** pour photographier le veau, elle s'en approcha

ihn [iːn] *pron pers, akk von* **er**: **ohne ~** sans lui; **ich kenne ~** je le connais; **er fragt ~** il lui demande; **wo ist mein Schlüssel, siehst du ~?** où est ma clé, est-ce que tu la vois?

ihnen [ˈiːnən] *pron pers dat von* **sie**[2]: **bei ~** chez eux/elles; **das gefällt ~** cela leur plaît; **sie glaubt ~** elle les croit; **es geht ~ gut** ils/elles vont bien

Ihnen *pron pers dat von* **Sie**[1] vous; **wie geht es ~?** comment allez-vous?

ihr[1] [iːɐ̯] *pron pers* vous; **~ seid an der Reihe!** c'est votre tour!

ihr[2] *pron pers dat von* **sie**[1]: **bei ~** chez elle; **das gefällt ~** cela lui plaît; **sie**

hilft ~ elle l'aide; **es geht ~ gut** elle va bien; **um die Katze zu fotografieren, näherte er sich** ~ pour photographier le chat, il s'en approcha

ihr[3] *pron poss zu* **sie**[1] ① ~ **Bruder** son frère; **~e Schwester** sa sœur; **~e Eltern** ses parents; **dieses Feuerzeug ist ~[e]s** ce briquet est à elle ② *substantivisch* **der/die/das ~e** le sien/la sienne; **die Ihren** les siens

ihr[4] *pron poss zu* **sie**[2] ① ~ **Bruder** leur frère; **~e Brüder** leurs frères ② *substantivisch* **der/die/das ~e** le/la leur; **die Ihren** les leurs

Ihr *pron poss zu* **Sie**[1] ① votre; **~e Kinder** vos enfants; **herzlichst ~ Peter Braun** cordialement, Peter Braun ② *substantivisch* **der/die/das ~e** le/la vôtre; **die ~en** les vôtres

ihrerseits ['i:rɐzaits] *adv* ① *(auf eine Person bezogen)* de son côté ② *(auf mehrere Personen bezogen)* de leur côté

Ihrerseits *adv* de votre côté

ihresgleichen ['i:rəs'glaiçən] *pron inv* **sie verkehrt nur mit** ~ elle ne fréquente que les gens de sa sorte; **sie verkehren nur mit** ~ ils ne fréquentent que les gens de leur sorte; **unter** ~ entre eux/elles

Ihresgleichen *pron inv* des gens *mpl* comme vous

ihretwegen ['i:rət've:gən] *adv* ① *(ihr zuliebe)* pour elle; *(von ihr aus)* si cela ne tenait/n'avait tenu qu'à elle ② *(ihnen zuliebe)* pour eux/pour elles; *(von ihnen aus)* si cela ne tenait/n'avait tenu qu'à eux/elles

Ihretwegen *adv (Ihnen zuliebe)* pour vous; *(von Ihnen aus)* si cela ne tenait/n'avait tenu qu'à vous

Ikone [i'ko:nə] <-, -n> *f* icône *f*

illegal ['ɪlega:l] *adj* illégal(e)

Illegalität [ɪlegali'tɛ:t] <-> *f* illégalité *f*

illegitim ['ɪlegiti:m] *adj* illégitime

Illusion [ɪlu'zi̯o:n] <-, -en> *f* illusion *f*

illusorisch [ɪlu'zo:rɪʃ] *adj* illusoire

Illustration [ɪlʊstra'ts̮i̯o:n] <-, -en> *f* illustration *f*

Illustrator, **Illustratorin** [ɪlʊs'tra:to:ɐ̯] <-s, -toren> *m, f* illustrateur (-trice) *m(f)*

illustrieren* [ɪlʊs'tri:rən] *vt* illustrer

Illustrierte <-n, -n> *f* illustré *m*

im [ɪm] = *Abk von* **in dem** *s.* **in**

Image ['ɪmɪtʃ] <-[s], -s> *nt* image *f* de marque

Imbiss ['ɪmbɪs] <-es, -e> *m* ① *(Häppchen)* collation *f* ② *(Imbissstand)* friterie *f*

Imbissstube *f* snack[-bar] *m*

imitieren* [imi'ti:rən] *vt* imiter

Imker(in) ['ɪmkɐ] <-s, -> *m(f)* apiculteur(-trice) *m(f)*

Immatrikulation [ɪmatrikula'ts̮i̯o:n] <-, -en> *f* inscription *f*

immatrikulieren* [ɪmatriku'li:rən] *vr* **sich** ~ s'inscrire

immer ['ɪmɐ] *adv* ① toujours; ~ **wieder** sans cesse; ~ **noch** toujours [et encore]; ~ **mal [wieder]** *fam* comme ça, à l'occasion ② *(zunehmend)* ~ **mehr** de plus en plus; ~ **größer** de plus en plus grand(e) ③ *(jedes Mal)* **~, wenn ich lese** chaque fois que je lis ④ *(auch)* **wann ~ das sein wird** peu importe quand ce sera; **wo ~ er sein mag** où qu'il soit

immerhin ['ɪmɐ'hɪn] *adv* tout de même

Immigrant(in) [ɪmi'grant] <-en, -en> *m(f)* immigrant(e) *m(f)*

Immobilie [ɪmo'bi:li̯ə] <-, -n> *f* propriété *f* immobilière; **~n** des biens *mpl* immobiliers

Immobilienmakler(in) *m(f)* agent *mf* immobilier

immun [ɪ'mu:n] *adj* **gegen eine Krankheit ~ werden/sein** s'immuniser/être immunisé contre une maladie

immungeschwächt *adj* à immunité compromise

Immunität [ɪmuni'tɛ:t] <-, -en> *f* immunité *f*

Immunschwäche *f* MED immunodéficience *f* **Immunsystem** *nt* système *m* immunitaire

Imperativ [ˈɪmperatiːf] <-s, -e> *m* impératif *m*

Imperfekt [ˈɪmpɛrfɛkt] <-s, -e> *nt* imparfait *m*

Imperialismus [ɪmperiaˈlɪsmʊs] <-, -lismen> *m* impérialisme *m*

Imperialist(in) [ɪmperi̯aˈlɪst] <-en, -en> *m(f)* *a. pej* impérialiste *mf*

imperialistisch [ɪmperiaˈlɪstɪʃ] *adj pej* impérialiste

Imperium [ɪmˈpeːriʊm] <-s, -rien> *nt* empire *m*

impfen [ˈɪmpfən] *vt* vacciner

Impfgegner(in) *m(f)* antivax *mf* **Impfpass** [ˈɪmpfpas] *m* carnet *m* de vaccination **Impfstoff** *m* vaccin *m*

Impfung <-, -en> *f* vaccination *f*

implantieren *vt* implanter

imponieren* [ɪmpoˈniːrən] *vi* **jdm ~** en imposer à qn

Import [ɪmˈpɔrt] <-[e]s, -e> *m* *(Einfuhr)* importation *f*

importieren* [ɪmpɔrˈtiːrən] *vt* importer

imposant *adj* impressionnant(e)

impotent [ˈɪmpotɛnt] *adj* impuissant(e)

Impotenz [ˈɪmpotɛnts] <-> *f* impuissance *f*

imprägnieren* [ɪmprɛˈgniːrən] *vt* imperméabiliser

Impressionismus [ɪmprɛsi̯oˈnɪsmʊs] <-> *m* impressionnisme *m*

Impressionist(in) [ɪmprɛsi̯oˈnɪst] <-en, -en> *m(f)* impressionniste *mf*

impressionistisch [ɪmprɛsi̯oˈnɪstɪʃ] *adj* impressionniste

Impressum [ɪmˈprɛsʊm] <-s, Impressen> *nt* adresse *f* bibliographique; *(einer Zeitung)* mentions *f pl* légales

improvisieren* [ɪmproviˈziːrən] *vt, vi* improviser

Impuls [ɪmˈpʊls] <-es, -e> *m* impulsion *f*

impulsiv [ɪmpʊlˈziːf] *adj* impulsif(-ive)

imstande [ɪmˈʃtandə] *adj* **~ sein etw zu tun** être capable de faire qc

in[1] [ɪn] **I.** *präp +dat* ❶ *(bei Ortsangaben)* **~ der Tasche** dans le sac; **im Bett/Büro** au lit/bureau; **im Keller/ersten Stock** à la cave/au premier étage; **~ der Stadt** en ville; **~ Frankreich/Portugal** en France/au Portugal; **im Gebirge/~ den Alpen leben** vivre en montagne/dans les Alpes; **im Norden Deutschlands wohnen** habiter dans le nord de l'Allemagne ❷ *(bei Zeitangaben)* **~ fünf Minuten** *(innerhalb von)* en cinq minutes; *(nach Ablauf von)* dans cinq minutes; **~ diesem Jahr** cette année; **im Mai** en mai; **im Frühling/Sommer** au printemps/en été; **im letzten Augenblick** au dernier moment; **im Krieg** pendant la guerre ❸ *(bei Umstandsangaben)* **~ der Sonne/Kälte** au soleil/dans le froid; **im Regen** sous la pluie; **im Badeanzug** en maillot de bain ❹ *(in Bezug auf)* **~ Physik** en physique; **~ dieser Sprache** dans cette langue **II.** *präp +akk* *(bei Richtungsangaben)* **~ den Garten/die Stadt gehen** aller au jardin/en ville; **~ die Schweiz/den Libanon fahren** aller en Suisse/au Liban; **~s Gebirge/~ die Alpen fahren** aller à la montagne/dans les Alpes; **~ den Süden fahren** aller dans le sud; **~ die Schule gehen** aller à l'école

in[2] *adj fam* **~ sein** être in

inakzeptabel [ɪnʔaktsɛpˈtaːbəl] *adj geh* inacceptable

Inbegriff [ˈɪnbəgrɪf] *m* incarnation *f*

inbegriffen [ˈɪnbəgrɪfən] *adj* inclus(e)

indem [ɪnˈdeːm] *konj* ❶ *(dadurch, dass)* **etw bewirken, ~ man etw tut** obtenir qc en faisant qc ❷ *(während: bei identischen Subjekten)* [tout] en; *(bei unterschiedlichen Subjekten)* tandis que

Inder(in) [ˈɪndɐ] <-s, -> *m(f)* Indien(ne) *m(f)* *(de l'Inde)*

indes [ɪnˈdɛs], **indessen** [ɪnˈdɛsən] *adv geh* ❶ *(inzwischen)* pendant ce temps[-là] ❷ *(jedoch)* cependant

Index [ˈɪndɛks] <-[es], -e> *m* ❶ *(Register)* index *m* ❷ *(Kennziffer)* indice *m*

Indianer(in) [ɪndiˈaːnɐ] <-s, -> *m(f) pej* Indien(ne) *m(f) (d'Amérique)*
indianisch *adj pej* indien(ne)
Indien [ˈɪndiən] <-s> *nt* l'Inde *f*
Indikativ [ˈɪndikatiːf] <-s, -e> *m* indicatif *m*
Indio, -frau <-s, -s> *m, f* Indien(ne) *m(f) (d'Amérique latine)*
indirekt [ˈɪndirɛkt] *adj* indirect(e)
indisch [ˈɪndɪʃ] *adj* indien(ne)
indiskret [ˈɪndɪskreːt] *adj* indiscret(-ète)
indiskutabel [ˈɪndɪskutaːbəl] *adj pej geh* inacceptable
Individualist(in) [ɪndividuaˈlɪst] <-en, -en> *m(f) geh* individualiste *mf*
individuell [ɪndiviˈduɛl] *adj* personnel(le)
Individuum [ɪndiˈviːduʊm] <-s, Individuen> *nt geh* individu *m*
Indiz [ɪnˈdiːts] <-es, -ien> *nt* indice *m*
Indizes *Pl von* **Index**
Indizienbeweis *m* preuve *f* par présomption
Indochina [ɪndoˈçiːna] *nt* l'Indochine *f*
indoeuropäisch *adj* indo-européen(ne)
Indonesien [ɪndoˈneːziən] <-s> *nt* l'Indonésie *f*
Induktion [ɪndʊkˈtsi̯oːn] <-, -en> *f* ELEC induction *f*
industrialisieren* [ɪndʊstrialiˈziːrən] *vt* industrialiser
Industrialisierung <-, -en> *f* industrialisation *f*
Industrie [ɪndʊsˈtriː] <-, -n> *f* industrie *f*
Industriebetrieb *m* entreprise *f* industrielle **Industriegebiet** *nt* zone *f* industrielle **Industriekaufmann, -kauffrau** *m, f* agent *m* technico-commercial **Industriekonzern** *m* grand groupe *m* industriel
industriell [ɪndʊstriˈɛl] *adj* industriel(le)
Industrie- und Handelskammer *f* chambre *f* de commerce et d'industrie
Industriezweig *m* secteur *m* industriel
ineinander [ɪnʔaiˈnandɐ] *adv* ~ **übergehen** se confondre [l'un avec l'autre]; **sich ~ verlieben** tomber amoureux l'un de l'autre
infam [ɪnˈfaːm] *adj* ignoble
infantil [ɪnfanˈtiːl] *adj* puéril(e)
Infarkt [ɪnˈfarkt] <-[e]s, -e> *m* infarctus *m*
Infekt <-[e]s, -e> *m* infection *f*
Infektion [ɪnfɛkˈtsi̯oːn] <-, -en> *f* infection *f*
Infektionskrankheit *f* maladie *f* infectieuse
Inferno [ɪnˈfɛrno] <-s> *nt geh* enfer *m*
Infinitiv [ˈɪnfɪnitiːf] <-s, -e> *m* infinitif *m*
infizieren* [ɪnfiˈtsiːrən] **I.** *vt (Person, Tier)* contaminer **II.** *vr (Wunde)* s'infecter; **sich bei jdm ~** être contaminé par qn
in flagranti [ɪn flaˈgranti] *adv geh* en flagrant délit
Inflation [ɪnflaˈtsi̯oːn] <-, -en> *f* inflation *f*
inflationär *adj* inflationniste
Inflationsrate *f* taux *m* d'inflation
Influencer(in) [ˈɪnfluɛnsɐ] <-s, -> *m(f)* influenceur(-euse) *m(f)*
Info [ˈɪnfo] <-, -s> *f fam Abk von* **Information** info *f*
infolgedessen [ɪnfɔlgəˈdɛsən] *adv* en conséquence
Informatik [ɪnfɔrˈmaːtɪk] <-> *f* informatique *f*
Informatiker(in) <-s, -> *m(f)* informaticien(ne) *m(f)*
Information [ɪnfɔrmaˈtsi̯oːn] <-, -en> *f* information *f*
Informationsblatt *nt* fiche *f* d'information
informativ [ɪnfɔrmaˈtiːf] *adj geh* informatif(-ive)
informieren* [ɪnfɔrˈmiːrən] **I.** *vt* **jdn über etw** *(akk)* ~ informer qn de qc **II.** *vr* **sich über etw** *(akk)* ~ s'informer sur qc
infrarot [ˈɪnfraroːt] *adj* infrarouge
Infrastruktur [ˈɪnfraʃtrʊktuːɐ̯] *f* infrastructure *f*
Infusion [ɪnfuˈzi̯oːn] <-, -en> *f* perfusion *f*

> **Übersetzungstipp**
> **Die Infusion** – Nicht verwechseln mit *l'infusion – der Kräutertee!*

Ing. *Abk von* **Ingenieur** ing.

Ingenieur(in) [ɪnʒe'ni̯øːɐ̯] <-s, -e> *m(f)* ingénieur *mf*

Ingwer ['ɪŋvɐ] <-s> *m* gingembre *m*

Inh. *Abk von* **Inhaber**, *Abk von* **Inhalt**

Inhaber(in) ['ɪnhaːbɐ] <-s, -> *m(f)* *(eines Geschäfts)* propriétaire *mf;* *(von Wertpapieren)* détenteur(-trice) *m(f)*

inhaftieren* [ɪnhaf'tiːrən] *vt* emprisonner

inhalieren* [ɪnha'liːrən] *vt* inhaler

Inhalt ['ɪnhalt] <-[e]s, -e> *m* ❶ *(einer Tasche)* contenu *m* ❷ *(eines Romans)* fond *m*

inhaltlich *adj (Frage)* de contenu

Inhaltsangabe *f* résumé *m* **Inhaltsverzeichnis** *nt* table *f* des matières

Initiative [initsi̯a'tiːvə] <-, -n> *f (Anstoß)* initiative *f*

Injektion [ɪnjɛk'tsi̯oːn] <-, -en> *f* injection *f*

injizieren* [ɪnji'tsiːrən] *vt* injecter

Inka ['iŋka] <-[s], -[s]> *m* Inca *m*

Inkarnation [ɪnkarna'tsi̯oːn] <-, -en> *f geh* incarnation *f*

inkl., inklusive [ɪnklu'ziːvə] *präp +gen* inclus(e)

inkognito [ɪn'kɔgnito] *adv* incognito

inkompetent ['ɪnkɔmpetɛnt] *adj* incompétent(e)

Inkompetenz ['ɪnkɔmpetɛnts] *f* incompétence *f*

inkonsequent *adj* inconséquent(e)

Inkubationszeit *f* période *f* d'incubation

Inland ['ɪnlant] *nt kein Pl* intérieur *m* du pays

Inlandflug *m* vol *m* domestique

Inlandsmarkt *m* marché *m* intérieur

Inlineskater ['inlaɪnskaɪtɐ] <-s, -> *m* patineur(-euse) *m(f)* en ligne

Inlineskates ['inlaɪnskaɪts] <-> *Pl* patins *mpl* en ligne

Inlineskating ['inlaɪnskaɪŋ] <-s> *nt* patin *m* en ligne

inmitten [ɪn'mɪtən] *präp +gen* ~ **der Leute/des Raumes** au milieu des gens/de la pièce

innen ['ɪnən] *adv* à l'intérieur; **von** ~ de l'intérieur

Innenarchitekt(in) *m(f)* architecte *mf* d'intérieur **Innendienst** *m* service *m* de bureau **Innenhof** *m* cour *f* intérieure **Innenminister(in)** *m(f)* ministre *mf* de l'Intérieur **Innenministerium** *nt* ministère *m* de l'Intérieur **Innenpolitik** *f* politique *f* intérieure **innenpolitisch** *adj* concernant la politique intérieure **Innenseite** *f* côté *m* intérieur **Innenstadt** *f* centre[-ville] *m*

innere(r, s) ['ɪnərə] *adj* ❶ intérieur(e) ❷ *(Verletzung, Aufbau, Ordnung)* interne

Innere(s) *nt* ❶ *(innerer Teil)* intérieur *m* ❷ *(Innenleben)* moi *m* profond

Innereien *Pl* entrailles *fpl;* *(von Geflügel)* abats *mpl*

innerhalb ['ɪnɐhalp] **I.** *adv* à l'intérieur **II.** *präp +gen* ❶ ~ **Berlins/Deutschlands** dans Berlin/en Allemagne ❷ *(binnen)* ~ **einer Stunde** en une heure; ~ **dieser Woche** dans le courant de cette semaine

innerlich *adj (Körperteil)* interne; *(Erregung)* profond(e); *(Anspannung)* intérieur(e)

innerorts *adv* A, CH en agglomération

innerste(r, s) ['ɪnɐstə] *adj* ❶ *(Teil)* central(e) ❷ *(Überzeugung)* intime

innig ['ɪnɪç] *adj* ❶ *(tief gehend)* sincère ❷ *(sehr eng)* étroit(e)

Innigkeit <-> *f (einer Beziehung)* profondeur *f;* *(eines Dankes)* sincérité *f*

Innovation [ɪnova'tsi̯oːn] <-, -en> *f* innovation *f*

innovativ [ɪnova'tiːf] *adj* innovateur(-trice)

inoffiziell ['ɪnʔɔfitsi̯ɛl] *adj (Treffen)*

non officiel(le); *(Information)* officieux(-euse)

ins [ɪns] = *Abk von* **in das** *s.* **in**

Insasse, Insassin ['ɪnzasə] <-n, -n> *m, f (eines Fahrzeugs)* passager(-ère) *m(f); (einer Anstalt)* patient(e) *m(f); (eines Gefängnisses)* détenu(e) *m(f)*

insbesondere [ɪnsbə'zɔndərə] *adv* en particulier

Inschrift ['ɪnʃrɪft] *f* inscription *f*

Insekt [ɪn'zɛkt] <-[e]s, -en> *nt* insecte *m*

Insektenstich *m* piqûre *f* d'insecte

Insektizid [ɪnzɛkti'tsiːt] <-s, -e> *nt* insecticide *m*

Insel ['ɪnzəl] <-, -n> *f* île *f*

Inserat [ɪnze'raːt] <-[e]s, -e> *nt* [petite] annonce *f*

Inserent(in) [ɪnze'rɛnt] <-en, -en> *m(f)* annonceur(-euse) *m(f)*

inserieren* [ɪnze'riːrən] *vi* **in etw** *(dat)* ~ passer une annonce dans qc

insgeheim [ɪnsgə'haim] *adv* secrètement

insgesamt [ɪnsgə'zamt] *adv* ❶ *(alles zusammen)* en tout ❷ *(im Großen und Ganzen)* dans l'ensemble

Insider(in) ['ɪnsaide] <-s, -> *m(f)* personne *f* bien informée

insofern[1] *adv* sur ce point

insofern[2] *konj* si

insoweit *s.* **insofern**[1]

Inspektion [ɪnspɛk'tsi̯oːn] <-, -en> *f* inspection *f; (eines Fahrzeugs)* révision *f*

Inspektor, Inspektorin [ɪn'spɛktoːɐ̯] <-s, -toren> *m, f* inspecteur (-trice) *m(f)*

inspirieren* [ɪnspi'riːrən] *vt* **sich von jdm/etw ~ lassen** s'inspirer de qn/qc

inspizieren* *vt* inspecter

instabil ['ɪnʃtabiːl] *adj* instable

Installateur(in) [ɪnstala'tøːɐ̯] <-s, -e> *m(f)* ❶ *(Klempner)* plombier *m* ❷ *(Elektroinstallateur)* électricien(ne) *m(f)*

Installation [ɪnstala'tsi̯oːn] <-, -en> *f* *(Leitungen)* installation *f* électrique; *(Rohre, Gasleitungen)* plomberie *f*

Installationsdiskette *f* INFORM disquette *f* d'installation

installieren* [ɪnsta'liːrən] *vt (einbauen)* installer

inständig ['ɪnʃtɛndɪç] **I.** *adj (Bitte)* pressant(e) **II.** *adv* instamment

Instinkt [ɪn'stɪŋkt] <-[e]s, -e> *m* instinct *m*

instinktiv *adj* instinctif(-ive)

Institut [ɪnsti'tuːt] <-[e]s, -e> *nt* institut *m*

Institution [ɪnstitu'tsi̯oːn] <-, -en> *f* institution *f*

Instrument [ɪnstru'mɛnt] <-[e]s, -e> *nt* *(Musikinstrument)* instrument *m*

instrumental [ɪnstrumɛnt'taːl] *adj* instrumental(e)

Insulaner(in) [ɪnzu'laːnɐ] <-s, -> *m(f)* insulaire *mf*

Insulin [ɪnzu'liːn] <-s> *nt* insuline *f*

inszenieren* [ɪnstse'niːrən] *vt* mettre en scène

Inszenierung <-, -en> *f* mise *f* en scène

intakt [ɪn'takt] *adj (unversehrt)* intact(e)

integral [ɪnte'graːl] *adj attr (Bestandteil)* intégrant(e)

Integration [ɪntegra'tsi̯oːn] <-, -en> *f* intégration *f*

integrieren* [ɪnte'griːrən] *vt, vr* intégrer

Intellekt [ɪntɛ'lɛkt] <-[e]s> *m* intellect *m*

intellektuell [ɪntɛlɛk'tuɛl] *adj* intellectuel(le)

intelligent [ɪntɛli'gɛnt] *adj* intelligent(e)

Intelligenz [ɪntɛli'gɛnts] <-> *f* intelligence *f*

Intelligenzquotient *m* quotient *m* intellectuel

Intendant(in) [ɪntɛn'dant] <-en, -en> *m(f)* *(eines Senders)* directeur (-trice) *m(f); (eines Theaters)* administrateur(-trice) *m(f)*

Intensität [ɪntɛnzi'tɛ:t] <-, -en> *f* intensité *f*

intensiv [ɪntɛn'zi:f] **I.** *adj* ❶ *(Duft, Gefühl)* intense ❷ *(angestrengt)* intensif(-ive) **II.** *adv* ❶ ~ **duften** sentir fort ❷ *(arbeiten)* intensément

intensivieren* [ɪntɛnzi'vi:rən] *vt* intensifier

Intensivkurs *m* cours *m* intensif **Intensivstation** *f* service *m* de réanimation

interaktiv [ɪntɐʔak'ti:f] *adj* INFORM interactif(-ive)

Intercity® [ɪntɐ'sɪti] <-s, -s> *m* ≈ train *m* Intercité; ~ **Express** ≈ T.G.V. *m*

interessant [ɪntərɛ'sant] *adj* intéressant(e)

interessanterweise [ɪnt(ə)rɛ'santɐ'vaizə] *adv* curieusement

Interesse [ɪntə'rɛsə] <-s, -n> *nt* ❶ *kein Pl (Aufmerksamkeit)* intérêt *m;* ~ **an jdm/etw haben** être intéressé par qn/qc; **sie hat ~ daran mitzuarbeiten** cela l'intéresse de collaborer ❷ *Pl (Neigungen)* centres *mpl* d'intérêts

Interessengemeinschaft *f* communauté *f* d'intérêts **Interessenkonflikt** *m* conflit *m* d'intérêts

Interessent(in) [ɪnt(ə)rɛ'sɛnt] <-en, -en> *m(f)* personne *f* intéressée

interessieren* [ɪnt(ə)rɛ'si:rən] **I.** *vt* intéresser **II.** *vr* **sich für jdn/etw ~** s'intéresser à qn/qc

interessiert [ɪnt(ə)rɛ'si:ɐt] **I.** *adj* ❶ intéressé(e); **kulturell ~ sein** s'intéresser à la culture ❷ *(erpicht)* **an jdm/etw ~ sein** s'intéresser à qn/être intéressé par qc **II.** *adv (zuhören)* avec [grand] intérêt

Interferenz ['ɪntɐfe'rɛnts] <-, -en> *f* interférence *f*

Intermezzo [ɪntɐ'mɛtso] <-s, -s> *nt* intermède *m*

intern [ɪn'tɛrn] *adj (Angelegenheit)* interne; *(Schwierigkeiten)* intérieur(e)

Internat [ɪntɐ'na:t] <-[e]s, -e> *nt* internat *m*

international [ɪntɐnatsi̯o'na:l] *adj* international(e)

Internatsschüler(in) *m(f)* interne *mf*

Internet ['ɪntɐnɛt] *nt* INFORM Internet *m;* **im ~ surfen** naviguer sur Internet

Internet

das Netz	le Web, la toile, le net
die Website	le site Web
das Blog	le blog
das Internetforum	le forum de discussion
das soziale Netzwerk	le site de réseau social
der Internetzugang	l'accès à Internet
der Internetprovider	le fournisseur d'accès Internet
der Browser	le navigateur
die Suchmaschine	le moteur de recherche
im Internet surfen	surfer sur Internet
chatten	chatter
herunterladen	télécharger
der Link	le lien
der Post	le post
das Videogespräch	la visioconférence

Internetadresse *f* INFORM adresse *f* Internet **Internetanschluss** *m* INFORM branchement *m* Internet **Internetbrowser** *m* navigateur *m* Web **Internetcafé** *nt* cybercafé *m* **Internetforum** *nt* forum *m* de discussion **Internetsurfer(in)** *m(f)* internaute *mf* **Internetzugang** *m* accès *m* à l'internet

Internist(in) [ɪntɐ'nɪst] <-en, -en> *m(f)* spécialiste *mf* des maladies organiques

Interpret(in) [ɪntɐ'pre:t] <-en, -en> *m(f)* interprète *mf*

Interpretation [ɪntɐpreta'tsi̯o:n] <-, -en> *f* interprétation *f*

interpretieren* [ɪntɐpre'ti:rən] *vt* interpréter

Interpunktion [ɪntɐpʊŋk'tsi̯o:n] <-, -en> *f* ponctuation *f*

Interrogativpronomen [ɪntɐroga'ti:f-] *nt* LING pronom *m* interrogatif

Intervall [ɪntɐ'val] <-s, -e> *nt a.* MUS intervalle *m*
intervenieren* [ɪnteve'ni:rən] *vi* intervenir
Intervention [ɪntevɛn'ʦi̯o:n] <-, -en> *f* intervention *f*
Interview ['ɪntevju] <-s, -s> *nt* interview *f*
interviewen* [ɪntɐ'vju:ən] *vt* interviewer
intim [ɪn'ti:m] *adj* intime
Intimbereich *m* parties *fpl* intimes
Intimität [ɪntimi'tɛ:t] <-> *f kein Pl geh (Vertrautheit)* intimité *f*
Intimsphäre *f* intimité *f*
I
intolerant ['ɪntolerant] *adj* intolérant(e)
Intoleranz ['ɪntolerants] *f* intolérance *f*
intransitiv ['ɪntranziti:f] *adj* LING intransitif(-ive)
intravenös [ɪntrave'nø:s] MED **I.** *adj* intraveineux(-euse) **II.** *adv* par voie intraveineuse
intrigant [ɪntri'gant] *adj (Person)* intrigant(e)
Intrige [ɪn'tri:gə] <-, -n> *f* intrigue *f*
intrigieren* [ɪntri'gi:rən] *vi* **gegen jdn ~** comploter contre qn
introvertiert [ɪntrovɛr'ti:ɐt] *adj geh* introverti(e)
intuitiv [ɪntui'ti:f] *adj* intuitif(-ive)
Invalide, Invalidin [ɪnva'li:də] <-n, -n> *m, f* invalide *mf*
Invasion [ɪnva'zi̯o:n] <-, -en> *f* invasion *f*
Inventar [ɪnvɛn'ta:ɐ] <-s, -e> *nt* inventaire *m;* **lebendes/totes ~** cheptel *m* vif/mort ▸ **zum ~ gehören** *fam (Person)* faire partie des meubles *mpl*
Inventur [ɪnvɛn'tu:ɐ] <-, -en> *f* inventaire *m;* **~ machen** faire l'inventaire
Inversion [ɪnvɛr'zi̯o:n] <-, -en> *f a.* LING inversion *f*
investieren* [ɪnvɛs'ti:rən] *vt* investir
Investition [ɪvɛsti'ʦi̯o:n] <-, -en> *f* investissement *m*
inwiefern *adv* dans quelle mesure **inwieweit** *adv* jusqu'à quel point
Inzest [ɪn'ʦɛst] <-[e]s, -e> *m* inceste *m*
Inzucht ['ɪnʦʊxt] *f* union *f* consanguine
inzwischen [ɪn'ʦvɪʃən] *adv* entre-temps
Ion [i̯o:n] <-s, -en> *nt* ion *m*
IP-Adresse [ai̯'pi:-] *f* INFORM adresse *f* IP
i-Punkt ['i:pʊŋkt] *m* point *m* sur le i
IQ [i:'ku:] <-[s], -[s]> *m Abk von* **Intelligenzquotient** Q.I. *m*
Irak [i'ra:k] <-s> *m* **[der] ~** l'Irak *m*
Iraker(in) [i'ra:kɐ] <-s, -> *m(f)* Irakien(ne) *m(f)*
Iran [i'ra:n] <-s> *m* **[der] ~** l'Iran *m*
Iraner(in) [i'ra:nɐ] <-s, -> *m(f)* Iranien(ne) *m(f)*
irdisch ['ɪrdɪʃ] *adj* terrestre
Ire, Irin ['i:rə] <-n, -n> *m, f* Irlandais(e) *m(f)*
irgend ['ɪrgənt] *adv* ❶ *(verstärkend)* **so vorsichtig wie ~ möglich** avec le plus de précautions possibles ❷ *(unbestimmt)* **~ so ein Spinner** encore un de ces con[n]ards
irgendein *pron indef* ❶ quelconque; **da ist wieder ~ Vertreter** c'est encore un de ces représentants; **~ anderer** quelqu'un d'autre ❷ *(beliebig)* **das ist nicht ~ Film** ce n'est pas n'importe quel film **irgendetwas** *pron indef* quelque chose; **das ist nicht ~** ce n'est pas n'importe quoi **irgendjemand** *pron indef* quelqu'un; **sie ist nicht ~** elle n'est pas n'importe qui **irgendwann** *adv* un jour [ou l'autre] **irgendwas** *pron indef fam s.* **irgendetwas** **irgendwelche(r, s)** *pron indef* ❶ **~ Kerle** des types [quelconques] ❷ *(beliebig)* n'importe quel(le) **irgendwer** *pron indef fam s.* **irgendjemand** **irgendwie** *adv* ❶ d'une certaine manière ❷ *(egal wie)* n'importe comment ❸ *(wie auch immer)* d'une façon ou d'une autre **irgendwo** *adv* ❶ quelque part *(fam)* ❷ *(beliebig)* n'importe où **irgendwoher** *adv* ❶ **von ~** de quelque part ❷ *(egal woher)* n'importe où **irgendwohin** *adv* ❶ quelque part ❷ *(egal wohin)* n'importe où

Iris[1] <-, -> *f* iris *m*
Iris[2] ['i:rɪs] <-, -> *f* iris *m*
irisch ['i:rɪʃ] **I.** *adj* irlandais(e) **II.** *adv* **~ miteinander sprechen** discuter en irlandais
Irisch <-[s]> *nt kein art* irlandais *m; s.a.* **Deutsch**
Irland ['ɪrlant] *nt* l'Irlande *f*
Ironie [iro'ni:] <-, -n> *f* ironie *f*
ironisch [i'ro:nɪʃ] *adj* ironique
irr I. *adj* dément(e) **II.** *adv fam (äußerst)* **~e teuer** super cher(chère)
irrational ['ɪratsi̯ona:l] *adj geh* irrationnel(le)
irre *s.* **irr**
Irre(r) *f(m)* fou *m*/folle *f*
irreal ['ɪrea:l] *adj* irréel(le)
irre|führen ['ɪrəfy:rən] *vt* **jdn ~** induire qn en erreur
irreführend *adj* trompeur(-euse)
irrelevant ['ɪrelevant] *adj* insignifiant(e)
irren ['ɪrən] **I.** *vi +sein (sich fortbewegen)* errer **II.** *vr* **sich ~** se tromper
Irrenhaus *nt* ▶ **das ist ja hier wie im ~!** *fam* on se croirait chez les fous ici!
irreparabel ['ɪrepara:bəl] *adj geh (nicht wieder gutzumachen)* irréversible
Irrfahrt ['ɪrfa:ɐt] *f* odyssée *f* **Irrgarten** *m* labyrinthe *m*
irritieren* [ɪri'ti:rən] *vt* irriter
Irrsinn *m kein Pl fam* dinguerie *f* **irrsinnig I.** *adj* ❶ *fam (völlig wirr)* complètement dingue ❷ *fam (Kopfschmerzen)* terrible **II.** *adv fam* vachement
Irrtum <-[e]s, Irrtümer> *m* erreur *f*
irrtümlich ['ɪrty:mlɪç] **I.** *adj* erroné(e) **II.** *adv* à tort
Ischias ['ɪʃias] <-> *m o nt* sciatique *f*
Islam [ɪs'la:m] <-s> *m* islam *m*
islamisch *adj* islamique
Islamist(in) <-en, -en> *m(f)* islamiste *mf*
Island ['i:slant] *nt* l'Islande *f*
Isländer(in) ['i:slɛndɐ] <-s, -> *m(f)* Islandais(e) *m(f)*
isländisch I. *adj* islandais(e) **II.** *adv* **~ miteinander sprechen** discuter en islandais
Isländisch <-[s]> *nt kein art* islandais *m; s.a.* **Deutsch**
Isolation [izola'tsi̯o:n] <-, -en> *f* ❶ isolation *f* ❷ *(einer Person)* isolement *m*
isolieren* [izo'li:rən] **I.** *vt* isoler; **isoliert leben** vivre reclus(e) **II.** *vr* **sich von jdm/etw ~** s'isoler de qn/qc
Isolierung *s.* **Isolation**
Isomatte *f* tapis *m* de sol
Isotop [izo'to:p] <-s, -e> *nt* isotope *m*
Israel ['ɪsrae:l] <-s> *nt* Israël *m*
Israeli [isra'e:li] <-[s], -[s]> *m* <-, -s> *f* Israélien(ne) *m(f)*
israelisch [isra'e:lɪʃ] *adj* israélien(ne)
Israelit(in) [ɪsrae'li:t] <-en, -en> *m(f)* Israélite *mf*
Italien [i'ta:liən] <-s> *nt* l'Italie *f*
Italiener(in) [ita'li̯e:nɐ] <-s, -> *m(f)* Italien(ne) *m(f)*
italienisch I. *adj* italien(ne) **II.** *adv* **~ miteinander sprechen** discuter en italien
Italienisch <-[s]> *nt kein art* italien *m; s.a.* **Deutsch**
i-Tüpfelchen ['i:typfelçən] <-s, -> *nt* fin *m* du fin; **bis aufs ~** à la virgule près
IWF [i:ve:'ʔɛf] <-> *m Abk von* **Internationaler Währungsfonds** F.M.I. *m*

I

Jj

J *nt*, **j** [jɔt] <-, -> *nt* J *m*/j *m*

ja [jaː] *adv* ① oui; **aber ~** mais bien sûr; **~, bitte?** oui, qu'y a-t-il?; **~, ~[, schon gut]!** allez, allez! ② *(bloß)* bien; **geh ~ nicht dahin!** ne va surtout pas là-bas! ③ *(schließlich, doch)* après tout; **du kannst es ~ mal versuchen** tu peux toujours essayer; **da ist er ~!** ah, le voilà! ④ *(und zwar)* et même ⑤ *(na)* eh bien; **~, wenn das so ist** ben, si c'est comme ça

Ja <-s, -[s]> *nt* oui *m*

Jacht [jaxt] <-, -en> *f* yacht *m*

Jacke ['jakə] <-, -n> *f* veste *f*

Jackett [ʒa'kɛt] <-s, -s> *nt* veste *f*

Jade <-> *m o f* jade *m*

Jagd [jaːkt] <-, -en> *f* chasse *f*

Jagdflugzeug *nt* avion *m* de chasse **Jagdschein** *m* permis *m* de chasse

jagen ['jaːgən] **I.** *vt +haben* ① *(Hasen)* chasser ② *(verfolgen)* pourchasser **II.** *vi +haben* chasser

Jäger(in) ['jɛːgɐ] <-s, -> *m(f)* chasseur(-euse) *m(f)*

Jaguar ['jaːgu̯aːɐ̯] <-s, -e> *m* jaguar *m*

Jahr [jaːɐ̯] <-[e]s, -e> *nt* ① an *m; (in seinem Verlauf gesehen)* année *f*; **in diesem ~** cette année; **im ~[e] 2023** en 2023; **vor [vielen] ~en** il y a [bien] longtemps; **nach [vielen] ~en** [bien] des années après; **alle fünf ~e** tous les cinq ans; **~ für ~** tous les ans; **das neue ~** la nouvelle année ② *(Lebensjahr)* an *m;* **zwölf ~e alt sein** avoir douze ans; **mit zwanzig ~en** à vingt ans ▶ **in den besten ~en [sein]** [être] dans la fleur de l'âge

Jahrbuch *nt* annales *fpl*

jahrelang ['jaːrəlaŋ] **I.** *adj* de longue haleine **II.** *adv* pendant des années

Jahresanfang *m* début *m* de l'année **Jahreseinkommen** *nt* revenu *m* annuel **Jahresende** *nt* fin *f* de l'année **Jahrestag** *m* anniversaire *m* **Jahreswechsel** *m* nouvel an *m* **Jahreszahl** *f* année *f* **Jahreszeit** *f* saison *f*

Jahrgang <-gänge> *m* ① classe *f;* UNIV promotion *f* ② *(eines Weins, einer Zeitschrift)* année *f* **Jahrhundert** [jaːɐ̯'hʊndɐt] <-s, -e> *nt* siècle *m*

Jahrhundertwende *f* changement *m* de siècle

jährlich ['jɛːɐ̯lɪç] **I.** *adj* annuel(le) **II.** *adv* tous les ans; **einmal/zweimal/... ~** une fois/deux fois/... par an

Jahrmarkt *m* foire *f* **Jahrtausend** <-s, -e> *nt* millénaire *m*

Jahrtausendwende *f* changement *m* de millénaire

Jahrzehnt <-[e]s, -e> *nt* décennie *f*

jähzornig *adj* irascible

Jalousie [ʒalu'ziː] <-, -n> *f* jalousie *f*

jamaikanisch [jamai̯'kaːnɪʃ] *adj* jamaïcain(e)

Jammer ['jamɐ] <-s> *m* détresse *f*

jämmerlich ['jɛmɐlɪç] **I.** *adj (Zustand)* pitoyable; *(Klagen)* déchirant(e); *(Leistung)* lamentable **II.** *adv (umkommen)* bêtement

jammern ['jamɐn] *vi* **über etw** *(akk)* **~** se lamenter sur qc

Jänner ['jɛnɐ] <-s, -> *m* A janvier *m; s.a.* **April**

Januar ['janu̯aːɐ̯] <-[s], -e> *m* janvier *m; s.a.* **April**

Japan ['jaːpan] <-s> *nt* le Japon

Japaner(in) [ja'paːnɐ] <-s, -> *m(f)* Japonais(e) *m(f)*

japanisch **I.** *adj* japonais(e) **II.** *adv* **~ miteinander sprechen** discuter en japonais

Japanisch <-[s]> *nt kein art* japonais *m; s.a.* **Deutsch**

Jastimme ['jaːʃtɪmə] *f* voix *f* pour

jäten ['jɛːtən] *vt (Unkraut)* arracher

Jauche ['jau̯xə] <-, -n> *f* purin *m*

jauchzen *vi geh* exulter
jaulen ['jaulən] *vi (Hund)* hurler à la mort
Jause ['jauzə] <-, -n> *f* A casse-croûte *m*
jawohl [ja'vo:l] *interj* oui[, bien sûr]
Jawort ['ja:vɔrt] *nt* ▸**jdm das ~ geben** donner son consentement à qn
Jazz [dʒɛs] <-> *m* jazz *m*
je [je:] **I.** *adv* ❶ *(jemals)* jamais ❷ *(jeweils)* chacun(e) **II.** *konj* ❶ **~..., desto...** plus..., mieux... ❷ *(entsprechend)* **~ nachdem** ça dépend
Jeans [dʒi:ns] <-, -> *f meist Pl* jean *m*
jede(r, s) ['je:də] *pron indef* ❶ chaque; **~ Minute** d'une minute à l'autre; **zu ~r Zeit/Stunde** à n'importe quel moment; **~r zweite Franzose** un Français sur deux ❷ *(jegliche)* **ihm ist ~s Mittel recht** pour lui, tous les moyens sont bons ❸ *substantivisch* **~r, der sich dafür interessiert** quiconque s'y intéresse; **~r von uns** chacun d'entre nous
jedenfalls *adv* en tout cas
jedermann *pron indef* tout le monde
jederzeit *adv* ❶ *(zu jeder Zeit)* à tout moment ❷ *(jeden Augenblick)* d'un moment à l'autre
jedoch [je'dɔx] *konj, adv* pourtant
jegliche(r, s) ['je:klɪçə] *pron indef* tout(e)
jemals ['je:ma:ls] *adv* jamais
jemand ['je:mant] *pron indef* quelqu'un; **~ anders** *fam* quelqu'un d'autre
jenseits ['je:nzaits] *präp +gen* **~ des Flusses** de l'autre côté de la rivière
Jenseits <-> *nt* au-delà *m*
Jesuit [jezu'i:t] <-en, -en> *m* jésuite *m*
Jesus ['je:zʊs] <Jesu[s]> *m* Jésus *m*; **~ Christus** Jésus Christ
Jetlag ['dʒɛtlɛg] <-s, -s> *m* troubles *mpl* dus au décalage horaire
jetzt [jɛtst] *adv* maintenant; **~ gleich** tout de suite
jeweilig ['je:'vailɪç] *adj attr (Währung)* correspondant(e)
jeweils ['je:'vails] *adv* ❶ *(jedes Mal)* chaque fois ❷ *(je)* **~ drei Kinder gehen zusammen** les enfants vont par groupes de trois
Jh. *Abk von* **Jahrhundert** siècle *m*
Job [dʒɔp] <-s, -s> *m fam* job *m*
jobben ['dʒɔbən] *vi fam* faire des petits boulots
Jobbörse *f* bourse *f* de l'emploi
Jockey ['dʒɔke] <-s, -s> *m* jockey *m*
Jod [jo:t] <-s> *nt* iode *m*
jodeln ['jo:dəln] *vi* iodler
joggen ['dʒɔgən] *vi +haben* faire du jogging
Jogger(in) ['dʒɔgɐ] <-s, -> *m(f)* joggeur(-euse) *m(f)*
Jogging ['dʒɔgɪŋ] <-s> *nt* jogging *m*
Jogginganzug ['dʒɔgɪŋantsu:k] *m* jogging *m*
Jogurt ['jo:gʊrt] <-[s], -[s]> *m o nt* yaourt *m*
Johannisbeere [jo'hanɪsbe:rə] *f (Frucht)* **rote ~** groseille *f* **schwarze ~** cassis *m*
Joint [dʒɔynt] <-s, -s> *m fam* joint *m*
Jo-Jo <-s, -s> *nt* yoyo® *m*
Jongleur(in) [ʒõ'glø:ɐ̯] <-s, -e> *m(f)* jongleur(-euse) *m(f)*
jonglieren* [ʒõ'gli:rən] *vi* jongler
Jordanien [jɔr'da:niən] <-s> *nt* la Jordanie
Jordanier(in) [jɔr'da:ni̯ɐ] <-s, -> *m(f)* Jordanien(ne) *m(f)*
jordanisch [jɔr'da:nɪʃ] *adj* jordanien(ne)
Joule [ʒu:l] <-[s], -> *nt* PHYS joule *m*
Journal [ʒʊr'na:l] <-s, -e> *nt* ❶ COM journal *m* ❷ *geh (Zeitschrift)* revue *f*
Journalismus [ʒʊrna'lɪsmʊs] <-> *m* journalisme *m*
Journalist(in) [ʒʊrna'lɪst] <-en, -en> *m(f)* journaliste *mf*
Joystick ['dʒɔɪstɪk] <-s, -s> *m* INFORM manette *f* de jeu
Jubel ['ju:bəl] <-s> *m* cris *mpl* de joie
jubeln ['ju:bəln] *vi* **über etw** *(akk)* **~** jubiler à cause de qc
Jubiläum [jubi'lɛ:ʊm] <-s, Jubiläen> *nt* anniversaire *m*; **sein 50-jähriges ~**

J

son jubilé
jucken ['jʊkən] **I.** *vt, vi* démanger **II.** *vt unpers* **es juckt mich am Kopf** ça me démange à la tête
Juckreiz *m* démangeaison *f*
Jude, Jüdin ['ju:də] <-n, -n> *m, f* juif *m*/juive *f*
Judentum <-s> *nt* judaïsme *m*
Judenverfolgung *f* persécution *f* des juifs
jüdisch ['jy:dɪʃ] *adj* ❶ juif(juive) ❷ *(das Judentum betreffend)* judaïque
Judo ['ju:do] <-s> *nt* judo *m*
Jugend ['ju:gənt] <-> *f* jeunesse *f*; **die ~ von heute** les jeunes *mpl* d'aujourd'hui
jugendfrei *adj* pour tout public **Jugendfreund(in)** *m(f)* ami(e) *m(f)* d'enfance **Jugendgruppe** *f* groupe *m* de jeunes **Jugendherberge** *f* auberge *f* de jeunesse **Jugendkriminalität** *f* délinquance *f* juvénile
jugendlich *adj (Person, Erscheinung)* jeune; *(Leichtsinn)* juvénile
Jugendliche(r) *f(m)* jeune *mf*
Jugendliebe *f* amour *m* de jeunesse **Jugendschutz** *m* protection *f* des mineurs **Jugendstil** *m* Art *m* nouveau **Jugendstrafanstalt** *f* maison *f* de détention pour jeunes délinquants **Jugendwahn** *m* jeunisme *m* **Jugendzeit** *f* jeunesse *f*
Jugoslawe, Jugoslawin [jugo'sla:və] <-n, -n> *m, f* HIST Yougoslave *mf*
Jugoslawien [jugo'sla:viən] <-s> *nt* HIST la Yougoslavie
jugoslawisch *adj* HIST yougoslave
Juli ['ju:li] <-[s], -s> *m* juillet *m*; *s.a.* **April**
jung [jʊŋ] <jünger, jüngste> **I.** *adj* ❶ jeune; *(Sportart)* nouveau(-velle) ❷ *(später geboren)* **der jüngere Bruder** le frère cadet; **der/die Jüngste** le/la benjamin(e) **II.** *adv (heiraten, sterben)* jeune
Junge <-n, -n> *m* ❶ *(junger Mann)* garçon *m* ❷ *fam (Bursche)* **hallo, Jungs!** salut, les gars! *mpl*
Junge(s) *nt (Jungtier)* petit *m*
jungenhaft *adj (Mann)* jeune; *(Mädchen)* garçonnier(-ière)
jünger ['jʏŋɐ] *adj Komp von* **jung** plus jeune; *(Mitarbeiter)* plutôt jeune; *(Datum)* récent(e)
Jungfer ['jʊŋfɐ] <-, -n> *f pej* **eine alte ~** une vieille fille
Jungfernfahrt *f* première traversée *f*
Jungfrau *f* ❶ [fille *f*] vierge *f* ❷ ASTRO Vierge *f*
jungfräulich ['jʊŋfrɔylɪç] *adj a. fig geh* vierge
Jungfräulichkeit ['jʊŋfrɔylɪçkait] <-> *f* virginité *f*
Junggeselle, -gesellin *m, f* célibataire *mf*
jüngste(r, s) ['jʏŋstə] *adj* ❶ *Superl von* **jung** ❷ *(nicht lange zurückliegend)* **in ~r Zeit** dernièrement; **aus ~r Vergangenheit** d'un passé très récent ❸ *(neueste)* tout(e) dernier(-ière)
Juni ['ju:ni] <-[s], -s> *m* juin *m*; *s.a.* **April**
junior ['ju:ni̯o:ɐ̯] *adj* **Hans Müller ~** Hans Müller junior
Junior ['ju:ni̯o:ɐ̯] <-s, -en> *m Pl (Sportler)* juniors *mpl*
Junkie ['dʒaŋki] <-s, -s> *m fam* junkie *mf*
Junta ['xʊnta, 'jʊnta] <-, Junten> *f* junte *f*
Jura[1] ['ju:ra] <-s> *m* ❶ *(Gebirge)* Jura *m* ❷ *(Kanton)* canton *m* du Jura
Jura[2] *kein art (Rechtswissenschaft)* droit *m*
Jurist(in) [ju'rɪst] <-en, -en> *m(f)* juriste *mf*
juristisch [ju'rɪstɪʃ] *adj (Ausbildung)* en droit; *(Problem)* juridique
Jury [ʒy'ri:] <-, -s> *f* jury *m*
Jus [ʒy:] <-> *f o m o nt* CH jus *m* de fruit
Justiz [jʊs'ti:ts] <-> *f* justice *f*
Justizminister(in) *m(f)* ministre *mf* de la Justice; *(in Frankreich)* garde *m* des Sceaux **Justizministerium** *nt* ministère *m* de la Justice
Jute ['ju:tə] <-> *f* jute *m*

Juwel [ju'veːl] <-s, -en> *m o nt* joyau *m*
Juwelier(in) [juve'liːɐ̯] <-s, -e> *m(f)* bijoutier(-ière) *m(f)*
Juweliergeschäft *nt* bijouterie *f*
Jux [jʊks] <-es, -e> *m fam* blague *f*

Kk

K, k [kaː] <-, -> *nt* K *m*/k *m*
Kabarett [kaba'rɛt] <-s> *nt kein Pl (Kleinkunst)* spectacle *m* satirique
Kabarettist(in) [kabarɛ'tɪst] <-en, -en> *m(f)* chansonnier(-ière) *m(f)*
Kabel ['kaːbəl] <-s, -> *nt* câble *m*
Kabelanschluss *m* accès *m* au réseau câblé **Kabelfernsehen** *nt* télévision *f* par câbles
Kabeljau <-s, -e *o* -s> *m* cabillaud *m*
Kabelkanal *m* chaîne *f* câblée **Kabelnetz** *nt* réseau *m* câblé
Kabine [ka'biːnə] <-, -n> *f* cabine *f*
Kabinett [kabi'nɛt] <-s, -e> *nt* gouvernement *m*
Kachel ['kaxəl] <-, -n> *f* carreau *m* [de faïence]
kacheln *vt* carreler
Kachelofen *m* poêle *m* en faïence
Kadaver [ka'daːvɐ] <-s, -> *m* cadavre *m* d'animal
Käfer ['kɛːfɐ] <-s, -> *m* coléoptère *m*
Kaff [kaf] <-s, -s> *nt pej fam* trou *m*
Kaffee ['kafe, ka'feː] <-s, -s> *m* café *m*
Kaffeebohne *f* grain *m* de café **Kaffeehaus** *nt* A salon *m* de thé **Kaffeekanne** *f* cafetière *f* **Kaffeemaschine** *f* cafetière *f* électrique **Kaffeepad** [-pɛt] *nt* dosette *f* [de café] **Kaffeepause** *f* pause *f* café **Kaffeetasse** *f* tasse *f* à café
Käfig ['kɛːfɪç] <-s, -e> *m* cage *f*
kahl [kaːl] *adj* chauve; ~ **geschoren** rasé(e)
Kahlschlag *m (abgeholzte Fläche)* surface *f* déboisée
Kahn [kaːn] <-[e]s, Kähne> *m* barque *f*
Kai [kai̯] <-s, -e> *m* quai *m*
Kairo ['kai̯ro] <-s> *nt* le Caire
Kaiser(in) ['kai̯zɐ] <-s, -> *m(f)* empereur *m*/impératrice *f*
kaiserlich *adj* impérial(e)
Kaiserschmarren, **Kaiserschmarrn** *m* A *crêpes épaisses, déchirées en morceaux auxquels on ajoute des raisins secs et que l'on saupoudre de sucre* **Kaiserschnitt** *m* césarienne *f*
Kajak <-s, -s> *m o nt* kayak *m*
Kajüte [ka'jyːtə] <-, -n> *f* cabine *f*
Kakao [ka'kau̯] <-s, -s> *m* cacao *m* ▸ **jdn durch den ~ ziehen** *fam* se foutre [gentiment] de la gueule de qn
Kakaopulver [-fɐ] *nt* poudre *f* de cacao
Kakerlake <-, -n> *f* cafard *m*
Kaktus ['kaktʊs] <-, Kakteen> *m* cactus *m*
Kalb [kalp] <-[e]s, Kälber> *nt* veau *m*
kalben ['kalbən] *vi* vêler
Kalbfleisch *nt* viande *f* de veau, veau *m*
Kalender [ka'lɛndɐ] <-s, -> *m (Wandkalender)* calendrier *m*
Kalenderjahr *nt* année *f* civile
Kalium ['kaːli̯ʊm] <-s> *nt* CHEM potassium *m*
Kalk [kalk] <-[e]s, -e> *m* ❶ *(Baumaterial)* chaux *f* ❷ *(Kalziumkarbonat)* calcaire *m*
kalkulieren* *vt (Kosten)* calculer
Kalorie [kalo'riː] <-, -n> *f* calorie *f*
kalorienarm *adj* peu calorique **kalorienreich I.** *adj* calorique **II.** *adv* ~ **essen** avoir une alimentation riche en calories

kalt [kalt] <kälter, kälteste> I. *adj a. fig* froid(e); **ihr ist ~** elle a froid II. *adv (sich waschen)* à l'eau froide; **etw ~ stellen** mettre qc au frais

kaltblütig ['kaltbly:tɪç] *adj* ① qui garde son sang-froid ② *(Person)* qui agit de sang-froid **Kaltblütigkeit** <-> *f* sang-froid *m*

Kälte ['kɛltə] <-> *f* froid *m; (des Windes)* fraîcheur *f*

kälteempfindlich *adj* sensible au froid

Kaltluft *f* masse *f* d'air froid **Kaltmiete** ['kaltmi:tə] *f* loyer *m* sans les charges

kaltschnäuzig *adj fam* culotté(e)

Kalzium ['kaltsiʊm] <-s> *nt* calcium *m*

kam [ka:m] *Imp von* **kommen**

Kamel [ka'me:l] <-[e]s, -e> *nt* ① chameau *m* ② *pej fam (Dummkopf)* andouille *f*

Kamera ['kaməra] <-, -s> *f* ① *(Filmkamera)* caméra *f* ② *(Fotoapparat)* appareil *m* photo

Kamerad(in) [kamə'ra:t] <-en, -en> *m(f)* camarade *mf*

Kameradschaft <-, -en> *f* camaraderie *f*

kameradschaftlich *adj (Beziehung)* de bonne camaraderie; *(Zusammenleben)* en bons camarades

Kameramann, -frau <-männer> *m, f* caméraman *m*

Kamerun ['kaməru:n] <-s> *nt* le Cameroun

Kamille [ka'mɪlə] <-, -n> *f* camomille *f*

Kamillentee *m* infusion *f* de camomille

Kamin [ka'mi:n] <-s, -e> *m o* CH *nt* cheminée *f*

Kaminfeger(in) <-s, -> *m(f)* DIAL ramoneur(-euse) *m(f)*

Kamm [kam] <-[e]s, Kämme> *m* peigne *m*

kämmen ['kɛmən] *vt, vr* **[sich] ~** [se] coiffer

Kammer ['kamɐ] <-, -n> *f* chambre *f*

Kammerkonzert *nt* concert *m* de musique de chambre

Kampagne [kam'panjə] <-, -n> *f* campagne *f*

Kampf [kampf] <-[e]s, Kämpfe> *m* ① combat *m;* **den ~ aufnehmen** se lancer dans la bataille; **ein ~ auf Leben und Tod** un combat à mort ② *fig* lutte *f*

kämpfen ['kɛmpfən] *vi* ① **für jdn/etw ~** se battre pour qn/qc ② *fig* lutter

Kämpfer(in) <-s, -> *m(f)* combattant(e) *m(f)*

kämpferisch *adj (Person, Natur)* combatif(-ive)

Kampfflugzeug *nt* avion *m* de combat **Kampfhund** *m* chien *m* de combat **kampflustig** *adj* d'humeur batailleuse **Kampfrichter(in)** *m(f)* juge-arbitre *mf* **Kampfsport** *m* sport *m* de combat *souvent pl*

Kanada ['kanada] <-s> *nt* le Canada

Kanadier(in) [ka'na:diɐ] <-s, -> *m(f)* Canadien(ne) *m(f)*

kanadisch *adj* canadien(ne)

Kanal [ka'na:l] <-s, Kanäle> *m* ① canal *m* ② GEO **der ~** la Manche ③ *(Abwasserkanal)* égout *m*

Kanalisation [kanaliza'tsi̯o:n] <-, -en> *f* égouts *mpl*

kanalisieren* [kanali'zi:rən] *vt* canaliser

Kanarienvogel [ka'na:riənfo:gəl] *m* canari *m*

Kandidat(in) [kandi'da:t] <-en, -en> *m(f)* candidat(e) *m(f)*

Kandidatur [kandida'tu:ɐ̯] <-, -en> *f* candidature *f*

kandidieren* [kandi'di:rən] *vi* **für etw ~** se porter candidat(e) à qc

kandiert [kan'di:ɐ̯t] *adj* confit(e)

Kandiszucker *m* sucre *m* candi

Känguru ['kɛŋguru] <-s, -s> *nt* kangourou *m*

Kaninchen [ka'ni:nçən] <-s, -> *nt* lapin *m*

Kanister [ka'nɪstɐ] <-s, -> *m (Behälter)* bidon *m*

Kännchen ['kɛnçən] <-s, -> *nt* ① *Dim von* **Kanne** petit pot *m* ② *(Portion)* **ein ~ Kaffee** un grand café

Kanne ['kanə] <-, -n> *f* ① *(Kaffeekanne)* cafetière *f*; *(Teekanne)* théière *f* ② *(Gießkanne)* arrosoir *m*

Kannibale, Kannibalin [kani'baːlə] <-n, -n> *m, f* cannibale *mf*

kannte ['kantə] *Imp von* **kennen**

Kanon ['kaːnɔn] <-s, -s> *m* canon *m*

Kanone [ka'noːnə] <-, -n> *f (Geschütz)* canon *m*

Kanonenfutter *nt fam* chair *f* à canon

Kantate [kan'taːtə] <-, -n> *f* MUS cantate *f*

Kante ['kantə] <-, -n> *f (Ecke)* bord *m*

kantig *adj (Gesicht)* anguleux(-euse)

Kantine [kan'tiːnə] <-, -n> *f* cantine *f*

Kanton [kan'toːn] <-s, -e> *m* canton *m*

kantonal [kanto'naːl] *adj* cantonal(e)

Kanu ['kaːnu] <-s, -s> *nt* canoë *m*

Kanzlei [kants'lai] <-, -en> *f (eines Anwalts)* cabinet *m*; *(eines Notars)* étude *f*

Kanzler(in) ['kantslɐ] <-s, -> *m(f)* chancelier(-ière) *m(f)*

Kanzleramt *nt* chancellerie *f*

Kapazität [kapatsi'tɛːt] <-, -en> *f* capacité *f*

Kapelle [ka'pɛlə] <-, -n> *f* ① *(Kirche)* chapelle *f* ② MUS orchestre *m*

Kaper ['kaːpɐ] <-, -n> *f* câpre *f*

kapieren* [ka'piːrən] *vt, vi fam* piger

Kapital [kapi'taːl] <-s> *nt kein Pl* capital *m*

Kapitalflucht *f* fuite *f* des capitaux

Kapitalismus [kapita'lɪsmʊs] <-> *m* capitalisme *m*

Kapitalist(in) [kapita'lɪst] <-en, -en> *m(f)* capitaliste *mf*

kapitalistisch *adj* capitaliste

Kapitalverbrechen *nt* crime *m* capital

Kapitän [kapi'tɛːn] <-s, -e> *m* capitaine *m*

Kapitel [ka'pɪtəl] <-s, -> *nt* chapitre *m*

Kapitulation [kapitula'tsi̯oːn] <-, -en> *f* capitulation *f*

kapitulieren* [kapitu'liːrən] *vi* capituler

Kappe ['kapə] <-, -n> *f (Mütze)* casquette *f*

Kapsel ['kapsəl] <-, -n> *f* capsule *f*

kaputt [ka'pʊt] *adj fam* ① *(defekt)* fichu(e) ② *(beschädigt)* cassé(e) ③ *(erschöpft)* crevé(e) ④ *(Ehe)* brisé(e)

kaputt|gehen *vi irr +sein fam (Gerät)* ne plus marcher; *(Spiegel)* se casser; *(Kleidung)* s'abîmer **kaputt|lachen** *vr fam* **sich** ~ se tordre de rire; **ich lach' mich kaputt!** c'est à se tordre!

kaputt|machen **I.** *vt fam* ① bousiller ② *(Ehe)* détruire; *(Gesundheit)* ruiner **II.** *vr fam* **sich** ~ s'esquinter

Kapuze [ka'puːtsə] <-, -n> *f* capuchon *m*

Karaffe [ka'rafə] <-, -n> *f* carafe *f*

Karamell [kara'mɛl] <-s> *m* caramel *m*

Karaoke [kara'oːkə] <-[s]> *nt* karaoké *m*

Karat [ka'raːt] <-[e]s, -e> *nt* carat *m*

Karate [ka'raːtə] <-[s]> *nt* karaté *m*

Karawane [kara'vaːnə] <-, -n> *f* caravane *f*

Kardinal [kardi'naːl] <-s, Kardinäle> *m* cardinal *m*

Kardinalfehler *m* faute *f* cardinale **Kardinalzahl** *f* nombre *m* cardinal

Karfiol [kar'fi̯oːl] <-s> *m* A chou-fleur *m*

Karfreitag [kaːɐ̯'fraitaːk] *m* Vendredi *m* saint

karg [kark] <karger, kargste> *adj* pauvre

Kargheit <-> *f* pauvreté *f*

kariert [ka'riːɐ̯t] *adj* à carreaux

Karies ['kaːriɛs] <-> *f* carie *f*

Karikatur [karika'tuːɐ̯] <-, -en> *f* caricature *f*

Karneval ['karnəval] <-s, -e> *m* carnaval *m*

Kärnten ['kɛrntən] <-s> *nt* la Carinthie

Karo ['kaːro] <-s, -s> *nt* carreau *m*

Karosserie [karɔsə'riː] <-, -n> *f* carrosserie *f*

Karotte [ka'rɔtə] <-, -n> *f* carotte *f*

Karpfen ['karpfən] <-s, -> *m* carpe *f*

Karre ['karə] <-, -n> *f* ① *s.* **Karren** ② *fam (Auto)* bagnole *f*

Karren ['karən] <-s, -> *m* charrette *f*

Karriere [ka'ri̯eːrə] <-, -n> *f* carrière *f*

Karrierefrau *f* femme *f* qui fait/veut faire carrière
Karte ['kartə] <-, -n> *f* carte *f*; **~n spielen** jouer aux cartes
Kartei [kar'tai̯] <-, -en> *f* fichier *m*
Karteikarte *f* fiche *f* **Karteikasten** *m* fichier *m*
Kartell [kar'tɛl] <-s, -e> *nt* cartel *m*
Kartellamt *nt* office *m* des cartels
Kartenspiel *nt* ❶ *kein Pl (das Spielen)* partie *f* de cartes ❷ *(Satz Karten)* jeu *m* de cartes **Kartenvorverkauf** *m* location *f* de billets
Kartoffel [kar'tɔfəl] <-, -n> *f* pomme *f* de terre
Kartoffelbrei *m* purée *f* [de pommes de terre] **Kartoffelchips** *Pl* chips *fpl* **Kartoffelpuffer** <-s, -> *m* crique *f* **Kartoffelpüree** *s.* **Kartoffelbrei** **Kartoffelsalat** *m* salade *f* de pommes de terre
Karton [kar'tɔŋ] <-s, -s> *m* carton *m*
Karussell [karʊ'sɛl] <-s, -s> *nt* manège *m*
Karwoche ['ka:ɐ̯vɔxə] *f* semaine *f* sainte
Karzinom [kartsi'no:m] <-s, -e> *nt* MED carcinome *m*
Kaschmir ['kaʃmi:ɐ̯] <-s, -e> *m* cachemire *m*
Käse ['kɛ:zə] <-s, -> *m* fromage *m*
Käsefondue ['kɛ:zəfõdy:] *nt* fondue *f* au fromage **Käsekuchen** *m* gâteau *m* au fromage blanc
Kaserne [ka'zɛrnə] <-, -n> *f* caserne *f*
käseweiß *adj fam (bleich)* blanc(blanche) comme un linge; *(nicht sonnengebräunt)* blanc(blanche) comme un cachet d'aspirine
Kasino [ka'zi:no] <-s, -s> *nt (Spielkasino)* casino *m*
Kaspertheater *nt* guignol *m*
Kasse ['kasə] <-, -n> *f* caisse *f*
Kassenbon ['kasənbɔŋ] *m* ticket *m* de caisse **Kassenpatient(in)** *m(f)* *patient(e) affilié(e) à une caisse d'assurance maladie publique* **Kassenzettel** *s.* **Kassenbon**
Kassette [ka'sɛtə] <-, -n> *f* ❶ *(Video-, Musikkassette)* cassette *f* ❷ *(Kästchen)* coffret *m*
Kassettendeck *nt* magnétophone *m* à cassette[s] **Kassettenrecorder** *m* magnétophone *m*
kassieren* [ka'si:rən] **I.** *vt (einziehen)* **etw bei jdm ~** encaisser qc auprès de qn **II.** *vi* **bei jdm ~** *(Kellner)* encaisser l'addition de qn
Kassierer(in) <-s, -> *m(f)* caissier (-ière) *m(f)*
Kastagnette [kastan'jɛtə] <-, -n> *f* castagnette *f*
Kastanie [kas'ta:ni̯ə] <-, -n> *f* ❶ *(Rosskastanie)* marron *m* [d'Inde]; *(Esskastanie)* châtaigne *f* ❷ *(Rosskastanienbaum)* marronnier *m* [d'Inde]; *(Esskastanienbaum)* châtaignier *m*
Kastanienbaum *s.* **Kastanie**
Kasten ['kastən] <-s, Kästen> *m* caisse *f*; *(für Schmuck)* coffret *m*
Kastration [kastra'tsi̯o:n] <-, -en> *f* castration *f*
kastrieren* [kas'tri:rən] *vt* châtrer
Kasus <-, -> *m* cas *m*
Kat [kat] <-s, -s> *m Abk von* **Katalysator** pot *m* catalytique
Katakombe <-, -n> *f* catacombe *f*
Katalog [kata'lo:k] <-[e]s, -e> *m* ❶ *(Versandhauskatalog)* catalogue *m* ❷ *(Verzeichnis)* fichier *m*
Katalysator [kataly'za:to:ɐ̯] <-s, -toren> *m* pot *m* catalytique
Katalyse [kata'ly:zə] <-, -n> *f* CHEM catalyse *f*
katalytisch [kata'ly:tɪʃ] *adj* CHEM catalytique
Katamaran <-s, -e> *m* catamaran *m*
Katapult <-[e]s, -e> *nt o m* catapulte *f*
katastrophal [katastro'fa:l] *adj* catastrophique
Katastrophe [katas'tro:fə] <-, -n> *f* catastrophe *f*
Katastrophengebiet *nt* zone *f* sinistrée
Katechismus [katɛ'çɪsmʊs] <-, Katechismen> *m* catéchisme *m*
Kategorie [katego'ri:] <-, -n> *f* catégorie *f*

kategorisch [kateˈgoːrɪʃ] *adj* catégorique

Kater [ˈkaːtɐ] <-s, -> *m* ❶ chat *m* ❷ *fam (nach Alkoholgenuss)* gueule *f* de bois

Kathedrale [kateˈdraːlə] <-, -n> *f* cathédrale *f*

Katholik(in) [katoˈliːk] <-en, -en> *m(f)* catholique *mf*

katholisch [kaˈtoːlɪʃ] I. *adj* catholique II. *adv* ~ **erzogen werden** recevoir une éducation catholique

Katholizismus [katoliˈtsɪsmʊs] <-> *m* catholicisme *m*

katzbuckeln [ˈkatsbʊkəln] *vi pej fam* **das Katzbuckeln** les courbettes *fpl*

Katze [ˈkatsə] <-, -n> *f* chat *m; (nur weiblich)* chatte *f*

Katzensprung *m fam* **das ist ein ~** c'est la porte à côté **Katzenstreu** [ˈkatsənʃtrɔy] *f* litière *f* pour chats

Kauderwelsch [ˈkaudɐvɛlʃ] <-[s]> *nt pej (unverständliche Sprache)* sabir *m*

kauen [ˈkauən] *vt* mâcher

kauern [ˈkauɐn] I. *vi +sein* **in einer Ecke ~** être accroupi dans un coin II. *vr +haben* **sich hinter einen Baum ~** s'accroupir derrière un arbre

Kauf [kauf] <-[e]s, Käufe> *m* achat *m*

kaufen [ˈkaufən] *vt* acheter

Käufer(in) [ˈkɔyfɐ] <-s, -> *m(f)* acheteur(-euse) *m(f)*

Kaufhaus *nt* grand magasin *m* **Kaufkraft** *f* pouvoir *m* d'achat

käuflich I. *adj pej (bestechlich)* vénal(e) II. *adv form (erwerben)* à titre onéreux

Kaufmann, -frau <-leute> *m, f* **gelernter ~/gelernte Kauffrau** commercial(e) *m(f)*

kaufmännisch [ˈkaufmɛnɪʃ] *adj* commercial(e); **~er Angestellter** employé *m* de commerce

Kaufpreis *m* prix *m* d'achat **Kaufvertrag** *m* contrat *m* de vente

Kaugummi *m* chewing-gum *m*

kaum [kaum] *adv* ❶ *(wahrscheinlich nicht)* difficilement; **[wohl] ~!** sûrement pas! ❷ *(fast nicht)* à peine; **es ~ erwarten können** brûler d'impatience; **~ jemand** pratiquement personne

Kaution [kauˈtsi̯oːn] <-, -en> *f* caution *f*

Kavalier [kavaˈliːɐ̯] <-s, -e> *m* gentleman *m*

Kavaliersdelikt *nt* peccadille *f*

Kaviar [ˈkaːviaːɐ̯] <-s, -e> *m* caviar *m*

Kefir [ˈkeːfɪr] <-s> *m* képhir *m*

Kegel [ˈkeːgəl] <-s, -> *m (Spielgerät)* quille *f*

Kegelbahn *f* piste *f* de bowling

kegeln [ˈkeːgəln] *vi* jouer au bowling

Kehle [ˈkeːlə] <-, -n> *f* gorge *f*

Kehlkopf *m* larynx *m*

Kehlkopfentzündung *f*, **Kehlkopfkatarr[h]** *m* MED laryngite *f*

kehren [ˈkeːrən] *vt (wenden)* tourner

Kehrseite ▶ **die ~ der Medaille** le revers de la médaille

kehrtmachen [ˈkeːɐ̯tmaxən] *vi fam (umkehren)* faire demi-tour **Kehrtwendung** *f fig* volte-face *f*

Kehrwoche *f* SDEUTSCH *obligation faite à tous les locataires d'un immeuble d'assurer à tour de rôle le nettoyage des parties communes pendant une semaine*

keifen [ˈkaifən] *vi pej* brailler

Keil [kail] <-[e]s, -e> *m (Unterlegkeil)* cale *f*

Keilerei [kailəˈrai] <-, -en> *f fam* bagarre *f*

Keilriemen *m* courroie *f* [trapézoïdale]

Keim [kaim] <-[e]s, -e> *m* germe *m*

keimen *vi* germer

Keimling [ˈkaimlɪŋ] <-s, -e> *m* BOT germe *m*

Keimzelle *f* ❶ BIO gamète *m* ❷ *fig* ferment *m*

kein I. *pron indef, adjektivisch* ❶ **~ Wort sagen** ne pas dire un mot; **~e Lust/Zeit haben** ne pas avoir envie/le temps; **~ Auto haben** ne pas avoir de voiture; **~e andere als Brigitte** nulle autre que Brigitte ❷ *(nicht einmal)* **~e drei Stunden dauern** ne même pas durer trois heures II. *pron* *indef, substantivisch* ❶ *(auf eine Person bezogen)* **das weiß ~er** personne ne le sait ❷ *(auf Dinge bezogen)* **von den Pullovern gefiel mir ~er** aucun des pull-overs ne m'a plu; **Saft habe ich ~en da** du jus, je n'en ai pas

keinesfalls *adv* en aucun cas; **ich möchte dich ~ beunruhigen** je ne veux en aucun cas que tu te fasses du souci

keineswegs *adv* **sie ist ~ zufrieden** elle n'est absolument pas satisfaite

keins *s.* **kein**

Keks [ke:ks] <-es, -e> *m* gâteau *m* sec

Kelch [kɛlç] <-[e]s, -e> *m* ❶ *(Blüten-, Abendmahlskelch)* calice *m* ❷ *(Sektkelch)* flûte *f*

Keller ['kɛlɐ] <-s, -> *m* cave *f*

Kellerfenster *nt* soupirail *m* **Kellergeschoss** *nt* sous-sol *m*

Kellner(in) ['kɛlnɐ] <-s, -> *m(f)* serveur(-euse) *m(f)*

Kelte, Keltin ['kɛltə] <-n, -n> *m, f* Celte *mf*

keltisch ['kɛltɪʃ] *adj* celtique

Kenia ['ke:ni̯a] <-s> *nt* le Kenya

kennen ['kɛnən] *irr* **I.** *vt* connaître; **~ lernen** apprendre à connaître; **jdn ~ lernen** faire la connaissance de qn ▸ **der wird mich noch ~ lernen!** *fam* il va voir de quel bois je me chauffe! **II.** *vr* **sich ~** se connaître; **sich ~ lernen** *(Bekanntschaft machen)* faire connaissance; *(vertraut werden)* apprendre à se connaître

kennen|lernen *s.* **kennen**

Kenner(in) <-s, -> *m(f)* *(der Materie)* expert(e) *m(f)*; *(guter Weine)* connaisseur(-euse) *m(f)*

Kenntnis ['kɛntnɪs] <-, -se> *f* connaissance *f*

Kennung ['kɛnʊŋ] <-, -en> *f* ❶ TELEC indicatif *m* ❷ INFORM identifiant *m*

Kennwort <-wörter> *nt* *(Codewort)* code *m* **Kennzahl** *f* *(Zahlenwert)* indice *m* **Kennzeichen** *nt* ❶ *(Autokennzeichen)* numéro *m* d'immatriculation ❷ *(Merkmal)* signe *m* distinctif ❸ *(Markierung)* signe *m* de reconnaissance **kennzeichnen I.** *vt* ❶ *(markieren)* marquer; *(Weg, Behälter)* signaler ❷ *(charakterisieren)* caractériser **II.** *vr* **sich durch etw ~** se caractériser par qc **Kennziffer** *f* référence *f*

kentern ['kɛntɐn] *vi +sein* chavirer

Keramik [ke'ra:mɪk] <-, -en> *f* céramique *f*

keramisch *adj* en céramique

Kerker ['kɛrkɐ] <-s, -> *m* *(Verlies)* cachot *m*

Kerl [kɛrl] <-s, -e> *m fam* type *m*

Kern [kɛrn] <-[e]s, -e> *m* ❶ noyau *m*; *(Apfel-, Birnenkern)* pépin *m* ❷ *(einer Stadt)* cœur *m*

Kernenergie *s.* **Kernkraft** **Kerngehäuse** *nt* trognon *m* **kerngesund** *adj* en pleine santé

kernig *adj (voller Kerne)* à pépins

Kernkraft *f* énergie *f* nucléaire **Kernkraftwerk** *nt* centrale *f* nucléaire **Kernreaktor** *m* réacteur *m* nucléaire

Kernseife *f* ≈ savon *m* de Marseille **Kernstück** *nt* point *m* essentiel **Kernzeit** *f* plage *f* fixe [de travail]

Kerosin [kero'zi:n] <-s, -e> *nt* kérosène *m*

Kerze ['kɛrt͜sə] <-, -n> *f* ❶ bougie *f* ❷ *(Gymnastikübung)* chandelle *f*

kerzengerade ['kɛrt͜səngə'ra:də] *adj, adv* droit(e) comme un i **Kerzenhalter** *m (klein)* bougeoir *m*; *(groß)* chandelier *m* **Kerzenleuchter** *m* candélabre *m* **Kerzenlicht** *nt* lumière *f* des bougies

kess [kɛs] **I.** *adj* *(Antwort)* audacieux(-euse) **II.** *adv* avec aplomb

Kessel ['kɛsəl] <-s, -> *m* ❶ *(Wasserkessel)* bouilloire *f* ❷ *(Heizkessel)* chaudière *f* ❸ GEO cuvette *f*

Ketchup ['kɛtʃap] <-[s], -s> *m o nt* ketchup *m*

Kette ['kɛtə] <-, -n> *f* ❶ chaîne *f* ❷ *(von Ereignissen)* série *f*

Kettenglied *nt* maillon *m* **Kettenkarussell** *nt* chaises *fpl* volantes **Kettenraucher(in)** *m(f)* grand fumeur *m/*

grande fumeuse *f* **Kettenreaktion** *f* réaction *f* en chaîne

keuchen ['kɔyçən] *vi +haben (schwer atmen)* haleter

keusch [kɔyʃ] *adj* chaste

Keuschheit <-> *f* chasteté *f*

Keyboard ['kiːbɔːt] <-s, -s> *nt* orgue *m* électronique

Kfz [kaːʔɛf'tsɛt] <-[s], -[s]> *nt Abk von* **Kraftfahrzeug** automobile *f*

Kfz-Werkstatt *f* garage *m*

kg *Abk von* **Kilogramm** kg

khakifarben *adj* kaki

Kibbuz [kɪ'buːts] <-, Kibbuzim *o* -e> *m* kibboutz *m*

Kiberer <-s, -> *m* A *pej fam* flic *m*

kichern ['kɪçɐn] *vi* ricaner

kicken ['kɪkən] *vi fam* ❶ *(Fußball spielen)* jouer au foot ❷ *(Ball)* taper dans; **den Ball ins Aus ~** botter en touche

kidnappen ['kɪtnɛpən] *vt* kidnapper

Kids <-> *Pl fam (Kinder)* mômes *mpl; (Jugendliche)* ados *mpl*

Kiefer[1] ['kiːfɐ] <-, -n> *f* BOT pin *m*

Kiefer[2] <-s, -> *m* ANAT mâchoire *f*

Kiefernzapfen *m* pomme *f* de pin

Kieme ['kiːmə] <-, -n> *f* branchie *f*

Kies [kiːs] <-es, -e> *m (kleine Steine)* gravier *m*

Kieselstein ['kiːzəlʃtain] *m* gravier *m*

kiffen ['kɪfən] *vi fam* fumer le bédo

kikeriki [kikəri'kiː] *interj* cocorico

Killer(in) <-s, -> *m(f) fam* tueur (-euse) *m(f)* [à gages]

Kilo ['kiːlo] <-s, -[s]> *nt Abk von* **Kilogramm** kilo *m*

Kilobyte ['kiːlobait] *nt* kilo-octet *m* **Kilogramm** *nt* kilogramme *m* **Kilohertz** *nt* kilohertz *m* **Kilojoule** *nt* kilojoule *m* **Kilokalorie** *f* kilocalorie *f* **Kilometer** *m* ❶ kilomètre *m* ❷ *fam (Stundenkilometer)* **er fuhr höchstens 50 ~** il roulait à 50 maxi **Kilometerzähler** *m* compteur *m* kilométrique **Kilowatt** *nt* kilowatt *m* **Kilowattstunde** *f* kilowattheure *m*

Kind [kɪnt] <-[e]s, -er> *nt* enfant *m;* **sie kriegt ein ~** *fam* elle va avoir un gosse; **~er, ~er!** *fam (Leute)* ah, mes enfants! ▸ **das ~ mit dem Bade ausschütten** jeter le bébé avec l'eau du bain; **mit ~ und Kegel** *iron fam* avec toute la smala; **das ~ beim Namen nennen** appeler un chat un chat; **das weiß doch jedes ~!** *fam* un gosse sait ça!

Kinderarbeit ['kɪndɐarbait] *f* travail *m* des mineurs **Kinderarzt, -ärztin** *m, f* pédiatre *mf* **Kindererziehung** *f* éducation *f* des enfants **kinderfeindlich** *adj (Gesellschaft)* qui ne fait rien pour les enfants **kinderfreundlich** *adj (Person)* qui aime les enfants; *(Gesellschaft)* ouvert(e) aux enfants **Kindergarten** *m* ≈ école *f* maternelle **Kindergärtner(in)** *m(f)* ≈ professeur *mf* d'école maternelle **Kindergeburtstag** *m* anniversaire *m* d'enfant **Kindergeld** *nt* ≈ allocations *fpl* familiales **Kinderheim** *nt* ≈ foyer *m* de la DDASS **Kinderhort** *m* garderie *f* **Kinderkrankheit** *f* maladie *f* infantile **Kinderkrippe** *f* crèche *f* **Kinderladen** *m* jardin *m* d'enfants alternatif *(utilisant des méthodes non-directives)* **Kinderlähmung** *f* poliomyélite *f* **kinderleicht** *adj* enfantin(e) **kinderlieb** *adj* qui aime les enfants

kinderlos *adj* sans enfants

Kindermädchen *nt* bonne *f* d'enfants

kinderreich *adj (Paar)* qui a beaucoup d'enfants; *(Familie)* nombreux(-euse); **~ sein** *(Paar)* avoir beaucoup d'enfants

Kinderschänder(in) <-s, -> *m(f)* violeur(-euse) *m(f)* d'enfants **kindersicher I.** *adj (Spielzeug)* adapté(e) aux enfants **II.** *adv (aufbewahren)* hors de portée des enfants **Kindersitz** *m* siège *m* pour enfant **Kinderspiel** *nt* jeu *m* pour enfants ▸ **ein ~ sein** être un jeu d'enfant **Kinderstube** ▸ **eine/keine gute ~ gehabt haben** avoir reçu une bonne/mauvaise éducation **Kindertagesstätte** *s.* **Kinderhort** **Kinderwagen** *m* landau *m; (Sportwa-*

K

gen) poussette *f* **Kinderzimmer** *nt* chambre *f* d'enfant
Kindesalter *nt* bas âge *m* **Kindesmissbrauch** *m* abus *m* [sexuel] sur des enfants **Kindesmisshandlung** *f* maltraitance *f* des enfants
kindgemäß *adj* adapté(e) aux enfants
Kindheit <-> *f* enfance *f*
kindisch *adj pej* puéril(e)
kindlich I. *adj* d'enfant; ~ **sein** *(Person)* être très jeune II. *adv (sich verhalten)* comme un enfant
Kindstod *m* **plötzlicher** ~ mort *f* subite du nourrisson
kinetisch [ki'ne:tɪʃ] *adj* cinétique
Kinn [kɪn] <-[e]s, -e> *nt* menton *m*
Kinnhaken *m* uppercut *m*
Kino ['ki:no] <-s, -s> *nt* cinéma *m*
Kinobesuch *m* séance *f* de cinéma **Kinobesucher(in)** *m(f)* spectateur(-trice) *m(f)* **Kinofilm** *m* film *m* **Kinoprogramm** *nt* ❶ *(gezeigte Filme)* affiche *f* ❷ *(gedrucktes Programm)* programme *m* des films
Kiosk ['ki:ɔsk] <-[e]s, -e> *m* kiosque *m*
Kipfe[r]l <-s, -[n]> *nt* A croissant *m*
Kippe ['kɪpə] <-, -n> *f fam* ❶ *(Mülldeponie)* décharge *f* ❷ *(Zigarettenstummel)* mégot *m* ▸ **auf der ~ stehen** *(Entscheidung)* être en suspens
kippen ['kɪpən] I. *vt +haben (schütten: Sand)* renverser; *(Flüssigkeit)* déverser II. *vi +sein (umfallen)* basculer
Kirche ['kɪrçə] <-, -n> *f* église *f*
Kirchenchor *m* chorale *f* paroissiale **Kirchengemeinde** *f* paroisse *f* **Kirchenlied** *nt* cantique *m* **Kirchenrecht** *nt* droit *m* canon **Kirchenschiff** *nt (Längsschiff)* [grande] nef *f*; *(Querschiff)* nef latérale **Kirchensteuer** *f* ≈ impôt *m* au bénéfice des Églises
Kirchgänger(in) <-s, -> *m(f)* pratiquant(e) *m(f)*
kirchlich I. *adj* de l'Église; *(Feiertag, Trauung)* religieux(-euse) II. *adv (heiraten)* à l'église
Kirchturm *m* clocher *m*
Kirschbaum *m (Baum, Holz)* cerisier *m*
Kirsche ['kɪrʃə] <-, -n> *f* cerise *f*
Kirschtorte *f* tarte *f* aux cerises **Kirschwasser** *nt* kirsch *m*
Kissen ['kɪsən] <-s, -> *nt (Sofakissen)* coussin *m*
Kissenbezug *m (Kopfkissenbezug)* taie *f* [d'oreiller]; *(Zierkissenbezug)* housse *f* [de coussin]
Kiste ['kɪstə] <-, -n> *f* caisse *f*; *(klein)* boîte *f*
Kitsch [kɪtʃ] <-es> *m* kit[s]ch *m*
kitschig *adj* kit[s]ch
Kitt [kɪt] <-[e]s, -e> *m* mastic *m*
Kittel ['kɪtəl] <-s, -> *m (Arbeitskittel)* blouse *f*
kitten ['kɪtən] *vt (Riss)* mastiquer; *(Vase)* recoller
Kitz [kɪts] <-es, -e> *nt (eines Rehs)* faon *m*; *(einer Ziege)* chevreau *m*
kitzelig s. **kitzlig**
kitzeln ['kɪtsəln] *vt, vi* chatouiller
kitzlig *adj* chatouilleux(-euse)
Kiwi ['ki:vi] <-, -s> *f* kiwi *m*
klacks *interj* vlan
klaffen ['klafən] *vi (Abgrund)* bâiller
kläffen ['klɛfən] *vi* glapir
klaffend *adj (Abgrund)* béant(e)
Klage ['kla:gə] <-, -n> *f* plainte *f*
Klagegeschrei *nt* lamentations *f pl*; **ein lautes/jämmerliches ~ anstimmen** se répandre en lamentations bruyantes/déchirantes
klagen ['kla:gən] I. *vi* ❶ *(jammern)* **über etw** *(akk)* ~ se lamenter sur qc ❷ *(sich beklagen)* **über etw** *(akk)* ~ se plaindre de qc II. *vt* ❶ **jdm sein Leid** ~ se plaindre de sa souffrance auprès de qn ❷ A s. **verklagen**
Kläger(in) ['klɛ:gɐ] <-s, -> *m(f)* plaignant(e) *m(f)*
kläglich ['klɛ:klɪç] I. *adj* ❶ *pej* lamentable ❷ *(dürftig)* misérable II. *adv pej (scheitern)* lamentablement
klaglos *adv* sans rechigner
klamm [klam] *adj (Wäsche)* humide et froid(e)
Klammer ['klamɐ] <-, -n> *f* ❶ *(Haar-*

klammer) épingle *f* à cheveux ❷ *(Textsymbol)* [**runde**] ~ parenthèse *f* **eckige** ~ crochet *m* **in ~n** entre parenthèses

Klammeraffe *m fam* ar[r]obas *m*

klammern ['klamɐn] I. *vt (zusammenheften)* agrafer II. *vr* **sich an jdn/etw** ~ *(festhalten)* s'accrocher à qn/qc; *fig* se raccrocher à qn/qc

klammheimlich *adv fam* en douce

Klamotten [kla'mɔtən] *Pl fam* fringues *fpl*

klang [klaŋ] *Imp von* **klingen**

Klang [klaŋ] <-[e]s, Klänge> *m (Ton)* son *m*

klangvoll *adj (volltönend)* sonore; *(Name)* qui sonne bien

Klappe ['klapə] <-, -n> *f* ❶ *(eines Mülleimers)* couvercle *m; (einer Tasche)* rabat *m; (eines Ofens)* clapet *m* ❷ *fam (Mund)* clapet *m;* **eine große ~ haben** avoir une grande gueule; [**halt die**] **~!** la ferme!

klappen ['klapən] I. *vt +haben* **etw nach oben/hinten ~** rabattre qc vers le haut/en arrière II. *vi +haben fam (funktionieren)* marcher

Klappentext *m* résumé *m* sur la jaquette d'un/du livre

klapperig *s.* **klapprig**

klappern ['klapɐn] *vi (Fensterflügel)* claquer; **mit den Zähnen ~** claquer des dents; **mit dem Geschirr ~** faire cliqueter la vaisselle

Klappfahrrad *nt* vélo *m* pliant **Klapphandy** *nt* mobile *m* à ouverture rabattable **Klappmesser** *nt* canif *m*

klapprig *adj fam (instabil)* déglingué(e)

Klappstuhl *m* chaise *f* pliante **Klapptisch** *m* table *f* pliante

Klaps [klaps] <-es, -e> *m* tape *f*

klar [klaːɐ̯] I. *adj* ❶ clair(e); *(Ergebnis)* évident(e); *(Vorsprung)* net(te) ❷ *fam (verständlich)* **alles ~?** c'est clair?; **na ~!** mais bien sûr! ❸ *(bewusst)* **jdm ist etw ~** qn comprend qc; **sich über seine Gefühle ~ werden** prendre conscience de ses sentiments; **sich darüber ~ werden, dass ...** commencer à réaliser que ... II. *adv (erkennen)* clairement ▸ **~ und deutlich** de façon claire et nette; **das ist so ~ wie sonst was!** *fam* y a pas photo!

Kläranlage ['klɛːɐ̯anlaːgə] *f* station *f* d'épuration

klären ['klɛːrən] I. *vt (Problem)* élucider; *(Abwasser)* épurer II. *vr* **sich ~** *(Problem)* se résoudre; *(Wasser)* se décanter

Klarheit <-, -en> *f* clarté *f;* **sich** *(dat)* **~ über etw** *(akk)* **verschaffen** obtenir des précisions sur qc

Klarinette [klari'nɛtə] <-, -n> *f* clarinette *f*

klar|kommen *vi irr +sein fam* **mit jdm/etw ~** s'en sortir avec qn/qc

klar|machen *vt* **jdm etw ~** faire comprendre qc à qn **klar|sehen** *vi irr* **in etw** *(dat)* **~** y voir clair dans qc *(fam)*

Klarsichtfolie *f* film *m* transparent [étirable] **Klarsichthülle** *f* chemise *f* transparente; *(zum Einheften)* pochette *f* perforée

klar|stellen *vt* clarifier; **ich möchte ~, dass...** je tiens à préciser que...

Klartext ▸ **mit jdm ~ reden** *fam* dire à qn comment on s'appelle

Klärung <-, -en> *f* ❶ *(von Problemen)* élucidation *f* ❷ *(von Abwässern)* épuration *f*

klar|werden *s.* **klar**

klasse *adj inv fam* super

Klasse ['klasə] <-, -n> *f* classe *f;* **erster/zweiter ~ fahren/fliegen** voyager en première/seconde [classe]

Klassenarbeit *f* devoir *m* sur table **Klassenbeste(r)** *f(m)* premier(-ière) *m(f)* de la classe **Klassenkamerad(in)** *m(f)* camarade *mf* de classe **Klassenkampf** *m* lutte *f* des classes **Klassenlehrer(in)** *m(f)* professeur *mf* principal(e) **Klassenraum** *s.* **Klassenzimmer** **Klassensprecher(in)** *m(f)* délégué(e) *m(f)* de classe **Klassentreffen** *nt* réunion *f* d'anciens élèves **Klassenzimmer** *nt* salle *f* de classe

Klassenzimmer

der Tisch	la table
der Stuhl	la chaise
die Tür	la porte
das Whiteboard	le tableau blanc (électronique)
das Tablet	la tablette
die Tafel	le tableau
der Schwamm	l'éponge
die Kreide	la craie
das Waschbecken	le lavabo
der Wasserhahn	le robinet
die Weltkarte	la mappemonde
der Abfalleimer	la poubelle
das Lehrerpult	le pupitre
der Beamer	le projecteur
die Schultasche	la serviette
der Schulranzen	le cartable
die Klingel	la sonnerie
die Wanduhr	l'horloge murale

Klassifikation [klasifika'tsi̯o:n] <-, -en> *f s.* **Klassifizierung**

klassifizieren* [klasifi'tsi:rən] *vt* classifier

Klassifizierung <-, -en> *f* classification *f*

Klassik ['klasɪk] <-> *f* ❶ *(Epoche)* classicisme *m* ❷ *(Altertum)* Antiquité *f* ❸ *fam (klassische Musik)* classique *m*

Klassiker(in) <-s, -> *m(f)* classique *m*

klassisch *adj* classique

Klassizismus [klasi'tsɪsmʊs] <-> *m* classicisme *m*

klassizistisch [klasi'tsɪstɪʃ] *adj* classique

Klatsch [klatʃ] <-[e]s> *m pej fam* ragots *mpl*

klatschen ['klatʃən] **I.** *vi* ❶ *+haben* applaudir; **in die Hände** ~ taper dans les mains; **sich** *(dat)* **auf die Schenkel** ~ se taper sur les cuisses ❷ *+sein (auftreffen)* **auf/gegen etw** *(akk)* ~ s'écraser sur/contre qc ❸ *+haben pej fam (tratschen)* **über jdn/etw** ~ jaser sur qn/qc **II.** *vt +haben* **den Takt** ~ battre la mesure [des mains]

Klatschmohn *m* coquelicot *m*

Klatschspalte *f pej fam* rubrique *f* des potins mondains, échos *mpl*

Klaue ['klau̯ə] <-, -n> *f* ❶ *(eines Raubvogels)* serres *fpl*; *(eines Raubtiers)* griffe *f* ❷ *pej fam (Handschrift)* écriture *f* de cochon

klauen ['klau̯ən] **I.** *vt fam* piquer **II.** *vi fam* faucher

Klausel ['klau̯zəl] <-, -n> *f* clause *f*

Klausur [klau̯'zu:ɐ̯] <-, -en> *f* ❶ UNIV [examen *m*] partiel *m* ❷ SCHULE devoir *m* surveillé

Klaviatur [klavi̯a'tu:ɐ̯] <-, -en> *f (eines Instruments)* clavier *m*

Klavier [kla'vi:ɐ̯] <-s, -e> *nt* piano *m*

Übersetzungstipp

Das Klavier – Nicht verwechseln mit *le clavier – die Tastatur!*

Klavierkonzert *nt* concerto *m* pour piano; *(Veranstaltung)* récital *m* de piano **Klavierspieler(in)** *m(f)* pianiste *mf*

Klebeband ['kle:bəbant] <-bänder> *nt* ruban *m* adhésif

kleben ['kle:bən] **I.** *vi* coller; **an etw** *(dat)* ~ *(haften)* être collé à qc **II.** *vt* ❶ *(befestigen, zusammenkleben)* coller ❷ *(reparieren)* recoller

Kleber <-s, -> *m fam* colle *f*

klebrig ['kle:brɪç] *adj* collant(e)

Klebstoff *m* colle *f*

kleckern ['klɛkɐn] **I.** *vt +haben* **Soße auf etw** *(akk)* ~ faire des taches de sauce sur qc **II.** *vi +haben* **mit etw** ~ faire des taches de qc *(fam)* **III.** *vr fam* **sich voll** ~ se faire des taches partout

Klecks [klɛks] <-es, -e> *m (Fleck)* [grosse] tache *f*

klecksen *vi +haben (Person)* barbouiller *(fam)*; *(Füller)* baver

Klee [kle:] <-s> *m* trèfle *m*

Kleeblatt *nt* **vierblättriges ~** trèfle *m* à quatre feuilles
Kleid [kla̯it] <-[e]s, -er> *nt* ❶ robe *f* ❷ *Pl (Kleidungsstück)* vêtements *mpl*
kleiden ['kla̯idən] *vt, vr* **[sich] ~** [s']habiller
Kleiderbügel *m* cintre *m* **Kleiderkasten** *m* A, CH, **Kleiderschrank** *m* armoire[-penderie] *f* **Kleiderschrank** *m* armoire *f*
Kleidung <-, -en> *f* vêtements *mpl*

Kleidung

die Hose	le pantalon
der Rock	la jupe
das Kleid	la robe
die Bluse	le chemisier
das Hemd	la chemise
der Anzug	le costume
die Krawatte	la cravate
der Pullover	le pull-over
das Polohemd	le polo
die Jeans	le jean
die Shorts	le short
das T-Shirt	le t[ee]-shirt
das Kostüm	le tailleur
die Jacke	la veste
der Mantel	le manteau
die Jogginghose	le pantalon de jogging
der Slip	le slip
die Unterhose	la culotte
der BH	le soutien-gorge
die Socken	les chaussettes

Kleidungsstück *nt* vêtement *m*
Kleie ['kla̯iə] <-, -n> *f* son *m*
klein [kla̯in] **I.** *adj* ❶ petit(e) ❷ *(kleingeschrieben)* **ein ~es a** un a minuscule ❸ *(gering, geringfügig)* **ein ~[es] bisschen** un [tout] petit peu ▶ **bis ins Kleinste** jusque dans le moindre détail; **von ~ auf** dès ma/sa/... plus tendre enfance **II.** *adv* ▶ **~ anfangen** *fam* partir de quasiment zéro; **~ beigeben** baisser le ton
Kleinbuchstabe *m* [lettre *f*] minuscule *f*
Kleine(r) *f(m) (Kind)* petit(e) *m(f)*; **na, ~/~r!** alors, ma petite/mon petit!
Kleine(s) *nt* ❶ *(Kind)* petit(e) *m(f)* ❷ *(Jungtier)* petit *m*
Kleingedruckte(s) *nt* clauses *fpl* en petits caractères **Kleingeld** *nt* monnaie *f* **Kleinholz** ▶ **aus jdm ~ machen** *fam* mettre qn en bouillie
Kleinigkeit ['kla̯inɪçka̯it] <-, -en> *f* ❶ *(Bagatelle)* bricole *f* ❷ *(kleine Menge)* **eine ~ essen** manger un petit quelque chose
kleinkariert *adj pej fam (engstirnig)* borné(e) **Kleinkind** *nt* jeune enfant *m* **Kleinkram** *m fam (Kleinigkeiten)* broutilles *fpl* **klein|kriegen** *vt fam (kaputtmachen)* **nicht kleinzukriegen sein** être increvable **kleinlaut I.** *adj (Antwort)* embarrassé(e) **II.** *adv (fragen)* d'une [toute] petite voix
kleinlich *adj pej* ❶ *(geizig)* pingre ❷ *(engstirnig)* mesquin(e)
Kleinod ['kla̯ino:t] <-[e]s, -odien> *nt a. fig geh* joyau *m*
klein|schneiden *s.* **schneiden**
Kleinschreibung *f* écriture *f* sans majuscules **Kleinstadt** *f* petite ville *f*; *(mit mehr als 20.000 Einwohnern)* ville *f* moyenne **Kleinvieh** *nt* basse-cour *f* **Kleinwagen** *m* petite voiture *f*
Kleister ['kla̯istɐ] <-s, -> *m* colle *f* d'amidon
Klementine <-, -n> *f* clémentine *f*
Klemmbrett *nt* bloc *m* pupitre
Klemme ['klɛmə] <-, -n> *f* ❶ *(Haarklemme)* barrette *f* ❷ *fam* **in der ~ sitzen** être dans le pétrin
klemmen I. *vt* **etw in etw** *(akk)* **~** coincer qc dans qc; **etw unter etw** *(akk)* **~** glisser qc sous qc **II.** *vr (sich quetschen)* **sich** *(dat)* **den Daumen ~** se coincer le pouce **III.** *vi (Tür)* coincer *(fam)*; *(Schloss)* être bloqué
Klempner(in) ['klɛmpnɐ] <-s, -> *m(f)* plombier *m*
Kleptomane, Kleptomanin [klɛpto'ma:nə] <-n, -n> *m, f* kleptomane *mf*

Kleptomanie [klɛptoma'niː] <-> *f* cleptomanie *f*

Klerus ['kleːrʊs] <-> *m* clergé *m*

Kletterer, **Kletterin** <-s, -> *m, f (Bergsteiger)* alpiniste *mf; (Freikletterer)* varappeur(-euse) *m(f)*

Klettergerüst *nt* jeu *m* d'extérieur *(pour grimper, dans un terrain de jeu)*

klettern ['klɛtɐn] *vi+sein* ① faire de l'escalade; **auf einen Berg ~** escalader une montagne; **auf einen Baum ~** grimper sur un arbre ② *fam (Temperatur)* grimper

Klettverschluss *m* fermeture *f* velcro®

klicken ['klɪkən] *vi* ① cliqueter ② INFORM cliquer

Klient(in) [kli'ɛnt] <-en, -en> *m(f)* client(e) *m(f)*

K

Klima ['kliːma] <-s, -s> *nt* climat *m*

Klimaanlage *f* climatisation *f* **Klimaerwärmung** *f* réchauffement *m* climatique **Klimakatastrophe** *f* catastrophe *f* climatique **Klimaschutz** *m* protection *f* du climat

Klimaschutzkonferenz *f* conférence *f* sur le climat

Klimatologie [klimatolo'giː] <-> *f* climatologie *f*

Klimawechsel *m* changement *m* d'air

klimpern ['klɪmpɐn] *vi* ① *(Münzen)* tinter ② *fam (spielen)* **auf der Gitarre/dem Klavier ~** gratter de la guitare/pianoter

Klinge ['klɪŋə] <-, -n> *f* lame *f*

Klingel ['klɪŋəl] <-, -n> *f* sonnette *f*

Klingelknopf *m* bouton *m* de sonnette

klingeln I. *vi* sonner; *(Radfahrer)* tirer la sonnette; **an der Tür ~** sonner à la porte II. *vi unpers* **es klingelt** *(an der Tür)* on sonne; *(in der Schule)* ça sonne

Klingelton *m* sonnerie *f*

klingen ['klɪŋən] *vi irr* ① sonner ② *(sich anhören)* **gut ~** avoir l'air bien

Klinik ['kliːnɪk] <-, -en> *f* hôpital *m; (Privatklinik)* clinique *f*

klinisch I. *adj (Test)* clinique II. *adv (behandeln)* en milieu hospitalier; *(getestet)* en laboratoire; *(tot)* cliniquement

Klinke ['klɪŋkə] <-, -n> *f* poignée *f* [de porte]

Klippe ['klɪpə] <-, -n> *f* écueil *m*

klirren ['klɪrən] *vi (Gläser)* tinter; *(Fensterscheibe)* vibrer

klirrend *adj (Frost, Kälte)* glacial(e); **wir haben ~en Frost** il gèle à pierre fendre

Klischee [kli'ʃeː] <-s, -s> *nt* ① *(Klischeevorstellung)* stéréotype *m* ② *pej geh (Redensart)* lieu *m* commun ③ TYP cliché *m*

Klitoris ['kliːtorɪs] <-, -> *f* clitoris *m*

Klo [kloː] <-s, -s> *nt fam* chiottes *fpl*

klobig ['kloːbɪç] *adj (Schuhe)* épais(se)

Klobrille ['kloːbrɪlə] *f fam* lunette *f* des W.-C. **Klobürste** *f fam* brosse *f* à W.-C.

Klon [kloːn] <-s, -e> *m* clone *m*

klonen [kloːnən] *vt* cloner; **das Klonen** le clonage

Klopapier *nt fam* P.Q. *m*

klopfen ['klɔpfən] I. *vi* ① **an die Tür ~** frapper à la porte ② *(schlagen)* **jdm auf die Schulter ~** taper qn sur l'épaule ③ *(Herz)* battre II. *vi unpers* **es klopft an der Tür** on frappe à la porte III. *vt* ① *(Teppich)* battre ② *(Schnitzel)* attendrir

Klopfer <-s, -> *m* ① *(Türklopfer)* heurtoir *m* ② *(Teppichklopfer)* tapette *f*

kloppen ['klɔpən] NDEUTSCH *fam* I. *vt (Steine)* casser; *(Teppich)* battre II. *vr* **sich mit jdm ~** se bagarrer avec qn *(fam)*

Klospülung *f fam* chasse *f* d'eau

Kloß [kloːs] <-es, Klöße> *m* boulette *f* ▶ **einen ~ im Hals haben** *fam* avoir une boule dans la gorge

Kloster ['kloːstɐ] <-s, Klöster> *nt (Mönchskloster)* monastère *m; (Nonnenkloster)* couvent *m*

Klotz [klɔts] <-es, Klötze> *m (Holzklotz)* bloc *m* de bois

Klötzchen <-s, -> *nt (Bauklotz)* cube *m* [d'un jeu de construction]

Klub [klʊp] <-s, -s> *m* club *m*

klug [kluːk] <klüger, klügste> **I.** *adj (Person, Handlungsweise)* avisé(e); *(Antwort)* habile; **es wird das Klügste sein...** le plus sage serait de... **II.** *adv (handeln)* intelligemment

Klugheit <-> *f kein Pl (Vernunft)* bon sens *m*

Klümpchen <-s, -> *nt Dim von* **Klumpen** grumeau *m*

klumpen *vi (Soße)* faire des grumeaux

Klumpen [ˈklʊmpən] <-s, -> *m (Mehlklumpen)* grumeau *m; (Butterklumpen)* motte *f; (Tonklumpen)* bloc *m*

Klumpfuß *m* pied *m* bot

Klunker <-s, -> *m fam (Edelstein)* caillou *m*

km/h *m Abk von* **Kilometer pro Stunde** km/h

Knabbereien *Pl fam* grignoteries *fpl*

knabbern [ˈknabɐn] *vt, vi* grignoter

Knabe [ˈknaːbə] <-n, -n> *m fam (Kerl)* **na, alter ~!** alors, mon vieux!

Knäckebrot [ˈknɛkəbroːt] *nt* pain *m* suédois

knacken [ˈknakən] **I.** *vt* ❶ *(Nuss)* casser ❷ *fam (Code)* déchiffrer; *(Auto)* forcer **II.** *vi (Holz)* craquer **III.** *vi unpers* **es knackt** il y a des craquements

Knacker <-s, -> *m pej fam (Mann)* **ein alter ~** un vieux chnoque

knackig [ˈknakɪç] *adj* ❶ *(Salat)* croquant(e) ❷ *fam* craquant(e)

Knacks [knaks] <-es, -e> *m* ❶ *fam (Riss)* fêlure *f* ❷ *fam (Störung)* petit grain; **einen ~ haben** *(Person)* être un peu fêlé

Knall [knal] <-[e]s, -e> *m* détonation *f*

knallen **I.** *vi* ❶ *+haben (Tür, Peitsche)* claquer; *(Korken)* sauter; *(Schuss)* retentir ❷ *+sein fam (prallen)* **gegen die Wand ~** cogner contre le mur; **auf den Boden ~** tomber par terre **II.** *vi unpers +haben* **es knallt** *(ein Unfall passiert)* ça cartonne *(fam) (ein Schuss fällt)* il y a une détonation **III.** *vt +haben* ❶ *(Tür)* claquer ❷ *fam (werfen)* **etw in die Ecke ~** balancer qc dans le coin ▸ **jdm eine ~** *fam* balancer une baffe à qn

Knaller <-s, -> *m fam (Sensation)* bombe

Knallfrosch [ˈknalfrɔʃ] *m* pétard *m* à répétition

knallhart *fam* **I.** *adj* impitoyable **II.** *adv (sagen)* sans prendre de gants

knallig *adj fam (Farbe)* qui flashe

Knallkörper [ˈknalkœrpɐ] *m* pétard *m*

knallrot [ˈknalˈroːt] *adj fam* rouge vif

knapp [knap] **I.** *adj* ❶ **~ sein** être juste; *(Stellen)* être rare ❷ *(Sieg)* serré(e); *(Mehrheit, Meter)* petit(e) ❸ *(Antwort)* concis(e) ▸ **und nicht zu ~!** *fam* et pas qu'un peu! **II.** *adv* ❶ *(bemessen)* très juste; **~ sitzen** être juste ❷ *(nicht ganz)* **~ zwei Jahre alt sein** être âgé d'un peu moins de deux ans ❸ *(verlieren)* de justesse

Knappheit <-> *f* ❶ *(Mangel)* pénurie *f* ❷ *(Kürze)* concision *f*

knarren [ˈknarən] *vi (Diele)* craquer; *(Bett)* grincer

Knast [knast] <-[e]s, Knäste> *m fam* taule *f*

knattern [ˈknatɐn] *vi (Moped)* pétarader

Knäuel [ˈknɔyəl] <-s, -> *m o nt* pelote *f*

Knauf [knauf] <-[e]s, Knäufe> *m (Türknauf)* bouton *m*

knauserig *adj pej fam* radin(e)

knautschen [ˈknautʃən] *fam* **I.** *vi (Mantel, Stoff)* se chiffonner **II.** *vt (Mantel, Kissen)* chiffonner

knebeln *vt a. fig* bâillonner

Knecht [knɛçt] <-[e]s, -e> *m* valet *m* de ferme ▸ **~ Ruprecht** père *m* Fouettard

kneifen [ˈknaifən] *irr* **I.** *vt* pincer **II.** *vi fam* **vor jdm ~** se dégonfler devant qn; **vor etw ~** se défiler face à qc

Kneifzange *f* tenailles *fpl*

Kneipe [ˈknaipə] <-, -n> *f fam* bistro[t] *m*

kneten [ˈkneːtən] *vt* ❶ *(Teig)* pétrir ❷ *(formen)* modeler

Knetmasse *f* pâte *f* à modeler

Knick [knɪk] <-[e]s, -e> *m* ❶ *(Krümmung)* coude *m* ❷ *(Falte)* pli *m*

knicken *vt +haben* ❶ plier ❷ *(brechen)* casser

Knickerbocker ['knɪkɐbɔkɐ] *Pl* knickers *mpl*

Knicks [knɪks] <-es, -e> *m* révérence *f*

knicksen *vi* faire la révérence

Knie [kniː] <-s, -> *nt* ❶ genou *m;* **ihm zittern die ~** il [en] a les jambes qui flageolent ▶ **sich** *(dat)* **ins** [**eigene**] **~ schießen** *fam* se tirer une balle dans le pied ❷ *(eines Rohrs)* coude *m*

Kniebeuge *f* flexion *f* des genoux **Kniebundhose** *f* knickers *mpl*

knien [kniːn] **I.** *vi* être à genoux **II.** *vr* **sich auf den Boden ~** s'agenouiller par terre

Kniescheibe *f* rotule *f* **Kniestrumpf** *m* *(Damenkniestrumpf)* mi-bas *m*

kniff [knɪf] *Imp von* **kneifen**

Kniff [knɪf] <-[e]s, -e> *m* *(Kunstgriff)* truc *m*

knipsen ['knɪpsən] *fam* **I.** *vt* ❶ photographier ❷ *(Fahrkarte)* poinçonner **II.** *vi* prendre des photos

Knirps [knɪrps] <-es, -e> *m fam (kleiner Junge)* petit bonhomme *m*

knirschen ['knɪrʃən] *vi (Schnee)* crisser; **mit den Zähnen ~** grincer des dents

knistern ['knɪstɐn] **I.** *vi (Papier)* faire du bruit en se froissant; *(Feuer)* crépiter **II.** *vi unpers* **es knistert** ça grésille

knittern ['knɪtɐn] *vi* se froisser

knobeln ['knoːbəln] *vi* ❶ *(würfeln)* **um etw ~** jouer qc aux dés ❷ *fam (tüfteln)* cogiter

Knoblauch ['knoːplaux] <-[e]s> *m* ail *m*

Knoblauchknolle *f* tête *f* d'ail **Knoblauchzehe** *f* gousse *f* d'ail

Knöchel ['knœçəl] <-s, -> *m* ❶ *(Fußknöchel)* cheville *f* ❷ *(Fingerknöchel)* articulation *f* [du doigt/des doigts]

Knochen ['knɔxən] <-s, -> *m* ❶ os *m* ❷ *Pl (Gliedmaßen)* membres *mpl;* **mir tun alle ~ weh** j'ai mal partout

Knochenarbeit *f fam* travail *m* de forçat **Knochenbruch** *m* fracture *f*

knochig *adj* osseux(-euse)

Knödel ['knøːdəl] <-s, -> *m* *boule à base de pomme de terre ou de pain trempé dans du lait, cuite à l'eau et servie en accompagnement*

Knolle ['knɔlə] <-, -n> *f* tubercule *m*

Knopf [knɔpf] <-[e]s, Knöpfe> *m* bouton *m*

knöpfen ['knœpfən] *vt* boutonner

Knopfloch *nt* boutonnière *f*

Knorpel ['knɔrpəl] <-s, -> *m* cartilage *m*

Knospe ['knɔspə] <-, -n> *f* bourgeon *m;* *(Blütenknospe)* bouton *m;* **~n treiben** bourgeonner

knoten ['knoːtən] *vt* faire un nœud à

Knoten ['knoːtən] <-s, -> *m* ❶ nœud *m* ❷ *(Haarknoten)* chignon *m*

Know-how [nɔʊ'haʊ] <-s> *nt* savoir-faire *m*

knüllen *vt* chiffonner

Knüller ['knʏlɐ] <-s, -> *m fam (Produkt)* truc *m* qui fait fureur

knüpfen ['knʏpfən] **I.** *vt (Netz)* nouer **II.** *vr* **sich an etw** *(akk)* **~** être lié à qc

Knüppel ['knʏpəl] <-s, -> *m* *(Stock)* gourdin *m;* *(Gummiknüppel)* matraque *f* ▶ **jdm ~ zwischen die Beine werfen** *fam* mettre des bâtons dans les roues à qn

knurren ['knʊrən] *vi, vt* grogner

knusprig *adj* croustillant(e)

knutschen ['knuːtʃən] *vt fam* bécoter

Knutschfleck *m fam* suçon *m*

Koala <-s, -s> *m* koala *m*

Koalition [koali'tsi̯oːn] <-, -en> *f* coalition *f*

Kobold ['koːbɔlt] <-[e]s, -e> *m* lutin *m*

Kobra ['koːbra] <-, -s> *f* cobra *m*

Koch, **Köchin** [kɔx] <-s, Köche> *m, f* cuisinier(-ière) *m(f)*

Kochbuch *nt* livre *m* de cuisine

kochen ['kɔxən] **I.** *vi* ❶ bouillir; **etw zum Kochen bringen** porter qc à ébullition; **~d** bouillant(e) ❷ *(Speisen zubereiten)* faire la cuisine; **gut ~** cuisiner bien ❸ *(aufgebracht sein)* **vor Wut ~** bouillir de colère **II.** *vt* ❶ *(zubereiten)* **das Essen ~** préparer le repas; **Reis ~** faire du riz; **hart gekocht** *(Ei)* dur(e); **weich gekocht** *(Ei)* à la coque; *(Gemüse)* bien cuit(e) ❷ *(Wäsche)* faire bouillir

Kochfeld *nt* table *f* de cuisson **kochfest** *adj (Wäsche)* lavable à 95° **Kochkunst** *f* ❶ *kein Pl (Gastronomie)* art *m* culinaire ❷ *Pl (Fähigkeit)* dons *mpl* culinaires **Kochlöffel** *m* cuillère *f* en bois **Kochplatte** *f* plaque *f* électrique **Kochrezept** *nt* recette *f* de cuisine **Kochtopf** *m* casserole *f; (aus Gusseisen)* cocotte *f*

Kode [ko:t] <-s, -s> *m* code *m*

Köder ['kø:dɐ] <-s, -> *m* appât *m*

ködern *vt* appâter

kodieren* *vt* coder

Koeffizient [koʔɛfi'ʦi̯ɛnt] <-en, -en> *m* MATH coefficient *m*

Koffein [kɔfe'i:n] <-s> *nt* caféine *f*

koffeinfrei *adj* décaféiné(e)

Koffer ['kɔfɐ] <-s, -> *m (Reisekoffer)* valise *f*

Kofferradio *nt* transistor *m* **Kofferraum** *m* coffre *m*

Kognak ['kɔnjak] <-s, -s> *m* cognac *m*

Kohl [ko:l] <-[e]s, -e> *m* chou *m*

Kohldampf *m fam* ~ **haben** avoir la dalle

Kohle ['ko:lə] <-, -n> *f* ❶ *(Brennstoff)* charbon *m* ❷ *fam (Geld)* fric *m*

Kohlehydrat *s.* **Kohlenhydrat**

Kohlenbergbau *m* charbonnages *mpl*

Kohlendioxidausstoß *m* émission *f* de dioxyde de carbone

Kohlenhydrat *nt* glucide *m* **Kohlensäure** *f* acide *m* carbonique; *(Kohlendioxid)* gaz *m* carbonique; **Mineralwasser mit/ohne** ~ eau *f* minérale gazeuse/non gazeuse **Kohlenstoff** *m* CHEM carbone *m*

Kohlestift *m* fusain *m* **Kohlezeichnung** *f* fusain *m*

kohlrabenschwarz *adj* de jais

Kohlrabi [ko:l'ra:bi] <-[s], -[s]> *m* chou-rave *m*

Kohlroulade [ko:lrula:də] *f* chou *m* farci **Kohlsprosse** *f* A *(Rosenkohl)* chou *m* de Bruxelles

Koitus ['ko:itʊs] <-, -> *m form* acte *m* sexuel

Kokain [koka'i:n] <-s> *nt* cocaïne *f*

kokettieren* [kokɛ'ti:rən] *vi* **mit jdm** ~ faire du charme à qn

Kokon [ko'kõ:] <-s, -s> *m* cocon *m*

Kokosnuss *f* noix *f* de coco **Kokospalme** *f* cocotier *m*

Koks[1] [ko:ks] <-es> *m* coke *m*

Koks[2] <-es> *m o nt fam (Kokain)* coke *f*

Kolben ['kɔlbən] <-s, -> *m* ❶ *(eines Motors)* piston *m* ❷ *(Gewehrkolben)* crosse *f* ❸ *(Destilliergefäß)* ballon *m*

Kolibri ['ko:libri] <-s, -s> *m* colibri *m*

Kolik ['ko:lɪk] <-, -en> *f* colique *f*

Kollaborateur(in) [kɔlabora'tø:ɐ̯] <-s, -e> *m(f) pej* collaborateur(-trice) *m(f)*

Kollaboration [kɔlabora'ʦi̯o:n] <-, -en> *f pej* collaboration *f*

Kollaps ['kɔlaps] <-es, -e> *m (Kreislaufkollaps)* collapsus *m* cardiovasculaire

Kollege, **Kollegin** [kɔ'le:gə] <-n, -n> *m, f* collègue *mf*

kollegial [kɔle'gi̯a:l] **I.** *adj (Mitarbeiter)* respectueux(-euse) de ses collègues; ~ **sein** être bon collègue **II.** *adv* **sich** ~ **verhalten** agir en bon(ne) collègue

Kollekte [kɔ'lɛktə] <-, -n> *f* quête *f*

Kollektion [kɔlɛk'ʦi̯o:n] <-, -en> *f (Sortiment)* collection *f*

kollektiv [kɔlɛk'ti:f] *adj geh* collectif(-ive)

Kollision [kɔli'zi̯o:n] <-, -en> *f geh* collision *f*

Kolloquium [kɔ'lo:kviʊm] <-s, -ien> *nt* colloque *m*

Köln [kœln] <-s> *nt* Cologne

Kolonialismus [koloni̯a'lɪsmʊs] <-> *m* colonialisme *m*

Kolonie [-'ni:ən] <-, -n> *f* colonie *f*

Kolonisation [koloniza'ʦi̯o:n] <-, -en> *f* colonisation *f*

kolonisieren* [koloni'zi:rən] *vt* coloniser

Kolonne [ko'lɔnə] <-, -n> *f (Fahrzeugkolonne)* file *f*

Koloss [ko'lɔs] <-es, -e> *m fam (Mensch)* colosse *m*

kolossal [kolɔ'sa:l] *adj* ① *(Bauwerk)* colossal(e) ② *fam (Fehler)* monumental(e)

Kolumbien [ko'lʊmbi̯ən] <-s> *nt* la Colombie

Kolumne [ko'lʊmnə] <-, -n> *f* ① *(in der Zeitung)* chronique *f* ② TYP colonne *f*

Koma ['ko:ma] <-s, -s> *nt* coma *m*

Kombination [kɔmbina'ʦi̯o:n] <-, -en> *f* combinaison *f*

kombinieren* [kɔmbi'ni:rən] **I.** *vt (Kleidungsstücke)* assortir; *(Farben)* associer **II.** *vi* faire une déduction/des déductions

Kombizange *f* pince *f* universelle

Komet [ko'me:t] <-en, -en> *m* comète *f*

kometenhaft *adj (Aufstieg)* fulgurant(e)

Komfort [kɔm'fo:ɐ̯] <-s> *m* confort *m*

komfortabel [kɔmfɔr'ta:bəl] *adj* confortable

Komik ['ko:mɪk] <-> *f* comique *m*

Komiker(in) ['ko:mikɐ] <-s, -> *m(f)* comique *mf*

komisch **I.** *adj* ① *(lustig)* comique ② *(sonderbar)* bizarre; **~ riechen/schmecken** avoir une drôle d'odeur/un drôle de goût ③ *fam (unwohl)* drôle **II.** *adv* ① *(lustig)* bizarrement ② *(sonderbar)* **sich ~ fühlen** se sentir tout drôle *(fam)*

Komitee [komi'te:] <-s, -s> *nt* comité *m*

Komma ['kɔma] <-s, -s> *nt* virgule *f*

kommandieren* [kɔman'di:rən] *vt, vi* commander

Kommando [kɔ'mando] <-s, -s> *nt* ① ordre *m*; **auf ~** sur commande ② *kein Pl (Befehlsgewalt)* commandement *m* ③ *(abkommandierte Gruppe)* détachement *m*

kommen ['kɔmən] *irr* **I.** *vi +sein* ① venir; **nach unten/oben ~** descendre/monter; **nach draußen ~** sortir; **ich komme ja schon!** j'arrive!; **komm!** viens [ici]!; **wie komme ich bitte zur Post?** pour aller à la poste, s'il vous plaît? ② *(stammen)* **von weit her ~** venir de loin ③ *(gezeigt werden)* **im Fernsehen ~** passer à la télévision ④ *(sich verschaffen)* **billig an Bücher ~** se procurer des livres bon marché ⑤ *(Einfall haben)* **wie kommst du denn darauf?** qu'est-ce qui te fait croire ça? ⑥ *(Zeit finden)* **nicht zum Abwaschen ~** ne pas trouver le temps de faire la vaisselle ▸ **komme, was wolle** quoi qu'il advienne; **[wieder] zu sich ~** revenir à soi; *(sich beruhigen)* se remettre **II.** *vi unpers +sein* **es kam zu einer Auseinandersetzung** on en vint à une querelle; **und so kam es, dass...** et c'est ainsi que...; **wie kommt es, dass...?** comment se fait-il que...? ▸ **es kam, wie es ~ musste** il est arrivé ce qui devait arriver

Kommen <-s> *nt* venue *f*

kommend *adj* ① *(nächste)* prochain(e) ② *(künftig)* à venir

Kommentar [kɔmɛn'ta:ɐ̯] <-s, -e> *m* commentaire *m*

kommentieren* [kɔmɛn'ti:rən] *vt* commenter

kommerziell [kɔmɛr'ʦi̯ɛl] *adj* commercial(e)

Kommilitone, **Kommilitonin** [kɔmili'to:nə] <-n, -n> *m, f* camarade *mf* d'études

Kommissar(in) [kɔmɪ'sa:ɐ̯] <-s, -e> *m(f)* commissaire *mf*

Kommissariat [kɔmɪsari'a:t] <-s, -e> *nt* commissariat *m*

kommissarisch [kɔmɪ'sa:rɪʃ] *adj* intérimaire

Kommission [kɔmɪ'si̯o:n] <-, -en> *f* *(Ausschuss)* commission *f*

Kommode <-, -n> *f* commode *f*

kommunal [kɔmu'na:l] *adj* municipal(e); *(Abgaben)* local(e)

Kommunalpolitik *f* politique *f* municipale **Kommunalverwaltung** *f* administration *f* communale

Kommunikation [kɔmunika'ʦi̯o:n] <-, -en> *f* communication *f*

Kommunion [kɔmu'ni̯o:n] <-, -en> *f* communion *f*

Kommunismus [kɔmu'nɪsmʊs] <-> *m* communisme *m*

Kommunist(in) [kɔmu'nɪst] <-en, -en> *m(f)* communiste *mf*

kommunistisch *adj* communiste

kommunizieren* *vi geh (sich verständigen)* communiquer

Komödie [ko'møːdi̯ə] <-, -n> *f a. fig* comédie *f*

Kompagnon [kɔmpan'jõː] <-s, -s> *m* associé(e) *m(f)*

kompakt [kɔm'pakt] *adj* compact(e)

Kompanie [-'niːən] <-, -n> *f* compagnie *f*

Komparativ ['kɔmparatiːf] <-s, -e> *m* comparatif *m*

Kompass ['kɔmpas] <-es, -e> *m* boussole *f*

kompatibel [kɔmpa'tiːbəl] *adj* compatible

Kompatibilität [kɔmpatibili'tɛːt] <-, -en> *f* compatibilité *f*

kompensieren* [kɔmpɛn'ziːrən] *vt* compenser

kompetent [kɔmpe'tɛnt] *adj* compétent(e)

Kompetenz [kɔmpe'tɛnts] <-, -en> *f* compétence *f*

komplett [kɔm'plɛt] *adj* complet(-ète)

komplex [kɔm'plɛks] *adj* complexe

Komplex [kɔm'plɛks] <-es, -e> *m* complexe *m*

Komplikation [kɔmplika'tsi̯oːn] <-, -en> *f* complication *f*

Kompliment [kɔmpli'mɛnt] <-[e]s, -e> *nt* compliment *m*

Komplize, Komplizin [kɔm'pliːtsə] <-n, -n> *m, f* complice *mf*

komplizieren* *vt* compliquer

kompliziert *adj* compliqué(e)

Komplott [kɔm'plɔt] <-[e]s, -e> *nt* complot *m* ▸ **ein ~ schmieden** tramer un complot *(soutenu)*

komponieren* [kɔmpo'niːrən] *vt, vi* composer

Komponist(in) [kɔmpo'nɪst] <-en, -en> *m(f)* compositeur(-trice) *m(f)*

Kompositum <-s, Komposita> *nt* mot *m* composé *m*

Kompost [kɔm'pɔst] <-[e]s, -e> *m* compost *m*

Komposthaufen [kɔm'pɔsthaufən] *m* tas *m* de compost

kompostieren* *vt* **etw ~** faire du compost avec qc; **das Kompostieren** le compostage

Kompott [kɔm'pɔt] <-[e]s, -e> *nt* compote *f*

Kompression [kɔmprɛ'si̯oːn] <-, -en> *f* TECH compression *f*

Kompressor [kɔm'prɛsoːɐ̯] <-s, -pressoren> *m* compresseur *m*

Kompromiss [kɔmpro'mɪs] <-es, -e> *m* compromis *m*

Kondensation [kɔndɛnza'tsi̯oːn] <-, -en> *f* condensation *f*

kondensieren* [kɔndɛn'ziːrən] **I.** *vi +haben o sein* se condenser **II.** *vt +haben (Milch)* concentrer

Kondensmilch [kɔn'dɛnsmɪlç] *f* lait *m* concentré

Kondition [kɔndi'tsi̯oːn] <-, -en> *f* condition *f*; **[eine gute] ~ haben** être en bonne condition

Konditionstraining [-trɛːnɪŋ] *nt* mise *f* en condition

Konditor, Konditorin [kɔn'diːtoːɐ̯] <-s, -toren> *m, f* pâtissier(pâtissière) *m(f)*

Konditorei [kɔndito'rai̯] <-, -en> *f* pâtisserie *f*

Kondom [kɔn'doːm] <-s, -e> *m o nt* préservatif *m*

Konfekt [kɔn'fɛkt] <-[e]s, -e> *nt* ① *(Pralinen)* chocolats *mpl* ② A, CH *(Gebäck)* petits-fours *mpl*

Konferenz [kɔnfe'rɛnts] <-, -en> *f* ① conférence *f* ② *(Lehrerkonferenz)* conseil *m* de classe

Konfession [kɔnfɛ'si̯oːn] <-, -en> *f* confession *f*

konfessionell *adj* confessionnel(le)

konfessionslos *adj* sans confession

Konfetti [kɔn'fɛti] <-[s]> *nt* confetti *m*

Konfiguration <-, -en> *f* configuration *f*

konfigurieren* *vt* configurer

Konfirmand(in) [kɔnfɪr'mant] <-en, -en> *m(f)* confirmand(e) *m(f)*

Konfirmation [kɔnfɪrma'ts̮i̯oːn] <-, -en> *f* confirmation *f*

konfirmieren* [kɔnfɪr'miːrən] *vt* confirmer

konfiszieren* *vt* ❶ *(beschlagnahmen)* saisir ❷ *hum (wegnehmen)* confisquer

Konfitüre [kɔnfi'tyːrə] <-, -n> *f* confiture *f*

Konflikt [kɔn'flɪkt] <-s, -e> *m* conflit *m*

Konfrontation [kɔnfrɔnta'ts̮i̯oːn] <-, -en> *f* ❶ *(Gegenüberstellung)* confrontation *f* ❷ *(Auseinandersetzung)* affrontement *m*

konfrontieren* [kɔnfrɔn'tiːrən] *vt* **jdn mit jdm/etw ~** confronter qn avec qn/qc; **mit etw konfrontiert werden** être confronté à qc

konfus [kɔn'fuːs] *adj* confus(e); **jdn ~ machen** embrouiller qn

Konglomerat [kɔnglome'raːt] <-[e]s, -e> *nt geh (von Hütten)* agglomération *f*

Kongress [kɔn'grɛs] <-es, -e> *m* congrès *m*

Kongresszentrum *nt* palais *m* des congrès

König ['køːnɪç] <-s, -e> *m* roi *m;* **die Heiligen Drei ~e** les Rois mages

Königin <-, -nen> *f* reine *f*

königlich ['køːnɪklɪç] *adj* royal(e)

Königreich ['køːnɪkrai̯ç] *nt* royaume *m;* **das Vereinigte ~** le Royaume-Uni

Konjugation [kɔnjuga'ts̮i̯oːn] <-, -en> *f* conjugaison *f*

konjugieren* [kɔnju'giːrən] *vt* conjuguer

Konjunktion [kɔnjʊŋk'ts̮i̯oːn] <-, -en> *f* conjonction *f*

Konjunktiv ['kɔnjʊŋktiːf] <-s, -e> *m* subjonctif *m*

Konjunktur [kɔnjʊŋk'tuːɐ̯] <-, -en> *f* conjoncture *f*

konjunkturell [kɔnjʊŋktu'rɛl] *adj* conjoncturel(le)

konkret [kɔn'kreːt] *adj* ❶ *(Vorstellung)* concret(-ète) ❷ KUNST figuratif(-ive)

Konkurrent(in) [kɔnkʊ'rɛnt] <-en, -en> *m(f)* concurrent(e) *m(f)*

Konkurrenz [kɔnkʊ'rɛnts̮] <-> *f kein Pl* concurrence *f*

Konkurrenzkampf *m* concurrence *f*

konkurrenzlos *adj* sans concurrence; *(Produkt)* défiant toute concurrence

konkurrieren* [kɔnkʊ'riːrən] *vi* être en concurrence

Konkurs [kɔn'kʊrs] <-es, -e> *m (Zahlungsunfähigkeit)* faillite *f*

> **Übersetzungstipp**
> **Der Konkurs** – Nicht verwechseln mit *le concours – der Wettbewerb; die Aufnahmeprüfung!*

können ['kœnən] *irr* **I.** *vt (Fremdsprache)* parler; **was ~ Sie?** qu'est-ce que vous savez faire? ▸ **etwas/nichts für etw ~** être/ne pas être responsable de qc; **der kann mich mal!** *fam* il peut aller se faire foutre! **II.** *vi* pouvoir; **nicht mehr ~** *fam (erschöpft sein)* n'en pouvoir plus **III.** *aux modal* ❶ *(vermögen, dürfen)* **~ Sie mir sagen, wo/wie...?** pourriez-vous me dire où/comment...?; **kann ich Ihnen weiterhelfen?** puis-je vous aider? ❷ *(eine Fertigkeit haben)* **laufen/lesen ~** savoir courir/lire ▸ **man kann nie wissen** on ne sait jamais

konnte ['kɔntə] *Imp von* **können**

konsequent [kɔnze'kvɛnt] *adj* ❶ *(folgerichtig)* cohérent(e) ❷ *(unbeirrbar)* résolu(e)

Konsequenz [kɔnze'kvɛnts̮] <-, -en> *f* ❶ conséquence *f* ❷ *kein Pl (Folgerichtigkeit)* cohérence *f; (Unbeirrbarkeit)* détermination *f*

konservativ [kɔnzɛrva'tiːf] *adj* conservateur(-trice)

Konservative(r) *f(m)* conservateur (-trice) *m(f)*

Konservatorium [kɔnzɛrva'toːri̯ʊm] <-s, -rien> *nt* conservatoire *m*

Konserve [-və] <-, -n> *f* conserve *f*
Konservendose *f* boîte *f* de conserve
konservieren* [kɔnzɛrˈviːrən] *vt* conserver
Konservierung <-, -en> *f (von Lebensmitteln)* conservation *f*
Konservierungsstoff *m* CHEM conservateur *m*
Konsole [kɔnˈzoːlə] <-, -n> *f* console *f*
Konsonant [kɔnzoˈnant] <-en, -en> *m* consonne *f*
Konsortium [kɔnˈzɔrt͜si̯ʊm] <-s, -tien> *nt* consortium *m*
konstant [kɔnˈstant] *adj* constant(e)
Konstante [kɔnˈstantə] <-[n], -n> *f* constante *f*
Konstruktion [kɔnstrʊkˈt͜si̯oːn] <-, -en> *f* construction *f*
konstruktiv [kɔnstrʊkˈtiːf] *adj geh* constructif(-ive)
Konsul, Konsulin [ˈkɔnzʊl] <-s, -n> *m, f* consul *m*
Konsulat [kɔnzuˈlaːt] <-[e]s, -e> *nt* consulat *m*
Konsultation <-, -en> *f form* consultation *f*
konsultieren* [kɔnzʊlˈtiːrən] *vt form* consulter
Konsum [kɔnˈzuːm] <-s> *m* consommation *f*
Konsument(in) [kɔnzuˈmɛnt] <-en, -en> *m(f)* consommateur(-trice) *m(f)*
konsumieren* [kɔnzuˈmiːrən] *vt geh (verbrauchen)* consommer
Kontakt [kɔnˈtakt] <-[e]s, -e> *m* contact *m;* **mit jdm ~ aufnehmen** prendre contact avec qn
kontaktfreudig *adj* sociable **Kontaktlinse** *f* lentille *f* [de contact]
Konten *Pl von* **Konto**
Kontext [ˈkɔntɛkst] <-[e]s, -e> *m* contexte *m*
Kontinent [kɔntiˈnɛnt] <-[e]s, -e> *m* continent *m*
kontinental [kɔntinɛnˈtaːl] *adj* continental(e)
Kontingent [kɔntɪŋˈgɛnt] <-[e]s, -e> *nt* MIL, COM contingent *m*
kontinuierlich [kɔntinuˈiːɐ̯lɪç] *adj geh* continu(e)
Konto [ˈkɔnto] <-s, Konten> *nt* compte *m*
Kontoauszug *m* extrait *m* de compte **Kontonummer** *f* numéro *m* de compte **Kontostand** *m* situation *f* de compte
Kontrabass *m* contrebasse *f*
Kontrast [kɔnˈtrast] <-[e]s, -e> *m* contraste *m*
Kontrolle [kɔnˈtrɔlə] <-, -n> *f* contrôle *m;* **unter ~ haben** maîtriser
kontrollieren* [kɔntrɔˈliːrən] *vt* contrôler
Kontrollturm *m* tour *f* de contrôle
Konventionalstrafe [kɔnvɛnt͜si̯oˈnaːl-] *f* clause *f* pénale
konventionell [kɔnvɛnt͜si̯oˈnɛl] *adj* conventionnel(le)
Konversation [kɔnvɛrzaˈt͜si̯oːn] <-, -en> *f geh* conversation *f*
Konzentrat [kɔnt͜sɛnˈtraːt] <-[e]s, -e> *nt* concentré *m*
Konzentration [kɔnt͜sɛntraˈt͜si̯oːn] <-, -en> *f* concentration *f*
Konzentrationsfähigkeit *f kein Pl* pouvoir *m* de concentration **Konzentrationslager** *nt* camp *m* de concentration **Konzentrationsschwäche** *f* difficultés *f pl* de concentration
konzentrieren* [kɔnt͜sɛnˈtriːrən] *vr* **sich auf etw** *(akk)* **~** se concentrer sur qc
konzentriert [kɔnt͜sɛnˈtriːɐ̯t] **I.** *adj* concentré(e) **II.** *adv (nachdenken)* en se concentrant
Konzept [kɔnˈt͜sɛpt] <-[e]s, -e> *nt* ❶ *(Entwurf)* brouillon *m* ❷ *(Plan)* projet *m*
Konzern [kɔnˈt͜sɛrn] <-s, -e> *m* groupe *m*
Konzert [kɔnˈt͜sɛrt] <-[e]s, -e> *nt* ❶ *(Komposition)* concerto *m* ❷ *(Aufführung)* concert *m*
Konzertabend *m* soirée *f* musicale **Konzertagentur** *f* agence *f* de spectacles **Konzertflügel** *m* piano *m* de concert

Konzession [kɔntsɛ'si̯oːn] <-, -en> *f (Gewerbeerlaubnis)* licence *f*

konzipieren* *vt* concevoir

Kooperation [koʔopera'tsi̯oːn] <-, -en> *f* coopération *f*

kooperieren* [koʔope'riːrən] *vi* coopérer

koordinieren* [koʔɔrdi'niːrən] *vt geh* coordonner

Kopf [kɔpf] <-[e]s, Köpfe> *m* ① tête *f;* **pro ~** par tête ② *(Rückseite einer Münze)* **~ oder Zahl?** pile ou face? ▸**von ~ bis Fuß** de la tête aux pieds; **den ~ in den Sand stecken** pratiquer la politique de l'autruche; **nicht auf den ~ gefallen sein** *fam* ne pas être tombé sur la tête; **für jdn/etw den ~ hinhalten** *fam* aller au casse-pipe pour qn/qc; **etw auf den ~ hauen** *fam* dilapider qc; **sich** *(dat)* **etw aus dem ~ schlagen** s'ôter qc de la tête; **sich** *(dat)* **in den ~ setzen...** se mettre en tête de...; **jdm den ~ verdrehen** *fam* tourner la tête à qn; **jdm den ~ waschen** passer un savon à qn; **jdm etw an den ~ werfen** jeter qc à la figure de qn; **~ an ~** *(rennen)* au coude à coude

Kopfbahnhof *m* gare *f* terminus **Kopfball** *m* tête *f* **Kopfbedeckung** *f* couvre-chef *m*

Köpfchen ['kœpfçən] <-s, -> *nt* ① *Dim von* **Kopf** [petite] tête *f* ② *fam (Cleverness)* **~ haben** être futé

köpfen ['kœpfən] *vt* ① *(enthaupten)* décapiter ② *(Ball)* mettre de la tête

Kopfgeld *nt* prime *f* de capture

Kopfgeldjäger *m* chasseur *m* de prime

Kopfhaut *f* cuir *m* chevelu **Kopfhörer** *m* casque *m* **Kopfkissen** *nt* oreiller *m* **Kopfkissenbezug** *m* taie *f* d'oreiller

kopflos *adj (verwirrt)* affolé(e)

Kopfnicken <-s> *nt* signe *m* de tête **Kopfnote** *f* SCHULE *(Verhaltensnote)* note *f* de conduite; *(Mitarbeitsnote)* note *f* de participation **kopfrechnen** *vi* calculer de tête **Kopfrechnen** <-s> *nt* calcul *m* mental **Kopfsalat** *m* laitue *f* **Kopfschmerz** *m meist Pl* **~en haben** avoir mal à la tête

Kopfschmerztablette *f* cachet *m* contre le mal de tête

Kopfschütteln <-s> *nt* hochement *m* de tête **Kopfsprung** *m* plongeon *m* **Kopfstand** *m* poirier *m* **Kopfstütze** *f* appuie-tête *m* **Kopftuch** <-tücher> *nt* foulard *m* **kopfüber** *adv* la tête la première

Kopfweh *s.* **Kopfschmerz**

Kopfzerbrechen *nt* **jdm ~ bereiten** causer du tracas à qn

Kopie [ko'piː] <-, -n> *f* copie *f*

kopieren* [ko'piːrən] *vt* ① faire une copie de ② *(fotokopieren)* photocopier

Kopierer <-s, -> *m fam*, **Kopiergerät** [ko'piːɐgərɛːt] *nt* photocopieuse *f*

Kopierschutz *m* INFORM verrouillage *m*

Kopilot(in) ['koːpiloːt] *m(f)* copilote *mf*

koppeln ['kɔpəln] *vt* ① TELEC brancher ② AUT, EISENBAHN accrocher; AVIAT, NAUT amarrer

Kopp[e]lung <-, -en> *f* ① TELEC branchement *m* ② AUT, EISENBAHN accrochage *m* ③ AVIAT, NAUT amarrage *m*

Koproduktion ['koːprodʊktsi̯oːn] *f* coproduction *f*

Koralle [ko'ralə] <-, -n> *f* corail *m*

Koran [ko'raːn] <-s, -e> *m* Coran *m*

Koranschule *f* école *f* coranique

Korb [kɔrp] <-[e]s, Körbe> *m* ① *(mit Henkeln)* panier *m; (ohne Henkel)* corbeille *f* ② SPORT panier *m* ③ *fam (Abfuhr)* rebuffade *f;* **jdm einen ~ geben** envoyer promener qn

Körbchen ['kœrpçən] <-s, -> *nt* ① *Dim von* **Korb** corbeille *f* ② COUT *(eines Büstenhalters)* bonnet *m*

Kord *s.* **Cord**

Korea [ko'reːa] <-s> *nt* la Corée

Koreaner(in) [kore'aːnɐ] <-s, -> *m(f)* Coréen(ne) *m(f)*

Koriander [kori'andɐ] <-s, -> *m* coriandre *f*

Kork [kɔrk] <-[e]s, -e> *m* liège *m*

Korken ['kɔrkən] <-s, -> *m* bouchon *m*
Korkenzieher <-s, -> *m* tire-bouchon *m*
Kormoran <-s, -e> *m* cormoran *m*
Korn[1] [kɔrn] <-[e]s, Körner> *nt* ❶ *(Samenkorn)* graine *f* ❷ *kein Pl (Getreide)* céréales *fpl*
Korn[2] [kɔrn] <-s> *m kein Pl (Getränk)* eau-de-vie *f*
Kornblume *f* bleuet *m* **Kornfeld** *nt* champ *m* de céréales
Körper ['kœrpɐ] <-s, -> *m* corps *m*

Der Körper

der Kopf	la tête
die Stirn	le front
das Auge	l'œil
die Wimper	le cil
die Augenbraue	le sourcil
die Nase	le nez
der Mund	la bouche
die Backe	la joue
das Ohr	l'oreille
die Haare	les cheveux
das Kinn	le menton
der Arm	le bras
der Ellenbogen	le coude
das Handgelenk	le poignet
die Hand	la main
der Finger	le doigt
die Schulter	l'épaule
die Brust	la poitrine
der Bauch	le ventre
der Bauchnabel	le nombril
der Rücken	le dos
der Po	le derrière
das Bein	la jambe
der Oberschenkel	la cuisse
das Knie	le genou
die Wade	le mollet
der Fuß	le pied
der Knöchel	la cheville
die Ferse	le talon

Körperbehinderte(r) *f(m) dekl wie adj form* handicapé(e) *m(f)* physique
körperlich **I.** *adj (Anstrengung)* physique; *(Gebrechen)* corporel(le) **II.** *adv* physiquement
Körperpflege *f* hygiène *f* corporelle
korpulent [kɔrpu'lɛnt] *adj* corpulent(e)
korrekt [kɔ'rɛkt] *adj* correct(e)
Korrektur [kɔrɛk'tuːɐ̯] <-, -en> *f* correction *f*
Korrekturflüssigkeit *f* liquide *m* correcteur
Korrespondent(in) [kɔrɛspɔn'dɛnt] <-en, -en> *m(f)* correspondant(e) *m(f)*
Korrespondenz [kɔrɛspɔn'dɛnt͜s] <-, -en> *f* correspondance *f*
Korridor ['kɔridoːɐ̯] <-s, -e> *m* corridor *m*
korrigieren* [kɔri'giːrən] *vt* corriger
Korrosion [kɔro'zi̯oːn] <-, -en> *f (das Korrodieren)* corrosion *f*
korrupt [kɔ'rʊpt] *adj pej* corrompu(e)
Korruption [kɔrʊp'tsi̯oːn] <-, -en> *f pej* corruption *f*
Korse, Korsin ['kɔrzə] <-n, -n> *m, f* Corse *mf*
Korsika ['kɔrzika] <-s> *nt* la Corse
Kortison <-s, -e> *nt* cortisone *f*
koscher ['koːʃɐ] *adj* ❶ casher ❷ *fam (einwandfrei)* réglo; **nicht [ganz] ~ sein** ne pas être très catholique
Kosename *m* petit nom *m* **Kosewort** *nt* ❶ <-wörter> *(Kosename)* petit nom *m* ❷ <-worte> *(zärtliches Wort)* mot *m* tendre
Kosmetik [kɔs'meːtɪk] <-> *f* soins *mpl* de beauté
Kosmetiker(in) [kɔs'meːtikɐ] <-s, -> *m(f)* esthéticien(ne) *m(f)*
kosmetisch *adj* cosmétique
Kosmonaut(in) [kɔsmo'naut] <-en, -en> *m(f)* cosmonaute *mf*
kosmopolitisch *adj geh* cosmopolite
Kosmos ['kɔsmɔs] <-> *m* cosmos *m*
Kost [kɔst] <-> *f a. fig* nourriture *f*
kostbar *adj* précieux(-euse)
Kostbarkeit <-, -en> *f* objet *m* précieux
kosten ['kɔstən] *vt* coûter; **was** [*o* **wie viel**] **kostet das?** ça coûte combien?; **viel ~** coûter cher ▶ **koste es, was es wolle** coûte que coûte

Kosten ['kɔstən] *Pl* coût *m; (Auslagen)* frais *mpl* ▸ **auf seine ~ kommen** en avoir pour son argent

kostendeckend *adv* en couvrant les frais

kostenlos *adj* gratuit(e)

kostenpflichtig *adj* payant(e)

köstlich ['kœstlɪç] *adj* délicieux(-euse)

Köstlichkeit <-, -en> *f (Delikatesse)* délice *m*

Kostprobe *f* GASTR dégustation *f*

kostspielig *adj* onéreux(-euse)

Kostüm [kɔs'tyːm] <-s, -e> *nt* ❶ *(Damenkostüm)* tailleur *m* ❷ *(Tracht, Verkleidung)* costume *m*

Kostümball *m* bal *m* costumé

Kot [koːt] <-[e]s> *m* excréments *mpl*

Kotelett [kotə'lɛt] <-[e]s, -s> *nt* côtelette *f*

K

Kotelette <-, -n> *f meist Pl* favoris *mpl*

Köter ['køːtɐ] <-s, -> *m pej fam* cabot *m*

Kotflügel *m* aile *f*

kotzen ['kɔtsən] *vi vulg* dégueuler

Krabbe ['krabə] <-, -n> *f* crabe *m; (Garnele)* crevette *f*

krabbeln ['krabəln] *vi +sein (Kind)* marcher à quatre pattes; *(Spinne)* se promener

Krach [krax] <-[e]s, Kräche> *m* ❶ *kein Pl (Lärm)* vacarme *m* ❷ *fam (Streit)* engueulade *f*

krachen *vi +haben (laut knallen: Tür, Schuss)* claquer; *(Donner)* éclater *(fam)*

Kracher <-s, -> *m* pétard *m*

Kracherl <-s, -n> *nt* A, SDEUTSCH *fam (Limonade)* soda *m*

Kräcker <-s, -> *m* cracker *m*

Kraft [kraft] <-, Kräfte> *f* force *f;* **mit aller ~** de toutes ses/mes/... forces; **über jds Kräfte** *(akk)* **gehen** être au-dessus des forces de qn ▸ **in ~ sein/treten** être/entrer en vigueur

Kraftakt *m* tour *m* de force **Kraftbrühe** *f* bouillon *m* de bœuf

Kraftfahrer(in) *m(f) form (Lkw-Fahrer)* chauffeur *m* [de camion]

Kraftfahrzeug *nt form* véhicule *m* automobile **Kraftfahrzeugbrief** *m* *titre de propriéte du véhicule* **Kraftfahrzeugmechaniker(in)** *m(f)* mécanicien(ne) *m(f)* automobile **Kraftfahrzeugschein** *m* carte *f* grise **Kraftfahrzeugsteuer** *f impôt sur les véhicules automobiles*

kräftig ['krɛftɪç] **I.** *adj (Person)* fort(e); *(Händedruck)* vigoureux(-euse) **II.** *adv (drücken)* vigoureusement

kraftlos *adj (Person)* sans force; *(Händedruck)* mou(molle)

Kraftprobe *f* épreuve *f* de force **Kraftstoff** *m form* carburant *m* **Kraftwagen** *m form* véhicule *m* automobile **Kraftwerk** *nt* centrale *f* [électrique]

Kragen ['kraːgən] <-s, - *o* CH, SDEUTSCH Krägen> *m* col *m* ▸ **ihm platzt der ~** *fam* il explose

Kragenweite ▸ **er/das ist nicht meine ~** *fam* il n'est pas mon genre/ce n'est pas mon truc

Krähe ['krɛːə] <-, -n> *f* corneille *f*

krähen ['krɛːən] *vi (Hahn)* chanter

Kralle ['kralə] <-, -n> *f (einer Katze)* griffe *f; (eines Raubvogels)* serre *f*

krallen *vt (bohren)* **seine Finger in etw** *(akk)* **~** enfoncer ses doigts dans qc

Kram [kraːm] <-[e]s> *m fam* ❶ *(Zeug)* bazar *m* ❷ *(Angelegenheit)* **kümmere dich um deinen eigenen ~!** mêle-toi de tes oignons!

kramen *vi* fouiller

Krampf [krampf] <-[e]s, Krämpfe> *m (Muskelkrampf)* crampe *f*

Krampfader *f* varice *f*

krampfhaft *adj (Nachdenken)* obstiné(e); *(Versuch)* désespéré(e); *(Lachen)* convulsif(-ive)

Kran [kraːn] <-[e]s, Kräne> *m* grue *f*

Kranich ['kraːnɪç] <-s, -e> *m* grue *f*

krank [kraŋk] <kränker, kränkste> *adj a. fig* malade; **~ werden** tomber malade; **jdn ~ machen** rendre qn malade

Kranke(r) *f(m)* malade *mf*

kränkeln *vi (Branche)* être chancelant

kränken ['krɛŋkən] *vt* blesser
Krankengymnast(in) <-en, -en> *m(f)* kinésithérapeute *mf* **Krankengymnastik** *f* kinésithérapie *f*
Krankenhaus *nt* hôpital *m;* **ins ~ kommen** être hospitalisé **Krankenhausaufenthalt** *m* hospitalisation *f*
Krankenkasse *f* caisse *f* d'assurance-maladie **Krankenpflege** *f* soins *mpl* [donnés aux malades] **Krankenpfleger(in)** *m(f)* infirmier(-ière) *m(f)* **Krankenschwester** *f* infirmière *f* **Krankenversichertenkarte** *f* ≈ carte *f* d'assuré social **Krankenversicherung** *f* assurance-maladie *f;* **gesetzliche ~** ≈ Sécurité *f* sociale; **private ~** ≈ caisse *f* d'assurance maladie **Krankenwagen** *m* ambulance *f*
krankhaft *adj* ❶ MED pathologique ❷ *(unnormal)* maladif(-ive)
Krankheit <-, -en> *f* maladie *f*
Krankheitserreger *m* agent *m* pathogène
krank|lachen *vr fam* **sich ~** se marrer
kränklich *adj* maladif(-ive)
krank|melden *vr* **sich ~** se faire porter malade **Krankmeldung** *f* déclaration *f* de maladie **krank|schreiben** *vt* **jdn ~** prescrire un arrêt de travail à qn
Kränkung ['krɛŋkʊŋ] <-, -en> *f* offense *f*
Kranz [krants] <-es, Kränze> *m (aus Pflanzen)* gerbe *f*
krass *adj (Außenseiter)* manifeste; *(Gegensatz)* flagrant(e)
Krater ['kraːtɐ] <-s, -> *m* cratère *m*
kratzen ['kratsən] **I.** *vt* ❶ **jdn am Rücken ~** gratter le dos à qn ❷ *(Katze)* griffer **II.** *vr* **sich ~** se gratter **III.** *vi* ❶ gratter ❷ *(mit den Fingernägeln)* griffer **IV.** *vt unpers fam* **es kratzt ihn am Rücken** il a le dos qui le gratte
kraulen[1] ['kraulən] **I.** *vi +haben o sein* nager le crawl **II.** *vt +haben o sein* **hundert Meter ~** faire cent mètres en crawl
kraulen[2] *vt (liebkosen)* grat[t]ouiller
kraus [kraus] *adj (Haar)* [tout(e)] frisé(e)
Krause <-, -n> *f fam (künstliche Locken)* frisettes *fpl*
kräuseln ['krɔyzəln] *vt, vr* **sich ~** friser
Kraut [kraut] <-[e]s, Kräuter> *nt (Pflanze)* herbe *f*
Kräuterbutter *f* beurre *m* persillé **Kräutertee** *m* tisane *f*
Krautsalat *m* salade *f* de chou
Krawall [kra'val] <-s, -e> *m* ❶ *(Tumult)* émeute *f* ❷ *kein Pl fam (Lärm)* boucan *m*
Krawatte [kra'vatə] <-, -n> *f* cravate *f*
Kreation [krea'tsioːn] <-, -en> *f* création *f*
kreativ [krea'tiːf] *adj* créatif(-ive)
Kreativität [kreativi'tɛːt] <-> *f* créativité *f*
Kreatur [krea'tuːɐ] <-, -en> *f* créature *f*
Krebs [kreːps] <-es, -e> *m* ❶ ZOOL crustacé *m; (Flusskrebs)* écrevisse *f* ❷ *kein Pl* GASTR crabe *m* ❸ *kein Pl* ASTRO Cancer *m* ❹ MED cancer *m;* **~ haben** avoir un cancer
Krebserreger *m* cancérigène *m* **Krebsfrüherkennung** *f* MED dépistage *m* précoce du cancer **Krebsgeschwulst** *f* MED tumeur *f* cancéreuse **Krebskranke(r)** *f(m) dekl wie adj* cancéreux(-euse) *m(f)* **Krebsvorsorge** *f* dépistage *m* du cancer
Kredit [kre'diːt] <-[e]s, -e> *m* crédit *m*
Kreditgeber(in) <-s, -> *m(f)* prêteur(-euse) *m(f)* **Kreditinstitut** *nt* établissement *m* de crédit **Kreditkarte** *f* carte *f* de crédit
Kreide ['kraidə] <-, -n> *f* craie *f*
kreidebleich, kreideweiß *adj* blanc (blanche) comme un linge
Kreis [krais] <-es, -e> *m* ❶ cercle *m;* **im ~e der Familie** au sein de la famille ❷ *Pl (gesellschaftliche Schicht)* milieux *mpl*
kreischen ['kraiʃən] *vi* ❶ *(Person)* pousser des cris stridents ❷ *(Bremsen)* crier
Kreisel ['kraizəl] <-s, -> *m (Spielzeug)* toupie *f*
kreisen ['kraizən] *vi +haben o sein* ❶ **um etw ~** tourner autour de qc

K

❷ *(fliegen)* **über etw** *(dat)* ~ tournoyer au-dessus de qc

kreisförmig ['kraisfœrmɪç] **I.** *adj* circulaire **II.** *adv* en cercle

Kreislauf *m* ❶ *(des Lebens, der Natur)* cycle *m* ❷ *(Blutkreislauf)* circulation *f*

Kreislaufstörungen *Pl* troubles *mpl* circulatoires

Kreißsaal ['kraiszaːl] *m* salle *f* d'accouchement

Kreisstadt *f* ≈ chef-lieu *m* de district; *(in Frankreich)* ≈ chef-lieu de canton **Kreisverkehr** *m* rond-point *m*

Krematorium [krema'toːriʊm] <-s, -rien> *nt* crématorium *m*

kremig *adj* onctueux(-euse)

Krempel ['krɛmpəl] <-s> *m pej fam* camelote *f*

Kren [kreːn] <-s> *m* A raifort *m*

K

krepieren* [kre'piːrən] *vi +sein fam* crever

Krepp [krɛp] <-s, -e> *m* crêpe *m*

Kresse ['krɛsə] <-, -en> *f* cresson *m*

kreuz [krɔyts] ▶ **~ und quer** dans tous les sens

Kreuz [krɔyts] <-es, -e> *nt* ❶ croix *f* ❷ *(Rücken)* reins *mpl* ❸ *(Autobahnkreuz)* échangeur *m* ❹ SPIEL trèfle *m* ▶ **drei ~e machen** *fam* pousser un ouf de soulagement; **das Rote** ~ la Croix-Rouge

kreuzen I. *vt +haben* croiser **II.** *vi +haben o sein (Flugzeug, Schiff)* croiser

Kreuzfahrt *f* croisière *f* **Kreuzfeuer** ▶ **ins ~ [der Kritik] geraten** être attaqué de toutes parts **Kreuzgang** <-gänge> *m* cloître *m*

kreuzigen ['krɔytsɪgən] *vt* crucifier

Kreuzigung <-, -en> *f* crucifixion *f*

Kreuzschmerzen *Pl fam* maux *mpl* de reins

Kreuzung <-, -en> *f* ❶ *(Straßenkreuzung)* carrefour *m* ❷ *(das Kreuzen)* croisement *m*

Kreuzworträtsel *nt* mots *mpl* croisés **Kreuzzug** *m* croisade *f*

kribbelig *adj fam (unruhig)* fébrile; **ich bin ganz** ~ je n'y tiens plus

kribbeln ['krɪbəln] *vt, vi unpers* **es kribbelt jdm** [*o* **jdn**] **in der Nase** qn a des picotements dans le nez

kribblig *s.* **kribbelig**

kriechen ['kriːçən] *vi irr +sein* ❶ ramper ❷ *(langsam fahren)* se traîner *(fam)*

Krieg [kriːk] <-[e]s, -e> *m* guerre *f*; **jdm den ~ erklären** déclarer la guerre à qn

kriegen ['kriːgən] *vt fam* ❶ *(bekommen)* recevoir; **etw zu essen** ~ pouvoir manger qc; **Prügel von jdm** ~ ramasser une volée de qn ❷ *(in Verbindung mit dem Partizip Präteritum)* **etw geregelt** ~ arriver à régler qc; **er kriegt das Auto geliehen** on lui prête la voiture ❸ *(Bus, Zug)* attraper; **jdn** ~ mettre la main sur qn ❹ *(Strafzettel)* récolter ❺ *(Grippe)* choper ❻ *(Kind)* aller avoir ▶ **es mit jdm zu tun** ~ avoir affaire à qn

Kriegsbeil *nt* hache *f* de guerre ▶ **das ~ ausgraben/begraben** déterrer/enterrer la hache de guerre **Kriegsberichterstatter(in)** *m(f)* correspondant(e) *m(f)* de guerre **Kriegsbeschädigte(r)** *f(m) dekl wie adj* mutilé(e) *m(f)* de guerre **Kriegsdienstverweigerer** <-s, -> *m* objecteur *m* de conscience **Kriegsgefangenschaft** *f* captivité *f* **Kriegsverbrecher(in)** *m(f)* criminel(le) *m(f)* de guerre

Krimi ['kriːmi] <-s, -s> *m fam* polar *m*

Kriminalbeamte(r), -beamtin *m, f form* fonctionnaire *mf* de police judiciaire

Kriminalität [kriminali'tɛːt] <-> *f* criminalité *f*; **organisierte** ~ crime *m* organisé

Kriminalkommissar(in) *m(f)* commissaire *mf* de police judiciaire **Kriminalpolizei** *f* police *f* judiciaire **Kriminalroman** *m* roman *m* policier

kriminell [krimi'nɛl] *adj* ❶ criminel(le); **~ sein** être délinquant ❷ *fam (gefährlich)* casse-gueule

Krimskrams <-es> *m fam* fourbi *m*

Kringel <-s, -> *m (Schnörkel)* petit rond *m*

kringeln *vr* ❶ **sich ~** *(Haarsträhne)* frisotter; *(Schwanz)* tire-bouchonner ❷ *fam* **sich vor Lachen ~** se tordre de rire
Kripo ['kri:po] <-, -s> *f fam Abk von* **Kriminalpolizei** P.J. *f*
Krippe ['krɪpə] <-, -n> *f* crèche *f*
Krippenspiel *nt* spectacle *m* de la nativité
Krise ['kri:zə] <-, -n> *f* crise *f*
kriseln ['kri:zəln] *vi unpers fam* **es kriselt** ça va mal
krisenfest *adj* sûr(e) **Krisengebiet** *nt* région *f* instable **Krisenherd** *m* poudrière *f* **Krisenstab** *m* cellule *f* de crise
Kristall <-s> *nt* cristal *m*
Kristallnacht *f* **die ~** *(nationalsozialistisch)* la nuit de cristal **Kristallzucker** *m* sucre *m* cristallisé
Kriterium [kri'te:riʊm] <-s, -rien> *nt* critère *m*
Kritik [kri'ti:k] <-> *f kein Pl* critique *f*
Kritiker(in) ['kri:tike] <-s, -> *m(f)* ❶ *(Rezensent)* critique *mf* ❷ *(Gegner)* détracteur(-trice) *m(f)*
kritisch ['kri:tɪʃ] *adj* critique
kritisieren* [kriti'zi:rən] *vt, vi* critiquer
Kritzelei [krɪtsə'laj] <-, -en> *f fam* ❶ *kein Pl (das Kritzeln)* griffonnage *m;* **lass diese ~!** arrête de griffonner! ❷ *(Gekritzel)* gribouillage *m*
kritzeln ['krɪtsəln] *vt, vi* griffonner
Kroate, Kroatin <-n, -n> *m, f* Croate *mf*
Kroatien [kro'ʔa:tsiən] <-s> *nt* la Croatie
kroatisch [kro'ʔa:tiʃ] **I.** *adj* croate **II.** *adv* **~ miteinander sprechen** discuter en croate
Kroatisch <-[s]> *nt kein art* croate *m; s.a.* **Deutsch**
kroch [krɔx] *Imp von* **kriechen**
Krokant [kro'kant] <-s> *m (Masse)* nougatine *f*
Krokette [kro'kɛtə] <-, -n> *f* croquette *f*
Krokodil [kroko'di:l] <-s, -e> *nt* crocodile *m*
Krokodilleder *nt* crocodile *m*
Krone ['kro:nə] <-, -n> *f* couronne *f*
krönen ['krø:nən] *vt* **jdn zum König ~** couronner qn roi
Kron[en]korken *m* capsule *f*
Kronleuchter *m* lustre *m* **Kronprinz, -prinzessin** *m, f* prince *m* héritier/princesse *f* héritière
Krönung ['krø:nʊŋ] <-, -en> *f* couronnement *m*
Kröte ['krø:tə] <-, -n> *f* ❶ ZOOL crapaud *m* ❷ *Pl fam (Geld)* fric *m*
Krücke ['krʏkə] <-, -n> *f* béquille *f*
Krug ['kru:k] <-[e]s, Krüge> *m* ❶ *(Wasserkrug)* cruche *f* ❷ *(Bierkrug)* chope *f*
Krümel ['kry:məl] <-s, -> *m (Brösel)* miette *f*
krümeln *vi (Person)* faire des miettes
krumm [krʊm] **I.** *adj (nicht gerade)* tordu(e); *(Nase)* crochu(e); *(Rücken)* voûté(e) **II.** *adv (gehen)* le dos voûté; *(wachsen)* de travers
krümmen ['krʏmən] *vt (biegen: Rücken)* courber; *(Finger)* plier
krumm|lachen *vr fam* **sich ~** se tordre [de rire]
Krümmung ['krʏmʊŋ] <-, -en> *f (eines Flusses)* coude *m*
Krüppel ['krʏpəl] <-s, -> *m* estropié(e) *m(f)*
Kruste ['krʊstə] <-, -n> *f* croûte *f*
Kruzifix [krutsi'fɪks] <-es, -e> *nt* crucifix *m*
Kuba ['ku:ba] <-s> *nt* Cuba; **auf ~** à Cuba
Kübel ['ky:bəl] <-s, -> *m (Pflanzkübel)* jardinière *f*
Kubikmeter [ku'bi:kme:tɐ] *m o nt* mètre *m* cube
Kubismus [ku'bɪsmʊs] <-> *m* cubisme *m*
kubistisch *adj* cubiste
Küche ['kʏçə] <-, -n> *f* cuisine *f*
Kuchen ['ku:xən] <-s, -> *m* gâteau *m;* **einen ~ backen** faire un gâteau
Küchenabfälle *Pl* épluchures *fpl*
Kuchenblech *nt* plaque *f* [à pâtisserie]

K

Kuchenform *f* moule *m* à gâteaux

Kuchengabel *f* fourchette *f* à gâteaux

Küchenhandtuch *nt* essuie-mains *m*

Küchenmaschine *f* robot *m* ménager

Küchenrolle *f* rouleau *m* essuie-tout

kuckuck ['kʊkʊk] *interj* coucou

Kuckuck ['kʊkʊk] <-s, -e> *m* coucou *m* ▶ **weiß der ~!** *fam* mystère et boule de gomme!

Kuckucksuhr *f* coucou *m*

Kuddelmuddel ['kʊdl̩'mʊdl̩] <-s> *m o nt kein Pl fam* foutoir *m (fam)*

Kufe ['ku:fə] <-, -n> *f (eines Schlittens)* patin *m; (eines Schlittschuhs)* lame *f*

Kugel ['ku:gəl] <-, -n> *f* ❶ *(runder Gegenstand)* boule *f* ❷ *(Geschoss)* balle *f*

kugelförmig ['ku:gəlfœrmɪç] *adj* sphérique

kugelrund ['ku:gəl'rʊnt] *adj fam (dick)* rondouillard(e) **Kugelschreiber** *m* stylo *m* [à] bille **kugelsicher** *adj* pare-balles

Kuh [ku:] <-, Kühe> *f* ❶ vache *f* ❷ *fam* **blöde ~** connasse *f*

Kuhfladen *m* bouse *f* de vache

kühl [ky:l] **I.** *adj* ❶ *(kalt)* frais(fraîche); **es wird/ist ~** ça se rafraîchit/il fait frais ❷ *(reserviert)* froid(e) **II.** *adv* ❶ *(lagern)* au frais; *(servieren)* frais(fraîche) ❷ *(reserviert)* avec froideur; *(empfangen)* fraîchement

Kühlbox *f (Kühltasche)* glacière *f*

kühlen ['ky:lən] *vt, vi* rafraîchir; **gekühlt** *(Getränke)* frais(fraîche)

Kühler <-s, -> *m (eines Fahrzeugs)* radiateur *m*

Kühlraum *m* chambre *f* froide **Kühlregal** *nt* rayon *m* réfrigéré **Kühlschrank** *m* réfrigérateur *m* **Kühltasche** *f* glacière *f* **Kühltruhe** *f* congélateur *m* bahut **Kühlwasser** *nt kein Pl* eau *f* de refroidissement

kühn [ky:n] *adj (Held)* téméraire; *(Tat)* audacieux(-euse)

Kühnheit <-, -en> *f* ❶ *kein Pl (Wagemut)* audace *f* ❷ *(Tat)* témérité *f*

Kuhstall *m* étable *f*

Küken ['ky:kən] <-s, -> *nt* poussin *m*

Kukuruz ['kʊkurʊts] <-[es]> *m* A maïs *m*

kulant [ku'lant] *adj (Geschäftsmann)* arrangeant(e); *(Verhalten)* accommodant(e)

Kuli ['ku:li] <-s, -s> *m fam (Stift)* stylo *m*

kulinarisch [kuli'na:rɪʃ] *adj* culinaire

Kulisse [ku'lɪsə] <-, -n> *f* décor *m*

Kult [kʊlt] <-[e]s, -e> *m* culte *m*

Kultfigur *f* personnage-culte *m* **Kultfilm** *m* film-culte *m*

kultiviert [kʊlti'vi:ɐt] *adj* raffiné(e)

Kultur [kʊl'tu:ɐ] <-, -en> *f* ❶ *(Zivilisationsform)* civilisation *f;* **die ~ der Antike** la culture gréco-latine ❷ BOT plantation *f*

Kulturbeutel *m* trousse *f* de toilette

kulturell [kʊltu'rɛl] *adj* culturel(le)

Kulturhauptstadt *f* capitale *f* de la culture

Kultusminister(in) ['kʊltʊsminɪstɐ] *m(f)* ≈ ministre *mf* de l'Éducation et des Affaires culturelles [d'un land] **Kultusministerium** *nt* ≈ ministère *m* de l'Éducation et de la Culture [d'un land]

Kümmel ['kʏməl] <-s, -> *m* cumin *m*

Kummer ['kʊmɐ] <-s> *m* ❶ *(Betrübtheit)* chagrin *m* ❷ *(Unannehmlichkeiten)* soucis *mpl*

kümmerlich ['kʏmɐlɪç] *adj (Rest)* maigre *antéposé*

kümmern ['kʏmɐn] **I.** *vt* concerner; **was kümmert ihn das?** en quoi ça le regarde? **II.** *vr* **sich um jdn/etw ~** s'occuper de qn/qc

Kumpan(in) <-s, -e> *m(f) pej fam (Komplize)* acolyte *m*

Kumpel ['kʊmpəl] <-s, -> *m fam (Kamerad)* pote *mf*

kumpelhaft *adj (Ton, Art)* familier(-ière)

Kunde, Kundin ['kʊndə] <-n, -n> *m, f* client(e) *m(f)*

Kundenbetreuer(in) *m(f)* chargé(e) de clientèle *m*

Kụndendienst *m* service *m* après-vente

Kụndgebung <-, -en> *f* manifestation *f*

kụ̈ndigen ['kʏndɪgən] **I.** *vt (Job)* démissionner de; *(Mitarbeiter)* licencier; *(Vertrag)* résilier **II.** *vi (Arbeitnehmer)* démissionner; **jdm ~** *(Arbeitgeber)* licencier qn; *(Vermieter)* donner congé à qn

Kụ̈ndigung <-, -en> *f* ❶ *(eines Vertrags)* résiliation *f* ❷ *(Entlassung)* licenciement *m* ❸ *(Weggang)* démission *f*

Kụ̈ndigungsfrist *f (eines Arbeits-, Mietvertrags)* délai *m* de préavis; *(eines Abonnements)* délai *m* de résiliation

Kụndin ['kʊndɪn] *s.* **Kunde**

Kụndschaft <-, -en> *f (Kundenkreis)* clientèle *f*

kụ̈nftig ['kʏnftɪç] **I.** *adj* futur(e) **II.** *adv* à l'avenir

Kụnst [kʊnst] <-, Kụ̈nste> *f* ❶ art *m;* **die bildende ~** les arts plastiques; **die schönen Künste** les beaux-arts ❷ *kein Pl (Schulfach)* arts *mpl* plastiques

Kụnstakademie *f* école *f* des beaux-arts **Kụnstfaser** *f* fibre *f* synthétique **Kụnstgeschichte** *f* histoire *f* de l'art **Kụnstleder** *nt* similicuir *m*

Kụ̈nstler(in) ['kʏnstlɐ] <-s, -> *m(f)* artiste *mf*

kụ̈nstlerisch *adj (Arbeit)* d'artiste; *(Begabung)* artistique

Kụ̈nstlername *m* nom *m* d'artiste

kụ̈nstlich ['kʏnstlɪç] **I.** *adj (Beleuchtung, See)* artificiel(le); *(Diamant)* faux(fausse) **II.** *adv* artificiellement; *(herstellen)* industriellement

Kụnstmaler(in) *m(f) form* artiste *mf* peintre **Kụnstsammlung** *f* collection *f* d'objets d'art **Kụnststoff** *m* plastique *m* **Kụnststück** *nt* ❶ *(artistische Leistung)* tour *m* d'adresse ❷ *(schwierige Leistung)* tour *m* de force **Kụnstwerk** *nt* ❶ œuvre *f* d'art ❷ *(Meisterleistung)* chef-d'œuvre *m*

Kụpfer ['kʊpfɐ] <-s, -> *nt* cuivre *m*

Kụpferschmied(in) *m(f)* chaudronnier(-ière) *m(f)*

Kụppel ['kʊpəl] <-, -n> *f (Innenkuppel)* coupole *f; (Außenkuppel)* dôme *m*

Kụpplung ['kʊplʊŋ] <-, -en> *f* embrayage *m;* **die ~ [durch]treten** débrayer; **die ~ kommen lassen** embrayer

Kur [kuːɐ̯] <-, -en> *f* cure *f*

Kür [kyːɐ̯] <-, -en> *f* figures *fpl* libres

Kụrbel ['kʊrbəl] <-, -n> *f* manivelle *f*

kụrbeln *vi* tourner la manivelle

Kụ̈rbis ['kʏrbɪs] <-ses, -se> *m* potiron *m*

Kurgast *m* curiste *mf*

Kurier [ku'riːɐ̯] <-s, -e> *m* coursier *m*

Kurierdienst *m* ❶ *(Service)* service *m* de messageries ❷ *(Firma)* entreprise *f* de messagerie express

kurieren* [ku'riːrən] *vt* guérir

kurios [ku'ri̯oːs] *adj geh* singulier(-ière)

Kurort *m* station *f* thermale

Kụrs [kʊrs] <-es, -e> *m* ❶ cours *m; (Wechselkurs)* taux *m* de change ❷ *(Fahrtrichtung)* cap *m;* **vom ~ abkommen** dériver

kursieren* [kʊr'ziːrən] *vi* circuler

kursiv [kʊr'ziːf] **I.** *adj* italique **II.** *adv* en italique

Kursivschrift *f* italique *m*

Kurtaxe *f* taxe *f* de séjour

Kụrve ['kʊrvə] <-, -n> *f* ❶ virage *m* ❷ MATH courbe *f*

kụrvenreich *adj* sinueux(-euse)

kụrz [kʊrts] <kụ̈rzer, kụ̈rzeste> **I.** *adj* court(e); *(Blick, Antwort)* bref(brève); **in ~er Zeit** en peu de temps **II.** *adv* ❶ court; **kürzer machen** *(Kleid)* raccourcir ❷ **~ gesagt,...** bref,...; **vor ~em** il y a encore peu de temps; **seit ~em** depuis peu ❸ *(wenig)* **es ist ~ vor acht** il n'est pas loin de huit heures ▶ **~ angebunden sein** être bourru; **~ und bündig** sans détour; **~ und gut** pour tout dire; **über ~ oder lang** tôt ou tard; **bei etw zu ~ kommen** être lésé lors de qc; **es ~ machen** être bref

Kụrzarbeit *f* chômage *m* partiel **kụrzärm[e]lig** *adj* à manches courtes

K

Kürze ['kʏrtsə] <-> *f kein Pl* brièveté *f;* **in** ~ sous peu
kürzen *vt* ❶ **etw um drei Zentimeter** ~ raccourcir qc de trois centimètres ❷ *(Text)* raccourcir ❸ *(Sozialhilfe)* diminuer
kurzerhand ['kʊrtsɐ'hant] *adv (abreisen)* sans plus attendre
kurzfristig I. *adj (Vertrag)* à court terme; *(Zusage)* rapide II. *adv* ❶ *(informieren)* en dernière minute ❷ *(unterbrechen)* momentanément; *(gelten)* temporairement
Kurzgeschichte *f* nouvelle *f* **kurzhaarig** *adj (Mensch)* aux cheveux courts
kurzlebig *adj (Modeerscheinung)* éphémère; *(Produkt)* peu durable
kürzlich *adv* récemment
Kurzmeldung *f* flash *m* [d'information]
K **Kurznachrichten** *Pl* nouvelles *fpl* brèves **Kurzschluss** *m* court-circuit *m*
kurzsichtig *adj a. fig* myope
Kurzsichtigkeit <-> *f* myopie *f*
Kurzstreckenflug *m* vol *m* sur courte distance **Kurzstreckenrakete** *f* missile *m* à courte portée
Kürzung <-, -en> *f* ❶ FIN diminution *f* ❷ *(eines Textes)* abrégement *m*
Kurzurlaub *m* bref congé *m* **Kurzwelle** *f* ondes *fpl* courtes
kuscheln I. *vr fam* **sich an jdn** ~ se blottir contre qn II. *vi* faire des câlins
Kusine [ku'ziːnə] <-, -n> *f* cousine *f*
Kuss [kʊs] <-es, Küsse> *m* baiser *m*
Küsschen ['kʏsçən] <-s, -> *nt* bise *f (fam);* **gib ~!** fais un câlin!
küssen ['kʏsən] *vt, vi, vr* [**sich**] ~ [s']embrasser
Küste ['kʏstə] <-, -n> *f (Meeresufer)* côte *f*
Küstengebiet *nt* littoral *m* **Küstenwacht** *f* service *m* de surveillance côtière
Kutsche ['kʊtʃə] <-, -n> *f (geschlossen)* carrosse *m; (offen)* calèche *f*
Kutscher(in) <-s, -> *m(f)* cocher *m*
Kuvert [ku've:ɐ̯] <-s, -s> *nt* enveloppe *f*
Kuwait [ku'vait, 'kuːvait] <-s> *nt* ❶ *(Emirat)* le Koweït ❷ *(Hauptstadt)* Koweït
Kuwaiter(in) [ku'vaitɐ, 'kuːvaitɐ] <-s, -> *m(f)* Koweïtien(ne) *m(f)*
Kybernetik [kybɛr'neːtɪk] <-> *f* cybernétique *f*
kybernetisch *adj* cybernétique
kyrillisch [ky'rɪlɪʃ] I. *adj* cyrillique II. *adv* en caractères cyrilliques
KZ [kaː'tsɛt] <-s, -s> *nt Abk von* **Konzentrationslager** camp *m* de concentration

L

l *Abk von* **Liter** l
L, l [ɛl] <-, -> *nt* L *m*/l *m*
labern ['la:bɐn] *vi, vt fam* dégoiser
labil [la'bi:l] *adj* instable
Labor [la'bo:ɐ̯] <-s, -s> *nt* laboratoire *m*
Laborant(in) [labo'rant] <-en, -en> *m(f)* laborantin(e) *m(f)*
Labyrinth [laby'rɪnt] <-[e]s, -e> *nt* labyrinthe *m*
Lache ['la:xə], **Lache** <-, -n> *f (Pfütze)* flaque *f*
lächeln ['lɛçəln] *vi* **über jdn/etw ~** sourire de qn/qc
Lächeln <-s> *nt* sourire *m*
lachen ['laxən] *vi* **über jdn/etw ~** rire de qn/qc; **jdn zum Lachen bringen** faire rire qn ▶ **du hast gut ~!** tu as beau jeu de te moquer!; **dass ich nicht lache!** *fam* laisse-moi rigoler!
Lachen <-s> *nt* rire *m*
lächerlich ['lɛçɐlɪç] *adj* ridicule; **~ machen** ridiculiser
lachhaft *adj* ridicule
Lachs [laks] <-es, -e> *m* saumon *m*
lachsfarben *adj* saumon
Lachsschinken *m* filet *m* de porc fumé
Lack [lak] <-[e]s, -e> *m* laque *f*
lackieren* [la'ki:rən] *vt (Holz)* laquer; **sich** *(dat)* **die Fingernägel ~** se vernir les ongles
Lackierung <-, -en> *f (Lack)* laque *f*
Lackleder *nt* cuir *m* verni **Lackschuh** *m* chaussure *f* vernie
Ladegerät *nt* TECH, INFORM chargeur *m* **Ladekabel** *nt* TECH câble *m* de charge
laden ['la:dən] *vt irr* charger; **etw auf den Lkw ~** charger qc sur le camion; **etw aus dem Auto ~** décharger qc de la voiture
Laden ['la:dən] <-s, Läden> *m* ❶ *(Geschäft)* magasin *m; (klein)* boutique *f* ❷ *fam (Betrieb)* boîte *f*
Ladendieb(in) *m(f)* voleur(-euse) *m(f)* à l'étalage **Ladendiebstahl** *m* vol *m* à l'étalage **Ladenhüter** *m* rossignol *m* **Ladenöffnungszeit** *f meist Pl* heures *fpl* d'ouverture des magasins **Ladenpreis** *m* prix *m* marqué **Ladenschluss** *m kein Pl* fermeture *f* des magasins
Laderampe *f* rampe *f* de chargement **Laderaum** *m* AVIAT, NAUT soute *f* **Ladestation** *f* base *f* de chargement
lädieren* *vt* abîmer
lädt [lɛ:t] *3. Pers Präs von* **laden**
Ladung <-, -en> *f* ❶ *(Fracht)* chargement *m* ❷ ELEC, PHYS charge *f*
lag [la:k] *Imp von* **liegen**
Lage ['la:gə] <-, -n> *f* ❶ *(eines Orts)* site *m* ❷ *(Situation)* situation *f,* **sich in die ~ eines anderen versetzen** se mettre à la place d'autrui ❸ *fig* **in der ~ sein...** être en mesure de...
Lageplan *m* plan *m*
Lager ['la:gɐ] <-s, -> *nt* ❶ dépôt *m* ❷ *(Unterkunft)* camp *m* ▶ **etw auf ~ haben** *fam* avoir qc en réserve
Lagerfeuer *nt* feu *m* de camp **Lagerhalle** *f* hangar *m*
lagern *vt (aufbewahren)* stocker; **kühl ~!** garder au frais!
Lagerraum *m* ❶ dépôt *m* ❷ *(Lagerfläche)* surface *f* d'entreposage
Lagune [la'gu:nə] <-, -n> *f* lagune *f*
lahm [la:m] *adj* paralysé(e)
lähmen ['lɛ:mən] *vt* paralyser
lahm|legen *vt fig (Verkehr)* paralyser
Lähmung <-, -en> *f* paralysie *f*
Laib [laip] <-[e]s, -e> *m bes.* SDEUTSCH **ein ~ Brot** une miche de pain
Laie, Laiin ['laiə] <-n, -n> *m, f* ❶ *(Nichtfachmann)* profane *mf* ❷ REL laïc *m,* laïque *mf*
Lake <-, -n> *f* saumure *f*
Lakritze [la'krɪtsə] <-, -n> *f* réglisse *m*

o f

lallen ['lalən] *vt, vi* balbutier

Lama ['la:ma] <-s, -s> *nt* lama *m*

Lamelle [la'mɛlə] <-, -n> *f* lamelle *f*

Lametta [la'mɛta] <-s> *nt* lamelles *fpl* argentées/dorées

Laminat [lami'na:t] <-[e]s, -e> *nt* sol *m* stratifié

Lamm [lam] <-[e]s, Lämmer> *nt* agneau *m*

Lammfell *nt* fourrure *f* d'agneau **Lammkeule** *f* gigot *m* d'agneau

Lampe ['lampə] <-, -n> *f* lampe *f*

Lampenfieber *nt* trac *m* **Lampenschirm** *m* abat-jour *m*

Lampion [lam'pi̯õ] <-s, -s> *m* lampion *m*

Land [lant] <-[e]s, Länder> *nt* ① *(Staat)* pays *m* ② *kein Pl (Festland)* terre *f* ③ *(Bundesland)* Land *m;* **die 16 Länder** les 16 Länder ④ *kein Pl (Acker)* terrain *m* ⑤ *kein Pl (ländliche Gegend)* campagne *f* ▶ **andere Länder, andere Sitten** autres pays, autres mœurs; **das Gelobte** ~ la Terre promise

Landammann *m* CH président(e) *m(f)* de gouvernement cantonal **Landarbeiter(in)** *m(f)* ouvrier(-ière) *m(f)* agricole **Landbevölkerung** *f* population *f* rurale

Landebahn *f* piste *f* d'atterrissage

landeinwärts [lant'ʔa̯invɛrts] *adv* à l'intérieur des terres

landen ['landən] *vi +sein (Flugzeug)* atterrir; *(Schiff)* aborder

Landeplatz *m* AVIAT terrain *m* d'atterrissage

Ländereien [lɛndə'ra̯iən] *Pl* terres *fpl*

Landesgrenze *f (eines Staats)* frontière *f; (eines Bundeslandes)* limite *f* **Landeshauptmann, -frau** *m, f* A chef *mf* de gouvernement *(d'un État fédéré)* **Landeshauptstadt** *f* capitale *f* [d'un Land] **Landesinnere(s)** *nt* intérieur *m* du pays; *(hinter der Küste)* arrière-pays *m* **Landeskunde** *f kein Pl* civilisation *f* **Landesrat, -rätin** *m, f* A membre *m* d'un gouvernement provincial **Landesregierung** *f* gouvernement *m* du Land **Landessprache** *f* langue *f* nationale

Landgericht *nt* JUR ≈ tribunal *m* de grande instance **Landhaus** *nt* maison *f* de campagne **Landkarte** *f* carte *f* géographique **Landkreis** *m* ≈ district *m*

ländlich ['lɛntlɪç] *adj (Brauch)* paysan(ne); *(Stille)* de la campagne

Landrat *m* CH Parlement *m* cantonal **Landrat, -rätin** *m, f* chef *m* de district *(sous-préfet en France)* CH parlementaire *mf* cantonal(e)

Landschaft <-, -en> *f* paysage *m*

Landschaftsschutzgebiet *nt* site *m* protégé

Landsitz *m* domaine *m*

Landsmann, -männin ['lantsman] <-leute> *m, f* compatriote *mf*

Landstraße *f* ≈ [route *f*] départementale *f; (untergeordnete Straße)* route *f* secondaire **Landstreicher(in)** <-s, -> *m(f)* vagabond(e) *m(f)* **Landtag** *m (Parlament)* landtag *m*

Landung <-, -en> *f* ① *(eines Flugzeugs)* atterrissage *m* ② MIL *(von Truppen)* largage *m; (per Schiff)* débarquement *m*

Landwein *m* vin *m* de pays **Landwirt(in)** *m(f)* agriculteur(-trice) *m(f)* **Landwirtschaft** *f kein Pl (Erwerbstätigkeit)* agriculture *f* **landwirtschaftlich** *adj* agricole

lang [laŋ] <länger, längste> **I.** *adj* long(longue); **zwei Meter ~ sein** avoir deux mètres de long; **seit ~em** depuis longtemps **II.** *adv* ① longtemps; **~ aufbleiben** veiller tard; **viele Jahre ~** pendant de nombreuses années; **schon ~[e]** depuis longtemps ② *(bei weitem)* **~[e] nicht so schlimm sein wie...** être loin d'être aussi grave que... ▶ **~ und breit** en long et en large

langärm[e]lig *adj* à manches longues

lange ['laŋə] <länger, längste> *s.* **lang**

Länge ['lɛŋə] <-, -n> *f* ① longueur *f;*

ein Seil von zwei Metern ~ une corde d'une longueur de deux mètres; **der ~ nach** en long ② *(Dauer)* durée *f*; **in voller ~** *(zeigen)* en version intégrale; *(erscheinen)* en édition intégrale ③ GEO longitude *f*

langen *vi fam* ① *(ausreichen)* suffire ② *(sich erstrecken)* **bis zum Boden ~** *(Vorhang)* arriver jusqu'au sol ▶ **mir langt es** j'en ai marre *(fam)*

länger ['lɛŋɐ] *Komp von* **lang**

Langeweile <-> *f* ennui *m*

langfristig *adj, adv* à long terme

langhaarig *adj (Person)* aux longs cheveux; *(Tier)* à poil long

langjährig *adj* de longue date

Langlauf *m kein Pl* ski *m* de fond

Langlaufski *m* ski *m* de fond

langlebig *adj* qui vit longtemps

Langlebigkeit <-> *f* ① *(eines Menschen, Tiers)* longévité *f* ② *fig (eines Konsumguts)* solidité *f*

länglich ['lɛŋlɪç] *adj* oblong(-longue)

längs [lɛŋs] **I.** *präp +gen* **~ des Kanals** le long du canal **II.** *adv* longitudinalement

langsam **I.** *adj* ① *(Person, Bewegung)* lent(e) ② *(allmählich)* progressif(-ive) **II.** *adv* ① *(nicht schnell)* lentement ② *fam (allmählich)* petit à petit; **es ist ~ an der Zeit, dass** il serait [bientôt] temps de *+infin/*que *+subj* ▶ **~, aber sicher** lentement mais sûrement

Langsamkeit <-> *f* lenteur *f*

Langschläfer(in) *m(f)* lève-tard *mf*

Langspielplatte *f* trente-trois tours *m*

längst [lɛŋst] *adv* ① *(seit langem)* depuis longtemps ② *(bei weitem)* **das ist ~ nicht alles** c'est loin d'être tout

längste(r, s) *Superl von* **lang**

Langstreckenflug *m* vol *m* long-courrier

Languste [laŋ'gʊstə] <-, -n> *f* langouste *f*

langweilen *vt, vr* **[sich] ~** [s']ennuyer

langweilig *adj* ennuyeux(-euse)

Langwelle *f* grandes ondes *fpl*

langwierig ['laŋviːrɪç] *adj* de longue haleine

Langzeitarbeitslose(r) *f(m) dekl wie adj* chômeur(-euse) *m(f)* de longue durée **Langzeitgedächtnis** *nt* mémoire *f* longue

Lanze ['lantsə] <-, -n> *f* lance *f*

Lappalie [la'paːliə] <-, -n> *f* broutille *f*

Lappen ['lapən] <-s, -> *m* chiffon *m* ▶ **jdm durch die ~ gehen** *fam (Auftrag)* passer sous le nez de qn

läppisch ['lɛpɪʃ] *adj pej (gering)* ridicule

Laptop ['lɛptɔp] <-s, -s> *m* portable *m*

Lärm [lɛrm] <-[e]s> *m* bruit *m* ▶ **viel ~ um nichts machen** faire beaucoup de bruit pour rien

Lärmbekämpfung *f* lutte *f* antibruit **lärmempfindlich** *adj* sensible au bruit

lärmen *vi* faire du bruit; **~d** bruyant(e)

Lärmpegel *m* niveau *m* sonore **Lärmschutz** *m* protection *f* antibruit

Larve ['larfə] <-, -n> *f* larve *f*

las [laːs] *Imp von* **lesen**

Lasagne [la'zanjə] *Pl* lasagnes *fpl*

lasch [laʃ] *adj fam (Erziehung)* relâché(e)

Lasche ['laʃə] <-, -n> *f (einer Tasche)* rabat *m*

Laschi ['laʃi] *m fam (lasche Person)* mollusque *m (fig)*

Laser ['leɪzɐ] <-s, -> *m* laser *m*

Laserdrucker *m* imprimante *f* laser **Laserstrahl** *m* rayon *m* laser

lassen ['lasən] *irr* **I.** *vt* ① *(unterlassen)* arrêter; **lass das!** arrête! ② *(zurücklassen)* **jdn allein ~** laisser qn seul; **etw offen ~** laisser qc ouvert ③ *(nicht anrühren)* **stehen ~** *(Essen)* ne pas toucher à; *(Wagen)* ne pas prendre ▶ **jdn/sich hängen ~** *fam* laisser tomber qn/se laisser aller; **alles stehen und liegen ~** laisser tout en plan *(fam)*; **das muss man ihr ~** il faut lui rendre cette justice **II.** *aux modal* ① *(dulden, zulassen)* permettre ② *(veranlassen)* **jdn warten ~** faire attendre qn; **sich scheiden ~** divorcer ③ *(Möglichkeit)* **das Fenster lässt sich öffnen** on peut ouvrir la fenêtre; **das lässt sich**

L

machen c'est faisable ❷ *(Aufforderung)* **lass uns/lasst uns gehen!** allons-nous en! **III.** *vi* **von jdm/etw ~** renoncer à qn/qc; **lass/lasst mal!** laisse/laissez donc!

lässig ['lɛsɪç] **I.** *adj* décontracté(e) **II.** *adv* ❶ *(ungezwungen)* en toute décontraction ❷ *fam (mit Leichtigkeit)* les doigts dans le nez

lässt [lɛst] *3. Pers Präs von* **lassen**

Last [last] <-, -en> *f* charge *f;* **jdm zur ~ fallen** devenir une charge pour qn ▶ **jdm etw zur ~ legen** mettre qc sur le dos de qn

lasten *vi* **auf jdm ~** *(Verantwortung)* reposer sur [les épaules de] qn; *(Sorgen)* peser sur qn

Laster¹ ['lastɐ] <-s, -> *m fam* gros-cul *m*

Laster² <-s, -> *nt (Untugend)* vice *m*

lästern ['lɛstɐn] *vi* **über jdn/etw ~** dénigrer qn/qc

L

lästig ['lɛstɪç] *adj* pénible

Lastkraftwagen, **Lastwagen** *m* camion *m*

Last-Minute-Reise [la:st'mɪnɪt'raizə] *f* voyage *m* en last minute

Latein [la'tain] <-s> *nt* latin *m*

Lateinamerika *nt* l'Amérique *f* latine **lateinamerikanisch** *adj* latino-américain(e)

lateinisch **I.** *adj* latin(e); *(Vokabeln)* de latin; *(Inschrift)* en latin **II.** *adv* **~ miteinander sprechen** discuter en latin

Lateinisch *nt kein art* latin *m; s.a.* **Deutsch**

Laterne [la'tɛrnə] <-, -n> *f* ❶ *(Straßenlaterne)* réverbère *m* ❷ *(Außenleuchte)* lanterne *f*

Laternenpfahl *m* colonne *f* de réverbère

Latinum <-s> *nt diplôme d'étude du latin*

latschen ['la:tʃən] *vi +sein fam* **über die Straße ~** traverser la rue en traînassant

Latschen <-s, -> *m fam* ❶ *(Hausschuh)* savate *f* ❷ *pej (Schuh)* grolle *f*

Latte ['latə] <-, -n> *f* ❶ *(Holzleiste)* latte *f* ❷ SPORT barre *f*

Lattenrost *m* sommier *m* à lattes **Lattenzaun** *m* palissade *f*

Latz [lats] <-es, Lätze *o* A -e> *m* bavette *f*

Lätzchen ['lɛtsçən] <-s, -> *nt Dim von* **Latz** bavette *f*

Latzhose *f* salopette *f*

lau [lau] *adj* tiède

Laub [laup] <-[e]s> *nt (Belaubung)* feuillage *m; (abgefallene Blätter)* feuilles *fpl* mortes

Laubbaum *m* arbre *m* feuillu

Laube ['laubə] <-, -n> *f* tonnelle *f*

Laubsäge *f* scie *f* à chantourner

Lauch [laux] <-[e]s, -e> *m* poireau *m*

Lauer ['lauɐ] ▶ **auf der ~ liegen** être à l'affût

lauern *vi* **auf jdn/etw ~** guetter qn/qc

Lauf [lauf] <-[e]s> *m kein Pl* ❶ *(das Laufen)* course *f* ❷ *(Flusslauf)* cours *m;* **im ~e der Jahre** au fil des ans

Laufbahn *f* carrière *f*

laufen ['laufən] *irr* **I.** *vi +sein* ❶ *(rennen)* courir; *(zu Fuß gehen)* marcher ❷ *(fließen)* couler ❸ *(funktionieren: Motor)* tourner; *(Gerät)* marcher; *(eingeschaltet sein)* être en marche ❹ *(gezeigt werden)* passer ❺ *(Vertrag)* être valable ❻ *(ablaufen)* **gut ~** se passer bien ▶ **jdn ~ lassen** *fam* laisser filer qn; **gelaufen sein** *fam* être fini **II.** *vt +haben o sein (hundert Meter)* courir; **Schlittschuh/Ski ~** faire du patin à glace/du ski

laufend **I.** *adj (gegenwärtig)* en cours ▶ **jdn auf dem Laufenden halten** tenir qn au courant; **mit etw auf dem Laufenden sein** être à jour dans qc **II.** *adv* sans arrêt

laufen|lassen *s.* **laufen**

Läufer ['lɔyfɐ] <-s, -> *m* ❶ coureur *m* ❷ *(Schachfigur)* fou *m*

Läuferin <-, -nen> *f* coureuse *f*

Lauffeuer ▶ **sich wie ein ~ verbreiten** *fam* se répandre comme une traînée de poudre

läufig ['lɔyfɪç] *adj* en chaleur
Laufmasche *f* maille *f* filée **Laufpass** ▶**jdm den ~ geben** *fam* plaquer qn **Laufrichtung** *f* sens *m* de la marche **Laufschritt** *m* **im ~** au pas de gymnastique **Laufstall** *m* parc *m* **Laufsteg** *m* podium *m*
läuft [lɔyft] *3. Pers Präs von* **laufen**
Laufwerk *nt* lecteur *m* **Laufzeit** *f* durée *f*
Lauge ['laugə] <-, -n> *f* solution *f* alcaline
Laugenbrezel *f* bretzel *m*
Laune ['launə] <-, -n> *f* ❶ *(Stimmung)* humeur *f*; **gute/schlechte ~ haben** être de bonne/de mauvaise humeur ❷ *(abwegige Idee)* lubie *f*
launenhaft, **launisch** *adj (Person)* lunatique; *(Wetter)* instable
Laus [laus] <-, Läuse> *f (Kopflaus)* pou *m*
lauschen ['lauʃən] *vi* écouter
lausig *adj fam (Arbeit)* minable, *(Kälte)* de canard
laut[1] [laut] *adj* fort(e); *(Straße)* [très] bruyant(e); **~ werden** *(Person)* hausser le ton
laut[2] *präp +gen o dat* selon
Laut <-[e]s, -e> *m (Ton)* son *m*; **keinen ~ von sich geben** ne pas faire le moindre bruit
lauten *vi* **der Titel lautet...** le titre est...
läuten ['lɔytən] *vi* sonner; **es läutet** on sonne
lauter ['lautɐ] *adv (nichts als)* rien d'autre que
lauthals ['lauthals] *adv* haut et fort
lautlos *adv* sans bruit
Lautschrift *f* écriture *f* phonétique **Lautsprecher** *m* haut-parleur *m*; *(Lautsprecheranlage)* enceintes *fpl*
lautstark *adj* bruyant(e)
Lautstärke *f* son *m*; **bei voller ~** à fond
lauwarm *adj* tiède
Lava ['la:va] <-, Laven> *f* lave *f*
Lavendel [la'vɛndəl] <-s, -> *m* lavande *f*
Lawine [la'vi:nə] <-, -n> *f* avalanche *f*
Layout, **Lay-out** ['le:ʔaut] <-s, -s> *nt* mise *f* en page
Lazarett [latsa'rɛt] <-[e]s, -e> *nt* hôpital *m* militaire
leasen ['li:zən] *vt* acheter en leasing
Leasing ['li:zɪŋ] <-s, -s> *nt* leasing *m*
leben ['le:bən] *vi* vivre ▶**leb[e] wohl!** adieu!; **mit etw ~ können** s'accommoder de qc
Leben <-s, -> *nt* vie *f*; **am ~ sein** être en vie; **mit dem ~ davonkommen** s'en tirer; **bei etw ums ~ kommen** trouver la mort dans qc; **jdm/sich das ~ schwer machen** mener la vie dure à qn/se compliquer la vie ▶**nie im ~** jamais de la vie
lebend **I.** *adj* vivant(e); *(Virus)* actif(-ive) **II.** *adv* vif(vive)
lebendig [le'bɛndɪç] *adj* vivant(e); *(gegenwärtig)* vivace
Lebensabschnitt *m* période *f* de la vie **Lebensaufgabe** *f* tâche *f* de toute une vie **Lebensbedingungen** *Pl* conditions *fpl* de vie **Lebensdauer** *f* longévité *f*; *(eines Geräts)* durée *f* de vie **Lebensende** *nt kein Pl* fin *f*; **bis ans ~** jusqu'à ma/sa/... mort **Lebenserfahrung** *f* expérience *f* de la vie **Lebenserwartung** *f* espérance *f* de vie **lebensfähig** *adj* viable **Lebensgefahr** *f* **~!** danger de mort! **lebensgefährlich** *adj (Erkrankung)* pouvant être mortel; *(Verletzung)* présentant des risques vitaux **Lebensgefährte**, **-gefährtin** *m, f* compagnon *m*/compagne *f* **Lebensgemeinschaft** *f (Zusammenleben)* communauté *f* de vie **Lebensjahr** *nt* année *f* de vie; **vor/nach Vollendung des sechsten ~s** avant d'avoir six ans/à six ans révolus **Lebenslage** *f* circonstance *f* [de la vie]; **in allen ~n** en toutes circonstances **lebenslang** **I.** *adj (Verpflichtung)* à vie; *(Haft)* à perpétuité **II.** *adv* toute sa/ma/... vie
lebenslänglich *adj, adv* à vie

L

Lebenslauf *m* curriculum vitæ *m*, C.V. *m* **Lebensmittel** *nt meist Pl* denrées *fpl* alimentaires

Lebensmittelgeschäft *nt* épicerie *f* **Lebensmittelhändler(in)** *m(f)* épicier(-ière) *m(f)* **Lebensmittelvergiftung** *f* intoxication *f* alimentaire

lebensmüde *adj* suicidaire **Lebensretter(in)** *m(f)* sauveteur(-euse) *m(f)* **Lebensstandard** *m kein Pl* niveau *m* de vie **Lebensstil** *m* style *m* de vie **Lebensunterhalt** *m kein Pl* subsistance *f* **Lebensverlängerung** *f* ❶ MED *(Hinauszögern des Sterbens)* fait *m* de garder un(e) malade en vie; **~ mit allen Mitteln** acharnement *m* thérapeutique ❷ *(höhere Lebenserwartung)* prolongation *f* de la vie **Lebensversicherung** *f* assurance *f* vie **Lebenswandel** *m kein Pl* mode *m* de vie **lebenswichtig** *adj* vital(e); *(Nahrungsmittel)* de première nécessité **Lebenszeichen** *nt* signe *m* de vie **Lebenszeit** *f kein Pl* durée *f* de vie

Leber ['le:bɐ] <-, -n> *f* foie *m*

Leberfleck *m* grain *m* de beauté **Leberkäs[e]** *m préparation de chair à saucisse traditionnelle dans le Sud de l'Allemagne* **Leberpastete** *f* pâté *m* de foie **Lebertran** *m* huile *f* de foie de morue **Leberwurst** *f* pâté *m* de foie *(sous forme de saucisson)*

Lebewesen *nt* être *m* vivant

lebhaft *adj (angeregt)* vif(vive); *(Person)* plein(e) de vie

Lebhaftigkeit <-> *f* vivacité *f*

Lebkuchen ['le:pku:xən] *m* pain *m* d'épice

leblos *adj* sans vie; *(Augen, Gesicht)* dépourvu(e) d'expression

Lebzeiten ▸ **zu** ~ de son/leur/... vivant

Leck <-[e]s, -s> *nt* fuite *f*

lecken ['lɛkən] *vt, vr* **[sich]** ~ [se] lécher

lecker ['lɛkɐ] *adj* délicieux(-euse)

Leckerbissen *m* régal *m*

Leder ['le:dɐ] <-s, -> *nt (Tierhaut)* cuir *m*

Lederjacke *f* veste *f* en cuir **Lederwaren** *Pl* articles *mpl* de maroquinerie

ledig ['le:dɪç] *adj (unverheiratet)* célibataire

lediglich ['le:dɪklɪç] *adv geh* juste

leer [le:ɐ̯] **I.** *adj* vide; *(Seite)* blanc(blanche) **II.** *adv* ~ **stehend** *(Wohnung)* inoccupé(e) ▸ **bei etw ~ ausgehen** repartir les mains vides lors de qc

Leere ['le:rə] <-> *f* vide *m*

leeren *vt (leer machen)* vider

Leergut *nt kein Pl* bouteilles *fpl* consignées **Leerlauf** *m* ❶ *(eines Motors)* point *m* mort ❷ *fig* temps *mpl* morts **leerstehend** *s.* **leer Leerstelle** *f* TYP, INFORM espace *m* **Leertaste** *f* touche *f* Espace

Leerung <-, -en> *f (eines Briefkastens)* levée *f*

Leerzeichen *nt* espace *f*

legal [le'ga:l] *adj* légal(e)

legalisieren* [legali'zi:rən] *vt* légaliser

Legalität [legali'tɛ:t] <-> *f* légalité *f*

Legasthenie [legaste'ni:] <-, -ien> *f* dyslexie *f*

Legastheniker(in) [legas'te:nɪkɐ] <-s, -> *m(f)* dyslexique *mf*

legasthenisch [legas'te:nɪʃ] *adj* dyslexique

legen ['le:gən] **I.** *vt* ❶ *(hinlegen)* **etw auf den Tisch ~** [dé]poser qc sur la table ❷ *(betten)* **jdn ins Bett ~** allonger qn dans le lit **II.** *vr* ❶ *(hinlegen)* **sich ins Bett ~** se mettre au lit ❷ *(sich senken auf)* **sich auf etw** *(akk)* **~** *(Staub)* se déposer sur qc ❸ *(nachlassen)* **sich ~** *(Sturm)* s'apaiser; *(Wind)* tomber; *(Wut)* retomber

legendär [legɛn'dɛ:ɐ̯] *adj* légendaire

Legende [le'gɛndə] <-, -n> *f* légende *f*

leger [le'ʒe:ɐ̯] *adj* décontracté(e)

Übersetzungstipp

Leger – Nicht verwechseln mit *léger, légère – leicht!*

Leggings ['lɛgɪŋs] *Pl* caleçon *m*, col-

lant *m*
Legierung <-, -en> *f* alliage *m*
Legislative [legɪsla'tiːvə] <-n, -n> *f* pouvoir *m* législatif
Legislaturperiode [legɪsla'tuːɐ̯periˈoːdə] *f* législature *f*
legitim [legi'tiːm] *adj* légitime
Lehm [leːm] <-[e]s, -e> *m* [terre *f*] glaise *f*
Lehne ['leːnə] <-, -n> *f (Armlehne)* accoudoir *m; (Rückenlehne)* dossier *m*
lehnen I. *vt* **etw an/gegen etw** *(akk)* ~ appuyer qc contre qc II. *vi* **an etw** *(dat)* ~ être appuyé contre qc III. *vr* **sich an** [*o* **gegen**] **jdn/etw** ~ s'appuyer contre qn/qc; **sich aus dem Fenster** ~ se pencher par la fenêtre
Lehnstuhl *m* fauteuil *m* **Lehnwort** <-wörter> *nt* [mot *m* d']emprunt *m*
Lehramt *nt form* enseignement *m* **Lehrbeauftragte(r)** *f(m) dekl wie adj* chargé(e) *m(f)* de cours **Lehrberuf** *m* métier *m* d'enseignant **Lehrbuch** *nt* manuel *m* scolaire
Lehre ['leːrə] <-, -n> *f* ❶ *(Theorie)* théorie *f* ❷ *(Ausbildung)* apprentissage *m*
lehren *vt* enseigner
Lehrer(in) <-s, -> *m(f)* ❶ enseignant(e) *m(f); (Grundschullehrer)* instituteur(-trice) *m(f); (Fach-, Gymnasiallehrer)* professeur *mf* ❷ *(Reit-, Tennislehrer)* moniteur(-trice) *m(f)*
Lehrfach *nt* matière *f* **Lehrgang** <-gänge> *m* stage *m* [de formation] **Lehrjahr** *nt* année *f* d'apprentissage **Lehrkörper** *m form* ❶ SCHULE corps *m* enseignant ❷ UNIV enseignants *mpl* du supérieur **Lehrkraft** *f form* enseignant(e) *m(f)*
Lehrling ['leːɐ̯lɪŋ] <-s, -e> *m* A apprenti(e) *m(f)*
Lehrmittel *nt* matériel *m* pédagogique **Lehrplan** *m* programme *m* scolaire **lehrreich** *adj* instructif(-ive) **Lehrstelle** *f* place *f* d'apprenti(e) **Lehrstuhl** *m* chaire *f*
Leib [laip] <-[e]s, -er> *m (Körper)* corps *m* ▸ **etw mit ~ und Seele tun** faire qc corps et âme
Leibgericht *nt* plat *m* préféré
leibhaftig ['laip'haftɪç] *adj* en chair et en os
leiblich *adj (Erben)* du sang; **mein ~er Vater** mon propre père
Leibwächter(in) *m(f)* garde *mf* du corps
Leiche ['laiçə] <-, -n> *f* cadavre *m* ▸ **über ~n gehen** *fam* être prêt à tuer père et mère
leichenblass ['laiçən'blas] *adj* pâle comme la mort **Leichenhalle** *f* salle *f* mortuaire **Leichenschauhaus** *nt* institut *m* médico-légal **Leichenwagen** *m* corbillard *m*
Leichnam ['laiçnaːm] <-s, -e> *m geh* dépouille *f* mortelle
leicht [laiçt] I. *adj* léger(-ère); *(Frage)* facile; *(Operation)* petit(e) II. *adv* ❶ *(bekleidet, würzen)* légèrement ❷ *(einfach)* facilement; ~ **zu erklären sein** être facile à expliquer ▸ **das ist ~er gesagt als getan** c'est plus facile à dire qu'à faire
Leichtathlet(in) *m(f)* athlète *mf* **Leichtathletik** *f* athlétisme *m*
leichtfertig I. *adj* irréfléchi(e) II. *adv* inconsidérément
Leichtfertigkeit *f kein Pl* légèreté *f*
leichtgläubig *adj* crédule
Leichtigkeit <-> *f* ❶ facilité *f* ❷ *(Gewicht)* légèreté *f*
leicht|machen *vr* **es sich** *(dat)* ~ ne pas se compliquer la vie
Leichtmetall *nt* métal *m* léger
Leichtsinn *m kein Pl* inconscience *f*
leichtsinnig *adj (Person)* inconscient(e); *(Handlung)* inconsidéré(e)
leid [lait] *adj* **jdn/etw ~ sein** en avoir assez de qn/qc
Leid <-[e]s> *nt* souffrance *f*
leiden ['laidən] *irr* I. *vi* **an einer Krankheit** ~ souffrir d'une maladie II. *vt (mögen)* **jdn/etw** [**gut**]**/nicht** [**gut**] ~ **können** aimer [bien]/ne pas pouvoir souffrir qn/qc
Leidenschaft <-, -en> *f* passion *f;* **eine**

L

~ **für etw haben** être passionné de qc
leidenschaftlich I. *adj* passionné(e) II. *adv* passionnément; **etw ~ gern tun** adorer faire qc
leider ['laidɐ] *adv* malheureusement; **~ ja/nein** hélas oui/non
leidig *adj* déplaisant
Leidtragende(r) *f(m) dekl wie adj* **der/die ~** celui/celle sur qui ça retombe
leid|tun *vi* ① *(als Ausdruck des Bedauerns)* **es tut jdm leid, dass** qn regrette que +*subj;* **tut mir leid!** *fam* désolé(e)! ② *(als Ausdruck des Mitleids)* **jdm leidtun** faire pitié à qn
leidvoll *adj* douloureux(-euse)
Leidwesen *nt kein Pl* **zu seinem/ihrem ~** à son grand regret
Leihbücherei *f* bibliothèque *f* de prêt
leihen ['laiən] *vt irr* **jdm etw ~** prêter qc à qn; **sich** *(dat)* **etw von jdm ~** emprunter qc à qn
Leihgabe *f* prêt *m* **Leihmutter** *f* mère *f* porteuse **Leihwagen** *m* voiture *f* de location
leihweise *adv* en prêt
Leim [laim] <-[e]s, -e> *m* colle *f* forte
leimen *vt (kleben)* coller
Leine ['lainə] <-, -n> *f* corde *f; (Hundeleine)* laisse *f*
Leinen <-s, -> *nt* lin *m*
Leinsamen *m* linette *f* **Leintuch** <-tücher> *nt* SDEUTSCH, A, CH drap *m* **Leinwand** *f (Kinoleinwand)* écran *m*
leise ['laizə] I. *adj (Stimme)* bas(se); *(Musik)* doux(douce); *(Geräusch, Zweifel)* léger(-ère); **~r stellen** *(Fernseher)* baisser le son de II. *adv* doucement
Leiste ['laistə] <-, -n> *f* ANAT aine *f*
leisten ['laistən] *vt* ① *(arbeiten)* **viel ~** avoir du rendement ② *(Batterie)* produire ③ *fam* **sich** *(dat)* **etw ~** *(gönnen)* s'accorder qc; *(sich anschaffen)* s'offrir qc; *(erlauben)* se permettre qc
Leistung <-, -en> *f* ① rendement *m; (eines Schülers)* résultat *m* ② *(einer Batterie)* capacité *f; (eines Motors)* puissance *f* mécanique
Leistungsdruck *m kein Pl* compétitivité *f* **leistungsfähig** *adj* performant(e) **Leistungsfähigkeit** *f kein Pl (eines Arbeitnehmers)* efficacité *f; (einer Firma)* productivité *f; (eines Motors)* performances *fpl* **Leistungsgesellschaft** *f* société *f* fondée sur le rendement individuel **Leistungskurs** *m* option *f* renforcée **Leistungssport** *m* sport *m* de compétition
Leitartikel *m* éditorial *m* **Leitbild** *nt* modèle *m*
leiten ['laitən] *vt* ① diriger ② *fig* **sich von Gefühlen ~ lassen** se laisser guider par son intuition
leitend *adj (Position)* dirigeant(e); **~er Angestellter** cadre *mf* [supérieur(e)]
Leiter ['laitɐ] <-, -n> *f* échelle *f*
Leiter(in) ['laitɐ] <-s, -> *m(f) (einer Firma, Schule)* directeur(-trice) *m(f); (einer Arbeitsgruppe)* chef *mf*
Leitfaden *m* mémento *m*
leitfähig *adj* conducteur(-trice)
Leitgedanke *m* idée *f* directrice **Leitplanke** *f* glissière *f* de sécurité
Leitung <-, -en> *f* ① *kein Pl* direction *f; (einer Diskussion)* conduite *f* ② *(Rohrleitung)* conduite *f* ③ *(Strom-, Telefonleitung)* ligne *f* **Leitungsrohr** *nt* conduite *f* **Leitungswasser** *nt* eau *f* du robinet
Leitzins *m* taux *m* directeur
Lektion [lɛk'tsi̯oːn] <-, -en> *f* leçon *f*
Lektor, Lektorin ['lɛktoːɐ̯] <-s, -toren> *m, f* lecteur(-trice) *m(f)*
Lektüre [lɛk'tyːrə] <-, -n> *f* lecture *f*
Lende ['lɛndə] <-, -n> *f* ① ANAT reins *mpl* ② GASTR aloyau *m*
lenkbar ['lɛŋkbaːɐ̯] *adj (Fahrzeug)* manœuvrable; *(Räder)* dirigeable
lenken ['lɛŋkən] I. *vt* ① *(Fahrzeug)* conduire ② *(Menschen)* manipuler; *(Wirtschaft)* diriger ③ *(richten)* **jds Aufmerksamkeit auf etw** *(akk)* **~** attirer l'attention de qn sur qc II. *vi* **nach links/rechts ~** prendre à gauche/droite
Lenker <-s, -> *m (Fahrradlenker)* gui-

don *m*

Lenkrad *nt* volant *m* **Lenkstange** *f* guidon *m*

Lenkung <-, -en> *f* ❶ direction *f* ❷ *kein Pl (Beeinflussung: der Medien)* orientation *f*

Leopard [leo'part] <-en, -en> *m* léopard *m*

Lepra ['le:pra] <-> *f* lèpre *f*

Lerche ['lɛrçə] <-, -n> *f* alouette *f*

lernen ['lɛrnən] **I.** *vt* apprendre; **Mathe/lesen** ~ apprendre les maths/à lire ▶ **der wird es nie** ~ il ne le saura jamais **II.** *vi* étudier; **für die Prüfung** ~ travailler pour l'examen

Lernprozess *m* apprentissage *m*

lesbar *adj* lisible

Lesbe ['lɛsbə] <-, -n> *f*, **Lesbierin** ['lɛsbiərɪn] <-, -nen> *f* lesbienne *f*

lesbisch *adj* lesbien(ne)

Lesebrille *f* lunettes *fpl* pour lire **Lesebuch** *nt* livre *m* de lecture **Lesclampe** *f* lampe *f* [de lecture]

lesen ['le:zən] *vt, vi irr* lire

Leser(in) <-s, -> *m(f)* lecteur(-trice) *m(f)*

Leseratte *f iron fam* bouquineur(-euse) *m(f)*

Leserbrief *m* lettre *f* de lecteur

Lese-Rechtschreib-Schwäche *f* MED dyslexie *f*

leserlich *adj* lisible

Lesesaal *m* salle *f* de lecture **Lesezeichen** *nt* marque-page *m*

Lesung <-, -en> *f* lecture *f*

lethargisch [le'targɪʃ] *adj* léthargique

Lette, Lettin ['lɛtə] <-n, -n> *m, f* Letton(e) *m(f)*

Letter ['lɛtɐ] <-, -n> *f (Druckbuchstabe)* lettre *f*

lettisch I. *adj* letton(e) **II.** *adv* ~ **miteinander sprechen** discuter en letton

Lettisch <-[s]> *nt kein art* letton *m*; *s.a.* **Deutsch**

Lettland ['lɛtlant] *nt* la Lettonie

letzte(r, s) ['lɛtstə] *adj* ❶ dernier(-ière); **sein ~s Geld** l'argent qui lui reste; **beim ~n Mal** la dernière fois; **als Letzter/Letzte ankommen** arriver le dernier/la dernière ❷ *(vorige)* **~s Jahr** l'an dernier ❸ *pej (sehr schlimm)* **der ~ Schuft** *fam* la dernière des fripouilles

Letzte(s) *nt* **das ist ja wohl das ~!** *pej fam* ça, c'est le bouquet!

letztendlich *adv* en fin de compte

letztlich *adv* en fin de compte

Leuchte ['lɔyçtə] <-, -n> *f* lampe *f*

leuchten ['lɔyçtən] *vi (Lampe)* éclairer; *(Licht, Stern)* briller; *(Zeiger)* être lumineux

leuchtend *adj (Farbe)* vif(vive)

Leuchter <-s, -> *m* chandelier *m*

Leuchtschrift *f* lettres *fpl* lumineuses **Leuchtturm** *m* phare *m*

leugnen ['lɔygnən] *vt, vi* nier

Leukämie [lɔykɛ'mi:] <-, -n> *f* leucémie *f*

Leute ['lɔytə] *Pl* ❶ *(Mehrzahl von Person)* **hundert** ~ cent personnes *fpl* **es waren kaum** ~ **da** il n'y avait presque personne ❷ *(Mitmenschen)* gens *mpl*; **alle** ~ tout le monde

Leutnant ['lɔytnant] <-s, -s> *m* sous-lieutenant *m*

Level ['lɛvl] <-s, -s> *m* niveau *m*

Lexikon ['lɛksikɔn] <-s, Lexika> *nt* encyclopédie *f*

Liane <-, -n> *f* liane *f*

Libanese, Libanesin [liba'ne:zə] <-n, -n> *m, f* Libanais(e) *m(f)*

libanesisch [liba'ne:zɪʃ] *adj* libanais(e)

Libanon ['li:banɔn] <-[s]> *m* **der** ~ le Liban

Libelle [li'bɛlə] <-, -n> *f* libellule *f*

liberal [libe'ra:l] *adj* libéral(e)

liberalisieren* [liberali'zi:rən] *vt* libéraliser

Libyen ['li:byən] <-s> *nt* la Libye

Licht [lɪçt] <-[e]s, -er> *nt kein Pl* lumière *f* ▶ **jdn hinters ~ führen** duper qn; **jdm geht ein ~ auf** *fam* qn commence à piger; **ans ~ kommen** éclater au grand jour

Lichtbild *nt form* photo *f* d'identité **Lichtblick** *m* éclaircie *f*, embellie *f*

L

Lichterkette *f* guirlande *f* lumineuse
Lichtgeschwindigkeit <-> *f* vitesse *f* de la lumière **Lichthupe** *f* avertisseur *m* lumineux **Lichtquelle** *f* source *f* lumineuse **Lichtschalter** *m* interrupteur *m* **Lichtschutzfaktor** *m* indice *m* de protection **Lichtstrahl** *m* rayon *m* lumineux
Lichtung <-, -en> *f* clairière *f*
Lid [liːt] <-[e]s, -er> *nt* paupière *f*
Lidschatten *m* fard *m* à paupières **Lidstrich** *m (Kosmetikartikel)* eye-liner *m; (aufgemalter Strich)* trait *m* d'eye-liner
lieb [liːp] **I.** *adj* ❶ **~ zu jdm sein** être gentil avec qn ❷ *(brav)* sage ❸ *(in Briefen)* **~er Paul/~e Paula** cher Paul/chère Paula **II.** *adv* ❶ *(liebenswürdig)* gentiment ❷ *(artig)* sagement ❸ *(gern)* **jdn/etw ~ haben** aimer bien qn/qc; **jdn/etw am ~sten mögen** préférer qn/qc
liebäugeln ['liːpʔɔygəln] *vi* **mit etw ~** lorgner qc
Liebe ['liːbə] <-, -n> *f* amour *m* ▸ **die ~ auf den ersten Blick** le coup de foudre
lieben I. *vt* aimer **II.** *vr* **sich ~** s'aimer; *(sexuell)* faire l'amour
liebend *adj* aimant
liebenswert *adj* sympathique **liebenswürdig** *adj* aimable
Liebenswürdigkeit <-, -en> *f* amabilité *f*
lieber ['liːbɐ] **I.** *adj Komp von* **lieb: ihr wäre es ~, wenn du gehst** elle préférerait que tu partes **II.** *adv* ❶ *Komp von* **gern: ~ schwimmen als joggen** préférer nager que de faire du footing; **nichts ~ als das!** je ne demande que ça! ❷ *(besser)* **ich schweige ~** il vaut mieux que je me taise
Liebes- d'amour
Liebesbeziehung *f* relation *f* amoureuse **Liebesbrief** *m* lettre *f* d'amour **Liebeserklärung** *f* déclaration *f* d'amour **Liebesgeschichte** *f* histoire *f* d'amour **Liebeskummer** *m* chagrin *m* d'amour **Liebeslied** *nt* chanson *f* d'amour **Liebespaar** *nt* couple *m* d'amoureux
liebevoll *adj* affectueux(-euse)
lieb|haben *s.* **lieb**
Liebhaber(in) <-s, -> *m(f)* ❶ amant *m*/maîtresse *f* ❷ *(Anhänger)* amateur(-trice) *m(f)*
lieblich *adj (Duft)* suave; *(Wein)* moelleux(-euse); *(Anblick)* charmant(e)
Liebling ['liːplɪŋ] <-s, -e> *m* ❶ chéri(e) *m(f)* ❷ *(Favorit)* préféré(e) *m(f)*
lieblos I. *adj (Person)* dépourvu(e) de tendresse **II.** *adv* **jdn/etw ~ behandeln** traiter qn/qc sans soin
Liebste(r) *f(m)* **seine ~** sa bien-aimée; **ihr ~r** son bien-aimé
Liechtenstein ['lɪçtənʃtaɪn] <-s> *nt* le Liechtenstein
Liechtensteiner(in) <-s, -> *m(f)* habitant(e) *m(f)* du Liechtenstein
Lied [liːt] <-[e]s, -er> *nt* chanson *f*
Liedermacher(in) *m(f)* auteur-compositeur[-interprète] *m*
lief [liːf] *Imp von* **laufen**
Lieferant(in) [lifə'rant] <-en, -en> *m(f)* fournisseur(-euse) *m(f)*
lieferbar *adj* disponible
Lieferbedingungen *Pl* conditions *fpl* de livraison **Lieferfrist** *f* délai *m* de livraison
liefern ['liːfɐn] *vi, vt* livrer
Lieferschein *m* bon *m* de livraison **Lieferservice** *m* service *m* de livraison
Lieferung <-, -en> *f* livraison *f*
Lieferwagen *m* camionnette *f* de livraison
Liege ['liːgə] <-, -n> *f (Bett)* divan *m*
liegen ['liːgən] *vi irr +haben o* A, CH, SDEUTSCH *sein* ❶ *(Person)* être couché; **auf dem Bett ~** être allongé sur le lit; **[noch] im Bett ~** être [encore] au lit ❷ *(herumliegen)* **auf dem Tisch liegt ein Buch** il y a un livre sur la table; **ganz hinten ~** être placé loin derrière ❸ *(sich befinden)* **zur Straße ~** *(Zimmer)* donner sur la rue; **in Frankreich ~** être situé en France ❹ NAUT **am Kai ~** rester à quai; **im Hafen ~**

mouiller dans le port ❺ *(zurückgehen auf)* **das liegt daran, dass...** cela tient au fait que... ❻ *(wichtig sein)* **mir liegt viel daran, dass** il m'importe beaucoup que *+subj;* **Sprachen ~ ihm** il est porté sur les langues ❼ *(zufallen)* **die Entscheidung liegt bei Ihnen** à vous de décider

Liegestuhl *m* chaise *f* longue **Liegestütz** <-es, -e> *m* traction *f* **Liegewagen** *m* voiture-couchettes *f*

lieh [li:] *Imp von* **leihen**

ließ [li:s] *Imp von* **lassen**

liest [li:st] *3. Pers Präs von* **lesen**

Lift [lɪft] <-[e]s, -e> *m* ❶ *(Aufzug)* ascenseur *m* ❷ *(Skilift)* téléski *m*

liften ['lɪftən] *vt* faire un lifting à

Liga ['li:ga] <-, Ligen> *f* ❶ ligue *f* ❷ SPORT division *f*

light [lait] *adj* light

liken ['laɪkən] *vt* INET *fam* liker

Likör [li'kø:ɐ] <-s, -e> *m* liqueur *f*

lila ['li:la] *adj inv* lilas

Lilie ['li:liə] <-, -n> *f* lys *m*

Liliputaner(in) [lilipu'ta:nɐ] <-s, -> *m(f)* lilliputien(ne) *m(f)*

Limit ['lɪmɪt] <-s, -s> *nt (Preisgrenze)* plafond *m*

limitieren* [limi'ti:rən] *vt* limiter

Limonade [limo'na:də] <-, -n> *f* limonade *f*

Linde ['lɪndə] <-, -n> *f* tilleul *m*

lindern ['lɪndɐn] *vt (Schmerzen)* soulager

Lineal [line'a:l] <-s, -e> *nt* règle *f*

Linguistik [lɪŋ'gu̯ɪstɪk] <-> *f* linguistique *f*

linguistisch *adj* linguistique

Linie ['li:niə] <-, -n> *f* ligne *f* ▶ **in erster ~** en premier lieu

Linienflug *m* vol *m* de ligne **Linienrichter(in)** *m(f)* juge *mf* de ligne

Link [lɪŋk] <-s, -s> *m* INFORM lien *m*

Linke <-n, -n> *f* ❶ *(Hand)* main *f* gauche ❷ SPORT gauche *m*

linke(r, s) ['lɪŋkə] *adj* gauche; *(Straßenseite)* de gauche; **die ~ Seite** *(eines Kleidungsstücks)* l'envers *m*

linken *vt fam* entuber

links ['lɪŋks] *adv (auf der linken Seite)* à gauche; **~ oben** en haut à gauche; **~ von dir/hinter mir** à ta gauche/à gauche derrière moi; **von ~ nach rechts** de gauche à droite ▶ **etw mit ~ machen** *fam* faire qc les doigts dans le nez

Linkshänder(in) ['lɪŋkshɛndɐ] <-s, -> *m(f)* gaucher(-ère) *m(f)*

Linksverkehr *m* conduite *f* à gauche

Linse ['lɪnzə] <-, -n> *f* lentille *f*

Lippe ['lɪpə] <-, -n> *f* lèvre *f*

Lippenstift *m* rouge *m* à lèvres

Lira <-, Lire> *f* **italienische ~** HIST lire *f* [italienne]; **türkische ~** livre *f* turque

lispeln ['lɪspəln] *vi* zézayer

Lissabon ['lɪsabɔn] <-s> *nt* Lisbonne

List [lɪst] <-, -en> *f* ruse *f*

Liste ['lɪstə] <-, -n> *f* liste *f*

Litauen ['li:tau̯ən] <-s> *nt* la Lituanie

Litauer(in) <-s, -> *m(f)* Lituanien(ne) *m(f)*

litauisch **I.** *adj* lituanien(ne) **II.** *adv* **~ miteinander sprechen** parler en lituanien

Litauisch <-[s]> *nt kein art* lituanien *m; s.a.* **Deutsch**

Liter ['li:tɐ] <-s, -> *m o nt* litre *m*

literarisch [lɪtə'ra:rɪʃ] *adj* littéraire

Literatur [lɪtəra'tu:ɐ] <-, -en> *f* littérature *f*

Literaturpreis *m* prix *m* littéraire **Literaturwissenschaft** *f* lettres *fpl*

Litfaßsäule *f* colonne *f* Morris

litt [lɪt] *Imp von* **leiden**

Liturgie [litʊr'gi:] <-, -n> *f* liturgie *f*

live [laif] *adj, adv* en direct

Livesendung *f* émission *f* en direct **Livestream** ['laifstri:m] <-s, -s> *m* INFORM streaming *m*

Lizenz [li'tsɛnts] <-, -en> *f* licence *f*

Lkw, LKW [ɛlka:'ve:] <-[s], -[s]> *m Abk von* **Lastkraftwagen** poids *m* lourd

Lob [lo:p] <-[e]s> *nt* félicitations *fpl*

Lobby ['lɔbi] <-, -s> *f* lobby *m*

Lobbyist(in) [lɔbi'ɪst] <-en, -en> *m(f)* membre *m* d'un lobby

L

loben ['lo:bən] *vt* féliciter
lobend I. *adj* élogieux(-euse) II. *adv* **jdn/etw ~ erwähnen** parler de qn/qc en termes élogieux
löblich ['lø:plɪç] *adj geh* louable
Loblied *nt* ▶ **ein ~ auf jdn/etw singen** chanter les louanges de qn/qc
Lobrede *f* panégyrique *m*
Loch [lɔx] <-[e]s, Löcher> *nt* trou *m*
lochen *vt* perforer
Locher <-s, -> *m (für Papier)* perforeuse *f*
Lockdown, Lock-down ['lɔkdaʊn] <-s, -s> *m (Ausgangssperre)* confinement *m;* **im ~ sein** être confiné(e)
Locke ['lɔkə] <-, -n> *f* boucle *f* [de cheveux]
locken ['lɔkən] I. *vt (verlockend sein)* attirer II. *vr* **sich ~** *(Haare)* boucler
lockend *adj* alléchant(e)
Lockenstab *m* fer *m* à friser **Lockenwickler** <-s, -> *m* bigoudi *m*

L

locker ['lɔkɐ] *adj* ❶ *(Schraube)* desserré(e); *(Zahn)* branlant(e); *(Muskel)* relâché(e) ❷ *fam (Haltung)* détendu(e)
locker|lassen *vi irr fam* **nicht ~** ne pas lâcher prise
lockern I. *vt (Schraube)* desserrer; *(Zügel, Muskeln)* relâcher II. *vr* **sich ~** *(Schraube)* se desserrer
lockig *adj* bouclé(e)
Lockvogel *m a. fig* appât *m*
lodern ['lo:dɐn] *vi +haben (Feuer)* flamboyer; **~d** flamboyant(e)
Löffel ['lœfəl] <-s, -> *m* cuillère *f;* **ein ~ Mehl** une cuillérée de farine
löffeln *vt* **seine Suppe ~** manger sa soupe à la cuillère
log [lo:k] *Imp von* **lügen**
Loge ['lo:ʒə] <-, -n> *f* loge *f*
Logik ['lo:gɪk] <-> *f* logique *f*
Log-in [lɔg'ʔɪn] <-s, -s> *nt* INFORM ouverture *f* d'une session
Logis [lo'ʒi:] <-> *nt* logement *m*
logisch ['lo:gɪʃ] *adj* logique
Logistik [lo'gɪstɪk] <-> *f* logistique *f*
Logo ['lo:go] <-s, -s> *nt* logo *m*
Logopäde, Logopädin [logo'pɛ:də] <-n, -n> *m, f* orthophoniste *mf*
Log-out [lɔg'ʔaʊt] <-s, -s> *nt* INFORM déconnexion *f*
Lohn [lo:n] <-[e]s, Löhne> *m* ❶ *(Arbeitslohn)* salaire *m* ❷ *kein Pl (Belohnung)* récompense *f*
Lohndumping *nt* dumping *m* des salaires
lohnen *vr* **sich für jdn ~ etw zu tun** valoir la peine pour qn de faire qc
Lohnerhöhung *f* hausse *f* des salaires; *(einer Einzelperson)* augmentation *f* [de salaire] **Lohnforderung** *f* revendication *f* salariale **Lohnfortzahlung** *f* maintien *m* du salaire **Lohnkosten** *Pl* coûts *mpl* salariaux **Lohnnebenkosten** *Pl* charges *fpl* annexes [au salaire] **Lohnsteuer** *f* impôt *m* sur le salaire **Lohnsteuerkarte** *f* fiche *f* fiscale *(sur laquelle figure la catégorie d'imposition d'un employé)* **Lohnstopp** *m* blocage *m* des salaires
Loipe ['lɔypə] <-, -n> *f* piste *f* de ski de fond
lokal [lo'ka:l] *adj* local(e)
Lokal <-s, -e> *nt (Kneipe)* bistro[t] *m; (Speiselokal)* restaurant *m*
lokalisieren* [lokali'zi:rən] *vt* localiser
Lokalnachricht *f meist Pl* **~en** nouvelles *fpl* locales
Lokomotive [lokomo'ti:və] <-, -n> *f* locomotive *f*
Lokomotivführer(in) *m(f)* conducteur(-trice) *m(f)* de locomotive
lol [lɔl] *interj Abk von* **laughing out loud** *fam* INFORM mdr
Lolli <-s, -s> *m fam* sucette *f*
London ['lɔndɔn] <-> *nt* Londres
Londoner(in) <-s, -> *m(f)* Londonien(ne) *m(f)*
Look [lʊk] <-s, -s> *m* look *m*
Looping ['lu:pɪŋ] <-s, -s> *m o nt* looping *m*
Lorbeer ['lɔrbe:ɐ̯] <-s, -en> *m* laurier *m;* **sich auf seinen ~en ausruhen** *fam* se reposer sur ses lauriers
los [lo:s] I. *adj* ❶ *(abgetrennt)* défait(e)

❷ *fam (befreit)* **jdn/etw ~ sein** être débarrassé de qn/qc ❸ *(im Gange)* **dort ist viel ~** [il] y a la grosse ambiance là-bas; **was ist ~?** qu'est-ce qu'il y a? **II.** *adv* ❶ **~!** partez! ❷ *fam (fort)* **sie ist schon ~** elle s'est déjà tirée
Los [loːs] <-es, -e> *nt* ❶ *(Lotterielos)* billet *m* ❷ *kein Pl geh (Schicksal)* sort *m* ▸ **mit jdm/etw das große ~ gezogen haben** avoir tiré le gros lot avec qn/qc
los|binden *vt irr* détacher
Löschblatt *nt* buvard *m*
löschen [ˈlœʃən] *vt* ❶ éteindre; **seinen Durst ~** se désaltérer ❷ *(tilgen)* effacer
Löschfahrzeug *nt* voiture *f* de pompiers **Löschpapier** *nt* [papier *m*] buvard *m* **Löschtaste** *f* INFORM touche *f* effacement
lose *adj* ❶ *(Knopf)* qui bouge; *(Halterung)* branlant(e); *(Blatt)* volant(e) ❷ *(unverpackt)* **etw ~ verkaufen** vendre qc en vrac
Lösegeld *nt* rançon *f*
losen [ˈloːzən] *vi* **um etw ~** tirer qc au sort
lösen [ˈløːzən] **I.** *vt* ❶ *(Knoten)* défaire; *(Handbremse)* desserrer ❷ *(Husten)* calmer ❸ *(Aufgabe)* résoudre ❹ *(aufheben)* annuler **II.** *vr* ❶ **sich von etw ~** *(Schicht)* s'enlever de qc; *(Stein)* se détacher de qc ❷ *(sich aufklären)* **sich ~** se résoudre ❸ *(sich befreien)* **sich von jdm ~** se détacher de qn; **sich von etw ~** se dégager de qc
los|fahren *vi irr +sein* partir **los|gehen** *vi irr +sein* ❶ s'en aller ❷ *fam (beginnen)* commencer ❸ *(angreifen)* **auf jdn ~** se jeter sur qn **los|kommen** *vi irr +sein fam (gehen können)* pouvoir partir **los|lassen** *vt irr* lâcher **los|legen** *vi fam (anfangen)* **mit der Arbeit ~** s'attaquer au travail
löslich [ˈlœːslɪç] *adj* soluble
los|machen **I.** *vt (losbinden)* détacher **II.** *vr fam* **sich ~** *(sich losreißen)* se dégager **los|reißen** *irr* **I.** *vt* arracher **II.** *vr* ❶ *(sich entwinden)* **sich von jdm ~** se dégager de qn ❷ *fam (sich innerlich lösen)* **sich ~** s'arrêter; **er konnte sich von dem Anblick nicht ~** il ne pouvait détourner son regard **los|schicken** *vt* envoyer
Lösung <-, -en> *f* ❶ solution *f* ❷ *(das Lösen)* résolution *f*
Lösungsmittel *nt* solvant *m*
los|werden *vt irr +sein* se débarrasser de
Lot [loːt] <-[e]s, -e> *nt* ❶ *(Senkblei)* fil *m* à plomb ❷ NAUT sonde *f*
löten [ˈløːtən] *vt* **etw an etw** *(akk)* **~** souder qc à qc
Lothringen [ˈloːtrɪŋən] <-s> *nt* la Lorraine
Lotion [loˈt͡si̯oːn] <-, -en> *f* lotion *f*
Lotse, **Lotsin** [ˈloːt͡sə] <-n, -n> *m, f* NAUT pilote *mf*
Lotterie [lɔtəˈriː] <-, -n> *f* loterie *f*
Lotto [ˈlɔto] <-s, -s> *nt* loto *m;* **~ spielen** jouer au loto
Lottogewinn *m* gain *m* au loto **Lottoschein** *m* bulletin *m* de loto
Löwe [ˈløːvə] <-n, -n> *m* ❶ lion *m* ❷ ASTRO Lion *m*
Löwenzahn *m kein Pl* pissenlit *m*
Löwin [ˈløːvɪn] *f* lionne *f*
loyal [lo̯aˈjaːl] *adj geh* loyal(e)
Loyalität [lo̯ajaliˈtɛːt] <-> *f* loyauté *f*
Luchs [lʊks] <-es, -e> *m* lynx *m*
Lücke [ˈlʏkə] <-, -n> *f* ❶ *(Zwischenraum)* trou *m* ❷ *(Unvollständigkeit)* lacune *f*
lückenhaft *adj* incomplet(-ète); *(Erinnerung)* défaillant(e)
lückenlos *adj* complet(-ète); *(Beweis)* irréfutable
lud [luːt] *Imp von* **laden**
Luder [ˈluːdɐ] <-s, -> *nt fam (kokette Frau)* garce *f*
Luft [lʊft] <-, Lüfte> *f* ❶ *kein Pl* air *m;* **an die frische ~ gehen** aller prendre l'air ❷ *kein Pl (Atem)* **die ~ anhalten** retenir son souffle; **keine ~ mehr bekommen** étouffer; **~ holen** inspirer ❸ *fam (Platz)* espace *m* ▸ **von ~ und**

L

Liebe leben *iron fam* vivre d'amour et d'eau fraîche; **es herrscht dicke ~** *fam* il y a de l'orage dans l'air; **die ~ ist rein** *fam* pas de danger à l'horizon; **sich in ~ auflösen** se volatiliser; **jdn wie ~ behandeln** faire comme si qn n'existait pas; **es liegt etwas in der ~** il y a quelque chose qui se prépare

Luftabwehr *f* défense *f* antiaérienne **Luftangriff** *m* attaque *f* aérienne **Luftballon** *m* ballon *m* [de baudruche] **Luftblase** *f* bulle *f* [d'air] **Luftbrücke** *f* pont *m* aérien **Luftdruck** *m kein Pl* METEO pression *f* atmosphérique

lüften ['lʏftən] *vi, vt* aérer

Luftfahrt *f kein Pl form* aviation *f* **Luftfeuchtigkeit** *f* humidité *f* de l'air

luftig *adj (Kleidung)* léger(-ère)

Luftkorridor *m* couloir *m* aérien **Luftkurort** *m* station *f* climatique **Luftmatratze** *f* matelas *m* pneumatique **Luftpost** *f* **mit ~** par avion **Luftpumpe** *f* pompe *f* à air; *(für Fahrrad)* pompe à vélo **Luftröhre** *f* ANAT trachée **Luftschlange** *f* serpentin *m* **Luftschloss** *nt meist Pl* **Luftschlösser bauen** construire des châteaux en Espagne

Lüftung <-, -en> *f (Lüftungssystem)* ventilation *f*

Luftverkehr *m* trafic *m* aérien **Luftverschmutzung** *f* pollution *f* de l'air **Luftwaffe** *f* armée *f* de l'air **Luftzug** *m* courant *m* d'air

Lüge ['ly:gə] <-, -n> *f* mensonge *m*

lügen *vi irr* mentir; **das ist gelogen!** c'est faux!

Lügner(in) ['ly:gnɐ] <-s, -> *m(f) pej* menteur(-euse) *m(f)*

Luke ['lu:kə] <-, -n> *f* ❶ *(Dachluke)* lucarne *f* ❷ *(Schiffsluke)* écoutille *f*

lukrativ [lukra'ti:f] *adj geh* lucratif(-ive)

Lümmel ['lʏməl] <-s, -> *m* ❶ *pej (Flegel)* malotru *m* ❷ *fam (Bürschchen)* bonhomme *m*, coco *m*

Lump [lʊmp] <-en, -en> *m pej* crapule *f*

Lumpen <-s, -> *m meist Pl (Kleidung)* haillon *m*

Lunge ['lʊŋə] <-, -n> *f* poumons *mpl*

Lungenentzündung *f* pneumonie *f*

Lupe ['lu:pə] <-, -n> *f* loupe *f* ▸ **jdn/etw unter die ~ nehmen** *fam* examiner qn/qc sous toutes les coutures

Lust [lʊst] <-, Lüste> *f* ❶ *kein Pl (Freude)* plaisir *m*; *(Neigung)* envie *f* ❷ *(sexuelle Begierde)* désir *m*

lüstern ['lʏstɐn] *adj* lubrique

lustig *adj* ❶ *(fröhlich)* gai(e); **sich über jdn/etw ~ machen** se moquer de qn/qc ❷ *(spaßig)* drôle

lustlos **I.** *adj* morose **II.** *adv* sans entrain

Lustspiel *nt* comédie *f*

lutschen ['lʊtʃən] **I.** *vt (Bonbon)* sucer; *(Eis)* manger **II.** *vi* **an etw** *(dat)* ~ sucer qc

Lutscher <-s, -> *m* sucette *f*

Lüttich <-s> *nt* Liège

Luxemburg ['lʊksəmbʊrk] <-s> *nt (Stadt)* Luxembourg; *(Land)* le Luxembourg

Luxemburger(in) <-s, -> *m(f)* Luxembourgeois(e) *m(f)*

luxemburgisch *adj* luxembourgeois(e)

luxuriös [lʊksuri'ø:s] *adj* luxueux(-euse)

Luxus ['lʊksʊs] <-> *m kein Pl* luxe *m*

Luxushotel *nt* hôtel *m* de luxe **Luxusliner** [-lai̯nɐ] <-s, -> *m* paquebot *m* de luxe

Luzern [lu'tsɛrn] <-s> *nt* Lucerne

Lymphknoten *m* ganglion *m* lymphatique

lynchen ['lʏnçən] *vt* lyncher

Lyrik ['ly:rɪk] <-> *f* poésie *f* lyrique

lyrisch *adj* lyrique

Mm

m *Abk von* **Meter** m

M, m [ɛm] <-, -> *nt* M *m/*m *m*

machbar *adj* faisable

machen ['maxən] **I.** *vt* ❶ faire; **Sport/Musik** ~ faire du sport/de la musique; **gut gemacht!** bien joué!; **so etwas macht man nicht** ça ne se fait pas; **nichts zu ~!** rien à faire!; **ich mache das schon!** *(ich erledige das)* je m'en charge!; *(ich bringe das in Ordnung)* je vais arranger ça!; **du lässt ja alles mit dir ~!** tu te laisses complètement faire!; **etw mit Wasser voll ~** *fam* remplir qc d'eau ❷ *(Kuchen)* fait(e) maison ❸ *(Mut, Durst)* donner; **jdm Probleme ~** poser des problèmes à qn ❹ *(Führerschein)* passer; *(Kurs)* suivre ❺ *fam (ergeben)* **wie viel macht drei mal sieben?** combien font trois fois sept? ❻ *(kosten)* **was macht das?** combien ça fait? ❼ *(werden lassen)* **jdn glücklich/wütend ~** rendre qn heureux(-euse)/mettre qn en colère; **jdn schlank ~** *(Kleidung)* amincir qn ❽ *(ziehen)* **was machst du denn für ein Gesicht?** tu en fais une tête! ❾ *fam (sich beeilen)* **macht, dass ihr verschwindet!** arrangez-vous pour disparaître! ❿ *(ausmachen)* **macht nichts!** ça ne fait rien!; **mach dir nichts daraus!** ne t'en fais pas! ⓫ *fam (beschmutzen)* **die Hose[n] voll ~** faire dans sa culotte ⓬ *(schaffen)* **für etw wie gemacht sein** être fait pour qc ⓭ *fam (stehen mit)* **was macht Paul?** que devient Paul?; *(beruflich)* que fait Paul? **II.** *vt unpers* ❶ **es macht mich traurig, dass...** ça me rend triste que... +*subj;* **es macht mich glücklich zu hören, dass...** je suis heureux(-euse) d'entendre que... ❷ *fam (ein Geräusch erzeugen)* **es macht bum** ça fait boum **III.** *vi* ❶ *(dumm)* rendre; **dick ~** *(Hose)* grossir ❷ *fam* **ins Bett ~** faire au lit ❸ *fam* **schnell ~** se grouiller ❹ *(handeln)* **lass ihn [nur] ~** laisse-le [donc] faire **IV.** *vr* ❶ **sich bei jdm beliebt ~** s'attirer les sympathies de qn ❷ *(sich begeben)* **sich an die Arbeit ~** se mettre au travail ❸ *(bereiten)* **sich Sorgen ~** se faire du souci; **~ Sie sich wegen mir keine Umstände!** ne vous dérangez pas pour moi!

Machenschaften *Pl pej* machinations *f pl*

Macher(in) <-s, -> *m(f) fam* fonceur(-euse) *m(f)*

Machete [ma'tʃeːtə, ma'xeːtə] <-, -n> *f* machette *f*

Macho ['matʃo] <-s, -s> *m fam* macho *m*

Macht [maxt] <-, Mächte> *f* ❶ *kein Pl* pouvoir *m* ❷ *(mächtiger Staat)* puissance *f*

Machthaber(in) <-s, -> *m(f) pej* dirigeant(e) *m(f)*

mächtig ['mɛçtɪç] **I.** *adj* ❶ puissant(e) ❷ *fam (Hitze)* sacré(e) **II.** *adv fam (sich ärgern)* drôlement

Machtkampf *m* lutte *f* pour le pouvoir

machtlos *adj* ❶ impuissant(e) ❷ *(hilflos)* **gegen etw ~ sein** être désarmé devant qc

Machtlosigkeit <-> *f* impuissance *f*

Machtprobe *f* épreuve *f* de force

Machtwechsel *m* changement *m* de gouvernement

Macke ['makə] <-, -n> *f fam (Tick)* tic *m;* **eine ~ haben** *fam* être un peu fêlé(e)

Macker ['makɐ] <-s, -> *m fam* mec *m*

Mädchen ['mɛːtçən] <-s, -> *nt* fille *f*

mädchenhaft *adj* de jeune fille

Mädchenname *m* ❶ *(weiblicher Vorname)* prénom *m* féminin ❷ *(Geburtsname)* nom *m* de jeune fille

Made ['ma:də] <-, -n> *f* asticot *m*

Mafia ['mafi̯a] <-> *f a. fig, pej* maf[f]ia *f*

Magazin [maga'tsi:n] <-s, -e> *nt* ❶ *(Lager)* magasin *m* ❷ *(Zeitschrift)* magazine *m* ❸ TECH *(einer Schusswaffe)* chargeur *m*

Magdeburg ['makdəbʊrk] *nt* Magdebourg

Magen ['ma:gən] <-s, Mägen> *m* estomac *m*

Magengeschwür *nt* ulcère *m* à l'estomac **Magenschmerzen** *Pl* ~ **haben** avoir mal à l'estomac **Magenverstimmung** *f* indigestion *f*

mager ['ma:gɐ] *adj* maigre

Magermilch *f* lait *m* écrémé **Magersucht** *f kein Pl* anorexie *f*

Maggikraut ['magi-] *nt kein Pl* BOT, GASTR livèche *f*

Magie [ma'gi:] <-> *f* magie *f*

magisch **I.** *adj* magique **II.** *adv* comme par magie

Magister [ma'gɪstɐ] <-s, -> *m* UNIV ~ **Artium** ≈ maîtrise *f* de sciences humaines

Magnesium [ma'gne:ziʊm] <-s> *nt* magnésium *m*

Magnet [ma'gne:t] <-[e]s, -e[n]> *m* aimant *m*

Magnetfeld *nt* champ *m* magnétique

magnetisch *adj* magnétique

Magnetismus [magne'tɪsmʊs] <-> *m* magnétisme *m*

Magnolie [ma'gno:li̯ə] <-, -n> *f* magnolia *m*

Mahagoni [maha'go:ni] <-s> *nt* acajou *m*

mähen ['mɛ:ən] *vt (Rasen)* tondre; *(Gras)* faucher

mahlen ['ma:lən] *vt irr* moudre

Mahlzeit *f* repas *m*

Mähne ['mɛ:nə] <-, -n> *f a. pej* crinière *f*

mahnen ['ma:nən] *vi, vt* ❶ **[jdn] zur Ruhe** ~ inviter [qn] à se calmer ❷ *(zur Zahlung auffordern)* envoyer un rappel [à]

Mahnmal <-[e]s, -e> *nt* mémorial *m*

Mahnung <-, -en> *f* ❶ *(Ermahnung)* avertissement *m* ❷ *(Mahnbrief)* lettre *f* de rappel

Mai [mai̯] <-[e]s, -e> *m* mai *m; s.a.* **April**

Maiglöckchen ['mai̯glœkçən] *nt* muguet *m* **Maikäfer** *m* hanneton *m*

Mail [me:l] <-, -s> *f fam* INFORM e-mail *m*

Mailanhang ['me:l-] *m* INFORM pièce *f* jointe **Mailbox** ['me:lbɔks] <-, -en> *f* INFORM boîte *f* aux lettres électronique

mailen ['me:lən] *vt fam* INFORM **etw** ~ envoyer qc par e-mail

Mainz [mai̯nts] <-> *nt* Mayence

Mais [mai̯s] <-es, -e> *m* maïs *m*

Maiskolben *m* épi *m* de maïs

Majestät [majɛs'tɛ:t] <-> *f kein Pl* Majesté *f*

makaber [ma'ka:bɐ] *adj* macabre

Makedonien [make'do:ni̯ən] <-s> *nt* la Macédoine

Makel ['ma:kəl] <-s, -> *m* ❶ *(Schandfleck)* tare *f* ❷ *(Fehler)* défaut *m*

makellos *adj* ❶ *(untadelig)* irréprochable ❷ *(fehlerlos)* impeccable

mäkeln ['mɛ:kəln] *vi pej* critiquer

Make-up [me:k'ʔap] <-s, -s> *nt* maquillage *m*

Makkaroni *Pl* macaroni *mpl*

Makler(in) ['ma:klɐ] <-s, -> *m(f)* courtier(-ière) *m(f)*; *(Immobilienmakler)* agent *m* immobilier

Makrele [ma'kre:lə] <-, -n> *f* maquereau *m*

Makrone [ma'kro:nə] <-, -n> *f* macaron *m*

mal [ma:l] *adv* ❶ *fam (einmal)* **wieder** ~ une fois de plus; **das ist nun** ~ **so** c'est comme ça; **warst du schon** ~ **in Kanada?** tu as déjà été au Canada? ❷ *fam (eben)* **komm** ~ **her!** viens ici! ❸ MATH **drei** ~ **vier ist zwölf** trois fois quatre [font] douze

Mal <-[e]s, -e> *nt* fois *f*; ~[, **wenn...**]

chaque fois [que...]; **das eine oder andere ~** de temps en temps; **ein für alle ~** une fois pour toutes

Malaria [ma'la:ria] <-> *f* paludisme *m*

Malaysia [ma'laizia] <-s> *nt* la Malaysia

malen ['ma:lən] **I.** *vt (Gemälde)* peindre; *(Baum)* dessiner **II.** *vi* peindre

Maler(in) <-s, -> *m(f)* peintre *m*

Malerei [ma:lə'rai] <-> *f kein Pl* peinture *f*

malerisch *adj* pittoresque

Malheur [ma'lø:ɐ] <-s, -s *o* -e> *nt fam* [petit] accident *m;* **das ist doch kein ~!** ce n'est pas une catastrophe!

Mali ['ma:li] <-s> *nt* le Mali

mal\|nehmen *vt irr* multiplier

Malta ['malta] <-s> *nt* Malte

Malz [malts] <-es> *nt* malt *m*

Malzbier *nt* bière *f* de malt

Mama [ma'ma:] <-, -s> *f*, **Mami** [ma'mi] <-, -s> *f fam* maman *f*

Mammut ['mamʊt] <-s, -s> *nt* mammouth *m*

man [man] *pron indef* on

Management ['mɛnɪdʒmənt] <-s, -s> *nt* management *m*

managen ['mɛnɪdʒən] *vt (Firma, Problem)* gérer; *(Künstler)* servir d'imprésario à; *(Sportler)* manager

Manager(in) ['mɛnɛdʒɐ] <-s, -> *m(f)* manager *mf*

manch *pron indef* ❶ **~ eine Frau** plus d'une femme; **~e Menschen** bien des hommes ❷ *substantivisch* **~e lernen es nie** certains ne l'apprendront jamais; **~e von denen, die...** beaucoup de ceux/celles qui...

mancherlei ['mançɐ'lai] *adj inv* toutes sortes de

manchmal *adv* quelquefois

Mandarine [manda'ri:nə] <-, -n> *f* mandarine *f*

Mandat [man'da:t] <-[e]s, -e> *nt* mandat *m*

Mandel ['mandəl] <-, -n> *f* ❶ amande *f* ❷ ANAT amygdale *f*

Manege [ma'ne:ʒə] <-, -n> *f* piste *f*

Übersetzungstipp
Die Manege – Nicht verwechseln mit *le manège – das Karussell!*

Manga ['maŋga] <-s, -[s]> *m o nt* manga *m*

Mangel ['maŋəl] <-s, Mängel> *m* ❶ *kein Pl* manque *m* ❷ *(Fehler)* défaut *m*

mangelhaft *adj* ❶ défectueux(-euse) ❷ *(Note)* médiocre

mangels *präp +gen form* **~ eines Hammers** faute d'un marteau

Mango ['maŋgo] <-, -s> *f* mangue *f*

Manie [ma'ni:] <-, -n> *f* manie *f*

Manier [ma'ni:ɐ] <-, -en> *f Pl (Umgangsformen)* manières *fpl*

Manifest [mani'fɛst] <-[e]s, -e> *nt* manifeste *m*

manipulieren* [manipu'li:rən] *vt geh* manipuler

Mann [man] <-[e]s, Männer> *m* ❶ *(männliche Person)* homme *m* ❷ *(Ehemann)* mari *m* ❸ *(einzelne Person)* **pro ~** par personne ▸ **der kleine ~** le simple citoyen; **o ~** *fam* purée!; **~, o ~!** *fam* eh ben, mon vieux!; **selbst ist der ~!** on n'est jamais si bien servi que par soi-même

Männchen ['mɛnçən] <-s, -> *nt* ❶ *Dim von* **Mann** petit homme *m* ❷ *(männliches Tier)* mâle *m* ▸ **~ machen** *(Hund)* faire le beau

Mannequin ['manəkɛ̃] <-s, -s> *nt* mannequin *m*

männlich ['mɛnlɪç] *adj* masculin(e); *(Kind)* du sexe masculin; *(Tier, Hormon)* mâle

Männlichkeit <-> *f* virilité *f*

Mannschaft <-, -en> *f* équipe *f*

Manöver [ma'nø:vɐ] <-s, -> *nt a. fig* manœuvre *f*

Mansarde [man'zardə] <-, -n> *f* mansarde *f*

Manschettenknopf *m* bouton *m* de manchette

M

Mantel ['mantəl] <-s, Mäntel> *m* manteau *m*
manuell [ma'nu̯ɛl] *adj* manuel(le)
Manuskript [manu'skrɪpt] <-[e]s, -e> *nt* manuscrit *m*
Mäppchen <-s, -> *nt* trousse *f* d'écolier
Mappe ['mapə] <-, -n> *f (Dokumentenhülle)* chemise *f*
Marathon ['maratɔn] <-s, -s> *m* marathon *m*
Marathonlauf *m* marathon *m* **Marathonläufer(in)** *m(f)* marathonien *m*
Märchen ['mɛːɐ̯çən] <-s, -> *nt* ❶ conte *m* ❷ *fam (erfundene Geschichte)* histoire *f* à dormir debout
Märchenbuch *nt* livre *m* de contes **Märchenprinz, -prinzessin** *m, f* prince *m* charmant/princesse *f*
Marder ['mardɐ] <-s, -> *m* martre *f*
Margarine [marga'riːnə] <-, -n> *f* margarine *f*

M

Margerite [margə'riːtə] <-, -n> *f* marguerite *f*
Maria <-s> *f (Mutter Gottes)* Marie *f*; **die heilige** ~ la Sainte Vierge
Marienbild *nt* Madone *f* **Marienkäfer** *m* coccinelle *f*
Marihuana [marihu'aːna] <-s> *nt* marijuana *f*
Marille [ma'rɪlə] <-, -n> *f* A abricot *m*
Marinade [mari'naːdə] <-, -n> *f* marinade *f*
Marine [ma'riːnə] <-, -n> *f* marine *f*
Marionette [mari̯o'nɛtə] <-, -n> *f* marionnette *f*
Mark[1] [mark] <-, -> *f* HIST *(deutsche Währung)* mark *m*
Mark[2] <-[e]s> *nt (Fruchtmark)* pulpe *f*
markant [mar'kant] *adj (Kinn)* prononcé(e)
Marke ['markə] <-, -n> *f* marque *f*
Markenzeichen *nt* ❶ *(Warenzeichen)* logo *m* ❷ *(Merkmal)* image *f* de marque
Marker *m* surligneur *m*
Marketing ['markətɪŋ] <-s> *nt* marketing *m*
markieren* [mar'kiːrən] *vt* marquer
Markierung <-, -en> *f* marquage *m*
Markise [mar'kiːzə] <-, -n> *f* store *m*
Markknochen *m* os *m* à moelle
Markt [markt] <-[e]s, Märkte> *m* marché *m*
Markt- [markt] de marché
Marktführer *m* leader *m* **Markthalle** *f* marché *m* couvert **Marktlücke** *f* créneau *m* [commercial] **Marktplatz** *m* place *f* du marché
marktschreierisch ['marktʃrai̯ərɪʃ] *adj pej (Reklame)* tapageur(-euse)
Marktwirtschaft *f kein Pl* économie *f* de marché
Marmelade [marmə'laːdə] <-, -n> *f* confiture *f*
Marmor ['marmoːɐ̯] <-s, -e> *m* marbre *m*
Marokkaner(in) [marɔ'kaːnɐ] <-s, -> *m(f)* Marocain(e) *m(f)*
marokkanisch *adj* marocain(e)
Marokko [ma'rɔko] <-s> *nt* le Maroc
Marotte [ma'rɔtə] <-, -n> *f* marotte *f*
Mars [mars] <-> *m* ASTRO **[der]** ~ [la planète] Mars
marsch [marʃ] *interj fam* **[los,] ~!** [allez,] oust[e]!
Marsch [marʃ] <-[e]s, Märsche> *m* marche *f*
marschieren* [mar'ʃiːrən] *vi +sein* ❶ MIL **durch eine Stadt** ~ défiler dans une ville ❷ *(zu Fuß gehen)* marcher
Marschmusik *f* musique *f* militaire
Marschroute *f* itinéraire *m*
Marsmensch *m* Martien(ne) *m(f)*
Märtyrer(in) ['mɛrtyrɐ] <-s, -> *m(f)* martyr(e) *m(f)*
Martyrium [mar'tyːriʊm] <-s, -rien> *nt* martyre *m*
Marxismus [mar'ksɪsmʊs] <-> *m* marxisme *m*
marxistisch *adj* marxiste
März [mɛrt͡s] <-[es], -e> *m* mars *m*; *s.a.* **April**
Marzipan [mart͡si'paːn] <-s, -e> *nt o m* pâte *f* d'amandes
Masche ['maʃə] <-, -n> *f* maille *f*

Maschendraht *m* grillage *m*
Maschine [maˈʃiːnə] <-, -n> *f* ❶ machine *f* ❷ *(Flugzeug)* appareil *m* ❸ *fam (Motorrad)* bécane *f*
maschinell [maʃiˈnɛl] *adj* mécanique
Maschinenbau *m kein Pl* construction *f* mécanique **Maschinengewehr** *nt* mitrailleuse *f* **Maschinenpistole** *f* mitraillette *f* **Maschinenschrift** *f* dactylographie *f*
Masern [ˈmaːzɐn] *Pl* rougeole *f*
Maske [ˈmaskə] <-, -n> *f* ❶ masque *m* ❷ THEAT maquillage *m*
Maskenball *m* bal *m* masqué **Maskenpflicht** *f (z. B. im Zusammenhang mit der Covid-19-Pandemie)* obligation *f* de port du masque
maskieren* [masˈkiːrən] *vt* masquer
Maskottchen [masˈkɔtçən] <-s, -> *nt* mascotte *f*
maskulin [maskuˈliːn] *adj* masculin(e)
Masochist(in) [mazɔˈçɪst] <-en, -en> *m(f)* masochiste *mf*
masochistisch *adj* masochiste
Maß¹ [maːs] <-es, -e> *nt* ❶ *(Maßeinheit)* mesure *f* ❷ *(Bandmaß)* mètre *m* ❸ *Pl (Körpermaße)* mesures *f pl* ▶ **in ~en** avec mesure
Maß² <-, -> *f* A, SDEUTSCH chope *f (d'un litre)*
Massage [maˈsaːʒə] <-, -n> *f* massage *m*
Massaker [maˈsaːkɐ] <-s, -> *nt* massacre *m*
Masse [ˈmasə] <-, -n> *f* ❶ masse *f* ❷ *(Teigmasse)* mélange *m* ❸ *(große Menge)* foule *f;* **in ~n** en masse; **die breite ~** le grand public
Massenandrang *m* affluence *f* **Massenarbeitslosigkeit** *f* chômage *m* généralisé
massenhaft *adj* massif(-ive)
Massenmedien [-meːdiən] *Pl* média *mpl* **Massenmord** *m* massacre *m* collectif **Massentierhaltung** *f* élevage *m* en batterie **Massenvernichtungswaffe** *f meist Pl* arme *f* de destruction massive *gén pl*
massenweise *s.* **massenhaft**
Masseur(in) [maˈsøːɐ̯] <-s, -e> *m(f)* masseur(-euse)[-kinésithérapeute] *m*
Masseuse [maˈsøːzə] <-, -n> *f* masseuse *f*
maßgeschneidert *adj (Kleidung)* sur mesure
massieren* [maˈsiːrən] *vt* masser
massig *adj (Gestalt)* massif(-ive)
mäßig [ˈmɛːsɪç] **I.** *adj* ❶ *(maßvoll)* modéré(e) ❷ *(Qualität)* médiocre **II.** *adv (essen)* modérément
mäßigen *vt, vr* **[sich]** ~ [se] modérer
massiv [maˈsiːf] *adj* massif(-ive)
Massiv [maˈsiːf] <-s, -e> *nt* massif *m*
maßlos **I.** *adj* démesuré(e) **II.** *adv* excessivement
Maßnahme [ˈmaːsnaːmə] <-, -n> *f* mesure *f;* **~n gegen etw ergreifen** prendre des mesures contre qc
Maßstab *m* ❶ *(einer Karte)* échelle *f* ❷ *(Kriterium)* critère *m*
maßvoll **I.** *adj* modéré(e) **II.** *adv* avec modération
Mast [mast] <-[e]s, -en> *m* ❶ mât *m* ❷ *(Telefonmast)* poteau *m* ❸ *(Hochspannungsmast)* pylône *m*
mästen [ˈmɛstən] *vt* engraisser
Master [ˈmaːstɐ] <-s, -> *m (Hochschulabschluss)* master *m*
Masturbation [masturbaˈtsi̯oːn] <-, -en> *f* masturbation *f*
masturbieren* *vi* se masturber
Material [materiˈaːl] <-s, -ien> *nt* ❶ *(Rohstoff)* matériau *m* ❷ *(Ausrüstung)* matériel *m*
Materialismus [materiaˈlɪsmʊs] <-> *m* matérialisme *m*
materialistisch *adj* matérialiste
Materie [maˈteːriə] <-> *f kein Pl* matière *f*
Mathe [ˈmatə] <-> *f fam* math[s] *f pl*
Mathematik [matemaˈtiːk] <-> *f* mathématiques *f pl*
Matjes <-, -> *m jeune hareng mariné dans du sel*
Matratze [maˈtratsə] <-, -n> *f* matelas *m*

Mätresse [mɛ'trɛsə] <-, -n> *f* maîtresse *f*
Matrose [ma'tro:zə] <-n, -n> *m* matelot *m*
Matsch [matʃ] <-[e]s> *m* ❶ *(Schlamm)* gadoue *f* ❷ *(Schneematsch)* soupe *f*
matschig *adj fam* ❶ *(schlammig)* boueux(-euse) ❷ *(Frucht)* écrabouillé(e)
matt [mat] *adj* ❶ *(Foto)* mat(e); *(Glas)* dépoli(e) ❷ SPIEL **~ sein** être mat
Matte ['matə] <-, -n> *f* ❶ natte *f*; SPORT tapis *m* ❷ A, CH *(Bergwiese)* alpage *m*
Matura [ma'tu:ra] <-> *f* A, CH baccalauréat *m*
Mauer ['maʊɐ] <-, -n> *f* mur *m*
Mauerblümchen ['maʊɐbly:mçən] *nt fam* jeune fille *f* qui fait tapisserie
mauern *vt* maçonner
Maul [maʊl] <-[e]s, Mäuler> *nt* gueule *f*; **halt's ~!** [ferme] ta gueule!
Maulbeere ['maulbe:rə] *f* mûre *f*
maulen *vi fam* râler
Maulkorb *m (eines Hundes)* muselière *f* **Maultasche** *f raviole souabe*
Maulwurf <-[e]s, -würfe> *m* taupe *f*
Maulwurfshügel *m* taupinière *f*
Maurer(in) ['maʊrɐ] <-s, -> *m(f)* maçon(ne) *m(f)*
Maus [maʊs] <-, Mäuse> *f* ❶ souris *f* ❷ *Pl fam (Geld)* pèze *m*
Mausefalle *f* souricière *f* **Mauseloch** *nt* trou *m* de souris
Mausklick *m* INFORM **per ~** en cliquant **Mauspad** ['maʊzpɛt] <-s, -s> *nt* INFORM tapis *m* de souris
Maut <-, -en> *f bes.* A péage *m*
Mautsystem *nt* système *m* de péage
maximal [maksi'ma:l] **I.** *adj* maximal(e) **II.** *adv* au maximum
Maximum ['maksimʊm] <-s, Maxima> *nt* maximum *m*
Mayonnaise [majo'nɛ:zə] mayonnaise *f*
mazedonisch *adj* macédonien
m. E. *Abk von* **meines Erachtens** à mon avis
Mechanik [me'ça:nɪk] <-> *f* mécanique *f*
Mechaniker(in) <-s, -> *m(f)* mécanicien(ne) *m(f)*
mechanisch *adj* mécanique
Mechanismus [meça'nɪsmʊs] <-, -nismen> *m* mécanisme *m*
meckern ['mɛkɐn] *vi* ❶ *(Ziege)* bêler ❷ *fam (nörgeln)* râler
Mecklenburg-Vorpommern ['mɛklənbʊrg'fo:ɐ̯pɔmɐn] <-s> *nt* le Mecklembourg-Poméranie-Antérieure
Medaille [me'daljə] <-, -n> *f* médaille *f*
Medaillon [medal'jõ:] <-s, -s> *nt* médaillon *m*
Medien ['me:diən] *Pl (Informationsmittel)* média *mpl*
Medikament [medika'mɛnt] <-[e]s, -e> *nt* médicament *m*
Meditation [medita'tsi̯o:n] <-, -en> *f* méditation *f*
meditieren* [medi'ti:rən] *vi* méditer
Medizin [medi'tsi:n] <-> *f kein Pl (Heilkunde)* médecine *f*
Mediziner(in) <-s, -> *m(f)* médecin *m*
medizinisch *adj (Ausbildung)* médical(e); *(Fakultät)* de médecine
Meer [me:ɐ̯] <-[e]s, -e> *nt* mer *f*; **am ~** au bord de la mer
Meerenge <-, -n> *f* détroit *m*
Meeresfrüchte *Pl* fruits *mpl* de mer **Meeresspiegel** *m* niveau *m* de la mer
Meerrettich *m* raifort *m* **Meerschweinchen** *nt* cochon *m* d'Inde
Meeting ['mi:tɪŋ] <-s, -s> *nt* réunion *f*
Megabyte [mega'bait] *nt* mégaoctet *m*
Mehl [me:l] <-[e]s, -e> *nt* farine *f*
mehlig *adj (Kartoffel)* farineux(-euse)
Mehlschwitze ['me:lʃvɪtsə] *f* roux *m*
mehr [me:ɐ̯] **I.** *pron indef, inv Komp von* **viel** plus; **~ Brot** plus de pain **II.** *adv* ❶ *(in größerem Maße)* davantage; **sich noch ~ ärgern** se fâcher encore plus ❷ *(in Verbindung mit Verneinungen)* **nicht ~ rauchen** ne plus fumer; **nichts ~ sagen** ne... plus rien dire; **nie ~** ne... plus jamais; **niemand/keiner ~** ne... plus personne; **kein Geld/keine Zeit ~ haben** ne

plus avoir d'argent/le temps

mehrbändig ['me:ɐ̯bɛndɪç] *adj* en plusieurs volumes

mehrdimensional *adj* multidimensionnel(le)

mehrere ['me:rərə] *pron indef* plusieurs; **~s** plusieurs choses *f pl*

mehrfach I. *adj* ❶ *(vielfach)* multiple ❷ *(wiederholt)* réitéré(e) II. *adv* à plusieurs reprises

Mehrfamilienhaus *nt* immeuble *m*

mehrfarbig *adj* multicolore

Mehrheit <-, -en> *f* majorité *f*; **in der ~ sein** être majoritaire

mehrheitlich *adv* majoritairement

mehrmals *adv* plusieurs fois

mehrsprachig I. *adj* *(Person)* polyglotte; *(Land)* plurilingue II. *adv* en plusieurs langues

mehrtägig ['me:ɐ̯tɛ:gɪç] *adj* de plusieurs jours

Mehrwegflasche *f* bouteille *f* consignée **Mehrwegverpackung** *f* emballage *m* réutilisable **Mehrwertsteuer** *f* taxe *f* à la valeur ajoutée

mehrwöchig *adj* de plusieurs semaines

Mehrzahl <-> *f* ❶ **die ~ der Besucher** la plupart des visiteurs ❷ *(Überzahl)* **in der ~ sein** être plus nombreux ❸ LING pluriel *m*

meiden ['maidən] *vt irr geh* éviter

Meile ['mailə] <-, -n> *f* *(1,609 km)* mil[l]e *m*

Meilenstein *m* borne *f* **meilenweit** *adv* *(sich erstrecken)* sur des kilomètres

mein [main] *pron poss* ❶ **~ Bruder** mon frère; **~e Schwester/Freundin** ma sœur/mon amie; **~e Eltern** mes parents ❷ *substantivisch* **der/die/das ~e** le mien/la mienne

Meineid ['main?ait] *m* parjure *m*

meinen ['mainən] I. *vt* ❶ *(denken)* penser ❷ *(sagen)* dire; **was meinst du damit?** qu'est-ce que tu veux dire par là? ❸ *(im Sinn haben)* **meinst du sie?** tu parles d'elle? ❹ *(beabsichtigen)* **es gut mit jdm ~** vouloir du bien à qn II. *vi* **~ Sie?** vous croyez?; **wenn Sie ~!** si vous voulez!

meiner *pron pers, gen von* **ich** *geh* **wer erbarmt sich ~?** qui a pitié de moi?

meinerseits ['mainɐ'zaits] *adv* *(was mich betrifft)* pour ma part ▶ **ganz ~** de même pour moi

meinetwegen ['mainət've:gən] *adv* ❶ *(wegen mir)* à cause de moi ❷ *(mir zuliebe)* pour moi ❸ *(wenn es nach mir ginge)* s'il n'en tient qu'à moi

Meinung <-, -en> *f* avis *m*; **der ~ sein, dass...** être d'avis que...; **seine ~ ändern** changer d'avis

Meinungsforschung *f* sondage *m* d'opinion **Meinungsfreiheit** *f kein Pl* liberté *f* d'expression **Meinungsumfrage** *f* sondage *m* [d'opinion] **Meinungsverschiedenheit** *f euph* *(Auseinandersetzung)* différend *m*

Meise ['maizə] <-, -n> *f* mésange *f*

Meißel ['maisəl] <-s, -> *m* ciseau *m*

meißeln *vt* ❶ *(Inschrift)* ciseler; *(Skulptur)* sculpter ❷ *(einmeißeln)* graver

meist [maist] *s.* **meistens**

meiste *pron indef Superl von* **viel** ❶ *(der überwiegende Teil)* **die ~n Leute** la plupart des gens; **die ~ Zeit** la majeure partie de son/mon/... temps; **das ~** la plus grande partie ❷ *(die größte Gesamtmenge)* **die ~n Probleme macht mir diese Frage** c'est cette question qui me pose le plus de problèmes; **das ~** le plus

meistens *adv* le plus souvent

Meister(in) ['maistɐ] <-s, -> *m(f)* ❶ *(Handwerksmeister)* contremaître(-esse) *m(f)*; *(Chef)* patron(ne) *m(f)*; **den ~ machen** *fam* passer sa maîtrise ❷ KUNST, MUS maître *m*

meisterhaft *adv* admirablement [bien]

meisterlich *s.* **meisterhaft**

meistern *vt* venir à bout de

Meisterprüfung *f* brevet *m* professionnel

Meisterschaft <-, -en> *f* SPORT championnat *m*

Meisterwerk *nt* chef-d'œuvre *m*

MEK [ɛmʔeːˈkaː] <-> *nt Abk von* **mobiles Einsatzkommando** groupe *m* d'intervention rapide; *(in Frankreich)* ≈ G.I.G.N. *m*

Melancholie [melaŋkoˈliː] <-, -n> *f* mélancolie *f*

melancholisch [melaŋˈkoːlɪʃ] *adj* mélancolique

Melange [meˈlãʒə] <-, -n> *f* A café *m* au lait

Melanzani [melanˈtsaːni] <-, -> *f* A aubergine *f*

melden [ˈmɛldən] **I.** *vt* ① *(Vorfall)* signaler; *(Todesfall)* faire la déclaration de ② MEDIA rapporter ③ *(denunzieren)* **jdn bei jdm ~** dénoncer qn à qn **II.** *vr* ① *(die Hand heben)* **sich ~** lever le doigt ② *(sich zur Verfügung stellen)* **sich zu etw ~** se porter volontaire pour qc ③ *(am Telefon)* **sich ~** répondre ④ *(von sich hören lassen)* **sich bei jdm ~** se manifester auprès de qn

Meldepflicht *f* ① *(Anzeigepflicht)* déclaration *f* obligatoire ② *(Pflicht zur An- und Abmeldung)* *obligation de déclarer tout changement de domicile au service administratif compétent*

meldepflichtig *adj* **~ sein** devoir être obligatoirement déclaré

Meldung <-, -en> *f* MEDIA information *f*

meliert [meˈliːɐt] *adj (Wolle, Teppich)* chiné(e); **[grau] ~e Haare** des cheveux poivre et sel

Melisse <-, -n> *f* mélisse *f*

melken [ˈmɛlkən] *irr* **I.** *vt* traire **II.** *vi* faire la traite

Melodie [meloˈdiː] <-, -n> *f* mélodie *f*

Melone [meˈloːnə] <-, -n> *f (Honigmelone)* melon *m; (Wassermelone)* pastèque *f*

Membran [mɛmˈbraːn] <-, -en>, **Membrane** [mɛmˈbraːnə] <-, -n> *f* membrane *f*

Memoiren [meˈmo̯aːrən] *Pl* mémoires *mpl*

Menge [ˈmɛŋə] <-, -n> *f* ① quantité *f;* **eine ~ Arbeit** *fam* un tas de travail; **eine ganze ~ Äpfel** *fam* pas mal de pommes ② *(Menschenmenge)* foule *f*

Meniskus <-, Menisken> *m* ménisque *m*

Mensa [ˈmɛnza] <-, Mensen> *f* restaurant *m* universitaire

Mensch [mɛnʃ] <-en, -en> *m* ① *(Person)* personne *f;* **ein höflicher ~** quelqu'un de poli; **viele ~en** beaucoup de gens ② *(Gattung)* homme *m* ③ *fam (Ausruf)* **~!** putain!

menschenfeindlich *adj (Person, Haltung)* misanthrope; *(Klima, Landschaft)* hostile; *(Politik)* néfaste **Menschenfresser(in)** <-s, -> *m(f) fam* cannibale *mf* **Menschenhandel** *m* traite *f* des esclaves **Menschenkenntnis** *f kein Pl* connaissance *f* du genre humain **Menschenkette** *f* chaîne *f* humaine **Menschenleben** *nt* ① **zwei ~ fordern** *(Unfall)* coûter la vie à deux personnes ② *(Leben eines Menschen)* vie *f* d'un homme **menschenleer** *adj* désert(e) **Menschenmenge** *f* foule *f* **Menschenrechte** *Pl* droits *mpl* de l'homme

Menschenskind *interj fam* ① *(Ausdruck der Freude, des Erstaunens)* nom de Dieu ② *(Ausdruck des Vorwurfs, Ärgers)* bon Dieu

Menschenwürde *f* dignité *f* humaine

Menschheit <-> *f* humanité *f*

menschlich **I.** *adj* humain(e) **II.** *adv* humainement

Menschlichkeit <-> *f* humanité *f*

Mensen *Pl von* **Mensa**

Menstruation [mɛnstruaˈtsi̯oːn] <-, -en> *f* règles *fpl*

Mentalität [mɛntaliˈtɛːt] <-, -en> *f* mentalité *f*

Menthol [mɛnˈtoːl] <-s> *nt* menthol *m*

Menü [meˈnyː] <-s, -s> *nt* menu *m*

menügesteuert *adj* INFORM commandé(e) par menu **Menüleiste** *f* INFORM barre *f* de menu

Meridian [meriˈdi̯aːn] <-s, -e> *m* méridien *m*

Merkblatt *nt* notice *f*

merken ['mɛrkən] *vt* ❶ *(erkennen)* voir; **jdn etw nicht ~ lassen** ne pas montrer qc à qn ❷ *(im Gedächtnis behalten)* **sich** *(dat)* **etw ~** retenir qc; **merk dir das!** *fam* rentre-toi ça dans le crâne!

merklich *adv* sensiblement; **sich ~ verändern** changer beaucoup

Merkmal <-s, -e> *nt* caractéristique *f*; **besondere ~e** signes *mpl* particuliers

Merkur [mɛr'kuːɐ̯] <-s> *m* **[der]** ~ [la planète] Mercure

merkwürdig I. *adj* étrange **II.** *adv* étrangement

merkwürdigerweise *adv* curieusement

Messbecher *m* verre *m* mesureur

Messdiener(in) *m(f)* enfant *mf* de chœur

Messe ['mɛsə] <-, -n> *f* ❶ *(Gottesdienst)* messe *f* ❷ *(Ausstellung)* foire[-exposition] *f*

Messegelände *nt* parc *m* des expositions **Messehalle** *f* hall *m* des expositions

messen ['mɛsən] *irr* **I.** *vt* mesurer; **Fieber ~** prendre la température **II.** *vr geh* **sich nicht mit jdm ~ können** ne pas être de taille à rivaliser avec qn

Messer ['mɛsɐ] <-s, -> *nt* couteau *m*

messerscharf *adj (Kante)* coupant(e)

Messgerät *nt* **~ für die Einschaltquote** audimat *m*

Messing ['mɛsɪŋ] <-s> *nt* laiton *m*

Messung, **Messwert** *m* mesure *f*

Metall [me'tal] <-s, -e> *nt* métal *m*

Metallarbeiter(in) *m(f)* métallurgiste *mf*

metallic [me'talɪk] *adj inv* métallisé(e)

Metallindustrie *f* industrie *f* métallurgique

Metapher [me'tafɐ] <-, -n> *f* métaphore *f*

Metastase [meta'staːzə] <-, -n> *f* métastase *f*

Meteor [mete'oːɐ̯] <-s, -e> *m* météore *m*

Meteorit [meteo'riːt] <-en, -e[n]> *m* météorite *m*

Meteorologe, **Meteorologin** [meteoro'loːgə] <-n, -n> *m, f* météorologiste *mf*

Meteorologie [meteorolo'giː] <-> *f* météorologie *f*

Meter ['meːtɐ] <-s, -> *m o nt* mètre *m*

Metermaß *nt* ❶ *(Bandmaß)* mètre *m* ruban ❷ *(Zollstock)* mètre *m* pliant

Methode [me'toːdə] <-, -n> *f* méthode *f*

methodisch *adj* méthodique

Metro ['meːtro] <-, -s> *f* métro *m*

Metropole [metro'poːlə] <-, -n> *f (Zentrum)* métropole *f*

Meute ['mɔytə] <-, -n> *f* meute *f*

Meuterei [mɔytə'rai̯] <-, -en> *f* mutinerie *f*

meutern ['mɔytɐn] *vi* se mutiner

Mexikaner(in) [mɛksi'kaːnɐ] <-s, -> *m(f)* Mexicain(e) *m(f)*

mexikanisch [mɛksi'kaːnɪʃ] *adj* mexicain(e)

Mexiko ['mɛksiko] <-s> *nt* le Mexique

MEZ [ɛmʔeː'tsɛt] *Abk von* **mitteleuropäische Zeit** heure *f* d'Europe centrale

miauen* *vi* miauler

mich [mɪç] **I.** *pron pers, akk von* **ich: ohne ~** sans moi; **er sieht ~** il me voit **II.** *pron refl* **ich wasche ~** je me lave; **ich schäme ~** j'ai honte

mickerig, **mickrig** *adj pej fam* maigrichon(ne)

miefen *vi pej fam* schlinguer

Miene ['miːnə] <-, -n> *f* mine *f*

mies [miːs] *adj fam* dégueulasse

Miese *Pl fam* ▶ **in den ~n sein** être dans le rouge

Miesmuschel ['miːsmʊʃəl] *f* moule *f*

Mietauto *nt* voiture *f* de location

Miete ['miːtə] <-, -n> *f (Wohnungsmiete)* loyer *m*

mieten *vt* louer

Mieter(in) <-s, -> *m(f)* locataire *mf*

Mieterhöhung *f* hausse *f* de loyer

Mietshaus *nt* immeuble *m* locatif

Mietvertrag *m* contrat *m* de location

Mietwagen *m* voiture *f* de location

Mietwohnung *f* [logement *m* en] location *f*
Migräne [mi'grɛːnə] <-, -n> *f* migraine *f*; ~ **haben** avoir la migraine
Mikro ['mikro] <-s, -s> *nt fam Abk von* **Mikrofon** micro *m*
Mikrobe [mi'kroːbə] <-, -n> *f* microbe *m*
Mikrochip ['miːkrotʃɪp] <-s, -s> *m* puce *f* **Mikrocomputer** *m* micro[-ordinateur *m* **Mikrofaser** *f* microfibre *f*
Mikrofiche <-s, -s> *m o nt* microfiche *f*
Mikrofon <-s, -e>, **Mikrophon** *nt* microphone *m*
Mikroprozessor *m* INFORM microprocesseur *m*
Mikroskop <-s, -e> *nt* microscope *m*
Mikrowelle *f fam (Herd)* micro-ondes *m*
Mikrowellenherd *m* four *m* à micro-ondes
Milbe ['mɪlbə] <-, -n> *f* acarien *m*
Milch [mɪlç] <-> *f* lait *m*

M

Milcheis *nt* glace *f* au lait **Milchflasche** *f (Babyfläschchen)* biberon *m*
milchig ['mɪlçɪç] *adj (Glas)* opale; *(Flüssigkeit)* laiteux(-euse)
Milchkaffee *m* café *m* au lait **Milchprodukt** *nt* produit *m* laitier **Milchpulver** *nt* lait *m* en poudre **Milchreis** *m* riz *m* au lait **Milchschaum** *m* mousse *f* de lait **Milchshake** [-ʃeːk] <-s, -s> *m* milk-shake *m* **Milchzahn** *m* dent *f* de lait
mild[e] *adj (Klima, Geschmack)* doux(douce); *(Richter, Worte)* indulgent(e)
Milde <-> *f (des Klimas, Geschmacks)* douceur *f*
mildern ['mɪldɐn] *vt (Geschmack)* adoucir; *(Not)* atténuer
Milieu [mɪ'li̯øː] <-s, -s> *nt* milieu *m*
Militär [mili'tɛːɐ̯] <-s> *nt (Armee)* armée *f*
Militärdienst *m kein Pl* service *m* militaire
Militarist(in) <-en, -en> *m(f)* militariste *mf*
Miliz [mi'liːts] <-, -en> *f* milice *f*
Milliardär(in) [mɪli̯ar'dɛːɐ̯] <-s, -e> *m(f)* milliardaire *mf*
Milliarde [mɪ'li̯ardə] <-, -n> *f* milliard *m*
Milligramm [mɪli'gram] *nt* milligramme *m* **Milliliter** *m* millilitre *m* **Millimeter** *m o nt* millimètre *m*
Million [mɪ'li̯oːn] <-, -en> *f* million *m*
Millionär(in) [mɪli̯o'nɛːɐ̯] <-s, -e> *m(f)* millionnaire *mf*
Millionenstadt *f* ville *f* de plus d'un million d'habitants
Milz [mɪlts] <-, -en> *f* rate *f*
Milzbrand *m* MED maladie *f* du charbon
Mimik ['miːmɪk] <-> *f* mimique *f*
Mimose [mi'moːzə] <-, -n> *f* ❶ BOT mimosa *m* ❷ *pej (Mensch)* **eine ~ sein** être d'une sensibilité exacerbée
min., Min. *Abk von* **Minute[n]** mn
mindere(r, s) ['mɪndərə] *adj* moindre
Minderheit <-, -en> *f* minorité *f*; **in der ~ sein** être minoritaire
minderjährig *adj* mineur(e)
Minderjährige(r) *f(m) dekl wie adj* mineur(e) *m(f)*
mindern *vt* réduire
minderwertig *adj* ❶ *(Produkt)* de moindre qualité ❷ *fig* **sich ~ fühlen** se sentir inférieur(e)
Minderwertigkeitskomplex *m* complexe *m* d'infériorité
Minderzahl *f* **in der ~ sein** être en minorité
Mindestalter *nt* âge *m* minimum
mindeste(r, s) ['mɪndəstə] *adj* **der/die/das ~...** le/la moindre...
mindestens *adv* au moins
Mindestlohn *m* salaire *m* minimum
Mindmap ['maɪndmɛp] <-, -s *o* -s, -s> *f* filet *m* à mots
Mine ['miːnə] <-, -n> *f* mine *f*
Mineral [mine'raːl] <-s, -e> *nt* minéral *m*
Mineralöl *nt* huile *f* minérale **Mineralölsteuer** *f* taxe *f* sur les produits pétroliers
Mineralstoffe *Pl* sels *mpl* minéraux

Mineralwasser *nt* eau *f* minérale
Miniatur [minia'tu:ɐ̯] <-, -en> *f* miniature *f*
Minibus *m* minibus *m* **Minigolf** *nt* minigolf *m*
minimal [mini'ma:l] *adj* minime
Minimum ['mi:nimʊm] <-s, Minima> *nt geh* [strict] minimum *m*
Minirock *m* minijupe *f*
Minister(in) [mi'nɪstɐ] <-s, -> *m(f)* ministre *mf*
Ministerium [minɪs'te:riʊm] <-s, -rien> *nt* ministère *m*
Ministerpräsident(in) *m(f)* ministre-président(e) *m(f)*
minus ['mi:nʊs] I. *präp +gen* **tausend Euro ~ Mehrwertsteuer** mille euros moins la TVA II. *konj* MATH moins III. *adv* *(unter Null)* moins; **einige Grad ~** quelques degrés en dessous de zéro
Minus <-> *nt* déficit *m*
Minuspol *m* ELEC pôle *m* négatif
Minuspunkt *m* 1 *(Strafpunkt)* pénalité *f* 2 *(Manko)* point *m* négatif
Minuszeichen *nt* signe *m* moins
Minute [mi'nu:tə] <-, -n> *f* minute *f*
Minutenzeiger *m* grande aiguille *f*
Minze ['mɪntsə] <-, -n> *f* menthe *f*
Mio. *Abk von* **Million[en]** million[s]
mir [mi:ɐ̯] I. *pron pers dat von* **ich mit ~** avec moi; **er folgt ~** il me suit; **er ist ein Freund von ~** il est un de mes amis; **es geht ~ heute besser** je vais mieux aujourd'hui; **das ist ~ egal** ça m'est égal; **sag es ~!** dis-le-moi! ▸**von ~ aus!** *fam* j'ai rien contre! II. *pron refl* **ich wasche ~ die Haare** je me lave les cheveux; **ich werde ~ einen Pulli anziehen** je vais mettre un pull
Mirabelle [mira'bɛlə] <-, -n> *f* mirabelle *f*
Mischbrot *nt* pain *m* bis **Mischehe** *f* couple *m* mixte
mischen ['mɪʃən] *vt, vr* [**sich**] **~** [se] mélanger
Mischling ['mɪʃlɪŋ] <-s, -e> *m* 1 *(Mensch)* métis(se) *m(f)* 2 ZOOL bâtard *m*
Mischung <-, -en> *f* mélange *m*
miserabel [mizə'ra:bəl] *adj (Zustand, Film)* lamentable; *(Wetter, Essen)* exécrable
missachten* [mɪs'ʔaxtən] *vt* ne pas respecter
Missbildung <-, -en> *f* malformation *f*
missbilligen* [mɪs'bɪlɪgən] *vt* désapprouver
missbilligend I. *adj (Blick)* désapprobateur(-trice) II. *adv* d'un air réprobateur
Missbrauch [mɪs'braʊx] *m* abus *m*
missbrauchen* [mɪs'braʊxən] *vt* abuser de
Misserfolg *m* échec *m*
missfallen* [mɪs'falən] *vi irr geh* **jdm ~** déplaire à qn
Missgeburt *f* enfant *mf* mal formé(e)
Missgeschick *nt* malheur *m*
missglücken* [mɪs'glʏkən] *vi +sein* échouer
misshandeln* [mɪs'handəln] *vt* maltraiter
Misshandlung [mɪs'handlʊŋ] *f* mauvais traitements *mpl*
Mission [mɪ'si̯o:n] <-, -en> *f* mission *f*
Missionar(in) [mɪsi̯o'na:ɐ̯] <-s, -e> *m(f)*, **Missionär(in)** [mɪsi̯o'nɛ:ɐ̯] <-s, -e> *m* A missionnaire *mf*
misslingen [mɪs'lɪŋən] *vi irr +sein* échouer
missmutig *adj, adv* de mauvaise humeur
missraten* [mɪs'ra:tən] *vi irr +sein* rater; **ein ~es Kind** un enfant mal élevé
misstrauen* [mɪs'traʊən] *vi* **jdm/einer S. ~** se méfier de qn/qc
Misstrauen ['mɪstraʊən] <-s> *nt* méfiance *f*
misstrauisch *adj* méfiant(e)
Missverständnis <-ses, -se> *nt* malentendu *m*
missverstehen* *vt irr* **jdn/etw ~** mal comprendre qn/qc
Mist [mɪst] <-[e]s> *m* 1 *(Dung)*

M

fumier *m* ❷ *fam (Unsinn)* conneries *f pl* ❸ *fam (Ärger)* [**so ein**] **~!** merde!

Mistel ['mɪstəl] <-, -n> *f* gui *m*

Misthaufen *m* tas *m* de fumier **Miststück** *nt pej fam* salope *f (vulg)*

mit [mɪt] **I.** *präp +dat* ❶ *(zur Angabe der Art und Weise)* avec; **~ großen Schritten** à grands pas ❷ *(per)* **~ dem Fahrrad** à vélo; **~ dem Auto/Flugzeug** en voiture/avion; **~ der Post/Bahn** par la poste/le train ❸ *(in Begleitung von, versehen mit)* avec; **Tee ~ Rum** du thé au rhum ❹ *(zur Angabe des Zeitpunkts)* **~ 18** [**Jahren**] à 18 ans ❺ *fam (und dazu)* **du ~ deiner Arroganz!** toi et ton arrogance! ❻ *(hinsichtlich)* **~ dem Rauchen aufhören** arrêter de fumer **II.** *adv* **bist du ~ dabei gewesen?** est-ce que tu y étais aussi?

Mitarbeit *f* ❶ *(Mitwirkung)* collaboration *f* ❷ SCHULE, UNIV participation *f*

M

mit|arbeiten *vi* ❶ collaborer ❷ SCHULE, UNIV participer

Mitarbeiter(in) *m(f)* collaborateur *m*/ collaboratrice *f*

mit|bekommen* *vt irr* ❶ *(bekommen)* recevoir ❷ *(hören)* entendre

mit|benutzen* *vt* utiliser aussi

mit|bestimmen* **I.** *vi* avoir voix au chapitre; *(Arbeitnehmer)* prendre part à la gestion **II.** *vt (Verfahrensweise)* influer sur

Mitbestimmung *f* ❶ participation *f* ❷ *(im Betrieb)* [**betriebliche**] **~** cogestion *f* [d'entreprise]

Mitbewohner(in) *m(f)* **sein ~/seine ~in** celui/celle avec qui il partage son logement

mit|bringen *vt irr (Sachen)* apporter; *(Personen)* amener

Mitbringsel ['mɪtbrɪŋzəl] <-s, -> *nt fam* petit quelque chose *m*

Mitbürger(in) *m(f)* concitoyen(ne) *m(f)*

mit|denken *vi irr (überlegt handeln)* réfléchir

mit|dürfen *vi irr fam* **mit jdm ~** pouvoir venir avec qn

miteinander [mɪtʔaj'nandɐ] *adv* ❶ *(gemeinsam)* ensemble ❷ *(untereinander)* **gut ~ auskommen** s'entendre bien

Miteinander [mɪtʔaj'nandɐ] <-s> *nt* coopération *f*

Mitesser <-s, -> *m* point *m* noir

mit|fahren *vi irr +sein* **mit jdm ~** faire le voyage avec qn

Mitfahrgelegenheit *f* possibilité *f* de faire le voyage avec qn

mit|fühlen *vi* **mit jdm ~** avoir de la compassion pour qn

mit|geben *vt irr (auf den Weg geben)* donner

Mitgefühl *nt kein Pl* sympathie *f*

mit|gehen *vi irr +sein (begleiten)* **mit jdm ~** accompagner qn ▸ **etw ~ lassen** *fam* piquer qc

mitgenommen I. *PP von* **mitnehmen II.** *adj fam* esquinté(e)

Mitglied *nt* membre *m*

Mitgliedschaft <-, -en> *f* appartenance *f*

Mitgliedsstaat *m* État *m* membre

mit|haben *vt irr fam* **etw ~** avoir qc sur soi

mit|halten *vi irr (nicht unterliegen)* tenir tête

mit|helfen *vi irr* aider

Mithilfe *f kein Pl* aide *f*

mit|hören *vt* surprendre

mit|kommen *vi irr +sein* ❶ **mit jdm ~** venir avec qn ❷ *fam (mithalten)* suivre

mit|kriegen *s.* **mitbekommen**

mit|laufen *vi irr +sein* ❶ *(ebenfalls laufen)* courir [aussi] ❷ *(Tonband)* tourner

Mitläufer(in) *m(f) pej* suiveur(-euse) *m(f)*

Mitleid *nt* pitié *f*; **~ mit jdm haben** avoir pitié de qn

Mitleidenschaft *f* **jdn in ~ ziehen** laisser des traces sur qn

mit|machen I. *vi* ❶ **bei etw ~** participer à qc; **machst du mit?** tu es partant(e)? ❷ *fam (Herz)* tenir le coup;

(Wetter) être de la partie **II.** *vt* ❶ *(sich beteiligen)* participer à ❷ *fam* **viel mitgemacht haben** en avoir vu des vertes et des pas mûres

Mitmensch *m* semblable *mf*

mit|müssen *vi irr fam (mitgehen müssen)* être obligé d'y aller

mit|nehmen *vt irr* ❶ *(mit sich nehmen)* prendre ❷ *(körperlich erschöpfen)* épuiser ❸ *(psychisch belasten)* bouleverser

mit|reden *vi* **bei etw ~** avoir son mot à dire dans qc

Mitreisende(r) *f(m)* voyageur *m*

mit|reißen *vt irr* ❶ *(mit sich reißen)* emporter ❷ *(begeistern)* enthousiasmer

mitreißend *adj* enthousiasmant(e)

mit|schreiben *irr* **I.** *vt* **etw ~** prendre qc en note **II.** *vi* prendre des notes

Mitschüler(in) *m(f)* camarade *mf* d'école

mit|spielen *vi* ❶ **bei etw ~** jouer aussi à qc ❷ SPORT jouer ❸ CINE, THEAT faire partie de la distribution ▶ **jdm übel ~** jouer un sale tour à qn

Mitspracherecht *nt kein Pl* droit *m* de regard

Mittag ['mɪta:k] <-[e]s, -e> *m (Mittagszeit)* midi *m*; **zu ~ essen** déjeuner; **einen Salat zu ~ essen** manger une salade à midi

Mittagessen *nt* déjeuner *m*, dîner *m* (BELG, CH); **was gibt es heute zum ~?** qu'est-ce qu'on mange à midi?

mittags *adv* à midi

Mittagspause *f* pause *f* de midi **Mittagsruhe** *f* repos *m* de midi; **die ~ einhalten** respecter le repos de midi **Mittagsschlaf** *m* sieste *f* **Mittagszeit** *f* heure *f* du déjeuner

Mitte ['mɪtə] <-, -n> *f* milieu *m*; *(Mittelpunkt)* a. POL centre *m*; **~ des Jahres** au milieu de l'année; **~ Januar** à la mi-janvier; **~ zwanzig sein** avoir environ vingt-cinq ans

mit|teilen *vt* annoncer

Mitteilung *f* communication *f*; **die ~ bekommen, dass ...** être informé que ...

Mittel ['mɪtəl] <-s, -> *nt* ❶ *(Medikament)* médicament *m*; *(Hausmittel)* remède *m* ❷ *(Methode)* moyen *m* ❸ *Pl (Geldmittel)* moyens *mpl*

Mittelalter *nt* **das ~** le Moyen Âge

mittelalterlich *adj* médiéval(e)

Mittelamerika *nt* l'Amérique *f* centrale **Mitteleuropa** *nt* l'Europe *f* centrale **mitteleuropäisch** *adj* d'Europe centrale

Mittelfeld *nt* ❶ *kein Pl (Teil des Spielfelds)* centre *m* du terrain ❷ *(Gruppe)* [gros *m* du] peloton *m* **Mittelfeldspieler(in)** *m(f)* milieu *m* de terrain

Mittelfinger *m* majeur *m*

mittelfristig *adj, adv* à moyen terme

Mittellinie *f a.* SPORT ligne *f* médiane

mittellos *adj* sans ressources

mittelmäßig *adj* médiocre

Mittelmeer *nt* **das ~** la [mer] Méditerranée **Mittelpunkt** *m* ❶ centre *m*; *(einer Geraden)* milieu *m* ❷ *(Hauptperson)* personnage *m* central

mittels *präp +gen Sing geh* au moyen de

Mittelschule *f* ❶ *s.* **Realschule** ❷ CH *(höhere Schule)* établissement d'enseignement du second degré **Mittelstand** *m* classe *f* moyenne **mittelständisch** *adj* des classes moyennes; **die ~en Betriebe** les petites et moyennes entreprises **Mittelstreckenrakete** *f* missile *m* de moyenne portée **Mittelstreifen** *m* terre-plein *m* **Mittelstufe** *f classes de quatrième, troisième et seconde* **Mittelstürmer(in)** *m(f)* avant-centre *mf* **Mittelweg** *m* moyen terme *m* ▶ **der goldene ~** le meilleur compromis **Mittelwelle** *f* onde *f* moyenne

mitten ['mɪtən] *adv* **~ im Wald** au milieu de la forêt; **~ in der Nacht** au beau milieu de la nuit

mittendrin ['mɪtən'drɪn] *adv fam* **~ sein** être en plein milieu **mittendurch** *adv (führen)* à travers

Mitternacht ['mɪtɐnaxt] *f kein Pl* minuit *f*
mittlere(r, s) ['mɪtlərə] *adj* ❶ moyen(ne) ❷ *(Balkon)* du milieu ❸ *(Bruder)* deuxième; **~n Alters** d'un certain âge
mittlerweile ['mɪtlɐ'vailə] *adv (währenddessen)* entre-temps; *(im Gegensatz zu früher)* maintenant
Mittwoch ['mɪtvɔx] <-s, -e> *m* mercredi *m; s.a.* **Dienstag**
Mittwochabend *m* mercredi *m* soir **Mittwochmorgen** *m* mercredi *m* matin
mittwochs *adv* le mercredi
mitunter [mɪt'ʔʊntɐ] *adv* parfois
mit|wirken *vi* **bei/an etw** *(dat)* **~** participer à qc
mixen ['mɪksən] *vt* mixer
Mixer <-s, -> *m* mixe[u]r *m*
mm *Abk von* **Millimeter** mm
MMS [ɛmʔɛm'ʔɛs] <-, -> *f Abk von* **Multimedia Messaging Service** M.M.S. *m*
MMS-Handy *nt* mobile *m* M.M.S.
Mob [mɔp] <-s> *m* populace *f*
Mobbing <-s> *nt* harcèlement *m* moral *(exercé sur le lieu de travail)*
Möbel ['møːbəl] <-s, -> *nt* meuble *m*
Möbelstück *nt* meuble *m* **Möbelwagen** *m* camion *m* de déménagement
mobil [mo'biːl] *adj* ❶ **~ sein** être mobile ❷ MIL **~ machen** mobiliser
Mobile <-s, -s> *nt* mobile *m*
Mobilfunk *m* téléphonie *f* [numérique] mobile
mobilisieren* [mobili'ziːrən] *vt* mobiliser
Mobiltelefon *nt* téléphone *m* portable
möblieren* [mø'bliːrən] *vt* meubler
modal [mo'daːl] *adj* de manière
Modalverb *nt* LING verbe *m* de modalité
Mode ['moːdə] <-, -n> *f* mode *f*
modebewusst *adj* modeux(-euse) *(fam)* **Modehaus** *nt* maison *f* de mode
Model ['mɔdəl] <-s, -s> *nt* modèle *m*
Modell [mo'dɛl] <-s, -e> *nt* ❶ *(verkleinerte Ausgabe)* modèle *m* réduit ❷ *(Kleidungsstück)* création *f*
Modelleisenbahn *f* train *m* électrique
modellieren* [modɛ'liːrən] *vt* modeler
Modem ['moːdɛm] <-s, -s> *nt o m* modem *m*
Modenschau *f* défilé *m* de mode
Moderation [modera'tsi̯oːn] <-, -en> *f* présentation *f*
Moderator, Moderatorin [mode'raːtoːɐ̯] <-s, -toren> *m, f* présentateur(-trice) *m(f)*; *(einer Spielshow)* animateur(-trice) *m(f)*
moderieren* *vt* présenter
modern¹ ['moːdɐn] *vi +haben o sein* moisir
modern² [mo'dɛrn] **I.** *adj* moderne; *(Person)* de son temps; *(Kleidung)* [à la] mode **II.** *adv (sich kleiden)* [à la] mode
Moderne [mo'dɛrnə] <-> *f* **die ~** *(Epoche)* l'époque *f* moderne; *(Kunstrichtung)* l'école *f* moderne
modernisieren* [modɛrni'ziːrən] *vt* moderniser
Modeschmuck *m* bijou *m* fantaisie **Modeschöpfer(in)** *m(f)* créateur(-trice) *m(f)* [de mode]
Modi *Pl von* **Modus**
modisch *adj* à la mode
Modul [mo'duːl] <-s, -e> *nt* INFORM module *m*
Modus ['mɔdʊs] <-, Modi> *m* mode *m*
Mofa ['moːfa] <-s, -s> *nt* mobylette® *f*
mogeln ['moːgəln] *vi fam* tricher
mögen¹ ['møːgən] *vt irr* ❶ *(gern haben)* aimer ❷ *(haben wollen)* **was möchten Sie, bitte?** vous désirez?; **ich möchte [gern]...** je voudrais... ❸ *(erwarten)* **sie möchte, dass** elle voudrait que *+subj*
mögen² *vi irr (wollen)* vouloir [bien]; **sie möchte nach Hause** *fam* elle voudrait rentrer
mögen³ *aux modal, irr* ❶ *(wollen)* **sie möchte hier bleiben** elle voudrait rester ici ❷ *geh (als Ausdruck des Zugestehens)* **mag sein, dass** il est

M

possible que *+subj*
Mogler(in) ['mo:glɐ] <-s, -> *m(f) fam* tricheur(-euse) *m(f)*
möglich ['mø:klɪç] *adj* ❶ *(durchführbar)* possible; **es ist ~, dass** il est possible que *+subj* ❷ *(denkbar)* **alle ~en Länder** tous les pays possibles; **alles Mögliche** toutes sortes de choses
möglicherweise *adv* peut-être
Möglichkeit <-, -en> *f* possibilité *f*
möglichst *adv* ~ **groß** le plus grand possible
Mohn [mo:n] <-[e]s, -e> *m* pavot *m; (Klatschmohn)* coquelicot *m*
Möhre ['mø:rə] <-, -n> *f* carotte *f*
mokieren* [mo'ki:rən] *vr geh* **sich über jdn/etw ~** se moquer de qn/qc
Mokka ['mɔka] <-s, -s> *m* moka *m*
Molekül [mole'ky:l] <-s, -e> *nt* molécule *f*
Molke ['mɔlkə] <-> *f* petit-lait *m*
Molkerei [mɔlkə'rai̯] <-, -en> *f* laiterie *f*
Moll [mɔl] <-> *nt* mineur *m*
mollig ['mɔlɪç] *adj* rondelet(te) *(fam)*
Molotowcocktail ['mo:lotɔfkɔkteɪl] *m* cocktail *m* Molotov
Moment [mo'mɛnt] <-[e]s, -e> *m (Augenblick)* moment *m; (kurze Zeitspanne)* instant *m*, **im ~** pour le moment; **~ mal!** eh, minute! *(fam)*
momentan [momɛn'ta:n] *adj* ❶ *(derzeitig)* actuel(le) ❷ *(vorübergehend)* momentané(e)
Monaco ['mo:nako] <-s> *nt* [la Principauté de] Monaco
Monarch(in) [mo'narç] <-en, -en> *m(f)* monarque *m*
Monarchie [monar'çi:] <-, -n> *f* monarchie *f*
Monat ['mo:nat] <-[e]s, -e> *m* mois *m;* **diesen ~** ce mois-ci; **im nächsten ~** le mois prochain
monatelang **I.** *adj* de plusieurs mois **II.** *adv* pendant des mois
monatlich *adj* mensuel(le)
Monatskarte *f (Fahrkarte)* abonnement *m* [mensuel]
Mönch [mœnç] <-[e]s, -e> *m* moine *m*
Mond [mo:nt] <-[e]s> *m kein Pl (Erdsatellit)* lune *f*

Übersetzungstipp
Der Mond – Nicht verwechseln mit *le monde – die Welt!*

Mondlandung *f* alunissage *m*, atterrissage *m* sur la Lune **Mondlicht** *nt* clarté *f* de la lune **Mondschein** *m* clair *m* de lune **mondsüchtig** *adj* somnambule
Monegasse, **Monegassin** [mone'gasə] <-n, -n> *m, f* Monégasque *mf*
Moneten [mo'ne:tən] *Pl fam* pognon *m*
Mongole, **Mongolin** [mɔŋ'go:lə] <-n, -n> *m, f* Mongol(e) *m(f)*
Mongolei [mɔŋgo'lai̯] <-> *f* **die ~** la Mongolie
mongolisch [mɔŋ'go:lɪʃ] *adj* mongol(e)
mongoloid [mɔŋgolo'i:t] *adj* mongoloïde
Monitor ['mo:nito:ɐ̯] <-s, -toren> *m* moniteur *m*
Monogamie [monoga'mi:] <-> *f* monogamie *f*
Monogramm [mono'gram] <-s, -e> *nt* monogramme *m*
Monolog [mono'lo:k] <-[e]s, -e> *m* monologue *m*
Monopol [mono'po:l] <-s, -e> *nt* monopole *m*
monoton [mono'to:n] *adj* monotone
Monotonie [monoto'ni:] <-, -n> *f* monotonie *f*
Monoxid <-[e]s, -e> *nt* monoxyde *m*
Monster ['mɔnstɐ] <-s, -> *nt* monstre *m*
Monsun [mɔn'zu:n] <-s, -e> *m* mousson *f*
Montag ['mo:nta:k] <-s, -e> *m* lundi *m; s.a.* **Dienstag**
Montagabend *m* lundi *m* soir
Montage [mɔn'ta:ʒə] <-, -n> *f* mon-

M

tage *m*

Montageband <-bänder> *nt* chaîne *f* de montage

Montagmorgen *m* lundi *m* matin

montags *adv* le lundi

Monteur(in) [mɔn'tøːɐ̯] <-s, -e> *m(f)* installateur(-trice) *m(f)*

montieren* *vt* ❶ *(zusammenbauen)* monter ❷ *(anbringen)* installer

Monument [monu'mɛnt] <-[e]s, -e> *nt* monument *m*

monumental [monumɛn'taːl] *adj* colossal(e)

Moor [moːɐ̯] <-[e]s, -e> *nt* marais *m*

Moos [moːs] <-es, -e> *nt* ❶ mousse *f* ❷ *kein Pl fam (Geld)* pognon *m*

Moped ['moːpɛt] <-s, -s> *nt* vélomoteur *m*

Mops [mɔps] <-es, Möpse> *m* ZOOL carlin *m*

Moral [mo'raːl] <-> *f (Ethik)* morale *f*

moralisch *adj* moral(e)

Moralpredigt *f* sermon *m*

morbid [mɔr'biːt] *adj geh* morbide

Morchel ['mɔrçəl] <-, -n> *f* morille *f*

Mord [mɔrt] <-[e]s, -e> *m* meurtre *m*

Mordanschlag *m* attentat *m*

morden ['mɔrdən] *vi* assassiner; *(Massenmord begehen)* massacrer

Mörder(in) ['mœrdɐ] <-s, -> *m(f)* meurtrier(-ière) *m(f)*

mörderisch *adj fam (schrecklich)* terrible; *(Tempo)* infernal(e)

Mordfall *m* affaire *f* de meurtre **Mordkommission** *f* police *f* judiciaire, P.J. *f*

Mordshunger ['mɔrʦ'hʊŋɐ] *m fam* faim *f* de loup

Mordwaffe *f* arme *f* du crime

morgen ['mɔrgən] *adv* demain; ~ **früh** demain matin

Morgen[1] <-s> *nt* demain *m*

Morgen[2] <-s, -> *m* matin *m; (in seinem Verlauf)* matinée *f;* **am** ~ le matin; **heute/Montag** ~ ce/lundi matin; **am nächsten** ~ le lendemain matin; **[guten] ~!** bonjour!

Morgengrauen <-s, -> *nt* aube *f* **Morgenmantel** *m*, **Morgenrock** *m* robe *f* de chambre **Morgenmuffel** <-s, -> *m fam* **ich bin ein** ~ le matin, je ne suis pas à prendre avec des pincettes

morgens *adv* le matin; **von ~ bis abends** du matin au soir

morgig *adj attr* de demain

Mormone, **Mormonin** [mɔr'moːnə] <-n, -n> *m, f* mormon(e) *m(f)*

Morphium ['mɔrfiʊm] <-s> *nt* morphine *f*

morsch [mɔrʃ] *adj (Holz)* pourri(e)

morsen ['mɔrzən] *vt, vi* télégraphier en morse

Morsezeichen *nt* signal *m* en morse

Mörtel ['mœrtəl] <-s, -> *m* mortier *m*

Mosaik [moza'iːk] <-s, -e[n]> *nt* mosaïque *f*

Moschee [mɔ'ʃeː] <-, -n> *f* mosquée *f*

Moschus ['mɔʃʊs] <-> *m* musc *m*

Möse ['møːzə] <-, -n> *f vulg* con *m*

Mosel ['moːzəl] <-> *f* **die** ~ la Moselle

Moskau ['mɔskaʊ] <-s> *nt* Moscou

Moslem, **Moslime** ['mɔslɛm] <-s, -s> *m, f* musulman(e) *m(f)*

moslemisch [mɔs'leːmɪʃ] *adj* musulman(e)

Most [mɔst] <-[e]s> *m* moût *m*

Motel ['moːtəl] <-s, -s> *nt* motel *m*

Motiv [mo'tiːf] <-s, -e> *nt* motif *m*

Motivation [motiva'ʦi̯oːn] <-, -en> *f* motivation *f*

motivieren* [moti'viːrən] *vt* motiver

Motor ['moːtɔr] <-s, -toren> *m* moteur *m*

Motorboot *nt* bateau *m* à moteur **Motorhaube** *f* capot *m*

motorisiert *adj* motorisé(e) *(fam)*

Motorrad ['motorat] *nt* moto *f* **Motorradfahrer(in)** *m(f)* motocycliste *mf*

Motorroller *m* scooter *m* **Motorsäge** *f* tronçonneuse *f* **Motorschaden** *m* panne *f* de moteur

Motte ['mɔtə] <-, -n> *f* mite *f*

Mottenkugel *f* boule *f* antimite

Motto ['mɔto] <-s, -s> *nt* devise *f*

motzen ['mɔʦən] *vi fam* râler

Mountainbike ['maʊntənbaɪk] <-s, -s> *nt* vélo *m* tout-terrain, V.T.T. *m*

Möwe ['mø:və] <-, -n> *f* mouette *f*

MP3-Player [ɛmpe:'drajpleɐ] <-s, -> *m* lecteur *m* [de] MP3; *(tragbares Gerät)* baladeur *m* MP3

Mrd. *Abk von* **Milliarde[n]** Mrd.

Mücke ['mʏkə] <-, -n> *f* moustique *m*

Mückenstich *m* piqûre *f* de moustique

Mucks [mʊks] <-es, -e> *m fam (Wort)* mot *m;* **ohne einen ~** sans moufter

mucksmäuschenstill ['mʊks'mɔysçən'ʃtɪl] *fam* **I.** *adj* silencieux(-euse); **seid ~!** pas de bruit! **II.** *adv* sans faire de bruit; **verhaltet euch ~!** ne faites [surtout] pas de bruit!

müde ['my:də] *adj* fatigué(e); *(gelangweilt)* lassé(e)

Müdigkeit <-> *f* fatigue *f*

Muffin ['mafɪn] <-s, -s> *m* GASTR muffin *m*

muh [mu:] *interj* meuh

Mühe ['my:ə] <-, -n> *f* peine *f;* **sich** *(dat)* **~ geben** se donner du mal; **sich** *(dat)* **die ~ machen etw zu tun** se donner la peine de faire qc ▸ **mit Müh und Not** *fam* avec bien du mal

mühelos I. *adj* facile **II.** *adv* sans peine

muhen ['mu:ən] *vi* meugler

Mühle ['my:lə] <-, -n> *f* ① moulin *m* ② *(Mühlespiel)* marelle *f* [assise]

mühsam *adj* pénible

Mull [mʊl] <-[e]s, -e> *m* gaze *f*

Müll [mʏl] <-s> *m* déchets *mpl*

Müllabfuhr <-, -en> *f (das Abfahren)* ramassage *m* des ordures ménagères **Müllcontainer** *m* benne *f* à ordures **Mülldeponie** *f* décharge *f* **Mülleimer** *m* poubelle *f*

Müller(in) ['mʏlɐ] <-s, -> *m(f)* meunier(-ière) *m(f)*

Müllhalde *f* dépotoir *m* **Müllkippe** *f* décharge *f* **Müllmann** <-männer *o* Mülleute> *m fam* éboueur *m* **Müllschlucker** <-s, -> *m* vide-ordures *m inv* **Mülltonne** *f* poubelle *f* **Mülltrennung** *f* tri *m* des déchets **Müllwagen** *m* camion *m* de ramassage des ordures ménagères

mulmig ['mʊlmɪç] *adj fam (Gefühl)* étrange

multifunktional *adj* multifonctions **Multimedia** <-[s]> *kein Pl* ~ le multimédia **multinational** [mʊltinatsi̯o'na:l] *adj* multinational(e)

Multiple-Choice-Test ['maltɪpl'tʃɔys-] *m* test *m* avec des questions à choix multiple

Multiplexkino ['mʊltiplɛks-] *nt* multiplexe *m*

Multiplikation [mʊltiplika'tsi̯o:n] <-, -en> *f* multiplication *f*

Multiplikator [mʊltipli'ka:to:ɐ̯] <-s, -toren> *m* multiplicateur *m*

multiplizieren* [mʊltipli'tsi:rən] *vt* **etw mit etw ~** multiplier qc par qc

Mumie ['mu:mi̯ə] <-, -n> *f* momie *f*

Mumm [mʊm] <-s> *m kein Pl fam* ① *(Kraft)* pêche *f (fam)* ② *(Mut)* cran *m (fam)*

Mumps [mʊmps] <-> *m* oreillons *mpl*

München ['mʏnçən] <-s> *nt* Munich

Mund [mʊnt] <-[e]s, Münder> *m* bouche *f;* **halt den ~!** *fam* boucle-la!

Mundart *f* patois *m*

münden ['mʏndən] *vi +haben o sein* **in etw** *(akk)* ~ *(Fluss)* se jeter dans qc; *(Diskussion)* aboutir à qc

Mundgeruch *m* mauvaise haleine *f* **Mundharmonika** *f* harmonica *m*

mündig ['mʏndɪç] *adj* ① *(Bürger)* responsable ② *(volljährig)* ~ **sein** avoir la majorité

mündlich ['mʏntlɪç] *adj (Prüfung)* oral(e); *(Vereinbarung)* verbal(e)

Mundpropaganda *f* bouche *m* à oreille **Mundschutz** *m* masque *m*

Mündung <-, -en> *f (eines Flusses)* embouchure *f*

Mundwasser *nt* bain *m* de bouche **Mundwerk** *nt* **ein freches ~ haben** *fam* avoir la langue bien pendue **Mund-zu-Mund-Beatmung** *f* bouche-à-bouche *m*

Munition [muni'tsi̯o:n] <-> *f* munitions *fpl*

Münster ['mʏnstɐ] <-s, -> *nt* cathédrale *f*

munter ['mʊntɐ] *adj* ① *(heiter)* gai(e) ② *(wach)* réveillé(e)
Münzautomat *m* distributeur *m* automatique
Münze ['mʏntsə] <-, -n> *f* pièce *f* de monnaie
Mürbeteig *m* pâte *f* brisée
Murmel ['mʊrməl] <-, -n> *f* bille *f*
murmeln ['mʊrməln] **I.** *vi* marmonner **II.** *vt* murmurer
Murmeltier *nt* marmotte *f*
murren ['mʊrən] *vi* **über etw** *(akk)* ~ maugréer au sujet de qc
mürrisch ['mʏrɪʃ] *adj (Person)* grincheux(-euse); *(Gesicht)* renfrogné(e)
Mus [muːs] <-es, -e> *nt o m* compote *f*
Muschel ['mʊʃəl] <-, -n> *f* coquillage *m*
Muschi <-, -s> *f fam* chatte *f*
Muse ['muːzə] <-, -n> *f* muse *f*
Museum [mu'zeːʊm] <-s, Museen> *nt* musée *m*
Musical ['mjuːzikəl] <-s, -s> *nt* comédie *f* musicale
Musik [mu'ziːk] <-, -en> *f* musique *f*

Musik und Tanz

die klassische Musik	la musique classique
die Bühne	la scène
das Konzert	le concert
das Publikum	l'auditoire
die Band	le groupe
die Rockgruppe	le groupe de rock
die Rockmusik	le rock
die Eintrittskarte	le billet
der Sitzplatz	la place [assise]
der Tanz	la danse
das Ballett	la danse classique
die Note	la note
das Lied	la chanson
der Sänger/ die Sängerin	le chanteur/ la chanteuse
der Zuhörer/ die Zuhörerin	l'auditeur/ l'auditrice
der Tänzer/ die Tänzerin	le danseur/ la danseuse
die Fete	la boum
die Disko	la boîte
die Tanzfläche	la piste
clubben	faire la tournée des boîtes

musikalisch [muzi'kaːlɪʃ] *adj* ① musical(e) ② *(musikbegabt)* musicien(ne)
Musikant(in) [muzi'kant] <-en, -en> *m(f)* musicien(ne) *m(f)*
Musikbox *f* juke-box *m inv*
Musiker(in) ['muːzikɐ] <-s, -> *m(f)* musicien(ne) *m(f)*
Musikhochschule *f* ≈ conservatoire *m* [de musique]
Musikinstrument *nt* instrument *m* de musique

Musikinstrumente

die Trompete	la trompette
die Posaune	le trombone
die Querflöte	la flûte traversière
die Blockflöte	la flûte à bec
die Mund-harmonika	l'harmonica
das Akkordeon	l'accordéon
das Saxophon	le saxophone
die Tuba	le tuba
die Klarinette	la clarinette
die Oboe	le hautbois
die Gitarre	la guitare
die E-Gitarre	la guitare électrique
das Keyboard	le synthétiseur
das Cello	le violoncelle
die Geige	le violon
die Violine	le violon
die Harfe	la harpe
die Orgel	l'orgue
das Klavier	le piano
das Schlagzeug	la batterie

Musikkassette *f* cassette *f* audio
musizieren* [muzi'tsiːrən] *vi* faire de la musique
Muskat <-[e]s, -e> *m* muscade *f*
Muskel ['mʊskəl] <-s, -n> *m* muscle *m*
Muskelkater *m* courbatures *f pl* **Mus-**

kelprotz ['mʊskəlprɔts] <-es, -e> *m fam* paquet *m* de muscles *(hum)*
muskulös [mʊsku'lø:s] *adj* musclé(e)
Müsli ['my:sli] <-s, -> *nt* mu[e]sli *m*
Muslim, **Muslime** ['mʊslɪm] <-[s], -e> *m, f* musulman(e) *m(f)*
Muss [mʊs] <-> *nt* **ein ~ sein** être obligatoire
müssen ['mʏsən] *irr* **I.** *vt modal* ① **er muss arbeiten** il doit travailler; **lachen ~** ne pas pouvoir s'empêcher de rire; **das muss sein** c'est absolument nécessaire; **man müsste...** il faudrait... ② *(brauchen)* **du musst mir nicht helfen** tu n'as pas besoin de m'aider; **das muss nicht heißen, dass...** cela ne veut pas forcément dire que... ③ *(Ausdruck der Wahrscheinlichkeit)* **er muss krank sein** il doit être malade **II.** *vi* **ich muss zum Arzt** je dois aller chez le médecin; **du musst!** tu dois le faire!; **[mal] ~** *fam* avoir besoin d'aller aux W.-C.
Muster ['mʊstɐ] <-s, -> *nt* ① *(von Stoffen)* motif *m* ② *(Vorlage)* modèle *m*
Musterexemplar *nt* échantillon *m*
mustern ['mʊstɐn] *vt* ① examiner ② MIL **gemustert werden** passer les tests de sélection militaire
Mut [mu:t] <-[e]s> *m* courage *m*; **den ~ verlieren** perdre courage
mutig *adj* courageux(-euse)
mutlos *adj* découragé(e)
mutmaßlich *adj (Täter)* présumé(e)
Mutter[1] ['mʊtɐ] <-, Mütter> *f* mère *f*; **~ sein** être mère de famille
Mutter[2] <-, -n> *f* TECH écrou *m*
Muttergesellschaft *f* société *f* mère
mütterlich ['mʏtɐlɪç] *adj* maternel(le)
mütterlicherseits *adv* du côté maternel
Muttermal *nt* tache *f* de naissance
Mutterschaft <-> *f* maternité *f*
Mutterschaftsurlaub *m* congé *m* de maternité
Mutterschutz *m* protection *f* sociale de la femme enceinte **Muttersöhnchen** <-s, -> *nt pej fam* petit garçon *m* à sa maman **Muttersprache** *f* langue *f* maternelle
Muttersprachler(in) <-s, -> *m(f)* locuteur *m* natif
Muttertag *m* fête *f* des Mères
Mutti ['mʊti] <-, -s> *f fam* maman *f*
mutwillig **I.** *adj* causé(e) par un vandale/des vandales **II.** *adv* par vandalisme
Mütze ['mʏtsə] <-, -n> *f (Pudelmütze)* bonnet *m*; *(Schirmmütze)* casquette *f*; *(Baskenmütze)* béret *m*
MwSt. *Abk von* **Mehrwertsteuer** T.V.A.
mysteriös [mʏsteri'ø:s] *adj* mystérieux(-euse)
Mystik ['mʏstɪk] <-> *f* mysticisme *m*
Mythologie [mytolo'gi:] <-, -n> *f* mythologie *f*
mythologisch [myto'lo:gɪʃ] *adj* de mythologie; *(Gestalt)* mythologique
Mythos <-, Mythen> *m* mythe *m*

M

Nn

N, n [ɛn] <-, -> *nt* N *m*/n *m*
N *Abk von* **Norden** N
na [na] *interj fam* ① *(Ausdruck des Zweifels)* ben ② *(Ausruf der Entrüstung)* hé ▸ ~ **gut** bon, allez; ~ **also!** tu vois/vous voyez!; ~ **und?** et [puis] alors?
Nabe [ˈnaːbə] <-, -n> *f* moyeu *m*
Nabel [ˈnaːbəl] <-s, -> *m* nombril *m*
nach [naːx] **I.** *präp +dat* ① *(räumlich)* ~ **Nizza fahren** aller à Nice; ~ **Frankreich/Dänemark** en France/au Danemark; **der Zug** ~ **Bordeaux** le train pour Bordeaux ② *(zeitlich)* après; **fünf [Minuten]** ~ **drei** trois heures cinq [minutes]; ~ **drei Tagen** trois jours plus tard ③ *(entsprechend)* selon; **meiner Meinung** ~ à mon avis; ~ **Autoren geordnet** classé par auteurs **II.** *adv* ▸ ~ **und** ~ peu à peu; ~ **wie vor** toujours
nach|ahmen [ˈnaːxʔaːmən] *vt* imiter
Nachahmer(in) <-s, -> *m(f)* imitateur(-trice) *m(f)*
Nachbar(in) [ˈnaxbaːɐ̯] <-n, -n> *m(f)* voisin(e) *m(f)*
Nachbarschaft <-> *f* voisinage *m*
nach|bestellen* *vt* **zwei Kisten** ~ commander deux autres caisses
nachdem [naːxˈdeːm] *konj (zeitlich)* **kurz** ~ **wir zurückgekommen waren** peu après notre retour; ~ **er umgezogen war,...** après avoir déménagé,...
nach|denken *vi irr* **über etw** ~ réfléchir sur qc; *(eine Entscheidung suchen)* réfléchir à qc
nachdenklich *adj* pensif(-ive)
Nachdruck <-s> *m* insistance *f*
nachdrücklich [ˈnaːxdrʏklɪç] **I.** *adj* insistant(e) **II.** *adv* expressément; *(ablehnen)* catégoriquement
nach|eifern *vi* **jdm** ~ prendre modèle sur qn
nacheinander [naːxʔaiˈnandɐ] *adv* ~ **den Raum verlassen** quitter la salle l'un(e) après l'autre; **etw zweimal** ~ **tun** faire qc deux fois de suite
nach|feiern *vt* **etw** ~ fêter qc après coup
Nachfolge *f* succession *f*
nachfolgend *geh* **I.** *adj* suivant(e) **II.** *adv* ensuite
Nachfolger(in) <-s, -> *m(f)* successeur *m*
nach|forschen *vi* ~ faire des recherches
Nachfrage *f* ~ **nach etw** demande *f* de qc
nach|fragen *vi* **bei jdm ~, ob/wie...** se renseigner auprès de qn pour savoir si/comment...
nach|fühlen *vt* **er wird [mir] sicher ~ können, ...** il comprendra fort bien que *+subj*
nach|füllen *vt* remplir de nouveau
Nachfüllpackung *f* [éco]recharge *f*
nach|geben *vi irr* ① céder ② FIN, ÖKON reculer
nach|gehen *vi irr +sein* ① **jdm** ~ suivre qn; **einem Hinweis** ~ vérifier un indice ② *(Uhr)* retarder
nachgemacht *adj (Unterschrift)* imité(e)
Nachgeschmack *m* arrière-goût *m*
nachgiebig [ˈnaːxgiːbɪç] *adj (Person)* [trop] accommodant(e)
nach|gießen *vt, vi irr* resservir
nachhaltig [ˈnaːxhaltɪç] *adj* durable
nachhause *adv* A, CH ~ **gehen** aller à la maison
nach|helfen *vi irr* donner un coup de pouce
nachher, **nachher** [naːxˈheːɐ̯] *adv* ① *(danach)* après ② *(gleich)* tout à l'heure
Nachhilfe *f*, **Nachhilfeunterricht** *m*

cours *m* particulier
Nachhinein ['na:xhɪnain] **im ~** après coup
Nachholbedarf *m* **~ an Bildung** retard *m* à combler en matière de culture
nach|holen *vt* rattraper
nach|jagen *vi +sein* **jdm/dem Geld ~** courir après qn/l'argent
Nachkomme ['na:xkɔmə] <-n, -n> *m* descendant(e) *m(f)*; **die ~n** la descendance
nach|kommen *vi irr +sein* ❶ **jdn ~ lassen** faire venir qn ❷ *(Schritt halten)* suivre
Nachkriegszeit *f* après-guerre *m*
nach|laden *vi, vt irr* recharger
Nachlass ['na:xlas] <-es, -e> *m* ❶ *(eines Verstorbenen)* succession *f*; *(Werke)* œuvres *fpl* posthumes ❷ *(Preisnachlass)* réduction *f*
nach|lassen *vi irr (Sturm)* se calmer; *(Sehkraft)* faiblir; *(Schmerz)* s'atténuer
nachlässig **I.** *adj (Personal)* négligent(e); *(Arbeit, Äußeres)* négligé(e) **II.** *adv* **~ arbeiten** être négligent dans son travail
Nachlässigkeit <-, -en> *f* négligence *f*
nach|laufen *vi irr +sein* **jdm ~** ❶ *(hinterherlaufen)* poursuivre qn ❷ *fam (erobern wollen)* courir après qn
nach|lesen *vt irr* **etw ~** vérifier qc
nach|lösen *vt* **die Fahrkarte ~** acheter son billet dans le train
nach|machen *vt* ❶ *(nachahmen)* imiter ❷ *(fälschen)* contrefaire
Nachmieter(in) *m(f)* locataire *m* suivant
Nachmittag *m* après-midi *m o f*; **am ~** l'après-midi; **heute ~** cet après-midi; **am frühen ~** tôt dans l'après-midi
nachmittags *adv* l'après-midi
Nachnahme ['na:xna:mə] <-, -n> *f* **etw per ~ schicken** envoyer qc contre remboursement
Nachname *m* nom *m* [de famille]
nach|prüfen *vt, vi* vérifier
nach|rechnen **I.** *vi* refaire les calculs **II.** *vt* revérifier
nach|reichen *vt* **jdm etw ~** faire parvenir qc à qn ultérieurement
Nachricht ['na:xrɪçt] <-, -en> *f* ❶ information *f* ❷ *(Mitteilung)* nouvelle *f*
Nachrichtensprecher(in) *m(f)* présentateur(-trice) *m(f)* du journal
nach|rüsten **I.** *vi* MIL augmenter son potentiel militaire **II.** *vt (Computer)* compléter l'équipement de
nach|sagen *vt* **jdm Gutes ~** dire du bien de qn
Nachsaison *f* basse saison *f*
nach|schauen **I.** *vt* vérifier **II.** *vi* ❶ **~, ob...** aller voir si... ❷ *(nachblicken)* **jdm/einer S. ~** suivre qn/qc des yeux
nach|schenken *geh* **I.** *vt* **jdm Wasser ~** resservir de l'eau à qn **II.** *vi* **jdm ~** resservir à boire à qn
Nachschlag *m* portion *f* supplémentaire
nach|schlagen *irr* **I.** *vt +haben* ❶ *(suchen)* chercher ❷ *(überprüfen)* vérifier **II.** *vi +haben* **in einem Lexikon ~** consulter une encyclopédie
Nachschub <-[e]s, -schübe> *m* ravitaillement *m*
nach|sehen *irr* **I.** *vi* ❶ **~, ob/wo/...** aller voir si/où/... ❷ *(nachblicken)* **jdm/einer S. ~** suivre qn/qc des yeux **II.** *vt (kontrollieren)* vérifier
Nachsicht <-> *f* indulgence *f*
nachsichtig **I.** *adj* indulgent(e) **II.** *adv* avec indulgence
nach|sitzen *vi irr* **~ müssen** être en retenue
Nachspeise *f* dessert *m*
Nachspiel *nt* ❶ *(Zärtlichkeiten)* caresses *fpl* après le rapport ❷ *(Konsequenzen)* **das wird noch ein ~ haben!** les choses ne s'arrêteront pas là!
nach|sprechen *vt, vi irr* répéter
nächstbeste(r, s) ['nɛ:çst'bɛstə] *adj* **der/die Nächstbeste** le premier venu/la première venue
nächste(r, s) ['nɛ:çstə] *adj Superl von* **nah[e]** ❶ *(in größter Nähe gelegen)* **die ~ Tankstelle** la station d'essence la plus proche; **am ~n** le plus près ❷ *(bevorstehend)* **in der ~n Woche** la semaine prochaine; **am ~n Tag** le

N

lendemain; **bei der ~n Gelegenheit** à la première occasion [qui se présente] ❸ *(in Bezug auf eine Reihenfolge)* **der Nächste, bitte!** au suivant, s'il vous plaît! ❹ *(sehr vertraut)* **die ~n Verwandten/Angehörigen** les proches *mpl*

Nächste(r) *m* **mein ~r** mon prochain

nach|stellen *vt (Uhr)* retarder; *(Szene)* jouer

Nächstenliebe *f* amour *m* du prochain

nächstgelegen *adj* **das ~e Dorf** le village le plus proche **nächstliegend** *adj* **das Nächstliegende** le plus simple **nächstmöglich** *adj* **zum ~en Termin** le plus tôt possible

Nacht [naxt] <-, Nächte> *f* nuit *f*; **heute ~** cette nuit; **es wird ~** il commence à faire nuit; **bei ~** de nuit; **gute ~!** bonne nuit! ▸ **über ~** du jour au lendemain

Nachtarbeit *f* travail *m* de nuit

Nachteil <-[e]s, -e> *m* inconvénient *m*; **im ~ sein** être désavantagé

N

nachteilig I. *adj (Auswirkungen)* préjudiciable II. *adv* **sich ~ auswirken** avoir des conséquences fâcheuses

nächtelang ['nɛçtə'laŋ] *adv* [pendant] des nuits entières

Nachthemd *nt* chemise *f* de nuit

Nachtigall ['naxtɪgal] <-, -en> *f* rossignol *m*

Nachtisch *m* dessert *m*

Nachtklub *m* boîte *f* [de nuit]

nächtlich ['nɛçtlɪç] *adj* nocturne

Nachtlokal *nt* boîte *f*

Nachtrag <-[e]s, -träge> *m* annexe *f*

nach|tragen *vt irr* ❶ *(ergänzen)* ajouter ❷ *fig* **jdm etw ~** en vouloir à qn de qc

nachtragend *adj* rancunier(-ière)

nachträglich ['na:xtrɛ:klɪç] *adj* ultérieur(e)

nach|trauern *vi* **jdm ~** regretter qn

nachts *adv* la nuit; **spät ~** tard dans la nuit

Nachtschicht *f (Schichtarbeiter)* équipe *f* de nuit **Nachtschwester** *f* infirmière *f* de nuit

Nachttisch *m* table *f* de chevet **Nachttischlampe** *f* lampe *f* de chevet

Nachtwache *f* veillée *f*

nachvollziehbar *adj* compréhensible; **leicht ~ sein** être facile à comprendre

nach|vollziehen* *vt irr* comprendre

nach|wachsen *vi irr +sein* repousser

Nachwahl *f* élection *f* partielle

Nachweis ['na:xvais] <-es, -e> *m* preuve *f*

nach|weisen *vt irr* prouver

Nachwuchs *m* rejetons *mpl*

nach|zahlen I. *vt* **Steuern ~** payer un rappel d'impôts II. *vi* payer un supplément

nach|zählen *vt, vi* recompter

Nachzahlung *f* ❶ *(Gehaltsnachzahlung)* rappel *m* ❷ *(zu bezahlender Betrag)* supplément *m*

nach|ziehen *vt irr +haben (Schraube)* resserrer

Nacken ['nakən] <-s, -> *m* nuque *f*

nackt [nakt] *adj* nu(e)

Nackte(r) *f(m) dekl wie adj* homme *m* nu/femme *f* nue

Nadel ['na:dəl] <-, -n> *f* aiguille *f*

Nadelbaum *m* conifère *m*

nadeln *vi* perdre ses aiguilles

Nadelöhr *nt* chas *m*; *(Engpass)* goulet *m* d'étranglement

Nagel ['na:gəl] <-s, Nägel> *m* ❶ *(Metallstift)* clou *m* ❷ *(Finger-, Zehennagel)* ongle *m* ▸ **den ~ auf den Kopf treffen** *fam* mettre le doigt dessus

Nagelfeile *f* lime *f* à ongles **Nagelhaut** *f* ANAT envies *fpl (fam)* **Nagellack** *m* vernis *m* à ongles

Nagellackentferner <-s, -> *m* dissolvant *m*

nageln *vt* clouer

nagelneu *adj fam* flambant neuf(neuve)

Nagelschere *f* ciseaux *mpl* à ongles

nagen ['na:gən] *vi* **an etw** *(dat)* **~** ronger qc

Nager ['na:gɐ] <-s, -> *m*, **Nagetier** *nt* rongeur *m*

nah <näher, nächste> I. *adj* ❶ *(räumlich/zeitlich)* proche ❷ *fig* **den Trä-**

nen ~[e] au bord des larmes; **~[e] daran sein etw zu tun** être sur le point de faire qc **II.** *adv* ❶ *(räumlich: gelegen sein)* [tout] près; **von ~em** de près ❷ *(eng)* **ich bin ~ mit ihm verwandt** nous sommes proches parents

nahe I. *präp +dat* **~ dem Brunnen** près du puits **II.** *adj s.* **nah**

Nähe ['nɛːə] <-> *f* ❶ proximité *f;* **in der ~** à proximité ❷ *(Anwesenheit: einer Person)* présence *f*

nahe|kommen *vt* **sich** *(dat)* **~** *(Personen)* devenir très proches

naheliegend <naheliegender, naheliegendste> *adj* facile à comprendre

nahen *vi +sein geh* approcher

nähen ['nɛːən] **I.** *vt* coudre; *(Wunde)* recoudre **II.** *vi* faire de la couture

näher ['nɛːɐ̯] **I.** *adj Komp von* **nahe** ❶ *(räumlich)* plus près; **in der ~en Umgebung des Bauernhofs** à proximité de la ferme ❷ *(zeitlich)* plus rapproché(e); **in ~er Zukunft** dans un proche avenir ❸ *(detaillierter)* plus précis(e) ❹ *(Bekannter)* assez proche; *(Zusammenarbeit)* assez étroit(e) **II.** *adv* ❶ *(räumlich)* plus près; **~ an etw** *(akk)* **herantreten** se rapprocher [plus] de qc; **treten Sie ~!** veuillez vous approcher! ❷ *(zeitlich)* **~ rücken** approcher ❸ *(detaillierter)* de façon plus précise

nähern *vr* ❶ *(räumlich)* **sich jdm/einer S. ~** [s']approcher de qn/qc ❷ *(zeitlich)* **sich einer S.** *(dat)* **~** approcher de qc

nahe|stehen *vi* **jdm ~** être proche de qn

nahezu ['naːə'tsuː] *adv* presque

Nähgarn *nt* fil *m* à coudre

nahm [naːm] *Imp von* **nehmen**

Nähmaschine *f* machine *f* à coudre

Nähnadel *f* aiguille *f* à coudre

Nahost ['naːʔɔst] *kein art* **aus/in ~** du/au Proche-Orient

Nahostfriedensprozess *m kein Pl* processus *m* de paix au Proche-Orient

nahrhaft ['naːɐ̯haft] *adj* nourrissant(e)

Nährstoff *m* substance *f* nutritive

Nahrung ['naːrʊŋ] <-,> *f* nourriture *f*

Nahrungsmittel *nt* produits *mpl* alimentaires

Nährwert *m* valeur *f* nutritive

Naht [naːt] <-, Nähte> *f* ❶ couture *f* ❷ MED suture *f*

Nahverkehr *m* trafic *m* urbain; **der öffentliche ~** les transports *mpl* en commun

Nahverkehrszug *m* train *m* de banlieue

naiv [na'iːf] *adj* naïf(-ïve)

Naivität [naivi'tɛːt] <-> *f* naïveté *f*

Name ['naːmə] <-ns, -n> *m,* **Namen** <-s, -> *m* nom *m* ▸ **im ~n des Gesetzes/des Volkes** au nom de la loi/du peuple

namenlos *adj* ❶ *(anonym)* anonyme ❷ COM *(Produkt)* sans marque

namens *adv* **ein Herr ~ Dietz** un monsieur du nom de Dietz

Namenstag *m* fête *f*

nämlich ['nɛːmlɪç] *adv* ❶ *(und zwar)* et ce; *(genauer gesagt)* à savoir ❷ *(denn)* en effet

nannte ['nantə] *Imp von* **nennen**

nanu [na'nuː] *interj* ça alors

Napf [napf] <-[e]s, Näpfe> *m* gamelle *f*

Narbe ['narbə] <-, -n> *f* cicatrice *f*

Narkose [nar'koːzə] <-, -n> *f* anesthésie *f*

Narkotikum [nar'koːtikʊm] <-s, -kotika> *nt* ❶ MED anesthésique *m* ❷ *(Suchtmittel)* narcotique *m*

Narr [nar] <-en, -en> *m* *(Dummkopf)* imbécile *m* ▸ **jdn zum ~en halten** se moquer de qn

Närrin ['nɛrɪn] <-, -nen> *f* imbécile *f*

närrisch ['nɛrɪʃ] *adj* ❶ *(karnevalistisch)* de Carnaval ❷ *fam (versessen)* **ganz ~ auf jdn/etw sein** être [raide] dingue de qn/qc

Narzisse [nar'tsɪsə] <-, -n> *f* narcisse *m*

nasal [na'zaːl] *adj* nasal(e)

naschen ['naʃən] **I.** *vi* grignoter des friandises; **von etw ~** *(heimlich kosten)* goûter [en cachette] à qc **II.** *vt* grignoter

N

Nase ['na:zə] <-, -n> *f* nez *m;* **sich** *(dat)* **die ~ putzen** se moucher ▸ **die ~ voll haben** *fam* en avoir plein le dos; **auf die ~ fallen** *fam* se casser le nez; **jdm auf der ~ herumtanzen** *fam* mener qn par le bout du nez; **vor seiner/deiner/... ~** *fam* sous son/ton nez

näseln ['nɛ:zəln] *vi* parler du nez

Nasenbluten <-s> *nt kein Pl* **~ haben** saigner du nez **Nasenloch** *nt* narine *f* **Nasenspitze** *f* bout *m* du nez **Nasentropfen** *Pl* gouttes *fpl* pour le nez

Nashorn *nt* rhinocéros *m*

nass [nas] *adj* ❶ mouillé(e) ❷ *(regnerisch)* humide

Nässe ['nɛsə] <-> *f* humidité *f*

nasskalt *adj* froid(e) et humide

Nation [na'tsi̯o:n] <-, -en> *f* nation *f;* **die Vereinten ~en** les Nations Unies

national [natsi̯o'na:l] *adj* national(e)

National- [natsi̯o'na:l] national(e)

Nationalfeiertag *m* fête *f* nationale **Nationalhymne** *f* hymne *m* national

Nationalismus [natsi̯ona'lɪsmʊs] <-> *m* nationalisme *m*

Nationalist(in) [natsi̯ona'lɪst] <-en, -en> *m(f)* nationaliste *mf*

nationalistisch **I.** *adj* nationaliste **II.** *adv* en nationaliste

Nationalität [natsi̯onali'tɛ:t] <-, -en> *f* nationalité *f*

Nationalmannschaft *f* équipe *f* nationale **Nationalpark** *m* parc *m* national **Nationalrat** *m* CH, A ❶ *kein Pl* Conseil *m* national ❷ *(Mitglied)* membre *m* du Conseil national **Nationalsozialismus** *m* national-socialisme *m* **Nationalsozialist(in)** *m(f)* national-socialiste *mf* **nationalsozialistisch** *adj* national-socialiste

Nationalspieler(in) *m(f)* SPORT joueur(-euse) *m(f)* de l'équipe nationale

NATO ['na:to] *f Abk von* **North Atlantic Treaty Organization** O.T.A.N. *f*

Natter ['natɐ] <-, -n> *f* couleuvre *f*

Natur [na'tu:ɐ̯] <-> *f* nature *f*

Naturalismus [natura'lɪsmʊs] <-> *m* naturalisme *m*

naturgemäß *adj* naturel(le) **naturgetreu** *adj* fidèle [à la réalité] **Naturheilkunde** *f* médecine *f* douce **Naturkatastrophe** *f* catastrophe *f* naturelle **Naturkundemuseum** *nt* musée *m* d'histoire naturelle

natürlich [na'ty:ɐ̯lɪç] **I.** *adj* naturel(le) **II.** *adv (selbstverständlich)* naturellement

Natürlichkeit <-> *f* naturel *m*

Naturschutz *m* protection *f* de la nature; **unter ~ stehen** être protégé **Naturschutzgebiet** *nt* réserve *f* naturelle **Naturvolk** *nt* peuple *m* primitif **Naturwissenschaft** *f* **die ~en** les sciences naturelles **naturwissenschaftlich** *adj* scientifique

nautisch ['naʊ̯tɪʃ] *adj* nautique

Navigationsgerät *nt (Autozubehör)* navigateur *m* automobile **Navigationssystem** *nt* système *m* de navigation

navigieren* [navi'gi:rən] **I.** *vi* naviguer **II.** *vt* piloter

Nazi ['na:tsi] <-s, -s> *m* <-, -s> *f* nazi(e) *m(f)*

Nazismus [na'tsɪsmʊs] <-> *m* nazisme *m*

n. Chr. *Abk von* **nach Christus** apr. J.-C.

Neandertaler [ne'andɐta:lɐ] <-s, -> *m* homme *m* de Neandertal

Nebel ['ne:bəl] <-s, -> *m* ❶ brouillard *m; (leicht)* brume *f* ❷ ASTRO nébuleuse *f*

nebelig *adj* brumeux(-euse)

Nebelscheinwerfer *m* phare *m* antibrouillard

neben ['ne:bən] **I.** *präp +dat* **~ jdm/einer S.** à côté de qn/qc; **rechts ~ dem Eingang** à droite de l'entrée **II.** *präp +akk* **sich ~ jdn/etw setzen** s'asseoir à côté de qn/qc; **sich links ~ jdn/etw stellen** se mettre à gauche de qn/qc

nebenan [ne:bən'ʔan] *adv* à côté **ne-**

N

benbei [ne:bən'bai] *adv* ❶ *(nebenher)* en plus [du reste] ❷ *(beiläufig)* ~ [**bemerkt**] soit dit en passant **nebenberuflich** **I.** *adj* extra-professionnel(le) **II.** *adv* à titre d'activité annexe **Nebenbeschäftigung** *f* activité *f* annexe

Nebenbuhler(in) <-s, -> *m(f)* rival(e) *m(f)*

nebeneinander ['ne:bən?ai'nandɐ] *adv* ❶ *(räumlich)* côte à côte ❷ *(zeitlich)* parallèlement

Nebenerwerb *m* activité *f* annexe **Nebenfach** *nt* matière *f* secondaire **Nebenfluss** *m* affluent *m* **Nebengebäude** *nt* ❶ *(untergeordneter Bau)* dépendance *f* ❷ *(benachbartes Gebäude)* annexe *f*

nebenher ['ne:bən'he:ɐ] *adv* *(zusätzlich)* en plus

Nebenjob *m fam* boulot *m* d'appoint **Nebenkosten** *Pl (für Wohnung)* charges *fpl* **Nebenrolle** *f* rôle *m* secondaire **Nebensache** *f* ~ **sein** être accessoire

nebensächlich *adj* accessoire

Nebensaison *f* basse saison *f* **Nebensatz** *m* LING proposition *f* subordonnée **Nebenstraße** *f* route *f* secondaire

neblig *s.* **nebelig**

necken ['nɛkən] *vt, vr* [**sich**] ~ [se] taquiner

Neckholder ['nɛkho:ldɐ] <-s, -> *m* TEXTIL dos-nu *m*

nee [ne:] *adv fam* non

Neffe ['nɛfə] <-n, -n> *m* neveu *m*

negativ ['ne:gati:f] *adj* négatif(-ive)

Negativ <-s, -e> *nt* négatif *m*

nehmen ['ne:mən] *vt irr* prendre; [**sich** *(dat)*] **etw** ~ prendre qc; **jdm die Sicht** ~ boucher la vue à qn; **jdm die Lust an etw** ~ gâcher l'envie à qn; **jdm etw übel** ~ en vouloir à qn de qc

Nehmerland *nt* FIN, ÖKON pays *m* receveur

Neid [nait] <-[e]s> *m kein Pl* envie *f* ▶ **vor** ~ **erblassen** crever de jalousie

Neider(in) <-s, -> *m(f)* envieux(-euse) *m(f)*

neidisch **I.** *adj (Person)* envieux(-euse); **auf jdn** ~ **sein** envier qn **II.** *adv (betrachten)* avec envie

neigen **I.** *vi* **zu Übergewicht** ~ avoir une tendance à l'embonpoint **II.** *vr* **sich** ~ *(Person)* se pencher; *(Hang)* être en pente; *(Schiff)* pencher **III.** *vt (Kopf)* pencher

Neigung <-, -en> *f* ❶ *(Schräge)* inclinaison *f* ❷ *(Vorliebe)* penchant *m*

nein [nain] *adv* non; **leider** ~ malheureusement pas

Nein <-s> *nt* non *m*

Neinstimme *f* voix *f* contre

Nektarine [nɛkta'ri:nə] <-, -n> *f* nectarine *f*

Nelke ['nɛlkə] <-, -n> *f* ❶ *(Blume)* œillet *m* ❷ *(Gewürz)* clou *m* de girofle

nennen ['nɛnən] *vt irr* ❶ *(anreden)* appeler; **Katharina II., genannt die Große** Catherine II, dite la Grande ❷ *(bezeichnen)* **wie nennt man das?** comment appelle-t-on ça? ❸ *(angeben)* indiquer

nennenswert *adj* notable

Neon ['ne:ɔn] <-s> *nt* néon *m*

Neonazi ['ne:ona:tsi] *m* néonazi(e) *m(f)*

Neonlicht *nt* néon *m* **Neonröhre** *f* néon *m*

Neptun <-s> *m* ASTRO [**der**] ~ [la planète] Neptune

Nerv [nɛrf] <-s, -en> *m* ❶ nerf *m* ❷ *Pl* **gute ~en haben** avoir les nerfs solides; **die ~en verlieren** perdre le contrôle de soi-même ▶ **jdm auf die ~en gehen** *fam* taper sur les nerfs de qn

nerven *fam* **I.** *vt* énerver **II.** *vi* être énervant

nervenaufreibend *adj* nerveusement éprouvant(e) **Nervenbündel** *nt* paquet *m* de nerfs **Nervenkitzel** <-s, -> *m fam* petit frisson *m* **Nervensäge** *f fam* casse-pieds *mf* **Nervenzusammenbruch** *m* dépression *f* nerveuse

N

nervig ['nɛrfɪç] *adj* tuant
nervlich ['nɛrflɪç] *adj* nerveux(-euse)
nervös [nɛr'vøːs] *adj (Person)* nerveux(-euse); *(Stimmung)* agité(e)
Nervosität [nɛrvozi'tɛːt] <-> *f* nervosité *f*
nervtötend *adj fam* tuant(e)
Nerz [nɛrts] <-es, -e> *m* vison *m*
Nessel ['nɛsəl] <-, -n> *f (Brennnessel)* ortie *f*
Nest [nɛst] <-[e]s, -er> *nt* ❶ nid *m* ❷ *fam (Kaff)* patelin *m*
nett [nɛt] *adj* gentil(le); *(Abend)* sympathique; ~ **zu jdm sein** être gentil avec qn

Übersetzungstipp

Nett – Nicht verwechseln mit *net, nette – sauber; klar!*

netto ['nɛto] *adv* net
Netz [nɛts] <-es, -e> *nt* ❶ *a.* SPORT filet *m* ❷ ELEC réseau *m*

N

Netzhaut *f* rétine *f* **Netzteil** *nt* transformateur *m*
netzwerken *vi fam* réseauter
neu [nɔy] **I.** *adj* ❶ *(noch nicht gebraucht)* neuf(neuve); *(soeben hergestellt, gekauft)* nouveau(-velle) ❷ *(aktuell)* récent(e); **die ~esten Nachrichten** les [toutes] dernières nouvelles ❸ *(erneut)* nouveau(nouvelle) ❹ *(noch nicht da gewesen)* nouveau(nouvelle) ❺ *(unbekannt)* **das war mir ~** je n'en savais rien ▶ **seit ~[e]stem** depuis peu; **von ~em** de nouveau **II.** *adv* ❶ *(von vorn)* **wieder ganz ~ anfangen** repartir à zéro ❷ *(erneut)* ~ **bearbeiten** remanier ❸ *(soeben)* ~ **eröffnet** qui vient d'ouvrir
Neuankömmling ['nɔyʔankœmlɪŋ] <-s, -e> *m* nouveau venu *m*/nouvelle venue *f*
neuartig *adj (Technologie)* inédit(e); *(Wörterbuch)* de conception nouvelle
Neuartigkeit <-> *f* nouveauté *f*
Neuauflage *f (neue Auflage)* nouveau tirage *m*
Neubau <-bauten> *m* nouvel immeuble *m* **Neubaugebiet** *nt* ≈ Z.U.P. *f* **Neubausiedlung** *f* nouveau lotissement *m*
Neubearbeitung *f* ❶ *kein Pl (das Bearbeiten)* refonte *f* ❷ *(neue Ausgabe)* nouvelle édition *f* ❸ MUS, THEAT nouvelle adaptation *f*
Neue(s) *nt* ❶ **das ~ an etw** *(dat)* la nouveauté dans qc; **Altes und ~s** le vieux et le neuf ❷ *(neue Sache)* **etwas ~s** quelque chose de nouveau ❸ *(Neuigkeit)* **was gibt's ~s?** *fam* quoi de neuf?
neuerdings ['nɔyɐ'dɪŋs] *adv* depuis peu [de temps]
neueröffnet *s.* **neu** **Neuerscheinung** *f* nouveauté *f*
Neuerung <-, -en> *f* innovation *f*
Neueste(s) *nt* **das ~** *(neue Nachricht)* la dernière [nouvelle]; *(neues Produkt)* ce qui vient de sortir
neugeboren *adj* nouveau-né ▶ **wie ~** tout revigoré **Neugeborene(s)** *nt* nouveau-né(e) *m(f)*
Neugier[de] <-> *f* curiosité *f*
neugierig **I.** *adj (Person)* curieux(-euse); *(Frage)* indiscret(-ète); ~ **sein, ob/wie...** être curieux de savoir si/comment... **II.** *adv* avec curiosité
Neugriechisch <-[s]> *nt kein art* le grec moderne
Neuheit <-, -en> *f* nouveauté *f*
Neuigkeit <-, -en> *f* nouvelle *f*
Neujahr *nt kein Pl* nouvel an *m* ▶ **prost ~!** bonne année!
Neujahrstag *m* jour *m* de l'an
neulich *adv* récemment; ~ **abends** l'autre soir
Neuling ['nɔylɪŋ] <-s, -e> *m* novice *mf*
neun [nɔyn] *num* neuf; *s.a.* **acht**[1]
neuneinhalb *num* neuf... et demi(e)
neunfach *adj, adv* neuf fois; *s.a.* **achtfach**
neunhundert *num* neuf cents

Neunjährige(r) *f(m)* fille *f*/garçon *m* de neuf ans
neunmal *adv* neuf fois; *s.a.* **achtmal**
neunt *adv* **zu ~ sein** être [à] neuf; *s.a.* **acht²**
neuntausend ['nɔyn'taʊzənt] *num* neuf mille
neunte(r, s) *adj* ❶ neuvième ❷ *(bei Datumsangaben)* **der ~ Mai** le neuf mai; *s.a.* **achte(r, s)**
neuntel *adj* neuvième; *s.a.* **achtel**
neunzehn *num* dix-neuf; *s.a.* **acht¹**
neunzehnte(r, s) *adj* ❶ dix-neuvième ❷ *(bei Datumsangaben)* **der ~ März** le dix-neuf mars; *s.a.* **achte(r, s)**
neunzig ['nɔyntsɪç] *num* quatre-vingt--dix, nonante (BELG, CH) *s.a.* **achtzig**
neunziger *adj* **die ~ Jahre** les années *fpl* quatre-vingt-dix; *s.a.* **achtziger**
neunzigste(r, s) *adj* quatre-vingt--dixième, nonantième (BELG, CH)
Neuordnung *f* réorganisation *f* **neureich** *adj* parvenu(e)
Neurochirurg(in) ['nɔyroçirʊrk] *m(f)* MED neurochirurgien(ne) *m(f)* **Neurochirurgie** ['nɔyroçirʊrgi:] *f* MED neurochirurgie *f* **Neurodermitis** [nɔyrodɛr'mi:tɪs] *f* MED névrodermite *f*
Neurologe, Neurologin [nɔyro'lo:gə] <-n, -n> *m, f* neurologue *mf*
neurologisch *adj* neurologique
Neuron ['nɔyrɔn] <-s, -ronen> *nt* MED neurone *m*
Neurose [nɔy'ro:zə] <-, -n> *f* névrose *f*
Neurotiker(in) [nɔy'ro:tikɐ] <-s, -> *m(f)* PSYCH névrosé(e) *m(f)*
neurotisch *adj (Person)* névrosé(e); *(Verhalten)* névrotique
Neuschnee *m* neige *f* fraîche
Neuseeland [nɔy'ze:lant] *nt* la Nouvelle-Zélande
Neuseeländer(in) <-s, -> *m(f)* Néo-Zélandais(e) *m(f)*
neuseeländisch *adj* néo-zélandais(e)
Neustart *m* INFORM redémarrage *m*
Neuste(s) *s.* **Neueste(s)**
neutral [nɔy'tra:l] **I.** *adj* neutre **II.** *adv (sich verhalten)* de façon impartiale
neutralisieren* [nɔytrali'zi:rən] *vt* neutraliser
Neutralisierung <-, -en> *f* neutralisation *f*
Neutralität [nɔytrali'tɛ:t] <-> *f* neutralité *f*
Neutron ['nɔytro:n] <-s, -tronen> *nt* neutron *m*
Neutrum ['nɔytrʊm] <-s, Neutra> *nt* neutre *m*
neuwertig *adj* comme neuf(neuve)
Neuzeit *f kein Pl* **die ~** les temps *mpl* modernes
neuzeitlich *adj* ❶ *(der Neuzeit zugehörig)* des temps modernes ❷ *(modern)* moderne
Newcomer ['nju:kamɐ] <-s, -> *m* nouveau venu *m*/nouvelle venue *f*
Newsgroup ['nju:zgru:p] <-, -s> *f* INFORM infogroupe *m*
nicht [nɪçt] *adv* ❶ ne... pas; **um sich ~ zu erkälten** pour ne pas attraper froid; **~ schlecht/möglich** pas mauvais/possible; **~ sehr** pas très; **warum ~?** pourquoi pas?; **bitte ~!** non, s'il te/vous plaît!; **~ eine(r)** [ne...] pas un(e) [seul(e)]; **er ~!** pas lui! ❷ *(stimmt's)* **~?** non?
Nichtbeachtung *f form* non-respect *m*
Nichte ['nɪçtə] <-, -n> *f* nièce *f*
nichtig ['nɪçtɪç] *adj* JUR nul(le)
Nichtraucher(in) *m(f)* non-fumeur(-euse) *m(f)*
nichts [nɪçts] *pron indef* ne... rien; **gar ~** rien du tout; **es ist ~** ce n'est rien; **das macht ~** ça ne fait rien ▸ **für ~ und wieder ~** *fam* pour des clopinettes; **~ wie weg!** tirons-nous! *(fam)*
Nichts <-, -e> *nt kein Pl* **das ~** le néant ▸ **vor dem ~ stehen** avoir tout perdu; **aus dem ~** *(von irgendwoher)* comme tombé(e) du ciel
Nichtschwimmer(in) *m(f)* **~ sein** ne pas savoir nager
nichtsdestotrotz *adv* néanmoins
nichtsdestoweniger [nɪçtsdɛsto've:nɪgɐ] *adv* néanmoins

N

Nichtsnutz ['nɪçtsnʊts] <-es, -e> *m pej* vaurien(ne) *m(f)*
Nichtstuer(in) [nɪçtstuːɐ] <-s, -> *m(f) pej* fainéant(e) *m(f)*
Nichtstun *nt* ❶ *(Faulenzen)* oisiveté *f* ❷ *(Untätigkeit)* inaction *f*
nicken ['nɪkən] *vi* hocher la tête; *(Zustimmung signalisieren)* faire un signe d'approbation
Nickerchen ['nɪkɐçən] <-s> *nt fam* roupillon *m*
Nickname ['nɪkneːm] <-[s], -s> *m* INFORM pseudo *m*
nie [niː] *adv (zu keinem Zeitpunkt)* ne... jamais; **er hat ~ davon gesprochen** il n'en a jamais parlé; **~ wieder** ne... plus jamais
nieder|drücken *vt* ❶ *(Türklinke, Taste)* appuyer sur ❷ *geh (deprimieren)* démoraliser; **~d** démoralisant(e)
niedere(r, s) *adj (Stand)* bas(se); *(Beamte)* petit(e)
Niedergang *m kein Pl* déclin *m*
nieder|gehen *vi irr +sein (Lawine)* s'abattre
N
niedergeschlagen *adj* abattu(e)
Niedergeschlagenheit <-> *f (Depriniertheit)* abattement *m; (Entmutigung)* découragement *m*
nieder|knien *vi +sein* s'agenouiller
Niederlage *f* défaite *f*
Niederlande ['niːdɐlandə] <-> *Pl* **die ~** les Pays-Bas *mpl*
Niederländer(in) ['niːdɐlɛndɐ] <-s, -> *m(f)* Néerlandais(e) *m(f)*
niederländisch **I.** *adj* néerlandais(e) **II.** *adv* **~ miteinander sprechen** discuter en néerlandais
Niederländisch <-[s]> *nt kein art* néerlandais *m; s.a.* **Deutsch**
nieder|lassen *vr irr* **sich in einer Stadt ~** s'établir dans une ville
Niederlassung <-, -en> *f (Zweigstelle)* succursale *f*
nieder|legen *vt (Amt)* se démettre de; *(Arbeit)* cesser; *(Mandat)* démissionner de
Niederlegung <-, -en> *f* ❶ *(eines Kranzes)* dépôt *m* ❷ *(einer Aufgabe)* démission *f; (der Arbeit)* cessation *f*
nieder|metzeln ['niːdɐmɛtsəln] *vt* massacrer **Niederösterreich** *nt* la Basse-Autriche **nieder|prasseln** *vi +sein a. fig* s'abattre **Niedersachsen** ['niːdɐzaksn] *nt* la Basse-Saxe
Niederschlag *m* précipitation *f pl*
nieder|schlagen *vt irr* ❶ **jdn ~** frapper qn à terre ❷ *(Aufstand)* réprimer **niederschmetternd** *adj (Nachricht)* bouleversant(e); *(Resultat)* catastrophique
niederträchtig ['niːdɐtrɛçtɪç] *adj* infâme
niedlich ['niːtlɪç] *adj* adorable
niedrig ['niːdrɪç] **I.** *adj* ❶ bas(se) ❷ *(gering)* peu élevé(e); *(Trinkgeld)* maigre; *(Geschwindigkeit)* réduite **II.** *adv* bas
Niedrigenergiehaus *nt* maison *f* à faible consommation d'énergie
Niedriglohnland *nt* pays *m* à bas salaires
niemals ['niːmaːls] *adv* ne... jamais
niemand ['niːmant] *pron indef* ne... personne; **das geht ~[en] von euch etwas an** cela ne regarde aucun de vous
Niemand <-s, -e> *m* rien du tout *mf*
Niere ['niːrə] <-, -n> *f* ❶ ANAT rein *m* ❷ *meist Pl* GASTR rognon
Nierenstein *m* calcul *m* rénal **Nierenversagen** *nt* MED insuffisance *f* rénale [au stade terminal]
nieseln ['niːzəln] *vi unpers* **es nieselt** il bruine
Nieselregen *m* bruine *f*
niesen ['niːzən] *vi* éternuer
Niete ['niːtə] <-, -n> *f* ❶ *(Los)* billet *m* perdant ❷ *fam (Versager)* minable *mf,* nullos *m*
Niger ['niːgɐ] <-s> *m* ❶ *(Land)* **[der] ~** le Niger ❷ *(Fluss)* **der ~** le Niger
Nihilist(in) [nihi'lɪst] <-en, -en> *m(f)* nihiliste *mf*
Nikolaus <-, -e> *m* ❶ *(Gestalt)* **[der] ~** Saint Nicolas *m* ❷ *kein Pl (Nikolaustag)* la Saint-Nicolas
Nikotin [niko'tiːn] <-s> *nt* nicotine *f*

Nilpferd *nt* hippopotame *m*
nimmer ['nɪmɐ] *adv* SDEUTSCH, A *(nicht mehr)* ne ... plus
nimmt [nɪmt] *3. Pers Präs von* **nehmen**
nippen ['nɪpən] *vi* **an einem Glas ~** siroter un verre
nirgends ['nɪrgənts] *adv*, **nirgendwo** ['nɪrgəntvoː] *adv* ne... nulle part
nirgendwo ['nɪrgəntvoː] *s.* **nirgends**
nirgendwohin *adv* ne... nulle part
Nirwana [nɪr'vaːna] <-[s]> *nt* nirvana *m*
Nische ['niːʃə] <-, -n> *f* niche *f*
nisten ['nɪstən] *vi* nicher
Nitrat [ni'traːt] <-[e]s, -e> *nt* nitrate *m*
Niveau [ni'voː] <-s, -s> *nt* niveau *m*
nix [nɪks] *pron indef fam* rien
Nizza <-s> *nt* Nice
NO *Abk von* **Nordosten** N.-E.
nobel ['noːbəl] **I.** *adj* ❶ *(edel)* noble ❷ *(luxuriös)* chic **II.** *adv (edel)* avec noblesse
Nobelpreis [no'bɛlprais] *m* prix *m* Nobel
noch [nɔx] *adv* ❶ encore; **~ besser** encore mieux; **er ist immer ~ krank** il est toujours malade; **er hat ~ nicht angerufen** il n'a pas encore téléphoné; **bringen Sie mir ~ ein Bier!** apportez-moi une autre bière! ❷ *(verstärkend)* **~ heute** aujourd'hui même ❸ *(eigentlich)* **wie war das ~?** comment c'était déjà? ❹ *(knapp)* **den Zug gerade ~ erreichen können** pouvoir tout juste attraper le train
nochmalig ['nɔxmaːlɪç] *adj* nouveau
nochmals *adv* encore une fois
Nockerl <-s, -n> *nt* A *(kleiner Kloß)* quenelle *f*
Nominativ ['noːminatiːf] <-[e]s, -e> *m* nominatif *m*
nominell [nomi'nɛl] *adj* nominal(e)
nominieren* [nomi'niːrən] *vt* **jdn für ein Amt ~** désigner qn à une fonction
Nonne ['nɔnə] <-, -n> *f* religieuse *f*
Nordamerika ['nɔrt?a'meːrika] *nt* l'Amérique *f* du Nord **norddeutsch** *adj* de l'Allemagne du Nord **Norddeutschland** *nt* l'Allemagne *f* du nord
Norden ['nɔrdən] <-s> *m* ❶ *(Himmelsrichtung)* nord *m*; **nach ~** vers le nord; **von ~** du nord ❷ *(nördliche Gegend)* Nord *m* ▶ **im hohen ~** dans le Grand Nord
Nordfrankreich *nt* le nord de la France
Nordic Walking ['nɔrdɪk 'vɔːkɪŋ] <-s> *nt* marche *f* nordique
Nordkap *nt* **das ~** le cap Nord **Nordküste** *f* côte *f* septentrionale
nördlich ['nœrtlɪç] **I.** *adj* [situé(e) au] nord **II.** *präp +gen* **~ des Polarkreises** au nord du cercle polaire
Nordlicht *nt* aurore *f* boréale **Nordosten** *m (Himmelsrichtung)* nord-est *m*; *s.a.* **Norden** **nordöstlich** **I.** *adj* [situé(e) au] nord-est **II.** *präp +gen* **~ der Stadt** au nord-est de la ville
Nordpol *m* **der ~** le pôle Nord
Nordrhein-Westfalen ['nɔrtrainvɛst'faːlən] *nt* la Rhénanie-du-Nord-Westphalie
Nordsee *f* **die ~** la mer du Nord **Nordseite** *f* face *f* nord
nordwärts ['nɔrtvɛrts] *adv* vers le nord
Nordwesten *m (Himmelsrichtung)* nord-ouest *m*; *s.a.* **Norden** **nordwestlich** **I.** *adj* [situé(e) au] nord-ouest **II.** *präp +gen* **~ der Stadt** au nord-ouest de la ville
Nörgelei <-, -en> *f* dénigrements *mpl*
nörgeln ['nœrgəln] *vi* **über etw** *(akk)* **~** râler à cause de qc
Nörgler(in) <-s, -> *m(f)* râleur(-euse) *m(f)*
Norm [nɔrm] <-, -en> *f* norme *f*
normal [nɔr'maːl] *adj* normal(e); **es ist [ganz] ~, dass** il est [tout à fait] normal que *+subj*
Normalbenzin *nt* essence *f* ordinaire
normalerweise *adv* normalement
normalisieren* [nɔrmali'ziːrən] **I.** *vt* normaliser **II.** *vr* **sich ~** revenir à la normale
Normalität [nɔrmali'tɛːt] <-> *f* normalité *f*

N

Normandie <-> *f* **die** ~ la Normandie
normannisch *adj* normand(e)
Normung <-, -en> *f* standardisation *f*
Norwegen ['nɔrveːgən] <-s> *nt* la Norvège
Norweger(in) ['nɔrveːgɐ] <-s, -> *m(f)* Norvégien(ne) *m(f)*
norwegisch ['nɔrveːgɪʃ] **I.** *adj* norvégien(ne) **II.** *adv* ~ **miteinander sprechen** discuter en norvégien
Norwegisch <-[s]> *nt kein art* norvégien *m; s.a.* **Deutsch**
Nostalgie [nɔstal'giː] <-> *f geh* nostalgie *f*
Not [noːt] <-, Nöte> *f* ❶ *kein Pl (Armut)* misère *f* ❷ *(Bedrängnis)* détresse *f*; **in** ~ **sein** être dans le besoin ▸ **zur** ~ au besoin
Notar(in) [no'taːɐ̯] <-s, -e> *m(f)* notaire *mf*
Notariat [nota'ri̯aːt] <-[e]s, -e> *nt* ❶ *(Kanzlei)* cabinet *m* [de notaire] ❷ *(kein Pl) (Amt)* notariat *m*
notariell [notari'ɛl] **I.** *adj* notarié(e) **II.** *adv* devant notaire
Notarzt, -ärztin *m, f* médecin *mf* d'urgence; *(in Frankreich)* médecin *mf* du SAMU **Notaufnahme** *f (eines Krankenhauses)* urgences *fpl* **Notausgang** *m* sortie *f* de secours **Notbremse** *f* signal *m* d'alarme **notdürftig** *adj (Reparatur)* provisoire
Note ['noːtə] <-, -n> *f* ❶ note *f* ❷ *Pl* MUS partition *f*
Notebook ['noʊtbʊk] <-s, -s> *nt* INFORM notebook *m*
Notenschlüssel *m* clé *f* **Notenständer** *m* pupitre *m*
Notfall *m* [cas *m* d']urgence *f* **notfalls** *adv* au besoin **notgedrungen** *adv* bon gré mal gré
notieren* [no'tiːrən] **I.** *vt (aufschreiben)* [**sich** *(dat)*] **etw** ~ noter qc **II.** *vi* ❶ *(schreiben)* noter ❷ FIN **mit 30 Euro** ~ coter à 30 euros
nötig ['nøːtɪç] *adj* nécessaire; **etw ~/nicht ~ haben** avoir besoin de qc/pouvoir se passer de qc
nötigen *vt* **jdn zu etw** ~ forcer qn à faire qc
Notiz [no'tiːts] <-, -en> *f* note *f*
Notizblock <-blöcke> *m* bloc-notes *m* **Notizbuch** *nt* carnet *m*
Notlage *f* situation *f* critique **notlanden** *vi irr +sein* faire un atterrissage forcé **Notlösung** *f* solution *f* provisoire **Notlüge** *f* pieux mensonge *m*
notorisch [no'toːrɪʃ] *adj* **ein ~er Lügner** un fieffé menteur
Notruf *m (Anruf)* appel *m* d'urgence **Notunterkunft** *f* logement *m* provisoire **Notwehr** <-> *f* légitime défense *f*
notwendig ['noːtvɛndɪç] *adj* nécessaire
Notwendigkeit <-, -en> *f* nécessité *f*
Nougat ['nuːgat] <-s, -s> *m o nt* praliné *m*
Novelle [no'vɛlə] <-, -n> *f* ❶ LITER nouvelle *f* ❷ POL amendement *m*
November [no'vɛmbɐ] <-s, -> *m* novembre *m; s.a.* **April**
Novize, Novizin [no'viːtsə] <-n, -n> *m, f* novice *mf*
Nr. *Abk von* **Nummer** n°
NS [ɛn'ʔɛs] **I.** *Abk von* **Nationalsozialismus** national-socialisme *m* **II.** *Abk von* **nationalsozialistisch** national-socialiste
NS-Regime *nt* nazisme *m*
N.T. *nt Abk von* **Neues Testament** N.T.
Nu [nuː] ▸ **im** ~ en un clin d'œil
Nuance [ny'ãːsə] <-, -n> *f* nuance *f*
nüchtern ['nʏçtɐn] *adj* ❶ *(mit leerem Magen)* ~ **sein** être à jeun ❷ *(nicht betrunken)* sobre ❸ *(realitätsbewusst)* lucide
Nudel ['nuːdəl] <-, -n> *f meist Pl* pâtes *fpl*
Nudelholz *nt* rouleau *m* à pâtisserie **Nudelsuppe** *f* soupe *f* au vermicelle
Nugat ['nuːgat] *s.* **Nougat**
nuklear [nukle'aːɐ̯] *adj* nucléaire
null [nʊl] *num* zéro; ~ **Fehler** un sans faute

Null <-, -en> *f* ❶ zéro *m* ❷ *fam (Versager)* nullard *m*

Nullpunkt *m kein Pl* zéro *m* ▸ **auf dem ~ ankommen** *(Stimmung)* être à zéro

Nulltarif *m kein Pl* **zum ~** gratuitement

numerisch [nu'meːrɪʃ] *adj* numérique

Numerus ['nuːmerʊs] <-, Numeri> *m* LING nombre *m*

Nummer ['nʊmɐ] <-, -n> *f* numéro *m*

nummerieren* [nume'riːrən] *vt* numéroter

Nummernschild *nt* plaque *f* d'immatriculation

nun [nuːn] *adv* ❶ maintenant; **von ~ an** désormais ❷ *(einlenkend)* **~ gut** eh bien, soit; **~ ja** ma foi ❸ *(auffordernd)* alors; **~ mach schon!** allez, vas-y!

nur [nuːɐ̯] *adv* seulement; **ich wollte ~ fragen, ob...** je voulais juste demander si...; **~ Wasser trinken** ne boire que de l'eau ▸ **~ Mut!** [du] courage, voyons!

Nürnberg ['nʏrnbɛrk] <-s> *nt* Nuremberg

nuscheln ['nʊʃəln] *vt, vi fam* parler dans sa barbe

Nuss [nʊs] <-, Nüsse> *f (Haselnuss)* noisette *f; (Walnuss)* noix *f*

Nussbaum *m* noyer *m* **Nussknacker** *m* casse-noisettes *m inv*

Nutte ['nʊtə] <-, -n> *f fam* pute *f (vulg)*

Nutz ▸ **sich** *(dat)* **etw zu ~e machen** tirer profit de qc

nutzbar *adj (Energie)* utilisable

nütze ['nʏtsə] ▸ **zu nichts ~ sein** n'être bon à rien

nutzen *vt* ❶ *(Gegenstand)* se servir de; *(Gelegenheit)* profiter de ❷ *s.* **nützen**

Nutzen ['nʊtsən] <-s> *m* avantage *m;* **von ~ sein** être utile

nützen I. *vi* **jdm ~** servir à qn **II.** *vt* **jdm nichts ~** ne servir à rien à qn

nützlich *adj* utile ▸ **sich ~ machen** se rendre utile

nutzlos *adj* inutile

Nutzung <-, -en> *f* utilisation *f*

NW *Abk von* **Nordwesten** N.-O.

Nylonstrumpf ['nailɔnʃtrʊmpf] *m* bas *m* nylon®

O

O o

O, o [oː] <-, -> *nt* O *m*/o *m*

O *Abk von* **Osten** E

Oase [o'aːzə] <-, -n> *f* oasis *f*

ob [ɔp] *konj* si ▸ **und ~!** mais si!

Obdach ['ɔpdax] *nt kein Pl geh* abri *m;* **jdm ~ gewähren** offrir le gîte à qn

obdachlos *adj* sans abri

Obdachlose(r) *f(m)* sans-abri *mf*

Obduktion [ɔpdʊk'tsi̯oːn] <-, -en> *f* autopsie *f*

obduzieren* [ɔpdu'tsiːrən] **I.** *vt* autopsier **II.** *vi* faire une autopsie

O-Beine *Pl* jambes *f pl* arquées

o-beinig, O-beinig ['oːbai̯nɪç] *adj* aux jambes arquées

oben ['oːbən] *adv* ❶ *(opp: unten)* en haut; **~ auf der Liste** en tête de liste; **dort ~** là-haut; **bis ~ [hin] voll sein** être plein jusqu'à ras bord; **jdn von ~ bis unten mustern** examiner qn de la tête aux pieds ❷ *(in einem oberen Stockwerk)* **nach ~ gehen** aller en haut; **etw nach ~ tragen** monter qc ❸ *fam (auf höherer Ebene)* en haut; **nach ~ wollen** vouloir faire carrière ❹ *(vorher)* plus haut; **siehe ~** voir ci-

-dessus ▸ ~ **ohne** *fam* seins nus; **von** ~ **herab** de haut

obendrauf *adv fam* dessus **obendrein** *adv* par-dessus le marché

Ober ['o:bɐ] <-s, -> *m (Kellner)* **Herr ~!** garçon *m* [, s'il vous plaît]!

Oberarzt, **-ärztin** *m, f* médecin *m* en chef **Oberbefehlshaber(in)** *m(f)* commandant(e) *m(f)* en chef **Oberbegriff** *m* terme *m* générique **Oberbürgermeister(in)** *m(f)* maire *mf (d'une grande ville)*

obere(r, s) ['o:bərə] *adj* supérieur(e)

Oberfläche *f* surface *f*

oberflächlich *adj* superficiel(le)

Obergeschoss *nt* étage *m* supérieur

oberhalb **I.** *präp +gen* ~ **einer S.** au-dessus de qc **II.** *adv* ~ **von etw** au-dessus de qc

Oberkörper *m (Brustkorb)* buste *m*

Oberösterreich *nt* la Haute-Autriche

Obers ['o:bɐs] <-> *nt* A *s.* **Schlagsahne**

Oberschenkel *m* cuisse *f* **Oberschicht** *f* classe *f* supérieure **Oberschwester** *f* infirmière *f* en chef

Oberst ['o:bɐst] <-en, -e[n]> *m* colonel(le) *m(f)*

O

oberste(r, s) *adj* ❶ *(ganz oben befindlich)* supérieur(e); *(Stockwerk)* dernier(-ière); *(Schublade)* du haut ❷ *(rangmäßig)* plus élevé(e)

Oberstufe *f* SCHULE *les trois années avant le baccalauréat* **Oberteil** *nt (eines Kleidungsstücks)* haut *m*

obgleich [ɔp'glaiç] *konj* bien que *+subj*

Objekt [ɔp'jɛkt] <-[e]s, -e> *nt* ❶ objet *m* ❷ LING complément *m* d'objet

objektiv [ɔpjɛk'ti:f] *adj* objectif(-ive)

Objektiv <-s, -e> *nt* objectif *m*

obligatorisch [obliga'to:rɪʃ] *adj geh* obligatoire

Oboe [o'bo:ə] <-, -n> *f* hautbois *m*

Obst [o:pst] <-[e]s> *nt* fruits *mpl*

Obst

der Apfel	la pomme
die Birne	la poire
der Pfirsich	la pêche
die Traube	le raisin
die Zitrone	le citron
die Apfelsine	l'orange
die Orange	l'orange
die Mandarine	la mandarine
die Banane	la banane
die Aprikose	l'abricot
die Kiwi	le kiwi
die Ananas	l'ananas
die Melone	le melon
die Wassermelone	la pastèque
die Erdbeere	la fraise
die Kirsche	la cerise
die Himbeere	la framboise
die Heidelbeere	la myrtille
die Brombeere	la mûre
die Pflaume	la prune

Obstbaum *m* arbre *m* fruitier **Obstkuchen** *m* tarte *f* aux fruits **Obstsalat** *m* salade *f* de fruits

obszön [ɔps'tsø:n] *adj* obscène

obwohl [ɔp'vo:l] *konj* bien que *+subj*

Ochse ['ɔksə] <-n, -n> *m* bœuf *m*

Ochsenschwanzsuppe *f* potage *m* queue de bœuf

Ocker ['ɔkɐ] <-s, -> *m o nt (Farbe)* ocre *m*

öde *adj* ❶ *(verlassen)* désert(e) ❷ *(fade)* ennuyeux(-euse)

oder ['o:dɐ] *konj* ❶ ou; ~ **aber** ou alors ❷ *(nicht wahr)* **das schmeckt gut, ~?** c'est bon, n'est-ce pas?

Ofen ['o:fən] <-s, Öfen> *m* ❶ *(Heizofen)* poêle *m* ❷ *(Backofen)* four *m*

ofenfrisch *adj* qui sort du four

offen ['ɔfən] **I.** *adj* ❶ ouvert(e); *(Haare)* détaché(e); *(Flasche)* entamé(e); ~ **haben** *(Geschäft)* être ouvert ❷ *(unentschieden)* **noch ist alles** ~ tout est encore possible ❸ *(aufgeschlossen)* **jdm gegenüber** ~ **sein** être ouvert envers qn **II.** *adv* franchement ▸ ~ **gesagt** pour être franc

offenbar ['ɔfənba:ɐ̯] **I.** *adj* évident(e) **II.** *adv* manifestement

Offenbarung <-, -en> *f* révélation *f*
Offenheit <-> *f* franchise *f*
offenherzig *adj* *(freimütig)* franc(franche)
offenkundig *adj* manifeste
offensichtlich **I.** *adj* évident(e); **~ sein** sauter aux yeux **II.** *adv* de toute évidence
offensiv [ɔfɛn'zi:f] *adj* offensif(-ive)
Offensive [ɔfɛn'zi:və] <-, -n> *f* offensive *f* ▶ **in die ~ gehen** passer à l'offensive
öffentlich *adj* public(-ique)
Öffentlichkeit <-> *f* *(Allgemeinheit)* public *m;* **in aller ~** devant tout le monde
offiziell [ɔfi'ts̮i̯ɛl] *adj* officiel(le)
Offizier(in) [ɔfi'tsi:ɐ̯] <-s, -e> *m(f)* officier *m*
offline ['ɔ:flain] *adv* hors ligne
Offlinebetrieb *m* INFORM mode *m* autonome
öffnen ['œfnən] *vt, vi, vr* **[sich]** · [s']ouvrir
Öffnung <-, -en> *f* ❶ *(offene Stelle)* orifice *m* ❷ *kein Pl (das Öffnen)* ouverture *f*
Öffnungszeiten *Pl* heures *fpl* d'ouverture
oft [ɔft] <öfter> *adv* souvent
öfter[s] *adv* assez souvent
oh [o:] *interj* oh
ohne ['o:nə] **I.** *präp +akk* sans ▶ **nicht ~ sein** *fam* avoir de la ressource **II.** *konj* **~ zu überlegen** sans réfléchir
Ohnmacht ['o:nmaxt] <-, -en> *f* syncope *f;* **in ~ fallen** tomber en syncope
ohnmächtig ['o:nmɛçtɪç] *adj* évanoui(e); **~ werden** s'évanouir
Ohr [o:ɐ̯] <-[e]s, -en> *nt* oreille *f* ▶ **ganz ~ sein** *iron fam* être tout ouïe; **jdm die ~en lang ziehen** *fam* tirer les oreilles à qn; **halt die ~en steif!** *fam* tiens le coup!; **viel um die ~en haben** *fam* ne pas/plus savoir où donner de la tête; **jdn übers ~ hauen** se payer la tête de qn *(fam);* **sich** *(dat)* **etw hinter die ~en schreiben** *fam* se mettre qc dans le crâne; **bis über beide ~en verliebt sein** être fou amoureux
ohrenbetäubend *adj* assourdissant(e)
Ohrfeige <-, -n> *f* gifle *f*
ohrfeigen *vt* gifler
Ohrring *m* boucle *f* d'oreille
oje [o'je:] *interj* bon sang
okkult [ɔ'kʊlt] *adj* occulte
Okkupation [ɔkupa'ts̮i̯o:n] <-, -en> *f* occupation *f*
Ökobauer, -bäuerin ['ø:kobau̯ɐ] *m, f* agriculteur(-trice) *m(f)* biologique **Ökoladen** *m* magasin *m* vert
Ökologe, Ökologin [øko'lo:gə] <-n, -n> *m, f* écologiste *mf*
Ökologie [økolo'gi:] <-> *f* écologie *f*
ökologisch [øko'lo:gɪʃ] **I.** *adj* écologique **II.** *adv* sur le plan écologique
Ökonomie [økono'mi:] <-, -n> *f* économie *f*
ökonomisch [øko'no:mɪʃ] *adj* ❶ *(Problem)* économique ❷ *(sparsam)* économe
Ökostrom *m* électricité *f* écologique **Ökosystem** *nt* écosystème *m*
Oktober [ɔk'to:bɐ] <-s, -> *m* octobre *m; s.a.* **April**
Oktoberfest *nt* **das ~** *la fête de la bière à Munich*
Ökumene [øku'me:nə] <-> *f* œcuménisme *m*
ökumenisch [øku'me:nɪʃ] *adj* œcuménique
Öl [ø:l] <-[e]s, -e> *nt* huile *f*
Ölbild *nt* peinture *f* à l'huile
Oldtimer ['oʊltaimɐ] <-s, -> *m* *(Auto)* voiture *f* ancienne
ölen *vt* huiler
Ölfarbe *f* peinture *f* à l'huile
Olive [o'li:və] <-, -n> *f* olive *f*
Olivenbaum *m* olivier *m* **Olivenöl** *nt* huile *f* d'olive
olivgrün *adj* vert olive *inv*
Ölkrise *f* crise *f* du pétrole **Ölpest** *f* marée *f* noire **Ölplattform** *f* plate[-]forme *f* pétrolière **Ölquelle** *f* puits *m* de pétrole **Ölscheich** *m pej* prince *m* du pétrole **Öltanker** *m* pétro-

O

lier *m*, tanker *m* **Ölteppich** *m* nappe *f* de pétrole **Ölwechsel** *m* vidange *f*

Olympiade [olʏm'pi̯a:də] <-, -n> *f* olympiades *fpl*

Olympiastadion *nt* stade *m* olympique

olympisch [o'lʏmpɪʃ] *adj* olympique

Oma ['o:ma] <-, -s> *f* ① *fam* mamie *f* ② *pej fam (alte Frau)* mémère *f*

Omelett [ɔm(ə)'lɛt] <-[e]s, -e> *nt*, **Omelette** <-, -n> *f* A, CH omelette *f*

Omnibus ['ɔmnibʊs] *m* omnibus *m*

onanieren* [ona'ni:rən] *vi* se masturber

Onkel ['ɔŋkəl] <-s, -> *m* oncle *m*

online ['ɔnla̲in] *adj* en ligne

Onlinebank *f* INFORM banque *f* en ligne **Onlineausgabe** *f* INET *(einer Zeitung, Zeitschrift)* édition *f* en ligne **Onlinebestellung** *f* INET commande *f* en ligne **Onlinebetrieb** *m* INFORM mode *m* connecté **Onlineticket** *nt* INET billet *m* en ligne

OP [o:'pe:] <-s, -s> *m Abk von* **Operationssaal** salle *f* d'opération

Opa ['o:pa] <-s, -s> *m* ① *fam* papi *m* ② *pej fam (alter Mann)* pépère *m*

Openair ['oʊpn'ɛɐ] *nt* concert *m* en plein air

Oper ['o:pɐ] <-, -n> *f* opéra *m*

Operation [opəra'tsi̯o:n] <-, -en> *f* opération *f*

Operationssaal *m* salle *f* d'opération

operativ [opəra'ti:f] **I.** *adj* ① MED chirurgical(e) ② MIL opérationnel(le) **II.** *adv* ① MED par la chirurgie ② MIL en stratège/stratèges

Operator, **Operatorin** <-s, -oren> *m, f* opérateur(-trice) *m(f)*

Operette [opə'rɛtə] <-, -n> *f* opérette *f*

operieren* [opə'ri:rən] **I.** *vt* **jdn am Magen** ~ opérer qn de l'estomac **II.** *vi* ① MED opérer ② MIL mener une opération/des opérations

Opernsänger(in) *m(f)* chanteur *m* d'opéra/cantatrice *f*

Opfer ['ɔpfɐ] <-s, -> *nt* ① victime *f* ② REL sacrifice *m*

opfern *vt, vr* [**sich**] ~ [se] sacrifier

Opium ['o:piʊm] <-s> *nt* opium *m*

Opportunist(in) *m(f)* opportuniste *mf*

Opposition [ɔpozi'tsi̯o:n] <-, -en> *f* opposition *f*

Optik ['ɔptɪk] <-, -en> *f* optique *f*

Optiker(in) <-s, -> *m(f)* opticien(ne) *m(f)*

optimal [ɔpti'ma:l] *adj geh* optimal(e)

Optimismus [ɔpti'mɪsmʊs] <-> *m* optimisme *m*

Optimist(in) <-en, -en> *m(f)* optimiste *mf*

optimistisch *adj* optimiste

optisch ['ɔptɪʃ] *adj (Linsen)* optique; *(Instrumente)* d'optique

Orakel [o'ra:kəl] <-s, -> *nt* oracle *m*

oral [o'ra:l] *adj* oral(e); *(Einnahme)* par voie orale

orange [o'rã:ʒə] *adj inv* orange

Orange[1] [o'rã:ʒə] <-, -n> *f (Frucht)* orange *f*

Orange[2] <-, -> *nt (Farbe)* orange *m*

Orang-Utan ['o:raŋ'ʔu:tan] <-s, -s> *m* orang-outan *m*

Orchester [ɔr'kɛstɐ] <-s, -> *nt* orchestre *m*

Orden ['ɔrdən] <-s, -> *m* ① MIL décoration *f* ② REL ordre *m*

ordentlich ['ɔrdəntlɪç] **I.** *adj* ① *(aufgeräumt)* rangé(e) ② *(Ordnung liebend)* ordonné(e) ③ *(Benehmen)* correct(e) ④ *fam (Portion)* bon(ne) **II.** *adv* ① *fam (tüchtig)* bien ② *(arbeiten)* sérieusement

ordern *vt, vi* commander

ordinär [ɔrdi'nɛ:ɐ̯] *adj* ① *(vulgär)* vulgaire ② *(gewöhnlich)* simple

ordnen ['ɔrdnən] *vt* ① *(sortieren)* classer ② *(in Ordnung bringen)* mettre de l'ordre dans

Ordner <-s, -> *m (Aktenordner)* classeur *m*

Ordnung <-, -en> *f* ① *kein Pl (das Sortieren)* classement *m* ② *(Aufgeräumtheit)* ordre *m* ▸ **in ~ sein** [bien] marcher; [**das ist**] **in ~!** *fam* d'accord!

ordnungsgemäß I. *adj* réglementaire II. *adv* en bonne et due forme **Ordnungswidrigkeit** *f* infraction *f*

Ordnungszahl *s.* **Ordinalzahl**

Organ [ɔr'ga:n] <-s, -e> *nt a. fig* organe *m*

Organisation [ɔrganiza'ts̮i̯o:n] <-, -en> *f* organisation *f*

Organisator, Organisatorin [ɔrgani'za:to:ɐ̯] <-s, -toren> *m, f* organisateur(-trice) *m(f)*

organisatorisch [ɔrganiza'to:rɪʃ] I. *adj (Angelegenheit)* relatif(-ive) à l'organisation; *(Leistung)* organisationnel(le) II. *adv* sur le plan de l'organisation

organisch [ɔr'ga:nɪʃ] *adj* organique

organisieren* [ɔrgani'zi:rən] *vt, vr* [**sich**] ~ [s']organiser

Organismus [ɔrga'nɪsmʊs] <-, -nismen> *m* organisme *m*

Organspender(in) *m(f)* donneur(-euse) *m(f)* d'organes

Orgasmus [ɔr'gasmʊs] <-, Orgasmen> *m* orgasme *m*

Orgel ['ɔrgəl] <-, -n> *f* orgue *m*

Orgie ['ɔrgiə] <-, -n> *f* orgie *f*

Orient ['o:riɛnt] <-s> *m* **der** ~ l'Orient *m*

orientalisch [oriɛn'ta:lɪʃ] *adj* oriental(e)

orientieren* [oriɛn'ti:rən] *vr* ① *(sich zurechtfinden)* **sich an etw** *(dat)* ~ s'orienter à qc ② *(sich ausrichten nach)* **sich an jdm/etw** ~ agir en fonction de qn/qc

Orientierung [oriɛn'ti:rʊŋ] <-, -en> *f* orientation *f*

original [origi'na:l] *adj* original(e); *(Zustand)* d'origine

Original <-s, -e> *nt* original *m*

originalgetreu *adj* fidèle à l'original

Originalität [originali'tɛ:t] <-> *f* ① *(Echtheit)* authenticité *f* ② *(Einfallsreichtum)* originalité *f*

originalverpackt *adj (Ware, Artikel)* dans son emballage d'origine

originell [origi'nɛl] *adj* original(e)

Orkan [ɔr'ka:n] <-[e]s, -e> *m* ouragan *m*

Ornament [ɔrna'mɛnt] <-[e]s, -e> *nt* ornement *m*

Ort [ɔrt] <-[e]s, -e> *m* ① *(Stelle)* lieu *m* ② *(Ortschaft)* localité *f*

Örtchen <-s, -> *nt* ► **das stille** ~ *fam* le petit coin

orten *vt* localiser

orthodox [ɔrto'dɔks] *adj* orthodoxe

Orthografie [ɔrtogra'fi:] <-, -en> *f* orthographe *f*

Orthopäde, Orthopädin [ɔrto'pɛ:də] <-n, -n> *m, f* orthopédiste *mf*

Orthopädie [ɔrtopɛ'di:] <-> *f* orthopédie *f*

orthopädisch *adj* orthopédique

örtlich ['œrtlɪç] *adj* local(e)

Ortsangabe *f* indication *f* du lieu

Ortschaft <-, -en> *f* localité *f*

ortsfremd *adj* **sind Sie ~?** vous n'êtes pas d'ici? **Ortsgespräch** *nt* communication *f* locale **ortskundig** *adj* qui connaît l'endroit **Ortsname** *m* nom *m* de lieu **Ortsnetz** *nt* réseau *m* local **Ortsschild** <-schilder> *nt (am Ortseingang)* panneau *m* d'entrée en agglomération; *(am Ortsausgang)* panneau de fin d'agglomération **Ortstarif** *m* tarif *m* de la communication locale **Ortszeit** *f* heure *f* locale

Öse ['ø:zə] <-, -n> *f (eines Schuhs)* œillet *m*

Oslo ['ɔslo] <-s> *nt* Oslo

Osmose [ɔs'mo:zə] <-, -n> *f* CHEM, BIO osmose *f*

Ossi ['ɔsi] <-s, -s> *m* <-, -s> *f fam surnom des habitants de l'ex-R.D.A.*

Ost [ɔst] <-[e]s> *m* ► **aus ~ und West** de l'Est *m* et de l'Ouest *m*

Ostasien *nt* l'Asie *f* orientale **Ostdeutschland** *nt* l'Allemagne *f* de l'Est

Osten ['ɔstən] <-s> *m* ① *(Himmelsrichtung)* est *m* ② POL **der** ~ l'Est *m* ③ *(Kleinasien, Asien)* **der Nahe** ~ le Proche-Orient; **der Mittlere** ~ le

Moyen-Orient; **der Ferne** ~ l'Extrême-Orient *m; s.a.* **Norden**

Übersetzungstipp

Der Osten - Nicht verwechseln mit *l'Ouest - der Westen!*

Osterei *nt* œuf *m* de Pâques **Osterhase** *m* lapin *m* de Pâques **Osterlamm** *nt* agneau *m* pascal **Ostermontag** *m* lundi *m* de Pâques

Ostern ['o:stɐn] <-, -> *nt* Pâques *f pl;* **frohe ~!** joyeuses Pâques!

Österreich ['ø:stəraiç] <-s> *nt* l'Autriche *f*

Österreicher(in) <-s, -> *m(f)* Autrichien(ne) *m(f)*

österreichisch *adj* autrichien(ne)

Ostersonntag ['o:stɐ'zɔnta:k] *m* dimanche *m* de Pâques **Osterwoche** *f* semaine *f* sainte

Osteuropa *nt* l'Europe *f* de l'Est **Ostküste** *f* côte *f* orientale

östlich ['œstlɪç] **I.** *adj* de l'est **II.** *präp +gen* ~ **der Autobahn** à l'est de l'autoroute

Ostsee *f* **die** ~ la [mer] Baltique

ostwärts ['ɔstvɛrts] *adv* vers l'est

out [aut] *adj fam* ~ **sein** être out

outen ['autən] *vr* **sich** ~ se déclarer

Outfit ['autfɪt] <-s, -s> *nt* touche *f (fam)*

oval [o'va:l] *adj* ovale

Oval [o'va:l] <-s, -e> *nt* ovale *m*

Overall ['oʊvərɔ:l] <-s, -s> *m* combinaison *f*

Overheadprojektor ['o:və(r)hɛdpro'jɛkto:ɐ̯] *m* rétroprojecteur *m*

Oxid [ɔ'ksi:t] <-[e]s, -e> *nt* oxyde *m*

oxidieren* **I.** *vi +haben o sein* s'oxyder **II.** *vt +haben* oxyder

Ozean ['o:tsea:n] <-s, -e> *m* océan *m*

Ozon [o'tso:n] <-s> *nt* ozone *m*

Ozonalarm *m* alerte *f* à la pollution par l'ozone **Ozonloch** *nt* trou *m* dans la couche d'ozone **Ozonwert** *m* taux *m* d'ozone

Pp

P, p [peː] <-, -> *nt* P *m*/p *m*

paar [paːɐ̯] *adj inv (wenige)* **ein ~ Minuten** quelques minutes

Paar <-s, -e> *nt* ❶ *(Menschen)* couple *m* ❷ *(Dinge)* paire *f*

paaren ['paːrən] *vr* **sich ~** s'accoupler

paarweise *adv* ❶ *(sich aufstellen)* par couples ❷ *(verkaufen)* par paire[s]

Pacht [paxt] <-, -en> *f* fermage *m*

pachten *vt* louer

Pächter(in) ['pɛçtɐ] <-s, -> *m(f)* preneur(-euse) *m(f)* [à bail]

Pachtvertrag *m* bail *m*

Päckchen ['pɛkçən] <-s, -> *nt* ❶ POST petit paquet *m* ❷ *(Packung)* paquet *m*

packen ['pakən] **I.** *vt (Koffer)* faire; **jdn ~** saisir qn; *(Buch)* captiver qn **II.** *vi* faire ses valises

Packen ['pakən] <-s, -> *m* **ein ~ Bücher** une pile de livres

packend **I.** *adj* captivant(e) **II.** *adv* de façon captivante

Packung <-, -en> *f (Schachtel)* paquet *m; (Geschenkpackung)* boîte *f*

Pad [pɛt] <-s, -s> *nt (Dosierkapsel)* dosette *f*

Pädagoge, Pädagogin [pɛda'goːgə] <-n, -n> *m, f* pédagogue *mf*

Pädagogik [pɛda'goːgɪk] <-> *f* pédagogie *f*

pädagogisch *adj* pédagogique

Paddel ['padəl] <-s, -> *nt* pagaie *f*

Paddelboot *nt* kayak *m*

paddeln *vi +haben o sein* pagayer

paffen ['pafən] *fam* **I.** *vi* fumer **II.** *vt (Zigarette)* tirer sur

Paket [pa'keːt] <-[e]s, -e> *nt* ❶ POST colis *m* ❷ *a. fig* paquet *m*

Paketannahme <-, -n> *f* réception *m* des colis **Paketausgabe** *f* retrait *m* des colis

Pakistan ['paːkɪstaːn] <-s> *nt* le Pakistan

Pakistani [pakɪs'taːni] <-[s], -[s]> *m* <-, -[s]> *f* Pakistanais(e) *m(f)*

Pakt [pakt] <-[e]s, -e> *m* pacte *m*

Palast [pa'last] <-[e]s, Paläste> *m* palais *m*

Palästina [palɛs'tiːna] <-s> *nt* la Palestine

Palästinenser(in) [palɛsti'nɛnzɐ] <-s, -> *m(f)* Palestinien(ne) *m(f)*

palästinensisch [palɛsti'nɛnzɪʃ] *adj* palestinien(ne)

Palette [pa'lɛtə] <-, -n> *f* palette *f*

Palme ['palmə] <-, -n> *f* palmier *m* ▶ **jdn auf die ~ bringen** *fam* hérisser le poil à qn

Palmsonntag [palm'zɔntaːk] *m* **[der] ~** les Rameaux *mpl*

pampig *adj fam (frech)* malotru(e)

Panda ['panda] <-s, -s> *m* panda *m*

Pandemie [pande'miː] <-, -n> *f* MED pandémie *f*

Panflöte *f* flûte *f* de Pan

panieren* [pa'niːrən] *vt* paner

Panik ['paːnɪk] <-, -en> *f* panique *f*

panisch **I.** *adj* panique **II.** *adv (reagieren)* par la panique

Panne ['panə] <-, -n> *f* ❶ *(Defekt)* panne *f* ❷ *fam (Missgeschick)* boulette *f*

Panorama [pano'raːma] <-s, Panoramen> *nt* panorama *m*

panschen **I.** *vt (Wein)* couper **II.** *vi* ❶ *(Winzer)* couper le vin ❷ *fam (planschen)* barboter

Panter, Panther ['pantɐ] <-s, -> *m* panthère *f*

Pantoffel [pan'tɔfəl] <-s, -n> *m* pantoufle *f*

Pantomime [panto'miːmə] <-, -n> *f* pantomime *f*

Panzer ['pantsɐ] <-s, -> *m* ❶ MIL char *m* [d'assaut] ❷ ZOOL carapace *f*

panzern *vt* blinder

P

Papa ['papa] <-s, -s> *m fam* papa *m*
Papagei [papa'gai] <-s, -en> *m* perroquet *m*
Papi ['papi] <-s, -s> *m fam* papa *m*

Übersetzungstipp
Der Papi – Nicht verwechseln mit *le papi – der Opa!*

Papier [pa'piːɐ] <-s, -e> *nt* papier *m*
Papierkorb *m* corbeille *f* [à papier] **Papierkram** *m fam* paperasse *f (péj)* **Papierkrieg** *m fam* guerre *f* bureaucratique **Papierstau** *m* bourrage *m* de papier **Papiertaschentuch** *nt* mouchoir *m* en papier
Pappe ['papə] <-, -n> *f* carton *m*
Pappel ['papəl] <-, -n> *f* peuplier *m*
pappig ['papɪç] *adj fam (Brei, Schnee)* collant(e); *(Gemüse)* en bouillie
Pappkarton *m (Schachtel)* boîte *f* en carton
Paprika ['paprika] <-s, -[s]> *m* ❶ *(Schote)* poivron *m* ❷ *kein Pl (Gewürz)* paprika *m*
Paprikaschote *f* poivron *m*
Papst [paːpst] <-[e]s, Päpste> *m* pape *m*
P
päpstlich ['pɛːpstlɪç] *adj* papal(e)
Papyrus [pa'pyːrʊs] <-, Papyri> *m* papyrus *m*
Parabel [pa'raːbəl] <-, -n> *f* parabole *f*
Parabolantenne *f* antenne *f* parabolique
Parade [pa'raːdə] <-, -n> *f* ❶ MIL défilé *m* ❷ SPORT parade *f*
Paradeiser [para'daizɐ] <-s, -> *m* A tomate *f*
Paradies [para'diːs] <-es, -e> *nt* paradis *m*
paradiesisch *adj* paradisiaque
paradox [para'dɔks] *adj* paradoxal(e)
Paragliding ['paːraglaidɪŋ] <-s> *nt* parapente *m*
Paragraf, Paragraph [para'graːf] <-en, -en> *m* article *m*
parallel [para'leːl] *adj* parallèle
Parallele <-, -n> *f* ❶ MATH parallèle *f* ❷ *fig* parallèle *m*
Paranoia [para'nɔya] <-> *f* paranoïa *f*
Paranuss *f* noix *f* du Brésil
Parasit [para'ziːt] <-en, -en> *m* parasite *m*
parat [pa'raːt] *adj* **eine Antwort ~ haben** avoir une réponse toute prête
Pärchen ['pɛːɐçən] <-s, -> *nt* ❶ *(Liebespaar)* couple *m* [d'amoureux] ❷ *(Tierpärchen)* couple *m*
Pardon [par'dõː] <-s> *m o nt (Verzeihung)* pardon *m*
Parfüm [par'fyːm] <-s, -e> *nt* parfum *m*
Parfümerie [parfymə'riː] <-, -en> *f* parfumerie *f*
parfümieren* [parfy'miːrən] *vt, vr* [**sich**] ~ [se] parfumer
parieren* [pa'riːrən] *vi* obéir
Paris [pa'riːs] <-> *nt* Paris *m*
Pariser¹ [pa'riːzɐ] *adj (Innenstadt)* de Paris; *(Akzent)* parisien(ne)
Pariser² <-s, -> *m* ❶ Parisien *m* ❷ *fam (Kondom)* capote *f*
Pariserin <-, -nen> *f* Parisienne *f*
Park [park] <-s, -s> *m* parc *m*
Parka ['parka] <-s, -s> *m* <-, -s> *f* parka *m o f*
parken ['parkən] **I.** *vi* se garer **II.** *vt (Fahrzeug)* garer
Parkett [par'kɛt] <-s, -e> *nt*, **Parkett[fuß]boden** *m* parquet *m*
Parkgebühr *f* taxe *f* de stationnement **Parkhaus** *nt* parking *m* à étages
Parkinsonkrankheit, Parkinson-Krankheit *f* maladie *f* de Parkinson
Parklücke *f* place *f* libre **Parkplatz** *m* parking *m; (Parklücke)* place *f* de parking **Parkscheibe** *f* disque *m* de stationnement
Parkschein *m* ticket *m* de parking **Parkscheinautomat** *m* parcmètre *m*
Parksünder(in) *m(f)* automobiliste *mf* en stationnement illicite **Parkuhr** *f* parcmètre *m* **Parkverbot** *nt* ❶ *(Verbot)* défense *f* de stationner ❷ *(Bereich)* stationnement *m* interdit **Parkwächter(in)** *m(f)* gardien *m* de parking

Parlament [parla'mɛnt] <-[e]s, -e> *nt* Parlement *m*

Parlamentarier(in) [parlamɛn'ta:riɐ] <-s, -> *m(f)* parlementaire *mf*

Parlamentsmitglied *nt s.* **Parlamentarier** **Parlamentswahl** *f* élections *fpl* législatives

Parmesan [parme'za:n] <-s> *m* parmesan *m*

Parodie [paro'di:] <-, -n> *f* parodie *f*

parodieren* [paro'di:rən] *vt* parodier

Partei [par'taị] <-, -en> *f* parti *m* ▸ **für jdn ~ ergreifen** prendre parti pour qn

parteiisch I. *adj* partial(e) II. *adv* avec partialité

Parteilichkeit <-> *f* partialité *f*

Parteilinie *f* ligne *f* de parti

parteilos *adj* sans étiquette; *(Abgeordneter)* non-inscrit(e)

Parteimitglied *nt* membre *m* du parti **Parteipolitik** *f* politique *f* de parti **Parteiprogramm** *nt* programme *m* de parti **Parteitag** *m (Konferenz)* congrès *m* de/du parti **Parteivorsitzende(r)** *f(m) dekl wie adj* chef *mf* de/du parti

Parterre [par'tɛr(ə)] <-s, -s> *nt* rez-de-chaussée *m*

Partie [par'ti:] <-, -n> *f* partie *f*

Partikel [par'ti:kl] <-s, -> *nt* <-, -n> *f* particule *f*

Partisan(in) [parti'za:n] <-s, -en> *m(f)* partisan(e) *m(f)*

Partitur [parti'tu:ɐ̯] <-, -en> *f* partition *f*

Partizip [parti'tsi:p] <-s, -ien> *nt* participe *m*

Partner(in) ['partnɐ] <-s, -> *m(f)* partenaire *mf; (Lebensgefährte)* compagnon *m*/compagne *f*

Partnerbörse *f* INET site *m* de rencontres

Partnerschaft <-, -en> *f* ❶ *(Lebensgemeinschaft)* vie *f* en couple ❷ *(Städtepartnerschaft)* jumelage *m*

Partnerstadt *f* ville *f* jumelée

partout [par'tu:] *adv (wollen)* à tout prix

Übersetzungstipp

Partout - Nicht verwechseln mit *partout - überall!*

Party ['pa:ɐ̯ti] <-, -s> *f* soirée *f; (für Jugendliche)* boum *f*

Pascha ['paʃa] <-s, -s> *m* pacha *m*

Pass [pas] <-es, Pässe> *m* ❶ *(Reisepass)* passeport *m* ❷ *(Gebirgspass)* col *m* ❸ SPORT passe *f*

passabel [pa'sa:bəl] *adj* correct(e)

Passage [pa'sa:ʒə] <-, -n> *f* passage *m*

Passagier(in) [pasa'ʒi:ɐ̯] <-s, -e> *m(f)* passager(-ère) *m(f)*

Passant(in) [pa'sant] <-en, -en> *m(f)* passant(e) *m(f)*

Passbild *nt* photo *f* d'identité

passen ['pasən] *vi* ❶ *(gut sitzen: Hose)* être à la bonne taille; *(Schuhe)* être à la bonne pointure ❷ *(harmonieren)* **zu jdm/etw ~** aller [bien] avec qn/qc ❸ *(sich einrichten lassen)* **jdm ~** *(Termin)* convenir à qn ❹ *(gefallen)* **jdm nicht ~** ne pas plaire à qn ❺ SPIEL passer

passend *adj* ❶ *(Hose)* à la bonne taille; *(Schuhe)* à la bonne pointure ❷ *(Farbe)* assorti(e); *(Kleidung)* convenable ❸ *(Worte)* approprié(e); *(Termin)* qui convient

Passfoto *s.* **Passbild**

passierbar *adj* praticable

passieren* [pa'si:rən] I. *vi +sein* ❶ *(sich ereignen)* se passer ❷ *(vorkommen, zustoßen)* arriver II. *vt +haben (Grenze)* passer

passioniert [pasi̯o'ni:ɐ̯t] *adj* passionné(e)

Passionsfrucht *f* fruit *m* de la passion

passiv ['pasi:f] *adj* passif(-ive)

Passiv <-s, -e> *nt* passif *m*

Passivität [pasivi'tɛ:t] <-> *f* passivité *f*

Passivrauchen ['pasi:frau̯xən] *nt* tabagisme *m* passif

Passwort ['pasvɔrt] <-wörter> *nt* code *m* [d'accès]

P

Paste ['pastə] <-, -n> *f* pâte *f*
Pastell [pas'tɛl] <-s, -e> *nt* pastel *m*
Pastellton *m* ton *m* pastel
Pastete [pas'teːtə] <-, -n> *f* ❶ *(Fleischpastete)* pâté *m* ❷ *(Blätterteigpastete)* vol-au-vent *m*
pasteurisieren* [pastøri'ziːrən] *vt* pasteuriser
Patchworkfamilie *f fam* famille *f* recomposée
Pate, Patin ['paːtə] <-n, -n> *m, f* parrain *m*/marraine *f*
Patenkind *nt* filleul(e) *m(f)* **Patenonkel** *m* parrain *m*
patent [pa'tɛnt] *adj fam (Vorschlag)* judicieux(-euse); **ein ~er Kerl** un type bien
Patent <-[e]s, -e> *nt* brevet *m*
Patentamt *nt* ≈ office *m* des brevets [d'inventions]
Patentante *f* marraine *f*
patentieren* [patɛn'tiːrən] *vt* breveter
Patentrezept *nt* remède *m* miracle
Pater ['paːtɐ] <-s, -> *m* père *m*
pathetisch [pa'teːtɪʃ] **I.** *adj* pathétique **II.** *adv (sich ausdrücken)* avec pathos
pathologisch [pato'loːgɪʃ] *adj (Institut)* de pathologie
P **Pathos** ['paːtɔs] <-> *nt* pathos *m*
Patience [pa'si̯ãːs] <-, -n> *f* patience *f*
Patient(in) [pa'tsi̯ɛnt] <-en, -en> *m(f)* patient(e) *m(f)*
Patin ['paːtɪn] *s.* **Pate**
Patres *Pl von* **Pater**
Patriarch [patri'arç] <-en, -en> *m* patriarche *m*
patriarchalisch [patriar'çaːlɪʃ] *adj* patriarcal(e)
Patriot(in) [patri'oːt] <-en, -en> *m(f)* patriote *mf*
patriotisch *adj* patriotique
Patriotismus [patrio'tɪsmʊs] <-> *m* patriotisme *m*
Patrone [pa'troːnə] <-, -n> *f* cartouche *f*
Patrouille [pa'trʊljə] <-, -n> *f* patrouille *f*
patrouillieren* [patrʊl'jiːrən] *vi* patrouiller
patsch [patʃ] *interj* paf
Patsche ['patʃə] <-, -n> *f fam* ▶ **jdm aus der ~ helfen** tirer qn du pétrin
patzig *adj fam (Antwort)* culotté(e)
Pauke ['pau̯kə] <-, -n> *f* timbale *f*
pauken **I.** *vi fam (Schüler)* bûcher **II.** *vt fam (Vokabeln)* potasser
Pauker(in) <-s, -> *m(f) fam* prof *mf*
pauschal [pau̯'ʃaːl] *adj* ❶ *(undifferenziert)* global(e) ❷ FIN forfaitaire
Pauschale [pau̯'ʃaːlə] <-, -n> *f* forfait *m*
Pauschalpreis *m* prix *m* forfaitaire
Pause ['pau̯zə] <-, -n> *f* ❶ pause *f* ❷ SCHULE **die große ~** la récréation; **die kleine ~** l'interclasse *m*
pausenlos **I.** *adj* incessant(e) **II.** *adv* sans répit
pausieren* [pau̯'ziːrən] *vi* prendre du repos
Pavian ['paːviaːn] <-s, -e> *m* babouin *m*
Pavillon ['pavɪljõ] <-s, -s> *m (Gartenhaus)* pavillon *m*
Pay-TV ['pɛɪtiːviː] <-s, -s> *nt* chaîne *f* à péage
Pazifik [pa'tsiːfɪk] <-s> *m* **der ~** le Pacifique
Pazifist(in) [patsi'fɪst] <-en, -en> *m(f)* pacifiste *mf*
pazifistisch *adj* pacifiste
PC [peː'tseː] <-s, -s> *m Abk von* **Personalcomputer** P.C. *m*
Pech [pɛç] <-[e]s> *nt kein Pl fam (Missgeschick)* poisse *f*; **~ gehabt!** *fam* tant pis pour toi/lui/elle/...!
Pechvogel *m fam* malchanceux(-euse) *m(f)*
Pedal [pe'daːl] <-s, -e> *nt* pédale *f*
Pedant(in) [pe'dant] <-en, -en> *m(f)* maniaque *mf*
pedantisch **I.** *adj* tatillon(ne) **II.** *adv (vorgehen)* minutieusement
Peeling ['piːlɪŋ] <-s, -s> *nt* peeling *m*
Peepshow ['piːpʃoː] <-, -s> *f* peep-show *m*
Pegel ['peːgəl] <-s, ->, **Pegelstand** *m* niveau *m* des eaux

peinlich **I.** *adj (Frage)* gênant(e); *(Genauigkeit)* minutieux(-euse) **II.** *adv (genau)* extrêmement
Peitsche ['paitʃə] <-, -n> *f* fouet *m*
peitschen **I.** *vt +haben* fouetter **II.** *vi +sein* **gegen etw ~** *(Regen)* fouetter qc
Peking ['pe:kɪŋ] <-s> *nt* Pékin
Pelikan ['pe:lika:n] <-s, -e> *m* pélican *m*
Pelle ['pɛlə] ▶ **jdm auf die ~ rücken** *fam* coller à qn
pellen *vt fam* peler
Pellkartoffel *f* pomme *f* de terre en robe des champs
Pelz [pɛlts] <-es, -e> *m* fourrure *f*
Pendel ['pɛndəl] <-s, -> *nt* pendule *m*
pendeln *vi* ❶ *+haben (Gegenstand)* osciller ❷ *+sein (Person, Bus)* faire la navette
Pendelverkehr *m* service *m* de navettes
Pendler(in) <-s, -> *m(f)* *personne qui fait tous les jours la navette entre son domicile et son lieu de travail*
penetrant [pene'trant] **I.** *adj (Geruch)* pénétrant(e); *(Person)* importun(e) **II.** *adv (riechen)* fort
peng [pɛŋ] *interj* pan
penibel [pe'ni:bəl] *adj geh (in Bezug auf Sauberkeit)* méticuleux(-euse)

> **Übersetzungstipp**
> **Penibel** – Nicht verwechseln mit *pénible – anstrengend!*

Penis ['pe:nɪs] <-, -se> *m* pénis *m*
Penizillin [penitsɪ'li:n] <-s, -e> *nt* pénicilline *f*
pennen ['pɛnən] *vi fam (schlafen)* roupiller
Penner(in) <-s, -> *m(f) pej fam (Stadtstreicher)* clodo *mf*
Pension [pã'zi̯o:n] <-, -en> *f* ❶ *(Unterkunft)* pension *f* de famille ❷ *(Ruhegehalt)* pension *f* [de retraite] ❸ *(Ruhestand)* retraite *f*
pensionieren* [pãzi̯o'ni:rən] *vt* **pensioniert werden** *(Beamter)* être mis à la retraite
pensioniert [pɛnzi̯o'ni:ɐt] *adj* retraité(e); **~ werden** être mis à la retraite
pensionsberechtigt *adj* **~ sein** avoir droit à une pension
Pensionsgast *m* pensionnaire *mf*
Peperoni [pepe'ro:ni] <-, -> *f* piment *m*
per [pɛr] *präp +akk* **~ Luftpost** par avion; **~ Einschreiben** en recommandé
perfekt [pɛr'fɛkt] *adj (vollkommen)* parfait(e)
Perfekt ['pɛrfɛkt] <-s, -e> *nt* passé *m* composé
perfektionieren* *vt* perfectionner
Perfektionist(in) [pɛrfɛktsi̯o'nɪst] <-en, -en> *m(f)* perfectionniste *mf*
Pergament [pɛrga'mɛnt] <-[e]s, -e> *nt* parchemin *m*
Pergamentpapier *nt* papier parchemin *m; (Butterbrotpapier)* papier *m* sulfurisé
Periode [peri'o:də] <-, -n> *f* ❶ période *f* ❷ *(Menstruation)* règles *f pl*
Peripherie [perife'ri:] <-, -n> *f* périphérie *f*
Perle ['pɛrlə] <-, -n> *f* perle *f*
perlen *vi* ❶ *(sprudeln)* pétiller ❷ *(sichtbar sein)* **auf etw** *(dat)* **~** *(Regentropfen, Schweiß)* perler sur qc
Perlmutt ['pɛrlmʊt] <-s> *nt* nacre *f*
Perlon® ['pɛrlɔn] <-s> *nt* perlon® *m*
permanent [pɛrma'nɛnt] **I.** *adj* permanent(e) **II.** *adv (streiten)* constamment
perplex [pɛr'plɛks] *adj* perplexe
Perser ['pɛrzɐ] <-s, -> *m* Persan *m*
Perserteppich *m* tapis *m* persan
Person [pɛr'zo:n] <-, -en> *f* personne *f*
Personal [pɛrzo'na:l] <-s> *nt* personnel *m*
Personalabteilung *f* service *m* du personnel **Personalausweis** *m* carte *f* d'identité
Personalien [pɛrzo'na:liən] *Pl* identité *f*
Personalpronomen *nt* pronom *m* per-

P

sonnel
Personenkraftwagen *m form* voiture *f* de tourisme **Personenstand** *m form* état *m* civil **Personenverkehr** *m* transport *m* de voyageurs; **öffentlicher ~** transports en commun
personifizieren* [pɛrzonifi'tsi:rən] *vt* personnifier
Personifizierung <-, -en> *f geh* personnification *f*
persönlich [pɛr'zø:nlɪç] **I.** *adj* personnel(le); *(Freiraum)* individuel(le) **II.** *adv (erscheinen)* en personne
Persönlichkeit <-, -en> *f* personnalité *f*
Perspektive [pɛrspɛk'ti:və] <-, -n> *f* perspective *f*
Peru [pe'ru:] <-s> *nt* le Pérou
Perücke [pe'rʏkə] <-, -n> *f* perruque *f*
pervers [pɛr'vɛrs] *adj* pervers(e)
Peseta <-, -ten> *f* peseta *f*
Pessimismus [pɛsi'mɪsmʊs] <-> *m* pessimisme *m*
Pessimist(in) [pɛsi'mɪst] <-en, -en> *m(f)* pessimiste *mf*
pessimistisch **I.** *adj* pessimiste **II.** *adv* avec pessimisme
Pest [pɛst] <-> *f* peste *f*
Pestizid [pɛsti'tsi:t] <-s, -e> *nt* pesticide *m*
Petersilie [petɐ'zi:li̯ə] <-, -n> *f* persil *m*
Petition [peti'tsi̯o:n] <-, -en> *f* pétition *f*
Petroleum [pe'tro:leʊm] <-s> *nt* pétrole *m*
Petting ['pɛtɪŋ] <-s, -s> *nt* attouchements *mpl*
petzen ['pɛtsən] *vt, vi pej fam* rapporter
Pf *Abk von* **Pfennig** pfennig *m*
Pfad [pfa:t] <-[e]s, -e> *m* sentier *m*
Pfadfinder(in) <-s, -> *m(f)* scout *m/* guide *f*
Pfahl [pfa:l] <-[e]s, Pfähle> *m (Zaunpfahl)* pieu *m*
Pfalz [pfalts] <-, -en> *f* **die ~** le Palatinat
Pfand [pfant] <-[e]s, Pfänder> *nt* 1 *kein Pl (für Leergut)* consigne *f* 2 *a.* SPIEL gage *m*
pfänden ['pfɛndən] *vt* saisir
Pfandflasche *f* bouteille *f* consignée
Pfanne ['pfanə] <-, -n> *f (Bratpfanne)* poêle *f*
Pfannkuchen ['pfanku:xən] *m* crêpe *f* épaisse
Pfarramt ['pfar?amt] *nt* cure *f*
Pfarrer(in) ['pfarɐ] <-s, -> *m(f) (evangelisch)* pasteur *mf; (katholisch)* curé *m*
Pfarrgemeinde *f* paroisse *f* **Pfarrhaus** *nt* presbytère *m*
Pfau [pfau̯] <-[e]s, -en> *m* paon *m*
Pfeffer ['pfɛfɐ] <-s, -> *m* poivre *m*
Pfefferminzbonbon *nt o m* bonbon *m* à la menthe
Pfefferminze <-> *f* menthe *f* poivrée
Pfeffermühle *f* moulin *m* à poivre
pfeffern ['pfɛfɐn] *vt* poivrer
Pfefferstreuer <-s, -> *m* poivrier *m*
Pfeife ['pfai̯fə] <-, -n> *f* 1 *(Tabakspfeife)* pipe *f* 2 *fam (Nichtskönner)* nullard(e) *m(f)* ▸ **nach jds ~ tanzen** *fam* se laisser mener [par le bout du nez] par qn
pfeifen ['pfai̯fən] *irr* **I.** *vi* siffler; **auf etw** *(akk)* **~** *fam* se ficher de qc **II.** *vt* siffler
Pfeifton *m* signal *m*
Pfeil [pfai̯l] <-s, -e> *m* flèche *f*
Pfeiler ['pfai̯lɐ] <-s, -> *m* pilier *m*
Pfennig ['pfɛnɪç] <-s, -e> *m* pfennig *m*
Pfennigabsatz *m fam* talon *m* aiguille **Pfennigfuchser(in)** ['pfɛnɪçfʊksɐ] <-s, -> *m(f) fam* grippe-sou *mf*
Pferd [pfe:ɐ̯t] <-[e]s, -e> *nt* 1 cheval *m;* **auf einem ~ reiten** chevaucher 2 *(Turngerät)* cheval *m* d'arçons 3 SPIEL cavalier *m*
Pferdeapfel *m* crottin *m* **Pferderennsport** *m* hippisme *m* **Pferdeschwanz** *m* queue *f* de cheval **Pferdestall** *m* écurie *f*
pfiff [pfɪf] *Imp von* **pfeifen**
Pfiff [pfɪf] <-s, -e> *m (Pfeifton)* sifflement *m*
Pfifferling ['pfɪfɐlɪŋ] <-[e]s, -e> *m* girolle *f*

pfiffig ['pfɪfɪç] **I.** *adj* malin(-igne) **II.** *adv* avec finesse
Pfingsten ['pfɪŋstən] <-, -> *nt meist ohne art* la Pentecôte
Pfingstmontag *m* lundi *m* de Pentecôte **Pfingstsonntag** [pfɪŋst'zɔnta:k] *m* dimanche *m* de Pentecôte
Pfirsich ['pfɪrzɪç] <-s, -e> *m* pêche *f*
Pflanze ['pflantsə] <-, -n> *f* plante *f*
pflanzen *vt (setzen)* planter
Pflanzenfett *nt* graisse *f* végétale **Pflanzenfresser** *m* herbivore *m*
pflanzlich *adj* végétal(e)
Pflaster ['pflastɐ] <-s, -> *nt (Kopfsteinpflaster)* pavé *m*
pflastern **I.** *vt (Straße)* paver **II.** *vi* paver
Pflasterstein *m* pavé *m*
Pflaume ['pflaumə] <-, -n> *f (Frucht)* prune *f*
Pflege ['pfle:gə] <-> *f* ❶ *(Körper-, Krankenpflege)* soins *mpl* ❷ *(Obhut)* **jdn bei jdm in ~ geben** mettre qn en pension chez qn ❸ *(von Anlagen)* entretien *m*
pflegebedürftig *adj (Person)* dépendant(e) **Pflegeeltern** *Pl* parents *mpl* adoptifs **Pflegefall** *m* personne *f* qui réclame des soins constants **Pflegeheim** *nt* maison *f* médicalisée **Pflegekind** *nt* enfant *m* placé dans une famille **pflegeleicht** *adj* ❶ *(Kleidung)* facile à entretenir; *(Pflanze)* facile à soigner ❷ *fig, iron (Person)* facile à vivre
pflegen **I.** *vt* soigner; *(Denkmal, Beziehungen)* entretenir **II.** *vr* **sich ~** soigner son apparence; *(sich schonen)* se ménager
Pfleger(in) <-s, -> *m(f)* infirmier(-ière) *m(f)*
Pflegeversicherung *f* assurance *f* dépendance
pfleglich *adj* soigneux
Pflicht [pflɪçt] <-, -en> *f* devoir *m*
pflichtbewusst *adj* conscient(e) de ses devoirs **Pflichtfach** *nt* matière *f* obligatoire **pflichtgemäß** **I.** *adj* réglementaire **II.** *adv* conformément au règlement **pflichtvergessen** **I.** *adj* oublieux(-ieuse) [de ses devoirs] **II.** *adv* en oubliant ses devoirs
pflücken ['pflʏkən] *vt* cueillir
Pflug [pflu:k] <-es, Pflüge> *m* charrue *f*
pflügen ['pfly:gən] *vt (Acker)* labourer
Pforte ['pfɔrtə] <-, -n> *f* porte *f*
Pförtner(in) ['pfœrtnɐ] <-s, -> *m(f)* gardien(ne) *m(f)*
Pfosten ['pfɔstən] <-s, -> *m* poteau *m*
Pfote ['pfo:tə] <-, -n> *f* patte *f*; **~n weg!** *fam* bas les pattes!
Pfropfen <-s, -> *m* bouchon *m*
pfui [pfʊɪ] *interj* be[u]rk
Pfund [pfʊnt] <-[e]s, -e> *nt* livre *f*
pfuschen *vi fam* bâcler le travail
Pfütze ['pfʏtsə] <-, -n> *f* flaque *f*
Phänomen [fɛno'me:n] <-s, -e> *nt* phénomène *m*
Phantasie [fanta'zi:] <-> *f kein Pl* imagination *f*
phantastisch *s.* **fantastisch**
Phantom [fan'to:m] <-s, -e> *nt* fantôme *m*
Phantombild *nt* portrait-robot *m*
Pharao, Pharaonin ['fa:rao] <-s, Pharaonen> *m, f* pharaon(ne) *m(f)*
Pharmazie [farma'tsi:] <-> *f* pharmacie *f*
Phase ['fa:zə] <-, -n> *f* phase *f*
Philharmonie [fɪlharmo'ni:] <-, -n> *f* philharmonie *f*
Philharmoniker(in) [fɪlhar'mo:nikɐ] <-s, -> *m(f) Pl (Orchester)* **die Wiener ~** l'orchestre *m* philharmonique de Vienne
Philippinen [fili'pi:nən] *Pl* **die ~** les Philippines *fpl*
Philologe, Philologin [filo'lo:gə] *m, f* philologue *mf*
Philosoph(in) [filo'zo:f] <-en, -en> *m(f)* philosophe *mf*
Philosophie [filozo'fi:] <-, -n> *f* philosophie *f*
philosophieren* [filozo'fi:rən] *vi* philosopher

P

philosophisch *adj* philosophique
Phobie [fo'biː] <-, -n> *f* phobie *f*
Phosphat [fɔs'faːt] <-[e]s, -e> *nt* CHEM phosphate *m*
Photo *s.* **Foto**
Phrase ['fraːzə] <-, -n> *f pej* formule *f* [toute faite]
pH-Wert [peː'haːveːɐ̯t] *m* pH *m*
Physik [fy'ziːk] <-> *f* physique *f*
physikalisch [fyzi'kaːlɪʃ] *adj (Formel)* de physique; *(Gesetz)* physique
Physiker(in) ['fyːzikɐ] <-s, -> *m(f)* physicien(ne) *m(f)*
Physiologe, **Physiologin** [fyzi̯o'loːgə] <-n, -n> *m, f* physiologiste *mf*
physiologisch [fyzi̯o'loːgɪʃ] *adj* physiologique
Physiotherapeut(in) *m(f)* physiothérapeute *mf* **Physiotherapie** *f kein Pl* physiothérapie *f pas de pl*
physisch ['fyːzɪʃ] *adj* physique
Pi [piː] <-[s]> *nt* [**die Zahl**] ~ [le nombre] pi *m*
Pianist(in) [pi̯a'nɪst] <-en, -en> *m(f)* pianiste *mf*
Pickel ['pɪkəl] <-s, -> *m* ❶ bouton *m* ❷ *(Eispickel)* piolet *m*
pick[e]lig *adj (Gesicht)* boutonneux(-euse)
picken ['pɪkən] *vt (Körner)* picorer
picklig *s.* **pickelig**
Picknick ['pɪknɪk] <-s, -s> *nt* pique-nique *m*
picknicken *vi* pique-niquer
picobello ['piːko'bɛlo] *adv fam* impec
Piep ▸ **keinen ~ sagen** *fam* ne pas piper [mot]
piepen ['piːpən] **I.** *vi (Vogel)* pépier; *(Maus)* couiner *(fam)*; *(Funkgerät)* faire bip[-bip] **II.** *vi unpers fam* **bei ihm piept's** il déraille
piepsen ['piːpsən] *vi s.* **piepen I.**
Piercing ['piːɐ̯sɪŋ] <-s, -s> *nt* piercing *m*
piesacken ['piːzakən] *vt fam* **jdn ~** *(Person)* embêter qn; *(Tier)* enquiquiner qn
Pigment [pɪ'gmɛnt] <-s, -e> *nt* pigment *m*
Pik [piːk] <-s, -> *nt* SPIEL pique *m*
pikant [pi'kant] **I.** *adj* ❶ relevé(e) ❷ *(Witz)* piquant(e) **II.** *adv* **~ schmecken** être relevé
piken ['piːkən] *vt, vi fam* piquer
pikiert [pi'kiːɐ̯t] *geh* **I.** *adj* offusqué(e) **II.** *adv (reagieren)* avec indignation
Pikkolo ['pɪkolo] <-s, -s> *m* ≈ quart *m* de mousseux
piksen *s.* **piken**
Piktogramm <-s, -e> *nt* pictogramme *m*
Pilger(in) ['pɪlgɐ] <-s, -> *m(f)* pèlerin(e) *m(f)*
Pilgerfahrt *f* pèlerinage *m*
pilgern *vi +sein* **nach Mekka ~** se rendre en pèlerinage à la Mecque
Pille ['pɪlə] <-, -n> *f* pilule *f*; **die ~ danach** la pilule du lendemain

Übersetzungstipp
Die Pille – Nicht verwechseln mit *la pile – der Stapel; die Batterie!*

Pilot(in) [pi'loːt] <-en, -en> *m(f)* pilote *mf*
Pils <-, -> *nt* pils *f*
Pilz [pɪlʦ] <-es, -e> *m* champignon *m*
Pilzerkrankung *f*, **Pilzkrankheit** *f* MED mycose *f*
Piment [pi'mɛnt] <-[e]s, -e> *m o nt* piment
Pimmel ['pɪməl] <-s, -> *m fam* zizi *m*
PIN [pɪn] <-, -s> *f Abk von* **personal identification number** NIP *m*, PIN *m*
pingelig ['pɪŋəlɪç] *adj fam* maniaque
Pinguin ['pɪŋguiːn] <-s, -e> *m* pingouin *m*
Pinie ['piːniə] <-, -n> *f* pin *m* parasol
Pink <-s, -s> *nt* rose *m* vif
pinkeln ['pɪŋkəln] *vi fam* pisser
Pinnwand ['pɪnvant] *f* tableau *m* aide-mémoire
Pinsel ['pɪnzəl] <-s, -> *m* pinceau *m*
Pinzette [pɪn'ʦɛtə] <-, -n> *f* pincette *f*;

P

(Kosmetikpinzette) pince *f* à épiler

Pipeline ['paiplain] <-, -s> *f* pipeline *m*

Pipi ['pɪpi] <-s> *nt (Kinderspr.)* ~ **machen** faire pipi

Pirat(in) [pi'ra:t] <-en, -en> *m(f)* pirate *m*

Piraterie [piratə'ri:] <-, -ien> *f* piraterie *f*

Pirouette [pi'rʊɛtə] <-n> *f* pirouette *f*

PISA-Studie ['pi:za-] *f* enquête *f* PISA *(programme international pour le suivi des acquis des élèves)*

pissen ['pɪsən] *vi vulg* pisser *(fam)*

Pissoir [pɪ'so̯a:ɐ̯] <-s, -s> *nt* urinoir *m*

Pistazie [pɪs'ta:tsiə] <-, -n> *f* pistache *f*

Piste ['pɪstə] <-, -n> *f* piste *f*

Pistole [pɪs'to:lə] <-, -n> *f* pistolet *m* ▸ **wie aus der ~ geschossen** *fam* du tac au tac

Pixel ['pɪksəl] <-[s], -> *nt* INFORM pixel *m*

Pizza ['pɪtsa] <-, -s> *f* pizza *f*

Pizzaservice *m* service *m* pizza

Pizzeria <-, -s o -ien> *f* pizzeria *f*

Pkw ['pe:ka:ve:] <-s, -s> *m Abk von* **Personenkraftwagen** voiture *f* [particulière]

Placebo [pla'tse:bo] <-s, -s> *nt* MED placebo *m*

Plage ['pla:gə] <-, -n> *f* plaie *f*; *(Schädlingsplage)* fléau *m*

plagen **I.** *vt* **jdn ~** *(Gewissen)* tourmenter qn; *(Hunger)* tenailler qn **II.** *vr* **sich ~** s'esquinter *(fam)*

Plakat [pla'ka:t] <-[e]s, -e> *nt* affiche *f*

Plakette [pla'kɛtə] <-, -n> *f* badge *m*

Plan [pla:n] <-[e]s, Pläne> *m* ① plan *m* ② *meist Pl (Planung)* projet *m*

Plane ['pla:nə] <-, -n> *f* bâche *f*

planen *vt (Projekt)* planifier; *(Bauwerk)* dessiner les plans de

Planet [pla'ne:t] <-en, -en> *m* planète *f*

planetarisch [plane'ta:rɪʃ] *adj* planétaire

Planetarium [plane'ta:riʊm] <-s, -tarien> *nt* planétarium *m*

Planierraupe *f* bulldozer *m*

Planke ['plaŋkə] <-, -n> *f* planche *f*

planmäßig **I.** *adj (Ankunft)* normal(e); *(Vorgehen)* méthodique **II.** *adv (stattfinden)* comme prévu

Planschbecken *nt* pataugeoire *f*

planschen ['planʃən] *vi* barboter

Plantage [plan'ta:ʒə] <-, -n> *f* plantation *f*

Planung <-, -en> *f* plan *m*

plappern ['plapɐn] *fam* **I.** *vi* bavarder **II.** *vt* marmonner

Plasma ['plasma] <-s, Plasmen> *nt* plasma *m*

Plastik[1] ['plastɪk] <-s> *nt (Kunststoff)* plastique *m*

Plastik[2] <-, -en> *f* KUNST sculpture *f*

Plastikfolie *f* feuille *f* de plastique **Plastiktüte** *f* sac *m* en plastique

plastisch *adj (Chirurgie)* plastique

Platane [pla'ta:nə] <-, -n> *f* platane *m*

Platin ['pla:ti:n] <-s> *nt* platine *m*

platonisch [pla'to:nɪʃ] *adj geh (Liebe)* platonique

platschen ['platʃən] *vi +sein fam* faire flac

plätschern ['plɛtʃɐn] *vi +haben (Wasser)* clapoter

platt [plat] **I.** *adj* ① plat(e); *(Nase)* aplati(e); *(Reifen)* à plat ② *fam (verblüfft)* **~ sein** [ɐn] être baba **II.** *adv* **~ drücken** écraser

Platt *s.* **Plattdeutsch**

plattdeutsch **I.** *adj (Dialekt)* bas allemand(e); *(Wort)* de bas allemand **II.** *adv* **~ sprechen** parler bas allemand

Plattdeutsch *nt* le bas allemand; **auf ~** en bas allemand

Platte ['platə] <-, -n> *f* ① *(Stein-, Keramikplatte)* carreau *m*; *(groß)* dalle *f* ② *(Metallplatte)* plaque *f* ③ *(Servierplatte)* plateau *m* ④ GASTR **kalte ~** assiette *f* anglaise

Plattenfirma *f* maison *f* de disques **Plattenspieler** *m* platine *f* [disques]

Plattform *f* plate-forme *f*

Plattfuß *m* pied *m* plat

Platz [plats] <-es, Plätze> *m* ① place *f*

❷ *(Sportplatz)* terrain *m* ▶ **fehl am ~[e] sein** *(Person)* n'être pas à sa place; *(Sache)* être déplacé

Platzangst *f fam* claustrophobie *f*

Platzanweiser(in) <-s, -> *m(f)* ouvreur(-euse) *m(f)*

Plätzchen ['plɛtsçən] <-s, -> *nt* ❶ *Dim von* **Platz** petite place *f* ❷ *(Gebäck)* ≈ petit gâteau *m* sec

platzen ['platsən] *vi +sein* ❶ éclater; *(Naht)* craquer; **vor Neugier** *(dat)* ~ crever de curiosité ❷ *fam (Termin)* foirer

platzieren* [pla'tsi:rən] *vt* placer

Platzierung <-, -en> *f (Rangfolge)* classement *m*

Platzverweis *m* expulsion *f* [du terrain]

Platzwunde *f* plaie *f* ouverte

plaudern ['plaudɐn] *vi* bavarder

plausibel [plau'zi:bəl] *adj* plausible

Playback, Play-back ['ple:bɛk] <-s, -s> *nt* play-back *m*

Playboy ['ple:bɔy] <-s, -s> *m* play-boy *m*

Plazenta <-, -s> *f* placenta *m*

pleite ['plaitə] *adj fam* ~ **sein** être fauché

Pleite <-, -n> *f fam* faillite *f*

plemplem [plɛm'plɛm] *adj fam* ~ **sein** être zinzin

Plombe ['plɔmbə] <-, -n> *f (Zahnplombe)* plombage *m*

plötzlich ['plœtslɪç] **I.** *adj* soudain(e); *(Tod)* subit(e) **II.** *adv* soudain

plump [plʊmp] *adj* ❶ *(Bewegungen)* gauche ❷ *(dummdreist)* primitif(-ive)

plumpsen ['plʊmpsən] *vi +sein fam* **ins Wasser** ~ tomber dans l'eau en faisant un grand plouf

Plumpsklo, Plumpsklosett *nt fam* latrines *fpl*

Plunder <-s> *m fam* bric-à-brac *m*

Plünderer, Plünderin <-s, -> *m, f* pillard *m*

plündern ['plʏndɐn] **I.** *vt* piller **II.** *vi* se livrer au pillage

Plural ['plu:ra:l] <-s, -e> *m* pluriel *m*

plus [plʊs] **I.** *präp +gen* plus **II.** *konj* plus **III.** *adv (über null Grad)* **drei Grad** ~ plus trois degrés

Plus *nt* ❶ plus *m* ❷ *(Überschuss)* excédent *m*

Plüsch [ply:ʃ] <-[e]s, -e> *m* peluche *f*

Plüschtier *nt* animal *m* en peluche

Pluspunkt *m (Vorzug)* plus *m*

Plusquamperfekt ['plʊskvampɛrfɛkt] <-s, -e> *nt* plus-que-parfait *m*

plustern ['plu:stɐn] *vt, vr* **[sich]** ~ [se] hérisser

Pluszeichen *nt* signe *m* plus

Pluto <-s> *m* ASTRO **[der]** ~ [la planète] Pluton

PLZ *Abk von* **Postleitzahl** code *m* postal

Po <-s, -s> *m fam* fesses *fpl*

Pöbel ['pø:bəl] <-s> *m pej* populace *f*

Pocken ['pɔkən] *Pl* variole *f*

Pocketkamera ['pɔkət-] *f* appareil *m* photo de poche

Podcast ['pɔtka:st] <-s, -s> *m* INFORM podcast *m*

Podest [po'dɛst] <-[e]s, -e> *nt o m* estrade *f*

Podium ['po:diʊm] <-s, Podien> *nt* podium *m*

Poesiealbum *nt* ≈ album *m* souvenir *(petit album d'enfant rempli par les parents et amis)*

Poet(in) [po'e:t] *m(f)* poète *m*

poetisch *adj geh* poétique

Pogrom [po'gro:m] <-s, -e> *m o nt* pogrom[e] *m*

Pointe ['pɔ̃ɛ̃:tə] <-, -n> *f* chute *f*

Pokal [po'ka:l] <-s, -e> *m* coupe *f*

Pokalsieger(in) *m(f)* SPORT vainqueur *m* de la coupe

Poker ['po:kɐ] <-s> *nt o m* poker *m*

pokern *vi* jouer au poker

Pol [po:l] <-s, -e> *m* pôle *m*

polar [po'la:ɐ] *adj* polaire

Polarisierung <-, -en> *f geh* durcissement *m*

Pole, Polin ['po:lə] <-n, -n> *m, f* Polonais(e) *m(f)*

polemisch [po'le:mɪʃ] *adj* polémique

Polen ['po:lən] <-s> *nt* la Pologne

Police [po'liːsə] <-, -n> *f* police *f* [d'assurance]
polieren* [po'liːrən] *vt (Schuhe)* lustrer; *(Auto)* briquer; **glatt** ~ polir
Polio ['poːlio] <-> *f* polio[myélite] *f*
Politesse [poli'tɛsə] <-, -n> *f* contractuelle *f*

> **Übersetzungstipp**
> **Die Politesse – Nicht verwechseln mit *la politesse – die Höflichkeit!***

Politik [poli'tiːk] <-> *f* politique *f*
Politiker(in) [po'liːtikɐ] <-s, -> *m(f)* homme *m*/femme *f* politique
politisch *adj* politique
politisieren* [politi'ziːrən] *vi* parler politique
Politologe, **Politologin** [polito'loːgə] <-n, -n> *m, f* politologue *mf*
Politologie [politolo'giː] <-> *f* science(s) *f(pl)* politique(s)
Polizei [poli'tsai] <-, -en> *f* ❶ police *f* ❷ *kein Pl (Dienstgebäude)* poste *m* de police
Polizeibeamte(r) *m dekl wie Adj*, **-beamtin** *f* fonctionnaire *mf* de police **Polizeidirektion** *f* direction *f* de la police **Polizeihund** *m* chien *m* policier
polizeilich **I.** *adj (Ermittlung)* policier(-ière) **II.** *adv (überwachen)* par mesure de police
Polizeipräsidium *nt* préfecture *f* de police **Polizeirevier** *nt* poste *m* **Polizeischutz** *m* protection *f* policière **Polizeistreife** *f* patrouille *f* de police **Polizeiwache** *f* poste *m* de police
Polizist(in) [poli'tsɪst] <-en, -en> *m(f)* policier(-ière) *m(f)*
Pollen ['pɔlən] <-s, -> *m* pollen *m*
polnisch ['pɔlnɪʃ] **I.** *adj* polonais(e) **II.** *adv* ~ **miteinander sprechen** discuter en polonais
Polnisch <-[s]> *nt kein art* polonais *m*; *s.a.* **Deutsch**
Polohemd ['poːlohɛmt] *nt* polo *m*
Polonaise [polo'nɛːzə] <-, -n> *f* polonaise *f*
Polster ['pɔlstɐ] <-s, -> *nt o* A *m* ❶ *(eines Möbelstücks)* coussin *m* ❷ *(Schulterpolster)* épaulette *f* ❸ *fam (Rücklage)* pécule *m*
Polstermöbel *nt* meuble *m* rembourré
polstern *vt (Möbel)* capitonner
Polterabend *m* ≈ veille *f* des noces *(soirée au cours de laquelle on casse de la vaisselle pour porter bonheur aux futurs jeunes mariés)*
poltern ['pɔltɐn] *vi +haben (lärmen)* faire du vacarme
Polyester [poly'ɛstɐ] <-s, -> *m* polyester *m*
polygam [poly'gaːm] *adj* polygame
Polygamie [polyga'miː] <-> *f* polygamie *f*
Polymer [poly'meːɐ̯] <-s, -e> *nt meist Pl* CHEM polymère *m*
Polynesien <-s> *nt* la Polynésie
Pommes frites [pɔm'frɪt] *Pl* [pommes *f pl*] frites *f pl*
pompös [pɔm'pøːs] *adj (Ausstattung)* fastueux(-euse)
Pony[1] ['pɔni] <-s, -s> *nt* poney *m*
Pony[2] <-s, -s> *m (Stirnfransen)* frange *f*
Pool [puːl] <-s, -s> *m* piscine *f*
Pop [pɔp] <-s> *m* pop *f*
Popcorn ['pɔpkɔrn] <-s> *nt* pop-corn *m*
popeln ['poːpəln] *vi fam* se curer le nez
Popgruppe *f* groupe *m* pop **Popkonzert** *nt* concert *m* pop **Popmusik** *f* musique *f* pop
Popo <-s, -s> *m (Kinderspr.) fam* fesses *f pl*
poppen ['pɔpən] *vi fam* baiser
populär [popu'lɛːɐ̯] *adj* populaire
Popularität [populari'tɛːt] <-> *f* popularité *f*
Pore ['poːrə] <-, -n> *f* pore *m*
Porno ['pɔrno] <-s, -s> *m fam* porno *m*
Pornografie [pɔrnogra'fiː] <-> *f* pornographie *f*
pornografisch [pɔrno'graːfɪʃ] *adj* pornographique

Pornographie *s.* **Pornografie**
pornographisch *s.* **pornografisch**
Pornoheft *nt fam* revue *f* porno
porös [po'rø:s] *adj* poreux(-euse)
Porree ['pɔre] <-s, -s> *m* poireau *m*
Portal [pɔr'ta:l] <-s, -e> *nt* portail *m*
Portemonnaie [pɔrtmɔ'ne:] <-s, -s> *nt* porte-monnaie *m*
Portier [pɔr'ti̯e:] <-s, -s> *m* portier *m*
Portion [pɔr'tsi̯o:n] <-, -en> *f* portion *f; (zugeteilte Menge)* part *f*
Portmonee [pɔrtmɔ'ne:] *s.* **Portemonnaie**
Porto ['pɔrto] <-s, -s> *nt* port *m*
Porträt [pɔr'trɛ:] <-s, -s> *nt* portrait *m*
Portugal ['pɔrtugal] <-s> *nt* le Portugal
Portugiese, **Portugiesin** [pɔrtu'gi:zə] <-n, -n> *m, f* Portugais(e) *m(f)*
portugiesisch **I.** *adj* portugais(e) **II.** *adv* ~ **miteinander sprechen** discuter en portugais
Portugiesisch <-[s]> *nt kein art* portugais *m; s.a.* **Deutsch**
Porzellan [pɔrtsɛ'la:n] <-s, -e> *nt* porcelaine *f*
Posaune [po'zau̯nə] <-, -n> *f* trombone *m*
Pose ['po:zə] <-, -n> *f* pose *f*
Position [pozi'tsi̯o:n] <-, -en> *f* ❶ position *f* ❷ *(beruflich)* situation *f*
positiv ['po:ziti:f] *adj* positif(-ive)
Posse ['pɔsə] <-, -n> *f* farce *f*
Possessivpronomen ['pɔsɛsi:fprono:-mən] *nt* pronom *m* possessif; *(adjektivisches Possessivpronomen)* adjectif *m* possessif
Post [pɔst] <-> *f* ❶ *(Unternehmen)* poste *f* ❷ *(Postsendung)* courrier *m*
Postamt *nt* bureau *m* de poste **Postbote**, **-botin** *m, f* facteur(-trice) *m(f)*
Posten ['pɔstən] <-s, -> *m* ❶ *(Amt)* poste *m* ❷ *(Wachmann)* sentinelle *f* ▸ **nicht ganz auf dem ~ sein** *fam* être mal fichu
Poster ['po:stɐ] <-s, -[s]> *nt* poster *m*
Postfach *nt (bei der Post)* boîte *f* postale; *(im Hotel, Büro)* casier *m* [à courrier]
postieren* [pɔs'ti:rən] *vt* poster
Postkarte *f* carte *f* postale **Postleitzahl** *f* code *m* postal
postmodern [pɔstmo'dɛrn] *adj* postmoderne
Postsparbuch *nt* livret *m* d'épargne de la poste **Postsparkasse** *f* caisse *f* d'épargne de la poste
Poststempel *m* cachet *m* de la poste
Postulat [pɔstu'la:t] <-[e]s, -e> *nt geh* postulat *m*
postwendend ['pɔst'vɛndənt] *adv* par retour du courrier
potent [po'tɛnt] *adj (Person)* sexuellement puissant(e)
Potential [potɛn'tsia:l] *s.* **Potenzial**
potentiell [potɛn'tsiɛl] *s.* **potenziell**
Potenz [po'tɛnts] <-, -en> *f* ❶ MATH puissance *f* ❷ *(sexuelle Potenz)* virilité *f*
Potenzial [potɛn'tsi̯a:l] <-s, -e> *nt* potentiel *m*
potenziell [potɛn'tsi̯ɛl] *adj geh* potentiel(le)
Pott [pɔt, *pl:* 'pœtə] <-[e]s, Pötte> *m fam (Schiff)* bateau *m; (altes Schiff)* rafiot *m*
Power ['pau̯ɐ] <-> *f fam (einer Person)* punch *m*
PR [pe:'ʔɛr] <-> *f Abk von* **Public Relations** relations *f pl* publiques
Pracht [praxt] <-> *f* splendeur *f*
Prachtexemplar *nt* belle pièce *f*
prächtig ['prɛçtɪç] **I.** *adj (Raum)* somptueux(-euse) **II.** *adv (sich verstehen)* à merveille
prachtvoll *s.* **prächtig I.**
Prädikat [prɛdi'ka:t] <-[e]s, -e> *nt* ❶ LING prédicat *m* ❷ COM label *m* [de qualité]
prädikativ [prɛdika'ti:f] LING **I.** *adj (Adjektiv)* attribut; **~e Ergänzung** attribut *m* **II.** *adv (verwenden)* comme attribut
Präferenz [prɛfe'rɛnts] <-, -en> *f a.* COM préférence *f*
Präfix ['prɛ:fɪks] <-es, -e> *nt* préfixe *m*
Prag [pra:k] <-s> *nt* Prague

prägen ['prɛːgən] *vt (Münzen)* frapper; *(Landschaft)* caractériser; **jdn ~** *(Erlebnis)* marquer qn
pragmatisch I. *adj* pragmatique **II.** *adv* avec pragmatisme
Prägung <-, -en> *f (Aufdruck)* gravure *f*
prahlen ['praːlən] *vi* **mit etw ~** se vanter de qc
Praktik ['praktɪk] <-, -en> *f meist Pl* pratique *f*
praktikabel [prakti'kaːbəl] *adj* praticable
Praktikant(in) [prakti'kant] <-en, -en> *m(f)* stagiaire *mf*
Praktikum ['praktɪkʊm] <-s, Praktika> *nt* stage *m*
praktisch I. *adj* pratique **II.** *adv* ① *(in der Praxis)* dans la pratique ② *(so gut wie)* pratiquement
praktizieren* [prakti'tsiːrən] *vi (Arzt)* exercer
Praline [pra'liːnə] <-, -n> *f* ᴀ chocolat *m*
prall [pral] **I.** *adj (Ballon)* bien gonflé(e) **II.** *adv* **~ gefüllt** bien rempli(e)
prallen ['pralən] *vi +sein* **gegen jdn/etw ~** heurter qn/qc
Prämie ['prɛːmi̯ə] <-, -n> *f* prime *f*
Pranke ['praŋkə] <-, -n> *f* patte *f*
Präparat [prɛpa'raːt] <-[e]s, -e> *nt* préparation *f*
präparieren* [prɛpa'riːrən] *vt* ① *(konservieren)* naturaliser ② *(sezieren)* disséquer
Präposition [prɛpozi'tsi̯oːn] <-, -en> *f* préposition *f*
Präsens ['prɛːzɛns] <-, Präsenzien> *nt* présent *m*
präsentieren* [prɛzɛn'tiːrən] *vt* présenter
Präservativ [prɛzɛrva'tiːf] <-s, -e> *nt* préservatif *m*
Präsident(in) [prɛzi'dɛnt] <-en, -en> *m(f)* président(e) *m(f)*
Präsidentschaft <-, -en> *f* présidence *f*
Präsidentschaftswahlen *Pl* [élections *f pl*] présidentielles *f pl*
prasseln ['prasəln] *vi +sein* **gegen/auf etw** *(akk)* **~** crépiter contre/sur qc
präventiv [prɛvɛn'tiːf] *adj* préventif(-ive)
Praxis ['praksɪs] <-, Praxen> *f* ① *(Arztpraxis)* cabinet *m* ② *(Anwendung)* pratique *f*
Praxisgebühr *f* taxe *f* de consultation médicale
praxisorientiert *adj (Unterricht)* axé(e) sur la pratique
präzisieren* [prɛtsi'ziːrən] *vt geh* préciser
predigen ['preːdɪgən] **I.** *vi* prêcher **II.** *vt (Toleranz)* recommander
Predigt <-, -en> *f (Ermahnung)* sermon *m*
Preis [prai̯s] <-es, -e> *m* prix *m*; **einen ~ auf etw** *(akk)* **aussetzen** offrir une récompense pour qc
Preisanstieg *m* hausse *f* des prix **Preisausschreiben** *nt* [jeu-]concours *m*
Preiselbeere ['prai̯zəlbeːrə] *f* airelle *f*
Preisempfehlung *f* **[unverbindliche] ~** prix *m* indicatif
preisen ['prai̯zən] <pries, gepriesen> *vt geh (Gott)* louer
Preisfrage *f* ① *(Gewinnfrage)* question-concours *f* ② *fam (schwierige Frage)* question *f* à mille francs ③ *(Frage des Preises)* question *f* du prix **preisgekrönt** *adj* primé(e) **preisgünstig** *adj (Artikel)* bon marché **Preiskampf** *m* guerre *f* des prix
Preis-Leistungs-Verhältnis *nt* rapport *m* qualité-prix
Preisliste *f* tarif *m* **Preisschild** *nt* étiquette *f* **Preisträger(in)** *m(f)* lauréat(e) *m(f)*; SPORT vainqueur *m* **Preisverleihung** *f* remise *f* des prix **preiswert** *s.* **preisgünstig**
prellen ['prɛlən] **I.** *vt* ① **sich** *(dat)* **etw ~** se contusionner qc ② *(betrügen)* **jdn um etw ~** escroquer qn de qc **II.** *vr* **sich an etw** *(dat)* **~** se contusionner qc
Prellung <-, -en> *f* contusion *f*

P

Premiere [prəˈmi̯eːrə] <-, -n> *f* première *f*
Premierminister(in) *m(f)* premier ministre *mf*
Presse [ˈprɛsə] <-, -n> *f* presse *f*
Pressekonferenz *f* conférence *f* de presse **Pressemeldung** *f*, **Pressemitteilung** *f* communiqué *m* de presse
pressen [ˈprɛsən] **I.** *vt* presser **II.** *vi* pousser
Pressesprecher(in) *m(f)* attaché(e) *m(f)* de presse
pressieren* [prɛˈsiːrən] A, CH, SDEUTSCH **I.** *vi* être pressant **II.** *vi unpers* **es pressiert nicht** ça ne presse pas
Preußen [ˈprɔysən] <-s> *nt* la Prusse
preußisch *adj* prussien(ne)
prickeln [ˈprɪkəln] *vi* ① *(kribbeln)* picoter ② *(Sekt)* pétiller
prickelnd *adj (Gefühl)* excitant(e); *(Sekt)* pétillant(e)
Priester(in) [ˈpriːstɐ] <-s, -> *m(f)* prêtre(-esse) *m(f)*
prima [ˈpriːma] *fam* **I.** *adj inv* super **II.** *adv* super-bien
primär [priˈmɛːɐ̯] *geh* **I.** *adj* premier(-ière) **II.** *adv* en premier lieu
Primel [ˈpriːməl] <-, -n> *f* primevère *f*
primitiv [primiˈtiːf] *adj* ① *(urtümlich)* primitif(-ive) ② *(simpel)* rudimentaire
Prinz, Prinzessin [prɪnts] <-en, -en> *m, f* prince *m*/princesse *f*
Prinzip [prɪnˈtsiːp] <-s, -ien> *nt* principe *m*
prinzipiell [prɪntsiˈpi̯ɛl] **I.** *adj* de principe **II.** *adv* par principe
Priorität [prioriˈtɛːt] <-, -en> *f geh* priorité *f*
Prise [ˈpriːzə] <-, -n> *f* pincée *f*
privat [priˈvaːt] **I.** *adj* privé(e) **II.** *adv (sprechen)* en privé
Privatangelegenheit *f* affaire *f* privée
privatisieren* [privatiˈziːrən] *vt* privatiser
Privatleben *nt* vie *f* privée **Privatpatient(in)** *m(f)* patient(e) *m(f)* du secteur privé **Privatsekretär(in)** *m(f)* secrétaire *mf* particulier(-ière)

Privileg [priviˈleːk] <-[e]s, -ien> *nt geh* privilège *m*
privilegiert [priviléˈgiːɐ̯t] *adj geh* privilégié(e)
pro [proː] **I.** *präp +akk* par **II.** *adv* pour
Pro <-> *nt* [**das**] ~ **und** [**das**] **Kontra** *geh* le pour et le contre
Probe [ˈproːbə] <-, -n> *f* ① *(eines Gesteins)* échantillon *m* ② MUS, THEAT répétition *f*
Probefahrt *f* essai *m* sur route
proben *vt, vi* répéter
probeweise *adv (einstellen)* à l'essai
Probezeit *f* période *f* d'essai
probieren* [proˈbiːrən] **I.** *vt* essayer; *(Brot)* goûter; *(Wein)* déguster **II.** *vi* ① essayer ② *(kosten)* goûter
Problem [proˈbleːm] <-s, -e> *nt* problème *m*
Problematik [probleˈmaːtɪk] <-> *f geh* difficultés *f pl*
problematisch *adj* problématique
problemlos **I.** *adj* sans problème **II.** *adv* sans aucun problème
Produkt [proˈdʊkt] <-[e]s, -e> *nt* produit *m*
Produktion [prodʊkˈtsi̯oːn] <-, -en> *f* production *f*
produktiv [prodʊkˈtiːf] *adj* productif(-ive)
Produzent(in) [produˈtsɛnt] <-en, -en> *m(f)* producteur(-trice) *m(f)*
produzieren* [produˈtsiːrən] **I.** *vt, vi* produire **II.** *vr pej fam* **sich vor jdm ~** faire l'intéressant(e) devant qn
professionell [profɛsi̯oˈnɛl] **I.** *adj* professionnel(le) **II.** *adv* avec professionnalisme
Professor, Professorin [proˈfɛsoːɐ̯] <-s, -soren> *m, f* professeur *mf*
Profi [ˈproːfi] <-s, -s> *m fam (Sportler)* pro *mf*
Profil [proˈfiːl] <-s, -e> *nt* profil *m*
Profit [proˈfiːt] <-[e]s, -e> *m* profit *m*
profitieren* [profiˈtiːrən] *vi* ① faire du profit ② *(Nutzen haben)* **bei/von etw ~** profiter de qc
Prognose [proˈgnoːzə] <-, -n> *f* ① *geh*

prévision *f* ② MED pronostic *m*

Programm [pro'gram] <-s, -e> *nt* ① programme *m* ② INFORM logiciel *m*

Programmfehler *m* INFORM erreur *f* dans le programme

programmieren* [progra'mi:rən] *vt* programmer

Programmierer(in) <-s, -> *m(f)* programmeur(-euse) *m(f)*

Programmiersprache *f* INFORM langage *m* de programmation

Programmierung <-, -en> *f* programmation *f*

Projekt [pro'jɛkt] <-[e]s, -e> *nt* projet *m*

Projektmanager(in) *m(f)* chef *mf* de projet

Projektor [pro'jɛkto:ɐ̯] <-s, -toren> *m* projecteur *m*

projizieren* [proji'ts̮i:rən] *vt* projeter

Pro-Kopf-Einkommen *nt* revenu *m* par tête

Proletariat [proletari'a:t] <-[e]s, -e> *nt* prolétariat *m*

Prolog [pro'lo:k] <-[e]s, -e> *m* prologue *m*

Promille [pro'mɪlə] <-[s], -> *nt* ① **elf ~** onze pour mille ② *fam (Blutalkohol)* **0,5 ~ haben** avoir 0,5 gramme

Promillegrenze *f* taux *m* d'alcoolémie maximal

prominent [promi'nɛnt] *adj* éminent(e)

Prominente(r) *f(m)* personnalité *f*

Promotion [promo'ts̮i̯o:n] <-, -en> *f* UNIV doctorat *m*

Übersetzungstipp

Die Promotion – Nicht verwechseln mit *la promotion – die Beförderung; das Sonderangebot!*

promovieren* [promo'vi:rən] *vi* ① *(eine Doktorarbeit schreiben)* **über jdn/etw ~** préparer une thèse [de doctorat] sur qn/qc ② *(den Doktorgrad erwerben)* **in Philosophie** *(dat)* **~** soutenir une thèse de philosophie

prompt [prɔmpt] **I.** *adj* rapide **II.** *adv fam (erwartungsgemäß)* aussi sec

Pronomen [pro'no:mən] <-s, -> *nt* pronom *m*

Propaganda [propa'ganda] <-> *f* propagande *f*

Propagandist(in) [propagan'dɪst] <-en, -en> *m(f)* propagandiste *mf*

Propeller [pro'pɛlɐ] <-s, -> *m* hélice *f*

Prophet(in) [pro'fe:t] <-en, -en> *m(f)* prophète *m*/prophétesse *f*

prophezeien* [profe'ts̮ai̯ən] *vt* prophétiser

Prophezeiung <-, -en> *f* prophétie *f*

prophylaktisch [profy'laktɪʃ] **I.** *adj* prophylactique **II.** *adv* préventivement

Proportion [propɔr'ts̮i̯o:n] <-, -en> *f* proportion *f*

Prosa ['pro:za] <-> *f* prose *f*

prosit *s.* **prost**

Prospekt [pro'spɛkt] <-[e]s, -e> *m* prospectus *m*

prost *interj* à la tienne/vôtre

prostituieren* [prostitu'i:rən] *vr* **sich ~** se prostituer

Prostituierte(r) *f(m)* prostitué(e) *m(f)*

Prostitution [prostitu'ts̮i̯o:n] <-> *f* prostitution *f*

Protein [prote'i:n] <-s, -e> *nt* protéine *f*

Protektorat <-[e]s, -e> *nt* protectorat *m*

Protest [pro'tɛst] <-[e]s, -e> *m* protestation *f*

Protestant(in) [protɛs'tant] <-en, -en> *m(f)* protestant(e) *m(f)*

protestantisch *adj* protestant(e)

protestieren* [protɛs'ti:rən] *vi* protester

Protestwahl *f* vote *m* de contestation

Prothese [pro'te:zə] <-, -n> *f* ① *(Ersatzgliedmaße)* prothèse *f* ② *(Zahnersatz)* dentier *m*

Protokoll [proto'kɔl] <-s, -e> *nt* ① protocole *m; (Sitzungsprotokoll)* compte *m* rendu ② *(Vernehmungsprotokoll)* procès-verbal *m*

protokollieren* [protokɔ'li:rən] **I.** *vt*

(Zeugenaussage) enregistrer **II.** *vi* établir le procès-verbal

protzig *adj fam* tape-à-l'œil

Proviant [provi'ant] <-s> *m* provisions *fpl*

Provinz [pro'vɪnts] <-, -en> *f* province *f*

provinziell [provɪn'tsi̯ɛl] *adj pej* provincial(e)

Provision [provi'zi̯o:n] <-, -en> *f* commission *f*

provisorisch [provi'zo:rɪʃ] **I.** *adj* provisoire; *(Unterkunft)* précaire **II.** *adv* provisoirement

Provisorium [provi'zo:ri̯ʊm] <-s, -rien> *nt geh (Einrichtung)* solution *f* provisoire; *(Regelung)* mesure *f* d'urgence

provozieren* [provo'tsi:rən] *vt* provoquer

Prozedur [protse'du:ɐ̯] <-, -en> *f* astreinte *f*

Prozent [pro'tsɛnt] <-[e]s, -e> *nt* ❶ **zehn ~** dix pour cent ❷ *(Alkoholgehalt)* degré *m* [d'alcool]

Prozentpunkt *m* point *m*

Prozentsatz *m* pourcentage *m*

prozentual [protsɛn'tu̯a:l] **I.** *adj* exprimé(e) en pourcentage **II.** *adv* au pourcentage

Prozess [pro'tsɛs] <-es, -e> *m* ❶ procès *m* ❷ *(Vorgang)* processus *m*

Prozession [protsɛ'si̯o:n] <-, -en> *f* procession *f*

Prozessor [pro'tsɛso:ɐ̯] <-s, -soren> *m* INFORM processeur *m*

prüde ['pry:də] *adj* prude

prüfen ['pry:fən] *vt* ❶ **jdn ~** faire passer un examen à qn; **geprüft** *(Krankenschwester)* diplômé(e) ❷ *(Gerät)* vérifier; *(Antrag)* examiner

Prüfer(in) <-s, -> *m(f)* examinateur(-trice) *m(f)*

Prüfung <-, -en> *f* examen *m; (in einem Fach)* épreuve *f*

Prüfungsangst *f* trac *m* [de l'examen]

Prügel ['pry:gəl] <-s, -> *m Pl (Schläge)* coups *mpl*

Prügelei [pry:gə'lai̯] <-, -en> *f fam* bagarre *f*

prügeln **I.** *vt* battre **II.** *vr* **sich mit jdm ~** se battre avec qn

Prügelstrafe *f* châtiment *m* corporel

Prunk [prʊŋk] <-s> *m* luxe *m* ostentatoire

prunkvoll **I.** *adj* somptueux(-euse) **II.** *adv* fastueusement

prusten ['pru:stən] *vi* s'ébrouer; **vor Lachen ~** pouffer de rire

PS [pe:'ʔɛs] <-, -> *nt* ❶ *Abk von* **Pferdestärke** ch *m* ❷ *Abk von* **Postskriptum** P.-S. *m*

Psalm [psalm] <-s, -en> *m* psaume *m*

Pseudonym [psɔʏdo'ny:m] <-s, -e> *nt* pseudonyme *m*

psychedelisch [psyçe'de:lɪʃ] *adj* psychédélique

Psychiater(in) [psy'çi̯a:tɐ] <-s, -> *m(f)* psychiatre *mf*

Psychiatrie [psyçi̯a'tri:] <-, -n> *f* psychiatrie *f*

psychisch ['psy:çɪʃ] *adj* psychique

Psychoanalyse [psyçoʔana'ly:zə] *f* psychanalyse *f* **Psychoanalytiker(in)** [psyçoʔana'ly:tikɐ] *m(f)* psychanalyste *mf*

Psychologe, Psychologin [psyço'lo:gə] <-n -n> *m, f* psychologue *mf*

Psychologie [psyçolo'gi:] <-> *f* psychologie *f*

psychologisch [psyço'lo:gɪʃ] *adj* psychologique

Psychopath(in) [psyço'pa:t] <-en, -en> *m(f)* psychopathe *mf*

psychopathisch *adj* psychopathe

psychosomatisch [psyçozo'ma:tɪʃ] *adj* psychosomatique **Psychoterror** ['psy:çotɛro:ɐ̯] *m fam* terrorisme *m* intellectuel **Psychotherapie** *f kein Pl* psychothérapie *f*

Pubertät [pubɛr'tɛ:t] <-> *f* puberté *f*

Publicity [pa'blɪsiti] <-> *f* médiatisation *f*

Public Viewing ['pablɪk 'vju:ɪŋ] <--[s], --s> *nt* retransmission *f* sur écran géant

publik [pu'bli:k] *adj* **~ werden** être

rendu public
Publikum ['pu:blikʊm] <-s> *nt* ❶ *(Besucher)* public *m* ❷ *(Zuhörerschaft)* auditoire *m*
Pudding ['pʊdɪŋ] <-s, -s> *m* pudding *m*
Puddingpulver [-fɐ] *nt* préparation *f* pour pudding
Pudel ['pu:dəl] <-s, -> *m* caniche *m*
Pudelmütze *f* bonnet *m* à pompon
pudelwohl ['pu:dəl'vo:l] *adj* ▸ **sich ~ fühlen** *fam* prendre son pied
Puder ['pu:dɐ] <-s, -> *m o fam nt* poudre *f*
Puderdose *f* poudrier *m*
pudern I. *vt* poudrer **II.** *vr* **sich ~** se poudrer
Puderzucker *m* sucre *m* glace
Puff [pʊf] <-[e]s, -e> *m fam (Bordell)* bordel *m (vulg)*
Puffer ['pʊfɐ] <-s, -> *m*, **Pufferspeicher** *m* INFORM mémoire *f* tampon
puh [pu:] *interj* ❶ *(Ausruf des Ekels)* beurk ❷ *(Ausruf der Erschöpfung)* ouf
Pull-down-Menü [pʊl'daunmeny:] *nt* INFORM menu *m* déroulant
Pulli ['pʊli] <-s, -s> *m fam* pull *m*
Pullover [pʊ'lo:vɐ] <-s, -> *m* pull-over *m*
Puls [pʊls] <-es, -e> *m* pouls *m*
Pulsader *f* veine *f* du poignet
pulsieren* [pʊl'zi:rən] *vi (Schlagader)* battre; *(Blut)* circuler
Pult [pʊlt] <-[e]s, -e> *nt* pupitre *m*
Pulver ['pʊlvɐ] <-s, -> *nt* poudre *f*
Pulverkaffee ['pʊlfɐ-] *m* café *m* en poudre **Pulverschnee** *m* poudreuse *f*
Puma ['pu:ma] <-s, -s> *m* puma *m*
pummelig, **pummlig** *adj fam* dodu(e)
Pump [pʊmp] ▸ **auf ~** *fam* à crédit
Pumpe ['pʊmpə] <-, -n> *f* ❶ pompe *f* ❷ *fam (Herz)* palpitant *m*
pumpen I. *vt* ❶ pomper ❷ *fam (leihen)* **jdm etw ~** filer qc à qn **II.** *vi (Herz)* battre; *(Maschine)* pomper
Pumpernickel <-s, -> *m* pain *m* de seigle noir
Pumps [pœmps] <-, -> *m* escarpin *m*
Punker(in) ['paŋkɐ] <-s, -> *m(f)* punk *mf*
Punkt [pʊŋkt] <-[e]s, -e> *m* ❶ point *m* ❷ *(Tupfen)* pois *m* ❸ *(bei Zeitangaben)* **~ drei [Uhr]** à trois heures précises
pünktlich ['pʏŋktlɪç] **I.** *adj* **~ sein** être ponctuel **II.** *adv* à l'heure
Pünktlichkeit <-> *f* ponctualité *f*
Punktzahl *f* nombre *m* de points
Punsch [pʊnʃ] <-es, -e> *m* punch *m*
Pupille [pu'pɪlə] <-, -n> *f* pupille *f*
Püppchen ['pʏpçən] <-s, -> *nt Dim von* **Puppe 1.** petite poupée *f*
Puppe ['pʊpə] <-, -n> *f (Spielzeug)* poupée *f*
Puppenspieler(in) *m(f)* marionnettiste *mf* **Puppentheater** *nt* théâtre *m* de marionnettes **Puppenwagen** *m* landau *m* de poupée
pupsen *vi fam* péter
pur [pu:ɐ̯] *adj, adv* pur(e)
Püree [py're:] <-s, -s> *nt* purée *f*
Purzelbaum *m fam* galipette *f*
purzeln ['pʊrtsəln] *vi +sein* **von der Bank ~** dégringoler du banc
Puste ['pu:stə] <-> *f fam* souffle *m*
Pustel ['pʊstəl] <-, -n> *f* pustule *f*
pusten ['pu:stən] *vi fam* souffler
Pute ['pu:tə] <-, -n> *f* dinde *f*
Puter ['pu:tɐ] <-s, -> *m* dindon *m*
Putsch [pʊtʃ] <-[e]s, -e> *m* putsch *m*
Putz [pʊts] <-es, -e> *m* crépi *m*
putzen ['pʊtsən] **I.** *vt* nettoyer **II.** *vr* **sich ~** *(Tier)* faire sa toilette
Putzfrau *f* femme *f* de ménage
putzig ['pʊtsɪç] *adj fam (niedlich)* trognon
Putzlappen *m* lavette *f*; *(Wischlappen)* serpillière *f*
Puzzle ['pazəl] <-s, -s> *nt* puzzle *m*
PVC [pe:fau'tse:] <-, -s> *nt Abk von* **Polyvinylchlorid** P.V.C. *m*
Pyjama [py'(d)ʒa:ma] <-s, -s> *m o* A, CH, SDEUTSCH *nt* pyjama *m*
Pyramide [pyra'mi:də] <-, -n> *f* pyramide *f*
Pyrenäen [pyre'nɛ:ən] *Pl* **die ~** les Pyrénées *fpl*
Python ['py:tɔn] <-s, -s> *m* python *m*

Qq

Q, q [kuː] <-, -> *nt* Q *m*/q *m*

Quadrat [kva'draːt] <-[e]s, -e> *nt* carré *m*

quadratisch *adj* carré(e)

quaken ['kvaːkən] *vi (Frosch)* coasser; *(Ente)* cancaner

Qual [kvaːl] <-, -en> *f* ① supplice *m* ② *meist Pl (Leid)* souffrance *f*

quälen ['kvɛːlən] I. *vt* ① *(Person)* torturer; *(Tier)* martyriser ② *fig* tourmenter II. *vr* ① **sich ~** souffrir ② *(sich herumquälen)* **sich mit etw ~** se tourmenter avec qc

quälend *adj attr (Schmerzen)* pénible; *(Ungewissheit)* cruel(le)

Quälerei [kvɛlə'raɪ] <-, -en> *f* ① *kein Pl fam (Anstrengung)* calvaire *m* ② *(das Zusetzen)* harcèlement *m*

Quälgeist *m fam* enquiquineur(-euse) *m(f)*

qualifizieren* [kvalifi'tsiːrən] *vt, vr* [**sich**] ~ [se] qualifier

qualifiziert *adj* qualifié(e)

Qualität [kvali'tɛːt] <-, -en> *f* qualité *f*

qualitativ [kvalita'tiːf] *adj* qualitatif(-ive)

Qualitätsunterschied *m* différence *f* de qualité

Qualle ['kvalə] <-, -n> *f* méduse *f*

Qualm [kvalm] <-[e]s> *m* [épaisse] fumée *f*

qualmen *vi a. fam* fumer

qualvoll *adj (Tod)* atroce

Quantität [kvanti'tɛːt] <-, -en> *f* quantité *f*

Quarantäne [karan'tɛːnə] <-, -n> *f* quarantaine *f*

Quark [kvark] <-s> *m* ① ≈ fromage *m* blanc ② *fam (Unsinn)* conneries *f pl*

Quartal [kvar'taːl] <-s, -e> *nt* trimestre *m*

Quartett [kvar'tɛt] <-[e]s, -e> *nt* quatuor *m*

Quartier [kvar'tiːɐ̯] <-s, -e> *nt (Unterkunft)* logement *m*

Quarz [kvaːɐ̯ts] <-es, -e> *m* quartz *m*

quasi ['kvaːzi] *adv* quasiment

quasseln ['kvasəln] *fam* I. *vi* papoter II. *vt* **Blödsinn ~** débiter des conneries

Quatsch <-[e]s> *m fam (dummes Gerede)* conneries *f pl;* [**so ein**] **~!** n'importe quoi!

quatschen *fam* I. *vt* **dummes Zeug ~** sortir des conneries II. *vi* **mit jdm ~** tailler une bavette avec qn

Quatschkopf *m pej fam* radoteur(-euse) *m(f)*

Quebec, Québec [ke'bɛk] <-s> *nt (Stadt)* Québec; *(Provinz)* le Québec

Quecksilber ['kvɛkzɪlbɐ] *nt* mercure *m*

Quelle ['kvɛlə] <-, -n> *f* source *f*

quellen ['kvɛlən] *vi irr +sein* ① *(herausfließen)* **aus etw ~** couler de qc ② *(aufquellen)* gonfler

Quellwasser <-wasser> *nt* eau *f* de source

quengelig *adj fam (Kind)* pleurnicheur(-euse)

quengeln ['kvɛŋəln] *vi fam* pleurnicher

quenglig *s.* **quengelig**

quer [kveːɐ̯] *adv* en travers

querbeet [kveːɐ̯'beːt] *adv fam* au petit bonheur [la chance]

Quere ['kveːrə] ▶ **jdm in die ~ kommen** se mettre en travers de son/mon/... chemin

querfeldein ['kveːɐ̯fɛlt'ʔaɪn] *adv* à travers champs

Querflöte *f* flûte *f* traversière **Querlatte** *f* ① traverse *f* ② SPORT transversale *f* **Querschnitt** *m* ① *(Schnitt)* coupe *f* transversale ② *(Überblick)* aperçu *m*

querschnitt[s]gelähmt *adj* paraplégique

Querstraße *f* rue *f* transversale **Quer-**

streifen *m* rayure *f* horizontale
quetschen ['kvɛtʃən] I. *vt* ① *(zwängen)* entasser ② *(verletzen)* **sich** *(dat)* **einen Finger ~** se coincer un doigt II. *vr* ① *fam* **sich durch** *(akk)* **~** se forcer un passage à travers ② *(sich verletzen)* **sich ~** se pincer
Quetschung <-, -en> *f (Verletzung)* contusion *f*
quieken ['kviːkən] *vi (Ferkel, Maus)* couiner *(fam)*
quietschen ['kviːtʃən] *vi (Bremsen)* grincer; *(Reifen)* crisser
quietschfidel *adj fam*, **quietschvergnügt** *adj fam* hilare; **~ sein** bicher
quillt [kvɪlt] *3. Pers Präs von* **quellen**
Quintett <-[e]s, -e> *nt* quintette *m*
Quirl [kvɪrl] <-s, -e> *m* batteur *m*
quirlen *vt (Zutaten)* battre
quitt [kvɪt] *adj* quitte
Quitte ['kvɪtə] <-, -n> *f (Frucht)* coing *m*
quittieren* [kvɪ'tiːrən] *vt (Rechnung)* acquitter
Quittung ['kvɪtʊŋ] <-, -en> *f (Zahlungsbeleg)* reçu *m*
Quiz [kvɪs] <-, -> *nt* quiz *m; (Fernsehsendung)* jeu *m* télévisé
quoll [kvɔl] *Imp von* **quellen**
Quote ['kvoːtə] <-, -n> *f* taux *m*

Rr

R, r [ɛr] <-, -> *nt* R *m*/r *m*
Rabatt [ra'bat] <-[e]s, -e> *m* remise *f*
Rabe ['raːbə] <-n, -n> *m* corbeau *m*
Rache ['raxə] <-> *f* vengeance *f*
Racheakt *m* acte *m* de vengeance
Rachen ['raxən] <-s, -> *m* gorge *f*
rächen ['rɛçən] I. *vt (Person, Tat)* venger II. *vr (Rache nehmen)* **sich an jdm für etw ~** se venger de qc sur qn
Rachitis [ra'xiːtɪs] <-, -tiden> *f* MED rachitisme *m*
Rad [raːt] <-[e]s, Räder> *nt* ① roue *f* ② *(Fahrrad)* bicyclette *f;* **~ fahren** aller à vélo; SPORT faire du vélo
Radar [ra'daːɐ̯] <-s> *m o nt* radar *m*
Radarfalle *f fam* contrôle-radar *m* **Radarkontrolle** *f* contrôle-radar *m*
Radau [ra'dau̯] <-s> *m fam* raffut *m*
Rädchen ['rɛːtçən] <-s, -> *nt Dim von* **Rad** *(Zahnrad)* rouage *m*
radeln ['raːdəln] *vi +sein fam* faire du vélo **Radfahrer(in)** *m(f)* cycliste *mf* **Radfahrweg** *s.* **Radweg** **Radgabel** *f* fourche *f*
radieren* [ra'diːrən] *vt, vi* gommer
Radiergummi *m* gomme *f*
Radieschen [ra'diːsçən] <-s, -> *nt* radis *m*
radikal [radi'kaːl] *adj* ① POL extrémiste ② *(Bruch)* radical(e); *(Ablehnung)* catégorique
Radikalismus [radika'lɪsmʊs] <-> *m* extrémisme *m*
Radio ['raːdio] <-s, -s> *nt o* CH, SDEUTSCH *m* radio *f*
radioaktiv [radioʔak'tiːf] *adj* radioactif(-ive) **Radioaktivität** *f kein Pl* radioactivité *f*
Radiologie [radiolo'giː] <-> *f* radiologie *f*
Radiorecorder [raːdiore'kɔrdɐ] *m* radiocassette *f* **Radiowecker** *m* radio-réveil *m*
Radius ['raːdiʊs] <-, Radien> *m* rayon *m*
Radkappe *f* enjoliveur *m* **Radrennen** *nt* course *f* cycliste **Radsport** *m* sport *m* cycliste **Radtour** *f* randonnée *f* à vélo **Radweg** *m* piste *f* cyclable

raffgierig *adj* rapace
raffiniert I. *adj* ① *(durchtrieben)* rusé(e) ② *(Plan)* astucieux(-euse) ③ *(Speise)* raffiné(e) II. *adv (durchtrieben)* astucieusement
Raffiniertheit *f s.* **Raffinesse**
Rafting ['ra:ftɪŋ] <-s> *nt* rafting *m*
Rahm [ra:m] <-[e]s> *m* crème *f*
rahmen ['ra:mən] *vt* encadrer
Rahmen <-s, -> *m* ① cadre *m* ② *(Türrahmen)* encadrement *m*
Rahmsoße *f* sauce *f* à la crème
Rakete [ra'ke:tə] <-, -n> *f* ① *(Flugkörper)* fusée *f* ② *(Waffe)* missile *m*

> **Übersetzungstipp**
> **Die Rakete** – Nicht verwechseln mit *la raquette – der [Tennis]schläger!*

Rallye ['rali] <-, -s> *f* rallye *m*
Rallyefahrer(in) ['rali-, 'rɛli-] *m(f)* coureur(-euse) *m(f)* de rallyes
RAM [ram] <-[s], -[s]> *nt Abk von* **random access memory** INFORM RAM *f*
rammen ['ramən] *vt* ① *(Fahrzeug)* emboutir ② *(stoßen)* enfoncer
Rampe ['rampə] <-, -n> *f* rampe *f*
Rampenlicht *nt* ▸ **im ~ stehen** être sous les projecteurs
ramponieren* [rampo'ni:rən] *vt fam* esquinter; **ramponiert** *(Gegenstand)* en piteux état
Ramsch [ramʃ] <-[e]s> *m fam* camelote *f*
Rand [rant] <-es, Ränder> *m* ① bord *m*; *(einer Stadt)* périphérie *f* ② *(Stoffrand)* bordure *f* ③ *(unbeschriebener Teil)* marge *f*
randalieren* [randa'li:rən] *vi* faire du grabuge *(fam)*
rang [raŋ] *Imp von* **ringen**
Rang [raŋ] <-[e]s, Ränge> *m* ① *(Stellung)* rang *m* [social] ② *kein Pl (Kategorie)* valeur *f* ③ *(Dienstgrad)* grade *m*
ran|gehen ['range:ən] *vi irr +sein fam* ① *(sich nähern)* **an etw** *(akk)* ~ se rapprocher de qc ② *(offensiv sein)* attaquer
Rangelei [raŋə'lai] <-, -en> *f fam* chamailleries *fpl*
Rangordnung *f* hiérarchie *f*
ranken ['raŋkən] *vr +haben* ① **sich ~** grimper; **sich an einem Gerüst nach oben ~** *(Pflanze)* grimper le long d'un treillage ② *fig* **sich um jdn/etw ~** *(Legenden)* graviter autour de qn/qc
rann [ran] *Imp von* **rinnen**
rannte ['rantə] *Imp von* **rennen**
Ranzen ['rantsən] <-s, -> *m* SCHULE cartable *m*
ranzig ['rantsɪç] *adj* rance
Rap [rɛp] <-> *m* MUS rap *m*
Rappen ['rapən] <-s, -> *m* centime *m*
rar [ra:ɐ̯] *adj* rare
Rarität <-, -en> *f* rareté *f*
rasant [ra'zant] I. *adj (Fahrer)* rapide; *(Tempo)* infernal(e) II. *adv (schnell)* à toute vitesse
rasch [raʃ] I. *adj* rapide II. *adv* vite
rascheln ['raʃəln] *vi (Papier)* faire entendre un froissement; *(Laub)* frémir
rasen ['ra:zən] *vi +sein (schnell fahren)* rouler à toute allure
Rasen ['ra:zən] <-s, -> *m* ① gazon *m* ② SPORT pelouse *f*
rasend *adj* ① *(Geschwindigkeit)* fou(folle) ② *(Person)* furieux(-euse); *(Menge)* déchaîné(e); **~ werden** enrager; **jdn mit etw ~ machen** mettre qn en rage avec qc ③ *(Schmerz)* atroce; *(Eifersucht)* exacerbé(e); *(Beifall)* frénétique
Rasenmäher <-s, -> *m* tondeuse *f* à gazon
Raser(in) ['ra:zɐ] <-s, -> *m(f) fam* chauffard *m*
Rasierapparat *m* rasoir *m*
rasieren* [ra'zi:rən] *vt, vr* [**sich**] ~ [se] raser
Rasierer <-s, -> *m fam (Elektrorasierer)* rasoir *m*
Rasierklinge *f* lame *f* de rasoir **Rasierschaum** *m* mousse *f* à raser **Rasier-**

R

wasser *nt* après-rasage *m*
raspeln *vt* râper
Rasse ['rasə] <-, -n> *f* race *f*
rasseln *vi* ❶ *+haben (Schlüssel)* cliqueter ❷ *+sein fam* **durch die Prüfung ~** louper l'examen
Rassendiskriminierung *f* discrimination *f* raciale
Rassismus [ra'sɪsmʊs] <-> *m* racisme *m*
rassistisch *adj* raciste
Rast [rast] <-, -en> *f* pause *f*
Raster ['rastɐ] <-s, -> *m* TYP *(Rasterung)* trame *f*
rastlos I. *adj* ❶ *(unermüdlich)* sans relâche ❷ *(Person)* agité(e); *(Leben)* mouvementé(e) **II.** *adv* inlassablement
Rastplatz *m* aire *f* de repos équipée **Raststätte** *f* restoroute® *m*
Rasur [ra'zuːɐ̯] <-, -en> *f* rasage *m*
Rat[1] <-[e]s> *m* conseil *m*
Rat[2] [raːt] <-[e]s, Räte> *m* ❶ *(Person)* conseiller *m* municipal ❷ *(Institution)* conseil *m* municipal; **Großer ~** CH Grand Conseil
rät [rɛːt] *3. Pers Präs von* **raten**
Rate ['raːtə] <-, -n> *f* *(Monatsrate)* mensualité *f*; **auf ~n** à crédit
raten ['raːtən] *vi, vt irr* ❶ *(einen Rat geben)* conseiller ❷ *(erraten)* deviner
Ratenkauf *m* achat *m* à crédit **Ratenzahlung** *f kein Pl* paiement *m* à crédit
Ratespiel *nt* [jeu *m* de] devinette *f*
Ratgeber <-s, -> *m* conseiller *m*; *(Buch)* guide *m*
Ratgeberin <-, -nen> *f* conseillère *f*
Rathaus *nt* hôtel *m* de ville; *(in kleineren Orten)* mairie *f*
Rätin ['rɛːtɪn] <-, -nen> *f* *(Stadträtin)* conseillère *f* municipale
Ration [ra'tsi̯oːn] <-, -en> *f* ration *f*
rational [ratsi̯o'naːl] *adj* *geh* rationnel(le)
rationalisieren* [ratsi̯onali'ziːrən] *vt* *(Ablauf)* rationaliser
rationell [ratsi̯o'nɛl] *adj* *(Verfahren)* efficace; *(Verwertung)* rationnel(le)
rationieren* [ratsi̯o'niːrən] *vt* rationner
ratlos I. *adj* perplexe; **völlig ~ sein** être désemparé **II.** *adv* avec perplexité
ratsam ['raːtzaːm] *adj* opportun(e)
Ratschlag ['raːtʃlaːk] *m* conseil *m*
Rätsel ['rɛːtsəl] <-s, -> *nt* énigme *f*
Ratte ['ratə] <-, -n> *f* rat *m*
rau [rau̯] *adj* ❶ *(Haut, Putz)* rugueux(-euse); *(Oberfläche)* raboteux(-euse) ❷ *(Stimme)* rauque ❸ *(Gegend)* rude; *(Klima)* rigoureux(-euse)
Raub [raup] <-[e]s> *m* *(das Rauben)* vol *m* à main armée; *(Menschenraub)* rapt *m*
rauben ['raubən] **I.** *vt* ❶ **jdm etw ~** dérober qc à qn ❷ *(entführen)* enlever **II.** *vi* voler
Räuber(in) ['rɔybɐ] <-s, -> *m(f)* brigand *m*
Raubfisch *m* poisson *m* carnassier **Raubkatze** *f* félin *m* **Raubkopie** *f* copie *f* pirate **Raubmord** *m* crime *m* crapuleux **Raubtier** *nt* carnassier *m* **Raubüberfall** *m* attaque *f* à main armée **Raubvogel** *m* oiseau *m* de proie
Rauch [raux] <-[e]s> *m* fumée *f*
rauchen ['rauxən] *vt, vi* fumer
Raucher(in) <-s, -> *m(f)* fumeur(-euse) *m(f)*
Räucherlachs *m* GASTR saumon *m* fumé
räuchern ['rɔyçɐn] *vt* fumer
rauchig *adj* enfumé(e); *(Stimme)* rauque
rauf [rauf] *s.* **herauf, hinauf**
raufen ['raufən] **I.** *vi* **mit jdm ~** se battre avec qn **II.** *vr* **sich ~** se battre
Raum [raum] <-[e]s, Räume> *m* ❶ *(Zimmer)* pièce *f* ❷ *kein Pl (Platz)* espace *m*
räumen ['rɔymən] *vt* *(Wohnung)* libérer; *(entfernen)* **etw in das Regal ~** ranger qc sur les étagères
Raumfahrt *f kein Pl* navigation *f* spatiale **Rauminhalt** *m* volume *m*
räumlich ['rɔymlɪç] **I.** *adj* ❶ dans l'espace; **die ~en Gegebenheiten** la configuration des lieux ❷ *(dreidimensional)* **~es Sehen** vision *f* stéréosco-

R

pique II. *adv* ❶ ~ **beschränkt/eingeengt sein** être à l'étroit ❷ *(dreidimensional)* ~ **sehen** avoir une vue stéréoscopique

Raumpfleger(in) *m(f)* technicien(ne) *m(f)* de surface

Raumschiff *nt* vaisseau *m* spatial **Raumstation** *f* station *f* orbitale

Räumung <-, -en> *f* évacuation *f*

Räumungsverkauf *m* liquidation *f*

Raupe ['raupə] <-, -n> *f* chenille *f*

Raureif *m kein Pl* gelée *f* blanche

raus [raus] *adv fam heraus* **hinaus**

rauschen ['rauʃən] *vi +haben (Wind)* mugir; *(Bach)* gronder; *(Blätter)* bruire; *(Lautsprecherbox)* grésiller

rauschend *adj* ❶ *(laut)* retentissant(-e) ❷ *(prunkvoll)* somptueux(-euse)

Rauschgift *nt* drogue *f*

raus|kriegen *vt fam (Lösung)* finir par trouver

räuspern ['rɔyspɐn] *vr* **sich** ~ se racler la gorge

raus|schmeißen ['rausʃmaisən] *vt irr fam* ❶ *(entlassen)* virer ❷ *(wegwerfen)* balancer

Raute ['rautə] <-, -n> *f* losange *m*

Razzia ['ratsia] <-, Razzien> *f* descente *f* de police

Reagenzglas *nt* éprouvette *f*

reagieren* [rea'gi:rən] *vi a.* CHEM, PHYS réagir

Reaktion [reak'tsio:n] <-, -en> *f* réaction *f*

Reaktor [re'akto:ɐ] <-s, -toren> *m* réacteur *m*

real [re'a:l] *adj* réel(le)

realisierbar *adj* réalisable

realisieren* [reali'zi:rən] *vt* réaliser

Realisierung <-, -en> *f* réalisation *f*

Realist(in) [rea'lɪst] <-en, -en> *m(f)* réaliste *mf*

realistisch [rea'lɪstɪʃ] I. *adj* réaliste II. *adv* ❶ *(betrachten)* avec réalisme ❷ KUNST de manière réaliste

Realität [reali'tɛ:t] <-, -en> *f* réalité *f*

realitätsfern *adj* peu réaliste **realitätsnah** *adj* réaliste

Realschule *f* ≈ collège *m* **Realschüler(in)** *m(f)* ≈ collégien(ne) *m(f)*

Rebell(in) [re'bɛl] <-en, -en> *m(f)* rebelle *mf*

rebellieren* [rebɛ'li:rən] *vi* se rebeller

Rechenaufgabe *f (Rechenübung)* exercice *m* de calcul; *(Hausaufgabe)* calcul *m*

Recherche [re'ʃɛrʃə] <-, -n> *f* recherche *f*

recherchieren* [reʃɛr'ʃi:rən] I. *vi* faire des recherches II. *vt (Fall)* enquêter sur

rechnen ['rɛçnən] I. *vt* ❶ MATH *(Aufgabe)* calculer ❷ *(veranschlagen)* compter II. *vi* ❶ calculer ❷ *(erwarten)* compter

Rechner <-s, -> *m* calculateur *m*; *(Computer)* ordinateur *m*

rechnerisch *adj* arithmétique

Rechnung <-, -en> *f* ❶ facture *f*; *(im Restaurant)* addition *f*; *(im Hotel)* note *f* ❷ *(das Rechnen)* calcul *m*

recht [rɛçt] I. *adj* ❶ *(Ort)* bon(ne); *(Augenblick)* opportun(e) ❷ *(richtig)* **ganz ~!** très juste! ❸ *(angenehm)* **jdm ~ sein** convenir à qn II. *adv* ❶ *(richtig)* bien ❷ *(ziemlich)* assez ▸ **das geschieht ihm ~!** c'est bien fait pour lui/elle!

Recht <-[e]s, -e> *nt* ❶ droit *m* ❷ *(Anspruch)* **ein ~ auf etw** *(akk)* **haben** avoir droit à qc

Rechte <-n, -n> *f a.* SPORT, POL droite *f*

rechte(r, s) ['rɛçtə] *adj* ❶ *(opp: linke)* droit(e); *(Straßenseite)* de droite ❷ POL de droite; *(Flügel)* droit(e)

Rechte(r) *f(m)* homme *m*/femme *f* de droite

Rechteck <-[e]s, -e> *nt* rectangle *m* **rechteckig** *adj* rectangulaire

rechtfertigen I. *vt* justifier II. *vr* **sich vor jdm für etw ~** se justifier de qc devant qn

Rechtfertigung *f* justification *f*

rechthaberisch *adj pej* ~ **sein** toujours vouloir avoir raison

rechtlich *adj* juridique

rechtmäßig *adj* ❶ *(legitim)* légitime ❷ *(legal)* légal(e)

rechts [rɛçts] *adv* à droite; ~ **oben** en haut à droite; ~ **von dir** à ta droite; **nach** ~ à droite

Rechtsabteilung *f* JUR, ÖKON service *m* juridique **Rechtsanspruch** *m* droit *m* **Rechtsanwalt, -anwältin** *m, f* avocat(e) *m(f)*

Rechtschaffenheit <-> *f* honnêteté *f*

Rechtschreibfehler *m* faute *f* d'orthographe

Rechtschreibung *f* orthographe *f*

Rechtsextremist(in) *m(f)* extrémiste *mf* de droite

rechtsextremistisch *adj* d'extrême droite

Rechtsfall *m* cas *m* juridique, litige *m*

Rechtshänder(in) ['rɛçtshɛndɐ] <-s, -> *m(f)* droitier(-ière) *m(f)* **rechtsherum** *adv (fahren)* à droite; *(sich drehen)* de gauche à droite

Rechtslage *f* situation *f* juridique

rechtsradikal *adj* d'extrême droite **Rechtsradikale(r)** *f(m)* extrémiste *mf* de droite

Rechtsstaat *m* État *m* de droit **rechtsstaatlich** *adj (Grundsatz)* fondé(e) sur le droit **Rechtsstreit** *m* procès *m* **rechtswirksam** *adj* valable juridiquement

rechtwinklig *adj (Dreieck)* rectangle

rechtzeitig I. *adj (Ankunft)* à l'heure; *(Anmeldung)* en temps voulu II. *adv (da sein)* à l'heure [fixée]; *(erfolgen)* en temps voulu

recken ['rɛkən] I. *vt (Hals, Faust)* tendre II. *vr* **sich** ~ s'étirer

Recorder <-s, -> *m* ❶ *(Kassettenrecorder)* magnétophone *m* ❷ *(Videorecorder)* magnétoscope *m*

recyceln* [ri'saikln] *vt* recycler

Recycling [ri'saiklɪŋ] <-s> *nt* recyclage *m*

Recyclingpapier *nt* papier *m* recyclé

Redakteur(in) [redak'tøːɐ] <-s, -e> *m(f)* rédacteur(-trice) *m(f)*

Redaktion [redak'tsi̯oːn] <-, -en> *f* rédaction *f*

Rede ['reːdə] <-, -n> *f* discours *m*

reden I. *vi* **über jdn/etw** ~ parler de qn/qc II. *vt (Unsinn)* dire

Redewendung *f* tournure *f*

redlich ['reːtlɪç] I. *adj* honnête II. *adv* **sich** ~ **bemühen** s'efforcer considérablement

Redner(in) ['reːdnɐ] <-s, -> *m(f)* orateur(-trice) *m(f)*

redselig ['reːtzeːlɪç] *adj* bavard(e)

reduzieren* [redu'tsiːrən] *vt* réduire

reell [re'ɛl] *adj (Chance)* véritable

Referat [refe'raːt] <-[e]s, -e> *nt* SCHULE, UNIV exposé *m*

Referendar(in) [referɛn'daːɐ] <-s, -e> *m(f)* stagiaire *mf*

Referent(in) [refe'rɛnt] <-en, -en> *m(f)* ❶ *(Redner)* conférencier(-ière) *m(f)* ❷ *(Referatsleiter)* chef *mf* de service

Referenz <-, -en> *f (Empfehlung)* références *f pl*

referieren* [refe'riːrən] *vi* **über jdn/etw** ~ faire un exposé sur qn/qc

Reflexion [reflɛ'ksi̯oːn] <-, -en> *f* réflexion *f*

Reform [re'fɔrm] <-, -en> *f* réforme *f*

Reformation [refɔrma'tsi̯oːn] <-> *f* HIST **die** ~ la Réforme

reformieren* [refɔr'miːrən] *vt* réformer

Reformpaket *nt* ensemble *m* de réformes

Refrain [rə'frɛ̃ː] <-s, -s> *m* refrain *m*

Regal [re'gaːl] <-s, -e> *nt* étagère *f*

rege ['reːgə] *adj (Anteilnahme)* vif(vive); *(Beteiligung)* actif(-ive)

Regel ['reːgəl] <-, -n> *f* ❶ *(Norm)* règle *f* ❷ *(Menstruation)* règles *f pl*

Regelfall *m kein Pl* règle *f*; **im** ~ en règle générale

regelmäßig I. *adj* régulier(-ière); *(Verstöße)* répété(e) II. *adv* régulièrement

Regelmäßigkeit <-> *f* régularité *f*

regeln *vt, vr* [**sich**] ~ [se] régler

Regelung <-, -en> *f* ❶ *(Vereinbarung)* convention *f* ❷ *kein Pl (das Regulieren)* régulation *f*

Regelwidrigkeit <-, -en> *f* SPORT

R

faute *f*
regen ['re:gən] *vr* **sich ~** *(Lebewesen)* bouger; *(Gefühle)* s'éveiller
Regen ['re:gən] <-s, -> *m* pluie *f*
Regenbogen *m* arc-en-ciel *m* **Regenmantel** *m* imperméable *m* **Regenschauer** *m* ondée *f* passagère **Regenschirm** *m* parapluie *m* **Regentropfen** *m* goutte *f* de pluie **Regenwald** *m* [**tropischer**] ~ forêt *f* tropicale **Regenwetter** *nt* temps *m* pluvieux **Regenzeit** *f* saison *f* des pluies
Regie [re'ʒi:] <-, -n> *f* THEAT mise *f* en scène; CINE, RADIO, TV réalisation *f*
regieren* [re'gi:rən] *vt, vi* **ein Land ~** gouverner un pays; *(Herrscher)* régner sur un pays
Regierung <-, -en> *f* ❶ *(Kabinett)* gouvernement *m* ❷ *(Regierungsgewalt)* pouvoir *m*
Regierungschef(in) *m(f)* chef *mf* de/du gouvernement **Regierungserklärung** *f* déclaration *f* de politique générale **Regierungspartei** *f* parti *m* au pouvoir **Regierungsrat** *m kein Pl* CH Conseil *m* d'État **Regierungssprecher(in)** *m(f)* porte-parole *m* gouvernemental
Regiment [regi'mɛnt] <-[e]s, -er> *nt* MIL régiment *m*
Region [re'gi̯o:n] <-, -en> *f* région *f*
regional [regi̯o'na:l] *adj* régional(e)
Regisseur(in) [reʒɪ'sø:ɐ̯] <-s, -e> *m(f)* THEAT metteur(-euse) *m(f)* en scène; CINE, RADIO, TV réalisateur(-trice) *m(f)*

> **Übersetzungstipp**
> **Der Regisseur** – Nicht verwechseln mit *le régisseur – der Aufnahmeleiter!*

Register [re'gɪstɐ] <-s, -> *nt* ❶ *(Index)* index *m* ❷ ADMIN registre *m*
registrieren* [regɪs'tri:rən] *vt* enregistrer
reglos ['re:klo:s] *adj, adv* immobile
regnen ['re:gnən] *vi unpers* pleuvoir; **es regnet** il pleut
regnerisch *adj* pluvieux(-euse)
regulär [regu'lɛ:ɐ̯] **I.** *adj (Preis)* réglementaire **II.** *adv* normalement
regulieren* [regu'li:rən] *vt* régler
Regulierung <-, -en> *f (der Heizung)* réglage *m*
Regung <-, -en> *f* ❶ *(Bewegung)* mouvement *m* ❷ *(Empfindung)* émotion *f*
regungslos *adj, adv* immobile
Reh [re:] <-[e]s, -e> *nt* chevreuil *m*
Rehabilitation [rehabilita'ʦi̯o:n] <-, -en> *f* MED rééducation *f*
rehabilitieren* [rehabili'ti:rən] *vt (Kranken)* rééduquer; *(Behinderten)* réinsérer
Reibe ['rai̯bə] <-, -n> *f* râpe *f*
Reibekuchen *m* galette *f* de pommes de terre [râpées]
reiben ['rai̯bən] *irr* **I.** *vt* frotter; *(Möhre, Käse)* râper **II.** *vi* frotter
Reibereien [rai̯bə'rai̯ən] *Pl fam* frictions *f pl*
reich [rai̯ç] **I.** *adj* riche **II.** *adv (beschenken)* richement
Reich [rai̯ç] <-[e]s, -e> *nt* ❶ empire *m*; **das Dritte ~** le IIIe Reich ❷ *(Königreich)* royaume *m*
Reiche(r) *f(m)* riche *mf*
reichen ['rai̯çən] **I.** *vi (Vorräte)* suffire **II.** *vi unpers* **es reicht** [**mir**], **wenn...** ça [me] suffit si...
reichhaltig *adj* ❶ *(Angebot)* varié(e); *(Bibliothek)* bien garni(e) ❷ *(Mahlzeit)* copieux(-euse)
reichlich **I.** *adj (Niederschläge)* abondant(e) **II.** *adv (vorhanden sein)* en quantité; *(jung)* plutôt
Reichtum <-[e]s> *m kein Pl* richesse *f*
Reichweite *f* ❶ *(Nähe)* **in ~ sein** être à portée de [la] main; **außer ~ sein** être hors de portée ❷ RADIO, TV portée *f* ❸ *(Schussweite)* portée *f*
reif [rai̯f] *adj* mûr(e)
Reif [rai̯f] <-[e]s, -e> *m (Armreif)* bracelet *m*

Reife <-> *f* maturité *f* ▸ **mittlere ~** ≈ brevet *m* des collèges
reifen *vi +sein a. fig* mûrir
Reifen ['rai̯fən] <-s, -> *m* pneu *m;* **den ~ wechseln** changer de roue
Reifendruck *m* pression *f* des pneus **Reifenpanne** *f* crevaison *f*
reiflich ['rai̯flɪç] *adj (Überlegung)* mûr(e) *antéposé*
Reihe ['rai̯ə] <-, -n> *f* ❶ *(von Personen)* rang *m; (von Stühlen)* rangée *f; (von Ziffern)* série *f* ❷ *(Sitzreihe)* rang *m*
Reihenfolge *f* ordre *m* **Reihenhaus** *nt* maison *f* mitoyenne
reihum [rai̯'ʔʊm] *adv* à tour de rôle; **~ gehen** faire le tour; **etw ~ gehen lassen** faire tourner qc
Reim [rai̯m] <-[e]s, -e> *m* ❶ rime *f* ❷ *Pl (Verse)* vers *mpl*
reimen *vr* **sich mit etw/auf etw** *(akk)* **~** rimer avec qc
rein[1] [rai̯n] *s.* **herein, hinein**
rein[2] **I.** *adj* ❶ *(Zufall)* pur(e) ❷ *(Gold)* pur(e) ❸ *(Hemd)* propre **II.** *adv* purement
Reinfall *m* bide *m (fam)* **rein|fallen** ['rai̯nfalən] *vi irr +sein fam (enttäuscht werden)* tomber dans le piège
Reingewinn *m* bénéfice *m* net
Reinheit <-> *f* pureté *f*
reinigen *vt* nettoyer
Reinigung <-, -en> *f* ❶ *kein Pl* nettoyage *m* ❷ *(Reinigungsbetrieb)* pressing *m*
rein|legen *vt fam (hintergehen)* **jdn ~** rouler qn
reinlich *adj* propre
reinrassig *adj* de [pure] race
Reis [rai̯s] <-es> *m* riz *m*
Reise ['rai̯zə] <-, -n> *f* voyage *m;* **auf ~n gehen** partir en voyage; **gute ~!** bon voyage!
Reiseandenken *nt* souvenirs *mpl* de voyage **Reisebüro** *nt* agence *f* de voyages **Reiseführer(in)** *m(f)* guide *mf* **Reisegepäck** *nt* bagages *mpl* **Reisekrankheit** *f kein Pl* mal *m* des transports **Reiseleiter(in)** *m(f)* guide *mf*
reisen *vi +sein* voyager
Reisende(r) *f(m)* voyageur(-euse) *m(f)*
Reisezeit *f* saison *f* touristique
reißen ['rai̯sən] *irr* **I.** *vi +sein (Papier)* se déchirer; *(Faden)* casser **II.** *vt +haben* ❶ *(Stoff, Karton)* déchirer ❷ *(gewaltsam an sich nehmen)* **jdm etw aus den Händen ~** arracher qc des mains à qn
reißend *adj* ❶ *(mit starker Strömung)* déchaîné(e) ❷ *fam (stark florierend)* **~en Absatz finden** se vendre comme des petits pains *(fig)*
reißfest *adj* indéchirable **Reißverschluss** *m* fermeture *f* éclair®
reiten ['rai̯tən] *vi irr +sein* faire du cheval
Reiter(in) <-s, -> *m(f)* cavalier(-ière) *m(f)*
Reitgerte *f* badine *f* **Reitsport** *m* sport *m* hippique
Reiz ['rai̯ts] <-es, -e> *m* ❶ charme *m* ❷ ANAT stimulus *m*
reizbar *adj* irritable
reizen I. *vt* ❶ *(verlocken)* attirer ❷ MED irriter ❸ *(provozieren)* provoquer **II.** *vi* **zum Lachen ~** provoquer le rire
reizend *adj (Mensch)* charmant(e); *([An]blick)* ravissant(e)
Reizung <-, -en> *f* MED irritation *f*
reizvoll *adj* attrayant(e); *(Angebot)* alléchant(e)
Reklamation [reklama'tsi̯o:n] <-, -en> *f* réclamation *f*
Reklame [re'kla:mə] <-, -n> *f* réclame *f*
reklamieren* [rekla'mi:rən] *vt, vi* **[etw] ~** réclamer [au sujet de qc]
Rekonstruktion [rekɔnstrʊk'tsi̯o:n] *f* reconstitution *f*
Rekord [re'kɔrt] <-s, -e> *m* record *m*
Rekordzeit *f* temps *m* record; **in ~** en un temps record
Rekrutierung <-, -en> *f* recrutement *m*
Rektor, Rektorin ['rɛkto:ɐ̯] <-s, -toren> *m, f* ❶ UNIV recteur *m* ❷ SCHULE direc-

R

teur(-trice) *m(f)*

Rektorat [rɛkto'ra:t] <-[e]s, -e> *nt* UNIV rectorat *m;* SCHULE bureau *m* du directeur

Relation [rela'ts̮i̯o:n] <-, -en> *f geh* relation *f;* **in einer/keiner ~ zu etw stehen** être en/sans relation avec qc; **der Preis muss in vernünftiger ~ zur Qualität stehen** le rapport qualité-prix doit être raisonnable

relativ [rela'ti:f] *adj* relatif(-ive)

Relief [re'li̯ɛf] <-s, -s> *nt* relief *m*

Religion [reli'gi̯o:n] <-, -en> *f* ❶ religion *f* ❷ SCHULE instruction *f* religieuse

religiös [reli'gi̯ø:s] **I.** *adj* ❶ *(opp: weltlich)* religieux(-euse) ❷ *(fromm)* pieux(-euse) **II.** *adv (prägen)* par la religion; *(erziehen)* religieusement

Renaissance [rənɛ'sã:s] <-> *f kein Pl* HIST Renaissance *f*

Rendezvous [rãde'vu:] <-, -> *nt* rendez-vous *m* [galant]

Rennbahn *f (beim Pferdesport)* hippodrome *m; (beim Motorsport)* circuit *m; (beim Radsport)* vélodrome *m*

rennen ['rɛnən] *vi irr +sein* courir

Rennen <-s, -> *nt (Autorennen)* course *f* automobile; *(Pferderennen)* course *f* de chevaux

Renner ['rɛnɐ] <-s, -> *m fam* article *m* à succès

Rennfahrer(in) *m(f)* ❶ AUT pilote *mf* de course ❷ *(Fahrradrennfahrer)* coureur(-euse) *m(f)* cycliste **Rennpferd** *nt* cheval *m* de course **Rennsport** *m* ❶ AUT sport *m* automobile ❷ *(Radrennsport)* cyclisme *m* professionnel ❸ *(Pferderennsport)* hippisme *m* **Rennwagen** *m* voiture *f* de course

renovieren* [reno'vi:rən] *vt* rénover; *(Fassade)* ravaler

Rente ['rɛntə] <-, -n> *f (Altersruhegeld)* retraite *f;* **in ~ gehen** prendre sa retraite

Rentenalter *nt* âge *m* de la retraite **Rentenanspruch** *m* droit *m* à la [pension de] retraite **Rentenversicherung** *f* assurance retraite *f* **Rentenvorsorge** *f* **private ~** *(in Frankreich)* ≈ assurance *f* retraite complémentaire

rentieren* [rɛn'ti:rən] *vr* **sich ~** être rentable

Rentner(in) ['rɛntnɐ] <-s, -> *m(f)* retraité(e) *m(f)*

Reparatur [repara'tu:ɐ̯] <-, -en> *f* réparation *f*

Reparaturwerkstatt *f (Autowerkstatt)* garage *m*

reparieren* [repa'ri:rən] *vt* **jdm etw ~** réparer qc à qn

Repertoire [repɛr'to̯a:ɐ̯] <-s, -s> *nt* répertoire *m*

Reportage [repɔr'ta:ʒə] <-, -n> *f* reportage *m*

Reporter(in) <-s, -> *m(f)* reporter *m*

Repräsentant(in) [reprɛzɛn'tant] <-en, -en> *m(f)* représentant(e) *m(f)*

Repräsentantenhaus *nt* Chambre *f* des députés

repräsentativ [reprɛzɛnta'ti:f] *adj* représentatif(-ive)

repräsentieren* [reprɛzɛn'ti:rən] *vt, vi geh* représenter

Reproduktion [reprodʊk'ts̮i̯o:n] <-, -en> *f* reproduction *f*

Reptil [rɛp'ti:l] <-s, -ien> *nt* reptile *m*

Republik [repu'bli:k] <-, -en> *f* république *f*

Republikaner(in) [republi'ka:nɐ] <-s, -> *m(f)* ❶ *(in den USA)* républicain(e) *m(f)* ❷ *(in Deutschland) membre ou militant(e) d'un parti d'extrême droite en Allemagne*

Reserve [re'zɛrvə] <-, -n> *f* réserve *f*

Reservekanister *m* bidon *m* de réserve **Reserverad** *nt* roue *f* de secours

reservieren* [rezɛr'vi:rən] *vt* réserver

Reservierung <-, -en> *f* réservation *f*

Residenz [rezi'dɛnts̮] <-, -en> *f* résidence *f*

resolut [rezo'lu:t] **I.** *adj* résolu(e) **II.** *adv* résolument

Resonanz [rezo'nants̮] <-, -en> *f* ❶ *geh (Reaktion)* écho *m* ❷ MUS résonance *f*

Respekt [re'spɛkt] <-s> *m* respect *m;*

vor jdm/etw ~ haben avoir du respect pour qn/qc

respektieren* [rɛspɛk'tiːrən] *vt* respecter

respektvoll *adj* respectueux(-euse)

Rest [rɛst] <-[e]s, -e *o* CH -en> *m* reste *m*

Restaurant [rɛsto'rãː] <-s, -s> *nt* restaurant *m*

restaurieren* [restau̯'riːrən] *vt* restaurer

restlich *adj (Betrag)* restant(e); *(Leute)* autre

Restposten *m* fin *f* de série

Resultat [rezʊl'taːt] <-[e]s, -e> *nt* résultat *m*

Retourspiel *nt* A, CH match *m* retour

retten ['rɛtən] *vt, vr* **[sich] ~** [se] sauver

Retter(in) <-s, -> *m(f)* sauveur *m*

Rettich <-s, -e> *m* radis *m*

Rettung <-, -en> *f* sauvetage *m; (des Gebäudes)* sauvegarde *f*

Rettungsboot *nt* bateau *m* de sauvetage **Rettungsschwimmer(in)** *m(f)* maître nageur *m* **Rettungswagen** *m* ambulance *f*

Revanche [re'vãːʃ(ə)] <-, -n> *f* revanche *f*

revanchieren* [revã'ʃiːrən] *vr* ① *(sich erkenntlich zeigen)* **sich ~** rendre la pareille ② *(sich rächen)* **sich für etw ~** se venger de qc

Revier [re'viːɐ̯] <-s, -e> *nt* ① *(Polizeidienststelle)* commissariat *m* ② *(Bezirk)* district *m* ③ *(Jagdrevier)* territoire *m* de chasse ④ ZOOL territoire *m*

Revision [revi'zi̯oːn] <-, -en> *f* ① FIN vérification *f* ② JUR cassation *f*

Revisionsgericht *nt* JUR cour *f* de cassation

Revolution [revolu'tsi̯oːn] <-, -en> *f* révolution *f*; **die Französische ~** la Révolution française

revolutionär [revolutsi̯o'nɛːɐ̯] *adj* révolutionnaire

Revolutionär(in) [revolutsi̯o'nɛːɐ̯] <-s, -e> *m(f)* révolutionnaire *mf*

Revolver [re'vɔlvɐ] <-s, -> *m* revolver *m*

Revue [rə'vyː] <-, -n> *f* revue *f*

Rezension [retsɛn'zi̯oːn] <-, -en> *f* critique *f*

Rezept [re'tsɛpt] <-[e]s, -e> *nt* ① recette *f* ② MED ordonnance *f*

Rezeption [retsɛp'tsi̯oːn] <-, -en> *f* réception *f*

rezeptpflichtig *adj* délivré(e) uniquement sur ordonnance

rezitieren* [retsi'tiːrən] *vt, vi* réciter

Rhabarber [ra'barbɐ] <-s, -> *m* rhubarbe *f*

Rhein [rai̯n] <-s> *m* **der ~** le Rhin; **Kehl am ~** Kehl sur Rhin

rheinisch *adj* rhénan(e)

Rheinland-Pfalz [rai̯nlant'pfalts] *f* la Rhénanie-Palatinat

Rhetorik [re'toːrɪk] <-> *f* rhétorique *f*

Rheuma ['rɔy̯ma] <-s> *nt fam* rhumatisme *m souvent pl*

Rheumatismus [rɔy̯ma'tɪsmʊs] <-> *m form* rhumatisme *m*

Rhinozeros [ri'noːtsərɔs] <-[ses], -se> *nt* rhinocéros *m*

rhythmisch ['rʏtmɪʃ] *adj (Bewegungen)* rythmé(e); *(Gymnastik)* rythmique

Rhythmus ['rʏtmʊs] <-, Rhythmen> *m* rythme *m*

richten ['rɪçtən] I. *vr* ① *(sich orientieren)* **sich nach jdm/etw ~** se conformer à qn/qc ② *(abhängen von)* **sich nach etw ~** dépendre de qc II. *vt* ① *(Brief)* adresser; *(Blick)* diriger; *(Finger)* pointer ② *(Heizung)* réparer

Richter(in) ['rɪçtɐ] <-s, -> *m(f)* juge *mf*

richterlich *adj* judiciaire

Richtgeschwindigkeit *f* vitesse *f* conseillée

richtig ['rɪçtɪç] I. *adj* ① *(Antwort)* bon(ne); **das ist ~** c'est juste; **zur ~en Zeit** au bon moment ② *(Idiot)* vrai(e) II. *adv* ① *(schreiben)* correctement; *(verstehen)* bien ② *(vorgehen)* judicieusement ③ *(stehen)* à la bonne place ④ *fam (wütend)* vraiment

Richtige(r) *f(m) dekl wie adj* ① *(Partner)* bon(ne) partenaire *mf* ② *(Treffer)*

sechs ~ im Lotto six bons numéros *mpl* au loto

Richtige(s) *nt (Zusagendes)* **das ~/etwas ~s** ce qu'il me/te/... faut

Richtlinie *f meist Pl* directive *f*

Richtung <-, -en> *f* ① *(Himmelsrichtung)* direction *f*; **aus östlicher ~** de l'est; **in ~ Bahnhof** en direction de la gare ② *(Tendenz)* **politische ~** tendance *f* politique

Richtungsänderung *f* changement *m* de direction

Richtwert *m* valeur *f* indicative; **ein ~ von 4,2 Prozent** un taux indicatif de 4,2 pour cent

rieb [riːp] *Imp von* **reiben**

riechen ['riːçən] *irr* **I.** *vi (Geruch verströmen)* **gut/schlecht ~** sentir bon/mauvais; **nach Parfüm ~** sentir le parfum **II.** *vt (als Geruch wahrnehmen)* sentir **III.** *vi unpers* **es riecht nach Zitrone** ça sent le citron

rief [riːf] *Imp von* **rufen**

Riegel ['riːgəl] <-s, -> *m* ① *(Verschluss)* verrou *m* ② *(Schokoladenriegel)* barre *f*

Riemen ['riːmən] <-s, -> *m (der Tasche)* courroie *f*

Riese, Riesin ['riːzə] <-n, -n> *m, f* géant(e) *m(f)*

Riesenerfolg *m* succès *m* formidable

riesig **I.** *adj (Gebäude)* gigantesque; *(Anstrengung)* immense **II.** *adv (sich freuen)* énormément

riet [riːt] *Imp von* **raten**

Rind ['rɪnt] <-[e]s, -er> *nt* bovin *m*

Rinde ['rɪndə] <-, -n> *f* ① *(Baumrinde)* écorce *f* ② *(Brotrinde)* croûte *f*

Rindfleisch *nt* [viande *f* de] bœuf *m*

Rindsleder *nt* vachette *f*

Rindvieh <-viecher> *nt fam (Dummkopf)* andouille *f*

Ring [rɪŋ] <-[e]s, -e> *m* ① *(ringförmiger Gegenstand)* anneau *m* ② *(Fingerring)* bague *f*; *(Ehering)* alliance *f* ③ *(Ringstraße)* périphérique *m* ④ SPORT ring *m*

Ringbuch *nt* classeur *m*

ringen ['rɪŋən] *vi irr* **mit jdm/sich ~** lutter contre qn/soi-même

Ringfinger *m* annulaire *m* **Ringkampf** *m a. fig* combat *m* [de lutte]

ringsherum, ringsum, ringsumher *adv* [tout] autour

Rinne ['rɪnə] <-, -n> *f (Dachrinne)* gouttière *f*

rinnen ['rɪnən] *vi irr +sein* couler; *(herausfließen, -rieseln) a. fig* s'écouler

Rippe ['rɪpə] <-, -n> *f* côte *f*

Risiko ['riːziko] <-s, -s> *nt* risque *m*

Risikogruppe *f* groupe *m* à risque[s]

riskant [rɪs'kant] *adj* risqué(e)

riskieren* [rɪs'kiːrən] *vt* risquer; **es ~ etw zu tun** se risquer à faire qc

riss [rɪs] *Imp von* **reißen**

Riss [rɪs] <-es, -e> *m* ① *(rissige Stelle)* fissure *f* ② *(beschädigte Stelle)* déchirure *f*

ritt [rɪt] *Imp von* **reiten**

Ritter ['rɪtɐ] <-s, -> *m* chevalier *m*

ritterlich *adj* chevaleresque

Rittersporn *m* BOT pied-d'alouette *m*

Ritual [ri'tu̯aːl] <-s, -e> *nt* rituel *m*

rituell [ri'tu̯ɛl] *adj* rituel(le)

Ritus ['riːtʊs] <-, Riten> *m* rite *m*

ritzen *vt* graver

Rivale, Rivalin [ri'vaːlə] <-n, -n> *m, f* rival(e) *m(f)*

Roastbeef ['roːstbiːf] <-s, -s> *nt* rosbif *m*

Robe <-, -n> *f* robe *f*

Roboter ['rɔbɔtɐ] <-s, -> *m* robot *m*

robust [ro'bʊst] *adj* robuste

roch [rɔx] *Imp von* **riechen**

Rock[1] [rɔk] <-[e]s, Röcke> *m* jupe *f*

Rock[2] <-[s]> *m* MUS rock *m*

Rocker(in) ['rɔkɐ] <-s, -> *m(f) (Halbstarker)* blouson *m* noir

rodeln ['roːdəln] *vi +haben o sein* faire de la luge

Roggen ['rɔgən] <-s> *m* seigle *m*

roh [roː] *adj* ① *(Fleisch, Gemüse)* cru(e) ② *(Holz, Diamant)* brut(e) ③ *(Person)* brutal(e) ④ *(rau, grob)* grossier(-ière)

Rohheit <-> *f kein Pl* rudesse *f*

Rohkost *f* crudités *fpl*
Rohöl *nt* pétrole *m* brut
Rohr [roːɐ̯] <-[e]s, -e> *nt* TECH tube *m; (groß)* tuyau *m*
Rohrbruch *m* rupture *f* de canalisation
Röhre ['røːrə] <-, -n> *f* ❶ TECH tuyau *m* ❷ ELEC tube *m* ❸ *(Backofen)* four *m*
Rohrleitung *f* canalisation *f* **Rohrzucker** *m* sucre *m* de canne
Rohstoff *m* matière *f* première
Rolle ['rɔlə] <-, -n> *f* ❶ rouleau *m; (Garnrolle)* bobine *f* ❷ *(eines Möbelstücks)* roulette *f* ❸ CINE, THEAT, SOZIOL rôle *m* ▸ **es spielt keine ~, ob** ça n'a pas d'importance que *+subj*
rollen ['rɔlən] **I.** *vi +sein* rouler **II.** *vt +haben* ❶ rouler ❷ *(fortbewegen)* faire rouler
Rollenspiel *nt* SOZIOL jeu *m* de rôle
Roller ['rɔlɐ] <-s, -> *m* ❶ *(Kinderroller)* trottinette *f* ❷ *(Motorroller)* scooter *m* ❸ A *s.* **Rollo**
Rollfeld *nt* piste *f* [de décollage/d'atterrissage] **Rollkoffer** *m* valise *f* à roulettes **Rollkragen** *m* col *m* roulé **Rollladen** <-s, -läden> *m* volet *m* roulant
Rollo ['rɔlo] <-s, -s> *nt* store *m*
Rollschuh *m* patin *m* à roulettes **Rollstuhl** *m* fauteuil *m* roulant **Rollstuhlfahrer(in)** *m(f)* handicapé(e) *m(f)* en fauteuil roulant **rollstuhlgerecht** *adj* adapté(e) aux fauteuils roulants
Rolltreppe *f* escalator *m*
Rom [roːm] <-s> *nt* Rome
ROM [rɔm] <-[s], -[s]> *nt Abk von* **Read Only Memory** INFORM ROM *f*
Roman [ro'maːn] <-s, -e> *m* roman *m*
Romanfigur *f* personnage *m* de roman
romanisch *adj* ❶ LING, ARCHIT, KUNST roman(e) ❷ GEO latin(e)
Romanistik [roma'nɪstɪk] <-> *f* étude *f* des langues et littératures romanes
Romanschriftsteller(in) *m(f)* romancier(-ière) *m(f)*
Romantik [ro'mantɪk] <-> *f* LITER romantisme *m*

> **Übersetzungstipp**
> **Die Romantik** – Nicht verwechseln mit *le romantique – der Romantiker!*

romantisch *adj (Stimmung)* romantique
Römer(in) <-s, -> *m(f)* Romain(e) *m(f)*
römisch *adj* romain(e)
röntgen ['rœntgən] *vt* radiographier; **sich ~ lassen** passer une radio
Röntgenaufnahme *f* radio[graphie] *f* **Röntgenstrahlen** *Pl* rayons *mpl* X
rosa ['roːza] *adj inv* rose
Rose ['roːzə] <-, -n> *f* ❶ *(Blüte)* rose *f* ❷ *(Strauch)* rosier *m*
Rosé <-s, -s> *m* rosé *m*
Rosenkohl *m* chou *m* de Bruxelles **Rosenmontag** *m lundi précédant le Mardi gras* **Rosenstock** *m* rosier *m*
rosig ['roːzɪç] *adj a. fig* rose
Rosine [ro'ziːnə] <-, -n> *f* raisin *m* sec
Rosmarin ['roːsmariːn] <-s> *m* romarin *m*
Ross [rɔs] <-es, -e> *nt* A, CH, SDEUTSCH *(Pferd)* cheval *m*
Rost [rɔst] <-[e]s> *m kein Pl (Eisenoxyd)* rouille *f*
rosten ['rɔstən] *vi +haben o sein* rouiller
rostfrei *adj* inoxydable
Rösti ['rœsti] *Pl* CH galette *f* de pommes de terre
rostig *adj* rouillé(e)
Röstkartoffeln *Pl* pommes *fpl* [de terre] sautées
rot [roːt] <-er, -este> *adj* rouge; *(Haare)* roux(rousse); **~ werden** rougir
Rot <-s, -> *nt* rouge *m*
rotblond *adj* blond roux *inv* **rotbraun** *adj* cuivré(e)
Röte ['røːtə] <-, -n> *f* rouge *m*
röten I. *vr* **sich ~** *(Haut)* rougir; *(Himmel)* devenir rouge **II.** *vt* faire rougir
rothaarig *adj* roux(rousse) **Rotkohl** *m*, **Rotkraut** *nt* A, SDEUTSCH chou *m* rouge **Rotstift** *m* stylo *m* rouge

R

Rötung <-, -en> *f* rougeur *f*
Rotwein *m* vin *m* rouge
Rouge [ruːʒ] <-s, -s> *nt* rouge *m*
Route ['ruːtə] <-, -n> *f* itinéraire *m*
Routine [ru'tiːnə] <-> *f* ① *(Erfahrung)* savoir-faire *m* ② *(Gewohnheit)* routine *f*
routiniert [ruti'niːɐt] I. *adj* expérimenté(e) II. *adv* avec savoir-faire
Rowdy ['raudi] <-s, -s> *m pej* voyou *m*
rubbeln ['rʊbəln] *vt fam (Körper)* frotter
Rübe ['ryːbə] <-, -n> *f* betterave *f*
Rubel ['ruːbəl] <-s, -> *m* rouble *m*
rüber ['ryːbɐ] *adv fam* ① *s.* **hinüber** ② *s.* **herüber**
Rubin [ru'biːn] <-s, -e> *m* rubis *m*
Rubrik [ru'briːk] <-, -en> *f* rubrique *f*
rücken ['rʏkən] I. *vi +sein (wegrücken)* se pousser II. *vt +haben (Möbelstück)* pousser
Rücken ['rʏkən] <-s, -> *m* dos *m*
Rückenlehne *f* dossier *m* **Rückenmark** *nt* moelle *f* épinière **Rückenschmerzen** *Pl* ~ **haben** avoir mal au dos
Rückfahrkarte *f* [billet *m*] aller retour *m* **Rückfahrt** *f* retour *m* **Rückfall** *m* ① MED rechute *f* ② JUR récidive *f* **Rückflug** *m* vol *m* retour **Rückgabe** *f* retour *m* **Rückgang** *m* recul *m*
Rückgrat <-[e]s, -e> *nt* colonne *f* vertébrale
Rückhalt *m* soutien *m*
Rückkehr ['rʏkkeːɐ] <-> *f* retour *m*
Rücklage *f* réserve *f* [d'argent]
rückläufig *adj* à la baisse
Rücklicht *nt* feu *m* arrière **Rückreise** *f* retour *m;* **auf der** ~ au retour
Rucksack ['rʊkzak] *m* sac *m* à dos
Rückschlag *m* revers *m* **Rückschritt** *m* régression *f* **Rückseite** *f* ① *(einer Seite)* verso *m* ② *(eines Gebäudes)* derrière *m* **Rücksicht** <-, -en> *f (Schonung)* égard *m;* **auf etw** *(akk)* ~ **nehmen** tenir compte de qc
rücksichtslos *adj, adv* sans scrupules
rücksichtsvoll *adj* prévenant(e)
Rücksitz *m* siège *m* arrière **Rückspiegel** *m* rétroviseur *m* **Rückspiel** *nt* match *m* retour **Rückstand** *m* ① *(der Abstand)* retard *m* ② *(Bodensatz)* résidu *m*
rückständig ['rʏkʃtɛndɪç] *adj* arriéré(e)
Rückstoß *m (einer Schusswaffe)* recul *m* **Rückstrahler** *m* cataphote *m* **Rücktritt** *m* ① *(Amtsniederlegung)* démission *f* ② *(von einem Vertrag)* résiliation *f* **Rückwand** *f (eines Gebäudes)* face *f* arrière; *(eines Schranks)* fond *m*
rückwärts ['rʏkvɛrts] *adv* en arrière
Rückwärtsgang *m* marche *f* arrière
rückwärts|gehen *vi* marcher à reculons
Rückweg *m* retour *m*
rückwirkend I. *adj* rétroactif(-ive) II. *adv* rétroactivement
Rückzahlung *f* remboursement *m*
Rückzieher <-s, -> *m fam* **einen** ~ **machen** faire machine arrière
Rückzug *m* MIL retraite *f;* **den** ~ **antreten** battre en retraite
Rüde <-n, -n> *m* mâle *m*
Rudel ['ruːdəl] <-s, -> *nt* harde *f*
Ruder ['ruːdɐ] <-s, -> *nt* ① *(Paddel)* rame *f* ② *(Steuerruder)* gouvernail *m*
Ruderboot *nt* barque *f;* SPORT canoë *m*
Ruderer, Ruderin <-s, -> *m, f* rameur(-euse) *m(f)*
rudern *vi +haben o sein* ramer
Ruf [ruːf] <-[e]s, -e> *m* ① *(Ausruf)* appel *m* ② *(eines Vogels)* cri *m* ③ *kein Pl (Ansehen)* réputation *f*
rufen ['ruːfən] *irr* I. *vi* appeler; *(laut schreien)* crier; **nach jdm/etw** ~ appeler qn/à qc II. *vt* ① *(ausrufen)* crier ② *(herbestellen)* **jdn/ein Taxi** ~ appeler qn/un taxi
Rufmord *m* diffamation *f* **Rufnummer** *f* numéro *m* de téléphone
Ruhe ['ruːə] <-> *f* ① *(Stille)* silence *m* ② *(Erholung)* repos *m* ③ *(Gelassenheit)* calme *m*
ruhelos *adj* anxieux(-euse)
ruhen *vi* ① *(ausruhen)* se reposer ② *fig geh (Verantwortung)* reposer sur qn/

qc ③ *(liegen, verweilen)* **auf jdm/etw ~** *(Blick)* être posé sur qn/qc

Ruhestand *m kein Pl* retraite *f* **Ruhetag** *m* **dienstags ~** fermeture *f* hebdomadaire le mardi

ruhig [ˈruːɪç] I. *adj* calme; **Sie können ganz ~ sein** vous pouvez être rassuré II. *adv* tranquillement

Ruhm [ruːm] <-es> *m* gloire *f*

rühmen [ˈryːmən] I. *vt* **jdn wegen etw ~** féliciter qn pour qc; **etw ~** célébrer qc II. *vr* **ohne mich ~ zu wollen** sans vouloir me vanter

rühmlich *adj* glorieux(-euse)

ruhmreich *adj* glorieux(-euse)

Rührei *nt* œufs *mpl* brouillés

rühren [ˈryːrən] I. *vt* ① *(Teig)* remuer ② *(unterrühren)* mélanger ③ *(erweichen)* toucher II. *vi* ① *(umrühren)* remuer ② *(erwähnen)* **an etw** *(akk)* **~** évoquer qc

rührend *adj* touchant(e)

Ruhrgebiet *nt* **das ~** le bassin de la Ruhr

rührig [ˈryːrɪç] *adj* dynamique

Rührschüssel *f* bol *m* mélangeur

Ruin [ruˈiːn] <-s> *m* ruine *f*

Ruine [ruˈiːnə] <-, -n> *f* ruines *fpl*

ruinieren* [ruiˈniːrən] *vt (Person)* ruiner; *(Gegenstand)* abîmer

rülpsen [ˈrʏlpsən] *vi fam* roter

Rum [rʊm] <-s, -s> *m* rhum *m*

Rumäne, Rumänin [ruˈmɛːnə] <-n, -n> *m, f* Roumain(e) *m(f)*

Rumänien [ruˈmɛːniən] <-s> *nt* la Roumanie

rumänisch I. *adj* roumain(e) II. *adv* **~ miteinander sprechen** discuter en roumain

Rumänisch <-[s]> *nt kein art* roumain *m; s.a.* **Deutsch**

Rumpsteak [ˈrʊmpsteːk] *nt* rumsteck *m*

rund [rʊnt] I. *adj* rond(e) II. *adv* **~ um etw führen/gehen** faire le tour de qc

Rundbrief *m* circulaire *f*

Runde [ˈrʊndə] <-, -n> *f* ① *(Gesellschaft)* assemblée *f* ② *(Rundgang, -fahrt, -flug)* tour *m* ③ SPORT round *m* ④ SPIEL partie *f*

Rundfunk *m* radio *f* **Rundfunkgerät** *nt form* poste *m* de radio **Rundgang** *m* tour *m; (eines Wachmanns)* ronde *f*

rundherum *adv* ① *(ringsherum)* tout autour ② *s.* **rundum**

rundlich *adj* rond(e)

Rundreise *f* circuit *m* **Rundschreiben** *s.* **Rundbrief** **rundum** *adv* ① *(ringsum)* à la ronde ② *(zufrieden)* tout à fait

runter|fallen *vi irr +sein fam* tomber

runter|kommen *vi irr +sein fam (herunterkommen)* descendre

Runzel <-, -n> *f* ride *f*

runzeln *vt (Stirn)* plisser

rupfen [ˈrʊpfən] *vt* ① *(Geflügel)* plumer ② *(ausreißen: Gras, Unkraut)* arracher

Rüsche <-, -n> *f* ruche *f*

Ruß [ruːs] <-es> *m* suie *f*

Russe, Russin [ˈrʊsə] <-n, -n> *m, f* Russe *mf*

russisch I. *adj* russe II. *adv* **~ miteinander sprechen** discuter en russe

Russisch <-[s]> *nt kein art* russe *m; s.a.* **Deutsch**

Russland [ˈrʊslant] *nt* la Russie

Russlanddeutsche(r) *f(m) dekl wie adj* Russe d'origine allemande

rustikal [rʊstiˈkaːl] *adj* rustique

Rüstung [ˈrʏstʊŋ] <-, -en> *f* ① *kein Pl (das Rüsten)* armement *m* ② *(Ritterrüstung)* armure *f*

Rute [ˈruːtə] <-, -n> *f* ① *(Gerte)* baguette *f* ② *(Angelrute)* canne *f*

Rutsch [rʊtʃ] <-es, -e> *m* glissement *m* de terrain ▸ **guten ~!** *fam* bonne année!

Rutschbahn *f* ① *(Rutsche)* toboggan *m* ② *fam (Eisbahn)* patinoire *f*

Rutsche <-, -n> *f a.* TECH toboggan *m*

rutschen *vi +sein* ① *(ausrutschen)* glisser ② *fam (rücken)* se pousser ③ *(herunterrutschen: Brille)* tomber; **vom Stuhl ~** *(Person)* glisser de la chaise ④ *(die Rutschbahn benutzen)* faire du toboggan

rutschfest *adj (Badematte)* antidéra-

R

pant(e)
rụtschig *adj* glissant(e)
rụtteln ['rʏtəln] **I.** *vt* secouer **II.** *vi* **an der Tür ~** secouer la porte

Ss

s. *Abk von* **siehe** cf.
S, s [ɛs] <-, -> *nt* S *m*/s *m*
S *Abk von* **Süden** S
S. *Abk von* **Seite** p.
Saal ['za:l] <-[e]s, Säle> *m* salle *f*
Saarbrücken *nt* Sarrebruck
Saarland *nt* **das ~** la Sarre
sạbbern ['zaben] *vi fam* baver
Sabotage [zabo'ta:ʒə] <-, -n> *f* sabotage *m*
sabotieren* [zabo'ti:rən] *vt* saboter
Sạchbearbeiter(in) *m(f)* personne *f* chargée du dossier **Sạchbeschädigung** *f* déprédation *f*
Sạche ['zaxə] <-, -n> *f* ❶ *(Angelegenheit)* chose *f*; **das ist seine ~** c'est son affaire ❷ *(Zweck)* cause *f* ❸ *(Thema)* **zur ~ kommen** en venir au fait; **bei der ~ sein** être attentif ❹ *(Kleidungsstück)* **warme ~n** vêtements *mpl* chauds ❺ *Pl (Dummheit)* **was machst du bloß für ~n!** *fam* [mais] qu'est-ce que tu fabriques! ❻ JUR affaire *f*
sạchkundig **I.** *adj* *(Person)* expert(e); *(Information)* documenté(e); **sich auf einem Gebiet ~ machen** se documenter dans un domaine **II.** *adv* avec compétence
sạchlich **I.** *adj* ❶ *(objektiv)* objectif(-ive) ❷ *(die Sache betreffend)* conforme aux faits **II.** *adv* *(objektiv)* avec objectivité
sächlich ['zɛçlɪç] *adj* neutre
Sạchlichkeit <-> *f* objectivité *f*
Sạchse, Sächsin ['zaksə] <-n, -n> *m, f* Saxon(ne) *m(f)*
Sạchsen ['zaksən] <-s> *nt* la Saxe
Sạchsen-Anhalt ['zaksən'ʔanhalt] <-s> *nt* la Saxe-Anhalt
Sächsisch ['zɛksɪʃ] *nt* le saxon
sacht[e] **I.** *adj* *(Berührung, Gefälle)* léger(-ère); *(Streicheln)* doux(douce) **II.** *adv* ❶ *(berühren)* délicatement ❷ *(ansteigen)* légèrement
Sạchverhalt <-[e]s, -e> *m* faits *mpl*
Sạchverständige(r) *f(m)* expert(e) *m(f)*
Sạchwert *m* ❶ valeur *f* réelle ❷ *Pl* *(Wertgegenstände)* valeurs-refuge *fpl*
Sạck [zak] <-[e]s, Säcke> *m* ❶ *(Beutel)* sac *m* ❷ A, CH, SDEUTSCH *(Hosentasche)* poche *f* de pantalon
Sạckgasse *f* ❶ cul-de-sac *m* ❷ *(fig)* impasse *f* **Sạckkleid** *nt* robe *f* housse
Sadịsmus [za'dɪsmʊs] <-, Sadismen> *m* sadisme *m*
Sadịst(in) [za'dɪst] <-en, -en> *m(f)* sadique *mf*
sadịstisch *adj* sadique
säen ['zɛ:ən] *vt, vi a. fig* semer
Safari [za'fa:ri] <-, -s> *f* safari *m*
Safe [ze:f] <-s, -s> *m* coffre-fort *m*
Safer Sex ['ze:fɐ 'zɛks] <-, -es> *m* rapports *mpl* protégés
Sạft [zaft] <-[e]s, Säfte> *m* ❶ *(Fruchtsaft)* jus *m* ❷ *(Pflanzensaft)* sève *f*
sạftig *adj* juteux(-euse)
Sage ['za:gə] <-, -n> *f* légende *f*
Säge ['zɛ:gə] <-, -n> *f* scie *f*
sagen ['za:gən] **I.** *vt* ❶ **jdm etw ~** dire qc à qn ❷ *(befehlen)* **jdm ~, dass er warten soll** dire à qn d'attendre ❸ *(meinen)* **was soll ich dazu ~?** qu'est-ce que tu veux/vous voulez que je réponde à ça? ❹ *(bedeuten)* **nichts zu ~ haben** n'avoir pas d'importance **II.** *vi* **wie gesagt** comme je viens de

S

le dire; **genauer gesagt** plus précisément
sägen ['zɛːgən] *vt, vi* scier
Sägewerk *nt* scierie *f*
sah [zaː] *Imp von* **sehen**
Sahara [za'haːra] <-> *f* **die** ~ le Sahara
Sahne ['zaːnə] <-> *f* crème *f*
sahnig *adj* crémeux(-euse)
Saison [zɛ'zõː] <-, -s, A -en> *f* saison *f*
Saite ['zaitə] <-, -n> *f* corde *f*
Saiteninstrument *nt* instrument *m* à cordes
Sakko ['zako] <-s, -s> *m o nt* veston *m*
Sakrament [zakra'mɛnt] <-[e]s, -e> *nt* sacrement *m*
Sakristei [zakrɪs'tai] <-, -en> *f* sacristie *f*
Salamander [zala'mandɐ] <-s, -> *m* salamandre *f*
Salami [za'laːmi] <-, -s> *f* salami *m*
Salat [za'laːt] <-[e]s, -e> *m* salade *f*
Salatgurke *f* concombre *m* **Salatschüssel** *f* saladier *m*
Salbe ['zalbə] <-, -n> *f* crème *f; (fettig)* pommade *f*
Saldo ['zaldo] <-s, -s> *m* solde *m*
Säle *Pl von* **Saal**
salopp [za'lɔp] *adj (Kleidung)* décontracté(e); *(Redeweise)* léger(-ère)
Salpeter [zal'peːtɐ] <-s> *m* salpêtre *m*
Salz [zalts] <-es, -e> *nt* sel *m*
Salzburg ['zaltsbʊrk] <-s, -> *nt* ① *(Stadt)* Salzbourg ② *(Bundesland)* la province de Salzbourg
salzen *vt, vi* saler
salzig *adj* salé(e)
Salzkartoffel *f meist Pl* pomme *f* de terre [cuite] à l'eau **Salzstange** *f* stick *m* salé **Salzstreuer** <-s, -> *m* salière *f*
Samen ['zaːmən] <-s, -> *m* ① BOT semence *f* ② *kein Pl (Sperma)* sperme *m*
sammeln ['zaməln] **I.** *vt* ① *(Beeren)* cueillir; *(Pilze)* ramasser ② *(Briefmarken)* collectionner ③ *(Altkleider)* collecter ④ *(Informationen, Eindrücke)* recueillir **II.** *vr* **sich** ~ *(sich versammeln)* se rassembler
Sammler(in) <-s, -> *m(f)* collectionneur(-euse) *m(f)*
Sammlung <-, -en> *f* collection *f*
Sampler ['saːmplɐ] <-s, -> *m* best-of *m*
Samstag ['zamstaːk] <-[e]s, -e> *m* samedi *m; s.a.* **Dienstag**
Samstagabend *m* samedi *m* soir **Samstagmorgen** *m* samedi *m* matin
samstags *adv* le samedi
Samt [zamt] <-[e]s, -e> *m* velours *m*
sämtlich ['zɛmtlɪç] *adj* **~e Freunde** tous les amis
Sand [zant] <-[e]s, -e> *m* sable *m*
Sandale [zan'daːlə] <-, -n> *f* sandale *f*
Sandalette [zanda'lɛtə] <-, -n> *f* sandalette *f*
Sandkasten *m* bac *m* à sable **Sandkorn** <-körner> *nt* grain *m* de sable **Sandstrand** *m* plage *f* de sable **Sandsturm** *m* tempête *f* de sable
sandte ['zantə] *Imp von* **senden**[2]
Sandwich ['sɛntvɪtʃ] <-[s], -[e]s> *nt o m* sandwich *m*
sanft [zanft] **I.** *adj (Händedruck, Brise)* léger(-ère); *(Musik, Person)* doux(douce) **II.** *adv* ① *(sacht)* doucement ② *(abfallen)* légèrement
Sanftheit <-> *f (einer Berührung)* douceur *f*
sanftmütig ['zanftmyːtɪç] *adj geh* débonnaire
sang [zaŋ] *Imp von* **singen**
Sänger(in) ['zɛŋɐ] <-s, -> *m(f)* chanteur(-euse) *m(f)*
sanieren* [za'niːrən] *vt* assainir
sanitär [zani'tɛːɐ] *adj* sanitaire
Sanität [zani'tɛːt] <-, -en> *f* ① *kein Pl* A *(Gesundheitsdienst)* service *m* de santé publique ② CH *(Ambulanz)* SAMU *m* ③ A, CH *(Sanitätstruppe)* service *m* de santé
Sanitäter(in) [zani'tɛːtɐ] <-s, -> *m(f)* MED secouriste *mf*
sank [zaŋk] *Imp von* **sinken**
Sankt [zaŋkt] *adj inv* ~ **Peter** saint Pierre
Sanktion [zaŋk'tsi̯oːn] <-, -en> *f* sanction *f*

Sardelle [zarˈdɛlə] <-, -n> *f* anchois *m*
Sardine [zarˈdiːnə] <-, -n> *f* sardine *f*
Sardinien [zarˈdiːniən] <-s> *nt* la Sardaigne
Sarg [zark] <-[e]s, Särge> *m* cercueil *m*
saß [zaːs] *Imp von* **sitzen**
Satan [ˈzaːtan] <-s> *m kein Pl* REL **der** ~ Satan *m*
satanisch [zaˈtaːnɪʃ] *adj* satanique; *(Plan)* diabolique
Satellit [zatɛˈliːt] <-en, -en> *m* satellite *m*
Satellitenfernsehen *nt* TV télévision *f* par satellite **Satellitenschüssel** *f* antenne *f* parabolique
Satin [zaˈtɛ̃ː] <-s, -s> *m* satin *m*
Satire [zaˈtiːrə] <-, -n> *f* satire *f*
satirisch *adj* satirique
satt [zat] *adj* rassasié(e); **sich ~ essen** manger à sa faim
Sattel [ˈzatəl] <-s, Sättel> *m* ❶ selle *f* ❷ *(Bergrücken)* croupe *f*
satt|haben *vt fam* **jdn/etw ~** en avoir marre de qn/qc
sättigend *adj* consistant(e)
Saturn [zaˈtʊrn] <-s> *m* [**der**] ~ [la planète] Saturne
Satz [zats] <-es, Sätze> *m* ❶ phrase *f* ❷ MUS mouvement *m* ❸ TYP composition *f* ❹ *(festgelegter Betrag)* tarif *m* ❺ SPORT set *m* ❻ MATH **der ~ des Pythagoras** le théorème de Pythagore
Satzzeichen *nt* signe *m* de ponctuation
Sau [zau] <-, -en> *f* truie *f*
sauber [ˈzaubɐ] **I.** *adj* ❶ *(rein)* propre; *(Luft)* pur(e); **jdn/etw ~ machen** laver qn/nettoyer qc ❷ *(Arbeit)* soigné(e) **II.** *adv* *(sorgfältig)* soigneusement; **~ machen** faire le ménage
Sauberkeit <-> *f* propreté *f*
säuberlich [ˈzɔybɐlɪç] *adj* *(Trennung)* soigneux(-euse)
sauber|machen *s.* **sauber**
säubern [ˈzɔybɐn] *vt* ❶ *geh (reinigen)* nettoyer ❷ *euph (befreien)* épurer
Saudi-Arabien [-biən] <-s> *nt* l'Arabie *f* Saoudite
saudumm [ˈzauˈdʊm] *adj fam* débile
sauer [ˈzauɐ] **I.** *adj* ❶ *(Frucht)* acide; *(Wein)* aigre; *(Drops)* acidulé(e) ❷ *(Gurke)* au vinaigre; *(Hering)* mariné(e) ❸ CHEM acide ❹ *fam* **auf jdn ~ sein** être en rogne contre qn **II.** *adv fam (reagieren)* avec mauvaise humeur
Sauerei [zauəˈrai] <-, -en> *f fam* saloperie *f*
Sauerkirsche *f* ❶ *(Frucht)* griotte *f* ❷ *(Baum)* cerisier *m* **Sauerkraut** *nt* choucroute *f* **Sauerstoff** *m kein Pl* oxygène *m*
Sauerstoffgerät *nt (Atemgerät)* masque *m* à oxygène
saufen [ˈzaufən] *irr* **I.** *vt* boire **II.** *vi* ❶ *(Tier)* s'abreuver ❷ *fam (Alkoholiker sein)* picoler
Säufer(in) [ˈzɔyfɐ] <-s, -> *m(f) fam* pochard(e) *m(f)*
Sauferei [zaufəˈrai] <-, -en> *f fam (Besäufnis)* beuverie *f*
säuft [zɔyft] *3. Pers Präs von* **saufen**
saugen [ˈzaugən] *irr* **I.** *vi* **an der Brust ~** *(Baby)* téter le sein **II.** *vt (Teppich)* passer l'aspirateur sur; *(Flüssigkeit)* aspirer
säugen [ˈzɔygən] *vt* allaiter
Säugetier *nt* mammifère *m*
Säugling [ˈzɔyklɪŋ] <-s, -e> *m* nourrisson *m*
Säuglingssterblichkeit *f* mortalité *f* néonatale
saukalt *adj fam* **es ist ~** il fait un froid de canard
Säule [ˈzɔylə] <-, -n> *f* colonne *f*
Saum [zaum] <-[e]s, Säume> *m* *(umgenähter Rand)* ourlet *m*
säumen [ˈzɔymən] *vt (Stoff)* ourler
Sauna [ˈzauna] <-, -s> *f* sauna *m*
Säure [ˈzɔyrə] <-, -n> *f* ❶ CHEM acide *m* ❷ *(Geschmack)* acidité *f*
Saustall *m fam* bordel *m* **Sauwetter** *nt fam* temps *m* de cochon
Saxofon, Saxophon [zaksoˈfoːn] <-[e]s, -e> *nt* saxophone *m*
SB [ɛsˈbeː] *Abk von* **Selbstbedienung**

libre-service *m*
S-Bahn® [ˈɛsbaːn] *f* train *m* de banlieue
SBB [ˈɛsbeːbeː] *f Abk von* **Schweizerische Bundesbahn** *sigle de la société des chemins de fers suisses*
scannen [ˈskɛnən] *vt* scanner
Scanner [ˈskɛnɐ] <-s, -> *m* INFORM scanne[u]r *m*
Schabe [ˈʃaːbə] <-, -n> *f* cafard *m*
schäbig [ˈʃɛːbɪç] *adj* miteux(-euse); *(Verhalten)* mesquin(e)
Schach [ʃax] <-s> *nt* échecs *mpl*
Schachbrett *nt* échiquier *m* **Schachfigur** *f* ❶ pièce *f* d'échecs ❷ *fig* pion *m* **schachmatt** *adj* **jdn ~ setzen** mettre qn échec et mat
Schacht [ʃaxt] <-[e]s, Schächte> *m a.* MIN puits *m; (eines Fahrstuhls)* cage *f*
Schachtel [ˈʃaxtəl] <-, -n> *f* boîte *f*
Schachzug *m* ❶ coup *m* ❷ *(Manöver)* manœuvre *f*
schade [ˈʃaːdə] *adj* [**das ist**] **~!** [c'est] dommage!; **es ist wirklich ~, dass** c'est vraiment dommage que *+subj;* **zu ~ für jdn sein** *(Person)* être trop bien pour qn; *(Geschenk)* être trop beau pour qn
Schädel [ˈʃɛːdəl] <-s, -> *m* crâne *m*
schaden [ˈʃaːdən] *vi* ❶ **jdm/sich mit etw ~** nuire à qn/se nuire en faisant qc ❷ *fam (verkehrt sein)* **es kann nichts ~, wenn...** ça peut pas faire de mal si...
Schaden <-s, Schäden> *m* ❶ *(Sachschaden)* dommage *m; (Verwüstung)* dégâts *mpl* ❷ *(Beeinträchtigung)* **jdm/einer S. ~ zufügen** faire du tort à qn/qc ❸ *(Verletzung)* lésion *f*
Schadensbegrenzung *f* limitation *f* des dégâts
schädigen [ˈʃɛːdɪgən] *vt* ❶ **jdn/etw ~** nuire à qn/qc ❷ *(beschädigen)* endommager
schädlich [ˈʃɛːtlɪç] *adj* nocif(-ive)
Schädling [ˈʃɛːtlɪŋ] <-s, -e> *m* parasite *m*
Schadstoff *m* polluant *m*
schadstoffarm *adj* peu polluant(e) **Schadstoffbelastung** *f* charge *f* de pollution
Schaf [ʃaːf] <-[e]s, -e> *nt* mouton *m*
Schafbock *m* bélier *m*
Schäfer(in) [ˈʃɛːfɐ] <-s, -> *m(f)* berger(-ère) *m(f)*
Schäferhund *m* berger *m* allemand
schaffen¹ [ˈʃafən] *vt (Examen)* réussir; **es ~** y arriver; **ich schaffe es nicht mehr** je n'en peux plus
schaffen² *vt irr* créer; *(Frieden)* faire
Schaffner(in) [ˈʃafnɐ] <-s, -> *m(f)* contrôleur(-euse) *m(f)*
Schafskäse *m* fromage *m* de brebis
Schakal [ʃaˈkaːl] <-s, -e> *m* chacal *m*
Schal [ʃaːl] <-s, -s> *m* écharpe *f; (aus Seide)* foulard *m*
Schale [ˈʃaːlə] <-, -n> *f* ❶ *(Eierschale)* coquille *f* ❷ *(Haut von Obst, Gemüse)* peau *f; (von Orangen, Zitronen)* écorce *f; (abgeschält)* pelure *f* ❸ *(Gefäß)* coupe *f*
schälen [ˈʃɛːlən] **I.** *vt* éplucher **II.** *vr* **sich ~** *(Haut)* peler
Schall [ʃal] <-s, -e> *m* ❶ *geh (Klang)* bruit *m* ❷ *kein Pl* PHYS son *m*
Schalldämpfer *m* silencieux *m* **schalldicht** *adj (Fenster, Tür)* insonore; *(Raum)* insonorisé(e)
schallen *vi* résonner
Schallmauer *f kein Pl* mur *m* du son **Schallplatte** *f* disque *m* **Schallwelle** *f* onde *f* sonore
Schalotte [ʃaˈlɔtə] <-, -n> *f* échalote *f*
schalten [ˈʃaltən] **I.** *vt* ❶ *(einstellen)* **etw auf „ein" ~** allumer qc ❷ ELEC, TELEC **eine Leitung ~** mettre une ligne en service **II.** *vi (Gang einlegen)* changer de vitesse; **in den zweiten Gang ~** passer la seconde
Schalter <-s, -> *m* ❶ *(Theke)* guichet *m* ❷ ELEC, TECH interrupteur *m*
Schalthebel *m* ❶ *(einer Gangschaltung)* levier *m* de vitesse ❷ ELEC levier *m* de commande **Schaltjahr** *nt* année *f* bissextile **Schaltplan** *m* schéma *m* de connexion
Scham [ʃaːm] <-> *f* honte *f*
Schambein *nt* pubis *m*

schämen ['ʃɛːmən] *vr* **sich wegen etw ~** avoir honte de qc

Schamgefühl *nt kein Pl* pudeur *f* **Schamhaar** *nt (einzelnes Haar)* poil *m* du pubis **Schamlippen** *Pl* lèvres *f pl* [de la vulve]

Schande ['ʃandə] <-> *f* honte *f*

schänden ['ʃɛndən] *vt (entweihen)* profaner

Schanze ['ʃantsə] <-, -n> *f (Sprungschanze)* tremplin *m*

Schar [ʃaːɐ̯] <-, -en> *f* ① *(große Menge)* bande *f*; **in ~en** en masse ② *(Pflugschar)* soc *m*

Scharade [ʃa'raːdə] <-, -n> *f* charade *f*

scharen ['ʃaːrən] **I.** *vt* rassembler; **Menschen um sich ~** rassembler des personnes autour de soi **II.** *vr* **sich um jdn/etw ~** se rassembler autour de qn/qc

scharenweise *adv* en masse

scharf [ʃarf] <schärfer, schärfste> **I.** *adj* ① *(Messer)* coupant(e) ② *(Kante)* aigu(ë) ③ *(stark gewürzt)* épicé(e) ④ *(Beobachter)* perspicace; *(Kontrolle)* strict(e) ⑤ *(Hund)* méchant(e) ⑥ *(Munition)* à balles réelles; *(Bombe)* amorcé(e) ⑦ *(Augen)* perçant(e) ⑧ *(präzise)* précis(e) ⑨ *(Kurve)* serré(e) **II.** *adv* ① *(kräftig)* **etw ~ würzen** bien épicer qc ② *(kritisieren)* énergiquement ③ *(ansehen)* fixement ④ *(sehen)* nettement

Schärfe ['ʃɛrfə] <-, -n> *f* ① *(eines Messers)* tranchant *m* ② *(starke Würze)* goût *m* très épicé ③ *(des Verstandes)* acuité *f*

schärfen *vt* aiguiser

Scharfsinn *m kein Pl* sagacité *f*

Scharlatan ['ʃarlatan] <-s, -e> *m* charlatan *m*

Schärpe ['ʃɛrpə] <-, -n> *f* écharpe *f*

scharren ['ʃarən] **I.** *vi* gratter **II.** *vt (Loch)* creuser

Schatten ['ʃatən] <-s, -> *m* ombre *f*

Schattenseite *f (Kehrseite)* revers *m* de la médaille

schattieren* [ʃa'tiːrən] *vt* ombrer

schattig *adj* ombragé(e)

Schatz [ʃats] <-es, Schätze> *m* ① trésor *m* ② *fam (Liebling)* chéri(e) *m(f)*

schätzen ['ʃɛtsən] **I.** *vt* estimer **II.** *vi* **ich schätze, dass...** je pense que...

Schätzung <-, -en> *f* estimation *f*

schätzungsweise *adv* approximativement

Schau [ʃaʊ̯] <-, -en> *f* show *m*

Schaubild *nt* graphique *m*

Schauder <-s, -> *m geh (Gefühl)* frémissement *m*

schauderhaft *adj* ① *(Szene)* d'horreur; *(Gestank)* horrible ② *fam (sehr schlecht)* épouvantable

schauen ['ʃaʊ̯ən] *vi* regarder

Schauer ['ʃaʊ̯ɐ] <-s, -> *m* ① *(Regenschauer)* averse *f* ② *(Frösteln)* frisson *m*

Schaufel ['ʃaʊ̯fəl] <-, -n> *f* pelle *f*

schaufeln *vt, vi* pelleter; *(Loch)* creuser [à la pelle]

Schaufenster *nt* vitrine *f*

Schaufensterpuppe *f* mannequin *m*

Schaukel ['ʃaʊ̯kəl] <-, -n> *f* balançoire *f*

schaukeln *vi* ① *(auf einer Schaukel)* faire de la balançoire ② *(wippen)* se balancer

Schaukelpferd *nt* cheval *m* à bascule **Schaukelstuhl** *m* rocking-chair *m*

Schaulustige(r) *f(m) dekl wie adj* badaud(e) *m(f)*

Schaum [ʃaʊ̯m] <-s, Schäume> *m* ① *(Seifenschaum)* mousse *f*; *(Wellenschaum, Geifer)* écume *f* ② GASTR mousse *f*

Schaumbad *nt* bain *m* moussant

schäumen ['ʃɔʏmən] *vi* mousser

Schaumgummi *m* caoutchouc *m* mousse

schaumig *adj* mousseux(-euse); *(Gewässer)* écumeux(-euse)

Schaumstoff *m* mousse *f* **Schaumwein** *m form* vin *m* mousseux

schaurig ['ʃaʊ̯rɪç] *adj (Geschichte)* macabre; *(Ort)* lugubre

Schauspiel *nt* THEAT pièce *f* de théâtre **Schauspieler(in)** *m(f) (Thea-*

terschauspieler) comédien(ne) *m(f); (Filmschauspieler)* acteur(-trice) *m(f)*

schauspielern *vi* faire du théâtre

Schauspielhaus *nt* théâtre *m* **Schauspielschule** *f* conservatoire *m* d'art dramatique

Scheck [ʃɛk] <-s, -s> *m* chèque *m*

Scheckkarte *f* carte *f* bancaire

Scheibe ['ʃaibə] <-, -n> *f* ① *(große Glasscheibe)* verre *m; (Fensterscheibe)* vitre *f; (Windschutzscheibe)* pare-brise *f* ② *(Brotscheibe)* tranche *f* ③ *(runder Gegenstand)* disque *m*

Scheibenwischer <-s, -> *m* essuie-glace *m*

Scheich [ʃaiç] <-s, -e> *m* cheik *m*

Scheide ['ʃaidə] <-, -n> *f* ANAT vagin *m*

scheiden ['ʃaidən] *vt irr +haben (Ehe)* dissoudre; **sich von jdm ~ lassen** divorcer de qn

Scheidung <-, -en> *f* divorce *m*

Schein [ʃain] <-[e]s, -e> *m* ① *kein Pl (einer Lampe)* lumière *f* ② *kein Pl (Anschein)* apparence *f* ③ *(Banknote)* billet *m* ④ UNIV *fam* unité *f* de valeur

scheinbar *adj* apparent(e)

Scheinchen ['ʃainçən] <-s, -> *nt fam (Geldschein)* biffeton *m*

Scheinehe *f* mariage *m* blanc

scheinen ['ʃainən] *irr* **I.** *vi* ① *(Sonne, Mond)* briller ② *(den Anschein haben)* **er scheint zu schlafen** il a l'air de dormir; **das scheint schwierig zu sein** cela semble être difficile **II.** *vi unpers* **es scheint, dass...** il semble que...

Scheinfirma *f* société *f* fictive **scheinheilig** *adj pej* hypocrite

Scheinwerfer *m* projecteur *m; (Autoscheinwerfer)* phare *m* **Scheinwerferlicht** *nt (eines Autos)* lumière des phares *f*

Scheiß <-> *m pej fam* conneries *fpl*

Scheiße ['ʃaisə] <-> *f fam* merde *f*

scheißen *vi irr fam* chier

Scheißkerl *m fam* sale con *m*

Scheit [ʃait] <-[e]s, -e *o* A, CH -er> *nt* bûche *f*

Scheitel ['ʃaitəl] <-s, -> *m* raie *f*

Scheitelpunkt *m* ARCHIT sommet *m*

Scheiterhaufen ['ʃaitehaufən] *m* bûcher *m*

schelmisch *adj* malicieux(-euse)

Schema ['ʃe:ma] <-s, -s> *nt* schéma *m*

schematisch [ʃe'ma:tɪʃ] **I.** *adj* schématique **II.** *adv* schématiquement

Schemel ['ʃe:məl] <-s, -> *m* tabouret *m*

Schenkel ['ʃɛŋkəl] <-s, -> *m* ① cuisse *f* ② MATH *(eines Winkels)* côté *m*

schenken ['ʃɛnkən] *vt (Blumen)* faire cadeau de; **jdm etw ~** offrir qc à qn

Scherbe ['ʃɛrbə] <-, -n> *f* débris *m*

Schere ['ʃe:rə] <-, -n> *f* ① [paire *f* de] ciseaux *mpl* ② *(eines Krebses)* pince *f*

scheren[1] ['ʃe:rən] *vt irr (Tier)* tondre; *(Hecke)* tailler

scheren[2] *irr* **I.** *vr* **sich nicht um jdn/etw ~** ne pas s'occuper de qn/qc **II.** *vt* **was schert mich das?** qu'est-ce que ça peut bien me faire?

Scherz [ʃɛrts] <-es, -e> *m* plaisanterie *f*

scherzen *vi* plaisanter

scherzhaft **I.** *adj* pour plaisanter **II.** *adv* en plaisantant

scheu [ʃɔy] *adj* ① *(Verhalten)* timide; *(Blick)* craintif(-ive) ② *(menschenscheu)* farouche

scheuchen ['ʃɔyçən] *vt* chasser; **jdn/ein Tier aus der Küche ~** chasser qn/un animal de la cuisine

scheuen ['ʃɔyən] **I.** *vt (Arbeit)* reculer devant **II.** *vr* **sich vor etw** *(dat)* **~** reculer devant qc **III.** *vi (Pferd)* se dérober

scheuern ['ʃɔyɐn] **I.** *vt (Topf)* récurer; *(Fußboden)* frotter **II.** *vi (Kragen)* gratter

Scheune ['ʃɔynə] <-, -n> *f* grange *f*

scheußlich ['ʃɔyslɪç] **I.** *adj (Anblick)* monstrueux(-euse); *(Film)* horrible **II.** *adv* **~ riechen** avoir une odeur infecte

Schi *s.* **Ski**

Schicht [ʃɪçt] <-, -en> *f* ① *(Lage)* couche *f* ② SOZIOL couche *f* [sociale] ③ *(Arbeitsgruppe)* équipe *f;* **~ arbeiten** être

travailleur posté
Schichtarbeit *f kein Pl* travail *m* posté **Schichtarbeiter(in)** *m(f)* [travailleur *m*] posté /[travailleuse *f*] postée
schichten ['ʃɪçtən] *vt* empiler
Schichtwechsel *m* relève *f*
schick [ʃɪk] *adj, adv* chic
schicken ['ʃɪkən] *vt* **jdm etw ~** envoyer qc à qn
Schicksal ['ʃɪkza:l] <-s, -e> *nt* destin *m*
Schicksalsschlag *m* coup *m* du destin
Schiebedach *nt* toit *m* ouvrant
schieben ['ʃi:bən] *irr* **I.** *vt* pousser; **die Schuld auf jdn ~** rejeter la culpabilité sur qn **II.** *vi* pousser
Schiebetür *f* porte *f* coulissante
Schiebung <-> *f pej* piston *m*
schied [ʃi:t] *Imp von* **scheiden**
Schiedsgericht *nt* JUR tribunal *m* arbitral **Schiedsrichter(in)** *m(f)* arbitre *mf*
schief [ʃi:f] **I.** *adj (Wand)* penché(e); *(Ebene)* incliné(e) **II.** *adv (aufsetzen)* de travers
Schiefer ['ʃi:fɐ] <-s, -> *m* ardoise *f*
schief|gehen *vi fam* foirer **schief|lachen** *vr fam* **sich ~** se tordre de rire
schielen ['ʃi:lən] *vi* loucher
schien [ʃi:n] *Imp von* **scheinen**
Schienbein *nt* tibia *m*
Schiene ['ʃi:nə] <-, -n> *f* ❶ rail *m* ❷ MED éclisse *f*
Schießbude *f* baraque *f* de tir
schießen ['ʃi:sən] *irr* **I.** *vi +haben* **mit dem Gewehr ~** tirer au fusil **II.** *vt +haben* tirer
Schießerei [ʃi:sə'raj] <-, -en> *f pej* fusillade *f*
Schiff [ʃɪf] <-[e]s, -e> *nt* bateau *m*; **mit dem ~ fahren** prendre le bateau
schiffbar *adj* navigable
Schiffbau *m kein Pl* construction *f* navale **Schiffbruch** *m* naufrage *m*
Schiffbrüchige(r) *f(m)* naufragé(e) *m(f)*
Schifffahrt *f kein Pl* navigation *f*
Schikane [ʃi'ka:nə] <-, -n> *f* chicane *f*
schikanieren* [ʃika'ni:rən] *vt* chicaner
Schikoree [ʃiko're:] *s.* **Chicorée**
Schild[1] [ʃɪlt] <-[e]s, -er> *nt* ❶ *(Verkehrsschild)* panneau *m* ❷ *(Hinweisschild)* écriteau *m* ❸ *fam (Preisschild)* étiquette *f*
Schild[2] <-[e]s, -e> *m (Schutzschild)* bouclier *m*
schildern ['ʃɪldɐn] *vt* décrire
Schildkröte *f* tortue *f*
schillernd *adj* ❶ *(Seide)* chatoyant(e) ❷ *(Persönlichkeit)* à facettes
Schilling ['ʃɪlɪŋ] <-s, -e> *m* schilling *m*
Schimmel ['ʃiməl] <-s> *m kein Pl (Schimmelpilz)* moisissure *f*
schimmelig *adj* moisi(e)
schimmeln *vi +haben o sein* moisir
schimmlig *s.* **schimmelig**
Schimpanse [ʃɪm'panzə] <-n, -n> *m* chimpanzé *m*
schimpfen ['ʃɪmpfən] *vi* ❶ *(wettern)* **auf jdn/etw ~** pester contre qn/qc ❷ *(zurechtweisen)* **mit jdm ~** gronder qn
Schimpfwort <-wörter> *nt* gros mot *m*
schinden ['ʃɪndən] <schindete, geschunden> **I.** *vr* **sich ~** s'échiner **II.** *vt* ❶ *(quälen: Zugtier)* éreinter; **Arbeiter/Gefangene ~** épuiser des travailleurs/détenus à la tâche ❷ *fam (zu gewinnen suchen)* **bei jdm Eindruck ~ wollen** vouloir épater qn
Schinken ['ʃɪŋkən] <-s, -> *m* jambon *m*
Schinkenspeck *m* lard *m* maigre
Schirm [ʃɪrm] <-[e]s, -e> *m* ❶ *(Regenschirm)* parapluie *m* ❷ *(Sonnenschirm)* parasol *m*
Schirmmütze *f* casquette *f* à visière **Schirmständer** *m* porte-parapluies *m*
schiss [ʃɪs] *Imp von* **scheißen**
schlabbern ['ʃlabɐn] **I.** *vi fam* ❶ *(sabbern)* baver ❷ *(Kleidung)* pendouiller **II.** *vt fam (Katze: Milch)* laper
Schlacht [ʃlaxt] <-, -en> *f* bataille *f*
schlachten ['ʃlaxtən] *vt* abattre
Schlachtfeld *nt* champ *m* de bataille **Schlachthof** *m* abattoir *m* **Schlachtschiff** *nt* MIL cuirassé *m*
Schlaf [ʃla:f] <-[e]s> *m* sommeil *m*
Schlafanzug *m* pyjama *m*
Schläfe ['ʃlɛ:fə] <-, -n> *f* tempe *f*

schlafen ['ʃla:fən] *vi irr* ❶ **~ gehen** aller se coucher ❷ *fam* **mit jdm ~** coucher avec qn
schlaff [ʃlaf] *adj (Segel)* qui pend [mollement]; *(Seil)* lâche
Schlafgelegenheit *f (in einer Stadt)* endroit *m* où dormir **Schlaflied** *nt* berceuse *f*
schlaflos *adj (Nacht)* blanc(blanche)
Schlaflosigkeit <-> *f* insomnie *f*
Schlafmittel *nt* somnifère *m* **Schlafmütze** *f fam (Mensch)* endormi(e) *m(f)*
schläfrig ['ʃlɛ:frɪç] *adj* somnolent(e)
Schlafsaal *m* dortoir *m* **Schlafsack** *m* sac *m* de couchage
schläft [ʃlɛ:ft] *3. Pers Präs von* **schlafen**
Schlaftablette *f* somnifère *m* **Schlafwagen** *m* wagon-lit *m* **Schlafwandler(in)** <-s, -> *m(f)* somnambule *mf* **Schlafzimmer** *nt* chambre *f* à coucher
Schlag [ʃla:k] <-[e]s, Schläge> *m* ❶ *(Hieb)* coup *m* ❷ *(Hall)* bruit *m* [de choc]; *(einer Uhr)* coup *m* ❸ *(Schicksalsschlag)* coup *m* dur ❹ *(Stromschlag)* électrocution *f*
Schlaganfall *m* attaque *f* [d'apoplexie]
schlagartig *adj* brusque
Schlagbaum *m* barrière *f*
schlagen ['ʃla:gən] *irr* **I.** *vt +haben* ❶ **jdn ins Gesicht ~** frapper qn au visage ❷ *(besiegen)* battre ❸ *(Baum)* abattre ❹ *(Nagel)* enfoncer **II.** *vi +haben* ❶ **mit etw auf etw** *(akk)*/**gegen etw ~** frapper avec qc sur/contre qc ❷ *(Herz)* battre **III.** *vr* **sich mit jdm ~** se battre avec qn
schlagend *adj (überzeugend)* concluant(e)
Schlager <-s, -> *m* tube *m (fam)*
Schläger ['ʃlɛ:gɐ] <-s, -> *m (Tennisschläger)* raquette *f*; *(Hockeyschläger)* crosse *f*; *(Golfschläger)* club *m*; *(Baseballschläger)* batte *f*
Schlägerei [ʃlɛ:gə'raj] <-, -en> *f* bagarre *f*
Schlagersänger(in) *m(f)* chanteur(-euse) *m(f)* de variété
schlagfertig I. *adj (Person)* qui a de la répartie **II.** *adv* du tac au tac
Schlaginstrument *nt* instrument *m* à percussion **Schlagloch** *nt* nid-de-poule *m* **Schlagmann** <-männer> *m (beim Rudern)* chef *m* de nage **Schlagsahne** *f (flüssig)* crème *f* fleurette; *(geschlagen)* [crème *f*] chantilly *f*
schlägt [ʃlɛ:kt] *3. Pers Präs von* **schlagen**
Schlagzeile *f* gros titre *m* **Schlagzeug** <-[e]s, -e> *nt* batterie *f*
Schlagzeuger(in) <-s, -> *m(f)* batteur(-euse) *m(f)*
Schlamassel [ʃla'masəl] <-s, -> *m o nt fam (Durcheinander)* bordel *m*
Schlamm [ʃlam] <-[e]s, -e> *m* boue *f*
schlammig *adj* boueux(-euse)
Schlammlawine *f* avalanche *f* de boue
Schlampe ['ʃlampə] <-, -n> *f pej fam (liederliche Frau)* traînée *f*
Schlamperei [ʃlampə'raj] <-, -en> *f fam (Nachlässigkeit)* bâclage *m*
schlampig *adj fam (Arbeit)* bâclé(e); *(Äußeres)* débraillé(e)
schlang [ʃlaŋ] *Imp von* **schlingen**
Schlange ['ʃlaŋə] <-, -n> *f* ❶ ZOOL serpent *m* ❷ *(Warteschlange)* queue *f*
schlängeln ['ʃlɛŋəln] *vr* ❶ **sich durch etw** *(akk)* **~** *(Schlange)* ramper à travers qc ❷ **sich durch den Wald ~** *(Straße)* serpenter à travers la forêt
schlank [ʃlaŋk] *adj* mince
Schlankheitskur *f* cure *f* d'amaigrissement
schlapp [ʃlap] *adj fam* **~ sein** être flagada
schlapp|machen *vi fam* craquer
schlau [ʃlau̯] *adj* astucieux(-euse)
Schlauberger ['ʃlau̯bɛrgɐ] <-s, -> *m fam iron (Besserwisser)* Monsieur(Madame/Mademoiselle) *m(f)* Je-sais-tout
Schlauch [ʃlau̯x] <-[e]s, Schläuche> *m* ❶ tuyau *m* ❷ *(Reifenschlauch)* chambre *f* à air
Schlauchboot *nt* bateau *m* pneumatique

S

schlauchen ['ʃlaʊxən] *vt, vi fam* pomper

Schlaufe ['ʃlaʊfə] <-, -n> *f* ① *(Gürtelschlaufe)* passant *m*; *(an einer Jacke)* bride *f* ② *(Halteband)* dragonne *f*

Schlaumeier ['ʃlaʊmaɪɐ] *s.* **Schlauberger**

schlecht [ʃlɛçt] **I.** *adj* ① *(nicht gut)* mauvais(e); *(Material)* de mauvaise qualité ② *(Bezahlung)* médiocre ③ *(verdorben)* ~ **werden/sein** s'abîmer/être avarié ④ *(übel)* **jdm wird/ist** ~ qn se sent mal **II.** *adv* ① mal; ~ **gelaunt sein** être de mauvaise humeur ② *(negativ)* ~ **über jdn denken** penser du mal de qn

schlecht|machen *vt* dénigrer

schlecken ['ʃlɛkən] **I.** *vt* lécher **II.** *vi (naschen)* manger des sucreries

Schlegel <-s, -> *m* A, CH, SDEUTSCH *(Geflügel-, Hasenkeule)* cuisse *f*; *(Reh-, Wildschweinkeule)* cuissot *m*

schleichen ['ʃlaɪçən] *irr* **I.** *vi +sein* se déplacer furtivement **II.** *vr* **sich aus dem Haus** ~ sortir de la maison furtivement

Schleier ['ʃlaɪɐ] <-s, -> *m* voile *m*

schleierhaft *adj fam* **jdm** ~ **sein** être un mystère pour qn

Schleife ['ʃlaɪfə] <-, -n> *f* ① *(Knoten)* nœud *m* ② *(Kurve)* méandre *m*

schleifen[1] ['ʃlaɪfən] **I.** *vt +haben* traîner **II.** *vi +haben o sein* **an etw** *(dat)* ~ *(Fahrradkette)* frotter contre qc

schleifen[2] *vt irr (Messer)* aiguiser; *(Edelstein)* tailler

Schleifpapier *nt* papier *m* de verre

Schleim [ʃlaɪm] <-[e]s, -e> *m* ① MED mucus *m* ② *(einer Schnecke)* bave *f*

Schleimhaut *f* muqueuse *f*

schleimig ['ʃlaɪmɪç] *adj* ① MED muqueux(-euse) ② *(Schnecke)* baveux(-euse)

schlemmen ['ʃlɛmən] **I.** *vi* faire bombance **II.** *vt* déguster

schlendern ['ʃlɛndɐn] *vi +sein* **durch die Stadt** ~ flâner en ville

schlenkern ['ʃlɛŋkɐn] **I.** *vi (Arme)* ballotter; **mit den Armen** ~ balancer les bras **II.** *vt (Handtasche)* balancer

Schleppe ['ʃlɛpə] <-, -n> *f* traîne *f*

schleppen ['ʃlɛpən] **I.** *vt (schwer tragen)* traîner avec peine **II.** *vr (sich fortbewegen)* **sich zum Telefon** ~ se traîner jusqu'au téléphone

schleppend **I.** *adj (Gang, Sprechweise)* traînant(e); *(Bearbeitung)* lent(e) **II.** *adv (gehen)* d'un pas traînant; *(sprechen)* d'une voix traînante; *(in Gang kommen, vorangehen)* lentement

Schlepplift *m* remonte-pente *m*

Schlesien ['ʃleːziən] <-s> *nt* la Silésie

schlesisch *adj* silésien(ne)

Schleswig-Holstein ['ʃleːsvɪç'hɔlʃtaɪn] <-s> *nt* le Schleswig-Holstein

Schleuder ['ʃlɔɪdɐ] <-, -n> *f* ① *(Waffe)* fronde *f* ② *(Wäscheschleuder)* essoreuse *f*

schleudern **I.** *vt +haben* ① **etw** ~ *(Person)* lancer qc ② *(Wäsche)* essorer **II.** *vi +sein (Fahrzeug)* déraper

schleunigst *adv* dans les plus brefs délais

Schleuse ['ʃlɔɪzə] <-, -n> *f* NAUT écluse *f*

Schleusentor *nt* porte *f* d'écluse

schlich [ʃlɪç] *Imp von* **schleichen**

schlicht [ʃlɪçt] **I.** *adj (Person)* simple **II.** *adv* ① *(einrichten)* sobrement ② *(glattweg)* tout simplement

schlichten ['ʃlɪçtən] *vt* régler

Schlichter(in) ['ʃlɪçtɐ] <-s, -> *m(f)* conciliateur(-trice) *m(f)*

Schlichtheit <-> *f* sobriété *f*

Schlick [ʃlɪk] <-[e]s, -e> *m* vase *f*

schlief [ʃliːf] *Imp von* **schlafen**

schließen ['ʃliːsən] *irr* **I.** *vi* ① fermer ② *(Schlüssel)* tourner; **schlecht** ~ *(Fenster)* fermer mal ③ *(enden)* terminer ④ FIN *(Börse)* clôturer ⑤ *(schlussfolgern)* **auf etw** *(akk)* ~ conclure qc **II.** *vt (Fenster, Augen)* fermer; *(Konferenz)* clôturer; *(Abkommen)* conclure; *(Lücke)* combler **III.** *vr* **sich** ~ se fermer

Schließfach *nt (Gepäckschließfach)* consigne *f* automatique

schließlich *adv* ❶ finalement ❷ *(immerhin)* après tout
schliff [ʃlɪf] *Imp von* **schleifen²**
schlimm [ʃlɪm] I. *adj (Nachricht)* grave; *(Zeit)* difficile; **es ist ~, dass** c'est grave que *+subj;* **es gibt Schlimmeres** il y a pire II. *adv* mal
schlimmstenfalls *adv* dans le pire des cas
schlingen [ˈʃlɪŋən] *irr* I. *vt* ❶ **seine Arme um jdn ~** prendre qn dans ses bras ❷ *(Essen)* engloutir II. *vi (Person, Tier)* dévorer
Schlips [ʃlɪps] <-es, -e> *m* cravate *f*
Schlitten [ˈʃlɪtən] <-s, -> *m* luge *f;* **~ fahren** faire de la luge
schlittern [ˈʃlɪtɐn] *vi +sein* glisser
Schlittschuh *m* patin *m* à glace; **~ laufen** faire du patin à glace
Schlitz [ʃlɪts] <-es, -e> *m* ❶ *(Einsteckschlitz)* fente *f* ❷ *(Spalt)* interstice *m* ❸ *fam (Hosenschlitz)* braguette *f*
Schlitzohr *nt fam* roublard *m*
schloss [ʃlɔs] *Imp von* **schließen**
Schloss [ʃlɔs] <-es, Schlösser> *nt* ❶ *(Palast)* château *m* ❷ *(Türschloss)* serrure *f*
Schlosser(in) [ˈʃlɔsɐ] <-s, -> *m(f)* serrurier(-ière) *m(f)*
Schlosserei [ʃlɔsəˈraɪ] <-, -en> *f* serrurerie *f*
schlottern [ˈʃlɔtɐn] *vi* trembler
Schlucht [ʃlʊxt] <-, -en> *f* gorge *f*
schluchzen [ˈʃlʊxtsən] *vi* sangloter
Schluck [ʃlʊk] <-[e]s, -e> *m* gorgée *f*
Schluckauf <-s> *m* hoquet *m*
schlucken [ʃlʊkən] I. *vt* ❶ *(hinunterschlucken)* avaler ❷ *fam (Ausrede)* gober II. *vi* avaler
Schluckimpfung *f* vaccination *f* orale
schlug [ʃluːk] *Imp von* **schlagen**
schlummern *vi geh* sommeiller
Schlüpfer <-s, -> *m* [petite] culotte *f*
schlurfen [ˈʃlʊrfən] *vi +sein* marcher en traînant les pieds
schlürfen [ˈʃlʏrfən] *vt, vi* aspirer bruyamment
Schluss [ʃlʊs] <-es, Schlüsse> *m (Ende)* fin *f;* **zum ~** pour terminer; **~ damit!** ça suffit!
Schlüssel [ˈʃlʏsəl] <-s, -> *m* ❶ clé *f* ❷ *(Verteilungsschema)* barème *m*
Schlüsselbein *nt* clavicule *f* **Schlüsselblume** *f* BOT coucou *m,* primevère *f* **Schlüsselbund** <-bunde> *m o nt* trousseau *m* de clés **Schlüsselloch** *nt* trou *m* de serrure **Schlüsselwort** *nt* ❶ *(in einem Text)* mot-clé *m* ❷ *(verschlüsseltes Wort)* code *m*
Schlusslicht *nt (eines Fahrzeugs)* feu *m* arrière **Schlussverkauf** *m* soldes *mpl*
schmächtig [ˈʃmɛçtɪç] *adj* fluet(te)
schmackhaft [ˈʃmakhaft] *adj geh (Speise)* savoureux(-euse)
Schmähschrift *f* libelle *m*
schmal [ʃmaːl] <-er, -ste> *adj (Hüften, Straße)* étroit(e); *(Taille)* mince
Schmalfilm *m* film *m* super-huit
Schmalz [ʃmalts] <-es, -e> *nt* GASTR saindoux *m*
Schmarotzer [ʃmaˈrɔtsɐ] <-s, -> *m* ❶ *pej (Mensch)* pique-assiette *m* ❷ BIO parasite *m*
schmatzen [ˈʃmatsən] *vi (beim Essen)* faire du bruit en mâchant
schmecken [ˈʃmɛkən] I. *vi* ❶ *(munden)* **etw schmeckt** qc est bon(ne); **es schmeckt [ihr]** [elle trouve que] c'est bon ❷ *(Geschmack haben)* **frisch ~** avoir un goût frais II. *vt* goûter
schmeichelhaft *adj* flatteur(-euse)
schmeicheln [ˈʃmaɪçəln] *vi* **jdm ~** flatter qn
schmeißen [ˈʃmaɪsən] *irr vt fam* balancer; **jdn aus dem Haus ~** foutre qn dehors
schmelzen [ˈʃmɛːltsən] *irr* I. *vi +sein* fondre II. *vt +haben (Metall)* fondre; *(Eis)* faire fondre
Schmelzkäse *m* fromage *m* fondu **Schmelzpunkt** *m* point *m* de fusion
Schmerz [ʃmɛrts] <-es, -en> *m* MED, PSYCH douleur *f*
schmerzempfindlich *adj (Person)* douillet(te); *(Narbe, Zahn)* sensible
schmerzen I. *vi* faire mal; **mir schmer-**

zen die Füße j'ai mal aux pieds **II.** *vt* affecter

schmerzhaft *adj* douloureux(-euse)

schmerzlich **I.** *adj* douloureux(-euse) **II.** *adv (vermissen)* amèrement

schmerzlos *adj* indolore

Schmerzmittel *nt* analgésique *m* **schmerzstillend** *adj* analgésique **Schmerztablette** *f* comprimé *m* contre la douleur

Schmetterling ['ʃmɛtɐlɪŋ] <-s, -e> *m* papillon *m*

schmettern ['ʃmɛtɐn] **I.** *vt* *+haben* ❶ *(schleudern)* **etw an die Wand ~** envoyer qc contre le mur ❷ SPORT *(Ball)* smasher ❸ *(ertönen lassen: Lied)* entonner **II.** *vi* ❶ *+sein (aufprallen)* **gegen etw ~** s'écraser contre qc ❷ *+haben* SPORT smasher

Schmied(in) [ʃmi:t] <-[e]s, -e> *m(f)* forgeron *m*

schmiedeeisern *adj* en fer forgé

schmieden ['ʃmi:dən] *vt* forger

Schmiere ['ʃmi:rə] <-, -n> *f* cambouis *m*

schmieren ['ʃmi:rən] **I.** *vt* ❶ *(Brot)* tartiner ❷ *(Scharnier)* graisser ❸ *pej fam (bestechen)* graisser la patte à ▶ **jdm eine ~** *fam* en coller une à qn **II.** *vi fam (Kugelschreiber)* baver

Schmierfett *nt* graisse *f* **Schmiergeld** *nt fam* bakchich *m*

schmierig ['ʃmi:rɪç] *adj* ❶ *(Haar, Hände)* poisseux(-euse); *(Kleidung, Oberfläche)* couvert(e) de [taches de] graisse ❷ *pej (abstoßend)* **dieser ~e Kerl** ce faux jeton

S

Schmiermittel *nt* lubrifiant *m* **Schmieröl** *nt* huile *f* lubrifiante **Schmierzettel** *m* bout *m* de papier

schmilzt [ʃmɪltst] *3. Pers Präs von* **schmelzen**

Schminke ['ʃmɪŋkə] <-, -n> *f* maquillage *m*

schminken *vt, vr* **[sich] ~** [se] maquiller

schmirgeln ['ʃmɪrgəln] *vt, vi* poncer

schmiss [ʃmɪs] *Imp von* **schmeißen**

schmollen ['ʃmɔlən] *vi* bouder

Schmollmund *m* moue *f*

schmolz [ʃmɔlts] *Imp von* **schmelzen**

Schmuck <-[e]s> *m* ❶ bijoux *mpl* ❷ *(Verzierung)* décoration *f*

schmücken ['ʃmʏkən] *vt (Raum)* décorer

Schmuckkästchen *nt* coffret *m* à bijoux **Schmuckstück** *nt* bijou *m*

Schmuggel ['ʃmʊgəl] <-s> *m* contrebande *f*

schmuggeln **I.** *vt (Waren)* faire de la contrebande de; *(Drogen, Waffen)* faire du trafic de **II.** *vi* faire de la contrebande

Schmuggelware *f* [marchandise *f* de] contrebande *f*

schmunzeln ['ʃmʊntsəln] *vi* sourire

schmusen ['ʃmu:zən] *vi fam* **mit jdm ~** faire des mamours à qn

Schmutz [ʃmʊts] <-es> *m* saleté *f*

Schmutzfink *m fam* petit cochon *m*

schmutzig *adj a. pej* sale; **sich ~ machen** se salir

Schnabel ['ʃna:bəl] <-s, Schnäbel> *m* bec *m*

Schnake ['ʃna:kə] <-, -n> *f* cousin *m*

Schnalle ['ʃnalə] <-, -n> *f* boucle *f*

schnallen *vt* **etw enger ~** serrer qc

schnalzen ['ʃnaltsən] *vi* **mit den Fingern ~** faire claquer ses doigts

Schnäppchen ['ʃnɛpçən] <-s, -> *nt fam* [bonne] affaire *f*

schnappen ['ʃnapən] **I.** *vi* ❶ *+haben* **nach etw ~** essayer d'attraper qc; **nach jdm ~** *(Hund)* chercher à mordre qn ❷ *+sein* **ins Schloss ~** s'enclencher dans la serrure **II.** *vt +haben fam (ergreifen)* **sich** *(dat)* **jdn ~** harponner qn; **sich** *(dat)* **etw ~** se choper qc

Schnaps [ʃnaps] <-es, Schnäpse> *m* eau-de-vie *f*

schnarchen ['ʃnarçən] *vi* ronfler

schnattern ['ʃnatɐn] *vi* ❶ *(Ente)* cancaner; *(Gans)* criailler ❷ *fam (schwatzen)* jacasser

schnaufen ['ʃnaufən] *vi* ❶ *+haben (angestrengt atmen)* haleter ❷ *+haben* SDEUTSCH *(atmen)* respirer

Schnauzbart *m* moustache *f*
Schnauze ['ʃnaʊ̯tsə] <-, -n> *f* gueule *f* ▸ **die ~ voll haben** *fam* en avoir ras le bol
schnäuzen ['ʃnɔɪ̯tsən] *vr* **sich die Nase ~** se moucher le nez
Schnecke ['ʃnɛkə] <-, -n> *f* escargot *m*
Schneckentempo *nt fam* **im ~** comme un escargot/des escargots
Schnee [ʃneː] <-s> *m* neige *f*
Schneeball *m a.* BOT boule *f* de neige **Schneebesen** *m* fouet *m* **Schneeflocke** *f* flocon *m* de neige **Schneeglöckchen** ['ʃneːglœkçən] <-s, -> *nt* perce-neige *m o f* **Schneegrenze** *f* limite *f* de la neige **Schneekette** *f meist Pl* chaîne *f* à neige **Schneemann** <-männer> *m* bonhomme *m* de neige **Schneematsch** *m* neige *f* fondante **Schneepflug** *m* chasse-neige *m* **Schneeregen** *m* neige *f* fondue **Schneeschaufel** *f* pelle *f* à neige
Schneewittchen [ʃneː'vɪtçən] <-s> *nt* Blanche-Neige *f*
Schneide ['ʃnaɪ̯də] <-, -n> *f* tranchant *m*
schneiden ['ʃnaɪ̯dən] *irr* **I.** *vt* ❶ *(mit dem Messer)* couper; *(mit der Schere)* découper; **klein ~** *(Zwiebel)* hacher finement ❷ *(Fingernägel, Haare)* couper; *(Bart)* tailler ❸ *(Film)* monter **II.** *vr* ❶ **sich** *(akk o dat)* **in den Finger ~** se couper au doigt ❷ *(sich kreuzen)* **sich ~** *(Straßen)* se couper
Schneider ['ʃnaɪ̯dɐ] <-s, -> *m* tailleur *m*
Schneiderei [ʃnaɪ̯də'raɪ̯] <-, -en> *f* atelier *m* de couture
Schneiderin <-, -nen> *f* couturière *f*
Schneidezahn *m* incisive *f*
schneien ['ʃnaɪ̯ən] *vi unpers* neiger; **es schneit** il neige
schnell [ʃnɛl] **I.** *adj* rapide **II.** *adv (gehen)* vite; *(arbeiten)* rapidement
Schnellhefter *m* chemise *f* **Schnellimbiss** *m* snack *m* **Schnellkochtopf** *m* cocotte-minute® *f*
schnellstens *adv* au plus vite
Schnellstraße *f* voie *f* rapide **Schnelltest** *m* MED *(Antigen-Nachweistest)* test *m* rapide
schniefen ['ʃniːfən] *vi* renifler
Schnipsel ['ʃnɪpsəl] <-s, -> *m o nt* petit morceau *m*
schnitt [ʃnɪt] *Imp von* **schneiden**
Schnitt [ʃnɪt] <-[e]s, -e> *m* ❶ *a.* MED *(Einschnitt)* incision *f* ❷ *(Schnittwunde)* coupure *f* ❸ CINE montage *m* ❹ *(von Kleidung)* coupe *f*
Schnittblumen *Pl* fleurs *fpl* coupées
Schnitte <-, -n> *f* tranche *f; (belegt)* tartine *f*
Schnittkäse *m fromage vendu en tranches* **Schnittlauch** *m kein Pl* ciboulette *f* **Schnittpunkt** *m (von Linien)* point *m* d'intersection; *(von Straßen)* intersection *f* **Schnittstelle** *f* INFORM interface *f* **Schnittwunde** *f* coupure *f*
Schnitzel ['ʃnɪtsəl] <-s, -> *nt* GASTR escalope *f*
Schnitzeljagd *f* jeu *m* de piste
schnitzen ['ʃnɪtsən] *vt, vi* sculpter
Schnorchel ['ʃnɔrçəl] <-s, -> *m* tuba *m*
schnüffeln ['ʃnʏfəln] *vi* **an jdm/etw ~** flairer qn/qc
Schnuller ['ʃnʊlɐ] <-s, -> *m* sucette *f*
Schnulze ['ʃnʊltsə] <-, -n> *f pej fam (Lied)* chanson *f* sentimentale
Schnupfen <-s, -> *m* rhume *m*
schnuppern ['ʃnʊpɐn] *vi* **an etw ~** renifler qc
Schnur [ʃnuːɐ̯] <-, Schnüre> *f* ficelle *f; (einer Angel)* fil *m*
schnüren ['ʃnyːrən] *vt (Paket)* ficeler; **sich** *(dat)* **die Schuhe ~** lacer ses chaussures
schnurgerade ['ʃnuːɐ̯gə'raːdə] **I.** *adj* rectiligne **II.** *adv* en ligne droite
schnurlos *adj* sans fil
Schnurrbart *m* moustache *f*
schnurren ['ʃnʊrən] *vi* ronronner
Schnürsenkel ['ʃnyːɐ̯zɛŋkəl] *m* lacet *m*
schob [ʃoːp] *Imp von* **schieben**
Schock [ʃɔk] <-[e]s, -s> *m* choc *m*
schocken *vt fam* choquer
schockieren* [ʃɔ'kiːrən] *vt* choquer

S

Schokolade [ʃoko'la:də] <-, -n> *f* chocolat *m*

scholl *Imp von* **schallen**

Scholle ['ʃɔlə] <-, -n> *f* ❶ *(Fisch)* carrelet *m* ❷ *(Erdscholle)* motte *f* ❸ *(Eisscholle)* bloc *m* de glace

schon [ʃo:n] *adv* ❶ *(bereits)* déjà; **~ jetzt** dès maintenant; **~ immer** depuis toujours; **~ wieder?** encore? ❷ *(irgendwann)* **er wird es ~ noch lernen** il apprendra bien ça un jour ❸ *(allein)* **~ deshalb** rien que pour cela ❹ *(durchaus)* plutôt ❺ *(irgendwie)* **es wird ~ klappen** ça va bien marcher ❻ *fam (endlich)* **sag ~!** allez, dis!

schön [ʃø:n] **I.** *adj* ❶ beau(belle); **etwas Schönes** quelque chose de beau ❷ *(Abend, Urlaub)* bon(ne); **bei ihnen ist es ~** c'est bien chez eux ❸ *fam (gut)* **na ~!** c'est bon **II.** *adv (angenehm)* bien

Schonbezug *m* housse *f* de protection

schonen ['ʃo:nən] *vt* ménager

schonend **I.** *adj (Behandlung, Umgang)* soigneux(-euse); *(Waschmittel)* doux(douce); *(Art, Weise)* plein(e) d'égards **II.** *adv (pfleglich)* avec précaution; *(rücksichtsvoll)* avec ménagements

schön|färben *vt (Fakten)* arranger

Schönheit <-, -en> *f* beauté *f*

Schönheitsfarm *f* centre *m* de remise en beauté **Schönheitsfehler** *m (eines Menschen)* imperfection *f* [esthétique]; *(eines Produkts, einer Vereinbarung)* petit défaut *m* **Schönheitsoperation** *f* opération *f* de chirurgie esthétique

Schonkost *f* nourriture *f* diététique

schön|machen *vr fam* **sich ~** se faire beau(belle)

Schonung <-, -en> *f* ❶ *kein Pl (pflegliche Behandlung: der Kleidung, Möbel)* soin *m* ❷ *kein Pl (Entlastung, Schutz)* ménagement *m* ❸ *(Pflanzung)* plantation *f* protégée

schöpfen ['ʃœpfən] *vt* ❶ *(Suppe)* prendre ❷ *(Mut)* reprendre

Schöpfer(in) <-s, -> *m(f)* créateur(-trice) *m(f)*; **der ~** *(Gott)* le Créateur

Schöpfkelle *f* louche *f*

Schöpfung <-, -en> *f* ❶ *geh (das Geschaffene)* création *f* ❷ *kein Pl* REL *(Welt)* Création *f*

Schöpfungsgeschichte *f kein Pl* Genèse *f*

schor [ʃo:ɐ̯] *Imp von* **scheren**[1]

Schorf [ʃɔrf] <-[e]s, -e> *m* croûte *f*

Schorle <-, -n> *f* SDEUTSCH *(Weinschorle) mélange de vin et d'eau minérale gazeuse*

Schornstein ['ʃɔrnʃtain] *m* cheminée *f*

Schornsteinfeger(in) <-s, -> *m(f)* ramoneur(-euse) *m(f)*

schoss [ʃɔs] *Imp von* **schießen**

Schoß [ʃo:s] <-es, Schöße> *m* **auf dem/den ~** sur les genoux

Schoßhund *m* bichon *m*

Schotte, **Schottin** ['ʃɔtə] <-n, -n> *m, f* Écossais(e) *m(f)*

Schottenrock *m* jupe *f* écossaise

Schotter ['ʃɔtɐ] <-s, -> *m* gravier *m*

schottisch *adj* écossais(e)

Schottland ['ʃɔtlant] *nt* l'Écosse *f*

schräg [ʃrɛ:k] **I.** *adj (Wand)* incliné(e); *(Linie)* oblique; *(Stellung)* penché(e) **II.** *adv (halten)* de travers; *(verlaufen)* en biais

Schräge <-, -n> *f* ❶ *(schräge Fläche)* plan *m* incliné ❷ *(einer Wand)* inclinaison *f*; *(eines Dachs)* pente *f*

Schrägstrich *m* barre *f* oblique

Schramme ['ʃramə] <-, -n> *f (Verletzung, Beschädigung)* éraflure *f*

schrammen **I.** *vi +sein* faire des rayures **II.** *vr +haben* **sich** *(dat)* **das Knie ~** s'érafler le genou

Schrank [ʃraŋk] <-[e]s, Schränke> *m (Wandschrank)* placard *m*; *(Kleiderschrank)* armoire *f*

Schranke ['ʃraŋkə] <-, -n> *f* barrière *f*

schrankenlos *adj (Vertrauen, Freiheit)* sans bornes

Schrankwand *f* bibliothèque *f (composée d'éléments modulables)*

Schraube ['ʃraubə] <-, -n> *f* TECH vis *f* ❷ NAUT hélice *f*
schrauben *vt* **etw an/auf etw** *(akk)* ~ visser qc à/sur qc
Schraubenschlüssel *m* clé *f* **Schraubenzieher** <-s, -> *m* tournevis *m*
Schrebergarten ['ʃreːbɐgartən] *m* jardin *m* ouvrier
Schreck [ʃrɛk] <-s> *m* peur *f*
Schrecken <-s, -> *m* peur *f*
Schreckgespenst *nt* spectre *m*
schreckhaft *adj* peureux(-euse)
schrecklich **I.** *adj* ❶ terrible ❷ *pej fam (Mensch)* affreux(-euse) **II.** *adv* ❶ *(furchtbar)* horriblement ❷ *fam (heiß, einsam)* affreusement; *(gern haben)* terriblement
Schrei [ʃrai] <-[e]s, -e> *m* cri *m*
Schreibblock <-blöcke> *m* bloc-notes *m*
schreiben ['ʃraibən] *irr* **I.** *vt (Text)* écrire; *(Klassenarbeit)* faire **II.** *vi* écrire **III.** *vr (korrespondieren)* **sich** *(dat)* ~ s'écrire
Schreiben <-s, -> *nt* lettre *f*
Schreibfeder *f* plume *f* **Schreibfehler** *m* faute *f* d'orthographe **Schreibheft** *nt* cahier *m* **Schreibmaschine** *f* machine *f* à écrire **Schreibschrift** *f* a. TYP écriture *f* cursive **Schreibschutz** *m* INFORM protection *f* d'écriture
Schreibtisch *m* bureau *m*

Auf dem Schreibtisch

das Schreibpapier	le papier
die Schreibtischlampe	la lampe de bureau
die Schere	les ciseaux
der Bleistift	le crayon
der Radiergummi	la gomme
der Bleistiftspitzer	le taille-crayon
der Zirkel	le compas
das Lineal	la règle
der Tesafilm®	le scotch®
der Füller	le stylo
der Kugelschreiber	le stylo à bille
der Hefter	l'agrafeuse
das Zeichendreieck	l'équerre
der Locher	la perforeuse
der Buntstift	le crayon de couleur
der Textmarker	le surligneur
das Federmäppchen	la trousse
der Bildschirm	l'écran
die Tastatur	le clavier
der Laptop	le portable

Schreibung <-, -en> *f* orthographe *f*
Schreibwaren *Pl* [articles *mpl* de] papeterie *f*
Schreibwarenhandlung *f* papeterie *f*
Schreibweise *f* orthographe *f*
schreien ['ʃraiən] *irr* **I.** *vi (Mensch)* crier; *(Baby)* pleurer **II.** *vt* crier
schreiend *adj (Farbe)* criard(e); *(Unrecht)* criant(e)
Schrein [ʃrain] <-[e]s, -e> *m geh (Reliquienschrein)* reliquaire *m*
Schreiner(in) ['ʃrainɐ] <-s -> *m(f)* SDEUTSCH menuisier(-ière) *m(f)*
schreiten ['ʃraitən] <schritt, geschritten> *vi +sein geh* ❶ s'avancer ❷ *fig* **zur Tat** ~ passer à l'acte
schrie [ʃriː] *Imp von* **schreien**
schrieb [ʃriːp] *Imp von* **schreiben**
Schrift [ʃrɪft] <-, -en> *f* ❶ *(Handschrift)* écriture *f* ❷ TYP caractères *mpl* ❸ *(Abhandlung)* écrit *m*
Schriftart *f* TYP police *f* de caractères **Schriftdeutsch** *nt* allemand *m* écrit
schriftlich **I.** *adj* écrit(e) **II.** *adv* par écrit
Schriftsprache *f* langue *f* écrite
Schriftsteller(in) <-s, -> *m(f)* écrivain *m*
schrill [ʃrɪl] *adj (Ton)* strident(e)
schritt [ʃrɪt] *Imp von* **schreiten**
Schritt [ʃrɪt] <-[e]s, -e> *m* ❶ pas *m* ❷ *kein Pl (Tempo)* pas *m* ❸ *(Maßnahme)* mesure *f* ❹ COUT entrejambe *m*
Schrittgeschwindigkeit *f* vitesse *f* réduite **Schrittmacher** *m* MED stimulateur *m* cardiaque
schrittweise *adv* progressivement
Schroffheit <-, -en> *f* ❶ *kein Pl (schroffe Art)* sécheresse *f* ❷ *(Äußerung)* parole *f* acerbe

S

Schrotflinte *f* carabine *f* à plombs
Schrott [ʃrɔt] <-[e]s> *m* ① ferraille *f* ② *(wertloses Zeug)* camelote *f*
Schrotthändler(in) *m(f)* ferrailleur(-euse) *m(f)* **Schrottplatz** *m (Autoschrottplatz)* casse *f*
schrubben [ˈʃrʊbən] *vt fam (Boden)* frotter
schrumpfen [ˈʃrʊmpfən] *vi +sein (Muskeln)* fondre; *(Frucht)* se ratatiner; *(Vorräte)* se réduire
Schub [ʃuːp] <-[e]s, Schübe> *m* PHYS poussée *f;* MED crise *f*
Schubkarre *f* brouette *f* **Schubkarren** *m* brouette *f* **Schublade** <-, -n> *f* tiroir *m*
Schubs [ʃʊps] <-es, -e> *m fam* bourrade *f*
schubsen [ˈʃʊpsən] *vt fam* bousculer
schüchtern [ˈʃʏçtɐn] *adj* timide
Schüchternheit <-> *f* timidité *f*
schuf [ʃuːf] *Imp von* **schaffen**[2]
Schuft [ʃʊft] <-[e]s, -e> *m pej* crapule *f*
schuften [ˈʃʊftən] *vi fam* trimer
Schuh [ʃuː] <-[e]s, -e> *m* chaussure *f*
Schuhbändel CH, SDEUTSCH *s.* **Schnürsenkel** **Schuhcreme** *f* cirage *m* **Schuhgeschäft** *nt* magasin *m* de chaussures **Schuhgröße** *f* pointure *f;* **ich habe ~ 40** je fais du 40 **Schuhlöffel** *m* chausse-pied *m* **Schuhmacher(in)** *m(f)* cordonnier(-ière) *m(f)* **Schuhsohle** *f* semelle *f*
Schulabgänger(in) *m(f)* jeune *mf* ayant terminé sa scolarité **Schulanfang** *m (Schulbeginn nach den Ferien)* rentrée *f* scolaire **Schularbeit** *f* ① *(meist Pl) (Hausaufgaben)* devoirs *mpl* [à la maison] ② A *(Klassenarbeit)* contrôle *m* **Schularbeiten** *Pl* devoirs *mpl* à la maison **Schulbuch** *nt* livre *m* scolaire **Schulbus** *m* car *m* de ramassage [scolaire]
schuld [ʃʊlt] ▸ **an etw** *(dat)* **~ sein** *(Person)* être responsable de qc; *(Sache)* être à l'origine de qc
Schuld [ʃʊlt] <-, -en> *f* ① *kein Pl (Verschulden)* culpabilité *f* ② *(Verantwortung)* **an etw** *(dat)* **~ haben** être responsable de qc; **jdm ~ geben** donner la faute à qn ③ *a.* FIN *(Verpflichtung)* dette *f*
schuldbewusst *adj* coupable
schulden [ˈʃʊldən] *vt* **jdm Geld ~** devoir de l'argent à qn
schuldenfrei *adj* sans dettes
Schuldgefühl *nt* sentiment *m* de culpabilité
schuldig *adj* ① responsable ② JUR coupable ③ *(verpflichtet)* **jdm Geld ~ sein** devoir de l'argent à qn
Schuldige(r) *f(m)* coupable *mf*
Schuldirektor(in) *m(f)* directeur(-trice) *m(f)* de l'école
schuldlos I. *adj* non responsable **II.** *adv (unverschuldet)* sans y être pour rien
Schule [ˈʃuːlə] <-, -n> *f* ① école *f;* **zur ~ gehen** aller à l'école/au collège/au lycée ② *kein Pl (Unterricht)* **die ~ ist aus** l'école *f* est finie; **am Samstag ist ~** il y a classe le samedi

Schule

der Schüler/ die Schülerin	l'élève
der Lehrer/ die Lehrerin	le/la professeur
der Direktor/ die Direktorin	le directeur/ la directrice
der Stundenplan	l'emploi du temps
der Unterricht	le cours
die Pause	la récréation
der Schulhof	la cour
das Schulgebäude	le bâtiment scolaire
die Kantine	la demi-pension
das Klassenzimmer	la salle de cours
die Tafel	le tableau
die Lektion	la leçon
die Übung	l'exercice
das Schulheft	le cahier
der Aufsatz	la dissertation
die Hausaufgabe	les devoirs
den Stoff wiederholen	réviser

die Klassenarbeit	l'interrogation écrite
die mündliche Prüfung	l'examen oral
das Zeugnis	le bulletin
die Note	la note

schulen *vt (Person)* former; *(Gedächtnis)* exercer
Schüler(in) ['ʃyːlɐ] <-s, -> *m(f)* élève *mf*
Schüleraustausch *m* échange *m* scolaire **Schülerzeitung** *f* journal *m* scolaire
Schulfach *nt* matière *f* **Schulferien** *Pl* vacances *fpl* scolaires **schulfrei** *adj* sans école; ~ **haben** ne pas avoir classe **Schulfreund(in)** *m(f)* camarade *mf* d'école/de collège/de lycée **Schulgeld** *nt* frais *mpl* de scolarité **Schulheft** *nt* cahier *m* **Schulhof** *m* cour *f* [de l'école]
schulisch *adj* scolaire
Schuljahr *nt* année *f* scolaire **Schulkamerad(in)** *m(f) s.* **Schulfreund** **Schulklasse** *f* classe *f* **Schulleiter(in)** *m(f)* chef *mf* d'établissement **Schulpflicht** *f kein Pl* obligation *f* scolaire
schulpflichtig *adj* d'âge scolaire
Schulranzen *m* cartable *m* [à bretelles] **Schulschluss** *m kein Pl* fin *f* des cours **Schulschwänzer(in)** *m(f) fam* décrocheur(-euse) *m(f)* **Schulsprecher(in)** *m(f)* délégué(e) *m(f)* des élèves
Schulter ['ʃʊltɐ] <-, -n> *f* épaule *f*
Schulterblatt *nt* omoplate *f* **schulterlang** *adj* arrivant aux épaules
Schulung <-, -en> *f* formation *f*
Schulunterricht *m* cours *mpl* **Schulverweis** *m* exclusion *f* du lycée **Schulweg** *m* chemin *m* de l'école **Schulzeit** *f* scolarité *f* **Schulzeugnis** *nt* bulletin *m* scolaire
schummeln ['ʃʊməln] *vi fam* tricher
Schuppe ['ʃʊpə] <-, -n> *f* ❶ ZOOL écaille *f* ❷ *Pl (Kopfschuppe)* pellicules *fpl*
Schuppen ['ʃʊpən] <-s, -> *m* hangar *m*; *(klein)* appentis *m*
schüren ['ʃyːrən] *vt* attiser
schürfen ['ʃʏrfən] **I.** *vi* prospecter; **nach Gold** ~ prospecter pour trouver de l'or ▶ **tief ~d** *(Gedanken)* profond **II.** *vt* **sich** *(dat)* **das Knie/die Haut** ~ s'érafler le genou/la peau **III.** *vr* **sich** ~ se faire une écorchure
Schürfwunde *f* écorchure *f*
Schurke ['ʃʊrkə] <-n, -n> *m* crapule *f*
Schürze ['ʃʏrtsə] <-, -n> *f* tablier *m*
Schürzenjäger *m pej fam* coureur *m* de jupons
Schuss [ʃʊs] <-es, Schüsse> *m* ❶ coup *m* de feu ❷ *(Munition)* balle *f* ❸ *(Spritzer)* **ein ~ Essig** un filet de vinaigre ❹ SPORT tir *m*
Schüssel ['ʃʏsəl] <-, -n> *f* ❶ plat *m* creux; *(Salatschüssel)* saladier *m* ❷ *(Waschschüssel)* cuvette *f*
Schusslinie *f* ligne *f* de tir **Schusswaffe** *f* arme *f* à feu
Schuster(in) ['ʃuːstɐ] <-s, -> *m(f)* cordonnier(-ière) *m(f)*
Schuttabladeplatz *m* décharge *f (pour déblais)*
schütteln ['ʃʏtəln] **I.** *vt, vi* [**jdn/etw**] ~ secouer [qn/qc] **II.** *vr* **sich** ~ s'ébrouer
schütten ['ʃʏtən] *vt (Wasser, Mehl)* verser
Schutz [ʃʊts] <-es> *m* ❶ ~ **vor/gegen etw** protection *f* contre qc ❷ *(Sicherheit)* ~ **vor etw suchen** chercher à se mettre à l'abri de qc
Schutzanzug *m* combinaison *f* protectrice
Schütze, Schützin ['ʃʏtsə] <-n, -n> *m, f* ❶ SPORT, JAGD tireur(-euse) *m(f)* ❷ ASTRO Sagittaire *m*
schützen ['ʃʏtsən] **I.** *vt* **etw vor Nässe** ~ protéger qc contre l'humidité **II.** *vi* **gegen die Kälte** ~ protéger contre le froid **III.** *vr* **sich vor etw** *(dat)* ~ se protéger contre qc
schützend *adj* protecteur(-trice)
Schutzengel *m* ange *m* gardien **Schutzgebühr** *f* taxe *f* autorisée **Schutzhelm** *m* casque *m* de sécurité

S

Schutzimpfung *f* vaccination *f* préventive
schutzlos *adj, adv* sans défense
Schutzmarke *f* marque *f* déposée **Schutzmaske** *f* masque *m* de protection **Schutzmaßnahme** *f* mesure *f* protectrice; *(vorbeugende Maßnahme)* mesure préventive **Schutzumschlag** *m* jaquette *f* **Schutzvorrichtung** *f* dispositif *m* de protection
Schwabe, **Schwäbin** [ˈʃvaːbə] <-n, -n> *m, f* Souabe *mf*
Schwaben [ˈʃvaːbən] <-s> *nt* la Souabe
schwäbisch *adj* souabe
schwach [ʃvax] <schwächer, schwächste> **I.** *adj (Person, Argument)* faible; *(Herz)* fragile **II.** *adv (duften)* légèrement; *(besucht)* peu
Schwäche [ˈʃvɛçə] <-> *f kein Pl* ❶ *(geringe Kraft)* faiblesse *f* ❷ *(Vorliebe)* **eine ~ für jdn/etw haben** avoir un faible pour qn/qc
Schwächeanfall *m* malaise *m*
schwächen *vt, vi* affaiblir
schwächlich [ˈʃvɛçlɪç] *adj (Person)* chétif(-ive)
Schwachsinn *m kein Pl* MED débilité *f* mentale **schwachsinnig** *adj* ❶ MED débile [mental(e)] ❷ *fam (unsinnig)* débile
Schwachstelle *f* point *m* faible
Schwaden [ˈʃvaːdən] <-s, -> *m meist Pl (Rauchschwaden)* nuage *m; (Nebelschwaden)* nappe *f*
Schwager, **Schwägerin** [ˈʃvaːgɐ] <-s, Schwäger> *m, f* beau-frère *m*/belle-sœur *f*
Schwalbe [ˈʃvalbə] <-, -n> *f* hirondelle *f*
Schwall [ʃval] <-[e]s, -e> *m* flot *m*
schwamm [ʃvam] *Imp von* **schwimmen**
Schwamm [ʃvam] <-[e]s, Schwämme> *m* ❶ *a.* ZOOL éponge *f* ❷ A, CH *(Pilz)* champignon *m* [comestible]
schwammig [ˈʃvamɪç] **I.** *adj* ❶ *(aufgedunsen)* bouffi(e) ❷ *(vage)* évasif(-ive) **II.** *adv (vage)* de manière évasive
Schwan [ʃvaːn] <-[e]s, Schwäne> *m* cygne *m*
schwang [ʃvaŋ] *Imp von* **schwingen**
schwanger [ˈʃvaŋɐ] *adj* enceinte
Schwangere *f* femme *f* enceinte
Schwangerschaft <-, -en> *f* grossesse *f*
Schwangerschaftsabbruch *m* interruption *f* [volontaire] de grossesse **Schwangerschaftstest** *m* test *m* de grossesse
schwanken [ˈʃvaŋkən] *vi* ❶ *+haben (Gerüst)* osciller; *(Preis)* fluctuer ❷ *+sein (Mensch)* tituber
Schwankung <-, -en> *f* variation *f*
Schwanz [ʃvants] <-es, Schwänze> *m* queue *f*
schwänzen [ˈʃvɛntsən] *vt, vi fam* sécher
Schwarm [ʃvarm] <-[e]s, Schwärme> *m* ❶ **ein ~ Bienen/Heuschrecken/Fische** un essaim d'abeilles/une nuée de sauterelles/un banc de poissons ❷ *kein Pl fam (verehrter Mensch)* idole *f*
schwärmen [ˈʃvɛrmən] *vi +haben (begeistert reden)* **von etw ~** parler avec enthousiasme de qc
Schwärmerei [ʃvɛrməˈrai] <-, -en> *f* engouement *m*
schwarz [ʃvarts] <schwärzer, schwärzeste> **I.** *adj* ❶ noir(e); **für jdn/etw ~ sehen** voir qn mal parti/être pessimiste sur qc ❷ *fam (Liste)* noir(e); *(Benutzung)* illégal(e); *(Erwerb)* au noir **II.** *adv* ❶ *(gekleidet)* en noir ❷ *fam (illegal)* au noir
Schwarz [ʃvarts] <-[es]> *nt* noir *m;* **in ~** en noir
Schwarzarbeit *f kein Pl* travail *m* au noir **Schwarzarbeiter(in)** *m(f)* travailleur(-euse) *m(f)* au noir **Schwarzbrot** *nt* pain *m* noir
Schwarze(r) *f(m)* noir(e) *m(f)*
schwärzen *vt* noircir
schwarz|fahren *vi irr +sein* voyager sans billet **schwarzhaarig** *adj* aux cheveux noirs **Schwarzhandel** *m*, **Schwarzmarkt** *nt* marché *m* noir

schwarz|sehen *vi irr +sein* **für jdn ~** voir qn mal parti(e); **für etw ~** être pessimiste sur qc **Schwarzseher(in)** *m(f)* défaitiste *mf* **Schwarzwald** *m* **der ~** la Forêt-Noire **schwarzweiß** ['ʃvarts'vais], **schwarz-weiß** *adj* ❶ *(Zeichnung)* noir et blanc ❷ CINE, PHOT [en] noir et blanc

schwatzen *vi* bavarder

Schwätzer(in) <-s, -> *m(f) pej* bavard(e) *m(f)*

Schwebe ['ʃve:bə] **in der ~ sein** *(Entscheidung, Prozess)* être en suspens

schweben *vi +haben (Mensch)* planer; *(Verfahren)* être en suspens

Schwebezustand *m* état *m* d'incertitude

Schwede, Schwedin ['ʃve:də] <-n, -n> *m, f* Suédois(e) *m(f)*

Schweden ['ʃve:dən] <-s> *nt* la Suède

schwedisch I. *adj* suédois(e) II. *adv* **~ miteinander sprechen** parler en suédois

Schwedisch <-[s]> *nt kein art* suédois *m; s.a.* **Deutsch**

Schwefel ['ʃve:fəl] <-s> *m* soufre *m*

schweifen ['ʃvaifən] *vi +sein geh (Gedanken, Blick)* vagabonder

Schweigegeld *nt* prix *m* du silence **Schweigeminute** *f* minute *f* de silence

schweigen ['ʃvaigən] *vi irr (Person)* garder le silence

Schweigen <-s> *nt* silence *m; (absichtliches Nichtreden)* mutisme *m* ▶ **jdn zum ~ bringen** faire taire qn

schweigend I. *adj* silencieux(-euse) II. *adv* sans dire un mot

Schweigepflicht *f* devoir *m* de réserve; *(eines Anwalts)* secret *m* professionnel; **ärztliche ~** secret médical

schweigsam *adj (Person)* taciturne

Schwein [ʃvain] <-s, -e> *nt* ❶ cochon *m* ❷ *fam (Schweinefleisch)* porc *m* ❸ *fam (Mensch)* salaud *m*

Schweinebraten *m* rôti *m* de porc **Schweinefleisch** *nt* porc *m*, viande *f* de porc **Schweinegrippe** *f* MED grippe *f* porcine

Schweinerei [ʃvainə'rai] <-, -en> *f fam* ❶ *(Unordnung)* cochonnerie *f* ❷ *(Gemeinheit)* vacherie *f*

Schweineschmalz *nt* saindoux *m* **Schweinestall** *m fam* porcherie *f*

Schweiß [ʃvais] <-es> *m kein Pl* sueur *f*

schweißen ['ʃvaisən] *vt, vi* souder

schweißgebadet ['ʃvaisgə'ba:dət] *adj* en nage **Schweißtropfen** *m* goutte *f* de sueur

Schweiz [ʃvaits] <-> *f* **die ~** la Suisse; **die deutschsprachige/französische/italienische ~** la Suisse alémanique/romande/italienne

Schweizer *adj* suisse; *(Hauptstadt)* de la Suisse

Schweizer(in) <-s, -> *m(f)* Suisse(-esse) *m(f)*

schweizerdeutsch I. *adj* suisse-allemand(e) II. *adv* **~ miteinander sprechen** discuter en suisse-allemand

Schweizerdeutsch *nt kein art* suisse-allemand *m; s.a.* **Deutsch**

Schwelle ['ʃvɛlə] <-, -n> *f* ❶ seuil *m* ❷ *(Bahnschwelle)* traverse *f*

schwellen ['ʃvɛlən] *vi irr +sein* MED enfler

schwenkbar *adj* orientable

schwenken ['ʃvɛŋkən] *vt +haben* ❶ *(Brief)* agiter ❷ *(Kamera)* diriger

schwer [ʃve:ɐ̯] I. *adj* ❶ lourd(e); **fünf Kilo ~ sein** peser cinq kilos ❷ *(Verletzung)* grave ❸ *(Bedenken)* grave; *(Irrtum)* lourd(e) ❹ *(hart)* dur(e) ❺ *(Krankheit)* grave ❻ *(schwierig)* difficile ❼ *(Sturm, Lkw)* gros(se) II. *adv* ❶ *(beladen)* lourdement; *(wiegen)* lourd ❷ *(arbeiten)* durement ❸ *(enttäuschen)* profondément; *(treffen)* durement ❹ *(atmen)* difficilement; *(hören)* mal ❺ *(sich verletzen)* gravement ❻ *(bestrafen)* sévèrement ❼ *(nicht leicht)* **es ~ haben** avoir la vie dure

schwerbehindert *s.* **behindern** **Schwerbehinderte(r)** *f(m) dekl wie adj* handicapé(e) *m(f)* sévère

Schwerelosigkeit <-> *f* apesanteur *f*

schwerfällig *adj (Person, Tier)* lour-

S

daud(e); *(Bewegung)* pataud(e); *(Stil)* gauche

Schwergewicht *nt (Sportler)* poids *m* lourd **schwerhörig** *adj* malentendant(e) **Schwerhörigkeit** *f kein Pl* surdité *f* partielle **Schwerindustrie** *f* industrie *f* lourde **Schwerkraft** *f kein Pl* pesanteur *f* **Schwermetall** *nt* métal *m* lourd **Schwerpunkt** *m* ❶ **den ~ auf etw** *(akk)* **legen** mettre l'accent sur qc ❷ PHYS centre *m* de gravité

Schwert [ʃveːɐ̯t] <-[e]s, -er> *nt* épée *f*

Schwertfisch *m* poisson-épée *m*, espadon *m* **Schwertlilie** *f* iris *m*

Schwerverletzte(r) *f(m) dekl wie adj* blessé(e) *m(f)* grave

Schwester [ˈʃvɛstɐ] <-, -n> *f* ❶ *a.* REL sœur *f* ❷ *(Krankenschwester)* infirmière *f*

schwieg [ʃviːk] *Imp von* **schweigen**

Schwiegereltern [ˈʃviːgɐʔɛltɐn] *Pl* beaux-parents *mpl* **Schwiegermutter** *f* belle-mère *f* **Schwiegersohn** *m* gendre *m* **Schwiegertochter** *f* belle-fille *f* **Schwiegervater** *m* beau-père *m*

schwierig [ˈʃviːrɪç] *adj* difficile

Schwierigkeit <-, -en> *f* difficulté *f*; **jdn in ~en bringen** mettre qn en difficulté

schwillt [ʃvɪlt] *3. Pers Präs von* **schwellen**

Schwimmbad *nt* piscine *f*

schwimmen [ˈʃvɪmən] *irr* **I.** *vi +sein* ❶ nager ❷ *(treiben)* **auf dem/im Wasser ~** *(Gegenstand)* flotter sur/surnager dans l'eau **II.** *vt +haben o sein* **hundert Meter ~** nager un cent mètres

Schwimmer(in) [ˈʃvɪmɐ] <-s, -> *m(f)* nageur(-euse) *m(f)*

Schwimmflosse *f* palme *f*

Schwindel [ˈʃvɪndəl] <-s> *m* ❶ *(Betrug)* escroquerie *f* ❷ *(benommener Zustand)* vertige *m*

Schwindelanfall *m* étourdissement *m* **schwindelfrei** *adj* **~ sein** ne pas avoir le vertige **Schwindelgefühl** *nt* vertige *m*, étourdissement *m*

schwindelig *s.* **schwindlig**

Schwindler(in) <-s, -> *m(f)* escroc *m*

schwindlig *adj* **jdm ist ~** qn a le vertige

schwingen [ˈʃvɪŋən] *irr* **I.** *vt +haben* *(Fähnchen)* agiter; *(Schwert)* brandir **II.** *vi +haben o sein (Membran, Saite)* vibrer; *(Brücke)* osciller

Schwips [ʃvɪps] <-es, -e> *m fam* **einen ~ haben** être pompette

schwitzen [ˈʃvɪtsən] *vi* suer

Schwitzen <-s> *nt* transpiration *f*

schwoll [ʃvɔl] *Imp von* **schwellen**

schwören [ˈʃvøːrən] *irr* **I.** *vi* jurer **II.** *vt* ❶ **einen Eid ~** prêter serment ❷ *(geloben)* **jdm etw ~** jurer à qn qc ❸ *(fest versichern)* **jdm ~ etw zu tun** jurer à qn de faire qc

schwul [ʃvuːl] *adj fam* homo

schwül [ʃvyːl] *adj* lourd(e)

Schwüle [ˈʃvyːlə] <-> *f* temps *m* lourd

Schwule(r) *m fam* homo *m*

Schwulst [ʃvʊlst] <-[e]s> *m pej* surcharge *f*

Schwung [ʃvʊŋ] <-[e]s, Schwünge> *m* élan *m*

schwungvoll **I.** *adj* ❶ *(Bewegung)* impétueux(-euse); *(Handschrift)* vigoureux(-euse); *(Linienführung)* hardi(e) ❷ *(mitreißend)* fougueux(-euse) **II.** *adv* ❶ *(mit Schwung)* avec vivacité; *(mit Elan)* avec entrain ❷ *(temperamentvoll)* avec fougue

Schwur [ʃvuːɐ̯] <-[e]s, Schwüre> *m* serment *m*

Schwurgericht *nt* cour *f* d'assises

Sciencefiction [ˈsaɪənsˈfɪkʃən] <-, -s> *f* science-fiction *f*

scrollen [ˈscroːlən] *vi* INFORM faire défiler

sechs [zɛks] *num* six; *s.a.* **acht**[1]

Sechs <-, -en> *f* ❶ *(Zahl, Spielkarte, Augenzahl)* six *m* ❷ *(Schulnote)* ≈ zéro *m* CH ≈ vingt *m*

Sechseck *nt* hexagone *m* **sechseckig** *adj* hexagonal(e)

sechseinhalb *num* six... et demi(e)

Sechser <-s, -> *m fam (Schulnote)* bulle *f* ❷ CH *(Schulnote)* ≈ vingt *m*

sechserlei *adj inv* **~ Sorten Brot** six sortes de pain; *s.a.* **achterlei**

S

sechsfach *adj, adv* six fois; *s.a.* **achtfach**
sechsmal *adv* six fois; *s.a.* **achtmal**
sechst *adv* **zu ~ sein** être six; *s.a.* **acht[2]**
sechste(r, s) *adj* 1 sixième 2 *(bei Datumsangaben)* **der ~ März** le six mars; *s.a.* **achte(e, r)**
sechstel *adj* sixième; *s.a.* **achtel**
sechstens *adv* sixièmement
sechzehn ['zɛçtse:n] *num* seize; *s.a.* **acht[1]**
sechzig ['zɛçtsɪç] *num* soixante; *s.a.* **achtzig**
sechziger *adj inv* **die ~ Jahre** les années *f pl* soixante; *s.a.* **achtziger**
sechzigste(r, s) *adj* soixantième
Secondhandladen ['sɛkəndhɛndla:dn] *m* friperie *f*
Sediment [zedi'mɛnt] <-[e]s, -e> *nt* sédiment *m;* CHEM précipité *m*
See[1] [ze:] <-s, -n> *m* lac *m*
See[2] <-> *f kein Pl* mer *f*
Seebad *nt* station *f* balnéaire **Seehund** *m* phoque *m* **seekrank** *adj* **~ sein** avoir le mal de mer **Seelachs** *m* colin *m*
Seele ['ze:lə] <-, -n> *f* REL âme *f* 2 *(Psyche)* psychisme *m*
seelenruhig *adv* tranquillement
Seeleute *Pl von* **Seemann**
seelisch *adj* psychique
Seelsorger(in) <-s, -> *m(f)* directeur(-trice) *m(f)* de conscience
Seemacht *f* puissance *f* maritime **Seemann** <-leute> *m* marin *m* **Seemeile** *f* mille *m* marin **Seeräuber** *m* pirate *m* **Seerecht** *nt kein Pl* droit *m* maritime **Seereise** *f* croisière *f* **Seesack** *m* sac *m* de marin **Seestern** *m* étoile *f* de mer **Seetang** *m* fucus *m* **Seeweg** *m* voie *f* maritime **Seezunge** *f* sole *f*
Segel ['ze:gəl] <-s, -> *nt* voile *f*
Segelboot *nt* voilier *m* **segelfliegen** *vi nur Infin* faire du vol à voile; **das Segelfliegen** le vol à voile **Segelflugzeug** *nt* planeur *m*
segeln *vi +sein* 1 *(fahren)* naviguer [à la voile] 2 *(den Segelsport betreiben)* faire de la voile
Segelschiff *nt* voilier *m*
Segen ['ze:gən] <-s, -> *m* bénédiction *f*
segnen ['ze:gnən] *vt* bénir
sehbehindert *adj* malvoyant(e)
sehen ['ze:ən] *irr* **I.** *vt* 1 voir; **sich ~ lassen** se manifester 2 *(ansehen: Fernsehfilm)* regarder; *(Theaterstück, Kinofilm)* voir 3 *(betrachten)* **so gesehen** vu sous cet angle 4 *(erleben, ertragen)* **etw nicht ~ können** ne pas supporter la vue de qc **II.** *vi* 1 voir 2 *(hinschauen)* **darf ich mal ~?** puis-je regarder?; **siehe oben/unten** *(Verweis)* voir plus haut/ci-dessous **III.** *vr* **sich ~** se voir
Sehen <-s> *nt* **jdn vom ~ kennen** connaître qn de vue
Sehenswürdigkeit <-, -en> *f* curiosité *f*
Sehkraft *f kein Pl* vue *f*
Sehne ['ze:nə] <-, -n> *f* 1 ANAT tendon *m* 2 *a.* MATH corde *f*
sehnen ['ze:nən] *vr* **sich nach jdm/etw ~** rêver d'avoir qn/désirer [ardemment] qc
Sehnerv *m* nerf *m* optique
sehnig *adj* nerveux(-euse)
Sehnsucht <-, Sehnsüchte> *f* nostalgie *f;* **~ nach jdm haben** se languir de qn
sehnsüchtig **I.** *adj* *(Blick)* nostalgique; *(Erwartung)* éperdu(e); *(Hoffnung)* ardent(e) **II.** *adv* ardemment
sehr [ze:ɐ̯] <mehr, am meisten> *adv* 1 *mit Verb* beaucoup; **jdn ~ lieben** aimer beaucoup qn 2 *mit adj, adv* très; **~ groß** très grand; **~ viel** énormément
Sehstörung *f* trouble *m* visuel **Sehvermögen** *nt kein Pl* vue *f*
seid [zaɪ̯t] *2. Pers Pl Präs von* **sein[1]**
Seide ['zaɪ̯də] <-, -n> *f* soie *f*
Seidenraupe *f* ver *m* à soie
seidig *adj* soyeux(-euse)
Seife ['zaɪ̯fə] <-, -n> *f* savon *m*
Seifenblase *f* bulle *f* de savon **Seifenoper** *f* soap-opéra *m* **Seifenspender** *m* distributeur *m* de savon liquide

Seil [zail] <-[e]s, -e> *nt* corde *f; (Drahtseil)* câble *m*
Seilbahn *f (auf Schienen)* funiculaire *m; (Drahtseilbahn)* téléphérique *m*
sein[1] [zain] *irr* **I.** *vi +sein* ❶ être; **so nett ~ etw zu tun** être assez gentil pour faire qc ❷ *mit nom* **Angestellter ~** être employé ❸ *(existieren)* exister ❹ *(herstammen)* **aus Frankreich ~** être [originaire] de France ❺ *(empfunden werden)* **jdm peinlich ~** gêner qn ❻ *(ergeben)* **2 und 2 ist 4** 2 et 2 font 4; **wie viel ist das?** ça fait combien? ❼ *(geschehen)* **was ist?** qu'est-ce qu'il y a? ❽ *mit modalem Hilfsverb* ~ **können/dürfen** être possible; **das muss ~** c'est indispensable ❾ *mit zu und Infin* **das ist schwer zu sagen** c'est difficile à dire **II.** *vi unpers +sein* ❶ *mit adj* **es ist schön, dass** c'est bien que *+subj* ❷ *(die betreffende Person sein)* **ich bin's!** *fam* c'est moi! ❸ *(bei Zeitangaben)* **es ist Montag** c'est lundi; **es ist Januar** on est en janvier; **es ist sieben Uhr** il est sept heures ❹ METEO **es ist warm** il fait chaud ❺ *(empfunden werden)* **jdm ist kalt** qn a froid ▸ **es sei denn...** à moins que... **III.** *aux mit PP* ❶ *zur Bildung des Zustandspassivs* **fotografiert worden ~** avoir été photographié(e) ❷ *zur Bildung des Perfekts* **gefahren/gesprungen ~** être allé/avoir sauté; **krank gewesen ~** avoir été malade
sein[2] *pron poss* ❶ **~ Bruder** son frère; **~e Schwester/Freundin** sa sœur/son amie; **~e Eltern** ses parents ❷ *substantivisch* **der/die/das ~e** le sien/la sienne
Sein <-s> *nt* être *m*
seinerseits ['zainɐ'zaits] *adv* ❶ *(er wiederum)* de son côté ❷ *(was ihn betrifft)* pour sa part
seinerzeit *adv* à l'époque
seinesgleichen ['zainəs'glaiçən] *pron inv* ❶ *pej (Menschen seines Schlags)* **[er und] ~** [lui et] ses semblables ❷ *(Menschen wie er)* **nur mit ~ verkehren** n'avoir affaire qu'à ses semblables
seinetwegen ['zainət've:gən] *adv* ❶ *(wegen ihm)* à cause de lui ❷ *(ihm zuliebe)* pour lui **seinetwillen** ['zainət'vɪlən] *adv* **um ~** [par amour] pour lui
seit [zait] **I.** *präp +dat* depuis **II.** *konj s.* **seitdem**
seitdem [zait'de:m] **I.** *adv* depuis [ce moment-là] **II.** *konj* depuis que
Seite ['zaitə] <-, -n> *f* ❶ côté *m; (eines Würfels)* face *f;* **etw auf die ~ legen** mettre qc de côté ❷ *(Buchseite)* page *f* ❸ *(beteiligte Partei)* **auf jds ~ (dat) sein** être du côté de qn ❹ *(Richtung)* **zur ~ gehen** s'écarter ▸ **auf der einen ~..., auf der anderen ~...** d'un côté..., de l'autre...
seitens *präp +gen form* du côté de
Seitensprung *m fam* infidélité *f* **Seitenstraße** *f* rue *f* latérale **Seitenstreifen** *m (der Straße)* bas-côté *m; (der Autobahn)* bande *f* d'arrêt d'urgence **seitenverkehrt** *adj, adv* à l'envers **Seitenzahl** *f* ❶ numéro *m* de page ❷ *(Anzahl der Seiten)* nombre *m* de pages
seither [zait'he:ɐ̯] *adv* depuis [ce moment-là]
seitlich **I.** *adj* latéral(e) **II.** *präp +gen* à côté de **III.** *adv* sur le côté
sek., Sek. *Abk von* **Sekunde** s
SEK [ɛsʔe:'ka:] <-> *nt Abk von* **Sondereinsatzkommando** groupe *m* d'intervention spécial
Sekretär(in) [zekre'tɛ:ɐ̯] <-s, -e> *m(f)* secrétaire *mf*
Sekretariat [zekretari'a:t] <-[e]s, -e> *nt* secrétariat *m*
Sekt [zɛkt] <-[e]s, -e> *m* [vin *m*] mousseux *m*
Sekte ['zɛktə] <-, -n> *f* secte *f*
Sektflasche *f* bouteille *f* de champagne
Sektglas *nt* verre *m* à champagne
Sektion [zɛk'tsio:n] <-, -en> *f* ADMIN service *m*

Sektor ['zɛkto:ɐ̯] <-s, -toren> *m* secteur *m*
sekundär [zekʊn'dɛ:ɐ̯] *adj geh* secondaire
Sekundarschule *f* CH ≈ collège *m* **Sekundarstufe** *f* ≈ secondaire *m;* ~ **I/II** ≈ premier/second cycle *m*
Sekunde [ze'kʊndə] <-, -n> *f* seconde *f*
selbe(r, s) ['zɛlbə] *pron* même; **am ~n Tag** le même jour
selber *s.* **selbst**
selbig *s.* **selbe(r, s)**
selbst [zɛlbst] **I.** *pron dem* ❶ *(an sich)* **der Film/die Ferien** ~ le film en lui-même/les vacances en elles-mêmes ❷ *(in eigener Person)* **der Direktor** ~ le directeur en personne ❸ *(persönlich)* **sie ist nicht mehr sie** ~ elle n'est plus elle-même ❹ *(ohne fremde Hilfe)* tout seul; **er macht das** ~ il le fait lui-même **II.** *adv* ~ **du würdest ihm Recht geben** même toi, tu lui donnerais raison
selbständig ['zɛlpʃtɛndɪç] *s.* **selbstständig**
Selbständige(r) *s.* **Selbstständige(r)**
Selbstauslöser *m* PHOT déclencheur *m* automatique **Selbstbedienung** *f* libre-service *m* **Selbstbefriedigung** *f* masturbation *f* **selbstbewusst** *adj* sûr(e) de soi **Selbstbewusstsein** *nt* conscience *f* de sa propre valeur **selbstgefällig** *adj* imbu(e) de sa personne **Selbstgespräch** *nt* soliloque *m;* **~e führen** soliloquer **Selbsthilfegruppe** *f* association *f* d'entraide **selbstklebend** *adj* autocollant(e) **Selbstkostenpreis** *m* **zum** ~ à prix coûtant **Selbstkritik** *f kein Pl* autocritique *f* **Selbstmord** *m* suicide *m* **Selbstmordattentat** *nt* attentat-suicide *m* **Selbstmörder(in)** *m(f)* suicidé(e) *m(f)* **Selbstmordversuch** *m* tentative *f* de suicide **Selbstschutz** *m* [auto]défense *f* **selbstsicher I.** *adj (Person)* sûr(e) de soi; *(Art)* plein(e) d'assurance **II.** *adv* avec assurance
selbstständig I. *adj (Person, Handeln)* autonome; *(Tätigkeit)* indépendant(e) **II.** *adv (handeln)* de façon autonome
Selbstständige(r) *f(m)* travailleur(-euse) *m(f)* indépendant(e)
selbsttätig *adj* automatique **selbstverständlich I.** *adj* tout(e) naturel(le) **II.** *adv* [bien] évidemment **Selbstvertrauen** *nt* confiance *f* en soi **selbstzufrieden** *adj pej* satisfait de lui-même/satisfaite d'elle-même
Selen [ze'le:n] <-s> *nt* CHEM sélénium *m*
Selfiestange ['sɛlfi-, 'zɛlfi-] *f,* **Selfiestick** [-stɪk] <-s, -s> *m* perche *f* à selfie
Seligsprechung <-, -en> *f* béatification *f*
Sellerie ['zɛləri] <-s, -[s]> *m* céleri *m*
selten ['zɛltən] **I.** *adj* rare **II.** *adv* rarement
Seltenheit <-> *f kein Pl* rareté *f*
seltsam I. *adj (Person)* curieux(-euse); *(Aussehen)* bizarre **II.** *adv (sich benehmen)* bizarrement; ~ **schmecken** avoir un drôle de goût
Semester [ze'mɛstɐ] <-s, -> *nt* UNIV semestre *m (unité de temps utilisée pour le décompte des années d'études dans les universités allemandes)*
Semesterferien *Pl* vacances *fpl* semestrielles
Semikolon [zemi'ko:lɔn] <-s, -s> *nt geh* point-virgule *m*
Seminar [zemi'na:ɐ̯] <-s, -e *o* A -ien> *nt* ❶ *(Lehrveranstaltung)* séminaire *m* ❷ *(Universitätsinstitut)* institut *m*
Semit(in) [ze'mi:t] <-en, -en> *m(f)* Sémite *mf*
semitisch *adj* sémite; *(Sprache)* sémitique
Semmel ['zɛməl] <-, -n> *f* A, SDEUTSCH petit pain *m*
Senat [ze'na:t] <-[e]s, -e> *m* POL *(in Berlin, Bremen und Hamburg)* sénat *m (nom donné au gouvernement régional) (in Frankreich und den USA)* Sénat *m* ❷ JUR cour *f*
Sendebereich *m* zone *f* d'émission

S

senden[1] ['zɛndən] *irr* **I.** *vt (Film)* diffuser; *(Botschaft)* envoyer **II.** *vi* émettre
senden[2] *vt irr (Brief, Paket)* envoyer; **jdm etw ~** adresser qc à qn
Sender <-s, -> *m* ❶ *(Sendeanstalt)* station *f* ❷ *(Sendegerät)* [poste *m*] émetteur *m*
Sendezeit *f* ❶ *(Dauer einer Sendung)* **eine Stunde ~ haben** disposer d'une heure d'antenne ❷ *(Zeit der Ausstrahlung)* tranche *f* horaire; **zur besten ~** au meilleur temps d'antenne
Sendung <-, -en> *f* ❶ émission *f* ❷ *kein Pl* **auf ~ sein** être à l'antenne ❸ *(Warensendung)* envoi *m*
Senf [zɛnf] <-[e]s, -e> *m* moutarde *f*
senil [ze'niːl] *adj* sénile
senior ['zeːni̯oːɐ̯] *adj inv* **Gustav Müller ~** Gustav Müller père
Senior(in) ['zeːni̯oːɐ̯] <-s, Senioren> *m(f)* ❶ *(ältere Person)* personne *f* âgée ❷ *Pl* SPORT **die ~en** les seniors *mpl*
Seniorenheim *nt* résidence *f* pour les personnes âgées
senken ['zɛŋkən] **I.** *vt (Arm, Kopf)* baisser; *(Wasserstand)* abaisser; *(Steuern)* réduire; *(Fieber)* faire baisser **II.** *vr* **sich ~** *(Grundwasserspiegel)* baisser
senkrecht *adj* vertical(e)
Senkrechte <-n, -n> *f* perpendiculaire *f*
Sensation [zɛnza'tsi̯oːn] <-, -en> *f* sensation *f*
sensationell [zɛnzatsi̯o'nɛl] *adj* sensationnel(le)
Sensationsgier *f*, **Sensationshunger** *m* sensationnalisme *m* **sensationsgierig**, **sensationshungrig** **I.** *adj* sensationnaliste **II.** *adv* de manière sensationnaliste
Sense ['zɛnzə] <-, -n> *f* faux *f*
sensibel [zɛn'ziːbəl] **I.** *adj* sensible **II.** *adv* avec sensibilité
sensibilisieren* [zɛnzibili'ziːrən] *vt geh* **jdn für etw ~** sensibiliser qn à qc
Sensor ['zɛnzoːɐ̯] <-s, -soren> *m* capteur *m*
sentimental [zɛntimɛn'taːl] *adj* sentimental(e)
Sentimentalität [zɛntimɛntali'tɛːt] <-, -en> *f* sentimentalité *f*
separat [zepa'raːt] *adj* séparé(e)
September [zɛp'tɛmbɐ] <-[s], -> *m* septembre *m; s.a.* **April**
Sera *Pl von* **Serum**
Serbe, **Serbin** <-n, -n> *m, f* Serbe *mf*
Serbien ['zɛrbiən] <-s> *nt* la Serbie
serbisch ['zɛrbɪʃ] *adj* serbe
serbokroatisch [zɛrbokro'aːtɪʃ] *adj* serbo-croate
Seren *Pl von* **Serum**
Serenade [zere'naːdə] <-, -n> *f* sérénade *f*
Serie ['zeːriə] <-, -n> *f* série *f*
serienmäßig **I.** *adj (Herstellung)* en série; *(Ausstattung)* de série **II.** *adv (herstellen)* en série
Seriennummer *f* numéro *m* de série
seriös [zeri'øːs] *adj* sérieux(-euse)
Serum ['zeːrʊm] <-s, Seren> *nt* sérum *m*
Server ['sœːvɐ] <-s, -> *m* INFORM serveur *m*
Service[1] ['sœrvɪs] <-> *m* service *m*
Service[2] [zɛr'viːs] <-[s], -> *nt (Geschirr)* service *m*
servieren* [zɛr'viːrən] **I.** *vt* **jdm etw ~** servir qc à qn **II.** *vi* faire le service
Serviette [zɛr'vi̯ɛtə] <-, -n> *f* serviette *f* de table
Servolenkung *f* direction *f* assistée
servus ['zɛrvʊs] *interj* A, SDEUTSCH salut *(fam)*
Sesam ['zeːzam] <-s, -s> *m* sésame *m*
Sessel ['zɛsəl] <-s, -> *m* fauteuil *m*
Sessellift *m* télésiège *m*
Set <-s, -s> *m o nt* ❶ lot *m* ❷ *(Platzdeckchen)* set *m* [de table]
setzen ['zɛtsən] **I.** *vt +haben* ❶ **das Kind auf den Stuhl ~** mettre l'enfant sur la chaise; **den Hut auf den Kopf ~** mettre son chapeau ❷ *(Pflanze)* planter ❸ *(Denkmal)* élever ❹ *(Frist)* fixer ❺ *(Geldsumme)* miser **II.** *vr +haben* ❶ **sich ~** *(Person, Tier)* s'asseoir; *(Vo-*

gel) se poser; **sich aufs Fahrrad ~** monter sur le vélo; **sitz!** assis! ❷ *(sich senken)* **sich ~** *(Erdreich)* s'affaisser **III.** *vi +haben (wetten)* **auf jdn/etw ~** miser sur qn/qc

Seuche ['zɔyçə] <-, -n> *f* épidémie *f*

seufzen ['zɔyftsən] *vt, vi* soupirer

Seufzer <-s, -> *m* soupir *m*

Sex [zɛks] <-[es]> *m* sexe *m*

Sexfilm *m* film *m* érotique

Sexist(in) [zɛ'ksɪst] <-en, -en> *m(f)* sexiste *mf*

sexistisch *adj* sexiste

Sexshop [zɛksʃɔp] <-s, -s> *m* sex-shop *m*

Sexualität [zɛksuali'tɛːt] <-> *f* sexualité *f*

Sexualkunde *f kein Pl* éducation *f* sexuelle

sexuell [zɛ'ksuɛl] *adj* sexuel(le)

sexy ['zɛksi] *adj inv fam* sexy

sezieren* [ze'tsiːrən] *vt* disséquer

Shampoo ['ʃampu] <-s, -s> *nt* shampo[o]ing *m*

Shirt [ʃœrt] <-s, -s> *nt* t[ee]-shirt *m*

Shortcut ['ʃoːɐtkat] <-s, -s> *m* INFORM raccourci *m* clavier

Shorts [ʃɔrts] *Pl* short *m*

Show [ʃoː] <-, -s> *f* show *m*

Showbusiness ['ʃoːbɪznɪs] <-> *nt*, **Showgeschäft** *nt kein Pl* show-business *m*

siamesisch [zi̯a'meːzɪʃ] *adj* siamois(e)

Siamkatze *f* chat *m* siamois

Sibirien [zi'biːriən] <-s> *nt* la Sibérie

sibirisch *adj* sibérien(ne); *(Hauptstadt)* de la Sibérie

sich [zɪç] **I.** *pron refl, akk* se; *(Höflichkeitsform)* vous; **~ waschen** se laver; **stolz auf ~ sein** être fier de soi **II.** *pron refl, dat* se; *(Höflichkeitsform)* vous; **~ die Haare waschen** se laver les cheveux

Sichel ['zɪçəl] <-, -n> *f* faucille *f; (des Mondes)* croissant *m*

sicher ['zɪçɐ] **I.** *adj* ❶ *(gewiss)* certain(e); **jdm ~ sein** *(Sieg)* être assuré pour qn ❷ *(Arbeitsplatz, Zufluchtsort)* sûr(e); *(Abstand)* de sécurité; **vor jdm/etw ~ sein** *(Person)* être à l'abri de qn/qc ❸ *(Zusage)* ferme ► **~ ist ~** deux précautions valent mieux qu'une **II.** *adv* ❶ *(höchstwahrscheinlich)* certainement ❷ *(aufbewahren)* en sécurité ❸ *(fahren)* avec sûreté

sicher|gehen *vi irr +sein* prendre ses précautions

Sicherheit <-, -en> *f* ❶ *kein Pl* sécurité *f* ❷ *kein Pl (Gewissheit)* certitude *f* ❸ *kein Pl (einer Methode)* fiabilité *f* ❹ *(Kaution)* caution *f;* FIN garantie *f*

Sicherheitsabstand *m* distance *f* de sécurité **Sicherheitsgurt** *m* ceinture *f* de sécurité

sicherheitshalber *adv* par mesure de précaution

Sicherheitskontrolle *f (am Flughafen)* contrôle *m* de sécurité **Sicherheitskopie** *f* INFORM copie *f* de sauvegarde **Sicherheitsnadel** *f* épingle *f* de sûreté **Sicherheitsrat** *m kein Pl* POL Conseil *m* de sécurité

sicherlich *adv* sûrement

sichern *vt (schützen)* protéger; *(Frieden)* assurer; *(Spuren)* relever; *(Daten)* sauvegarder

sicher|stellen *vt* saisir

Sicherung <-, -en> *f* ELEC fusible *m*

Sicherungskopie *f* INFORM sauvegarde *f*

Sicht [zɪçt] <-> *f* vue *f* ❷ *(Betrachtungsweise)* vision *f*

sichtbar **I.** *adj* ❶ visible ❷ *(Fortschritt)* sensible **II.** *adv (altern)* nettement; *(sich verschlechtern)* sensiblement

sichtlich *adj* visible

Sichtverhältnisse *Pl* [conditions *f pl* de] visibilité *f* **Sichtweite** *f* visibilité *f;* **außer/in ~ sein** être hors de/en vue

sickern ['zɪkɐn] *vi +sein* suinter

sie[1] [ziː] **I.** *pron pers, 3. Pers Sing, nom* ❶ elle; **da kommt ~!** la voilà qui arrive! ❷ **eine Katze fotografieren, während ~ frisst** photographier un chat pendant qu'il mange **II.** *pron pers, 3. Pers Sing, akk* ❶ la; **ich werde ~**

S

anrufen je lui téléphonerai ❷ **da drüben ist eine Katze, siehst du ~?** là-bas, il y a un chat, tu le vois?

sie[2] **I.** *pron pers, 3. Pers Pl, nom* ❶ ils/elles; *(allein stehend)* eux; **da kommen ~!** les voilà qui arrivent! ❷ **den Katzen zuschauen, während ~ fressen** observer les chats pendant qu'ils mangent **II.** *pron pers, 3. Pers Pl, akk* ❶ **er begleitet ~** il les accompagne; **ich werde ~ fragen** je leur demanderai; **ohne ~** sans eux; *(auf ausschließlich weibliche Personen, Tiere bezogen)* sans elles ❷ *(allgemein auf Tiere und Sachen bezogen)* les

Sie[1] *pron pers, Höflichkeitsform* vous; **kommen ~ schnell!** venez vite!

Sie[2] <-> *nt* **jdn mit ~ anreden** vouvoyer qn

Sieb [ziːp] <-[e]s, -e> *nt (Küchensieb)* passoire *f; (für Sand)* tamis *m*

sieben[1] *num* sept; *s.a.* **acht**[1]

sieben[2] *vt* tamiser

siebeneinhalb *num* sept... et demi(e)

siebenerlei *adj inv* **~ Sorten Brot** sept sortes de pain; *s.a.* **achterlei**

siebenfach *adj, adv* sept fois; *s.a.* **achtfach**

siebenmal *adv* sept fois; *s.a.* **achtmal**

siebentägig *adj* de sept jours

siebt *adj* **zu ~ sein** être [à] sept; *s.a.* **acht**[2]

siebte(r, s) *adj* ❶ septième ❷ *(bei Datumsangaben)* **der ~ Mai** le sept mai; *s.a.* **achte(r, s)**

siebtel *adj* septième; *s.a.* **achtel**

siebtens *adv* septièmement

siebzehn *num* dix-sept; *s.a.* **acht**[1]

siebzig ['ziːptsɪç] *num* soixante-dix, septante (BELG, CH) *s.a.* **achtzig**

siebziger *adj inv* **die ~ Jahre** les années *f pl* soixante-dix; *s.a.* **achtziger**

siedeln ['ziːdəln] *vi* s'établir

sieden ['ziːdən] *vi* bouillir

Siedepunkt *m* température *f* d'ébullition

Siedler(in) ['ziːdlɐ] <-s, -> *m(f)* colon *m*

Siedlung <-, -en> *f* lotissement *m*

Sieg [ziːk] <-[e]s, -e> *m* victoire *f*

Siegel ['ziːgəl] <-s, -> *nt (Stempel)* cachet *m*

siegen ['ziːgən] *vi* ❶ MIL être vainqueur ❷ SPORT gagner

Sieger(in) <-s, -> *m(f)* vainqueur *m*

Siegerurkunde *f* diplôme *m* [d'honneur]

siegreich I. *adj* victorieux(-euse) **II.** *adv* en vainqueur

sieht [ziːt] *3. Pers Präs von* **sehen**

siezen ['ziːtsən] *vt* vouvoyer

Signal [zɪ'gnaːl] <-s, -e> *nt* signal *m*

Signatur [zɪgna'tuːɐ̯] <-, -en> *f* ❶ *(Buchsignatur)* cote *f* ❷ *geh (Unterschrift)* signature *f*

signieren* [zɪ'gniːrən] *vt* **etw ~** signer qc; *(Schriftsteller)* dédicacer qc

Silbe ['zɪlbə] <-, -n> *f* syllabe *f*

Silbentrennung *f* division *f* en syllabes

Silber ['zɪlbɐ] <-s> *nt* ❶ *(Edelmetall)* argent *m* ❷ *(Tafelsilber)* argenterie *f*

Silbermedaille *f* médaille *f* d'argent

silbern *adj* en argent

Silhouette [zi'lu̯ɛtə] <-, -n> *f* silhouette *f*

Silvester [zɪl'vɛstɐ] <-s, -> *m o nt* Saint-Sylvestre *f*

SIM-Karte ['zɪm-] *f* TELEC carte *f* SIM

simpel ['zɪmpəl] *adj* simple

simsen *fam* **I.** *vi* envoyer un texto **II.** *vt (SMS)* envoyer

simulieren* [zimu'liːrən] *vt, vi* simuler

sind [zɪnt] *1. und 3. Pers Pl Präs von* **sein**[1]

Sinfonie [zɪnfo'niː] <-, -n> *f* symphonie *f*

singen ['zɪŋən] *vi, vt irr* chanter

Single[1] [sɪŋgəl] <-, -s> *f* 45 tours *m*

Single[2] [sɪŋgəl] <-s, -s> *m* célibataire *mf*

Singlebörse *f* INFORM site *m* de rencontres

Singular ['zɪŋgulaːɐ̯] <-s, -e> *m* LING singulier *m*

sinken ['zɪŋkən] *vi irr +sein* ❶ *(versinken)* couler ❷ *(Ballon)* descendre

❸ *(niedersinken)* tomber ❹ *(Kurs, Fieber)* baisser
Sinn *m* **das ist nicht der ~der Sache!** là n'est pas la question!
Sinnbild *nt* symbole *m*
sinnbildlich *adj* symbolique
sinnfrei *iron* **I.** *adj* absurde **II.** *adv* de manière absurde
sinngemäß *adj, adv* en substance
sinnig *adj* sensé(e)
sinnlich *adj (Wahrnehmung)* sensoriel(le); *(Begierde)* sensuel(le)
Sinnlichkeit <-> *f* sensualité *f*
sinnlos **I.** *adj* ❶ *(Handlung)* absurde ❷ *(Anstrengung)* vain(e) **II.** *adv* ❶ *(nutzlos)* sans raison ❷ *(sich anstrengen)* en vain ❸ *(hemmungslos)* complètement
sinnvoll *adj* ❶ *(zweckmäßig)* sensé(e) ❷ *(erfüllend)* intéressant(e)
Sippe ['zɪpə] <-, -n> *f fam* tribu *f*
Sirene [zi're:nə] <-, -n> *f* sirène *f*
Sirup ['zi:rʊp] <-s, -e> *m* sirop *m*
Sitte ['zɪtə] <-, -n> *f* ❶ *(Gepflogenheit)* coutume *f* ❷ *meist Pl (Benehmen)* manières *fpl*
Situation [zitu̯a'tsi̯o:n] <-, -en> *f* situation *f*
Sitz [zɪts] <-es, -e> *m* siège *m*
sitzen ['zɪtsən] *vi irr +haben o* A, CH, SDEUTSCH *sein* ❶ *(a. Tiere)* être assis; **beim Friseur/Essen ~** être chez le coiffeur/à table ❷ *fam (inhaftiert sein)* être en taule ❸ *(angebracht sein)* **schief ~** *(Krawatte)* être de travers; **gut ~** *(Hose)* tomber bien ❹ *(Bemerkung)* faire mouche ▸ **~ bleiben** rester assis(e); *(Schüler)* redoubler
Sitzgelegenheit *f* siège *m* **Sitzplatz** *m* place *f* assise
Sitzung <-, -en> *f* ❶ *(Besprechung)* réunion *f* ❷ *(Kabinettssitzung)* session *f*
Sitzungssaal *m* salle *f* de conférences
Sizilien [zi'tsi:liən] <-s> *nt* la Sicile
Skala ['ska:la] <-, Skalen> *f (Gradeinteilung)* échelle *f* graduée
Skandal [skan'da:l] <-s, -e> *m* scandale *m*
skandalös [skanda'lø:s] *adj* scandaleux(-euse)
Skandinavien [skandi'na:viən] <-s> *nt* la Scandinavie
Skandinavier(in) <-s, -> *m(f)* Scandinave *mf*
Skat [ska:t] <-[e]s, -e> *m* skat *m (jeu de cartes à trois joueurs)*
Skateboard ['skɛɪtbɔ:t] <-s, -s> *nt* skate[-board] *m*
skaten ['ske:tn] *vi fam* faire du roller
Skelett [ske'lɛt] <-[e]s, -e> *nt* squelette *m*
skeptisch **I.** *adj* sceptique **II.** *adv* avec scepticisme
Ski [ʃi:] <-s, - o er> *m* ski *m*
Skier ['ʃi:ɐ] *Pl von* **Ski**
Skifahrer(in) *m(f)* skieur(-euse) *m(f)* **Skigebiet** *nt* domaine *m* skiable **Skiläufer(in)** *m(f)* skieur(-euse) *m(f)* **Skilehrer(in)** *m(f)* moniteur(-trice) *m(f)* de ski **Skilift** *m* téléski *m*
Skinhead ['skɪnhɛt] <-s, -s> *m* skinhead *mf*
Skizze ['skɪtsə] <-, -n> *f (Zeichnung)* esquisse *f*
Sklave, Sklavin ['skla:və] <-n, -n> *m, f a. fig* esclave *mf*
Sklavenhandel *m* commerce *m* des esclaves; *(mit Schwarzen)* traite *f* des noirs
Sklaverei [skla:və'rai̯] <-, -en> *f* esclavage *m*
Skorpion [skɔr'pi̯o:n] <-s, -e> *m* ❶ scorpion *m* ❷ ASTRO Scorpion *m*
Skrupel ['skru:pəl] <-s, -> *m meist Pl* scrupule *m*
skrupellos *adj, adv* sans scrupules
Skrupellosigkeit <-> *f* absence *f* de scrupules
Skulptur [skʊlp'tu:ɐ] <-, -en> *f* sculpture *f*
Slalom ['sla:lɔm] <-s, -s> *m a.* SPORT slalom *m*
Slang [slɛŋ] <-s> *m* argot *m*
Slawe, Slawin ['sla:və] <-n, -n> *m, f* Slave *mf*
slawisch *adj* slave
Slip [slɪp] <-s, -s> *m* slip *m*

Slipeinlage *f* protège-slip *m*

Slogan ['slɔʊgən] <-s, -s> *m* slogan *m*

Slowake, **Slowakin** [slo'vaːkə] <-n, -n> *m, f* Slovaque *mf*

Slowakei [slova'kai̯] <-> *f* **die ~** la Slovaquie

slowakisch I. *adj* slovaque **II.** *adv* **~ miteinander sprechen** discuter en slovaque

Slowakisch <-[s]> *nt kein art* slovaque *m; s.a.* **Deutsch**

Slowene, **Slowenin** [slo'veːnə] <-n, -n> *m, f* Slovène *mf*

Slowenien [slo'veːniən] <-s> *nt* la Slovénie

slowenisch I. *adj* slovène **II.** *adv* **~ miteinander sprechen** discuter en slovène

Slowenisch <-[s]> *nt kein art* slovène *m; s.a.* **Deutsch**

Slum [slam] <-s, -s> *m* bidonville *m*

Smog [smɔk] <-[s], -s> *m* smog *m*

Smoking ['smoːkɪŋ] <-s, -s> *m* smoking *m*

Smoothie ['smuːði] <-s, -s> *m* smoothie *m*

SMS [ɛsʔɛm'ʔɛs] <-, -> *f* texto *m*

Snob [snɔp] <-s, -s> *m* snob *mf*

Snowboard ['snɔʊbɔːt] <-s, -s> *nt* snowboard *m*

so [zoː] **I.** *adv* ❶ *mit adj, adv* si; **~ groß wie ein Pferd** aussi grand(e) qu'un cheval; **es war ~ kalt, dass …** il faisait tellement froid que … ❷ *mit Verb* **~ [sehr] lieben** aimer tellement ❸ *(auf diese Weise)* comme ça ❹ *(solch)* **~ eine Gelegenheit** une occasion comme celle-là; **~ was von …** *fam* … de chez …; **~ was von krass** grave de chez grave ❺ *(solchermaßen)* **~ genannt** soi-disant; **es ist ~, wie du sagst** c'est comme tu dis; **~ oder ~** d'une manière ou d'une autre ❻ *(gleichsam)* **~, als ob …** comme si … ❼ *(etwa)* à peu près; **~ gegen acht Uhr** aux environs de huit heures **II.** *konj* ❶ **~ dass …** à tel point que … ❷ *(wie … auch)* même si **III.** *interj (zusammenfassend)* bon; *(auffordernd)* allez

s.o. *Abk von* **siehe oben** voir plus haut

sobald [zo'balt] *konj* dès que…

Söckchen <-s, -> *nt Dim von* **Socke** socquette *f*

Socke ['zɔkə] <-, -n> *f* chaussette *f*

Sockel ['zɔkəl] <-s, -> *m* socle *m*

sodass [zo'das] *konj* à tel point que…

Sofa ['zoːfa] <-s, -s> *nt* canapé *m*

sofern [zo'fɛrn] *konj* si; **~ nicht** à moins que *+subj*

soff [zɔf] *Imp von* **saufen**

sofort [zo'fɔrt] *adv* tout de suite

sofortig [zo'fɔrtɪç] *adj* immédiat(e)

Software ['sɔftvɛːɐ̯] <-> *f* INFORM logiciel *m*

Softwarepaket *nt* INFORM progiciel *m*

sog [zoːk] *Imp von* **saugen**

sog. *adj Abk von* **sogenannt**

sogar [zo'gaːɐ̯] *adv* même

sogenannt *s.* **so I.**

Sohle ['zoːlə] <-, -n> *f* ❶ *(Schuhsohle)* semelle *f* ❷ *(Fußsohle)* plante *f* du pied

Sohn [zoːn] <-[e]s, Söhne> *m* fils *m*

solang[e] *konj* tant que…

Solarium [zo'laːriʊm] <-s, -ien> *nt* solarium *m*

solch *adj inv* **~ eine Frage** une question pareille

solche(r, s) *adj* **~ Leute** de telles personnes

Soldat(in) [zɔl'daːt] <-en, -en> *m(f)* soldat(e) *m(f)*

Soli *Pl von* **Solo**

solidarisch [soli'daːrɪʃ] *adj* solidaire

Solidarität [zolidari'tɛːt] <-> *f* solidarité *f*

Solidaritätszuschlag, **Solidarzuschlag** *m impôt de solidarité versé par les salariés en vue de financer la réunification des deux Allemagnes*

solid[e] *adj* ❶ *(stabil)* solide ❷ *(Lebenswandel)* sérieux(-euse)

Solist(in) [zo'lɪst] <-en, -en> *m(f)* soliste *mf*

Soll [zɔl] <-[s], -[s]> *nt* doit *m*

sollen¹ ['zɔlən] *aux modal, irr* ❶ *(müssen)* **er soll zuhören** il doit écouter ❷ *(brauchen)* **du sollst dir deswegen keine Gedanken machen** tu n'as pas à te faire de souci pour ça ❸ *(können)* **man sollte annehmen, dass...** on pourrait supposer que... ❹ *(möglich sein)* **sollte ich vor dir sterben...** si je venais à mourir avant toi...; **was soll das heißen?** qu'est-ce que ça veut dire? ❺ *(vermuten)* **er soll abgereist sein** il paraît qu'il est parti ❻ *(dürfen)* **das hättest du nicht tun** ~ tu n'aurais pas dû faire ça

sollen² *vi irr* ❶ *(gehen/kommen müssen)* **du solltest besser ins Bett** tu ferais mieux d'aller te coucher ❷ *fam (bedeuten)* **was soll diese Frage?** que veut dire cette question? ▸**was soll's?** *fam* et alors?

solo ['zo:lo] *adj inv fam (ohne Partner)* **~ sein** être seul

Solo ['zo:lo] <-s, Soli> *nt* solo *m*

somatisieren * [zomati'zi:rən] *vi, vt* somatiser

somit [zo'mɪt] *adv* par conséquent

Sommer ['zɔmɐ] <-s, -> *m* été *m*

Sommerferien *Pl* SCHULE grandes vacances *fpl*

sommerlich *adj* estival(e)

Sommerschlussverkauf *m* soldes *mpl* d'été **Sommersprosse** *f meist Pl* tache *f* de rousseur **Sommerzeit** *f (Uhrzeit)* heure *f* d'été

Sonderangebot *nt* offre *f* spéciale

sonderbar *adj (Person)* curieux(-euse); *(Verhalten)* étrange

Sonderfall *m* cas *m* particulier

sonderlich I. *adj* particulier(-ière) II. *adv* particulièrement

Sondermüll *m* déchets *mpl* spéciaux

sondern ['zɔndɐn] *konj* mais

Sonderpreis *m* prix *m* spécial **Sonderschule** *f* école *f* spécialisée *(pour enfants déficients ou inadaptés)*

Sonett [zo'nɛt] <-[e]s, -e> *nt* sonnet *m*

Sonne ['zɔnə] <-> *f* ❶ soleil *m* ❷ ASTRO Soleil *m*

sonnen *vr* **sich ~** prendre un bain de soleil

Sonnenaufgang *m* lever *m* du soleil **Sonnenallergie** *f* allergie *f* solaire **Sonnenblume** *f* tournesol *m* **Sonnenbrand** *m* coup *m* de soleil **Sonnenbrille** *f* lunettes *fpl* de soleil **Sonnencreme** *f* crème *f* solaire **Sonnenenergie** *f* énergie *f* solaire **Sonnenlicht** *nt kein Pl* lumière *f* du soleil **Sonnenschein** *m* soleil *m* **Sonnenschirm** *m* parasol *m* **Sonnenschutzcreme** *f* crème *f* de protection solaire **Sonnenstich** *m* insolation *f* **Sonnenstrahl** *m* rayon *m* de soleil **Sonnenuntergang** *m* coucher *m* de soleil

sonnig *adj* ensoleillé(e)

Sonntag ['zɔnta:k] *m* dimanche *m; s.a.* **Dienstag**

Sonntagabend *m* dimanche *m* soir

sonntäglich *adj* dominical(e)

Sonntagmorgen *m* dimanche *m* matin

sonntags *adv* le dimanche

sonn- und feiertags *adv* les dimanches et jours fériés

sonor [zo'no:ɐ̯] *adj* sonore

sonst [zɔnst] *adv* ❶ *(andernfalls)* sinon ❷ *(gewöhnlich)* d'habitude ❸ *(außerdem)* à part ça; **[darf es] ~ noch etwas [sein]?** et avec ça? ❹ *indef fam* **~ was** n'importe quoi; **~ wohin** quelque part ailleurs ❺ *fam (anders)* **wer [denn] ~?** qui d'autre?

sonstig *adj* autre

sooft [zo'ʔɔft] *konj* tant que...

Sorge ['zɔrgə] <-, -n> *f* souci *m*

sorgen I. *vi* **für jdn ~** s'occuper de qn; **dafür ~, dass** veiller à ce que *+subj* II. *vr* **sich um jdn ~** se faire du souci pour qn

sorgenfrei *adj, adv* sans souci **sorgenvoll** I. *adj* soucieux(-euse) II. *adv* avec inquiétude

Sorgerecht *nt kein Pl* droit *m* de garde des enfants

Sorgfalt ['zɔrkfalt] <-> *f* soin *m*

sorgfältig ['zɔrkfɛltɪç] *adj* soigné(e)

Sorte ['zɔrtə] <-, -n> *f* ❶ *(Art)* sorte *f*

❷ *Pl* FIN devises *fpl*

sortieren* [zɔr'tiːrən] *vt* trier

Sortiment [zɔrti'mɛnt] <-[e]s, -e> *nt* assortiment *m*

sosehr [zo'zeːɐ̯] *konj* **~... [auch]** bien que +*subj*

Soße ['zoːsə] <-, -n> *f* sauce *f*

sott [zɔt] *Imp von* **sieden**

Souffleur, Souffleuse [zu'fløːɐ̯] <-s, -e> *m, f* souffleur(-euse) *m(f)*

Sound [saund] <-s, -s> *m fam* son *m*

Souterrain [zutɛ'rɛ̃ː, 'zuːtɛrɛ̃] <-s, -s> *nt* sous-sol *m*

Souvenir [zuvə'niːɐ̯] <-s, -s> *nt* souvenir *m*

souverän [zuvə'rɛːn] **I.** *adj* ❶ POL souverain(e) ❷ *(überlegen)* supérieur(e) **II.** *adv (überlegen)* suprêmement

Souveränität [zuvərɛni'tɛːt] <-> *f* souveraineté *f*

soviel *konj* [pour] autant que +*subj;* **~ ich weiß** à ce que je sais

soweit *konj* pour autant que +*subj*

sowie [zo'viː] *konj* ❶ *(sobald)* aussitôt que... ❷ *form (und)* ainsi que

sowieso [zovi'zoː] *adv* en tout cas

sowjetisch *adj* soviétique

Sowjetunion *f* HIST **die ~** l'Union *f* soviétique

sowohl [zo'voːl] *konj* **~... als auch...** non seulement..., mais [encore]...

sozial [zo'tsi̯aːl] *adj* social(e)

Sozialabgaben *Pl* charges *fpl* sociales **Sozialamt** *nt* bureau *m* d'aide sociale **Sozialdemokrat(in)** *m(f)* social(e)-démocrate *m(f)* **sozialdemokratisch** *adj* social(e)-démocrate **Sozialhilfe** *f kein Pl* ≈ R.M.I. *m*

Sozialismus [zotsi̯a'lɪsmʊs] <-> *m* socialisme *m*

Sozialist(in) [zotsi̯a'lɪst] <-en, -en> *m(f)* socialiste *mf*

sozialistisch *adj* socialiste

Sozialleistungen *Pl* prestations *fpl* sociales **Sozialversicherung** *f* assurance *f* sociale; *(in Frankreich)* Sécurité *f* sociale **Sozialwohnung** *f* ≈ H.L.M. *m o f*

Soziologe, Soziologin [zotsi̯o'loːgə] <-n, -n> *m, f* sociologue *mf*

Soziologie [zotsi̯olo'giː] <-> *f* sociologie *f*

soziologisch [zotsi̯o'loːgɪʃ] *adj* sociologique

sozusagen [zoːtsu'zaːgən] *adv* pour ainsi dire

Spa [ʃpaː, spaː] <-[s], -s> *nt o m* spa *m*

Spachtel ['ʃpaxtəl] <-s, -> *m* spatule *f*

Spaghetti *Pl* spaghetti *mpl*

spähen ['ʃpɛːən] *vi (blicken)* guetter

Spalt [ʃpalt] <-[e]s, -e> *m* ❶ *(Schlitz)* fente *f* ❷ *(Felsspalt)* fissure *f* ❸ *(Spaltbreit)* entrebâillement *m;* **die Tür einen ~ öffnen** entrouvrir la porte

Spalte ['ʃpaltə] <-, -n> *f* ❶ *(breiter Riss)* fissure *f; (eines Gletschers)* crevasse *f* ❷ TYP colonne *f*

spalten I. *vt* ❶ *(Holz)* fendre ❷ PHYS diviser **II.** *vr (Fraktionen bilden)* **sich in zwei Lager ~** se diviser en deux camps

spammen ['spɛmən] *vt* INFORM spammer

Spanferkel ['ʃpaːnfɛrkəl] *nt* cochon *m* de lait

Spange ['ʃpaŋə] <-, -n> *f* ❶ *(Haarspange)* barrette *f* ❷ *(Zahnspange)* appareil *m* dentaire

Spanien ['ʃpaːniən] <-s> *nt* l'Espagne *f*

Spanier(in) <-s, -> *m(f)* Espagnol(e) *m(f)*

spanisch I. *adj* espagnol(e) **II.** *adv* **~ miteinander sprechen** discuter en espagnol

Spanisch <-[s]> *nt kein art* espagnol *m;* *s.a.* **Deutsch**

spann [ʃpan] *Imp von* **spinnen**

Spannbetttuch *nt* drap-housse *m*

Spanne ['ʃpanə] <-, -n> *f (Gewinnspanne)* marge *f*

spannen ['ʃpanən] **I.** *vt* ❶ *(straffen)* tendre; *(Muskel)* contracter ❷ *(aufspannen)* **etw über etw** *(akk)* **~** tendre qc au-dessus de qc **II.** *vi (Kleidungsstück)* serrer trop; *(Haut)* tirer

spannend *adj (Film)* captivant(e)

Spannung <-, -en> *f* ❶ *kein Pl* suspense *m; (gespannte Erwartung)* tension *f* [nerveuse] ❷ ELEC tension *f*

Sparbuch *nt* livret *m* [de caisse] d'épargne **Sparbüchse** *f* tirelire *f*

sparen ['ʃpa:rən] **I.** *vt* ❶ *(Betrag)* épargner ❷ *(Zeit)* économiser ❸ *(unterlassen)* **sich** *(dat)* **einen Ratschlag ~** garder un conseil pour soi **II.** *vi* ❶ épargner ❷ *(sparsam sein)* se montrer économe

Sparer(in) <-s, -> *m(f)* épargnant(e) *m(f)*

Spargel ['ʃpargəl] <-s, -> *m* asperge *f*

Sparkasse *f* caisse *f* d'épargne

spärlich ['ʃpɛ:ɐ̯lɪç] **I.** *adj (Ausbeute, Einkommen)* maigre; *(Vegetation, Haarwuchs)* clairsemé(e) **II.** *adv* peu

Sparpreis *m* prix *m* réduit

sparsam I. *adj (Person)* économe; *(Motor)* économique **II.** *adv (verwenden)* avec parcimonie

Sparschwein *nt* tirelire *f* **Spartarif** *m* tarif *m* réduit

Spaß [ʃpa:s] <-es, Späße> *m* ❶ *kein Pl (Vergnügung)* divertissement *m; (Freude)* plaisir *m;* **viel ~!** amuse-toi/amusez-vous bien! ❷ *(Scherz)* plaisanterie *f*

Spaßbremse *f fam (Spielverderber)* rabat-joie *mf inv*

spaßen *vi* plaisanter

spaßig *adj* **eine ~e Geschichte** une drôle d'histoire

Spaßverderber(in) <-s, -> *m(f)* rabat-joie *m*

spät [ʃpɛ:t] **I.** *adj* ❶ **es ist ~** il est tard; **wie ~ ist es?** quelle heure est-il? ❷ *(die Spätphase betreffend)* tardif(-ive) **II.** *adv* **[zu] ~** [trop] tard

spätabends *adv* tard dans la soirée

Spaten ['ʃpa:tən] <-s, -> *m* bêche *f*

Spätentwickler(in) <-s, -> *m(f)* MED, PSYCH attardé(e) *m(f)*

später ['ʃpɛ:tɐ] **I.** *adj (Generation)* futur(e) **II.** *adv* plus tard

spätestens *adv* au plus tard

Spätschicht *f* équipe *f* du soir **Spätsommer** *m* fin *f* de l'été

Spatz [ʃpats] <-en, -en> *m* moineau *m*

Spätzle ['ʃpɛtslə] *Pl* GASTR spaetzle *fpl (spécialité de pâtes alsacienne et souabe)*

spazieren* [ʃpa'tsi:rən] *vi +sein* **~ gehen** aller se promener

Spazierfahrt *f* promenade *f* en voiture/vélo/... **Spaziergang** <-gänge> *m* promenade *f* [à pied] **Spaziergänger(in)** [ʃpa'tsi:rgɛŋɐ] <-s, -> *m(f)* promeneur(-euse) *m(f)*

SPD [ɛspe:'de:] <-> *f Abk von* **Sozialdemokratische Partei Deutschlands** *parti social-démocrate allemand*

Speck [ʃpɛk] <-[e]s, -e> *m* lard *m*

Spediteur(in) [ʃpedi'tø:ɐ̯] <-s, -e> *m(f)* transporteur *m*

Spedition [ʃpedi'tsi̯o:n] <-, -en> *f* entreprise *f* de transport

Speichel ['ʃpaiçəl] <-s> *m* salive *f*

Speicher ['ʃpaiçɐ] <-s, -> *m* INFORM mémoire *f*

Speicherkapazität *f* INFORM capacité *f* de mémoire **Speicherkarte** *f* INFORM carte *f* mémoire

speichern *vt, vi* INFORM sauvegarder

Speicherplatz *m kein Pl* INFORM capacité *f* de mémoire

Speise ['ʃpaizə] <-, -n> *f* ❶ *meist Pl geh (Gericht)* repas *m* ❷ *(Nahrung)* nourriture *f*

Speisekarte *f* carte *f*

speisen ['ʃpaizən] **I.** *vi geh* se restaurer **II.** *vt* ❶ *geh (essen)* consommer ❷ *(versorgen: Stromnetz)* alimenter

Speisesaal *m* salle *f* à manger

spektakulär [ʃpɛktaku'lɛ:ɐ̯] *adj* spectaculaire

spekulieren* [ʃpeku'li:rən] *vi* **an der Börse ~** spéculer à la bourse

spendabel [ʃpɛn'da:bəl] *adj fam* généreux(-euse)

Spende ['ʃpɛndə] <-, -n> *f* don *m*

spenden I. *vt a.* MED donner **II.** *vi* **für jdn/etw ~** faire un don pour qn/qc

Spendenaufruf *m* appel *m* à la générosité [publique]

Spender(in) <-s, -> *m(f)* donateur *m*/donatrice *f*; MED donneur *m*/donneuse *f*

spendieren* [ʃpɛn'diːrən] *vt fam* **jdm etw ~** payer qc à qn

Sperling ['ʃpɛrlɪŋ] <-s, -e> *m* moineau *m*

Sperma ['ʃpɛrma] <-s, Spermen> *nt* sperme *m*

sperren ['ʃpɛrən] **I.** *vt* ❶ *(Grenze)* fermer; *(Gebiet)* interdire ❷ *(Kredit)* bloquer; *(Telefon)* couper ❸ *(einsperren)* enfermer **II.** *vr* **sich ~** se braquer

Sperrmüll *m* ❶ *(Müll) vieux objets encombrants dont on veut se débarrasser* ❷ *(Sperrmüllabfuhr) collecte de vieux objets encombrants* **Sperrstunde** *f* ❶ *s.* **Polizeistunde** ❷ *(Ausgehverbot)* couvre-feu *m*

Spesen ['ʃpeːzən] *Pl* frais *mpl* de gestion

Spezialgebiet [ʃpe'ts̮i̯aːlgəbiːt] *nt* spécialité *f*

spezialisieren* [ʃpets̮i̯ali'ziːrən] *vr* **sich auf etw** *(akk)* **~** se spécialiser dans qc

Spezialist(in) [ʃpets̮i̯a'lɪst] <-en, -en> *m(f)* spécialiste *mf*

Spezialität [ʃpets̮i̯ali'tɛːt] <-, -en> *f* spécialité *f*

speziell [ʃpe'ts̮i̯ɛl] *adj* spécial(e)

spezifisch [ʃpe'ts̮iːfɪʃ] *adj* spécifique

spezifizieren* *vt* préciser

Sphäre ['sfɛːrə] <-, -n> *f* sphère *f*

spicken ['ʃpɪkən] **I.** *vt* ❶ GASTR *(Braten)* piquer ❷ *fam (durchsetzen)* **einen Text mit Zitaten ~** truffer un texte de citations **II.** *vi* DIAL *fam* **bei jdm ~** pomper sur qn

Spiegel ['ʃpiːgəl] <-s, -> *m* miroir *m*

spiegeln **I.** *vi* ❶ *(spiegelblank sein)* briller ❷ *(reflektieren)* miroiter **II.** *vr* **sich in etw** *(dat)* **~** se refléter dans qc

Spiel [ʃpiːl] <-[e]s, -e> *nt* ❶ jeu *m* ❷ SPORT match *m;* **die Olympischen ~e** les Jeux olympiques ❸ SPIEL *(Partie)* partie *f*

spielen **I.** *vt* ❶ **Fußball ~** jouer au football ❷ MUS **Klavier ~** jouer du piano ❸ *(Rolle)* jouer **II.** *vi* jouer; **gegen jdn ~** SPORT jouer contre qn

spielend *adv* facilement

Spieler(in) <-s, -> *m(f)* joueur(-euse) *m(f)*

spielerisch **I.** *adj (Eleganz)* désinvolte; *(Leistung)* technique **II.** *adv (bewältigen)* avec désinvolture

Spielfeld *nt* terrain *m; (Tennisplatz)* court *m* **Spielfilm** *m* film *m* **Spielkasino** *nt* casino *m* **Spielmarke** *f* jeton *m* **Spielplatz** *m* terrain *m* de jeux **Spielraum** *m* marge *f* de manœuvre **Spielregel** *f meist Pl* règle *f* du jeu **Spielsachen** *Pl* jouets *mpl* **Spielstand** *m* score *m* **Spielverderber(in)** <-s, -> *m(f)* rabat-joie *mf inv* **Spielzeit** *f* ❶ SPORT temps *m* réglementaire ❷ *(Theatersaison)* saison *f* **Spielzeug** *nt* jouet *m*

Spieß [ʃpiːs] <-es, -e> *m (Bratenspieß)* broche *f; (klein)* brochette *f*

Spießbürger(in) *m(f) s.* **Spießer**

spießbürgerlich *s.* **spießig**

spießen ['spiːsən] *vt* piquer; **etw auf die Gabel ~** piquer qc sur la fourchette

Spießer(in) <-s, -> *m(f) fam* [petit-]bourge *m*/[petite-]bourge *f*

spießig *adj fam* petit(e)-bourgeois(e)

Spinat [ʃpi'naːt] <-[e]s> *m* GASTR épinards *mpl*

Spinne ['ʃpɪnə] <-, -n> *f* araignée *f*

spinnen ['ʃpɪnən] *irr* **I.** *vt (Netz)* filer **II.** *vi* ❶ *(am Spinnrad)* filer ❷ *fam (verrückt sein)* débloquer

Spinner(in) <-s, -> *m(f) fam (verrückter Mensch)* cinglé(e) *m(f)*

Spinnerei [ʃpɪnə'rai̯] <-, -en> *f (Textilbetrieb)* filature *f*

Spion [ʃpi̯oːn] <-s, -e> *m* espion *m*

Spionage [ʃpio'naːʒə] <-> *f* espionnage *m*

Spionin <-, -nen> *f* espionne *f*

Spirale [ʃpi'raːlə] <-, -n> *f* ❶ spirale *f* ❷ MED stérilet *m*

Spirituosen *Pl* GASTR *form* spiritueux *mpl*

Spital [ʃpi'ta:l] <-s, Spitäler> *nt* A, CH hôpital *m*
spitz [ʃpɪts] *adj* pointu(e); *(Winkel, Schrei)* aigu(ë); *(Bemerkung)* acéré(e)
Spitze ['ʃpɪtsə] <-, -n> *f* ❶ *(spitzes Ende)* pointe *f* ❷ *(eines Zugs)* tête *f* ❸ TEXTIL dentelle *f*
Spitzel ['ʃpɪtsəl] <-s, -> *m* indicateur *m*
spitzen *vt (Bleistift)* tailler
Spitzenklasse *f (höchste Leistungsstufe)* élite *f* **Spitzenleistung** *f* prouesse *f* **Spitzenreiter(in)** *m(f) (Mensch)* leader *m*
spitzfindig I. *adj (haarspalterisch)* pointilleux(-euse) II. *adv* en ergotant
Spitzhacke *f* pioche *f*
Spitzname *m* sobriquet *m*
splitten ['ʃplɪtn] *vt* répartir
Splitter ['ʃplɪtɐ] <-s, -> *m* éclat *m*; *(Glassplitter)* éclat de verre
Splittergruppe *f* groupuscule *m (péj)*
splittern *vi* ❶ *+sein (Glas)* voler en éclats ❷ *+haben (Splitter bilden)* se fragmenter
SPÖ [ɛspe:'ʔø:] <-> *f Abk von* **Sozialistische Partei Österreichs** *parti social-démocrate autrichien*
sponsern ['ʃpɔnzen] *vt* sponsoriser
Sponsor, Sponsorin ['ʃpɔnzɐ] <-s, -soren> *m, f* sponsor *m*
spontan [ʃpɔn'ta:n] *adj* spontané(e)
sporadisch [ʃpo'ra:dɪʃ] *adj* sporadique
Sport [ʃpɔrt] <-[e]s> *m* sport *m*

Sport und Wettkampf

der Sportler/ die Sportlerin	le sportif/ la sportive
der Verein	le club
die Meisterschaft	le championnat
der Meister/ die Meisterin	le champion/ la championne
das Training	l'entraînement
der Trainer/ die Trainerin	l'entraîneur/ l'entraîneuse
das Spiel	le match
der Wettkampf	la compétition
die Mannschaft	l'équipe
der Start	le départ
das Ziel	l'arrivée
der Ball	la balle
der [große] Ball	le ballon
Fußball	le foot[ball]
die Leichtathletik	l'athlétisme
das Radfahren	le vélo
Volleyball[spiel]	le volley[-ball]
Basketball[spiel]	le basket[-ball]
Tennis	le tennis
das Skifahren	le ski
das Schwimmen	la natation
das Eislaufen	le patinage

Sportabzeichen *nt* insigne *m* sportif
Sportart *f* discipline *f* [sportive]

Sportartikel

der Tennisschläger	la raquette de tennis
der Tennisball	la balle de tennis
der Badminton-schläger	la raquette de badminton
der Federball	le volant
der Tischtennis-schläger	la raquette de ping-pong
der Tischtennisball	la balle de ping-pong
der Baseball-schläger	la batte de base-ball
der Baseball	le ballon de base-ball
der Golfschläger	la crosse de golfe
der Golfball	la balle de golfe
der Hockeyschläger	la crosse de hockey
der Basketball	le ballon de basket
der Fußball	le ballon de foot
der Rugbyball	le ballon de rugby
der Football	le ballon de foot--ball américain
die Skistöcke	les bâtons de ski
die Taucherflossen	les palmes
die Taucherbrille mit Schnorchel	le masque de plongée avec tuba

die Inlineskates	les patins en ligne
die Schwimmbrille	les lunettes de plongée
das Skateboard	le skateboard
das Snowboard	le snowboard, la planche
die Skier	les skis
die Skistiefel	les chaussures de ski
die Skibrille	les lunettes de ski
die Schlittschuhe	les patins à glace

Sportfest *nt* fête *f* sportive **Sporthalle** *f* gymnase *m; (für Sportveranstaltungen)* salle *f* de sport **Sportlehrer(in)** *m(f)* professeur *mf* d'éducation physique et sportive

Sportler(in) <-s, -> *m(f)* sportif(-ive) *m(f)*

sportlich *adj (Person)* sportif(-ive); *(Kleidung)* de sport

Sportplatz *m* terrain *m* de sport **Sportverein** *m* club *m* sportif **Sportwagen** *m (Auto)* voiture *f* de sport

Spott [ʃpɔt] <-[e]s> *m* moquerie *f*

spottbillig ['ʃpɔt'bɪlɪç] *fam* **I.** *adj* vraiment donné(e) **II.** *adv* pour que dalle

spotten ['ʃpɔtən] *vi* **über jdn/etw ~** se moquer de qn/qc

spöttisch *adj* moqueur(-euse)

sprach [ʃpraːx] *Imp von* **sprechen**

Sprachbegabung *f* don *m* pour les langues

Sprache ['ʃpraːxə] <-, -n> *f* ❶ langue *f* ❷ *kein Pl (Ausdrucksweise, Sprachfähigkeit)* langage *m*

Sprachfehler *m* défaut *m* de prononciation **Sprachkenntnisse** *Pl (einer Sprache)* connaissances *fpl* de la langue **Sprachkurs** *m* cours *m* de langue

sprachlich *adj* linguistique

sprachlos *adj* muet(te)

Sprachwissenschaft *f* linguistique *f*

sprang [ʃpraŋ] *Imp von* **springen**

Spray [ʃpreː] <-s, -s> *m o nt* aérosol *m; (Kosmetikspray)* spray *m*

Spraydose ['ʃpreː-] *f (Kosmetikspraydose)* spray *m*

Sprechanlage *f* interphone *m*

sprechen ['ʃprɛçən] *irr* **I.** *vi* ❶ *(reden)* parler ❷ *(telefonieren)* **mit jdm ~** parler à qn [au téléphone] ❸ *(empfangen)* **für niemanden zu ~ sein** n'être là pour personne ❹ *(tratschen)* **über jdn ~** raconter des choses sur qn ❺ *(eintreten)* **für jdn ~** plaider en faveur de qn **II.** *vt* ❶ *(Wort)* dire; *(Nachrichten)* présenter ❷ *(beherrschen)* **~ Sie Chinesisch?** parlez-vous [le] chinois? ❸ *(sich unterreden mit)* parler à

Sprecher(in) <-s, -> *m(f)* ❶ *(Wortführer)* porte-parole *m* ❷ *(Rundfunksprecher)* présentateur(-trice) *m(f)*

Sprechstunde *f* consultation *f* **Sprechzimmer** *nt* cabinet *m*

sprengen ['ʃprɛŋən] *vt* ❶ *(mit Sprengstoff zerstören)* faire sauter ❷ *(Versammlung)* disperser ❸ *(Rasen)* arroser

Sprengkraft *f kein Pl* force *f* explosive **Sprengstoff** *m* ❶ explosif *m* ❷ *fig* dynamite *f*

spricht [ʃprɪçt] *3. Pers Präs von* **sprechen**

Sprichwort ['ʃprɪçvɔrt] *nt* proverbe *m*

Springbrunnen *m* fontaine *f*

springen ['ʃprɪŋən] *irr* **I.** *vi +sein* ❶ *(hüpfen)* sauter ❷ *(Vase)* se fendre **II.** *vt +haben o sein (vier Meter)* sauter

Sprint [ʃprɪnt] <-s, -s> *m* sprint *m*

Sprit [ʃprɪt] <-[e]s> *m fam (Benzin)* essence *f*

Spritze ['ʃprɪtsə] <-, -n> *f* ❶ *(Injektionsspritze)* seringue *f* ❷ *(Injektion)* piqûre *f*

spritzen ['ʃprɪtsn] **I.** *vi* ❶ *+haben o sein (Fett, Wasser)* gicler ❷ *+haben* MED faire une piqûre/des piqûres **II.** *vt +haben* ❶ *(Auto)* peindre au pistolet ❷ *(Rasen)* arroser ❸ MED **jdm Insulin ~** injecter de l'insuline à qn

Spritzer <-s, -> *m* ❶ *(Tropfen)* éclaboussure *f* ❷ *(kleine Menge)* giclée *f*

spritzig ['ʃprɪtsɪç] *adj (Dialog)* pétulant(e)

Spruch [ʃprʊx] <-[e]s, Sprüche> *m* ❶ *(Spruchweisheit)* dicton *m* ❷ *(Bibelspruch)* verset *m pej* formule *f* toute faite

Sprudel ['ʃpru:dəl] <-s, -> *m* eau *f* gazeuse

sprudeln *vi* ❶ *+haben (aufkochen)* bouillonner ❷ *+sein* **aus dem Boden ~** *(Quelle)* jaillir du sol

sprühen ['ʃpry:ən] **I.** *vt +haben (Flüssigkeit)* pulvériser; *(Parfüm)* vaporiser **II.** *vi +sein (Funken)* jaillir

Sprung [ʃprʊŋ] <-[e]s, Sprünge> *m (einer Person)* saut *m*

Sprungbrett *nt* SPORT tremplin *m*

sprunghaft *adj* ❶ *(Anstieg)* brutal(e) ❷ *(unstet)* versatile

Sprungschanze *f* tremplin *m* [de saut à skis]

Spucke ['ʃpʊkə] <-> *f fam* salive *f*

spucken *vi, vt* cracher

spuken *vi unpers* **hier spukt es** il y a des fantômes ici

Spüle ['ʃpy:lə] <-, -n> *f* évier *m*

spulen ['ʃpu:lən] *vt* embobiner

spülen ['ʃpy:lən] **I.** *vi (Toilette)* tirer la chasse [d'eau] **II.** *vt* ❶ *(abspülen)* laver ❷ *(schwemmen)* **etw ans Ufer ~** rejeter qc sur la rive ❸ *(Geschirr)* rincer

Spülmaschine *f* lave-vaisselle *m* **Spülmittel** *nt* liquide *m* vaisselle

Spülung <-, -en> *f* chasse *f* d'eau

Spur [ʃpu:ɐ̯] <-, -en> *f* ❶ trace *f* ❷ *(Fahrbahn)* voie *f*

spürbar *adj* sensible

spuren ['ʃpu:rən] *vi fam (gehorchen)* filer doux; **bei jdm ~** filer doux avec qn

spüren ['ʃpy:rən] *vt* sentir; *(Schmerz)* ressentir

Spürhund *m* chien *m* policier

spurlos *adv (verschwinden)* sans laisser de traces

Squash ['skvɔʃ] <-> *nt* squash *m*

St. ❶ *Abk von* **Stück** pièce *f* ❷ *Abk von* **Sankt** St/Ste

Staat [ʃta:t] <-[e]s, -en> *m* POL État *m*

staatlich **I.** *adj (Förderung)* de l'État; *(Einrichtung)* public(-ique) **II.** *adv (anerkannt)* par l'État

Staatsakt *m* cérémonie *f* officielle **Staatsangehörige(r)** *f(m) dekl wie adj* ressortissant(e) *m(f)* **Staatsangehörigkeit** <-, -en> *f* nationalité *f* **Staatsanleihe** *f* emprunt *m* d'État **Staatsausgaben** *Pl* dépenses *fpl* publiques **Staatsbesuch** *m* visite *f* officielle **Staatsbürger(in)** *m(f) form* citoyen(ne) *m(f)* **Staatsbürgerschaft** *f form s.* **Staatsangehörigkeit** **Staatsdienst** *m* fonction *f* publique **Staatskasse** *f* Trésor *m* [public] **Staatsminister(in)** *m(f)* ministre *mf* d'État **Staatsoberhaupt** *nt* chef *mf* d'État/de l'État

Stab [ʃta:p] <-[e]s, Stäbe> *m* ❶ *(Holzstab)* baguette *f* ❷ *(Gitterstab)* barreau *m* ❸ *(Gruppe)* équipe *f*

Stabhochspringer(in) *m(f)* sauteur(-euse) *m(f)* à la perche

stabil [ʃta'bi:l] *adj (Möbel)* solide; *(Wetterlage)* stable; *(Beziehung)* durable

stabilisieren* [ʃtabili'zi:rən] **I.** *vt (Regal)* consolider; *(Kreislauf)* stabiliser **II.** *vr a.* MED **sich ~** se stabiliser

Stabilität [ʃtabili'tɛ:t] <-> *f* stabilité *f*

stach [ʃta:x] *Imp von* **stechen**

Stachel [ʃtaxəl] <-s, -n> *m (eines Igels)* piquant *m; (eines Insekts)* dard *m; (einer Pflanze)* épine *f*

Stacheldraht *m* [fil *m* de fer] barbelé *m* **Stacheldrahtzaun** *m* clôture *f* en barbelé

stach[e]lig *adj (Tier)* hérissé(e) de piquants; *(Pflanze)* épineux(-euse)

Stadion ['ʃta:diɔn] <-s, Stadien> *nt* stade *m*

Stadium ['ʃta:diʊm] <-s, Stadien> *nt* ❶ *(einer Entwicklung)* phase *f* ❷ MED stade *m*

Stadt [ʃtat] <-, Städte> *f* ❶ ville *f* ❷ *(Stadtverwaltung)* municipalité *f*

Stadtbummel *m* promenade *f* en ville

S

Städtepartnerschaft *f* jumelage *m*
städtisch ['ʃtɛtɪʃ] *adj* municipal(e)
Stadtmauer *f* rempart *m* **Stadtmitte** *f* centre-ville *m* **Stadtplan** *m* plan *m* de la ville **Stadtrand** *m* périphérie *f* de la ville **Stadtrat** *m* conseil *m* municipal **Stadtrundfahrt** *f* visite *f* guidée de la ville **Stadtteil** *m* quartier *m* **Stadtverwaltung** *f* administration *f* municipale **Stadtwerke** *Pl* services *mpl* techniques de la ville
Staffelei [ʃtafə'lai] <-, -en> *f* chevalet *m*
staffeln ['ʃtafəln] *vt (Preise, Gebühren)* échelonner
stahl [ʃta:l] *Imp von* **stehlen**
Stahl [ʃta:l] <-[e]s, -e> *m* acier *m*
Stahlhelm *m* casque *m* lourd **Stahlindustrie** *f* industrie *f* sidérurgique
stak *Imp von* **stecken**
Stalker(in) ['stɔ:kɐ] <-s, -> *m(f)* harceleur(-euse) *m(f)*
Stalking ['stɔ:kɪŋ] <-s> *nt* dioxis *f*, stalking *m*
Stall [ʃtal] <-[e]s, Ställe> *m (Kuhstall)* étable *f; (Pferdestall)* écurie *f; (Schweinestall)* porcherie *f; (Kaninchenstall)* clapier *m; (Hühnerstall)* poulailler *m*
Stamm [ʃtam] <-[e]s, Stämme> *m* ❶ *(eines Baums)* tronc *m* ❷ *(Volksstamm)* tribu *f* ❸ *(Kundenstamm)* clientèle *f*
Stammbuch *nt* livret *m* de famille
stammen ['ʃtamən] *vi* ❶ **aus Spanien ~** être originaire de l'Espagne ❷ *(herrühren)* **von jdm ~** *(Werk)* être de qn; **aus dem 16. Jahrhundert ~** dater du 16ième siècle
Stammgast *m* habitué(e) *m(f)* **Stammkunde, -kundin** *m, f* client *m* habituel/cliente *f* habituelle **Stammtisch** *m* ❶ *(Tisch)* table *f* des habitués ❷ *(Stammgäste)* tablée *f* d'habitués **Stammzelle** *f* cellule *f* souche; **embryonale ~n** cellules souches embryonnaires
stand [ʃtant] *Imp von* **stehen**
Stand [ʃtant] <-[e]s, Stände> *m* ❶ *(eines Zählers)* niveau *m* ❷ *kein Pl (Zustand)* état *m* ❸ *(Spielstand)* score *m* ❹ *(Verkaufsstand)* étal *m; (Messestand)* stand *m* ❺ *(gesellschaftliche Schicht)* catégorie *f* ▶ **zu etw im ~e sein** être capable de qc
Standard ['ʃtandart] <-s, -s> *m* standard *m*
standardisieren* [ʃtandardi'zi:rən] *vt* standardiser
Ständer ['ʃtɛndɐ] <-s, -> *m* ❶ *(Gestell)* support *m* ❷ *(Kleiderständer)* portemanteau *m* ❸ *(Notenständer)* pupitre *m*
Standesamt *nt* [bureau *m* de l']état *m* civil **Standesbeamte(r)** *m dekl wie adj*, **-beamtin** *f* officier *m* d'état civil
ständig ['ʃtɛndɪç] **I.** *adj* ❶ *(dauernd)* permanent(e) ❷ *(Wohnsitz)* fixe **II.** *adv (dauernd)* continuellement
Standlicht *nt kein Pl* feux *mpl* de position **Standort** *m (eines Unternehmens)* lieu *m* d'implantation; *(Produktionsstätte)* site *m* de production **Standpunkt** *m* point *m* de vue **Standspur** *f* bande *f* d'arrêt d'urgence
Stange ['ʃtaŋə] <-, -n> *f* barre *f*
Stängel ['ʃtɛŋəl] <-s, -> *m* tige *f*
stank [ʃtaŋk] *Imp von* **stinken**
Stapel ['ʃta:pəl] <-s, -> *m* pile *f*
stapeln *vt, vr* **[sich]** ~ [s']empiler
Star[1] [ʃta:ɐ̯] <-[e]s, -e> *m* ZOOL étourneau *m*
Star[2] [sta:ɐ̯] <-s, -s> *m* star *f*
starb [ʃtarb] *Imp von* **sterben**
stark [ʃtark] <stärker, stärkste> **I.** *adj* ❶ fort(e) ❷ *(Schulklasse, Ast)* gros(se); *(Balken)* épais(se); **tausend Mann ~ sein** compter mille personnes ❸ *(Nerven)* solide ❹ *(Ab-, Zuneigung)* grand(e); *(Gefühl)* profond(e) ❺ *(Motor)* puissant(e) ❻ *fam (hervorragend)* super **II.** *adv* ❶ *(sehr)* très; *(übertreiben)* beaucoup; *(hoffen)* bien; *(beeindruckt)* fortement ❷ *(intensiv)* **~ duften** sentir fort ❸ *fam (hervorragend)* vachement bien
Stärke ['ʃtɛrkə] <-, -n> *f* ❶ force *f*

② *(Dicke)* épaisseur *f* ③ *(der Schmerzen)* intensité *f* ④ *(einer Brille)* puissance *f* ⑤ *(zahlenmäßige Größe)* nombre *m; (einer Armee)* effectif *m* ⑥ *(pflanzliche Substanz)* amidon *m*

stärken *vt* ① *(Kreislauf)* régulariser; *(Widerstandskraft)* augmenter ② *(verbessern)* renforcer ③ *(Wäsche)* amidonner

Stärkung <-, -en> *f (Mahlzeit)* collation *f*

starr [ʃtar] *adj (Haltung)* rigide

starren ['ʃtarən] *vi* avoir le regard fixe; **an die Decke** ~ regarder fixement le plafond

starrköpfig *s.* **starrsinnig**

Start [ʃtart] <-s, -s> *m* ① *(eines Flugzeugs)* décollage *m* ② SPORT départ *m* ③ *(Beginn)* démarrage *m*

startbereit *adj* ~ **sein** *(Sportler)* être prêt au départ; *(Flugzeug)* être prêt à décoller **Startblock** <-blöcke> *m* *(beim Schwimmen)* plot *m* de départ

starten I. *vi +sein* ① *(Flugzeug)* décoller ② SPORT prendre le départ ③ *(Tournee)* démarrer II. *vt +haben* ① *(Auto)* mettre en route; *(Computer)* mettre en marche ② *(Kampagne)* lancer ③ INFORM *(Programm)* démarrer

Starterlaubnis *f (beim Fliegen)* autorisation *f* de décoller **Starthilfekabel** *nt* câble *m* de démarrage **Startkapital** *nt* capital *m* initial

Stasi ['ʃtaːzi] <-> *f Abk von* **Staatssicherheit[sdienst]** *abréviation familière pour services de Sécurité de l'État de l'ex-R.D.A.*

Statik ['ʃtaːtɪk] <-, -en> *f* statique *f*

Station [ʃta'tsi̯oːn] <-, -en> *f* ① *(Haltestelle)* station *f* ② *(einer Reise)* étape *f* ③ MED service *m*

stationär [ʃtatsi̯o'nɛːɐ̯] I. *adj (Behandlung)* à l'hôpital II. *adv* **jdn** ~ **behandeln** hospitaliser qn

statisch ['ʃtaːtɪʃ] *adj* statique

Statist(in) [ʃta'tɪst] <-en, -en> *m(f)* figurant(e) *m(f)*

Statistik [ʃta'tɪstɪk] <-, -en> *f* statistique *f*

statistisch [ʃta'tɪstɪʃ] *adj* statistique

statt [ʃtat] I. *präp +gen* à la place de II. *konj* ~ **zu warten** au lieu d'attendre

stattdessen *adv* au lieu de cela

Stätte ['ʃtɛtə] <-, -n> *f geh* lieu *m*

statt|finden *vi irr* avoir lieu

stattlich ['ʃtatlɪç] *adj* ① *(Erscheinung)* imposant(e) ② *(beträchtlich)* considérable

Statue ['ʃtaːtuə] <-, -n> *f* statue *f*

Statussymbol *nt* symbole *m* de réussite sociale

Statut [ʃta'tuːt] <-[e]s, -en> *nt meist Pl* statut *m*

Stau [ʃtau̯] <-[e]s, -e> *m* bouchon *m*

Staub [ʃtau̯p] <-[e]s, -e> *m* poussière *f*

stauben ['ʃtau̯bən] I. *vi unpers* **es staubt** ça fait de la poussière II. *vi (Teppich)* être plein de poussière

staubig *adj* poussiéreux(-euse)

staubsaugen I. *vi* passer l'aspirateur II. *vt (Zimmer)* passer l'aspirateur dans **Staubsauger** *m* aspirateur *m*

stauen ['ʃtau̯ən] I. *vt (Wasser)* retenir; *(Bach)* endiguer II. *vr* **sich** ~ *(Wasser)* s'accumuler; *(Bach)* stagner; *(Autos)* former un bouchon *(fam)*

staunen ['ʃtau̯nən] *vi* **über jdn/etw** ~ être étonné par qn/de qc

Staunen <-s> *nt* étonnement *m*

Steak [steːk] <-s, -s> *nt* steak *m*

stechen ['ʃtɛçən] *irr* I. *vi* ① *(Insekt, Kaktus)* piquer; *(Sonne)* taper ② *(hineinstechen)* **mit einer Nadel in etw** *(akk)* ~ enfoncer une aiguille dans qc ③ SPIEL **mit etw** ~ couper avec qc II. *vt* ① piquer ② SPIEL **die Zehn mit dem As** ~ prendre le dix avec l'as ③ *(gravieren)* **etw in etw** *(akk)* ~ graver qc sur qc III. *vr* **sich an den Dornen** ~ se piquer avec les épines

stechend *adj (Blick)* perçant(e); *(Schmerz)* lancinant(e)

Stechmücke *f* moustique *m* **Stechuhr** *f* pointeuse *f*

Steckbrief *m* avis *m* de recherche

S

Steckdose *f* prise *f* [de courant] **Steckdosenleiste** *f* bande *f* de puissance

stecken ['ʃtɛkən] I. *vi* ❶ **in etw** *(dat)* ~ *(Dorn, Splitter)* être enfoncé dans qc; **im Schnee** ~ être bloqué dans la neige ❷ *(sich befinden)* **in Schwierigkeiten** *(dat)* ~ *(Person)* avoir de gros problèmes ❸ *(verantwortlich sein)* **hinter einer Sache** ~ être pour quelque chose dans une affaire II. *vt* **etw in eine Schublade** ~ mettre qc dans un tiroir

Stecker <-s, -> *m* fiche *f*

Stecknadel *f* épingle *f*

Steg [ʃteːk] <-[e]s, -e> *m* ❶ *(kleine Brücke)* passerelle *f* ❷ *(Bootssteg)* appontement *m*

stehen ['ʃteːən] *irr* I. *vi* +*haben o* A, CH, SDEUTSCH *sein* ❶ *(Person)* être debout; **am Fenster** ~ être à la fenêtre; **auf einer Liste** ~ être inscrit sur une liste ❷ *(Maschine, Uhr)* être arrêté ❸ *(beeinflusst sein)* **unter Schock** ~ être sous le choc ❹ *(konfrontiert sein)* **vor dem Ruin** ~ être au bord de la ruine ❺ LING **im Futur** ~ être au futur ❻ *(kleidsam sein)* **jdm [gut]** ~ *(Frisur)* aller [bien] à qn ❼ SPORT, SPIEL **es steht unentschieden** le score est nul ❽ *fam* *(Vortrag)* être prêt; *(Mannschaft)* être formé ❾ *(unterstützen)* **zu/hinter jdm** ~ soutenir qn ❿ *(gleichbedeutend sein mit)* **für etw** ~ *(Abkürzung)* signifier qc; *(Symbol)* représenter qc ⓫ *(stecken)* **jd steht hinter etw** *(dat)* il y a qn derrière qc ⓬ *fam (gut finden)* **auf jdn/etw** ~ craquer pour qn/être fana de qc ⓭ *(unanfechtbar sein)* **über etw** *(dat)* ~ être au-dessus de qc ⓮ *(sein)* **offen** ~ *(Fenster)* être ouvert II. *vi unpers* **es steht schlecht um ihn** il va mal

stehend *adj (Gewässer)* stagnant(e)

Stehlampe *f* lampadaire *m*

stehlen ['ʃteːlən] *vt irr* voler

steif [ʃtaif] I. *adj* ❶ *(starr)* rigide ❷ *(Bein)* raide; *(Gelenk)* ankylosé(e) ❸ *(förmlich)* guindé(e) II. *adv (förmlich)* froidement

steigen ['ʃtaigən] *irr* I. *vi* +*sein* ❶ *(klettern)* **auf eine Leiter/einen Berg** ~ monter sur une échelle/escalader une montagne ❷ *(aufsitzen, absitzen)* **aufs Fahrrad** ~ monter à vélo; **vom Fahrrad** ~ descendre de vélo ❸ *(einsteigen, aussteigen)* **in den Zug** ~ monter dans le train; **aus dem Auto** ~ descendre de la voiture ❹ *(Ballon, Spannung)* monter ❺ *(sich erhöhen)* **um drei Prozent** ~ augmenter de trois pour cent II. *vt* +*sein (Treppen)* monter

steigern ['ʃtaigɐn] I. *vt* ❶ augmenter; *(Spannung)* faire monter; *(Qualität)* améliorer ❷ LING **ein Adjektiv** ~ mettre un adjectif au comparatif/superlatif II. *vr* **sich** ~ s'améliorer; *(Geschwindigkeit)* augmenter

Steigung <-, -en> *f* ❶ *(steile Strecke)* côte *f* ❷ *(Neigung)* pente *f*

steil [ʃtail] I. *adj* ❶ *(Abhang)* escarpé(e); *(Straße)* raide ❷ *fig (Karriere)* fulgurant(e) II. *adv (ansteigen)* abruptement; *(abfallen)* à pic

Steilküste *f* falaise *f*

Stein [ʃtain] <-[e]s, -e> *m* ❶ pierre *f* ❷ *(Kieselstein)* caillou *m* ❸ *(Pflasterstein)* pavé *m*

Steinbock *m* ❶ bouquetin *m* ❷ ASTRO Capricorne *m*

steinern *adj* en pierre

steinhart *adj* dur(e) comme pierre

steinig *adj (mit Steinen bedeckt)* pierreux(-euse)

steinigen ['ʃtainɪgən] *vt* lapider

Steinkohle *f kein Pl* houille *f* **steinreich** *adj fam* richissime **Steinzeit** *f kein Pl* âge *m* de pierre

Steiß [ʃtais] <-es, -e> *m* ANAT coccyx *m*

Stelle ['ʃtɛlə] <-, -n> *f* ❶ endroit *m* ❷ *(Textstelle)* passage *m* ❸ MATH chiffre *m* ❹ *(Arbeitsplatz)* emploi *m; (im öffentlichen Dienst)* poste *m* ❺ *(Abteilung)* service *m* ❻ *(Rang)* **an erster** ~ **stehen** occuper la première place ▶ **an**

deiner/seiner ~ *(dat)* à ta/sa place

stellen [ˈʃtɛlən] **I.** *vt* ❶ poser ❷ *(aufrecht hinstellen)* mettre debout ❸ *(einstellen: Wecker)* régler; **leiser** ~ baisser [le son de] ❹ *(Frage)* poser; *(Antrag)* présenter ❺ *(Aufgabe)* donner ❻ *(Täter)* arrêter ❼ *(Prognose)* faire; *(Diagnose)* établir **II.** *vr* ❶ **sich hinter etw** *(akk)* ~ se mettre derrière qc; **sich den Journalisten** ~ faire face aux journalistes; **sich jdm** ~ *(Täter)* se livrer à qn ❷ *(sich ausgeben)* **sich schlafend** ~ faire semblant de dormir ❸ *(sich aufdrängen)* **es stellt sich die Frage, ob...** la question se pose de savoir si...

Stellenabbau *m* suppression *f* d'emplois **Stellenangebot** *nt* offre *f* d'emploi **Stellengesuch** *nt* recherche *f* d'emploi **Stellenmarkt** *m* ❶ *(Arbeitsmarkt)* marché *m* de l'emploi ❷ *(Stellenanzeigen)* offres *f pl* d'emploi

Stellplatz *m* place *f* de stationnement

Stellung <-, -en> *f* ❶ position *f* ❷ *(Arbeitsplatz)* emploi *m* ❸ *(Rang)* rang *m*

Stempel [ˈʃtɛmpəl] <-s, -> *m* tampon *m*

stempeln **I.** *vt* *(Formular)* tamponner; *(Briefmarke)* oblitérer **II.** *vi* tamponner

Steppdecke *f* couette *f*

Sterbehilfe *f kein Pl* euthanasie *f*

sterben [ˈʃtɛrbən] *vi irr +sein* **an Krebs** *(dat)* ~ mourir d'un cancer ❷ *fam (vergehen)* **ich bin vor Angst fast gestorben** j'ai failli mourir de peur

Sterbeurkunde *f* acte *m* de décès

Sterblichkeit <-> *f* mortalité *f*

Stereo [ˈʃteːreo] <-> *nt* stéréo *f*

Stereoanlage *f* chaîne *f* stéréo

stereotyp [ʃtereoˈtyːp] *adj* stéréotypé(e)

steril [ʃteˈriːl] *adj* stérile

Sterilisation [ʃterilizaˈtsi̯oːn] <-, -en> *f* stérilisation *f*

sterilisieren* [ʃteriliˈziːrən] *vt* stériliser

Stern [ʃtɛrn] <-[e]s, -e> *m* étoile *f*

Sternbild *nt* constellation *f*

Sternchen <-s, -> *nt Dim von* **Stern** ❶ petite étoile *f* ❷ TYP astérisque *m*

Sternschnuppe <-, -n> *f* étoile *f* filante

Sternzeichen *nt* signe *m* astrologique

Stethoskop [ʃtetoˈskoːp] <-s, -e> *nt* stéthoscope *m*

stetig *adj* permanent(e)

stets [ʃteːts] *adv* constamment

Steuer[1] [ˈʃtɔyɐ] <-s, -> *nt* ❶ *(Lenkrad)* volant *m* ❷ *(Ruder)* gouvernail *m*

Steuer[2] <-, -n> *f* impôt *m*

Steuerberater(in) *m(f)* conseiller *m* fiscal/conseillère *f* fiscale **Steuerbescheid** *m* avis *m* d'imposition

steuerbord *adv* à tribord

Steuerbord *nt* tribord *m*

Steuererhöhung *f* augmentation *f* d'impôt **Steuererklärung** *f* déclaration *f* d'impôts **Steuerermäßigung** *f* dégrèvement *m* fiscal **Steuerklasse** *f* tranche *f* d'imposition

steuerlich *adj* fiscal(e)

Steuermann <-männer *o* -leute> *m* ❶ *(Offizier)* second *m* ❷ *(Steuerer eines Ruderboots)* barreur(-euse) *m(f)*

steuern **I.** *vt +haben* ❶ *(Fahrzeug)* conduire; *(Schiff)* piloter ❷ *(regulieren)* régler ❸ *(Entwicklung)* orienter **II.** *vi +haben* **nach rechts** ~ *(Fahrer)* diriger la voiture à droite; *(Steuermann)* diriger le bateau à droite

steuerpflichtig *adj* imposable

Steuerrad *nt* ❶ *(Lenkrad)* volant *m* ❷ NAUT barre *f* **Steuerruder** *nt* gouvernail *m*

Steuerzahler(in) *m(f)* contribuable *mf*

Steward [ˈstjuːɐt] <-s, -s> *m* steward *m*

Stewardess [ˈstjuːɐdɛs] <-, -en> *f* hôtesse *f* de l'air

StGB [ɛsteːgeːˈbeː] <-[s]> *nt Abk von* **Strafgesetzbuch** ≈ code *m* pénal

Stich [ʃtɪç] <-[e]s, -e> *m* ❶ *(Insektenstich)* piqûre *f* ❷ *(Stichverletzung)* coup *m* de couteau ❸ *(Schmerz)* élancement *m* ❹ *(Nähstich)* point *m* ❺ *(Radierung)* gravure *f* ❻ SPIEL pli *m*

sticheln [ˈʃtɪçəln] *vi* lancer des piques *(fam)*

Stichhaltigkeit <-> *f* pertinence *f*

Stichprobe *f* prélèvement *m*

sticht [ʃtɪçt] *3. Pers Präs von* **stechen**

Stichtag *m* jour *m* fixé **Stichwort** <-wörter> *nt* *(in Nachschlagewerken)* entrée *f;* *(in Registern)* mot-clé *m*

Stichwunde *f* coup *m* de couteau

Stickerei [ʃtɪkəˈrai] <-, -en> *f* broderie *f*

Stiefbruder [ˈʃtiːfbruːdɐ] *m* demi-frère *m*

Stiefel [ˈʃtiːfəl] <-s, -> *m* botte *f*

Stiefeltern *Pl* beaux-parents *mpl* **Stiefkind** *nt* enfant *mf* d'un autre lit **Stiefmutter** *f* belle-mère *f* **Stiefschwester** *f* demi-sœur *f* **Stiefsohn** *m* beau-fils *m* **Stieftochter** *f* belle-fille *f* **Stiefvater** *m* beau-père *m*

stieg [ʃtiːk] *Imp von* **steigen**

stiehlt [ʃtiːlt] *3. Pers Präs von* **stehlen**

Stiel [ʃtiːl] <-[e]s, -e> *m* ❶ *(Griff)* manche *m;* *(eines Glases)* pied *m* ❷ *(einer Blume)* tige *f;* *(eines Apfels)* queue *f*

Stier [ʃtiːɐ̯] <-[e]s, -e> *m* ❶ taureau *m* ❷ ASTRO Taureau *m*

stieß [ʃtiːs] *Imp von* **stoßen**

Stift [ʃtɪft] <-[e]s, -e> *m* crayon *m*

stiften [ˈʃtɪftən] *vt* ❶ *(Preis)* offrir; **jdm etw ~** faire don de qc à qn ❷ *(Unfrieden)* provoquer

Stifter(in) [ˈʃtɪftɐ] <-s, -> *m(f)* *(Spender)* donateur(-trice) *m(f)*

Stiftung <-, -en> *f* fondation *f;* *(Schenkung)* don *m*

Stil [ʃtiːl] <-[e]s, -e> *m* ❶ style *m* ❷ *(Verhaltensweise)* genre *m*

S

stilistisch *adj* stylistique

still [ʃtɪl] **I.** *adj* ❶ calme; **sei ~!** tais-toi! ❷ *(Leben)* tranquille; *(Hoffnung)* secret(-ète); *(Einvernehmen)* tacite **II.** *adv* ❶ *(lautlos)* silencieusement ❷ *(bewegungslos)* tranquillement

Stille [ʃtɪlə] <-> *f* calme *m*

stillen **I.** *vt* ❶ *(Baby)* allaiter ❷ *(Durst)* étancher; *(Hunger)* calmer **II.** *vi* *(Mutter)* allaiter

still|halten *vi irr* se tenir tranquille

still|legen *vt* fermer; **stillgelegt** abandonné(e)

stillschweigend **I.** *adj* tacite **II.** *adv* en silence; *(billigen)* tacitement

Stillstand *m kein Pl* arrêt *m* **still|stehen** *vi irr* être arrêté

stilvoll **I.** *adj* de bon goût **II.** *adv* avec goût

Stimmband <-bänder> *nt meist Pl* corde *f* vocale **stimmberechtigt** *adj* qui a [le] droit de vote **Stimmbruch** *m* mue *f*

Stimme [ˈʃtɪmə] <-, -n> *f a. fig* voix *f*

stimmen [ˈʃtɪmən] **I.** *vi* ❶ *(zutreffen)* être juste; *(Rechnung)* être bon ❷ *(votieren)* **für jdn ~** voter pour qn **II.** *vt* MUS accorder

Stimmenmehrheit *f* majorité *f* des voix

stimmhaft *adj* sonore

stimmlos *adj* LING sourd(e) **Stimmrecht** *nt* droit *m* de vote

Stimmung <-, -en> *f* ❶ *(Laune)* humeur *f* ❷ *fam* *(gute Laune)* bonne humeur *f;* *(gute Atmosphäre)* ambiance *f*

stinken [ˈʃtɪŋkən] *vi irr* ❶ **nach Schweiß ~** puer la sueur ❷ *fam* *(Sache)* être louche

stinkend *adj* infect(e)

stinklangweilig [ˈʃtɪnkˈlaŋvai̯lɪç] *adj fam* barbant(e), chiant(e) **stinksauer** [ˈʃtɪŋkˈzau̯ɐ] *adj fam* furax

Stipendium [ʃtiˈpɛndiʊm] <-s, -dien> *nt* bourse *f* [d'études]

stirbt [ʃtɪrpt] *3. Pers Präs von* **sterben**

Stirn [ʃtɪrn] <-, -en> *f* front *m;* **die ~ runzeln** plisser le front

Stock¹ [ʃtɔk] <-[e]s, Stöcke> *m* bâton *m*

Stock² <-[e]s> *m* étage *m*

> **Übersetzungstipp**
>
> **Der Stock** – Nicht verwechseln mit
> *le stock – das Lager; der Vorrat!*

stockdunkel *adj fam* **eine stockdunkle Nacht** une nuit d'encre **Stockwerk** *nt* étage *m*

Stoff [ʃtɔf] <-[e]s, -e> *m* ❶ *(Textilmaterial)* tissu *m* ❷ *(Substanz)* substance *f* ❸ *kein Pl (Thema)* matière *f* ❹ *kein Pl fam (Rauschgift)* came *f*

Stofftier *nt* peluche *f*

stöhnen [ˈʃtøːnən] *vi* gémir

stolpern [ˈʃtɔlpɐn] *vi +sein* **über etw** *(akk)* ~ trébucher sur qc

stolz [ʃtɔlts] *adj* fier(fière)

Stolz <-es> *m* fierté *f*

stopfen [ˈʃtɔpfən] **I.** *vt* ❶ **voll** ~ *(Koffer)* bourrer; **etw in die Tasche** ~ enfoncer qc dans le sac ❷ *(Socken)* raccommoder ❸ *(Ritze)* boucher ❹ *(Kissen)* bourrer **II.** *vi* ❶ *(ausbessern)* faire du raccommodage ❷ *(Verstopfung verursachen)* constiper

stopp [ʃtɔp] *interj* stop

Stopp <-s, -s> *m* arrêt *m*

stoppen **I.** *vt* ❶ *(anhalten)* stopper ❷ *(Zeit)* chronométrer **II.** *vi* **vor etw** *(dat)* ~ s'arrêter devant qc

Stoppschild <-schilder> *nt* [panneau *m*] stop *m* **Stoppuhr** *f* chronomètre *m*

Storch [ʃtɔrç] <-[e]s, Störche> *m* cigogne *f*

stören [ˈʃtøːrən] **I.** *vt* ❶ *(belästigen)* déranger ❷ *(Veranstaltung)* troubler ❸ *(Leitung)* perturber **II.** *vi (lästig sein)* déranger

stornieren* *vt (Auftrag)* annuler; *(Betrag)* rectifier

Störung <-, -en> *f* ❶ *(Unterbrechung)* dérangement *m* ❷ *(Störgeräusch)* perturbation *f* ❸ *(technischer Defekt)* incident *m* ❹ MED dysfonctionnement *m*

Stoß [ʃtoːs] <-es, Stöße> *m* ❶ *(Schubs)* poussée *f* ❷ *(Aufprall)* choc *m* ❸ *(Erschütterung)* secousse *f* ❹ *(Stapel)* pile *f*

Stoßdämpfer *m* amortisseur *m*

stoßen [ˈʃtoːsən] *irr* **I.** *vt +haben* ❶ *(schubsen)* pousser ❷ *(Messer)* flanquer un coup de ❸ *(Kugel)* lancer **II.** *vr +haben (sich verletzen)* **sich** ~ se cogner **III.** *vi +sein* ❶ **gegen jdn/etw** ~ heurter qn/qc ❷ *(finden)* **auf jdn/etw** ~ tomber sur qn/qc; **auf Ablehnung** *(akk)* ~ se heurter à un refus

Stoßstange *f* pare-chocs *m*

stößt [ʃtøːst] *3. Pers Präs von* **stoßen**

Stoßzeit *f* heures *fpl* de pointe

stottern [ˈʃtɔtɐn] **I.** *vi* bégayer **II.** *vt (Antwort)* bredouiller

Str. *Abk von* **Straße** rue

Strafanstalt *f* établissement *m* pénitentiaire **Strafanzeige** *f* plainte *f* **Strafarbeit** *f* punition *f*

Strafe [ˈʃtraːfə] <-, -n> *f* ❶ *(Bestrafung)* punition *f* ❷ JUR *(Haftstrafe)* peine *f*; *(Geldstrafe)* amende *f*

strafen *vt* **jdn für etw** ~ punir qn pour qc

strafend *adj (Blick)* réprobateur(-trice)

straff [ʃtraf] **I.** *adj (Seil)* tendu(e); *(Haut)* ferme; *(Organisation)* sévère **II.** *adv* ❶ *(fest)* étroitement ❷ *(organisieren)* rigoureusement

straffällig *adj* JUR délinquant(e); ~ **werden** tomber dans la délinquance

straffen *vt* ❶ *(anziehen)* tendre ❷ *(Text)* condenser

straffrei *adj* ~ **ausgehen** rester exempt(e) de toute peine

Straffreiheit *f kein Pl* impunité *f*

Strafgefangene(r) *f(m) dekl wie adj* prisonnier(-ière) *m(f)* **Strafgesetzbuch** *nt* ≈ code *m* pénal

sträflich [ˈʃtrɛːflɪç] **I.** *adj* inadmissible, impardonnable **II.** *adv* **jdn/etw ~ vernachlässigen** délaisser éhontément qn/qc

Sträfling [ˈʃtrɛːflɪŋ] <-s, -e> *m* détenu(e) *m(f)*

Strafmaß *nt* peine *f* **strafmildernd** *adj* favorable **Strafprozess** *m* procès *m* pénal **Strafpunkt** *m* SPORT point *f* de pénalité **Straftat** *f* délit *m* **Straftäter(in)** *m(f)* délinquant(e) *m(f)* **Strafverteidiger(in)** *m(f)* avocat(e) *m(f)* du pénal **Strafzettel** *m fam* P.-V. *m*

Strahl [ʃtraːl] <-[e]s, -en> *m* ❶ *(Lichtstrahl)* rayon *m* ❷ *(Flüssigkeitsstrahl)* jet *m* ❸ *Pl* PHYS **radioaktive ~en** radiations *fpl*

strahlen *vi* ❶ *(leuchten)* briller ❷ *(erfreut sein)* **vor Freude** *(dat)* ~ rayonner de joie ❸ *(radioaktiv sein)* irradier

Strahlenbelastung *f* irradiation *f*

strahlend I. *adj* ❶ *(Wetter)* radieux(-euse); *(Sonnenschein)* éclatant(e) ❷ *(radioaktiv)* radioactif(-ive) II. *adv* ❶ *(leuchtend)* ~ **weiß sein** être d'un blanc éclatant ❷ *(freudig: ansehen)* d'un air radieux

Strahlenkrankheit *f* mal *m* des rayons

Strahlung <-, -en> *f* rayonnement *m; (radioaktiv)* radiations *fpl*

Strähne ['ʃtrɛːnə] <-, -n> *f* mèche *f*

strampeln ['ʃtrampəln] *vi +haben* **mit den Beinen** ~ gigoter les jambes

Strand [ʃtrant] <-[e]s, Strände> *m* plage *f*

Strandpromenade *f* promenade *f*

Strapaze [ʃtra'paːtsə] <-, -n> *f* fatigue *f*

strapazierfähig *adj* solide

strapaziös [ʃtrapa'tsi̯øːs] *adj* épuisant(e)

Straps [ʃtraps] <-es, -e> *m* jarretelle *f*

Straßburg ['ʃtraːsbʊrk] <-s> *nt* Strasbourg

Straße ['ʃtraːsə] <-, -n> *f* ❶ *(in Ortschaften)* rue *f; (Landstraße)* route *f* ❷ *(Meerenge)* détroit *m*

Straßenbahn *f* tram[way] *m* **Straßengraben** *m* fossé *m* **Straßenkarte** *f* carte *f* routière **Straßenkreuzung** *f* carrefour *m* **Straßenrand** *m* bas-côté *m* **Straßenschild** <-schilder> *nt* plaque *f* de rue **Straßensperre** *f* barrage *m* routier **Straßenverkehr** *m* circulation *f* routière

Strategie [ʃtrate'giː] <-, -en> *f* stratégie *f*

strategisch [ʃtra'teːgɪʃ] *adj* stratégique

Strauch [ʃtraʊ̯x] <-[e]s, Sträucher> *m* arbuste *m*

Strauß¹ [ʃtraʊs] <-es, Sträuße> *m* *(Bund)* bouquet *m*

Strauß² [ʃtraʊs] <-es, -e> *m* autruche *f*

Streaming ['striːmɪŋ] <-s, -s> *nt* INFORM streaming *m;* **sich** *(dat)* **einen Film per** ~ **ansehen** regarder un film en streaming

streben ['ʃtreːbən] *vi +haben* **nach Anerkennung** ~ aspirer à être reconnu; **danach** ~ **etw zu tun** ambitionner de faire qc

Streber(in) <-s, -> *m(f) pej fam (Schüler)* fayot(e) *m(f); (Berufstätiger)* arriviste *mf*

Strecke ['ʃtrɛkə] <-, -n> *f* ❶ *(Wegstrecke)* route *f;* **auf halber** ~ à mi-chemin ❷ *(Entfernung)* distance *f* ❸ *(Eisenbahnstrecke)* ligne *f* [de chemin de fer] ❹ *(zurückgelegter Weg)* trajet *m*

strecken ['ʃtrɛkən] I. *vt* ❶ *(Arm, Bein)* tendre ❷ *fam (Suppe)* allonger II. *vr* **sich** ~ s'étirer

streckenweise *adv* par endroits

Streich [ʃtrai̯ç] <-[e]s, -e> *m* plaisanterie *f*

streicheln ['ʃtrai̯çəln] *vt* caresser

streichen ['ʃtrai̯çən] *irr* I. *vt +haben* ❶ *(anstreichen)* peindre ❷ *(schmieren)* **Butter aufs Brötchen** ~ tartiner du beurre sur le petit pain ❸ *(glätten)* **glatt** ~ *(Haar)* lisser; *(Zettel)* défroisser ❹ *(Namen)* rayer; *(Wort)* barrer ❺ *(Zuschuss)* supprimer II. *vi +haben* **mit der Hand über etw** *(akk)* ~ passer la main sur qc

Streichholz *nt* allumette *f* **Streichinstrument** *nt* instrument *m* à cordes **Streichquartett** *nt* quatuor *m* à cordes **Streichwurst** *f* pâté *m* [à tartiner]

Streife ['ʃtrai̯fə] <-, -n> *f* patrouille *f*

streifen ['ʃtrai̯fən] *vt +haben* ❶ *(flüchtig berühren)* frôler ❷ *(flüchtig erwähnen)* effleurer ❸ *(überziehen)* **sich** *(dat)* **den Pullover über den Kopf** ~ enfiler le pull

Streifen <-s, -> *m* ❶ *(schmale Linie)* rayure *f; (breite Linie)* bande *f* ❷ *(Striemen)* marque *f* ❸ *(Stoffstreifen)* bande *f*

Streik [ʃtrai̯k] <-[e]s, -s> *m* grève *f*

streiken *vi* [**für etw**] ~ faire grève pour qc

Streikposten *m* piquet *m* de grève

Streit [ʃtrait] <-[e]s, -e> *m* ❶ *(privater Konflikt)* dispute *f*; *(öffentlich)* altercation *f*; *(mit Handgreiflichkeiten)* rixe *f* ❷ *(Kontroverse)* polémique *f*; *(Meinungsverschiedenheit)* différend *m*

streiten ['ʃtraitən] *irr* I. *vi* ❶ **mit jdm ~** se disputer avec qn ❷ *(diskutieren)* **mit jdm über etw** *(akk)* **~** débattre de qc avec qn II. *vr* ❶ *(zanken)* **sich ~** se disputer ❷ *(diskutieren)* **sich [darüber] ~, wer/wie...** débattre pour savoir qui/comment...

streitig ['ʃtraitɪç] *adj* ❶ **jdm den Vorrang ~ machen** disputer la vedette à qn ❷ *(strittig)* litigieux(-euse)

Streitigkeiten *Pl* querelles *f pl*

streitlustig *s.* **streitbar**

streng [ʃtrɛŋ] I. *adj* ❶ *(unnachsichtig)* sévère ❷ *(Anweisung, Winter)* rigoureux(-euse); *(Diät)* draconien(ne); *(Bettruhe)* absolu(e); *(Geruch)* pénétrant(e) II. *adv* *(bestrafen)* sévèrement ❷ *(strikt)* strictement

Strenge ['ʃtrɛŋə] <-> *f* sévérité *f*

Stress [ʃtrɛs] <-es, -e> *m meist Sing* stress *m*

stressig *adj fam* stressant(e)

streuen ['ʃtrɔyən] *vt* ❶ *(Dünger)* épandre; *(Mehl)* saupoudrer ❷ *(gegen Glätte schützen)* **die Straße ~** *(mit Sand/Salz)* sabler/saler la rue

Streuer <-s, -> *m* *(Salzstreuer)* salière *f*; *(Pfefferstreuer)* poivrière *f*; *(Zuckerstreuer)* saupoudreuse *f*

strich [ʃtrɪç] *Imp von* **streichen**

Strich [ʃtrɪç] <-[e]s, -e> *m* ❶ *(Linie)* trait *m*; *(schräg, senkrecht)* barre *f* ❷ *(Teilstrich einer Skala)* division *f* ❸ *fam* *(Straßenstrich)* quartier *m* chaud; **auf den ~ gehen** faire le trottoir

Strichcode *m* code-barres *m*

stricheln *vt* ❶ **etw ~** tracer qc en pointillé ❷ *(schraffieren)* hachurer

Strichpunkt *m* point-virgule *m*

stricken ['ʃtrɪkən] *vt, vi* tricoter

Strickjacke *f* gilet *m* **Strickleiter** *f* échelle *f* de corde **Stricknadel** *f* aiguille *f* à tricoter

strikt [ʃtrɪkt] *adj* catégorique

strippen ['ʃtrɪpən] *vi fam* faire du strip-tease

Striptease ['ʃtrɪpti:s] <-> *m o nt* strip-tease *m*

stritt [ʃtrɪt] *Imp von* **streiten**

Stroh [ʃtro:] <-[e]s> *nt* paille *f*

strohblond *adj* *(Mensch)* blond(e) comme les blés; *(Haare)* couleur paille *inv* **Strohhalm** *m* ❶ *(Getreidehalm)* brin *m* de paille ❷ *(Trinkhalm)* paille *f*

Strom [ʃtro:m] <-[e]s, Ströme> *m* ❶ *kein Pl* **[elektrischer] ~** courant *m* [électrique] ❷ *(breiter Fluss)* fleuve *m*

stromabwärts *adv* en aval **stromaufwärts** *adv* en amont

Stromausfall *m* panne *f* de courant

strömen ['ʃtrø:mən] *vi +sein* ❶ **in das Becken ~** se déverser en grande quantité dans le bassin; **aus etw ~** *(Wasser, Gas)* s'échapper en grande quantité de qc ❷ *(eilen)* **ins Freie ~** affluer vers la sortie

Stromkabel *nt* câble *m* électrique **Stromleitung** *f* ligne *f* électrique

Strömung <-, -en> *f* courant *m*

Stromverbrauch *m* consommation *f* d'électricité

Strophe ['ʃtro:fə] <-, -n> *f* strophe *f*

Strudel ['ʃtru:dəl] <-s, -> *m* tourbillon *m*

strudeln ['ʃtru:dəln] *vi* faire des tourbillons

Struktur [ʃtrʊk'tu:ɐ̯] *f* ❶ *(Gliederung)* structure *f* ❷ TEXTIL texture *f*

strukturieren* [ʃtrʊktu'ri:rən] *vt* structurer

Strukturierung <-, -en> *f* texture *f*

Strumpf [ʃtrʊmpf] <-[e]s, Strümpfe> *m* ❶ *(Kniestrumpf)* chaussette *f* ❷ *(Damenstrumpf)* bas *m*

Strumpfhalter <-s, -> *m* jarretelle *f* **Strumpfhose** *f* collant *m*

struppig ['ʃtrʊpɪç] *adj* *(Haare)* hérissé(e); *(Fell)* dur(e)

Stubenarrest *m fam* **~ bekommen/haben** être privé de sortie

Stück [ʃtʏk] <-[e]s, -e> *nt* ❶ morceau *m;* **etw in ~e reißen** déchirer qc en mille morceaux ❷ *(einer Schnur, Straße)* bout *m* ❸ *(eines Textes)* partie *f* ❹ *(wertvoller Gegenstand, Theaterstück)* pièce *f*

Stückchen <-s, -> *nt Dim von* **Stück** ❶ *(kleines Teil)* petit morceau *m* ❷ *(kleine Strecke)* **ein ~** un petit peu

Stückpreis *m* prix *m* à l'unité

Student(in) [ʃtuˈdɛnt] <-en, -en> *m(f)* étudiant(e) *m(f)*

Studentenausweis *m* carte *f* d'étudiant **Studentenwohnheim** *nt* foyer *m* d'étudiants

studentisch *adj* des étudiants

Studie [ˈʃtuːdiə] <-, -n> *f* étude *f*

Studien [ˈʃtuːdiən] *Pl von* **Studium**

Studienabschluss *m* diplôme *m* universitaire **Studienfach** *nt* matière *f* **Studiengang** *m* filière *f* universitaire **Studienplatz** *m* place *f* à l'université **Studienreise** *f* voyage *f* d'études

studieren* [ʃtuˈdiːrən] **I.** *vi* faire des études [supérieures] **II.** *vt* étudier

Studio [ˈʃtuːdio] <-s, -s> *nt* studio *m*

Studium [ˈʃtuːdiʊm] <-s, Studien> *nt* ❶ études *fpl* [supérieures] ❷ *kein Pl (genaues Lesen)* étude *f*

Stufe [ˈʃtuːfə] <-, -n> *f* ❶ *(einer Treppe)* marche *f; (einer Entwicklung)* phase *f* ❷ *(Niveau)* niveau *m*

stufen [ˈʃtuːfən] *vt (Haare)* couper en dégradé

stufenlos *adv (verstellbar)* de manière continue

Stufenschnitt *m* dégradé *m*

stufenweise *adv* par étapes

Stuhl [ʃtuːl] <-[e]s, Stühle> *m* chaise *f* ❷ *(Behandlungsstuhl)* fauteuil *m*

Stuhlbein *nt* pied *m* de chaise **Stuhlgang** *m kein Pl form* transit *m* intestinal **Stuhllehne** *f* dossier *m* de chaise

stumm [ʃtʊm] **I.** *adj* ❶ **[von Geburt an] ~** muet(te) [de naissance] ❷ *(schweigsam)* **~ werden/sein** se taire/être silencieux ❸ *(Vorwurf, Konsonant)* muet(te); *(Blick)* taciturne **II.** *adv* silencieusement

Stümperei <-, -en> *f pej (stümperhafte Leistung)* travail *m* bâclé

stumpf [ʃtʊmpf] *adj* ❶ *(Klinge)* émoussé(e); *(Bleistift)* usé(e) ❷ *(Haare)* terne

Stunde [ˈʃtʊndə] <-, -n> *f* ❶ heure *f;* **bis zur ~** à l'heure qu'il est; **~n geben** *(unterrichten)* donner des cours ❷ *meist Pl (Moment)* moment *m*

Stundenkilometer *Pl* kilomètres-heure *mpl* **stundenlang** **I.** *adj (Verhandlung)* qui dure/durent des heures **II.** *adv (warten, herumlaufen)* pendant des heures **Stundenlohn** *m* salaire *m* horaire **Stundenplan** *m* emploi *m* du temps

stundenweise *adv (arbeiten)* quelques heures

Stundenzeiger *m* aiguille *f* des heures

stündlich [ˈʃtʏntlɪç] *adj, adv* toutes les heures

stur [ʃtuːɐ̯] **I.** *adj* ❶ *(dickköpfig)* entêté(e) ❷ *(Haltung)* borné(e) **II.** *adv (uneinsichtig)* obstinément

Sturm [ʃtʊrm] <-[e]s, Stürme> *m (starker Wind)* tempête *f*

stürmen [ˈʃtʏrmən] **I.** *vi unpers +haben* **es stürmt** la tempête fait rage **II.** *vi +sein (rennen)* **zum Eingang ~** se précipiter vers l'entrée **III.** *vt +haben* **etw ~** prendre d'assaut qc

stürmisch [ˈʃtʏrmɪʃ] **I.** *adj (Tag)* de tempête; *(Meer)* déchaîné(e); *(Begrüßung)* frénétique **II.** *adv (begrüßen)* frénétiquement

Sturz [ʃtʊrt͡s] <-es, Stürze> *m* chute *f*

stürzen [ˈʃtʏrt͡sən] **I.** *vi +sein* ❶ *(fallen)* tomber ❷ *(rennen)* **nach draußen ~** bondir dehors **II.** *vt +haben* ❶ **jdn aus dem Fenster ~** précipiter qn par la fenêtre ❷ *(Regierung, Backform)* renverser **III.** *vr* ❶ **sich aus dem Fenster ~** se jeter par la fenêtre ❷ *fig* **sich auf jdn/etw ~** se précipiter sur qn/qc

Sturzhelm *m* casque *m* [de moto]

Stute [ˈʃtuːtə] <-, -n> *f* jument *f*

Stütze [ˈʃtʏt͡sə] <-, -n> *f* ❶ *(Halt)* appui *m* ❷ *(seelischer Beistand)* soutien *m*

stützen ['ʃtʏtsən] **I.** *vt* ❶ *(physischen Halt geben)* **jdn ~** *(Person)* soutenir qn; **etw ~** *(Vorrichtung)* [servir à] maintenir qc ❷ *(Gebäude, Währung)* soutenir ❸ *(aufstützen)* **den Arm auf etw** *(akk)* **~** appuyer son bras sur qc **II.** *vr* **sich auf jdn/etw ~** *a. fig* s'appuyer sur qn/qc

stylen ['stailən] *vt (Haare)* sculpter

stylisch ['stailɪʃ], **stylisch** *adj fam (Schuhe, Handy)* modeux(-euse)

s.u. *Abk von* **siehe unten** voir ci-dessous

Subjekt [zʊp'jɛkt] <-[e]s, -e> *nt* ❶ LING sujet *m* ❷ *pej (übler Mensch)* individu *m*

subjektiv [zʊpjɛk'tiːf] *adj* subjectif(-ive)

Subjektivität [zʊpjɛktivi'tɛːt] <-> *f* subjectivité *f*

Substantiv ['zʊpstantiːf] <-s, -e> *nt* substantif *m*

Substanz [zʊp'stants] <-, -en> *f* substance *f*

subtrahieren* [zʊptra'hiːrən] *vt, vi* soustraire

Subtraktion [zʊptrak'tsi̯oːn] <-, -en> *f* soustraction *f*

Subvention [zʊpvɛn'tsi̯oːn] <-, -en> *f* subvention *f*

subventionieren* [zʊpvɛntsi̯o'niːrən] *vt* subventionner

Suche ['zuːxə] <-, -en> *f* **auf der ~ nach einer Wohnung sein** être à la recherche d'un logement

suchen ['zuːxən] **I.** *vt* chercher; **bei jdm Schutz ~** chercher protection auprès de qn ▸ **er hat hier nichts zu ~!** *fam* il n'a rien à foutre ici! **II.** *vi* chercher; **nach jdm/etw ~** être à la recherche de qn/qc

Suchmaschine *f* INFORM moteur *m* de recherche

Sucht [zʊxt] <-, Süchte> *f* ❶ MED dépendance *f; (Rauschgiftsucht)* toxicomanie *f* ❷ *(starkes Verlangen)* manie *f*

süchtig ['zʏçtɪç] *adj* ❶ MED dépendant(e); *(rauschgiftsüchtig)* toxicomane ❷ *(versessen)* **~ nach etw sein** être avide de qc

Süchtige(r) *f(m)* toxicomane *mf*

Südafrika *nt* l'Afrique *f* du Sud **Südafrikaner(in)** *m(f)* Sud-Africain(e) *m(f)* **südafrikanisch** *adj* sud-africain(e) **Südamerika** *nt* l'Amérique *f* du Sud **Südamerikaner(in)** *m(f)* Sud-Américain(e) *m(f)* **süddeutsch** *adj* de l'Allemagne du Sud **Süddeutschland** *nt* l'Allemagne *f* du Sud

Süden ['zyːdən] <-s> *m (Himmelsrichtung)* sud *m; s.a.* **Norden**

Südeuropa *nt* l'Europe *f* du Sud **Südeuropäer(in)** *m(f)* Européen(ne) *m(f)* du Sud **Südfrankreich** *nt* Midi *m* **südfranzösisch** *adj* du sud de la France

südländisch *adj* méditerranéen(ne)

südlich **I.** *adj* du sud **II.** *präp +gen* **~ des Polarkreises** au sud du cercle polaire

Südosten *m (Himmelsrichtung)* sud-est *m; s.a.* **Norden** **südöstlich** **I.** *adj* [situé(e) au] sud-est; **in ~er Richtung** en direction du sud-est **II.** *präp +gen* **~ des Dorfs** au sud-est du village **Südpol** *m* **der ~** le pôle Sud **Südsee** *f* **die ~** les mers *f pl* du Sud **Südtirol** *nt* le Tyrol du Sud **Südwesten** *m (Himmelsrichtung)* sud-ouest *m; s.a.* **Norden** **südwestlich** **I.** *adj* [situé(e) au] sud-ouest; **in ~er Richtung** en direction du sud-ouest **II.** *präp +gen* au sud-ouest de

süffig ['zʏfɪç] *adj* agréable en bouche

Suite ['sviːtə] <-, -n> *f a.* MUS suite *f*

Sülze ['zʏltsə] <-, -n> *f* gelée *f*

Summe ['zʊmə] <-, -n> *f* ❶ MATH total *m* ❷ FIN somme *f*

summen ['zʊmən] **I.** *vi (Person)* fredonner; *(Biene)* bourdonner **II.** *vt (Melodie)* fredonner

Sumpf [zʊmpf] <-[e]s, Sümpfe> *m* marais *m*

sumpfig *adj* marécageux(-euse)

Sünde ['zʏndə] <-, -n> *f* ❶ REL péché *m* ❷ *(Fehltritt)* faute *f*

S

Sünder(in) <-s, -> *m(f)* pécheur(-eresse) *m(f)*
sündigen *vi* REL pécher
super ['zu:pɐ] *fam* **I.** *adj inv* **ein ~ Film** un film super **II.** *adv (klingen)* super bien; **~ schmecken** être super bon
Super <-s> *nt* super *m*
Superlativ ['zu:pɐlati:f] <-[e]s, -e> *m* LING superlatif *m*
Supermarkt *m* supermarché *m*
Suppe ['zʊpə] <-, -n> *f* soupe *f*; **klare ~** bouillon *m*
Suppenhuhn *nt* poule *f* à bouillir **Suppenschüssel** *f* soupière *f* **Suppenteller** *m* assiette *f* creuse
Surfbrett *nt* surf *m*; *(Windsurfbrett)* planche *f* à voile
surfen ['sœ:fən] *vi* *a.* INFORM surfer; *(windsurfen)* faire de la planche à voile
Surfer(in) ['sœrfɐ] <-s, -> *m(f)* surfeur(-euse) *m(f)*; *(Windsurfer)* [véli]planchiste *mf*
suspekt [zʊs'pɛkt] *adj geh* suspect(e)
suspendieren* [zʊspɛn'di:rən] *vt* **jdn vom Dienst ~** suspendre qn de service
süß [zy:s] *adj* ❶ *(Gericht, Getränk)* sucré(e); *(Wein)* doux(douce) ❷ *(Duft)* suave ❸ *(Kind)* mignon(ne)
Süße(r) *f(m)* **[mein] ~r/[meine] ~** [mon] chéri/[ma] chérie
süßen *vt, vi* sucrer
Süßigkeit <-, -en> *f meist Pl* sucrerie *f*
süßsauer ['zy:s'zaʊ̯ɐ] *adj* *(Speise)* aigre-doux(douce) **Süßspeise** *f* entremets *m* **Süßstoff** *m* aspartame *m*
Sweatshirt ['swɛtʃœ:t] <-s, -s> *nt* sweat-shirt *m*
Swimmingpool ['svɪmɪŋpu:l] <-s, -s> *m* piscine *f*
Symbol [zʏm'bɔ:l] <-s, -e> *nt* symbole *m*
symbolisch *adj* symbolique
symbolisieren* [zʏmbolizi:rən] *vt* symboliser
Symmetrie [zʏme'tri:] <-, -n> *f* symétrie *f*
symmetrisch [zʏ'me:trɪʃ] *adj* symétrique
Sympathie [zʏmpa'ti:] <-, -en> *f* sympathie *f*
Sympathisant(in) [zʏmpati'zant] <-en, -en> *m(f)* sympathisant(e) *m(f)*
sympathisch [zʏm'pa:tɪʃ] *adj* ❶ *(Mensch)* sympathique ❷ *(Vorstellung)* réjouissant(e)
sympathisieren* [zʏmpati'zi:rən] *vi* **mit jdm ~** sympathiser avec qn
Symptom [zʏmp'to:m] <-s, -e> *nt* symptôme *m*
Synagoge [zyna'go:gə] <-, -n> *f* synagogue *f*
Synchronisation [zʏnkroniza'tsi̯o:n] <-, -en> *f* doublage *m*
synchronisieren* [zʏnkroni'zi:rən] *vt* doubler
synonym [zyno'ny:m] *adj* LING synonyme
Synonym <-s, -e> *nt* synonyme *m*
Syntax <-, -en> *f* LING syntaxe *f*
Synthese [zʏn'te:zə] <-, -n> *f* synthèse *f*
Synthetik [zʏn'te:tɪk] <-s> *nt* synthétique *m*
synthetisch [zʏn'te:tɪʃ] *adj* CHEM, MED synthétique
Syrien ['zy:riən] <-s> *nt* la Syrie
syrisch *adj* syrien(ne)
System [zʏs'te:m] <-s, -e> *nt* système *m*
systematisch [zʏste'ma:tɪʃ] **I.** *adj* *(Arbeit)* méthodique; *(Beeinflussung)* systématique **II.** *adv* systématiquement
systematisieren* [zʏstemati'zi:rən] *vt* systématiser
Systemkritiker(in) *m(f)* détracteur(-trice) *m(f)* du système **systemrelevant** *adj* systématique; **Menschen in ~en Berufen** personnes aux professions systémiques
Szene ['stse:nə] <-, -n> *f* ❶ *(Theaterszene)* scène *f* ❷ *(Bereich)* milieux *mpl*

S

Tt

t *Abk von* **Tonne** t
T, t [te:] <-, -> *nt* T *m*/t *m*
Tabak ['tabak] <-s, -e> *m* tabac *m*
Tabaksteuer *f* taxe *f* sur le tabac **Tabakwaren** *Pl* tabac *m*
tabellarisch [tabɛ'la:rɪʃ] *adj, adv* sous forme de tableau
Tabelle [ta'bɛlə] <-, -n> *f* tableau *m*
Tabellenkalkulationsprogramm *nt* INFORM tableur *m*
Tablet-PC ['tɛblɛt-] *m* INFORM tablette *f*
Tablett [ta'blɛt] <-[e]s, -s> *nt* plateau *m*

Übersetzungstipp

Das Tablett – Nicht verwechseln mit *la tablette – die Ablageplatte!*

Tablette [ta'blɛtə] <-, -n> *f* comprimé *m*
tabu [ta'bu:] *adj inv* ~ **sein** être tabou *inv*
Tabu <-s, -s> *nt gen* tabou *m*
Tacho ['taxo] <-s, -s> *m fam,* **Tachometer** *m o nt* compteur *m* de vitesse
Tadel ['ta:dəl] <-s, -> *m* réprimande *f*
Tafel ['ta:fəl] <-, -n> *f* ❶ *(Wandtafel)* tableau *m* ❷ *(Gedenktafel)* plaque *f* ❸ *(rechteckiges Stück)* **eine ~ Schokolade** une tablette de chocolat ❹ *form (Tisch)* table *f*
Tafelsilber *nt* argenterie *f*
Täfelung <-, -en> *f (Verkleidung)* lambris *m*
Tafelwasser <-wässer> *nt* eau *f* minérale **Tafelwein** *m* vin *m* de table
Taft [taft] <-[e]s, -e> *m* taffetas *m*
Tag [ta:k] <-[e]s, -e> *m* ❶ jour *m;* **der ~ X** le jour J; **guten ~!** bonjour!; **es ist ~** il fait jour; **bei ~[e]** de jour ❷ *(Tagesverlauf)* journée *f;* **am ~** dans la journée; **den ganzen ~ [lang]** toute la journée
Tagebau <-baue> *m* mine *f* à ciel ouvert **Tagebuch** *nt* journal *m* intime
tagelang **I.** *adj* qui dure des jours entiers **II.** *adv* [pendant] des journées entières
tagen ['ta:gən] *vi* siéger
Tagesablauf *m* emploi *m* du temps **Tagesanbruch** *m* lever *m* du jour **Tagesdecke** *f* couvre-lit *m* **Tagesgeschäft** *nt* tâches *fpl* quotidiennes **Tageskarte** *f* GASTR menu *m* du jour **Tageslicht** *nt kein Pl* lumière *f* du jour **Tagesmutter** *f* nourrice *f* **Tagesordnung** *f* ordre *m* du jour **Tageszeit** *f* moment *m* de la journée **Tageszeitung** *f* quotidien *m*
tageweise *adv* à la journée
täglich ['tɛ:klɪç] *adj* quotidien(ne)
tagsüber *adv* pendant la journée
tagtäglich ['ta:k'tɛ:klɪç] **I.** *adj* quotidien(ne) **II.** *adv* tous les jours [sans exception]
Tagtraum *m* rêve *m* éveillé
Tagung <-, -en> *f* congrès *m*
Taille ['taljə] <-, -n> *f* taille *f*
Takt [takt] <-[e]s, -e> *m* ❶ MUS mesure *f* ❷ *kein Pl (Feingefühl)* tact *m*
Taktik ['taktɪk] <-, -en> *f* tactique *f*
taktisch **I.** *adj* tactique **II.** *adv (vorgehen)* tactiquement; *(klug)* d'un point de vue tactique
taktlos **I.** *adj* dénué(e) de tact **II.** *adv* sans [le moindre] tact
taktvoll **I.** *adj* plein(e) de tact **II.** *adv* avec tact
Tal [ta:l] <-[e]s, Täler> *nt* vallée *f*
Talent [ta'lɛnt] <-[e]s, -e> *nt* talent *m*
talentfrei *iron* **I.** *adj* dénué(e) de tout talent **II.** *adv* sans aucun talent
talentiert [talɛn'ti:ɐt] *adj* qui a du talent

T

Talg [talk] <-[e]s, -e> *m* ❶ BIO sébum *m* ❷ GASTR suif *m*
Talkshow [ˈtɔːkʃoː] <-, -s> *f* talk-show *m*
Talsohle *f* GEO fond *m* de vallée
Tampon [ˈtampɔn] <-s, -s> *m* tampon *m*
Tangente [taŋˈgɛntə] <-, -n> *f* ❶ MATH tangente *f* ❷ *(Straße)* rocade *f*
Tank [taŋk] <-s, -s> *m* ❶ *(Benzintank)* réservoir *m* ❷ *(Flüssigkeitsbehälter)* citerne *f*
Tankdeckel *m* bouchon *m* de réservoir
tanken I. *vi* prendre de l'essence **II.** *vt* **zehn Liter/bleifrei ~** prendre dix litres [d'essence]/du sans plomb; **voll ~** *(Auto)* faire le plein de
Tanker <-s, -> *m* pétrolier *m*
Tankini [tɛŋˈkiːni] <-s, -s> *m* TEXTIL tankini *m*
Tankstelle *f* station-service *f*
Tanktop [ˈtɛŋktɔp] *nt* TEXTIL tank top *m*
Tankverschluss *m* bouchon *m* de citerne **Tankwart(in)** *m(f)* pompiste *mf*
Tanne [ˈtanə] <-, -n> *f* sapin *m*
Tannenbaum *m* sapin *m* [de Noël] **Tannenzapfen** *m* pomme *f* de pin
Tante [ˈtantə] <-, -n> *f* tante *f*
Tanz [tants] <-es, Tänze> *m* ❶ danse *f*; **jdn zum ~ auffordern** inviter qn à danser ❷ *(Tanzveranstaltung)* bal *m*
tanzen [tantsən] *vt, vi* danser
Tänzer(in) [ˈtɛntsɐ] <-s, -> *m(f)* danseur(-euse) *m(f)*
T **Tanzfläche** *f* piste *f* [de danse] **Tanzkurs** *m* cours *m* de danse **Tanzschule** *f* école *f* de danse **Tanzschuppen** *m fam (Diskothek)* boîte *f* **Tanzstunde** *f (Tanzkurs)* leçon *f* de danse
Tapete [taˈpeːtə] <-, -n> *f* papier *m* peint
tapezieren* [tapeˈtsiːrən] *vt* tapisser
tapfer [ˈtapfɐ] **I.** *adj (Person)* brave; *(Verhalten)* courageux(-euse) **II.** *adv* avec bravoure
tappen [ˈtapən] *vi,* **tapsen** [ˈtapsən] *vi +sein fam* avancer à tâtons
tapsig *adj fam* pataud(e)
Tarantel <-, -n> *f* tarentule *f* ▶ **sie fuhr hoch wie von der ~ gestochen** *fam* elle sursauta comme si une mouche l'avait piquée
Tarif [taˈriːf] <-[e]s, -e> *m* ❶ accord *m* salarial ❷ *(Gebühr)* tarif *m*
Tarifgruppe *f* groupe *m* tarifaire
tariflich *adj* conforme à la convention collective
Tariflohn *m* salaire *m* contractuel **Tarifvertrag** *m* convention *f* collective
tarnen [ˈtarnən] **I.** *vt* camoufler **II.** *vr* **sich als etw ~** se camoufler en qc
Tasche [ˈtaʃə] <-, -n> *f* ❶ *(an der Kleidung)* poche *f* ❷ *(Tragetasche)* sac *m*

Übersetzungstipp

Die Tasche – Nicht verwechseln mit *la tache – der Fleck* oder mit *la tâche – die Aufgabe!*

Taschenbuch *nt* livre *m* de poche **Taschendieb(in)** *m(f)* pickpocket *mf* **Taschengeld** *nt* argent *m* de poche **Taschenlampe** *f* lampe *f* de poche **Taschenmesser** *nt* couteau *m* de poche, canif *m* **Taschenrechner** *m* calculette *f* **Taschentuch** *nt* mouchoir *m*
Tasse [ˈtasə] <-, -n> *f* tasse *f*
Tastatur [tastaˈtuːɐ̯] <-, -en> *f* clavier *m*
Taste [ˈtastə] <-, -n> *f* touche *f*
tasten [ˈtastən] **I.** *vi* **nach etw ~** chercher qc à tâtons **II.** *vr* **sich zur Tür ~** avancer en tâtonnant vers la porte **III.** *vt (Schwellung)* sentir en palpant
tat [taːt] *Imp von* **tun**
Tat [taːt] <-, -en> *f* ❶ acte *m* ❷ *(Straftat)* délit *m* ▶ **in der ~!** effectivement!
Tatbestand *m* état *m* de fait; JUR éléments *mpl* constitutifs
tatenlos I. *adj* inactif(-ive), passif(-ive) **II.** *adv* sans rien faire
Täter(in) [ˈtɛːtɐ] <-s, -> *m(f)* coupa-

ble *mf*
tätig ['tɛːtɪç] *adj* ❶ **als etw ~ sein** être employé comme qc ❷ *(Person)* actif(-ive)
Tätigkeit <-, -en> *f* activité *f*
Tatkraft *f kein Pl* dynamisme *m*, énergie *f* **Tatort** *m* lieu *m* du crime
tätowieren* [tɛto'viːrən] *vt* tatouer
Tätowierung <-, -en> *f* tatouage *m*
Tatsache *f* fait *m* **tatsächlich** I. *adj* *(Ereignis)* réel(le); *(Grund)* véritable II. *adv* ❶ *(in Wirklichkeit)* en réalité ❷ *(wirklich)* réellement
tätscheln ['tɛtʃəln] *vt* tapoter [affectueusement]
Tatwaffe *f* arme *f* du crime
Tatze ['tatsə] <-, -n> *f* ZOOL patte *f*
Tau[1] [taʊ] <-[e]s> *m* METEO rosée *f*
Tau[2] <-[e]s, -e> *nt* NAUT cordage *m*
taub [taʊp] *adj* ❶ sourd(e) ❷ *(Körperteil)* insensible
Taube ['taʊbə] <-, -n> *f* pigeon *m*
Taubheit <-> *f* ❶ surdité *f* ❷ *(von Gliedmaßen)* insensibilité *f*
taubstumm *adj* sourd(e)-muet(te)
tauchen ['taʊxən] I. *vi +haben o sein* plonger II. *vt+haben* **jdn/etw in etw** *(akk)* ~ plonger qn/qc dans qc
Taucher(in) <-s, -> *m(f)* plongeur (-euse) *m(f)*
tauen ['taʊən] I. *vi unpers +haben* dégeler II. *vi+sein* fondre
Taufbecken *nt* fonts *mpl* baptismaux
Taufe ['taʊfə] <-, -n> *f* baptême *m*
taufen *vt* **jdn ~** baptiser qn
taugen ['taʊgən] *vi* **etwas ~** *(Person)* être bon à quelque chose; *(Sache)* valoir quelque chose
Taugenichts <-[es], -e> *m pej* bon *m*/bonne *f* à rien
Tausch [taʊʃ] <-[e]s, -e> *m* échange *m*
tauschen I. *vt* échanger II. *vi* faire un échange
täuschen ['tɔyʃən] *vt, vi, vr* **[sich] täuschen** [se] tromper
täuschend I. *adj* trompeur(-euse) II. *adv* **jdm ~ ähnlich sehen** ressembler à s'y méprendre à qn
Tauschhandel *m kein Pl (das Handeln)* [commerce *m* de] troc *m*
Täuschung <-, -en> *f* ❶ tromperie *f*; *(beim Examen)* fraude *f* ❷ *(Irrtum)* erreur *f*; **optische ~** illusion *f* d'optique
tausend ['taʊzənt] *num* ❶ mille; *s.a.* **acht** ❷ *fam (viele)* [tout] un tas de
Tausend ['taʊzənt] <-, -en> *f (die Zahl 1000)* mille *m*
Tausender <-s, -> *m* ❶ *fam (Geldschein)* billet *m* de mille ❷ MATH millier *m*
Tausendfüßler ['taʊzəntfyːslɐ] <-s, -> *m* mille-pattes *m inv* **tausendjährig** *adj* ❶ *(tausend Jahre alt)* millénaire ❷ *(tausend Jahre dauernd)* de mille ans
tausendmal *adv* ❶ mille fois; *s.a.* **achtmal** ❷ *fam (vielmals)* trente-six fois
tausendste(r, s) *adj* millième; *s.a.* **achte(r, s)**
tausendstel *adj* millième; *s.a.* **achtel**
Taxe ['taksə] <-, -n> *f* ❶ *(Kurtaxe)* taxe *f* de séjour ❷ *(Schätzwert)* estimation *f*
Taxi ['taksi] <-s, -s> *nt* taxi *m*
Taxifahrer(in) *m(f)* chauffeur *m* de taxi
Taxistand *m* station *f* de taxis
Team [tiːm] <-s, -s> *nt* équipe *f*
Teamarbeit *f* travail *m* d'équipe
Technik ['tɛçnɪk] <-> *f kein Pl* ❶ technique *f* ❷ *(einer Maschine)* technologie *f*
Techniker(in) <-s, -> *m(f)* technicien(ne) *m(f)*
technisch I. *adj* technique II. *adv* sur le plan technique
Techno ['tɛkno] <-(s)> *m o nt* MUS techno *m*
Technologie <-, -n> *f* technologie *f*
technologisch *adj* technologique
Teddybär ['tɛdibɛːɐ̯] *m* ours *m* en peluche
Tee [teː] <-s, -s> *m* ❶ **[schwarzer] ~** thé *m* ❷ *(Kräutertee)* tisane *f*
Teebeutel *m* sachet *m* de thé **Teekanne** *f* théière *f* **Teelicht** *nt* bougie *f*

T

à chauffe-plat **Teelöffel** *m* ❶ petite cuillère *f* ❷ *(Menge)* **ein ~ Zucker** une cuillerée à café de sucre

Teenager ['ti:ne:dʒɐ] <-s, -> *m* ado *mf*

Teenie ['ti:ni] <-s, -s> *m fam* ado *mf*

Teer [te:ɐ̯] <-[e]s, -e> *m* goudron *m*

Teetasse *f* tasse *f* à thé

Teich [taiç] <-[e]s, -e> *m* étang *m*

Teig [taik] <-[e]s, -e> *m* pâte *f*

Teigwaren *Pl* pâtes *fpl*

Teil[1] [tail] <-[e]s, -e> *m o nt* ❶ partie *f* ❷ *(Anteil)* part *f*

Teil[2] <-[e]s, -e> *nt (eines Geräts)* pièce *f*

teilbar *adj* **durch zehn ~** divisible par dix

teilen **I.** *vt* ❶ *(aufteilen)* **sich** *(dat)* **etw ~** se partager qc ❷ MATH **durch vier ~** diviser par quatre ❸ *(mitfühlen)* **Freude mit jdm ~** prendre part à la joie de qn; **jds Schicksal ~** subir le même sort que qn **II.** *vr* **sich ~** se séparer **III.** *vi* partager

teil|haben *vi irr* prendre part

Teilhaber(in) <-s, -> *m(f)* associé(e) *m(f)*

Teilnahme ['tailna:mə] <-, -n> *f* participation *f*

teilnahmslos **I.** *adj* indifférent(e) **II.** *adv* avec indifférence

teil|nehmen *vi irr* participer

Teilnehmer(in) <-s, -> *m(f)* ❶ participant(e) *m(f)* ❷ TELEC abonné(e) *m(f)*

Teilung <-, -en> *f* ❶ *kein Pl* partage *m* ❷ *(das Geteiltsein)* division *f*

Der Teilungsartikel

Der Teilungsartikel, **l'article partitif** wird bei Substantiven verwendet, die entweder nicht zählbar sind oder eine unbestimmte Menge ausdrücken:
Veux-tu du jus/de l'eau/des légumes? – Möchtest du Saft/Wasser/Gemüse?

teilweise **I.** *adv* partiellement **II.** *adj* partiel(le)

Teilzeitarbeit *f* travail *m* à temps partiel

Telefax ['te:lefaks] *nt* fax *m*

Telefon [tele'fo:n] <-s, -e> *nt* téléphone *m*

Telefonanlage *f* installation *f* téléphonique **Telefonanruf** *m* appel *m* téléphonique **Telefonanschluss** *m* ligne *f* téléphonique

Telefonat [telefo'na:t] <-[e]s, -e> *nt form* communication *f* téléphonique

Telefonbuch *nt* annuaire *m* [téléphonique] **Telefongespräch** *nt* conversation *f* téléphonique

telefonieren* [telefo'ni:rən] *vi* **mit jdm ~** téléphoner à qn

telefonisch [tele'fo:nɪʃ] **I.** *adj* téléphonique **II.** *adv* par téléphone

Telefonkarte *f* carte *f* de téléphone **Telefonleitung** *f* ligne *f* téléphonique **Telefonnummer** *f* numéro *m* de téléphone **Telefonverbindung** *f* liaison *f* [téléphonique] **Telefonzelle** *f* cabine *f* téléphonique

Telegramm [tele'gram] <-gramme> *nt* télégramme *m*

Telekommunikation *f* télécommunications *fpl*

Teleskop [tele'sko:p] <-s, -e> *nt* télescope *m*

Teller ['tɛlɐ] <-s, -> *m* assiette *f*

Tempel ['tɛmpəl] <-s, -> *m* temple *m*

Temperament [tɛmp(ə)ra'mɛnt] <-[e]s, -e> *nt* tempérament *m*

temperamentvoll **I.** *adj* plein(e) de tempérament **II.** *adv* avec ferveur

Temperatur [tɛmpəra'tu:ɐ̯] <-, -en> *f* *a.* MED température *f*

Tempo ['tɛmpo] <-s, -s> *nt* ❶ vitesse *f* ❷ MUS tempo *m*

Tempolimit *nt* limitation *f* de vitesse

Tendenz [tɛn'dɛnts] <-, -en> *f* tendance *f*

Tennis <-> *nt* tennis *m*

Tennisball *m* balle *f* de tennis **Tennisplatz** *m* court *m* de tennis **Tennisschläger** *m* raquette *f* de tennis

Teppich ['tɛpɪç] <-s, -e> *m* tapis *m*

Teppichboden *m* moquette *f*

Termin [tɛr'miːn] <-s, -e> *m* ❶ *(Uhrzeit)* rendez-vous *m;* **sich** *(dat)* **einen ~ geben lassen** prendre rendez-vous ❷ *(Datum)* date *f*

Terminal <-s, -s> *nt o m* AVIAT, NAUT terminal *m*

Terminkalender *m* agenda *m* **Terminplan** *m* planning *m*

Terrasse [tɛ'rasə] <-, -n> *f* terrasse *f*

territorial [tɛritori'aːl] *adj* territorial(e)

Territorium [tɛri'toːriʊm] <-s, -rien> *nt* territoire *m*

Terror ['tɛroːɐ̯] <-s> *m* terrorisme *m*

Terroranschlag *m* attentat *m* terroriste

terrorisieren* [tɛrori'ziːrən] *vt* terroriser

Terrorismus [tɛro'rɪsmʊs] <-> *m* terrorisme *m*

Terrorist(in) [tɛro'rɪst] <-en, -en> *m(f)* terroriste *mf*

Terrormiliz *f* groupe *m* militariste terroriste

Terrornetzwerk *nt* réseau *m* terroriste

Terrorwarnung *f* alerte *f* terroriste

Tesafilm® ['teːzafɪlm] *m* scotch® *m*

Test [tɛst] <-[e]s, -s> *m* test *m*

Testament [tɛsta'mɛnt] <-[e]s, -e> *nt* testament *m*

testen ['tɛstən] *vt* tester

Tetanus ['tɛtanʊs] <-> *m* tétanos *m*

teuer ['tɔyɐ] **I.** *adj* cher(chère) **II.** *adv* cher

Teufel ['tɔyfəl] <-s, -> *m* ❶ *kein Pl* diable *m* ❷ *(böser Mensch)* démon *m*

Teufelskerl *m fam* fonceur *m* **Teufelskreis** *m* cercle *m* vicieux

teuflisch ['tɔyflɪʃ] *adj* diabolique

Text [tɛkst] <-[e]s, -e> *m* texte *m*

Texter(in) <-s, -> *m(f)* parolier(-ière) *m(f); (Werbetexter)* rédacteur(-trice) *m(f)* publicitaire

Textilindustrie *f* industrie *f* textile

Textmarker *m* surligneur *m* **Textstelle** *f* passage *m* **Textverarbeitungsprogramm** *nt* traitement *m* de texte

Thailand ['taɪ̯lant] *nt* la Thaïlande

Theater [te'aːtɐ] <-s, -> *nt* théâtre *m*

Theaterstück *nt* pièce *f* de théâtre

Theke ['teːkə] <-,-n> *f* bar *m; (Ladentisch)* comptoir *m*

Thema ['teːma] <-s, Themen> *nt* sujet *m* ▶ **für jdn kein ~ sein** être hors de question pour qn

Themen *Pl von* **Thema**

Theologe, Theologin [teo'loːgə] <-n, -n> *m, f* théologien(ne) *m(f)*

Theologie [teolo'giː] <-, -n> *f* théologie *f*

theoretisch [teo'reːtɪʃ] *adj* théorique

Theorie [teo'riː] <-, -n> *f* théorie *f*

Therapeut(in) [tera'pɔyt] <-en, -en> *m(f)* thérapeute *mf*

Therapie [tera'piː] <-, -n> *f* thérapie *f*

Thermalbad [tɛr'maːlbaːt] *nt* bain *m* thermal

Thermometer [tɛrmo'meːtɐ] <-s, -> *nt* thermomètre *m*

Thermosflasche® ['tɛrmɔsflaʃe] *f* thermos® *m*

Thermostat [tɛrmo'staːt] <-es, -e[n]> *m* thermostat *m*

Thriller ['θrɪlɐ] <-s, -> *m* thriller *m*

Thron [troːn] <-[e]s, -e> *m* trône *m*

thronen *vi* trôner

Thronfolger(in) <-s, -> *m(f)* prétendant(e) *m(f)* au trône

Thüringen ['tyːrɪŋən] <-s> *nt* la Thuringe

Thymian ['tyːmiaːn] <-s, -e> *m* thym *m*

Tick [tɪk] <-[e]s, -s> *m fam* MED tic *m* nerveux

ticken ['tɪkən] *vi* faire tic-tac

Ticket <-s, -s> *nt* billet *m*

tief [tiːf] **I.** *adj* ❶ profond(e); *(Schnee)* épais(se); **hundert Meter ~** de cent mètres de profondeur ❷ *(Temperatur)* bas(se) ❸ *(Stimme)* grave ❹ *(Schlaf)* profond(e); *(Blau)* foncé(e) **II.** *adv* ❶ *(tauchen)* profondément; *(bohren)* en profondeur; **~ fallen** tomber de haut ❷ *(hängen)* bas ❸ *(sitzen)* en profondeur ❹ *(empfinden, atmen)* profondément

Tief <-[e]s, -e> *nt a.* METEO dépression *f*

Tiefe ['ti:fə] <-, -n> *f* profondeur *f*

Tiefgang *m kein Pl* ❶ NAUT tirant *m* d'eau ❷ *fig* ~ **haben** *(Gespräch)* avoir de la profondeur **Tiefgarage** [-gara:ʒə] *f* parking *m* souterrain **tiefgekühlt** *adj* congelé(e)

Tiefkühlkost *f* surgelés *mpl* **Tiefkühlschrank** *m* congélateur *m* [armoire] **Tiefkühltruhe** *f* congélateur *m* bahut

Tiefland *nt* basses terres *fpl* **Tiefsee** *f* grands fonds *mpl*

Tier [ti:ɐ̯] <-[e]s, -e> *nt* animal *m*

Tierarzt, -ärztin *m, f* vétérinaire *mf* **Tierheim** *nt* refuge *m* [pour animaux]

tierisch I. *adj* ❶ animal(e) ❷ *fam (sehr)* terrible II. *adv fam* comme une bête; *(wehtun)* vachement

Tierkreiszeichen *nt* signe *m* du zodiaque **tierlieb** *adj* ami(e) des animaux **Tierpark** *m* parc *m* zoologique **Tierquälerei** *f* cruauté *f* envers les animaux **Tierversuch** *m* expérience *f* sur des animaux

Tiger(in) ['ti:gɐ] <-s, -> *m(f)* tigre(sse) *m(f)*

tilgen ['tɪlgən] *vt geh* ❶ *(Kredit)* rembourser; *(Schuld)* éteindre ❷ *(Spuren)* éliminer

Tilgung <-, -en> *f geh (eines Kredits)* remboursement *m*

Tinte ['tɪntə] <-, -n> *f* encre *f*

Tintenfisch *m* seiche *f* **Tintenklecks** *m* pâté *m*

Tipp [tɪp] <-s, -s> *m fam* ❶ *(Hinweis)* tuyau *m* ❷ *(beim Wetten)* pronostic *m*

tippen ['tɪpən] I. *vi* ❶ *fam (Schreibmaschine schreiben)* taper [à la machine] ❷ *(Lotto spielen)* jouer [au loto] ❸ *fam (vorhersagen)* **auf jdn/etw** ~ parier sur qn/qc II. *vt fam* ❶ *(Text)* taper ❷ *(wetten)* **die 15** ~ jouer le 15

Tippfehler *m* faute *f* de frappe

Tirol [ti'ro:l] <-s> *nt* le Tyrol

Tisch [tɪʃ] <-[e]s, -e> *m* table *f*; **sich an den** ~ **setzen** se mettre à table

Tischdecke *f* nappe *f*

Tischler(in) ['tɪʃlɐ] <-s -> *m(f)* menuisier(-ière) *m(f)*

Tischlerei <-, -en> *f* menuiserie *f*

Tischrede *f* discours *m* de banquet **Tischtennis** *nt* tennis *m* de table

Tischtennisplatte *f* table *f* de ping-pong **Tischtennisschläger** *m* raquette *f* de ping-pong

Titel ['ti:təl] <-s, -> *m a.* SPORT titre *m*

Titelblatt *nt (eines Buches)* page *f* de titre **Titelseite** *f* couverture *f*

Toast [to:st] <-[e]s, -e> *m* ❶ pain *m* grillé ❷ *(Trinkspruch)* toast *m*

Toastbrot ['to:st-] *nt (Brot zum Toasten)* pain *m* de mie

toasten ['to:stn] *vt* faire griller

Toaster ['to:stɐ] <-s, -> *m* grille-pain *m*

toben ['to:bən] *vi* ❶ *+haben (wütend)* fulminer; *(begeistert)* être déchaîné ❷ *+haben (Kinder)* se défouler; *(Sturm)* faire rage

Tochter ['tɔxtɐ] <-, Töchter> *f* fille *f*

Tochtergesellschaft *f* filiale *f*

Tod [to:t] <-[e]s, -e> *m* mort *f* ► **sich zu ~e langweilen** s'ennuyer à mourir

todernst ['to:t'ʔɛrnst] I. *adj* [très] sérieux(-euse); *(Miene)* d'enterrement II. *adv* avec une extrême gravité

Todesanzeige *f* avis *m* de décès **Todesfall** *m* décès *m* **Todesopfer** *nt* mort *m* **Todesstrafe** *f* peine *f* de mort **Todesursache** *f* cause *f* de la mort

tödlich ['tø:tlɪç] I. *adj* mortel(le); *(Gefahr)* de mort II. *adv* ❶ ~ **verunglücken** avoir un accident mortel ❷ *fam (beleidigen)* à mort

todmüde ['to:t'my:də] *adj* mort(e) de fatigue

Toilette [toa'lɛtə] <-, -n> *f* toilettes *fpl*, W.-C. *mpl*

Toilettenpapier *nt* papier *m* hygiénique

tolerant [tole'rant] *adj* tolérant(e)

Toleranz [tole'rants] <-> *f kein Pl* tolérance *f*

tolerieren* [tole'ri:rən] *vt* tolérer

toll [tɔl] **I.** *adj fam* extra; *(Idee)* super **II.** *adv fam (wild)* de façon débridée

tollen *vi* ❶ *+haben* **im Kinderzimmer ~** faire le fou(la folle) dans la chambre ❷ *+sein (laufen)* **durch das Haus ~** courir comme un fou(une folle) dans la maison

Tomate [to'ma:tə] <-, -n> *f* tomate *f*

Tomatenketchup *m o nt* ketchup *m* **Tomatenmark** *nt* concentré *m* de tomates **Tomatensoße** *f* sauce *f* tomate

Tombola ['tɔmbola] <-, -s> *f* tombola *f*

Ton[1] <-[e]s, -e> *m* MINER argile *f*

Ton[2] [to:n] <-[e]s, Töne> *m* ❶ son *m* ❷ *fam (Wort)* **keinen ~ herausbringen** ne pas arriver à sortir un mot

tönen ['tø:nən] **I.** *vi* sonner **II.** *vt (Haare)* teindre

Tonfall *m* ton *m* **Tonhöhe** *f* hauteur *f* d'un/du son **Tonleiter** *f* gamme *f*

Tonne ['tɔnə] <-, -n> *f* ❶ fût *m; (Mülltonne)* poubelle *f* ❷ *(Maßeinheit)* tonne *f*

Tonstörung *f* panne *f* de son **Tontechniker(in)** *m(f)* ingénieur *mf* du son **Tonträger** *m* support *m* sonore

Tönung <-, -en> *f* ❶ *kein Pl (das Tönen)* teinture *f* ❷ *(Farbton)* teinte *f*

Top [tɔp] <-s, -s> *nt* court débardeur *m*

Topf [tɔpf] <-[e]s, Töpfe> *m* ❶ *(Kochtopf)* casserole *f* ❷ *(Blumen-, Nachttopf)* pot *m*

Töpfchen ['tœpfçən] <-s, -> *nt (Kinderspr.: Nachttopf)* pot *m;* **aufs ~ gehen** aller sur le pot

Töpferei [tœpfə'rai] <-, -en> *f* [atelier *m* de] poterie *f*

Töpferscheibe *f* tour *m* de potier

Topflappen *m* manique *f* **Topfpflanze** *f* plante *f* en pot

Tor [to:ɐ] <-[e]s, -e> *nt* ❶ porte *f* ❷ SPORT buts *mpl;* **ein ~ schießen** marquer un but

Torf [tɔrf] <-[e]s, -e> *m* tourbe *f*

Torhüter(in) *m(f)* gardien(ne) *m(f)* [de but]

torkeln ['tɔrkəln] *vi +sein* tituber

Torlinie *f* SPORT ligne *f* de but

Tornado [tɔr'na:do] <-s, -s> *m* tornade *f*

Torpedo [tɔr'pe:do] <-s, -s> *m* torpille *f*

Torraum *m* SPORT surface *f* de but **Torschütze, -schützin** *m, f* SPORT buteur(-euse) *m(f)*

Torte ['tɔrtə] <-, -n> *f (Obsttorte)* tarte *f; (Cremetorte)* gâteau *m*

Torwart(in) ['to:ɐvart] *m(f)* gardien(ne) *m(f)* [de but]

tot [to:t] *adj* mort(e)

total [to'ta:l] **I.** *adj* complet(-ète) **II.** *adv fam* totalement

Tote(r) *f(m)* mort(e) *m(f); (Unfallopfer)* tué(e) *m(f)*

töten ['tø:tən] *vt* tuer

Totenkopf *m* crâne *m; (Symbol)* tête *f* de mort

tot|fahren *vt irr* écraser **Totgeburt** *f* enfant *m* mort-né

Touchpad ['tatʃpɛd] <-s, -s> *nt* INFORM pavé *m* tactile

Tour [tu:ɐ] <-, -en> *f* ❶ *(Reise)* excursion *f* ❷ *(Fahrt)* tournée *f* ❸ *Pl (Umdrehung)* tour *m* ❹ *fam (Vorgehen)* magouille *f*

Tourismus [tu'rɪsmʊs] <-> *m* tourisme *m*

Tourist(in) [tu'rɪst] <-en, -en> *m(f)* touriste *mf*

Tournee [tʊr'ne:] <-, -n *o* -s> *f* tournée *f;* **auf ~ gehen** partir en tournée

Tower ['taʊə] <-s, -> *m* ❶ AVIAT tour *f* de contrôle ❷ INFORM tour *f*

toxisch ['tɔksɪʃ] *adj* toxique

traben ['tra:bən] *vi +sein* trotter

Tracht [traxt] <-, -en> *f* costume *m*

Tradition [tradi'tsi̯o:n] <-, -en> *f* tradition *f*

traditionell [traditsi̯o'nɛl] *adj* traditionnel(le)

traf [tra:f] *Imp von* **treffen**

träge *adj* ❶ *(körperlich)* mou(molle) ❷ *(geistig)* indolent(e) ❸ PHYS, CHEM inerte

tragen ['tra:gən] *irr* **I.** *vt* ❶ porter; **bei**

T

sich ~ porter sur soi ❹ *(Früchte)* donner ❺ *(Folgen)* subir; *(Schicksal)* supporter **II.** *vi* ❶ *(Baum)* donner ❷ *(trächtig sein)* être en gestation ❸ *(begehbar sein)* tenir **III.** *vr* **sich angenehm** ~ se porter agréablement

Träger ['trɛgɐ] <-s, -> *m* ❶ [autorité *f*] responsable *m* ❷ *meist Pl* COUT bretelles *f pl* ❸ TECH poutrelle *f*

Träger(in) <-s, -> *m(f)* ❶ *(Lastenträger)* porteur(-euse) *m(f)* ❷ *(eines Titels)* détenteur(-trice) *m(f)*

Tragetasche *f* sac *m*

Tragik ['tra:gɪk] <-> *f* tragique *m*

tragisch *adj* tragique

Tragödie [tra'gø:di̯ə] <-, -n> *f* tragédie *f*

trägt [trɛ:kt] *3. Pers Präs von* **tragen**

Trainer ['trɛ:nɐ] <-s, -> *m* CH TEXTIL survêtement *m*

Trainer(in) <-s, -> *m(f)* entraîneur (-euse) *m(f)*

trainieren* [trɛ'ni:rən] **I.** *vt* ❶ *(Sportler)* entraîner ❷ *(Sportart)* s'entraîner à **II.** *vi* s'entraîner

Training ['trɛ:nɪŋ] <-s, -s> *nt* entraînement *m*

Trainingsanzug *m* survêtement *m*

Trakt [trakt] <-[e]s, -e> *m* aile *f*

Traktor ['trakto:ɐ̯] <-s, -toren> *m* tracteur *m*

Tram [tram] <-s, -s> *nt* tram *m*

trampeln ['trampəln] *vi +haben o sein* piétiner

trampen ['trɛmpən] *vi+sein* faire du stop

Tramper(in) ['trɛmpɐ] <-s, -> *m(f)* autostoppeur(-euse) *m(f)*

T

Trampolin ['trampoli:n] <-s, -e> *nt* trampoline *m*

Tramway ['tramvai] <-, -s> *f* A tramway *m*

Trance ['trɑ̃s(ə)] <-, -n> *f* transe *f*

tranchieren* [trɑ̃'ʃi:rən] *vt* découper

Träne ['trɛ:nə] <-, -n> *f* larme *f*

tränen *vi* larmoyer

trank [traŋk] *Imp von* **trinken**

tränken ['trɛŋkən] *vt* ❶ *(Tier)* abreuver ❷ *(durchnässen)* **etw mit etw** ~ imbiber qc de qc

Transaktion [trans?ak'tsi̯o:n] *f* transaction *f*

Transfer [trans'fɛ:ɐ̯] <-s, -s> *m* transfert *m*

Transfusion [transfu'zi̯o:n] <-, -en> *f* transfusion *f*

Transgender [trans'dʒɛndɐ] <-s, -> *m o f (Person)* transgenre *mf*

transgender [trans'dʒɛndɐ] *adj* transgenre

Transit [tran'zi:t] <-s, -s> *m* transit *m*

transitiv ['tranziti:f] *adj* transitif(-ive)

transparent [transpa'rɛnt] *adj* transparent(e)

Transparent [transpa'rɛnt] <-[e]s, -e> *nt* banderole *f*

> **Übersetzungstipp**
> Nicht verwechseln mit *le transparent – die Folie [für den Overheadprojektor]*!

Transplantat [transplan'ta:t] <-[e]s, -e> *nt* MED transplant *m*

Transplantation [transplanta'tsi̯o:n] <-, -en> *f* transplantation *f*

transplantieren* [transplan'ti:rən] *vt* transplanter

Transport [trans'pɔrt] <-[e]s, -e> *m* ❶ *kein Pl (das Transportieren)* transport *m* ❷ *(Wagenladung)* convoi *m*

Transporter [trans'pɔrtɐ] <-s, -> *m* AUT camionnette *f*

transportieren [transpɔr'ti:rən] *vt* transporter

Transportmittel *nt* moyen *m* de transport **Transportunternehmen** *nt* entreprise *f* de transport

transsexuell [transzɛ'ksu̯ɛl] *adj* transsexuel(le)

Transvestit [transvɛs'ti:t] <-en, -en> *m* travesti *m*

Trapez [tra'pe:ts] <-es, -e> *nt a.* MATH trapèze *m*

trat [tra:t] *Imp von* **treten**

tratschen *vi fam* cancaner

Traualtar *m* **eine Frau zum ~ führen**

geh mener une femme à l'autel

Traube ['traubə] <-, -n> *f* ① *(einzelne Traube)* grain *m* ② *Pl (Weintrauben)* raisins *mpl* ③ BOT grappe *f*

Traubensaft *m* jus *m* de raisin **Traubenzucker** *m* glucose *m*

trauen ['trauən] **I.** *vi* **jdm ~** faire confiance à qn; **einer S.** *(dat)* ~ croire à qc **II.** *vt (Paar)* marier **III.** *vr* **sich ~ etw zu tun** oser faire qc

Trauer ['trauɐ] <-> *f* tristesse *f*

Trauerfall *m* décès *m* **Trauermarsch** *m* marche *f* funèbre

trauern *vi* **um jdn ~** porter le deuil de qn

Trauerzug *m* cortège *m* funèbre

Traum [traum] <-[e]s, Träume> *m* rêve *m*

Trauma ['trauma] <-s, Traumen> *nt* traumatisme *m*

träumen ['trɔymən] *vt, vi a. fig* rêver; **etwas Schönes ~** faire de beaux rêves

träumerisch *adj* rêveur(-euse)

traurig ['traurɪç] *adj* ① *(Person)* affligé(e); *(Blick)* triste; **über jdn/etw ~ sein** avoir de la peine au sujet de qn/être attristé par qc ② *(Sache)* affligeant(e); **[es ist] ~, dass** [il est] triste que +*subj*

Traurigkeit <-> *f* tristesse *f*

Trauring *m* alliance *f*

Trauung <-, -en> *f* mariage *m*

Trauzeuge, -zeugin *m, f* témoin *m*

Treff [trɛf] <-s, -s> *m fam* ① *(Treffen)* rencontre *f* ② *(Treffpunkt)* rendez-vous *m*

treffen ['trɛfən] *irr* **I.** *vt* +*haben* ① *(begegnen)* rencontrer ② *(vorfinden)* trouver ③ *(Ziel)* atteindre ④ *(innerlich berühren)* toucher ⑤ *(Maßnahmen)* prendre; *(Vorbereitungen)* faire **II.** *vi* +*haben (das Ziel treffen: Person)* atteindre son objectif; *(Schuss)* toucher sa cible **III.** *vr* +*haben* ① **sich ~** *(Personen)* se rencontrer; **sich mit jdm ~** rencontrer qn ② *(sich fügen)* **das trifft sich [gut]** ça tombe bien

Treffen <-s, -> *nt* rencontre *f*

treffend *adj* pertinent(e)

Treffer <-s, -> *m* ① *(Schuss)* coup *m* réussi ② SPORT *(Tor)* but *m*; *(Boxhieb)* coup *m* de poing ③ *(Erfolg)* coup *m* heureux

Treffpunkt *m* rendez-vous *m* **Treffsicherheit** *f kein Pl* ① *(eines Schützen)* sûreté *f* du tir ② *(Richtigkeit: eines Urteils)* pertinence *f*

treiben ['traibən] *irr* **I.** *vt* +*haben* ① *a. fig* pousser ② *(antreiben: Getriebe)* mouvoir ③ *(betreiben: Handel)* faire ▶ **es mit jdm ~** *fam* baiser avec qn **II.** *vi* ① +*sein* **auf dem Wasser ~** dériver dans l'eau ② +*haben* BOT bourgeonner ③ +*haben (harntreibend wirken)* être diurétique

Treiben ['traibən] <-s> *nt* ① agitation *f*, animation *f* ② *pej (Machenschaften)* agissements *mpl*, magouilles *fpl (fam)*

Treibhausgas *nt* ÖKOL gaz *m* à effet de serre **Treibsand** *m* sables *mpl* mouvants **Treibstoff** *m* carburant *m*

Trend [trɛnt] <-s, -s> *m* tendance *f*

trennen ['trɛnən] **I.** *vt* ① séparer ② COUT découdre ③ *(Wort)* couper **II.** *vr* **sich ~** se séparer **III.** *vi (unterscheiden)* faire la différence

Trennung <-, -en> *f* ① séparation *f* ② *(Unterscheidung)* distinction *f*

Trennungsstrich *m* LING trait *m* d'union

Trennwand *f* cloison *f*

Treppe ['trɛpə] <-, -n> *f* escalier *m*

Treppengeländer *nt* rampe *f* d'escalier **Treppenhaus** *nt* cage *f* d'escalier **Treppenstufe** *f* marche *f* d'escalier

Tresen ['tre:zən] <-s, -> *m* *(Theke)* bar *m*; *(Ladentisch)* comptoir *m*

Tresor [tre'zo:ɐ̯] <-s, -e> *m* coffre-fort *m*

> **Übersetzungstipp**
>
> **Der Tresor** – Nicht verwechseln mit *le trésor – der Schatz!*

Tretboot *nt* pédalo *m*

treten ['tre:tən] *irr* **I.** *vt* +*haben* ① donner un coup de pied à ❷ *(Pedal)* appuyer sur **II.** *vi* ❶ *+haben (Person)* donner des coups de pieds ❷ *+sein (gehen)* **in/auf etw** *(akk)* ~ *(Person)* marcher dans/sur qc ❸ *+haben o sein (betätigen)* **auf etw** *(akk)* ~ appuyer sur qc ❹ *+sein* **aus etw** ~ *(Sache)* sortir de qc

treu [trɔy] *adj* fidèle

Treue <-> *f* fidélité *f*

treulos *adj* infidèle

Trick [trɪk] <-s, -s> *m* truc *m*

Trickfilm *m* dessin *m* animé

trieb [tri:p] *Imp von* **treiben**

Trieb [tri:p] <-[e]s, -e> *m* ❶ impulsion *f* ❷ BOT pousse *f*

triefen ['tri:fən] <**triefte** *o geh* **troff, getrieft** *o* **getroffen**> *vi* ❶ *+haben (nass sein)* dégouliner, être dégoulinant; **vor Fett** ~ ruisseler de graisse ❷ *+haben (Nase)* couler; *(Auge)* larmoyer ❸ *+sein (rinnen)* **aus/von etw** ~ *(Flüssigkeit)* ruisseler de qc

trifft [trɪft] *3. Pers Präs von* **treffen**

triftig ['trɪftɪç] *adj* pertinent(e); *(Argument)* solide

Trikot [tri'ko:] <-s, -s> *nt* maillot *m*

> **Übersetzungstipp**
>
> **Das Trikot** – Nicht verwechseln mit *le tricot – die Strickware; das Stricken!*

trimmen ['trɪmən] **I.** *vt* ❶ *(Sportler)* entraîner ❷ *(Hund)* tondre **II.** *vr* **sich** ~ se maintenir en forme

trinkbar *adj (Wasser)* potable

trinken ['trɪŋkən] *vt, vi irr* boire; **auf jdn** ~ boire à la santé de qn

Trinker(in) <-s, -> *m(f)* ivrogne *mf*

Trinkgeld *nt* pourboire *m* **Trinkwasser** *nt* eau *f* potable **Trinkwasseraufbereitung** *f* épuration *f* des eaux [naturelles]

trist *adj geh* sinistre

tritt [trɪt] *3. Pers Präs von* **treten**

Tritt [trɪt] <-[e]s, -e> *m* coup *m* de pied

Triumph [tri'ʊmf] <-[e]s, -e> *m* triomphe *m*

triumphierend *adj* triomphant(e)

trocken ['trɔkən] *adj* sec(sèche); *(Sekt)* brut(e)

Trockenheit <-, -en> *f* aridité *f*; *(einer Jahreszeit)* sécheresse *f*

trocken|legen *vt* ❶ *(Baby)* changer ❷ *(Sumpf)* assécher **Trockenmilch** *f* lait *m* en poudre

trocknen ['trɔknən] **I.** *vi +sein* sécher **II.** *vt +haben* ❶ sécher; **sich** *(dat)* **die Haare** ~ se sécher les cheveux ❷ *(dörren)* dessécher

Trockner <-s, -> *m* sèche-linge *m*

trödeln ['trø:dəln] *vi +haben* traîner *(fam)*

Trödler(in) <-s, -> *m(f)* brocanteur(-euse) *m(f)*

trog [tro:k] *Imp von* **trügen**

Troll [trɔl] <-s, -e> *m* troll *m*

Trommel ['trɔməl] <-, -n> *f* tambour *m*

Trommelfell *nt* tympan *m*

trommeln **I.** *vi* ❶ jouer du tambour ❷ *(klopfen: Person)* tambouriner **II.** *vt (Marsch)* tambouriner; *(Takt)* battre

Trompete [trɔm'pe:tə] <-, -n> *f* ❶ MUS trompette *f* ❷ *fam (Joint)* bédo *m*

trompeten* *vi* jouer de la trompette

Tropen ['tro:pən] *Pl* **die** ~ les tropiques *mpl*

tröpfeln ['trœpfəln] **I.** *vi+haben* goutter **II.** *vi unpers* **es tröpfelt** il tombe des gouttes **III.** *vt* **etw auf/in etw** *(akk)* ~ verser des gouttes de qc sur/dans qc

tropfen ['trɔpfən] *vi* goutter

Tropfen <-s, -> *m* goutte *f*

tropisch *adj* tropical(e)

Trost [tro:st] <-[e]s> *m* consolation *f*

trösten ['trø:stən] *vt, vr* [**sich**] ~ [se] consoler

tröstend *adj (Worte)* de consolation

tröstlich *adj* réconfortant(e)

Trostpreis *m* lot *m* de consolation

Trottel ['trɔtəl] <-s, -> *m fam* crétin *m*

trotz [trɔts] *präp +gen* malgré

Trotzalter *nt* âge *m* des caprices

trotzdem *adv* tout de même

trotzig I. *adj* rétif(-ive) II. *adv* avec entêtement

trübe *adj* ① *(Flüssigkeit)* trouble; *(Fensterscheibe)* terne ② *(Wetter)* maussade ③ *(Stimmung)* sombre

trüben *vt, vr* **[sich]** ~ [se] troubler

trübselig *adj* morose **trübsinnig** *adj* sombre

Trübung <-, -en> *f* ① *(des Wassers)* trouble *m* ② *fig (des Einvernehmens)* dégradation *f*

Trüffel ['trʏfəl] <-, -n> *f* truffe *f*

trug [truːk] *Imp von* **tragen**

trügen ['tryːgən] *irr* I. *vt* tromper II. *vi* être trompeur

Trümmer ['trʏmɐ] *Pl* ruines *fpl*

Trunkenheit <-> *f* ivresse *f*

Truppe ['trʊpə] <-, -n> *f* ① *kein Pl* MIL unité *f* ② THEAT troupe *f*

Truppenabzug *m* retrait *m* des troupes

Truthahn ['truːthaːn] *m* dindon *m* **Truthenne** *f* dinde *f*

Tscheche, Tschechin ['tʃɛçə] <-n, -n> *m, f* Tchèque *mf*

Tschechien ['tʃɛçiən] <-s> *nt* la République tchèque

tschechisch I. *adj* tchèque II. *adv* ~ **miteinander sprechen** discuter en tchèque

Tschechisch <-[s]> *nt kein art* tchèque *m; s.a.* **Deutsch**

tschüs, tschüss [tʃʏs] *interj fam* salut

T-Shirt ['tiːʃœːt] <-s, -s> *nt* t[ee]-shirt *m*

Tube ['tuːbə] <-, -n> *f* tube *m*

Tuch[1] [tuːx] <-[e]s, Tücher> *nt* ① COUT foulard *m* ② *(Putztuch)* chiffon *m*

Tuch[2] <-[e]s, -e> *nt (Stoff)* tissu *m*

tüchtig ['tʏçtɪç] I. *adj* capable *antéposé; (Schüler)* bon(ne) II. *adv* ① *(helfen)* beaucoup ② *fam (viel)* pas mal

tüfteln ['tʏftəln] *vi fam* bricoler

Tugend ['tuːgənt] <-, -en> *f* vertu *f*

Tulpe ['tʊlpə] <-, -n> *f* tulipe *f*

Tümmler ['tʏmlɐ] <-s, -> *m* marsouin *m*

Tumor ['tuːmoːɐ̯] <-s, Tumoren> *m* tumeur *f*

Tümpel ['tʏmpəl] <-s, -> *m* mare *f*

Tumult [tu'mʊlt] <-[e]s, -e> *m meist Pl* émeute *f*

tun [tuːn] *irr* I. *vt* ① *(machen)* faire ② *fam (legen, stellen)* **irgendwohin ~** mettre quelque part ③ *(antun)* **jdm etwas ~** faire quelque chose à qn II. *vr* **es tut sich etwas** il se passe quelque chose III. *vi* ① **zu ~ haben** avoir à faire ② *(wirken)* **gut ~** faire du bien

Tuner ['tjuːnɐ] <-s, -> *m* tuner *m*

Tunesien [tu'neːziən] <-s> *nt* la Tunisie

Tunesier(in) [tu'neːziɐ] <-s, -> *m(f)* Tunisien(ne) *m(f)*

tunesisch *adj* tunisien(ne)

Tunfisch ['tuːnfɪʃ] *m* thon *m*

tunken *vt* tremper

Tunnel ['tʊnəl] <-s, -> *m* tunnel *m*

tupfen ['tʊpfən] *vt* **sich** *(dat)* **etw von der Stirn ~** s'essuyer qc sur le front

Tupfen <-s, -> *m* pois *m*

Tür [tyːɐ̯] <-, -en> *f* ① porte *f* ② *(Fahrzeugtür)* portière *f*

Turbine [tʊr'biːnə] <-, -n> *f* turbine *f*

turbulent [tʊrbu'lɛnt] *adj* agité(e)

Türke, Türkin ['tʏrkə] <-n, -n> *m, f* Turc(Turque) *m(f)*

Türkei [tʏr'kaj] <-> *f* **die ~** la Turquie

türkis [tʏr'kiːs] *adj* turquoise

türkisch ['tʏrkɪʃ] I. *adj* turc(turque) II. *adv* ~ **miteinander sprechen** discuter en turc

Türkisch <-[s]> *nt kein art* turc *m; s.a.* **Deutsch**

Türklinke *f* poignée *f* de porte

Turm [tʊrm] <-[e]s, Türme> *m* ① *a.* SPIEL tour *f* ② *(Glockenturm)* clocher *m*

türmen ['tʏrmən] I. *vt* +*haben* empiler II. *vr* +*haben* **sich ~** s'entasser III. *vi* +*sein fam* se casser

Turmfalke *m* [faucon *m*] crécerelle *f*

Turmuhr *f* horloge *f*

turnen ['tʊrnən] *vi* faire de la gymnastique

Turnen <-s> *nt* gymnastique *f; (Sportunterricht)* E.P.S. *f*

Turnhalle *f* gymnase *m*

Turnier [tʊrˈniːɐ̯] <-s, -e> *nt* tournoi *m*
Turnschuh *m* chaussure *f* de sport
Turnunterricht *m (Unterrichtsstunde)* cours *m* de gymnastique
turteln [ˈtʊrtəln] *vi* roucouler
tuscheln [ˈtʊʃəln] *vi* murmurer
tut *3. Pers Präs von* **tun**
Tüte [ˈtyːtə] <-, -n> *f* ❶ *(Verpackung)* sac *m; (klein)* sachet *m* ❷ *fam (Joint)* bédo *m*
TÜV® [tʏf] <-, -[s]> *m Abk von* **Technischer Überwachungs-Verein** centre *m* de contrôle technique
TV-Serie [teːˈfauzeːriə] *f* feuilleton *m* télévisé
Typ [tyːp] <-s, -en> *m* ❶ individu *m;* **ein bestimmter ~ von Männern** un certain type d'hommes ❷ *fam (Kerl)* mec *m*
typisch [ˈtyːpɪʃ] **I.** *adj* typique **II.** *adv* typiquement
Tyrann(in) [tyˈran] <-en, -en> *m(f)* tyran *m*
tyrannisch *adj* tyrannique
tyrannisieren* [tyraniˈziːrən] *vt* tyranniser

U u

u. *Abk von* **und**
U, u [uː] <-, -> *nt* U *m*/u *m*
U-Bahn [ˈuːbaːn] *f* métro *m*
übel [ˈyːbəl] **I.** *adj* ❶ *(Geruch)* mauvais(e); *(Gefühl)* pénible ❷ *(schlimm)* sale ❸ *(verkommen)* mal famé(e) ❹ *(schlecht)* **jdm ist/wird ~** qn a mal au cœur **II.** *adv* ❶ mal ❷ *(unangenehm)* **~ riechen/schmecken** sentir/être mauvais
Übel [ˈyːbəl] <-s, -> *nt* mal *m*
Übelkeit <-, -en> *f* nausée *f*
üben [ˈyːbən] **I.** *vt* ❶ s'exercer à ❷ *(Lied)* travailler **II.** *vi* **mit jdm ~** *(für die Schule)* travailler avec qn; *(trainieren)* s'entraîner avec qn
über [ˈyːbɐ] **I.** *präp +dat* ❶ **~ dem Sofa** au-dessus du canapé ❷ *(zusätzlich zu)* **~ dem Hemd einen Pulli tragen** porter un pull par-dessus la chemise **II.** *präp +akk* ❶ **ein Poster ~ das Sofa hängen** accrocher un poster au-dessus du canapé ❷ *(auf, entlang)* **den Mantel ~ den Stuhl legen** poser le manteau sur la chaise; **sie strich ihm ~ die Wange** elle lui caressa la joue ❸ *(quer hinüber)* **~ die Straße gehen** traverser la rue; **~ den Zaun schauen** regarder par-dessus la clôture; **der Blick ~ das Tal** la vue sur la vallée ❹ *(betreffend)* **~ jdn/etw sprechen** parler de qn/discuter de qc; **ein Buch ~ Schiller** un livre sur Schiller ❺ *(in Höhe von)* **ein Scheck ~ hundert Euro** un chèque de cent euros ❻ *(durch, mittels)* **~ jdn erfahren, dass...** apprendre par qn que...; **~ Satellit** par satellite ❼ *(via)* **~ Dijon nach Lyon fahren** aller à Lyon en passant par Dijon ❽ *(zur Angabe der Dauer)* **den ganzen Tag ~** toute la journée; **~ Ostern verreisen** partir pour Pâques **III.** *adv* ❶ *(mehr als)* plus de; **bei ~ 40° C** au-dessus de 40° ❷ *(älter als)* de plus de
überall [yːbɐˈʔal] *adv* partout
überängstlich *adj* hyperanxieux(-euse)
überanstrengen* [yːbɐˈʔanʃtrɛŋən] **I.** *vr* **sich ~** se surmener **II.** *vt* **seine Augen durch etw ~** s'esquinter les yeux avec qc *(fam)*
Überanstrengung *f* surmenage *m*
überarbeiten* [yːbɐˈʔarbai̯tən] **I.** *vt* remanier **II.** *vr* **sich ~** se surmener

überaus [ˈyːbɐʔaus] *adv geh* extrêmement
überbacken* *vt irr* **etw ~** faire gratiner qc
Überbevölkerung *f kein Pl* surpopulation *f*
Überbleibsel [ˈyːbɐblaipsəl] <-s, -> *nt meist Pl* vestige *m;* *(eines Essens)* reste *m*
Überblick *m* ❶ *(Sicht)* **~ über etw** *(akk)* vue *f* d'ensemble de qc ❷ *fig* **ein kurzer ~ über etw** *(akk)* un bref aperçu de qc
überblicken* [yːbɐˈblɪkən] *vt (Aktivitäten)* se faire une idée globale de
überbringen* [yːbɐˈbrɪŋən] *vt irr* remettre; *(Nachricht)* transmettre
überbrücken* [yːbɐˈbrʏkən] *vt* ❶ pallier ❷ *(Differenzen)* concilier
überdachen* [yːbɐˈdaxən] *vt* couvrir
überdimensional [ˈyːbɐdimɛnzi̯onaːl] *adj* démesuré(e)
Überdosis *f* surdose *f,* *(bei Drogen)* overdose *f*
überdurchschnittlich **I.** *adj* supérieur(e) à la moyenne **II.** *adv* **~ gut sein** être meilleur que la moyenne
übereinander [yːbɐʔaiˈnandɐ] *adv* **~ reden** parler l'un sur l'autre
übereinander|legen *vt* entasser **übereinander|liegen** *vi* être posés l'un sur l'autre **übereinander|schlagen** *vt* *(Beine)* croiser
Übereinkommen [yːbɐˈʔainkɔmən] *nt* accord *m*
Übereinkunft [yːbɐˈʔainkʊnft, *pl:* -kʏnftə] <-, -künfte> *f* accord *m*
überein|stimmen *vi* ❶ convenir ❷ *(sich gleichen)* être conforme
Übereinstimmung *f* ❶ accord *m* ❷ *(Gleichheit)* unanimité *f*
überempfindlich **I.** *adj* MED hypersensible **II.** *adv* MED **~ auf etw** *(akk)* **reagieren** avoir une réaction allergique à qc
Überempfindlichkeit *f a.* MED hypersensibilité *f*
überfahren* [yːbɐˈfaːrən] *vt irr* ❶ écraser ❷ *(Ampel)* brûler; *(Linie)* dépasser
Überfahrt *f* traversée *f*
Überfall *m* **der ~ auf jdn/etw** l'agression *f* de qn/l'attaque *f* de qc
überfallen* [yːbɐˈfalən] *vt irr* ❶ *(Person)* agresser; *(Bank)* attaquer ❷ *(bestürmen)* **jdn mit etw ~** assaillir qn de qc
Überfluss *m kein Pl* [sur]abondance *f*
überflüssig *adj* **es ist ~, dass** il est superflu que *+subj*
überfordern* [yːbɐˈfɔrdɐn] *vt* **jdn ~** en demander trop à qn; **überfordert sein** être dépassé
überfüllt [yːbɐˈfʏlt] *adj* surchargé(e); *(Gebäude)* bondé(e)
Übergang <-gänge> *m* ❶ passage *m* ❷ *(Überweg)* passage *m* clouté
übergeben* [yːbɐˈgeːbən] *irr* **I.** *vt* ❶ *(überreichen)* remettre ❷ MIL livrer **II.** *vr* **sich ~** vomir
über|gehen[1] [ˈyːbɐgeːən] *vi irr +sein* ❶ *(überwechseln)* **zu etw ~** passer à qc ❷ *(übertragen werden)* **in jds Besitz** *(akk)* **~** devenir propriété de qn
übergehen*[2] [yːbɐˈgeːən] *vt irr* ❶ **jdn ~** oublier qn ❷ *(Einwand)* passer outre ❸ *(Abschnitt)* sauter
übergeschnappt [ˈyːbɐgəʃnapt] *adj fam* maboul(e)
Übergewicht *nt kein Pl* excès *m* de poids
überglücklich *adj* comblé(e) de bonheur
Übergriff *m* acte *m* de violence
übergroß *adj (Kleidungsstück)* de grande taille; *(Möbelstück)* de taille imposante **Übergröße** *f* grande taille *f*
Überhang *m* ❶ GEO surplomb *m* ❷ *(Überangebot)* **~ an Waren** *(dat)* excédent *m* de marchandise
überhaupt [yːbɐˈhaupt] *adv* ❶ *(eigentlich)* **was fällt dir ~ ein?** qu'est-ce qui te prend? ❷ *(abgesehen davon, zudem)* vraiment ❸ *verstärkend (ganz und gar)* **~ nicht** [pas] du tout
überheblich *adj* arrogant(e)
überhöht [yːbɐˈhøːt] *adj* excessif(-ive)

überholen* [yːbɐˈhoːlən] **I.** *vt* ❶ *(vorbeifahren)* doubler ❷ *(instand setzen)* réviser **II.** *vi* doubler

Überholspur *f* voie *f* de gauche

überholt *adj (Ansichten, Moral)* dépassé(e)

Überholverbot *nt* interdiction *f* de dépasser

überladen* [yːbɐˈlaːdən] *vt irr* surcharger

überlassen* [yːbɐˈlasən] *vt irr* **jdm etw ~** laisser qc à qn

überlaufen*[1] [ˈyːbɐlaʊfən] *vt irr* SPORT passer

über|laufen[2] [yːbɐˈlaʊfən] *vi irr +sein* ❶ *(Flüssigkeit)* déborder ❷ *(Soldat)* passer à l'ennemi

überleben* [yːbɐˈleːbən] **I.** *vt, vi* survivre **II.** *vr* **sich ~** passer

Überlebende(r) *f(m)* survivant(e) *m(f)*

überlegen*[1] [yːbɐˈleːgən] **I.** *vi* réfléchir **II.** *vt* [**sich** *(dat)*] **etw ~** réfléchir à qc; [**sich** *(dat)*] **~, ob...** réfléchir si...

über|legen[2] [ˈyːbɐleːgən] *vt* **jdm etw ~** couvrir qn avec qc

überlegen[3] *adj* **jdm ~ sein** être supérieur à qn

überm [ˈyːbɐm] = *Abk von* **über dem** *s.* **über**

Übermacht *f kein Pl* supériorité *f*

übermächtig *adj* ❶ *(überlegen)* supérieur(e) ❷ *(Gefühl, Hass)* intense

übermäßig **I.** *adj* extrême **II.** *adv* ❶ *(sich anstrengen)* trop ❷ *(trinken)* sans modération

übermenschlich *adj* surhumain(e)

übermorgen *adv* après-demain; **~ früh/Abend** après-demain matin/soir

übermütig [ˈyːbɐmyːtɪç] **I.** *adj* ❶ exubérant(e) ❷ *(aufgeregt)* turbulent(e) **II.** *adv* **sich ~ aufführen** être turbulent

übern [ˈyːbɐn] = *Abk von* **über den** *s.* **über**

übernachten* [yːbɐˈnaxtən] *vi* **im Hotel ~** passer la nuit à l'hôtel

Übernachtung <-, -en> *f* **~ mit Frühstück** nuit[ée] *f* avec petit-déjeuner

Übernahme [ˈyːbɐnaːmə] <-, -n> *f* ❶ *(der Verantwortung)* prise *f* en charge ❷ *(einer Firma)* reprise *f*

übernatürlich *adj* surnaturel(le)

übernehmen* [yːbɐˈneːmən] *irr* **I.** *vt* ❶ reprendre ❷ *(Verantwortung)* assumer; *(Kosten)* se charger de ❸ *(Auftrag)* accepter ❹ *(Mitarbeiter)* garder **II.** *vr* **sich ~** vouloir trop en faire **III.** *vi* prendre le relais

überprüfen* [yːbɐˈpryːfən] *vt* ❶ contrôler; *(Bewerber)* examiner ❷ *(Angabe)* vérifier l'exactitude de ❸ *(Motor)* réviser

überqueren* [yːbɐˈkveːrən] *vt* traverser

überraschen* [yːbɐˈraʃən] *vt* surprendre

überraschend **I.** *adj* inattendu(e) **II.** *adv (besuchen)* à l'improviste; *(sterben)* subitement

Überraschung <-, -en> *f* surprise *f*

überreden* [yːbɐˈreːdən] *vt* convaincre

überregional *adj* interrégional(e)

überreichen* [yːbɐˈraɪçən] *vt* remettre

überreichlich *adj (Essen)* très copieux(-euse)

Überreichung <-, -en> *f (eines Preises)* remise *f*

überreizt *adj (Augen)* irrité(e); **~ sein** être à bout de nerfs

Überrest *m meist Pl (Ruinen)* vestiges *mpl* ▸ **jds sterbliche ~e** *euph geh* la dépouille [mortelle] de qn

überrumpeln* [yːbɐˈrʊmpəln] *vt* **den Gegner ~** prendre l'adversaire par surprise

übers [ˈyːbɐs] = *Abk von* **über das** *s.* **über**

übersättigt *adj* [sur]saturé(e)

überschätzen* [yːbɐˈʃɛtsən] *vt, vr* [**sich**] **~** [se] surestimer

überschlagen*[1] [yːbɐˈʃlaːgən] *irr* **I.** *vt* **die Kosten ~** évaluer les coûts **II.** *vr* **sich ~** ❶ *(Fahrzeug)* faire un tonneau ❷ *(Ereignisse)* se précipiter ❸ *fam (übereifrig sein)* faire du zèle ❹ *(Stimme)* devenir strident(e)

über|schlagen² ['y:bɐʃla:gən] *irr vt +haben (Beine)* croiser
überschneiden* [y:bɐ'ʃnaidən] *vr irr* **sich** ~ se chevaucher
überschreiten [y:bɐ'ʃraitən] *vt irr* ❶ *(Grenze)* franchir ❷ *fig (Fähigkeiten)* dépasser; *(Befugnisse)* outrepasser
Überschrift *f* titre *m*
Überschuss *m* excédent *m*
überschütten* [y:bɐ'ʃʏtən] *vt fig* **mit Geschenken** ~ couvrir de cadeaux; **mit Vorwürfen** ~ accabler de reproches
überschwemmen* [y:bɐ'ʃvɛmən] *vt a.* COM inonder
Übersee ▶ **in** ~ outre-mer; **nach** ~ outre-mer
überseeisch *adj* d'outre-mer
übersehbar [y:bɐ'ze:ba:ɐ̯] *adj* ❶ *(abschätzbar)* évaluable; **noch nicht ~ sein** *(Schaden)* ne pas encore pouvoir être évalué ❷ *(übersichtlich)* **ein gut/schwer ~es Gelände** un terrain découvert/accidenté
übersehen* [y:bɐ'ze:ən] *vt irr* ❶ *(nicht sehen)* ne pas voir ❷ *(abschätzen)* **etw** ~ mesurer l'ampleur de qc ❸ *(überblicken)* **etw** ~ avoir une vue d'ensemble de qc
übersetzen* ['y:bɐzɛtsən] **I.** *vt* traduire **II.** *vi* faire une traduction
Übersetzer(in) *m(f)* traducteur (-trice) *m(f)*
Übersetzung <-, -en> *f* ❶ traduction *f* ❷ *(eines Getriebes)* transmission *f*
Übersicht <-, -en> *f* ❶ *kein Pl (Überblick)* vue *f* d'ensemble ❷ *(knappe Darstellung)* aperçu *m* [général]
übersichtlich *adj* ❶ *(Form)* clair(e) ❷ *(Platz)* dégagé(e)
Übersiedler(in) *m(f) immigré(e) [politique] de la RDA en RFA*
übersinnlich *adj* surnaturel(le)
überspielen* [y:bɐ'ʃpi:lən] *vt* ❶ MEDIA copier ❷ *(kaschieren)* dissimuler
überspitzt *adj* outrancier(-ière)
überspringen* [y:bɐʃprɪŋən] *vt irr* ❶ franchir ❷ *(Lektion)* sauter
überstehen*¹ [y:bɐ'ʃte:ən] *vt irr (Belastung)* surmonter
über|stehen² ['y:bɐʃte:ən] *vi irr +haben (Ladung)* dépasser
übersteigen* [y:bɐ'ʃtaigən] *vt irr* ❶ *(klettern über)* passer par-dessus ❷ *(Fähigkeiten)* dépasser; *(Kräfte)* être au-dessus de
Überstunde *f* heure *f* supplémentaire
Überstundenabbau *m* récupération *f* d'heures supplémentaires
überstürzen* [y:bɐ'ʃtʏrtsən] *vt, vr* [**sich**] ~ [se] précipiter
Übertrag ['y:bɐtra:k] <-[e]s, -träge> *m* report *m*
übertragbar [y:bɐ'tra:kba:ɐ̯] *adj* ❶ MED contagieux(-euse) ❷ *(Methode)* applicable ❸ *(Ausweis)* transmissible
übertragen*¹ [y:bɐ'tra:gən] *irr* **I.** *vt* ❶ RADIO, TV diffuser ❷ MED **etw auf jdn** ~ transmettre qc à qn ❸ *(übernehmen)* **etw auf eine neue Seite** ~ reporter qc sur une nouvelle page ❹ *(übergeben)* **jdm die Verantwortung** ~ déléguer la responsabilité à qn ❺ *(Methode)* appliquer **II.** *vr* ❶ MED **sich** ~ être contagieux; **sich auf jdn** ~ se transmettre à qn ❷ *(beeinflussen)* **sich auf jdn** ~ *(Nervosität)* gagner qn
übertragen² **I.** *adj (Bedeutung)* figuré(e) **II.** *adv* au [sens] figuré
Übertragung <-, -en> *f* ❶ *kein Pl (das Senden)* diffusion *f* ❷ *(Sendung)* retransmission *f* ❸ *kein Pl (einer Krankheit)* transmission *f* ❹ *kein Pl (von Befugnissen)* délégation *f* ❺ *kein Pl (von Besitz)* transfert *m* ❻ *kein Pl (einer Methode)* application *f*
übertreffen* [y:bɐ'trɛfən] *irr* **I.** *vt* ❶ *(besser sein)* **jdn** ~ surpasser qn ❷ *(hinausgehen über)* **alle Erwartungen** ~ dépasser toutes les attentes **II.** *vr* **sich selbst** ~ se surpasser
übertreiben* [y:bɐ'traibən] *vt, vi irr* exagérer
Übertritt *m* conversion *f*
übervoll *adj (Behälter)* plein(e) à ras

U

bord[s]; *(Bus, Bahn)* bondé(e)

überwạchen* [yːbɐˈvaxən] *vt* ① surveiller ② *(Ablauf)* superviser; *(Qualität)* contrôler

überwạ̈ltigen* [yːbɐˈvɛltɪgən] *vt* maîtriser

überwạ̈ltigend [yːbɐˈvɛltɪgənt] *adj* ① grandiose; *(Gefühl)* renversant(e) ② *(Mehrheit)* écrasant(e)

überweisen* [yːbɐˈvaizən] *vt irr* **Geld ~** virer de l'argent

Überweisung <-, -en> *f* ① *(Geldüberweisung)* virement *m* ② *(eines Patienten)* transfert *m*

überwiegend **I.** *adj* large **II.** *adv* plutôt

überwịnden* [yːbɐˈvɪndən] *irr* **I.** *vt* ① *(Bedenken)* surmonter; *(Problem)* venir à bout de ② *(Gegner)* vaincre ③ *(Mauer)* franchir **II.** *vr* **sich ~** faire un effort sur soi-même

überzeugen* [yːbɐˈtsɔygən] **I.** *vt* convaincre; **jdn davon ~, dass...** persuader qn que... **II.** *vi (Person)* être convaincant **III.** *vr* **sich von etw ~** s'assurer de qc

Überzeugung <-, -en> *f* conviction *f*

überziehen*[1] [yːbɐˈtsiːən] *irr* **I.** *vt* ① *(bedecken)* recouvrir ② *(belasten)* **das Konto um hundert Euro ~** mettre son compte à découvert de cent euros **II.** *vi (Person)* dépasser son temps d'antenne

über|ziehen[2] [yːbɐˈtsiːən] *vt, vr irr* **[sich] etw ~** [se] passer qc

überzogen *PP von* **überziehen**[1]

üblich [ˈyːplɪç] *adj* usuel(le); **wie ~** comme d'habitude

U-Boot [ˈuːboːt] *nt* sous-marin *m*

übrig [ˈyːbrɪç] **I.** *adj* ① *(restlich)* **die ~en Teilnehmer** les autres participants; **die ~en Bücher** les livres restants ② *(übrig bleibend)* **~ sein** rester ▸ **im Übrigen** du reste **II.** *adv* **~ bleiben** rester

übrigens [ˈyːbrɪgəns] *adv* ① *(nebenbei bemerkt)* au fait ② *(außerdem)* d'ailleurs

Übung [ˈyːbʊŋ] <-, -en> *f* exercice *m*

Ufer [ˈuːfɐ] <-s, -> *nt* rive *f; (Meeresufer)* côte *f*

Ufo <-[s], -s> *nt Abk von* **unbekanntes Flugobjekt** OVNI *m*

Ugạnda [uˈganda] <-s> *nt* l'Ouganda *m*

U-Haft [ˈuːhaft] *f fam Abk von* **Untersuchungshaft** détention *f* préventive

Uhr [uːɐ̯] <-, -en> *f* ① *(öffentliche Uhr)* horloge *f; (Armbanduhr)* montre *f; (Wanduhr)* pendule *f* ② *(bei Zeitangaben)* **um drei ~** à trois heures; **um zwölf ~ mittags** à midi; **es ist fünf ~ früh** il est cinq heures du matin; **um wie viel ~?** à quelle heure?; **wie viel ~ ist es?** quelle heure est-il?

Uhrmacher(in) *m(f)* horloger(-ère) *m(f)*

Uhrzeit *f* heure *f*

Ukraine [ukraˈiːnə] <-> *f* l'Ukraine *f*

Ukrainer(in) [ukraˈiːnɐ] <-s, -> *m(f)* Ukrainien(ne) *m(f)*

ukrainisch [ukraˈiːnɪʃ] **I.** *adj* ukrainien(ne) **II.** *adv* **~ miteinander sprechen** discuter en ukrainien

Ukrainisch [ukraˈiːnɪʃ] <-[s]> *nt kein art* ukrainien *m; s.a.* **Deutsch**

Ultimạtum [ʊltɪˈmaːtʊm] <-s, -s> *nt* ultimatum *m*

Ụltrabook [ˈʊltrabʊk] <-s, -s> *nt* INFORM ultra-portable *m*

Ụltraschall *m* ① PHYS ultrason *m* ② MED échographie *f*

ụm [ʊm] **I.** *präp +akk* ① *(örtlich)* **~ die Ecke** au coin de la rue; **~ den Park herum** autour du parc ② *(bei Zeitangaben)* **~ fünf Uhr/Mitternacht** à cinq heures/minuit ③ *(ungefähr)* environ; **~ die fünfzig Euro kosten** coûter dans les cinquante euros ④ *(zur Angabe des Ausmaßes)* **~ zehn Zentimeter größer sein** être plus long de dix centimètres **II.** *konj* **er kam ~ zu siegen** il vint pour vaincre **III.** *adv* **~ sein** être passé

umạrmen* [ʊmˈʔarmən] *vt* **jdn ~** serrer qn dans ses bras

Umạrmung <-, -en> *f* accolade *f*

ụm|bauen [ˈʊmbauən] **I.** *vt* transformer

II. *vi* faire des transformations

um|blättern *vi* tourner la page

um|bringen *irr* **I.** *vt* tuer **II.** *vr* **sich ~** se suicider

Umbruch *m* ❶ *kein Pl (Einteilung in Seiten)* mise *f* en pages ❷ *(Wandel)* changement *m* profond

um|buchen *vt, vi* modifier une réservation

umdrehen **I.** *vt +haben* ❶ **jdn/etw ~** retourner qn/qc ❷ *(Schlüssel)* tourner **II.** *vr +haben* **sich nach jdm/etw ~** se retourner en direction de qn/qc **III.** *vi +haben o sein* faire demi-tour

umeinander [ʊmʔaiˈnandɐ] *adv* **sich ~ kümmern** s'occuper l'un(e) de l'autre

umfahren* [ʊmˈfaːrən] *vt irr (Hindernis)* contourner; *(Stau)* éviter

um|fallen *vi irr +sein* ❶ *(Figur)* se renverser; *(Baum)* se coucher ❷ *(zu Boden fallen)* **tot ~** tomber raide mort(e) *(fam)*

Umfang <-[e]s, -fänge> *m* ❶ *(einer Kugel)* circonférence *f* ❷ *(eines Gebiets)* superficie *f*; *(eines Verlusts)* étendue *f*

umfangreich *adj (Werk)* riche et varié(e); *(Studien)* dans des domaines divers

umfassen* [ʊmˈfasən] *vt* ❶ **jdn ~** prendre qn dans ses bras; **etw ~** prendre qc dans ses mains ❷ *(enthalten)* comprendre

umfassend **I.** *adj* ❶ *(Vollmachten)* étendu(e); *(Maßnahmen)* de grande envergure ❷ *(alles enthaltend)* complet(-ète); *(Bericht)* détaillé(e) **II.** *adv* **~ gestehen** faire des aveux complets; **~ berichten** faire un rapport détaillé

Umfeld *nt* milieu *m*

Umfrage *f* sondage *m*

um|füllen *vt* transvaser

Umgang *kein Pl m* ❶ *(Kontakt)* **im ~ mit Kindern** avec les enfants ❷ *(Freunde)* fréquentations *f pl*

umgänglich [ˈʊmgɛŋlɪç] *adj* conciliant(e)

Umgangssprache *f* langage *m* courant; *(nachlässige Sprache)* langage familier

umgeben* [ʊmˈgeːbən] *vt, vr irr* **[sich] ~** [s']entourer

Umgebung <-, -en> *f* environs *mpl*

um|gehen¹ [ʊmˈgeːən] *vi irr +sein* ❶ *(behandeln)* traiter ❷ *(Gerücht)* circuler

umgehen*² [ˈʊmgeːən] *vt irr* ❶ *(vermeiden)* esquiver; **etw ist nicht zu ~** qc ne peut pas être évité ❷ *(Embargo)* contourner

Umgehung <-, -en> *f* ❶ *(die Nichteinhaltung)* **die ~ des Embargos unterbinden** empêcher que l'embargo ne soit contourné ❷ *(Umgehungsstraße)* contournement *m*

umgekehrt **I.** *adj* inverse; **genau ~!** tout le contraire! **II.** *adv (andersherum)* dans l'autre sens

Umhang <-[e]s, Umhänge> *m* cape *f*

um|kehren *vi +sein* faire demi-tour

Umkehrung <-, -en> *f geh* renversement *m*

um|kippen **I.** *vi +sein* ❶ *(Person)* tomber; *(Gegenstand)* se renverser ❷ *fam (bewusstlos werden)* tourner de l'œil ❸ ÖKOL s'asphyxier **II.** *vt +haben* renverser

Umkleideraum *m* vestiaire *m*

um|kommen *vi irr +sein* **bei etw/in etw** *(dat)* **~** mourir dans qc

Umkreis *m* **im ~ der Stadt** à la périphérie de la ville; **im ~ von zehn Kilometern** dans un rayon de dix kilomètres

Umlauf *m* ❶ circulaire *f* ❷ *(Zirkulation)* **im ~ sein** *(Münze)* être en circulation

Umlaut *m* voyelle *f* infléchie

um|legen *vt* ❶ **jdm einen Schal ~** mettre une écharpe à qn ❷ *fam (umbringen)* zigouiller ❸ *(Kabel)* changer de position

um|leiten *vt (Verkehr)* dévier; *(Fluss)* détourner

Umleitung *f* déviation *f*

um|rechnen *vt* convertir

um|rühren *vt, vi* remuer

ums [ʊms] = *Abk von* **um das** *s.* **um**

Umsatz *m* chiffre *m* d'affaires

U

um|schalten I. *vi* ❶ *(Ampel)* changer; **auf Grün** ~ passer au vert ❷ *(den Fernsehsender wechseln)* changer de chaîne II. *vt* **ein Gerät auf Wechselstrom** ~ brancher un appareil sur le courant alternatif

Umschlag *m* ❶ *(Briefumschlag)* enveloppe *f* ❷ *(eines Buchs)* jaquette *f* ❸ MED compresse *f*

um|schreiben [ˈʊmʃrai̯bən] *vt irr* ❶ *(Text)* ré[é]crire ❷ JUR **auf jdn** ~ mettre au nom de qn

um|schulen *vt (beruflich)* **jdn** ~ reconvertir qn; **sich** ~ **lassen** se reconvertir

Umschwung *m* ❶ revirement *m* ❷ CH *(Gelände)* terrain *m*

um|sehen *vr irr* ❶ *(sich informieren)* **sich** ~ regarder ❷ *(suchen)* **sich nach jdm/etw** ~ chercher qn/qc du regard

um|setzen I. *vt* ❶ **jdn** ~ faire changer de place à qn ❷ *(Erfahrungen)* appliquer; **etw in die Praxis** ~ mettre qc en pratique II. *vr* **sich** ~ changer de place

Umsetzung <-, -en> *f* ❶ *(örtlich)* transposition *f*; *(einer Person)* déplacement *m*; *(von Pflanzen)* transplantation *f* ❷ *(Anwendung)* application *f* ❸ *(Umwandlung: von Daten)* conversion *f*

Umsiedlung *f* déplacement *m*

umso [ˈʊmzo] *konj* ~ **mehr/weniger** d'autant plus/moins; ~ **besser** tant mieux

umsonst *adv* ❶ *(kostenlos)* gratuitement ❷ *(vergebens)* inutilement

Umstand <-[e]s, -stände> *m* ❶ *(Tatsache)* fait *m*; *(Bedingung)* circonstance *f*; **unter allen Umständen** quoi qu'il arrive; **das wird unter Umständen teuer** ça risque de coûter cher ❷ *Pl (Schwierigkeiten)* complications *fpl*; *(Förmlichkeiten)* formalités *fpl*; **jdm Umstände machen** causer des problèmes à qn

umständlich *adj (Person)* compliqué(e)

um|steigen *vi irr +sein (den Zug/Bus wechseln)* changer de train/bus; **in den Zug nach Frankfurt** ~ prendre la correspondance pour Francfort

um|stellen [ˈʊmʃtɛlən] I. *vt* ❶ *(Möbelstück)* déplacer ❷ *(Schalter)* modifier le réglage de II. *vi* **auf Gas** ~ passer au gaz III. *vr* **sich auf etw** *(akk)* ~ s'adapter à qc

um|stürzen I. *vi +sein* se renverser II. *vt +haben* ❶ *(Säule)* faire tomber ❷ *fig (Regime)* renverser

Umtausch *m* ❶ *(von Waren)* échange *m* ❷ FIN ~ **von Euro in Dollar** change *m* d'euros en dollars

um|tauschen *vt* ❶ échanger; **jdm etw** ~ reprendre qc à qn ❷ FIN **Geld** ~ changer de l'argent

Umwandlung *f* transformation *f*

Umweg *m* détour *m*

Umwelt *f kein Pl* ❶ ÖKOL environnement *m* ❷ *(Mitmenschen)* entourage *m*

Umwelt und Natur

die Pflanze	la plante
der Baum	l'arbre
der Wald	la forêt
die Blume	la fleur
die Natur	la nature
die Landschaft	le paysage
der Umweltschutz	la protection de l'environnement
die Umwelt-katastrophe	la catastrophe écologique
das Meer	la mer
die Küste	la côte
die Insel	l'île
die Welle	la vague
der Strand	la plage
der See	le lac
der Fluss	le fleuve; la rivière
das Ufer	le bord
das Gebirge	la montagne
das Tal	la vallée
das Land	la campagne
die Wüste	le désert

die Höhle	la caverne; la grotte
der Vulkan	le volcan

Umweltaktivist(in) *m(f)* militant(e) *m(f)* écologiste **Umweltbelastung** *f* pollution *f* **umweltbewusst** *adj, adv* écologique **Umwelteinfluss** *m* influence *f* de l'environnement **umweltfreundlich** *adj* écologique **Umweltpapier** *nt* papier *m* recyclé **Umweltschäden** *Pl* dégâts *mpl* écologiques **Umweltschützer(in)** *m(f)* écologiste *mf* **Umweltverschmutzer(in)** <-s, -> *m(f)* pollueur(-euse) *m(f)* **Umweltzerstörung** *f* destruction *f* de l'environnement

umwickeln* [ʊm'vɪkəln] *vt* **etw mit Papier** ~ entourer qc de papier

um|ziehen *irr* I. *vi +sein* déménager II. *vr+haben* **sich** ~ se changer

Umzug *m* ❶ déménagement *m* ❷ *(Festzug)* défilé *m*

UN [uː'ʔɛn] <-> *Pl Abk von* **United Nations: die** ~ les Nations *fpl* Unies

unabänderlich *adj (Entschluss, Tatsache)* irrévocable

unabhängig *adj* indépendant(e)

unabsichtlich *adj* involontaire

Unachtsamkeit *f* inattention *f*

unangemeldet I. *adj (Besucher)* qui n'a pas annoncé sa venue; *(Patient)* qui n'a pas pris rendez-vous II. *adv* ~ **kommen** venir à l'improviste; *(ohne Terminabsprache kommen)* venir sans rendez-vous

unangenehm I. *adj* désagréable; **das ist mir** ~ ça m'est pénible II. *adv (riechen)* mauvais; ~ **schmecken** avoir mauvais goût

unangreifbar [ʊnʔan'graɪfbaːɐ̯] *adj* inattaquable

Unannehmlichkeit ['ʊnʔanneːmlɪçkaɪt] *f meist Pl* désagrément *m;* ~**en bekommen/haben** s'attirer/connaître des ennuis

unanständig *adj* indécent(e)

Unanständigkeit <-, -en> *f* ❶ *kein Pl (das Unanständigsein)* indécence *f* ❷ *(Äußerung, Handlung)* grossièreté *f*

unantastbar [ʊnʔan'tastbaːɐ̯] *adj* intangible

unappetitlich *adj* dégoûtant(e)

unartig *adj* mal élevé(e)

unauffällig I. *adj* discret(-ète) II. *adv* discrètement

unaufgefordert ['ʊnʔaufgəfɔrdɐt] *adj* intempestif(-ive)

unaufhörlich [ʊnʔauf'høːɐ̯lɪç] I. *adj* continuel(le) II. *adv* **es regnet** ~ il n'arrête pas de pleuvoir; **es klingelt** ~ ça n'arrête pas de sonner

unaufmerksam *adj* ❶ *(Schüler)* inattentif(-ive); ~ **werden** relâcher son attention ❷ *(Begleiter)* peu prévenant(e)

Unaufmerksamkeit *f kein Pl* inattention *f*

unausweichlich [ʊnʔaus'vaɪçlɪç] *adj* inéluctable

unbedacht ['ʊnbədaxt] I. *adj* inconsidéré(e); **das war** ~ **von dir** c'était irréfléchi de ta part II. *adv* sans réfléchir

unbedenklich I. *adj* ~ **sein** *(Aktion)* être sans risques II. *adv* en toute tranquillité

unbedeutend I. *adj* ❶ *(Ereignis)* insignifiant(e) ❷ *(Menge)* négligeable II. *adv* à peine

unbedingt I. *adj* absolu(e) II. *adv* **nicht** ~ pas forcément; ~**!** absolument!

unbefriedigend I. *adj* insatisfaisant(e) II. *adv* de façon peu satisfaisante

unbefristet I. *adj* à durée indéterminée; *(Aufenthaltserlaubnis)* permanent(e) II. *adv* sans limitation de durée

unbefugt ['ʊnbəfuːkt] I. *adj* non autorisé(e) II. *adv* sans autorisation

unbegreiflich [ʊnbə'graɪflɪç] *adj* incompréhensible

Unbehagen *nt* gêne *f*

unbekannt *adj* inconnu(e); ~ **verzogen** parti(e) sans laisser d'adresse

unbelastet ['ʊnbəlastət] I. *adj* ❶ *(frei)* libre; **von Sorgen/Pflichten** ~ [l'esprit] libre de tout souci/devoir ❷ POL *(schuldlos)* correct(e) ❸ ÖKOL na-

U

turel(le), non traité(e) **II.** *adv (leben, herangehen)* l'esprit libre

unbeliebt *adj* peu apprécié(e)

unbemerkt **I.** *adj* inaperçu(e) **II.** *adv* sans être aperçu

unbenutzt **I.** *adj* inutilisé(e) **II.** *adv* sans l'avoir utilisé(e)

unbeobachtet ['ʊnbəʔo:baxtət] *adj (Ort, Stelle)* non surveillé(e); **in einem ~en Moment** dans un moment d'inattention

unbequem *adj* inconfortable

unberechenbar [ʊnbə'rɛçənba:ɐ̯] *adj* imprévisible

unberührt *adj* ❶ *(Natur)* sauvage ❷ *(Bett)* non défait(e) ❸ *(unbeeindruckt)* ~ **bleiben** rester impassible

unbeschädigt **I.** *adj* intact(e) **II.** *adv* sans dommage

unbeschränkt ['ʊnbəʃrɛŋkt] *adj* illimité(e)

unbeschreiblich ['ʊnbəʃraiplɪç] **I.** *adj* indescriptible **II.** *adv (schnell)* infiniment; *(dumm)* extrêmement

unbesiegbar [ʊnbə'zi:kba:ɐ̯] *adj* invincible

unbeständig *adj* instable

unbestimmt *adj* ❶ vague; *(Gefühl)* confus(e) ❷ LING indéfini(e)

unbestritten ['ʊnbəʃtrɪtən] **I.** *adj* incontesté(e); **es ist ~, dass er lügt** il ment, sans conteste **II.** *adv* sans conteste

unbeteiligt [ʊnbə'tailɪçt] *adj* ❶ **an einem Unfall ~ sein** ne pas être impliqué dans un accident; **nur ein ~er Zuschauer sein** n'être qu'un spectateur passif ❷ *(desinteressiert)* peu intéressé(e); ~ **sein** ne pas se sentir concerné(e)

U

unbewohnt *adj* inoccupé(e); *(Planet)* inhabité(e)

unbewusst **I.** *adj* inconscient(e) **II.** *adv* inconsciemment

unbezahlbar [ʊnbə'tsa:lba:ɐ̯] *adj* ❶ exorbitant(e) ❷ *iron fam (Tipp)* précieux(-euse)

unbezahlt *adj* ❶ *(Rechnung)* impayé(e) ❷ *(Überstunde)* non payé(e)

unbrauchbar *adj* inutilisable; **als Chef ~ sein** ne pas convenir comme chef

und [ʊnt] *konj* ❶ et; **du ~ ich** toi et moi ❷ *(als Ausdruck der Intensivierung)* **sie redet ~ redet** elle n'arrête pas de parler ❸ *(selbst wenn)* ~ **sei es noch so spät** aussi tard soit-il; ~ **wenn du noch so schreist** même si tu cries autant

undankbar *adj* ingrat(e)

undenkbar [ʊn'dɛŋkba:ɐ̯] *adj* impensable

undeutlich **I.** *adj* ❶ *(Schrift)* illisible; *(Aussprache)* indistinct(e) ❷ *(Vorstellung)* vague **II.** *adv* ❶ *(erkennen)* indistinctement ❷ *(formulieren)* en termes vagues

undicht *adj* non étanche; *(Rohr, Ventil)* qui fuit

undiszipliniert *adj* indiscipliné(e)

undurchsichtig *adj* ❶ *(Fenster)* opaque ❷ *(Person)* louche

uneben *adj* inégal(e); *(Gelände)* accidenté(e)

unecht *adj* faux(fausse)

uneinig *adj* en désaccord

unempfindlich *adj* ❶ insensible ❷ *(Material)* résistant(e)

unendlich [ʊn'ʔɛntlɪç] **I.** *adj* infini(e) **II.** *adv fam* vachement; ~ **viele Leute** un monde pas possible

unentgeltlich ['ʊnʔɛntgɛltlɪç] *adj (Benutzung)* gratuit(e); *(Arbeit, Einsatz)* bénévole

unentschieden **I.** *adj* ❶ SPORT nul(le) ❷ *(unentschlossen)* indécis(e) **II.** *adv* SPORT ~ **spielen** faire match nul

Unentschieden <-s, -> *nt* [match *m*] nul *m*

unentschuldbar [ʊnʔɛnt'ʃʊltba:ɐ̯] *adj* inexcusable

unentschuldigt **I.** *adj* non excusé(e) **II.** *adv* sans excuse; *(in der Schule)* sans mot d'excuse

unerfahren *adj* inexpérimenté(e)

unerfreulich **I.** *adj* fâcheux(-euse) **II.** *adv* mal

unerhört ['ʊnʔɛɐ̯hø:ɐ̯t] **I.** *adj* ❶ *pej*

(Benehmen) inouï(e) ❷ *(Summe)* exorbitant(e) **II.** *adv* ❶ *(empörend)* **sich ~ aufführen** se comporter comme un malotru ❷ *(fleißig)* incroyablement

unerklärlich [ʊnʔɛɐ̯ˈklɛːɐ̯lɪç] *adj* inexplicable

unerlaubt **I.** *adj (Handlung)* non autorisé(e) **II.** *adv* **etw ~ tun** faire qc sans autorisation

unerreichbar [ʊnʔɛɐ̯ˈraɪ̯çbaːɐ̯] *adj* ❶ inaccessible ❷ *(telefonisch nicht zu erreichen)* **~ sein** ne pas être joignable

unersättlich [ʊnʔɛɐ̯ˈzɛtlɪç] *adj* insatiable

unerschütterlich [ʊnʔɛɐ̯ˈʃʏtɐlɪç] **I.** *adj* inébranlable **II.** *adv (festhalten, glauben)* de façon inébranlable

unersetzlich *adj (Mitarbeiter)* irremplaçable; *(Schaden)* irréparable

unerträglich [ʊnʔɛɐ̯ˈtrɛːklɪç] *adj, adv* insupportable

unerwartet **I.** *adj* imprévu(e) **II.** *adv (besuchen)* inopinément

unerwünscht *adj* indésirable

UNESCO [uˈnɛsko] <-> *f Abk von* **United Nations Educational, Scientific and Cultural Organization** Unesco *f*

unfähig *adj* incapable

unfair *adj* **das ist ~!** *fam* ce n'est pas juste!

Unfall *m* accident *m;* **bei einem ~** dans un accident

Unfallflucht *f* délit *m* de fuite **Unfallversicherung** *f* assurance-accidents *f*

unfassbar *adj* ❶ *(Wunder)* inconcevable ❷ *(unvorstellbar)* inimaginable

unfehlbar [ʊnˈfeːlbaːɐ̯] **I.** *adj (Person)* infaillible **II.** *adv* immanquablement

unfertig [ˈʊnfɛrtɪç] *adj (Person)* immature; *(Werk, Arbeit)* inachevé(e)

unfreiwillig **I.** *adj* ❶ contre son/mon/... gré ❷ *(Witz)* involontaire **II.** *adv* contre son/mon/... gré

unfreundlich **I.** *adj* ❶ peu aimable; **~ zu jdm sein** ne pas être aimable avec qn ❷ *(Klima)* désagréable **II.** *adv* **sich jdm gegenüber ~ benehmen** se montrer désagréable avec qn

UN-Friedensplan [uːʔɛn-] *m* plan *m* de paix de l'O.N.U.

unfruchtbar *adj* stérile

Ungar(in) [ˈʊŋgar] <-n, -n> *m(f)* Hongrois(e) *m(f)*

ungarisch [ˈʊŋgarɪʃ] **I.** *adj* hongrois(e) **II.** *adv* **~ miteinander sprechen** discuter en hongrois

Ungarisch <-[s]> *nt kein art* hongrois *m; s.a.* **Deutsch**

Ungarn [ˈʊŋgarn] <-s> *nt* la Hongrie

ungastlich **I.** *adj* inhospitalier(-ère) **II.** *adv* de façon inhospitalière

ungebildet *adj* inculte

ungeboren [ˈʊngəboːrən] *adj (Kind)* qui n'est pas encore né(e); **der Schutz des ~en Lebens** la protection de la vie fœtale

ungeduldig **I.** *adj* impatient(e); **~ werden** s'impatienter **II.** *adv* impatiemment

ungeeignet *adj (Bewerber)* incompétent(e); *(Mittel)* inadapté(e)

ungefähr [ʊngəˈfɛːɐ̯] **I.** *adv* à peu près; **~ um acht Uhr** aux environs de huit heures; **~ ein Pfund Mehl** environ une livre de farine; **das könnte ~ stimmen** c'est à peu près ça **II.** *adj* approximatif(-ive)

ungefährlich *adj* pas dangereux(-euse); *(Erkrankung)* bénin(-igne)

ungeheuer [ʊngəˈhɔyɐ] **I.** *adj* énorme; *(Schätze)* immense **II.** *adv* extrêmement

ungenau **I.** *adj* imprécis(e); *(Messung)* inexact(e) **II.** *adv* avec imprécision

ungenießbar [ʊngəˈniːsbaːɐ̯] *adj* ❶ *(Pilz)* non comestible; *(Essen)* immangeable; *(Getränk)* imbuvable ❷ *iron fam (Person)* imbuvable

ungepflegt *adj (Hände, Haare)* mal soigné(e); *(Garten, Park)* mal entretenu(e)

ungerade *adj* impair(e)

ungerecht *adj a.* JUR injuste

ungern *adv* ❶ *(nicht gerade gern)* **etw ~ tun** ne pas faire qc volontiers ❷ *(widerwillig)* à contrecœur

ungeschickt **I.** *adj* maladroit(e) **II.** *adv*

U

sich ~ anstellen *fam* être empoté
ungesetzlich ['ʊngəzɛtslɪç] *adj* illégal(e)
ungestraft I. *adj* impuni(e) **II.** *adv* **~ davonkommen** s'en tirer en toute impunité
ungesund I. *adj* **1** malsain(e) **2** *(Aussehen)* maladif(-ive) **II.** *adv* **~ leben** avoir un mode de vie mauvais pour la santé
ungeübt ['ʊngəʔy:pt] *adj (Handwerker)* inexpérimenté(e); *(Sportler, Musiker)* qui manque d'entraînement; **in etw** *(dat)* **~ sein** manquer d'expérience/d'entraînement dans qc
ungewiss *adj (Ausgang)* incertain(e); **es ist noch ~, ob/wie …** on ne sait toujours pas si/comment …
ungewöhnlich *adj* **1** inhabituel(le) **2** *(außergewöhnlich)* exceptionnel(le)
ungewohnt *adj* inhabituel(le)
ungezogen *adj* mal élevé(e); *(Benehmen)* impoli(e)
ungläubig I. *adj* **1** incrédule **2** *(gottlos)* **ein ~er Mensch** un incroyant **II.** *adv* d'un air incrédule
unglaublich ['ʊnglauplɪç] *adj* incroyable
Unglück <-e> *nt* **1** malheur *m; (Zugunglück)* catastrophe *f* **2** *kein Pl (Pech)* malchance *f*
unglücklich I. *adj* malheureux(-euse) **II.** *adv* **1 ~ aussehen** avoir l'air malheureux **2** *(ungeschickt)* **~ stürzen** faire une mauvaise chute
unglücklicherweise *adv* malheureusement
ungültig *adj* **1** *(Ausweis)* périmé(e); *(Eintrittskarte)* non valable; **~ werden** *(Ausweis)* expirer **2** *(Wahl)* nul(le)
ungünstig I. *adj (Zeitpunkt)* mal choisi(e); *(Wetter)* défavorable **II.** *adv* **sich ~ auswirken** avoir un effet défavorable
unheilbar [ʊn'hailba:ɐ̯] *adj* incurable
unheimlich I. *adj* **1** *(Geschichte)* macabre; *(Haus)* lugubre; *(Erlebnis)* inquiétant(e) **2** *fam (Zufall)* pas croyable **3** *fam (Angst)* terrible; **es hat uns ~en Spaß gemacht** cela nous a énormément plu **II.** *adv* **1** *(grauenerregend)* **~ aussehen** être à faire peur **2** *fam (sehr)* vachement
unhöflich *adj* impoli(e)
unhörbar [ʊn'hø:ɐ̯ba:ɐ̯] *adj (Ton)* inaudible
Uni <-, -s> *f fam Abk von* **Universität** fac *f*
UNICEF ['u:nitsɛf] <-> *f Abk von* **United Nations International Children's Emergency Fund** UNICEF *f*
Uniform [uni'fɔrm] <-, -en> *f* uniforme *m*
uninteressant *adj* inintéressant(e)
Union [u'ni̯o:n] <-, -en> *f* union *f*
universell [univɛr'zɛl] **I.** *adj* universel(le) **II.** *adv (begabt)* en tout
Universität [univɛrzi'tɛ:t] <-, -en> *f* université *f*
Universum [uni'vɛrzʊm] <-s> *nt* univers *m*
unkenntlich ['ʊnkɛntlɪç] *adj (Person, Gesicht)* méconnaissable; *(Inschrift, Kennzeichen)* indéchiffrable
Unkenntnis *f kein Pl* ignorance *f*
unklar I. *adj* **1** peu clair(e); *(Text)* confus(e) **2** *(Situation)* confus(e) **II.** *adv* de manière ambiguë
unklug *adj* imprudent(e)
unkompliziert ['ʊnkɔmplitsi:ɐ̯t] *adj (Person, Fall)* simple, qui n'est pas compliqué(e)
unkonzentriert ['ʊnkɔntsɛntri:ɐ̯t] *adj* qui n'est pas concentré(e)
Unkosten *Pl* frais *mpl*
Unkraut *nt* mauvaise herbe *f*
unkündbar [ʊn'kʏntba:ɐ̯] *adj (Stellung)* inamovible; *(Vertrag)* non résiliable; **~ sein** *(Mitarbeiter)* être inamovible, ne pas pouvoir être licencié
unlogisch *adj* illogique
unlösbar [ʊn'lø:sba:ɐ̯] *adj* insoluble
unmenschlich [ʊn'mɛnʃlɪç] *adj* **1** inhumain(e) **2** *fam (Schmerzen)* épouvantable
unmittelbar I. *adj* immédiat(e) **II.** *adv*

U

~ bevorstehen être imminent

unmodern **I.** *adj* démodé(e) **II.** *adv* **sich ~ kleiden** porter des vêtements démodés

unmöglich [ʊnˈmøːklɪç] **I.** *adj* impossible; **es ist ihm/ihr ~ das zu tun** il/elle est dans l'impossibilité de faire cela **II.** *adv* ❶ *(keinesfalls)* **er kann ~ der Täter sein** il est impossible que ce soit lui le coupable ❷ *pej fam* **~ aussehen** avoir un air pas possible

unmoralisch *adj* immoral(e)

unmotiviert [ˈʊnmotiviːɐ̯t] **I.** *adj (Frage)* gratuit(e); *(Lachen)* immotivé(e); *(Wutanfall)* irraisonné(e) **II.** *adv* sans motif, sans raison

unnachahmlich [ˈʊnnaːxʔaːmlɪç] *adj* inimitable

unnachgiebig [ˈʊnnaːxgiːbɪç] **I.** *adj (Person, Haltung)* intransigeant(e), inflexible **II.** *adv (sich verhalten)* de manière intransigeante

unnatürlich **I.** *adj* peu naturel(le); *(Bedingungen)* artificiel(le) **II.** *adv* de manière contrainte

unnötig *adj* superflu(e)

UNO [ˈuːno] <-> *f kein Pl Abk von* **United Nations Organization** O.N.U. *f*

unordentlich **I.** *adj (Person)* désordonné(e); *(Zimmer)* en désordre **II.** *adv* ❶ *(arbeiten)* négligemment ❷ *(unaufgeräumt)* en désordre

Unordnung *f kein Pl* désordre *m*

unpassend *adj* ❶ *(unangebracht)* déplacé(e) ❷ *(ungelegen)* mal venu(e)

unpraktisch *adj* ❶ *(Methode)* pas pratique ❷ *(Person)* maladroit(e) de ses mains

unpünktlich **I.** *adj* ❶ **~ sein** ne pas être ponctuel; **du bist immer ~!** tu n'es jamais à l'heure! ❷ *(verspätet)* **~ sein** avoir du retard **II.** *adv* en retard

unrealistisch *adj* irréaliste

Unrecht *nt kein Pl* tort *m;* **zu ~** à tort

unrechtmäßig *adj* illégal(e)

unregelmäßig **I.** *adj* irrégulier(-ière) **II.** *adv* **~ konjugiert werden** avoir une conjugaison irrégulière

unrein *adj* impur(e); *(Haut)* peu sain(e)

Unruhe *f* ❶ agitation *f;* *(Sorge)* inquiétude *f* ❷ *Pl (Tumulte)* troubles *mpl*

unruhig **I.** *adj* ❶ agité(e) ❷ *(besorgt)* inquiet(-iète) ❸ *(Herzschlag)* irrégulier(-ière) **II.** *adv* **~ schlafen** avoir un sommeil agité

uns [ʊns] **I.** *pron pers dat von* **wir** ❶ nous; **wem hat er es gegeben? — Uns!** à qui l'a-t-il donné? — À nous! ❷ *refl* nous; **wir haben ~ gedacht, dass** nous avons pensé que **II.** *pron pers akk von* **wir** ❶ nous; **er wollte ~ sprechen** il voulait nous parler ❷ *refl* nous; **wir haben ~ umgedreht** nous nous sommes retournés

unsachgemäß *adj (Reparatur)* incorrect(e); *(Verpackung)* inadapté(e)

unsauber **I.** *adj* ❶ *(schmutzig)* sale ❷ *(unordentlich)* mal fait(e) **II.** *adv* mal

unscharf **I.** *adj* ❶ *(Umrisse)* flou(e), qui n'est pas net(te) ❷ *(Einstellung)* imprécis(e); **~ sein** ne pas être précis **II.** *adv* de manière imprécise

unscheinbar *adj (Aussehen)* insignifiant(e); *(Pflanze)* qui n'a l'air de rien

unschlagbar [ʊnˈʃlaːkbaːɐ̯] *adj* imbattable

unschlüssig **I.** *adj* indécis(e) **II.** *adv* d'un air indécis

Unschuld *f* innocence *f*

unschuldig **I.** *adj* innocent(e); **an etw** *(dat)* **~ sein** ne pas être responsable de qc **II.** *adv* ❶ à tort ❷ *(arglos)* d'un air innocent

unser [ˈʊnzɐ] *pron poss* ❶ notre; **~e Eltern** nos parents; **das ist alles ~es** c'est tout à nous; **ist das dein Ball oder ~er?** est-ce ton ballon ou le nôtre? ❷ *substantivisch* **der/die/das ~e** le/la nôtre; **das sind die ~en** ce sont les nôtres

unsereiner, **unsereins** *pron indef fam* nous [autres]; **~ ist immer hilfsbereit** *(wir)* nous, nous sommes toujours serviables; *(ich)* moi, je suis toujours serviable

unsererseits *adv* ❶ *(wir wiederum)* de notre côté ❷ *(was uns betrifft)* de notre part

unseretwegen *adv* ❶ *(wegen uns)* à cause de nous ❷ *(uns zuliebe)* pour nous ❸ *(von uns aus)* en ce qui nous concerne

unsers *s.* **unser**

unsicher **I.** *adj* ❶ peu sûr(e) ❷ *(Person)* qui manque d'assurance; **jdn ~ machen** ébranler qn ❸ *(Zukunft)* incertain(e) ❹ *(Schritte)* mal assuré(e) **II.** *adv* ❶ *(sich bewegen)* en chancelant ❷ *(fragen)* d'une voix hésitante

Unsicherheit *f kein Pl* manque *m* d'assurance

unsichtbar *adj* invisible ▶ **sich ~ machen** *fam* se déguiser en courant d'air

Unsinn *m kein Pl* absurdité *f*

unsinnig *adj* insensé(e)

unsportlich *adj* ❶ *(Person)* pas sportif(-ive) ❷ *(Verhalten)* antisportif(-ive)

unsre *s.* **unser**

unsrerseits *s.* **unsererseits**

unstillbar [ʊnˈʃtɪlbaːɐ̯] *adj geh (Sehnsucht)* insatiable

unsympathisch *adj (Vorstellung)* désagréable; **jdm ~ sein** être antipathique à qn

untätig **I.** *adj* inactif(-ive) **II.** *adv* les bras croisés

untauglich [ˈʊntaʊ̯klɪç] *adj* ❶ *(Methode)* inapproprié(e), inadéquat(e) ❷ *a.* MIL *(Person)* inapte; **für etw ~ sein** être inapte à qc

unteilbar *adj* indivisible

U

unten [ˈʊntən] *adv* ❶ *(opp: oben)* en bas; **~ im Koffer** au fond de la valise; **weiter ~** plus bas ❷ *(an der Unterseite)* **das Auto ist ~ durchgerostet** le dessous de la voiture est rouillé; **wo ist denn ~?** où est le bas? ❸ *(in einem unteren Stockwerk)* **~ im Keller** en bas à la cave; **nach ~ gehen** descendre; **von ~ kommen** venir d'en bas ❹ *(nachher)* **siehe ~** voir ci-dessous

unter [ˈʊntɐ] **I.** *präp +dat* ❶ sous; **einen Meter ~ der Decke hängen** pendre à un mètre du plafond; **er wohnt ~ ihm** il habite au-dessous de lui ❷ *(schlechter als)* **~ dem Durchschnitt** en dessous de la moyenne ❸ *(inmitten, zwischen)* parmi; **mitten ~ uns** parmi nous; **~ anderem** entre autres [choses] ❹ *(untergeordnet)* **jdn ~ sich haben** avoir qn sous ses ordres; **~ seiner Leitung** sous sa direction **II.** *präp +akk* sous **III.** *adv* ❶ *(weniger als)* **Einkommen ~ tausend Euro** des revenus de moins de mille euros; **bei ~ 25 Grad** en dessous de 25 degrés ❷ *(jünger als)* **etwas ~ dreißig sein** avoir un peu moins de trente ans

Unterarm *m* avant-bras *m*

unterbrechen* [ʊntɐˈbrɛçən] *vt irr* ❶ *(Person)* couper la parole à; *(Arbeit)* interrompre ❷ *(Leitung)* couper

unter|bringen *vt irr* ❶ *(Person)* loger; *(Verwaltung)* installer ❷ *(Möbel)* caser

unterdrücken* [ʊntɐˈdrʏkən] *vt (Person)* opprimer; *(Gefühl, Unruhen)* réprimer

Unterdrücker(in) <-s, -> *m(f)* oppresseur *m*

untere(r, s) [ˈʊntərə] *adj* inférieur(e); *(Wohnung)* d'en bas

untereinander *adv* ❶ *(besprechen)* entre eux/elles/nous/... ❷ *(sich helfen)* mutuellement

unterentwickelt *adj* ÖKON sous-développé(e)

Untergang <-gänge> *m* ❶ *(eines Schiffs)* naufrage *m* ❷ ASTRO coucher *m* ❸ *(eines Reiches)* chute *f*; *(einer Kultur)* disparition *f*

unter|gehen *vi irr +sein* ❶ couler ❷ ASTRO se coucher ❸ *(Kultur, Reich)* disparaître

Untergeschoss *nt* sous-sol *m*

unterhalb **I.** *präp +gen* **~ des Dorfes** au-dessous du village **II.** *adv* **~ von der Burg** au-dessous du château fort

Unterhalt <-[e]s> *m kein Pl* **~ zahlen** verser une pension alimentaire

unterhalten *irr* **I.** *vt (Publikum)* divertir

II. *vr* ① *(sich vergnügen)* **sich ~** s'amuser ② *(sprechen)* **sich mit jdm ~** s'entretenir avec qn

Unterhaltspflicht *f* obligation *f* alimentaire

Unterhaltung [ʊntɐˈhaltʊŋ] <-, -en> *f* ① entretien *m* ② *kein Pl (Zeitvertreib)* distraction *f*

Unterhemd *nt (Herrenunterhemd)* tricot *m* de corps

Unterhose *f (Boxershorts)* caleçon *m;* [**kurze**] **~**[**n**] slip *m*

unterirdisch **I.** *adj* ① souterrain(e) ② *pej fam* atroce *(fam)* **II.** *adv* sous terre

Unterkunft [ˈʊntɐkʊnft] <-, -künfte> *f* gîte *m; (für längere Zeit)* logement *m*

Unterlage *f meist Pl* document *m*

unterlassen* *vt irr* ① *(nicht ausführen)* omettre [de faire] ② *(bleiben lassen)* se dispenser de

unter|legen[1] [ˈʊntɐleːgən] *vt* **etw ~** mettre qc dessous; **jdm etw ~** mettre qc sous qn

unterlegen[2] *adj* inférieur(e)

Unterleib *m* bas-ventre *m*

unterliegen* [ʊntɐˈliːgən] *vi irr +sein* ① *(verlieren)* perdre ② *(unterworfen sein)* **der Kontrolle ~** être soumis à un contrôle; **einem Irrtum ~** être victime d'une erreur

Unterlippe *f* lèvre *f* inférieure

unternehmen* [ʊntɐˈneːmən] *vt irr* entreprendre

Unternehmen <-s, -> *nt* entreprise *f*

Unternehmensberater(in) *m(f)* consultant(e) *m(f)* [en gestion management]

Unternehmer(in) <-s, -> *m(f)* entrepreneur(-euse) *m(f)*

unternehmerisch [ʊntɐˈneːmərɪʃ] **I.** *adj* de chef d'entreprise; **~e Fähigkeiten** le don des affaires **II.** *adv (denken, handeln)* en chef d'entreprise

unternehmungslustig *adj* entreprenant(e)

unter|ordnen **I.** *vt* ① *(zurückstellen)* **seine Bedürfnisse einer S.** *(dat)* **~** subordonner ses besoins à qc ② *(unterstellen)* **jdm/einer Institution untergeordnet sein** être soumis à qn/à une institution **II.** *vr* **sich jdm ~** se soumettre à qn

Unterricht [ˈʊntɐrɪçt] <-[e]s> *m* cours *m; (in der Grundschule)* classe *f*

unterrichten* [ʊntəˈrɪçtən] **I.** *vt, vi* enseigner **II.** *vr* **sich über etw** *(akk)* **~** s'informer de qc

Unterrichtsfach *nt* matière *f*

Unterrock *m* combinaison *f* **Untersatz** *m (für Töpfe, Schüsseln)* dessous-de-plat *m* ▸ **fahrbarer ~** *hum fam* bagnole *f*

unterschätzen* [ʊntɐˈʃɛtsən] *vt* sous-estimer

unterscheiden* [ʊntɐˈʃaidən] *irr* **I.** *vt* ① différencier ② *(auseinanderhalten)* distinguer **II.** *vi* **zwischen verschiedenen Dingen ~** faire la différence entre différentes choses **III.** *vr* **sich ~** différer

Unterschenkel *m* jambe *f*

Unterschied [ˈʊntɐʃiːt] <-[e]s, -e> *m* ① différence *f* ② *(Unterscheidung)* distinction *f*

unterschiedlich *adj* différent(e)

unterschlagen* [ˈʊntɐʃlaːgən] *vt irr* ① JUR soustraire; **Geld ~** détourner de l'argent ② *(Informationen)* dissimuler

unterschreiben* [ʊntɐˈʃraibən] *vt, vi irr* signer

Unterschrift *f* signature *f*

untersetzt [ʊntɐˈzɛtst] *adj* trapu(e)

unterste(r, s) [ˈʊntɐstə] *adj Superl von* **untere(r, s)**

unterstehen* *vi irr* **jdm/einer S. ~** dépendre de qn/qc

unterstreichen* [ʊntɐˈʃtraiçən] *vt irr* souligner

unterstützen* [ʊntɐˈʃtʏtsən] *vt* ① soutenir ② *(Projekt)* subventionner

Unterstützung *f* ① *kein Pl (Hilfe)* soutien *m* ② FIN aide *f* financière

untersuchen* [ʊntɐˈzuːxən] *vt* ① examiner; *(Blut)* analyser ② *(durchsuchen)* fouiller

U

Untersuchung <-, -en> *f* ❶ MED *(eines Patienten)* examen *m* ❷ *(Studie, Analyse)* étude *f* ❸ *(durch die Polizei)* enquête *f*

Untersuchungsrichter(in) *m(f)* juge *m* d'instruction

Untertasse *f* soucoupe *f*

unter|tauchen *vi* +*sein* ❶ *(tauchen)* plonger ❷ *(sich verstecken)* **im Ausland** ~ se réfugier à l'étranger ❸ *(verschwinden)* **in der Menge** *(dat)* ~ se fondre dans la foule

Unterteil *nt o m* partie *f* inférieure, bas *m*

unterteilen* [ʊntɐˈtai̯lən] *vt* diviser; **etw noch einmal/weiter** ~ [encore] subdiviser qc

Untertitel *m* sous-titre *m*

Unterwalden [ˈʊntɐvaldən] <-s> *nt* l'Unterwald *m*

Unterwäsche *f* sous-vêtements *mpl*; *(Damenunterwäsche)* lingerie *f*

unterwegs [ʊntɐˈveːks] *adv* ❶ ~ **nach Berlin sein** être en route pour Berlin ❷ *(auf, während der Reise)* en cours de route

Unterweisung *f geh* instruction *f*

Unterwelt [ˈʊntɐvɛlt] *f kein Pl* ❶ *(Kriminellenmilieu)* pègre *f* ❷ HIST enfers *mpl*

unterwerfen* [ʊntɐˈvɛrfən] *vt, vr irr* [**sich**] ~ [se] soumettre

unterzeichnen* [ʊntɐˈtsai̯çnən] *vt form* signer

unterziehen*[1] [ˈʊntɐtsiːən] *irr* **I.** *vr* **sich einer S.** *(dat)* ~ se soumettre à qc; **sich einer Operation** ~ subir une opération **II.** *vt* **jdn/etw einer S.** *(dat)* ~ soumettre qn/qc à qc

unter|ziehen[2] [ʊntɐˈtsiːən] *vt irr* [**sich** *(dat)*] **ein T-Shirt** ~ mettre un tee-shirt dessous

untreu *adj* infidèle; **jdm** ~ **sein** tromper qn

untröstlich [ʊnˈtrøːstlɪç] *adj* ❶ *(traurig)* inconsolable ❷ *(voller Bedauern)* **ich bin ~, dass ich es vergessen habe** je suis [absolument] désolé(e) de l'avoir oublié

untypisch *adj* inhabituel(le)

unübersichtlich *adj* confus(e)

unumwunden *adv* sans ambages

ununterbrochen [ʊnʔʊntɐˈbrɔxən] **I.** *adj* ininterrompu(e) **II.** *adv* sans arrêt

unveränderlich [ʊnfɛɐ̯ˈʔɛndɐlɪç] *adj* invariable

unverändert [ʊnfɛɐ̯ˈʔɛndɐt] **I.** *adj* ❶ *(Gesundheit)* stable; *(Einsatz)* constant(e) ❷ *(ohne Änderung)* intégral(e) **II.** *adv* toujours; **morgen ist es wieder ~ kalt** pas de changement pour demain, il fera froid

unverantwortlich [ʊnfɛɐ̯ˈʔantvɔrtlɪç] **I.** *adj* irresponsable **II.** *adv* en personne irresponsable

unverbindlich *adj* ❶ *(Auskunft)* sans engagement ❷ *(Art)* peu amène

unvergesslich [ʊnfɛɐ̯ˈgɛslɪç] *adj* inoubliable

unverhofft [ʊnfɛɐ̯ˈhɔft] **I.** *adj* inespéré(e); *(Besuch)* inattendu(e) **II.** *adv* *(besuchen)* à l'improviste ▶ ~ **kommt oft** il faut s'attendre à tout

unverkäuflich [ʊnfɛɐ̯ˈkɔyflɪç] *adj* qui ne peut être vendu; **~es Muster** échantillon *m* gratuit

unverkennbar *adj* indéniable

unvermeidbar [ʊnfɛɐ̯ˈmai̯tbaːɐ̯] *adj*, **unvermeidlich** [ʊnfɛɐ̯ˈmai̯tlɪç] *adj* inévitable

unvermindert **I.** *adj* non diminué(e), intact(e) **II.** *adv* *(andauern, weiterregnen)* constamment; *(weitertoben)* sans faiblir, sans désemparer

unvernünftig **I.** *adj* déraisonnable; **es ist ~ etw zu tun** ce n'est pas raisonnable de faire qc **II.** *adv* ~ **handeln** ne pas agir en personne raisonnable

unverschämt **I.** *adj* ❶ impertinent(e); **~es Benehmen** impertinence *f* ❷ *(Frechheit)* qui dépasse les bornes; *(Preis)* exorbitant(e) **II.** *adv* ❶ *(grinsen)* avec insolence ❷ *(teuer)* ~ **teure Preise** des prix exorbitants

unverschuldet [ʊnfɛɐ̯ˈʃʊldət] **I.** *adj* **~er Unfall** *accident dans lequel la respon-*

U

sabilité de l'assuré n'est pas engagée **II.** *adv* sans en être responsable

unverständlich *adj* incompréhensible

unversteuert ['ʊnfɛɐ̯ʃtɔyɐ̯t] *adj* non imposé(e); *(Einnahme)* non taxé(e)

unverträglich *adj* ❶ *(Person)* peu sociable, insociable ❷ *(Lebensmittel)* indigeste

unverwechselbar [ʊnfɛɐ̯'vɛksəlba:ɐ̯] *adj (Person)* unique; *(Gegenstand)* très caractéristique

unverwundbar [ʊnfɛɐ̯'vʊntba:ɐ̯] *adj* invulnérable

unverwüstlich [ʊnfɛɐ̯'vy:stlɪç] *adj (Möbel, Material)* très résistant(e), à toute épreuve; *(Bodenbelag)* inusable

unverzeihlich [ʊnfɛɐ̯'tsaɪlɪç] *adj* impardonnable

unverzichtbar [ʊnfɛɐ̯'tsɪçtba:ɐ̯] *adj* indispensable; **für jdn ~ sein** être indispensable à qn

unverzinslich [ʊnfɛɐ̯'tsɪnslɪç] *adj* sans intérêt

unvollständig [ʊnfɔl'ʃtɛndɪç] *adj* incomplet(-ète)

unvorhergesehen ['ʊnfo:ɐ̯he:ɐ̯gəze:ən] **I.** *adj* imprévu(e) **II.** *adv (eintreten, passieren)* de façon imprévue; *(besuchen)* à l'improviste

unvorsichtig *adj* imprudent(e)

unvorstellbar [ʊnfo:ɐ̯'ʃtɛlba:ɐ̯] *adj* inimaginable; **es ist ~, dass** il est inimaginable que +*subj*

Unwahrheit *f* **die ~ sagen** mentir

unwahrscheinlich *adj* invraisemblable; **es ist ~, dass** il est peu vraisemblable que +*subj*

unweigerlich [ʊn'vaɪgɐlɪç] *adj attr* inévitable, inéluctable

unweit *präp* +*gen* **~ des Hauses** près de la maison

Unwesen *nt (Missstand)* fléau *m* ▶ **sein ~ treiben** sévir

Unwetter *nt* tempête *f*

unwichtig *adj* insignifiant(e)

unwirksam *adj* ❶ inefficace ❷ *(Vertrag)* nul(le)

unwohl *adj* **sich ~ fühlen** *(schlecht)* ne pas se sentir bien; *(unbehaglich)* être mal à l'aise

Unwohlsein ['ʊnvo:lzaɪn] *nt* indisposition *f*

unzerbrechlich [ʊntsɛɐ̯'brɛçlɪç] *adj* incassable

unzertrennlich [ʊntsɛɐ̯'trɛnlɪç] *adj* inséparable

unzufrieden *adj* **mit jdm/etw ~ sein** être mécontent de qn/qc

Unzulänglichkeit <-, -en> *f* insuffisance *f*

unzulässig ['ʊntsu:lɛsɪç] *adj (Maßnahme)* inadmissible; *(Methode)* illicite; *(Beschluss)* irrecevable

unzurechnungsfähig *adj* irresponsable

unzuverlässig *adj* ❶ **er/sie ist ~** il/elle n'est pas fiable ❷ *(Zeuge)* peu crédible

unzweckmäßig ['ʊntsvɛkmɛ:sɪç] *adj* ❶ *(Ausrüstung)* inapproprié(e), inadéquat(e) ❷ *(Maßnahme)* inapproprié(e)

uploaden ['aplo:dən] *vt* INFORM télécharger

üppig ['ʏpɪç] *adj* ❶ *(Mahlzeit)* copieux(-euse) ❷ *(Vegetation)* luxuriant(e) ❸ *(Formen)* opulent(e)

uralt *adj (Baum)* très vieux(vieille); *(Brauch)* très ancien(ne)

Uraufführung *f* première représentation *f*

Urenkel(in) *m(f)* arrière-petit-fils *m*/arrière-petite-fille *f*

Urgeschichte *f kein Pl* préhistoire *f pas de pl*

urgieren *vt* A faire avancer

Urgroßeltern *Pl* arrière-grands-parents *mpl*

Urheberrecht *nt* ❶ *(eines Autors)* droit *m* d'auteur, copyright *m* ❷ *(Gesetz)* loi *f* sur la propriété littéraire et artistique

urheberrechtlich **I.** *adj* concernant le droit d'auteur **II.** *adv* **~ geschützt sein** être protégé [par un copyright]

Uri ['u:ri] <-s> *nt* l'Uri *m*

Urin [u'ri:n] <-s, -e> *m* urine *f*

Urkunde ['u:ɐ̯kʊndə] <-, -n> *f* docu-

ment *m*
URL [uʔɛrˈʔɛl] <-, -s> *f Abk von* **Uniform Resource Locator** INFORM URL *f*, adresse *f* URL
Urlaub [ˈuːɐ̯laup] <-[e]s, -e> *m* congé *m*; ~ **haben** être en congé
Urlauber(in) <-s, -> *m(f)* vacancier(-ère) *m(f)*
Urlaubsort *m* lieu *m* de vacances
Urne [ˈʊrnə] <-, -n> *f* urne *f*
Ursache *f* cause *f* ▸ **keine ~!** [il n'y a] pas de quoi!
Ursprung <-s, Ursprünge> *m (einer Zivilisation)* origines *fpl*; *(eines Wortes)* origine *f*
ursprünglich [ˈuːɐ̯ʃprʏŋlɪç] **I.** *adj* ❶ *(Projekt)* initial(e); *(Haltung)* premier(-ière); *(Absicht)* à l'origine ❷ *(Landschaft)* à l'état sauvage **II.** *adv* au début
Urteil [ˈʊrtail] <-s, -e> *nt* ❶ JUR **ein ~ fällen** rendre un jugement ❷ *(Meinung)* opinion *f*
urteilen *vi* **über jdn/etw ~** juger qn/qc
Urteilsvermögen *nt* [faculté *f* de] jugement *m*
Urwald *m* forêt *f* vierge **Urzeit** *f* **die ~** l'ère *f* primaire **Urzustand** *m* état primitif *m*
USA [uːʔɛsˈʔaː] *Pl Abk von* **United States of America: die ~** les USA *mpl*
USB [uːʔɛsˈbeː] <-s, -s> *m* INFORM *Abk von* **Universal Serial Bus** USB *m*
USB-Schnittstelle [uːʔɛsˈbeː-] *f* INFORM interface *f* USB
USB-Stick [uːʔɛsˈbeːstɪk] <-s, -s> *m* INFORM clé *f* USB
usw. *Abk von* **und so weiter** etc.
Utensil [utɛnˈziːl] <-s, -ien> *nt meist Pl* ustensile *m*
Utopie [utoˈpiː] <-, -n> *f* utopie *f*
utopisch [uˈtoːpɪʃ] *adj* utopique
u.v.a.[m.] *Abk von* **und vieles andere [mehr]** etc.

V v

V, v [fau] <-, -> *nt* V *m*/v *m*
Vagabund(in) [vagaˈbʊnt] <-en, -en> *m(f)* vagabond(e) *m(f)*
vage [ˈvaːgə] *adj* vague
vaginal [vagiˈnaːl] *adj* vaginal(e)
Vakuum [ˈvaːkuʊm] <-s, Vakuen> *nt a. fig* vide *m*
Vampir [ˈvampiːɐ̯] <-s, -e> *m* vampire *m*
V **Vandalismus** [vandaˈlɪsmʊs] <-> *m* vandalisme *m*
Vanille [vaˈnɪljə] <-, -en> *f* vanille *f*
Vanilleeis *nt* glace *f* à la vanille **Vanillezucker** *m* sucre *m* vanillé
Variante [variˈantə] <-, -n> *f* variante *f*
Varieté [varieˈteː] <-s, -s> *nt* ❶ *(Vorführung)* spectacle *m* de variétés ❷ *(Gebäude)* music-hall *m*
variieren* [variˈiːrən] *vi* varier
Vase [ˈvaːzə] <-, -n> *f* vase *m*
Vater [ˈfaːtɐ] <-s, Väter> *m* père *m*
Vaterland *nt* patrie *f*
väterlich [ˈfɛːtɐlɪç] **I.** *adj* paternel(le) **II.** *adv* comme un père
vaterlos *adj* orphelin(e) de père
Vaterschaft <-, -en> *f* paternité *f*
Vatikan [vatiˈkaːn] <-s> *m* **der ~** le Vatican
V-Ausschnitt [ˈfauausʃnɪt] *m* encolure *f* en V
v. Chr. *Abk von* **vor Christus** av. J.-C.
Vegetarier(in) [vegeˈtaːriɐ] <-s, -> *m(f)* végétarien(ne) *m(f)*
vegetarisch [vegetaːrɪʃ] *adj* végéta-

rien(ne)

Vegetation [vegeta'tsi̯o:n] <-, -en> *f* végétation *f*

Velo ['ve:lo] <-s, -s> *nt* CH vélo *m*

Vene ['ve:nə] <-, -n> *f* veine *f*

Ventil [vɛn'ti:l] <-s, -e> *nt* ❶ *(Schlauchventil)* valve *f* ❷ AUT soupape *f*

Ventilator [vɛnti'la:to:ɐ̯] <-s, -toren> *m* ventilateur *m*

verabreden* [fɛɐ'ʔapre:dən] **I.** *vr* **sich ~** prendre rendez-vous **II.** *vt* **einen Ort/Termin ~** fixer un endroit/rendez-vous

Verabredung <-, -en> *f* ❶ rendez-vous *m* ❷ *(Vereinbarung)* accord *m*

verabscheuen* *vt* détester

verabschieden* **I.** *vr* **sich von jdm ~** dire au revoir à qn **II.** *vt (Gesetz)* voter; *(Haushalt)* adopter

Verabschiedung <-, -en> *f* POL *(eines Gesetzes)* vote *m; (eines Haushalts)* adoption *f*

verachten* *vt* mépriser

verallgemeinern* *vt, vi* généraliser

veralten* *vi +sein* vieillir

veraltet *adj (Ansichten)* suranné(e); *(Gerät)* dépassé(e)

Veranda [ve'randa] <-, Veranden> *f* véranda *f*

veränderlich *adj a.* METEO variable

verändern* **I.** *vt* changer; *(Ablauf)* modifier **II.** *vr* **sich ~** changer

Veränderung *f* ❶ *(Wandel)* changement *m; (Änderung)* modification *f* ❷ *(beruflich)* changement *m* d'emploi

veranlagt *adj* **künstlerisch/musikalisch ~ sein** être doué pour les arts/la musique; **praktisch ~ sein** avoir le sens pratique; **für etw ~ sein** avoir des dispositions pour qc

veranlassen* *vt* ❶ *(in die Wege leiten)* faire le nécessaire pour; **~, dass** faire en sorte que *+subj* ❷ *(dazu bringen)* **jdn dazu ~ etw zu tun** amener qn à faire qc

Veranlassung <-, -en> *f* ❶ **auf seine/ihre ~ [hin]** à son instigation ❷ *(Grund)* raison *f;* **jdm ~ [dazu] geben etw zu tun** donner à qn des raisons de faire qc

veranstalten* *vt* organiser

Veranstaltung <-, -en> *f* ❶ *kein Pl (das Durchführen)* organisation *f* ❷ *(Ereignis)* manifestation *f*

verantworten* **I.** *vt* **etw vor jdm ~** assumer la responsabilité de qc devant qn **II.** *vr* **sich für etw vor jdm ~** se justifier de qc auprès de qn

verantwortlich *adj* ❶ **~ dafür sein, dass** être responsable du fait que *+subj* ❷ *(schuldig)* **jdn für etw ~ machen** rendre qn responsable de qc

Verantwortlichkeit <-, -en> *f* responsabilité *f*

Verantwortung <-, -en> *f* responsabilité *f*

verantwortungslos **I.** *adj* irresponsable **II.** *adv* **~ handeln** agir en irresponsable

verarbeiten* *vt* ❶ *(Rohstoff)* traiter ❷ *(Zement)* utiliser ❸ *(Eindrücke)* assimiler; *(Scheidung)* assumer

verärgern* *vt* fâcher

verärgert **I.** *adj* fâché(e); **~ [über jdn/etw] sein** être irrité [contre qn/à cause de qc] **II.** *adv* en montrant de l'irritation

Verb [vɛrp] <-s, -en> *nt* verbe *m*

verbal [vɛr'ba:l] *adj* verbal(e)

Verband <-[e]s, -bände> *m* ❶ MED bandage *m* ❷ *(Bund)* association *f* ❸ MIL unité *f*

verbergen* *vt, vr irr* **[sich] ~** [se] cacher

verbessern* **I.** *vt* ❶ améliorer ❷ *(Text)* corriger **II.** *vr* ❶ *(besser werden)* **sich in etw** *(dat)* **~** s'améliorer dans qc ❷ *(beruflich vorwärts kommen)* **sich ~** trouver une meilleure situation

verbeugen* *vr* **sich ~** s'incliner

verbiegen* *vt, vr irr* **[sich] ~** [se] tordre

verbieten *vt irr* interdire

verbinden* *irr* **I.** *vt* ❶ *(Person)* faire un bandage à; *(Wunde, Arm)* bander ❷ *(zusammenfügen)* raccorder ❸ TELEC **jdn mit jdm ~** passer qn à qn; **[Sie sind] falsch verbunden!** vous avez fait un

V

faux numéro! ❹ AUT **Berlin mit Bonn ~** *(Straße)* relier Berlin à Bonn ❺ *(assoziieren)* **einen Namen mit etw ~** associer un nom à qc ❻ *(zusammengehörig machen)* **[miteinander] verbunden sein** être unis **II.** *vi* ❶ *(zusammenhängen)* **mit Kosten verbunden sein** impliquer des frais ❷ *(Zusammengehörigkeit schaffen: Erlebnisse)* créer des liens **III.** *vr (sich zusammenschließen)* **sich mit jdm/etw ~** s'associer à qn/qc

verbịndlich **I.** *adj* sûr(e); *(Vereinbarung)* contractuel(le) **II.** *adv* de façon ferme

Verbịndung *f* ❶ rapport *m;* **in ~ mit etw** associé(e) à qc ❷ *(gedankliche Verknüpfung)* combinaison *f* ❸ *([persönliche] Beziehung)* relation *f* ❹ *(Kontakt)* **sich mit jdm in ~ setzen** contacter qn; **mit jdm/etw in ~ stehen** être en relation avec qn/qc ❺ TELEC, AUT **~ nach Paris** liaison *f* avec Paris ❻ *(Telefongespräch)* communication *f* ❼ CHEM composé *m*

verbịssen [fɛɐ̯'bɪsən] **I.** *adj* ❶ *(Gegner)* acharné(e); *(Mitarbeiter)* obstiné(e) ❷ *(Miene)* crispé(e) **II.** *adv (durchhalten)* avec acharnement

verbịtten* *vt irr* **sich** *(dat)* **etw ~** ne pas tolérer qc

verblạssen* *vi +sein (Farbe)* passer

verblei̱chen *vi irr +sein* se décolorer

verblei̱t [fɛɐ'blaɪt] *adj* contenant du plomb

verblụ̈ffen* *vt* épater

verblụ̈fft **I.** *adj* stupéfait(e) **II.** *adv* **~ schauen** avoir l'air stupéfait

Verblụ̈ffung <-, -en> *f* stupéfaction *f;* **zu seiner/meiner/... [großen] ~** à sa/ma/... [grande] stupéfaction

verblü̱hen* *vi +sein* faner

verbo̱hrt *adj pej fam* borné(e)

verbo̱t [fɛɐ'boːt] *Imp von* **verbieten**

verbo̱ten [fɛɐ'boːtən] **I.** *PP von* **verbieten** **II.** *adj* ❶ interdit(e); **es ist ~ etw zu tun** il est interdit de faire qc ❷ *fam (Aussehen)* pas possible

verbrạnnt *PP von* **verbrennen**

verbrau̱chen* *vt* ❶ *(Vorräte)* consommer ❷ *(Energien, Geld)* dépenser

verbrẹchen *vt irr fam* commettre

Verbrẹchen <-s, -> *nt* crime *m*

verbrei̱ten* **I.** *vt* ❶ *(Gerücht, Krankheit)* propager; **weit verbreitet** commun(e); *(Ansicht)* [très] répandu(e) ❷ *(Entsetzen)* semer **II.** *vr a.* MED **sich ~** se propager

verbrẹnnen* *irr* **I.** *vt +haben* ❶ *(Holz)* brûler; *(Müll)* incinérer ❷ *fam (Toten)* incinérer **II.** *vr +haben* **sich ~** se brûler **III.** *vi +sein* brûler

Verbrẹnnung <-, -en> *f* ❶ *kein Pl* incinération *f* ❷ TECH combustion *f*

verbrịngen* *vt irr* **den Tag mit Lesen ~** passer la journée à lire

verbrü̱hen* *vr* **sich ~** s'ébouillanter

verbu̱chen* *vt* COM **etw ~** enregistrer qc

verbụ̈nden* [fɛɐ'bʏndən] *vr a.* POL **sich mit jdm ~** s'allier à qn

Verbụndenheit <-> *f (zwischen Freunden)* liens *mpl*

verbü̱ßen* *vt* purger

Verdạcht [fɛɐ'daxt] <-[e]s> *m* soupçon *m*

verdạ̈chtig [fɛɐ'dɛçtɪç] *adj* suspect(e)

Verdạ̈chtige(r) *f(m) dekl wie adj* suspect(e) *m(f)*

verdạ̈chtigen* *vt* **jdn einer S.** *(gen)* **~** soupçonner qn de qc

verdạmmen* *vt* ❶ *(verfluchen)* maudire ❷ *(verurteilen)* condamner

Verdạmmnis [fɛɐ̯'damnɪs] <-> *f* **die ewige ~** REL la damnation éternelle

verdạmmt **I.** *adj* ❶ *fam (widerwärtig)* foutu(e) ❷ *fam (sehr groß)* **er hat ~es Glück gehabt!** il a eu une de ces chances! ❸ REL **~ sein** être damné **II.** *adv fam (ärgerlich)* vachement

verdạmpfen* *vi +sein* s'évaporer

verdạnken* *vt* ❶ **jdm/einer S. etw ~** devoir qc à qn/qc ❷ CH *form (Dank aussprechen)* **jdm etw ~** remercier qn pour qc

verdạrb [fɛɐ'darp] *Imp von* **verderben**

verdau̱en* [fɛɐ'daʊən] *vt, vi a. fig* digérer

Verdeck <-[e]s, -e> *nt* capote *f*
verdecken* *vt* cacher
verdeckt *adj* secret(-ète)
verderben [fɛɐ'dɛrbən] *irr* I. *vt* +*haben* ❶ *(Charakter)* corrompre ❷ *(zunichtemachen)* **jdm das Fest ~** gâcher la fête à qn II. *vi* +*sein* *(Lebensmittel)* s'avarier; *(Sahne)* tourner
verderblich *adj* périssable; **leicht ~ sein** *(Lebensmittel)* être très périssable
verdeutlichen* *vt* clarifier
verdichten* *vr* **sich ~** ❶ *(Bewölkung)* s'amonceler; *(Nebel)* s'épaissir ❷ *(Eindruck)* s'accentuer
verdienen* I. *vt* ❶ gagner ❷ *(finanzieren)* **sich** *(dat)* **sein Studium selbst ~** financer ses études soi-même ❸ *(Lob)* mériter II. *vi* ❶ **gut/schlecht ~** gagner bien/mal sa vie ❷ *(Gewinn machen)* **an etw** *(dat)* **~** faire des bénéfices sur qc
Verdienstausfall *m* perte *f* de salaire
verdient I. *adj* ❶ mérité(e) ❷ *(Person)* émérite II. *adv* **~ siegen** remporter une victoire méritée
verdientermaßen *adv* ❶ selon ses/mes/... mérites ❷ SPORT de façon méritée
verdirbt [fɛɐ'dɪrpt] 3. *Pers Präs von* **verderben**
verdoppeln* I. *vt* ❶ doubler ❷ *(Anstrengungen)* redoubler II. *vr* **sich ~** doubler
verdorben [fɛɐ'dɔrbən] I. *PP von* **verderben** II. *adj* ❶ *(Fleisch)* avarié(e); *(Käse)* moisi(e) ❷ *(moralisch)* dépravé(e)
verdrängen* *vt* **jdn von seinem Platz ~** prendre la place de qn
verdrehen* *vt* ❶ *(Hals)* tourner; **die Augen ~** rouler des yeux ❷ *fam* *(Sachverhalt)* déformer
verdreifachen* *vt, vr* **[sich] ~** tripler
verdunkeln* *vr* **sich ~** *(Himmel)* s'assombrir
verdursten* *vi* +*sein* mourir de soif
verdutzt [fɛɐ'dʊtst] I. *adj* déconcerté(e) II. *adv* **jdn ~ ansehen** regarder qn l'air ahuri(e)
verehren* *vt* *a.* REL vénérer
Verehrer(in) <-s, -> *m(f)* admirateur(-trice) *m(f)*
vereidigt *adj* assermenté(e)
Verein [fɛɐ'ʔaɪn] <-[e]s, -e> *m* association *f*; *(Sportverein)* club *m*
vereinbar *adj* compatible
vereinbaren* *vt* convenir
vereinen* *vt* ❶ regrouper ❷ *(vereinbaren)* **etw mit etw ~ können** pouvoir concilier qc avec qc
vereinfachen* *vt* simplifier
vereinheitlichen* *vt* uniformiser
vereinigen* I. *vt* *(Firmen)* fusionner; *(Organisationen)* réunir II. *vr* **sich ~** s'associer; **sich wieder ~** *(Land)* se réunifier
vereinsamt *adj* isolé(e)
verfahren*¹ *irr* I. *vi* +*sein* procéder II. *vr* **sich ~** se tromper de route
verfahren² *adj* sans issue
verfallen* *vi* *irr* +*sein* ❶ *(Gebäude)* se délabrer; *(Mensch)* décliner ❷ *(Fahrkarte)* être périmé; *(Anspruch)* être déchu ❸ *(erliegen)* **jdm ~** tomber sous l'emprise de qn
verfärben* I. *vr* **sich ~** changer de couleur II. *vt* *(Wäsche)* déteindre sur
verfassen* *vt* *(Artikel)* rédiger; *(Buch)* écrire
Verfasser(in) <-s, -> *m(f)* auteur(-trice) *m(f)*
Verfassung *f* ❶ *kein Pl* *(Befinden)* état *m* ❷ POL constitution *f*
Verfassungsänderung *f* révision *f* constitutionnelle **Verfassungsschutz** *m* *fam* *(Bundesamt für Verfassungsschutz)* ≈ Direction *f* de la sécurité du territoire
verfaulen* *vi* +*sein* ❶ *(Gemüse, Obst)* se gâter; *(Fleisch)* s'avarier ❷ *(verwesen)* pourrir
verfeinern* *vt* améliorer
verfilmen* *vt* porter à l'écran
Verfilmung <-, -en> *f* adaptation *f* cinématographique

verfluchen* *vt* maudire

verflucht *fam* **I.** *adj (Kerl)* sale; *(Auto)* foutu(e) **II.** *adv* vachement **III.** *interj* **~!** nom d'un chien!

verflüssigen* *vt* liquéfier

verfolgen* *vt* ❶ *(nachsetzen)* **jdn ~** poursuivre qn ❷ *(Spur)* suivre ❸ *(drangsalieren)* persécuter

Verfolger(in) <-s, -> *m(f)* poursuivant(e) *m(f)*

verfügbar *adj* disponible

verfügen* **I.** *vi* **über etw** *(akk)* **~** disposer de qc **II.** *vt* **~, dass** ordonner que *+subj*

Verfügung <-, -en> *f* **jdm zur ~ stehen** être à la disposition de qn

verführen* *vt* ❶ **jdn zu etw ~** entraîner qn à faire qc ❷ *(Mann, Frau)* séduire

verführerisch *adj* séduisant(e)

Vergabe [fɛɐ̯'ga:bə] *f* ❶ *(einer Arbeit)* octroi *m; (eines Auftrags)* adjudication *f* ❷ *(eines Stipendiums)* attribution *f*

vergammeln* *vi +sein fam* moisir

vegan [ve'ga:n] *adj* végan

Veganer(in) [ve'ga:nɐ] <-s, -> *m(f)* végan(e) *m(f)*, végétalien(ne) *m(f)*

vergangen [fɛɐ'gaŋən] *adj* passé(e)

Vergangenheit <-> *f* passé *m*

vergaß [fɛɐ'ga:s] *Imp von* **vergessen**

vergeben* *irr* **I.** *vi* **jdm ~** pardonner à qn **II.** *vt (Auftrag)* attribuer; **Eintrittskarten zu ~ für...** billets à donner pour...

vergebens *adj* **~ sein** être vain

vergeblich **I.** *adj* vain(e) **II.** *adv* en vain

Vergebung <-, -en> *f* pardon *m*

Vergehen <-s, -> *nt* délit *m*

vergelten *vt irr* récompenser

vergessen [fɛɐ'gɛsən] *irr* **I.** *vt* oublier ▸**das werde ich dir/ihr nie** [*o* **nicht**] **~!** je m'en souviendrai! **II.** *vr* **sich ~** perdre son sang-froid

vergesslich *adj* étourdi(e)

vergeuden* [fɛɐ'gɔɪdən] *vt* gaspiller

vergewaltigen* *vt* violer

Vergewaltigung <-, -en> *f* viol *m*

vergewissern* *vr* **sich ~, dass ...** s'assurer que ...

vergiften* **I.** *vt* empoisonner **II.** *vr* ❶ **sich durch verdorbenen Fisch ~** s'intoxiquer en mangeant du poisson avarié ❷ *(Selbstmord begehen)* **sich ~** s'empoisonner

vergilben* *vi +sein* jaunir

vergisst [fɛɐ'gɪst] *3. Pers Präs von* **vergessen**

Vergleich [fɛɐ'glaɪç] <-[e]s, -e> *m* comparaison *f*

vergleichbar *adj* comparable

vergleichen* *irr* **I.** *vt* comparer; **vergleiche S. 20** voir p. 20 **II.** *vr* **sich mit jdm ~** se comparer à qn

vergleichend *adj* ❶ *(Aufzählung)* comparatif(-ive) ❷ LING, LITER *(Sprachwissenschaft)* comparé(e)

vergleichsweise *adv* relativement

vergnügen* [fɛɐ'gny:gən] **I.** *vr* **sich mit etw ~** s'amuser en faisant qc; **sich mit jdm ~** se divertir avec qn **II.** *vt* amuser

Vergnügen <-s, -> *nt* plaisir *m;* **viel ~!** amuse-toi/amusez-vous bien!; **mit ~!** avec plaisir!

vergnügt **I.** *adj* réjoui(e) **II.** *adv* joyeusement

Vergnügung <-, -en> *f* divertissement *m*

Vergnügungspark *m* parc *m* d'attractions

vergolden* *vt* dorer

vergraben* *vt irr (Leiche)* enterrer; *(Schatz)* enfouir

vergrößern [fɛɐ'grø:sɐn] **I.** *vt* ❶ *a.* PHOT agrandir ❷ *(Abstand)* augmenter **II.** *vr* MED **sich ~** grossir **III.** *vi* **stark ~** grossir énormément

Vergrößerung <-, -en> *f* PHOT agrandissement *m*

Vergünstigung <-, -en> *f* ❶ avantage *m* ❷ *(Ermäßigung)* réduction *f*

Vergütung <-, -en> *f* ❶ *(das Ersetzen)* remboursement *m* ❷ *form (Honorar)* rémunération *f*

verhaften* *vt* arrêter

verhalten*[1] *vr irr* **sich ~** ❶ se comporter ❷ CHEM réagir

verhalten² *adj* ❶ *(Fahrweise)* modéré(e) ❷ *(Ärger)* retenu(e)

Verhältnis [fɛɐ'hɛltnɪs] <-ses, -se> *nt* ❶ **im ~ zu jdm/etw** par rapport à qn/qc ❷ *(Proportion)* proportion *f* ❸ *(Beziehung)* **ein gutes ~ zu jdm haben** avoir de bons rapports avec qn ❹ *(Liebesverhältnis)* liaison *f* ❺ *Pl (Zustand)* situation *f* ❻ *Pl (Lebensumstand)* conditions *fpl*

Verhältnismäßigkeit *f* JUR proportionnalité *f*

verhandeln* **I.** *vi* **über etw** *(akk)* **~** négocier qc **II.** *vt* JUR juger

Verhandlung *f* ❶ *meist Pl* négociation *f* ❷ JUR audience *f*

verhärmt *adj* marqué(e) par le chagrin

verhärten* *vr* **sich ~** se durcir

verhauen* *irr* **I.** *vt fam* ❶ tabasser ❷ *(Klassenarbeit)* louper **II.** *vr fam* **sich um zwanzig Euro ~** se planter de vingt euros

verheilen* *vi +sein* cicatriser

verheimlichen* *vt* **etw ~** cacher qc

verheiraten* *vr* **sich ~** se marier; **sich wieder ~** se remarier

verheiratet *adj* marié(e); **glücklich ~ sein** être heureux en ménage

verhindern* *vt* **~, dass** empêcher que... [ne] *+subj*

verhören* **I.** *vt* interroger **II.** *vr* **sich ~** entendre de travers

verhüllen* **I.** *vt* **das Gesicht mit einem Schleier ~** se voiler le visage **II.** *vr* **sich mit etw ~** se couvrir de qc

verhungern* *vi +sein* mourir de faim

verhüten* *vt (Empfängnis)* empêcher; *(Schwangerschaft)* éviter

Verhütungsmittel *nt* contraceptif *m*

verirren* *vr* **sich ~** s'égarer

verjagen* *vt* chasser

verkabeln* *vt* câbler

verkatert *adj fam* qui a la gueule de bois

Verkauf *m* vente *f*

verkaufen* **I.** *vt* ❶ vendre; **zu ~** à vendre ❷ *fam (weismachen)* **jdm etw ~** faire gober qc à qn **II.** *vr* **sich gut/schlecht ~** *(Ware)* se vendre bien/mal; *(Person)* savoir/ne pas savoir se vendre

Verkäufer(in) *m(f)* vendeur(-euse) *m(f)*

verkäuflich *adj* **~ sein** être à vendre

Verkaufspreis *m* prix *m* de vente

Verkehr [fɛɐ'keːɐ] <-[e]s> *m* ❶ circulation *f* ❷ *(Transportverkehr)* trafic *m*

verkehren* *vi* ❶ *+haben o sein* circuler ❷ *+haben (Gast sein)* **bei jdm/in etw** *(dat)* **~** fréquenter qn/qc

Verkehrsampel *f* feux *mpl* de signalisation **verkehrsberuhigt** *adj* à circulation réduite et vitesse limitée **Verkehrsdelikt** *nt* infraction *f* au Code de la route **Verkehrsdurchsage** *f* flash *m* d'informations routières **Verkehrsfunk** *m* radioguidage *m* **Verkehrsinsel** *f (für Fußgänger)* refuge *m* [pour piétons] **Verkehrskontrolle** *f* contrôle *m* routier **Verkehrsmittel** *nt* moyen *m* de transport **Verkehrsregel** *f* règle *f* de conduite **Verkehrsschild** *nt*, **Verkehrszeichen** *nt* panneau *m* de signalisation **Verkehrsteilnehmer(in)** *m(f) form* usager(-ère) *m(f)* de la route

verkehrt **I.** *adj* **der ~e Schlüssel** la mauvaise clé; **in die ~e Richtung gehen** aller dans la direction inverse **II.** *adv* ❶ *(erzählen)* de travers ❷ *(aufmachen)* du mauvais côté; **~ herum** à l'envers

Verkettung <-, -en> *f (von Misserfolgen)* enchaînement *m*

verklagen* *vt* **jdn ~** porter plainte contre qn

verkleiden* *vt* ❶ *(kostümieren)* déguiser ❷ *(Heizkörper)* recouvrir; *(Wand)* revêtir

verkleinern* **I.** *vt* ❶ rapetisser ❷ *(Format)* réduire **II.** *vr* **sich ~** ❶ rapetisser ❷ *(Tumor)* diminuer de volume

verklemmen* *vr* **sich ~** se coincer

verklemmt *adj* coincé(e) *(fam)*

verknoten* **I.** *vt* nouer **II.** *vr* **sich ~** s'emmêler

verknüpfen* *vt* **etw mit der Bedin-**

V

gung ~, dass associer qc à la condition que *+subj*

verkörpern* *vt* incarner

verkraften* *vt* supporter

verkrampfen* *vr* **sich ~** se contracter

verkriechen* *vr irr* ❶ **sich ~** se terrer ❷ *fam* **sich unter der Decke ~** se fourrer sous les draps

verkünden* [fɛɐ'kʏndən] *vt* ❶ *geh* annoncer ❷ JUR prononcer

verkürzen* **I.** *vt* ❶ *(Schnur)* raccourcir ❷ *(Dauer)* réduire **II.** *vr* **sich ~** *(Abstand)* diminuer

Verlag [fɛɐ'la:k] <-[e]s, -e> *m* maison *f* d'édition

verlagern* *vt* déplacer

verlangen* *vt* ❶ *(Geld)* réclamer ❷ *(erfordern)* **Mut ~** exiger du courage ▶ **das ist ein bisschen viel verlangt!** c'est demander beaucoup!

verlängern* [fɛɐ'lɛŋɐn] **I.** *vt* ❶ **etw ~** [r]allonger qc ❷ *(andauern lassen)* prolonger **II.** *vr* **sich ~** se prolonger

Verlängerung <-> *f kein Pl (einer Frist)* prolongation *f*

verlangsamen* [fɛɐ'laŋza:mən] **I.** *vt* ❶ ralentir ❷ *(Entwicklung)* freiner **II.** *vr* **sich ~** se ralentir

verlassen* *irr* **I.** *vt* ❶ quitter ❷ *(verloren gehen)* **jdn ~** *(Hoffnung)* abandonner qn **II.** *vr* **sich auf jdn/etw ~** compter sur qn/qc

Verlassenschaft <-, -en> *f* A succession *f*

Verlauf *m* ❶ tracé *m; (eines Flusses)* cours *m* ❷ *(Entwicklung)* déroulement *m*

verlaufen* *irr* **I.** *vi +sein* ❶ *(sich erstrecken)* **am Seeufer ~** passer au bord du lac ❷ *(ablaufen)* se dérouler **II.** *vr +haben* **sich ~** ❶ *(sich verirren)* s'égarer ❷ *(auseinandergehen)* se disperser

verlegen*[1] *vt* ❶ *(Schlüssel)* égarer ❷ *(verschieben)* reporter ❸ *(legen)* poser ❹ *(publizieren)* éditer ❺ *(Behörde)* transférer

verlegen[2] *adj* embarrassé(e); **~ werden** être gagné par l'embarras

Verlegung <-> *f* ❶ *(Verschiebung)* report *m* ❷ *(das Legen)* pose *f* ❸ *(Umquartierung: von Patienten, Behörden)* transfert *m*

verleihen* *vt irr* ❶ prêter; *(gegen Entgelt)* louer ❷ *(Orden)* décerner

verlernen* *vt* oublier

verletzbar *adj* susceptible

verletzen* [fɛɐ'lɛtsən] **I.** *vt* ❶ blesser ❷ *(Vorschrift)* enfreindre **II.** *vr* **sich ~** se blesser

verletzlich *adj* susceptible, sensible

Verletzung <-, -en> *f* ❶ *(Wunde)* blessure *f* ❷ *kein Pl (das Nichtbefolgen)* **die ~ der Bestimmungen** la violation du règlement

verleumderisch [fɛɐ'lɔymdərɪʃ] *adj* calomnieux(-euse), diffamatoire

verlieben* *vr* **sich in jdn ~** tomber amoureux(-euse) de qn

verliebt *adj (Person, Blick)* amoureux(-euse)

verlieren [fɛɐ'li:rən] *irr* **I.** *vt* ❶ perdre ❷ *(Öl)* laisser s'échapper; **Luft ~** fuir **II.** *vr* **sich ~** passer **III.** *vi* **an Bedeutung** *(dat)* **~** être moins important(e)

Verlierer(in) <-s, -> *m(f)* perdant(e) *m(f); (eines Kriegs)* vaincu(e) *m(f)*

Verlies [fɛɐ'li:s] <-es, -e> *nt* oubliettes *f pl*

verloben* *vr* se fiancer

verlobt *adj* **mit jdm ~ sein** être fiancé à qn

Verlobte(r) *f(m) dekl wie adj* fiancé(e) *m(f)*

Verlogenheit <-> *f (einer Person)* fausseté *f; (der Gesellschaft)* hypocrisie *f*

verlor [fɛɐ'lo:ɐ] *Imp von* **verlieren**

verloren [fɛɐ'lo:rən] **I.** *PP von* **verlieren** **II.** *adj* perdu(e)

Verlust [fɛɐ'lʊst] <-[e]s, -e> *m* perte *f*

vermehren* **I.** *vr* **sich ~** ❶ se reproduire ❷ *(zunehmen)* augmenter **II.** *vt* ❶ multiplier ❷ *(Besitz)* accroître

vermeiden* *vt irr* éviter

Vermerk [fɛɐ'mɛrk] <-[e]s, -e> *m* note *f*

vermessen* *irr* **I.** *vt* mesurer **II.** *vr* **sich ~** se tromper en mesurant
vermieten* *vt, vi* louer
Vermieter(in) *m(f)* ❶ *(Hauswirt)* propriétaire *mf* ❷ *(Verleiher)* loueur(-euse) *m(f)*
vermindern* **I.** *vt* réduire **II.** *vr* **sich ~** diminuer
vermissen* *vt* ❶ **ich vermisse dich** tu me manques ❷ *(als abwesend feststellen)* **vermisst werden** être porté disparu ❸ *(Schlüssel)* ne plus retrouver
vermitteln* **I.** *vt* ❶ *(Stelle)* fournir; *(Arbeitskräfte)* recruter ❷ *(Lehrstoff)* transmettre **II.** *vi* **in etw** *(dat)* **~** servir d'intermédiaire dans qc
vermittelnd **I.** *adj* *(Bemühungen)* de médiation **II.** *adv* comme intermédiaire, en médiateur/médiatrice
Vermittler(in) <-s, -> *m(f)* ❶ *(Schlichter)* médiateur(-trice) *m(f)* ❷ *(Makler)* intermédiaire *mf*
Vermittlung <-> *f kein Pl* ❶ *(das Vermitteln)* **die ~ von Arbeitskräften** le placement de la main-d'œuvre ❷ *(Schlichtung)* médiation *f* ❸ TELEC *(das Schalten)* **die ~ eines Gesprächs** l'établissement *m* d'une communication
Vermögen <-s, -> *nt* fortune *f*
vermögend *adj geh* fortuné(e); **~ sein** avoir des biens
Vermögenssteuer *f* impôt *m* sur la fortune
vermuten* [fɛɐ̯'muːtən] *vt* **~, dass...** supposer que...
vermutlich *adj* probable
vernachlässigen* **I.** *vt* *(Kind)* délaisser; *(Kleidung)* négliger **II.** *vr* **sich ~** se laisser aller
vernarben* *vi +sein* se cicatriser
Vernehmen ▸ **dem ~ nach** à ce qu'on dit
verneinen* *vt* ❶ *(Frage)* donner une réponse négative à ❷ *(leugnen)* nier
vernetzen *vt* INFORM **Rechner [miteinander] ~** mettre des ordinateurs en réseau
vernichten* [fɛɐ̯'nɪçtn] *vt* détruire; *(Arbeitsplätze)* supprimer
vernichtend **I.** *adj* ❶ *(Niederlage)* écrasant(e) ❷ *fig* **ein ~er Blick** un regard haineux **II.** *adv* **jdn ~ schlagen** battre qn à plate[s] couture[s]
Vernunft [fɛɐ̯'nʊnft] <-> *f* raison *f*
vernünftig [fɛɐ̯'nʏnftɪç] **I.** *adj* ❶ *(Person)* raisonnable ❷ *(Argument)* sensé(e) **II.** *adv fam (akzeptabel)* convenablement
veröffentlichen* [fɛɐ̯'œfntlɪçn] *vt* publier
verordnen* *vt* prescrire
verpacken* *vt* emballer
verpassen* *vt* *(Bus)* rater; *(Chance)* laisser passer
verpeilen [fɛɐ̯'pailən] *vt +haben fam* ❶ *(vergessen)* zapper ❷ **verpeilt sein** être largué
Verpflegung *f* alimentation *f*
verpflichten* **I.** *vt* obliger **II.** *vi* **nicht zum Kauf ~** être sans obligation d'achat **III.** *vr* **sich zu etw ~** s'engager à qc
Verpflichtung <-, -en> *f meist Pl* *(Pflicht)* engagement *m*
verpönt *adj geh* mal vu(e)
verprügeln* *vt* **jdn ~** rouer qn de coups
verputzen* *vt* ❶ *(Haus)* crépir; *(Wand)* enduire ❷ *fam (aufessen)* avaler
Verrat <-[e]s> *m* **~ begehen** commettre une trahison
verraten *irr* **I.** *vt* ❶ trahir ❷ *iron fam* *(sagen)* **sie hat mir nicht ~ wollen, wer...** elle n'a pas voulu me dire qui... **II.** *vr* **sich ~** se trahir
verrechnen* **I.** *vr* ❶ **sich um zehn Euro ~** se tromper de dix euros en comptant ❷ *(sich irren)* **sich ~** faire une erreur [dans ses calculs] **II.** *vt* **die Anzahlung mit dem Gesamtbetrag ~** déduire l'acompte du montant total
verregnet *adj* très pluvieux(-euse)
verreisen* *vi +sein* **mit dem Zug ~** partir en voyage par le train
verrichten* *vt* accomplir
verringern* [fɛɐ̯'rɪŋɐn] **I.** *vt* réduire

V

II. *vr* **sich ~** ❶ diminuer ❷ *(sich verschlechtern)* s'amenuiser

verrosten* *vi +sein* rouiller

verrückt *adj fam* ❶ fou(folle); **jdn ~ machen** *fam* rendre qn cinglé(e); **bist du ~?** *fam* t'es malade [ou quoi]? ❷ *(Kleidung)* dingue ❸ *(versessen)* **nach jdm ~ sein** être dingue de qn; **auf etw** *(akk)***/nach etw ~ sein** raffoler de qc

Verrückte(r) *f(m) dekl wie adj fam* fou(folle) *m(f)*

verrufen *adj (Gegend)* mal famé(e)

Vers [fɛrs] <-es, -e> *m* ❶ vers *m* ❷ *(Bibelvers)* verset *m*

versagen* *vi* ❶ échouer; **aus Angst zu ~** par peur de l'échec ❷ *(Erziehung)* être un échec ❸ *(Alarmanlage)* ne pas fonctionner; **seine Stimme versagte** sa voix lui fit défaut

Versagen <-s> *nt* ❶ échec *m* ❷ *(eines Herzens)* arrêt *m* ❸ *(Fehlverhalten)* **menschliches ~** défaillance *f* humaine

Versager(in) <-s, -> *m(f)* raté(e) *m(f)*

versalzen* *vt irr* ❶ *(Essen)* trop saler ❷ *fam (verderben)* **diese Freude werde ich ihm ~!** je vais lui gâcher ce plaisir!

versammeln* *vt, vr* [**sich**] **~** [se] rassembler

Versammlung *f* ❶ réunion *f* ❷ *(die versammelten Menschen)* assemblée *f*

Versandhandel *m* vente *f* par correspondance

versäumen* *vt* ❶ *(Termin)* manquer; *(Gelegenheit)* laisser passer ❷ *(unterlassen)* **etw ~** omettre qc

verschärfen* **I.** *vr* **sich ~** s'aggraver **II.** *vt* ❶ *(Bestimmung)* renforcer; *(Strafe)* alourdir ❷ *(zuspitzen)* aggraver

verschätzen* *vr* **sich ~** se tromper

verschicken* *vt* envoyer

verschieben* *irr* **I.** *vt* ❶ *(verrücken)* **etw ~** déplacer qc ❷ *(verlegen)* reporter **II.** *vr* ❶ **sich auf die nächste Woche ~** être reporté à la semaine prochaine ❷ *(verrutschen)* **sich ~** glisser

Verschiebung *f* report *m*

verschieden [fɛɐ̯ˈʃiːdən] **I.** *adj* ❶ différent(e) ❷ *(einige)* **~e Leute** plusieurs personnes **II.** *adv* **~ breit/hoch sein** être de largeurs/hauteurs différentes

verschimmeln* *vi +sein* moisir

verschlafen*¹ **I.** *vi irr* se réveiller trop tard **II.** *vt irr fam (vergessen)* oublier carrément

verschlafen² *adj (Person)* encore endormi(e)

verschlampen* *vt fam* paumer

verschlechtern* **I.** *vt* aggraver **II.** *vr* **sich ~** ❶ *(Lage)* s'aggraver ❷ *(beruflich)* être moins bien loti

Verschleppungstaktik *f* JUR tactique *f* dilatoire

verschließen* *irr* **I.** *vt* ❶ fermer à clé ❷ *(Flasche)* boucher **II.** *vr* **sich einer Überlegung ~** se fermer à une réflexion

verschlimmern* *vt, vr* [**sich**] **~** [s']aggraver

verschlucken* **I.** *vt* ❶ avaler ❷ *(dämpfen)* étouffer **II.** *vr* **sich** [**an etw**] *(dat)* **~** avaler [qc] de travers

Verschluss *m (eines Glases)* couvercle *m*; *(einer Flasche)* bouchon *m*

verschlüsseln* *vt* coder

Verschlüsselung <-, -en> *f* codage *m*

verschmutzen* **I.** *vt +haben* ❶ salir ❷ *(Umwelt)* polluer **II.** *vi +sein* **schnell ~** se salir facilement

verschnupft [fɛɐ̯ˈʃnʊpft] *adj* ❶ enrhumé(e) ❷ *fam (verärgert)* en rogne

verschollen [fɛɐ̯ˈʃɔlən] *adj (Person, Schiff)* [porté(e)] disparu(e); *(Akte)* disparu(e)

verschonen* *vt* épargner qn/qc

verschönern* [fɛɐ̯ˈʃøːnɐn] *vt* embellir

verschreiben* *vt irr* **jdm etw ~** prescrire qc à qn

verschreibungspflichtig *adj* délivré(e) sur ordonnance

verschulden* **I.** *vt +haben (Unfall)* être responsable de **II.** *vi +sein* s'endetter **III.** *vr +haben* **sich bei jdm ~** s'endetter auprès de qn

Verschuldung <-, -en> *f* endettement *m*
verschwägert [fɛɐ̯ˈʃvɛːgɐt] *adj* parent(e) par alliance; **mit jdm ~ sein** être parent par alliance avec qn
verschweigen* *vt irr* **etw ~** taire qc; **jdm etw ~** cacher qc à qn
verschwenden* *vt* ❶ **Geld ~** gaspiller de l'argent ❷ *fig* **keinen einzigen Gedanken an jdn/etw ~** ne pas accorder la moindre pensée à qn/qc
verschwinden* *vi irr +sein* disparaître
Versehen <-s, -> *nt* méprise *f*
versehentlich [fɛɐˈzeːəntlɪç] **I.** *adj attr* accidentel(le) **II.** *adv* par erreur
versenden* *vt irr o reg* expédier
versenken* *vt (Schiff)* couler
versetzen* **I.** *vt* ❶ ADMIN **jdn ~** muter qn ❷ SCHULE **jdn in die höhere Klasse ~** faire passer qn dans la classe supérieure ❸ *fam (umsonst warten lassen)* **jdn ~** poser un lapin à qn **II.** *vr (sich einfühlen)* **sich in die Lage seines Freundes ~** se mettre à la place de son ami
Versetzung <-, -en> *f* ❶ ADMIN mutation *f* ❷ *(eines Schülers)* passage *m*
Versfuß *m (in der Dichtkunst)* pied *m*
versichern* **I.** *vt* ❶ **jdn/etw ~** assurer qn/qc ❷ *(beteuern)* **jdm ~, dass...** donner l'assurance à qn que... **II.** *vr* **sich gegen etw ~** s'assurer contre qc
Versicherte(r) *f(m) dekl wie adj* assuré(e) *m(f)*
Versicherung *f* assurance *f*
Versicherungsgesellschaft *f* compagnie *f* d'assurances **Versicherungspolice** *f* police *f* d'assurance **Versicherungsvertreter(in)** *m(f)* représentant(e) *m(f)* dans les assurances
versinken *vi irr +sein* ❶ **im Meer ~** *(Schiff)* sombrer au fond de la mer; **versunken** *(Schatz)* englouti(e) ❷ *(einsinken)* s'enfoncer
Version [vɛrˈzi̯oːn] <-, -en> *f* version *f*
versoffen [fɛɐ̯ˈzɔfən] *adj fam* brindezingue
versöhnen* [fɛɐˈzøːnən] *vt, vr* [**sich**] ~ [se] réconcilier
versorgen* **I.** *vt* ❶ *(Person, Tier)* s'occuper de ❷ *(versehen)* **jdn mit etw ~** fournir qc à qn **II.** *vr* **sich mit Reiseproviant ~** faire des provisions pour le voyage
verspäten* *vr* **sich ~** *(Person)* se mettre en retard; *(Flugzeug)* être en retard
verspätet *adj, adv* en retard
Verspätung <-, -en> *f* retard *m*
verspotten* *vt* se moquer de
versprechen* *irr* **I.** *vt* promettre **II.** *vr* ❶ *(erwarten)* **sich** *(dat)* **von einer Reise viel ~** attendre beaucoup d'un voyage ❷ *(sich beim Sprechen vertun)* **sich ~** faire un lapsus
Verstand [fɛɐˈʃtant] <-[e]s> *m* raison *f*
verstanden [fɛɐˈʃtandən] *PP von* **verstehen**
verständigen* **I.** *vt* informer **II.** *vr* ❶ *(sich verständlich machen)* **sich ~** se faire comprendre ❷ *(sich einigen)* **sich ~** s'entendre
verständlich [fɛɐˈʃtɛntlɪç] *adj* ❶ *(begreiflich)* compréhensible; **leicht ~** facile à comprendre ❷ *(hörbar)* intelligible
verstärken* **I.** *vt* ❶ *(Mauer)* consolider ❷ *(vergrößern)* **die Belegschaft ~** renforcer les effectifs ❸ MEDIA amplifier **II.** *vr* **sich ~** se renforcer
Versteck <-[e]s, -e> *nt* cachette *f*
verstecken* **I.** *vt* cacher **II.** *vr* **sich ~** se cacher
versteckt *adj* ❶ *(verborgen)* caché(e) ❷ *(abgelegen)* très à l'écart ❸ *(unausgesprochen)* voilé(e)
verstehen *irr* **I.** *vt* ❶ *(akustisch wahrnehmen)* comprendre; **kaum zu ~ sein** être presque inintelligible ❷ *(begreifen)* comprendre; **jdn richtig/falsch ~** comprendre qn bien/mal **II.** *vr* ❶ *(auskommen)* **sich mit jdm ~** s'entendre avec qn ❷ *(sich einschätzen)* **sich als Künstler ~** se considérer comme artiste **III.** *vi* comprendre; **verstanden?** compris?
versteigern* *vt* vendre aux enchères

verstellbar *adj* réglable; **in der Höhe ~ sein** être réglable en hauteur
verstellen* **I.** *vt* ❶ *(Höhe)* régler ❷ *(woandershin stellen)* déplacer ❸ *(Weg)* barrer ❹ *(Stimme)* contrefaire **II.** *vr* **sich ~** simuler
versteuern* *vt* payer des impôts sur
verstopft *adj (Rohr, Nase)* bouché(e); *(Straße)* encombré(e)
Verstopfung <-, -en> *f* MED constipation *f*
verstorben [fɛɐ̯ˈʃtɔrbən] *adj geh* défunt(e); **~ sein** être décédé *(form)*
Verstorbene(r) *f(m) dekl wie adj* défunt(e) *m(f)*
verstoßen* *irr* **I.** *vi* **gegen ein Gesetz ~** transgresser une loi; **gegen die Disziplin ~** manquer à la discipline **II.** *vt* **jdn ~** rejeter qn
verstrahlen *vt* irradier
verstreut [fɛɐˈʃtrɔɪt] *adj* disséminé(e)
verstümmeln* [fɛɐˈʃtʏməln] *vt* ❶ *(verletzen)* **jdn/sich ~** mutiler qn/se mutiler ❷ *(Text)* tronquer
Versuch [fɛɐˈzuːx] <-[e]s, -e> *m* ❶ essai *m* ❷ *(Experiment)* expérience *f*
versuchen* **I.** *vt* ❶ *(einen Versuch unternehmen)* tenter ❷ *(ausprobieren)* essayer ❸ *(Kuchen)* goûter **II.** *vr* **sich in der Malerei ~** s'essayer à faire de la peinture
Versuchsreihe *f* série *f* d'expériences
Versuchstier *nt* animal *m* de laboratoire
versunken [fɛɐˈzʊŋkən] *PP von* **versinken**
vertagen* **I.** *vt* ajourner **II.** *vr* **sich ~** ajourner sa session
vertauschen* *vt* ❶ *(verwechseln)* **etw ~** prendre qc pour le sien/la sienne ❷ *(austauschen)* échanger
verteidigen* [fɛɐˈtaɪdɪgən] **I.** *vt* ❶ défendre ❷ *(Vorsprung)* maintenir **II.** *vr* **sich ~** se défendre
Verteidigungsministerium *nt* ministère *m* de la Défense; *(in Frankreich)* ministère de la Défense nationale
verteilen* **I.** *vt* ❶ distribuer ❷ *(platzieren)* disposer ❸ *(Blumenerde)* répandre **II.** *vr* **sich ~** se répartir
verteufelt **I.** *adj fam* foutu(e) *antéposé* **II.** *adv fam* diablement
verticken [fɛɐ̯ˈtɪkən] *vt fam (Pillen)* filer
vertiefen* **I.** *vt* approfondir **II.** *vr* **sich in etw** *(akk)* **~** se plonger dans qc
vertikal [vɛrtiˈkaːl] **I.** *adj* vertical(e) **II.** *adv* à la verticale
Vertrag [fɛɐˈtraːk] <-[e]s, Verträge> *m* ❶ JUR contrat *m* ❷ POL traité *m*
vertragen* *irr* **I.** *vt* supporter **II.** *vr (auskommen)* **sich mit jdm ~** s'entendre avec qn
Vertragsbruch *m* rupture *f* de contrat
vertrauen* *vi* ❶ *(glauben)* **jdm ~** faire confiance à qn ❷ *(sich verlassen auf)* **auf etw** *(akk)* **~** se fier à qc
Vertrauen <-s> *nt* confiance *f*
Vertrauensbruch *m* abus *m* de confiance
vertrauensvoll **I.** *adj* basé(e) sur la confiance **II.** *adv* en toute confiance
vertraulich *adj* confidentiel(le)
Vertraute(r) *f(m) dekl wie adj* intime *mf*
vertreiben* *vt irr* ❶ chasser ❷ *(Minderheit)* expulser
vertretbar *adj* ❶ *(Argument)* défendable; *(Haltung)* justifiable; **~ sein** se défendre ❷ *(akzeptabel)* acceptable
vertreten* *vt irr* ❶ *(Kollegen)* remplacer ❷ *(Angeklagten)* défendre ❸ *(repräsentieren)* représenter ❹ *(verfechten)* soutenir
Vertreter(in) <-s, -> *m(f)* ❶ *(Stellvertreter)* remplaçant(e) *m(f)* ❷ *(Handelsvertreter)* représentant(e) *m(f)*
Vertretung <-, -en> *f* ❶ *kein Pl (das Vertreten)* remplacement *m* ❷ *(Stellvertreter)* remplaçant(e) *m(f)*
vertrottelt [fɛɐ̯ˈtrɔtəlt] *adj* gâteux(-euse)
verunfallen* *vi +sein* CH avoir un accident
verunglücken* *vi +sein* **mit dem Auto ~** avoir un accident de voiture; **verunglückt** accidenté(e)
verunsichern* *vt* **jdn ~** *(Person)*

inquiéter qn; *(Situation)* ébranler qn

verursachen* *vt* provoquer

verurteilen* *vt* ❶ JUR condamner ❷ *(bestimmen)* **zum Scheitern verurteilt sein** être voué à l'échec

vervielfachen* *vt, vr* [**sich**] ~ [se] multiplier

vervollständigen* *vt* compléter

Verwahrlosung <-> *f* *(einer Person)* déchéance *f*; *(eines Gebäudes)* délabrement *m*

verwalten* *vt* ❶ ADMIN administrer ❷ AGR, FIN, INFORM gérer

Verwalter(in) <-s, -> *m(f)* FIN administrateur(-trice) *m(f)*

Verwaltungsbezirk *m* circonscription *f* administrative

verwandeln* *vt, vr* [**sich**] ~ [se] transformer

Verwandlung *f* métamorphose *f*

verwandt[1] [fɛɐ'vant] *adj* ❶ **mit jdm ~ sein** être parent avec qn ❷ *(artverwandt)* de la même famille ❸ *fig (Sprachen)* apparenté(e)

verwandt[2] *PP von* **verwenden**

verwandte *Imp von* **verwenden**

Verwandte(r) *f(m)* *dekl wie adj* parent(e) *m(f)*

Verwandtschaft <-, -en> *f* *(die Verwandten)* **die** [**nähere**] ~ les [proches] parents *mpl* **meine** ~ ma famille

verwechseln* [fɛɐ'vɛksln] *vt* confondre

verweigern* *vt* refuser

Verweis [fɛɐ'vajs] <-es, -e> *m* *(Tadel)* blâme *m*; **jdm einen ~ erteilen** infliger un blâme à qn

verweisen* *irr* I. *vt* ❶ renvoyer ❷ SPORT **jdn vom Platz ~** expulser qn du terrain II. *vi* **auf etw** *(akk)* ~ renvoyer à qc

verwelken* *vi* +*sein* se faner

verwendbar *adj* *(Nahrungsmittel)* consommable; **wieder ~** réutilisable recyclable

verwenden *vt irr* utiliser

Verwendungszweck *m* but *m*; *(auf einem Überweisungsformular)* référence *f*

Verwertung <-, -en> *f* *(von Vitaminen)* assimilation *f*; *(eines Beweises)* exploitation *f*

Verwestlichung [fɛɐ'vɛstlɪçʊŋ] <-> *f* occidentalisation *f*

verwirklichen* I. *vt* *(Traum)* réaliser; *(Gedanken)* concrétiser II. *vr* **sich ~** se réaliser

verwirren* *vt* déconcerter

verwöhnen* [fɛɐ'vøːnən] *vt* gâter

verwöhnt [fɛɐ'vøːnt] *adj* exigeant(e); *(Kind)* gâté(e)

verwunden* *vt* blesser

verwunderlich *adj* surprenant(e); **es ist ~, dass** il est surprenant que +*subj*; **das ist nicht ~** ça n'a rien de surprenant

Verwundung <-, -en> *f* blessure *f*

verwurzelt *adj* ❶ **fest ~ sein** *(Pflanze)* être bien enraciné ❷ *(eingebunden)* **fest in der Tradition ~ sein** être solidement enraciné dans la tradition

verwüsten* *vt* **etw ~** *(Armee)* ravager qc; *(Sturm)* dévaster qc

verzaubern* *vt* ❶ *(verhexen)* ensorceler ❷ *(bezaubern)* envoûter

verzeigen* *vt* CH porter plainte contre

verzeihen [fɛɐ'tsaɪən] *vt, vi irr* pardonner

verzichten* *vi* **auf etw** *(akk)* ~ renoncer à qc

verzieh [fɛɐ'tsiː] *Imp von* **verzeihen**

verziehen*[1] [fɛɐ'tsiːən] *irr* I. *vt* +*haben* ❶ *(Mund)* tordre; **das Gesicht ~** faire une grimace ❷ *(Kind)* élever mal II. *vi* +*sein* **sie sind ins Ausland verzogen** ils sont partis à l'étranger III. *vr* +*haben* **sich ~** disparaître

verziehen[2] *PP von* **verzeihen**

verzieren* *vt* décorer

verzogen [fɛɐ'tsoːgən] I. *PP von* **verziehen**[1] II. *adj* mal élevé(e)

verzögern* I. *vt* retarder II. *vr* **sich um eine Stunde ~** être retardé d'une heure

verzollen* *vt* dédouaner; **haben Sie etwas zu ~?** avez-vous quelque chose à déclarer?

V

verzweifeln* *vi +sein* désespérer
verzweifelt *adj* désespéré(e)
verzwickt [fɛɐ̯'tsvɪkt] *adj fam* inextricable; **eine ~e Angelegenheit** un sac de nœuds
Vetorecht ['veːto-] *nt* droit *m* de veto
Vetter ['fɛtɐ] <-s, -n> *m* cousin *m*
Video ['viːdeo] <-s, -s> *nt* ❶ *(Videofilm)* vidéo *f*; *(Videoclip)* clip *m* ❷ *kein Pl (Medium)* vidéo *f*
Videofilm *m* film *m* vidéo **Videokamera** *f* caméscope *m* **Videorecorder** <-s, -> *m* magnétoscope *m* **Videospiel** *nt* jeu *m* vidéo
Videothek [video'teːk] <-, -en> *f* vidéoclub *m*
Vieh [fiː] <-[e]s> *nt* ❶ *(Rinder)* bétail *m* ❷ *fam (Tier)* bestiau *m*
Viehzucht *f* élevage *m*
viel [fiːl] **I.** *pron indef* <mehr, meiste> ❶ ~ **Salz** beaucoup de sel; **so ~ Arbeit** tellement de travail; **so ~ Salz wie nötig** autant de sel que nécessaire; **zu ~ Arbeit** trop de travail ❷ *substantivisch* **~es** beaucoup de choses; **~es** [**von dem**], **was...** beaucoup de ce qui/que... **II.** *adj* ❶ **~e Leute** beaucoup de gens ❷ *(diese große Menge)* **die ~e Arbeit** tout ce travail **III.** *adv* <mehr, am meisten> beaucoup
vieldeutig **I.** *adj* ambigu(ë) **II.** *adv* avec ambiguïté
vielfach **I.** *adj* ❶ **die ~e Menge** une quantité bien plus grande ❷ *(Hinsicht)* multiple **II.** *adv (häufig)* très souvent
Vielfalt <-, -en> *f* diversité *f*
vielfarbig *adj (Druck)* polychrome; *(Kleidungsstück)* multicolore **Vielflieger(in)** *m(f)* personne qui prend souvent l'avion *f*
vielleicht [fi'laɪçt] *adv* ❶ *(eventuell)* peut-être ❷ *(ungefähr)* à peu près ❸ *fam (etwa)* par hasard ❹ *fam (wirklich)* **das ist ~ schwierig!** que c'est difficile!
vielmals *adv geh* de nombreuses fois
vielmehr [fiːl'meːɐ̯] **I.** *adv* ❶ *(im Gegenteil)* au contraire ❷ *(genauer gesagt)* plutôt **II.** *konj* mais
vielschichtig *adj* ❶ *(aus vielen Schichten)* composé(e) de couches multiples ❷ *(komplex)* complexe **vielseitig** **I.** *adj* ❶ *(Person)* polyvalent(e) ❷ *(Interessen)* varié(e) ❸ *(Gerät)* à fonctions multiples **II.** *adv* ❶ **~ interessiert sein** avoir des intérêts variés ❷ *(für unterschiedliche Zwecke)* **~ verwendbar sein** servir à de multiples usages **Vielzahl** *f kein Pl* multitude *f*
vier [fiːɐ̯] *num* quatre; *s.a.* **acht**[1] ▸ **auf allen ~en** *fam* à quatre pattes
Vier <-, -en> *f* quatre *m*; *(Schulnote)* ≈ dix *m*
Viereck *nt* quadrilatère *m* **viereckig** *adj* rectangulaire
viereinhalb *num* quatre... et demi(e)
Vierer ['fiːrɐ] <-s, -> *m* ❶ *fam (Schulnote)* ≈ dix *m* ❷ *fam (Lottogewinn)* quatre bons numéros *mpl*
viererlei *adj inv* **~ Sorten Brot** quatre sortes de pain; *s.a.* **achterlei**
vierfach *adj, adv* quatre fois; *s.a.* **achtfach**
viermal *adv* quatre fois; *s.a.* **achtmal**
Vierradantrieb *m* quatre roues *fpl* motrices
viert *adv* **zu ~ sein** être quatre; *s.a.* **acht**[2]
vierte(r, s) *adj* ❶ quatrième ❷ *(bei Datumsangaben)* **der ~ Mai** le quatre mai
viertel ['fɪrtl] *adj* quart; *s.a.* **achtel**
Viertelfinale *nt* quart *m* de finale **Vierteljahr** *nt* trimestre *m* **vierteljährlich** *adj* trimestriel(le) **Viertelstunde** *f* quart *m* d'heure
Vierwaldstätter See [fɪːɐ̯'valtʃtɛtɐ 'zeː] *m* **der ~** le lac des Quatre-Cantons
vierzehn ['fɪːɐ̯tseːn] *num* quatorze; **~ Tage dauern** durer quinze jours; *s.a.* **acht**[1]
vierzehntägig ['fɪrtseːntɛːgɪç] *adj* de quinze jours

vierzig ['fɪrtsɪç] *num* quarante; *s.a.* **achtzig**
vierziger ['fɪrt͜sɪgɐ] *adj inv* **die ~ Jahre** les années *f pl* quarante; *s.a.* **achtziger**
vierzigste(r, s) ['fɪrt͜sɪgstə] *adj* quarantième
Vietnam [viɛt'nam] <-s> *nt* le Viêt-nam
Vietnamese, **Vietnamesin** [viɛtna'meːzə] <-n, -n> *m, f* Vietnamien(ne) *m(f)*
vietnamesisch [viɛtna'meːzɪʃ] **I.** *adj* vietnamien(ne) **II.** *adv* **~ miteinander sprechen** discuter en vietnamien
Vietnamesisch [viɛtna'meːzɪʃ] <-[s]> *nt kein art* vietnamien *m; s.a.* **Deutsch**
Villa ['vɪla] <-, Villen> *f* villa *f*
violett [vio'lɛt] *adj* violet(te)
Violine [vio'liːnə] <-, -n> *f* violon *m*
Violinschlüssel *m* clé *f* de sol
VIP [viːʔai'piː] <-, -s> *m Abk von* **very important person** V.I.P. *mf (fam)*
VIP-Loge ['vɪploːʒə] *f* loge *f* V.I.P.
Viren ['viːrən] *Pl von* **Virus**
virtuell [vɪr'tu̯ɛl] *adj* virtuel(le)
Virus ['viːrʊs] <-, Viren> *nt o m* virus *m*
Virusinfektion *f* infection *f* virale
Visa ['viːza], **Visen** ['viːzen] *Pl von* **Visum**
Visier [vi'ziːɐ̯] <-s, -e> *nt (einer Schusswaffe)* viseur *m; (eines Helms)* visière *f*
Visite [vi'ziːtə] <-, -n> *f a.* MED visite *f*
Visitenkarte [vi-] *f* carte *f* de visite
Viskose [vɪs'koːzə] <-> *f* viscose *f*
Visum ['viːzʊm] <-s, Visa> *nt* visa *m*
Vitamin [vita'miːn] <-s, -e> *nt* vitamine *f* ▸ **~ B** *fam* piston *m*
Vitrine [vi'triːnə] <-, -n> *f* vitrine *f*
Vizepräsident(in) *m(f)* vice-président(e) *m(f)*
Vogel ['foːgəl] <-s, Vögel> *m* oiseau *m*
Vogelgrippe *f* grippe *f* aviaire **Vogelkäfig** *m* cage *f*
vögeln ['føːgəln] *vi, vt +haben vulg* tringler *(vulg)*, baiser *(fam)*
Vogelnest *nt* nid *m* d'oiseau
Vogerlsalat *m* A mâche *f*
Vogesen [vo'geːzən] <-> *Pl* **die ~** les Vosges *f pl*
Voicemail ['vɔysmeːl] <-, -s> *f* INFORM messagerie *f* vocale
Vokabel [vo'kaːbəl] <-, -n> *f* mot *m* de vocabulaire
Vokabeltest *m* SCHULE test *m* de vocabulaire
Vokabular [vokabu'laːɐ̯] <-s, -e> *nt geh (Wortschatz)* vocabulaire *m*
Vokal [vo'kaːl] <-s, -e> *m* voyelle *f*
Volk [fɔlk] <-[e]s, Völker> *nt* ① *(Nation)* peuple *m* ② *kein Pl (die Menschen)* **das ~** le peuple
Volksabstimmung *f* référendum *m* **Volksfest** *nt* fête *f* populaire **Volkshochschule** *f* université *f* populaire **Volkslied** *nt* chanson *f* populaire **Volksmehr** <-s> *nt* CH majorité *f* confédérale **Volksmusik** *f* musique *f* folklorique **Volksschule** *f* A *(Grundschule)* ≈ école *f* primaire **Volkstanz** *m* danse *f* folklorique
volkstümlich ['fɔlksty:mlɪç] *adj* traditionnel(le); *(Fest)* populaire
Volksvertretung *f* représentation *f* nationale **Volkswirtschaft** *f* économie *f* [nationale]
voll [fɔl] **I.** *adj* ① plein(e); **~ werden** se remplir ② *(bedeckt)* **~[er] Schnee sein** être recouvert de neige ③ *(Jahr, Monat)* entier(-ière) ④ *(vollständig)* **die ~e Summe** la totalité de la somme ⑤ *(Gewissheit)* total(e) ⑥ *fam* **~ sein** *(satt)* être gavé(e); *(betrunken)* être plein(e) **II.** *adv* ① *(ausnutzen)* pleinement; *(sperren)* totalement ② *(treffen)* très violemment ③ *fam (sehr)* vachement; **~ doof sein** être complètement nul
Vollbart *m* barbe *f* **Vollbeschäftigung** *f kein Pl* plein emploi *m* **Vollblut** *nt kein Pl* ① *(Pferd)* pur-sang *m* ② MED sang *m*
vollendet [fɔl'ʔɛndət] *adj* ① *(Kunstwerk)* parfait(e) ② *(Gastgeber)* accompli(e)
voller *adj mit gen* **eine Schachtel ~**

V

Kekse une boîte pleine de petits gâteaux

Volleyball [ˈvɔlibal] *m kein Pl* volley[-ball] *m*

Vollgas *nt* ~ **geben** accélérer à fond ▸**etw mit** ~ **tun** faire qc à pleins gaz

völlig [ˈfœlɪç] **I.** *adj* total(e) **II.** *adv* parfaitement

volljährig *adj* majeur(e)

vollklimatisiert *adj* [entièrement] climatisé(e)

vollkommen [ˈfɔlkɔmən] **I.** *adj* ❶ parfait(e) ❷ *(Übereinstimmung)* total(e); *(Katastrophe)* complet(-ète) **II.** *adv* *(unmöglich)* complètement

Vollkornbrot *nt* pain *m* complet

voll|machen *s.* **machen** **Vollmacht** <-, -en> *f* procuration *f* **Vollmilch** *f* lait *m* entier **Vollmond** *m kein Pl* pleine lune *f* **Vollpension** *f* pension *f* complète

vollständig **I.** *adj* complet(-ète) **II.** *adv* *(besiegen)* à plate couture

voll|stopfen *s.* **stopfen** **voll|tanken** *vt, vi s.* **tanken**

Volltreffer *m* ❶ *(Treffer)* coup *m* dans le mille; **~!** en plein dans le mille! ❷ *fam (Erfolg)* coup *m* de maître; **das ist/wird ein** ~ ça fait/va faire un tabac

vollwertig *adj* ❶ *(Ernährung)* complet(-ète) ❷ *(Ersatz)* tout à fait à la hauteur; **kein ~er Ersatz für jdn sein** ne pas remplacer totalement qn

Volt [vɔlt] <-[e]s, -> *nt* volt *m*

Volumen [voˈluːmən] <-s, -> *nt* volume *m* **Volumentarif** *m* TELEC tarif *m* au volume

vom [fɔm] = *Abk von* **von dem** *s.* **von**

von [fɔn] *präp +dat* ❶ *(räumlich)* ~ **der Leiter steigen** descendre de l'échelle; **das Glas vom Tisch nehmen** prendre le verre sur la table; **links ~ ihm** à gauche de lui; ~ **Paris nach Brüssel** de Paris à Bruxelles ❷ *(zeitlich)* **die Zeitung ~ gestern** le journal d'hier; ~ **morgen an** à partir de demain ❸ *(Urheberschaft)* **ein Brief ~ den Eltern** une lettre des parents ❹ *(über, wegen)* ~ **etw erzählen/träumen** raconter qc/rêver de qc ❺ *(zur Angabe der handelnden Person)* par; ~ **allen abgelehnt werden** être refusé de tous ❻ *(in Bezug auf)* ~ **Beruf ist sie Ärztin** elle est médecin de profession ❼ *(als Adelsprädikat)* **der Prinz ~ Wales** le Prince de Galles ▸**etw ~ sich aus tun** faire qc de son plein gré

voneinander [fɔnʔaɪˈnandɐ] *adv* ~ **lernen** *(zwei Personen)* apprendre l'un(e) de l'autre; *(mehrere Personen)* apprendre les un(e)s des autres

vor [foːɐ̯] **I.** *präp +dat* ❶ *(räumlich)* ~ **mir/dem Haus** devant moi/la maison ❷ *(zeitlich)* ~ **einer Woche** il y a une semaine ❸ *(in Bezug auf eine Reihenfolge)* ~ **dem Urlaub** avant les vacances ❹ *(bedingt durch)* ~ **Angst zittern** trembler de peur **II.** *präp +akk* ~ **das Haus gehen** aller devant la maison **III.** *adv* ~ **und zurück** d'avant en arrière

Vorabend *m* veille *f*

voran [foˈran] *adv* ❶ *(vorwärts)* en avant ❷ *(vorn befindlich)* en tête

voran|gehen *irr* **I.** *vi +sein* ❶ **jdm** ~ précéder qn ❷ *(Arbeit)* avancer **II.** *vi unpers +sein* **es geht voran** ça avance

voran|kommen *vi irr +sein* ❶ *(vorwärts kommen)* progresser ❷ *(Fortschritte machen)* avancer

Voranmeldung *f* ❶ *(für einen Kurs)* inscription *f* préalable ❷ *(für einen Gesprächstermin)* **um ~ wird gebeten** prière de prendre rendez-vous au préalable **Vorarbeit** *f* travail *m* préliminaire

Vorarlberg [ˈfoːɐ̯ʔarlbɛrk] <-s> le Vorarlberg

voraus [foˈraʊs] *adv* devant ▸**jdm ~ sein** avoir de l'avance sur qn; **im Voraus** *(bezahlen)* d'avance; *(wissen)* à l'avance

vorausgesetzt *adj* **~, [dass] …** à condition que … *+subj*

voraus|sagen *vt* prédire **voraus|set-**

zen *vt* **vorausgesetzt, dass** à supposer que +*subj*
Voraussetzung <-, -en> *f* ❶ *(Vorbedingung)* condition *f* préalable; **unter der ~, dass** à condition que +*subj* ❷ *(Prämisse)* hypothèse *f*
Voraussicht *f kein Pl* prévoyance *f;* **aller ~ nach** selon toute probabilité ▸**etw in weiser ~ tun** faire qc par sage précaution
voraussichtlich I. *adj* prévu(e) II. *adv* probablement
Vorbehalt ['fo:ɐ̯bəhalt] <-[e]s, -e> *m* réserve *f;* **ohne ~** sans réserve; **unter ~** sous réserve
vorbei [fo:ɐ̯'baɪ] *adv* ❶ *(räumlich)* **an jdm/etw ~** à côté de qn/le long de qc ❷ *(zeitlich)* **~ sein** être fini
vorbei|gehen *vi irr +sein* ❶ *(vorübergehen)* **an jdm/etw ~** passer devant qn/qc ❷ *fam (aufsuchen)* **bei jdm ~** passer chez qn **vorbei|kommen** *vi irr +sein* ❶ *fam (kurz besuchen)* passer ❷ *(vorbeigehen können)* **kommst du hier vorbei?** tu peux passer? **vorbei|lassen** *vt irr* laisser passer **vorbei|ziehen** *vi irr +sein* ❶ *(vorüberziehen)* défiler; **an jdm/etw ~** défiler devant qn/qc ❷ *(überholen)* **an jdm ~** *(Fahrzeug)* doubler qn
vorbelastet *adj* **~ sein** être désavantagé
vor|bereiten* *vt, vr* [**sich**] **~** [se] préparer
vorbereitend *adj attr* préliminaire
vorbestraft *adj* ayant des antécédents judiciaires
vor|beugen I. *vi* ❶ MED prévenir le mal ❷ *(unterbinden)* **einer S.** *(dat)* **~** prévenir qc II. *vt* **sich ~** se pencher en avant
Vorbild *nt* modèle *m*
vordere(r, s) ['fɔrdərə] *adj* de devant
Vordergrund *m* **im ~** au premier plan
Vordermann <-männer> *m* **sein/mein ~** son/mon voisin de devant ▸**jdn auf ~ bringen** *fam* remettre qn à sa place; **etw auf ~ bringen** *fam* remettre qc en état **Vordersitz** *m* siège *m* avant **Vorderteil** *m o nt* devant *m*
vor|drängen *vr* **sich ~** passer devant
voreilig *adj (Entschluss, Urteil)* hâtif(-ive), précipité(e)
voreinander [fo:ɐ̯ʔaɪ'nandɐ] *adv* **~ Angst haben** *(zwei Personen)* avoir peur l'un/l'une de l'autre; *(zwei Gruppen)* avoir peur les uns/les unes des autres
Vorentscheidung *f* ❶ *(Beschluss)* décision *f* préliminaire ❷ SPORT **dieses Tor/dieser Satzgewinn ist die ~** ce but/cette manche préfigure la victoire; **die ~ war gefallen** la partie était jouée d'avance
vorerst ['fo:ɐ̯ʔe:ɐ̯st] *adv* dans un premier temps
vor|fahren *irr* I. *vi +sein* ❶ se présenter; **mit einem Taxi ~** arriver en taxi ❷ *(weiterfahren)* **etwas ~** avancer un peu II. *vt +haben* avancer
Vorfahrt *f* priorité *f*
Vorfahrtsstraße *f* route *f* prioritaire
vor|führen *vt* ❶ *(Film)* projeter; *(Modell)* présenter ❷ *(Häftling)* amener
Vorführung *f (eines Films)* projection *f*
vor|gehen *vi irr +sein* ❶ *(vorausgehen)* partir devant ❷ *(zu schnell gehen)* **fünf Minuten ~** avancer de cinq minutes ❸ *(Priorität haben)* passer avant
vorgeschichtlich *adj* préhistorique
Vorgeschmack *m* ▸**einen kleinen ~ von etw bekommen** avoir un petit avant-goût de qc
Vorgesetzte(r) *f(m)* supérieur(e) *m(f)* hiérarchique
vorgestern *adv* avant-hier; **~ Abend** avant-hier soir
vor|haben *vt irr* **~ zu verreisen** avoir l'intention de partir en voyage; **ich habe morgen Abend schon etwas vor** j'ai déjà prévu quelque chose pour demain soir
vorhanden [fo:ɐ̯'handən] *adj* ❶ *(verfügbar)* disponible ❷ *(existierend)* existant(e)

Vorhang <-s, Vorhänge> *m* rideau *m*
vorher ['fo:ɐ̯he:ɐ̯] *adv* auparavant
vorherig *adj attr (zuvor erfolgend)* préalable
Vorhersage *f* ❶ METEO prévisions *fpl* ❷ *(Voraussage)* prédiction *f*
vorhin [fo:ɐ̯'hɪn] *adv* à l'instant; **Stefan hat ~ angerufen** Stefan vient d'appeler
vorig *adj* ❶ *(Jahr)* dernier(-ière); *(Mal)* dernier(-ière) ❷ *(Wohnsitz)* précédent(e)
Vorjahr *nt* année *f* dernière
vor|kommen *irr* **I.** *vi +sein* ❶ *(Fehler)* se produire; *(Zwischenfall)* arriver; **es kommt vor, dass** il arrive que *+subj* ❷ *(erscheinen)* **das kommt mir komisch vor** cela me semble bizarre ❸ *(nach vorn kommen)* venir devant **II.** *vr* **sich** *(dat)* **dumm ~** se sentir bête
Vorkommen <-s, -> *nt* ❶ *meist Pl* MIN, MINER gisement *m* ❷ *(das Auftreten: von Erregern)* apparition *f*
vor|lassen *vt irr* ❶ *fam (Vortritt lassen)* **jdn ~** laisser passer qn devant ❷ *(Zutritt gewähren)* laisser passer
Vorlauf *m* ❶ SPORT [course *f*] éliminatoire *f* ❷ MEDIA **schneller ~** avance *f* rapide
vorläufig **I.** *adj* provisoire **II.** *adv (ausreichen)* pour l'instant
vorlaut *adj* impertinent(e)
vor|legen *vt* ❶ *(Beweis)* produire; **jdm etw ~** présenter qc à qn ❷ *(Kette)* mettre
vor|lesen *irr* **I.** *vt* lire **II.** *vi* lire à haute voix
Vorlesung *f* UNIV cours *m*
vorletzte(r, s) *adj* avant-dernier(-ière)
Vorliebe *f* prédilection *f*; **eine ~ haben** avoir une préférence
Vormarsch *m* avance *f*
Vormittag *m* matinée *f*; **am ~** dans la matinée; **heute/Samstag ~** ce/samedi matin
vormittags *adv* le matin
vorn [fɔrn] *adv* ❶ *(im vorderen Bereich)* devant; **~ im Bus** à l'avant du bus; **nach ~ gehen** s'avancer ❷ *(auf der Vorderseite)* devant; **etw von ~ betrachten** regarder qc de face ❸ *(zu Beginn)* **~ im Buch** au début du livre ❹ *(an der Vorderfront)* devant
Vorname *m* prénom *m*
vorne *s.* **vorn**
vor|nehmen *vt irr* ❶ **sich** *(dat)* **~ etw zu tun** prévoir de faire qc ❷ *fam (zur Rede stellen)* **sich** *(dat)* **jdn ~** faire sa fête à qn *(iron)*
Vorort *m* faubourg *m*; **die ~e** la banlieue **Vorplatz** *m (eines Schlosses)* esplanade *f*; *(einer Kirche)* parvis *m*
Vorrat <-[e]s, Vorräte> *m* ❶ réserves *fpl* ❷ *meist Pl (Lebensmittel)* provisions *fpl*
vor|rücken *vi, vt* avancer
vor|schieben *vt irr* ❶ *(nach vorn schieben)* avancer ❷ *(Riegel)* pousser ❸ *(Verhinderung)* prétexter
Vorschlag *m* proposition *f*
vor|schlagen *vt irr* **jdm ~ etw zu tun** proposer à qn de faire qc
vor|schreiben *vt irr (befehlen)* prescrire
Vorschrift *f* consigne *f*; **das ist ~** c'est le règlement
Vorschulalter *nt* âge *m* préscolaire *(avant six ans)*
Vorschuss *m* avance *f*
vor|sehen *irr* **I.** *vr* **sich vor jdm/etw ~** prendre garde à qn/qc; **sich ~, dass** prendre garde que *+subj* **II.** *vt* prévoir; **für etw vorgesehen sein** être destiné à qc; **es ist vorgesehen, dass/etw zu tun** il est prévu que *+subj*/de faire qc
Vorsicht <-> *f* prudence *f*; **~!** attention!
vorsichtig **I.** *adj* prudent(e) **II.** *adv* ❶ *(vorgehen)* prudemment; *(transportieren)* avec précaution ❷ *(schätzen)* raisonnablement
vor|singen *vt irr* **jdm etw ~** chanter qc à qn
Vorsitz *m* présidence *f*
vor|sorgen *vi* prendre des précautions
Vorsorgeuntersuchung *f* examen *m* de dépistage

vorsorglich I. *adj* préventif(-ive) II. *adv* à titre préventif

Vorspeise *f (erster Gang)* hors-d'œuvre *m; (Eingangsgericht)* entrée *f*

vor|spielen *vt* **jdm etw ~** jouer qc à qn

Vorsprung *m* avance *f*

Vorstand *m* ❶ comité *m* directeur, conseil *m* d'administration ❷ *(Vorstandsmitglied)* membre *m* du comité directeur

vorstellbar *adj* concevable

vor|stellen I. *vr* ❶ *(sich bekannt machen)* **sich jdm ~** se présenter à qn ❷ *(vergegenwärtigen)* **sich** *(dat)* **etw ~** [s']imaginer qc II. *vt* ❶ présenter ❷ *(Uhr)* avancer

Vorstellung *f* ❶ *kein Pl* **die ~ der neuen Kollegin übernehmen** se charger de présenter la nouvelle collègue ❷ *(gedankliches Bild)* idée *f* ❸ *(Theateraufführung)* représentation *f* ❹ *(eines Produkts)* présentation *f*

Vorstellungsgespräch *nt* entretien *m* [d'embauche]

Vorstoß *m* ▶ **einen ~ bei jdm machen** intervenir auprès de qn

Vortag *m* **die Zeitung vom ~** le journal de la veille

vor|täuschen *vt* simuler

Vorteil <-s, -e> *m* ❶ *(Vorzug)* avantage *m* ❷ *(Nutzen)* intérêt *m*

vorteilhaft I. *adj (günstig)* avantageux(-euse) II. *adv (erwerben, kaufen)* à des conditions avantageuses

Vortrag ['fo:ɐ̯tra:k] <-[e]s, -träge> *m (längeres Referat)* conférence *f*

vor|treten *vi irr +sein* ❶ [s']avancer ❷ *fam (Augen)* ressortir; *(Ader)* saillir

Vortritt *m kein Pl* CH *s.* **Vorfahrt**

vorüber [fo'ry:bə] *adv* ❶ *(räumlich)* **der Läufer ist schon ~** le coureur est déjà passé ❷ *(zeitlich)* **~ sein** *(Veranstaltung)* être terminé

vorübergehend I. *adj (Erscheinung)* passager(-ère), temporaire; *(Abwesenheit)* momentané(e) II. *adv (abwesend)* momentanément; *(sich bessern)* provisoirement

Vorurteil *nt* préjugé *m*

Vorwahl *f (Vorwahlnummer)* indicatif *m*

Vorwand ['fo:ɐ̯vant] <-[e]s, Vorwände> *m* prétexte *m;* **unter dem ~ etw tun zu müssen** sous prétexte de faire qc

vorwärts ['fo:ɐ̯vɛrts] *adv (nach vorn)* en avant

vorwärts|bringen *vt* **jdn ~** faire avancer qn **Vorwärtsgang** <-gänge> *m* marche *f* avant **vorwärts|kommen** *vi* progresser

vor|werfen *vt irr* reprocher

Vorwurf <-[e]s, Vorwürfe> *m* reproche *m;* **das kann mir niemand zum ~ machen** personne ne peut me le reprocher

vor|zeigen *vt* présenter

vor|ziehen *vt irr* ❶ préférer ❷ *(früher erfolgen lassen)* avancer; **vorgezogener Ruhestand** retraite *f* anticipée

vorzüglich [fo:ɐ̯'tsy:klɪç] I. *adj (Qualität)* excellent(e); *(Gericht)* délicieux(-euse) II. *adv* ❶ *(speisen)* merveilleusement ❷ *(hauptsächlich)* en premier lieu

vulgär [vʊl'gɛ:ɐ̯] I. *adj pej geh (Wort)* grossier(-ière); *(Pose)* vulgaire II. *adv* **~ aussehen** avoir l'air vulgaire

Vulkan [vʊl'ka:n] <-[e]s, -e> *m* volcan *m*

Ww

W, w [veː] <-, -> *nt* W *m*/w *m*

W *Abk von* **Westen** O

Waage ['vaːgə] <-, -n> *f* balance *f*

waagerecht *adj* horizontal(e)

wach [vax] *adj (Person)* éveillé(e); ~ **werden** se réveiller

Wache ['vaxə] <-, -n> *f* ① *kein Pl (Wachdienst)* [service *m* de] garde *f* ② MIL sentinelle *f* ③ *(Polizeiwache)* poste *m* [de police]

wachen *vi* ① veiller ② *(beaufsichtigen)* surveiller

Wachhund *m* chien *m* de garde **Wachmann** <-leute *o* -männer> *m* gardien(ne) *m(f)*

Wacholder [va'xɔldɐ] <-s, -> *m* genévrier *m*

wach|rütteln *vt* **jdn** ~ secouer qn pour le réveiller

Wachs [vaks] <-es, -e> *nt* cire *f*

wachsam I. *adj* vigilant(e) II. *adv* attentivement

wachsen[1] ['vaksən] *vi irr +sein* ① *(Kind)* grandir; *(Pflanze, Haare)* pousser ② *(Begeisterung)* augmenter

wachsen[2] *vt (Boden)* cirer; *(Ski)* farter

wächst [vɛkst] *3. Pers Präs von* **wachsen**[1]

Wachstum ['vakstuːm] <-[e]s> *nt kein Pl* croissance *f*

Wächter(in) ['vɛçtɐ] <-s, -> *m(f)* surveillant(e) *m(f)*

Wachtmeister(in) ['vaxtmaistɐ] *m(f)* agent *m* de police

wackelig *adj (Stuhl)* bancal(e); *(Konstruktion)* branlant(e)

wackeln ['vakəln] *vi* ① *+haben (Stuhl)* être bancal ② *+haben (sich bewegen)* vaciller

wacklig *s.* **wackelig**

Wade ['vaːdə] <-, -n> *f* mollet *m*

Waffe ['vafə] <-, -n> *f* arme *f*

Waffel ['vafəl] <-, -n> *f* gaufre *f*; *(Eistüte)* cornet *f*

Waffenruhe *f* cessez-le-feu *m* **Waffenschmuggel** *m* trafic *m* d'armes **Waffenstillstand** *m* armistice *m*

wagen ['vaːgən] I. *vt* ① risquer ② *(sich getrauen)* oser II. *vr* **sich an ein Projekt** ~ oser entreprendre un projet

Wagen ['vaːgən] <-, - *o* A Wägen> *m* ① voiture *f*; **mit dem** ~ en voiture ② ASTRO **der Große** ~ la Grande Ourse

Wagenheber <-s, -> *m* cric *m*

Waggon [va'gõː] <-s, -s> *m* wagon *m*

Wagon [va'gõː] *s.* **Waggon**

Wahl [vaːl] <-, -en> *f* ① choix *m* ② *(Abstimmung)* élection *f*; **zur** ~ **gehen** aller voter ③ *(Ergebnis)* **die** ~ **annehmen** accepter le verdict des urnes

Wahlbeteiligung *f* POL participation *f* [électorale]

wählen ['vɛːlən] I. *vt* ① *(Partei)* voter pour; **jdn zum Kanzler** ~ élire qn chancelier ② *(Telefonnummer)* faire ③ *(aussuchen)* choisir II. *vi* ① POL voter ② *(auswählen)* **unter etw** *(dat)* ~ choisir parmi qc

Wähler(in) <-s, -> *m(f)* électeur(-trice) *m(f)*

Wahlgang <-gänge> *m* tour *m* [de scrutin] **Wahlheimat** *f* patrie *f* d'adoption **Wahlhelfer(in)** *m(f)* ① *(Aufsicht)* assesseur *mf* ② *(Wahlkampfhelfer)* assistant(e) *m(f)* **Wahlkampf** *m* campagne *f* électorale **Wahllokal** *nt* bureau *m* de vote **Wahlplakat** *nt* affiche *f* électorale **Wahlrecht** *nt kein Pl* ① *(Recht)* droit *m* de vote ② *(Gesetze)* loi *f* électorale **Wahlverhalten** *nt* comportement *m* électoral

wahlweise *adv* au choix

Wahn [vaːn] <-[e]s> *m a.* MED folie *f*

Wahnsinn *m kein Pl* ① *fam (Unsinn)* folie *f* ② MED aliénation *f* mentale

wahnsinnig I. *adj* ① MED fou(folle)

❸ *fam (Hitze)* sacré(e); *(Sturm)* terrible ❹ *fam (herrlich)* super **II.** *adv fam* vachement

wahr [vaːɐ̯] *adj* ❶ *(Geschichte)* vrai(e); *(Aussage)* véridique; **nicht ~?** n'est-ce pas? ❷ *(Freund)* véritable; *(Glück)* vrai(e)

wahren ['vaːrən] *vt* ❶ *(Interessen)* préserver ❷ *(Ruf)* conserver; *(Geheimnis)* garder

während ['vɛːrənt] **I.** *präp +gen* pendant **II.** *konj* ❶ *(wohingegen)* alors que... ❷ *(in der Zeit als)* pendant que...

währenddessen [vɛːrənt'dɛsən] *adv* pendant ce temps[-là]

wahrhaben *vt irr* **etw nicht ~ wollen** ne pas vouloir admettre qc

wahrhaftig [vaːɐ̯'haftɪç] *adv geh* vraiment

Wahrheit <-, -en> *f* vérité *f;* **in ~** en réalité ▸ **um die ~ zu sagen** à vrai dire

wahr|nehmen *vt irr* ❶ *(Geräusch)* percevoir ❷ *(Gelegenheit)* profiter de ❸ *(Interessen)* défendre **wahr|sagen** **I.** *vi* prédire l'avenir **II.** *vt* **jdm etw ~** prédire qc à qn

Wahrsager(in) <-s, -> *m(f)* voyant(e) *m(f)*

wahrscheinlich [vaːɐ̯'ʃaɪnlɪç] *adj* probable; **es ist [nicht] ~, dass** il est [peu] probable que *+subj*

Wahrscheinlichkeit <-, -en> *f* probabilité *f*

Währung ['vɛːrʊŋ] <-, -en> *f* monnaie *f*

Währungseinheit *f* unité *f* monétaire **Währungsunion** *f* union *f* monétaire; **die Europäische ~** l'union monétaire européenne

Waise ['vaɪzə] <-, -n> *f* orphelin(e) *m(f)*

Waisenhaus *nt* orphelinat *m* **Waisenkind** *nt* orphelin *m*/orpheline *f*

Wal [vaːl] <-[e]s, -e> *m* baleine *f*

Wald [valt] <-[e]s, Wälder> *m* forêt *f;* *(kleiner)* bois *m*

Waldhorn *nt* cor *m* de chasse

Walkman® ['wɔːkmən] <-s, -men> *m* baladeur *m*

wallend *adj geh (Haar)* ondoyant(e) et abondant(e); *(Gewänder)* ondulant(e)

Wallis ['valɪs] <-> *nt* **das ~** le Valais

Wallone, **Wallonin** <-n, -n> *m, f* Wallon(ne) *m(f)*

Walnuss ['valnʊs] *f* ❶ noix *f* ❷ *(Baum)* noyer *m*

Walpurgisnacht *f* nuit *f* de Walpurgis

Walze ['valtsə] <-, -n> *f* ❶ MATH, TECH cylindre *m* ❷ *(Straßenwalze)* rouleau *m* compresseur

Walzer ['valtsɐ] <-s, -> *m* valse *f*

wand [vant] *Imp von* **winden**[1]

Wand [vant] <-, Wände> *f* ❶ *(Mauer)* mur *m;* **~ an ~** porte à porte ❷ *(Wandschirm)* **spanische ~** paravent *m*

Wanderer, **Wanderin** <-s, -> *m, f* randonneur(-euse) *m(f)*

wandern ['vandɐn] *vi +sein* ❶ faire de la randonnée; **das Wandern** la marche ❷ *(Gletscher)* se déplacer ❸ *(Völker)* migrer

Wanderung <-, -en> *f* ❶ randonnée *f* ❷ *(von Völkern)* migration *f*

Wandschrank *m* placard *m*

wandte ['vantə] *Imp von* **wenden**[1]

Wange ['vaŋə] <-, -n> *f geh* joue *f*

wanken ['vaŋkən] *vi* ❶ *+haben (Person)* chanceler; *(Turm)* vaciller ❷ *+sein* **nach Hause ~** tituber jusqu'à la maison

wann [van] *adv interrog* quand; **seit ~** depuis quand; **von ~ an** à partir de quand; **~ [auch] immer** n'importe quand

Wanne ['vanə] <-, -n> *f (Badewanne)* baignoire *f*

Wanze ['vantsə] <-, -n> *f* punaise *f*

Wappenkunde <-> *f* blason *m,* [science *f*] héraldique *f*

war [vaːɐ̯] *Imp von* **sein**[1]

Ware ['vaːrə] <-, -n> *f* ❶ marchandise *f* ❷ *(Lebensmittel)* denrées *fpl*

Warenangebot *nt* choix *m* d'articles **Warenhaus** *nt* grand magasin *m*

warf [varf] *Imp von* **werfen**

warm [varm] <wärmer, wärmste> **I.** *adj* ❶ chaud(e); **es ist ~ hier** il fait chaud ici; **jdm ist ~** qn a chaud ❷ SPORT **sich ~ laufen** s'échauffer ❸ TECH **~ laufen** *(Motor)* chauffer **II.** *adv* **~ duschen** prendre une douche chaude

Wạ̈rme ['vɛrmə] <-> *f* chaleur *f*

wạ̈rmen I. *vt, vi* chauffer **II.** *vr* **sich ~** se réchauffer

Wạ̈rmepumpe *f* pompe *f* à chaleur

Wạ̈rmflasche *f* bouillotte *f*

wạrmherzig *adj* chaleureux(-euse)

Wạrmluft *f* air *m* chaud **Wạrmmiete** *f* loyer *m* charges comprises

Wạrnblinkanlage *f* feux *mpl* de détresse **Wạrndreieck** *nt* triangle *m* de signalisation

wạrnen ['varnən] **I.** *vt* prévenir **II.** *vi* mettre en garde

Wạrnschild <-schilder> *nt* panneau *m* avertisseur; *(Verkehrsschild)* panneau de danger **Wạrnsignal** *nt (optisches Zeichen)* signal *m* lumineux; *(akustisches Zeichen)* signal *m* sonore

Wạrnung <-, -en> *f* avertissement *m*

Wạrnzeichen *nt* ❶ *(Warnschild)* signal *m* ❷ *(Anzeichen)* avertissement *m*

Wạrschau ['varʃau̯] <-s> *nt* Varsovie

Wạrtehalle *f* hall *m* d'attente **Wạrteliste** *f* liste *f* d'attente

wạrten ['vartən] **I.** *vi* **auf jdn/etw ~** attendre qn/qc; **auf sich** *(akk)* **~ lassen** se faire attendre; **warte mal!** attends voir! **II.** *vt* TECH *(Auto)* réviser

Wạrtesaal *m (in Bahnhöfen)* salle *f* d'attente **Wạrtezeit** *f* attente *f* **Wạrtezimmer** *nt* salle *f* d'attente

Wạrtung <-, -en> *f (eines Autos)* entretien *m; (eines Geräts)* maintenance *f*

warụm [va'rʊm] *adv interrog* pourquoi; **~ nicht?** pourquoi pas?

W **Wạrze** ['vartsə] <-, -n> *f* verrue *f*

wạs [vas] **I.** *pron interrog* ❶ **~ ist [denn] das?** qu'est-ce que c'est [que ça]?; **~ ist?** qu'est-ce qu'il y a?; **~ für ein Glück!** quelle chance! ❷ *fam (wie viel)* **~ kostet das?** qu'est-ce que ça coûte? ❸ *fam (wie bitte)* **~?** quoi? ❹ *fam (woran, worauf)* **an ~ denkst du?** à quoi penses-tu? ❺ *fam (nicht wahr)* **schmeckt gut, ~?** c'est bon, hein? **II.** *pron rel* **sie bekommt immer [das], ~ sie will** elle obtient toujours ce qu'elle veut **III.** *pron indef fam (etwas)* quelque chose

wạschbar *adj* lavable

Wạschbecken *nt* lavabo *m*

Wạ̈sche ['vɛʃə] <-> *f kein Pl* ❶ lessive *f*; **~ waschen** faire la lessive ❷ *(Textilien)* linge *m; (Unterwäsche)* sous-vêtements *mpl; (für Frauen)* dessous *mpl*

wạschecht *adj* ❶ *(Farbe)* grand teint ❷ *fam (typisch)* pur jus

Wạ̈scheklammer *f* pince *f* à linge

wạschen ['vaʃən] *irr* **I.** *vt* ❶ laver ❷ *fam (Geld)* blanchir **II.** *vi* faire une lessive

Wạ̈scheständer *m* séchoir *m* [à linge] **Wạ̈schetrockner** *m* sèche-linge *m*

Wạschküche *f* buanderie *f* **Wạschlappen** *m* gant *m* de toilette **Wạschmaschine** *f* machine *f* à laver **Wạschmittel** *nt* lessive *f* **Wạschpulver** *nt* lessive *f* **Wạschsalon** *m* laverie *f* [automatique] **Wạschstraße** *f* tunnel *m* de lavage

wạ̈scht [vɛʃt] *3. Pers Präs von* **waschen**

Wạsser ['vasɐ] <-s, -> *nt kein Pl* eau *f*; **fließend ~** eau courante ▸ **jdm steht das ~ bis zum Hals** *fam* qn est dans la panade

Wạsserbad *nt* bain-marie *m* **Wạsserbett** *nt* matelas *m* à eau **Wạsserdampf** *m* vapeur *f* d'eau **wạsserdicht** *adj (Uhr)* étanche; *(Stoff)* imperméable **Wạsserfall** *m* cascade *f* **Wạsserfarbe** *f* peinture *f* à l'eau **Wạsserflugzeug** *nt* hydravion *m* **Wạsserglas** *nt* verre *m* à eau **Wạsserhahn** *m* robinet *m*

wạ̈sserig ['vɛsərɪç] *s.* **wässrig**

Wạsserkessel *m* bouilloire *f* **Wạssermann** <-männer> *m* ASTRO Verseau *m* **Wạssermelone** *f* pastèque *f*

wạ̈ssern ['vɛsɐn] *vt* arroser

Wạsserscheide *f* ligne *f* de partage des eaux **Wạsserspülung** *f* chasse *f* d'eau

Wasserstoff *m* hydrogène *m* **Wasserstraße** *f* voie *f* navigable **Wassertropfen** *m* goutte *f* d'eau **Wasserverbrauch** *m* consommation *f* d'eau **Wasserversorgung** *f* approvisionnement *m* en eau **Wasserwerk** *nt* centre *m* de distribution des eaux

Watt [vat] <-s, -> *nt* PHYS watt *m*

Watte ['vatə] <-, -n> *f* coton *m*

Wattestäbchen ['vatəʃtɛːpçən] *nt* coton-tige® *m*

WC [veː'tseː] <-s, -s> *nt* W.-C. *mpl*

Webcam *f* webcam *f*

weben ['veːbən] **I.** *vt* tisser **II.** *vi* faire du tissage

Webseite *f* INFORM site *m* sur Internet

Wechsel ['vɛksəl] <-s, -> *m* ❶ changement *m* ❷ *(Geldwechsel)* change *m*

Wechselgeld *nt* monnaie *f*

wechselhaft *adj* instable

Wechseljahre *Pl* ménopause *f* **Wechselkurs** *m* taux *m* de change

wechseln ['vɛksln] **I.** *vt* *+haben* ❶ changer ❷ *(Briefe, Ringe)* échanger **II.** *vi* ❶ *+haben* **jdm ~** faire le change à qn ❷ *+haben (eine neue Stelle antreten)* changer d'employeur ❸ *+sein* **auf die andere Spur ~** changer de voie

wechselseitig **I.** *adj* réciproque **II.** *adv* mutuellement

Wechselstube *f* bureau *m* de change

wechselweise *adv* en alternance; *(in Bezug auf Menschen)* à tour de rôle

Wechselwirkung *f* interaction *f*

wecken ['vɛkən] *vt* ❶ réveiller ❷ *(Interesse)* susciter

Wecken <-s, -> *m* A petit pain *m*

Wecker <-s, -> *m* réveil *m*

weder ['veːdɐ] *konj* **~... noch...** ni... ni

weg [vɛk] *adv* **~ sein** *(abwesend sein)* ne pas être là; *(weggegangen sein)* être parti; *(verschwunden sein)* avoir disparu

Weg [veːk] <-[e]s, -e> *m* ❶ chemin *m*; *(Route)* itinéraire *m*; **auf dem ~ ins Kino sein** être en route pour le ciné; **sich auf den ~ zu jdm machen** partir chez qn; **das liegt auf dem ~** c'est sur le chemin ❷ *(Methode)* moyen *m* ❸ *(Art, Weise)* **auf diesem ~e** de cette façon; **auf illegalem ~e** par des moyens illégaux ▸ **jdm/einer S. aus dem ~ gehen** éviter qn/qc; **jdm/einer S. im ~ stehen** faire obstacle à qn/qc

Wegbereiter(in) <-s, -> *m(f)* précurseur *mf*

weg|bleiben *vi irr +sein* ne pas venir; **lange ~** s'absenter longtemps

weg|bringen *vt irr (Person)* emmener

wegen ['veːgən] *präp +gen* ❶ *(aufgrund von)* **~ des Regens** à cause de la pluie ❷ *(bezüglich)* **~ einer S.** à propos de qc ❸ *(um... willen)* à cause de

weg|fahren *irr* **I.** *vi +sein* ❶ *(verreisen)* partir en voyage ❷ *(abfahren)* partir **II.** *vt +haben (Fahrzeug)* déplacer

Wegfahrsperre *f* AUT système *m* antidémarrage

weg|fallen *vi irr +sein* devenir caduc(-uque); **etw ~ lassen** supprimer qc

weg|fliegen *vi irr +sein (Flugzeug)* s'envoler

Weggang *m kein Pl form* départ *m*

weg|geben *vt irr* se débarrasser de

weg|gehen *vi irr +sein* ❶ *(fortgehen)* partir; **geh weg!** va-t'en! ❷ *fam (Fleck)* s'en aller

weg|jagen *vt* chasser

weg|lassen *vt irr* ❶ *fam (auslassen)* laisser tomber; *(versehentlich)* omettre ❷ *(fortgehen lassen)* laisser partir

weg|laufen *vi irr +sein* ❶ *(fortlaufen)* se sauver; **vor jdm ~** fuir devant qn ❷ *fam* **von zu Hause ~** faire une fugue

weg|legen *vt* poser

weg|machen *vt fam* enlever

weg|nehmen *vt irr* enlever

Wegrand *m* bord *m* du chemin

weg|räumen *vt* évacuer

weg|rennen *vi irr +sein (Reißaus nehmen)* décamper

weg|schauen *s.* **wegsehen**

weg|schicken *vt (Brief)* envoyer; *(Person)* renvoyer

weg|schmeißen *vt irr fam* balancer
weg|sehen *vi irr* détourner les yeux
weg|stellen *vt* déplacer
weg|tragen *vt irr* emporter
weg|tun *vt irr* ❶ *(weglegen)* enlever ❷ *(wegwerfen)* jeter
Wegweiser <-s, -> *m* poteau *m* indicateur
weg|werfen *vt irr* jeter
Wegwerfwindel *f* couche *f* jetable
weg|ziehen *irr* **I.** *vi +sein* ❶ *(fortziehen)* déménager ❷ *(Vögel)* migrer **II.** *vt +haben (Hand)* retirer
weh [veː] *adj* douloureux(-euse)
Wehe [ˈveːə] <-, -n> *f meist Pl* contraction *f*
wehen [ˈveːən] *vi* ❶ *+haben (Wind)* souffler ❷ *+haben* **im Wind ~** *(Haare)* flotter au vent
wehleidig *adj* douillet(te)
Wehr[1] [veːɐ̯] *f* ▸ **sich zur ~ setzen** se défendre
Wehr[2] <-[e]s, -e> *nt (Stauanlage)* digue *f*
Wehrdienst *m kein Pl* service *m* militaire **Wehrdienstverweigerer, -verweigerin** <-s, -> *m, f* objecteur *m* de conscience
wehren [ˈveːrən] *vr* ❶ **sich ~** *(sich verteidigen)* se défendre ❷ *(sich sträuben)* **sich dagegen ~ etw zu tun** se refuser à faire qc
wehrlos *adj, adv* sans défense
Wehrmacht *f* HIST **die ~** la Wehrmacht **Wehrpflicht** *f kein Pl* **[allgemeine] ~** service *m* militaire obligatoire
wehrpflichtig *adj* astreint(e) au service militaire
weh|tun *vi* **jdm ~** faire mal à qn; **mir tut der Rücken weh** j'ai mal au dos
Wehwehchen [veːˈveːçən] <-s, -> *nt fam* bobo *m*
Weib [vai̯p] <-[e]s, -er> *nt fam* bonne femme *f*
Weibchen [ˈvai̯pçən] <-s, -> *nt* ZOOL femelle *f*
weiblich *adj* ❶ *a.* LING féminin(e) ❷ BOT femelle
Weiblichkeit <-> *f* féminité *f*
weich [vai̯ç] *adj* ❶ doux(douce); *(Boden)* mou(molle); *(Bett)* moelleux(-euse) ❷ *(Fleisch)* tendre ❸ FIN faible
weichen [ˈvai̯çən] *vi irr +sein* ❶ *(Spannung)* s'apaiser ❷ *(nachgeben)* **einer S.** *(dat)* **~** céder à qc ❸ *(weggehen)* **zur Seite ~** s'écarter
weichgekocht *s.* **kochen** **weichherzig** *adj* sensible **Weichkäse** *m* fromage *m* à pâte molle
weichlich *adj* mou(molle)
Weichtier *nt* mollusque *m*
Weideland *nt* pâturages *mpl*
Weidenkorb *m* panier *m* d'osier
weigern [ˈvai̯gɐn] *vr* **sich ~** refuser
Weiher [ˈvai̯ɐ] <-s, -> *m* étang *m*
Weihnachten <-, -> *nt* Noël *m*; **fröhliche ~!** joyeux Noël!
weihnachtlich **I.** *adj* de Noël **II.** *adv* pour Noël
Weihnachtsabend *m* réveillon *m* [de Noël] **Weihnachtsbaum** *m* arbre *m* de Noël **Weihnachtsfest** *nt kein Pl* jour *m* de Noël **Weihnachtsgeschenk** *nt* cadeau *m* de Noël **Weihnachtslied** *nt* chant *m* de Noël **Weihnachtsmann** <-männer> *m* père *m* Noël **Weihnachtsmarkt** *m* marché *m* de Noël **Weihnachtszeit** *f* **die ~** la période de Noël
weil [vai̯l] *konj* ❶ *(da)* parce que ❷ *(da... nun)* comme
Weile [ˈvai̯lə] <-> *f* moment *m*; **vor einer ~** il y a un moment; **eine [ganze] ~** un [bon] moment
Wein [vai̯n] <-[e]s, -e> *m* ❶ *(Getränk)* vin *m* ❷ *kein Pl (Weinrebe)* vigne *f* ❸ *kein Pl (Weintrauben)* **der ~ wird im Oktober geerntet** les vendanges se font en octobre
Weinbau *m kein Pl* viticulture *f* **Weinbeere** *f* ❶ *(einzelne Beere)* grain *m* de raisin ❷ A, CH *s.* **Rosine** **Weinberg** *m* vignoble *m* **Weinbrand** *m* cognac *m*
weinen [ˈvai̯nən] *vt, vi* pleurer

Weingut *nt* domaine *m* viticole **Weinkarte** *f* carte *f* des vins **Weinlese** *f* vendanges *fpl* **Weinprobe** *f* dégustation *f* de vins **Weinrebe** *f* vigne *f* **weinrot** *adj* bordeaux **Weinstube** *f* bar *m* à vin[s] **Weintraube** *f (einzelne Beere)* grain *m* de raisin

weise *adj geh* sage

Weise ['vaizə] <-, -n> *f* manière *f*; **auf diese ~** de cette manière; **in der ~, dass...** *(auf diese Art)* de telle manière que...; *(so dass)* de manière que *+subj*

weisen ['vaizən] <wies, gewiesen> **I.** *vt geh* ❶ *(Weg)* indiquer ❷ *(fortschicken)* **jdn aus dem Haus ~** chasser qn de la maison ▸ **etw** [**weit**] **von sich ~** rejeter qc **II.** *vi* **auf etw** *(akk)* **~** *(Person)* désigner qc

weiß[1] [vais] *1. und 3. Pers Präs von* **wissen**

weiß[2] *adj* blanc(blanche); **~ werden** *(Haare)* blanchir; *(Gesicht)* pâlir

Weißbier *nt* bière *f* blanche **Weißbrot** *nt* pain *m* blanc

Weiße(r) *f(m) dekl wie adj* Blanc *m*/ Blanche *f*

Weißglut *f kein Pl* incandescence *f* ▸ **jdn zur ~ treiben** échauffer les oreilles à qn **Weißkohl** *m*, **Weißkraut** *nt* A chou *m* blanc

Weißrussland ['vaisrʊslant] *nt* la Biélorussie

Weißwein *m* vin *m* blanc **Weißwurst** *f* boudin *m* blanc

Weisung <-, -en> *f* directive *f*

weit [vait] **I.** *adj* ❶ *(Schuhe)* large; **etw ~er machen** élargir qc ❷ *(Strecke)* long(longue); **ist es noch ~ bis zum Hotel?** c'est encore loin jusqu'à l'hôtel? ❸ *(zeitlich entfernt)* **es ist noch ~ bis zum Sommer?** l'été, c'est encore loin? **II.** *adv* ❶ *(gehen)* loin; **~ offen** [**stehend**] grand(e) ouvert(e); **fünf Meter ~ springen** sauter à cinq mètres ❷ *(in zeitlicher Hinsicht)* **so ~ sein** être prêt; **~ nach zehn Uhr** bien après dix heures; **~ zurückliegen** être il y a longtemps ❸ *fig* **es ~ gebracht haben** avoir réussi; **das geht** [**entschieden**] **zu ~!** c'en est trop!; **wie ~ bist du** [**gekommen**]**?** où en es-tu? ❹ *(schlechter)* bien [plus]; *(übertreffen)* de beaucoup ▸ **so ~, so gut** bon, jusque là, tout va

weitaus ['vait'ʔaus] *adv* ❶ *(schöner)* bien [plus] ❷ *(eindeutig)* **er ist der ~ beste Schüler** il est de loin le meilleur élève

Weite <-, -n> *f* ❶ étendue *f* ❷ *(Breite)* largeur *f*

weiten *vt* élargir

weiter ['vaitɐ] *adv* ❶ *Komp von* **weit**: **~ oben** plus haut; **~!** on continue! ❷ *(sonst)* **das hat ~ nichts zu sagen** ça ne veut rien dire; **und ~?** et après? ▸ **und so ~** [**und so fort**] et cætera

weiter|arbeiten *vi* continuer son/le travail **weiter|bilden** *vr* **sich ~** compléter sa formation **Weiterbildung** *f* formation *f* continue

weitere(r, s) *adj* autre; **alles Weitere besprechen wir morgen** on discutera des détails demain ▸ **bis auf ~s** momentanément; **ohne ~s** sans problèmes

weiter|empfehlen* *vt irr* recommander **weiter|entwickeln*** **I.** *vt (Gerät)* perfectionner, *(Idee)* développer **II.** *vr* **sich ~** évoluer **weiter|erzählen*** **I.** *vt (Neuigkeit)* répéter **II.** *vi* continuer à raconter **weiter|fahren** *vi irr +sein* **nach Basel ~** continuer sa route vers Bâle **weiter|führen** *vt* ❶ *(Projekt)* poursuivre ❷ *(weiterbringen)* **jdn ~** *(Vorschlag)* faire avancer qn **weiter|geben** *vt irr (weiterreichen)* faire passer; *(mitteilen)* transmettre **weiter|gehen** *vi irr +sein* ❶ poursuivre son chemin ❷ *(seinen Fortgang nehmen)* continuer **weiter|helfen** *vi irr* aider; **jdm in einer Angelegenheit ~** aider qn dans une affaire **weiterhin** *adv* ❶ *(immer noch)* encore ❷ *(auch zukünftig)* dans l'avenir ❸ *(außerdem)* en outre **weiter|kommen** *vi irr +sein* avancer **weiter|laufen** *vi irr +sein*

W

❶ *(Person, Kosten)* continuer à courir ❷ *(in Gang bleiben: Uhr)* continuer de marcher **weiter|leiten** *vt (Information)* transmettre; *(Brief)* faire suivre **weiter|machen** *vi fam* continuer **weiter|sagen** *vt* répéter; **nicht ~!** motus et bouche cousue!

Weiterverarbeitung *f* transformation *f*

weitgehend <weitgehender *o* A weitergehend, weitestgehend> **I.** *adj* étendu(e) **II.** *adv* à quelques détails près

weitläufig ['vaitlɔyfɪç] **I.** *adj* ❶ *(Anwesen)* vaste *antéposé* ❷ *(Verwandtschaft)* éloigné(e) **II.** *adv* ~ **[miteinander] verwandt sein** être parents éloignés

Weitsprung *m kein Pl (Disziplin)* saut *m* en longueur

Weizen ['vaitsən] <-s> *m* blé *m*

Weizenmehl *nt* farine *f* de froment

welche(r, s) ['vɛlçə] **I.** *pron interrog* quel(le) **II.** *pron rel* **das Programm, mit ~m sie arbeitet** le logiciel avec lequel elle travaille **III.** *pron indef* ❶ en; **brauchst du Streichhölzer? Hier sind ~!** tu as besoin d'allumettes? En voici! ❷ *Pl fam (einige Leute)* **es gibt ~, die...** il y en a qui...

welk [vɛlk] *adj* flétri(e)

welken *vi +sein geh* se flétrir

Welle ['vɛlə] <-, -n> *f* ❶ *a. fig* vague *f* ❷ *(Locke)* ondulation *f* ❸ PHYS, RADIO onde *f*

wellen *vr* **sich ~** onduler

Wellenlänge *f* longueur *f* d'onde ▸ **auf der gleichen ~ liegen** *fam* être sur la même longueur d'onde **Wellenreiten** <-s> *nt* surf *m*

Wellensittich *m* perruche *f*

wellig *adj* ondulé(e)

W

Wellness ['vɛlnɛs] <-> *f* bien-être *m*

Wellnesshotel *nt* hôtel *m* de bien--être, spa *m* **Wellnesswochenende** *nt* week-end *m* bien-être

Welpe ['vɛlpə] <-n, -n> *m* chiot *m*

Welt [vɛlt] <-, -en> *f* ❶ *kein Pl (die Erde)* **die ~** le monde; **in aller ~** dans le monde entier ❷ *(politische Sphäre)* **die westliche ~** l'Occident *m* **die Dritte ~** le tiers-monde

Weltall *nt* univers *m* **Weltausstellung** *f* exposition *f* universelle **weltberühmt** *adj* célèbre dans le monde entier **Weltherrschaft** *f kein Pl* hégémonie *f* mondiale **Weltkrieg** *m* guerre *f* mondiale; **der Erste/Zweite ~** la Première/Seconde Guerre mondiale **Weltmarkt** *m* marché *m* international **Weltmeister(in)** *m(f)* champion(ne) *m(f)* du monde **Weltmeisterschaft** *f* championnat *m* du monde; *(Fußballweltmeisterschaft)* mondial *m* **Weltraum** *m kein Pl* espace *m* **Weltraumstation** *f* station *f* spatiale **Weltreich** *nt* empire *m* **Weltreise** *f* tour *m* du monde **Weltrekord** *m* record *m* du monde **Weltsicherheitsrat** *m* Conseil *m* de sécurité de l'O.N.U. **Weltsprache** *f* langue *f* internationale **weltweit** **I.** *adj* mondial(e) **II.** *adv (tätig sein)* dans le monde entier; *(bedeutsam sein)* pour le monde entier **Weltwirtschaft** *f* économie *f* mondiale **Weltwunder** *nt* **die sieben ~** les Sept Merveilles *fpl* du monde

wem [veːm] **I.** *pron interrog dat von* **wer**: **~ gehört...?** à qui appartient...?; **mit ~** avec qui; **von ~** de qui **II.** *pron rel dat von* **wer** celui à qui

wen [veːn] **I.** *pron interrog akk von* **wer**: **durch/für ~** par/pour qui **II.** *pron rel akk von* **wer** celui que

Wende ['vɛndə] <-, -n> *f* ❶ tournant *m* ❷ HIST **die ~** le tournant *(désigne la réunification allemande)*

Wendekreis *m* ❶ *(eines Autos)* rayon *m* de braquage ❷ GEO **der nördliche ~** le tropique du Cancer; **der südliche ~** le tropique du Capricorne

wenden[1] ['vɛndən] *vr* ❶ *(sich drehen)* se tourner ❷ *(sich richten an)* **sich an jdn ~** s'adresser à qn ❸ *(entgegentreten)* **sich gegen jdn ~** se retourner contre qn; **sich gegen etw ~** réfuter qc

wẹnden[2] I. *vt (Blatt)* retourner II. *vi* faire demi-tour

Wẹndepunkt *m* tournant *m*

Wẹndung <-, -en> *f* ① retournement *m* ② LING tournure *f*

wenig ['veːnɪç] I. *adj, pron indef* ① **~ Zeit** peu de temps; **zu ~** trop peu ② *(nicht viele)* **es kamen nur ~e** peu de gens sont venus ③ *(etwas)* **ein ~ Zucker** un peu de sucre II. *adv* ① *(kaum, nicht sehr)* **~ hilfreich** guère secourable ② *(selten)* **~ ausgehen** sortir peu ③ *(etwas)* **ein ~ verärgert** un peu irrité(e)

weniger ['veːnɪgɐ] I. *adj, pron indef Komp von* **wenig: ~ Zeit** moins de temps; **er verdient ~ als ich** il gagne moins que moi; **etwas ~** un peu moins; **~ werden** *(Vorräte)* diminuer; *(Vermögen)* s'amenuiser II. *adv Komp von* **wenig** moins III. *konj* moins

wenigste(r, s) I. *adj, pron Superl von* **wenig: das ~ Geld** le moins d'argent II. *adv Superl von* **wenig** le moins

wenigstens ['veːnɪçstns] *adv* ① *(mindestens)* au moins ② *(zumindest)* du moins

wẹnn [vɛn] *konj* ① *(falls)* si ② *(sobald)* dès que ③ *(obwohl)* **~ sie auch Recht hat** même si elle a raison ④ *(in Wunschsätzen)* **~ es morgen bloß nicht regnet!** si seulement il ne pleuvait pas demain!

wer [veːɐ̯] I. *pron interrog* qui [est-ce qui] II. *pron rel* [celui] qui III. *pron indef fam* **wenn ~ anruft** s'il y a quelqu'un qui téléphone

Wẹrbeagentur *f* agence *f* de publicité **Wẹrbegeschenk** *nt* cadeau *m* publicitaire

wẹrben ['vɛrbən] *irr* I. *vt (Kunden)* parrainer II. *vi* ① *(Reklame machen)* **für etw ~** faire de la publicité pour qc ② *(zu erhalten suchen)* **um Vertrauen ~** chercher à gagner la confiance

Wẹrbespot ['vɛrbəspɔt] *m* spot *m* publicitaire

Wẹrbung <-> *f* ① publicité *f* ② *(das Anwerben)* parrainage *m*

Werdegang <-gänge> *m* ① **beruflicher ~** parcours *m* professionnel ② *(Lebenslauf)* curriculum *m* vitæ

werden ['veːɐ̯dən] *irr* I. *vi +sein* ① *(seinen Zustand, Status verändern)* devenir; **krank ~** tomber malade; **schlimmer ~** empirer ② *(seine Befindlichkeit verändern)* **jdm wird besser** qn se sent mieux; **jdm wird schwindlig** qn a des vertiges ③ *(sich entwickeln)* **aus diesem Jungen wird noch etwas** ce garçon ira loin; **was soll nur aus ihm ~?** que va-t-il devenir? ④ *(ein Alter erreichen)* **er wird zehn [Jahre alt]** il va avoir dix ans II. *aux* ① *(zur Bildung des Futurs)* **sie wird ihm bald schreiben** elle va lui écrire bientôt ② *(zur Bildung des Passivs)* **gesehen ~** être vu ③ *(zur Bildung des Konjunktivs)* **würdest du mir kurz helfen?** tu pourrais m'aider un instant?

wẹrfen ['vɛrfən] *irr* I. *vt* ① lancer ② *(tun)* jeter ③ *(bilden: Falten)* faire ④ *(gebären)* **Junge ~** faire des petits II. *vi* ① lancer ② *(Junge bekommen)* mettre bas III. *vr (sich stürzen)* **sich auf den Boden ~** se jeter par terre

Wẹrfer(in) <-s, -> *m(f)* SPORT lanceur(-euse) *m(f)*

Wẹrk [vɛrk] <-[e]s, -e> *nt* ① *(Fabrik)* usine *f* ② *(eines Künstlers)* œuvre *f* ③ *(Buch)* ouvrage *m*

wẹrkeln ['vɛrkəln] *vi* bidouiller *(fam)*

Wẹrksgelände *nt* enceinte *f* de l'usine

Wẹrkstatt *f (Schreinerwerkstatt)* atelier *m; (Autowerkstatt)* garage *m*

Wẹrktag *m* jour *m* ouvrable **wẹrktags** *adv* en semaine **Wẹrkzeug** <-[e]s, -e> *nt* outil *m*

Wẹrkzeugkasten *m* caisse *f* à outils

wert [veːɐ̯t] *adj* **viel ~ sein** valoir beaucoup

Wert <-[e]s, -e> *m* ① *(Preis)* valeur *f* ② *Pl (Untersuchungsergebnis)* résultats *mpl* ③ *(wertvolle Eigenschaft)* qualité *f* ❹ *(Bedeutung)* valeur *f* ▶ **das hat keinen ~** *fam* c'est pas la peine

wertfrei **I.** *adj* impartial(e) **II.** *adv* objectivement **Wertgegenstand** *m* objet *m* de valeur

wertlos *adj* sans valeur

Wertpapier *nt* valeur *f* **Wertsache** *f meist Pl* objet *m* de valeur **Wertsteigerung** *f* plus-value *f*

Wertung <-> *f kein Pl* ❶ notation *f* ❷ *(von Sachverhalten)* appréciation *f*

wertvoll *adj* de grande valeur

Wesen ['ve:zən] <-s, -> *nt* ❶ *(Geschöpf)* créature *f*; **menschliches ~** être *m* humain ❷ *kein Pl (einer Ideologie)* essence *f*

wesentlich ['ve:zəntlɪç] **I.** *adj* essentiel(le); *(Bedeutung)* fondamental(e) **II.** *adv* bien plus

weshalb [vɛs'halp] **I.** *adv interrog* pourquoi **II.** *adv rel* **der Grund, ~...** la raison pour laquelle...

Wespe ['vɛspə] <-, -n> *f* guêpe *f*

wessen ['vɛsən] **I.** *pron interrog gen von* **wer**: **~ Geldbörse ist das?** à qui appartient ce porte-monnaie? **II.** *pron interrog gen von* **was**: **~ klagt man ihn an?** de quoi l'accuse-t-on?

Wessi ['vɛsi] <-s, -s> *m* <-, -s> *f fam surnom des habitants de l'ex-Allemagne de l'Ouest*

westdeutsch *adj* de l'Allemagne de l'Ouest; HIST *(Regierung)* ouest-allemand(e) **Westdeutschland** *nt* GEO l'Allemagne *f* occidentale; HIST l'Allemagne *f* de l'Ouest

Weste ['vɛstə] <-, -n> *f* gilet *m*

Westen ['vɛstən] <-s> *m* ❶ *(Himmelsrichtung)* ouest *m* ❷ POL **der ~** l'Occident *m*; *s.a.* **Norden**

Westentasche *f* petite poche *f* ▶ **etw wie seine ~ kennen** *fam* connaître qc comme sa poche

W

Western ['vɛstɐn] <-[s], -> *m* western *m*

Westeuropa *nt* GEO l'Europe *f* occidentale; POL l'Europe *f* de l'Ouest

Westfale, **Westfälin** [vɛst'fa:lə] <-n, -n> *m, f* Westphalien(ne) *m(f)*

Westfalen [vɛst'fa:lən] <-s> *nt* la Westphalie

westfälisch [vɛst'fɛ:lɪʃ] *adj* de Westphalie

Westjordanland *nt kein Pl* Cisjordanie *f*

Westküste *f* côte *f* ouest

westlich **I.** *adj* ❶ *(Land)* [situé(e)] à l'ouest; *(Wind)* [en provenance] de l'ouest; **in ~er Richtung** en direction de l'ouest ❷ POL occidental(e) **II.** *adv* à l'ouest **III.** *präp +gen* à l'ouest de

Westwind *m* vent *m* d'ouest

weswegen [vɛs've:gən] *s.* **weshalb**

Wettbewerb ['vɛtbəvɛrp] <-[e]s, -e> *m* ❶ *kein Pl* concurrence *f* ❷ *(Veranstaltung)* concours *m*; **sportlicher ~** compétition *f* sportive

Wette ['vɛtə] <-, -n> *f* pari *m*

wetten **I.** *vi* parier; **mit jdm um zehn Euro ~** parier dix euros avec qn; **~, dass...?** *fam* on parie que...? **II.** *vt (Geld)* parier

Wetter ['vɛtɐ] <-s> *nt kein Pl* temps *m*; **es ist schönes/schlechtes ~** il fait beau/mauvais

Das Wetter

die Sonne	le soleil
die Wolke	le nuage
der Himmel	le ciel
der Regen	la pluie
der Schnee	la neige
der Hagel	la grêle
der Schauer	l'averse
der Wind	le vent
das Unwetter	la tempête
das Gewitter	l'orage
der Blitz	l'éclair
der Donner	le tonnerre
die Temperatur	la température
das Grad Celsius	le degré Celsius
die Wettervorhersage	les prévisions météo
die Hitze	la chaleur
die Kälte	le froid
das Glatteis	le verglas

der Nebel	le brouillard
der Regenbogen	l'arc-en-ciel

Wetteraussichten *Pl* prévisions *fpl* météo[rologiques] **Wetterbericht** *m* bulletin *m* météorologique
wetterfühlig *adj* sensible aux changements de temps
Wettervorhersage *f* prévisions *fpl* météo[rologiques]
Wettkampf *m* compétition *f* **Wettlauf** *m* course *f* à pied **Wettrennen** *nt* course *f* **Wettrüsten** *nt* course *f* aux armements
wetzen ['vɛtsən] *vt +haben* aiguiser
WG [veː'geː] <-, -s> *f Abk von* **Wohngemeinschaft** colocation *f*
Whisky ['vɪski] <-s, -s> *m* whisky *m*
wich [vɪç] *Imp von* **weichen**
wichtig ['vɪçtɪç] *adj* important(e)
Wichtigkeit <-> *f* importance *f*
wichtig|machen *vr* **sich ~** *pej fam* faire l'important(e)
Wickel ['vɪkəl] <-s, -> *m* MED compresse *f*
wickeln **I.** *vt* ❶ *(herumbinden)* **sich** *(dat)* **einen Schal um den Hals ~** s'enrouler une écharpe autour du cou ❷ *(einwickeln)* envelopper ❸ *(Baby)* langer **II.** *vr* **sich um etw ~** s'enrouler autour de qc
Widder ['vɪdɐ] <-s, -> *m a.* ASTRO bélier *m*
Widerhall ['viːdɐhal] *m geh* écho *m*
wider|hallen ['viːdɐhalən] *vi* résonner, retentir
widerlich *adj* répugnant(e)
widersprechen* *vi irr* contredire
widersprüchlich *adj* contradictoire
Widerstand *m* résistance *f*
widerstandsfähig *adj* robuste; *(Material)* résistant(e)
widerstehen* *vi irr* résister
Widerstreben *nt geh* répugnance *f*
widerwillig *adj, adv* à contrecœur
widmen ['vɪtmən] **I.** *vt* **jdm etw ~** dédier qc à qn **II.** *vr* **sich jdm/einer S. ~** se consacrer à qn/qc
wie [viː] **I.** *adv interrog* ❶ comment; **~ heißt du?** comment t'appelles-tu?; **~ geht es dir?** comment vas-tu?; **~ bitte?** comment? ❷ *(auf welche Weise)* comment ❸ *(in welchem Maße)* **~ alt bist du?** quel âge as-tu?; **~ groß bist du?** combien mesures-tu?; **~ spät ist es?** quelle heure est-il?; **~ oft ...** combien de fois... ❹ *(welche Menge)* **~ viel** combien ❺ *(in Ausrufen)* **~ schön!** que c'est beau!; **~ schade!** comme c'est dommage! **II.** *adv rel* **die Art, ~...** la façon dont... **III.** *konj* ❶ *(vergleichend)* **weiß ~ Schnee** blanc comme neige; **so groß ~ ein Fass** aussi grand(e) qu'un tonneau; **er ist so alt ~ ich** il a le même âge que moi ❷ *(beispielsweise)* comme ❸ *(entsprechend dem, was)* **~ ich höre** d'après ce que j'entends dire ❹ *(dass)* **er sah, ~ der Krug umkippte** il a vu la cruche basculer
wieder ['viːdɐ] *adv* ❶ *(erneut)* de nouveau; **es regnet schon ~** il pleut encore; **nie ~** plus jamais ❷ *(allerdings)* en tout cas
Wiederaufbau [viːdɐ'ʔaufbau] *m kein Pl* reconstruction *f* **Wiederaufrüstung** [viːdɐ'ʔaufrʏstʊŋ] *f* réarmement *m*
wieder|bekommen* *vt irr* récupérer
wieder|beleben * *vt (Person)* r[é]animer
Wiedereröffnung *f* réouverture *f*
Wiedergabe *f* ❶ reproduction *f* ❷ *(Schilderung)* description *f*
wieder|geben *vt irr* rendre **Wiedergeburt** *f* réincarnation *f* **wieder|her|stellen** [viːdɐ'ʔheːɐ̯ʃtɛlən] *vt* ❶ rétablir ❷ *(restaurieren)* **etw ~** remettre qc en état **wiederholen*** [viːdɐ'hoːlən] **I.** *vt* ❶ *(Satz)* répéter ❷ *(Film)* rediffuser ❸ *(Klasse)* redoubler ❹ *(Lektion)* réviser **II.** *vr* **sich ~** se répéter
wiederholt [viːdɐ'hoːlt] **I.** *adj* répété(e) **II.** *adv* à plusieurs reprises

Wiederholung [viːdɐˈhoːlʊŋ] <-, -en> *f* ① *(eines Worts)* répétition *f* ② *(eines Films)* rediffusion *f* ③ *(einer Klasse)* redoublement *m*

Wiederhören [**auf**] **~!** au revoir! **wieder|kommen** *vi irr +sein* ① revenir ② *(Gelegenheit)* se représenter **wieder|sehen** *vt, vr irr* revoir **Wiedersehen** <-s, -> *nt* [**auf**] **~!** au revoir! **wiederum** [ˈviːdərʊm] *adv* ① *(abermals)* de nouveau ② *(dagegen)* en revanche **Wiedervereinigung** *f* réunification *f* **Wiederverwendung** *f* réutilisation *f* **Wiederwahl** *f* réélection *f*

Wiege [ˈviːgə] <-, -n> *f geh* berceau *m*

wiegen[1] [ˈviːgən] *vt, vr irr* [**sich**] ~ [se] peser

wiegen[2] **I.** *vt (Kind)* bercer **II.** *vr (sich bewegen)* **sich** ~ se balancer

Wien [viːn] <-s> *nt* Vienne

Wiener(in) <-s, -> *m(f)* Viennois(e) *m(f)*

Wiese [ˈviːzə] <-, -n> *f* pré *m*

wieso [viˈzoː] *adv interrog* pourquoi

wievielte(r, s) *adj interrog* **zum ~n Mal...?** combien de fois...?; **der Wievielte ist heute?** le combien sommes-nous aujourd'hui? *(fam)*

wild [vɪlt] **I.** *adj* ① sauvage ② *(Spekulation)* fou(folle) ③ *fam (wütend)* furieux(-euse) **II.** *adv* ① *(in freier Natur)* à l'état sauvage ② *(unkontrolliert)* sauvagement

Wild <-[e]s> *nt* gibier *m*

Wilderei [vɪldəˈraɪ] <-, -en> *f* braconnage *m*

wildfremd [ˈvɪltˈfrɛmt] *adj fam* totalement inconnu(e)

Wildheit <-, -en> *f* ① sauvagerie *f* ② *(eines Kampfs)* violence *f*

Wildleder *nt* daim *m* **Wildschwein** *nt* sanglier *m*

Wille [ˈvɪlə] <-ns, -n> *m* volonté *f*

willkommen [vɪlˈkɔmən] *adj* ① bienvenu(e) ② *(Gelegenheit)* opportun(e)

Willkommen <-s, -> *nt* bienvenue *f*

willkürlich *adj* arbitraire

Wimper [ˈvɪmpɐ] <-, -n> *f* cil *m*

Wimperntusche *f* mascara *m*

Wind [vɪnt] <-[e]s, -e> *m* vent *m*

Windel [ˈvɪndəl] <-, -n> *f* couche *f*

Windenergie *f* énergie *f* éolienne

windig *adj* ① *(mit viel Wind)* venteux(-euse); **es ist ~** il y a du vent ② *fam (Vertreter)* pas sérieux(-euse); *(Sache)* foireux(-euse)

Windkraftanlage *f* parc *m* éolien

Windmühle *f* moulin *m* à vent **Windpocken** *Pl* varicelle *f* **Windschutzscheibe** *f* pare-brise *m* **Windstärke** *f* force *f* du vent **windstill** *adj* sans vent **Windstoß** *m* bourrasque *f* **Windsurfer(in)** *m(f)* [véli]planchiste *mf* **Windsurfing** *nt* planche *f* à voile

Windung <-, -en> *f (eines Wasserlaufs)* méandre *m; (einer Straße)* lacet *m*

Winkel [ˈvɪŋkəl] <-s, -> *m* ① MATH angle *m* ② *(Ecke)* coin *m* ③ *(Winkelmaß)* équerre *f*

winken [ˈvɪŋkən] **I.** *vi* faire signe **II.** *vt* **sie winkte ihn zu sich** elle lui fit signe de s'approcher d'elle

winklig [ˈvɪŋklɪç] *adj (Gasse)* tortueux(-euse); *(Haus)* plein(e) de recoins

winseln [ˈvɪnzəln] *vi* gémir

Winter [ˈvɪntɐ] <-s, -> *m* hiver *m*

Wintergarten *m* jardin *m* d'hiver

winterlich **I.** *adj* d'hiver **II.** *adv* pour affronter l'hiver

Wintermantel *m* manteau *m* d'hiver **Winterreifen** *m* pneu *m* neige **Winterschlaf** *m* hibernation *f* **Winterschlussverkauf** *m* soldes *mpl* d'hiver **Wintersport** *m* sports *mpl* d'hiver

Winzer(in) [ˈvɪntsɐ] <-s, -> *m(f)* vigneron(ne) *m(f)*

winzig [ˈvɪntsɪç] *adj* ① minuscule ② *(Menge)* infime

Wipfel [ˈvɪpfəl] <-s, -> *m* cime *f*

wippen *vi (Person)* se balancer

wir [viːɐ] *pron pers* nous; **wer ist draußen? — Wir!** qui est là? — C'est nous!

Wirbel [ˈvɪrbəl] <-s, -> *m* ① ANAT vertèbre *f* ② *fam (Trubel)* remue-ménage *m* ③ *(Wasserwirbel)* remous *m; (Luftwir-*

bel) tourbillon *m* ❹ *(Haarwirbel)* épi *m*

Wirbelsäule *f* colonne *f* vertébrale

Wirbelsturm *m* cyclone *m*

wird [vɪrt] *3. Pers Präs von* **werden**

wirft [vɪrft] *3. Pers Präs von* **werfen**

wirken ['vɪrkən] **I.** *vi* ❶ *(Substanz)* agir; **gut/nicht ~** être efficace/inefficace ❷ *(Drohung)* faire effet ❸ *(erscheinen)* **müde ~** avoir l'air fatigué(e) ❹ *(zur Geltung kommen)* **gut ~** rendre bien **II.** *vt* **Wunder ~** faire des miracles

wirklich ['vɪrklɪç] **I.** *adj* ❶ *(Begebenheit)* véritable; **sein ~er Name** son vrai nom ❷ *(Hilfe)* réel(le) **II.** *adv* ❶ *(tatsächlich)* réellement; **~?** c'est vrai?; **~ nicht?** vraiment pas? ❷ *(aufrichtig, sehr)* vraiment

Wirklichkeit <-, -en> *f* réalité *f*

wirksam *adj* efficace

Wirksamkeit <-> *f* efficacité *f*

Wirkstoff *m* substance *f* active

Wirkung <-, -en> *f* effet *m*

wirkungslos *adj* inefficace **wirkungsvoll** *adj* efficace

Wirsing <-s> *m* chou *m* frisé

Wirt(in) ['vɪrt] <-[e]s, -e> *m(f)* patron(ne) *m(f)*

Wirtschaft ['vɪrtʃaft] <-, -en> *f* ❶ économie *f* ❷ *(Wirtschaftszweig)* **die freie ~** le secteur privé ❸ *(Gastwirtschaft)* bistro[t] *m*

wirtschaftlich *adj* ❶ économique; **seine ~en Verhältnisse** sa situation financière ❷ *(Hausfrau)* économe; *(Denken)* en termes d'économie

Wirtschaftsflüchtling *m* réfugié(e) *m(f)* pour raisons économiques **Wirtschaftskrise** *f* crise *f* économique **Wirtschaftslage** *f* situation *f* économique **Wirtschafts- und Währungsunion** *f* union *f* économique et monétaire **Wirtschaftswunder** *nt fam* miracle *m* économique **Wirtschaftszweig** *m* branche *f* de l'économie

Wirtshaus *nt* auberge *f*

wischen ['vɪʃən] *vt (Fußboden)* passer la serpillière sur

Wischlappen *m* serpillière *f*

wissen ['vɪsən] *irr* **I.** *vt* ❶ *(als Kenntnisse besitzen)* savoir; *(Fakten)* connaître; **viel ~** avoir beaucoup de connaissances; **davon weiß ich nichts** je ne suis absolument pas au courant ❷ *(erfahren)* **jdn etw ~ lassen** faire savoir qc à qn **II.** *vi* ❶ **von etw ~** *geh* avoir connaissance de qc; **soviel ich weiß** autant que je sache ❷ *(sich erinnern)* **weißt du/~ Sie noch?** tu te rappelles/vous vous rappelez?

Wissen <-s> *nt* connaissances *fpl*

wissend *geh* **I.** *adj (Blick, Lächeln)* entendu(e) **II.** *adv (lächeln, nicken)* d'un air entendu

Wissenschaft <-, -en> *f* science *f*

Wissenschaftler(in) <-s, -> *m(f)* scientifique *mf*

wissenschaftlich *adj* scientifique

wissenswert *adj* d'un grand intérêt

Witterung <-, -en> *f* ❶ METEO temps *m* ❷ JAGD flair *m*; **die ~ aufnehmen** prendre le vent

Witwe ['vɪtvə] <-, -n> *f* veuve *f*

Witwer ['vɪtvɐ] <-s, -> *m* veuf *m*

Witz [vɪts] <-es, -e> *m* plaisanterie *f* ▸ **das soll wohl ein ~ sein!** *fam* c'est une blague ou quoi?

Witzbold ['vɪtsbɔlt] <-[e]s, -e> *m* plaisantin *m*

witzig *adj* amusant(e)

witzlos *adj fam (sinnlos)* **~ sein** ne servir à rien

WLAN [veˈlaːn] <-[s], -s> *nt* INFORM *Abk von* **wireless local area network** WLAN *m*, réseau *m* local sans fil

WM [veːˈʔɛm] <-, -s> *f Abk von* **Weltmeisterschaft**

wo [voː] **I.** *adv interrog* où; **~ bist du?** où es-tu? **II.** *adv rel* **die Stelle, ~ es passierte** l'endroit où c'est arrivé **III.** *konj* ❶ *(zumal)* d'autant que... ❷ *(obwohl)* alors que...

woanders [voˈʔandɐs] *adv* ailleurs

wob [vo:p] *Imp von* **weben**
wobei [vo'bai] **I.** *adv interrog* comment **II.** *adv rel* ❶ *(bei welcher Sache)* au cours duquel/de laquelle ❷ *(während welcher Sache)* pendant lequel/laquelle ❸ *(aber, jedoch)* cependant
Woche ['vɔxə] <-, -n> *f* semaine *f*; **nächste ~** la semaine prochaine
Wochenende *nt* week-end *m*; **am ~** le week-end; **schönes ~!** bon week-end! **Wochenendhaus** *nt* résidence *f* secondaire *(surtout pour le week-end)* **wochenlang I.** *adj* de plusieurs semaines **II.** *adv* pendant plusieurs semaines **Wochentag** *m* jour *m* de la semaine **wochentags** *adv* en semaine
wöchentlich ['vœçəntlɪç] **I.** *adj* hebdomadaire **II.** *adv* chaque semaine
Wodka ['vɔtka] <-s, -s> *m* vodka *f*
wodurch [vo'dʊrç] **I.** *adv interrog* comment **II.** *adv rel* ce qui explique que +*subj*
wofür [vo'fy:ɐ̯] **I.** *adv interrog* pour quoi; **~ halten Sie mich eigentlich?** pour qui me prenez-vous?; **~ interessieren Sie sich?** à quoi vous intéressez-vous? **II.** *adv rel* **das Match, ~ sie trainiert** le match pour lequel elle s'entraîne
wog [vo:k] *Imp von* **wiegen**[1]
Woge ['vo:gə] <-, -n> *f geh* vague *f*; **die ~n** les flots *mpl*
wogegen [vo'ge:gən] **I.** *adv interrog* contre quoi **II.** *adv rel* contre lequel/laquelle **III.** *konj* alors que
woher [vo'he:ɐ̯] *adv interrog, rel* d'où
wohin [vo'hɪn] **I.** *adv interrog* où; **~ gehst du?** où vas-tu? **II.** *adv rel* où; **geh, ~ du willst!** va où tu veux!
wohingegen *konj geh* alors que
wohl [vo:l] *adv* ❶ **sich ~ fühlen** se sentir bien ❷ *(gut)* **jdm ist nicht ~ bei etw** qc met qn mal à l'aise ❸ *(wahrscheinlich)* vraisemblablement ❹ *(doch, schon)* tout à fait ❺ *(überhaupt)* **ob das ~ genügt?** ça suffira, vraiment? ▶ **leb ~!** adieu!
Wohl <-[e]s> *nt* ❶ bien *m* ❷ *(Wohlbefinden)* bien-être *m*; **zum ~!** à ta/votre santé!
wohlauf [vo:l'ʔauf] *adj geh* **~ sein** se porter bien
wohlbehalten *adv* ❶ *(wohlauf)* en bon état ❷ *(unverletzt)* sain(e) et sauf(sauve) **wohlerzogen** ['vo:lʔɛɐ̯tso:gən] *adj geh* bien élevé(e)
Wohlgefallen ['vo:lgəfalən] *nt geh* satisfaction *f*; **mit ~** avec [une grande] satisfaction ▶ **sich in ~ auflösen** *hum* s'envoler
wohlhabend <wohlhabender, wohlhabendste> *adj* fortuné(e)
wohlriechend <wohlriechender, wohlriechendste> *adj geh* qui sent bon **wohlschmeckend** <wohlschmeckender, wohlschmeckendste> *adj geh* savoureux(-euse)
Wohlstand *m kein Pl* aisance *f*
Wohltat *f kein Pl (Erleichterung)* délice *m* **wohltätig** *adj* charitable
wohlverdient *adj geh* bien mérité(e)
wohnen ['vo:nən] *vi* habiter
Wohngebiet *nt* zone *f* résidentielle **Wohngeld** *nt* aide *f* personnalisée au logement **Wohngemeinschaft** *f* colocation *f*
wohnhaft *adj form* **in Berlin ~ sein** être domicilié à Berlin
Wohnhaus *nt* immeuble *m* d'habitation **Wohnheim** *nt (Studentenwohnheim)* foyer *m* pour étudiants **Wohnküche** *f* grande cuisine *f (qui fait salle à manger)*
wohnlich I. *adj* agréable à habiter **II.** *adv* avec confort
Wohnmobil ['vo:nmobi:l] <-s, -e> *nt* camping-car *m* **Wohnort** *m* domicile *m* **Wohnsitz** *m* domicile *m*
Wohnung <-, -en> *f* appartement *m*
Wohnungsmarkt *m* marché *m* du logement **Wohnungssuche** *f* recherche *f* d'un logement [à louer]
Wohnviertel *nt* quartier *m* résidentiel **Wohnwagen** *m* caravane *f* **Wohnzimmer** *nt* séjour *m*
Wok [vɔk] <-, -s> *m* wok *m*

wölben ['vœlbən] *vr (sich biegen)* **sich ~** bomber

Wölbung <-, -en> *f* ARCHIT voûte *f*

Wolf [vɔlf] <-[e]s, Wölfe> *m* ① loup *m* ② *(Fleischwolf)* hachoir *m*

Wölfin ['vœlfɪn] <-, -nen> *f* louve *f*

Wolke ['vɔlkə] <-, -n> *f* nuage *m*

Wolkendecke *f* plafond *m* [nuageux]

Wolkenkratzer *m* gratte-ciel *m*

wolkenlos *adj* sans nuages

wolkig *adj* couvert(e)

Wolldecke *f* couverture *f* en laine

Wolle ['vɔlə] <-, -n> *f* laine *f*

wollen ['vɔlən] *irr* **I.** *aux modal* ① **arbeiten ~** vouloir travailler; **ich wollte Sie fragen, ob...** *(Höflichkeitsfloskel)* je voulais vous demander si...; **willst du lieber eine Kassette oder eine CD haben?** tu préfères avoir une cassette ou un CD? ② *(in Aufforderungssätzen)* **~ Sie einen Moment Platz nehmen?** auriez-vous l'obligeance de prendre place un instant? ③ *(werden)* **es sieht aus, als wolle es gleich ein Gewitter geben** on dirait qu'il va bientôt faire de l'orage **II.** *vi* ① vouloir ② *(gehen, reisen wollen)* **zu jdm ~** vouloir voir qn ③ *(wünschen)* **wie du willst** c'est comme tu veux; **ich wollte,...** j'aimerais que... **III.** *vt* ① *(haben wollen, wünschen)* vouloir; **willst du lieber Kaffee oder Tee?** tu préfères du café ou du thé?; **ohne es zu ~** sans le vouloir ② *(bezwecken)* **was willst du mit dem Hammer?** que veux-tu faire avec ce marteau?

wollig ['vɔlɪç] *adj* laineux(-euse)

womit [vo'mɪt] *adv* ① **~ sollen wir anfangen?** par quoi devons-nous commencer? ② *(mit welchem Gegenstand)* **~ waren sie bewaffnet?** de quoi étaient-ils armés? ③ *(wie, mit welchem Mittel)* **~ kann man diesen Fleck entfernen?** comment peut-on enlever cette tache? ④ *(mit dem, mit der)* **das, ~ alle einverstanden sind** ce avec quoi tous sont d'accord

womöglich [vo'mœːklɪç] *adv* peut-être [même]

wonach [vo'naːx] *adv* ① **~ suchst du?** qu'est-ce que tu cherches? ② *(nach dem, nach denen)* **es gibt Gerüchte, ~ er ein Spieler sein soll** il y a un bruit qui court qui dit qu'il serait un joueur

woran [vo'ran] *adv* ① **~ denkst du gerade?** à quoi penses-tu en ce moment? ② *(an welchem Gegenstand)* **~ kann ich mich festhalten?** à quoi est-ce que je peux me tenir? ③ *(aus welchem Grund, Anlass)* **~ ist er gestorben?** de quoi est-il mort? ④ *(an dem, an der)* **das Einzige, ~ ich mich erinnere** la seule chose dont je me souviens

worauf [vo'rauf] *adv* ① **~ wartest du?** qu'est-ce que tu attends?; **ich habe nicht verstanden, ~ er sich bezieht** je n'ai pas compris ce à quoi il se réfère ② *(auf was)* **~ kann ich mich setzen?** je peux m'asseoir sur quoi? ③ *(auf den, auf die, auf das)* **etwas, ~ ich nicht gefasst war** ce à quoi je ne m'attendais pas

woraus [vo'raus] *adv* ① *(aus welchem Material)* **~ besteht diese Legierung?** de quoi est fait cet alliage? ② *(aus welchen Anzeichen)* **~ schließen Sie das?** d'où tirez-vous cette conclusion?

worden *PP von* **werden**

worin [vo'rɪn] *adv* ① **~ liegt das Problem?** où est le problème? ② *(in welchem Raum)* où ③ *(in dem, in der)* **etwas, ~ sich die Angebote unterscheiden** ce en quoi les offres diffèrent

Workshop ['wəːkʃɔp] <-s, -s> *m* atelier *m*

World Wide Web ['vøːɐlt'vait'vɛp] <-> *nt* World Wide Web *m*

Wort [vɔrt] <-[e]s, -e> *nt* ① <Wörter o -e> mot *m;* **mit anderen ~en** en d'autres termes ② *(Begriff)* **etw in ~e fassen** rendre qc par des mots ③ *(Äußerung)* parole *f* ④ *kein Pl (Verspre-*

chen) **jdm sein ~ geben** donner sa parole à qn; **jdn beim ~ nehmen** prendre qn au mot ❺ *kein Pl (Rede)* **jdm ins ~ fallen** couper la parole à qn ▸ **<u>mit</u> einem ~** en un mot

Wörterbuch ['vœrtɐbu:x] *nt* dictionnaire *m*

wörtlich ['vœrtlɪç] **I.** *adj* ❶ littéral(e) ❷ LING **~e Rede** discours *m* direct **II.** *adv* **etw ~ nehmen** prendre qc au pied de la lettre

Wortschatz *m kein Pl* vocabulaire *m*

Wortspiel *nt* jeu *m* de mots

worüber [vo'ry:bɐ] *adv* ❶ **~ habt ihr gesprochen?** de quoi avez-vous parlé? ❷ *(über welchen/welchem Gegenstand)* **~ bist du gestolpert?** sur quoi as-tu trébuché? ❸ *(über dem, über das)* **etwas, ~ wir sprechen müssen** quelque chose dont nous devons parler

worum [vo'rʊm] *adv* ❶ **ich habe keine Ahnung, ~ es geht** je n'ai aucune idée de quoi il s'agit ❷ *(um den, um das)* **alles, ~ du mich bittest** tout ce que tu me demandes

worunter [vo'rʊntɐ] *adv* ❶ **~ leidet er?** de quoi souffre-t-il? ❷ *(unter den, unter die)* **der Schrank, ~ sie den Karton gestellt hatte** l'armoire sous laquelle elle avait mis la boîte ❸ *(unter dem, unter der)* **ein Bündel Geldscheine, ~ auch Falschgeld war** une liasse de billets parmi lesquels il y avait des faux billets

wovon [vo'fɔn] *adv* ❶ **~ ist sie aufgewacht?** qu'est-ce qui l'a réveillée?; **ich weiß nicht, ~ du sprichst** je ne sais pas de quoi tu parles ❷ *(von dem, von der)* dont ❸ *(wodurch)* **er redete viel, ~ er Halsschmerzen bekam** il parla beaucoup ce qui lui donna des maux de gorge

wovor [vo'fo:ɐ̯] *adv* ❶ **~ hat er Angst?** de quoi a-t-il peur? ❷ *(vor dem)* **das Einzige, ~ sie sich fürchtet** la seule chose qui lui fait peur

wozu [vo'tsu:] *adv* ❶ *(warum, wofür)* **~ brauchst du das Geld?** tu as besoin de l'argent pour quoi faire?; **ich weiß nicht, ~ das gut ist** je ne sais pas à quoi ça sert ❷ *(zu dem, zu der)* **die Miete, ~ noch die Heizkosten kommen** le loyer auquel s'ajoutent les frais de chauffage

Wrack [vrak] <-s, -s> *nt* épave *f*

Wucher ['vu:xɐ] <-s> *m pej (zu hoher Preis)* prix *mpl* exorbitants; *(zu hohe Zinsen)* usure *f*

wuchs [vu:ks] *Imp von* **wachsen**[1]

Wucht [vʊxt] <-> *f* violence *f*

wuchtig *adj* ❶ violent(e) ❷ *(Gegenstand)* imposant(e)

wühlen ['vy:lən] **I.** *vi (kramen)* **in etw** *(dat)* **~** fouiller dans qc **II.** *vr (sich bewegen)* **sich in die Erde ~** s'enfouir dans la terre

Wühltisch *m fam* table *f* à farfouille

wund [vʊnt] *adj (Ferse)* écorché(e); **das Baby ist am Po ~** le bébé a les fesses irritées

Wunde ['vʊndə] <-, -n> *f* plaie *f*

Wunder ['vʊndɐ] <-s, -> *nt* miracle *m;* **es ist kein ~, dass** *fam* c'est pas étonnant que *+subj* ▸ **~ <u>wirken</u>** faire des miracles

wunderbar **I.** *adj (Person)* fantastique; *(Abend)* merveilleux(-euse) **II.** *adv* tellement

Wunderkind *nt* enfant *m* prodige

wunderlich *adj* bizarre

Wundermittel *nt* remède *m* miracle

wundern **I.** *vt* étonner **II.** *vr* **sich über etw** *(akk)* **~** s'étonner de qc

wunderschön ['vʊndɐ'ʃø:n] *adj* superbe

wundervoll *adj* merveilleux(-euse)

Wunsch [vʊnʃ] <-[e]s, Wünsche> *m* ❶ souhait *m;* **haben Sie sonst noch einen ~?** vous désirez autre chose?; **auf ~** sur demande ❷ *(Glückwunsch)* vœux *mpl*

Wunschdenken *nt* illusion *f*

wünschen ['vʏnʃən] **I.** *vr* **sich** *(dat)* **etw ~** vouloir qc **II.** *vt* ❶ **jdm Glück ~** souhaiter bonne chance à qn ❷ *(erhoffen)* **~, dass** souhaiter que *+subj* ❸ *(Erklärung)* demander; **was**

~ **Sie?** que désirez-vous?; **wie gewünscht** comme souhaité **III.** *vi* **Sie ~?** vous désirez?
wünschenswert *adj* souhaitable
Wunschkind *nt* enfant *m* désiré **Wunschzettel** *m* liste *f* de cadeaux
wurde ['vʊrdə] *Imp von* **werden**
Würde ['vʏrdə] <-> *f kein Pl* dignité *f*
würdig I. *adj* ❶ digne ❷ *(Rahmen)* adéquat(e) **II.** *adv* ❶ *(mit Würde)* avec dignité ❷ *(gebührend)* dignement
würdigen *vt* ❶ *(Person)* rendre hommage à ❷ *(schätzen)* **etw zu ~ wissen** savoir apprécier qc à sa juste valeur
Wurf [vʊrf] <-[e]s, Würfe> *m* ❶ *(mit einem Ball)* lancer *m; (mit einem Stein)* jet *m* ❷ SPORT lancer *m* ❸ *(beim Würfeln)* coup *m* ❹ *(Jungtiere)* portée *f*
Würfel ['vʏrfəl] <-s, -> *m* ❶ dé *m* ❷ MATH cube *m*
würfeln I. *vi* **um etw ~** jouer qc aux dés **II.** *vt* ❶ **eine Fünf ~** faire un cinq ❷ *(in Würfel schneiden)* **den Speck ~** couper le lard en dés
Würfelspiel *nt* jeu *m* de dés **Würfelzucker** *m kein Pl* sucre *m* en morceaux
würgen ['vʏrgən] **I.** *vt* étrangler **II.** *vi* *(Brechreiz haben)* être pris de nausées
Wurm [vʊrm] <-[e]s, Würmer> *m* ver *m*
wurmen ['vʊrmən] *vt fam* **jdn ~** enquiquiner qn
wurmstichig *adj (Apfel)* véreux(-euse); *(Holz)* vermoulu(e)
Wurst [vʊrst] <-, Würste> *f* ❶ *kein Pl (Wurstwaren)* charcuterie *f* ❷ *(Würstchen)* saucisse *f; (geräuchert)* saucisson *m* ▶ **das ist mir/ihm ~** *fam* j'en ai/il en a rien à cirer
Wurstbrot *nt* sandwich *m* au saucisson
Würstchen ['vʏrstçən] <-s, -> *nt* ❶ saucisse *f* ❷ *pej fam (Mensch)* mauviette *m*
Würzburg <-s> *nt* Wurtzbourg
Würze ['vʏrtsə] <-, -n> *f* saveur *f*
Wurzel ['vʊrtsəl] <-, -n> *f a.* MATH racine *f*
würzen *vt* assaisonner
würzig *adj* épicé(e)
wusch [vuːʃ] *Imp von* **waschen**
wusste ['vʊstə] *Imp von* **wissen**
wüst [vyːst] *adj* désert(e)
Wüste ['vyːstə] <-, -n> *f* désert *m*
Wut [vuːt] <-> *f* rage *f*
Wutanfall *m* accès *m* de fureur
wütend *adj* furieux(-euse)
wutentbrannt ['vuːtʔɛntbrant] **I.** *adj* saisi(e) de furie **II.** *adv* comme une furie
WWW [veːveː'veː] *nt Abk von* **World Wide Web** WWW *m*

Xx

X, x [ɪks] <-, -> *nt* ❶ X *m*/x *m* ❷ *fam (unzählige)* **x Briefe schreiben** écrire trente-six lettres

x-Achse ['ɪksʔaksə] *f* MATH axe *m* des x

X-Beine ['ɪksbaɪnə] *Pl* jambes *f pl* en x

x-beliebig ['ɪksbə'li:bɪç] **I.** *adj fam* **ein ~er Käse** n'importe quel fromage **II.** *adv fam* de n'importe quelle façon

x-fach ['ɪksfax] **I.** *adj fam* multiple **II.** *adv fam* trente-six fois

x-mal ['ɪksma:l] *adv fam* x fois plus une

x-te(r, s) ['ɪkstə] *adj fam* **das ~ Mal** la ixième fois

Xylophon [ksylo'fo:n] <-s, -e> *nt* xylophone *m*

Yy

Y, y ['ʏpsilɔn] <-, -> *nt* Y *m*/y *m*

y-Achse ['ʏpsilɔnʔaksə] *f* MATH axe *m* des y

Yacht [jaxt] <-, -en> *f* yacht *m*

Yeti ['je:ti] <-s, -s> *m* yéti *m*

Yoga ['jo:ga] <-[s]> *m o nt* yoga *m*

Ypsilon ['ʏpsilɔn] <-[s], -s> *nt* i grec *m*

Yuppie ['jʊpi] <-s, -s> *m* <-, -s> *f* yuppie *mf*

Zz

Z, z [tsɛt] <-, -> *nt* Z *m*/z *m*
zack [tsak] *interj fam* aussi sec
Zacke ['tsakə] <-, -n> *f* dent *f*
zackig ['tsakɪç] **I.** *adj* ❶ *(gezackt)* déchiqueté(e) ❷ *fam (schneidig)* qui chauffe **II.** *adv (salutieren)* crânement
zaghaft *adj* timide
zäh [tsɛː] **I.** *adj* ❶ *(Fleisch)* dur(e) ❷ *(zähflüssig)* visqueux(-euse) ❸ *(schleppend)* ardu(e) ❹ *(Mensch)* résistant(e) ❺ *(hartnäckig)* obstiné(e) **II.** *adv* ❶ *(schleppend)* péniblement ❷ *(hartnäckig)* obstinément
Zahl [tsaːl] <-, -en> *f* ❶ nombre *m* ❷ *(Ziffer)* chiffre *m*
zahlbar *adj* payable
zahlen ['tsaːlən] *vi, vt* payer
zählen ['tsɛːlən] **I.** *vi* ❶ compter ❷ *(zugerechnet werden)* **zu den beliebtesten Kollegen ~** faire partie des collègues les plus appréciés ❸ *(sich verlassen)* **auf jdn/etw ~** compter sur qn/qc **II.** *vt (Besucher)* compter
Zähler <-s, -> *m* compteur *m*
zahlreich I. *adj* **~e Briefe** de nombreuses lettres **II.** *adv* en grand nombre **Zahltag** *m* jour *m* de paie
Zahlung <-, -en> *f* versement *m*
zahlungsfähig *adj* solvable
zahlungskräftig *adj fam (Kunde)* haut de gamme *inv*
Zahlungsmittel *nt* moyen *m* de paiement
zahlungsunfähig *adj* insolvable
zahm [tsaːm] *adj* apprivoisé(e)
zähmen ['tsɛːmən] *vt* ❶ *(Tier)* apprivoiser ❷ *(Neugier)* refréner
Zahn [tsaːn] <-[e]s, Zähne> *m* dent *f*
Zahnarzt, -ärztin *m, f* dentiste *mf*
Zahnarzthelfer(in) *m(f)* assistant(e) *m(f)* dentaire
Zahnbelag *m* plaque *f* dentaire **Zahnbürste** *f* brosse *f* à dents **Zahncreme** *f* dentifrice *m* **Zahnersatz** *m* dentier *m* **Zahnfleisch** *nt* gencive *f* **Zahnpasta** *s.* **Zahncreme** **Zahnrad** *nt* roue *f* dentée **Zahnschmelz** *m* émail *m* **Zahnschmerzen** *Pl* mal *m* de dents **Zahnseide** *f* fil *m* dentaire **Zahnspange** *f* appareil *m* [dentaire]
Zahnstocher <-s, -> *m* cure-dent *m*
Zahnweh *s.* **Zahnschmerzen**
Zange ['tsaŋə] <-, -n> *f* pince *f*
zanken I. *vi* se disputer; *(Kinder)* se chamailler **II.** *vr* **sich ~** se disputer; *(Kinder)* se chamailler
Zäpfchen ['tsɛpfçən] <-s, -> *nt* ❶ MED suppositoire *m* ❷ ANAT luette *f*
zappeln ['tsapəln] *vi* **mit den Beinen ~** gigoter des jambes *(fam)*
zappen ['tsɛpn] *vi fam* zapper
Zar(in) [tsaːɐ̯] <-en, -en> *m(f)* tsar *m*/tsarine *f*
zart [tsaːɐ̯t] **I.** *adj* ❶ doux(douce) ❷ *(Gesundheit)* délicat(e) ❸ *(Fleisch)* tendre **II.** *adv* tendrement
Zartbitterschokolade *f* chocolat *m* noir
Zartheit <-> *f* ❶ *(der Haut)* douceur *f* ❷ *(Mürbheit: von Fleisch)* tendreté *f* ❸ *(Feinheit: eines Blatts)* délicatesse *f*
zärtlich ['tsɛːɐ̯tlɪç] *adj* tendre
Zärtlichkeit <-, -en> *f* ❶ *kein Pl* tendresse *f* ❷ *Pl (Liebkosung)* caresses *f pl*
Zauber ['tsaubɐ] <-s, -> *m* ❶ *kein Pl (das Zaubern)* sortilège *m* ❷ *(Zauberwirkung)* sort *m* ❸ *kein Pl (Faszination)* charme *m*
Zauberei [tsaubə'rai] <-> *f kein Pl* magie *f*
Zauberer, Zauberin <-s, -> *m, f (Hexer)* magicien(ne) *m(f)*
zauberhaft *adj* merveilleux(-euse)
Zauberkünstler(in) *m(f)* prestidigitateur(-trice) *m(f)* **Zauberkunststück** *nt*

tour *m* de magie

zaubern I. *vi* ❶ *(Fee)* faire de la magie ❷ *(Zauberkunststücke vorführen)* faire des tours de prestidigitation II. *vt* ❶ *(erscheinen lassen)* **etw aus dem Zylinder ~** faire sortir qc du chapeau comme par enchantement ❷ *fam (kochen)* mitonner

Zaubertrick *s.* **Zauberkunststück**

Zaun [tsaun] <-[e]s, Zäune> *m* clôture *f*

Zaunpfahl *m* piquet *m*

z. B. *Abk von* **zum Beispiel** par ex.

ZDF [tsɛtdeːˈʔɛf] <-s> *nt Abk von* **Zweites Deutsches Fernsehen** *deuxième chaîne de la télévision allemande*

Zebra [ˈtseːbra] <-s, -s> *nt* zèbre *m*

Zebrastreifen *m* passage *m* clouté

Zecke [ˈtsɛkə] <-, -n> *f* tique *f*

Zeh [tseː] <-s, -en> *m*, **Zehe** [ˈtseːə] <-, -n> *f* ❶ ANAT orteil *m* ❷ BOT gousse *f*

zehn [tseːn] *num* dix; *s.a.* **acht**[1]

Zehn [tseːn] <-, -en> *f* dix *m; s.a.* **Acht**[1]

Zehnerkarte *f* carnet *m* de dix

zehnerlei *adj inv* **~ Sorten Brot** dix sortes de pain; *s.a.* **achterlei**

zehnfach *adj, adv* dix fois; *s.a.* **achtfach**

zehnjährig *adj (Amtszeit)* de dix ans

zehnmal *adv* dix fois; *s.a.* **achtmal**

zehnt *adv* **zu ~ sein** être dix; *s.a.* **acht**[2]

zehnte(r, s) *adj* ❶ dixième ❷ *(bei Datumsangaben)* **der ~ März** le dix mars; *s.a.* **achte(r,s)**

zehntel *adj* dixième; *s.a.* **achtel**

zehntens *adv* dixièmement

Zeichen [ˈtsaiçən] <-s, -> *nt* ❶ signe *m* ❷ *(Markierung)* marque *f* ❸ CHEM symbole *m* ❹ INFORM caractère *m*

Zeichenerklärung *f* légende *f* **Zeichenpapier** *nt* papier *m* à dessin **Zeichensetzung** <-> *f* ponctuation *f*

Zeichensprache *f* langage *m* des signes **Zeichentrickfilm** *m* dessin *m* animé

zeichnen [ˈtsaiçnən] I. *vt* ❶ dessiner ❷ *(erkennbar prägen)* marquer II. *vi* **mit Tusche ~** dessiner à l'encre de Chine

Zeichner(in) <-s, -> *m(f)* **technischer ~/technische ~in** dessinateur industriel/dessinatrice industrielle

Zeichnung <-, -en> *f* dessin *m*

Zeigefinger *m* index *m*

zeigen [ˈtsaigən] I. *vt* ❶ **jdm etw ~** montrer qc à qn ❷ *(im Fernsehen bringen)* passer ❸ *(zum Ausdruck bringen)* **Interesse ~** montrer de l'intérêt ❹ *(anzeigen)* **10° C ~** indiquer 10° C ❺ *(erkennen lassen)* **~, dass...** *(Vorfall)* [dé]montrer que... II. *vi* ❶ *(deuten)* montrer ❷ *(weisen)* **nach Norden ~** *(Nadel)* indiquer le nord III. *vr* ❶ *(sich sehen lassen)* **sich ~** *(Person)* se montrer ❷ *(sich herausstellen)* **es zeigt sich, dass...** il s'avère que...

Zeiger <-s, -> *m* aiguille *f*

Zeile [ˈtsailə] <-, -n> *f* ligne *f*

Zeilenabstand *m* interligne *m*

Zeit [tsait] <-, -en> *f* ❶ temps *m* ❷ *(Uhrzeit)* heure *f* ❸ *(Zeitraum)* **in letzter ~** ces derniers temps; **eine ~ lang** un certain temps ❹ *(Epoche)* époque *f* ❺ *(Normalzeit)* temps *m;* **mitteleuropäische ~** heure *f* de l'Europe centrale ▶ **zur ~** actuellement

Zeitabschnitt *m* période *f* **Zeitalter** *nt* époque *f* **zeitaufwändig**, **zeitaufwendig** *adj* qui nécessite beaucoup de temps **Zeitbombe** *f* bombe *f* à retardement **Zeitdruck** *m kein Pl* course *f* contre la montre **Zeitgenosse**, **-genossin** *m, f* contemporain(e) *m(f)* **Zeitgeschichte** *f kein Pl* histoire *f* contemporaine **Zeitkarte** *f* [carte *f* d']abonnement *m; (für die Pariser Metro)* carte *f* orange

zeitlich I. *adj* chronologique II. *adv* au niveau de l'heure/du jour

zeitlos *adj* classique

Zeitlupe *f kein Pl* ralenti *m* **Zeitplan** *m* calendrier *m* **Zeitpunkt** *m (Termin)* date *f; (Stunde)* heure *f* **Zeitraum** *m* période *f* **Zeitschrift** *f* magazine *m* **Zeitspanne** *f* laps *m* de temps **Zeitumstellung** *f* changement *m* d'heure

Zeitung [ˈtsaitʊŋ] <-, -en> *f* journal *m*

Zeitungsannonce *f* petite annonce *f* **Zeitungsartikel** *m* article *m* de journal **Zeitungspapier** *nt* papier *m* journal

Zeitverschiebung *f* décalage *m* horaire **Zeitverschwendung** *f kein Pl* gaspillage *m* de temps **Zeitvertreib** <-[e]s, -e> *m* passe-temps *m*

zeitweilig ['tsaitvailɪç] **I.** *adj* ① temporaire ② *(Schneefall)* passager(-ère) **II.** *adv s.* **zeitweise**

zeitweise *adv* ① par intermittence ② *(eine Zeit lang)* par moments

Zelle ['tsɛlə] <-, -n> *f* ① *a.* BIO cellule *f* ② *(Telefonzelle)* cabine *f*

Zelt [tsɛlt] <-[e]s, -e> *nt* tente *f*

zelten *vi* camper

Zement [tse'mɛnt] <-[e]s, -e> *m* ciment *m*

Zenit [tse'ni:t] <-[e]s> *m* zénith *m*

Zensur [tsɛn'zu:ɐ̯] <-, -en> *f* ① note *f* ② *kein Pl (Kontrolle)* censure *f*

Zentimeter [tsɛnti'me:tɐ] *m o nt* centimètre *m*

Zentimetermaß *nt* mètre *m*

Zentner ['tsɛntnɐ] <-s, -> *m* demi-quintal *m*

zentral [tsɛn'tra:l] **I.** *adj* central(e) **II.** *adv (liegen)* au centre; *(erfassen)* de manière centralisée

Zentralbank <-banken> *f* banque *f* centrale; **die Europäische ~** la banque centrale européenne; **Europäisches System der ~en** Système *m* européen des banques centrales

Zentrale <-, -n> *f* ① siège *m* ② *(Telefonzentrale)* standard *m*

Zentralheizung *f* chauffage *m* central **Zentralverriegelung** <-, -en> *f* verrouillage *m* central[isé]

Zentren *Pl von* **Zentrum**

zentrifugal [tsɛntrifu'ga:l] *adj* centrifuge

Zentrum ['tsɛntrʊm] <-s, Zentren> *nt* centre *m*

zerbrechen* *irr* **I.** *vt +haben* casser **II.** *vi +sein* ① se casser ② *fig* se briser

zerbrechlich *adj* fragile

zerbröckeln* **I.** *vt +haben (Brot)* émietter; *(Erde)* effriter **II.** *vi +sein (Kuchen)* s'émietter

zerdrücken* *vt* ① écraser ② *s.* **zerknittern**

Zeremonie [tseremo'ni:] <-, -n> *f* cérémonie *f*

zeremoniell [tseremo'ni̯ɛl] *geh* **I.** *adj* cérémonieux(-euse) **II.** *adv* cérémonieusement

Zerfall *m kein Pl* ① dégradation *f* ② *(Niedergang)* décadence *f* ③ PHYS désintégration *f*

zerfallen* *vi irr +sein* ① tomber en ruine ② PHYS se désintégrer

zerfleischen* *vt* déchiqueter

zerkleinern* *vt* **etw ~** couper qc en petits morceaux

zerknittern* *vt* chiffonner

zerknüllen* *vt* froisser

zerkratzen* *vt* ① rayer ② *(verletzen)* griffer

zerlegen* *vt* ① démonter ② *(Gans)* découper

zerlumpt [tsɛɐ̯'lʊmpt] *adj (Bettler)* déguenillé(e)

zerplatzen* *vi +sein* éclater

zerquetschen* *vt* écraser

zerreißen* *irr* **I.** *vt +haben* déchirer **II.** *vi +sein* se déchirer

Zerreißprobe *f* épreuve *f* de vérité

zerren ['tsɛrən] **I.** *vt* **jdn ins Zimmer ~** tirer qn dans la pièce **II.** *vr* **sich** *(dat)* **einen Muskel ~** se froisser un muscle

zerrissen [tsɛɐ'rɪsən] *adj fig* déchiré(e)

Zerrung <-, -en> *f* élongation *f*

zerschlagen*[1] **I.** *vt irr* casser **II.** *vr irr* **sich ~** tomber à l'eau

zerschlagen[2] *adj* **~ sein** être fourbu

zerschmettern* *vt (Schädel)* fracasser; *(Kiefer)* briser

zersetzen* *vt, vr* [**sich**] **~** [se] décomposer

Zersetzung <-> *f* ① décomposition *f* ② *(Untergrabung)* dégradation *f*

zersplittern* **I.** *vt +haben* faire éclater **II.** *vi +sein* voler en éclats

zerspringen* *vi irr +sein* éclater

zerstörbar *adj* destructible
zerstören* *vt* détruire
Zerstörer <-s, -> *m* 1 destructeur *m* 2 NAUT contre-torpilleur *m*
zerstörerisch *adj* destructeur(-trice)
Zerstörung <-, -en> *f* 1 *kein Pl (das Zerstören)* destruction *f* 2 *(Verwüstung)* dévastation *f*
zerstreut *adj* 1 *(unkonzentriert)* distrait(e) 2 *(verstreut)* éparpillé(e)
zerstückeln* *vt* dépecer
zerteilen* *vt* découper
zertreten* *vt irr (Käfer)* écraser; *(Gras)* piétiner
zertrümmern* *vt* 1 *(Fensterscheibe)* défoncer 2 *(Schädel)* fracasser 3 *(Nierenstein)* détruire
Zettel ['tsɛtəl] <-s, -> *m* 1 [bout *m* de] papier *m*; *(mit einer Notiz)* note *f* 2 *(Einkaufszettel)* liste *f*
Zeug [tsɔyk] <-[e]s> *nt fam* 1 bazar *m* 2 *(Nahrungsmittel)* truc *m* 3 *(Unsinn)* **dummes ~ reden** raconter des conneries
Zeuge, **Zeugin** ['tsɔygə] <-n, -n> *m, f* témoin *m*
Zeugenaussage *f* témoignage *m* **Zeugenstand** *m* **jdn in den ~ rufen** appeler qn à la barre [des témoins]
Zeugnis ['tsɔyknɪs] <-ses, -se> *nt* 1 *(Schulzeugnis)* bulletin *m* [scolaire] 2 *(Arbeitszeugnis)* certificat *m* de travail
zeugungsfähig *adj form* apte à procréer *(soutenu)*
z.H[d]. *Abk von* **zu Händen** à l'attention de
Zicke ['tsɪkə] <-, -n> *f pej fam* chiante *f*
Zickzack ['tsɪktsak] *m* **im ~** en zigzag
Ziege ['tsi:gə] <-, -n> *f* chèvre *f*
Ziegel ['tsi:gəl] <-s, -> *m* 1 *(Ziegelstein)* brique *f* 2 *(Dachziegel)* tuile *f*
Ziegelstein *m* brique *f*
Ziegenbock *m* bouc *m* **Ziegenkäse** *m* fromage *m* de chèvre
Ziegenpeter [-pe:tɐ] <-s, -> *m fam* oreillons *mpl*
Z **ziehen** ['tsi:ən] *irr* **I.** *vt +haben* 1 tirer 2 *(bewegen)* **die Rollläden nach oben ~** monter des volets roulants 3 *(zerren)* **jdn an den Haaren ~** tirer qn par les cheveux 4 *(Fäden)* retirer; *(Zahn)* arracher 5 *(Degen)* sortir 6 *(Zaun)* installer 7 *(Pflanzen)* cultiver **II.** *vi* 1 *+haben (zerren)* **an etw** *(dat)* **~** tirer sur qc 2 *+sein (umziehen)* **nach Berlin ~** déménager à Berlin 3 *+sein (unterwegs sein)* **durch die Stadt ~** traverser la ville 4 *+sein* ZOOL *(Vögel)* migrer 5 *(sich bewegen)* **nach rechts/links ~** *(Fahrzeug)* tirer à droite/gauche 6 *+haben (beim Rauchen)* **an etw** *(dat)* **~** tirer sur qc 7 *+sein (dringen)* **durchs Haus ~** *(Duft)* se répandre dans la maison **III.** *vi unpers +haben* 1 **es zieht!** il y a un courant d'air! 2 *(schmerzen)* **ein ~der Schmerz** une douleur lancinante **IV.** *vr +haben* 1 **sich ~** *(Verhandlungen)* traîner en longueur 2 *(sich erstrecken)* **sich durch das Tal ~** *(Straße)* s'étendre à travers la vallée 3 *(sich hochziehen)* **sich in die Höhe ~** se hisser en haut
Ziehen <-s> *nt (Schmerz)* élancements *mpl*
Ziehharmonika *f* accordéon *m*
Ziel [tsi:l] <-[e]s, -e> *nt* 1 *(Reiseziel)* destination *f* 2 *(opp: Start)* ligne *f* d'arrivée 3 *(Zielscheibe)* cible *f* 4 *fig* but *m*
zielen *vi* 1 viser 2 *(gerichtet sein)* **auf jdn/etw ~** *(Waffe)* être pointé sur qn/qc
Zielfernrohr *nt* lunette *f* de visée **Zielgerade** *f* dernière ligne *f* droite **Ziellinie** *f* ligne *f* d'arrivée
ziellos *adj, adv* sans but [précis]
Zielscheibe *f* cible *f*
Zielsetzung <-, -en> *f* but *m*
zielstrebig **I.** *adj* déterminé(e) **II.** *adv* avec détermination
ziemlich **I.** *adj fam* **eine ~e Entfernung** une bonne petite distance **II.** *adv* assez; **er musste sich ~ beeilen** il a dû pas mal se dépêcher

zierlich *adj* menu(e)
Ziffer ['tsɪfɐ] <-, -n> *f* chiffre *m*
Zigarette [tsiga'rɛtə] <-, -n> *f* cigarette *f*
Zigarettenautomat *m* distributeur *m* de cigarettes **Zigarettenschachtel** *f* paquet *m* de cigarettes
Zigarre [tsi'garə] <-, -n> *f* cigare *m*
Zigeuner(in) [tsi'gɔynɐ] <-s, -> *m(f) pej* tzigane *mf (péj); (in Südfrankreich, Spanien lebend)* gitan(e) *m(f) (péj)*
Zimmer ['tsɪmɐ] <-s, -> *nt* ❶ pièce *f* ❷ *(zum Schlafen)* chambre *f*

Zimmer

die Tür	la porte
das Fenster	la fenêtre
die Zimmerdecke	le plafond
der Fußboden	le sol
der Teppichboden	la moquette
der Teppich	le tapis
das Bett	le lit
die Bettdecke	la couverture
das Kopfkissen	l'oreiller
der Nachttisch	la table de nuit
der Wecker	le réveil
das Sofa	le canapé
der Sessel	le fauteuil
der Spiegel	le miroir
die Kommode	la commode
der Kleiderschrank	l'armoire
das Regal	l'étagère
der Schreibtisch	le bureau
die Stehlampe	le lampadaire
der Drehstuhl	la chaise pivotante
die Wand	le mur
der Wandschrank	le placard
das Poster	le poster

Zimmerhandwerk *nt* charpenterie *f* **Zimmermädchen** *nt* femme *f* de chambre **Zimmermann** <-leute> *m* charpentier *m*
zimmern ['tsɪmɐn] **I.** *vt* fabriquer **II.** *vi* **an etw** *(dat)* ~ bricoler qc
Zimmerpflanze *f* plante *f* d'appartement
zimperlich ['tsɪmpɐlɪç] *adj* douillet(te)
Zimt [tsɪmt] <-[e]s> *m* cannelle *f*
Zins [tsɪns] <-es, -en> *m* intérêt *m*
Zinssatz *m* taux *m* d'intérêt
Zipfelmütze *f* bonnet *m* à pointe
zirka ['tsɪrka] *adv* environ
Zirkel ['tsɪrkəl] <-s, -> *m* compas *m*
zirkulieren* [tsɪrku'li:rən] *vi* circuler
Zirkus ['tsɪrkʊs] <-, -se> *m* cirque *m*
zirpen ['tsɪrpən] *vi* chanter
zisch ['tsɪʃ] *interj (Geräusch einer hervorsprudelnden Flüssigkeit)* pschitt; ~ **machen** faire pschitt
Zischen ['tsɪʃən] <-s> *nt* sifflement *m; (von Gas, Dampf)* chuintement *m*
Zitat [tsi'ta:t] <-[e]s, -e> *nt* citation *f*
zitieren* [tsi'ti:rən] *vt* citer
Zitrone [tsi'tro:nə] <-, -n> *f* citron *m*
Zitronensaft *m* jus *m* de citron
zittern ['tsɪtɐn] *vi* ❶ trembler ❷ *fam (Angst haben)* **vor jdm ~** avoir la frousse de qn
zittrig ['tsɪtrɪç] *adj* tremblant(e)
Zitze ['tsɪtsə] <-, -n> *f (einer Kuh, Sau)* mamelle *f; (einer Katze, Hündin)* tétine *f*
Zivi ['tsi:vi] <-s, -s> *m fam Abk von* **Zivildienstleistende(r)** *objecteur de conscience qui effectue son service civil*
zivil [tsi'vi:l] *adj* civil(e)
Zivildienst *m kein Pl* service *m* civil
Zivildienstleistende(r) *f(m) objecteur de conscience qui effectue son service civil*
Zivilisation [tsiviliza'tsi̯o:n] <-, -en> *f* civilisation *f*
zivilisieren* [tsivili'zi:rən] *vt* civiliser
zocken ['tsɔkən] *vi fam* jouer; *(um hohe Beträge spielen)* flamber
Zoff ['tsɔf] <-s> *m fam* engueulade *f*
zögern ['tsø:gɐn] *vi* hésiter
zögernd **I.** *adj* hésitant(e) **II.** *adv* en hésitant
Zölibat [tsøli'ba:t] <-[e]s, -e> *nt o m* célibat *m*
Zoll[1] [tsɔl] <-[e]s, Zölle> *m* ❶ *(Ein-*

fuhrabgabe) droits *mpl* de douane ❷ *kein Pl (Zollverwaltung)* **der ~** la Douane

Zoll² <-[e]s, -> *m* pouce *m;* **24-~-Monitor** écran *m* 24 pouces

Zollbeamte(r), -beamtin *m, f* douanier(-ière) *m(f)* **zollfrei** *adj, adv* en franchise **Zollkontrolle** *f* contrôle *m* douanier

zollpflichtig *adj* à déclarer

Zone [ˈt͡soːnə] <-, -n> *f* zone *f*

Zoo [t͡soː] <-s, -s> *m* zoo *m*

Zoom [zuːm] *nt* zoom *m*

Zopf [t͡sɔpf] <-[e]s, Zöpfe> *m (Haarzopf)* natte *f; (klein)* tresse *f*

Zorn [t͡sɔrn] <-[e]s> *m* colère *f; (heftig)* fureur *f*

zornig *adj* en colère

z.T. *Abk von* **zum Teil**

zu [t͡suː] **I.** *präp +dat* ❶ *(bei Richtungsangaben)* **~m Arzt gehen** aller chez le médecin ❷ *fig* **sich ~ jdm hingezogen fühlen** se sentir attiré(e) par qn ❸ *(bei Entfernungs-, Fristangaben)* **ich habe bis ~m 10. März Zeit um das fertig zu machen** j'ai jusqu'au 10 mars pour finir ça; *(die Frist einhalten müssen)* je dois finir ça pour le 10 mars ❹ *(in Eigennamen)* **das Gasthaus zur Sonne** l'Auberge *f* du Soleil ❺ *(bei Zeitangaben)* **~ Ostern** à Pâques ❻ *(anlässlich)* **jdm ~m Geburtstag gratulieren** souhaiter l'anniversaire à qn ❼ *(gemeinsam)* **gut ~ etw passen** *(Bluse)* aller bien avec qc ❽ *(bezüglich)* **jdn ~ etw befragen** questionner qn au sujet de qc ❾ *(bei Angaben des Zwecks)* **hast du etwas ~m Schreiben?** tu as quelque chose pour écrire? ❿ *(eine Veränderung ausdrückend)* **jdn ~m Sprecher wählen** élire qn porte-parole ⓫ *(eine Relation ausdrückend)* **es steht zwei ~ zwei** il y a deux à deux; **~ zweit spielen** jouer à deux **II.** *adv* ❶ *(allzu)* trop; **ich würde ja ~ gern abreisen** j'aimerais tant partir ❷ *(geschlossen)* **~ sein** *(Tür)* être fermé ❸ *fam (betrunken)* **~ sein** être raide ❹ *(bei Richtungsangaben)* **nach Süden ~** vers le sud **III.** *konj* ❶ **sie hat vor ~ kommen** elle a l'intention de venir ❷ *(als Ausdruck des Könnens)* **er ist nicht ~ sprechen** il ne peut pas recevoir ❸ *(als Ausdruck des Müssens)* **ich habe viel ~ tun** j'ai beaucoup à faire

zuallererst [t͡suˈʔaləˈʔeːɐ̯st] *adv* avant toute chose

zuallerletzt [t͡suˈʔaləˈlɛt͡st] *adv* en tout dernier lieu

Zubehör [ˈt͡suːbəhøːɐ̯] <-[e]s> *nt o m* accessoires *mpl*

zu|beißen *vi irr* mordre

zu|bereiten* *vt* préparer

Zubereitung <-, -en> *f* préparation *f*

zu|binden *vt irr (Sack)* fermer; *(Schuh)* lacer; *(Schürze, Senkel)* nouer

zu|blinzeln I. *vi* **jdm ~** faire un clin d'œil à qn **II.** *vr* **sich** *(dat)* **~** se faire un clin d'œil

Zucchini [t͡sʊˈkiːni] *f* courgette *f*

züchten [ˈt͡sʏçtən] *vt (Tiere)* faire l'élevage de; *(Pflanzen)* cultiver

Züchter(in) <-s, -> *m(f) (von Tieren)* éleveur(-euse) *m(f); (von Pflanzen)* cultivateur(-trice) *m(f)*

zucken [ˈt͡sʊkən] *vi +haben (Augenlid)* tressaillir; *(Mundwinkel)* frémir

Zucker [ˈt͡sʊkɐ] <-s, -> *m* sucre *m*

Zuckerdose *f* sucrier *m* **zuckerkrank** *adj* diabétique

zuckern *vt* sucrer

zuckersüß [ˈt͡sʊkɐˈzyːs] *adj* ❶ *(süß)* extrêmement sucré(e) ❷ *pej* **~ zu jdm sein** être tout sucre tout miel avec qn

zu|decken *vt* couvrir

zu|drehen *vt* ❶ fermer ❷ *(zuwenden)* **jdm den Rücken ~** tourner le dos à qn

zu|drücken I. *vt* fermer **II.** *vi* **ziemlich fest ~** *(beim Händeschütteln)* serrer assez fort[ement]

zueinander [t͡suʔaɪ̯ˈnandɐ] *adv* **nicht ~ passen** ne pas aller ensemble

zuerst [t͡suˈʔeːɐ̯st] *adv* ❶ *(als Erster)* **~ durchs Ziel gehen** franchir le premier la ligne d'arrivée ❷ *(erledigen)* en premier ❸ *(anfangs)* d'abord

Zufahrt *f* accès *m*

Zufahrtsstraße *f* voie d'accès *f*

Zufall *m* hasard *m*

zufällig I. *adj* fortuit(e) II. *adv* par hasard

Zufallstreffer *m* but *m* marqué par hasard

zu|fliegen *vi irr +sein* ❶ **auf jdn/etw ~** *(Flugzeug)* voler en direction de qn/qc; *(Vogel, Ball)* se diriger sur qn/qc ❷ *(geflogen kommen)* **jdm ~** *(Vogel)* venir s'installer chez qn

Zuflucht <-, -en> *f* refuge *m*

zufolge [tsu'fɔlgə] *präp +dat* d'après

zufrieden [tsu'fri:dən] I. *adj* satisfait(e); **~ stellen** satisfaire II. *adv* *(lächeln)* d'un air satisfait

zufrieden|geben *vr* **sich mit etw ~** se contenter de qc

Zufriedenheit <-> *f* [sentiment *m* de] satisfaction *f*

zufrieden|lassen *vt* **jdn ~** laisser qn tranquille **zufrieden|stellen** *s.* **zufrieden**

zu|frieren *vi irr +sein* geler complètement

zu|fügen *vt* **jdm etw ~** infliger qc à qn

Zufuhr ['tsu:fu:ɐ] <-, -en> *f* ❶ *(Versorgung)* **~ von Versorgungsgütern** approvisionnement *m* en biens d'approvisionnement ❷ *(das Zuströmen: von Frischluft)* arrivée *f*

Zug [tsu:k] <-[e]s, Züge> *m* ❶ train *m* ❷ *(Lastzug)* semi-remorque *m* ❸ *(Inhalieren des Rauchs)* bouffée *f* ❹ *(Schluck)* gorgée *f* ❺ *kein Pl (Luftzug)* courant *m* d'air ❻ *(Spielzug)* coup *m* ❼ *(lange Kolonne)* cortège *m* ❽ *(Gesichtszug)* trait *m*

Zugabe *f* MUS bis *m*

Zugabteil *nt* compartiment *m*

Zugang <-gänge> *m* ❶ *(Eingang)* accès *m* ❷ *kein Pl* **~ zu etw** accès *m* à qc

zugänglich ['tsu:gɛŋlɪç] *adj* ❶ **leicht ~ sein** être facilement accessible ❷ *(verfügbar)* **etw ist allen ~** tout le monde a accès à qc ❸ *(Person)* d'un abord facile

zu|geben *vt irr* admettre

zugegebenermaßen *adv* je le concède, je le reconnais

zugegen [tsu'ge:gən] *adj geh* **bei etw ~ sein** être présent à qc

zu|gehen *vi irr +sein* ❶ *(sich schließen lassen)* fermer; *(Klappe)* se [re]fermer ❷ *(sich schließen)* **[von allein] ~** se fermer [automatiquement] ❸ *(zusteuern)* **auf jdn/etw ~** s'avancer vers qn/qc

Zugehörigkeit <-> *f* appartenance *f*

zugeknöpft *adj fam* **ziemlich ~ sein** ne pas être très causant

Zügel ['tsy:gəl] <-s, -> *m* rêne *f*

zugetan *adj* **jdm ~ sein** avoir de l'affection pour qn

Zugfahrplan *m* horaire *m* des trains

zügig ['tsy:gɪç] *adj* rapide

zugkräftig *adj (Slogan, Werbung)* attractif(-ive)

zugleich [tsu'glaiç] *adv* en même temps

Zugluft *f kein Pl* courant *m* d'air

zu|greifen *vi irr* ❶ *(zupacken)* [s']agripper ❷ *(sich bedienen)* se servir

Zugrestaurant *nt* wagon-restaurant *m*

Zugriffsberechtigung *f* INFORM autorisation *f* d'accès

Zugschaffner(in) *m(f)* contrôleur(-euse) *m(f)* [de train]

zugunsten, **zu Gunsten** [tsu'gʊnstən] *präp +gen o dat* **~ seines Kindes** en faveur de son enfant

zugute|kommen [tsu'gu:tə-] *vi* **jdm ~** *(Erfahrung)* se révéler être un avantage pour qn

Zugverbindung *f* liaison *f* ferroviaire

Zugverkehr *m* trafic *m* ferroviaire

zu|haben *irr* I. *vi (Geschäft)* être fermé II. *vt (Koffer)* avoir fermé

zu|halten *vt irr fam* **sich** *(dat)* **die Ohren ~** se boucher les oreilles

Zuhälter(in) ['tsu:hɛltɐ] <-s, -> *m(f)* proxénète *mf*

Zuhause [tsu'hauzə] <-s> *nt* maison *f*

zu|hören *vi* **jdm ~** écouter qn
Zuhörer(in) *m(f)* auditeur(-trice) *m(f)*
zu|jubeln *vi* **jdm ~** acclamer qn
zu|klappen **I.** *vt* +*haben* [re]fermer **II.** *vi* +*sein* se [re]fermer
zu|kleben *vt* cacheter
zu|knallen *fam* **I.** *vt* +*haben (Tür)* claquer **II.** *vi* +*sein* se fermer en claquant
zu|knöpfen *vt* boutonner
zu|kommen *vi irr* +*sein* ❶ **auf jdn/etw ~** venir vers qn/qc ❷ *fig* **alles auf sich** *(akk)* **~ lassen** laisser faire les choses ❸ *(bevorstehen)* **auf jdn ~** *(Aufgabe)* attendre qn ❹ *(gebühren)* **jdm ~** revenir à qn
Zukunft ['ʦu:kʊnft] <-> *f* ❶ avenir *m;* **in ~** à l'avenir ❷ LING futur *m*
zukünftig **I.** *adj* futur(e) **II.** *adv* à l'avenir
zu|lächeln *vi* **jdm ~** sourire à qn
zu|lassen *vt irr* ❶ *(dulden)* tolérer ❷ *(ermöglichen)* **wenn die Situation es zulässt** si la situation le permet ❸ *(Deutung)* autoriser ❹ *(amtliche Erlaubnis erteilen)* **jdn zur Prüfung ~** autoriser qn à passer un examen ❺ *(Kraftfahrzeug)* faire immatriculer
zulässig *adj* autorisé(e); *(Abweichung)* toléré(e)
Zulassung <-, -en> *f fam (Fahrzeugschein)* carte *f* grise
zu|legen **I.** *vt fam (zunehmen)* **fünf Kilo ~** prendre cinq kilos **II.** *vi fam (zunehmen)* prendre du poids
zuletzt [ʦu'lɛʦt] *adv* ❶ *(als Letzter)* **~ ins Ziel kommen** passer la ligne d'arrivée le dernier/la dernière ❷ *(zum Schluss)* **[ganz] ~** [tout] à la fin ❸ *fam (sehen)* pour la dernière fois ▶ **nicht ~** notamment
zum [ʦʊm] = *Abk von* **zu dem** *s.* **zu**
zu|machen **I.** *vt* fermer; *(Flasche)* [re]fermer; *(Schuh)* lacer **II.** *vi* fermer
zumal [ʦu'ma:l] **I.** *konj* d'autant plus que **II.** *adv* surtout
zu|mauern *vt* murer
zumeist [ʦu'maist] *adv* la plupart du temps
zumindest [ʦu'mɪndəst] *adv* ❶ du moins; *(wenigstens)* au moins ❷ *(jedenfalls)* en tout cas
Zumutung *f* **eine ~ sein** être plus qu'on ne peut en supporter
zunächst [ʦu'nɛ:çst] *adv* ❶ *(anfangs)* [tout] d'abord ❷ *(vorläufig)* pour l'instant
Zunahme ['ʦu:na:mə] <-, -n> *f* augmentation *f*
Zuname *m* nom *m* patronymique *(form)*
zündend *adj (Idee)* de génie, lumineux(-euse); *(Rede)* enflammé(e)
Zündkerze *f* bougie *f* **Zündschlüssel** *m* clé *f* de contact **Zündspule** *f* bobine *f* [d'allumage]
Zündung <-, -en> *f* allumage *m*
zu|nehmen *irr* **I.** *vi* ❶ *(Person)* grossir ❷ *(Spannung)* grandir; *(Umweltverschmutzung)* augmenter ❸ *(stärker werden)* gagner en intensité **II.** *vt* **[wieder] zehn Kilo ~** [re]prendre dix kilos
zunehmend **I.** *adj* croissant(e) **II.** *adv* constamment
Zunge ['ʦʊŋə] <-, -n> *f* langue *f*
zu|nicken *vi* **jdm ~** faire un signe de tête à qn
zu|packen *vi* ❶ *(zugreifen)* serrer; **fest ~** serrer fort[ement] ❷ *(mithelfen)* donner un coup de main
zur [ʦu:ɐ̯] = *Abk von* **zu der** *s.* **zu**
Zürcher *adj* de Zurich
Zürcher(in) <-s, -> *m(f)* Zurichois(e) *m(f)*
zurecht|finden [ʦu'rɛçtfɪndən] *vr irr* s'y retrouver **zurecht|kommen** *vi irr* +*sein* ❶ **mit den Kollegen ~** s'entendre avec les collègues ❷ *(klarkommen)* **mit einem Gerät nicht ~** ne pas s'en sortir avec un appareil **zurecht|machen** *vt fam* ❶ **das Bett ~** faire le lit ❷ *(schminken)* **sich ~** se faire une beauté **zurecht|weisen** *vt irr* réprimander
Zürich ['ʦy:rɪç] <-s> *nt* Zurich
Züricher(in) *s.* **Zürcher(in)**
zu|richten *vt* ❶ **jdn furchtbar ~** mettre

qn dans un état effrayant ❷ *(beschädigen)* **etw schlimm ~** mettre qc dans un état pitoyable

zurück [tsuˈrʏk] *adv* ❶ *(zurückgekehrt)* **~ sein** être de retour ❷ *(in Bezug auf den Rückweg)* **einmal Stuttgart-Nancy und ~, bitte!** un aller et retour Stuttgart-Nancy, s'il vous plaît!; **~!** demi-tour! ❸ *(rückwärts)* **drei Schritte ~!** trois pas en arrière!

zurück|bekommen* *vt irr* récupérer **zurück|bilden** *vr* **sich ~** se résorber **zurück|blicken** *vi* ❶ *(sich umsehen)* jeter un regard en arrière ❷ *(betrachten)* **auf etw** *(akk)* **~** jeter un regard rétrospectif sur qc **zurück|bringen** *vt irr* *(Person)* ramener; *(Gegenstand)* rapporter **zurück|erhalten*** *s.* **zurückbekommen** **zurück|fahren** *irr* **I.** *vi +sein* ❶ repartir ❷ *(zurückweichen)* **vor jdm/etw ~** reculer brusquement devant qn/pour éviter qc **II.** *vt +haben* ❶ *(Fahrzeug)* reculer ❷ *(Person)* reconduire; *(Gegenstand)* rapporter **zurück|geben** *vt irr* ❶ *(wiedergeben)* rendre ❷ *(Waren)* rendre ❸ *(erneut verleihen)* **jdm sein Selbstvertrauen ~** redonner de l'assurance à qn **zurückgeblieben** *adj* *(Kind)* retardé(e) **zurück|gehen** *vi irr +sein* ❶ retourner ❷ *(Umsatz)* reculer; *(Fieber)* baisser ❸ *(Schwellung)* se résorber

zurückgezogen *adj* retiré(e)

Zurückgezogenheit <-> *f* solitude *f*

zurück|greifen *vi irr* **auf etw** *(akk)* **~** recourir à qc **zurück|halten** *irr* **I.** *vr* *(sich beherrschen)* **sich ~** se contenir **II.** *vt* *(Person)* retenir

zurückhaltend **I.** *adj* ❶ *(reserviert)* réservé(e) ❷ *(vorsichtig)* mesuré(e) **II.** *adv* *(vorsichtig)* avec circonspection

zurück|kehren *vi +sein geh* revenir; **zu jdm ~** retourner vivre avec qn

zurück|kommen *vi irr +sein* revenir **zurück|lehnen** *vr* **sich ~** se pencher en arrière **zurück|nehmen** *vt irr* ❶ reprendre ❷ *(Vorwurf)* retirer **zurück|rudern** *vi fam* faire marche arrière **zurück|rufen** *vt, vi irr a.* TELEC rappeler **zurück|schicken** *vt* *(Brief)* renvoyer **zurück|schieben** *vt irr* **etw ~** pousser qc en arrière **zurück|schrecken** *vi irr +haben o sein* reculer **zurück|spulen** *vt, vi* rembobiner **zurück|stecken** **I.** *vt* remettre; **etw in die Hosentasche ~** remettre qc dans sa poche **II.** *vi* ❶ *(nachgeben)* céder ❷ *(sich bescheiden)* se montrer moins exigeant **zurück|stellen** *vt* ❶ *(wegräumen)* remettre; **etw ins Regal ~** remettre qc dans l'étagère ❷ *(Möbelstück, Zeiger)* reculer ❸ *(Kind)* retarder la scolarisation de; *(Plan)* repousser **zurück|treten** *vi irr +sein* ❶ *(zurückgehen)* reculer ❷ *(seinen Rücktritt erklären)* démissionner **zurück|verfolgen*** *vt* remonter **zurück|weichen** *vi irr +sein* reculer **zurück|zahlen** *vt* rembourser **zurück|ziehen** *vr irr +haben* **sich ~** se retirer

Zusage *f* réponse *f* positive

zu|sagen **I.** *vt* **jdm Hilfe ~** promettre de l'aide à qn **II.** *vi* ❶ *(bestätigen)* répondre positivement; **sie will noch nicht ~** elle ne veut pas encore s'engager ❷ *(gefallen)* **jdm** *(Angebot)* plaire à qn; *(Essen)* être au goût de qn

zusammen [tsuˈzamən] *adv* ❶ ensemble; **mit jdm ~ sein** *(befreundet sein)* être avec qn ❷ *(zusammengerechnet)* au total

Zusammenarbeit *f kein Pl* collaboration *f;* POL coopération *f* **zusammen|arbeiten** *vi* travailler ensemble **zusammen|bauen** *vt* monter **zusammen|brechen** *vi irr +sein* *(Person)* s'écrouler; *(Brücke)* s'effondrer **zusammen|fassen** *vt, vi* résumer

zusammenfassend **I.** *adj* récapitulatif(-ive) **II.** *adv* en résumé

Zusammenfassung *f* résumé *m*

zusammen|gehören* *vi* *(Ehepartner)* être faits l'un pour l'autre; *(Teile)* aller ensemble

zusammengewürfelt *adj (Gruppe, Mobiliar)* hétéroclite

Zusammenhalt *m kein Pl* cohésion *f*

zusammen|halten *irr* **I.** *vi* ❶ tenir ensemble ❷ *(zueinander halten)* être solidaire(s) **II.** *vt* **seine Ersparnisse ~** être assis sur ses économies

Zusammenhang <-[e]s, -hänge> *m* ❶ *(Verbindung)* rapport *m* ❷ *(Kontext)* contexte *m*

zusammen|hängen *vi irr* ❶ **mit etw ~** être en rapport avec qc ❷ *(Teile)* être collés

zusammenhängend *adj* cohérent(e)

zusammen|heften *vt* agrafer **zusammen|klappen** **I.** *vt +haben (Taschenmesser)* refermer; *(Klappstuhl)* [re]plier **II.** *vi +sein* ❶ se replier ❷ *fam (kollabieren)* tomber dans les pommes **zusammen|leben** *vi* vivre ensemble; **mit jdm ~** vivre avec qn **zusammen|legen** **I.** *vt* ❶ *(Wolldecke)* [re]plier ❷ *(Häftlinge)* mettre ensemble **II.** *vi* se cotiser **zusammen|packen** *vt* ❶ *(Sachen)* emballer ❷ *(zusammen einpacken)* **alles ~** emballer tout ensemble **zusammen|passen** *vi* ❶ *(Einzelteile)* s'accorder ❷ *(Personen, Farben)* aller bien ensemble

Zusammenprall *m* collision *f*

zusammen|reißen *vr irr fam* **sich ~** se ressaisir **zusammen|schließen** *vr irr* **sich ~** ❶ s'associer ❷ *(fusionieren)* fusionner **zusammen|setzen** **I.** *vt* ❶ *(Stücke)* assembler ❷ *(nebeneinandersetzen)* mettre l'un(e) à côté de l'autre **II.** *vr (sich zueinander setzen)* **sich ~** s'asseoir l'un(e) à côté de l'autre

Zusammenstoß *m* collision *f* **zusammen|stoßen** *vi irr +sein (Fahrzeuge)* entrer en collision; *(Personen)* se heurter **zusammen|tun** *vr irr fam* **sich ~** se mettre ensemble **zusammen|zählen** *vt* additionner **zusammen|ziehen** *vi irr +sein* s'installer ensemble

Zusatz *m* ajout *m*

zusätzlich ['tsuːzɛtslɪç] **I.** *adj (Kosten)* supplémentaire; *(Versicherung)* complémentaire **II.** *adv* en plus

zu|schauen *s.* **zusehen**

Zuschauer(in) <-s, -> *m(f)* spectateur(-trice) *m(f)*

Zuschauertribüne *f* tribune *f*

Zuschlag *m (zum Lohn)* majoration *f*; *(zum Fahrpreis)* supplément *m*

zu|schlagen *irr* **I.** *vt +haben (Tür)* claquer; *(Buch)* refermer **II.** *vi* ❶ *+sein (zufallen: Tür)* claquer ❷ *+haben* **mit einem Knüppel ~** donner un coup/des coups de matraque ❸ *+haben (Schicksal)* frapper

zu|schließen *vt, vi irr* fermer à clé

zu|schnüren *vt (Schuhe, Korsett)* lacer; *(Paket)* ficeler

zu|schrauben *vt* **[wieder] ~** [re]visser

zu|sehen *vi irr* regarder

zusehends ['tsuːzeːənts] *adv* à vue d'œil

zu|senden *vt* envoyer

zu|setzen *vi* ❶ *(Krankheit)* éprouver ❷ *(bedrängen)* harceler

zu|sperren *vt* A **die Tür ~** fermer la porte à clé

zu|spitzen *vr* **sich ~** s'aggraver

Zustand <-[e]s, -stände> *m* état *m*

zuständig *adj* compétent(e)

zu|stecken *vt* glisser

zu|stehen *vi irr* ❶ **jdm ~** *(Erbschaft)* revenir [de droit] à qn ❷ *(zukommen)* **eine solche Äußerung steht Ihnen nicht zu** il ne vous appartient pas de tenir de tels propos

Zustellung *f form (eines Briefs)* distribution *f*; *(eines Urteils)* notification *f*

zu|stimmen *vi* ❶ *(gleicher Meinung sein)* être du même avis ❷ *(einverstanden sein)* être d'accord

Zustimmung *f* approbation *f*

zu|stoßen *irr* **I.** *vi* ❶ *+haben* frapper ❷ *+sein (Unglück)* arriver **II.** *vt +haben* **etw mit dem Fuß ~** fermer qc d'un coup de pied

Zutat <-, -en> *f meist Pl* ingrédient *m*

zutiefst [tsu'tiːfst] *adv* au plus haut point

zu|trauen *vt* **jdm etw ~** croire qn capable de qc

zutraulich *adj (Kind)* confiant(e); *(Hund)* familier(-ière)
zu|treffen *vi irr* être juste; **auf jdn/etw ~** *(Beschreibung)* correspondre à qn/s'appliquer à qc
zutreffend *adj* exact(e)
Zutritt *m kein Pl* accès *m*
zuverlässig ['tsu:fɛɐ̯lɛsɪç] *adj* fiable
Zuverlässigkeit <-> *f* fiabilité *f*
zuversichtlich *adj* confiant(e)
zuvor [tsu'fo:ɐ̯] *adv* ❶ *(früher)* auparavant; **am Tag ~** la veille ❷ *(zunächst)* au préalable
zuvor|kommen *vi irr +sein* devancer
zuvorkommend **I.** *adj* prévenant(e) **II.** *adv* avec prévenance
Zuwachs ['tsu:vaks] <-es, Zuwächse> *m* accroissement *m*
Zuwanderer, Zuwanderin *m, f* immigrant(e) *m(f)*
Zuwanderung *f* immigration *f*
zu|weisen *vt irr (Aufgabe)* assigner; *(Arbeitsplatz)* attribuer
zu|wenden *irr* **I.** *vt* **jdm den Rücken ~** tourner le dos à qn **II.** *vr* **sich jdm ~** se tourner vers qn
zu|werfen *vt irr* **jdm etw ~** lancer qc à qn
zuwider [tsu'vi:dɐ] *adj* **jdm ~ sein** inspirer de la répugnance à qn
zu|ziehen *irr* **I.** *vt +haben (Schlinge)* serrer; *(Vorhang)* tirer **II.** *vr +haben* **sich ~** ❶ *(auf sich ziehen)* s'attirer ❷ *(Verletzung)* se faire **III.** *vi +sein (Einwohner)* [venir] s'installer
zuzüglich ['tsu:tsy:klɪç] *präp +gen* **hundert Euro ~ Mehrwertsteuer** cent euros la T.V.A. en sus
zu|zwinkern *vi* faire un clin/des clins d'œil
Zwang [tsvaŋ] <-[e]s, Zwänge> *m* contrainte *f*
zwängen ['tsvɛŋən] **I.** *vt* **etw in den Koffer ~** bourrer qc dans la valise **II.** *vr* **sich durch die Tür ~** se faufiler à travers la porte
Zwangsjacke *f* camisole *f* [de force] **Zwangsräumung** *f* [mesure *f* d']expulsion *f* **Zwangsversteigerung** *f* vente *f* judiciaire
zwanzig ['tsvantsɪç] *num* vingt; *s.a.* **achtzig**
zwanziger *adj inv* **die ~ Jahre** les années *f pl* vingt; *s.a.* **achtziger**
zwanzigste(r, s) *adj* vingtième
zwar [tsva:ɐ̯] *adv* ❶ *(einschränkend)* certes ❷ *(präzisierend)* **und ~** à savoir
Zweck [tsvɛk] <-[e]s, -e> *m* ❶ *(Ziel)* objectif *m*, but *m*; **für einen guten ~** pour une bonne cause ❷ *(Sinn)* raison *f* d'être ❸ *(Verwendungszweck)* fonction *f*
zwecklos *adj (Unterfangen)* inutile
zwecks *präp +gen form* en vue de
zwei [tsvai] *num* deux; *s.a.* **acht**[1]
Zwei <-, -en> *f* ❶ *(Zahl, Augenzahl)* deux *m* ❷ *(Schulnote) bonne note située entre quatorze et seize sur vingt* CH *mauvaise note située entre trois et six sur vingt*
Zweibettzimmer *nt* chambre *f* double; *(im Krankenhaus)* chambre à deux lits
zweideutig *adj* ❶ ambigu(ë) ❷ *(Bemerkung)* équivoque
zweierlei *adj inv* **~ Sorten Brot** deux sortes de pain; *s.a.* **achterlei**
zweifach *adj, adv* deux fois; *s.a.* **achtfach**
Zweifamilienhaus [tsvaifa'mi:li̯ənhaus] *nt* maison *f* de deux appartements
Zweifel ['tsvaifəl] <-s, -> *m meist Pl* doute *m*
zweifelhaft *adj a. pej* douteux(-euse)
zweifellos *adv* incontestablement
zweifeln *vi* douter
Zweifelsfall *m* ▸ **im ~** dans le doute
Zweig [tsvaik] <-[e]s, -e> *m a.* COM branche *f*
zweigleisig *adj* ❶ *(Strecke)* à double voie ❷ *fig* **~e Verhandlungen** des négociations sur deux fronts
Zweigstelle *f* succursale *f*; *(der Post)* bureau *m*
zweihundert ['tsvai'hʊndɐt] *num* deux cents
zweijährig *adj (Kind)* de deux ans

Zweijährige(r) *f(m)* garçon *m*/fille *f* de deux ans

zweimal *adv* deux fois; *s.a.* **achtmal** **Zweirad** *nt meist Pl form* deux-roues *m*

zweiseitig *adj (Brief)* de deux pages

zweisprachig *adj* bilingue

zweispurig *adj* à deux voies

zweit *adv* **zu ~ sein** être [à] deux; *s.a.* **acht²**

zweitausend ['tsvai'tauzənt] *num* deux mille

zweitbeste(r, s) ['tsvait'bɛstə] *adj* deuxième meilleur(e)

zweite(r, s) *adj* ❶ deuxième ❷ *(bei Datumsangaben)* **der ~ März** le deux mars; *s.a.* **achte(r, s)**

zweiteilig *adj* en deux parties

zweitens *adv* deuxièmement

zweitklassig *adj pej* de deuxième catégorie

zweitletzte(r, s) *adj* avant-dernier(-ière)

zweitrangig *adj* ❶ *(Problem)* de second ordre ❷ *s.* **zweitklassig**

Zweitstimme *f* POL deuxième voix *f (accordée à une liste nationale lors des élections au Bundestag ou au Landtag)*

Zweitürer <-s, -> *m fam* deux portes *f*

Zweitwagen *m* deuxième voiture *f* **Zweitwohnung** *f* résidence *f* secondaire

Zweizimmerwohnung [tsvai'tsɪmɐvoːnʊŋ] *f* deux-pièces *m*

Zwerg(in) [tsvɛrk] <-[e]s, -e> *m(f) a. fig, pej* nain(e) *m(f)*

zwicken ['tsvɪkən] A I. *vi (Hose)* serrer II. *vt* pincer

Zwickmühle *f* ▸ **in der ~ sein** *fam* être coincé

Zwieback ['tsviːbak] <-[e]s, -e> *m* biscotte *f*

Zwiebel ['tsviːbəl] <-, -n> *f* oignon *m*

Zwiebelkuchen *m* tarte *f* à l'oignon **Zwiebelsuppe** *f* soupe *f* à l'oignon

zwielichtig *adj pej* louche

Zwilling ['tsvɪlɪŋ] <-s, -e> *m* ❶ jumeau *m*/jumelle *f* ❷ ASTRO **die ~e** les Gémeaux *mpl*

zwingen ['tsvɪŋən] *irr* I. *vt* forcer II. *vr* **sich zu einer Arbeit ~** *(sich überwinden)* se forcer à faire un travail

zwinkern ['tsvɪŋkɐn] *vi* cligner des yeux/de l'œil

zwischen ['tsvɪʃən] I. *präp +dat* entre II. *präp +akk* entre

Zwischenbemerkung *f* parenthèse *f* **Zwischenbilanz** *f* bilan *m* intermédiaire

zwischendurch *adv* ❶ *(gelegentlich)* de temps en temps; *(inzwischen)* entre-temps ❷ *(örtlich)* au milieu

Zwischenfall *m* incident *m* **Zwischenlandung** *f* escale *f* **Zwischenmahlzeit** *f* collation *f* **Zwischenstation** *f* halte *f* **Zwischenzeit** *f* **in der ~** dans l'intervalle **Zwischenzeugnis** *nt (Schulzeugnis)* bulletin *m* intermédiaire; *(in Frankreich)* bulletin trimestriel

zwitschern ['tsvɪtʃɐn] *vi* gazouiller

zwo [tsvoː] *num fam* deux

zwölf [tsvœlf] *num* douze; *s.a.* **acht¹**

zwölffach *adj, adv* douze fois; *s.a.* **achtfach**

zwölfmal *adv* douze fois; *s.a.* **achtmal**

zwölft *adv* **zu ~ sein** être douze; *s.a.* **acht²**

zwölfte(r, s) *adj* ❶ douzième ❷ *(bei Datumsangaben)* **der ~ März** le douze mars; *s.a.* **achte(r, s)**

zwölftel *adj* douzième; *s.a.* **achtel**

zyklisch ['tsyːklɪʃ] *adj a.* CHEM cyclique

Zyklus ['tsyːklʊs] <-, Zyklen> *m a.* BIO cycle *m*

Zylinder [tsi'lɪndɐ] <-s, -> *m* MATH, TECH cylindre *m*

zynisch I. *adj* cynique II. *adv* avec cynisme

Zynismus [tsy'nɪsmʊs] <-> *m kein Pl* cynisme *m*

Zypern ['tsyːpɐn] <-s> *nt* Chypre *f*

Zypriot(in) [tsypri'oːt] <-en, -en> *m(f)* *s.* **Zyprer**

zypriotisch [tsypri'oːtɪʃ] *adj* chypriote, cypriote

z.Z., z.Zt. *Abk von* **zur Zeit**

Anhang
Appendix

Dieser Teil deines Wörterbuches bietet dir viele nützliche Extras. So hast du die Möglichkeit, mehr über die französische Sprache zu erfahren. Das findest du auf den folgenden Seiten:

Französische Verben

Verbes français

Bei den Verben mit den Endungen **-er**, **-ir** und **-re** gibt es Besonderheiten, die wir dir nun an 14 Musterverben zeigen. Im Wörterbuchteil werden die Verben mit Zahlen in spitzen Klammern (<1> usw.) versehen; die Ziffern verweisen auf die Musterverben im folgenden Teil. Verben, die sehr unregelmäßig sind, sind im Wörterbuchteil mit *irr* gekennzeichnet. Diese Verben findest du direkt hinter den 14 Musterverben, und zwar in alphabetischer Reihenfolge.

1 chanter

INDICATIF				SUBJONCTIF
Présent	**Imparfait**	**Futur simple**	**Passé composé**	**Présent**
je chante	je chantais	je chanterai	j'ai chanté	que je chante
tu chantes	tu chantais	tu chanteras	tu as chanté	que tu chantes
il chante	il chantait	il chantera	il a chanté	qu'il chante
nous chantons	nous chantions	nous chanterons	nous avons chanté	que nous chantions
vous chantez	vous chantiez	vous chanterez	vous avez chanté	que vous chantiez
ils chantent	ils chantaient	ils chanteront	ils ont chanté	qu'ils chantent

2 commencer

INDICATIF				SUBJONCTIF
Présent	**Imparfait**	**Futur simple**	**Passé composé**	**Présent**
je commence	je commençais	je commencerai...	j'ai commencé ...	que je commence
tu commences	tu commençais			que tu commences
il commence	il commençait			qu'il commence
nous commençons	nous commencions			que nous commencions
vous commencez	vous commenciez			que vous commenciez
ils commencent	ils commençaient			qu'ils commencent

2a changer

INDICATIF				SUBJONCTIF
Présent	Imparfait	Futur simple	Passé composé	Présent
je change	je changeais	je changerai ...	j'ai changé ...	que je change
tu changes	tu changeais			que tu changes
il change	il changeait			qu'il change
nous changeons	nous changions			que nous changions
vous changez	vous changiez			que vous changiez
ils changent	ils changeaient			qu'ils changent

3 rejeter

INDICATIF				SUBJONCTIF
Présent	Imparfait	Futur simple	Passé composé	Présent
je rejette	je rejetais ...	je rejetterai ...	j'ai rejeté ...	que je rejette
tu rejettes				que tu rejettes
il rejette				qu'il rejette
nous rejetons				que nous rejetions
vous rejetez				que vous rejetiez
ils rejettent				qu'ils rejettent

4 peler

INDICATIF				SUBJONCTIF
Présent	Imparfait	Futur simple	Passé composé	Présent
je pèle	je pelais ...	je pèlerai	j'ai pelé ...	que je pèle
tu pèles		tu pèleras		que tu pèles
il pèle		il pèlera		qu'il pèle
nous pelons		nous pèlerons		que nous pelions
vous pelez		vous pèlerez		que vous peliez
ils pèlent		ils pèleront		qu'ils pèlent

5 préférer

INDICATIF				SUBJONCTIF
Présent	Imparfait	Futur simple	Passé composé	Présent
je préfère	je préférais ...	je préférerai ...	j'ai préféré ...	que je préfère
tu préfères				que tu préfères
il préfère				qu'il préfère
nous préférons				que nous préférions
vous préférez				que vous préfériez
ils préfèrent				qu'ils préfèrent

6 appuyer

INDICATIF				SUBJONCTIF
Présent	Imparfait	Futur simple	Passé composé	Présent
j'appuie	j'appuyais ...	j'appuierai ...	j'ai appuyé ...	que j'appuie
tu appuies				que tu appuies
il appuie				qu'il appuie
nous appuyons				que nous appuyions
vous appuyez				que vous appuyiez
ils appuient				qu'ils appuient

7 essayer

INDICATIF				SUBJONCTIF
Présent	Imparfait	Futur simple	Passé composé	Présent
j'essaie/essaye	j'essayais ...	j'essaierai/ essayerai ...	j'ai essayé ...	que j'essaie/essaye
tu essaies/ essayes				que tu essaies/ essayes
il essaie/essaye				qu'il essaie/essaye
nous essayons				que nous essayions
vous essayez				que vous essayiez
ils essaient/ essayent				qu'ils essaient/ essayent

8 agir

INDICATIF				SUBJONCTIF
Présent	Imparfait	Futur simple	Passé composé	Présent
j'agis	j'agissais	j'agirai	j'ai agi ...	que j'agisse
tu agis	tu agissais	tu agiras		que tu agisses
il agit	il agissait	il agira		qu'il agisse
nous agissons	nous agissions	nous agirons		que nous agissions
vous agissez	vous agissiez	vous agirez		que vous agissiez
ils agissent	ils agissaient	ils agiront		qu'ils agissent

9 devenir

INDICATIF				SUBJONCTIF
Présent	Imparfait	Futur simple	Passé composé	Présent
je deviens	je devenais ...	je deviendrai	je suis devenu(e) ...	que je devienne
tu deviens		tu deviendras		que tu deviennes
il devient		il deviendra		qu'il devienne
nous devenons		nous deviendrons		que nous devenions
vous devenez		vous deviendrez		que vous deveniez
ils deviennent		ils deviendront		qu'ils deviennent

10 sortir

INDICATIF				SUBJONCTIF
Présent	Imparfait	Futur simple	Passé composé	Présent
je sors	je sortais ...	je sortirai ...	je suis sorti(e) ...	que je sorte
tu sors				que tu sortes
il sort				qu'il sorte
nous sortons				que nous sortions
vous sortez				que vous sortiez
ils sortent				qu'ils sortent

11 ouvrir

INDICATIF				SUBJONCTIF
Présent	Imparfait	Futur simple	Passé composé	Présent
j'ouvre	j'ouvrais ...	j'ouvrirai ...	j'ai ouvert ...	que j'ouvre
tu ouvres				que tu ouvres
il ouvre				qu'il ouvre
nous ouvrons				que nous ouvrions
vous ouvrez				que vous ouvriez
ils ouvrent				qu'ils ouvrent

12 apercevoir

INDICATIF				SUBJONCTIF
Présent	Imparfait	Futur simple	Passé composé	Présent
j'aperçois	j'apercevais ...	j'apercevrai ...	j'ai aperçu ...	que j'aperçoive
tu aperçois				que tu aperçoives
il aperçoit				qu'il aperçoive
nous apercevons				que nous apercevions
vous apercevez				que vous aperceviez
ils aperçoivent				qu'ils aperçoivent

13 comprendre

INDICATIF				SUBJONCTIF
Présent	Imparfait	Futur simple	Passé composé	Présent
je comprends	je comprenais	je comprendrai	j'ai compris ...	que je comprenne
tu comprends	tu comprenais	tu comprendras		que tu comprennes
il comprend	il comprenait	il comprendra		qu'il comprenne
nous comprenons	nous comprenions	nous comprendrons		que nous comprenions
vous comprenez	vous compreniez	vous comprendrez		que vous compreniez
ils comprennent	ils comprenaient	ils comprendront		qu'ils comprennent

14 vendre

INDICATIF				SUBJONCTIF
Présent	**Imparfait**	**Futur simple**	**Passé composé**	**Présent**
je vends	je vendais	je vendrai ...	j'ai vendu ...	que je vende
tu vends	tu vendais			que tu vendes
il vend	il vendait			qu'il vende
nous vendons	nous vendions			que nous vendions
vous vendez	vous vendiez			que vous vendiez
ils vendent	ils vendaient			qu'ils vendent

Unregelmäßige französische Verben

Verbes français irréguliers

Die unregelmäßigen Verben sind sehr wichtig. Diese Übersicht kannst du sowohl zum Nachschlagen als auch zum Lernen benutzen.

Infinitif	Présent	Imparfait	Futur	Participe passé	Subjonctif présent
abattre *siehe battre*		**abstraire** *siehe extraire*		**accourir** *siehe courir*	
accroître	j'accrois il accroît nous accroissons ils accroissent	j'accroissais il accroît nous accroissions ils accroissaient	j'accroîtrai il accroîtra nous accroîtrons ils accroîtront	accru, e	que j'accroisse qu'il accroisse que nous accroissions qu'ils accroissent
accueillir *siehe cueillir*					
acquérir	j'acquiers il acquiert nous acquérons ils acquièrent	j'acquérais il acquérait nous acquérions ils acquéraient	j'acquerrai il acquerra nous acquerrons ils acquerront	acquis, e	que j'acquière qu'il acquière que nous acquérions qu'ils acquièrent
admettre *siehe mettre*					
aller	je vais tu vas il va nous allons vous allez ils vont	j'allais tu allais il allait nous allions vous alliez ils allaient	j'irai tu iras il ira nous irons vous irez ils iront	allé, e	que j'aille que tu ailles qu'il aille que nous allions que vous alliez qu'ils aillent
apparaître *siehe paraître*					
asseoir	j'assieds o j'assois il assied o il assoit nous asseyons o nous assoyons ils asseyent o ils assoient	j'asseyais o j'assoyais il asseyait o il assoyait nous asseyions o nous assoyions ils asseyaient o ils assoyaient	j'assiérai o j'assoirai il assiéra o il assoira nous assiérons o nous assoirons ils assiéront o ils assoiront	assis, e	que j'asseye o que j'assoie qu'il asseye o qu'il assoie que nous asseyions o que nous assoyions qu'ils asseyent

Infinitif	Présent	Imparfait	Futur	Participe passé	Subjonctif présent
atteindre *siehe peindre*					
avoir	j'ai tu as il a nous avons vous avez ils ont	j'avais tu avais il avait nous avions vous aviez ils avaient	j'aurai tu auras il aura nous aurons vous aurez ils auront	eu, e	que j'aie que tu aies qu'il ait que nous ayons que vous ayez qu'ils aient
battre	je bats il bat nous battons ils battent	je battais il battait nous battions ils battaient	je battrai il battra nous battrons ils battront	battu, e	que je batte qu'il batte que nous battions qu'ils battent
boire	je bois il boit nous buvons ils boivent	je buvais il buvait nous buvions ils buvaient	je boirai il boira nous boirons ils boiront	bu, e	que je boive qu'il boive que nous buvions qu'ils boivent
bouillir	je bous nous bouillons ils bouillent	je bouillais nous bouillions ils bouillaient	je bouillirai nous bouillirons ils bouilliront	bouilli, e	que je bouille que nous bouillions qu'ils bouillent
circonscrire *siehe écrire*		**comparaître** *siehe paraître*		**compromettre** *siehe mettre*	
conclure	je conclus	je concluais	je conclurai	conclu, e	que je conclue
concourir *siehe courir*					
conduire	je conduis	je conduisais	je conduirai	conduit, e	que je conduise
connaître *siehe paraître*		**conquérir** *siehe acquérir*		**construire** *siehe conduire*	
contraindre *siehe craindre*		**contredire** *siehe dire*		**contrefaire** *siehe faire*	
convaincre *siehe vaincre*		**corrompre** *siehe rompre*			
coudre	je couds il coud nous cousons ils cousent	je cousais il cousait nous cousions ils cousaient	je coudrai il coudra nous coudrons ils coudront	cousu, e	que je couse qu'il couse que nous cousions qu'ils cousent
courir	je cours il court nous courons ils courent	je courais il courait nous courions ils couraient	je courrai il courra nous courrons ils courront	couru, e	que je coure qu'il coure que nous courions qu'ils courent

Infinitif	Présent	Imparfait	Futur	Participe passé	Subjonctif présent
craindre	je crains nous craignons ils craignent	je craignais nous craignions ils craignaient	je craindrai nous craindrons ils craindront	craint, e	que je craigne que nous craignions qu'ils craignent
croire	je crois il croit nous croyons ils croient	je croyais il croyait nous croyions ils croyaient	je croirai il croira nous croirons ils croiront	cru, e	que je croie qu'il croie que nous croyions qu'ils croient
croître	je croîs nous croissons ils croissent	je croissais nous croissions ils croissaient	je croîtrai nous croîtrons ils croîtront	crû, crue, cru(e)s	que je croisse que nous croissions qu'ils croissent
cueillir	je cueille il cueille nous cueillons ils cueillent	je cueillais il cueillait nous cueillions ils cueillaient	je cueillerai il cueillera nous cueillerons ils cueilleront	cueilli, e	que je cueille qu'il cueille que nous cueillions qu'ils cueillent
cuire *siehe conduire*		**débattre** *siehe battre*		**décrire** *siehe écrire*	
décroître *siehe accroître*		**déduire** *siehe conduire*		**défaire** *siehe faire*	
démettre *siehe mettre*		**dépeindre** *siehe peindre*		**déplaire** *siehe plaire*	
desservir *siehe servir*		**détruire** *siehe conduire*		**dévêtir** *siehe vêtir*	
devoir	je dois il doit nous devons ils doivent	je devais il devait nous devions ils devaient	je devrai il devra nous devrons ils devront	dû, due, du(e)s	que je doive qu'il doive que nous devions qu'ils doivent
dire	je dis nous disons vous dites ils disent	je disais nous disions vous disiez ils disaient	je dirai nous dirons vous direz ils diront	dit, e	que je dise que nous disions que vous disiez qu'ils disent
disparaître *siehe paraître*		**dissoudre** *siehe absoudre*		**distraire** *siehe extraire*	
dormir	je dors nous dormons ils dorment	je dormais nous dormions ils dormaient	je dormirai nous dormirons ils dormiront	dormi	que je dorme que nous dormions qu'ils dorment
écrire	j'écris il écrit nous écrivons ils écrivent	j'écrivais il écrivait nous écrivions ils écrivaient	j'écrirai il écrira nous écrirons ils écriront	écrit, e	que j'écrive qu'il écrive que nous écrivions qu'ils écrivent
élire *siehe lire*		**émettre** *siehe mettre*			

Infinitif	Présent	Imparfait	Futur	Participe passé	Subjonctif présent
émouvoir *wie mouvoir, Ausnahme:* ému, e					
endormir *siehe dormir*		**enduire** *siehe conduire*		**enfuir** *siehe fuir*	
ensuivre *siehe suivre*		**entrevoir** *siehe voir*			
envoyer	j'envoie nous envoyons ils envoient	j'envoyais nous envoyions ils envoyaient	j'enverrai nous enverrons ils enverront	envoyé, e	que j'envoie que nous envoyions qu'ils envoient
équivaloir *siehe valoir*		**éteindre** *siehe peindre*			
être	je suis tu es il est nous sommes vous êtes ils sont	j'étais tu étais il était nous étions vous étiez ils étaient	je serai tu seras il sera nous serons vous serez ils seront	été	que je sois que tu sois qu'il soit que nous soyons que vous soyez qu'ils soient
exclure	j'exclus il exclut nous excluons ils excluent	j'excluais il excluait nous excluions ils excluaient	j'exclurai il exclura nous exclurons ils excluront	exclu, e	que j'exclue qu'il exclue que nous excluions qu'ils excluent
extraire	j'extrais nous extrayons ils extraient	j'extrayais nous extrayions ils extrayaient	j'extrairai nous extrairons ils extrairont	extrait, e	que j'extraie que nous extrayions qu'ils extraient
faillir	je faillis nous faillissons ils faillissent	je faillissais *o* je faillais nous faillissions *o* nous faillions ils faillissaient *o* ils faillaient	je faillirai *o* je faudrai nous faillirons *o* nous faudrons ils failliront *o* ils faudront	failli	que je faillisse *o* que je faille que nous faillissions *o* que nous faillions qu'ils faillissent *o* qu'ils faillent
faire	je fais tu fais il fait nous faisons vous faites ils font	je faisais tu faisais il faisait nous faisions vous faisiez ils faisaient	je ferai tu feras il fera nous ferons vous ferez ils feront	fait, e	que je fasse que tu fasses qu'il fasse que nous fassions que vous fassiez qu'ils fassent
falloir	il faut	il fallait	il faudra	fallu	qu'il faille

Infinitif	Présent	Imparfait	Futur	Participe passé	Subjonctif présent
frire	je fris nous/vous/ils *fehlt*	*fehlt*	je frirai nous frirons ils friront	frit, e	*fehlt*
fuir	je fuis il fuit nous fuyons ils fuient	je fuyais il fuyait nous fuyions ils fuyaient	je fuirai il fuira nous fuirons ils fuiront	fui, e	que je fuie qu'il fuie que nous fuyions qu'ils fuient
haïr	je hais il hait nous haïssons ils haïssent	je haïssais il haïssait nous haïssions ils haïssaient	je haïrai il haïra nous haïrons ils haïront	haï, e	que je haïsse qu'il haïsse que nous haïssions qu'ils haïssent
inscrire *siehe écrire*		**interdire** *siehe contredire*		**interrompre** *siehe rompre*	
introduire *siehe conduire*					
joindre	je joins il joint nous joignons ils joignent	je joignais il joignait nous joignions ils joignaient	je joindrai il joindra nous joindrons ils joindront	joint, e	que je joigne qu'il joigne que nous joignions qu'ils joignent
lire	je lis il lit nous lisons ils lisent	je lisais il lisait nous lisions ils lisaient	je lirai il lira nous lirons ils liront	lu, e	que je lise qu'il lise que nous lisions qu'ils lisent
luire *siehe nuire*					
mettre	je mets il met nous mettons ils mettent	je mettais il mettait nous mettions ils mettaient	je mettrai il mettra nous mettrons ils mettront	mis, e	que je mette qu'il mette que nous mettions qu'ils mettent
moudre	je mouds il moud nous moulons ils moulent	je moulais il moulait nous moulions ils moulaient	je moudrai il moudra nous moudrons ils moudront	moulu, e	que je moule qu'il moule que nous moulions qu'ils moulent
mourir	je meurs il meurt nous mourons ils meurent	je mourais il mourait nous mourions ils mouraient	je mourrai il mourra nous mourrons ils mourront	mort, e	que je meure qu'il meure que nous mourions qu'ils meurent

Infinitif	Présent	Imparfait	Futur	Participe passé	Subjonctif présent
naître	je nais il naît nous naissons ils naissent	je naissais il naissait nous naissions ils naissaient	je naîtrai il naîtra nous naîtrons ils naîtront	né, e	que je naisse qu'il naisse que nous naissions qu'ils naissent
nuire	je nuis nous nuisons ils nuisent	je nuisais nous nuisions ils nuisaient	je nuirai nous nuirons ils nuiront	nui	que je nuise que nous nuisions qu'ils nuisent
paraître	je parais il paraît nous paraissons ils paraissent	je paraissais il paraissait nous paraissions ils paraissaient	je paraîtrai il paraîtra nous paraîtrons ils paraîtront	paru, e	que je paraisse qu'il paraisse que nous paraissions qu'ils paraissent
parcourir *siehe courir*					
peindre	je peins nous peignons ils peignent	je peignais nous peignions ils peignaient	je peindrai nous peindrons ils peindront	peint, e	que je peigne que nous peignions qu'ils peignent
permettre *siehe mettre*					
plaindre	je plains il plaint nous plaignons ils plaignent	je plaignais il plaignait nous plaignions ils plaignaient	je plaindrai il plaindra nous plaindrons ils plaindront	plaint, e	que je plaigne qu'il plaigne que nous plaignions qu'ils plaignent
plaire	je plais il plaît	je plaisais il plaisait	je plairai il plaira	plu	que je plaise qu'il plaise
pleuvoir *fig*	il pleut ils pleuvent	il pleuvait ils pleuvaient	il pleuvra ils pleuvront	plu	qu'il pleuve qu'ils pleuvent
poursuivre *siehe suivre*					
pouvoir	je peux il peut nous pouvons ils peuvent	je pouvais il pouvait nous pouvions ils pouvaient	je pourrai il pourra nous pourrons ils pourront	pu	que je puisse qu'il puisse que nous puissions qu'ils puissent
prédire	je prédis il prédit nous prédisons	je prédisais il prédisait nous prédisions	je prédirai il prédira nous prédirons	prédit, e	que je prédise qu'il prédise que nous prédisions
prévoir *wie voir, Ausnahme:*	je prévoirai				
produire *siehe conduire*		**promettre** *siehe mettre*		**rasseoir** *siehe asseoir*	

Infinitif	Présent	Imparfait	Futur	Participe passé	Subjonctif présent
réapparaître *siehe paraître*		**reconduire** *siehe conduire*		**reconnaître** *siehe paraître*	
reconstruire *siehe conduire*		**recoudre** *siehe coudre*		**récrire** *siehe écrire*	
recueillir *siehe cueillir*		**recuire** *siehe conduire*		**redire** *siehe dire*	
redormir *siehe dormir*		**réduire** *siehe conduire*		**réinscrire** *siehe écrire*	
rejoindre *siehe joindre*		**relire** *siehe lire*		**remettre** *siehe mettre*	
reparaître *siehe paraître*		**reproduire** *siehe conduire*			
résoudre	je résous il résout nous résolvons ils résolvent	je résolvais il résolvait nous résolvions ils résolvaient	je résoudrai il résoudra nous résoudrons ils résoudront	résolu, e	que je résolve qu'il résolve que nous résolvions qu'ils résolvent
retransmettre *siehe mettre*		**revaloir** *siehe valoir*		**revivre** *siehe vivre*	
revoir *siehe voir*		**revouloir** *siehe vouloir*			
rire	je ris il rit nous rions ils rient	je riais il riait nous riions ils riaient	je rirai il rira nous rirons ils riront	ri	que je rie qu'il rie que nous riions qu'ils rient
rompre	je romps il rompt nous rompons ils rompent	je rompais il rompait nous rompions ils rompaient	je romprai il rompra nous romprons ils rompront	rompu, e	que je rompe qu'il rompe que nous rompions qu'ils rompent
satisfaire *siehe faire*					
savoir	je sais il sait nous savons ils savent	je savais il savait nous savions ils savaient	je saurai ils saura nous saurons ils sauront	su, e	que je sache qu'il sache que nous sachions qu'ils sachent
secourir *siehe courir*		**séduire** *siehe conduire*			
servir	je sers il sert nous servons ils servent	je servais il servait nous servions ils servaient	je servirai il servira nous servirons ils serviront	servi, e	que je serve qu'il serve que nous servions qu'ils servent
sourire *siehe rire*		**soustraire** *siehe extraire*			
suffire	je suffis nous suffisons ils suffisent	je suffisais nous suffisions ils suffisaient	je suffirai nous suffirons ils suffiront	suffi	que je suffise que nous suffisions qu'ils suffisent

Infinitif	Présent	Imparfait	Futur	Participe passé	Subjonctif présent
suivre	je suis il suit nous suivons ils suivent	je suivais il suivait nous suivions ils suivaient	je suivrai il suivra nous suivrons ils suivront	suivi, e	que je suive qu'il suive que nous suivions qu'ils suivent
survivre *siehe vivre*					
taire	je tais il tait nous taisons ils taisent	je taisais il taisait nous taisions ils taisaient	je tairai il taira nous tairons ils tairont	tu, e	que je taise qu'il taise que nous taisions qu'ils taisent
traduire	je traduis il traduit nous traduisons ils traduisent	je traduisais il traduisait nous traduisions ils traduisaient	je traduirai il traduira nous traduirons ils traduiront	traduit, e	que je traduise qu'il traduise que nous traduisions qu'ils traduisent
traire	je trais il trait nous trayons ils traient	je trayais il trayait nous trayions ils trayaient	je trairai il traira nous trairons ils trairont	trait, e	que je traie qu'il traie que nous trayions qu'ils traient
transcrire *siehe écrire*		**transmettre** *siehe mettre*		**transparaître** *siehe paraître*	
tressaillir *siehe défaillir*					
vaincre	je vaincs il vainc nous vainquons ils vainquent	je vainquais il vainquait nous vainquions ils vainquaient	je vaincrai il vaincra nous vaincrons ils vaincront	vaincu, e	que je vainque qu'il vainque que nous vainquions qu'ils vainquent
valoir	je vaux il vaut nous valons ils valent	je valais il valait nous valions ils valaient	je vaudrai il vaudra nous vaudrons ils vaudront	valu, e	que je vaille qu'il vaille que nous valions qu'ils vaillent
vêtir	je vêts il vêt nous vêtons ils vêtent	je vêtais il vêtait nous vêtions ils vêtaient	je vêtirai il vêtira nous vêtirons ils vêtiront	vêtu, e	que je vête qu'il vête que nous vêtions qu'ils vêtent
vivre	je vis il vit nous vivons ils vivent	je vivais il vivait nous vivions ils vivaient	je vivrai il vivra nous vivrons ils vivront	vécu, e	que je vive qu'il vive que nous vivions qu'ils vivent

Infinitif	Présent	Imparfait	Futur	Participe passé	Subjonctif présent
voir	je vois il voit nous voyons ils voient	je voyais il voyait nous voyions ils voyaient	je verrai il verra nous verrons ils verront	vu, e	que je voie qu'il voie que nous voyions qu'ils voient
vouloir	je veux il veut nous voulons ils veulent	je voulais il voulait nous voulions ils voulaient	je voudrai il voudra nous voudrons ils voudront	voulu, e	que je veuille qu'il veuille que nous voulions qu'ils veuillent

Unregelmäßige deutsche Verben

Verbes allemands irréguliers

Die unregelmäßigen Verben sind sehr wichtig. Diese Übersicht kannst du sowohl zum Nachschlagen als auch zum Lernen benutzen.

1. Infinitiv 1. Infinitif	2. Imperfekt 2. Prétérit	3. Partizip Perfekt 3. Participe passé	4. Imperativ - Sing/Pl 4. Impératif - sing/pl
backen bäckst, backst	backte	hat gebacken	back[e]/backt
befehlen befiehlst	befahl	hat befohlen	befiehl/befehlt
beginnen	begann	hat begonnen	beginn[e]/ beginnt
beißen	biss	hat gebissen	beiß[e]/beißt
bergen birgst	barg	hat geborgen	birg/bergt
bersten birst	barst	ist geborsten	birst/berstet
bewegen	bewog	hat bewogen	beweg[e]/bewegt
biegen	bog	hat/ist gebogen	bieg[e]/biegt
bieten	bot	hat geboten	biet[e]/bietet
binden	band	hat gebunden	bind[e]/bindet
bitten	bat	hat gebeten	bitt[e]/bittet
blasen bläst	blies	hat geblasen	blas[e]/blast
bleiben	blieb	ist geblieben	bleib[e]/bleibt
bleichen	bleichte blich	hat gebleicht hat geblichen	bleich[e]/bleicht
braten brätst	briet	hat gebraten	brat[e]/bratet
brechen brichst	brach	hat/ist gebrochen	brich/brecht

1. Infinitiv 1. Infinitif	2. Imperfekt 2. Prétérit	3. Partizip Perfekt 3. Participe passé	4. Imperativ – Sing/Pl 4. Impératif – sing/pl
brennen	brannte	hat gebrannt	brenn[e]/brennt
bringen	brachte	hat gebracht	bring/bringt
denken	dachte	hat gedacht	denk[e]/denkt
dreschen drischst	drosch	hat/ist gedro-schen	drisch/drescht
dringen	drang	ist gedrungen	dring[e]/dringt
dürfen darfst	durfte	hat gedurft	
empfangen empfängst	empfing	hat empfangen	empfang[e]/empfangt
empfehlen empfiehlst	empfahl	hat empfohlen	empfiehl/emp-fehlt
empfinden	empfand	hat empfunden	empfind[e]/emp-findet
erlöschen erlischst	erlosch	hat erloschen	erlisch/erlöscht
erschrecken erschrickst	erschrak	ist erschrocken	erschrick/erschreckt
essen isst	aß	hat gegessen	iss/esst
fahren fährst	fuhr	hat/ist gefah-ren	fahr[e]/fahrt
fallen fällst	fiel	ist gefallen	fall[e]/fallt
fangen fängst	fing	hat gefangen	fang[e]/fangt
fechten fichtst	focht	hat gefochten	ficht/fechtet
finden	fand	hat gefunden	find[e]/findet
flechten flichtst	flocht	hat geflochten	flicht/flechtet
fliegen	flog	hat/ist geflo-gen	flieg[e]/fliegt
fliehen	floh	ist geflohen	flieh[e]/flieht

1. Infinitiv 1. Infinitif	2. Imperfekt 2. Prétérit	3. Partizip Perfekt 3. Participe passé	4. Imperativ – Sing/Pl 4. Impératif – sing/pl
fließen	floss	ist geflossen	fließ[e]/fließt
fressen frisst	fraß	hat gefressen	friss/fresst
frieren	fror	hat gefroren	frier[e]/friert
gären	gor gärte	hat/ist gegoren hat/ist gegärt	gär[e]/gärt
gebären gebierst	gebar	ist geboren	gebier[e]/gebärt
geben gibst	gab	hat gegeben	gib/gebt
gedeihen	gedieh	ist gediehen	gedeih[e]/gedeiht
gefallen gefällst	gefiel	hat gefallen	gefall[e]/gefallt
gehen	ging	ist gegangen	geh[e]/geht
gelingen	gelang	ist gelungen	geling[e]/gelingt
gelten giltst	galt	hat gegolten	gilt/geltet
genesen	genas	ist genesen	genese/genest
genießen	genoss	hat genossen	genieß[e]/genießt
geraten gerätst	geriet	ist geraten	gerat[e]/geratet
gerinnen	gerann	ist geronnen	gerinn[e]/gerinnt
geschehen geschieht	geschah	ist geschehen	geschieh/gescheht
gestehen	gestand	hat gestanden	gesteh[e]/gesteht
gewinnen	gewann	hat gewonnen	gewinn[e]/gewinnt
gießen	goss	hat gegossen	gieß[e]/gießt
gleichen	glich	hat geglichen	gleich[e]/gleicht
gleiten	glitt	ist geglitten	gleit[e]/gleitet

1. Infinitiv 1. Infinitif	2. Imperfekt 2. Prétérit	3. Partizip Perfekt 3. Participe passé	4. Imperativ – Sing/Pl 4. Impératif – sing/pl
glimmen	glomm	hat geglom-men	glimm[e]/glimmt
graben gräbst	grub	hat gegraben	grab[e]/grabt
greifen	griff	hat gegriffen	greif[e]/greift
haben hast	hatte	hat gehabt	hab[e]/habt
halten hältst	hielt	hat gehalten	halt[e]/haltet
hängen	hing	hat gehangen	häng[e]/hängt
hauen	haute	hat gehauen	hau[e]/haut hieb
heben	hob	hat gehoben	heb[e]/hebt
heißen	hieß	hat geheißen	heiß[e]/heißt
helfen hilfst	half	hat geholfen	hilf/helft
kennen	kannte	hat gekannt	kenn[e]/kennt
klingen	klang	hat geklungen	kling[e]/klingt
kneifen	kniff	hat gekniffen	kneif[e]/kneift
kommen	kam	ist gekommen	komm[e]/kommt
können kannst	konnte	hat gekonnt	
kriechen	kroch	ist gekrochen	kriech[e]/kriecht
küren	kürte	hat gekürt	kür[e]/kürt
laden lädst	lud	hat geladen	lad[e]/ladet
lassen lässt	ließ	hat gelassen	lass/lasst
laufen läufst	lief	ist gelaufen	lauf[e]/lauft
leiden	litt	hat gelitten	leid[e]/leidet
leihen	lieh	hat geliehen	leih[e]/leiht
lesen liest	las	hat gelesen	lies/lest
liegen	lag	hat gelegen	lieg[e]/liegt

1. Infinitiv 1. Infinitif	2. Imperfekt 2. Prétérit	3. Partizip Perfekt 3. Participe passé	4. Imperativ – Sing/Pl 4. Impératif – sing/pl
lügen	log	hat gelogen	lüg[e]/lügt
mahlen	mahlte	hat gemahlen	mahl[e]/mahlt
meiden	mied	hat gemieden	meid[e]/meidet
melken	molk melkte	hat gemolken hat gemelkt	melk[e], milk/ melkt
messen misst	maß	hat gemessen	miss/messt
misslingen	misslang	ist misslungen	
mögen magst	mochte	hat gemocht	
müssen musst	musste	hat gemusst	
nehmen nimmst	nahm	hat genommen	nimm/nehmt
nennen	nannte	hat genannt	nenn[e]/nennt
pfeifen	pfiff	hat gepfiffen	pfeif[e]/pfeift
preisen	pries	hat gepriesen	preis[e]/preist
quellen quillst	quoll	ist gequollen	quill/quellt
raten rätst	riet	hat geraten	rat[e]/ratet
reiben	rieb	hat gerieben	reib[e]/reibt
reißen	riss	hat/ist geris- sen	reiß/reißt
reiten	ritt	hat/ist geritten	reit[e]/reitet
rennen	rannte	ist gerannt	renn[e]/rennt
riechen	roch	hat gerochen	riech[e]/riecht
ringen	rang	hat gerungen	ring[e]/ringt
rinnen	rann	ist geronnen	rinn[e]/rinnt
rufen	rief	hat gerufen	ruf[e]/ruft
salzen	salzte	hat gesalzen hat gesalzt	salz[e]/salzt

1. Infinitiv 1. Infinitif	2. Imperfekt 2. Prétérit	3. Partizip Perfekt 3. Participe passé	4. Imperativ - Sing/Pl 4. Impératif - sing/pl
saufen säufst	soff	hat gesoffen	sauf[e]/sauft
schaffen	schuf	hat geschaffen	schaff[e]/schafft
schallen	schallte scholl	hat geschallt	schall[e]/schallt
scheiden	schied	hat/ist geschieden	scheid[e]/scheidet
scheinen	schien	hat geschienen	schein[e]/scheint
scheißen	schiss	hat geschissen	scheiß[e]/scheißt
schelten schiltst	schalt	hat gescholten	schilt/scheltet
scheren	schor	hat geschoren hat geschert	scher[e]/schert
schieben	schob	hat geschoben	schieb[e]/schiebt
schießen	schoss	hat geschossen	schieß[e]/schießt
schinden	schindete	hat geschunden	schind[e]/schindet
schlafen schläfst	schlief	hat geschlafen	schlaf[e]/schlaft
schlagen schlägst	schlug	hat geschlagen	schlag[e]/schlagt
schleichen	schlich	ist geschlichen	schleich[e]/schleicht
schleifen	schliff	hat geschliffen	schleif[e]/schleift
schließen	schloss	hat geschlossen	schließ[e]/schließt
schlingen	schlang	hat geschlungen	schling[e]/schlingt
schmeißen	schmiss	hat geschmissen	schmeiß[e]/schmeißt
schmelzen schmilzt	schmolz	ist geschmolzen	schmilz/schmelzt

1. Infinitiv 1. Infinitif	2. Imperfekt 2. Prétérit	3. Partizip Perfekt 3. Participe passé	4. Imperativ – Sing/Pl 4. Impératif – sing/pl
schnauben	schnaubte schnob	hat geschnaubt hat geschnoben	schnaub[e]/schnaubt
schneiden	schnitt	hat geschnitten	schneid[e]/schneidet
schreiben	schrieb	hat geschrieben	schreib[e]/schreibt
schreien	schrie	hat geschrie[e]n	schrei[e]/schreit
schreiten	schritt	ist geschritten	schreit[e]/schreitet
schweigen	schwieg	hat geschwiegen	schweig[e]/schweigt
schwellen schwillst	schwoll	ist geschwollen	schwill/schwellt
schwimmen	schwamm	hat/ist geschwommen	schwimm[e]/schwimmt
schwinden	schwand	ist geschwunden	schwind[e]/schwindet
schwingen	schwang	hat geschwungen	schwing[e]/schwingt
schwören	schwor	hat geschworen	schwör[e]/schwört
sehen siehst	sah	hat gesehen	sieh/seht
sein 1. *Präs Sing* bin 2. *Präs Sing* bist 3. *Präs Sing* ist 1. *Präs Pl* sind 2. *Präs Pl* seid 3. *Präs Pl* sind	war	ist gewesen	sei/seid
senden	sendete CH sandte	hat gesendet CH hat gesandt	send[e]/sendet

1. Infinitiv 1. Infinitif	2. Imperfekt 2. Prétérit	3. Partizip Perfekt 3. Participe passé	4. Imperativ – Sing/Pl 4. Impératif – sing/pl
sieden	siedete sott	hat gesiedet hat gesotten	sied[e]/siedet
singen	sang	hat gesungen	sing[e]/singt
sinken	sank	ist gesunken	sink[e]/sinkt
sinnen	sann	hat gesonnen	sinn[e]/sinnt
sitzen	saß	hat gesessen	
sollen	sollte	hat gesollt	
spalten	spaltete	hat gespalten hat gespaltet	spalt[e]/spaltet
speien	spie	hat gespie[e]n	spei[e]/speit
spinnen	spann	hat gesponnen	spinn[e]/spinnt
sprechen sprichst	sprach	hat gesprochen	sprich/sprecht
sprießen	spross sprießte	ist gesprossen ist gesprießt	sprieß[e]/sprießt
springen	sprang	ist gesprungen	spring[e]/springt
stechen stichst	stach	hat gestochen	stich/stecht
stecken	steckte stak	hat gesteckt	steck[e]/steckt
stehen	stand	hat gestanden	steh[e]/steht
stehlen stiehlst	stahl	hat gestohlen	stiehl/stehlt
steigen	stieg	ist gestiegen	steig[e]/steigt
sterben stirbst	starb	ist gestorben	stirb/sterbt
stinken	stank	hat gestunken	stink[e]/stinkt
stoßen stößt	stieß	hat gestoßen	stoß[e]/stoßt
streichen	strich	hat gestrichen	streich[e]/streicht
streiten	stritt	hat gestritten	streit[e]/streitet
tragen trägst	trug	hat getragen	trag[e]/tragt

1. Infinitiv 1. Infinitif	2. Imperfekt 2. Prétérit	3. Partizip Perfekt 3. Participe passé	4. Imperativ - Sing/Pl 4. Impératif - sing/pl
treffen triffst	traf	hat getroffen	triff/trefft
treiben	trieb	hat getrieben	treib[e]/treibt
treten trittst	trat	hat getreten	tritt/tretet
triefen	triefte troff	hat getrieft hat getroffen	trief[e]/trieft
trinken	trank	hat getrunken	trink[e]/trinkt
trügen	trog	hat getrogen	trüg[e]/trügt
tun 1. *Präs Sing* tue 2. *Präs Sing* tust 3. *Präs Sing* tut	tat	hat getan	tu[e]/tut
verbieten	verbot	hat verboten	verbiet[e]/verbie-tet
verbrechen verbrichst	verbrach	hat verbrochen	verbrich/ver-brecht
verderben verdirbst	verdarb	hat verdorben	verdirb/verderbt
vergessen vergisst	vergaß	hat vergessen	vergiss/vergesst
verlieren	verlor	hat verloren	verlier[e]/verliert
verraten verrätst	verriet	hat verraten	verrat[e]/verratet
verschleißen	verschliss	hat verschlis-sen	verschleiß[e]/ verschleißt
verstehen	verstand	hat verstanden	versteh[e]/ver-steht
verwenden	verwendete verwandt	hat verwendet hat verwandt	verwend[e]/ verwendet
verzeihen	verzieh	hat verziehen	verzeih[e]/ver-zeiht
wachsen wächst	wuchs	ist gewachsen	wachs[e]/wachst

1. Infinitiv 1. Infinitif	2. Imperfekt 2. Prétérit	3. Partizip Perfekt 3. Participe passé	4. Imperativ - Sing/Pl 4. Impératif - sing/pl
waschen wäschst	wusch	hat gewaschen	wasch[e]/wascht
weben	wob webte	hat gewoben hat gewebt	web[e]/webt
weichen	wich	ist gewichen	weich[e]/weicht
weisen	wies	hat gewiesen	weis[e]/weist
wenden	wendete wandte	hat gewendet hat gewandt	wend[e]/wendet
werben wirbst	warb	hat geworben	wirb/werbt
werden wirst	wurde ward	ist geworden	werd[e]/werdet
werfen wirfst	warf	hat geworfen	wirf/werft
wiegen	wog	hat gewogen	wieg[e]/wiegt
winden	wand	hat gewunden	wind[e]/windet
wissen weißt	wusste	hat gewusst	wiss[e]/wisset
wollen willst	wollte	hat gewollt	woll[e]/wollt
ziehen	zog	hat/ist gezogen	zieh[e]/zieht
zwingen	zwang	hat gezwungen	zwing[e]/zwingt

Die französische Zeichensetzung

La ponctuation française

Diese Übersicht erklärt dir anhand einfacher Beispiele die wichtigsten Unterschiede zwischen der deutschen und der französischen Zeichensetzung.

1. Die Satzzeichen werden im Französischen überwiegend so wie im Deutschen verwendet.

   Ausnahmen:

   - Ein Punkt kann innerhalb einer Abkürzung stehen, z. B.

     M. Leroc, C.N.R.S., H.L.M.

   - Kein Punkt wird gesetzt, wenn der letzte Buchstabe eines Wortes die Abkürzung abschließt, z. B.

     Mme Leroc, Mlle Meunier, Dr Dupont, bd (boulevard), n^{o} (numéro).

   - Bei Ordnungszahlen wird kein Punkt gesetzt, z. B.

     Elisabeth Ire, 2e étage.

   - Das Datum wird mit Schräg- oder Trennstrichen geschrieben, z. B.

     24/10/2023, 17-11-1966

   - Als Anführungszeichen werden doppelte Spitzklammern gesetzt,

     « Je viens demain. »

2. Lediglich bei der Kommasetzung gibt es größere Abweichungen:

   a) Das Komma wird gesetzt

   - bei adverbialen Bestimmungen am Satzanfang:

     Hier soir, je suis allé au cinéma.

   - vor *etc.*:

     café, chocolat, alcool, etc.

b) Kein Komma steht vor

- nachgestellten Adverbialsätzen:	Je pars avant qu'il ne se mette à pleuvoir.
- Relativsätzen, die für das Satzverständnis notwendig sind:	C'est le livre que je suis en train de lire.
- Objektsätzen:	Tu sais bien qu'elle a raison.
- indirekten Fragesätzen:	Je me demande s'ils viendront.

Französische Texte schreiben
Écrire des textes en français

Wenn du einen Text auf Französisch schreiben willst, helfen dir diese Muster, deine Sätze richtig zu formulieren.

Verabredung mit einem Freund
Rendez-vous avec un copain

Salut Thomas,

Tu as quelque chose samedi ? J'ai eu Patrick au téléphone, il est sur Paris ce week-end. Ce serait cool si on pouvait se voir tous les trois. On pourrait aller manger un sandwich à la Bastille, par exemple. Tu m'as dit l'autre jour que tu y connaissais un nouveau bistro sympa. Avant, je propose qu'on aille boire un coup chez moi.

Tu peux dire à Patrick si ça le fait pour toi ou pas ? Fais-moi signe aussi pour que je puisse prévoir. Si tu ne peux pas samedi, on pourrait essayer de se voir dimanche.

A+

Laurent

Hi Thomas,

hast du am Samstag schon was vor? Ich habe gestern mit Patrick telefoniert. Er ist im Moment in Paris, und es wäre super, wenn wir drei uns treffen könnten. Wir könnten z. B. ein Sandwich an der Bastille essen. Du hast mir neulich erzählt, dass du eine nette neue Kneipe kennst. Ich schlage vor, dass wir vorher ein Schlückchen bei mir trinken.

Kannst du Patrick sagen, ob es bei dir klappt oder nicht? Sag mir auch Bescheid, damit ich mich darauf einrichten kann. Wenn du Samstag keine Zeit hast, könnten wir versuchen, uns Sonntag zu sehen.

Bis bald

Laurent

Expressions utiles

Tu as quelque chose ... ?	Hast du ... schon was vor?
Ce serait cool si ...	Es wäre super, wenn ...
Tu m'as dit l'autre jour que ...	Du hast mir neulich erzählt, dass ...
Tu peux dire à Patrick si ... ?	Kannst du Patrick sagen, ob ...?
Fais-moi signe ...	Sag mir Bescheid ...
A+	Bis bald

Einladung zu einem Fest

Invitation à une fête

Salut tout le monde,

Ma famille va déménager et je vais vous quitter bientôt. Je vous invite donc à une petite fête d'adieu samedi, le 16 juillet, à 18 h chez moi. Je serais contente si vous pouviez tous venir.

Faites-moi savoir rapidement s.v.p. !

Grosses bises

Nathalie

Hallo Leute,

meine Familie wird umziehen und ich muss euch bald verlassen. Daher lade ich euch zu einer kleinen Abschiedsparty ein: Samstag, den 16. Juli, 18 Uhr bei mir. Ich würde mich freuen, wenn ihr kommen könntet.

Antwortet bitte schnell!

Küsschen

Nathalie

Expressions utiles

Je serais contente si vous pouviez tous venir.	Ich würde mich freuen, wenn ihr kommen könntet.
Faites-moi savoir rapidement s.v.p. !	Antwortet bitte schnell!
Grosses bises	Küsschen

Einer Schüleraustauschpartnerin zum ersten Mal schreiben

Écrire pour la première fois à une « corres »

Chère Noémie,

Je m'appelle Lena et j'ai 16 ans. Hier en cours, j'ai appris que tu étais ma corres. J'habite à Stuttgart-Zuffenhausen avec mes parents et mon petit frère Marc.

Je suis en seconde au lycée Mörike et j'apprends le français depuis 4 ans déjà. Mes matières préférées sont le français, le sport et les maths. En quelle classe es-tu et quelles sont tes matières préférées ? As-tu aussi des frères et des sœurs ? Mes passe-temps favoris sont, comme toi, l'escalade, le skate et la danse. J'espère que tu vas m'écrire bientôt, car il y a tellement de choses que je veux savoir sur toi et sur la France, comme le style de musique que tu aimes et ce que tu aimes faire en général le week-end.

A bientôt !
Lena

Liebe Noémie,

ich heiße Lena und bin 16 Jahre alt. Gestern habe ich im Französischunterricht erfahren, dass du meine Austauschpartnerin bist! Ich wohne mit meinen Eltern und meinem kleinen Bruder Marc in Stuttgart-Zuffenhausen.

Ich gehe in die 10. Klasse des Mörike-Gymnasiums und lerne schon seit vier Jahren Französisch. Meine Lieblingsfächer sind natürlich Französisch, Sport und Mathe. In welche Klasse gehst du und was sind deine Lieblingsfächer? Hast du auch Geschwister? Ich habe dieselben Hobbies wie du: Musik hören, im Internet surfen und inlineskaten.

Ich hoffe, du schreibst mir bald, denn ich will noch so viel über dich und Frankreich wissen, z. B. welche Musik du gerne hörst und was du so am Wochenende machst.

Bis bald!

Lena

Expressions utiles

Quelles sont tes matières préférées ?	Was sind deine Lieblingsfächer?
Mes passe-temps favoris sont, comme toi, ...	Ich habe dieselben Hobbies wie du: ...
J'espère que tu vas m'écrire bientôt.	Ich hoffe, du schreibst mir bald.
A bientôt !	Bis bald!

Eine Dankesmail schreiben

Écrire un e-mail de remerciement

Chère Madame Dupont, cher Monsieur Dupont, cher François,

Je voudrais vous remercier une fois encore de tout cœur pour l'agréable séjour passé chez vous. Je suis un peu triste que le temps ait passé si vite en votre compagnie.

Mon professeur de français a dit que j'avais vraiment fait de grands progrès pendant ces deux semaines. En classe, elle a conseillé aux autres de participer aussi un jour à un échange de ce genre.

Maintenant, j'attends avec impatience le mois d'avril que François vienne à Weimar. Mes parents et moi, nous avons déjà organisé un programme de visites. J'espère qu'il se plaira ici tout autant que je me suis plu chez vous. Pourriez-vous aussi spécialement saluer de ma part Caroline et Béatrice ? J'espère les revoir très bientôt.

Avec toutes mes amitiés.

Tobias

Liebe Frau Dupont, lieber Herr Dupont,
lieber François,

ich möchte mich noch einmal recht herzlich für die schönen Tage bei Ihnen bedanken. Ich bin ein bisschen traurig, dass die Zeit bei Ihnen so schnell zu Ende ging.

Meine Französischlehrerin hat gesagt, ich hätte in den zwei Wochen wirklich große Fortschritte gemacht. Sie hat den anderen in der Klasse geraten, auch einmal an so einem Austausch teilzunehmen.

Jetzt kann ich den Monat April kaum erwarten, wenn François nach Weimar kommt. Meine Eltern und ich haben schon Pläne gemacht, was wir mit ihm unternehmen wollen. Ich hoffe, dass es ihm hier genauso gut gefällt, wie es mir bei Ihnen gefallen hat.

Bitte grüßen Sie auch besonders Caroline und Béatrice von mir. Ich hoffe, dass ich sie schon bald wieder sehe.

Viele liebe Grüße

Tobias

Expressions utiles

Je voudrais vous remercier une fois encore de tout cœur pour ...	Ich möchte mich noch einmal recht herzlich ... bedanken.
J'espère qu'il se plaira ici tout autant que je me suis plu chez vous.	Ich hoffe, dass es ihm hier genauso gut gefällt, wie es mir bei Ihnen gefallen hat.
Pourriez-vous aussi spécialement saluer de ma part ...	Bitte grüßen Sie auch besonders ... von mir.
J'espère les revoir très bientôt.	Ich hoffe, dass ich sie schon bald wieder sehe.
Avec toutes mes amitiés.	Viele liebe Grüße

Grüße aus Frankreich

Bons baisers de France

Chère Louise,

Un grand bonjour de Bretagne où depuis une semaine nous profitons du soleil, de la plage et de la mer. Nous avons de la chance parce qu'il ne fait pas aussi froid que d'habitude. Mon frère et moi, nous passons des journées entières à la plage, nous faisons du vélo et du bateau, et nous jouons au volley avec des copains. Et nous avons déjà goûté aux bonnes crêpes bretonnes ! Bref, des vacances de rêve ! L'auberge de jeunesse est assez confortable, mais parfois un peu bruyante. Mais ce n'est pas bien grave parce qu'on est presque tout le temps dehors. Nous espérons que toi aussi, tu passes de bonnes vacances à la montagne.

Grosses bises
Annie

Hallo Louise,

herzliche Grüße aus der Bretagne, wo wir seit einer Woche die Sonne, den Strand und die großen Wellen genießen! Wir haben Glück, denn es ist hier nicht so kalt wie gewöhnlich. Mein Bruder und ich verbringen den ganzen Tag am Strand, wir fahren Fahrrad, wir fahren Boot, und wir spielen mit Freunden Volleyball. Und wir haben schon die guten bretonischen Crêpes probiert. Kurz, es sind Traumferien! Die Jugendherberge ist ziemlich komfortabel aber manchmal etwas laut. Das ist nicht schlimm, denn wir sind die ganze Zeit draußen. Wir hoffen, dass du auch schöne Ferien in den Bergen verbringst.

Liebe Grüße

Annie

Expressions utiles

Un grand bonjour de …	Herzliche Grüße aus …
Nous profitons du soleil.	Wir genießen die Sonne.
Il ne fait pas aussi froid que d'habitude.	Es ist hier nicht so kalt wie gewöhnlich.
Nous avons déjà goûté au …	Wir haben schon … probiert.
Bref, …	Kurz, …
Grosses bises	Liebe Grüße

Anfrage: Informationen über einen Feriensprachkurs einholen

Demander des informations sur un cours de langue

Mesdames, messieurs,

J'ai trouvé les coordonnées de votre institut sur internet et j'aimerais participer à un cours de langue à Toulon au mois d'août l'année prochaine.

J'apprends le français depuis trois ans. Pourriez-vous m'envoyer des informations complémentaires concernant vos cours? J'aimerais en particulier savoir si je dois passer un test d'évaluation, combien d'heures de cours sont donnés par jour et quels sont les horaires d'enseignement.

Je crois que vous vous occupez également de l'hébergement. Serait-il possible de loger dans une famille ayant une fille du même âge que moi?

Je vous remercie d'avance pour votre réponse.

Sincères salutations,

Lisa Weis

Sehr geehrte Damen und Herren,

Ich habe die Adresse und Telefonnummer Ihres Instituts im Internet gefunden und würde gerne nächstes Jahr im August an einem Sprachkurs in Toulon teilnehmen.

Ich lerne seit drei Jahren Französisch. Könnten Sie mir bitte genauere Informationen über Ihre Sprachkurse zukommen lassen? Mich interessiert vor allem, ob ich an einem Einstufungstest teilnehmen muss, wie lange der Unterricht jeden Tag dauert und wann er stattfindet.

Ich glaube, dass Sie sich auch um die Unterbringung kümmern. Wäre es möglich, dass ich in einer Familie wohne, die eine Tochter in meinem Alter hat?

Vielen Dank im Voraus für Ihre Antwort.

Mit freundlichen Grüßen

Lisa Weis

Expressions utiles

J'ai trouvé les coordonnées de votre institut sur internet.	Ich habe die Adresse und Telefonnummer Ihres Instituts im Internet gefunden.
J'apprends le français depuis ... ans.	Ich lerne seit ... Jahren Französisch.
Pourriez-vous m'envoyer des informations complémentaires?	Könnten Sie mir bitte genauere Informationen zukommen lassen?
Je vous remercie d'avance pour votre réponse.	Vielen Dank im Voraus für Ihre Antwort.
Sincères salutations,	Mit freundlichen Grüßen

Die Uhrzeit

L’heure

Anhand dieser Beispiele erfährst du, wie du die Frage „Quelle heure est-il?“ richtig beantwortest.

	Il est quatre heures.
	Il est quatre heures dix.
	Il est quatre heures et quart.
	Il est quatre heures vingt-cinq.
	Il est quatre heures et demi.
	Il est cinq heures moins vinqt-cinq.

	Il est cinq heures moins le quart.
	Il est cinq heures moins dix.
	Il est midi.
	Il est minuit.

Zahlwörter

Les nombres

Ganz egal, worüber man spricht oder wovon ein Text handelt, immer wieder kommen Zahlwörter vor. Wenn du also die folgenden Tabellen gründlich lernst, dann wirst du mit Zahlwörtern im Französischen nie Probleme haben.

Grundzahlen

les nombres cardinaux

null	0	zéro
einer, eine, eins; ein, eine, ein	1	un, une
zwei	2	deux
drei	3	trois
vier	4	quatre
fünf	5	cinq
sechs	6	six
sieben	7	sept
acht	8	huit
neun	9	neuf
zehn	10	dix
elf	11	onze
zwölf	12	douze
dreizehn	13	treize
vierzehn	14	quatorze
fünfzehn	15	quinze
sechzehn	16	seize
siebzehn	17	dix-sept
achtzehn	18	dix-huit
neunzehn	19	dix-neuf
zwanzig	20	vingt

einundzwanzig	21	vingt et un
zweiundzwanzig	22	vingt-deux
dreiundzwanzig	23	vingt-trois
vierundzwanzig	24	vingt-quatre
fünfundzwanzig	25	vingt-cinq
dreißig	30	trente
einunddreißig	31	trente et un
zweiunddreißig	32	trente-deux
dreiunddreißig	33	trente-trois
vierzig	40	quarante
einundvierzig	41	quarante et un
zweiundvierzig	42	quarante-deux
fünfzig	50	cinquante
einundfünfzig	51	cinquante et un
zweiundfünfzig	52	cinquante-deux
sechzig	60	soixante
einundsechzig	61	soixante et un
zweiundsechzig	62	soixante-deux
siebzig	70	soixante-dix
einundsiebzig	71	soixante et onze
zweiundsiebzig	72	soixante-douze
fünfundsiebzig	75	soixante-quinze
neunundsiebzig	79	soixante-dix-neuf
achtzig	80	quatre-vingt(s)
einundachtzig	81	quatre-vingt-un
zweiundachtzig	82	quatre-vingt-deux
fünfundachtzig	85	quatre-vingt-cinq
neunzig	90	quatre-vingt-dix
einundneunzig	91	quatre-vingt-onze
zweiundneunzig	92	quatre-vingt-douze
neunundneunzig	99	quatre-vingt-dix-neuf
hundert	100	cent
hundert(und)eins	101	cent un
hundert(und)zwei	102	cent deux

hundert(und)zehn	110	cent dix
hundert(und)zwanzig	120	cent vingt
hundert(und)neunund-neunzig	199	cent quatre-vingt-dix-neuf
zweihundert	200	deux cents
zweihundert(und)eins	201	deux cent un
zweihundert(und)zwei-undzwanzig	222	deux cent vingt-deux
dreihundert	300	trois cents
vierhundert	400	quatre cents
fünfhundert	500	cinq cents
sechshundert	600	six cents
siebenhundert	700	sept cents
achthundert	800	huit cents
neunhundert	900	neuf cents
tausend	1000	mille (1.000)
tausend(und)eins	1001	mille un
tausend(und)zehn	1010	mille dix
tausend(und)einhun-dert	1100	mille cent
zweitausend	2000	deux mille
zehntausend	10 000	dix mille
hunderttausend	100 000	cent mille
eine Million	1 000 000	un million (1.000.000)
zwei Millionen	2 000 000	deux millions
zwei Millionen fünfhun-dert tausend	2 500 000	deux millions cinq cent mille
eine Milliarde	1 000 000 000	un milliard
eine Billion	1 000 000 000 000	mille milliard

Ordnungszahlen
les nombres ordinaux

(der, die, das) erste	1.	1er, 1ère	premier, ère
zweite	2.	2nd, 2nde 2^{e}	second, e deuxième
dritte	3.	3^{e}	troisième
vierte	4.	4^{e}	quatrième
fünfte	5.	5^{e}	cinquième
sechste	6.	6^{e}	sixième
siebte	7.	7^{e}	septième
achte	8.	8^{e}	huitième
neunte	9.	9^{e}	neuvième
zehnte	10.	10^{e}	dixième
elfte	11.	11^{e}	onzième
zwölfte	12.	12^{e}	douzième
dreizehnte	13.	13^{e}	treizième
vierzehnte	14.	14^{e}	quatorzième
fünfzehnte	15.	15^{e}	quinzième
sechzehnte	16.	16^{e}	seizième
siebzehnte	17.	17^{e}	dix-septième
achtzehnte	18.	18^{e}	dix-huitième
neunzehnte	19.	19^{e}	dix-neuvième
zwanzigste	20.	20^{e}	vingtième
einundzwanzigste	21.	21^{e}	vingt et unième
zweiundzwanzigste	22.	22^{e}	vingt-deuxième
dreiundzwanzigste	23.	23^{e}	vingt-troisième
dreißigste	30.	30^{e}	trentième
einunddreißigste	31.	31^{e}	trente et unième
zweiunddreißigste	32.	32^{e}	trente-deuxième
vierzigste	40.	40^{e}	quarantième
fünfzigste	50.	50^{e}	cinquantième
sechzigste	60.	60^{e}	soixantième
siebzigste	70.	70^{e}	soixante-dixième

einundsiebzigste	71.	71^{e}	soixante et onzième
zweiundsiebzigste	72.	72^{e}	soixante-douzième
neunundsiebzigste	79.	79^{e}	soixante-dix-neuvième
achtzigste	80.	80^{e}	quatre-vingtième
einundachtzigste	81.	81^{e}	quatre-vingt-unième
zweiundachtzigste	82.	82^{e}	quatre-vingt-deuxième
neunzigste	90.	90^{e}	quatre-vingt-dixième
einundneunzigste	91.	91^{e}	quatre-vingt-onzième
neunundneunzigste	99.	99^{e}	quatre-vingt-dix-neuvième
hundertste	100.	100^{e}	centième
hundertunderste	101.	101^{e}	cent unième
hundertundzehnte	110.	110^{e}	cent dixième
hundertundfünfundneunzigste	195.	195^{e}	cent quatre-vingt-quinzième
zweihundertste	200.	200^{e}	deux(-)centième
dreihundertste	300.	300^{e}	trois(-)centième
fünfhundertste	500.	500^{e}	cinq(-)centième
tausendste	1000.	1000^{e}	millième (1.000^{e})
zweitausendste	2000.	2000^{e}	deux(-)millième
millionste	1000000.	1000000^{e}	millionième
zehnmillionste	10000000.	10000000^{e}	dix(-)millionième

Bruchzahlen

les fractions

ein halb	$^1/_2$	un demi
ein Drittel	$^1/_3$	un tiers
ein Viertel	$^1/_4$	un quart
ein Fünftel	$^1/_5$	un cinquième
ein Zehntel	$^1/_{10}$	un dixième
ein Hundertstel	$^1/_{100}$	un centième
ein Tausendstel	$^1/_{1000}$	un millième
ein Millionstel	$^1/_{1000000}$	un millionième
zwei Drittel	$^2/_3$	deux tiers
drei Viertel	$^3/_4$	trois quarts
zwei Fünftel	$^2/_5$	deux cinquièmes
drei Zehntel	$^3/_{10}$	trois dixièmes
anderthalb, ein(und)einhalb	$1^1/_2$	un et demi
zwei(und)einhalb	$2^1/_2$	deux et demi
fünf drei Achtel	$5^3/_8$	cinq trois huitièmes
eins Komma eins	1,1	un virgule un

Maße und Gewichte

Poids et mesures

Hier findest du die französischen Bezeichnungen für die wichtigsten Maßeinheiten.

Dezimalsystem

système décimal

Mega	1000000	M	méga
Hektokilo	100000	hk	hectokilo
Myria	10000	ma	myria
Kilo	1000	k	kilo
Hekto	100	h	hecto
Deka	10	da	déca
Dezi	0,1	d	déci
Zenti	0,01	c	centi
Milli	0,001	m	milli
Dezimilli	0,0001	dm	décimilli
Zentimilli	0,00001	cm	centimilli
Mikro	0,000001	µ	micro

Längenmaße

mesures de longueur

Seemeile	1852 m	–	mille marin
Kilometer	1000 m	km	kilomètre
Hektometer	100 m	hm	hectomètre
Dekameter	10 m	dam	décamètre
Meter	1 m	m	mètre

Dezimeter	0,1 m	dm	décimètre
Zentimeter	0,01 m	cm	centimètre
Millimeter	0,001 m	mm	millimètre
Mikron, My	0,000001 m	µ	micron
Millimikron, -my	0,000000001 m	mµ	millimicron
Ångströmeinheit	0,0000000001 m	Å	Angstrœm

Flächenmaße

mesures de surface

Quadratkilometer	1000000 m^2	km^2	kilomètre carré
Quadrathektometer	10000 m^2	hm^2	hectomètre carré
Hektar		ha	hectare
Quadratdekameter	100 m^2	dam^2	décamètre carré
Ar		a	are
Quadratmeter	1 m^2	m^2	mètre carré
Quadratdezimeter	0,01 m^2	dm^2	décimètre carré
Quadratzentimeter	0,0001 m^2	cm^2	centimètre carré
Quadratmillimeter	0,000001 m^2	mm^2	millimètre carré

Kubik- und Hohlmaße

mesures de volume

Kubikkilometer	1000000000 m^3	km^3	kilomètre cube
Kubikmeter	1 m^3	m^3	mètre cube
Ster		st	stère
Hektoliter	0,1 m^3	hl	hectolitre
Dekaliter	0,01 m^3	dal	décalitre
Kubikdezimeter	0,001 m^3	dm^3	décimètre cube
Liter	1	l	litre
Deziliter	0,0001 m^3	dl	décilitre

Zentiliter	0,00001 m^3	cl	centilitre
Kubikzentimeter	0,000001 m^3	cm^3	centimètre cube
Milliliter	0,000001 m^3	ml	millilitre
Kubikmillimeter	0,000000001 m^3	mm^3	millimètre cube

Gewichte

poids

Tonne	1000 kg	t	tonne
Doppelzentner	100 kg	q	quintal
Kilogramm	1000 g	kg	kilogramme
Hektogramm	100 g	hg	hectogramme
Dekagramm	10 g	dag	décagramme
Gramm	1 g	g	gramme
Karat	0,2 g	-	carat
Dezigramm	0,1 g	dg	décigramme
Zentigramm	0,01 g	cg	centigramme
Milligramm	0,001 g	mg	milligramme
Mikrogramm	0,000001 g	µg, Á	microgramme

Nützliche Sätze für den Unterricht

Phrases utiles en classe

Tut mir leid, dass ich mich verspätet habe.	Je suis désolé,-e, d'être en retard.
Entschuldigung, ich habe meine Hausaufgaben/das Buch vergessen.	Excusez-moi, j'ai oublié mes devoirs / le livre.
Ich habe eine Frage.	J'ai une question.
Das habe ich nicht verstanden.	Je n'ai pas compris ce mot / ce qu'il fallait faire.
Tut mir leid, das weiß ich nicht.	Désolé,-e, mais je ne sais pas.
Was bedeutet ... auf Deutsch?	Que signifie ... en allemand ?
Darf ich es auf Deutsch sagen?	Je peux le dire en allemand ?
Wie bitte?	Pardon ?
Könnten Sie das bitte/die Frage bitte wiederholen?	Vous pouvez répéter, / répéter la question, s'il vous plaît ?
Wie sagt man ... auf Französisch?	Comment est-ce qu'on dit ... en français ?
Könnten Sie das bitte buchstabieren?	Est-ce que vous pourriez l'épeler ?
Wie schreibt man ...?	Comment s'écrit ... ?
Wie spricht man dieses Wort aus?	Comment faut-il prononcer ce mot ?
Könnten Sie ein bisschen langsamer sprechen?	Est-ce que vous pourriez parler un peu plus lentement ?
Dürfen wir ein Wörterbuch benutzen?	Est-ce qu'on peut utiliser un dictionnaire ?
Darf ich rausgehen?	Je peux sortir (un moment) ?
Darf ich bitte auf die Toilette gehen?	Je peux aller aux toilettes, s'il vous plaît ?
Darf ich das Fenster aufmachen/zumachen?	Je peux ouvrir / fermer la fenêtre ?
Was haben wir als Hausaufgabe auf?	Qu'est-ce qu'il y a comme devoirs à faire à la maison ?

Allemand-français : structure des articles

Toutes les entrées sont présentées dans l'ordre alphabétique et imprimées en couleur.

Les exposants en chiffre arabe indiquent qu'il s'agit de mots identiques avec des sens différents (homographes).

Le tilde remplace l'entrée dans les exemples et tournures idiomatiques.

On indique les terminaisons des substantifs au génitif singulier et au nominatif pluriel entre chevrons.

Les chiffres romains subdivisent une entrée en différentes catégories grammaticales. Les chiffres arabes subdivisent une entrée en ses différents sens.

Le signe ► introduit le bloc des expressions figées. Les mots soulignés permettent une meilleure orientation.

De nombreuses balises sémantiques permettent de trouver la bonne traduction :

- indication du domaine
- définitions et synonymes, sujets et objets typiques et autres explications
- indication des régionalismes
- indication du niveau de langue